労働保険徴収関係法令集

労働法令協会 編

労 働 法 令

序

「労働保険の保険料の徴収等に関する法律」（徴収法）は、労働保険（労災保険、雇用保険）の事業の効率的な運営を図ることを目的として制定された法律であり、保険料の徴収に関して労災保険、雇用保険の両保険を労働保険として一元的に取り扱うとともに、その保険料の算定、納付等の具体的な手続等について規定しています。

いうまでもなく労災保険、雇用保険の両制度は、労働者の福祉の増進にとって欠くことのできない制度でありますが、両制度は保険料がその運営の基盤となっており、その徴収が適正かつ円滑に行われることが大変重要であります。そのためには、労働保険が自主申告、納付制をとっていることもあり、事業主及び実務担当者の方々に徴収法及びその関係法令を正確に御理解いただき、労働保険料の納付事務を的確に処理していただくことが何より必要であります。

本書は、こうした要請に応え、徴収法を中心に労働保険関係法令の全体を網羅してとりまとめたものであり、昭和五十四年に発刊されて以来、労働保険の実務に役立つ法令集として広く活用されてきたところですが、今般、その内容を最新のものとするために改訂版をまとめることとしたものです。

事業主、実務担当者をはじめ関係者の方々の御利用を期待するものであります。

平成三十年十二月

編　者

凡例

一、この法令集の特色
この法令集は、「労働保険の保険料の徴収等に関する法律」（徴収法）による労働保険の適用事務並びに労働保険料の申告及び納付の事務にたずさわる実務担当者の便宜を考慮して、徴収法を中心にその関係法令を収録した。

関係法令には労働者災害補償保険法、雇用保険法、会計法、国税通則法、国税徴収法等を収録し、労働保険に関するすべての事務の処理ができるように編集に配慮した。

二、収録内容
収録した法令は平成三十年十一月三十日現在のものである。

三、収録の方法
収録法令は1労働保険の保険料の徴収等に関する法律関係、2失業保険法及び労働者災害補償保険法の一部を改正する法律及び労働保険の保険料の徴収等に関する法律の施行に伴う関係法律の整備等に関する法律関係、3労働者災害補償保険法関係、4石綿による健康被害の救済に関する法律関係、5雇用保険法関係、6特別会計法関係、7会計法・国の債権の管理等に関する法律関係、8行政手続法・行政不服審査法関係、9国税通則法関係、10破産法関係、11東日本大震災関係にそれぞれ分類して収録した。

四、法令公布・改正経過の表示
㈠　公布については、法令の名称の下に公布年月日、法令の区分及び法令番号を表示した。例…平成一三年六月一〇日法律　号
㈡　改正経過については、改正法令の公布年月日、法令の区分及び法令番号を、徴収法、整備法、労災保険法及び雇用保険法関係法令にはその全部を、その他の法令については最終改正のみを表示した。
㈢　徴収法、整備法、労災保険法及び雇用保険法については、各条文の末尾に改正経過を前記㈡と同様に表示した。なお、公布日は年のみ表示した。

五、条文見出し・項番号
原条文に見出し及び項番号のないものについては、編集者において、見出しは〈　〉囲み、項番号は数字を○囲みで付した。

六、条文註
徴収法、整備法、労災保険法及び雇用保険法については、各条文の末尾に註を付して、関係条文、参考条文を表示した。

この場合、条数は漢数字で、項数はアラビヤ数字で、号数はアラビヤ数字を○囲みで示した。

関係条文等の法令の名称で略語を用いたのは次のとおりである。

法令	徴収法における表示	整備法における表示
労働保険の保険料の徴収等に関する法律（昭和四四年法律八四号）	条数のみを示す	徴収法
労働保険の保険料の徴収等に関する法律施行令（昭和四七年政令四六号）	令	徴収令
労働保険の保険料の徴収等に関する法律施行規則（昭和四七年労働省令八号）	則	徴収則
失業保険法及び労働者災害補償保険法の一部を改正する法律及び労働保険の保険料の徴収等に関する法律の施行に伴う関係法律の整備等に関する法律（昭和四四年法律八五号）	整備法	条数のみを示す
失業保険法及び労働者災害補償保険法の一部を改正する法律及び労働保険の保険料の徴収等に関する法律の施行に伴う関係政令の整備等に関する政令（昭和四七年政令四七号）	整備令	整備令
失業保険法及び労働者災害補償保険法の一部を改正する法律及び労働保険の保険料の徴収等に関する法律の施行に伴う労働省令の整備等に関する省令（昭和四七年労働省令九号）	整備省令	整備省令
労働者災害補償保険法（昭和二二年法律五〇号）	労災保険法	労災保険法

七、附則の取扱い

「労働保険の保険料の徴収等に関する法律関係」、「労働者災害補償保険法関係」及び「雇用保険法関係」の法令については必要な附則はすべて収録し、これ以外の法令の附則は省略した。

目次

序

労働保険の保険料の徴収等に関する法律 関係

労働保険の保険料の徴収等に関する法律……三
労働保険の保険料の徴収等に関する法律施行令……六一
労働保険の保険料の徴収等に関する法律施行規則……六六

様式

雇用保険印紙購入通帳様式第1号（第四二条関係）……一七三
始動票札受領通帳様式第2号（第五〇条関係）……一七六
労働保険検査証様式第3号（第七五条関係）……一七九
労災保険関係成立票様式第4号（第七七条関係）……一八〇

関係告示

厚生労働大臣が定める現物給与の価額……一八一
労働保険の保険料の徴収等に関する法律第十二条第四項の厚生労働大臣が指定する事業を指定する件……一八六
労働保険の保険料の徴収等に関する法律の規定に基づき雇用保険率を変更する件……一八七
労働保険の保険料の徴収等に関する法律施行規則の規定に基づき厚生労働大臣が指定する種類の事業及び都道府県労働局の管轄区域を定める等の件……一八八
労働保険の保険料の徴収等に関する法律施行規則第十三条第二項第一号ただし書の規定に基づき同号ただし書

に規定する事業の種類及び物を定める等の件……一九〇
労働保険の保険料の徴収等に関する法律施行規則の規定に基づき労災保険率表の細目を定める等の件……一九一
労働保険の保険料の徴収等に関する法律施行規則第二十条の三第一号の労働者の健康の保持増進のための措置であって厚生労働大臣が定めるもの等の件……二〇八
労働保険の保険料の徴収等に関する法律施行規則の規定に基づき計器を指定する等の件……二〇九

関係法令

労働保険の保険料の徴収等に関する法律等の施行期日を定める政令……二一一
建設労働者の雇用の改善等に関する法律附則第四条の規定の施行に伴う労働保険の保険料の納付等に関する経過措置を定める政令……二一一
印紙をもってする歳入金納付に関する法律（抄）……二一三
雇用保険印紙の形式を定める等の件……二一五
雇用保険印紙及び健康保険印紙の売りさばきに関する省令……二一七
利率等の表示の年利建て移行に関する法律（抄）……二二〇
労働保険の保険料の徴収等に関する法律に基づく労働保険料等の納付手続の特例に関する省令……二二一
行政機関の休日に関する法律（抄）……二二五

整備法関係

失業保険法及び労働者災害補償保険法の一部を改正する法律及び労働保険の保険料の徴収等に関する法律の施行に伴う関係法律の整備等に関する法律（抄）……二二九

失業保険法及び労働者災害補償保険法の一部を改正する法律及び労働保険の保険料の徴収等に関する法律の施行に伴う関係政令の整備等に関する政令（抄）……二四三
失業保険法及び労働者災害補償保険法の一部を改正する法律及び労働保険の保険料の徴収等に関する法律の施行に伴う労働省令の整備等に関する省令（抄）……二四七
労働保険事務組合に対する報奨金に関する政令……二六三
労働保険事務組合に対する報奨金に関する省令……二六八
失業保険法及び労働者災害補償保険法の一部を改正する法律及び労働保険の保険料の徴収等に関する法律の施行に伴う関係法律の整備等に関する法律第十九条第二項の規定に基づき同項の厚生労働大臣の定める率を定める告示……二七五
失業保険法及び労働者災害補償保険法の一部を改正する法律及び労働保険の保険料の徴収等に関する法律の施行に伴う関係政令の整備等に関する政令第十七条の規定に基づき厚生労働大臣が定める事業を定める告示……二七七
労働保険事務組合に対する報奨金の交付要件の算定の基準となる日の延長期日を定める件……二八〇

労働者災害補償保険法関係

労働者災害補償保険法……二八三
労働者災害補償保険法施行令……三六六
労働者災害補償保険法施行規則……三七四
労働者災害補償保険特別支給金支給規則……四五一
労働者災害補償保険法施行規則第一条第一項の規定に基づき厚生労働大臣

が定める事務を定める告示等の件……四七五
労働者災害補償保険法施行規則第四十六条の十八第一号の規定に基づき厚生労働大臣が定める機械の種類を定める件……四七六
労働者災害補償保険法施行規則第四十六条の十八第二号ロの規定に基づき、厚生労働大臣が定める職業訓練であつて事業主又は事業主の団体に委託されるものを定める件……四七七
労働者災害補償保険法施行規則第四十六条の十八第四号の厚生労働大臣が定めるもの……四七八
労働者災害補償保険法の施行に関する事務に使用する文書の様式を定める告示……四八〇

様　式

適用事業場検査証様式第1号……四九一
診療録検査証様式第2号……四九三
未支給の保険給付支給請求書　未支給の特別支給金支給申請書様式第4号……四九五
療養補償給付たる療養の給付請求書様式第5号……四九七
療養補償給付たる療養の給付を受ける指定病院等（変更）届様式第6号……四九九
療養補償給付たる療養の費用請求書様式第7号(1)……五〇一
療養補償給付たる療養の費用請求書様式第7号(2)……五〇三
療養補償給付たる療養の費用請求書様式第7号(3)……五〇五
療養補償給付たる療養の費用請求書様式第7号(4)……五〇七
療養補償給付たる療養の費用請求書様式第7号(5)……五〇九
休業補償給付支給請求書　休業特別支給金支給申請書様式第8号……五一一
平均賃金算定内訳様式第8号（別紙1）……五一三
平均賃金算定内訳様式第8号（別紙2）……五一五
平均給与額証明書様式第9号……五一六

障害補償給付支給請求書　障害特別支給金支給申請書　障害特別年金支給申請書　障害特別一時金支給申請書様式第10号……五一八
障害補償給付・障害給付変更請求書　障害特別年金変更申請書様式第11号……五二〇
遺族補償年金支給請求書　遺族特別支給金支給申請書　遺族特別年金支給申請書様式第12号……五二一
遺族補償年金・遺族年金転給等請求書　遺族特別年金転給等申請書様式第13号……五二三
遺族補償年金・遺族年金支給停止申請書様式第14号……五二五
遺族補償一時金支給請求書　遺族特別支給金支給申請書　遺族特別一時金支給申請書様式第15号……五二六
葬祭料請求書様式第16号……五二九
傷病の状態等に関する届様式第16号の2……五三一
介護補償給付・介護給付支給請求書様式第16号の2の2……五三三
療養給付たる療養の給付請求書様式第16号の3……五三五
療養給付たる療養の給付を受ける指定病院等（変更）届様式第16号の4……五三七
療養給付たる療養の費用請求書様式第16号の5(1)……五三九
療養給付たる療養の費用請求書様式第16号の5(2)……五四一
療養給付たる療養の費用請求書様式第16号の5(3)……五四三
療養給付たる療養の費用請求書様式第16号の5(4)……五四五
療養給付たる療養の費用請求書様式第16号の5(5)……五四七
休業給付支給請求書　休業特別支給金支給申請書様式第16号の6……五四九
平均賃金算定内訳様式第16号の6（別紙1）……五五一
平均賃金算定内訳様式第16号の6（別紙2）……五五三
障害給付支給請求書　障害特別支給金支給申請書　障害特別年金支給申請書　障害特別一時金支給申請書様式第16号の7……五五四

通勤災害に関する事項様式第16号の7（別紙）……五五六
遺族年金支給請求書　遺族特別支給金支給申請書　遺族特別年金支給申請書様式第16号の8……五五七
通勤災害に関する事項様式第16号の8（別紙）……五五九
遺族一時金支給請求書　遺族特別支給金支給申請書　遺族特別一時金支給申請書様式第16号の9……五六〇
通勤災害に関する事項様式第16号の9（別紙）……五六二
葬祭給付請求書様式第16号の10……五六三
通勤災害に関する事項様式第16号の10（別紙）……五六五
二次健康診断等給付請求書様式第16号の10の2……五六六
傷病の状態等に関する報告書様式第16号の11……五六八
年金証書様式第17号……五六九
年金たる保険給付の受給権者の定期報告書様式第18号……五七三
年金たる保険給付の受給権者の住所・氏名・年金の払渡金融機関等変更届様式第19号……五七九
厚生年金保険等の受給関係変更届様式第20号……五八一
遺族補償年金・遺族年金受給権者失権届様式第21号……五八二
遺族補償年金額・遺族年金額算定基礎変更届様式第22号……五八三
特別加入申請書（中小事業主等）様式第34号の7……五八四
特別加入申請書（中小事業主等）様式第34号の7（別紙）……五八六
特別加入に関する変更届　特別加入脱退申請書（中小事業主等及び一人親方等）様式第34号の8……五八八
特別加入に関する変更届　特別加入脱退申請書（中小事業主等及び一人親方等）様式第34号の8（別紙）……五九〇
特別加入申請書（一人親方等）様式第34号の10……五九二
特別加入申請書（一人親方等）様式第34号の10（別紙）……五九四
特別加入申請書（海外派遣者）様式第34号の11……五九六

特別加入申請書（海外派遣者）様式第34号の11（別紙）……五九八
特別加入に関する変更届　特別加入脱退申請書（海外派遣者）様式第34号の12……六〇〇
特別加入に関する変更届　特別加入脱退申請書（海外派遣者）様式第34号の12（別紙）……六〇二
障害補償年金差額一時金支給請求書　障害年金差額一時金支給請求書　障害特別年金差額一時金支給申請書様式第37号の2……六〇四
事業主責任災害損害賠償受領届様式第37号の3……六〇六
特別給与に関する届様式第38号……六一〇

関係法令

労働基準法（抄）……六一一
労働基準法施行規則（抄）……六二一
家内労働法（抄）……六四一
家内労働法施行規則（抄）……六四五
船員法（抄）……六五二
船員法第一条第二項第三号の漁船の範囲を定める政令……六五四

石綿救済法関係

石綿による健康被害の救済に関する法律……六五九
石綿による健康被害の救済に関する法律施行令……六八九
厚生労働省関係石綿による健康被害の救済に関する法律施行規則……六九九

雇用保険法関係

雇用保険法……七二九
雇用保険法施行令……八四七
雇用保険法施行規則……八六二

様　式

雇用保険適用除外申請書様式第1号（第五条関係）……一一一一
雇用保険被保険者資格取得届様式第2号（第

六条関係）……一一二
雇用保険被保険者資格喪失届・氏名変更届様式第4号（第七条、第一四条関係）……一一四
雇用保険被保険者離職証明書様式第5号（第七条関係）……一一六
雇用保険被保険者離職票―1様式第6号（第七条関係）(1)……一一七
雇用保険被保険者離職票―2様式第6号（第七条関係）(2)……一一九
雇用保険被保険者資格取得確認通知書（事業主通知用）様式第6号の2（第九条関係）(1)……一二〇
雇用保険被保険者資格取得確認通知書（被保険者通知用）様式第6号の2（第九条関係）(2)……一二一
雇用保険被保険者資格喪失確認通知書（事業主通知用）様式第6号の3（第九条関係）(1)……一二二
雇用保険被保険者資格喪失確認通知書（被保険者通知用）様式第6号の3（第九条関係）(2)……一二三
雇用保険被保険者証様式第7号（第一〇条関係）……一二四
雇用保険被保険者証再交付申請書様式第8号（第一〇条関係）……一二五
雇用継続交流採用終了届様式第9号の2（第一二条の二関係）……一二六
雇用保険被保険者転勤届様式第10号（第一三条関係）……一二八
個人番号登録・変更届様式第10号の2（第一四条の二、附則第一条の三関係）……一三〇
雇用保険被保険者休業開始時賃金月額証明書・所定労働時間短縮開始時賃金証明書（安定所提出用）様式第10号の2の2（第一四条の三、第一四条の四関係）……一三二
雇用保険被保険者休業開始時賃金月額証明票・所定労働時間短縮開始時賃金証明票（本人手続用）様式第10号の3（第一四条の三、第一四条の四関係）……一三三
未支給失業等給付請求書様式第10号の4（第

一七条の二関係）……一一三四
雇用保険受給資格者証様式第11号（第一七条の二関係）……一一三五
雇用保険高年齢受給資格者証様式第11号の2（第一七条の二関係）……一一三七
雇用保険特例受給資格者証様式第11号の3（第一七条の二関係）……一一三九
雇用保険被保険者手帳様式第11号の4（第一七条の二関係）……一一四一
雇用保険返納金等滞納者財産差押証明書様式第11号の5（第一七条の七関係）……一一四九
公共職業訓練等受講届・通所届様式第12号（第二一条関係）……一一五〇
失業認定申告書様式第14号（第二二条関係）……一一五二
公共職業訓練等受講証明書様式第15号（第二七条関係）……一一五四
受給期間・教育訓練給付適用対象期間延長申請書の記載に当たっての注意様式第16号（第三一条、第三一条の三、第一〇一条の二の五関係）(1)……一一五六
受給期間・教育訓練給付適用対象期間延長申請書様式第16号（第三一条、第三一条の三、第一〇一条の二の五関係）(2)……一一五七
受給期間・教育訓練給付適用対象期間延長通知書様式第17号（第三一条、第三一条の三、第一〇一条の二の五関係）……一一五八
払渡希望金融機関指定・変更届様式第18号（第四四条関係）……一一五九
受給資格者氏名・住所変更届様式第20号（第四九条関係）……一一六一
傷病手当支給申請書様式第22号（第六三条関係）……一一六二
高年齢受給資格者失業認定申告書様式第22号の3（第六五条の五関係）……一一六四
特例受給資格者失業認定申告書様式第24号（第六九条関係）……一一六六
日雇労働被保険者資格取得届様式第25号（第七一条関係）……一一六八
日雇労働被保険者任意加入申請書様式第26号（第七二条関係）……一一六九

日雇労働被保険者資格継続認可申請書様式第28号（第七四条関係）……一一七〇
就業手当支給申請書様式第29号（第八二条の五関係）……一一七一
再就職手当支給申請書様式第29号の2（第八二条の七関係）……一一七三
就業促進定着手当支給申請書様式第29号の2の2（第八三条の四関係）……一一七五
常用就職支度手当支給申請書様式第29号の3（第八四条関係）……一一七七
移転費支給申請書様式第30号（第九二条関係）……一一七九
移転費支給決定書様式第31号（第九三条関係）……一一八一
移転証明書様式第32号（第九四条関係）……一一八二
求職活動支援費（広域求職活動費）支給申請書様式第32号の2（第九九条関係）……一一八三
求職活動支援費（短期訓練受講費）支給申請書様式第32号の3（第一〇〇条の四関係）……一一八四
求職活動支援費（求職活動関係役務利用費）支給申請書様式第32号の4（第一〇〇条の八関係）……一一八六
教育訓練給付金支給申請書様式第33号の2（第一〇一条の二の一一関係）……一一八八
教育訓練給付金（第一〇一条の二の七第二号関係）及び教育訓練支援給付金受給資格確認票様式第33号の2の2……一一九〇
教育訓練給付金（第一〇一条の二の七第二号関係）及び教育訓練支援給付金受給資格者証様式第33号の2の3……一一九二
教育訓練給付金（第一〇一条の二の七第二号関係）支給申請書様式第33号の2の4……一一九四
教育訓練給付金（第一〇一条の二の七第三号関係）支給申請書様式第33号の2の5……一一九六
教育訓練給付金（第一〇一条の二の七第二号関係）受給者氏名・住所・電話番号変更届様式第33号の2の6……一一九八
教育訓練支援給付金受講証明書様式第33号の2の7……一二〇〇
高年齢雇用継続給付受給資格確認票・（初回）高年齢雇用継続給付支給申請書様式第33号の3（第一〇一条の五、第一〇一条の七関

係）……………………一二〇二
高年齢雇用継続給付支給申請書様式第33号の3の2（第一〇一条の五、第一〇一条の七関係）……………一二〇四
雇用保険被保険者六十歳到達時等賃金証明書様式第33号の4（第一〇一条の五関係）……一二〇六
育児休業給付受給資格確認票・（初回）育児休業給付金支給申請書様式第33号の5（第一〇一条の一三関係）……一二〇七
育児休業給付金支給申請書様式第33号の5の2（第一〇一条の一三関係）……一二〇九
介護休業給付金支給申請書様式第33号の6（第一〇一条の一九関係）……一二一一
雇用保険検査証明書様式第34号（第一四四条関係）……一二一三
雇用保険被保険者資格取得届光ディスク等提出用総括票様式第35号（第一四六条関係）…一二一四
雇用保険被保険者資格取得届光ディスク等提出用総括票に係る対象者名簿様式第35号（第一四六条関係）（別紙）……一二一六
雇用保険被保険者資格喪失届光ディスク等提出用総括票様式第36号（第一四六条関係）…一二一七
雇用保険被保険者資格喪失届光ディスク等提出用総括票に係る対象者名簿様式第36号（第一四六条関係）（別紙）……一二一九
雇用保険被保険者転勤届光ディスク等提出用総括票様式第37号（第一四六条関係）……一二二〇
雇用保険被保険者転勤届光ディスク等提出用総括票に係る対象者名簿様式第37号（第一四六条関係）（別紙）……一二二二
雇用保険法等の一部を改正する法律附則第二十六条第四項に規定する厚生労働省令で定める事項を定める省令…一二三三
雇用保険法第三十八条第一項第二号の規定に基づき厚生労働大臣の定める時間数を定める告示……一二三五
雇用保険法附則第五条第一項の規定に基づき厚生労働大臣が指定する地域…一二三五
雇用保険法を適用しない者を定める告示……一二三六

特別会計法関係

特別会計に関する法律（抄）……一二三一
特別会計に関する法律施行令（抄）……一二四九

会計法関係

会計法……一二六七
予算決算及び会計令（抄）……一二八三
予算決算及び会計令第三十七条に規定する財務大臣の定める日を定める省令……一二九四
厚生労働省所管会計事務取扱規程（抄）……一二九五
会計法規ニ基ク出納計算ノ数字及記載事項ノ訂正ニ関スル省令……一三〇六
国の債権の管理等に関する法律……一三〇七
国の債権の管理等に関する法律施行令……一三〇七
債権管理事務取扱規則……一三〇七
国等の債権債務等の金額の端数計算に関する法律……一三八〇
歳入徴収官事務規程……一三八二
証券ヲ以テスル歳入納付ニ関スル法律……一四一六
証券ヲ以テスル歳入納付ニ関スル法律施行細則……一四一七
出納官吏事務規程（抄）……一四二一
日本銀行国庫金取扱規程（抄）……一四二九

行政手続法関係

行政手続法……一四四三
行政手続法施行令（抄）……一四六二
厚生労働省聴聞手続規則……一四六八
行政不服審査法……一四七二
行政事件訴訟法……一五一三

国税通則法関係

国税通則法……一五三三
国税通則法施行令……一六三六
国税通則法施行規則……一六七八
国税徴収法……一七一一
国税徴収法施行令……一七七六
国税徴収法施行規則……一八〇三
滞納処分と強制執行等との手続の調整に関する法律……一八二一
滞納処分と強制執行等との手続の調整に関する政令……一八三五
滞納処分と強制執行等との手続の調整に関する規則……一八四九

破産法関係

破産法……一八六七

東日本大震災関係

東日本大震災に対処するための特別の財政援助及び助成に関する法律（抄）……一九七一
東日本大震災に対処するための特別の財政援助及び助成に関する法律第二条第二項及び第三項の市町村を定める政令（抄）……一九七五
東日本大震災に対処するための特別の財政援助及び助成に関する法律の厚生労働省関係規定の施行等に関する省令（抄）……一九七八

関係告示

青森県、岩手県、宮城県、福島県、茨城県における社会保険料及び労働保険料等に関する納期限等を延長する件……一九八一
青森県及び茨城県における社会保険料

及び労働保険料等に関する納期限等を指定する件……一九八三
岩手県、宮城県及び福島県の一部の地域における社会保険料及び労働保険料等に関する納期限等を指定する件……一九八五
岩手県及び宮城県の一部の地域における社会保険料及び労働保険料等の納期限等を指定する件……一九八九
宮城県の一部の地域における社会保険料及び労働保険料等の納期限等を指定する件……一九九一
福島県の一部の地域における社会保険料及び労働保険料等の納期限等を指定する件……一九九三

労働保険の保険料の徴収等に関する法律 関係

労働保険の保険料の徴収等に関する法律

改正
昭和四四年一二月　九日法律　八四号
昭和四五年　四月　一日法律　一三号
昭和四五年　五月二二日法律　八八号
昭和四七年　四月二八日法律一一八号
昭和四八年　九月二一日法律　八五号
昭和四九年一二月二八日法律一一七号
昭和五一年　五月二七日法律　三二号
昭和五一年　五月二七日法律　三三号
昭和五二年　五月二〇日法律　四三号
昭和五三年一一月一八日法律一〇七号
昭和五四年　六月　八日法律　四〇号
昭和五五年一二月　五日法律一〇四号
昭和五八年　五月一七日法律　三九号
昭和五九年　七月一三日法律　五四号
昭和五九年一二月二五日法律　八七号
昭和六一年　五月二三日法律　五九号
昭和六一年一二月　四日法律　九三号
昭和六二年　三月三一日法律　二三号

平成　元年　六月二八日法律　三六号
平成　二年　六月二二日法律　四〇号
平成　四年　三月三一日法律　　八号
平成　五年一一月一二日法律　八九号
平成　六年　六月二九日法律　五七号
平成　七年　三月二三日法律　三五号
平成　八年　六月一四日法律　八二号
平成一一年　七月一六日法律　八七号
平成一一年一二月二二日法律一六〇号
平成一二年　五月一二日法律　五九号
平成一二年一一月二二日法律一二四号
平成一五年　四月三〇日法律　三一号
平成一六年一二月　一日法律一五〇号
平成一七年一一月　二日法律一〇八号
平成一九年　四月二三日法律　三〇号
平成一九年　七月　六日法律一〇九号
平成一九年　七月　六日法律一一〇号
平成二一年　三月三〇日法律　　五号
平成二一年　五月　一日法律　三六号
平成二二年　三月三一日法律　一五号
平成二三年　五月二〇日法律　四六号
平成二三年　五月二〇日法律　四七号
平成二六年　六月一一日法律　六四号
平成二六年　六月一三日法律　六九号
平成二八年　三月三一日法律　一七号
平成二九年　三月三一日法律　一四号

平成二九年 六月 二日法律 四五号

目次

第一章 総則（第一条・第二条）
第二章 保険関係の成立及び消滅（第三条―第九条）
第三章 労働保険料の納付の手続等（第十条―第三十二条）
第四章 労働保険事務組合（第三十三条―第三十六条）
第五章 行政手続法との関係（第三十七条・第三十八条）
第六章 雑則（第三十九条―第四十五条の二）
第七章 罰則（第四十六条―第四十八条）
附則

改正 目次…一部改正（平成五年法律八九号、平成二六年法律六九号）

第一章 総則

（**趣旨**）

第一条 この法律は、労働保険の事業の効率的な運営を図るため、労働保険の保険関係の成立及び消滅、労働保険料の納付の手続、労働保険事務組合等に関し必要な事項を定めるものとする。

（**定義**）

第二条 この法律において「労働保険」とは、労働者災害補償保険法（昭和二十二年法律第五十号。以下「労災保険法」という。）による労働者災害補償保険（以下「労災保険」という。）及び雇用保険法（昭和四十九年法律第百十六号）による雇用保険（以下「雇用保険」という。）を総称する。

2 この法律において「賃金」とは、賃金、給料、手当、賞与その他名称のいかんを問わず、労働の対償として事業主が労働者に支払うもの（通貨以外のもので支払われるものであつて、厚生労働省令で定める範囲外のものを除く。）をいう。

3 賃金のうち通貨以外のもので支払われるものの評価に関し必要な事項は、厚生労働大臣が定める。

4 この法律において「保険年度」とは、四月一日から翌年三月三十一日までをいう。

改正 四項…追加（昭和四五年法律八八号）、一項…一部改正（昭和四九年法律一一七号）、二・三項…一部改正（平成一一年法律一六〇号）、三項…一部改正（平成一九年法律一一〇号）

註 二項〔賃金―労働基準法一一、雇用保険法四4〕、〔通貨以外のもので支払われる賃金の範囲及び評価―則三〕

第二章　保険関係の成立及び消滅

（保険関係の成立）

第三条　労災保険法第三条第一項の適用事業の事業主については、その事業が開始された日に、その事業につき労災保険に係る労働保険の保険関係（以下「保険関係」という。）が成立する。

註　〔建設の事業の保険関係成立の標識―則七七・様式二五〕、〔労災保険暫定任意適用事業の範囲―失業保険法及び労災保険法一部改正法（昭和四四年法律八三号）附則一二、整備令一七、昭和五〇年労働省告示三五号〕、〔労災保険暫定任意適用事業の保険関係の成立―整備法五、整備省令一〕、〔任意適用事業が適用事業に該当した場合の取扱い―整備法七〕

第四条　雇用保険法第五条第一項の適用事業の事業主については、その事業が開始された日に、その事業につき雇用保険に係る保険関係が成立する。

改正　一項…一部改正、二～四項…削除（昭和四九年法律一一七号）

註　〔雇用保険の適用事業―雇用保険法五〕、〔雇用保険暫定任意適用事業の範囲―雇用保険法附則二、雇用保険法施行令附則二〕、〔雇用保険暫定任意適用事業の保険関係の成立等―附則二〕、〔任意適用事業が適用事業に該当した場合の取扱い―附則三〕

（保険関係の成立の届出等）

第四条の二　前二条の規定により保険関係が成立した事業の事業主は、その成立した日から十日以内に、その成立した日、事業主の氏名又は名称及び住所、事業の種類、事業の行われる場所その他厚生労働省令で定める事項を政府に届け出なければならない。

2　保険関係が成立している事業の事業主は、前項に規定する事項のうち厚生労働省令で定める事項に変更があつたときは、厚生労働省令で定める期間内にその旨を政府に届け出なければならない。

改正　本条…追加（昭和六一年法律五九号）、一・二項…一部改正（平成一一年法律一六〇号）

註　〔保険関係成立の届出―則四・様式一〕、〔変更事項の届出―則五・様式二〕

（保険関係の消滅）

第五条　保険関係が成立している事業が廃止され、又は終了したときは、その事業についての保険関係は、その翌日に消滅する。

註　〔雇用保険暫定任意適用事業の保険関係の消滅―附則四・則附則三〕、〔労災保険暫定任意適用事業の保険関係の消滅―整備法八、整備省令三〕

第六条　削除

改正　本条…削除（昭和四九年法律一一七号）

（有期事業の一括）

第七条　二以上の事業が次の要件に該当する場合には、この法律の規定の適用については、その全部を一の事業とみなす。

一　事業主が同一人であること。

二　それぞれの事業が、事業の期間が予定される事業（以下「有期事業」という。）であること。

三　それぞれの事業の規模が、厚生労働省令で定める規模以下であること。

四　それぞれの事業が、他のいずれかの事業の全部又は一部と同時に行なわれること。

五　前各号に掲げるもののほか、厚生労働省令で定める要件に該当すること。

改正　本条…一部改正（平成一一年法律一六〇号）

註　三号〔厚生労働省令で定める規模―則六1〕、五号〔厚生労働省令で定める要件―則六2〕、〔一括有期事業開始届―則六3・様式三〕、〔一括有期事業報告書―則三四・六九・七八1・様式七〕

（請負事業の一括）

第八条　厚生労働省令で定める事業が数次の請負によつて行なわれる場合には、この法律の規定の適用については、その事業を一の事業とみなし、元請負人のみを当該事業の事業主とする。

2　前項に規定する場合において、元請負人及び下請負人が、当該下請負人の請負に係る事業に関して同項の規定の適用を受けることにつき申請をし、厚生労働大臣の認可があつたときは、当該請負に係る事業については、当該下請負人を元請負人とみなして同項の規定を適用する。

改正　一・二項…一部改正（平成一一年法律一六〇号）

註　一項〔厚生労働省令で定める事業―則七〕、二項〔下請負人を事業主とする認可申請・認可基準―則八・九・七八1・様式四〕、〔厚生労働大臣の認可権限の委任―四五、則七六〕、〔数次の請負による事業における災害補償―労働基準法八七〕

（継続事業の一括）

第九条　事業主が同一人である二以上の事業（有期事業以外の事業に限る。）であつて、厚生労働省令で定める要件に該当するものに関し、当該事業主が当該二以上の事業について成立している保険関係の全部又は一部を一の保険関係とすることにつき申請をし、厚生労働大臣の認可があつたときは、この法律の規定の適用については、当該認可に係る二以上の事業に使用されるすべての労働者は、これらの事業のうち厚生労働大臣が指定するいずれか一の事業に使用される労働者とみなす。この場合においては、厚生労働大臣が指定する一の事業以外の事業に係る保険関係は、消滅する。

改正 本条…一部改正（昭和四九年法律一一七号、平成一一年法律一六〇号、平成一九年法律三〇号）

註 〔厚生労働省令で定める要件―則一〇1〕、〔認可の申請―則一〇2・六九・七八1・様式五〕、〔厚生労働大臣の認可権限の委任―四五、則七六〕、〔厚生労働大臣の指定する事業―則一〇3〕

第三章　労働保険料の納付の手続等

（労働保険料）

第十条 政府は、労働保険の事業に要する費用にあてるため保険料を徴収する。

2 前項の規定により徴収する保険料（以下「労働保険料」という。）は、次のとおりとする。

一 一般保険料
二 第一種特別加入保険料
三 第二種特別加入保険料
三の二 第三種特別加入保険料
四 印紙保険料
五 特例納付保険料

改正 二項…一部改正（昭和五一年法律三二号、平成二二年法律一五号）

註 〔労働保険料の徴収事務の所轄―則一3、整備省令一八〕、〔一般保険料の額―一一・一一の二〕、〔第一種特別加入保険料の額―一三〕、〔第二種特別加入保険料の額―一四〕、〔第三種特別加入保険料の額―一四の二〕、〔印紙保険料の額―二二1〕

（一般保険料の額）

第十一条 一般保険料の額は、賃金総額に第十二条の規定による一般保険料に係る保険料率を乗じて得た額とする。

＜編注＞本条第一項は、次のように改正され、平成三二年四月一日から施行される。

（一般保険料の額）

第十一条 一般保険料の額は、賃金総額に次条の規定による一般保険料に係る保険料率を乗じて得た額とする。

2 前項の「賃金総額」とは、事業主がその事業に使用するすべての労働者に支払う賃金の総額をいう。

3 前項の規定にかかわらず、厚生労働省令で定める事業については、厚生労働省令で定めるところにより算定した額を当該事業に係る賃金総額とする。

改正 一項…一部改正（昭和四九年法律一一七号）、三項…一部改正（平成一一年法律一六〇号）、一項…一部改正（平成二八年法律一七号）

註 一項〔一般保険料に係る保険料率―一二1〕、二項〔賃金―二2・3〕、三項〔厚生労働省令で定める事業―則一二〕、〔賃金総額算定の特例―則一二～一五・別

表(二)、(一般保険料の額の算定等に関する特例―整備省令一七)

〈編注〉　第一一条の二は、平成三二年四月一日から削られる。

第十一条の二　政府は、雇用保険に係る保険関係が成立している事業の事業主がその事業に高年齢労働者（厚生労働省令で定める年齢以上の労働者をいう。以下同じ。）を使用する場合には、政令で定めるところにより、その事業に係る一般保険料の額を、前条第一項の規定にかかわらず、同項の規定による額から、事業主がその事業に使用する高年齢労働者に支払う賃金の総額（厚生労働省令で定める事業については、厚生労働省令で定めるところにより算定した額。第十五条の二及び第十九条の二において「高年齢者賃金総額」という。）に雇用保険率（その率が次条第五項又は第八項の規定により変更されたときは、その変更された率。同条第四項を除き、以下同じ。）を乗じて得た額を超えない額を減じた額とすることができる。

改正　本条…追加（昭和四九年法律一一七号）、一部改正（昭和五四年法律四〇号、平成一一年法律一六〇号、平成一九年法律三〇号）、本条…削る（平成二八年法律一七号）

註　（厚生労働省令で定める年齢―則一五の二）、（高年齢者免除額―令一）

（一般保険料に係る保険料率）

第十二条　一般保険料に係る保険料率は、次のとおりとする。

一　労災保険及び雇用保険に係る保険関係が成立している事業にあつては、労災保険率と雇用保険率とを加えた率

二　労災保険に係る保険関係のみが成立している事業にあつては、労災保険率

三　雇用保険に係る保険関係のみが成立している事業にあつては、雇用保険率

〈編注〉本条第一項は、次のように改正され、平成三二年四月一日から施行される。

（一般保険料に係る保険料率）

第十二条　一般保険料に係る保険料率は、次のとおりとする。

一　労災保険及び雇用保険に係る保険関係が成立している事業にあつては、労災保険率と雇用保険率（第五項又は第八項の規定により変更されたときは、その変更された率。第四項を除き、以下同じ。）とを加えた率

二　労災保険に係る保険関係のみが成立している事業にあつては、労災保険率

三　雇用保険に係る保険関係のみが成立している事業にあつては、雇用保険率

2　労災保険率は、労災保険法の規定による保険給付及び社会復帰促進等事業に要する費用の予想額に照らし、将来にわた

つて、労災保険の事業に係る財政の均衡を保つことができるものでなければならないものとし、政令で定めるところにより、労災保険法の適用を受けるすべての事業の過去三年間の業務災害（労災保険法第七条第一項第一号の業務災害をいう。以下同じ。）及び通勤災害（同項第二号の通勤災害をいう。以下同じ。）に係る災害率並びに二次健康診断等給付（同項第三号の二次健康診断等給付をいう。次項及び第十三条において同じ。）に要した費用の額、社会復帰促進等事業として行う事業の種類及び内容その他の事情を考慮して厚生労働大臣が定める。

3　厚生労働大臣は、連続する三保険年度中の各保険年度において次の各号のいずれかに該当する事業であつて当該連続する三保険年度中の最後の保険年度に属する三月三十一日（以下この項において「基準日」という。）において労災保険に係る保険関係が成立した後三年以上経過したものについての当該連続する三保険年度の間における労災保険法の規定による業務災害に関する保険給付（労災保険法第十六条の六第一項第二号の場合に支給される遺族補償一時金、特定の業務に長期間従事することにより発生する疾病であつて厚生労働省令で定めるものにかかつた者（厚生労働省令で定める事業の種類ごとに、当該事業における就労期間等を考慮して厚生労働省令で定める者に限る。）に係る保険給付（以下この項及び第二十条第一項において「特定疾病にかかつた者に係る保険給付」という。）及び労災保険法第三十六条第一項の規定により保険給付を受けることができることとされた者（以下「第三種特別加入者」という。）に係る保険給付を除く。）の額（年金たる保険給付その他厚生労働省令で定める保険給付については、その額は、厚生労働省令で定めるところにより算定するものとする。第二十条第一項において同じ。）に労災保険法第二十九条第一項第二号に掲げる事業として支給が行われた給付金のうち業務災害に係るもので厚生労働省令で定めるものの額（一時金として支給された給付金以外のものについては、その額は、厚生労働省令で定めるところにより算定するものとする。）を加えた額と一般保険料の額（第一項第一号の事業については、前項の規定による労災保険率（その率がこの項の規定により引き上げ又は引き下げられたときは、その引き上げ又は引き下げられた率）に応ずる部分の額）から非業務災害率（労災保険法の適用を受けるすべての事業の過去三年間の通勤災害に係る災害率及び二次健康診断等給付に要した費用の額その他の事情を考慮して厚生労働大臣の定める率をいう。以下この項及び第二十条第一項において同じ。）に応ずる部分の額を減じた額に第一種特別加入保険料の額から特別加入非業務災害率（非業務災害率から第十三条の厚生労働大臣の定める率を減じた率をいう。第二十条第一項各号及び第二項において同じ。）に応ずる部分の額を減じた額を加えた額に業務災害に関する年金たる保険給付に要する費用、特定疾病にかかつた者に係る保険給付に要する費用その他の事情を考慮して厚生労働省令で定める率（第二十条第一項第一号において「第一種調整率」という。）を乗じて得た額との割合が百分の八十五を超え、又は百分の七十五以下である場合には、当該事業についての前項の規定による労災保険率から非業務災害率を減じた率を百分の四十の範囲内において厚生労働省令で定める率だけ引き上げ又は引き下げた率に非業務災害率を加えた率を、当該事業についての基準日の属する保険年度の次の次の保険年度の労災保険率とすることができる。

一　百人以上の労働者を使用する事業

二　二十人以上百人未満の労働者を使用する事業であつて、当該労働者の数に当該事業と同種の事業に係る前項の規定による労災保険率から非業務災害率を減じた率を乗じて得た数が厚生労働省令で定める数以上であるもの

三　前二号に掲げる事業のほか、厚生労働省令で定める規模の事業

4　雇用保険率は、千分の十五・五とする。ただし、次の各号（第三号を除く。）に掲げる事業（第一号及び第二号に掲げる事業のうち、季節的に休業し、又は事業の規模が縮小することのない事業として厚生労働大臣が指定する事業を除く。）については千分の十七・五とし、第三号に掲げる事業については千分の十八・五とする。

一　土地の耕作若しくは開墾又は植物の栽植、栽培、採取若しくは伐採の事業その他農林の事業

二　動物の飼育又は水産動植物の採捕若しくは養殖の事業その他畜産、養蚕又は水産の事業

三　土木、建築その他工作物の建設、改造、保存、修理、変更、破壊若しくは解体又はその準備の事業

四　清酒の製造の事業

五　前各号に掲げるもののほか、雇用保険法第三十八条第一項に規定する短期雇用特例被保険者の雇用の状況等を考慮して政令で定める事業

5　厚生労働大臣は、毎会計年度において、徴収保険料額並びに雇用保険法第六十六条第一項、第二項及び第五項の規定による国庫の負担額、同条第六項の規定による国庫の負担額（同法による雇用保険事業の事務の執行に要する経費に係る分を除く。）並びに同法第六十七条の規定による国庫の負担額の合計額と同法の規定による失業等給付の額並びに同法第六十四条の規定による助成及び職業訓練受講給付金の支給の額との合計額（以下この項において「失業等給付額等」という。）との差額を当該会計年度末における労働保険特別会計の雇用勘定の積立金（第七項において「積立金」という。）に加減した額が、当該会計年度における失業等給付額等の二倍に相当する額を超え、又は当該失業等給付額等に相当する額を下るに至つた場合において、必要があると認めるときは、

労働政策審議会の意見を聴いて、一年以内の期間を定め、雇用保険率を千分の十一・五から千分の十九・五まで（前項ただし書に規定する事業（同項第二号に掲げる事業を除く。）については千分の十三・五から千分の二十一・五まで、同号に掲げる事業については千分の十四・五から千分の二十二・五まで）の範囲内において変更することができる。

6　前項の「徴収保険料額」とは、第一項第一号の事業に係る一般保険料の額のうち雇用保険率に応ずる部分の額（前条の規定により高年齢労働者を使用する事業の一般保険料の額を同条の規定による額とする場合には、当該一般保険料の額に第一項第一号に掲げる事業に係る高年齢者免除額（前条の規定により第十一条第一項の規定による額から減ずることとする額をいう。以下この項及び第三十一条において同じ。）を加えた額のうち雇用保険率に応ずる部分の額から当該高年齢者免除額を減じた額）の総額と第一項第三号の事業に係る一般保険料の額の総額とを合計した額（以下この項及び第八項において「一般保険料徴収額」という。）から当該一般保険料徴収額に二事業率（千分の三・五の率（第四項第三号に掲げる事業については、千分の四・五の率）を雇用保険率で除して得た率をいう。同条第一項において同じ。）を乗じて得た額（第八項において「二事業費充当徴収保険料額」という。）を減じた額及び印紙保険料の額の総額の合計額をいう。

＜編注＞　本条第六項は、次のように改正され、平成三二年四月一日から施行される。

6　前項の「徴収保険料額」とは、第一項第一号の事業に係る一般保険料の額のうち雇用保険率に応ずる部分の額の総額と同項第三号の事業に係る一般保険料の額の総額とを合計した額（以下この項及び第八項において「一般保険料徴収額」という。）から当該一般保険料徴収額に二事業率（千分の三・五の率（第四項第三号に掲げる事業については、千分の四・五の率）を雇用保険率で除して得た率をいう。第三十一条第一項において同じ。）を乗じて得た額（第八項において「二事業費充当徴収保険料額」という。）を減じた額及び印紙保険料の額の総額の合計額をいう。

7　厚生労働大臣は、第五項の規定により雇用保険率を変更するに当たつては、雇用保険法第四条第一項に規定する被保険者（第二十一条及び第二十二条において「被保険者」という。）の雇用及び失業の状況その他の事情を考慮し、雇用保険の事業に係る失業等給付の支給に支障が生じないようにするために必要な額の積立金を保有しつつ、雇用保険の事業に係る財政の均衡を保つことができるよう、配慮するものとする。

8　厚生労働大臣は、毎会計年度において、二事業費充当徴収保険料額と雇用保険法の規定による雇用安定事業及び能力開発事業（同法第六十三条に規定するものに限る。）に要する費用に充てられた額（予算の定めるところにより、労働保険特別会計の雇用勘定に置かれる雇用安定資金に繰り入れられた額を含む。）との差額を当該会計年度末における当該雇用安定資金に加減した額が、当該会計年度における一般保険料徴収額に千分の三・五の率（第四項第三号に掲げる事業については、千分の四・五の率）を雇用保険率で除して得た率を乗じて得た額の一・五倍に相当する額を超えるに至つた場合には、雇用保険率を一年間その率から千分の〇・五の率を控除した率に変更するものとする。

9　前項の規定により雇用保険率が変更されている場合においては、第五項中「千分の十一・五から千分の十九・五まで」とあるのは「千分の十一から千分の十九まで」と、「千分の十三・五から千分の二十一・五まで」とあるのは「千分の十三から千分の二十一まで」と、「千分の十四・五から千分の二十二・五まで」とあるのは「千分の十四から千分の二十二まで」とし、第六項中「千分の三・五」とあるのは「千分の三」と、「千分の四・五」とあるのは「千分の四」とする。

改正　三項…一部改正（昭和四五年法律八八号、昭和五五年法律一〇四号、昭和六一年法律五九号）、四項…一部改正（昭和四七年法律一八号）、一・三項…一部改正（昭和四八年法律八五号）、一・二項…一部改正、旧四項…一部改正の上、五項に繰下、四・六項…追加（昭和四九年法律一一七号）、一・三項…一部改正（昭和五一年法律三二号）、四・五項…一部改正（昭和五一年法律三三号、昭和五三年法律一〇七号）、四～六項…一部改正（昭和五二年法律四三号）、五・六項…一部改正、七・八項…追加（昭和五四年法律四〇号）六・七項…一部改正（平成元年法律三六号）、三項…一部改正（平成二年法律四〇号）、五項…一部改正（平成六年法律五七号）、一～五・七項…一部改正（平成一一年法律一六〇号）、四・五項…一部改正、八項…全部改正（平成一二年法律五九号）、一・三項…一部改正（平成一二年法律一二四号）、四・五・八項…一部改正（平成一五年法律三一号）、一・五・六項…一部改正、旧七・八項…一部改正の上、一項ずつ繰下、七項…追加（平成一九年法律三〇号）、六・七項…一部改正（平成二二年法律一五号）、四・五・九項…一部改正（平成二三年法律四六号）、五・八項…一部改正（平成二三年法律四七号）、一・四・五・六・九項…一部改正（平成二八年法律一七号）

註　一・二項〔労災保険率―令二、則一六1・別表一〕、〔労災保険率表の細目―昭和四七年労働省告示一六号〕、〔通勤災害に係る率―則一六2〕、三項〔厚生労働省令で定める疾病―則一七の二〕、〔厚生労働省令で定める事業の種類―則一七の二〕、〔厚生労働省令で定める者―則一七の二〕、〔厚生労働省令で定める保険給付の額の算定―則一八〕、〔給付金のうち業務災害に係るもので厚生労働省令で定めるもの―則一八の二〕、〔前同の額―則一八の三〕、〔業務災害に係る給付金の暫定措置―則附則一の二〕、〔三年間における一般保険料の額等―則一九〕、〔厚生労働省令で定める率(第一種調整率)―則一九の二〕、〔厚生労働省令で定める率(増減率)―則二〇・別表三〕、〔一号及び二号の事業で本項の適用を受けるもの―則一七1〕、〔二号の厚生労働省令で定める数―則一七2〕、〔三号の厚生労働省令で定める規模―則一七3〕、四項〔厚生労働大臣が指定する事業―昭和五〇年労働省告示一二号〕、四・五・八・九項〔雇用保険率―平成二五年厚生労働省告示五八八号〕

(労災保険率の特例)

第十二条の二　前条第三項の場合において、厚生労働省令で定める数以下の労働者を使用する事業主が、連続する三保険年度中のいずれかの保険年度においてその事業に使用する労働者の安全又は衛生を確保するための措置で厚生労働省令で定めるものを講じたときであつて、当該措置が講じられた保険年度のいずれかの保険年度の次の保険年度の初日から六箇月以内に、当該事業に係る労災保険率につきこの条の規定の適用を受けようとする旨その他厚生労働省令で定める事項を記載した申告書を提出しているときは、当該連続する三保険年度中の最後の保険年度の次の次の保険年度の同項の労災保険率については、同項中「百分の四十」とあるのは、「百分の四十五」として、同項の規定を適用する。

改正　本条…追加(平成七年法律三五号)、一部改正(平成一一年法律一六〇号)

註　〔厚生労働省令で定める数―則二〇の二〕、〔労働者の安全又は衛生を確保するための措置―則二〇の三〕、〔労災保険率の特例の申告―則二〇の四・二〇の五・様式五の三〕、〔労災保険率から非業務災害率を減じた率の増減に係る特例―則二〇の六・別表三の三〕

(第一種特別加入保険料の額)

第十三条　第一種特別加入保険料の額は、労災保険法第三十四条第一項の規定により保険給付を受けることができることとされた者について同項第三号の給付基礎日額その他の事情を考慮して厚生労働省令で定める額の総額にこれらの者に係る事業についての第十二条第二項の規定による労災保険率(その率が同条第三項の規定により引き上げ又は引き下げられたときは、その引き上げ又は引き下げられた率)と同一の率から労災保険法の適用を受けるすべての事業の過去三年間の二次健康診断等給付に要した費用の額を考慮して厚生労働大臣の定める率を減じた率(以下「第一種特別加入保険料率」という。)を乗じて得た額とする。

改正　本条…一部改正(昭和四八年法律八五号、昭和五一年法律三二号、昭和六一年法律五九号、平成一一年法律一六〇号、平成一二年法律一二四号)

註　（厚生労働省令で定める額―則二一・別表四）、（厚生労働大臣の定める率―則二一の二）

（第二種特別加入保険料の額）

第十四条　第二種特別加入保険料の額は、労災保険法第三十五条第一項の規定により労災保険の適用を受けることができることとされた者（次項において「第二種特別加入者」という。）について同条第一項第六号の給付基礎日額その他の事情を考慮して厚生労働省令で定める額の総額に労災保険法第三十三条第三号の事業と同種若しくは類似の事業又は同条第五号の作業と同種若しくは類似の作業を行う事業についての業務災害及び通勤災害に係る災害率（労災保険法第三十五条第一項の厚生労働省令で定める者に関しては、当該同種若しくは類似の事業又は当該同種若しくは類似の作業を行う事業についての業務災害に係る災害率）、社会復帰促進等事業として行う事業の種類及び内容その他の事情を考慮して厚生労働大臣の定める率（以下「第二種特別加入保険料率」という。）を乗じて得た額とする。

2　第二種特別加入保険料率は、第二種特別加入者に係る保険給付及び社会復帰促進等事業に要する費用の予想額に照らし、将来にわたつて、労災保険の事業に係る財政の均衡を保つことができるものでなければならない。

改正　一項…一部改正（昭和四八年法律八五号、平成一一年法律一六〇号、平成一二年法律一二四号）、一項…一部改正、二項…全部改正（昭和四九年法律一一七号）、一・二項…一部改正（昭和五一年法律三二号、平成一九年法律三〇号）

註　一項（厚生労働省令で定める額―則二一・別表四）、（家内労働者に係る則別表四の経過措置―平成五年労働省令五号附則三3）、（第三種特別加入保険料率―則二三・別表五）

（第三種特別加入保険料の額）

第十四条の二　第三種特別加入保険料の額は、第三種特別加入者について労災保険法第三十六条第一項第二号において準用する労災保険法第三十四条第一項第三号の給付基礎日額その他の事情を考慮して厚生労働省令で定める額の総額に労災保険法第三十三条第六号又は第七号に掲げる者が従事している事業と同種又は類似のこの法律の施行地内で行われている事業についての業務災害及び通勤災害に係る災害率、社会復帰促進等事業として行う事業の種類及び内容その他の事情を考慮して厚生労働大臣の定める率（以下「第三種特別加入保険料率」という。）を乗じて得た額とする。

2　前条第二項の規定は、第三種特別加入保険料率について準用する。この場合において、同項中「第二種特別加入者」とあるのは、「第三種特別加入者」と読み替えるものとする。

改正　本条…追加（昭和五一年法律三二号）、一項…一部改正（平成一一年法律一六〇号、平成一二年法律

四号、平成一九年法律三〇号）

註　一項〔厚生労働省令で定める額―則二三の二・別表四〕、〔第三種特別加入保険料率―則二三の三〕

（概算保険料の納付）

第十五条　事業主は、保険年度ごとに、次に掲げる労働保険料を、その労働保険料の額その他厚生労働省令で定める事項を記載した申告書に添えて、その保険年度の六月一日から四十日以内（保険年度の中途に保険関係が成立したものについては、当該保険関係が成立した日（保険年度の中途に労災保険法第三十四条第一項の承認があつた事業に係る第一種特別加入保険料及び保険年度の中途に労災保険法第三十六条第一項の承認があつた事業に係る第三種特別加入保険料に関しては、それぞれ当該承認があつた日）から五十日以内）に納付しなければならない。

一　次号及び第三号の事業以外の事業にあつては、その保険年度に使用するすべての労働者（保険年度の中途に保険関係が成立したものについては、当該保険関係が成立した日からその保険年度の末日までに使用するすべての労働者）に係る賃金総額（その額に千円未満の端数があるときは、その端数は、切り捨てる。以下同じ。）の見込額（厚生労働省令で定める場合にあつては、直前の保険年度に使用したすべての労働者に係る賃金総額）に当該事業についての第十二条の規定による一般保険料に係る保険料率（以下「一般保険料率」という。）を乗じて算定した一般保険料

二　労災保険法第三十四条第一項の承認に係る事業又は労災保険法第三十六条第一項の承認に係る事業にあつては、次に掲げる労働保険料

イ　労災保険法第三十四条第一項の承認に係る事業（ハの事業を除く。）にあつては、その使用するすべての労働者に係る賃金総額の見込額について前号の規定の例により算定した一般保険料及びその保険年度における第十三条の厚生労働省令で定める額の総額（その額に千円未満の端数があるときは、その端数は、切り捨てる。以下同じ。）の見込額（厚生労働省令で定める場合にあつては、直前の保険年度における同条の厚生労働省令で定める額の総額。ハにおいて同じ。）に当該事業についての第一種特別加入保険料率を乗じて算定した第一種特別加入保険料

ロ　労災保険法第三十六条第一項の承認に係る事業（ハの事業を除く。）にあつては、その使用するすべての労働者に係る賃金総額の見込額について前号の規定の例により算定した一般保険料及びその保険年度における前条第一項の厚生労働省令で定める額の総額（その額に千円未満の端数があるときは、その端数は、切り捨てる。以下同じ。）の見込額（厚生労働省令で定める場合にあつては、直前の保険年度における同項の厚生労働省令で定める額の総額。ハにおいて同じ。）に当該事業についての第三種

特別加入保険料率を乗じて算定した第三種特別加入保険料

ハ　労災保険法第三十四条第一項の承認及び労災保険法第三十六条第一項の承認に係る事業にあつては、その使用するすべての労働者に係る賃金総額の見込額について前号の規定の例により算定した一般保険料並びにその保険年度における第十三条の厚生労働省令で定める額の総額の見込額についてイの規定の例により算定した第一種特別加入保険料及び前条第一項の厚生労働省令で定める額の総額の見込額についてロの規定の例により算定した第三種特別加入保険料

三　労災保険法第三十五条第一項の承認に係る事業にあつては、その保険年度における第十四条第一項の厚生労働省令で定める額の総額(その額に千円未満の端数があるときは、その端数は、切り捨てる。以下同じ。)の見込額(厚生労働省令で定める場合にあつては、直前の保険年度における同項の厚生労働省令で定める額の総額)に当該事業についての第二種特別加入保険料率を乗じて算定した第二種特別加入保険料

2　有期事業については、その事業主は、前項の規定にかかわらず、次に掲げる労働保険料を、その労働保険料の額その他厚生労働省令で定める事項を記載した申告書に添えて、保険関係が成立した日(当該保険関係が成立した日の翌日以後に労災保険法第三十四条第一項の承認があつた事業に係る第一種特別加入保険料に関しては、当該承認があつた日)から二十日以内に納付しなければならない。

一　前項第一号の事業にあつては、当該保険関係に係る全期間に使用するすべての労働者に係る賃金総額の見込額に当該事業についての一般保険料率を乗じて算定した一般保険料

二　前項第二号イの事業にあつては、その使用するすべての労働者に係る賃金総額の見込額について前号の規定の例により算定した一般保険料及び労災保険法第三十四条第一項の承認に係る全期間における第十三条の厚生労働省令で定める額の総額の見込額に当該事業についての第一種特別加入保険料率を乗じて算定した第一種特別加入保険料

三　前項第三号の事業にあつては、当該保険関係に係る全期間における第十四条第一項の厚生労働省令で定める額の総額の見込額に当該事業についての第二種特別加入保険料率を乗じて算定した第二種特別加入保険料

3　政府は、事業主が前二項の申告書を提出しないとき、又はその申告書の記載に誤りがあると認めるときは、労働保険料の額を決定し、これを事業主に通知する。

4　前項の規定による通知を受けた事業主は、納付した労働保険料の額が同項の規定により政府の決定した労働保険料の額に足りないときはその不足額を、納付した労働保険料がない

ときは同項の規定により政府の決定した労働保険料を、その通知を受けた日から十五日以内に納付しなければならない。

改正　一・二項…一部改正（昭和五一年法律三二号、平成一一年法律一六〇号、平成一二年法律一二四号）、一項…一部改正（平成七年法律三五号、平成一九年法律一一〇号）

註　一項（各号の「厚生労働省令で定める場合（賃金総額等の見込額の特例）」―則二四1）、一・二項（厚生労働省令で定める（申告書の記載）事項―則二四2）、（概算保険料申告書―則二四3・様式六）、（申告・納付先等―則三八）

〈編注〉第一五条の二は、平成三二年四月一日から削られる。

第十五条の二　第十一条の二の規定により一般保険料の額を同条の規定による額とすることとされた高年齢労働者を使用する事業（第十九条の二及び第三十一条において「高年齢者免除額に係る事業」という。）の事業主が前条第一項又は第二項の規定により納付すべき労働保険料のうち一般保険料の額は、政令で定めるところにより、同条第一項第一号若しくは第二号又は第二項第一号若しくは第二号の規定にかかわらず、当該各号の規定による額から、その保険年度に使用する高年齢労働者（保険年度の中途に保険関係が成立したものについては、当該保険関係が成立した日からその保険年度の末日までに使用する高年齢労働者）に係る高年齢者賃金総額（その額に千円未満の端数がある場合には、厚生労働省令で定めるところにより端数計算をした後の額。以下この条及び第十九条の二において同じ。）の見込額（厚生労働省令で定める場合にあつては、直前の保険年度に使用した高年齢労働者に係る高年齢者賃金総額）に雇用保険率を乗じて得た額を超えない額を減じた額とする。

改正　本条…追加（昭和四九年法律一一七号）、一部改正（平成一一年法律一六〇号、平成二二年法律一五号）、本条…削る（平成二八年法律一七号）

註　（政令の定め（概算保険料に係る高年齢者免除額）―令三）、（高年齢者賃金総額の端数処理―則二四の二1）、（厚生労働省令で定める場合―則二四の二2）

（増加概算保険料の納付）

第十六条　事業主は、第十五条第一項又は第二項に規定する賃金総額の見込額、第十三条の厚生労働省令で定める額の総額の見込額、第十四条第一項の厚生労働省令で定める額の総額の見込額又は第十四条の二第一項の厚生労働省令で定める額の総額の見込額が増加した場合において厚生労働省令で定める要件に該当するときは、その日から三十日以内に、増加後の見込額に基づく労働保険料の額と納付した労働保険料の額との差額を、その額その他厚生労働省令で定める事項を記載した申告書に添えて納付しなければならない。

〈編注〉本条は、次のように改正され、平成三二年四月一日から施行される。

（増加概算保険料の納付）

第十六条 事業主は、前条第一項又は第二項に規定する賃金総額の見込額、第十三条の厚生労働省令で定める額の総額の見込額、第十四条第一項の厚生労働省令で定める額の総額の見込額又は第十四条の二第一項の厚生労働省令で定める額の総額の見込額が増加した場合において厚生労働省令で定める要件に該当するときは、その日から三十日以内に、増加後の見込額に基づく労働保険料の額と納付した労働保険料の額との差額を、その額その他厚生労働省令で定める事項を記載した申告書に添えて納付しなければならない。

改正 本条…一部改正（昭和四九年法律一一七号、昭和五一年法律三二号、平成一一年法律一六〇号、平成二八年法律一七号）

註 （厚生労働省令で定める要件―則二五1）、（厚生労働省令で定める（申告書の記載）事項―則二五2）、（増加概算保険料申告書―則二五3・様式六）、（保険関係変更に伴う増加概算保険料の納付―附則五、則附則四）

（概算保険料の追加徴収）

第十七条 政府は、一般保険料率、第一種特別加入保険料率、第二種特別加入保険料率又は第三種特別加入保険料率の引上げを行つたときは、労働保険料を追加徴収する。

2 政府は、前項の規定により労働保険料を追加徴収する場合には、厚生労働省令で定めるところにより、事業主に対して、期限を指定して、その納付すべき労働保険料の額を通知しなければならない。

改正 一項…一部改正（昭和五一年法律三二号）、二項…一部改正（平成一一年法律一六〇号）

註 （追加徴収の手続―則二六）

（概算保険料の延納）

第十八条 政府は、厚生労働省令で定めるところにより、事業主の申請に基づき、その者が第十五条、第十六条及び前条の規定により納付すべき労働保険料を延納させることができる。

〈編注〉本条は、次のように改正され、平成三二年四月一日から施行される。

（概算保険料の延納）

第十八条 政府は、厚生労働省令で定めるところにより、事業主の申請に基づき、その者が第十五条から前条までの規定により納付すべき労働保険料を延納させることができる。

改正 本条…一部改正（昭和四九年法律一一七号、平成一一年法律一六〇号、平成二八年法律一七号）

註 （延納の方法―則二七～三二）、（延納の方法の特例

—則三二）

（確定保険料）

第十九条　事業主は、保険年度ごとに、次に掲げる労働保険料の額その他厚生労働省令で定める事項を記載した申告書を、次の保険年度の六月一日から四十日以内（保険年度の中途に保険関係が消滅したものについては、当該保険関係が消滅した日（保険年度の中途に労災保険法第三十四条第一項の承認が取り消された事業に係る第一種特別加入保険料及び保険年度の中途に労災保険法第三十六条第一項の承認が取り消された事業に係る第三種特別加入保険料に関しては、それぞれ当該承認が取り消された日。第三項において同じ。）から五十日以内）に提出しなければならない。

一　第十五条第一項第一号の事業にあつては、その保険年度に使用したすべての労働者（保険年度の中途に保険関係が成立し、又は消滅したものについては、その保険年度において、当該保険関係が成立していた期間に使用したすべての労働者）に係る賃金総額に当該事業についての一般保険料率を乗じて算定した一般保険料

二　第十五条第一項第二号の事業にあつては、次に掲げる労働保険料

イ　第十五条第一項第二号イの事業にあつては、その使用したすべての労働者に係る賃金総額について前号の規定の例により算定した一般保険料及びその保険年度における第十三条の厚生労働省令で定める額の総額に当該事業についての第一種特別加入保険料率を乗じて算定した第一種特別加入保険料

ロ　第十五条第一項第二号ロの事業にあつては、その使用したすべての労働者に係る賃金総額について前号の規定の例により算定した一般保険料及びその保険年度における第十四条の二第一項の厚生労働省令で定める額の総額に当該事業についての第三種特別加入保険料率を乗じて算定した第三種特別加入保険料

ハ　第十五条第一項第二号ハの事業にあつては、その使用したすべての労働者に係る賃金総額について前号の規定の例により算定した一般保険料並びにその保険年度における第十三条の厚生労働省令で定める額の総額についてイの規定の例により算定した第一種特別加入保険料及びその保険年度における第十四条の二第一項の厚生労働省令で定める額の総額についてロの規定の例により算定した第三種特別加入保険料

三　第十五条第一項第三号の事業にあつては、その保険年度における第十四条第一項の厚生労働省令で定める額の総額に当該事業についての第二種特別加入保険料率を乗じて算定した第二種特別加入保険料

2　有期事業については、その事業主は、前項の規定にかかわらず、次に掲げる労働保険料の額その他厚生労働省令で定め

る事項を記載した申告書を、保険関係が消滅した日（当該保険関係が消滅した日前に労災保険法第三十四条第一項の承認が取り消された事業に係る第一種特別加入保険料に関しては、当該承認が取り消された日。次項において同じ。）から五十日以内に提出しなければならない。

一　第十五条第一項第一号の事業にあつては、当該保険関係に係る全期間に使用したすべての労働者に係る賃金総額に当該事業についての一般保険料率を乗じて算定した一般保険料

二　第十五条第一項第二号イの事業にあつては、その使用したすべての労働者に係る賃金総額について前号の規定の例により算定した一般保険料及び労災保険法第三十四条第一項の承認に係る全期間における第十三条の厚生労働省令で定める額の総額に当該事業についての第一種特別加入保険料率を乗じて算定した第一種特別加入保険料

三　第十五条第一項第三号の事業にあつては、当該保険関係に係る全期間における第十四条第一項の厚生労働省令で定める額の総額に当該事業についての第二種特別加入保険料率を乗じて算定した第二種特別加入保険料

3　事業主は、納付した労働保険料の額が前二項の労働保険料の額に足りないときはその不足額を、納付した労働保険料がないときは前二項の労働保険料を、前二項の申告書に添えて、有期事業以外の事業にあつては次の保険年度の六月一日から

四十日以内（保険年度の中途に保険関係が消滅したものについては、当該保険関係が消滅した日から五十日以内）に、有期事業にあつては保険関係が消滅した日から五十日以内に納付しなければならない。

4　政府は、事業主が第一項又は第二項の申告書を提出しないとき、又はその申告書の記載に誤りがあると認めるときは、労働保険料の額を決定し、これを事業主に通知する。

5　前項の規定による通知を受けた事業主は、納付した労働保険料の額が同項の規定により政府の決定した労働保険料の額に足りないときはその不足額を、納付した労働保険料がないときは同項の規定により政府の決定した労働保険料を、その通知を受けた日から十五日以内に納付しなければならない。ただし、厚生労働省令で定める要件に該当する場合は、この限りでない。

6　事業主が納付した労働保険料の額が、第一項又は第二項の労働保険料の額（第四項の規定により政府が労働保険料の額を決定した場合には、その決定した額。以下「確定保険料の額」という。）をこえる場合には、政府は、厚生労働省令で定めるところにより、そのこえる額を次の保険年度の労働保険料若しくは未納の労働保険料その他この法律の規定による徴収金に充当し、又は還付する。

改正　一・二項…一部改正（昭和五一年法律三二号）、一〜三項…一部改正（平成七年法律三五号）、一・二・五・

六項…一部改正（平成一一年法律一六〇号）、一・二項…一部改正（平成一二年法律一二四号）、一・三項…一部改正（平成一九年法律一一〇号）

註　一・二項〔厚生労働省令で定める（申告書の記載）事項―則三三1〕、〔確定保険料申告書―則三三2・様式六〕、〔申告・納付先等―則三八〕、〔一括有期事業についての報告―則三四・七八1・様式七〕、四項〔通知の方法―則三八5〕、六項〔こえる額の充当―則三七〕、〔こえる額の還付―則三六〕

＜編注＞　第一九条の二は、平成三二年四月一日から削られる。

第十九条の二　高年齢者免除額に係る事業の事業主が前条第一項又は第二項の規定により提出すべき申告書に記載する労働保険料のうち一般保険料の額は、政令で定めるところにより、同条第一項第一号若しくは第二号又は第二項第一号若しくは第二号の規定にかかわらず、当該各号の規定による額から、その保険年度に使用した高年齢労働者（保険年度の中途に保険関係が成立し、又は消滅したものについては、その保険年度において、当該保険関係が成立していた期間に使用した高年齢労働者）に係る高年齢者賃金総額に雇用保険率を乗じて得た額を超えない額を減じた額とする。

改正　本条…追加（昭和四九年法律一一七号）、本条…削る（平成二八年法律一七号）

註〔政令の定め―令四〕

（確定保険料の特例）

第二十条　労災保険に係る保険関係が成立している有期事業であつて厚生労働省令で定めるものが次の各号のいずれかに該当する場合には、第十一条第一項の規定にかかわらず、政府は、その事業の一般保険料に係る確定保険料の額をその額（第十二条第一項第一号の事業についての一般保険料に係るものにあつては、当該事業についての労災保険率に応ずる部分の額）から非業務災害率に応ずる部分の額を減じた額に百分の四十の範囲内において厚生労働省令で定める率を乗じて得た額だけ引き上げ又は引き下げて得た額を、その事業についての一般保険料の額とすることができる。

一　事業が終了した日から三箇月を経過した日前における労災保険法の規定による業務災害に関する保険給付（労災保険法第十六条の六第一項第二号の場合に支給される遺族補償一時金及び特定疾病にかかつた者に係る保険給付を除く。）の額に第十二条第三項の厚生労働省令で定める給付金の額を加えた額と一般保険料に係る確定保険料の額（同条第一項第一号の事業については、労災保険率に応ずる部分の額。次号において同じ。）から非業務災害率に応ずる部分の額を減じた額に第一種特別加入保険料に係る確定保険料の額から特別加入非業務災害率に応ずる部分の額を減じた額を加えた額に第一種調整率を乗じて得た額との割合が百分の八十五を超え、又は百分の七十五以下であつて、その割合がその日以後において変動せず、又は厚生労働省令で定める範囲を超えて変動しないと認められるとき。

二　前号に該当する場合を除き、事業が終了した日から九箇月を経過した日前における労災保険法の規定による業務災害に関する保険給付（労災保険法第十六条の六第一項第二号の場合に支給される遺族補償一時金及び特定疾病にかかつた者に係る保険給付を除く。）の額に第十二条第三項の厚生労働省令で定める給付金の額を加えた額と一般保険料に係る確定保険料の額から非業務災害率に応ずる部分の額を減じた額に第一種特別加入保険料に係る確定保険料の額から特別加入非業務災害率に応ずる部分の額を減じた額を加えた額に第二種調整率（業務災害に関する年金たる保険給付に要する費用、特定疾病にかかつた者に係る保険給付に要する費用、有期事業に係る業務災害に関する保険給付で当該事業が終了した日から九箇月を経過した日以後におけるものに要する費用その他の事情を考慮して厚生労働省令で定める率をいう。）を乗じて得た額との割合が百分の八十五を超え、又は百分の七十五以下であるとき。

2　前項の規定は、第一種特別加入保険料に係る確定保険料の額について準用する。この場合において、同項各号列記以外の部分中「第十一条第一項」とあるのは「第十三条」と、「非業務災害率」とあるのは「特別加入非業務災害率」と読み替えるものとする。

3　政府は、第一項（前項において準用する場合を含む。）の規定により労働保険料の額を引き上げ又は引き下げた場合には、厚生労働省令で定めるところにより、その引き上げ又は引き下げられた労働保険料の額と確定保険料の額との差額を徴収し、未納の労働保険料その他この法律の規定による徴収金に充当し、又は還付するものとする。

4　第十七条第二項の規定は、前項の規定により差額を徴収する場合について準用する。

改正　一項…一部改正（昭和四八年法律八五号、昭和五一年法律三二号、昭和五五年法律一〇四号、昭和六一年法律五九号、平成二年法律四〇号、平成一七年法律一〇八号）、一・二項…一部改正（平成一一年法律一六〇号）、一項…一部改正、旧二項…一部改正の上、三項に繰下、旧三項…四項に繰下、二項…追加（平成一二年法律一二四号）

註　一項〔有期事業であつて厚生労働省令で定めるもの―則三五1〕、〔第一種調整率―則一九の二〕、〔厚生労働省令で定める率―則三五2・別表六〕、〔一号の「厚生労働省令で定める範囲」―則三五3・別表七〕、〔第二種調整率―則三五の二〕、三・四項〔差額の徴収―則二六・三五4・三八5〕、〔差額の充当・還付―則三七・三六〕

（追徴金）

第二十一条　政府は、事業主が第十九条第五項の規定による労働保険料又はその不足額を納付しなければならない場合には、その納付すべき額（その額に千円未満の端数があるときは、その端数は、切り捨てる。）に百分の十を乗じて得た額の追徴金を徴収する。ただし、事業主が天災その他やむを得ない理由により、同項の規定による労働保険料又はその不足額を納付しなければならなくなつた場合は、この限りでない。

2　前項の規定にかかわらず、同項に規定する労働保険料又はその不足額が千円未満であるときは、同項の規定による追徴金を徴収しない。

3　第十七条第二項の規定は、第一項の規定により追徴金を徴収する場合について準用する。

註　一・三項（徴収の通知—則二六・三八5）、（印紙保険料の追徴金—二五）

（口座振替による納付等）

第二十一条の二　政府は、事業主から、預金又は貯金の払出しとその払い出した金銭による印紙保険料以外の労働保険料（以下この条において単に「労働保険料」という。）の納付（厚生労働省令で定めるものに限る。）をその預金口座又は貯金口座のある金融機関に委託して行うことを希望する旨の申出があつた場合には、その納付が確実と認められ、かつ、その申出を承認することが労働保険料の徴収上有利と認められるときに限り、その申出を承認することができる。

2　前項の承認を受けた事業主に係る労働保険料のうち、この章の規定によりその納付に際し添えることとされている申告書の提出期限とその納期限とが同時に到来するものが厚生労働省令で定める日までに納付された場合には、その納付の日が納期限後であるときにおいても、その納付は、納期限においてされたものとみなして、第二十七条及び第二十八条の規定を適用する。

改正　本条…追加（昭和六一年法律五九号）、一・二項…一部改正（平成一一年法律一六〇号）、二項…一部改正（平成二二年法律一五号）

註　一・二項（口座振替による納付—則三八の二～三八の五）

（印紙保険料の額）

第二十二条　印紙保険料の額は、雇用保険法第四十三条第一項に規定する日雇労働被保険者（以下「日雇労働被保険者」という。）一人につき、一日当たり、次に掲げる額とする。

一　賃金の日額が一万千三百円以上の者については、百七十六円

二　賃金の日額が八千二百円以上一万千三百円未満の者については、百四十六円

三　賃金の日額が八千二百円未満の者については、九十六円

2　厚生労働大臣は、第十二条第五項の規定により雇用保険率

を変更した場合には、前項第一号の印紙保険料の額（その額がこの項又は第四項の規定により変更されたときは、その変更された額。以下「第一級保険料日額」という。）、前項第二号の印紙保険料の額（その額がこの項又は第四項の規定により変更されたときは、その変更された額。以下「第二級保険料日額」という。）及び前項第三号の印紙保険料の額（その額がこの項又は第四項の規定により変更されたときは、その変更された額。以下「第三級保険料日額」という。）を、次項に定めるところにより、変更するものとする。

3　前項の場合において、第一級保険料日額、第二級保険料日額及び第三級保険料日額は、日雇労働被保険者一人につき、これらの保険料日額の変更前と変更後における第三十一条第一項及び第三項の規定による労働保険料の負担額が均衡するように、厚生労働省令で定める基準により算定した額に変更するものとする。

〈編注〉本条第三項は、次のように改正され、平成三二年四月一日から施行される。

3　前項の場合において、第一級保険料日額、第二級保険料日額及び第三級保険料日額は、日雇労働被保険者一人につき、これらの保険料日額の変更前と変更後における第三十一条第一項及び第二項の規定による労働保険料の負担額が均衡するように、厚生労働省令で定める基準により算定した額に変更するものとする。

4　厚生労働大臣は、雇用保険法第四十九条第一項の規定により同項に規定する第一級給付金の日額、第二級給付金の日額及び第三級給付金の日額を変更する場合には、第一級保険料日額、第二級保険料日額及び第三級保険料日額を、それぞれ同項の規定による第一級給付金の日額、第二級給付金の日額及び第三級給付金の日額の変更の比率に応じて変更するものとする。

5　毎月末日において、既に徴収した印紙保険料の総額に相当する額に厚生労働省令で定める率を乗じて得た額と雇用保険法の規定により既に支給した日雇労働被保険者に係る失業等給付の総額の三分の二に相当する額との差額が、当該月の翌月から六箇月間に同法の規定により支給されるべき日雇労働被保険者に係る失業等給付の額の二分の一に相当する額に満たないと認められるに至つた場合において、国会の閉会又は衆議院の解散のために、印紙保険料の額の変更の手続をすることができず、かつ、緊急の必要があるときは、厚生労働大臣は、労働政策審議会の意見を聴いて、第一級保険料日額、第二級保険料日額及び第三級保険料日額を変更することができる。

6　前項の場合には、厚生労働大臣は、次の国会において、第一級保険料日額、第二級保険料日額及び第三級保険料日額を変更する手続を執らなければならない。この場合において、同項の規定による変更のあつた日から一年以内に、その変更に関して、国会の議決がなかつたときは、同項の規定によつて変更された第一級保険料日額、第二級保険料日額及び第三級保険料日額は、その変更のあつた日から一年を経過した日から、同項の規定による変更前の第一級保険料日額、第二級保険料日額及び第三級保険料日額に変更されたものとみなす。

改正　一・四項…全部改正、二・三項…一部改正、五項…削除、旧六・七項…一部改正の上、一項ずつ繰上（昭和四九年法律一一七号）、一～六項…一部改正（昭和五九年法律五四号、平成六年法律五七号）、二～六項…一部改正（平成一一年法律一六〇号）、三項…一部改正（平成一五年法律三一号、平成二二年法律一五号、平成二八年法律一七号）

（印紙保険料の納付）

第二十三条　事業主（第八条第一項又は第二項の規定により元請負人が事業主とされる場合にあつては、当該事業に係る労働者のうち元請負人が使用する労働者以外の日雇労働被保険者に係る印紙保険料については、当該日雇労働被保険者を使用する下請負人。以下この条から第二十五条まで、第三十一条、第三十二条、第四十二条、第四十三条及び第四十六条において同じ。）は、日雇労働被保険者に賃金を支払う都度その者に係る印紙保険料を納付しなければならない。

2　前項の規定による印紙保険料の納付は、事業主が、雇用保険法第四十四条の規定により当該日雇労働被保険者に交付された日雇労働被保険者手帳（以下「日雇労働被保険者手帳」という。）に雇用保険印紙をはり、これに消印して行わなければならない。

3　事業主は、厚生労働省令で定めるところにより、印紙保険料納付計器（印紙保険料の保全上支障がないことにつき、厚生労働省令で定めるところにより、厚生労働大臣の指定を受けた計器で、厚生労働省令で定める形式の印影を生ずべき印（以下「納付印」という。）を付したものをいう。以下同じ。）を、厚生労働大臣の承認を受けて設置した場合には、前項の規定にかかわらず、当該印紙保険料納付計器により、日雇労働被保険者が所持する日雇労働被保険者手帳に納付すべき印紙保険料の額に相当する金額を表示して納付印を押すことによつて印紙保険料を納付することができる。

4　厚生労働大臣は、前項の承認を受けた事業主が、この法律若しくは雇用保険法又はこれらの法律に基づく厚生労働省令の規定に違反した場合には、同項の承認を取り消すことができる。

5　第三項の規定による印紙保険料の納付の方法について必要な事項は、厚生労働省令で定める。

6　事業主は、日雇労働被保険者を使用する場合には、その者の日雇労働被保険者手帳を提出させなければならない。その提出を受けた日雇労働被保険者手帳は、その者から請求があつたときは、これを返還しなければならない。

改正　二・四項…一部改正（昭和四九年法律一一七号）、三〜五項…一部改正（平成一一年法律一六〇号）、一項…一部改正（平成二二年法律一五号）

註　一・二項〔雇用保険印紙の貼付及び消印―則四〇〕、〔雇用保険印紙の種類、販売等―則四一、印紙をもつてする歳入金納付に関する法律二・三、平成六年大蔵省告示一四八号〕、〔雇用保険印紙の購入等―則四二・四三、雇用保険印紙及び健康保険印紙の売りさばきに関する省令〕、〔罰則―四六①〕、三〜五項〔納付計器による印紙保険料の納付等―則四四〜五三・別表八〕

（帳簿の調製及び報告）

第二十四条　事業主は、日雇労働被保険者を使用した場合には、厚生労働省令で定めるところにより、印紙保険料の納付に関する帳簿を備えて、毎月におけるその納付状況を記載し、かつ、翌月末日までに当該納付状況を政府に報告しなければならない。

改正　本条…一部改正（平成一一年法律一六〇号）

註　〔報告―則五四・五五〕、〔罰則―四六②〕

（印紙保険料の決定及び追徴金）

第二十五条　事業主が印紙保険料の納付を怠つた場合には、政府は、その納付すべき印紙保険料の額を決定し、これを事業主に通知する。

2　事業主が、正当な理由がないと認められるにもかかわらず、印紙保険料の納付を怠つたときは、政府は、厚生労働省令で定めるところにより、前項の規定により決定された印紙保険料の額（その額に千円未満の端数があるときは、その端数は、切り捨てる。）の百分の二十五に相当する額の追徴金を徴収する。ただし、納付を怠つた印紙保険料の額が千円未満であるときは、この限りでない。

3　第十七条第二項の規定は、前項の規定により追徴金を徴収する場合について準用する。

改正　二項…一部改正（平成一一年法律一六〇号）

註　一・三項〔通知の方法―則三八5〕、三項〔徴収の通知―則二六〕、〔印紙保険料以外の労働保険料の追徴金―二一〕

（特例納付保険料の納付等）

第二十六条　雇用保険法第二十二条第五項に規定する者（以下この項において「特例対象者」という。）を雇用していた事業主が、第四条の規定により雇用保険に係る保険関係が成立していたにもかかわらず、第四条の二第一項の規定による届出をしていなかつた場合には、当該事業主（当該事業主の事業を承継する者を含む。以下この条において「対象事業主」という。）は、特例納付保険料として、対象事業主が第十五条第一項の規定による納付する義務を履行していない一般保険料（同法第十四条第二項第二号に規定する厚生労働省令で定める日から当該特例対象者の離職の日までの期間に係るものであつて、その徴収する権利が時効によつて消滅しているものに限る。）の額（雇用保険率に応ずる部分の額に限る。）のうち当該特例対象者に係る額に相当する額として厚生労働省令で定めるところにより算定した額に厚生労働省令で定める額を加算した額を納付することができる。

2 厚生労働大臣は、対象事業主に対して、特例納付保険料の納付を勧奨しなければならない。ただし、やむを得ない事情のため当該勧奨を行うことができない場合は、この限りでない。

3 対象事業主は、前項の規定により勧奨を受けた場合においては、特例納付保険料を納付する旨を、厚生労働省令で定めるところにより、厚生労働大臣に対し、書面により申し出ることができる。

4 政府は、前項の規定による申出を受けた場合には、特例納付保険料の額を決定し、厚生労働省令で定めるところにより、期限を指定して、これを対象事業主に通知するものとする。

5 対象事業主は、第三項の規定による申出を行つた場合には、前項の期限までに、厚生労働省令で定めるところにより、同項に規定する特例納付保険料を納付しなければならない。

改正 本条…追加（平成二二年法律一五号）

（**督促及び滞納処分**）

第二十七条 労働保険料その他この法律の規定による徴収金を納付しない者があるときは、政府は、期限を指定して督促しなければならない。

2 前項の規定によつて督促するときは、政府は、納付義務者に対して督促状を発する。この場合において、督促状により指定すべき期限は、督促状を発する日から起算して十日以上経過した日でなければならない。

3 第一項の規定による督促を受けた者が、その指定の期限までに、労働保険料その他この法律の規定による徴収金を納付しないときは、政府は、国税滞納処分の例によつて、これを処分する。

改正 本条…旧二六条から繰下（平成二二年法律一五号）

註 一・二項〔期間の計算―民法一三九～一四三〕、三項〔国税滞納処分―国税徴収法四七～一五九〕

（**延滞金**）

第二十八条 政府は、前条第一項の規定により労働保険料の納付を督促したときは、労働保険料の額に、納期限の翌日からその完納又は財産差押えの日の前日までの期間の日数に応じ、年十四・六パーセント（当該納期限の翌日から二月を経過する日までの期間については、年七・三パーセント）の割合を乗じて計算した延滞金を徴収する。ただし、労働保険料の額が千円未満であるときは、延滞金を徴収しない。

2 前項の場合において、労働保険料の額の一部につき納付があつたときは、その納付の日以後の期間に係る延滞金の額の計算の基礎となる労働保険料の額は、その納付のあつた労働保険料の額を控除した額とする。

3　延滞金の計算において、前二項の労働保険料の額に千円未満の端数があるときは、その端数は、切り捨てる。

4　前三項の規定によつて計算した延滞金の額に百円未満の端数があるときは、その端数は、切り捨てる。

5　延滞金は、次の各号のいずれかに該当する場合には、徴収しない。ただし、第四号の場合には、その執行を停止し、又は猶予した期間に対応する部分の金額に限る。

一　督促状に指定した期限までに労働保険料その他この法律の規定による徴収金を完納したとき。

二　納付義務者の住所又は居所がわからないため、公示送達の方法によつて督促したとき。

三　延滞金の額が百円未満であるとき。

四　労働保険料について滞納処分の執行を停止し、又は猶予したとき。

五　労働保険料を納付しないことについてやむを得ない理由があると認められるとき。

改正　一項…一部改正（昭和四五年法律一三号、平成二一年法律三六号）、本条…旧二七条から繰下（平成二二年法律一五号）

註　一項（財産差押―国税徴収法四七～八一）、（閏年における延滞金の割合―利率等の表示の年利建て移行に関する法律二五）、五項（公示送達―則六一）、（滞納処分の執行停止―国税徴収法一五三・一五四）、（納付猶予―国税通則法四六～四九）、（換価の猶予―国税徴収法一五一・一五二）

（先取特権の順位）

第二十九条　労働保険料その他この法律の規定による徴収金の先取特権の順位は、国税及び地方税に次ぐものとする。

改正　本条…旧二八条から繰下（平成二二年法律一五号）

註　（先取特権―民法三〇三～三四一）、（差押先着手・交付要求先着手による優先等―国税徴収法一二・一三）、（被担保債権との調整等―国税徴収法一五～二六）

（徴収金の徴収手続）

第三十条　労働保険料その他この法律の規定による徴収金は、この法律に別段の定めがある場合を除き、国税徴収の例により徴収する。

改正　本条…旧二九条から繰下（平成二二年法律一五号）

註　（労働保険料の納付―一五1・2・4・一五の二・一六・一七2・一八・一九3・5）、（充当及び還付―一九6・二〇3）、（追徴金の徴収―二一）、（督促―二七）、（滞納処分の要件―二七3）、（延滞金の徴収―二八）、（先取特権の順位―二九）、（時効―四一）

（労働保険料の負担）

第三十一条　次の各号に掲げる被保険者は、当該各号に掲げる額を負担するものとする。
一　第十二条第一項第一号の事業に係る被保険者　イに掲げる額からロに掲げる額を減じた額の二分の一の額
イ　当該事業に係る一般保険料の額のうち雇用保険率に応ずる部分の額（高年齢者免除額に係る事業にあつては、当該事業に係る一般保険料の額に当該事業に係る高年齢者免除額を加えた額のうち雇用保険率に応ずる部分の額から当該高年齢者免除額を減じた額）
ロ　イの額に相当する額に二事業率を乗じて得た額
二　第十二条第一項第三号の事業に係る被保険者　イに掲げる額からロに掲げる額を減じた額の二分の一の額
イ　当該事業に係る一般保険料の額
ロ　イの額に相当する額に二事業率を乗じて得た額
2　高年齢者免除額に係る事業に使用される高年齢労働者は、政令で定めるところにより、前項の規定にかかわらず、同項の規定による被保険者の負担すべき一般保険料の額を負担しない。
3　日雇労働被保険者は、第一項の規定によるその者の負担すべき額のほか、印紙保険料の額の二分の一の額（その額に一円未満の端数があるときは、その端数は、切り捨てる。）を負担するものとする。
4　事業主は、当該事業に係る労働保険料の額のうち当該労働保険料の額から第一項及び前項の規定による被保険者の負担すべき額を控除した額を負担するものとする。

〈編注〉本条は、次のように改正され、平成三二年四月一日から施行される。

（労働保険料の負担）
第三十一条　次の各号に掲げる被保険者は、当該各号に掲げる額を負担するものとする。
一　第十二条第一項第一号の事業に係る被保険者　イに掲げる額からロに掲げる額を減じた額の二分の一の額
イ　当該事業に係る一般保険料の額のうち雇用保険率に応ずる部分の額
ロ　イの額に相当する額に二事業率を乗じて得た額
二　第十二条第一項第三号の事業に係る被保険者　イに掲げる額からロに掲げる額を減じた額の二分の一の額
イ　当該事業に係る一般保険料の額
ロ　イの額に相当する額に二事業率を乗じて得た額
2　日雇労働被保険者は、前項の規定によるその者の負担すべき額のほか、印紙保険料の額の二分の一の額（その額に一円未満の端数があるときは、その端数は、切り捨てる。）を負担するものとする。
3　事業主は、当該事業に係る労働保険料の額のうち当該労働保険料の額から前二項の規定による被保険者の負担すべき額を控除した額を負担するものとする。
改正　一項…全部改正、二項…追加、旧二項…一部改正の上、三項に繰下、旧三・四項…一項ずつ繰下（昭和四九年法律一一七号）、一項…一部改正（昭和五一年法律三三号、昭和五二年法律四三号、平成元年法律三六号）、三項…一部改正（平成一一年法律一六〇号）、一項…一部改正、三項…削除、旧四・五項…一部改正の上、一項ずつ繰上（平成一五年法律三一号）、一項…一部改正（平成一九年法律三〇号）、本条…旧三〇条から繰下（平成二二年法律一五号）、一項…一部改正、二項…削除、旧三・四項…一部改正の上一項ずつ繰上（平成二八年法律一七号）

註　二項〔政令の定め（高年齢労働者に係る労働保険料の負担の免除）―令五〕、三項〔一般保険料額表―平成一五年厚生労働省告示一八五号〕

（賃金からの控除）

第三十二条　事業主は、厚生労働省令で定めるところにより、前条第一項又は第三項の規定による被保険者の負担すべき額に相当する額を当該被保険者に支払う賃金から控除することができる。この場合において、事業主は、労働保険料控除に関する計算書を作成し、その控除額を当該被保険者に知らせなければならない。

〈編注〉　本条第一項は、次のように改正され、平成三二年四月一日から施行される。

（賃金からの控除）

第三十二条　事業主は、厚生労働省令で定めるところにより、前条第一項又は第二項の規定による被保険者の負担すべき額に相当する額を当該被保険者に支払う賃金から控除することができる。この場合において、事業主は、労働保険料控除に関する計算書を作成し、その控除額を当該被保険者に知らせなければならない。

2　第八条第一項又は第二項の規定により事業主とされる元請負人は、前条第一項の規定によるその使用する労働者以外の被保険者の負担すべき額に相当する額の賃金からの控除を、当該被保険者を使用する下請負人に委託することができる。

3　第一項の規定は、前項の規定により下請負人が委託を受けた場合について準用する。

改正　一・二項…一部改正（昭和四九年法律一一七号、平成一五年法律三一号）、一項…一部改正（平成一一年法律一六〇号）、本条…旧三一条から繰下（平成二二年法律一五号）、一項…一部改正（平成二八年法律一七号）

註　一・二項〔厚生労働省令で定めるところによる賃金からの控除、労働保険料控除に関する計算書―則六〇〕、〔賃金からの控除―労働基準法二四1〕

第四章　労働保険事務組合

（労働保険事務組合）

第三十三条　中小企業等協同組合法（昭和二十四年法律第百八十一号）第三条の事業協同組合又は協同組合連合会その他の事業主の団体又はその連合団体（法人でない団体又は連合団体であつて代表者の定めがないものを除く。以下同じ。）は、団体の構成員又は連合団体を構成する団体の構成員である事業主その他厚生労働省令で定める事業主（厚生労働省令で定める数を超える数の労働者を使用する事業主を除く。）の委託を受けて、この章の定めるところにより、これらの者が行うべき労働保険料の納付その他の労働保険に関する事項（印紙保険料に関する事項を除く。以下「労働保険事務」という。）を処理することができる。

2　事業主の団体又はその連合団体は、前項に規定する業務を行なおうとするときは、厚生労働大臣の認可を受けなければならない。

3　前項の認可を受けた事業主の団体又はその連合団体（以下「労働保険事務組合」という。）は、第一項に規定する業務を廃止しようとするときは、六十日前までに、その旨を厚生労働大臣に届け出なければならない。

4　厚生労働大臣は、労働保険事務組合がこの法律、労災保険法若しくは雇用保険法若しくはこれらの法律に基づく厚生労働省令（以下「労働保険関係法令」という。）の規定に違反したとき、又はその行うべき労働保険事務の処理を怠り、若しくはその処理が著しく不当であると認めるときは、第二項の認可を取り消すことができる。

改正　一・四項…一部改正（昭和四九年法律一一七号）、一～四項…一部改正（平成一一年法律一六〇号）

註　一項〔厚生労働省令で定める事業主―則六二1〕、〔厚生労働省令で定める数―則六二2〕、〔委託を受ける事業の地域の指示―則六二3〕、〔委託等の届出―則六四〕、〔申請書の提出等の経由―則三八2〕、〔事務の所轄・管轄の特例―則一2・六九、整備省令一三〕、二項〔認可の申請―則六三・様式一六〕、〔変更事項の届出―則六五〕、三項〔業務の廃止の届出―則六六〕、四項〔認可の取消し―則六七〕、二～四項〔厚生労働大臣の権限の委任―四五、則七六〕

（労働保険事務組合に対する通知等）

第三十四条　政府は、労働保険事務組合に労働保険事務の処理を委託した事業主に対してすべき労働保険関係法令の規定による労働保険料の納入の告知その他の通知及び還付金の還付については、これを労働保険事務組合に対してすることができる。この場合において、労働保険事務組合に対してした労働保険料の納入の告知その他の通知及び還付金の還付は、当該事業主に対してしたものとみなす。

註　〔労働保険料等の納入の告知―一九4・二〇3・二一3・二五1・3、則三八5〕、〔労働保険料等の納付書による通知―一五3・一七2・二八、則三八4〕、〔二〇条の改定確定保険料額の通知―則三六1〕、〔充当通知―則三七2〕、〔督促―二七〕、〔還付金の還付―一九6・二〇3、則三六〕、〔雇用保険被保険者資格確認通知―雇用保険法施行規則九1〕、〔労災保険特別加入承認等の通知―労災保険法施行規則四六の一九5・四六の二三4・四六の二五の二2〕

（労働保険事務組合の責任等）

第三十五条　第三十三条第一項の委託に基づき、事業主が労働保険関係法令の規定による労働保険料その他の徴収金の納付のため、金銭を労働保険事務組合に交付したときは、その金額の限度で、労働保険事務組合は、政府に対して当該徴収金の納付の責めに任ずるものとする。

2　労働保険関係法令の規定により政府が追徴金又は延滞金を徴収する場合において、その徴収について労働保険事務組合の責めに帰すべき理由があるときは、その限度で、労働保険事務組合は、政府に対して当該徴収金の納付の責めに任ずるものとする。

3　政府は、前二項の規定により労働保険事務組合が納付すべき徴収金については、当該労働保険事務組合に対して第二十七条第三項（労災保険法第十二条の三第三項及び第三十一条第四項並びに雇用保険法第十条の四第三項において準用する場合を含む。）の規定による処分をしてもなお徴収すべき残余がある場合に限り、その残余の額を当該事業主から徴収することができる。

4　労働保険事務組合は、労災保険法第十二条の三第二項の規定及び雇用保険法第十条の四第二項の規定の適用については、事業主とみなす。

改正　三・四項…一部改正（昭和四八年法律八五号、昭和四九年法律一一七号、昭和五九年法律五四号、平成六年法律五七号、平成一五年法律三一号）、三項…一部改正（平成一二年法律一二四号、平成二二年法律一五号）

註　〔概算保険料―一五〕、〔確定保険料―一九〕、〔追徴金―二一〕、〔延滞金―二八〕、〔督促及び滞納処分―二七〕

（帳簿の備付け）

第三十六条　労働保険事務組合は、厚生労働省令で定めるところにより、その処理する労働保険事務に関する事項を記載した帳簿を事務所に備えておかなければならない。

改正　本条…一部改正（平成一一年法律一六〇号）

註　〔厚生労働省令の定め（帳簿）―則六八〕、〔帳簿の備付けに関する暫定措置―整備省令一二の二〕、〔罰則―四七①〕

第五章　行政手続法との関係

改正　本章…追加（平成五年法律八九号）、第四章の二から繰下（平成二六年法律六九号）

（行政手続法の適用除外）

第三十七条　この法律（第三十三条第二項及び第四項を除く。）の規定による処分については、行政手続法（平成五年法律第八十八号）第二章及び第三章の規定は、適用しない。

改正　本条…追加（平成五年法律八九号）、旧三六条の二から繰下（平成二六年法律六九号）

第三十八条　削除

改正　本条…一部改正（平成一一年法律一六〇号）、本条…削除（平成二六年法律六九号）

第六章　雑則

（適用の特例）

第三十九条　都道府県及び市町村の行う事業その他厚生労働省令で定める事業については、当該事業を労災保険に係る保険関係及び雇用保険に係る保険関係ごとに別個の事業とみなしてこの法律を適用する。

2　国の行なう事業及び前項に規定する事業については、労働者の範囲（同項に規定する事業のうち厚生労働省令で定める事業については、労働者の範囲及び一般保険料の納付）に関し、厚生労働省令で別段の定めをすることができる。

改正　一項…一部改正（昭和四九年法律一一七号）、一・二項…一部改正（平成一一年法律一六〇号）

註　一項（厚生労働省令で定める事業―則七〇）、二項（厚生労働省令の別段の定め―則七一）

第四十条　削除

改正　本条…削除（昭和四九年法律一一七号）

（時効）

第四十一条　労働保険料その他この法律の規定による徴収金を徴収し、又はその還付を受ける権利は、二年を経過したときは、時効によつて消滅する。

2　政府が行なう労働保険料その他この法律の規定による徴収金の徴収の告知又は督促は、民法（明治二十九年法律第八十九号）第百五十三条の規定にかかわらず、時効中断の効力を生ずる。

〈編注〉本条は、次のように改正され、平成三二年四月一日から施行される。

（時効）

第四十一条　労働保険料その他この法律の規定による徴収金を徴収し、又はその還付を受ける権利は、これらを行使することができる時から二年を経過したときは、時効によつて消滅する。

２　政府が行う労働保険料その他この法律の規定による徴収金の徴収の告知又は督促は、時効の更新の効力を生ずる。

改正　一・二項…一部改正（平成二九年法律四五号）

註〔時効―民法一四四～一六一・一六六〕

（報告等）

第四十二条　行政庁は、厚生労働省令で定めるところにより、保険関係が成立し、若しくは成立していた事業の事業主又は労働保険事務組合若しくは労働保険事務組合であつた団体に対して、この法律の施行に関し必要な報告、文書の提出又は出頭を命ずることができる。

改正　本条…一部改正（平成一一年法律一六〇号）

註〔報告命令―則七四〕、〔書類の保存義務―則七二〕、〔罰則―四六③・四七②〕

（立入検査）

第四十三条　行政庁は、この法律の施行のため必要があると認めるときは、当該職員に、保険関係が成立し、若しくは成立していた事業の事業主又は労働保険事務組合若しくは労働保険事務組合であつた団体の事務所に立ち入り、関係者に対して質問させ、又は帳簿書類（その作成、備付け又は保存に代えて電磁的記録（電子的方式、磁気的方式その他人の知覚によつては認識することができない方式で作られる記録であつて、電子計算機による情報処理の用に供されるものをいう。）の作成、備付け又は保存がされている場合における当該電磁的記録を含む。）の検査をさせることができる。

２　前項の規定により立入検査をする職員は、その身分を示す証票を携帯し、関係人の請求があるときは、これを提示しなければならない。

３　第一項の規定による立入検査の権限は、犯罪捜査のために認められたものと解釈してはならない。

改正　一項…一部改正（平成一六年法律一五〇号）

註　二項〔立入検査証票―則七五・様式二四〕、一項〔罰則―四六④・四七③〕

（資料の提供）

第四十三条の二　行政庁は、保険関係の成立又は労働保険料に関し必要があると認めるときは、官公署に対し、法人の事業所の名称、所在地その他必要な資料の提供を求めることができる。

改正　本条…追加（平成一九年法律一一〇号）

（経過措置の命令への委任）

第四十四条　この法律に基づき政令又は厚生労働省令を制定し、又は改廃する場合においては、それぞれ政令又は厚生労働省令で、その制定又は改廃に伴い合理的に必要と判断される範囲内において、所要の経過措置を定めることができる。

この法律に基づき、厚生労働大臣が労災保険率その他の事項を定め、又はこれを改廃する場合においても、同様とする。
改正 本条…一部改正（平成一一年法律一六〇号）

（権限の委任）

第四十五条 この法律に定める厚生労働大臣の権限は、厚生労働省令で定めるところにより、その一部を都道府県労働局長に委任することができる。
改正 一項…一部改正、二項…削除（平成一一年法律八七号）、本条…一部改正（平成一一年法律一六〇号）
註 （厚生労働大臣の権限の委任—則七六）

（厚生労働省令への委任）

第四十五条の二 この法律に規定するもののほか、労働保険料の納付の手続その他この法律の実施に関し必要な事項は、厚生労働省令で定める。
改正 本条…追加（昭和四九年法律一一七号）、一部改正（平成一一年法律一六〇号）

第七章　罰則

第四十六条 事業主が次の各号のいずれかに該当するときは、六月以下の懲役又は三十万円以下の罰金に処する。労災保険法第三十五条第一項に規定する団体が第五号又は第六号に該当する場合におけるその違反行為をした当該団体の代表者又は代理人、使用人その他の従業者も、同様とする。

一　第二十三条第二項の規定に違反して雇用保険印紙をはらず、又は消印しなかつた場合
二　第二十四条の規定に違反して帳簿を備えておかず、帳簿に記載せず、若しくは虚偽の記載をし、又は報告をせず、若しくは虚偽の報告をした場合
三　第四十二条の規定による命令に違反して報告をせず、若しくは虚偽の報告をし、又は文書を提出せず、若しくは虚偽の記載をした文書を提出した場合
四　第四十三条第一項の規定による当該職員の質問に対して答弁をせず、若しくは虚偽の答弁をし、又は検査を拒み、妨げ、若しくは忌避した場合
改正 本条…一部改正（昭和四九年法律一一七号、平成四年法律八号、平成一二年法律一二四号）

第四十七条 労働保険事務組合が次の各号のいずれかに該当するときは、その違反行為をした労働保険事務組合の代表者又は代理人、使用人その他の従業者は、六月以下の懲役又は三十万円以下の罰金に処する。

一　第三十六条の規定に違反して帳簿を備えておかず、又は帳簿に労働保険事務に関する事項を記載せず、若しくは虚偽の記載をした場合
二　第四十二条の規定による命令に違反して報告をせず、若しくは虚偽の報告をし、又は文書を提出せず、若しくは虚偽の記載をした文書を提出した場合

三　第四十三条第一項の規定による当該職員の質問に対して答弁をせず、若しくは虚偽の答弁をし、又は検査を拒み、妨げ、若しくは忌避した場合

改正　本条…一部改正（平成四年法律八号、平成一二年法律一二四号）

第四十八条　法人（法人でない労働保険事務組合及び労災保険法第三十五条第一項に規定する団体を含む。以下この項において同じ。）の代表者又は法人若しくは人の代理人、使用人その他の従業者が、その法人又は人の業務に関して、前二条の違反行為をしたときは、行為者を罰するほか、その法人又は人に対しても、各本条の罰金刑を科する。

2　前項の規定により法人でない労働保険事務組合又は労災保険法第三十五条第一項に規定する団体を処罰する場合においては、その代表者が訴訟行為につきその労働保険事務組合又は団体を代表するほか、法人を被告人又は被疑者とする場合の刑事訴訟に関する法律の規定を準用する。

改正　一・二項…一部改正（平成一二年法律一二四号）

附　則

（施行期日）

第一条　この法律は、別に法律で定める日から施行する。

改正　見出し…追加（昭和四九年法律一一七号）

註　〔別に法律で定める日―整備法一条及び労働保険の保険料の徴収等に関する法律等の施行期日を定める政令（昭和四七年政令三五号）により昭和四七年四月一日〕

（雇用保険に係る保険関係の成立に関する暫定措置）

第二条　雇用保険法附則第二条第一項の任意適用事業（以下この条及び次条において「雇用保険暫定任意適用事業」という。）の事業主については、その者が雇用保険の加入の申請をし、厚生労働大臣の認可があつた日に、その事業につき第四条に規定する雇用保険に係る保険関係が成立する。

2　前項の申請は、その事業に使用される労働者の二分の一以上の同意を得なければ行うことができない。

3　雇用保険暫定任意適用事業の事業主は、その事業に使用される労働者の二分の一以上が希望するときは、第一項の申請をしなければならない。

4　雇用保険法第五条第一項の適用事業に該当する事業が雇用保険暫定任意適用事業に該当するに至つたときは、その翌日に、その事業につき第一項の認可があつたものとみなす。

改正　本条…追加（昭和四九年法律一一七号）、一項…一部改正（平成一一年法律一六〇号、平成一五年法律三一号）

註　一項〔雇用保険の任意加入の申請―則六九・七八1・附則二、整備省令一三〕、〔厚生労働大臣の認可の権限の委任―四五、則附則一の三〕、〔不利益取扱いの禁止等―附則六・七〕

第三条 雇用保険暫定任意適用事業に該当する事業が雇用保険法第五条第一項の適用事業に該当するに至つた場合における第四条の規定の適用については、その該当するに至つた日に、その事業が開始されたものとみなす。

改正 本条…追加（昭和四九年法律一一七号）

（雇用保険に係る保険関係の消滅に関する暫定措置）

第四条 附則第二条第一項又は第四項の規定により雇用保険に係る保険関係が成立している事業の事業主については、第五条の規定によるほか、その者が当該保険関係の消滅の申請をし、厚生労働大臣の認可があつた日の翌日に、その事業についての当該保険関係が消滅する。

2 前項の申請は、その事業に使用される労働者の四分の三以上の同意を得なければ行うことができない。

改正 本条…追加（昭和四九年法律一一七号）、一項…一部改正（平成一一年法律一六〇号）

註 一項（保険関係の消滅の申請―則六九・七八1・附則三、整備省令一三）、（厚生労働大臣の認可権限の委任―四五）

（増加概算保険料の納付に関する暫定措置）

第五条 第十六条の規定は、第十二条第一項第二号又は第三号の事業が同項第一号の事業に該当するに至つたため当該事業に係る一般保険料率が変更した場合において厚生労働省令で定める要件に該当するときにおける当該変更に伴う労働保険料の増加額の納付について準用する。

改正 本条…追加（昭和四九年法律一一七号）、一部改正（平成一一年法律一六〇号）

註 （厚生労働省令で定める要件―則附則四）

（不利益取扱いの禁止）

第六条 事業主は、労働者が附則第二条第一項の規定による保険関係の成立を希望したことを理由として、労働者に対して解雇その他不利益な取扱いをしてはならない。

改正 本条…追加（昭和四九年法律一一七号）

（罰則）

第七条 事業主が附則第二条第三項又は前条の規定に違反したときは、六箇月以下の懲役又は三十万円以下の罰金に処する。

2 法人の代表者又は法人若しくは人の代理人、使用人その他の従業者が、その法人又は人の業務に関して、前項の違反行為をしたときは、行為者を罰するほか、その法人又は人に対しても、同項の罰金刑を科する。

改正 本条…追加（昭和四九年法律一一七号）、一項…一部改正（平成四年法律八号）

第八条 削除

改正 本条…追加（昭和五九年法律五四号）、一部改正の上、旧九条から繰上（平成一五年法律三一号）、一部改正（平成二一年法律五号）、本条…削除（平成二八年法律一七号）

（印紙保険料の額の変更に関する暫定措置）

第九条　当分の間、第二十二条第四項の規定による印紙保険料の額の変更については、同項中「雇用保険法第四十九条第一項」とあるのは「雇用保険法第四十九条第一項並びに雇用保険法等の一部を改正する法律（平成六年法律第五十七号）附則第十一条第三項及び第四項」と、「同項に」とあるのは「雇用保険法第四十九条第二項に」と、「同項の」とあるのは「同項並びに雇用保険法等の一部を改正する法律附則第十一条第三項及び第四項の」として、同項の規定を適用する。

改正　本条…追加（平成六年法律五七号）、旧一一条から繰上（平成一二年法律五九号）、旧一〇条から繰上（平成一九年法律三〇号）

（雇用保険率の変更に関する暫定措置）

第十条　雇用保険法附則第十三条第一項の規定が適用される会計年度における第十二条第五項の規定の適用については、同項中「第六十六条第一項、第二項及び第五項の規定による国庫の負担額、同条第六項の規定による国庫の負担額（同法による雇用保険事業の事務の執行に要する経費に係る分を除く。）並びに同法第六十七条の規定による国庫の負担額」とあるのは、「附則第十三条第一項の規定による国庫の負担額及び同条第三項において読み替えて適用する同法第六十六条第六項の規定による国庫の負担額（同法による雇用保険事業の事務の執行に要する経費に係る分を除く。）」とする。

改正　本条…追加（平成一九年法律三〇号）、一部改正（平成二一年法律五号）、全部改正（平成二九年法律一四号）

第十条の二　平成二十九年度から平成三十一年度までの各年度における前条の規定の適用については、同条中「附則第十三条第一項の規定」とあるのは、「附則第十四条第一項の規定」とする。

改正　本条…追加（平成二九年法律一四号）

（雇用保険率に関する暫定措置）

第十一条　平成二十九年度から平成三十一年度までの各年度における第十二条第四項の雇用保険率については、同項中「千分の十五・五」とあるのは「千分の十三・五」と、「千分の十七・五」とあるのは「千分の十五・五」と、「千分の十八・五」とあるのは「千分の十六・五」として、同項の規定を適用する。

2　前項の場合において、第十二条第五項中「千分の十一・五から千分の十九・五まで」とあるのは「千分の九・五から千分の十七・五まで」と、「千分の十三・五から千分の二十一・五まで」とあるのは「千分の十一・五から千分の十九・五まで」と、「千分の十四・五から千分の二十二・五まで」とあるのは「千分の十二・五から千分の二十・五まで」と、同条第九項中「千分の十一・五から千分の十九・五まで」とあるのは「千分の九・五から千分の十七・五まで」と、「千分の十一から千分の十九まで」とあるのは「千分の九から千分の十七まで」と、「千分の十三・五から千分の二十一・五まで」とあるのは「千分の十一・五から千分の十九・五まで」と、「千分の十三から千分の二十一まで」とあるのは「千分の十一から千分の十九まで」と、「千分の十四・五から千分の二十二・五まで」とあるのは「千分の十二・五から千分の二十・五まで」と、「千分の十四から千分の二十二まで」とあるのは「千分の十二から千分の二十まで」とする。

改正　本条…追加（平成二一年法律五号）、全部改正（平成二二年法律一五号、平成二九年法律一四号）

（延滞金の割合の特例）

第十二条　第二十八条第一項に規定する延滞金の年十四・六パーセントの割合及び年七・三パーセントの割合は、当分の間、同項の規定にかかわらず、各年の特例基準割合（租税特別措置法（昭和三十二年法律第二十六号）第九十三条第二項に規定する特例基準割合をいう。以下この条において同じ。）が年七・三パーセントの割合に満たない場合には、その年中においては、年十四・六パーセントの割合にあつては当該特例基準割合に年七・三パーセントの割合を加算した割合とし、年七・三パーセントの割合にあつては当該特例基準割合に年一パーセントの割合を加算した割合（当該加算した割合が年七・三パーセントの割合を超える場合には、年七・三パーセントの割合）とする。

改正　本条…追加（平成二一年法律三六号）、一部改正（平成二三年法律一一五号、平成二六年法律六四号）

附　則（昭和四五年四月一日法律一三号　利率等の表示の年利建て移行に関する法律）（抄）

（施行期日）

第一条　この法律は、公布の日から施行する。

附　則（昭和四五年五月一二日法律八八号　労働者災害補償保険法等の一部を改正する法律）（抄）

（施行期日）

第一条　この法律は、〈中略〉昭和四十八年十二月三十一日から施行する。

附　則（昭和四七年四月二八日法律一八号　労働保険特別会計法）（抄）

1　この法律は、公布の日から施行し、昭和四十七年度の予算から適用する。

附　則（昭和四八年九月二一日法律八五号　労働者災害補償保険法の一部を改正する法律）（抄）

（施行期日）

第一条　この法律は、公布の日から起算して六月をこえない範囲内において政令で定める日から施行する。

註（政令で定める日―昭和四八年一〇月政令三二一号により昭和四八年一二月一日）

（労働保険の保険料の徴収等に関する法律の一部改正に伴う経

過措置）

第十七条　施行日の属する保険年度及びこれに引き続く三保険年度においては、前条の規定による改正後の労働保険の保険料の徴収等に関する法律第十二条第一項中「過去三年間の業務災害（同法第七条第一項第一号の業務災害をいう。以下同じ。）及び通勤災害（同項第二号の通勤災害をいう。第三項において同じ。）に係る災害率」とあるのは「過去三年間の業務災害（同法第七条第一項第一号の業務災害をいう。以下同じ。）に係る災害率並びに労働者災害補償保険法の一部を改正する法律（昭和四十八年法律第八十五号。以下「昭和四十八年改正法」という。）の施行の日の属する保険年度及びこれに引き続く三保険年度における通勤災害（同項第二号の通勤災害をいう。第三項において同じ。）に係る災害率又はその予想値」と、同条第三項中「過去三年間の通勤災害に係る災害率」とあるのは「昭和四十八年改正法の施行の日の属する保険年度及びこれに引き続く三保険年度における通勤災害に係る災害率又はその予想値」とする。

第十八条　労働保険の保険料の徴収等に関する法律第十七条の規定は、この法律の施行の際現に労働保険の保険料の徴収等に関する法律第三条に規定する労災保険に係る労働保険の保険関係が成立している事業の施行日の属する保険年度に係る労働保険料については、適用しない。

〔昭和四九年一二月二八日法律第一一七号　雇用保険法の施行に伴う関係法律の整備等に関する法律（抄）〕

（労働保険の保険料の徴収等に関する法律の一部改正に伴う経過措置）

第三十一条　この法律の施行の際現に行われている事業であつて、雇用保険法第五条第一項の適用事業に該当するものに関する前条の規定による改正後の労働保険の保険料の徴収等に関する法律（以下この条において「新徴収法」という。）第四条の規定の適用については、施行日に、その事業が開始されたものとみなす。

2　この法律の施行の際現に前条の規定による改正前の労働保険の保険料の徴収等に関する法律（以下この条及び第三十六条において「旧徴収法」という。）第四条第二項又は失業保険法及び労働者災害補償保険法の一部を改正する法律及び労働保険の保険料の徴収等に関する法律の施行に伴う関係法律の整備等に関する法律（昭和四十四年法律第八十五号）第九条若しくは第十条の規定により失業保険に係る保険関係が成立している事業であつて、新徴収法附則第二条第一項に規定する雇用保険暫定任意適用事業に該当するものについては、施行日に、その事業につき同項の認可があつたものとみなす。

3　新徴収法附則第四条の規定は、前項の規定により雇用保険に係る保険関係が成立している事業に関する当該保険関係の消滅について準用する。

4　施行日前の期間に係る旧徴収法の規定による労働保険料及び当該労働保険料に係る徴収金並びに労働保険料の負担については、なお従前の例による。

5　前項の規定により徴収した労働保険料がある会計年度については、雇用保険法附則第十五条第三項の規定により読み替えられた同法第六十六条第三項中「特別保険料の額との合計額」とあるのは「特別保険料の額及び雇用保険法の施行に伴う関係法律の整備等に関する法律（昭和四十九年法律第百十七号。以下「整備法」という。）第三十一条第四項の規定により徴収した労働保険料の額（整備法第三十条の規定による改正前の徴収法第十二条第一項第一号の事業に係る一般保険料の額のうち千分の十三の率（その率が同条第四項の規定により変更されたときは、その変更された率）に応ずる部分の額と同条第一項第三号の事業に係る一般保険料の額との合計額から、整備法第三十一条第四項の規定により徴収した印紙保険料の額に相当する額に労働大臣が大蔵大臣と協議して定める率を乗じて得た額を減じた額をいう。）との合計額」と、同条第四項第一号イ中「印紙保険料の額」とあるのは「印紙保険料の額と整備法第三十一条第四項の規定により徴収した印紙保険料の額との合計額」と、同号ロ中「イの額に相当する額」とあるのは「徴収法の規定により徴収した印紙保険料の額」とする。

6　雇用保険法第四十五条、第四十八条、第五十条、第五十三条第一項、第五十四条及び第五十六条第二項の規定の適用については、旧徴収法（第四項の規定によりその例によることとされる場合を含む。）の規定により納付された印紙保険料は、新徴収法の規定により納付された印紙保険料とみなし、旧徴収法第二十二条第一項第一号に掲げる額（その額が同条第二項又は第四項の規定により変更されたときは、その変更された額）の印紙保険料は新徴収法第二十二条第一項第二号に掲げる額の印紙保険料と、旧徴収法第二十二条第一項第二号に掲げる額（その額が同条第二項又は第四項の規定により変更されたときは、その変更された額）の印紙保険料は新徴収法第二十二条第一項第三号に掲げる額の印紙保険料とみなす。

7　第八条の規定による改正後の郵政事業特別会計法第四十条の規定の適用については、旧徴収法第二十三条第二項に規定する失業保険印紙は、新徴収法第二十三条第二項に規定する雇用保険印紙とみなす。

8　旧徴収法第四条第二項の規定による失業保険に係る保険関係の成立を希望したことを理由とする労働者に対する解雇その他不利益な取扱いの禁止については、なお従前の例による。

（その他の経過措置の政令への委任）

第三十七条　この法律に規定するもののほか、この法律による各法律の改正に伴い必要な経過措置については、政令で必要な規定を設けることができる。

（罰則に関する経過措置）

第三十八条　施行日前にした行為及びこの法律の規定により従前の例によることとされる事項に関する施行日以後にした行為に対する罰則の適用については、なお従前の例による。

附　則（昭和四九年一二月二八日法律一一七号）（抄）

この法律は、昭和五十年四月一日から施行する。

附　則（昭和五一年五月二七日法律三二号　労働者災害補償保険法等の一部を改正する法律）（抄）

（施行期日等）

第一条　この法律は、昭和五十二年四月一日から施行する。ただし、次の各号に掲げる規定は、当該各号に定める日から施行する。

一・二　〈略〉

三　〈前略〉労働保険の保険料の徴収等に関する法律第十二条第二項の改正規定、同法第十四条第一項の改正規定（労働福祉事業に係る部分に限る。）及び同条第二項の改正規定〈中略〉公布の日から起算して六月を超えない範囲内において政令で定める日〈昭和五一年政令一六七号により、昭和五一年七月一日から施行〉

四　第三条中労働保険の保険料の徴収等に関する法律第十二条第三項の改正規定（「業務災害に関する保険給付」の下に「（労災保険法第三十条第一項の規定により保険給付を受けることができることとされた者（以下「第三種特別加入者」という。）に係る保険給付を除く。）」を加える部分及び「第一種特別加入保険料の額」の下に「から通勤災害に係る率に応ずる部分の額を減じた額」を加える部分を除く。）及び附則第十一条の規定　昭和五十一年十二月三十一日

2　〈略〉

（第三条の規定の施行に伴う経過措置）

第十一条　附則第一条第四号に定める日において、第三条の規定による改正前の労働保険の保険料の徴収等に関する法律（以下「徴収法」という。）第三条に規定する労災保険に係る労働保険の保険関係が成立している事業に関する第三条の規定による改正後の徴収法第十二条第三項の規定の適用については、同項中「労災保険法第二十九条第一項第二号に掲げる事業として支給が行われた給付金のうち業務災害に係るもので労働省令で定めるもの」とあるのは、「労災保険法第二十九条第一項第二号の事業として支給が行われた給付金のうち業務災害に係るもので労働省令で定めるもの（労働者災害補償保険法等の一部を改正する法律（昭和五十一年法律第三十二号）附則第一条第一項第四号に定める日後に発生した業務災害の原因である事故に関して行われたものに限る。）」とする。

第十二条　**改正**　本条…一部改正（平成一二年法律一二四号）

第三条の規定による改正後の徴収法第十四条の二第

一項の規定の適用については、附則第六条の政令で定める日までの間は、同項中「業務災害及び通勤災害に係る災害率」とあるのは、「業務災害に係る災害率」とする。

第十三条　第三条の規定による改正後の徴収法第二十条第一項の労働省令で定める有期事業であつて、施行日前に第三条の規定による改正前の徴収法第三条に規定する労災保険に係る労働保険の保険関係が成立したものに関する同項の規定の適用については、同項中「保険給付の額に第十二条第三項の労働省令で定める給付金の額を加えた額」とあるのは「保険給付の額」と、同項第一号中「同条第一項第一号」とあるのは「第十二条第一項第一号」とする。

（政令への委任）

第三十条　この附則に規定するもののほか、必要な事項は、政令で定める。

附　則（昭和五一年五月二七日法律三三号　建設労働者の雇用の改善等に関する法律）（抄）

（施行期日）

第一条　この法律は、昭和五十一年十月一日から施行する。ただし、第十条及び附則第四条から第六条までの規定は、公布の日から起算して三年を超えない範囲内において政令で定める日から施行する。〈編注・昭和五三年二月政令一七号により、第十条並びに附則五条及び第六条の規定については、昭和五三年四月一日、附則第四条の規定については昭和五三年一〇月一日から施行〉

（労働保険の保険料の徴収等に関する法律の一部改正に伴う経過措置）

第五条　前条の規定による改正後の労働保険の保険料の徴収等に関する法律第十二条第四項ただし書及び第五項の規定は、附則第一条ただし書に規定する日以後の期間に係る労働保険料について適用し、同日前の期間に係る労働保険料については、なお従前の例による。

2　前項に規定するもののほか、前条の規定による労働保険の保険料の徴収等に関する法律の改正に伴い必要な経過措置は、政令で定める。

改正　一項…一部改正（昭和五二年法律四三号）

附　則（昭和五二年五月二〇日法律四三号　雇用保険法等の一部を改正する法律）（抄）

（施行期日）

第一条　この法律は、昭和五十二年十月一日から施行する。ただし、〈中略〉第二条中労働保険の保険料の徴収等に関する法律第十二条第四項の改正規定及び同条第五項の改正規定（「千分の十一から千分の十五まで」を「千分の十一・五から千分の十五・五まで」に改める部分及び「千分の十三から千分の十七まで」を「千分の十三・五から千分の十七・五まで」に改める部分に限る。）、次条第一項の規定並びに附則第五条中建設労働者の雇用の改善等に関する法律（昭和五十一年法律第三十三号）附則第四条から第六条までの改正規定は、昭和五十三年四月一日から施行する。

（労働保険の保険料の徴収等に関する法律の一部改正に伴う経過措置）

第二条　第二条の規定による改正後の労働保険の保険料の徴収等に関する法律（次項において「新徴収法」という。）第十二条第四項の規定は、昭和五十三年四月一日以後の期間に係る労働保険料について適用し、同日前の期間に係る労働保険料については、なお従前の例による。

2　昭和五十三年三月三十一日までの間は、新徴収法第十二条第六項中「千分の三・五」とあるのは「千分の三」とする。

（その他の経過措置の政令への委任）

第四条　前二条に規定するもののほか、この法律の施行に伴い必要な経過措置は、政令で定める。

附　則（昭和五三年一一月一八日法律一〇七号　特定不況地域離職者臨時措置法）（抄）

（施行期日）

第一条　この法律は、公布の日から施行する。ただし、附則第四条及び第五条の規定は、昭和五十四年四月一日から施行する。

（労働保険の保険料の徴収等に関する法律の一部改正に伴う経過措置）

第五条　前条の規定による改正後の労働保険の保険料の徴収等に関する法律第十二条第四項の規定は、昭和五十四年四月一日以後の期間に係る労働保険料について適用し、同日前の期間に係る労働保険料については、なお従前の例による。

附　則（昭和五四年六月八日法律四〇号　雇用保険法等の一部を改正する法律）（抄）

（施行期日）

第一条　この法律は、公布の日から施行する。

附　則（昭和五五年一二月五日法律一〇四号　労働者災害補償保険法等の一部を改正する法律）（抄）

（施行期日等）

第一条　この法律は、公布の日から施行する。ただし、次の各号に掲げる規定は、当該各号に定める日から施行する。

一　第二条中労働保険の保険料の徴収等に関する法律第十二条第三項の改正規定及び附則第七条第一項の規定　昭和五十五年十二月三十一日

二　＜略＞

三　第二条中労働保険の保険料の徴収等に関する法律第二十条第一項の改正規定及び附則第七条第二項の規定　昭和五十六年四月一日

2　＜略＞

（第二条の規定の施行に伴う経過措置）

第七条　昭和五十五年十二月三十一日において、労働保険の保険料の徴収等に関する法律（以下「徴収法」という。）第三条に規定する労災保険に係る労働保険の保険関係が成立している事業に関する第二条の規定による改正後の徴収法第十二条第三項の規定の適用については、同項中「遺族補償一時金」とあるのは「遺族補償一時金（昭和五十五年十二月三十一日後に支給すべき事由が生じたものに限る。）」と、「（以下この項及び第二十条第一項において「特定疾病にかかつた者に係る保険給付」という。）」とあるのは「（以下この項において「特定疾病にかかつた者に係る保険給付」といい、同日後の期間に係る年金たる保険給付及び同日後に支給すべき事由が生じた年金たる保険給付以外の保険給付に限る。）」と、「乗じて得た額」とあるのは「乗じて得た額（一般保険料又は第一種特別加入保険料の額の算定の基礎となつた期間のうちに同日以前の期間がある場合には、同日以前の期間に係る一般保険料の額から通勤災害に係る率に応ずる部分の額を減じた額と第一種特別加入保険料の額から通勤災害に係る率に応ずる部分の額を減じた額とを合算した額に同日後の期間に係る一般保険料の額から通勤災害に係る率に応ずる部分の額を減じた額と第一種特別加入保険料の額から通勤災害に係る率に応ずる部分の額を減じた額とを合算した額に調整率を乗じて得た額を加えた額）」と、「同日を」とあるのは「十二月三十一日を」とする。

2　徴収法第二十条第一項の労働省令で定める有期事業であつて、昭和五十六年四月一日前に徴収法第三条に規定する労災保険に係る労働保険の保険関係が成立したものに係る確定保険料の額については、なお従前の例による。

附　則（昭和五八年五月一七日法律三九号　特定不況業種関係労働者の雇用の安定に関する特別措置法）（抄）

（施行期日）

第一条　この法律は、昭和五十八年七月一日から施行する。

附　則（昭和五九年七月一三日法律五四号　雇用保険法等の一部を改正する法律）（抄）

（施行期日）

第一条　この法律は、昭和五十九年八月一日から施行する。ただし、次の各号に掲げる規定は、当該各号に定める日から施行する。

一　第一条中雇用保険法第四十八条、第四十九条及び第五十四条の改正規定、第二条中労働保険の保険料の徴収等に関する法律第二十二条第四項の改正規定並びに附則第八条の規定　昭和五十九年九月一日

二　＜略＞

（印紙保険料の額に関する経過措置）

第十一条　施行日前の日について納付すべき印紙保険料の額については、なお従前の例による。

（その他の経過措置の政令への委任）

第二十二条　この附則に規定するもののほか、この法律の施行に伴い必要な経過措置は、政令で定める。

附　則（昭和五九年一二月二五日法律八七号　日本電信電話株式会社法及び電気通信事業法の施行に伴う関係法律の整備等に関する法律）（抄）

（施行期日）

第一条　この法律は、昭和六十年四月一日から施行する。〈後略〉

附　則（昭和六二年五月二三日法律五九号　労働者災害補償保険法及び労働保険の保険料の徴収等に関する法律の一部を改正する法律）（抄）

（施行期日）

第一条　この法律は、昭和六十二年二月一日から施行する。ただし、次の各号に掲げる規定は、当該各号に定める日から施行する。

一　第二条中労働保険の保険料の徴収等に関する法律第十二条第三項の改正規定（「（第二十条第一項第一号」に、「「調整率」」を「「第一種調整率」」に改める部分を除く。）及び同法第十三条の改正規定並びに附則第九条の規定　昭和六十二年三月三十一日

二　〈前略〉第二条中労働保険の保険料の徴収等に関する法律第四条の次に一条を加える改正規定、同法第十二条第三項の改正規定（「（第二十条第一項」を「（第二十条第一項第一号」に、「「調整率」」を「「第一種調整率」」に改める部分に限る。）及び同法第二十条第一項の改正規定並びに次条、附則第五条から第八条まで及び第十条の規定　昭和六十二年四月一日

三　第二条中労働保険の保険料の徴収等に関する法律第十一条の次に一条を加える改正規定　昭和六十三年四月一日

（第二条の規定の施行に伴う経過措置）

第八条　附則第一条第二号に掲げる規定の施行の際現に労働保険の保険料の徴収等に関する法律（以下「徴収法」という。）第三条第一項に規定する労働保険の保険関係が成立している事業に関し、第二条の規定による改正後の労働保険の保険料の徴収等に関する法律（以下「新徴収法」という。）第四条の二第一項又は第二項の規定による届出に相当する第二条の規定による改正前の労働保険の保険料の徴収等に関する法律（以下「旧徴収法」という。）に基づく労働省令の規定による届出をしている事業主は、それぞれ新徴収法第四条の二第一項又は第二項の規定による届出をしたものとみなす。

第九条　昭和六十一年十二月三十一日以前に旧徴収法第十二条第三項に規定する場合に該当した事業に関する昭和六十二年四月一日から始まる保険年度（四月一日から翌年三月三十一日までをいう。以下同じ。）以前の各保険年度に係る労災保険率については、なお従前の例による。

2　昭和六十二年三月三十一日において徴収法第三条に規定する労災保険に係る労働保険の保険関係が成立している事業

に関する昭和六十三年四月一日から始まる保険年度から昭和六十五年四月一日から始まる保険年度までの各保険年度に係る労災保険率に関する新徴収法第十二条第三項の規定の適用については、同項中「各保険年度」とあるのは、「昭和六十一年四月一日から始まる保険年度以前の各保険年度において労働者災害補償保険法及び労働保険の保険料の徴収等に関する法律の一部を改正する法律（昭和六十一年法律第五十九号）第二条の規定による改正前のこの項の各号のいずれかに該当し、かつ、当該連続する三保険年度中に昭和六十二年四月一日から始まる保険年度以後の保険年度が含まれるときは、当該連続する三保険年度中の同日から始まる保険年度以後の各保険年度」とする。

第十条　徴収法第二十条第一項に規定する有期事業であつて労働省令で定めるものに該当する事業のうち、昭和六十二年四月一日前に徴収法第三条に規定する労災保険に係る労働保険の保険関係が成立した事業に係る確定保険料の額については、なお従前の例による。

（政令への委任）

第十一条　附則第二条から前条までに定めるもののほか、この法律の施行に関し必要な経過措置は、政令で定める。

附　則（昭和六二年一二月四日法律九三号　日本国有鉄道改革法等施行法）（抄）

（施行期日）

第一条　この法律は、昭和六十二年四月一日から施行する。

附　則（昭和六二年三月三一日法律二三号　地域雇用開発等促進法）（抄）

（施行期日）

第一条　この法律は、昭和六十二年四月一日から施行する。

附　則（平成元年六月二八日法律三六号　雇用保険法及び労働保険の保険料の徴収等に関する法律の一部を改正する法律）（抄）

（施行期日）

第一条　この法律は、平成元年十月一日から施行する。ただし、〈中略〉第二条の規定並びに附則第三条、第四条〈中略〉の規定は、公布の日から施行する。

（雇用保険率に関する経過措置）

第三条　第二条の規定による改正後の労働保険の保険料の徴収等に関する法律第十二条第七項の規定は、平成元年度以後の年度において同項に規定する場合に該当することとなった場合における雇用保険率の変更について適用する。

（政令への委任）

第四条　前二条に定めるもののほか、この法律の施行に伴い必要な経過措置は、政令で定める。

附　則（平成二年六月二二日法律四〇号　労働者災害補償保険法等の一部を改正する法律）（抄）

（施行期日）

第一条　この法律の規定は、次の各号に掲げる区分に従い、それぞれ当該各号に定める日から施行する。

一　第一条の規定並びに次条、附則第七条、第十一条、第十二条、第十四条及び第十六条の規定　平成二年八月一日

二・三　＜略＞

（政令への委任）

第十六条　附則第二条から第六条までに定めるもののほか、この法律の施行に関し必要な経過措置は、政令で定める。

附　則（平成四年三月三一日法律八号　労働保険の保険料の徴収等に関する法律及び雇用保険法の一部を改正する法律）（抄）

（施行期日）

第一条　この法律は、公布の日から施行する。ただし、次の各号に掲げる規定は、当該各号に定める日から施行する。

一　第一条中労働保険の保険料の徴収等に関する法律第四十六条、第四十七条及び附則第七条第一項の改正規定＜中略＞　公布の日から起算して一月を経過した日

二　＜略＞

三　第一条中労働保険の保険料の徴収等に関する法律附則に一条を加える改正規定、附則第三条の規定＜中略＞　平成五年四月一日

（検討）

第二条　政府は、この法律の施行後、今後の雇用動向等を勘案しつつ、雇用保険事業における諸給付の在り方、費用負担の在り方等について総合的に検討を加え、必要があると認めるときは、その結果に基づいて所要の措置を講ずるものとする。

（労働保険料に関する経過措置）

第三条　第一条の規定による改正後の労働保険の保険料の徴収等に関する法律附則第十条の規定は、平成五年四月一日以後の期間に係る労働保険料について適用し、同日前の期間に係る労働保険料については、なお従前の例による。

（その他の経過措置の政令への委任）

第十一条　附則第三条から第七条まで及び第九条に定めるもののほか、この法律の施行に伴い必要な経過措置は、政令で定める。

附　則（平成五年一一月一二日法律八九号　行政手続法の施行に伴う関係法律の整備に関する法律）（抄）

（施行期日）

第一条　この法律は、行政手続法（平成五年法律第八十八号）の施行の日＜編注・平成六年一〇月一日＞から施行する。

（諮問等がされた不利益処分に関する経過措置）

第二条　この法律の施行前に法令に基づき審議会その他の合議制の機関に対し行政手続法第十三条に規定する聴聞又は弁明の機会の付与の手続その他の意見陳述のための手続に相当する手続を執るべきことの諮問その他の求めがされた場合においては、当該諮問その他の求めに係る不利益処分の手続に関

しては、この法律による改正後の関係法律の規定にかかわらず、なお従前の例による。

（罰則に関する経過措置）

第十三条　この法律の施行前にした行為に対する罰則の適用については、なお従前の例による。

（聴聞に関する規定の整理に伴う経過措置）

第十四条　この法律の施行前に法律の規定により行われた聴聞、聴問若しくは聴聞会（不利益処分に係るものを除く。）又はこれらのための手続は、この法律による改正後の関係法律の相当規定により行われたものとみなす。

（政令への委任）

第十五条　附則第二条から前条までに定めるもののほか、この法律の施行に関して必要な経過措置は、政令で定める。

附　則（平成六年六月二九日法律五七号　雇用保険法等の一部を改正する法律）（抄）

（施行期日）

第一条　この法律は、平成七年四月一日から施行する。ただし、次の各号に掲げる規定は、当該各号に定める日から施行する。

一・二　＜略＞

三　第二条中労働保険の保険料の徴収等に関する法律第二十二条の改正規定及び附則第十七条の規定　平成六年八月一日

四　＜前略＞第二条中労働保険の保険料の徴収等に関する法律附則第十条の次に一条を加える改正規定＜中略＞　平成六年九月一日

（印紙保険料の額に関する経過措置）

第十七条　平成六年八月一日前の日について納付すべき印紙保険料の額については、なお従前の例による。

（その他の経過措置の政令への委任）

第三十一条　この附則に規定するもののほか、この法律の施行に伴い必要な経過措置は、政令で定める。

附　則（平成七年三月二三日法律三五号　労働者災害補償保険法等の一部を改正する法律）（抄）

（施行期日）

第一条　この法律は、平成八年四月一日から施行する。ただし、次の各号に掲げる規定は、当該各号に定める日から施行する。

一・二　＜略＞

三　第二条中労働保険の保険料の徴収等に関する法律第十二条の次に一条を加える改正規定及び附則第三条の規定　平成九年三月三十一日

四　第二条中労働保険の保険料の徴収等に関する法律第十五条第一項及び第十九条第一項から第三項までの改正規定並びに附則第四条の規定　平成九年四月一日

（第二条の規定の施行に伴う経過措置）

第三条　第二条の規定による改正後の労働保険の保険料の徴収等に関する法律（次条において「新徴収法」という。）第十二条の二の規定は、平成八年度以後に講じられた同条の厚生労働省令で定める措置について適用する。

改正　本条…一部改正（平成一一年法律一六〇号）

第四条　平成九年四月一日前に保険関係が成立した事業（労働者災害補償保険法第二十八条第一項又は第三十条第一項の承認があった事業を含む。）に係る第三条の規定による改正前の労働保険の保険料の徴収等に関する法律（次項において「旧徴収法」という。）第十五条第一項の規定により納付すべき労働保険料であって、同日の前日までに同項の規定による納付の期限が到来していないものの納付の期限については、新徴収法第十五条第一項の規定を適用する。

2　平成九年四月一日前に保険関係が消滅した事業（労働者災害補償保険法第二十八条第一項又は第三十条第一項の承認が取り消された事業を含む。）に係る旧徴収法第十九条第一項又は第二項の規定により提出すべき申告書であって、同日の前日までに同条第一項又は第二項の規定による提出の期限が到来していないものの提出の期限及び同条第三項の規定により納付すべき労働保険料であって、同月一日の前日までに同項の規定による納付の期限が到来していないものの納付の期限については、新徴収法第十九条第一項から第三項までの規定を適用する。

附　則（平成八年六月一四日法律八二号　厚生年金保険法等の一部を改正する法律）（抄）

（施行期日）

第一条　この法律は、平成九年四月一日から施行する。〈後略〉

（労働保険の保険料の徴収等に関する法律の一部改正に伴う経過措置）

第百二十一条　旧適用法人共済組合の組合員に係る当該組合員であった期間に関する労働保険料その他の徴収金については、前条の規定による改正前の労働保険の保険料の徴収等に関する法律附則第八条の規定は、なおその効力を有する。

附　則（平成一一年七月一六日法律八七号　地方分権の推進を図るための関係法律の整備等に関する法律）（抄）

（施行期日）

第一条　この法律は、平成十二年四月一日から施行する。〈後略〉

附　則（平成一一年一二月二二日法律一六〇号　中央省庁等改革関係法施行法）（抄）

（施行期日）

第一条　この法律〈中略〉は、平成十三年一月六日から施行する。〈後略〉

附　則（平成一二年五月一二日法律五九号　雇用保険法等の一部を改正する法律）（抄）

（施行期日）

第一条　この法律は、平成十三年四月一日から施行する。〈後

略〉

（雇用保険率に関する経過措置）

第十条　第二条の規定による改正後の労働保険の保険料の徴収等に関する法律（以下「新徴収法」という。）第十二条第四項の規定は、施行日以後の期間に係る労働保険料について適用し、施行日前の期間に係る労働保険料については、なお従前の例による。

2　平成十四年度における雇用保険率に関する新徴収法第十二条第五項の適用については、同項中「雇用保険法第六十六条第一項、第三項及び第五項並びに第六十七条」とあるのは「雇用保険法等の一部を改正する法律（平成十二年法律第五十九号）第一条の規定による改正前の雇用保険法（以下「旧雇用保険法」という。）附則第二十三条」と、「同法」とあるのは「旧雇用保険法」とする。

附　則（平成一二年一一月二二日法律一二四号　労働者災害補償保険法及び労働保険の保険料の徴収等に関する法律の一部を改正する法律）（抄）

（施行期日）

第一条　この法律は、平成十三年四月一日から施行する。

（労働保険の保険料の徴収等に関する法律の一部改正に伴う経過措置）

第三条　施行日の属する保険年度（労働保険の保険料の徴収等に関する法律第二条第四項に規定する保険年度をいう。以下同じ。）及びこれに引き続く二保険年度においては、第二条の規定による改正後の労働保険の保険料の徴収等に関する法律（以下「新徴収法」という。）第十二条第二項中「二次健康診断等給付（同項第三号の二次健康診断等給付をいう。次項及び第十三条において同じ。）に要した費用の額」とあるのは「労働者災害補償保険法及び労働保険の保険料の徴収等に関する法律の一部を改正する法律（平成十二年法律第百二十四号。以下「平成十二年改正法」という。）の施行の日の属する保険年度及びこれに引き続く二保険年度における二次健康診断等給付（同項第三号の二次健康診断等給付をいう。以下同じ。）に要した費用の額又は二次健康診断等給付に要する費用の予想額」と、同条第三項中「及び二次健康診断等給付に要した費用の額」とあるのは「並びに平成十二年改正法の施行の日の属する保険年度及びこれに引き続く二保険年度における二次健康診断等給付に要した費用の額又は二次健康診断等給付に要する費用の予想額」と、新徴収法第十三条中「過去三年間の二次健康診断等給付に要した費用の額」とあるのは「平成十二年改正法の施行の日の属する保険年度及びこれに引き続く二保険年度における二次健康診断等給付に要した費用の額又は二次健康診断等給付に要する費用の額の予想額」とする。

第四条　労働保険の保険料の徴収等に関する法律第二十条第一項の厚生労働省令で定める有期事業であって、施行日前に同法第三条に規定する労災保険に係る労働保険の保険関係が成立したものに係る確定保険料の額については、なお従前の例による。

附　則（平成一五年四月三〇日法律三一号　雇用保険法等の一部を改正する法律）（抄）

（施行期日）

第一条　この法律は、平成十五年五月一日から施行する。

（労働保険料に関する経過措置）

第十四条　第二条の規定による改正後の労働保険の保険料の徴収等に関する法律（以下「新徴収法」という。）附則第九条の規定は、施行日以後の期間に係る労働保険料について適用し、施行日前の期間に係る労働保険料については、なお従前の例による。

（一般保険料額表に関する経過措置）

第十五条　施行日以後平成十七年三月三十一日までの期間に係る新徴収法第三十条第一項の規定により被保険者の負担すべき一般保険料の額については、同項の規定にかかわらず、厚生労働大臣が労働政策審議会の意見を聴いて定める一般保険料額表により計算することができる。

附　則（平成一六年一二月一日法律一五〇号　民間事業者等が行う書面の保存等における情報通信の技術の利用に関する法律の施行に伴う関係法律の整備等に関する法律）（抄）

（施行期日）

第一条　この法律は、平成十七年四月一日から施行する。

（罰則に関する経過措置）

第四条　この法律の施行前にした行為に対する罰則の適用については、なお従前の例による。

附　則（平成一七年一一月二日法律一〇八号　労働安全衛生法等の一部を改正する法律）（抄）

（施行期日）

第一条　この法律は、平成十八年四月一日から施行する。〈後略〉

（労働保険の保険料の徴収等に関する法律の一部改正に伴う経過措置）

第五条　労働保険の保険料の徴収等に関する法律第二十条第一項の厚生労働省令で定める有期事業であって、施行日前に同法第三条に規定する労災保険に係る労働保険の保険関係が成立したものに係る確定保険料の額については、なお従前の例による。

附　則（平成一九年四月二三日法律三〇号　雇用保険法等の一部を改正する法律）（抄）

（施行期日）

第一条　この法律は、公布の日から施行する。ただし、次の各号に掲げる規定は、当該各号に定める日から施行する。

一～二〈略〉

三　＜前略＞第八条＜中略＞の規定　日本年金機構法の施行の日＜編注・平成二二年一月一日＞

改正　本条…一部改正（平成一九年法律一〇九号）

（労働保険料に関する経過措置）

第五十三条の二　厚生労働大臣は、平成十九年四月一日から始まる保険年度の初日から五十日を経過する日の前日までの間に、第七条の規定による改正後の労働保険の保険料の徴収等に関する法律（以下この条から附則第五十三条の四までにおいて「新徴収法」という。）第十二条第五項の規定に基づき、雇用保険率を千分の十五・五から千分の十七・五まで（同条第四項ただし書に規定する事業（同項第三号に掲げる事業を除く。）については千分の十七・五から千分の十九・五まで、同号に掲げる事業については千分の十八・五から千分の二十・五まで）の範囲内において変更したときは、当該変更を平成十九年四月一日以後の期間に係る労働保険料について適用するものとすることができる。この場合において、同条第八項の規定により雇用保険率が変更されているときは、前段中「千分の十五・五から千分の十七・五まで」とあるのは「千分の十五から千分の十七まで」と、「千分の十七・五から千分の十九・五まで」とあるのは「千分の十七から千分の十九まで」と、「千分の十八・五から千分の二十・五まで」とあるのは「千分の十八から千分の二十まで」とする。

2　前項の雇用保険率の変更があった場合において、平成十九年四月一日から始まる保険年度において新徴収法第十五条第一項又は第二項の規定により労働保険料を納付すべき事業主（前項の雇用保険率の変更があった日（以下この条から附則第五十三条の四までにおいて「変更日」という。）以後に新徴収法第十五条第一項又は第二項の規定により労働保険料を納付すべき事由が生じた事業主を除く。）に係る同条の規定の適用については、同条第一項中「保険年度ごとに、次に」とあるのは「次に」と、「その保険年度の初日」とあるのは「平成十九年四月一日から始まる保険年度の初日」と、「保険年度の中途」とあるのは「その保険年度の中途」と、「五十日以内」とあるのは「五十日にその保険年度の初日から雇用保険法等の一部を改正する法律（平成十九年法律第三十号）附則第五十三条の二第二項に規定する変更日（以下この条において「変更日」という。）の前日までの日数を加えた日数以内」と、「その保険年度に」とあるのは「平成十九年四月一日から始まる保険年度に」と、同条第二項中「二十日以内」とあるのは「二十日に平成十九年四月一日から始まる保険年度の初日から変更日の前日までの日数を加えた日数以内」とする。

3　第一項の雇用保険率の変更があった場合において、平成十九年四月一日から始まる保険年度において新徴収法第十九条第一項又は第二項の規定により申告書を提出すべき事業主（変更日以後に同条第一項又は第二項の規定により申告書を提出すべき事由が生じた事業主を除く。）及び同条第三項の規定により労働保険料を納付すべき事業主（変更日以後に同項の規定により労働保険料を納付すべき事由が生じた事業主を除く。）に係る同条の規定の適用については、同条第一項中「保険年度ごとに、次に」とあるのは「次に」と、「次の保険年度」とあるのは「平成十八年四月一日から始まる保険年度の次の保険年度」と、「保険年度の中途」とあるのは「その保険年度の中途」と、「五十日以内」とあるのは「五十日にその保険年度の初日から雇用保険法等の一部を改正する法律（平成十九年法律第三十号）附則第五十三条の二第二項に規定する変更日（以下この条において「変更日」という。）の前日までの日数を加えた日数以内」と、「その保険年度に使用した」とあるのは「平成十八年四月一日から始まる保険年度に使用した」と、「消滅したもの」とあるのは「平成十九年四月一日から始まる保険年度の中途に保険関係が消滅したもの」と、「その保険年度において」とあるのは「当該保険関係が成立し、又は消滅した保険年度において」と、「一般保険料及びその保険年度」とあるのは「一般保険料及び平成十八年四月一日から始まる保険年度」と、「並びにその保険年度」とあるのは「並びに平成十八年四月一日から始まる保険年度」と、「、その保険年度における」とあるのは「、平成十八年四月一日から始まる保険年度における」と、同条第二項中「五十日以内」とあるのは「五十日にその保険年度の初日から変更日の前日までの日数を加えた日数以内」と、同条第三項中「次の保険年度」とあるのは「平成十八年四月一日から始まる保険年度の次の保険年度」と、「五十日以内」とあるのは「五十日に平成十九年四月一日から始まる保険年度の初日から変更日の前日までの日数を加えた日数以内」とする。

（特別保険料に関する経過措置）

第五十三条の三　前条第一項の雇用保険率の変更があった場合において、平成十九年四月一日から始まる保険年度において失業保険法及び労働者災害補償保険法の一部を改正する法律及び労働保険の保険料の徴収等に関する法律の施行に伴う関係法律の整備等に関する法律（昭和四十四年法律第八十五号。以下この条において「整備法」という。）第十九条第三項において読み替えて準用する新徴収法第十五条第一項又は第二項の規定により特別保険料を納付すべき事業主（変更日以後に同条第一項又は第二項の規定により特別保険料を納付すべき事由が生じた事業主を除く。）に係る整備法第十九条第三項の規定の適用については、同項において読み替えて準用する新徴収法第十五条第一項中「保険年度ごとに、次に」とあるのは「次に」と、「その保険年度の初日（保険年度」とあるのは「平成十九年四月一日から始まる保険年度の初日（その保険年度」と、「五十日以内」とあるのは「五十日にその保険年度の初日から雇用保険法等の一部を改正する法律（平成十九年法律第三十号）附則第五十三条の二第二項に規定する変更日（以下この条において「変更日」という。）の前日までの日数を加えた日数以内」と、「その保険年度に使用するすべての労働者（保険年度の中途」とあるのは「平成十九年四月一日から始まる保険年度に使用するすべての労働者（その保険年度の中途」と、同条第二項中「二十日以内」とあるのは「二十日に平成十九年四月一日から始まる保険年度の初日から変更日の前日までの日数を加えた日数以内」と読み替えるものとする。

2　前条第一項の雇用保険率の変更があつた場合において、平成十九年四月一日から始まる保険年度において整備法第十九条第三項において読み替えて準用する新徴収法第十九条第一項又は第二項の規定により申告書を提出すべき事業主（変更日以後に整備法第十九条第三項において読み替えて準用する新徴収法第十九条第一項又は第二項の規定により申告書を提出すべき事由が生じた事業主を除く。）及び整備法第十九条第三項において読み替えて準用する新徴収法第十九条第三項の規定により特別保険料を納付すべき事業主（変更日以後に整備法第十九条第三項において読み替えて準用する新徴収法第十九条第三項の規定により特別保険料を納付すべき事由が生じた事業主を除く。）に係る整備法第十九条第三項の規定の適用については、同項において読み替えて準用する新徴収法第十九条第一項中「保険年度ごとに、次に」とあるのは「次に」と、「次の保険年度の初日（保険年度」とあるのは「平成十八年四月一日から始まる保険年度の次の保険年度の初日（その保険年度」と、「五十日以内」とあるのは「五十日にその保険年度の初日から雇用保険法等の一部を改正する法律（平成十九年法律第三十号）附則第五十三条の二第二項に規定する変更日（以下この条において「変更日」という。）の前日までの日数を加えた日数以内」と、「その保険年度に使用したすべての労働者（保険年度の中途に徴収期間が始まり、又は徴収期間が経過したものについては」とあるのは「平成十八年四月一日から始まる保険年度に使用したすべての労働者（その保険年度の中途に徴収期間が始まり、又は平成十九年四月一日から始まる保険年度の中途に徴収期間が経過したものについては、当該徴収期間が始まり、又は経過した保険年度において」と、同条第二項中「五十日以内」とあるのは「五十日に平成十九年四月一日から始まる保険年度の初日から変更日の前日までの日数を加えた日数以内」と、同条第三項中「次の保険年度の初日」とあるのは「平成十八年四月一日から始まる保険年度の次の保険年度の初日」と、「五十日以内」とあるのは「五十日に平成十九年四月一日から始まる保険年度の初日から変更日の前日までの日数を加えた日数以内」と読み替えるものとする。

（第一項一般拠出金に関する経過措置）

第五十三条の四　附則第五十三条の二第一項の雇用保険率の変更があつた場合において、平成十九年四月一日から始まる保険年度において石綿による健康被害の救済に関する法律（平成十八年法律第四号。以下この条において「石綿健康被害救済法」という。）第三十八条第一項において読み替えて準用する新徴収法第十九条第一項又は第二項の規定により申告書を提出し、石綿健康被害救済法第三十八条第一項において読み替えて準用する新徴収法第十九条第三項の規定により第一項一般拠出金を納付すべき事業主（変更日以後に石綿健康被害救済法第三十八条第一項において読み替えて準用する新徴収法第十九条第一項又は第二項の規定により申告書を提出し、石綿健康被害救済法第三十八条第一項において読み替えて準用する新徴収法第十九条第三項の規定により第一項一般拠出金を納付すべき事由が生じた事業主を除く。）に係る石綿健康被害救済法第三十八条第一項の規定の適用については、同項において読み替えて準用する新徴収法第十九条第一項中「保険年度ごとに、次に」とあるのは「次に」と、「その保険年度の初日（保険年度の中途に保険関係が消滅したものについては、」とあるのは「平成十九年四月一日から始まる保険年度の初日（その保険年度の中途に保険関係が消滅したものについては、その保険年度の初日及び」と、「五十日以内」とあるのは「五十日にその保険年度の初日から雇用保険法等の一部を改正する法律（平成十九年法律第三十号）附則第五十三条の二第二項に規定する変更日（以下この条において「変更日」という。）の前日までの日数を加えた日数以内」と、「第十五条第一項第一号」とあるのは「第十五条第一項第一号及び第二号」と、「その保険年度の直前の保険年度」とあるのは「平成十九年四月一日から始まる保険年度の直前の保険年度」と、「労働者（」とあるのは「労働者（平成十九年四月一日から始まる」と、「保険関係が成立し、又は消滅したものについて」とあるのは「保険関係が消滅した場合であつて、当該保険関係が消滅した日から五十日にその保険年度の初日から変更日の前日までの日数を加えた日数以内に申告書を提出するとき」と、同条第二項中「五十日以内」とあるのは「五十日に平成十九年四月一日から始まる保険年度の初日から変更日の前日までの日数を加えた日数以内」と、「第十五条第一項第一号」とあるのは「第十五条第一項第一号及び第二号」と、同条第三項中「その保険年度の初日」とあるのは「平成十九年四月一日から始まる保険年度の初日」と、「五十日以内」とあるのは「五十日にその保険年度の初日から変更日の前日までの日数を加えた日数以内」と読み替えるものとする。

（政令への委任）

第百四十三条　この附則に規定するもののほか、この法律の施行に伴い必要な経過措置は、政令で定める。

附　則（平成一九年七月六日法律一〇九号　日本年金機構法）

（抄）

（施行期日）

第一条　この法律は、平成二十二年四月一日までの間において政令で定める日〈編注・平成二〇年一二月一九日政令三八七号により平成二二年一月一日〉から施行する。ただし、次の各号に掲げる規定は、当該各号に定める日から施行する。
一　〈前略〉附則第六十六条〈中略〉の規定　公布の日
二　〈略〉

附　則（平成一九年七月六日法律一一〇号　国民年金事業等の運営の改善のための国民年金法等の一部を改正する法律）（抄）

（施行期日）
第一条　この法律は、平成二十年四月一日から施行する。ただし、次の各号に掲げる規定は、それぞれ当該各号に定める日から施行する。
一　〈前略〉第十九条〈中略〉の規定　公布の日
二・三　〈略〉
四　〈前略〉第二十条〈中略〉の規定　平成二十一年四月一日
五～七　〈略〉

附　則（平成二一年三月三〇日法律五号　雇用保険法等の一部を改正する法律）（抄）

（施行期日）
第一条　この法律は、平成二十一年三月三十一日から施行する。
〈後略〉

附　則（平成二一年五月一日法律三六号　社会保険の保険料等に係る延滞金を軽減するための厚生年金保険法等の一部を改正する法律）（抄）

（施行期日）
第一条　この法律は、平成二十二年一月一日から施行する。
〈後略〉

（適用区分）
第二条　この法律による改正後の〈中略〉労働保険の保険料の徴収等に関する法律（以下「徴収法」という。）第二十八条第一項及び附則第十二条〈中略〉の規定は、それぞれ、この法律の施行の日以後に納期限又は納付期限の到来する〈中略〉徴収法第十条第二項に規定する労働保険料〈中略〉（以下「保険料等」という。）に係る延滞金について適用し、同日前に納期限又は納付期限の到来する保険料等に係る延滞金については、なお従前の例による。
改正　本条…一部改正（平成二二年法律一五号）

附　則（平成二二年三月三一日法律一五号　雇用保険法等の一部を改正する法律）（抄）

（施行期日）
第一条　この法律は、平成二十二年四月一日から施行する。ただし、〈中略〉第二条の規定（労働保険の保険料の徴収等に関する法律附則第十一条の改正規定を除く。）並びに附則〈中略〉第十二条までの規定は、公布の日から起算して九月を超えない範囲内において政令で定める日〈編注・平成二二年九月二九日政令二〇五号により平成二二年一〇月一日〉から施行する。

（罰則に関する経過措置）

第十三条　この法律の施行前にした行為に対する罰則の適用については、なお従前の例による。

（その他の経過措置の政令への委任）

第十四条　この附則に規定するもののほか、この法律の施行に伴い必要な経過措置は、政令で定める。

附　則（平成二三年五月二〇日法律四六号　雇用保険法及び労働保険の保険料の徴収等に関する法律の一部を改正する法律）（抄）

（施行期日）

第一条　この法律は、平成二十三年八月一日から施行する。ただし、次の各号に掲げる規定は、当該各号に定める日から施行する。

一　〈略〉

二　第二条及び附則第九条の規定　平成二十四年四月一日

（雇用保険率に関する経過措置）

第九条　第二条の規定による改正後の労働保険の保険料の徴収等に関する法律第十二条第四項の規定は、平成二十四年四月一日以後の期間に係る労働保険料について適用し、同日前の期間に係る労働保険料については、なお従前の例による。

附　則（平成二三年五月二〇日法律四七号　職業訓練の実施等による特定求職者の就職の支援に関する法律）（抄）

（施行期日）

第一条　この法律は、平成二十三年十月一日から施行する。〈後略〉

附　則（平成二六年六月一四日法律六四号　政府管掌年金事業等の運営の改善のための国民年金法等の一部を改正する法律）（抄）

（施行期日）

第一条　この法律は、平成二十六年十月一日から施行する。ただし、次の各号に掲げる規定は、当該各号に定める日から施行する。

一　〈略〉

二　〈前略〉第六条から第十二条までの規定〈中略〉　平成二十七年一月一日

三～八　〈略〉

（延滞金の割合の特例等に関する経過措置）

第十七条　次の各号に掲げる規定は、当該各号に定める規定に規定する延滞金（第十五号にあっては、加算金。以下この条において同じ。）のうち平成二十七年一月一日以後の期間に対応するものについて適用し、当該延滞金のうち同日前の期間に対応するものについては、なお従前の例による。

一～八　〈略〉

九　第七条の規定による改正後の労働保険の保険料の徴収等に関する法律附則第十二条　労働保険の保険料の徴収等に

関する法律第二十八条第一項
十〜十八　〈略〉

附　則（平成二六年六月一三日法律六九号　行政不服審査法の施行に伴う関係法律の整備等に関する法律）（抄）

（施行期日）

第一条　この法律は、行政不服審査法（平成二十六年法律第六十八号）の施行の日〈編注・平成二八年四月一日〉から施行する。

（訴訟に関する経過措置）

第六条　この法律による改正前の法律の規定により不服申立てに対する行政庁の裁決、決定その他の行為を経た後でなければ訴えを提起できないこととされる事項であって、当該不服申立てを提起しないでこの法律の施行前にこれを提起すべき期間を経過したもの（当該不服申立てが他の不服申立てに対する行政庁の裁決、決定その他の行為を経た後でなければ提起できないとされる場合にあっては、当該他の不服申立てを提起しないでこの法律の施行前にこれを提起すべき期間を経過したものを含む。）の訴えの提起については、なお従前の例による。

2　この法律の規定による改正前の法律の規定（前条の規定によりなお従前の例によることとされる場合を含む。）により異議申立てが提起された処分その他の行為であって、この法律の規定による改正後の法律の規定により審査請求に対する裁決を経た後でなければ取消しの訴えを提起することができないこととされるものの取消しの訴えの提起については、なお従前の例による。

3　不服申立てに対する行政庁の裁決、決定その他の行為の取消しの訴えであって、この法律の施行前に提起されたものについては、なお従前の例による。

附　則（平成二八年三月三一日法律一七号　雇用保険等の一部を改正する法律）（抄）

（施行期日）

第一条　この法律は、平成二十九年一月一日から施行する。ただし、次の各号に掲げる規定は、当該各号に定める日から施行する。

一　〈前略〉附則〈中略〉第三十三条の規定　公布の日

二　〈前略〉第三条中労働保険の保険料の徴収等に関する法律第十二条第四項、第五項及び第九項の改正規定〈中略〉並びに附則第十条〈中略〉の規定　平成二十八年四月一日

三　〈略〉

四　〈前略〉第三条中労働保険の保険料の徴収等に関する法律第十一条の前の見出しを削り、同条に見出しを付する改正規定、同条第一項の改正規定、同法第十一条の二を削る改正規定、同法第十二条第一項及び第六項の改正規定、同法第十五条の前の見出しを削り、同条に見出しを付する改正規定、同法第十五条の二を削る改正規定、同法第十六条

及び第十八条の改正規定、同法第十九条の前の見出しを削り、同条に見出しを付する改正規定、同法第十九条の二を削る改正規定並びに同法第二十二条第三項、第三十一条及び第三十二条第一項の改正規定＜中略＞　平成三十二年四月一日

（雇用保険率に関する経過措置）

第十条　第三条の規定による改正後の労働保険の保険料の徴収等に関する法律第十二条第四項の規定は、平成二十八年四月一日以後の期間に係る労働保険料（同法第十条第二項に規定する労働保険料をいう。以下この条において同じ。）について適用し、同日前の期間に係る労働保険料については、なお従前の例による。

（その他の経過措置の政令への委任）

第三十三条　この附則に規定するもののほか、この法律の施行に伴い必要な経過措置は、政令で定める。

附　則（平成二九年三月三一日法律一四号　雇用保険法等の一部を改正する法律）（抄）

（施行期日）

第一条　この法律は、平成二十九年四月一日から施行する。＜後略＞

一～五　＜略＞

〔平成二九年六月二日法律第四五号　民法の一部を改正する法律の施行に伴う関係法律の整備等に関する法律（抄）〕

（労働保険の保険料の徴収等に関する法律の一部改正に伴う経過措置）

第二百六条　施行日前に前条の規定による改正前の労働保険の保険料の徴収等に関する法律第四十一条第二項に規定する時効の中断の事由が生じた場合におけるその事由の効力については、なお従前の例による。

附　則（平成二九年六月二日法律四五号　民法の一部を改正する法律の施行に伴う関係法律の整備等に関する法律）（抄）

この法律は、民法改正法の施行の日＜編注・平成三二年四月一日＞から施行する。＜後略＞

労働保険の保険料の徴収等に関する法律施行令

昭和四七年　三月三一日政令　四六号
改正　昭和四八年一〇月二四日政令三二二号
昭和五〇年　三月一〇日政令　二六号
昭和五一年　六月二八日政令一六八号
平成一一年一二月　三日政令三九〇号
平成一二年　六月　七日政令三〇九号
平成一三年　一月　四日政令　　一号
平成一九年　四月二三日政令一六一号
平成二二年　九月二九日政令二〇六号
平成二九年　七月一四日政令一九六号

（高年齢者免除額）

第一条　労働保険の保険料の徴収等に関する法律（以下「法」という。）第十一条の二の規定により、法第十一条第一項の規定による額から減ずることができる額は、法第十一条の二の事業主がその事業に使用する同条に規定する高年齢労働者（第五条において「高年齢労働者」という。）のうち、雇用保険法（昭和四十九年法律第百十六号）第三十八条第一項に規定する短期雇用特例被保険者（以下「短期雇用特例被保険者」という。）及び同法第四十三条第一項に規定する日雇労働被保険者（以下「日雇労働被保険者」という。）以外の者に係る法第十一条の二に規定する高年齢者賃金総額に雇用保険率（その率が法第十二条第五項の規定により変更されたときは、その変更された率。第三条及び第四条において同じ。）を乗じて得た額とする。

（労災保険率）

第二条　法第十二条第二項の労災保険率は、厚生労働省令で定める事業の種類ごとに、過去三年間に発生した労働者災害補償保険法（昭和二十二年法律第五十号）第七条第一項第一号の業務災害（以下この条において「業務災害」という。）及び同項第二号の通勤災害（以下この条において「通勤災害」という。）に係る同法の規定による保険給付の種類ごとの受給者数及び平均受給期間、過去三年間の同項第三号の二次健康診断等給付（以下この条において「二次健康診断等給付」という。）の受給者数その他の事項に基づき算定した保険給付に要する費用の予想額を基礎とし、労災保険に係る保険関係が成立しているすべての事業の過去三年間の業務災害及び通勤災害に係る災害率並びに二次健康診断等給付に要した費用の額、同法第二十九条第一項の社会復帰促進等事業として行う事業の種類及び内容、労働者災害補償保険事業の事務の執行に要する費用の予想額その他の事情を考慮して定めるものとする。

（概算保険料に係る高年齢者免除額）

第三条　法第十五条の二の規定により、法第十五条第一項第一号若しくは第二号又は第二項第一号若しくは第二号の規定による額から減ずる額は、その保険年度に使用する法第十五条の二に規定する高年齢労働者のうち、短期雇用特例被保険者及び日雇労働被保険者以外の者に係る同条に規定する高年齢者賃金総額の見込額に雇用保険率を乗じて得た額とする。

（確定保険料に係る高年齢者免除額）

第四条　法第十九条の二の規定により、法第十九条第一項第一号若しくは第二号又は第二項第一号若しくは第二号の規定による額から減ずる額は、その保険年度に使用した法第十九条の二に規定する高年齢労働者のうち、短期雇用特例被保険者及び日雇労働被保険者以外の者に係る同条に規定する高年齢者賃金総額に雇用保険率を乗じて得た額とする。

（高年齢労働者に係る労働保険料の負担の免除）

第五条　高年齢労働者のうち、短期雇用特例被保険者及び日雇労働被保険者以外の者は、法第三十一条第一項の規定による被保険者の負担すべき一般保険料の額を負担しない。

〈編注〉本政令本則は、次のように改正され、平成三二年四月一日から施行される。

労働保険の保険料の徴収等に関する法律第十二条第二項の労災保険率は、厚生労働省令で定める事業の種類ごとに、過去三年間に発生した労働者災害補償保険法（昭和二十二年法律第五十号）第七条第一項第一号の業務災害（以下「業務災害」という。）及び同項第二号の通勤災害（以下「通勤災害」という。）に係る同法の規定による保険給付の種類ごとの受給者数及び平均受給期間、過去三年間の同項第三号の二次健康診断等給付（以下「二次健康診断等給付」という。）の受給者数その他の事項に基づき算定した保険給付に要する費用の予想額を基礎とし、労災保険に係る保険関係が成立しているすべての事業の過去三年間の業務災害及び通勤災害に係る災害率並びに二次健康診断等給付に要した費用の額、同法第二十九条第一項の社会復帰促進等事業として行う事業の種類及び内容、労働者災害補償保険事業の事務の執行に要する費用の予想額その他の事情を考慮して定めるものとする。

附　則

この政令は、法の施行の日（昭和四十七年四月一日）から施行する。

〔昭和四八年一〇月二四日政令第三二二号労働者災害補償保険法の一部を改正する法律の施行に伴う関係政令の整備等に関する政令（抄）〕

（労働保険の保険料の徴収等に関する法律施行令の一部改正に伴う経過措置）

第三条　この政令の施行の日の属する保険年度及びこれに引き続く三保険年度においては、前条の規定による改正後の労働保険の保険料の徴収等に関する法律施行令第一条中「過去三年間に発生した労働者災害補償保険法（昭和二十二年法律第五十号）第七条第一項第一号の業務災害（以下この条において「業務災害」という。）及び同項第二号の通勤災害（以下この条において「通勤災害」という。）に係る同法の規定による保険給付の種類ごとの受給者数及び平均受給期間」とあるのは「過去三年間に発生した労働者災害補償保険法（昭和二十二年法律第五十号）第七条第一項第一号の業務災害（以下この条において「業務災害」という。）に係る同法の規定による保険給付の種類ごとの受給者数及び平均受給期間並びに労働者災害補償保険法の一部を改正する法律の施行に伴う関係政令の整備等に関する政令（昭和四十八年政令第三百二十一号。以下「整備政令」という。）の施行の日の属する保険年度及びこれに引き続く三保険年度における同項第二号の通勤災害（以下この条において「通勤災害」という。）に係る同法の規定による保険給付の種類ごとの受給者数及び平均受給期間又はこれらの予想値」と、「過去三年間の業務災害及び通勤災害に係る災害率」とあるのは「過去三年間の業務災害に係る災害率並びに整備政令の施行の日の属する保険年度及びこれに引き続く三保険年度における通勤災害に係る災害率又はその予想値」とする。

附　則（昭和四八年一〇月二四日政令三二一号）

この政令は、労働者災害補償保険法の一部を改正する法律の施行の日（昭和四十八年十二月一日）から施行する。

〔昭和五〇年三月一〇日政令第二六号雇用保険法の施行に伴う関係政令の整備等に関する政令（抄）〕

（労働保険の保険料の徴収等に関する法律の一部改正に伴う経過措置）

第三十三条　整備法第三十条の規定による改正後の労働保険の保険料の徴収等に関する法律（以下この条において「新徴収法」という。）第十五条の二の規定は、新徴収法第十五条第一項第一号又は第二号の事業についての施行日の属する保険年度に係る賃金総額の見込額が当該保険年度の直前の保険年度に係る賃金総額の百分の二百以下である場合であつて、労働省令で定める場合には、当該事業の事業主が同項の規定により納付すべき施行日の属する保険年度に係る労働保険料のうち一般保険料の額については、適用しない。

2　新徴収法第二十三条第一項の規定による印紙保険料の納付は、同条第二項の規定にかかわらず、当分の間、同項に規定する日雇労働被保険者手帳に整備法第三十条の規定による改正前の労働保険の保険料の徴収等に関する法律第二十三条第二項に規定する失業保険印紙をはり、これに消印して行うことができる。

3　前項の失業保険印紙の売渡しの場所並びに当該失業保険印紙の売りさばきの管理及び手続については、なお従前の例による。

4　この政令の施行の際現に沖縄の復帰に伴う労働省関係法令の適用の特別措置等に関する政令第四条第五項の規定により失業保険に係る労働保険の保険関係（次項において「保険関係」という。）が成立している事業であつて、新徴収法附則第二条第一項に規定する雇用保険暫定任意適用事業に該当するものについては、施行日に、その事業につき同項の認可があつたものとみなす。

5　新徴収法附則第四条の規定は、前項の規定により雇用保険に係る保険関係が成立している事業に関する当該保険関係の消滅について準用する。

附　則（昭和五〇年三月一〇日政令二六号）

この政令は、雇用保険法の施行の日（昭和五十年四月一日）から施行する。

附　則（昭和五一年六月二八日政令一六八号）

この政令は、昭和五十一年七月一日から施行する。

附　則（平成一一年一二月三日政令三九〇号）（抄）

（施行期日）

第一条　この政令は、平成十二年四月一日から施行する。

附　則（平成一二年六月七日政令三〇九号）（抄）

（施行期日）

1　この政令は、内閣法の一部を改正する法律（平成十一年法律第八十八号）の施行の日（平成十三年一月六日）から施行する。〈後略〉

附　則（平成一三年一月四日政令一号）

（施行期日）

1　この政令は、平成十三年四月一日から施行する。

（労働保険の保険料の徴収等に関する法律施行令の一部改正に伴う経過措置）

2　この政令の施行の日の属する保険年度（労働保険の保険料の徴収等に関する法律（昭和四十四年法律第八十四号）第二条第四項に規定する保険年度をいう。以下同じ。）及びこれに引き続く二保険年度においては、第二条の規定による改正後の労働保険の保険料の徴収等に関する法律施行令第二条中「過去三年間の同項第三号の二次健康診断等給付（以下この条において「二次健康診断等給付」という。）の受給者数」とあるのは「労働者災害補償保険法及び労働保険の保険料の徴収等に関する法律の一部を改正する法律の施行に伴う関係政令の整備に関する政令（平成十三年政令第一号）の施行の日の属する保険年度及びこれに引き続く二保険年度における同項第三号の二次健康診断等給付（以下「二次健康診断等給付」という。）の受給者数又は二次健康診断等給付の受給者の見込数」と、「二次健康診断等給付に要した費用の額」とあるのは「同日の属する保険年度及びこれに引き続く二保険年度における二次健康診断等給付に要した費用の額又は二次健康診断等給付に要する費用の予想額」とする。

附　則（平成一九年四月二三日政令一六一号）（抄）

（施行期日）

第一条　この政令は、公布の日から施行する。

附　則（平成二二年九月二九日政令二〇六号）

この政令は、雇用保険法等の一部を改正する法律の一部の施行の日（平成二十二年十月一日）から施行する。

平成二九年七月一四日政令第一九六号雇用保険法等の一部を改正する法律の一部の施行に伴う労働保険の保険料の徴収等に関する法律施行令の規定の整理及び経過措置に関する政令（抄）

（雇用保険法等の一部を改正する法律の一部の施行に伴う経過措置）

第二条　雇用保険法等の一部を改正する法律（以下この条において「改正法」という。）附則第一条第四号に掲げる規定の施行の日前の期間に係る改正法第三条の規定（労働保険の保険料の徴収等に関する法律（昭和四十四年法律第八十四号）第十二条第四項、第五項及び第九項並びに附則第八条の改正規定を除く。）による改正前の労働保険の保険料の徴収等に関する法律の規定による労働保険料及び当該労働保険料に係る徴収金並びに労働保険料の負担については、なお従前の例による。

附　則（平成二九年七月一四日政令一九六号）（抄）

（施行期日）

1　この政令は、平成三十一年四月一日から施行する。

労働保険の保険料の徴収等に関する法律施行規則

昭和四七年 三月三一日 労働省令 八号
改正 昭和四七年 四月二八日 労働省令 一六号
昭和四八年 三月二六日 労働省令 四号
昭和四八年 三月二七日 労働省令 七号
昭和四八年一〇月一五日 労働省令 三三号
昭和四八年一一月二二日 労働省令 三六号
昭和四八年一二月二六日 労働省令 三七号
昭和四九年 三月一六日 労働省令 五号
昭和四九年 三月二三日 労働省令 六号
昭和四九年 九月二一日 労働省令 二七号
昭和四九年一二月二八日 労働省令 三一号
昭和五〇年 三月二五日 労働省令 六号
昭和五〇年 三月二九日 労働省令 一一号
昭和五一年 九月二七日 労働省令 三三号
昭和五一年一二月一八日 労働省令 四五号
昭和五二年 三月二六日 労働省令 六号
昭和五二年 六月一四日 労働省令 二〇号
昭和五三年 二月 七日 労働省令 四号
昭和五三年 三月一七日 労働省令 六号
昭和五三年一一月二〇日 労働省令 四四号
昭和五五年 二月二一日 労働省令 一号
昭和五五年 三月二五日 労働省令 四号
昭和五五年 五月三一日 労働省令 一五号
昭和五五年一二月 五日 労働省令 三二号
昭和五六年 一月二六日 労働省令 二号
昭和五六年 三月一八日 労働省令 六号
昭和五六年 三月三〇日 労働省令 八号
昭和五六年 八月二一日 労働省令 二九号
昭和五六年一〇月二九日 労働省令 三七号
昭和五七年 二月一五日 労働省令 二号
昭和五七年 九月三〇日 労働省令 三二号
昭和五八年 二月二一日 労働省令 五号
昭和五八年 三月二三日 労働省令 一〇号
昭和五八年一一月 二日 労働省令 二八号
昭和五八年一二月二四日 労働省令 三〇号
昭和五九年 七月三〇日 労働省令 一七号
昭和六〇年 三月 九日 労働省令 四号
昭和六一年 三月 六日 労働省令 五号
昭和六一年 三月二九日 労働省令 一二号
昭和六二年 三月三〇日 労働省令 一一号
昭和六三年一二月一三日 労働省令 三六号
平成 元年 二月一八日 労働省令 二号
平成 元年 三月一七日 労働省令 四号
平成 元年 三月三〇日 労働省令 七号

平成　二年　七月三一日　労働省令一七号
平成　二年　九月　一日　労働省令一八号
平成　三年　四月一二日　労働省令一一号
平成　四年　三月　五日　労働省令　二号
平成　五年　三月二二日　労働省令　五号
平成　六年　六月二九日　労働省令三六号
平成　七年　二月一〇日　労働省令　五号
平成　八年　三月　一日　労働省令　六号
平成　八年　三月二五日　労働省令一〇号
平成　九年　三月一四日　労働省令一〇号
平成　九年　三月二六日　労働省令一四号
平成一〇年　三月　二日　労働省令　六号
平成一〇年一〇月二三日　労働省令三四号
平成一一年　二月二四日　労働省令一三号
平成一一年一二月　三日　労働省令四八号
平成一二年　一月三一日　労働省令　二号
平成一二年一〇月三一日　労働省令四一号
平成一三年　一月　七日厚生労働省令　六号
平成一三年　三月二三日厚生労働省令三一号
平成一四年　八月三〇日厚生労働省令一一二号
平成一五年　三月二五日厚生労働省令四七号
平成一五年　三月三一日厚生労働省令七一号
平成一五年　四月三〇日厚生労働省令八二号
平成一七年　三月　七日厚生労働省令二五号
平成一八年　三月二七日厚生労働省令五三号
平成一八年　三月三一日厚生労働省令六九号
平成一八年　三月三一日厚生労働省令八七号
平成一九年　三月二七日厚生労働省令三二号
平成一九年　九月二五日厚生労働省令一一二号
平成二〇年　三月三一日厚生労働省令六七号
平成二〇年　三月三一日厚生労働省令六八号
平成二一年　二月一九日厚生労働省令一六号
平成二一年　三月三一日厚生労働省令七四号
平成二一年一二月二八日厚生労働省令一六七号
平成二一年一二月二八日厚生労働省令一六八号
平成二二年　四月一九日厚生労働省令六五号
平成二二年　九月二九日厚生労働省令一〇七号
平成二三年　一月一三日厚生労働省令　四号
平成二三年　一月三一日厚生労働省令一二号
平成二三年　八月一一日厚生労働省令一〇五号
平成二三年一二月二八日厚生労働省令一五六号
平成二四年　二月　二日厚生労働省令一四号
平成二四年　九月一一日厚生労働省令一二五号
平成二四年　九月二八日厚生労働省令一三五号
平成二五年　八月　一日厚生労働省令九四号
平成二六年　一月　八日厚生労働省令　一号
平成二六年　二月二〇日厚生労働省令一二号
平成二六年　三月三一日厚生労働省令四九号
平成二七年　三月二六日厚生労働省令四五号
平成二七年　九月二九日厚生労働省令一五〇号
平成三〇年　二月　八日厚生労働省令一三号
平成三〇年一一月三〇日厚生労働省令一三七号

労働保険の保険料の徴収等に関する法律施行規則

平成三〇年一一月三〇日厚生労働省令一三八号

目次

第一章　総則（第一条―第三条）
第二章　保険関係の成立及び消滅（第四条―第十条）
第三章　労働保険料の納付の手続等（第十一条―第六十一条）
第四章　労働保険事務組合（第六十二条―第六十九条）
第五章　雑則（第七十条―第八十条）
附則

第一章　総則

（事務の所轄）

第一条　労働保険の保険料の徴収等に関する法律（昭和四十四年法律第八十四号。以下「法」という。）の規定による労働保険に関する事務（以下「労働保険関係事務」という。）は、第三十六条の規定により官署支出官（予算決算及び会計令（昭和二十二年勅令第百六十五号）第一条第二号に規定する官署支出官をいう。以下同じ。）が行う法第十九条第六項及び第二十条第三項の規定による還付金の還付に関する事務を除き、次の区分に従い、都道府県労働局長並びに労働基準監督署長及び公共職業安定所長が行う。

一　労働保険関係事務（次項及び第三項に規定する事務を除く。）　事業場の所在地を管轄する都道府県労働局長（以下「所轄都道府県労働局長」という。）

二　前号の事務であつて、第三項第一号の事業に係るもの及び労働者災害補償保険（以下「労災保険」という。）に係る保険関係のみに係るもののうち、この省令の規定による事務　事業場の所在地を管轄する労働基準監督署長（以下「所轄労働基準監督署長」という。）

三　第一号の事務であつて、第三項第二号の事業に係るもの及び雇用保険に係る保険関係のみに係るもののうち、この省令の規定による事務　事業場の所在地を管轄する公共職業安定所長（以下「所轄公共職業安定所長」という。）

2　労働保険関係事務のうち、法第三十三条第二項、第三項及び第四項の規定による事務は、事業主の団体若しくはその連合団体又は労働保険事務組合の主たる事務所の所在地を管轄する都道府県労働局長が行う。

3　労働保険関係事務のうち、次の労働保険料及びこれに係る徴収金の徴収に関する事務は、事業場の所在地を管轄する都道府県労働局労働保険特別会計歳入徴収官（以下「所轄都道府県労働局歳入徴収官」という。）が行う。

一　法第三十九条第一項に規定する事業以外の事業（以下「一元適用事業」という。）であつて労働保険事務組合に法

第三十三条第一項の労働保険料の納付その他の労働保険に関する事項（印紙保険料に関する事項を除く。以下「労働保険事務」という。）の処理を委託しないもの及び労災保険に係る保険関係が成立している事業のうち法第三十九条第一項の規定に係る事業についての一般保険料、労災保険に係る保険関係が成立している事業のうち同項の規定に係る事業についての第一種特別加入保険料、第二種特別加入保険料並びに第三種特別加入保険料並びにこれらに係る徴収金の徴収に関する事務

二　一元適用事業であつて労働保険事務組合に労働保険事務の処理を委託するもの及び雇用保険に係る保険関係が成立している事業のうち法第三十九条第一項の規定に係る事業についての一般保険料、一元適用事業についての第一種特別加入保険料、印紙保険料並びに特例納付保険料並びにこれらに係る徴収金の徴収に関する事務

（指揮監督）

第二条　都道府県労働局長は、前条第一項第一号及び同条第二項に掲げる事務並びに次項及び第三項の規定による労働基準監督署長及び公共職業安定所長に対する指揮監督に関する事務については、厚生労働大臣の指揮監督を受けるものとする。

2　労働基準監督署長は、前条第一項第二号に掲げる事務については、都道府県労働局長の指揮監督を受けるものとする。

3　公共職業安定所長は、前条第一項第三号に掲げる事務については、都道府県労働局長の指揮監督を受けるものとする。

（通貨以外のもので支払われる賃金の範囲及び評価）

第三条　法第二条第二項の賃金に算入すべき通貨以外のもので支払われる賃金の範囲は、食事、被服及び住居の利益のほか、所轄労働基準監督署長又は所轄公共職業安定所長の定めるところによる。

第二章　保険関係の成立及び消滅

（保険関係の成立の届出）

第四条　法第四条の二第一項の厚生労働省令で定める事項は、次のとおりとする。

一　事業の名称

二　事業の概要

三　事業主の所在地

四　事業に係る労働者数

五　事業の期間が予定される事業（以下「有期事業」という。）にあつては、事業の予定される期間

六　土木、建築その他の工作物の建設、改造、保存、修理、変更、破壊若しくは解体又はその準備の事業（以下「建設の事業」という。）にあつては、当該事業に係る請負金額（消費税及び地方消費税に相当する額（以下「消費税等相当額」という。）を除く。以下同じ。）（第十三条第二項各号に該当

する場合には、当該各号に定めるところにより計算した額をいう。第六条第一項第二号、第八条第二号、第三十四条第四号及び第三十五条第一項第二号において同じ。）並びに発注者の氏名又は名称及び住所又は所在地
七　立木の伐採の事業にあつては、素材の見込生産量
八　事業主が法人番号（行政手続における特定の個人を識別するための番号の利用等に関する法律（平成二十五年法律第二十七号）第二条第十五項に規定する法人番号をいう。以下同じ。）を有する場合には、当該事業主の法人番号
2　法第四条の二第一項の規定による届出は、所轄労働基準監督署長又は所轄公共職業安定所長に提出することによつて行わなければならない。

（変更事項の届出）

第五条　法第四条の二第二項の厚生労働省令で定める事項は、次のとおりとする。
一　事業主の氏名又は名称及び住所又は所在地
二　事業の名称
三　事業の行われる場所
四　事業の種類
五　有期事業にあつては、事業の予定される期間
2　法第四条の二第二項の規定による届出は、前項各号に掲げる事項に変更を生じた日の翌日から起算して十日以内に、次に掲げる事項を記載した届書を所轄労働基準監督署長又は所轄公共職業安定所長に提出することによつて行われなければならない。
一　労働保険番号
二　変更を生じた事項とその変更内容
三　変更の理由
四　変更年月日

（有期事業の一括）

第六条　法第七条第三号の厚生労働省令で定める規模以下の事業は、次の各号に該当する事業とする。
一　当該事業について法第十五条第二項第一号又は第二号の労働保険料を算定することとした場合における当該労働保険料の額に相当する額が百六十万円未満であること。
二　立木の伐採の事業にあつては、素材の見込生産量が千立方メートル未満であり、立木の伐採の事業以外の事業にあつては、請負金額が一億八千万円未満であること。
2　法第七条第五号の厚生労働省令で定める要件は、次のとおりとする。
一　それぞれの事業が、労災保険に係る保険関係が成立している事業のうち、建設の事業であり、又は立木の伐採の事業であること。
二　それぞれの事業が、事業の種類（別表第一に掲げる事業の種類をいう。以下同じ。）を同じくすること。
三　それぞれの事業に係る労働保険料の納付の事務が一の事

務所で取り扱われること。
四　厚生労働大臣が指定する種類の事業以外の事業にあつては、それぞれの事業が、前号の事務所の所在地を管轄する都道府県労働局の管轄区域又はこれと隣接する都道府県労働局の管轄区域（厚生労働大臣が指定する都道府県労働局の管轄区域を含む。）内で行われること。

3　法第七条の規定により一の事業とみなされる事業の事業主は、それぞれの事業を開始したときは、その開始の日の属する月の翌月十日までに、次に掲げる事項を記載した届書を所轄労働基準監督署長に提出しなければならない。
一　労働保険番号
二　事業主の氏名又は名称及び住所又は所在地
三　事業の名称、事業の行われる場所及び事業の予定される期間
四　建設の事業にあつては、発注者の氏名又は名称及び住所又は所在地並びに当該事業に係る請負金額
五　立木の伐採の事業にあつては、立木の所有者の氏名又は名称及び住所又は所在地、当該事業に係る労働者の延べ人数並びに素材の見込生産量

4　法第七条の規定により一の事業とみなされる事業に係るこの省令の規定による事務については、第二項第三号の事務所の所在地を管轄する都道府県労働局長及び労働基準監督署長を、それぞれ、所轄都道府県労働局長及び所轄労働基準監督署長とする。

〈編注〉本条第二項以下は、次のように改正され、平成三一年四月一日から施行される。

2　法第七条第五号の厚生労働省令で定める要件は、次のとおりとする。
一　それぞれの事業が、労災保険に係る保険関係が成立している事業のうち、建設の事業であり、又は立木の伐採の事業であること。
二　それぞれの事業が、事業の種類（別表第一に掲げる事業の種類をいう。以下同じ。）を同じくすること。
三　それぞれの事業に係る労働保険料の納付の事務が一の事務所で取り扱われること。

3　法第七条の規定により一の事業とみなされる事業に係るこの省令の規定による事務については、前項第三号の事務所の所在地を管轄する都道府県労働局長及び労働基準監督署長を、それぞれ、所轄都道府県労働局長及び所轄労働基準監督署長とする。

（元請負人をその請負に係る事業の事業主とする事業）

第七条　法第八条第一項の厚生労働省令で定める事業は、労災保険に係る保険関係が成立している事業のうち建設の事業とする。

（下請負人をその請負に係る事業の事業主とする認可申請）

第八条　法第八条第二項の認可を受けようとする元請負人及び

下請負人は、保険関係が成立した日の翌日から起算して十日以内に、次に掲げる事項を記載した申請書を所轄都道府県労働局長に提出しなければならない。ただし、やむを得ない理由により、この期限内に当該申請書の提出をすることができなかつたときは、期限後であつても提出することができる。

一　当該下請負人の氏名又は名称及び住所又は所在地

二　当該下請負人の請負に係る事業の名称、当該事業の行われる場所、当該事業の概要、当該事業に係る請負金額、当該事業の種類、当該事業に係る第十一条第一号に規定する概算保険料の額、当該事業に係る労働者数、保険関係成立の年月日及び当該事業の終了予定年月日

三　当該元請負人の氏名又は名称及び住所又は所在地

四　当該元請負人の請負に係る事業の概要、保険関係成立の年月日、当該事業の終了予定年月日、当該事業に係る請負金額、当該事業の種類及び当該事業の名称

（下請負人をその請負に係る事業の事業主とする認可の基準）

第九条　法第八条第二項の認可を受けるためには、下請負人の請負に係る事業が第六条第一項各号に該当する事業以外の事業でなければならない。

（継続事業の一括）

第十条　法第九条の厚生労働省令で定める要件は、次のとおりとする。

一　それぞれの事業が、次のいずれか一のみに該当するものであること。

イ　労災保険に係る保険関係が成立している事業のうち法第三十九条第一項の規定に係る事業

ロ　雇用保険に係る保険関係が成立している事業のうち法第三十九条第一項の規定に係る事業

ハ　一元適用事業であつて労災保険及び雇用保険に係る保険関係が成立しているもの

二　それぞれの事業が、事業の種類を同じくすること。

2　法第九条の認可を受けようとする事業主は、次に掲げる事項を記載した申請書を、同条の規定による指定を受けることを希望する事業に係る所轄都道府県労働局長に提出しなければならない。

一　事業主の氏名又は名称及び住所又は所在地

二　申請年月日

三　当該指定を受けることを希望する事業の労働保険番号、当該事業の名称、当該事業の行われる場所、成立している保険関係及び当該事業の種類

四　当該認可に係る事業のうち、当該指定を受けることを希望する事業以外の事業の労働保険番号、当該事業の名称、当該事業の行われる場所、成立している保険関係及び当該事業の種類

3　法第九条の規定による指定は、前項の申請を受けた都道府県労働局長が当該申請について同条の認可をする際に行うも

のとする。

4　法第九条の認可を受けた事業主は、当該認可に係る事業のうち、同条の規定による指定を受けた事業以外の事業の名称又は当該事業の行われる場所に変更があつたときは、遅滞なく、次に掲げる事項を記載した届書を、同条の規定による指定を受けた事業に係る所轄都道府県労働局長に提出しなければならない。

一　事業主の氏名又は名称及び住所又は所在地

二　届出年月日

三　当該指定を受けた事業の労働保険番号、当該事業の名称及び当該事業の行われる場所

四　当該認可に係る事業のうち、当該指定を受けた事業以外の事業に係る変更があつた事項とその変更内容

第三章　労働保険料の納付の手続等

（用語）

第十一条　この章において、次の各号に掲げる用語の意義は、それぞれ当該各号に定めるところによる。

一　概算保険料　法第十五条第一項若しくは第二項の労働保険料（法第十五条の二に規定する高年齢者免除額に係る事業（以下「高年齢者免除額に係る事業」という。）にあつては、当該労働保険料の額から労働保険の保険料の徴収等に関する法律施行令（昭和四十七年政令第四十六号。以下「令」という。）第三条に規定する額を減じた額の労働保険料）又は法第十五条第三項の規定により政府が決定した労働保険料をいう。

二　保険料算定基礎額　法第十一条第一項の賃金総額、法第十三条の厚生労働省令で定める額の総額、法第十四条第一項の厚生労働省令で定める額の総額又は法第十四条の二第一項の厚生労働省令で定める額の総額（これらの額に千円未満の端数があるときは、その端数を切り捨てた額）をいう。

三　確定保険料　法第十九条第一項若しくは第二項の労働保険料（高年齢者免除額に係る事業にあつては、当該労働保険料の額から令第四条に規定する額を減じた額の労働保険料）又は法第十九条第四項の規定により政府が決定した労働保険料をいう。

（賃金総額の特例）

第十二条　法第十一条第三項の厚生労働省令で定める事業は、労災保険に係る保険関係が成立している事業のうち次の各号に掲げる事業であつて、同条第一項の賃金総額を正確に算定することが困難なものとする。

一　請負による建設の事業

二　立木の伐採の事業

三　造林の事業、木炭又は薪を生産する事業その他の林業の

事業（立木の伐採の事業を除く。）
四　水産動植物の採捕又は養殖の事業
第十三条　前条第一号の事業については、その事業の種類に従い、請負金額に別表第二に掲げる率を乗じて得た額を賃金総額とする。
2　次の各号に該当する場合には、前項の請負金額は、当該各号に定めるところにより計算した額とする。
一　事業主が注文者その他の者からその事業に使用する物の支給を受け、又は機械器具等の貸与を受けた場合には、支給された物の価額に相当する額（消費税等相当額を除く。）又は機械器具等の損料に相当する額（消費税等相当額を除く。）を請負代金の額（消費税等相当額を除く。）に加算する。ただし、厚生労働大臣が定める事業の種類に該当する事業の事業主が注文者その他の者からその事業に使用する物で厚生労働大臣がその事業の種類ごとに定めるものの支給を受けた場合には、この限りでない。
二　前号ただし書の規定により厚生労働大臣が定める事業の種類に該当する事業についての請負代金の額にその事業に使用する物で同号ただし書の規定により厚生労働大臣がその事業の種類ごとに定めるものの価額が含まれている場合には、その物の価額に相当する額（消費税等相当額を除く。）をその請負代金の額（消費税等相当額を除く。）から控除する。

第十四条　第十二条第二号の事業については、所轄都道府県労働局長が定める素材一立方メートルを生産するために必要な労務費の額に、生産するすべての素材の材積を乗じて得た額を賃金総額とする。
第十五条　第十二条第三号及び第四号の事業については、その事業の労働者につき労働基準法（昭和二十二年法律第四十九号）第十二条第八項の規定に基づき厚生労働大臣が定める平均賃金に相当する額に、それぞれの労働者の使用期間の総日数を乗じて得た額の合算額を賃金総額とする。
（高年齢労働者）
第十五条の二　法第十一条の二の厚生労働省令で定める年齢は、六十四歳とする。
2　法第十一条の二の高年齢労働者は、保険年度の初日において前項に規定する年齢以上である労働者とする。
（労災保険率等）
第十六条　船員法（昭和二十二年法律第百号）第一条に規定する船員を使用して行う船舶所有者（船員保険法（昭和十四年法律第七十三号）第三条に規定する場合にあつては、同条の規定により船舶所有者とされる者）の事業（以下この項において「船舶所有者の事業」という。）以外の事業に係る労災保険率は別表第一のとおりとし、船舶所有者の事業に係る労災保険率は千分の四十七とし、別表第一に掲げる事業及び船舶所有者の事業の種類の細目は、厚生労働大臣が別に定めて告示する。

2　法第十二条第三項の非業務災害率は、千分の〇・六とする。

（法第十二条第三項の規定の適用を受ける事業）

第十七条　法第十二条第三項第一号の百人以上の労働者を使用する事業及び同項第二号の二十人以上百人未満の労働者を使用する事業は、当該保険年度中の各月の末日（賃金締切日がある場合は、各月の末日の直前の賃金締切日）において使用した労働者数の合計数を十二で除して得た労働者数が、それぞれ百人以上である事業及び二十人以上百人未満である事業とする。ただし、船きよ、船舶、岸壁、波止場、停車場又は倉庫における貨物の取扱いの事業にあつては、当該保険年度中に使用した延労働者数を当該保険年度中の所定労働日数で除して得た労働者数が、それぞれ百人以上である事業及び二十人以上百人未満である事業とする。

2　法第十二条第三項第二号の厚生労働省令で定める数は、〇・四とする。

3　法第十二条第三項第三号の厚生労働省令で定める規模は、建設の事業及び立木の伐採の事業について当該保険年度の確定保険料の額が四十万円以上であることとする。

（法第十二条第三項の特定疾病等）

第十七条の二　法第十二条第三項の厚生労働省令で定める疾病は、次の表の第二欄に掲げる疾病とし、同項の厚生労働省令で定める事業の種類は、同表の第二欄に掲げる疾病に応じ、それぞれ同表の第三欄に掲げる事業の種類とし、同項の厚生労働省令で定める者は、同表の第三欄に掲げる事業の種類に応じ、それぞれ同表の第四欄に定める者とする。

一	労働基準法施行規則（昭和二十二年厚生省令第二十三号）別表第一の二第三号2の疾病	港湾貨物取扱事業又は港湾荷役業	第三欄に掲げる事業の種類に属する事業主を異にする二以上の事業場において労働基準法施行規則別表第一の二第三号2に規定する業務に従事し、又は従事したことのある労働者であつて、当該労働者について第二欄に掲げる疾病の発生の原因となつた業務に従事した最後の事業場の事業主に日々又は二月以内の期間を定めて使用され、又は使用されたもの（二月を超えて使用されるに至つたものを除く。）
二	労働基準法施行規則別表第一の二第三号	林業又は建設の事業	第三欄に掲げる事業の種類に属する事業主を異にする二以上の事業場において労働基準法施行規則別表第一の二第三号3に規定する業務に従事し、又は従事したことのある労働者であつて、当該労働者について第二

	3の疾病		欄に掲げる疾病の発生の原因となつた業務に従事した最後の事業場において当該業務に従事した期間（当該労働者が、当該最後の事業場に使用されるまでの間引き続いて当該最後の事業場の事業主の他の事業場に使用されていた場合にあつては、当該使用されていた期間のうち当該業務に従事した期間を通算した期間。次項から第五項までの第四欄において「特定業務従事期間」という。）が一年に満たないもの
三	労働基準法施行規則別表第一の二第五号の疾病	建設の事業	第三欄に掲げる事業の種類に属する事業主を異にする二以上の事業場において労働基準法施行規則別表第一の二第五号に規定する業務に従事し、又は従事したことのある労働者であつて、特定業務従事期間が三年に満たないもの
四	労働基準法施行規則別表第一の二第七号8の疾病	建設の事業	第三欄に掲げる事業の種類に属する事業主を異にする二以上の事業場において労働基準法施行規則別表第一の二第七号8に規定する業務に従事し、又は従事したことのある労働者であつて、特定業務従事期間が第二欄に掲げる疾病のうち肺がんについては十年、中皮腫については一年に満たないもの
		港湾貨物取扱事業又は港湾荷役業	第三欄に掲げる事業の種類に属する事業主を異にする二以上の事業場において労働基準法施行規則別表第一の二第七号8に規定する業務に従事し、又は従事したことのある労働者であつて、当該労働者について第二欄に掲げる疾病の発生の原因となつた業務に従事した最後の事業場の事業主に日々又は二月以内の期間を定めて使用され、又は使用されたもの（二月を超えて使用されるに至つたものを除く。）
五	労働基準法施行規則別表第	建設の事業	第三欄に掲げる事業の種類に属する事業主を異にする二以上の事業場において労働基準法施行規則別表第一の二第二号11に規定する業務に従事

一の二第二号11の疾病		し、又は従事したことのある労働者であつて、特定業務従事期間が五年に満たないもの

（法第十二条第三項の業務災害に関する保険給付の額の算定）

第十八条　法第十二条第三項の厚生労働省令で定める保険給付は、療養補償給付、休業補償給付及び介護補償給付とする。

2　法第十二条第三項の年金たる保険給付及び前項の保険給付の額の算定は、次の各号に掲げる保険給付の区分に応じ、当該各号に定める額とすることにより行うものとする。

一　障害補償年金　同一の事由について労働者災害補償保険法（昭和二十二年法律第五十号。以下「労災保険法」という。）第八条に規定する給付基礎日額を平均賃金とみなして労働基準法第七十七条の規定を適用することとした場合に行われることとなる障害補償の額に相当する額

二　遺族補償年金　同一の事由について労災保険法第八条に規定する給付基礎日額を平均賃金とみなして労働基準法第七十九条の規定を適用することとした場合に行われることとなる遺族補償の額に相当する額

三　傷病補償年金　傷病補償年金のうち当該負傷又は疾病に関する療養の開始後三年を経過する日の属する月の前月までの月分のものの額を合計した額

四　療養補償給付　療養補償給付のうち当該療養の開始後三年を経過する日前に支給すべき事由の生じたものの額を合計した額

五　休業補償給付　休業補償給付のうち当該負傷又は疾病に関する療養の開始後三年を経過する日前に支給すべき事由の生じたものの額を合計した額

六　介護補償給付　介護補償給付のうち当該負傷又は疾病に関する療養の開始後三年を経過する日の属する月の前月までの月分のものの額を合計した額

（法第十二条第三項の厚生労働省令で定める給付金等）

第十八条の二　法第十二条第三項の厚生労働省令で定める給付金は、労働者災害補償保険特別支給金支給規則（昭和四十九年労働省令第三十号。以下「特別支給金規則」という。）の規定による特別支給金で業務災害に係るもの（労災保険法第十六条の六第一項第二号の場合に支給される遺族補償一時金の受給権者に支給される遺族特別一時金、第十七条の二の表の第四欄に掲げる者に係るもの及び労災保険法第三十六条第一項の規定により労災保険法の規定による保険給付を受けることができることとされた者（以下「第三種特別加入者」という。）に係るものを除く。）とする。

第十八条の三　第十八条第二項の規定は、法第十二条第三項の特別支給金規則による特別支給金で業務災害に係るもののうち年金たる特別支給金の額及び休業特別支給金の額の算定に

ついて準用する。この場合において、第十八条第二項第一号中「障害補償年金」とあるのは「障害特別年金」と、「労災保険法第八条に規定する給付基礎日額」とあるのは「特別支給金規則第六条第一項から第四項までの規定による算定基礎年額を三百六十五で除して得た額（その額に一円未満の端数があるときは、これを一円に切り上げる。）」と、同項第二号中「遺族補償年金」とあるのは「遺族特別年金」と、「労災保険法第八条に規定する給付基礎日額」とあるのは「特別支給金規則第六条第一項から第四項までの規定による算定基礎年額を三百六十五で除して得た額（その額に一円未満の端数があるときは、これを一円に切り上げる。）」と、同項第三号中「傷病補償年金」とあるのは「傷病特別年金」と、同項第五号中「休業補償給付」とあるのは「休業特別支給金」と読み替えるものとする。

（法第十二条第三項の労働保険料の額）

第十九条　法第十二条第三項に規定する連続する三保険年度の間における一般保険料の額（法第十二条第一項第一号の事業については、労災保険率（その率が同条第三項（法第十二条の二の規定により読み替えて適用する場合を含む。）の規定により引き上げ又は引き下げられたときは、その引き上げ又は引き下げられた率。以下この条において同じ。）に応ずる部分の額）から非業務災害率に応ずる部分の額を減じた額に第一種特別加入保険料の額から特別加入非業務災害率に応ずる部分の額を減じた額を加えた額は、当該連続する三保険年度の各保険年度の一般保険料に係る確定保険料の額（法第十二条第一項第一号の事業については、労災保険率に応ずる部分の額）から非業務災害率に応ずる部分の額を減じた額に第一種特別加入保険料に係る確定保険料の額から特別加入非業務災害率に応ずる部分の額を減じた額を加えた額の合算額とする。

（第一種調整率）

第十九条の二　法第十二条第三項の業務災害に関する年金たる保険給付に要する費用、特定疾病にかかつた者に係る保険給付に要する費用その他の事情を考慮して厚生労働省令で定める第一種調整率は、百分の六十七とする。ただし、次の各号に掲げる事業にあつては、当該各号に定める率とする。

一　林業の事業　百分の五十一
二　建設の事業　百分の六十三
三　港湾貨物取扱事業又は港湾荷役業の事業　百分の六十三
四　船舶所有者の事業　百分の三十五

（労災保険率から非業務災害率を減じた率の増減の率）

第二十条　法第十二条第三項の百分の四十の範囲内において厚生労働省令で定める率は、別表第三（建設の事業又は立木の伐採の事業であつて、同項に規定する連続する三保険年度中のいずれかの保険年度の確定保険料の額が四十万円以上百万円未満であるものにあつては、別表第三の二）のとおりとする。

（法第十二条の二の厚生労働省令で定める数）

第二十条の二　法第十二条の二の厚生労働省令で定める数以下の労働者を使用する事業主は、常時三百人（金融業若しくは保険業、不動産業又は小売業を主たる事業とする事業主については五十人、卸売業又はサービス業を主たる事業とする事業主については百人）以下の数の労働者を使用する事業主とする。

（法第十二条の二の労働者の安全又は衛生を確保するための措置）

第二十条の三　法第十二条の二の労働者の安全又は衛生を確保するための措置で厚生労働省令で定めるものは、次のとおりとする。

一　労働安全衛生法（昭和四十七年法律第五十七号）第七十条の二第一項の指針に従い事業主が講ずる労働者の健康の保持増進のための措置であつて厚生労働大臣が定めるもの

二　労働安全衛生規則（昭和四十七年労働省令第三十二号）第六十一条の三第一項の規定による認定を受けた同項に規定する計画に従い事業主が講ずる措置

三　前二号に掲げるもののほか、労働者の安全又は衛生を確保するための措置として厚生労働大臣が定めるもの

（労災保険率特例適用申告書）

第二十条の四　法第十二条の二の厚生労働省令で定める事項は、次のとおりとする。

一　労働保険番号

二　事業の名称及び事業の行われる場所

三　事業主の氏名又は名称及び住所又は所在地

四　事業主が行う事業の概要

五　事業主が常時使用する労働者数

六　事業主が講じた前条の労働者の安全又は衛生を確保するための措置及び当該措置の講じられた保険年度

2　前項第六号に掲げる事項については、事業場の所在地を管轄する都道府県労働局長の確認を受けなければならない。

3　法第十二条の二の申告書には、前条の労働者の安全又は衛生を確保するための措置が講じられたことを明らかにすることができる書類を添えなければならない。

（労災保険率の特例の申告）

第二十条の五　法第十二条の二の申告書は、所轄都道府県労働局長を経由して厚生労働大臣に提出しなければならない。

（労災保険率から非業務災害率を減じた率の増減の率に係る特例）

第二十条の六　法第十二条の二の規定により読み替えて適用する法第十二条第三項の百分の四十五の範囲内において厚生労働省令で定める率は、別表第三の三のとおりとする。

（第一種特別加入保険料の算定基礎）

第二十一条　法第十三条の厚生労働省令で定める額は、労災保

険法第三十四条第一項の規定により労災保険法の規定による保険給付を受けることができることとされた者（以下「第一種特別加入者」という。）の労働者災害補償保険法施行規則（昭和三十年労働省令第二十二号。以下「労災則」という。）第四十六条の二十第一項の給付基礎日額に応ずる別表第四の右欄に掲げる額とする。ただし、保険年度の中途に新たに第一種特別加入者となつた者又は労災保険法第三十三条第一号及び第二号に掲げる者に該当しなくなつた者（労災保険法第三十四条第二項の政府の承認又は同条第三項の規定による承認の取消しがあつた者を含む。）の法第十三条の厚生労働省令で定める額は、労災則第四十六条の二十第一項の給付基礎日額に応ずる別表第四の右欄に掲げる額を十二で除して得た額（その額に一円未満の端数があるときは、これを一円に切り上げる。）に当該者が当該保険年度中に第一種特別加入者とされた期間の月数（その月数に一月未満の端数があるときは、これを一月とする。）を乗じて得た額とする。

2　有期事業については、第一種特別加入者の法第十三条の厚生労働省令で定める額は、前項の規定にかかわらず、労災則第四十六条の二十第一項の給付基礎日額に応ずる別表第四の右欄に掲げる額を十二で除して得た額（その額に一円未満の端数があるときは、これを一円に切り上げる。）に当該者が労災保険法第三十四条第一項第一号の規定により当該事業に使用される労働者とみなされるに至つた日から当該者が労災保険法第三十三条第一号及び第二号に掲げる者に該当しなくなつた日（当該日前に労災保険法第三十四条第二項の政府の承認又は同条第三項の規定による承認の取消しがあつたときは、当該承認又は承認の取消しがあつた日）までの期間の月数（その月数に一月未満の端数があるときは、これを一月とする。）を乗じて得た額とする。

（法第十三条の厚生労働大臣の定める率）

第二十一条の二　法第十三条の厚生労働大臣の定める率は、零とする。

（第二種特別加入保険料の算定基礎）

第二十二条　法第十四条第一項の厚生労働省令で定める額は、労災保険法第三十五条第一項の規定により労災保険法の規定による保険給付を受けることができることとされた者（以下「第二種特別加入者」という。）の労災則第四十六条の二十四において準用する労災則第四十六条の二十第一項の給付基礎日額に応ずる別表第四の右欄に掲げる額とする。ただし、保険年度の中途に新たに第二種特別加入者となつた者又は労災保険法第三十三条第三号から第五号までに掲げる者に該当しなくなつた者（労災保険法第三十五条第三項又は第四項の規定により保険関係が消滅した団体の構成員である者を含む。）の法第十四条第一項の厚生労働省令で定める額は、労災則第四十六条の二十四において準用する労災則第四十六条の二十第一項の給付基礎日額に応ずる別表第四の右欄に掲げる額を十二で除して得た額（その額に一円未満の端数があるときは、これを一円に切り上げる。）に当該者が当該保険年度中に第二種特別加入者とされた期間の月数（その月数に一月未満の端数があるときは、これを一月とする。）を乗じて得た額とする。

（第二種特別加入保険料率）

第二十三条　法第十四条第一項の第二種特別加入保険料率は、別表第五のとおりとする。

（第三種特別加入保険料の算定基礎）

第二十三条の二　法第十四条の二第一項の厚生労働省令で定める額は、第三種特別加入者の労災則第四十六条の二十五の三において準用する労災則第四十六条の二十第一項の給付基礎日額に応ずる別表第四の右欄に掲げる額とする。ただし、保険年度の中途に新たに第三種特別加入者となつた者又は労災保険法第三十三条第六号及び第七号に掲げる者に該当しなくなつた者（労災保険法第三十六条第二項で準用する労災保険法第三十四条第二項の政府の承認又は労災保険法第三十六条第二項で準用する労災保険法第三十四条第三項の承認の取消しがあつた者を含む。）の法第十四条の二第一項の厚生労働省令で定める額は、労災則第四十六条の二十五の三において準用する労災則第四十六条の二十第一項の給付基礎日額に応ずる別表第四の右欄に掲げる額を十二で除して得た額（その額に一円未満の端数があるときは、これを一円に切り上げる。）に当該者が当該保険年度中に第三種特別加入者とされた期間の月数（その月数に一月未満の端数があるときは、これを一月とする。）を乗じて得た額とする。

（第三種特別加入保険料率）

第二十三条の三　法第十四条の二第一項の第三種特別加入保険料率は、千分の三とする。

（賃金総額の見込額の特例等）

第二十四条　法第十五条第一項各号の厚生労働省令で定める場合は、当該保険年度の保険料算定基礎額の見込額が、直前の保険年度の保険料算定基礎額の百分の五十以上百分の二百以下である場合とする。

2　法第十五条第一項及び第二項の厚生労働省令で定める事項は、次のとおりとする。

一　労働保険番号

二　事業主の氏名又は名称及び住所又は所在地

三　保険料算定基礎額の見込額（当該見込額が前項の規定に該当する場合には、直前の保険年度の保険料算定基礎額）

四　保険料率

五　法第十五条の二に規定する高年齢労働者のうち雇用保険法（昭和四十九年法律第百十六号）第三十八条第一項に規定する短期雇用特例被保険者（以下「短期雇用特例被保険者」という。）及び同法第四十三条第一項に規定する日雇労働被保険者（以下「日雇労働被保険者」という。）以外の者

に係る法第十五条の二に規定する高年齢者賃金総額の見込額

六　事業に係る労働者数

七　事業主が法人番号を有する場合には、当該事業主の法人番号

（高年齢者賃金総額）

第二十四条の二　法第十五条の二に規定する高年齢労働者のうち短期雇用特例被保険者及び日雇労働被保険者以外の者に係る同条に規定する高年齢者賃金総額に千円未満の端数がある場合には、その端数は、切り捨てる。

2　法第十五条の二の厚生労働省令で定める場合は、当該保険年度の保険料算定基礎額の見込額が、直前の保険年度の保険料算定基礎額の百分の五十以上百分の二百以下である場合とする。

（概算保険料の増額等）

第二十五条　法第十六条の厚生労働省令で定める要件は、増加後の保険料算定基礎額の見込額が増加前の保険料算定基礎額の見込額の百分の二百を超え、かつ、増加後の保険料算定基礎額の見込額に基づき算定した概算保険料の額と既に納付した概算保険料の額との差額が十三万円以上であることとする。

2　法第十六条の厚生労働省令で定める事項は、次のとおりとする。

一　労働保険番号

二　事業主の氏名又は名称及び住所又は所在地

三　保険料算定基礎額の見込額が増加した年月日

四　増加後の保険料算定基礎額の見込額

五　保険料率

六　保険料算定基礎額の見込額の増加後における法第十五条の二に規定する高年齢労働者のうち短期雇用特例被保険者及び日雇労働被保険者以外の者に係る同条に規定する高年齢者賃金総額の見込額

七　事業に係る労働者数

八　事業主が法人番号を有する場合には、当該事業主の法人番号

（概算保険料の追加徴収）

第二十六条　所轄都道府県労働局歳入徴収官は、法第十七条第一項の規定に基づき、労働保険料を追加徴収しようとする場合には、通知を発する日から起算して三十日を経過した日をその納期限と定め、事業主に、次に掲げる事項を通知しなければならない。

一　一般保険料率、第一種特別加入保険料率、第二種特別加入保険料率又は第三種特別加入保険料率の引上げによる労働保険料の増加額及びその算定の基礎となる事項

二　納期限

（事業主が申告した概算保険料の延納の方法）

第二十七条　有期事業以外の事業であつて法第十五条第一項及び第十五条の二の規定により納付すべき概算保険料の額が四十万円（労災保険に係る保険関係又は雇用保険に係る保険関係のみが成立している事業については、二十万円）以上のもの又は当該事業に係る労働保険事務の処理が労働保険事務組合に委託されているもの（当該保険年度において十月一日以降に保険関係が成立したものを除く。）についての事業主は、法第十五条第一項の申告書を提出する際に法第十八条に規定する延納の申請をした場合には、その概算保険料を、四月一日から七月三十一日まで、八月一日から十一月三十日まで及び十二月一日から翌年三月三十一日までの各期（当該保険年度において、四月一日から五月三十一日までに保険関係が成立した事業については保険関係成立の日から七月三十一日までを、六月一日から九月三十日までに保険関係が成立した事業については保険関係成立の日から十一月三十日までを最初の期とする。）に分けて納付することができる。

2　前項の規定により延納をする事業主は、その概算保険料の額を期の数で除して得た額を各期分の概算保険料として、最初の期分の概算保険料についてはその保険年度の六月一日から起算して四十日以内（当該保険年度において四月一日から九月三十日までに保険関係が成立したものについての最初の期分の概算保険料は、保険関係成立の日の翌日から起算して五十日以内）に、八月一日から十一月三十日までの期分の概算保険料については十月三十一日（当該事業に係る労働保険事務の処理が労働保険事務組合に委託されているものについての事業主に係る概算保険料（以下この項において「委託に係る概算保険料」という。）については十一月十四日）までに、十二月一日から翌年三月三十一日までの期分の概算保険料については翌年一月三十一日（委託に係る概算保険料については翌年二月十四日）までに、それぞれ納付しなければならない。

第二十八条　有期事業であつて法第十五条第二項及び第十五条の二の規定により納付すべき概算保険料の額が七十五万円以上のもの又は当該事業に係る労働保険事務の処理が労働保険事務組合に委託されているもの（事業の全期間が六月以内のものを除く。）についての事業主は、法第十五条第二項の申告書を提出する際に法第十八条に規定する延納の申請をした場合には、その概算保険料を、その事業の全期間を通じて、毎年四月一日から七月三十一日まで、八月一日から十一月三十日まで及び十二月一日から翌年三月三十一日までの各期（期の中途に保険関係が成立した事業については、保険関係成立の日からその日の属する期の末日までの期間が二月を超えるときは保険関係成立の日からその日の属する期の末日までを、二月以内のときは保険関係成立の日からその日の属する期の次の期の末日までを最初の期とする。）に分けて納付することができる。

2　前項の規定により延納をする事業主は、その概算保険料の額を期の数で除して得た額を各期分の概算保険料として、最初の期分の概算保険料については保険関係成立の日の翌日から起算して二十日以内に、四月一日から七月三十一日までの期分の概算保険料については三月三十一日までに、八月一日から十一月三十日までの期分の概算保険料については十月三十一日までに、十二月一日から翌年三月三十一日までの期分の概算保険料については翌年一月三十一日までに、それぞれ納付しなければならない。

（政府が決定した概算保険料の延納の方法）

第二十九条　前二条の規定は、法第十五条第四項の規定により納付すべき概算保険料に係る法第十八条に規定する延納について準用する。この場合において、第二十七条第一項中「法第十五条第二項及び第十五条の二」とあるのは「法第十五条第四項」と、「法第十五条第一項の申告書を提出する際」とあるのは「当該概算保険料を納付する際」と、同条第二項中「その保険年度の六月一日から起算して四十日以内（当該保険年度において四月一日から九月三十日までに保険関係が成立したものについての最初の期分の概算保険料は、保険関係成立の日の翌日から起算して五十日以内）」とあるのは「法第十五条第三項の規定による通知を受けた日の翌日から起算して十五日以内」と、前条第一項中「法第十五条第二項及び法第十五条の二」とあるのは「法第十五条第四項」と、「法第十五条第二項の申告書を提出する際」とあるのは「当該概算保険料を納付する際」と、同条第二項中「保険関係成立の日の翌日から起算して二十日以内」とあるのは「法第十五条第三項の規定による通知を受けた日の翌日から起算して十五日以内」と読み替えるものとする。

2　前項の規定により延納をする事業主は、最初の期分以外の各期分の概算保険料のうち、前項の規定により準用される第二十七条第二項又は前条第二項の規定による納期限が最初の期分の概算保険料の納期限よりさきに到来することとなるものについては、これらの規定にかかわらず、最初の期分の概算保険料の納期限までに、最初の期分の概算保険料とともに納付するものとする。

（増加概算保険料の延納の方法）

第三十条　前三条の規定により概算保険料の延納をする事業主は、法第十六条の申告書を提出する際に法第十八条に規定する延納の申請をした場合には、法第十六条の規定により納付すべき概算保険料の増加額（以下「増加概算保険料」という。）を、保険料算定基礎額の見込額が増加した日以後について、第二十七条第一項又は第二十八条第一項の各期に分けて納付することができる。

2　前項の規定により延納をする事業主は、その増加概算保険料の額をその延納に係る期の数で除して得た額を各期分の増加概算保険料として、保険料算定基礎額の見込額が増加した日の属する期（以下この条において「最初の期」という。）分の増加概算保険料をその日の翌日から起算して三十日以内に、四月一日から七月三十一日までの期分の増加概算保険料を三月三十一日までに、八月一日から十一月三十日までの期分の増加概算保険料を十月三十一日（有期事業以外の事業であつて当該事業に係る労働保険事務の処理が労働保険事務組合に委託されているものについての事業主に係る増加概算保険料（以下この項において「委託に係る増加概算保険料」という。）については十一月十四日）までに、十二月一日から翌年三月三十一日までの期分の増加概算保険料を翌年一月三十一日（委託に係る増加概算保険料については翌年二月十四日）までに、それぞれ納付しなければならない。

3　第二十七条第一項又は第二十八条第一項の期の中途に保険料算定基礎額の見込額が増加した事業の事業主であつて、第一項の規定により増加概算保険料の延納をするものは、前項の規定による最初の期の次の期分の増加概算保険料の納期限が最初の期分の増加概算保険料の納期限よりさきに到来することとなる場合には、同項の規定にかかわらず、次の期分の増加概算保険料を、最初の期分の増加概算保険料の納期限までに、最初の期分の増加概算保険料とともに納付するものとする。

（保険料率の引上げによる概算保険料の増加額の延納の方法）

第三十一条　前条の規定は、法第十七条の規定により納付すべき労働保険料の増加額に係る法第十八条に規定する延納について準用する。この場合において、前条第一項中「法第十六条の申告書を提出する際に」とあるのは「法第十七条第二項の通知により指定された期限までに」と、「法第十六条の規定」とあるのは「法第十七条の規定」と、「保険料算定基礎額の見込額が増加した日」とあるのは「一般保険料率、第一種特別加入保険料率、第二種特別加入保険料率又は第三種特別加入保険料率の引上げが行われた日」と、同条第二項中「保険料算定基礎額の見込額が増加した日」とあるのは「一般保険料率、第一種特別加入保険料率、第二種特別加入保険料率又は第三種特別加入保険料率の引上げが行われた日」と、「その日の翌日から起算して三十日以内」とあるのは「法第十七条第二項の通知により指定された期限まで」と、同条第三項中「保険料算定基礎額の見込額が増加した事業」とあるのは「保険料率の引上げが行われた事業」と読み替えるものとする。

（延納の方法の特例）

第三十二条　所轄都道府県労働局歳入徴収官は、やむを得ない理由があると認めたときは、第二十七条から前条までの規定にかかわらず、法第十五条、第十六条及び第十七条の規定により納付すべき労働保険料を、当該保険年度（有期事業については、その事業の期間）内において第二十七条から前条までの方法と異なつた方法により延納させることができる。

（確定保険料申告書）
第三十三条　法第十九条第一項及び第二項の厚生労働省令で定める事項は、次のとおりとする。
一　労働保険番号
二　事業主の氏名又は名称及び住所又は所在地
三　保険料算定基礎額
四　保険料率
五　法第十九条の二に規定する高年齢労働者のうち短期雇用特例被保険者及び日雇労働被保険者以外の者に係る同条に規定する高年齢者賃金総額
六　事業に係る労働者数
七　事業主が法人番号を有する場合には、当該事業主の法人番号

（一括有期事業についての報告）
第三十四条　法第七条の規定により一の事業とみなされる事業についての事業主は、次の保険年度の六月一日から起算して四十日以内又は保険関係が消滅した日から起算して五十日以内に、次に掲げる事項を記載した報告書を所轄都道府県労働局歳入徴収官に提出しなければならない。
一　労働保険番号
二　事業主の氏名又は名称及び住所又は所在地
三　事業の名称、事業の行われる場所、事業の期間及び事業に係る賃金総額
四　建設の事業にあつては、当該事業に係る請負金額及びその内訳並びに第十三条第一項に規定する請負金額に乗ずべき率
五　立木の伐採の事業にあつては、立木の所有者の氏名又は名称及び住所又は所在地、当該事業に係る労働者の延べ人数、素材の生産量並びに素材一立方メートルを生産するために必要な労務費の額

（確定保険料の特例）
第三十五条　法第二十条第一項の厚生労働省令で定める事業は、建設の事業又は立木の伐採の事業であつて、その規模が次の各号のいずれかに該当するものとする。
一　確定保険料の額が四十万円以上であること。
二　建設の事業にあつては請負金額が一億一千万円以上、立木の伐採の事業にあつては素材の生産量が千立方メートル以上であること。
2　法第二十条第一項の厚生労働省令で定める率は、別表第六のとおりとする。
3　法第二十条第一項第一号の厚生労働省令で定める範囲は、別表第七のとおりとする。
4　第二十六条の規定は、法第二十条第三項の規定により差額を徴収する場合について準用する。

（第二種調整率）
第三十五条の二　法第二十条第一項第二号の第二種調整率は、

次の各号に掲げる事業の区分に応じ、当該各号に定める率とする。
一　建設の事業　百分の五十
二　立木の伐採の事業　百分の四十三
（労働保険料の還付）
第三十六条　事業主が、法第十九条第一項及び第二項の申告書（第三十八条において「確定保険料申告書」という。）を提出する際に、又は法第十九条第四項の規定による通知を受けた日の翌日から起算して十日以内に、それぞれ、既に納付した概算保険料の額のうち、確定保険料の額を超える額（以下「超過額」という。）の還付を請求したときは、官署支出官又は事業場の所在地を管轄する都道府県労働局労働保険特別会計資金前渡官吏（以下「所轄都道府県労働局資金前渡官吏」という。）は、その超過額を還付するものとする。事業主が、法第二十条第一項（同条第二項において準用する場合を含む。）の規定により引き下げられた労働保険料の額についての所轄都道府県労働局歳入徴収官の通知を受けた日の翌日から起算して十日以内に同条第三項の差額の還付を請求したときも、同様とする。
2　前項の規定による請求は、次に掲げる事項を記載した請求書を官署支出官又は所轄都道府県労働局資金前渡官吏（第一条第三項第一号の一般保険料並びに同号の第一種特別加入保険料、第二種特別加入保険料及び第三種特別加入保険料に係る労働保険料還付請求書にあつては、所轄都道府県労働局長及び所轄労働基準監督署長を経由して官署支出官又は所轄労働基準監督署長を経由して所轄都道府県労働局資金前渡官吏）に提出することによつて行わなければならない。
一　労働保険番号
二　事業主の氏名又は名称及び住所又は所在地
三　次のイ及びロに掲げる者の区分に応じ、当該イ及びロに定める事項
イ　払渡しを受ける機関に金融機関を希望する者（ロに掲げる者を除く。）　払渡希望金融機関の名称及び預金口座の口座番号
ロ　払渡しを受ける機関に郵便貯金銀行（郵政民営化法（平成十七年法律第九十七号）第九十四条に規定する郵便貯金銀行をいう。以下この号において同じ。）の営業所又は郵便局（簡易郵便局法（昭和二十四年法律第二百十三号）第二条に規定する郵便窓口業務を行う日本郵便株式会社の営業所であつて郵便貯金銀行を所属銀行とする銀行代理業（銀行法（昭和五十六年法律第五十九号）第二条第十四項に規定する銀行代理業をいう。）の業務を行うものをいう。以下この号において同じ。）を希望する者（預金口座への払込みを希望する者を除く。）　払渡希望郵便貯金銀行の営業所又は郵便局の名称及び所在地
四　還付額及び還付理由

(労働保険料の充当)

第三十七条 前条第二項の請求がない場合には、所轄都道府県労働局歳入徴収官は、前条第一項の超過額又は法第二十条第三項の差額を次の保険年度の概算保険料若しくは未納の労働保険料その他法の規定による徴収金又は未納の一般拠出金（石綿による健康被害の救済に関する法律（平成十八年法律第四号）第三十五条第一項の規定により労災保険適用事業主（同項の労災保険適用事業主をいう。）から徴収する一般拠出金をいう。以下同じ。）その他同法第三十八条第一項の規定により準用する法の規定による徴収金に充当するものとする。

2 所轄都道府県労働局歳入徴収官は、前項の規定により、次の保険年度の概算保険料若しくは未納の労働保険料その他法の規定による徴収金又は未納の一般拠出金その他石綿による健康被害の救済に関する法律第三十八条第一項の規定により準用する法の規定による徴収金に充当したときは、その旨を事業主に通知しなければならない。

(労働保険料等の申告及び納付)

第三十八条 法第十五条第一項及び第二項の申告書（次項において「概算保険料申告書」という。）、法第十六条の申告書（次項において「増加概算保険料申告書」という。）並びに確定保険料申告書は、所轄都道府県労働局歳入徴収官に提出しなければならない。

2 前項の規定による申告書の提出は、次の区分に従い、日本銀行（本店、支店、代理店及び歳入代理店をいう。以下同じ。）、年金事務所（日本年金機構法（平成十九年法律第百九号）第二十九条の年金事務所をいう。以下同じ。）又は労働基準監督署を経由して行うことができる。

一 概算保険料申告書（法第二十一条の二第一項の承認を受けて労働保険料の納付を金融機関に委託して行う場合に提出するものを除く。次号、第四号及び第五号において同じ。）及び法第十九条第三項の規定により納付すべき労働保険料がある場合における確定保険料申告書（法第二十一条の二第一項の承認を受けて労働保険料の納付を金融機関に委託して行う場合に提出するものを除く。次号、第四号及び第五号において同じ。）であつて、有期事業以外の事業（労働保険事務組合に労働保険事務の処理が委託されているものを除く。次号、第三号及び第七十八条第二項において同じ。）についての第一条第三項第一号の一般保険料に係るもの（厚生年金保険法（昭和二十九年法律第百十五号）による厚生年金保険又は健康保険法（大正十一年法律第七十号）による健康保険の適用事業所（以下「社会保険適用事業所」という。）の事業主が法第十五条第一項又は法第十九条第一項の規定により六月一日から四十日以内に提出するものに限る。） 日本銀行、年金事務所又は労働基準監督署

二　概算保険料申告書及び法第十九条第三項の規定により納付すべき労働保険料がある場合における確定保険料申告書であつて、有期事業以外の事業についての第一条第三項第二号の一般保険料に係るもの（社会保険適用事業所の事業主が法第十五条第一項又は法第十九条第一項の規定により六月一日から四十日以内に提出するものに限る。）　日本銀行又は年金事務所

三　法第十九条第三項の規定により納付すべき労働保険料がない場合における確定保険料申告書であつて、有期事業以外の事業についての第一条第三項第一号の一般保険料に係るもの（社会保険適用事業所の事業主が法第十九条第一項の規定により六月一日から四十日以内に提出するものに限る。）　年金事務所又は労働基準監督署

四　概算保険料申告書及び増加概算保険料申告書並びに法第十九条第三項の規定により納付すべき労働保険料がある場合における確定保険料申告書であつて、第一条第三項第一号の一般保険料並びに同号の第一種特別加入保険料、第二種特別加入保険料及び第三種特別加入保険料に係るもの（第一号に掲げるものを除く。）　日本銀行又は労働基準監督署

五　概算保険料申告書及び増加概算保険料申告書並びに法第十九条第三項の規定により納付すべき労働保険料がある場合における確定保険料申告書であつて、第一条第三項第二号の一般保険料及び同号の第一種特別加入保険料に係るもの（第二号に掲げるものを除く。）　日本銀行

六　法第十九条第三項の規定により納付すべき労働保険料がない場合における確定保険料申告書並びに法第二十一条の二第一項の承認を受けて労働保険料の納付を金融機関に委託して行う場合に提出する概算保険料申告書及び確定保険料申告書であつて、第一条第三項第一号の一般保険料並びに同号の第一種特別加入保険料、第二種特別加入保険料及び第三種特別加入保険料に係るもの（第三号に掲げるものを除く。）　労働基準監督署

3　労働保険料その他法の規定による徴収金は、次の区分に従い、日本銀行又は都道府県労働局労働保険特別会計収入官吏（以下「都道府県労働局収入官吏」という。）若しくは労働基準監督署労働保険特別会計収入官吏（以下「労働基準監督署収入官吏」という。）に納付しなければならない。

一　第一条第三項第一号の一般保険料、同号の第一種特別加入保険料、第二種特別加入保険料及び第三種特別加入保険料並びにこれらに係る徴収金　日本銀行又は都道府県労働局収入官吏若しくは労働基準監督署収入官吏

二　第一条第三項第二号の一般保険料、同号の第一種特別加入保険料及び特例納付保険料並びにこれらに係る徴収金並びに印紙保険料に係る徴収金　日本銀行又は都道府県労働局収入官吏

4　労働保険料（印紙保険料を除く。）その他法の規定による徴収金の納付は、納入告知書に係るものを除き納付書によって行なわなければならない。

5　法第二十条第四項、法第二十一条第三項及び法第二十五条第三項において準用する法第十七条第二項並びに法第十九条第四項、法第二十五条第一項及び法第二十六条第四項の規定による通知は、所轄都道府県労働局歳入徴収官が納入告知書によつて行わなければならない。

（口座振替による納付の申出）

第三十八条の二　法第二十一条の二第一項の規定による申出は、事業主の氏名又は名称及び住所又は所在地、預金口座又は貯金口座の番号及び名義人、預金又は貯金の種別並びに納付書を送付する金融機関及び店舗の名称を記載した書面を所轄都道府県労働局歳入徴収官に提出することによつて行わなければならない。

（口座振替による納付に係る納付書の送付）

第三十八条の三　所轄都道府県労働局歳入徴収官は、法第二十一条の二第一項の承認を行つた場合には、同項の労働保険料の納付に必要な納付書を同項の金融機関へ送付するものとする。ただし、当該保険料の納付に関し必要な事項について同項の金融機関に電磁的記録（行政手続等における情報通信の技術の利用に関する法律（平成十四年法律第百五十一号。以下「情報通信技術利用法」という。）第二条第五号に規定する電磁的記録をいう。以下同じ。）を送付したときは、この限りでない。

（口座振替による納付）

第三十八条の四　法第二十一条の二第一項の厚生労働省令で定める納付は、納付書によつて行われる法第十五条第一項又は第二項の規定により納付すべき労働保険料及び法第十八条の規定により延納する場合における法第十五条第一項又は第二項の労働保険料並びに法第十九条第三項の規定により納付すべき労働保険料の納付とする。

（口座振替による納付に係る納付期日）

第三十八条の五　法第二十一条の二第二項の厚生労働省令で定める日は、第三十八条の三の規定により送付された納付書又は電磁的記録が、法第二十一条の二第一項の金融機関に到達した日から二取引日を経過した最初の取引日（災害その他やむを得ない理由によりその日までに納付することができないと所轄都道府県労働局歳入徴収官が認める場合には、その承認する日）とする。

2　前項に規定する取引日とは、金融機関の休日以外の日をいう。

（被保険者手帳の提出）

第三十九条　日雇労働被保険者は、事業主に使用されたときは、その都度雇用保険印紙の貼付又は印紙保険料納付計器による納付印の押なつを受けるために、その所持する日雇労働被保険者手帳（以下「被保険者手帳」という。）を事業主に提出しなければならない。

（雇用保険印紙の貼付等）

第四十条　事業主は、日雇労働被保険者を使用した場合には、第四十四条の規定による場合を除き、その者に賃金を支払う都度、その使用した日数に相当する枚数の雇用保険印紙をその使用した日の被保険者手帳における該当日欄にはり、消印しなければならない。

2　事業主は、前項の消印に使用すべき認印の印影をあらかじめ所轄公共職業安定所長に届け出なければならない。認印を変更しようとするときも、同様とする。

（雇用保険印紙の種類及び販売、譲渡の禁止等）

第四十一条　法第二十三条第二項の雇用保険印紙は第一級、第二級及び第三級の三種とし、印紙をもつてする歳入金納付に関する法律（昭和二十三年法律第百四十二号）第三条第一項の規定によつて総務大臣が厚生労働大臣に協議して定める日本郵便株式会社の営業所（郵便の業務を行うものに限る。以下同じ。）においてこれを販売するものとする。

2　事業主は、雇用保険印紙を譲り渡し、又は譲り受けてはならない。

3　事業主その他正当な権限を有する者を除いては、何人も消印を受けない雇用保険印紙を所持してはならない。

（雇用保険印紙購入通帳）

第四十二条　事業主は、雇用保険印紙を購入しようとするときは、あらかじめ、次に掲げる事項を記載した申請書を所轄公共職業安定所長に提出して、雇用保険印紙購入通帳（様式第一号）の交付を受けなければならない。

一　労働保険番号

二　事業主の氏名又は名称及び住所又は所在地

三　事業の名称、事業の行われる場所及び事業の種類

2　雇用保険印紙購入通帳は、その交付の日の属する保険年度に限り、その効力を有する。

3　前項に規定する雇用保険印紙購入通帳の有効期間（当該雇用保険印紙購入通帳の有効期間についてこの項の規定により更新を受けたときにあつては、当該更新を受けた雇用保険印紙購入通帳の有効期間）の満了後引き続き雇用保険印紙を購入しようとする事業主は、雇用保険印紙購入通帳の有効期間の更新を受けなければならない。

4　前項に規定する雇用保険印紙購入通帳の有効期間の更新を受けようとする事業主は、当該雇用保険印紙購入通帳の有効期間が満了する日の翌日の一月前から当該期間が満了する日までの間に、当該雇用保険印紙購入通帳を添えて、次に掲げる事項を記載した申請書を所轄公共職業安定所長に提出して、新たに雇用保険印紙購入通帳の交付を受けなければならない。

一　労働保険番号

二 事業主の氏名又は名称及び住所又は所在地

三 事業の名称、事業の行われる場所及び事業の種類

5 前項の規定により交付を受けた雇用保険印紙購入通帳は、更新前の雇用保険印紙購入通帳の有効期間が満了する日の翌日の属する保険年度に限り、その効力を有する。

6 事業主は、雇用保険印紙購入通帳を滅失し、若しくはき損した場合又は雇用保険印紙購入通帳の雇用保険印紙購入申込書(以下「購入申込書」という。)がなくなつた場合であつて、当該保険年度中に雇用保険印紙を購入しようとするときは、その旨を所轄公共職業安定所長に申し出て、再交付を受けなければならない。

7 雇用保険印紙購入通帳をき損し、又は購入申込書がなくなつたことにより前項の規定による再交付を申し出る事業主は、当該き損し、又は購入申込書がなくなつた雇用保険印紙購入通帳を所轄公共職業安定所長に提出しなければならない。

8 事業主は、その所持する雇用保険印紙購入通帳の有効期間が満了したとき又は事業の廃止等により雇用保険印紙を購入する必要がなくなつたときは、速やかに、その所持する雇用保険印紙購入通帳を所轄公共職業安定所長に返納しなければならない。

(雇用保険印紙の購入等)

第四十三条 事業主は、雇用保険印紙を購入しようとするときは、購入申込書に購入しようとする雇用保険印紙の種類別枚数、購入年月日、労働保険番号並びに事業主の氏名又は名称及び住所又は所在地を記入し、雇用保険印紙を販売する日本郵便株式会社の営業所に提出しなければならない。

2 事業主は、次の各号の場合においては、雇用保険印紙を販売する日本郵便株式会社の営業所に雇用保険印紙購入通帳を提出し、その保有する雇用保険印紙の買戻しを申し出ることができる。ただし、第三号に該当する場合においては、その買戻しの期間は、雇用保険印紙が変更された日から六月間とする。

一 雇用保険に係る保険関係が消滅したとき。

二 日雇労働被保険者を使用しなくなつたとき(保有する雇用保険印紙の等級に相当する賃金日額の日雇労働被保険者を使用しなくなつたときを含む。)。

三 雇用保険印紙が変更されたとき。

3 事業主は、前項第一号又は第二号に該当する事由により、雇用保険印紙の買戻しを申し出ようとするときは、雇用保険印紙購入通帳に、その事由を該当することについて、あらかじめ所轄公共職業安定所長の確認を受けなければならない。

(納付印による印紙保険料の納付の方法)

第四十四条 事業主は、日雇労働被保険者を使用した場合において、法第二十三条第三項の規定により印紙保険料を納付するときは、その者に賃金を支払うつど、その使用した日の被

保険者手帳における該当日欄に納付印をその使用した日数に相当する回数だけ押さなければならない。

（印紙保険料納付計器の指定）

第四十五条　法第二十三条第三項の指定を受けようとする者は、次に掲げる事項を記載した申請書を厚生労働大臣に提出しなければならない。

一　申請者の氏名又は名称及び住所又は所在地

二　当該指定を受けようとする印紙保険料納付計器の製造者の氏名又は名称及び住所又は所在地

三　当該指定を受けようとする印紙保険料納付計器の名称、型式、構造、機能及び操作の方法

2　前項の申請書を提出した者は、当該指定を受けようとする計器を厚生労働大臣に提示しなければならない。

3　法第二十三条第三項の指定は、当該指定をしようとする計器の名称、型式、構造及び機能を告示することにより行なうものとする。

（印影）

第四十六条　法第二十三条第三項に規定する厚生労働省令で定める印影の形式は、別表第八のとおりとする。

（印紙保険料納付計器の設置）

第四十七条　事業主は、法第二十三条第三項の規定により印紙保険料納付計器の設置の承認を受けようとする場合には、次に掲げる事項を記載した申請書を当該印紙保険料納付計器を設置しようとする事業場の所在地を管轄する公共職業安定所長を経由して、当該事業場の所在地を管轄する都道府県労働局労働保険特別会計歳入徴収官（以下「納付計器に係る都道府県労働局歳入徴収官」という。）に提出しなければならない。

一　労働保険番号

二　事業主の氏名又は名称及び住所又は所在地

三　事業の名称、事業の行われる場所、事業の種類及び事業に係る日雇労働被保険者数

四　当該印紙保険料納付計器の名称及び型式

五　当該印紙保険料納付計器を設置しようとする年月日

2　納付計器に係る都道府県労働局歳入徴収官は、前項の申請書の提出があつた場合には、同項の事業主が法第二十三条第四項の規定により承認を取り消された日の翌日から起算して二年を経過するまでの者であるときその他保険料の保全上不適当と認められるときを除き、その承認を与えるものとする。

（承認の取消し等）

第四十八条　納付計器に係る都道府県労働局歳入徴収官は、法第二十三条第四項の規定により同条第三項の承認を取り消す場合には、その旨及びその理由を記載した文書により当該承認を取り消される者に通知するものとする。この場合には、当該都道府県労働局歳入徴収官は、当該取消しに係る印紙保険料納付計器につき第五十条第三項の封の解除その他必要な

措置を講ずるものとする。

（始動票札）

第四十九条 法第二十三条第三項の承認を受けた者は、印紙保険料納付計器を使用する前に、納付計器に係る都道府県労働局歳入徴収官から当該印紙保険料納付計器を始動するために必要な票札（以下「始動票札」という。）の交付を受けなければならない。

2 第四十一条第二項の規定は、前項の始動票札について準用する。

（始動票札受領通帳）

第五十条 事業主は、前条第一項の規定により始動票札の交付を受けようとするときは、あらかじめ、次に掲げる事項を記載した申請書を納付計器に係る都道府県労働局歳入徴収官に提出して始動票札受領通帳（様式第二号）の交付を受けなければならない。

一 労働保険番号

二 事業主の氏名又は名称及び住所又は所在地

三 事業の名称、事業の行われる場所及び事業の種類

四 法第二十三条第三項の承認を受けた印紙保険料納付計器の名称、型式、計器番号、始動の予定年月日及び当該印紙保険料納付計器により表示しようとする印紙保険料の額に相当する金額の総額

2 事業主は、前項の申請書を提出する場合には、印紙保険料納付計器を納付計器に係る都道府県労働局歳入徴収官に提示しなければならない。

3 納付計器に係る都道府県労働局歳入徴収官は、前項の規定により印紙保険料納付計器の提示を受けた場合において、保険料の保全上必要があると認めるときは、当該印紙保険料納付計器について保険料の保全上適切な箇所に封を施すことその他必要な措置を講ずることができる。

4 事業主は、当該印紙保険料納付計器により表示しようとする印紙保険料の額に相当する金額の総額を変更しようとするときは、納付計器に係る都道府県労働局歳入徴収官に対し始動票札受領通帳を添えてその旨を届け出るとともに、印紙保険料納付計器を提示しなければならない。

5 第三項の規定は、前項の場合について準用する。

6 事業主は、始動票札受領通帳を滅失し、若しくはき損した場合又はこれに余白がなくなつた場合は、その旨を納付計器に係る都道府県労働局歳入徴収官に申し出て、再交付を受けなければならない。

（始動票札の交付を受ける方法）

第五十一条 事業主は、始動票札の交付を受けるためには、始動票札受領通帳に当該印紙保険料納付計器により表示しようとする印紙保険料の額に相当する金額の総額及び始動票札の交付を受けようとする年月日を記入し、納付計器に係る都道府県労働局歳入徴収官に提出しなければならない。

2

2　前項の規定により始動票札の交付を受けようとする者は、当該印紙保険料納付計器により表示することができる印紙保険料の額に相当する金額の総額を、あらかじめ当該印紙保険料納付計器を設置した事業場の所在地を管轄する都道府県労働局収入官吏に納付しなければならない。

（印紙保険料納付計器を使用しなくなつた場合）

第五十二条　事業主は、印紙保険料納付計器の全部又は一部を使用しなくなつたときは、当該使用しなくなつた印紙保険料納付計器を納付計器に係る都道府県労働局歳入徴収官に提示しなければならない。

2　納付計器に係る都道府県労働局歳入徴収官は、前項の規定により事業主から印紙保険料納付計器の提示を受けたときは、当該印紙保険料納付計器の封の解除その他必要な措置を講じなければならない。

3　第一項の事業主で印紙保険料納付計器の全部を使用しなくなつたものが、印紙保険料納付計器を再び使用しようとするときは、第四十七条第一項の承認を受けなければならない。

（差額の払戻し）

第五十三条　事業主は、次の各号の場合において、当該各号に該当するに至つた際の始動票札を用いて印紙保険料納付計器により既に納付した印紙保険料の額の総額が、当該印紙保険料納付計器により表示することができる印紙保険料の額に相当する金額の総額に満たないときは、納付計器に係る都道府県労働局歳入徴収官に始動票札受領通帳を提出し、その差額に相当する金額の払戻しを申し出ることができる。

一　印紙保険料納付計器の全部又は一部を使用しなくなつたとき。

二　印紙保険料納付計器により表示することができる印紙保険料の額に相当する金額の総額を変更したとき。

三　法第二十三条第四項の規定により印紙保険料納付計器の設置の承認が取り消されたとき。

（印紙保険料の納付状況の報告）

第五十四条　雇用保険印紙購入通帳の交付を受けている事業主は、次に掲げる事項を記載した報告書によつて、毎月における雇用保険印紙の受払状況を翌月末日までに、所轄都道府県労働局歳入徴収官に報告しなければならない。

一　労働保険番号

二　事業主の氏名又は名称及び住所又は所在地

三　報告年月日

四　当該事業主の事業に使用する日雇労働被保険者に関する事項

五　雇用保険印紙の受払状況

（印紙保険料納付計器の使用状況）

第五十五条　法第二十三条第三項の規定により印紙保険料納付計器を設置した事業主は、次に掲げる事項を記載した報告書によつて、毎月における印紙保険料納付計器の使用状況を翌月末日までに、当該印紙保険料納付計器を設置した事業場の所在地を管轄する公共職業安定所長を経由して、納付計器に係る都道府県労働局歳入徴収官に報告しなければならない。
一　労働保険番号
二　事業主の氏名又は名称及び住所又は所在地
三　報告年月日
四　当該事業主の事業に使用する日雇労働被保険者に関する事項
五　印紙保険料納付計器の使用状況

（特例納付保険料の基本額）
第五十六条　法第二十六条第一項に規定する厚生労働省令で定めるところにより算定した額は、同項に規定する特例対象者に係る雇用保険法施行規則（昭和五十年労働省令第三号）第三十三条第一項に規定する最も古い日から一箇月の間に支払われた賃金の額及び同令第三十三条の二各号に定める書類に基づき確認される被保険者の負担すべき額に相当する額がその者に支払われた賃金から控除されていたことが明らかである時期の直近一箇月に支払われた賃金の額の合計額を二で除した額（当該特例対象者に係る当該書類に基づき確認される被保険者の負担すべき額に相当する額がその者に支払われた賃金から控除されていたことが明らかである時期のすべての月に係る賃金が明らかである場合は、当該賃金の合計額を当該月数で除した額）に、当該書類に基づき確認される被保険者の負担すべき額に相当する額がその者に支払われた賃金から控除されていたことが明らかである時期の直近の日の雇用保険率及び当該最も古い日から被保険者の負担すべき額に相当する額がその者に支払われた賃金から控除されていたことが明らかである時期の直近の日までの期間（法第四条の二第一項の規定による届出をしていた期間及び法第十九条第四項の規定により決定した労働保険料の額の算定の対象となつた期間を除く。）に係る月数を乗じて得た額とする。
2　前項により法第二十六条第一項に規定する厚生労働省令で定めるところにより算定した額を計算する場合に、前項の期間に一月未満の端数があるときは、その端数は切り捨てるものとする。

（特例納付保険料の基本額に加算する額）
第五十七条　法第二十六条第一項に規定する厚生労働省令で定める額は、前条の規定により算定した特例納付保険料の基本額に百分の十を乗じて得た額とする。

（特例納付保険料の納付の申出）
第五十八条　法第二十六条第三項の特例納付保険料の納付の申出は、事業主の氏名又は名称及び住所又は所在地、労働保険番号並びに特例納付保険料の額を記載した書面を都道府県労働局長に提出することによつて行わなければならない。

（特例納付保険料に係る通知）
第五十九条　所轄都道府県労働局歳入徴収官は、法第二十六条

第四項の規定に基づき、特例納付保険料を徴収しようとする場合には、通知を発する日から起算して三十日を経過した日をその納期限と定め、事業主に、次に掲げる事項を通知しなければならない。

一　特例納付保険料の額

二　納期限

（賃金からの控除）

第六十条　事業主は、被保険者に賃金を支払う都度、当該賃金に応ずる法第三十一条第三項の規定によつて計算された被保険者の負担すべき一般保険料の額に相当する額（日雇労働被保険者にあつては、当該額及び法第二十二条第一項の印紙保険料の額の二分の一の額に相当する額）を当該賃金から控除することができる。

2　前項の場合において、事業主は、一般保険料控除計算簿を作成し、事業場ごとにこれを備えなければならない。

（公示送達の方法）

第六十一条　労働保険料その他法の規定による徴収金に関する公示送達は、当該都道府県労働局の掲示場に掲示することにより行うものとする。

第四章　労働保険事務組合

（委託事業主の範囲）

第六十二条　法第三十三条第一項の厚生労働省令で定める事業主は、同項に規定する事業主の団体の構成員又はその連合団体を構成する団体の構成員である事業主以外の事業主であつて、当該事業主に係る労働保険事務の処理を当該事業主の団体又はその連合団体に委託することが必要であると認められるものとする。

2　法第三十三条第一項の厚生労働省令で定める数を超える数の労働者を使用する事業主は、常時三百人（金融業若しくは保険業、不動産業又は小売業を主たる事業とする事業主については五十人、卸売業又はサービス業を主たる事業とする事業主については百人）を超える数の労働者を使用する事業主とする。

3　労働保険事務組合の主たる事務所の所在地を管轄する都道府県労働局長は、必要があると認めたときは、当該労働保険事務組合に対し、当該労働保険事務組合が労働保険事務の処理の委託を受けることができる事業の行われる地域について必要な指示をすることができる。

（認可の申請）

第六十三条　法第三十三条第二項の認可を受けようとする事業主の団体又はその連合団体は、次に掲げる事項を記載した申請書をその主たる事務所の所在地を管轄する都道府県労働局長に提出しなければならない。

一　事業主の団体又はその連合団体の名称、代表者の氏名、

主たる事務所の所在地、当該事業主の団体又はその連合団体の設立年月日、事業の開始年月日及び事務職員の数
二　事業主の団体又はその連合団体が処理しようとする労働保険事務の内容
三　事業主の団体の構成員又はその連合団体を構成する団体の構成員である事業主の事業場の所在する区域及び当該事業主の数
四　事業主の団体又はその連合団体に労働保険事務を委託する事業主の見込数及びそのうち当該事業主の団体又はその連合団体を構成する事業主以外の事業主の見込数並びにその成立している保険関係ごとの内訳
2　前項の申請書には、次に掲げる書類を添えなければならない。
一　定款、規約等団体又はその連合団体の目的、組織、運営等を明らかにする書類（団体が法人であるときは、登記事項証明書を含む。）
二　労働保険事務の処理の方法を明らかにする書類
三　最近の財産目録、貸借対照表及び損益計算書等資産の状況を明らかにする書類

（委託等の届出）

第六十四条　労働保険事務組合は、労働保険事務の処理の委託があつたときは、遅滞なく、次に掲げる事項を記載した届書を、その主たる事務所の所在地を管轄する都道府県労働局長に提出しなければならない。
一　労働保険事務の処理を委託した事業主の氏名又は名称及び住所又は所在地
二　労働保険事務の処理を委託した事業主が行う事業の名称、当該事業の行われる場所、当該事業の概要、当該事業の種類及び当該事業に係る労働者数
三　労働保険事務組合の名称、所在地及び代表者の氏名
四　労働保険事務組合が処理を委託された労働保険事務の内容
五　労働保険事務の処理を委託された年月日
2　労働保険事務組合は、労働保険事務の処理の委託の解除があつたときは、遅滞なく、次に掲げる事項を記載した届書を、その主たる事務所の所在地を管轄する都道府県労働局長に提出しなければならない。
一　労働保険事務組合の名称、所在地及び代表者の氏名
二　労働保険事務の処理の委託を解除した事業主の氏名又は名称及び住所又は所在地
三　労働保険事務の処理の委託を解除した事業主が行う事業の労働保険番号、当該事業の名称及び当該事業の行われる場所
四　労働保険事務の処理の委託を解除された年月日
五　労働保険事務の処理の委託を解除された理由

（変更の届出）

第六十五条　労働保険事務組合は、第六十三条第一項の申請書又は同条第二項第一号若しくは第二号に掲げる書類に記載された事項に変更を生じた場合には、その変更があつた日の翌日から起算して十四日以内に、その旨を記載した届書をその主たる事務所の所在地を管轄する都道府県労働局長に提出しなければならない。

（業務の廃止の届出）

第六十六条　法第三十三条第三項の届出は、届書を労働保険事務組合の主たる事務所の所在地を管轄する都道府県労働局長に提出することによつて行わなければならない。

（認可の取消し）

第六十七条　法第三十三条第四項の規定による認可の取消しは、当該労働保険事務組合に対して文書をもつて行なうものとする。

2　労働保険事務組合の主たる事務所の所在地を管轄する都道府県労働局長は、労働保険事務組合の認可の取消しがあつたときは、その旨を、当該労働保険事務組合に労働保険事務の処理を委託している事業主に通知しなければならない。

（帳簿の備付け）

第六十八条　法第三十六条の規定により労働保険事務組合が備えておかなければならない帳簿は、次のとおりとする。

一　労働保険事務の処理を委託している事業主ごとに次に掲げる事項を記載した労働保険事務等処理委託事業主名簿

イ　当該事業主の事業が五人未満委託事業（労働保険事務組合に対する報奨金に関する省令（昭和四十八年労働省令第二十三号）第二条第一項第六号に規定する五人未満委託事業をいう。次号イ及び第三号イにおいて同じ。）、五人以上十五人以下委託事業（同項第七号に規定する五人以上十五人以下委託事業をいう。次号イ及び第三号イにおいて同じ。）又はそれ以外の事業のいずれの事業に該当するかの別

ロ　当該事業主が事業主の団体の構成員である事業主若しくはその連合団体を構成する団体の構成員である事業主又はそれ以外の事業主のいずれの事業主に該当するかの別

ハ　当該事業主の事業の労働保険番号、法第十二条第三項の規定の適用の有無、成立している保険関係、事業の名称、事業の行われる場所及び事業の種類

ニ　当該事業主から労働保険事務の処理を委託された、又は解除された年月日

ホ　当該事業に使用する第一種特別加入者、第二種特別加入者及び第三種特別加入者に関する事項

ヘ　雇用保険に係る保険関係が成立している事業にあつては、雇用保険適用事業所番号

二　労働保険事務の処理の委託をしている事業主ごとに次に掲げる事項を記載した労働保険料等徴収及び納付簿

イ　当該事業主の事業が五人未満委託事業、五人以上十五人以下委託事業又はそれ以外の事業のいずれの事業に該当するかの別

ロ　当該事業主の事業の労働保険番号、事業の名称、事業の行われる場所、事業の種類及び成立している保険関係

ハ　当該事業主から労働保険事務の処理を委託された年月日

ニ　当該事業主が納付すべき労働保険料の額、その納期限、労働保険事務組合が当該事業主から領収した額及びそのうち政府へ納付した額並びに当該労働保険料の督促に係る事項

ホ　当該事業主に還付した労働保険料の額及び還付年月日

ヘ　当該事業に使用する第一種特別加入者、第二種特別加入者及び第三種特別加入者に関する事項

三　雇用保険に係る保険関係が成立している事業にあつては、労働保険事務の処理の委託をしている事業主ごとに次に掲げる事項を記載した雇用保険被保険者関係届出事務等処理簿

イ　当該事業主の事業が五人未満委託事業、五人以上十五人以下委託事業又はそれ以外の事業のいずれの事業に該当するかの別

ロ　当該事業主の事業の雇用保険適用事業所番号、事業の名称及び事業の行われる場所

ハ　当該事業主から労働保険事務の処理を委託された年月日

ニ　当該事業主が使用する雇用保険法第四条第一項に規定する被保険者の氏名、当該被保険者に係る雇用保険法施行規則第十条第一項の雇用保険被保険者証の被保険者番号及び当該被保険者の資格の得喪に関する事項

（管轄の特例）

第六十九条　労働保険事務組合にその処理を委託された労働保険事務（雇用保険法施行規則（昭和五十年労働省令第三号）第一条の雇用保険に関する事務を除く。）については、当該労働保険事務組合の主たる事務所の所在地を管轄する都道府県労働局長及び公共職業安定所長並びに都道府県労働局労働保険特別会計歳入徴収官（労働保険事務組合であつて、事業主から処理を委託される労働保険事務が労災保険に係る保険関係が成立している事業のうち法第三十九条第一項の規定に係る事業及び労災保険法第三十五条第一項の承認に係る団体（以下「労災二元適用事業等」という。）のみに係るものについては、その主たる事務所の所在地を管轄する都道府県労働局長及び労働基準監督署長並びに都道府県労働局労働保険特別会計歳入徴収官）を、それぞれ、所轄都道府県労働局長及び所轄公共職業安定所長並びに所轄都道府県労働局歳入徴収官（労働保険事務組合であつて、事業主から処理を委託される労働保険事務が労災二元適用事業等のみに係るものについ

ては、所轄都道府県労働局長及び所轄労働基準監督署長並びに所轄都道府県労働局歳入徴収官）とする。

第五章　雑則

（適用の特例を受ける事業）

第七十条　法第三十九条第一項の厚生労働省令で定める事業は、次のとおりとする。

一　都道府県に準ずるもの及び市町村に準ずるものの行う事業

二　港湾労働法（昭和六十三年法律第四十号）第二条第二号の港湾運送の行為を行う事業

三　雇用保険法附則第二条第一項各号に掲げる事業

四　建設の事業

（労働者の範囲に関する特例）

第七十一条　国の行う事業及び法第三十九条第一項に規定する事業に使用される労働者であつて、次の各号に掲げるものは、法第二章から第四章までの規定の適用については労働者としない。

一　労災保険に係る保険関係に係る事業にあつては、労災保険法の適用を受けない者

二　雇用保険に係る保険関係に係る事業にあつては、雇用保険法の適用を受けない者

（書類の保存義務）

第七十二条　事業主若しくは事業主であつた者又は労働保険事務組合若しくは労働保険事務組合であつた団体は、法又はこの省令による書類を、その完結の日から三年間（第六十八条第三号の帳簿にあつては、四年間）保存しなければならない。

（事業主の代理人）

第七十三条　事業主は、あらかじめ代理人を選任した場合には、この省令によつて事業主が行なわなければならない事項を、その代理人に行なわせることができる。

2　事業主は、前項の代理人を選任し、又は解任したときは、次に掲げる事項を記載した届書により、その旨及び当該代理人が使用すべき認印の印影を所轄労働基準監督署長又は所轄公共職業安定所長に届け出なければならない。当該届書に記載された事項であつて代理人の選任に係るものに変更を生じたときも、同様とする。

一　労働保険番号

二　雇用保険に係る保険関係が成立している事業にあつては、雇用保険適用事業所番号

三　事業主の氏名又は名称及び住所又は所在地

四　選任し、又は解任する代理人の職名、氏名及び生年月日

五　代理事項

六　選任し、又は解任した年月日

七　事業の名称及び事業の行われる場所

（報告命令）

第七十四条　法第四十二条の規定による命令は、所轄都道府県労働局長、所轄労働基準監督署長又は所轄公共職業安定所長が文書によつて行うものとする。

（立入検査証票）

第七十五条　法第四十三条第二項の証票は、様式第三号による。

（厚生労働大臣の権限の委任）

第七十六条　法に定める次に掲げる厚生労働大臣の権限は、都道府県労働局長に委任する。

一　法第八条第二項の規定による認可に関する権限

二　法第九条の規定による認可及び指定に関する権限

三　法第三十三条第二項の規定による認可、同条第三項の規定による届出の受理及び同条第四項の規定による認可の取消しに関する権限

四　法第二十六条第二項の規定による勧奨及び同条第三項の規定による申出の受理に関する権限

（建設の事業の保険関係成立の標識）

第七十七条　労災保険に係る保険関係が成立している事業のうち建設の事業に係る事業主は、労災保険関係成立票（様式第四号）を見やすい場所に掲げなければならない。

（申請書の提出等の経由）

第七十八条　この省令の規定により、事業主（事業主の団体若しくはその連合団体又は労働保険事務組合を含む。）が厚生労働大臣、都道府県労働局長又は都道府県労働局労働保険特別会計歳入徴収官に対して行う申請書、報告書、請求書等の提出（第二十条の四の規定による申告書、第三十八条第一項の規定による申告書、第四十五条第一項、第四十七条第一項及び第五十条第一項の規定による申請書、第五十一条第一項の規定による始動票札受領通帳並びに第五十五条の報告書の提出を除く。）並びに届出（第五十条第四項の規定による届出を除く。）及び申出（同条第六項及び第五十三条の規定による申出を除く。）は、次の区分に従い、所轄労働基準監督署長又は所轄公共職業安定所長を経由して行うものとする。

一　第一条第三項第一号の事業に係るもの及び労災保険に係る保険関係のみに係るもの　所轄労働基準監督署長

二　第一条第三項第二号の事業に係るもの及び雇用保険に係る保険関係のみに係るもの　所轄公共職業安定所長

2　第四条第二項、第五条第二項又は第七十三条第二項の規定により事業主（社会保険適用事業所の事業主に限る。）が所轄労働基準監督署長又は所轄公共職業安定所長に対して行う届書であつて有期事業以外の事業に係るものの提出は、年金事務所を経由して行うことができる。

3　第六十三条第一項又は第六十四条から第六十六条までの規定により事業主の団体若しくはその連合団体又は労働保険事務組合が都道府県労働局長に対して行う申請書及び届書の提出は、第一項の規定にかかわらず、その主たる事務所の所在

地を管轄する公共職業安定所長（事業主の団体若しくはその連合団体又は労働保険事務組合であつて、事業主から処理を委託される労働保険事務が労災二元適用事業等のみに係るものが第六十三条第一項、第六十五条又は第六十六条の規定により行う申請書及び届書の提出並びに労働保険事務組合が第六十四条の規定により行う届書の提出のうち労災二元適用事業等に係るものにあつては、その主たる事務所の所在地を管轄する労働基準監督署長）を経由して行うものとする。

（事業場の適用情報等の公表）

第七十九条　厚生労働大臣は、法第四条の二第一項の規定による届出を行つた事業主の氏名又は名称、住所又は所在地並びにその事業が労災保険及び雇用保険に係る保険関係が成立している事業であるか否かの別（同条第二項の規定による変更の届出があつたときは、その変更後のもの）をインターネットを利用して公衆の閲覧に供する方法により公表するものとする。

（電子情報処理組織による申請書の提出等）

第八十条　この省令の規定により、事業主が厚生労働大臣若しくは官署支出官、都道府県労働局長、労働基準監督署長若しくは公共職業安定所長又は都道府県労働局労働保険特別会計歳入徴収官若しくは都道府県労働局労働保険特別会計資金前渡官吏（以下この条において「厚生労働大臣等」という。）に対して行う申請書、申告書、報告書等の提出（第四十二条第一項及び第四項、第四十五条第一項、第四十七条第一項並びに第五十条第一項の規定による申請書、第五十一条第一項の規定による始動票札受領通帳、第五十四条及び第五十五条の規定による報告書並びに第五十八条の規定による申出に係る書面の提出を除く。）並びに届出（第四十条第二項及び第五十条第四項の規定による届出を除く。）及び申出（第四十二条第六項、第五十条第六項及び第五十三条の規定による申出を除く。）（以下この条において「申請書の提出等」という。）について、社会保険労務士又は社会保険労務士法人（以下「社会保険労務士等」という。）が、情報通信技術利用法第三条第一項の規定により同項に規定する電子情報処理組織を使用して社会保険労務士法（昭和四十三年法律第八十九号）第二条第一項第一号の二の規定に基づき当該申請書の提出等を事業主に代わつて行う場合には、当該社会保険労務士等が当該事業主の職務を代行する契約を締結していることにつき証明することができる電磁的記録を当該申請書の提出等と併せて送信することをもつて、厚生労働省の所管する法令に係る行政手続等における情報通信の技術の利用に関する法律施行規則（平成十五年厚生労働省令第四十号）第四条第一項の規定にかかわらず、電子署名を行い、同項各号に掲げる電子証明書を当該申請書の提出等と併せて送信することに代えることができる。

2　この省令の規定により、事業主が厚生労働大臣等に対して行う申請書の提出等について、労働保険事務組合が、情報通信技術利用法第三条第一項の規定により同項に規定する電子情報処理組織を使用して法第三十三条第一項の規定に基づき事業主の委託を受けて処理する場合には、当該労働保険事務組合が当該事業主が行うべき労働保険事務の委託を受けていることにつき証明することができる電磁的記録を当該申請書の提出等と併せて送信することをもつて、厚生労働省の所管する法令に係る行政手続等における情報通信の技術の利用に関する法律施行規則第四条第一項の規定にかかわらず、電子署名を行い、同項各号に掲げる電子証明書を当該申請書の提出等と併せて送信することに代えることができる。

3　第六十四条の規定により、労働保険事務組合が、都道府県労働局長に対して行う届書の提出を情報通信技術利用法第三条第一項の規定により同項に規定する電子情報処理組織を使用して行う場合には、当該届書に係る事業主からの労働保険事務の処理の委託又はその解除があつたことにつき証明することができる電磁的記録を当該届書の提出と併せて送信することをもつて、厚生労働省の所管する法令に係る行政手続等における情報通信の技術の利用に関する法律施行規則第四条第二項の規定にかかわらず、当該事業主の電子署名が行われた情報及び当該電子署名に係る同条第一項各号に掲げる電子証明書を当該届書の提出と併せて送信することに代えることができる。

別表及び様式は別掲

附　則

（施行期日）

第一条　この省令は、法の施行の日（昭和四十七年四月一日）から施行する。

（法第十二条第三項の厚生労働省令で定める給付金に関する暫定措置）

第一条の二　特別支給金規則の規定により障害特別年金差額一時金が支給された場合における第十八条の二の規定の適用については、当分の間「遺族特別一時金」とあるのは「遺族特別一時金、労災保険法第五十八条の規定による障害補償年金差額一時金の受給権者に支給される障害特別年金差額一時金」とする。

（雇用保険に係る保険関係の成立及び消滅に関する厚生労働大臣の権限の委任）

第一条の三　法附則第二条第一項及び第四条第一項の規定による認可に関する厚生労働大臣の権限は、都道府県労働局長に委任する。

（雇用保険の任意加入の申請）

第二条　法附則第二条第一項の規定により、雇用保険の加入の申請をしようとする事業主は、次に掲げる事項を記載した申請書を所轄都道府県労働局長に提出しなければならない。

一　事業主の氏名又は名称及び住所又は所在地
二　事業の名称、事業の行われる場所、事業の概要、事業の種類及び事業に係る労働者数
三　有期事業にあつては、事業の予定される期間
四　事業主が法人番号を有する場合には、当該事業主の法人番号

2　前項の申請書には、法附則第二条第二項に規定する労働者の同意を得たことを証明することができる書類を添えなければならない。

（暫定任意適用事業についての保険関係消滅の申請）

第三条　法附則第四条第一項の規定により、雇用保険に係る保険関係の消滅の申請をしようとする事業主は、次に掲げる事項を記載した申請書を所轄都道府県労働局長に提出しなければならない。

一　労働保険番号
二　雇用保険に係る保険関係が成立している事業にあつては、雇用保険適用事業所番号
三　事業主の氏名又は名称及び住所又は所在地
四　事業の名称、事業の行われる場所、保険関係成立の年月日、事業の概要、事業に係る労働者数、事業の種類及び賃金締切日
五　労災保険法第七条に規定する保険給付の受給者の有無
六　申請の理由

2　前項の申請書には、法附則第四条第二項に規定する労働者の同意を得たことを証明することができる書類を添えなければならない。

（増加概算保険料の納付に関する暫定措置）

第四条　法附則第五条の厚生労働省令で定める要件は、変更後の一般保険料率に基づき算定した概算保険料の額が既に納付した概算保険料の額の百分の二百を超え、かつ、その差額が十三万円以上であることとする。

2　法附則第五条において準用する法第十六条の規定により納付すべき労働保険料の増加額に関する第二十五条第二項の規定の適用については、同項中「法第十六条」とあるのは「法附則第五条において準用する法第十六条」とする。

（増加概算保険料の延納の方法に関する暫定措置）

第五条　第三十条の規定は、法附則第五条において準用する法第十六条の規定により納付すべき労働保険料の増加額に係る法第十八条に規定する延納について準用する。この場合において、第三十条第一項中「法第十六条の申告書」とあるのは「法附則第五条において準用する法第十六条の申告書」と、「法第十六条の規定」とあるのは「法附則第五条において準用する法第十六条の規定」と、「保険料算定基礎額の見込額が増加した日」とあるのは「一般保険料率が変更した日」と、同条第二項中「保険料算定基礎額の見込額が増加した日」とあるのは「一般保険料率が変更した日」と、同条第三項中「保

険料算定基礎額の見込額が増加した事業」とあるのは「一般保険料率が変更した事業」と読み替えるものとする。

（概算保険料の追加徴収に関する特例）

第六条　平成十四年度に行われる一般保険料率の引上げに係る法第十七条第一項に規定する労働保険料の追加徴収に関する第二十六条の規定の適用については、同条中「三十日を経過した日」とあるのは、「五十日を経過した日（労働保険事務組合に労働保険事務の処理を委託している事業主に係るものにあつては、平成十五年五月二十日）」とする。

（東北地方太平洋沖地震に伴う法第十二条第三項及び第二十条第一項の割合の算定に当たり算入すべき保険給付の額及び特別支給金規則の規定による特別支給金の範囲に関する特例）

第七条　当分の間、第十八条の規定の適用については、同条第一項中「及び」とあるのは「、障害補償一時金、遺族補償一時金、葬祭料及び」と読み替えるものとし、同条第二項の額の算定は、同項の規定にかかわらず、次の各号に掲げる保険給付の区分に応じ、当該各号に定める額とすることにより行うものとする。

一　障害補償年金　同一の事由について労災保険法第八条に規定する給付基礎日額を平均賃金とみなして労働基準法第七十七条の規定を適用することとした場合に行われることとなる障害補償の額に相当する額（当該事由が平成二十三年三月十一日に発生した東北地方太平洋沖地震（以下「東北地方太平洋沖地震」という。）に伴うものである場合は、当該額に厚生労働大臣が定める率（以下「災害に係る調整率」という。）を乗じて得た額）

二　遺族補償年金　同一の事由について労災保険法第八条に規定する給付基礎日額を平均賃金とみなして労働基準法第七十九条の規定を適用することとした場合に行われることとなる遺族補償の額に相当する額（当該事由が東北地方太平洋沖地震に伴うものである場合は、当該額に災害に係る調整率を乗じて得た額）

三　傷病補償年金　傷病補償年金のうち当該負傷又は疾病に関する療養の開始後三年を経過する日の属する月の前月までの月分のものの額を合計した額（当該傷病補償年金の支給事由が東北地方太平洋沖地震に伴うものである場合は、当該額に災害に係る調整率を乗じて得た額）

四　療養補償給付　療養補償給付のうち当該療養の開始後三年を経過する日前に支給すべき事由の生じたものの額を合計した額（当該事由が東北地方太平洋沖地震に伴うものである場合は、当該額に災害に係る調整率を乗じて得た額）

五　休業補償給付　休業補償給付のうち当該負傷又は疾病に関する療養の開始後三年を経過する日前に支給すべき事由の生じたものの額を合計した額（当該事由が東北地方太平洋沖地震に伴うものである場合は、当該額に災害に係る調整率を乗じて得た額）

六　障害補償一時金　障害補償一時金の額（当該障害補償一時金の支給事由が東北地方太平洋沖地震に伴うものである場合は、当該額に災害に係る調整率を乗じて得た額）

七　遺族補償一時金　遺族補償一時金の額（当該遺族補償一時金の支給事由が東北地方太平洋沖地震に伴うものである場合は、当該額に災害に係る調整率を乗じて得た額）

八　葬祭料　葬祭料の額（当該葬祭料の支給事由が東北地方太平洋沖地震に伴うものである場合は、当該額に災害に係る調整率を乗じて得た額）

九　介護補償給付　介護補償給付のうち当該負傷又は疾病に関する療養の開始後三年を経過する日の属する月の前月までの月分のものの額を合計した額（当該介護補償給付の支給事由が東北地方太平洋沖地震に伴うものである場合は、当該額に災害に係る調整率を乗じて得た額）

2　当分の間、第十八条の二の規定の適用については、同条中「及び労災保険法」とあるのは「、同法」と、「労災保険法の」とあるのは「同法の」と、「を除く」とあるのは「及び東北地方太平洋沖地震に係るものを除く」と読み替えるものとする。

附　則（昭和四七年四月二八日労働省令一六号）

この省令は、公布の日から施行する。

附　則（昭和四八年三月二六日労働省令四号）（抄）

1　この省令は、昭和四十八年四月一日から施行する。

2　この省令の施行前の期間に係る第一種特別加入保険料及びこれに係る徴収金の徴収に関する事務の所轄並びにこれらの徴収金の納付先の区分については、この省令による改正後の労働保険の保険料の徴収等に関する法律施行規則（以下「新規則」という。）第一条第三項及び第三十八条第三項の規定にかかわらず、なお従前の例による。

3　この省令の施行の際現に提出されているこの省令による改正前の労働保険の保険料の徴収等に関する法律施行規則（以下「旧規則」という。）様式第一号による任意加入申請書、旧規則様式第二号による保険関係消滅申請書、旧規則様式第四号による下請負人を事業主とする認可申請書、旧規則様式第五号による継続事業一括申請書、旧規則様式第六号による概算保険料申告書、増加概算保険料申告書及び確定保険料申告書、旧規則様式第八号による概算保険料還付請求書、旧規則様式第十六号による労働保険事務組合認可申請書、旧規則様式第十七号による労働保険事務処理委託等届、旧規則様式第二十一号による保険関係成立届並びに旧規則様式第二十二号による名称、所在地等変更届は、それぞれ、新規則様式第一号による任意加入申請書、新規則様式第二号による保険関係消滅申請書、新規則様式第四号による下請負人を事業主とする認可申請書、新規則様式第五号による継続事業一括申請書、新規則様式第六号による概算保険料申告書、増加概算保険料申告書及び確定保険料申告書、新規則様式第八号による労働保険料還付請求書、新規則様式第十六号による労働保険事務組合認可申請書、新規則様式第十七号による労働保険事務処理委託等届、新規則様式第二十一号による保険関係成立届並びに新規則様式第二十二号による名称、所在地等変更届とみなす。

4 労働保険の保険料の徴収等に関する法律施行規則（以下「規則」という。）第四条第一項の規定による任意加入申請書、規則第五条第一項の規定による保険関係消滅申請書、規則第八条の規定による下請負人を事業主とする認可申請書、規則第十条第二項の規定による継続事業一括申請書、規則第五十九条第一項の規定による労働保険事務組合認可申請書、規則第六十条の規定による労働保険事務処理委託等届、規則第六十四条第一号の規定による労働保険事務処理委託事業主名簿、規則第六十八条の規定による保険関係成立届、規則第六十九条の規定による名称、所在地等変更届は、当分の間、なお従前の様式によることができる。

5 この省令の施行の日前の期間についての労働保険料及びこれに係る徴収金（昭和四十七年度の確定保険料及びこれに係る徴収金を除く。）に係る規則第六十四条第二号の規定による労働保険料等徴収及び納付簿は、なお従前の様式によるものとする。

附　則（昭和四八年三月二七日労働省令七号）（抄）

1 この省令は、昭和四十八年四月一日から施行する。

3 この省令の施行の際現に使用している第二条の規定による改正前の労働保険の保険料の徴収等に関する法律施行規則（以下「旧規則」という。）第四十二条第一項の規定による失業保険印紙購入通帳及び旧規則第五十条第一項の規定による始動票札受領通帳は、当分の間、必要な改定をしたうえ、使用することができる。

4 昭和四十八年三月以前の月分に係る失業保険印紙の受払状況の報告及び印紙保険料納付計器の使用状況の報告については、なお従前の例による。

附　則（昭和四八年一〇月一五日労働省令三三号）

この省令は、公布の日から施行する。

附　則（昭和四八年一一月二二日労働省令三八号）（抄）

（施行期日）

第一条　この省令は、労働者災害補償保険法の一部を改正する法律（昭和四十八年法律第八十五号）の施行の日（昭和四十八年十二月一日）から施行する。ただし、第十七条の改正規定は、同月三十一日から施行する。

（経過措置）

第二条　改正後の労働保険の保険料の徴収等に関する法律施行規則（以下「新規則」という。）別表第一の規定による労災保険率（以下「新労災保険率」という。）は、この省令の施行の日以後に使用するすべての労働者に係る賃金総額に乗ずべき一般保険料率（次項に規定する事業についての一般保険料率を除く。この項において同じ。）の基礎となる労災保険率として適用し、同日前に使用するすべての労働者に係る賃金総額に乗ずべき一般保険料率の基礎となる労災保険率については、なお従前の例による。

2　この省令の施行の際現に労災保険に係る保険関係が成立している事業であつて事業の期間が予定されるものに係る労災保険率については、新規則別表第一の規定にかかわらず、なお従前の例による。

第三条　この省令の施行の際現に労災保険に係る保険関係が成立している事業であつて事業の期間が予定される事業以外のものについてのこの省令の施行の日の属する保険年度（以下「改正省令施行年度」という。）の一般保険料に係る確定保険料の額の算定については、次の各号に掲げるところによることができる。

一　次号に規定する事業以外の事業にあつては、改正省令施行年度に使用したすべての労働者に係る賃金総額の十二分の八に相当する額に当該事業について改正前の労働保険の保険料の徴収等に関する法律施行規則別表第一の規定による労災保険率（以下「旧労災保険率」という。）と千分の十三の率とを加えた率（当該事業が労災保険に係る保険関係のみが成立している事業であるときは、旧労災保険率。以下「旧一般保険料率」という。）を乗じて得た額と、当該賃金総額の十二分の四に相当する額に当該事業についての新労災保険率と千分の十三の率とを加えた率（当該事業が労災保険に係る保険関係のみが成立している事業であるときは、新労災保険率。以下「新一般保険料率」という。）を乗じて得た額とを合算する。

二　改正省令施行年度の中途に労災保険に係る保険関係が成立し、又は消滅した事業にあつては、当該年度において労災保険に係る保険関係が成立していた期間に使用したすべての労働者に係る賃金総額に当該保険関係が成立していた期間のうちこの省令の施行前の期間の日数を当該保険関係が成立していた期間の日数で除して得た数を乗じて得た額に当該事業についての旧一般保険料率を乗じて得た額と、当該賃金総額に当該保険関係が成立していた期間のうちこの省令の施行後の期間の日数を当該保険関係が成立していた期間の日数で除して得た数を乗じて得た額に当該事業についての新一般保険料率を乗じて得た額とを合算する。

第四条　改正省令施行年度の労働保険料に係る申告書については、労働保険の保険料の徴収等に関する法律施行規則様式第六号に必要な改定をして使用することができる。

附　則（昭和四八年一一月二六日労働省令三七号）（抄）

1　この省令は、公布の日から施行する。

4　労働保険の保険料の徴収等に関する法律施行規則第六十四条第二号の規定による労働保険料等徴収及び納付簿は、失業保険の特別保険料を納付する事業以外の事業については、当分の間、なお従前の様式によることができる。

附　則（昭和四九年三月一六日労働省令五号）

1　この省令は、昭和四十九年四月一日から施行する。

2　この省令の施行の際現に提出されているこの省令による改正前の労働保険の保険料の徴収等に関する法律施行規則（以下「旧規則」という。）様式第一号による任意加入申請書、旧規則様式第六号（甲）による概算保険料申告書、増加概算保険料申告書及び確定保険料申告書、旧規則様式第十七号による労働保険事務処理委託等届並びに旧規則様式第二十一号による保険関係成立届は、それぞれ、この省令による改正後の労働保険の保険料の徴収等に関する法律施行規則（以下「新規則」という。）様式第一号による任意加入申請書、新規則様式第六号（甲）による概算保険料申告書、増加概算保険料申告書及び確定保険料申告書、新規則様式第十七号による労働保険事務処理委託等届並びに新規則様式第二十一号による保険関係成立届とみなす。

3　労働保険の保険料の徴収等に関する法律施行規則（以下「規則」という。）第四条第一項の規定による任意加入申請書、規則第六十条の規定による労働保険事務処理委託等届及び規則第六十八条の規定による保険関係成立届は、当分の間、なお従前の様式によることができる。

附　則（昭和四九年三月二三日労働省令六号）（抄）

（施行期日）

1　この省令は、昭和四十九年四月一日から施行する。

附　則（昭和四九年九月二一日労働省令二七号）（抄）

1　この省令は、昭和四十九年十月一日から施行する。

4　この省令の施行の際現に使用している第二条の規定による改正前の労働保険の保険料の徴収等に関する法律施行規則（以下「旧規則」という。）第四十二条第一項の規定による失業保険印紙購入通帳及び旧規則第五十条第一項の規定による始動票札受領通帳は、当分の間、必要な改定をした上、使用することができる。

5　昭和四十九年九月以前の月分に係る失業保険印紙の受払状況の報告及び印紙保険料納付計器の使用状況の報告については、なお従前の例による。

附　則（昭和四九年一二月二八日労働省令三一号）

（施行期日）

第一条　この省令は、昭和五十年一月一日から施行する。

（経過措置）

第二条　改正後の徴収法施行規則（次項において「新規則」という。）別表第一の規定による労災保険率（以下「新労災保険率」という。）は、この省令の施行の日以後に使用するすべての労働者に係る賃金総額に乗ずべき一般保険料率（次項に規定する事業についての一般保険料率を除く。この項において同じ。）の基礎となる労災保険率及び徴収法施行規則第二十一条に規定する額の総額のうち同日以後の期間に応ずる部分の額に乗ずべき第一種特別加入保険料率（次項に規定する事業についての第一種特別加入保険料率を除く。この項において同じ。）の基礎となる労災保険率として適用し、同日前に使用するすべての労働者に係る賃金総額に乗ずべき一般保険料率の基礎となる労災保険率及び同条に規定する額の総額のうち同日前の期間に応ずる部分の額に乗ずべき第一種特別加入保険料率の基礎となる労災保険率については、なお従前の例による。

2　この省令の施行の際現に労災保険に係る保険関係が成立している事業であつて事業の期間が予定されるものに係る労災保険率（第一種特別加入保険料率の基礎となる場合を含む。）については、新規則別表第一の規定にかかわらず、なお従前の例（当該事業のうち労働保険の保険料の徴収等に関する法律施行規則の一部を改正する省令（昭和四十八年労働省令第三十六号）附則第二条第二項の事業に該当する事業に係る労災保険率について同項の規定の例による場合を含む。）による。

第三条　この省令の施行の際現に労災保険に係る保険関係が成立している事業であつて事業の期間が予定される事業以外のものについてのこの省令の施行の日の属する保険年度（以下「改正省令施行年度」という。）の一般保険料に係る確定保険料の額の算定については、次の各号に掲げるところによることができる。

一　次号に規定する事業以外の事業にあつては、改正省令施行年度に使用したすべての労働者に係る賃金総額の十二分の九に相当する額に当該事業についての改正前の徴収法施行規則別表第一の規定による労災保険率（以下「旧労災保険率」という。）と千分の十三の率とを加えた率（当該事業が労災保険に係る保険関係のみが成立している事業であるときは、旧労災保険率。以下「旧一般保険料率」という。）を乗じて得た額と、当該賃金総額の十二分の三に相当する額に当該事業についての新労災保険率と千分の十三の率とを加えた率（当該事業が労災保険に係る保険関係のみが成立している事業であるときは、新労災保険率。以下「新一般保険料率」という。）を乗じて得た額とを合算する。

二　改正省令施行年度の中途に労災保険に係る保険関係が成立し、又は消滅した事業にあつては、当該年度において労災保険に係る保険関係が成立していた期間に使用したすべての労働者に係る賃金総額に当該保険関係が成立していた期間のうちこの省令の施行前の期間の日数を当該保険関係が成立していた期間の日数で除して得た数を乗じて得た額に当該事業についての旧一般保険料率を乗じて得た額と、当該賃金総額に当該保険関係が成立していた期間のうちこの省令の施行後の期間の日数を当該保険関係が成立していた期間の日数で除して得た数を乗じて得た額に当該事業についての新一般保険料率を乗じて得た額とを合算する。

2　この省令の施行の際現に労働者災害補償保険法（昭和二十

二年法律第五十号）第二十八条第一項の承認を受けている事業主の事業であつて事業の期間が予定される事業以外のものについての改正省令施行年度の第一種特別加入保険料に係る確定保険料の額は、徴収法施行規則第二十一条に規定する額の総額の十二分の九に相当する額に当該事業についての旧労災保険率を基礎とする第一種特別加入保険料率を乗じて得た額と、同条に規定する額の総額の十二分の三に相当する額に当該事業についての新労災保険率を基礎とする第一種特別加入保険料率を乗じて得た額とを合算した額とすることができる。

第四条　改正省令施行年度の労働保険料に係る申告書については、徴収法施行規則様式第六号に必要な改定をして使用することができる。

〔昭和五〇年三月二五日労働省令第六号雇用保険法の施行に伴う労働省令の整備等に関する省令（抄）〕

（労働保険の保険料の徴収等に関する法律施行規則の一部改正に伴う経過措置）

第十九条　この省令の施行の際現に労働者災害補償保険（次項及び第二十一条において「労災保険」という。）に係る保険関係が成立している事業であつて事業の期間が予定されるものについての一括の要件については、前条の規定による改正後の労働保険の保険料の徴収等に関する法律施行規則（以下この条及び第二十一条において「新徴収規則」という。）第六条第一項の規定にかかわらず、なお従前の例による。

2　この省令の施行の際現に労災保険に係る保険関係が成立している事業であつて事業の期間が予定されるものについての概算保険料を延納することができる場合における当該概算保険料の額に係る要件については、新徴収規則第二十八条第一項の規定にかかわらず、なお従前の例による。

3　前条の規定による改定前の労働保険の保険料の徴収等に関する法律施行規則（以下この条及び第二十一条において「旧徴収規則」という。）第四十条第二項の規定により届出のなされた認印の印影は、新徴収規則第四十条第二項の規定により届出のなされた認印の印影とみなす。

4　失業保険印紙の譲渡し及び譲受け並びに所持の禁止については、なお従前の例による。

5　失業保険印紙の買戻しについては、旧徴収規則第四十三条第二項及び第三項の規定は、なおその効力を有する。この場合において、同条第二項各号列記以外の部分中「失業保険印紙購入通帳」とあるのは「雇用保険印紙購入通帳」と、「変更された日」とあるのは「変更され、又は廃止された日」と、同項第三号中「変更されたとき」とあるのは「変更されたとき（失業保険印紙が廃止されたときを含む。）」と、同条第三項中「失業保険印紙購入通帳」とあるのは「雇用保険印紙購入通帳」とする。

6　昭和五十年三月以前の月分に係る失業保険印紙の受払状況の報告及び印紙保険料納付計器の使用状況の報告については、なお従前の例による。

7　この省令の施行の際現に旧徴収規則第七十条の規定により保存しなければならないこととされている書類であつて、前条の規定により様式が改正されたものの保存の義務については、なお従前の例による。

8　この省令の施行の際現に提出され、交付され又は備え付けられている旧徴収規則の様式による申請書等（任意加入申請書及び保険関係消滅申請書にあつては、雇用保険法附則第三条第一項に規定する事業に係るものに限る。）は、それぞれ当該申請書等に相当する新徴収規則の様式による申請書等とみなす。

9　労働保険の保険料の徴収等に関する法律施行規則（以下この項において「徴収規則」という。）の規定による申請書等（徴収規則第二十四条第三項の規定による概算保険料申告書、徴収規則第二十五条第三項の規定による増加概算保険料申告書、徴収規則第三十三条第二項の規定による確定保険料申告書、徴収規則第四十二条第一項の規定による雇用保険印紙購入通帳、徴収規則第五十四条の規定による印紙保険料納付状況報告書、徴収規則第五十五条の規定による印紙保険料納付計器使用状況報告書、徴収規則第五十九条第一項の規定による労働保険事務組合認可申請書及び徴収規則第六十条の規定による労働保険事務処理委託等届を除く。）は、当分の間、なお従前の様式によることができる。

10　地方分権の推進を図るための関係法律の整備等に関する法律の施行に伴う関係労働省令の整備に関する省令（平成十二年労働省令第二号）第十二条の規定による改正後の労働保険の保険料の徴収等に関する法律施行規則附則第一条の四の規定は、整備法第三十一条第三項及び雇用保険法の施行に伴う関係政令の整備等に関する政令（以下「整備政令」という。）第三十三条第五項において準用する労働保険の保険料の徴収等に関する法律（昭和四十四年法律第八十四号）附則第四条の規定による厚生労働大臣の認可に関する権限について準用する。

11　新徴収規則附則第三条の規定は、整備法第三十一条第三項及び整備政令第三十三条第五項において準用する労働保険の保険料の徴収等に関する法律附則第四条の規定による雇用保険に係る保険関係の消滅について準用する。

附　則（昭和五〇年三月二五日労働省令第六号）

この省令は、雇用保険法の施行の日（昭和五十年四月一日）から施行する。

附　則（昭和五〇年三月二九日労働省令第一一号）

（施行期日）

第一条　この省令は、昭和五十年四月一日から施行する。

（経過措置）

第二条 改正後の労働保険の保険料の徴収等に関する法律施行規則（以下「新規則」という。）別表第一の規定による労災保険率は、この省令の施行の日以後に使用するすべての労働者に係る賃金総額に乗ずべき一般保険料率（次項に規定する事業についての一般保険料率を除く。この項において同じ。）の基礎となる労災保険率及び同日以後の期間に係る労働保険の保険料の徴収等に関する法律施行規則（第三項において「規則」という。）第二十一条に規定する額の総額に乗ずべき第一種特別加入保険料率（次項に規定する事業についての第一種特別加入保険料率を除く。この項において同じ。）の基礎となる労災保険率として適用し、同日前に使用するすべての労働者に係る賃金総額に乗ずべき一般保険料率の基礎となる労災保険率及び同日前の期間に係る同条に規定する額の総額に乗ずべき第一種特別加入保険料率の基礎となる労災保険率については、なお従前の例による。

2 この省令の施行の際現に労災保険に係る保険関係が成立している事業であつて事業の期間が予定されるものに係る労災保険率（第一種特別加入保険料率の基礎となる場合を含む。）については、新規則別表第一の規定にかかわらず、なお従前の例（当該事業のうち労働保険の保険料の徴収等に関する法律施行規則の一部を改正する省令（昭和四十九年労働省令第三十一号）附則第二条第二項の事業に該当する事業に係る労災保険率について同項の規定の例による場合を含む。）による。

3 新規則別表第五の規定による第二種特別加入保険料率は、この省令の施行の日以後の期間に係る規則第二十二条に規定する額の総額に乗ずべき第二種特別加入保険料率として適用し、同日前の期間に係る同条に規定する額の総額に乗ずべき第二種特別加入保険料率については、なお従前の例による。

附　則（昭和五一年九月二七日労働省令三三号）（抄）

（施行期日）

第一条 この省令は、昭和五十一年十月一日から施行する。

（第二種特別加入保険料の算定基礎に関する経過措置）

第四条 この省令の施行の日から昭和五十二年三月三十一日までの間に改正後の労働者災害補償保険法施行規則第四十六条の十七第四号又は第五号に掲げる事業を行う者の団体について労働者災害補償保険法第二十九条第一項の承認があつた場合の当該承認に係る事業の当該承認があつた日の属する保険年度の労働保険の保険料の徴収等に関する法律第十四条第一項の労働省令で定める額の算定についての労働保険の保険料の徴収等に関する法律施行規則第二十二条の規定の適用については、同条中「別表第四の右欄に掲げる額」とあるのは、「別表第四の右欄に掲げる額に、労災保険法第二十九条第一項の承認があつた日から昭和五十二年三月三十一日までの期間の月数（その期間に一月未満の端数を生ずるときは、その端数は一月とする。）を十二で除して得た額を乗じて得た額」

とする。

附　則（昭和五一年一二月一八日労働省令四五号）

（施行期日）

1　この省令は、昭和五十一年十二月三十一日から施行する。

（経過措置）

2　この省令の施行の日の属する保険年度以前の保険年度の労災保険率については、改正後の労働保険の保険料の徴収等に関する法律施行規則別表第三の規定にかかわらず、なお従前の例による。

昭和五二年三月二六日労働省令第六号労働者災害補償保険法等の一部を改正する法律の施行に伴う労働省令の整備に関する省令（抄）

（労働保険の保険料の徴収等に関する法律施行規則の一部改正に伴う経過措置）

第七条　当該事業の労働者に対し、労働保険の保険料の徴収等に関する法律（昭和四十四年法律第八十四号）第十二条第三項の十二月三十一日以前三年間（事業の期間が予定される事業については、当該事業が同法第二十条第一項第一号に該当する事業である場合にあつては事業が終了した日から三箇月を経過した日の前日までの間、同項第二号に該当する事業である場合にあつては事業が終了した日から九箇月を経過した日の前日までの間）に昭和五十一年改正法第一条の規定による改正前の労働者災害補償保険法の規定による長期傷病補償給付が行われた場合には、前条の規定による改正後の労働保険の保険料の徴収等に関する法律施行規則（以下「新徴収則」という。）第十八条第二項の規定の適用については、同項中「年金たる保険給付の額」とあるのは「年金たる保険給付の額（労働者災害補償保険法等の一部を改正する法律（昭和五十一年法律第三十二号）第一条の規定による改正前の労働者災害補償保険法の規定による長期傷病補償給付（以下単に「長期傷病補償給付」という。）を含む。）」と、「傷病補償年金のうち前号に掲げるもの以外のもの」とあるのは「傷病補償年金のうち前号に掲げるもの以外のもの（長期傷病補償給付を受けたことがある者に支給されるものを除く。）」と、「行われる療養補償給付」とあるのは「行われる療養補償給付又は長期傷病補償給付」と、「給付基礎日額の千五十日分に相当する額」とあるのは「給付基礎日額の千五十日分に相当する額、長期傷病補償給付にあつては労災保険法第八条に規定する給付基礎日額の千二百日分に相当する額」とする。

2　新徴収則別表第五の規定による第二種特別加入保険料率は、施行日以後の期間に係る労働保険の保険料の徴収等に関する法律施行規則第二十二条に規定する額の総額に乗ずべき第二種特別加入保険料率として適用し、施行日前の期間に係る同条に規定する額の総額に乗ずべき第二種特別加入保険料率については、なお従前の例による。

3　施行日前に、労災保険に係る保険関係が成立した事業であつて事業の期間が予定されるものについての労働保険の保険料の徴収等に関する法律第二十条に規定する一般保険料又は第一種特別加入保険料の額に関しては、新徴収則別表第六及び別表第七の規定にかかわらず、なお従前の例による。

附　則（昭和五二年三月二六日労働省令六号）

この省令は、昭和五十一年改正法施行の日（昭和五十二年四月一日）から施行する。

附　則（昭和五二年六月一四日労働省令二〇号）（抄）

（施行期日等）

第一条　この省令は、昭和五十二年七月一日から施行する。

〈後略〉

（労働保険の保険料の徴収等に関する法律施行規則の一部改正に伴う経過措置）

第四条　特定特別加入者についての施行日の属する保険年度における改正後の労働保険の保険料の徴収等に関する法律施行規則（以下「新徴収則」という。）第二十一条、第二十二条又は第二十三条の二に規定する別表第四の右欄に掲げる額については、新徴収則別表第四の規定にかかわらず、なお従前の例による。

2　特定有期特別加入者についての新徴収則第二十一条に規定する別表第四の右欄に掲げる額については、新徴収則別表第四の規定にかかわらず、なお従前の例による。

附　則（昭和五三年二月七日労働省令四号）

（施行期日）

第一条　この省令は、昭和五十三年四月一日から施行する。

（様式に関する経過措置）

第二条　昭和五十三年四月一日から始まる保険年度の労働保険料に係る申告書については、労働保険の保険料の徴収等に関する法律施行規則様式第六号に必要な改定をして使用することができる。

（賃金総額の見込額の特例等に関する経過措置）

第三条　建設労働者の雇用の改善等に関する法律附則第四条の規定の施行に伴う労働保険の保険料の納付等に関する経過措置を定める政令（以下「経過措置政令」という。）第一条の賃金総額の見込額に係る労働省令で定める額は、次の各号に掲げる当該賃金総額の見込額に応じ、当該各号に定める額とする。

一　昭和五十三年四月一日から同年九月三十日までの間に係る当該賃金総額の見込額　昭和五十二年四月一日から始まる保険年度（以下「五十二保険年度」という。）に使用したすべての労働者に係る賃金総額のうち同年四月一日から同年九月三十日までの間に係るもの

二　昭和五十三年十月一日から昭和五十四年三月三十一日までの間に係る当該賃金総額の見込額　五十二保険年度に使用したすべての労働者に係る賃金総額のうち昭和五十二年十月一日から昭和五十三年三月三十一日までの間に係るも

2　経過措置政令第一条の高年齢者賃金総額の見込額に係る労働省令で定める額は、次の各号に掲げる当該高年齢者賃金総額の見込額に応じ、当該各号に定める額とする。

一　昭和五十三年四月一日から同年九月三十日までの間に係る当該高年齢者賃金総額の見込額　五十二保険年度に使用した高年齢労働者に係る高年齢者賃金総額のうち昭和五十二年四月一日から同年九月三十日までの間に係るもの

二　昭和五十三年十月一日から昭和五十四年三月三十一日までの間に係る当該高年齢者賃金総額の見込額　五十二保険年度に使用した高年齢労働者に係る高年齢者賃金総額のうち昭和五十二年十月一日から昭和五十三年三月三十一日までの間に係るもの

附　則（昭和五三年三月一七日労働省令六号）

1　この省令は、昭和五十三年四月一日から施行する。

2　この省令の施行の際現に使用している改正前の労働保険の保険料の徴収等に関する法律施行規則（以下「旧規則」という。）第四十二条第一項の規定による雇用保険印紙購入通帳及び旧規則第五十条第一項の規定による始動票札受領通帳は、当分の間、必要な改定をした上、使用することができる。

3　昭和五十三年三月以前の月分に係る雇用保険印紙の受払状況の報告及び印紙保険料納付計器の使用状況の報告については、なお従前の例による。

附　則（昭和五三年一一月二〇日労働省令四四号）（抄）

（施行期日）

第一条　この省令は、公布の日から施行する。ただし、次条及び附則第三条の規定は、昭和五十四年四月一日から施行する。

（様式に関する経過措置）

第三条　昭和五十四年四月一日から始まる保険年度の労働保険料に係る申告書については、労働保険の保険料の徴収等に関する法律施行規則様式第六号に必要な改定をして使用することができる。

附　則（昭和五五年二月二一日労働省令一号）

（施行期日）

第一条　この省令は、昭和五十五年四月一日から施行する。

（経過措置）

第二条　改正後の労働保険の保険料の徴収等に関する法律施行規則（以下「新規則」という。）別表第一の規定による労災保険率は、この省令の施行の日以後に使用するすべての労働者に係る賃金総額に乗ずべき一般保険料率（次項に規定する事業についての一般保険料率を除く。この項において同じ。）の基礎となる労災保険率及び同日以後の期間に係る労働保険の保険料の徴収等に関する法律施行規則（第三項において「規則」という。）第二十一条に規定する額の総額に乗ずべき第一種特別加入保険料率（次項に規定する事業についての第一種特別加入保険料率を除く。この項において同じ。）の基礎となる労災保険率として適用し、同日前に使用するすべての労働者に係る賃金総額に乗ずべき一般保険料率の基礎となる労災保険率及び同日前の期間に係る同条に規定する額の総額に乗ずべき第一種特別加入保険料率の基礎となる労災保険率については、なお従前の例による。

2　この省令の施行の際現に労災保険に係る保険関係が成立している事業であつて事業の期間が予定されるものに係る労災保険率（第一種特別加入保険料率の基礎となる場合を含む。）については、新規則別表第一の規定にかかわらず、なお従前の例（当該事業のうち労働保険の保険料の徴収等に関する法律施行規則の一部を改正する省令（昭和五十年労働省令第十一号）附則第二条第二項の事業に該当する事業に係る労災保険率についての同項の規定の例による場合を含む。）による。

3　新規則別表第五の規定による第二種特別加入保険料率は、この省令の施行の日以後の期間に係る規則第二十二条に規定する額の総額に乗ずべき第二種特別加入保険料率として適用し、同日前の期間に係る同条に規定する額の総額に乗ずべき第二種特別加入保険料率については、なお従前の例による。

附　則（昭和五五年三月二五日労働省令四号）（抄）

（施行期日）

1　この省令は、昭和五十五年四月一日から施行する。

附　則（昭和五五年五月三一日労働省令一五号）（抄）

（施行期日）

第一条　この省令は、昭和五十五年六月一日から施行する。ただし、〈中略〉第二条のうち労働保険の保険料の徴収等に関する法律施行規則別表第四の改正規定中「｜2,000円｜730,000円｜」を削る部分及び次条から附則第四条までの規定は、昭和五十六年四月一日から施行する。

（労働保険の保険料の徴収等に関する法律施行規則の一部改正に伴う経過措置）

第三条　特定有期特別加入者に関する改正後の労働保険の保険料の徴収等に関する法律施行規則（以下この条において「新徴収則」という。）第二十一条に規定する別表第四の右欄に掲げる額については、新徴収則別表第四の規定にかかわらず、なお従前の例による。

附　則（昭和五五年一二月五日労働省令三二号）（抄）

（施行期日等）

第一条　この省令は、公布の日から施行する。ただし、次の各号に掲げる規定は、当該各号に定める日から施行する。

一　第二条中労働保険の保険料の徴収等に関する法律施行規則第十七条の次に一条を加える改正規定、第十八条の二の改正規定、第十九条の次に一条を加える改正規定、第二十条の改正規定及び別表第三の改正規定並びに附則第三条第七項の規定　昭和五十五年十二月三十一日

二　〈前略〉第二条中労働保険の保険料の徴収等に関する法

律施行規則別表第一の改正規定、〈中略〉並びに附則第三条第一項から第六項までの規定　昭和五十六年一月一日
三　〈略〉
四　第二条中労働保険の保険料の徴収等に関する法律施行規則別表第六及び第七の改正規定並びに附則第三条第八項の規定　昭和五十六年四月一日
2　〈略〉

（第二条の規定の施行に伴う経過措置）

第三条　第二条の規定による改正後の労働保険の保険料の徴収等に関する法律施行規則（以下「新徴収則」という。）別表第一の規定による労災保険率（以下「新労災保険率」という。）は、昭和五十六年一月一日以後に使用するすべての労働者に係る賃金総額に乗ずべき一般保険料率（次項に規定する事業についての一般保険料率を除く。以下この項において同じ。）の基礎となる労災保険率及び労働保険の保険料の徴収等に関する法律施行規則（以下「徴収則」という。）第二十一条に規定する額の総額のうち同日以後の期間に応ずる部分の額に乗ずべき第一種特別加入保険料率（次項に規定する事業についての第一種特別加入保険料率を除く。以下この項において同じ。）の基礎となる労災保険率として適用し、同日前に使用するすべての労働者に係る賃金総額に乗ずべき一般保険料率の基礎となる労災保険率及び同条に規定する額の総額のうち同日前の期間に応ずる部分の額に乗ずべき第一種特別加入保険料率の基礎となる労災保険率については、なお従前の例による。

2　昭和五十六年一月一日前に労災保険に係る保険関係が成立し、かつ、同日まで引き続き労災保険に係る保険関係が成立している事業であって事業の期間が予定されるものに係る労災保険率（第一種特別加入保険料率の基礎となる場合を含む。）については、新徴収則別表第一の規定にかかわらず、なお従前の例（当該事業のうち労働保険の保険料の徴収等に関する法律施行規則の一部を改正する省令（昭和五十五年労働省令第一号）附則第二条第二項の事業に該当する事業に係る労災保険率について同項の規定の例による場合を含む。）による。

3　昭和五十六年一月一日前に労災保険に係る保険関係が成立し、かつ、同日まで引き続き労災保険に係る保険関係が成立している事業であって事業の期間が予定される事業以外のものについての昭和五十五年度の一般保険料に係る確定保険料の額の算定については、次に各号に掲げるところによることができる。

一　次号に規定する事業以外の事業にあっては、昭和五十五年度に使用したすべての労働者に係る賃金総額の十二分の九に相当する額に当該事業についての改正前の労働保険の保険料の徴収等に関する法律施行規則別表第一の規定による労災保険率（以下「旧労災保険率」という。）と労働保険

の保険料の徴収等に関する法律（以下「徴収法」という。）第十二条第一項の雇用保険率とを加えた率（当該事業が労災保険に係る保険関係のみが成立している事業であるときは、旧労災保険率。以下「旧一般保険料率」という。）を乗じて得た額と、当該賃金総額の十二分の三に相当する額に当該事業についての新労災保険率と雇用保険率とを加えた率（当該事業が労災保険に係る保険関係のみが成立している事業であるときは、新労災保険率。以下「新一般保険料率」という。）を乗じて得た額とを合算する。

二　昭和五十五年度の中途に労災保険に係る保険関係が成立し、又は消滅した事業にあつては、当該年度における労災保険に係る保険関係が成立していた期間に使用したすべての労働者に係る賃金総額に当該保険関係が成立していた期間のうち昭和五十六年一月一日前の期間の日数を当該保険関係が成立していた期間の日数で除して得た数を乗じて得た額に当該事業についての旧一般保険料率を乗じて得た額と、当該賃金総額に当該保険関係が成立していた期間のうち同日以後の期間の日数を当該保険関係が成立していた期間の日数で除して得た数を乗じて得た額に当該事業についての新一般保険料率を乗じて得た額とを合算する。

4　昭和五十六年一月一日前に労災保険法第二十八条第一項の承認を受け、かつ、同日まで引き続き同項の承認を受けている事業主の事業であつて事業の期間が予定される事業以外のものについての昭和五十五年度の第一種特別加入保険料に係る確定保険料の額は、徴収則第二十一条に規定する額の総額の十二分の九に相当する額に当該事業についての旧労災保険率を基礎とする第一種特別加入保険料率を乗じて得た額と、同条に規定する額の総額の十二分の三に相当する額に当該事業についての新労災保険率を基礎とする第一種特別加入保険料率を乗じて得た額とを合算した額とすることができる。

5　第二条の規定による一般保険料率及び第一種特別加入保険料率の引上げに係る徴収法第十七条第一項に規定する労働保険料の追加徴収に関する徴収則第二十六条の規定の適用については、同条中「三十日」とあるのは、「法第十五条第一項の概算保険料の申告及び法第十九条第一項の確定保険料の申告に関する事務処理の状況その他の事情を考慮して労働大臣が別に定める期間」とする。

6　昭和五十五年度の労働保険料に係る申告書については、徴収則様式第六号に必要な改定をして使用することができる。

7　昭和五十五年度以前の保険年度の労災保険率の増減については、新徴収則別表第三の規定にかかわらず、なお従前の例による。

8　昭和五十六年四月一日前に、労災保険に係る保険関係が成立した事業であつて事業の期間が予定されるものについての徴収法第二十条に規定する一般保険料又は第一種特別加入保険料の額の増減及び収支割合の変動範囲については、新徴収則別表第六及び別表第七の規定にかかわらず、なお従前の例による。

附　則（昭和五六年一月二六日労働省令二号）

（施行期日）

第一条　この省令は、昭和五十六年四月一日から施行する。

（経過措置）

第二条　改正後の労働保険の保険料の徴収等に関する法律施行規則別表第五の規定による第二種特別加入保険料率は、この省令の施行の日以後の期間に係る労働保険の保険料の徴収等に関する法律施行規則第二十二条に規定する額の総額に乗ずべき第二種特別加入保険料率として適用し、同日前の期間に係る同条に規定する額の総額に乗ずべき第二種特別加入保険料率については、なお従前の例による。

附　則（昭和五六年三月一八日労働省令六号）

（施行期日）

第一条　この省令は、昭和五十六年四月一日から施行する。

（様式に関する経過措置）

第二条　昭和五十六年四月一日から始まる保険年度の労働保険料に係る申告書については、労働保険の保険料の徴収等に関する法律施行規則様式第六号に必要な改定をして使用することができる。

附　則（昭和五六年三月三〇日労働省令八号）（抄）

（施行期日）

第一条　この省令は、昭和五十六年四月一日から施行する。

附　則（昭和五六年八月二一日労働省令二九号）

１　この省令は、昭和五十六年十月一日から施行する。

２　この省令の施行の際現に提出されているこの省令による改正前の労働保険の保険料の徴収等に関する法律施行規則（以下「旧規則」という。）様式第四号による下請負人を事業主とする認可申請書、旧規則様式第六号による概算保険料申告書、増加概算保険料申告書及び確定保険料申告書、旧規則様式第十七号による労働保険事務処理委託等届、旧規則様式第二十一号による保険関係成立届、旧規則様式第二十二号による名称、所在地等変更届並びに旧規則様式第二十六号による任意加入申請書は、それぞれ、この省令による改正後の労働保険の保険料の徴収等に関する法律施行規則（以下「新規則」という。）様式第四号による下請負人を事業主とする認可申告書、新規則様式第六号による概算保険料申告書、増加概算保険料申告書及び確定保険料申告書、新規則様式第十七号による労働保険事務処理委託等届、新規則様式第二十一号による保険関係成立届、新規則様式第二十二号による名称、所在地等変更届並びに新規則様式第二十六号による任意加入申請書とみなす。

附　則（昭和五六年一〇月二九日労働省令三七号）（抄）

（施行期日）

第一条　この省令は、昭和五十六年十一月一日から施行する。

附　則（昭和五七年二月一五日労働省令二号）

（施行期日）

第一条　この省令は、昭和五十七年四月一日から施行する。

（経過措置）

第二条　改正後の労働保険の保険料の徴収等に関する法律施行規則（以下「新規則」という。）別表第一の規定による労災保険率は、この省令の施行の日以後に使用するすべての労働者に係る賃金総額に乗ずべき一般保険料率（次項に規定する事業についての一般保険料率を除く。以下この項において同じ。）の基礎となる労災保険率及び同日以後の期間に係る労働保険の保険料の徴収等に関する法律施行規則第二十一条に規定する額の総額に乗ずべき第一種特別加入保険料率（次項に規定する事業についての第一種特別加入保険料率を除く。以下この項において同じ。）の基礎となる労災保険率として適用し、同日前に使用するすべての労働者に係る賃金総額に乗ずべき一般保険料率の基礎となる労災保険率及び同日前の期間に係る同条に規定する額の総額に乗ずべき第一種特別加入保険料率の基礎となる労災保険率については、なお従前の例による。

2　この省令の施行の際現に労災保険に係る保険関係が成立している事業であつて事業の期間が予定されるものに係る労災保険率（第一種特別加入保険料率の基礎となる場合を含む。）については、新規則別表第一の規定にかかわらず、なお従前の例（当該事業のうち労働保険の保険料の徴収等に関する法律施行規則の一部を改正する省令（昭和五十五年労働省令第三十二号）附則第三条第二項の事業に該当する事業に係る労災保険率について同項の規定の例による場合を含む。）による。

附　則（昭和五七年九月三〇日労働省令三二号）

この省令は、障害に関する用語の整理に関する法律（昭和五十七年法律第六十六号）の施行の日（昭和五十七年十月一日）から施行する。

附　則（昭和五八年二月二二日労働省令五号）

（施行期日）

第一条　この省令は、昭和五十八年四月一日から施行する。

（経過措置）

第二条　この省令の施行の際現に労働者災害補償保険に係る保険関係が成立している事業であつて事業の期間が予定されるものに関する労働保険の保険料の徴収等に関する法律第七条第三号の事業の規模については、改正後の労働保険の保険料の徴収等に関する法律施行規則（以下「新規則」という。）第六条第一項の規定にかかわらず、なお従前の例による。

2　新規則別表第一の規定による労災保険率は、この省令の施行の日以後に使用するすべての労働者に係る賃金総額に乗ずべき一般保険料率（前項に規定する事業についての一般保険料率を除く。以下この項において同じ。）の基礎となる労災保険率及び同日以後の期間に係る労働保険の保険料の徴収等に関する法律施行規則（以下「規則」という。）第二十一条に規定する額の総額に乗ずべき第一種特別加入保険料率（前項に規定する事業についての第一種特別加入保険料率を除く。以下この項において同じ。）の基礎となる労災保険率として適用し、同日前に使用するすべての労働者に係る賃金総額に乗ずべき一般保険料率の基礎となる労災保険率及び同日前の期間に係る同条に規定する額の総額に乗ずべき第一種特別加入保険料率の基礎となる労災保険率については、なお従前の例による。

3　第一項に規定する事業に係る労災保険率（第一種特別加入保険料率の基礎となる場合を含む。）については、新規則別表第一の規定にかかわらず、なお従前の例による。

4　第一項に規定する事業についての規則第十三条第一項に規定する請負金額に乗ずべき率は、新規則別表第二の規定にかかわらず、なお従前の例による。

5　この省令の施行の際現に労働保険の保険料の徴収等に関する法律第七条の規定により一の事業とみなされている事業のうち請負による建設の事業（鉄道又は軌道新設事業、建築事業（既設建築物設備工事業を除く。）、既設建築物設備工事業又はその他の建設事業であつて、規則第十三条の規定により賃金総額を算定するものに限る。）であつて、昭和五十八年度の保険料算定基礎額の見込額が昭和五十七年度の保険料算定基礎額の百分の五十以上百分の二百以下であるものについての昭和五十八年度の一般保険料に係る概算保険料の納付に関する同法第十五条第一項の規定の適用については、同項第一号中「見込額（労働省令で定める場合にあつては、直前の保険年度に使用したすべての労働者に係る賃金総額）」とあるのは、「見込額」とする。

6　前項に規定する事業についての昭和五十八年度の一般保険料に係る概算保険料の額の算定の基礎となる規則第十三条第一項の請負金額の算定については、同条第二項の規定にかかわらず、労働大臣が別に定めるところによるものとする。

7　新規則別表第五の規定による第二種特別加入保険料率は、この省令の施行の日以後の期間に係る規則第二十二条に規定する額の総額に乗ずべき第二種特別加入保険料率として適用し、同日前の期間に係る同条に規定する額の総額に乗ずべき第二種特別加入保険料率については、なお従前の例による。

8　新規則第八条の規定による下請負人を事業主とする認可申請書、新規則第六十条の規定による労働保険事務処理委託等届、新規則第六十八条の規定による保険関係成立届、新規則第六十九条の規定による名称、所在地等変更届及び新規則附則第二条の規定による任意加入申請書は、当分の間、なお従前の様式によることができる。

附則（昭和五八年三月二三日労働省令一〇号）

この省令は、昭和五十八年四月一日から施行する。

附　則（昭和五八年一一月二日労働省令二八号）

（施行期日）

1　この省令は、昭和五十九年四月一日から施行する。

（経過措置）

2　労働者災害補償保険法施行規則（昭和三十年労働省令第二十二号）第四十六条の十八第三号に掲げる作業に従事する者であつて、この省令の施行の日前に改正前の労働者災害補償保険法施行規則及び労働保険の保険料の徴収等に関する法律施行規則の一部を改正する省令附則第二条第三項の規定により読み替えて適用する労働者災害補償保険法施行規則第四十六条の二十第一項の規定によりその者の給付基礎日額が千円とされていたもの（次項において「特定特別加入者」という。）の当該給付基礎日額が千円とされていた期間に発生した事故に係る労働者災害補償保険法の規定による保険給付（療養補償給付を除く。）及び労働者災害補償保険特別支給金支給規則（昭和四十九年労働省令第三十号）の規定による休業特別支給金の額の算定に用いる給付基礎日額については、なお従前の例による。

3　特定特別加入者についてのその者の給付基礎日額が千円とされていた保険年度における労働保険の保険料の徴収等に関する法律施行規則（昭和四十七年労働省令第八号）第二十二条に規定する別表第四の右欄に掲げる額については、なお従前の例による。

附　則（昭和五八年一一月二四日労働省令三〇号）

（施行期日）

1　この省令は、昭和五十九年四月一日から施行する。

（経過措置）

2　この省令の施行の際現に労働者災害補償保険に係る保険関係が成立している事業のうち請負による建設の事業であつて事業の種類が機械装置の組立て又はすえ付けの事業であるもの（組立て又は取付けに関するものに限る。）についての労働保険の保険料の徴収等に関する法律施行規則第十三条第一項に規定する請負金額に乗ずべき率は、改正後の別表第二の規定にかかわらず、なお従前の例による。

附　則（昭和五九年七月三〇日労働省令一七号）（抄）

（施行期日）

第一条　この省令は、昭和五十九年八月一日から施行する。ただし、第二条中労働保険の保険料の徴収等に関する法律施行規則第十五条の二第一項の改正規定は、昭和六十年四月一日から施行する。

（労働保険の保険料の徴収等に関する法律施行規則の一部改正に伴う経過措置）

第三条　この省令の施行の際現に使用している改正前の労働保険の保険料の徴収等に関する法律施行規則（以下この項において「旧規則」という。）第四十二条第一項の規定による雇用保険印紙購入通帳、旧規則第五十条第一項の規定による始動票札受領通帳、旧規則第五十四条の規定による印紙保険料納付状況報告書及び旧規則第五十五条の規定による印紙保険料納付計器使用状況報告書は、当分の間、必要な改定をした上、使用することができる。

2　昭和五十九年七月以前の月分に係る雇用保険印紙の受払状況の報告及び印紙保険料納付計器の使用状況の報告については、なお従前の例による。

附　則（昭和六〇年三月九日労働省令四号）（抄）

（施行期日）

第一条　この省令は、昭和六十年四月一日から施行する。

（労働保険の保険料の徴収等に関する法律施行規則の一部改正に伴う経過措置）

第三条　改正後の労働保険の保険料の徴収等に関する法律施行規則（以下「新徴収則」という。）別表第一の規定による労災保険率は、施行日以後に使用するすべての労働者に係る賃金総額に乗ずべき一般保険料率の基礎となる労災保険率及び同日以後の期間に係る労働保険の保険料の徴収等に関する法律施行規則（以下「徴収則」という。）第二十一条に規定する額の総額に乗ずべき第一種特別加入保険料率の基礎となる労災保険率として適用し、同日前に使用するすべての労働者に係る賃金総額に乗ずべき一般保険料率の基礎となる労災保険率及び同日前の期間に係る同条に規定する額の総額に乗ずべき第一種特別加入保険料率の基礎となる労災保険率については、なお従前の例による。

2　特定特別加入者についてのその者の給付基礎日額が二千五百円とされていた保険年度における新徴収則第二十一条、第二十二条又は第二十三条の二に規定する別表第四の右欄に掲げる額については、なお従前の例による。

3　特定有期特別加入者についての新徴収則第二十一条に規定する別表第四の右欄に掲げる額については、なお従前の例による。

4　新規則第四十六条の十八第三号に掲げる作業に従事する者についての新徴収則第二十二条に規定する別表第四の右欄に掲げる額に関しては、当分の間、新徴収則別表第四中

「

3,000円	1,095,000円

」とあるのは、

「

3,000円	1,095,000円
2,500円	912,500円
2,000円	730,000円

」と読み替えて同表の規定を適用する。

附　則（昭和六一年三月六日労働省令五号）

（施行期日）

1　この省令は、昭和六十一年四月一日から施行する。

（労働保険の保険料の徴収等に関する法律施行規則の一部改正に伴う経過措置）

2 改正後の労働保険の保険料の徴収等に関する法律施行規則（以下「新規則」という。）別表第一の規定による労災保険率は、この省令の施行の日以後に使用するすべての労働者に係る賃金総額に乗ずべき一般保険料率（次項に規定する事業についての一般保険料率を除く。以下この項において同じ。）の基礎となる労災保険率及び同日以後の期間に係る労働保険の保険料の徴収等に関する法律施行規則（以下「規則」という。）第二十一条に規定する額の総額に乗ずべき第一種特別加入保険料率（次項に規定する事業についての第一種特別加入保険料率を除く。以下この項において同じ。）の基礎となる労災保険率として適用し、同日前に使用するすべての労働者に係る賃金総額に乗ずべき一般保険料率の基礎となる労災保険率及び同日前の期間に係る同条に規定する額の総額に乗ずべき第一種特別加入保険料率の基礎となる労災保険率については、なお従前の例による。

3 この省令の施行の際現に労働者災害補償保険に係る保険関係が成立している事業であって事業の期間が予定されるものに係る労災保険率（第一種特別加入保険料率の基礎となる場合を含む。）については、新規則別表第一の規定にかかわらず、なお従前の例による。

4 前項に規定する事業についての規則第十三条第一項に規定する請負金額に乗ずべき率は、新規則別表第二の規定にかかわらず、なお、従前の例による。

5 この省令の施行の際現に労働保険の保険料の徴収等に関する法律（以下この項において「法」という。）第七条の規定により一の事業とみなされている事業のうち請負による建設の事業（水力発電施設、隧道等新設事業、道路新設事業又は機械装置の組立て又はすえ付けの事業であって、規則第十三条の規定により賃金総額を算定するものに限る。）であって、昭和六十一年度に使用するすべての労働者に係る賃金総額の見込額が昭和六十年度に使用したすべての労働者に係る賃金総額の百分の五十以上百分の二百以下であるものについての法第十五条第一項の規定による昭和六十一年度の一般保険料に係る概算保険料の額の算定に際し用いる当該事業に係る昭和六十年度に使用したすべての労働者に係る賃金総額の算定に当たり当該事業に係る請負金額に乗ずべき率は、改正前の労働保険の保険料の徴収等に関する法律施行規則別表第二の規定にかかわらず、新規則別表第二に掲げる率とする。

6 新規則別表第五の規定による第二種特別加入保険料率は、この省令の施行の日以後の期間に係る規則第二十二条に規定する額の総額に乗ずべき第二種特別加入保険料率として適用し、同日前の期間に係る同条に規定する額の総額に乗ずべき第二種特別加入保険料率については、なお従前の例による。

（労働者災害補償保険法施行規則及び労働保険の保険料の徴収等に関する法律施行規則の一部を改正する省令の一部改正に伴う経過措置）

7　労働者災害補償保険法施行規則（昭和三十年労働省令第二十二号）第四十六条の十八第三号に掲げる作業に従事する者であつて、この省令の施行の日前に改正前の労働者災害補償保険法施行規則及び労働保険の保険料の徴収等に関する法律施行規則の一部を改正する省令附則第二条第三項の規定により読み替えて適用する労働者災害補償保険法施行規則第四十六条の二十第一項の規定によりその者の給付基礎日額が千五百円とされていたもの（次項において「特定特別加入者」という。）の当該給付基礎日額が千五百円とされていた期間に発生した事故に係る労働者災害補償保険法の規定による保険給付（療養補償給付を除く。）及び労働者災害補償保険特別支給金支給規則（昭和四十九年労働省令第三十号）の規定による休業特別支給金の額の算定に用いる給付基礎日額については、なお従前の例による。

8　特定特別加入者についてのその者の給付基礎日額が千五百円とされていた保険年度における規則第二十二条に規定する別表第四の右欄に掲げる額については、なお従前の例による。

附　則（昭和六一年三月二九日労働省令一二号）

（施行期日）

1　この省令は、昭和六十一年四月一日から施行する。

（経過措置）

2　この省令の施行の日の前日（以下「基準日」という。）において労働者災害補償保険（以下「労災保険」という。）に係る保険関係が成立している事業についての労働保険の保険料の徴収等に関する法律（以下「法」という。）第十二条第三項に規定する連続する三保険年度の次の保険年度に属する十二月三十一日以前三年間のうち基準日以前の期間に係る一般保険料の額（同条第一項第一号の事業については労災保険率に応ずる部分の額に限る。）から通勤災害に係る率（同条第三項に規定する通勤災害に係る率をいう。以下同じ。）に応ずる部分の額を減じた額に基準日以前の期間に係る第一種特別加入保険料の額から通勤災害に係る率に応ずる部分の額を減じた額を加えた額に乗ずる率は、この省令による改正後の労働保険の保険料の徴収等に関する法律施行規則（以下「新規則」という。）第十九条の二の規定にかかわらず、なお従前の例による。

3　基準日において労災保険に係る保険関係が成立している事業であつて事業の期間が予定されるものについての法第二十条第一項の調整率は、新規則第十九条の二の規定にかかわらず、なお従前の例による。

4　新規則第三十五条第一項の規定は、この省令の施行の日以後に労災保険に係る保険関係が成立した事業であつて事業の期間が予定されるものについて適用する。

5　基準日において労災保険に係る保険関係が成立している事業であつて事業の期間が予定されるものについては、この省令による改正前の労働保険の保険料の徴収等に関する法律施行規則第三十五条第一項の規定は、この省令の施行後も、なおその効力を有する。

附　則（昭和六二年三月三〇日労働省令一二号）（抄）

（施行期日）

第一条　この省令は、昭和六十二年四月一日から施行する。ただし、第三条中労働保険の保険料の徴収等に関する法律施行規則第十七条、第十八条、第十八条の三及び第十九条の改正規定並びに附則第六条の規定は、同年三月三十一日から施行する。

（労働保険の保険料の徴収等に関する法律施行規則の一部改正に伴う経過措置等）

第四条　この省令の施行の際現に提出されているこの省令による改正前の労働保険の保険料の徴収等に関する法律施行規則（以下「旧徴収則」という。）様式第二十一号による保険関係成立届及び旧徴収則様式第二十二号による名称、所在地等変更届は、それぞれ、この省令による改正後の労働保険の保険料の徴収等に関する法律施行規則（以下「新徴収則」という。）様式第一号による保険関係成立届及び新徴収則様式第二号による名称、所在地等変更届とみなす。

2　労働者災害補償保険法及び労働保険の保険料の徴収等に関する法律の一部を改正する法律（以下「昭和六十一年改正法」という。）附則第九条第二項において読み替えて適用する昭和六十一年改正法による改正後の労働保険の保険料の徴収等に関する法律（以下「新徴収法」という。）第十二条第三項の規定により適用される昭和六十一年改正法による改正前の労働保険の保険料の徴収等に関する法律（以下「旧徴収法」という。）第十二条第三項第一号の百人以上の労働者を使用する事業及び同項第二号の三十人以上百人未満の労働者を使用する事業は、当該保険年度中の各月の末日（賃金締切日がある場合は、各月の末日の直前の賃金締切日）において使用する労働者数の合計数を十二で除して得た労働者数（当該保険年度が昭和六十年四月一日から始まる保険年度以前の保険年度である場合は、当該保険年度に属する三月中に使用した延労働者数を同月中の所定労働日数で除して得た労働者数）が、それぞれ百人以上である事業及び三十人以上百人未満である事業とする。ただし、船きよ、船舶、岸壁、波止場、停車場又は倉庫における貨物の取扱いの事業にあつては、当該保険年度中に使用した延労働者数を当該保険年度中の所定労働日数で除して得た労働者数が、それぞれ百人以上である事業及び三十人以上百人未満である事業とする。

3　昭和六十一年改正法附則第九条第二項において読み替えて適用する新徴収法第十二条第三項の規定により適用される旧徴収法第十二条第三項第二号の労働省令で定める数は〇・五とし、同項第三号の労働省令で定める規模は、建設の事業及び立木の伐採の事業について当該保険年度の確定保険料の額が二十万円以上であることとする。

附　則（昭和六三年一二月一三日労働省令三六号）（抄）

（施行期日）

第一条　この省令は、昭和六十四年一月一日から施行する。

附　則（平成元年二月一八日労働省令二号）

（施行期日）

第一条　この省令は、平成元年三月一日から施行する。＜後略＞

（経過措置）

第二条　この省令の施行の際現に提出されているこの省令による改正前の労働保険の保険料の徴収等に関する法律施行規則（以下「旧規則」という。）様式第一号による保険関係成立届、旧規則様式第二号による名称、所在地等変更届、旧規則様式第三号による一括有期事業開始届、旧規則様式第四号による下請負人を事業主とする認可申請書、旧規則様式第五号による継続事業一括申請書、旧規則様式第六号による概算保険料申告書、増加概算保険料申告書及び確定保険料申告書、旧規則様式第七号による一括有期事業報告書、旧規則様式第八号による労働保険料還付請求書、旧規則様式第十五号による印紙保険料納付状況報告書、旧規則様式第十六号による労働保険事務組合認可申請書、旧規則様式第十七号による労働保険事務処理委託等届、旧規則様式第二十三号による代理人選任・解任届、旧規則様式第二十六号による任意加入申請書並びに旧規則様式第二十七号による保険関係消滅申告書は、それぞれ、この省令による改正後の労働保険の保険料の徴収等に関する法律施行規則（以下「新規則」という。）様式第一号による保険関係成立届、新規則様式第二号による名称、所在地等変更届、新規則様式第三号による一括有期事業開始届、新規則様式第四号による下請負人を事業主とする認可申請書、新規則様式第五号による継続事業一括申請書、新規則様式第六号による概算保険料申告書、増加概算保険料申告書及び確定保険料申告書、新規則様式第七号による一括有期事業報告書、新規則様式第八号による労働保険料還付請求書、新規則様式第十五号による印紙保険料納付状況報告書、新規則様式第十六号による労働保険事務組合認可申請書、新規則様式第十七号による労働保険事務処理委託等届、新規則様式第二十三号による代理人選任・解任届、新規則様式第二十六号による任意加入申請書並びに新規則様式第二十七号による保険関係消滅申請書とみなす。

2　新規則第四条第二項の規定による保険関係成立届、新規則第五条第二項の規定による名称、所在地等変更届、新規則第六条第三項の規定による一括有期事業開始届、新規則第八条の規定による下請負人を事業主とする認可申請書、新規則第二十四条第三項の規定による概算保険料申告書、新規則第二十五条第三項の規定による増加概算保険料申告書、新規則第三十三条第二項の規定による確定保険料申告書、新規則第三十四条の規定による一括有期事業報告書、新規則第三十六条第二項の規定による労働保険料還付請求書、新規則第四十二条の規定による雇用保険印紙購入通帳交付申請書、新規則第五十九条第一項の規定による労働保険事務組合認可申請書、新規則第六十条の規定による労働保険事務処理委託等届、新規則第六十四条第一号の規定による労働保険事務処理委託事業主名簿、新規則第六十四条第三号の規定による雇用保険被保険者関係届出事務等処理簿、新規則第七十一条第二項の規定による代理人選任・解任届、新規則附則第二条第一項の規定による任意加入申請書及び新規則附則第三条第一項の規定による保険関係消滅申請書は、当分の間、なお従前の様式によることができる。

第三条 平成元年四月一日以後雇用保険印紙を購入しようとする事業主は、同年三月一日から同月末日までの間に、新規則第四十二条第一項に規定する雇用保険印紙購入通帳（以下「新通帳」という。）の交付を受けなければならない。この場合において、新通帳は平成元年四月一日に交付されたものとみなす。

2 旧規則第四十二条第二項の規定の適用については、新規則第四十二条第一項の規定による雇用保険印紙購入通帳は、平成元年三月三十一日までの間、なお従前の様式によることができる。

附　則（平成元年三月一七日労働省令四号）

（施行期日）

1 この省令は、平成元年四月一日から施行する。

（経過措置）

2 改正後の労働保険の保険料の徴収等に関する法律施行規則（以下「新規則」という。）別表第一の規定による労災保険率は、この省令の施行の日以後に使用するすべての労働者に係る賃金総額に乗ずべき一般保険料率（次項に規定する事業についての一般保険料率を除く。以下この項において同じ。）の基礎となる労災保険率及び同日以後の期間に係る労働保険の保険料の徴収等に関する法律施行規則（以下「規則」という。）第二十一条に規定する額の総額に乗ずべき第一種特別加入保険料率（次項に規定する事業についての第一種特別加入保険料率を除く。以下この項において同じ。）の基礎となる労災保険率として適用し、同日前に使用するすべての労働者に係る賃金総額に乗ずべき一般保険料率の基礎となる労災保険率及び同日前の期間に係る同条に規定する額の総額に乗ずべき第一種特別加入保険料率の基礎となる労災保険率については、なお従前の例による。

3 この省令の施行の際現に労働者災害補償保険に係る保険関係が成立している事業であって事業の期間が予定されるものに係る労災保険率（第一種特別加入保険料率の基礎となる場合を含む。）については、新規則別表第一の規定にかかわらず、なお従前の例による。

4 前項に規定する事業についての規則第十三条第一項に規定する請負金額に乗ずべき率は、新規則別表第二の規定にかかわらず、なお従前の例による。

5　この省令の施行の際現に労働保険の保険料の徴収等に関する法律（以下この項において「法」という。）第七条の規定により一の事業とみなされている事業のうち請負による建設の事業（道路新設事業、舗装工事業、機械装置の組立て又は据付けの事業（組立て又は取付けに関するものに限る。）又はその他の建設事業であつて、規則第十三条の規定により賃金総額を算定するものに限る。）であつて、平成元年度に使用するすべての労働者に係る賃金総額の見込額が昭和六十三年度に使用したすべての労働者に係る賃金総額の百分の五十以上百分の二百以下であるものについての法第十五条第一項の規定による平成元年度の一般保険料に係る概算保険料の額の算定に際し用いる当該事業に係る昭和六十三年度に使用したすべての労働者に係る賃金総額の算定に当たり当該事業に係る請負金額に乗ずべき率は、改正前の労働保険の保険料の徴収等に関する法律施行規則別表第二の規定にかかわらず、新規則別表第二に掲げる率とする。

6　新規則別表第五の規定による第二種特別加入保険料率は、この省令の施行の日以後の期間に係る規則第二十二条に規定する額の総額に乗ずべき第二種特別加入保険料率として適用し、同日前の期間に係る同条に規定する額の総額に乗ずべき第二種特別加入保険料率については、なお従前の例による。

附　則（平成元年三月三〇日労働省令七号）

（施行期日）

1　この省令は、平成元年四月一日から施行する。

（経過措置）

2　請負による建設の事業（労働保険の保険料の徴収等に関する法律施行規則（第四項において「規則」という。）第十三条の規定により賃金総額を算定するものに限る。）であつて、この省令の施行の際現に労働保険の保険料の徴収等に関する法律（第四項において「法」という。）第七条の規定により一の事業とみなされているものについての昭和六十三年度の一般保険料に係る確定保険料の額の算定に際し用いる賃金総額の算定については、なお従前の例による。

3　前項に規定する事業であつて、平成元年度に使用するすべての労働者に係る賃金総額の見込額が昭和六十三年度に使用したすべての労働者に係る賃金総額の百分の五十以上百分の二百以下であるものについての平成元年度の一般保険料に係る概算保険料の額の算定に際し用いる賃金総額の算定については、なお従前の例による。

4　請負による建設の事業（規則第十三条の規定により賃金総額を算定するものに限り、法第七条の規定により一の事業とみなされるものを除く。次項において同じ。）であつてこの省令の施行の日以前に労働者災害補償保険に係る保険関係が消滅したものについての一般保険料に係る確定保険料の額の算定に際し用いる賃金総額の算定については、なお従前の例による。

5 請負による建設の事業であって、この省令の施行の際現に労働者災害補償保険に係る保険関係が成立しているもののうち昭和六十三年十二月三十日前に当該保険関係が成立したもの（次項において「特定建設事業」という。）に係る請負金額が同日以後に増額された場合における当該事業についての一般保険料に係る確定保険料の額の算定に際し用いる賃金総額の算定については、この省令による改正後の労働保険の保険料の徴収等に関する法律施行規則附則第二条の二中「「請負金額に百三分の百を乗じて得た額（その額に一円未満の端数があるときは、これを切り捨てる。）」」とあるのは「「請負金額から、昭和六十三年十二月三十日以後に増額された額に百三分の三を乗じて得た額（その額に一円未満の端数があるときは、これを一円に切り上げる。）を減じた額」」とする。

6 前項に規定する場合以外の場合における特定建設事業についての一般保険料に係る確定保険料の額の算定に際し用いる賃金総額の算定については、なお従前の例による。

附　則（平成二年七月三一日労働省令一七号）（抄）

（施行期日）

第一条　この省令は、平成二年八月一日から施行する。

附　則（平成二年九月一日労働省令一八号）

この省令は、公布の日から施行する。

附　則（平成三年四月一二日労働省令一一号）

この省令は、公布の日から施行する。

附　則（平成四年三月五日労働省令二号）

（施行期日）

1 この省令は、平成四年四月一日から施行する。

（経過措置）

2 この省令の施行の日（以下「施行日」という。）の前日（以下「基準日」という。）において労働者災害補償保険（以下「労災保険」という。）に係る保険関係が成立している事業であって次項に規定する事業以外のものについての連続する三保険年度間のうち基準日以前の期間に係る労働保険の保険料の徴収等に関する法律（以下「法」という。）第十二条第三項に規定する第一種調整率は、改正後の労働保険の保険料の徴収等に関する法律施行規則（以下「新規則」という。）第十九条の二の規定にかかわらず、なお従前の例による。

3 基準日において労災保険に係る保険関係が成立している事業であって事業の期間が予定されるものについての前項の第一種調整率及び法第二十条第一項第二号に規定する第二種調整率は、新規則第十九条の二及び第三十五条の二の規定にかかわらず、なお従前の例による。

4 労災保険に係る保険関係が成立している事業であって次項に規定する事業以外のものに関する法第十五条第一項第一号に規定する一般保険料率（以下「一般保険料率」という。）及び法第十三条に規定する第一種特別加入保険料率（以下「第一種特別加入保険料率」という。）に係る労災保険率の適用に関しては、新規則別表第一の規定は、施行日以後の期間に係る法第十五条第一項及び第十九条第一項の賃金総額（以下この項において「賃金総額」という。）並びに新規則第二十一条に規定する額の総額について適用し、施行日前の期間に係る賃金総額及び同条に規定する額の総額については、なお従前の例による。

5　労災保険に係る保険関係が成立している事業であって事業の期間が予定されるものに関する一般保険料率及び第一種特別加入保険料率に係る労災保険率の適用に関しては、新規則別表第一の規定は、施行日以後に労災保険に係る保険関係が成立する事業について適用し、施行日前に労災保険に係る保険関係が成立した事業については、なお従前の例による。

6　前項に規定する事業についての新規則第十三条第一項に規定する請負金額に乗ずべき率の適用に関しては、新規則別表第二の規定は、施行日以後に労災保険に係る保険関係が成立する事業について適用し、施行日前に労災保険に係る保険関係が成立した事業については、なお従前の例による。

7　この省令の施行の際現に法第七条の規定により一の事業とみなされている事業のうち新規則別表第二事業の種類の欄に掲げる水力発電施設、ずい道等新設事業、道路新設事業、既設建築物設備工事業、機械装置の組立て又は据付けの事業のうち組立て又は取付けに関するもの又はその他の建設事業（法第十一条第二項に規定する賃金総額を正確に算定することが困難なものに限る。）であって、平成四年度に使用するすべての労働者に係る賃金総額（その額に千円未満の端数があるときは、その端数は、切り捨てる。以下同じ。）の見込額が新規則第二十四条第一項に規定する場合であるものについての法第十五条第一項の規定による平成四年度の一般保険料に係る概算保険料の額の算定に際し用いる当該事業に係る平成三年度に使用したすべての労働者に係る賃金総額の算定に当たり当該事業に係る請負金額に乗ずべき率は、改正前の労働保険の保険料の徴収等に関する法律施行規則別表第二の規定にかかわらず、新規則別表第二に掲げる率とする。

8　新規則別表第五の規定による第二種特別加入保険料率は、施行日以後の期間に係る新規則第二十二条に規定する額の総額に乗ずべき第二種特別加入保険料率について適用し、施行日前の期間に係る同条に規定する額の総額に乗ずべき第二種特別加入保険料率については、なお従前の例による。

9　新規則第二十三条の三の規定による第三種特別加入保険料率は、施行日以後の期間に係る新規則第二十三条の二に規定する額の総額に乗ずべき第三種特別加入保険料率について適用し、施行日前の期間に係る同条に規定する額の総額に乗ずべき第三種特別加入保険料率については、なお従前の例による。

10　請負による建設の事業（法第十一条第二項に規定する賃金

総額を正確に算定することが困難なものに限る。）であって、この省令の施行の際現に法第七条の規定により一の事業とみなされているものについての平成三年度の一般保険料に係る確定保険料の額の算定に際し用いる賃金総額の算定については、なお従前の例による。

11　前項に規定する事業であって、平成四年度に使用するすべての労働者に係る賃金総額の見込額が新規則第二十四条第一項に規定する場合であるものについての平成四年度の一般保険料に係る概算保険料の額の算定に際し用いる平成三年度の賃金総額の算定については、改正前の労働保険の保険料の徴収等に関する法律施行規則附則第一条の二の規定は、適用しない。

12　請負による建設の事業（法第十一条第三項に規定する賃金総額を正確に算定することが困難なものに限り、法第七条の規定により一の事業とみなされるものを除く。）であって、施行日前に労災保険に係る保険関係が成立したものについての一般保険料に係る確定保険料の額の算定に際し用いる賃金総額の算定については、なお従前の例による。

附　則（平成五年三月二二日労働省令五号）（抄）

（施行期日）

第一条　この省令は、平成五年四月一日から施行する。

（労働保険の保険料の徴収等に関する法律施行規則の一部改正に伴う経過措置）

第三条　特定特別加入者の給付基礎日額が三千円とされていた保険年度におけるその者の保険料算定基礎額については、なお従前の例による。

2　特定有期特別加入者の当該事業に係る保険料算定基礎額については、なお従前の例による。

3　新規則第四十六条の十八第三号に掲げる作業に従事する者の保険料算定基礎額に関しては、当分の間、改正後の労働保険の保険料の徴収等に関する法律施行規則別表第四中

「

3,500円	1,277,500円

」とあるのは、

「

3,500円	1,277,500円
3,000円	1,095,000円
2,500円	912,500円
2,000円	730,000円

」とする。

附　則（平成六年六月二九日労働省令三六号）（抄）

（施行期日）

第一条　この省令は、公布の日から施行する。ただし、第三条中労働保険の保険料の徴収等に関する法律施行規則様式第十号の改正規定及び附則第三条から第五条までの規定は平成六年七月一日から、〈中略〉第二条の規定（労働保険の保険料の徴収等に関する法律施行規則様式第十号の改正規定を除く。）は同年八月一日から施行する。

（労働保険の保険料の徴収等に関する法律施行規則の一部改正に伴う経過措置）

第三条　附則第五条に規定する場合のほか、平成六年七月一日から同月末日までの間に雇用保険印紙を購入しようとする事業主に交付する労働保険の保険料の徴収等に関する法律施行規則第四十二条第一項に規定する雇用保険印紙購入通帳は、なお従前の様式によるものとする。

第四条　改正前の労働保険の保険料の徴収等に関する法律施行規則第四十二条第一項の規定による雇用保険印紙購入通帳（前条の規定によりなお従前の様式によるものとされた雇用保険印紙購入通帳を含む。次条において「旧通帳」という。）の効力は、労働保険の保険料の徴収等に関する法律施行規則第四十二条第二項の規定にかかわらず、平成六年七月末日までとする。

第五条　平成六年八月一日以後引き続き雇用保険印紙を購入しようとする事業主は、同年七月一日から同月末日までの間に、旧通帳を添えて、労働保険の保険料の徴収等に関する法律第四十二条第一項に規定する雇用保険印紙購入通帳交付申請書を事業場の所在地を管轄する公共職業安定所長に提出して、改正後の労働保険の保険料の徴収等に関する法律施行規則第四十二条第一項の規定による雇用保険印紙購入通帳（以下「新通帳」という。）の交付を受けなければならない。この場合において、新通帳は、同年八月一日以後、その効力を有する。

附　則（平成七年二月一〇日労働省令五号）（抄）

（施行期日等）

1　この省令は、平成七年四月一日から施行する。

（経過措置）

3　改正後の労働保険の保険料の徴収等に関する法律施行規則（以下「新規則」という。）第二十一条第一項の規定は、この省令の施行の日（以下「施行日」という。）以後の期間に係る労働者災害補償保険法第二十八条第一項の規定により同法の規定による保険給付を受けることができることとされた者（以下「第一種特別加入者」という。）の保険料算定基礎額について適用し、同日前の期間に係る第一種特別加入者の保険料算定基礎額については、なお従前の例による。

4　施行日前に労働者災害補償保険に係る保険関係が成立している事業であって事業の期間が予定されているものに係る第一種特別加入者の保険料算定基礎額については、新規則第二十一条第二項の規定にかかわらず、なお従前の例による。

5　新規則第二十二条の規定は、施行日以後の期間に係る第二種特別加入者の保険料算定基礎額について適用し、同日前の期間に係る第二種特別加入者の保険料算定基礎額については、なお従前の例による。

6　新規則第二十三条の二の規定は、施行日以後の期間に係る第三種特別加入者の保険料算定基礎額について適用し、同日前の期間に係る第三種特別加入者の保険料算定基礎額については、なお従前の例による。

7　新規則別表第一の規定による労災保険率は、施行日以後に使用するすべての労働者に係る賃金総額に乗ずべき一般保険料率（第四項に規定する事業についての一般保険料率を除く。以下この項において同じ。）の基礎となる労災保険率及び同日以後の期間に係る新規則第二十一条第一項に規定する額の総額に乗ずべき第一種特別加入保険料率（第四項に規定する事業についての第一種特別加入保険料率を除く。以下この項において同じ。）の基礎となる労災保険率として適用し、同日前に使用するすべての労働者に係る賃金総額に乗ずべき一般保険料率の基礎となる労災保険率及び同日前の期間に係る第一種特別加入者の保険料算定基礎額に乗ずべき第一種特別加入保険料率の基礎となる労災保険率については、なお従前の例による。

8　第四項に規定する事業に係る労災保険率（第一種特別加入保険料率の基礎となる場合を含む。）については、新規則別表第一の規定にかかわらず、なお従前の例による。

9　第四項に規定する事業についての労働保険の保険料の徴収等に関する法律施行規則（以下「規則」という。）第十三条第一項に規定する請負金額に乗ずべき率は、新規則別表第二の規定にかかわらず、なお従前の例による。

10　この省令の施行の際現に労働保険の保険料の徴収等に関する法律（以下この項において「法」という。）第七条の規定により一の事業とみなされている事業のうち請負による建設の事業（道路新設事業、鉄道又は軌道新設事業、既設建築物設備工事業であって、規則第十三条の規定により賃金総額を算定するものに限る。）であって、平成七年度に使用するすべての労働者に係る賃金総額の見込額が平成六年度に使用したすべての労働者に係る賃金総額の百分の五十以上百分の二百以下であるものについての法第十五条第一項の規定による平成七年度の一般保険料に係る概算保険料の額の算定に際し用いる当該事業に係る平成六年度に使用したすべての労働者に係る賃金総額の算定に当たり当該事業に係る請負金額に乗ずべき率は、改正前の労働保険の保険料の徴収等に関する法律施行規則別表第二の規定にかかわらず、新規則別表第二に掲げる率とする。

11　新規則別表第五の規定による第二種特別加入保険料率は、施行日以後の期間に係る新規則第二十二条に規定する額の総額に乗ずべき第二種特別加入保険料率として適用し、同日前の期間に係る同条に規定する額の総額に乗ずべき第二種特別加入保険料率については、なお従前の例による。

12　新規則第二十三条の三の規定による第三種特別加入保険料率は、施行日以後の期間に係る新規則第二十三条の二に規定する額の総額に乗ずべき第三種特別加入保険料率として適用し、同日前の期間に係る同条に規定する額の総額に乗ずべき第三種特別加入保険料率については、なお従前の例による。
13　新規則第六十条の規定による労働保険事務処理委託等届は、当分の間、なお従前の様式によることができる。

附　則（平成八年三月一日労働省令六号）（抄）

（施行期日）

第一条　この省令は、平成八年四月一日から施行する。ただし、次の各号に掲げる規定は、当該各号に定める日から施行する。

一　第二条中労働保険の保険料の徴収等に関する法律施行規則第二十条の次に五条を加える改正規定、第七十五条の改正規定及び様式第五号の次に一様式を加える改正規定並びに附則第三条の規定　平成九年三月三十一日

二　第二条中労働保険の保険料の徴収等に関する法律施行規則第二十五条第一項、第二十七条、第二十八条第一項、第二十九条第一項、第三十四条及び附則第四条第一項の改正規定並びに附則第四条の規定　平成九年四月一日

（第二条の規定の施行に伴う経過措置）

第三条　当該労働者に支給すべき介護補償給付に係る障害補償年金又は傷病補償年金の支給事由となる障害の原因となる負傷又は疾病に関する療養を開始した日が施行日前である場合（施行日の前日において当該労働者が炭鉱災害による一酸化炭素中毒症に関する特別措置法（昭和四十二年法律第九十二号）第八条第一項の規定による介護料を受ける権利を有していたときを除く。）における介護補償給付に関する第二条の規定による改正後の労働保険の保険料の徴収等に関する法律施行規則（以下「新徴収則」という。）第十八条第二項の規定の適用については、同項第五号中「の額」とあるのは「の額（当該介護補償給付に係る障害補償年金又は傷病補償年金の支給事由となる障害の原因となる負傷又は疾病に関する療養を開始した日が労働者災害補償保険法施行規則等の一部を改正する省令（平成八年労働省令第六号）の施行の日前である労働者に支給されたものについては、当該介護補償給付が支給されなかつたものとみなした場合の額）」とする。

第四条　第二条の規定の施行の際に現に労災保険に係る保険関係が成立している事業であって事業の期間が予定されているものについての概算保険料を延納することができる場合における当該概算保険料の額に係る要件については、新徴収則第二十八条第一項の規定にかかわらず、なお従前の例による。

第五条　新徴収則第六条第三項の規定による一括有期事業開始届、新徴収則第八条の規定による下請負人を事業主とする認可申請書、新徴収則第三十四条の規定による一括有期事業報告書、新徴収則第三十六条第二項の規定による労働保険料還付請求書、新徴収則第四十二条第一項の規定による雇用保険印紙購入通帳交付申請書、新徴収則第四十五条第一項の規定による印紙保険料納付計器指定申請書、新徴収則第四十七条第一項の規定による印紙保険料納付計器設置承認申請書、新徴収則第五十条第一項の規定による始動票札受領通帳交付申

請書及び始動票札受領通帳、新徴収則第五十九条第一項の規定による労働保険事務組合認可申請書、新徴収則第六十四条第二号の規定による労働保険料等徴収及び納付簿、新徴収則第七十一条第二項の規定による代理人選任・解任届並びに新徴収則附則第三条第一項の規定による保険関係消滅申請書は、当分の間、なお従前の様式によることができる。

附　則（平成八年三月二五日労働省令一〇号）（抄）

（施行期日）

第一条　この省令は、平成八年四月一日から施行する。

（労働保険の保険料の徴収等に関する法律施行規則の一部改正に伴う経過措置）

第二条　この省令の施行の日（以下「施行日」という。）前に一般失業対策事業に使用するすべての労働者に係る賃金総額に乗ずべき一般保険料率の基礎となる労災保険率については、第四条の規定による改正後の労働保険の保険料の徴収等に関する法律施行規則別表第一の規定にかかわらず、なお従前の例による。

附　則（平成九年三月一四日労働省令一〇号）（抄）

（施行期日）

第一条　この省令は、平成九年四月一日から施行する。

（第一条の規定の施行に伴う経過措置）

第二条　この省令の施行の日（以下「施行日」という。）の属する月の前日までの月分の第十八条第二項（第一条による改正後の第十八条の三において準用する場合を含む。以下この条において同じ。）の年金たる保険給付の額並びに施行日前に支給すべき事由の生じた第十八条第二項の療養補償給付、休業補償給付及び介護補償給付の額の算定については、なお従前の例による。

附　則（平成九年三月二六日労働省令一四号）

（施行期日）

1　この省令は、平成九年四月一日から施行する。

（経過措置）

2　請負による建設の事業（労働保険の保険料の徴収等に関する法律施行規則（第四項において「規則」という。）第十三条の規定により賃金総額を算定するものに限る。）であって、この省令の施行の際現に労働保険の保険料の徴収等に関する法律（第四項において「法」という。）第七条の規定により一の事業とみなされているものについての平成八年度の一般保険料に係る確定保険料の額の算定に際し用いる賃金総額の算定については、なお、従前の例による。

3　前項に規定する事業であって、平成九年度に使用するすべての労働者に係る賃金総額の見込額が平成八年度に使用したすべての労働者に係る賃金総額の百分の五十以上百分の二百以下であるものについての平成九年度の一般保険料に係る概算保険料の額の算定に際し用いる賃金総額の算定については、なお従前の例による。

4　請負による建設の事業（規則第十三条の規定により賃金総額を算定するものに限り、法第七条の規定により一の事業とみなされるものを除く。次項において同じ。）であってこの省令の施行の日以前に労働者災害補償保険に係る保険関係が消滅したものについての一般保険料に係る確定保険料の額の算定に際し用いる賃金総額の算定については、なお従前の例による。

5　請負による建設の事業であって、この省令の施行の際現に労働者災害補償保険に係る保険関係が成立しているもののうち平成八年十月一日前に当該保険関係が成立したもの（次項において「特定建設事業」という。）に係る請負金額が同日以後に増額された場合における当該事業についての一般保険料に係る確定保険料の額の算定に際し用いる賃金総額の算定については、この省令による改正後の労働保険の保険料の徴収等に関する法律施行規則附則第一条の二中「「請負金額に百五分の百三を乗じて得た額（その額に一円未満の端数があるときは、これを切り捨てる。）」」とあるのは「「請負金額から、平成八年十月一日以後に増額された額に百五分の二を乗じて得た額（その額に一円未満の端数があるときは、これを一円に切り上げる。）を減じた額」」とする。

6　前項に規定する場合以外の場合における特定建設事業についての一般保険料に係る確定保険料の策定に際し用いる賃金総額の算定については、なお従前の例による。

附　則（平成一〇年三月二日労働省令六号）

（施行期日）

1　この省令は、平成十年四月一日から施行する。

（経過措置）

2　改正後の労働保険の保険料の徴収等に関する法律施行規則（以下「新規則」という。）別表第一の規定による労災保険率は、この省令の施行の日（以下「施行日」という。）以後に使用するすべての労働者に係る賃金総額に乗ずべき一般保険料率（次項に規定する事業についての一般保険料率を除く。以下この項において同じ。）の基礎となる労災保険率及び同日以後の期間に係る労働保険の保険料の徴収等に関する法律施行規則（以下「規則」という。）第二十一条第一項に規定する額の総額に乗ずべき第一種特別加入保険料率（次項に規定する事業についての第一種特別加入保険料率を除く。以下この項において同じ。）の基礎となる労災保険率として適用し、同日前に使用するすべての労働者に係る賃金総額に乗ずべき一般保険料率の基礎となる労災保険率及び同日前の期間に係る同項に規定する額の総額に乗ずべき第一種特別加入保険料率の基礎となる労災保険率については、なお従前の例による。

3　施行日前に労働者災害補償保険に係る保険関係が成立している事業であって事業の期間が予定されているものに係る労災保険率（第一種特別加入保険料率の基礎となる場合を含む。）については、新規則別表第一の規定にかかわらず、なお従前の例による。

4 前項に規定する事業についての規則第十三条第一項に規定する請負金額に乗ずべき率は、新規則別表第二の規定にかかわらず、なお従前の例による。

5 この省令の施行の際現に労働保険の保険料の徴収等に関する法律（以下この項において「法」という。）第七条の規定により一の事業とみなされている事業のうち請負による建設の事業（水力発電施設、ずい道等新設事業又は既設建築物設備工事業であって、規則第十三条の規定により賃金総額を算定するものに限る。）であって、平成十年度に使用するすべての労働者に係る賃金総額の見込額が平成九年度に使用したすべての労働者に係る賃金総額の百分の五十以上百分の二百以下であるものについての法第十五条第一項の規定による平成十年度の一般保険料に係る概算保険料の額の算定に際し用いる当該事業に係る平成九年度に使用したすべての労働者に係る賃金総額の算定に当たり当該事業に係る請負金額に乗ずべき率は、改正前の労働保険の保険料の徴収等に関する法律施行規則別表第二の規定にかかわらず、新規則別表第二に掲げる率とする。

6 新規則別表第五の規定による第二種特別加入保険料率は、施行日以後の期間に係る規則第二十二条に規定する額の総額に乗ずべき第二種特別加入保険料率として適用し、同日前の期間に係る同条に規定する額の総額に乗ずべき第二種特別加入保険料率については、なお従前の例による。

7 新規則第二十三条の三の規定による第三種特別加入保険料率は、施行日以後の期間に係る規則第二十三条の二に規定する額の総額に乗ずべき第三種特別加入保険料率として適用し、同日前の期間に係る同条に規定する額の総額に乗ずべき第三種特別加入保険料率については、なお従前の例による。

附　則（平成一〇年一〇月二三日労働省令三四号）

（施行期日）

第一条　この省令は、平成十年十月二十六日から施行する。

（経過措置）

第二条　この省令の施行の際現に提出されているこの省令による改正前の労働保険の保険料の徴収等に関する法律施行規則（以下「旧規則」という。）様式第一号による保険関係成立届、旧規則様式第二号による名称、所在地等変更届、旧規則様式第三号による一括有期事業開始届、旧規則様式第四号による下請負人を事業主とする認可申請書、旧規則様式第五号による継続事業一括申請書及び継続被一括事業名称・所在地変更届、旧規則様式第五号の二による労災保険率特例適用申告書、旧規則様式第六号による概算保険料申告書、増加概算保険料申告書及び確定保険料申告書、旧規則様式第七号による一括有期事業報告書、旧規則様式第八号による労働保険料還付請求書、旧規則様式第九号による雇用保険印紙購入通帳交付申請書及び雇用保険印紙購入通帳更新申請書、旧規則様式第十一号による印紙保険料納付計器指定申請書、旧規則様式第十二号による印紙保険料納付計器設置承認申請書、旧規則様式第十三号による始動票札受領通帳交付申請書、旧規則様式第十五号による印紙保険料納付状況報告書及び印紙保険料納付計器使用状況報告書、旧規則様式第十六号による労働保険事務組合認可申請書、旧規則第十七号による労働保険事務処理委託等届、旧規則様式第二十三号による代理人選任・解任届、旧規則様式第二十六号による任意加入申請書並びに旧規則様式第二十七号による保険関係消滅申請書は、それぞれ、この省令による改正後の労働保険の保険料の徴収等に関する法律施行規則（以下「新規則」という。）様式第一号による保険関係成立届、新規則様式第二号による名称、所在地等変更届、新規則様式第三号による一括有期事業開始届、新規則様式第四号による下請負人を事業主とする認可申請書、新規則様式第五号による継続事業一括申請書及び新規則様式第五号の二による継続被一括事業名称・所在地変更届、新規則様式第五号の三による労災保険率特例適用申告書、新規則様式第六号による概算保険料申告書、増加概算保険料申告書及び確定保険料申告書、新規則様式第七号による一括有期事業報告書、旧規則様式第八号による労働保険料還付請求書、新規則様式第九号による雇用保険印紙購入通帳交付申請書及び雇用保険印紙購入通帳更新申請書、新規則様式第十一号による印紙保険料納付計器指定申請書、新規則様式第十二号による印紙保険料納付計器設置承認申請書、新規則様式第十三号による始動票札受領通帳交付申請書、新規則様式第十五号による印紙保険料納付状況報告書及び印紙保険料納付計器使用状況報告書、新規則様式第十六号による労働保険事務組合認可申請書、新規則様式第十七号による労働保険事務処理委託届又は新規則様式第一号による労働保険事務処理委託解除届、新規則様式第二十三号による代理人選任・解任届、新規則様式第一号による任意加入申請書並びに新規則様式第二十七号による保険関係消滅申請書とみなす。

2　新規則第四条第二項の規定による保険関係成立届、新規則第五条第二項の規定による名称、所在地等変更届、新規則第六条第三項の規定による一括有期事業開始届、新規則第八条の規定による下請負人を事業主とする認可申請書、新規則第十条第四項の規定による継続被一括事業名称・所在地変更届、新規則第二十条の四第三項の規定による労災保険率特例適用申告書、新規則第二十四条第三項の規定による概算保険料申告書、新規則第二十五条第三項の規定による増加概算保険料申告書、新規則第三十三条第二項の規定による確定保険料申告書、新規則第三十四条の規定による一括有期事業報告書、新規則第三十六条第二項の規定による労働保険料還付請求書、新規則第四十二条第一項の規定による雇用保険印紙通帳交付申請書、同条第四項の規定による雇用保険印紙購入通帳更新申請書、新規則第四十五条第一項の規定による印紙保険料納付計器指定申請書、新規則第四十七条第一項の規定による印紙保険料納付計器設置承認申請書、新規則第五十条第一項の規定による始動票札受領通帳交付申請書、新規則第五十四条の規定による印紙保険料納付状況報告書、新規則第五十五条の規定による印紙保険料納付計器使用状況報告書、新規則第五十九条第一項の規定による労働保険事務組合認可申請書、新規則第六十条第一項の規定による労働保険事務処理委託届、同条第二項において準用する同条第一項の規定による労働保険事務処理委託解除届、新規則第七十一条第二項の規定による代理人選任・解任届、新規則附則第二条第一項の規定による任意加入申請書及び新規則附則第三条の規定による保険関係消滅申請書は、当分の間、なお従前の様式によることができる。

附　則（平成一一年二月二四日労働省令一三号）

（施行期日）

第一条　この省令は、平成十一年四月一日から施行する。

（経過措置）

第二条　この省令の施行の際現に労働者災害補償保険に係る保険関係が成立している事業であって事業の期間が予定されるものに関する労働保険の保険料の徴収等に関する法律第七条第三号の事業の規模については、改正後の労働保険の保険料の徴収等に関する法律施行規則第六条第一項の規定にかかわらず、なお従前の例による。

附　則（平成一一年一二月三日労働省令四八号）

1　この省令は、公布の日から施行する。

2　この省令の施行の際、現に存するこの省令による改正前の様式による用紙は、当分の間、これを使用することができる。

附　則（平成一二年一月三一日労働省令第二号）（抄）

（施行期日）

第一条　この省令は、平成十二年四月一日から施行する。

（処分、申請等に関する経過措置）

第二条　地方分権の推進を図るための関係法律の整備等に関する法律（以下「地方分権推進整備法」という。）の施行前に改正前のそれぞれの法律若しくはこれに基づく政令の規定（これらの規定を準用する他の法律又はこれに基づく政令の規定を含む。以下同じ。）により都道府県労働基準局長若しくは都道府県知事が行った許可等の処分その他の行為（以下「処分等の行為」という。）又は地方分権推進整備法の施行の際現に改正前のそれぞれの法律若しくはこれに基づく政令の規定により都道府県労働基準局長若しくは都道府県知事に対してされている許可等の申請その他の行為（以下「申請等の行為」という。）で、地方分権推進整備法の施行の日においてこれらの行為に係る行政事務を地方分権推進整備法による改正後のそれぞれの法律又はこれに基づく労働省令の規定（これらの規定を準用する他の法律又はこれに基づく労働省令の規定を含む。以下同じ。）により都道府県労働局長が行うこととなるものは、地方分権推進整備法の施行の日以後における改正後のそれぞれの法律又はこれに基づく労働省令の適用については、改正後のそれぞれの法律又はこれに基づく労働省令の相当規定により都道府県労働局長がした処分等の行為又は都道府県労働局長に対してされた申請等の行為とみなす。

第三条　この省令の施行前に改正前のそれぞれの省令の規定によりされた処分等の行為又はこの省令の施行の際現に改正前のそれぞれの省令の規定によりされている申請等の行為で、この省令の施行の日においてこれらの行為に係る行政事務を行うべき者が異なることとなるものは、この省令の施行の日以後における改正後のそれぞれの省令の適用については、改正後のそれぞれの省令の相当規定によりされた処分等の行為又は申請等の行為とみなす。

第四条　この省令の施行前に改正前のそれぞれの省令の規定により国又は地方公共団体の機関又は職員に対して報告、届出、提出その他の手続をしなければならない事項で、この省令の施行の日前にその手続がされていないものについては、これを改正後のそれぞれの省令の相当規定により国又は地方公共団体の相当の機関又は職員に対して報告、届出、提出をしなければならない事項についてその手続がされていないものとみなして、この省令による改正後のそれぞれの省令の規定を適用する。

（様式に関する経過措置）

第五条　〈前略〉第十二条による改正前の労働保険の保険料の徴収等に関する法律施行規則第七十三条の規定による証票〈中略〉は、当分の間、〈中略〉第十二条による改正後の労働保険の保険料の徴収等に関する法律施行規則第七十三条の規定による証票〈中略〉とみなす。

第六条　この省令の施行の際現に提出され又は交付されているこの省令による改正前のそれぞれの省令に定める様式による申請書等は、この省令による改正後のそれぞれの省令に定める相当様式による申請書等とみなす。

第七条　この省令の施行の際、現に存するこの省令による改正前のそれぞれの省令に定める様式による申請書等の用紙は、当分の間、必要な改定をした上、使用することができる。

附　則（平成一二年一〇月三一日労働省令四一号）（抄）

（施行期日）

第一条　この省令は、内閣法の一部を改正する法律（平成十一年法律第八十八号）の施行の日（平成十三年一月六日）から施行する。

（様式に関する経過措置）

第五条　〈前略〉第三十一条の規定による改正前の労働保険の保険料の徴収等に関する法律施行規則第七十三条の規定による証票〈中略〉は、当分の間、〈中略〉第三十一条の規定による改正後の労働保険の保険料の徴収等に関する法律施行規則第七十三条の規定による証票〈中略〉とみなす。

第六条　この省令の施行の際現に提出され又は交付されているこの省令による改正前のそれぞれの省令に定める様式による申請書等は、この省令による改正後のそれぞれの省令に定める相当様式による申請書等とみなす。

第七条　この省令の施行の際現に存するこの省令による改正前のそれぞれの省令に定める様式による申請書等の用紙は、当分の間、必要な改定をした上、使用することができる。

附　則（平成一三年一月一七日厚生労働省令六号）

この省令は、平成十三年四月一日から施行する。

附　則（平成一三年三月二三日厚生労働省令三一号）（抄）

（施行期日）

第一条　この省令は、平成十三年四月一日から施行する。ただし、〈中略〉第二条中労働保険の保険料の徴収等に関する法律施行規則別表第三の改正規定（「通勤災害に係る率を」を「非業務災害率を」に、「」から通勤災害に係る率」を「」から非業務災害率」に、「額から通勤災害に係る率」を「額から特別加入非業務災害率」に改める部分を除く。）及び別表第五の改正規定中「

特16	労災保険法施行規則第46条の18第4号の作業	1000分の6

」を「

特16	労災保険法施行規則第46条の18第4号の作業	1000分の6
特17	労災保険法施行規則第46条の18第5号の作業	1000分の7

」に改める部分〈中略〉の改正規定は、同年三月三十一日から施行する。

（労働保険の保険料の徴収等に関する法律施行規則の一部改正に伴う経過措置）

第三条　第二条の規定による改正後の労働保険の保険料の徴収等に関する法律施行規則（以下「新徴収則」という。）別表第一の規定による労災保険率は、平成十三年四月一日以後に使用するすべての労働者に係る賃金総額に乗ずべき一般保険料率（次項に規定する事業についての一般保険料率を除く。以下この項において同じ。）の基礎となる労災保険率及び同日以後の期間に係る労働保険の保険料の徴収等に関する法律施行規則（以下「徴収則」という。）第二十一条第一項に規定する額の総額に乗ずべき第一種特別加入保険料率（次項に規定する事業についての第一種特別加入保険料率を除く。以下この項において同じ。）の基礎となる労災保険率として適用し、同日前に使用するすべての労働者に係る賃金総額に乗ずべき一般保険料率の基礎となる労災保険率及び同日前の期間に係る同項に規定する額の総額に乗ずべき第一種特別加入保険料率の基礎となる労災保険率については、なお従前の例による。

2　平成十三年四月一日前に労働者災害補償保険（以下「労災

事業の期間が予定されているものに係る労災保険率（第一種特別加入保険料率の基礎となる場合を含む。）については、新徴収則別表第一の規定にかかわらず、なお従前の例による。

3　前項に規定する事業についての徴収則第十三条第一項に規定する請負金額に乗ずべき率は、新徴収則別表第二の規定にかかわらず、なお従前の例による。

4　平成十三年四月一日において現に労働保険の保険料の徴収等に関する法律（以下この項において「徴収法」という。）第七条の規定により一の事業とみなされている事業のうち請負による建設の事業（道路新設事業、建築事業（既設建築物設備工事業を含む。）、機械装置の組立て又は据付けの事業であって、徴収則第十三条の規定により賃金総額を算定するものに限る。）であって、平成十三年度に使用するすべての労働者に係る賃金総額の見込額が平成十二年度に使用したすべての労働者に係る賃金総額の百分の五十以上百分の二百以下であるものについての徴収法第十五条第一項の規定による平成十三年度の一般保険料に係る概算保険料の額の算定に際し用いる当該事業に係る平成十二年度に使用したすべての労働者に係る賃金総額の算定に当たり当該事業に係る請負金額に乗ずべき率は、改正前の労働保険の保険料の徴収等に関する法律施行規則（以下「旧徴収則」という。）別表第二の規定にかかわらず、新徴収則別表第二に掲げる率とする。

5　平成十三年度以前の保険年度の労災保険率の増減については、新徴収則別表第三の規定にかかわらず、なお従前の例による。

6　新徴収則別表第五の規定による第二種特別加入保険料率は、平成十三年四月一日以後の期間に係る徴収則第二十二条に規定する額の総額に乗ずべき第二種特別加入保険料率として適用し、同日前の期間に係る同条に規定する額の総額に乗ずべき第二種特別加入保険料率については、なお従前の例による。

7　新徴収則第二十三条の三の規定による第三種特別加入保険料率は、平成十三年四月一日以後の期間に係る徴収則第二十三条の二に規定する額の総額に乗ずべき第三種特別加入保険料率として適用し、同日前の期間に係る同条に規定する額の総額に乗ずべき第三種特別加入保険料率については、なお従前の例による。

8　平成十三年四月一日前に、労災保険に係る保険関係が成立した事業であって事業の期間が予定されるものについての徴収法第二十条に規定する一般保険料又は第一種特別加入保険料の額の増減及び収支割合の変動範囲については、新徴収則別表第六及び別表第七の規定にかかわらず、なお従前の例による。

9　請負による建設の事業（徴収法第十一条第二項に規定する賃金総額を正確に算定することが困難なものに限る。）であって、平成十三年四月一日において現に徴収法第七条の規定により一の事業とみなされているものについての平成十二年度の一般保険料に係る確定保険料の額の算定に際し用いる賃金総額の算定については、なお従前の例による。

10　前項に規定する事業であって、平成十三年度に使用するすべての労働者に係る賃金総額の見込額が徴収則第二十四条第一項に規定する場合であるものについての平成十三年度の一般保険料に係る概算保険料の額の算定に際し用いる平成十二年度の賃金総額の算定については、旧徴収則附則第一条の二の規定は、適用しない。

11　請負による建設の事業（徴収法第十一条第二項に規定する賃金総額を正確に算定することが困難なものに限り、徴収法第七条の規定により一の事業とみなされるものを除く。）であって、平成十三年四月一日前に労災保険に係る保険関係が成立したものについての一般保険料に係る確定保険料の額の算定に際し用いる賃金総額の算定については、なお従前の例による。

附　則（平成一四年八月三〇日厚生労働省令一一二号）

この省令は、公布の日から施行する。

附　則（平成一五年三月二五日厚生労働省令四七号）

（施行期日）

1　この省令は、平成十五年四月一日から施行する。

（経過措置）

2　改正後の労働保険の保険料の徴収等に関する法律施行規則（以下「新規則」という。）第十六条第二項及び新規則別表第一の規定は、この省令の施行の日（以下「施行日」という。）以後に使用するすべての労働者に係る賃金総額に乗ずべき一般保険料率（次項に規定する事業についての一般保険料率を除く。以下この項において同じ。）の基礎となる非業務災害率及び労災保険率並びに施行日以後の期間に係る労働保険の保険料の徴収等に関する法律施行規則（以下「規則」という。）第二十一条第一項に規定する額の総額に乗ずべき第一種特別加入保険料率（次項に規定する事業についての第一種特別加入保険料率を除く。以下この項において同じ。）の基礎となる非業務災害率及び労災保険率について適用し、施行日前に使用するすべての労働者に係る賃金総額に乗ずべき一般保険料率の基礎となる非業務災害率及び労災保険率並びに施行日前の期間に係る規則第二十一条第一項に規定する額の総額に乗ずべき第一種特別加入保険料率の基礎となる非業務災害率及び労災保険率については、なお従前の例による。

3　施行日前に労働者災害補償保険に係る保険関係が成立している事業であって事業の期間が予定されているものに係る非業務災害率及び労災保険率（第一種特別加入保険料率の基礎となる場合を含む。）については、新規則第十六条第二項及び新規則別表第一の規定にかかわらず、なお従前の例による。

4　新規則別表第五の規定は、施行日以後の期間に係る規則第二十二条に規定する額の総額に乗ずべき第二種特別加入保険料率について適用し、施行日前の期間に係る同条に規定する額の総額に乗ずべき第二種特別加入保険料率については、なお従前の例による。

5　新規則第二十三条の三の規定は、施行日以後の期間に係る規則第二十三条の二に規定する額の総額に乗ずべき第三種特別加入保険料率について適用し、施行日前の期間に係る同条に規定する額の総額に乗ずべき第三種特別加入保険料率については、なお従前の例による。

附　則（平成一五年三月三一日厚生労働省令七一号）（抄）

（施行期日）

第一条　この省令は、平成十五年四月一日から施行する。

附　則（平成一五年四月三〇日厚生労働省令八二号）（抄）

（施行期日）

第一条　この省令は、雇用保険法等の一部を改正する法律（平成十五年法律第三十一号）の施行の日〈編注・平成一五年五月一日〉から施行する。

附　則（平成一七年三月七日厚生労働省令二五号）（抄）

（施行期日）

第一条　この省令は、不動産登記法の施行の日（平成十七年三月七日）から施行する。

附　則（平成一八年三月二七日厚生労働省令五三号）

（施行期日）

1　この省令は、平成十八年四月一日から施行する。ただし、別表第三の改正規定は、同年三月三十一日から施行する。

（経過措置）

2　平成十八年度以前の保険年度の労災保険率の増減については、この省令の規定による改正後の労働保険の保険料の徴収等に関する法律施行規則（次項において「新徴収則」という。）別表第三の規定にかかわらず、なお従前の例による。

3　この省令の施行の日前に、労働者災害補償保険法（昭和二十二年法律第五十号）による労働者災害補償保険に係る保険関係が成立した事業であって事業の期間が予定されるものについての労働保険の保険料の徴収等に関する法律第二十条に規定する一般保険料又は第一種特別加入保険料の額の増減及び収支割合の変動範囲については、新徴収則別表第六及び別表第七の規定にかかわらず、なお従前の例による。

附　則（平成一八年三月三一日厚生労働省令六九号）

（施行期日）

1　この省令は、平成十八年四月一日から施行する。

（経過措置）

2　この省令の施行の日（以下「施行日」という。）の前日（以下「基準日」という。）において労働者災害補償保険に係る保険関係が成立している事業であって次項に規定する事業以外のものについての連続する三保険年度間のうち基準日以前の期間に係る労働保険の保険料の徴収等に関する法律第十二条第三項に規定する労働者災害補償保険法（昭和二十二年法律第五十号）の規定による業務災害に関する保険給付及び同項に規定する第一種調整率は、この省令による改正後の労働保険の保険料の徴収等に関する法律施行規則第十七条の二の規定にかかわらず、なお従前の例による。

3　基準日において労働者災害補償保険に係る保険関係が成立している事業であって事業の期間が予定されるものについての労働保険の保険料の徴収等に関する法律第二十条第一項に規定する労働者災害補償保険法の規定による業務災害に関する保険給付並びに同項第一号に規定する第一種調整率及び同項第二号に規定する第二種調整率については、この省令による改正後の労働保険の保険料の徴収等に関する法律施行規則第十七条の二の規定にかかわらず、なお従前の例による。

附　則（平成一八年三月三一日厚生労働省令八七号）

（施行期日）

1　この省令は、平成十八年四月一日から施行する。

（経過措置）

2　この省令による改正後の労働保険の保険料の徴収等に関する法律施行規則（以下「新規則」という。）別表第一の規定による労災保険率は、この省令の施行の日（以下「施行日」という。）以後に使用するすべての労働者に係る賃金総額に乗ずべき一般保険料率（第四項に規定する事業についての一般保険料率を除く。以下この項において同じ。）の基礎となる労災保険率及び同日以後の期間に係る労働保険の保険料の徴収等に関する法律施行規則（以下「規則」という。）第二十一条第一項に規定する額の総額に乗ずべき第一種特別加入保険料率（第四項に規定する事業についての第一種特別加入保険料率を除く。以下この項において同じ。）の基礎となる労災保険率について適用し、同日前に使用するすべての労働者に係る賃金総額に乗ずべき一般保険料率の基礎となる労災保険率及び同日前の期間に係る規則第二十一条第一項に規定する額の総額に乗ずべき第一種特別加入保険料率の基礎となる労災保険率については、なお従前の例による。

3　前項の規定にかかわらず、施行日前に労働者災害補償保険（以下「労災保険」という。）に係る保険関係が成立している事業であって事業の期間が予定されている事業以外のもののうち労働保険の保険料の徴収等に関する法律（以下「徴収法」という。）第九条の規定により一の事業とみなされているもの（その他の各種事業に係るものに限る。）についての平成十八年度の概算保険料の額の算定に際し用いる別表第一の規定の適用については、なお従前の例によることができる。この場合において、新規則別表第一の規定による労災保険率がこの省令による改正前の労働保険の保険料の徴収等に関する法律施行規則（以下「旧規則」という。）別表第一の規定による労災保険率に比して低いときは、改正後の労災保険率によることができるものとする。

4　施行日前に労災保険に係る保険関係が成立している事業であって事業の期間が予定されているものに係る労災保険率（第一種特別加入保険料率の基礎となる場合を含む。）については、新規則別表第一の規定にかかわらず、なお従前の例による。

5　前項に規定する事業についての規則第十三条第一項に規定する請負金額に乗ずべき率は、新規則別表第二の規定にかかわらず、なお従前の例による。

6　この省令の施行の際現に徴収法第七条の規定により一の事業とみなされている事業のうち請負による建設の事業（水力発電施設、ずい道等新設事業、機械装置の組立て又は据付けの事業（組立て又は取付けに関するもの）であって、規則第十三条の規定により賃金総額を算定するものに限る。）であって、平成十八年度に使用するすべての労働者に係る賃金総額の見込額が平成十七年度に使用したすべての労働者に係る賃金総額の百分の五十以上百分の二百以下であるものについての徴収法第十五条第一項の規定による平成十八年度の一般保険料に係る概算保険料の額の算定に際し用いる当該事業に係る平成十七年度に使用したすべての労働者に係る賃金総額の算定に当たり当該事業に係る請負金額に乗ずべき率は、旧規則別表第二の規定にかかわらず、新規則別表第二に掲げる率とする。

7　新規則別表第五の規定による第二種特別加入保険料率は、施行日以後の期間に係る規則第二十二条に規定する額の総額に乗ずべき第二種特別加入保険料率として適用し、同日前の期間に係る同条に規定する額の総額に乗ずべき第二種特別加入保険料率については、なお従前の例による。

附　則（平成一九年三月二七日厚生労働省令三二号）（抄）

（施行期日）

第一条　この省令は、平成十九年四月一日から施行する。

（委託等の届出等に関する特例）

第二条　この省令の施行の際現に労働保険事務組合（労働保険の保険料の徴収等に関する法律第三十三条第三項の労働保険事務組合をいう。以下同じ。）が第二条の規定による改正前の労働保険の保険料の徴収等に関する法律施行規則（以下「旧徴収則」という。）第六十条第一項の規定による届出をしている場合であって、当該届出に係る労災保険適用事業主（石綿による健康被害の救済に関する法律第三十五条第一項の労災保険適用事業主をいう。以下同じ。）から当該労働保険事務組合に一般拠出金事務（第一条の規定による改正後の厚生労働省関係石綿による健康被害の救済に関する法律施行規則（以下「新石綿則」という。）第一条第二項第一号の一般拠出金事務をいう。）の処理の委託があったときは、当該労働保険事務組合は、新石綿則第二条の八第一項の規定による届出をすることを要しない。

第三条　この省令の施行の際現に労災保険適用事業主が労働保

険の保険料の徴収等に関する法律施行規則第七十一条第二項の規定による届出をしている場合であって、当該労災保険適用事業主が当該届出に係る代理人に新石綿則第二章の規定によって当該労災保険適用事業主が行わなければならない事項を当該代理人に行わせるときは、当該労災保険適用事業主は、新石綿則第二条の六の規定により準用する労働保険の保険料の徴収等に関する法律施行規則第七十一条第二項の規定による届出をすることを要しない。

（様式に関する経過措置）

第四条　旧徴収則第七十三条の規定による証票は、当分の間、第二条の規定による改正後の労働保険の保険料の徴収等に関する法律施行規則（以下「新徴収則」という。）第七十三条の規定による証票とみなす。

第五条　この省令の施行の際現に提出されている旧徴収則様式第六号による概算保険料申告書、増加概算保険料申告書及び確定保険料申告書、旧徴収則様式第七号による一括有期事業報告書、旧徴収則様式第八号による労働保険料還付請求書、旧徴収則様式第十七号による労働保険事務処理委託解除届、旧徴収則様式第十八号による労働保険事務処理委託事業主名簿、旧徴収則様式第十九号による労働保険料等徴収及び納付簿並びに旧徴収則様式第二十三号による代理人選任・解任届は、それぞれ、新徴収則様式第六号による概算保険料申告書、増加概算保険料申告書及び確定保険料申告書、新徴収則様式第七号による一括有期事業報告書、新徴収則様式第八号による労働保険料還付請求書、新徴収則様式第十七号による労働保険事務等処理委託解除届、新徴収則様式第十八号による労働保険事務等処理委託事業主名簿、新徴収則様式第十九号による労働保険料等徴収及び納付簿並びに新徴収則様式第二十三号による代理人選任・解任届とみなす。

第六条　この省令の施行の際現に存する第一条の規定による改正前の厚生労働省関係石綿による健康被害の救済に関する法律施行規則及び旧徴収則に定める様式による用紙は、当分の間、必要な改定をした上、これを使用することができる。

附　則（平成一九年九月二五日厚生労働省令一一二号）（抄）

（施行期日）

第一条　この省令は、平成十九年十月一日から施行する。

附　則（平成二〇年三月三一日厚生労働省令六七号）

1　この省令は、平成二十年四月一日から施行する。

2　この省令の施行の際現に提出されているこの省令による改正前の労働保険の保険料の徴収等に関する法律施行規則（以下「旧徴収則」という。）様式第一号による保険関係成立届、労働保険事務等処理委託届及び任意加入申請書並びに旧徴収則様式第二号による名称、所在地等変更届並びにこの省令による改正前の厚生労働省関係石綿による健康被害の救済に関する法律施行規則様式第七号による労働保険事務等処理委託届は、それぞれ、この省令による改正後の労働保険の保険料の徴収等に関する法律施行規則（以下「新徴収則」という。）様式第一号による保険関係成立届、労働保険事務等処理委託届及び任意加入申請書並びに新徴収則様式第二号による名称、所在地等変更届並びにこの省令による改正後の厚生労働省関係石綿による健康被害の救済に関する法律施行規則（以下「新石綿則」という。）様式第七号による労働保険事務等処理委託届とみなす。

3　新徴収則第四条第二項の規定による保険関係成立届、新徴収則第五条第二項の規定による名称、所在地等変更届、新徴収則第六十条第一項の規定による労働保険事務等処理委託届、新徴収則附則第二条第一項の規定による任意加入申請書及び新石綿則第三条の八第一項の規定による労働保険事務等処理委託届は、当分の間、なお従前の様式によることができる。

附　則（平成二〇年三月三一日厚生労働省令六八号）

この省令は、平成二十一年四月一日から施行する。

附　則（平成二一年二月一九日厚生労働省令一六号）

（施行期日）

1　この省令は、平成二十一年四月一日から施行する。ただし、第二条の規定は、平成二十二年一月一日から施行する。

（経過措置）

2　第一条の規定による改正後の労働保険の保険料の徴収等に関する法律施行規則（以下「新規則」という。）別表第一の規定による労災保険率は、平成二十一年四月一日以後に使用するすべての労働者に係る賃金総額に乗ずべき一般保険料率（次項に規定する事業についての一般保険料率を除く。以下この項において同じ。）の基礎となる労災保険率及び同日以後の期間に係る労働保険の保険料の徴収等に関する法律施行規則（以下「規則」という。）第二十一条第一項に規定する額の総額に乗ずべき第一種特別加入保険料率（次項に規定する事業についての第一種特別加入保険料率を除く。以下この項において同じ。）の基礎となる労災保険率について適用し、同日前に使用するすべての労働者に係る賃金総額に乗ずべき一般保険料率の基礎となる労災保険率及び同日前の期間に係る規則第二十一条第一項に規定する額の総額に乗ずべき第一種特別加入保険料率の基礎となる労災保険率については、なお従前の例による。

3　平成二十一年四月一日前に労働者災害補償保険に係る保険関係が成立している事業であって事業の期間が予定されているものに係る労災保険率（第一種特別加入保険料率の基礎となる場合を含む。）については、新規則別表第一の規定にかかわらず、なお従前の例による。

4　前項に規定する事業についての規則第十三条第一項に規定する請負金額に乗ずべき率は、新規則別表第二の規定にかかわらず、なお従前の例による。

5　平成二十一年四月一日において現に労働保険の保険料の徴

収等に関する法律（以下この項において「徴収法」という。）第七条の規定により一の事業とみなされている事業のうち請負による建設の事業（舗装工事業、鉄道又は軌道新設事業、既設建築物設備工事業、機械装置の組立て又は据付けの事業（その他のもの）であって、規則第十三条の規定により賃金総額を算定するものに限る。）であって、平成二十一年度に使用するすべての労働者に係る賃金総額の見込額が平成二十年度に使用したすべての労働者に係る賃金総額の百分の五十以上百分の二百以下であるものについての徴収法第十五条第一項の規定による平成二十一年度の一般保険料に係る概算保険料の額の算定に際し用いる当該事業に係る平成二十年度に使用したすべての労働者に係る賃金総額の算定に当たり当該事業に係る請負金額に乗ずべき率は、第一条の規定による改正前の規則別表第二の規定にかかわらず、新規則別表第二に掲げる率とする。

6　新規則別表第五の規定による第二種特別加入保険料率は、平成二十一年四月一日以後の期間に係る規則第二十二条に規定する額の総額に乗ずべき第二種特別加入保険料率として適用し、同日前の期間に係る同条に規定する額の総額に乗ずべき第二種特別加入保険料率については、なお従前の例による。

7　新規則第二十三条の三の規定による第三種特別加入保険料率は、平成二十一年四月一日以後の期間に係る規則第二十三条の二に規定する額の総額に乗ずべき第三種特別加入保険料率として適用し、同日前の期間に係る同条に規定する額の総額に乗ずべき第三種特別加入保険料率については、なお従前の例による。

附　則（平成二一年三月三一日厚生労働省令七四号）（抄）

1　この省令は、平成二十一年四月一日から施行する。

2　この省令の施行の際現に提出されているこの省令による改正前の労働保険の保険料の徴収等に関する法律施行規則（以下「旧徴収則」という。）様式第一号による保険関係成立届、労働保険事務等処理委託届及び任意加入申請書、旧徴収則様式第二号による名称、所在地等変更届、旧徴収則様式第四号による下請負人を事業主とする認可申請書、旧徴収則様式第五号の二による継続被一括事業名称・所在地変更届並びに旧徴収則様式第七号㈠による一括有期事業報告書（建設の事業）〈中略〉は、それぞれ、この省令による改正後の労働保険の保険料の徴収等に関する法律施行規則（以下「新徴収則」という。）様式第一号による保険関係成立届、労働保険事務等処理委託届及び任意加入申請書、新徴収則様式第二号による名称、所在地等変更届、新徴収則様式第四号による下請負人を事業主とする認可申請書、新徴収則様式第五号の二による継続被一括事業名称・所在地変更届並びに新徴収則様式第七号㈠による一括有期事業報告書（建設の事業）〈中略〉とみなす。

3　新徴収則第四条第二項の規定による保険関係成立届、新徴収則第五条第二項の規定による名称、所在地等変更届、新徴収則第八条の規定による下請負人を事業主とする認可申請書、新徴収則第十条第四項の規定による継続被一括事業名称・所在地変更届、新徴収則第三十四条の規定による一括有期事業報告書（建設の事業）、新徴収則第六十条第一項の規定による労働保険事務等処理委託届、新徴収則附則第二条第一項の規定による任意加入申請書〈中略〉は、当分の間、なお従前の様式によることができる。

附　則（平成二一年一二月二八日厚生労働省令一六七号）（抄）

（施行期日）

第一条　この省令は、平成二十二年一月一日から施行する。

附　則（平成二一年一二月二八日厚生労働省令一六八号）（抄）

（施行期日）

第一条　この省令は、平成二十二年一月一日から施行する。

（労働保険の保険料の徴収等に関する法律施行規則の一部改正に伴う経過措置）

第七条　船員として雇用される者に対するこの省令による改正後の労働保険の保険料の徴収等に関する法律施行規則第十五条の二第一項の適用については、次の表の上欄に掲げる者にあっては、同項中「六十四歳」とあるのは、それぞれ同表の下欄に掲げる字句に読み替えるものとする。

昭和二十五年四月一日までに生まれた者	五十九歳
昭和二十五年四月二日から昭和二十六年四月一日までの間に生まれた者	六十歳
昭和二十六年四月二日から昭和二十七年四月一日までの間に生まれた者	六十一歳
昭和二十七年四月二日から昭和二十八年四月一日までの間に生まれた者	六十二歳
昭和二十八年四月二日から昭和二十九年四月一日までの間に生まれた者	六十三歳

附　則（平成二二年四月一九日厚生労働省令六五号）

この省令は、平成二十二年十二月一日から施行する。

附　則（平成二二年九月二九日厚生労働省令一〇七号）

（施行期日）

第一条　この省令は、雇用保険法等の一部を改正する法律の一部の施行の日（平成二十二年十月一日）から施行する。

（労働保険の保険料の徴収等に関する法律施行規則の一部改正に伴う経過措置）

第二条　第二条の規定による改正前の労働保険の保険料の徴収等に関する法律施行規則（以下「旧徴収則」という。）第七十三条の規定による証票は、当分の間、第二条の規定による改正後の労働保険の保険料の徴収等に関する法律施行規則（以下「新徴収則」という。）第七十五条の規定による証票とみなす。

2　この省令の施行の際現に提出されている旧徴収則様式第一号による保険関係成立届、労働保険事務等処理委託届及び任意加入申請書、旧徴収則様式第十六号による労働保険事務組合認可申請書、旧徴収則様式第十七号による労働保険事務等処理委託解除届並びに旧徴収則様式第二十三号による代理人選任・解任届は、それぞれ、新徴収則様式第一号による保険関係成立届、労働保険事務等処理委託届及び任意加入申請書、新徴収則様式第十六号による労働保険事務組合認可申請書、新徴収則様式第十七号による労働保険事務等処理委託解除届並びに新徴収則様式第二十三号による代理人選任・解任届とみなす。

3　新徴収則第四条第二項の規定による保険関係成立届、新徴収則第六十三条第一項の規定による労働保険事務組合認可申請書、新徴収則第六十四条第一項の規定による労働保険事務等処理委託届、新徴収則第六十四条第二項の規定による労働保険事務等処理委託解除届、新徴収則第六十八条第一号の規定による労働保険事務処理委託事業主名簿、新徴収則第六十八条第二号の規定による労働保険料等徴収及び納付簿、新徴収則第六十八条第三号の規定による雇用保険被保険者関係届出事務等処理簿、新徴収則第七十三条第二項の規定による代理人選任・解任届、新徴収則第七十七条の規定による労災保険関係成立票並びに新徴収則附則第二条第一項の規定による

任意加入申請書は、当分の間、なお従前の様式によることができる。

附　則（平成二三年一月一三日厚生労働省令四号）

1　この省令は、平成二十三年四月一日から施行する。

2　この省令の施行の際現に提出されている第一条の規定による改正前の労働保険の保険料の徴収等に関する法律施行規則（以下「旧徴収則」という。）様式第六号による概算保険料申告書、増加概算保険料申告書及び確定保険料申告書並びに旧徴収則様式第十七号による労働保険事務等処理委託解除届並びに第二条の規定による改正前の厚生労働省関係石綿による健康被害の救済に関する法律施行規則（以下「旧石綿則」という。）様式第一号による一般拠出金申告書及び旧石綿則様式第八号による労働保険事務等処理委託解除届は、それぞれ、第一条の規定による改正後の労働保険の保険料の徴収等に関する法律施行規則（以下「新徴収則」という。）様式第六号による概算保険料申告書、増加概算保険料申告書及び確定保険料申告書並びに新徴収則様式第十七号による労働保険事務等処理委託解除届、第二条の規定による改正後の厚生労働省関係石綿による健康被害の救済に関する法律施行規則（以下「新石綿則」という。）様式第一号による一般拠出金申告書及び新石綿則様式第八号による労働保険事務等処理委託解除届とみなす。

3　新徴収則第二十四条第三項の規定による概算保険料申告

書、新徴収則第二十五条第三項の規定による増加概算保険料申告書、新徴収則第三十三条第二項の規定による確定保険料申告書及び新徴収則第六十四条第二項において読み替えて準用する同条第一項の規定による労働保険事務等処理委託解除届並びに新石綿則第二条の二第三項の規定による一般拠出金申告書及び新石綿則第二条の八第二項において読み替えて準用する同条第一項の規定による労働保険事務等処理委託解除届は、当分の間、なお従前の様式によることができる。

附　則（平成二三年一月三一日厚生労働省令一二号）

この省令は、平成二十三年二月一日から施行する。

附　則（平成二三年八月一一日厚生労働省令一〇五号）

この省令は、公布の日から施行する。

附　則（平成二三年一二月二八日厚生労働省令一五六号）（抄）

（施行期日）

第一条　この省令は、公布の日から施行する。

附　則（平成二四年二月二日厚生労働省令一四号）

（施行期日）

1　この省令は、平成二十四年四月一日から施行する。

（経過措置）

2　この省令による改正後の労働保険の保険料の徴収等に関する法律施行規則（以下「新規則」という。）別表第一の規定による労災保険率は、平成二十四年四月一日以後に使用する全ての労働者に係る賃金総額に乗ずべき一般保険料率（次項に規定する事業についての一般保険料率を除く。以下この項において同じ。）の基礎となる労災保険率及び同日以後の期間に係る労働保険の保険料の徴収等に関する法律施行規則（以下「規則」という。）第二十一条第一項に規定する額の総額に乗ずべき第一種特別加入保険料率（次項に規定する事業についての第一種特別加入保険料率を除く。以下この項において同じ。）の基礎となる労災保険率について適用し、同日前に使用する全ての労働者に係る賃金総額に乗ずべき一般保険料率の基礎となる労災保険率及び同日前の期間に係る規則第二十一条第一項に規定する額の総額に乗ずべき第一種特別加入保険料率の基礎となる労災保険率については、なお従前の例による。

3　平成二十四年四月一日前に労働者災害補償保険（以下「労災保険」という。）に係る保険関係が成立している事業であって事業の期間が予定されているものに係る労災保険率（第一種特別加入保険料率の基礎となる場合を含む。）については、新規則別表第一の規定にかかわらず、なお従前の例による。

4　前項に規定する事業についての規則第十三条第一項に規定する請負金額に乗ずべき率は、新規則別表第二の規定にかかわらず、なお従前の例による。

5　平成二十四年四月一日において現に労働保険の保険料の徴収等に関する法律（昭和四十四年法律第八十四号。以下「徴収法」という。）第七条の規定により一の事業とみなされている事業のうち請負による建設の事業（規則別表第二の水力発電施設若しくはずい道等新設事業、道路新設事業、舗装工事業、鉄道若しくは軌道新設事業、機械装置の組立て若しくは据付けの事業又はその他の建設事業であって、規則第十三条の規定により賃金総額を算定するものに限る。）であって、平成二十四年度に使用する全ての労働者に係る賃金総額の見込額が平成二十三年度に使用した全ての労働者に係る賃金総額の百分の五十以上百分の二百以下であるものについての徴収法第十五条第一項の規定による平成二十四年度の一般保険料に係る概算保険料の額の算定に際し用いる当該事業に係る平成二十三年度に使用した全ての労働者に係る賃金総額の算定に当たり当該事業に係る請負金額に乗ずべき率は、この省令による改正前の規則別表第二の規定にかかわらず、新規則別表第二に掲げる率とする。

6　平成二十六年度の労災保険率の増減については、建設の事業又は立木の伐採の事業であって平成二十二年度及び平成二十三年度の確定保険料の額が百万円以上であるものに限り、新規則第十七条第三項の規定にかかわらず、当該事業は、平成二十二年度及び平成二十三年度においては徴収法第十二条第三項第三号の厚生労働省令で定める規模を有するものとみなす。

7　平成二十七年度の労災保険率の増減については、建設の事業又は立木の伐採の事業であって平成二十三年度の確定保険料の額が百万円以上であるものに限り、新規則第十七条第三項の規定にかかわらず、当該事業は、平成二十三年度においては徴収法第十二条第三項第三号の厚生労働省令で定める規模を有するものとみなす。

8　平成二十四年三月三十一日（以下「基準日」という。）において労災保険に係る保険関係が成立している事業であって次項に規定する事業以外のものについての連続する三保険年度の期間のうち基準日以前の期間に係る徴収法第十二条第三項に規定する労働者災害補償保険法（昭和二十二年法律第五十号）の規定による業務災害に関する保険給付については、新規則第十七条の二の規定にかかわらず、なお従前の例による。

9　基準日において労災保険に係る保険関係が成立している事業であって事業の期間が予定されているものについての基準日以前の期間に係る徴収法第二十条第一項に規定する労働者災害補償保険法の規定による業務災害に関する保険給付については、新規則第十七条の二の規定にかかわらず、なお従前の例による。

10　新規則別表第五の規定による第二種特別加入保険料率は、平成二十四年四月一日以後の期間に係る規則第二十二条に規定する額の総額に乗ずべき第二種特別加入保険料率として適用し、同日前の期間に係る同条に規定する額の総額に乗ずべき第二種特別加入保険料率については、なお従前の例による。

11　平成二十四年四月一日前に労災保険に係る保険関係が成立

している事業であって事業の期間が予定されているものについては、この省令による改正前の規則第三十五条第一項第一号の規定は、この省令の施行後も、なおその効力を有する。

附　則（平成二四年九月一一日厚生労働省令一二五号）

1　この省令は、平成二十五年一月一日から施行する。

2　この省令の施行の際現に提出されている第一条の規定による改正前の労働保険の保険料の徴収等に関する法律施行規則（以下「旧徴収則」という。）様式第一号による保険関係成立届、労働保険事務等処理委託届及び任意加入申請書、旧徴収則様式第四号による下請負人を事業主とする認可申請書、旧徴収則様式第六号による概算保険料申告書、増加概算保険料申告書及び確定保険料申告書並びに旧徴収則様式第八号による労働保険料還付請求書並びに第二条の規定による改正前の厚生労働省関係石綿による健康被害の救済に関する法律施行規則（以下「旧石綿則」という。）様式第一号による一般拠出金申告書、旧石綿則様式第二号による一般拠出金還付請求書及び旧石綿則様式第七号による労働保険事務等処理委託届は、それぞれ、第一条の規定による改正後の労働保険の保険料の徴収等に関する法律施行規則（以下「新徴収則」という。）様式第一号による保険関係成立届、労働保険事務等処理委託届及び任意加入申請書、新徴収則様式第四号による下請負人を事業主とする認可申請書、新徴収則様式第六号による概算保険料申告書、増加概算保険料申告書及び確定保険料申告書並びに新徴収則様式第八号による労働保険料還付請求書並びに第二条の規定による改正後の厚生労働省関係石綿による健康被害の救済に関する法律施行規則（以下「新石綿則」という。）様式第一号による一般拠出金申告書、新石綿則様式第二号による一般拠出金還付請求書及び新石綿則様式第七号による労働保険事務等処理委託届とみなす。

3　新徴収則第四条第二項の保険関係成立届、新徴収則第八条の下請負人を事業主とする認可申請書、新徴収則第二十四条第三項の概算保険料申告書、新徴収則第二十五条第三項の増加概算保険料申告書、新徴収則第三十三条第二項の確定保険料申告書、新徴収則第三十六条第二項の労働保険料還付請求書、新徴収則第六十四条第一項の労働保険事務等処理委託届及び新徴収則附則第二条第一項の任意加入申請書並びに新石綿則第二条の二第二項の一般拠出金申告書、新石綿則第二条の三第二項の一般拠出金還付請求書及び新石綿則第二条の八第一項の労働保険事務等処理委託届は、当分の間、なお旧徴収則及び旧石綿則の相当様式によることができる。

附　則（平成二四年九月二八日厚生労働省令一三五号）

この省令は、平成二十四年十月一日から施行する。

附　則（平成二五年八月一日厚生労働省令九四号）

この省令は、平成二十五年九月一日から施行する。

附　則（平成二六年一月八日厚生労働省令一号）

この省令は、公布の日から施行する。ただし、様式第十号の改正規定は、平成二十六年四月一日から施行する。

附　則（平成二六年二月二〇日厚生労働省令一二号）

この省令は、平成二十六年四月一日から施行する。

附　則（平成二六年三月三一日厚生労働省令四九号）

（施行期日）

1　この省令は、平成二十六年四月一日から施行する。

（経過措置）

2　請負による建設の事業（労働保険の保険料の徴収等に関する法律施行規則（第四項において「規則」という。）第十三条の規定により賃金総額を算定するものに限る。）であって、この省令の施行の際現に労働保険の保険料の徴収等に関する法律（第四項において「法」という。）第七条の規定により一の事業とみなされているものについての平成二十五年度の一般保険料に係る確定保険料の額の算定に際し用いる賃金総額の算定については、なお従前の例による。

3　前項に規定する事業であって、平成二十六年度に使用する全ての労働者に係る賃金総額の見込額が平成二十五年度に使用した全ての労働者に係る賃金総額の百分の五十以上百分の二百以下であるものについての平成二十六年度の一般保険料に係る概算保険料の額の算定に際し用いる賃金総額の算定については、なお従前の例による。

4　請負による建設の事業（規則第十三条の規定により賃金総額を算定するものに限り、法第七条の規定により一の事業とみなされるものを除く。次項において同じ。）であってこの省令の施行の日以前に労働者災害補償保険に係る保険関係が消滅したものについての一般保険料に係る確定保険料の額の算定に際し用いる賃金総額の算定については、なお従前の例による。

5　請負による建設の事業であって、この省令の施行の際現に労働者災害補償保険に係る保険関係が成立しているもののうち平成二十五年十月一日前に当該保険関係が成立したもの（次項において「特定建設事業」という。）に係る請負金額が同日以後に増額された場合における当該事業についての一般保険料に係る確定保険料の額の算定に際し用いる賃金総額の算定については、この省令による改正後の労働保険の保険料の徴収等に関する法律施行規則附則第一条の二中「「請負金額に百八分の百五を乗じて得た額（その額に一円未満の端数があるときは、これを切り捨てる。）」」とあるのは「「請負金額から、平成二十五年十月一日以後に増額された額に百八分の三を乗じて得た額（その額に一円未満の端数があるときは、これを一円に切り上げる。）を減じた額」」とする。

6　前項に規定する場合以外の場合における特定建設事業についての一般保険料に係る確定保険料の額の算定に際し用いる賃金総額の算定については、なお従前の例による。

附　則（平成二七年三月二六日厚生労働省令四五号）

（施行期日）

1　この省令は、平成二十七年四月一日から施行する。

（経過措置）

2　この省令による改正後の労働保険の保険料の徴収等に関する法律施行規則（以下「新規則」という。）第十六条第一項及び別表第一に規定する労災保険率は、平成二十七年四月一日以後に使用する全ての労働者に係る賃金総額に乗ずべき一般保険料率（次項に規定する特定有期事業についての一般保険料率を除く。以下この項において同じ。）の基礎となる労災保険率及び同日以後の期間に係る労働保険の保険料の徴収等に関する法律施行規則（以下「規則」という。）第二十一条第一項に規定する額の総額に乗ずべき第一種特別加入保険料率（次項に規定する特定有期事業についての第一種特別加入保険料率を除く。以下この項において同じ。）の基礎となる労災保険率について適用し、同日前に使用する全ての労働者に係る賃金総額に乗ずべき一般保険料率の基礎となる労災保険率及び同日前の期間に係る規則第二十一条第一項に規定する額の総額に乗ずべき第一種特別加入保険料率の基礎となる労災保険率については、なお従前の例による。

3　平成二十七年四月一日前に労働者災害補償保険（以下「労災保険」という。）に係る保険関係が成立している事業であって事業の期間が予定されているもの（以下「特定有期事業」という。）に係る労災保険率（第一種特別加入保険料率の基礎となる場合を含む。）については、新規則第十六条第一項及び別表第一の規定にかかわらず、なお従前の例による。

4　特定有期事業についての規則第十三条第一項に規定する請負金額に乗ずべき率は、新規則別表第二の規定にかかわらず、なお従前の例による。

5　請負による建設の事業（規則第十二条に定める賃金総額を正確に算定することが困難なものに限る。）（次項において「特定請負建設事業」という。）であって、平成二十七年四月一日前に労災保険に係る保険関係が成立し、平成二十七年四月一日において現に労働保険の保険料の徴収等に関する法律（以下「徴収法」という。）第七条の規定により一の事業とみなされているものについての平成二十六年度の一般保険料に係る確定保険料の額の算定に際し用いる賃金総額の算定については、なお従前の例による。

6　特定請負建設事業であって、徴収法第七条の規定により一の事業とみなされるもの以外のもので、平成二十七年四月一日前に労災保険に係る保険関係が成立したものについての一般保険料に係る確定保険料の額の算定に際し用いる賃金総額の算定については、なお従前の例による。

7　新規則別表第五の規定による第二種特別加入保険料率は、平成二十七年四月一日以後の期間に係る規則第二十二条に規定する額の総額に乗ずべき第二種特別加入保険料率として適用し、同日前の期間に係る同条に規定する額の総額に乗ずべき第二種特別加入保険料率については、なお従前の例による。

8　新規則第二十三条の三の規定による第三種特別加入保険料率は、平成二十七年四月一日以後の期間に係る規則第二十三条の二に規定する額の総額に乗ずべき第三種特別加入保険料率として適用し、同日前の期間に係る同条に規定する額の総額に乗ずべき第三種特別加入保険料率については、なお従前の例による。

9　特定有期事業に関する徴収法第七条第三号の事業の規模については、新規則第六条第一項の規定にかかわらず、なお従前の例による。

10　新規則第三十五条第一項の規定は、平成二十七年四月一日以後に労災保険に係る保険関係が成立した事業であって事業の期間が予定されるものについて適用し、特定有期事業については、なお従前の例による。

附　則（平成二七年九月二九日厚生労働省令一五〇号）（抄）

（施行期日）

第一条　この省令は、行政手続における特定の個人を識別するための番号の利用等に関する法律（以下「番号利用法」という。）の施行の日（平成二十七年十月五日）から施行する。ただし、次の各号に掲げる規定は、当該各号に定める日から施行する。

一　〈前略〉第十九条から第二十九条まで〈中略〉の規定　番号利用法附則第一条第四号に掲げる規定の施行の日（平成二十八年一月一日）

二～四　〈略〉

（労働保険の保険料の徴収等に関する法律施行規則の一部改正に伴う経過措置）

第十条　この省令の施行の際現に提出されている第二十五条の規定による改正前の労働保険の保険料の徴収等に関する法律施行規則の様式（次項において「旧様式」という。）により使用されている書類は、同条の規定による改正後の労働保険の保険料の徴収等に関する法律施行規則の様式によるものとみなす。

2　この省令の施行の際現にある旧様式による用紙については、当分の間、これを取り繕って使用することができる。

附　則（平成三〇年二月八日厚生労働省令一三号）（抄）

（施行期日）

第一条　この省令は、平成三十年四月一日から施行する。

（第三条の規定の施行に伴う経過措置）

第五条　この省令による改正後の労働保険の保険料の徴収等に関する法律施行規則（以下「新規則」という。）第十六条第一項及び別表第一に規定する労災保険率は、施行日以後に使用する全ての労働者に係る賃金総額に乗ずべき一般保険料率（次条に規定する特定有期事業についての一般保険料率を除く。以下この条において同じ。）の基礎となる労災保険率及び施行日以後の期間に係る労働保険の保険料の徴収等に関する法律施行規則（以下「規則」という。）第二十一条第一項に規定する額の総額に乗ずべき第一種特別加入保険料率（次条に規定する特定有期事業についての第一種特別加入保険料率を除く。以下この条において同じ。）の基礎となる労災保険率について適用し、施行日前に使用する全ての労働者に係る賃金総額に乗ずべき一般保険料率の基礎となる労災保険率及び施行日前の期間に係る規則第二十一条第一項に規定する額の総額に乗ずべき第一種特別加入保険料率の基礎となる労災保険率については、なお従前の例による。

第六条　施行日前に労働者災害補償保険に係る保険関係が成立している事業であって事業の期間が予定されているもの（次条において「特定有期事業」という。）に係る労災保険率（第一種特別加入保険料率の基礎となる場合を含む。）については、新規則第十六条第一項及び別表第一の規定にかかわらず、なお従前の例による。

第七条　特定有期事業についての規則第十三条第一項に規定する請負金額に乗ずべき率は、新規則別表第二の規定にかかわらず、なお従前の例による。

第八条　新規則別表第五の規定による第二種特別加入保険料率は、施行日以後の期間に係る規則第二十二条に規定する額の総額に乗ずべき第二種特別加入保険料率として適用し、施行日前の期間に係る同条に規定する額の総額に乗ずべき第二種特別加入保険料率については、なお従前の例による。

附　則（平成三〇年一月三〇日厚生労働省令一三七号）

この省令は、公布の日から施行する。

附　則（平成三〇年一月三〇日厚生労働省令一三八号）

（施行期日）

1　この省令は、平成三十一年四月一日から施行する。

（経過措置）

2　この省令の施行の際現に労働者災害補償保険に係る保険関係が成立している事業であって事業の期間が予定されるものについての一括の要件については、この省令による改正後の労働保険の保険料の徴収等に関する法律施行規則第六条第二項の規定にかかわらず、なお従前の例による。

別表第1 (第6条、第16条関係)

労 災 保 険 率 表

事業の種類の分類	事業の種類	労災保険率
林業	林業	1000分の60
漁業	海面漁業(定置網漁業又は海面魚類養殖業を除く。)	1000分の18
	定置網漁業又は海面魚類養殖業	1000分の38
鉱業	金属鉱業、非金属鉱業(石灰石鉱業又はドロマイト鉱業を除く。)又は石炭鉱業	1000分の88
	石灰石鉱業又はドロマイト鉱業	1000分の16
	原油又は天然ガス鉱業	1000分の2.5
	採石業	1000分の49
	その他の鉱業	1000分の26
建設事業	水力発電施設、ずい道等新設事業	1000分の62
	道路新設事業	1000分の11
	舗装工事業	1000分の9
	鉄道又は軌道新設事業	1000分の9
	建築事業(既設建築物設備工事業を除く。)	1000分の9.5
	既設建築物設備工事業	1000分の12
	機械装置の組立て又は据付けの事業	1000分の6.5
	その他の建設事業	1000分の15
製造業	食料品製造業	1000分の6
	繊維工業又は繊維製品製造業	1000分の4
	木材又は木製品製造業	1000分の14
	パルプ又は紙製造業	1000分の6.5
	印刷又は製本業	1000分の3.5
	化学工業	1000分の4.5
	ガラス又はセメント製造業	1000分の6
	コンクリート製造業	1000分の13

	陶磁器製品製造業	1000分の18
	その他の窯業又は土石製品製造業	1000分の26
	金属精錬業（非鉄金属精錬業を除く。）	1000分の6.5
	非鉄金属精錬業	1000分の7
	金属材料品製造業（鋳物業を除く。）	1000分の5.5
	鋳物業	1000分の16
	金属製品製造業又は金属加工業（洋食器、刃物、手工具又は一般金物製造業及びめつき業を除く。）	1000分の10
	洋食器、刃物、手工具又は一般金物製造業（めつき業を除く。）	1000分の6.5
	めつき業	1000分の7
	機械器具製造業（電気機械器具製造業、輸送用機械器具製造業、船舶製造又は修理業及び計量器、光学機械、時計等製造業を除く。）	1000分の5
	電気機械器具製造業	1000分の2.5
	輸送用機械器具製造業（船舶製造又は修理業を除く。）	1000分の4
	船舶製造又は修理業	1000分の23
	計量器、光学機械、時計等製造業（電気機械器具製造業を除く。）	1000分の2.5
	貴金属製品、装身具、皮革製品等製造業	1000分の3.5
	その他の製造業	1000分の6.5
運輸業	交通運輸事業	1000分の4
	貨物取扱事業（港湾貨物取扱事業及び港湾荷役業を除く。）	1000分の9
	港湾貨物取扱事業（港湾荷役業を除く。）	1000分の9
	港湾荷役業	1000分の13
電気、ガス、水道又は熱供給の事業	電気、ガス、水道又は熱供給の事業	1000分の3
その他の事業	農業又は海面漁業以外の漁業	1000分の13

	清掃、火葬又はと畜の事業	1000分の13
	ビルメンテナンス業	1000分の5.5
	倉庫業、警備業、消毒又は害虫駆除の事業又はゴルフ場の事業	1000分の6.5
	通信業、放送業、新聞業又は出版業	1000分の2.5
	卸売業・小売業、飲食店又は宿泊業	1000分の3
	金融業、保険業又は不動産業	1000分の2.5
	その他の各種事業	1000分の3

別表第２（第13条関係）

労務費率表

事業の種類の分類	事業の種類	請負金額に乗ずる率
建設事業	水力発電施設、ずい道等新設事業	19%
	道路新設事業	19%
	舗装工事業	17%
	鉄道又は軌道新設事業	24%
	建築事業（既設建築物設備工事業を除く。）	23%
	既設建築物設備工事業	23%
	機械装置の組立て又は据付けの事業 組立て又は取付けに関するもの その他のもの	 38% 21%
	その他の建設事業	24%

備考　この表の事業の種類の細目は、別表第１の事業の種類の細目のとおりとする。

別表第３（第20条関係）

労災保険率から非業務災害率を減じた率の増減表

労災保険法の規定による業務災害に関する保険給付の額（労災保険法第16条の６第１項第２号の場合に支給される遺族補償一時金、第17条の２の表の第４欄に掲げる者に係るもの及び第３種特別加入者に係るものの額を除く。）に特別支給金規則の規定による特別支給金で業務災害に係るものの額（労災保険法第16条の６第１項第２号の場合に支給される遺族補償一時金の受給権者に支給される遺族特別一時金、第17条の２の表の第４欄に掲げる者に係るもの及び第３種特別加入者に係るものの額を除く。）を加えた額と一般保険料の額（労災保険率（その率が法第12条第３項（法第12条の２の規定により読み替えて適用する場合を含む。）の規定により引き上げ又は引き下げられたときは、その引き上げ又は引き下げられた率）に応ずる部分の額に限る。）から非業務災害率に応ずる部分の額を減じた額に第１種特別加入保険料の額から特別加入非業務災害率に応ずる部分の額を減じた額を加えた額に第19条の２の第１種調整率を乗じて得た額との割合	労災保険率から非業務災害率を減じた率に対する増減の割合	
	立木の伐採の事業以外の事業	立木の伐採の事業
10%以下のもの	40%減ずる。	35%減ずる。
10%を超え20%までのもの	35%減ずる。	30%減ずる。
20%を超え30%までのもの	30%減ずる。	25%減ずる。
30%を超え40%までのもの	25%減ずる。	20%減ずる。
40%を超え50%までのもの	20%減ずる。	15%減ずる。
50%を超え60%までのもの	15%減ずる。	10%減ずる。
60%を超え70%までのもの	10%減ずる。	
70%を超え75%までのもの	5%減ずる。	5%減ずる。
85%を超え90%までのもの	5%増加する。	5%増加する。
90%を超え100%までのもの	10%増加する。	10%増加する。
100%を超え110%までのもの	15%増加する。	
110%を超え120%までのもの	20%増加する。	15%増加する。
120%を超え130%までのもの	25%増加する。	20%増加する。
130%を超え140%までのもの	30%増加する。	25%増加する。
140%を超え150%までのもの	35%増加する。	30%増加する。
150%を超えるもの	40%増加する。	35%増加する。

別表第３の２（第20条関係）

労災保険率から非業務災害率を減じた率の特例増減表

労災保険法の規定による業務災害に関する保険給付の額（労災保険法第16条の６第１項第２号の場合に支給される遺族補償一時金、第17条の２の表の第４欄に掲げる者に係るもの及び第３種特別加入者に係るものの額を除く。）に特別支給金規則の規定による特別支給金で業務災害に係るものの額（労災保険法第16条の６第１項第２号の場合に支給される遺族補償一時金の受給権者に支給される遺族特別一時金、第17条の２の表の第４欄に掲げる者に係るもの及び第３種特別加入者に係るものの額を除く。）を加えた額と一般保険料の額（労災保険率（その率が法第12条第３項（法第12条の２の規定により読み替えて適用する場合を含む。）の規定により引き上げ又は引き下げられたときは、その引き上げ又は引き下げられた率）に応ずる部分の額に限る。）から非業務災害率に応ずる部分の額を減じた額に第１種特別加入保険料の額から特別加入非業務災害率に応ずる部分の額を減じた額を加えた額に第19条の２の第１種調整率を乗じて得た額との割合	労災保険率から非業務災害率を減じた率に対する増減の割合
10%以下のもの	30%減ずる。
10%を超え20%までのもの	25%減ずる。
20%を超え30%までのもの	20%減ずる。
30%を超え50%までのもの	15%減ずる。
50%を超え70%までのもの	10%減ずる。
70%を超え75%までのもの	5%減ずる。
85%を超え90%までのもの	5%増加する。
90%を超え110%までのもの	10%増加する。
110%を超え130%までのもの	15%増加する。
130%を超え140%までのもの	20%増加する。
140%を超え150%までのもの	25%増加する。
150%を超えるもの	30%増加する。

別表第３の３（第20条の６関係）

労災保険率から非業務災害率を減じた率の特例増減表

当該事業（建設の事業及び立木の伐採の事業以外の事業に限る。）についての労災保険法の規定による業務災害に関する保険給付の額（労災保険法第16条の６第１項第２号の場合に支給される遺族補償一時金、第17条の２の表の第４欄に掲げる者に係るもの及び第３種特別加入者に係るものの額を除く。）に特別支給金規則の規定による特別支給金で業務災害に係るものの額（労災保険法第16条の６第１項第２号の場合に支給される遺族補償一時金の受給権者に支給される遺族特別一時金、第17条の２の表の第４欄に掲げる者に係るもの及び第３種特別加入者に係るものの額を除く。）を加えた額と一般保険料の額（労災保険率（その率が法第12条第３項（法第12条の２の規定により読み替えて適用する場合を含む。）の規定により引き上げ又は引き下げられたときは、その引き上げ又は引き下げられた率）に応ずる部分の額に限る。）から非業務災害率に応ずる部分の額を減じた額に第１種特別加入保険料の額から特別加入非業務災害率に応ずる部分の額を減じた額を加えた額に第19条の２の第１種調整率を乗じて得た額との割合	労災保険率から非業務災害率を減じた率に対する増減の割合
5％以下のもの	45％減ずる
5％を超え　10％までのもの	40％減ずる
10％を超え　20％までのもの	35％減ずる
20％を超え　30％までのもの	30％減ずる
30％を超え　40％までのもの	25％減ずる
40％を超え　50％までのもの	20％減ずる
50％を超え　60％までのもの	15％減ずる
60％を超え　70％までのもの	10％減ずる
70％を超え　75％までのもの	5％減ずる
85％を超え　90％までのもの	5％増加する
90％を超え　100％までのもの	10％増加する
100％を超え　110％までのもの	15％増加する
110％を超え　120％までのもの	20％増加する
120％を超え　130％までのもの	25％増加する
130％を超え　140％までのもの	30％増加する
140％を超え　150％までのもの	35％増加する
150％を超え　160％までのもの	40％増加する
160％を超えるもの	45％増加する

別表第４（第21条、第22条、第23条の２関係）

特別加入保険料算定基礎額表

給付基礎日額	保険料算定基礎額
25,000円	9,125,000円
24,000円	8,760,000円
22,000円	8,030,000円
20,000円	7,300,000円
18,000円	6,570,000円
16,000円	5,840,000円
14,000円	5,110,000円
12,000円	4,380,000円
10,000円	3,650,000円
9,000円	3,285,000円
8,000円	2,920,000円
7,000円	2,555,000円
6,000円	2,190,000円
5,000円	1,825,000円
4,000円	1,460,000円
3,500円	1,277,500円

別表第５（第23条関係）

第２種特別加入保険料率表

事業又は作業の種類の番号	事業又は作業の種類	第２種特別加入保険料率
特　1	労働者災害補償保険法施行規則（以下「労災保険法施行規則」という。）第46条の17第１号の事業	1000分の12
特　2	労災保険法施行規則第46条の17第２号の事業	1000分の18
特　3	労災保険法施行規則第46条の17第３号の事業	1000分の45
特　4	労災保険法施行規則第46条の17第４号の事業	1000分の52
特　5	労災保険法施行規則第46条の17第５号の事業	1000分の7
特　6	労災保険法施行規則第46条の17第６号の事業	1000分の14
特　7	労災保険法施行規則第46条の17第７号の事業	1000分の48

特　8	労災保険法施行規則第46条の18第１号ロの作業	1000分の3
特　9	労災保険法施行規則第46条の18第２号イの作業	1000分の3
特　10	労災保険法施行規則第46条の18第３号イ又はロの作業	1000分の15
特　11	労災保険法施行規則第46条の18第３号ハの作業	1000分の6
特　12	労災保険法施行規則第46条の18第３号ニの作業	1000分の17
特　13	労災保険法施行規則第46条の18第３号ホの作業	1000分の3
特　14	労災保険法施行規則第46条の18第３号への作業	1000分の18
特　15	労災保険法施行規則第46条の18第２号ロの作業	1000分の3
特　16	労災保険法施行規則第46条の18第１号イの作業	1000分の9
特　17	労災保険法施行規則第46条の18第４号の作業	1000分の3
特　18	労災保険法施行規則第46条の18第５号の作業	1000分の5

別表第６（第35条関係）

労働保険料の額から非業務災害率に応ずる部分の額を減じた額の増減表

労災保険法の規定による業務災害に関する保険給付の額（労災保険法第16条の６第１項第２号の場合に支給される遺族補償一時金及び第17条の２の表の第４欄に掲げる者に係るものの額を除く。）に特別支給金規則の規定による特別支給金で業務災害に係るものの額（労災保険法第16条の６第１項第２号の場合に支給される遺族補償一時金の受給権者に支給される遺族特別一時金及び第17条の２の表の第４欄に掲げる者に係るものの額を除く。）を加えた額と一般保険料に係る確定保険料の額（労災保険率に応ずる部分の額に限る。）から非業務災害率に応ずる部分の額を減じた額に第１種特別加入保険料に係る確定保険料の額から特別加入	一般保険料に係る確定保険料の額（労災保険率に応ずる部分の額に限る。）から非業務災害率に応ずる部分の額を減じた額又は第１種特別加入保険料に係る確定保険料の額から特別加入非業務災害率に応ずる部分の額を減じた額に対する増減の割合	
	建設の事業	立木の伐採の事業

非業務災害率に応ずる部分の額を減じた額を加えた額に、法第20条第１項第１号に該当する場合にあつては第19条の２の第１種調整率を、法第20条第１項第２号に該当する場合にあつては第35条の２の第２種調整率を乗じて得た額との割合		
10%以下のもの	40%減ずる。	35%減ずる。
10%を超え20%までのもの	35%減ずる。	30%減ずる。
20%を超え30%までのもの	30%減ずる。	25%減ずる。
30%を超え40%までのもの	25%減ずる。	20%減ずる。
40%を超え50%までのもの	20%減ずる。	15%減ずる。
50%を超え60%までのもの	15%減ずる。	10%減ずる。
60%を超え70%までのもの	10%減ずる。	
70%を超え75%までのもの	5%減ずる。	5%減ずる。
85%を超え90%までのもの	5%増加する。	5%増加する。
90%を超え100%までのもの	10%増加する。	10%増加する。
100%を超え110%までのもの	15%増加する。	
110%を超え120%までのもの	20%増加する。	15%増加する。
120%を超え130%までのもの	25%増加する。	20%増加する。
130%を超え140%までのもの	30%増加する。	25%増加する。
140%を超え150%までのもの	35%増加する。	30%増加する。
150%を超えるもの	40%増加する。	35%増加する。

別表第７（第35条関係）

収支割合の変動範囲についての表

事業が終了した日から３箇月を経過した日前にした労災保険法の規定による業務災害に関する保険給付の額（労災保険法第16条の６第１項第２号の場合に支給される遺族補償一時金及び第17条の２の表の第４欄に掲げる者に係るものの額を除く。）に特別支給金規則の規定による特別支給金で業務災害に係るものの額（労災保険法第16条の６第１項第２号の場合に支給される遺族補償一時金の受給権者に支給される遺族特別一時金及び第17条の２の表の第４欄に掲げる者に係るものの額を除く。）を加えた額と一般保険料に係る確定保険料の額（労災保険率に応ずる部分の額に限る。）から非業務災害率に応ずる部分の額を減じた額に第１種	事業が終了した日から３箇月を経過した日以後における労災保険法の規定による業務災害に関する保険給付の額（労災保険法第16条の６第１項第２号の場合に支給される遺族補償一時金及び第17条の２の表の第４欄に掲げる者に係るものの額を除く。）に特別支給金規則の規定による特別支給金で業務災害に係るものの額（労災保険法第16条の６第１項第２号の場合に支給される遺族補償一時金の受給権者に支給される遺族特別一時金及び第17条の２の表の第４欄に掲げる者に係るものの額を除く。）を加えた額と一般保険料に係る確定保険料の額（労災保険率に応ずる部分の額に限る。）から非業務災害率に応ずる部分の額を減じた額に第

特別加入保険料に係る確定保険料の額から特別加入非業務災害率に応ずる部分の額を減じた額を加えた額に第19条の２の第１種調整率を乗じて得た額との割合	１種特別加入保険料に係る確定保険料の額から特別加入非業務災害率に応ずる部分の額を減じた額を加えた額に第19条の２の第１種調整率を乗じて得た額との割合の変動範囲	
	建設の事業	立木の伐採の事業
10%以下のもの	10%以下の範囲	10%以下の範囲
10%を超え20%までのもの	10%を超え20%までの範囲	10%を超え20%までの範囲
20%を超え30%までのもの	20%を超え30%までの範囲	20%を超え30%までの範囲
30%を超え40%までのもの	30%を超え40%までの範囲	30%を超え40%までの範囲
40%を超え50%までのもの	40%を超え50%までの範囲	40%を超え50%までの範囲
50%を超え60%までのもの	50%を超え60%までの範囲	50%を超え70%までの範囲
60%を超え70%までのもの	60%を超え70%までの範囲	
70%を超え75%までのもの	70%を超え75%までの範囲	70%を超え75%までの範囲
85%を超え90%までのもの	85%を超え90%までの範囲	85%を超え90%までの範囲
90%を超え100%までのもの	90%を超え100%までの範囲	90%を超え110%までの範囲
100%を超え110%までのもの	100%を超え110%までの範囲	
110%を超え120%までのもの	110%を超え120%までの範囲	110%を超え120%までの範囲
120%を超え130%までのもの	120%を超え130%までの範囲	120%を超え130%までの範囲
130%を超え140%までのもの	130%を超え140%までの範囲	130%を超え140%までの範囲
140%を超え150%までのもの	140%を超え150%までの範囲	140%を超え150%までの範囲
150%を超えるもの	150%を超える範囲	150%を超える範囲

別表第８（第46条関係）

１　第１級雇用保険納付印

縦　21.5ミリメートル
横　17ミリメートル

２　第２級雇用保険納付印

縦　21.5ミリメートル
横　17ミリメートル

３　第３級雇用保険納付印

縦　21.5ミリメートル
横　17ミリメートル

様式第１号（第42条関係）（表紙）

有効期限
年　　月末日まで

年度用　労働保険
　　　　雇用保険印紙購入通帳

交付番号		第　　　　　号				
労働保険番号		府県	所掌	管轄	基幹番号	枝番号
事業	名称					
	所在地					
事業主	住所					
	氏名（法人のときはその名称及び代表者の氏名）	㊞				

交付年月日　　　年　　月　　日

交付公共職業安定所　　　　公共職業安定所　　印

様式第１号（第42条関係）

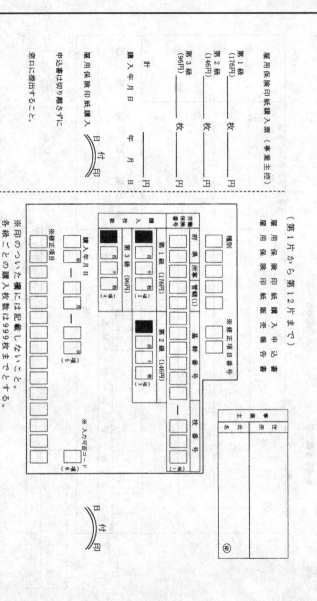

雇用保険印紙購入票（事業主控）

第１級
(176円)＿＿＿＿枚＿＿＿＿円

第２級
(146円)＿＿＿＿枚＿＿＿＿円

第３級
(96円)＿＿＿＿枚＿＿＿＿円

計＿＿＿＿円

購入年月日　　年　月　日

雇用保険印紙購入　日付印

申込書は切り離さずに

窓口に提出すること。

（第１片から第12片まで）

雇用保険印紙購入申込書
雇用保険印紙販売報告書

事業主	住所	
	氏名	㊞

種別　　※修正項目番号

労働保険番号	府県	所掌	管轄(1)	基幹番号	枝番号	(項1)
				―		

購入枚数	第１級（176円）	第２級（146円）
	百 十 枚 (項2)	百 十 枚 (項3)
	第３級（96円）	
	百 十 枚 (項4)	

購入年月日　年 ― 月 ― 日 (項5)

※ 入力可否コード (項6)

※修正項目

日付印

※印のついた欄には記載しないこと。
各級ごとの購入枚数は999枚までとする。

様式第１号（第42条関係）（裏表紙）

〔注意〕

1　事業主は、雇用保険印紙を購入しようとするときは、雇用保険印紙購入票（事業主控）及び雇用保険印紙購入申込書・雇用保険印紙販売報告書に購入しようとする雇用保険印紙の種類別枚数、購入年月日、労働保険番号並びに事業主の住所及び氏名を記入し、事業主印を押印した上で雇用保険印紙購入申込書・雇用保険印紙販売報告書を切り離さずに雇用保険印紙販売機関に提出すること。

2　事業主は、この通帳によつて購入した雇用保険印紙を他に譲り渡してはならない。

3　事業主は、日雇労働被保険者を雇用した場合、その者に支払う賃金の日額が11,300円以上のときは第１級の雇用保険印紙を、8,200円以上11,300円未満のときは第２級の雇用保険印紙を、8,200円未満のときは第３級の雇用保険印紙を、賃金を支払う都度、その雇用した日数に相当する枚数分を日雇労働被保険者の所持する被保険者手帳にはり、これに消印すること。

4　事業主は、消印のために使用すべき認印をあらかじめ、その事業場の所在地を管轄する公共職業安定所（その公共職業安定所が２以上ある場合には、厚生労働省組織規則第792条の規定により当該事務を取り扱う公共職業安定所）に届け出ること。その認印を変更したときも同様である。

5　事業主は、毎月その月において購入した印紙、使用した印紙及び月末保有高について種類別枚数を翌月末日までに印紙保険料納付状況報告書によつて都道府県労働局に報告すること。

6　事業主は、その保有する印紙の買戻しを請求しようとするときは、雇用保険印紙販売機関に申し出ること。

7　事業主が、雇用保険印紙をはらず若しくはこれに消印せず又は印紙保険料納付状況の報告をせず、若しくは虚偽の報告をしたときは、事業主は６カ月以下の懲役又は30万円以下の罰金に処せられること。

様式第２号（第50条関係）（表紙）

労　働　保　険

始　動　票　札　受　領　通　帳

交付番号		第				号
労働保険番号		府県	所掌	管轄	基幹番号	枝番号
事業場	名称					
	所在地					
事業主	住所					
	氏名					㊞

交付年月日　　　年　　月　　日

交付歳入徴収官名　　　　　　印

（日本工業規格Ａ列４）

計器番号　　　　号

始動票札表示金額

円

円

（変更　年　月　日）

円

（変更　年　月　日）

様式第２号（第50条関係）

（１頁から６頁まで）

受領年月日	枚数	金額	※　歳入徴収官名及び印	※　歳入徴収官記載欄
年　月　日	枚	円		
年　月　日	枚	円		
年　月　日	枚	円		
年　月　日	枚	円		
年　月　日	枚	円		
年　月　日	枚	円		
年　月　日	枚	円		
年　月　日	枚	円		
年　月　日	枚	円		

（日本工業規格Ａ列４）

（裏面）

〔注意〕

1．事業主は、始動票札の交付を受けようとするときは、交付を受けようとする始動票札の枚数及びその金額を記載し、都道府県労働局に提出すること。

2．事業主は、この通帳により受領した始動票札を他に譲り渡してはならない。

3．事業主は、日雇労働被保険者を雇用した場合、その者に支払う賃金の日額が、11,300円以上のときは第1級の納付印を、8,200円以上11,300円未満のときは第2級の納付印を、8,200円未満のときは第3級の納付印を、賃金を支払う都度、その雇用した日数に相当する回数だけ印紙保険料納付計器により日雇労働被保険者の所持する被保険者手帳に押すこと。

4．事業主は、毎月その月において受領した始動票札の額、納付印を押した額及び月末保有残額を記載した印紙保険料納付状況報告書を、翌月末日までに公共職業安定所に提出すること。

5．事業主は、払戻しを請求しようとするときは、都道府県労働局に申し出ること。

6．記載誤りの場合は、一欄まつ消して新たに一欄を使用すること。

7．※欄には、記載しないこと。

様式第３号（第75条関係）（表面）

第　　　号

労働保険検査証

印

写真

官　職

氏　名

年　　月　　日生

年　　月　　日交付

（日本工業規格Ｂ列８）

様式第３号（第75条関係）（裏面）

この検査証を所持する者は、労働保険の保険料の徴収等に関する法律第43条（石綿による健康被害の救済に関する法律第38条第１項の規定により準用する場合を含む。）の規定により、保険関係が成立し、若しくは成立していた事業の事業主又は労働保険事務組合若しくは労働保険事務組合であった団体の事務所に立ち入って、関係者に対して質問し、又は帳簿書類の検査をすることができる。

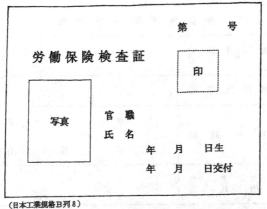

様式第４号（第77条関係）

労災保険関係成立票	
保険関係成立年月日	年　月　日
労働保険番号	
事業の期間	年　月　日から 年　月　日まで
事業主の住所氏名	
注文者の氏名	
事業主代理人の氏名	

縦　二五センチメートル以上
横　三五センチメートル以上
地色　白
文字　黒

厚生労働大臣が定める現物給与の価額

改正
平成二四年　一月三一日厚生労働省告示　三六号
平成二五年　二月　四日厚生労働省告示　一七号
平成二六年　一月三一日厚生労働省告示　二〇号
平成二七年　一月一六日厚生労働省告示　五号
平成二八年　二月二三日厚生労働省告示　三七号
平成二九年　二月　六日厚生労働省告示　三〇号
平成三〇年　二月二八日厚生労働省告示　三九号

健康保険法（大正十一年法律第七十号）第四十六条第一項、船員保険法（昭和十四年法律第七十三号）第二十二条、厚生年金保険法（昭和二十九年法律第百十五号）第二十五条及び労働保険の保険料の徴収等に関する法律（昭和四十四年法律第八十四号）第二条第三項の規定に基づき、厚生労働大臣が定める現物給与の価額（平成二十一年厚生労働省告示第二百三十一号）の全部を次のように改正し、平成二十四年四月一日から適用する。

健康保険法第四十六条第一項、船員保険法第二十二条、厚生年金保険法第二十五条及び労働保険の保険料の徴収等に関する法律第二条第三項の規定に基づき厚生労働大臣が定める現物給与の価額は、次の各号に掲げる健康保険法第三条第五項、船員保険法第二条第四項若しくは厚生年金保険法第三条第一項第三号に規定する報酬、健康保険法第三条第六項、船員保険法第二条第五項若しくは厚生年金保険法第三条第一項第四号に規定する賞与又は労働保険の保険料の徴収等に関する法律第二条第二項に規定する賃金（以下「報酬等」という。）のうち金銭又は通貨以外のもので支払われる報酬等の種類に応じ、当該各号に定める価額とする。

一　食事で支払われる報酬等　健康保険の被保険者、船員保険の被保険者若しくは厚生年金保険の被保険者又は労働保険の保険関係が成立している事業に使用される労働者の勤務地が所在する次の表の第一欄に掲げる都道府県（労働者派遣事業の適正な運営の確保及び派遣労働者の保護等に関する法律（昭和六十年法律第八十八号）第二条第二号に規定する派遣労働者（以下「派遣労働者」という。）その他の者にあっては、その者が雇用される事業所若しくは事務所又は事業場が所在する同表の第一欄に掲げる都道府県）ごとに、食事提供の頻度に応じて第二欄から第六欄までに定める額

都道府県名	一人一月当たりの食事の額	一人一日当たりの食事の額	一人一日当たりの朝食のみの額	一人一日当たりの昼食のみの額	一人一日当たりの夕食のみの額
北海道	一九、八〇〇円	六六〇円	一七〇円	二三〇円	二六〇円
青森県	一九、八〇〇円	六六〇円	一七〇円	二三〇円	二六〇円
岩手県	一九、五〇〇円	六五〇円	一六〇円	二三〇円	二六〇円
宮城県	一九、五〇〇円	六五〇円	一六〇円	二三〇円	二六〇円
秋田県	一九、五〇〇円	六五〇円	一六〇円	二三〇円	二六〇円
山形県	二〇、四〇〇円	六八〇円	一七〇円	二四〇円	二七〇円
福島県	二〇、一〇〇円	六七〇円	一七〇円	二三〇円	二七〇円
茨城県	二〇、一〇〇円	六七〇円	一七〇円	二三〇円	二七〇円
栃木県	二〇、一〇〇円	六七〇円	一七〇円	二三〇円	二七〇円
群馬県	二〇、一〇〇円	六七〇円	一七〇円	二三〇円	二七〇円
埼玉県	二〇、四〇〇円	六八〇円	一七〇円	二四〇円	二七〇円
千葉県	二〇、四〇〇円	六八〇円	一七〇円	二四〇円	二七〇円
東京都	二〇、七〇〇円	六九〇円	一七〇円	二四〇円	二八〇円
神奈川県	二〇、七〇〇円	六九〇円	一七〇円	二四〇円	二八〇円
新潟県	二〇、一〇〇円	六七〇円	一七〇円	二三〇円	二七〇円
富山県	二〇、四〇〇円	六八〇円	一七〇円	二四〇円	二七〇円
石川県	二〇、七〇〇円	六九〇円	一七〇円	二四〇円	二八〇円
福井県	二〇、七〇〇円	六九〇円	一七〇円	二四〇円	二八〇円
山梨県	二〇、一〇〇円	六七〇円	一七〇円	二三〇円	二七〇円
長野県	一八、九〇〇円	六三〇円	一六〇円	二三〇円	二五〇円
岐阜県	一九、八〇〇円	六六〇円	一七〇円	二三〇円	二六〇円
静岡県	一九、八〇〇円	六六〇円	一七〇円	二三〇円	二六〇円
愛知県	一九、八〇〇円	六六〇円	一七〇円	二三〇円	二六〇円
三重県	二〇、四〇〇円	六八〇円	一七〇円	二四〇円	二七〇円
滋賀県	二〇、一〇〇円	六七〇円	一七〇円	二三〇円	二七〇円
京都府	二〇、四〇〇円	六八〇円	一七〇円	二四〇円	二七〇円
大阪府	二〇、一〇〇円	六七〇円	一七〇円	二三〇円	二七〇円
兵庫県	二〇、一〇〇円	六七〇円	一七〇円	二三〇円	二七〇円
奈良県	一八、九〇〇円	六三〇円	一六〇円	二三〇円	二五〇円

和歌山県	二〇、四〇〇円	六八〇円	一七〇円	二四〇円	二七〇円
鳥取県	二〇、七〇〇円	六九〇円	一七〇円	二四〇円	二八〇円
島根県	二〇、七〇〇円	六九〇円	一七〇円	二四〇円	二八〇円
岡山県	二〇、一〇〇円	六七〇円	一七〇円	二三〇円	二七〇円
広島県	二〇、七〇〇円	六九〇円	一七〇円	二四〇円	二八〇円
山口県	二〇、四〇〇円	六八〇円	一七〇円	二四〇円	二七〇円
徳島県	二〇、四〇〇円	六八〇円	一七〇円	二四〇円	二七〇円
香川県	一九、八〇〇円	六六〇円	一七〇円	二三〇円	二六〇円
愛媛県	二〇、一〇〇円	六七〇円	一七〇円	二三〇円	二七〇円
高知県	二〇、七〇〇円	六九〇円	一七〇円	二四〇円	二八〇円
福岡県	一九、二〇〇円	六四〇円	一六〇円	二三〇円	二六〇円
佐賀県	一九、五〇〇円	六五〇円	一六〇円	二三〇円	二六〇円
長崎県	二〇、一〇〇円	六七〇円	一七〇円	二三〇円	二七〇円
熊本県	二〇、七〇〇円	六九〇円	一七〇円	二四〇円	二八〇円
大分県	二〇、一〇〇円	六七〇円	一七〇円	二三〇円	二七〇円
宮崎県	一九、八〇〇円	六六〇円	一七〇円	二三〇円	二六〇円
鹿児島県	二〇、一〇〇円	六七〇円	一七〇円	二三〇円	二七〇円
沖縄県	二一、〇〇〇円	七〇〇円	一八〇円	二五〇円	二七〇円

二　住宅で支払われる報酬等　健康保険の被保険者、船員保険の被保険者若しくは厚生年金保険の被保険者又は労働保険の保険関係が成立している事業に使用される労働者の勤務地が所在する次の表の上欄に掲げる都道府県（派遣労働者その他の者にあっては、その者が雇用される事業所若しくは事務所又は事業場が所在する同表の上欄に掲げる都道府県）ごとに、それぞれ下欄に定める額

都道府県名	一人一月当たりの住宅の利益の額
北海道	畳一畳につき一、〇〇〇円
青森県	畳一畳につき九四〇円
岩手県	畳一畳につき一、〇三〇円
宮城県	畳一畳につき一、三八〇円
秋田県	畳一畳につき一、〇二〇円
山形県	畳一畳につき一、一八〇円
福島県	畳一畳につき一、〇七〇円
茨城県	畳一畳につき一、二七〇円
栃木県	畳一畳につき一、三二〇円
群馬県	畳一畳につき一、一七〇円

埼玉県	畳一畳につき一、七五〇円
千葉県	畳一畳につき一、七〇〇円
東京都	畳一畳につき二、五九〇円
神奈川県	畳一畳につき二、〇七〇円
新潟県	畳一畳につき一、二八〇円
富山県	畳一畳につき一、二〇〇円
石川県	畳一畳につき一、二五〇円
福井県	畳一畳につき一、一六〇円
山梨県	畳一畳につき一、一三〇円
長野県	畳一畳につき一、一五〇円
岐阜県	畳一畳につき一、一八〇円
静岡県	畳一畳につき一、四二〇円
愛知県	畳一畳につき一、四七〇円
三重県	畳一畳につき一、二〇〇円
滋賀県	畳一畳につき一、三八〇円
京都府	畳一畳につき一、六七〇円
大阪府	畳一畳につき一、六二〇円
兵庫県	畳一畳につき一、四八〇円
奈良県	畳一畳につき一、一七〇円
和歌山県	畳一畳につき一、〇八〇円
鳥取県	畳一畳につき一、一一〇円
島根県	畳一畳につき一、〇三〇円
岡山県	畳一畳につき一、二七〇円
広島県	畳一畳につき一、三三〇円
山口県	畳一畳につき一、〇四〇円
徳島県	畳一畳につき一、一〇〇円
香川県	畳一畳につき一、一三〇円
愛媛県	畳一畳につき一、〇八〇円
高知県	畳一畳につき一、〇五〇円
福岡県	畳一畳につき一、三一〇円
佐賀県	畳一畳につき一、〇八〇円
長崎県	畳一畳につき一、〇七〇円
熊本県	畳一畳につき一、一三〇円
大分県	畳一畳につき一、〇八〇円
宮崎県	畳一畳につき一、〇三〇円

鹿児島県	畳一畳につき一、〇四〇円
沖縄県	畳一畳につき一、一一〇円

三　前二号に掲げる種類以外の報酬等　時価

労働保険の保険料の徴収等に関する法律第十二条第四項の厚生労働大臣が指定する事業を指定する件

昭和五〇年　三月二四日　労働省告示　一二号
改正　平成一二年一二月二五日　労働省告示一二〇号
平成二一年一二月二八日厚生労働省告示五三五号
平成二八年一二月二一日厚生労働省告示四二七号

労働保険の保険料の徴収等に関する法律（昭和四十四年法律第八十四号）第十二条第四項の厚生労働大臣が指定する事業は、次のとおりとし、昭和五十年四月一日から適用する。

一　牛馬育成、酪農、養鶏又は養豚の事業
二　園芸サービスの事業
三　内水面養殖の事業
四　雇用保険法（昭和四十九年法律第百十六号）第六条第五号に規定する船員が雇用される事業

労働保険の保険料の徴収等に関する法律の規定に基づき雇用保険率を変更する件

平成三〇年一月三〇日厚生労働省告示一九号

労働保険の保険料の徴収等に関する法律（昭和四十四年法律第八十四号）附則第十一条第二項の規定により読み替えて適用する同法第十二条第五項、同条第八項及び同法附則第十一条第二項の規定により読み替えて適用する同法第十二条第九項の規定に基づき、平成三十年四月一日から平成三十一年三月三十一日までの雇用保険率を次のとおり変更する。

平成三十年四月一日から平成三十一年三月三十一日までの雇用保険率は、千分の九（次の各号に掲げる事業にあっては、当該各号に定める率）とする。

一　労働保険の保険料の徴収等に関する法律（以下「法」という。）第十二条第四項ただし書に規定する事業（同項第三号に掲げる事業を除く。）　千分の十一

二　法第十二条第四項第三号に掲げる事業　千分の十二

〈編注〉本告示は、平成三一年三月三一日限り廃止される。

労働保険の保険料の徴収等に関する法律施行規則の規定に基づき厚生労働大臣が指定する種類の事業及び都道府県労働局の管轄区域を定める等の件

平成一二年　三月三一日労働省告示　三九号
改正　平成一二年一二月二五日労働省告示一二〇号

労働保険の保険料の徴収等に関する法律施行規則（昭和四十七年労働省令第八号）第六条第二項第四号の規定に基づき、厚生労働大臣が指定する種類の事業及び厚生労働大臣が指定する都道府県労働局の管轄区域を次のように定め、平成十二年四月一日から適用する。

昭和四十七年労働省告示第十四号（労働保険の保険料の徴収等に関する法律施行規則の規定に基づき労働大臣が指定する種類の事業及び都道府県労働基準局の管轄区域を定める等の件）は、平成十二年三月三十一日限り廃止する。

一　厚生労働大臣が指定する種類の事業は、機械装置の組立て又は据付けの事業とする。

二　厚生労働大臣が指定する都道府県労働局の管轄区域は、次の表の上欄に掲げる都道府県労働局の管轄区域ごとに、それぞれ同表下欄に掲げる都道府県労働局の管轄区域とする。

労働保険の保険料の徴収等に関する法律施行規則第六条第二項第三号の事務所（有期事業の一括扱いに係る事務所）の所在地を管轄する都道府県労働局の管轄区域	厚生労働大臣が指定する都道府県労働局の管轄区域
北海道	青森県
青森県	北海道
茨城県	群馬県　東京都　神奈川県
栃木県	千葉県　東京都　神奈川県
群馬県	茨城県　千葉県　東京都　神奈川県

埼玉県	神奈川県　静岡県
千葉県	栃木県　群馬県　神奈川県　静岡県
東京都	茨城県　栃木県　群馬県　静岡県
神奈川県	茨城県　栃木県　群馬県　埼玉県　千葉県
新潟県	東京都
静岡県	埼玉県　千葉県　東京都
三重県	大阪府　兵庫県
滋賀県	大阪府　兵庫県　奈良県
京都府	和歌山県　鳥取県　岡山県
大阪府	三重県　滋賀県　鳥取県　岡山県　徳島県　香川県
兵庫県	三重県　滋賀県　奈良県　和歌山県　徳島県　香川県
奈良県	滋賀県　兵庫県
和歌山県	京都府　兵庫県　徳島県
鳥取県	京都府
島根県	岡山県
岡山県	京都府　大阪府　島根県　香川県　愛媛県
広島県	香川県　愛媛県
山口県	愛媛県　福岡県　大分県
徳島県	大阪府　兵庫県　和歌山県
香川県	大阪府　兵庫県　岡山県　広島県　高知県
愛媛県	岡山県　広島県　山口県　大分県
高知県	香川県
福岡県	山口県　長崎県　宮崎県　鹿児島県
佐賀県	熊本県　大分県
長崎県	福岡県　熊本県
熊本県	佐賀県　長崎県
大分県	山口県　愛媛県　佐賀県

労働保険の保険料の徴収等に関する法律施行規則第十三条第二項第一号ただし書の規定に基づき同号ただし書に規定する事業の種類及び物を定める等の件

昭和四七年　三月三一日労働省告示一五号
改正　昭和五八年　二月二一日労働省告示一四号

労働保険の保険料の徴収等に関する法律施行規則（昭和四十七年労働省令第八号）第十三条第二項第一号ただし書の規定に基づき、同号ただし書に規定する事業の種類及び物を次のように定め、昭和四十七年四月一日から適用する。

昭和三十七年労働省告示第二号（労働者災害補償保険法施行規則第二十五条第二項第一号ただし書に規定する事業の種類及び物を定める告示）は、昭和四十七年三月三十一日限り廃止する。

事業の種類の分類	事業の種類の番号	事業の種類	当該価額に相当する額を請負代金の額に加算しない物
建設事業	36	機械装置の組立て又はすえ付けの事業	機械装置

備考　この表の事業の種類の細目は、労働保険の保険料の徴収等に関する法律施行規則別表第１（労災保険率表）の事業の種類の細目のとおりとする。

労働保険の保険料の徴収等に関する法律施行規則の規定に基づき労災保険率表の細目を定める等の件

昭和四七年　三月三一日　労働省告示　一六号

改正
昭和四八年　三月三一日　労働省告示　一五号
昭和五〇年　三月二九日　労働省告示　三一号
昭和五五年　二月二一日　労働省告示　九号
昭和五七年　二月一五日　労働省告示　八号
昭和五八年　二月二一日　労働省告示　一五号
昭和六〇年　三月　九日　労働省告示　一〇号
昭和六一年　三月　六日　労働省告示　一〇号
平成　四年　三月　五日　労働省告示　一一号
平成　八年　三月二五日　労働省告示　一八号
平成一〇年　三月　二日　労働省告示　一六号
平成一五年　三月二五日厚生労働省告示　一一三号
平成一八年　三月三〇日厚生労働省告示一九六号
平成二六年　二月二五日厚生労働省告示　四〇号
平成二七年　三月二六日厚生労働省告示一四三号
平成二八年　二月二九日厚生労働省告示　四三号

労働保険の保険料の徴収等に関する法律施行規則（昭和四十七年労働省令第八号）第十六条第一項の規定に基づき、同規則別表第一（労災保険率表）の細目を次のように定め、昭和四十七年四月一日から適用する。

昭和三十七年労働省告示第三号（保険料率適用事業細目表）は、昭和四十七年三月三十一日限り廃止する。

前　文（抄）〔昭和四八年三月三一日労働省告示第一五号〕

昭和四十八年四月一日から適用する。

前　文（抄）〔昭和五〇年三月二九日労働省告示第三一号〕

昭和五十年四月一日から適用する。

前　文（抄）〔昭和五五年二月二一日労働省告示第九号〕

昭和五十五年四月一日から適用する。

前　文（抄）〔昭和五七年二月一五日労働省告示第八号〕

昭和五十七年四月一日から適用する。

前　文（抄）〔昭和五八年二月二一日労働省告示第一五号〕

昭和五十八年四月一日から適用する。

前　文（抄）〔昭和六〇年三月九日労働省告示第一〇号〕

昭和六十年四月一日から適用する。

前　文（抄）〔昭和六一年三月六日労働省告示第一〇号〕

昭和六十一年四月一日から適用する。

前　文（抄）〔平成四年三月五日労働省告示第一一号〕

平成四年四月一日から適用する。

前　文（抄）〔平成八年三月二五日労働省告示第一八号〕

平成八年四月一日から適用する。

前　**文**〔抄〕〔平成一〇年三月二日労働省告示第一六号〕

平成十年四月一日から適用する。

前　**文**〔抄〕〔平成一五年三月二五日厚生労働省告示第一一三号〕

平成十五年四月一日から適用する。

前　**文**〔抄〕〔平成一八年三月三〇日厚生労働省告示第一九六号〕

平成十八年四月一日から適用する。

前　**文**〔抄〕〔平成二六年二月二五日厚生労働省告示第四〇号〕

平成二十六年四月一日から適用する。

前　**文**〔抄〕〔平成二七年三月二六日厚生労働省告示第一四三号〕

平成二十七年四月一日から適用する。

前　**文**〔抄〕〔平成二八年二月二九日厚生労働省告示第四三号〕

平成二十八年四月一日から適用する。

労災保険率適用事業細目表

事業の種類の分類	事業の種類の番号	事業の種類	事業の種類の細目	備考
林業	02 又は 03	林業	A　木材伐出業 0201　伐木、造材、集材若しくは運材の事業又はこれらに付随する事業 B　その他の林業 0301　植林若しくは造林の事業又はこれらに付随する事業 0302　竹の伐出業 0304　薪の切出製造若しくは木炭の製造又はこれらに付随する搬出の事業 0303　その他の各種林業	
漁業	11	海面漁業（(12)定置網漁業又は海面魚類養殖業を除く。）	1101　海面において行う水産動物（貝類を除く。）の採捕の事業	
	12	定置網漁業又は海面魚類養殖業	1201　海面において定置網を用いて行う漁業 1202　海面において行う魚類の養殖の事業	
鉱業	21	金属鉱業、非金属鉱業（(23)石灰石鉱業又はドロマイト鉱業を除く。）又は石炭鉱業	2101　金属鉱業 金鉱、銀鉱、銅鉱、鉛鉱、蒼（そう）鉛鉱、すず鉱、アンチモニー鉱、水銀鉱、亜鉛鉱、鉄鉱、硫化鉄鉱、クローム鉄鉱、マンガン鉱、タングステン鉱、モリブデン鉱、砒（ひ）鉱、ニツケル鉱、コ	(2601) 砂鉱業、(2602) 石炭選別業及び(2603) 亜炭鉱業（亜炭選別業を含む。）を除く。

			 2102 2103 2104 2105	バルト鉱、ウラン鉱又はトリウム鉱の鉱業 非金属鉱業 りん鉱、黒鉛、アスファルト、硫黄、石膏(こう)、重晶石、明ばん石、ほたる石、石綿、けい石、長石、ろう石、滑石又は耐火粘土の鉱業 無煙炭鉱業 れき青炭鉱業 その他の石炭鉱業	
	23	石灰石鉱業又はドロマイト鉱業	2301	石灰石鉱業又はドロマイト鉱業	
	24	原油又は天然ガス鉱業	2401 2402	原油鉱業 天然ガス鉱業又は圧縮天然ガス生産業	
	25	採石業	2501 2502	花こう岩、せん緑岩、斑糲(はんれい)岩、かんらん岩、斑(はん)岩、玢(ひん)岩、輝緑岩、粗面岩、安山岩、玄武岩、礫(れき)岩、砂岩、頁(けつ)岩、粘板岩、ぎよう灰岩、片麻岩、蛇(じゃ)紋岩、結晶片岩、ベントナイト、酸性白土、けいそう土、陶石、雲母又はひる石の採取業 その他の岩石又は粘土（耐火粘土を除く。）等の採取業	（2604）砂利、砂等の採取業を除き、一貫して行う岩石又は粘土（耐火粘土を除く。）の破砕等の（4901）その他の窯業又は土石製品製造業を含む。
	26	その他の鉱業	2601 2602 2603	砂鉱業 石炭選別業 亜炭鉱業（亜炭選別業を含む。）	

			2604　砂利、砂等の採取業	
建設事業	31	水力発電施設、隧道等新設事業	3101　水力発電施設新設事業 水力発電施設の新設に関する建設事業及びこれに附帯して当該事業現場内において行われる事業（発電所又は変電所の家屋の建築事業、水力発電施設新設事業現場に至るまでの工事用資材の運送のための道路、鉄道又は軌道の建設事業、建設工事用機械以外の機械若しくは鉄管の組立て又はすえ付けの事業、送電線路の建設事業及び水力発電施設新設事業現場外における索道の建設事業を除く。） 3102　高えん堤新設事業 基礎地盤から堤頂までの高さ20メートル以上のえん堤（フイルダムを除く。）の新設に関する建設事業及びこれに附帯して当該事業現場内において行われる事業（高えん堤新設事業現場に至るまでの工事用資材の運送のための道路、鉄道又は軌道の建設事業、建設工事用機械以外の機械の組立て又はすえ付けの事業及び高えん堤新設事業現場外における索道の建設事業を除く。） 3103　隧道新設事業 隧道の新設に関する建設事業、隧道の内面巻替えの事業及びこれら	

				に附帯して当該事業現場内において行われる事業（隧道新設事業の態様をもつて行われる道路、鉄道、軌道、水路、煙道、建築物等の建設事業（推進工法による管の埋設の事業を除く。）を含み、内面巻立て後の隧道内において路面ほ装、砂利散布又は軌条の敷設を行う事業及び内面巻立て後の隧道内における建築物の建設事業を除く。）	
	32	道路新設事業	3201	道路の新設に関する建設事業及びこれに附帯して行われる事業	(3103) 隧道新設事業及び(35)建築事業を除く。
	33	ほ装工事業	3301 3302 3303	道路、広場、プラットホーム等のほ装事業 砂利散布の事業 広場の展圧又は芝張りの事業	
	34	鉄道又は軌道新設事業		次に掲げる事業及びこれに附帯して行われる事業（建設工事用機械以外の機械の組立て又はすえ付けの事業を除く。） 3401 開さく式地下鉄道の新設に関する建設事業 3402 その他の鉄道又は軌道の新設に関する建設事業	(3103) 隧道新設事業及び(35)建築事業を除く。
	35	建築事業（(38)既設建築物設		次に掲げる事業及びこれに附帯して行われる事業（建設工	

			備工事業を除く。)	事用機械以外の機械の組立て又はすえ付けの事業を除く。) 3501　鉄骨造り又は鉄骨鉄筋若しくは鉄筋コンクリート造りの家屋の建設事業((3103)隧道新設事業の態様をもつて行われるものを除く。) 3502　木造、れんが造り、石造り、ブロック造り等の家屋の建設事業 3503　橋りよう建設事業 イ　一般橋りようの建設事業 ロ　道路又は鉄道の鉄骨鉄筋若しくは鉄筋コンクリート造りの高架橋の建設事業 ハ　跨線道路橋の建設事業 ニ　さん橋の建設事業 3504　建築物の新設に伴う設備工事業((3507)建築物の新設に伴う電気の設備工事業及び(3715)さく井事業を除く。) イ　電話の設備工事業 ロ　給水、給湯等の設備工事業 ハ　衛生、消火等の設備工事業 ニ　暖房、冷房、換気、乾燥、温湿度調整等の設備工事業 ホ　工作物の塗装工事業 ヘ　その他の設備工事業 3507　建築物の新設に伴う電気の設備工事業 3508　送電線路又は配電線路の建設(埋設を除く。)の事業 3505　工作物の解体(一部分を解体するもの又は当該工作物に使用されて		

				いる資材の大部分を再度使用することを前提に解体するものに限る。)、移動、取りはずし又は撤去の事業	
			3506	その他の建築事業 イ　野球場、競技場等の鉄骨造り又は鉄骨鉄筋若しくは鉄筋コンクリート造りのスタンドの建設事業 ロ　たい雪覆い、雪止め柵、落石覆い、落石防止柵等の建設事業 ハ　鉄塔又は跨線橋（跨線道路橋を除く。)の建設事業 ニ　煙突、煙道、風洞等の建設事業（(3103)隧道新設事業の態様をもつて行われるものを除く。) ホ　やぐら、鳥居、広告塔、タンク等の建設事業 ヘ　門、塀、柵、庭園等の建設事業 ト　炉の建設事業 チ　通信線路又は鉄塔の建設（埋設を除く。)の事業 リ　信号機の建設事業 ヌ　その他の各種建築事業	
	38	既設建築物設備工事業	3801	既設建築物の内部において主として行われる次に掲げる事業及びこれに附帯して行われる事業（建設工事用機械以外の機械の組立て又はすえ付けの事業、(3802)既設建築物の内	

			部において主として行われる電気の設備工事業及び（3715）さく井事業を除く。） イ　電話の設備工事業 ロ　給水、給湯等の設備工事業 ハ　衛生、消火等の設備工事業 ニ　暖房、冷房、換気、乾燥、温湿度調整等の設備工事業 ホ　工作物の塗装工事業 へ　その他の設備工事業 3802　既設建築物の内部において主として行われる電気の設備工事業 3803　既設建築物における建具の取付け、床張りその他の内装工事業	
	36	機械装置の組立て又はすえ付けの事業	次に掲げる事業及びこれに附帯して行われる事業 3601　各種機械装置の組立て又はすえ付けの事業 3602　索道建設事業	
	37	その他の建設事業	次に掲げる事業及びこれに附帯して行われる事業 3701　えん堤の建設事業（（3102）高えん堤新設事業を除く。） 3702　隧（ずい）道の改修、復旧若しくは維持の事業又は推進工法による管の埋設の事業（（3103）内面巻替えの事業を除く。） 3703　道路の改修、復旧又は維持の事業 3704　鉄道又は軌道の改修、復旧又は維持の事業 3705　河川又はその附属物の	⑶ほ装工事業及び（3505）工作物の解体（一部分を解体するもの又は当該工作物に使用されている資材の大部分を再度使用することを前提に解体するものに限

				改修、復旧又は維持の事業	る。)、移動、取りはずし又は撤去の事業を除く。
			3706	運河若しくは水路又はこれらの附属物の建設事業	
			3707	貯水池、鉱毒沈澱(でん)池、プール等の建設事業	
			3708	水門、樋(ひ)門等の建設事業	
			3709	砂防設備(植林のみによるものを除く。)の建設事業	
			3710	海岸又は港湾における防波堤、岸壁、船だまり場等の建設事業	
			3711	湖沼、河川又は海面の浚渫(しゅんせつ)、干拓又は埋立ての事業	
			3712	開墾、耕地整理又は敷地若しくは広場の造成の事業(一貫して行う(3719)造園の事業を含む。)	
			3719	造園の事業	
			3713	地下に構築する各種タンクの建設事業	
			3714	鉄管、コンクリート管、ケーブル、鋼材等の埋設の事業	
			3715	さく井事業	
			3716	工作物の解体事業	
			3717	沈没物の引揚げ事業	
			3718	その他の各種建設事業	
製造業	41	食料品製造業	4101	食料品製造業	
			4112	たばこ等製造業	
	42	繊維工業又は繊維製品製造業	4201	繊維工業又は繊維製品製造業	

	44	木材又は木製品製造業	4401	木材又は木製品製造業	(6108)竹、籐(とう)又はきりゆう製品製造業を除く。
	45	パルプ又は紙製造業	4501	パルプ又は紙製造業	
	46	印刷又は製本業	4601	印刷又は製本業	
	47	化学工業	4701	化学工業	(42)繊維工業又は繊維製品製造業及び(6110)くずゴム製品製造業を除く。
	48	ガラス又はセメント製造業	4801	ガラス又はセメント製造業	
	66	コンクリート製造業	6601	コンクリート製造業	
	62	陶磁器製品製造業	6201	陶磁器製品製造業	
	49	その他の窯業又は土石製品製造業	4901	その他の窯業又は土石製品製造業	
	50	金属精錬業	5001	金属精錬業	一貫して行

		(51)非鉄金属精錬業を除く。)			う(52)金属材料品製造業を含む。
	51	非鉄金属精錬業	5101	非鉄金属精錬業	一貫して行う(52)金属材料品製造業を含む。
	52	金属材料品製造業（(53)鋳物業を除く。）	5201	金属材料品製造業	一貫して(50)金属精錬業又は(51)非鉄金属精錬業を行うものを除く。
	53	鋳物業	5301	鋳物業	
	54	金属製品製造業又は金属加工業（(63)洋食器、刃物、手工具又は一般金物製造業及び(55)めつき業を除く。）	5401	金属製品製造業又は金属加工業	
	63	洋食器、刃物、手工具又は一般金物製造業（(55)めつき業を除く。）	6301	洋食器、刃物、手工具又は一般金物製造業	
	55	めつき業	5501	めつき業	
	56	機械器具製造	5601	機械器具製造業	

	業（(57)電気機械器具製造業、(58)輸送用機械器具製造業、(59)船舶製造又は修理業及び(60)計量器、光学機械、時計等製造業を除く。）		
57	電気機械器具製造業	5701	電気機械器具製造業
58	輸送用機械器具製造業（(59)船舶製造又は修理業を除く。）	5801	輸送用機械器具製造業
59	船舶製造又は修理業	5901	船舶製造又は修理業
60	計量器、光学機械、時計等製造業（(57)電気機械器具製造業を除く。）	6001	計量器、光学機械、時計等製造業
64	貴金属製品、装身具、皮革製品等製造業	6401	貴金属製品、装身具、皮革製品等製造業
61	その他の製造業	6102 6104	ペン、ペンシルその他の事務用品又は絵画用品製造業 可塑物製品製造業（購

				入材料によるものに限る。)	
			6105	漆器製造業	
			6107	加工紙、紙製品、紙製容器又は紙加工品製造業	
			6108	竹、籐(とう)又はきりゆう製品製造業	
			6109	わら類製品製造業	
			6110	くずゴム製品製造業	
			6115	塗装業	
			6116	その他の各種製造業	
運輸業	71	交通運輸事業	7101	鉄道、軌道又は索道による旅客又は貨物の運送事業((7202)貨物の積みおろし又は集配を伴う貨物の運送事業を除く。)	
			7102	自動車又は軽車両による旅客の運送事業	
			7104	航空機による旅客又は貨物の運送事業	
			7105	船舶による旅客の運送事業	
			7103	自動車、航空機等を使用して宣伝、広告、測量等を行なう事業	
			7106	その他の交通運輸事業	
	72	貨物取扱事業((73)港湾貨物取扱事業及び(74)港湾荷役業を除く。)	7201	停車場、倉庫、工場、道路等における貨物取扱いの事業	
			7202	貨物の積みおろし又は集配を伴う鉄道軌道又は索道による貨物の運送事業	
			7203	自動車又は軽車両による貨物の運送事業	
			7206	船舶による貨物の運送事業	
			7204	貨物の荷造り又はこん	

			包の事業 7205　自動車により砂利その他の土石を運搬して販売する事業	
	73	港湾貨物取扱事業（(74)港湾荷役業を除く。）	7301　港湾の上屋、倉庫等における貨物取扱いの事業 7302　はしけ又は引船による貨物の運送事業	一貫して(74)港湾荷役業を行うものを除く。
	74	港湾荷役業	7401　沿岸において船舶に荷を積み又は船舶から荷をおろすために貨物を取り扱う事業 7402　船舶内において船舶に荷を積み又は船舶から荷をおろすために貨物を取り扱う事業（一貫して行う（7401）沿岸において船舶に荷を積み又は船舶から荷をおろすために貨物を取り扱う事業を含む。）	一貫して行う(73)港湾貨物取扱事業を含む。
電気、ガス、水道又は熱供給の事業	81	電気、ガス、水道又は熱供給の事業	A　電気業 8101　発電、送電、返電又は配電の事業 B　ガス業 8102　天然ガスの採取供給又はガスの製造供給の事業 8103　天然ガス又はガスの供給の事業 C　水道業 8104　上水道業 8105　下水道業 D　熱供給業 8106　熱供給業	

その他の事業	95	農業又は海面漁業以外の漁業	9501 9502 9503	土地の耕作又は植物の栽植、栽培若しくは採取の事業その他の農業 動物の飼育若しくは畜産の事業又は養蚕の事業 水産動植物の採捕又は養殖の事業(11)海面漁業及び(12)定置網漁業又は海面魚類養殖業を除く。)	
	91	清掃、火葬又はと畜の事業	9101 9102 9103	清掃業 火葬業 と畜業	
	93	ビルメンテナンス業	9301	ビルの総合的な管理等の事業	
	96	倉庫業、警備業、消毒又は害虫駆除の事業又はゴルフ場の事業	9601 9602 9603 9606	倉庫業 警備業 消毒又は害虫駆除の事業 ゴルフ場の事業	
	97	通信業、放送業、新聞業又は出版業	9701 9702 9703	通信業 放送業 新聞業又は出版業	
	98	卸売業・小売業、飲食店又は宿泊業	9801 9802 9803	卸売業・小売業 飲食店 宿泊業	
	99	金融業、保険業又は不動産業	9901 9902 9903	金融業 保険業 不動産業	

	94	その他の各種事業	9411 広告、興信、紹介又は案内の事業 9412 速記、筆耕、謄写印刷又は青写真業 9418 映画の製作、演劇等の事業 9419 劇場、遊戯場その他の娯楽の事業 9420 洗たく、洗張又は染物の事業 9421 理容、美容又は浴場の事業 9422 物品賃貸業 9423 写真、物品預り等の事業 9425 教育業 9426 研究又は調査の事業 9431 医療業 9432 社会福祉又は介護事業 9433 幼稚園 9434 保育所 9435 認定こども園 9436 情報サービス業 9416 前各項に該当しない事業		

労働保険の保険料の徴収等に関する法律施行規則第二十条の三第一号の労働者の健康の保持増進のための措置であって厚生労働大臣が定めるもの等の件

平成　八年　三月　一日　労働省告示　一三号
改正　平成一二年一二月二五日　労働省告示一二〇号
平成一八年　三月三一日厚生労働省告示二八四号
平成二六年一一月二八日厚生労働省告示四五四号

労働保険の保険料の徴収等に関する法律施行規則（昭和四十七年労働省令第八号）第二十条の三第一号及び第三号の規定に基づき、同条第一号の労働者の健康の保持増進のための措置であって厚生労働大臣が定めるもの及び同条第三号の労働者の安全又は衛生を確保するための措置として厚生労働大臣が定めるものは、それぞれ次のとおりとし、平成九年三月三十一日から適用する。

一　労働保険の保険料の徴収等に関する法律施行規則第二十条の三第一号の労働者の健康の保持増進のための措置であって厚生労働大臣が定めるもの
　労働安全衛生法（昭和四十七年法律第五十七号）第七十条の二の指針に従い、中央労働災害防止協会の援助を受けて、事業主が講ずる労働者の健康の保持増進のための措置

二　労働保険の保険料の徴収等に関する法律施行規則第二十条の三第三号の労働者の安全又は衛生を確保するための措置であって厚生労働大臣が定めるもの

イ　中央労働災害防止協会の援助を受けて、事業主の団体が労働災害の防止のための活動として講ずる措置を利用して、当該団体の構成員である事業主が講ずる労働者の安全又は衛生を確保するための措置

ロ　労働安全衛生法第八十八条第一項ただし書の規定による認定を受けた事業主が講ずる労働安全衛生規則（昭和四十七年労働省令第三十二号）第八十七条に掲げる措置

附　則（平成一二年一二月二五日労働省告示一二〇号）（抄）

（適用期日）

第一　この告示は、内閣法の一部を改正する法律（平成十一年法律第八十八号）の施行の日（平成十三年一月六日）から適用する。

労働保険の保険料の徴収等に関する法律施行規則の規定に基づき計器を指定する等の件

昭和四七年　三月三一日労働省告示一七号

労働保険の保険料の徴収等に関する法律施行規則（昭和四十七年労働省令第八号）第四十五条第三項の規定に基づき、次の計器を指定し、昭和四十七年四月一日から適用する。

昭和四十五年労働省告示第五号（保険料納付計器を指定する告示）は、昭和四十七年三月三十一日限り廃止する。

ハスラー計器F八八ML型（電動・手動両用式）で、一に掲げる構造及び二に掲げる機能を有し、かつ、三に掲げる様式の始動票札を使用するもの

一　構造

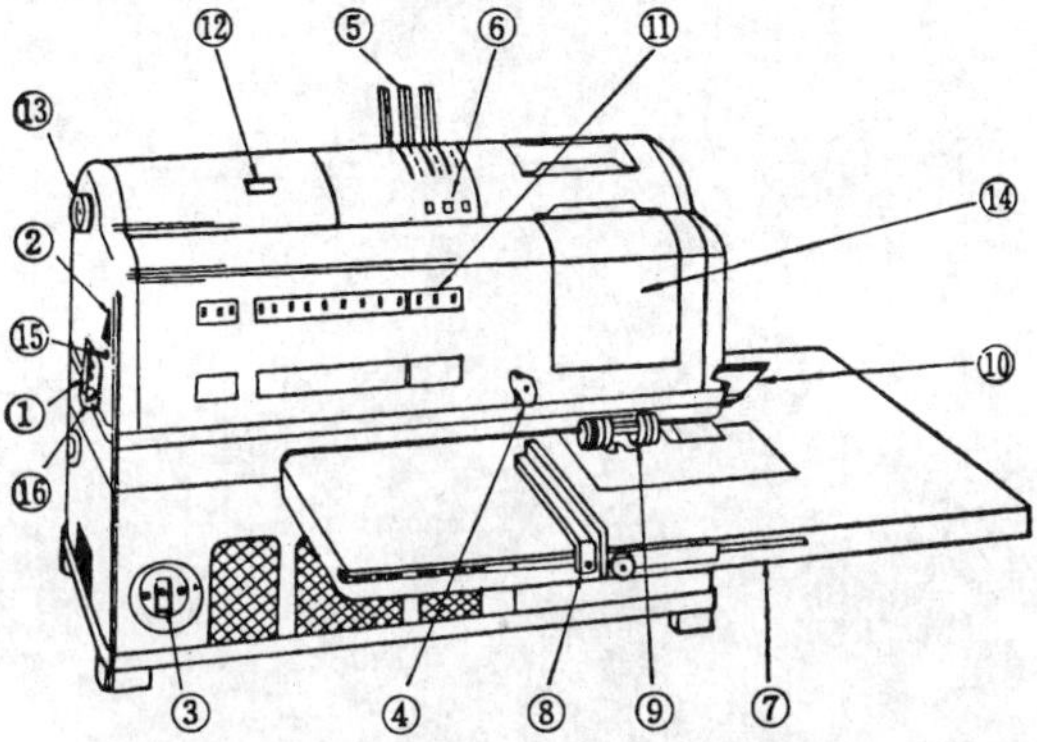

①封印施錠箇所
②始動票札挿入箇所
③電動スイッチ
④マスターキー
⑤金額セットレバー
⑥セット金額表示窓
⑦用紙送り台
⑧表示位置移動レール
⑨表示位置決め装置
⑩スタンプレバー
⑪積算カウンター表示窓
⑫通数計
⑬通数計クリヤレバー
⑭インクローラー装置箇所
⑮カードハンドル差込箇所
⑯手動用ハンドル差込箇所

二　機能

表示することができる印紙保険料の額に相当する金額の総額を限度として必要な措置を講ずることにより、限度とした当該金額の総額に達するまで印紙保険料の額に相当する金額を表示して納付印を押すことができるもの

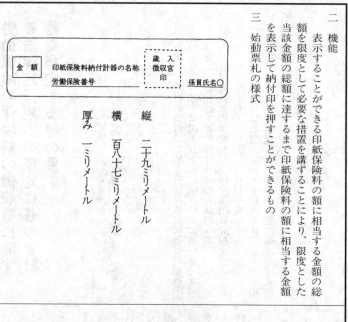

三　始動票札の様式

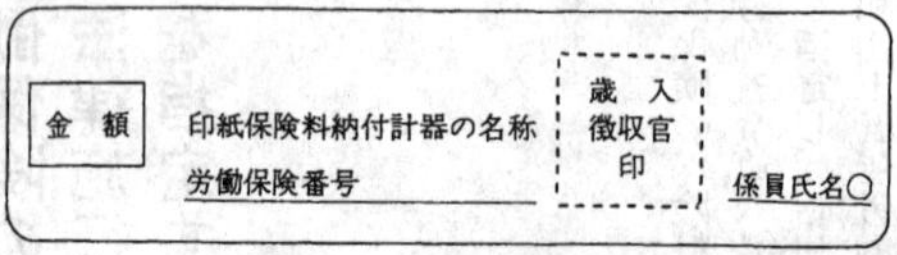

縦　二十九ミリメートル

横　百八十七ミリメートル

厚み　一ミリメートル

徴収法関係法令

労働保険の保険料の徴収等に関する法律等の施行期日を定める政令

昭和四七年　三月二七日政令三五号

内閣は、失業保険法及び労働者災害補償保険法の一部を改正する法律及び労働保険の保険料の徴収等に関する法律の施行に伴う関係法律の整備等に関する法律（昭和四十四年法律第八十五号）第一条の規定に基づき、この政令を制定する。

失業保険法及び労働者災害補償保険法の一部を改正する法律（昭和四十四年法律第八十三号）の規定中同法附則第一条第四号に掲げる規定及び労働保険の保険料の徴収等に関する法律（昭和四十四年法律第八十四号）の施行期日は、昭和四十七年四月一日とする。

建設労働者の雇用の改善等に関する法律附則第四条の規定の施行に伴う労働保険の保険料の納付等に関する経過措置を定める政令

昭和五三年　二月　七日政令一八号

（概算保険料の納付に関する経過措置）

第一条　労働保険の保険料の徴収等に関する法律（昭和四十四年法律第八十四号）第十二条第四項第三号に掲げる事業であって、雇用保険に係る労働保険の保険関係の成立の日が昭和五十三年十月一日前であるものの事業主が当該事業について同法第十五条第一項の規定に基づき同年四月一日から始まる保険年度に係る労働保険料を納付する場合において、当該労働保険料の算定の基礎となる額の見込額が、同項第一号の労働省令で定める場合に該当する場合における同号に規定する賃金総額の見込額及び同法第十五条の二の労働省令で定める場合に該当する場合における同条に規定する高年齢者賃金総額の見込額は、労働省令で定める額とする。

（建設労働者に係る事業に要する費用等に関する経過措置）

第二条 昭和五十四年三月三十一日までの間については、建設労働者の雇用の改善等に関する法律第十条中「千分の一」とあるのは、「千分の〇・五」とする。

2 昭和五十四年三月三十一日までの間については、建設労働者の雇用の改善等に関する法律附則第四条の規定による改正後の労働保険の保険料の徴収等に関する法律第十二条第六項中「千分の三・五の率（第四項第三号に掲げる事業については、千分の四・五の率）を雇用保険率で除して得た率をいう。同条第一項において同じ」とあるのは「千分の三・五の率（第四項第三号に掲げる事業については、千分の四の率）を雇用保険率で除して得た率をいう」と、同法第三十条第一項中「四事業率」とあるのは「千分の三・五の率（第十二条第四項第三号に掲げる事業に係る昭和五十三年十月一日以後の期間に係る一般保険料については、千分の四・五の率）を雇用保険率で除して得た率」とする。

3 昭和五十四年三月三十一日までの間については、建設労働者の雇用の改善等に関する法律附則第六条の規定による改正後の雇用保険法（昭和四十九年法律第百十六号）第六十六条第三項第三号中「千分の四・五」とあるのは、「千分の四」とする。

附　則

この政令は、昭和五十三年四月一日から施行する。ただし、第二条第二項の規定は、同年十月一日から施行する。

印紙をもってする歳入金納付に関する法律（抄）

昭和二三年　七月一二日法律一四二号
最終改正　平成二七年　七月一〇日法律　五五号

〈印紙による歳入金納付〉

第一条　国に納付する手数料、罰金、科料、過料、刑事追徴金、訴訟費用、非訟事件の費用及び少年法（昭和二十三年法律第百六十八号）第三十一条第一項の規定により徴収する費用は、印紙をもつて、これを納付せしめることができる。但し、印紙をもつて納付せしめることのできる手数料の種目は、各省各庁の長（財政法（昭和二十二年法律第三十四号）第二十条第二項に規定する各省各庁の長をいう。）が、これを定める。

〈収入印紙の使用〉

第二条　前条又は他の法令の規定により印紙をもつて租税及び国の歳入金を納付するときは、収入印紙を用いなければならない。ただし、次に掲げる場合は、この限りでない。

一　労働保険の保険料の徴収等に関する法律（昭和四十四年法律第八十四号）第二十三条第一項の規定により印紙保険料を納付するとき。

二～六　〈略〉

2　前項に規定する収入印紙、労働保険の保険料の徴収等に関する法律第二十三条第二項に規定する雇用保険印紙、道路運送車両法第百二条第四項に規定する自動車検査登録印紙、健康保険法第百六十九条第三項に規定する健康保険印紙、自動車重量税法に規定する自動車重量税印紙並びに特許法、実用新案法、意匠法、商標法及び工業所有権に関する手続等の特例に関する法律に規定する特許印紙の形式は、財務大臣が定める。

第三条　次の各号に掲げる印紙は、その売りさばきに関する事務を日本郵便株式会社（以下「会社」という。）に委託し、それぞれ、当該各号に定める所において売り渡すものとする。

一　〈略〉

二　雇用保険印紙　会社の営業所のうち、総務大臣が厚生労働大臣に協議して指定するもの

三～六　〈略〉

2　前項の印紙を売り渡す者は、定価で公平にこれを売り渡さなければならない。

3　前項の印紙の売りさばきの管理及び手続に関する事項は総

務大臣が、同項第一号の印紙にあつては財務大臣に、同項第二号及び第三号の印紙にあつては厚生労働大臣に、同項第四号の印紙にあつては財務大臣に、同項第五号の印紙にあつては経済産業大臣に、それぞれ協議してこれを定める。

4　会社は、前項の規定により総務大臣が定めた印紙の売りさばきの管理及び手続に関する事項を守らなければならない。

5　会社は、第一項の規定により印紙を売りさばいた金額から印紙の売りさばきに関する事務の取扱いに要する経費を控除した金額に相当する金額を、同項第一号の印紙に係るものは一般会計に、同項第二号の印紙に係るものは労働保険特別会計の徴収勘定に、同項第三号の印紙に係るものは年金特別会計の健康勘定に、同項第四号の印紙に係るものは国税収納金整理資金に、同項第五号の印紙に係るものは特許特別会計に、それぞれ納付しなければならない。

6・7　＜略＞

第四条　＜略＞

第五条　第三条第二項の規定に違反して同条第一項の印紙をその定価と異なる金額で売り渡し、又は前条第二項の規定に違反して同条第一項の自動車検査登録印紙をその定価と異なる金額で売り渡した者は、三十万円以下の罰金に処する。

2　法人の代表者又は法人若しくは人の代理人、使用人その他の従業者が、その法人又は人の業務に関し、前項の違反行為をしたときは、行為者を罰するほか、その法人又は人に対しても同項の刑を科する。

附　則（抄）

1　この法律は、公布の日から、これを施行する。

雇用保険印紙の形式を定める等の件

平成六年七月一九日大蔵省告示一四八号

印紙をもつてする歳入金納付に関する法律（昭和二十三年法律第百四十二号）第二条第二項の規定に基づき、雇用保険印紙の形式を次のように定め、平成六年八月一日から適用し、雇用保険印紙の形式を定める件（平成元年九月大蔵省告示第百四十五号）は、平成六年七月三十一日限り廃止する。

なお、この告示による廃止前の雇用保険印紙の形式を定める件（以下「旧告示」という。）に規定する第一級雇用保険印紙（旧告示により、なお当分の間、使用することができることとされた雇用保険印紙の形式を定める件（昭和五十九年七月大蔵省告示第八十七号）に規定する第一級雇用保険印紙を含む。）及び第二級雇用保険印紙（旧告示により、なお当分の間、使用することができることとされた雇用保険印紙の形式を定める件（昭和五十九年七月大蔵省告示第八十七号）に規定する第二級雇用保険印紙及び雇用保険印紙の形式を定める件（昭和五十三年三月大蔵省告示第二十二号）に規定する第一級雇用保険印紙を含む。）はそれぞれ、この告示に規定する第二級雇用保険印紙及び第三級雇用保険印紙として、なお当分の間、使用することができる。

一　第一級雇用保険印紙

寸法　縦　二十五・五ミリメートル
　　　横　二十一・五ミリメートル
刷色　明るい赤色
着色繊維　青色と赤色

二　第二級雇用保険印紙

寸法　縦　二十五・五ミリメートル
　　　横　二十一・五ミリメートル
刷色　灰味緑色
着色繊維　青色と赤色

三　第三級雇用保険印紙

寸　法　縦　二十五・五ミリメートル
　　　　横　二十一・五ミリメートル

刷　色　鈍青味紫色

着色繊維　青色と赤色

雇用保険印紙及び健康保険印紙の売りさばきに関する省令

平成一五年　三月三一日総務省令　七〇号
最終改正　平成二五年一二月二〇日総務省令一一七号

（委託契約書の作成）
第一条　印紙をもつてする歳入金納付に関する法律（以下「法」という。）第三条第一項の規定による雇用保険印紙及び健康保険印紙（以下「印紙」という。）の売りさばきに関する事務の委託は、あらかじめ、厚生労働大臣（その委任を受けた者を含む。以下同じ。）と日本郵便株式会社の代表者（その委任を受けた者を含む。以下「会社の代表者」という。）の間で、委託契約書を作成して行うものとする。

2　会社の代表者は、前項の規定により委託契約書を作成した場合には、速やかに、その写しを総務大臣に提出しなければならない。これを変更したときも同様とする。

（印紙の交付）
第二条　厚生労働大臣は、前条第一項の委託契約に係る印紙に当該印紙の種類、数量その他必要な事項を記載した交付書を添えて会社の代表者に交付するものとする。

（印紙の受領書の提出）
第三条　会社の代表者は、前条の規定により印紙の交付を受けたときは、直ちに、当該印紙の種類、数量その他必要な事項を記載した受領書を厚生労働大臣に提出しなければならない。

（印紙の管理方法）
第四条　会社の代表者は、第二条の規定により厚生労働大臣から交付を受けた印紙について、必要な帳簿を備え、善良な管理者の注意をもって管理しなければならない。

（印紙代金の納付等）
第五条　会社の代表者は、印紙を売りさばいた日の属する月の翌々月の末日までに、厚生労働大臣に対して印紙の売りさばき金額及び次に掲げる売りさばきに関する事務の取扱いに要する経費を記載した報告書を提出するとともに、当該売りさばき金額から次に掲げる売りさばきに関する事務の取扱いに要する経費を控除した金額に相当する金額（以下「納付金額」という。）を雇用保険印紙に係るものは労働保険特別会計の徴収勘定に、健康保険印紙に係るものは年金特別会計の健康勘定にそれぞれ納付しなければならない。
一　会社の代表者が売りさばいた印紙の金額の百分の五・四に相当する金額
二　会社の代表者が第九条の規定により事業主から買い戻した印紙の金額
2　会社の代表者は、納付金額を納付する場合は、歳入徴収官事務規程（昭和二十七年大蔵省令第百四十一号）の別紙第四号の十一書式の納付書により納付しなければならない。
3　第一項の報告書には、毎月末日において会社の代表者が保管する印紙の種類、数量その他必要な事項を記載した書面を添付しなければならない。
4　会社の代表者は、次に掲げる印紙について毎月分を取りまとめの上、厚生労働大臣に当該印紙の種類、数量その他必要な事項を記載した書面により処分の申請を行い、厚生労働大臣から不用決定通知があったときは、遅滞なく、裁断その他確実に処分できると認められる方法により処分しなければならない。ただし、第一号に掲げる印紙については、再使用のおそれがないようあらかじめ消印等をするものとする。
一　会社の代表者が第九条の規定により事業主から買い戻した印紙
二　会社の代表者が故意又は重大な過失によらないで損傷したと認めた印紙
三　売りさばきが廃止された印紙
四　会社の代表者が経年変化により売りさばきに適しないと認めた印紙

（印紙の亡失等の報告）
第六条　会社の代表者は、保管中の印紙について、次に掲げる場合は、直ちに当該印紙の種類、数量その他必要な事項を記載した書面により総務大臣を経由して厚生労働大臣に報告し、必要な指示を求めなければならない。
一　亡失したとき。
二　故意又は重大な過失により損傷したとき。

（指示等）
第七条　総務大臣は、必要があると認めるときは、会社の代表者に対し、印紙の売りさばきの方法その他印紙の売りさばきに関して必要な指示を行い、又は報告を求めることができる。
2　厚生労働大臣は、必要があると認めるときは、会社の代表者に対し、総務大臣を経由して、印紙の売りさばきの方法その他印紙の売りさばきに関して必要な指示を行い、又は報告を求めることができる。
3　会社の代表者は、印紙を売りさばく会社の営業所（郵便の業務を行うものに限る。以下同じ。）の設置の状況について、定期的に、総務大臣を経由して厚生労働大臣に報告するものとする。

（購入）
第八条　事業主は、雇用保険印紙を購入しようとするときは、雇用保険印紙購入通帳の雇用保険印紙購入申込書に購入しようとする雇用保険印紙の種類別枚数及び購入年月日並びに労働保険番号並びに事業主の氏名又は名称及び住所又は所在地を記入し、雇用保険印紙を売りさばく会社の営業所に提出しなければならない。

2　事業主は、健康保険印紙を購入しようとするときは、健康保険印紙購入通帳に健康保険印紙の購入年月日、種類、購入枚数及び金額を記入し、健康保険印紙を売りさばく会社の営業所に提出しなければならない。

（買戻し）

第九条　事業主は、次の各号の場合においては、雇用保険印紙を売りさばく会社の営業所に、雇用保険印紙購入通帳及び会社の営業所に備える雇用保険印紙買戻し請求書にその保有する雇用保険印紙を添えて提出し、当該雇用保険印紙の買戻しを請求することができる。ただし、第三号に該当する場合においては、その買戻しの請求をすることができる期間は、雇用保険印紙が変更された日から六月間とする。

一　雇用保険に係る労働保険の保険関係が消滅したとき。

二　日雇労働被保険者を使用しなくなったとき（保有する雇用保険印紙の等級に相当する賃金日額の日雇労働被保険者を使用しなくなったときを含む。）。

三　雇用保険印紙が変更されたとき。

2　事業主は、次の各号の場合においては、健康保険印紙を売りさばく会社の営業所に、健康保険印紙購入通帳及び会社の営業所に備える健康保険印紙買戻し請求書にその保有する健康保険印紙を添えて提出し、当該健康保険印紙の買戻しを請求することができる。ただし、第三号に該当する場合においては、その買戻しの請求をすることができる期間は、健康保険印紙が変更された日から六月間とする。

一　事業所を廃止したとき。

二　健康保険の日雇特例被保険者を使用しなくなったとき（保有する健康保険印紙の等級に相当する賃金日額の被保険者を使用しなくなったときを含む。）。

三　健康保険印紙が変更されたとき。

附　則

（施行期日）

1　この省令は、平成十五年四月一日から施行する。

（経過措置）

2　この省令の施行の日において、公社総裁が保管する労働保険特別会計及び厚生保険特別会計に帰属する印紙は、厚生労働大臣が公社総裁に交付した委託に係る印紙とみなす。

3　公社総裁は、前項の規定により、厚生労働大臣が公社総裁に交付した委託に係る印紙とみなされた印紙の種類及び数量について、平成十五年五月三十一日までに厚生労働大臣に報告しなければならない。

利率等の表示の年利建て移行に関する法律（抄）

昭和四五年　四月　一日法律一三号

（労働者災害補償保険法等の一部改正）

第十九条　次に掲げる法律の規定中「百円につき一日四銭」を「につき年十四・六パーセント」に改める。

一～九　〈略〉

十　労働保険の保険料の徴収等に関する法律（昭和四十四年法律第八十四号）第二十七条第一項

（年当たりの割合の基礎となる日数）

第二十五条　前各条の規定による改正後の法律の規定（他の法令の規定において準用する場合を含む。）に定める延滞税、利子税、還付加算金、延滞金、加算金、過怠金、違約金、割増金、納付金及び延滞利息その他政令で指定するこれらに類するものの額の計算につきこれらの法律の規定その他法令の規定に定める年当たりの割合は、閏（じゅん）年の日を含む期間についても、三百六十五日当たりの割合とする。

附　則（抄）

（施行期日）

第一条　この法律は、公布の日から施行する。

労働保険の保険料の徴収等に関する法律に基づく労働保険料等の納付手続の特例に関する省令

昭和四七年　三月三一日大蔵省令一七号
最終改正　平成二一年一二月二八日財務省令七三号

第一条　削除

（口座振替による納付の場合の特例）

第二条　歳入徴収官及び歳入徴収官代理は、事業主が労働保険の保険料の徴収等に関する法律（昭和四十四年法律第八十四号。以下この条において「徴収法」という。）第二十一条の二第一項又は石綿による健康被害の救済に関する法律（平成十八年法律第四号。以下この条において「石綿健康被害救済法」という。）第三十八条第一項の規定により準用する徴収法第二十一条の二第一項の承認を受けて徴収法第二十一条の二第一項に規定する労働保険料又は石綿健康被害救済法第三十七条第一項に規定する第一項一般拠出金」に、「当該保険料」を「当該労働保険料及び当該第一項一般拠出金を納期限までに納付する場合は、別紙第二号書式の納付書により当該労働保険料及び当該一般拠出金を納付させるものとする。

附　則

1　この省令は、昭和四十七年四月一日から施行する。

2　この省令の施行前の期間に係る整備法による改正前の労働者災害補償保険法（昭和二十二年法律第五十号。以下「旧労災保険法」という。）及び失業保険法（昭和二十二年法律第百四十六号）の規定による保険料並びに旧労災保険法第三十四条の三第一項又は第二項の規定による保険給付に係る特別保険料を現金により納付する場合（これらの保険料に係る延滞金をあわせて納付する場合を含む。）における納付書の書式については、なお従前の例による。

附　則（平成二一年一二月二八日財務省令七三号）（抄）

1　この省令は、平成二十二年一月一日から施行する。

別紙第１号書式　削除

別紙第２号書式

第一片

領収済通知書

労働保険　　国庫金

下記の金額を領収しました。

種別

労働保険番号	都道府県	所掌	管轄	基幹番号	枝番号

※会計年度　※徴定年度　※収納区分

※収納年月日　※収納機関　※昭決区分　※科目区分　※徴定　※データ指示コード

内訳	十	億	千	百	十	万	千	百	十	円
労働保険料										
一般拠出金										
納付額（合計額）										

（住所）〒

（氏名）

殿

あて先〒

所在地、所属庁名及び歳入徴収官

年度	
厚生労働省所管	
労働保険特別会計(0847)	
徴収勘定	保険料収入及び一般拠出金収入
取扱庁名　（　　）	
金融機関店舗コード	
預金種別	
口座番号	

納付の目的	領収日付印
年度　概算 第　期 年度　確定	
納付の場所 日本銀行代理店 又は歳入代理店	（官庁送付分）

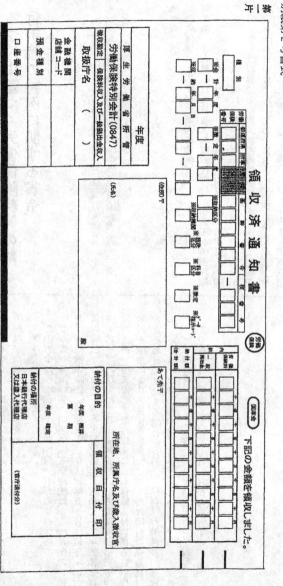

第二片

領　収　控

(労働保険)　(国庫金)　下記の金額を領収しました。

労働保険番号	都道府県	所掌	管轄	基幹番号	枝番号

※会計年度　※徴定年度　※収納区分

内訳		十億千百十万千百十円
	労働保険料	
	一般拠出金	
納付額（合計額）		

年度	
厚生労働省所管	
労働保険特別会計(0847)	
徴収勘定	保険料収入及び一般拠出金収入
取扱庁名　（　　）	
金融機関店舗コード	
預金種別	
口座番号	

(住所)〒

(氏名)

殿

納付の目的	領収日付印
年度　概算 第　期 年度　確定	(収納機関用)

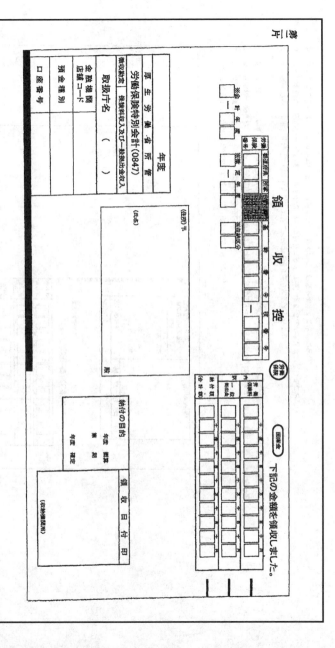

第三片

〒

郵便はがき

殿

右記のとおり振替納付の手続が終わりましたのでお知らせします。

納付書・領収証書　労働保険　国庫金

		十	億	千	百	十	万	千	百	十	円
内訳	労働保険料										
	一般拠出金										
納付額（合計額）											

上記の金額を領収しました。

振替金融機関名

取扱庁名　（　　　）	
納付の目的 年度　概算 第　期 年度　確定	領収日付印
納付の場所 日本銀行代理店 又は歳入代理店	（納付者送付分）

備考

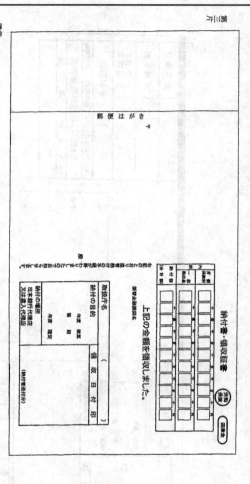

1　用紙の大きさは、各片ともおおむね縦１１cm、横２１cmとすること。

2　各片は、左端をのり付けその他の方法により接続すること。

3　取扱庁名欄の番号は、日本銀行国庫金取扱規程（昭和２２年大蔵省令第９３号）第８６条の２の規定又は歳入徴収官事務規程等の一部を改正する省令（昭和４０年大蔵省令第６７号）附則第４項の規定により日本銀行から通知を受けた歳入徴収官ごとの取扱庁番号を付すること。

4　労働保険番号、年度、金額その他の数字は、アラビア数字で明りょうに記入すること。

5　住所氏名欄は、左端から５.８cm、上端から３.８cmの部分に縦３.３cm、横６.３cmの大きさで設けること。

6　必要があるときは、各欄の配置を著しく変更することなく所要の調整を加えることができる。

行政機関の休日に関する法律（抄）

昭和六三年一二月一三日法律九一号
最終改正　平成　四年　四月　二日法律二八号

（行政機関の休日）
第一条　次の各号に掲げる日は、行政機関の休日とし、行政機関の執務は、原則として行わないものとする。
一　日曜日及び土曜日
二　国民の祝日に関する法律（昭和二十三年法律第百七十八号）に規定する休日
三　十二月二十九日から翌年の一月三日までの日（前号に掲げる日を除く。）
2　前項の「行政機関」とは、法律の規定に基づき内閣に置かれる各機関、内閣の統轄の下に行政事務をつかさどる機関として置かれる各機関及び内閣の所轄の下に置かれる機関並びに会計検査院をいう。
3　第一項の規定は、行政機関の休日に各行政機関（前項に掲げる一の機関をいう。以下同じ。）がその所掌事務を遂行することを妨げるものではない。

（期限の特例）
第二条　国の行政庁（各行政機関、各行政機関に置かれる部局若しくは機関又は各行政機関の長その他の職員であるものに限る。）に対する申請、届出その他の行為の期限で法律又は法律に基づく命令で規定する期間（時をもつて定める期間を除く。）をもつて定めるものが行政機関の休日に当たるときは、行政機関の休日の翌日をもつてその期限とみなす。ただし、法律又は法律に基づく命令に別段の定めがある場合は、この限りでない。

附　則（抄）

（施行期日）
第一条　この法律は、公布の日から起算して六月を超えない範囲内において政令で定める日から施行する。
註〔政令で定める日—昭和六三年一二月政令三三八号により昭和六四年一月一日〕

附　則（平成四年四月二日法律二八号）（抄）

（施行期日）
1　この法律は、公布の日から起算して六月を超えない範囲内において政令で定める日から施行する。
註〔政令で定める日—平成四年政令一〇五号により平成四年五月一日〕

整 備 法 関 係

失業保険法及び労働者災害補償保険法の一部を改正する法律及び労働保険の保険料の徴収等に関する法律の施行に伴う関係法律の整備等に関する法律（抄）

改正

昭和四四年一二月　九日法律　八五号
昭和四五年　五月一六日法律　六〇号
昭和四五年　五月二二日法律　八八号
昭和四六年　五月二五日法律　六八号
昭和四六年　六月　一日法律　九二号
昭和四八年　九月二一日法律　八五号
昭和四九年一二月二八日法律一一七号
昭和五一年　五月二七日法律　三二号
昭和五三年　五月二三日法律　五四号
昭和五七年　七月一六日法律　六六号
昭和五八年一二月一〇日法律　八三号
昭和五九年一二月二五日法律　八七号
昭和六一年一二月　四日法律　九三号
平成　四年　三月三一日法律　八号
平成　五年一一月一二日法律　八九号
平成　八年　六月一四日法律　八二号
平成一一年　七月一六日法律　八七号
平成一一年一二月二二日法律一六〇号
平成一二年一一月二二日法律一二四号
平成一九年　七月　六日法律一一〇号
平成二一年　五月　一日法律　三六号
平成二二年　三月三一日法律　一五号
平成二六年　六月一三日法律　六九号

（労働保険の保険料の徴収等に関する法律等の施行期日）

第一条　失業保険法及び労働者災害補償保険法の一部を改正する法律（昭和四十四年法律第八十三号。以下「失業保険法等の一部改正法」という。）の規定中同法附則第一条第四号に掲げる規定及び労働保険の保険料の徴収等に関する法律（昭和四十四年法律第八十四号。以下「徴収法」という。）は、同条第三号に掲げる規定の施行の日から起算して二年を経過した日までの間において政令で定める日から施行する。

註〔政令で定める日―労働保険の保険料の徴収等に関する法律等の施行期日を定める政令（昭和四七年政令三五号）により昭和四七年四月一日〕

（労災保険に係る保険関係の成立に関する経過措置）

第五条　失業保険法等の一部改正法附則第十二条第一項に規定する事業（以下「労災保険暫定任意適用事業」という。）の事業主については、その者が労働者災害補償保険（以下「労災保険」という。）の加入の申請をし、厚生労働大臣の認可があつた日に、その事業につき徴収法第三条に規定する労災保険に係る労働保険の保険関係（以下「労災保険に係る保険関係」という。）が成立する。

2　労災保険暫定任意適用事業の事業主は、その事業に使用される労働者（船員保険法（昭和十四年法律第七十三号）第十七条の規定による船員保険の被保険者を除く。以下同じ。）の過半数が希望するときは、前項の申請をしなければならない。

3　第二条の規定による改正後の労災保険法（以下「新労災保険法」という。）第三条第一項の適用事業に該当する事業が労災保険暫定任意適用事業に該当するに至つたときは、その翌日に、その事業につき第一項の認可があつたものとみなす。

4　第一項の認可については、行政手続法（平成五年法律第八十八号）第二章の規定は、適用しない。

改正　一項…一部改正（平成一一年法律一六〇号）

註　一項〔労災保険の加入の申請—整備省令一・一四〕、〔厚生労働大臣の認可の権限の委任—八の二、整備省令三の二〕

第六条　この法律の施行の際現に第二条の規定による改正前の労災保険法（以下「旧労災保険法」という。）第七条第一項の規定により保険関係が成立している事業であつて、労災保険暫定任意適用事業に該当するものについては、この法律の施行の日に、その事業につき前条第一項の認可があつたものとみなす。

2　この法律の施行の際現に旧労災保険法第九条の規定により保険関係が成立している事業であつて、労災保険暫定任意適用事業に該当するものについては、この法律の施行の日に、その事業につき前条第一項の認可があつたものとみなす。

3　この法律の施行の際現に旧労災保険法第十一条の二の承認に係る二以上の事業が徴収法第九条の労働省令で定める要件に該当しない場合における当該承認に係る各事業のうち、労災保険暫定任意適用事業に該当する事業については、この法律の施行の日に、その事業につき前条第一項の認可があつたものとみなす。

第七条　労災保険暫定任意適用事業に該当する事業が新労災保険法第三条第一項の適用事業に該当するに至つた場合その他厚生労働省令で定める場合における徴収法第三条の規定の適用については、同条中「その事業が開始された日」とあるのは、「その事業が開始された日又はその事業が同項の適用事業に該当するに至つた日」とする。

改正　本条…一部改正（平成一一年法律一六〇号）

（労災保険に係る保険関係の消滅に関する経過措置）

第八条　第五条第一項若しくは第三項又は第六条の規定により労災保険に係る保険関係が成立している事業の事業主については、徴収法第五条の規定によるほか、その者が当該保険関係の消滅の申請をし、厚生労働大臣の認可があつた日の翌日に、その事業についての当該保険関係が消滅する。

2　前項の申請は、次の各号に該当する場合でなければ行なうことができない。

一　当該事業に使用される労働者の過半数の同意を得ること。

二　第五条第一項又は第六条第一項の規定により労災保険に係る保険関係が成立している事業にあつては、当該保険関係が成立した後一年を経過していること。

三　第十八条第一項若しくは第二項又は第十八条の二第一項若しくは第二項の規定による保険給付が行われることとなつた労働者に係る事業にあつては、第十九条第一項の厚生労働省令で定める期間を経過していること。

3　第六条第一項に規定する事業に関する前項第二号の規定の適用については、旧労災保険法の規定により保険関係が成立していた期間は、労災保険に係る保険関係が成立していた期間とみなす。

4　第五条第四項の規定は、第一項の認可について準用する。

改正　一・二項…一部改正（平成一一年法律一六〇号）

註　一項〔保険関係の消滅の申請―整備省令三・一四〕、〔厚生労働大臣の認可権限の委任―八の二、整備省令三の二〕

（**労災保険に係る保険関係の成立及び消滅に関する厚生労働大臣の権限の委任**）

第八条の二　第五条第一項及び前条第一項に規定する厚生労働大臣の権限は、厚生労働省令で定めるところにより、その全部又は一部を都道府県労働局長に委任することができる。

改正　本条…追加（昭和五三年法律五四号）、一部改正（平成一一年法律八七号・一六〇号）

註〔権限の委任―整備省令三の二〕

（**失業保険に係る保険関係の成立等に関する経過措置**）

第九条　第三条の規定による改正後の失業保険法（以下「新失業保険法」という。）第六条第一項の当然適用事業に該当する事業が失業保険法等の一部改正法附則第二条第一項に規定する事業（以下「失業保険暫定任意適用事業」という。）に該当するに至つたときは、その翌日に、その事業につき徴収法第四条第二項の認可があつたものとみなす。

第十条　この法律の施行の際現に第三条の規定による改正前の失業保険法（以下「旧失業保険法」という。）の規定による被保険者となつた労働者を使用している事業主の事業であつて、新失業保険法第六条第二項の任意適用事業に該当するものについては、この法律の施行の日に、徴収法第四条第二項の認可があつたものとみなす。

第十一条 失業保険暫定任意適用事業に該当する事業が新失業保険法第六条第一項の当然適用事業に該当するに至つた場合その他労働省令で定める場合における徴収法第四条第一項の規定の適用については、同項中「その事業が開始された日」とあるのは、「その事業が開始された日又はその事業が同項の当然適用事業に該当するに至つた日」とする。

第十二条 第九条又は第十条の規定により徴収法第四条に規定する失業保険に係る保険関係（以下「失業保険に係る保険関係」という。）が成立している事業に関する新失業保険法第五条及び第八条の規定の適用については、これらの規定中「第四条」とあるのは「第四条又は失業保険法及び労働者災害補償保険法の一部を改正する法律及び労働保険の保険料の徴収等に関する法律の施行に伴う関係法律の整備等に関する法律（昭和四十四年法律第八十五号）第九条若しくは第十条」と、同法第八条中「同法第八条第一項」とあるのは「徴収法第八条第一項」とする。

（失業保険に係る保険関係の消滅に関する経過措置）

第十三条 徴収法第六条の規定は、第九条又は第十条の規定により失業保険に係る保険関係が成立している事業に関する当該保険関係の消滅について準用する。

（有期事業に関する経過措置）

第十四条 事業の期間が予定される事業であつて、この法律の施行の際現に旧労災保険法の規定により保険関係が成立している事業については、次に定めるところによる。

一 当該事業を労災保険に係る保険関係及び雇用保険に係る保険関係ごとに別個の事業とみなして徴収法を適用する。

二 当該事業に係る徴収法第十条第二項の労働保険料（以下「労働保険料」という。）の納付については、労働省令で別段の定めをすることができる。

（継続事業の一括に関する経過措置）

第十五条 この法律の施行の際現に旧労災保険法第十一条の二の承認に係る二以上の事業が徴収法第九条の労働省令で定める要件に該当する場合には、この法律の施行の日に、当該二以上の事業について、同条の認可があつたものとみなす。この場合において、旧労災保険法第十一条の二の規定により政府が指定した一の事業は、徴収法第九条の規定により労働大臣が指定した一の事業とみなす。

（一般保険料率の特例に関する経過措置）

第十六条 この法律の施行の際現に旧労災保険法の規定により保険関係が成立している事業に関する徴収法第十二条第三項の規定の適用については、旧労災保険法第二十七条に規定する保険関係の成立後の経過期間、保険給付の額及び保険料の額は、それぞれ徴収法第十二条第三項に規定する労災保険に係る保険関係が成立した後の経過期間、保険給付の額及び一般保険料の額に第一種特別加入保険料の額を加えた額とみなす。

2　第十八条第一項又は第二項の規定による保険給付が行なわれることとなつた労働者に係る事業に関する徴収法第十二条第三項の規定の適用については、同項中「年金たる保険給付」とあるのは、「失業保険法及び労働者災害補償保険法の一部を改正する法律及び労働保険の保険料の徴収等に関する法律の施行に伴う関係法律の整備等に関する法律（昭和四十四年法律第八十五号）第十八条第一項又は第二項の規定による保険給付の額を除くものとし、年金たる保険給付」とする。

（労災保険の保険給付の特例に関する経過措置）

第十八条　政府は、当分の間、事業主の申請により、その者が労災保険に係る保険関係の成立前に発生した業務上の負傷又は疾病につき労働基準法（昭和二十二年法律第四十九号）第七十五条の療養補償を行つている労働者に関しても、当該負傷又は疾病が労災保険に係る保険関係の成立後に発生したものとみなして、労働者災害補償保険法等の一部を改正する法律（昭和五十一年法律第三十二号）による改正後の労災保険法（以下「改正労災保険法」という。）第三章第一節及び第二節の規定により、保険給付を行うことができる。

2　政府は、当分の間、事業主の申請により、その者が労災保険に係る保険関係の成立前に発生した業務上の負傷又は疾病につき労働基準法第七十五条の療養補償を行つている労働者に対しても、当該療養補償を改正労災保険法の規定による療養補償給付とみなして、同法第三章第一節及び第二節の規定により、傷病補償年金を支給することができる。

3　事業主は、その使用する労働者の過半数が希望する場合には、前二項の申請をしなければならない。

改正　一・二項…一部改正（昭和四八年法律八五号、昭和五一年法律三二号）

註　一・二項〔事業主の申請―整備省令七・別記様式〕

第十八条の二　政府は、当分の間、事業主の申請により、当該事業主の事業についての労災保険に係る保険関係の成立前に発生した通勤（改正労災保険法第七条第一項第二号の通勤をいう。次項において同じ。）による負傷又は疾病（労働者災害補償保険法の一部を改正する法律（昭和四十八年法律第八十五号）の施行の日以後に発生した事故に起因する負傷又は疾病に限る。次項において同じ。）につき療養を必要とすると認められる労働者であつて、当該負傷又は疾病の原因である事故の発生した時において当該事業に使用されていたものに関しても、当該負傷又は疾病が労災保険に係る保険関係の成立後に発生したものとみなして、改正労災保険法第三章第一節及び第三節の規定により保険給付を行うことができる。

2　政府は、当分の間、事業主の申請により、当該事業主の事業についての労災保険に係る保険関係の成立前に発生した通勤による負傷又は疾病につき療養を必要とする状態が当該申請前に一年六箇月以上継続しており、かつ、改正労災保険法第十二条の八第三項第二号の厚生労働省令で定める傷病等級に該当すると認められる労働者であつて、当該負傷又は疾病の原因となつた事故の発生した時において当該事業に使用されていたものに対しても、当該負傷又は疾病が労災保険に係る保険関係の成立後に発生したものとみなして、改正労災保険法第三章第一節及び第三節の規定により、傷病年金を支給することができる。

3　事業主は、その使用する労働者の過半数が希望する場合には、前二項の申請をしなければならない。

改正　本条…追加（昭和四八年法律八五号）、一・二項…一部改正（昭和五一年法律三二号）、一項…一部改正（平成一一年法律一六〇号）

註　一・二項〔事業主の申請―整備省令七・別記様式〕

第十九条　政府は、第十八条第一項若しくは第二項又は前条第一項若しくは第二項の規定により保険給付を行うこととなつた場合には、厚生労働省令で定める期間、当該事業主から、労働保険料のほか、特別保険料を徴収する。

2　前項の特別保険料の額は、賃金総額に当該保険給付に要する費用その他の事情を考慮して厚生労働大臣の定める率を乗じて得た額とする。

3　徴収法第十一条第二項及び第三項、第十五条（第一項第二号及び第三号並びに第二項第二号及び第三号を除く。）、第十六条、第十七条、第十八条、第十九条（第一項第二号及び第三号並びに第二項第二号及び第三号を除く。）、第二十一条、第二十七条から第三十条まで、第三十七条、第四十一条から第四十三条まで並びに附則第十二条の規定は、第一項の特別保険料について準用する。この場合において、次の表の上欄に掲げる徴収法の規定中同表の中欄に掲げる字句は、同表の下欄に掲げる字句にそれぞれ読み替えるものとする。

第十一条第二項	前項の「賃金総額」	失業保険法及び労働者災害補償保険法の一部を改正する法律及び労働保険の保険料の徴収等に関する法律の施行に伴う関係法律の整備等に関する法律（昭和四十四年法律第八十五号。以下「整備法」という。）第十九条第二項の「賃金総額」
第十五条第一項	保険関係が成立したものについては、当該保険関係が成立した日（保険年度の中途に労災保険法第三十四条第一項の承認が	整備法第十九条第一項の厚生労働省令で定める期間（以下「徴収期間」という。）が始まつたも

	あつた事業に係る第一種特別加入保険料及び保険年度の中途に労災保険法第三十六条第一項の承認があつた事業に係る第三種特別加入保険料に関しては、それぞれ当該承認があつた日）	のについては、その始まつた日
	次号及び第三号の事業以外の事業にあつては、その保険年度	その保険年度
	保険関係が成立したものについては、当該保険関係が成立した日から	徴収期間が始まつたものについては、その始まつた日から
第十五条第二項	保険関係が成立した日（当該保険関係が成立した日の翌日以後に労災保険法第三十四条第一項の承認があつた事業に係る第一種特別加入保険料に関しては、当該承認があつた日）	徴収期間が始まつた日

	前項第一号の事業にあつては、当該保険関係に係る全期間	徴収期間
第十九条第一項	保険関係が消滅したものについては、当該保険関係が消滅した日（保険年度の中途に労災保険法第三十四条第一項の承認が取り消された事業に係る第一種特別加入保険料及び保険年度の中途に労災保険法第三十六条第一項の承認が取り消された事業に係る第三種特別加入保険料に関しては、それぞれ当該承認が取り消された日。第三項において同じ。）	徴収期間が経過したものについては、その経過した日
	第十五条第一項第一号の事業にあつては、その保険年度	その保険年度

	保険関係が成立し、又は消滅したものについては、その保険年度において、当該保険関係が成立していた期間	徴収期間が始まり、又は徴収期間が経過したものについては、当該徴収期間に係る期間
第十九条第二項	保険関係が消滅した日（当該保険関係が消滅した日前に労災保険法第三十四条第一項の承認が取り消された事業に係る第一種特別加入保険料に関しては、当該承認が取り消された日。次項において同じ。）	徴収期間が経過した日
第十九条第三項	第十五条第一項第一号の事業にあつては、当該保険関係に係る全期間	徴収期間
	保険関係が消滅したものについては、当該保険関係が消滅した日	徴収期間が経過したものについては、その経過した日
	あつては保険関係が消滅した日	あつては徴収期間が経過した日
第四十二条	この法律	整備法第十八条、第十八条の二及び第十九条の規定
第四十三条第一項		
附則第十二条	第二十八条第一項	整備法第十九条第三項において準用する第二十八条第一項

改正 一・三項…一部改正（昭和四八年法律八五号）、三項…一部改正（昭和四九年法律一一七号、昭和五一年法律三二号、昭和五八年法律八三号）、一～三項…一部改正（平成一一年法律一六〇号）、三項…一部改正（平成一二年法律一二四号、平成一九年法律一一〇号、平成二一年法律三六号、平成二二年法律一五号、平成二六年法律六九号）

註 一項〔厚生労働省令で定める期間―整備省令八〕、〔特別保険料の徴収方法―整備省令九〕、二項〔厚生労働大臣の定める率―昭和四七年労働省告示一八号〕

第二十条 事業主が、次の各号のいずれかに該当するときは、六箇月以下の懲役又は三十万円以下の罰金に処する。

一 前条第三項において準用する徴収法第四十二条の規定による命令に違反して報告をせず、若しくは虚偽の報告をし、

又は文書を提出せず、若しくは虚偽の記載をした文書を提出した場合
二　前条第三項において準用する徴収法第四十三条第一項の規定による当該職員の質問に対して答弁をせず、若しくは虚偽の答弁をし、又は検査を拒み、妨げ、若しくは忌避した場合

2　法人の代表者又は法人若しくは人の代理人、使用人その他の従業者が、その法人又は人の業務に関して、前項の違反行為をしたときは、行為者を罰するほか、その法人又は人に対しても、同項の罰金刑を科する。

改正　一項…一部改正（平成四年法律八号）

（中小事業主等の特別加入に関する経過措置）

第二十一条　この法律の施行の際現に旧労災保険法第三十四条の十二第一項の承認を受けている事業主は、この法律の施行の日に、新労災保険法第二十八条第一項の承認を受けたものとみなす。

2　労災保険暫定任意適用事業の事業主に関する改正労災保険法第三十四条第一項及び第三十六条第一項の規定の適用については、改正労災保険法第三十四条第一項中「成立する保険関係」とあり、及び改正労災保険法第三十六条第一項中「保険関係」とあるのは、「失業保険法及び労働者災害補償保険法の一部を改正する法律及び労働保険の保険料の徴収等に関する法律の施行に伴う関係法律の整備等に関する法律（昭和四十四年法律第八十五号）第五条第一項若しくは第三項又は第六条の規定により成立する同法第五条第一項に規定する労災保険に係る保険関係」とする。

改正　二項…一部改正（平成一一年法律一二四号）

（労働保険事務組合に関する経過措置）

第二十二条　この法律の施行の際現に旧労災保険法第三十四条の七第二項の認可を受けている事業主の団体若しくはその連合団体又は旧失業保険法第三十八条の二十五第二項の認可を受けている事業主の団体は、この法律の施行の日に、徴収法第三十三条第二項の認可を受けたものとみなす。

（労働保険事務組合に対する報奨金）

第二十三条　政府は、当分の間、政令で定めるところにより、徴収法第三十三条第一項の委託に基づき同条第三項の労働保険事務組合が納付すべき労働保険料が督促することなく完納されたとき、その他その納付の状況が著しく良好であると認めるときは、当該労働保険事務組合に対して、予算の範囲内で、報奨金を交付することができる。

改正　二項…追加（昭和四九年法律一一七号）、削除（平成一一年法律八七号）

註〔政令の定め―労働保険事務組合に対する報奨金に関する政令〕

（被保険者に関する届出等に関する経過措置）

第二十四条　旧失業保険法の規定による被保険者（以下「旧被

保険者」という。）であつて、引き続き新失業保険法第五条に規定する被保険者（以下「新被保険者」という。）となつたものについては、この法律の施行の日に、同法第八条の規定による届出がなされ、かつ、同法第十条の確認がなされたものとみなす。

2　旧被保険者の資格の取得及び喪失の確認については、なお従前の例による。

（被保険者期間等の計算に関する経過措置）

第二十五条　旧被保険者であつた者に関する新失業保険法の規定の適用については、旧失業保険法の規定による被保険者期間及び旧被保険者であつた期間は、それぞれ新失業保険法の規定による被保険者期間及び新被保険者であつた期間とみなす。この場合において、旧被保険者であつて引き続き新被保険者となつた者に係る当該旧被保険者の資格の取得の日から当該新被保険者でなくなつた日までの期間については、当該新被保険者でなくなつた日まで当該旧被保険者であつたものとみなして旧失業保険法第十四条及び失業保険法等の一部改正法附則第三条の規定により算定した被保険者期間を、新失業保険法の規定による被保険者期間とみなす。

2　旧被保険者であつて引き続き新被保険者となつた者に関する新失業保険法第二十条の二第一項の規定の適用については、当該旧被保険者の資格の取得の日を当該新被保険者となつた日とみなす。

（従前の労災保険の保険料、保険給付等に関する経過措置）

第二十六条　この法律の施行前の期間に係る旧労災保険法の規定による保険料及び当該保険料に係る徴収金については、なお従前の例による。

2　この法律の施行前に生じた事故に係る労災保険の保険給付及び当該保険給付に係る徴収金については、なお従前の例による。

3　この法律の施行前に旧労災保険法第三十四条の三第一項又は第二項の規定により行なうこととなつた保険給付に係る特別保険料については、なお従前の例による。

（従前の失業保険の保険料、保険給付等に関する経過措置）

第二十七条　旧失業保険法の規定による日雇労働被保険者であつた者に関する新失業保険法の規定の適用については、旧失業保険法第三十八条の九の規定により納付された保険料は、徴収法の規定により納付された印紙保険料とみなし、旧失業保険法の規定により納付された第一級の保険料は、同条第二項の第一級の保険料とみなす。

2　この法律の施行前の期間に係る旧失業保険法の規定による保険料並びに当該保険料に係る徴収金及び保険料の負担については、なお従前の例による。

3　旧失業保険法第十五条第一項に該当するに至つた後における最初の離職の日がこの法律の施行の日前である者に関する当該受給資格に係る保険給付並びに就職支度金及び移転費の

支給については、なお従前の例による。

4　この法律の施行後に離職した者であつて、旧失業保険法の規定による特定賃金月額に係るものに関する賃金日額の計算については、別に労働省令で定めるところによる。

（失業保険の特別保険料に関する経過措置）

第二十八条　旧失業保険法第三十七条の三第一項の短期離職者の数は、労働省令で定めるところにより、当該短期離職者の数に係る同項に規定する事業所に対応する新失業保険法第三十六条第一項に規定する事業に係る同項の短期離職者の数とみなす。

（従前の失業保険に係る認可等に関する経過措置）

第二十九条　この法律の施行の際現になされている旧失業保険法第三十八条の四第一項の認可は、新失業保険法第三十八条の四第一項の認可とみなす。

2　この法律の施行の際現になされている旧失業保険法第三十八条の五第二項ただし書の認可は、新失業保険法第三十八条の五第二項ただし書の認可とみなす。

3　この法律の施行の際現になされている旧失業保険法第三十八条の十二の二第一項の承認は、徴収法第二十三条第三項の承認とみなす。

（その他の経過措置の政令への委任）

第三十条　この法律に規定するもののほか、失業保険法等の一部改正法の規定中同法附則第一条第四号に掲げる規定及び徴収法の施行に伴い必要な経過措置は、政令で定める。

（失業保険法の一部を改正する法律の一部改正に伴う経過措置）

第三十二条　前条の規定による改正前の失業保険法の一部を改正する法律附則第五項の規定に基づく報奨金の交付については、なお従前の例による。

（労働者災害補償保険法の一部を改正する法律の一部改正に伴う経過措置）

第三十四条　前条の規定による改正前の労働者災害補償保険法の一部を改正する法律附則第十三条の規定に基づく報奨金の交付については、なお従前の例による。

（罰則に関する経過措置）

第四十三条　この法律の施行前にした行為及びこの法律の規定により従前の例によることとされる事項に関するこの法律の施行後にした行為に対する罰則の適用については、なお従前の例による。

附　則

この法律（第一条を除く。）は、徴収法の施行の日〈編注・昭和四七年四月一日〉から施行する。

改正　二項…削除（平成八年法律八二号）

附　則（昭和四五年五月一六日法律六〇号）（抄）

（施行期日）

第一条　この法律の施行期日は、公布の日から起算して六月を

こえない範囲内において、各規定につき、政令で定める。〈昭和四五年五月三〇日政令一四九号により同年一〇月一日から施行〉

附　則（昭和四五年五月二二日法律八八号）（抄）

（施行期日）

第一条　この法律は、公布の日から起算して六月をこえない範囲内において政令で定める日から施行する。

附　則（昭和四六年五月二五日法律六八号）（抄）

（施行期日）

第一条　この法律は、昭和四十六年十月一日から施行する。

〈後略〉

附　則（昭和四六年六月一日法律九二号）（抄）

（施行期日）

第一条　この法律は、公布の日から施行する。

附　則（昭和四八年九月二一日法律八五号）（抄）

（施行期日）

第一条　この法律は、公布の日から起算して六月をこえない範囲内において政令で定める日から施行する。

〔昭和四九年一二月二八日法律第一一七号　雇用保険法の施行に伴う関係法律の整備等に関する法律（抄）〕

（その他の経過措置の政令への委任）

第三十七条　この法律に規定するもののほか、この法律による各法律の改正に伴い必要な経過措置については、政令で必要な規定を設けることができる。

（罰則に関する経過措置）

第三十八条　施行日前にした行為及びこの法律の規定により従前の例によることとされる事項に関する施行日以後にした行為に対する罰則の適用については、なお従前の例による。

附　則（昭和四九年一二月二八日法律一一七号）

この法律は、昭和五十年四月一日から施行する。

附　則（昭和五一年五月二七日法律三二号）（抄）

（施行期日等）

第一条　この法律は、昭和五十二年四月一日から施行する。ただし、次の各号に掲げる規定は、当該各号に定める日から施行する。

一・二　〈略〉

三　〈前略〉附則第三十条の規定　公布の日から起算して六月を超えない範囲内において政令で定める日

四　〈略〉

2　〈略〉

（政令への委任）

第三十条　この附則に規定するもののほか、この法律の施行に伴い必要な事項は、政令で定める。

附　則（昭和五三年五月二三日法律五四号）（抄）

（施行期日）

1　この法律は、公布の日から施行する。〈後略〉

附　則（昭和五七年七月一六日法律六六号）

この法律は、昭和五十七年十月一日から施行する。

附　則（昭和五八年一二月一〇日法律八三号）（抄）

（施行期日）

第一条　この法律は、公布の日から施行する。〈後略〉

附　則（昭和五九年一二月二五日法律八七号）（抄）

（施行期日）

第一条　この法律は、昭和六十年四月一日から施行する。

附　則（昭和六一年一二月四日法律九三号）（抄）

（施行期日）

第一条　この法律は、昭和六十二年四月一日から施行する。

附　則（平成四年三月三一日法律八号）（抄）

（施行期日）

第一条　この法律は、公布の日から施行する。ただし、次の各号に掲げる規定は、当該各号に定める日から施行する。

一　〈前略〉附則第十条の規定　公布の日から起算して一月を経過した日

二・三　〈略〉

附　則（平成五年一一月一二日法律八九号）（抄）

（施行期日）

第一条　この法律は、行政手続法（平成五年法律第八十八号）の施行の日〈編注・平成六年一〇月一日〉から施行する。

附　則（平成八年六月一四日法律八二号）（抄）

（施行期日）

第一条　この法律は、平成九年四月一日から施行する。〈後略〉

附　則（平成一一年七月一六日法律八七号）（抄）

（施行期日）

第一条　この法律は、平成十二年四月一日から施行する。〈後略〉

附　則（平成一一年一二月二二日法律一六〇号）（抄）

（施行期日）

第一条　この法律〈中略〉は、平成十三年一月六日から施行する。〈後略〉

附　則（平成一二年一一月二二日法律一二四号）（抄）

（施行期日）

第一条　この法律は、平成十三年四月一日から施行する。

附　則（平成一九年七月六日法律一一〇号）（抄）

（施行期日）

第一条　この法律は、平成二十年四月一日から施行する。ただし、次の各号に掲げる規定は、それぞれ当該各号に定める日から施行する。

一〜三　〈略〉

四　〈前略〉附則〈中略〉第十六条〈中略〉の規定　平成二十年四月一日

五〜七　〈略〉

附　則（平成二一年五月一日法律三六号）（抄）

（施行期日）

第一条　この法律は、平成二十二年一月一日から施行する。〈後略〉

（適用区分）

第二条　この法律による改正後の〈中略〉失業保険法及び労働者災害補償保険法の一部を改正する法律及び労働保険の保険料の徴収等に関する法律の施行に伴う関係法律の整備等に関する法律（以下「整備法」という。）第十九条第三項において準用する徴収法第二十八条第一項及び附則第十二条〈中略〉の規定は、それぞれ、この法律の施行の日以後に納期限又は納付期限の到来する〈中略〉整備法第十九条第一項の特別保険料〈中略〉（以下「保険料等」という。）に係る延滞金について適用し、同日前に納期限又は納付期限の到来する保険料等に係る延滞金については、なお従前の例による。

改正　本条…一部改正（平成二二年法律一五号）

附　則（平成二二年三月三一日法律一五号）（抄）

（施行期日）

第一条　この法律は、平成二十二年四月一日から施行する。ただし、〈中略〉附則〈中略〉第九条から第十二条までの規定は、公布の日から起算して九月を超えない範囲内において政令で定める日〈編注・平成二二年九月二九日政令二〇五号により平成二二年一〇月一日〉から施行する。

附　則（平成二六年六月一三日法律六九号）（抄）

（施行期日）

第一条　この法律は、行政不服審査法（平成二十六年法律第六十八号）の施行の日〈編注・平成二八年四月一日〉から施行する。

失業保険法及び労働者災害補償保険法の一部を改正する法律及び労働保険の保険料の徴収等に関する法律の施行に伴う関係政令の整備等に関する政令（抄）

昭和四七年　三月三一日政令　四七号
改正
昭和四七年　四月二八日政令一一八号
昭和五〇年　三月一〇日政令　二六号
平成一二年　六月　七日政令三〇九号
平成二一年一二月二四日政令二九六号

（政令の廃止）

第一条　失業保険事務組合に対する報奨金に関する政令（昭和三十三年政令第二百七十四号）及び労災保険事務組合に対する報奨金に関する政令（昭和四十二年政令第二百七十五号）は、廃止する。

（労災保険暫定任意適用事業）

第十七条　失業保険法及び労働者災害補償保険法の一部を改正する法律附則第十二条第一項の政令で定める事業は、次の各号に掲げる事業（都道府県、市町村その他これらに準ずるものの事業、法人である事業主の事業、船員法（昭和二十二年法律第百号）第一条に規定する船員を使用して行う船舶所有者（船員保険法（昭和十四年法律第七十三号）第三条に規定する場合にあつては、同条の規定により船舶所有者とされる者）の事業及び労働者災害補償保険法（昭和二十二年法律第五十号）第七条第一項第一号に規定する業務災害の発生のおそれが多いものとして厚生労働大臣が定める事業を除く。）のうち、常時五人以上の労働者を使用する事業以外の事業とする。

一　土地の耕作若しくは開墾又は植物の栽植、栽培、採取若しくは伐採の事業その他農林の事業

二　動物の飼育又は水産動植物の採捕若しくは養殖の事業その他畜産、養蚕又は水産の事業

註〔厚生労働大臣が定める事業＝昭和五〇年労働省告示三五号〕

（従前の保険料の労働保険料等への充当）

第十八条　失業保険法及び労働者災害補償保険法の一部を改正する法律及び労働保険の保険料の徴収等に関する法律の施行

に伴う関係法律の整備等に関する法律（昭和四十四年法律第八十五号。以下「整備法」という。）第二条の規定による改正前の労働者災害補償保険法（以下「旧労災保険法」という。）若しくは整備法第三条の規定による改正前の失業保険法（昭和二十二年法律第百四十六号）（以下「旧失業保険法」という。）の規定又は整備法第二十六条第一項若しくは第二十七条第二項の規定により事業主が納付した保険料の額が、その納付すべき保険料の額を超える場合には、還付の請求があつたときを除き、労働省令で定めるところにより、その超える額を労働保険の保険料の徴収等に関する法律（以下「徴収法」という。）の規定による労働保険料及びこれに係る徴収金に充当することができる。

（失業保険に係る国庫負担及び保険料率の算出方法に関する経過措置）

第十九条　整備法第二十七条第二項の規定により徴収した保険料がある会計年度については、整備法第三条の規定による改正後の失業保険法（以下「新失業保険法」という。）第二十八条第三項中「特別保険料の額との合計額」とあるのは「特別保険料の額との合計額に失業保険法及び労働者災害補償保険法の一部を改正する法律及び労働保険の保険料の徴収等に関する法律の施行に伴う関係法律の整備等に関する法律（昭和四十四年法律第八十五号）第二十七条第二項の規定により徴収した保険料であつて第三十八条の五の日雇労働被保険者以外の被保険者に係るものの額を加えた額」と、同条第三項中「当該印紙保険料の額との合計額」とあるのは「当該印紙保険料の額との合計額に失業保険法及び労働者災害補償保険法の一部を改正する法律及び労働保険の保険料の徴収等に関する法律の施行に伴う関係法律の整備等に関する法律（昭和四十四年法律第八十五号）第二十七条第二項の規定により徴収した保険料であつて第三十八条の五の日雇労働被保険者に係るものの額を加えた額」と、徴収法第十二条第四項中「特別保険料の額」とあるのは「特別保険料の額及び失業保険法及び労働者災害補償保険法の一部を改正する法律及び労働保険の保険料の徴収等に関する法律の施行に伴う関係法律の整備等に関する法律（昭和四十四年法律第八十五号）第二十七条第二項の規定により徴収した保険料の額」とする。

（一人親方等の特別加入等に関する経過措置）

第二十条　徴収法の施行の際現に旧労災保険法第三十四条の十三第一項の承認を受けている団体は、徴収法の施行の日に、整備法第二条の規定による改正後の労働者災害補償保険法（以下「新労災保険法」という。）第二十九条第一項の承認を受けたものとみなす。

第二十一条　船員法第一条第一項の船舶に含まれる総トン数三十トン未満の漁船の範囲を定める政令の一部を改正する政令（昭和四十五年政令第三百四十六号）附則第五項の規定により旧労災保険法第三十四条の十一第一号から第四号までに掲

げる者に該当するとみなされた者であつて、整備法第二十一条第一項又は前条の規定により受けたものとみなされる新労災保険法の承認に係るものは、同法及び徴収法の適用については、新労災保険法第二十七条第一号から第四号までに該当する者とみなす。

（日雇労働被保険者に関する経過措置）

第二十二条　徴収法の施行の際現に旧失業保険法第三十八条の三第二項の規定による届出を行なつている者は、徴収法の施行の日に、新失業保険法第三十八条の三第二項の規定による届出を行なつたものとみなす。

2　徴収法の施行の際現に旧失業保険法第三十八条の三第一項各号の一に該当するに至つていた者（前項に規定する者を除く。）に係る当該各号の一に該当することの届出については、なお従前の例による。

3　前項の規定による届出を行なつた者は、当該届出を行なつた日に、新失業保険法第三十八条の三第二項の規定による届出を行なつたものとみなす。

4　新失業保険法第三十八条の五第二項、第三十八条の六第二項、第三十八条の九の二第三項及び第三十八条の十一第一項の規定の適用については、旧失業保険法の規定による日雇労働被保険者であつた者及びその者を雇用していた事業主の事業は、それぞれ新失業保険法の規定による日雇労働被保険者であつた者及び適用事業とみなす。

5　整備法第二十七条第一項の規定は、新失業保険法第三十八条の九の三の規定について準用する。

6　第四項の規定により新失業保険法の規定による日雇労働被保険者であつた者とみなされる者に対する同法第三十八条の十一第二項の規定の適用については、その者について旧失業保険法又は整備法第二十七条第二項の規定により納付された保険料は、印紙保険料とみなす。

（不服申立て等に関する経過措置）

第二十三条　旧労災保険法の規定（これらの規定の例によることとされる場合を含む。）による保険料その他の徴収金に関する処分に対する不服申立て及び当該処分の取消しの訴えについては、なお、従前の例による。

2　旧失業保険法の規定（これらの規定の例によることとされる場合を含む。）による処分に対する不服申立て及び当該処分の取消しの訴えについては、なお従前の例による。

（不利益な取扱いの禁止に関する経過措置）

第二十四条　旧失業保険法第八条の規定による被保険者となることを希望し、又は同法第十三条の四の規定による被保険者の資格の取得の確認の請求をしたことを理由とする労働者に対する解雇その他不利益な取扱いの禁止については、なお従前の例による。

（報告等に関する経過措置）

第二十五条　旧労災保険法の規定（これらの規定の例によるこ

とされる場合を含む。）に係る労働者災害補償保険の施行に関し必要な同法第四十六条から第四十九条までの規定に係る事項については、なお従前の例による。

2　旧失業保険法の規定（これらの規定の例によることとされる場合を含む。）に係る失業保険の施行に関し必要な同法第四十九条から第五十一条までの規定に係る事項については、なお従前の例による。

（保険関係の消滅に係る認可に関する経過措置）

第二十六条　労働保険の保険料の徴収等に関する法律施行令（昭和四十七年政令第四十六号）第二条第二項の規定は、整備法第十三条において準用する徴収法第六条第一項の規定による労働大臣の認可に関する権限について準用する。

附　則

この政令は、昭和四十七年四月一日から施行する。

附　則（昭和四七年四月二八日政令一一八号）（抄）

1　この政令は、公布の日から施行し、昭和四十七年度の予算から適用する。

附　則（昭和五〇年三月一〇日政令二六号）

この政令は、雇用保険法の施行の日（昭和五十年四月一日）から施行する。

附　則（平成一二年六月七日政令三〇九号）（抄）

（施行期日）

1　この政令は、内閣法の一部を改正する法律（平成十一年法律第八十八号）の施行の日（平成十三年一月六日）から施行する。〈後略〉

附　則（平成二二年一二月二四日政令二九六号）（抄）

（施行期日）

第一条　この政令は、平成二十三年一月一日から施行する。〈後略〉

失業保険法及び労働者災害補償保険法の一部を改正する法律及び労働保険の保険料の徴収等に関する法律の施行に伴う労働省令の整備等に関する省令（抄）

昭和四七年　三月三一日　労働省令　九号

改正
昭和四七年　四月二八日　労働省令　一六号
昭和四八年　三月二六日　労働省令　四号
昭和四八年一一月二三日　労働省令　三五号
昭和五〇年　三月二五日　労働省令　六号
昭和五二年　三月二六日　労働省令　六号
昭和五三年　五月二三日　労働省令　二六号
平成　八年　三月　一日　労働省令　六号
平成一一年　一月一一日　労働省令　三号
平成一二年　一月三一日　労働省令　二号
平成一二年一〇月三一日　労働省令　四一号
平成二二年　九月二九日厚生労働省令一〇七号
平成二三年　一月三一日厚生労働省令　一二号
平成二九年　三月三一日厚生労働省令　五四号
平成三〇年一一月三〇日厚生労働省令一三七号

（労災保険暫定任意適用事業に係る労災保険の任意加入の申請）

第一条　失業保険法及び労働者災害補償保険法の一部を改正する法律及び労働保険の保険料の徴収等に関する法律の施行に伴う関係法律の整備等に関する法律（昭和四十四年法律第八十五号。以下「整備法」という。）第五条第一項の規定により、労働者災害補償保険（以下「労災保険」という。）の加入の申請をしようとする事業主は、労働保険の保険料の徴収等に関する法律施行規則（昭和四十七年労働省令第八号。以下「徴収法施行規則」という。）附則第二条第一項の申請書を事業場の所在地を管轄する都道府県労働局長（以下「所轄都道府県労働局長」という。）に提出しなければならない。

（労災保険に係る保険関係の成立に関する経過措置）

第二条　整備法第七条の厚生労働省令で定める場合は、同法の施行の際現に同法第三条の規定による改正前の労働者災害補償保険法（昭和二十二年法律第五十号）（以下「旧労災保険法」という。）第三条第一項に規定する事業以外の事業（失業保険法及び労働者災害補償保険法の一部を改正する法律（昭和四十四年法律第八十三号。以下「失業保険法等の一部改正法」という。）附則第十二条第一項に規定する事業を除く。）に該当する事業が、整備法第二条の規定による改正後の労働者災害補償保険法第三条第一項の適用事業に該当するに至つた場合とする。

（労災保険に係る保険関係の消滅に関する経過措置）

第三条　整備法第八条第一項の規定により、労災保険に係る保険関係の消滅の申請をしようとする事業主は、徴収法施行規則附則第三条第一項の申請書を所轄都道府県労働局長に提出しなければならない。

2　前項の申請書には、整備法第八条第二項第一号に規定する労働者の同意を得たことを証明することができる書類を添えなければならない。

（労災保険に係る保険関係の成立及び消滅に関する厚生労働大臣の権限の委任）

第三条の二　整備法第五条第一項及び第八条第一項に規定する厚生労働大臣の権限は、所轄都道府県労働局長に委任する。

（失業保険に係る保険関係の成立に関する経過措置）

第四条　整備法第十一条の労働省令で定める場合は、同法の施行の際現に同法第三条の規定による改正前の失業保険法（昭和二十二年法律第百四十六号）（以下「旧失業保険法」という。）第六条各号の事業主以外の事業主の事業（失業保険法等の一部改正法附則第二条第一項に規定する事業を除く。）に該当する事業が、整備法第三条の規定による改正後の失業保険法（以下「新失業保険法」という。）第六条第一項の当然適用事業に該当するに至つた場合とする。

（失業保険に係る保険関係の消滅に関する経過措置）

第五条　徴収法施行規則第五条の規定は、整備法第十三条において準用する労働保険の保険料の徴収等に関する法律（昭和四十四年法律第八十四号。以下「徴収法」という。）第六条の規定による失業保険に係る保険関係の消滅について準用する。

（有期事業に関する経過措置）

第六条　労災保険に係る保険関係が成立している事業のうち、整備法第十四条の規定に係る事業については、旧労災保険法の規定による保険料及びこれに係る徴収金は、徴収法の規定によるこれらに相当する労働保険料及びこれに係る徴収金とみなす。

（特例による保険給付の申請）

第七条　整備法第十八条第一項若しくは第二項又は第十八条の二第一項若しくは第二項の申請をしようとする事業主は、特例による保険給付申請書（別記様式）を、事業場の所在地を管轄する労働基準監督署長（以下「所轄労働基準監督署長」という。）に提出しなければならない。

（特別保険料の徴収期間）

第八条　事業の期間が予定される事業（以下「有期事業」とい

う。）以外の事業に係る整備法第十九条第一項の厚生労働省令で定める期間は、療養補償給付、休業補償給付、療養給付又は休業給付に係る特別保険料については当該保険給付が行われる期間（傷病補償年金又は傷病年金の支給を受ける者に対して行われる療養補償給付又は療養給付については、当該傷病に係る療養の開始後三年を経過する日の属する月の末日までの期間）、障害補償年金、遺族補償年金、傷病補償年金、障害年金、遺族年金又は傷病年金に係る特別保険料については十三年（療養の開始後三年を経過していない者に傷病補償年金又は傷病年金が支給されることとなつた場合には、当該傷病補償年金又は傷病年金が支給されることとなつた日から当該療養の開始後十六年を経過する日の属する月の末日までの期間）、介護補償給付又は介護給付に係る特別保険料については当該介護補償給付に係る障害補償年金若しくは傷病補償年金又は当該介護給付に係る障害年金若しくは傷病年金に係る特別保険料の徴収期間、障害補償一時金、遺族補償一時金、葬祭料、障害一時金、遺族一時金又は葬祭給付に係る特別保険料については当該保険給付が行われることとなつた日の属する保険年度の末日までとする。

2　有期事業に係る整備法第十九条第一項の厚生労働省令で定める期間は、同法第十八条第一項若しくは第二項又は第十八条の二第一項若しくは第二項の規定による保険給付が行われることとなつた日以後の当該事業の期間とする。

（特別保険料の徴収方法）

第九条　徴収法施行規則第二十四条から第三十条まで、第三十二条から第三十四条まで及び第三十六条から第三十八条までの規定は、整備法第十九条の特別保険料について準用する。この場合において、徴収法施行規則第二十七条及び第二十八条中「保険関係が成立した」とあるのは「失業保険法及び労働者災害補償保険法の一部を改正する法律及び労働保険の保険料の徴収等に関する法律の施行に伴う関係法律の整備等に関する法律（昭和四十四年法律第八十五号。以下「整備法」という。）第十八条第一項若しくは第二項又は第十八条の二第一項若しくは第二項の規定による保険給付が行なわれることとなつた」と、「保険関係成立の日」とあるのは「当該保険給付が行なわれることとなつた日」と、徴収法施行規則第二十八条第一項中「全期間」とあるのは「整備法第十八条第一項若しくは第二項又は第十八条の二第一項若しくは第二項の規定による保険給付が行なわれることとなつた日以後の期間（事業の終了する日前に失業保険法及び労働者災害補償保険法の一部を改正する法律及び労働保険の保険料の徴収等に関する法律の施行に伴う労働省令の整備等に関する省令（昭和四十七年労働省令第九号。以下「整備省令」という。）第八条の期間が経過するときは、その経過する日の前日までの期間）」と、徴収法施行規則第三十二条中「第二十七条から前条まで」とあるのは「第二十七条から第三十条まで」と、「法第十五条から法第十七条まで」とあるのは「法第十五条及び第十六条」と、「その事業の期間」とあるのは「整備法第十八条第一項若しくは第二項又は第十八条の二第一項若しくは第二項の規定による保険給付が行なわれることとなつた日以後のその事業の期間（事業の終了する日前に整備省令第八条の期間が経過するときは、その経過する日の前日までの期間）」と読み替えるものとする。

（失業保険の特定賃金月額に係る被保険者についての賃金日額の特例に関する経過措置）

第十条 整備法の施行の日以後に離職した者であつて旧失業保険法の規定による特別賃金月額に係るものに関する新失業保険法第十七条の二の規定の適用については、同条第一項に規定する最後の六箇月の全部又は一部の一箇月内に当該特定賃金月額に係る月の末日がある場合には、当該特定賃金月額を当該特定賃金月額に係る月（賃金の支払の基礎となつた日がなかつた月を除く。）の末日がある一箇月内にその者に支払われた賃金の総額とみなす。ただし、当該特定賃金月額に係る月のうち被保険者の資格の得喪のあつた月に係る同条の規定の適用については、当該月に係る特定賃金月額を三十で除して得た額に当該月内において被保険者が当該特定賃金月額に係る被保険者として雇用された期間の日数を乗じて得た額を当該期間内にその者に支払われた賃金の総額とみなす。

2 前項の規定の適用を受ける者についての新失業保険法第十七条の二第二項の規定の適用については、当該特定賃金月額は、月、週その他一定の期間によつて定められた賃金の額とみなす。

（失業保険の特別保険料に関する経過措置）

第十一条 旧失業保険法第三十七条の三第一項に規定する事業所に係る同項の短期離職者の数は、すべて新失業保険法第三十六条第一項に規定する事業に係る同項の短期離職者の数とみなす。

（従前の保険料の充当に関する経過措置）

第十二条 失業保険法及び労働者災害補償保険法の一部を改正する法律及び労働保険の保険料の徴収等に関する法律の施行に伴う関係政令の整備等に関する政令（昭和四十七年政令第四十七号。以下「整備令」という。）第十八条の規定による充当は、徴収法の施行の日の属する保険年度の概算保険料又は未納の労働保険料その他徴収法の規定による徴収金についてすることができる。

2 都道府県労働基準局労働保険特別会計歳入徴収官（以下「都道府県労働基準局歳入徴収官」という。）又は都道府県労働保険特別会計歳入徴収官（以下「都道府県歳入徴収官」という。）は、前項の規定により充当したときは、次に掲げる事項を事業主に通知しなければならない。

一 充当した額

二 充当後における徴収法の施行の日の属する保険年度の概

算保険料又は未納の労働保険料その他徴収法の規定による徴収金の額

（帳簿の備付けに関する暫定措置）

第十二条の二　労働保険事務組合のうちその主たる事務所の所在地を管轄する公共職業安定所長の定めるところにより雇用保険法（昭和四十九年法律第百十六号）第四条第一項に規定する被保険者に関する書類を保管する労働保険事務組合は、徴収法施行規則第六十八条の規定にかかわらず、当該保管する書類に係る被保険者が雇用される事業については、当分の間、同条第三号の帳簿を備えておくことを要しない。

（管轄の特例等に関する暫定措置）

第十三条　労働保険事務組合が都道府県労働局長に対して行う徴収法施行規則附則第二条第一項及び第三条第一項（雇用保険法の施行に伴う労働省令の整備等に関する省令（昭和五十年労働省令第六号。次条において「雇用保険整備省令」という。）第十九条第十項において準用する場合を含む。）の規定による申請書の提出は、徴収法施行規則第六十九条の規定にかかわらず、当分の間、事業場の所在地を管轄する都道府県労働局長に対して行うことができる。

2　労働保険事務組合が都道府県労働局長に対して行う徴収法施行規則第六十四条第一項及び第二項の規定による届書の提出は、徴収法施行規則第七十八条第二項の規定にかかわらず、当分の間、事業場の所在地を管轄する公共職業安定所長を経由して行うことができる。

3　労働保険事務組合が公共職業安定所長に対して行う徴収法第四条の二第一項の規定による届出、徴収則第五条第二項の届書の提出及び徴収則第七十三条第二項の規定による届出は、徴収法施行規則第六十九条の規定にかかわらず、当分の間、事業場の所在地を管轄する公共職業安定所長に対して行うことができる。

（申請書の提出の経由等）

第十四条　徴収法施行規則第七十八条第一項及び第八十条の規定は、第一条及び第三条第一項並びに雇用保険整備省令第十九条第十項において準用する徴収法施行規則附則第三条第一項の規定による申請書の提出について準用する。

（従前の労災保険の保険料等に関する事務の所轄）

第十五条　整備法第十九条第一項の特別保険料及びこれに係る徴収金の徴収に関する事務は、都道府県労働局歳入徴収官が行う。

2　整備法第二十六条の規定により従前の例によることとされる保険料、特別保険料その他の徴収金の徴収に関する事務は、都道府県労働局歳入徴収官が行う。

3　整備法第三十四条の規定により従前の例によることとされる報奨金の交付の決定に関する事務は、旧労災保険法第三十四条の七第三項の労災保険事務組合であった徴収法第三十三条第三項の労働保険事務組合の主たる事務所の所在地を管轄する都道府県労働基準局長が行なう。

（従前の失業保険の保険料等に関する事務の所轄）

第十六条　整備法第二十七条第二項の規定により従前の例によることとされる保険料及びこれに係る徴収金の徴収に関する事務は、都道府県歳入徴収官が行なう。

2　整備法第三十二条の規定により従前の例によることとされる報奨金の交付の決定に関する事務は、旧失業保険法第三十八条の二十五第三項の失業保険事務組合であった徴収法第三十三条第三項の労働保険事務組合の主たる事務所の所在地を管轄する都道府県知事が行なう。

（一般保険料の額の算定等に関する特例）

第十七条　徴収法第三十九条第一項に規定する事業以外の事業であって、雇用保険法の適用を受けない者又は徴収法第十一条の二に規定する高年齢労働者のうち雇用保険法第三十八条第一項に規定する短期雇用特例被保険者及び同法第四十三条第一項に規定する日雇労働被保険者以外の者を使用するものについては、当該事業を労災保険に係る保険関係及び雇用保険に係る保険関係ごとに別個の事業とみなして一般保険料の額を算定するものとする。

2　前項の事業に係る一般保険料の納付については、当該事業であって労災保険に係る保険関係に係るものについての一般保険料及び当該事業であって雇用保険に係る保険関係に係るものについての一般保険料を、それぞれ、一の事業についての一般保険料のうち、徴収法第十二条第一項第一号の労災保険率に応ずる部分及び同号の雇用保険率（その率が徴収法第十二条第五項の規定により変更されたときは、その変更された率）に応ずる部分とみなす。

3　徴収法施行規則第七十一条の規定は、第一項の事業に使用される労働者について準用する。

（事務の所轄に関する経過措置）

第十八条　徴収法施行規則第一条第三項第一号の一元適用事業であって労働保険事務組合に労働保険事務の処理を委託しないもののうち、雇用保険に係る保険関係が成立しているが、これに対応すべき労災保険に係る保険関係が成立せず、又は確認されない事業についての一般保険料の徴収に関する事務は、同項第二号の事務とみなす。

（失業保険法施行規則の一部改正に伴う経過措置）

第二十一条　この省令の施行前の前条の規定による改正前の失業保険法施行規則（以下「旧失業保険法施行規則」という。）の規定によりされた処分、手続その他の行為は、整備法及びこの省令で別に定める場合を除き、この省令、徴収法施行規則又は前条の規定による改正後の失業保険法施行規則（以下「新失業保険法施行規則」という。）の相当規定によりされた処分、手続その他の行為とみなす。

第二十二条　この省令の施行の際現になされている旧失業保険法施行規則第五条第一項の認可に係る二以上の事業所が、徴収法第九条に規定する要件に該当する場合には、この省令の施行の日に、当該二以上の事業（整備法第十五条の規定により徴収法第九条の認可があつたものとみなされる事業を除く。）について同条の認可があつたものとみなす。ただし、旧失業保険法施行規則第五条第二項第一号の一括処理を行なう事業所が、整備法第十五条の規定により徴収法第九条の認可があつたものとみなされる事業に該当する場合においては、この限りでない。

2　前項の場合において、旧失業保険法施行規則第五条第二項第一号の一括処理を行なう事業所は、徴収法第九条の規定により労働大臣が指定した一の事業とみなす。

第二十三条　この省令の施行の際現に提出されている旧失業保険法施行規則第八条第一項の申請書及び旧失業保険法施行規則第九条第一項の申請書であつて、新失業保険法第六条第一項の当然適用事業以外の事業に係るものは、それぞれ、失業保険に係る徴収法施行規則第四条第一項の申請書及び徴収法施行規則第五条第一項の申請書とみなす。

第二十四条　旧失業保険法の規定による失業保険印紙の買戻しについては、徴収法施行規則第四十三条第二項及び第三項の規定の例による。

第二十五条　整備令第二十二条第六項の規定により印紙保険料とみなされる旧失業保険法又は整備法第二十七条第二項の規定により納付された保険料に係る新失業保険法第三十八条の十一第二項の労働省令で定める率は、新失業保険法施行規則第四十六条の九第四項の規定にかかわらず千分の十三とする。

第二十六条　この省令の施行の際現に交付されている旧失業保険法施行規則第四十六条の十二第一項の規定による失業保険印紙購入通帳で必要な改定のされたもの及び旧失業保険法施行規則第四十六条の十五の八第一項の規定による始動票札受領通帳は、それぞれ徴収法施行規則第四十二条第一項の規定による失業保険印紙購入通帳及び徴収法施行規則第五十条第一項の規定による始動票札受領通帳とみなす。

2　この省令の施行の際現に交付されている旧失業保険法施行規則第九条の二第五項の規定による失業保険被保険者離職票及び旧失業保険法施行規則第四十六条の四第一項の規定による日雇労働被保険者手帳は、それぞれ新失業保険法施行規則第九条の二第五項の規定による失業保険被保険者離職票及び新失業保険法施行規則第四十六条の四第一項の規定による日雇労働被保険者手帳とみなす。

3　この省令の施行の際現にある旧失業保険法施行規則第四十六条の十二第一項の規定による申請書、同項の規定による失業保険印紙購入通帳で必要な改定のされたもの、旧失業保険法施行規則第四十六条の十五の規定による失業保険印紙受払状況報告書、旧失業保険法施行規則第四十六条の十五の五第一項の規定による申請書、旧失業保険法施行規則第四十六条の十五の八第一項の規定による申請書、同項の規定による始動票札受領通帳、旧失業保険法施行規則第四十六条の十五の十二の規定による保険料納付計器使用状況報告書及び旧失業保険法施行規則第四十六条の三十五第二号の規定による事業所別失業保険被保険者資格得喪事務等処理簿は、それぞれ徴収法施行規則第四十二条第一項の規定による失業保険印紙購入通帳交付申請書、同項の規定による失業保険印紙購入通帳、徴収法施行規則第五十四条の規定による印紙保険料納付状況報告書、徴収法施行規則第四十七条第一項の規定による印紙保険料納付計器設置承認申請書、徴収法施行規則第五十条第一項の規定による始動票札受領通帳交付申請書、同項の規定による始動票札受領通帳、徴収法施行規則第五十五条の規定による印紙保険料納付計器使用状況報告書及び徴収法施行規則第六十四条第三号の規定による失業保険被保険者関係届出事務等処理簿とみなす。

4　新失業保険法施行規則第七条第一項の規定による申請書、新失業保険法施行規則第九条の二第一項の規定による失業保険被保険者資格取得届、同条第四項の規定による失業保険被保険者資格喪失届、同項の規定による失業保険被保険者離職証明書、同条第五項の規定による失業保険被保険者離職票、新失業保険法施行規則第九条の四の二第四項の規定による失業保険被保険者証再交付申請書、新失業保険法施行規則第九条の七第一項の規定による失業保険被保険者転出届、同項の規定による失業保険被保険者転入届、新失業保険法施行規則第四十六条第一項の規定による失業保険被保険者総数報告書、新失業保険法施行規則第四十六条の四第一項の規定による日雇労働被保険者手帳、新失業保険法施行規則第五十二条第二項の規定による届出は、当分の間、なお従前の様式によることができる。

5　旧失業保険法施行規則第四十五条の規定による証票及び旧失業保険法施行規則第五十一条の規定による証票は、昭和四十七年四月三十日までの間は、それぞれ新失業保険法施行規則第三十七条の二の三の規定による証票及び新失業保険法施行規則第五十一条の規定による証票とみなす。

6　新失業保険法施行規則第四十六条の四第一項の規定による日雇労働被保険者手帳であつて、旧失業保険法の規定による日雇労働被保険者であつた者に係るものは、整備法第二十七条第二項の規定による保険料の納付に関しては、旧失業保険法施行規則第四十六条の四第一項の規定による日雇労働被保険者手帳とみなす。

第二十七条　昭和四十七年三月以前の月分に係る失業保険印紙の受払状況の報告及び保険料納付計器の使用状況の報告については、なお従前の例による。

（労働省組織規程の一部改正に伴う経過措置）

第二十九条　この省令の施行前の期間に係る旧労災保険法に基づく保険料、特別保険料その他の徴収金の徴収及び経理に関する事務の所掌については、前条の規定による改正後の労働省組織規程の規定にかかわらず、なお従前の例による。

（労働者災害補償保険法施行規則の一部改正に伴う経過措置）

第三十一条　この省令の施行前に前条の規定による改正前の労働者災害補償保険法施行規則（以下「旧労災保険法施行規則」という。）の規定によりされた処分、手続その他の行為は、整備法及びこの省令で別に定める場合を除き、この省令、徴収法施行規則又は前条の規定による改正後の労働者災害補償保険法施行規則の相当規定によりされた処分、手続その他の行為とみなす。

第三十二条　この省令の施行の際現に提出されている旧労災保険法施行規則第四条第一項の申込書及び旧労災保険法施行規則第八条第一項の申込書であつて、失業保険法等の一部改正法附則第十二条第一項に規定する事業に係るものは、それぞれ、労災保険に係る第一条の申請書及び第三条第一項の申請書とみなす。

（様式に関する経過措置）

第三十三条　徴収法施行規則の規定による様式については、法の施行の日の属する保険年度中に使用する場合には、これに必要な改定をして使用することができる。

2　旧労災保険法施行規則及び旧失業保険法施行規則の規定による様式に必要な改定をしたものは、これらの規定による様式とみなす。

附　則

1　この省令は、徴収法の施行の日（昭和四十七年四月一日）から施行する。

2　平成二十九年度から平成三十一年度までの各年度における第十七条第二項の規定の適用については、同項中「第十二条第五項」とあるのは、「附則第十一条第二項の規定により読み替えて適用する徴収法第十二条第五項」とする。

附　則（昭和四七年四月二八日労働省令一六号）

この省令は、公布の日から施行する。

附　則（昭和四八年三月二六日労働省令四号）（抄）

1　この省令は、昭和四十八年四月一日から施行する。

附　則（昭和四八年一一月二二日労働省令三五号）（抄）

（施行期日）

第一条　この省令は、労働者災害補償保険法の一部を改正する法律（昭和四十八年法律第八十五号）の施行の日（昭和四十八年十二月一日）から施行する。

附　則（昭和五〇年三月二五日労働省令第六号　雇用保険法の施行に伴う労働省令の整備等に関する省令）（抄）

（失業保険法及び労働者災害補償保険法の一部を改正する法律及び労働保険の保険料の徴収等に関する法律の施行に伴う労働省令の整備等に関する省令の一部改正に伴う経過措置）

第二十一条　この省令の施行の際現に提出されている労災保険

に係る旧徴収規則第四条第一項の申請書及び労災保険に係る旧徴収規則第五条第一項の申請書であつて、失業保険法及び労働者災害補償保険法の一部を改正する法律（昭和四十四年法律第八十三号）附則第十二条第一項に規定する事業に係るものは、それぞれ労災保険に係る新徴収規則附則第二条第一項の申請書及び労災保険に係る新徴収規則附則第三条第一項の申請書とみなす。

附　則（昭和五〇年三月二五日労働省令六号）

この省令は、雇用保険法の施行の日（昭和五十四年四月一日）から施行する。

附　則（昭和五二年三月二六日労働省令六号）

この省令は、昭和五十一年改正法の施行の日（昭和五十二年四月一日）から施行する。

〔昭和五二年三月二六日労働省令第六号　労働者災害補償保険法等の一部を改正する法律の施行に伴う労働省令の整備に関する省令（抄）〕

（失業保険法及び労働者災害補償保険法の一部を改正する法律及び労働保険の保険料の徴収等に関する法律の施行に伴う労働省令の整備等に関する省令の一部改正に伴う経過措置）

第九条　昭和五十一年改正法附則第二十二条の規定による改正前の失業保険法及び労働者災害補償保険法の一部を改正する法律及び労働保険の保険料の徴収等に関する法律の施行に伴う関係法律の整備等に関する法律（昭和四十四年法律第八十五号）第十八条又は第十八条の二の規定により行われた昭和五十一年改正法第一条の規定による改正前の労働者災害補償保険法の規定による長期傷病補償給付又は長期傷病給付は、前条の規定による改正後の失業保険法及び労働者災害補償保険法等の一部を改正する法律及び労働保険の保険料の徴収等に関する法律の施行に伴う労働省令の整備等に関する省令第八条の規定の適用については、昭和五十一年改正法第一条の規定による改正後の労働者災害補償保険法の規定による傷病補償年金又は傷病年金とみなす。

附　則（昭和五二年三月二六日労働省令六号）

この省令は、昭和五十一年改正法の施行の日（昭和五十二年四月一日）から施行する。

附　則（昭和五三年五月二三日労働省令二六号）（抄）

（施行期日）

1　この省令は、公布の日から施行する。

附　則（平成八年三月一日労働省令六号）（抄）

（施行期日）

第一条　この省令は、平成八年四月一日から施行する。〈後略〉

附　則（平成一二年一月一一日労働省令二号）

（施行期日）

1　この省令は、公布の日から施行する。

（経過措置）

2　この省令の施行の際、現に存するこの省令による改正前の様式による用紙は、当分の間、これを取り繕って使用することができる。

附　則（平成一二年一月三一日労働省令二号）（抄）

（施行期日）

第一条　この省令は、平成十二年四月一日から施行する。

（処分、申請等に関する経過措置）

第二条　地方分権の推進を図るための関係法律の整備等に関する法律（以下「地方分権推進整備法」という。）の施行前に改正前のそれぞれの法律若しくはこれに基づく政令の規定（これらの規定を準用する他の法律又はこれに基づく政令の規定を含む。以下同じ。）により都道府県労働基準局長若しくは都道府県知事が行った許可等の処分その他の行為（以下「処分等の行為」という。）又は地方分権推進整備法の施行の際現に改正前のそれぞれの法律若しくはこれに基づく政令の規定により都道府県労働基準局長若しくは都道府県知事に対してされている許可等の申請その他の行為（以下「申請等の行為」という。）で、地方分権推進整備法の施行の日においてこれらの行為に係る行政事務を地方分権推進整備法による改正後のそれぞれの法律又はこれに基づく労働省令の規定（これらの規定を準用する他の法律又はこれに基づく労働省令の規定を含む。以下同じ。）により都道府県労働局長が行うこととなるものは、地方分権推進整備法の施行の日以後における改正後のそれぞれの法律又はこれに基づく労働省令の適用については、改正後のそれぞれの法律又はこれに基づく労働省令の相当規定により都道府県労働局長がした処分等の行為又は都道府県労働局長に対してされた申請等の行為とみなす。

第三条　この省令の施行前に改正前のそれぞれの省令の規定によりされた処分等の行為又はこの省令の施行の際現に改正前のそれぞれの省令の規定によりされている申請等の行為で、この省令の施行の日においてこれらの行為に係る行政事務を行うべき者が異なることとなるものは、この省令の施行の日以後における改正後のそれぞれの省令の適用については、改正後のそれぞれの省令の相当規定によりされた処分等の行為又は申請等の行為とみなす。

第四条　この省令の施行前に改正前のそれぞれの省令の規定により国又は地方公共団体の機関又は職員に対して報告、届出、提出その他の手続をしなければならない事項で、この省令の施行の日前にその手続がされていないものについては、これを改正後のそれぞれの省令の相当規定により国又は地方公共団体の相当の機関又は職員に対して報告、届出、提出をしなければならない事項についてその手続がされていないものとみなして、この省令による改正後のそれぞれの省令の規定を適用する。

附　則（平成一二年一〇月三一日労働省令四一号）（抄）

（施行期日）

第一条　この省令は、内閣法の一部を改正する法律（平成十一年法律第八十八号）の施行の日（平成十三年一月六日）から施行する。

附　則（平成二二年九月二九日厚生労働省令一〇七号）（抄）

（施行期日）

第一条　この省令は、雇用保険法等の一部を改正する法律の一部の施行の日（平成二十二年十月一日）から施行する。

附　則（平成二三年一月三一日厚生労働省令一二号）

この省令は、平成二十三年二月一日から施行する。

附　則（平成二九年三月三一日厚生労働省令五四号）（抄）

（施行期日）

第一条　この省令は、平成二十九年四月一日から施行する。

<後略>

附　則（平成三〇年一一月三〇日厚生労働省令一三七号）

この省令は、公布の日から施行する。

別記様式（甲）（表面）　（第７条）

労働者災害補償保険
特例による保険給付申請書（業務災害用）

	府県	所掌	管轄	基幹番号	枝番号
①労働保険番号					
②保険関係成立年月日					
③事業の所在地					
④事業の名称					
⑤申請に係る労働者に関する事項	（裏面のとおり）				

上記により特例による業務災害に関する保険給付を申請します。

年　月　日

（郵便番号　—　）電　局番

事業主の　住所

氏名　㊞

（法人のときはその名称及び代表者の氏名）

労働基準監督署長　殿

（日本工業規格Ａ列４）

（裏面）

①労働者の	氏名	（男・女）
	生年月日	年　月　日（　歳）
	住所	
	職種	
②負傷又は発病の年月日及び時刻		年　月　日午前後　時　分頃
③傷病の部位及び傷病名		
④現認者の職名・氏名		（職名）　（氏名）
⑤平均賃金		円　銭
⑥災害の原因及び発生状況		
⑦療養補償の実施経過		

〔注意〕　1．④欄は、災害発生の事実を確認した者（確認した者が多数あるときは最初に発見した者）を記載すること。

2．⑤欄の平均賃金については、その算定内訳を休業補償給付の請求の例により別紙を付して記載すること。

3．事業主の氏名については、記名押印することに代えて、自筆による署名をすることができる。

別記様式（乙）（表面）　（第７条）

労働者災害補償保険
特例による保険給付申請書（通勤災害用）

	府県	所掌	管轄	基幹番号	枝番号
①労働保険番号					
②保険関係成立年月日					
③事業の所在地					
④事業の名称					
⑤申請に係る労働者に関する事項	（裏面のとおり）				

上記により特例による通勤災害に関する保険給付を申請します。

年　月　日

（郵便番号　－　）電　局番

事業主の　住所

氏名　㊞

（法人のときはその名称及び代表者の氏名）

労働基準監督署長　殿

（日本工業規格Ａ列４）

（裏面）

①労働者の　氏名	（男・女）
生年月日	年　月　日（　歳）
住所	
職種	
②平均賃金	円　銭
③負傷又は発病の年月日及び時刻	年　月　日午前後　時　分頃
④災害発生の場所	
⑤災害発生の日の就業の場所	
⑥災害発生の日の就業開始の予定時刻又は就業終了の時刻	午前後　時　分頃
⑦住居又は就業の場所を離れた時刻	午前後　時　分頃
⑧通常の通勤の経路及び方法並びに災害発生の日に住居又は就業の場所から災害発生の場所に至つた経路、方法、所要時間その他の状況	
⑨災害の原因及び発生状況	
⑩傷病の部位及び傷病名	
⑪療養の経過	

〔注意〕
1．②の平均賃金については、その算定内訳を休業給付の請求の例により別紙を付して記載すること。
2．⑥は、災害が出勤の際に生じたものである場合には就業開始の予定時刻を、災害が退勤の際に生じたものである場合には就業終了の時刻を記載すること。
3．⑦は、災害が出勤の際に生じたものである場合には住居を離れた時刻を、災害が退勤の際に生じたものである場合には就業の場所を離れた時刻を記載すること。
4．⑧は、通常の通勤の経路を図示し、災害の発生場所及び災害の発生の日に住居又は就業の場所から災害発生の場所に至つた経路を朱線等を用いてわかりやすく記載するとともに、その他の事項についてもできるだけ詳細に記載すること。
5．⑨は、どのような場所を、どのような方法で往復している際に、どのような物で又はどのような状況において、どのようにして災害が発生したかを簡明に記載すること。
6．事業主の氏名については、記名押印することに代えて、自筆による署名をすることができる。

労働保険事務組合に対する報奨金に関する政令

改正
昭和四八年　七月一〇日政令一九五号
昭和五〇年　三月一〇日政令　二六号
昭和五五年　四月　五日政令　七二号
昭和六〇年　四月　六日政令　九八号
平成　元年　五月二九日政令一四九号
平成　五年　四月　一日政令一二〇号
平成　九年　三月一九日政令　四二号
平成一一年一二月　三日政令三九〇号
平成一二年　六月　七日政令三〇九号
平成一四年　四月　一日政令一四六号
平成一六年　四月　一日政令一四九号
平成一九年　四月　一日政令一四八号
平成一九年　四月二三日政令一六一号
平成二一年　三月二三日政令　五二号
平成二一年一二月二四日政令二九六号
平成二二年　九月二九日政令二〇六号
平成二三年　三月三一日政令　七五号

（報奨金の交付）

第一条　労働保険の保険料の徴収等に関する法律（昭和四十四年法律第八十四号。以下「徴収法」という。）第三十三条第三項の労働保険事務組合（以下「労働保険事務組合」という。）が同条第一項の委託を受けてする労働保険料の納付の状況が次の各号に該当するときは、当該労働保険事務組合に対して失業保険法及び労働者災害補償保険法の一部を改正する法律及び労働保険の保険料の徴収等に関する法律の施行に伴う関係法律の整備等に関する法律（次項において「整備法」という。）第二十三条の規定による報奨金（以下「労働保険料に係る報奨金」という。）を交付する。

一　七月十日において、前年度の労働保険料（当該労働保険料に係る追徴金及び延滞金を含む。以下「前年度の労働保険料等」という。）であつて、常時十五人以下の労働者を使用する事業の事業主の委託に係るものにつき、その確定保険料の額（労働保険料に係る追徴金又は延滞金を納付すべき場合にあつては、確定保険料の額と当該追徴金又は延滞金の額との合計額）の合計額の百分の九十五以上の額が納付されていること。ただし、同日において当該確定保険料の額の合計額の百分の九十五以上の額が納付されていないことが天災その他やむを得ない理由によるものであるときは、同日後の日で厚生労働大臣が定める日までに当該確定保険料の額の合計額の百分の九十五以上の額が納付されていること。

二　前年度の労働保険料等について、徴収法第二十七条第三項の規定により処分を受けたことがないこと。

三　偽りその他不正の行為により、前年度の労働保険料等の徴収を免れ、又はその還付を受けたことがないこと。

2　石綿による健康被害の救済に関する法律（平成十八年法律第四号。以下「石綿健康被害救済法」という。）第三十八条第二項の規定により労働保険事務組合が徴収法第三十三条第一項の委託を受けてする一般拠出金（石綿健康被害救済法第三十七条第一項の一般拠出金をいう。以下同じ。）の納付の状況が次の各号に該当するときは、当該労働保険事務組合に対して石綿健康被害救済法第三十八条第三項において準用する整備法第二十三条の規定による報奨金（以下「一般拠出金に係る報奨金」という。）を交付する。

一　七月十日において、その年度の一般拠出金（当該一般拠出金に係る追徴金及び延滞金を含む。以下「その年度の一般拠出金等」という。）であって、前年度に常時十五人以下の労働者を使用する事業の事業主の委託に係るものにつき、石綿健康被害救済法第三十八条第一項において読み替えて準用する徴収法第十九条第一項又は第二項の一般拠出金の額（石綿健康被害救済法第三十八条第一項において準用する徴収法第十九条第四項の規定により政府が一般拠出金の額を決定した場合には、その決定した額。以下「一般拠出金の確定額」という。）（一般拠出金に係る追徴金又は延滞金を納付すべき場合にあっては、一般拠出金の確定額と当該追徴金又は延滞金の額との合計額）の合計額の百分の九十五以上の額が納付されていること。ただし、同日において当該一般拠出金の確定額の合計額の百分の九十五以上の額が納付されていないことが天災その他やむを得ない理由によるものであるときは、同日後の日で厚生労働大臣が定める日までに当該一般拠出金の確定額の合計額の百分の九十五以上の額が納付されていること。

二　その年度の一般拠出金等について、石綿健康被害救済法第三十八条第一項において準用する徴収法第二十七条第三項の規定により処分を受けたことがないこと。

三　偽りその他不正の行為により、その年度の一般拠出金等の徴収を免れ、又はその還付を受けたことがないこと。

（報奨金の額）

第二条　労働保険料に係る報奨金の額は、労働保険事務組合ごとに、千万円又は常時十五人以下の労働者を使用する事業の事業主の委託を受けて納付した前年度の労働保険料（督促を受けて納付した労働保険料を除く。）の額（その額が確定保険料の額を超えるときは、当該確定保険料の額）に百分の二を乗じて得た額に厚生労働省令で定める額を加えた額のいずれか低い額以内とする。

2　一般拠出金に係る報奨金の額は、労働保険事務組合ごとに、前年度に常時十五人以下の労働者を使用する事業の事業主の委託を受けて納付したその年度の一般拠出金（督促を受けて納付した一般拠出金を除く。）の額（その額が一般拠出金の確定額を超えるときは、当該一般拠出金の確定額）に百分の三・五を乗じて得た額以内とする。

（厚生労働省令への委任）

第三条　労働保険料に係る報奨金及び一般拠出金に係る報奨金の交付の手続に関し必要な事項は、厚生労働省令で定める。

附　則

1　この政令は、公布の日から施行する。

2　雇用保険法等の一部を改正する法律（平成十九年法律第三十号）附則第五十三条の二第一項の雇用保険率の変更があつた場合における平成十九年度に交付する労働保険料に係る報奨金及び第一項一般拠出金に係る報奨金に係る第一条の規定の適用については、同条第一項第一号及び第二項第一号中「五月二十日」とあるのは、「五月二十日の翌日から起算して平成十九年四月一日から始まる保険年度（徴収法第二条第四項に規定する保険年度をいう。）の初日から雇用保険法等の一部を改正する法律（平成十九年法律第三十号）附則第五十三条の二第二項に規定する変更日の前日までの日数を経過した日」とする。

附　則（昭和五〇年三月一〇日政令二六号）

この政令は、雇用保険法の施行の日（昭和五十年四月一日）から施行する。

附　則（昭和五五年四月五日政令七二号）

1　この政令は、公布の日から施行する。

2　改正後の第一条の規定は、昭和五十四年度以降の労働保険料に係る失業保険法及び労働者災害補償保険法の一部を改正する法律及び労働保険の保険料の徴収等に関する法律の施行に伴う関係法律の整備等に関する法律第二十三条第一項の規定による報奨金の交付について適用する。

附　則（昭和六〇年四月六日政令九八号）

1　この政令は、公布の日から施行する。

2　改正後の第一条及び第二条の規定は、昭和五十九年度以降の労働保険料に係る失業保険法及び労働者災害補償保険法の一部を改正する法律及び労働保険の保険料の徴収等に関する法律の施行に伴う関係法律の整備等に関する法律第二十三条第一項の規定による報奨金（以下「報奨金」という。）の交付について適用する。この場合において、昭和五十九年度又は昭和六十年度の労働保険料に係る報奨金に関する改正後の第一条の規定の適用については、同条第一号ロ中「当該前年度の直前の三年度のうちいずれかの年度」とあるのは、昭和五十九年度の労働保険料に係る報奨金にあつては「昭和五十八年度」と、昭和六十年度の労働保険料に係る報奨金にあつては「昭和五十八年度又は昭和五十九年度」とする。

附　則（平成元年五月二九日政令一四九号）

1　この政令は、公布の日から施行する。

2　改正後の労働保険事務組合に対する報奨金に関する政令（以下「新令」という。）第二条の規定は、この政令の施行の日以後交付する新令第一条に規定する報奨金について適用する。

附　則（平成五年四月一日政令一二〇号）

1　この政令は、公布の日から施行する。

2　改正後の労働保険事務組合に対する報奨金に関する政令（以下「新令」という。）第二条の規定は、この政令の施行の日以後交付する新令第一条に規定する報奨金について適用する。

附　則（平成九年三月一九日政令四二号）

1　この政令は、平成九年四月一日から施行する。

2　改正後の労働保険事務組合に対する報奨金に関する政令第一条の規定は、平成八年度以降の労働保険料に係る同条の規定による報奨金について適用する。

附　則（平成一二年二月三日政令三九〇号）（抄）

（施行期日）

第一条　この政令は、平成十二年四月一日から施行する。

附　則（平成一二年六月七日政令三〇九号）（抄）

（施行期日）

1　この政令は、内閣法の一部を改正する法律（平成十一年法律第八十八号）の施行の日（平成十三年一月六日）から施行する。〈後略〉

附　則（平成一四年四月一日政令一四六号）

（施行期日）

1　この政令は、公布の日から施行する。

（経過措置）

2　改正後の労働保険事務組合に対する報奨金に関する政令（以下「新令」という。）第二条の規定は、この政令の施行の日以後交付する新令第一条に規定する報奨金について適用する。

附　則（平成一六年四月一日政令一四九号）

（施行期日）

1　この政令は、公布の日から施行する。

（経過措置）

2　改正後の労働保険事務組合に対する報奨金に関する政令（以下「新令」という。）第二条の規定は、この政令の施行の日以後交付する新令第一条に規定する報奨金について適用する。

附　則（平成一九年四月一日政令一四八号）

（施行期日）

第一条　この政令は、公布の日から施行する。

（経過措置）

第二条　この政令による改正後の労働保険事務組合に対する報奨金に関する政令（以下「新令」という。）第一条第二項第一号ロの規定は、石綿による健康被害の救済に関する法律第三十八条第三項において準用する失業保険法及び労働者災害補償保険法の一部を改正する法律及び労働保険の保険料の徴収等に関する法律の施行に伴う関係法律の整備等に関する法律第二十三条の規定による平成十九年度の報奨金の交付については、適用しない。

2　平成二十年度における新令第一条第二項の規定の適用については、同項第一号ロ中「当該前年度の直前の三年度のうちいずれかの年度」とあるのは「平成十八年度」と、「十五人以下事業該当年度以降当該前年度まで引き続き」とあるのは「当該前年度において」とする。

3　平成二十一年度における新令第一条第二項の規定の適用については、同項第一号ロ中「当該前年度の直前の三年度のうちいずれかの年度」とあるのは「平成十八年度又は平成十九年度」と、「十五人以下事業該当年度」とあるのは「平成十九年度」とする。

4　平成二十二年度における新令第一条第二項の規定の適用については、同項第一号ロ中「十五人以下事業該当年度」とあるのは、「十五人以下事業該当年度(十五人以下事業該当年度が平成十八年度である場合にあつては、平成十九年度)」とする。

附　則（平成一九年四月二三日政令一六一号）（抄）

（施行期日）

第一条　この政令は、公布の日から施行する。

附　則（平成二一年三月二三日政令五二号）

この政令は、平成二十一年四月一日から施行する。

附　則（平成二一年一二月二四日政令二九六号）（抄）

（施行期日）

第一条　この政令は、平成二十二年一月一日から施行する。

＜後略＞

附　則（平成二二年九月二九日政令二〇六号）

この政令は、雇用保険法等の一部を改正する法律の一部の施行の日（平成二十二年十月一日）から施行する。

附　則（平成二三年三月三一日政令七五号）

（施行期日）

第一条　この政令は、平成二十三年四月一日から施行する。

（経過措置）

第二条　改正後の労働保険事務組合に対する報奨金に関する政令（以下「新令」という。）第一条及び第二条の規定は、この政令の施行の日以後交付する新令第一条第一項に規定する労働保険料に係る報奨金及び同条第二項に規定する一般拠出金に係る報奨金について適用する。

2　平成二十三年度における新令第二条第一項の規定の適用については、同項中「千万円」とあるのは、「三千万円」とする。

3　平成二十四年度における新令第二条第一項の規定の適用については、同項中「千万円」とあるのは、「二千万円」とする。

労働保険事務組合に対する報奨金に関する省令

昭和四八年 七月一〇日 労働省令二三号

改正 昭和五〇年 三月二五日 労働省令 六号
昭和五一年 六月 一日 労働省令二三号
昭和五四年 六月 一日 労働省令二一号
昭和五七年 四月 六日 労働省令一五号
昭和六〇年 四月 六日 労働省令一四号
平成 元年 五月二九日 労働省令一五号
平成 五年 四月 一日 労働省令一七号
平成 九年 三月一九日 労働省令一一号
平成一二年 一月三一日 労働省令 二号
平成一二年一〇月三一日 労働省令四一号
平成一三年 三月二三日厚生労働省令三二号
平成一五年 五月一四日厚生労働省令八八号
平成一六年 四月 一日厚生労働省令九四号
平成一九年 四月 一日厚生労働省令七五号
平成一九年 四月二三日厚生労働省令八〇号
平成二〇年 三月三一日厚生労働省令六八号
平成二一年 三月三一日厚生労働省令六四号
平成二一年一二月二八日厚生労働省令一六八号
平成二二年 三月三一日厚生労働省令 四〇号
平成二二年 九月二九日厚生労働省令一〇七号
平成二三年 三月三一日厚生労働省令 四三号
平成二三年 八月 四日厚生労働省令一〇一号
平成二五年 五月一七日厚生労働省令 七〇号
平成二八年一〇月三一日厚生労働省令一六三号
平成三〇年一〇月一七日厚生労働省令一二七号

（令第二条第一項第一号の厚生労働省令で定める額）

第一条 労働保険事務組合に対する報奨金に関する政令（昭和四十八年政令第百九十五号。以下「令」という。）第二条第一項第一号の厚生労働省令で定める額は、次の各号に掲げる事業の区分に応じ、当該各号に掲げる額とする。

一 常時五人未満の労働者を使用する事業のうち労働保険の保険料の徴収等に関する法律（昭和四十四年法律第八十四号。以下「徴収法」という。）第三十九条第一項に規定する事業以外の事業であつて労働者災害補償保険（以下「労災保険」という。）及び雇用保険に係る保険関係が成立しているもの（以下「二保険関係成立事業」という。） 一万二千四百円

二 常時五人未満の労働者を使用する事業のうち二保険関係

成立事業以外の事業　六千二百円

三　常時五人以上十五人以下の労働者を使用する事業のうち二保険関係成立事業　六千二百円

四　常時五人以上十五人以下の労働者を使用する事業のうち二保険関係成立事業以外の事業　三千百円

（報奨金の交付の申請）

第二条　労働保険事務組合は、失業保険法及び労働者災害補償保険法の一部を改正する法律及び労働保険の保険料の徴収等に関する法律の施行に伴う関係法律の整備等に関する法律（昭和四十四年法律第八十五号。以下「整備法」という。）第二十三条の規定による報奨金の交付を受けようとするときは、次の各号に掲げる事項を記載した申請書を十月十五日までにその主たる事務所の所在地を管轄する都道府県労働局長（以下「所轄都道府県労働局長」という。）に提出しなければならない。

一　前年度の確定保険料の総額

二　前号の確定保険料の総額のうち納付済総額

三　前年度の労働保険料に係る追徴金又は延滞金があるときは、その額及びそのうち納付済総額

四　徴収法第二十七条第三項の規定による処分の有無

五　納付した前年度の労働保険料の総額のうち督促を受けることなく納付した額

六　事業主の労働保険事務の処理の委託に係る常時五人未満の労働者を使用する事業（以下「五人未満委託事業」という。）の数及び次に掲げる事業の数

イ　五人未満委託事業のうち二保険関係成立事業

ロ　五人未満委託事業のうち二保険関係成立事業以外の事業

七　事業主の労働保険事務の処理の委託に係る常時五人以上十五人以下の労働者を使用する事業（以下「五人以上十五人以下委託事業」という。）の数及び次に掲げる事業の数

イ　五人以上十五人以下委託事業のうち二保険関係成立事業

ロ　五人以上十五人以下委託事業のうち二保険関係成立事業以外の事業

2　労働保険事務組合は、石綿による健康被害の救済に関する法律（平成十八年法律第四号。以下「石綿健康被害救済法」という。）第三十八条第三項において準用する整備法第二十三条の規定による報奨金の交付を受けようとするときは、次の各号に掲げる事項を記載した申請書を十月十五日までに所轄都道府県労働局長に提出しなければならない。

一　その年度の一般拠出金の確定額（令第一条第二項第一号の一般拠出金の確定額をいう。以下同じ。）の総額

二　前号の一般拠出金の確定額の総額のうち納付済総額

三　その年度の一般拠出金（石綿健康被害救済法第三十七条第一項の一般拠出金をいう。以下同じ。）に係る追徴金又は

延滞金があるときは、その額及びそのうち納付額
四　石綿健康被害救済法第三十八条第一項において準用する徴収法第二十七条第三項の規定による処分の有無
五　納付したその年度の一般拠出金の総額のうち督促を受けることなく納付した額

附　則

1　この省令は、公布の日から施行する。
2　平成三十年七月五日において次に掲げる区域内にその主たる事務所の所在地を有する労働保険事務組合又は同日において当該区域内に所在地を有する事業場の事業主から労働保険事務若しくは一般拠出金事務の委託を受けている労働保険事務組合に対して平成三十年度に交付する整備法第二十三条（石綿健康被害救済法第三十八条第三項において準用する場合を含む。）の規定による報奨金に係る第二条第一項及び第二項の規定の適用については、これらの規定中「十月十五日」とあるのは、「平成三十一年一月二十一日」とする。
一　岡山県のうち岡山市北区、岡山市東区、倉敷市真備町、笠岡市、井原市、総社市、高梁市及び小田郡矢掛町
二　広島県のうち広島市安芸区、呉市、竹原市、三原市、尾道市、東広島市、江田島市、安芸郡府中町、安芸郡海田町、安芸郡熊野町及び安芸郡坂町
三　山口県のうち岩国市周東町
四　愛媛県のうち宇和島市、大洲市及び西予市

〔昭和五〇年三月二五日労働省令第六号　雇用保険法の施行に伴う労働省令の整備等に関する省令（抄）〕

（労働保険事務組合に対する報奨金に関する省令の一部改正に伴う経過措置）
第二十六条　昭和五十年度において交付する失業保険法及び労働者災害補償保険法の一部を改正する法律及び労働保険の保険料の徴収等に関する法律の施行に伴う関係法律の整備等に関する法律（昭和四十四年法律第八十五号）第二十三条第一項の規定による報奨金に関する労働保険事務組合に対する報奨金に関する省令第一条及び第二条の規定の適用については、これらの規定中「雇用保険」とあるのは「失業保険」とする。

附　則（昭和五〇年三月二五日労働省令六号）

この省令は、雇用保険法の施行の日（昭和五十年四月一日）から施行する。

附　則（昭和五二年六月一日労働省令二三号）

この省令は、公布の日から施行する。

附　則（昭和五四年六月一日労働省令二一号）

この省令は、公布の日から施行する。

附　則（昭和五七年四月六日労働省令一五号）

この省令は、公布の日から施行する。

附　則（昭和六〇年四月六日労働省令一四号）

この省令は、公布の日から施行する。

附　則（平成元年五月二九日労働省令一五号）

1　この省令は、公布の日から施行する。

2　昭和六十三年度において失業保険法及び労働者災害補償保険法の一部を改正する法律及び労働保険の保険料の徴収等に関する法律の施行に伴う関係法律の整備等に関する法律（昭和四十四年法律第八十五号）第二十三条第一項の規定による報奨金（以下「報奨金」という。）の交付を受けた労働保険事務組合であって平成元年度以降に報奨金の交付を受けるものについて労働保険事務組合に対する報奨金に関する政令（以下「令」という。）第二条及び改正後の第一条の規定により算定した額が、当該労働保険事務組合が昭和六十三年度において交付を受けた報奨金の額に満たない場合における当該労働保険事務組合に対して交付する報奨金に係る令第二条の労働省令で定める額は、改正後の第一条の規定にかかわらず、当分の間、昭和六十三年度に交付を受けた報奨金の額から、事業主からその事業についての労働保険料の納付を委託を受けた事業に関し次の各号に掲げる区分に応じ当該各号に定めるところにより算定した額の合計額を減じた額とする。

一　常時十五人以下の労働者を使用する事業　当該事業の事業主の委託を受けて納付した前年度の労働保険料（督促を受けて納付した労働保険料を除く。次号において同じ。）の額（その額が確定保険料の額を超えるときは、当該確定保険料の額。次号において同じ。）に百分の三・八を乗じて得た額

二　令第一条第一号ロに規定する十六人以上事業（その事業についての前年度の労働保険料（当該労働保険料に係る追徴金及び延滞金を含む。）について、督促を受けたことがないものに限る。）　当該事業の事業主の委託を受けて納付した令第一条第一号ロに規定する十五人以下事業該当年度の労働保険料の額を基礎として前号の規定の例により算定した額

3　昭和六十三年度において報奨金の交付を受けた労働保険事務組合は、第二条第一項の規定により提出する申請書に、同項各号に掲げる事項のほか、当分の間、当該交付を受けた報奨金の額を記載しなければならない。

附　則（平成五年四月一日労働省令一七号）

1　この省令は、公布の日から施行する。

2　平成四年度において失業保険法及び労働者災害補償保険法の一部を改正する法律及び労働保険の保険料の徴収等に関する法律の施行に伴う関係法律の整備等に関する法律（昭和四十四年法律第八十五号）第二十三条第一項の規定による報奨金（以下「報奨金」という。）の交付を受けた労働保険事務組合であって平成五年度以降に報奨金の交付を受けるものについて労働保険事務組合に対する報奨金に関する政令の一部を改正する政令（平成五年政令第百二十号）による改正後の労

働保険事務組合に対する報奨金に関する政令（以下「新令」という。）第二条及びこの省令による改正後の労働保険事務組合に対する報奨金に関する省令（以下「新省令」という。）第一条の規定により算定した額が、当該労働保険事務組合が平成四年度において交付を受けた報奨金の額に満たない場合における当該労働保険事務組合に対して交付する報奨金に係る新令第二条の労働省令で定める額は、新省令第一条の規定にかかわらず、当分の間、平成四年度に交付を受けた報奨金の額から、事業主からその事業についての労働保険料の納付の委託を受けた事業に関し次の各号に掲げる区分に応じ当該各号に定めるところにより算定した額の合計額を減じた額とする。

一　常時十五人以下の労働者を使用する事業　当該事業の事業主の委託を受けて納付した前年度の労働保険料（督促を受けて納付した労働保険料を除く。次号において同じ。）の額（その額が確定保険料の額を超えるときは、当該確定保険料の額。次号において同じ。）に百分の三・七を乗じて得た額

二　新令第一条第一号ロに規定する十六人以上事業（その事業についての前年度の労働保険料（当該労働保険料に係る追徴金及び延滞金を含む。）について、督促を受けたことがないものに限る。）当該事業の事業主の委託を受けて納付した新令第一条第一号ロに規定する十五人以下事業該当年度の労働保険料の額を基礎として前号の規定の例により算定した額

3　平成四年度において報奨金の交付を受けた労働保険事務組合は、新省令第二条第一項の規定により提出する申請書に、同項各号に掲げる事項のほか、当分の間、当該交付を受けた報奨金の額を記載しなければならない。

附　則（平成九年三月一九日労働省令一一号）

この省令は、平成九年四月一日から施行する。

附　則（平成一二年一月三一日労働省令二号）（抄）

（施行期日）

第一条　この省令は、平成十二年四月一日から施行する。

（処分、申請等に関する経過措置）

第二条　地方分権の推進を図るための関係法律の整備等に関する法律（以下「地方分権推進整備法」という。）の施行前に改正前のそれぞれの法律若しくはこれに基づく政令の規定（これらの規定を準用する他の法律又はこれに基づく政令の規定を含む。以下同じ。）により都道府県労働基準局長若しくは都道府県知事が行った許可等の処分その他の行為（以下「処分等の行為」という。）又は地方分権推進整備法の施行の際現に改正前のそれぞれの法律若しくはこれに基づく政令の規定により都道府県労働基準局長若しくは都道府県知事に対してされている許可等の申請その他の行為（以下「申請等の行為」という。）で、地方分権推進整備法の施行の日においてこれら

の行為に係る行政事務を地方分権推進整備法による改正後のそれぞれの法律又はこれに基づく労働省令の規定（これらの規定を準用する他の法律又はこれに基づく労働省令の規定を含む。以下同じ。）により都道府県労働局長が行うこととなるものは、地方分権推進整備法の施行の日以後における改正後のそれぞれの法律又はこれに基づく労働省令の適用については、改正後のそれぞれの法律又はこれに基づく労働省令の相当規定により都道府県労働局長がした処分等の行為又は都道府県労働局長に対してされた申請等の行為とみなす。

第三条　この省令の施行前に改正前のそれぞれの省令の規定によりされた処分等の行為又はこの省令の施行の際現に改正前のそれぞれの省令の規定によりされている申請等の行為で、この省令の施行の日においてこれらの行為に係る行政事務を行うべき者が異なることとなるものは、この省令の施行の日以後における改正後のそれぞれの省令の適用については、改正後のそれぞれの省令の相当規定によりされた処分等の行為又は申請等の行為とみなす。

第四条　この省令の施行前に改正前のそれぞれの省令の規定により国又は地方公共団体の機関又は職員に対して報告、届出、提出その他の手続をしなければならない事項で、この省令の施行の日前にその手続がされていないものについては、これを改正後のそれぞれの省令の相当規定により国又は地方公共団体の相当の機関又は職員に対して報告、届出、提出をしなければならない事項についてその手続がされていないものとみなして、この省令による改正後のそれぞれの省令の規定を適用する。

附　則（平成一二年一〇月三一日労働省令四一号）（抄）

（施行期日）

第一条　この省令は、内閣法の一部を改正する法律（平成十一年法律第八十八号）の施行の日（平成十三年一月六日）から施行する。

附　則（平成一三年三月二三日厚生労働省令三一号）（抄）

（施行期日）

第一条　この省令は、平成十三年四月一日から施行する。〈後略〉

附　則（平成一五年五月一四日厚生労働省令八八号）

この省令は、公布の日から施行する。

附　則（平成一六年四月一日厚生労働省令九四号）

この省令は、公布の日から施行する。

附　則（平成一九年四月一日厚生労働省令七五号）

この省令は、公布の日から施行する。

附　則（平成一九年四月二三日厚生労働省令八〇号）（抄）

（施行期日）

第一条　この省令は、公布の日から施行する。〈後略〉

附　則（平成二〇年三月三一日厚生労働省令六八号）

この省令は、平成二十一年四月一日から施行する。

附　則（平成二一年三月三一日厚生労働省令六四号）

この省令は、平成二十一年四月一日から施行する。

附　則（平成二一年一二月二八日厚生労働省令一六八号）（抄）

（施行期日）

第一条　この省令は、平成二十二年一月一日から施行する。

附　則（平成二二年三月三一日厚生労働省令四〇号）

この省令は、平成二十二年四月一日から施行する。

附　則（平成二二年九月二九日厚生労働省令一〇七号）（抄）

（施行期日）

第一条　この省令は、雇用保険法等の一部を改正する法律の一部の施行の日（平成二十二年十月一日）から施行する。

附　則（平成二三年三月三一日厚生労働省令四三号）

この省令は、平成二十三年四月一日から施行する。

附　則（平成二三年八月四日厚生労働省令一〇一号）

この省令は、公布の日から施行する。

附　則（平成二五年五月一七日厚生労働省令七〇号）

この省令は、公布の日から施行する。

附　則（平成二八年一〇月三一日厚生労働省令一六三号）

この省令は、公布の日から施行する。

附　則（平成三〇年一〇月一七日厚生労働省令一二七号）

この省令は、公布の日から施行する。

失業保険法及び労働者災害補償保険法の一部を改正する法律及び労働保険の保険料の徴収等に関する法律の施行に伴う関係法律の整備等に関する法律第十九条第二項の厚生労働大臣の定める率を定める告示

昭和四七年　三月三一日労働省告示　一八号
改正　昭和四八年一一月二二日労働省告示　七〇号
昭和五二年　三月二六日労働省告示　二五号
平成一二年一二月二五日労働省告示一二〇号

失業保険法及び労働者災害補償保険法の一部を改正する法律及び労働保険の保険料の徴収等に関する法律の施行に伴う関係法律の整備等に関する法律（昭和四十四年法律第八十五号）第十九条第二項の規定に基づき、同項の厚生労働大臣の定める率を次のように定め、昭和四十七年四月一日から適用する。

失業保険法及び労働者災害補償保険法の一部を改正する法律及び労働保険の保険料の徴収等に関する法律の施行に伴う関係法律の整備等に関する法律（昭和四十四年法律第八十五号。以下「整備法」という。）第十九条第二項の厚生労働大臣の定める率は、事業の期間が予定される事業以外の事業にあつては、当該保険年度中に行われた同法第十八条第一項若しくは第二項又は第十八条の二第一項若しくは第二項の規定による保険給付の額（傷病補償年金又は傷病年金のうち療養の開始後三年を経過する日の属する月の翌月以後の月分の支給を受ける者に対して行われる療養補償給付又は療養給付を除くものとし、障害補償年金、遺族補償年金若しくは傷病補償年金又は障害年金、遺族年金若しくは傷病年金（傷病補償年金又は傷病年金については当該傷病に係る療養の開始後三年を経過する日の属する月の翌月以後の月分に限るものとし、以下「年金」という。）については、同一の事由又は通勤災害を業務災害とみなした場合における同一の事由について、それぞれ、労働者災害補償保険法（昭和二十二年法律第五十号）第八条の給付基礎日額を平均賃金とみなして労働基準法（昭和二十二年法律第四十九号）第七十七条、第七十九条又は第八十一条の規定を適用することとした場合に行われることとなる障害補償、遺族補償又は打切補償の額

（以下「労働基準法の補償額相当額」という。）を十三で除して得た額と当該事業の賃金総額に千分の十五を乗じて得た額との合算額）の当該事業の賃金総額に対する率とし、事業の期間が予定される事業にあつては、当該事業の期間中に行われた整備法第十八条第一項若しくは第二項又は第十八条の二第一項若しくは第二項の規定による保険給付の額（傷病補償年金又は傷病年金のうち療養の開始後三年を経過する日の属する月の翌月以後の月分の支給を受ける者に対して行われる療養補償給付又は療養給付を除くものとし、年金については、労働基準法の補償額相当額と当該事業の賃金総額に千分の十五を乗じて得た額との合算額）の当該事業の賃金総額に対する率とする。

附　則（昭和五二年三月二六日労働省告示二五号）

1　この告示は、昭和五十二年四月一日から適用する。

2　労働者災害補償保険法等の一部を改正する法律（昭和五十一年法律第三十二号）による改正前の失業保険法及び労働者災害補償保険法の一部を改正する法律及び労働保険の保険料の徴収等に関する法律の施行に伴う関係法律の整備等に関する法律第十八条又は第十八条の二の規定により行われることとなつた労働者災害補償保険法等の一部を改正する法律による改正前の労働者災害補償保険法（昭和二十二年法律第五十号）の規定による長期傷病補償給付又は長期傷病給付は、改正後の失業保険法及び労働者災害補償保険法の一部を改正する法律及び労働保険の保険料の徴収等に関する法律の施行に伴う関係法律の整備等に関する法律第十九条第二項の規定に基づき同項の厚生労働大臣の定める率を定める告示の適用については、労働者災害補償保険法等の一部を改正する法律による改正後の労働者災害補償保険法の規定による傷病補償年金又は傷病年金とみなす。

失業保険法及び労働者災害補償保険法の一部を改正する法律及び労働保険の保険料の徴収等に関する法律の施行に伴う関係政令の整備等に関する政令第十七条の規定に基づき厚生労働大臣が定める事業を定める告示

昭和五〇年　四月　一日労働省告示　三五号
改正　平成一二年一二月二五日労働省告示一二〇号

失業保険法及び労働者災害補償保険法の一部を改正する法律及び労働保険の保険料の徴収等に関する法律の施行に伴う関係政令の整備等に関する政令（昭和四十七年政令第四十七号）第十七条の規定に基づき、厚生労働大臣が定める事業を次のように定める。

昭和四十七年労働省告示第十九号（失業保険法及び労働者災害補償保険法の一部を改正する法律及び労働保険の保険料の徴収等に関する法律の施行に伴う関係政令の整備等に関する政令第十七条第二号への規定に基づき、労働大臣が定める危険又は有害な作業を定める告示）及び昭和四十七年労働省告示第二十号（失業保険法及び労働者災害補償保険法の一部を改正する法律及び労働保険の保険料の徴収等に関する法律の施行に伴う関係政令の整備等に関する政令第十七条第四号の規定に基づき、労働大臣が指定する水面を定める告示）は、昭和五十年三月三十一日限り廃止する。

一　立木の伐採、造林、木炭又は薪を生産する事業その他の林業の事業であつて、常時労働者を使用するもの又は一年以内の期間において使用労働者延人員三百人以上のもの

二　別表第一に掲げる危険又は有害な作業を主として行う事業であつて、常時労働者を使用するもの（前号及び次号に掲げる事業を除く。）

三　総トン数五トン以上の漁船による水産動植物の採捕の事業（河川、湖沼又は別表第二に掲げる水面において主として操業する事業を除く。）

別表第一

一　毒劇薬、毒劇物又はこれらに準ずる毒劇性料品の取扱い
二　危険又は有毒なガスの取扱い
三　重量物の取扱い等の重激な作業
四　病原体によつて汚染されるおそれが著しい作業
五　機械の使用によつて、身体に著しい振動を与える作業
六　危険又は有毒なガス、蒸気又は粉じんの発散を伴う作業
七　獣毛等のじんあい又は粉末を著しく飛散する場所における作業
八　強烈な騒音を発する場所における作業
九　著しく暑熱な場所における作業
十　著しく寒冷な場所における作業
十一　異常気圧下における作業

別表第二

項	水面名	水面の範囲
一	陸奥湾	青森県高野崎から同県焼山崎に至る直線及び陸岸によつて囲まれた水面
二	富山湾	富山県生地鼻から石川県大泊鼻に至る直線及び陸岸によつて囲まれた水面
三	若狭湾	京都府経ケ岬から同府毛島北端に至る直線、京都府毛島北端から福井県鋸崎に至る直線、福井県鋸崎から同県特牛崎に至る直線及び福井県特牛崎から同県越前岬に至る直線並びに陸岸によつて囲まれた水面
四	東京湾	千葉県洲崎から神奈川県剣崎に至る直線及び陸岸によつて囲まれた水面
五	伊勢湾	愛知県伊良湖岬から三重県相生山に至る直線及び陸岸によつて囲まれた水面
六	大阪湾	和歌山県田倉崎から兵庫県生石鼻に至る直線及び兵庫県松帆崎から同県唐崎鼻に至る直線並びに陸岸によつて囲まれた水面

七	有明海及び八代海	長崎県瀬詰崎から熊本県天神山に至る直線、熊本県台場ノ鼻から鹿児島県長島町大崎に至る直線及び鹿児島県神崎から同県鵜瀬鼻に至る直線並びに陸岸によつて囲まれた水面
八	大村湾	長崎県高後崎から同県寄船崎に至る直線及び陸岸によつて囲まれた水面
九	鹿児島湾	鹿児島県立目崎から同県開聞岬に至る直線及び陸岸によつて囲まれた水面

労働保険事務組合に対する報奨金の交付要件の算定の基準となる日の延長期日を定める件

平成二三年　八月　四日厚生労働省告示二七三号

労働保険事務組合に対する報奨金に関する政令（昭和四十八年政令第百九十五号）第一条第一項第一号ただし書に規定する当該確定保険料の額の合計額の百分の九十五以上の額又は同条第二項第一号ただし書に規定する当該一般拠出金の確定額の合計額の百分の九十五以上の額が平成二十三年七月十日において納付されていない場合における同条第一項第一号ただし書及び同条第二項第一号ただし書に規定する厚生労働大臣が定める日は、次の表の上欄に掲げる地域の区域内にその主たる事務所の所在地を有する労働保険事務組合又は当該区域内に所在地を有する事業場の事業主から労働保険事務若しくは一般拠出金事務の委託を受けている労働保険事務組合ごとに、それぞれ同表の下欄に掲げる日とする。

青森県、茨城県	平成二十三年七月二十九日
岩手県、宮城県、福島県	平成二十三年十二月二十八日（平成二十三年厚生労働省告示第六十六号（青森県、岩手県、宮城県、福島県、茨城県における社会保険料及び労働保険料等に関する納期限等を延長する件）に規定する別途厚生労働省告示で定める期日が同日前となる場合には、当該別途厚生労働省告示で定める期日）

労災保険法関係

労働者災害補償保険法

昭和二二年四月七日法律五〇号

改正

昭和二三年六月三〇日法律七一号
昭和二四年五月一九日法律八二号
昭和二四年五月三一日法律一六六号
昭和二五年五月一日法律一二五号
昭和二五年一二月二〇日法律二九〇号
昭和二六年三月二九日法律四六号
昭和二六年三月三一日法律七八号
昭和二七年七月三一日法律二八七号
昭和三〇年六月三〇日法律三九号
昭和三〇年八月五日法律一三一号
昭和三一年六月四日法律一二六号
昭和三二年五月二〇日法律一二六号
昭和三四年四月二〇日法律一四八号
昭和三五年三月三一日法律二九号
昭和三七年四月二日法律六七号
昭和三七年五月一六日法律一四〇号
昭和三七年九月八日法律一五二号
昭和三七年九月一五日法律一六一号
昭和三九年六月二三日法律一一二号
昭和三九年六月二九日法律一一八号
昭和三九年七月六日法律一五二号
昭和四〇年六月一日法律一〇五号
昭和四〇年六月一一日法律一三〇号
昭和四二年七月二九日法律九五号
昭和四四年一二月九日法律八三号
昭和四四年一二月九日法律八五号
昭和四四年一二月一〇日法律八六号
昭和四五年四月一日法律一三号
昭和四五年五月二三日法律八八号
昭和四六年三月三〇日法律一三号
昭和四八年九月二一日法律八五号
昭和四八年九月二六日法律九三号
昭和四九年一二月二八日法律一一五号
昭和五一年五月二七日法律三二号
昭和五三年五月二三日法律五四号
昭和五五年一二月五日法律一〇四号
昭和五七年七月一六日法律六六号
昭和五九年一二月二五日法律八七号
昭和六〇年五月一日法律三四号
昭和六〇年六月七日法律四八号
昭和六〇年一二月二七日法律一〇五号
昭和六〇年一二月二七日法律一〇六号
昭和六〇年一二月二七日法律一〇七号
昭和六〇年一二月二七日法律一〇八号
昭和六一年五月二三日法律五九号

昭和六一年一二月　四日法律　九三号
平成　二年　六月二二日法律　四〇号
平成　六年　六月二九日法律　五六号
平成　六年一一月　九日法律　九五号
平成　七年　三月二三日法律　三五号
平成　八年　五月二二日法律　四二号
平成　八年　六月一四日法律　八二号
平成　九年　五月　九日法律　四八号
平成一〇年　九月三〇日法律一一二号
平成一一年　七月一六日法律　八七号
平成一一年　七月一六日法律一〇二号
平成一一年一二月二二日法律一六〇号
平成一二年一一月二二日法律一二四号
平成一三年　七月　四日法律一〇一号
平成一三年一二月一二日法律一五三号
平成一四年一二月一三日法律一七一号
平成一七年　五月二五日法律　五〇号
平成一七年一一月　二日法律一〇八号
平成一七年一一月　七日法律一二三号
平成一九年　四月二三日法律　三〇号
平成一九年　七月　六日法律一〇九号
平成二二年　三月三一日法律　一五号
平成二二年一二月一〇日法律　七一号
平成二四年　四月　六日法律　二七号
平成二四年　六月二七日法律　五一号
平成二四年　八月二二日法律　六三号
平成二六年　四月二三日法律　二八号
平成二六年　五月三〇日法律　四二号
平成二六年　六月一三日法律　六九号
平成二七年　五月　七日法律　一七号
平成二九年　六月　二日法律　四五号
平成三〇年　五月二五日法律　三一号

目次

第一章　総則（第一条―第五条）
第二章　保険関係の成立及び消滅（第六条）
第三章　保険給付
　第一節　通則（第七条―第十二条の七）
　第二節　業務災害に関する保険給付（第十二条の八―第二十条）
　第三節　通勤災害に関する保険給付（第二十一条―第二十五条）
　第四節　二次健康診断等給付（第二十六条―第二十八条）
第三章の二　社会復帰促進等事業（第二十九条）
第四章　費用の負担（第三十条―第三十二条）
第四章の二　特別加入（第三十三条―第三十七条）
第五章　不服申立て及び訴訟（第三十八条―第四十一条）

第六章　雑則（第四十二条―第五十条）
第七章　罰則（第五十一条―第五十四条）
附則

改正　目次…全部改正（平成一二年法律一二四号）、一部改正（平成一九年法律三〇号）

第一章　総則

〈目的〉

第一条　労働者災害補償保険は、業務上の事由又は通勤による労働者の負傷、疾病、障害、死亡等に対して迅速かつ公正な保護をするため、必要な保険給付を行い、あわせて、業務上の事由又は通勤により負傷し、又は疾病にかかつた労働者の社会復帰の促進、当該労働者及びその遺族の援護、労働者の安全及び衛生の確保等を図り、もつて労働者の福祉の増進に寄与することを目的とする。

改正　本条…一部改正（昭和四八年法律八五号、昭和五一年法律三二号、昭和五七年法律六六号、平成一二年法律一二四号、平成一九年法律三〇号）

註　〔保険給付―七～二八〕、〔災害補償―労基七五～八八、労基則三五～四八の二〕、〔労働者の福祉の増進―二九、独立行政法人労働者健康福祉機構法三〕、〔労働者―労基九〕

〈保険者〉

第二条　労働者災害補償保険は、政府が、これを管掌する。

註　〔事務の所轄―則一・二〕

〈労働者災害補償保険〉

第二条の二　労働者災害補償保険は、第一条の目的を達成するため、業務上の事由又は通勤による労働者の負傷、疾病、障害、死亡等に関して保険給付を行うほか、社会復帰促進等事業を行うことができる。

改正　本条…追加（昭和五一年法律三二号）、一部改正（昭和五七年法律六六号、平成一二年法律一二四号、平成一九年法律三〇号）

註　〔保険給付―七～二八〕、〔社会復帰促進等事業―二九〕

〈適用事業の範囲〉

第三条　この法律においては、労働者を使用する事業を適用事業とする。

②　前項の規定にかかわらず、国の直営事業及び官公署の事業（労働基準法（昭和二十二年法律第四十九号）別表第一に掲げる事業を除く。）については、この法律は、適用しない。

改正　三項…一部改正（昭和二三年法律七一号）、一・三項…一部改正（昭和二四年法律八二号）、一項…一部改正（昭和二五年法律一九〇号、昭和三〇年法律一三一号）、二・三項…一部改正（昭和三五年法律二九号）、一～三項…一部改正（昭和四〇年法律一三〇号）、一項…全部改正（昭和四四年法律八三号）、二項…削除、旧三項…一部改正の上、二項に繰上（昭和四四年法律八五号）、二項…一部改正（平成一〇年法律一一二号、平成一九年法律三〇号）

註〔暫定任意適用事業―昭和四四年法律八三号附則一二、整備令一七〕、〔船員―船員一・二、船保一一～一五〕

第四条　削除

改正　本条…削除（平成一一年法律一〇二号）

〈命令の制定〉

第五条　この法律に基づく政令及び厚生労働省令並びに労働保険の保険料の徴収等に関する法律（昭和四十四年法律第八十四号。以下「徴収法」という。）に基づく政令及び厚生労働省令（労働者災害補償保険事業に係るものに限る。）は、その草案について、労働政策審議会の意見を聞いて、これを制定する。

改正　本条…一部改正（昭和二四年法律一六六号、昭和四〇年法律一三〇号、昭和四四年法律八五号、平成一一年法律一六〇号）

註〔労働政策審議会―労審令〕

第二章　保険関係の成立及び消滅

〈保険関係の成立及び消滅〉

第六条　保険関係の成立及び消滅については、徴収法の定めるところによる。

改正　本条…全部改正（昭和四四年法律八五号）

註〔保険関係の成立―徴収法三、整備法五～七・八の二〕、〔保険関係成立届―徴収法四の二、徴収則四・五〕、〔保険関係の消滅―徴収法五、整備法八・八の二〕、〔保険関係の一括―徴収法七～九〕

第三章　保険給付

改正　章名…全部改正（昭和四八年法律八五号）

第一節　通則

改正　本節…追加（昭和四八年法律八五号）

〈保険給付〉

第七条　この法律による保険給付は、次に掲げる保険給付とする。

一　労働者の業務上の負傷、疾病、障害又は死亡（以下「業務災害」という。）に関する保険給付

二　労働者の通勤による負傷、疾病、障害又は死亡（以下「通勤災害」という。）に関する保険給付

三　二次健康診断等給付

②　前項第二号の通勤とは、労働者が、就業に関し、次に掲げる移動を、合理的な経路及び方法により行うことをいい、業務の性質を有するものを除くものとする。

一　住居と就業の場所との間の往復

二　厚生労働省令で定める就業の場所から他の就業の場所への移動

三　第一号に掲げる往復に先行し、又は後続する住居間の移動（厚生労働省令で定める要件に該当するものに限る。）

③　労働者が、前項各号に掲げる移動の経路を逸脱し、又は同項各号に掲げる移動を中断した場合においては、当該逸脱又は中断の間及びその後の同項各号に掲げる移動は、第一項第二号の通勤としない。ただし、当該逸脱又は中断が、日常生活上必要な行為であつて厚生労働省令で定めるものをやむを得ない事由により行うための最小限度のものである場合は、当該逸脱又は中断の間を除き、この限りでない。

改正　本条…追加（昭和四八年法律八五号）、三項…一部改正（昭和六一年法律五九号、平成一一年法律一六〇号）、一項…一部改正（平成一二年法律一二四号）、二・三項…一部改正（平成一七年法律一〇八号）

註　〔業務上の疾病―労基則三五・別表一の二〕、〔業務災害に関する保険給付―一二の八～二〇〕、〔通勤による疾病―則一八の四〕、〔通勤災害に関する保険給付―二一～二五〕、〔厚生労働省令で定める就業の場所―則六〕、〔厚生労働省令で定める要件―則七〕、〔日常生活上必要な行為―則八〕

〈給付基礎日額〉

第八条　給付基礎日額は、労働基準法第十二条の平均賃金に相当する額とする。この場合において、同条第一項の平均賃金を算定すべき事由の発生した日は、前条第一項第一号及び第二号に規定する負傷若しくは死亡の原因である事故が発生した日又は診断によつて同項第一号及び第二号に規定する疾病の発生が確定した日（以下「算定事由発生日」という。）とする。

②　労働基準法第十二条の平均賃金に相当する額を給付基礎日額とすることが適当でないと認められるときは、前項の規定にかかわらず、厚生労働省令で定めるところによつて政府が算定する額を給付基礎日額とする。

改正　本条…追加（昭和四〇年法律一三〇号）、一項…一部改正、本条…旧一二条の二から繰上（昭和四八年法律八五号）、二項…一部改正（昭和五一年法律三二号、平成一一年法律一六〇号）、一項…一部改正、三項…削除（平成一二年法律四〇号）、一項…一部改正（平成一七年法律一〇八号）

註　〔平均賃金―労基一二、労基則三・四〕、〔給付基礎日額の特例―則九、平成三〇年厚生労働省告示二八七号〕

〈休業補償給付等の給付基礎日額〉

第八条の二　休業補償給付又は休業給付（以下この条において「休業補償給付等」という。）の額の算定の基礎として用いる給付基礎日額（以下この条において「休業給付基礎日額」という。）については、次に定めるところによる。

一　次号に規定する休業補償給付等以外の休業補償給付等については、前条の規定により給付基礎日額として算定した額を休業給付基礎日額とする。

二　一月から三月まで、四月から六月まで、七月から九月まで及び十月から十二月までの各区分による期間（以下この条において「四半期」という。）ごとの平均給与額（厚生労働省において作成する毎月勤労統計における毎月きまつて支給する給与の額を基礎として厚生労働省令で定めるところにより算定した労働者一人当たりの給与の一箇月平均額をいう。以下この号において同じ。）が、算定事由発生日の属する四半期（この号の規定により算定した額（以下この号において「改定日額」という。）を休業給付基礎日額とすることとされている場合にあつては、当該改定日額を休業補償給付等の額の算定の基礎として用いるべき最初の四半期の前々四半期）の平均給付額の百分の百十を超え、又は百分の九十を下るに至つた場合において、その上昇し、又は低下するに至つた四半期の翌々四半期に属する最初の日以後に支給すべき事由が生じた休業補償給付等については、その上昇し、又は低下した比率を基準として厚生労働大臣が定める率を前条の規定により給付基礎日額として算定した額（改定日額を休業給付基礎日額とすることとされている場合にあつては、当該改定日額）に乗じて得た額を休業給付基礎日額とする。

②　休業補償給付等を支給すべき事由が生じた日が当該休業補償給付等に係る療養を開始した日から起算して一年六箇月を経過した日以後の日である場合において、次の各号に掲げる場合に該当するときは、前項の規定にかかわらず、当該各号に定める額を休業給付基礎日額とする。

一　前項の規定により休業給付基礎日額として算定した額が、厚生労働省令で定める年齢階層（以下この条において単に「年齢階層」という。）ごとに休業給付基礎日額の最低限度額として厚生労働大臣が定める額のうち、当該休業補償給付等を受けるべき労働者の当該休業補償給付等を支給すべき事由が生じた日の属する四半期の初日（次号において「基準日」という。）における年齢の属する年齢階層に係る額に満たない場合　当該年齢階層に係る額

二　前項の規定により休業給付基礎日額として算定した額が、年齢階層ごとに休業給付基礎日額の最高限度額として厚生労働大臣が定める額のうち、当該休業補償給付等を受

けるべき労働者の基準日における年齢の属する年齢階層に係る額を超える場合　当該年齢階層に係る額

③　前項第一号の厚生労働大臣が定める額は、毎年、年齢階層ごとに、厚生労働省令で定めるところにより、当該年齢階層に属するすべての労働者を、その受けている一月当たりの賃金の額（以下この項において「賃金月額」という。）の高低に従い、二十の階層に区分し、その区分された階層のうち最も低い賃金月額に係る階層に属する労働者の受けている賃金月額のうち最も高いものを基礎とし、労働者の年齢階層別の就業状態その他の事情を考慮して定めるものとする。

④　前項の規定は、第二項第二号の厚生労働大臣が定める額について準用する。この場合において、前項中「最も低い賃金月額に係る」とあるのは、「最も高い賃金月額に係る階層の直近下位の」と読み替えるものとする。

改正　本条…追加（平成二年法律四〇号）、一～四項…一部改正（平成一一年法律一六〇号）

註　〔平均給与額の算定―則九の二〕、〔厚生労働大臣が定める率―平成二年労働省告示七五号〕、〔年齢階層―則九の三〕、〔厚生労働大臣が定める額―則九の四、平成三〇年厚生労働省告示二八六号〕

＜年金給付基礎日額＞

第八条の三　年金たる保険給付の額の算定の基礎として用いる給付基礎日額（以下この条において「年金給付基礎日額」という。）については、次に定めるところによる。

一　算定事由発生日の属する年度（四月一日から翌年三月三十一日までをいう。以下同じ。）の翌々年度の七月以前の分として支給する年金たる保険給付については、第八条の規定により給付基礎日額として算定した額を年金給付基礎日額とする。

二　算定事由発生日の属する年度の翌々年度の八月以後の分として支給する年金たる保険給付については、第八条の規定により給付基礎日額として算定した額に当該年金たる保険給付を支給すべき月の属する年度の前年度（当該月が四月から七月までの月に該当する場合にあつては、前々年度）の平均給与額（厚生労働省において作成する毎月勤労統計における毎月きまつて支給する給与の額を基礎として厚生労働省令で定めるところにより算定した労働者一人当たりの給与の平均額をいう。以下この号及び第十六条の六第二項において同じ。）を算定事由発生日の属する年度の平均給与額で除して得た率を基準として厚生労働大臣が定める率を乗じて得た額を年金給付基礎日額とする。

②　前条第二項から第四項までの規定は、年金給付基礎日額について準用する。この場合において、同条第二項中「前項」とあるのは「次条第一項」と、同項第一号中「休業補償給付等」とあるのは「年金たる保険給付」と、「支給すべき事由が生じた日」とあるのは「支給すべき月」と、「四半期の初日（次

号」とあるのは「年度の八月一日（当該月が四月から七月までの月に該当する場合にあつては、当該年度の前年度の八月一日。以下この項」と、「年齢の」とあるのは「年齢（遺族補償年金又は遺族年金を支給すべき場合にあつては、当該支給をすべき事由に係る労働者の死亡がなかつたものとして計算した場合に得られる当該労働者の基準日における年齢。次号において同じ。）の」と、同項第二号中「休業補償給付等」とあるのは「年金たる保険給付」と読み替えるものとする。

改正　本条…追加（昭和六一年法律五九号）、一項…一部改正、二項…全部改正、三・四項…削除、本条…旧八条の二から繰下（平成二年法律四〇号）、一項…一部改正（平成一一年法律一六〇号）

註（平均給与額の算定―則九の五）、（厚生労働大臣が定める率―平成三〇年厚生労働省告示二八八号）

〈一時金の給付基礎日額〉

第八条の四　前条第一項の規定は、障害補償一時金若しくは遺族補償一時金又は障害一時金若しくは遺族一時金の額の算定の基礎として用いる給付基礎日額について準用する。この場合において、同項中「の分として支給する」とあるのは「に支給すべき事由が生じた」と、「支給すべき月」とあるのは「支給すべき事由が生じた月」と読み替えるものとする。

改正　本条…追加（平成二年法律四〇号）

〈給付基礎日額の端数処理〉

第八条の五　給付基礎日額に一円未満の端数があるときは、これを一円に切り上げるものとする。

改正　本条…追加（平成二年法律四〇号）

〈保険給付の始期、終期及び支払期月等〉

第九条　年金たる保険給付の支給は、支給すべき事由が生じた月の翌月から始め、支給を受ける権利が消滅した月で終わるものとする。

②　年金たる保険給付は、その支給を停止すべき事由が生じたときは、その事由が生じた月の翌月からその事由が消滅した月までの間は、支給しない。

③　年金たる保険給付は、毎年二月、四月、六月、八月、十月及び十二月の六期に、それぞれその前月分までを支払う。ただし、支給を受ける権利が消滅した場合におけるその期の年金たる保険給付は、支払期月でない月であつても、支払うものとする。

改正　本条…全部改正（昭和四〇年法律一三〇号）、旧一二条の三から繰上（昭和四八年法律八五号）、三項…一部改正（平成七年法律三五号）

註（年金たる保険給付の内払―一二）、（年金たる保険給付―一五・一六・一八・二二の三・二二の四・二三）、（支給を停止すべき事由―一六の五・二二の四・附則五九3・六〇3・六二3・六三3、昭和四〇年法律一三〇号附則四三3、昭和四八年法律八五号附則五2）、

〔支給を受ける権利の消滅―一五の二・一六の四・二二の三・二二の四〕

△死亡の推定▽

第十条 船舶が沈没し、転覆し、滅失し、若しくは行方不明となつた際現にその船舶に乗つていた労働者若しくは船舶に乗つていてその船舶の航行中に行方不明となつた労働者の生死が三箇月間わからない場合又はこれらの労働者の死亡が三箇月以内に明らかとなり、かつ、その死亡の時期がわからない場合には、遺族補償給付、葬祭料、遺族給付及び葬祭給付の支給に関する規定の適用については、その船舶が沈没し、転覆し、滅失し、若しくは行方不明となつた日又は労働者が行方不明となつた日に、当該労働者は、死亡したものと推定する。航空機が墜落し、滅失し、若しくは行方不明となつた際現にその航空機に乗つていた労働者若しくは航空機に乗つていてその航空機の航行中行方不明となつた労働者の生死が三箇月間わからない場合又はこれらの労働者の死亡が三箇月以内に明らかとなり、かつ、その死亡の時期がわからない場合にも、同様とする。

改正 本条…全部改正（昭和四〇年法律一三〇号）、一部改正の上、旧一二条の四から繰上（昭和四八年法律八五号）

註 〔失踪宣告―民三〇～三二〕、〔期間の計算―四三〕、〔船員について―船保一一〕

△未支給の保険給付の請求等▽

第十一条 この法律に基づく保険給付を受ける権利を有する者が死亡した場合において、その死亡した者に支給すべき保険給付でまだその者に支給しなかつたものがあるときは、その者の配偶者（婚姻の届出をしていないが、事実上婚姻関係と同様の事情にあつた者を含む。以下同じ。）、子、父母、孫、祖父母又は兄弟姉妹であつて、その者の死亡の当時その者と生計を同じくしていたもの（遺族補償年金については当該遺族補償年金を受けることができる他の遺族、遺族年金については当該遺族年金を受けることができる他の遺族）は、自己の名で、その未支給の保険給付の支給を請求することができる。

② 前項の場合において、死亡した者が死亡前にその保険給付を請求していなかつたときは、同項に規定する者は、自己の名で、その保険給付を請求することができる。

③ 未支給の保険給付を受けるべき者の順位は、第一項に規定する順序（遺族補償年金については第十六条の二第三項に、遺族年金については第二十二条の四第三項において準用する第十六条の二第三項に規定する順序）による。

④ 未支給の保険給付を受けるべき同順位者が二人以上あるときは、その一人がした請求は、全員のためその全額につきしたものとみなし、その一人に対してした支給は、全員に対してしたものとみなす。

改正 本条…全部改正（昭和四〇年法律一三〇号）、一・三項…一部改正、本条…旧一二条の五から繰上（昭和四八年法律八五号）

註（保険給付の種類―七1）、〔未支給の保険給付―則一〇〕、〔親族―民七二五〕、〔相続人―民八八六・八八七・八八九・八九〇〕、〔遺族補償年金の受給資格等―一六の二、昭和四〇年法律一三〇号附則四三〕、〔遺族年金の受給資格等―二二の四、昭和四八年法律八五号附則五〕

〈年金たる保険給付の内払とみなす場合等〉

第十二条 年金たる保険給付の支給を停止すべき事由が生じたにもかかわらず、その停止すべき期間の分として年金たる保険給付が支払われたときは、その支払われた年金たる保険給付は、その後に支払うべき年金たる保険給付の内払とみなすことができる。年金たる保険給付を減額して改定すべき事由が生じたにもかかわらず、その事由が生じた月の翌月以後の分として減額しない額の年金たる保険給付が支払われた場合における当該年金たる保険給付の当該減額すべきであつた部分についても、同様とする。

② 同一の業務上の事由又は通勤による負傷又は疾病（以下この条において「同一の傷病」という。）に関し、年金たる保険給付（遺族補償年金及び遺族年金を除く。以下この項において「乙年金」という。）を受ける権利を有する労働者が他の年金たる保険給付（遺族補償年金及び遺族年金を除く。以下この項において「甲年金」という。）を受ける権利を有することとなり、かつ、乙年金を受ける権利が消滅した場合において、その消滅した月の翌月以後の分として乙年金が支払われたときは、その支払われた乙年金は、甲年金の内払とみなす。同一の傷病に関し、年金たる保険給付（遺族補償年金及び遺族年金を除く。）を受ける権利を有する労働者が休業補償給付若しくは休業給付又は障害補償一時金若しくは障害一時金を受ける権利を有することとなり、かつ、当該年金たる保険給付を受ける権利が消滅した場合において、その消滅した月の翌月以後の分として当該年金たる保険給付が支払われたときも、同様とする。

③ 同一の傷病に関し、休業補償給付又は休業給付を受けている労働者が障害補償給付若しくは傷病補償年金又は障害給付若しくは傷病年金を受ける権利を有することとなり、かつ、休業補償給付又は休業給付を行わないこととなつた場合において、その後も休業補償給付又は休業給付が支払われたときは、その支払われた休業補償給付又は休業給付は、当該障害補償給付若しくは傷病補償年金又は障害給付若しくは傷病年金の内払とみなす。

改正 本条…追加（昭和四〇年法律一三〇号）、二項…追加（昭和四五年法律八八号）、二項…一部改正、一・二項…一部改正、本条…旧一二条の六から繰上（昭和四

八年法律八五号）、二項…全部改正、三項…追加（昭和五一年法律三二号）

註　〔年金たる保険給付―一五・一六・一八・二二の三・二二の四・二三〕、〔支給停止―一六の五・二二の四・附則五九3・六〇3・六二3・六三3、昭和四〇年法律一三〇号附則四三3、昭和四八年法律八五号附則五2〕、〔期間の計算―四三〕、〔年金たる保険給付の始期、終期―九〕

〈過誤払による返還金債権への充当〉

第十二条の二　年金たる保険給付を受ける権利を有する者が死亡したためその支給を受ける権利が消滅したにもかかわらず、その死亡の日の属する月の翌月以後の分として当該年金たる保険給付の過誤払が行われた場合において、当該過誤払による返還金に係る債権（以下この条において「返還金債権」という。）に係る債務の弁済をすべき者に支払うべき保険給付があるときは、厚生労働省令で定めるところにより、当該保険給付の支払金の金額を当該過誤払による返還金債権の金額に充当することができる。

改正　本条…追加（昭和五五年法律一〇四号）、一部改正（平成一一年法律一六〇号）

註　〔年金たる保険給付―一五・一六・一八・二二の三・二二の四・二三〕、〔厚生労働省令―則一〇の二〕

〈支給制限〉

第十二条の二の二　労働者が、故意に負傷、疾病、障害若しくは死亡又はその直接の原因となつた事故を生じさせたときは、政府は、保険給付を行わない。

②　労働者が故意の犯罪行為若しくは重大な過失により、又は正当な理由がなくて療養に関する指示に従わないことにより、負傷、疾病、障害若しくは死亡若しくはこれらの原因となつた事故を生じさせ、又は負傷、疾病若しくは障害の程度を増進させ、若しくはその回復を妨げたときは、政府は、保険給付の全部又は一部を行わないことができる。

改正　本条…追加（昭和四八年法律八五号）、一・二項…一部改正、本条…旧第一二条の二から繰下（昭和五五年法律一〇四号）

註　〔保険給付の種類―七1・一二の八・二一〕、〔労基法による災害補償の場合―労基七八〕、〔故意過失―刑三八〕

〈不正受給者からの費用徴収〉

第十二条の三　偽りその他不正の手段により保険給付を受けた者があるときは、政府は、その保険給付に要した費用に相当する金額の全部又は一部をその者から徴収することができる。

②　前項の場合において、事業主（徴収法第八条第一項又は第二項の規定により元請負人が事業主とされる場合にあつては、当該元請負人。以下同じ。）が虚偽の報告又は証明をした

ためその保険給付が行なわれたものであるときは、政府は、その事業主に対し、保険給付を受けた者と連帯して前項の徴収金を納付すべきことを命ずることができる。

③　徴収法第二十七条、第二十九条、第三十条及び第四十一条の規定は、前二項の規定による徴収金について準用する。

改正　本条…追加（昭和四八年法律八五号）、三項…一部改正（平成二二年法律一五号）

註〔保険給付の種類―七1・一二の八・二一〕、〔事業主の報告、証明―四六、則二三2〕、〔徴収金の納付―則四五〕、〔徴収金に関する公示送達―則四六〕

＜第三者の行為による事故＞

第十二条の四　政府は、保険給付の原因である事故が第三者の行為によつて生じた場合において、保険給付をしたときは、その給付の価額の限度で、保険給付を受けた者が第三者に対して有する損害賠償の請求権を取得する。

②　前項の場合において、保険給付を受けるべき者が当該第三者から同一の事由について損害賠償を受けたときは、政府は、その価額の限度で保険給付をしないことができる。

改正　本条…追加（昭和四八年法律八五号）

註〔保険給付―七・一二の八～一八の二・一九の二・二一～二四〕、〔第三者の行為による災害についての届出―則二二〕、〔賠償責任―民七〇九以下〕、〔損害賠償者の代位―民四二三〕

＜受給権の保護＞

第十二条の五　保険給付を受ける権利は、労働者の退職によつて変更されることはない。

②　保険給付を受ける権利は、譲り渡し、担保に供し、又は差し押さえることができない。ただし、年金たる保険給付を受ける権利を独立行政法人福祉医療機構法（平成十四年法律第百六十六号）の定めるところにより独立行政法人福祉医療機構に担保に供する場合は、この限りでない。

改正　本条…追加（昭和四八年法律八五号）、二項…一部改正（昭和五五年法律一〇四号、平成一四年法律一七一号）

註〔保険給付―七・一二の八～一八の二・一九の二・二一～二四〕、〔退職―民五四〇・五四一・六二七・六二八〕、〔差押禁止債権の相殺―民五一〇〕、〔債権の譲渡―民四六六〕、〔労基法の場合―労基八三〕、〔差押の禁止―民執一五二〕、〔独立行政法人福祉医療機構法の定め―独立行政法人福祉医療機構法一二1⑬〕

＜租税その他公課の免除＞

第十二条の六　租税その他の公課は、保険給付として支給を受けた金品を標準として課することはできない。

改正　本条…追加（昭和四八年法律八五号）

註〔保険給付―七・一二の八～一八の二・一九の二・二一～二四〕、〔非課税所得―所税九〕

〈受給権者の届出等〉

第十二条の七　保険給付を受ける権利を有する者は、厚生労働省令で定めるところにより、政府に対して、保険給付に関し必要な厚生労働省令で定める事項を届け出、又は保険給付に関し必要な厚生労働省令で定める書類その他の物件を提出しなければならない。

改正　本条…追加（昭和四八年法律八五号）、一部改正（平成一一年法律一六〇号）

註〔厚生労働省令＝則一九の二・二一〜二一〕

第二節　業務災害に関する保険給付

改正　本節…追加（昭和四八年法律八五号）

〈**業務災害の保険給付の種類**〉

第十二条の八　第七条第一項第一号の業務災害に関する保険給付は、次に掲げる保険給付とする。

一　療養補償給付
二　休業補償給付
三　障害補償給付
四　遺族補償給付
五　葬祭料
六　傷病補償年金
七　介護補償給付

②　前項の保険給付（傷病補償年金及び介護補償給付を除く。）は、労働基準法第七十五条から第七十七条まで、第七十九条及び第八十条に規定する災害補償の事由又は船員法（昭和二十二年法律第百号）第八十九条第一項、第九十一条第一項、第九十二条本文、第九十三条及び第九十四条に規定する災害補償の事由（同法第九十一条第一項にあつては、労働基準法第七十六条第一項に規定する災害補償の事由に相当する部分に限る。）が生じた場合に、補償を受けるべき労働者若しくは遺族又は葬祭を行う者に対し、その請求に基づいて行う。

③　傷病補償年金は、業務上負傷し、又は疾病にかかつた労働者が、当該負傷又は疾病に係る療養の開始後一年六箇月を経過した日において次の各号のいずれにも該当するとき、又は同日後次の各号のいずれにも該当することとなつたときに、その状態が継続している間、当該労働者に対して支給する。

一　当該負傷又は疾病が治つていないこと。
二　当該負傷又は疾病による障害の程度が厚生労働省令で定める傷病等級に該当すること。

④　介護補償給付は、障害補償年金又は傷病補償年金を受ける権利を有する労働者が、その受ける権利を有する障害補償年金又は傷病補償年金の支給事由となる障害であつて厚生労働省令で定める程度のものにより、常時又は随時介護を要する状態にあり、かつ、常時又は随時介護を受けているときに、当該介護を受けている間（次に掲げる間を除く。）、当該労働者に対し、その請求に基づいて行う。

一　障害者の日常生活及び社会生活を総合的に支援するための法律（平成十七年法律第百二十三号）第五条第十一項に規定する障害者支援施設（以下「障害者支援施設」という。）に入所している間（同条第七項に規定する生活介護（以下「生活介護」という。）を受けている場合に限る。）

二　障害者支援施設（生活介護を行うものに限る。）に準ずる施設として厚生労働大臣が定めるものに入所している間

三　病院又は診療所に入院している間

改正　本条…追加（昭和四八年法律八五号）、一・二項…一部改正、三項…全部改正（昭和五一年法律三二号）、三項…一部改正（昭和五七年法律六六号）、一・二項…一部改正、四項…追加（平成七年法律三五号）、三・四項…一部改正（平成一一年法律一六〇号）、四項…一部改正（平成一七年法律一二三号）、二項…一部改正（平成一九年法律三〇号）、四項…一部改正（平成二二年法律七一号、平成二四年法律五一号）

註〔療養補償給付―一三、則一一・一一の二・一二～一二の三〕、〔休業補償給付―一四・一四の二、則一二の四・一三〕、〔障害補償給付―一五・一五の二、則一四の二・一四の三〕、〔障害等級―則一四・別表一〕、〔遺族補償給付―一六～一六の九、則一四の四～一六〕、〔葬祭料―一七、則一七・一七の二〕、〔傷病補償年金―一八・一八の二、則一八の二・一八の三〕、〔傷病等級―則一八・別表二〕、〔介護補償給付―一九の二、則一八の三の二～一八の三の五〕、〔処分の通知―則一九〕

〈療養補償給付〉

第十三条　療養補償給付は、療養の給付とする。

②　前項の療養の給付の範囲は、次の各号（政府が必要と認めるものに限る。）による。

一　診察

二　薬剤又は治療材料の支給

三　処置、手術その他の治療

四　居宅における療養上の管理及びその療養に伴う世話その他の看護

五　病院又は診療所への入院及びその療養に伴う世話その他の看護

六　移送

③　政府は、第一項の療養の給付をすることが困難な場合その他厚生労働省令で定める場合には、療養の給付に代えて療養の費用を支給することができる。

改正　本条…一部改正（昭和三五年法律二九号）、一・三項…追加、旧一項…一部改正の上、二項に繰下（昭和四〇年法律一三〇号）、二項…一部改正（平成六年法律五六号）、三項…一部改正（平成一一年法律一六〇号）

註〔療養の給付の方法―則一一〕、〔療養の費用を支給する場合―則一一の二〕、〔療養の給付の請求―則一

二〕、〔療養の費用の請求─則一二の二〕、〔労基法の場合─労基七五、労基則三六・三九〕

＜休業補償給付＞

第十四条　休業補償給付は、労働者が業務上の負傷又は疾病による療養のため労働することができないために賃金を受けない日の第四日目から支給するものとし、その額は、一日につき給付基礎日額の百分の六十に相当する額とする。ただし、労働者が業務上の負傷又は疾病による療養のため所定労働時間のうちその一部分についてのみ労働する日に係る休業補償給付の額は、給付基礎日額（第八条の二第二項第二号に定める額（以下この項において「最高限度額」という。）を給付基礎日額とすることとされている場合にあつては、同号の規定の適用がないものとした場合における給付基礎日額）から当該労働に対して支払われる賃金の額を控除して得た額（当該控除して得た額が最高限度額を超える場合にあつては、最高限度額に相当する額）の百分の六十に相当する額とする。

②　休業補償給付を受ける労働者が同一の事由について厚生年金保険法（昭和二十九年法律第百十五号）の規定による障害厚生年金又は国民年金法（昭和三十四年法律第百四十一号）の規定による障害基礎年金を受けることができるときは、当該労働者に支給する休業補償給付の額は、前項の規定にかかわらず、同項の額に別表第一第一号から第三号までに規定する場合に応じ、それぞれ同表第一号から第三号までの政令で定める率のうち傷病補償年金について定める率を乗じて得た額（その額が政令で定める額を下回る場合には、当該政令で定める額）とする。

改正　本条…削除（昭和二三年法律七一号）、追加（昭和四〇年法律一三〇号）、二項…全部改正、三項…追加（昭和五一年法律三二号）、三項…一部改正（昭和六〇年法律三四号）、一項…一部改正、三項…追加、旧三項…一部改正の上、四項に繰下（昭和六一年法律五九号）、一項…一部改正、二・三項…削除、旧四項…一部改正の上、二項に繰上（平成二年法律四〇号）

註　〔労働者─労基九〕、〔業務上の疾病─労基則三五・別表一の二〕、〔給付基礎日額─八〕、〔給付基礎日額の特例─則九〕、〔休業補償給付の請求─則一三〕、〔保険給付に関する処分の通知─則一九〕、〔給付基礎日額の算定─八の二、則九の二～九の四〕、〔政令で定める率─令二・四・六・附則6・9〕、〔政令で定める額─令二〕

＜休業補償給付を行わない場合＞

第十四条の二　労働者が次の各号のいずれかに該当する場合（厚生労働省令で定める場合に限る。）には、休業補償給付は、行わない。

一　刑事施設、労役場その他これらに準ずる施設に拘禁されている場合

二　少年院その他これに準ずる施設に収容されている場合

改正 本条…追加（昭和六一年法律五九号）、一部改正（平成一一年法律一六〇号、平成一七年法律五〇号）

註〔厚生労働省令で定める場合―則二一の四〕

〈障害補償給付〉

第十五条 障害補償給付は、厚生労働省令で定める障害等級に応じ、障害補償年金又は障害補償一時金とする。

② 障害補償年金又は障害補償一時金の額は、それぞれ、別表第一又は別表第二に規定する額とする。

改正 本条…全部改正（昭和四八年法律八五号）、一項…一部改正（平成一一年法律一六〇号）

註〔障害補償年金差額一時金―附則五八〕、〔障害補償年金前払一時金―附則五九〕、〔障害等級―則一四・別表一〕、〔障害補償給付の請求―則一四の二〕、〔保険給付に関する処分の通知―則一九〕、〔年金証書―則二〇〕、〔年金等の受給権者の定期報告及び届出―則二〇の三〕、〔年金給付基礎日額―八の三〕、〔労基法の場合―労基七七、労基則四〇・四七・別表二〕、〔障害補償一時金の額の算定の基礎として用いる給付基礎日額―八の四〕、〔年金の支払期月等―九〕、〔労基法の場合―労基七七、労基則四〇・四七・別表二〕

〈障害補償年金の改定〉

第十五条の二 障害補償年金を受ける労働者の当該障害の程度に変更があつたため、新たに別表第一又は別表第二中の他の障害等級に該当するに至つた場合には、政府は、厚生労働省令で定めるところにより、新たに該当するに至つた障害等級に応ずる障害補償年金又は障害補償一時金を支給するものとし、その後は、従前の障害補償年金は、支給しない。

改正 本条…全部改正（昭和四〇年法律一三〇号）、一部改正（平成一一年法律一六〇号）

註〔障害補償給付の変更―則一四の三〕

〈遺族補償給付〉

第十六条 遺族補償給付は、遺族補償年金又は遺族補償一時金とする。

改正 本条…全部改正（昭和四〇年法律一三〇号）

註〔年金の受給者の範囲―一六の二〕、〔年金額―一六の三〕、〔年金の受給権の消滅―一六の四〕、〔年金の支給停止等―一六の五〕、〔一時金の支給―一六の六〕、〔一時金の受給者の範囲―一六の七〕、〔一時金の額―一六の八〕、〔遺族補償年金の請求等―則一五の二〜一五の五〕、〔遺族補償一時金の請求―則一六〕、〔労基法の場合―労基七九、労基則四二〜四五・四七2〕

〈遺族補償年金の受給者の範囲〉

第十六条の二 遺族補償年金を受けることができる遺族は、労働者の配偶者、子、父母、孫、祖父母及び兄弟姉妹であつて、労働者の死亡の当時その収入によつて生計を維持していたものとする。ただし、妻（婚姻の届出をしていないが、事実上婚姻関係と同様の事情にあつた者を含む。以下同じ。）以外の者にあつては、労働者の死亡の当時次の各号に掲げる要件に該当した場合に限るものとする。

一　夫（婚姻の届出をしていないが、事実上婚姻関係と同様の事情にあつた者を含む。以下同じ。）、父母又は祖父母については、六十歳以上であること。

二　子又は孫については、十八歳に達する日以後の最初の三月三十一日までの間にあること。

三　兄弟姉妹については、十八歳に達する日以後の最初の三月三十一日までの間にあること又は六十歳以上であること。

四　前三号の要件に該当しない夫、子、父母、孫、祖父母又は兄弟姉妹については、厚生労働省令で定める障害の状態にあること。

② 労働者の死亡の当時胎児であつた子が出生したときは、前項の規定の適用については、将来に向かつて、その子は、労働者の死亡の当時その収入によつて生計を維持していた子とみなす。

③ 遺族補償年金を受けるべき遺族の順位は、配偶者、子、父母、孫、祖父母及び兄弟姉妹の順序とする。

改正　本条…追加（昭和四〇年法律一三〇号）、一項…一部改正（昭和四五年法律八八号、昭和五七年法律六六号、平成七年法律三五号、平成一一年法律一六〇号）

註　〔労働者―労基九〕、〔親族―民七二五〕、〔受給資格の欠格―一六の九〕、〔受給権の消滅―一六の四〕、〔生計維持の認定―則一四の四〕、〔遺族補償年金を受けることができる遺族となる障害の状態―則一五〕、〔遺族補償年金の請求―則一五の二～一五の四〕、〔請求等についての代表者―則一五の五〕、〔遺族の範囲―労基則四二・四三〕、〔遺族補償年金に関する特例―昭和四〇年法律一三〇号附則四三〕

〈遺族補償年金の額〉

第十六条の三　遺族補償年金の額は、別表第一に規定する額とする。

② 遺族補償年金を受ける権利を有する者が二人以上あるときは、遺族補償年金の額は、前項の規定にかかわらず、別表第一に規定する額をその人数で除して得た額とする。

③ 遺族補償年金の額の算定の基礎となる遺族の数に増減を生じたときは、その増減を生じた月の翌月から、遺族補償年金の額を改定する。

④ 遺族補償年金を受ける権利を有する遺族が妻であり、かつ、当該妻と生計を同じくしている遺族補償年金を受けることができる遺族がない場合において、当該妻が次の各号の一に該当するに至つたときは、その該当するに至つた月の翌月から、遺族補償年金の額を改定する。

一　五十五歳に達したとき（別表第一の厚生労働省令で定める障害の状態にあるときを除く。）。

二　別表第一の厚生労働省令で定める障害の状態になり、又はその事情がなくなつたとき（五十五歳以上であるときを除く。）。

改正　本条…追加（昭和四〇年法律一三〇号）、四項…追加（昭和四五年法律八八号）、一部改正（昭和五五年法律一〇四号、昭和五七年法律六六号、平成一一年法律一六〇号）

註〔受給者の範囲―一六の二〕、〔受給権の消滅―一六の四〕、〔年金給付基礎日額―八の三〕、〔厚生労働省令で定める障害の状態―則一五〕、〔請求についての代表者―則一五の五〕、〔年金の支払期月等―九〕、〔年金等の受給資格者の定期報告等―則二一～二一の三〕

〈遺族補償年金の受給権の消滅〉

第十六条の四　遺族補償年金を受ける権利は、その権利を有する遺族が次の各号の一に該当するに至つたときは、消滅する。この場合において、同順位者がなくて後順位者があるときは、次順位者に遺族補償年金を支給する。

一　死亡したとき。

二　婚姻（届出をしていないが、事実上婚姻関係と同様の事情にある場合を含む。）をしたとき。

三　直系血族又は直系姻族以外の者の養子（届出をしていないが、事実上養子縁組関係と同様の事情にある者を含む。）となつたとき。

四　離縁によつて、死亡した労働者との親族関係が終了したとき。

五　子、孫又は兄弟姉妹については、十八歳に達した日以後の最初の三月三十一日が終了したとき（労働者の死亡の時から引き続き第十六条の二第一項第四号の厚生労働省令で定める障害の状態にあるときを除く。）。

六　第十六条の二第一項第四号の厚生労働省令で定める障害の状態にある夫、子、父母、孫、祖父母又は兄弟姉妹については、その事情がなくなつたとき（夫、父母又は祖父母については、労働者の死亡の当時六十歳以上であつたとき、子又は孫については、十八歳に達する日以後の最初の三月三十一日までの間にあるとき、兄弟姉妹については、十八歳に達する日以後の最初の三月三十一日までの間にあるか又は労働者の死亡の当時六十歳以上であつたときを除く。）。

②　遺族補償年金を受けることができる遺族が前項各号の一に該当するに至つたときは、その者は、遺族補償年金を受けることができる遺族でなくなる。

改正　本条…追加（昭和四〇年法律一三〇号）、一項…一部改正（昭和五七年法律六六号、平成七年法律三五号、平成一一年法律一六〇号）

註〔遺族補償年金を受けることができる遺族―一六の二〕、〔次順位者の遺族補償年金の請求―則一五の四〕、

〔遺族補償年金を受ける遺族の障害の状態―則一五〕、〔支給に関する通知―則一九〕

〈遺族補償年金の支給停止等〉

第十六条の五　遺族補償年金を受ける権利を有する者の所在が一年以上明らかでない場合には、当該遺族補償年金は、同順位者があるときは同順位者の、同順位者がないときは次順位者の申請によつて、その所在が明らかでない間、その支給を停止する。この場合において、同順位者がないときは、その間、次順位者を先順位者とする。

② 前項の規定により遺族補償年金の支給を停止された遺族は、いつでも、その支給の停止の解除を申請することができる。

③ 第十六条の三第三項の規定は、第一項の規定によりその停止が解除された場合に準用する。この場合において、同条第三項中「増減を生じた月」とあるのは、「支給が停止され、又はその停止が解除された月」と読み替えるものとする。

改正　本条…追加（昭和四〇年法律一三〇号）

註〔遺族補償年金の受給資格―一六の二〕、〔所在不明による支給停止の申請等―則一五の六・一五の七〕、〔年金額の改定―一六の三3〕

〈遺族補償一時金の支給〉

第十六条の六　遺族補償一時金は、次の場合に支給する。

一　労働者の死亡の当時遺族補償年金を受けることができる遺族がないとき。

二　遺族補償年金を受ける権利を有する者の権利が消滅した場合において、他に当該遺族補償年金を受けることができる遺族がなく、かつ、当該労働者の死亡に関し支給された遺族補償年金の額の合計額が当該権利が消滅した日において前号に掲げる場合に該当することとなるものとしたときに支給されることとなる遺族補償一時金の額に満たないとき。

② 前項第二号に規定する遺族補償年金の額の合計額を計算する場合には、同号に規定する権利が消滅した日の属する年度（当該権利が消滅した日の属する月が四月から七月までの月に該当する場合にあつては、その前年度。以下この項において同じ。）の七月以前の分として支給された遺族補償年金の額については、その現に支給された額に当該権利が消滅した日の属する年度の前年度の平均給与額を当該遺族補償年金の支給の対象とされた月の属する年度の前年度（当該月が四月から七月までの月に該当する場合にあつては、前々年度）の平均給与額で除して得た率を基準として厚生労働大臣が定める率を乗じて得た額により算定するものとする。

改正　本条…追加（昭和四〇年法律一三〇号）、本条…一部改正、二項…追加（平成二年法律四〇号）、二項…一部改正（平成一一年法律一六〇号）

註〔労働者―労基九〕、〔遺族補償年金の受給権の消滅―一六の四〕、〔遺族補償年金を受けることができる遺族―一六の二〕、〔支給に関する通知―則一九〕、〔厚生労働大臣が定める率―平成三〇年厚生労働省告示二八九号〕

＜遺族補償一時金の受給者の範囲＞

第十六条の七　遺族補償一時金を受けることができる遺族は、次の各号に掲げる者とする。

一　配偶者

二　労働者の死亡の当時その収入によつて生計を維持していた子、父母、孫及び祖父母

三　前号に該当しない子、父母、孫及び祖父母並びに兄弟姉妹

②　遺族補償一時金を受けるべき遺族の順位は、前項各号の順序により、同項第二号及び第三号に掲げる者のうちにあつては、それぞれ、当該各号に掲げる順序による。

改正　本条…追加（昭和四〇年法律一三〇号）

註〔労働者―労基九〕、〔遺族補償一時金の請求―則一六〕、〔遺族の範囲―労基則四二・四三〕

＜遺族補償一時金の額＞

第十六条の八　遺族補償一時金の額は、別表第二に規定する額とする。

②　第十六条の三第二項の規定は、遺族補償一時金の額について準用する。この場合において、同項中「別表第一」とあるのは、「別表第二」と読み替えるものとする。

改正　本条…追加（昭和四〇年法律一三〇号）

註〔遺族補償一時金の額の算定の基礎として用いる給付基礎日額―八の四〕

＜受給資格の欠格＞

第十六条の九　労働者を故意に死亡させた者は、遺族補償給付を受けることができる遺族としない。

②　労働者の死亡前に、当該労働者の死亡によつて遺族補償年金を受けることができる先順位又は同順位の遺族となるべき者を故意に死亡させた者は、遺族補償年金を受けることができる遺族としない。

③　遺族補償年金を受けることができる遺族を故意に死亡させた者は、遺族補償一時金を受けることができる遺族としない。労働者の死亡前に、当該労働者の死亡によつて遺族補償年金を受けることができる遺族となるべき者を故意に死亡させた者も、同様とする。

④　遺族補償年金を受けることができる遺族が、遺族補償年金を受けることができる先順位又は同順位の他の遺族を故意に死亡させたときは、その者は、遺族補償年金を受けることができる遺族でなくなる。この場合において、その者が遺族補償年金を受ける権利を有する者であるときは、その権利は、消滅する。

⑤　前項後段の場合には、第十六条の四第一項後段の規定を準用する。

改正　本条…追加（昭和四〇年法律一三〇号）

註〔労働者―労基九〕、〔遺族補償給付―一六〕、〔遺族補償年金の受給者の範囲―一六の二〕、〔遺族補償一時金の受給者の範囲―一六の七〕

〈**葬祭料**〉

第十七条　葬祭料は、通常葬祭に要する費用を考慮して厚生労働大臣が定める金額とする。

改正　本条…全部改正（昭和四〇年法律一三〇号）、一部改正（平成一一年法律一六〇号）

註〔葬祭料の額―則一七〕、〔葬祭料の請求―則一七の二〕、〔労基法の場合―労基八〇、労基則四七2〕

〈**傷病補償年金**〉

第十八条　傷病補償年金は、第十二条の八第三項第二号の厚生労働省令で定める傷病等級に応じ、別表第一に規定する額とする。

②　傷病補償年金を受ける者には、休業補償給付は、行わない。

改正　本条…全部改正（昭和五一年法律三二号）、一項…一部改正（昭和五七年法律六六号、平成一一年法律一六〇号）

註〔傷病等級―則一八・別表一〕、〔休業補償給付―一四〕、〔傷病補償年金の支給の決定等―則一八の二〕、〔年金等の受給資格者の定期報告等―則二一〜二一の三〕、〔年金給付基礎日額―八の三〕

〈**傷病補償年金の変更**〉

第十八条の二　傷病補償年金を受ける労働者の当該障害の程度に変更があつたため、新たに別表第一中の他の傷病等級に該当するに至つた場合には、政府は、厚生労働省令で定めるところにより、新たに該当するに至つた傷病等級に応ずる傷病補償年金を支給するものとし、その後は、従前の傷病補償年金は、支給しない。

改正　本条…追加（昭和五一年法律三二号）、一項…一部改正（昭和五七年法律六六号、平成一一年法律一六〇号）

註〔変更の決定―則一八の三〕

〈**労働基準法との関係**〉

第十九条　業務上負傷し、又は疾病にかかつた労働者が、当該負傷又は疾病に係る療養の開始後三年を経過した日において傷病補償年金を受けている場合又は同日後において傷病補償年金を受けることとなつた場合には、労働基準法第十九条第一項の規定の適用については、当該使用者は、それぞれ、当該三年を経過した日又は傷病補償年金を受けることとなつた日において、同法第八十一条の規定により打切補償を支払つたものとみなす。

改正　本条…全部改正（昭和五一年法律三二号）

註〔傷病補償年金―一二の八3・一八・一八の二〕、〔打切補償―労基八一〕、〔解雇制限―労基一九〕

〈介護補償給付〉

第十九条の二　介護補償給付は、月を単位として支給するものとし、その月額は、常時又は随時介護を受ける場合に通常要する費用を考慮して厚生労働大臣が定める額とする。

改正　本条…追加（平成七年法律三五号）、一部改正（平成一一年法律一六〇号）

註〔介護補償給付に係る障害の程度―則一八の三の二〕、〔介護補償給付の額―則一八の三の四〕、〔介護補償給付の請求―則一八の三の五〕

〈厚生労働省令への委任〉

第二十条　この節に定めるもののほか、業務災害に関する保険給付について必要な事項は、厚生労働省令で定める。

改正　本条…追加（昭和四〇年法律一三〇号）、旧二二条の二から繰下（昭和四五年法律八八号）、一部改正の上、二三条の三から繰上（昭和四八年法律八五号）、一部改正（平成一一年法律一六〇号）

第三節　通勤災害に関する保険給付

改正　本節…追加（昭和四八年法律八五号）

〈通勤災害の保険給付の種類〉

第二十一条　第七条第一項第二号の通勤災害に関する保険給付は、次に掲げる保険給付とする。

一　療養給付
二　休業給付
三　障害給付
四　遺族給付
五　葬祭給付
六　傷病年金
七　介護給付

改正　本条…追加（昭和四八年法律八五号）、一部改正（昭和五一年法律三二号、平成七年法律三五号）

註〔療養給付―二二、則一八の五・一八の六〕、〔休業給付―二二の二、則一八の七〕、〔障害給付―二二の三、則一八の八〕、〔遺族給付―二二の四、則一八の九・一八の一〇〕、〔葬祭給付―二二の五、則一八の一一・一八の一二〕、〔傷病年金―二三、則一八の一三〕、〔介護給付―二四、則一八の一四・一八の一五〕、〔処分の通知―則一九〕

〈療養給付〉

第二十二条　療養給付は、労働者が通勤（第七条第一項第二号の通勤をいう。以下同じ。）により負傷し、又は疾病（厚生労働省令で定めるものに限る。以下この節において同じ。）にかかつた場合に、当該労働者に対し、その請求に基づいて行なう。

② 第十三条の規定は、療養給付について準用する。

改正 本条…追加（昭和四八年法律八五号）、一項…一部改正（平成一一年法律一六〇号）

註 〔通勤による疾病の範囲―則一八の四〕、〔療養補償給付―一三〕、〔療養の給付の方法―則一一〕、〔療養給付たる療養の給付の方法―則一八の五〕、〔療養の費用を支給する場合―則一一の二〕、〔療養給付たる療養の費用の請求―則一八の六〕

＜休業給付＞

第二十二条の二 休業給付は、労働者が通勤による負傷又は疾病に係る療養のため労働することができないために賃金を受けない場合に、当該労働者に対し、その請求に基づいて行なう。

② 第十四条及び第十四条の二の規定は、休業給付について準用する。この場合において、第十四条第一項中「業務上の」とあるのは「通勤による」と、同条第二項中「別表第一第一号から第三号までに規定する場合に応じ、それぞれ同表第一号から第三号までの政令で定める率のうち傷病補償年金について定める率」とあるのは「第二十三条第二項において準用する別表第一第一号から第三号までに規定する場合に応じ、それぞれ同表第一号から第三号までの政令で定める率のうち傷病年金について定める率」と読み替えるものとする。

③ 療養給付を受ける労働者（第三十一条第二項の厚生労働省令で定める者を除く。）に支給する休業給付であつて最初に支給すべき事由の生じた日に係るものの額は、前項において準用する第十四条第一項の規定にかかわらず、同項の額から第三十一条第二項の厚生労働省令で定める額に相当する額を減じた額とする。

改正 本条…追加（昭和四八年法律八五号）、二項…全部改正、三・四項…追加（昭和五一年法律三二号）、二項…一部改正（昭和六〇年法律三四号、昭和六一年法律五九号）、二項…一部改正、三項…削除、旧四項…一部改正の上、三項に繰上（平成二年法律四〇号）、三項…一部改正（平成一一年法律一六〇号）、二・三項…一部改正（平成一二年法律一二四号）

註 〔通勤―七2〕、〔通勤による疾病の範囲―則一八の四〕、〔休業補償給付―一四〕、〔保険給付に関する処分の通知―則一九〕、〔政令で定める率―令二・四・六・附則6・9〕、〔政令で定める額―令一〕、〔休業給付基礎日額―八の二〕、〔療養給付―二二〕、〔休業給付の請求―則一八の七〕、〔休業給付を行わない場合―則一八の六の二〕、〔厚生労働省令で定める者―則四四の二1〕

＜障害給付＞

第二十二条の三 障害給付は、労働者が通勤により負傷し、又は疾病にかかり、なおつたとき身体に障害が存する場合に、当該労働者に対し、その請求に基づいて行なう。

② 障害給付は、第十五条第一項の厚生労働省令で定める障害等級に応じ、障害年金又は障害一時金とする。

③ 第十五条第二項及び第十五条の二並びに別表第一（障害補償年金に係る部分に限る。）及び別表第二（障害補償一時金に係る部分に限る。）の規定は、障害給付について準用する。この場合において、これらの規定中「障害補償年金」とあるのは「障害年金」と、「障害補償一時金」とあるのは「障害一時金」と読み替えるものとする。

改正 本条…追加（昭和四八年法律八五号）、二項…一部改正（平成一一年法律一六〇号）

註〔通勤—七2〕、〔通勤による疾病の範囲—則一八の四〕、〔障害等級—則一四・別表二〕、〔障害給付の請求等—則一八の八〕、〔障害補償給付—一五・一五の二〕、〔年金給付基礎日額—八の三〕、〔障害一時金の額の算定の基礎として用いる給付基礎日額—八の四〕

〈遺族給付〉

第二十二条の四 遺族給付は、労働者が通勤により死亡した場合に、当該労働者の遺族に対し、その請求に基づいて行なう。

② 遺族給付は、遺族年金又は遺族一時金とする。

③ 第十六条の二から第十六条の九まで並びに別表第一（遺族補償年金に係る部分に限る。）及び別表第二（遺族補償一時金に係る部分に限る。）の規定は、遺族給付について準用する。この場合において、これらの規定中「遺族補償年金」とあるのは「遺族年金」と、「遺族補償一時金」とあるのは「遺族一時金」と読み替えるものとする。

改正 本条…追加（昭和四八年法律八五号）

註〔通勤—七2〕、〔遺族年金の請求—則一八の九〕、〔遺族一時金の請求—則一八の一〇〕、〔年金給付基礎日額—八の三〕、〔遺族一時金の額の算定の基礎として用いる給付基礎日額—八の四〕、〔遺族年金に関する特例—昭和四八年法律八五号附則五〕

〈葬祭給付〉

第二十二条の五 葬祭給付は、労働者が通勤により死亡した場合に、葬祭を行なう者に対し、その請求に基づいて行なう。

② 第十七条の規定は、葬祭給付について準用する。

改正 本条…追加（昭和四八年法律八五号）

註〔通勤—七2〕、〔葬祭料—一七〕、〔葬祭給付の額—則一八の一一〕、〔葬祭給付の請求—則一八の一二〕

〈傷病年金〉

第二十三条 傷病年金は、通勤により負傷し、又は疾病にかかった労働者が、当該負傷又は疾病に係る療養の開始後一年六箇月を経過した日において次の各号のいずれにも該当するとき、又は同日後次の各号のいずれにも該当することとなったときに、その状態が継続している間、当該労働者に対して支給する。

一 当該負傷又は疾病が治っていないこと。

二　当該負傷又は疾病による障害の程度が第十二条の八第三項第二号の厚生労働省令で定める傷病等級に該当すること。

② 第十八条、第十八条の二及び別表第一（傷病補償年金に係る部分に限る。）の規定は、傷病年金について準用する。この場合において、第十八条第二項中「休業補償給付」とあるのは「休業給付」と、同表中「傷病補償年金」とあるのは「傷病年金」と読み替えるものとする。

改正　本条…全部改正（昭和五一年法律三二号）、一項…一部改正（昭和五七年法律六六号、平成一一年法律一六〇号）、本条…旧二二条の六から繰下（平成一二年法律一二四号）

註〔傷病等級―則一八・一八の一三1・別表二〕、〔休業給付―二二の二〕、〔傷病年金の支給の決定等―則一八の一三2〕

＜介護給付＞

第二十四条　介護給付は、障害年金又は傷病年金を受ける権利を有する労働者が、その受ける権利を有する障害年金又は傷病年金の支給事由となる障害であつて第十二条の八第四項の厚生労働省令で定める程度のものにより、常時又は随時介護を要する状態にあり、かつ、常時又は随時介護を受けているときに、当該介護を受けている間（次に掲げる間を除く。）、当該労働者に対し、その請求に基づいて行う。

一　障害者支援施設に入所している間（生活介護を受けている場合に限る。）

二　第十二条の八第四項第二号の厚生労働大臣が定める施設に入所している間

三　病院又は診療所に入院している間

② 第十九条の二の規定は、介護給付について準用する。

改正　本条…追加（平成七年法律三五号）、一項…一部改正（平成一一年法律一六〇号）、本条…旧二二条の七から繰下（平成一二年法律一二四号）、一項…一部改正（平成一七年法律一二三号）

註〔障害年金―二二の三〕、〔傷病年金―二三〕、〔介護給付の額―則一八の一四〕、〔介護給付の請求―則一八の一五〕

＜厚生労働省令への委任＞

第二十五条　この節に定めるもののほか、通勤災害に関する保険給付について必要な事項は、厚生労働省令で定める。

改正　本条…追加（昭和四八年法律八五号）、旧二二条の七から繰下（平成七年法律三五号）、一部改正（平成一一年法律一六〇号）、旧二二条の八から繰下（平成一二年法律一二四号）

第四節　二次健康診断等給付

改正　本節…追加（平成一二年法律一二四号）

△二次健康診断等給付▽

第二十六条　二次健康診断等給付は、労働安全衛生法（昭和四十七年法律第五十七号）第六十六条第一項の規定による健康診断又は当該健康診断に係る同条第五項ただし書の規定による健康診断のうち、直近のもの（以下この項において「一次健康診断」という。）において、血圧検査、血液検査その他業務上の事由による脳血管疾患及び心臓疾患の発生にかかわる身体の状態に関する検査であつて、厚生労働省令で定めるものが行われた場合において、当該検査を受けた労働者がそのいずれの項目にも異常の所見があると診断されたときに、当該労働者（当該一次健康診断の結果その他の事情により既に脳血管疾患又は心臓疾患の症状を有すると認められるものを除く。）に対し、その請求に基づいて行う。

②　二次健康診断等給付の範囲は、次のとおりとする。

一　脳血管及び心臓の状態を把握するために必要な検査（前項に規定する検査を除く。）であつて厚生労働省令で定めるものを行う医師による健康診断（一年度につき一回に限る。以下この節において「二次健康診断」という。）

二　二次健康診断の結果に基づき、脳血管疾患及び心臓疾患の発生の予防を図るため、面接により行われる医師又は保健師による保健指導（二次健康診断ごとに一回に限る。次項において「特定保健指導」という。）

③　政府は、二次健康診断の結果その他の事情により既に脳血管疾患又は心臓疾患の症状を有すると認められる労働者については、当該二次健康診断に係る特定保健指導を行わないものとする。

改正　本条…追加（平成一二年法律一二四号）、二項…一部改正（平成一三年法律一五三号）

註（厚生労働省令で定める検査―則一八の一六）、（二次健康診断等給付の請求―則一八の一九）、（二次健康診断等給付の方法等―則一一の三）

△事業者の措置▽

第二十七条　二次健康診断を受けた労働者から当該二次健康診断の実施の日から三箇月を超えない期間で厚生労働省令で定める期間内に当該二次健康診断の結果を証明する書面の提出を受けた事業者（労働安全衛生法第二条第三号に規定する事業者をいう。）に対する同法第六十六条の四の規定の適用については、同条中「健康診断の結果」とあるのは、「健康診断及び労働者災害補償保険法第二十六条第二項第一号に規定する二次健康診断の結果（これらの健康診断」とする。

改正　本条…追加（平成一二年法律一二四号）

註（厚生労働省令で定める期間―則一八の一七）、（結果についての医師からの意見聴取―則一八の一八）

△厚生労働省令への委任▽

第二十八条　この節に定めるもののほか、二次健康診断等給付について必要な事項は、厚生労働省令で定める。

改正 本条…追加（平成一二年法律一二四号）

第三章の二　社会復帰促進等事業

改正 本章…追加（昭和四八年法律八五号）、章名…全部改正（平成一九年法律三〇号）

〈社会復帰促進等事業の種類〉

第二十九条 政府は、この保険の適用事業に係る労働者及びその遺族について、社会復帰促進等事業として、次の事業を行うことができる。

一 療養に関する施設及びリハビリテーションに関する施設の設置及び運営その他業務災害及び通勤災害を被つた労働者（次号において「被災労働者」という。）の円滑な社会復帰を促進するために必要な事業

二 被災労働者の療養生活の援護、被災労働者の受ける介護の援護、その遺族の就学の援護、被災労働者及びその遺族が必要とする資金の貸付けによる援護その他被災労働者及びその遺族の援護を図るために必要な事業

三 業務災害の防止に関する活動に対する援助、健康診断に関する施設の設置及び運営その他労働者の安全及び衛生の確保、保険給付の適切な実施の確保並びに賃金の支払の確保を図るために必要な事業

② 前項各号に掲げる事業の実施に関して必要な基準は、厚生労働省令で定める。

③ 政府は、第一項の社会復帰促進等事業のうち、独立行政法人労働者健康安全機構法（平成十四年法律第百七十一号）第十二条第一項に掲げるものを独立行政法人労働者健康安全機構に行わせるものとする。

改正 本条…全部改正（昭和五一年法律三二号）、一・三項…一部改正（昭和五五年法律一〇四号）、二項…一部改正（平成一一年法律一六〇号）、本条…旧二三条から繰下（平成一二年法律一二四号）、三項…一部改正（平成一四年法律一七一号）、一・三項…一部改正（平成一九年法律三〇号）、三項…一部改正（平成二七年法律一七号）

註〔適用事業―三〕、〔業務災害、通勤災害―七1〕、〔第一項第三号に掲げる事業―則二四・二五・二八・二九〕、〔社会復帰促進等事業等に要する費用に充てるべき額の限度―則四三〕、〔独立行政法人労働者健康安全機構の業務の範囲―独立行政法人労働者健康安全機構法一二〕

第四章　費用の負担

改正 章名…全部改正（昭和三五年法律二九号）

〈保険料の徴収〉

第三十条 労働者災害補償保険事業に要する費用にあてるため政府が徴収する保険料については、徴収法の定めるところによる。

改正 本条…全部改正（昭和四四年法律八五号）、旧二四条から繰下（平成一二年法律一二四号）

註〔徴収法の定め―徴収法一〇～三二〕

〈事業主からの費用徴収等〉

第三十一条 政府は、次の各号のいずれかに該当する事故について保険給付を行つたときは、厚生労働省令で定めるところにより、業務災害に関する保険給付にあつては労働基準法の規定による災害補償の価額の限度又は船員法の規定による災害補償のうち労働基準法の規定による災害補償に相当する災害補償の価額の限度で、通勤災害に関する保険給付にあつては通勤災害を業務災害とみなした場合に支給されるべき業務災害に関する保険給付に相当する同法の規定による災害補償の価額の限度で、その保険給付に要した費用に相当する金額の全部又は一部を事業主から徴収することができる。

一　事業主が故意又は重大な過失により徴収法第四条の二第一項の規定による届出であつてこの保険に係る保険関係の成立に係るものをしていない期間（政府が当該事業について徴収法第十五条第三項の規定による決定をしたときは、その決定後の期間を除く。）中に生じた事故

二　事業主が徴収法第十条第二項第一号の一般保険料を納付しない期間（徴収法第二十七条第二項の督促状に指定する期限後の期間に限る。）中に生じた事故

三　事業主が故意又は重大な過失により生じさせた業務災害の原因である事故

② 政府は、療養給付を受ける労働者（厚生労働省令で定める者を除く。）から、二百円を超えない範囲内で厚生労働省令で定める額を一部負担金として徴収する。ただし、第二十二条の二第三項の規定により減額した休業給付の支給を受けた労働者については、この限りでない。

③ 政府は、前項の労働者から徴収する同項の一部負担金に充てるため、厚生労働省令で定めるところにより、当該労働者に支払うべき保険給付の額から当該一部負担金の額に相当する額を控除することができる。

④ 徴収法第二十七条、第二十九条、第三十条及び第四十一条の規定は、第一項又は第二項の規定による徴収金について準用する。

改正 本条…追加（昭和四〇年法律一三〇号）、一項…一部改正、二項…追加、本条…旧三〇条の四から繰上（昭和四四年法律八五号）、一項…一部改正、二・三項…追加、旧二項…一部改正の上、四項に繰下（昭和四八年法律八五号）、二項…一部改正（昭和五一年法律三二号）、一項…一部改正（昭和六一年法律五九号）、一～三

項…一部改正(平成一一年法律一六〇号)、一項…一部改正、本条…旧二五条から繰下(平成一二年法律一二四号)、一項…一部改正(平成一九年法律三〇号)、一・二・四項…一部改正(平成二三年法律一五号)

註〔徴収金の額―則四四〕、〔一部負担金―則四四の二〕、〔療養の給付―二二〕、〔減額した休業給付―二二の二③〕、〔徴収金の納付―則四五〕、〔徴収金に関する公示送達―則四六〕

〈国庫補助〉

第三十二条 国庫は、予算の範囲内において、労働者災害補償保険事業に要する費用の一部を補助することができる。

改正 本条…全部改正(昭和四〇年法律一三〇号)、旧三四条の二から繰上(昭和四四年法律八五号)、旧二六条から繰下(平成一二年法律一二四号)

註〔労働者災害補償保険事業に要する費用―三〇〕、〔保険料―三〇〕

第四章の二 特別加入

改正 本章…追加(昭和四〇年法律一三〇号)、旧四章の四から繰上(昭和四四年法律八五号)

〈特別加入者〉

第三十三条 次の各号に掲げる者(第二号、第四号及び第五号に掲げる者にあつては、労働者である者を除く。)の業務災害及び通勤災害に関しては、この章に定めるところによる。

一 厚生労働省令で定める数以下の労働者を使用する事業(厚生労働省令で定める事業を除く。第七号において「特定事業」という。)の事業主で徴収法第三十三条第三項の労働保険事務組合(以下「労働保険事務組合」という。)に同条第一項の労働保険事務の処理を委託するものである者(事業主が法人その他の団体であるときは、代表者)

二 前号の事業主が行う事業に従事する者

三 厚生労働省令で定める種類の事業を労働者を使用しないで行うことを常態とする者

四 前号の者が行う事業に従事する者

五 厚生労働省令で定める種類の作業に従事する者

六 この法律の施行地外の地域のうち開発途上にある地域に対する技術協力の実施の事業(事業の期間が予定される事業を除く。)を行う団体が、当該団体の業務の実施のため、当該開発途上にある地域(業務災害及び通勤災害に関する保護制度の状況その他の事情を考慮して厚生労働省令で定める国の地域を除く。)において行われる事業に従事させるために派遣する者

七 この法律の施行地内において事業(事業の期間が予定される事業を除く。)を行う事業主が、この法律の施行地外の地域(業務災害及び通勤災害に関する保護制度の状況その

他の事情を考慮して厚生労働省令で定める国の地域を除く。）において行われる事業に従事させるために派遣する者（当該事業が特定事業に該当しないときは、当該事業に使用される労働者として派遣する者に限る。）

改正　本条…追加（昭和四〇年法律一三〇号）、一部改正の上、旧三四条の一一から繰上（昭和四四年法律八五号）、一部改正（昭和五一年法律三二号、平成七年法律三五号、平成一一年法律一六〇号）、旧二七条から繰下（平成一二年法律一二四号）

註（特別加入者の範囲―則四六の一六～四六の一八、駐留軍関係離職者等臨時措置法に基づく就職指導に関する省令附則7）、（特別加入者の保険料―徴収法一〇・一三～一四の二）、（特別加入者に係る業務災害及び通勤災害の認定―則四六の二六）

＜中小事業主等の特別加入＞

第三十四条　前条第一号の事業主が、同号及び同条第二号に掲げる者を包括して当該事業について成立する保険関係に基づきこの保険による業務災害及び通勤災害に関する保険給付を受けることができる者とすることにつき申請をし、政府の承認があつたときは、第三章第一節から第三節まで及び第三章の二の規定の適用については、次に定めるところによる。

一　前条第一号及び第二号に掲げる者は、当該事業に使用される労働者とみなす。

二　前条第一号又は第二号に掲げる者が業務上負傷し、若しくは疾病にかかつたとき、その負傷若しくは疾病についての療養のため当該事業に従事することができないとき、その負傷若しくは疾病が治つた場合において身体に障害が存するとき、又は業務上死亡したときは、労働基準法第七十五条から第七十七条まで、第七十九条及び第八十条に規定する災害補償の事由が生じたものとみなす。

三　前条第一号及び第二号に掲げる者の給付基礎日額は、当該事業に使用される労働者の賃金の額その他の事情を考慮して厚生労働大臣が定める額とする。

四　前条第一号又は第二号に掲げる者の事故が徴収法第十条第二項第二号の第一種特別加入保険料が滞納されている期間中に生じたものであるときは、政府は、当該事故に係る保険給付の全部又は一部を行わないことができる。これらの者の業務災害の原因である事故が前条第一号の事業主の故意又は重大な過失によつて生じたものであるときも、同様とする。

②　前条第一号の事業主は、前項の承認があつた後においても、政府の承認を受けて、同号及び同条第二号に掲げる者を包括して保険給付を受けることができる者としないこととすることができる。

③　政府は、前条第一号の事業主がこの法律若しくは徴収法又はこれらの法律に基づく厚生労働省令の規定に違反したとき

は、第一項の承認を取り消すことができる。

④　前条第一号及び第二号に掲げる者の保険給付を受ける権利は、第二項の規定による承認又は前項の規定による第一項の承認の取消しによつて変更されない。これらの者が同条第一号及び第二号に掲げる者でなくなつたことによつても、同様とする。

改正　本条…追加（昭和四〇年法律一三〇号）、一・三項…一部改正、本条…旧三四条の一二から繰上（昭和四四年法律八五号）、一・二・四項…一部改正（昭和四八年法律八五号、昭和五一年法律三二号）、一・三項…一部改正（平成一一年法律一六〇号）、一項…一部改正、本条…旧二八条から繰下（平成一二年法律一二四号）

註　（保険関係の成立―徴収法三）、（保険給付―七1・一二の八・一二）、（特別加入の申請等―則四六の一九）、（事業主の故意又は過失ある場合―民七〇九）、（期間―四三）、（特別加入脱退の承認申請―則四六の二一）、（特別加入の承認の取消―則四六の二二）、（特別加入者の保険給付の請求等―則四六の二七）、（特別加入者の保険料―徴収法一〇・一三）

〈一人親方等の特別加入〉

第三十五条　第三十三条第三号に掲げる者の団体又は同条第五号に掲げる者の団体が、当該団体の構成員である同条第三号に掲げる者及びその者に係る同条第四号に掲げる者又は当該団体の構成員である同条第五号に掲げる者の業務災害及び通勤災害（これらの者のうち、住居と就業の場所との間の往復の状況等を考慮して厚生労働省令で定める者にあつては、業務災害に限る。）に関してこの保険の適用を受けることにつき申請をし、政府の承認があつたときは、第三章第一節から第三節まで（当該厚生労働省令で定める者にあつては、同章第一節及び第二節）、第三章の二及び徴収法第二章から第六章までの規定の適用については、次に定めるところによる。

一　当該団体は、第三条第一項の適用事業及びその事業主とみなす。

二　当該承認があつた日は、前号の適用事業が開始された日とみなす。

三　当該団体に係る第三十三条第三号から第五号までに掲げる者は、第一号の適用事業に使用される労働者とみなす。

四　当該団体の解散は、事業の廃止とみなす。

五　前条第一項第二号の規定は、第三十三条第三号から第五号までに掲げる者に係る業務災害に関する保険給付の事由について準用する。この場合において同条第五号に掲げる者に関しては、前条第一項第二号中「業務上」とあるのは「当該作業により」と、「当該事業」とあるのは「当該作業」と読み替えるものとする。

六　第三十三条第三号から第五号までに掲げる者の給付基礎

日額は、当該事業と同種若しくは類似の事業又は当該作業と同種若しくは類似の作業を行う事業に使用される労働者の賃金の額その他の事情を考慮して厚生労働大臣が定める額とする。

七　第三十三条第三号から第五号までに掲げる者の事故が、徴収法第十条第二項第三号の第二種特別加入保険料が滞納されている期間中に生じたものであるときは、政府は、当該事故に係る保険給付の全部又は一部を行わないことができる。

② 一の団体に係る第三十三条第三号から第五号までに掲げる者として前項第三号の規定により労働者とみなされている者は、同一の種類の事業又は同一の種類の作業に関しては、他の団体に関し重ねて同号の規定により労働者とみなされることはない。

③ 第一項の団体は、同項の承認があつた後においても、政府の承認を受けて、当該団体についての保険関係を消滅させることができる。

④ 政府は、第一項の団体がこの法律若しくは徴収法又はこれらの法律に基づく厚生労働省令の規定に違反したときは、当該団体についての保険関係を消滅させることができる。

⑤ 第三十三条第三号から第五号までに掲げる者の保険給付を受ける権利は、同条第三号又は第五号に掲げる者が第一項の団体から脱退することによつて変更されない。同条第三号から第五号までに掲げる者がこれらの規定に掲げる者でなくなつたことによつても、同様とする。

改正 本条…追加（昭和四〇年法律一三〇号）、一・二項…一部改正、旧三・四項…一部改正の上、一項ずつ繰下、三項…追加、本条…旧三四条の一三から繰上（昭和四四年法律八五号）、一・五項…一部改正（昭和四八年法律八五号、昭和五一年法律三二号）、一・四項…一部改正（平成一一年法律一六〇号）、一・二・五項…一部改正、本条…旧二九条から繰下（平成一二年法律一二四号）

註（保険給付―七1・一二の八・二一）、（厚生労働省令で定める者―則四六の二二の二）、（一人親方等の特別加入の申請―則四六の二三）、（保険給付の請求等―則四六の二七）、（特別加入者の給付基礎日額―則四六の二四）、（保険関係消滅の通知―則四六の二五）、（特別加入者の保険料―徴収法一〇・一四）

＜海外派遣者の特別加入＞

第三十六条 第三十三条第六号の団体又は同条第七号の事業主が、同条第六号又は第七号に掲げる者を、当該団体又は当該事業主がこの法律の施行地内において行う事業（事業の期間が予定される事業を除く。）についての保険関係に基づきこの保険による業務災害及び通勤災害に関する保険給付を受けることができる者とすることにつき申請をし、政府の承認があつたときは、第三章第一節から第三節まで及び第三章の二の規定の適用については、次に定めるところによる。

一　第三十三条第六号又は第七号に掲げる者は、当該事業に使用される労働者とみなす。

二　第三十四条第一項第二号の規定は第三十三条第六号又は第七号に掲げる者に係る業務災害に関する保険給付の事由について、同項第三号の規定は同条第六号又は第七号に掲げる者の給付基礎日額について準用する。この場合において、同項第二号中「当該事業」とあるのは、「第三十三条第六号又は第七号に規定する開発途上にある地域又はこの法律の施行地外の地域において行われる事業」と読み替えるものとする。

三　第三十三条第六号又は第七号に掲げる者の事故が、徴収法第十条第二項第三号の二の第三種特別加入保険料が滞納されている期間中に生じたものであるときは、政府は、当該事故に係る保険給付の全部又は一部を行わないことができる。

②　第三十四条第二項及び第三項の規定は前項の承認を受けた第三十三条第六号の団体又は同条第七号の事業主について、第三十四条第四項の規定は第三十三条第六号又は第七号に掲げる者の保険給付を受ける権利について準用する。この場合において、これらの規定中「前項の承認」とあり、及び「第一項の承認」とあるのは「第三十六条第一項の承認」と、第三十四条第二項中「同号及び同条第二号に掲げる者を包括して」とあるのは「同条第六号又は第七号に掲げる者を」と、同条第四項中「同条第一号及び第二号」とあるのは「第三十三条第六号又は第七号」と読み替えるものとする。

改正　本条…全部改正（昭和五一年法律三二号）、一・二項…一部改正、本条…旧三〇条から繰下（平成一二年法律一二四号）

註　〔通勤災害の未適用―昭和五一年法律三二号附則六、昭和五二年労働省令六号二4〕、〔海外派遣者の特別加入の申請等―則四六の二五の二〕、〔特別加入者の給付基礎日額等―則四六の二五の三〕、〔保険給付の請求等―則四六の二七〕、〔特別加入者の保険料―徴収法一〇・一四の二〕

△厚生労働省令への委任▽

第三十七条　この章に定めるもののほか、第三十三条各号に掲げる者の業務災害及び通勤災害に関し必要な事項は、厚生労働省令で定める。

改正　本条…削除（昭和四四年法律八五号）、追加（昭和五一年法律三二号）、一部改正（平成一一年法律一六〇号）、一部改正の上、旧三一条から繰下（平成一二年法律一二四号）

第五章　不服申立て及び訴訟

改正　章名…全部改正（昭和三七年法律一六一号）

＜保険給付に関する審査請求等＞

第三十八条　保険給付に関する決定に不服のある者は、労働者災害補償保険審査官に対して審査請求をし、その決定に不服のある者は、労働保険審査会に対して再審査請求をすることができる。

② 前項の審査請求をしている者は、審査請求をした日から三箇月を経過しても審査請求についての決定がないときは、労働者災害補償保険審査官が審査請求を棄却したものとみなすことができる。

③ 第一項の審査請求及び再審査請求は、時効の中断に関しては、これを裁判上の請求とみなす。

＜編注＞　本条第三項は、次のように改正され、平成三二年四月一日から施行される。

③ 第一項の審査請求及び再審査請求は、時効の完成猶予及び更新に関しては、これを裁判上の請求とみなす。

改正　一項…一部改正（昭和二四年法律一六六号、昭和三七年法律一四〇号）、一・二項…一部改正（昭和三一年法律一二六号、昭和三七年法律一六一号）、二項…追加、旧二項…一部改正の上、三項に繰下（平成八年法律四二号）、本条…旧三五条から繰下（平成一二年法律一二四号）、二・三項…一部改正（平成二六年法律六九号）、三項…一部改正（平成二九年法律四五号）

註　（保険給付―七1・一二の八・一二）、（労災保険審査官―労保審一～六、労保審令一）、（労働保険審査会及び再審査請求―労保審二五～五一、労保審令二一～三四）、（審査請求―労保審七～二四）、（再審査請求―労保審三八・三九）、（時効中断における裁判上の請求の効果―民一四七・一四九）

＜行政不服審査法の不適用＞

第三十九条　前条第一項の審査請求及び再審査請求については、行政不服審査法（平成二十六年法律第六十八号）第二章（第二十二条を除く。）及び第四章の規定は、適用しない。

改正　本条…全部改正（昭和三七年法律一六一号）、一部改正（平成八年法律四二号）、旧三六条から繰下（平成一二年法律一二四号）、一部改正（平成二六年法律六九号）

＜不服申立ての前置＞

第四十条　第三十八条第一項に規定する処分の取消しの訴えは、当該処分についての審査請求に対する労働者災害補償保険審査官の決定を経た後でなければ、提起することができない。

改正　本条…削除（昭和三一年法律一二六号）、追加（昭和三七年法律一四〇号)、一部改正(昭和四〇年法律一三〇号、昭和四四年法律八五号)、旧三八条から繰上(昭和四八年法律八五号)、一部改正(平成八年法律四二号)、一部改正の上、旧三七条から繰上(平成一二年法律一二四号)、一部改正(平成二六年法律六九号)

第四十一条 削除

改正 本条…追加(昭和四八年法律八五号)、一部改正の上、旧三八条から繰上(平成一二年法律一二四号)、本条…削除(平成二六年法律六九号)

第六章　雑則

＜時効＞

第四十二条 療養補償給付、休業補償給付、葬祭料、介護補償給付、療養給付、休業給付、葬祭給付、介護給付及び二次健康診断等給付を受ける権利は、二年を経過したとき、障害補償給付、遺族補償給付、障害給付及び遺族給付を受ける権利は、五年を経過したときは、時効によつて消滅する。

＜編注＞ 本条は、次のように改正され、平成三二年四月一日から施行される。

＜時効＞

第四十二条 療養補償給付、休業補償給付、葬祭料、介護補償給付、療養給付、休業給付、葬祭給付、介護給付及び二次健康診断等給付を受ける権利は、これらを行使することができる時から二年を経過したとき、障害補償給付、遺族補償給付、障害給付及び遺族給付を受ける権利は、これらを行使することができる時から五年を経過したときは、時効によつて消滅する。

改正 二項…削除、旧三項…二項に繰上(昭和三四年法律一四八号)、一・二項…一部改正(昭和四〇年法律一三〇号)、一項…一部改正、二項…削除(昭和四四年法律八五号)、本条…一部改正(昭和四八年法律八五号、平成七年法律三五号、平成一二年法律一二四号、平成二九年法律四五号)

註 〔時効—民一四四～一六一・一六六〕、〔時効中断事由—民一四七〕、〔審査又は再審査の請求による時効の中断—三八〕、〔労基法上の時効—労基一一五〕

＜期間の計算＞

第四十三条 この法律又はこの法律に基づく政令及び厚生労働省令に規定する期間の計算については、民法の期間の計算に関する規定を準用する。

改正 本条…一部改正(昭和四〇年法律一三〇号、平成一一年法律一六〇号)

註 〔期間の計算—民一三九～一四三〕

＜印紙税の免除＞

第四十四条 労働者災害補償保険に関する書類には、印紙税を課さない。

註　〔印紙税―印税四・五〕

〈無料証明〉

第四十五条　市町村長（特別区の区長を含むものとし、地方自治法（昭和二十二年法律第六十七号）第二百五十二条の十九第一項の指定都市においては、区長又は総合区長とする。）は、行政庁又は保険給付を受けようとする者に対して、当該市（特別区を含む。）町村の条例で定めるところにより、保険給付を受けようとする者又は遺族の戸籍に関し、無料で証明を行うことができる。

改正　本条…全部改正（昭和四八年法律八五号）、一部改正（平成二六年法律四二号）

註　〔特別区―地自二八一1〕、〔戸籍事務を掌る者―戸一〕、〔戸籍証明―戸一〇〕

〈使用者等の報告、出頭等〉

第四十六条　行政庁は、厚生労働省令で定めるところにより、労働者を使用する者、労働保険事務組合、第三十五条第一項に規定する団体、労働者派遣事業の適正な運営の確保及び派遣労働者の保護等に関する法律（昭和六十年法律第八十八号。第四十八条第一項において「労働者派遣法」という。）第四十四条第一項に規定する派遣先の事業主（以下「派遣先の事業主」という。）又は船員職業安定法（昭和二十三年法律第百三十号）第六条第十一項に規定する船員派遣（以下「船員派遣」という。）の役務の提供を受ける者に対して、この法律の施行に関し必要な報告、文書の提出又は出頭を命ずることができる。

改正　本条…全部改正、一部改正（昭和四〇年法律一三〇号）、一部改正（昭和四四年法律八五号、平成一一年法律一六〇号、平成一二年法律一二四号、平成二四年法律二七号）

註　〔行政庁―則一・二〕、〔報告命令等―則五一の二〕、〔罰則―五一①・五四〕

〈労働者及び受給者の報告、出頭等〉

第四十七条　行政庁は、厚生労働省令で定めるところにより、保険関係が成立している事業に使用される労働者（第三十四条第一項第一号、第三十五条第一項第三号又は第三十六条第一項第一号の規定により当該事業に使用される労働者とみなされる者を含む。）若しくは保険給付を受け、若しくは受けようとする者に対して、この法律の施行に関し必要な報告、届出、文書その他の物件の提出（以下この条において「報告等」という。）若しくは出頭を命じ、又は保険給付の原因である事故を発生させた第三者（派遣先の事業主及び船員派遣の役務の提供を受ける者を除く。第五十三条において「第三者」という。）に対して、報告等を命ずることができる。

改正　本条…全部改正（昭和四〇年法律一三〇号）、一部改正（昭和四四年法律八五号、昭和四八年法律八五号、

昭和五一年法律三二号、平成一一年法律一六〇号、平成一二年法律一二四号、平成二四年法律二七号）

註 〔行政庁—則一・二〕、〔報告命令等—則五一の二〕、〔文書の提出等—則一八の二2・一九の二・二一〜二二〕、〔罰則—五三①〕

＜受診命令＞

第四十七条の二 行政庁は、保険給付に関して必要があると認めるときは、保険給付を受け、又は受けようとする者（遺族補償年金又は遺族年金の額の算定の基礎となる者を含む。）に対し、その指定する医師の診断を受けるべきことを命ずることができる。

改正 本条…追加（昭和三五年法律二九号）、一部改正（昭和四〇年法律一三〇号、昭和四八年法律八五号）

註 〔保険給付—七1・一二の八・二一〕、〔報告命令等—則五一の二〕

＜保険給付の一時差止め＞

第四十七条の三 政府は、保険給付を受ける権利を有する者が、正当な理由がなくて、第十二条の七の規定による届出をせず、若しくは書類その他の物件の提出をしないとき、又は前二条の規定による命令に従わないときは、保険給付の支払を一時差し止めることができる。

改正 本条…追加（昭和四〇年法律一三〇号）、一部改正（昭和四五年法律八八号、昭和四八年法律八五号）

註 〔保険給付—七1・一二の八・二一〕、〔第一二条の七の規定による届出、書類その他の物件の提出—則一九の二・二一〜二三〕

＜立入検査＞

第四十八条 行政庁は、この法律の施行に必要な限度において、当該職員に、適用事業の事業場、労働保険事務組合若しくは第三十五条第一項に規定する団体の事務所、労働者派遣法第四十四条第一項に規定する派遣先の事業の事業場又は船員派遣の役務の提供を受ける者の事業場に立ち入り、関係者に質問させ、又は帳簿書類その他の物件を検査させることができる。

② 前項の規定により立入検査をする職員は、その身分を示す証明書を携帯し、関係者に提示しなければならない。

③ 第一項の規定による立入検査の権限は、犯罪捜査のために認められたものと解釈してはならない。

改正 本条…全部改正（平成一二年法律一二四号）、一項…一部改正（平成二四年法律二七号）

註 〔罰則—五一②・五三②・五四〕

＜診療録その他の検査＞

第四十九条 行政庁は、保険給付に関して必要があると認めるときは、厚生労働省令で定めるところによつて、保険給付を受け、又は受けようとする者（遺族補償年金又は遺族年金の額の算定の基礎となる者を含む。）の診療を担当した医師その他の者に対して、その行つた診療に関する事項について、報告若しくは診療録、帳簿書類その他の物件の提示を命じ、又は当該職員に、これらの物件を検査させることができる。

② 前条第二項の規定は前項の規定による検査について、同条第三項の規定は前項の規定による権限について準用する。

改正 本条…一部改正（昭和二四年法律八二号、昭和三五年法律二九号、昭和四〇年法律一三〇号、昭和四八年法律八五号、平成一一年法律一六〇号）、本条…一部改正、二項…追加（平成一二年法律一二四号）

註〔報告命令等―則五一の二〕、〔罰則―五三③・五四〕

第四十九条の二 厚生労働大臣は、船員法第一条に規定する船員について、この法律の目的を達成するため必要があると認めるときは、国土交通大臣に対し、船員法に基づき必要な措置をとるべきことを要請することができる。

2 前項の規定による措置をとるため必要があると認めるときは、国土交通大臣は厚生労働大臣に資料の提供を求めることができる。

改正 本条…追加（平成一九年法律三〇号）

第四十九条の三 厚生労働大臣は、この法律の施行に関し、関係行政機関又は公私の団体に対し、資料の提供その他必要な協力を求めることができる。

2 前項の規定による協力を求められた関係行政機関又は公私の団体は、できるだけその求めに応じなければならない。

改正 本条…追加（平成一九年法律三〇号）

〈**経過措置の命令委任**〉

第四十九条の四 この法律に基づき政令又は厚生労働省令を制定し、又は改廃する場合においては、それぞれ、政令又は厚生労働省令で、その制定又は改廃に伴い合理的に必要と判断される範囲内において、所要の経過措置を定めることができる。

改正 本条…追加（昭和四〇年法律一三〇号）、一部改正（昭和四四年法律八五号、平成一一年法律一六〇号）、旧四九条の二から繰下（平成一九年法律三〇号）

〈**厚生労働大臣の権限の委任**〉

第四十九条の五 この法律に定める厚生労働大臣の権限は、厚生労働省令で定めるところにより、その一部を都道府県労働局長に委任することができる。

改正 本条…追加（昭和五三年法律五四号）、一部改正（平成一一年法律八七号、平成一一年法律一六〇号）、旧四九条の三から繰下（平成一九年法律三〇号）

註〔厚生労働省令―則一〕

〈**施行細目**〉

第五十条 この法律の施行に関する細目は、厚生労働省令で、これを定める。

改正 本条…一部改正（昭和四〇年法律一三〇号、平成一一年法律一六〇号）

第七章　罰則

＜事業主等に関する罰則＞

第五十一条　事業主、派遣先の事業主又は船員派遣の役務の提供を受ける者が次の各号のいずれかに該当するときは、六月以下の懲役又は三十万円以下の罰金に処する。労働保険事務組合又は第三十五条第一項に規定する団体がこれらの各号のいずれかに該当する場合におけるその違反行為をした当該労働保険事務組合又は当該団体の代表者又は代理人、使用人その他の従業者も、同様とする。

一　第四十六条の規定による命令に違反して報告をせず、若しくは虚偽の報告をし、又は文書の提出をせず、若しくは虚偽の記載をした文書を提出した場合

二　第四十八条第一項の規定による当該職員の質問に対して答弁をせず、若しくは虚偽の陳述をし、又は検査を拒み、妨げ、若しくは忌避した場合

改正　本条…一部改正（昭和二四年法律八二号）、一部改正の上、旧五二条から繰上（昭和四〇年法律一三〇号）、一部改正（昭和四四年法律八五号、平成七年法律三五号、平成一二年法律一二四号、平成二四年法律二七号）

註　〔懲役―刑一二〕、〔罰金―刑一五〕

第五十二条　削除

改正　本条…削除（昭和四四年法律八五号）

＜事業主以外の者に関する罰則＞

第五十三条　事業主、労働保険事務組合、第三十五条第一項に規定する団体、派遣先の事業主及び船員派遣の役務の提供を受ける者以外の者（第三者を除く。）が次の各号のいずれかに該当するときは、六月以下の懲役又は三十万円以下の罰金に処する。

一　第四十七条の規定による命令に違反して報告若しくは届出をせず、若しくは虚偽の報告若しくは届出をし、又は文書その他の物件の提出をせず、若しくは虚偽の記載をした文書を提出した場合

二　第四十八条第一項の規定による当該職員の質問に対し答弁をせず、若しくは虚偽の陳述をし、又は検査を拒み、妨げ、若しくは忌避した場合

三　第四十九条第一項の規定による命令に違反して報告をせず、虚偽の報告をし、若しくは診療録、帳簿書類その他の物件の提示をせず、又は同条の規定による検査を拒み、妨げ、若しくは忌避した場合

改正　本条…一部改正（昭和二四年法律八二号、昭和三五年法律二九号、昭和四〇年法律一三〇号、昭和四四年法律八五号、昭和四八年法律八五号、平成七年法律三五号、平成一二年法律一二四号、平成二四年法律二

七号）

註〔懲役―刑一二〕、〔罰金―刑一五〕

〈両罰規定〉

第五十四条　法人（法人でない労働保険事務組合及び第三十五条第一項に規定する団体を含む。以下この項において同じ。）の代表者又は法人若しくは人の代理人、使用人その他の従業者が、その法人又は人の業務に関して、第五十一条又は前条の違反行為をしたときは、行為者を罰するほか、その法人又は人に対しても、各本条の罰金刑を科する。

② 前項の規定により法人でない労働保険事務組合又は第三十五条第一項に規定する団体を処罰する場合においては、その代表者が訴訟行為につきその労働保険事務組合又は団体を代表するほか、法人を被告人又は被疑者とする場合の刑事訴訟に関する法律の規定を準用する。

改正　本条…一部改正、二項…追加（昭和四〇年法律一三〇号）、一・二項…一部改正（昭和四四年法律八五号、平成一二年法律一二四号）

註〔労働保険事務組合―徴収法三三～三六〕、〔一人親方等―三五〕、〔罰金―刑一五〕

附　則（抄）

〈施行期日〉

第五十五条　この法律施行の期日〈編注・昭和二二年八月三一日政令一七一号により昭和二二年九月一日〉は、勅令で、これを定める。

〈障害補償年金差額一時金〉

第五十八条　政府は、当分の間、障害補償年金を受ける権利を有する者が死亡した場合において、その者に支給された当該障害補償年金の額（当該障害補償年金のうち当該死亡した日の属する年度（当該死亡した日の属する月が四月から七月までの月に該当する場合にあつては、その前年度。以下この項において同じ。）の七月以前の分として支給された障害補償年金にあつては、厚生労働省令で定めるところにより第十六条の六第二項の規定の例により算定して得た額）及び当該障害補償年金に係る障害補償年金前払一時金の額（当該障害補償年金前払一時金を支給すべき事由が当該死亡した日の属する年度の七月以前に生じたものである場合にあつては、厚生労働省令で定めるところにより同項の規定による遺族補償年金の額の算定の方法に準じ算定して得た額）の合計額が次の表の上欄に掲げる当該障害補償年金に係る障害等級に応じ、それぞれ同表の下欄に掲げる額（当該死亡した日が算定事由発生日の属する年度の翌々年度の八月一日以後の日である場合にあつては、厚生労働省令で定めるところにより第八条の四において準用する第八条の三第一項の規定の例により算定して得た額を同表の給付基礎日額とした場合に得られる額）に満たないときは、その者の遺族に対し、その請求に基づき、保険給付として、その差額に相当する額の障害補償年金差額一時金を支給する。

障害等級	額
第一級	給付基礎日額の一、三四〇日分
第二級	給付基礎日額の一、一九〇日分
第三級	給付基礎日額の一、〇五〇日分
第四級	給付基礎日額の九二〇日分
第五級	給付基礎日額の七九〇日分
第六級	給付基礎日額の六七〇日分
第七級	給付基礎日額の五六〇日分

② 障害補償年金差額一時金を受けることができる遺族は、次の各号に掲げる者とする。この場合において、障害補償年金差額一時金を受けるべき遺族の順位は、次の各号の順序により、当該各号に掲げる者のうちにあつては、それぞれ、当該各号に掲げる順序による。

一 労働者の死亡の当時その者と生計を同じくしていた配偶者、子、父母、孫、祖父母及び兄弟姉妹

二 前号に該当しない配偶者、子、父母、孫、祖父母及び兄弟姉妹

③ 障害補償年金差額一時金の支給を受ける権利は、五年を経過したときは、時効によつて消滅する。

△編注▽ 本条第三項は、次のように改正され、平成三二年四月一日から施行される。

③ 障害補償年金差額一時金の支給を受ける権利は、これを行使することができる時から五年を経過したときは、時効によつて消滅する。

④ 障害補償年金差額一時金は、遺族補償給付とみなして第十条の規定を、第十六条の六第一項第二号の場合に支給される遺族補償一時金とみなして徴収法第十二条第三項及び第二十条第一項の規定を適用する。

⑤ 第十六条の三第二項並びに第十六条の九第一項及び第二項の規定は、障害補償年金差額一時金について準用する。この場合において、第十六条の三第二項中「前項」とあるのは「第五十八条第一項」と、「別表第一」とあるのは「同項」と読み替えるものとする。

改正 本条…追加(昭和五五年法律一〇四号)、一項…一部改正(昭和六一年法律五九号、平成一一年法律一六〇号)、一・四項…一部改正(平成一二年法律四〇号)、三項…一部改正(平成二九年法律四五号)

註 〔障害補償年金を受ける権利―一二の八2・一五〕、〔障害補償年金の額―則附則17～19〕、〔加重障害の場合―則附則20〕、〔請求―則附則21～23〕

△障害補償年金前払一時金▽

第五十九条 政府は、当分の間、労働者が業務上負傷し、又は疾病にかかり、治つたとき身体に障害が存する場合における当該障害に関しては、障害補償年金を受ける権利を有する者

に対し、その請求に基づき、保険給付として、障害補償年金前払一時金を支給する。

② 障害補償年金前払一時金の額は、前条第一項の表の上欄に掲げる当該障害補償年金に係る障害等級に応じ、それぞれ同表の下欄に掲げる額（算定事由発生日の属する年度の翌々年度の八月以後に前項の請求があつた場合にあつては、当該障害補償年金前払一時金を障害補償一時金とみなして第八条の四の規定を適用したときに得られる給付基礎日額を同表の給付基礎日額とした場合に得られる額）を限度として厚生労働省令で定める額とする。

③ 障害補償年金前払一時金が支給される場合には、当該労働者の障害に係る障害補償年金は、各月に支給されるべき額の合計額が厚生労働省令で定める算定方法に従い当該障害補償年金前払一時金の額に達するまでの間、その支給を停止する。

④ 障害補償年金前払一時金の支給を受ける権利は、二年を経過したときは、時効によつて消滅する。

＜編注＞ 本条第四項は、次のように改正され、平成三二年四月一日から施行される。

④ 障害補償年金前払一時金の支給を受ける権利は、これを行使することができる時から二年を経過したときは、時効によつて消滅する。

⑤ 障害補償年金前払一時金は、障害補償年金とみなして、徴収法第十二条第三項及び第二十条第一項の規定を適用する。

⑥ 障害補償年金前払一時金の支給を受けた者に支給されるべき障害補償年金の支給が第三項の規定により停止されている間は、当該障害補償年金については、国民年金法第三十六条の二第二項及び国民年金法等の一部を改正する法律（昭和六十年法律第三十四号。以下この項及び次条第七項において「昭和六十年法律第三十四号」という。）附則第三十二条第十一項の規定によりなおその効力を有するものとされた昭和六十年法律第三十四号第一条の規定による改正前の国民年金法（以下この項及び次条第七項において「旧国民年金法」という。）第六十五条第二項（昭和六十年法律第三十四号附則第二十八条第十項においてその例による場合及び昭和六十年法律第三十四号附則第三十二条第十一項の規定によりなおその効力を有するものとされた旧国民年金法第七十九条の二第五項において準用する場合を含む。次条第七項において同じ。）、児童扶養手当法（昭和三十六年法律第二百三十八号）第十三条の二第二項第一号ただし書並びに特別児童扶養手当等の支給に関する法律（昭和三十九年法律第百三十四号）第三条第三項第二号ただし書及び第十七条第一号ただし書の規定は、適用しない。

改正 本条…追加（昭和五五年法律一〇四号）、六項…一部改正（昭和六〇年法律三四号、昭和六〇年法律四八号、平成六年法律九五号）、一・六項…一部改正（平成一一年法律四〇号）、一・三項…一部改正（平成一一年法

律一六〇号）、六項…一部改正（平成二六年法律二八号）、四項…一部改正（平成二九年法律四五号）

註〔障害補償年金を受ける権利―一二の八２・一五〕、〔厚生労働省令で定める額―則附則17～19・24・25〕、〔請求等―則附則26～29〕、〔障害補償年金の支給停止期間―則附則30〕

△遺族補償年金前払一時金▽

第六十条　政府は、当分の間、労働者が業務上の事由により死亡した場合における当該死亡に関しては、遺族補償年金を受ける権利を有する遺族に対し、その請求に基づき、保険給付として、遺族補償年金前払一時金を支給する。

②　遺族補償年金前払一時金の額は、給付基礎日額（算定事由発生日の属する年度の翌々年度の八月以後に前項の請求があつた場合にあつては、当該遺族補償年金前払一時金を遺族補償一時金とみなして第八条の四の規定を適用したときに得られる給付基礎日額に相当する額）の千日分に相当する額を限度として厚生労働省令で定める額とする。

③　遺族補償年金前払一時金が支給される場合には、当該労働者の死亡に係る遺族補償年金は、各月に支給されるべき額の合計額が厚生労働省令で定める算定方法に従い当該遺族補償年金前払一時金の額に達するまでの間、その支給を停止する。

④　遺族補償年金前払一時金が支給された場合における第十六条の六の規定の適用については、同条第一項第二号中「遺族補償年金の額」とあるのは、「遺族補償年金の額及び遺族補償年金前払一時金の額（当該遺族補償年金前払一時金を支給すべき事由が当該権利が消滅した日の属する年度（当該権利が消滅した日の属する月が四月から七月までの月に該当する場合にあつては、その前年度）の七月以前に生じたものである場合にあつては、厚生労働省令で定めるところにより次項の規定による遺族補償年金の額の算定の方法に準じ算定して得た額）」とする。

⑤　遺族補償年金前払一時金の支給を受ける権利は、二年を経過したときは、時効によつて消滅する。

△編注▽　本条第五項は、次のように改正され、平成三二年四月一日から施行される。

⑤　遺族補償年金前払一時金の支給を受ける権利は、これを行使することができる時から二年を経過したときは、時効によつて消滅する。

⑥　遺族補償年金前払一時金は、遺族補償年金とみなして、徴収法第十二条第三項及び第二十条第一項の規定を適用する。

⑦　遺族補償年金前払一時金の支給を受けた者に支給されるべき遺族補償年金の支給が第三項の規定により停止されている間は、当該遺族補償年金については、国民年金法第三十六条の二第一項及び昭和六十年法律第三十四号附則第三十二条第十一項の規定によりなおその効力を有するものとされた旧国民年金法第六十五条第一項並びに児童扶養手当法第十三条の

二第一項第一号ただし書及び第二項第一号ただし書の規定は、適用しない。

改正　本条…追加（昭和五五年法律一〇四号）、六項…一部改正（昭和六〇年法律三四号、昭和六〇年法律四八号）、二項…一部改正、四項…追加、旧四～六項…一項ずつ繰下（平成二年法律四〇号）、七項…一部改正（平成六年法律九五号）、二～四項…一部改正（平成一一年法律一六〇号）、七項…一部改正（平成二六年法律二八号）、五項…一部改正（平成二九年法律四五号）

註（遺族補償年金を受ける権利―一二の八2・一六）、（厚生労働省令で定める額―則附則31・32）、（請求等―則附則33）、（遺族補償年金の支給停止期間―則附則34）

〈障害年金差額一時金〉

第六十一条　政府は、当分の間、障害年金を受ける権利を有する者が死亡した場合において、その者に支給された当該障害年金の額（当該障害年金のうち当該死亡した日の属する年度（当該死亡した日の属する月が四月から七月までの月に該当する場合にあつては、その前年度。以下この項において同じ。）の七月以前の分として支給された障害年金にあつては、厚生労働省令で定めるところにより第十六条の六第二項の規定の例により算定して得た額）及び当該障害年金に係る障害年金前払一時金の額（当該障害年金前払一時金を支給すべき事由が当該死亡した日の属する年度の七月以前に生じたものである場合にあつては、厚生労働省令で定めるところにより同項の規定による遺族補償年金の額の算定の方法に準じ算定して得た額）の合計額が第五十八条第一項の表の上欄に掲げる当該障害年金に係る障害等級に応じ、それぞれ同表の下欄に掲げる額（当該死亡した日が算定事由発生日の属する年度の翌々年度の八月一日以後の日である場合にあつては、厚生労働省令で定めるところにより第八条の四において準用する第八条の三第一項の規定の例により算定して得た額を同表の給付基礎日額とした場合に得られる額）に満たないときは、その者の遺族に対し、その請求に基づき、保険給付として、その差額に相当する額の障害年金差額一時金を支給する。

② 障害年金差額一時金は、遺族給付とみなして、第十条の規定を適用する。

③ 第十六条の三第二項、第十六条の九第一項及び第二項並びに第五十八条第二項及び第三項の規定は、障害年金差額一時金について準用する。この場合において、第十六条の三第二項中「前項」とあるのは「第六十一条第一項」と、「別表第二」とあるのは「同項」と読み替えるものとする。

改正　本条…追加（昭和五五年法律一〇四号）、一項…一部改正（昭和六一年法律五九号）、全部改正（平成二年法律四〇号）、一部改正（平成一一年法律一六〇号）

註（障害年金を受ける権利―一二の三）、（請求等―則

附則35・36〕

〈**障害年金前払一時金**〉

第六十二条　政府は、当分の間、労働者が通勤により負傷し、又は疾病にかかり、治つたとき身体に障害が存する場合における当該障害に関しては、障害年金を受ける権利を有する者に対し、その請求に基づき、保険給付として、障害年金前払一時金を支給する。

② 障害年金前払一時金の額は、第五十八条第一項の表の上欄に掲げる当該障害年金に係る障害等級に応じ、第五十九条第二項に規定する厚生労働省令で定める額とする。

③ 第五十九条第三項、第四項及び第六項の規定は、障害年金前払一時金について準用する。この場合において、同条第三項及び第六項中「障害補償年金」とあるのは、「障害年金」と読み替えるものとする。

改正　本条…追加（昭和五五年法律一〇四号）、二項…一部改正（平成一一年法律一六〇号）

註〔障害年金を受ける権利―二二の三〕、〔請求等―則附則38〕、〔障害年金の支給停止期間―則附則39〕

〈**遺族年金前払一時金**〉

第六十三条　政府は、当分の間、労働者が通勤により死亡した場合における当該死亡に関しては、遺族年金を受ける権利を有する遺族に対し、その請求に基づき、保険給付として、遺族年金前払一時金を支給する。

② 遺族年金前払一時金の額は、第六十条第二項に規定する厚生労働省令で定める額とする。

③ 第六十条第三項から第五項まで及び第七項の規定は、遺族年金前払一時金について準用する。この場合において、同条第三項中「遺族補償年金は」とあるのは「遺族年金は」と、同条第四項中「第十六条の六」とあるのは「第二十二条の四第三項の規定により読み替えられた第十六条の六」と、「遺族補償年金の額」とあるのは「遺族年金の額」と、同条第七項中「遺族補償年金の」とあるのは「遺族年金の」と、「当該遺族補償年金」とあるのは「当該遺族年金」と読み替えるものとする。

改正　本条…追加（昭和五五年法律一〇四号）、三項…一部改正（平成二年法律四〇号）、二項…一部改正（平成一一年法律一六〇号）

註〔遺族年金を受ける権利―二二の四〕、〔厚生労働省令で定める額―則附則31・40〕、〔請求等―則附則41〕、〔遺族年金の支給停止期間―則附則42〕

〈**損害賠償との調整に関する暫定措置**〉

第六十四条　労働者又はその遺族が障害補償年金若しくは遺族補償年金又は障害年金若しくは遺族年金（以下この条において「年金給付」という。）を受けるべき場合（当該年金給付を受ける権利を有することとなつた時に、当該年金給付に係る障害補償年金前払一時金若しくは遺族補償年金前払一時金又は障害年金前払一時金若しくは遺族年金前払一時金（以下この条において「前払一時金給付」という。）を請求することができる場合に限る。）であつて、同一の事由について、当該労働者を使用している事業主又は使用していた事業主から民法その他の法律による損害賠償（以下単に「損害賠償」といい、当該年金給付によつててん補される損害をてん補する部分に限る。）を受けることができるときは、当該損害賠償については、当分の間、次に定めるところによるものとする。

一　事業主は、当該労働者又はその遺族の年金給付を受ける権利が消滅するまでの間、その損害の発生時から当該年金給付に係る前払一時金給付を受けるべき時までの法定利率により計算される額を合算した場合における当該合算した額が当該前払一時金給付の最高限度額に相当する額となるべき額（次号の規定により損害賠償の責めを免れたときは、その免れた額を控除した額）の限度で、その損害賠償の履行をしないことができる。

二　前号の規定により損害賠償の履行が猶予されている場合において、年金給付又は前払一時金給付の支給が行われたときは、事業主は、その損害の発生時から当該支給が行われた時までの法定利率により計算される額を合算した場合における当該合算した額が当該年金給付又は前払一時金給付の額となるべき額の限度で、その損害賠償の責めを免れる。

〈編注〉本条第一項は、次のように改正され、平成三二年四月一日から施行される。

〈損害賠償との調整に関する暫定措置〉

第六十四条　労働者又はその遺族が障害補償年金若しくは遺族補償年金又は障害年金若しくは遺族年金（以下この条において「年金給付」という。）を受けるべき場合（当該年金給付を受ける権利を有することとなつた時に、当該年金給付に係る障害補償年金前払一時金若しくは遺族補償年金前払一時金又は障害年金前払一時金若しくは遺族年金前払一時金（以下この条において「前払一時金給付」という。）を請求することができる場合に限る。）であつて、同一の事由について、当該労働者を使用している事業主又は使用していた事業主から民法その他の法律による損害賠償（以下単に「損害賠償」といい、当該年金給付によつて塡補される損害を塡補する部分に限る。）を受けることができるときは、当該損害賠償については、当分の間、次に定めるところによるものとする。

一　事業主は、当該労働者又はその遺族の年金給付を受ける権利が消滅するまでの間、その損害の発生時から当該年金給付に係る前払一時金給付を受けるべき時までのその損害の発生時における法定利率により計算される額を合算した場合における当該合算した額が当該前払一時金給付の最高限度額に相当する額となるべき額（次号の規定により損害賠償の責めを免れたときは、その免れた額を控除した額）の限度で、その損害賠償の履行をしないことができる。

二　前号の規定により損害賠償の履行が猶予されている場合において、年金給付又は前払一時金給付の支給が行われたときは、事業主は、その損害の発生時から当該支給が行われた時までのその損害の発生時における法定利率により計算される額を合算した場合における当該合算した額が当該年金給付又は前払一時金給付の額となるべき額の限度で、その損害賠償の責めを免れる。

② 労働者又はその遺族が、当該労働者を使用している事業主又は使用していた事業主から損害賠償を受けることができる場合であつて、保険給付を受けるべきときに、同一の事由について、損害賠償（当該保険給付によつててん補される損害をてん補する部分に限る。）を受けたときは、政府は、労働政策審議会の議を経て厚生労働大臣が定める基準により、その価額の限度で、保険給付をしないことができる。ただし、前項に規定する年金給付を受けるべき場合において、次に掲げる保険給付については、この限りでない。

一　年金給付（労働者又はその遺族に対して、各月に支給されるべき額の合計額が厚生労働省令で定める算定方法に従い当該年金給付に係る前払一時金給付の最高限度額（当該前払一時金給付の支給を受けたことがある者にあつては、当該支給を受けた額を控除した額とする。）に相当する額に達するまでの間についての年金給付に限る。）

二　障害補償年金差額一時金及び第十六条の六第一項第二号の場合に支給される遺族補償一時金並びに障害年金差額一時金及び第二十二条の四第三項において読み替えて準用する第十六条の六第一項第二号の場合に支給される遺族一時金

三　前払一時金給付

改正　本条…追加（昭和五五年法律一〇四号）、二項…一部改正、本条…旧六七条から繰上（平成二年法律四〇号）、一項…一部改正（平成一一年法律一六〇号）、一項…一部改正（平成二九年法律四五号）

註〔年金給付を受ける権利―一二の八2・一五・一六・二二の三・二二の四〕、〔前払一時金給付の請求―附則五九1・六〇1・六二1・六三1〕、〔損害賠償―民法四一五・七〇九等〕、〔その他の法律―自動車損害賠償保障法等〕、〔年金を受ける権利の消滅―一五の二・一六の四・二二の三3・二二の四3等〕、〔法定利率―民法四〇四〕、〔前払一時金の最高限度額―附則五九2・六〇2〕、〔第二項第一号の年金給付―則附則44〕、〔届出等―則附則45～47〕

附　則（昭和三五年三月三一日法律二九号）（抄）

（施行期日）
第一条 この法律は、昭和三十五年四月一日から施行する。
（けい肺及び外傷性せき髄障害に関する特別保護法の廃止）
第二条 けい肺及び外傷性せき髄障害に関する特別保護法（昭和三十年法律第九十一号。以下「旧特別保護法」という。）は、廃止する。
（給付に関する経過措置）
第三条 この法律の施行前に生じた改正前の労働者災害補償保険法第十二条第二項に規定する事由に係る災害補償については、なお従前の例による。
第五条 この法律の施行の日の前日において旧特別保護法又は旧臨時措置法〈編注・けい肺及び外傷性せき髄障害の療養等に関する臨時措置法（昭和三十三年法律第百四十三号）〉の規定による療養給付を受けるべきであつた者であつて、労働省令で定めるところにより、都道府県労働基準局長がこの法律の施行の日以降引き続き療養を必要とすると認定したものは、同日において、労働者災害補償保険法の適用を受ける者であり、かつ、長期傷病者補償の給付の決定があつたものとみなす。
2 前項の規定により長期傷病者補償を受ける者については、改正後の労働者災害補償保険法（以下「新法」という。）の規定にかかわらず、遺族給付及び葬祭給付は行なわないものとし、その者に支給すべき傷病給付（第二種傷病給付に係る療養又は療養の費用に関する部分を除く。）又は第一種障害給付の年額は、それぞれ、新法の規定による年額から平均賃金の四十日分を減じた額とする。
3 第一項の規定による都道府県労働基準局長の認定に関する処分に不服がある者は、新法の規定による保険給付に関する決定に対する異議の例により、審査若しくは再審査の請求をし、又は訴訟を提起することができる。
（第一種障害補償費等の額に関する暫定措置）
第十五条 新法の規定による第一種障害補償費、傷病給付又は第一種障害給付を受ける労働者が、同時に、船員保険法（昭和十四年法律第七十三号）若しくは厚生年金保険法（昭和二十九年法律第百十五号）の規定による障害年金の支給を受けることができる場合又は農林漁業団体職員共済組合法（昭和三十三年法律第九十九号）の規定による職務による障害年金を受けることができる場合（同法第四十三条の規定により、当該年金の一部の支給を停止される場合を除く。）には、その者に支給すべき新法の規定によるこれらの保険給付（第二種傷病給付に係る療養又は療養の費用に関する部分を除く。以下この条において同じ。）の年額は、当分の間、新法の規定にかかわらず、新法の規定による当該保険給付の年額（附則第五条第二項の規定の適用を受ける者については、同項の規定による年額。以下次項において同じ。）から当該障害年金又は当該職務による障害年金の額の百分の五十七・五に相当する額を減じた額とする。

2　新法の規定による第一種障害補償費、傷病給付又は第一種障害給付を受ける労働者が、同時に、地方公務員等共済組合法（昭和三十七年法律第百五十二号）の規定による公務による障害年金又は業務による障害年金を受けることができる場合（同法第九十一条（同法第二百二条において準用する場合を含む。）の規定により、これらの年金の一部の支給を停止される場合を除く。）には、その者に支給すべきこれらの保険給付の年額は、当分の間、新法の規定にかかわらず、新法の規定による当該保険給付の年額から当該公務による障害年金又は業務による障害年金の額の百分の七十に相当する額を減じた額とする。

改正　二項…一部改正（昭和三七年法律一五二号、昭和三九年法律一五二号、昭和五七年法律六六号）、一項…一部改正（昭和三九年法律一一二号、昭和四〇年法律一〇五号）

第十六条　新法の規定による第一種障害補償費又は傷病給付若しくは第一種障害給付を受ける労働者については、政府は、当分の間、命令で定めるところにより、労働省において作成する毎月勤労統計における全産業の労働者一人当りの平均給与額（以下この項において「平均給与額」という。）が当該負傷し、又は疾病にかかつた日の属する年における平均給与額の百分の百二十をこえ、又は百分の八十を下るに至つた場合において、その状態が継続すると認めるときは、その上昇し、又は低下した比率を基準として、その翌年の四月以降の当該保険給付（第二種傷病給付に係る療養又は療養の費用に関する部分を除く。）の額を改訂して支給する。改訂後の第一種障害補償費又は傷病給付（第二種傷病給付に係る療養又は療養の費用に関する部分を除く。）若しくは第一種障害給付の額の改訂についてもこれに準ずる。

2　前項の規定は、附則第五条第二項の規定により新法の規定による傷病給付又は第一種障害給付の年額から減ずべき額について準用する。

（国庫負担等の検討）

第十七条　新法第三十四条の二及び前二条に規定する事項については、社会保障に関する制度全般の調整の機会において検討するものとし、その結果に基づいて、必要な措置を講ずるものとする。

附　則（昭和四〇年六月一一日法律一三〇号）（抄）

（施行期日）

第一条　この法律は、昭和四十年八月一日から施行する。ただし、第二条及び附則第十三条の規定は昭和四十年十一月一日から、第三条並びに附則第十四条から附則第四十三条まで及び附則第四十五条の規定は昭和四十一年二月一日から施行する。

（第一条の規定の施行に伴う経過措置）

第二条 第一条の規定の施行の際現に保険関係が成立している事業に関しては、同条の規定による改正後の労働者災害補償保険法（以下この条から附則第八条までにおいて「新法」という。）第三条の二の規定は、適用しない。

第三条 第一条の規定の施行の際現に同条の規定による改正前の労働者災害補償保険法（以下この条から附則第八条までにおいて「旧法」という。）第六条の規定による保険関係が成立している事業（当該事業に関し保険加入者が旧法第二十八条第一項若しくは第二項の報告をし、又は政府が同条第三項の通知を発したものを除く。）の事業主は、昭和四十年八月五日までに、新法第六条第二項に規定する事項を政府に届け出なければならない。

2 前項の規定による届出をせず、又は虚偽の届出をした者は、六箇月以下の懲役又は五万円以下の罰金に処する。

3 法人の代表者又は法人若しくは人の代理人、使用人その他の従業者が、その法人又は人の業務に関して、前項の違反行為をしたときは、行為者を罰するほか、その法人又は人に対し同項の罰金刑を科する。

第四条 第一条の規定の施行の際現に数次の請負によつて行なわれている事業の事業主については、なお旧法第八条の規定の例による。

第五条 旧法の規定により支給すべき療養補償費及び休業補償費であつて、第一条の規定の施行の際まだ支給していないものについては、なお従前の例による。

第六条 新法第十二条第一項第一号の規定は、第一条の規定の施行前に開始された療養に係る業務上の負傷又は疾病が同条の規定の施行後になおつた場合における同条の規定の施行前の療養についても、適用する。

第七条 新法第十二条第一項第二号の規定は、第一条の規定の施行前の休業が七日以内であり、かつ、同条の規定の施行後、同一の事由により休業する者に係る同条の規定の施行前の休業についても、適用する。この場合において、休業が七日をこえるときは、その休業の最初の日から起算して第三日目までの日についても、休業補償費を支給する。

第八条 第一条の規定の施行前に生じた事故に係る保険給付については、旧法第十七条から第十九条の二までの規定は、なお効力を有する。

2 第一条の規定の施行前に生じた事故については、新法第三十条の四の規定は、適用しない。

（強制適用事業の範囲の拡大）

第十二条 政府は、労働者災害補償保険の強制適用事業とされていないすべての事業を強制適用事業とするための効率的方策について、他の社会保険制度との関連をも考慮しつつ、二年以内に成果を得ることを目途として調査研究を行ない、その結果に基づいて、すみやかに、必要な措置を講ずるものとする。

（第三条の規定の施行に伴う経過措置）

第十四条　第三条の規定による改正前の労働者災害補償保険法（以下この条から附則第十六条までにおいて「旧法」という。）の規定による第一種障害補償費、傷病給付及び第一種障害給付のうち第三条の規定の施行の日の前日までの間に係る分並びに旧法の規定による第二種障害補償費、遺族補償費、葬祭料、第二種障害給付、遺族給付及び葬祭給付であつて、同条の規定の施行の際まだ支給していないものについては、なお従前の例による。

第十五条　第三条の規定の施行の際現に旧法の規定による第一種障害補償費若しくは第一種障害給付又は傷病給付を受けることができる者には、それぞれ、同条の規定による改正後の労働者災害補償保険法（以下「新法」という。）の規定による障害補償年金を支給し、又は長期傷病補償給付を行なう。この場合において、第一種傷病給付を受けることができる者に対して行なう長期傷病補償給付は、その者が同条の規定の施行後三十日以内に政府に申出をしたときは、新法第十八条第一項の規定にかかわらず、当該負傷若しくは疾病がなおるまで又は当該負傷若しくは疾病について病院若しくは診療所への収容による療養を必要とするに至るまでの間、従前の例による額の年金のみとする。

改正　二項…削除（昭和五一年法律三二号）

第十六条　新法第二十七条又は第三十条の二第一項第一号若しくは第二号に規定する保険給付の額に関しては、旧法の規定による第一種障害補償費及び第一種障害給付は、障害補償年金とみなし、同法の規定による傷病給付は、長期傷病補償給付とみなす。

（遺族補償年金に関する特例）

第四十三条　附則第四十五条の規定に基づき遺族補償年金を受けることができる遺族の範囲が改定されるまでの間、労働者の夫（婚姻の届出をしていないが、事実上婚姻関係と同様の事情にあつた者を含む。以下次項において同じ。）、父母、祖父母及び兄弟姉妹であつて、労働者の死亡の当時、その収入によつて生計を維持し、かつ、五十五歳以上六十歳未満であつたもの（労働者災害補償保険法第十六条の二第一項第四号に規定する者であつて、同法第十六条の四第一項第六号に該当しないものを除く。）は、同法第十六条の二第一項の規定にかかわらず、同法の規定による遺族補償年金を受けることができる遺族とする。この場合において、同法第十六条の四第二項中「各号の一」とあるのは「各号の一（第六号を除く。）」と、同法別表第一の遺族補償年金の項中「遺族補償年金を受けることができる遺族」とあるのは「遺族補償年金を受けることができる遺族（労働者災害補償保険法の一部を改正する法律（昭和四十年法律第百三十号）附則第四十三条第一項に規定する遺族であつて六十歳未満であるものを除く。）」とする。

2　前項に規定する遺族の遺族補償年金を受けるべき順位は、労働者災害補償保険法第十六条の二第一項に規定する遺族の次の順位とし、前項に規定する遺族のうちにあつては、夫、父母、祖父母及び兄弟姉妹の順序とする。

3　第一項に規定する遺族に支給すべき遺族補償年金は、その者が六十歳に達する月までの間は、その支給を停止する。ただし、労働者災害補償保険法第六十条の規定の適用を妨げるものではない。

改正　一項…一部改正（昭和四五年法律八八号）、一・二項…一部改正（昭和五二年法律三二号）、三項…一部改正（昭和五五年法律一〇四号）

（政令への委任）

第四十四条　この附則に規定するもののほか、この法律の施行に関して必要な事項は、政令で定める。

（業務災害に対する年金による補償に関する検討）

第四十五条　労働者の業務災害に対する年金による補償に関しては、労働者災害補償保険制度と厚生年金保険その他の社会保険の制度との関係を考慮して引き続き検討が加えられ、その結果に基づき、すみやかに、別に法律をもつて処理されるべきものとする。

附　則（昭和四二年七月二九日法律九五号）（抄）

（施行期日）

第一条　この法律は、公布の日から施行する。〈後略〉

附　則（昭和四四年一二月九日法律八三号）（抄）

（施行期日）

第一条　この法律の規定は、次の各号に掲げる区分に従い、それぞれ当該各号に定める日から施行する。

一～三　〈略〉

四　〈前略〉第二条の規定〈編注・第三条第一項の改正規定〉〈中略〉　別に法律で定める日〈編注・昭和四四年一二月九日法律八五号及び昭和四七年三月二七日政令三五号により昭和四七年四月一日〉

（労働者災害補償保険の適用事業に関する暫定措置）

第十二条　次に掲げる事業以外の事業であつて、政令で定めるものは、当分の間、第二条の規定による改正後の労働者災害補償保険法第三条第一項の適用事業としない。

一　第二条の規定による改正前の労働者災害補償保険法第三条第一項に規定する事業

二　労働者災害補償保険法第三十五条第一項第三号の規定の適用を受ける者のうち同法第三十三条第三号又は第五号に掲げる者が行う当該事業又は当該作業に係る事業（その者が同法第三十五条第一項第三号の規定の適用を受けなくなつた後引き続き労働者を使用して行う事業を含む。）であつて、農業（畜産及び養蚕の事業を含む。）に該当するもの

2　前項の政令で定める事業は、任意適用事業とする。

改正　一・二項…一部改正（平成二年法律四〇号）、一項

…一部改正（平成一二年法律一二四号）

附　則（昭和四四年一二月九日法律八五号）

この法律（第一条〈編注・整備法一条〉を除く。）は、徴収法の施行の日〈編注・昭和四七年三月二七日政令三五号により昭和四七年四月一日〉から施行する。

附　則（昭和四四年一二月一〇日法律八六号）（抄）

（施行期日等）

第一条　この法律は、公布の日から施行する。

〈後略〉

附　則（昭和四五年四月一日法律一三号）（抄）

（施行期日）

第一条　この法律は、公布の日から施行する。

附　則（昭和四五年五月二二日法律八八号）（抄）

（施行期日）

第一条　この法律は、公布の日から起算して六月をこえない範囲内において政令で定める日〈編注・昭和四五年一〇月三〇日政令三一一号により昭和四五年一一月一日〉から施行する。〈後略〉

（経過措置）

第二条　第一条の規定による改正後の労働者災害補償保険法（以下「新法」という。）別表第一の規定は、この法律の施行の日（以下「施行日」という。）以後の期間に係る障害補償年金及び遺族補償年金について適用し、同日前の期間に係る障害補償年金及び遺族補償年金については、なお従前の例による。

2　新法別表第二の規定は、施行日以後に支給すべき事由の生じた遺族補償一時金について適用し、同日前に支給すべき事由の生じた遺族補償一時金については、なお従前の例による。

附　則（昭和四六年三月三〇日法律一三号）（抄）

（施行期日）

第一条　この法律は、昭和四十六年十一月一日から施行する。

〈後略〉

附　則（昭和四八年九月二一日法律八五号）（抄）

（施行期日）

第一条　この法律は、公布の日から起算して六月をこえない範囲内において政令で定める日〈編注・昭和四八年一〇月二四日政令三一一号により昭和四八年一二月一日〉から施行する。

（通勤災害に関する保険給付についての経過規定）

第二条　この法律による改正後の労働者災害補償保険法（以下「新法」という。）の規定は、この法律の施行の日（以下「施行日」という。）以後に発生した事故に起因する新法第七条第一項第二号の通勤災害に関する保険給付について適用する。

（遺族年金に関する特例）

第五条　労働者の夫（婚姻の届出をしていないが、事実上婚姻関係と同様の事情にあつた者を含む。）、父母、祖父母及び兄弟姉妹であつて、労働者の通勤による死亡の当時、その収入によつて生計を維持し、かつ、五十五歳以上六十歳未満であつたもの（労働者災害補償保険法（以下「労災保険法」という。）第二十二条の四第三項において準用する労災保険法第十六条の二第一項第四号に規定する者であつて、労災保険法第二十二条の四第三項において準用する労災保険法第十六条の四第一項第六号に該当しないものを除く。）は、労災保険法第二十二条の四第三項において準用する労災保険法第十六条の二第一項の規定にかかわらず、当分の間、労災保険法の規定による遺族年金を受けることができる遺族とする。この場合において、労災保険法第二十二条の四第三項において準用する労災保険法第十六条の四第一項中「各号の一」とあるのは「各号の一（第六号を除く。）」と、労災保険法別表第一の遺族補償年金の項中「遺族補償年金を受けることができる遺族」とあるのは「遺族年金を受けることができる遺族（労働者災害補償保険法の一部を改正する法律（昭和四十八年法律第八十五号）附則第五条第一項に規定する遺族であつて六十歳未満であるものを除く。）」とする。

2　労働者災害補償保険法の一部を改正する法律（昭和四十年法律第百三十号）附則第四十三条第二項及び第三項の規定は、前項に規定する遺族について準用する。この場合において、同条第二項中「遺族補償年金」とあるのは「遺族年金」と、同条第三項中「遺族補償年金」とあるのは「遺族年金」と、「第六十条」とあるのは「第六十三条」と読み替えるものとする。

改正　二項…一部改正（昭和五一年法律三二号）、一・二項…一部改正（昭和五五年法律一〇四号）

附　則（昭和四八年九月二六日法律九三号）（抄）

（施行期日）

第一条　この法律は、昭和四十八年十月一日から施行する。

〈後略〉

附　則（昭和四九年一二月二八日法律一一五号）（抄）

（施行期日等）

第一条　この法律は、公布の日から施行し、第一条の規定による改正後の労働者災害補償保険法別表第一（同法第二十二条の三第三項及び第二十二条の四第三項において準用する場合を含む。）及び別表第二（同法第二十二条の三第三項において準用する場合を含む。）の規定、第二条の規定による改正後の労働者災害補償保険法の一部を改正する法律附則第四十二条第一項（労働者災害補償保険法の一部を改正する法律（昭和四十八年法律第八十五号）附則第四条第一項においてその例によることとされる場合を含む。）の〈中略〉規定は、昭和四十九年十一月一日から適用する。

（第一条及び第二条の規定の施行に伴う経過措置）

第二条　昭和四十九年十一月一日（以下「適用日」という。）前の期間に係る労働者災害補償保険法（以下この条において

「労災保険法」という。）の規定による障害補償年金、遺族補償年金、障害年金及び遺族年金並びに適用日前に支給すべき事由の生じた労災保険法の規定による障害補償一時金及び障害一時金については、なお従前の例による。

2　適用日からこの法律の施行の日（以下「施行日」という。）の前日までの間に労災保険法第十六条の六第二号（労災保険法第二十二条の四第三項において準用する場合を含む。）の場合の遺族補償一時金又は遺族一時金（以下この項において「遺族補償一時金等」という。）を支給すべき事由が生じた場合における次の各号に掲げる保険給付の額は、第一条の規定による改正後の労働者災害補償保険法（以下この項及び附則第六条において「新労災保険法」という。）の規定にかかわらず、当該各号に定める額とする。

一　当該遺族補償一時金等の額　第一条の規定による改正前の労働者災害補償保険法（次号及び附則第六条において「旧労災保険法」という。）の規定による額

二　当該遺族補償一時金等の支給に係る死亡に関して支給されていた遺族補償年金又は遺族年金（以下この号において「遺族補償年金等」という。）を受ける権利を有する者に対して支給すべき適用日の属する月から当該遺族補償一時金等を支給すべき事由の生じた日の属する月までの分の遺族補償年金等の額　旧労災保険法の規定による額（これらの月分の新労災保険法の規定による遺族補償年金等の額からこれらの月分の旧労災保険法の規定による遺族補償年金等の額を減じた額が当該遺族補償一時金等の額を超えるときは、当該超える額を加算した額）

3　適用日前に生じた業務上の事由又は通勤（労災保険法第七条第一項第二号の通勤をいう。）による死亡に関しては、第二条の規定による改正前の労働者災害補償保険法の一部を改正する法律（以下「昭和四十年改正法」という。）附則第四十二条第一項（労働者災害補償保険法の一部を改正する法律（昭和四十八年法律第八十五号。以下「昭和四十八年改正法」という。）附則第四条第一項においてその例によることとされる場合を含む。）の規定の例による。

4　労働保険の保険料の徴収等に関する法律（昭和四十四年法律第八十四号）第十七条の規定は、この法律の施行の際現に労働保険の保険料の徴収等に関する法律第三条に規定する労災保険に係る労働保険の保険関係が成立している事業の施行日の属する保険年度に係る労働保険料については、適用しない。

改正　四・五項…削除、旧六項…四項に繰上（昭和五一年法律三二号）、一項…一部改正（昭和五五年法律一〇四号）

（保険給付の内払）

第六条　適用日の属する月から施行日の前日の属する月までの分として旧労災保険法の規定に基づいて支給された障害補償

年金、遺族補償年金、障害年金又は遺族年金の支払は、新労災保険法の規定により支給されるこれらに相当する保険給付の内払とみなす。

2　適用日以後に支給すべき事由の生じた障害補償一時金若しくは障害一時金又は昭和四十年改正法附則第四十二条第一項（昭和四十八年改正法附則第四条第一項においてその例によることとされる場合を含む。以下この項において同じ。）の一時金であつて、旧労災保険法の規定又は第二条の規定による改正前の昭和四十年改正法附則第四十二条第一項の規定に基づいて支給されたものの支払は、新労災保険法の規定又は第二条の規定による改正後の昭和四十年改正法附則第四十二条第一項の規定によるこれらに相当する保険給付の内払とみなす。

3・4　〈略〉

附　則（昭和五一年五月二七日法律三二号）（抄）

（施行期日等）

第一条　この法律は、昭和五十二年四月一日から施行する。ただし、次の各号に掲げる規定は、当該各号に定める日から施行する。

一・二　〈略〉

三　第一条中労働者災害補償保険法目次及び第一条の改正規定、同法第二条の次に一条を加える改正規定並びに同法第三章の二の改正規定、第二条中労働者災害補償保険法の一部を改正する法律附則第十五条第二項の改正規定〈中略〉並びに附則第九条〈中略〉及び附則第三十条の規定　公布の日から起算して六月を超えない範囲内において政令で定める日〈編注・昭和五一年六月二八日政令一六七号により昭和五一年七月一日及び昭和五二年一〇月一日〉

四　〈略〉

2　〈略〉

（第一条の規定の施行に伴う経過措置）

第二条　この法律の施行の日（以下「施行日」という。）前に支給すべき事由の生じた休業補償給付又は休業給付については、なお従前の例による。

2　第一条の規定による改正前の労働者災害補償保険法（以下「旧労災保険法」という。）の規定による障害補償年金、遺族補償年金、長期傷病補償給付たる年金、障害年金、遺族年金又は長期傷病給付たる年金のうち施行日の前日までの間に係る分については、なお従前の例による。

第三条　施行日前に同一の業務上の負傷又は疾病につき旧労災保険法第十四条の規定による休業補償給付と厚生年金保険法（昭和二十九年法律第百十五号）第四十七条の規定による障害年金又は旧労災保険法別表第一第二号の政令で定める法令による給付であつて厚生年金保険法の規定による障害年金に相当する給付とを支給されていた労働者で、施行日以後も引き続きこれらの年金の支給を受けるものに対し、当該負傷又は疾病について支給する第一条の規定による改正後の労働者災害補償保険法（以下「新労災保険法」という。）第十四条の規定による休業補償給付の額は、同条の規定により算定した額が、施行日の前日に支給すべき事由の生じた旧労災保険法第十四条の規定による休業補償給付の額（同日に休業補償給付を支給すべき事由が生じなかつたときは、同日前に最後に休業補償給付を支給すべき事由が生じた日の休業補償給付の額）に満たないときは、新労災保険法第十四条の規定にかかわらず、当該旧労災保険法第十四条の規定による休業補償給付の額に相当する額とする。

2　前項の規定は、施行日前に同一の通勤による負傷又は疾病につき旧労災保険法第二十二条の二の規定による休業給付と同項に規定する障害年金又は障害年金に相当する給付とを支給されていた労働者で施行日以後も引き続きこれらの年金の支給を受けるものについて準用する。この場合において、同項中「第一条の規定による改正後の労働者災害補償保険法（以下「新労災保険法」という。）第十四条」とあり、及び「新労災保険法第十四条」とあるのは「新労災保険法第二十二条の二」と、「休業補償給付」とあるのは「休業給付」と、「旧労災保険法第十四条」とあるのは「旧労災保険法第二十二条の二」と読み替えるものとする。

第四条　施行日前に労働者が旧労災保険法の規定による長期傷病補償給付を受けることとなつた場合における労働基準法（昭和二十二年法律第四十九号）第十九条の規定の適用については、なお従前の例による。

第五条　施行日の前日において旧労災保険法第二十八条第一項の承認を受けていた事業主及び旧労災保険法第二十九条第一項の承認を受けていた団体は、施行日において新労災保険法第二十八条第一項又は第二十九条第一項の承認を受けたものとみなす。

2　前項の事業主若しくは当該事業主に係る新労災保険法第二十七条第二号に掲げる者又は同項の団体の構成員である同条第三号から第五号までに掲げる者のうち新労災保険法第二十九条第一項の労働省令で定める者に該当しない者についての新労災保険法の規定による通勤災害に関する保険給付は、施行日以後に発生した事故に起因する新労災保険法第七条第一項第二号に規定する通勤災害について行うものとする。

第六条　新労災保険法第三十条第一項の規定の適用については、この法律の施行地外の地域における通勤災害の実情、その発生状況その他の事情をは握することができる期間として政令で定める日〈編注・昭和五二年三月二三日政令三三号附則第二項により昭和五五年三月三一日〉までの間は、同項中「この保険による保険給付」とあるのは「この保険による業務災害に関する保険給付」と、「第三章及び」とあるのは「第三章第一節及び第二節並びに」とする。

第七条　施行日の前日において同一の事由につき旧労災保険法

の規定による年金たる保険給付と厚生年金保険法の規定による障害年金若しくは遺族年金又は旧労災保険法別表第一第二号の政令で定める法令による給付であつて厚生年金保険法の規定による障害年金若しくは遺族年金に相当する給付とを支給されていた者で、施行日以後も引き続きこれらの年金の支給を受けるものに対し、同一の事由につき支給する新労災保険法の規定による年金たる保険給付で施行日の属する月分に係るものについて、新労災保険法の規定により算定した額が、旧労災保険法の規定による年金たる保険給付で施行日の属する月の前月分に係るものの額（以下この項において「旧支給額」という。）に満たないときは、新労災保険法の規定により算定した額が旧支給額以上の額となる月の前月までの月分の当該年金たる保険給付の額は、新労災保険法の規定にかかわらず、当該旧支給額に相当する額とする。

2　前項の規定の適用を受ける者が、同項に規定する旧支給額以上の額となる月前において、新労災保険法第十五条の二（新労災保険法第二十二条の三第三項において準用する場合を含む。）の規定により新たに該当するに至つた障害等級に応ずる障害補償年金若しくは障害年金を支給されることとなるとき、新労災保険法第十六条の三第三項若しくは第四項（新労災保険法第二十二条の四第三項において準用する場合を含む。）の規定により遺族補償年金若しくは遺族年金の額を改定して支給されることとなるとき、又は新労災保険法第十八条の二（新労災保険法第二十二条の六第二項において準用する場合を含む。）の規定により新たに該当するに至つた傷病等級に応ずる傷病補償年金若しくは傷病年金を支給されることとなるとき、その他労働省令で定める事由に該当することとなつたときは、これらの事由に該当することとなつた日の属する月の翌月から当該旧支給額以上の額となる月の前月までの月分の当該年金たる保険給付の額は、前項の規定にかかわらず、労働省令で定めるところによつて算定する額とする。

改正　二項…一部改正（昭和五七年法律六六号）

第八条　施行日の属する保険年度（四月一日から翌年三月三十一日までをいう。以下同じ。）及び当該保険年度の翌保険年度における新労災保険法の規定による傷病補償年金の額に関する新労災保険法別表第一第一号ハの規定の適用については、同号ハ中「「傷病補償年金」」とあるのは、「「長期傷病補償給付たる年金」」とする。

2　施行日の属する保険年度及び当該保険年度の翌保険年度における新労災保険法の規定による傷病年金の額に関する新労災保険法第二十二条の六第二項において準用する新労災保険法別表第一第一号ハの規定の適用については、同号ハ中「「傷病年金」」とあるのは、「「長期傷病給付たる年金」」とする。

（第二条の規定の施行に伴う経過措置）

第九条　第二条の規定による改正前の労働者災害補償保険法の

一部を改正する法律（以下「昭和四十年改正法」という。）附則第十五条第二項に規定する者に支給する附則第一条第一項第三号に定める日の前日までの間に係る障害補償年金又は長期傷病補償給付たる年金の額については、なお従前の例による。

2　第二条の規定による改正前の昭和四十年改正法附則第十五条第二項に規定する者で、附則第一条第一項第三号に定める日前に死亡したものに係る遺族補償給付及び葬祭料については、なお従前の例による。

第十条　施行日の属する保険年度の四月から七月までの月分の障害補償年金、遺族補償年金及び傷病補償年金並びに当該保険年度の四月一日から七月三十一日までに支給すべき事由の生じた障害補償一時金、遺族補償一時金及び労働者災害補償保険法等の一部を改正する法律（昭和五十五年法律第百四号。附則第二十六条において「昭和五十五年改正法」という。）附則第十条の規定による改正前の昭和四十年改正法附則第四十二条第一項の一時金の額の改定については、第二条の規定による改正前の昭和四十年改正法附則第四十一条第一項（附則第二十三条の規定による改正前の労働者災害補償保険法等の一部を改正する法律附則第三条及び附則第二十八条の規定による改正前の労働者災害補償保険法等の一部を改正する法律（以下「昭和四十九年改正法」という。）附則第二条第四項において読み替えて適用する場合を含む。）及び附則第二十八条の規定による改正前の昭和四十九年改正法附則第四条第一項の規定は、施行日以後も、なお、その効力を有する。この場合において、第二条の規定による改正前の昭和四十年改正法附則第四十一条第一項中「長期傷病補償給付」とあるのは、「傷病補償年金」とする。

改正　本条…一部改正（昭和五五年法律一〇四号）

（昭和四十八年改正法の一部改正に伴う経過措置）

第二十六条　施行日の属する保険年度の四月から七月までの月分の障害年金、遺族年金及び傷病年金並びに当該保険年度の四月一日から七月三十一日までに支給すべき事由の生じた障害一時金、遺族一時金及び昭和五十五年改正法附則第十一条の規定による改正前の労働者災害補償保険法の一部を改正する法律（昭和四十八年法律第八十五号。以下「昭和四十八年改正法」という。）附則第四条第一項の一時金の額の改定については、前条の規定による改正前の昭和四十八年改正法附則第三条（附則第二十八条の規定による改正前の昭和四十九年改正法附則第二条第五項において読み替えて適用する場合を含む。）及び附則第二十八条の規定による改正前の昭和四十九年改正法附則第四条第二項の規定は、施行日以後も、なおその効力を有する。この場合において、前条の規定による改正前の昭和四十八年改正法附則第三条中「長期傷病給付」とあるのは、「傷病年金」とする。

改正　本条…一部改正（昭和五五年法律一〇四号）

（政令への委任）

第三十条　この附則に規定するもののほか、この法律の施行に伴い必要な事項は、政令で定める。

附　則（昭和五三年五月二三日法律五四号）（抄）

（施行期日）

1　この法律は、公布の日から施行する。

附　則（昭和五五年一二月五日法律一〇四号）（抄）

（施行期日等）

第一条　この法律は、公布の日から施行する。ただし、次の各号に掲げる規定は、当該各号に定める日から施行する。

一　〈略〉

二　第一条中労働者災害補償保険法第八条の次に一条を加える改正規定、第十二条の二を第十二条の二の二とする改正規定及び第十二条の次に一条を加える改正規定並びに次条第三項の規定　公布の日から起算して三月を超えない範囲内において政令で定める日〈編注・昭和五五年一二月五日政令三一七号により昭和五六年二月一日〉

三　〈略〉

四　第一条中労働者災害補償保険法第十二条の五第二項にただし書を加える改正規定、第二十三条の改正規定及び附則に十条を加える改正規定（第五十八条、第五十九条、第六十一条、第六十二条、第六十五条第一項（障害補償年金差額一時金及び障害補償年金前払一時金に係る部分に限る。）、同条第二項（障害年金差額一時金及び障害年金前払一時金に係る部分に限る。）及び第六十七条に係る部分に限る。）、〈中略〉次条第七項、第八項及び第十一項の規定、附則第三条第一項の規定、附則第四条第一項〈中略〉の規定　昭和五十六年十一月一日

2　次の各号に掲げる規定は、当該各号に定める日から適用する。

一　第一条の規定による改正後の労働者災害補償保険法（以下「新労災保険法」という。）第六十四条、第六十五条第一項（障害補償一時金、遺族補償一時金及び遺族補償年金前払一時金に係る部分に限る。）及び同条第二項（障害一時金、遺族一時金及び遺族年金前払一時金に係る部分に限る。）〈中略〉並びに次条第一項、第四項及び第九項、附則第五条〈中略〉の規定　昭和五十五年八月一日

二　新労災保険法第十六条の三第四項第一号及び別表第一〈中略〉並びに次条第二項〈中略〉の規定　昭和五十五年十一月一日

（第一条の規定の施行に伴う経過措置）

第二条　昭和五十五年八月一日からこの法律の施行の日（以下「施行日」という。）の前日までの間に労働者災害補償保険法（以下「労災保険法」という。）第十六条の六第二号（労災保険法第二十二条の四第三項において読み替えて準用する場合を含む。以下この項において同じ。）の場合の遺族補償一時金

又は遺族一時金（以下この項において「遺族補償一時金等」という。）を支給すべき事由が生じた場合における次の各号に掲げる保険給付の額は、新労災保険法の規定にかかわらず、当該各号に定める額とする。

一　当該遺族補償一時金等の額　第一条の規定による改正前の労働者災害補償保険法（以下「旧労災保険法」という。）の規定による額（その額が新労災保険法の規定による額を下回るときは、新労災保険法の規定による額）

二　当該遺族補償一時金等の支給に係る死亡に関して支給されていた遺族補償年金又は遺族年金（以下この号において「遺族補償年金等」という。）を受ける権利を有する者に対して支給すべき昭和五十五年八月から当該遺族補償一時金等を支給すべき事由の生じた日の属する月までの分の遺族補償年金等の額　旧労災保険法の規定による額（これらの月分の新労災保険法の規定による遺族補償年金等の額からこれらの月分の旧労災保険法の規定による遺族補償年金等の額を減じた額（当該遺族補償一時金等を支給すべき事由につき新労災保険法の規定を適用することとした場合に新労災保険法第十六条の六第二号の場合の一時金を支給することとなるときは、当該支給することとなる一時金の額を加えた額）が当該遺族補償一時金等の額を超えるときは、当該超える額を加算した額）

2　昭和五十五年十一月一日前の期間に係る遺族補償年金及び遺族年金の額は、前項第二号に規定する場合のほか、なお従前の例による。

3　前条第一項第二号に定める日前の期間に係る労災保険法の規定による年金たる保険給付の額の端数処理及び同日前に発生した新労災保険法第十二条の二に規定する返還金債権については、なお従前の例による。

4　昭和五十五年八月一日から施行日の前日までに支給すべき事由の生じた附則第十条の規定による改正前の労働者災害補償保険法の一部を改正する法律（昭和四十年法律第百三十号。以下「旧昭和四十年改正法」という。）附則第四十二条第一項の一時金に関する新労災保険法第六十五条の規定の適用については、同条中「遺族補償年金前払一時金」とあるのは「労働者災害補償保険法等の一部を改正する法律（昭和五十五年法律第百四号）附則第十条の規定による改正前の労働者災害補償保険法の一部を改正する法律（昭和四十年法律第百三十号）附則第四十二条第一項の一時金」と、「遺族年金前払一時金」とあるのは「労働者災害補償保険法等の一部を改正する法律附則第十一条の規定による改正前の労働者災害補償保険法の一部を改正する法律（昭和四十八年法律第八十五号）附則第四条第一項の一時金」とする。

5　昭和五十五年八月から施行日の前日の属する月までの分として旧労災保険法の規定に基づいて支給された障害補償年金、遺族補償年金、傷病補償年金、障害年金、遺族年金又は傷病年金の支払は、新労災保険法の規定により支給されるこれらに相当する保険給付の内払とみなす。

6　昭和五十五年八月一日以後に支給すべき事由の生じた障害補償一時金、障害一時金、遺族補償一時金、遺族一時金又は旧昭和四十年改正法附則第四十二条第一項（附則第十一条の規定による改正前の労働者災害補償保険法の一部を改正する法律（昭和四十八年法律第八十五号。以下「旧昭和四十八年改正法」という。）附則第四条第一項においてその例によることとされる場合を含む。以下この項において同じ。）の一時金であつて、旧労災保険法の規定又は旧昭和四十年改正法附則第四十二条第一項の規定に基づいて支給されたものの支払は、新労災保険法の規定によるこれらに相当する保険給付の内払とみなす。

7　新労災保険法第五十八条及び第六十一条の規定は、昭和五十六年十一月一日以後に労災保険法の規定による障害補償年金又は障害年金を受ける権利を有する者が死亡した場合について適用する。

8　新労災保険法第五十九条及び第六十二条の規定は、労働者が業務上の事由又は通勤により負傷し、又は疾病にかかり、昭和五十六年十一月一日以後に治つたとき身体に障害が存する場合について適用する。

9　新労災保険法第六十五条の規定は、昭和四十九年十一月一日以後に支給すべき事由が生じた新労災保険法の規定による障害補償一時金、遺族補償一時金及び遺族補償年金前払一時金（旧昭和四十年改正法附則第四十二条第一項の規定により支給された一時金を含む。）並びに障害一時金、遺族一時金及び遺族年金前払一時金（旧昭和四十八年改正法附則第四条第一項の規定により支給された一時金を含む。）について適用する。

10　新労災保険法第六十六条の規定は、施行日以後において支給すべき事由が生じた労災保険法の規定による遺族補償一時金及び遺族一時金について適用する。この場合において、施行日から昭和五十六年十月三十一日までの間における新労災保険法第六十六条の規定の適用については、同条第一項中「遺族補償年金前払一時金の額（その額が第六十四条第一項又は第六十五条第一項の規定により改定されたものである場合には、当該改定がされなかつたものとした場合に得られる額）」とあるのは「遺族補償年金前払一時金の額」と、同条第二項中「遺族年金前払一時金の額（その額が第六十四条第二項において準用する同条第一項又は第六十五条第二項において読み替えて準用する同条第一項の規定により改定されたものである場合には、当該改定がされなかつたものとした場合に得られる額）」とあるのは「遺族年金前払一時金の額」とする。

11　新労災保険法第六十七条の規定は、昭和五十六年十一月一日以後に発生した事故に起因する損害について適用する。

第三条　旧昭和四十年改正法附則第四十一条の規定によりされた障害補償年金の額の改定は、新労災保険法第六十四条第一項の規定によりされた改定とみなして、新労災保険法第五十八条第一項の規定を適用する。

2　旧昭和四十年改正法附則第四十二条第一項の規定により支給された一時金は、新労災保険法第六十条第一項の規定により支給された遺族補償年金前払一時金とみなして、同条第三項、第五項及び第六項の規定を適用する。

第四条　旧昭和四十八年改正法附則第三条の規定により旧昭和四十年改正法附則第四十一条の規定の例によりされた障害年金の額の改定は、新労災保険法第六十四条第二項において準用する同条第一項の規定によりされた改定とみなして、新労災保険法第六十一条第一項の規定を適用する。

2　旧昭和四十八年改正法附則第四条第一項の規定により支給された一時金は、新労災保険法第六十三条第一項の規定により支給された遺族年金前払一時金とみなして、同条第三項において読み替えて準用する新労災保険法第六十条第三項及び第六項の規定を適用する。

第五条　旧昭和四十年改正法附則第四十一条の規定によりされた障害補償年金、遺族補償年金又は傷病補償年金の額の改定は、新労災保険法第六十四条第一項の規定によりされた改定とみなして、同項後段の規定を適用する。

2　旧昭和四十八年改正法附則第三条の規定により旧昭和四十年改正法附則第四十一条の規定の例によりされた障害年金、遺族年金又は傷病年金の額の改定は、新労災保険法第六十四条第二項において準用する同条第一項の規定によりされた改定とみなして、同条第二項において準用する同条第一項後段の規定を適用する。

第六条　旧昭和四十年改正法附則第四十二条第一項の規定により支給された一時金は新労災保険法第六十条第一項の規定により支給された遺族補償年金前払一時金と、旧昭和四十年改正法附則第四十一条の規定によりされた遺族補償年金の額の改定は新労災保険法第六十四条第一項の規定によりされた改定と、附則第十二条の規定による改正前の労働者災害補償保険法等の一部を改正する法律（昭和四十九年法律第百十五号。以下「旧昭和四十九年改正法」という。）附則第四条第一項規定によりされた改定で旧昭和四十年改正法附則第四十二条第一項の規定により支給された一時金の額につきされた改定は新労災保険法第六十五条第一項の規定によりされた改定とそれぞれみなして、新労災保険法第六十六条第一項の規定により読み替えて適用する新労災保険法第十六条の六第二号の規定を適用する。

2　旧昭和四十八年改正法附則第四条第一項の規定により支給された一時金は新労災保険法第六十三条第一項の規定により支給された遺族年金前払一時金と、旧昭和四十八年改正法附則第三条の規定により旧昭和四十年改正法附則第四十一条の規定の例によりされた遺族年金の額の改定は新労災保険法第六十四条第二項において準用する同条第一項の規定によりされた改定と、旧昭和四十九年改正法附則第四条第二項において読み替えて準用する同条第一項の規定によりされた改定で旧昭和四十八年改正法附則第四条第一項の規定により支給された一時金の額につきされた改定は新労災保険法第六十五条第二項において読み替えて準用する同条第一項の規定によりされた改定とそれぞれみなして、新労災保険法第六十六条第二項の規定により読み替えて適用する新労災保険法第十六条の六第二号の規定を適用する。

（政令への委任）

第十六条 附則第二条から第九条までに規定するもののほか、この法律の施行に関して必要な経過措置は、政令で定める。

附　則（昭和五七年七月一六日法律六六号）

この法律は、昭和五十七年十月一日から施行する。

附　則（昭和五九年一二月二五日法律八七号）（抄）

（施行期日）

第一条 この法律は、昭和六十年四月一日から施行する。〈後略〉

附　則（昭和六〇年五月一日法律三四号）（抄）

（施行期日）

第一条 この法律は、昭和六十一年四月一日（以下「施行日」という。）から施行する。〈後略〉

（労働者災害補償保険法の一部改正に伴う経過措置）

第百十六条 施行日の属する月の前月までの月分の労働者災害補償保険法の規定による障害補償年金、遺族補償年金、傷病補償年金、障害年金、遺族年金及び傷病年金の額については、なお従前の例による。

2　施行日の属する月以後の月分の労働者災害補償保険法の規定による障害補償年金若しくは傷病補償年金又は遺族補償年金と第三条の規定による改正前の厚生年金保険法（以下次条までにおいて「旧厚生年金保険法」という。）の規定による障害年金又は遺族年金とが同一の事由（労働者災害補償保険法別表第一第一号に規定する同一の事由をいう。次項及び次条第一項において同じ。）により支給される場合における障害補償年金、遺族補償年金及び傷病補償年金の額については、前条の規定による改正後の労働者災害補償保険法（以下次条までにおいて「新労災保険法」という。）別表第一の規定にかかわらず、同表の下欄の額に、政令で定めるところにより、前条の規定による改正前の労働者災害補償保険法（次項において「旧労災保険法」という。）別表第一第一号の規定の例により算定して得た率を下らない範囲内で政令で定める率を乗じて得た額（その額が政令で定める額を下回る場合には、当該政令で定める額）とする。

3　施行日の属する月以後の月分の労働者災害補償保険法の規定による障害補償年金若しくは傷病補償年金又は遺族補償年

金と旧厚生年金保険法の規定による障害年金又は遺族年金に相当する給付（政令で定める法令による給付に限る。）とが同一の事由により支給される場合における障害補償年金、遺族補償年金及び傷病補償年金の額については、新労災保険法別表第一の規定にかかわらず、同表の下欄の額に、政令で定めるところにより、前項の政令で定める率に準じて政令で定める率を乗じて得た額（その額が政令で定める額を下回る場合には、当該政令で定める額）とする。

4　前二項の規定は、施行日の属する月以後の月分の労働者災害補償保険法の規定による障害年金、遺族年金及び傷病年金について準用する。

5　附則第二十八条第一項の規定により支給する遺族基礎年金に対する新労災保険法別表第一第一号及び第三号（新労災保険法第二十二条の四第三項において準用する場合を含む。）の規定の適用については、これらの規定中「遺族基礎年金」とあるのは、「遺族基礎年金（国民年金法等の一部を改正する法律（昭和六十年法律第三十四号）附則第二十八条第一項の規定により支給する遺族基礎年金を除く。）」とする。

6　施行日前に支給すべき事由が生じた労働者災害補償保険法の規定による休業補償給付及び休業給付の額については、なお従前の例による。

7　施行日以後に支給すべき事由が生じた労働者災害補償保険法の規定による休業補償給付と旧厚生年金保険法の規定による障害年金又はこれに相当する給付（第三項の政令で定める法令による給付に限る。）とが同一の事由により支給される場合における休業補償給付の額については、労働者災害補償保険法等の一部を改正する法律（平成二年法律第四十号）第二条の規定による改正後の労働者災害補償保険法（次項において「平成二年改正後の労災保険法」という。）第十四条第一項の規定にかかわらず、同項に規定する額に第二項又は第三項の政令で定める率のうち傷病補償年金について定める率を乗じて得た額（その額が政令で定める額を下回る場合には、当該政令で定める額）とする。

8　施行日以後に支給すべき事由が生じた労働者災害補償保険法の規定による休業給付と旧厚生年金保険法の規定による障害年金又はこれに相当する給付（第三項の政令で定める法令による給付に限る。）とが同一の事由により支給される場合における休業給付の額については、平成二年改正後の労災保険法第二十二条の二第二項において準用する平成二年改正後の労災保険法第十四条第一項の規定にかかわらず、同項に規定する額に第四項において準用する第二項又は第三項の政令で定める率のうち傷病年金について定める率を乗じて得た額（その額が政令で定める額を下回る場合には、当該政令で定める額）とする。

改正　七・八項…一部改正（平成二年法律四〇号）

第百十七条　新労災保険法別表第一第一号に規定する場合にお

ける労働者災害補償保険法の規定による障害補償年金若しくは傷病補償年金又は遺族補償年金（施行日の属する月から昭和六十三年三月までの月分に限る。）の額については、同表の規定にかかわらず、同表の下欄の額に次の各号に掲げる同法の規定による年金たる保険給付の区分に応じ、当該各号に掲げるところにより算定して得た率を下らない範囲内で政令で定める率を乗じて得た額（その額が政令で定める額を下回る場合には、当該政令で定める額）とする。

一　障害補償年金　前々保険年度（前々年の四月一日から前年の三月三十一日までをいう。以下この号において同じ。）において労働者災害補償保険法の規定による障害補償年金を受けていた者であって、同一の事由により旧厚生年金保険法の規定による障害年金が支給されていたすべてのものに係る前々保険年度における労働者災害補償保険法の規定による障害補償年金の支給額（これらの者が旧厚生年金保険法の規定による障害年金を支給されていなかったとした場合の当該障害補償年金の支給額をいう。）の平均額からこれらの者が受けていた前々保険年度における旧厚生年金保険法の規定による障害年金の支給額の平均額に百分の五十を乗じて得た額を減じた額を当該障害補償年金の支給額の平均額で除して得た率

二　遺族補償年金　前号中「障害補償年金」とあるのは「遺族補償年金」と、「障害年金」とあるのは「遺族年金」として、同号の規定の例により算定して得た率

三　傷病補償年金　第一号中「障害補償年金」とあるのは「傷病補償年金」として、同号の規定の例により算定して得た率

2　新労災保険法別表第一第二号に規定する場合における労働者災害補償保険法の規定による障害補償年金若しくは傷病補償年金又は遺族補償年金（施行日の属する月から昭和六十三年三月までの月分に限る。）については、同表の規定にかかわらず、同表の下欄の額に、当該年金たる保険給付の区分に応じ、前項の政令で定める率に準じて政令で定める率を乗じて得た額（その額が政令で定める額を下回る場合には、当該政令で定める額）を、当該年金たる保険給付の額とする。

3　新労災保険法別表第一第三号に規定する場合における労働者災害補償保険法の規定による障害補償年金若しくは傷病補償年金又は遺族補償年金（施行日の属する月から昭和六十三年三月までの月分に限る。）については、同表の規定にかかわらず、同表の下欄の額に、当該年金たる保険給付の区分に応じ、第一項の政令で定める率に準じて政令で定める率を乗じて得た額（その額が政令で定める額を下回る場合には、当該政令で定める額）を、当該年金たる保険給付の額とする。

4　前三項の規定は、施行日の属する月から昭和六十三年三月までの月分の労働者災害補償保険法の規定による障害年金、遺族年金及び傷病年金の額について準用する。この場合にお

いて、第一項中「新労災保険法別表第一第一号」とあるのは「新労災保険法第二十二条の三第三項、第二十二の四第三項及び第二十二条の六第二項において準用する新労災保険法別表第一第一号」と、第二項中「新労災保険法別表第一第二号」とあるのは「新労災保険法第二十二条の三第三項、第二十二条の四第三項及び第二十二条の六第二項において準用する新労災保険法別表第一第二号」と、第三項中「新労災保険法別表第一第三号」とあるのは「新労災保険法第二十二条の三第三項、第二十二条の四第三項及び第二十二条の六第二項において準用する新労災保険法別表第一第三号」と読み替えるものとする。

5　施行日から昭和六十三年三月三十一日までの間に支給すべき事由が生じた休業補償給付については、新労災保険法第十四条第三項中「同表第一号から第三号まで」とあるのは、「国民年金法等の一部を改正する法律（昭和六十年法律第三十四号）附則第百十七条第一項から第三項まで」とする。

6　施行日から昭和六十三年三月三十一日までの間に支給すべき事由が生じた休業給付については、新労災保険法第二十二条の二第二項中「同表第一号から第三号まで」とあるのは、「国民年金法等の一部を改正する法律（昭和六十年法律第三十四号）附則第百十七条第四項において準用する同条第一項から第三項まで」とする。

附　則（昭和六〇年六月七日法律四八号）（抄）

（施行期日等）

第一条　この法律は、昭和六十年八月一日から施行する。

2　〈略〉

附　則（昭和六〇年一二月二七日法律一〇五号）（抄）

（施行期日）

第一条　この法律は、昭和六十一年四月一日から施行する。

附　則（昭和六〇年一二月二七日法律一〇六号）（抄）

（施行期日）

第一条　この法律は、昭和六十一年四月一日から施行する。

附　則（昭和六〇年一二月二七日法律一〇七号）（抄）

（施行期日）

第一条　この法律は、昭和六十一年四月一日から施行する。

附　則（昭和六〇年一二月二七日法律一〇八号）（抄）

（施行期日）

第一条　この法律は、昭和六十一年四月一日から施行する。

附　則（昭和六一年五月二三日法律五九号）（抄）

（施行期日）

第一条　この法律は、昭和六十二年二月一日から施行する。ただし、次の各号に掲げる規定は、当該各号に定める日から施行する。

一　〈略〉

二　第一条中労働者災害補償保険法第七条第三項ただし書及び第十四条の改正規定、同条の次に一条を加える改正規定並びに同法第二十二条の二第二項及び第二十五条第一項の改正規定、〈中略〉附則第五条から第八条まで〈中略〉の規定　昭和六十二年四月一日

三　〈略〉

（第一条の規定の施行に伴う経過措置）

第二条　第一条の規定による改正後の労働者災害補償保険法（以下「新労災保険法」という。）第七条第三項ただし書の規定は、昭和六十二年四月一日以後に発生した事故に起因する労働者災害補償保険法（以下「労災保険法」という。）第七条第一項第二号の通勤災害に関する保険給付について適用する。

第三条　新労災保険法第八条の二の規定は、この法律の施行の日（以下「施行日」という。）以後の期間に係る労災保険法の規定による年金たる保険給付（以下単に「年金たる保険給付」という。）の額の算定について適用する。

第四条　同一の業務上の事由又は通勤による障害（負傷又は疾病により障害の状態にあることを含む。）又は死亡に関し、施行日の前日において年金たる保険給付を受ける権利を有していた者であつて、施行日以後においても年金たる保険給付を受ける権利を有するものに対する当該施行日以後において受ける権利を有する年金たる保険給付（以下この項において「施行後年金給付」という。）の施行日以後の期間に係る額の算定については、当該施行日の前日において受ける権利を有していた年金たる保険給付（以下この条において「施行前年金給付」という。）の額の算定の基礎として用いられた労災保険法第八条の給付基礎日額（同日において支給すべき当該施行前年金給付の額が第一条の規定による改正前の労働者災害補償保険法第六十四条第一項（同条第二項において準用する場合を含む。）の規定により改定されたものである場合には、当該給付基礎日額に当該改定に用いた率と同一の率を乗じて得た額（その額に一円未満の端数があるときは、これを一円に切り上げる。）とする。以下この条において「施行前給付基礎日額」という。）が、労働者災害補償保険法等の一部を改正する法律（平成二年法律第四十号）第二条の規定による改正後の労働者災害補償保険法第八条の三第二項において準用する同法第八条の二第二項第二号の厚生労働大臣が定める額のうち、当該施行後年金給付に係る同号に規定する年金たる保険給付を受けるべき労働者の基準日における年齢の属する年齢階層に係る額を超える場合には、同法第八条の三第一項及び同条第二項において準用する同法第八条の二第二項の規定にかかわらず、当該施行前給付基礎日額を当該施行後年金給付に係る同法第八条の三第一項に規定する年金給付基礎日額とする。

2　施行前年金給付が遺族補償年金又は遺族年金である場合であつて、施行日以後において、当該遺族補償年金又は遺族年金を、労災保険法第十六条の四第一項後段（労災保険法第二

十二条の四第三項において準用する場合を含む。）の規定により次順位者に支給するとき、又は労災保険法第十六条の五第一項後段（労災保険法第二十二条の四第三項において準用する場合を含む。）の規定により次順位者を先順位者として支給するときは、当該次順位者は、施行日の前日において当該遺族補償年金又は遺族年金を受ける権利を有していたものとみなして、前項の規定を適用する。

3　第一項の規定により施行前給付基礎日額を新労災保険法第八条の二第一項に規定する年金給付基礎日額として年金たる保険給付の額を算定して支給すべき場合であつて、新労災保険法第六十四条第一項（同条第三項において準用する場合を含む。以下この条において同じ。）の規定により当該年金たる保険給付の額を改定して支給すべきときは、同条第一項の規定にかかわらず、当該改定をしないこととして算定した年金の額により当該年金たる保険給付を支給する。

4　前項の規定により算定した年金たる保険給付の額に係る次の各号に掲げる新労災保険法の規定の適用については、当該各号に定める額が、同項の規定を適用しないものとして当該年金たる保険給付の額を算定することとした場合において用いられることとなる新労災保険法第六十四条第一項の規定による改定に係る率と同一の率を用いて同項の規定により改定されたものであるとした場合において当該改定がされなかつたものとしたときに得られる額を、それぞれ当該各号に定める額とみなす。

一　新労災保険法第五十八条第一項　同項に規定する障害補償年金の額

二　新労災保険法第六十一条第一項　同項に規定する障害年金の額

三　新労災保険法第六十六条第一項において読み替えて適用する新労災保険法第十六条の六　同条第二号に規定する遺族補償年金の額

四　新労災保険法第六十六条第二項において読み替えて適用する新労災保険法第二十二条の四第三項において準用する新労災保険法第十六条の六　同条第二号に規定する遺族年金の額

改正　一項…一部改正（平成二年法律四〇号、平成一一年法律一六〇号）

第五条　新労災保険法第十四条（新労災保険法第二十二条の二第二項において準用する場合を含む。）の規定は、昭和六十二年四月一日以後に支給すべき事由が生じた労災保険法の規定による休業補償給付又は休業給付について適用する。

第六条　新労災保険法第十四条の二（新労災保険法第二十二条の二第二項において準用する場合を含む。）の規定は、昭和六十二年四月一日以後に新労災保険法第十四条の二各号のいずれかに該当する労働者について適用する。

第七条　新労災保険法第二十五条第一項の規定は、昭和六十二

年四月一日以後に発生した事故について適用する。

（政令への委任）

第十一条　附則第二条から前条までに定めるもののほか、この法律の施行に関し必要な経過措置は、政令で定める。

附　則（昭和六一年一二月四日法律九三号）（抄）

（施行期日）

第一条　この法律は、昭和六十二年四月一日から施行する。

〈後略〉

附　則（平成二年六月二二日法律四〇号）（抄）

（施行期日）

第一条　この法律の規定は、次の各号に掲げる区分に従い、それぞれ当該各号に定める日から施行する。

一　第一条の規定並びに次条、附則第七条、第十一条、第十二条、第十四条及び第十六条の規定　平成二年八月一日

二　第二条の規定並びに附則第三条から第五条まで、第八条から第十条まで、第十三条及び第十五条の規定　平成二年十月一日

三　第三条の規定及び附則第六条の規定　平成三年四月一日

（第一条の規定の施行に伴う経過措置）

第二条　第一条の規定の施行の日前の期間に係る労働者災害補償保険法の規定による年金たる保険給付の額並びに同日前に支給すべき事由の生じた同法の規定による障害補償一時金、障害補償年金差額一時金及び障害補償年金前払一時金並びに遺族補償一時金及び遺族補償年金前払一時金並びに障害一時金、障害年金差額一時金及び障害年金前払一時金並びに遺族一時金及び遺族年金前払一時金の額については、なお従前の例による。

2　第一条の規定の施行の日前の期間に係る労働者災害補償保険法の規定による遺族補償年金が支給された場合における同条の規定による改正後の労働者災害補償保険法第十六条の六の規定の適用については、同条第二項中「当該遺族補償年金の支給の対象とされた月の属する年度の前年度（当該月が四月から七月までの月に該当する場合にあつては、前々年度）」とあるのは、「算定事由発生日の属する年度（当該遺族補償年金の額が労働者災害補償保険法等の一部を改正する法律（平成二年法律第四十号）第一条の規定による改正前の労働者災害補償保険法第六十四条の規定その他労働省令で定める法律の規定により改定されたものである場合にあつては、当該改定後の額を遺族補償年金の額とすべき最初の月の属する年度の前年度）」とする。

3　前項の規定は、第一条の規定の施行の日前の期間に係る労働者災害補償保険法の規定による遺族年金が支給された場合について準用する。この場合において、前項中「同条の規定による改正後の労働者災害補償保険法第十六条の六」とあるのは「同条の規定による改正後の労働者災害補償保険法第二十二条の四第三項の規定により読み替えられた同法第十六条

の六」と、「遺族補償年金」とあるのは「遺族年金」と読み替えるものとする。

（第二条の規定の施行に伴う経過措置）

第三条　第二条の規定の施行の日前に支給すべき事由が生じた労働者災害補償保険法の規定による休業補償給付及び休業給付の額については、なお従前の例による。

第四条　第一条の規定による改正後の労働者災害補償保険法第八条第一項に規定する算定事由発生日が第二条の規定の施行の日前である者（以下「継続休業者」という。）であって、同条の規定による改正前の労働者災害補償保険法第十四条第二項又は第二十二条の二第三項において準用する労働基準法（昭和二十二年法律第四十九号）第七十六条第二項及び第三項の規定により休業補償給付又は休業給付の額が改定されていたものに対して引き続き第二条の規定による改正後の労働者災害補償保険法（以下「新労災保険法」という。）の規定による休業補償給付又は休業給付を支給する場合における新労災保険法第八条の二第一項の規定の適用については、同項第二号中「算定事由発生日の属する四半期」とあるのは「労働者災害補償保険法等の一部を改正する法律（平成二年法律第四十号）第二条の規定による改正前の労働者災害補償保険法第十四条第二項又は第二十二条の二第三項において準用する労働基準法第七十六条第二項及び第三項の規定による改定後の額により休業補償給付等を支給すべき最初の四半期の前々四半期（当該改定が同項の規定によりされていた場合であつて労働省令で定めるときにあつては、労働省令で定める四半期）の平均給与額」と、「前々四半期）の平均給与額」とあるのは「前々四半期の平均給与額）」と、「前条の規定により給付基礎日額として算定した額」とあるのは「当該改定後の額の六十分の百に相当する額」とする。

第五条　継続休業者に対し新労災保険法の規定による休業補償給付又は休業給付を支給すべき場合における新労災保険法第八条の二第二項の規定の適用については、同項中「当該休業補償給付等に係る療養を開始した日」とあるのは、「労働者災害補償保険法等の一部を改正する法律（平成二年法律第四十号）第二条の規定の施行の日」とする。

（第三条の規定の施行に伴う経過措置）

第六条　第三条の規定の施行の際現に行われている事業であって、同条の規定による改正後の失業保険法及び労働者災害補償保険法の一部を改正する法律附則第十二条第一項第二号に掲げる事業に該当するものに関する労働保険の保険料の徴収等に関する法律（昭和四十四年法律第八十四号）第三条の規定の適用については、同条中「その事業が開始された日」とあるのは、「労働者災害補償保険法等の一部を改正する法律（平成二年法律第四十号）第三条の規定の施行の日」とする。

（政令への委任）

第十六条　附則第二条から第六条までに定めるもののほか、この法律の施行に関し必要な経過措置は、政令で定める。

附　則（平成六年六月二九日法律五六号）（抄）

（施行期日）

第一条　この法律は、平成六年十月一日から施行する。〈後略〉

附　則（平成六年一一月九日法律九五号）（抄）

（施行期日等）

第一条　この法律は、公布の日から施行する。ただし、次の各号に掲げる規定は、それぞれ当該各号に定める日から施行する。

一　〈略〉

二　〈前略〉附則第四十五条から第四十八条まで〈中略〉の改正規定　平成七年四月一日

三〜五　〈略〉

附　則（平成七年三月二三日法律三五号）（抄）

（施行期日）

第一条　この法律は、平成八年四月一日から施行する。ただし、次の各号に掲げる規定は、当該各号に定める日から施行する。

一　第一条中労働者災害補償保険法第二十三条第一項、第五十一条、第五十三条及び別表第一の改正規定〈中略〉平成七年八月一日

二　第一条中労働者災害補償保険法第九条第三項の改正規定　平成八年十月一日

三・四　〈略〉

（第一条の規定の施行に伴う経過措置）

第二条　平成七年八月一日前の期間に係る労働者災害補償保険法の規定による遺族補償年金及び遺族年金の額については、なお従前の例による。

附　則（平成八年五月二二日法律四二号）（抄）

（施行期日）

第一条　この法律は、平成八年七月一日から施行する。〈後略〉

（第一条の規定の施行に伴う経過措置）

第二条　この法律の施行の日（以下「施行日」という。）前にされた労働者災害補償保険法第三十五条第一項の審査請求のうち、施行日の前日において当該審査請求がされた日の翌日から起算して三箇月を経過しており、かつ、施行日の前日までに労働者災害補償保険審査官の決定がないもの（次項において「労災保険に関する未決定の三箇月経過審査請求」という。）に係る処分の取消しの訴えについては、第一条の規定による改正後の労働者災害補償保険法（以下「新労災保険法」という。）第三十七条の規定にかかわらず、その取消しの訴えを提起することができる。ただし、当該処分について、その取消しの訴えを提起する前に、新労災保険法第三十五条第二項の規定による再審査請求をしたときは、この限りでない。

2　労災保険に関する未決定の三箇月経過審査請求に係る処分

について、その取消しの訴えが施行日前に提起されていたとき又は前項の規定により提起されたときは、当該労災保険に関する未決定の三箇月経過審査請求については、新労災保険法第三十五条第二項の規定は適用しない。

附　則（平成八年六月一四日法律八二号）（抄）

（施行期日）

第一条　この法律は、平成九年四月一日から施行する。〈後略〉

（労働者災害補償保険法の一部改正に伴う経過措置）

第百十九条　旧適用法人共済組合の組合員（改正前国共済法第百十九条に規定する船員組合員に限る。附則第百二十一条及び第百二十五条において同じ。）に係る施行日前に発生した事故に起因する業務災害及び通勤災害に関する保険給付については、前条の規定による改正前の労働者災害補償保険法附則第五十五条の二の規定は、なおその効力を有する。

附　則（平成九年五月九日法律四八号）（抄）

（施行期日）

第一条　この法律は、平成十年一月一日から施行する。〈後略〉

附　則（平成一〇年九月三〇日法律一一二号）（抄）

（施行期日）

第一条　この法律は、平成十一年四月一日から施行する。〈後略〉

附　則（平成一一年七月一六日法律八七号）（抄）

（施行期日）

第一条　この法律は、平成十二年四月一日から施行する。〈後略〉

附　則（平成一一年七月一六日法律一〇二号）（抄）

（施行期日）

第一条　この法律は、内閣法の一部を改正する法律（平成十一年法律第八十八号）の施行の日〈編注・平成一三年一月六日〉から施行する。〈後略〉

附　則（平成一一年一二月二二日法律一六〇号）（抄）

（施行期日）

第一条　この法律〈中略〉は、平成十三年一月六日から施行する。〈後略〉

附　則（平成一二年一一月二二日法律一二四号）（抄）

（施行期日）

第一条　この法律は、平成十三年四月一日から施行する。

（労働者災害補償保険法の一部改正に伴う経過措置）

第二条　この法律の施行の日（以下「施行日」という。）前の期間に係る労働者災害補償保険法の規定による年金たる保険給付の額の端数の処理については、なお従前の例による。

附　則（平成一三年七月四日法律一〇一号）（抄）

（施行期日）

第一条　この法律は、平成十四年四月一日から施行する。

（労働者災害補償保険法の一部改正に伴う経過措置）

第百十七条　前条の規定による改正後の労働者災害補償保険法別表第一第三号の規定の適用については、同号中「規定する場合」とあるのは、「規定する場合及び当該同一の事由により厚生年金保険制度及び農林漁業団体職員共済組合制度の統合を図るための農林漁業団体職員共済組合法等を廃止する等の法律（平成十三年法律第百一号）附則第二十五条第四項第二号又は第三号に掲げる特例障害共済年金又は特例遺族共済年金が支給される場合」とする。

＜編注＞　本条は、厚生年金保険制度及び農林漁業団体職員共済組合制度の統合を図るための農林漁業団体職員共済組合法等を廃止する等の法律の一部を改正する法律（平成三〇年五月二五日法律第三一号）により、次のように改正され、公布の日から起算して二年を超えない範囲内において政令で定める日から施行される。

（労働者災害補償保険法の一部改正に伴う経過措置）

第百十七条　労働者災害補償保険法別表第一第三号の規定の適用については、同号中「規定する場合」とあるのは、「規定する場合及び当該同一の事由により厚生年金保険制度及び農林漁業団体職員共済組合制度の統合を図るための農林漁業団体職員共済組合法等を廃止する等の法律（平成十三年法律第百一号。以下この号において「平成十三年統合法」という。）附則第三十条第一項に規定する特例一時金（厚生年金保険制度及び農林漁業団体職員共済組合制度の統合を図るための農林漁業団体職員共済組合法等を廃止する等の法律の一部を改正する法律（平成三十年法律第三十一号）による改正前の平成十三年統合法附則第二十五条第四項第二号又は第三号に掲げる特例障害共済年金又は特例遺族共済年金に係るものに限る。）が支給される場合」とする。

改正　本条…一部改正（平成二四年法律六三号、平成三〇年法律三一号）

附　則（平成一三年一二月一二日法律一五三号）（抄）

（施行期日）

第一条　この法律は、公布の日から起算して六月を超えない範囲内において政令で定める日＜編注・平成一四年一月一七日政令三号により平成一四年三月一日＞から施行する。

附　則（平成一四年一二月一三日法律一七一号）（抄）

（施行期日）

第一条　この法律は、公布の日から施行する。ただし、＜中略＞附則第十四条から第二十三条までの規定は、平成十六年四月一日から施行する。

附　則（平成一七年五月二五日法律五〇号）（抄）

（施行期日）

第一条　この法律は、公布の日から起算して一年を超えない範

囲内において政令で定める日から施行する。〈後略〉

附　則（平成一七年一一月二日法律一〇八号）（抄）

（施行期日）

第一条　この法律は、平成十八年四月一日から施行する。〈後略〉

（労働者災害補償保険法の一部改正に伴う経過措置）

第四条　第二条の規定による改正後の労働者災害補償保険法第七条第二項の規定は、施行日以後に発生した事故に起因する労働者災害補償保険法第七条第一項第二号の通勤災害に関する保険給付について適用する。

附　則（平成一七年一一月七日法律一二三号）（抄）

（施行期日）

第一条　この法律は、平成十八年四月一日から施行する。ただし、次の各号に掲げる規定は、当該各号に定める日から施行する。

一　〈略〉

二　〈前略〉附則〈中略〉第七十二条から第七十七条まで〈中略〉の規定　平成十八年十月一日

三　〈略〉

附　則（平成一九年四月二三日法律三〇号）（抄）

（施行期日）

第一条　この法律は、公布の日から施行する。ただし、次の各号に掲げる規定は、当該各号に定める日から施行する。

一～二　〈略〉

三　〈前略〉第六条〈中略〉の規定　日本年金機構法の施行の日〈編注・平成二二年一月一日〉

改正　本条…一部改正（平成一九年法律一〇九号）

（労働者災害補償保険法の一部改正に伴う経過措置）

第五十一条　第五条の規定による改正前の労働者災害補償保険法第二十九条第一項第四号に掲げる事業として行われる給付金の支給であってその支給事由が施行日前に生じたものについては、なお従前の例による。

第五十二条　前条の規定によりなお従前の例によるものとされた給付金の支給に要する費用に関する第七条の規定による改正後の労働保険の保険料の徴収等に関する法律の規定の適用については、同法第十条第一項中「事業」とあるのは「事業（雇用保険法等の一部を改正する法律（平成十九年法律第三十号）附則第五十一条の規定によりなお従前の例によるものとされた給付金を支給する事業（以下「給付金支給事業」という。）を含む。）」と、同法第十二条第二項中「及び社会復帰促進等事業」とあるのは「及び社会復帰促進等事業（給付金支給事業を含む。以下同じ。）」とする。

第五十三条　附則第五十一条の規定によりなお従前の例によるものとされた給付金に要する費用に関する附則第百三十六条の規定による改正後の特別会計に関する法律の規定の適用については、同法第九十九条第一項第二号イ中「社会復帰促進等事業費」とあるのは、「社会復帰促進等事業費（雇用保険法等の一部を改正する法律（平成十九年法律第三十号）附則第五十一条の規定によりなお従前の例によるものとされた給付金を支給する事業に要する費用を含む。）」とする。

（政令への委任）

第百四十三条　この附則に規定するもののほか、この法律の施行に伴い必要な経過措置は、政令で定める。

附　則（平成一九年七月六日法律一〇九号）（抄）

（施行期日）

第一条　この法律は、平成二十二年四月一日までの間において政令で定める日〈編注・平成二〇年一二月一九日政令三八七号により平成二二年一月一日〉から施行する。ただし、次の各号に掲げる規定は、当該各号に定める日から施行する。

一　〈前略〉附則第六十六条〈中略〉の規定　公布の日

二　〈略〉

附　則（平成二二年三月三一日法律一五号）（抄）

（施行期日）

第一条　この法律は、平成二十二年四月一日から施行する。ただし、〈中略〉附則第五条の規定（労働者災害補償保険法（昭和三十二年法律第五十号）第三十一条第二項ただし書の改正規定を除く。）〈中略〉は、公布の日から起算して九月を超えない範囲内において政令で定める日〈編注・平成二二年九月二九日政令二〇五号により平成二二年一〇月一日〉から施行する。

附　則（平成二二年一二月一〇日法律七一号）（抄）

（施行期日）

第一条　この法律は、平成二十四年四月一日から施行する。ただし、次の各号に掲げる規定は、当該各号に定める日から施行する。

一　〈略〉

二　〈略〉

三　〈前略〉附則〈中略〉第四十条、〈中略〉の規定　平成二十四年四月一日までの間において政令で定める日〈編注・平成二三年九月二二日政令二九五号により平成二三年一〇月一日〉

附　則（平成二四年四月六日法律二七号）（抄）

（施行期日）

第一条　この法律は、公布の日から起算して六月を超えない範囲内において政令で定める日〈編注・平成二四年八月一〇日政令二一〇号により平成二四年一〇月一日〉から施行する。

〈後略〉

（罰則に関する経過措置）

第八条　この法律の施行前にした行為及び前条第一項の規定によりなお従前の例によることとされる場合におけるこの法律の施行後にした行為に対する罰則の適用については、なお従前の例による。

附　則（平成二四年六月二七日法律五一号）（抄）

（施行期日）

第一条　この法律は、平成二十五年四月一日から施行する。ただし、次の各号に掲げる規定は、当該各号に定める日から施行する。

一　＜略＞

二　＜前略＞附則＜中略＞第十二条＜中略＞の規定　平成二十六年四月一日

附　則（平成二四年八月二二日法律六三号）（抄）

（施行期日）

第一条　この法律は、平成二十七年十月一日から施行する。

＜後略＞

（労働者災害補償保険法の一部改正に伴う経過措置）

第百十六条　前条の規定による改正後の労働者災害補償保険法別表第一第三号の規定の適用については、当分の間、同号中「規定する場合」とあるのは、「規定する場合及び当該同一の事由により被用者年金制度の一元化等を図るための厚生年金保険法等の一部を改正する法律（平成二十四年法律第六十三号）附則第四条第三号に規定する改正前国共済法、同条第六号に規定する改正前地共済法又は同条第九号に規定する改正前私学共済法の規定による障害共済年金又は遺族共済年金が支給される場合」とする。

（障害共済年金等が支給される者の特例）

第百十七条　附則第四十一条第一項の規定により障害共済年金若しくは遺族共済年金が支給される者又は附則第六十五条第一項の規定により障害共済年金若しくは遺族共済年金が支給される者に係る附則第百十五条の規定による改正後の労働者災害補償保険法（以下この条において「改正後労災保険法」という。）の規定の適用については、改正後労災保険法第十四条第二項中「障害厚生年金」とあるのは「障害厚生年金若しくは被用者年金制度の一元化等を図るための厚生年金保険法等の一部を改正する法律（平成二十四年法律第六十三号）附則第四十一条第一項の規定による障害共済年金（以下「国家公務員障害共済年金」という。）若しくは同法附則第六十五条第一項の規定による障害共済年金（以下「地方公務員障害共済年金」という。）」と、改正後労災保険法別表第一第一号（イ及びロ以外の部分に限る。）中「障害厚生年金」とあるのは「障害厚生年金若しくは国家公務員障害共済年金若しくは地方公務員障害共済年金」と、「遺族厚生年金」とあるのは「遺族厚生年金若しくは被用者年金制度の一元化等を図るための厚生年金保険法等の一部を改正する法律附則第四十一条第一項の規定による遺族共済年金（以下「国家公務員遺族共済年金」という。）若しくは同法附則第六十五条第一項の規定による遺族共済年金（以下「地方公務員遺族共済年金」という。）」と、同号イ中「障害厚生年金」とあるのは「障害厚生年金又は国家公務員障害共済年金若しくは地方公務員障害共済年金」と、同号ロ中「「遺族厚生年金」」とあるのは「「遺族厚生年金」と、「国家公務員障害共済年金」とあるのは「国家公務員遺族共済年金」と、「地方公務員障害共済年金」とあるのは「地方公務員遺族共済年金」」と、同表第二号中「又は遺族厚生年金」とあるのは「若しくは遺族厚生年金又は国家公務員障害共済年金若しくは国家公務員遺族共済年金若しくは地方公務員障害共済年金若しくは地方公務員遺族共済年金」とする。

附　則（平成二六年四月二三日法律二八号）（抄）

（施行期日）

第一条　この法律は、平成二十七年四月一日から施行する。ただし、次の各号に掲げる規定は、当該各号に定める日から施行する。

一・二　〈略〉

三　〈前略〉附則〈中略〉第六条〈中略〉の規定　平成二十六年十二月一日

附　則（平成二六年五月三〇日法律四二号）（抄）

（施行期日）

第一条　この法律は、公布の日から起算して二年を超えない範囲内において政令で定める日〈編注・平成二七年一月三〇日政令第二九号により平成二八年四月一日〉から施行する。

〈後略〉

一～三　〈略〉

附　則（平成二六年六月一三日法律六九号）（抄）

（施行期日）

第一条　この法律は、行政不服審査法（平成二十六年法律第六十八号）の施行の日〈編注・平成二八年四月一日〉から施行する。

（訴訟に関する経過措置）

第六条　この法律による改正前の法律の規定により不服申立てに対する行政庁の裁決、決定その他の行為を経た後でなければ訴えを提起できないこととされる事項であって、当該不服申立てを提起しないでこの法律の施行前にこれを提起すべき期間を経過したもの（当該不服申立てが他の不服申立てに対する行政庁の裁決、決定その他の行為を経た後でなければ提起できないとされる場合にあっては、当該他の不服申立てを提起しないでこの法律の施行前にこれを提起すべき期間を経過したものを含む。）の訴えの提起については、なお従前の例による。

2　この法律の規定による改正前の法律の規定（前条の規定によりなお従前の例によることとされる場合を含む。）により異議申立てが提起された処分その他の行為であって、この法律の規定による改正後の法律の規定により審査請求に対する裁決を経た後でなければ取消しの訴えを提起することができないこととされるものの取消しの訴えの提起については、なお従前の例による。

3　不服申立てに対する行政庁の裁決、決定その他の行為の取消しの訴えであって、この法律の施行前に提起されたものについては、なお従前の例による。

附　則（平成二七年五月七日法律一七号）（抄）

（施行期日）

第一条　この法律は、平成二十八年四月一日から施行する。

〈後略〉

一・二　〈略〉

附　則（平成二九年六月二日法律四五号）（抄）

この法律は、民法改正法の施行の日〈編注・平成三二年四月一日〉から施行する。〈後略〉

〈参考〉　民法の一部を改正する法律の施行に伴う関係法律の整備等に関する法律（平成二九年六月二日法律第四五号）（抄）

（労働者災害補償保険法の一部改正に伴う経過措置）

第百六十七条　施行日前に前条の規定による改正前の労働者災害補償保険法（次項において「旧労働者災害補償保険法」という。）第三十八条第三項に規定する時効の中断の事由が生じた場合におけるその事由の効力については、なお従前の例による。

2　施行日前に旧労働者災害補償保険法第六十四条第一項に規定する損害賠償の請求権が生じた場合におけるその損害賠償については、なお従前の例による。

附　則（平成三〇年五月二五日法律三一号）（抄）

（施行期日）

第一条　この法律は、公布の日から起算して二年を超えない範囲内において政令で定める日から施行する。〈後略〉

別表第一（第十四条、第十五条、第十五条の二、第十六条の三、第十八条、第十八条の二、第二十二条の三、第二十二条の四、第二十三条関係）

一　同一の事由（障害補償年金及び遺族補償年金については、それぞれ、当該障害又は死亡をいい、傷病補償年金については、当該負傷又は疾病により障害の状態にあることをいう。以下同じ。）により、障害補償年金若しくは傷病補償年金又は遺族補償年金と厚生年金保険法の規定による障害厚生年金及び国民年金法の規定による障害基礎年金（同法第三十条の四の規定による障害基礎年金を除く。以下同じ。）又は厚生年金保険法の規定による遺族厚生年金及び国民年金法の規定による遺族基礎年金若しくは寡婦年金とが支給される場合にあつては、下欄の額に、次のイからハまでに掲げる年金たる保険給付の区分に応じ、それぞれイからハまでに掲げるところにより算定して得た率を下らない範囲内で政令で定める率を乗じて得た額（その額が政令で定める額を下回る場合には、当該政令で定める額）

イ　障害補償年金　前々保険年度（前々年の四月一日から前年の三月三十一日までをいう。以下この号において同じ。）において障害補償年金を受けていた者であつて、同一の事由により厚生年金保険法の規定による障害厚生年金及び国民年金法の規定による障害基礎年金が支給されていたすべてのものに係る前々保険年度における障害補償年金の支給額（これらの者が厚生年金保険法の規定による障害厚生年金及び国民年金法の規定による障害基礎年金を支給されていなかつたとした場合の障害補償年金の支給額をいう。）の平均額からこれらの者が受けていた前々保険年度における厚生年金保険法の規定による障害厚生年金の支給額と国民年金法の規定による障害基礎年金の支給額との合計額の平均額に百分の五十を乗じて得た額を減じた額を当該障害補償年金の支給額の平均額で除して得た率

ロ　遺族補償年金　イ中「障害補償年金」とあるのは「遺族補償年金」と、「障害厚生年金」とあるのは「遺族厚生年金」と、「障害基礎年金」とあるのは「遺族基礎年金又は寡婦年金」として、イの規定の例により算定して得た率

ハ　傷病補償年金　イ中「障害補償年金」とあるのは、「傷病補償年金」として、イの規定の例により算定して得た率

二　同一の事由により、障害補償年金若しくは傷病補

償年金又は遺族補償年金と厚生年金保険法の規定による障害厚生年金又は遺族厚生年金とが支給される場合（第一号に規定する場合を除く。）にあつては、下欄の額に、年金たる保険給付の区分に応じ、前号の政令で定める率に準じて政令で定める率を乗じて得た額（その額が政令で定める額を下回る場合には、当該政令で定める額）

三　同一の事由により、障害補償年金若しくは傷病補償年金又は遺族補償年金と国民年金法の規定による障害基礎年金又は遺族基礎年金若しくは寡婦年金とが支給される場合（第一号に規定する場合を除く。）にあつては、下欄の額に、年金たる保険給付の区分に応じ、第一号の政令で定める率に準じて政令で定める率を乗じて得た額（その額が政令で定める額を下回る場合には、当該政令で定める額）

四　前三号の場合以外の場合にあつては、下欄の額

区分	額
障害補償年金	一　障害等級第一級に該当する障害がある者　給付基礎日額の三一三日分 二　障害等級第二級に該当する障害がある者　給付基礎日額の二七七日分 三　障害等級第三級に該当する障害がある者　給付基礎日額の二四五日分 四　障害等級第四級に該当する障害がある者　給付基礎日額の二一三日分 五　障害等級第五級に該当する障害がある者　給付基礎日額の一八四日分 六　障害等級第六級に該当する障害がある者　給付基礎日額の一五六日分 七　障害等級第七級に該当する障害がある者　給付基礎日額の一三一日分
遺族補償年金	次の各号に掲げる遺族補償年金を受ける権利を有する遺族及びその者と生計を同じくしている遺族補償年金を受けることができる遺族の人数の区分に応じ、当該各号に掲げる額 一　一人　給付基礎日額の一五三日分。ただし、五十五歳以上の妻又は厚生労働省令で定める障害の状態にある妻にあつては、給付基礎日額の一七五日分とする。 二　二人　給付基礎日額の二〇一日分 三　三人　給付基礎日額の二二三日分 四　四人以上　給付基礎日額の二四五日分
傷病補償年金	一　傷病等級第一級に該当する障害の状態にある者　給付基礎日額の三一三日分

	二　傷病等級第二級に該当する障害の状態にある者　給付基礎日額の二七七日分 三　傷病等級第三級に該当する障害の状態にある者　給付基礎日額の二四五日分

別表第二（第十五条、第十五条の二、第十六条の八、第二十二条の三、第二十二条の四関係）

区分	額
障害補償一時金	一　障害等級第八級に該当する障害がある者　給付基礎日額の五〇三日分 二　障害等級第九級に該当する障害がある者　給付基礎日額の三九一日分 三　障害等級第一〇級に該当する障害がある者　給付基礎日額の三〇二日分 四　障害等級第一一級に該当する障害がある者　給付基礎日額の二二三日分 五　障害等級第一二級に該当する障害がある者　給付基礎日額の一五六日分 六　障害等級第一三級に該当する障害がある者　給付基礎日額の一〇一日分 七　障害等級第一四級に該当する障害がある者　給付基礎日額の五六日分
遺族補償一時金	一　第十六条の六第一項第一号の場合　給付基礎日額の一、〇〇〇日分 二　第十六条の六第一項第二号の場合　給付基礎日額の一、〇〇〇日分から第十六条の六第一項第二号に規定する遺族補償年金の

額の合計額を控除した額

労働者災害補償保険法施行令

昭和五二年　三月二三日政令　三三号

〈昭和三六年三月三一日政令六七号全文改正〉

改正　昭和五五年一二月　五日政令三一八号
昭和五七年　九月二五日政令二六五号
昭和六一年　三月二九日政令　五九号
昭和六二年　一月二七日政令　　九号
昭和六三年　三月三一日政令　六四号
平成　二年　七月二〇日政令二二〇号
平成一三年　一月　四日政令　　一号
平成二八年　一月二二日政令　一九号

（法第十四条第二項の政令で定める額）

第一条　労働者災害補償保険法（以下「法」という。）第十四条第二項の政令で定める額は、同条第一項の額から、同一の事由により支給される厚生年金保険法（昭和二十九年法律第百十五号）の規定による障害厚生年金（以下第五条第一項までにおいて単に「障害厚生年金」という。）又は国民年金法（昭和三十四年法律第百四十一号）の規定による障害基礎年金（同法第三十条の四の規定による障害基礎年金を除く。以下第七条第一項までにおいて単に「障害基礎年金」という。）の額（同一の事由により障害厚生年金及び障害基礎年金が支給される場合にあつては、これらの年金たる給付の額の合計額）を三百六十五で除して得た額を減じた残りの額に相当する額とする。

2　前項の規定は、法第二十二条の二第二項の政令で定める額について準用する。この場合において、前項中「同条第一項」とあるのは、「法第二十二条の二第二項において準用する法第十四条第一項」と読み替えるものとする。

（法別表第一第一号の政令で定める率）

第二条　法別表第一第一号（法第二十二条の三第三項、第二十二条の四第三項及び第二十三条第二項において準用する場合を含む。）の政令で定める率は、次の表の上欄に掲げる年金たる保険給付の区分に応じ、それぞれ同表の下欄に定める率とする。

障害補償年金 障害年金	〇・七三
遺族補償年金 遺族年金	〇・八〇

傷病補償年金 傷病年金	〇・七三

（法別表第一第一号の政令で定める額）

第三条　法別表第一第一号の政令で定める額は、同表の下欄の額から、同一の事由（障害補償年金及び遺族補償年金については、それぞれ当該障害又は死亡をいい、傷病補償年金については当該負傷又は疾病により障害の状態にあることをいう。）により支給される障害厚生年金の額と障害基礎年金の額との合計額又は厚生年金保険法の規定による遺族厚生年金（第五条第一項において単に「遺族厚生年金」という。）の額と国民年金法の規定による遺族基礎年金（第六条第一項において単に「遺族基礎年金」という。）若しくは同法の規定による寡婦年金（第七条第一項において単に「寡婦年金」という。）の額との合計額を減じた残りの額に相当する額とする。

2　前項の規定は、法第二十二条の三第三項、第二十二条の四第三項及び第二十三条第二項において準用する法別表第一第一号の政令で定める額について準用する。この場合において、前項中「同表」とあるのは「法第二十二条の三第三項、第二十二条の四第三項及び第二十三条第二項において準用する同表」と、「障害補償年金及び遺族補償年金」とあるのは「障害年金及び遺族年金」と、「傷病補償年金」とあるのは「傷病年金」と読み替えるものとする。

（法別表第一第二号の政令で定める率）

第四条　法別表第一第二号（法第二十二条の三第三項、第二十二条の四第三項及び第二十三条第二項において準用する場合を含む。）の政令で定める率は、次の表の上欄に掲げる年金たる保険給付の区分に応じ、それぞれ同表の下欄に定める率とする。

障害補償年金 障害年金	〇・八三
遺族補償年金 遺族年金	〇・八四
傷病補償年金 傷病年金	〇・八八

（法別表第一第二号の政令で定める額）

第五条　法別表第一第二号の政令で定める額は、同表の下欄の額から、同一の事由（障害補償年金及び遺族補償年金については、それぞれ当該障害又は死亡をいい、傷病補償年金については当該負傷又は疾病により障害の状態にあることをいう。）により支給される障害厚生年金又は遺族厚生年金の額を減じた残りの額に相当する額とする。

2　前項の規定は、法第二十二条の三第三項、第二十二条の四第三項及び第二十三条第二項において準用する法別表第一第二号の政令で定める額について準用する。この場合において、前項中「同表」とあるのは「法第二十二条の三第三項、第二十二条の四第三項及び第二十三条第二項において準用する同表」と、「障害補償年金及び遺族補償年金」とあるのは「障害年金及び遺族年金」と、「傷病補償年金」とあるのは「傷病年金」と読み替えるものとする。

（法別表第一第三号の政令で定める率）

第六条　法別表第一第三号（法第二十二条の三第三項、第二十二条の四第三項及び第二十三条第二項において準用する場合を含む。）の政令で定める率は、次の表の上欄に掲げる年金たる保険給付の区分に応じ、それぞれ同表の下欄に定める率とする。

障害補償年金 障害年金	〇・八八
遺族補償年金 遺族年金	〇・八八
傷病補償年金 傷病年金	〇・八八

（法別表第一第三号の政令で定める額）

第七条　法別表第一第三号の政令で定める額は、同表の下欄の額から、同一の事由（障害補償年金及び遺族補償年金については、それぞれ当該障害又は死亡をいい、傷病補償年金については当該負傷又は疾病により障害の状態にあることをいう。）により支給される障害基礎年金又は遺族基礎年金若しくは寡婦年金の額を減じた残りの額に相当する額とする。

2　前項の規定は、法第二十二条の三第三項、第二十二条の四第三項及び第二十三条第二項において準用する法別表第一第三号の政令で定める額について準用する。この場合において、前項中「同表」とあるのは「法第二十二条の三第三項、第二十二条の四第三項及び第二十三条第二項において準用する同表」と、「障害補償年金及び遺族補償年金」とあるのは「障害年金及び遺族年金」と、「傷病補償年金」とあるのは「傷病年金」と読み替えるものとする。

附　則

（施行期日）

1　この政令は、労働者災害補償保険法等の一部を改正する法律の施行の日（昭和五十二年四月一日）から施行する。

（改正法附則第六条の政令で定める日）

2　労働者災害補償保険法等の一部を改正する法律（以下「改正法」という。）附則第六条の政令で定める日は、昭和五十五年三月三十一日とする。

（改正法第一条の規定の施行に伴う傷病補償年金等の支給に関する経過措置）

3　改正法の施行の日の前日において改正法第一条の規定による改正前の労働者災害補償保険法の規定による長期傷病補償給付又は長期傷病給付を支給されていた者で、改正法の施行の日において同条の規定による改正後の労働者災害補償保険法第十二条の八第三項各号のいずれにも該当するもの又は同法第二十二条の六第一項各号のいずれにも該当するものに対する同法の規定による傷病補償年金又は傷病年金の支給は、同法第九条第一項の規定にかかわらず、同日の属する月分から始めるものとする。

（改正法第三条の規定の施行に伴う第一種特別加入保険料に関する経過措置）

4　改正法第三条の規定による改正後の労働保険の保険料の徴収等に関する法律（昭和四十四年法律第八十四号）第十三条の規定は、改正法の施行の日以後の期間に係る第一種特別加入保険料について適用し、同日前の期間に係る第一種特別加入保険料については、なお従前の例による。

5　前項の規定にかかわらず、改正法の施行の日前に労働保険の保険料の徴収等に関する法律第三条の規定による労災保険に係る労働保険の保険関係が成立した事業であって事業の期間が予定されるものに係る第一種特別加入保険料については、なお、従前の例による。

（昭和六十年改正法附則第百十六条第二項の場合の計算）

6　国民年金法等の一部を改正する法律（昭和六十年法律第三十四号。以下「昭和六十年改正法」という。）附則第百十六条第二項（同条第四項において準用する場合を含む。以下この項において同じ。）の規定により同条第二項の政令で定める率を乗ずる場合には、次の表の上欄に掲げる年金たる保険給付の区分に応じ、それぞれ同表の下欄に定める率を乗ずるものとする。

障害補償年金 障害年金	○・七四
遺族補償年金 遺族年金	○・八○
傷病補償年金 傷病年金	○・七五

（昭和六十年改正法附則第百十六条第二項の政令で定める額）

7　昭和六十年改正法附則第百十六条第二項の政令で定める額は、法別表第一の下欄の額から、同一の事由（障害補償年金及び遺族補償年金についてはそれぞれ当該障害又は死亡をいい、傷病補償年金については当該負傷又は疾病により障害の状態にあることをいう。）により支給される昭和六十年改正法附則第七十八条第一項に規定する年金たる保険給付に該当する障害年金（附則第十二項において「旧厚生年金保険法の障害年金」という。）又は遺族年金の額を減じた残りの額に相当する額とする。

8　前項の規定は、昭和六十年改正法附則第百十六条第四項において準用する同条第二項の政令で定める額について準用する。この場合において、前項中「別表第一」とあるのは「第二十二条の三第三項、第二十二条の四第三項及び第二十三条第二項において準用する法別表第一」と、「障害補償年金及び遺族補償年金」とあるのは「障害年金及び遺族年金」と、「傷病補償年金」とあるのは「傷病年金」と読み替えるものとする。

（昭和六十年改正法附則第百十六条第三項の政令で定める法令による給付及び同項の場合の計算）

9　昭和六十年改正法附則第百十六条第三項（同条第四項において準用する場合を含む。以下この項において同じ。）の政令で定める法令による給付は、次の表の上欄に掲げる年金たる保険給付の区分に応じ、それぞれ同表の中欄に定める給付とし、同条第三項の規定により同項の政令で定める率を乗ずる場合には、同表の上欄に掲げる年金たる保険給付の区分に応じ、同表の中欄に定める給付ごとにそれぞれ同表の下欄に定める率を乗ずるものとする。

障害補償年金 障害年金	昭和六十年改正法附則第八十七条第一項に規定する年金たる保険給付に該当する障害年金（以下「旧船員保険法の障害年金」という。）	〇・七四
	昭和六十年改正法附則第三十二条第一項に規定する年金たる給付に該当する障害年金（障害福祉年金を除く。以下「旧国民年金法の障害年金」という。）	〇・八九
遺族補償年金 遺族年金	昭和六十年改正法附則第八十七条第一項に規定する年金たる保険給付に該当する遺族年金（次項において「旧船員保険法の遺族年金」という。）	〇・八〇
	昭和六十年改正法附則第三十二条第一項に規定する年金たる給付に該当する母子年金、準母子年金、遺児年金又は寡婦年金（次項において「旧国民年金法の母子年金等」という。）	〇・九〇
傷病補償年金 傷病年金	旧船員保険法の障害年金	〇・七五
	旧国民年金法の障害年金	〇・八九

（昭和六十年改正法附則第百十六条第三項の政令で定める額）

10　昭和六十年改正法附則第百十六条第三項の政令で定める額は、法別表第一の下欄の額から、同一の事由（障害補償年金及び遺族補償年金についてはそれぞれ当該障害又は死亡をいい、傷病補償年金については当該負傷又は疾病により障害の状態にあることをいう。）により支給される次に掲げる給付の額を減じた残りの額に相当する額とする。

一　旧船員保険法の障害年金又は旧船員保険法の遺族年金

二　旧国民年金の障害年金又は旧国民年金法の母子年金等

11　前項の規定は、昭和六十年改正法附則第百十六条第四項において準用する同条第三項の政令で定める額について準用する。この場合において、前項中「法別表第一」とあるのは「法第二十二条の三第三項、第二十二条の四第三項及び第二十三条第二項において準用する法別表第一」と、「障害補償年金及び遺族補償年金」とあるのは「障害年金及び遺族年金」と、「傷病補償年金」とあるのは「傷病年金」と読み替えるものとする。

（昭和六十年改正法附則第百十六条第七項の政令で定める額）

12　昭和六十年改正法附則第百十六条第七項の政令で定める額は、法第十四条第一項の額から、同一の事由により支給される旧厚生年金保険法の障害年金又は旧船員保険法の障害年金若しくは旧国民年金法の障害年金の額を三百六十五で除して得た額を減じた残りの額に相当する額とする。

（昭和六十年改正法附則第百十六条第八項の政令で定める額）

13　前項の規定は、昭和六十年改正法附則第百十六条第八項の政令で定める額について準用する。この場合において、前項中「第十四条第一項」とあるのは、「第二十二条の二第二項において準用する法第十四条第一項」と読み替えるものとする。

附　則（昭和五五年一二月五日政令三一八号）

（施行期日等）

1　この政令は、公布の日から施行し、改正後の第三条第二項及び第三項並びに第五条第二項及び第三項の規定は、昭和五十五年八月一日から適用する。

（遺族補償年金前払一時金及び遺族年金前払一時金の請求に関する経過措置）

2　労働者災害補償保険法等の一部を改正する法律（以下「昭和五十五年改正法」という。）の施行の際現に昭和五十五年改正法附則第十条の規定による改正前の労働者災害補償保険法の一部を改正する法律（昭和四十年法律第百三十号）附則第四十二条第一項（昭和五十五年改正法附則第十一条の規定による改正前の労働者災害補償保険法の一部を改正する法律（昭和四十八年法律第八十五号）附則第四条第一項においてその例によることとされる場合を含む。）の規定によりされている一時金の請求は、昭和五十五年改正法第一条の規定による改正後の労働者災害補償保険法第六十条第一項又は第六十三条第一項の規定によりされている遺族補償年金前払一時金又は遺族年金前払一時金の請求とみなす。

附　則（昭和五七年九月二五日政令二六五号）

この政令は、障害に関する用語の整理に関する法律の施行の日（昭和五十七年十月一日）から施行する。

附　則（昭和六一年三月二九日政令五九号）

この政令は、国民年金法等の一部を改正する法律の施行の日（昭和六十一年四月一日）から施行する。

附　則（昭和六二年一月二七日政令九号）

この政令は、労働者災害補償保険法及び労働保険の保険料の徴収等に関する法律の一部を改正する法律の施行の日（昭和六十二年二月一日）から施行する。ただし、第一条の改正規定は、同年四月一日から施行する。

附　則（昭和六三年三月三一日政令六四号）

（施行期日）

1　この政令は、昭和六十三年四月一日から施行する。

（経過措置）

2　国民年金法等の一部を改正する法律附則第百十六条第二項及び第三項（同条第四項において準用する場合を含む。）に規定する場合における労働者災害補償保険法の規定による年金たる保険給付であつて、この政令の施行の日の属する月の前月までの月分のものについて、同法別表第一（同法第二十二条の三第三項、第二十二条の四第三項及び第二十二条の六第二項において準用する場合を含む。）の下欄の額に乗ずべき率については、なお従前の例による。

附　則（平成二年七月二〇日政令二二〇号）

（施行期日）

1　この政令は、平成二年八月一日から施行する。ただし、第一条の改正規定及び附則第十五項の改正規定（「昭和六十年改正後の法」を「法」に改める部分及び同項を附則第十二項とする部分を除く。）は、平成二年十月一日から施行する。

（経過措置）

2　平成二年八月一日から同年九月三十日までの間に支給すべき事由が生じた労働者災害補償保険法の規定による休業給付に係る改正後の附則第十三項の規定の適用については、同項中「読み替える」とあるのは、「「同項第二項」とあるのは「法第二十二条の二第三項」と読み替える」とする。

3　国民年金法等の一部を改正する法律附則第百十七条第一項から第三項まで（同条第四項において準用する場合を含む。）に規定する政令で定める率及び政令で定める額については、なお従前の例による。

附　則（平成一三年一月四日政令一号）（抄）

（施行期日）

1　この政令は、平成十三年四月一日から施行する。

附　則（平成二八年一月二二日政令一九号）

（施行期日）

1　この政令は、平成二十八年四月一日から施行する。

（経過措置）

2　平成二十八年三月以前の月分の労働者災害補償保険法の規定による傷病補償年金及び傷病年金について、同法別表第一

（同法第二十三条第二項において準用する場合を含む。）の下欄の額に乗ずべき率については、なお従前の例による。

労働者災害補償保険法施行規則

昭和三〇年　九月　一日　労働省令　二二号

〈昭和二二年九月一日労働省令一号労働者災害補償保険法施行規則全文改正〉

改正　昭和三一年　三月三一日　労働省令　四号
昭和三二年　三月二九日　労働省令　三号
昭和三二年　四月　一日　労働省令　八号
昭和三三年　四月　一日　労働省令　二号
昭和三三年一二月　一日　労働省令二三号
昭和三四年　二月二四日　労働省令　三号
昭和三四年　二月二八日　労働省令　四号
昭和三四年　三月三〇日　労働省令一〇号
昭和三五年　三月　七日　労働省令　二号
昭和三五年　三月三一日　労働省令　五号
昭和三六年　二月一八日　労働省令　三号
昭和三六年　三月三一日　労働省令　七号
昭和三七年　三月　三日　労働省令　一号
昭和三七年一〇月二五日　労働省令二二号
昭和三七年一二月二八日　労働省令二五号
昭和三九年　三月三〇日　労働省令　二号
昭和四〇年　七月一五日　労働省令一二号
昭和四〇年　七月三一日　労働省令一四号
昭和四〇年一〇月三〇日　労働省令一八号
昭和四一年　一月三一日　労働省令　二号
昭和四一年　四月一六日　労働省令一一号
昭和四一年一〇月二七日　労働省令三一号
昭和四二年　四月　三日　労働省令　九号
昭和四二年　九月　一日　労働省令二四号
昭和四二年一〇月二四日　労働省令二九号
昭和四三年　三月　二日　労働省令　二号
昭和四三年　四月二七日　労働省令　九号
昭和四四年　三月二七日　労働省令　五号
昭和四五年　三月二七日　労働省令　二号
昭和四五年　七月　一日　労働省令一七号
昭和四五年　九月二九日　労働省令二二号
昭和四五年一〇月三〇日　労働省令二九号
昭和四五年一二月二八日　労働省令三一号
昭和四六年　九月　八日　労働省令二五号
昭和四七年　一月二二日　労働省令　一号
昭和四七年　三月三一日　労働省令　七号
昭和四七年　三月三一日　労働省令　九号
昭和四七年　九月三〇日　労働省令四八号
昭和四八年　六月一八日　労働省令二〇号
昭和四八年一〇月一五日　労働省令三三号
昭和四八年一一月二二日　労働省令三五号
昭和四九年　三月二三日　労働省令　六号
昭和四九年一二月二八日　労働省令二九号

昭和四九年一二月二八日　労働省令三〇号
昭和五〇年三月二九日　労働省令一〇号
昭和五〇年八月二七日　労働省令二三号
昭和五一年六月二八日　労働省令二五号
昭和五一年六月二八日　労働省令二六号
昭和五一年九月二七日　労働省令三三号
昭和五一年九月二七日　労働省令三四号
昭和五二年三月二六日　労働省令六号
昭和五二年六月一四日　労働省令二〇号
昭和五三年三月二八日　労働省令九号
昭和五三年五月二三日　労働省令二六号
昭和五三年八月七日　労働省令三二号
昭和五四年四月四日　労働省令一二号
昭和五五年二月二八日　労働省令二号
昭和五五年三月二五日　労働省令四号
昭和五五年五月三一日　労働省令一五号
昭和五五年一二月五日　労働省令三二号
昭和五六年一月二六日　労働省令三号
昭和五六年三月三〇日　労働省令八号
昭和五六年一〇月二九日　労働省令三六号
昭和五七年五月二六日　労働省令一九号
昭和五七年九月三〇日　労働省令三二号
昭和五八年三月二三日　労働省令一〇号
昭和五八年四月五日　労働省令一四号
昭和五八年一一月二日　労働省令二八号
昭和五九年三月三一日　労働省令九号
昭和五九年七月二七日　労働省令一五号
昭和五九年九月二九日　労働省令二三号
昭和六〇年三月九日　労働省令四号
昭和六一年三月六日　労働省令五号
昭和六一年三月二九日　労働省令一一号
昭和六一年四月五日　労働省令一六号
昭和六二年一月三一日　労働省令二号
昭和六二年三月三〇日　労働省令一一号
昭和六三年四月八日　労働省令一一号
昭和六三年一二月二八日　労働省令四一号
平成元年三月一七日　労働省令四号
平成二年三月二九日　労働省令五号
平成二年七月三一日　労働省令一七号
平成二年九月二八日　労働省令二四号
平成三年四月一二日　労働省令一二号
平成三年九月二五日　労働省令二〇号
平成四年三月三〇日　労働省令五号
平成五年二月一二日　労働省令一号
平成五年三月二二日　労働省令五号
平成五年七月一日　労働省令二五号
平成五年七月二一日　労働省令二七号
平成六年二月九日　労働省令五号
平成六年三月三〇日　労働省令一八号
平成六年四月一日　労働省令二五号
平成六年六月二四日　労働省令三二号
平成六年六月二四日　労働省令三五号

平成六年九月二八日労働省令四一号
平成七年二月一〇日労働省令五号
平成七年三月三〇日労働省令一六号
平成七年三月三〇日労働省令一七号
平成七年七月三一日労働省令三六号
平成八年三月一日労働省令六号
平成八年三月二八日労働省令一二号
平成八年五月一一日労働省令二五号
平成八年七月二六日労働省令三一号
平成九年二月二八日労働省令七号
平成九年三月三一日労働省令二〇号
平成九年四月一日労働省令二四号
平成九年九月二五日労働省令三一号
平成一〇年三月二日労働省令四号
平成一〇年三月二六日労働省令一三号
平成一〇年四月二七日労働省令二四号
平成一一年三月二五日労働省令一六号
平成一一年三月三一日労働省令二八号
平成一一年一二月三日労働省令四八号
平成一二年一月三一日労働省令二号
平成一二年三月一〇日労働省令五号
平成一二年一〇月三一日労働省令四一号
平成一三年三月二三日厚生労働省令三一号
平成一三年四月四日厚生労働省令一一八号
平成一四年二月二〇日厚生労働省令一三号
平成一四年九月五日厚生労働省令一一七号
平成一五年三月二五日厚生労働省令四五号
平成一五年三月三一日厚生労働省令七一号
平成一六年三月三一日厚生労働省令七四号
平成一六年六月四日厚生労働省令一〇一号
平成一七年三月三一日厚生労働省令六八号
平成一八年一月二五日厚生労働省令六号
平成一八年三月二七日厚生労働省令五二号
平成一八年三月三一日厚生労働省令六七号
平成一八年三月三一日厚生労働省令六八号
平成一八年四月二八日厚生労働省令一一六号
平成一八年五月二三日厚生労働省令一二二号
平成一八年九月五日厚生労働省令一五四号
平成一八年九月二九日厚生労働省令一六九号
平成一九年三月三一日厚生労働省令七〇号
平成一九年四月二三日厚生労働省令八〇号
平成一九年六月一日厚生労働省令八六号
平成一九年六月二九日厚生労働省令九二号
平成一九年七月三日厚生労働省令九三号
平成一九年九月二五日厚生労働省令一一二号
平成一九年一二月二五日厚生労働省令一五二号
平成二〇年三月一八日厚生労働省令三六号
平成二〇年三月三一日厚生労働省令七八号
平成二一年三月三一日厚生労働省令七三号
平成二一年一二月二八日厚生労働省令一六七号
平成二一年一二月二八日厚生労働省令一六八号
平成二二年三月三一日厚生労働省令四二号

平成二二年　九月二九日厚生労働省令一〇七号
平成二三年　二月　一日厚生労働省令　一三号
平成二三年　三月三一日厚生労働省令　三五号
平成二三年　四月　一日厚生労働省令　四八号
平成二三年　九月　六日厚生労働省令一一三号
平成二三年一二月二七日厚生労働省令一五四号
平成二四年　三月二六日厚生労働省令　三五号
平成二四年　三月三〇日厚生労働省令　五六号
平成二四年　九月二八日厚生労働省令一三五号
平成二五年　四月　一日厚生労働省令　五三号
平成二五年　四月　一日厚生労働省令　五五号
平成二五年　五月一六日厚生労働省令　六六号
平成二五年　八月　一日厚生労働省令　九四号
平成二五年一一月　一日厚生労働省令一二二号
平成二六年　三月二八日厚生労働省令　三二号
平成二六年一〇月三一日厚生労働省令一一八号
平成二七年　三月三一日厚生労働省令　六七号
平成二七年　三月三一日厚生労働省令　七一号
平成二七年　三月三一日厚生労働省令　七三号
平成二七年　四月一〇日厚生労働省令　八六号
平成二七年　九月二九日厚生労働省令一五〇号
平成二七年　九月三〇日厚生労働省令一五六号
平成二七年一二月　九日厚生労働省令一六八号
平成二八年　三月二五日厚生労働省令　四一号
平成二八年一二月二八日厚生労働省令一八六号
平成二九年　三月三一日厚生労働省令　三五号
平成三〇年　二月　八日厚生労働省令　一三号
平成三〇年　三月三〇日厚生労働省令　五六号
平成三〇年　九月　七日厚生労働省令一一二号

目次

第一章　総則（第一条―第三条）
第二章　削除
第三章　保険給付
第一節　通則（第六条―第十一条の三）
第二節　業務災害に関する保険給付（第十二条―第十八条の三の五）
第三節　通勤災害に関する保険給付（第十八条の四―第十八条の十五）
第三節の二　二次健康診断等給付（第十八条の十六―第十八条の十九）
第四節　保険給付に関する通知、届出等（第十九条―第二十三条の二）
第三章の二　社会復帰促進等事業（第二十四条―第四十二条）
第四章　費用の負担（第四十三条―第四十六条の十五）
第四章の二　特別加入（第四十六条の十六―第四十六条の二十七）

第五章　雑則（第四十七条―第五十四条）

附則

第一章　総則

（事務の所轄）

第一条　労働者災害補償保険法（昭和二十二年法律第五十号。以下「法」という。）第三十四条第一項第三号（法第三十六条第一項第二号において準用する場合を含む。）、第三十五条第一項第六号及び第四十九条の三第一項に規定する厚生労働大臣の権限は、都道府県労働局長に委任する。ただし、法第四十九条の三第一項の規定による権限は、厚生労働大臣が自ら行うことを防げない。

2　労働者災害補償保険（以下「労災保険」という。）に関する事務（労働保険の保険料の徴収等に関する法律（昭和四十四年法律第八十四号。以下「徴収法」という。）、失業保険法及び労働者災害補償保険法の一部を改正する法律及び労働保険の保険料の徴収等に関する法律の施行に伴う関係法律の整備等に関する法律（昭和四十四年法律第八十五号。以下「整備法」という。）及び賃金の支払の確保等に関する法律（昭和五十一年法律第三十四号）に基づく事務並びに厚生労働大臣が定める事務を除く。）は、厚生労働省労働基準局長の指揮監督を受けて、事業場の所在地を管轄する都道府県労働局長（事業場が二以上の都道府県労働局の管轄区域にまたがる場合には、その事業の主たる事務所の所在地を管轄する都道府県労働局長）（以下「所轄都道府県労働局長」という。）が行う。

3　前項の事務のうち、保険給付（二次健康診断等給付を除く。）並びに社会復帰促進等事業のうち労災就学等援護費及び特別支給金の支給並びに厚生労働省労働基準局長が定める給付に関する事務は、都道府県労働局長の指揮監督を受けて、事業場の所在地を管轄する労働基準監督署長（事業場が二以上の労働基準監督署の管轄区域にまたがる場合には、その事業の主たる事務所の所在地を管轄する労働基準監督署長）（以下「所轄労働基準監督署長」という。）が行う。

（一括有期事業に係る事務の所轄）

第二条　徴収法第七条の規定により一の事業とみなされる事業に係る労災保険に関する事務（徴収法及び整備法に基づく事務を除く。）については、労働保険の保険料の徴収等に関する法律施行規則（昭和四十七年労働省令第八号）第六条第二項第三号の事務所の所在地を管轄する都道府県労働局長及び労働基準監督署長を、それぞれ所轄都道府県労働局長及び所轄労働基準監督署長とする。

（事業主の代理人）

第三条　事業主（徴収法第八条第一項又は第二項の規定により元請負人が事業主とされる場合にあつては、当該元請負人。以下同じ。）は、あらかじめ代理人を選任した場合には、この省令及び労働者災害補償保険特別支給金支給規則（昭和四十九年労働省令第三十号）の規定によつて事業主が行わなければならない事項を、その代理人に行わせることができる。
2　事業主は、前項の代理人を選任し、又は解任したときは、左に掲げる事項を記載した届書を、所轄労働基準監督署長を経由して所轄都道府県労働局長に提出しなければならない。
一　事業の名称及び事業場の所在地
二　代理人の氏名（代理人が団体であるときはその名称及び代表者の氏名）及び住所
3　前項の規定により事業主（厚生年金保険法（昭和二十九年法律第百十五号）による厚生年金保険又は健康保険法（大正十一年法律第七十号）による健康保険の適用事業所の事業主に限る。）が所轄労働基準監督署長を経由して所轄都道府県労働局長に提出する届書であつて事業の期間が予定される事業以外の事業（労働保険事務組合（徴収法第三十三条第三項に規定する労働保険事務組合をいう。以下同じ。）に労働保険事務（同条第一項に規定する労働保険事務をいう。以下同じ。）の処理を委託するものを除く。）に係るものの提出は、年金事務所（日本年金機構法（平成十九年法律第百九号）第二十九条の年金事務所をいう。）を経由して行うことができる。

第二章　削除

第四条及び第五条　削除

第三章　保険給付

第一節　通則

（法第七条第二項第二号の厚生労働省令で定める就業の場所）

第六条　法第七条第二項第二号の厚生労働省令で定める就業の場所は、次のとおりとする。
一　法第三条第一項の適用事業及び整備法第五条第一項の規定により労災保険に係る保険関係が成立している同項の労災保険暫定任意適用事業に係る就業の場所
二　法第三十四条第一項第一号、第三十五条第一項第三号又は第三十六条第一項第一号の規定により労働者とみなされる者（第四十六条の二十二の二に規定する者を除く。）に係る就業の場所
三　その他前二号に類する就業の場所

（法第七条第二項第三号の厚生労働省令で定める要件）

第七条　法第七条第二項第三号の厚生労働省令で定める要件は、同号に規定する移動が、次の各号のいずれかに該当する労働者により行われるものであることとする。

一　転任に伴い、当該転任の直前の住居と就業の場所との間を日々往復することが当該往復の距離等を考慮して困難となつたため住居を移転した労働者であつて、次のいずれかに掲げるやむを得ない事情により、当該転任の直前の住居に居住している配偶者（婚姻の届出をしていないが、事実上婚姻関係と同様の事情にある者を含む。以下同じ。）と別居することとなつたもの

イ　配偶者が、要介護状態（負傷、疾病又は身体上若しくは精神上の障害により、二週間以上の期間にわたり常時介護を必要とする状態をいう。以下この条及び次条において同じ。）にある労働者又は配偶者の父母又は同居の親族を介護すること。

ロ　配偶者が、学校教育法（昭和二十二年法律第二十六号）第一条に規定する学校、同法第百二十四条に規定する専修学校若しくは同法第百三十四条第一項に規定する各種学校（以下この条において「学校等」という。）に在学し、児童福祉法（昭和二十二年法律第百六十四号）第三十九条第一項に規定する保育所（次号ロにおいて「保育所」という。）若しくは就学前の子どもに関する教育、保育等の総合的な提供の推進に関する法律（平成十八年法律第七十七号）第二条第七項に規定する幼保連携型認定こども園（次号ロにおいて「幼保連携型認定こども園」という。）に通い、又は職業能力開発促進法（昭和四十四年法律第六十四号）第十五条の七第三項に規定する公共職業能力開発施設の行う職業訓練（職業能力開発総合大学校において行われるものを含む。以下この条及び次条において「職業訓練」という。）を受けている同居の子（十八歳に達する日以後の最初の三月三十一日までの間にある子に限る。）を養育すること。

ハ　配偶者が、引き続き就業すること。

ニ　配偶者が、労働者又は配偶者の所有に係る住宅を管理するため、引き続き当該住宅に居住すること。

ホ　その他配偶者が労働者と同居できないと認められるイからニまでに類する事情

二　転任に伴い、当該転任の直前の住居と就業の場所との間を日々往復することが当該往復の距離等を考慮して困難となつたため住居を移転した労働者であつて、次のいずれかに掲げるやむを得ない事情により、当該転任の直前の住居に居住している子と別居することとなつたもの（配偶者がないものに限る。）

イ　当該子が要介護状態にあり、引き続き当該転任の直前まで日常生活を営んでいた地域において介護を受けなければならないこと。

ロ　当該子（十八歳に達する日以後の最初の三月三十一日までの間にある子に限る。）が学校等に在学し、保育所若しくは幼保連携型認定こども園に通い、又は職業訓練を

受けていること。
ハ　その他当該子が労働者と同居できないと認められるイ又はロに類する事情
三　転任に伴い、当該転任の直前の住居と就業の場所との間を日々往復することが当該往復の距離等を考慮して困難となつたため住居を移転した労働者であつて、次のいずれかに掲げるやむを得ない事情により、当該転任の直前の住居に居住している当該労働者の父母又は親族（要介護状態にあり、かつ、当該労働者が介護していた父母又は親族に限る。）と別居することとなつたもの（配偶者及び子がないものに限る。）
イ　当該父母又は親族が、引き続き当該転任の直前まで日常生活を営んでいた地域において介護を受けなければならないこと。
ロ　当該父母又は親族が労働者と同居できないと認められるイに類する事情
四　その他前三号に類する労働者

（日常生活上必要な行為）

第八条　法第七条第三項の厚生労働省令で定める行為は、次のとおりとする。
一　日用品の購入その他これに準ずる行為
二　職業訓練、学校教育法第一条に規定する学校において行われる教育その他これらに準ずる教育訓練であつて職業能力の開発向上に資するものを受ける行為
三　選挙権の行使その他これに準ずる行為
四　病院又は診療所において診察又は治療を受けることその他これに準ずる行為
五　要介護状態にある配偶者、子、父母、孫、祖父母及び兄弟姉妹並びに配偶者の父母の介護（継続的に又は反復して行われるものに限る。）

（給付基礎日額の特例）

第九条　法第八条第二項の規定による給付基礎日額の算定は、所轄労働基準監督署長が、次の各号に定めるところによつて行う。
一　労働基準法（昭和二十二年法律第四十九号）第十二条第一項及び第二項に規定する期間中に業務外の事由による負傷又は疾病の療養のために休業した労働者の同条の平均賃金（以下「平均賃金」という。）に相当する額が、当該休業した期間を同条第三項第一号に規定する期間とみなして算定することとした場合における平均賃金に相当する額に満たない場合には、その算定することとした場合における平均賃金に相当する額とする。
二　じん肺にかかつたことにより保険給付を受けることとなつた労働者の平均賃金に相当する額が、じん肺にかかつたため粉じん作業以外の作業に常時従事することとなつた日を平均賃金を算定すべき事由の発生した日とみなして算定

することとした場合における平均賃金に相当する額に満たない場合には、その算定することとした場合における平均賃金に相当する額とする。

三　一年を通じて船員法（昭和二十二年法律第百号）第一条に規定する船員として船舶所有者（船員保険法（昭和十四年法律第七十三号）第三条に規定する場合にあつては、同条の規定により船舶所有者とされる者）に使用される者の賃金について、基本となるべき固定給のほか、船舶に乗り組むこと、船舶の就航区域、船積貨物の種類等により変動がある賃金が定められる場合には、基本となるべき固定給に係る平均賃金に相当する額と変動がある賃金に係る平均賃金に相当する額とを基準とし、厚生労働省労働基準局長が定める基準に従つて算定する額とする。

四　前三号に定めるほか、平均賃金に相当する額を給付基礎日額とすることが適当でないと認められる場合には、厚生労働省労働基準局長が定める基準に従つて算定する額とする。

五　平均賃金に相当する額又は前各号に定めるところによつて算定された額（以下この号において「平均賃金相当額」という。）が四千百八十円（当該額が次項及び第三項の規定により変更されたときは、当該変更された額。以下「自動変更対象額」という。）に満たない場合には、自動変更対象額とする。ただし、次のイからニまでに掲げる場合においては、それぞれイからニまでに定める額とする。

イ　平均賃金相当額を法第八条の規定により給付基礎日額として算定した額とみなして法第八条の二第一項の規定を適用したときに同項第二号の規定により算定した額を同項の休業給付基礎日額とすることとされる場合において、当該算定した額が自動変更対象額以上であるとき。　平均賃金相当額

ロ　イの当該算定した額が自動変更対象額に満たないとき。　自動変更対象額を、当該算定した額を平均賃金相当額で除して得た率で除して得た額（その額に一円未満の端数があるときは、これを切り捨てるものとし、当該端数を切り捨てた額が平均賃金相当額に満たないときは、平均賃金相当額）

ハ　平均賃金相当額を法第八条の規定により給付基礎日額として算定した額とみなして法第八条の三第一項（法第八条の四において準用する場合を含む。）の規定を適用したときに同項第二号（法第八条の四において準用する場合を含む。ニにおいて同じ。）の規定により算定した額を当該保険給付の額の算定の基礎として用いる給付基礎日額とすることとされる場合において、当該算定した額が自動変更対象額以上であるとき。　平均賃金相当額

ニ　ハの当該算定した額が自動変更対象額に満たないとき。　自動変更対象額を当該算定に用いた法第八条の三

第一項第二号の厚生労働大臣が定める率で除して得た額（その額に一円未満の端数があるときは、これを切り捨てるものとし、当該端数を切り捨てた額が平均賃金相当額に満たないときは、平均賃金相当額）

2　厚生労働大臣は、年度（四月一日から翌年三月三十一日までをいう。以下同じ。）の平均給与額（厚生労働省において作成する毎月勤労統計（次条及び第九条の五において「毎月勤労統計」という。）における労働者一人当たりの毎月きまつて支給する給与の額（第九条の五において「平均定期給与額」という。）の四月分から翌年三月分までの各月分の合計額を十二で除して得た額をいう。以下この項において同じ。）が平成六年四月一日から始まる年度（この項及び次項の規定により自動変更対象額が変更されたときは、直近の当該変更がされた年度の前年度）の平均給与額を超え、又は下るに至つた場合においては、その上昇し、又は低下した比率に応じて、その翌年度の八月一日以後の自動変更対象額を変更しなければならない。

3　自動変更対象額に五円未満の端数があるときは、これを切り捨て、五円以上十円未満の端数があるときは、これを十円に切り上げるものとする。

4　厚生労働大臣は、前二項の規定により自動変更対象額を変更するときは、当該変更する年度の七月三十一日までに当該変更された自動変更対象額を告示するものとする。

（休業補償給付等に係る平均給与額の算定）

第九条の二　法第八条の二第一項第二号の平均給与額は、毎月勤労統計における労働者一人当たりの毎月きまつて支給する給与の同号の四半期の一箇月平均額によるものとする。

（年齢階層）

第九条の三　法第八条の二第二項第一号（法第八条の三第二項において準用する場合を含む。次条第一項において同じ。）の厚生労働省令で定める年齢階層は、二十歳未満、二十歳以上二十五歳未満、二十五歳以上三十歳未満、三十歳以上三十五歳未満、三十五歳以上四十歳未満、四十歳以上四十五歳未満、四十五歳以上五十歳未満、五十歳以上五十五歳未満、五十五歳以上六十歳未満、六十歳以上六十五歳未満、六十五歳以上七十歳未満及び七十歳以上の年齢階層とする。

（最低限度額及び最高限度額の算定方法等）

第九条の四　法第八条の二第二項第一号の厚生労働大臣が定める額（以下この条において「最低限度額」という。）は、厚生労働省において作成する賃金構造基本統計（以下この項及び第七項において「賃金構造基本統計」という。）の常用労働者（賃金構造基本統計調査規則（昭和三十九年労働省令第八号）第四条第一項に規定する事業所（国又は地方公共団体の事業所以外の事業所に限る。）に雇用される常用労働者をいう。以下この項及び第四項において「常用労働者」という。）について、前条に規定する年齢階層（以下この条において「年齢階層」という。）ごとに求めた次の各号に掲げる額の合算額を、賃金構造基本統計を作成するための調査の行われた月の属する年度における被災労働者（年金たる保険給付（遺族補償年金又は遺族年金を除く。）を受けるべき労働者及び遺族補償年金又は遺族年金を支給すべき事由に係る労働者をいう。以下この項において同じ。）の数で除して得た額（その額に一円未満の端数があるときは、これを一円に切り上げる。）とする。

一　当該年齢階層に属する常用労働者であつて男性である者（以下この号において「男性労働者」という。）を、その受けている賃金構造基本統計の調査の結果による一月当たりのきまつて支給する現金給与額（以下この条において「賃金月額」という。）の高低に従い、二十の階層に区分し、その区分された階層のうち最も低い賃金月額に係る階層に属する男性労働者の受けている賃金月額のうち最も高いものを三十で除して得た額に、被災労働者であつて男性である者の数を乗じて得た額

二　前号中「男性である者」とあるのは「女性である者」と、「男性労働者」とあるのは「女性労働者」として、同号の規定の例により算定して得た額

2　前項の規定により算定して得た額が、自動変更対象額に満たない場合は、自動変更対象額を当該年齢階層に係る最低限度額とする。

3　第一項の規定は、法第八条の二第二項第二号（法第八条の三第二項において準用する場合を含む。）の厚生労働大臣が定める額について準用する。この場合において、第一項中「「最低限度額」」とあるのは「「最高限度額」」と、「最も低い賃金月額に係る」とあるのは「最も高い賃金月額に係る階層の直近下位の」と読み替えるものとする。

4　前項において準用する第一項の規定により算定して得た額が、常用労働者を、その受けている賃金月額の高低に従い、四の階層に区分し、その区分された階層のうち最も高い賃金月額に係る階層の直近下位の階層に属する常用労働者の受けている賃金月額のうち最も高いものを三十で除して得た額（その額に一円未満の端数があるときは、これを一円に切り上げる。）に満たない場合は、当該三十で除して得た額を当該年齢階層に係る最高限度額とする。

5　六十五歳以上七十歳未満の年齢階層に係る最低限度額及び最高限度額についての第一項（第三項において準用する場合を含む。）の規定の適用については、第一項中「厚生労働省において作成する賃金構造基本統計（以下この項及び第七項において「賃金構造基本統計」という。）の常用労働者」とあるのは「常用労働者等」と、「常用労働者をいう」とあるのは「常用労働者（以下この項及び第四項において「常用労働者」という。）及び常用労働者以外の者であつて、六十五歳以上のものをいう」と、「この項及び第四項において「常用労働者」と

いう」とあるのは「この項において同じ」と、「賃金構造基本統計を」とあるのは「厚生労働省において作成する賃金構造基本統計（以下この項及び第七項において「賃金構造基本統計」という。）を」と、「常用労働者であつて男性である者（」とあるのは「常用労働者等であつて男性である者（常用労働者以外の者については、当該年齢階層に属するものの数の四分の三に相当する数のものに限る。」と、「現金給与額（」とあるのは「現金給与額（常用労働者以外の者については、当該年齢階層に属する常用労働者の受けている賃金構造基本統計の調査の結果による一月当たりのきまつて支給する現金給与額のうち最も低いものとする。」とする。

6　前項の規定は七十歳以上の年齢階層に係る最低限度額及び最高限度額について準用する。この場合において、同項中「「常用労働者であつて男性である者（」とあるのは「常用労働者等であつて男性である者（常用労働者以外の者については、当該年齢階層に属するものの数の四分の三に相当する数のものに限る。」」とあるのは「「常用労働者であつて」とあるのは「常用労働者等であつて」」とする。

7　厚生労働大臣は、毎年、その年の八月一日から翌年の七月三十一日までの間に支給すべき事由が生じた休業補償給付若しくは休業給付又はその年の八月から翌年の七月までの月分の年金たる保険給付の額の算定の基礎として用いる給付基礎日額に係る最低限度額及び最高限度額を、当該八月の属する年の前年の賃金構造基本統計の調査の結果に基づき、前各項の規定により定め、当該八月の属する年の七月三十一日までに告示するものとする。

（年金たる保険給付等に係る平均給与額の算定）

第九条の五　法第八条の三第一項第二号（法第八条の四において準用する場合を含む。次項において同じ。）の平均給与額は、平均定期給与額の四月分から翌年三月分までの各月分の合計額によるものとする。ただし、毎月勤労統計の標本の抽出替えが行われたことにより当該各月分の合計額によることが適当でないと認められる場合には、当該各月について、常用労働者（毎月勤労統計における常用労働者をいう。以下この項において同じ。）を常時五人以上雇用する事業所（毎月勤労統計における事業所をいう。）に雇用される常用労働者に係る当該抽出替えが行われた月の当該抽出替えが行われた後の平均定期給与額に当該抽出替えが行われた後の賃金指数（毎月勤労統計における毎月きまつて支給する給与の賃金指数をいう。以下この項において同じ。）を当該抽出替えが行われた月の当該抽出替えが行われた後の賃金指数で除して得た数を乗じて得た額の合計額によるものとする。

2　毎月勤労統計の調査の範囲、対象等の変更が行われたことにより前項の規定により算定した平均給与額によることが適当でないと認められる場合においては、同項の規定にかかわらず、当該変更が行われた月の属する年度の法第八条の三第一項第二号の平均給与額は当該変更が行われた月以後の十二月分の平均定期給与額の合計額（当該合計額により難い場合には、十二を下回る厚生労働大臣が定める数の月分の平均定期給与額の合計額。以下この項において同じ。）を当該変更が行われなかつたものとした場合に得られる当該十二月分の平均定期給与額の合計額で除して得た率（以下この項において「補正率」という。）を当該変更が行われた月より前の各月の月分の平均定期給与額に乗じて得た額を当該変更が行われた月より前の各月の月分の平均定期給与額とみなして前項本文の規定を適用したときに得られる同項本文の合計額によるものとし、当該変更が行われた月の属する年度より前の年度の同号の平均給与額は同項の規定により算定した平均給与額（同号の平均給与額がこの項の規定により算定した額によるものとされた場合にあつては、当該算定した額）に補正率を乗じて得た額によるものとする。

（未支給の保険給付）

第十条　労働者災害補償保険法の一部を改正する法律（昭和四十年法律第百三十号。以下「昭和四十年改正法」という。）附則第四十三条第一項又は労働者災害補償保険法の一部を改正する法律（昭和四十八年法律第八十五号。以下「昭和四十八年改正法」という。）附則第五条第一項に規定する遺族が、法第十一条の規定により未支給の遺族補償年金又は遺族年金を受けるべき場合において、当該遺族補償年金又は遺族年金を受けるべき順位は、昭和四十年改正法附則第四十三条第二項（昭和四十八年改正法附則第五条第二項において準用する場合を含む。）の規定による順序による。

2　法第十一条第一項又は第二項の規定により未支給の保険給付の支給を請求しようとする者は、次に掲げる事項を記載した請求書を、所轄労働基準監督署長に提出しなければならない。

一　死亡した受給権者の氏名及び死亡の年月日

二　請求人の氏名、住所及び死亡した受給権者（未支給の保険給付が遺族補償年金又は遺族年金であるときは、死亡した労働者）との関係

三　未支給の保険給付の種類

3　前項の請求書には、次に掲げる書類その他の資料を添えなければならない。

一　死亡した受給権者の死亡の事実及び死亡の年月日を証明することができる書類（未支給の保険給付が年金たる保険給付である場合であつて、厚生労働大臣が住民基本台帳法（昭和四十二年法律第八十一号）第三十条の九の規定により当該書類と同一の内容を含む機構保存本人確認情報（同条に規定する機構保存本人確認情報をいう。以下同じ。）の提供を受けることができるときは、この限りでない。）

二　未支給の保険給付が遺族補償年金及び遺族年金以外の保険給付であるときは、次に掲げる書類

イ　請求人と死亡した受給権者との身分関係を証明することができる戸籍の謄本又は抄本

ロ　請求人が死亡した受給権者と婚姻の届出をしていないが事実上婚姻関係と同様の事情にあつた者であるときは、その事実を証明することができる書類（未支給の保険給付が年金たる保険給付である場合であつて、厚生労働大臣が住民基本台帳法第三十条の九の規定により当該書類と同一の内容を含む機構保存本人確認情報の提供を受けることができるときは、この限りでない。）

ハ　請求人が死亡した受給権者と生計を同じくしていたことを証明することができる書類（未支給の保険給付が年金たる保険給付である場合であつて、厚生労働大臣が住民基本台帳法第三十条の九の規定により当該書類と同一の内容を含む機構保存本人確認情報の提供を受けることができるときは、この限りでない。）

三　未支給の保険給付が遺族補償年金又は遺族年金であるときは、次に掲げる書類その他の資料

イ　請求人と死亡した労働者との身分関係を証明することができる戸籍の謄本又は抄本

ロ　請求人が障害の状態にあることにより遺族補償年金又は遺族年金を受けることができる遺族であるときは、その者が労働者の死亡の時から引き続き障害の状態にあることを証明することができる医師又は歯科医師の診断書その他の資料

4　法第十一条第二項の規定により未支給の保険給付の支給を請求しようとする者は、前項の規定によるほか、当該保険給付の種類の別に応じて、死亡した受給権者が当該保険給付の支給を請求することとした場合に提出すべき書類その他の資料を、第二項の請求書に添えなければならない。

5　請求人は、法第十一条第一項又は第二項の規定による請求とあわせて、その者に係る遺族補償給付、葬祭料、遺族給付又は葬祭給付の支給を請求する場合において、前二項の規定により提出すべき書類その他の資料の全部又は一部に相当する書類その他の資料を当該遺族補償給付、葬祭料、遺族給付又は葬祭給付の支給を請求するために提出したときは、その限度において、前二項の規定により提出すべき書類その他の資料を提出しないことができる。

（過誤払による返還金債権への充当）

第十条の二　法第十二条の二の規定による年金たる保険給付の支払金の金額の過誤払による返還金債権への充当は、次の各号に掲げる場合に行うことができる。

一　年金たる保険給付の受給権者の死亡に係る遺族補償年金、遺族補償一時金、葬祭料若しくは障害補償年金差額一時金又は遺族年金、遺族一時金、葬祭給付若しくは障害年金差額一時金の受給権者が、当該年金たる保険給付の受給権者の死亡に伴う当該年金たる保険給付の支払金の金額の

過誤払による返還金債権に係る債務の弁済をすべき者であるとき。

二　遺族補償年金又は遺族年金の受給権者が、同一の事由による同順位の遺族補償年金又は遺族年金の受給権者の死亡に伴う当該遺族補償年金又は遺族年金の支払金の金額の過誤払による返還金債権に係る債務の弁済をすべき者であるとき。

（療養の給付の方法等）

第十一条　法の規定による療養の給付は、法第二十九条第一項の社会復帰促進等事業として設置された病院若しくは診療所又は都道府県労働局長の指定する病院若しくは診療所、薬局若しくは訪問看護事業者（居宅を訪問することによる療養上の世話又は必要な診療の補助（以下「訪問看護」という。）の事業を行うものをいう。以下同じ。）において行う。

2　都道府県労働局長は、療養の給付を行う病院若しくは診療所、薬局若しくは訪問看護事業者を指定し、又はその指定を取り消すときは、左に掲げる事項を公告しなければならない。

一　病院若しくは診療所、薬局又は訪問看護事業者の名称及び所在地

二　診療科名

3　第一項の都道府県労働局長の指定を受けた病院若しくは診療所、薬局又は訪問看護事業者は、それぞれ様式第一号から第四号までによる標札を見やすい場所に掲げなければならない。

（療養の費用を支給する場合）

第十一条の二　法の規定により療養の費用を支給する場合は、療養の給付をすることが困難な場合のほか、療養の給付を受けないことについて労働者に相当の理由がある場合とする。

（二次健康診断等給付の方法等）

第十一条の三　法の規定による二次健康診断等給付は、法第二十九条第一項の社会復帰促進等事業として設置された病院若しくは診療所又は都道府県労働局長の指定する病院若しくは診療所において行う。

2　都道府県労働局長は、二次健康診断等給付を行う病院若しくは診療所を指定し、又はその指定を取り消すときは、当該病院又は診療所の名称及び所在地を公告しなければならない。

3　第一項の都道府県労働局長の指定を受けた病院又は診療所は、それぞれ様式第五号又は第六号による標札を見やすい場所に掲げなければならない。

第二節　業務災害に関する保険給付

（療養補償給付たる療養の給付の請求）

第十二条　療養補償給付たる療養の給付を受けようとする者は、次に掲げる事項を記載した請求書を、当該療養の給付を受けようとする第十一条第一項の病院若しくは診療所、薬局

又は訪問看護事業者（以下「指定病院等」という。）を経由して所轄労働基準監督署長に提出しなければならない。
一　労働者の氏名、生年月日及び住所
二　事業の名称及び事業場の所在地
三　負傷又は発病の年月日
四　災害の原因及び発生状況
五　療養の給付を受けようとする指定病院等の名称及び所在地
2　前項第三号及び第四号に掲げる事項については、事業主の証明を受けなければならない。
3　療養補償給付たる療養の給付を受ける労働者は、当該療養の給付を受ける指定病院等を変更しようとするときは、次に掲げる事項を記載した届書を、新たに当該療養の給付を受けようとする指定病院等を経由して所轄労働基準監督署長に提出しなければならない。
一　労働者の氏名、生年月日及び住所
二　事業の名称及び事業場の所在地
三　負傷又は発病の年月日
四　災害の原因及び発生状況
五　療養の給付を受けていた指定病院等及び新たに療養の給付を受けようとする指定病院等の名称及び所在地
4　第二項の規定は、前項第三号及び第四号に掲げる事項について準用する。

（療養補償給付たる療養の費用の請求）
第十二条の二　療養補償給付たる療養の費用の支給を受けようとする者は、次に掲げる事項を記載した請求書を、所轄労働基準監督署長に提出しなければならない。
一　労働者の氏名、生年月日及び住所
二　事業の名称及び事業場の所在地
三　負傷又は発病の年月日
四　災害の原因及び発生状況
五　傷病名及び療養の内容
六　療養に要した費用の額
七　療養の給付を受けなかつた理由
2　前項第三号及び第四号に掲げる事項については事業主の証明を、同項第五号及び第六号に掲げる事項については医師その他の診療、薬剤の支給、手当又は訪問看護を担当した者（以下「診療担当者」という。）の証明を受けなければならない。ただし、看護（病院又は診療所の労働者が提供するもの及び訪問看護を除く。以下同じ。）又は移送に要した費用の額については、この限りでない。
3　第一項第六号の額が看護又は移送に要した費用の額を含むものであるときは、当該費用の額を証明することができる書類を、同項の請求書に添えなければならない。

（傷病補償年金の受給権者の療養補償給付の請求）
第十二条の三　療養補償給付たる療養の給付を受ける労働者

は、傷病補償年金を受けることとなつた場合には、次に掲げる事項を記載した届書を、当該療養の給付を受ける指定病院等を経由して所轄労働基準監督署長に提出しなければならない。

一　年金証書の番号

二　労働者の氏名、生年月日及び住所

三　療養の給付を受ける指定病院等の名称及び所在地

2　傷病補償年金の受給権者が療養補償給付たる療養の給付を受ける指定病院等を変更しようとする場合に第十二条第三項の規定により提出する届書に関しては、同項中「次に掲げる事項」とあるのは、「年金証書の番号並びに第一号及び第五号に掲げる事項」とする。

3　傷病補償年金の受給権者は、第一項及び第十二条第三項の届書を提出しようとするときは、当該指定病院等に年金証書を提示しなければならない。

4　傷病補償年金の受給権者が療養補償給付たる療養の費用の支給を受けようとする場合に前条第一項の規定により提出する請求書に関しては、同項中「次に掲げる事項」とあるのは、「年金証書の番号並びに第一号及び第五号から第七号までに掲げる事項」とする。

（休業補償給付を行わない場合）

第十二条の四　法第十四条の二の厚生労働省令で定める場合は、次の各号のいずれかに該当する場合とする。

一　懲役、禁錮若しくは拘留の刑の執行のため若しくは死刑の言渡しを受けて刑事施設（少年法（昭和二十三年法律第百六十八号）第五十六条第三項の規定により少年院において刑を執行する場合における当該少年院を含む。）に拘置されている場合若しくは留置施設に留置されて懲役、禁錮若しくは拘留の刑の執行を受けている場合、労役場留置の言渡しを受けて労役場に留置されている場合又は監置の裁判の執行のため監置場に留置されている場合

二　少年法第二十四条の規定による保護処分として少年院若しくは児童自立支援施設に送致され、収容されている場合又は売春防止法（昭和三十一年法律第百十八号）第十七条の規定による補導処分として婦人補導院に収容されている場合

（休業補償給付の請求）

第十三条　休業補償給付の支給を受けようとする者は、次に掲げる事項を記載した請求書を、所轄労働基準監督署長に提出しなければならない。

一　労働者の氏名、生年月日及び住所

二　事業の名称及び事業場の所在地

三　負傷又は発病の年月日

四　災害の原因及びその発生状況

五　平均賃金（労働基準法第十二条第一項及び第二項の期間中に業務外の事由による負傷又は疾病の療養のために休業

した労働者にあつては、平均賃金に相当する額が当該休業した期間を同条第三項第一号に規定する期間とみなして算定することとした場合における平均賃金に相当する額に満たない場合には、その算定することとした場合における平均賃金に相当する額。以下同じ。）

六　休業の期間、療養の期間、傷病名及び傷病の経過

六の二　休業の期間中に業務上の負傷又は疾病による療養のため所定労働時間のうちその一部分についてのみ労働した日がある場合にあつては、その年月日及び当該労働に対して支払われる賃金の額

七　負傷又は発病の日における国民年金法等の一部を改正する法律（昭和六十年法律第三十四号）第五条の規定による改正前の船員保険法（次号及び第十五条の二第一項第七号において「旧船員保険法」という。）の規定による船員保険、厚生年金保険法（昭和二十九年法律第百十五号）の規定による厚生年金保険又は国民年金法（昭和三十四年法律第百四十一号）の規定による国民年金の被保険者の資格（以下「厚生年金保険等の被保険者資格」という。）の有無

八　同一の事由により厚生年金保険法の規定による障害厚生年金若しくは国民年金法の規定による障害基礎年金（同法第三十条の四の規定による障害基礎年金を除く。）又は旧船員保険法、国民年金法等の一部を改正する法律第三条の規定による改正前の厚生年金保険法若しくは国民年金法等の一部を改正する法律第一条の規定による改正前の国民年金法の規定による障害年金（以下「厚生年金保険の障害厚生年金等」という。）が支給される場合にあつては、その年金の種類及び支給額並びにその年金が支給されることとなつた年月日

九　前各号に掲げるもののほか、休業補償給付の額の算定の基礎となる事項

2　前項第三号から第七号まで及び第九号に掲げる事項（同項第六号に掲げる事項については休業の期間に、同項第七号に掲げる事項については厚生年金保険の被保険者の資格の有無に限る。）については事業主の証明を、同項第六号に掲げる事項中療養の期間、傷病名及び傷病の経過については診療担当者の証明を受けなければならない。

3　第一項第八号に規定する場合に該当するときは、当該厚生年金保険の障害厚生年金等の支給額を証明することができる書類を、同項の請求書に添えなければならない。

（障害等級等）

第十四条　障害補償給付を支給すべき身体障害の障害等級は、別表第一に定めるところによる。

2　別表第一に掲げる身体障害が二以上ある場合には、重い方の身体障害の該当する障害等級による。

3　左の各号に掲げる場合には、前二項の規定による障害等級をそれぞれ当該各号に掲げる等級だけ繰り上げた障害等級に

よる。ただし、本文の規定による障害等級が第八級以下である場合において、各の身体障害の該当する障害等級に応ずる障害補償給付の額の合算額が本文の規定による障害等級に応ずる障害補償給付の額に満たないときは、その者に支給する障害補償給付は、当該合算額による。

一　第十三級以上に該当する身体障害が二以上あるとき　一級

二　第八級以上に該当する身体障害が二以上あるとき　二級

三　第五級以上に該当する身体障害が二以上あるとき　三級

4　別表第一に掲げるもの以外の身体障害については、その障害の程度に応じ、同表に掲げる身体障害に準じてその障害等級を定める。

5　既に身体障害のあつた者が、負傷又は疾病により同一の部位について障害の程度を加重した場合における当該事由に係る障害補償給付は、現在の身体障害の該当する障害等級に応ずる障害補償給付とし、その額は、現在の身体障害の該当する障害等級に応ずる障害補償給付の額から、既にあつた身体障害の該当する障害等級に応ずる障害補償給付の額（現在の身体障害の該当する障害等級に応ずる障害補償給付が障害補償年金であつて、既にあつた身体障害の該当する障害等級に応ずる障害補償給付が障害補償一時金である場合には、その障害補償一時金の額（当該障害補償年金を支給すべき場合において、法第八条の三第二項において準用する法第八条の二第二項各号に掲げる場合に該当するときは、当該各号に定める額を法第八条の四の給付基礎日額として算定した既にあつた身体障害の該当する障害等級に応ずる障害補償一時金の額）を二十五で除して得た額）を差し引いた額による。

（障害補償給付の請求）

第十四条の二　障害補償給付の支給を受けようとする者は、次に掲げる事項を記載した請求書を、所轄労働基準監督署長に提出しなければならない。

一　労働者の氏名、生年月日、住所及び行政手続における特定の個人を識別するための番号の利用等に関する法律（平成二十五年法律第二十七号。以下「番号利用法」という。）第二条第五項に規定する個人番号（以下「個人番号」という。）

二　事業の名称及び事業場の所在地

三　負傷又は発病の年月日

四　災害の原因及び発生状況

五　平均賃金

五の二　負傷又は発病の日における厚生年金保険等の被保険者資格の有無

六　同一の事由により厚生年金保険の障害厚生年金等が支給される場合にあつては、その年金の種類及び支給額並びにその年金が支給されることとなつた年月日

七　障害補償年金の支給を受けることとなる場合において当

該障害補償年金の払渡しを受けることを希望する金融機関（支出官事務規程（昭和二十二年大蔵省令第九十四号）第十一条第三項の日本銀行が指定した銀行その他の金融機関（日本銀行を除く。）をいう。以下同じ。）の名称及び当該払渡しに係る預金通帳の記号番号又は当該障害補償年金の払渡しを受けることを希望する郵便貯金銀行（郵政民営化法（平成十七年法律第九十七号）第九十四条に規定する郵便貯金銀行をいう。以下同じ。）の営業所若しくは郵便局（簡易郵便局法（昭和二十四年法律第二百十三号）第二条に規定する郵便窓口業務を行う日本郵便株式会社の営業所であつて郵便貯金銀行を所属銀行とする銀行代理業（銀行法（昭和五十六年法律第五十九号）第二条第十四項に規定する銀行代理業をいう。）の業務を行うものをいう。以下同じ。）の名称

2　前項第三号から第五号の二までに掲げる事項（同号に掲げる事項については、厚生年金保険の被保険者の資格の有無に限る。）については、事業主の証明を受けなければならない。ただし、請求人が傷病補償年金を受けていた者であるときは、この限りでない。

3　第一項の請求書には、負傷又は疾病がなおつたこと及びなおつた日並びにそのなおつたときにおける障害の部位及び状態に関する医師又は歯科医師の診断書を添え、必要があるときは、そのなおつたときにおける障害の状態の立証に関するエックス線写真その他の資料を添えなければならない。

4　第一項第六号に規定する場合に該当するときは、同項の請求書には、前項の診断書その他の資料のほか、当該厚生年金保険の障害厚生年金等の支給額を証明することができる書類を添えなければならない。ただし、厚生労働大臣が番号利用法第二十二条第一項の規定により当該書類と同一の内容を含む特定個人情報（番号利用法第二条第八項に規定する特定個人情報をいう。以下同じ。）の提供を受けることができるときは、この限りでない。

（障害補償給付の変更）

第十四条の三　所轄労働基準監督署長は、法第十五条の二に規定する場合には、当該労働者について障害等級の変更による障害補償給付の変更に関する決定をしなければならない。

2　前項の決定を受けようとする者は、次に掲げる事項を記載した請求書を、所轄労働基準監督署長に提出しなければならない。

一　年金証書の番号

二　労働者の氏名、生年月日及び住所

三　変更前の障害等級

3　前項の請求書には、請求書を提出するときにおける障害の部位及び状態に関する医師又は歯科医師の診断書を添え、必要があるときは、請求書を提出するときにおける障害の状態の立証に関するエックス線写真その他の資料を添えなければ

ならない。

（遺族補償給付等に係る生計維持の認定）

第十四条の四　法第十六条の二第一項及び法第十六条の七第一項第二号（これらの規定を法第二十二条の四第三項において準用する場合を含む。）に規定する労働者の死亡の当時その収入によつて生計を維持していたことの認定は、当該労働者との同居の事実の有無、当該労働者以外の扶養義務者の有無その他必要な事項を基礎として厚生労働省労働基準局長が定める基準によつて行う。

（遺族補償年金を受ける遺族の障害の状態）

第十五条　法第十六条の二第一項第四号及び法別表第一遺族補償年金の項の厚生労働省令で定める障害の状態は、身体に別表第一の障害等級の第五級以上に該当する障害がある状態又は負傷若しくは疾病が治らないで、身体の機能若しくは精神に、労働が高度の制限を受けるか、若しくは労働に高度の制限を加えることを必要とする程度以上の障害がある状態とする。

（遺族補償年金の請求）

第十五条の二　遺族補償年金の支給を受けようとする者（次条第一項又は第十五条の四第一項の規定に該当する者を除く。）は、次に掲げる事項を記載した請求書を所轄労働基準監督署長に提出しなければならない。

一　死亡した労働者の氏名、生年月日及び個人番号

二　請求人及び請求人以外の遺族補償年金を受けることができる遺族の氏名、生年月日、住所、死亡した労働者との関係及び前条に規定する障害の状態の有無並びに請求人の個人番号

三　事業の名称及び事業場の所在地

四　負傷又は発病及び死亡の年月日

五　災害の原因及び発生状況

六　平均賃金

六の二　死亡した労働者の負傷又は発病の日における厚生年金保険等の被保険者資格の有無

七　同一の事由により厚生年金保険法の規定による遺族厚生年金若しくは国民年金法の規定による遺族基礎年金（国民年金法等の一部を改正する法律附則第二十八条第一項の規定により支給する遺族基礎年金を除く。）若しくは寡婦年金又は旧船員保険法若しくは国民年金法等の一部を改正する法律第三条の規定による改正前の厚生年金保険法の規定による遺族年金若しくは国民年金法等の一部を改正する法律第一条の規定による改正前の国民年金法の規定による母子年金、準母子年金、遺児年金若しくは寡婦年金（以下「厚生年金保険の遺族厚生年金等」という。）が支給される場合にあつては、その年金の種類及び支給額並びにその年金が支給されることとなつた年月日

八　遺族補償年金の支給を受けることとなる場合において当

該遺族補償年金の払渡しを受けることを希望する金融機関の名称及び当該払渡しに係る預金通帳の記号番号又は当該遺族補償年金の払渡しを受けることを希望する郵便貯金銀行の営業所若しくは郵便局の名称

2　前項第四号から第六号の二までに掲げる事項（同項第四号に掲げる事項については死亡の年月日を除き、同項第六号の二に掲げる事項については厚生年金保険の被保険者の資格の有無に限る。）については、事業主の証明を受けなければならない。ただし、死亡した労働者が傷病補償年金を受けていた者であるときは、この限りでない。

3　第一項の請求書には、次に掲げる書類その他の資料を添えなければならない。ただし、厚生労働大臣が番号利用法第二十二条第一項の規定により当該書類と同一の内容を含む特定個人情報の提供を受けることができるときは、この限りでない。

一　労働者の死亡に関して市町村長（特別区の区長を含むものとし、地方自治法（昭和二十二年法律第六十七号）第二百五十二条の十九第一項の指定都市にあつては、区長又は総合区長とする。以下同じ。）に提出した死亡診断書、死体検案書若しくは検視調書に記載してある事項についての市町村長の証明書又はこれに代わるべき書類

二　請求人及び第一項第二号の遺族と死亡した労働者との身分関係を証明することができる戸籍の謄本又は抄本

三　請求人又は第一項第二号の遺族が死亡した労働者と婚姻の届出をしていないが事実上婚姻関係と同様の事情にあつた者であるときは、その事実を証明することができる書類（厚生労働大臣が住民基本台帳法第三十条の九の規定により当該書類と同一の内容を含む機構保存本人確認情報の提供を受けることができるときは、この限りでない。）

四　請求人及び第一項第二号の遺族（労働者の死亡の当時胎児であつた子を除く。）が死亡した労働者の収入によつて生計を維持していたことを証明することができる書類（厚生労働大臣が住民基本台帳法第三十条の九の規定により当該書類と同一の内容を含む機構保存本人確認情報の提供を受けることができるときは、この限りでない。）

五　請求人及び第一項第二号の遺族のうち、前条に規定する障害の状態にあることにより遺族補償年金を受けることができる遺族である者については、その者が労働者の死亡の時から引き続きその障害の状態にあることを証明することができる医師又は歯科医師の診断書その他の資料

六　第一項第二号の遺族のうち、請求人と生計を同じくしている者については、その事実を証明することができる書類（厚生労働大臣が住民基本台帳法第三十条の九の規定により当該書類と同一の内容を含む機構保存本人確認情報の提供を受けることができるときは、この限りでない。）

七　前条に規定する障害の状態にある妻にあつては、労働者

の死亡の時以後その障害の状態にあつたこと及びその障害の状態が生じ、又はその事情がなくなつた時を証明することができる医師又は歯科医師の診断書その他の資料

八　第一項第七号に規定する場合に該当するときにあつては、当該厚生年金保険の遺族厚生年金等の支給額を証明することができる書類

第十五条の三　労働者の死亡の当時胎児であつた子は、当該労働者の死亡に係る遺族補償年金を受けることができるその他の遺族が既に遺族補償年金の支給の決定を受けた後に遺族補償年金の支給を受けようとするときは、次に掲げる事項を記載した請求書を、所轄労働基準監督署長に提出しなければならない。

一　死亡した労働者の氏名及び生年月日

二　請求人の氏名、生年月日、住所、個人番号及び死亡した労働者との続柄

三　請求人と生計を同じくしている遺族補償年金を受けることができる遺族の氏名

四　遺族補償年金の支給を受けることとなる場合において当該遺族補償年金の払渡しを受けることを希望する金融機関の名称及び当該払渡しに係る預金通帳の記号番号又は当該遺族補償年金の払渡しを受けることを希望する郵便貯金銀行の営業所若しくは郵便局の名称

2　前項の請求書には、次に掲げる書類その他の資料を添えなければならない。

一　請求人及び前項第三号の遺族と死亡した労働者との身分関係を証明することができる戸籍の謄本又は抄本

二　前項第三号の遺族のうち、第十五条に規定する障害の状態にあることにより遺族補償年金を受けることができる遺族である者については、その者が労働者の死亡の時から引き続きその障害の状態にあることを証明することができる医師又は歯科医師の診断書その他の資料

三　前項第三項の遺族については、その者が請求人と生計を同じくしていることを証明することができる書類（厚生労働大臣が住民基本台帳法第三十条の九の規定により当該書類と同一の内容を含む機構保存本人確認情報の提供を受けることができるときは、この限りでない。）

第十五条の四　法第十六条の四第一項後段（法第十六条の九第五項において準用する場合を含む。）又は法第十六条の五第一項後段の規定により新たに遺族補償年金の受給権者となつた者は、その先順位者が既に遺族補償年金の支給の決定を受けた後に遺族補償年金の支給を受けようとするときは、次に掲げる事項を記載した請求書を、所轄労働基準監督署長に提出しなければならない。

一　死亡した労働者の氏名及び生年月日

二　請求人の氏名、生年月日、住所、個人番号及び死亡した労働者との関係

三　請求人と生計を同じくしている遺族補償年金を受けることができる遺族の氏名
四　遺族補償年金の支給を受けることとなる場合において当該遺族補償年金の払渡しを受けることを希望する金融機関の名称及び当該払渡しに係る預金通帳の記号番号又は当該遺族補償年金の払渡しを受けることを希望する郵便貯金銀行の営業所若しくは郵便局の名称
2　前項の請求書には、次の掲げる書類その他の資料を添えなければならない。
一　請求人及び前項第三号の遺族と死亡した労働者との身分関係を証明することができる戸籍の謄本又は抄本
二　請求人及び前項第三号の遺族のうち、第十五条に規定する障害の状態にあることにより遺族補償年金を受けることができる遺族である者については、その者が労働者の死亡の時から引き続きその障害の状態にあることを証明することができる医師又は歯科医師の診断書その他の資料
三　前項第三号の遺族については、その者が請求人と生計を同じくしていることを証明することができる書類（厚生労働大臣が住民基本台帳法第三十条の九の規定により当該書類と同一の内容を含む機構保存本人確認情報の提供を受けることができるときは、この限りでない。）

（請求等についての代表者）

第十五条の五　遺族補償年金を受ける権利を有する者が二人以上あるときは、これらの者は、そのうち一人を、遺族補償年金の請求及び受領についての代表者に選任しなければならない。ただし、世帯を異にする等やむをえない事情のため代表者を選任することができないときは、この限りでない。
2　前項の規定により代表者を選任し、又はその代表者を解任したときは、遅滞なく、文書で、その旨を所轄労働基準監督署長に届け出なければならない。この場合には、あわせてその代表者を選任し、又は解任したことを証明することができる書類を提出しなければならない。

（所在不明による支給停止の申請）

第十五条の六　法第十六条の五第一項の申請は、次に掲げる事項を記載した申請書を、所轄労働基準監督署長に提出することによつて行なわなければならない。
一　所在不明者の氏名、最後の住所及び所在不明となつた年月日
二　申請人の氏名及び住所
三　申請人が所在不明者と同順位者であるときは、申請人の年金証書の番号
2　前項の申請書には、所在不明者の所在が一年以上明らかでないことを証明することができる書類を添えなければならない。ただし、厚生労働大臣が住民基本台帳法第三十条の九の規定により当該書類と同一の内容を含む機構保存本人確認情報の提供を受けることができるときは、この限りでない。

（所在不明による支給停止の解除の申請）

第十五条の七　法第十六条の五第二項の規定による申請は、申請書及び年金証書を、所轄労働基準監督署長に提出することによつて行なわなければならない。

（遺族補償一時金の請求）

第十六条　遺族補償一時金の支給を受けようとする者は、次に掲げる事項を記載した請求書を、所轄労働基準監督署長に提出しなければならない。

一　死亡した労働者の氏名及び生年月日

二　請求人の氏名、生年月日、住所及び死亡した労働者との関係

三　法第十六条の六第一項第一号の場合にあつては、次に掲げる事項

イ　事業の名称及び事業場の所在地

ロ　負傷又は発病及び死亡の年月日

ハ　災害の原因及び発生状況

ニ　平均賃金

2　前項第三号ロからニまでに掲げる事項（死亡の年月日を除く。）については、事業主の証明を受けなければならない。ただし、死亡した労働者が傷病補償年金を受けていた者であるときは、この限りでない。

3　第一項の請求書には、次に掲げる書類を添えなければならない。

一　請求人が死亡した労働者と婚姻の届出をしていないが事実上婚姻関係と同様の事情にあつた者であるときは、その事実を証明することができる書類

二　請求人が死亡した労働者の収入によつて生計を維持していた者であるときは、その事実を証明することができる書類

三　法第十六条の六第一項第一号の場合にあつては、次に掲げる書類

イ　労働者の死亡に関して市町村長に提出した死亡診断書、死体検案書若しくは検視調書に記載してある事項についての市町村長の証明書又はこれに代わるべき書類

ロ　請求人と死亡した労働者との身分関係を証明することができる戸籍の謄本又は抄本

四　法第十六条の六第一項第二号の場合において、請求人が遺族補償年金を受けることができる遺族であつたことがないときは、前号ロに掲げる書類

4　第十五条の五の規定は、遺族補償一時金の請求及び受領についての代表者の選任及び解任について準用する。

（葬祭料の額）

第十七条　葬祭料の額は、三十一万五千円に給付基礎日額（法第八条第一項の算定事由発生日の属する年度の翌々年度の八月以後に当該葬祭料を支給すべき事由が生じた場合にあつては、当該葬祭料を法第十六条の六第一項第一号の遺族補償一

時金とみなして法第八条の四の規定を適用したときに得られる給付基礎日額に相当する額。以下この条において同じ。）の三十日分を加えた額（その額が給付基礎日額の六十日分に満たない場合には、給付基礎日額の六十日分）とする。

（葬祭料の請求）

第十七条の二　葬祭料の支給を受けようとする者は、次に掲げる事項を記載した請求書を、所轄労働基準監督署長に提出しなければならない。

一　死亡した労働者の氏名及び生年月日
二　請求人の氏名、住所及び死亡した労働者との関係
三　事業の名称及び事業場の所在地
四　負傷又は発病及び死亡の年月日
五　災害の原因及び発生状況
六　平均賃金

2　前項第四号から第六号までに掲げる事項（死亡の年月日を除く。）については、事業主の証明を受けなければならない。ただし、死亡した労働者が傷病補償年金を受けていた者であるときは、この限りでない。

3　第一項の請求書には、労働者の死亡に関して市町村長に提出した死亡診断書、死体検案書若しくは検視調書に記載してある事項についての市町村長の証明書又はこれに代わるべき書類を添えなければならない。ただし、当該労働者の死亡について、遺族補償給付の支給の請求書が提出されているときは、この限りでない。

（傷病等級）

第十八条　法第十二条の八第三項第二号の厚生労働省令で定める傷病等級は、別表第二のとおりとする。

2　法第十二条の八第三項第二号及び第十八条の二の障害の程度は、六箇月以上の期間にわたつて存する障害の状態により認定するものとする。

（傷病補償年金の支給の決定等）

第十八条の二　業務上の事由により負傷し、又は疾病にかかつた労働者が、当該負傷又は疾病に係る療養の開始後一年六箇月を経過した日において法第十二条の八第三項各号のいずれにも該当するとき、又は同日後同項各号のいずれにも該当することとなつたときは、所轄労働基準監督署長は、当該労働者について傷病補償年金の支給の決定をしなければならない。

2　所轄労働基準監督署長は、業務上の事由により負傷し、又は疾病にかかつた労働者の当該負傷又は疾病が療養の開始後一年六箇月を経過した日において治つていないときは、同日以後一箇月以内に、当該労働者から次に掲げる事項を記載した届書を提出させるものとする。前項の決定を行うため必要があると認めるときも、同様とする。

一　労働者の氏名、生年月日、住所及び個人番号
二　傷病の名称、部位及び状態

三　負傷又は発病の日における厚生年金保険等の被保険者資格の有無

四　同一の事由により厚生年金保険の障害厚生年金等が支給される場合にあつては、その年金の種類及び支給額並びにその年金が支給されることとなつた年月日

五　傷病補償年金を受けることとなる場合において当該傷病補償年金の払渡しを受けることを希望する金融機関の名称及び当該払渡しに係る預金通帳の記号番号又は当該傷病補償年金の払渡しを受けることを希望する郵便貯金銀行の営業所若しくは郵便局の名称

3　前項の届書には、届書を提出するときにおける傷病の状態の立証に関し必要な医師又は歯科医師の診断書その他の資料を添えなければならない。

4　第二項第四号に規定する場合に該当するときは、同項の届書には、前項の診断書その他の資料のほか、当該厚生年金保険の障害厚生年金等の支給額を証明することができる書類を添えなければならない。ただし、厚生労働大臣が番号利用法第二十二条第一項の規定により当該書類と同一の内容を含む特定個人情報の提供を受けることができるときは、この限りでない。

（傷病補償年金の変更）

第十八条の三　所轄労働基準監督署長は、法第十八条の二に規定する場合には、当該労働者について傷病等級の変更による傷病補償年金の変更に関する決定をしなければならない。

（介護補償給付に係る障害の程度）

第十八条の三の二　法第十二条の八第四項の厚生労働省令で定める障害の程度は、別表第三のとおりとする。

（法第十二条の八第四項第二号の厚生労働大臣が定める施設）

第十八条の三の三　法第十二条の八第四項第二号の厚生労働大臣が定める施設は、次の各号のとおりとする。

一　老人福祉法（昭和三十八年法律第百三十三号）の規定による特別養護老人ホーム

二　原子爆弾被爆者に対する援護に関する法律（平成六年法律第百十七号）第三十九条に規定する施設であつて、身体上又は精神上著しい障害があるために常時の介護を必要とし、かつ、居宅においてこれを受けることが困難な原子爆弾被爆者を入所させ、養護することを目的とするもの

三　前二号に定めるほか、親族又はこれに準ずる者による介護を必要としない施設であつて当該施設において提供される介護に要した費用に相当する金額を支出する必要のない施設として厚生労働大臣が定めるもの

（介護補償給付の額）

第十八条の三の四　介護補償給付の額は、労働者が受ける権利を有する障害補償年金又は傷病補償年金の支給事由となる障害（次項において「特定障害」という。）の程度が別表第三常時介護を要する状態の項障害の程度の欄各号のいずれかに該

当する場合にあつては、次の各号に掲げる介護に要する費用の支出に関する区分に従い、当該各号に定める額とする。
一　その月において介護に要する費用を支出して介護を受けた日がある場合（次号に規定する場合を除く。）その月において介護に要する費用として支出された費用の額（その額が十万五千二百九十円を超えるときは、十万五千二百九十円とする。）
二　その月において介護に要する費用を支出して介護を受けた日がある場合であつて介護に要する費用として支出された費用の額が五万七千百九十円に満たないとき又はその月において介護に要する費用を支出して介護を受けた日がない場合であつて、親族又はこれに準ずる者による介護を受けた日があるとき。五万七千百九十円（支給すべき事由が生じた月において介護に要する費用として支出された額が五万七千百九十円に満たない場合にあつては、当該介護に要する費用として支出された額とする。）

2　前項の規定は、特定障害の程度が別表第三随時介護を要する状態の項障害の程度の欄各号のいずれかに該当する場合における介護補償給付の額について準用する。この場合において、同項中「十万五千二百九十円」とあるのは「五万二千六百五十円」と、「五万七千百九十円」とあるのは「二万八千六百円」と読み替えるものとする。

（介護補償給付の請求）

第十八条の三の五　障害補償年金を受ける権利を有する者が介護補償給付を請求する場合における当該請求は、当該障害補償年金の請求と同時に、又は請求をした後に行わなければならない。

2　介護補償給付の支給を受けようとする者は、次に掲げる事項を記載した請求書を、所轄労働基準監督署長に提出しなければならない。
一　労働者の氏名、生年月日及び住所
二　年金証書の番号
三　障害の部位及び状態並びに当該障害を有することに伴う日常生活の状態
四　介護を受けた場所
五　介護に要する費用を支出して介護を受けた日がある場合にあつては、当該介護を受けた日数及び当該支出した費用の額
六　請求人の親族又はこれに準ずる者による介護を受けた日がある場合にあつては、当該介護に従事した者の氏名、生年月日及び請求人との関係

3　前項の請求書には、次に掲げる書類その他の資料を添えなければならない。
一　前項第三号に掲げる事項に関する医師又は歯科医師の診断書
二　前項第五号に該当する場合にあつては、介護に要する費

用を支出して介護を受けた日数及び当該支出した費用の額を証明することができる書類

三　前項第六号に該当する場合にあつては、介護に従事した者の当該介護の事実についての申立書

第三節　通勤災害に関する保険給付

（通勤による疾病の範囲）

第十八条の四　法第二十二条第一項の厚生労働省令で定める疾病は、通勤による負傷に起因する疾病その他通勤に起因することの明らかな疾病とする。

（療養給付たる療養の給付の請求）

第十八条の五　療養給付たる療養の給付を受けようとする者は、第十二条第一項各号に掲げる事項（同項第二号の事業の名称及び事業場の所在地は、第二号イからホまでに掲げる場合の区分に応じ、それぞれ同号イからホまでに掲げる就業の場所に係るものとする。）及び次に掲げる事項を記載した請求書を、当該療養の給付を受けようとする指定病院等を経由して所轄労働基準監督署長に提出しなければならない。

一　災害の発生の時刻及び場所

二　次のイからホまでに掲げる災害が発生した場合の区分に応じて、それぞれイからホまでに掲げる事項

イ　災害が法第七条第二項第一号の往復の往路において発生した場合　就業の場所並びに就業開始の予定の年月日時及び住居を離れた年月日時

ロ　災害が法第七条第二項第一号の往復の復路において発生した場合　就業の場所並びに就業終了の年月日時及び当該就業の場所を離れた年月日時

ハ　災害が法第七条第二項第二号の移動の際に発生した場合　当該移動の起点たる就業の場所における就業終了の年月日時及び当該就業の場所を離れた年月日時並びに当該移動の終点たる就業の場所及び当該就業の場所における就業開始の予定の年月日時

ニ　災害が法第七条第二項第三号の移動のうち、同項第一号の往復に先行する移動の際に発生した場合　転任の有無、当該先行する移動を行うに当たり住居を離れた年月日時並びに当該往復に係る就業の場所及び当該就業の場所における就業開始の予定の年月日時

ホ　災害が法第七条第二項第三号の移動のうち、同項第一号の往復に後続する移動の際に発生した場合　転任の有無、当該後続する移動を行うに当たり住居を離れた年月日時並びに当該往復に係る就業の場所及び当該就業の場所における就業終了の年月日時

三　通常の通勤の経路及び方法

四　住居又は就業の場所から災害の発生の場所に至つた経路、方法、所要時間その他の状況

2　第十二条第二項から第四項まで及び第十二条の三第一項か

いて準用する。この場合において、療養給付たる療養の給付の請求につ号に掲げる事項」とあるのは「第十八条の五第一項第一号から第三号までに掲げる事項（同項第二号イ、ニ及びホ中住居を離れた年月日時並びに同号ハ中当該移動の起点たる就業の場所における就業終了の年月日時及び当該就業の場所を離れた年月日時を除く。）（同項第一号及び第三号に掲げる事項については、事業主（同項第二号イからホまでに掲げる場合の区分に応じ、それぞれ同号イからホまでに掲げる就業の場所に係る事業主をいう。以下この項において同じ。）が知り得た場合に限る。）」と、同条第四項中「前項第三号及び第四号」とあるのは「前項第三号」と、第十二条の三第一項中「傷病補償年金」とあるのは「傷病年金」と、同条第二項中「傷病補償年金」とあるのは「傷病年金」と、「第十二条第三項」とあるのは「第十八条の五第二項において準用する第十二条第三項」と、同条第三項中「傷病補償年金」とあるのは「傷病年金」と、「第一項及び第十二条第三項」とあるのは「第十八条の五第二項において準用する第一項及び第十二条第三項」と読み替えるものとする。

（療養給付たる療養の費用の請求）

第十八条の六 療養給付たる療養の費用の支給を受けようとする者は、第十二条の二第一項各号に掲げる事項及び前条第一項各号に掲げる事項を記載した請求書を、所轄労働基準監督署長に提出しなければならない。

2 第十二条の二第二項及び第三項の規定は、療養給付たる療養の費用の請求について準用する。この場合において、同条第二項中「第四号に掲げる事項」とあるのは「第十八条の五第一項第一号から第三号までに掲げる事項（同項第二号イ、ニ及びホ中住居を離れた年月日時並びに同号ハ中当該移動の起点たる就業の場所における就業終了の年月日時及び当該就業の場所を離れた年月日時を除く。）（同項第一号及び第三号に掲げる事項については、事業主（同項第二号イからホまでに掲げる場合の区分に応じ、それぞれ同号イからホまでに掲げる就業の場所に係る事業主をいう。以下この項において同じ。）が知り得た場合に限る。）」と、「同項第五号及び第六号」とあるのは「前項第五号及び第六号」と、同条第三項中「同項」とあるのは「第十八条の六第一項」と読み替えるものとする。

3 傷病年金の受給権者が療養給付たる療養の費用の支給を受けようとする場合に第一項の規定により提出する請求書に関しては、同項中「第十二条の二第一項各号に掲げる事項及び前条第一項各号に掲げる事項」とあるのは、「年金証書の番号並びに第十二条の二第一項第一号及び第五号から第七号までに掲げる事項」とする。

（休業給付を行わない場合）

第十八条の六の二 第十二条の四の規定は、法第二十二条の二第二項において準用する法第十四条の二の厚生労働省令で定める場合について準用する。

（休業給付の請求）

第十八条の七　休業給付の支給を受けようとする者は、第十三条第一号各号（同項第六号の二に掲げる事項については、同号中「業務上の」とあるのは「通勤による」とし、同項第九号に掲げる事項については、同号中「休業補償給付」とあるのは「休業給付」とする。）及び第十八条の五第一項各号に掲げる事項を記載した請求書を、所轄労働基準監督署長に提出しなければならない。

2　第十三条第二項及び第三項の規定は、休業給付の請求について準用する。この場合において、同条第二項中「前項第三号から第七号まで及び第九号に掲げる事項（同項第六号に掲げる事項については休業の期間に、同項第七号に掲げる事項については厚生年金保険の被保険者の資格の有無に限る。）」とあるのは「前項第三号、第五号から第七号まで及び第九号に掲げる事項（同項第六号に掲げる事項については休業の期間に限るものとし、同項第六号の二中「業務上の」とあるのは「通勤による」とし、同項第七号に掲げる事項については厚生年金保険の被保険者の資格の有無に限るものとし、同項第九号中「休業補償給付」とあるのは「休業給付」とする。）並びに第十八条の五第一項第一号から第三号までに掲げる事項（同項第二号イ、ニ及びホ中住居を離れた年月日時並びに同号ハ中当該移動の起点たる就業の場所における就業終了の年月日時及び当該就業の場所を離れた年月日時を除く。）（同項第一号及び第三号に掲げる事項については、事業主（同項第二号イからホまでに掲げる場合の区分に応じ、それぞれ同号イからホまでに掲げる就業の場所に係る事業主をいう。以下この項において同じ。）が知り得た場合に限る。）」と、「、同項第六号」とあるのは「、前項第六号」と、同条第三項中「第一項第八号」とあるのは「第十三条第一項第八号」と、「同項」とあるのは「第十八条の七第一項」と読み替えるものとする。

（障害給付の請求等）

第十八条の八　第十四条及び別表第一の規定は、障害給付について準用する。この場合において、同条第五項中「障害補償年金」とあるのは「障害年金」と、「障害補償一時金」とあるのは「障害一時金」と読み替えるものとする。

2　障害給付の支給を受けようとする者は、第十四条の二第一項各号に掲げる事項（第七号に掲げる事項については、同号中「障害補償年金」とあるのは「障害年金」とする。）及び第十八条の五第一項各号に掲げる事項を記載した請求書を、所轄労働基準監督署長に提出しなければならない。

3　第十四条の二第二項から第四項までの規定は、障害給付の請求について準用する。この場合において、同条第二項中「前項第三号から第五号の二までに掲げる事項（同号に掲げる事項については、厚生年金保険の被保険者の資格の有無に限る。）」とあるのは「前項第三号、第五号及び第五号の二に掲げる事項（同号に掲げる事項については、厚生年金保険の被保険者の資格の有無に限る。）並びに第十八条の五第一項第一号から第三号までに掲げる事項（同項第二号イ、ニ及びホ中住居を離れた年月日時並びに同号ハ中当該移動の起点たる就業の場所における就業終了の年月日時及び当該就業の場所を離れた年月日時を除く。）（同項第一号及び第三号に掲げる事項については、事業主（同項第二号イからホまでに掲げる場合の区分に応じ、それぞれ同号イからホまでに掲げる就業の場所に係る事業主をいう。以下この項において同じ。）が知り得た場合に限る。）」と、「傷病補償年金」とあるのは「傷病年金」と、同条第三項中「第一項」とあるのは「第十八条の八第二項」と、同条第四項中「第一項第六号」とあるのは「第十四条の二第一項第六号」と、「同項」とあるのは「第十八条の八第二項」と、「前項」とあるのは「第十八条の八第三項において準用する第十四条の二第三項」と読み替えるものとする。

4　第十四条の三の規定は、障害給付の変更について準用する。この場合において、同条第一項中「法第十五条の二」とあるのは、「法第二十二条の三第三項において準用する法第十五条の二」と読み替えるものとする。

（遺族年金の請求等）

第十八条の九　第十五条の規定は、法第二十二条の四第三項において準用する法第十六条の二第一項第四号及び法別表第一遺族補償年金の項の厚生労働省令で定める障害の状態について準用する。

2　遺族年金の支給を受けようとする者（次項において準用する第十五条の三第一項又は第十五条の四第一項の規定に該当する者を除く。）は、第十五条の二第一項各号に掲げる事項（第二号及び第八号に掲げる事項については、これらの規定中「遺族補償年金」とあるのは「遺族年金」とする。）及び第十八条の五第一項各号に掲げる事項を記載した請求書を、所轄労働基準監督署長に提出しなければならない。

3　第十五条の二第二項及び第三項並びに第十五条の三から第十五条の五までの規定は、遺族年金の請求並びに遺族年金の請求及び受領についての代表者の選任及び解任について準用する。この場合において、第十五条の二第二項中「前項第四号から第六号の二までに掲げる事項（同項第四号に掲げる事項については死亡の年月日を除き、同項第六号の二に掲げる事項については厚生年金保険の被保険者の資格の有無に限る。）」とあるのは「前項第四号、第六号及び第六号の二に掲げる事項（同項第四号に掲げる事項については死亡の年月日を除き、同項第六号の二に掲げる事項については厚生年金保険の被保険者の資格の有無に限る。）並びに第十八条の五第一項第一号から第三号までに掲げる事項（同項第二号イ、ニ及びホ中住居を離れた年月日時並びに同号ハ中当該移動の起点たる就業の場所における就業終了の年月日時及び当該就業の場所を離れた年月日時を除く。）（同項第一号及び第三号に掲げる事項については、事業主（同項第二号イからホまでに掲げる場合の区分に応じ、それぞれ同号イからホまでに掲げる就業の場所に係る事業主をいう。以下この項において同じ。）が知り得た場合に限る。）」と、「傷病補償年金」とあるのは「傷病年金」と、同条第三項中「第一項の請求書」とあるのは「第十八条の九第二項の請求書」と、「第一項第二号の遺族」とあるのは「請求人以外の遺族年金を受けることができる遺族」と、「前条」とあるのは「第十八条の九第一項において準用する第十五条」と、「第一項第七号」とあるのは「第十五条の二第一項第七号」と、第十五条の三第二項第二号中「第十五条」とあるのは「第十八条の九第一項において準用する第十五条」と、第十五条の四第一項中「法第十六条の四第一項後段」とあるのは「法第二十二条の四第三項において準用する法第十六条の四第一項後段」と、「法第十六条の九第五項」とあるのは「法第二十二条の四第三項において準用する法第十六条の九第五項」と、同条第二項第二号中「第十五条」とあるのは「第十八条の九第一項において準用する第十五条」と読み替えるものとする。

4　第十五条の六及び第十五条の七の規定は、遺族年金を受ける権利を有する者の所在が一年以上明らかでない場合における遺族年金の支給停止に係る申請について準用する。この場合において、第十五条の六第一項中「法第十六条の五第一項」とあるのは「法第二十二条の四第三項において準用する法第十六条の五第一項」と、第十五条の七中「法第十六条の五第二項」とあるのは「法第二十二条の四第三項において準用する法第十六条の五第二項」と読み替えるものとする。

（遺族一時金の請求）

第十八条の十　遺族一時金の支給を受けようとする者は、法第二十二条の四第三項において準用する法第十六条の六第一項第一号の場合にあつては第十六条第一項第一号、第二号及び第三号イからニまでに掲げる事項並びに第十八条の五第一項各号に掲げる事項を、法第二十二条の四第三項において準用する法第十六条の六第一項第二号の場合にあつては第十六条第一項第一号及び第二号に掲げる事項を記載した請求書を、所轄労働基準監督署長に提出しなければならない。

2　第十六条第二項から第四項までの規定は、遺族一時金の請求並びに遺族一時金の請求及び受領についての代表者の選任及び解任について準用する。この場合において、同条第二項中「前項第三号ロからニまでに掲げる事項（死亡の年月日を除く。）」とあるのは「前項第三号ロ及びニに掲げる事項（死亡の年月日を除く。）並びに第十八条の五第一項第一号から第三号までに掲げる事項（同項第二号イ、ニ及びホ中住居を離れた年月日時並びに同号ハ中当該移動の起点たる就業の場所における就業終了の年月日時及び当該就業の場所を離れた年月日時を除く。）（同項第一号及び第三号に掲げる事項については、事業主（同項第二号イからホまでに掲げる場合の区分に応じ、それぞれ同号イからホまでに掲げる就業の場所に係る事業主をいう。以下この項において同じ。）が知り得た場合に限る。）」と、「傷病補償年金」とあるのは「傷病年金」と、同条第三項中「第一項」とあるのは「第十八条の十第一項」と、「法第十六条の六第一項第一号」とあるのは「法第二十二条の四第三項において準用する法第十六条の六第一項第一号」と、「法第十六条の六第一項第二号」とあるのは「法第二十二条の四第三項において準用する法第十六条の六第一項第二号」と、「遺族補償年金」とあるのは「遺族年金」と読み替えるものとする。

（葬祭給付の額）

第十八条の十一　第十七条の規定は、葬祭給付の額について準用する。

（葬祭給付の請求）

第十八条の十二　葬祭給付の支給を受けようとする者は、第十七条の二第一項各号に掲げる事項及び第十八条の五第一項各号に掲げる事項を記載した請求書を、所轄労働基準監督署長に提出しなければならない。

2　第十七条の二第二項及び第三項の規定は、葬祭給付の請求について準用する。この場合において、同条第二項中「前項第四号から第六号までに掲げる事項（死亡の年月日を除く。）」とあるのは「前項第四号及び第六号に掲げる事項（死亡の年月日を除く。）並びに第十八条の五第一項第一号から第三号までに掲げる事項（同項第二号イ、ニ及びホ中住居を離れた年月日時並びに同号ハ中当該移動の起点たる就業の場所における就業終了の年月日時及び当該就業の場所を離れた年月日時を除く。）（同項第一号及び第三号に掲げる事項については、事業主（同項第二号イからホまでに掲げる場合の区分に応じ、それぞれ同号イからホまでに掲げる就業の場所に係る事業主をいう。以下この項において同じ。）が知り得た場合に限る。）」と、「傷病補償年金」とあるのは「傷病年金」と、同条第三項中「第一項」とあるのは「第十八条の十二第一項」と、「遺族補償給付」とあるのは「遺族給付」と読み替えるものとする。

（傷病年金）

第十八条の十三　第十八条第二項の規定は、法第二十三条第一項第二号及び同条第二項において準用する法第十八条の二の障害の程度について準用する。

2　第十八条の二の規定は傷病年金の支給の決定等について、第十八条の三の規定は傷病年金の変更について準用する。この場合において、第十八条の二第一項中「業務上の事由により」とあるのは「通勤により」と、「法第十二条の八第三項各号」とあるのは「法第二十三条第一項各号」と、同条第二項中「業務上の事由により」とあるのは「通勤により」と、第十八条の三中「法第十八条の二」とあるのは「法第二十三条第二項において準用する法第十八条の二」と読み替えるものとする。

（介護給付の額）

第十八条の十四　第十八条の三の四の規定は、介護給付の額について準用する。この場合において、同条第一項中「障害補償年金又は傷病補償年金」とあるのは「障害年金又は傷病年金」と読み替えるものとする。

（介護給付の請求）

第十八条の十五　介護給付の支給を受けようとする者は、第十八条の三の五第二項各号に掲げる事項を記載した請求書を、所轄労働基準監督署長に提出しなければならない。

2　第十八条の三の五第一項及び第三項の規定は、介護給付について準用する。この場合において、同条第一項中「障害補償年金」とあるのは「障害年金」と読み替えるものとする。

第三節の二　二次健康診断等給付

（二次健康診断等給付に係る検査）

第十八条の十六　法第二十六条第一項の厚生労働省令で定める検査は、次のとおりとする。

一　血圧の測定

二　低比重リポ蛋白コレステロール（LDLコレステロール）、高比重リポ蛋白コレステロール（HDLコレステロール）又は血清トリグリセライドの量の検査

三　血糖検査

四　腹囲の検査又はBMI（次の算式により算出した値をいう。）の測定

$$\text{BMI} = \frac{\text{体重（kg）}}{\text{身長（m）}^2}$$

2　法第二十六条第二項第一号の厚生労働省令で定める検査は、次のとおりとする。

一　空腹時の低比重リポ蛋白コレステロール（LDLコレステロール）、高比重リポ蛋白コレステロール（HDLコレステロール）及び血清トリグリセライドの量の検査

二　空腹時の血中グルコースの量の検査

三　ヘモグロビンA一c検査（一次健康診断（法第二十六条第一項に規定する一次健康診断をいう。以下同じ。）において当該検査を行つた場合を除く。）

四　負荷心電図検査又は胸部超音波検査

五　頸部超音波検査

六　微量アルブミン尿検査（一次健康診断における尿中の蛋白の有無の検査において疑陽性（±）又は弱陽性（＋）の所見があると診断された場合に限る。）

（二次健康診断の結果の提出）

第十八条の十七　法第二十七条の厚生労働省令で定める期間

は、三箇月とする。

（二次健康診断の結果についての医師からの意見聴取）

第十八条の十八　法第二十七条の規定により読み替えて適用する労働安全衛生法（昭和四十七年法律第五十七号）第六十六条の四の規定による健康診断の結果についての医師からの意見聴取についての労働安全衛生規則（昭和四十七年労働省令第三十二号）第五十一条の二第二項の規定の適用については、同項中「法第六十六条の二の自ら受けた健康診断」とあるのは「法第六十六条第一項から第四項まで若しくは第五項ただし書又は法第六十六条の二の規定による健康診断及び労働者災害補償保険法（昭和二十二年法律第五十号）第二十六条第二項第一号に規定する二次健康診断」とし、同項第一号中「当該健康診断」とあるのは「当該二次健康診断」とする。

（二次健康診断等給付の請求）

第十八条の十九　二次健康診断等給付を受けようとする者は、次に掲げる事項を記載した請求書を、当該二次健康診断等給付を受けようとする第十一条の三第一項の病院又は診療所（以下「健診給付病院等」という。）を経由して所轄都道府県労働局長に提出しなければならない。

一　労働者の氏名、生年月日及び住所

二　事業の名称及び事業場の所在地

三　一次健康診断を受けた年月日

四　一次健康診断の結果

五　二次健康診断等給付を受けようとする健診給付病院等の名称及び所在地

六　請求の年月日

2　前項の請求書には、一次健康診断において第十八条の十六第一項の検査のいずれの項目にも異常の所見があると診断されたことを証明することができる書類を添えなければならない。

3　第一項第三号に掲げる事項及び前項の書類が一次健康診断に係るものであることについては、事業主の証明を受けなければならない。

4　二次健康診断等給付の請求は、一次健康診断を受けた日から三箇月以内に行わなければならない。ただし、天災その他請求をしなかつたことについてやむを得ない理由があるときは、この限りでない。

第四節　保険給付に関する通知、届出等

（保険給付に関する処分の通知等）

第十九条　所轄都道府県労働局長又は所轄労働基準監督署長は、保険給付に関する処分（法の規定による療養の給付及び二次健康診断等給付にあつては、その全部又は一部を支給しないこととする処分に限る。）を行つたときは、遅滞なく、文書で、その内容を請求人、申請人又は受給権者若しくは受給権者であつた者（次項において「請求人等」という。）に通知

しなければならない。

2　所轄都道府県労働局長又は所轄労働基準監督署長は、保険給付に関する処分を行つたときは、請求人等から提出された書類その他の資料のうち返還を要する書類その他の物件があるときは、遅滞なく、これを返還するものとする。

(休業補償給付又は休業給付の受給者の傷病の状態等に関する報告)

第十九条の二　毎年一月一日から同月末日までの間に業務上の事由又は通勤による負傷又は疾病に係る療養のため労働することができないために賃金を受けなかつた日がある労働者が、その日について休業補償給付又は休業給付の支給を請求しようとする場合に、同月一日において当該負傷又は疾病に係る療養の開始後一年六箇月を経過しているときは、当該労働者は、当該賃金を受けなかつた日に係る第十三条第一項又は第十八条の七第一項の請求書に添えて次の事項を記載した報告書を所轄労働基準監督署長に提出しなければならない。

一　労働者の氏名、生年月日及び住所

二　傷病の名称、部位及び状態

2　前項の報告書には、同項第二号に掲げる事項に関する医師又は歯科医師の診断書を添えなければならない。

(年金証書)

第二十条　所轄労働基準監督署長は、年金たる保険給付の支給の決定の通知をするときは、次に掲げる事項を記載した年金証書を当該受給権者に交付しなければならない。

一　年金証書の番号

二　受給権者の氏名及び生年月日

三　年金たる保険給付の種類

四　支給事由が生じた年月日

第二十条の二　年金証書を交付された受給権者は、当該年金証書を亡失し若しくは著しく損傷し、又は受給権者の氏名に変更があつたときは、年金証書の再交付を所轄労働基準監督署長に請求することができる。

2　前項の請求をしようとする受給権者は、左に掲げる事項を記載した請求書を所轄労働基準監督署長に提出しなければならない。

一　年金証書の番号

二　亡失、損傷又は氏名の変更の事由

3　年金証書を損傷したことにより前項の請求書を提出するときはこれにその損傷した年金証書を、受給権者の氏名に変更があつたことにより前項の請求書を提出するときはこれに氏名の変更前に交付を受けた年金証書及びその変更の事実を証明することができる戸籍の謄本又は抄本を添えなければならない。

4　年金証書の再交付を受けた受給権者は、その後において亡失した年金証書を発見したときは、遅滞なく、発見した年金証書を所轄労働基準監督署長に返納しなければならない。

第二十条の三　年金証書を交付された受給権者又はその遺族は、年金たる保険給付を受ける権利が消滅した場合には、遅滞なく、当該年金証書を所轄労働基準監督署長に返納しなければならない。

（年金たる保険給付の受給権者の定期報告）

第二十一条　年金たる保険給付の受給権者は、毎年、厚生労働大臣が指定する日（次項において「指定日」という。）までに、次に掲げる事項を記載した報告書を、所轄労働基準監督署長に提出しなければならない。ただし、所轄労働基準監督署長があらかじめその必要がないと認めて通知したときは、この限りでない。

一　受給権者の氏名及び住所

二　年金たる保険給付の種類

三　同一の事由により厚生年金保険の障害厚生年金等又は厚生年金保険の遺族厚生年金等が支給される場合にあつては、その年金の種類及び支給額

四　遺族補償年金又は遺族年金の受給権者にあつては、その者と生計を同じくしている遺族補償年金又は遺族年金を受けることができる遺族の氏名

五　遺族補償年金又は遺族年金の受給権者にあつては、受給権者及び前号の遺族のうち第十五条（第十八条の九第一項において準用する場合を含む。）に規定する障害の状態にあることにより遺族補償年金又は遺族年金を受けることができる遺族である者のその障害の状態の有無

六　遺族補償年金又は遺族年金の受給権者である妻にあつては、第十五条（第十八条の九第一項において準用する場合を含む。）に規定する障害の状態の有無

七　傷病補償年金又は傷病年金の受給権者にあつては、その負傷又は疾病による障害の状態

2　前項の報告書には、指定日前一月以内に作成された次に掲げる書類を添えなければならない。ただし、所轄労働基準監督署長があらかじめその必要がないと認めて通知したときは、この限りでない。

一　障害補償年金又は障害年金の受給権者にあつては、その住民票の写し又は戸籍の抄本（厚生労働大臣が住民基本台帳法第三十条の九の規定により当該受給権者に係る機構保存本人確認情報の提供を受けることができるときは、この限りでない。）

二　遺族補償年金又は遺族年金の受給権者にあつては、次に掲げる書類

イ　受給権者及び前項第四号の遺族の戸籍の謄本又は抄本

ロ　前項第四号の遺族については、その者が受給権者と生計を同じくしていることを証明することができる書類（厚生労働大臣が住民基本台帳法第三十条の九の規定により当該書類と同一の内容を含む機構保存本人確認情報の提供を受けることができるときは、この限りでない。）

八　前項第五号の遺族及び同項第六号の妻については、その障害の状態に関する医師又は歯科医師の診断書
三　傷病補償年金又は傷病年金の受給権者にあつては、その負傷又は疾病による障害の状態に関する医師又は歯科医師の診断書

3　第一項第三号に規定する場合に該当するときは、同項の報告書には、前項の書類のほか、当該厚生年金保険の障害厚生年金等又は厚生年金保険の遺族厚生年金等の支給を証明することができる書類を添えなければならない。ただし、厚生労働大臣が番号利用法第二十二条第一項の規定により当該書類と同一の内容を含む特定個人情報の提供を受けることができるときは、この限りでない。

4　年金たる保険給付の受給権者が、その受ける権利を有する年金たる保険給付の支給事由となる障害に関し、介護補償給付又は介護給付を受けている場合における第二項第三号の規定の適用については、同号中「状態」とあるのは、「状態及び当該障害を有することに伴う日常生活の状態」とする。

（年金たる保険給付の受給権者の届出）

第二十一条の二　年金たる保険給付の受給権者は、次に掲げる場合には、遅滞なく、文書で、その旨を所轄労働基準監督署長に届け出なければならない。

一　受給権者の氏名、住所及び個人番号に変更があつた場合並びに新たに個人番号の通知を受けた場合

二　同一の事由により厚生年金保険の障害厚生年金等又は厚生年金保険の遺族厚生年金等が支給されることとなつた場合

三　同一の事由により支給されていた厚生年金保険の障害厚生年金等又は厚生年金保険の遺族厚生年金等の支給額に変更があつた場合

四　同一の事由により支給されていた厚生年金保険の障害厚生年金等又は厚生年金保険の遺族厚生年金等が支給されなくなつた場合

五　障害補償年金又は障害年金の受給権者にあつては、その障害の程度に変更があつた場合

六　遺族補償年金又は遺族年金の受給権者にあつては、次に掲げる場合

イ　法第十六条の四第一項（第一号及び第五号を除くものとし、法第二十二条の四第三項において準用する場合を含む。）の規定により遺族補償年金又は遺族年金を受ける権利が消滅した場合

ロ　遺族補償年金の受給権者（昭和四十年改正法附則第四十三条第一項に規定する遺族であつて同条第三項の規定により遺族補償年金の支給が停止されているものを除く。）又は遺族年金の受給権者（昭和四十八年改正法附則第五条第一項に規定する遺族であつて同条第二項において準用する昭和四十年改正法附則第四十三条第三項の規

定により遺族年金の支給が停止されているものを除く。）と生計を同じくしている遺族補償年金又は遺族年金を受けることができる遺族（法第十六条の四第一項第五号（法第二十二条の四第三項において準用する場合を含む。）に該当する遺族を除く。）の数に増減が生じた場合

ハ　法第十六条の三第四項（第一号を除くものとし、法第二十二条の四第三項において準用する場合を含む。）の規定に該当するに至つた場合

七　傷病補償年金又は傷病年金の受給権者にあつては、次に掲げる場合

イ　負傷又は疾病が治つた場合

ロ　負傷又は疾病による障害の程度に変更があつた場合

2　前項第一号に規定する場合に該当するときは、同項の届出は、年金たる保険給付の受給権者の住所を管轄する労働基準監督署長を経由して行うことができる。

3　年金たる保険給付の受給権者が死亡した場合には、その者の遺族は、遅滞なく、文書で、その旨を所轄労働基準監督署長に届け出なければならない。

4　第一項又は前項の届出をする場合には、当該文書に、その事実を証明することができる書類その他の資料を添えなければならない。ただし、第一項の届出について、厚生労働大臣が番号利用法第二十二条第一項の規定により当該書類と同一の内容を含む特定個人情報の提供を受けることができるとき又は第一項の届出（同項第一号に規定する受給権者の住所に変更があつた場合又は同項第六号に掲げる場合に限る。）若しくは前項の届出について、厚生労働大臣が住民基本台帳法第三十条の九の規定により当該書類と同一の内容を含む機構保存本人確認情報の提供を受けることができるときは、この限りでない。

5　所轄労働基準監督署長は、前項の規定により提出された書類その他の資料のうち返還を要する書類その他の物件があるときは、遅滞なく、これを返還するものとする。

（年金たる保険給付の払渡希望金融機関等の変更の届出）

第二十一条の三　年金たる保険給付の受給権者は、その払渡しを受ける金融機関又は郵便局を変更しようとするときは、次に掲げる事項を記載した届書を所轄労働基準監督署長に提出しなければならない。

一　年金証書の番号

二　受給権者の氏名及び住所

三　新たに年金たる保険給付の払渡しを受けることを希望する金融機関の名称及び当該払渡しに係る預金通帳の記号番号又は新たに年金たる保険給付の払渡しを受けることを希望する郵便貯金銀行の営業所若しくは郵便局の名称

2　前条第二項の規定は、前項の届出について準用する。

（第三者の行為による災害についての届出）

第二十二条　保険給付の原因である事故が第三者の行為によつ

て生じたときは、保険給付を受けるべき者は、その事実、第三者の氏名及び住所（第三者の氏名及び住所がわからないときは、その旨）並びに被害の状況を、遅滞なく、所轄労働基準監督署長に届け出なければならない。

（事業主の助力等）

第二十三条 保険給付を受けるべき者が、事故のため、みずから保険給付の請求その他の手続を行うことが困難である場合には、事業主は、その手続を行うことができるように助力しなければならない。

2 事業主は、保険給付を受けるべき者から保険給付を受けるために必要な証明を求められたときは、すみやかに証明をしなければならない。

（事業主の意見申出）

第二十三条の二 事業主は、当該事業主の事業に係る業務災害又は通勤災害に関する保険給付の請求について、所轄労働基準監督署長に意見を申し出ることができる。

2 前項の意見の申出は、次に掲げる事項を記載した書面を所轄労働基準監督署長に提出することにより行うものとする。

一 労働保険番号

二 事業主の氏名又は名称及び住所又は所在地

三 業務災害又は通勤災害を被つた労働者の氏名及び生年月日

四 労働者の負傷若しくは発病又は死亡の年月日

五 事業主の意見

第三章の二 社会復帰促進等事業

（法第二十九条第一項第三号に掲げる事業）

第二十四条 法第二十九条第一項第三号に掲げる事業として、時間外労働等改善助成金及び受動喫煙防止対策助成金を支給するものとする。

第二十五条から第二十七条まで 削除

（時間外労働等改善助成金）

第二十八条 時間外労働等改善助成金は、次に掲げる中小企業事業主（その資本金の額又は出資の総額が三億円（小売業又はサービス業を主たる事業とする事業主については五千万円、卸売業を主たる事業とする事業主については一億円）を超えない事業主及びその常時雇用する労働者の数が三百人（小売業を主たる事業とする事業主については五十人、卸売業又はサービス業を主たる事業とする事業主については百人）を超えない事業主をいう。以下この条及び次条において同じ。）又は中小企業事業主の団体若しくはその連合団体（以下この条において「事業主団体等」という。）に対して、支給するものとする。

一 次のいずれにも該当する中小企業事業主

イ 次のいずれにも該当する中小企業事業主であると都道

府県労働局長（(2)に規定する計画に(2)(ii)(へ)に掲げる措置が記載されている場合には、厚生労働大臣。(2)において同じ。）が認定したもの

(1) 時間外労働の制限その他の労働時間等の設定の改善に積極的に取り組むこととしていること。

(2) 労働時間等の設定の改善に係る(i)に掲げる実施体制の整備等のための措置及び(ii)に掲げる労働時間等の設定の改善のための措置を記載した計画を作成し、当該計画を都道府県労働局長に届け出ているものであること。

(i) 労働時間等の設定の改善に関する特別措置法（平成四年法律第九十号）第七条第一項に規定する労働時間等設定改善委員会の設置等労働時間等の設定の改善を効果的に実施するために必要な体制の整備、その中小企業事業主の雇用する労働者からの労働時間等に関する個々の苦情、意見及び要望を受け付けるための担当者の選任並びにその中小企業事業主の雇用する労働者への当該計画の周知

〈編注〉 本条第一号イ(2)(i)は、次のように改正され、平成三一年四月一日から施行される。

(i) 労働時間等の設定の改善に関する特別措置法（平成四年法律第九十号）第七条に規定する労働時間等設定改善委員会の設置等労働時間等の設定の改善を効果的に実施するために必要な体制の整備、その中小企業事業主の雇用する労働者からの労働時間等に関する個々の苦情、意見及び要望を受け付けるための担当者の選任並びにその中小企業事業主の雇用する労働者への当該計画の周知

(ii) 労働基準法第三十九条の規定による年次有給休暇の取得の促進のための措置、所定外労働の削減のための措置及び労働時間等の設定の改善のための次に掲げるいずれかの措置

(イ) 労働者の多様な事情及び業務の態様に応じた労働時間の設定

(ロ) 労働基準法施行規則（昭和二十二年厚生省令第二十三号）第二十五条の二第一項の規定により労働者に一週間について四十四時間、一日について八時間まで労働させることができる事業であって、一週間の所定労働時間が四十時間を超えているものにおいて、一週間の所定労働時間を短縮して四十時間以下とする措置

(ハ) 終業から始業までに継続した休息時間を確保する措置

(ニ) 子の養育又は家族の介護を行う労働者その他の特に配慮を必要とする労働者に対する休暇の付与

その他の必要な措置
(ホ) 在宅勤務その他の多様な就労を可能とする措置(ヘ)に掲げる措置を除く。)
(ヘ) 情報通信技術を活用した勤務(一週間について一日以上在宅又はその中小企業事業主が指定した事務所であつて、労働者が所属する事業場と異なる事務所で勤務を行うものに限る。)を可能とする措置
ロ イ(2)に規定する計画に基づく措置を効果的に実施したと認められる中小企業事業主
ハ イ及びロに規定する措置の実施の状況を明らかにする書類を整備している中小企業事業主
二 次のいずれにも該当する事業主団体等であると都道府県労働局長が認定したもの
イ 当該事業主団体等の構成員である中小企業事業主(以下この号において「構成事業主」という。)の雇用する労働者の労働時間等の設定の改善その他の生産性の向上が図られるよう、構成事業主に対する相談、指導その他の援助の措置を記載した計画を作成し、当該計画を都道府県労働局長に届け出ているもの
ロ イに規定する計画に基づく措置を実施したと認められる事業主団体等
ハ イ及びロに規定する措置の実施の状況を明らかにする書類を整備している事業主団体等

(受動喫煙防止対策助成金)
第二十九条 受動喫煙防止対策助成金は、次の各号のいずれにも該当する中小企業事業主に対して、その実施する第一号に規定する措置の内容に応じて、支給するものとする。
一 事業場の室内又はこれに準ずる環境において当該室以外での喫煙を禁止するために喫煙のための専用の室を設置する等の措置を講じる中小企業事業主であること。
二 前号に規定する措置の実施の状況を明らかにする書類を整備している中小企業事業主であること。

第三十条から第四十二条まで 削除

第四章 費用の負担

(社会復帰促進等事業等に要する費用に充てるべき額の限度)
第四十三条 法第二十九条第一項の社会復帰促進等事業(労働者災害補償保険特別支給金支給規則の規定による特別支給金の支給に関する事業を除く。)に要する費用及び法による労働者災害補償保険事業の事務の執行に要する費用に充てるべき額は、第一号に掲げる額及び第二号に掲げる額の合計額に百二十分の二十を乗じて得た額に第三号に掲げる額を加えて得た額を超えないものとする。
一 特別会計に関する法律施行令(平成十九年政令第百二十

四号）第五十五条第一項に規定する労災保険に係る労働保険料の額及び労働保険特別会計の労災勘定の積立金から生ずる収入の額の合計額
二　労働保険特別会計の労災勘定の附属雑収入の額及び特別会計に関する法律（平成十九年法律第二十三号）第百二条第一項の規定により同会計の徴収勘定から労災勘定へ繰り入れられる附属雑収入の額（次号において「繰入附属雑収入額」という。）の合計額（厚生労働大臣が定める基準により算定した額に限る。）
三　労働保険特別会計の労災勘定の附属雑収入の額及び繰入附属雑収入額の合計額から前号に掲げる額を控除した額

（事業主からの費用徴収）

第四十四条　法第三十一条第一項の規定による徴収金の額は、厚生労働省労働基準局長が保険給付に要した費用、保険給付の種類、徴収法第十条第二項第一号の一般保険料の納入状況その他の事情を考慮して定める基準に従い、所轄都道府県労働局長が定めるものとする。

（一部負担金）

第四十四条の二　法第三十一条第二項の厚生労働省令で定める者は、次の各号に掲げる者とする。
一　第三者の行為によつて生じた事故により療養給付を受ける者
二　療養の開始後三日以内に死亡した者その他休業給付を受けない者
三　同一の通勤災害に係る療養給付について既に一部負担金を納付した者

2　法第三十一条第二項の一部負担金の額は、二百円（健康保険法（大正十一年法律第七十号）第三条第二項に規定する日雇特例被保険者である労働者については、百円）とする。ただし、現に療養に要した費用の総額がこの額に満たない場合には、当該現に療養に要した費用の総額に相当する額とする。

3　法第三十一条第三項の規定による控除は、休業給付を支給すべき場合に、当該休業給付について行う。

（費用の納付）

第四十五条　法第十二条の三又は法第三十一条の規定による徴収金は、日本銀行（本店、支店、代理店及び歳入代理店をいう。）又は都道府県労働局若しくは労働基準監督署に納付しなければならない。

（公示送達の方法）

第四十六条　法第十二条の三第三項又は法第三十一条第四項において準用する徴収法第三十条の規定により国税徴収の例によることとされる徴収金に関する公示送達は、都道府県労働局長が送達すべき書類を保管し、いつでも送達を受けるべき者に交付する旨をその都道府県労働局の掲示場に掲示して行う。

第四十六条の二から第四十六条の十五まで　削除

第四章の二　特別加入

（特別加入者の範囲）

第四十六条の十六　法第三十三条第一号の厚生労働省令で定める数以下の労働者を使用する事業の事業主は、常時三百人（金融業若しくは保険業、不動産業又は小売業を主たる事業とする事業主については五十人、卸売業又はサービス業を主たる事業とする事業主については百人）以下の労働者を使用する事業主とする。

第四十六条の十七　法第三十三条第三号の厚生労働省令で定める種類の事業は、次のとおりとする。

一　自動車を使用して行う旅客又は貨物の運送の事業

二　土木、建築その他の工作物の建設、改造、保存、原状回復、修理、変更、破壊若しくは解体又はその準備の事業

三　漁船による水産動植物の採捕の事業（七に掲げる事業を除く。）

四　林業の事業

五　医薬品の配置販売の事業

六　再生利用の目的となる廃棄物等の収集、運搬、選別、解体等の事業

七　船員法第一条に規定する船員が行う事業

第四十六条の十八　法第三十三条第五号の厚生労働省令で定める種類の作業は、次のとおりとする。

一　農業（畜産及び養蚕の事業を含む。）における次に掲げる作業

イ　厚生労働大臣が定める規模の事業場における土地の耕作若しくは開墾、植物の栽培若しくは採取又は家畜（家きん及びみつばちを含む。）若しくは蚕の飼育の作業であつて、次のいずれかに該当するもの

(1)　動力により駆動される機械を使用する作業

(2)　高さが二メートル以上の箇所における作業

(3)　労働安全衛生法施行令（昭和四十七年政令第三百十八号）別表第六第七号に掲げる酸素欠乏危険場所における作業

(4)　農薬の散布の作業

(5)　牛、馬又は豚に接触し、又は接触するおそれのある作業

ロ　土地の耕作若しくは開墾又は植物の栽培若しくは採取の作業であつて、厚生労働大臣が定める種類の機械を使用するもの

二　国又は地方公共団体が実施する訓練として行われる作業のうち次に掲げるもの

イ　求職者を作業環境に適応させるための訓練として行われる作業

ロ　求職者の就職を容易にするために必要な技能を習得さ

せるための職業訓練であつて事業主又は事業主の団体に委託されるもの（厚生労働大臣が定めるものに限る。）として行われる作業

三　家内労働法（昭和四十五年法律第六十号）第二条第二項の家内労働者又は同条第四項の補助者が行う作業のうち次に掲げるもの

イ　プレス機械、型付け機、型打ち機、シヤー、旋盤、ボール盤又はフライス盤を使用して行う金属、合成樹脂、皮、ゴム、布又は紙の加工の作業

ロ　研削盤若しくはバフ盤を使用して行う研削若しくは研ま又は溶融した鉛を用いて行う金属の焼入れ若しくは焼きもどしの作業であつて、金属製洋食器、刃物、バルブ又はコツクの製造又は加工に係るもの

ハ　労働安全衛生法施行令別表第六の二に掲げる有機溶剤若しくは有機溶剤中毒予防規則（昭和四十七年労働省令第三十六号）第一条第一項第二号の有機溶剤含有物又は特定化学物質障害予防規則（昭和四十七年労働省令第三十九号）第二条第一項第三号の三の特別有機溶剤等を用いて行う作業であつて、化学物質製、皮製若しくは布製の履物、鞄、袋物、服装用ベルト、グラブ若しくはミット又は木製若しくは合成樹脂製の漆器の製造又は加工に係るもの

ニ　じん肺法（昭和三十五年法律第三十号）第二条第一項第三号の粉じん作業又は労働安全衛生法施行令別表第四第六号の鉛化合物（以下「鉛化合物」という。）を含有する釉薬を用いて行う施釉若しくは鉛化合物を含有する絵具を用いて行う絵付けの作業若しくは当該施釉若しくは絵付けを行つた物の焼成の作業であつて陶磁器の製造に係るもの

ホ　動力により駆動される合糸機、撚糸機又は織機を使用して行う作業

ヘ　木工機械を使用して行う作業であつて、仏壇又は木製若しくは竹製の食器の製造又は加工に係るもの

四　労働組合法（昭和二十四年法律第百七十四号）第二条及び第五条第二項の規定に適合する労働組合その他これに準ずるものであつて厚生労働大臣が定めるもの（常時労働者を使用するものを除く。以下この号において「労働組合等」という。）の常勤の役員が行う集会の運営、団体交渉その他の当該労働組合等の活動に係る作業であつて、当該労働組合等の事務所、事業場、集会場又は道路、公園その他の公共の用に供する施設におけるもの（当該作業に必要な移動を含む。）

五　日常生活を円滑に営むことができるようにするための必要な援助として行われる作業であつて、次のいずれかに該当するもの

イ　介護労働者の雇用管理の改善等に関する法律（平成四

年法律第六十三号）第二条第一項に規定する介護関係業務に係る作業であつて、入浴、排せつ、食事等の介護その他の日常生活上の世話、機能訓練又は看護に係るもの

ロ　炊事、洗濯、掃除、買物、児童の日常生活上の世話及び必要な保護その他家庭において日常生活を営むのに必要な行為

（中小事業主等の特別加入）

第四十六条の十九　法第三十四条第一項の申請は、次に掲げる事項を記載した申請書を所轄労働基準監督署長を経由して所轄都道府県労働局長に提出することによつて行わなければならない。

一　事業主の氏名又は名称及び住所

二　申請に係る事業の労働保険番号及び名称並びに事業場の所在地

三　法第三十三条第一号及び第二号に掲げる者の氏名、その者が従事する業務の内容並びに同条第二号に掲げる者の当該事業主との関係

四　労働保険事務組合に、労働保険事務の処理を委託した日

2　前項第四号に掲げる事項については、労働保険事務組合の証明を受けなければならない。

3　法第三十三条第一号及び第二号に掲げる者の従事する業務が、次の各号のいずれかに該当する業務（以下「特定業務」という。）である場合は、第一項各号に掲げる事項のほか、同項の申請書にその者の業務歴を記載しなければならない。

一　じん肺法第二条第一項第三号の粉じん作業を行う業務

二　労働基準法施行規則別表第一の二第三号3の身体に振動を与える業務

三　労働安全衛生法施行令別表第四の鉛業務

四　有機溶剤中毒予防規則第一条第一項第六号の有機溶剤業務又は特定化学物質障害予防規則第二条の二第一号の特別有機溶剤業務

4　所轄都道府県労働局長は、第一項の規定による申請に係る法第三十三条第一号及び第二号に掲げる者の従事する業務が特定業務である場合であつて、その者の業務歴を考慮し特に必要があると認めるときは、第一項の規定による申請をした事業主から、その者についての所轄都道府県労働局長が指定する病院又は診療所の医師による健康診断の結果を証明する書類その他必要な書類を所轄労働基準監督署長を経由して提出させるものとする。

5　所轄都道府県労働局長は、第一項の規定による申請を受けた場合において、当該申請につき承認することとしたときは、遅滞なく、文書で、その旨を当該事業主に通知しなければならない。当該申請につき承認しないこととしたときも、同様とする。

6　法第三十四条第一項の承認を受けた事業主は、第一項第三号に掲げる事項に変更を生じた場合又は法第三十三条第一号

及び第二号に掲げる者に新たに該当するに至つた者若しくはこれらに掲げる者に該当しなくなつた者が生じた場合には、遅滞なく、文書で、その旨を所轄労働基準監督署長を経由して所轄都道府県労働局長に届け出なければならない。

7　第三項の規定は、前項の規定により法第三十三条第一号及び第二号に掲げる者に新たに該当するに至つた者が生じた旨の届出を行う場合について準用する。この場合において、第三項中「第一項各号に掲げる事項のほか、同項の申請書」とあるのは、「その旨のほか、第六項の届出に係る文書」と読み替えるものとする。

8　第四項の規定は、第六項の規定による法第三十三条第一号及び第二号に掲げる者に新たに該当するに至つた者が生じた旨の届出に係る者の従事する業務が特定業務である場合について準用する。この場合において、第四項中「第一項の規定による申請」とあるのは、「第六項の規定による届出」と読み替えるものとする。

第四十六条の二十　法第三十三条第一号及び第二号に掲げる者の給付基礎日額は、三千五百円、四千円、五千円、六千円、七千円、八千円、九千円、一万円、一万二千円、一万四千円、一万六千円、一万八千円、二万円、二万二千円、二万四千円及び二万五千円のうちから定める。

2　前項に規定する者に関し支給する休業補償給付又は休業給付の額の算定の基礎として用いる給付基礎日額の算定については、同項の給付基礎日額を法第八条の規定により給付基礎日額として算定した額とみなして法第八条の二第一項及び法第八条の五の規定の例による。

3　第一項に規定する者に関し支給する年金たる保険給付又は障害補償一時金、遺族補償一時金、障害一時金若しくは遺族一時金の額の算定の基礎として用いる給付基礎日額の算定については、同項の給付基礎日額を法第八条の規定により給付基礎日額として算定した額とみなして法第八条の三第一項（法第八条の四において準用する場合を含む。）及び法第八条の五の規定の例による。

4　第一項に規定する者に関し支給する葬祭料又は葬祭給付の額に係る第十七条（第十八条の十一において準用する場合を含む。）の規定の適用については、第十七条中「法第八条の四」とあるのは、「第四十六条の二十第三項」とする。

5　所轄都道府県労働局長は、第一項の給付基礎日額を定めるに当たり、特に必要があると認めるときは、法第三十四条第一項の申請をした事業主から、法第三十三条第一号及び第二号に掲げる者の所得を証明することができる書類、当該事業に使用される労働者の賃金の額を証明することができる書類その他必要な書類を所轄労働基準監督署長を経由して提出させるものとする。

6　所轄都道府県労働局長は、第一項の給付基礎日額を定めたときは、法第三十四条第一項の承認を受けた事業主に通知するものとする。

第四十六条の二十一　法第三十四条第二項の政府の承認の申請は、次に掲げる事項を記載した申請書を所轄労働基準監督署長を経由して所轄都道府県労働局長に提出することによつて行わなければならない。

一　労働保険番号

二　事業主の氏名又は名称及び住所

三　事業の名称及び事業場の所在地

四　申請の理由

第四十六条の二十二　所轄都道府県労働局長は、法第三十四条第三項の規定により同条第一項の承認を取り消したときは、遅滞なく、文書で、その旨を当該事業主に通知しなければならない。

（一人親方等の特別加入）

第四十六条の二十二の二　法第三十五条第一項の厚生労働省令で定める者は、第四十六条の十七第一号又は第三号に掲げる事業を労働者を使用しないで行うことを常態とする者及びこれらの者が行う事業に従事する者並びに第四十六条の十八第一号又は第三号に掲げる作業に従事する者とする。

第四十六条の二十三　法第三十五条第一項の申請は、次に掲げる事項を記載した申請書を当該申請をする団体の主たる事務所の所在地を管轄する労働基準監督署長を経由して当該事務所の所在地を管轄する都道府県労働局長に提出することによつて行わなければならない。

一　団体の名称及び主たる事務所の所在地

二　団体の代表者の氏名

三　団体の構成員が行なう事業の種類又は団体の構成員が従事する作業の種類

四　法第三十三条第三号に掲げる者の団体にあつては、同号に掲げる者及びその者に係る同条第四号に掲げる者の氏名、これらの者が従事する業務の内容並びに同条第四号に掲げる者の同条第三号に掲げる者との関係

五　法第三十三条第五号に掲げる者の団体にあつては、同号に掲げる者の氏名及びその者が従事する作業の内容

2　法第三十五条第一項の申請をしようとする団体（第四十六条の十七第七号に掲げる事業を労働者を使用しないで行うことを常態とする者の団体及び第四十六条の十八第三号に掲げる作業に従事する者の団体を除く。）は、あらかじめ、法第三十三条第三号から第五号までに掲げる者の業務災害の防止に関し、当該団体が講ずべき措置及びこれらの者が守るべき事項を定めなければならない。

3　第一項の申請書には、次に掲げる書類を添えなければならない。ただし、第四十六条の十七第七号に掲げる事業を労働者を使用しないで行うことを常態とする者の団体及び第四十六条の十八第三号に掲げる作業に従事する者の団体にあつては、第二号の書類の提出を必要としない。

一　定款、規約等団体の目的、組織、運営等を明らかにする書類

二　前項の規定により当該団体が定める業務災害の防止に関する措置及び事項の内容を記載した書類

4　第四十六条の十九第三項の規定は第一項の規定による申請を行う場合に、同条第四項の規定は第一項の規定による申請に係る法第三十三条第三号から第五号までに掲げる者の従事する業務又は作業が特定業務である場合に、第四十六条の十九第五項の規定は第一項の規定による申請を受けた場合に、同条第六項の規定は第一項第四号若しくは第五号に掲げる事項若しくは前項の書類に記載された事項に変更を生じた場合又は法第三十三条第三号から第五号までに掲げる者に新たに該当するに至つた者若しくはこれらに掲げる者に該当しなくなつた者が生じた場合に準用する。この場合において、第四十六条の十九第三項中「第三十三条第一号及び第二号」とあるのは「第三十三条第三号から第五号まで」と、「従事する業務」とあるのは「従事する業務又は作業」と、「第一項各号」とあるのは「第四十六条の二十三第一項各号」と、同条第四項中「第一項の規定による申請をした事業主」とあるのは「第四十六条の二十三第一項の規定による申請をした団体」と、同条第五項中「第一項」とあるのは「第四十六条の二十三第一項」と、「事業主」とあるのは「団体」と、同条第六項中「法第三十四条第一項」とあるのは「法第三十五条第一項」と、「事業主」とあるのは「団体」と、「第一項第三号」とあるのは「第四十六条の二十三第一項第四号及び第五号」とする。

5　第四十六条の十九第三項の規定は、前項において準用する第四十六条の十九第六項の規定により法第三十三条第三号から第五号までに掲げる者に新たに該当するに至つた者が生じた旨の届出を行う場合について準用する。この場合において、第四十六条の十九第三項中「法第三十三条第一号及び第二号」とあるのは「法第三十三条第三号から第五号まで」と、「従事する業務」とあるのは「従事する業務又は作業」と、「第一項各号に掲げる事項のほか、同項の申請書」とあるのは「その旨のほか、第四十六条の二十三第四項において準用する第六項の届出に係る文書」と読み替えるものとする。

6　第四十六条の十九第四項の規定は、第四項において準用する第四十六条の十九第六項の規定による法第三十三条第三号から第五号までに掲げる者に新たに該当するに至つた者が生じた旨の届出に係る者の従事する業務又は作業が特定業務である場合について準用する。この場合において、第四十六条の十九第四項中「第一項の規定による申請をした事業主」とあるのは、「第四十六条の二十三第四項において準用する第六項の規定による届出をした団体」と読み替えるものとする。

第四十六条の二十四　第四十六条の二十の規定は、法第三十三条第三号から第五号までに掲げる者の給付基礎日額について準用する。この場合において、第四十六条の二十第四項中「第

四十六条の二十第三項」とあるのは「第四十六条の二十四において準用する第四十六条の二十第三項」と、同条第五項中「当該事業に使用される労働者の賃金」とあるのは「当該事業と同種若しくは類似の事業又は当該作業と同種若しくは類似の作業を行う事業に使用される労働者の賃金」と読み替えるものとする。

第四十六条の二十五　所轄都道府県労働局長は、法第三十五条第四項の規定により法第三十三条第三号又は第五号に掲げる者の団体についての保険関係を消滅させたときは、遅滞なく、文書で、その旨を当該団体に通知しなければならない。

（海外派遣者の特別加入）

第四十六条の二十五の二　法第三十六条第一項の申請は、次に掲げる事項を記載した申請書を所轄労働基準監督署長を経由して所轄都道府県労働局長に提出することによつて行わなければならない。

一　法第三十三条第六号の団体にあつては団体の名称及び住所、同条第七号の事業主にあつては当該事業主の氏名又は名称及び住所

二　申請に係る事業の労働保険番号及び名称並びに事業場の所在地

三　法第三十三条第六号又は第七号に掲げる者の氏名、その者が従事する事業の名称、その事業場の所在地及び当該事業場においてその者が従事する業務の内容

2　第四十六条の十九第五項の規定は前項の規定による申請について、同条第六項の規定は前項第三号に掲げる事項に変更を生じた場合又は法第三十三条第六号若しくは第七号に掲げる者に新たに該当するに至つた者若しくはこれらの規定に掲げる者に該当しなくなつた者が生じた場合について準用する。この場合において、第四十六条の十九第五項中「第一項」とあるのは「第四十六条の二十五の二第一項」と、「事業主」とあるのは「団体又は事業主」と、同条第六項中「法第三十四条第一項の承認を受けた事業主」とあるのは「法第三十六条第一項の承認を受けた団体及び事業主」と読み替えるものとする。

第四十六条の二十五の三　第四十六条の二十の規定は法第三十三条第六号及び第七号に掲げる者の給付基礎日額について、第四十六条の二十一の規定は法第三十六条第二項において準用する法第三十四条第二項の政府の承認の申請について、第四十六条の二十二の規定は法第三十六条第二項において準用する法第三十四条第三項の規定による法第三十六条第一項の承認の取消しについて準用する。この場合において、第四十六条の二十第四項中「第四十六条の二十第三項」とあるのは「第四十六条の二十五の三において準用する第四十六条の二十第三項」と、同条第五項中「法第三十四条第一項の申請をした事業主」とあるのは「法第三十六条第一項の申請をした団体又は事業主」と、同条第六項中「法第二十八条第一項の

承認を受けた事業主」とあるのは「法第三十六条第一項の承認を受けた団体又は事業主」と、第四十六条の二十二中「事業主」とあるのは「団体又は事業主」と読み替えるものとする。

（特別加入者に係る業務災害及び通勤災害の認定）

第四十六条の二十六　法第三十三条各号に掲げる者に係る業務災害及び通勤災害の認定は、厚生労働省労働基準局長が定める基準によつて行う。

（特別加入者に係る保険給付の請求等）

第四十六条の二十七　法第三十三条各号に掲げる者の業務災害について保険給付を受けようとする者については、第十二条第二項及び第四項、第十二条の二第二項（事業主の証明に関する部分に限る。）、第十三条第一項第五号及び同条第二項（事業主の証明に関する部分に限る。）、第十四条の二第一項第五号及び同条第二項、第十五条の二第一項第六号及び同条第二項、第十六条第一項第三号ニ及び同条第二項並びに第十七条の二第一項第六号及び同条第二項の規定は、適用しない。

2　前項の保険給付を受けようとする者は、第十二条第一項若しくは第三項、第十二条の二第一項、第十三条第一項、第十四条の二第一項、第十五条の二第一項、第十六条第一項又は第十七条の二第一項の請求書又は届書を所轄労働基準監督署長に提出するときは、当該請求書又は届書の記載事項のうち事業主の証明を受けなければならないこととされている事項を証明することができる書類その他の資料を、当該請求書又は届書に添えなければならない。

3　法第三十三条各号に掲げる者（第四十六条の二十二の二に規定する者を除く。）の通勤災害について保険給付を受けようとする者については、第十八条の七第一項中「第十三条第一項各号」とあるのは「第十三条第一項第一号から第四号まで及び第六号から第九号までに掲げる事項」と、「及び」とあるのは「並びに」と、第十八条の八第二項中「第十四条の二第一項各号に掲げる事項（第七号に掲げる事項については、同号中「障害補償年金」とあるのは「障害年金」とする。）及び」とあるのは「第十四条の二第一項第一号から第四号まで及び第五号の二から第七号までに掲げる事項（同号に掲げる事項については、同号中「障害補償年金」とあるのは「障害年金」とする。）並びに」とし、第十八条の九第二項中「第十五条の二第一項各号に掲げる事項（第二号及び第八号に掲げる事項については、これらの規定中「遺族補償年金」とあるのは「遺族年金」とする。）及び」とあるのは「第十五条の二第一項第一号から第五号まで及び第六号の二から第八号までに掲げる事項（第二号及び第八号に掲げる事項については、これらの規定中「遺族補償年金」とあるのは「遺族年金」とする。）並びに」と、第十八条の十第一項中「イからハまで」とあるのは「イからニまで」と、第十八条の十二第一項中「第十七条の二第一項各号」とあるのは「第十七条の二第一項第一号から第五号まで」と読み替えてこれらの規定を適用し、第十八条の五第二項において準用する第十二条第二項及び第四項、第十八条の六第二項において準用する第十二条の二第二項（事業主の証明に関する部分に限る。）、第十八条の七第二項において準用する第十三条第二項（事業主の証明に関する部分に限る。）、第十八条の八第三項において準用する第十四条の二第二項、第十八条の九第三項において準用する第十五条の二第二項、第十八条の十第二項において準用する第十六条第二項並びに第十八条の十二第二項において準用する第十七条の二第二項の規定は適用しない。

4 第二項の規定は、第十八条の五第一項、同条第二項において準用する第十二条第三項、第十八条の六第一項、第十八条の七第一項、第十八条の八第二項、第十八条の九第二項、第十八条の十第一項又は第十八条の十二第一項の請求書又は届書を提出するときについて準用する。

5 法第三十三条第六号又は第七号に掲げる者の業務災害又は通勤災害について保険給付を受けようとする者は、第二項及び前項の請求書又は届書を法第三十六条第一項の承認を受けた団体又は事業主を経由して所轄労働基準監督署長に提出しなければならない。

6 所轄労働基準監督署長は、第二項の規定（第四項において準用する場合を含む。）により提出された書類その他の資料のうち、返還を要する書類その他の物件があるときは、遅滞なく、これを返還するものとする。

第五章　雑則

第四十七条及び第四十八条　削除

（法令の要旨等の周知）

第四十九条　事業主は、労災保険に関する法令のうち、労働者に関係のある規定の要旨、労災保険に係る保険関係成立の年月日及び労働保険番号を常時事業場の見易い場所に掲示し、又は備え付ける等の方法によつて、労働者に周知させなければならない。

2 事業主は、その事業についての労災保険に係る保険関係が消滅したときは、その年月日を労働者に周知させなければならない。

第五十条　削除

（書類の保存義務）

第五十一条　労災保険に係る保険関係が成立し、若しくは成立していた事業の事業主又は労働保険事務組合若しくは労働保険事務組合であつた団体は、労災保険に関する書類（徴収法又は労働保険の保険料の徴収等に関する法律施行規則による書類を除く。）を、その完結の日から三年間保存しなければならない。

（報告命令等）

第五十一条の二　法第四十六条から法第四十七条の二まで及び法第四十九条第一項の規定による命令は、所轄都道府県労働局長又は所轄労働基準監督署長が文書によつて行うものとする。

第五十二条及び第五十三条　削除

（法、この省令及び労働者災害補償保険特別支給金支給規則の規定による文書の様式）

第五十四条　法、この省令並びに労働者災害補償保険特別支給金支給規則の規定による申請書、請求書、証明書、報告書及び届書のうち厚生労働大臣が別に指定するもの並びにこの省令の規定による年金証書の様式は、厚生労働大臣が別に定めて告示するところによらなければならない。

附　則

（施行期日）

1　この省令は、公布の日から施行する。ただし、第三条第四号3の規定は昭和三十年十月一日から、第二十九条の規定は昭和三十一年一月一日から適用する。

（経過措置）

2　労働者災害補償保険法施行規則（昭和二十二年労働省令第一号）（以下「旧省令」という。）第二条第二項の規定により提出した届書は、第二条第二項の規定により提出した届書とみなす。

3　旧省令第十五条の規定により提出した申請書は、第四条第一項の規定により提出した申込書とみなす。

4　労働者災害補償保険法の一部を改正する法律（昭和三十年法律第百三十一号）（以下「改正法」という。）附則第四項に該当する事業についての保険加入者（保険加入者に事故がある場合には、その者にかわるべき者）は、その漁船の存否が分らなくなつた日、事故発生の状況及びその漁船に乗り組んでいた労働者の氏名を、この省令の施行後、遅滞なく、所轄労働基準監督署長に届け出なければならない。

5　旧省令第十六条第一項の規定により提出した申請書は、第八条第一項及び第二項の規定により提出した申込書とみなす。

6　旧省令第十条第一項の規定により提出した請求書は、それぞれその請求書に対応する第九条第一項、第十三条第一項、第十四条第一項、第十七条第一項、第十八条第一項及び第十九条第三項の規定により提出した請求書とみなす。

7　旧省令第五条第一項の規定により指定された病院又は診療所（法第二十三条の保険施設として設置された病院又は診療所を除く。）は、第十一条第一項の規定により指定された病院又は診療所とみなす。

8　旧省令第十条第一項ただし書の規定により提出した証明書は、第十二条第一項の規定により提出した請求書とみなす。

9　旧省令第十条第二項の規定により添えて提出した証明書は、第十三条第三項の規定により添えて提出した証明書とみなす。

10　この省令施行の際現に旧省令第九条第一項の規定により分割して支給されている第一級から第十級までの障害補償費、遺族補償費及び打切補償費の支給については、なお従前の例による。

11　旧省令第二十三条第一項の規定に基く告示は、第二十七条第一項の規定に基く告示とみなす。

12　旧省令第二十三条の二第二項の規定に基く告示は、第三十条第二項の規定に基く告示とみなす。

13　旧省令第十八条第五項の規定による申出は、第三十四条第一項又は第三十五条第一項の規定による申請とみなす。

14　障害等級第四級から第十級までに応ずる第二種障害補償費及び遺族補償費並びに障害等級第四級から第十級までに応ずる第二種障害給付及び労働者が長期傷病者補償の開始後五年以内に死亡した場合に行なう遺族給付は、当分の間、第二十条第一項の規定にかかわらず、保険給付を受けるべき者が申し出た場合には、法第十二条第一項第三号若しくは第四号又は法第十二条の五第一項の規定による額を一時に支給する。

15　法第二十七条に規定する保険給付の額と保険料の額との割合の計算については、第二十九条の規定の適用されるまでの間は、旧省令第二十三条の三の規定の例による。

（改正法附則第九項ただし書の適用を受ける事業についての報告の特例）

16　改正法附則第九項ただし書の適用を受ける事業についての保険加入者は、法第三十条第一項の規定による確定保険料の報告をする際に、昭和三十年九月一日から保険関係が消滅した日までに使用したすべての労働者に支払つた賃金総額（第二十五条第一項の規定の適用を受ける事業については、同条の規定による請負金額に昭和三十年九月一日から保険関係が消滅した日までの期間とその事業の全期間との割合を乗じて得た額）を併せて報告しなければならない。

（法第五十八条第一項の障害補償年金の額等）

17　法第五十八条第一項の当該死亡した日の属する年度（当該死亡した日の属する月が四月から七月までの月に該当する場合にあつては、その前年度。以下この項において同じ。）の七月以前の分として支給された障害補償年金の額は、その現に支給された額に同項の当該死亡した日の属する年度の前年度の平均給与額（第九条の五の平均給与額をいう。以下同じ。）を当該障害補償年金の支給の対象とされた月の属する年度の前年度（当該月が四月から七月までの月に該当する場合にあつては、前々年度）の平均給与額で除して得た率を基準として厚生労働大臣が定める率を乗じて得た額とする。

18　法第五十八条第一項の当該障害補償年金前払一時金を支給すべき事由が当該死亡した日の属する年度の七月以前に生じたものである場合における同項の障害補償年金前払一時金の額は、その現に支給された額に当該死亡した日の属する年度の前年度の平均給与額を当該障害補償年金前払一時金を支給すべき事由が生じた月の属する年度の前年度（当該月が四月から七月までの月に該当する場合にあつては、前々年度）の平均給与額で除して得た率を基準として厚生労働大臣が定める率を乗じて得た額とする。

19　法第五十八条第一項の当該死亡した日が算定事由発生日の属する年度の翌々年度の八月一日以後の日である場合における同項の下欄に掲げる額は、同項の表の給付基礎日額を障害補償一時金の額の算定の基礎として用いる給付基礎日額と、同項の当該死亡した日の属する月を障害補償一時金を支給する事由が生じた月とそれぞれみなして法第八条の四の規定を適用したとき（第四十六条の二十第三項（第四十六条の二十四及び第四十六条の二十五の三において準用する場合を含む。）の規定により法第八条の四において準用する法第八条の三第一項及び法第八条の五の規定の例によることとされる場合を含む。附則第二十四項、附則第二十五項及び附則第三十一項において同じ。）に得られる給付基礎日額を同表の給付基礎日額として算定して得られる額とする。

（加重障害の場合の障害補償年金差額一時金の額）

20　既に身体障害のあつた者が、負傷又は疾病により同一の部位について障害の程度を加重した場合（加重後の身体障害の該当する障害等級（以下この項及び附則第二十五項において「加重後の障害等級」という。）に応ずる障害補償給付が障害補償年金である場合に限る。附則第二十五項及び附則第二十八項において「加重障害の場合」という。）における当該事由に係る障害補償年金差額一時金の額は、加重後の障害等級に応ずる法第五十八条第一項の表の下欄に掲げる額（前項に規定する場合にあつては、同項の算定の方法に従い算定して得た額。以下この項において「下欄の額」という。）から既にあつた身体障害の該当する障害等級（以下この項及び附則第二十五項において「加重前の障害等級」という。）に応ずる下欄の額を控除した額（加重前の障害等級に応ずる障害補償給付が障害補償一時金である場合には、加重後の障害等級に応ずる障害補償年金の額から加重前の障害等級に応ずる障害補償年金を支給すべき場合において、法第八条の三第二項において準用する法第八条の二第二項各号に掲げる場合に該当するときは、当該各号に定める額を法第八条の四の給付基礎日額として算定した既にあつた身体障害の該当する障害等級に応ずる障害補償一時金の額）を二十五で除して得た額を差し引いた額を加重後の障害等級に応ずる障害補償年金の額で除して得た数を乗じて得た額）から、当該事由に関し支給された障害補償年金の額（附則第十七項の障害補償年金にあつては、同項の算定の方法に従い算定して得た額）及び障害補償年金前払一時金の額（附則第十八項に規定する場合にあつては、同項の算定の方法に従い算定して得た額）を差し引いた額による。

（障害補償年金差額一時金の請求等）

21　障害補償年金差額一時金の支給を受けようとする者は、次に掲げる事項を記載した請求書を、所轄労働基準監督署長に提出しなければならない。

一　死亡した労働者の氏名及び生年月日

二　請求人の氏名、生年月日、住所及び死亡した労働者との関係

22　前項の請求書には、次に掲げる書類を添えなければならない。

一　請求人が死亡した労働者と婚姻の届出をしていないが事実上婚姻関係と同様の事情にあつた者であるときは、その事実を証明することができる書類

二　請求人が死亡した労働者と生計を同じくしていた者であるときは、その事実を証明することができる書類

三　請求人と死亡した労働者との身分関係を証明することができる戸籍の謄本又は抄本

23　第十五条の五の規定は、障害補償年金差額一時金の請求及び受領についての代表者の選任及び解任について準用する。

（障害補償年金前払一時金の額）

24　障害補償年金前払一時金の額は、次の表の上欄に掲げる障害補償年金に係る障害等級に応じ、それぞれ同表の下欄に掲げる額（法第八条第一項の算定事由発生日の属する年度の翌々年度の八月以後に法第五十九条第一項の障害補償年金を受ける権利が生じた場合にあつては、当該障害補償年金前払一時金を障害補償一時金と、当該障害補償年金を受ける権利が生じた月を障害補償一時金を支給すべき事由が生じた月とそれぞれみなして法第八条の四の規定を適用したときに得られる給付基礎日額を同表の給付基礎日額とした場合に得られる額。次項において同じ。）とする。

障害等級	額
第一級	給付基礎日額の二〇〇日分、四〇〇日分、六〇〇日分、八〇〇日分、一、〇〇〇日分、一、二〇〇日分又は一、三四〇日分
第二級	給付基礎日額の二〇〇日分、四〇〇日分、六〇〇日分、八〇〇日分、一、〇〇〇日分又は一、一九〇日分
第三級	給付基礎日額の二〇〇日分、四〇〇日分、六〇〇日分、八〇〇日分、一、〇〇〇日分又は一、〇五〇日分
第四級	給付基礎日額の二〇〇日分、四〇〇日分、六〇〇日分、八〇〇日分又は九二〇日分
第五級	給付基礎日額の二〇〇日分、四〇〇日分、六〇〇日分又は七九〇日分
第六級	給付基礎日額の二〇〇日分、四〇〇日分、六〇〇日分又は六七〇日分
第七級	給付基礎日額の二〇〇日分、四〇〇日分又は五

六〇日分

25　加重障害の場合における当該事由に係る障害補償年金前払一時金の額は、前項の規定にかかわらず、加重後の障害等級に応ずる同項の表の下欄に掲げる額の最高額（以下この項及び附則第二十八項において「最高額」という。）から加重前の障害等級に応ずる最高額を控除した額（加重前の障害等級に応ずる障害補償給付が障害補償一時金である場合には、加重後の障害等級に応ずる最高額に加重後の障害等級に応ずる障害補償年金の額から加重前の障害等級に応ずる障害補償一時金の額（当該障害補償年金を支給すべき場合において、法第八条の三第二項において準用する法第八条の二第二項各号に掲げる場合に該当するときは、当該各号に定める額を法第八条の四の給付基礎日額として算定した既にあつた身体障害の該当する障害等級に応ずる障害補償一時金の額）を二十五で除して得た額を差し引いた額を加重後の障害等級に応ずる障害補償年金の額で除して得た数を乗じて得た額とする。以下「加重障害に係る前払最高限度額」という。）又は給付基礎日額（法第八条第一項の算定事由発生日の属する年度の翌々年度の八月以後に法第五十九条第一項の障害補償年金を受ける権利が生じた場合にあつては、当該障害補償年金前払一時金を障害補償一時金と、当該障害補償年金を受ける権利が生じた月を障害補償一時金を支給すべき事由が生じた月とそれぞれみなして法第八条の四の規定を適用したときに得られる給付基礎日額に相当する額）の二百日分、四百日分、六百日分、八百日分、千日分若しくは千二百日分のうち加重障害に係る前払最高限度額に満たない額による。

（障害補償年金前払一時金の請求等）

26　障害補償年金前払一時金の請求は、障害補償年金の請求と同時に行わなければならない。ただし、障害補償年金の支給の決定の通知のあつた日の翌日から起算して一年を経過する日までの間は、当該障害補償年金を請求した後においても障害補償年金前払一時金を請求することができる。

27　障害補償年金前払一時金の請求は、同一の事由に関し、一回に限り行うことができる。

28　障害補償年金前払一時金の請求は、支給を受けようとする額を所轄労働基準監督署長に示して行わなければならない。この場合において、当該請求が附則第二十六項ただし書の規定に基づいて行われるものであるときは、当該請求に係る額は、最高額（加重障害の場合においては、加重障害に係る前払最高限度額）から既に支給を受けた障害補償年金の額（当該障害補償年金前払一時金が支給される月の翌月に支払われることとなる障害補償年金の額を含む。）の合計額を減じた額を超えてはならない。

29　障害補償年金前払一時金は、その請求が附則第二十六項ただし書の規定に基づいて行われる場合は、一月、三月、五月、七月、九月又は十一月のうち当該障害補償年金前払一時金の請求が行われた月後の最初の月に支給する。

（障害補償年金の支給停止期間）

30　法第五十九条第三項の規定により障害補償年金の支給が停止される期間は、次の各号に掲げる額の合算額が障害補償年金前払一時金の額に達するまでの間とする。

一　障害補償年金前払一時金が支給された月後最初の障害補償年金の支払期月から一年を経過した月前に支給されるべき障害補償年金の額

二　障害補償年金前払一時金が支給された月後最初の障害補償年金の支払期月から一年を経過した月以後各月に支給されるべき障害補償年金の額を、百分の五にその経過した年数（当該年数に一未満の端数を生じたときは、これを切り捨てるものとする。）を乗じて得た数に一を加えた数で除して得た額の合算額

（遺族補償年金前払一時金の額）

31　遺族補償年金前払一時金の額は、給付基礎日額（法第八条第一項の算定事由発生日の属する年度の翌々年度の八月以後に法第六十条第一項の遺族補償年金を受ける権利が生じた場合にあつては、当該遺族補償年金前払一時金を遺族補償一時金と、当該遺族補償年金を受ける権利が生じた月を遺族補償一時金を支給すべき事由が生じた月とそれぞれみなして法第八条の四の規定を適用したときに得られる給付基礎日額に相当する額）の二百日分、四百日分、六百日分、八百日分又は千日分に相当する額とする。

（法第六十条第四項の遺族補償年金前払一時金の額）

32　法第六十条第四項の規定により読み替えられた法第十六条の六第一項第二号に規定する遺族補償年金前払一時金を支給すべき事由が法第六十条第四項の規定により読み替えられた法第十六条の六第一項第二号に規定する当該権利が消滅した日の属する年度（当該権利が消滅した日の属する月が四月から七月までの月に該当する場合にあつては、その前年度。以下この項において同じ。）の七月以前に生じたものである場合における当該遺族補償年金前払一時金の額は、その現に支給された額に当該権利が消滅した日の属する前年度の平均給与額を当該遺族補償年金前払一時金を支給すべき事由が生じた月の属する年度の前年度（当該月が四月から七月までの月に該当する場合にあつては、前々年度）の平均給与額で除して得た率を基準として厚生労働大臣が定める率を乗じて得た額とする。

（遺族補償年金前払一時金の請求等）

33　附則第二十六項から第二十九項までの規定は、遺族補償年金前払一時金の請求等について準用する。この場合において、附則第二十六項中「障害補償年金」とあるのは「遺族補償年金」と、附則第二十八項中「附則第二十六項ただし書」とあるのは「附則第三十三項において読み替えて準用する附則第

二十六項ただし書」と、「法第五十八条第一項の表の下欄に掲げる額（加重障害の場合においては、加重障害に係る前払最高限度額）」とあるのは「同一の事由に関し法第十六条の六第一項第二号の遺族補償一時金が支給されることとした場合における当該遺族補償一時金の額」と、「障害補償年金」とあるのは「遺族補償年金」と、附則第二十九項中「附則第二十六項ただし書」とあるのは「附則第三十三項において読み替えて準用する附則第二十六項ただし書」と読み替えるものとする。

（遺族補償年金の支給停止期間）

34　附則第三十項の規定は、法第六十条第三項の規定により遺族補償年金の支給が停止される期間について準用する。この場合において、附則第三十項中「障害補償年金前払一時金」とあるのは「遺族補償年金前払一時金」と読み替えるものとする。

（障害年金差額一時金の請求等）

35　障害年金差額一時金の支給を受けようとする者は、附則第二十二項各号に掲げる書類を添えて、附則第二十一項各号に掲げる事項を記載した請求書を、所轄労働基準監督署長に提出しなければならない。

36　第十五条の五の規定は障害年金差額一時金の請求及び受領についての代表者の選任及び解任について、附則第十七項の規定は法第六十一条第一項の当該障害年金の額の算定について、附則第十八項の規定は同条第一項の当該障害年金に係る障害年金前払一時金の額の算定について、附則第十九項の規定は同条第一項の下欄に掲げる額の算定について、附則第二十項の規定は既に身体障害のあつた者が、負傷又は疾病により同一の部位について障害の程度を加重した場合（加重後の身体障害の該当する障害等級に応ずる障害給付が障害年金である場合に限る。）における当該事由に係る障害年金差額一時金の額の算定の場合について準用する。この場合において、附則第十七項中「法第五十八条第一項」とあるのは「法第六十一条第一項」と、「障害補償年金」とあるのは「障害年金」と、附則第十八項中「法第五十八条第一項」とあるのは「法第六十一条第一項」と、「障害補償年金前払一時金」とあるのは「障害年金前払一時金」と、附則第十九項中「法第五十八条第一項」とあるのは「法第六十一条第一項」と、附則第二十項中「障害補償給付」とあるのは「障害給付」と、「障害補償年金」とあるのは「障害年金」と、「障害補償一時金」とあるのは「障害一時金」と、「障害補償年金前払一時金」とあるのは「障害年金前払一時金」と読み替えるものとする。

（障害年金前払一時金の額）

37　障害年金前払一時金の額に係る附則第二十四項の規定の適用については、同項中「障害補償年金」とあるのは「障害年金」と、「法第五十九条第一項」とあるのは「法第六十二条第一項」とする。

（障害年金前払一時金の請求等）

38　附則第二十五項の規定は既に身体障害のあつた者が、負傷又は疾病により同一の部位について障害の程度を加重した場合（加重後の身体障害の該当する障害等級に応ずる障害給付が障害年金である場合に限る。）における当該事由に係る障害年金前払一時金の額の算定について、附則第二十六項から第二十九項までの規定は障害年金前払一時金の請求等について準用する。この場合において、附則第二十五項中「障害補償給付」とあるのは「障害給付」と、「障害補償一時金」とあるのは「障害一時金」と、「障害補償年金」とあるのは「障害年金」と、「法第五十九条第一項」とあるのは「法第六十二条第一項」と、附則第二十八項中「障害補償年金」とあるのは「障害年金」と、附則第二十八項中「附則第二十六項ただし書」とあるのは「附則第三十八項において読み替えて準用する附則第二十六項ただし書」と、「障害補償年金」とあるのは「障害年金」と、附則第二十九項中「附則第二十六項ただし書」とあるのは「附則第三十八項において読み替えて準用する附則第二十六項ただし書」と読み替えるものとする。

（障害年金の支給停止期間）

39　附則第三十項の規定は、法第六十二条第三項において読み替えて準用する法第五十九条第三項の規定により障害年金の支給が停止される期間について準用する。この場合において、附則第三十項中「障害補償年金前払一時金」とあるのは、「障害年金前払一時金」と読み替えるものとする。

（遺族年金前払一時金の額）

40　遺族年金前払一時金の額に係る附則第三十一項の規定の適用については、同項中「法第六十条第一項」とあるのは「法第六十三条第一項」と、「遺族補償年金」とあるのは「遺族年金」とする。

（遺族年金前払一時金の請求等）

41　附則第二十六項から第二十九項までの規定は、遺族年金前払一時金の請求等について準用する。この場合において、附則第二十六項中「障害補償年金」とあるのは「遺族年金」と、附則第二十八項中「附則第二十六項ただし書」とあるのは「附則第四十一項において読み替えて準用する附則第二十六項ただし書」と、「法第五十八条第一項の表の下欄に掲げる額（加重障害の場合においては、加重障害に係る前払最高限度額）」とあるのは「同一の事由に関し法第二十二条の四第三項において読み替えて準用する法第十六条の六第一項第一号の遺族一時金が支給されることとした場合における当該遺族一時金の額」と、「障害補償年金」とあるのは「遺族年金」と、附則第二十九項中「附則第二十六項ただし書」とあるのは「附則第四十一項において読み替えて準用する附則第二十六項ただし書」と読み替えるものとする。

（遺族年金の支給停止期間）

42　附則第三十項の規定は、法第六十三条第三項において読み替えて準用する法第六十条第三項の規定により遺族年金の支給が停止される期間について準用する。この場合において、「附則第三十項中「障害補償年金前払一時金」とあるのは、「遺族年金前払一時金」と読み替えるものとする。

（読み替えられた法第十六条の六第一項第二号の遺族年金前払一時金の額）

43　附則第三十二項の規定は、法第六十三条第三項の規定により読み替えられた法第六十条第四項の遺族年金前払一時金の額について準用する。この場合において、附則第三十二項中「法第六十条第四項」とあるのは、「法第六十三条第三項の規定により読み替えられた法第六十条第四項」と読み替えるものとする。

（法第六十四条第二項第一号の年金給付）

44　法第六十四条第二項第一号の年金給付は、次の各号に掲げる額の合算額が同号に規定する前払一時金給付の最高限度額に相当する額に達するまでの間についての年金給付とする。

一　年金給付を支給すべき事由が生じた月後最初の年金給付の支払期月から一年を経過した月前に支給されるべき年金給付の額

二　年金給付を支給すべき事由が生じた月後最初の年金給付の支払期月から一年を経過した月以後各月に支給されるべき年金給付の額を、百分の五にその経過した年数（当該年数に一未満の端数を生じたときは、これを切り捨てるものとする。）を乗じて得た数に一を加えた数で除して得た額の合算額

（事業主から受けた損害賠償についての届出等）

45　労働者又はその遺族が、当該労働者を使用している事業主又は使用していた事業主から損害賠償を受けることができる場合であつて、保険給付を受けるべきときに、同一の事由について、損害賠償（当該保険給付によつててん補される損害をてん補する部分に限る。）を受けたときは、次に掲げる事項を記載した届書を、遅滞なく、所轄労働基準監督署長に提出しなければならない。

一　労働者の氏名、生年月日及び住所

二　損害賠償を受けた者の氏名、住所及び労働者との関係

三　事業の名称及び事業場の所在地

四　損害賠償の受領額及びその受領状況

五　前各号に掲げるもののほか、法第六十四条第二項の規定により行われる保険給付の支給停止又は減額の基礎となる事項

46　前項第三号から第五号までに掲げる事項については、事業主の証明を受けなければならない。

47　第二十三条の規定は、附則第四十五項の規定による届出及び前項の規定による事業主の証明について準用する。

（法第十二条の八第四項第二号の厚生労働大臣が定める施設に関する暫定措置）

48　障害者自立支援法（平成十七年法律第百二十三号）附則第一条第三号に掲げる規定の施行の日の前日までの間は、第十八条の三の三第一号中「特別養護老人ホーム」とあるのは、「特別養護老人ホーム及び障害者自立支援法（平成十七年法律第百二十三号）附則第四十一条第一項の規定によりなお従前の例により運営をすることができることとされた同項に規定する身体障害者更生援護施設（同法附則第三十五条の規定による改正前の身体障害者福祉法（昭和二十四年法律第二百八十三号）第三十条に規定する身体障害者療護施設に限る。）」とする。

附　則（平成五年三月二三日労働省令五号）（抄）

（施行期日）

第一条　この省令は、平成五年四月一日から施行する。

（労働者災害補償保険法施行規則の一部改正に伴う経過措置）

第二条　労働者災害補償保険法（以下「法」という。）第三十三条各号に掲げる者であって、この省令の施行の日（以下「施行日」という。）前に法第三十四条第一項第三号（法第三十六条第一項第二号において準用する場合を含む。）又は法第三十五条第一項第六号の規定によりその者の給付基礎日額が三千円とされていたもの（次項に規定する特定有期特別加入者及び改正後の労働者災害補償保険法施行規則（以下「新規則」という。）第四十六条の十八第三号に掲げる作業に従事する者を除く。以下「特定特別加入者」という。）の当該給付基礎日額が三千円とされていた期間に発生した事故に係る法の規定による保険給付（療養補償給付及び療養給付を除く。）及び労働者災害補償保険特別支給金支給規則（昭和四十九年労働省令第三十号）の規定による休業特別支給金の額（次項において「保険給付等の額」という。）の算定に用いる給付基礎日額については、なお従前の例による。

2　法第三十三条第一号から第五号までに掲げる者であって、施行日の前日において法第三十四条第一項第三号又は法第三十五条第一項第六号の規定によりその者の給付基礎日額が三千円とされているもの（事業の期間が予定される事業（労働保険の保険料の徴収等に関する法律第七条の規定により一括される事業を除く。）に係る者に限る。次条第二項において「特定有期特別加入者」という。）の当該事業が終了するまでの間に発生した事故に係る保険給付等の額の算定に用いる給付基礎日額については、なお従前の例による。

3　新規則第四十六条の十八第三号に掲げる作業に従事する者の給付基礎日額に関しては、当分の間、新規則第四十六条の二十四において準用する新規則第四十六条の二十第一項中「三千五百円」とあるのは、「二千円、二千五百円、三千円、三千五百円」とする。

附　則（平成二六年三月二八日厚生労働省令三二号）

この省令は、平成二十六年四月一日から施行する。

附　則（平成二六年一〇月三一日厚生労働省令一一八号）

この省令は、平成二十六年十一月一日から施行する。

附　則（平成二七年三月三一日厚生労働省令六七号）

（施行期日）

1　この省令は、平成二十七年四月一日から施行する。

（経過措置）

2　この省令の施行の日前に改正前の労働者災害補償保険法施行規則第二十五条の規定により労働時間等設定改善推進助成金の支給を受けることができることとなった事業主に対する当該労働時間等設定改善推進助成金の支給については、なお従前の例による。

附　則（平成二七年三月三一日厚生労働省令七一号）

（施行期日）

1　この省令は、平成二十七年四月一日から施行する。

（経過措置）

2　平成二十七年三月以前の月に係る労働者災害補償保険法による介護補償給付及び介護給付の額並びに労働者災害補償保険法等の一部を改正する法律附則第八条の規定によりなおその効力を有するものとされる同法附則第七条の規定による改正前の炭鉱災害による一酸化炭素中毒症に関する特別措置法による介護料の金額については、なお従前の例による。

附　則（平成二七年三月三一日厚生労働省令七三号）（抄）

（施行期日）

1　この省令は、子ども・子育て支援法の施行の日（平成二十七年四月一日）から施行する。

附　則（平成二七年四月一〇日厚生労働省令八六号）

この省令は、公布の日から施行する。

附　則（平成二七年九月二九日厚生労働省令一五〇号）（抄）

（施行期日）

第一条　この省令は、行政手続における特定の個人を識別するための番号の利用等に関する法律（以下「番号利用法」という。）の施行の日（平成二十七年十月五日）から施行する。ただし、次の各号に掲げる規定は、当該各号に定める日から施行する。

一　〈前略〉第十五条〈中略〉の規定　番号利用法附則第一条第四号に掲げる規定の施行の日（平成二十八年一月一日）

二　〈略〉

三　第十六条の規定　番号利用法附則第一条第五号に掲げる規定の施行の日〈編注・平成二九年五月三〇日〉

四　〈略〉

附　則（平成二七年九月三〇日厚生労働省令一五六号）（抄）

（施行期日）

1　この省令は、平成二十七年十月一日から施行する。

附　則（平成二七年一二月九日厚生労働省令一六八号）（抄）

（施行期日）

1　この省令は、地方自治法の一部を改正する法律（平成二十六年法律第四十二号）の施行の日（平成二十八年四月一日）

から施行する。

附　則（平成二八年三月二五日厚生労働省令四一号）

（施行期日）

1　この省令は、平成二十八年四月一日から施行する。

（経過措置）

2　平成二十八年三月以前の月に係る労働者災害補償保険法（昭和二十二年法律第五十号）による介護補償給付及び介護給付の額並びに労働者災害補償保険法等の一部を改正する法律（平成七年法律第三十五号）附則第八条の規定によりなおその効力を有するものとされる同法附則第七条の規定による改正前の炭鉱災害による一酸化炭素中毒症に関する特別措置法（昭和四十二年法律第九十二号）による介護料の金額については、なお従前の例による。

附　則（平成二八年一二月二八日厚生労働省令一八六号）

（施行期日）

1　この省令は、平成二十九年一月一日から施行する。

（経過措置）

2　この省令による改正後の労働者災害補償保険法施行規則第八条第五号の規定は、この省令の施行の日（以下「施行日」という。）以後に発生した負傷、疾病、障害又は死亡に起因する労働者災害補償保険法（昭和二十二年法律第五十号）第七条第一項第二号の通勤災害に関する保険給付について適用するものとし、施行日前に発生した負傷、疾病、障害又は死亡に起因する同号の通勤災害に関する保険給付については、なお従前の例による。

附　則（平成二九年三月三一日厚生労働省令三五号）（抄）

（施行期日）

1　この省令は、平成二十九年四月一日から施行する。

（経過措置）

2　平成二十九年三月以前の月に係る労働者災害補償保険法（昭和二十二年法律第五十号）による介護補償給付及び介護給付の額並びに労働者災害補償保険法等の一部を改正する法律（平成七年法律第三十五号）附則第八条の規定によりなおその効力を有するものとされる同法附則第七条の規定による改正前の炭鉱災害による一酸化炭素中毒症に関する特別措置法（昭和四十二年法律第九十二号）による介護料の金額については、なお従前の例による。

附　則（平成三〇年二月八日厚生労働省令一三号）（抄）

（施行期日）

第一条　この省令は、平成三十年四月一日から施行する。

（第一条の規定の施行に伴う経過措置）

第二条　平成三十年三月以前の月に係る労働者災害補償保険法（昭和二十二年法律第五十号）による介護補償給付及び介護給付の額については、なお従前の例による。

第三条　この省令による改正後の労働者災害補償保険法施行規則第四十六条の十八第五号の規定は、この省令の施行の日

（以下「施行日」という。）以後に発生した負傷、疾病、障害又は死亡に起因する労働者災害補償保険法第七条第一項第一号の業務災害及び同項第二号の通勤災害に関する保険給付について適用するものとし、施行日前に発生した負傷、疾病、障害又は死亡に起因する同項第一号の業務災害及び同項第二号の通勤災害に関する保険給付については、なお従前の例による。

附　則（平成三〇年三月三〇日厚生労働省令五六号）

この省令は、平成三十年四月一日から施行する。

附　則（平成三〇年九月七日厚生労働省令一一二号）（抄）

（施行期日）

第一条　この省令は、平成三十一年四月一日から施行する。

〈後略〉

別表第一　障害等級表（第十四条、第十五条、第十八条の八関係）

障害等級	給付の内容	身体障害
第一級	当該障害の存する期間一年につき給付基礎日額の三一三日分	一　両眼が失明したもの 二　そしやく及び言語の機能を廃したもの 三　神経系統の機能又は精神に著しい障害を残し、常に介護を要するもの 四　胸腹部臓器の機能に著しい障害を残し、常に介護を要するもの 五　削除 六　両上肢をひじ関節以上で失つたもの 七　両上肢の用を全廃したもの 八　両下肢をひざ関節以上で失つたもの 九　両下肢の用を全廃したもの
第二級	同　二七七日	一　一眼が失明し、他眼の視力が〇・〇二以下になつたもの

	分	二　両眼の視力が〇・〇二以下になつたもの 二の二　神経系統の機能又は精神に著しい障害を残し、随時介護を要するもの 二の三　胸腹部臓器の機能に著しい障害を要するもの 三　両上肢を手関節以上で失つたもの 四　両下肢を足関節以上で失つたもの
第三級	同　二四五日分	一　一眼が失明し、他眼の視力が〇・〇六以下になつたもの 二　そしやく又は言語の機能を廃したもの 三　神経系統の機能又は精神に著しい障害を残し、終身労務に服することができないもの 四　胸腹部臓器の機能に著しい障害を残し、終身労務に服することができないもの 五　両手の手指の全部を失つたもの
第四級	同　二一三日分	一　両眼の視力が〇・〇六以下になつたもの 二　そしやく及び言語の機能に著しい障害を残すもの 三　両耳の聴力を全く失つたもの 四　一上肢をひじ関節以上で失つたもの 五　一下肢をひざ関節以上で失つたもの 六　両手の手指の全部の用を廃したもの 七　両足をリスフラン関節以上で失つたもの
第五級	同　一八四日分	一　一眼が失明し、他眼の視力が〇・一以下になつたもの 一の二　神経系統の機能又は精神に著しい障害を残し、特に軽易な労務以外の労務に服することができないもの 一の三　胸腹部臓器の機能に著しい障害を残し、特に軽易な労務

		以外の労務に服することができないもの 二　一上肢を手関節以上で失つたもの 三　一下肢を足関節以上で失つたもの 四　一上肢の用を全廃したもの 五　一下肢の用を全廃したもの 六　両足の足指の全部を失つたもの
第六級	同　一五六日分	一　両眼の視力が〇・一以下になつたもの 二　そしやく又は言語の機能に著しい障害を残すもの 三　両耳の聴力が耳に接しなければ大声を解することができない程度になつたもの 三の二　一耳の聴力を全く失い、他耳の聴力が四十センチメートル以上の距離では普通の話声を解することができない程度になつたもの

		四　せき柱に著しい変形又は運動障害を残すもの 五　一上肢の三大関節中の二関節の用を廃したもの 六　一下肢の三大関節中の二関節の用を廃したもの 七　一手の五の手指又は母指を含み四の手指を失つたもの
第七級	同　一三一日分	一　一眼が失明し、他眼の視力が〇・六以下になつたもの 二　両耳の聴力が四十センチメートル以上の距離では普通の話声を解することができない程度になつたもの 二の二　一耳の聴力を全く失い、他耳の聴力が一メートル以上の距離では普通の話声を解することができない程度になつたもの 三　神経系統の機能又は精神に障害を残し、軽易な労務以外の労務に服することができないもの 四　削除

		五　胸腹部臓器の機能に障害を残し、軽易な労務以外の労務に服することができないもの 六　一手の母指を含み三の手指又は母指以外の四の手指を失つたもの 七　一手の五の手指又は母指を含み四の手指の用を廃したもの 八　一足をリスフラン関節以上で失つたもの 九　一上肢に偽関節を残し、著しい運動障害を残すもの 一〇　一下肢に偽関節を残し、著しい運動障害を残すもの 一一　両足の足指の全部の用を廃したもの 一二　外貌に著しい醜状を残すもの 一三　両側のこう丸を失つたもの
第八級	給付基礎日額の五〇三日分	一　一眼が失明し、又は一眼の視力が〇・〇二以下になつたもの 二　せき柱に運動障害を残すもの 三　一手の母指を含み二の手指又は母指以外の三の手指を失つたもの 四　一手の母指を含み三の手指又は母指以外の四の手指の用を廃したもの 五　一下肢を五センチメートル以上短縮したもの 六　一上肢の三大関節中の一関節の用を廃したもの 七　一下肢の三大関節中の一関節の用を廃したもの 八　一上肢に偽関節を残すもの 九　一下肢に偽関節を残すもの 一〇　一足の足指の全部を失つたもの
第九級	同　三九一日分	一　両眼の視力が〇・六以下になつたもの 二　一眼の視力が〇・〇六以下になつたもの 三　両眼に半盲症、視野狭さく又は視野変状を残すもの

		四　両眼のまぶたに著しい欠損を残すもの 五　鼻を欠損し、その機能に著しい障害を残すもの 六　そしやく及び言語の機能に障害を残すもの 六の二　両耳の聴力が一メートル以上の距離では普通の話声を解することができない程度になつたもの 六の三　一耳の聴力が耳に接しなければ大声を解することができない程度になり、他耳の聴力が一メートル以上の距離では普通の話声を解することが困難である程度になつたもの 七　一耳の聴力を全く失つたもの 七の二　神経系統の機能又は精神に障害を残し、服することができる労務が相当な程度に制限されるもの 七の三　胸腹部臓器の機能に障害を残し、服することができる労務が相当な程度に制限されるもの 八　一手の母指又は母指以外の二の手指を失つたもの 九　一手の母指を含み二の手指又は母指以外の三の手指の用を廃したもの 一〇　一足の第一の足指を含み二以上の足指を失つたもの 一一　一足の足指の全部の用を廃したもの 一一の二　外貌に相当程度の醜状を残すもの 一二　生殖器に著しい障害を残すもの
第一〇級	同　三〇二日分	一　一眼の視力が〇・一以下になつたもの 一の二　正面視で複視を残すもの 二　そしやく又は言語の機能に障害を残すもの 三　十四歯以上に対し歯科補てつを加えたもの

三の二　両耳の聴力が一メートル以上の距離では普通の話声を解することが困難である程度になつたもの
四　一耳の聴力が耳に接しなければ大声を解することができない程度になつたもの
五　削除
六　一手の母指又は母指以外の二の手指の用を廃したもの
七　一下肢を三センチメートル以上短縮したもの
八　一足の第一の足指又は他の四の足指を失つたもの
九　一上肢の三大関節中の一関節の機能に著しい障害を残すもの
一〇　一下肢の三大関節中の一関節の機能に著しい障害を残すもの

第一一級	同	二二三日分

一　両眼の眼球に著しい調節機能障害又は運動障害を残すもの
二　両眼のまぶたに著しい運動障害を残すもの
三　一眼のまぶたに著しい欠損を残すもの
三の二　十歯以上に対し歯科補てつを加えたもの
三の三　両耳の聴力が一メートル以上の距離では小声を解することができない程度になつたもの
四　一耳の聴力が四十センチメートル以上の距離では普通の話声を解することができない程度になつたもの
五　せき柱に変形を残すもの
六　一手の示指、中指又は環指を失つたもの
七　削除
八　一足の第一の足指を含み二以上の足指の用を廃したもの
九　胸腹部臓器の機能に障害を残し、労務の遂行に相当な程度の支障があるもの

第一二級	同

一　一眼の眼球に著しい調節機能

	一五六日分	障害又は運動障害を残すもの 二　一眼のまぶたに著しい運動障害を残すもの 三　七歯以上に対し歯科補てつを加えたもの 四　一耳の耳かくの大部分を欠損したもの 五　鎖骨、胸骨、ろつ骨、肩こう骨又は骨盤骨に著しい変形を残すもの 六　一上肢の三大関節中の一関節の機能に障害を残すもの 七　一下肢の三大関節中の一関節の機能に障害を残すもの 八　長管骨に変形を残すもの 八の二　一手の小指を失つたもの 九　一手の示指、中指又は環指の用を廃したもの 一〇　一足の第二の足指を失つたもの、第二の足指を含み二の足指を失つたもの又は第三の足指以下の三の足指 一一　一足の第一の足指又は他の四の足指の用を廃したもの 一二　局部にがん固な神経症状を残すもの 一三　削除 一四　外貌に醜状を残すもの
第一三級	同　一〇一日分	一　一眼の視力が〇・六以下になつたもの 二　一眼に半盲症、視野狭さく又は視野変状を残すもの 二の二　正面視以外で複視を残すもの 三　両眼のまぶたの一部に欠損を残し又はまつげはげを残すもの 三の二　五歯以上に対し歯科補てつを加えたもの 三の三　胸腹部臓器の機能に障害を残すもの 四　一手の小指の用を廃したもの 五　一手の母指の指骨の一部を失つたもの 六　削除 七　削除

		八　一下肢を一センチメートル以上短縮したもの 九　一足の第三の足指以下の一又は二の足指を失つたもの 一〇　一足の第二の足指の用を廃したもの、第二の足指を含み二の足指の用を廃したもの又は第三の足指以下の三の足指の用を廃したもの
第一四級	同　五六日分	一　一眼のまぶたの一部に欠損を残し、又はまつげはげを残すもの 二　三歯以上に対し歯科補てつを加えたもの 二の二　一耳の聴力が一メートル以上の距離では小声を解することができない程度になつたもの 三　上肢の露出面にてのひらの大きさの醜いあとを残すもの 四　下肢の露出面にてのひらの大きさの醜いあとを残すもの 五　削除 六　一手の母指以外の手指の指骨の一部を失つたもの 七　一手の母指以外の手指の遠位指節間関節を屈伸することができなくなつたもの 八　一足の第三の足指以下の一又は二の足指の用を廃したもの 九　局部に神経症状を残すもの

備考

一　視力の測定は、万国式試視力表による。屈折異常のあるものについてはきよう正視力について測定する。

二　手指を失つたものとは、母指は指節間関節、その他の手指は近位指節間関節以上を失つたものをいう。

三　手指の用を廃したものとは、手指の末節骨の半分以上を失い、又は中手指節関節若しくは近位指節間関節（母指にあつては指節間関節）に著しい運動障害を残すものをいう。

四　足指を失つたものとは、その全部を失つたものをいう。

五　足指の用を廃したものとは、第一の足指は末節骨の半分以上、その他の足指は遠位指節間関節以上を失つたもの又は中足指節関節若しくは近位指節間関節（第一の足指にあつては指節間関節）に著しい運動障害を残すものをいう。

別表第二　傷病等級表（第十八条関係）

障害等級	給付の内容	障害の状態
第一級	当該障害の状態が継続している期間一年につき給付基礎日額の三一三日分	一　神経系統の機能又は精神に著しい障害を有し、常に介護を要するもの 二　胸腹部臓器の機能に著しい障害を有し、常に介護を要するもの 三　両眼が失明しているもの 四　そしやく及び言語の機能を廃しているもの 五　両上肢をひじ関節以上で失つたもの 六　両上肢の用を全廃しているもの 七　両下肢をひざ関節以上で失つたもの 八　両下肢の用を全廃しているもの 九　前各号に定めるものと同程度以上の障害の状態にあるもの

第二級	同二七七日分	一　神経系統の機能又は精神に著しい障害を有し、随時介護を要するもの 二　胸腹部臓器の機能に著しい障害を有し、随時介護を要するもの 三　両眼の視力が〇・〇二以下になつているもの 四　両上肢を腕関節以上で失つたもの 五　両下肢を足関節以上で失つたもの 六　前各号に定めるものと同程度以上の障害の状態にあるもの
第三級	同二四五日分	一　神経系統の機能又は精神に著しい障害を有し、常に労務に服することができないもの 二　胸腹部臓器の機能に著しい障害を有し、常に労務に服することができないもの 三　一眼が失明し、他眼の視力が〇・〇六以下になつているもの 四　そしやく又は言語の機能を廃しているもの 五　両手の手指の全部を失つたもの 六　第一号及び第二号に定めるもののほか常に労務に服することができないものその他前各号に定めるものと同程度以上の障害の状態にあるもの

備考
一　視力の測定は、万国式試視力表による。屈折異常のあるものについては矯正視力について測定する。
二　手指を失つたものとは、母指は指関節、その他の手指は第一指関節以上を失つたものをいう。

別表第三　要介護障害程度区分表（第十八条の三の二関係）

当該程度の障害により労働者がある介護を要する状態	障害の程度
常時介護を要する状態	一　神経系統の機能若しくは精神に著しい障害を残し、常に介護を要するもの（別表第一第一級の項身体障害の欄第三号に規定する身体障害をいう。）又は神経系統の機能若しくは精神に著しい障害を有し、常に介護を要するもの（別表第二第一級の項障害の状態の欄第一号に規定する障害の状態をいう。） 二　胸腹部臓器の機能に著しい障害を残し、常に介護を要するもの（別表第一第一級の項身体障害の欄第四号に規定する身体障害をいう。）又は胸腹部臓器の機能に著しい障害を有し、常に介護を要するもの（別表第二第一級の項障害の状態の欄第二号に規定する障害の状態をいう。） 三　別表第一に掲げる身体障害が二以上ある場合その他の場合であつて障害等級が第一級であるときにおける当該身体障害の欄又は別表第二第一級の項障害の状態の欄第三号から第九号までのいずれかに該当する障害の状態（前二号に定めるものと同程度の介護を要する状態にあるものに限る。）
随時介護を要する状態	一　神経系統の機能若しくは精神に著しい障害を残し、随時介護を要するもの（別表第一第二級の項身体障害の欄第二号の二に規定する身体障害をいう。）又は神経系統の機能若しくは精神に著しい障害を有し、随時介護を要するもの（別表第二第二級の項障害の状態の欄第一号に規定する障害の状態をいう。） 二　胸腹部臓器の機能に著しい障害を残し、随時介護を要するもの（別表第一第二級の項身体障害の欄第二号の三に規定する身体障害をいう。）又は胸腹部臓器の機能に著しい障害を有し、随時介護を要するもの（別表第二第二級の項障害の状態の欄第二号に規定する障害の状態を

	いう。） 三　障害等級が第一級である場合における身体障害又は別表第二第一級の項障害の状態の欄第三号から第九号までのいずれかに該当する障害の状態（前二号に定めるものと同程度の介護を要する状態にあるものに限る。）

労働者災害補償保険特別支給金支給規則

昭和四九年一二月二八日 労働省令 三〇号

改正
昭和五一年 六月二八日 労働省令 二五号
昭和五一年 九月二七日 労働省令 三五号
昭和五二年 三月二六日 労働省令 七号
昭和五二年 六月一四日 労働省令 二一号
昭和五三年 四月 五日 労働省令 二一号
昭和五三年 五月二三日 労働省令 二六号
昭和五五年一二月 五日 労働省令 三二号
昭和五六年 四月二三日 労働省令 一九号
昭和五六年 六月二七日 労働省令 二四号
昭和五六年一〇月二九日 労働省令 三七号
昭和五七年 九月三〇日 労働省令 三二号
昭和五九年 七月二七日 労働省令 一五号
昭和六二年 一月三一日 労働省令 二号
昭和六二年 三月三〇日 労働省令 一一号
平成 二年 七月三一日 労働省令 一七号
平成 二年 九月二八日 労働省令 二四号
平成 三年 四月一二日 労働省令 一一号
平成 五年 七月二一日 労働省令 二七号
平成 七年 七月三一日 労働省令 三六号
平成 八年 七月二六日 労働省令 三一号
平成 九年 三月一四日 労働省令 一〇号
平成一〇年 三月二六日 労働省令 一三号
平成一二年一〇月三一日 労働省令 四一号
平成一三年 三月二三日厚生労働省令 三一号
平成一四年 二月二〇日厚生労働省令 一三号
平成一八年 三月二七日厚生労働省令 五二号
平成一八年 五月三一日厚生労働省令一二二号
平成一九年 四月二三日厚生労働省令 八〇号
平成一九年 六月 一日厚生労働省令 八六号
平成一九年 九月二五日厚生労働省令一一二号
平成二四年 九月二八日厚生労働省令一三五号
平成二七年 九月二九日厚生労働省令一五〇号
平成二七年一二月 九日厚生労働省令一六八号
平成二九年 三月三一日厚生労働省令 三五号

（趣旨）

第一条 この省令は、労働者災害補償保険法（昭和二十二年法律第五十号。以下「法」という。）第二十九条第一項の社会復帰促進等事業として行う特別支給金の支給に関し必要な事項を定めるものとする。

（特別支給金の種類）

第二条　この省令による特別支給金は、次に掲げるものとする。

一　休業特別支給金
二　障害特別支給金
三　遺族特別支給金
三の二　傷病特別支給金
四　障害特別年金
五　障害特別一時金
六　遺族特別年金
七　遺族特別一時金
八　傷病特別年金

（休業特別支給金）

第三条　休業特別支給金は、労働者（法の規定による傷病補償年金又は傷病年金の受給権者を除く。）が業務上の事由又は通勤（法第七条第一項第二号の通勤をいう。以下同じ。）による負傷又は疾病（業務上の事由による疾病については労働基準法施行規則（昭和二十二年厚生省令第二十三号）第三十五条に、通勤による疾病については労働者災害補償保険法施行規則（昭和三十年労働省令第二十二号。以下「労災則」という。）第十八条の四に、それぞれ規定する疾病に限る。以下同じ。）に係る療養のため労働することができないために賃金を受けない日の第四日目から当該労働者に対し、その申請に基づいて支給するものとし、その額は、一日につき休業給付基礎日額（法第八条の二第一項又は第二項の休業給付基礎日額をいう。以下この項において同じ。）の百分の二十に相当する額とする。ただし、労働者が業務上の事由又は通勤による負傷又は疾病による療養のため所定労働時間のうちその一部分についてのみ労働する日に係る休業特別支給金の額は、休業給付基礎日額（法第八条の二第二項第二号に定める額（以下この項において「最高限度額」という。）を休業給付基礎日額とすることとされている場合にあつては、同号の規定の適用がないものとした場合における休業給付基礎日額）から当該労働に対して支払われる賃金の額を控除して得た額（当該控除して得た額が最高限度額を超える場合にあつては、最高限度額に相当する額）の百分の二十に相当する額とする。

2　労働者が次の各号のいずれかに該当する場合には、休業特別支給金は、支給しない。

一　懲役、禁錮若しくは拘留の刑の執行のため若しくは死刑の言渡しを受けて刑事施設（少年法（昭和二十三年法律第百六十八号）第五十六条第三項の規定により少年院において刑を執行する場合における当該少年院を含む。）に拘置されている場合若しくは留置施設に留置されて懲役、禁錮若しくは拘留の刑の執行を受けている場合、労役場留置の言渡しを受けて労役場に留置されている場合又は監置の裁判の執行のため監置場に留置されている場合

二　少年法第二十四条の規定による保護処分として少年院若

しくは児童自立支援施設に送致され、収容されている場合又は売春防止法（昭和三十一年法律第百十八号）第十七条の規定による補導処分として婦人補導院に収容されている場合

3　休業特別支給金の支給を受けようとする者は、次に掲げる事項を記載した申請書を、所轄労働基準監督署長（労災則第一条第三項及び第二条の所轄労働基準監督署長をいう。以下同じ。）に提出しなければならない。

一　労働者の氏名、生年月日及び住所

二　事業の名称及び事業場の所在地

三　負傷又は発病の年月日

四　災害の原因及び発生状況

五　労働基準法第十二条に規定する平均賃金（同条第一項及び第二項に規定する期間中に業務外の事由による負傷又は疾病の療養のために休業した労働者の平均賃金に相当する額が、当該休業した期間を同条第三項第一号に規定する期間とみなして算定することとした場合における平均賃金に相当する額に満たない場合には、その算定することとした場合における平均賃金に相当する額。以下「平均賃金」という。）

六　休業の期間、療養の期間、傷病名及び傷病の経過

六の二　休業の期間中に業務上の事由又は通勤による負傷又は疾病による療養のため所定労働時間のうちその一部分についてのみ労働した日がある場合にあつては、その年月日及び当該労働に対して支払われる賃金の額

七　通勤による負傷又は疾病の場合にあつては、労災則第十八条の五第一項各号に掲げる事項

八　前各号に掲げるもののほか、休業特別支給金の額の算定の基礎となる事項

4　業務上の事由による負傷又は疾病に関し休業特別支給金の支給を申請する場合には前項第三号から第六号の二まで及び第八号に掲げる事項（療養の期間、傷病名及び傷病の経過を除く。）についての事業主の証明並びに同項第六号中療養の期間、傷病名及び傷病の経過についての労災則第十二条の二第二項の診療担当者（以下この項において「診療担当者」という。）の証明を、通勤による負傷又は疾病に関し休業特別支給金の支給を申請する場合には前項第三号及び第五号から第六号の二までに掲げる事項（療養の期間、傷病名及び傷病の経過を除く。）、同項第七号に規定する事項のうち労災則第十八条の五第一項第一号から第三号までに掲げる事項（同項第二号イ、ニ及びホ中住居を離れた年月日時並びに同号ハ中当該移動の起点たる就業の場所における就業終了の年月日時及び当該就業の場所を離れた年月日時を除く。）（同項第一号及び第三号に掲げる事項については、事業主（同項第二号イからホまでに掲げる場合の区分に応じ、それぞれ同号イからホまでに掲げる就業の場所に係る事業主をいう。以下この項に

おいて同じ。）が知り得た場合に限る。）並びに同項第六号中療養掲げる事項についての事業主の証明並びに同項第六号中療養の期間、傷病名及び傷病の経過についての診療担当者の証明を、それぞれ受けなければならない。

5　休業特別支給金の支給の対象となる日について休業補償給付又は休業給付を受けることができる者は、当該休業特別支給金の支給の申請を、当該休業補償給付又は休業給付の請求と同時に行わなければならない。

6　休業特別支給金の支給の申請は、休業特別支給金の支給の対象となる日の翌日から起算して二年以内に行わなければならない。

（障害特別支給金）

第四条　障害特別支給金は、業務上の事由又は通勤による負傷又は疾病が治つたとき身体に障害がある労働者に対し、その申請に基づいて支給するものとし、その額は、当該障害の該当する障害等級（労災則第十四条第一項から第四項まで及び労災則別表第一の規定による障害等級をいう。以下同じ。）に応じ、別表第一に規定する額（障害等級が労災則第十四条第三項本文の規定により繰り上げられたものである場合においては、各の身体障害の該当する障害等級に応ずる同表に規定する額の合算額が当該繰り上げられた障害等級に応ずる同表に規定する額に満たないときは、当該合算額）とする。

2　既に身体障害のあつた者が、負傷又は疾病により同一の部位について障害の程度を加重した場合における当該事由に係る障害特別支給金の額は、前項の規定にかかわらず、現在の身体障害の該当する障害等級に応ずる障害特別支給金の額から、既にあつた身体障害の該当する障害等級に応ずる障害特別支給金の額を差し引いた額による。

3　第五条の二の規定により傷病特別支給金の支給を受けた者に対しては、前二項の規定にかかわらず、当該傷病特別支給金に係る業務上の事由又は通勤による負傷又は疾病が治つたとき身体に障害があり、当該障害の該当する障害等級に応ずる障害特別支給金の額（障害特別支給金の支給を受ける者が前項に該当する場合は、同項の規定により算定した額）が当該負傷又は疾病による障害に関し既に支給を受けた傷病特別支給金に係る傷病等級（労災則第十八条及び労災則別表第二の規定による傷病等級をいう。以下同じ。）に応ずる傷病特別支給金の額を超えるときに限り、その者の申請に基づき、当該超える額に相当する額の障害特別支給金を支給する。

4　障害特別支給金の支給を受けようとする者は、次に掲げる事項を記載した申請書を、所轄労働基準監督署長に提出しなければならない。

一　労働者の氏名、生年月日、住所及び行政手続における特定の個人を識別するための番号の利用等に関する法律（平成二十五年法律第二十七号）第二条第五項に規定する個人番号（以下「個人番号」という。）

二　事業の名称及び事業場の所在地
三　負傷又は発病の年月日
四　災害の原因及び発生状況
五　通勤による負傷又は疾病の場合にあつては、労災則第十八条の五第一項各号に掲げる事項

5　業務上の障害に関し障害特別支給金の支給を申請する場合には前項第三号及び第四号に掲げる事項について、通勤による障害に関し障害特別支給金の支給を申請する場合には同項第三号に掲げる事項及び同項第五号に規定する事項のうち労災則第十八条の五第一項第一号から第三号までに掲げる事項（同項第二号イ、ニ及びホ中住居を離れた年月日時並びに同号ハ中当該移動の起点たる就業の場所における就業終了の年月日時及び当該就業の場所を離れた年月日時を除く。）（同項第一号及び第三号に掲げる事項については、事業主（同項第二号イからホまでに掲げる場合の区分に応じ、それぞれ同号イからホまでに掲げる就業の場所に係る事業主をいう。以下この項において同じ。）が知り得た場合に限る。）について、それぞれ事業主の証明を受けなければならない。ただし、申請人が傷病補償年金又は傷病年金を受けていた者であるときは、この限りでない。

6　同一の事由により障害補償給付又は障害給付の支給を受けることができない者が障害特別支給金の支給を申請する場合には、第四項の申請書に、負傷又は疾病が治つたこと及び治つた日並びにその治つたときにおける障害の部位及び状態に関する医師又は歯科医師の診断書を添え、必要があるときは、その治つたときにおける障害の状態の立証に関するエックス線写真その他の資料を添えなければならない。

7　同一の事由により障害補償給付又は障害給付の支給を受けることができる者は、障害特別支給金の支給の申請を、当該障害補償給付又は障害給付の請求と同時に行わなければならない。

8　障害特別支給金の支給の申請は、障害に係る負傷又は疾病が治つた日の翌日から起算して五年以内に行わなければならない。

（遺族特別支給金）

第五条　遺族特別支給金は、業務上の事由又は通勤により労働者が死亡した場合に、当該労働者の遺族に対し、その申請に基づいて支給する。

2　遺族特別支給金の支給を受けることができる遺族は、労働者の配偶者（婚姻の届出をしていないが、事実上婚姻関係と同様の事情にあつた者を含む。）、子、父母、孫、祖父母及び兄弟姉妹とし、これらの遺族の遺族特別支給金の支給を受けるべき順位は、遺族補償給付又は遺族給付の例による。

3　遺族特別支給金の額は、三百万円（当該遺族特別支給金の支給を受ける遺族が二人以上ある場合には、三百万円をその人数で除して得た額）とする。

4　遺族特別支給金の支給を受けようとする者は、次に掲げる事項を記載した申請書を、所轄労働基準監督署長に提出しなければならない。

一　死亡した労働者の氏名、生年月日及び個人番号

二　申請人の氏名、生年月日、住所、個人番号、死亡した労働者との関係及び障害の状態（労災則第十五条に規定する障害の状態をいう。第六項及び第九条第三項において同じ。）の有無

三　事業の名称及び事業場の所在地

四　負傷又は発病及び死亡の年月日

五　災害の原因及び発生状況

六　通勤による負傷又は疾病の場合にあつては、労災則第十八条の五第一項各号に掲げる事項

5　業務上の死亡に関し遺族特別支給金の支給を申請する場合には前項第四号及び第五号に掲げる事項（死亡の年月日を除く。）について、通勤による死亡に関し遺族特別支給金の支給を申請する場合には同項第四号に掲げる事項（死亡の年月日を除く。）に掲げる事項及び同項第六号に規定する事項のうち労災則第十八条の五第一項第一号から第三号までに掲げる事項（同項第二号イ、ニ及びホ中住居を離れた年月日時並びに同号ハ中当該移動の起点たる就業の場所における就業終了の年月日時及び当該就業の場所を離れた年月日時を除く。）（同項第一号及び第三号に掲げる事項については、事業主（同項第二号イからホまでに掲げる場合の区分に応じ、それぞれ同号イからホまでに掲げる就業の場所に係る事業主をいう。以下この項において同じ。）が知り得た場合に限る。）について、それぞれ事業主の証明を受けなければならない。ただし、死亡した労働者が、傷病補償年金又は傷病年金を受けていた者であるときは、この限りでない。

6　同一の事由により遺族補償給付又は遺族給付の支給を受けることができない者が遺族特別支給金の支給を申請する場合には、次に掲げる書類その他の資料を第四項の申請書に添えなければならない。

一　労働者の死亡に関して市町村長（特別区の区長を含むものとし、地方自治法（昭和二十二年法律第六十七号）第二百五十二条の十九第一項の指定都市にあつては、区長又は総合区長とする。以下この号において同じ。）に提出した死亡診断書、死体検案書若しくは検視調書に記載してある事項についての市町村長の証明書又はこれに代わるべき書類

二　申請人と死亡した労働者との身分関係を証明することができる戸籍の謄本又は抄本

三　申請人が死亡した労働者と婚姻の届出をしていないが事実上婚姻関係と同様の事情にあつた者であるときは、その事実を証明することができる書類（厚生労働大臣が住民基本台帳法第三十条の九の規定により当該書類と同一の内容を含む機構保存本人確認情報の提供を受けることができる

ときは、この限りでない。）

四　申請人が死亡した労働者の収入によつて生計を維持していた者であるときは、その事実を証明することができる書類（厚生労働大臣が住民基本台帳法第三十条の九の規定により当該書類と同一の内容を含む機構保存本人確認情報の提供を受けることができるときは、この限りでない。）

五　申請人が労働者の死亡の当時障害の状態にあつたことにより遺族特別支給金の支給を受ける者であるときは、その事実を証明することができる医師又は歯科医師の診断書その他の資料

7　同一の事由により遺族補償給付又は遺族給付の支給を受けることができる者は、遺族特別支給金の支給の申請を、当該遺族補償給付又は遺族給付の請求と同時に行わなければならない。

8　遺族特別支給金の支給の申請は、労働者の死亡の日の翌日から起算して五年以内に行わなければならない。

9　法第十条及び労災則第十五条の五の規定は、遺族特別支給金について準用する。この場合において、同条第一項中「受ける権利を有する者」とあるのは「受けることができる者」と、「請求」とあるのは「支給の申請」と読み替えるものとする。

（傷病特別支給金）

第五条の二　傷病特別支給金は、業務上の事由又は通勤により負傷し、又は疾病にかかつた労働者が、当該負傷又は疾病に係る療養の開始後一年六箇月を経過した日において次の各号のいずれにも該当するとき、又は同日後次の各号のいずれにも該当することとなつたときに、当該労働者に対し、その申請に基づいて支給するものとし、その額は、当該傷病等級に応じ、別表第一の二に規定する額とする。

一　当該負傷又は疾病が治つていないこと。

二　当該負傷又は疾病による障害の程度が傷病等級に該当すること。

2　傷病特別支給金の支給を受けようとする者は、次に掲げる事項を記載した申請書を、所轄労働基準監督署長に提出しなければならない。

一　労働者の氏名、生年月日、住所及び個人番号

二　傷病の名称、部位及び状態

3　傷病特別支給金の支給の申請は、当該負傷又は疾病に係る療養の開始後一年六箇月を経過した日において第一項各号のいずれにも該当することとなつた場合には同日の、同日後同項各号のいずれにも該当することとなつた場合には当該該当することとなつた日の翌日から起算して五年以内に行わなければならない。

（算定基礎年額等）

第六条　第二条第四号から第八号までに掲げる特別支給金の額の算定に用いる算定基礎年額は、負傷又は発病の日以前一年

間（雇入後一年に満たない者については、雇入後の期間）に当該労働者に対して支払われた特別給与（労働基準法第十二条第四項の三箇月を超える期間ごとに支払われる賃金をいう。以下同じ。）の総額とする。ただし、当該特別給与の総額を算定基礎年額とすることが適当でないと認められるときは、厚生労働省労働基準局長が定める基準に従つて算定する額を算定基礎年額とする。

2　特別給与の総額又は前項ただし書に定めるところによつて算定された額が、当該労働者に係る法第八条の三第一項又は第二項の規定による給付基礎日額（障害特別一時金又は遺族特別一時金が支給される場合にあつては、法第八条の四において準用する法第八条の三第一項の規定による給付基礎日額）に三百六十五を乗じて得た額の百分の二十に相当する額を超える場合には、当該百分の二十に相当する額を算定基礎年額とする。

3　法第八条の三第一項第二号（法第八条の四において準用する場合を含む。）に規定する給付基礎日額が用いられる場合（法第八条の三第二項の規定の適用がないものとした場合に同条第一項第二号に規定する給付基礎日額が用いられる場合を含む。）における前項の規定の適用については、同項中「算定された額」とあるのは「算定された額に法第八条の二第一項第二号（法第八条の三において準用する場合を含む。以下この項において同じ。）の厚生労働大臣が定める率を乗じて得た額」と、「当該百分の二十に相当する額」とあるのは「当該百分の二十に相当する額を法第八条の二第一項第二号の厚生労働大臣が定める率で除して得た額」とする。

4　前三項の規定によつて算定された額が百五十万円（前項の場合においては、百五十万円を同項の規定により読み替えられた第二項に規定する率で除して得た額。以下この項において同じ。）を超える場合には、百五十万円を算定基礎年額とする。

5　第二条第四号から第八号までに掲げる特別支給金の額の算定に用いる算定基礎日額は、前各項の規定による算定基礎年額を三百六十五で除して得た額を当該特別支給金に係る法の規定による保険給付の額の算定に用いる給付基礎日額とみなして法第八条の三第一項（法第八条の四において準用する場合を含む。）の規定の例により算定して得た額とする。

6　算定基礎年額又は算定基礎日額に一円未満の端数があるときは、これを一円に切り上げるものとする。

（障害特別年金）

第七条　障害特別年金は、法の規定による障害補償年金又は障害年金の受給権者に対し、その申請に基づいて支給するものとし、その額は、当該障害補償年金又は障害年金に係る障害等級に応じ、別表第二に規定する額とする。

2　労災則第十四条第五項の規定は、障害特別年金について準用する。この場合において、同項中「現在の身体障害の該当する障害等級に応ずる障害補償給付が障害補償年金であつて、既にあつた身体障害の該当する障害等級に応ずる障害補償給付が障害補償一時金である場合には、その障害補償一時金の額（当該障害補償年金を支給すべき場合において、法第八条の三第二項において準用する法第八条の二第二項各号に掲げる場合に該当するときは、当該各号に定める額を法第八条の四の給付基礎日額として算定した既にあつた身体障害の該当する障害等級に応ずる障害補償一時金の額）」とあるのは、「既にあつた身体障害の該当する障害等級が第八級以下である場合には、現在の身体障害の該当する障害等級に応ずる障害特別年金に係る労働者災害補償保険特別支給金支給規則（昭和四十九年労働省令第三十号）第六条の規定による算定基礎日額を用いて算定することとした当該障害等級に応ずる障害特別一時金の額」と読み替えるものとする。

3　障害特別年金の支給を受けようとする者は、次に掲げる事項を記載した申請書を、所轄労働基準監督署長に提出しなければならない。

一　労働者の氏名、生年月日、住所及び個人番号
二　事業の名称及び事業場の所在地
三　負傷又は発病の年月日
四　災害の原因及び発生状況
五　平均賃金
六　負傷又は発病の日以前一年間（雇入後一年に満たない者については、雇入後の期間）に当該労働者に対して支払われた特別給与の総額（第九条から第十二条までにおいて「特別給与の総額」という。）
七　通勤による負傷又は疾病の場合にあつては、労災則第十八条の五第一項各号に掲げる事項

4　業務上の障害に関し障害特別年金の支給を申請する場合には前項第三号から第六号までに掲げる事項について、通勤による障害に関し障害特別年金の支給を申請する場合には同項第三号、第五号及び第六号に掲げる事項並びに第七号に規定する事項のうち労災則第十八条の五第一項第一号から第三号までに掲げる事項（同項第二号イ、ニ及びホ中住居を離れた年月日時並びに同号ハ中当該移動の起点たる就業の場所における就業終了の年月日時及び当該就業の場所を離れた年月日時を除く。）（同項第一号及び第三号に掲げる事項については、事業主（同項第二号イからホまでに掲げる場合の区分に応じ、それぞれ同号イからホまでに掲げる就業の場所に係る事業主をいう。以下この項において同じ。）が知り得た場合に限る。）について、それぞれ事業主の証明を受けなければならない。ただし、申請人が傷病特別年金を受けていた者であるときは、この限りでない。

5　障害特別年金の支給を受ける労働者の当該障害の程度に変更があつたため、新たに別表第二又は別表第三中の他の障害等級に該当するに至つた場合には、新たに該当するに至つた

障害等級に応ずる障害特別年金又は障害特別一時金を支給するものとし、その後は、従前の障害特別年金は、支給しない。

6　労災則第十四条の三第一項及び第二項の規定は、前項に規定する場合について準用する。この場合において、同条第一項中「障害補償給付」とあるのは「障害特別年金」と、同条第二項中「請求書」とあるのは「申請書」と読み替えるものとする。

7　障害特別年金の支給の申請は、障害補償年金又は障害年金の受給権者となつた日の翌日から起算して五年以内に、当該障害補償年金又は障害年金の請求と同時に行わなければならない。

8　障害特別年金は、当該障害特別年金の支給を受ける者が同一の事由により受ける権利を有する障害補償年金又は障害年金の払渡しを受けることを希望する金融機関又は郵便局（簡易郵便局法（昭和二十四年法律第二百十三号）第二条に規定する郵便窓口業務を行う日本郵便株式会社の営業所であつて郵便貯金銀行（郵政民営化法（平成十七年法律第九十七号）第九十四条に規定する郵便貯金銀行をいう。）を所属銀行とする銀行代理業（銀行法（昭和五十六年法律第五十九号）第二条第十四項に規定する銀行代理業をいう。）の業務を行うものをいう。）において払い渡すものとする。

（障害特別一時金）

第八条　障害特別一時金は、法の規定による障害補償一時金又は障害一時金の受給権者に対し、その申請に基づいて支給するものとし、その額は、当該障害補償一時金又は障害一時金に係る障害等級に応じ、別表第三に規定する額（障害等級が労災則第十四条第三項本文の規定により繰り上げられたものである場合において、各の身体障害の該当する障害等級に応ずる同表に規定する額の合算額が当該繰り上げられた障害等級に応ずる同表に規定する額に満たないときは、当該合算額）とする。

2　第四条第二項の規定は障害特別一時金の額について、前条第三項、第四項及び第七項の規定は障害特別一時金の支給の申請について準用する。この場合において、第四条第二項中「前項」とあるのは「第八条第一項」と、前条第七項中「障害補償年金又は障害年金」とあるのは「障害補償一時金又は障害一時金」と読み替えるものとする。

（遺族特別年金）

第九条　遺族特別年金は、法の規定による遺族補償年金又は遺族年金の受給権者に対し、その申請に基づいて支給するものとし、その額は、別表第二に規定する額とする。

2　法第十六条の三第二項から第四項までの規定は、遺族特別年金の額について準用する。この場合において、同条第二項中「遺族補償年金を」とあるのは「遺族補償年金又は遺族年金を」と、「前項」とあるのは「労働者災害補償保険特別支給金支給規則（昭和四十九年労働省令第三十号）第九条第一項」

と、「別表第二」とあるのは「同令別表第二」と、同条第四項中「遺族補償年金を」とあるのは「遺族補償年金又は遺族年金を」と、「別表第一の厚生労働省令で定める障害の状態」とあるのは「労働者災害補償保険法施行規則（昭和三十年労働省令第二十二号）第十五条に規定する障害の状態」と読み替えるものとする。

3　遺族特別年金の支給を受けようとする者（第五項又は第六項の規定に該当する者を除く。）は、次に掲げる事項を記載した申請書を、所轄労働基準監督署長に提出しなければならない。

一　死亡した労働者の氏名、生年月日及び個人番号

二　申請人及び申請人以外の遺族補償年金又は遺族年金を受けることができる遺族の氏名、生年月日、住所、死亡した労働者との関係及び障害の状態の有無並びに申請人の個人番号

三　事業の名称及び事業場の所在地

四　負傷又は発病及び死亡の年月日

五　災害の原因及び発生状況

六　平均賃金

七　特別給与の総額

八　通勤による負傷又は疾病の場合にあつては、労災則第十八条の五第一項各号に掲げる事項

4　業務上の死亡に関し遺族特別年金の支給を申請する場合には前項第四号から第七号までに掲げる事項（死亡の年月日を除く。）について、通勤による死亡に関し遺族特別年金の支給を申請する場合には同項第四号、第六号及び第七号に掲げる事項（死亡の年月日を除く。）並びに同項第八号に規定する事項のうち労災則第十八条の五第一項第一号から第三号までに掲げる事項（同項第三号イ、ニ及びホ中住居を離れた年月日時並びに同号ハ中当該移動の起点たる就業の場所における就業終了の年月日時及び当該就業の場所を離れた年月日時を除く。）（同項第一号及び第三号に掲げる事項については、事業主（同項第二号イからホまでに掲げる場合の区分に応じ、それぞれ同号イからホまでに掲げる就業の場所に係る事業主をいう。以下この項において同じ。）が知り得た場合に限る。）について、それぞれ事業主の証明を受けなければならない。ただし、死亡した労働者が傷病特別年金を受けていた者であるときは、この限りでない。

5　労働者の死亡の当時胎児であつた子は、当該労働者の死亡に係る遺族補償年金又は遺族年金を受けることができるその他の遺族が既に遺族補償年金又は遺族年金の支給の決定を受けた後に遺族特別年金の支給を受けようとするときは、次に掲げる事項を記載した申請書を、所轄労働基準監督署長に提出しなければならない。

一　死亡した労働者の氏名及び生年月日

二　申請人の氏名、生年月日、住所、個人番号及び死亡した

労働者との続柄
三　申請人と生計を同じくしている遺族補償年金又は遺族年金を受けることができる遺族の氏名
6　法第十六条の四第一項後段（法第十六条の九第五項及び法第二十二条の四第三項において準用する場合を含む。）又は法第十六条の五第一項後段（法第二十二条の四第三項において準用する場合を含む。）の規定により新たに遺族補償年金又は遺族年金の受給権者となつた者は、その先順位者が既に遺族補償年金又は遺族年金の支給の決定を受けた後に遺族特別年金の支給を受けようとするときは、次に掲げる事項を記載した申請書を、所轄労働基準監督署長に提出しなければならない。
一　死亡した労働者の氏名及び生年月日
二　申請人の氏名、生年月日、住所、個人番号及び死亡した労働者との関係
三　申請人と生計を同じくしている遺族補償年金又は遺族年金を受けることができる遺族の氏名
7　第七条第七項及び第八項並びに労災則第十五条の五の規定は、遺族特別年金について準用する。この場合において、第七条第七項及び第八項中「障害補償年金又は傷害年金」とあるのは「遺族補償年金又は遺族年金」と、労災則第十五条の五第一項中「遺族補償年金を」とあるのは「遺族補償年金又は遺族年金を」と、「請求」とあるのは「支給の申請」と読み替えるものとする。

（遺族特別一時金）
第十条　遺族特別一時金は、法の規定による遺族補償一時金又は遺族一時金の受給権者に対し、その申請に基づいて支給するものとし、その額は、別表第三に規定する額（当該遺族特別一時金の支給を受ける遺族が二人以上ある場合には、その額をその人数で除して得た額）とする。
2　遺族特別一時金の支給を受けようとする者は、次に掲げる事項を記載した申請書を、所轄労働基準監督署長に提出しなければならない。
一　死亡した労働者の氏名及び生年月日
二　申請人の氏名、生年月日、住所及び死亡した労働者との関係
三　法第十六条の六第一項第一号（法第二十二条の四第三項において準用する場合を含む。）の場合に支給される遺族補償一時金又は遺族一時金の受給権者にあつては、次に掲げる事項（へからリまでに掲げる事項については、遺族一時金の受給権者に限る。）
イ　事業の名称及び事業場の所在地
ロ　負傷又は発病及び死亡の年月日
ハ　災害の原因及び発生状況
ニ　平均賃金
ホ　特別給与の総額

へ　通勤による負傷又は疾病の場合にあつては、労災則第十八条の五第一項各号に掲げる事項

3　業務上の死亡に関し法第十六条の六第一項第一号の場合に支給される遺族補償一時金の受給権者が遺族特別一時金の支給を申請する場合には前項第三号ロからホまでに掲げる事項（死亡の年月日を除く。）について、通勤による死亡に関し法第二十二条の四第三項において準用する法第十六条の六第一項第一号の場合に支給される遺族一時金の受給権者が遺族特別一時金の支給を申請する場合には前項第三号ロに掲げる事項（死亡の年月日を除く。）、同号ニ及びホに掲げる事項並びにヘに規定する事項のうち労災則第十八条の五第一項第一号から第三号までに掲げる事項（同項第二号イ、ニ及びホ中住居を離れた年月日時並びに同号ハ中当該移動の起点たる就業の場所における就業終了の年月日時及び当該就業の場所を離れた年月日時を除く。）（同項第一号及び第三号に掲げる事項については、事業主（同項第二号イからホまでに掲げる場合の区分に応じ、それぞれ同号イからホまでに掲げる就業の場所に係る事業主をいう。以下この項において同じ。）が知り得た場合に限る。）について、それぞれ事業主の証明を受けなければならない。ただし、死亡した労働者が傷病特別年金を受けていた者であるときは、この限りでない。

4　第七条第七項及び労災則第十五条の五の規定は、遺族特別一時金について準用する。この場合において、同項中「障害補償年金又は障害年金」とあるのは「遺族補償一時金又は遺族一時金」と、同条第一項中「遺族補償年金を」とあるのは「遺族補償一時金又は遺族一時金を」と、「請求」とあるのは「支給の申請」と読み替えるものとする。

（傷病特別年金）

第十一条　傷病特別年金は、法の規定による傷病補償年金又は傷病年金の受給権者に対し、その申請に基づいて支給するものとし、その額は、当該傷病補償年金又は傷病年金に係る傷病等級に応じ、別表第二に規定する額とする。

2　傷病特別年金の支給を受けようとする者は、次に掲げる事項を記載した申請書を、所轄労働基準監督署長に提出しなければならない。

一　労働者の氏名、生年月日、住所及び個人番号

二　傷病の名称、部位及び状態

三　平均賃金

四　特別給与の総額

3　傷病特別年金を受ける労働者の傷病補償年金又は傷病年金に係る傷病等級に変更があつた場合には、新たに該当するに至つた傷病等級に応ずる傷病特別年金を支給するものとし、その後は、従前の傷病特別年金は、支給しない。

4　傷病特別年金の支給の申請は、傷病補償年金又は傷病年金の受給権者となつた日の翌日から起算して五年以内に行わなければならない。

5　第七条第八項の規定は、傷病特別年金について準用する。この場合において、同項中「障害補償年金又は障害年金」とあるのは、「傷病補償年金又は傷病年金」と読み替えるものとする。

（特別給与の総額の届出）

第十二条　休業特別支給金の支給を受けようとする者は、当該休業特別支給金の支給の申請の際に、所轄労働基準監督署長に、特別給与の総額を記載した届書を提出しなければならない。

2　前項の特別給与の総額については、事業主の証明を受けなければならない。

（年金たる特別支給金の始期、終期及び支払期月等）

第十三条　年金たる特別支給金の支給は、支給の事由が生じた月の翌月から始め、支給の事由が消滅した月で終わるものとする。

2　遺族特別年金は、遺族補償年金又は遺族年金の支給を停止すべき事由が生じたときは、その事由が生じた月の翌月からその事由が消滅した月までの間は、支給しない。ただし、法第六十条第三項（法第六十三条第三項において読み替えて準用する場合を含む。）の規定により遺族補償年金又は遺族年金の支給を停止すべき事由が生じた場合には、この限りでない。

3　年金たる特別支給金は、毎年二月、四月、六月、八月、十月及び十二月の六期に、それぞれその前月分までを支払う。ただし、支給の事由が消滅した場合におけるその期の年金たる特別支給金は、支払期月でない月であつても、支払うものとする。

（年金たる特別支給金の内払とみなす場合等）

第十四条　法第十二条第一項の規定は、年金たる特別支給金について準用する。

2　同一の業務上の事由又は通勤による負傷又は疾病（以下この条において「同一の傷病」という。）に関し、年金たる保険給付（遺族補償年金及び遺族年金を除く。以下この項において「乙年金」という。）を受ける権利を有する労働者が他の年金たる保険給付（遺族補償年金及び遺族年金を除く。以下この項において「甲年金」という。）を受ける権利を有することとなり、かつ、乙年金を受ける権利が消滅した場合において、その消滅した月の翌月以後の分として乙年金の受給権者に支給される年金たる特別支給金が支払われたときは、その支払われた年金たる特別支給金は、甲年金の受給権者に支給される年金たる特別支給金の内払とみなす。

3　同一の傷病に関し、年金たる保険給付（遺族補償年金及び遺族年金を除く。）を受ける権利を有する労働者が休業補償給付若しくは休業給付又は障害補償一時金若しくは障害一時金を受ける権利を有することとなり、かつ、当該年金たる保険給付を受ける権利が消滅した場合において、その消滅した月の翌月以後の分として当該年金たる保険給付の受給権者に支給される年金たる特別支給金が支払われたときは、その支払われた年金たる特別支給金は、当該休業補償給付若しくは休業給付を受けている者に支給される休業特別支給金又は当該障害補償一時金若しくは障害一時金の受給権者に支給される障害特別支給金若しくは障害特別一時金の内払とみなす。

4　同一の傷病に関し、休業特別支給金を受けている労働者が障害補償給付若しくは障害給付又は傷病補償年金若しくは傷病年金を受ける権利を有することとなり、かつ、休業補償給付又は休業給付を行わないこととなつた場合において、その後も休業特別支給金が支払われたときは、その支払われた休業特別支給金は、当該障害補償給付若しくは障害給付の受給権者に支給される障害特別支給金、障害特別年金若しくは障害特別一時金又は傷病補償年金若しくは傷病年金の受給権者に支給される傷病特別支給金若しくは傷病特別年金の内払とみなす。

（年金たる特別支給金の過誤払による返還金債権への充当）

第十四条の二　年金たる保険給付を受ける権利を有する者が死亡したためその支給を受ける権利が消滅したにもかかわらず、その死亡の日の属する月の翌月以後の分として当該年金たる保険給付を受ける権利を有する者に支給される年金たる特別支給金の過誤払が行われた場合において、当該過誤払による返還金に係る債権（以下この条において「返還金債権」という。）に係る債務の弁済をすべき者に支払うべき次の各号に掲げる特別支給金があるときは、当該特別支給金の支払金の金額を当該過誤払による返還金債権の金額に充当することができる。

一　年金たる特別支給金を受けることができる者の死亡に係る保険給付を受ける権利を有する者に支給される遺族特別支給金、遺族特別年金、遺族特別一時金又は障害特別年金差額一時金

二　返還金債権に係る同一の事由による同順位で受けることができる遺族特別年金

（未支給の特別支給金）

第十五条　特別支給金を受けることができる者が死亡した場合において、その死亡した者に係る特別支給金でまだその者に支給しなかつたものがあるときは、未支給の保険給付の支給の例により、その未支給の特別支給金を支給する。

2　第三条第五項の規定は未支給の休業特別支給金の支給の申請について、第四条第七項の規定は未支給の障害特別支給金又は障害特別一時金の支給の申請について、第五条第七項の規定は未支給の遺族特別支給金又は遺族特別一時金の支給の申請について準用する。

3　同一の事由により未支給の傷病補償年金又は傷病年金を受けることができる場合は、未支給の傷病特別支給金の支給の申請を、当該未支給の傷病補償年金又は傷病年金の支給の請

求と同時に行わなければならない。

4　未支給の年金たる特別支給金の支給の対象となる月について未支給の年金たる保険給付を受けることができる者は、当該年金たる特別支給金の支給の申請を、当該年金たる保険給付の請求と同時に行わなければならない。

（特別加入者に対する特別支給金）

第十六条　法第三十四条第一項の承認を受けている事業主である者（事業主が法人その他の団体であるときは、代表者）及び当該事業主が行う事業に従事する者（労働者である者を除く。以下この条及び第十九条において「中小事業主等」という。）に対する第三条から第五条の二まで及び前条の規定の適用については、次の各号に定めるところによる。

一　中小事業主等は、当該事業に使用される労働者とみなす。

二　中小事業主等が業務上の事由若しくは通勤による負傷若しくは疾病に係る療養のため当該事業に四日以上従事することができないとき、その負傷若しくは疾病が治つた場合において身体に障害が存するとき、業務上の事由若しくは通勤により死亡したとき、又は業務上の事由若しくは通勤による負傷若しくは疾病に係る療養の開始後一年六箇月を経過した日において第五条の二第一項各号のいずれにも該当するとき若しくは同日後同項各号のいずれにも該当することとなつたときは、休業特別支給金、障害特別支給金、遺族特別支給金又は傷病特別支給金の支給の事由が生じたものとみなす。

三　中小事業主等の休業給付基礎日額は、労災則第四十六条の二十第二項の規定により算定された給付基礎日額とする。

四　法第三十四条第一項第四号の規定は、特別支給金の支給について準用する。この場合において、同号中「前条第一号又は第二号に掲げる者の事故」とあるのは、「中小事業主等に係る特別支給金の支給の原因である事故」と読み替えるものとする。

五　第三条第三項第五号及び同条第四項（事業主の証明に関する部分に限る。）、第四条第五項並びに第五条第五項の規定は、適用しない。

六　特別支給金の支給を受けようとする者は、第三条第三項、第四条第四項又は第五条第四項の申請書を所轄労働基準監督署長に提出するときは、当該申請書の記載事項のうち事業主の証明を受けなければならないこととされている事項を証明することができる書類その他の資料を、当該申請書に添えなければならない。

七　労災則第四十六条の二十七第六項の規定は、前号の規定により提出された書類その他の資料について準用する。

第十七条　法第三十五条第一項の承認を受けている団体に係る法第三十三条第三号から第五号までに掲げる者（以下この条及び第十九条において「一人親方等」という。）に対する第三条から第五条の二まで及び第十五条の規定の適用については、前条第五号から第七号まで及び次の各号に定めるところによる。

一　当該団体は、法第三条第一項の適用事業及びその事業主とみなす。

二　当該承認があつた日は、前号の適用事業が開始された日とみなす。

三　一人親方等は、第一号の適用事業に使用される労働者とみなす。

四　当該団体の解散は、事業の廃止とみなす。

五　前条第二号の規定は、一人親方等に係る特別支給金の支給の事由について準用する。この場合において、労災則第四十六条の十七第一号又は第三号に掲げる事業を労働者を使用しないで行うことを常態とする者及びこれらの者が行う事業に従事する者に関しては、前条第二号中「業務上の事由若しくは通勤による」とあるのは「業務上の」と、「業務上の事由若しくは通勤により」とあるのは「業務上」と読み替えるものとし、労災則第四十六条の十八第一号又は第三号に掲げる作業に従事する者に関しては、前条第二号中「業務上の事由若しくは通勤による」とあるのは「当該作業による」と、「当該事業」とあるのは「当該作業」と、「業務上の事由若しくは通勤により」とあるのは「当該作業により」と読み替えるものとし、労災則第四十六条の十八第二号、第四号又は第五号に掲げる作業に従事する者に関しては、前条第二号中「業務上の事由若しくは通勤による」とあるのは「当該作業若しくは通勤による」と、「当該事業」とあるのは「当該作業」と、「業務上の事由若しくは通勤により」とあるのは「当該作業若しくは通勤により」と読み替えるものとする。

六　一人親方等の休業給付基礎日額は、労災則第四十六条の二十四において準用する第四十六条の二十第二項の規定により算定された給付基礎日額とする。

七　法第三十五条第一項第七号の規定は、特別支給金の支給について準用する。この場合において、同号中「第三十三条第三号から第五号までに掲げる者の事故」とあるのは「一人親方等に係る特別支給金の支給の原因である事故」と読み替えるものとする。

第十八条　法第三十六条第一項の承認を受けている団体又は事業主に係る法第三十三条第六号又は第七号に掲げる者（以下この条及び次条において「海外派遣者」という。）に対する第三条から第五条の二まで及び第十五条の規定の適用については、第十六条第五号から第七号まで及び次の各号に定めるところによる。

一　海外派遣者は、当該承認に係る団体又は事業主の事業に使用される労働者とみなす。

二　第十六条第二号の規定は、海外派遣者に係る特別支給金の支給の事由について準用する。

三　海外派遣者の休業給付基礎日額は、労災則第四十六条の二十五の三において準用する第四十六条の二十第二項の規定により算定された給付基礎日額とする。

四　法第三十六条第一項第三号の規定は、特別支給金の支給について準用する。この場合において、同号中「第三十三条第六号又は第七号に掲げる者の事故」とあるのは、「海外派遣者に係る特別支給金の支給の原因である事故」と読み替えるものとする。

第十九条　第六条から第十三条までの規定は、中小事業主等、一人親方等及び海外派遣者については、適用しない。

（準用）

第二十条　法第十二条の二の二及び第四十七条の三並びに労災則第十九条及び第二十三条の規定は、特別支給金について準用する。この場合において、法第四十七条の三中「受ける権利を有する者」とあるのは「受ける者」と労災則第十九条中「請求人、申請人又は受給権者若しくは受給権者であつた者」とあるのは「申請人又は受給資格者」と、労災則第二十三条第一項中「請求」とあるのは「申請」と読み替えるものとする。

附　則

（施行期日等）

1　この省令は、公布の日から施行し、昭和四十九年十一月一日から適用する。

（経過措置）

2　休業特別支給金、障害特別支給金及び遺族特別支給金は昭和四十九年十一月一日（以下「適用日」という。）以後に支給の事由の生じた場合に支給し、長期傷病特別支給金は同日以後の期間に係る分から支給する。

3　適用日以後この省令の施行の日（以下「施行日」という。）の前日までの間に支給すべき事由の生じた休業補償給付、障害補償給付、遺族補償給付、休業給付、障害給付又は遺族給付の請求が施行日前に行われた場合には、当該請求を行つた者は、第三条第六項、第四条第六項及び第五条第七項の規定にかかわらず、当該請求に係る保険給付を支給すべき事由と同一の事由（当該請求に係る保険給付が休業補償給付又は休業給付である場合には、当該請求に係る休業補償給付又は休業給付を支給すべき事由が生じた日と同一の日）に係る休業特別支給金、障害特別支給金又は遺族特別支給金の支給の申請を行うことができる。

4　適用日以後施行日の前日までの間に支給すべき事由の生じた前項に規定する保険給付又は当該期間に係る分の長期傷病補償給付若しくは長期傷病給付を受ける権利を有する者が施行日前に死亡し、その死亡した者に支給すべき保険給付でまだその者に支給しなかつたものがある場合において、当該未支給の保険給付に関し施行日前に法第十一条第一項又は第二項の請求が行われたときは、当該請求を行つた者は、第七条第二項において準用する第三条第六項、第四条第六項及び第五条第七項の規定並びに第七条第三項の規定にかかわらず、当該請求に係る保険給付を支給すべき事由と同一の事由（当該請求に係る保険給付が、休業補償給付又は休業給付である場合には当該休業補償給付又は休業給付を支給すべき事由の生じた日と同一の日、長期傷病補償給付又は長期傷病給付である場合には当該長期傷病補償給付又は長期傷病給付の支給の対象となる月と同一の月）に係る休業特別支給金、障害特別支給金、遺族特別支給金又は長期傷病特別支給金の支給の申請を行うことができる。

（特別支給金に係る事務の所轄に関する特例）

5　労働者災害補償保険法施行規則の一部を改正する省令（昭和四十一年労働省令第二号）附則第四項の規定により定められた労働基準監督署長により保険給付に関する事務を処理されている受給権者に係る特別支給金の支給に関する事務については、労災則第一条第三項及び第二条の規定にかかわらず、当該労働基準監督署長を所轄労働基準監督署長とする。

（障害特別年金差額一時金）

6　障害特別年金差額一時金は、当分の間、この省令の規定による特別支給金として、法の規定による障害補償年金差額一時金又は障害年金差額一時金の受給権者に対し、その申請に基づいて支給するものとし、その額は、次の表の上欄に掲げる当該障害補償年金差額一時金又は障害年金差額一時金に係る障害等級に応じ、それぞれ次の表の下欄に掲げる額（当該障害補償年金差額一時金又は障害年金差額一時金について労災則附則第十九項（労災則附則第三十六項において準用する場合を含む。以下この項において同じ。）に規定する場合にあつては、その額に労災則附則第十九項の規定により法第八条の四の規定を適用したときに得られる同条において準用する法第八条の三第一項第二号の厚生労働大臣が定める率を乗じて得た額。次項において同じ。）から当該労働者の障害に関し支給された障害特別年金の額（当該支給された障害特別年金を障害補償年金とみなして労災則附則第十七項の規定を適用した場合に同項の厚生労働大臣が定める率を乗ずることとなる場合にあつては、その額に当該厚生労働大臣が定める率を乗じて得た額。次項において同じ。）の合計額を差し引いた額（当該障害特別年金差額一時金の支給を受ける遺族が二人以上ある場合にあつては、その額をその人数で除して得た額）とする。

障害等級	額
第一級	算定基礎日額の一、三四〇日分
第二級	算定基礎日額の一、一九〇日分
第三級	算定基礎日額の一、〇五〇日分
第四級	算定基礎日額の九二〇日分

第五級	算定基礎日額の七九〇日分
第六級	算定基礎日額の六七〇日分
第七級	算定基礎日額の五六〇日分

7　労災則附則第二十項の加重障害の場合における同項の当該事由に係る障害特別年金差額一時金の額は、同項の加重後の障害等級に応ずる前項の表の下欄に掲げる額（以下この項において「下欄の額」という。）から労災則附則第二十項の加重前の障害等級に応ずる下欄の額を控除した額（同項の加重前の障害等級に応ずる障害補償給付が障害補償一時金又は障害一時金である場合には、同項の加重後の障害等級に応ずる下欄の額に同項の加重後の障害等級に応ずる障害特別年金の額から当該障害特別年金に係る第六条の規定による算定基礎日額を用いて算定することとした同項の加重前の障害等級に応ずる障害特別一時金の額を二十五で除して得た額を差し引いた額を同項の加重後の障害等級に応ずる障害特別年金の額で除して得た数を乗じて得た額）から、同項の当該事由に関し支給された障害特別年金の額を差し引いた額による。

8　障害特別年金差額一時金の支給を受けようとする者は、次に掲げる事項を記載した申請書を、所轄労働基準監督署長に提出しなければならない。

一　死亡した労働者の氏名及び生年月日

二　申請人の氏名、生年月日、住所及び死亡した労働者との関係

9　第七条第七項及び労災則第十五条の五の規定は、障害特別年金差額一時金について準用する。この場合において、第七条第七項中「障害補償年金又は障害年金」とあるのは「障害補償年金差額一時金又は障害年金差額一時金」と、労災則第十五条の五第一項中「遺族補償年金を」とあるのは「障害補償年金差額一時金又は障害年金差額一時金を」と読み替えるものとする。

附　則（平成二七年九月二九日厚生労働省令一五〇号）（抄）

（施行期日）

第一条　この省令は、行政手続における特定の個人を識別するための番号の利用等に関する法律（以下「番号利用法」という。）の施行の日（平成二十七年十月五日）から施行する。ただし、次の各号に掲げる規定は、当該各号に定める日から施行する。

一　〈前略〉第十九条から第二十九条まで〈中略〉の規定　番号利用法附則第一条第四号に掲げる規定の施行の日（平成二十八年一月一日）

二～四　〈略〉

附　則（平成二七年一二月九日厚生労働省令一六八号）（抄）

（施行期日）

1　この省令は、地方自治法の一部を改正する法律（平成二十六年法律第四十二号）の施行の日（平成二十八年四月一日）

から施行する。

附　則（平成二九年三月三一日厚生労働省令三五号）（抄）

（施行期日）

1　この省令は、平成二十九年四月一日から施行する。

別表第一（第四条関係）

障害等級	額
第一級	三四二万円
第二級	三二〇万円
第三級	三〇〇万円
第四級	二六四万円
第五級	二二五万円
第六級	一九二万円
第七級	一五九万円
第八級	六五万円
第九級	五〇万円
第十級	三九万円
第十一級	二九万円
第十二級	二〇万円
第十三級	一四万円
第十四級	八万円

別表第一の二（第五条の二関係）

傷病等級	額
第一級	一一四万円
第二級	一〇七万円
第三級	一〇〇万円

別表第二（第七条、第九条、第十一条関係）

区分	額
障害特別年金	一　障害等級第一級に該当する障害がある者　算定基礎日額の三一三日分 二　障害等級第二級に該当する障害がある者　算定基礎日額の二七七日分 三　障害等級第三級に該当する障害がある者　算定基礎日額の二四五日分 四　障害等級第四級に該当する障害がある者　算定基礎日額の二一三日分 五　障害等級第五級に該当する障害がある者　算定基礎日額の一八四日分 六　障害等級第六級に該当する障害がある者　算定基礎日額の一五六日分 七　障害等級第七級に該当する障害がある者　算定基礎日額の一三一日分
遺族特別年金	次の各号に掲げる法の規定による遺族補償年金又は遺族年金の受給権者及びその者と生計を同じくしている法の規定による遺族補償年金又は遺族年金を受けることができる遺族の人数の区分に応じ、当該各号に掲げる額 一　一人　算定基礎日額の一五三日分。ただし、五十五歳以上の妻（婚姻の届出をしていないが、事実上婚姻関係と同様の

	事情にあつた者を含む。以下この号において同じ。）又は労災則第十五条に規定する障害の状態にある妻にあつては、算定基礎日額の一七五日分とする。 二　二人　算定基礎日額の二〇一日分 三　三人　算定基礎日額の二二三日分 四　四人以上　算定基礎日額の二四五日分
傷病特別年金	一　傷病等級第一級に該当する障害の状態にある者　算定基礎日額の三一三日分 二　傷病等級第二級に該当する障害の状態にある者　算定基礎日額の二七七日分 三　傷病等級第三級に該当する障害の状態にある者　算定基礎日額の二四五日分

別表第三（第七条、第八条、第十条関係）

区分	額
障害特別一時金	一　障害等級第八級に該当する障害がある者　算定基礎日額の五〇三日分 二　障害等級第九級に該当する障害がある者　算定基礎日額の三九一日分 三　障害等級第一〇級に該当する障害がある者　算定基礎日額の三〇二日分 四　障害等級第一一級に該当する障害がある者　算定基礎日額の二二三日分 五　障害等級第一二級に該当する障害がある者　算定基礎日額の一五六日分 六　障害等級第一三級に該当する障害がある者　算定基礎日額の一〇一日分 七　障害等級第一四級に該当する障害がある者　算定基礎日額の五六日分
遺族特別一時金	一　法第十六条の六第一項第一号（法第二十二条の四第三項において準用する場合を含む。）の場合に支給される遺族補償一時金又は遺族一時金の受給権者　算定基礎日額の一、〇〇〇日分 二　法第十六条の六第一項第二号（法第二十二条の四第三項において準用する場合を含む。）の場合に支給される遺族補償一時金又は遺族一時金の受給権者　算定

基礎日額の一、〇〇〇日分から当該労働者の死亡に関し支給された遺族特別年金の額（当該支給された遺族特別年金を遺族補償年金とみなして法第十六条の六第二項の規定を適用した場合に同項の厚生労働大臣が定める率を乗ずることとなる場合にあつては、その額に当該厚生労働大臣が定める率を乗じて得た額）の合計額を控除した額

労働者災害補償保険法施行規則第一条第一項の規定に基づき厚生労働大臣が定める事務を定める告示等の件

改正
昭和四五年一〇月三〇日　労働省告示　六〇号
昭和四六年　一月三〇日　労働省告示　一号
昭和四七年　一月二二日　労働省告示　二号
昭和四八年一一月二八日　労働省告示　六九号
昭和四九年一二月二八日　労働省告示　八三号
昭和五一年　六月二八日　労働省告示　六五号
昭和五二年　三月二六日　労働省告示　二三号
昭和五四年　四月　四日　労働省告示　三〇号
昭和五五年一二月　五日　労働省告示　八六号
昭和五六年一一月　二日　労働省告示　九三号
平成一二年一二月二五日　労働省告示一二〇号
平成一三年　三月二〇日厚生労働省告示一二九号
平成一九年　四月二三日厚生労働省告示一八二号
平成二三年　五月　六日厚生労働省告示一五六号
平成二五年　四月二六日厚生労働省告示一五三号
平成二七年　一月三〇日厚生労働省告示　一七号
平成二八年　二月一〇日厚生労働省告示　二五号

労働者災害補償保険法施行規則（昭和三十年労働省令第二十二号）第一条第一項〈現行＝一条三項＝昭和五十三年五月労働省令二十六号により改正〉の規定に基づき、厚生労働大臣が定める事務を次のように定め、昭和四十五年十一月一日から適用し、昭和四十三年労働省告示第二十五号（労働者災害補償保険法施行規則第一条第一項の規定に基づき労働大臣が定める事務を定める告示）は、昭和四十五年十月三十一日限り廃止する。

一　労働者災害補償保険法（昭和二十二年法律第五十号。以下「法」という。）に基づく保険給付の支払に関する事務

二　法第二十九条第一項の社会復帰促進等事業のうち義肢等補装具費、アフターケアに要する費用、労災就学等援護費及び労働者災害補償保険特別支給金支給規則（昭和四十九年労働省令第三十号）の規定による特別支給金の支払に関する事務

労働者災害補償保険法施行規則第四十六条の十八第一号の規定に基づき厚生労働大臣が定める機械の種類を定める件

昭和四〇年一〇月三〇日　労働省告示　四六号

改正
昭和四九年　二月二三日　労働省告示　七号
昭和五五年　三月二五日　労働省告示　一七号
平成一二年一二月二五日　労働省告示一二〇号
平成二七年　三月二三日厚生労働省告示　八二号
平成二八年　六月一五日厚生労働省告示二五一号

労働者災害補償保険法施行規則（昭和三十年労働省令第二十二号）第四十六条の十八第一号の規定に基づき、厚生労働大臣が定める機械の種類を次のとおり定め、昭和四十年十一月一日から適用する。

一　動力耕うん機その他の農業用トラクター（耕うん整地用機具、栽培管理用機具、防除用機具、収穫調整用機具又は運搬用機具が連結され、又は装着されたものを含む。）

二　前号に掲げる機械以外の自走式機械で、次に掲げるもの
　イ　動力溝掘機
　ロ　自走式田植機
　ハ　自走式スピードスプレーヤーその他の自走式防除用機械
　ニ　自走式動力刈取機、コンバインその他の自走式収穫用機械
　ホ　トラックその他の自走式運搬用機械

三　次に掲げる定置式機械又は携帯式機械
　イ　動力揚水機
　ロ　動力草刈機
　ハ　動力カッター
　ニ　動力摘採機
　ホ　動力脱穀機
　ヘ　動力剪（せん）定機
　ト　動力剪（せん）枝機
　チ　チエーンソー
　リ　単軌条式運搬機
　ヌ　コンベヤー

四　航空法（昭和二十七年法律第二百三十一号）第二条第二十二項に規定する無人航空機（農薬、肥料、種子若しくは融雪

剤の散布又は調査に用いるものに限る。)

労働者災害補償保険法施行規則第四十六条の十八第二号ロの規定に基づき、厚生労働大臣が定める職業訓練であつて事業主又は事業主の団体に委託されるものを定める件

平成　元年　三月一七日労働省告示　一四号
改正　平成　元年　五月二九日労働省告示　三五号
平成　七年　三月三〇日労働省告示　三〇号
平成一二年一二月二五日労働省告示一二〇号

労働者災害補償保険法施行規則(昭和三十年労働省令第二十二号)第四十六条の十八第二号ロの規定に基づき、厚生労働大臣が定める求職者の就職を容易にするために必要な技能を習得

させるための職業訓練であって事業主又は事業主の団体に委託されるものは、職業能力開発促進法（昭和四十四年法律第六十四号）第十六条第三項の規定に基づき事業主又は事業主の団体に委託して実施される職業訓練であって教育訓練を行うための施設において主として実施される職業訓練以外のものとし、平成元年四月一日から適用する。

労働者災害補償保険法施行規則第四十六条の十八第四号の厚生労働大臣が定めるもの

平成　三年　四月一二日労働省告示　三八号
改正　平成一二年一二月二五日労働省告示一二〇号

労働者災害補償保険法施行規則（昭和三十年労働省令第二十二号）第四十六条の十八第四号の規定に基づき、同号の厚生労働大臣が定めるものは、次のとおりとする。

一　国家公務員法（昭和二十二年法律第百二十号）第百八条の三第五項（裁判所職員臨時措置法（昭和二十六年法律第二百九十九号）において準用する場合を含む。）の規定により登録された職員団体

二　地方公務員法（昭和二十五年法律第二百六十一号）第五十三条第五項の規定により登録された職員団体

三　職員団体等に対する法人格の付与に関する法律（昭和五十

三年法律第八十号）第五条の規定により認証された職員団体等

四　国会職員法（昭和二十二年法律第八十五号）第十八条の二第一項に規定する組合であって前三号に掲げる団体に準ずるものと認められるもの

労働者災害補償保険法の施行に関する事務に使用する文書の様式を定める告示

昭和三五年四月一日労働省告示一〇号

改正

昭和三七年五月一一日労働省告示二四号
昭和三七年九月二九日労働省告示四六号
昭和三八年一〇月一六日労働省告示五三号
昭和三九年三月三〇日労働省告示四号
昭和四〇年七月三一日労働省告示三三号
昭和四〇年一〇月三〇日労働省告示四五号
昭和四一年一月三一日労働省告示三号
昭和四一年二月一四日労働省告示五号
昭和四三年三月一二日労働省告示六号
昭和四三年四月三〇日労働省告示二六号
昭和四四年三月二七日労働省告示一号
昭和四五年三月二七日労働省告示四号
昭和四五年四月二五日労働省告示二六号
昭和四五年七月一日労働省告示三八号
昭和四五年九月二九日労働省告示五一号
昭和四五年一〇月三〇日労働省告示六一号
昭和四七年一月二二日労働省告示一号
昭和四七年三月三一日労働省告示二一号
昭和四八年三月三一日労働省告示一〇号
昭和四八年一一月二二日労働省告示六八号
昭和四九年一〇月二八日労働省告示七五号
昭和四九年一二月二八日労働省告示八二号
昭和五一年九月二八日労働省告示一〇一号
昭和五二年三月二六日労働省告示二六号
昭和五五年二月二八日労働省告示一一号
昭和五六年三月二八日労働省告示二五号
昭和五六年九月二四日労働省告示八三号
昭和五六年一〇月二九日労働省告示九一号
昭和五七年四月三日労働省告示二四号
昭和五七年九月三〇日労働省告示八六号
昭和五八年三月二九日労働省告示二七号
昭和五九年三月三一日労働省告示二九号
昭和五九年八月二九日労働省告示六五号
昭和五九年九月二九日労働省告示七六号
昭和六〇年一月二一日労働省告示三号
昭和六〇年四月二二日労働省告示三二号
昭和六一年三月二九日労働省告示二〇号
昭和六一年八月二五日労働省告示六五号
昭和六二年三月三〇日労働省告示三二号
昭和六三年七月七日労働省告示六〇号
昭和六三年一二月二八日労働省告示一一一号

平成　二年　九月二八日　労働省告示　七九号
平成　五年　七月二一日　労働省告示　八六号
平成　六年　九月二八日　労働省告示　九五号
平成　六年一二月二七日　労働省告示一一七号
平成　七年　七月二八日　労働省告示　八六号
平成　八年　三月　一日　労働省告示　一四号
平成　九年　八月一八日　労働省告示　九七号
平成一〇年　一月三〇日　労働省告示　四号
平成一一年　一月　一日　労働省告示　一号
平成一二年　一月三一日　労働省告示　二号
平成一二年一一月三〇日　労働省告示一一三号
平成一二年一二月二五日　労働省告示一二〇号
平成一三年　三月三〇日厚生労働省告示一二八号
平成一四年　二月二五日厚生労働省告示　三六号
平成一五年　三月二五日厚生労働省告示一一二号
平成一五年　三月二七日厚生労働省告示一二七号
平成一六年　三月二六日厚生労働省告示一三三号
平成一八年　三月二七日厚生労働省告示一五五号
平成一八年　九月二九日厚生労働省告示五八二号
平成一九年一〇月　一日厚生労働省告示三二七号
平成二〇年　三月三一日厚生労働省告示一四八号
平成二一年一二月二一日厚生労働省告示四九七号
平成二三年　五月　六日厚生労働省告示一五五号
平成二四年　三月二八日厚生労働省告示一八〇号
平成二四年　九月二〇日厚生労働省告示五一四号
平成二五年　三月　七日厚生労働省告示　三九号
平成二五年一一月　一日厚生労働省告示三四二号
平成二六年　二月二七日厚生労働省告示　四五号
平成二六年　八月二九日厚生労働省告示三三六号
平成二六年　九月三〇日厚生労働省告示三八六号
平成二七年　九月　四日厚生労働省告示三六四号
平成二七年一二月二五日厚生労働省告示四七九号
平成二九年　三月三一日厚生労働省告示一一五号
平成三〇年　三月三〇日厚生労働省告示一八〇号

労働者災害補償保険法施行規則（昭和三十年労働省令第二十二号）第五十四条の規定に基づき、労働者災害補償保険法（昭和二十二年法律第五十号）の施行に関する事務に使用する文書の様式を次のとおり定める。

労働者災害補償保険法施行規則（以下次の表中において「規則」という。）第五十四条の規定に基づき厚生労働大臣が指定する文書は、次の表の文書の種別欄に掲げる文書（十七の項に掲げるものを除く。）とし、同条の規定に基づき同欄に掲げる文書について厚生労働大臣が定める様式は、それぞれ、同表の様式欄に掲げる様式とする。

番号	文書の種別	様式	備考		
			用紙の大きさ	印刷に用いるインクの色	その他
1	労働者災害補償保険法（昭和二十二年法律第五十号。以下「法」という。）第四十八条第二項の証明書	様式第一号	日本工業規格B列8	黒	
2	法第四十九条第二項において準用する法第四十八条第二項の証明書	様式第二号	同B列8	黒	
3	削除				
4	規則第十条第二項の請求書及び労働者災害補償保険特別支給金支給規則（昭和四十九年労働省令第三十号。以下この表中において「特別支給金則」という。）第十五条第一項の申請書	様式第四号	日本工業規格A列4	黒	左側に三センチメートルの余白を設けること。
5	規則第十二条第一項の請求書	様式第五号	同A列4	黒	
6	規則第十二条第三項及び第十二条の三第一項の届書	様式第六号	同A列4	黒	左側に三センチメートルの余白を設けること。
7	規則第十二条の二第一項の請求書	様式第七号	同A列4	黒	
8	規則第十三条第一項の請求	様式第八号	同A列4	黒	

	書及び特別支給金則第三条第三項の申請書				
9	労働者災害補償保険法施行規則等の一部を改正する省令（平成二年労働省令第二十四号。以下「改正省令」という。）附則第三条第三項及び第四条第二項の規定によりなお従前の例によることとされた改正省令第一条の規定による改正前の規則第十三条第四項（規則第十八条の七第二項において準用する場合を含む。）及び改正省令第二条の規定による改正前の特別支給金則第三条第七項の証明書	様式第九号	同A列4	黒	上側に三センチメートルの余白を設けること。
10	規則第十四条の二第一項の請求書、特別支給金則第四条第四項の申請書及び特別支給金則第七条第三項（特別支給金則第八条第二項において準用する場合を含む。）の申請書	様式第十号	同A列4	黒	左側に三センチメートルの余白を設けること。
11	規則第十四条の三第二項	様式第十一号	同A列4	黒	左側に三センチ

	（規則第十八条の八第四項において準用する場合を含む。）の請求書及び特別支給金則第七条第六項において読み替えて準用する規則第十四条の三第二項の申請書				メートルの余白を設けること。
12	規則第十五条の二第一項の請求書、特別支給金則第五条第四項の申請書及び特別支給金則第九条第三項の申請書	様式第十二号	同A列4	黒	左側に三センチメートルの余白を設けること。
13	規則第十五条の三第一項及び第十五条の	様式第十三号	同A列4	黒	左側に三センチメートル

	四第一項（規則第十八条の九第三項においてこれらの規定を準用する場合を含む。）の請求書並びに特別支給金則第九条第五項及び第六項の申請書				の余白を設けること。
14	規則第十五条の六第一項（規則第十八条の九第四項において準用する場合を含む。）の申請書	様式第十四号	同A列4	黒	上側に三センチメートルの余白を設けること。
15	規則第十六条第一項の請求書、特別支給金則第五条第四項の申請書	様式第十五号	同A列4	黒	左側に三センチメートルの余白を設けるこ

	及び特別支給金則第十条第三項の申請書				と。
16	規則第十七条の二第一項の請求書	様式第十六号	同A列4	黒	左側に三センチメートルの余白を設けること。
16の2	規則第十八条の二第二項（規則第十八条の十三第二項において準用する場合を含む。）の届書	様式第十六号の二	同A列4	黒	左側に三センチメートルの余白を設けること。
16の2の2	規則第十八条の三の五第二項の請求書及び規則第十八条の十五第一項の請求書	様式第十六号の二の二	同A列4	黒	
16の3	規則第十八条の五第一項の請求書	様式第十六号の三	同A列4	黒	
16の4	規則第十八条の五第二項において準用する規則第十二条第三項及び第十二条の三第一項の届書	様式第十六号の四	同A列4	黒	左側に三センチメートルの余白を設けること。
16の5	規則第十八条の六第一項の請求書	様式第十六号の五	同A列4	黒	
16の6	規則第十八条の七第一項の請求書及び特別支給金則第三条第三項の申請書	様式第十六号の六	同A列4	黒	
16の7	規則第十八条の八第二項の請求書、特別支給金則第四条第四項の申請書及び特別支給金則第七条第三項（特	様式第十六号の七	同A列4	黒	左側に三センチメートルの余白を設けること。

	別支給金則第八条第二項において準用する場合を含む。）の申請書				
16の8	規則第十八条の九第二項の請求書、特別支給金則第五条第四項の申請書及び特別支給金則第九条第三項の申請書	様式第十六号の八	同A列4	黒	左側に三センチメートルの余白を設けること。
16の9	規則第十八条の十第一項の請求書、特別支給金則第五条第四項の申請書及び特別支給金則第十条第三項の申請書	様式第十六号の九	同A列4	黒	左側に三センチメートルの余白を設けること。
16の10	規則第十八条の十二第一項の請求書	様式第十六号の十	同A列4	黒	左側に三センチメートルの余白を設けること。
16の10の2	規則第十八条の十九第一項の請求書	様式第十六号の十の二	同A列4	黒	
16の11	規則第十九条の二第一項の報告書	様式第十六号の十一	同A列4	黒	左側に三センチメートルの余白を設けること。
17	規則第二十条の年金証書	様式第十七号	タテ一二四・三×ヨコ一七七・八（単位ミリメートル）	黒	

18	規則第二十一条第一項の報告書	様式第十八号	日本工業規格A列4	黒	
19	規則第二十一条の二第一項第一号の場合及び第二十一条の三の届書	様式第十九号	同A列4	黒	
20	規則第二十一条の二第一項第二号から第四号までの場合の届書	様式第二十号	同A列4	黒	左側に三センチメートルの余白を設けること。
21	規則第二十一条の二第一項第六号イの場合の届書	様式第二十一号	同A列4	黒	上側に三センチメートルの余白を設けること。
22	規則第二十一条の二第一項第六号ロ及びハの場合の届書	様式第二十二号	同A列4	黒	左側に三センチメートルの余白を設けること。
23	削除				
24	削除				
25	削除				
26	削除				
27	削除				
28	削除				
29	削除				
30	削除				
31	削除				
32	削除				
33	削除				
34	削除				
34の2	削除				
34の3	削除				
34の4	削除				

34の5	削除				
34の6	削除				
34の7	規則第四十六条の十九第一項の申請書	様式第三十四号の七	日本工業規格A列4	黒	左側に三センチメートルの余白を設けること。
34の8	規則第四十六条の十九第六項（規則第四十六条の二十三第四項において準用する場合を含む。）の届書及び規則第四十六条の二十一の申請書	様式第三十四号の八	同A列4	黒	左側に三センチメートルの余白を設けること。
34の9	削除				
34の10	規則第四十六条の二十三第一項の申請書	様式第三十四号の十	同A列4	黒	左側に三センチメートルの余白を設けること。
34の11	規則第四十六条の二十五の二第一項の申請書	様式第三十四号の十一	同A列4	黒	左側に三センチメートルの余白を設けること。
34の12	規則第四十六条の二十五の二第二項において準用する規則第四十六条の十九第六項の届書及び規則第四十六条の二十五の三において準用する規則第四十六条の二	様式第三十四号の十二	同A列4	黒	左側に三センチメートルの余白を設けること。

	十一の申請書				
35	削除				
36	削除				
37	削除				
37の2	規則附則第二十一項及び第三十五項の請求書、特別支給金則附則第九項の申請書	様式第三十七号の二	同A列4	黒	左側に三センチメートルの余白を設けること。
37の3	規則附則第四十五項の届書	様式第三十七号の三	同A列4	黒	左側に三センチメートルの余白を設けること。
38	特別支給金則第十二条第一項の届書	様式第三十八号	同A列4	黒	左側に三センチメートルの余白を設けること。

附　則（平成一五年三月二五日厚生労働省告示一一二号）

この告示の適用の際、現に存するこの告示による改正前の様式による用紙は、当分の間、これを取り繕って使用することができる。

附　則（平成一五年三月二七日厚生労働省告示一二七号）

この告示の適用の際、現に存するこの告示による改正前の様式による用紙は、当分の間、これを使用することができる。

附　則（平成一六年三月二六日厚生労働省告示一三三号）

この告示による改正前の様式第三十四号の七による特別加入申請書、様式第三十四号の八による特別加入に関する変更届、様式第三十四号の九による特別加入脱退申請書、様式第三十四号の十による特別加入申請書、様式第三十四号の十一による特別加入申請書及び様式第三十四号の十二による特別加入に関する変更届は、当分の間、これを使用することができる。

附　則（平成一八年三月二七日厚生労働省告示一五五号）

この告示の適用の際、現に存するこの告示による改正前の様式による用紙は、当分の間、これを取り繕って使用することができる。

附　則（平成一八年九月二九日厚生労働省告示五八二号）

この告示の適用の際、現に存するこの告示による改正前の様式による用紙は、当分の間、これを取り繕って使用することができる。

附　則（平成二一年一二月二一日厚生労働省告示四九七号）

この告示の適用の際、現に存するこの告示による改正前の様式による用紙は、当分の間、これを取り繕って使用することができる。

附　則（平成三〇年三月三〇日厚生労働省告示一八〇号）

1　この告示は、平成三十年四月一日から適用する。

2　この告示の適用の際現にあるこの告示による改正前の様式による用紙については、当分の間、取り繕って使用することができる。

様式第１号（表面）

第　　号

年　月　日交付

労働者災害補償保険法

適用事業場検査証

官職

氏名

生年月日

写真

厚生労働省又は都道府県労働局印

様式第１号（裏面）

労働者災害補償保険法（抄）

第四十八条　行政庁は、この法律の施行に必要な限度において、当該職員に、適用事業の事業場、労働保険事務組合若しくは第三十五条第一項に規定する団体の事務所、労働者派遣法第四十四条第一項に規定する派遣先の事業の事業場又は船員派遣の役務の提供を受ける者の事業場に立ち入り、関係者に質問させ、又は帳簿書類その他の物件を検査させることができる。

様式第２号（表面）

第　号

年　月　日交付

労働者災害補償保険法

診療録検査証

官職

氏名

生年月日

写真

厚生労働省又は都道府県労働局印

様式第2号（裏面）

労働者災害補償保険法（抄）

第四十九条　行政庁は、保険給付に関して必要があると認めるときは、厚生労働省令で定めるところによつて、保険給付を受け、又は受けようとする者（遺族補償年金又は遺族年金の額の算定の基礎となる者を含む。）の診療を担当した医師その他の者に対して、その行つた診療に関する事項について、報告若しくは診療録、帳簿書類その他の物件の提示を命じ、又は当該職員に、これらの物件を検査させることができる。

様式第４号（表面）

労働者災害補償保険
未支給の保険給付支給請求書
未支給の特別支給金支給申請書

①労働保険番号		府県	所掌	管轄	基幹番号				枝番号
②年金証書の番号		管轄局	種別		西暦年	番号			枝番号
③死亡した受給権者又は特別支給金受給資格者の	フリガナ								
	氏名								（男・女）
	死亡年月日					年　月　日			
④請求人の申請人	フリガナ								
	氏名								
	住所								
	死亡した受給権者（労働者）又は特別支給金受給資格者（労働者）との関係								
⑤未支給の保険給付又は特別支給金の種類		療養（補償）給付　休業（補償）給付　障害（補償）給付 遺族（補償）給付　傷病（補償）年金　介護（補償）給付 葬祭料（葬祭給付） ＿＿＿＿特別支給金　＿＿＿＿特別 一時金／年金							
⑥添付する書類その他の資料名									

上記により　未支給の保険給付の支給を請求／未支給の特別支給金の支給を申請　します。

年　月　日

〒　－　　電話（　）　－

請求人／申請人 の　住所

氏名　㊞

労働基準監督署長　殿

振込を希望する金融機関の名称		預金の種類及び口座番号
銀行・金庫 農協・漁協・信組	本店・本所 出張所 支店・支所	普通・当座　第　号 口座名義人

様式第４号（裏面）

〔注意〕

1　事項を選択する場合には該当する事項を○で囲むこと。

2　死亡した受給権者又は特別支給金受給資格者（以下「受給資格者」という。）が傷病補償年金又は傷病年金を受けていた場合には、①は記載する必要がないこと。

3　この請求書（申請書）には、次の書類その他の資料を添えること。ただし、死亡した受給権者又は受給資格者の個人番号が未提出の場合を除き、⑴及び⑵の書類として住民票の写しを添える必要はないこと。

⑴　死亡した受給権者又は受給資格者の死亡の事実及び死亡の年月日を証明することができる書類

⑵　遺族補償年金及び遺族年金以外の未支給の保険給付の支給を請求し、又は遺族補償年金若しくは遺族年金を受ける権利を有する者に対して支給する遺族特別支給金及び遺族特別年金以外の未支給の特別支給金の支給を申請する場合には、次の書類

イ　請求人（申請人）と死亡した受給権者又は受給資格者との身分関係を、証明することができる戸籍の謄本又は抄本（請求人（申請人）が死亡した受給権者又は受給資格者と事実上婚姻関係と同様の事情にあつた者であるときは、その事実を証明することができる書類）

ロ　請求人が死亡した受給権者と生計を同じくしていたこと又は申請人が死亡した受給資格者と生計を同じくしていたことを証明することができる書類

⑶　未支給の遺族補償年金又は遺族年金の支給を請求する場合には次の書類その他の資料

イ　請求人と死亡した労働者との身分関係を証明することができる戸籍の謄本又は抄本

ロ　請求人が障害の状態にあることにより遺族補償年金又は遺族年金を受ける権利を有する者であるときは、請求人が労働者の死亡の時から引き続き障害の状態にあることを証明することができる医師又は歯科医師の診断書その他の資料

⑷　遺族補償年金又は遺族年金を受ける権利を有する者に対して支給する未支給の遺族特別支給金又は遺族特別年金の支給の申請を行う場合には、次の書類その他の資料（同一の事由について未支給の遺族補償年金又は遺族年金を請求することができる場合を除く。）

イ　申請人と死亡した労働者との身分関係を証明することができる戸籍の謄本又は抄本

ロ　申請人が労働者の死亡の時から引き続き障害の状態にあつた者であるときは、その事実を証明することができる医師又は歯科医師の診断書その他の資料

⑸　死亡した受給権者又は受給資格者が死亡前に保険給付の支給を請求していなかつたとき又は特別支給金の支給を申請していなかつたときは、⑴から⑷までの書類その他の資料のほか、その受給権者又は受給資格者がその保険給付の支給を請求し、又は特別支給金の支給を申請するときに提出しなければならなかつた書類その他の資料

4　未支給の保険給付の支給の請求のみを行う場合には、未支給の特別支給金の申請に係る事項は全て抹消し、未支給の特別支給金の支給の申請のみを行う場合には、未支給の保険給付の請求に係る事項は全て抹消すること。

5　「請求人（申請人）の氏名」の欄は、記名押印することに代えて、自筆による署名をすることができること。

社会保険労務士記載欄	作成年月日・提出代行者・事務代理者の表示	氏　名	電話番号
		㊞	（　） －

様式第５号（表面）

■ 様式第５号(表面)　労働者災害補償保険

業務災害用

療養補償給付たる療養の給付請求書

裏面に記載してある注意事項をよく読んだ上で、記入してください。

標準字体	0	1	2	3	4	5	6	7	8	9	゛	゜	ー

ア	イ	ウ	エ	オ	カ	キ	ク	ケ	コ	サ	シ	ス	セ	ソ	タ	チ	ツ	テ	ト	ナ	ニ	ヌ
ネ	ノ	ハ	ヒ	フ	ヘ	ホ	マ	ミ	ム	メ	モ	ヤ	ユ	ヨ	ラ	リ	ル	レ	ロ	ワ	ン

※帳票種別　34590　①管轄局署　②業通別　1　1業 3通　③保留　1全レセ 3全給付　⑥処理区分　④受付年月日 ※（元号 年 月 日）

⑤労働保険番号（府県 所掌 管轄 基幹番号 枝番号）　年金証書番号記入欄

⑦支給・不支給決定年月日 ※（元号 年 月 日）

⑧性別（1男 3女）　⑨労働者の生年月日（1明治 3大正 5昭和 7平成／元号 年 月 日）　1～9年は右へ　1～9月は右へ　1～9日は右へ

⑩負傷又は発病年月日（元号 年 月 日）　1～9年は右へ　1～9月は右へ　1～9日は右へ

⑪再発年月日 ※（元号 年 月 日）

標準字体で記入してください。

⑫労働者の　シメイ（カタカナ）：姓と名の間は１文字あけて記入してください。濁点・半濁点は１文字として記入してください。

⑬三者 ※（1自 3労 5他）　⑭特疾（1特定疾病）　⑮特別加入者

※印の欄は記入しないでください。（職員が記入します。）

氏名　（　歳）

⑯郵便番号　□□□－□□□□　フリガナ

住所

職種

⑰負傷又は発病の時刻　午前・後　時　分頃

⑱災害発生の事実を確認した者の職名、氏名
職名
氏名

⑲災害の原因及び発生状況　(あ)どのような場所で (い)どのような作業をしているときに(う)どのような物又は環境に(え)どのような不安全な又は有害な状態があって(お)どのような災害が発生したか(か)⑩と初診日が異なる場合はその理由を詳細に記入すること

⑳指定病院等の　名称　電話（　）－
所在地　〒　－

㉑傷病の部位及び状態

⑫の者については、⑩、⑰及び⑲に記載したとおりであることを証明します。
年　月　日

事業の名称　電話（　）－

事業場の所在地　〒　－

事業主の氏名　印

（法人その他の団体であるときはその名称及び代表者の氏名）

労働者の所属事業場の名称・所在地　電話（　）－

（注意）１　労働者の所属事業場の名称・所在地については、労働者が直接所属する事業場が一括適用の取扱いを受けている場合に、労働者が直接所属する支店、工事現場等を記載してください。
２　派遣労働者について、療養補償給付のみの請求がなされる場合にあっては、派遣先事業主は、派遣元事業主が証明する事項の記載内容が事実と相違ない旨裏面に記載してください。

上記により療養補償給付たる療養の給付を請求します。
年　月　日

労働基準監督署長　殿

病院・診療所・薬局・訪問看護事業者　経由

〒　－　電話（　）－

請求人の　住所　（　方）
氏名　印

折り曲げる場合には（◀）の所を谷に折りさらに２つ折りにしてください。

支給・不支給決定決議書

署長	副署長	課長	係長	係	決定年月日	・　・
					不支給の理由	
調査年月日	・　・	・　・	・　・			
復命書番号	第　号	第　号	第　号			

（この欄は記入しないでください。）

様式第５号（裏面）

[項目記入にあたっての注意事項]

1　記入すべき事項のない欄又は記入枠は空欄のままとし、事項を選択する場合には該当事項を○で囲んでください。（ただし、⑧欄並びに⑨及び⑩欄の元号については、該当番号を記入枠に記入してください。）

2　⑱は、災害発生の事実を確認した者(確認した者が多数のときは最初に発見した者)を記載してください。

3　傷病補償年金の受給権者が当該傷病に係る療養の給付を請求する場合には、⑤労働保険番号欄に左詰めで年金証書番号を記入してください。また、⑨及び⑩は記入しないでください。

4　「事業主の氏名」の欄及び「請求人の氏名」の欄は、記名押印することに代えて、自筆による署名をすることができます。

[標準字体記入にあたっての注意事項]

□□□で表示された記入枠に記入する文字は、光学式文字読取装置（ＯＣＲ）で直接読取りを行うので、以下の注意事項に従って、表面の右上に示す標準字体で記入してください。

1　筆記用具は黒ボールペンを使用してください。

2　記入枠からはみださないように書いてください。

(例)　ア → ア　7 → 7

3　「促音」「よう音」などは大きく書いてください。

(例)　キッテ → キツテ　キョ → キヨ

4　濁点、半濁点は1文字として書いてください。

(例)　バ → ハ゛　プ → フ゜

5　特に以下のことに気をつけてください。

（1）シツソン　は斜の弧を書きはじめるとき、小さくカギをつけてください。

（2）｜　はカギをつけないで垂直に書いてください。

（3）4　の2本の縦線は上で閉じないでください。

[その他の注意事項]

この用紙は、機械によって読取りを行いますので汚したり、穴をあけたり、必要以上に強く折り曲げたり、のりづけしたりしないでください。

派遣先事業主証明欄	派遣元事業主が証明する事項（表面の⑩、⑰及び⑲）の記載内容について事実と相違ないことを証明します。
	年　月　日　事業の名称　電話（　）－
	〒　－　事業場の所在地
	事業主の氏名　印
	(法人その他の団体であるときはその名称及び代表者の氏名)

表面の記入枠を訂正したときの訂正印欄	削字　加字　印	社会保険労務士記載欄	作成年月日・提出代行者・事務代理者の表示	氏名	電話番号
				㊞	（　）－

様式第６号（表面）

労働者災害補償保険

療養補償給付たる療養の給付を受ける指定病院等（変更）届

労働基準監督署長　殿　　　　　　　　年　月　日

病院
診療所
薬局
訪問看護事業者
経由

〒　－

電話（　　）　－

届出人の　住所　　　　　　　方

氏名　　　　　　　㊞

下記により療養補償給付たる療養の給付を受ける指定病院等を（変更するので）届けます。

① 労働保険番号					③ 労働者の	氏名	(男・女)	④負傷又は発病年月日
府県	所掌	管轄	基幹番号	枝番号		生年月日	年　月　日（　歳）	年　月　日
② 年金証書の番号						住所		午前/後　時　分頃
管轄局	種別	西暦年	番号			職種		

⑤ 災害の原因及び発生状況　（あ）どのような場所で（い）どのような作業をしているときに（う）どのような物又は環境に（え）どのような不安全な又は有害な状態があって（お）どのような災害が発生したかを簡明に記載すること。

③の者については、④及び⑤に記載したとおりであることを証明します。

年　月　日　　事業の名称
〒　－　　電話（　　）　－
事業場の所在地
事業主の氏名　　　　㊞
（法人その他の団体であるときはその名称及び代表者の氏名）

⑥指定病院等の変更	変更前の	名称		労災指定医番号
		所在地		〒　－
	変更後の	名称		
		所在地		〒　－
	変更理由			
⑦	傷病補償年金の支給を受けることとなった後に療養の給付を受けようとする指定病院等の	名称		
		所在地		〒　－
⑧	傷病名			

様式第6号（裏面）

〔注意〕

1　記入すべき事項のない欄又は記入枠は空欄のままとし、事項を選択する場合には該当事項を○で囲むこと。

2　傷病補償年金の受給権者が当該傷病に係る療養に関しこの届書を提出するときは

⑴　①、④及び⑤は記載する必要がないこと。

⑵　事業主の証明は受ける必要がないこと。

3　傷病補償年金の受給権者が当該傷病に係る療養に関しこの届書を提出する場合以外の場合で、その提出が離職後であるときには事業主の証明は受ける必要がないこと。

4　「届出人の氏名」の欄及び「事業主の氏名」の欄は、記名押印することに代えて、自筆による署名をすることができること。

社会保険労務士記載欄	作成年月日・提出代行者・事務代理者の表示	氏　　名	電話番号
		㊞	（　　） ―

様式第７号⑴（表面）

■ 様式第７号（１）（表面）　労働者災害補償保険

業務災害用　　第　　回

療養補償給付たる療養の費用請求書（同一傷病分）

標	準	字	体	0	1	2	3	4	5	6	7	8	9	゛	゜	ー
ア	イ	ウ	エ	オ	カ	キ	ク	ケ	コ	サ	シ	ス	セ	ソ	タ	チ	ツ	テ	ト	ナ	ニ	ヌ
ネ	ノ	ハ	ヒ	フ	ヘ	ホ	マ	ミ	ム	メ	モ	ヤ	ユ	ヨ	ラ	リ	ル	レ	ロ	ワ	ン	

※帳票種別 34260　①管轄局署　②業通別（1業 3通）　⑤受付年月日（元号 年 月 日）　⑩三者コード（1自 3労 5他）　⑪受任未支給（1受任 3未支給 5委未）　⑫特別加入者　⑬審査コード

③労働保険番号（府県 所掌 管轄 基幹番号 枝番号）　④年金証書の番号（管轄局 種別 西暦年 番号）

⑤労働者の性別（1男 3女）　⑥労働者の生年月日（元号 年 月 日）（1明治 3大正 5昭和 7平成）　⑦負傷又は発病年月日（元号 年 月 日）　1〜9年は右へ　1〜9月は右へ　1〜9日は右へ

※⑭金融機関コード（金融機関 店舗）

⑨労働者の　シメイ（カタカナ）：姓と名の間は１文字あけて記入してください。濁点・半濁点は１文字として記入してください。

※⑮郵便局コード

氏名　（　　歳）　職種

住所　⑳郵便番号 □□□－□□□□

新規・変更　新規に届け出る場合又は、届け出た口座を変更する場合のみ記入してください。右の欄及び⑯から⑲までの欄は、口座を

振込を希望する金融機関の名称　銀行・金庫 農協・漁協 信組　本店・本所 出張所 支店・支所

口座名義人

⑯預金の種類（1普通 3当座）　⑰口座番号（左詰め、ゆうちょ銀行の場合は、記号（5桁）は左詰め、番号は右詰めで記入し、空欄には「0」を記入）

⑱ メイギニン（カタカナ）：姓と名の間は１文字あけて記入してください。濁点・半濁点は１文字として記入してください。

⑲（つづき）メイギニン（カタカナ）

⑨の者については、⑦並びに裏面の(ヌ)及び(ヲ)に記載したとおりであることを証明します。

年　月　日　　事業の名称　　電話（　　）　－

事業場の所在地　〒　　－

事業主の氏名　　印

（法人その他の団体であるときはその名称及び代表者の氏名）

（注意）派遣労働者について、療養補償給付のみの請求がなされる場合にあっては、派遣先事業主は、派遣元事業主が証明する事項の記載内容が事実と相違ない旨裏面に記載してください。

医師又は歯科医師等の証明

療養の内容　(イ)期間　年　月　日から　年　月　日まで　日間　診療実日数　日

(ロ)傷病の部位及び傷病名

(ハ)傷病の経過の概要

年　月　日 治癒(症状固定)・継続中・転医・中止・死亡

⑨の者については、(イ)から(ニ)までに記載したとおりであることを証明します。

年　月　日　〒　－

病院又は診療所の　所在地　名称　電話（　）　－

診療担当者氏名　印

(ニ)療養の内訳及び金額（内訳裏面のとおり。）　千　円

(ホ)看護料　年　月　日から　年　月　日まで　日間（看護師の資格の有・無）

(ヘ)移送費　から　まで 片道・往復　キロメートル　回

(ト)上記以外の療養費（内訳別紙請求書又は領収書　枚のとおり。）

(チ)療養の給付を受けなかった理由

⑳療養に要した費用の額（合計）　千万 百万 十万 万 千 百 十 円

㉑費用の種別（1診療 2看護 3移送 4薬剤 5診断書）※　㉒療養期間の初日（元号 年 月 日）から　㉓療養期間の末日（元号 年 月 日）まで　1〜9年は右へ　1〜9月は右へ　1〜9日は右へ　㉔診療実日数　日　㉕転帰事由（1治癒(症状固定) 3継続 5転医 7中止 9死亡）

上記により療養補償給付たる療養の費用の支給を請求します。

年　月　日　　〒　－　電話（　）　－

請求人の　住所　（　方）　氏名　印

労働基準監督署長 殿

（注意）
一、□□□で表示された枠（以下、記入枠という。）に記入する文字は、光学式文字読取装置（OCR）で直接読取りを行うので、汚したり、穴をあけたり、必要以上に強く折り曲げたり、のりづけしたりしないでください。
二、記載すべき事項のない欄又は記入枠は、空欄のままとし、事項を選択する場合には該当事項を○で囲んでください。（ただし、⑤及び⑯欄並びに⑥及び⑦欄の元号については該当番号を記入枠に記入してください。）
三、記入枠の部分は、必ず黒のボールペンを使用し、様式右上に記載された「標準字体」にならって、枠からはみださないように大きめのカタカナ及びアラビア数字で明瞭に記載してください。

※印の欄は記入しないでください。（職員が記入します。）

◎裏面の注意事項を読んでから記入してください。折り曲げる場合には(◀)の所を谷に折りさらに２つ折りにしてください。

様式第７号(1)（裏面）

(リ) 労働者の所属事業場の名称・所在地	(ヌ) 負傷又は発病の時刻	(ル) 災害発生の事実を確認した者の	
	午前後　時　分頃	職名	
		氏名	

(ヲ) 災害の原因及び発生状況　(あ)どのような場所で(い)どのような作業をしているときに(う)どのような物又は環境に(え)どのような不安全な又は有害な状態があって(お)どのような災害が発生したか(か)⑦と初診日が異なる場合はその理由を詳細に記入すること

療養の内訳及び金額

診療内容			点数(点)
初診	時間外・休日・深夜		
再診	外来診療料	×　回	
	継続管理加算	×　回	
	外来管理加算	×　回	
	時間外	×　回	
	休日	×　回	
	深夜	×　回	
指導			
在宅	往診	回	
	夜間	回	
	緊急・深夜	回	
	在宅患者訪問診療	回	
	その他		
	薬剤	回	
投薬	内服　薬剤	単位	
	調剤	×　回	
	屯服　薬剤	単位	
	外用　薬剤	単位	
	調剤	×　回	
	処方	×　回	
	麻毒	回	
	調基		
注射	皮下筋肉内	回	
	静脈内	回	
	その他	回	
処置		回	
	薬剤		
手術		回	
麻酔	薬剤		
検査		回	
	薬剤		
画像		回	
診断	薬剤		
その他	処方せん	回	
	薬剤		
入院	入院年月日　年　月　日		
	病・診・衣	入院基本料・加算	
		×　日間	
		×　日間	
		×　日間	
		×　日間	
		×　日間	
	特定入院料・その他		
小計	点 ①		円

診療内容	金額	摘要
初診	円	
再診　回	円	
指導　回	円	
その他	円	
食事（基準　）		
円×　日間	円	
円×　日間	円	
円×　日間	円	
小計　②	円	
摘要		
合計金額 ①+②	円	

派遣先事業主証明欄	派遣元事業主が証明する事項（表面の⑦並びに(ヌ)及び(ヲ)）の記載内容について事実と相違ないことを証明します。	
年　月　日	事業の名称	電話（　）　－
	事業場の所在地	〒　－
	事業主の氏名	印
	（法人その他の団体であるときはその名称及び代表者の氏名）	

表面の記入枠を訂正したときの訂正印欄	削　字	印
	加　字	

社会保険労務士記載欄	作成年月日・提出代行者・事務代理者の表示	氏名	電話番号
		㊞	（　）　－

（注意）

一、共通の注意事項

(一) 事項を選択する場合には、該当する事項を○で囲むこと。

(二) (ホ)、(ヘ)及び(ト)については、その費用についての明細書及び看護移送等をした者の請求書又は領収書を添えること。

(三) (イ)の期間には、最終の投薬の期間をも算入すること。

(四) (リ)は、労働者の直接所属する事業場が一括適用の取扱いを受けている場合に、労働者が直接所属する支店、工事現場等を記載すること。

二、傷病補償年金の受給権者が当該傷病に係る療養の費用を請求する場合以外の場合の注意事項

(一) ④は、記載する必要がないこと。

(二) (ル)は、災害発生の事実を確認した者（確認した者が多数あるときは最初に発見した者）を記載すること。

(三) (ル)及び(ヲ)は、第二回以後の請求の場合には記載する必要がないこと。

(四) 第二回以後の請求が離職後である場合には事業主の証明は受ける必要がないこと。

三、傷病補償年金の受給権者が当該傷病に係る療養の費用を請求する場合の注意事項

(一) ③、⑥、⑦及び(ヌ)から(ヲ)までは記載する必要がないこと。

(二) 事業主の証明は受ける必要がないこと。

四、「事業主の氏名」の欄、「病院又は診療所の診療担当者氏名」の欄及び「請求人の氏名」の欄は、記名押印することに代えて、自筆による署名をすることができること。

様式第７号(2)（表面）

様式第７号（２）（表面）　労働者災害補償保険

業務災害用

第　　回

療養補償給付たる療養の費用請求書（同一傷病分）

標	準	字	体	0	1	2	3	4	5	6	7	8	9	"	°	ー
ア	イ	ウ	エ	オ	カ	キ	ク	ケ	コ	サ	シ	ス	セ	ソ	タ	チ	ツ	テ	ト	ナ	ニ	ヌ
ネ	ノ	ハ	ヒ	フ	ヘ	ホ	マ	ミ	ム	メ	モ	ヤ	ユ	ヨ	ラ	リ	ル	レ	ロ	ワ	ン

薬

※帳票種別 34261　①管轄局署　②業通別 1業 3通　⑤受付年月日（元号 年 月 日）　⑩三者コード（1自 3労 5他）　⑪委任未支給（1委任 3未支給 5委未）　⑫特別加入者　⑬審査コード

③労働保険番号（府県 所掌 管轄 基幹番号 枝番号）　④年金証書の番号（管轄局 種別 西暦年 番号）

⑤労働者の性別（1男 3女）　⑥労働者の生年月日（1明治 3大正 5昭和 7平成）（元号 年 月 日）1～9年は右へ 1～9月は右へ 1～9日は右へ　⑦負傷又は発病年月日（元号 年 月 日）1～9年は右へ 1～9月は右へ 1～9日は右へ

※⑭金融機関コード（金融機関 店舗）

⑨労働者の　シメイ（カタカナ）：姓と名の間は１文字あけて記入してください。濁点・半濁点は１文字として記入してください。

※⑮郵便局コード

氏名　　（　　歳）　職種

住所　㉔郵便番号 □□□－□□□□

新規・変更　振込を希望する金融機関の名称（銀行・金庫 農協・漁協 信組）（本店・本所 出張所 支店・支所）　口座名義人

（新規に届け出る場合又は届け出た口座を変更する場合のみ記入してください。右の欄及び⑯から⑲までの欄は、口座を…）

⑯預金の種類（1普通 3当座）　⑰口座番号（左詰め、ゆうちょ銀行の場合は、記号（5桁）は左詰め、番号は右詰めで記入し、空欄には「0」を記入）

⑱メイギニン（カタカナ）：姓と名の間は１文字あけて記入してください。濁点・半濁点は１文字として記入してください。

⑲（つづき）メイギニン（カタカナ）

⑨の者については、⑦並びに裏面の(ホ)及び(ト)に記載したとおりであることを証明します。

年　月　日　事業の名称　電話（　　）　－
事業場の所在地　〒　　－
事業主の氏名　印
（法人その他の団体であるときはその名称及び代表者の氏名）

（注意）派遣労働者について、療養補償給付のみの請求がなされる場合にあっては、派遣先事業主は、派遣元事業主が証明する事項の記載内容が事実と相違ない旨裏面に記載してください。

(イ)傷病名

⑨の者については、(イ)に記載したとおりであることを証明します。
年　月　日　病院又は診療所の　所在地　〒　－
名称　電話（　）　－
診療担当者氏名　印

薬剤師の証明

⑨の者については、(ロ)、㉓に記載したとおりであること及び(ロ)、㉓に記載した事項は＿＿＿＿医師の処方に基づくものであることを証明します。
〒　－
年　月　日　薬局の　所在地
名称　電話（　）　－
調剤担当者氏名　印

(ロ)療養の内容　期間　年　月　日から　年　月　日まで　日間　調剤実日数　日

(ハ)療養の給付を受けなかった理由

⑳療養に要した費用の額（内訳裏面のとおり。）千万 百万 十万 万 千 百 十 円

※　㉑療養期間の初日（元号 年 月 日）1～9年は右へ 1～9月は右へ 1～9日は右へ　から　㉒療養期間の末日（元号 年 月 日）1～9年は右へ 1～9月は右へ 1～9日は右へ　まで　㉓調剤数量

上記により療養補償給付たる療養の費用の支給を請求します。

年　月　日　〒　－　電話（　）　－
請求人の　住所　（　方）
氏名　印

労働基準監督署長　殿

（注意）
一、□□□で表示された枠（以下、記入枠という。）に記入する文字は、光学式文字読取装置（OCR）で直接読取りを行うので、汚したり、穴をあけたり、必要以上に強く折り曲げたり、のりづけしたりしないでください。
二、記載すべき事項のない欄又は記入枠は、空欄のままとし、事項を選択する場合には該当事項を○で囲んでください。（ただし、⑤及び⑯欄並びに⑥及び⑦欄の元号については該当番号を記入枠に記入してください。）
三、記入枠の部分は、必ず黒のボールペンを使用し、様式右上に記載された「標準字体」にならって、枠からはみださないように大きめのカタカナ及びアラビア数字で明瞭に記載してください。

※印の欄は記入しないでください。（職員が記入します。）

◎裏面の注意事項を読んでから記入してください。折り曲げる場合には（◀）の所を谷に折りさらに２つ折りにしてください。

様式第７号(2)（裏面）

(ニ) 労働者の所属事業場の名称・所在地		(ホ) 負傷又は発病の時刻 午前・後　時　分頃	(ヘ) 災害発生の事実を確認した者の	職名 氏名

(ト) 災害の原因及び発生状況　(あ)どのような場所で(い)どのような作業をしているときに(う)どのような物又は環境に(え)どのような不安全な又は有害な状態があって(お)どのような災害が発生したか(か)⑦と初診日が異なる場合はその理由を詳細に記入すること。

療養の内訳及び金額

病院又は診療所の	名称		
	所在地		
担当医	1.	3.	
氏名	2.	4.	

医師番号	処方月日	調剤月日	処方 医薬品名・規格・用量・剤型・用法	処方 単位薬剤料(点)	調剤数量	調剤報酬点数 調剤料(点)	調剤報酬点数 薬剤料(点)	調剤報酬点数 加算料(点)
	・	・						
	・	・						
	・	・						
	・	・						
	・	・						
受付回数　回	摘要							
	調剤基本料　(点)		時間外等加算　(点)		指導料　(点)		合計点数　(点) 合計金額　(円)	

（注　意）

1．共通の注意事項

(1) この請求書は、薬局から薬剤の支給をうけた場合に提出すること。

(2) 事項を選択する場合には、該当する事項を○で囲むこと。

(3) (ニ)は、労働者の直接所属する事業場が一括適用の取扱いを受けている場合に、労働者が直接所属する支店、工事現場等を記載すること。

2．傷病補償年金の受給権者が当該傷病に係る療養の費用を請求する場合以外の場合の注意事項

(1) ④は、記載する必要がないこと。

(2) (ヘ)は、災害発生の事実を確認した者(確認した者が多数あるときは、最初に発見した者)を記載すること。

(3) (ヘ)及び(ト)は、第2回以後の場合には記載する必要がないこと。

(4) 第２回以後の請求が離職後である場合には事業主の証明は受ける必要がないこと。

3．傷病補償年金の受給権者が当該傷病に係る療養の費用を請求する場合の注意事項

(1) ③、⑥、⑦及び(ホ)から(ト)までは記載する必要がないこと。

(2) 事業主の証明は受ける必要がないこと。

4．「事業主の氏名」の欄、「病院又は診療所の診療担当者氏名」の欄、「薬局の調剤担当者氏名」の欄及び「請求人の氏名」の欄は、記名押印することに代えて、自筆による署名をすることができること。

派遣先事業主証明欄	派遣元事業主が証明する事項（表面の⑦並びに(ホ)及び(ト)）の記載内容について事実と相違ないことを証明します。	
年　月　日	事業の名称	電話（　）　－
	事業場の所在地	〒　－
	事業主の氏名	印
	(法人その他の団体であるときはその名称及び代表者の氏名)	

表面の記入枠を訂正したときの訂正印欄	削　字　印 加　字	社会保険労務士記載欄	作成年月日・提出代行者・事務代理者の表示	氏名	電話番号
				㊞	（　）　－

様式第７号(3)（表面）

■ 様式第７号（3）(表面)　労働者災害補償保険

業務災害用　　第　　回

療養補償給付たる療養の費用請求書（同一傷病分）

標準字体	0 1 2 3 4 5 6 7 8 9 ゛ ゜ ー
	アイウエオカキクケコサシスセソタチツテトナニヌ
	ネノハヒフヘホマミムメモヤユヨラリルレロワン

㊫

※印の欄は記入しないでください。（職員が記入します。）

◎裏面の注意事項を読んでから記入してください。折り曲げる場合には（◀）の所を谷に折りさらに２つ折りにしてください。

※ 帳票種別 34262　①管轄局署　②業通別 1（1業 3通）　⑧受付年月日（元号 年 月 日）　⑩三者コード（1自 3労 5他）　⑪委任未支給（1委任 3未支給 7柔整）　⑫特別加入者　⑬審査コード

③労働保険番号（府県 所掌 管轄 基幹番号 枝番号）　④年金証書の番号（管轄局 種別 西暦年 番号）

⑤労働者の性別（1男 3女）　⑥労働者の生年月日（元号 年 月 日）（1明治 3大正 5昭和 7平成）　⑦負傷又は発病年月日（元号 年 月 日）　1〜9年は右へ　1〜9月は右へ　1〜9日は右へ

※⑭金融機関コード（金融機関 店舗）　⑮ ※郵便局コード

⑨労働者の　シメイ（カタカナ）：姓と名の間は１文字あけて記入してください。濁点・半濁点は１文字として記入してください。

氏名　（　　歳）　職種

住所　㉖郵便番号 □□□－□□□□

新規・変更（新規に届け出る場合又は届け出た口座を変更する場合のみ記入してください。）

振込を希望する金融機関の名称　銀行・金庫 農協・漁協・信組　本店・本所 出張所 支店・支所

口座名義人

⑯預金の種類（1普通 3当座）　⑰口座番号（左詰め、ゆうちょ銀行の場合は、記号（５桁）は左詰め、番号は右詰めで記入し、空欄には「0」を記入）

⑱メイギニン（カタカナ）：姓と名の間は１文字あけて記入してください。濁点・半濁点は１文字として記入してください。

⑲（つづき）メイギニン（カタカナ）

⑨の者については、⑦並びに裏面の(ホ)及び(ト)に記載したとおりであることを証明します。

年　月　日　事業の名称　電話（　）　－

事業場の所在地　〒　－

事業主の氏名　印

（法人その他の団体であるときはその名称及び代表者の氏名）

（注意）派遣労働者について、療養補償給付のみの請求がなされる場合にあっては、派遣先事業主は、派遣元事業主が証明する事項の記載内容が事実と相違ない旨裏面に記載してください。

柔道整復師の証明

⑨の者については、(イ)から(ハ)まで及び㉑に記載したとおりであることを証明します。　〒　－

年　月　日　施術所の　名称　電話（　）　－

住所

氏名　印

療養の内容　(イ)期間　年　月　日から　年　月　日まで　日間　施術実日数　日

(ロ)傷病の部位及び傷病名

(ハ)傷病の経過の概要

年　月　日　治癒（症状固定）・継続中・転医・中止

⑳指定・指名番号（府県 種別 一連番号）　㉑療養に要した費用の額（内訳裏面のとおり。）（千万 百万 十万 万 千 百 十 円）

※ ㉒療養期間の初日（元号 年 月 日）から　㉓療養期間の末日（元号 年 月 日）まで　㉔施術実日数　日　㉕転帰事由（1治癒(症状固定) 3継続 5転医 7中止）

上記により療養補償給付たる療養の費用の支給を請求します。

〒　－　電話（　）　－

年　月　日　住所　（　方）

請求人の　氏名　印

労働基準監督署長　殿

（注意）

一、□□□で表示された枠（以下、記入枠という。）に記入する文字は、光学式文字読取装置（OCR）で直接読取を行うので、汚したり、穴をあけたり、必要以上に強く折り曲げたり、のりづけしたりしないでください。

二、記載すべき事項のない欄又は記入枠は、空欄のままとし、事項を選択する場合には該当事項を○で囲んでください。（ただし、⑤及び⑯欄並びに⑥及び⑦欄の元号については該当番号を記入枠に記入してください。）

三、記入枠の部分は、必ず黒のボールペンを使用し、様式右上に記載された「標準字体」にならって、枠からはみださないように大きめのカタカナ及びアラビア数字で明瞭に記載してください。

様式第７号(3)（裏面）

労働者の (ニ)所属事業場の 名称・所在地	(ホ) 負傷又は発病の時刻 午前 後　　時　　分頃	(へ) 災害発生の　職名 事実を確認 した者の　氏名

(ト)災害の原因及び発生状況　(あ)どのような場所で(い)どのような作業をしているときに(う)どのような物又は環境に(え)どのような不安全な又は有害な状態があって(お)どのような災害が発生したか(か)⑦と初診日が異なる場合はその理由を詳細に記入すること。

療養の内訳及び金額	初検料	初検年月日　平成　年　月　日　時頃	時間外・深夜・休日加算　円			千　円
	再検料	回　円	指導管理料	回　円		
	運動療法料	回　円	施術情報提供料	円		
	休業（補償）給付証明料	回　円	証明期間			
	往診料	距離(片道)　km　回・1回　円	夜間・難路・暴風雨雪加算	円		
		傷病名及び部位	金額	特別材料料		
	整復 固定料 初回処置	イ	円	円		
		ロ				
		ハ				
		ニ				
	後療料	イ	回　円	包帯交換料	回　円	
		ロ				
		ハ				
		ニ				
	電療料	イ　回	ロ　回	ハ　回	ニ　回	
	罨法料　冷罨法	イ　回	ロ　回	ハ　回	ニ　回	
	罨法料　温罨法	イ　回	ロ　回	ハ　回	ニ　回	
	その他					
	合計					千　円

（注　意）
1．共通の注意事項
（1）この請求書は、柔道整復師から施術を受けた場合に提出すること。
（2）事項を選択する場合には、該当する事項を○で囲むこと。
（3）(ニ)は、労働者の直接所属する事業場が一括適用の取扱いを受けている場合に、労働者が直接所属する支店、工事現場等を記載すること。
2．傷病補償年金の受給権者が当該傷病に係る療養の費用を請求する場合以外の場合の注意事項
（1）④は、記載する必要がないこと。
（2）(へ)は、災害発生の事実を確認した者(確認した者が多数あるときは、最初に発見した者)を記載すること。
（3）(へ)及び(ト)は、第２回以後の場合には記載する必要がないこと。
（4）第２回以後の請求が離職後である場合には事業主の証明は受ける必要がないこと。
3．傷病補償年金の受給権者が当該傷病に係る療養の費用を請求する場合の注意事項
（1）③、⑥、⑦及び(ホ)から(ト)までは記載する必要がないこと。
（2）事業主の証明は受ける必要がないこと。
4．「事業主の氏名」の欄、「施術所の名称」の欄及び「請求人の氏名」の欄は、記名押印することに代えて、自筆による署名をすることができること。

派遣先事業主証明欄	派遣元事業主が証明する事項（表面の⑦並びに(ホ)及び(ト)）の記載内容について事実と相違ないことを証明します。	
	年　月　日　事業の名称	電話（　）　―
	事業場の所在地	〒　―
	事業主の氏名	印
		（法人その他の団体であるときはその名称及び代表者の氏名）

委　任　状

私は、柔道整復師＿＿＿＿＿＿＿を代理人と定め、私が請求する表記療養の費用につき労災保険から給付される金額の受領を委任します。

年　月　日　　委任者の住所　　　　印

氏名　　　　（記名押印又は署名）

表面の記入枠を訂正したときの訂正印欄	削　字 加　字　印	社会保険労務士記載欄	作成年月日・提出代行者・事務代理者の表示	氏名	電話番号
				㊞	（　）　―

様式第７号(4)（表面）

■ 様式第７号（4）（表面）　労働者災害補償保険

業務災害用　　第　　回

療養補償給付たる療養の費用請求書（同一傷病分）

標準字体	0 1 2 3 4 5 6 7 8 9 ゛ ゜ ー
	アイウエオカキクケコサシスセソタチツテトナニヌ
	ネノハヒフヘホマミムメモヤユヨラリルレロワン

（はり きゅう）

※ 帳票種別 34263　①管轄局署　②業通別 1 1業 3通　⑧受付年月日（元号 年 月 日）　⑩三者コード 1自 3労 5他　⑪委任未支給 1委任 3未支給 7はり師　⑫特別加入者　⑬審査コード

③労働保険番号（府県・所掌・管轄・基幹番号・枝番号）　④年金証書の番号（管轄局・種別・西暦年・番号）

⑤労働者の性別 1男 3女　⑥労働者の生年月日（1明治 3大正 5昭和 7平成）　⑦負傷又は発病年月日　1～9年は右へ　1～9月は右へ　1～9日は右へ　※⑭金融機関コード（金融機関・店舗）

⑨労働者の　シメイ（カタカナ）：姓と名の間は１文字あけて記入してください。濁点・半濁点は１文字として記入してください。　⑮※郵便局コード

氏名　（　歳）　職種

住所　㉖郵便番号 □□□－□□□□

新規・変更　新規に届け出る場合又は、届け出た口座を変更する場合のみ記入してください。届出た口座を振込を希望する金融機関の名称（銀行・金庫・農協・漁協・信組　本店・本所・出張所・支店・支所）　口座名義人

⑯預金の種類 1普通 3当座　⑰口座番号（左詰め、ゆうちょ銀行の場合は、記号（５桁）は左詰め、番号は右詰めで記入し、空欄には「0」を記入。）

⑱メイギニン（カタカナ）：姓と名の間は１文字あけて記入してください。濁点・半濁点は１文字として記入してください。

⑲（つづき）メイギニン（カタカナ）

⑨の者については、⑦並びに裏面の(ホ)及び(ト)に記載したとおりであることを証明します。

事業の名称　電話（　）－

年　月　日　事業場の所在地　〒　－

事業主の氏名　印

（法人その他の団体であるときはその名称及び代表者の氏名）

（注意）派遣労働者について、療養補償給付のみの請求がなされる場合にあっては、派遣先事業主は、派遣元事業主が証明する事項の記載内容が事実と相違ない旨裏面に記載してください。

あん摩マッサージ指圧師・はり師・きゅう師の証明

⑨の者については、(イ)から(ハ)まで及び㉑に記載したとおりであることを証明します。　〒　－

年　月　日　施術所の 名称　電話（　）－

住所

氏名　印

療養の内容　(イ)期間　年　月　日から　年　月　日まで　日間　施術実日数　日

(ロ)傷病の部位及び傷病名

(ハ)傷病の経過の概要

年　月　日　治癒（症状固定）・継続中・転医・中止

⑳指定・指名番号（府県・種別・一連番号）　㉑療養に要した費用の額（内訳裏面のとおり。）千万 百万 十万 万 千 百 十 円

※ ㉒療養期間の初日（元号 年 月 日）から　㉓療養期間の末日（元号 年 月 日）まで　㉔施術実日数　日　㉕転帰事由 1治癒（症状固定） 3継続 5転医 7中止

上記により療養補償給付たる療養の費用の支給を請求します。

〒　－　電話（　）－

年　月　日　請求人の　住所（　方）

氏名　印

労働基準監督署長 殿

（注意）

一、□□□で表示された枠（以下、記入枠という。）に記入する文字は、光学式文字読取装置（OCR）で直接読取りを行うので、汚したり、穴をあけたり、必要以上に強く折り曲げたり、のりづけしたりしないでください。

二、記載すべき事項のない欄又は記入枠は、空欄のままとし、事項を選択する場合には該当事項を○で囲んでください。（ただし、⑤及び⑯欄並びに⑥及び⑦欄の元号については該当番号を記入枠に記入してください。）

三、記入枠の部分は、必ず黒のボールペンを使用し、様式右上に記載された「標準字体」にならって、枠からはみださないように大きめのカタカナ及びアラビア数字で明瞭に記載してください。

※印の欄は記入しないでください。（職員が記入します。）

◎裏面の注意事項を読んでから記入してください。折り曲げる場合には(◀)の所を谷に折りさらに２つ折りにしてください。

様式第７号⑷（裏面）

㈡ 労働者の所属事業場の名称・所在地	㈭ 負傷又は発病の時刻 午前・後　時　分頃	㈬ 災害発生の事実を確認した者の　職名 氏名

㈦災害の原因及び発生状況　(あ)どのような場所で(い)どのような作業をしているときに(う)どのような物又は環境に(え)どのような不安全な又は有害な状態があって(お)どのような災害が発生したか（か）⑦と初診日が異なる場合はその理由を詳細に記入すること。

療養の内訳及び金額

種		別				金額
初検料	初検　年　月　日			加算料金		千　円
	年　月　日　時頃			時間外・休日　円		
往療料	距離(片道)	回数	１回の料金	夜間加算料金		
	km	回	円	円		
施術料	はり・きゅう	施術名	回数	１回の料金		
		はり	回	円		
		きゅう				
		はり・きゅう併用				
		電気療法　電気針				
		電気療法　電気温灸器				
	マッサージ	マッサージ				
		あん法料				
		変形徒手矯正術（　肢）				
		光線療法　極超短波(超短波)				
		光線療法　低周波				
	はり又はきゅうとマッサージの併用					
合計						

備考：(イ)はり・きゅうのみ　(ロ)はり・きゅうと一般医療

（注意）

一、共通の注意事項

㈠この請求書は、あん摩マッサージ指圧師・はり師・きゅう師から施術を受けた場合に提出すること。

㈡マッサージの施術を受けた者は、初療の日及び初療の日から六か月を経過した日並びに六か月を経過した日以降三か月ごとの請求書に、医師の診断書を添えること。

㈢はり・きゅうの施術を受けた者は、初療の日及び初療の日から六か月を経過した日の請求書に、医師の診断書を添えること。また、初療の日から九か月を経過する場合は、はり師又はきゅう師の意見書及び症状経過表、更に医師の診断書、意見書を添えること。

㈣事項を選択する場合には、該当する事項を○で囲むこと。

㈤㈡は、労働者の直接所属する事業場が一括適用の取扱いを受けている場合に、労働者が直接所属する支店、工事現場等を記載すること。

二、傷病補償年金の受給権者が当該傷病に係る療養の費用を請求する場合以外の場合の注意事項

㈠④は、記載する必要がないこと。

㈡㈬は、災害発生の事実を確認した者（確認した者が多数あるときは最初に発見した者）を記載すること。

㈢㈬及び㈦は、第二回以後の請求の場合には記載する必要がないこと。

㈣第二回以後の請求が離職後である場合には事業主の証明は受ける必要がないこと。

三、傷病補償年金の受給権者が当該傷病に係る療養の費用を請求する場合の注意事項

㈠③、⑥、⑦及び㈭から㈦までは記載する必要がないこと。

㈡事業主の証明は受ける必要がないこと。

四、「事業主の氏名」の欄、「施術所の名称」の欄及び「請求人の氏名」の欄は、記名押印することに代えて、自筆による署名をすることができること。

派遣先事業主証明欄	派遣元事業主が証明する事項（表面の⑦並びに㈭及び㈦）の記載内容について事実と相違ないことを証明します。
年　月　日	事業の名称　電話（　）－
	事業場の所在地　〒　－
	事業主の氏名　印 （法人その他の団体であるときはその名称及び代表者の氏名）

委任状	
	私は、あん摩マッサージ指圧師・はり師・きゅう師＿＿＿＿を代理人と定め、私が、請求する表記療養の費用につき労災保険から給付される金額の受領を委任します。
	年　月　日　委任者の住所
	氏名　印 （記名押印又は署名）

表面の記入枠を訂正したときの訂正印欄	削　字　印 加　字	社会保険労務士記載欄	作成年月日・提出代行者・事務代理者の表示	氏名	電話番号
				㊞	（　）－

様式第7号(5)（表面）

■ 様式第7号(5)（表面） 労働者災害補償保険

業務災害用　労働者災害補償保険　第　回

療養補償給付たる療養の費用請求書（同一傷病分）

標	準	字	体	0	1	2	3	4	5	6	7	8	9	゛	゜	ー
ア	イ	ウ	エ	オ	カ	キ	ク	ケ	コ	サ	シ	ス	セ	ソ	タ	チ	ツ	テ	ト	ナ	ニ	ヌ
ネ	ノ	ハ	ヒ	フ	ヘ	ホ	マ	ミ	ム	メ	モ	ヤ	ユ	ヨ	ラ	リ	ル	レ	ロ	ワ	ン

訪看

※ 帳票種別 34265　①管轄局署　②業通別 1業 3通　⑧受付年月日 元号 年 月 日　⑨三者コード 1自 3労 5他　⑩委任未支給 1委任 3未支給 5委未　⑪特別加入者　⑫審査コード

③労働保険番号（府県 所掌 管轄 基幹番号 枝番号）　④年金証書の番号（管轄局 種別 西暦年 番号）

⑤労働者の性別 1男 3女　⑥労働者の生年月日 元号 年 月 日（1明治 3大正 5昭和 7平成） 1〜9日は右へ　⑦負傷又は発病年月日 元号 年 月 日 1〜9日は右へ　※⑭金融機関コード（金融機関 店舗）

⑨労働者の シメイ（カタカナ）：姓と名の間は1文字あけて記入してください。濁点・半濁点は1文字として記入してください。　※⑮郵便局コード

氏名　（　歳）　職種

住所　㉔郵便番号 □□□−□□□□

新規・変更　振込を希望する金融機関の名称　銀行・金庫 農協・漁協 信組　本店・本所 出張所 支店・支所　口座名義人

口座を変更する場合のみ記入してください。新規に届け出る場合、又は、届け出た口座を変更する場合には右の欄及び⑯から⑲までの欄は、口座を

⑯預金の種類 1普通 3当座　⑰口座番号（左詰め、ゆうちょ銀行の場合は、記号（5桁）は左詰め、番号は右詰めで記入し、空欄には「0」を記入。）

⑱ メイギニン（カタカナ）：姓と名の間は1文字あけて記入してください。濁点・半濁点は1文字として記入してください。

⑲（つづき）メイギニン（カタカナ）

⑨の者については、⑦並びに裏面(ホ)及び(ト)に記載したとおりであることを証明します。

年　月　日　事業の名称　電話（　）　−
事業場の所在地　〒　−
事業主の氏名　印
（法人その他の団体であるときはその名称及び代表者の氏名）

（注意）派遣労働者について、療養補償給付のみの請求がなされる場合にあっては、派遣先事業主は、派遣元事業主が証明する事項の記載内容が事実と相違ない旨裏面に記載してください。

医師証明欄
(イ)傷病名
⑨の者については、(イ)に記載したとおりであることを証明します。
年　月　日　病院又は診療所の　所在地　〒　−
名称　電話（　）　−
診療担当者氏名　印

訪問看護事業者の証明
⑨の者については、(ロ)及び⑳に記載したとおりであること及び(ロ)に記載した事項は＿＿医師の指示に基づくものであることを証明します。
年　月　日　訪問看護事業者の　所在地　〒　−
名称　電話（　）　−
訪問看護担当者　印
療養の内容　(ロ)期間　年　月　日から　年　月　日まで　日間　訪問看護の日数　日
⑳療養に要した費用の額（内訳裏面のとおり。）千万 百万 十万 万 千 百 十 円　(ハ)療養の給付を受けなかった理由

※ ㉑訪問開始年月日 元号 年 月 日 1〜9日は右へ　から　㉒訪問終了年月日 元号 年 月 日 1〜9日は右へ　まで　㉓実日数　日

上記により療養補償給付たる療養の費用の支給を請求します。

年　月　日　〒　−　電話（　）　−

請求人の　住所　（　方）
氏名　印

労働基準監督署長　殿

（注意）
一、□□□で表示された枠（以下、記入枠という。）に記入する文字は、光学式文字読取装置（OCR）で直接読取りを行うので、汚したり、穴をあけたり、必要以上に強く折り曲げたり、のりづけしたりしないでください。
二、記載すべき事項のない欄又は記入枠は、空欄のままとし、事項を選択する場合には該当事項を○で囲んでください。（ただし、⑤及び⑯欄並びに⑥及び⑦欄の元号については該当番号を記入枠に記入してください。）
三、記入枠の部分は、必ず黒のボールペンを使用し、様式右上に記載された「標準字体」にならって、枠からはみださないように大きめのカタカナ及びアラビア数字で明瞭に記載してください。

※印の欄は記入しないでください。（職員が記入します。）

◎裏面の注意事項を読んでから記入してください。折り曲げる場合には(◀)の所を谷に折りさらに2つ折りにしてください。

様式第７号(5)（裏面）

(ニ) 労働者の所属事業場の名称・所在地	(ホ) 負傷又は発病の時刻	(へ) 災害発生の事実を確認した者の	
	午前・後　時　分頃		職名
			氏名

(ト)災害の原因及び発生状況　(あ) どのような場所で (い) どのような作業をしているときに (う) どのような物又は環境に (え) どのような不安全な又は有害な状態があって (お) どのような災害が発生したか (か) ⑦と初診日が異なる場合はその理由を詳細に記入すること。

療養の内訳及び金額

傷病の経過			
基本療養費	看護師等　円×　日　円 円×　日　円 准看護師　円×　日　円 円×　日　円 ＿＿加算　円　＿＿加算　円 ＿＿加算　円　＿＿加算　円	指示期間 (特別指示期間)	年 月 日～ 年 月 日／ 年 月 日～ 年 月 日 年 月 日～ 年 月 日／ 年 月 日～ 年 月 日
精神科基本療養費	看護師等　円×　日　円 円×　日　円 准看護師　円×　日　円 円×　日　円 ＿＿加算　円　＿＿加算　円 ＿＿加算　円　＿＿加算　円	訪問日	1 2 3 4 5 6 7 8 9 10 11 12 13 14 15 16 17 18 19 20 21 22 23 24 25 26 27 28 29 30 31
管理療養費	初日　円 2日目以降　日　円 ＿＿加算　円　＿＿加算　円 ＿＿加算　円　＿＿加算　円	主治医への直近報告年月日	年　月　日
		提供した情報の概要	
情報提供療養費	円		
ターミナルケア療養費	死亡年月日　年　月　日　円	情報提供先の市（区）町村の名称	
合計	円		

（注意）　1．共通の注意事項
(1)　この請求書は、訪問看護事業者から訪問看護を受けた場合に提出すること。
(2)　(ニ)は、労働者が直接所属する事業場が一括適用の取扱いを受けている場合に、労働者が直接所属する支店、工事現場等を記載すること。

2．傷病補償年金の受給権者が当該傷病に係る療養の費用を請求する場合以外の場合の注意事項
(1)　④は、記載する必要がないこと。
(2)　(へ)は、災害発生の事実確認した者（確認した者が多数あるときは、最初に発見した者）を記載すること。
(3)　(へ)及び(ト)は、第２回以後の請求の場合には記載する必要がないこと。
(4)　第２回以後の請求が離職後である場合には事業主の証明は受ける必要がないこと。

3．傷病補償年金の受給権者が当該傷病に係る療養の費用を請求する場合の注意事項
(1)　③、⑥、⑦、(ホ)、(へ)及び(ト)は記載する必要がないこと。
(2)　事業主の証明は受ける必要がないこと。

4．「療養の内訳及び金額」の各欄に書き切れない場合は、余白に記載するか、別紙を添付すること。

派遣先事業主証明欄	派遣元事業主が証明する事項（表面の⑦並びに(ホ)及び(ト)）の記載内容について事実と相違ないことを証明します。
	事業の名称　電話（　）－
年　月　日	事業場の所在地　〒　－
	事業主の氏名　印 （法人その他の団体であるときはその名称及び代表者の氏名）

表面の記入枠を訂正したときの訂正印欄	削　字 加　字　印	社会保険労務士記載欄	作成年月日・提出代行者・事務代理者の表示	氏名	電話番号
				㊞	（　）－

様式第８号（表面）

様式第８号(表面) 労働者災害補償保険

業務災害用

労働者災害補償保険
休業補償給付支給請求書
休業特別支給金支給申請書（同一傷病分）
第　回

標準字体 0123456789゛゜ー
アイウエオカキクケコサシスセソタチツテトナニヌ
ネノハヒフヘホマミムメモヤユヨラリルレロワン

帳票種別 ※34360 ①管轄局署 ③新継再別（1新 5継 7再） ④受付年月日 ⑧業通別（1業 3通） ⑨三者コード ⑩旧層コード ⑪特別加入者

⑰平均賃金 ⑱特別給与の額 ⑬日数査定 ⑭特支コード ⑮受任未支給 ⑯特別コード

②労働保険番号（府県 所掌 管轄 基幹番号 枝番号） ⑤労働者の性別（1男 3女） ⑥労働者の生年月日

⑫労働者の氏名（シメイ（カタカナ）：姓と名の間は1文字あけて記入してください。濁点・半濁点は1文字として記入してください。）（　歳） ⑦負傷又は発病年月日

労働者の住所 ㉒郵便番号

⑲療養のため労働できなかった期間 から まで ⑳賃金を受けなかった日の日数 日間のうち 日

下の欄及び㉓、㉔、㉕、㉖欄は、口座を新規に届け出る場合、又は、届け出た口座を変更する場合のみ記入してください。

新規・変更

㉓預金の種類（1普通 3当座） ㉔口座番号（左詰め。ゆうちょ銀行の場合は、記号（5桁）は左詰め、番号は右詰めで記入し、空欄には「0」を記入。）

振込を希望する金融機関の名称（銀行・金庫 農協・漁協 信組 本店・本所 出張所 支店・支所）
㉕メイギニン（カタカナ）：姓と名の間は1文字あけて記入してください。濁点・半濁点は1文字として記入してください。
㉖（つづき）メイギニン（カタカナ）
口座名義人
㉗※金融機関コード（金融機関 店舗） ㉘※郵便局コード

⑫の者については、⑦、⑲、⑳、㉜から㊳まで（㊳の(ハ)を除く。）、及び別紙2に記載したとおりであることを証明します。

年　月　日

事業の名称　電話（　）ー
事業場の所在地　〒　ー
事業主の氏名　印
（法人その他の団体であるときはその名称及び代表者の氏名）
労働者の直接所属事業場名称所在地　電話（　）ー

(注意)
1. ㊳の(イ)及び(ロ)については、⑫の者が厚生年金保険の被保険者である場合に限り証明してください。
2. 労働者の直接所属事業場名称所在地については、労働者が直接所属する事業場が一括適用の取扱いを受けている場合に、労働者が直接所属する支店、工事現場等を記載してください。

1回目の請求書には、必ず記入してください。（死傷病報告提出年月日　年　月　日）

診療担当者の証明		
	㉙傷病の部位及び傷病名	
	㉚療養の期間	年　月　日から　年　月　日まで　日間　診療実日数　日
	傷病の経過	㉛療養の現況　年　月　日　治癒（症状固定）・死亡・転医・中止・継続中
		㉜療養のため労働することができなかったと認められる期間　年　月　日から　年　月　日まで　日間のうち　日

⑫の者については、㉙から㉜までに記載したとおりであることを証明します。
年　月　日　〒　ー　電話（　）ー
病院又は診療所の　所在地
名称
診療担当者氏名　印

上記により休業補償給付の支給を請求／休業特別支給金の支給を申請します。　〒　ー　電話（　）ー
年　月　日
請求人／申請人の　住所（　方）
氏名　印
労働基準監督署長　殿

(注意)
一、□□□で表示された枠（以下、記入枠という。）に記入する文字は、光学式文字読取装置（OCR）で直接読取を行うので、汚したり、穴をあけたり、必要以上に強く折り曲げたり、のりづけしたりしないでください。
二、記載すべき事項のない欄又は記入枠は、空欄のままとし、事項を選択する場合には該当事項を○で囲んでください。（ただし、⑤及び㉓欄並びに⑥、⑦及び⑲欄の元号については該当番号を記入枠に記入してください。）
三、記入枠の部分は、必ず黒のボールペンを使用し、様式右上に記載された「標準字体」にならって、枠からはみださないように大きめのカタカナ及びアラビア数字で明瞭に記載してください。

※印の欄は記入しないでください。（職員が記入します。）
◎裏面の注意事項を読んでから記入してください。
折り曲げる場合には（◀）の所を谷に折りさらに2つ折りにしてください。

様式第８号（裏面）

㉜労働者の職種	㉝負傷又は発病の時刻	㉞平均賃金（算定内訳別紙１のとおり）
	午前・後　時　分頃	円　銭

㉟所定労働時間	午前・後　時　分から午前・後　時　分まで	㊱ 休業補償給付額、休業特別支給金額の改定比率（平均給与額証明書のとおり）

㊲災害の原因及び発生状況　（あ）どのような場所で（い）どのような作業をしているときに（う）どのような物又は環境に（え）どのような不安全な又は有害な状態があって（お）どのような災害が発生したか（か）⑦と初診日が異なる場合はその理由を詳細に記入すること

㊳ 厚生年金保険等の受給関係			
	(イ)基礎年金番号		(ロ)被保険者資格の取得年月日　年　月　日
	(ハ) 当該傷病に関して支給される年金の種類等	年金の種類	厚生年金保険法の　イ 障害年金　ロ 障害厚生年金
			国民年金法の　ハ 障害年金　ニ 障害基礎年金
			船員保険法の　ホ 障害年金
		障害等級	級
		支給される年金の額	円
		支給されることとなった年月日	年　月　日
		基礎年金番号及び厚生年金等の年金証書の年金コード	
		所轄年金事務所等	

表面の記入枠を訂正したときの訂正印欄	削　字 加　字　印

社会保険労務士記載欄	作成年月日・提出代行者・事務代理者の表示	氏名	電話番号
		印	（　）　－

〔注　意〕

一、所定労働時間後に負傷した場合には、⑲及び⑳欄については、当該負傷した日を除いて記載してください。

二、別紙１①欄には、平均賃金の算定基礎期間中に業務外の傷病の療養等のために休業した期間があり、その期間及びその期間中に受けた賃金の額を算定基礎から控除して算定した平均賃金に相当する額が平均賃金の額をこえる場合に記載し、控除する期間及び賃金の内訳を別紙１②欄に記載してください。この場合は、㉞欄に、この算定方法による平均賃金に相当する額を記載してください。

三、別紙２は、⑳欄の「賃金を受けなかった日」のうちに業務上の負傷又は疾病による療養のため所定労働時間のうちその一部分についてのみ労働した日（別紙２において「一部休業日」という。）が含まれる場合に限り添付してください。

四、請求人（申請人）が特別加入者であるときは、

(一)、㉞欄には、その者の給付基礎日額を記載してください。

(二)、⑦、⑲、⑳、㉝、㉟及び㊲欄の事項を証明することができる書類その他の資料を添付してください。

(三)、事業主の証明は受ける必要はありません。

五、第二回目以後の請求（申請）の場合には、

(一)、⑲、⑳、㉙及び㉛欄については、前回の請求又は申請後の分について記載してください。

(二)、㉜欄から㉟欄まで及び㊲欄は記載する必要はありません。

(三)、別紙１（平均賃金算定内訳）は付する必要はありません。

(四)、その請求（申請）が離職後である場合（療養のために労働できなかった期間の全部又は一部が離職前にある場合を除く。）には、事業主の証明は受ける必要はありません。

六、休業特別支給金の支給の申請のみを行う場合には、㊳欄は記載する必要はありません。

七、「事業主の氏名」の欄、「病院又は診療所の診療担当者氏名」の欄及び「請求人(申請人)」の欄は、記名押印することに代えて、自筆による署名をすることができます。

様式第８号（別紙１）（表面）

労働保険番号					氏名	災害発生年月日
府県	所掌	管轄	基幹番号	枝番号		年　月　日

平均賃金算定内訳

（労働基準法第12条参照のこと。）

雇入年月日			年　月　日	常用・日雇の別	常用・日雇	
賃金支給方法			月給・週給・日給・時間給・出来高払制・その他請負制		賃金締切日	毎月　日

A	月・週その他一定の期間によって支払ったもの	賃金計算期間	月　日から 月　日まで	月　日から 月　日まで	月　日から 月　日まで	計
		総日数	日	日	日	㋑　日
	賃金	基本賃金	円	円	円	円
		手当				
		手当				
		計	円	円	円	㋺　円
B	日若しくは時間又は出来高払制その他の請負制によって支払ったもの	賃金計算期間	月　日から 月　日まで	月　日から 月　日まで	月　日から 月　日まで	計
		総日数	日	日	日	㋑　日
		労働日数	日	日	日	㋩　日
	賃金	基本賃金	円	円	円	円
		手当				
		手当				
		計	円	円	円	㊁　円
総計			円	円	円	㋭　円
平均賃金			賃金総額㋭　円÷総日数㋑		＝　円	銭

最低保障平均賃金の計算方法

Aの㋺　円÷総日数㋑　＝　円　銭㋬

Bの㊁　円÷労働日数㋩　×　$\frac{60}{100}$　＝　円　銭㋣

㋬　円　銭＋㋣　円　銭　＝　円　銭（最低保障平均賃金）

日日雇い入れられる者の平均賃金（昭和38年労働省告示第52号による。）	第1号又は第2号の場合	賃金計算期間	㋠ 労働日数又は労働総日数	㋷ 賃金総額	平均賃金（㋷÷㋠×$\frac{73}{100}$）
		月　日から 月　日まで	日	円	円　銭
	第3号の場合	都道府県労働局長が定める金額			円
	第4号の場合	従事する事業又は職業			
		都道府県労働局長が定めた金額			円
漁業及び林業労働者の平均賃金（昭和24年労働省告示第5号第2条による。）	平均賃金協定額の承認年月日	年　月　日	職種	平均賃金協定額	円

① 賃金計算期間のうち業務外の傷病の療養のため休業した期間の日数及びその期間中の賃金を業務上の傷病の療養のため休業した期間の日数及びその期間中の賃金とみなして算定した平均賃金

（賃金の総額㋭　－休業した期間にかかる②の㋦）　÷（総日数㋑－休業した期間②の㋠）

（　円－　円）÷（　日－　日）＝　円　銭

様式第８号（別紙１）（裏面）

② 業務外の傷病の療養のため休業した期間及びその期間中の賃金の内訳

賃金計算期間		月　日から 月　日まで	月　日から 月　日まで	月　日から 月　日まで	計
業務外の傷病の療養のため休業した期間の日数		日	日	日	㋠　日
業務外の傷病の療養のため休業した期間中の賃金	基本賃金	円	円	円	円
	手当				
	手当				
	計	円	円	円	㋷　円
休業の事由					

③ 特別給与の額	支払年月日	支払額
	年　月　日	円
	年　月　日	円
	年　月　日	円
	年　月　日	円
	年　月　日	円
	年　月　日	円
	年　月　日	円

［注　意］

③欄には、負傷又は発病の日以前２年間（雇入後２年に満たない者については、雇入後の期間）に支払われた労働基準法第12条第４項の３箇月を超える期間ごとに支払われる賃金（特別給与）について記載してください。

ただし、特別給与の支払時期の臨時的変更等の理由により負傷又は発病の日以前１年間に支払われた特別給与の総額を特別支給金の算定基礎とすることが適当でないと認められる場合以外は、負傷又は発病の日以前１年間に支払われた特別給与の総額を記載して差し支えありません。

様式第8号（別紙2）

労働保険番号					氏名	災害発生年月日
府県	所掌	管轄	基幹番号	枝番号		
						年　月　日

① 療養のため労働できなかつた期間 ＿＿年＿＿月＿＿日から＿＿年＿＿月＿＿日まで＿＿日間		
② ①のうち賃金を受けなかつた日の日数		＿＿日
③ ②の日数の内訳	全部休業日	＿＿日
	一部休業日	＿＿日

④ 一部休業日の年月日及び当該労働者に対し支払われる賃金の額	年　月　日	賃金の額	備考
	年　月　日	円	

〔注意〕

1　「全部休業日」とは、業務上の負傷又は疾病による療養のため労働することができないために賃金を受けない日であつて、一部休業日に該当しないものをいうものであること。

2　該当欄に記載することができない場合には、別紙を付して記載すること。

様式第９号（表面）

労働者災害補償保険

平均給与額証明書

① 労働保険番号	府県	所掌	管轄	基幹番号	枝番号	③ 労働者の氏名		⑤ 負傷又は発病年月日	年　月　日
② 事業の種類（保険料率表による）				④ 労働者の職種				⑥ 改訂比率	

(I) 今回の改訂比率算出の基礎	区分		期間	a 所定労働日数	b 延労働者数	c 賃金総額	d 1人1日当りの賃金（c÷b）	e 1人1箇月当りの賃金（d×a）	平均給与額（イ＋ロ＋ハ）÷3	上昇又は低下した比率
	同種労働者	A	年　月					イ	(1)	
			年　月					ロ		
			年　月					ハ		
		B	年　月					イ	(2)	(2)÷(1)
			年　月					ロ		
			年　月					ハ		
	全労働者	A	年　月					イ	(3)	
			年　月					ロ		
			年　月					ハ		
		B	年　月					イ	(4)	(4)÷(3)
			年　月					ロ		
			年　月					ハ		

(II) 平成2年9月30日までの改訂比率	区分	第1回	第2回	第3回
	改訂比率			

上記のとおり相違ないことを証明します。

年　月　日

事業の名称

〒　－　　　電話（　）　－

事業場の所在地

事業主の氏名　　　　㊞

（法人のときはその名称及び代表者の氏名）

労働基準監督署長殿

様式第９号（裏面）

〔注意〕

1　この証明書は、平成２年９月30日以前にその額が改定されたことのない休業補償給付、休業給付及び休業特別支給金の申請については必要としないこと。

2　(1)については、常時1,000人以上の労働者を使用する事業場についてのみ記載すること。ただし、被災労働者が日日雇い入れられる者であるときは、その必要がないこと。

3　同種労働者欄には、当該事業場に被災労働者と同種の労働者（すなわち同一職種の同一条件の労働者）がいる場合についてのみ記載すること。

4　全労働者欄には、該当事業場に被災労働者と同種の労働者がいない場合に記載すること。

5　Ａ欄には、被災害労働者が負傷し又は疾病にかかつた日の属する四半期（１月から３月まで、４月から６月まで、７月から９月まで、10月から12月までの各区分による期間）の各月における所定労働日数、延労働者数、賃金総額、１人１日当りの賃金及び１人１箇月当りの賃金並びにその四半期の平均給与額を記載すること。ただし、既に休業補償給付、休業給付又は休業特別支給金の額を改訂した場合においては、前回改訂の算出の基礎となつた四半期の各月における所定労働日数、延労働者数、賃金総額、１人１日当りの賃金及び１人１箇月当りの賃金並びにその四半期の平均給与総額を記載すること。

6　Ｂ欄には、Ａ欄の期間（四半期）の後の四半期の平均給与額がＡ欄記載の四半期の平均給与額より20%をこえて上昇し又は低下した場合においてその四半期の各月における所定労働日数、延労働者数、賃金総額、１人１日当りの賃金及び１人１箇月当りの賃金並びにその四半期の平均給与額を記載すること。

7　賃金総額欄には、所定労働時間労働した場合に支払われる通常の賃金の総額を記載すること。

8　改訂比率は、百分率をもって記載し1/100に満たない端数は、切り捨てること。

9　「事業主の氏名」の欄は、記名押印することに代えて、自筆による署名をすることができること。

社会保険労務士記載欄	作成年月日・提出代行者・事務代理者の表示	氏　　名	電話番号
		㊞	（　）　―

様式第10号（表面）

労働者災害補償保険

業務災害用

障害補償給付支給請求書
障害特別支給金
障害特別年金　支給申請書
障害特別一時金

① 労働保険番号					③労働者の	フリガナ		④ 負傷又は発病年月日
府県	所掌	管轄	基幹番号	枝番号		氏名	（男・女）	年　月　日
						生年月日	年　月　日（　歳）	午前・後　時　分頃
② 年金証書の番号						フリガナ		⑤ 傷病の治癒した年月日
管轄局	種別	西暦年	番号			住所		年　月　日
						職種		
						所属事業場名称・所在地		⑦ 平均賃金

⑥ 災害の原因及び発生状況　(あ)どのような場所で(い)どのような作業をしているときに(う)どのような物又は環境に(え)どのような不安全な又は有害な状態があって(お)どのような災害が発生したかを簡明に記載すること

⑦ 平均賃金　円　銭

⑧ 特別給与の総額（年額）　円

⑨厚生年金保険等の受給関係			
㋑ 厚年等の年金証書の基礎年金番号・年金コード		㋺ 被保険者資格の取得年月日	年　月　日
㋩ 当該傷病に関して支給される年金の種類等	年金の種類	厚生年金保険法の　イ、障害年金　ロ、障害厚生年金 国民年金法の　イ、障害年金　ロ、障害基礎年金 船員保険法の障害年金	
	障害等級		級
	支給される年金の額		円
	支給されることとなった年月日	年　月　日	
	厚年等の年金証書の基礎年金番号・年金コード		
	所轄年金事務所等		

③の者については、④、⑥から⑧まで並びに⑨の㋑及び㋺に記載したとおりであることを証明します。

年　月　日

事業の名称　電話（　）　－
事業場の所在地　〒　－
事業主の氏名　㊞
（法人その他の団体であるときは、その名称及び代表者の氏名）

〔注意〕⑨の㋑及び㋺については、③の者が厚生年金保険の被保険者である場合に限り証明すること。

⑩ 障害の部位及び状態	（診断書のとおり）	⑪ 既存障害がある場合にはその部位及び状態	
⑫ 添付する書類その他の資料名			

⑬ 年金の払渡しを受けることを希望する金融機関又は郵便局			
金融機関（郵便貯金銀行の支店等を除く。）	※金融機関店舗コード		
	名称	銀行・金庫 農協・漁協・信組	本店・本所 出張所 支店・支所
	預金通帳の記号番号	普通・当座　第　号	
郵便貯金銀行の支店等又は郵便局	※郵便局コード		
	フリガナ		
	名称		
	所在地	都道府県　市郡区	
	預金通帳の記号番号	第　号	

上記により
障害補償給付の支給を請求します。
障害特別支給金
障害特別年金
障害特別一時金の支給を申請します。

〒　－

電話（　）　－

年　月　日

請求人・申請人の　住所
氏名　㊞

労働基準監督署長　殿

☐本件手続を裏面に記載の社会保険労務士に委託します。

個人番号

振込を希望する金融機関の名称		預金の種類及び口座番号
銀行・金庫 農協・漁協・信組	本店・本所 出張所 支店・支所	普通・当座　第　号 口座名義人

様式第10号（裏面）

〔注意〕

1　※印欄には記載しないこと。

2　事項を選択する場合には該当する事項を○で囲むこと。

3　③の労働者の「所属事業場名称・所在地」欄には、労働者の直接所属する事業場が一括適用の取扱いを受けている場合に、労働者が直接所属する支店、工事現場等を記載すること。

4　⑦には、平均賃金の算定基礎期間中に業務外の傷病の療養のため休業した期間が含まれている場合に、当該平均賃金に相当する額がその期間の日数及びその期間中の賃金を業務上の傷病の療養のため休業した期間の日数及びその期間中の賃金とみなして算定した平均賃金に相当する額に満たないときは、当該みなして算定した平均賃金に相当する額を記載すること（様式第８号の別紙１に内訳を記載し添付すること。ただし、既に提出されている場合を除く。）。

5　⑧には、負傷又は発病の日以前１年間(雇入後１年に満たない者については、雇入後の期間）に支払われた労働基準法第12条第４項の３箇月を超える期間ごとに支払われる賃金の総額を記載すること（様式第８号の別紙１に内訳を記載し添付すること。ただし、既に提出されている場合を除く。）。

6　請求人（申請人）が傷病補償年金を受けていた者であるときは、

⑴　①、④及び⑥には記載する必要がないこと。

⑵　②には、傷病補償年金に係る年金証書の番号を記載すること。

⑶　事業主の証明を受ける必要がないこと。

7　請求人（申請人）が特別加入者であるときは、

⑴　⑦には、その者の給付基礎日額を記載すること。

⑵　⑧は記載する必要がないこと。

⑶　④及び⑥の事項を証明することができる書類その他の資料を添えること。

⑷　事業主の証明を受ける必要がないこと。

8　⑬については、障害補償年金又は障害特別年金の支給を受けることとなる場合において、障害補償年金又は障害特別年金の払渡しを金融機関（郵便貯金銀行の支店等を除く。）から受けることを希望する者にあつては、「金融機関（郵便貯金銀行の支店等を除く。)」欄に、障害補償年金又は障害特別年金の払渡しを郵便貯金銀行の支店等又は郵便局から受けることを希望する者にあつては「郵便貯金銀行の支店等又は郵便局」欄に、それぞれ記載すること。

なお、郵便貯金銀行の支店等又は郵便局から払渡しを受けることを希望する場合であつて振込によらないときは、「預金通帳の記号番号」の欄は記載する必要はないこと。

9　「事業主の氏名」の欄及び「請求人（申請人）の氏名」の欄は、記名押印することに代えて、自筆による署名をすることができること。

10　「個人番号」の欄については、請求人（申請人）の個人番号を記載すること。

11　本件手続を社会保険労務士に委託する場合は、「請求人（申請人）の氏名」欄の下の□にレ点を記入すること。

社会保険労務士記載欄	作成年月日・提出代行者・事務代理者の表示	氏　　名	電話番号
		㊞	（　　） －

様式第11号

労働者災害補償保険
障害補償給付
障　害　給　付　変更請求書
障害特別年金変更申請書

①年金証書の番号	管轄局	種別	西暦年	番	号
②労働者の　氏名					
②労働者の　生年月日	年　月　日				
②労働者の　住所					
③現在受けている障害補償年金又は障害年金に係る障害等級	第　級				
④現在受けている障害補償年金又は障害年金が支給されることとなつた年月日	年　月　日				
⑤障害の部位及び状態	（診断書のとおり。）				
⑥添付する書類その他の資料名					

上記により　障害補償給付　障害給付　の変更を請求します。
障害特別年金の変更を申請します。

〒　－　電話（　）　－

年　月　日　　請求人 申請人 の　住所

労働基準監督署長殿　　氏名　㊞

（注意）　「請求人（申請人）の氏名」の欄は、記名押印することに代えて、自筆による署名をすることができること。

振込を希望する金融機関の名称			預金の種類及び口座番号
	銀行・金庫 農協・漁協・信組	本店・本所 出張所 支店・支所	普通・当座　第　号 名義人

社会保険労務士記載欄	作成年月日・提出代行者・事務代理者の表示	氏名	電話番号
		㊞	（　）　－

様式第12号（表面）

（年金新規報告書提出）

業務災害用　労働者災害補償保険

遺族補償年金支給請求書
遺族特別支給金　支給申請書
遺族特別年金

① 労働保険番号	③ 死亡労働者の	フリガナ		④ 負傷又は発病年月日
府県・所掌・管轄・基幹番号・枝番号		氏名	（男・女）	年　月　日
		生年月日	年　月　日（　歳）	午前・後　時　分頃
② 年金証書の番号		個人番号		⑤ 死亡年月日
管轄局・種別・西暦年・番号・枝番号		職種		年　月　日
		所属事業場名称・所在地		⑦ 平均賃金
⑥ 災害の原因及び発生状況　(あ)どのような場所で(い)どのような作業をしているときに(う)どのような物又は環境に(え)どのような不安全な又は有害な状態があって(お)どのような災害が発生したかを簡明に記載すること				円　銭
				⑧ 特別給与の総額（年額）
				円

⑨ 厚生年金保険等の受給関係

㋑ 死亡労働者の厚年等の年金証書の基礎年金番号・年金コード		㋺ 死亡労働者の被保険者資格の取得年月日	年　月　日
㋩ 当該死亡に関して支給される年金の種類			
厚生年金保険法の　イ 遺族年金　ロ 遺族厚生年金	国民年金法の　イ母子年金　ロ準母子年金　ハ遺児年金　ニ寡婦年金　ホ遺族基礎年金		船員保険法の遺族年金
支給される年金の額	支給されることとなった年月日	厚年等の年金証書の基礎年金番号・年金コード（複数のコードがある場合は下段に記載すること。）	所轄年金事務所等
円	年　月　日		
受けていない場合は、次のいずれかを○で囲む。　・裁定請求中　・不支給裁定　・未加入　・請求していない　・老齢年金等選択			

③の者については、④、⑥から⑧まで並びに⑨の㋑及び㋺に記載したとおりであることを証明します。

年　月　日　　事業の名称　　電話（　　）

〒　－

事業場の所在地

〔注意〕⑨の㋑及び㋺については、③の者が厚生年金保険の被保険者である場合に限り証明すること。

事業主の氏名　㊞

（法人その他の団体であるときはその名称及び代表者の氏名）

⑩ 請求人 申請人	氏名（フリガナ）	生年月日	住所（フリガナ）	死亡労働者との関係	障害の有無	請求人（申請人）の代表者を選任しないときは、その理由
		・　・			ある・ない	
		・　・			ある・ない	
		・　・			ある・ない	
		・　・			ある・ない	

⑪ 請求人（申請人）以外の遺族補償年金を受けることができる遺族	氏名（フリガナ）	生年月日	住所（フリガナ）	死亡労働者との関係	障害の有無	請求人（申請人）と生計を同じくしているか
		・　・			ある・ない	いる・いない
		・　・			ある・ない	いる・いない
		・　・			ある・ない	いる・いない
		・　・			ある・ない	いる・いない

⑫ 添付する書類その他の資料名

⑬ 年金の払渡しを受けることを希望する金融機関又は郵便局			
金融機関（郵便貯金銀行の支店等を除く）		※金融機関店舗コード	
	名称	銀行・金庫　農協・漁協・信組	本店・本所　出張所　支店・支所
	預金通帳の記号番号	普通・当座　第	号
郵便局（郵便貯金銀行の支店等又は郵便局）	フリガナ	※郵便局コード	
	名称		
	所在地	都道府県	市郡区
	預金通帳の記号番号	第	号

上記により　遺族補償年金の支給を請求します。　遺族特別支給金・遺族特別年金の支給を申請します。

年　月　日

〒　－　　電話（　　）　－

請求人・申請人（代表者）の　住所

氏名　㊞

労働基準監督署長　殿

□本件手続を裏面に記載の社会保険労務士に委託します。

個人番号

特別支給金について振込を希望する金融機関の名称		預金の種類及び口座番号
銀行・金庫　農協・漁協・信組	本店・本所　出張所　支店・支所	普通・当座　第　号　口座名義人

様式第12号（裏面）

〔注意〕

1　※欄には記載しないこと。
2　事項を選択する場合には該当する事項を○で囲むこと。
3　③の死亡労働者の「所属事業場名称・所在地」欄には、死亡労働者が直接所属していた事業場が一括適用の取扱いを受けている場合に、死亡労働者が直接所属していた支店、工事現場等を記載すること。
4　⑦には、平均賃金の算定基礎期間中に業務外の傷病の療養のため休業した期間が含まれている場合に、当該平均賃金に相当する額がその期間の日数及びその期間中の賃金を業務上の傷病の療養のため休業した期間の日数及びその期間中の賃金とみなして算定した平均賃金に相当する額に満たないときは、当該みなして算定した平均賃金に相当する額を記載すること（様式第８号の別紙１に内訳を記載し添付すること。ただし、既に提出されている場合を除く。）。
5　⑧には負傷又は発病の日以前１年間（雇入後１年に満たない者については、雇入後の期間）に支払われた労働基準法第12条第４項の３箇月を超える期間ごとに支払われる賃金の総額を記載すること（様式第８号の別紙１に内訳を記載し添付すること。ただし、既に提出されている場合を除く。）。
6　死亡労働者が傷病補償年金を受けていた場合には、
⑴　①、④及び⑥には記載する必要がないこと。
⑵　②には、傷病補償年金に係る年金証書の番号を記載すること。
⑶　事業主の証明を受ける必要がないこと。
7　死亡労働者が特別加入者であつた場合には、
⑴　⑦にはその者の給付基礎日額を記載すること。
⑵　⑧は記載する必要がないこと。
⑶　④及び⑥の事項を証明することができる書類その他の資料を添えること。
⑷　事業主の証明を受ける必要がないこと。
8　⑨から⑫までに記載することができない場合には、別紙を付して所要の事項を記載すること。
9　この請求書（申請書）には、次の書類その他の資料を添えること。ただし、個人番号が未提出の場合を除き、⑵、⑶及び⑸の書類として住民票の写しを添える必要はないこと。
⑴　労働者の死亡に関して市町村長に提出した死亡診断書、死体検案書若しくは検視調書に記載してある事項についての市町村長の証明書又はこれに代わるべき書類
⑵　請求人（申請人）及び請求人（申請人）以外の遺族補償年金を受けることができる遺族と死亡労働者との身分関係を証明することができる戸籍の謄本又は抄本（請求人（申請人）又は請求人（申請人）以外の遺族補償年金を受けることができる遺族が死亡労働者と婚姻の届出をしていないが事実上婚姻関係と同様の事情にあつた者であるときは、その事実を証明することができる書類）
⑶　請求人（申請人）及び請求人（申請人）以外の遺族補償年金を受けることができる遺族（労働者の死亡当時胎児であつた子を除く。）が死亡労働者の収入によつて生計を維持していたことを証明することができる書類
⑷　請求人（申請人）及び請求人（申請人）以外の遺族補償年金を受けることができる遺族のうち労働者の死亡の時から引き続き障害の状態にある者については、その事実を証明することができる医師又は歯科医師の診断書その他の資料
⑸　請求人（申請人）以外の遺族補償年金を受けることができる遺族のうち、請求人（申請人）と生計を同じくしている者については、その事実を証明することができる書類
⑹　障害の状態にある妻については、労働者の死亡の時以後障害の状態にあつたこと及びその障害の状態が生じ、又はその事情がなくなつた時を証明することができる医師又は歯科医師の診断書その他の資料
10　⑬については、次により記載すること。
⑴　遺族補償年金の支給を受けることとなる場合において、遺族補償年金の払渡しを金融機関（郵便貯金銀行の支店等を除く。）から受けることを希望する者にあつては「金融機関（郵便貯金銀行の支店等を除く。）」欄に、遺族補償年金の払渡しを郵便貯金銀行の支店等又は郵便局から受けることを希望する者にあつては「郵便貯金銀行の支店等又は郵便局」欄に、それぞれ記載すること。
　なお、郵便貯金銀行の支店等又は郵便局から払渡しを受けることを希望する場合であつて振込によらないときは、「預金通帳の記号番号」の欄は記載する必要はないこと。
⑵　請求人（申請人）が２人以上ある場合において代表者を選任しないときは、⑩の最初の請求人（申請人）について記載し、その他の請求人（申請人）については別紙を付して所要の事項を記載すること。
11　「事業主の氏名」の欄及び「請求人（申請人）の氏名」の欄は、記名押印することに代えて、自筆による署名をすることができること。
12　「個人番号」の欄については、請求人（申請人）の個人番号を記載すること。
13　本件手続を社会保険労務士に委託する場合は、「請求人（申請人）の氏名」欄の下の□にレ点を記入すること。

社会保険労務士記載欄	作成年月日・提出代行者・事務代理者の表示	氏　名	電話番号
		㊞	（　） ―

様式第13号（表面）

労働者災害補償保険
遺族補償年金
遺族年金 転給等請求書
遺族特別年金 転給等申請書

① 死亡労働者の	フリガナ		② 請求(申請)の事由	イ 先順位者の失権 ロ 胎児であった子の出生 ハ 先順位者の所在不明
	氏名	（男・女）		
	生年月日	年　月　日（　歳）		

③ 請求人 申請人	フリガナ 氏名	生年月日	フリガナ 住所	死亡労働者との関係	障害の有無	代表者を選任しないときは、その理由
		年　月　日			ある・ない	
		年　月　日			ある・ない	
		年　月　日			ある・ない	
		年　月　日			ある・ない	

④ 既に遺族補償年金又は遺族年金及び遺族特別年金を受けている者	フリガナ 氏名	生年月日	フリガナ 住所	死亡労働者との関係	年金証書の番号 管轄局	種別	西暦年	番号	枝番号
		年　月　日							
		年　月　日							
		年　月　日							
		年　月　日							

⑤ 厚生年金保険等の受給関係

当該死亡に関して支給される年金の種類

厚生年金保険法の	国民年金法の	船員保険法の遺族年金
イ 遺族年金 ロ 遺族厚生年金	イ 母子年金　ロ 準母子年金　ハ 遺児年金 ニ 寡婦年金　ホ 遺族基礎年金	

支給される年金の額	支給されることとなった年月日	厚年等の年金証書の基礎年金番号・年金コード（複数のコードがある場合は下段に記載すること。）	所轄年金事務所等
円	年　月　日		

受けていない場合は、次のいずれかを○で囲む。　・裁定請求中　・不支給裁定　・未加入　・請求していない　・老齢年金等選択

⑥ 請求人（申請人）と生計を同じくしている遺族補償年金又は遺族年金を受けることができる遺族	フリガナ 氏名	生年月日	フリガナ 住所	死亡労働者との関係	障害の有無
		年　月　日			ある・ない
		年　月　日			ある・ない
		年　月　日			ある・ない
		年　月　日			ある・ない
		年　月　日			ある・ない

⑦ 添付する書類その他の資料名

⑧ 年金の払渡しを受けることを希望する金融機関又は郵便局			
金融機関（郵便貯金銀行の支店等を除く）		※金融機関店舗コード	
	名称	銀行・金庫 農協・漁協・信組	本店・本所 出張所 支店・支所
	預金通帳の記号番号	普通・当座	第　号
郵便貯金銀行の支店等又は郵便局		※郵便局コード	
	フリガナ 名称		
	所在地	都道府県	市郡区
	預金通帳の記号番号	第	号

上記により　遺族補償年金
遺族年金　の支給を請求します。
遺族特別年金　の支給を申請します。

年　月　日

労働基準監督署長　殿

〒　－　　電話（　）　－

請求人（代表者）
申請人（代表者）　の　住所
氏名　㊞

□本件手続を裏面に記載の社会保険労務士に委託します。

個人番号

様式第13号（裏面）

〔注意〕

1　※印欄には記載しないこと。

2　事項を選択する場合には該当する事項を○で囲むこと。

3　先順位者が失権したことにより又は所在不明の先順位者について遺族補償年金又は遺族年金の支給が停止されたことにより、新たに受給権者となつた者がこの請求書（申請書）を提出するときは、次の書類その他の資料を添えること。ただし、個人番号が未提出の場合を除き、⑶の書類として住民票の写しを添える必要はないこと。

⑴　請求人（申請人）及び請求人（申請人）と生計を同じくしている遺族補償年金又は遺族年金を受けることができる遺族と死亡した労働者との身分関係を証明することができる戸籍の謄本又は抄本

⑵　請求人（申請人）及び請求人（申請人）と生計を同じくしている遺族補償年金又は遺族年金を受けることができる遺族のうち障害の状態にあることにより遺族補償年金又は遺族年金を受けることができる者については、その者が労働者の死亡の時から引き続き障害の状態にあることを証明することができる医師又は歯科医師の診断書その他の資料

⑶　請求人（申請人）と生計を同じくしている遺族補償年金又は遺族年金を受けることができる遺族については、その者が請求人（申請人）と生計を同じくしていることを証明することができる書類

4　労働者の死亡当時胎児であつた子が出生した場合において、その同順位者又は後順位者が遺族補償年金又は遺族年金の支給を受けているときは、次の書類その他の資料を添えること。ただし、個人番号が未提出の場合を除き、⑶の書類として住民票の写しを添える必要はないこと。

⑴　請求人（申請人）及び請求人（申請人）と生計を同じくしている遺族補償年金又は遺族年金を受けることができる遺族と死亡した労働者との身分関係を証明することができる戸籍の謄本又は抄本

⑵　請求人（申請人）と生計を同じくしている遺族補償年金又は遺族年金を受けることができる遺族のうち、障害の状態にあることにより遺族補償年金又は遺族年金を受けることができる者については、その者が労働者の死亡の時から引き続き障害の状態にあることを証明することができる医師又は歯科医師の診断書その他の資料

⑶　請求人（申請人）と生計を同じくしている遺族補償年金又は遺族年金を受けることができる遺族については、その者が請求人（申請人）と生計を同じくしていることを証明することができる書類

5　③、④、⑤及び⑦に記載することができない場合には、別紙を付して所要の事項を記載すること。

6　⑧については、次により記載すること。

⑴　遺族補償年金若しくは遺族年金又は遺族特別年金の支給を受けることとなる場合において、遺族補償年金若しくは遺族年金又は遺族特別年金の払渡しを金融機関（郵便貯金銀行の支店等を除く。）から受けることを希望する者にあつては「金融機関（郵便貯金銀行の支店等を除く。）」欄に、遺族補償年金若しくは遺族年金又は遺族特別年金の払渡しを郵便貯金銀行の支店等又は郵便局から受けることを希望する者にあつては「郵便貯金銀行の支店等又は郵便局」欄に、それぞれ記載すること。

なお、郵便貯金銀行の支店等又は郵便局から払渡しを受けることを希望する場合であつて振込によらないときは、「預金通帳の記号番号」の欄は記載する必要はないこと。

⑵　請求人（申請人）が2人以上ある場合において代表者を選任しないときは、③の最初の請求人（申請人）について記載し、その他の請求人（申請人）については別紙を付して所要の事項を記載すること。

7　「請求人（申請人）の氏名」の欄は、記名押印することに代えて、自筆による署名をすることができること。

8　「個人番号」の欄については、請求人（申請人）の個人番号を記載すること。

9　本件手続を社会保険労務士に委託する場合は、「請求人（申請人）の氏名」欄の下の□にレ点を記入すること。

社会保険労務士記載欄	作成年月日・提出代行者・事務代理者の表示	氏　　名	電話番号
		㊞	（　　） —

様式第14号

労働者災害補償保険
遺族補償年金
遺族年金 支給停止申請書

① 申請人の	年金証書の番号	管轄局	種別	西暦年	番号		枝番号
	氏名						
	生年月日	年 月 日					
	住所						
② 所在不明者の	年金証書の番号	管轄局	種別	西暦年	番号		枝番号
	氏名						
	最後の住所						
	所在不明となった年月日〇〇〇	年 月 日					
	所在不明の事由						
③ 申請人と所在不明者との関係							

④ 申請人の同順位者	氏名	住所	年金証書の番号					所在不明者との関係
			管轄局	種別	西暦年	番号	枝番号	
⑤ 添付する書類名								

上記のとおり所在不明者に係る 遺族補償年金／遺族年金 の支給停止を申請します。

〒 ― 電話（ ） ―

年 月 日

申請人の 住所

労働基準監督署長殿

氏名 ㊞

〔注意〕

1 記入すべき事項のない欄又は記入枠は空欄のままとすること。

2 ②の所在不明者の年金証書の番号欄には、その番号が不明のときは記載する必要がないこと。

3 この申請書には、所在不明者の所在が１年以上明らかでないことを証明することができる書類を添えること。ただし、個人番号が未提出の場合を除き、当該書類として住民票の写しを添える必要はないこと。

4 ④及び⑤の欄に記載することができない場合には、別紙を付して所要の事項を記載すること。

5 「申請人の氏名」の欄は、記名押印することに代えて、自筆による署名をすることができること。

社会保険労務士記載欄	作成年月日・提出代行者・事務代理者の表示	氏名	電話番号
		㊞	（ ） ―

様式第15号（表面）

労働者災害補償保険

遺族補償一時金支給請求書

遺族特別支給金
遺族特別一時金 支給申請書

① 労働保険番号				
府県	所掌	管轄	基幹番号	枝番号

② 年金証書の番号				
管轄局	種別	西暦年	番号	枝番号

③ 死亡労働者の	
フリガナ	
氏名	（男・女）
生年月日	年　月　日（　歳）
職種	
所属事業場名称所在地	

④ 負傷又は発病年月日
年　月　日
午前 後　時　分頃
⑤ 死亡年月日
年　月　日
⑦ 平均賃金
円　銭
⑧ 特別給与の総額（年額）
円

⑥ 災害の原因及び発生状況　(あ)どのような場所で(い)どのような作業をしているときに(う)どのような物又は環境に(え)どのような不安全な又は有害な状態があって(お)どのような災害が発生したかを簡明に記載すること

③の者については、④及び⑥から⑧までに記載したとおりであることを証明します。

電話（　　）　－

年　月　日　　事業の名称

〒　－

事業場の所在地

事業主の氏名　㊞

（法人その他の団体であるときはその名称及び代表者の氏名）

⑨ 請求人 申請人	氏名（フリガナ）	生年月日	住所（フリガナ）	死亡労働者との関係	請求人（申請人）の代表者を選任しないときはその理由
		年　月　日			
		年　月　日			
		年　月　日			
		年　月　日			
		年　月　日			
		年　月　日			

⑩ 添付する書類その他の資料名	

上記により　遺族補償一時金の支給を請求します。
遺族特別支給金
遺族特別一時金　の支給を申請します。

〒　－　電話（　）　－

方

年　月　日　　請求人 申請人（代表者）の 住所

労働基準監督署長 殿　　氏名　㊞

振込を希望する金融機関の名称		預金の種類及び口座番号
銀行・金庫 農協・漁協・信組	本店・本所 出張所 支店・支所	普通・当座　第　号 口座名義人

様式第15号（裏面）

〔注意〕

1　事項を選択する場合には該当する事項を○で囲むこと。

2　②には、死亡労働者の傷病補償年金に係る年金証書の番号を記載すること。

3　③の死亡労働者の所属事業場名称・所在地欄には、死亡労働者が直接所属していた事業場が一括適用の取扱いを受けている場合に、死亡労働者が直接所属していた支店、工事現場等を記載すること。

4　平均賃金の算定基礎期間中に業務外の傷病の療養のため休業した期間が含まれている場合に、当該平均賃金に相当する額がその期間の日数及びその期間中の賃金を業務上の傷病の療養のため休業した期間の日数及びその期間中の賃金とみなして算定した平均賃金に相当する額に満たないときは、当該みなして算定した平均賃金に相当する額を⑦に記載すること。

5　⑧には負傷又は発病の日以前１年間（雇入後１年に満たない者については雇入後の期間）に支払われた労働基準法第12条第４項の３箇月を超える期間ごとに支払われる賃金の総額を記載すること。

6　死亡労働者が休業補償給付及び休業特別支給金の支給を受けていなかつた場合又は死亡労働者に関し遺族補償年金が支給されていなかつた場合には、⑦の平均賃金の算定内訳及び⑧の特別給与の総額（年額）の算定内訳を別紙（様式第8号の別紙1に内訳を記載し使用すること。）を付して記載すること。ただし、既に提出されている場合を除く。

7　死亡労働者に関し遺族補償年金が支給されていた場合又は死亡労働者が傷病補償年金を受けていた場合には、

(1)　①、④及び⑥には記載する必要がないこと。

(2)　事業主の証明は受ける必要がないこと。

8　死亡労働者が特別加入者であつた場合には、

(1)　⑦にはその者の給付基礎日額を記載すること。

(2)　⑧には記載する必要がないこと。

(3)　事業主の証明は受ける必要がないこと。

9　⑨及び⑩の欄に記載することができない場合には、別紙を付して所要の事項を記載すること。

10　この請求書（申請書）には、次の書類を添えること。

(1)　請求人（申請人）が死亡した労働者と婚姻の届出をしていないが事実上婚姻関係と同様の事情にあつた者であるときは、その事実を証明することができる書類

(2)　請求人（申請人）が死亡した労働者の収入によつて生計を維持していた者であるときは、その事実を証明することができる書類

(3)　労働者の死亡の当時遺族補償年金を受けることができる遺族がない場合の遺族補償一時金の支給の請求又は遺族特別支給金若しくは遺族特別一時金の支給の申請であるときは、次の書類

イ　労働者の死亡に関して市町村長に提出した死亡診断書、死体検案書若しくは検視調書に記載してある事項についての市町村長の証明書又はこれに代わるべき書類

ロ　請求人（申請人）て死亡した労働者との身分関係を証明することができる戸籍の謄本又は抄本（(1)の書類を添付する場合を除く。）

(4)　遺族補償年金を受ける権利を有する者の権利が消滅し、他に遺族補償年金を受けることができる遺族がない場合の遺族補償一時金の支給の請求又は遺族特別一時金の支給の申請であるときは、(3)のロ書類（(1)の書類を添付する場合を除く。）

11　死亡労働者が特別加入者であつた場合には、④及び⑥の事項を証明することができる書類その他の資料を添えること。

12　「事業主の氏名」の欄及び「請求人（申請人）の氏名」の欄は、記名押印することに代えて、自筆による署名をすることができること。

社会保険労務士記載欄	作成年月日・提出代行者・事務代理者の表示	氏　　名	電話番号
		㊞	（　）　—

様式第16号（表面）

業務災害用

労働者災害補償保険

葬　祭　料　請　求　書

① 労働保険番号				③請求人の	フリガナ	
府県	所掌	管轄	基幹番号	枝番号	氏名	
					住所	
② 年金証書の番号					死亡労働者との関係	
管轄局	種別	西暦年	番号			

④死亡労働者の		⑤ 負傷又は発病年月日
フリガナ		
氏名	（男・女）	年　月　日
生年月日	年　月　日（　歳）	午前後　時　分頃
職種		⑦ 死亡年月日
所属事業場名称所在地		

⑥ 災害の原因及び発生状況　(あ)どのような場所で(い)どのような作業をしているときに(う)どのような物又は環境に(え)どのような不安全な又は有害な状態があって(お)どのような災害が発生したかを簡明に記載すること	
	年　月　日
	⑧ 平均賃金
	円　銭

④の者については、⑤、⑥及び⑧に記載したとおりであることを証明します。

電話（　　）－

事業の名称

年　月　日

〒　－

事業場の所在地

事業主の氏名　㊞

（法人その他の団体であるときはその名称及び代表者の氏名）

⑨ 添付する書類その他の資料名	

上記により葬祭料の支給を請求します。

年　月　日

〒　－　　電話（　　）－

請求人の　住所

労働基準監督署長　殿　　氏名　㊞

振込を希望する金融機関の名称		預金の種類及び口座番号
銀行・金庫 農協・漁協・信組	本店・本所 出張所 支店・支所	普通・当座　第　号 口座名義人

様式第16号（裏面）

〔注意〕

1.　事項を選択する場合には該当する事項を○で囲むこと。

2.　②には、死亡労働者の傷病補償年金に係る年金証書の番号を記載すること。

3.　③の死亡労働者の所属事業場名称・所在地欄には、死亡労働者が直接所属していた事業場が一括適用の取扱いを受けている場合に、死亡労働者が直接所属していた支店、工事現場等を記載すること。

4.　平均賃金の算定基礎期間中に業務外の傷病の療養のため休業した期間が含まれている場合に、当該平均賃金に相当する額がその期間の日数及びその期間中の賃金とみなして算定した平均賃金に満たないときは、当該みなして算定した平均賃金に相当する額を⑧に記載すること。（様式第８号の別紙１に内訳を記載し添付すること。ただし、既に提出されている場合を除く。）

5.　死亡労働者に関し遺族補償給付が支給されていた場合又は死亡労働者が傷病補償年金を受けていた場合には、①、⑤及び⑥は記載する必要がないこと。事業主の証明は受ける必要がないこと。

6.　死亡労働者が特別加入者であった場合は、⑧にはその者の給付基礎日額を記載すること。

7.　この請求書には、労働者の死亡に関して市町村長に提出した死亡診断書、死体検案書若しくは検視調書に記載してある事項についての市町村長の証明書又はこれに代わるべき書類を添えること。

8.　死亡労働者が特別加入者であった場合には、⑤及び⑥の事項を証明することができる書類を添付すること。

9.　遺族補償給付の支給の請求書が提出されている場合には、７及び８による書類の提出は必要でないこと。

10.　「事業主の氏名」の欄及び「請求人の氏名」の欄は、記名押印することに代えて、自筆による署名をすることができること。

社会保険労務士記載欄	作成年月日・提出代行者・事務代理者の表示	氏　　名	電話番号
		㊞	（　　）　－

様式第16号の２（表面）

労働者災害補償保険
傷病の状態等に関する届

<table>
<tr><td rowspan="2">① 労働保険番号</td><td>府県</td><td>所掌</td><td>管轄</td><td>基幹番号</td><td>枝番号</td><td rowspan="3">③ 負傷又は発病年月日</td><td rowspan="3">年　月　日</td></tr>
<tr><td></td><td></td><td></td><td></td><td></td></tr>
<tr><td>② 労働者の フリガナ
氏名</td><td colspan="5">(男・女)</td></tr>
<tr><td>生年月日</td><td colspan="5">年　月　日（　歳）</td><td rowspan="2">④ 療養開始年月日</td><td rowspan="2">年　月　日</td></tr>
<tr><td>フリガナ
住所</td><td colspan="5"></td></tr>
<tr><td>⑤ 傷病の名称、部位及び状態</td><td colspan="7">（診断書のとおり。）</td></tr>
</table>

<table>
<tr><td rowspan="7">⑥ 厚生年金保険等の受給関係</td><td>厚年等の年金証書の基礎年金番号・年金コード</td><td></td><td>被保険者資格の取得年月日</td><td>年　月　日</td></tr>
<tr><td rowspan="6">当該傷病に関して支給される年金の種類等</td><td>年金の種類</td><td colspan="2">厚生年金保険法の　イ 障害年金　ロ 障害厚生年金
国民年金法の　イ 障害年金　ロ 障害基礎年金
船員保険法の障害年金</td></tr>
<tr><td>障害等級</td><td colspan="2">級</td></tr>
<tr><td>支給される年金の額</td><td colspan="2">円</td></tr>
<tr><td>支給されることとなった年月日</td><td colspan="2">年　月　日</td></tr>
<tr><td>厚年等の年金証書の基礎年金番号・年金コード</td><td colspan="2"></td></tr>
<tr><td>所轄年金事務所等</td><td colspan="2"></td></tr>
<tr><td>⑦ 添付する書類その他の資料名</td><td colspan="4"></td></tr>
</table>

<table>
<tr><td rowspan="7">⑧ 年金の払渡しを受けることを希望する金融機関又は郵便局</td><td rowspan="3">金融機関（郵便貯金銀行の支店等を除く。）</td><td rowspan="2">名称</td><td>※金融機関店舗コード</td><td></td></tr>
<tr><td colspan="2">銀行・金庫　農協・漁協・信組　本店・本所　出張所　支店・支所</td></tr>
<tr><td>預金通帳の記号番号</td><td colspan="2">普通・当座　第　号</td></tr>
<tr><td rowspan="4">郵便貯金銀行の支店等又は郵便局</td><td rowspan="2">フリガナ
名称</td><td>※郵便局コード</td><td></td></tr>
<tr><td colspan="2"></td></tr>
<tr><td>所在地</td><td colspan="2">都道府県　市郡区</td></tr>
<tr><td>預金通帳の記号番号</td><td colspan="2">第　号</td></tr>
</table>

上記のとおり届けます。

〒　－　電話（　）　－

年　月　日　届出人の　住所

労働基準監督署長 殿　氏名　㊞

□本件手続を裏面に記載の社会保険労務士に委託します。

個人番号

様式第16号の２（裏面）

〔注意〕

1　※印欄には記載しないこと。

2　事項を選択する場合には該当する事項を○で囲むこと。

3　⑧については、傷病補償年金又は傷病年金の支給を受けることとなる場合において、傷病補償年金又は傷病年金の払渡しを金融機関（郵便貯金銀行の支店等を除く。）から受けることを希望する者にあつては「金融機関（郵便貯金銀行の支店等を除く。）」欄に、傷病補償年金又は傷病年金の払渡しを郵便貯金銀行の支店等又は郵便局から受けることを希望する者にあつては「郵便貯金銀行の支店等又は郵便局」欄に、それぞれ記載すること。

なお、郵便貯金銀行の支店等又は郵便局から払渡しを受けることを希望する場合であつて振込によらないときは、「預金通帳の記号番号」の欄は記載する必要はないこと。

4　「届出人の氏名」の欄は、記名押印することに代えて、自筆による署名をすることができること。

5　「個人番号」の欄については、請求人（申請人）の個人番号を記載すること。

6　本件手続を社会保険労務士に委託する場合は、「届出人の氏名」欄の下の□にレ点を記入すること。

社会保険労務士記載欄	作成年月日・提出代行者・事務代理者の表示	氏　名	電話番号
		㊞	（　） －

様式第16号の2の2（表面）

標準字体 アカサタナハマヤラワ 0 1 2 3 4 イキシチニヒミ リン 5 6 7 8 9 ウクスツヌフムユル゛ エケセテネヘメ レ゜ オコソトノホモヨロー

○濁点、半濁点は一文字として書いてください。（例）カ゛ハ゜

労働者災害補償保険
介護補償給付
介護給付
支給請求書

帳票種別 ※35290　①管轄局署　②受付年月日（元号・年・月・日）　③特別コード　④介護料区分（1 常時／3 随時）

(イ) ⑤年金証書番号（管轄局・種別・西暦年・番号）	(ロ)受給している労災年金の種類 □障害（補償）　年金　級 □傷病（補償）　年金　級	(ハ)障害の部位及び状態並びに当該障害を有することに伴う日常生活の状態については別紙診断書のとおり。
(ニ)労働者の ⑥氏名（カタカナ）：姓と名の間は1文字あけて左ヅメで記入してください。		生年月日　年　月　日
氏名	住所	

⑦(ホ)請求対象年月（元号・年・月）	⑧(ヘ)費用を支出して介護を受けた日数	⑨(ト)介護に要する費用として支出した費用の額	介護に従事した者 ※　⑩親族　⑪友人・知人　⑫看護師・家政婦又は看護補助者　⑬施設職員
⑭(ホ)請求対象年月（元号・年・月）	⑮(ヘ)費用を支出して介護を受けた日数	⑯(ト)介護に要する費用として支出した費用の額	介護に従事した者 ※　⑰親族　⑱友人・知人　⑲看護師・家政婦又は看護補助者　⑳施設職員
(ホ)請求対象年月（元号・年・月）1〜9月は右へ	(ヘ)費用を支出して介護を受けた日数 1〜9日は右へ	(ト)介護に要する費用として支出した費用の額	介護に従事した者 ※　親族　友人・知人　看護師・家政婦又は看護補助者　施設職員

右の欄及び から までの欄は、口座を新規に届け出る場合、又は、届け出た口座を変更する場合のみ記入してください。	新規・変更	振込を希望する金融機関の名称　銀行・金庫・農協・漁協・信組　本店・本所　出張所　支店・支所	口座名義人	※金融機関コード（金融機関・店舗）
(チ) 預(貯)金の種別　1：普通　3：当座		口座番号（左詰め。ゆうちょ銀行の場合は、記号(5桁)は左詰め、番号は右詰めで記入し、空欄には「0」を記入。）		※郵便局コード

口座名義人（カタカナ）：姓と名の間は1文字あけて左ヅメで記入してください。

(続き)口座名義人（カタカナ）

(リ)介護を受けた場所等	イ 住居	ロ 施設等	（ただし、病院、診療所、介護老人保健施設、介護医療院、特別養護老人ホーム及び原子爆弾被爆者特別養護ホームは除く。）	所在地	名称　電話（　）　―

(ヌ)介護に従事した者	氏名	生年月日	続柄	介護期間・日数	区分
		年　月　日		月　日から 月　日まで 日間	イ 親族　ロ 友人・知人　ハ 看護師・家政婦又は看護補助者　ニ 施設職員
		年　月　日		月　日から 月　日まで 日間	イ 親族　ロ 友人・知人　ハ 看護師・家政婦又は看護補助者　ニ 施設職員
		年　月　日		月　日から 月　日まで 日間	イ 親族　ロ 友人・知人　ハ 看護師・家政婦又は看護補助者　ニ 施設職員

(ル)添付する書類　イ 診断書　ロ 介護に要した費用の額の証明書（　通）

上記により 介護補償給付／介護給付 の支給を請求します。

年　月　日

〒　―　電話（　）　―

請求人の　住所
　　　　　氏名　（　方）　印

労働基準監督署長　殿

［介護の事実に関する申立て］　私は、上記(リ)及び(ヌ)のとおり介護に従事したことを申し立てます。

住所		氏名	印	電話番号	（　）―

（注意）
一、□□□で表示された枠（以下、「記入枠」という。）に記入する文字は、光学式文字読取装置（OCR）で直接読取りを行いますので、汚したり、穴をあけたり、必要以上に強く折り曲げたり、のりづけしたりしないでください。
二、記載すべき事項のない欄又は記入枠は空欄のままとし、事項を選択する場合には該当事項を○で囲んでください。（ただし、欄については該当番号を記入枠に記入してください。）
三、記入枠の部分は、必ず黒のボールペンを使用し、様式の右上に記載された「標準字体」にならって、枠からはみださないように大きめのカタカナ及びアラビア数字で明瞭に記載してください。

※印の欄は記入しないでください。（職員が記入します。）

◎裏面の注意事項を読んでから記入してください。折り曲げる場合には(◀)の所を谷に折りさらに2つ折りにしてください。

様式第16号の２の２（裏面）

〔注意〕

1　初めて介護（補償）給付を請求する場合は、(ハ)の障害の部位及び状態並びに当該障害を有することに伴う日常生活の状態に関する医師又は歯科医師の診断書を添えること。

2　(イ)及び(ロ)について、障害（補償）給付支給請求書を同時に提出する場合にあっては、記入する必要はないこと。

3　障害（補償）年金又は傷病（補償）年金を現に受給している者は、(ロ)に当該受給している年金に☑を付すとともに、その等級を記入すること。

4　(ホ)の「請求対象年月」は、請求する月について必ず記入すること。
その月に費用を支出して介護を受けた日がある場合には、(ヘ)及び(ト)に日数及び金額をすべて記入し当該支出した費用の額を証する書類を添えること。

その月に費用を支出して介護を受けた日がない場合には、(ヘ)及び(ト)は記入する必要はないこと。

5　(ヌ)の「介護に従事した者」の欄には、介護期間（(ホ)の「請求対象年月」に相当する期間）において介護に従事したすべての者について記入すること。

6　(ヌ)の「介護に従事した者」の欄の「氏名」、「生年月日」及び「続柄」の欄は、親族又は友人・知人による介護を受けた場合に記入すること。

7　「請求人の氏名」の欄は、記名押印することに代えて、自筆による署名をすることができること。

8　親族又は友人・知人による介護を受けた日がある月分の介護（補償）給付の支給を請求する場合には、［介護の事実に関する申立て］の欄に、介護に従事した者の記名押印又は自筆による署名が必要であること。

表面の記入枠を訂正したときの訂正印欄	削　字	㊞	
	加　字		

社会保険労務士記載欄	作成年月日・提出代行者・事務代理者の表示	氏　名	電話番号
		㊞	（　　） ―

様式第16号の３（表面）

様式第16号の3(表面)　労働者災害補償保険

通勤災害用

療養給付たる療養の給付請求書

裏面に記載してある注意事項をよく読んだ上で、記入してください。

標準字体	0 1 2 3 4 5 6 7 8 9 ゛ ゜ ー
	アイウエオカキクケコサシスセソタチツテトナニヌ
	ネノハヒフヘホマミムメモヤユヨラリルレロワン

帳票種別	※34590
①管轄局署	
②業通別	3（1業 3通）
③保留	（1全レセ 3全給付）
⑥処理区分	
④受付年月日	※　元号　年　月　日
⑤労働保険番号	府県　所掌　管轄　基幹番号　枝番号
	年金証書番号記入欄
⑦支給・不支給決定年月日	※　元号　年　月　日
⑧性別	1男 3女
⑨労働者の生年月日	元号（1明治 3大正 5昭和 7平成）　年　月　日（1～9年は右へ、1～9月は右へ、1～9日は右へ）
⑩負傷又は発病年月日	元号　年　月　日（1～9年は右へ、1～9月は右へ、1～9日は右へ）
⑪再発年月日	※　元号　年　月　日
⑫労働者の　シメイ（カタカナ）	姓と名の間は1文字あけて記入してください。濁点・半濁点は1文字として記入してください。
⑬三者	※　1自 3労 5他
⑮特別加入者	
氏名	（　　歳）
⑯郵便番号	□□□－□□□□
住所	フリガナ
職種	
⑰第三者行為災害	該当する・該当しない
⑱健康保険日雇特例被保険者手帳の記号及び番号	
⑲通勤災害に関する事項	裏面のとおり
⑳指定病院等の　名称	電話（　　）　－
所在地	〒　　－
㉑傷病の部位及び状態	

標準字体で記入してください。

※印の欄は記入しないでください。（職員が記入します。）

⑫の者については、⑩及び裏面の(ロ)、(ハ)、(ニ)、(ホ)、(ト)、(チ)、(リ)（通常の通勤の経路及び方法に限る。）及び(ヲ)に記載したとおりであることを証明します。

　　年　　月　　日

事業の名称　　　　電話（　　）　－

事業場の所在地　　　　〒　　－

事業主の氏名　　　　印

（法人その他の団体であるときはその名称及び代表者の氏名）

労働者の所属事業場の名称・所在地　　　　電話（　　）　－

（注意）1　事業主は、裏面の(ロ)、(ハ)及び(リ)については、知り得なかった場合には証明する必要がないので、知り得なかった事項の符号を消してください。

2　労働者の所属事業場の名称・所在地については、労働者が直接所属する事業場が一括適用の取扱いを受けている場合に、労働者が直接所属する支店、工事現場等を記載してください。

3　派遣労働者について、療養給付のみの請求がなされる場合にあっては、派遣先事業主は、派遣元事業主が証明する事項の記載内容が事実と相違ない旨裏面に記載してください。

上記により療養給付たる療養の給付を請求します。

　　年　　月　　日

労働基準監督署長　殿

病院・診療所・薬局・訪問看護事業者　経由

請求人の　〒　　－　　電話（　　）　－

住所　　　　（　　方）

氏名　　　　印

折り曲げる場合には（◀）の所を谷に折りさらに2つ折りにしてください。

支給・不支給決定決議書	署長	副署長	課長	係長	係	決定年月日	・　・
						不支給の理由	
	調査年月日	・　・	・　・	・　・			
	復命書番号	第　号	第　号	第　号			

（この欄は記入しないでください。）

様式第16号の3（裏面）

通勤災害に関する事項

(イ) 災害時の通勤の種別 (該当する記号を記入)		イ、住居から就業の場所への移動　ロ、就業の場所から住居への移動 ハ、就業の場所から他の就業の場所への移動 ニ、イに先行する住居間の移動　ホ、ロに後続する住居間の移動		
(ロ) 負傷又は発病の年月日及び時刻		年　月　日　午前/後　時　分頃		
(ハ) 災害発生の場所		(ニ) 就業の場所 (災害時の通勤の種別がハに該当する場合は移動の終点たる就業の場所)		
(ホ) 就業開始の予定年月日及び時刻 (災害時の通勤の種別がイ、ハ又はニに該当する場合は記載すること)		年　月　日　午前/後　時　分頃		
(ヘ) 住居を離れた年月日及び時刻 (災害時の通勤の種別がイ、ニ又はホに該当する場合は記載すること)		年　月　日　午前/後　時　分頃		
(ト) 就業終了の年月日及び時刻 (災害時の通勤の種別がロ、ハ又はホに該当する場合は記載すること)		年　月　日　午前/後　時　分頃		
(チ) 就業の場所を離れた年月日及び時刻 (災害時の通勤の種別がロ又はハに該当する場合は記載すること)		年　月　日　午前/後　時　分頃		
(リ) 災害時の通勤の種別に関する移動の通常の経路、方法及び所要時間並びに災害発生の日に住居又は就業の場所から災害発生の場所に至った経路、方法、所要時間その他の状況		〔通常の通勤所要時間　時間　分〕		
(ヌ) 災害の原因及び発生状況 (あ) どのような場所を (い) どのような方法で移動している際に (う) どのような物で又はどのような状況において (え) どのようにして災害が発生したか (お) ⑱と初診日が異なる場合はその理由を簡明に記載すること				
(ル) 現認者の　住所				
氏名		電話（　）－		
(ヲ) 転任の事実の有無 (災害時の通勤の種別がニ又はホに該当する場合)	有・無	(ワ) 転任直前の住居に係る住所		

［項目記入にあたっての注意事項］

1　記入すべき事項のない欄又は記入枠は空欄のままとし、事項を選択する場合には当該事項を○で囲んでください。（ただし、⑧欄並びに⑨及び⑩欄の元号については該当番号を記入枠に記入してください。）

2　傷病年金の受給権者が当該傷病にかかる療養の給付を請求する場合には、⑤労働保険番号欄に左詰で年金証書番号を記入してください。また、⑨及び⑩は記入しないでください。

3　⑱は、請求人が健康保険の日雇特例被保険者でない場合には記載する必要はありません。

4　(ホ) は、災害時の通勤の種別がハの場合には、移動の終点たる就業の場所における就業開始の予定時刻を、ニの場合には、後続するイの移動の終点たる就業の場所における就業開始の予定の年月日及び時刻を記載してください。

5　(ト) は、災害時の通勤の種別がハの場合には、移動の起点たる就業の場所における就業終了の年月日及び時刻を、ホの場合には、先行するロの移動の起点たる就業の場所における就業終了の年月日及び時刻を記載してください。

6　(チ) は、災害時の通勤の種別がハの場合には、移動の起点たる就業の場所を離れた年月日及び時刻を記載してください。

7　(リ) は、通常の通勤の経路を図示し、災害発生の場所及び災害発生の日に住居又は就業の場所から災害発生の場所に至った経路を朱線等を用いてわかりやすく記載するとともに、その他の事項についてもできるだけ詳細に記載してください。

8　「事業者の氏名」の欄及び「請求人の氏名」の欄は、記名押印することに代えて、自筆による署名をすることができます。

［標準字体記入にあたっての注意事項］

□□□で表示された記入枠に記入する文字は、光学式文字読取装置（OCR）で直接読取りを行いますので、以下の注意事項に従って、表面の右上に示す標準字体で記入してください。

1　筆記用具は黒ボールペンを使用し、記入枠からはみださないように書いてください。

2　「促音」「よう音」などは大きく書き、濁点、半濁点は1文字として書いてください。

(例) キッテ → キツテ　キョ → キヨ　バ → ハ゛

3　シツソン は斜の弧を書きはじめるとき、小さくカギをつけてください。

4　1 はカギをつけないで垂直に、4 の2本の縦線は上で閉じないで書いてください。

派遣先事業主証明欄	派遣元事業主が証明する事項（表面の⑩並びに(ロ)、(ハ)、(ニ)、(ホ)、(ト)、(チ)、(リ)（通常の通勤の経路及び方法に限る。）及び(ヲ)）の記載内容について事実と相違ないことを証明します。	
年　月　日	事業の名称	電話（　）－
	事業場の所在地	〒　－
	事業主の氏名 (法人その他の団体であるときはその名称及び代表者の氏名)	印

表面の記入枠を訂正したときの訂正印欄	削　字 加　字　印	社会保険労務士記載欄	作成年月日・提出代行者・事務代理者の表示	氏　名	電話番号
				㊞	（　）－

様式第16号の４（表面）

労働者災害補償保険

療養給付たる療養の給付を受ける指定病院等（変更）届

労働基準監督署長　殿　　　　　　　　　　　　　年　月　日

〔　病院／診療所／薬局／訪問看護事業者　経由　〕

〒　－
電話（　）　－

届出人の　住所　　　　方
　　　　　氏名　　　　印

下記により療養給付たる療養の給付を受ける指定病院等を（変更するので）届けます。

① 労働保険番号（府県・所掌・管轄・基幹番号・枝番号）	③ 労働者の	氏名	（男・女）	④負傷又は発病年月日
		生年月日	年　月　日（　歳）	年　月　日
② 年金証書の番号（管轄局・種別・西暦年・番号）		住所		午前／後　時　分頃
		職種		
⑤ 災害の原因及び発生状況	(あ)どのような場所を(い)どのような方法で移動している際に(う)どのような物で又はどのような状況において(え)どのようにして災害が発生したかを簡明に記載すること			

③の者については、④に記載したとおりであることを証明します。

年　月　日

事業の名称
〒　－　　電話（　）　－
事業場の所在地
事業主の氏名　　印
（法人その他の団体であるときはその名称及び代表者の氏名）

〔注意〕　事業主は、④について知り得なかった場合には、証明する必要がないこと。

⑥指定病院等の変更	変更前の	名称	（労災指定医番号）
		所在地	〒　－
	変更後の	名称	
		所在地	〒　－
	変更理由		
⑦ 傷病年金の支給を受けることとなった後に療養の給付を受けようとする指定病院等の		名称	
		所在地	〒　－
⑧ 傷病名			

様式第16号の４（裏面）

〔注意〕

1　記入すべき事項のない欄又は記入枠は空欄のままとし、事項を選択する場合には該当事項を○で囲むこと。

2　傷病年金の受給権者が当該傷病に係る療養に関しこの届書を提出するときは

⑴　①、④及び⑤は記載する必要がないこと。

⑵　事業主の証明は受ける必要がないこと。

3　傷病年金の受給権者が当該傷病に係る療養に関しこの届書を提出する場合以外の場合で、その提出が離職後であるときには事業主の証明は受ける必要がないこと。

4　「届出人の氏名」の欄及び「事業主の氏名」の欄は、記名押印することに代えて、自筆による署名をすることができること。

社会保険 労務士 記載欄	作成年月日・提出代行者・事務代理者の表示	氏　　　名	電話番号
		㊞	（　　） －

様式第16号の5(1)（表面）

■ 様式第16号の5（1）（表面） 労働者災害補償保険

通勤災害用

療養給付たる療養の費用請求書　第　回（同一傷病分）

標準字体	0 1 2 3 4 5 6 7 8 9 ゛ ゜ ー
	ア イ ウ エ オ カ キ ク ケ コ サ シ ス セ ソ タ チ ツ テ ト ナ ニ ヌ
	ネ ノ ハ ヒ フ ヘ ホ マ ミ ム メ モ ヤ ユ ヨ ラ リ ル レ ロ ワ ン

帳票種別 ※34260　①管轄局署　②業通別 3（1業 3通）　⑧受付年月日（元号 年 月 日）　⑩三者コード（1自 3労 5他）　⑪委任未支給（1委任 3未支給 5委未）　⑫特別加入者　⑬審査コード

③労働保険番号（府県 所掌 管轄 基幹番号 枝番号）　④年金証書の番号（管轄局 種別 西暦年 番号）

⑤労働者の性別（1男 3女）　⑥労働者の生年月日（1明治 3大正 5昭和 7平成）（元号 年 月 日）　1～9年は右へ 1～9月は右へ 1～9日は右へ　⑦負傷又は発病年月日（元号 年 月 日）　1～9年は右へ 1～9月は右へ 1～9日は右へ

※⑭金融機関コード（金融機関 店舗）　※⑮郵便局コード

⑨労働者の　シメイ（カタカナ）：姓と名の間は1文字あけて記入してください。濁点・半濁点は1文字として記入してください。

氏名　（　歳）　職種

住所　㉖郵便番号 □□□－□□□□

新規・変更

座を変更する場合のみ記入してください。新規に届け出る場合、又は、届け出た口座を右の欄及び⑯から⑲までの欄は、

振込を希望する金融機関の名称　銀行・金庫 農協・漁協 信組　本店・本所 出張所 支店・支所

口座名義人

⑯預金の種類（1普通 3当座）　⑰口座番号（左詰め、ゆうちょ銀行の場合は、記号（5桁）は左詰め、番号は右詰めで記入し、空欄には「0」を記入。）

⑱ メイギニン（カタカナ）：姓と名の間は1文字あけて記入してください。濁点・半濁点は1文字として記入してください。

⑲（つづき）メイギニン（カタカナ）

⑨の者については、⑦並びに裏面の(ワ)（通常の通勤の経路及び方法に限る。）、(カ)、(ヨ)、(タ)、(レ)、(ツ)、(ネ)及び(ム)に記載したとおりであることを証明します。

年　月　日

事業の名称　電話（　）　－

事業場の所在地　〒　－

事業主の氏名　印

（法人その他の団体であるときはその名称及び代表者の氏名）

（注意）1　事業主は裏面の(ワ)、(カ)及び(ヨ)については、知り得なかった場合には証明する必要がないので、知り得なかった事項の符号を消してください。
2　派遣労働者について、療養給付のみの請求がなされる場合にあっては、派遣先事業主は、派遣元事業主が証明する事項の記載内容が事実と相違ない旨裏面に記載してください。

医師又は歯科医師等の証明

療養の内容　(イ)期間　年　月　日から　年　月　日まで　日間　診療実日数　日

(ロ)傷病の部位及び傷病名

(ハ)傷病の経過の概要

年　月　日　治癒（症状固定）・継続中・転医・中止・死亡

⑨の者については、(イ)から(ニ)までに記載したとおりであることを証明します。

年　月　日　〒　－

病院又は診療所の　所在地

名称　電話（　）　－

診療担当者氏名　印

(ニ)　療養の内訳及び金額（内訳裏面のとおり。）　千　円

(ホ)看護料　年　月　日から　年　月　日まで　日間（看護師の資格の有・無）

(ヘ)移送費　から　まで　片道・往復　キロメートル　回

(ト)　上記以外の療養費（内訳別紙請求書又は領収書　枚のとおり。）

(チ)　療養の給付を受けなかった理由

⑳療養に要した費用の額（合計）　千万 百万 十万 万 千 百 十 円

㉑費用の種別 ※（1診療 2看護 3移送 4装具 5診断書）　㉒療養期間の初日（元号 年 月 日）から　1～9年は右へ 1～9月は右へ 1～9日は右へ　㉓療養期間の末日（元号 年 月 日）まで　1～9年は右へ 1～9月は右へ 1～9日は右へ　㉔診療実日数　日　㉕転帰事由（1治癒（症状固定） 3継続 5転医 7中止 9死亡）

上記により療養給付たる療養の費用の支給を請求します。

年　月　日　〒　－　電話（　）　－

請求人の　住所　（　方）

氏名　印

労働基準監督署長　殿

（注意）
一、□□□で表示された枠（以下、記入枠という。）に記入する文字は、光学式文字読取装置（OCR）で直接読取りを行うので、汚したり、穴をあけたり、必要以上に強く折り曲げたり、のりづけしたりしないでください。
二、記載すべき事項のない欄又は記入枠は、空欄のままとし、事項を選択する場合には該当事項を○で囲んでください。（ただし、⑤及び⑯欄並びに⑥及び⑦欄の元号については該当番号を記入枠に記入してください。）
三、記入枠の部分は、必ず黒のボールペンを使用し、様式右上に記載された「標準字体」にならって、枠からはみださないように大きめのカタカナ及びアラビア数字で明瞭に記載してください。

※印の欄は記入しないでください。（職員が記入します。）

◎裏面の注意事項を読んでから記入してください。

折り曲げる場合には（◀）の所を谷に折りさらに2つ折りにしてください。

様式第16号の5(1)（裏面）

(リ) 災害時の通勤の種別（該当する記号を記入）		イ．住居から就業の場所への移動 ロ．就業の場所から住居への移動 ハ．就業の場所から他の就業の場所への移動 ニ．イに先行する住居間の移動 ホ．ロに後続する住居間の移動
(ヌ) 労働者の所属事業場の名称・所在地		(ル) 現認者の　住所 氏名 電話（　　）　－
(ヲ) 災害の原因及び発生状況	（あ）どのような場所を（い）どのような方法で移動している際に（う）どのような物で又はどのような状況において（え）どのようにして災害が発生したか（お）⑦と初診日が異なる場合はその理由を簡明に記載すること	

(カ) 負傷又は発病の年月日及び時刻	年　月　日　午前・後　時　分頃	(ワ) 災害時の通勤の種別に関する移動の通常の経路、方法及び所要時間並びに災害発生の日に住居又は就業の場所から災害発生の場所に至った経路、方法、時間、その他の状況
(ヨ) 災害発生の場所		
(タ) 就業の場所（災害時の通勤の種別がハに該当する場合は移動の終点たる就業の場所）		
(レ) 就業開始の予定年月日及び時刻（災害時の通勤の種別がイ、ハ又はニに該当する場合は記載すること）	年　月　日　午前・後　時　分頃	
(ソ) 住居を離れた年月日及び時刻（災害時の通勤の種別がイ、ニ又はホに該当する場合は記載すること）	年　月　日　午前・後　時　分頃	
(ツ) 就業終了の年月日及び時刻（災害時の通勤の種別がロ、ハ又はホに該当する場合は記載すること）	年　月　日　午前・後　時　分頃	
(ネ) 就業の場所を離れた年月日及び時刻（災害時の通勤の種別がロ又はハに該当する場合は記載すること）	年　月　日　午前・後　時　分頃	
(ナ) 第三者行為災害	該当する・該当しない	
(ラ) 健康保険日雇特例被保険者手帳の記号及び番号		（通常の移動の所要時間　　時間　　分）
(ム) 転任の事実の有無（災害時の通勤の種別がニ又はホに該当する場合）	有・無	(ウ) 転任直前の住居に係る住所

療養の内訳及び金額

診療内容		点数（点）	診療内容	金額	摘要
初診	時間外・休日・深夜		初診	円	
再診	外来診療料　×　回 継続管理加算　×　回 外来管理加算　×　回 時間外　×　回 休日　×　回 深夜　×　回		再診　回 指導　回 その他	円 円 円	
指導			食事（基準　） 円×　日間 円×　日間 円×　日間	 円 円 円	
在宅	往診　回 夜間　回 緊急・深夜　回 在宅患者訪問診療　回 その他 薬剤　回		小計　②	円	
投薬	内服　薬剤　単位 調剤　×　回 屯服　薬剤　単位 外用　薬剤　単位 調剤　×　回 処方　×　回 麻毒　回 調基		摘要		
注射	皮下筋肉内　回 静脈内　回 その他　回				
処置	回 薬剤				
手術 麻酔	回 薬剤				
検査	回 薬剤				
画像診断	回 薬剤				
その他	処方せん　回 薬剤				
入院	入院年月日　年　月　日 病・診・衣　入院基本料・加算 ×　日間 ×　日間 ×　日間 ×　日間 ×　日間 特定入院料・その他				
小計	点　①　円		合計金額 ①＋②	円	

（注意）

一、共通の注意事項
㈠事項を選択する場合には、該当する事項を○で囲むこと。

㈡㈹、㈠及び㈩については、その費用についての明細書及び看護移送等をした者の請求書又は領収書を添えること。

㈢㈠の期間には、最終の投薬の期間をも算入すること。

㈣㈧は、労働者の直接所属する事業場が一括適用の取扱いを受けている場合に、労働者が直接所属する支店、工事現場等を記載すること。

㈤(ラ)は、請求人が健康保険の日雇特例被保険者でない場合には、記載する必要がないこと。

二、傷病年金の受給権者が当該傷病に係る療養の費用を請求する場合以外の場合の注意事項
㈠④は記載する必要がないこと。

㈡第二回以後の請求の場合には、(リ)から(ホ)まで、並びに(ム)及び(ウ)については記載する必要がなく、また事業主の証明は受ける必要がないこと。

三、傷病年金の受給権者が当該傷病に係る療養の費用を請求する場合の注意事項
㈠③、⑥、⑦及び(リ)から(ウ)までは記載する必要がないこと。

㈡事業主の証明は受ける必要がないこと。

四、「事業主の氏名」の欄、「病院又は診療所の診療担当者氏名」の欄及び「請求人の氏名」の欄は、記名押印することに代えて、自筆による署名をすることができること。

派遣先事業主証明欄	派遣元事業主が証明する事項（表面の⑦並びに(ワ)（通常の通勤の経路及び方法に限る。）、(カ)、(ヨ)、(タ)、(レ)、(ツ)、(ネ)及び(ム)）の記載内容について事実と相違ないことを証明します。 年　月　日 事業の名称　電話（　　）　－ 〒　－ 事業場の所在地 事業主の氏名　印 （法人その他の団体であるときはその名称及び代表者の氏名）

表面の記入枠を訂正したときの訂正印欄	削　字 加　字　印	社会保険労務士記載欄	作成年月日・提出代行者・事務代理者の表示	氏名	電話番号
				印	（　　）　－

様式第16号の5(2)（表面）

様式第16号の5(2)（表面）　労働者災害補償保険

通勤災害用

療養給付たる療養の費用請求書　　第　　回（同一傷病分）

標準字体	0 1 2 3 4 5 6 7 8 9 ゛ ゜ ー
	アイウエオカキクケコサシスセソタチツテトナニヌ
	ネノハヒフヘホマミムメモヤユヨラリルレロワン

（薬）

帳票種別	①管轄局署	②業通別	⑤受付年月日	⑩三者コード	⑪委任未支給	⑫特別加入者	⑬審査コード
※34261		3（1業 3通）	元号　年　月　日	1自 3労 5他	1委任 3未支給 5委未		

③労働保険番号（府県・所掌・管轄・基幹番号・枝番号）　④年金証書の番号（管轄局・種別・西暦年・番号）

⑤労働者の性別（1男 3女）　⑥労働者の生年月日（1明治 3大正 5昭和 7平成）元号　年　月　日　1～9年は右へ　1～9月は右へ　1～9日は右へ

⑦負傷又は発病年月日　元号　年　月　日　1～9年は右へ　1～9月は右へ　1～9日は右へ

※⑭金融機関コード（金融機関・店舗）

⑮※郵便局コード

⑨労働者の

シメイ（カタカナ）：姓と名の間は1文字あけて記入してください。濁点・半濁点は1文字として記入してください。

氏名　　　　（　　歳）　職種

住所　⑭郵便番号　□□□－□□□□

新規・変更

振込を希望する金融機関の名称　銀行・金庫・農協・漁協・信組　本店・本所・出張所・支店・支所

口座名義人

（新規に届け出る場合又は届け出た口座を変更する場合のみ記入してください。）右の欄及び⑯から⑲までの欄は、届け出た口座を

⑯預金の種類（1普通 3当座）

⑰口座番号（左詰め、ゆうちょ銀行の場合は、記号（5桁）は左詰め、番号は右詰めで記入し、空欄には「0」を記入。）

⑱メイギニン（カタカナ）：姓と名の間は1文字あけて記入してください。濁点・半濁点は1文字として記入してください。

⑲（つづき）メイギニン（カタカナ）

⑨の者については、⑦並びに裏面の(チ)（通常の通勤の経路及び方法に限る。）、(リ)、(ヌ)、(ル)、(ヲ)、(ワ)、(カ)、(ヨ)及び(ソ)に記載したとおりであることを証明します。

年　月　日

事業の名称　　電話（　　）　－

事業場の所在地　　〒　　－

事業主の氏名　　印

（法人その他の団体であるときはその名称及び代表者の氏名）

（注意）1　事業主は裏面の(チ)、(リ)及び(ヌ)については、知り得なかった場合には証明する必要がないので、知り得なかった事項の符号を消してください。
2　派遣労働者について、療養給付のみの請求がなされる場合にあっては、派遣先事業主は、派遣元事業主が証明する事項の記載内容が事実と相違ない旨裏面に記載してください。

（イ）傷病名

⑨の者については、（イ）に記載したとおりであることを証明します。

年　月　日　病院又は診療所の　所在地　〒　　－

名称　　電話（　　）　－

診療担当者氏名　　印

薬剤師の証明

⑨の者については、（ロ）、⑳に記載したとおりであること及び（ロ）、⑳に記載した事項は＿＿＿＿＿医師の処方に基づくものであることを証明します。

年　月　日　薬局の　所在地　〒　　－

名称　　電話（　　）　－

調剤担当者氏名　　印

（ロ）療養の内容　期間　　年　月　日から　年　月　日まで　日間　調剤実日数　日

（ハ）療養の給付を受けなかった理由

⑳療養に要した費用の額（内訳裏面のとおり。）　千万　百万　十万　万　千　百　十　円

㉑療養期間の初日　※元号　年　月　日　1～9年は右へ　1～9月は右へ　1～9日は右へ　から

㉒療養期間の末日　元号　年　月　日　1～9年は右へ　1～9月は右へ　1～9日は右へ　まで

㉓調剤数量

上記により療養給付たる療養の費用の支給を請求します。

年　月　日　　〒　　－　　電話（　　）　－

請求人の　住所　　（　　方）

氏名　　印

労働基準監督署長　殿

（注意）
一、□□□で表示された枠（以下、記入枠という。）に記入する文字は、光学式文字読取装置（OCR）で直接読取りを行うので、汚したり、穴をあけたり、必要以上に強く折り曲げたり、のりづけしたりしないでください。
二、記載すべき事項のない欄又は記入枠は、空欄のままとし、事項を選択する場合には該当事項を○で囲んでください。（ただし、⑤及び⑯欄並びに⑥及び⑦欄の元号については該当番号を記入枠に記入してください。）
三、記入枠の部分は、必ず黒のボールペンを使用し、様式右上に記載された「標準字体」にならって、枠からはみださないように大きめのカタカナ及びアラビア数字で明瞭に記載してください。

※印の欄は記入しないでください。（職員が記入します。）

◎裏面の注意事項を読んでから記入してください。

折り曲げる場合には（◀）の所を谷に折りさらに2つ折りにしてください。

様式第16号の５(2)（裏面）

(ニ) 災害時の通勤の種別（該当する記号を記入）		イ．住居から就業の場所への移動　　ロ．就業の場所から住居への移動 ハ．就業の場所から他の就業の場所への移動 ニ．イに先行する住居間の移動　　ホ．ロに後続する住居間の移動
(ホ) 労働者の所属事業場の名称・所在地		(ヘ) 現認者の　住所 氏名　　電話（　　）　－
(ト) 災害の原因及び発生状況		(あ) どのような場所を (い) どのような方法で移動している際に (う) どのような物で又はどのような状況において (え) どのようにして災害が発生したか (お) ⑦と初診日が異なる場合はその理由を簡明に記載すること

(リ) 負傷又は発病の年月日及び時刻	年　月　日　午前後　時　分頃		(チ) 災害時の通勤の種別に関する移動の通常の経路、方法及び所要時間並びに災害発生の日に住居又は就業の場所から災害発生の場所に至った経路、方法、時間、その他の状況
(ヌ) 災害発生の場所			
(ル) 就業の場所（災害時の通勤の種別がハに該当する場合は移動の終点たる就業の場所）			
(ヲ) 就業開始の予定年月日及び時刻（災害時の通勤の種別がイ、ハ又はニに該当する場合は記載すること）	年　月　日　午前後　時　分頃		
(ワ) 住居を離れた年月日及び時刻（災害時の通勤の種別がイ、ニ又はホに該当する場合は記載すること）	年　月　日　午前後　時　分頃		
(カ) 就業終了の年月日及び時刻（災害時の通勤の種別がロ、ハ又はホに該当する場合は記載すること）	年　月　日　午前後　時　分頃		
(ヨ) 就業の場所を離れた年月日及び時刻（災害時の通勤の種別がロ又はハに該当する場合は記載すること）	年　月　日　午前後　時　分頃		
(タ) 第三者行為災害	該当する・該当しない		
(レ) 健康保険日雇特例被保険者手帳の記号及び番号			（通常の移動の所要時間　　時間　　分）
(ソ) 転任の事実の有無（災害時の通勤の種別がニ又はホに該当する場合）	有・無	(ツ) 転任直前の住居に係る住所	

療養の内訳及び金額

病院又は診療所の	名　称		
	所在地		
担当医氏名	1． 2．	3． 4．	

医師番号	処方月日	調剤月日	処方 医薬品名・規格・用量・剤型・用法	単位薬剤料（点）	調剤数量	調剤報酬点数 調剤料（点）	薬剤料（点）	加算料（点）
	・	・						
	・	・						
	・	・						
	・	・						
	・	・						
受付回数　回	摘要							
	調剤基本料（点）		時間外等加算（点）	指導料（点）		合計点数（点）		
						合計金額（円）		

（注　意）

1．共通の注意事項
 (1) この請求書は、薬局から薬剤の支給をうけた場合に提出すること。
 (2) 事項を選択する場合には、該当する事項を○で囲むこと。
 (3) (ホ)は、労働者の直接所属する事業場が一括適用の取扱いを受けている場合に、労働者が直接所属する支店、工事現場等を記載すること。
 (4) (レ)は、請求人が健康保険の日雇特例被保険者でない場合には、記載する必要がないこと。

2．傷病年金の受給権者が当該傷病に係る療養の費用を請求する場合以外の場合の注意事項
 (1) ④は、記載する必要がないこと。
 (2) 第2回以後の請求の場合には、(ヘ)から(ヨ)まで、並びに(ソ)及び(ツ)については記載する必要がなく、また事業主の証明は受ける必要がないこと。

3．傷病年金の受給権者が当該傷病に係る療養の費用を請求する場合の注意事項
 (1) ③、⑥、⑦及び(ヘ)から(タ)まで、並びに(ソ)及び(ツ)は記載する必要がないこと。
 (2) 事業主の証明は受ける必要がないこと。

4．「事業主の氏名」の欄、「病院又は診療所の診療担当者氏名」の欄、「薬局の調剤担当者氏名」の欄及び「請求人の氏名」の欄は、記名押印することに代えて、自筆による署名をすることができること。

派遣先事業主証明欄	派遣元事業主が証明する事項（表面の⑦並びに(チ)（通常の通勤の経路及び方法に限る。）、(リ)、(ヌ)、(ル)、(ヲ)、(カ)、(ヨ)及び(ソ)）の記載内容について事実と相違ないことを証明します。 年　月　日　　事業の名称　　電話（　　）　－ 〒　　－ 事業場の所在地 事業主の氏名　　印 （法人その他の団体であるときはその名称及び代表者の氏名）

表面の記入枠を訂正したときの訂正印欄	削　　字 加　　字　印	社会保険労務士記載欄	作成年月日・提出代行者・事務代理者の表示	氏　　名	電話番号
				㊞	（　　）　－

様式第16号の5(3)（表面）

様式第16号の5(3)(表面) 労働者災害補償保険

通勤災害用

療養給付たる療養の費用請求書

第　回（同一傷病分）

標準字体	0 1 2 3 4 5 6 7 8 9 ゛ ゜ ー
	ア イ ウ エ オ カ キ ク ケ コ サ シ ス セ ソ タ チ ツ テ ト ナ ニ ヌ
	ネ ノ ハ ヒ フ ヘ ホ マ ミ ム メ モ ヤ ユ ヨ ラ リ ル レ ロ ワ ン

柔

※ 帳票種別 34262　①管轄局署　②業通別 3（1業 3通）　⑧受付年月日　⑩三者コード（1自 3労 5他）　⑪委任未支給（1委任 3未支給 7未委）　⑫特別加入者　⑬審査コード

③労働保険番号（府県 所掌 管轄 基幹番号 枝番号）　④年金証書の番号（管轄局 種別 西暦年 番号）

⑤労働者の性別（1男 3女）　⑥労働者の生年月日（1明治 3大正 5昭和 7平成）　⑦負傷又は発病年月日　※⑭金融機関コード（金融機関 店舗）

⑨労働者の　シメイ（カタカナ）：姓と名の間は1文字あけて記入してください。濁点・半濁点は1文字として記入してください。　※⑮郵便局コード

氏名　（　歳）　職種

住所　⑳郵便番号 □□□－□□□□

新規・変更　新規に届け出る場合又は届け出た口座を変更する場合のみ記入してください。右の欄及び⑯から⑲までの欄は、口座を

振込を希望する金融機関の名称　銀行・金庫・農協・漁協・信組　本店・本所・出張所・支店・支所

⑯預金の種類（1普通 3当座）　⑰口座番号（左詰め、ゆうちょ銀行の場合は、記号（5桁）は左詰め、番号は右詰めで記入し、空欄には「0」を記入。）

口座名義人　メイギニン（カタカナ）：姓と名の間は1文字あけて記入してください。濁点・半濁点は1文字として記入してください。　⑱

（つづき）メイギニン（カタカナ）　⑲

⑨の者については、⑦並びに裏面の(チ)（通常の通勤の経路及び方法に限る。）、(リ)、(ヌ)、(ル)、(ヲ)、(カ)、(ヨ)及び(ソ)に記載したとおりであることを証明します。

年　月　日　　事業の名称　電話（　）　－

事業場の所在地　〒　－

事業主の氏名　印

（法人その他の団体であるときはその名称及び代表者の氏名）

（注意）1　事業主は裏面の(チ)、(リ)及び(ヌ)については、知り得なかった場合には証明する必要がないので、知り得なかった事項の符号を消してください。
2　派遣労働者について、療養給付のみの請求がなされる場合にあっては、派遣先事業主は、派遣元事業主が証明する事項の記載内容が事実と相違ない旨裏面に記載してください。

柔道整復師の証明

⑨の者については、(イ)から(ハ)まで及び㉑に記載したとおりであることを証明します。　〒　－

年　月　日　　施術所の　名称　電話（　）　－

住所

氏名　印

療養の内容　(イ)期間　年　月　日から　年　月　日まで　日間　施術実日数　日

(ロ)傷病の部位及び傷病名

(ハ)傷病の経過の概要

年　月　日　治癒（症状固定）・継続中・転医・中止

⑳指定・指名番号（府県 種別 一連番号）　㉑療養に要した費用の額（内訳裏面のとおり。）（千万 百万 十万 万 千 百 十 円）

※　㉒療養期間の初日　から　㉓療養期間の末日　まで　㉔施術実日数　日　㉕転帰事由（1治癒（症状固定） 3継続 5転医 7中止）

上記により療養給付たる療養の費用の支給を請求します。

年　月　日　　〒　－　電話（　）　－

請求人の　住所　（　方）

氏名　印

労働基準監督署長　殿

（注意）
一、□□□で表示された枠（以下、記入枠という。）に記入する文字は、光学式文字読取装置（OCR）で直接読取を行うので、汚したり、穴をあけたり、必要以上に強く折り曲げたり、のりづけしたりしないでください。
二、記載すべき事項のない欄又は記入枠は、空欄のままとし、事項を選択する場合には該当事項を○で囲んでください。（ただし、⑤及び⑯欄並びに⑥及び⑦欄の元号については該当番号を記入枠に記入してください。）
三、記入枠の部分は、必ず黒のボールペンを使用し、様式右上に記載された「標準字体」にならって、枠からはみださないように大きめのカタカナ及びアラビア数字で明瞭に記載してください。

※印の欄は記入しないでください。（職員が記入します。）
◎裏面の注意事項を読んでから記入してください。
折り曲げる場合には（◀）の所を谷に折りさらに2つ折りにしてください。

様式第16号の５(3)（裏面）

(ニ) 災害時の通勤の種別（該当する記号を記入）		イ．住居から就業の場所への移動　ロ．就業の場所から住居への移動 ハ．就業の場所から他の就業の場所への移動 ニ．イに先行する住居間の移動　ホ．ロに後続する住居間の移動
(ホ) 労働者の所属事業場の名称・所在地		(ヘ) 現認者の　住所 氏名　電話（　　）　－

(ト) 災害の原因及び発生状況　（あ）どのような場所を（い）どのような方法で移動している際に（う）どのような物で又はどのような状況において（え）どのようにして災害が発生したか（お）⑦と初診日が異なる場合はその理由を簡明に記載すること

(リ) 負傷又は発病の年月日及び時刻	年　月　日　午前/後　時　分頃	(チ) 災害時の通勤の種別に関する移動の通常の経路、方法及び所要時間並びに災害発生の日に住居又は就業の場所から災害発生の場所に至った経路、方法、時間、その他の状況
(ヌ) 災害発生の場所		
(ル) 就業の場所（災害時の通勤の種別がハに該当する場合は移動の終点たる就業の場所）		
(ヲ) 就業開始の予定年月日及び時刻（災害時の通勤の種別がイ、ハ又はニに該当する場合は記載すること）	年　月　日　午前/後　時　分頃	
(ワ) 住居を離れた年月日及び時刻（災害時の通勤の種別がイ、ニ又はホに該当する場合は記載すること）	年　月　日　午前/後　時　分頃	
(カ) 就業終了の年月日及び時刻（災害時の通勤の種別がロ、ハ又はホに該当する場合は記載すること）	年　月　日　午前/後　時　分頃	
(ヨ) 就業の場所を離れた年月日及び時刻（災害時の通勤の種別がロ又はハに該当する場合は記載すること）	年　月　日　午前/後　時　分頃	
(タ) 第三者行為災害	該当する　・　該当しない	
(レ) 健康保険日雇特例被保険者手帳の記号及び番号		（通常の移動の所要時間　　時間　　分）
(ソ) 転任の事実の有無（災害時の通勤の種別がニ又はホに該当する場合）	有・無　(ツ) 転任直前の住居に係る住所	

療養の内訳及び金額	初検料	初検年月日　平成　年　月　日　時頃	時間外・深夜・休日加算	円	千　円
	再検料	回　円	指導管理料	回　円	
	運動療法料	回　円	施術情報提供料	円	
	休業（補償）給付証明料	回　円	証明期間		
	往診料	距離（片道）　km　1回　円	夜間・難路・暴風雨雪加算	円	
	整復固定料初回処置	傷病名及び部位	金額	特別材料料	
		イ	円		円
		ロ			
		ハ			
		ニ			
	後療料	イ　回　円		包帯交換料　回	円
		ロ			
		ハ			
		ニ			
	電療料	イ　回　ロ　回　ハ　回　ニ			回
	罨法料　冷罨法	イ　回　ロ　回　ハ　回　ニ			回
	罨法料　温罨法	イ　回　ロ　回　ハ　回　ニ			回
	その他				
	合計				千　円

（注　意）

1．共通の注意事項
(1) この請求書は、柔道整復師から施術を受けた場合に提出すること。
(2) 事項を選択する場合には、該当する事項を○で囲むこと。
(3) (ホ)は、労働者の直接所属する事業場が一括適用の取扱いを受けている場合に、労働者が直接所属する支店、工事現場等を記載すること。
(4) (レ)は、請求人が健康保険の日雇特例被保険者でない場合には、記載する必要がないこと。

2．傷病年金の受給権者が当該傷病に係る療養の費用を請求する場合以外の場合の注意事項
(1) ④は、記載する必要がないこと。
(2) 第２回以後の請求の場合には、(ヘ)から(ヨ)まで、並びに(ソ)及び(ツ)については記載する必要がなく、また事業主の証明は受ける必要がないこと。

3．傷病年金の受給権者が当該傷病に係る療養の費用を請求する場合の注意事項
(1) ③、⑤、⑦及び(ヘ)から(タ)まで、並びに(ソ)及び(ツ)は記載する必要がないこと。
(2) 事業主の証明は受ける必要がないこと。

4．「事業主の氏名」の欄、「施術所の名称」の欄及び「請求人の氏名」の欄は、記名押印することに代えて、自筆による署名をすることができること。

派遣先事業主証明欄	派遣元事業主が証明する事項（表面の⑦並びに(チ)（通常の通勤の経路及び方法に限る。）、(リ)、(ヌ)、(ル)、(ヲ)、(カ)、(ヨ)及び(ソ)）の記載内容について事実と相違ないことを証明します。 事業の名称　電話（　　）　－ 年　月　日　事業場の所在地　〒　－ 事業主の氏名　印 （法人その他の団体であるときはその名称及び代表者の氏名）

委　任　状

私は、柔道整復師＿＿＿＿＿＿＿＿を代理人と定め、私が請求する表記療養の費用につき労災保険から給付される金額の受領を委任します。

年　月　日　委任者の住所　　印
氏名
（記名押印又は署名）

表面の記入枠を訂正したときの訂正印欄	削　字 加　字　印	社会保険労務士記載欄	作成年月日・提出代行者・事務代理者の表示	氏　名　印	電話番号 （　　）　－

様式第16号の5(4)（表面）

様式第１６号の５(４)（表面）　労働者災害補償保険

通勤災害用

療養給付たる療養の費用請求書　　第　　回（同一傷病分）

標準字体　0 1 2 3 4 5 6 7 8 9 ゛ ゜ ー
ア イ ウ エ オ カ キ ク ケ コ サ シ ス セ ソ タ チ ツ テ ト ナ ニ ヌ
ネ ノ ハ ヒ フ ヘ ホ マ ミ ム メ モ ヤ ユ ヨ ラ リ ル レ ロ ワ ン

はり きゅう

※帳票種別　34263　①管轄局署　②業通別　3（1業 3通）　⑤受付年月日（元号 年 月 日）　⑩三者コード（1自 3労 5他）　⑪委任未支給（1委任 3未支給 7はり師）　⑫特別加入者　⑬審査コード

③労働保険番号（府県 所掌 管轄 基幹番号 枝番号）　④年金証書の番号（管轄局 種別 西暦年 番号）

⑤労働者の性別（1男 3女）　⑥労働者の生年月日（1明治 3大正 5昭和 7平成；元号 年 月 日）　⑦負傷又は発病年月日（元号 年 月 日）
1～9年は右へ　1～9月は右へ　1～9日は右へ

※⑭金融機関コード（金融機関　店舗）

⑨労働者の　シメイ（カタカナ）：姓と名の間は1文字あけて記入してください。濁点・半濁点は1文字として記入してください。

※⑮郵便局コード

氏名　　　（　　歳）　　職種

住所　⑳郵便番号　□□□－□□□□

新規・変更

振込を希望する金融機関の名称　銀行・金庫 農協・漁協 信組　本店・本所 出張所 支店・支所

口座名義人

（口座を変更する場合のみ記入してください。新規に届け出る場合、又は、届け出た口座を変更する場合は右の欄及び⑯から⑲までの欄は、口座…）

⑯預金の種類（1普通 3当座）　⑰口座番号（左詰め、ゆうちょ銀行の場合は、記号（5桁）は左詰め、番号は右詰めで記入し、空欄には「0」を記入。）

⑱メイギニン（カタカナ）：姓と名の間は1文字あけて記入してください。濁点・半濁点は1文字として記入してください。

⑲（つづき）メイギニン（カタカナ）

⑨の者については、⑦並びに裏面の(チ)（通常の通勤の経路及び方法に限る。）、(リ)、(ヌ)、(ル)、(ヲ)、(カ)、(ヨ)及び(ソ)に記載したとおりであることを証明します。

　　年　月　日　　事業の名称　　　　電話（　　）　－
　　　　　　　　事業場の所在地　　　〒　　－
　　　　　　　　事業主の氏名　　　　　　　　　　印
（法人その他の団体であるときはその名称及び代表者の氏名）

（注意）1　事業主は裏面の(チ)、(リ)及び(ヌ)については、知り得なかった場合には証明する必要がないので、知り得なかった事項の符号を消してください。
2　派遣労働者について、療養給付のみの請求がなされる場合にあっては、派遣先事業主は、派遣元事業主が証明する事項の記載内容が事実と相違ない旨裏面に記載してください。

あん摩マッサージ指圧師・はり師・きゅう師の証明

⑨の者については、(イ)から(ハ)まで及び㉑に記載したとおりであることを証明します。　〒　－
　　年　月　日　　施術所の　名称　　　電話（　　）　－
　　　　　　　　　　　　　　住所
　　　　　　　　　　　　　　氏名　　　　　　印

療養の内容　(イ)期間　　年　月　日から　年　月　日まで　日間　施術実日数　日
(ロ)傷病の部位及び傷病名
(ハ)傷病の経過の概要
　　年　月　日　治癒（症状固定）・継続中・転医・中止

⑳指定・指名番号（府県 種別 一連番号）　㉑療養に要した費用の額（内訳裏面のとおり。）（千万 百万 十万 万 千 百 十 円）

※㉒療養期間の初日（元号 年 月 日）から　㉓療養期間の末日（元号 年 月 日）まで　㉔施術実日数　日　㉕転帰事由（1治癒（症状固定） 3継続 5転医 7中止）
1～9年は右へ　1～9月は右へ　1～9日は右へ

上記により療養給付たる療養の費用の支給を請求します。

　　　年　月　日　　　〒　－　　電話（　　）　－
　　　　　　　　　　請求人の　住所　　　　（　　方）
　　　　　　　　　　　　　　　氏名　　　　　印

労働基準監督署長　殿

（注意）
一、□□□で表示された枠（以下、記入枠という。）に記入する文字は、光学式文字読取装置（OCR）で直接読取りを行うので汚したり、穴をあけたり、必要以上に強く折り曲げたり、のりづけしたりしないでください。
二、記載すべき事項のない欄又は記入枠は、空欄のままとし、事項を選択する場合には該当事項を○で囲んでください。（ただし、⑤及び⑯欄並びに⑥及び⑦欄の元号については該当番号を記入枠に記入してください。）
三、記入枠の部分は、必ず黒のボールペンを使用し、様式右上に記載された「標準字体」にならって、枠からはみださないように大きめのカタカナ及びアラビア数字で明瞭に記載してください。

※印の欄は記入しないでください。（職員が記入します。）
◎裏面の注意事項を読んでから記入してください。折り曲げる場合には(◀)の所を谷に折りさらに2つ折りにしてください。

様式第16号の5(4)（裏面）

(ニ) 災害時の通勤の種別（該当する記号を記入）		イ．住居から就業の場所への移動 ハ．就業の場所から他の就業の場所への移動 ニ．イに先行する住居間の移動	ロ．就業の場所から住居への移動 ホ．ロに後続する住居間の移動
(ホ) 労働者の所属事業場の名称・所在地		(ヘ) 現認者の	住所 氏名　　　電話（　　）　－

(ト) 災害の原因及び発生状況　（あ）どのような場所を（い）どのような方法で移動している際に（う）どのような物で又はどのような状況において（え）どのようにして災害が発生したか（お）⑦と初診日が異なる場合はその理由を簡明に記載すること

(リ) 負傷又は発病の年月日及び時刻	年　月　日　午前・午後　時　分頃	(チ) 災害時の通勤の種別に関する移動の通常の経路、方法及び所要時間並びに災害発生の日に住居又は就業の場所から災害発生の場所に至った経路、方法、時間、その他の状況
(ヌ) 災害発生の場所		
(ル) 就業の場所（災害時の通勤の種別がハに該当する場合は移動の終点たる就業の場所）		
(ヲ) 就業開始の予定年月日及び時刻（災害時の通勤の種別がイ、ハ又はニに該当する場合は記載すること）	年　月　日　午前・午後　時　分頃	
(ワ) 住居を離れた年月日及び時刻（災害時の通勤の種別がイ、ニ又はホに該当する場合は記載すること）	年　月　日　午前・午後　時　分頃	
(カ) 就業終了の年月日及び時刻（災害時の通勤の種別がロ、ハ又はホに該当する場合は記載すること）	年　月　日　午前・午後　時　分頃	
(ヨ) 就業の場所を離れた年月日及び時刻（災害時の通勤の種別がロ又はハに該当する場合は記載すること）	年　月　日　午前・午後　時　分頃	
(タ) 第三者行為災害	該当する・該当しない	
(レ) 健康保険日雇特例被保険者手帳の記号及び番号		（通常の移動の所要時間　時間　分）
(ソ) 転任の事実の有無（災害時の通勤の種別がニ又はホに該当する場合）	有・無　(ツ) 転任直前の住居に係る住所	

療養の内訳及び金額

種				別	金額
初検料	初検年月日			加算料金	千　円
	年　月　日　時頃			時間外・休日　円	
往療料	距離(片道)	回数	1回の料金	夜間加算料金	
	km	回	円	円	
施術料　はり・きゅう	施術名	回数	1回の料金		
	はり	回	円		
	きゅう				
	はり・きゅう併用				
	電気療法　電気針				
	電気療法　電気温灸器				
施術料　マッサージ	マッサージ				
	あん法料				
	変形徒手矯正術		(　肢)		
	光線療法　極超短波(超短波)				
	光線療法　低周波				
はり又はきゅうとマッサージの併用					
合計					

備考：(イ)はり・きゅうのみ　　(ロ)はり・きゅうと一般医療

（注意）

一、共通の注意事項
(一) この請求書は、あん摩マッサージ指圧師・はり師・きゅう師から施術を受けた場合に提出すること。
(二) マッサージの施術を受けた者は、初療の日及び初療の日から六か月を経過した日並びに六か月を経過した日以降三か月ごとの請求書に、医師の診断書を添えること。
(三) はり・きゅうの施術を受けた者は、初療の日及び初療の日から六か月を経過した日の請求書に、医師の診断書を添えること。また、初療の日から九か月を経過する場合は、はり師又はきゅう師の意見書及び症状経過表、更に医師の診断書、意見書を添えること。
(四) 事項を選択する場合には、該当する事項を○で囲むこと。
(五) (ホ)は、労働者の直接所属する事業場が一括適用の取扱いを受けている場合に、労働者が直接所属する支店、工事現場等を記載すること。
(六) (レ)は、請求人が健康保険の日雇特例被保険者でない場合には、記載する必要がないこと。

二、傷病年金の受給権者が当該傷病に係る療養の費用を請求する場合以外の場合の注意事項
(一) ④は、記載する必要がないこと。
(二) 第二回以後の請求の場合には、(ヘ)から(ヨ)まで、並びに(ソ)及び(ツ)については記載する必要がなく、また事業主の証明は受ける必要がないこと。

三、傷病年金の受給権者が当該傷病に係る療養の費用を請求する場合の注意事項
(一) ③、⑥、⑦及び(ヘ)から(タ)まで、並びに(ソ)及び(ツ)は記載する必要がないこと。
(二) 事業主の証明は受ける必要がないこと。

四、「事業主の氏名」の欄、「施術所の名称」の欄及び「請求人の氏名」の欄は、記名押印することに代えて、自筆による署名をすることができること。

派遣先事業主証明欄	派遣元事業主が証明する事項（表面の⑦並びに(チ)（通常の通勤の経路及び方法に限る。）、(リ)、(ヌ)、(ル)、(ヲ)、(カ)、(ヨ)及び(ソ)）の記載内容について事実と相違ないことを証明します。 年　月　日 事業の名称　　電話（　　）　－ 〒　　－ 事業場の所在地 事業主の氏名　　印 （法人その他の団体であるときはその名称及び代表者の氏名）

委任状	私は、あん摩マッサージ指圧師・はり師・きゅう師＿＿＿＿を代理人と定め、私が、請求する表記療養の費用につき労災保険から給付される金額の受領を委任します。 年　月　日　委任者の住所 氏名　　印 （記名押印又は署名）

表面の記入枠を訂正したときの訂正印欄	削　字　印 加　字	社会保険労務士記載欄	作成年月日・提出代行者・事務代理者の表示	氏名	電話番号
				㊞	（　　）　－

様式第16号の５(5)（表面）

様式第１６号の５（5）(表面)　労働者災害補償保険

通勤災害用　　　　第　　回

療養給付たる療養の費用請求書（同一傷病分）

標準字体	0	1	2	3	4	5	6	7	8	9	゛	゜	ー									
ア	イ	ウ	エ	オ	カ	キ	ク	ケ	コ	サ	シ	ス	セ	ソ	タ	チ	ツ	テ	ト	ナ	ニ	ヌ
ネ	ノ	ハ	ヒ	フ	ヘ	ホ	マ	ミ	ム	メ	モ	ヤ	ユ	ヨ	ラ	リ	ル	レ	ロ	ワ	ン	

訪看

※帳票種別 34265　①管轄局署　②業通別 3（1業 3通）　⑧受付年月日（元号 年 月 日）　⑩三者コード（1自 3労 5他）　⑪委任未支給（1委任 3未支給 5委未）　⑫特別加入者　⑬審査コード

③労働保険番号（府県 所掌 管轄 基幹番号 枝番号）　④年金証書の番号（管轄局 種別 西暦年 番号）

⑤労働者の性別（1男 3女）　⑥労働者の生年月日（1明治 3大正 5昭和 7平成）（元号 年 月 日）1～9年は右へ 1～9月は右へ 1～9日は右へ　⑦負傷又は発病年月日（元号 年 月 日）1～9年は右へ 1～9月は右へ 1～9日は右へ

※⑭金融機関コード（金融機関 店舗）

⑨労働者の　シメイ（カタカナ）：姓と名の間は１字あけて記入してください。濁点・半濁点は1文字として記入してください。

※⑮郵便局コード

氏名　　　（　　歳）　職種

住所　㉔郵便番号 □□□－□□□□

右の欄及び⑯から⑲までの欄は、口座を新規に届け出る場合、又は、届け出た口座を変更する場合のみ記入してください。	新規・変更	
振込を希望する金融機関の名称		銀行・金庫 農協・漁協 信組
		本店・本所 出張所 支店・支所
口座名義人		

⑯預金の種類（1普通 3当座）　⑰口座番号（左詰め、ゆうちょ銀行の場合は、記号（5桁）は左詰め、番号は右詰めで記入し、空欄には「0」を記入。）

⑱メイギニン（カタカナ）：姓と名の間は１字あけて記入してください。濁点・半濁点は1文字として記入してください。

⑲（つづき）メイギニン（カタカナ）

⑨の者については、⑦並びに裏面の(チ)(通常の通勤の経路及び方法に限る。)、(リ)、(ヌ)、(ル)、(ヲ)、(ワ)、(ヨ)及び(ソ)に記載したとおりであることを証明します。

事業の名称　　電話（　　）　－

年　月　日　事業場の所在地　　〒　　－

事業主の氏名　　印

（法人その他の団体であるときはその名称及び代表者の氏名）

（注意）1 事業主は、裏面の(チ)、(リ)及び(ヌ)については、知り得なかった場合には証明する必要がないので、知り得なかった事項の符号を消してください。
2 派遣労働者について、療養給付のみの請求がなされる場合にあっては、派遣先事業主は、派遣元事業主が証明する事項の記載内容が事実と相違ない旨裏面に記載してください。

医師証明欄

(イ)傷病名

⑨の者については、(イ)に記載したとおりであることを証明します。

年　月　日　病院又は診療所の　所在地　〒　　－

名称　　電話（　　）　－

診療担当者氏名　　印

訪問看護事業者の証明

⑨の者については、(ロ)及び⑳に記載したとおりであること及び(ロ)に記載した事項は＿＿＿＿医師の指示に基づくものであることを証明します。

年　月　日　訪問看護事業者の　所在地　〒　　－

名称　　電話（　　）　－

訪問看護担当者　　印

療養の内容　(ロ)期間　年　月　日から　年　月　日まで　日間　訪問看護の日数　日

⑳療養に要した費用の額（内訳裏面のとおり。）（千万 百万 十万 万 千 百 十 円）

(ハ)療養の給付を受けなかった理由

※㉑訪問開始年月日（元号 年 月 日）1～9年は右へ 1～9月は右へ 1～9日は右へ　から　㉒訪問終了年月日（元号 年 月 日）1～9年は右へ 1～9月は右へ 1～9日は右へ　まで　㉓実日数　日

上記により療養給付たる療養の費用の支給を請求します。

年　月　日　　〒　　－　　電話（　　）　－

請求人の　住所　　（　　方）

氏名　　印

労働基準監督署長　殿

（注意）
一、□□□で表示された枠（以下、記入枠という。）に記入する文字は、光学式文字読取装置（OCR）で直接読取りを行うので、汚したり、穴をあけたり、必要以上に強く折り曲げたり、のりづけしたりしないでください。
二、記載すべき事項のない欄又は記入枠は、空欄のままとし、事項を選択する場合には該当事項を○で囲んでください。（ただし、⑤及び⑯欄並びに⑥及び⑦欄の元号については該当番号を記入枠に記入してください。）
三、記入枠の部分は、必ず黒のボールペンを使用し、様式右上に記載された「標準字体」にならって、枠からはみださないように大きめのカタカナ及びアラビア数字で明瞭に記載してください。

※印の欄は記入しないでください。（職員が記入します。）

◎裏面の注意事項を読んでから記入してください。

折り曲げる場合には（◀）の所を谷に折りさらに２つ折りにしてください。

様式第16号の5⑸（裏面）

(ニ)災害時の通勤の種別 (該当する記号を記入)		イ．住居から就業の場所への移動　　ロ．就業の場所から住居への移動 ハ．就業の場所から他の就業の場所への移動 ニ．イに先行する住居間の移動　　ホ．ロに後続する住居間の移動
(ホ)労働者の所属事業場の名称・所在地		(ヘ)現認者の　住所 氏名　電話(　　)　－

(ト)災害の原因及び発生状況	(あ) どのような場所を (い) どのような方法で移動している際に (う) どのような物で又はどのような状況において (え) どのようにして災害が発生したか (お) ⑦と初診日が異なる場合はその理由を簡明に記載すること。

(リ)負傷又は発病の年月日及び時刻	年　月　日　午前/後　時　分頃	(チ)災害時の通勤の種別に関する移動の通常の経路・方法及び所要時間並びに災害発生の日に住居又は就業の場所から災害発生の場所に至った経路、方法、時間、その他の状況
(ヌ)災害発生の場所		
(ル)就業の場所 (災害時の通勤の種別がハに該当する場合は移動の終点たる就業の場所)		
(ヲ)就業開始の予定年月日及び時刻 (災害時の通勤の種別がイ、ハ又はニに該当する場合は記載すること)	年　月　日　午前/後　時　分頃	
(ワ)住居を離れた年月日及び時刻 (災害時の通勤の種別がイ、ニ又はホに該当する場合は記載すること)	年　月　日　午前/後　時　分頃	
(カ)就業終了の年月日及び時刻 (災害時の通勤の種別がロ、ハ又はホに該当する場合は記載すること)	年　月　日　午前/後　時　分頃	
(ヨ)就業の場所を離れた年月日及び時刻 (災害時の通勤の種別がロ又はハに該当する場合は記載すること)	年　月　日　午前/後　時　分頃	
(タ)第三者行為災害	該当する・該当しない	
(レ)健康保険日雇特例被保険者手帳の記号及び番号		(通常の移動の所要時間　時間　分)
(ソ)転任の事実の有無(災害時の通勤の種別がニ又はホに該当する場合)	有・無	(ツ)転任直前の住居に係る住所

療養の内訳及び金額

傷病の経過

基本療養費	看護師等	円×　日	円	指示期間　年　月　日～　年　月　日／　年　月　日～　年　月　日
		円×　日	円	(特別指示期間)　年　月　日～　年　月　日／　年　月　日～　年　月　日
	准看護師	円×　日	円	
		円×　日	円	
	＿＿加算　円	＿＿加算	円	訪問日
	＿＿加算　円	＿＿加算	円	1　2　3　4　5　6　7
精神科基本療養費	看護師等	円×　日	円	8　9　10　11　12　13　14
		円×　日	円	15　16　17　18　19　20　21
	准看護師	円×　日	円	22　23　24　25　26　27　28
		円×　日	円	29　30　31
	＿＿加算　円	＿＿加算	円	
	＿＿加算　円	＿＿加算	円	
管理療養費	初日		円	主治医への直近報告年月日
	2日目以降	日	円	年　月　日
	＿＿加算　円	＿＿加算	円	提供した情報の概要
	＿＿加算　円	＿＿加算	円	
情報提供療養費			円	
ターミナルケア療養費	死亡年月日　年　月　日		円	情報提供先の市（区）町村の名称
合計			円	

（注意）1．共通の注意事項
⑴　この請求書は、訪問介護事業者から訪問介護を受けた場合に提出すること。
⑵　(ホ)は、労働者の直接所属する事業場が一括適用の取扱いを受けている場合に、労働者が直接所属する支店、工事現場等を記載すること。
⑶　(レ)は、請求人が健康保険の日雇特例被保険者でない場合には、記載する必要がないこと。

2．傷病年金の受給権者が当該傷病に係る療養の費用を請求する場合以外の場合の注意事項
⑴　④は、記載する必要がないこと。
⑵　第2回以後の請求の場合には、(ヘ)から(ヨ)まで、並びに(ソ)及び(ツ)については記載する必要がなく、また事業主の証明は受ける必要がないこと。

3．傷病年金の受給権者が当該傷病に係る療養の費用を請求する場合の注意事項
⑴　③、⑥、⑦及び(ヘ)から(タ)まで、並びに(ソ)及び(ツ)は記載する必要がないこと。
⑵　事業主の証明は受ける必要がないこと。

4．「事業主の氏名」の欄、「訪問看護担当者」の欄及び「請求人の氏名」の欄は、記名押印することに代えて、自筆による署名をすることができること。

5．「療養の内訳及び金額」の各欄に書き切れない場合は、余白に記載するか、別紙を添付すること。

派遣先事業主証明欄	派遣元事業主が証明する事項（表面の⑦並びに(チ)(通常の通勤の経路及び方法に限る。)、(リ)、(ヌ)、(ル)、(ヲ)、(カ)、(ヨ)及び(ソ)）の記載内容について事実と相違ないことを証明します。 事業の名称　電話(　　)　－ 年　月　日　事業場の所在地　〒　－ 事業主の氏名　印 （法人その他の団体であるときはその名称及び代表者の氏名）

表面の記入枠を訂正したときの訂正印欄	削　字 加　字　印	社会保険労務士記載欄	作成年月日・提出代行者・事務代理者の表示	氏名	電話番号
				㊞	(　　)　－

様式第16号の6（表面）

■ 様式第16号の6（表面）

通勤災害用

労働者災害補償保険
休業給付支給請求書
休業特別支給金支給申請書

第　回（同一傷病分）

標準字体	0	1	2	3	4	5	6	7	8	9	゛	゜	ー
アイウエオカキクケコサシスセソタチツテトナニヌ													
ネノハヒフヘホマミムメモヤユヨラリルレロワン													

※帳票種別 34360　①管轄局署　③新継再別（1新 5継 7再）　④受付年月日（元号 年 月 日）　⑤業通別 3（1業 3通）　⑨三者コード（1自 3労 5他）　⑩日雇コード（1日）　⑪特別加入者

※⑰平均賃金（十万 万 千 百 十 円 . 十 銭）　⑱特別給与の額（千万 百万 十万 万 千 百 十 円）　⑬日数査定（1療 2賃 3特 4重 5他）　⑭特支コード（1特）　⑮委任未支給（1委 3未）　⑯特別コード（1特）

②労働保険番号（府県 所掌 管轄 基幹番号 枝番号）　⑤労働者の性別（1男 3女）　⑥労働者の生年月日（1明 3大 5昭 7平 元号 年 月 日）（1～9年は右へ 1～9月は右へ 1～9日は右へ）

⑫労働者の　氏名　シメイ（カタカナ）：姓と名の間は1文字あけて記入してください。濁点・半濁点は1文字として記入してください。（　歳）

⑦負傷又は発病年月日（1明 3大 5昭 7平 元号 年 月 日）（1～9年は右へ 1～9月は右へ 1～9日は右へ）

住所　⑳郵便番号 □□□－□□□□

⑲療養のため労働できなかった期間（1明 3大 5昭 7平 元号 年 月 日）から（元号 年 月 日）まで（1～9年は右へ 1～9月は右へ 1～9日は右へ）　日間のうち　⑳賃金を受けなかった日の日数（内訳別紙2のとおり。）　日

下の欄及び㉓、㉔、㉕、㉖欄は、口座を新規に届け出る場合、又は、届け出た口座を変更する場合のみ記入してください。
新規・変更

㉓預金の種類（1普通 3当座）　㉔口座番号（左詰め、ゆうちょ銀行の場合は、記号（5桁）は左詰め、番号は右詰めで記入し、空欄には「0」を記入。）

振込を希望する金融機関の名称（銀行・金庫 農協・漁協 信組／本店・本所 出張所 支店・支所）
㉕メイギニン（カタカナ）：姓と名の間は1文字あけて記入してください。濁点・半濁点は1文字として記入してください。
口座名義人　㉖（つづき）メイギニン（カタカナ）

※㉑金融機関コード（金融機関 店舗）　※㉒郵便局コード

⑫の者については、⑦、⑲、⑳、㉜から㉞まで、㉟、㊲、㊳、㊵、㊶、㊷（通常の通勤の経路及び方法に限る。）、㊼、㊾、㊿（㊿の(ハ)を除く。）及び別紙2に記載したとおりであることを証明します。

年　月　日

事業の名称　電話（　）－
事業場の所在地　〒　－
事業主の氏名　印
（法人その他の団体であるときはその名称及び代表者の氏名）
労働者の直接所属事業場名称所在地　電話（　）－

（注意）
1. ㊻の(イ)及び(ロ)については、⑫の者が厚生年金保険の被保険者である場合に限り証明してください。
2. 労働者の直接所属事業場名称所在地については、当該事業場が一括適用の取扱いを受けている場合に、労働者が直接所属する支店、工事現場等を記載してください。

診療担当者の証明

㉘傷病の部位及び傷病名		
㉙療養の期間	年　月　日から　年　月　日まで　日間　診療実日数　日	
傷病の経過	㉚療養の現況　年　月　日　治癒（症状固定）・死亡・転医・中止・継続中	
	㉛療養のため労働することができなかったと認められる期間　年　月　日から　年　月　日まで　日間のうち　日	

⑫の者については、㉘から㉛までに記載したとおりであることを証明します。

年　月　日　〒　－　電話（　）－

病院又は診療所の　所在地
名称
診療担当者氏名　印

上記により　休業給付の支給を請求／休業特別支給金の支給を申請　します。

年　月　日　〒　－　電話（　）－

請求人／申請人の　住所（　方）
氏名　印

労働基準監督署長　殿

（注意）
一、□□□で表示された枠（以下、記入枠という。）に記入する文字は、光学式文字読取装置（OCR）で直接読取を行うので、汚したり、穴をあけたり、必要以上に強く折り曲げたり、のりづけしたりしないでください。
二、記載すべき事項のない欄又は記入枠は、空欄のままとし、事項を選択する場合には該当事項を○で囲んでください。（ただし、⑤及び㉓欄並びに⑥、⑦及び⑲欄の元号については該当番号を記入枠に記入してください。）
三、記入枠の部分は、必ず黒のボールペンを使用し、様式右上に記載された「標準字体」にならって、枠からはみださないように大きめのカタカナ及びアラビア数字で明瞭に記載してください。

※印の欄は記入しないでください。（職員が記入します。）
◎裏面の注意事項を読んでから記入してください。
折り曲げる場合には（◀）の所を谷に折りさらに2つ折りにしてください。

様式第16号の6（裏面）

㉜ 労働者の職種	㉝ 負傷又は発病の年月日及び時刻	㉞ 平均賃金（算定内訳別紙1のとおり）	
	年　月　日　午前・後　時　分頃	円　銭	
㉟ 災害時の通勤の種別（該当する記号を記入）		イ．住居から就業の場所への移動 ハ．就業の場所から他の就業の場所への移動 ニ．イに先行する住居間の移動	ロ．就業の場所から住居への移動 ホ．ロに後続する住居間の移動
㊱ 災害発生の場所			
㊲ 就業の場所（災害時の通勤の種別がハに該当する場合は移動の終点たる就業の場所）			
㊳ 就業開始の予定年月日及び時刻（災害時の通勤の種別がイ、ハ又はニに該当する場合は記載すること）	年　月　日　午前・後　時　分頃		
㊴ 住居を離れた年月日及び時刻（災害時の通勤の種別がイ、ニ又はホに該当する場合は記載すること）	年　月　日　午前・後　時　分頃		
㊵ 就業終了の年月日及び時刻（災害時の通勤の種別がロ、ハ又はホに該当する場合は記載すること）	年　月　日　午前・後　時　分頃		
㊶ 就業場所を離れた年月日及び時刻（災害時の通勤の種別がロ又はハに該当する場合は記載すること）	年　月　日　午前・後　時　分頃		
㊷ 災害時に通勤の種別に関する移動の通常の経路、方法及び所要時間並びに災害発生の日に住居又は就業の場所から災害発生の場所に至った経路、方法、所要時間その他状況	〔通常の通勤所要時間　時間　分〕		
㊸ 災害の原因及び発生状況 (あ) どのような場所を (い) どのような方法で移動している際に (う) どのような物で又はどのような状況において (え) どのようにして災害が発生したか (お) ⑦と初診日が異なる場合はその理由を簡明に記載すること			
㊹ 現認者の	住所	電話（　）　－	
	氏名		
㊺ 第三者行為災害	該当する・該当しない		
㊻ 健康保険日雇特例被保険者手帳の記号及び番号			
㊼ 転任の事実の有無（災害時に通勤の種別がハ又はホに該当する場合）	有・無	㊽ 転任直前の住居に係る住所	
㊾ 休業給付額・休業特別支給金額の改定比率	（平均給与額証明書のとおり）		

㊿ 厚生年金保険等の受給関係	(イ) 基礎年金番号		(ロ) 被保険者資格の取得年月日　年　月　日
	(ハ) 当該傷病に関して支給される年金の種類等	年金の種類	厚生年金保険法の　イ 障害年金　ロ 障害厚生年金 国民年金法の　ハ 障害年金　ニ 障害基礎年金 船員保険法の　ホ 障害年金
		障害等級	級
		支給される年金の額	円
		支給されることとなった年月日	年　月　日
		基礎年金番号及び厚生年金等の年金証書の年金コード	
		所轄年金事務所等	

表面の記入枠を訂正したときの訂正印欄	削　字 加　字	印

社会保険労務士記載欄	作成年月日・提出代行者・事務代理者の表示	氏名	電話番号
		印	（　）　－

〔注　意〕

一、所定労働時間後に負傷した場合には、⑲及び⑳欄については、当該負傷した日を除いて記載してください。

二、別紙1①欄には、平均賃金の算定基礎期間中に業務外の傷病の療養等のために休業した期間があり、その期間及びその期間中に受けた賃金の額を算定基礎から控除して算定した平均賃金に相当する額が平均賃金の額をこえる場合に記載し、控除する期間及び賃金の内訳を別紙1②欄に記載してください。この場合は、㉞欄に、この算定方法による平均賃金に相当する額を記載してください。

三、別紙2は、⑳欄の「賃金を受けなかった日」のうち通勤による負傷又は疾病による療養のため所定労働時間のうちその一部分についてのみ労働した日（別紙2において「一部休業日」という。）が含まれる場合に限り添付してください。

四、請求人（申請人）が特別加入者であるときは、
㈠、㉞欄には、その者の給付基礎日額を記載してください。

㈡、⑦、⑲、⑳、㉝、㊱から㊸欄までの事項を証明することができる書類その他の資料を添付してください。

㈢、事業主の証明は受ける必要はありません。

五、第二回目以降の請求（申請）の場合には、
㈠、⑲、⑳、㉘及び㉛欄については、前回の請求又は申請後の分について記載してください。

㈡、㉜欄から㊺欄まで、並びに㊼欄及び㊽欄は記載する必要はありません。

㈢、別紙1（平均賃金算定内訳）は付する必要はありません。

㈣、その請求（申請）が離職後である場合（療養のために労働できなかった期間の全部又は一部が離職前にある場合を除く。）には、事業主の証明は受ける必要はありません。

六、㊻は、請求人（申請人）が健康保険の日雇特例被保険者でない場合には記載する必要はありません。

七、休業特別支給金の支給の申請のみを行う場合には、㊿欄は記載する必要はありません。

八、「事業主の氏名」の欄、「病院又は診療所の診療担当者氏名」の欄及び「請求人（申請人）」の欄は、記名押印することに代えて、自筆による署名をすることができます。

様式第16号の６（別紙１）（表面）

労働保険番号				氏名	災害発生年月日
府県	所掌	管轄	基幹番号	枝番号		年　月　日

平均賃金算定内訳

（労働基準法第12条参照のこと。）

雇入年月日	年　月　日	常用・日雇の別	常用・日雇
賃金支給方法	月給・週給・日給・時間給・出来高払制・その他請負制	賃金締切日	毎月　日

A 月・週その他一定の期間によって支払ったもの	賃金計算期間	月　日から 月　日まで	月　日から 月　日まで	月　日から 月　日まで	計
	総日数	日	日	日	㋑　日
	賃金　基本賃金	円	円	円	円
	手当				
	手当				
	計	円	円	円	㋺　円
B 日若しくは時間又は出来高払制その他の請負制によって支払ったもの	賃金計算期間	月　日から 月　日まで	月　日から 月　日まで	月　日から 月　日まで	計
	総日数	日	日	日	㋑　日
	労働日数	日	日	日	㋩　日
	賃金　基本賃金	円	円	円	円
	手当				
	手当				
	計	円	円	円	㊁　円
総計		円	円	円	㋭　円
平均賃金	賃金総額㋭　円÷総日数㋑　＝　円　銭				

最低保障平均賃金の計算方法

Aの㋺　円÷総日数㋑　＝　円　銭㋬

Bの㊁　円÷労働日数㋩　× $\frac{60}{100}$ ＝　円　銭㋣

㋬　円　銭＋㋣　円　銭　＝　円　銭（最低保障平均賃金）

日日雇い入れられる者の平均賃金（昭和38年労働省告示第52号による。）	第1号又は第2号の場合	賃金計算期間	㋠ 労働日数又は労働総日数	㋷ 賃金総額	平均賃金（㋷÷㋠× $\frac{73}{100}$ ）
		月　日から 月　日まで	日	円	円　銭
	第3号の場合	都道府県労働局長が定める金額			円
	第4号の場合	従事する事業又は職業			
		都道府県労働局長が定めた金額			円
漁業及び林業労働者の平均賃金（昭和24年労働省告示第5号第2条による。）	平均賃金協定額の承認年月日	年　月　日	職種	平均賃金協定額	円

① 賃金計算期間のうち業務外の傷病の療養のため休業した期間の日数及びその期間中の賃金を業務上の傷病の療養のため休業した期間の日数及びその期間中の賃金とみなして算定した平均賃金

（賃金の総額㋭ －休業した期間にかかる②の㋷）÷（総日数㋑－休業した期間②の㋠）

（　円－　円）÷（　日－　日）＝　円　銭

様式第16号の６（別紙１）（裏面）

② 業務外の傷病の療養のため休業した期間及びその期間中の賃金の内訳

賃金計算期間		月　日から 月　日まで	月　日から 月　日まで	月　日から 月　日まで	計
業務外の傷病の療養のため休業した期間の日数		日	日	日	㋠　日
業務外の傷病の療養のため休業した期間中の賃金	基本賃金	円	円	円	円
	手当				
	手当				
	計	円	円	円	㋷　円
休業の事由					

③特別給与の額	支払年月日	支払額
	年　月　日	円
	年　月　日	円
	年　月　日	円
	年　月　日	円
	年　月　日	円
	年　月　日	円
	年　月　日	円

［注　意］

③欄には、負傷又は発病の日以前２年間（雇入後２年に満たない者については、雇入後の期間）に支払われた労働基準法第 12 条第４項の３箇月を超える期間ごとに支払われる賃金（特別給与）について記載してください。

ただし、特別給与の支払時期の臨時的変更等の理由により負傷又は発病の日以前１年間に支払われた特別給与の総額を特別支給金の算定基礎とすることが適当でないと認められる場合以外は、負傷又は発病の日以前１年間に支払われた特別給与の総額を記載して差し支えありません。

様式第16号の６（別紙２）

労働保険番号					氏名	災害発生年月日
府県	所掌	管轄	基幹番号	枝番号		年　月　日

① 療養のため労働できなかつた期間 ＿＿年＿＿月＿＿日から＿＿年＿＿月＿＿日まで＿＿日間		
② ①のうち賃金を受けなかつた日の日数		＿＿日
③ ②の日数の内訳	全部休業日	＿＿日
	一部休業日	＿＿日

④ 一部休業日の年月日及び当該労働者に対し支払われる賃金の額	年　月　日	賃金の額	備考
	年　月　日	円	

〔注意〕

1　「全部休業日」とは、通勤による負傷又は疾病による療養のため労働することができないために賃金を受けない日であつて、一部休業日に該当しないものをいうものであること。

2　該当欄に記載することができない場合には、別紙を付して記載すること。

様式第16号の７（表面）

労働者災害補償保険
障害給付支給請求書
障害特別支給金
障害特別年金　支給申請書
障害特別一時金

通勤災害用

①労働保険番号					③労働者の	フリガナ 氏名	（男・女）	④負傷又は発病年月日
府県	所掌	管轄	基幹番号	枝番号		生年月日	年　月　日（　歳）	年　月　日 前後　時　分頃
②年金証書の番号						フリガナ 住所		⑤傷病の治癒した年月日　年　月　日
管轄局	種別	西暦年	番号			職種		⑥平均賃金　円　銭
						所属事業場名称・所在地		⑦特別給与の総額（年額）　円
⑧通勤災害に関する事項						別紙のとおり		

⑨厚生年金保険等の受給関係			
㋑厚年等の年金証書の基礎年金番号・年金コード		㋺被保険者資格の取得年月日	年　月　日
㋩当該傷病に関して支給される年金の種類等	年金の種類	厚生年金保険法の　イ、障害年金　ロ、障害厚生年金 国民年金法の　イ、障害年金　ロ、障害基礎年金 船員保険法の障害年金	
	障害等級	級	
	支給される年金の額	円	
	支給されることとなった年月日	年　月　日	
	厚年等の年金証書の基礎年金番号・年金コード		
	所轄年金事務所等		

③の者については、⑥及び⑦並びに⑨の㋑及び㋺並びに別紙の㋩、㋥、㋭、㋬、㋣、㋠、㋦（通常の通勤の経路及び方法に限る。）及び㋷に記載したとおりであることを証明します。

年　月　日

事業の名称　電話（　）　－
事業場の所在地　〒　－
事業主の氏名　㊞
（法人その他の団体であるときは、その名称及び代表者の氏名）

〔注意〕　別紙の㋩、㋥及び㋦について知り得なかった場合には証明する必要がないので、知り得なかった事項の符号を消すこと。また、⑨の㋑及び㋺については、③の者が厚生年金保険の被保険者である場合に限り証明すること。

⑩障害部位及び状態	（診断書のとおり）	⑪既存障害がある場合にはその部位及び状態	
⑫添付する書類その他の資料名			

⑬年金の払渡しを受けることを希望する金融機関又は郵便局			
金融機関（郵便貯金銀行の支店等を除く。）	名称	※金融機関店舗コード	
		銀行・金庫 農協・漁協・信組	本店・本所 出張所 支店・支所
	預金通帳の記号番号	普通・当座　第　号	
郵便局（郵便貯金銀行の支店等又は郵便局）	フリガナ 名称	※郵便局コード	
	所在地	都道府県　市郡区	
	預金通帳の記号番号	第　号	

上記により
障害給付の支給を請求します。
障害特別支給金
障害特別年金　の支給を申請します。
障害特別一時金

〒　－　電話（　）　－

年　月　日

請求人 申請人 の　住所

氏名　㊞

労働基準監督署長　殿

□本件手続を裏面に記載の社会保険労務士に委託します。

個人番号

振込を希望する金融機関の名称			預金の種類及び口座番号
銀行・金庫 農協・漁協・信組		本店・本所 出張所 支店・支所	普通・当座　第　号 口座名義人

様式第16号の７（裏面）

〔注意〕

1　※印欄には記載しないこと。

2　事項を選択する場合には該当する事項を○で囲むこと。

3　③の労働者の「所属事業場名称・所在地」欄には、労働者の直接所属する事業場が一括適用の取扱いを受けている場合に、労働者が直接所属する支店、工事現場等を記載すること。

4　⑥には、平均賃金の算定基礎期間中に業務外の傷病の療養のため休業した期間が含まれている場合に、当該平均賃金に相当する額がその期間の日数及びその期間中の賃金を業務上の傷病のため休業した期間の日数及びその期間中の賃金とみなして算定した平均賃金に相当する額に満たないときは、当該みなして算定した平均賃金に相当する額を記載すること（様式第16号の６の別紙１に内訳を記載し添付すること。ただし、既に提出されている場合を除く。）。

5　⑦には、負傷又は発病の日以前１年間（雇入後１年に満たない者については雇入後の期間）に支払われた労働基準法第12条第４項の３箇月を超える期間ごとに支払われる賃金の総額を記載すること（様式第16号の６の別紙１に内訳を記載し添付すること。ただし、既に提出されている場合を除く。）。

6　請求人（申請人）が傷病年金を受けていた者であるときは、

⑴　①及び④並びに⑧の別紙は記載する必要がないこと。

⑵　②には、請求人（申請人）の傷病年金に係る年金証書の番号を記載すること。

⑶　事業主の証明を受ける必要がないこと。

7　請求人（申請人）が特別加入者であるときは、

⑴　⑥には、その者の給付基礎日額を記載すること。

⑵　⑦は記載する必要がないこと。

⑶　④及び⑧の別紙の㋩から㋦まで、㋻及び㋕の事項を証明することができる書類その他の資料を添えること。

⑷　事業主の証明を受ける必要がないこと。

8　⑬については、障害年金又は障害特別年金の支給を受けることとなる場合において、障害年金又は障害特別年金の払渡しを金融機関（郵便貯金銀行の支店等を除く。）から受けることを希望する者にあつては「金融機関（郵便貯金銀行の支店等を除く。）」欄に、障害年金又は障害特別年金の払渡しを郵便貯金銀行の支店等又は郵便局から受けることを希望する者にあつては「郵便貯金銀行の支店等又は郵便局」欄に、それぞれ記載すること。

なお、郵便貯金銀行の支店等又は郵便局から払渡しを受けることを希望する場合であつて振込によらないときは、「預金通帳の記号番号」の欄は記載する必要はないこと。

9　「事業主の氏名」の欄及び「請求人（申請人）の氏名」の欄は、記名押印することに代えて、自筆による署名をすることができること。

10　「個人番号」の欄については、請求人（申請人）の個人番号を記載すること。

11　本件手続を社会保険労務士に委託する場合は、「請求人（申請人）の氏名」欄の下の□にレ点を記入すること。

社会保険労務士記載欄	作成年月日・提出代行者・事務代理者の表示	氏　名	電話番号
		㊞	（　　） ―

様式第16号の7（別紙）

通勤災害に関する事項

㋑労働者の氏名		
㋺災害時の通勤の種別（該当する記号を記入）		イ．住居から就業の場所への移動　ロ．就業の場所から住居への移動 ハ．就業の場所から他の就業の場所への移動 ニ．イに先行する住居間の移動　ホ．ロに後続する住居間の移動
㋩負傷又は発病の年月日及び時刻	年　月　日　午前/後　時　分頃	
㊁災害発生の場所		
㋭就業の場所（災害時の通勤の種別がハに該当する場合は移動の終点たる就業の場所）		
㋬就業開始の予定年月日及び時刻（災害時の通勤の種別がイ、ハ又はニに該当する場合は記載すること）	年　月　日　午前/後　時　分頃	
㋣住居を離れた年月日及び時刻（災害時の通勤の種別がイ、ニ又はホに該当する場合は記載すること）	年　月　日　午前/後　時　分頃	
㋠就業終了の年月日及び時刻（災害時の通勤の種別がロ、ハ又はホに該当する場合は記載すること）	年　月　日　午前/後　時　分頃	
㋷就業の場所を離れた年月日及び時刻（災害時の通勤の種別がロ又はハに該当する場合は記載すること）	年　月　日　午前/後　時　分頃	
㋦災害時の通勤の種別に関する移動の通常の経路、方法及び所要時間並びに災害の発生の日に住居又は就業の場所から災害発生の場所に至った経路、方法、所要時間その他の状況	（通常の移動の所要時間　時間　分）	
㋸災害の原因及び発生状況 (あ)どのような場所を (い)どのような方法で移動している際に (う)どのような物で又はどのような状況において (え)どのようにして災害が発生したか を簡明に記載すること		
㋾現認者の	住所	
	氏名	電話（　）　－
㋻転任の事実の有無（災害時の通勤の種別がニ又はホに該当する場合）	有・無	㋕転任の直前の住居に係る住所

〔注意〕

1．㋬は、災害時の通勤の種別がハの場合には、移動の終点たる就業の場所における就業開始の予定年月日及び時刻を、ニの場合には、後続するイの移動の終点たる就業の場所における就業開始の予定の年月日及び時刻を記載すること。

2．㋠は、災害時の通勤の種別がハの場合には、移動の起点たる就業の場所における就業終了の年月日及び時刻を、ホの場合には、先行するロの移動の起点たる就業の場所における就業終了の年月日及び時刻を記載すること。

3．㋷は、災害時の通勤の種別がハの場合には、移動の起点たる就業の場所を離れた年月日及び時刻を記載すること。

4．㋦は、通常の通勤の経路を図示し、災害発生の場所及び災害の発生の日に住居又は就業の場所から災害発生の場所に至った経路を朱線等を用いてわかりやすく記載するとともに、その他の事項についてもできるだけ詳細に記載すること。

様式第16号の8（表面）

通勤災害用

労働者災害補償保険

遺族年金支給請求書
遺族特別支給金 / 遺族特別年金 支給申請書

① 労働保険番号				
府県	所掌	管轄	基幹番号	枝番号

② 年金証書の番号				
管轄局	種別	西暦年	番号	枝番号

③ 死亡労働者の		
フリガナ		
氏名	（男・女）	
生年月日	年 月 日（ 歳）	
個人番号		
職種		
所属事業場名称・所在地		

④ 負傷又は発病年月日	年 月 日 午前・後 時 分頃
⑤ 死亡年月日	年 月 日
⑥ 平均賃金	円 銭
⑦ 特別給与の総額（年額）	円

⑧ 通勤災害に関する事項	別紙のとおり

⑨ 厚生年金保険等の受給関係				
ⓘ 死亡労働者の厚年等の年金証書の基礎年金番号・年金コード			ⓡ 死亡労働者の被保険者資格の取得年月日	年 月 日
ⓗ 当該死亡に関して支給される年金の種類				
厚生年金保険法の イ遺族年金 ロ遺族厚生年金	国民年金法の イ母子年金 ロ準母子年金 ハ遺児年金 ニ寡婦年金 ホ遺族基礎年金		船員保険法の遺族年金	
支給される年金の額	支給されることとなった年月日	厚年等の年金証書の基礎年金番号・年金コード（複数のコードがある場合は下段に記載すること。）	所轄年金事務所等	
円	年 月 日			
受けていない場合は、次のいずれかを○で囲む。 ・裁定請求中 ・不支給裁定 ・未加入 ・請求していない ・老齢年金等選択				

③の者については、⑥及び⑦並びに⑨のⓘ及びⓡ並びに別紙のⓗ、ⓝ、ⓗ、ⓗ、ⓣ、ⓡ、ⓡ（通常の通勤の経路及び方法に限る。）及び⑦に記載したとおりであることを証明します。

年 月 日　　事業の名称　　電話（ ） －

事業場の所在地　　〒 －

事業主の氏名　　㊞

（法人その他の団体であるときは、その名称及び代表者の氏名）

〔注意〕 別紙のⓗ、ⓝ及びⓡについて知り得なかった場合には証明する必要がないので知り得なかった事項の符号を消すこと。また、⑨のⓘ及びⓡについては、③の者が厚生年金保険の被保険者である場合に限り証明すること。

⑩ 請求人 申請人	フリガナ 氏名	生年月日	フリガナ 住所	死亡労働者との関係	障害の有無	請求人（申請人）の代表者を選任しないときは、その理由
		・ ・			ある・ない	
		・ ・			ある・ない	
		・ ・			ある・ない	
		・ ・			ある・ない	

⑪ 請求人（申請人）以外の遺族年金を受けることができる遺族	フリガナ 氏名	生年月日	フリガナ 住所	死亡労働者との関係	障害の有無	請求人（申請人）と生計を同じくしているか
		・ ・			ある・ない	いる・いない
		・ ・			ある・ない	いる・いない
		・ ・			ある・ない	いる・いない
		・ ・			ある・ない	いる・いない

⑫ 添付する書類その他の資料名

⑬ 年金の払渡しを受けることを希望する金融機関又は郵便局			
金融機関（郵便貯金銀行の支店等を除く）	名称	※ 金融機関店舗コード	
		銀行・金庫 農協・漁協・信組	本店・本所 出張所 支店・支所
	預金通帳の記号番号	普通・当座 第 号	
郵便貯金銀行の支店等又は郵便局	フリガナ 名称	※ 郵便局コード	
	所在地	都道府県	市郡区
	預金通帳の記号番号	第 号	

上記により 遺族年金の支給を請求します。 / 遺族特別支給金 遺族特別年金 の支給を請求します。

年 月 日

労働基準監督署長 殿

請求人 申請人（代表者） の　〒 －　電話（ ） －

住所

氏名　㊞

□本件手続を裏面に記載の社会保険労務士に委託します。

個人番号

特別支給金について振込を希望する金融機関の名称		預金の種類及び口座番号
銀行・金庫 農協・漁協・信組	本店・本所 出張所 支店・支所	普通・当座 第 号 口座名義人

様式第16号の８（裏面）

〔注意〕

1.　※印欄には記載しないこと。
2.　事項を選択する場合には該当する事項を○で囲むこと。
3.　③の死亡労働者の「所属事業場名称・所在地」欄には、死亡労働者が直接所属していた事業場が一括適用の取扱いを受けている場合に、死亡労働者が直接所属していた支店、工事現場等を記載すること。
4.　⑥には、平均賃金の算定基礎期間中に業務外の傷病の療養のため休業した期間が含まれている場合に、当該平均賃金に相当する額がその期間の日数及びその期間中の賃金を業務上の傷病の療養のため休業した期間の日数及びその期間中の賃金とみなして算定した平均賃金に相当する額に満たないときは、当該みなして算定した平均賃金に相当する額を記載すること（様式第16号の６の別紙１に内訳を記載し添付すること。ただし、既に提出されている場合を除く。）。
5.　⑦には、負傷又は発病の日以前１年間（雇入後１年に満たない者については、雇入後の期間）に支払われた労働基準法第12条第４項の３箇月を超える期間ごとに支払われる賃金の総額を記載すること（様式第16号の６の別紙１に内訳を記載し添付すること。ただし、既に提出されている場合を除く。）。
6.　死亡労働者が傷病年金を受けていた場合には、
 ⑴　①及び④並びに⑧の別紙は記載する必要がないこと。
 ⑵　②には、傷病年金に係る年金証書の番号を記載すること。
 ⑶　事業主の証明を受ける必要がないこと。
7.　死亡労働者が特別加入者であった場合には、
 ⑴　⑥には、その者の給付基礎日額を記載すること。
 ⑵　⑦は記載する必要がないこと。
 ⑶　別紙の㋩から㋭まで、並びに㋠及び㋕の事項を証明することができる書類その他の資料を添えること。
 ⑷　事業主の証明を受ける必要がないこと。
8.　⑨から⑫までに記載することができない場合には、別紙を付して所要の事項を記載すること。
9.　この請求書（申請書）には、次の書類その他の資料を添えること。ただし、個人番号が未提出の場合を除き、⑵、⑶及び⑸の書類として住民票の写しを添える必要はないこと。
 ⑴　労働者の死亡に関して市町村長に提出した死亡診断書、死体検案書若しくは検視調書に記載してある事項についての市町村長の証明書又はこれに代わるべき書類
 ⑵　請求人（申請人）及び請求人（申請人）以外の遺族年金を受けることができる遺族と死亡労働者との身分関係を証明することができる戸籍の謄本又は抄本（請求人（申請人）又は請求人（申請人）以外の遺族年金を受けることができる遺族が死亡労働者と婚姻の届出をしていないが事実上の婚姻関係と同様の事情にあった者であるときは、その事実を証明することができる書類）
 ⑶　請求人（申請人）及び請求人（申請人）以外の遺族年金を受けることができる遺族（労働者の死亡時胎児であった子を除く。）が死亡労働者の収入によって生計を維持していたことを証明することができる書類
 ⑷　請求人（申請人）及び請求人（申請人）以外の遺族年金を受けることができる遺族のうち労働者の死亡の時から引き続き障害の状態にある者については、その事実を証明することができる医師又は歯科医師の診断書その他の資料
 ⑸　請求人（申請人）以外の遺族年金を受けることができる遺族のうち請求人（申請人）と生計を同じくしている者については、その事実を証明することができる書類
 ⑹　障害の状態にある妻にあっては、労働者の死亡の時以後障害の状態にあったこと及びその障害の状態が生じ、又はその事情がなくなった時を証明することができる医師又は歯科医師の診断書その他の資料
10.　⑬については、次により記載すること。
 ⑴　遺族年金の支給を受けることとなる場合において、遺族年金の払渡しを金融機関（郵便貯金銀行の支店等を除く。）から受けることを希望する者にあっては「金融機関（郵便貯金銀行の支店等を除く。）」欄に、遺族年金の払渡しを郵便貯金銀行の支店等又は郵便局から受けることを希望する者にあっては「郵便貯金銀行の支店等又は郵便局」欄に、それぞれ記載すること。
　なお、郵便貯金銀行の支店等又は郵便局から払渡しを受けることを希望する場合であって振込によらないときは、「預金通帳の記号番号」の欄は記載する必要はないこと。
 ⑵　請求人（申請人）が２人以上ある場合において代表者を選任しないときは、⑩の最初の請求人（申請人）について記載し、その他の請求人（申請人）については別紙を付して所要の事項を記載すること。
11.　「事業主の氏名」の欄及び「請求人（申請人）の氏名」の欄は、記名押印することに代えて、自筆による署名をすることができること。
12.　「個人番号」の欄については、請求人（申請人）の個人番号を記載すること。
13.　本件手続を社会保険労務士に委託する場合は、「請求人（申請人）の氏名」欄の下の□にレ点を記入すること。

社会保険労務士記載欄	作成年月日・提出代行者・事務代理者の表示	氏　　名	電話番号
		㊞	（　　） —

様式第16号の8（別紙）

通勤災害に関する事項

㋑労働者の氏名		
㋺災害時の通勤の種別（該当する記号を記入）		イ．住居から就業の場所への移動 ロ．就業の場所から住居への移動 ハ．就業の場所から他の就業の場所への移動 ニ．イに先行する住居間の移動 ホ．ロに後続する住居間の移動
㋩負傷又は発病の年月日及び時刻	年　月　日　午前/後　時　分頃	
㋥災害発生の場所		
㋭就業の場所（災害時の通勤の種別がハに該当する場合は移動の終点たる就業の場所）		
㋬就業開始の予定年月日及び時刻（災害時の通勤の種別がイ、ハ又はニに該当する場合は記載すること）	年　月　日　午前/後　時　分頃	
㋣住居を離れた年月日及び時刻（災害時の通勤の種別がイ、ニ又はホに該当する場合は記載すること）	年　月　日　午前/後　時　分頃	
㋠就業終了の年月日及び時刻（災害時の通勤の種別がロ、ハ又はホに該当する場合は記載すること）	年　月　日　午前/後　時　分頃	
㋷就業の場所を離れた年月日及び時刻（災害時の通勤の種別がロ又はハに該当する場合は記載すること）	年　月　日　午前/後　時　分頃	
㋦災害時の通勤の種別に関する移動の通常の経路、方法及び所要時間並びに災害の発生の日に住居又は就業の場所から災害発生の場所に至った経路、方法、所要時間その他の状況	（通常の移動の所要時間　時間　分）	
㋸災害の原因及び発生状況 (あ)どのような場所を (い)どのような方法で移動している際に (う)どのような物で又はどのような状況において (え)どのようにして災害が発生したかを簡明に記載すること		
㋾現認者の	住所	
	氏名	電話（　　）　－
㋻転任の事実の有無（災害時の通勤の種別がニ又はホに該当する場合）	有・無	㋕転任の直前の住居に係る住所

〔注意〕

1．㋬は、災害時の通勤の種別がハの場合には、移動の終点たる就業の場所における就業開始の予定年月日及び時刻を、ニの場合には、後続するイの移動の終点たる就業の場所における就業開始の予定の年月日及び時刻を記載すること。

2．㋠は、災害時の通勤の種別がハの場合には、移動の起点たる就業の場所における就業終了の年月日及び時刻を、ホの場合には、先行するロの移動の起点たる就業の場所における就業終了の年月日及び時刻を記載すること。

3．㋷は、災害時の通勤の種別がハの場合には、移動の起点たる就業の場所を離れた年月日及び時刻を記載すること。

4．㋦は、通常の通勤の経路を図示し、災害発生の場所及び災害の発生の日に住居又は就業の場所から災害発生の場所に至った経路を朱線等を用いてわかりやすく記載するとともに、その他の事項についてもできるだけ詳細に記載すること。

様式第16号の9（表面）

労働者災害補償保険

通勤災害用

遺族一時金支給請求書
遺族特別支給金 遺族特別一時金 支給申請書

① 労働保険番号					③ 死亡労働者の	フリガナ		④負傷又は発病年月日
府県	所掌	管轄	基幹番号	枝番号		氏名	（男・女）	年 月 日
						生年月日	年 月 日（ 歳）	午前後 時 分頃
② 年金証書の番号						職種		⑤ 平均賃金
管轄局	種別	西暦年	番号	枝番号				円 銭
						所属事業場名称所在地		⑥特別給与の総額(年額)
								円
								⑦ 死亡年月日
⑧ 通勤災害に関する事項						別紙のとおり		年 月 日

③の者については、④、⑤及び⑥並びに別紙の㋩、㊁、㋭、㋬、㋠、㋷、㋦（通常の通勤の経路及び方法に限る。）及び㋸に記載したとおりであることを証明します。

電話（　　）　－

事業の名称

〒　　－

年　月　日

事業場の所在地

事業主の氏名　㊞

（法人その他の団体であるときはその名称及び代表者の氏名）

〔注意〕 事業主は、別紙の㋩、㊁及び㋦について知り得なかった場合には証明する必要がないので知り得なかった事項の符号を消すこと。

⑨ 請求人 申請人	フリガナ 氏名	生年月日	住所	死亡労働者との関係	請求人(申請人)の代表者を選任しないときはその理由
		年 月 日			
		年 月 日			
		年 月 日			
		年 月 日			
		年 月 日			
		年 月 日			
⑩ 添付する書類その他の資料名					

上記により 遺族一時金の支給を請求します。
遺族特別支給金
遺族特別年金 の支給を申請します。

〒　　－　　電話（　　）　－

方

年　月　日

請求人 申請人の（代表者）　住所

労働基準監督署長 殿

氏名　㊞

振込を希望する金融機関の名称		預金の種類及び口座番号
銀行・金庫 農協・漁協・信組	本店・本所 出張所 支店・支所	普通・当座　第　号 口座名義人

様式第16号の９（裏面）

〔注意〕

1　事項を選択する場合には該当する事項を○で囲むこと。

2　①は、死亡労働者に関し遺族年金が支給されていた場合又は死亡労働者が傷病年金を受けていた場合には記載する必要はないこと。

3　③の死亡労働者の所属事業場名称・所在地欄には、死亡労働者が直接所属していた事業場が一括適用の取扱いを受けている場合に、労働者が直接所属していた支店、工事現場等を記載すること。

4　平均賃金の算定基礎期間中に業務外の傷病の療養のため休業した期間が含まれている場合に、当該平均賃金に相当する額がその期間の日数及びその期間中の賃金を業務上の傷病のため休業した期間の日数及びその期間中の賃金とみなして算定した平均賃金に相当する額に満たないときは、当該みなして算定した平均賃金に相当する額を⑤に記載すること。

5　⑥には、負傷又は発病の日以前１年間（雇入後１年に満たない者については雇入後の期間）に支払われた労働基準法第12条第４項の３箇月を超える期間ごとに支払われる賃金の総額を記載すること。

6　⑤の平均賃金の算定内訳及び⑥の特別給与の総額（年額）の算定内訳を別紙（様式第16号の６の別紙１を使用すること。）を付して記載すること。ただし、既に提出されている場合を除く。

7　死亡労働者が特別加入者であった場合には、

⑴　⑤には、その者の給付基礎日額を記載すること。

⑵　⑥は記載する必要はないこと。

⑶　別紙の㋬から㋣まで㋠及び㋕の事項を証明することができる書類を添えること。

8　⑨及び⑩に記載することができない場合には、別紙を付して所要の事項を記載すること。

9　この請求書（申請書）には、次の書類を添えること。

⑴　請求人（申請人）が死亡労働者と婚姻の届出をしていないが事実上婚姻関係と同様の事情にあった者であるときは、その事実を証明することができる書類

⑵　請求人（申請人）が死亡労働者の収入によって生計を維持していた者であるときは、その事実を証明することができる書類

⑶　労働者の死亡の当時遺族年金を受けることができる遺族がない場合の遺族一時金の支給の請求又は遺族特別支給金若しくは遺族特別一時金の支給の申請であるときは、次の書類

イ　労働者の死亡に関して市町村長に提出した死亡診断書、死体検案書若しくは検視調書に記載してある事項についての市町村長の証明書又はこれに代わるべき書類

ロ　請求人（申請人）と死亡労働者との身分関係を証明することができる戸籍の謄本又は抄本（⑴の書類を添付する場合を除く。）

⑷　遺族年金を受ける権利を有する者の権利が消滅し、他に遺族年金を受けることができる遺族がない場合の遺族一時金の支給の請求又は遺族特別一時金の支給の申請であるときは、⑶のロの書類（⑴の書類を添付する場合を除く。）

10　「事業主の氏名」の欄及び「請求人（申請人）の氏名」の欄は、記名押印することに代えて、自筆による署名をすることができること。

社会保険労務士記載欄	作成年月日・提出代行者・事務代理者の表示	氏　　名	電話番号
		㊞	（　　）　　ー

様式第16号の9（別紙）

通勤災害に関する事項

㋑ 労働者の氏名	
㋺ 災害時の通勤の種別（該当する記号を記入）	イ．住居から就業の場所への移動　ロ．就業の場所から住居への移動 ハ．就業の場所から他の就業の場所への移動 ニ．イに先行する住居間の移動　ホ．ロに後続する住居間の移動
㋩ 負傷又は発病の年月日及び時刻	年　月　日　午前・後　時　分頃
㋥ 災害発生の場所	
㋭ 就業の場所（災害時の通勤の種別がハに該当する場合は移動の終点たる就業の場所）	
㋬ 就業開始の予定年月日及び時刻（災害時の通勤の種別がイ、ハ又はニに該当する場合は記載すること）	年　月　日　午前・後　時　分頃
㋣ 住居を離れた年月日及び時刻（災害時の通勤の種別がイ、ニ又はホに該当する場合は記載すること）	年　月　日　午前・後　時　分頃
㋠ 就業終了の年月日及び時刻（災害時の通勤の種別がロ、ハ又はホに該当する場合は記載すること）	年　月　日　午前・後　時　分頃
㋷ 就業の場所を離れた年月日及び時刻（災害時の通勤の種別がロ又はハに該当する場合は記載すること）	年　月　日　午前・後　時　分頃
㋦ 災害時の通勤の種別に関する移動の通常の経路、方法及び所要時間並びに災害の発生の日に住居又は就業の場所から災害発生の場所に至った経路、方法、所要時間その他の状況	（通常の移動の所要時間　時間　分）
㋸ 災害の原因及び発生状況 (あ)どのような場所を (い)どのような方法で移動している際に (う)どのような物で又はどのような状況において (え)どのようにして災害が発生したかを簡明に記載すること	
㋾ 現認者の	住所 氏名　電話（　）　－
㋻ 転任の事実の有無（災害時の通勤の種別がニ又はホに該当する場合）	有・無　㋕ 転任の直前の住居に係る住所

〔注意〕

1．㋬は、災害時の通勤の種別がハの場合には、移動の終点たる就業の場所における就業開始の予定年月日及び時刻を、ニの場合には、後続するイの移動の終点たる就業の場所における就業開始の予定の年月日及び時刻を記載すること。

2．㋠は、災害時の通勤の種別がハの場合には、移動の起点たる就業の場所における就業終了の年月日及び時刻を、ホの場合には、先行するロの移動の起点たる就業の場所における就業終了の年月日及び時刻を記載すること。

3．㋷は、災害時の通勤の種別がハの場合には、移動の起点たる就業の場所を離れた年月日及び時刻を記載すること。

4．㋦は、通常の通勤の経路を図示し、災害発生の場所及び災害の発生の日に住居又は就業の場所から災害発生の場所に至った経路を朱線等を用いてわかりやすく記載するとともに、その他の事項についてもできるだけ詳細に記載すること。

様式第16号の10（表面）

通勤災害用

労働者災害補償保険
葬　祭　給　付　請　求　書

① 労働保険番号 府県 所掌 管轄 基幹番号 枝番号	③請求人の	フリガナ 氏名
		住所
② 年金証書の番号 管轄局 種別 西暦年 番号		死亡労働者との関係

④死亡労働者の	フリガナ 氏名	（男・女）	⑤ 平均賃金 円　銭
	生年月日	年　月　日（　歳）	⑥ 死亡年月日 年　月　日
	職種		
	所属事業場名称 所在地		

⑦ 通勤災害に関する事項	別紙のとおり

④の者については、⑤並びに別紙の㋩、㊁、㋭、㋬、㋣、㋷、㋦（通常の通勤の経路及び方法に限る。）及び㋠に記載したとおりであることを証明します。

事業の名称

〒　－　電話（　）　－

年　月　日　事業場の所在地

事業主の氏名　㊞

（法人その他の団体であるときはその名称及び代表者の氏名）

〔注意〕　事業主は、別紙の㋩、㊁及び㋦については、知り得なかつた場面には証明する必要がないので、知り得なかつた事項の符号を消すこと。

⑧ 添付する書類その他の資料名	

上記により葬祭給付の支給を請求します。

年　月　日

〒　－　電話（　）　－

住所

請求人の

氏名　㊞

労働基準監督署長　殿

振込を希望する金融機関の名称		預金の種類及び口座番号
銀行・金庫 農協・漁協・信組	本店・本所 出張所 支店・支所	普通・当座　第　号 口座名義人

様式第16号の10（裏面）

〔注意〕

1.　事項を選択する場合には該当する事項を○で囲むこと。

2.　②は死亡労働者が傷病年金を受けていた場合に、その給付に係る年金証書の番号を記載すること。

3.　④の死亡労働者の所属事業場名称・所在地欄には、死亡労働者が直接所属していた事業場が一括適用の取扱いを受けている場合に、死亡労働者が直接所属していた支店、工事現場等を記載すること。

4.　平均賃金の算定基礎期間中に業務外の傷病の療養のため休業した期間が含まれている場合に、当該平均賃金に相当する額がその期間の日数及びその期間中の賃金を業務上の傷病の療養のため休業した期間の日数及び期間中の賃金とみなして算定した平均賃金に相当する額に満たないときは、当該みなして算定した平均賃金に相当する額を⑤に記載すること。(様式第16号の6別紙1に内訳を記載し、添付すること。ただし、既に提出されている場合を除く。)

5.　死亡労働者に関し遺族給付が支給されていた場合又は死亡労働者が傷病年金を受けていた場合には⑦の別紙は付する必要がないこと。

6.　死亡労働者が特別加入者であった場合には、

(1)　⑤には、その者の給付基礎日額を記載すること。

(2)　別紙の㋬から㋦まで並びに㋾及び㋕の事項を証明することができる書類その他の資料を添えること。

7.　この請求書には、労働者の死亡に関して市町村長に提出した死亡診断書、死体検案書若しくは検視調書に記載してある事項についての市町村長の証明書又はこれに代わるべき書類を添えること。

8.　遺族給付の支給の請求書が提出されている場合には、7による書類の提出は必要ではないこと。

9.　「事業主の氏名」の欄及び「請求人の氏名」の欄は、記名押印することに代えて、自筆による署名をすることができること。

社会保険 労務士 記載欄	作成年月日・提出代行者・事務代理者の表示	氏　　名	電話番号
		㊞	（　）　―

様式第16号の10（別紙）

通勤災害に関する事項

㋑ 労働者の氏名		
㋺ 災害時の通勤の種別（該当する記号を記入）		イ．住居から就業の場所への移動　ロ．就業の場所から住居への移動　ハ．就業の場所から他の就業の場所への移動　ニ．イに先行する住居間の移動　ホ．ロに後続する住居間の移動
㋩ 負傷又は発病の年月日及び時刻	年　月　日　午前/後　時　分頃	
㊁ 災害発生の場所		
㋭ 就業の場所（災害時の通勤の種別がハに該当する場合は移動の終点たる就業の場所）		
㋬ 就業開始の予定年月日及び時刻（災害時の通勤の種別がイ、ハ又はニに該当する場合は記載すること）	年　月　日　午前/後　時　分頃	
㋣ 住居を離れた年月日及び時刻（災害時の通勤の種別がイ、ニ又はホに該当する場合は記載すること）	年　月　日　午前/後　時　分頃	
㋠ 就業終了の年月日及び時刻（災害時の通勤の種別がロ、ハ又はホに該当する場合は記載すること）	年　月　日　午前/後　時　分頃	
㋷ 就業の場所を離れた年月日及び時刻（災害時の通勤の種別がロ又はハに該当する場合は記載すること）	年　月　日　午前/後　時　分頃	
㋦ 災害時の通勤の種別に関する移動の通常の経路、方法及び所要時間並びに災害の発生の日に住居又は就業の場所から災害発生の場所に至った経路、方法、所要時間その他の状況	（通常の移動の所要時間　時間　分）	
㋸ 災害の原因及び発生状況 (あ)どのような場所を (い)どのような方法で移動している際に (う)どのような物で又はどのような状況において (え)どのようにして災害が発生したか を簡明に記載すること		
㋾ 現認者の	住所	
	氏名	電話（　）　－
㋻ 転任の事実の有無（災害時の通勤の種別がニ又はホに該当する場合）	有・無	㋕ 転任の直前の住居に係る住所

〔注意〕

1．㋬は、災害時の通勤の種別がハの場合には、移動の終点たる就業の場所における就業開始の予定年月日及び時刻を、ニの場合には、後続するイの移動の終点たる就業の場所における就業開始の予定の年月日及び時刻を記載すること。
2．㋠は、災害時の通勤の種別がハの場合には、移動の起点たる就業の場所における就業終了の年月日及び時刻を、ホの場合には、先行するロの移動の起点たる就業の場所における就業終了の年月日及び時刻を記載すること。
3．㋷は、災害時の通勤の種別がハの場合には、移動の起点たる就業の場所を離れた年月日及び時刻を記載すること。
4．㋦は、通常の通勤の経路を図示し、災害発生の場所及び災害の発生の日に住居又は就業の場所から災害発生の場所に至った経路を朱線等を用いてわかりやすく記載するとともに、その他の事項についてもできるだけ詳細に記載すること。

様式第16号の10の２（表面）

様式第１６号の１０の２（表面）　労働者災害補償保険

二次健康診断等給付請求書

裏面に記載してある注意事項をよく読んだ上で、記入してください。

標準字体
０５アカサタナハマヤラワ
１６イキシチニヒミ　リン
２７ウクスツヌフムユル゛
３８エケセテネヘメ　レ゜
４９オコソトノホモヨロー

※帳票種別 ３８５３０　①管轄局　②帳票区分（無 新規 １ 移行）③保留 １　④受付年月日

⑤労働保険番号（府県・所掌・管轄・基幹番号・枝番号）　⑥処理区分 ※　⑦支給・不支給決定年月日　⑧特例コード（１ ３か月超　３ 産業医等　５ １及び３）

⑨性別（１男 ３女）　⑩労働者の生年月日（３大正 ５昭和 ７平成）　⑪一次健康診断受診年月日（７平成）　⑫二次健康診断受診年月日（７平成）

1～9年は右へ 1～9月は右へ 1～9日は右へ

⑬労働者の
シメイ（カタカナ）：姓と名の間は１文字あけて記入してください。濁点・半濁点は１文字として記入してください。
氏名　（　歳）
フリガナ
住所
㉒郵便番号

一次健康診断結果欄
一次健康診断（直近の定期健康診断等）における以下の検査結果について記入してください。
（以下の⑭、⑮、⑰及び⑱の異常所見について、すべて「有」の方が二次健康診断等給付を受給することができます。）

⑭血圧の測定における異常所見（高い場合に限る。）	⑮血中脂質検査における異常所見（高い場合に限る。ただし、HDLコレステロールについては、低い場合に限る。）	血糖検査 ⑯検査方法	血糖検査 ⑰異常所見（高い場合に限る。）	⑱腹囲又はBMI（肥満度）の測定における異常所見（高い場合に限る。）	⑲尿蛋白検査についての所見	⑳脳又は心臓疾患について療養を行っているなど、当該疾患の症状の有無
１有 ３無	１有 ３無	１血糖値検査 ３ヘモグロビンA1c検査	１有 ３無	１有 ３無	１－ ３± ５＋ ７＋＋ ９＋＋＋	１有 ３無

二次健康診断等実施機関の　名称　電話（　）－
所在地　〒　－

㉑の期日が⑪の期日から３か月を超えている場合、その理由について、該当するものを○で囲んでください。
イ　天災地変により請求を行うことができなかった。
ロ　医療機関の都合等により、一次健康診断の結果の通知が著しく遅れた。
ハ　その他（理由：　）

事業主証明欄
⑬の者について、⑪の期日が一次健康診断の実施日であること及び添付された書類が⑪の期日における一次健康診断の結果であることを証明します。
年　月　日
事業の名称　電話（　）－
事業場の所在地　〒　－
事業主の氏名　印
（法人その他の団体であるときはその名称及び代表者の氏名）　（記名押印又は署名）
労働者の所属事業場の名称・所在地　電話（　）－

上記により二次健康診断等給付を請求します。
㉑請求年月日 ７平成
労働局長　殿
1～9年は右へ 1～9月は右へ 1～9日は右へ

病院・診療所 経由　請求人の　〒　－　電話（　）－
住所
氏名　印
（記名押印又は署名）

支給・不支給 決定決議書	局長	部長	課長			調査年月日	・　・
						復命書番号	第　号
						決定年月日	・　・
						不支給理由	

※印の欄は記入しないでください。（職員が記入します。）
◎裏面の注意事項を読んでから記入してください。
◀折り曲げる場合には（◀）の所を谷に折りさらに２つ折りにしてください。
（この欄は記入しないでください。）

様式第16号の10の２（裏面）

一次健康診断を行った医師が異常の所見がないと診断した項目について、産業医等が異常の所見があると診断した場合、当該産業医等が新たに異常の所見があると診断した項目について、該当するものを○で囲んでください。

イ　血圧

ロ　血中脂質

ハ　血糖値

ニ　腹囲又はＢＭＩ（肥満度）

異常の所見があると診断した産業医等の氏名	印 （記名押印又は署名）

〔注意〕

1　□□□で表示された枠（以下「記入枠」という。）に記入する文字は、光学式文字読取装置（ＯＣＲ）で直接読取りを行うので、汚したり、穴をあけたり、必要以上に強く折り曲げたり、のりづけしたりしないでください。

2　記載すべき事項のない欄又は記入枠は空欄のままとし、事項を選択する場合には該当事項を○で囲み（⑨及び⑭から⑳までの事項並びに⑩、⑪、⑫及び㉑の元号については、該当番号を記入枠に記入すること。）、※印のついた記入欄には記入しないでください。

3　記入枠の部分は、必ず黒のボールペンを使用し、様式表面右上に記載された「標準字体」にならって、枠からはみ出さないように大きめのカタカナ及びアラビア数字で明瞭に記入してください。

4　「一次健康診断」とは、直近の定期健康診断等（労働安全衛生法第６６条第１項の規定による健康診断又は当該健康診断に係る同条第５項ただし書の規定による健康診断のうち、直近のもの）をいいます。

5　⑫は、実際に二次健康診断を受診した日（複数日に分けて受診した場合は最初に受診した日）を、また、㉑は、二次健康診断等給付を請求した日（二次健康診断等を医療機関に申し込んだ日）をそれぞれ記入してください。

6　⑭から⑳までの事項を証明することができる一次健康診断の結果を添えてください。

7　「二次健康診断等実施機関の名称及び所在地」の欄については、実際に二次健康診断等を受診した医療機関の名称及び所在地を記載してください（胸部超音波検査（心エコー検査）又は頸部超音波検査（頸部エコー検査）を別の医療機関で行った場合、当該医療機関については記載する必要はありません。）。

8　「事業主の氏名」の欄及び「請求人の氏名」の欄は、記名押印することに代えて、自筆による署名をすることができます。

9　「労働者の所属事業場の名称・所在地」の欄については、労働者が直接所属する事業場が一括適用の取扱いを受けている場合に、労働者が直接所属する支店、工事現場等を記載してください。

10　「産業医等」とは、労働安全衛生法第13条に基づき当該労働者が所属する事業場に選任されている産業医や同法第13条の２に規定する労働者の健康管理等を行うのに必要な医学に関する知識を有する医師（地域産業保健センターの医師、小規模事業場が共同選任した産業医の要件を備えた医師等）をいいます。

表面の記入枠を訂正したときの訂正印欄	削字　加字　印	社会保険労務士記載欄	作成年月日・提出代行者・事務代理者の表示	氏　名	電話番号
				㊞	（　）　－

様式第16号の11

労働者災害補償保険
傷病の状態等に関する報告書

①労働保険番号	府県	所掌	管轄	基幹番号	枝番号	③負傷又は発病年月日	年　月　日
②労働者の	フリガナ					④療養開始年月日	年　月　日
	氏名						
	生年月日	年　月　日（　歳）					
	フリガナ						
	住所						
⑤傷病の名称、部位及び状態						（診断書のとおり。）	
⑥添付する書類その他の資料名							

上記のとおり報告します。

年　月　日

〒　－　　電話（　）　－

報告人の　住所

氏名　㊞

労働基準監督署長　殿

（注意）「報告人の氏名」の欄は、記名押印することに代えて、自筆による署名をすることができること。

社会保険労務士記載欄	作成年月日・提出代行者・事務代理者の表示	氏名	電話番号
		㊞	（　）　－

様式第17号

表紙（表面）

年　金　証　書 厚生労働省

表紙（内面）

労働者災害補償保険

年金証書

管轄局署	年金証書の番号	枝番号	被災労働者の生年月日	再発行番号
			年　月　日	

受給権者の氏名	
受給権者の生年月日	年　月　日
年金たる保険給付の種類	
支給事由が生じた年月日	年　月　日

労働者災害補償保険法によつて上記の保険給付を行うことに決定したことを証します。

年　月　日

労働基準監督署長

裏表紙（内面）

（注意）

1　年金証書の提示又は提出

(1)　郵便貯金銀行の支店等又は郵便局において年金の支払を受けようとするときは、窓口に支払通知書を提出するとともにこの証書を提示してください。

(2)　年金の支給決定を受けた労働基準監督署長から年金証書の提示又は提出を命ぜられたときは、その労働基準監督署長にこの証書を提示又は提出してください。

(3)　病院若しくは診療所、薬局又は訪問看護事業者（以下「指定病院等」という。）において傷病補償年金又は傷病年金の受給権者がその傷病に係る療養の給付を受けようとするときは、その指定病院等にこの証書を提示してください。また、その療養の給付を受ける指定病院等を変更しようとするときは、その旨の届書を変更先の指定病院等を経由して提出するとともに、この証書をその指定病院等に提示してください。

裏表紙（表面）

2　年金証書の再交付

この証書を亡失し若しくは著しく損傷し、又は受給権者の氏名に変更があったときは、年金証書の再交付を年金の支給決定を受けた労働基準監督署長に請求してください。

なお、年金証書の再交付を請求するとき（亡失の場合を除く。）は、既に交付を受けている年金証書を提出してください。

3　年金証書の返納

(1)　次の場合には、この証書を年金の支給決定を受けた労働基準監督署長に返納してください。

イ　年金を受ける権利が消滅したとき

ロ　その他年金の支給決定を受けた労働基準監督署長から返納を命ぜられたとき

(2)　再交付を受けた後において、亡失した年金証書を発見したときは、発見した年金証書を返納してください。

様式第18号(1)（表面）

労働者災害補償保険
年金たる保険給付の受給権者の定期報告書(障害用)

変更・不変更

署長	副署長	課長	係長	係
		決裁	年　月　日	

受給権者	①管轄局署	②年金証書の番号	③受給権者の氏名	④受給権者の生年月日	⑤年齢
					歳
	⑥年金たる保険給付の種類	⑦現障害等級号			

厚生年金保険等の受給関係	⑧労災年金のほかに、厚生年金保険、国民年金あるいは船員保険から労災と同じ事由(障害)で年金を受けていますか。「受けている」とした場合は、⑨から⑫までの欄を記入してください。	1 受けている (支給停止の場合を含みます。)	2 受けていない ・裁定請求中　・不支給裁定　・未加入 ・請求していない　・老齢年金等選択 ・その他(　　)	
	⑨受けている厚生年金保険、国民年金、船員保険(厚生年金等)の年金の種類を○で囲んでください。	厚生年金保険法の イ 障害年金 ロ 障害厚生年金	国民年金法の ハ 障害年金 ニ 障害基礎年金	船員保険法の ホ 障害年金
	⑩基礎年金番号及び厚生年金等の年金証書の年金コード			
	⑪現在支給されている厚生年金等の年額	年額　円	年額　円	年額　円
	⑫⑪欄の年金額を支給されることになった年月日	年　月　日	年　月　日	年　月　日

⑬添付書類	住民票の写しまたは戸籍抄本・⑪欄の厚生年金等の年額を証明する書類(　　)

上記のとおり現況を報告します。

年　月　日

労働基準監督署長　殿

〒　－　電話(　)　－

(フリガナ)

住所

(フリガナ)

氏名　㊞

○ 問い合わせ先(From:)

提出期間　年　月1日から　年　月末日まで

様式第18号(1)（裏面）

〔注意〕

1　事項を選択する場合には該当する事項を○で囲むこと。

2　この報告書には、次の書類を添えること。ただし、個人番号が未提出の場合を除き、(1)の書類として住民票の写しを添える必要はないこと。

(1)　受給権者の住民票の写し又は戸籍の抄本

(2)　同一の事由により厚生年金保険の障害厚生年金等が支給される場合には、当該厚生年金保険の障害厚生年金等の支給額を証明することができる書類

3　「氏名」の欄は、記名押印することに代えて、自筆による署名をすることができること。

社会保険労務士記載欄	作成年月日・提出代行者・事務代理者の表示	氏　　名	電話番号
		㊞	(　　　) —

様式第18号(2)（表面）

署長	副署長	課長	係長	係
		決裁	年　月　日	

労働者災害補償保険
年金たる保険給付の受給権者の定期報告書（遺族用）　変更・不変更

受給権者	①年金証書の番号	②枝番号	③受給権者の氏名	④受給権者の生年月日	⑤年齢
					歳
	⑥年金たる保険給付の種類	⑦被災労働者との関係	⑧障害の状態の有無	⑨障害の部位及び状態	
			ある・ない	【診断書のとおり】	

厚生年金保険等の受給関係				
⑩労災年金のほかに、厚生年金保険、国民年金あるいは船員保険から労災と同じ事由（死亡）で年金を受けていますか。「受けている」とした場合は、⑪から⑭までの欄を記入してください。		1 受けている（支給停止の場合を含みます。）	2 受けていない ・裁定請求中 ・不支給裁定 ・未加入 ・請求していない ・老齢年金等選択 ・その他（　）	
⑪受けている厚生年金保険、国民年金、船員保険（厚生年金等）の年金の種類を○で囲んでください。	厚生年金保険法の イ 遺族年金 ロ 遺族厚生年金	国民年金法の ハ 母子年金 ニ 準母子年金 ホ 遺児年金 ヘ 寡婦年金 ト 遺族基礎年金	船員保険法の チ 遺族年金	
⑫基礎年金番号及び厚生年金等の年金証書の年金コード				
⑬現在支給されている厚生年金等の年金額	年額　円	年額　円	年額　円	
⑭⑬欄の年金額を支給されることになった年月日	年　月　日	年　月　日	年　月　日	

⑮遺族（補償）年金を受ける資格のある遺族で受給権者と生計を同じくしている遺族	氏名（フリガナ）	生年月日	年齢	住所	死亡労働者との関係	障害の有無
		M・S・T・H　年　月　日	歳			ある・ない
		M・S・T・H　年　月　日	歳			ある・ない
		M・S・T・H　年　月　日	歳			ある・ない
		M・S・T・H　年　月　日	歳			ある・ない

⑯添付書類　診断書・住民票の写し・戸籍謄本（抄本）・⑬欄の厚生年金等の年額を証明する書類（　　）

上記のとおり現況を報告します。

〒　－　　電話（　　）　－

（フリガナ）

年　月　日　　住所

労働基準監督署長　殿　　（フリガナ）

氏名　㊞

○ 問い合わせ先(From:)

提出期間　年　月1日から　年　月末日まで

様式第18号(2)（裏面）

〔注意〕

1　事項を選択する場合には該当する事項を○で囲むこと。

2　この報告書には、次の書類を添えること。ただし、個人番号が未提出の場合を除き、(2)の書類として住民票の写しを添える必要はないこと。

(1)　受給権者及び受給権者と生計を同じくしている遺族補償年金又は遺族年金を受けることができる遺族の戸籍の謄本又は抄本

(2)　受給権者と生計を同じくしている遺族補償年金又は遺族年金を受けることができる遺族については、その者が受給権者と生計を同じくしていることを証明することができる書類

(3)　障害の状態にあることにより遺族補償年金又は遺族年金を受けることができる遺族及び遺族補償年金又は遺族年金の受給権者である妻については、その障害の状態に関する医師又は歯科医師の診断書

(4)　同一の事由により厚生年金保険の遺族厚生年金等が支給される場合には、当該厚生年金保険の遺族厚生年金等の支給額を証明することができる書類

3　⑧には、次の(1)及び(2)の者のみが記載すること。

(1)　障害の状態にあることにより遺族補償年金又は遺族年金を受けることができる遺族

(2)　死亡した労働者の妻

4　⑫について、厚生年金等の年金証書の年金コードを２つ有する場合は、それぞれ上段及び下段に記載すること。３つ以上有する場合は、別紙を付して記載すること。

5　⑬から⑯までの欄に記載することができない場合には、別紙を付して所要の事項を記載すること。

6　「氏名」の欄は、記名押印することに代えて、自筆による署名をすることができること。

社会保険 労務士 記載欄	作成年月日・提出代行者・事務代理者の表示	氏　　名	電話番号
		㊞	（　　　） ―

様式第18号(3)（表面）

署長	副署長	課長	係長	係
	決裁	年 月 日		

労働者災害補償保険
年金たる保険給付の受給権者の定期報告書(傷病用)

変更・不変更

受給権者	①管轄局署	②年金証書の番号	③受給権者の氏名	④受給権者の生年月日	⑤年齢
					歳
	⑥年金たる保険給付の種類	⑦傷病区分及び現傷病等級号		⑧傷病による障害の状態	
				【診断書のとおり】	

厚生年金保険等の受給関係				
	⑨労災年金のほかに、厚生年金保険、国民年金あるいは船員保険から労災と同じ事由(障害)で年金を受けていますか。 「受けている」とした場合は、⑩から⑬までの欄を記入してください。	1 受けている (支給停止の場合を含みます。)	2 受けていない ・裁定請求中 ・不支給裁定 ・未加入 ・請求していない ・老齢年金等選択 ・その他( )	
	⑩受けている厚生年金保険、国民年金、船員保険(厚生年金等)の年金の種類を○で囲んでください。	厚生年金保険法の イ 障害年金 ロ 障害厚生年金	国民年金法の ハ 障害年金 ニ 障害基礎年金	船員保険法の ホ 障害年金
	⑪基礎年金番号及び厚生年金等の年金証書の年金コード			
	⑫現在支給されている厚生年金等の年金額	年額 円	年額 円	年額 円
	⑬⑫欄の年金額を支給されることになった年月日	年 月 日	年 月 日	年 月 日

⑭添付書類	診断書・⑫欄の厚生年金等の年額を証明する書類( )

上記のとおり現況を報告します。

年 月 日

労働基準監督署長 殿

〒 － 電話( ) －

(フリガナ)

住所

(フリガナ)

氏名 ㊞

○ 問い合わせ先(From:)

提出期間 年 月 1日 から 年 月 末日まで

様式第18号(3)（裏面）

〔注意〕

1　事項を選択する場合には該当する事項を○で囲むこと。

2　この報告書には、次の書類を添えること。

⑴　負傷又は疾病による障害の状態に関する医師又は歯科医師の診断書

⑵　同一の事由により厚生年金保険の障害厚生年金等が支給される場合には、当該厚生年金保険の障害厚生年金等の支給額を証明することができる書類

3　「氏名」の欄は、記名押印することに代えて、自筆による署名をすることができること。

社会保険労務士記載欄	作成年月日・提出代行者・事務代理者の表示	氏　名	電話番号
		㊞	(　　) ―

様式第19号（表面）

様式第１９号(表面)
労働者災害補償保険

年金たる保険給付の受給権者の住所・氏名
年金の払渡金融機関等変更届

帳票種別 ※39580

被災労働者の氏名	支給決定を受けた労働基準監督署名
	労働基準監督署

変更処理 ①枚目 ※ ②枚中 ※

必須項目
③年金証書番号（管轄局 種別 西暦年 番号）
④被災者生年月日（元号 年 月 日）（明治1 大正3 昭和5 平成7）
⑤枝番号 ◎遺族（補償）年金の場合は記入してください。

○住所を変更した場合（個人番号を未提出の方は住民票の写しの添付が必要です。裏面注意書きを参照ください。）

変更後の住所
⑥郵便番号
⑦電話番号（市外局番（右ヅメ）－市内局番（右ヅメ）－番号） 市外局番も記入してください
⑧都道府県コード ※
都・道 府・県
⑯住所１（漢字）（フリガナ）
⑰住所２つづき（漢字）
⑱住所３つづき（漢字）
◎都道府県名の次から記入してください。

○銀行・郵便局等を変更したい場合

払渡金融機関等
金融機関（郵便貯金銀行の支店等を除く）

フリガナ		
金融機関名	銀行・金庫 農協・漁協・信組	本店・本所 出張所 支店・支所

⑨預金の種類（1普通 3当座）
⑩口座番号（右ヅメ） ◎口座番号が７桁未満の場合は右に詰めて記入してください。
⑪※金融機関コード 店舗コード

郵便貯金銀行の支店等又は郵便局

フリガナ		
郵便貯金銀行の支店等又は郵便局	都・道 府・県	市・郡 区

⑫預金通帳の記号番号（記号 番号（右ヅメ）） ◎番号が８桁未満の場合は右に詰めて記入してください。
⑬※郵便局コード

○氏名を変更した場合（戸籍謄本または戸籍抄本を添付してください。）

氏名
⑭変更後氏名（カタカナ）：姓と名の間は１字あけてください。
⑮変更後氏名（漢字）：姓と名の間は１字あけてください。

変更前の氏名
フリガナ
（漢字）

氏名の変更年月日	氏名の変更理由
年 月 日	

○個人番号を登録・変更する場合

個人番号

届出人（受給権者）の
〒 － 電話（ ） －
フリガナ
上記のとおり 住所・氏名を変更した 払渡金融機関等を変更したい 個人番号を登録・変更したい ので届けます。 住所 （ 方）
フリガナ
年 月 日 氏名 ㊞
□本件手続を裏面に記載の社会保険労務士に委託します。

労働基準監督署長 殿

署長	副署長	課長	係長	係
		決裁		年 月 日

※印の欄は記入しないでください。（職員が記入します）
◎裏面の注意事項を読んでから記入してください。

一、□□□で表示された枠（以下、「記入枠」という。）に記入する文字は、光学的文字読取装置（OCR）で直接読取を行うので、この用紙を汚したり、穴を開けたり、必要以上に強く折り曲げたりしないでください。
二、折り曲げる場合には折り曲げマーク▶の所で折り曲げてください。

様式第19号（裏面）

標準字体

0	5	ア	カ	サ	タ	ナ	ハ	マ	ヤ	ラ	ワ
1	6	イ	キ	シ	チ	ニ	ヒ	ミ		リ	ン
2	7	ウ	ク	ス	ツ	ヌ	フ	ム	ユ	ル	゛
3	8	エ	ケ	セ	テ	ネ	ヘ	メ		レ	゜
4	9	オ	コ	ソ	ト	ノ	ホ	モ	ヨ	ロ	ー

〔注意〕

1　□□□□で表示された枠（以下「記入枠」という。）に記入する文字は、光学的文字読取装置（OCR）で直接読取りを行うので、この用紙は汚したり、必要以上に強く折り曲げたりしないこと。

2　記載すべき事項のない欄又は記入枠は空欄のままとし、事項を選択する場合には当該事項を○で囲み（ただし、④及び⑨欄については該当する番号を記入枠に記入すること。）、※印のついた欄又は記入枠には記載しないこと。

3　記入枠の部分は、必ず、黒色のボールペンを使用し、右上に記載された「標準字体」にならって、枠からはみ出さないように大きめのカタカナ及びアラビア数字で明瞭に記載すること。

4　住所を変更した場合であって、個人番号が未提出であるときには、住民票の写しを添えて提出すること。

5　金融機関（郵便貯金銀行の支店等を除く。）又は郵便貯金銀行の支店等又は郵便局を変更したい場合には、年金の払渡しを金融機関（郵便貯金銀行の支店等を除く。）から受けることを希望する者は「金融機関（郵便貯金銀行の支店等を除く。）名」欄、⑨及び⑩欄に、年金の払渡しを郵便貯金銀行の支店等又は郵便局から受けることを希望する者は「郵便貯金銀行の支店等又は郵便局」欄及び⑫欄にそれぞれ記載すること。

　なお、郵便貯金銀行の支店等又は郵便局から払渡しを受けることを希望する場合であって振込によらないときは、「預金通帳の記号番号」欄は記載する必要はないこと。

6　氏名を変更した場合には、戸籍謄本又は戸籍抄本を添えて提出すること。

7　「届出人の住所」欄及び「届出人の氏名」欄には、受給権者本人の住所及び氏名を記載すること。

8　この変更届は、所轄労働基準監督署長に提出すること。また、届出人の住所を管轄する労働基準監督署長を経由して提出しても差し支えないこと。

9　「届出人の氏名」の欄は、記名押印することに代えて、自筆による署名をすることができること。

10　「個人番号」欄については、届出人（受給権者）の個人番号を記載すること。

11　本件手続を社会保険労務士に委託する場合は、「届出人の氏名」欄の下の□にレ点を記入すること。

社会保険労務士記載欄	作成年月日・提出代行者・事務代理者の表示	氏　　名	電話番号
		㊞	（　　） ―

様式第20号

労働者災害補償保険
厚生年金保険等の受給関係変更届

<table>
<tr><td rowspan="2">① 年金証書の番号</td><td>管轄局</td><td>種別</td><td>西暦年</td><td>番号</td><td>枝番号</td></tr>
<tr><td></td><td></td><td></td><td></td><td></td></tr>
<tr><td rowspan="2">② 受給権者の</td><td>氏名</td><td colspan="4">（男・女）（年金証書に記載されている氏名）</td></tr>
<tr><td>生年月日</td><td colspan="4">明昭
大平　年　月　日（　歳）</td></tr>
<tr><td>③ 当該傷病、障害又は死亡に関して支給される年金の種類</td><td colspan="2">厚生年金保険法の
イ 障害年金（　級）
ロ 障害厚生年金（　級）
ハ 遺族年金
ニ 遺族厚生年金</td><td colspan="2">国民年金法の
イ 障害年金（　級）
ロ 障害基礎年金（　級）
ハ 母子年金
ニ 準母子年金
ホ 遺児年金
ヘ 寡婦年金
ト 遺族基礎年金</td><td>船員保険法の
イ 障害年金
（　級）
ロ 遺族年金</td></tr>
<tr><td>④ 基礎年金番号及び③の年金についての年金証書の年金コード</td><td colspan="2"></td><td>所轄年金事務所等</td><td colspan="2"></td></tr>
<tr><td rowspan="2">⑤ ③の年金が支給されることとなった場合</td><td colspan="2">支給される年金の額</td><td colspan="3">（　級）　円</td></tr>
<tr><td colspan="2">支給されることとなった年月日</td><td colspan="3">年　月　日</td></tr>
<tr><td rowspan="4">⑥ ③の年金の額に変更があった場合</td><td colspan="2">変更前の年金の額</td><td colspan="3">（　級）　円</td></tr>
<tr><td colspan="2">変更後の年金の額</td><td colspan="3">（　級）　円</td></tr>
<tr><td colspan="2">変更された年月日</td><td colspan="3">年　月　日</td></tr>
<tr><td colspan="2">変更の事由</td><td colspan="3"></td></tr>
<tr><td rowspan="3">⑦ ③の年金が支給されなくなった場合</td><td colspan="2">支給されなくなった年金の額</td><td colspan="3">（　級）　円</td></tr>
<tr><td colspan="2">支給されなくなった年月日</td><td colspan="3">年　月　日</td></tr>
<tr><td colspan="2">支給されなくなった事由</td><td colspan="3"></td></tr>
<tr><td>⑧ 添付する書類その他の資料名</td><td colspan="5"></td></tr>
</table>

上記のとおり変更がありましたので届けます。

年　月　日　　〒　－　　電話（　）　－

届出人の　住所

労働基準監督署長　殿　　氏名　㊞

〔注意〕

1　事項を選択する場合には該当する事項を○で囲むこと。

2　この届書には、変更の事実を証明することができる書類その他の資料を添えること。

3　「届出人の氏名」の欄は、記名押印することに代えて、自筆による署名をすることができること。

4　④について、厚生年金等の年金証書の年金コードを2つ有する場合は、それぞれ上段及び下段に記載すること。
3つ以上有する場合は、別紙を付して記載すること。

5　⑤から⑧までの欄に記載することができない場合には、別紙を付して所要の事項を記載すること。

社会保険労務士記載欄	作成年月日・提出代行者・事務代理者の表示	氏名	電話番号
		㊞	（　） －

様式第21号

労働者災害補償保険
遺族補償年金
遺族年金　受給権者失権届

①	年金証書の番号	管轄局	種別	西暦年	番号		枝番号
失権した受給権者	氏名	（男・女）					
	生年月日	年　月　日（　歳）					
	住所						
	失権した年月日	年　月　日（　歳）					
	失権の事由						
②	添付する書類名						

上記のとおり失権しましたので届けます。

年　月　日

〒　－　電話（　）　－

届出人の 住所

届出人の 氏名　㊞

労働基準監督署長殿

（注意）　「届出人の氏名」の欄は、記名押印することに代えて、自筆による署名をすることができること。

社会保険労務士記載欄	作成年月日・提出代行者・事務代理者の表示	氏名	電話番号
		㊞	（　）　－

様式第22号

労 働 者 災 害 補 償 保 険

遺族補償年金額
遺族年金額 算定基礎変更届

① 年金証書の番号		管轄局		種別	西暦年		番				号	枝番号	
② 受給権者の	氏名													(男・女)
	生年月日				年			月			日(			歳)
	住所													

③ 遺族補償年金又は遺族年金の額の算定の基礎となる遺族でなくなった遺族	氏名	生年月日	死亡労働者との関係	算定の基礎とならなくなった事由	左の事由が生じた年月日
		年 月 日			年 月 日
		年 月 日			年 月 日
		年 月 日			年 月 日
		年 月 日			年 月 日

④ 新たに遺族補償年金又は遺族年金の額の算定の基礎となった遺族	氏名	生年月日	住所	算定の基礎となった事由	左の事由が生じた年月日
		年 月 日			年 月 日
		年 月 日			年 月 日
		年 月 日			年 月 日
		年 月 日			年 月 日
		年 月 日			年 月 日

⑤ 新たに障害の状態となつた又はなくなつた妻	障害の状態となつた年月日	障害の状態でなくなつた年月日
	年 月 日	年 月 日
⑥ 添付する書類名		

上記のとおり変更がありましたので届けます。

年 月 日

〒 ― 電話( ) ―

届出人の 住所

氏名 ㊞

労働基準監督署長殿

〔注意〕

1 記入すべき事項のない欄又は記入枠は空欄のままとすること。

2 この届書には、変更の事実を証明することができる書類を添えること。ただし、個人番号が未提出の場合を除き、当該書類として住民票の写しを添える必要はないこと。

3 「届出人の氏名」の欄は、記名押印することに代えて、自筆による署名をすることができること。

社会保険労務士記載欄	作成年月日・提出代行者・事務代理者の表示	氏名	電話番号
		㊞	( ) ―

様式第34号の７（表面）

■ 様式第34号の7（表面） ■

労働者災害補償保険　特別加入申請書（中小事業主等）

帳票種別 36211

◎裏面の注意事項を読んでから記載してください。
※印の欄は記載しないでください。（職員が記載します。）

① 申請に係る事業の労働保険番号

府県	所掌	管轄	基幹番号	枝番号

※受付年月日　7 平成　元号　年　月　日（1～9年は右へ　1～9月は右へ　1～9日は右へ）

② 事業主の氏名（法人その他の団体であるときはその名称）

③ 申請に係る事業

名称（フリガナ）
名称（漢字）
事業場の所在地

④ 特別加入予定者　　加入予定者数　計　　名

*この用紙に記載しきれない場合には、別紙に記載すること。

特別加入予定者		業務の内容		特定業務・給付基礎日額		
フリガナ 氏名	事業主との関係（地位又は続柄） 1 本人 3 役員 （　　） 5 家族従事者 （　　）	業務の具体的内容	除染作業 1 有 3 無	従事する特定業務 1 粉じん 3 振動工具 5 鉛 7 有機溶剤 9 該当なし	業務歴	
					最初に従事した年月	年　月
					従事した期間の合計	年間　ヶ月
生年月日 年　月　日		労働者の始業及び終業の時刻 時　分～　時　分			希望する給付基礎日額	円
フリガナ 氏名	事業主との関係（地位又は続柄） 1 本人 3 役員 （　　） 5 家族従事者 （　　）	業務の具体的内容	除染作業 1 有 3 無	従事する特定業務 1 粉じん 3 振動工具 5 鉛 7 有機溶剤 9 該当なし	業務歴	
					最初に従事した年月	年　月
					従事した期間の合計	年間　ヶ月
生年月日 年　月　日		労働者の始業及び終業の時刻 時　分～　時　分			希望する給付基礎日額	円
フリガナ 氏名	事業主との関係（地位又は続柄） 1 本人 3 役員 （　　） 5 家族従事者 （　　）	業務の具体的内容	除染作業 1 有 3 無	従事する特定業務 1 粉じん 3 振動工具 5 鉛 7 有機溶剤 9 該当なし	業務歴	
					最初に従事した年月	年　月
					従事した期間の合計	年間　ヶ月
生年月日 年　月　日		労働者の始業及び終業の時刻 時　分～　時　分			希望する給付基礎日額	円
フリガナ 氏名	事業主との関係（地位又は続柄） 1 本人 3 役員 （　　） 5 家族従事者 （　　）	業務の具体的内容	除染作業 1 有 3 無	従事する特定業務 1 粉じん 3 振動工具 5 鉛 7 有機溶剤 9 該当なし	業務歴	
					最初に従事した年月	年　月
					従事した期間の合計	年間　ヶ月
生年月日 年　月　日		労働者の始業及び終業の時刻 時　分～　時　分			希望する給付基礎日額	円

折り曲げる場合には（▶）の所で折り曲げてください。

⑤ 労働保険事務の処理を委託した年月日　　年　月　日

⑥ 労働保険事務組合の証明

上記⑤の日より労働保険事務の処理の委託を受けていることを証明します。

年　月　日

労働保険事務組合の　名称
〒　－　　電話（　　）　－
主たる事務所の所在地
代表者の氏名　　印

⑦ 特別加入を希望する日（申請日の翌日から起算して30日以内）　　年　月　日

上記のとおり特別加入の申請をします。

年　月　日

労働局長　殿

〒　－　　電話（　　）　－

事業主の　住所

氏名　　印

（法人その他の団体であるときはその名称及び代表者の氏名）

■

様式第34号の７（裏面）

〔標準字体記載に当たっての注意事項〕

１　□□□で表示された枠（以下、記載枠という。）に記載する数字は、光学式文字読取装置（ＯＣＲ）で直接読取りを行うので、汚したり、穴を開けたり、必要以上に強く折り曲げたり、のり付けしたりしないでください。
２　記載枠の部分は、必ず黒のボールペンを使用し、以下に記載された「標準字体」に倣って、枠からはみ出さないように大きめのアラビア数字で明瞭に記載してください。

標準字体

0	1	2	3	4	5	6	7	8	9

〔項目記載に当たっての注意事項〕

１　「事業主との関係」の欄には、事業主本人（代表者）は「１」を○で囲むこと。
また、事業主が行う事業に従事する者（代表者以外の者）については、事業主が法人その他の団体であるときは「３」、事業主が個人であるときは「５」を○で囲むこと。

さらに、「３」を○で囲んだときはその事業における従業上の地位を、「５」を○で囲んだときは事業主との続柄を、それぞれ（　）に記載すること。

２　「業務の具体的内容」の欄には、特別加入者として行う業務の具体的内容を記載すること。

３　「労働者の始業及び終業の時刻」の欄には、特別加入予定者の従事する事業の労働者に係る所定の始業及び終業の時刻を記載すること。

４　「除染作業」の欄には、特別加入者として行う業務に除染作業が含まれる場合は「１」を○で囲み、除染作業が含まれない場合は「３」を○で囲むこと。

５　特別加入者として行う業務が「従事する特定業務」の欄に掲げる特定業務（労働者災害補償保険法施行規則（昭和30年労働省令第22号）第46条の19第３項各号に掲げる業務をいう。）のいずれかに該当する場合には、その該当する特定業務の番号を○で囲むこと。（該当する特定業務が複数の場合には、該当する番号全てを○で囲むこと。）
なお、いずれにも該当しない場合には、「９」を○で囲むこと。

６　「業務歴」の欄には、特別加入者として行う業務が「従事する特定業務」の欄に掲げる特定業務のいずれかに該当する場合であって、当該特別加入予定者が過去において当該該当する特定業務に従事したことがあるときに、当該該当する特定業務に最初に従事した年月及び従事した期間の合計を記載すること。（該当する特定業務が複数の場合には、主たるものを当該欄に記載すること。その他該当する特定業務については、余白に最初に従事した年月及び従事した期間の合計を記載すること。）

７　記載事項のない欄には斜線を引くこと。

８　「労働保険事務組合の代表者の氏名」の欄及び「事業主の氏名」の欄は、記名押印することに代えて、自筆による署名をすることができること。

社会保険労務士記載欄	作成年月日・提出代行者・事務代理者の表示	氏　名	電話番号
		㊞	（　）　―

様式第34号の７（別紙）

◎裏面の注意事項を読んでから記載してください。

(1) 申請に係る事業の労働保険番号	府県	所掌	管轄	基幹番号	枝番号
(2) 申請に係る事業の名称					

枚中　　枚目

特別加入予定者		業務の内容		特定業務・給付基礎日額	
フリガナ 氏　名 生年月日 年　月　日	事業主との関係 (地位又は続柄) 1 本人 3 役員 (　　) 5 家族従事者 (　　)	業務の具体的内容 労働者の始業及び終業の時刻 時　分～　時　分	除染作業 1 有 3 無	従事する特定業務 1 粉じん 3 振動工具 5 鉛 7 有機溶剤 9 該当なし	業務歴 最初に従事した年月　年　月 従事した期間の合計　年間　ヶ月 希望する給付基礎日額 円
フリガナ 氏　名 生年月日 年　月　日	事業主との関係 (地位又は続柄) 1 本人 3 役員 (　　) 5 家族従事者 (　　)	業務の具体的内容 労働者の始業及び終業の時刻 時　分～　時　分	除染作業 1 有 3 無	従事する特定業務 1 粉じん 3 振動工具 5 鉛 7 有機溶剤 9 該当なし	業務歴 最初に従事した年月　年　月 従事した期間の合計　年間　ヶ月 希望する給付基礎日額 円
フリガナ 氏　名 生年月日 年　月　日	事業主との関係 (地位又は続柄) 1 本人 3 役員 (　　) 5 家族従事者 (　　)	業務の具体的内容 労働者の始業及び終業の時刻 時　分～　時　分	除染作業 1 有 3 無	従事する特定業務 1 粉じん 3 振動工具 5 鉛 7 有機溶剤 9 該当なし	業務歴 最初に従事した年月　年　月 従事した期間の合計　年間　ヶ月 希望する給付基礎日額 円
フリガナ 氏　名 生年月日 年　月　日	事業主との関係 (地位又は続柄) 1 本人 3 役員 (　　) 5 家族従事者 (　　)	業務の具体的内容 労働者の始業及び終業の時刻 時　分～　時　分	除染作業 1 有 3 無	従事する特定業務 1 粉じん 3 振動工具 5 鉛 7 有機溶剤 9 該当なし	業務歴 最初に従事した年月　年　月 従事した期間の合計　年間　ヶ月 希望する給付基礎日額 円
フリガナ 氏　名 生年月日 年　月　日	事業主との関係 (地位又は続柄) 1 本人 3 役員 (　　) 5 家族従事者 (　　)	業務の具体的内容 労働者の始業及び終業の時刻 時　分～　時　分	除染作業 1 有 3 無	従事する特定業務 1 粉じん 3 振動工具 5 鉛 7 有機溶剤 9 該当なし	業務歴 最初に従事した年月　年　月 従事した期間の合計　年間　ヶ月 希望する給付基礎日額 円
フリガナ 氏　名 生年月日 年　月　日	事業主との関係 (地位又は続柄) 1 本人 3 役員 (　　) 5 家族従事者 (　　)	業務の具体的内容 労働者の始業及び終業の時刻 時　分～　時　分	除染作業 1 有 3 無	従事する特定業務 1 粉じん 3 振動工具 5 鉛 7 有機溶剤 9 該当なし	業務歴 最初に従事した年月　年　月 従事した期間の合計　年間　ヶ月 希望する給付基礎日額 円
フリガナ 氏　名 生年月日 年　月　日	事業主との関係 (地位又は続柄) 1 本人 3 役員 (　　) 5 家族従事者 (　　)	業務の具体的内容 労働者の始業及び終業の時刻 時　分～　時　分	除染作業 1 有 3 無	従事する特定業務 1 粉じん 3 振動工具 5 鉛 7 有機溶剤 9 該当なし	業務歴 最初に従事した年月　年　月 従事した期間の合計　年間　ヶ月 希望する給付基礎日額 円
フリガナ 氏　名 生年月日 年　月　日	事業主との関係 (地位又は続柄) 1 本人 3 役員 (　　) 5 家族従事者 (　　)	業務の具体的内容 労働者の始業及び終業の時刻 時　分～　時　分	除染作業 1 有 3 無	従事する特定業務 1 粉じん 3 振動工具 5 鉛 7 有機溶剤 9 該当なし	業務歴 最初に従事した年月　年　月 従事した期間の合計　年間　ヶ月 希望する給付基礎日額 円

様式第34号の７（別紙）（裏面）

〔項目記載に当たっての注意事項〕

1　「事業主との関係」の欄には、事業主本人（代表者）は「１」を○で囲むこと。
　また、事業主が行う事業に従事する者（代表者以外の者）については、事業主が法人その他の団体であるときは「３」、事業主が個人であるときは「５」を○で囲むこと。

　さらに、「３」を○で囲んだときはその事業における従業上の地位を、「５」を○で囲んだときは事業主との続柄を、それぞれ（　）に記載すること。

2　「業務の具体的内容」の欄には、特別加入者として行う業務の具体的内容を記載すること。

3　「労働者の始業及び終業の時刻」の欄には、特別加入予定者の従事する事業の労働者に係る所定の始業及び終業の時刻を記載すること。

4　「除染作業」の欄には、特別加入者として行う業務に除染作業が含まれる場合は「１」を○で囲み、除染作業が含まれない場合は「３」を○で囲むこと。

5　特別加入者として行う業務が「従事する特定業務」の欄に掲げる特定業務（労働者災害補償保険法施行規則（昭和30年労働省令第22号）第46条の19第３項各号に掲げる業務をいう。）のいずれかに該当する場合には、その該当する特定業務の番号を○で囲むこと。（該当する特定業務が複数の場合には、該当する番号全てを○で囲むこと。）
　なお、いずれにも該当しない場合には、「９」を○で囲むこと。

6　「業務歴」の欄には、特別加入者として行う業務が「従事する特定業務」の欄に掲げる特定業務のいずれかに該当する場合であって、当該特別加入予定者が過去において当該該当する特定業務に従事したことがあるときに、当該該当する特定業務に最初に従事した年月及び従事した期間の合計を記載すること。（該当する特定業務が複数の場合には、主たるものを当該欄に記載すること。その他該当する特定業務については、余白に最初に従事した年月及び従事した期間の合計を記載すること。）

7　記載事項のない欄には斜線を引くこと。

様式第34号の８（表面）

■ 様式第34号の8（表面） ■

労働者災害補償保険 特別加入に関する変更届 特別加入脱退申請書（中小事業主等及び一人親方等）

帳票種別 36241

◎裏面の注意事項を読んでから記載してください。
※印の欄は記載しないでください。（職員が記載します。）

特別加入の承認に係る事業

労働保険番号	府県	所掌	管轄	基幹番号	枝番号

※受付年月日　7 平成　元号　年　月　日（1～9年は右へ　1～9月は右へ　1～9日は右へ）

事業の名称

事業場の所在地

今回の変更届に係る者　合計：　人
内訳（変更：　人、脱退：　人、加入：　人）
＊この用紙に記載しきれない場合には、別紙に記載すること。

変更届の場合（特別加入者のうち一部に変更がある場合）

特別加入者に関する事項の変更

変更年月日	変更を生じた者の	中小事業主又は一人親方との関係（地位又は続柄）	業務又は作業の内容
年　月　日	フリガナ 氏名	変更前	変更前
生年月日 年　月　日	変更後の フリガナ 氏名	変更後 1 本人 3 役員 （　） 5 家族従事者 （　）	変更後
※整理番号			
変更年月日 年　月　日	変更を生じた者の フリガナ 氏名	中小事業主又は一人親方との関係（地位又は続柄） 変更前	業務又は作業の内容 変更前
生年月日 年　月　日	変更後の フリガナ 氏名	変更後 1 本人 3 役員 （　） 5 家族従事者 （　）	変更後
※整理番号			

特別加入者の異動（特別加入者でなくなった者）

異動年月日	フリガナ 氏名	生年月日	※整理番号
年　月　日		年　月　日	
年　月　日		年　月　日	

特別加入者の異動（新たに特別加入者になった者）

特別加入予定者		業務又は作業の内容		特定業務・給付基礎日額	
異動年月日 年　月　日 フリガナ 氏名 生年月日 年　月　日	中小事業主又は一人親方との関係（地位又は続柄） 1 本人 3 役員 （　） 5 家族従事者 （　）	業務又は作業の具体的内容 労働者の始業及び終業の時刻（中小事業主等のみ） 時　分～　時　分	除染作業 1 有 3 無	従事する特定業務 1 粉じん 3 振動工具 5 鉛 7 有機溶剤 9 該当なし	業務歴 最初に従事した年月　年　月 従事した期間の合計　年間　ヶ月 希望する給付基礎日額　円
異動年月日 年　月　日 フリガナ 氏名 生年月日 年　月　日	中小事業主又は一人親方との関係（地位又は続柄） 1 本人 3 役員 （　） 5 家族従事者 （　）	業務又は作業の具体的内容 労働者の始業及び終業の時刻（中小事業主等のみ） 時　分～　時　分	除染作業 1 有 3 無	従事する特定業務 1 粉じん 3 振動工具 5 鉛 7 有機溶剤 9 該当なし	業務歴 最初に従事した年月　年　月 従事した期間の合計　年間　ヶ月 希望する給付基礎日額　円

変更決定を希望する日（変更届提出の翌日から起算して30日以内）　年　月　日

折り曲げる場合には（▶）の所で折り曲げてください。

脱退申請の場合

以下の＊欄は、承認を受けた事業に係る特別加入者の全員を特別加入者でないこととする場合に限って記載すること。

＊申請の理由（脱退の理由）

＊脱退を希望する日（申請日から起算して30日以内）　年　月　日

上記のとおり 変更を生じたので届けます。特別加入脱退を申請します。

年　月　日

労働局長　殿

〒　－　電話（　）　－

事業主の 住所

氏名　印

（法人その他の団体であるときはその名称及び代表者の氏名）

■

様式第34号の８（裏面）

〔標準字体記載に当たっての注意事項〕

1　□□□で表示された枠（以下、記載枠という。）に記載する数字は、光学式文字読取装置（ＯＣＲ）で直接読取りを行うので、汚したり、穴を開けたり、必要以上に強く折り曲げたり、のり付けしたりしないでください。

2　記載枠の部分は、必ず黒のボールペンを使用し、以下に記載された「標準字体」に倣って、枠からはみ出さないように大きめのアラビア数字で明瞭に記載してください。

標準字体

0	1	2	3	4	5	6	7	8	9

〔項目記載に当たっての注意事項〕

1　「特別加入に関する変更届」と「特別加入脱退申請書」のいずれか該当するものを○で囲むこと。

2　氏名に変更を生じた場合には、「変更を生じた者の氏名」の欄に変更前の氏名を、「変更後の氏名」の欄に変更後の氏名を記載すること。

3　新たに特別加入者になった者がある場合には、

(1)　「中小事業主又は一人親方との関係」の欄は、

イ　中小事業主等（労働者災害補償保険法（昭和22年法律第50号。以下「法」という。）第33条第１号及び第２号に掲げる者をいう。）にあっては、次のとおりとする。

該当する者が事業主本人（代表者）に該当する場合は「１」を○で囲むこと。

また、事業主が行う事業に従事する者（代表者以外の者）については、事業主が法人その他の団体であるときは「３」、事業主が個人であるときは「５」を○で囲むこと。

さらに、「３」を○で囲んだときはその事業における従業上の地位を、「５」を○で囲んだときは事業主との続柄を、それぞれ（　）に記載すること。

ロ　一人親方等にあっては、次のとおりとする。

該当する者が一人親方（法第33条第３号に掲げる者をいう。）に該当する場合は「１」を○で囲み、「１」に該当する者が行う事業に従事する者の場合は「５」を○で囲み、（　）にその構成員との続柄を記載すること。

特定作業従事者（法第33条第５号に掲げる者をいう。）に該当する場合は当該欄への記載は不要である。

(2)　「業務又は作業の具体的内容」の欄には、特別加入者として行う業務又は作業の具体的内容を記載すること。

(3)　「労働者の始業及び終業の時刻（中小事業主等のみ）」の欄には、（１）のイの場合のみ特別加入予定者の従事する事業の労働者に係る所定の始業及び終業の時刻を記載すること。

(4)　「除染作業」の欄には、特別加入者として行う業務に除染作業が含まれる場合は「１」を○で囲み、除染作業が含まれない場合は「３」を○で囲むこと。

(5)　特別加入者として行う業務が「従事する特定業務」の欄に掲げる特定業務（労働者災害補償保険法施行規則（昭和30年労働省令第22号）第46条の19第３項各号に掲げる業務をいう。）のいずれかに該当する場合には、その該当する特定業務の番号を○で囲むこと。（該当する特定業務が複数の場合には、該当する番号全てを○で囲むこと。）

なお、いずれにも該当しない場合には、「９」を○で囲むこと。

(6)　「業務歴」の欄には、特別加入者として行う業務が「従事する特定業務」の欄に掲げる特定業務のいずれかに該当する場合であって、当該特別加入予定者が過去において当該該当する特定業務に従事したことがあるときに、当該該当する特定業務に最初に従事した年月及び従事した期間の合計を記載すること。（該当する特定業務が複数の場合には、主たるものを当該欄に記載すること。その他該当する特定業務については、余白に最初に従事した年月及び従事した期間の合計を記載すること。）

4　特別加入承認を受けた事業に係る特別加入者の全員を特別加入者でないこととする（事業主又は団体そのものが特別加入から脱退する）場合には、「脱退申請の場合」の欄（*欄）に記載すること。

5　「変更を生じたので届けます。」と「特別加入脱退を申請します。」のいずれか該当するものを○で囲むこと。

6　記載事項のない欄には斜線を引くこと。

7　「事業主の氏名」の欄は、記名押印することに代えて、自筆による署名をすることができること。

8　労働保険事務組合に労働保険事務の処理を委託している場合には、当該事務組合の名称と電話番号を記載すること。

労働保険事務組合の名称	電話番号

社会保険労務士記載欄	作成年月日・提出代行者・事務代理者の表示	氏　　名	電話番号
		㊞	（　）　―

様式第34号の８（別紙）

(1) 特別加入の承認に係る事業の労働保険番号	府県	所掌	管轄	基幹番号	枝番号
(2) 特別加入の承認に係る事業の名称					

◎裏面の注意事項を読んでから記載してください。
※印の欄は記載しないでください。
（職員が記載します。）

枚中　　　　枚目

変更届の場合（特別加入者のうち一部に変更がある場合）

特別加入者に関する事項の変更

変更年月日	変更を生じた者の	中小事業主又は一人親方との関係（地位又は続柄）	業務又は作業の内容
年　月　日	フリガナ 氏　名	変更前	変更前
生年月日 年　月　日	変更後の フリガナ 氏　名	変更後 １ 本人 ３ 役員 （　　） ５ 家族従事者 （　　）	変更後
※整理番号			
変更年月日 年　月　日	変更を生じた者の フリガナ 氏　名	中小事業主又は一人親方との関係（地位又は続柄） 変更前	業務又は作業の内容 変更前
生年月日 年　月　日	変更後の フリガナ 氏　名	変更後 １ 本人 ３ 役員 （　　） ５ 家族従事者 （　　）	変更後
※整理番号			
変更年月日 年　月　日	変更を生じた者の フリガナ 氏　名	中小事業主又は一人親方との関係（地位又は続柄） 変更前	業務又は作業の内容 変更前
生年月日 年　月　日	変更後の フリガナ 氏　名	変更後 １ 本人 ３ 役員 （　　） ５ 家族従事者 （　　）	変更後
※整理番号			

特別加入者の異動（特別加入者でなくなった者）

異動年月日	フリガナ 氏　名	生年月日	※整理番号
年　月　日		年　月　日	
異動年月日 年　月　日	フリガナ 氏　名	生年月日 年　月　日	※整理番号
異動年月日 年　月　日	フリガナ 氏　名	生年月日 年　月　日	※整理番号
異動年月日 年　月　日	フリガナ 氏　名	生年月日 年　月　日	※整理番号

特別加入者の異動（新たに特別加入者になった者）

特別加入予定者		業務又は作業の内容		特定業務・給付基礎日額	
異動年月日 年　月　日	中小事業主又は一人親方との関係（地位又は続柄）	業務又は作業の具体的内容	除染作業	従事する特定業務	業務歴
フリガナ 氏　名	１ 本人 ３ 役員 （　　） ５ 家族従事者 （　　）		１ 有 ３ 無	１ 粉じん ３ 振動工具 ５ 鉛 ７ 有機溶剤 ９ 該当なし	最初に従事した年月　年　月 従事した期間の合計　年間　ヶ月
生年月日 年　月　日		労働者の始業及び終業の時刻（中小事業主等のみ） 時　分～　時　分			希望する給付基礎日額 円
異動年月日 年　月　日	中小事業主又は一人親方との関係（地位又は続柄）	業務又は作業の具体的内容	除染作業	従事する特定業務	業務歴
フリガナ 氏　名	１ 本人 ３ 役員 （　　） ５ 家族従事者 （　　）		１ 有 ３ 無	１ 粉じん ３ 振動工具 ５ 鉛 ７ 有機溶剤 ９ 該当なし	最初に従事した年月　年　月 従事した期間の合計　年間　ヶ月
生年月日 年　月　日		労働者の始業及び終業の時刻（中小事業主等のみ） 時　分～　時　分			希望する給付基礎日額 円
異動年月日 年　月　日	中小事業主又は一人親方との関係（地位又は続柄）	業務又は作業の具体的内容	除染作業	従事する特定業務	業務歴
フリガナ 氏　名	１ 本人 ３ 役員 （　　） ５ 家族従事者 （　　）		１ 有 ３ 無	１ 粉じん ３ 振動工具 ５ 鉛 ７ 有機溶剤 ９ 該当なし	最初に従事した年月　年　月 従事した期間の合計　年間　ヶ月
生年月日 年　月　日		労働者の始業及び終業の時刻（中小事業主等のみ） 時　分～　時　分			希望する給付基礎日額 円

様式第34号の８（別紙）（裏面）

〔項目記載に当たっての注意事項〕

1　氏名に変更を生じた場合には、「変更を生じた者の氏名」の欄に変更前の氏名を、「変更後の氏名」の欄に変更後の氏名を記載すること。

2　新たに特別加入者になった者がある場合には、

(1)　「中小事業主又は一人親方との関係」の欄は、

イ　中小事業主等（労働者災害補償保険法（昭和22年法律第50号。以下「法」という。）第33条第１号及び第２号に掲げる者をいう。）にあっては、次のとおりとする。
　該当する者が事業主本人（代表者）に該当する場合は「１」を〇で囲むこと。

　また、事業主が行う事業に従事する者（代表者以外の者）については、事業主が法人その他の団体であるときは「３」、事業主が個人であるときは「５」を〇で囲むこと。

　さらに、「３」を〇で囲んだときはその事業における従業上の地位を、「５」を〇で囲んだときは事業主との続柄を、それぞれ（　）に記載すること。

ロ　一人親方等にあっては、次のとおりとする。
　該当する者が一人親方（法第33条第３号に掲げる者をいう。）に該当する場合は「１」を〇で囲み、「１」に該当する者が行う事業に従事する者の場合は「５」を〇で囲み、（　）にその構成員との続柄を記載すること。

　特定作業従事者（法第33条第５号に掲げる者をいう。）に該当する場合は当該欄への記載は不要である。

(2)　「業務又は作業の具体的内容」の欄には、特別加入者として行う業務又は作業の具体的内容を記載すること。

(3)　「労働者の始業及び終業の時刻（中小事業主等のみ）」の欄には、（１）のイの場合のみ特別加入予定者の従事する事業の労働者に係る所定の始業及び終業の時刻を記載すること。

(4)　「除染作業」の欄には、特別加入者として行う業務に除染作業が含まれる場合は「１」を〇で囲み、除染作業が含まれない場合は「３」を〇で囲むこと。

(5)　特別加入者として行う業務が「従事する特定業務」の欄に掲げる特定業務（労働者災害補償保険法施行規則（昭和30年労働省令第22号）第46条の19第３項各号に掲げる業務をいう。）のいずれかに該当する場合には、その該当する特定業務の番号を〇で囲むこと。（該当する特定業務が複数の場合には、該当する番号全てを〇で囲むこと。）
　なお、いずれにも該当しない場合には、「９」を〇で囲むこと。

(6)　「業務歴」の欄には、特別加入者として行う業務が「従事する特定業務」の欄に掲げる特定業務のいずれかに該当する場合であって、当該特別加入予定者が過去において当該該当する特定業務に従事したことがあるときに、当該該当する特定業務に最初に従事した年月及び従事した期間の合計を記載すること。（該当する特定業務が複数の場合には、主たるものを当該欄に記載すること。その他該当する特定業務については、余白に最初に従事した年月及び従事した期間の合計を記載すること。）

3　記載事項のない欄には斜線を引くこと。

様式第34号の10（表面）

■ 様式第34号の10（表面） ■

労働者災害補償保険　特別加入申請書（一人親方等）

帳票種別 36221

◎裏面の注意事項を読んでから記載してください。
※印の欄は記載しないでください。（職員が記載します。）

① 申請に係る事業の労働保険番号

府県	所掌	管轄	基幹番号	枝番号

※受付年月日　7平成　元号　年　月　日（1～9年は右へ　1～9月は右へ　1～9日は右へ）

② 特別加入団体	
名称（フリガナ）	
名称（漢字）	
代表者の氏名	
事業又は作業の種類	※特定業種区分

③ 特別加入予定者　　加入予定者数　計　　名

*この用紙に記載しきれない場合には、別紙に記載すること。

特別加入予定者		業務又は作業の内容			特定業務・給付基礎日額	
フリガナ 氏名 生年月日　年　月　日	法第33条第3号に掲げる者との関係 1 本人 5 家族従事者 （　　）	業務又は作業の具体的内容	除染作業 1 有 3 無	従事する特定業務 1 粉じん 3 振動工具 5 鉛 7 有機溶剤 9 該当なし	業務歴 最初に従事した年月 従事した期間の合計 希望する給付基礎日額	 年　月 年間　ヶ月 円
フリガナ 氏名 生年月日　年　月　日	法第33条第3号に掲げる者との関係 1 本人 5 家族従事者 （　　）	業務又は作業の具体的内容	除染作業 1 有 3 無	従事する特定業務 1 粉じん 3 振動工具 5 鉛 7 有機溶剤 9 該当なし	業務歴 最初に従事した年月 従事した期間の合計 希望する給付基礎日額	 年　月 年間　ヶ月 円
フリガナ 氏名 生年月日　年　月　日	法第33条第3号に掲げる者との関係 1 本人 5 家族従事者 （　　）	業務又は作業の具体的内容	除染作業 1 有 3 無	従事する特定業務 1 粉じん 3 振動工具 5 鉛 7 有機溶剤 9 該当なし	業務歴 最初に従事した年月 従事した期間の合計 希望する給付基礎日額	 年　月 年間　ヶ月 円
フリガナ 氏名 生年月日　年　月　日	法第33条第3号に掲げる者との関係 1 本人 5 家族従事者 （　　）	業務又は作業の具体的内容	除染作業 1 有 3 無	従事する特定業務 1 粉じん 3 振動工具 5 鉛 7 有機溶剤 9 該当なし	業務歴 最初に従事した年月 従事した期間の合計 希望する給付基礎日額	 年　月 年間　ヶ月 円
フリガナ 氏名 生年月日　年　月　日	法第33条第3号に掲げる者との関係 1 本人 5 家族従事者 （　　）	業務又は作業の具体的内容	除染作業 1 有 3 無	従事する特定業務 1 粉じん 3 振動工具 5 鉛 7 有機溶剤 9 該当なし	業務歴 最初に従事した年月 従事した期間の合計 希望する給付基礎日額	 年　月 年間　ヶ月 円

④ 添付する書類の名称	
団体の目的、組織、運営等を明らかにする書類	
業務災害の防止に関する措置の内容を記載した書類	

⑤ 特別加入を希望する日（申請日の翌日から起算して30日以内）　　年　月　日

折り曲げる場合には（▶）の所で折り曲げてください。

上記のとおり特別加入の申請をします。

年　月　日

労働局長　殿

名　称

団体の主たる事務所の所在地　〒　－　　電話（　　）　－

代表者の氏名　　印

■

様式第34号の10（裏面）

〔標準字体記載に当たっての注意事項〕

1　□□□で表示された枠（以下、記載枠という。）に記載する数字は、光学式文字読取装置（ＯＣＲ）で直接読取りを行うので、汚したり、穴を開けたり、必要以上に強く折り曲げたり、のり付けしたりしないでください。
2　記載枠の部分は、必ず黒のボールペンを使用し、以下に記載された「標準字体」に倣って、枠からはみ出さないように大きめのアラビア数字で明瞭に記載してください。

標準字体

0	1	2	3	4	5	6	7	8	9

〔項目記載に当たっての注意事項〕

1　②の「事業又は作業の種類」の欄には、労働保険の保険料の徴収等に関する法律施行規則（昭和47年労働省令第８号）別表第５の第２種特別加入保険料率表の事業又は作業の種類を記載すること。

2　「法第33条第３号に掲げる者との関係」の欄には、特別加入予定者が一人親方（労働者災害補償保険法（昭和22年法律第50号。以下「法」という。）第33条第３号に掲げる者をいう。）に該当する場合は「１」を○で囲み、「１」に該当する者が行う事業に従事する者の場合は「５」を○で囲み、（　）にその構成員との続柄を記載すること。
　特定作業従事者（法第33条第５号に掲げる者をいう。）に該当する場合は当該欄への記載は不要である。

3　「業務又は作業の具体的内容」の欄には、特別加入者として行う業務又は作業の具体的内容を記載すること。

4　「除染作業」の欄には、特別加入者として行う業務に除染作業が含まれる場合は「１」を○で囲み、除染作業が含まれない場合は「３」を○で囲むこと。

5　特別加入者として行う業務が「従事する特定業務」の欄に掲げる特定業務（労働者災害補償保険法施行規則（昭和30年労働省令第22号。以下「規則」という。）第46条の19第３項各号に掲げる業務をいう。）のいずれかに該当する場合には、その該当する特定業務の番号を○で囲むこと。（該当する特定業務が複数の場合には、該当する番号全てを○で囲むこと。）
　なお、いずれにも該当しない場合には、「９」を○で囲むこと。

6　「業務歴」の欄には、特別加入者として行う業務が「従事する特定業務」の欄に掲げる特定業務のいずれかに該当する場合であって、当該特別加入予定者が過去において当該該当する特定業務に従事したことがあるときに、当該該当する特定業務に最初に従事した年月及び従事した期間の合計を記載すること。（該当する特定業務が複数の場合には、主たるものを当該欄に記載すること。その他該当する特定業務については、余白に最初に従事した年月及び従事した期間の合計を記載すること。）

7　特別加入予定者の団体が、船員法（昭和22年法律第100号）第１条に規定する船員が行う事業（規則第46条の17第７号に掲げる事業をいう。）に従事する者、家内労働者又はその補助者（規則第46条の18第３号に掲げる作業に従事する者をいう。）の団体であるときには、④の「業務災害の防止に関する措置の内容を記載した書類」欄の記載及びその書類の添付は不要である。

8　記載事項のない欄には斜線を引くこと。

9　「団体の代表者の氏名」の欄は、記名押印することに代えて、自筆による署名をすることができること。

社会保険労務士記載欄	作成年月日・提出代行者・事務代理者の表示	氏　　名	電話番号
		㊞	（　）　―

様式第34号の10（別紙）

◎裏面の注意事項を読んでから記載してください。

(1) 申請に係る事業の労働保険番号	府県	所掌	管轄	基幹番号	枝番号
(2) 特別加入団体の名称					

枚中　　枚目

特別加入予定者		業務又は作業の内容		特定業務・給付基礎日額	
フリガナ 氏　名 生年月日 年　月　日	法第33条第３号に掲げる者との関係 １本人 ５家族従事者 （　　　）	業務又は作業の具体的内容	除染作業 １有 ３無	従事する特定業務 １粉じん ３振動工具 ５鉛 ７有機溶剤 ９該当なし	業務歴 最初に従事した年月　年　月 従事した期間の合計　年間　ヶ月 希望する給付基礎日額 円
フリガナ 氏　名 生年月日 年　月　日	法第33条第３号に掲げる者との関係 １本人 ５家族従事者 （　　　）	業務又は作業の具体的内容	除染作業 １有 ３無	従事する特定業務 １粉じん ３振動工具 ５鉛 ７有機溶剤 ９該当なし	業務歴 最初に従事した年月　年　月 従事した期間の合計　年間　ヶ月 希望する給付基礎日額 円
フリガナ 氏　名 生年月日 年　月　日	法第33条第３号に掲げる者との関係 １本人 ５家族従事者 （　　　）	業務又は作業の具体的内容	除染作業 １有 ３無	従事する特定業務 １粉じん ３振動工具 ５鉛 ７有機溶剤 ９該当なし	業務歴 最初に従事した年月　年　月 従事した期間の合計　年間　ヶ月 希望する給付基礎日額 円
フリガナ 氏　名 生年月日 年　月　日	法第33条第３号に掲げる者との関係 １本人 ５家族従事者 （　　　）	業務又は作業の具体的内容	除染作業 １有 ３無	従事する特定業務 １粉じん ３振動工具 ５鉛 ７有機溶剤 ９該当なし	業務歴 最初に従事した年月　年　月 従事した期間の合計　年間　ヶ月 希望する給付基礎日額 円
フリガナ 氏　名 生年月日 年　月　日	法第33条第３号に掲げる者との関係 １本人 ５家族従事者 （　　　）	業務又は作業の具体的内容	除染作業 １有 ３無	従事する特定業務 １粉じん ３振動工具 ５鉛 ７有機溶剤 ９該当なし	業務歴 最初に従事した年月　年　月 従事した期間の合計　年間　ヶ月 希望する給付基礎日額 円
フリガナ 氏　名 生年月日 年　月　日	法第33条第３号に掲げる者との関係 １本人 ５家族従事者 （　　　）	業務又は作業の具体的内容	除染作業 １有 ３無	従事する特定業務 １粉じん ３振動工具 ５鉛 ７有機溶剤 ９該当なし	業務歴 最初に従事した年月　年　月 従事した期間の合計　年間　ヶ月 希望する給付基礎日額 円
フリガナ 氏　名 生年月日 年　月　日	法第33条第３号に掲げる者との関係 １本人 ５家族従事者 （　　　）	業務又は作業の具体的内容	除染作業 １有 ３無	従事する特定業務 １粉じん ３振動工具 ５鉛 ７有機溶剤 ９該当なし	業務歴 最初に従事した年月　年　月 従事した期間の合計　年間　ヶ月 希望する給付基礎日額 円
フリガナ 氏　名 生年月日 年　月　日	法第33条第３号に掲げる者との関係 １本人 ５家族従事者 （　　　）	業務又は作業の具体的内容	除染作業 １有 ３無	従事する特定業務 １粉じん ３振動工具 ５鉛 ７有機溶剤 ９該当なし	業務歴 最初に従事した年月　年　月 従事した期間の合計　年間　ヶ月 希望する給付基礎日額 円
フリガナ 氏　名 生年月日 年　月　日	法第33条第３号に掲げる者との関係 １本人 ５家族従事者 （　　　）	業務又は作業の具体的内容	除染作業 １有 ３無	従事する特定業務 １粉じん ３振動工具 ５鉛 ７有機溶剤 ９該当なし	業務歴 最初に従事した年月　年　月 従事した期間の合計　年間　ヶ月 希望する給付基礎日額 円

様式第34号の10（別紙）（裏面）

〔項目記載に当たっての注意事項〕

1　「法第33条第３号に掲げる者との関係」の欄には、特別加入予定者が一人親方（労働者災害補償保険法（昭和22年法律第50号。以下「法」という。）第33条第３号に掲げる者をいう。）に該当する場合は「１」を○で囲み、「１」に該当する者が行う事業に従事する者の場合は「５」を○で囲み、（　）にその構成員との続柄を記載すること。
　特定作業従事者（法第33条第５号に掲げる者をいう。）に該当する場合は当該欄への記載は不要である。

2　「業務又は作業の具体的内容」の欄には、特別加入者として行う業務又は作業の具体的内容を記載すること。

3　「除染作業」の欄には、特別加入者として行う業務に除染作業が含まれる場合は「１」を○で囲み、除染作業が含まれない場合は「３」を○で囲むこと。

4　特別加入者として行う業務が「従事する特定業務」の欄に掲げる特定業務（労働者災害補償保険法施行規則（昭和30年労働省令第22号）第46条の19第３項各号に掲げる業務をいう。）のいずれかに該当する場合には、その該当する特定業務の番号を○で囲むこと。（該当する特定業務が複数の場合には、該当する番号全てを○で囲むこと。）
　なお、いずれにも該当しない場合には、「９」を○で囲むこと。

5　「業務歴」の欄には、特別加入者として行う業務が「従事する特定業務」の欄に掲げる特定業務のいずれかに該当する場合であって、当該特別加入予定者が過去において当該該当する特定業務に従事したことがあるときに、当該該当する特定業務に最初に従事した年月及び従事した期間の合計を記載すること。（該当する特定業務が複数の場合には、主たるものを当該欄に記載すること。その他該当する特定業務については、余白に最初に従事した年月及び従事した期間の合計を記載すること。）

6　記載事項のない欄には斜線を引くこと。

様式第34号の11（表面）

■ 様式第34号の11（表面） ■

労働者災害補償保険　特別加入申請書（海外派遣者）

帳票種別 36231

◎裏面の注意事項を読んでから記載してください。
※印の欄は記載しないでください。（職員が記載します。）

① ※第３種特別加入に係る労働保険番号（府県・所掌・管轄・基幹番号・枝番号）

※受付年月日　7 平成　元号　年　月　日（1〜9年は右へ　1〜9月は右へ　1〜9日は右へ）

② 団体の名称又は事業主の氏名（事業主が法人その他の団体であるときはその名称）

③ 申請に係る事業

労働保険番号	府県・所掌・管轄・基幹番号・枝番号
名称（フリガナ）	
名称（漢字）	
事業場の所在地	
事業の種類	

④ 特別加入予定者　加入予定者数　計　名　＊この用紙に記載しきれない場合には、別紙に記載すること。

特別加入予定者	派遣先		派遣先の事業において従事する業務の内容（業務内容、地位・役職名、労働者の人数及び就業時間など）	希望する給付基礎日額
フリガナ 氏名	事業の名称	派遣先国		
生年月日 年　月　日	事業場の所在地			円
フリガナ 氏名	事業の名称	派遣先国		
生年月日 年　月　日	事業場の所在地			円
フリガナ 氏名	事業の名称	派遣先国		
生年月日 年　月　日	事業場の所在地			円
フリガナ 氏名	事業の名称	派遣先国		
生年月日 年　月　日	事業場の所在地			円

⑤ 特別加入を希望する日（申請日の翌日から起算して30日以内）　年　月　日

上記のとおり特別加入の申請をします。

年　月　日

労働局長　殿

〒　－　電話（　）　－

団体又は事業主の住所

団体の名称又は事業主の氏名　印

（法人その他の団体であるときはその名称及び代表者の氏名）

折り曲げる場合には（▶）の所で折り曲げてください。

■

様式第34号の11（裏面）

〔標準字体記載に当たっての注意事項〕

1　□□□で表示された枠（以下、記載枠という。）に記載する数字は、光学式文字読取装置（ＯＣＲ）で直接読取りを行うので、汚したり、穴を開けたり、必要以上に強く折り曲げたり、のり付けしたりしないでください。
2　記載枠の部分は、必ず黒のボールペンを使用し、以下に記載された「標準字体」に倣って、枠からはみ出さないように大きめのアラビア数字で明瞭に記載してください。

標準字体

0	1	2	3	4	5	6	7	8	9

〔項目記載に当たっての注意事項〕

1　労働者災害補償保険法（昭和22年法律第50号）第33条第６号の規定により特別加入を申請する団体は、団体の目的、組織、運営等を明らかにする書類を添付すること。

2　③の「労働保険番号」の欄には、既に保険関係が成立している派遣元の労働保険番号を記載すること。

3　「派遣先の事業において従事する業務の内容」の欄には、従事する業務の内容、地位・役職名について記載すること。
　特別加入予定者が、派遣先の事業場において使用される労働者以外の者（例えば派遣先事業の代表者、役員等）である場合には、「派遣先の事業において従事する業務の内容」の欄に当該派遣先の事業の種類、当該事業に係る労働者数並びに労働者の所定の始業及び終業の時刻を併せて記載すること。

4　記載事項のない欄には斜線を引くこと。

5　「団体の名称又は事業主の氏名」の欄は、記名押印することに代えて、自筆による署名をすることができること。

社会保険労務士記載欄	作成年月日・提出代行者・事務代理者の表示	氏　　名	電話番号
		㊞	（　）　―

様式第34号の11（別紙）

◎裏面の注意事項を読んでから記載してください。

⑴ 申請に係る事業の労働保険番号	府県	所掌	管轄	基幹番号	枝番号

⑵ 申請に係る事業の名称

枚中　　枚目

特別加入予定者	派遣先		派遣先の事業において従事する業務の内容（業務内容、地位・役職名、労働者の人数及び就業時間など）	希望する給付基礎日額
フリガナ 氏　名	事業の名称	派遣先国		
生年月日 年　月　日	事業場の所在地			円
フリガナ 氏　名	事業の名称	派遣先国		
生年月日 年　月　日	事業場の所在地			円
フリガナ 氏　名	事業の名称	派遣先国		
生年月日 年　月　日	事業場の所在地			円
フリガナ 氏　名	事業の名称	派遣先国		
生年月日 年　月　日	事業場の所在地			円
フリガナ 氏　名	事業の名称	派遣先国		
生年月日 年　月　日	事業場の所在地			円
フリガナ 氏　名	事業の名称	派遣先国		
生年月日 年　月　日	事業場の所在地			円
フリガナ 氏　名	事業の名称	派遣先国		
生年月日 年　月　日	事業場の所在地			円
フリガナ 氏　名	事業の名称	派遣先国		
生年月日 年　月　日	事業場の所在地			円

様式第34号の11（別紙）（裏面）

〔項目記載に当たっての注意事項〕

1　「労働保険番号」の欄には、既に保険関係が成立している派遣元の労働保険番号を記載すること。

2　「派遣先の事業において従事する業務の内容」の欄には、従事する業務の内容、地位・役職名について記載すること。
　特別加入予定者が、派遣先の事業場において使用される労働者以外の者（例えば派遣先事業の代表者、役員等）である場合には、「派遣先の事業において従事する業務の内容」の欄に当該派遣先の事業の種類、当該事業に係る労働者数並びに労働者の所定の始業及び終業の時刻を併せて記載すること。

3　記載事項のない欄には斜線を引くこと。

様式第34号の12（表面）

様式第34号の12（表面）

労働者災害補償保険 特別加入に関する変更届 特別加入脱退申請書（海外派遣者）

帳票種別 36243

◎裏面の注意事項を読んでから記載してください。
※印の欄は記載しないでください。（職員が記載します。）

特別加入の承認に係る事業	
労働保険番号	府県 所掌 管轄 基幹番号 枝番号
※受付年月日	7 平成 元号 年 月 日（1～9年は右へ 1～9月は右へ 1～9日は右へ）
事業の名称	事業場の所在地

今回の変更届に係る者 合計：　人
内訳（変更：　人、脱退：　人、加入：　人）
*この用紙に記載しきれない場合には、別紙に記載すること。

変更届の場合（特別加入者のうち一部に変更がある場合）

特別加入者に関する事項の変更

変更年月日	変更を生じた者の	派遣先の事業の名称及び事業場の所在地	派遣先の事業において従事する業務の内容
年　月　日	フリガナ 氏名	変更前	変更前
生年月日 年　月　日	変更後の フリガナ 氏名	変更後	変更後
※整理番号			
変更年月日 年　月　日	変更を生じた者の フリガナ 氏名	派遣先の事業の名称及び事業場の所在地 変更前	派遣先の事業において従事する業務の内容 変更前
生年月日 年　月　日	変更後の フリガナ 氏名	変更後	変更後
※整理番号			

特別加入者の異動（特別加入者でなくなった者）

異動年月日	フリガナ 氏名	生年月日	※整理番号
年　月　日		年　月　日	
年　月　日		年　月　日	

特別加入者の異動（新たに特別加入者になった者）

特別加入予定者	派遣先		派遣先の事業において従事する業務の内容（業務内容、地位・役職名、労働者の人数及び就業時間など）	希望する給付基礎日額
異動年月日 年　月　日 / フリガナ 氏名 / 生年月日 年　月　日	事業の名称 / 事業場の所在地	派遣先国		円
異動年月日 年　月　日 / フリガナ 氏名 / 生年月日 年　月　日	事業の名称 / 事業場の所在地	派遣先国		円
異動年月日 年　月　日 / フリガナ 氏名 / 生年月日 年　月　日	事業の名称 / 事業場の所在地	派遣先国		円

変更決定を希望する日（変更届提出の翌日から起算して30日以内）　年　月　日

折り曲げる場合には（▶）の所で折り曲げてください。

脱退申請の場合

以下の*欄は、承認を受けた事業に係る特別加入者の全員を特別加入者でないこととする場合に限って記載すること。

*申請の理由（脱退の理由）	*脱退を希望する日（申請日から起算して30日以内）
	年　月　日

上記のとおり 変更を生じたので届けます。特別加入脱退を申請します。

年　月　日

労働局長　殿

〒　－　　電話（　）　－

団体又は事業主の住所

団体の名称又は事業主の氏名　印

（法人その他の団体であるときはその名称及び代表者の氏名）

様式第34号の12（裏面）

〔標準字体記載に当たっての注意事項〕

1　□□□で表示された枠（以下、記載枠という。）に記載する数字は、光学式文字読取装置（ＯＣＲ）で直接読取りを行うので、汚したり、穴を開けたり、必要以上に強く折り曲げたり、のり付けしたりしないでください。

2　記載枠の部分は、必ず黒のボールペンを使用し、以下に記載された「標準字体」に倣って、枠からはみ出さないように大きめのアラビア数字で明瞭に記載してください。

標準字体

0	1	2	3	4	5	6	7	8	9

〔項目記載に当たっての注意事項〕

1「特別加入に関する変更届」と「特別加入脱退申請書」のいずれか該当するものを○で囲むこと。

2　労働保険番号は、第３種特別加入に係る労働保険番号を記載すること。

3　氏名に変更を生じた場合には、「変更を生じた者の氏名」の欄に変更前の氏名を、「変更後の氏名」の欄に変更後の氏名を記載すること。

4　「派遣先の事業において従事する業務の内容」の欄には、従事する業務の具体的な内容及び地位・役職名について記載すること。

5　新たに特別加入者になった者が派遣先の事業場において使用される労働者以外の者（例えば派遣先事業の代表者、役員等。以下同じ。）である場合及び既に派遣先の事業場において使用されている労働者が労働者以外の者になった場合には、「派遣先の事業において従事する業務の内容」の欄に、当該派遣先の事業の種類、当該事業に係る労働者数並びに労働者の所定の始業及び終業の時刻を併せて記載すること。

6　特別加入承認を受けた事業に係る特別加入者の全員を特別加入者でないこととする（団体又は事業主そのものが特別加入から脱退する）場合には、「脱退申請の場合」の欄（*欄）に記載すること。

7　「変更を生じたので届けます。」と「特別加入脱退を申請します。」のいずれか該当するものを○で囲むこと。

8　記載事項のない欄には斜線を引くこと。

9　「団体の名称又は事業主の氏名」の欄は、記名押印することに代えて、自筆による署名をすることができること。

社会保険労務士記載欄	作成年月日・提出代行者・事務代理者の表示	氏　名	電話番号
		㊞	(　)　―

様式第34号の12（別紙）

(1) 特別加入の承認に係る事業の労働保険番号	府県	所掌	管轄	基幹番号	枝番号
(2) 特別加入の承認に係る事業の名称					

◎裏面の注意事項を読んでから記載してください。
※印の欄は記載しないでください。
（職員が記載します。）

枚中　　　枚目

変更届の場合（特別加入者のうち一部に変更がある場合）

特別加入者に関する事項の変更

		派遣先の事業の名称及び事業場の所在地	派遣先の事業において従事する業務の内容
変更年月日　年　月　日 生年月日　年　月　日 ※整理番号	変更を生じた者の フリガナ 氏名 変更後の フリガナ 氏名	変更前 変更後	変更前 変更後
変更年月日　年　月　日 生年月日　年　月　日 ※整理番号	変更を生じた者の フリガナ 氏名 変更後の フリガナ 氏名	変更前 変更後	変更前 変更後
変更年月日　年　月　日 生年月日　年　月　日 ※整理番号	変更を生じた者の フリガナ 氏名 変更後の フリガナ 氏名	変更前 変更後	変更前 変更後

特別加入者の異動（特別加入者でなくなった者）

異動年月日　年　月　日	フリガナ 氏名	生年月日　年　月　日	※整理番号
異動年月日　年　月　日	フリガナ 氏名	生年月日　年　月　日	※整理番号
異動年月日　年　月　日	フリガナ 氏名	生年月日　年　月　日	※整理番号
異動年月日　年　月　日	フリガナ 氏名	生年月日　年　月　日	※整理番号
異動年月日　年　月　日	フリガナ 氏名	生年月日　年　月　日	※整理番号

特別加入者の異動（新たに特別加入者になった者）

特別加入予定者	派遣先		派遣先の事業において従事する業務の内容（業務内容、地位・役職名、労働者の人数及び就業時間など）	希望する給付基礎日額
異動年月日　年　月　日 フリガナ 氏名 生年月日　年　月　日	事業の名称 事業場の所在地	派遣先国		円
異動年月日　年　月　日 フリガナ 氏名 生年月日　年　月　日	事業の名称 事業場の所在地	派遣先国		円
異動年月日　年　月　日 フリガナ 氏名 生年月日　年　月　日	事業の名称 事業場の所在地	派遣先国		円
異動年月日　年　月　日 フリガナ 氏名 生年月日　年　月　日	事業の名称 事業場の所在地	派遣先国		円

様式第34号の12（別紙）（裏面）

〔項目記載に当たっての注意事項〕

1　労働保険番号は、第３種特別加入に係る労働保険番号を記載すること。

2　氏名に変更を生じた場合には、「変更を生じた者の氏名」の欄に変更前の氏名を、「変更後の氏名」の欄に変更後の氏名を記載すること。

3　「派遣先の事業において従事する業務の内容」の欄には、従事する業務の具体的な内容及び地位・役職名について記載すること。

4　新たに特別加入者になった者が派遣先の事業場において使用される労働者以外の者（例えば派遣先事業の代表者、役員等。以下同じ。）である場合及び既に派遣先の事業場において使用されている労働者が労働者以外の者になった場合には、「派遣先の事業において従事する業務の内容」の欄に、当該派遣先の事業の種類、当該事業に係る労働者数並びに労働者の所定の始業及び終業の時刻を併せて記載すること。

5　記載事項のない欄には斜線を引くこと。

様式第37号の２（表面）

労働者災害補償保険

障害補償年金差額一時金支給請求書
障　害　年金差額一時金支給請求書
障害特別年金差額一時金支給申請書

①年金証書番号				②死亡労働者の			
管轄局	種別	西暦年	番　号		フリガナ		
					氏　名		（男・女）
					生年月日	年　月　日（　歳）	
					死亡年月日	年　月　日	

③請求人申請人	氏　名	生年月日	住　所	死亡労働者との関係	請求人（申請人）の代表者を選任しないときはその理由
		年　月　日			
		年　月　日			
		年　月　日			
		年　月　日			
		年　月　日			
		年　月　日			
		年　月　日			
④添付する書類その他の資料名					

上記により
障害補償年金差額一時金の支給を請求
障　害　年金差額一時金の支給を請求　します。
障害特別年金差額一時金の支給を申請

年　月　日

〒　―　　電話（　）　―

請求人
申請人　の　住所
（代表者）

方

労働基準監督署長　殿　　氏名　㊞

振込を希望する金融機関の名称		預金の種類及び口座番号
銀行・金庫 農協・漁協・信組	本店・本所 出張所 支店・支所	普通・当座　第　号 口座名義人

様式第37号の２（裏面）

〔注意〕

1　事項を選択する場合には該当する事項を○で囲むこと。

2　①欄には、死亡労働者の障害補償年金又は障害年金に係る年金証書の番号を記載すること。

3　③及び④欄に記載することができない場合には、別紙を付して所要の事項を記載すること。

4　この請求書（申請書）には、次の書類を添えること。

⑴　請求人（申請人）が死亡した労働者と婚姻の届出をしていないが事実上婚姻関係と同様の事情にあつた者であるときは、その事実を証明することができる書類

⑵　請求人（申請人）が死亡した労働者の収入によつて生計を維持していた者であるときは、その事実を証明することができる書類

⑶　請求人（申請人）と死亡した労働者との身分関係を証明することができる戸籍の謄本又は抄本（⑴の書類を添付する場合を除く。）

5　「請求人（申請人）の氏名」の欄は、記名押印することに代えて、自筆による署名をすることができること。

社会保険労務士記載欄	作成年月日・提出代行者・事務代理者の表示	氏　　名	電話番号
		㊞	（　　）　ー

様式第37号の３（表面）

労働者災害補償保険

事業主責任災害損害賠償受領届

労働基準監督署長　殿

年　月　日

（〒　－　）

損害賠償受領者の
住所　電話（　）　－
氏名　㊞
被災労働者との関係〔本人、その他（　）〕

下記のとおり届けます。

①被災労働者の	フリガナ		災害発生日時
	氏名	（男・女）	年　月　日午前後　時　分頃
	生年月日	年　月　日（災害発生時年齢　歳）	災害発生場所
	住所		

②被災労働者の所属する		府県	所掌	管轄	基幹番号	枝番号
	事業場の労働保険番号					
	事業場の事業の名称					
	事業場の所在地	（〒　－　）				
	事業場の事業主の氏名（法人その他の団体であるときはその名称及び代表者の氏名）					

③既に支給決定を受けている保険給付の種類等	種類	支給決定年月日	年金証書の番号					給付基礎日額
			管轄局	種別	西暦年	番号	枝番号	
		年　月　日						円
		年　月　日						円
		年　月　日						円
		年　月　日						円
	障害補償給付又は障害給付の場合		障害等級　級					
	傷病補償年金又は傷病年金の場合		傷病等級　級					

<table>
<tr><td rowspan="12">④
損害賠償の内容</td><td colspan="3">イ　損害賠償の形態</td><td colspan="4">判決・和解・示談・その他（　　　）</td></tr>
<tr><td rowspan="10">ロ
損害賠償の受領状況</td><td rowspan="7">(イ)
損害賠償の内訳が明らかな場合</td><td rowspan="2">㋑
逸失利益</td><td>ⓐ逸失利益額</td><td>ⓑ受領額</td><td>ⓒ算定基礎期間</td><td>ⓓ備考</td></tr>
<tr><td>円</td><td>ⓘ受領済額
円
ⓘⓘ受領予定額
円</td><td>年　月　日
～
年　月　日</td><td>ⓘ厚生年金等公的年金の併給の有無・給付の種類
（有・無）
（　　　）
ⓘⓘその他参考となる事項</td></tr>
<tr><td rowspan="2">㋺
療養費</td><td>ⓐ受領額</td><td>ⓑ算定基礎期間</td><td colspan="2">ⓒ備考</td></tr>
<tr><td>ⓘ受領済額
円
ⓘⓘ受領予定額
円</td><td>年　月　日
～
年　月　日</td><td colspan="2"></td></tr>
<tr><td rowspan="2">㋩
葬祭費用</td><td>ⓐ受領額</td><td colspan="3">ⓑ備考</td></tr>
<tr><td>ⓘ受領済額
円
ⓘⓘ受領予定額
円</td><td colspan="3"></td></tr>
<tr><td colspan="2" rowspan="2">(ロ)
損害賠償の内訳が不明な場合</td><td>ⓐ受領額</td><td colspan="3">ⓑ備考</td></tr>
<tr><td>ⓘ受領済額
円
ⓘⓘ受領予定額
円</td><td colspan="3">ⓘ厚生年金等公的年金の併給の有無・給付の種類
（有・無）（　　　）
ⓘⓘその他参考となる事項</td></tr>
<tr><td colspan="4">(ハ)　損害賠償受領年月日</td><td colspan="2">年　月　日</td></tr>
</table>

<table>
<tr><td rowspan="4">⑤
第三者行為災害との関係</td><td colspan="2">イ　第三者行為災害届の有無</td><td>有・無</td></tr>
<tr><td rowspan="2">ロ　第三者の</td><td colspan="2">氏名　　（　歳）電話（　　）　―</td></tr>
<tr><td colspan="2">住所　　（〒　　―　　）</td></tr>
<tr><td colspan="3">ハ　その他</td></tr>
<tr><td>⑥
その他参考事項</td><td colspan="3"></td></tr>
</table>

①欄の者については、②、④及び⑤欄に記載したとおりであることを証明します。

年　月　日　　事業の名称　　電話（　　）　―

事業主の氏名　　㊞

（法人その他の団体であるときはその名称及び代表者の氏名）

様式第37号の３（裏面）

〔注意〕

1　事項を選択する場合には該当する事項を○で囲むこと。

2　③欄は、同一の災害に関して既に保険給付の支給決定を受けている場合に、その給付の種類等該当項目について記入すること。なお、障害補償給付若しくは障害給付又は傷病補償年金若しくは傷病年金を受けている場合には、障害等級又は傷病等級を記入すること。

3　④欄ロは、

(1)　(イ)㋑ⓐ……将来給付予定の保険給付相当分を含む逸失利益に対して賠償を受けた場合にその逸失利益額を記入するものである。

「傷病による障害による逸失利益」又は「傷病の療養のための休業による逸失利益」の場合は、判決・示談書等において明示された被災労働者が当該災害によつて喪失した稼得能力の評価額（損害賠償金の内金として支払われた額、保険給付額等を賠償額から控除するといういわゆる損益相殺を行う前の額とする。被災労働者に過失がある場合その過失割合を乗じて賠償額を縮減するといういわゆる過失相殺の処理を行った後の額とする。）を記入すること。

(2)　(イ)㋑ⓑ……ⓐのうち事業主から受領した損害賠償額（遅延利息分を除く。）及び今後に受領を予定している額（遅延利息分を除く。）を記入すること。

(3)　(イ)㋑ⓒ……(1)の逸失利益の算定基礎期間を記入すること。

(4)　(イ)㋑ⓓ……ⅱには、判決、示談書等において、労働能力喪失率、就労可能年数、死亡労働者本人の生活費の割合等が判明している場合には、その内訳を記入すること。

(5)　(イ)㋺ⓐ……保険給付のうち療養補償給付又は療養給付に相当する分を含む療養費に対する賠償を受けた場合にその賠償額及び今後に受領を予定している額を記入すること。

(6)　(イ)㋺ⓑ……(5)の算定基礎期間を記入すること。

(7)　(イ)㋺ⓒ……保険給付相当分が明らかな場合には、その額を記入すること。

(8)　(イ)㋩ⓐ……保険給付のうち葬祭料又は葬祭給付に相当する分を含む葬祭費用に対する賠償を受けた場合にその賠償済額及び今後に受領を予定している額を記入すること。

(9)　(ロ)ⓐ………受領した賠償済額及び今後に受領を予定している額を記入すること。

⑽　(ロ)ⓑ………上記⑷の(イ)㋑ⓓの場合に同じ。
⑾　(ハ)…………保険給付相当分を含む損害賠償を受けた年月日を記入すること。

4．⑤欄は、当該災害発生に係る損害賠償について事業主と第三者双方に責任が認められる場合に、

⑴　イ欄は、第三者行為災害届の有無を記入すること。
⑵　ロ欄は、第三者（加害者）の氏名・住所を記入すること。なお、複数いる場合には、そのうち1人のみ具体的に記載し、ハ欄に他にも加害第三者のいる旨を記入すること。
⑶　ハ欄は、その他参考になる事項を記入すること。事業主と第三者の寄与度が判決書又は当事者の作成した文書によつて明確である場合には、その寄与度を記入すること。

5．⑥欄は、その他特に必要と思われる事項があれば記入すること。

6　損害賠償を数回に分割して受領した場合には、受領した都度この届書を提出すること。
なお、同一の災害について、2回以上この届書を提出する場合、2回目以降の届書においては損害賠償受領者の欄、①欄、③欄及び④欄ロに必要事項を記載し、⑥欄には「　年　月　日付届書に記載済」と記載すること。

7　「損害賠償受領者の氏名」の欄及び「事業主の氏名」の欄は、記名押印することに代えて、自筆による署名をすることができること。

社会保険労務士記載欄	作成年月日・提出代行者・事務代理者の表示	氏　　名	電話番号
		㊞	（　）　—

様式第38号

労働者災害補償保険
特別給与に関する届

① 労働者の	氏名	（男・女）
	生年月日	年　月　日
② 雇入年月日		年　月　日
③ 負傷又は発病年月日		年　月　日
④ 支払年月日及び特別給与の額	年　月　日	円

①の者については、②から④までに記載したとおりであることを証明します。

事業の名称

年　月　日　　〒　－　　電話（　　）　－

事業場の所在地

事業主の氏名　㊞

（法人その他の団体であるときは、その名称及び代表者の氏名）

上記のとおり届けます。

年　月　日

労働基準監督署長　殿

〒　－　　電話（　　）　－

届出人の　住所

氏名　㊞

〔注意〕

1　この届書には、負傷又は発病の日以前2年間（雇入後2年に満たない者については、雇入後の期間）に支払われた労働基準法第12条第4項の3箇月を超える期間ごとに支払われる賃金について記載すること。

2　「事業主の氏名」の欄及び「届出人の氏名」の欄は、記名押印することに代えて、署名することができること。

社会保険労務士記載欄	作成年月日・提出代行者・事務代理者の表示	氏名	電話番号
		㊞	（　）　－

関係法令

労働基準法（抄）

昭和二二年　四月　七日法律四九号
最終改正　平成三〇年　七月　六日法律七一号

目次

第一章　総則〈第一条―第十二条〉
第二章　労働契約〈第十三条―第二十三条〉
第三章　賃金〈第二十四条―第三十一条〉
第四章　労働時間、休憩、休日及び年次有給休暇〈第三十二条―第四十一条〉
第五章　安全及び衛生〈第四十二条―第五十五条〉
第六章　年少者〈第五十六条―第六十四条〉
第六章の二　妊産婦等〈第六十四条の二―第六十八条〉
第七章　技能者の養成〈第六十九条―第七十四条〉
第八章　災害補償〈第七十五条―第八十八条〉
第九章　就業規則〈第八十九条―第九十三条〉
第十章　寄宿舎〈第九十四条―第九十六条の三〉
第十一章　監督機関〈第九十七条―第百五条〉
第十二章　雑則〈第百五条の二―第百十六条〉
第十三章　罰則〈第百十七条―第百二十一条〉
附則　〈第百二十二条―第百三十八条〉

第一章　総則

第八条　削除

（定義）

第九条　この法律で「労働者」とは、職業の種類を問わず、事業又は事務所（以下「事業」という。）に使用される者で、賃金を支払われる者をいう。

第十条　この法律で使用者とは、事業主又は事業の経営担当者その他その事業の労働者に関する事項について、事業主のために行為をするすべての者をいう。

第十一条　この法律で賃金とは、賃金、給料、手当、賞与その他名称の如何を問わず、労働の対償として使用者が労働者に支払うすべてのものをいう。

第十二条　この法律で平均賃金とは、これを算定すべき事由の発生した日以前三箇月間にその労働者に対し支払われた賃金の総額を、その期間の総日数で除した金額をいう。ただし、その金額は、次の各号の一によつて計算した金額を下つてはならない。

一　賃金が、労働した日若しくは時間によつて算定され、又は出来高払制その他の請負制によつて定められた場合においては、賃金の総額をその期間中に労働した日数で除した金額の百分の六十

二　賃金の一部が、月、週その他一定の期間によつて定められた場合においては、その部分の総額をその期間の総日数で除した金額と前号の金額の合算額

② 前項の期間は、賃金締切日がある場合においては、直前の賃金締切日から起算する。

③ 前二項に規定する期間中に、次の各号のいずれかに該当する期間がある場合においては、その日数及びその期間中の賃金は、前二項の期間及び賃金の総額から控除する。

一　業務上負傷し、又は疾病にかかり療養のために休業した期間

二　産前産後の女性が第六十五条の規定によつて休業した期間

三　使用者の責めに帰すべき事由によつて休業した期間

四　育児休業、介護休業等育児又は家族介護を行う労働者の福祉に関する法律（平成三年法律第七十六号）第二条第一号に規定する育児休業又は同条第二号に規定する介護休業（同法第六十一条第三項（同条第六項において準用する場合を含む。）に規定する介護をするための休業を含む。第三十九条第八項において同じ。）をした期間

〈編注〉本条第三項第四号は、次のように改正され、平成三一年四月一日から施行される。

四　育児休業、介護休業等育児又は家族介護を行う労働者の福祉に関する法律（平成三年法律第七十六号）第二条第一号に規定する育児休業又は同条第二号に規定する介護休業（同法第六十一条第三項（同条第六項において準用する場合を含む。）に規定する介護をするための休業を含む。第三十九条第十項において同じ。）をした期間

五　試みの使用期間

④ 第一項の賃金の総額には、臨時に支払われた賃金及び三箇月を超える期間ごとに支払われる賃金並びに通貨以外のもので支払われた賃金で一定の範囲に属しないものは算入しない。

⑤ 賃金が通貨以外のもので支払われる場合、第一項の賃金の総額に算入すべきものの範囲及び評価に関し必要な事項は、厚生労働省令で定める。

⑥ 雇入後三箇月に満たない者については、第一項の期間は、雇入後の期間とする。

⑦ 日日雇い入れられる者については、その従事する事業又は

職業について、厚生労働大臣の定める金額を平均賃金とする。
⑧ 第一項乃至第六項によつて算定し得ない場合の平均賃金は、厚生労働大臣の定めるところによる。

第二章 労働契約

(解雇制限)
第十九条 使用者は、労働者が業務上負傷し、又は疾病にかかり療養のために休業する期間及びその後三十日間並びに産前産後の女性が第六十五条の規定によつて休業する期間及びその後三十日間は、解雇してはならない。ただし、使用者が、第八十一条の規定によつて打切補償を支払う場合又は天災事変その他やむを得ない事由のために事業の継続が不可能となつた場合においては、この限りでない。
② 前項但書後段の場合においては、その事由について行政官庁の認定を受けなければならない。

(解雇の予告)
第二十条 使用者は、労働者を解雇しようとする場合においては、少くとも三十日前にその予告をしなければならない。三十日前に予告をしない使用者は、三十日分以上の平均賃金を支払わなければならない。但し、天災事変その他やむを得ない事由のために事業の継続が不可能となつた場合又は労働者の責に帰すべき事由に基いて解雇する場合においては、この限りでない。
② 前項の予告の日数は、一日について平均賃金を支払つた場合においては、その日数を短縮することができる。
③ 前条第二項の規定は、第一項但書の場合にこれを準用する。

第三章 賃金

(賃金の支払)
第二十四条 賃金は、通貨で、直接労働者に、その全額を支払わなければならない。ただし、法令若しくは労働協約に別段の定めがある場合又は厚生労働省令で定める賃金について確実な支払の方法で厚生労働省令で定めるものによる場合においては、通貨以外のもので支払い、また、法令に別段の定めがある場合又は当該事業場の労働者の過半数で組織する労働組合があるときはその労働組合、労働者の過半数で組織する労働組合がないときは労働者の過半数を代表する者との書面による協定がある場合においては、賃金の一部を控除して支払うことができる。
② 賃金は、毎月一回以上、一定の期日を定めて支払わなければならない。ただし、臨時に支払われる賃金、賞与その他これに準ずるもので厚生労働省令で定める賃金(第八十九条において「臨時の賃金等」という。)については、この限りでない。

（非常時払）

第二十五条　使用者は、労働者が出産、疾病、災害その他厚生労働省令で定める非常の場合の費用に充てるために請求する場合においては、支払期日前であつても、既往の労働に対する賃金を支払わなければならない。

（休業手当）

第二十六条　使用者の責に帰すべき事由による休業の場合においては、使用者は、休業期間中当該労働者に、その平均賃金の百分の六十以上の手当を支払わなければならない。

第八章　災害補償

（療養補償）

第七十五条　労働者が業務上負傷し、又は疾病にかかつた場合においては、使用者は、その費用で必要な療養を行い、又は必要な療養の費用を負担しなければならない。

② 前項に規定する業務上の疾病及び療養の範囲は、厚生労働省令で定める。

（休業補償）

第七十六条　労働者が前条の規定による療養のため、労働することができないために賃金を受けない場合においては、使用者は、労働者の療養中平均賃金の百分の六十の休業補償を行わなければならない。

② 使用者は、前項の規定により休業補償を行つている労働者と同一の事業場における同種の労働者に対して所定労働時間労働した場合に支払われる通常の賃金の、一月から三月まで、四月から六月まで、七月から九月まで及び十月から十二月までの各区分による期間（以下四半期という。）ごとの一箇月一人当り平均額（常時百人未満の労働者を使用する事業場については、厚生労働省において作成する毎月勤労統計における当該事業場の属する産業に係る毎月きまつて支給する給与の四半期の労働者一人当りの一箇月平均額。以下平均給与額という。）が、当該労働者が業務上負傷し、又は疾病にかかつた日の属する四半期における平均給与額の百分の百二十をこえ、又は百分の八十を下るに至つた場合においては、使用者は、その上昇し又は低下した比率に応じて、その上昇し又は低下するに至つた四半期の次の次の四半期において、前項の規定により当該労働者に対して行つている休業補償の額を改訂し、その改訂をした四半期に属する最初の月から改訂された額により休業補償を行わなければならない。改訂後の休業補償の額の改訂についてもこれに準ずる。

③ 前項の規定により難い場合における改訂の方法その他同項の規定による改訂について必要な事項は、厚生労働省令で定める。

（障害補償）

第七十七条　労働者が業務上負傷し、又は疾病にかかり、治つた場合において、その身体に障害が存するときは、使用者は、その障害の程度に応じて、平均賃金に別表第二に定める日数を乗じて得た金額の障害補償を行わなければならない。

(休業補償及び障害補償の例外)

第七十八条　労働者が重大な過失によつて業務上負傷し、又は疾病にかかり、且つ使用者がその過失について行政官庁の認定を受けた場合においては、休業補償又は障害補償を行わなくてもよい。

(遺族補償)

第七十九条　労働者が業務上死亡した場合においては、使用者は、遺族に対して、平均賃金の千日分の遺族補償を行わなければならない。

(葬祭料)

第八十条　労働者が業務上死亡した場合においては、使用者は、葬祭を行う者に対して、平均賃金の六十日分の葬祭料を支払わなければならない。

(打切補償)

第八十一条　第七十五条の規定によつて補償を受ける労働者が、療養開始後三年を経過しても負傷又は疾病がなおらない場合においては、使用者は、平均賃金の千二百日分の打切補償を行い、その後はこの法律の規定による補償を行わなくてもよい。

(分割補償)

第八十二条　使用者は、支払能力のあることを証明し、補償を受けるべき者の同意を得た場合においては、第七十七条又は第七十九条の規定による補償に替え、平均賃金に別表第三に定める日数を乗じて得た金額を、六年にわたり毎年補償することができる。

(補償を受ける権利)

第八十三条　補償を受ける権利は、労働者の退職によつて変更されることはない。

②　補償を受ける権利は、これを譲渡し、又は差し押えてはならない。

(他の法律との関係)

第八十四条　この法律に規定する災害補償の事由について、労働者災害補償保険法(昭和二十二年法律第五十号)又は厚生労働省令で指定する法令に基づいてこの法律の災害補償に相当する給付が行なわれるべきものである場合においては、使用者は、補償の責を免れる。

②　使用者は、この法律による補償を行つた場合においては、同一の事由については、その価額の限度において民法による損害賠償の責を免れる。

(審査及び仲裁)

第八十五条　業務上の負傷、疾病又は死亡の認定、療養の方法、補償金額の決定その他補償の実施に関して異議のある者は、行政官庁に対して、審査又は事件の仲裁を申し立てることができる。
② 行政官庁は、必要があると認める場合においては、職権で審査又は事件の仲裁をすることができる。
③ 第一項の規定により審査若しくは仲裁の申立てがあつた事件又は前項の規定により行政官庁が審査若しくは仲裁を開始した事件について民事訴訟が提起されたときは、行政官庁は、当該事件については、審査又は仲裁をしない。
④ 行政官庁は、審査又は仲裁のために必要であると認める場合においては、医師に診断又は検案をさせることができる。
⑤ 第一項の規定による審査又は仲裁の申立て及び第二項の規定による審査又は仲裁の開始は、時効の中断に関しては、これを裁判上の請求とみなす。

＜編注＞本条第五項は、次のように改正され、平成三二年四月一日から施行される。

⑤ 第一項の規定による審査又は仲裁の申立て及び第二項の規定による審査又は仲裁の開始は、時効の完成猶予及び更新に関しては、これを裁判上の請求とみなす。

第八十六条 前条の規定による審査及び仲裁の結果に不服のある者は、労働者災害補償保険審査官の審査又は仲裁を申し立てることができる。
② 前条第三項の規定は、前項の規定により審査又は仲裁の申立てがあつた場合に、これを準用する。

（請負事業に関する例外）

第八十七条 厚生労働省令で定める事業が数次の請負によつて行われる場合においては、災害補償については、その元請負人を使用者とみなす。
② 前項の場合、元請負人が書面による契約で下請負人に補償を引き受けさせた場合においては、その下請負人もまた使用者とする。但し、二以上の下請負人に、同一の事業について重複して補償を引き受けさせてはならない。
③ 前項の場合、元請負人が補償の請求を受けた場合においては、補償を引き受けた下請負人に対して、まず催告すべきことを請求することができる。ただし、その下請負人が破産手続開始の決定を受け、又は行方が知れない場合においては、この限りでない。

（補償に関する細目）

第八十八条 この章に定めるものの外、補償に関する細目は、厚生労働省令で定める。

第九章　就業規則

（作成及び届出の義務）

第八十九条 常時十人以上の労働者を使用する使用者は、次に掲げる事項について就業規則を作成し、行政官庁に届け出なければならない。次に掲げる事項を変更した場合においても、同様とする。

一　始業及び終業の時刻、休憩時間、休日、休暇並びに労働者を二組以上に分けて交替に就業させる場合においては就業時転換に関する事項
二　賃金（臨時の賃金等を除く。以下この号において同じ。）の決定、計算及び支払の方法、賃金の締切り及び支払の時期並びに昇給に関する事項
三　退職に関する事項（解雇の事由を含む。）
三の二　退職手当の定めをする場合においては、適用される労働者の範囲、退職手当の決定、計算及び支払の方法並びに退職手当の支払の時期に関する事項
四　臨時の賃金等（退職手当を除く。）及び最低賃金額の定めをする場合においては、これに関する事項
五　労働者に食費、作業用品その他の負担をさせる定めをする場合においては、これに関する事項
六　安全及び衛生に関する定めをする場合においては、これに関する事項
七　職業訓練に関する定めをする場合においては、これに関する事項
八　災害補償及び業務外の傷病扶助に関する定めをする場合においては、これに関する事項
九　表彰及び制裁の定めをする場合においては、その種類及び程度に関する事項
十　前各号に掲げるもののほか、当該事業場の労働者のすべてに適用される定めをする場合においては、これに関する事項

第十二章　雑則

（労働者名簿）
第百七条　使用者は、各事業場ごとに労働者名簿を、各労働者（日日雇い入れられる者を除く。）について調製し、労働者の氏名、生年月日、履歴その他厚生労働省令で定める事項を記入しなければならない。
②　前項の規定により記入すべき事項に変更があつた場合においては、遅滞なく訂正しなければならない。

（賃金台帳）
第百八条　使用者は、各事業場ごとに賃金台帳を調製し、賃金計算の基礎となる事項及び賃金の額その他厚生労働省令で定める事項を賃金支払の都度遅滞なく記入しなければならない。

（記録の保存）
第百九条　使用者は、労働者名簿、賃金台帳及び雇入、解雇、災害補償、賃金その他労働関係に関する重要な書類を三年間保存しなければならない。

（時効）
第百十五条　この法律の規定による賃金（退職手当を除く。）、

災害補償その他の請求権は二年間、この法律の規定による退職手当の請求権は五年間行わない場合においては、時効によつて消滅する。

（経過措置）

第百十五条の二　この法律の規定に基づき命令を制定し、又は改廃するときは、その命令で、その制定又は改廃に伴い合理的に必要と判断される範囲内において、所要の経過措置（罰則に関する経過措置を含む。）を定めることができる。

（適用除外）

第百十六条　第一条から第十一条まで、次項、第百十七条から第百十九条まで及び第百二十一条の規定を除き、この法律は、船員法（昭和二十二年法律第百号）第一条第一項に規定する船員については、適用しない。

② この法律は、同居の親族のみを使用する事業及び家事使用人については、適用しない。

別表第一（第三十三条、第四十条、第四十一条、第五十六条、第六十一条関係）

一　物の製造、改造、加工、修理、洗浄、選別、包装、装飾、仕上げ、販売のためにする仕立て、破壊若しくは解体又は材料の変造の事業（電気、ガス又は各種動力の発生、変更若しくは伝導の事業及び水道の事業を含む。）

二　鉱業、石切り業その他土石又は鉱物採取の事業

三　土木、建築その他工作物の建設、改造、保存、修理、変更、破壊、解体又はその準備の事業

四　道路、鉄道、軌道、索道、船舶又は航空機による旅客又は貨物の運送の事業

五　ドック、船舶、岸壁、波止場、停車場又は倉庫における貨物の取扱いの事業

六　土地の耕作若しくは開墾又は植物の栽植、栽培、採取若しくは伐採の事業その他農林の事業

七　動物の飼育又は水産動植物の採捕若しくは養殖の事業その他の畜産、養蚕又は水産の事業

八　物品の販売、配給、保管若しくは賃貸又は理容の事業

九　金融、保険、媒介、周旋、集金、案内又は広告の事業

十　映画の製作又は映写、演劇その他興行の事業

十一　郵便、信書便又は電気通信の事業

十二　教育、研究又は調査の事業

十三　病者又は虚弱者の治療、看護その他保健衛生の事業

十四　旅館、料理店、飲食店、接客業又は娯楽場の事業
十五　焼却、清掃又はと畜場の事業

別表第二　身体障害等級及び災害補償表（第七十七条関係）

等級	災害補償
第一級	一三四〇日分
第二級	一一九〇日分
第三級	一〇五〇日分
第四級	九二〇日分
第五級	七九〇日分
第六級	六七〇日分
第七級	五六〇日分
第八級	四五〇日分
第九級	三五〇日分
第一〇級	二七〇日分
第一一級	二〇〇日分
第一二級	一四〇日分
第一三級	九〇日分
第一四級	五〇日分

別表第三　分割補償表（第八十二条関係）

種別	等級	災害補償
障害補償	第一級	二四〇日分
	第二級	二一三日分
	第三級	一八八日分
	第四級	一六四日分
	第五級	一四二日分
	第六級	一二〇日分
	第七級	一〇〇日分
	第八級	八〇日分
	第九級	六三日分
	第一〇級	四八日分
	第一一級	三六日分
	第一二級	二五日分
	第一三級	一六日分
	第一四級	九日分
遺族補償		一八〇日分

労働基準法施行規則（抄）

昭和二二年　八月三〇日　厚生省令　二三号
最終改正　平成三〇年　九月　七日厚生労働省令一一二号

△賃金の総額に算入すべきもの▽

第二条　労働基準法（昭和二十二年法律第四十九号。以下「法」という。）第十二条第五項の規定により、賃金の総額に算入すべきものは、法第二十四条第一項ただし書の規定による法令又は労働協約の別段の定めに基づいて支払われる通貨以外のものとする。

②　前項の通貨以外のものの評価額は、法令に別段の定がある場合の外、労働協約に定めなければならない。

③　前項の規定により労働協約に定められた評価額が不適当と認められる場合又は前項の評価額が法令若しくは労働協約に定められていない場合においては、都道府県労働局長は、第一項の通貨以外のものの評価額を定めることができる。

△平均賃金▽

第三条　試の使用期間中に平均賃金を算定すべき事由が発生した場合においては、法第十二条第三項の規定にかかわらず、その期間中の日数及びその期間中の賃金は、同条第一項及び第二項の期間並びに賃金の総額に算入する。

第四条　法第十二条第三項第一号から第四号までの期間が平均賃金を算定すべき事由の発生した日以前三箇月以上にわたる場合又は雇入れの日に平均賃金を算定すべき事由の発生した場合の平均賃金は、都道府県労働局長の定めるところによる。

△賃金の支払方法▽

第七条の二　使用者は、労働者の同意を得た場合には、賃金の支払について次の方法によることができる。

一　当該労働者が指定する銀行その他の金融機関に対する当該労働者の預金又は貯金への振込み

二　当該労働者が指定する金融商品取引業者（金融商品取引法（昭和二十三年法律第二十五号。以下「金商法」という。）第二条第九項に規定する金融商品取引業者（金商法第二十八条第一項に規定する第一種金融商品取引業を行う者に限り、金商法第二十九条の四の二第九項に規定する第一種少額電子募集取扱業者を除く。）をいう。以下この号において同じ。）に対する当該労働者の預り金（次の要件を満たすものに限る。）への払込み

イ　当該預り金により投資信託及び投資法人に関する法律（昭和二十六年法律第百九十八号）第二条第四項の証券

投資信託（以下この号において「証券投資信託」という。）の受益証券以外のものを購入しないこと。

ロ　当該預り金により購入する受益証券に係る投資信託及び投資法人に関する法律第四条第一項の投資信託約款に次の事項が記載されていること。

(1)　信託財産の運用の対象は、次に掲げる有価証券（(2)において「有価証券」という。）、預金、手形、指定金銭信託及びコールローンに限られること。

(i)　金商法第二条第一項第一号に掲げる有価証券

(ii)　金商法第二条第一項第二号に掲げる有価証券

(iii)　金商法第二条第一項第三号に掲げる有価証券

(iv)　金商法第二条第一項第四号に掲げる有価証券（資産流動化計画に新優先出資の引受権のみを譲渡することができる旨の定めがない場合における新優先出資引受権付特定社債券を除く。）

(v)　金商法第二条第一項第五号に掲げる有価証券（新株予約権付社債券を除く。）

(vi)　金商法第二条第一項第十四号に規定する有価証券（銀行、協同組織金融機関の優先出資に関する法律（平成五年法律第四十四号）第二条第一項に規定する協同組織金融機関及び金融商品取引法施行令（昭和四十年政令第三百二十一号）第一条の九各号に掲げる金融機関又は信託会社の貸付債権を信託する信託（当該信託に係る契約の際における受益者が委託者であるものに限る。）又は指定金銭信託に係るものに限る。）

(vii)　金商法第二条第一項第十五号に掲げる有価証券

(viii)　金商法第二条第一項第十七号に掲げる有価証券（(i)から(vii)までに掲げる証券又は証書の性質を有するものに限る。）

(ix)　金商法第二条第一項第十八号に掲げる有価証券

(x)　金商法第二条第一項第二十一号に掲げる有価証券

(xi)　金商法第二条第二項の規定により有価証券とみなされる権利（(i)から(ix)までに掲げる有価証券に表示されるべき権利に限る。）

(xii)　銀行、協同組織金融機関の優先出資に関する法律第二条第一項に規定する協同組織金融機関及び金融商品取引法施行令第一条の九各号に掲げる金融機関又は信託会社の貸付債権を信託する信託（当該信託に係る契約の際における受益者が委託者であるものに限る。）の受益権

(xiii)　外国の者に対する権利で(xii)に掲げるものの性質を有するもの

(2)　信託財産の運用の対象となる有価証券、預金、手形、指定金銭信託及びコールローン（(3)及び(4)において「有価証券等」という。）は、償還又は満期までの期間

(3)において「残存期間」という。）が一年を超えないものであること。

(3) 信託財産に組み入れる有価証券等の平均残存期間（一の有価証券等の残存期間に当該有価証券等の組入れ額を乗じて得た合計額を、当該有価証券等の組入れ額の合計額で除した期間をいう。）が九十日を超えないこと。

(4) 信託財産の総額のうちに一の法人その他の団体（(5)において「法人等」という。）が発行し、又は取り扱う有価証券等（国債証券、政府保証債（その元本の償還及び利息の支払について政府が保証する債券をいう。）及び返済までの期間（貸付けを行う当該証券投資信託の受託者である会社が休業している日を除く。）が五日以内のコールローン（以下この号において「特定コールローン」という。）を除く。）の当該信託財産の総額の計算の基礎となつた価額の占める割合が、百分の五以下であること。

(5) 信託財産の総額のうちに一の法人等が取り扱う特定コールローンの当該信託財産の総額の計算の基礎となつた価額の占める割合が、百分の二十五以下であること。

ハ 当該預り金に係る投資約款（労働者と金融商品取引業者の間の預り金の取扱い及び受益証券の購入等に関する約款をいう。）に次の事項が記載されていること。

(1) 当該預り金への払込みが一円単位でできること。

(2) 預り金及び証券投資信託の受益権に相当する金額の払戻しが、その申出があつた日に、一円単位でできること。

② 使用者は、労働者の同意を得た場合には、退職手当の支払について前項に規定する方法によるほか、次の方法によることができる。

一 銀行その他の金融機関によつて振り出された当該銀行その他の金融機関を支払人とする小切手を当該労働者に交付すること。

二 銀行その他の金融機関が支払保証をした小切手を当該労働者に交付すること。

三 郵政民営化法（平成十七年法律第九十七号）第九十四条に規定する郵便貯金銀行がその行う為替取引に関し負担する債務に係る権利を表章する証書を当該労働者に交付すること。

③ 地方公務員に関して法第二十四条第一項の規定が適用される場合における前項の規定の適用については、同項第一号中「小切手」とあるのは、「小切手又は地方公共団体によつて振り出された小切手」とする。

〈臨時に支払う賃金、賞与に準ずるもの〉

第八条 法第二十四条第二項但書の規定による臨時に支払われ

る賃金、賞与に準ずるものは次に掲げるものとする。
一　一箇月を超える期間の出勤成績によつて支給される精勤手当
二　一箇月を超える一定期間の継続勤務に対して支給される勤続手当
三　一箇月を超える期間にわたる事由によつて算定される奨励加給又は能率手当

〈**非常時払**〉
第九条　法第二十五条に規定する非常の場合は、次に掲げるものとする。
一　労働者の収入によつて生計を維持する者が出産し、疾病にかかり、又は災害をうけた場合
二　労働者又はその収入によつて生計を維持する者が結婚し、又は死亡した場合
三　労働者又はその収入によつて生計を維持する者がやむを得ない事由により一週間以上にわたつて帰郷する場合

〈**業務上の疾病の範囲**〉
第三十五条　法第七十五条第二項の規定による業務上の疾病は、別表第一の二に掲げる疾病とする。

〈**業務上の疾病及び療養の範囲**〉
第三十六条　法第七十五条第二項の規定による療養の範囲は、次に掲げるものにして、療養上相当と認められるものとする。
一　診察
二　薬剤又は治療材料の支給
三　処置、手術その他の治療
四　居宅における療養上の管理及びその療養に伴う世話その他の看護
五　病院又は診療所への入院及びその療養に伴う世話その他の看護
六　移送

〈**診断**〉
第三十七条　労働者が就業中又は事業場若しくは事業の附属建設物内で負傷し、疾病にかゝり又は死亡した場合には、使用者は、遅滞なく医師に診断させなければならない。

〈**休業補償を行わなくてもよい場合**〉
第三十七条の二　使用者は、労働者が次の各号のいずれかに該当する場合においては、休業補償を行わなくてもよい。
一　懲役、禁錮若しくは拘留の刑の執行のため若しくは死刑の言渡しを受けて刑事施設（少年法（昭和二十三年法律第百六十八号）第五十六条第三項の規定により少年院において刑を執行する場合における当該少年院を含む。）に拘置されている場合若しくは留置施設に留置されて懲役、禁錮若しくは拘留の刑の執行を受けている場合、労役場留置の言渡しを受けて労役場に留置されている場合又は監置の裁判の執行のため監置場に留置されている場合
二　少年法第二十四条の規定による保護処分として少年院若

しくは児童自立支援施設に送致され、収容されている場合又は売春防止法（昭和三十一年法律第百十八号）第十七条の規定による補導処分として婦人補導院に収容されている場合

〈休業補償〉

第三十八条　労働者が業務上負傷し又は疾病にかかつたため、所定労働時間の一部分のみ労働した場合においては、使用者は、平均賃金と当該労働に対して支払われる賃金との差額の百分の六十の額を休業補償として支払わなければならない。

〈休業補償の額の改訂の場合の労働者数〉

第三十八条の二　法第七十六条第二項の常時百人未満の労働者を使用する事業場は、毎年四月一日から翌年三月三十一日までの間においては、当該四月一日前一年間に使用した延労働者数を当該一年間の所定労働日数で除した労働者数が百人未満である事業場とする。

〈通常の賃金の算定〉

第三十八条の三　法第七十六条第二項の規定による同一の事業場における同種の労働者に対して所定労働時間労働した場合に支払われる通常の賃金は、第二十五条第一項に規定する方法に準じて算定した金額とする。

〈休業補償の額の改訂〉

第三十八条の四　常時百人以上の労働者を使用する事業場において業務上負傷し、又は疾病にかかつた労働者と同一職種の同一条件の労働者がいない場合における当該労働者の休業補償の額の改訂は、当該事業場の全労働者に対して所定労働時間労働した場合に支払われる通常の賃金の四半期ごとの平均給与額が上昇し又は低下した場合に行うものとする。

〈改訂後の休業補償の額の改訂〉

第三十八条の五　法第七十六条第二項後段の規定による改訂後の休業補償の額の改訂は、改訂の基礎となつた四半期の平均給与額を基礎として行うものとする。

〈比率の算出方法〉

第三十八条の六　法第七十六条第二項及び第三項の規定により、四半期ごとに平均給与額の上昇し又は低下した比率を算出する場合において、その率に百分の一に満たない端数があるときは、その端数は切り捨てるものとする。

〈休業補償の額の改訂の率〉

第三十八条の七　常時百人未満の労働者を使用する事業場における休業補償については、厚生労働省において作成する毎月勤労統計（以下「毎月勤労統計」という。）における各産業の毎月きまつて支給する給与の四半期ごとの平均給与額のその四半期の前における四半期ごとの平均給与額に対する比率に基づき、当該休業補償の額の算定にあたり平均賃金の百分の六十（当該事業場が当該休業補償について常時百人以上の労働者を使用するものとしてその額の改訂をしたことがあるものである場合にあつては、当該改訂に係る休業補償の額）に

乗ずべき率を告示するものとする。

第三十八条の八　常時百人未満の労働者を使用する事業場の属する産業が毎月勤労統計に掲げる産業分類にない場合における休業補償の額の算定については、平均賃金の百分の六十（当該事業場が、当該休業補償について、常時百人以上の労働者を使用するものとしてその額の改訂をしたことがあるものである場合又は毎月勤労統計によりその額の改訂をしたことがあるものである場合にあつては、当該改訂に係る休業補償の額）に告示で定める率を乗ずるものとする。

② 日日雇い入れられる者の休業補償の額の算定については、平均賃金の百分の六十に告示で定める率を乗ずるものとする。

＜告示の方法＞

第三十八条の九　前二条の告示は、四半期ごとに行うものとする。

＜特別の場合の休業補償の額の改訂＞

第三十八条の十　休業補償の額の改訂について、第三十八条の四、第三十八条の五、第三十八条の七及び第三十八条の八の規定により難い場合は、厚生労働大臣の定めるところによるものとする。

＜療養補償等の回数＞

第三十九条　療養補償及び休業補償は、毎月一回以上、これを行わなければならない。

＜身体障害の等級＞

第四十条　障害補償を行うべき身体障害の等級は、別表第二による。

② 別表第二に掲げる身体障害が二以上ある場合は、重い身体障害の該当する等級による。

③ 次に掲げる場合には、前二項の規定による等級を次の通り繰上げる。但し、その障害補償の金額は、各〻の身体障害の該当する等級による障害補償の金額を合算した額を超えてはならない。

一　第十三級以上に該当する身体障害が二以上ある場合　一級

二　第八級以上に該当する身体障害が二以上ある場合　二級

三　第五級以上に該当する身体障害が二以上ある場合　三級

④ 別表第二に掲げるもの以外の身体障害がある者については、その障害程度に応じ、別表第二に掲げる身体障害に準じて、障害補償を行わなければならない。

⑤ 既に身体障害がある者が、負傷又は疾病によつて同一部位について障害の程度を加重した場合には、その加重された障害の該当する障害補償の金額より、既にあつた障害の該当する障害補償の金額を差し引いた金額の障害補償を行わなければならない。

＜過失についての認定＞

第四十一条　法第七十八条の規定による認定は、様式第十五号により、所轄労働基準監督署長から受けなければならない。

この場合においては、使用者は、同条に規定する重大な過失があつた事実を証明する書面をあわせて提出しなければならない。

〈遺族補償を受ける者〉

第四十二条 遺族補償を受けるべき者は、労働者の配偶者（婚姻の届出をしなくとも事実上婚姻と同様の関係にある者を含む。以下同じ。）とする。

② 配偶者がない場合には、遺族補償を受けるべき者は、労働者の子、父母、孫及び祖父母で、労働者の死亡当時その収入によつて生計を維持していた者又は労働者の死亡当時これと生計を一にしていた者とし、その順位は、前段に掲げる順序による。この場合において、父母については、養父母を先にし実父母を後にする。

〈遺族補償の受給者〉

第四十三条 前条の規定に該当する者がない場合においては、遺族補償を受けるべき者は、労働者の子、父母、孫及び祖父母で前条第二項の規定に該当しないもの並びに労働者の兄弟姉妹とし、その順位は、子、父母、孫、祖父母、兄弟姉妹の順序により、兄弟姉妹については、労働者の死亡当時その収入によつて生計を維持していた者又は労働者の死亡当時その者と生計を一にしていた者を先にする。

② 労働者が遺言又は使用者に対してした予告で前項に規定する者のうち特定の者を指定した場合においては、前項の規定にかかわらず、遺族補償を受けるべき者は、その指定した者とする。

〈遺族補償の等分〉

第四十四条 遺族補償を受けるべき同順位の者が二人以上ある場合には、遺族補償は、その人数によつて等分するものとする。

〈遺族補償受給権の消滅〉

第四十五条 遺族補償を受けるべきであつた者が死亡した場合には、その者にかかる遺族補償を受ける権利は、消滅する。

② 前項の場合には、使用者は、前三条の規定による順位の者よりその死亡者を除いて、遺族補償を行わなければならない。

〈分割補償の一時払〉

第四十六条 使用者は、法第八十二条の規定によつて分割補償を開始した後、補償を受けるべき者の同意を得た場合には、別表第三によつて残余の補償金額を一時に支払うことができる。

〈補償の支払〉

第四十七条 障害補償は、労働者の負傷又は疾病がなおつた後身体障害の等級が決定した日から七日以内にこれを行わなければならない。

② 遺族補償及び葬祭料は、労働者の死亡後遺族補償及び葬祭料を受けるべき者が決定した日から七日以内にこれを行い又は支払わなければならない。

③　第二回以後の分割補償は、毎年、第一回の分割補償を行つた月に応当する月に行わなければならない。

〈事由の発生日〉

第四十八条　災害補償を行う場合には、死傷の原因たる事故発生の日又は診断によつて疾病の発生が確定した日を、平均賃金を算定すべき事由の発生した日とする

〈請負事業に関する例外規定を適用する事業〉

第四十八条の二　法第八十七条第一項の厚生労働省令で定める事業は、法別表第一第三号に掲げる事業とする。

〈就業規則の届出〉

第四十九条　使用者は、常時十人以上の労働者を使用するに至つた場合においては、遅滞なく、法第八十九条の規定による就業規則の届出を所轄労働基準監督署長にしなければならない。

②　法第九十条第二項の規定により前項の届出に添付すべき意見を記した書面は、労働者を代表する者の署名又は記名押印のあるものでなければならない。

〈就業規則の変更命令〉

第五十条　法第九十二条第二項の規定による就業規則の変更命令は、様式第十七号による文書で所轄労働基準監督署長がこれを行う。

〈労働者名簿の記入事項〉

第五十三条　法第百七条第一項の労働者名簿（様式第十九号）に記入しなければならない事項は、同条同項に規定するもののほか、次に掲げるものとする。

一　性別

二　住所

三　従事する業務の種類

四　雇入の年月日

五　退職の年月日及びその事由（退職の事由が解雇の場合にあつては、その理由を含む。）

六　死亡の年月日及びその原因

②　常時三十人未満の労働者を使用する事業においては、前項第三号に掲げる事項を記入することを要しない。

〈賃金台帳の記入事項〉

第五十四条　使用者は、法第百八条の規定によつて、次に掲げる事項を労働者各人別に賃金台帳に記入しなければならない。

一　氏名

二　性別

三　賃金計算期間

四　労働日数

五　労働時間数

六　法第三十三条若しくは法第三十六条第一項の規定によつて労働時間を延長し、若しくは休日に労働させた場合又は午後十時から午前五時（厚生労働大臣が必要であると認め

る場合には、その定める地域又は期間については午後十一時から午前六時）までの間に労働させた場合には、その延長時間数、休日労働時間数及び深夜労働時間数

七　基本給、手当その他賃金の種類毎にその額

八　法第二十四条第一項の規定によつて賃金の一部を控除した場合には、その額

② 前項第六号の労働時間数は当該事業場の就業規則において法の規定に異なる所定労働時間又は休日の定をした場合には、その就業規則に基いて算定する労働時間数を以てこれに代えることができる。

③ 第一項第七号の賃金の種類中に通貨以外のもので支払われる賃金がある場合には、その評価総額を記入しなければならない。

④ 日々雇い入れられる者（一箇月を超えて引続き使用される者を除く。）については、第一項第三号は記入するを要しない。

⑤ 法第四十一条各号の一に該当する労働者については第一項第五号及び第六号は、これを記入することを要しない。

〈賃金台帳の様式〉

第五十五条　法第百八条の規定による賃金台帳は、常時使用される労働者（一箇月を超えて引続き使用される日々雇い入れられる者を含む。）については様式第二十号日々雇い入れられる者（一箇月を超えて引続き使用される者を除く。）については様式第二十一号によつて、これを調製しなければならない。

〈労働者名簿及び賃金台帳の合併調製〉

第五十五条の二　使用者は、第五十三条による労働者名簿及び第五十五条による賃金台帳をあわせて調製することができる。

〈編注〉本条は、次のように改正され、平成三一年四月一日から施行される。

〈年次有給休暇管理簿、労働者名簿又は賃金台帳の合併調製〉

第五十五条の二　使用者は、年次有給休暇管理簿、第五十三条による労働者名簿又は第五十五条による賃金台帳をあわせて調製することができる。

〈記録保存期間の起算日〉

第五十六条　法第百九条の規定による記録を保存すべき期間の計算についての起算日は次のとおりとする。

一　労働者名簿については、労働者の死亡、退職又は解雇の日

二　賃金台帳については、最後の記入をした日

三　雇入れ又は退職に関する書類については、労働者の退職又は死亡の日

四　災害補償に関する書類については、災害補償を終つた日

五　賃金その他労働関係に関する重要な書類については、そ

の完結の日

別表第一の二（第三十五条関係）

一　業務上の負傷に起因する疾病

二　物理的因子による次に掲げる疾病

1　紫外線にさらされる業務による前眼部疾患又は皮膚疾患

2　赤外線にさらされる業務による網膜火傷、白内障等の眼疾患又は皮膚疾患

3　レーザー光線にさらされる業務による網膜火傷等の眼疾患又は皮膚疾患

4　マイクロ波にさらされる業務による白内障等の眼疾患

5　電離放射線にさらされる業務による急性放射線症、皮膚潰瘍等の放射線皮膚障害、白内障等の放射線眼疾患、放射線肺炎、再生不良性貧血等の造血器障害、骨壊死その他の放射線障害

6　高圧室内作業又は潜水作業に係る業務による潜函病又は潜水病

7　気圧の低い場所における業務による高山病又は航空減圧症

8　暑熱な場所における業務による熱中症

9　高熱物体を取り扱う業務による熱傷

10　寒冷な場所における業務又は低温物体を取り扱う業務による凍傷

11　著しい騒音を発する場所における業務による難聴等の

耳の疾患

12 超音波にさらされる業務による手指等の組織壊死

13 1から12までに掲げるもののほか、これらの疾病に付随する疾病その他物理的因子にさらされる業務に起因することの明らかな疾病

三 身体に過度の負担のかかる作業態様に起因する次に掲げる疾病

1 重激な業務による筋肉、腱、骨若しくは関節の疾患又は内臓脱

2 重量物を取り扱う業務、腰部に過度の負担を与える不自然な作業姿勢により行う業務その他腰部に過度の負担のかかる業務による腰痛

3 さく岩機、鋲打ち機、チェーンソー等の機械器具の使用により身体に振動を与える業務による手指、前腕等の末梢循環障害、末梢神経障害又は運動器障害

4 電子計算機への入力を反復して行う業務その他上肢に過度の負担のかかる業務による後頭部、頸部、肩甲帯、上腕、前腕又は手指の運動器障害

5 1から4までに掲げるもののほか、これらの疾病に付随する疾病その他身体に過度の負担のかかる作業態様の業務に起因することの明らかな疾病

四 化学物質等による次に掲げる疾病

1 厚生労働大臣の指定する単体たる化学物質及び化合物（合金を含む。）にさらされる業務による疾病であつて、厚生労働大臣が定めるもの

2 弗素樹脂、塩化ビニル樹脂、アクリル樹脂等の合成樹脂の熱分解生成物にさらされる業務による眼粘膜の炎症又は気道粘膜の炎症等の呼吸器疾患

3 すす、鉱物油、うるし、テレビン油、タール、セメント、アミン系の樹脂硬化剤等にさらされる業務による皮膚疾患

4 蛋白分解酵素にさらされる業務による皮膚炎、結膜炎又は鼻炎、気管支喘息等の呼吸器疾患

5 木材の粉じん、獣毛のじんあい等を飛散する場所における業務又は抗生物質等にさらされる業務によるアレルギー性の鼻炎、気管支喘息等の呼吸器疾患

6 落綿等の粉じんを飛散する場所における業務による呼吸器疾患

7 石綿にさらされる業務による良性石綿胸水又はびまん性胸膜肥厚

8 空気中の酸素濃度の低い場所における業務による酸素欠乏症

9 1から8までに掲げるもののほか、これらの疾病に付随する疾病その他化学物質等にさらされる業務に起因することの明らかな疾病

五 粉じんを飛散する場所における業務によるじん肺症又は

じん肺法（昭和三十五年法律第三十号）に規定するじん肺と合併したじん肺法施行規則（昭和三十五年労働省令第六号）第一条各号に掲げる疾病

六　細菌、ウイルス等の病原体による次に掲げる疾病

1　患者の診療若しくは看護の業務、介護の業務又は研究その他の目的で病原体を取り扱う業務による伝染性疾患

2　動物若しくはその死体、獣毛、革その他動物性の物又はぼろ等の古物を取り扱う業務によるブルセラ症、炭疽病等の伝染性疾患

3　湿潤地における業務によるワイル病等のレプトスピラ症

4　屋外における業務による恙虫病

5　1から4までに掲げるもののほか、これらの疾病に付随する疾病その他細菌、ウイルス等の病原体にさらされる業務に起因することの明らかな疾病

七　がん原性物質若しくはがん原性因子又はがん原性工程における業務による次に掲げる疾病

1　ベンジジンにさらされる業務による尿路系腫瘍

2　ベーターナフチルアミンにさらされる業務による尿路系腫瘍

3　四-アミノジフエニルにさらされる業務による尿路系腫瘍

4　四-ニトロジフエニルにさらされる業務による尿路系腫瘍

5　ビス（クロロメチル）エーテルにさらされる業務による肺がん

6　ベリリウムにさらされる業務による肺がん

7　ベンゾトリクロライドにさらされる業務による肺がん

8　石綿にさらされる業務による肺がん又は中皮腫

9　ベンゼンにさらされる業務による白血病

10　塩化ビニルにさらされる業務による肝血管肉腫又は肝細胞がん

11　一・二-ジクロロプロパンにさらされる業務による胆管がん

12　ジクロロメタンにさらされる業務による胆管がん

13　電離放射線にさらされる業務による白血病、肺がん、皮膚がん、骨肉腫、甲状腺がん、多発性骨髄腫又は非ホジキンリンパ腫

14　オーラミンを製造する工程における業務による尿路系腫瘍

15　マゼンタを製造する工程における業務による尿路系腫瘍

16　コークス又は発生炉ガスを製造する工程における業務による肺がん

17　クロム酸塩又は重クロム酸塩を製造する工程における業務による肺がん又は上気道のがん

18 ニッケルの製錬又は精錬を行う工程における業務による肺がん又は上気道のがん
19 砒(ひ)素を含有する鉱石を原料として金属の製錬若しくは精錬を行う工程又は無機砒(ひ)素化合物を製造する工程における業務による肺がん又は皮膚がん
20 すす、鉱物油、タール、ピッチ、アスファルト又はパラフィンにさらされる業務による皮膚がん
21 1から20までに掲げるもののほか、これらの疾病に付随する疾病その他がん原性物質若しくはがん原性因子にさらされる業務又はがん原性工程における業務に起因することの明らかな疾病

八 長期間にわたる長時間の業務その他血管病変等を著しく増悪させる業務による脳出血、くも膜下出血、脳梗塞、高血圧性脳症、心筋梗塞、狭心症、心停止（心臓性突然死を含む。）若しくは解離性大動脈瘤(りゅう)又はこれらの疾病に付随する疾病

九 人の生命にかかわる事故への遭遇その他心理的に過度の負担を与える事象を伴う業務による精神及び行動の障害又はこれに付随する疾病

十 前各号に掲げるもののほか、厚生労働大臣の指定する疾病

十一 その他業務に起因することの明らかな疾病

別表第二（第四十条関係）身体障害等級表

等級	身体障害
第一級 （労働基準法第十二条の平均賃金の一三四〇日分）	一 両眼が失明したもの 二 咀嚼及び言語の機能を廃したもの 三 神経系統の機能又は精神に著しい障害を残し常に介護を要するもの 四 胸腹部臓器の機能に著しい障害を残し常に介護を要するもの 五 削除 六 両上肢を肘関節以上で失つたもの 七 両上肢の用を全廃したもの 八 両下肢を膝関節以上で失つたもの 九 両下肢の用を全廃したもの
第二級 （労働基準法第十二条の平均賃金の一一九〇日分）	一 一眼が失明し他眼の視力が〇・〇二以下になつたもの 二 両眼の視力が〇・〇二以下になつたもの 二の二 神経系統の機能又は精神に著しい障害を残し随時介護を要するもの 二の三 胸腹部臓器の機能に著しい障害を残し随時介護を要するもの 三 両上肢を腕関節以上で失つたもの

	四　両下肢を足関節以上で失つたもの
第　三　級 （労働基準法第十二条の平均賃金の一〇五〇日分）	一　一眼が失明し他眼の視力が〇・〇六以下になつたもの 二　咀嚼又は言語の機能を癈したもの 三　神経系統の機能又は精神に著しい障害を残し終身労務に服することができないもの 四　胸腹部臓器の機能に著しい障害を残し終身労務に服することができないもの 五　十指を失つたもの
第　四　級 （労働基準法第十二条の平均賃金の九二〇日分）	一　両眼の視力が〇・〇六以下になつたもの 二　咀嚼及び言語の機能に著しい障害を残すもの 三　両耳を全く聾したもの 四　一上肢を肘関節以上で失つたもの 五　一下肢を膝関節以上で失つたもの 六　十指の用を癈したもの 七　両足をリスフラン関節以上で失つたもの
第　五　級 （労働基準法第十二条の平均賃金の七九〇日分）	一　一眼が失明し他眼の視力が〇・一以下になつたもの 一の二　神経系統の機能又は精神に著しい障害を残し特に軽易な労務の外服することができないもの 一の三　胸腹部臓器の機能に著しい障害を残し特に軽易な労務の外服することができないもの 二　一上肢を腕関節以上で失つたもの 三　一下肢を足関節以上で失つたもの 四　一上肢の用を全癈したもの 五　一下肢の用を全癈したもの 六　十趾を失つたもの
第　六　級 （労働基準法第十二条の平均賃金の六七〇日分）	一　両眼の視力が〇・一以下になつたもの 二　咀嚼又は言語の機能に著しい障害を残すもの 三　両耳の聴力が耳に接しなければ大声を解することができない程度になつたもの 三の二　一耳を全く聾し他耳の聴力が四十センチメートル以上の距離では尋常の話声を解することできない程度にな

つたもの

四　脊柱に著しい畸形又は運動障害を残すもの

五　一上肢の三大関節中の二関節の用を廃したもの

六　一下肢の三大関節中の二関節の用を廃したもの

七　一手の五指又は拇指を併せ四指を失つたもの

第七級（労働基準法第十二条の平均賃金の五六〇日分）

一　一眼が失明し他眼の視力が〇・六以下になつたもの

二　両耳の聴力が四十センチメートル以上の距離では尋常の話声を解することができない程度になつたもの

二の二　一耳を全く聾し他耳の聴力が一メートル以上の距離では尋常の話声を解することができない程度になつたもの

三　神経系統の機能又は精神に障害を残し軽易な労務の外服することができないもの

四　削除

五　胸腹部臓器の機能に障害を残し軽易な労務の外服することができないもの

六　一手の拇指を併せ三指又は拇指以外の四指を失つたもの

七　一手の五指又は拇指を併せ四指の用を廃したもの

八　一足をリスフラン関節以上で失つたもの

九　一上肢に仮関節を残し著しい障害を残すもの

一〇　一下肢に仮関節を残し著しい障害を残すもの

一一　十趾の用を廃したもの

一二　外貌に著しい醜状を残すもの

一三　両側の睾丸を失つたもの

第八級

一　一眼が失明し又は一眼の視力が〇・〇二以下になつたもの

二　脊柱に運動障害を残すもの

三　一手の拇指を併せ二指又は拇指以外の三指を失つたもの

四　一手の拇指を併せ三指又は拇指以外の四指の用を廃したもの

（労働基準法第十二条の平均賃金の四五〇日分）	五　一下肢を五センチメートル以上短縮したもの 六　一上肢の三大関節中の一関節の用を廃したもの 七　一下肢の三大関節中の一関節の用を廃したもの 八　一上肢に仮関節を残すもの 九　一下肢に仮関節を残すもの 一〇　一足の五趾を失つたもの
第九級 （労働基準法第十二条の平均賃金の三五〇日分）	一　両眼の視力が〇・六以下になつたもの 二　一眼の視力が〇・〇六以下になつたもの 三　両眼に半盲症、視野狭窄又は視野変状を残すもの 四　両眼の眼瞼に著しい欠損を残すもの 五　鼻を欠損しその機能に著しい障害を残すもの 六　咀嚼及び言語の機能に障害を残すもの 六の二　両耳の聴力が一メートル以上の距離では尋常の話声を解することができない程度になつたもの 六の三　一耳の聴力が耳に接しなければ大声を解することができない程度になり他耳の聴力が一メートル以上の距離では尋常の話声を解することが困難である程度になつたもの 七　一耳を全く聾したもの 七の二　神経系統の機能又は精神に障害を残し服することができる労務が相当な程度に制限されるもの 七の三　胸腹部臓器の機能に障害を残し服することができる労務が相当な程度に制限されるもの 八　一手の拇指又は拇指以外の二指を失つたもの 九　一手の拇指を併せ二指又は拇指以外の三指の用を廃したもの 一〇　一足の第一趾を併せ二趾以上を失つたもの 一一　一足の五趾の用を廃したもの 一一の二　外貌に相当程度の醜状を残すもの 一二　生殖器に著しい障害を残すもの

第十級 （労働基準法第十二条の平均賃金の二七〇日分）	一　一眼の視力が〇・一以下になつたもの 一の二　正面視で複視を残すもの 二　咀嚼又は言語の機能に障害を残すもの 三　十四歯以上に対し歯科補綴を加えたもの 三の二　両耳の聴力が一メートル以上の距離では尋常の話声を解することが困難である程度になつたもの 四　一耳の聴力が耳に接しなければ大声を解することができない程度になつたもの 五　削除 六　一手の拇指又は拇指以外の二指の用を廃したもの 七　一下肢を三センチメートル以上短縮したもの 八　一足の第一趾又は他の四趾を失つたもの 九　一上肢の三大関節中の一関節の機能に著しい障害を残すもの 一〇　一下肢の三大関節中の一関節の機能に著しい障害を残すもの
第十一級 （労働基準法第十二条の平均賃金の二〇〇日分）	一　両眼の眼球に著しい調節機能障害又は運動障害を残すもの 二　両眼の眼瞼に著しい運動障害を残すもの 三　一眼の眼瞼に著しい欠損を残すもの 三の二　十歯以上に対し歯科補てつを加えたもの 三の三　両耳の聴力が一メートル以上の距離では小声を解することができない程度になつたもの 四　一耳の聴力が四十センチメートル以上の距離では尋常の話声を解することができない程度になつたもの 五　脊柱に畸形を残すもの 六　一手の示指、中指又は環指を失つたもの 七　削除 八　一足の第一趾を併せ二趾以上の用を廃したもの 九　胸腹部臓器の機能に障害を残し労務

	の遂行に相当な程度の支障があるもの 一　一眼の眼球に著しい調節機能障害又は運動障害を残すもの 二　一眼の眼瞼に著しい運動障害を残すもの 三　七歯以上に対し歯科補綴を加えたもの 四　一耳の耳殻の大部分を欠損したもの 五　鎖骨、胸骨、肋骨、肩胛骨又は骨盤骨に著しい畸形を残すもの 六　一上肢の三大関節中の一関節の機能に障害を残すもの 七　一下肢の三大関節中の一関節の機能に障害を残すもの 八　長管骨に畸形を残すもの 八の二　一手の小指を失つたもの 九　一手の示指、中指又は環指の用を廢したもの 一〇　一足の第二趾を失つたもの、第二趾を併せ二趾を失つたもの又は第三趾以下の三趾を失つたもの 一一　一足の第一趾又は他の四趾の用を
第十二級 （労働基準法第十二条の平均賃金の一四〇日分）	

	廢したもの 一二　局部に頑固な神経症状を残すもの 一三　削除 一四　外貌に醜状を残すもの
第十三級 （労働基準法第十二条の平均賃金の九〇日分）	一　一眼の視力が〇・六以下になつたもの 二　一眼に半盲症、視野狭窄又は視野変状を残すもの 二の二　正面視以外で複視を残すもの 三　両眼の眼瞼の一部に欠損を残し又は睫毛禿を残すもの 三の二　五歯以上に対し歯科補てつを加えたもの 三の三　胸腹部臓器の機能に障害を残すもの 四　一手の小指の用を廃したもの 五　一手の拇指の指骨の一部を失つたもの 六　削除 七　削除 八　一下肢を一センチメートル以上短縮したもの

	九　一足の第三趾以下の一趾又は二趾を失つたもの 一〇　一足の第二趾の用を癈したもの、第二趾を併せ二趾の用を癈したもの又は第三趾以下の三趾の用を癈したもの
第十四級 （労働基準法第十二条の平均賃金の五〇日分）	一　一眼の眼瞼の一部に欠損を残し又は睫毛禿を残すもの 二　三歯以上に対し歯科補綴を加えたもの 二の二　一耳の聴力が一メートル以上の距離では小声を解することができない程度になつたもの 三　上肢の露出面に手掌面大の醜痕を残すもの 四　下肢の露出面に手掌面大の醜痕を残すもの 五　削除 六　一手の拇指以外の指骨の一部を失つたもの 七　一手の拇指以外の指の末関節を屈伸することができなくなつたもの 八　一足の第三趾以下の一趾又は二趾の用を癈したもの 九　局部に神経症状を残すもの

備考

一　視力の測定は万国式試視力表による。屈折異常のあるものについては矯正視力について測定する。

二　指を失つたものとは拇指は指関節、その他の指は第一指関節以上を失つたものをいう。

三　指の用を癈したものとは、指の末節の半分以上を失い又は掌指関節若しくは第一指関節（拇指にあつては指関節）に著しい運動障害を残すものをいう。

四　趾を失つたものとはその全部を失つたものをいう。

五　趾の用を癈したものとは第一趾は末節の半分以上、その他の趾は末関節以上を失つたもの又は蹠趾関節若しくは第一趾関節（第一趾にあつては趾関節）に著しい運動障害を残すものをいう。

別表第三（第四十六条関係）分割補償の残余額一時払表

種別	等級	既に支払った分割補償が一年分のとき	同上二年分のとき	同上三年分のとき	同上四年分のとき	同上五年分のとき
障害補償	第一級	一、一三二日分	九一九日分	六九九日分	四七三日分	二四〇日分
	第二級	一、〇〇五日分	八一五日分	六二一日分	四二〇日分	二一三日分
	第三級	八八七日分	七二〇日分	五四八日分	三七一日分	一八八日分
	第四級	七七四日分	六二八日分	四七八日分	三二三日分	一六四日分
	第五級	六七〇日分	五四四日分	四一四日分	二八〇日分	一四二日分
	第六級	五六六日分	四五九日分	三五〇日分	二三七日分	一二〇日分
	第七級	四七二日分	三八三日分	二九一日分	一九七日分	一〇〇日分
	第八級	三七七日分	三〇六日分	二三三日分	一五八日分	八〇日分
	第九級	二九七日分	二四一日分	一八四日分	一二四日分	六三日分
	第一〇級	二二六日分	一八四日分	一四〇日分	九五日分	四八日分
	第一一級	一七〇日分	一三八日分	一〇五日分	七一日分	三六日分
	第一二級	一一八日分	九六日分	七三日分	四九日分	二五日分
	第一三級	七五日分	六一日分	四七日分	三二日分	一六日分
	第一四級	四二日分	三四日分	二六日分	一八日分	九日分
遺族補償		八四九日分	六八九日分	五二四日分	三五五日分	一八〇日分

家内労働法（抄）

昭和四五年　五月一六日法律　六〇号
最終改正　平成一三年　四月二五日法律　三五号

目次

第一章　総則（第一条・第二条）
第二章　委託（第三条―第五条）
第三章　工賃及び最低工賃（第六条―第十六条）
第四章　安全及び衛生（第十七条・第十八条）
第五章　家内労働に関する審議機関（第十九条―第二十四条）
第六章　雑則（第二十五条―第三十二条）
第七章　罰則（第三十三条―第三十六条）
附則

第一章　総則

（目的）

第一条　この法律は、工賃の最低額、安全及び衛生その他家内労働者に関する必要な事項を定めて、家内労働者の労働条件の向上を図り、もつて家内労働者の生活の安定に資することを目的とする。

2　この法律で定める家内労働者の労働条件の基準は最低のものであるから、委託者及び家内労働者は、この基準を理由として労働条件を低下させてはならないことはもとより、その向上を図るように努めなければならない。

（定義）

第二条　この法律で「委託」とは、次に掲げる行為をいう。

一　他人に物品を提供して、その物品を部品、附属品若しくは原材料とする物品の製造又はその物品の加工、改造、修理、浄洗、選別、包装若しくは解体（以下「加工等」という。）を委託すること。

二　他人に物品を売り渡して、その者がその物品を部品、附属品若しくは原材料とする物品を製造した場合又はその物品の加工等をした場合にその製造又は加工等に係る物品を買い受けることを約すること。

2　この法律で「家内労働者」とは、物品の製造、加工等若しくは販売又はこれらの請負を業とする者その他これらの行為に類似する行為を業とする者であつて厚生労働省令で定めるものから、主として労働の対償を得るために、その業務の目的物たる物品（物品の半製品、部品、附属品又は原材料を含む。）について委託を受けて、物品の製造又は加工等に従事する者であつて、その業務について同居の親族以外の者を使用しないことを常態とするものをいう。

3　この法律で「委託者」とは、物品の製造、加工等若しくは販売又はこれらの請負を業とする者その他前項の厚生労働省令で定める者であつて、その業務の目的物たる物品（物品の半製品、部品、附属品又は原材料を含む。）について家内労働者に委託をするものをいう。

4　この法律で「補助者」とは、家内労働者の同居の親族であつて、当該家内労働者の従事する業務を補助する者をいう。

5　この法律で「工賃」とは、次に掲げるものをいう。

一　第一項第一号に掲げる行為に係る委託をする場合において物品の製造又は加工等の対償として委託者が家内労働者に支払うもの

二　第一項第二号に掲げる行為に係る委託をする場合において同号の物品の買受けについて委託者が家内労働者に支払うものの価額と同号の物品の売渡しについて家内労働者が委託者に支払うものの価額との差額

6　この法律で「労働者」とは、労働基準法（昭和二十二年法律第四十九号）第九条に規定する労働者（同居の親族のみを使用する事業又は事務所に使用される者及び家事使用人を除く。）をいう。

第二章　委託

（家内労働手帳）

第三条　委託者は、委託をするにあたつては、家内労働者に対し、厚生労働省令で定めるところにより、家内労働手帳を交付しなければならない。

2　委託者は、委託をするつど委託をした業務の内容、工賃の単価、工賃の支払期日その他厚生労働省令で定める事項を、製造又は加工等に係る物品を受領するつど受領した物品の数量その他厚生労働省令で定める事項を、工賃を支払うつど支払つた工賃の額その他厚生労働省令で定める事項を、それぞれ家内労働手帳に記入しなければならない。

3　前二項に規定するもののほか、家内労働手帳に関し必要な事項は、厚生労働省令で定める。

（就業時間）

第四条　委託者又は家内労働者は、当該家内労働者が業務に従事する場所の周辺地域において同一又は類似の業務に従事する労働者の通常の労働時間をこえて当該家内労働者及び補助者が業務に従事することとなるような委託をし、又は委託を受けることがないように努めなければならない。

2　都道府県労働局長は、必要があると認めるときは、都道府県労働局に置かれる政令で定める審議会の意見を聴いて、一定の地域内において一定の業務に従事する家内労働者及びこれに委託をする委託者に対して、厚生労働省令で定めるところにより、当該家内労働者及び補助者が業務に従事する時間の適正化を図るために必要な措置をとることを勧告することができる。

（委託の打切りの予告）

第五条　六月をこえて継続的に同一の家内労働者に委託をしている委託者は、当該家内労働者に引き続いて継続的に委託をすることを打ち切ろうとするときは、遅滞なく、その旨を当該家内労働者に予告するように努めなければならない。

第三章　工賃及び最低工賃

（工賃の支払）

第六条　工賃は、厚生労働省令で定める場合を除き、家内労働者に、通貨でその全額を支払わなければならない。

2　工賃は、厚生労働省令で定める場合を除き、委託者が家内労働者の製造又は加工等に係る物品についての検査（以下「検査」という。）をするかどうかを問わず、委託者が家内労働者から当該物品を受領した日から起算して一月以内に支払わなければならない。ただし、毎月一定期日を工賃締切日として定める場合は、この限りでない。この場合においては、委託者が検査をするかどうかを問わず、当該工賃締切日までに受領した当該物品に係る工賃を、その日から一月以内に支払わなければならない。

（工賃の支払場所等）

第七条　委託者は、家内労働者から申出のあつた場所その他特別の事情がある場合を除き、工賃の支払及び物品の受渡しを家内労働者が業務に従事する場所において行なうように努めなければならない。

第四章　安全及び衛生

（安全及び衛生に関する措置）

第十七条　委託者は、委託に係る業務に関し、機械、器具その他の設備又は原材料その他の物品を家内労働者に譲渡し、貸与し、又は提供するときは、これらによる危害を防止するため、厚生労働省令で定めるところにより、必要な措置を講じなければならない。

2　家内労働者は、機械、器具その他の設備若しくは原材料その他の物品又はガス、蒸気、紛じん等による危害を防止するため、厚生労働省令で定めるところにより、必要な措置を講じなければならない。

3　補助者は、前項に規定する危害を防止するため、厚生労働省令で定める事項を守らなければならない。

（安全及び衛生に関する行政措置）

第十八条　都道府県労働局長又は労働基準監督署長は、委託者又は家内労働者が前条第一項又は第二項の措置を講じない場合には、委託者又は家内労働者に対し、厚生労働省令で定めるところにより、委託をし、若しくは委託を受けることを禁止し、又は機械、器具その他の設備若しくは原材料その他の物品の全部若しくは一部の使用の停止その他必要な措置を執ることを命ずることができる。

第六章　雑則

（帳簿の備付け）

第二十七条　委託者は、厚生労働省令で定めるところにより、委託に係る家内労働者の氏名、当該家内労働者に支払う工賃の額その他の事項を記入した帳簿をその営業所に備え付けて置かなければならない。

附　則（抄）

（施行期日）

第一条　この法律の施行期日は、公布の日から起算して六月をこえない範囲内において、各規定につき、政令で定める。〈編注・昭和四五年五月三〇日政令第一四九号により、第五章の規定及び附則第六条の規定（労働省設置法第四条第三二号の四の改正規定、同法第一三条第一項の表中中央最低賃金審議会の項の改正規定及び同法第一六条第一項の表の改正規定を除く。）の施行期日は昭和四五年六月一日とし、その他の規定の施行期日は同年一〇月一日と定められた。〉

附　則（平成一二年四月二五日法律三五号）

（施行期日）

第一条　この法律は、平成十三年十月一日から施行する。〈後略〉

家内労働法施行規則（抄）

昭和四五年　九月三〇日　労働省令　二三号
最終改正　平成二六年　八月二五日厚生労働省令一〇一号

目次

第一章　委託（第一条・第二条）
第二章　工賃及び最低工賃（第三条―第九条）
第三章　安全及び衛生（第十条―第二十二条）
第四章　雑則（第二十三条―第三十条）
附則

第三章　安全及び衛生

（安全装置の取付け）

第十条　委託者は、委託に係る業務に関し、次の表の上欄に掲げる機械を家内労働者に譲渡し、貸与し、又は提供する場合には、それぞれ同表の下欄に掲げる安全装置を取り付けなければならない。

機械		安全装置
木材加工用丸のこ盤	反ぱつにより作業者が危害をうけるおそれのあるもの	割刃その他の反ぱつ予防装置
	接触により作業者が危害をうけるおそれのあるもの	歯の接触予防装置
手押しかんな盤		刃の接触予防装置
プレス機械及びシヤー		安全装置（その性能について労働安全衛生法（昭和四十七年法律第五十七号）第四十四条第一項の規定に基づく検定を受けた安全装置に限る。）

（規格具備等の確認）

第十一条　委託者は、委託に係る業務に関し、次の安全装置、機械又は器具を家内労働者に譲渡し、貸与し、又は提供する場合には、当該安全装置、機械又は器具が労働安全衛生法第四十二条の厚生労働大臣が定める規格を具備していることを確認しなければならない。

一　木材加工用丸のこ盤の反ぱつ予防装置又は歯の接触予防装置
二　手押しかんな盤の刃の接触予防装置
三　研削盤、研削といし又は研削といしの覆い
四　動力により駆動されるプレス機械

第十二条　委託者は、委託に係る業務に関し、手押しかんな盤を家内労働者に譲渡し、貸与し、又は提供する場合には、刃物取付け部が丸胴であることを確認しなければならない。

（防護装置）

第十三条　委託者は、委託に係る業務に関し、次の表の上欄に掲げる機械又は器具を家内労働者に譲渡し、貸与し、又は提供する場合には、それぞれ同表の下欄に掲げる措置を講じなければならない。

機械又は器具	措置
原動機又は回転軸、歯車、プーリ若しくはベルトのある機械	作業者が危害をうけるおそれのある部分に覆い、囲い又はスリーブを取り付けること。
回転軸、歯車、プーリ又はフライホイールに附属する止め具のある機械（埋頭型の止め具を使用している機械を除く。）	止め具に覆いを取り付けること。
バフ盤（布バフ、コルクバフ等を使用するバフ盤を除く。）	バフの研まに必要な部分以外の部分に覆いを取り付けること。
面取り盤	刃の接触予防装置を取り付けること。ただし、作業の性質上接触予防装置を取り付けることが困難な場合には、工具を譲渡し、貸与し、又は提供すること。
紙、布、金属箔等を通すロール機（送給が自動的に行なわれる構造のロール機を除く。）	囲い又はガイドロールを取り付けること。
電気機械器具	充電部分のうち作業者が作業中又は通行の際に、接触し、又は接近することにより感電の危害を生ずるおそれのある部分に囲い又は絶縁覆いを取り付けること。ただし、電熱器の発熱体の部分、抵抗溶接機の電極の部分等電気機械器具の使用

の目的により露出することがやむを得ない充電部分については、この限りでない。

（危害防止のための書面の交付等）

第十四条　委託者は、委託に係る業務に関し、別表第一の上欄に掲げる機械、器具又は原材料その他の物品を家内労働者に譲渡し、貸与し、又は提供する場合には、それぞれ同表の下欄に掲げる事項を書面に記載し、家内労働者に交付しなければならない。

2　家内労働者は、前項の書面を作業場の見やすい箇所に掲示しておかなければならない。

3　家内労働者又は補助者は、第一項の書面に記載された注意事項を守るように努めなければならない。

（有害物についての容器の使用等）

第十五条　委託者は、委託に係る業務に関し、次の物品を家内労働者に譲渡し、又は提供する場合には、当該物品が漏れ、又は発散するおそれのない容器を使用し、かつ、当該容器の見やすい箇所に当該物品の名称及び取扱い上の注意事項を表示しなければならない。

一　有機溶剤（労働安全衛生法施行令（昭和四十七年政令第三百十八号）別表第三第二号3の3、11の2、18の2から18の4まで、19の2、19の3、22の2から22の5まで及び33の2に掲げる物、同令別表第六の二に掲げる有機溶剤並びにこれらの物のみから成る混合物をいう。以下同じ。）

二　有機溶剤を含有する塗料、絵具又は接着剤

三　鉛化合物（労働安全衛生法施行令別表第四第六号の鉛化合物をいう。以下同じ。）を含有する絵具又は釉薬

2　前項の規定は、家内労働者が同項各号の物品であつて委託者からの譲渡又は提供に係るもの以外のものを使用する場合について準用する。

（女性及び年少者の就業制限）

第十六条　委託者は、満十八才に満たない家内労働者又は補助者が、次の業務に従事することとなる委託をしないように努めなければならない。

一　丸のこの直径が二十五センチメートル以上の木材加工用丸のこ盤（横切用丸のこ盤、自動送り装置を有する丸のこ盤その他反ぱつにより作業者が危害をうけるおそれのないものを除く。）に木材を送給する業務

二　動力により駆動されるプレス機械の金型又はシヤーの刃部の調整又はそうじの業務

三　手押しかんな盤又は単軸面取り盤の取扱いの業務

四　火工品を製造し、又は取り扱う業務で取り扱う物品が爆発するおそれのあるもの

五　別表第二に掲げる発火性の物品、酸化性の物品、引火性の物品又は可燃性のガス（以下「危険物」という。）を取り

扱う業務であつて取り扱う物品が爆発し、発火し、又は引火するおそれのあるもの

六　鉛等（鉛中毒予防規則（昭和四十七年労働省令第三十七号）第一条第一号の鉛等をいう。以下同じ。）の蒸気又は粉じんを発散する場所における業務

七　土石、岩石、鉱物、金属又は炭素の粉じんを著しく発散する場所における業務

2　委託者は、満十八才以上の女性である家内労働者又は補助者が、前項第一号、第三号及び第六号の業務に従事することとなる委託をしないように努めなければならない。

3　満十八才に満たない家内労働者又は補助者は、第一項各号の業務に従事しないように努めなければならない。

4　満十八才以上の女性である家内労働者又は補助者は、第一項第一号、第三号及び第六号の業務に従事しないように努めなければならない。

（家内労働者の危害防止措置）

第十七条　家内労働者は、委託者からの譲渡、貸与又は提供に係る機械又は器具以外の機械又は器具を使用する場合には、第十条から第十三条までに規定する措置に準ずる措置を講ずるように努めなければならない。

（設備等の設置）

第十八条　家内労働者は、屋内作業場において次の表の上欄に掲げる業務に従事する場合には、それぞれ同表の下欄に掲げる設備又は装置を設けるように努めなければならない。

業務	設備又は装置
有機溶剤等（有機溶剤中毒予防規則（昭和四十七年労働省令第三十六号）第一条第一項第二号の有機溶剤等及び特定化学物質障害予防規則（昭和四十七年労働省令第三十九号）第二条第一項第三号の三の特別有機溶剤等をいう。以下同じ。）を取り扱う業務（吹付けの業務を除く。）	蒸気の発散源を密閉する設備、局所排気装置、全体換気装置又は排気筒
有機溶剤等を吹き付ける業務	局所排気装置
鉛等を取り扱う業務	局所排気装置、全体換気装置又は排気筒
研まを用いて動力により、岩石、鉱物若しくは金属を研まし、若しくはばり取りし、又は金属を裁断する場所における業務	局所排気装置又は粉じんの発生源を湿潤な状態に保つための設備

（保護具等の使用）

第十九条　家内労働者又は補助者は、次の表の上欄に掲げる業務に従事する場合には、それぞれ同表の下欄に掲げる保護具等を使用しなければならない。

業務	保護具等
運転中の機械の刃部における切粉払い又は切削剤を使用する業務	ブラシ
運転中の機械に頭髪又は被服が巻き込まれるおそれのある業務	適当な帽子又は作業服
ガス、蒸気又は粉じんを発散する場所における業務（局所排気装置、全体換気装置又は粉じんの発生源を湿潤な状態に保つための設備が設置されている場所における業務を除く。）	ガス又は蒸気にあつては防毒マスク、粉じんにあつては防じんマスク
皮膚に障害を与える物品又は皮膚から吸収されて中毒を起こすおそれのある物品を取り扱う業務	塗布剤、不浸透性の作業衣又は手袋
強烈な騒音を発する業務	耳せん

（危険物の取り扱い）

第二十条　家内労働者又は補助者は、次の表の上欄に掲げる物品を取り扱う場合には、それぞれ同表の下欄に掲げる事項を守らなければならない。

物品	事項
別表第二に掲げる発火性の物品	みだりに、火気その他点火源となるおそれのあるものに接近させ、酸化をうながす物若しくは水に接触させ、加熱し、又は衝撃を与えないこと。
別表第二に掲げる酸化性の物品	みだりに、分解がうながされるおそれのあるものに接触させ、加熱し、摩擦し、又は衝撃を与えないこと。
別表第二に掲げる引火性の物品	みだりに、火気その他点火源となるおそれのあるものに接近させ、若しくは注ぎ、蒸発させ、又は加熱しないこと。
別表第二に掲げる可燃性のガス	みだりに発散させないこと。

（援助）

第二十一条　委託者は、家内労働者又は補助者が危害防止のためにする安全装置、局所排気装置その他の設備の設置及び健康診断の受診について必要な援助を行なうように努めなければならない。

（安全及び衛生に関する命令）

第二十二条　法第十八条の規定による命令は、次の事項を記載した命令書を交付することによつて行なう。

一　違反の事実

二　命令の内容

第四章　雑則

（届出）

第二十三条　委託者は、法第二条第三項の規定に該当するに至つた場合には、遅滞なく、委託状況届（様式第二号）を当該委託者の営業所の所在地を管轄する労働基準監督署の長（以下「所轄労働基準監督署長」という。）を経由して当該営業所の所在地を管轄する都道府県労働局の長（以下「所轄都道府県労働局長」という。）に提出しなければならない。

2　委託者は、毎年、四月一日現在における状況について、委託状況届（様式第二号）を同月三十日までに、所轄労働基準監督署長を経由して所轄都道府県労働局長に提出しなければならない。

3　委託者は、家内労働者又は補助者が、委託に係る業務に関し負傷し、又は疾病にかかり四日以上休業し、又は死亡した場合には、遅滞なく、家内労働死傷病届（様式第三号）を所轄労働基準監督署長を経由して所轄都道府県労働局長に提出しなければならない。

（帳簿）

第二十四条　法第二十七条の帳簿には、委託に係る家内労働者各人別に、次の事項を記入しなければならない。

一　家内労働者の氏名、性別、生年月日、住所及び家内労働者の作業場の所在地が住所と異なる場合にはその所在地

二　委託に係る家内労働者に補助者がある場合には、その氏名、性別及び生年月日

三　委託に係る業務に関し、代理人を置く場合には、当該代理人の氏名、住所及び代理業務の範囲

四　委託をするつど、その年月日、委託をした業務の内容、納入させる物品の数量、工賃の単価、納品の時期及び工賃の支払期日

五　製造又は加工等に係る物品を受領するつど、その年月日及び受領した物品の数量

六　工賃を支払うつど、その年月日、支払つた工賃の額並びに通貨以外のもので工賃を支払つた場合にはその方法及び額

2　委託者は、前項の帳簿に最後の記入をした日から三年間当該帳簿を保存しなければならない。

3　第一項の帳簿は、様式第四号による。

附　則（抄）

（施行期日）

第一条　この省令は、昭和四十五年十月一日から施行する。

〈後略〉

附　則（平成二六年八月二五日厚生労働省令一〇一号）（抄）

（施行期日）

第一条　この省令は、平成二十六年十一月一日から施行する。

船員法(抄)

昭和二二年　九月　一日法律一〇〇号
最終改正　平成二九年　六月　二日法律　四五号

第一章　総則

(船員)
第一条　この法律において「船員」とは、日本船舶又は日本船舶以外の国土交通省令で定める船舶に乗り組む船長及び海員並びに予備船員をいう。
② 前項に規定する船舶には、次の船舶を含まない。
一　総トン数五トン未満の船舶
二　湖、川又は港のみを航行する船舶
三　政令の定める総トン数三十トン未満の漁船
四　前三号に掲げるもののほか、船舶職員及び小型船舶操縦者法(昭和二十六年法律第百四十九号)第二条第四項に規定する小型船舶であつて、スポーツ又はレクリエーションの用に供するヨット、モーターボートその他のその航海の目的、期間及び態様、運航体制等からみて船員労働の特殊性が認められない船舶として国土交通省令の定めるもの
③ 前項第二号の港の区域は、港則法(昭和二十三年法律第百七十四号)に基づく港の区域の定めのあるものについては、その区域によるものとする。ただし、国土交通大臣は、政令で定めるところにより、特に港を指定し、これと異なる区域を定めることができる。
第二条　この法律において「海員」とは、船内で使用される船長以外の乗組員で労働の対償として給料その他の報酬を支払われる者をいう。
② この法律において「予備船員」とは、前条第一項に規定する船舶に乗り組むため雇用されている者で船内で使用されていないものをいう。
第三条　この法律において「職員」とは、航海士、機関長、機関士、通信長、通信士及び国土交通省令で定めるその他の海員をいう。
② この法律において「部員」とは、職員以外の海員をいう。

(労働基準法の適用)
第六条　労働基準法(昭和二十二年法律第四十九号)第一条から第十一条まで、第百十六条第二項、第百十七条から第百十九条まで及び第百二十一条の規定は、船員の労働関係につい

ても適用があるものとする。

船員法第一条第二項第三号の漁船の範囲を定める政令

昭和三八年　三月二五日政令　五四号
最終改正　平成一四年　六月　七日政令二〇〇号

船員法第一条第二項第三号の政令の定める総トン数三十トン未満の漁船は、次の漁船とする。

一　推進機関を備える総トン数三十トン未満の漁船であつて、専ら次に掲げる漁業に従事するもの

イ　漁具を定置して営む漁業

ロ　漁業法（昭和二十四年法律第二百六十七号）第六条第四項の区画漁業又は同条第五項の共同漁業

二　前号に掲げる漁船のほか、次に掲げる推進機関を備える漁船

イ　総トン数十トン以上二十トン未満の漁船であつて、専ら次に掲げる漁業以外の漁業に従事するもののうち、専ら別表の海面において営む漁業に従事するもの及び海岸から五海里以遠の海面（別表の海面を除く。）において営む漁業に従事する期間が年間三十日未満であると地方運輸局長（運輸監理部長を含む。以下同じ。）が認定したもの

(1)　漁業法第五十二条第一項の指定漁業

(2)　漁業法第六十六条第二項の小型さけ・ます流し網漁業

(3)　漁業法第六十六条第二項の中型まき網漁業又は小型機船底びき網漁業であつて、別表の海面以外の海面において営むもの

ロ　総トン数十トン未満の漁船であつて、専ら次に掲げる漁業以外の漁業に従事するもの並びに次に掲げる漁業に従事するもの（専ら漁業法第五十二条第一項の指定漁業を定める政令（昭和三十八年政令第六号）第一項第四号の大中型まき網漁業に従事する漁船の附属漁船及び総トン数十トン以上の漁船であつて専ら漁業法第六十六条第二項の中型まき網漁業（総トン数二十トン未満の漁船にあつては、別表の海面以外の海面において営むものに限る。）に従事するものの附属漁船を除く。）のうち、専ら別表の海面において営む漁業に従事するもの及び海岸から五海里以遠の海面（別表の海面を除く。）において営む漁業に従事する期間が年間三十日未満であると地方運輸局長が認定したもの

(1)　漁業法第五十二条第一項の指定漁業

(2)　漁業法第六十六条第二項の小型さけ・ます流し網漁

業、中型まき網漁業又は小型機船底びき網漁業

三　推進機関を備えない総トン数三十トン未満の漁船であつて、次に掲げる漁船の附属漁船以外のもの

イ　専ら漁業法第五十二条第一項の指定漁業を定める政令第一項第四号の大中型まき網漁業に従事する漁船

ロ　専ら漁業法第六十六条第二項の中型まき網漁業に従事する漁船（総トン数二十トン未満の漁船であつて専ら別表の海面において営む漁業に従事するもの及び前号ロの規定により地方運輸局長が認定した漁船を除く。）

別表

名称	区域
陸奥湾	青森県焼山埼から同県高野埼まで引いた線及び陸岸により囲まれた海面
富山湾	富山県生地鼻から石川県大泊鼻まで引いた線及び陸岸により囲まれた海面
若狭湾	福井県越前岬から同県特牛埼まで引いた線、同地点から同県鋸埼まで引いた線、同地点から京都府毛島北端まで引いた線、同地点から同府経ケ岬まで引いた線及び陸岸により囲まれた海面
東京湾	千葉県洲埼から神奈川県剣埼まで引いた線及び陸岸により囲まれた海面
伊勢湾	愛知県伊良湖岬から三重県大王埼まで引いた線及び陸岸により囲まれた海面
英虞湾等	三重県麦埼から同県九木埼まで引いた線及び陸岸により囲まれた海面
瀬戸内海	和歌山県日ノ御埼から徳島県蒲生田岬まで引いた線、愛媛県佐田岬から大分県関埼まで引いた線、山口県旧火ノ山下船舶通航信号所跡から福岡県門司埼まで引いた線及び陸岸により囲まれた海面
宇和海及び宿毛湾	愛媛県佐田岬から高知県姫島西端まで引いた線、同地点から同県沖ノ島櫛ケ鼻まで引いた線、同島東端から同県オシメ鼻まで引いた線及び陸岸により囲まれた海面
唐津湾	福岡県大門埼から佐賀県土器埼まで引いた線及び陸岸により囲まれた海面
伊万里湾	佐賀県大埼から長崎県阿翁崎鼻まで引いた線、同地点から同県黒島本網代鼻まで引いた線、同島ネイネイ鼻から同県青島ゴンブリ鼻まで引いた線、同島丸島鼻から同県津

	埼まで引いた線及び陸岸により囲まれた海面
大村湾	長埼県寄船埼から同県高後埼まで引いた線及び陸岸により囲まれた海面
有明海、橘湾及び八代海	長埼県野母埼から同県樺島南端まで引いた線、同地点から熊本県天草下島四季咲岬まで引いた線、同島台場ノ鼻から鹿児島県長島大埼まで引いた線、同島神埼から同県鵜瀬鼻まで引いた線及び陸岸により囲まれた海面
鹿児島湾	鹿児島県立目埼から同県開聞岬まで引いた線及び陸岸により囲まれた海面

附　則（抄）

（施行期日）

第一条　この政令は、昭和三十八年四月一日から施行する。

（労働者災害補償保険法等の適用に関する経過措置）

第四条　新船員のこの政令の施行前に生じた業務上の負傷若しくは疾病又はこれらによる身体に存する障害若しくは死亡に係る障害補償については、この政令の施行後においても、なお労働者災害補償保険法（昭和二十二年法律第五十号）の規定を適用する。この場合においては、船員保険法（昭和十四年法律第七十三号）の規定は、適用しない。

附　則（平成一四年六月七日政令二〇〇号）（抄）

（施行期日）

第一条　この政令は、平成十四年七月一日から施行する。

石綿救済法関係

石綿による健康被害の救済に関する法律

改正
平成一八年　二月一〇日法律　四号
平成一九年　三月三一日法律　二三号
平成一九年　四月二三日法律　三〇号
平成一九年　七月　六日法律一〇九号
平成一九年　七月　六日法律一一〇号
平成二〇年　六月一八日法律　七七号
平成二一年　五月　一日法律　三六号
平成二三年　三月三一日法律　一五号
平成二三年　八月三〇日法律一〇四号
平成二六年　五月三〇日法律　四二号
平成二六年　六月一三日法律　六九号

目次

第一章　総則（第一条・第二条）
第二章　救済給付
第一節　支給等（第三条―第三十条）
第二節　費用
第一款　基金等（第三十一条―第三十四条）
第二款　一般拠出金（第三十五条―第四十六条）
第三款　特別拠出金（第四十七条―第五十一条）
第三節　雑則（第五十二条―第五十八条）
第三章　特別遺族給付金
第一節　支給等（第五十九条―第六十八条）
第二節　費用（第六十九条）
第三節　雑則（第七十条―第七十四条）
第四章　不服申立て（第七十五条―第七十九条）
第五章　雑則（第七十九条の二―第八十六条）
第六章　罰則（第八十七条―第九十一条）
附則

第一章　総則

（目的）

第一条　この法律は、石綿による健康被害の特殊性にかんがみ、石綿による健康被害を受けた者及びその遺族に対し、医療費等を支給するための措置を講ずることにより、石綿による健康被害の迅速な救済を図ることを目的とする。

（定義等）

第二条　この法律において「指定疾病」とは、中皮腫、気管支又は肺の悪性新生物その他石綿を吸入することにより発生する疾病であって政令で定めるものをいう。

2　この法律において「死亡労働者等」とは、労働保険の保険料の徴収等に関する法律（昭和四十四年法律第八十四号。以下「徴収法」という。）第三条に規定する労働者災害補償保険（以下「労災保険」という。）に係る労働保険の保険関係が成立している事業（以下「労災保険の保険関係が成立している事業」という。）に使用される労働者又は労働者災害補償保険法（昭和二十二年法律第五十号。以下「労災保険法」という。）第三十四条第一項第一号、第三十五条第一項第三号若しくは第三十六条第一項第一号の規定により労災保険の保険関係が成立している事業に使用される労働者とみなされる者であって、石綿にさらされる業務に従事することにより指定疾病その他厚生労働省令で定める疾病にかかり、これにより死亡したもの（昭和二十二年九月一日以降に当該指定疾病その他厚生労働省令で定める疾病にかかり、これにより、この法律の施行の日（以下「施行日」という。）から十年を経過する日（以下「十年経過日」という。）の前日までに死亡した者に限る。）をいう。

3　環境大臣は、第一項の政令の制定又は改廃に当たってその立案をするときは、中央環境審議会の意見を聴かなければならない。

第二章　救済給付

第一節　支給等

（救済給付の種類等）

第三条　石綿による健康被害の救済のため支給される給付（以下「救済給付」という。）は、次に掲げるとおりとし、独立行政法人環境再生保全機構（以下「機構」という。）がこの章の規定により支給するものとする。

一　医療費
二　療養手当
三　葬祭料
四　特別遺族弔慰金
五　特別葬祭料
六　救済給付調整金

（医療費の支給及び認定等）

第四条　機構は、日本国内において石綿を吸入することにより指定疾病にかかった旨の認定を受けた者に対し、その請求に基づき、医療費を支給する。

2　前項の認定（以下この条から第十七条まで及び第二十条第一項第二号において「認定」という。）は、医療費の支給を受けようとする者の申請に基づき、機構が行う。

3　機構は、認定を行ったときは、当該認定を受けた者（以下

「被認定者」という。）に対し、石綿健康被害医療手帳を交付するものとする。

4　認定は、当該認定に係る指定疾病の療養を開始した日（その日が当該認定の申請のあった日の三年前の日前である場合には、当該申請のあった日の三年前の日。以下「基準日」という。）にさかのぼってその効力を生ずる。

第五条　機構は、認定の申請をした者が認定を受けないで死亡した場合において、その死亡した者が認定を受けることができる者であるときは、その死亡した者の配偶者（婚姻の届出をしていないが、事実上婚姻関係と同様の事情にあった者を含む。以下同じ。）、子、父母、孫、祖父母若しくは兄弟姉妹であって、その死亡した者の死亡の当時その者と生計を同じくしていたもの又はその死亡した者について葬祭を行う者の申請に基づき、その死亡した者が認定を受けることができる者であった旨の決定を行うものとする。

2　前項の申請は、同項に規定する死亡した者の死亡の日から六月以内に限り、することができる。

3　機構が第一項の決定を行ったときは、当該決定に係る死亡した者につき、基準日から死亡した日までの間において被認定者であったものとして救済給付を支給する。

（認定の有効期間）

第六条　認定は、基準日から申請のあった日の前日までの期間に指定疾病の種類に応じて政令で定める期間を加えた期間内に限り、その効力を有する。

2　機構は、認定に当たり、被認定者の当該認定に係る指定疾病が有効期間の満了前に治る見込みが少ないと認めるときは、前項の規定にかかわらず、別に当該認定の有効期間を定めることができる。

（認定の更新）

第七条　被認定者の当該認定に係る指定疾病が前条第一項又は第二項の規定により定められた有効期間の満了前に治る見込みがないときは、当該被認定者は、機構に対し、認定の更新を申請することができる。

2　機構は、前項の規定による申請があった場合において、当該申請に係る指定疾病が有効期間の満了後においても継続すると認めるときは、当該指定疾病に係る認定を更新するものとする。

3　前条の規定は、前項の規定により更新される認定について準用する。この場合において、同条第一項中「基準日から申請のあった日の前日までの期間に指定疾病の種類に応じて政令で定める期間を加えた期間内」とあるのは、「指定疾病の種類に応じて政令で定める期間内」と読み替えるものとする。

第八条　前条第一項の規定による申請をすることができる者が、災害その他やむを得ない理由により当該申請に係る認定の有効期間の満了前に当該申請をすることができなかったときは、その者は、その理由のやんだ日から二月以内に限り、当該認定の更新を申請することができる。

2　機構は、前項の規定による申請があった場合において、当該申請に係る指定疾病がその後においても継続すると認めるときは、当該申請に係る認定を更新するものとする。この場合において、更新された認定は、同項に規定する有効期間の満了日の翌日にさかのぼってその効力を生ずる。

3　第六条の規定は、前項の規定により更新される認定について準用する。この場合において、同条第一項中「基準日から申請のあった日の前日までの期間に指定疾病の種類に応じて政令で定める期間を加えた期間内」とあるのは、「指定疾病の種類に応じて第八条第一項に規定する有効期間の満了日の翌日から政令で定める期間内」と読み替えるものとする。

（認定の取消し）

第九条　機構は、被認定者の指定疾病が治ったと認めるときは、認定を取り消すものとする。

（判定の申出）

第十条　機構は、認定、第五条第一項の規定による決定、第六条第二項（第七条第三項及び第八条第三項において準用する場合を含む。）の規定による有効期間の設定、第七条第二項及び第八条第二項の規定による認定の更新並びに前条の規定による認定の取消しを行おうとするときは、医学的判定を要する事項に関し、環境大臣に判定を申し出るものとする。

2　環境大臣は、前項の規定による判定の申出があったときは、中央環境審議会の意見を聴いて判定を行い、機構に対し、その結果を通知するものとする。

（医療費の支給の要件及び範囲）

第十一条　機構は、被認定者が、その認定に係る指定疾病につき、健康保険法（大正十一年法律第七十号）第六十三条第三項第一号に規定する保険医療機関又は保険薬局その他病院、診療所（これらに準ずるものを含む。）又は薬局であって環境省令で定めるもの（これらの開設者が診療報酬の請求及び支払に関し第十三条第一項に規定する方式によらない旨を機構に申し出たものを除く。以下「保険医療機関等」という。）から次に掲げる医療を受けたときは、当該被認定者に対し、その請求に基づき、医療費を支給する。この場合において、被認定者が第五条第一項の決定に係る死亡した者以外の者であるときは、当該被認定者が石綿健康被害医療手帳を提示して医療を受けたときに限り、医療費を支給するものとする。

一　診察

二　薬剤又は治療材料の支給

三　医学的処置、手術及びその他の治療

四　居宅における療養上の管理及びその療養に伴う世話その他の看護

五　病院又は診療所への入院及びその療養に伴う世話その他の看護

六　移送

（医療費の額）
第十二条　前条の規定により支給する医療費の額は、当該医療に要する費用の額から、当該認定に係る指定疾病につき、健康保険法その他の政令で定める法律（以下「健康保険法等」という。）の規定により被認定者が受け、又は受けることができた医療に関する給付の額を控除して得た額とする。
2　前項の医療に要する費用の額は、健康保険の療養に要する費用の額の算定方法の例により算定するものとする。ただし、現に要した費用の額を超えることができない。

（保険医療機関等に対する医療費の支払等）
第十三条　被認定者が、石綿健康被害医療手帳を提示して、当該認定に係る指定疾病について、保険医療機関等から医療を受けた場合においては、機構は、医療費として当該被認定者に支給すべき額の限度において、その者が当該医療に関し当該保険医療機関等に支払うべき費用を、当該被認定者に代わり、当該保険医療機関等に支払うことができる。
2　前項の規定による支払があったときは、当該被認定者に対し、医療費の支給があったものとみなす。
3　健康保険法等の規定による被保険者又は組合員である被認定者が、当該認定に係る指定疾病について保険医療機関等から医療を受ける場合には、健康保険法等の規定により当該保険医療機関等に支払うべき一部負担金は、健康保険法等の規定にかかわらず、当該医療に関し機構が第一項の規定による支払をしない旨の決定をするまでは、支払うことを要しない。

第十四条　機構は、前条第一項の規定による支払をなすべき額を決定するに当たっては、社会保険診療報酬支払基金法（昭和二十三年法律第百二十九号）に定める審査委員会、国民健康保険法（昭和三十三年法律第百九十二号）に定める国民健康保険診療報酬審査委員会その他政令で定める医療に関する審査機関の意見を聴かなければならない。
2　機構は、前条第一項の規定による支払に関する事務を社会保険診療報酬支払基金、国民健康保険団体連合会その他環境省令で定める者に委託することができる。

（緊急時等における医療費の支給の特例）
第十五条　機構は、被認定者が緊急その他やむを得ない理由により保険医療機関等以外の病院、診療所又は薬局その他の者から第十一条各号に掲げる医療を受けた場合において、その必要があると認めるときは、同条の規定にかかわらず、当該被認定者に対し、その請求に基づき、医療費を支給することができる。
2　機構は、第五条第一項の決定に係る死亡した者以外の被認定者が石綿健康被害医療手帳を提示しないで保険医療機関等から第十一条各号に掲げる医療を受けた場合において、石綿健康被害医療手帳を提示しなかったことが緊急その他やむを得ない理由によるものと認めるときは、同条の規定にかかわらず、当該被認定者に対し、その請求に基づき、医療費を支給することができる。

3 第十二条の規定は、前二項の医療費の額の算定について準用する。

4 第一項及び第二項の医療費の支給の請求は、その請求をすることができる時から二年を経過したときは、することができない。

（療養手当の支給）

第十六条 機構は、被認定者に対し、その請求に基づき、政令で定める額の療養手当を支給する。

2 療養手当は、月を単位として支給するものとし、当該支給は、基準日の属する月の翌月から始め、支給すべき事由が消滅した日の属する月で終わる。

3 療養手当は、毎年二月、四月、六月、八月、十月及び十二月の六期に、それぞれの前月及び前々月の分を支払う。ただし、前支払期月に支払うべきであった療養手当又は支給すべき事由が消滅した場合におけるその期の療養手当は、その支払期月でない場合であっても、支払うものとする。

（医療費等の支給の請求等）

第十七条 医療費及び療養手当（以下「医療費等」という。）の支給の請求は、認定の申請がされた後は、当該認定前であっても、することができる。

2 医療費等を支給する旨の処分は、その請求のあった日にさかのぼってその効力を生ずる。

（未支給の医療費等）

第十八条 医療費等を受けることができる者が死亡した場合において、その死亡した者に支給すべき医療費等でまだその者に支給していなかったものがあるときは、その者の配偶者、子、父母、孫、祖父母又は兄弟姉妹であって、その死亡した者の死亡の当時その者と生計を同じくしていたものは、自己の名で、その支給を請求し、当該医療費等の支給を受けることができる。

2 前項の規定により医療費等の支給を受けることができる者の順位は、同項に規定する順序による。

3 第一項の規定により医療費等の支給を受けることができる同順位者が二人以上あるときは、その一人がした請求は、全員のためその全額につきしたものとみなし、その一人に対してした支給は、全員に対してしたものとみなす。

4 第一項の医療費等の支給の請求は、第五条第一項の決定の申請がされた後は、当該決定前であっても、することができる。

（葬祭料の支給）

第十九条 機構は、被認定者が当該認定に係る指定疾病に起因して死亡したときは、葬祭を行う者に対し、その請求に基づき、政令で定める額の葬祭料を支給する。

2 前項の葬祭料の支給の請求は、被認定者が死亡した時から二年を経過したときは、することができない。

3　前条第四項の規定は、第一項の葬祭料の支給の請求について準用する。

（特別遺族弔慰金等の支給）

第二十条　次に掲げる者の遺族（第五十九条第一項に規定する特別遺族給付金の支給を受けることができる者を除く。）に対し、特別遺族弔慰金及び特別葬祭料を支給する。

一　日本国内において石綿を吸入することにより指定疾病にかかり、当該指定疾病に起因して施行日前に死亡した者（以下「施行前死亡者」という。）

二　日本国内において石綿を吸入することにより指定疾病にかかり、当該指定疾病に関し認定の申請をしないで当該指定疾病に起因して施行日以後に死亡した者（以下「未申請死亡者」という。）

2　前項の特別遺族弔慰金の額は、指定疾病について受ける医療に要する費用及び第十六条第一項の療養手当の額を勘案して単一の金額として政令で定める額とする。

3　第一項の特別葬祭料の額は、前条第一項の葬祭料の額と同一とする。

（特別遺族弔慰金等の支給を受けることができる遺族の範囲及び順位）

第二十一条　前条第一項の特別遺族弔慰金及び特別葬祭料（以下「特別遺族弔慰金等」という。）の支給を受けることができる遺族は、施行前死亡者又は未申請死亡者の配偶者、子、父母、孫、祖父母又は兄弟姉妹であって、施行前死亡者又は未申請死亡者の死亡の当時施行前死亡者又は未申請死亡者と生計を同じくしていたものとする。

2　第十八条第二項及び第三項の規定は、特別遺族弔慰金等の支給を受けることができる遺族について準用する。

（特別遺族弔慰金等に係る認定等）

第二十二条　機構は、特別遺族弔慰金等の支給を受けようとする者の請求に基づき、当該支給を受ける権利の認定を行い、当該認定を受けた者に対し、特別遺族弔慰金等を支給する。

2　前項の特別遺族弔慰金等の支給の請求は、施行前死亡者の遺族にあっては施行日から十六年、未申請死亡者の遺族にあっては当該未申請死亡者の死亡の時から十五年を経過したときは、することができない。

（救済給付調整金の支給）

第二十三条　被認定者が当該認定に係る指定疾病に起因して死亡した場合において、当該指定疾病に関し支給された医療費及び療養手当の合計額が特別遺族弔慰金の額に満たないときは、当該死亡した者の遺族に対し、特別遺族弔慰金の額から当該合計額を控除した額に相当する金額を救済給付調整金として支給する。

2　機構は、前項に規定する遺族の請求に基づき、同項の救済給付調整金（以下「救済給付調整金」という。）を支給する。

3　第十八条第四項及び第十九条第二項の規定は救済給付調整

金の支給の請求について、第二十一条の規定は救済給付調整金の支給を受けることができる遺族について準用する。

（判定の申出）

第二十四条　機構は、第十九条第一項の規定による葬祭料の支給及び第二十二条第一項の規定による認定を行おうとするときは、医学的判定を要する事項に関し、環境大臣に判定を申し出ることができる。

2　第十条第二項の規定は、前項の規定による判定の申出があった場合について準用する。

（救済給付の免責）

第二十五条　救済給付の支給を受けることができる者に対し、同一の事由について、損害のてん補がされた場合においては、機構は、その価額の限度で救済給付を支給する義務を免れる。

（他の法令による給付との調整）

第二十六条　医療費は、被認定者に対し、当該認定に係る指定疾病について、健康保険法等以外の法令（条例を含む。）の規定により医療に関する給付が行われるべき場合には、その給付の限度において、支給しない。

2　療養手当、葬祭料、特別遺族弔慰金等及び救済給付調整金は、これらの支給を受けることができる者に対し、同一の事由について、労災保険法その他の法令による給付で政令で定めるものが行われるべき場合には、その給付に相当する金額として政令で定めるところにより算定した額の限度において、支給しない。

（不正利得の徴収）

第二十七条　偽りその他不正の手段により救済給付の支給を受けた者があるときは、機構は、国税徴収の例により、その救済給付の支給に要した費用に相当する金額の全部又は一部をその者から徴収することができる。

2　前項の規定による徴収金の先取特権の順位は、国税及び地方税に次ぐものとする。

（受給権の保護）

第二十八条　救済給付の支給を受ける権利は、譲り渡し、担保に供し、又は差し押さえることができない。

（公課の禁止）

第二十九条　租税その他の公課は、救済給付として支給を受けた金品を標準として、課することができない。

（環境省令への委任）

第三十条　この節に定めるもののほか、第四条第一項及び第二十二条第一項の認定の申請その他の救済給付に関する手続に関し必要な事項は、環境省令で定める。

第二節　費用

第一款　基金等

（基金）

第三十一条　機構は、救済給付の支給に要する費用（当該支給の事務の執行に要する費用を除く。）に充てるため石綿健康被害救済基金を設ける。

2　前項の石綿健康被害救済基金は、次条第一項の規定により政府から交付された資金、同条第二項の規定により地方公共団体から拠出された資金、第三十六条の規定により厚生労働大臣から交付された金額、第四十七条第一項の規定により徴収した特別拠出金、第二十七条第一項の規定により徴収した金額及び当該石綿健康被害救済基金の運用によって生じた利子その他の収入金の合計額に相当する金額からこの法律の規定により機構が行う業務の事務の執行に要する費用に相当する金額を控除した金額をもって充てるものとする。

（交付金等）

第三十二条　政府は、予算の範囲内において、機構に対し、救済給付の支給に要する費用（当該支給の事務の執行に要する費用を含む。次項を除き、以下同じ。）に充てるための資金を交付することができる。

2　地方公共団体は、予算の範囲内において、機構に対し、救済給付の支給に要する費用に充てるための資金を拠出することができる。

（地方債の特例）

第三十三条　前条第二項の規定に基づく地方公共団体の機構に対する拠出に要する経費については、地方財政法（昭和二十三年法律第百九号）第五条の規定にかかわらず、地方債をもってその財源とすることができる。

（国庫の負担）

第三十四条　国庫は、毎年度、予算の範囲内において、次条第一項の一般拠出金の徴収に要する費用の一部を負担する。

第二款　一般拠出金

（一般拠出金の徴収及び納付義務）

第三十五条　厚生労働大臣は、救済給付の支給に要する費用に充てるため、労災保険の保険関係が成立している事業の事業主（徴収法第八条第一項又は第二項の規定により元請負人が事業主とされる場合にあっては、当該元請負人。以下「労災保険適用事業主」という。）から、毎年度、一般拠出金を徴収する。

2　労災保険適用事業主は、一般拠出金を納付する義務を負う。

（機構に対する交付）

第三十六条　厚生労働大臣は、前条第一項の規定により一般拠出金を徴収したときは、機構に対し、徴収した額から当該一般拠出金の徴収に要する費用の額として政令で定めるところにより算定した額を控除した額に相当する金額を交付するものとする。

（一般拠出金の額）

第三十七条　第三十五条第一項の規定により労災保険適用事業主から徴収する一般拠出金（以下「一般拠出金」という。）の額は、徴収法第十条第二項第一号の一般保険料の計算の基礎となる賃金総額に一般拠出金率を乗じて得た額とする。

2　前項の一般拠出金率は、救済給付の支給に要する費用の予想額、第三十二条第一項の規定による交付金及び同条第二項の規定による拠出金があるときはそれらの額並びに指定疾病の発生の状況その他の事情を考慮して、政令で定めるところにより、環境大臣が厚生労働大臣及び事業所管大臣と協議して定める。

3　環境大臣は、前項の政令の制定又は改廃に当たってその立案をするときは、中央環境審議会の意見を聴かなければならない。

（一般拠出金の徴収方法）

第三十八条　徴収法第十九条（第一項第二号及び第三号並びに第二項第二号及び第三号を除く。）、第二十一条、第二十一条の二、第二十七条から第三十条まで、第三十七条、第四十一条から第四十三条まで、第四十五条の二及び附則第十二条の規定は、一般拠出金について準用する。この場合において、次の表の上欄に掲げる徴収法の規定中同表の中欄に掲げる字句は、同表の下欄に掲げる字句にそれぞれ読み替えるほか、必要な技術的読替えは、政令で定める。

第十九条第一項	次の	その
	当該保険関係が消滅した日（保険年度の中途に労災保険法第三十四条第一項の承認が取り消された事業に係る第一種特別加入保険料及び保険年度の中途に労災保険法第三十六条第一項の承認が取り消された事業に係る第三種特別加入保険料に関しては、それぞれ当該承認が取り消された日。第三項において同じ。）	当該保険関係が消滅した日
	その保険年度に使用した	その保険年度の直前の保険年度に使用した
	賃金総額	賃金総額（その額に千円未満の端数があるときは、その端数は、切り捨てる。以下同じ。）
	一般保険料率を乗じて算定した一般保険料	石綿による健康被害の救済に関する法律（以下「石綿健康被害救済法」という。）第三十七条第一項の一般拠出金

		率（以下「一般拠出金率」という。）を乗じて算定した同項の一般拠出金（以下「一般拠出金」という。）
第十九条第二項	保険関係が消滅した日（当該保険関係が消滅した日前に労災保険法第三十四条第一項の承認が取り消された事業に係る第一種特別加入保険料に関しては、当該承認が取り消された日。次項において同じ。）	保険関係が消滅した日
	一般保険料率を乗じて算定した一般保険料	一般拠出金率を乗じて算定した一般拠出金
第十九条第三項	納付した労働保険料の額が前二項の労働保険料の額に足りないときはその不足額を、納付した労働保険料がないときは前二項の労働保険料	前二項の一般拠出金

	次の	その
第四十二条 第四十三条第一項	この法律の施行	一般拠出金の徴収
第四十五条の二	この法律に	石綿健康被害救済法及び石綿健康被害救済法第三十八条第一項において準用するこの法律に
	この法律の実施	一般拠出金の徴収
附則第十二条	第二十八条第一項	石綿健康被害救済法第三十八条第一項において準用する第二十八条第一項

2　徴収法第三十三条第三項の労働保険事務組合は、同条第一項の委託を受けて、一般拠出金の納付その他一般拠出金に関する事項（以下「一般拠出金事務」という。）を処理することができる。

3　徴収法第三十四条、第三十五条（第四項を除く。）及び第三十六条の規定並びに失業保険法及び労働者災害補償保険法の一部を改正する法律及び労働保険の保険料の徴収等に関する法律の施行に伴う関係法律の整備等に関する法律（昭和四十四年法律第八十五号）第二十三条の規定は、一般拠出金事務及び一般拠出金について準用する。この場合において、徴収法第三十四条中「労働保険関係法令」とあるのは「石綿による健康被害の救済に関する法律（以下「石綿健康被害救済法」という。）及び石綿健康被害救済法第三十八条第一項において準用するこの法律並びにこれらの法律に基づく命令」と、徴収法第三十五条第一項及び第二項中「労働保険関係法令」とあるのは「石綿健康被害救済法及び石綿健康被害救済法第三十八条第一項において準用するこの法律並びにこれらの法律に基づく命令」と、同条第三項中「第二十七条第三項（労災保険法第十二条の三第三項及び第三十一条第四項並びに雇用保険法第十条の四第三項において準用する場合を含む。）」とあるのは「石綿健康被害救済法第三十八条第一項において準用する第二十七条第三項」と読み替えるものとする。

第三十九条から第四十六条まで　削除

第三款　特別拠出金

（**特別拠出金の徴収及び納付義務**）

第四十七条　機構は、救済給付の支給に要する費用に充てるため、石綿の使用量、指定疾病の発生の状況その他の事情を勘案して政令で定める要件に該当する事業主（以下「特別事業主」という。）から、毎年度、特別拠出金を徴収する。

2　特別事業主は、特別拠出金を納付する義務を負う。

（**特別拠出金の額の算定方法**）

第四十八条　特別事業主から徴収する特別拠出金の額の算定方法は、石綿の使用量、指定疾病の発生の状況その他の事情を考慮して政令で定める。

2　環境大臣は、前項の政令の制定又は改廃に当たってその立案をするときは、中央環境審議会の意見を聴かなければならない。

（**特別拠出金の額の決定、通知等**）

第四十九条　機構は、前条第一項の政令で定める特別拠出金の額の算定方法に従い、特別事業主が納付すべき特別拠出金の額を決定し、当該特別事業主に対し、その者が納付すべき特別拠出金の額及び納付すべき期限その他必要な事項を通知しなければならない。

2　前項の規定により特別拠出金の額が定められた後、特別拠出金の額を変更する必要が生じたときは、機構は、当該特別事業主が納付すべき特別拠出金の額を変更し、当該特別事業主に対し、変更後の特別拠出金の額を通知しなければならない。

3　機構は、特別事業主が納付した特別拠出金の額が、前項の規定による変更後の特別拠出金の額に満たない場合には、その不足する額について、同項の規定による通知とともに納付すべき期限その他必要な事項を通知し、同項の規定による変更後の特別拠出金の額を超える場合には、その超える額について、未納の特別拠出金その他この款の規定による徴収金があるときはこれに充当し、なお残余があれば還付し、未納の徴収金がないときはこれを還付しなければならない。

（特別拠出金の延納）

第五十条　機構は、特別事業主の申請に基づき、その者の納付すべき特別拠出金を延納させることができる。

（督促及び滞納処分）

第五十条の二　特別拠出金その他この款の規定による徴収金を納付しない特別事業主があるときは、機構は、期限を指定して督促しなければならない。

2　前項の規定により督促するときは、機構は、納付義務者に対して督促状を発する。

3　前項の督促状により指定する第一項の期限は、督促状を発する日から起算して十日以上経過した日でなければならない。

4　第一項の規定による督促を受けた特別事業主がその指定の期限までに特別拠出金その他この款の規定による徴収金を完納しないときは、機構は、環境大臣の認可を受けて、国税滞納処分の例により、滞納処分をすることができる。

（延滞金）

第五十条の三　前条第一項の規定により特別拠出金の納付を督促したときは、機構は、その督促に係る特別拠出金の額につき年十四・六パーセントの割合で、納付期限の翌日からその完納又は財産差押えの日の前日までの日数により計算した延滞金を徴収する。ただし、督促に係る特別拠出金の額が千円未満であるときは、この限りでない。

2　前項の場合において、特別拠出金の額の一部につき納付があったときは、その納付の日以降の期間に係る延滞金の額の計算の基礎となる特別拠出金の額は、その納付のあった特別拠出金の額を控除した額とする。

3　延滞金の計算において、前二項の特別拠出金の額に千円未満の端数があるときは、その端数は、切り捨てる。

4　前三項の規定によって計算した延滞金の額に百円未満の端数があるときは、その端数は、切り捨てる。

5　延滞金は、次の各号のいずれかに該当する場合には、徴収しない。ただし、第四号の場合には、その執行を停止し、又は猶予した期間に対応する部分の金額に限る。

一　督促状に指定した期限までに特別拠出金を完納したとき。

二　納付義務者の住所又は居所がわからないため、公示送達の方法によって督促したとき。

三　延滞金の額が百円未満であるとき。

四　特別拠出金について滞納処分の執行を停止し、又は猶予したとき。

五　特別拠出金を納付しないことについてやむを得ない理由があると認められるとき。

（先取特権の順位）

第五十条の四　特別拠出金その他この款の規定による徴収金の先取特権の順位は、国税及び地方税に次ぐものとする。

（徴収金の徴収手続）

第五十条の五　特別拠出金その他この款の規定による徴収金は、この款に別段の定めがある場合を除き、国税徴収の例により徴収する。

（特別事業主に対する報告の徴収等）

第五十条の六　機構は、特別拠出金の徴収に関し必要があると認めるときは、特別事業主に対し、報告若しくは文書の提出を命じ、又は当該職員に、特別事業主の事務所に立ち入り、関係者に質問させ、若しくは帳簿書類（その作成又は保存に代えて電磁的記録（電子的方式、磁気的方式その他人の知覚によっては認識することができない方式で作られる記録であって、電子計算機による情報処理の用に供されるものをいう。）の作成又は保存がされている場合における当該電磁的記録を含む。以下同じ。）を検査させることができる。

2　前項の規定により立入検査をする職員は、その身分を示す証明書を携帯し、関係人に提示しなければならない。

3　第一項の規定による立入検査の権限は、犯罪捜査のために認められたものと解してはならない。

（環境省令への委任）

第五十一条　この款に定めるもののほか、特別拠出金その他この款の規定による徴収金に関し必要な事項は、環境省令で定める。

第三節　雑則

（被認定者等に対する報告の徴収等）

第五十二条　機構は、この章の規定を施行するため必要があると認めるときは、第四条第一項及び第二十二条第一項の規定による認定（次条を除き、以下単に「認定」という。）又は救済給付の支給を受け、又は受けようとする者に対し、報告又は文書その他の物件の提出を求めることができる。

（受診命令）

第五十三条　機構は、第四条第一項の認定（その更新及び取消しを含む。）に関し必要があると認めるときは、当該認定を受け、又は受けようとする者に対し、機構の指定する医師の診断を受けるべきことを命ずることができる。

（救済給付の支給の一時差止め）

第五十四条　機構は、救済給付の支給を受けることができる者が、第五十二条の規定により報告若しくは文書その他の物件の提出を求められて、正当な理由がなくこれに従わず、若しくは虚偽の報告をし、若しくは虚偽の記載をした文書を提出し、又は正当な理由がなく前条の規定による命令に従わないときは、その者に対する救済給付の支給を一時差し止めることができる。

（保険医療機関等に対する報告の徴収等）

第五十五条　機構は、第十三条第一項の規定による保険医療機関等に対する医療費の支払に関し必要があると認めるときは、保険医療機関等の管理者に対して必要な報告を求め、又は当該職員に、保険医療機関等についてその管理者の同意を得て、実地に診療録その他の帳簿書類を検査させることができる。

2　第五十条の六第二項の規定は前項の規定による検査について、同条第三項の規定は前項の規定による権限について準用する。

3　機構は、保険医療機関等の管理者が、正当な理由がなく第一項の規定による報告の求めに応ぜず、若しくは虚偽の報告をし、又は正当な理由がなく同項の同意を拒んだときは、当該保険医療機関等に対する医療費の支払を一時差し止めることができる。

（診療を行った者等に対する報告の徴収等）

第五十六条　機構は、認定又は救済給付の支給に関し必要があると認めるときは、当該認定の申請に係る診断若しくは救済給付に関する診療、薬剤の支給若しくは手当を行った者又はこれを使用する者に対し、その行った診断又は診療、薬剤の支給若しくは手当につき、報告若しくは診療録その他の物件の提示を求め、又は当該職員に質問させることができる。

2　第五十条の六第二項の規定は前項の規定による質問について、同条第三項の規定は前項の規定による権限について準用する。

（資料の提出の要求等）

第五十七条　環境大臣は、この章の規定を施行するため必要があると認めるときは、労災保険適用事業主又は特別事業主に対し、必要な資料の提出及び説明を求めることができる。

（秘密保持義務）

第五十八条　機構の役員若しくは職員又はこれらの職にあった者は、認定又は救済給付の支給に関して知ることができた秘密を漏らしてはならない。

第三章　特別遺族給付金

第一節　支給等

（特別遺族給付金）

第五十九条　厚生労働大臣は、この節に定めるところにより、死亡労働者等の遺族であって、労災保険法の規定による遺族補償給付を受ける権利が時効によって消滅したものに対し、その請求に基づき、特別遺族給付金を支給する。

2　前項の特別遺族給付金（以下「特別遺族給付金」という。）は、特別遺族年金又は特別遺族一時金とする。

3 特別遺族年金の額は、労災保険法の規定による遺族補償年金の額等を勘案し、特別遺族年金を受ける権利を有する遺族及びその者と生計を同じくしている特別遺族年金を受けることができる遺族の人数の区分に応じて政令で定める額とする。

4 特別遺族一時金の額は、労災保険法の規定による遺族補償一時金の額等を勘案し、第六十二条各号の区分に応じて政令で定める額とする。

5 特別遺族年金又は特別遺族一時金の支給の請求は、施行日から十六年を経過したとき（第六十一条第一項後段の規定により支給する特別遺族年金にあっては特別遺族年金を受ける権利を有する先順位の遺族の権利が消滅した時から、第六十二条第二号の規定により支給する特別遺族一時金にあっては特別遺族年金を受ける権利を有する者の権利が消滅した時から、十六年を経過したとき）は、することができない。

（特別遺族年金の受給者の範囲等）

第六十条 特別遺族年金を受けることができる遺族は、死亡労働者等の配偶者、子、父母、孫、祖父母及び兄弟姉妹であって、次の各号に掲げる要件のいずれにも該当するものとする。

一 死亡労働者等の死亡の当時その収入によって生計を維持していたこと。

二 妻（婚姻の届出をしていないが、事実上婚姻関係と同様の事情にあった者を含む。）以外の者にあっては、死亡労働者等の死亡の当時において、次のイからニまでのいずれかに該当すること。

イ 夫（婚姻の届出をしていないが、事実上婚姻関係と同様の事情にあった者を含む。以下同じ。）、父母又は祖父母については、五十五歳以上であること。

ロ 子又は孫については、十八歳に達する日以後の最初の三月三十一日までの間にあること。

ハ 兄弟姉妹については、十八歳に達する日以後の最初の三月三十一日までの間にあること又は五十五歳以上であること。

ニ イからハまでの要件に該当しない夫、子、父母、孫、祖父母又は兄弟姉妹については、厚生労働省令で定める障害の状態にあること。

三 死亡労働者等が施行日の前日の五年前の日（以下「特定日」という。）以前に死亡した者である場合にあってはその死亡の時から施行日までの間において、死亡労働者等が特定日の翌日から石綿による健康被害の救済に関する法律の一部を改正する法律（平成二十年法律第七十七号。以下「平成二十年改正法」という。）の施行の日の前日の五年前の日までに死亡した者である場合にあってはその死亡の時から平成二十年改正法の施行の日までの間において、死亡労働者等が平成二十年改正法の施行の日の五年前の日から施行日の前日までに死亡した者である場合にあってはその死亡の時から五年を経過した日までの間において、死亡労働者等が施行日から石綿による健康被害の救済に関する法律の一部を改正する法律（平成二十三年法律第百四号。以下「平成二十三年改正法」という。）の施行の日の前日の五年前の日までに死亡した者である場合にあってはその死亡の時から平成二十三年改正法の施行の日までの間において、死亡労働者等が平成二十三年改正法の施行の日の五年前の日から十年経過日の前日までに死亡した者である場合にあってはその死亡の時から五年を経過した日までの間において、次のイからホまでのいずれにも該当しないこと。

イ　婚姻（届出をしていないが、事実上婚姻関係と同様の事情にある場合を含む。）をしたこと。

ロ　直系血族又は直系姻族以外の者の養子（届出をしていないが、事実上養子縁組関係と同様の事情にある者を含む。）となったこと。

ハ　離縁によって、死亡労働者等との親族関係が終了したこと。

ニ　子、孫又は兄弟姉妹については、十八歳に達した日以後の最初の三月三十一日が終了したこと（死亡労働者等の死亡の時から引き続き前号ニの厚生労働省令で定める障害の状態にあるときを除く。）。

ホ　前号ニの厚生労働省令で定める障害の状態にある夫、子、父母、孫、祖父母又は兄弟姉妹については、その事情がなくなったこと（夫、父母又は祖父母については、死亡労働者等の死亡の当時五十五歳以上であったとき、子又は孫については、十八歳に達する日以後の最初の三月三十一日までの間にあるとき、兄弟姉妹については、十八歳に達する日以後の最初の三月三十一日までの間にあるか又は死亡労働者等の死亡の当時五十五歳以上であったときを除く。）。

2　特別遺族年金を受けるべき遺族の順位は、配偶者、子、父母、孫、祖父母及び兄弟姉妹の順序とする。

3　特別遺族年金を受ける権利を有する者が二人以上あるときは、特別遺族年金の額は、前条第三項の規定にかかわらず、同項の政令で定める額をその人数で除して得た額とする。

（特別遺族年金の受給権の消滅）

第六十一条　特別遺族年金を受ける権利は、その権利を有する遺族が次の各号のいずれかに該当するに至ったときは、消滅する。この場合において、同順位者がなくて後順位者があるときは、次順位者に特別遺族年金を支給する。

一　死亡したとき。

二　前条第一項第三号イからホまでに掲げる要件のいずれかに該当したとき。

2　特別遺族年金を受けることができる遺族が前項各号のいずれかに該当するに至ったときは、その者は、特別遺族年金を受けることができる遺族でなくなる。

（特別遺族一時金）

第六十二条　特別遺族一時金は、次の場合に支給する。

一　死亡労働者等が特定日以前に死亡した者である場合にあっては施行日において、死亡労働者等が特定日の翌日から平成二十年改正法の施行の日の前日の五年前の日までに死亡した者である場合にあっては平成二十年改正法の施行の日において、死亡労働者等が平成二十年改正法の施行の日の五年前の日から施行日の前日までに死亡した者である場合にあってはその死亡の時から五年を経過した日において、死亡労働者等が施行日から平成二十三年改正法の施行の日の前日の五年前の日までに死亡した者である場合にあっては平成二十三年改正法の施行の日において、死亡労働者等が平成二十三年改正法の施行の日の五年前の日から十年経過日の前日までに死亡した者である場合にあってはその死亡の時から五年を経過した日において、特別遺族年金を受けることができる遺族がないとき。

二　特別遺族年金を受ける権利を有する者の権利が消滅した場合において、他に当該特別遺族年金を受けることができる遺族がなく、かつ、当該死亡労働者等の死亡に関し支給された特別遺族年金の額の合計額が当該権利が消滅した日において前号に掲げる場合に該当することとなるものとしたときに支給されることとなる特別遺族一時金の額に満たないとき。

（特別遺族一時金の受給者の範囲等）

第六十三条　特別遺族一時金を受けることができる遺族は、次に掲げる者とする。

一　配偶者

二　死亡労働者等の死亡の当時その収入によって生計を維持していた子、父母、孫及び祖父母

三　前号に該当しない子、父母、孫及び祖父母並びに兄弟姉妹

2　特別遺族一時金を受けるべき遺族の順位は、前項各号の順序により、同項第二号及び第三号に掲げる者のうちにあっては、それぞれ、当該各号に掲げる順序による。

3　第六十条第三項の規定は、特別遺族一時金について準用する。この場合において、同項中「前条第三項」とあるのは、「前条第四項」と読み替えるものとする。

（特別遺族給付金に関する労災保険法の準用）

第六十四条　労災保険法第十一条（第二項を除く。）、第十二条の七及び第十六条の九第一項の規定は、特別遺族給付金について準用する。この場合において、労災保険法第十一条第一項中「（遺族補償年金については当該遺族補償年金を受けることができる他の遺族、遺族年金については当該遺族年金を受けることができる他の遺族）」とあるのは「（特別遺族年金については当該特別遺族年金を受けることができる他の遺族）」と、同条第三項中「第一項に規定する順序（遺族補償年

金については第十六条の二第三項に、遺族年金については第二十二条の四第三項において準用する第十六条の二第三項に規定する順序）」とあるのは「第一項に規定する順序」と、労災保険法第十二条の七中「政府」とあるのは「厚生労働大臣」と、労災保険法第十六条の九第一項中「労働者」とあるのは「死亡労働者等」と読み替えるものとする。

2　労災保険法第九条、第十二条第一項、第十二条の二、第十六条の二第二項、第十六条の五第一項及び第二項並びに第十六条の九第二項及び第四項の規定は、特別遺族年金について準用する。この場合において、労災保険法第九条第一項中「支給すべき事由が生じた月」とあるのは「支給の請求をした日の属する月」と、労災保険法第十二条の二中「支払うべき保険給付」とあるのは「支払うべき特別遺族給付金」と、「当該保険給付」とあるのは「当該特別遺族給付金」と、労災保険法第十六条の二第二項中「労働者」とあるのは「死亡労働者等」と、「前項」とあるのは「石綿による健康被害の救済に関する法律第六十条第一項」と、労災保険法第十六条の九第二項中「労働者」とあるのは「死亡労働者等」と、同条第四項中「消滅する」とあるのは「消滅し、同順位者がなくて後順位者があるときは、次順位者に特別遺族年金を支給する」と読み替えるものとする。

3　労災保険法第十六条の九第三項の規定は、特別遺族一時金を受けることができる遺族について準用する。この場合において、同項中「遺族補償年金」とあるのは「特別遺族年金」と、「労働者」とあるのは「死亡労働者等」と読み替えるものとする。

（損害賠償との調整に関する措置）

第六十五条　死亡労働者等の遺族が、当該死亡労働者等を使用していた労災保険適用事業主から民法（明治二十九年法律第八十九号）その他の法律による損害賠償を受けることができる場合であって、特別遺族給付金の支給を受けるべきときに、同一の事由について、民法その他の法律による損害賠償を受けたときは、厚生労働大臣は、その定める基準により、その価額の限度で、特別遺族給付金の支給をしないことができる。

（不正受給者からの費用徴収）

第六十六条　偽りその他不正の手段により特別遺族給付金の支給を受けた者があるときは、厚生労働大臣は、当該特別遺族給付金の支給に要した費用に相当する金額の全部又は一部をその者から徴収することができる。

2　前項の場合において、労災保険適用事業主が虚偽の報告又は証明をしたためその支給が行われたものであるときは、厚生労働大臣は、その労災保険適用事業主に対し、支給を受けた者と連帯して同項の徴収金を納付すべきことを命ずることができる。

3　徴収法第三十三条第三項の労働保険事務組合は、前項の規定の適用については、労災保険適用事業主とみなす。

4　徴収法第二十七条、第二十九条、第三十条及び第四十一条の規定は、第一項及び第二項の規定による徴収金について準用する。この場合において、徴収法第二十七条及び第四十一条第二項中「政府」とあるのは、「厚生労働大臣」と読み替えるものとする。

（受給権の保護等に係る準用）

第六十七条　第二十八条及び第二十九条の規定は、特別遺族給付金について準用する。

（厚生労働省令への委任）

第六十八条　この節に定めるもののほか、特別遺族給付金の支給に関し必要な事項は、厚生労働省令で定める。

第二節　費用

第六十九条　特別遺族給付金の支給に要する費用については、徴収法第十条第一項に規定する労働保険の事業に要する費用とみなし、これに充てるため同条第二項に規定する労働保険料（同項第四号に掲げる印紙保険料を除く。以下同じ。）を徴収する。

2　前項の規定による労働保険料の徴収については、徴収法の規定（第四条及び第二十二条から第二十五条までの規定を除く。）を適用する。この場合において、徴収法第十二条第二項中「及び社会復帰促進等事業」とあるのは「、社会復帰促進等事業及び石綿による健康被害の救済に関する法律（以下「石綿健康被害救済法」という。）第五十九条第一項の特別遺族給付金（以下「特別遺族給付金」という。）の支給」と、「費用の額」とあるのは「費用の額、特別遺族給付金の支給に要する費用の額」と、同条第三項中「とする。第二十条第一項において同じ。）」とあるのは「とする。第二十条第一項において同じ。）と特別遺族給付金（石綿健康被害救済法第六十二条第二号の場合に支給される特別遺族一時金、特定の業務に長期間従事することにより発生する疾病であつて厚生労働省令で定めるものにかかつた者（厚生労働省令で定める事業の種類ごとに、当該事業における就労期間等を考慮して厚生労働省令で定める者に限る。）に係る特別遺族給付金（以下この項において「特定疾病にかかつた者に係る特別遺族給付金」という。）及び第三種特別加入者に係る特別遺族給付金を除く。）の額（石綿健康被害救済法第五十九条第二項の特別遺族年金については、その額は、厚生労働省令で定めるところにより算定するものとする。）」と、「、特定疾病にかかつた者に係る保険給付に要する費用」とあるのは「、特定疾病にかかつた者に係る保険給付に要する費用、石綿健康被害救済法第五十九条第二項の特別遺族年金の支給に要する費用、特定疾病にかかつた者に係る特別遺族給付金に要する費用」とするほか、必要な技術的読替えは、政令で定める。

3　特別遺族給付金の支給に要する費用については、労災保険法による労働者災害補償保険事業の保険給付費とみなして、特別会計に関する法律（平成十九年法律第二十三号）の規定を適用する。この場合において、同法第九十九条第一項第二号イ中「労災保険事業の保険給付費」とあるのは、「労災保険事業の保険給付費（石綿による健康被害の救済に関する法律第六十九条第三項の規定により労災保険事業の保険給付費とみなされた同法第五十九条第一項の特別遺族給付金の支給に要する費用を含む。）」とするほか、必要な技術的読替えは、政令で定める。

第三節　雑則

（特別遺族給付金の受給者等に対する報告の徴収等）

第七十条　厚生労働大臣は、特別遺族給付金の支給に関し必要があると認めるときは、特別遺族給付金の支給に係る遺族に対し、報告、文書その他の物件の提出又は出頭を求めることができる。

（受診命令）

第七十一条　厚生労働大臣は、特別遺族給付金の支給に関し必要があると認めるときは、特別遺族給付金の支給に係る遺族に対し、厚生労働大臣の指定する医師の診断を受けるべきことを命ずることができる。

（特別遺族年金の支給の一時差止め）

第七十二条　厚生労働大臣は、特別遺族年金を受ける権利を有する者が、第七十条の規定により報告、文書その他の物件の提出若しくは出頭を求められて、正当な理由がなくこれに従わず、若しくは虚偽の報告をし、若しくは虚偽の記載をした文書を提出し、正当な理由がなく前条の規定による命令に従わず、又は第六十四条第一項において準用する労災保険法第十二条の七の規定による届出をせず、若しくは書類その他の物件の提出を求められて、正当な理由がなくこれに従わないときは、その者に対する特別遺族年金の支給を一時差し止めることができる。

（事業主等に対する報告の徴収等）

第七十三条　厚生労働大臣は、特別遺族給付金の支給に関し必要があると認めるときは、労災保険適用事業主又は徴収法第三十三条第三項の労働保険事務組合若しくは労災保険法第三十五条第一項に規定する団体（以下「労働保険事務組合等」という。）に対し、報告、文書の提出又は出頭を求めることができる。

2　厚生労働大臣は、特別遺族給付金の支給に関し必要があると認めるときは、当該職員に、労災保険の保険関係が成立している事業の事業場又は労働保険事務組合等の事務所に立ち入り、関係者に質問させ、又は帳簿書類その他の物件を検査させることができる。

3　厚生労働大臣は、特別遺族給付金の支給に関し必要があると認めるときは、労災保険の保険関係が成立している事業に使用される労働者（労災保険法第三十四条第一項第一号、第三十五条第一項第三号又は第三十六条第一項第一号の規定により労災保険の保険関係が成立している事業に使用される労働者とみなされる者を含む。）に対し、報告又は文書その他の物件の提出を求めることができる。

4　第五十条の六第二項の規定は第二項の規定による立入検査について、同条第三項の規定は第二項の規定による権限について準用する。

（診療を行った者等に対する報告の徴収等）

第七十四条　厚生労働大臣は、特別遺族給付金の支給に関し必要があると認めるときは、特別遺族給付金の支給に係る遺族の診断若しくは診療、薬剤の支給若しくは手当を行った者又はこれを使用する者に対し、その行った診断又は診療、薬剤の支給若しくは手当につき、報告若しくは診療録その他の物件の提示を求め、又は当該職員に質問させることができる。

2　第五十条の六第二項の規定は前項の規定による質問について、同条第三項の規定は前項の規定による権限について準用する。

第四章　不服申立て

（審査請求）

第七十五条　この法律に基づいて機構が行った処分については、次の各号に掲げる区分に応じ、当該各号に定める者に対し、審査請求をすることができる。この場合において、環境大臣は、第二号に掲げる審査請求に関する行政不服審査法（平成二十六年法律第六十八号）第二十五条第二項及び第三項、第四十六条第一項並びに第四十七条の規定の適用については、機構の上級行政庁とみなす。

一　認定又は救済給付の支給に係る処分についての審査請求　公害健康被害補償不服審査会

二　特別拠出金の徴収に係る処分についての審査請求　環境大臣

2　前項第一号に掲げる審査請求についての行政不服審査法第九条第四項の規定の適用に関しては、同項中「その職員」とあるのは、「公害健康被害の補償等に関する法律（昭和四十八年法律第百十一号）第百二十一条第一項に規定する審査員又は同法第百十九条の二第一項に規定する専門委員」とする。

3　第一項第一号に掲げる審査請求については、公害健康被害の補償等に関する法律（昭和四十八年法律第百十一号。以下「公害健康被害補償法」という。）第百六条第三項、第百三十一条、第百三十三条及び第百三十四条の規定を準用する。この場合において、公害健康被害補償法第百三十一条中「補償給付」とあるのは「石綿による健康被害の救済に関する法律（以下「石綿健康被害救済法」という。）第三条に規定する救済給付」と、公害健康被害補償法第百三十四条中「この款」とあるのは「石綿健康被害救済法第七十五条第三項において読み替えて準用する第百三十一条」と読み替えるものとする。

第七十六条　削除

（審査請求と訴訟との関係）

第七十七条　この法律に基づいて機構が行った認定又は救済給付の支給に係る処分の取消しの訴えは、当該機構が行った処分についての審査請求に対する公害健康被害補償不服審査会の裁決を経た後でなければ、提起することができない。

（特別遺族給付金に係る審査請求等）

第七十八条　特別遺族給付金に関する決定は、労災保険法に基づく保険給付に関する決定とみなして、労災保険法第三十八条から第四十条までの規定を適用する。

第七十九条　削除

第五章　雑則

（事業所の調査等）

第七十九条の二　国は、国民に対し石綿による健康被害の救済に必要な情報を十分かつ速やかに提供するため、石綿を使用していた事業所の調査及びその結果の公表並びに石綿による健康被害の救済に関する制度の周知（次項において「事業所の調査等」という。）を徹底するものとする。

2　関係行政機関の長は、事業所の調査等に当たっては、相互に密接な連携を図りながら協力しなければならない。

（調査及び研究）

第八十条　国は、石綿による健康被害の予防に関する調査研究の推進に努めなければならない。

（公務所等への照会）

第八十一条　厚生労働大臣及び機構は、この法律の施行に関し必要があると認めるときは、公務所又は公私の団体に照会して必要な事項の報告を求めることができる。

（期間の計算）

第八十二条　この法律又はこの法律に基づく命令に規定する期間の計算については、民法の期間の計算に関する規定を準用する。

（戸籍事項の無料証明）

第八十三条　市町村長（特別区の区長を含むものとし、地方自治法（昭和二十二年法律第六十七号）第二百五十二条の十九第一項に規定する指定都市においては、区長又は総合区長とする。）は、厚生労働大臣、機構又は救済給付若しくは特別遺族給付金の支給を受けようとする者に対して、当該市（特別区を含む。）町村の条例で定めるところにより、救済給付若しくは特別遺族給付金の支給を受けようとする者又はこれらの者以外の死亡労働者等の遺族の戸籍に関し、無料で証明を行うことができる。

（経過措置の命令委任）

第八十四条　この法律に基づき命令を制定し、又は改廃する場合においては、命令で、その制定又は改廃に伴い合理的に必要と判断される範囲内において、所要の経過措置（罰則に関する経過措置を含む。）を定めることができる。

（権限の委任）

第八十五条　この法律に定める厚生労働大臣の権限は、厚生労働省令で定めるところにより、その一部を都道府県労働局長に委任することができる。

2　前項の規定により都道府県労働局長に委任された権限は、厚生労働省令で定めるところにより、労働基準監督署長に委任することができる。

（命令への委任）

第八十六条　この法律に定めるもののほか、この法律の実施に関し必要な事項は、命令で定める。

第六章　罰則

第八十七条　第五十八条の規定に違反した者は、一年以下の懲役又は五十万円以下の罰金に処する。

第八十八条　労災保険適用事業主が、次の各号のいずれかに該当するときは、六月以下の懲役又は三十万円以下の罰金に処する。労働保険事務組合等がこれらの各号のいずれかに該当する場合におけるその違反行為をした当該労働保険事務組合等の代表者又は代理人、使用人その他の従業者も、同様とする。

一　第三十八条第一項において準用する徴収法第四十二条の規定による命令に違反して報告をせず、若しくは虚偽の報告をし、又は文書を提出せず、若しくは虚偽の記載をした文書を提出した場合

二　第三十八条第一項において準用する徴収法第四十三条第一項の規定による当該職員の質問に対して、答弁をせず、若しくは虚偽の答弁をし、又は検査を拒み、妨げ、若しくは忌避した場合

三　第七十三条第一項の規定により報告又は文書その他の物件の提出を求められて、これに従わず、又は虚偽の報告をし、若しくは虚偽の記載をした文書を提出した場合

四　第七十三条第二項の規定による当該職員の質問に対して、答弁せず、若しくは虚偽の答弁をし、又は検査を拒み、妨げ、若しくは忌避した場合

2　徴収法第三十三条第三項の労働保険事務組合が、第三十八条第三項において準用する徴収法第三十六条の規定に違反して帳簿を備えて置かず、又は帳簿に一般拠出金事務に関する事項を記載せず、若しくは虚偽の記載をした場合は、その違反行為をした労働保険事務組合の代表者又は代理人、使用人その他の従業者は、六月以下の懲役又は三十万円以下の罰金に処する。

3　第五十条の六第一項の規定による命令に違反して報告をせ

ず、若しくは虚偽の報告をし、若しくは文書を提出せず、若しくは虚偽の記載をした文書を提出し、又は同項の規定による当該職員の質問に対して、答弁をせず、若しくは虚偽の答弁をし、若しくは検査を拒み、妨げ、若しくは忌避した者は、六月以下の懲役又は三十万円以下の罰金に処する。

第八十九条 次の各号のいずれかに該当する者は、六月以下の懲役又は二十万円以下の罰金に処する。

一 第五十二条の規定により報告又は文書その他の物件の提出を求められて、これに従わず、又は虚偽の報告をし、若しくは虚偽の記載をした文書を提出した者

二 第五十六条第一項の規定により報告若しくは診療録その他の物件の提示を求められて、これに従わず、若しくは虚偽の報告をし、又は同項の規定による質問に対して、答弁せず、若しくは虚偽の答弁をした者

2 労災保険適用事業主及び労働保険事務組合等以外の者が次の各号のいずれかに該当するときは、六月以下の懲役又は二十万円以下の罰金に処する。

一 第七十条又は第七十三条第三項の規定により報告又は文書その他の物件の提出を求められて、これに従わず、又は虚偽の報告をし、若しくは虚偽の記載をした文書を提出した場合

二 第七十三条第二項の規定による当該職員の質問に対して、答弁せず、若しくは虚偽の答弁をし、又は検査を拒み、妨げ、若しくは忌避した場合

三 第七十四条第一項の規定により報告若しくは診療録その他の物件の提示を求められて、これに従わず、若しくは虚偽の報告をし、又は同項の規定による質問に対して、答弁せず、若しくは虚偽の答弁をした場合

第九十条 法人（法人でない労働保険事務組合等を含む。以下この項において同じ。）の代表者又は法人若しくは人の代理人、使用人その他の従業者が、その法人又は人の業務に関して、第八十八条又は前条（第一項第一号及び第二項第一号を除く。）の違反行為をしたときは、行為者を罰するほか、その法人又は人に対しても、各本条の罰金刑を科する。

2 前項の規定により法人でない労働保険事務組合等を処罰する場合においては、その代表者が訴訟行為につきその労働保険事務組合等を代表するほか、法人を被告人又は被疑者とする場合の刑事訴訟に関する法律の規定を準用する。

第九十一条 第五十条の二第四項の規定により環境大臣の認可を受けなければならない場合において、その認可を受けなかったときは、その違反行為をした機構の役員は、二十万円以下の過料に処する。

附 則（抄）

（施行期日）

第一条 この法律は、平成十八年三月三十一日までの間において政令で定める日〈編注・平成一八年三月一〇日政令第三六

号により平成一八年三月二七日〉から施行する。ただし、次の各号に掲げる規定は、当該各号に定める日から施行する。
一　第一章、第二章第二節第一款、第八十四条及び第八十六条並びに附則第二条、第三条、第五条、第十条及び第十二条から第十四条までの規定　公布の日
二　第二章第二節（第一款を除く。）、第五十七条、第七十五条（第一項第二号に係る部分に限る。）、第七十六条、第八十八条（第一項第三号及び第四号を除く。）、第九十条（第八十八条（第一項第三号及び第四号を除く。）に係る部分に限る。）及び第九十一条並びに附則第四条の規定　平成十九年四月一日

（認定の申請に関する経過措置）
第二条　第四条第一項の認定を受けようとする者は、施行日の一週間前の日から施行日の前日までの間においても、その申請を行うことができる。
2　前項の規定により認定の申請があったときは、施行日において第四条第二項の規定によりその申請があったものとみなす。

（国庫の負担の特例）
第三条　平成十八年度における第三十四条の規定の適用については、同条中「毎年度」とあるのは「平成十八年度において」と、「一部」とあるのは「全部」とする。

（有期事業に関する特例）
第四条　徴収法第二十条第一項の厚生労働省令で定める有期事業であって、附則第一条第二号に定める日前に徴収法第三条に規定する労災保険に係る労働保険の保険関係が成立したものについては、第三十五条第一項の規定は、適用しない。

（施行前の準備）
第五条　第三十七条第三項及び第四十八条第一項の政令の制定の立案については、環境大臣は、附則第一条第二号に掲げる規定の施行の日前においても中央環境審議会の意見を聴くことができる。

（見直し）
第六条　政府は、この法律の施行後五年以内に、この法律の施行の状況について検討を加え、その結果に基づいて必要な見直しを行うものとする。

附　則（平成一九年三月三一日法律二三号）（抄）

（施行期日）
第一条　この法律は、平成十九年四月一日から施行し、平成十九年度の予算から適用する。〈後略〉

附　則（平成一九年四月二三日法律三〇号）（抄）

（施行期日）
第一条　この法律は、公布の日から施行する。ただし、次の各号に掲げる規定は、当該各号に定める日から施行する。
一～二　〈略〉
三　〈前略〉附則〈中略〉第百三十条〈中略〉の規定　日本

年金機構法の施行の日〈編注・平成二二年一月一日〉

（石綿による健康被害の救済に関する法律の一部改正に伴う経過措置）

第百三十一条　附則第一条第三号に掲げる規定の施行の日前に徴収事由が生じた一般拠出金の徴収については、なお従前の例による。

（附則第三十二条の規定の適用に係る事業に関する石綿による健康被害の救済に関する法律第三十七条第一項の規定の適用に関する読替え）

第百三十二条　附則第三十二条の規定により労働保険の保険料の徴収等に関する法律第二条第一項に規定する労働保険の保険関係が成立した事業に関する附則第一条第三号に掲げる規定の施行の日の属する年度の翌年度（同日が年度の初日に当たる場合は、同号に掲げる規定の施行の日の属する年度）における石綿による健康被害の救済に関する法律第三十七条第一項の規定の適用については、同項中「徴収法第十条第二項第一号の一般保険料の計算の基礎となる賃金総額」とあるのは、「賃金総額（徴収法第十一条第二項の賃金総額をいう。）」とする。

附　則（平成一九年七月六日法律一〇九号）（抄）

（施行期日）

第一条　この法律は、平成二十二年四月一日までの間において政令で定める日〈編注・平成二〇年一二月一九日政令第三八七号により平成二二年一月一日〉から施行する。ただし、次の各号に掲げる規定は、当該各号に定める日から施行する。

一　〈前略〉附則第六十六条〈中略〉の規定　公布の日

二　〈略〉

附　則（平成一九年七月六日法律一一〇号）（抄）

（施行期日）

第一条　この法律は、平成二十年四月一日から施行する。ただし、次の各号に掲げる規定は、それぞれ当該各号に定める日から施行する。

一～三　〈略〉

四　〈前略〉附則〈中略〉第二十四条の規定　平成二十一年四月一日

五～七　〈略〉

附　則（平成二〇年六月一八日法律七七号）

（施行期日）

第一条　この法律は、公布の日から起算して六月を超えない範囲内において政令で定める日〈編注・平成二〇年九月一二日政令第二八二号により平成二〇年一二月一日〉から施行する。

（経過措置）

第二条　この法律による改正後の石綿による健康被害の救済に関する法律（以下「新法」という。）第四条第四項、第五条第三項、第六条第一項及び第十六条第二項の規定は、この法律の施行の日（以下「施行日」という。）前にされた石綿による健康被害の救済に関する法律第四条第一項の認定、同法第五条第一項の決定及びこれらに係る同法第三条の救済給付についても適用する。

2　施行日前に死亡した新法第二十条第一項第二号の未申請死亡者に係る新法第二十二条第一項の特別遺族弔慰金等の支給の請求に関する同条第三項の規定の適用については、同項中「当該未申請死亡者の死亡の時」とあるのは、「石綿による健康被害の救済に関する法律の一部を改正する法律（平成二十年法律第七十七号）の施行の日」とする。

3　新法第二十三条の規定は、石綿による健康被害の救済に関する法律第四条第三項の被認定者が平成二十年三月二十七日から施行日の前日までの間に死亡した場合についても適用する。この場合において、新法第二十三条第三項において準用する新法第十九条第二項中「被認定者が死亡した時」とあるのは、「石綿による健康被害の救済に関する法律の一部を改正する法律の施行の日」とする。

第三条　施行日前に石綿による健康被害の救済に関する法律第二十三条第一項の救済給付調整金が支給された場合には、当該救済給付調整金に係る指定疾病に関し支給すべき同法第四条第一項の医療費でまだ支給されていないもの及び同法第十六条第一項の療養手当でまだ支給されていないものの合計額が当該救済給付調整金の額を超えるときに限り、当該医療費及び当該療養手当を支給する。この場合においては、当該医療費の額又は当該療養手当の額から当該救済給付調整金の額を控除するものとする。

第四条　前二条に定めるもののほか、この法律の施行に関し必要な経過措置は、政令で定める。

附　則（平成二二年五月一日法律三六号）（抄）

（施行期日）

第一条　この法律は、平成二十二年一月一日から施行する。

<後略>

（適用区分）

第二条　この法律による改正後の<中略>石綿による健康被害の救済に関する法律（以下「石綿健康被害救済法」という。）第三十八条第一項において準用する徴収法第二十八条第一項及び附則第十二条の規定は、それぞれ、この法律の施行の日以後に納期限又は納付期限の到来する<中略>石綿健康被害救済法第三十七条第一項に規定する一般拠出金（以下「保険料等」という。）に係る延滞金について適用し、同日前に納期限又は納付期限の到来する保険料等に係る延滞金については、なお従前の例による。

（調整規定）

第八条　この法律及び日本年金機構法又は雇用保険法等の一部を改正する法律（平成十九年法律第三十号）に同一の法律の規定についての改正規定がある場合において、当該改正規定が同一の日に施行されるときは、当該法律の規定は、日本年金機構法又は雇用保険法等の一部を改正する法律によってまず改正され、次いでこの法律によって改正されるものとする。

附　則（平成二三年三月三一日法律一五号）（抄）

（施行期日）

第一条　この法律は、平成二十二年四月一日から施行する。ただし、〈中略〉附則〈中略〉第九条から第十二条までの規定は、公布の日から起算して九月を超えない範囲内において政令で定める日〈編注・平成二二年九月二九日政令第二〇五号により平成二二年一〇月一日〉から施行する。

附　則（平成二三年八月三〇日法律一〇四号）

（施行期日）

第一条　この法律は、公布の日から施行する。

（経過措置）

第二条　平成十八年三月二十七日からこの法律の施行の日の前日の五年前の日までに死亡したこの法律による改正後の石綿による健康被害の救済に関する法律（以下「新法」という。）第二条第二項の死亡労働者等に係る新法第五十九条第二項の特別遺族給付金の支給の請求に関する新法第六十四条第二項の規定の適用については、同項中「支給の請求をした日の属する月」とあるのは、「死亡労働者等の死亡の時から五年を経過した日の属する月」とする。

（見直し）

第三条　政府は、この法律の施行後五年以内に、新法の施行の状況について検討を加え、その結果に基づいて必要な見直しを行うものとする。

附　則（平成二六年五月三〇日法律四二号）（抄）

（施行期日）

第一条　この法律は、公布の日から起算して二年を超えない範囲内において政令で定める日〈編注・平成二七年一月三〇日政令第二九号により平成二八年四月一日〉から施行する。〈後略〉

一〜三　〈略〉

附　則（平成二六年六月一三日法律六九号）（抄）

（施行期日）

第一条　この法律は、行政不服審査法（平成二十六年法律第六十八号）の施行の日〈編注・平成二八年四月一日〉から施行する。

（訴訟に関する経過措置）

第六条　この法律による改正前の法律の規定により不服申立てに対する行政庁の裁決、決定その他の行為を経た後でなければ訴えを提起できないこととされる事項であって、当該不服申立てを提起しないでこの法律の施行前にこれを提起すべき期間を経過したもの（当該不服申立てが他の不服申立てに対する行政庁の裁決、決定その他の行為を経た後でなければ提起できないとされる場合にあっては、当該他の不服申立てを提起しないでこの法律の施行前にこれを提起すべき期間を経過したものを含む。）の訴えの提起については、なお従前の例による。

2　この法律の規定による改正前の法律の規定（前条の規定によりなお従前の例によることとされる場合を含む。）により異議申立てが提起された処分その他の行為であって、この法律の規定による改正後の法律の規定により審査請求に対する裁決を経た後でなければ取消しの訴えを提起することができないこととされるものの取消しの訴えの提起については、なお従前の例による。

3　不服申立てに対する行政庁の裁決、決定その他の行為の取消しの訴えであって、この法律の施行前に提起されたものについては、なお従前の例による。

石綿による健康被害の救済に関する法律施行令

改正　平成一八年　三月一〇日政令　三七号
平成一八年　五月　八日政令一九三号
平成一八年一二月二〇日政令三八九号
平成一九年　三月三一日政令一二四号
平成一九年　四月二三日政令一六一号
平成一九年　五月二五日政令一六八号
平成二〇年　三月三一日政令一一六号
平成二一年　三月二三日政令　五二号
平成二一年一二月二四日政令二九六号
平成二三年　五月一六日政令一四二号
平成二五年　四月一二日政令一二二号
平成二七年　三月二五日政令　九三号
平成二七年　三月三一日政令一三八号
平成二七年一一月一一日政令三七九号
平成二九年　七月一四日政令一九六号

（指定疾病）

第一条　石綿による健康被害の救済に関する法律（以下「法」という。）第二条第一項の政令で定める疾病は、次のとおりとする。

一　著しい呼吸機能障害を伴う石綿肺

二　著しい呼吸機能障害を伴うびまん性胸膜肥厚

（認定の有効期間）

第二条　法第六条第一項（法第七条第三項及び第八条第三項において準用する場合を含む。）の政令で定める期間は、次の各号に掲げる指定疾病の種類に応じてそれぞれ当該各号に定める期間とする。

一　中皮腫（しゅ）　五年

二　気管支又は肺の悪性新生物　五年

三　著しい呼吸機能障害を伴う石綿肺　五年

四　著しい呼吸機能障害を伴うびまん性胸膜肥厚　五年

（法第十二条第一項の政令で定める法律）

第三条　法第十二条第一項（法第十五条第三項において準用する場合を含む。）の政令で定める法律は、次のとおりとする。

一　健康保険法（大正十一年法律第七十号）

二　船員保険法（昭和十四年法律第七十三号）

三　国家公務員共済組合法（昭和三十三年法律第百二十八号。他の法律において準用し、又は例による場合を含む。）

四　国民健康保険法（昭和三十三年法律第百九十二号）

五　地方公務員等共済組合法（昭和三十七年法律第百五十二号）
六　高齢者の医療の確保に関する法律（昭和五十七年法律第八十号）
七　介護保険法（平成九年法律第百二十三号）

（医療に関する審査機関）
第四条　法第十四条第一項の政令で定める医療に関する審査機関は、社会保険診療報酬支払基金法（昭和二十三年法律第百二十九号）に定める特別審査委員会、国民健康保険法第四十五条第六項に規定する厚生労働大臣が指定する法人に設置される診療報酬の審査に関する組織及び介護保険法第百七十九条に規定する介護給付費等審査委員会とする。

（療養手当の額）
第五条　法第十六条第一項の政令で定める額は、十万三千八百七十円とする。

（葬祭料の額）
第六条　法第十九条第一項の政令で定める額は、十九万九千円とする。

（特別遺族弔慰金の額）
第七条　法第二十条第二項の政令で定める額は、二百八十万円とする。

（法第二十六条第二項の政令で定める給付）
第八条　法第二十六条第二項の政令で定める給付は、療養手当、葬祭料、特別遺族弔慰金等及び救済給付調整金の支給を受けることができる者に対し、同一の事由について、次に掲げる法律の規定のうち環境省令で定めるものに基づき支給される給付とする。
一　恩給法（大正十二年法律第四十八号。他の法律において準用する場合を含む。）
二　船員保険法
三　労働基準法（昭和二十二年法律第四十九号）
四　労働者災害補償保険法（昭和二十二年法律第五十号）
五　国会議員の歳費、旅費及び手当等に関する法律（昭和二十二年法律第八十号）
六　国会職員法（昭和二十二年法律第八十五号）
七　船員法（昭和二十二年法律第百号）
八　災害救助法（昭和二十二年法律第百十八号）
九　消防組織法（昭和二十二年法律第二百二十六号）
十　消防法（昭和二十三年法律第百八十六号）
十一　水防法（昭和二十四年法律第百九十三号）
十二　国家公務員災害補償法（昭和二十六年法律第百九十一号。他の法律において準用し、又は例による場合を含む。）
十三　戦傷病者戦没者遺族等援護法（昭和二十七年法律第百二十七号）
十四　警察官の職務に協力援助した者の災害給付に関する法律（昭和二十七年法律第二百四十五号）

十五　海上保安官に協力援助した者等の災害給付に関する法律（昭和二十八年法律第三十三号）
十六　自衛隊法（昭和二十九年法律第百六十五号）
十七　公立学校の学校医、学校歯科医及び学校薬剤師の公務災害補償に関する法律（昭和三十二年法律第百四十三号）
十八　婦人補導院法（昭和三十三年法律第十七号）
十九　連合国占領軍等の行為等による被害者等に対する給付金の支給に関する法律（昭和三十六年法律第二百十五号）
二十　災害対策基本法（昭和三十六年法律第二百二十三号）
二十一　戦傷病者特別援護法（昭和三十八年法律第百六十八号）
二十二　河川法（昭和三十九年法律第百六十七号）
二十三　地方公務員災害補償法（昭和四十二年法律第百二十一号）
二十四　日本国有鉄道改革法等施行法（昭和六十一年法律第九十三号）
二十五　国会議員の秘書の給与等に関する法律（平成二年法律第四十九号）
二十六　独立行政法人日本スポーツ振興センター法（平成十四年法律第百六十二号）
二十七　武力攻撃事態等における国民の保護のための措置に関する法律（平成十六年法律第百十二号）
二十八　刑事収容施設及び被収容者等の処遇に関する法律（平成十七年法律第五十号）
二十九　新型インフルエンザ等対策特別措置法（平成二十四年法律第三十一号）
三十　少年院法（平成二十六年法律第五十八号）

（法第二十六条第二項の給付に相当する金額）

第九条　法第二十六条第二項の政令で定めるところにより算定した額は、次の各号に掲げる場合の区分に応じて当該各号に掲げる額とする。

一　前条に規定する給付が一時金としてのみ行われるべき場合　当該一時金の価額を基礎として環境省令で定める方法により算定した額
二　前号に掲げる場合以外の場合　当該給付の価額、支給の時期及び法定利率を基礎として環境省令で定める方法により算定した額

（一般拠出金の徴収に要する費用の額）

第十条　法第三十六条の政令で定めるところにより算定した額は、当該年度における一般拠出金（法第三十七条第一項の一般拠出金をいう。以下同じ。）の返還金の額並びに一般拠出金の徴収及び法第三十八条第二項の一般拠出金事務を処理する労働保険事務組合（労働保険の保険料の徴収等に関する法律（昭和四十四年法律第八十四号）第三十三条第三項の労働保険事務組合をいう。）に関する事務に要する費用の額の合計額から法第三十四条の規定による国庫の負担額を減じて得た

額とする。

（一般拠出金率の算定方法）

第十一条　法第三十七条第一項の一般拠出金率は、次に掲げる事項を基礎として定めるものとする。

一　救済給付（法第三条の救済給付をいう。）の支給に要する費用の予想額、法第三十二条第一項の規定による交付金及び同条第二項の規定による拠出金があるときはそれらの額並びに指定疾病の発生の状況その他の事情を考慮して算定した一般拠出金及び特別拠出金の額として必要であると見込まれる金額の総額（以下「事業主の負担総額」という。）から法第四十七条第一項の規定により徴収される特別拠出金の総額の見込額を控除した額

二　平成十七年度における全国の労災保険適用事業主（法第三十五条第一項の労災保険適用事業主をいう。）がその事業に使用するすべての労働者に支払われた賃金の総額として推計した額

（徴収法を準用する場合の読替え）

第十二条　法第三十八条第一項の規定により一般拠出金について労働保険の保険料の徴収等に関する法律の規定を準用する場合における同法の規定に係る技術的読替えは、次の表のとおりとする。

読替えに係る労働保険の保険料の徴収等に関する法律の規定	読み替えられる字句	読み替える字句
第十九条第一項	保険関係が消滅したものについては、	保険関係が消滅したものについては、その保険年度の六月一日から四十日以内及び
	五十日以内	五十日以内。第三項において同じ。
	第十五条第一項第二号	第十五条第一項第一号及び第二号
	保険関係が成立し、又は消滅したものについて	保険関係が消滅した場合であつて、当該保険関係が消滅した日から五十日以内に申告書を提出するとき
第十九条第二項	第十五条第一項第一号	第十五条第一項第一号及び第二号
第十九条第三	四十日以内	四十日以内

項	
（保険年度の中途に保険関係が消滅したものについては、当該保険関係が消滅した日から五十日以内）	

（特別事業主の要件）

第十三条　法第四十七条第一項の政令で定める要件は、大気汚染防止法（昭和四十三年法律第九十七号）第二条第十項に規定する特定粉じん発生施設が設置された工場又は事業場その他石綿の使用の状況又は石綿による健康被害の発生の状況を把握するための調査で環境大臣が指定するものにより石綿が使用されていたと認められる工場又は事業場であって、次のいずれにも該当するもの（以下「特別事業場」という。）を有し、又は有していたこととする。

一　石綿の使用量（昭和二十六年から平成十七年までの各年における当該工場又は事業場において使用された石綿の量の合計量をいう。以下同じ。）が、一万トン以上であること。

二　平成七年から平成十六年までの各年における当該工場又は事業場の所在地の属する市（特別区を含む。以下同じ。）又は町村において中皮腫により死亡した者の数の合計数を十で除して得た数を当該市町村の人口（平成十七年三月三十一日において住民基本台帳法（昭和四十二年法律第八十一号）に基づき住民基本台帳に記録されている住民の数をいう。）で除して得た数に十万を乗じて得た数が、〇・五五三人以上であること。

三　昭和十四年度から平成十六年度までの各年度における当該工場又は事業場において石綿にさらされる業務に従事することにより指定疾病にかかり、これにより労働者災害補償保険法又は雇用保険法等の一部を改正する法律（平成十九年法律第三十号）第四条の規定による改正前の船員保険法の規定による保険給付を受けた者の合計の人数（以下「保険給付の受給者数」という。）が、十人以上であること。

（特別拠出金の額の算定方法）

第十四条　法第四十八条第一項の特別拠出金の額の算定方法は、法第四十七条第一項の特別事業主が有し、又は有していた特別事業場ごとに次に定めるところにより算定した額の合計額を合算するものとする。

一　事業主の負担総額に昭和二十六年から平成十七年までの各年における我が国の石綿の輸入量を合計した量（トンで表した量をいい、以下「石綿の輸入量」という。）の数値を石綿の輸入量の数値と全国の保険給付の受給者数に百七十を乗じて得た数値とを合計した数値で除して得た数値を乗じて得た額に、当該特別事業場における石綿の使用量（トンで表した量をいう。）の数値を石綿の輸入量の数値で除して得た数値を乗じて得た額

二　事業主の負担総額に全国の保険給付の受給者数に百七十を乗じて得た数値を石綿の輸入量の数値と全国の保険給付の受給者数に百七十を乗じて得た数値とを合計した数値で除して得た数値を乗じて得た額に、当該特別事業場における保険給付の受給者数を全国の保険給付の受給者数で除して得た数値を乗じて得た額

（特別遺族年金の額等）

第十五条　法第五十九条第三項の政令で定める額は、次の各号に掲げる特別遺族年金を受ける権利を有する遺族及びその者と生計を同じくしている特別遺族年金を受けることができる遺族の人数の区分に応じて当該各号に掲げる額とする。

一　一人　二百四十万円

二　二人　二百七十万円

三　三人　三百万円

四　四人以上　三百三十万円

2　特別遺族年金の額の算定の基礎となる遺族の数に増減が生じたときは、その増減を生じた月の翌月から、特別遺族年金の額を改定する。

（特別遺族一時金の額）

第十六条　法第五十九条第四項の政令で定める額は、次の各号に掲げる場合の区分に応じて当該各号に掲げる額とする。

一　法第六十二条第一号の場合　千二百万円

二　法第六十二条第二号の場合　千二百万円から法第六十二条第二号に規定する特別遺族年金の額の合計額を控除した額

（徴収法等を適用する場合の読替え）

第十七条　法第六十九条第二項の規定により同条第一項の規定による労働保険料の徴収について労働保険の保険料の徴収等に関する法律の規定を適用する場合における同法の規定の技術的読替えは、次の表のとおりとする。

読替えに係る労働保険の保険料の徴収等に関する法律の規定	読み替えられる字句	読み替える字句
第十三条	第十二条第二項	第十二条第二項（石綿による健康被害の救済に関する法律（平成十八年法律第四号。以下「石綿健康被害救済法」という。）第六十九条第二項の規定により読み替えて適用する場合を含む。）

	同条第三項	第十二条第三項（石綿健康被害救済法第六十九条第二項の規定により読み替えて適用する場合を含む。）
第十四条第一項	災害率）	災害率）、石綿健康被害救済法第五十九条第一項の特別遺族給付金（以下「特別遺族給付金」という。）の支給に要する費用の額
第十四条第二項	及び社会復帰促進等事業	、特別遺族給付金の支給及び社会復帰促進等事業
第十四条の二第一項	災害率	災害率、特別遺族給付金の支給に要する費用の額
第二十条第一項第一号	除く。）の額	除く。）の額と特別遺族給付金（石綿健康被害救済法第六十二条第二号の場合に支給される特別遺族一時金（石綿健康被害救済法第五十九条第二項の特別遺族一時金をいう。次号において同じ。）及び特定の業務に長期間従事することにより発生する疾病であつて厚生労働省令で定めるものにかかつた者（厚生労働省令で定める事業の種類ごとに、当該事業における就労期間等を考慮して厚生労働省令で定める者に限る。）に係る特別遺族給付金（次号において「特定疾病にかかつた者に係る特別遺族給付金」という。）を除く。）の額（石綿健康被害救済法第五十九条第二項の特別遺族年金（次号において「特別遺族年金」という。）については、その額は、厚生労働省令で定めるところにより算定するものとする。）
第二十条第一項第二号	除く。）の額	除く。）の額と特別遺族給付金（石綿健康被害救済法第六十二条第二号の場合に

		支給される特別遺族一時金及び特定疾病にかかつた者に係る特別遺族給付金を除く。）の額（特別遺族年金については、その額は、厚生労働省令で定めるところにより算定するものとする。）
	おけるものに要する費用	おけるものに要する費用、特別遺族年金の支給に要する費用、特定疾病にかかつた者に係る特別遺族給付金に要する費用、有期事業に係る業務災害に関する特別遺族給付金で当該事業が終了した日から九箇月を経過した日以後におけるものに要する費用

第十八条　法第六十九条第二項の規定により労働保険の保険料の徴収等に関する法律の規定を適用する場合における労働保険の保険料の徴収等に関する法律施行令（昭和四十七年政令第四十六号）第二条の規定の適用については、同条中「第十二条第二項」とあるのは「第十二条第二項（石綿による健康被害の救済に関する法律（平成十八年法律第四号）第六十九条第二項の規定により読み替えて適用する場合を含む。）」と、「保険給付に要する費用の予想額」とあるのは「保険給付に要する費用の予想額並びに過去三年間の特別遺族給付金（石綿による健康被害の救済に関する法律第五十九条第一項の特別遺族給付金をいう。以下この条において同じ。）の受給者数及び平均受給期間その他の事項に基づき算定した特別遺族給付金の支給に要する費用の予想額」と、「費用の額」とあるのは「費用の額、特別遺族給付金の支給に要する費用の額」とする。

＜編注＞本条は、次のように改正され、平成三二年四月一日から施行される。

第十八条　法第六十九条第二項の規定により労働保険の保険料の徴収等に関する法律の規定を適用する場合における労働保険の保険料の徴収等に関する法律施行令（昭和四十七年政令第四十六号）の規定の適用については、同令本則中「第十二条第二項」とあるのは「第十二条第二項（石綿による健康被害の救済に関する法律（平成十八年法律第四号）第六十九条第二項の規定により読み替えて適用する場合を含む。）」と、「保険給付に要する費用の予想額」とあるのは「保険給付に要する費用の予想額並びに過去三年間の特別遺族給付金（石綿による健康被害の救済に関する法律第五十九条第一項の特別遺族給付金をいう。以下同じ。）の受給者数及び平均受給期間その他の事項に基づき算定した特別遺族給付金の支給に要する費用の予想額」と、「費用の額」とあるのは「費用の額、特別遺族給付金の支給に要する費用の額」とする。

第十九条　法第六十九条第三項の規定により特別遺族給付金の支給に要する費用について特別会計に関する法律（平成十九年法律第二十三号）の規定を適用する場合における同法の規定の技術的読替えは、次の表のとおりとする。

読替えに係る特別会計に関する法律の規定	読み替えられる字句	読み替える字句
第九十九条第一項第二号ヘ	業務取扱費（	業務取扱費（石綿による健康被害の救済に関する法律（平成十八年法律第四号）第五十九条第一項の特別遺族給付金の支給に係る業務取扱費を含み、
第百三条第一項	労災保険事業の保険給付費	労災保険事業の保険給付費（石綿による健康被害の救済に関する法律第六十九条第三項の規定により労災保険事業の保険給付費とみなされた同法第五十九条第一項の特別遺族給付金の支給に要する費用を含む。第五項において同じ。）

附　則（抄）

（施行期日）

第一条　この政令は、法の施行の日（平成十八年三月二十七日）から施行する。〈後略〉

附　則（平成一八年五月八日政令一九三号）

この政令は、刑事施設及び受刑者の処遇等に関する法律の施行の日（平成十八年五月二十四日）から施行する。

附　則（平成一八年一二月二〇日政令三八九号）（抄）

（施行期日）

第一条　この政令は、平成十九年四月一日から施行する。

附　則（平成一九年三月三一日政令一二四号）（抄）

（施行期日等）

第一条　この政令は、平成十九年四月一日から施行し、平成十九年度の予算から適用する。〈後略〉

附　則（平成一九年四月二三日政令一六二号）（抄）

（施行期日）

第一条　この政令は、公布の日から施行する。

附　則（平成一九年五月二五日政令一六八号）（抄）

（施行期日）

1　この政令は、刑事施設及び受刑者の処遇等に関する法律の一部を改正する法律の施行の日（平成十九年六月一日）から施行する。

附　則（平成二〇年三月三一日政令一一六号）（抄）

（施行期日）

第一条　この政令は、平成二十年四月一日から施行する。

附　則（平成二一年三月二三日政令五二号）

この政令は、平成二十一年四月一日から施行する。

附　則（平成二一年一二月二四日政令二九六号）（抄）

（施行期日）

第一条　この政令は、平成二十二年一月一日から施行する。

＜後略＞

附　則（平成二二年五月二六日政令一四二号）

（施行期日）

第一条　この政令は、平成二十二年七月一日から施行する。

（経過措置）

第二条　この政令による改正後の第一条の規定により指定疾病となる疾病に関し、石綿による健康被害の救済に関する法律の規定を適用する場合には、同法第二十条第一項第一号中「施行日」とあるのは「石綿による健康被害の救済に関する法律施行令の一部を改正する政令（平成二十二年政令第百四十二号）の施行の日」と、同項第二号及び同法第二十二条第二項中「施行日」とあるのは「石綿による健康被害の救済に関する法律施行令の一部を改正する政令の施行の日」とする。

附　則（平成二五年四月一二日政令一二三号）（抄）

（施行期日）

第一条　この政令は、法の施行の日（平成二十五年四月十三日）から施行する。

附　則（平成二七年三月二五日政令九三号）（抄）

（施行期日）

1　この政令は、少年院法の施行の日（平成二十七年六月一日）から施行する。

附　則（平成二七年三月三一日政令一三八号）（抄）

（施行期日）

第一条　この政令は、平成二十七年四月一日から施行する。

＜後略＞

一・二　＜略＞

附　則（平成二七年一一月二一日政令三七九号

この政令は、大気汚染防止法の一部を改正する法律の施行の日から施行する。

附　則（平成二九年七月一四日政令一九六号）（抄）

（施行期日）

1　この政令は、平成三十二年四月一日から施行する。

厚生労働省関係石綿による健康被害の救済に関する法律施行規則

平成一八年　三月一七日厚生労働省令　三九号

改正
平成一九年　三月二七日厚生労働省令　三二号
平成一九年　九月二五日厚生労働省令一一二号
平成二〇年　三月三一日厚生労働省令　六七号
平成二一年　三月三一日厚生労働省令　七四号
平成二一年一二月二八日厚生労働省令一六七号
平成二三年　七月　一日厚生労働省令　八九号
平成二三年　九月二九日厚生労働省令一〇七号
平成二三年　一月一三日厚生労働省令　四号
平成二三年　一月三一日厚生労働省令　一二号
平成二三年一二月二八日厚生労働省令一五六号
平成二四年　九月一一日厚生労働省令一二五号
平成二四年　九月二八日厚生労働省令一三五号
平成二七年　九月二九日厚生労働省令一五〇号
平成二七年一二月　九日厚生労働省令一六八号
平成三〇年一一月三〇日厚生労働省令一三七号

目次

第一章　総則（第一条・第二条）
第二章　一般拠出金の納付の手続等（第二条の二―第二条の十）
第三章　特別遺族給付金の請求の手続等（第三条―第二十七条）
附則

第一章　総則

（事務の所轄）

第一条　石綿による健康被害の救済に関する法律（以下「法」という。）第三十五条第一項の規定により労災保険適用事業主（同項の労災保険適用事業主をいう。以下同じ。）から徴収する一般拠出金（以下「一般拠出金」という。）に関する事務（第三項の事務を除く。）並びに次項の規定による労働基準監督署長及び公共職業安定所長に対する指揮監督に関する事務は、第二条の三の規定により官署支出官（予算決算及び会計令（昭和二十二年勅令第百六十五号）第一条第二号に規定する官署支出官をいう。以下同じ。）が行う法第三十八条第一項の規定により準用する労働保険の保険料の徴収等に関する法律（以下「徴収法」という。）第十九条第六項の規定による還付金の還付に関する事務を除き、厚生労働大臣の指揮監督を受けて、事業場の所在地を管轄する都道府県労働局長（事業場が二以上の都道府県労働局の管轄区域にまたがる場合には、その事業の主たる事務所の所在地を管轄する都道府県労働局長。以下「所轄都道府県労働局長」という。）が行う。

2　前項の事務のうち次章の規定による事務は、都道府県労働局長の指揮監督を受けて、次の区分に従い、事業場の所在地を管轄する労働基準監督署長（事業場が二以上の労働基準監督署の管轄区域にまたがる場合には、その事業の主たる事務所の所在地を管轄する労働基準監督署長。以下「所轄労働基準監督署長」という。）又は事業場の所在地を管轄する公共職業安定所長（事業場が二以上の公共職業安定所の管轄区域にまたがる場合には、その事業の主たる事務所の所在地を管轄する公共職業安定所長。以下「所轄公共職業安定所長」という。）が行う。

一　徴収法第三十九条第一項に定める事業以外の事業（以下「一元適用事業」という。）のうち労働保険事務組合（徴収法第三十三条第三項の労働保険事務組合をいう。以下同じ。）に一般拠出金の納付その他一般拠出金に関する事項（以下「一般拠出金事務」という。）の処理を委託しないもの及び徴収法第三条の労働者災害補償保険（以下「労災保険」という。）に係る労働保険の保険関係（以下「労災保険の保険関係」という。）が成立している事業のうち徴収法第三十九条第一項に定める事業並びに労災保険の保険関係のみが成立している事業に係る事務　所轄労働基準監督署長

二　一元適用事業のうち労働保険事務組合に一般拠出金事務の処理を委託するものに係る事務　所轄公共職業安定所長

3　一般拠出金及びこれに係る徴収金の徴収に関する事務は、事業場の所在地を管轄する都道府県労働局労働保険特別会計歳入徴収官（事業場が二以上の都道府県労働局の管轄区域にまたがる場合には、その事業の主たる事務所の所在地を管轄する都道府県労働局労働保険特別会計歳入徴収官。以下「所轄都道府県労働局歳入徴収官」という。）が行う。

4　法第六十五条、第六十六条、第七十条、第七十一条、第七十三条及び第七十四条に規定する厚生労働大臣の権限は、都道府県労働局長に委任する。ただし、厚生労働大臣が自らその権限を行うことを妨げない。

5　前項の規定により都道府県労働局長に委任された権限のうち労働基準監督署の管轄区域に係るものは、当該労働基準監督署長に委任する。ただし、都道府県労働局長が自らその権限を行うことを妨げない。

6　法第五十九条第一項に規定する特別遺族給付金（以下「特別遺族給付金」という。）に関する事務は、厚生労働省労働基準局長の指揮監督を受けて、所轄都道府県労働局長が行う。

7　前項の事務のうち特別遺族給付金の支給に関する事務は、都道府県労働局長の指揮監督を受けて、所轄労働基準監督署長が行う。

（対象疾病）

第二条　法第二条第二項の厚生労働省令で定める疾病は、じん肺管理区分が管理四に相当すると認められる者に係る石綿肺（石綿による健康被害の救済に関する法律施行令（以下「令」という。）第一条第一号に規定する疾病を除く。）、じん肺管理区分が管理二若しくは管理三に相当すると認められる者に係る石綿肺と合併したじん肺法施行規則（昭和三十五年労働省令第六号）第一条第一号から第五号までに掲げる疾病又は良性石綿胸水とする。

第二章　一般拠出金の納付の手続等

（一般拠出金申告書）

第二条の二　法第三十八条第一項の規定により読み替えて準用する徴収法第十九条第一項及び第二項の厚生労働省令で定める事項は、次のとおりとする。

一　労働保険番号

二　労災保険適用事業主の氏名又は名称及び住所又は所在地

三　賃金総額（法第三十七条第一項の賃金総額をいう。）

四　一般拠出金率（法第三十七条第三項の規定により定められる一般拠出金率をいう。）

五　事業に係る労働者数

六　労災保険適用事業主が法人番号（行政手続における特定の個人を識別するための番号の利用等に関する法律（平成二十五年法律第二十七号）第二条第十五項に規定する法人番号をいう。）を有する場合には、当該労災保険適用事業主の法人番号

（一般拠出金の還付）

第二条の三　労災保険適用事業主が、法第三十八条第一項の規定により準用する徴収法第十九条第四項の規定による通知を受けた日の翌日から起算して十日以内に、既に納付した一般拠出金の額のうち、同項の規定による通知を受けた一般拠出金の額を超える額（以下「超過額」という。）の還付を請求したときは、官署支出官又は事業場の所在地を管轄する都道府県労働局労働保険特別会計資金前渡官吏（以下「所轄都道府県労働局資金前渡官吏」という。）は、その超過額を還付するものとする。

2　前項の規定による請求は、次に掲げる事項を記載した請求書を官署支出官又は所轄都道府県労働局資金前渡官吏（第二条の五第二項第一号の一般拠出金に係る一般拠出金還付請求書にあっては、所轄都道府県労働局長及び所轄労働基準監督署長を経由して官署支出官又は所轄労働基準監督署長を経由して所轄都道府県労働局資金前渡官吏）に提出することによって行わなければならない。

一　労働保険番号

二　労災保険適用事業主の氏名又は名称及び住所又は所在地

三　次のイ及びロに掲げる者の区分に応じ、当該イ及びロに定める事項

イ　払渡しを受ける機関に金融機関を希望する者（ロに掲げる者を除く。）　払渡希望金融機関の名称及び預金口座の口座番号

ロ　払渡しを受ける機関に郵便貯金銀行（郵政民営化法（平成十七年法律第九十七号）第九十四条に規定する郵便貯金銀行をいう。以下同じ。）の営業所又は郵便局（簡易郵便局法（昭和二十四年法律第二百十三号）第二条に規定する郵便窓口業務を行う日本郵便株式会社の営業所であって郵便貯金銀行を所属銀行とする銀行代理業（銀行法（昭和五十六年法律第五十九号）第二条第十四項に規定する銀行代理業をいう。）の業務を行うものをいう。以下同じ。）を希望する者（預金口座への払込みを希望する者を除く。）　払渡希望郵便貯金銀行の営業所又は郵便局の名称及び所在地

四　還付額及び還付理由

（一般拠出金の充当）

第二条の四　前条第二項の請求がない場合には、所轄都道府県労働局歳入徴収官は、前条第一項の超過額を未納の一般拠出金その他法第三十八条第一項において準用する徴収法の規定による徴収金又はその保険年度の労働保険料（徴収法第十条第二項の労働保険料をいう。以下この条において同じ。）若しくは未納の労働保険料その他徴収法の規定による徴収金に充当するものとする。

2　所轄都道府県労働局歳入徴収官は、前項の規定により、未納の一般拠出金その他法第三十八条第一項の規定により準用する徴収法の規定による徴収金又はその保険年度の労働保険料若しくは未納の労働保険料その他徴収法の規定による徴収金に充当したときは、その旨を労災保険適用事業主に通知しなければならない。

（一般拠出金の申告及び納付）

第二条の五　一般拠出金申告書は、所轄都道府県労働局歳入徴収官に提出しなければならない。

2　前項の規定による申告書の提出は、次の区分に従い、日本銀行（本店、支店、代理店及び歳入代理店をいう。以下同じ。）、年金事務所（日本年金機構法（平成十九年法律第百九号）第二十九条の年金事務所をいう。以下同じ。）又は労働基準監督署を経由して行うことができる。

一　一般拠出金申告書（法第三十八条第一項の規定により準用する徴収法第二十一条の二第一項の承認を受けて一般拠出金の納付を金融機関に委託して行う場合に提出するものを除く。次号及び第三号において同じ。）であって、第一条第二項第一号の事業（事業の期間が予定される事業（以下「有期事業」という。）以外の事業（労働保険事務組合に一般拠出金事務の処理が委託されているものを除く。）に限

る。）についての一般拠出金に係るもの（厚生年金保険法（昭和二十九年法律第百十五号）による厚生年金保険又は健康保険法（大正十一年法律第七十号）による健康保険の適用事業所（以下「社会保険適用事業所」という。）の事業主が法第三十八条第一項の規定により読み替えて準用する徴収法第十九条第一項の規定により六月一日から四十日以内に提出するものに限る。）　日本銀行、年金事務所又は労働基準監督署

二　一般拠出金申告書であって、第一条第二項第一号の事業についての一般拠出金に係るもの（第一号に掲げるものを除く。）　日本銀行又は労働基準監督署

三　一般拠出金申告書であって、第一条第二項第二号の事業についての一般拠出金に係るもの　日本銀行

四　法第三十八条第一項の規定により準用する徴収法第二十一条の二第一項の承認を受けて一般拠出金の納付を金融機関に委託して行う場合に提出する一般拠出金申告書であって、第一条第二項第一号の事業についての一般拠出金に係るもの　労働基準監督署

3　一般拠出金その他法第三十八条第一項の規定により準用する徴収法の規定による徴収金は、次の区分に従い、日本銀行又は都道府県労働局労働保険特別会計収入官吏（以下「都道府県労働局収入官吏」という。）若しくは労働基準監督署労働保険特別会計収入官吏（以下「労働基準監督署収入官吏」という。）に納付しなければならない。

一　第一条第二項第一号の事業についての一般拠出金及びこれに係る徴収金　日本銀行又は都道府県労働局収入官吏若しくは労働基準監督署収入官吏

二　第一条第二項第二号の事業についての一般拠出金及びこれに係る徴収金　日本銀行又は都道府県労働局収入官吏

4　一般拠出金その他法第三十八条第一項の規定により準用する徴収法の規定による徴収金の納付は、納入告知書に係るものを除き納付書によって行わなければならない。

5　法第三十八条第一項の規定により準用する徴収法第二十一条第三項において準用する徴収法第十七条第二項及び法第三十八条第一項の規定により準用する徴収法第十九条第四項の規定による通知は、所轄都道府県労働局歳入徴収官が納入告知書によって行わなければならない。

（労働保険の保険料の徴収等に関する法律施行規則の準用）

第二条の六　労働保険の保険料の徴収等に関する法律施行規則（昭和四十七年労働省令第八号。以下「徴収則」という。）第三十八条の二から第三十八条の五までの規定は口座振替による一般拠出金の納付について、徴収則第六十一条の規定は一般拠出金その他法第三十八条第一項の規定により準用する徴収法の規定による徴収金に関する公示送達について、徴収則第六十二条第三項の規定は一般拠出金事務の処理の委託を受けることができる事業の行われる地域についての指示につい

て、徴収則第七十二条の規定は法第三十八条第一項の規定により準用する徴収法又はこの章の規定による書類について、徴収則第七十三条及び第七十八条第二項の規定は労災保険適用事業主の代理人について、徴収則第七十四条の規定は法第三十八条第一項の規定により読み替えて準用する徴収法第四十二条の規定による命令について、徴収則第七十五条の規定は徴収法第三十八条第一項の規定により準用する徴収法第四十三条第二項の証票について、それぞれ準用する。この場合において、徴収則第三十八条の二中「事業主」とあるのは「労災保険適用事業主」と、「所轄都道府県労働局歳入徴収官」とあるのは「厚生労働省関係石綿による健康被害の救済に関する法律施行規則（以下「石綿則」という。）第一条第二項第一号の事業の労災保険適用事業主にあつては所轄労働基準監督署長を経由して、石綿則第一条第二項第二号の事業の労災保険適用事業主にあつては所轄公共職業安定所長を経由して、所轄都道府県労働局歳入徴収官」と、徴収則第三十八条の四中「法第十五条第一項又は第二項の規定により納付すべき労働保険料及び法第十八条の規定により延納する場合における法第十五条第一項又は第三項の労働保険料並びに法第十九条第三項の規定により納付すべき労働保険料」とあるのは「石綿による健康被害の救済に関する法律（以下「石綿健康被害救済法」という。）第三十八条第一項の規定により読み替えて準用する法第十九条第三項の規定により納付すべき一般拠出金」と、徴収則第三十八条の五中「第三十八条の三」とあるのは「石綿則第二条の六の規定により読み替えて準用する第三十八条の三」と、徴収則第七十二条中「事業主」とあるのは「労災保険適用事業主」と、「この省令」とあるのは「石綿則第二章」と、「三年間（第六十八条第三号の帳簿にあつては、四年間）」とあるのは「三年間」と、徴収則第七十三条第一項中「この省令」とあるのは「石綿則第二章」と、徴収則第七十五条中「様式第三号」とあるのは「石綿則様式第一号」と、徴収則第七十八条第二項中「第四条第二項、第五条第二項又は」とあるのは「石綿則第二条の六の規定により読み替えて準用する」と、それぞれ読み替えるものとする。

（帳簿の備付け）

第二条の七　法第三十八条第三項の規定により準用する徴収法第三十六条の規定により労働保険事務組合が備えておかなければならない帳簿は、次のとおりとする。

一　一般拠出金事務の処理を委託している労災保険適用事業主ごとに次に掲げる事項を記載した労働保険事務等処理委託事業主名簿

イ　当該労災保険適用事業主の事業が五人未満委託事業（労働保険事務組合に対する報奨金に関する省令（昭和四十八年労働省令第二十三号）第二条第一項第六号に規定する五人未満委託事業をいう。次号イにおいて同じ。）、五人以上十五人以下委託事業（同項第七号に規定

する五人以上十五人以下委託事業をいう。次号イにおいて同じ。）又はそれ以外の事業のいずれの事業に該当するかの別
ロ　当該労災保険適用事業主が事業主の団体の構成員である事業主若しくはその連合団体を構成する団体の構成員である事業主又はそれ以外の事業主のいずれの事業主に該当するかの別
ハ　当該労災保険適用事業主の事業の労働保険番号、徴収法第十二条第三項の規定の適用の有無、成立している保険関係、事業の名称、事業の行われる場所及び事業の種類
ニ　当該労働保険適用事業主から一般拠出金事務の処理を委託された、又は解除された年月日
ホ　当該事業に使用する第一種特別加入者（徴収則第二十一条第一項に規定する第一種特別加入者をいう。次号へにおいて同じ。）、第二種特別加入者（徴収則第二十二条第一項に規定する第二種特別加入者をいう。同号へにおいて同じ。）及び第三種特別加入者（徴収則第十八条の二に規定する第三種特別加入者をいう。同号へにおいて同じ。）に関する事項
二　一般拠出金事務の処理を委託している労災保険適用事業主ごとに次に掲げる事項を記載した労働保険料等徴収及び納付簿
イ　当該労災保険適用事業主の事業が五人未満委託事業、五人以上十五人以下委託事業又はそれ以外の事業のいずれの事業に該当するかの別
ロ　当該労災保険適用事業主の事業の労働保険番号、事業の名称、事業の行われる場所、事業の種類及び成立している保険関係
ハ　当該労災保険適用事業主から一般拠出金事務の処理を委託された年月日
ニ　当該労災保険適用事業主が納付すべき一般拠出金の額、その納期限、労働保険事務組合が当該労災保険適用事業主から領収した額及びそのうち政府へ納付した額並びに当該一般拠出金の督促に係る事項
ホ　当該労災保険適用事業主に還付した一般拠出金の額及び還付年月日
へ　当該事業に使用する第一種特別加入者、第二種特別加入者及び第三種特別加入者に関する事項

（委託等の届出）

第二条の八　労働保険事務組合は、一般拠出金事務の処理の委託があったときは、遅滞なく、次に掲げる事項を記載した届書を、その主たる事務所の所在地を管轄する公共職業安定所長（労働保険事務組合であって、労災保険適用事業主から処理を委託される一般拠出金事務が労災保険の保険関係が成立している事業のうち徴収法第三十九条第一項に定める事業の

みに係るものについては、その主たる事務所の所在地を管轄する労働基準監督署長）を経由して、その主たる事務所の所在地を管轄する都道府県労働局長に提出しなければならない。

一　一般拠出金事務の処理を委託した労災保険適用事業主の氏名又は名称及び住所又は所在地

二　一般拠出金事務の処理を委託した労災保険適用事業主が行う事業の名称、当該事業の行われる場所、当該事業の概要、当該事業の種類及び当該事業に係る労働者数

三　労働保険事務組合の名称、所在地及び代表者の氏名

四　労働保険事務組合が処理を委託された一般拠出金事務の内容

五　一般拠出金事務の処理を委託された年月日

２　労働保険事務組合は、一般拠出金事務の処理の委託の解除があったときは、遅滞なく、次に掲げる事項を記載した届書を、その主たる事務所の所在地を管轄する公共職業安定所長（労働保険事務組合であって、労災保険適用事業主から処理を委託される一般拠出金事務が労災保険の保険関係が成立している事業のうち徴収法第三十九条第一項に定める事業のみに係るものについては、その主たる事務所の所在地を管轄する労働基準監督署長）を経由して、その主たる事務所の所在地を管轄する都道府県労働局長に提出しなければならない。

一　労働保険事務組合の名称、所在地及び代表者の氏名

二　一般拠出金事務の処理の委託を解除した労災保険適用事業主の氏名又は名称及び住所又は所在地

三　一般拠出金事務の処理の委託を解除した労災保険適用事業主が行う事業の労働保険番号、当該事業の名称及び当該事業の行われる場所

四　一般拠出金事務の処理の委託を解除された年月日

五　一般拠出金事務の処理の委託を解除された理由

（管轄の特例）

第二条の九　労働保険事務組合にその処理を委託された一般拠出金事務については、当該労働保険事務組合の主たる事務所の所在地を管轄する都道府県労働局長及び公共職業安定所長並びに都道府県労働局労働保険特別会計歳入徴収官（労働保険事務組合であって、労災保険適用事業主から処理を委託される一般拠出金事務が労災保険の保険関係が成立している事業のうち徴収法第三十九条第一項に定める事業のみに係るものについては、その主たる事務所の所在地を管轄する都道府県労働局長及び労働基準監督署長並びに都道府県労働局労働保険特別会計歳入徴収官）を、それぞれ、所轄都道府県労働局長及び所轄公共職業安定所長並びに所轄都道府県労働局歳入徴収官（労働保険事務組合であって、労災保険適用事業主から処理を委託される一般拠出金事務が労災保険の保険関係が成立している事業のうち徴収法第三十九条第一項に定める事業のみに係るものについては、所轄都道府県労働局長及び

所轄労働基準監督署長並びに所轄都道府県労働局歳入徴収官）とする。

（電子情報処理組織による申告書等の提出）

第二条の十　この章の規定により、労災保険適用事業主が官署支出官、労働基準監督署長若しくは公共職業安定所長又は都道府県労働局労働保険特別会計歳入徴収官若しくは都道府県労働局労働保険特別会計資金前渡官吏（以下この条において「労働基準監督署長等」という。）に対して行う申告書、請求書、申出に係る書面等の提出（以下この条において「申告書等の提出」という。）について、社会保険労務士又は社会保険労務士法人（以下「社会保険労務士等」という。）が、行政手続等における情報通信の技術の利用に関する法律（平成十四年法律第百五十一号。以下「情報通信技術利用法」という。）第三条第一項の規定により同項に規定する電子情報処理組織を使用して社会保険労務士法（昭和四十三年法律第八十九号）第二条第一項第一号の二の規定に基づき当該申告書等の提出を労災保険適用事業主に代わって行う場合には、当該社会保険労務士等が当該労災保険適用事業主の職務を代行する契約を締結していることにつき証明することができる電磁的記録（情報通信技術利用法第二条第五号に規定する電磁的記録をいう。以下同じ。）を当該申告書等の提出と併せて送信することをもって、厚生労働省の所管する法令に係る行政手続等における情報通信の技術の利用に関する法律施行規則（平成十五年厚生労働省令第四十号）第四条第一項の規定にかかわらず、電子署名を行い、同項各号に掲げる電子証明書を当該申告書等の提出と併せて送信することに代えることができる。

2　この章の規定により、労災保険適用事業主が労働基準監督署長等に対して行う申告書等の提出について、労働保険事務組合が、情報通信技術利用法第三条第一項の規定により同項に規定する電子情報処理組織を使用して法第三十八条第二項の規定に基づき労災保険適用事業主の委託を受けて処理する場合には、当該労働保険事務組合が当該労災保険適用事業主が行うべき一般拠出金事務の委託を受けていることにつき証明することができる電磁的記録を当該申告書等の提出と併せて送信することをもって、厚生労働省の所管する法令に係る行政手続等における情報通信の技術の利用に関する法律施行規則第四条第一項の規定にかかわらず、電子署名を行い、同項各号に掲げる電子証明書を当該申告書等の提出と併せて送信することに代えることができる。

3　第二条の八の規定により、労働保険事務組合が、都道府県労働局長に対して行う届書の提出を情報通信技術利用法第三条第一項の規定により同項に規定する電子情報処理組織を使用して行う場合には、当該届書に係る労災保険適用事業主からの一般拠出金事務の処理の委託又はその解除があったことにつき証明することができる電磁的記録を当該届書の提出と併せて送信することをもって、厚生労働省の所管する法令に係る行政手続等における情報通信の技術の利用に関する法律施行規則第四条第二項の規定にかかわらず、当該労災保険適用事業主の電子署名が行われた情報及び当該電子署名に係る同条第一項各号に掲げる電子証明書を当該届書の提出と併せて送信することに代えることができる。

第三章　特別遺族給付金の請求の手続等

（特別遺族年金を受ける遺族の障害の状態）

第三条　法第六十条第一項第二号ニの厚生労働省令で定める障害の状態は、労働者災害補償保険法施行規則（昭和三十年労働省令第二十二号）第十五条に規定する障害の状態とする。

（法第六十九条第二項及び令第十七条の規定により読み替えて適用する徴収法の特定疾病等）

第四条　法第六十九条第二項の規定により読み替えて適用する徴収法第十二条第三項及び令第十七条の規定により読み替えて適用する徴収法第二十条第一項の厚生労働省令で定める疾病は、次の表の第二欄に掲げる疾病とし、法第六十九条第二項の規定により読み替えて適用する徴収法第十二条第三項及び令第十七条の規定により読み替えて適用する徴収法第二十条第一項の厚生労働省令で定める事業の種類は、同表の第二欄に掲げる疾病に応じ、それぞれ同表の第三欄に掲げる事業とし、法第六十九条第二項の規定により読み替えて適用する徴収法第十二条第三項及び令第十七条の規定により読み替えて適用する徴収法第二十条第一項の厚生労働省令で定める者は、同表の第三欄に掲げる事業の種類に応じ、それぞれ同表の第四欄に定める者とする。

一	石綿による中皮腫又は気管支若しくは肺の悪性新生物	港湾貨物取扱事業又は港湾荷役業	第三欄に掲げる事業の種類に属する労災保険適用事業主を異にする二以上の事業場において石綿にさらされる業務に従事し、又は従事したことのある死亡労働者等であって、当該死亡労働者等について第二欄に掲げる疾病の発生の原因となった業務に従事した最後の事業場の事業主に日々又は二月以内の期間を定めて使用され、又は使用されたもの（二月を超えて使用されるに至ったものを除く。）
		建設の事業	第三欄に掲げる事業の種

				類に属する労災保険適用事業主を異にする二以上の事業場において石綿にさらされる業務に従事し、又は従事したことのある死亡労働者等であって、当該死亡労働者等について第二欄に掲げる疾病の発生の原因となった業務に従事した最後の事業場において当該業務に従事した期間（当該死亡労働者等が、当該最後の事業場に使用されるまでの間引き続いて当該最後の事業場の事業主の他の事業場に使用されていた場合にあっては、当該使用されていた期間のうち当該業務に従事した期間を通算した期間。次項の第四欄において「特定業務従事期間」という。）が第一欄に掲げる疾病のうち石綿による中皮腫については一年、石綿による気管支又は肺の悪性新生物については十年に満たないもの
	二	じん肺管理区分が管理四に相当すると認められる者に係る石綿肺又はじん肺管理区分が管理二若しくは管理三に相当すると認められる者に係る石綿肺と合併したじん肺法施行規則第一条第一号から第五号までに掲げ	建設の事業	第三欄に掲げる事業の種類に属する労災保険適用事業主を異にする二以上の事業場において石綿にさらされる業務に従事し、又は従事したことのある死亡労働者等であって、特定業務従事期間が三年に満たないもの

る疾病

（法第六十九条第二項及び令第十七条の規定により読み替えて適用する徴収法における特別遺族年金の額の算定）

第五条　法第六十九条第二項の規定により読み替えて適用する徴収法第十二条第三項及び令第十七条の規定により読み替えて適用する徴収法第二十条第一項の厚生労働省令で定めるところにより算定する特別遺族年金（法第五十九条第二項の特別遺族年金をいう。以下同じ。）の額は、千二百万円とする。

（特別遺族年金の請求）

第六条　特別遺族年金の支給を受けようとする者（次条第一項の規定に該当する者を除く。）は、次に掲げる事項を記載した請求書を、所轄労働基準監督署長に提出しなければならない。

一　死亡労働者等の氏名及び生年月日

二　請求人及び請求人以外の特別遺族年金を受けることができる遺族の氏名、生年月日、住所、死亡労働者等との関係及び第三条に規定する障害の状態の有無

三　事業の名称及び事業場の所在地

四　死亡の年月日

五　第三号の事業場において石綿にさらされる業務に従事した期間及びその内容

六　第三号の事業場以外の事業場における石綿にさらされる業務に係る従事歴がある場合にあっては、その従事した期間及びその内容

七　特別遺族年金の支給を受けることとなる場合において当該特別遺族年金の払渡しを受けることを希望する金融機関の名称及び当該払渡しに係る預金通帳の記号番号又は当該特別遺族年金の払渡しを受けることを希望する郵便貯金銀行の営業所若しくは郵便局の名称

2　前項第五号に掲げる事項については、労災保険適用事業主の証明を受けなければならない。

3　第一項の請求書には、次に掲げる書類その他の資料を添えなければならない。

一　死亡労働者等に関して市町村長（特別区の区長を含むものとし、地方自治法（昭和二十二年法律第六十七号）第二百五十二条の十九第一項の指定都市にあっては、区長又は総合区長とする。以下同じ。）に提出した死亡診断書、死体検案書又は検視調書に記載してある事項についての戸籍法（昭和二十二年法律第二百二十四号）第四十八条第二項の規定により発行される証明書（当該証明書を得ることができない正当な理由があるときはこれに代わる適当な書類）

二　請求人及び第一項第二号の遺族と死亡労働者等との身分関係を証明することができる戸籍の謄本又は抄本

三　請求人又は第一項第二号の遺族が死亡労働者等と婚姻の届出をしていないが事実上婚姻関係と同様の事情にあった者であるときは、その事実を証明することができる書類

四　請求人及び第一項第二号の遺族（死亡労働者等の死亡の当時胎児であった子を除く。）が死亡労働者等の収入によって生計を維持していたことを証明することができる書類

五　請求人及び第一項第二号の遺族のうち、第三条に規定する障害の状態にあることにより特別遺族年金を受けることができる遺族である者については、その者が死亡労働者等の死亡の時から引き続きその障害の状態にあることを証明することができる医師又は歯科医師の診断書その他の資料

六　第一項第二号の遺族のうち、請求人と生計を同じくしている者については、その事実を証明することができる書類

第七条　法第六十一条第一項後段又は法第六十四条第二項の規定により準用する労働者災害補償保険法（昭和二十二年法律第五十号。以下「労災保険法」という。）第十六条の五第一項後段の規定により新たに特別遺族年金の受給権者となった者は、その先順位者が既に特別遺族年金の支給の決定を受けた後に特別遺族年金の支給を受けようとするときは、次に掲げる事項を記載した請求書を、所轄労働基準監督署長に提出しなければならない。

一　死亡労働者等の氏名及び生年月日

二　請求人の氏名、生年月日、住所及び死亡労働者等との関係

三　請求人と生計を同じくしている特別遺族年金を受けることができる遺族の氏名

四　特別遺族年金の支給を受けることとなる場合において当該特別遺族年金の払渡しを受けることを希望する金融機関の名称及び当該払渡しに係る預金通帳の記号番号又は当該特別遺族年金の払渡しを受けることを希望する郵便貯金銀行の営業所若しくは郵便局の名称

2　前項の請求書には、次に掲げる書類その他の資料を添えなければならない。

一　請求人及び前項第三号の遺族と死亡労働者等との身分関係を証明することができる戸籍の謄本又は抄本

二　請求人及び前項第三号の遺族のうち、第三条に規定する障害の状態にあることにより特別遺族年金を受けることができる遺族である者については、その者が死亡労働者等の死亡の時から引き続きその障害の状態にあることを証明することができる医師又は歯科医師の診断書その他の資料

三　前項第三号の遺族については、その者が請求人と生計を同じくしていることを証明することができる書類

（請求等についての代表者）

第八条　特別遺族年金を受ける権利を有する者が二人以上あるときは、これらの者は、そのうち一人を、特別遺族年金の請求及び受領についての代表者に選任しなければならない。ただし、世帯を異にする等やむをえない事情のため代表者を選任することができないときは、この限りでない。

2　前項の規定により代表者を選任し、又はその代表者を解任したときは、遅滞なく、文書で、その旨を所轄労働基準監督署長に届け出なければならない。この場合においては、併せてその代表者を選任し、又は解任したことを証明することができる書類を提出しなければならない。

（特別遺族一時金の請求）

第九条　法第五十九条第二項の特別遺族一時金（以下「特別遺族一時金」という。）の支給を受けようとする者は、次に掲げる事項を記載した請求書を、所轄労働基準監督署長に提出しなければならない。

一　死亡労働者等の氏名及び生年月日

二　請求人の氏名、生年月日、住所及び死亡労働者等との関係

三　法第六十二条第一号の場合にあっては、次に掲げる事項

イ　事業の名称及び事業場の所在地

ロ　死亡の年月日

ハ　イの事業場において石綿にさらされる業務に従事した期間及びその内容

ニ　イの事業場以外の事業場における石綿にさらされる業務に係る従事歴がある場合にあっては、その従事した期間及びその内容

2　前項第三号ハに掲げる事項については、労災保険適用事業主の証明を受けなければならない。

3　第一項の請求書には、次に掲げる書類を添えなければならない。

一　請求人が死亡労働者等と婚姻の届出をしていないが事実上婚姻関係と同様の事情にあった者であるときは、その事実を証明することができる書類

二　請求人が死亡労働者等の収入によって生計を維持していた者であるときは、その事実を証明することができる書類

三　法第六十二条第一号の場合にあっては、次に掲げる書類

イ　死亡労働者等に関して市町村長に提出した死亡診断書、死体検案書又は検視調書に記載してある事項についての戸籍法第四十八条第二項の規定により発行される証明書（当該証明書を得ることができない正当な理由があるときはこれに代わる適当な書類）

ロ　請求人と死亡労働者等との身分関係を証明することができる戸籍の謄本又は抄本

四　法第六十二条第二号の場合において、請求人が特別遺族年金を受けることができる遺族であったことがないときは、前号ロに掲げる書類

4　前条の規定は、特別遺族一時金の請求及び受領についての代表者の選任及び解任について準用する。

（特別遺族給付金に関する処分の通知等）

第十条　所轄労働基準監督署長は、特別遺族給付金の支給に関する処分を行ったときは、遅滞なく、文書で、その内容を請

求人又は受給権者若しくは受給権者であった者（次項において「請求人等」という。）に通知しなければならない。

2　所轄労働基準監督署長は、特別遺族給付金の支給に関する処分を行ったときは、請求人等から提出された書類その他の資料のうち返還を要する書類その他の物件があるときは、遅滞なく、これを返還するものとする。

（特別遺族年金証書）

第十一条　所轄労働基準監督署長は、特別遺族年金の支給の決定の通知をするときは、次に掲げる事項を記載した特別遺族年金証書（様式第二号）を当該受給権者に交付しなければならない。

一　特別遺族年金証書の番号

二　受給権者の氏名及び生年月日

三　支給の請求をした年月日

第十二条　特別遺族年金証書を交付された受給権者は、当該特別遺族年金証書を亡失し若しくは著しく損傷し、又は受給権者の氏名に変更があったときは、特別遺族年金証書の再交付を所轄労働基準監督署長に請求することができる。

2　前項の請求をしようとする受給権者は、次に掲げる事項を記載した請求書を所轄労働基準監督署長に提出しなければならない。

一　特別遺族年金証書の番号

二　亡失、損傷又は氏名の変更の事由

3　特別遺族年金証書を損傷したことにより前項の請求書を提出するときはこれにその損傷した特別遺族年金証書を、受給権者の氏名に変更があったことにより前項の請求書を提出するときはこれに氏名の変更前に交付を受けた特別遺族年金証書及びその変更の事実を証明することができる戸籍の謄本又は抄本を添えなければならない。

4　特別遺族年金証書の再交付を受けた受給権者は、その後において亡失した特別遺族年金証書を発見したときは、遅滞なく、発見した特別遺族年金証書を所轄労働基準監督署長に返納しなければならない。

第十三条　特別遺族年金証書を交付された受給権者又はその遺族は、特別遺族年金を受ける権利が消滅した場合には、遅滞なく、当該特別遺族年金証書を所轄労働基準監督署長に返納しなければならない。

（特別遺族年金の受給権者の定期報告）

第十四条　特別遺族年金の受給権者は、毎年、厚生労働大臣が指定する日（次項において「指定日」という。）までに、次に掲げる事項を記載した報告書を、所轄労働基準監督署長に提出しなければならない。ただし、所轄労働基準監督署長があらかじめその必要がないと認めて通知したときは、この限りでない。

一　受給権者の氏名及び住所

二　その者と生計を同じくしている特別遺族年金を受けるこ

とができる遺族の氏名
三　受給権者及び前号の遺族のうち第三条に規定する障害の状態にあることにより特別遺族年金を受けることができる遺族である者のその障害の状態の有無
2　前項の報告書には、指定日前一月以内に作成された次に掲げる書類を添えなければならない。
一　受給権者及び前項第二号の遺族の戸籍の謄本又は抄本
二　前項第二号の遺族については、その者が受給権者と生計を同じくしていることを証明することができる書類
三　前項第三号の遺族については、その障害の状態に関する医師又は歯科医師の診断書
（特別遺族年金の受給権者の届出）
第十五条　特別遺族年金の受給権者は、次に掲げる場合には、遅滞なく、文書で、その旨を所轄労働基準監督署長に届け出なければならない。
一　受給権者の氏名及び住所に変更があった場合
二　法第六十一条第一項第二号に該当すること（法第六十条第一項第三号ニに掲げる要件に該当する場合を除く。）により特別遺族年金を受ける権利が消滅した場合
三　特別遺族年金の受給権者と生計を同じくしている特別遺族年金を受けることができる遺族（法第六十条第一項第三号ニに掲げる要件に該当する遺族を除く。）の数に増減を生じた場合
2　前項第一号に規定する場合に該当するときは、同項の届出は、特別遺族年金の受給権者の住所を管轄する労働基準監督署長を経由して行うことができる。
3　特別遺族年金の受給権者が死亡した場合には、その者の遺族は、遅滞なく、文書で、その旨を所轄労働基準監督署長に届け出なければならない。
4　第一項又は前項の届出をする場合には、当該文書に、その事実を証明することができる書類その他の資料を添えなければならない。
5　所轄労働基準監督署長は、前項の規定により提出された書類その他の資料のうち返還を要する書類その他の物件があるときは、遅滞なく、これを返還するものとする。
（特別遺族年金の払渡希望金融機関等の変更の届出）
第十六条　特別遺族年金の受給権者は、その払渡しを受ける金融機関又は郵便局を変更しようとするときは、次に掲げる事項を記載した届書を所轄労働基準監督署長に提出しなければならない。
一　特別遺族年金証書の番号
二　受給権者の氏名及び住所
三　新たに特別遺族年金の払渡しを受けることを希望する金融機関の名称及び当該払渡しに係る預金通帳の記号番号又は新たに特別遺族年金の払渡しを受けることを希望する郵便貯金銀行の営業所若しくは郵便局の名称

2　前条第二項の規定は、前項の届出について準用する。

（労災保険適用事業主の助力等）

第十七条　労災保険適用事業主は、特別遺族給付金の支給を受けるべき者から特別遺族給付金を受けるために必要な証明を求められたときは、速やかに証明をしなければならない。

（労災保険適用事業主の意見申出）

第十八条　労災保険適用事業主は、当該労災保険適用事業主の事業に係る特別遺族給付金の支給の請求について、所轄労働基準監督署長に意見を申し出ることができる。

2　前項の意見の申出は、次に掲げる事項を記載した書面を所轄労働基準監督署長に提出することにより行うものとする。

一　労働保険番号

二　労災保険適用事業主の氏名又は名称及び住所又は所在地

三　死亡労働者等の氏名及び生年月日

四　死亡労働者等の死亡の年月日

五　労災保険適用事業主の意見

（未支給の特別遺族給付金）

第十九条　法第六十四条第一項の規定により読み替えて準用する労災保険法第十一条第一項の規定により未支給の特別遺族給付金の支給を請求しようとする者は、次に掲げる事項を記載した請求書を、所轄労働基準監督署長に提出しなければならない。

一　死亡した受給権者の氏名及び死亡の年月日

二　請求人の氏名、住所及び死亡した受給権者（未支給の特別遺族給付金が特別遺族年金であるときは、死亡労働者等）との関係

三　未支給の特別遺族給付金の種類

2　前項の請求書には、次に掲げる書類その他の資料を添えなければならない。

一　死亡労働者等に関して市町村長に提出した死亡診断書、死体検案書又は検視調書に記載してある事項についての戸籍法第四十八条第二項の規定により発行される証明書（当該証明書を得ることができない正当な理由があるときはこれに代わる適当な書類）

二　未支給の特別遺族給付金が特別遺族年金であるときは、次に掲げる書類その他の資料

イ　請求人と死亡労働者等との身分関係を証明することができる戸籍の謄本又は抄本

ロ　請求人が第三条の障害の状態にあることにより特別遺族年金を受けることができる遺族であるときは、その者が死亡労働者等の死亡の時から引き続き当該障害の状態にあることを証明することができる医師又は歯科医師の診断書その他の資料

三　未支給の特別遺族給付金が特別遺族一時金であるときは、次に掲げる書類

イ　請求人と死亡した受給権者との身分関係を証明するこ

とができる戸籍の謄本又は抄本
ロ　請求人が死亡した受給権者と婚姻の届出をしていないが事実上婚姻関係と同様の事情にあつた者であるときは、その事実を証明することができる書類
ハ　請求人が死亡した受給権者と生計を同じくしていたことを証明することができる書類

3　請求人は、法第六十四条第一項の規定により読み替えて準用する労災保険法第十一条第一項の規定による請求と併せて、当該請求人に係る特別遺族給付金の支給を請求する場合において、前二項の規定により提出すべき書類その他の資料の全部又は一部に相当する書類その他の資料を当該特別遺族給付金の支給を請求するために提出したときは、その限度において、前二項の規定により提出すべき書類その他の資料を提出しないことができる。

（過誤払による返還金債権への充当）
第二十条　法第六十四条第二項の規定により読み替えて準用する労災保険法第十二条の二の規定による特別遺族年金の支払金の金額の過誤払による返還金債権への充当は、次の各号に掲げる場合に行うことができる。
一　特別遺族年金の受給権者の死亡に係る特別遺族年金又は特別遺族一時金の受給権者が、当該特別遺族年金の受給権者の死亡に伴う当該特別遺族年金の支払金の金額の過誤払による返還金債権に係る債務の弁済をすべき者であるとき。
二　特別遺族年金の受給権者が、同一の事由による同順位の特別遺族年金の受給権者の死亡に伴う当該特別遺族年金の支払金の金額の過誤払による返還金債権に係る債務の弁済をすべき者であるとき。

（所在不明による支給停止の申請）
第二十一条　法第六十四条第二項の規定により準用する労災保険法第十六条の五第一項の申請は、次に掲げる事項を記載した申請書を、所轄労働基準監督署長に提出することによつて行わなければならない。
一　所在不明者の氏名、最後の住所及び所在不明となつた年月日
二　申請人の氏名及び住所
三　申請人が所在不明者と同順位者であるときは、申請人の年金証書の番号
2　前項の申請書には、所在不明者の所在が一年以上明らかでないことを証明することができる書類を添えなければならない。

（所在不明による支給停止の解除の申請）
第二十二条　法第六十四条第二項の規定により準用する労災保険法第十六条の五第二項の規定による申請は、申請書及び特別遺族年金証書を、所轄労働基準監督署長に提出することによつて行わなければならない。

（事業主から受けた損害賠償についての届出等）
第二十三条 死亡労働者等の遺族が、当該死亡労働者等を使用していた労災保険適用事業主から民法（明治二十九年法律第八十九号）その他の法律による損害賠償（以下この条において「損害賠償」という。）を受けることができる場合であって、特別遺族給付金の支給を受けるべきときに、同一の事由について、損害賠償を受けたときは、次に掲げる事項を記載した届書を、遅滞なく、所轄労働基準監督署長に提出しなければならない。
一 死亡労働者等の氏名及び生年月日
二 損害賠償を受けた者の氏名、住所及び死亡労働者等との関係
三 事業の名称及び事業場の所在地
四 損害賠償の受領額及びその受領状況
五 前各号に掲げるもののほか、法第六十五条の規定により行われる特別遺族給付金の支給停止又は減額の基礎となる事項
2 前項第三号から第五号までに掲げる事項については、死亡労働者等を使用していた労災保険適用事業主の証明を受けなければならない。
3 第十七条の規定は、前項の規定による労災保険適用事業主の証明について準用する。
（費用の納付）
第二十四条 法第六十六条第一項の規定による徴収金は、日本銀行又は都道府県労働局若しくは労働基準監督署に納付しなければならない。
（公示送達の方法）
第二十五条 法第六十六条第四項の規定により準用する徴収法第三十条の規定により国税徴収の例によることとされる徴収金に関する公示送達は、都道府県労働局長が送達すべき書類を保管し、いつでも送達を受けるべき者に交付する旨をその都道府県労働局の掲示場に掲示して行う。
（報告の請求等）
第二十六条 法第七十条、第七十三条第一項及び第七十四条第一項の規定による報告等の請求並びに法第七十一条の規定による命令は、所轄都道府県労働局長又は所轄労働基準監督署長が文書によって行うものとする。
（証明書の様式）
第二十七条 法第七十三条第四項及び第七十四条第二項において準用する法第四十五条第二項の規定により当該職員が携帯すべき証明書の様式は、それぞれ様式第三号及び様式第四号によるものとする。
附 則（抄）
（施行期日）
第一条 この省令は、石綿による健康被害の救済に関する法律の施行の日（平成十八年三月二十七日）から施行する。

附　則（平成二七年九月二九日厚生労働省令一五〇号）（抄）

（施行期日）

第一条　この省令は、行政手続における特定の個人を識別するための番号の利用等に関する法律（以下「番号利用法」という。）の施行の日（平成二十七年十月五日）から施行する。ただし、次の各号に掲げる規定は、当該各号に定める日から施行する。

一　〈前略〉第三十一条から第三十八条までの規定　番号利用法附則第一条第四号に掲げる規定の施行の日（平成二十八年一月一日）

二～四　〈略〉

（厚生労働省関係石綿による健康被害の救済に関する法律施行規則の一部改正に伴う経過措置）

第十五条　この省令の施行の際現に提出されている第三十六条の規定による改正前の厚生労働省関係石綿による健康被害の救済に関する法律施行規則の様式（次項において「旧様式」という。）により使用されている書類は、同条の規定による改正後の厚生労働省関係石綿による健康被害の救済に関する法律施行規則の様式によるものとみなす。

2　この省令の施行の際現にある旧様式による用紙については、当分の間、これを取り繕って使用することができる。

附　則（平成二七年一二月九日厚生労働省令一六八号）（抄

（施行期日）

1　この省令は、地方自治法の一部を改正する法律（平成二十六年法律第四十二号）の施行の日（平成二十八年四月一日）から施行する。

附　則（平成三〇年一一月三〇日厚生労働省令一三七号）

この省令は、公布の日から施行する。

様式第１号（第２条の６関係）（表面）

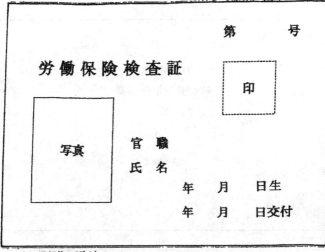

	第　　　号
労働保険検査証	印
写真	官　職 氏　名 年　月　日生 年　月　日交付

（日本工業規格Ｂ列８）

様式第１号（第２条の６関係）（裏面）

この検査証を所持する者は、労働保険の保険料の徴収等に関する法律第43条（石綿による健康被害の救済に関する法律第38条第１項の規定により準用する場合を含む。）の規定により、保険関係が成立し、若しくは成立していた事業の事業主又は労働保険事務組合若しくは労働保険事務組合であった団体の事務所に立ち入って、関係者に対して質問し、又は帳簿書類の検査をすることができる。

様式第２号（第十一条関係）

表紙（表面）

石綿健康被害救済法

特別遺族年金証書

厚生労働省

表紙（内面）

石綿健康被害救済法

特別遺族年金証書

管轄局署	年金証書の番号	枝番号	死亡労働者等の生年月日	再発行番号

受給権者の氏名	
受給権者の生年月日	年　月　日
請求年月日	年　月　日

石綿による健康被害の救済に関する法律によって上記の特別遺族年金の支給を行うことを決定したことを証します。

年　月　日

労働基準監督署長

大きさは、縦114．3ミリメートル、横177．8ミリメートル

裏表紙（内面）

（注意）

1　年金証書の提示又は提出

(1)　郵便局において年金の支払を受けようとするときは、窓口に送金通知書を提出するとともにこの証書を提示してください。

(2)　年金の支給決定を受けた労働基準監督署長から年金証書の提示又は提出を命ぜられたときは、その労働基準監督署長にこの証書を提示又は提出してください。

2　年金証書の再交付

この証書を亡失し若しくは著しく損傷し、又は受給権者の氏名に変更があったときは、年金証書の再交付を年金の支給決定を受けた労働基準監督署長に請求してください。

なお、年金証書の再交付を請求するとき（亡失の場合を除く。）は、既に交付を受けている年金証書を提出してください。

裏表紙（表面）

3　年金証書の返納

(1)　次の場合は、この証書を年金の支給決定を受けた労働基準監督署長に返納してください。

イ　年金を受ける権利が消滅したとき

ロ　その他年金の支給決定を受けた労働基準監督署長から返納を命ぜられたとき

(2)　再交付を受けた後において、亡失した年金証書を発見したときは、発見した年金証書を返納してください。

大きさは、縦114．3ミリメートル、横177．8ミリメートル

様式第３号（第二十七条関係）（表面）

第　号

年　月　日交付

石綿による健康被害の救済に関する法律

事業場検査証

厚生労働省又は都道府県労働局印

官職

氏名

様式第3号（第二十七条関係）（裏面）

石綿による健康被害の救済に関する法律（抄）

第七十三条第二項　厚生労働大臣は、特別遺族給付金の支給に関し必要があると認めるときは、当該職員に、労災保険の保険関係が成立している事業の事業場又は労働保険事務組合等の事務所に立ち入り、関係者に質問させ、又は帳簿書類その他の物件を検査させることができる。

様式第４号（第二十七条関係）（表面）

第　　号

年　月　日　交付

石綿による健康被害の救済に関する法律

診療録質問証

厚生労働省又は都道府県労働局印

官職

氏名

様式第４号（第二十七条関係）（裏面）

石綿による健康被害の救済に関する法律（抄）

第七十四条第一項　厚生労働大臣は、特別遺族給付金の支給に関し必要があると認めるときは、特別遺族給付金の支給に係る遺族の診断若しくは診療、薬剤の支給若しくは手当を行った者又はこれを使用する者に対し、その行った診断又は診療、薬剤の支給若しくは手当につき、報告若しくは診療録その他の物件の提示を求め、又は当該職員に質問させることができる。

雇用保険法関係

雇用保険法

昭和四九年一二月二八日法律一一六号

改正　昭和五一年　五月二七日法律　三三号
昭和五二年　五月二〇日法律　四三号
昭和五三年　五月　八日法律　四〇号
昭和五四年　六月　八日法律　四〇号
昭和五六年　四月二五日法律　二七号
昭和五九年　七月一三日法律　五四号
昭和五九年一二月二五日法律　八七号
昭和六〇年　六月　八日法律　五六号
昭和六一年一二月　四日法律　九三号
昭和六二年　三月三一日法律　二三号
昭和六三年　五月　六日法律　二六号
平成　元年　六月二八日法律　三六号
平成　三年　五月　二日法律　五六号
平成　四年　三月三一日法律　八号
平成　四年　三月三一日法律　二三号
平成　四年　六月　三日法律　六七号
平成　六年　六月二九日法律　五七号
平成　七年　三月一七日法律　二七号
平成　八年　五月二二日法律　四二号
平成　八年　六月一四日法律　八二号
平成　九年　三月三一日法律　一八号
平成　九年　五月　九日法律　四五号
平成一〇年　三月三一日法律　一九号
平成一一年　三月三一日法律　二〇号
平成一一年　七月一六日法律　八七号
平成一一年一二月二二日法律一六〇号
平成一一年一二月二二日法律二二五号
平成一二年　三月三一日法律　一六号
平成一二年　五月一二日法律　五九号
平成一三年　四月二五日法律　三五号
平成一四年　八月　二日法律一〇二号
平成一四年一二月一三日法律一六五号
平成一四年一二月一三日法律一七〇号
平成一五年　四月三〇日法律　三一号
平成一六年　六月　二日法律　七六号
平成一六年一二月　一日法律一五〇号
平成一六年一二月　八日法律一六〇号
平成一七年　七月二六日法律　八七号
平成一八年　六月二一日法律　八一号
平成一九年　四月二三日法律　三〇号
平成一九年　七月　六日法律一〇九号
平成二一年　三月三〇日法律　五号
平成二一年　七月　一日法律　六五号
平成二二年　二月　三日法律　二号
平成二二年　三月三一日法律　一五号

平成二三年　四月二七日法律　二六号
平成二三年　五月二〇日法律　四六号
平成二三年　五月二〇日法律　四七号
平成二四年　三月三一日法律　九号
平成二六年　三月三一日法律　一三号
平成二六年　五月三〇日法律　四二号
平成二六年　六月一三日法律　六九号
平成二七年　九月一八日法律　七二号
平成二八年　三月三一日法律　一七号
平成二八年　五月二〇日法律　四七号
平成二八年　六月　三日法律　六三号
平成二九年　三月三一日法律　一四号
平成二九年　六月　二日法律　四五号
平成三〇年　七月　六日法律　七一号

目次

第一章　総則（第一条―第四条）
第二章　適用事業等（第五条―第九条）
第三章　失業等給付
第一節　通則（第十条―第十二条）
第二節　一般被保険者の求職者給付
第一款　基本手当（第十三条―第三十五条）
第二款　技能習得手当及び寄宿手当（第三十六条）
第三款　傷病手当（第三十七条）
第二節の二　高年齢被保険者の求職者給付（第三十七条の二―第三十七条の四）
第三節　短期雇用特例被保険者の求職者給付（第三十八条―第四十一条）
第四節　日雇労働被保険者の求職者給付（第四十二条―第五十六条の二）
第五節　就職促進給付（第五十六条の三―第六十条）
第五節の二　教育訓練給付（第六十条の二・第六十条の三）
第六節　雇用継続給付
第一款　高年齢雇用継続給付（第六十一条―第六十一条の三）
第二款　育児休業給付（第六十一条の四・第六十一条の五）
第三款　介護休業給付（第六十一条の六・第六十一条の七）
第四章　雇用安定事業等（第六十二条―第六十五条）
第五章　費用の負担（第六十六条―第六十八条）
第六章　不服申立て及び訴訟（第六十九条―第七十一条）
第七章　雑則（第七十二条―第八十二条）
第八章　罰則（第八十三条―第八十六条）
附則

改正　目次…一部改正（昭和五九年法律五四号、平成元年法律三六号、平成六年法律五七号、平成一〇年法律一九号、平成一二年法律五九号、平成一九年法律三〇号、平成二一年法律五号、平成二二年法律一五号、平成二八年法律一七号）

第一章　総則

（目的）

第一条　雇用保険は、労働者が失業した場合及び労働者について雇用の継続が困難となる事由が生じた場合に必要な給付を行うほか、労働者が自ら職業に関する教育訓練を受けた場合に必要な給付を行うことにより、労働者の生活及び雇用の安定を図るとともに、求職活動を容易にする等その就職を促進し、あわせて、労働者の職業の安定に資するため、失業の予防、雇用状態の是正及び雇用機会の増大、労働者の能力の開発及び向上その他労働者の福祉の増進を図ることを目的とする。

改正　本条…一部改正（昭和五二年法律四三号、昭和五四年法律四〇号、平成元年法律三六号、平成六年法律五七号、平成一〇年法律一九号）

註　〔労働者―労組三、労基九、能開二〕、〔失業―四〕、〔必要な給付―一〇〜六一の七〕、〔生活の安定―憲二五・二七〕、〔就職の促進―五六の三〜六〇〕、〔失業の予防、雇用状態の是正及び雇用機会の増大―六二・六五〕、〔労働者の能力の開発及び向上―六三・六五〕、〔労働者の福祉の増進―六五〕

（管掌）

第二条　雇用保険は、政府が管掌する。

2　雇用保険の事務の一部は、政令で定めるところにより、都道府県知事が行うこととすることができる。

改正　二項…一部改正（平成一一年法律八七号）

註　〔都道府県が処理する事務―令一〕、〔事務の管轄―則一〕、〔保険者―労災二、健保四、厚年保二、船保四、特会法九七〕

（雇用保険事業）

第三条　雇用保険は、第一条の目的を達成するため、失業等給付を行うほか、雇用安定事業及び能力開発事業を行うことができる。

改正　本条…一部改正（昭和五二年法律四三号、平成元年法律三六号、平成六年法律五七号、平成一九年法律三〇号）

註　〔失業等給付―一〇〜六一の七〕、〔雇用安定事業―六二〕、〔能力開発事業―六三〕

（定義）

第四条　この法律において「被保険者」とは、適用事業に雇用される労働者であつて、第六条各号に掲げる者以外のものをいう。

2　この法律において「離職」とは、被保険者について、事業主との雇用関係が終了することをいう。

3　この法律において「失業」とは、被保険者が離職し、労働の意思及び能力を有するにもかかわらず、職業に就くことができない状態にあることをいう。

4　この法律において「賃金」とは、賃金、給料、手当、賞与その他名称のいかんを問わず、労働の対償として事業主が労働者に支払うもの（通貨以外のもので支払われるものであつて、厚生労働省令で定める範囲外のものを除く。）をいう。

5　賃金のうち通貨以外のもので支払われるものの評価に関して必要な事項は、厚生労働省令で定める。

改正　四・五項…一部改正（平成一一年法律一六〇号）

註　〔適用事業―五〕、〔失業の認定―一五・四〇3・四七〕、〔賃金―労基一一・一二・二四、徴収法二〕、〔通貨以外のもので支払われる賃金の範囲及び評価―則二〕、〔報酬―健保三、厚年保三、船保二〕、〔基本手当の日額―一六～一二〕

第二章　適用事業等

（適用事業）

第五条　この法律においては、労働者が雇用される事業を適用事業とする。

2　適用事業についての保険関係の成立及び消滅については、労働保険の保険料の徴収等に関する法律（昭和四十四年法律第八十四号。以下「徴収法」という。）の定めるところによる。

註　〔労働者―労組三、労基九、能開二〕、〔適用事業―労災三、厚年保六〕、〔保険関係―徴収法四～九〕、〔保険関係の成立及び消滅―徴収法三～五・七～九〕、〔事業所の設置等の届出―則一四一・一四二〕、〔代理人―則一四五〕、〔適用範囲に関する暫定措置―附則二、令附則二〕

（適用除外）

第六条　次に掲げる者については、この法律は、適用しない。

一　一週間の所定労働時間が二十時間未満である者（この法律を適用することとした場合において第四十三条第一項に規定する日雇労働被保険者に該当することとなる者を除く。）

二　同一の事業主の適用事業に継続して三十一日以上雇用されることが見込まれない者（前二月の各月において十八日以上同一の事業主の適用事業に雇用された者及びこの法律を適用することとした場合において第四十二条に規定する日雇労働者であつて第四十三条第一項各号のいずれかに該当するものに該当することとなる者を除く。）

三　季節的に雇用される者であつて、第三十八条第一項各号のいずれかに該当するもの

四　学校教育法（昭和二十二年法律第二十六号）第一条、第百二十四条又は第百三十四条第一項の学校の学生又は生徒であつて、前三号に掲げる者に準ずるものとして厚生労働省令で定める者

五　船員法（昭和二十二年法律第百号）第一条に規定する船員（船員職業安定法（昭和二十三年法律第百三十号）第九十二条第一項の規定により船員法第二条第二項に規定する予備船員とみなされる者及び船員の雇用の促進に関する特別措置法（昭和五十二年法律第九十六号）第十四条第一項の規定により船員法第二条第二項に規定する予備船員とみなされる者を含む。以下「船員」という。）であつて、漁船（政令で定めるものに限る。）に乗り組むため雇用される者（一年を通じて船員として適用事業に雇用される場合を除く。）

六　国、都道府県、市町村その他これらに準ずるものの事業に雇用される者のうち、離職した場合に、他の法令、条例、規則等に基づいて支給を受けるべき諸給与の内容が、求職者給付及び就職促進給付の内容を超えると認められる者であつて、厚生労働省令で定めるもの

改正　本条…一部改正（昭和五九年法律五四号、平成元年法律三六号、平成六年法律五七号、平成一一年法律一六〇号、平成一九年法律三〇号、平成二二年法律一五号、平成二八年法律一七号）

註〔日雇労働者—四2〕、〔離職—四2〕、〔求職者給付・就職促進給付—一〇～六〇〕、〔厚生労働省令—則四〕、〔法を適用しないことの承認の申請—則五〕、〔日雇労働被保険者任意加入の申請—則七二〕、〔適用除外—労災三、健保三、厚年保一二〕

（**被保険者に関する届出**）

第七条　事業主（徴収法第八条第一項又は第二項の規定により元請負人が事業主とされる場合にあつては、当該事業に係る労働者のうち元請負人が雇用する労働者以外の労働者については、当該労働者を雇用する下請負人。以下同じ。）は、厚生労働省令で定めるところにより、その雇用する労働者に関し、当該事業主の行う適用事業（同条第一項又は第二項の規定により数次の請負によつて行われる事業が一の事業とみなされる場合にあつては、当該事業に係る労働者のうち元請負人が雇用する労働者以外の労働者については、当該請負に係るそれぞれの事業。以下同じ。）に係る被保険者となつたこと、当該事業主の行う適用事業に係る被保険者でなくなつたことその他厚生労働省令で定める事項を厚生労働大臣に届け出なければならない。当該事業主から徴収法第三十三条第一項の委託を受けて同項に規定する労働保険事務の一部として前段の届出に関する事務を処理する同条第三項に規定する労働保険

事務組合（以下「労働保険事務組合」という。）についても、同様とする。

改正　本条…一部改正（平成一一年法律一六〇号）

註〔被保険者―四1〕、〔適用事業―五、労災三、厚年保六〕、〔届出義務―七六〕、〔事務処理の単位―則三〕、〔被保険者となつたことの届出―則六〕、〔被保険者でなくなつたことの届出―則七〕、〔被保険者の転勤の届出―則一三〕、〔被保険者の氏名変更の届出―則一四〕、〔離職証明書の交付―則一六〕、〔罰則―八三①・八四①・八六〕

（確認の請求）

第八条　被保険者又は被保険者であつた者は、いつでも、次条の規定による確認を請求することができる。

註〔被保険者―四1〕、〔確認―九〕、〔確認の請求―則八、健保五一、厚年保三一、船保二七〕

（確認）

第九条　厚生労働大臣は、第七条の規定による届出若しくは前条の規定による請求により、又は職権で、労働者が被保険者となつたこと又は被保険者でなくなつたことの確認を行うものとする。

2　前項の確認については、行政手続法（平成五年法律第八十八号）第三章（第十二条及び第十四条を除く。）の規定は、適用しない。

改正　二項…追加（平成六年法律五七号）、一項…一部改正（平成一一年法律一六〇号）

註〔被保険者―四1〕、〔確認―健保三九、厚年保一八、船保一五〕、〔確認の通知―則九〕、〔被保険者証の交付―則一〇〕、〔被保険者となつたこと又は被保険者でなくなつたことの事実がない場合の通知―則一一・一二〕、〔被保険者に関する台帳の保管―則一五〕、〔離職票の交付―則一七〕

第三章　失業等給付

改正　章名…全部改正（平成一〇年法律一九号）

第一節　通則

（失業等給付）

第十条　失業等給付は、求職者給付、就職促進給付、教育訓練給付及び雇用継続給付とする。

2　求職者給付は、次のとおりとする。

一　基本手当

二　技能習得手当

三　寄宿手当

四　傷病手当

3　前項の規定にかかわらず、第三十七条の二第一項に規定する高年齢被保険者に係る求職者給付は、高年齢求職者給付金とし、第三十八条第一項に規定する短期雇用特例被保険者に係る求職者給付は、特例一時金とし、第四十三条第一項に規定する日雇労働被保険者に係る求職者給付は、日雇労働求職者給付金とする。

4 就職促進給付は、次のとおりとする。

一 就業促進手当

二 移転費

三 求職活動支援費

5 教育訓練給付は、教育訓練給付金とする。

6 雇用継続給付は、次のとおりとする。

一 高年齢雇用継続基本給付金及び高年齢再就職給付金（第六節第一款において「高年齢雇用継続給付」という。）

二 育児休業給付金

三 介護休業給付金

改正 三・四項…一部改正（昭和五九年法律五四号）、見出し・一項…一部改正、五項…追加（平成六年法律五七号）、一項…一部改正、五項…追加、旧五項…一部改正の上、六項に繰下（平成一〇年法律一九号）、四項…一部改正（平成一五年法律三一号）、六項…一部改正（平成二一年法律五号）、三・四項…一部改正（平成二八年法律一七号）

註 〔求職者給付－一三～五六の二〕、〔就職促進給付－五六の三～六〇〕、〔教育訓練給付－六〇の二・六〇の三〕、〔雇用継続給付－六一～六一の七〕、〔基本手当－一三～三五〕、〔技能習得手当及び寄宿手当－三六〕、〔傷病手当－三七〕、〔高年齢被保険者の求職者給付－三七の二～三七の四〕、〔短期雇用特例被保険者の求職者給付－三八～四一〕、〔日雇労働被保険者の求職者給付－四二～五六の二〕、〔就業促進手当－五六の三〕、〔移転費－五八〕、〔求職活動支援費－五九〕、〔教育訓練給付金－六〇の二〕、〔高年齢雇用継続基本給付金－六一〕、〔高年齢再就職給付金－六一の二〕、〔育児休業給付金－六一の四〕、〔介護休業給付金－六一の六〕、〔給付制限－三二～三四・五二・六〇・六〇の三・六一の三・六一の五・六一の七〕

（就職への努力）

第十条の二 求職者給付の支給を受ける者は、必要に応じ職業能力の開発及び向上を図りつつ、誠実かつ熱心に求職活動を行うことにより、職業に就くように努めなければならない。

改正 本条…追加（平成一五年法律三一号）

（未支給の失業等給付）

第十条の三 失業等給付の支給を受けることができる者が死亡した場合において、その者に支給されるべき失業等給付でまだ支給されていないものがあるときは、その者の配偶者（婚姻の届出をしていないが、事実上婚姻関係と同様の事情にあった者を含む。）、子、父母、孫、祖父母又は兄弟姉妹であって、その者の死亡の当時その者と生計を同じくしていたものは、自己の名で、その未支給の失業等給付の支給を請求することができる。

2　前項の規定による未支給の失業等給付の支給を受けるべき者の順位は、同項に規定する順序による。

3　第一項の規定による未支給の失業等給付の支給を受けるべき同順位者が二人以上あるときは、その一人のした請求は、全員のためその全額につきしたものとみなし、その一人に対してした支給は、全員に対してしたものとみなす。

改正　本条…追加（平成六年法律五七号）、旧一〇条の二から繰下（平成一五年法律三一号）

註（請求手続―則一七の二）

（返還命令等）

第十条の四　偽りその他不正の行為により失業等給付の支給を受けた者がある場合には、政府は、その者に対して、支給した失業等給付の全部又は一部を返還することを命ずることができ、また、厚生労働大臣の定める基準により、当該偽りその他不正の行為により支給を受けた失業等給付の額の二倍に相当する額以下の金額を納付することを命ずることができる。

2　前項の場合において、事業主、職業紹介事業者等（労働施策の総合的な推進並びに労働者の雇用の安定及び職業生活の充実等に関する法律（昭和四十一年法律第百三十二号）第二条に規定する職業紹介機関又は業として職業安定法（昭和二十二年法律第百四十一号）第四条第四項に規定する職業指導（職業に就こうとする者の適性、職業経験その他の実情に応じて行うものに限る。）を行う者（公共職業安定所その他の職業安定機関を除く。）をいう。以下同じ。）、募集情報等提供事業を行う者（同条第六項に規定する募集情報等提供を業として行う者をいい、労働者となろうとする者の依頼を受け、当該者に関する情報を労働者の募集を行う者又は募集受託者（同法第三十九条に規定する募集受託者をいう。）に提供する者に限る。以下この項及び第七十六条第二項において同じ。）又は指定教育訓練実施者（第六十条の二第一項に規定する厚生労働大臣が指定する教育訓練を行う者をいう。以下同じ。）が偽りの届出、報告又は証明をしたためその失業等給付が支給されたものであるときは、政府は、その事業主、職業紹介事業者等、募集情報等提供事業を行う者又は指定教育訓練実施者に対し、その失業等給付の支給を受けた者と連帯して、前項の規定による失業等給付の返還又は納付を命ぜられた金額の納付をすることを命ずることができる。

3　徴収法第二十七条及び第四十一条第二項の規定は、前二項の規定により返還又は納付を命ぜられた金額の納付を怠った場合に準用する。

改正　本条…追加（平成六年法律五七号）、一項…一部改正（平成一一年法律一六〇号）、二項…一部改正、本条…旧一〇条の三から繰下（平成一五年法律三一号）、二項…一部改正（平成一九年法律三〇号）、三項…一部改正（平成二三年法律一五号）、二項…一部改正（平成二八年法律四七号、平成二九年法律一四号、平成三〇年法律七一号）

註〔返還等—則一七の五～一七の七〕

（受給権の保護）

第十一条　失業等給付を受ける権利は、譲り渡し、担保に供し、又は差し押えることができない。

改正　本条…一部改正（平成六年法律五七号）

註〔失業等給付—一〇～六一の七〕、〔譲渡—民四六六〕、〔差押えの禁止—民執一五二、労基八三2、労災一二の五2、健保六一、厚年保四一1、船保五一、国公共済四九〕

（公課の禁止）

第十二条　租税その他の公課は、失業等給付として支給を受けた金銭を標準として課することができない。

改正　本条…一部改正（平成六年法律五七号）

註〔失業等給付—一〇～六一の七〕、〔非課税所得—所税九、労災一二の六、健保六二、厚年保四一2、船保五二、国公共済五〇〕

第二節　一般被保険者の求職者給付

第一款　基本手当

（基本手当の受給資格）

第十三条　基本手当は、被保険者が失業した場合において、離職の日以前二年間（当該期間に疾病、負傷その他厚生労働省令で定める理由により引き続き三十日以上賃金の支払を受けることができなかつた被保険者については、当該理由により賃金の支払を受けることができなかつた日数を二年に加算した期間（その期間が四年を超えるときは、四年間）。第十七条第一項において「算定対象期間」という。）に、次条の規定による被保険者期間が通算して十二箇月以上であつたときに、この款の定めるところにより、支給する。

2　特定理由離職者及び第二十三条第二項各号のいずれかに該当する者（前項の規定により基本手当の支給を受けることができる資格を有することとなる者を除く。）に対する前項の規定の適用については、同項中「二年間」とあるのは「一年間」と、「二年に」とあるのは「一年に」と、「十二箇月」とあるのは「六箇月」とする。

3　前項の特定理由離職者とは、離職した者のうち、第二十三条第二項各号のいずれかに該当する者以外の者であつて、期間の定めのある労働契約の期間が満了し、かつ、当該労働契約の更新がないこと（その者が当該更新を希望したにもかかわらず、当該更新についての合意が成立するに至らなかつた場合に限る。）その他のやむを得ない理由により離職したものとして厚生労働省令で定める者をいう。

改正 本条…全部改正（平成一九年法律三〇号）、二項…一部改正、三項…追加（平成二一年法律五号）

註〔被保険者―四1、徴収法四〕、〔失業―四3〕、〔離職―四2〕、〔厚生労働省令で定める理由―則一八〕、〔賃金―四4・5〕、〔被保険者期間―一四〕、〔類似規定―国公退職一〇〕、〔厚生労働省令で定める者―則一九の二〕

（被保険者期間）

第十四条 被保険者期間は、被保険者であつた期間のうち、当該被保険者でなくなつた日又は各月においてその日に応当し、かつ、当該被保険者であつた期間内にある日（その日に応当する日がない月においては、その月の末日。以下この項において「喪失応当日」という。）の各前日から各前月の喪失応当日までさかのぼつた各期間（賃金の支払の基礎となつた日数が十一日以上であるものに限る。）を一箇月として計算し、その他の期間は、被保険者期間に算入しない。ただし、当該被保険者となつた日からその日後における最初の喪失応当日の前日までの期間の日数が十五日以上であり、かつ、当該期間内における賃金の支払の基礎となつた日数が十一日以上であるときは、当該期間を二分の一箇月の被保険者期間として計算する。

2 前項の規定により被保険者期間を計算する場合において、次に掲げる期間は、同項に規定する被保険者であつた期間に含めない。

一 最後に被保険者となつた日前に、当該被保険者が受給資格（前条第一項（同条第二項において読み替えて適用する場合を含む。）の規定により基本手当の支給を受けることができる資格をいう。次節から第四節までを除き、以下同じ。）、第三十七条の三第二項に規定する高年齢受給資格又は第三十九条第二項に規定する特例受給資格を取得したことがある場合には、当該受給資格、高年齢受給資格又は特例受給資格に係る離職の日以前における被保険者であつた期間

二 第九条の規定による被保険者となつたことの確認があつた日の二年前の日（第二十二条第五項に規定する者にあつては、同項第二号に規定する被保険者の負担すべき額に相当する額がその者に支払われた賃金から控除されていたことが明らかである時期のうち最も古い時期として厚生労働省令で定める日）前における被保険者であつた期間

改正 二項…一部改正（昭和五九年法律五四号）、二項…追加、旧二項…一部改正の上、三項に繰下（平成元年法律三六号）、一項…一部改正、二項…削除、旧三項…一部改正の上、二項に繰上（平成一九年法律三〇号）、

二項…一部改正（平成二二年法律一五号）

註　〔被保険者―四1〕、〔賃金―四4・5〕、〔離職―四2〕、〔被保険者期間に関する経過措置―附則三〕、〔特例受給資格―三九〕、〔類似規定―厚年保一九〕

（失業の認定）

第十五条　基本手当は、受給資格を有する者（次節から第四節までを除き、以下「受給資格者」という。）が失業している日（失業していることについての認定を受けた日に限る。以下この款において同じ。）について支給する。

2　前項の失業していることについての認定（以下この款において「失業の認定」という。）を受けようとする受給資格者は、離職後、厚生労働省令で定めるところにより、公共職業安定所に出頭し、求職の申込みをしなければならない。

3　失業の認定は、求職の申込みを受けた公共職業安定所において、受給資格者が離職後最初に出頭した日から起算して四週間に一回ずつ直前の二十八日の各日について行うものとする。ただし、厚生労働大臣は、公共職業安定所長の指示した公共職業訓練等（国、都道府県及び市町村並びに独立行政法人高齢・障害・求職者雇用支援機構が設置する公共職業能力開発施設の行う職業訓練（職業能力開発総合大学校の行うものを含む。）その他法令の規定に基づき失業者に対して作業環境に適応することを容易にさせ、又は就職に必要な知識及び技能を習得させるために行われる訓練又は講習であつて、政令で定めるものをいう。以下同じ。）を受ける受給資格者その他厚生労働省令で定める受給資格者に係る失業の認定について別段の定めをすることができる。

4　受給資格者は、次の各号のいずれかに該当するときは、前二項の規定にかかわらず、公共職業安定所に出頭することができなかつた理由を記載した証明書を提出することによつて、失業の認定を受けることができる。

一　疾病又は負傷のために公共職業安定所に出頭することができなかつた場合において、その期間が継続して十五日未満であるとき。

二　公共職業安定所の紹介に応じて求人者に面接するために公共職業安定所に出頭することができなかつたとき。

三　公共職業安定所長の指示した公共職業訓練等を受けるために公共職業安定所に出頭することができなかつたとき。

四　天災その他やむを得ない理由のために公共職業安定所に出頭することができなかつたとき。

5　失業の認定は、厚生労働省令で定めるところにより、受給資格者が求人者に面接したこと、公共職業安定所その他の職業安定機関若しくは職業紹介事業者等から職業を紹介され、又は職業指導を受けたことその他求職活動を行つたことを確認して行うものとする。

改正　三項…一部改正（昭和五三年法律四〇号、昭和六

○年法律五六号、平成四年法律六七号、平成九年法律四五号、平成一一年法律二〇号、平成一四年法律一七〇号)、一項…一部改正(昭和五九年法律五四号)、二～四項…一部改正(平成一一年法律一六〇号)、五項…追加(平成一五年法律三一号)、三項…一部改正(平成二三年法律二六号)

註 〔受給資格―一三〕、〔失業―四3〕、〔離職―四2〕、〔受給資格の決定―則一九〕、〔受給期間内に再就職した場合の受給手続―則二〇〕、〔失業の認定―則二二〕、〔政令で定める訓練又は講習―令三〕、〔公共職業訓練等を受講する場合における届出―則二一〕、〔厚生労働省令で定める受給資格者―則二三〕、〔厚生労働省令で定める証明書による失業の認定―則二五～二八〕、〔失業の認定日の特例等―則二四〕、〔失業の認定の方法―則二八の二〕、〔公共職業安定所―職安八、職安則六〕、〔短期雇用特例被保険者の場合―三八～四〇〕、〔日雇労働者の場合―四二～五六の二〕、〔激甚災害の特例―激災援助二五〕

(基本手当の日額)

第十六条 基本手当の日額は、賃金日額に百分の五十(二千四百六十円以上四千九百二十円未満の賃金日額(その額が第十八条の規定により変更されたときは、その変更された額)については百分の八十、四千九百二十円以上一万二千九十円以下の賃金日額(その額が同条の規定により変更されたときは、その変更された額)については百分の八十から百分の五十までの範囲で、賃金日額の逓増に応じ、逓減するように厚生労働省令で定める率)を乗じて得た金額とする。

2 受給資格に係る離職の日において六十歳以上六十五歳未満である受給資格者に対する前項の規定の適用については、同項中「百分の五十」とあるのは「百分の四十五」と、「四千九百二十円以上一万二千九十円以下」とあるのは「四千九百二十円以上一万八百八十円以下」とする。

改正 本条…一部改正(昭和五九年法律五四号、平成元年法律三六号、平成四年法律八号、平成六年法律五七号)、二項…追加(平成六年法律五七号)、一項…一部改正(平成一一年法律一六〇号)、一・二項…一部改正(平成一二年法律五九号)、一項…一部改正、二項…全部改正(平成一五年法律三一号)、一・二項…一部改正(平成二三年法律四六号、平成二九年法律一四号)

註 〔基本手当日額―平成三年労働省告示六〇号〕、〔厚生労働省令で定める率―則二八の三〕、〔自動変更対象額の変更―平成三〇年厚生労働省告示二七一号〕、〔受給資格者―一五1〕、〔基本手当の日額の自動的変更―一八〕、〔賃金日額―一七〕

(賃金日額)

第十七条 賃金日額は、算定対象期間において第十四条(第一項ただし書を除く。）の規定により被保険者期間として計算された最後の六箇月間に支払われた賃金（臨時に支払われる賃金及び三箇月を超える期間ごとに支払われる賃金を除く。次項及び第六節において同じ。）の総額を百八十で除して得た額とする。

2　前項の規定による額が次の各号に掲げる額に満たないときは、賃金日額は、同項の規定にかかわらず、当該各号に掲げる額とする。

一　賃金が、労働した日若しくは時間によつて算定され、又は出来高払制その他の請負制によつて定められている場合には、前項に規定する最後の六箇月間に支払われた賃金の総額を当該最後の六箇月間に労働した日数で除して得た額の百分の七十に相当する額

二　賃金の一部が、月、週その他一定の期間によつて定められている場合には、その部分の総額をその期間の総日数（賃金の一部が月によつて定められている場合には、一箇月を三十日として計算する。）で除して得た額と前号に掲げる額との合算額

3　前二項の規定により賃金日額を算定することが困難であるとき、又はこれらの規定により算定した額を賃金日額とすることが適当でないと認められるときは、厚生労働大臣が定めるところにより算定した額を賃金日額とする。

4　前三項の規定にかかわらず、これらの規定により算定した賃金日額が、第一号に掲げる額を下るときはその額を、第二号に掲げる額を超えるときはその額を、それぞれ賃金日額とする。

一　二千四百六十円（その額が次条の規定により変更されたときは、その変更された額）

二　次のイからニまでに掲げる受給資格者の区分に応じ、当該イからニまでに定める額（これらの額が次条の規定により変更されたときは、それぞれその変更された額）

イ　受給資格に係る離職の日において六十歳以上六十五歳未満である受給資格者　一万五千五百九十円

ロ　受給資格に係る離職の日において四十五歳以上六十歳未満である受給資格者　一万六千三百四十円

ハ　受給資格に係る離職の日において三十歳以上四十五歳未満である受給資格者　一万四千八百五十円

ニ　受給資格に係る離職の日において三十歳未満である受給資格者　一万三千三百七十円

改正　一・四項…一部改正（昭和五九年法律五四号、平成六年法律五七号）、一・二・四項…一部改正（平成元年法律三六号）、三・四項…一部改正（平成四年法律八号）、三項…一部改正（平成一一年法律一六〇号）、四項…一部改正（平成一二年法律五九号、平成一五年法律三一号）、一・二項…一部改正（平成一九年法律三〇号）、四項…一部改正（平成二三年法律四六号、平成二

九年法律一四号〕

註　〔算定対象期間―一三〕、〔賃金―四4・5、労基一一・一二・二四〕、〔厚生労働大臣の定める賃金日額の算定方法―昭和五〇年労働省告示八号〕、〔自動変更対象額の変更―平成三〇年厚生労働省告示二七一号〕

（基本手当の日額の算定に用いる賃金日額の範囲等の自動的変更）

第十八条　厚生労働大臣は、年度（四月一日から翌年の三月三十一日までをいう。以下同じ。）の平均給与額（厚生労働省において作成する毎月勤労統計における労働者の平均定期給与額を基礎として厚生労働省令で定めるところにより算定した労働者一人当たりの給与の平均額をいう。以下同じ。）が平成二十七年四月一日から始まる年度（この条の規定により自動変更対象額が変更されたときは、直近の当該変更がされた年度の前年度）の平均給与額を超え、又は下るに至つた場合においては、その上昇し、又は低下した比率に応じて、その翌年度の八月一日以後の自動変更対象額を変更しなければならない。

2　前項の規定により変更された自動変更対象額に五円未満の端数があるときは、これを切り捨て、五円以上十円未満の端数があるときは、これを十円に切り上げるものとする。

3　前二項の規定に基づき算定された各年度の八月一日以後に適用される自動変更対象額のうち、最低賃金日額（当該年度の四月一日に効力を有する地域別最低賃金（最低賃金法（昭和三十四年法律第百三十七号）第九条第一項に規定する地域別最低賃金をいう。）の額を基礎として厚生労働省令で定める算定方法により算定した額をいう。）に達しないものは、当該年度の八月一日以後、当該最低賃金日額とする。

4　前三項の「自動変更対象額」とは、第十六条第一項（同条第二項において読み替えて適用する場合を含む。）の規定による基本手当の日額の算定に当たつて、百分の八十を乗ずる賃金日額の範囲となる同条第一項に規定する二千四百六十円以上四千九百二十円未満の額及び百分の八十から百分の五十までの範囲の率を乗ずる賃金日額の範囲となる同項に規定する四千九百二十円以上一万二千九十円以下の額並びに前条第四項各号に掲げる額をいう。

改正　本条…全部改正（平成六年法律五七号）、一項…一部改正（平成一一年法律一六〇号）、一・三項…一部改正、二項…全部改正（平成一二年法律五九号）、一・三項…一部改正（平成一五年法律三一号）、一項…一部改正、旧三項…一部改正のうえ四項に繰下、三項…追加（平成二九年法律一四号）

註　〔基本手当日額―平成三年労働省告示六〇号〕、〔離職―四2〕、〔受給資格者―一五1〕、〔経過措置―平成六年法律五七号附則三〕、〔自動変更対象額の変更―平

成三〇年厚生労働省告示二七一号）、（最低賃金日額の算定方法―則二八の五）

（基本手当の減額）

第十九条　受給資格者が、失業の認定に係る期間中に自己の労働によつて収入を得た場合には、その収入の基礎となつた日数（以下この項において「基礎日数」という。）分の基本手当の支給については、次に定めるところによる。

一　その収入の一日分に相当する額（収入の総額を基礎日数で除して得た額をいう。）から千二百八十二円（その額が次項の規定により変更されたときは、その変更された額。同項において「控除額」という。）を控除した額と基本手当の日額との合計額（次号において「合計額」という。）が賃金日額の百分の八十に相当する額を超えないとき。　基本手当の日額に基礎日数を乗じて得た額を支給する。

二　合計額が賃金日額の百分の八十に相当する額を超えるとき（次号に該当する場合を除く。）。　当該超える額（次号において「超過額」という。）を基本手当の日額から控除した残りの額に基礎日数を乗じて得た額を支給する。

三　超過額が基本手当の日額以上であるとき。　基礎日数分の基本手当を支給しない。

2　厚生労働大臣は、年度の平均給与額が平成二十七年四月一日から始まる年度（この項の規定により控除額が変更されたときは、直近の当該変更がされた年度の前年度）の平均給与額を超え、又は下るに至つた場合においては、その上昇し、又は低下した比率を基準として、その翌年度の八月一日以後の控除額を変更しなければならない。

3　受給資格者は、失業の認定を受けた期間中に自己の労働によつて収入を得たときは、厚生労働省令で定めるところにより、その収入の額その他の事項を公共職業安定所長に届け出なければならない。

改正　一項…一部改正（昭和五九年法律五四号）、一項…一部改正、二項…追加、旧二項…三項に繰下（平成四年法律八号）、二項…一部改正（平成六年法律五七号）、二・三項…一部改正（平成一一年法律一六〇号）、一・二項…一部改正（平成一二年法律五九号、平成一五年法律三一号、平成二三年法律四六号、平成二九年法律一四号）

註　（受給資格者―一五1）、（失業の認定―一五2）、（基本手当の日額―一六）、（賃金日額―一七）、（控除額の変更―平成三〇年厚生労働省告示二七二号）、（自己の労働による収入の届出―則二九）

（**支給の期間及び日数**）

第二十条　基本手当は、この法律に別段の定めがある場合を除き、次の各号に掲げる受給資格者の区分に応じ、当該各号に定める期間（当該期間内に妊娠、出産、育児その他厚生労働省令で定める理由により引き続き三十日以上職業に就くことができない者が、厚生労働省令で定めるところにより公共職業安定所長にその旨を申し出た場合には、当該理由により職業に就くことができない日数を加算するものとし、その加算された期間が四年を超えるときは、四年とする。）内の失業している日について、第二十二条第一項に規定する所定給付日数に相当する日数分を限度として支給する。

一　次号及び第三号に掲げる受給資格者以外の受給資格者　当該基本手当の受給資格に係る離職の日（以下この款において「基準日」という。）の翌日から起算して一年

二　基準日において第二十二条第二項第一号に該当する受給資格者　基準日の翌日から起算して一年に六十日を加えた期間

三　基準日において第二十三条第一項第二号イに該当する同条第二項に規定する特定受給資格者　基準日の翌日から起算して一年に三十日を加えた期間

2　受給資格者であつて、当該受給資格に係る離職が定年（厚生労働省令で定める年齢以上の定年に限る。）に達したことその他厚生労働省令で定める理由によるものであるものが、当該離職後一定の期間第十五条第二項の規定による求職の申込みをしないことを希望する場合において、厚生労働省令で定めるところにより公共職業安定所長にその旨を申し出たときは、前項中「次の各号に掲げる受給資格者の区分に応じ、当該各号に定める期間」とあるのは「次の各号に掲げる受給資格者の区分に応じ、当該各号に定める期間と、次項に規定する求職の申込みをしないことを希望する一定の期間（一年を限度とする。）に相当する期間を合算した期間（当該求職の申込みをしないことを希望する一定の期間内に第十五条第二項の規定による求職の申込みをしたときは、当該各号に定める期間に当該基本手当の受給資格に係る離職の日（以下この款において「基準日」という。）の翌日から当該求職の申込みをした日の前日までの期間に相当する期間を加算した期間）」と、「当該期間内」とあるのは「当該合算した期間内」と、同項第一号中「当該基本手当の受給資格に係る離職の日（以下この款において「基準日」という。）」とあるのは「基準日」とする。

3　前二項の場合において、第一項の受給資格（以下この項において「前の受給資格」という。）を有する者が、前二項の規定による期間内に新たに受給資格、第三十七条の三第二項に規定する高年齢受給資格又は第三十九条第二項に規定する特例受給資格を取得したときは、その取得した日以後においては、前の受給資格に基づく基本手当は、支給しない。

改正　二項…追加、旧二項…一部改正の上、三項に繰下（昭和五九年法律五四号）、一・二項…一部改正（平成一一年法律一六〇号、平成一二年法律五九号）、一項…一部改正（平成一五年法律三一号）

註　〔基本手当の受給資格―一三〕、〔離職―四2〕、〔所定

給付日数—二二1〕、〔厚生労働省令で定める理由—則三〇〕、〔受給期間の延長—則三一〕、〔訓練延長給付—二四〕、〔広域延長給付—二五〕、〔全国延長給付—二七〕、〔失業—四3〕、〔特例受給資格—三九〕

（待期）

第二十一条　基本手当は、受給資格者が当該基本手当の受給資格に係る離職後最初に公共職業安定所に求職の申込みをした日以後において、失業している日（疾病又は負傷のため職業に就くことができない日を含む。）が通算して七日に満たない間は、支給しない。

註〔受給資格者—一五1〕、〔離職—四2〕、〔求職の申込—一五2〕、〔失業—四3〕、〔激甚災害の特例—激災援助二五4〕

（所定給付日数）

第二十二条　一の受給資格に基づき基本手当を支給する日数（以下「所定給付日数」という。）は、次の各号に掲げる受給資格者の区分に応じ、当該各号に定める日数とする。

一　算定基礎期間が二十年以上である受給資格者　百五十日

二　算定基礎期間が十年以上二十年未満である受給資格者　百二十日

三　算定基礎期間が十年未満である受給資格者　九十日

2　前項の受給資格者で厚生労働省令で定める理由により就職が困難なものに係る所定給付日数は、同項の規定にかかわらず、その算定基礎期間が一年以上の受給資格者にあつては次の各号に掲げる当該受給資格者の区分に応じ当該各号に定める日数とし、その算定基礎期間が一年未満の受給資格者にあつては百五十日とする。

一　基準日において四十五歳以上六十五歳未満である受給資格者　三百六十日

二　基準日において四十五歳未満である受給資格者　三百日

3　前二項の算定基礎期間は、これらの規定の受給資格者が基準日まで引き続いて同一の事業主の適用事業に被保険者として雇用された期間（当該雇用された期間に係る被保険者となつた日前に被保険者であつたことがある者については、当該雇用された期間と当該被保険者であつた期間を通算した期間）とする。ただし、当該期間に次の各号に掲げる期間が含まれているときは、当該各号に掲げる期間に該当するすべての期間を除いて算定した期間とする。

一　当該雇用された期間又は当該被保険者であつた期間に係る被保険者となつた日の直前の被保険者でなくなつた日が当該被保険者となつた日前一年の期間内にないときは、当該直前の被保険者でなくなつた日前の被保険者であつた期間

二　当該雇用された期間に係る被保険者となつた日前に基本手当又は特例一時金の支給を受けたことがある者については、これらの給付の受給資格又は第三十九条第二項に規定

する特例受給資格に係る離職の日以前の被保険者であつた期間

4　一の被保険者であつた期間に関し、被保険者となつた日が第九条の規定による被保険者となつたことの確認があつた日の二年前の日より前であるときは、当該確認のあつた日の二年前の日に当該被保険者となつたものとみなして、前項の規定による算定を行うものとする。

5　次に掲げる要件のいずれにも該当する者（第一号に規定する事実を知つていた者を除く。）に対する前項の規定の適用については、同項中「当該確認のあつた日の二年前の日」とあるのは、「次項第二号に規定する被保険者の負担すべき額に相当する額がその者に支払われた賃金から控除されていたことが明らかである時期のうち最も古い時期として厚生労働省令で定める日」とする。

一　その者に係る第七条の規定による届出がされていなかつたこと。

二　厚生労働省令で定める書類に基づき、第九条の規定による被保険者となつたことの確認があつた日の二年前の日より前に徴収法第三十二条第一項の規定により被保険者の負担すべき額に相当する額がその者に支払われた賃金から控除されていたことが明らかである時期があること。

改正　本条…全部改正（昭和五九年法律五四号）、三項…追加、旧三項…一部改正の上、四項に繰下、旧四項…一部改正の上、五項に繰下、旧五項…六項に繰下（平成元年法律三六号）、一・二項…一部改正、三項…全部改正、旧四項…一部改正の上、五項に繰下、旧五項…一部改正の上、六項に繰下、旧六項…七項に繰下、四項…追加（平成六年法律五七号）、一・四項…一部改正（平成一一年法律一六〇号）、一項…一部改正、二項…全部改正、三〜五項…削除、旧六項…一部改正の上、三項に繰上、旧七項…四項に繰上（平成一二年法律五九号）、一・二項…一部改正（平成一五年法律三一号）、五項…追加（平成二二年法律一五号）

註　〔国公退職一〇〕、〔離職―四2〕、〔厚生労働省令で定める理由により就職が困難な者―則三二〕、〔適用事業―五〕、〔被保険者―四1〕、〔特例一時金―一〇3・三八〜四〇〕

第二十三条　特定受給資格者（前条第三項に規定する算定基礎期間（以下この条において単に「算定基礎期間」という。）が一年（第五号に掲げる特定受給資格者にあつては、五年）以上のものに限る。）に係る所定給付日数は、前条第一項の規定にかかわらず、次の各号に掲げる当該特定受給資格者の区分に応じ、当該各号に定める日数とする。

一　基準日において六十歳以上六十五歳未満である特定受給資格者　次のイからニまでに掲げる算定基礎期間の区分に応じ、当該イからニまでに定める日数

イ　二十年以上　二百四十日
ロ　十年以上二十年未満　二百十日
ハ　五年以上十年未満　百八十日
ニ　一年以上五年未満　百五十日
二　基準日において四十五歳以上六十歳未満である特定受給資格者　次のイからニまでに掲げる算定基礎期間の区分に応じ、当該イからニまでに定める日数
イ　二十年以上　三百三十日
ロ　十年以上二十年未満　二百七十日
ハ　五年以上十年未満　二百四十日
ニ　一年以上五年未満　百八十日
三　基準日において三十五歳以上四十五歳未満である特定受給資格者　次のイからニまでに掲げる算定基礎期間の区分に応じ、当該イからニまでに定める日数
イ　二十年以上　二百七十日
ロ　十年以上二十年未満　二百四十日
ハ　五年以上十年未満　百八十日
ニ　一年以上五年未満　百五十日
四　基準日において三十歳以上三十五歳未満である特定受給資格者　次のイからニまでに掲げる算定基礎期間の区分に応じ、当該イからニまでに定める日数
イ　二十年以上　二百四十日
ロ　十年以上二十年未満　二百十日
ハ　五年以上十年未満　百八十日
ニ　一年以上五年未満　百二十日
五　基準日において三十歳未満である特定受給資格者　次のイ又はロに掲げる算定基礎期間の区分に応じ、当該イ又はロに定める日数
イ　十年以上　百八十日
ロ　五年以上十年未満　百二十日
2　前項の特定受給資格者とは、次の各号のいずれかに該当する受給資格者（前条第二項に規定する受給資格者を除く。）をいう。
一　当該基本手当の受給資格に係る離職が、その者を雇用していた事業主の事業について発生した倒産（破産手続開始、再生手続開始、更生手続開始又は特別清算開始の申立てその他厚生労働省令で定める事由に該当する事態をいう。第五十七条第二項第一号において同じ。）又は当該事業主の適用事業の縮小若しくは廃止に伴うものである者として厚生労働省令で定めるもの
二　前号に定めるもののほか、解雇（自己の責めに帰すべき重大な理由によるものを除く。第五十七条第二項第二号において同じ。）その他の厚生労働省令で定める理由により離職した者

改正　本条…全部改正（平成一二年法律五九号）、一項…一部改正、二項…削除、旧三項…一部改正の上、二項

に繰上（平成一五年法律三一号）、二項…一部改正（平成一六年法律七六号、平成一七年法律八七号）、一項…一部改正（平成二九年法律一四号）

註〔国公退職一〇〕、〔政令で定める期間―令四1〕、〔受給資格者―一五1〕、〔失業―四3〕、〔所定給付日数―二二〕、〔政令で定める日数―令四2〕、〔延長給付に関する調整―二八〕、〔給付日数を延長した場合の給付制限―二九〕、〔経済上の理由により離職を余儀なくされた者で厚生労働省令で定める者―則三四〕、〔厚生労働省令で定める理由により就職が困難な者―則三五〕、〔激甚災害による特例―激災援助二五5〕

（訓練延長給付）

第二十四条　受給資格者が公共職業安定所長の指示した公共職業訓練等（その期間が政令で定める期間を超えるものを除く。以下この条、第三十六条第一項及び第二項並びに第四十一条第一項において同じ。）を受ける場合には、当該公共職業訓練等を受ける期間（その者が当該公共職業訓練等を受けるため待期している期間（政令で定める期間に限る。）を含む。）内の失業している日について、所定給付日数（当該受給資格者が第二十条第一項及び第二項の規定による期間内に基本手当の支給を受けた日数が所定給付日数に満たない場合には、その支給を受けた日数。第三十三条第三項を除き、以下この節において同じ。）を超えてその者に基本手当を支給することができる。

2　公共職業安定所長が、その指示した公共職業訓練等を受ける受給資格者（その者が当該公共職業訓練等を受け終わる日における基本手当の支給残日数（当該公共職業訓練等を受け終わる日の翌日から第四項の規定の適用がないものとした場合における受給期間（当該期間内の失業している日について基本手当の支給を受けることができる期間をいう。以下同じ。）の最後の日までの間に基本手当の支給を受けることができる日数をいう。以下この項及び第四項において同じ。）が政令で定める日数に満たないものに限る。）で、政令で定める基準に照らして当該公共職業訓練等を受け終わってもなお就職が相当程度に困難な者であると認めたものについては、同項の規定による期間内の失業している日について、所定給付日数を超えてその者に基本手当を支給することができる。この場合において、所定給付日数を超えて基本手当を支給する日数は、前段に規定する政令で定める日数から支給残日数を差し引いた日数を限度とするものとする。

3　第一項の規定による基本手当の支給を受ける受給資格者が第二十条第一項及び第二項の規定による期間を超えて公共職業安定所長の指示した公共職業訓練等を受けるときは、その者の受給期間は、これらの規定にかかわらず、当該公共職業訓練等を受け終わる日までの間とする。

4　第二項の規定による基本手当の支給を受ける受給資格者の

受給期間は、第二十条第一項及び第二項の規定にかかわらず、これらの規定による期間に第二項前段に規定する政令で定める日数から支給残日数を差し引いた日数を加えた期間（同条第一項及び第二項の規定による期間を超えて公共職業安定所長の指示した公共職業訓練等を受ける者で、当該公共職業訓練等を受け終わる日について第一項の規定による基本手当の支給を受けることができるものにあつては、同日から起算して第二項前段に規定する政令で定める日数を経過した日までの間）とする。

改正　一項…一部改正、旧二項…一部改正の上、三項に繰下、二・四項…追加（昭和五四年法律四〇号）、三・四項…一部改正（昭和五九年法律五四号）、一・二項…一部改正（平成一二年法律五九号）、二項…一部改正（平成一五年法律三一号）

註　〔受給資格者―一五1〕、〔公共職業訓練等―一五3〕、〔政令で定める期間―令四〕、〔失業―四3〕、〔所定給付日数―二二〕、〔政令で定める日数及び基準―令五〕、〔延長給付に関する調整―二八〕、〔給付日数を延長した場合の給付制限―二九〕、〔訓練延長給付に係る失業の認定手続―則三七〕、〔訓練延長給付の通知―則三八〕

（個別延長給付）

第二十四条の二　第二十二条第二項に規定する就職が困難な受給資格者以外の受給資格者のうち、第十三条第三項に規定する特定理由離職者（厚生労働省令で定める者に限る。）である者又は第二十三条第二項に規定する特定受給資格者であつて、次の各号のいずれかに該当し、かつ、公共職業安定所長が厚生労働省令で定める基準（次項において「指導基準」という。）に照らして再就職を促進するために必要な職業指導を行うことが適当であると認めたものについては、第四項の規定による期間内の失業している日（失業していることについての認定を受けた日に限る。）について、所定給付日数を超えて基本手当を支給することができる。

一　心身の状況が厚生労働省令で定める基準に該当する者

二　雇用されていた適用事業が激甚災害に対処するための特別の財政援助等に関する法律（昭和三十七年法律第百五十号。以下この項において「激甚災害法」という。）第二条の規定により激甚災害として政令で指定された災害（次号において「激甚災害」という。）の被害を受けたため離職を余儀なくされた者又は激甚災害法第二十五条第三項の規定により離職したものとみなされた者であつて、政令で定める基準に照らして職業に就くことが特に困難であると認められる地域として厚生労働大臣が指定する地域内に居住する者

三　雇用されていた適用事業が激甚災害その他の災害（厚生労働省令で定める災害に限る。）の被害を受けたため離職

を余儀なくされた者又は激甚災害法第二十五条第三項の規定により離職したものとみなされた者（前号に該当する者を除く。）

2　第二十二条第二項に規定する就職が困難な受給資格者であつて、前項第二号に該当し、かつ、公共職業安定所長が指導基準に照らして再就職を促進するために必要な職業指導を行うことが適当であると認めたものについては、第四項の規定による期間内の失業している日（失業していることについての認定を受けた日に限る。）について、所定給付日数を超えて基本手当を支給することができる。

3　前二項の場合において、所定給付日数を超えて基本手当を支給する日数は、次の各号に掲げる受給資格者の区分に応じ、当該各号に定める日数を限度とするものとする。

一　第一項（第一号及び第三号に限る。）又は前項に該当する受給資格者　六十日（所定給付日数が第二十三条第一項第二号イ又は第三号イに該当する受給資格者にあつては、三十日）

二　第一項（第二号に限る。）に該当する受給資格者　百二十日（所定給付日数が第二十三条第一項第二号イ又は第三号イに該当する受給資格者にあつては、九十日）

4　第一項又は第二項の規定による基本手当の支給（以下「個別延長給付」という。）を受ける受給資格者の受給期間は、第二十条第一項及び第二項の規定にかかわらず、これらの規定による期間に前項に規定する日数を加えた期間とする。

改正　本条…追加（平成二九年法律一四号）

註　〔則三八の二～三八の六〕、〔政令で定める基準―令五の二〕

（広域延長給付）

第二十五条　厚生労働大臣は、その地域における雇用に関する状況等から判断して、その地域内に居住する求職者がその地域において職業に就くことが困難であると認める地域について、求職者が他の地域において職業に就くことを促進するための計画を作成し、関係都道府県労働局長及び公共職業安定所長に、当該計画に基づく広範囲の地域にわたる職業紹介活動（以下この条において「広域職業紹介活動」という。）を行わせた場合において、当該広域職業紹介活動に係る地域について、政令で定める基準に照らして必要があると認めるときは、その指定する期間内に限り、公共職業安定所長が当該地域に係る当該広域職業紹介活動により職業のあつせんを受けることが適当であると認定する受給資格者について、第四項の規定による期間内の失業している日について、所定給付日数を超えて基本手当を支給する措置を決定することができる。この場合において、所定給付日数を超えて基本手当を支給する日数は、政令で定める日数を限度とするものとする。

2　前項の措置に基づく基本手当の支給（以下「広域延長給付」という。）を受けることができる者が厚生労働大臣の指定する地域に住所又は居所を変更した場合には、引き続き当該措置に基づき基本手当を支給することができる。

3 公共職業安定所長は、受給資格者が広域職業紹介活動により職業のあつせんを受けることが適当であるかどうかを認定するときは、厚生労働大臣の定める基準によらなければならない。

4 広域延長給付を受ける受給資格者の受給期間は、第二十条第一項及び第二項の規定にかかわらず、これらの規定による期間に第一項後段に規定する政令で定める日数を加えた期間とする。

改正 四項…一部改正（昭和五九年法律五四号）、一項…一部改正（昭和六二年法律二三号、平成一二年法律五九号、平成一三年法律三五号）、一～三項…一部改正（平成一一年法律一六〇号）

註 〔政令で定める基準―令六1・2〕、〔受給資格者―一五1〕、〔失業―四3〕、〔所定給付日数―二二〕、〔政令で定める日数―令六3〕、〔延長給付に関する調整―二八〕、〔給付日数を延長した場合の給付制限―二九〕、〔広域延長給付の通知―則三九〕

第二十六条 前条第一項の措置が決定された日以後に他の地域から当該措置に係る地域に移転した受給資格者であつて、その移転について特別の理由がないと認められるものには、当該措置に基づく基本手当は、支給しない。

2 前項に規定する特別の理由があるかどうかの認定は、公共職業安定所長が厚生労働大臣の定める基準に従つてするものとする。

改正 二項…一部改正（平成一一年法律一六〇号）

註 〔住所又は居所を移転した者の申出―則四〇〕

（全国延長給付）

第二十七条 厚生労働大臣は、失業の状況が全国的に著しく悪化し、政令で定める基準に該当するに至つた場合において、受給資格者の就職状況からみて必要があると認めるときは、その指定する期間内に限り、第三項の規定による期間内の失業している日について、所定給付日数を超えて受給資格者に基本手当を支給する措置を決定することができる。この場合において、所定給付日数を超えて基本手当を支給する日数は、政令で定める日数を限度とするものとする。

2 厚生労働大臣は、前項の措置を決定した後において、政令で定める基準に照らして必要があると認めるときは、同項の規定により指定した期間（その期間がこの項の規定により延長されたときは、その延長された期間）を延長することができる。

3 第一項の措置に基づく基本手当の支給（以下「全国延長給付」という。）を受ける受給資格者の受給期間は、第二十条第一項及び第二項の規定にかかわらず、これらの規定による期間に第一項後段に規定する政令で定める日数を加えた期間とする。

改正　三項…一部改正（昭和五九年法律五四号）、一・二項…一部改正（平成一一年法律一六〇号）

註〔失業―四3〕、〔一項の政令で定める基準―令七1〕、〔受給資格者―一五1〕、〔所定給付日数―二二〕、〔政令で定める日数―令七2〕、〔三項の政令で定める基準―令八〕、〔延長給付に関する調整―二八〕、〔給付日数を延長した場合の給付制限―二九〕、〔全国延長給付の通知―則四二〕

（延長給付に関する調整）

第二十八条　個別延長給付を受けている受給資格者については、当該個別延長給付が終わつた後でなければ広域延長給付、全国延長給付及び訓練延長給付（第二十四条第一項又は第二項の規定による基本手当の支給をいう。以下同じ。）は行わず、広域延長給付を受けている受給資格者については、当該広域延長給付が終わつた後でなければ全国延長給付及び訓練延長給付は行わず、全国延長給付を受けている受給資格者については、当該全国延長給付が終わつた後でなければ訓練延長給付は行わない。

2　訓練延長給付を受けている受給資格者について個別延長給付、広域延長給付又は全国延長給付が行われることとなつたときは、これらの延長給付が行われる間は、その者について訓練延長給付は行わず、全国延長給付を受けている受給資格者について個別延長給付又は広域延長給付が行われることとなつたときは、これらの延長給付が行われる間は、その者について全国延長給付は行わず、広域延長給付を受けている受給資格者について個別延長給付が行われることとなつたときは、個別延長給付が行われる間は、その者について広域延長給付は行わない。

3　前二項に規定するもののほか、第一項に規定する各延長給付を順次受ける受給資格者に係る基本手当を支給する日数、受給期間その他これらの延長給付についての調整に関して必要な事項は、政令で定める。

改正　一項…一部改正（昭和五四年法律四〇号）、一・二項…一部改正（平成一二年法律五九号、平成二九年法律一四号）

註〔受給資格者―一五1〕、〔広域延長給付―二五〕、〔全国延長給付―二七〕、〔延長給付に関する調整―令九〕

（給付日数を延長した場合の給付制限）

第二十九条　訓練延長給付（第二十四条第二項の規定による基本手当の支給に限る。第三十二条第一項において同じ。）、個別延長給付、広域延長給付又は全国延長給付を受けている受給資格者が、正当な理由がなく、公共職業安定所の紹介する職業に就くこと、公共職業安定所長の指示した公共職業訓練等を受けること又は厚生労働大臣の定める基準に従つて公共職業安定所が行うその者の再就職を促進するために必要な職業指導を受けることを拒んだときは、その拒んだ日以後基本手当を支給しない。ただし、その者が新たに受給資格を取得したときは、この限りでない。

2　前項に規定する正当な理由があるかどうかの認定は、公共職業安定所長が厚生労働大臣の定める基準に従ってするものとする。

改正　一項…一部改正（昭和五四年法律四〇号、平成一二年法律五九号）、一・二項…一部改正（平成一一年法律一六〇号）、一項…一部改正（平成二九年法律一四号）

註〔訓練延長給付―二四2〕、〔広域延長給付―二五〕、〔全国延長給付―二七〕、〔受給資格者―一五1〕、〔職業紹介―職安四1〕、〔公共職業訓練等―一五3〕、〔職業指導―職安四4〕

（支給方法及び支給期日）

第三十条　基本手当は、厚生労働省令で定めるところにより、四週間に一回、失業の認定を受けた日分を支給するものとする。ただし、厚生労働大臣は、公共職業安定所長の指示した公共職業訓練等を受ける受給資格者その他厚生労働省令で定める受給資格者に係る基本手当の支給について別段の定めをすることができる。

2　公共職業安定所長は、各受給資格者について基本手当を支給すべき日を定め、その者に通知するものとする。

改正　一項…一部改正（平成一一年法律一六〇号）

註〔失業の認定―一五2〕、〔公共職業訓練等―一五3〕、〔受給資格者―一五1〕、〔基本手当の支給日の決定及び通知―則四二〕、〔基本手当の支給の特例―則四三〕、〔基本手当の支給手続―則四四・四五〕、〔代理人による基本手当の受給―則四六〕、〔受給資格者の氏名変更等の届出―則四九〕、〔受給資格者証の再交付―則五〇〕、〔事務の委嘱―則五四〕、〔激甚災害の場合の特例―激災援助二五4〕

（未支給の基本手当の請求手続）

第三十一条　第十条の三第一項の規定により、受給資格者が死亡したため失業の認定を受けることができなかった期間に係る基本手当の支給を請求する者は、厚生労働省令で定めるところにより、当該受給資格者について失業の認定を受けなければならない。

2　前項の受給資格者が第十九条第一項の規定に該当する場合には、第十条の三第一項の規定による未支給の基本手当の支給を受けるべき者は、厚生労働省令で定めるところにより、第十九条第一項の収入の額その他の事項を公共職業安定所長に届け出なければならない。

改正　見出し…一部改正、一・四・五項…削除、旧二項…一部改正の上、一項に繰上、旧三項…一部改正の上、二項に繰上（平成六年法律五七号）、一・二項…一部改

正（平成二一年法律一六〇号、平成一五年法律三一号）

註〔受給資格者―一五1〕、〔失業の認定―一五2〕、〔未支給基本手当に係る失業の認定―則四七〕、〔類似規定―労災一一、厚年保三七、船保三八〕、〔激甚災害の場合の特例―激災援助二五4〕

（給付制限）

第三十二条　受給資格者（訓練延長給付、個別延長給付、広域延長給付又は全国延長給付を受けている者を除く。以下この条において同じ。）が、公共職業安定所の紹介する職業に就くこと又は公共職業安定所長の指示した公共職業訓練等を受けることを拒んだときは、その拒んだ日から起算して一箇月間は、基本手当を支給しない。ただし、次の各号のいずれかに該当するときは、この限りでない。

一　紹介された職業又は公共職業訓練等を受けることを指示された職種が、受給資格者の能力からみて不適当であると認められるとき。

二　就職するため、又は公共職業訓練等を受けるため、現在の住所又は居所を変更することを要する場合において、その変更が困難であると認められるとき。

三　就職先の賃金が、同一地域における同種の業務及び同程度の技能に係る一般の賃金水準に比べて、不当に低いとき。

四　職業安定法第二十条（第二項ただし書を除く。）の規定に該当する事業所に紹介されたとき。

五　その他正当な理由があるとき。

2　受給資格者が、正当な理由がなく、厚生労働大臣の定める基準に従つて公共職業安定所が行うその者の再就職を促進するために必要な職業指導を受けることを拒んだときは、その拒んだ日から起算して一箇月を超えない範囲内において公共職業安定所長の定める期間は、基本手当を支給しない。

3　受給資格者についての第一項各号のいずれかに該当するかどうかの認定及び前項に規定する正当な理由があるかどうかの認定は、公共職業安定所長が厚生労働大臣の定める基準に従つてするものとする。

改正　一項…一部改正（昭和五四年法律四〇号、昭和六二年法律二三号、平成一二年法律五九号、平成一五年法律三一号、平成二九年法律一四号）、二・三項…一部改正（平成二一年法律一六〇号）

註〔受給資格者―一五1〕、〔訓練延長給付―二四2・二九1〕、〔広域延長給付―二五〕、〔全国延長給付―二七〕、〔職業紹介―職安四1〕、〔公共職業訓練等―一五3〕、〔賃金―四4・5〕、〔職業指導―職安四4〕

第三十三条　被保険者が自己の責めに帰すべき重大な理由によつて解雇され、又は正当な理由がなく自己の都合によつて退職した場合には、第二十一条の規定による期間の満了後一箇月以上三箇月以内の間で公共職業安定所長の定める期間は、基本手当を支給しない。ただし、公共職業安定所長の指示した公共職業訓練等を受ける期間及び当該公共職業訓練等を受け終わつた日後の期間については、この限りでない。

2　受給資格者が前項の場合に該当するかどうかの認定は、公共職業安定所長が厚生労働大臣の定める基準に従つてするものとする。

3　基本手当の受給資格に係る離職について第一項の規定により基本手当を支給しないこととされる場合において、当該基本手当を支給しないこととされる期間に七日を超え三十日以下の範囲内で厚生労働省令で定める日数及び当該受給資格に係る所定給付日数に相当する日数を加えた期間が一年（当該基本手当の受給資格に係る離職の日において第二十二条第二項第一号に該当する受給資格者にあつては、一年に六十日を加えた期間）を超えるときは、当該受給資格者の受給期間は、第二十条第一項及び第二項の規定にかかわらず、これらの規定による期間に当該超える期間を加えた期間とする。

4　前項の規定に該当する受給資格者については、第二十四条第一項中「第二十条第一項及び第二項」とあるのは、「第三十三条第三項」とする。

5　第三項の規定に該当する受給資格者が個別延長給付、広域延長給付、全国延長給付又は訓練延長給付を受ける場合におけるその者の受給期間についての調整に関して必要な事項は、厚生労働省令で定める。

改正　一項…一部改正、三～五項…追加（昭和五九年法律五四号）、三項…一部改正（平成四年法律八号、平成一五年法律三一号）、一項…一部改正（平成六年法律五七号）、二・三・五項…一部改正（平成一一年法律一六〇号）、三～五項…一部改正（平成一二年法律五九号）、五項…一部改正（平成二九年法律一四号）

註　〔被保険者―四1〕、〔厚生労働省令で定める受給期間についての調整―則四八の二〕、〔類似規定―健保一一六・一一七、船保一〇三〕、〔自己の責に帰すべき重大な理由による解雇―労基二〇1〕、〔受給資格者―一五1〕

第三十四条　偽りその他不正の行為により求職者給付又は就職促進給付の支給を受け、又は受けようとした者には、これらの給付の支給を受け、又は受けようとした日以後、基本手当を支給しない。ただし、やむを得ない理由がある場合には、基本手当の全部又は一部を支給することができる。

2　前項に規定する者が同項に規定する日以後新たに受給資格を取得した場合には、同項の規定にかかわらず、その新たに取得した受給資格に基づく基本手当を支給する。

3　受給資格者が第一項の規定により基本手当を支給されないこととされたため、当該受給資格に基づき基本手当の支給を受けることができる日数の全部について基本手当の支給を受けることができなくなつた場合においても、第二十二条第三項の規定の適用については、当該受給資格に基づく基本手当の支給があつたものとみなす。

4 受給資格者が第一項の規定により基本手当を支給されないこととされたため、同項に規定する日以後当該受給資格に基づき基本手当の支給を受けることができる日数の全部又は一部について基本手当の支給を受けることができなくなつたときは、第三十七条第四項の規定の適用については、その支給を受けることができないこととされた日数分の基本手当の支給があつたものとみなす。

改正 三項…一部改正（昭和五九年法律五四号、平成元年法律三六号、平成一〇年法律一九号）、一・三・四項…一部改正（平成六年法律五七号）、三・四項…一部改正（平成一二年法律五九号）

註〔求職者給付・就職促進給付―一〇～六〇〕、〔受給資格―一三〕、〔受給資格者―一五1〕、〔類似規定―健保一一六・一二〇、船保一〇八〕

第三十五条 削除

改正 本条…削除（平成一九年法律三〇号）

第二款 技能習得手当及び寄宿手当

（技能習得手当及び寄宿手当）

第三十六条 技能習得手当は、受給資格者が公共職業安定所長の指示した公共職業訓練等を受ける場合に、その公共職業訓練等を受ける期間について支給する。

2 寄宿手当は、受給資格者が、公共職業安定所長の指示した公共職業訓練等を受けるため、その者により生計を維持されている同居の親族（婚姻の届出をしていないが、事実上その者と婚姻関係と同様の事情にある者を含む。第五十八条第二項において同じ。）と別居して寄宿する場合に、その寄宿する期間について支給する。

3 第三十二条第一項若しくは第二項又は第三十三条第一項の規定により基本手当を支給しないこととされる期間については、技能習得手当及び寄宿手当を支給しない。

4 技能習得手当及び寄宿手当の支給要件及び額は、厚生労働省令で定める。

5 第三十四条第一項及び第二項の規定は、技能習得手当及び寄宿手当について準用する。

改正 五項…一部改正（平成四年法律八号、平成六年法律五七号）、四項…一部改正（平成一一年法律一六〇号）

註〔受給資格者―一五1〕、〔公共職業訓練等―一五3〕、〔親族の範囲―民七二五〕、〔技能習得手当の種類―則五六〕、〔技能習得手当及び寄宿手当の支給要件及び額―則五七・五九・六〇〕、〔技能習得手当及び寄宿手当の支給手続―則六一〕、〔技能習得手当及び寄宿手当についての準用―則六二〕

第三款 傷病手当

（傷病手当）

第三十七条　傷病手当は、受給資格者が、離職後公共職業安定所に出頭し、求職の申込みをした後において、疾病又は負傷のために職業に就くことができない場合に、第二十条第一項及び第二項の規定による期間（第三十三条第三項の規定に該当する者については同項の規定による期間とし、第五十七条第一項の規定に該当する者については同項の規定による期間とする。）内の当該疾病又は負傷のために基本手当の支給を受けることができない日（疾病又は負傷のために基本手当の支給を受けることができないことについての認定を受けた日に限る。）について、第四項の規定による日数に相当する日数分を限度として支給する。

2　前項の認定は、厚生労働省令で定めるところにより、公共職業安定所長が行う。

3　傷病手当の日額は、第十六条の規定による基本手当の日額に相当する額とする。

4　傷病手当を支給する日数は、第一項の認定を受けた受給資格者の所定給付日数から当該受給資格に基づき既に基本手当を支給した日数を差し引いた日数とする。

5　第三十二条第一項若しくは第二項又は第三十三条第一項の規定により基本手当を支給しないこととされる期間については、傷病手当を支給しない。

6　傷病手当を支給したときは、この法律の規定（第十条の四及び第三十四条の規定を除く。）の適用については、当該傷病手当を支給した日数に相当する日数分の基本手当を支給したものとみなす。

7　傷病手当は、厚生労働省令で定めるところにより、第一項の認定を受けた日分を、当該職業に就くことができない理由がやんだ後最初に基本手当を支給すべき日（当該職業に就くことができない理由がやんだ後において基本手当を支給すべき日がない場合には、公共職業安定所長の定める日）に支給する。ただし、厚生労働大臣は、必要があると認めるときは、傷病手当の支給について別段の定めをすることができる。

8　第一項の認定を受けた受給資格者が、当該認定を受けた日について、健康保険法（大正十一年法律第七十号）第九十九条の規定による傷病手当金、労働基準法（昭和二十二年法律第四十九号）第七十六条の規定による休業補償、労働者災害補償保険法（昭和二十二年法律第五十号）の規定による休業補償給付又は休業給付その他これらに相当する給付であつて法令（法令の規定に基づく条例又は規約を含む。）により行われるもののうち政令で定めるものの支給を受けることができる場合には、傷病手当は、支給しない。

9　第十九条、第二十一条、第三十一条並びに第三十四条第一項及び第二項の規定は、傷病手当について準用する。この場合において、第十九条第一項及び第三項並びに第三十一条第一項中「失業の認定」とあるのは、「第三十七条第一項の認定」と読み替えるものとする。

改正　一項…一部改正（昭和五九年法律五四号、平成元年法律三六号、平成一二年法律五九号、平成一九年法律三〇号）、一・九項…一部改正（平成四年法律八号）、六・九項…一部改正（平成六年法律五七号）、二・七項…一部改正（平成一一年法律一六〇号）、八項…一部改正（平成一四年法律一〇二号）、一・六項…一部改正（平成一五年法律三一号）

註　〔受給資格者―一五1〕、〔離職―四2〕、〔求職の申込―一五2〕、〔所定給付日数―二二〕、〔傷病手当の支給手続―則六四〕、〔傷病手当の支給についての準用―則六五〕、〔休業補償給付―労災一四〕、〔休業給付―労災二二の二〕、〔政令で定める給付―令一〇〕、〔未支給の保険給付―三一〕

第二節の二　高年齢被保険者の求職者給付

改正　節名…全部改正（平成二八年法律一七号）

（高年齢被保険者）

第三十七条の二　六十五歳以上の被保険者（第三十八条第一項に規定する短期雇用特例被保険者及び第四十三条第一項に規定する日雇労働被保険者を除く。以下「高年齢被保険者」という。）が失業した場合には、この節の定めるところにより、高年齢求職者給付金を支給する。

2　高年齢被保険者に関しては、前節（第十四条を除く。）、次節及び第四節の規定は、適用しない。

改正　本条…追加（昭和五九年法律五四号）、二項…一部改正（平成元年法律三六号、平成一九年法律三〇号）、見出し…全部改正、一・二項…一部改正（平成二八年法律一七号）

（高年齢受給資格）

第三十七条の三　高年齢求職者給付金は、高年齢被保険者が失業した場合において、離職の日以前一年間（当該期間に疾病、負傷その他厚生労働省令で定める理由により引き続き三十日以上賃金の支払を受けることができなかつた高年齢被保険者である被保険者については、当該理由により賃金の支払を受けることができなかつた日数を一年に加算した期間（その期間が四年を超えるときは、四年間））に、第十四条の規定による被保険者期間が通算して六箇月以上であつたときに、次条に定めるところにより、支給する。

2　前項の規定により高年齢求職者給付金の支給を受けることができる資格（以下「高年齢受給資格」という。）を有する者（以下「高年齢受給資格者」という。）が次条第五項の規定による期間内に高年齢求職者給付金の支給を受けることなく就職した後再び失業した場合（新たに高年齢受給資格又は第三十九条第二項に規定する特例受給資格を取得した場合を除く。）において、当該期間内に公共職業安定所に出頭し、求職の申込みをした上、次条第五項の認定を受けたときは、その者は、当該高年齢受給資格に基づく高年齢求職者給付金の支給を受けることができる。

改正 本条…追加（昭和五九年法律五四号）、一項…一部改正（平成元年法律三六号、平成一一年法律一六〇号、平成一九年法律三〇号）、二項…一部改正（平成六年法律五七号）、一・二項…一部改正（平成二八年法律一七号）

註〔厚生労働省令で定める理由―則六五の二〕

（高年齢求職者給付金）

第三十七条の四 高年齢求職者給付金の額は、高年齢受給資格者を第十五条第一項に規定する受給資格者とみなして第十六条から第十八条まで（第十七条第四項第二号を除く。）の規定を適用した場合にその者に支給されることとなる基本手当の日額に、次の各号に掲げる算定基礎期間の区分に応じ、当該各号に定める日数（第五項の認定があつた日から同項の規定による期間の最後の日までの日数が当該各号に定める日数に満たない場合には、当該認定のあつた日から当該最後の日までの日数に相当する日数）を乗じて得た額とする。

一 一年以上 五十日

二 一年未満 三十日

2 前項の規定にかかわらず、同項の規定により算定した高年齢受給資格者の賃金日額が第十七条第四項第二号ニに定める額（その額が第十八条の規定により変更されたときは、その変更された額）を超えるときは、その額を賃金日額とする。

3 第一項の算定基礎期間は、当該高年齢受給資格者を第十五条第一項に規定する受給資格者と、当該高年齢受給資格に係る離職の日を第二十条第一項第一号に規定する基準日とみなして第二十二条第三項及び第四項の規定を適用した場合に算定されることとなる期間に相当する期間とする。

4 前項に規定する場合における第二十二条第三項の規定の適用については、同項第二号中「又は特例一時金」とあるのは「、高年齢求職者給付金又は特例一時金」と、「又は第三十九条第二項」とあるのは「、第三十七条の三第二項に規定する高年齢受給資格又は第三十九条第二項」とする。

5 高年齢求職者給付金の支給を受けようとする高年齢受給資格者は、離職の日の翌日から起算して一年を経過する日までに、厚生労働省令で定めるところにより、公共職業安定所に出頭し、求職の申込みをした上、失業していることについての認定を受けなければならない。

6 第二十一条、第三十一条第一項、第三十二条、第三十三条第一項及び第二項並びに第三十四条第一項から第三項までの規定は、高年齢求職者給付金について準用する。この場合において、これらの規定中「受給資格者」とあるのは「高年齢受給資格者」と、「受給資格」とあるのは「高年齢受給資格」と、第三十一条第一項中「失業の認定を受けることができなかつた期間」とあるのは「第三十七条の四第五項の認定を受けることができなかつた場合における当該高年齢受給資格者」と、「失業の認定を受けなければならない」とあるのは「同項の認定を受けなければならない」と、第三十三条第一項中「第二十一条の規定による期間」とあるのは「第三十七条の四第六項において準用する第二十一条の規定による期間」と読み替えるものとする。

改正 本条…追加（昭和五九年法律五四号）、一・二項…一部改正（平成元年法律三六号）、一項…一部改正、旧二項…一部改正の上、三項に繰下、旧三項…四項に繰下、旧四項…一部改正の上、五項に繰下、二項…追加（平成六年法律五七号）、一項…一部改正（平成一〇年法律一九号、平成一五年法律三一号）、三・四項…一部改正（平成一一年法律一六〇号）、三項…一部改正（平成一二年法律五九号）、一～三項…一部改正、旧四項…五項に繰下、旧五項…一部改正の上六項に繰下、四項…追加（平成二八年法律一七号）

註（失業の認定―則六五の四）、（準用―則六五の五）

第三節　短期雇用特例被保険者の求職者給付

（短期雇用特例被保険者）

第三十八条　被保険者であつて、季節的に雇用されるもののうち次の各号のいずれにも該当しない者（第四十三条第一項に規定する日雇労働被保険者を除く。以下「短期雇用特例被保険者」という。）が失業した場合には、この節の定めるところにより、特例一時金を支給する。

一　四箇月以内の期間を定めて雇用される者

二　一週間の所定労働時間が二十時間以上であつて厚生労働大臣の定める時間数未満である者

2　被保険者が前項各号に掲げる者に該当するかどうかの確認は、厚生労働大臣が行う。

3　短期雇用特例被保険者に関しては、第二節（第十四条を除く。）、前節及び次節の規定は、適用しない。

改正 三項…一部改正（昭和五九年法律五四号、平成元年法律三六号、平成一二年法律五九号、平成一九年法律三〇号）、一項…一部改正（平成一一年法律一六〇号）、一項…一部改正（平成二二年法律一五号）

註（被保険者―四1）、（特例一時金の額―四〇）、（厚生労働大臣の定める時間数―平成二二年厚生労働省告示一五四号）、（短期雇用特例被保険者の確認―則六六）

（特例受給資格）

第三十九条　特例一時金は、短期雇用特例被保険者が失業した場合において、離職の日以前一年間（当該期間に疾病、負傷その他厚生労働省令で定める理由により引き続き三十日以上賃金の支払を受けることができなかつた短期雇用特例被保険者である被保険者については、当該理由により賃金の支払を受けることができなかつた日数を一年に加算した期間（その期間が四年を超えるときは、四年間）に、第十四条の規定による被保険者期間が通算して六箇月以上であつたときに、次条に定めるところにより、支給する。

2　前項の規定により特例一時金の支給を受けることができる資格（以下「特例受給資格」という。）を有する者（以下「特例受給資格者」という。）が次条第三項の規定による期間内に特例一時金の支給を受けることなく就職した後再び失業した場合（新たに第十四条第二項第一号に規定する受給資格、高年齢受給資格又は特例受給資格を取得した場合を除く。）において、当該期間内に公共職業安定所に出頭し、求職の申込みをした上、次条第三項の認定を受けたときは、その者は、当該特例受給資格に基づく特例一時金の支給を受けることができる。

改正　一・二項…一部改正（昭和五九年法律五四号、平成元年法律三六号、平成一九年法律三〇号）、二項…一部改正（平成一〇年法律一九号）、二項…一部改正（平成一一年法律一六〇号）

註　〔特例一時金―三八・四〇・四一〕、〔短期雇用特例被保険者―三八〕、〔失業―四3〕、〔離職―四2〕、〔厚生労働省令で定める理由―則六七〕、〔賃金―四4・5、労基一一・一二・二四〕、〔被保険者期間―一四〕、〔求職の申込―一五2、職安五の六、職安則四の四〕、〔被保険者期間の経過措置―附則三〕

（特例一時金）

第四十条　特例一時金の額は、特例受給資格者を第十五条第一項に規定する受給資格者とみなして第十六条から第十八条までの規定を適用した場合にその者に支給されることとなる基本手当の日額の三十日分（第三項の認定があつた日から同項の規定による期間の最後の日までの日数が三十日に満たない場合には、その日数に相当する日数分）とする。

2　前項に規定する場合における第十七条第四項の規定の適用については、同項第二号ニ中「三十歳未満」とあるのは「三十歳未満又は六十五歳以上」とする。

3　特例一時金の支給を受けようとする特例受給資格者は、離職の日の翌日から起算して六箇月を経過する日までに、厚生労働省令で定めるところにより、公共職業安定所に出頭し、求職の申込みをした上、失業していることについての認定を受けなければならない。

4　第二十一条、第三十一条第一項、第三十二条、第三十三条第一項及び第二項並びに第三十四条第一項から第三項までの規定は、特例一時金について準用する。この場合において、第二十一条中「受給資格者」とあるのは「特例受給資格者」と、「受給資格」とあるのは「特例受給資格」と、第三十一条第一項中「受給資格者」とあるのは「特例受給資格者」と、「失業の認定を受けることができなかつた期間」とあるのは「第四十条第三項の認定を受けることができなかつた場合における当該特例受給資格者」と、「失業の認定を受けなければならない」とあるのは「同項の認定を受けなければならない」と、第三十二条中「受給資格者」とあるのは「特例受給資格者」と、第三十三条第一項中「支給しない。ただし公共職業安定所長の指示した公共職業訓練等を受ける期間及び当該公共職業訓練等を受け終わつた日後の期間については、この限りでない」とあるのは「支給しない」と、同条第二項中「受給資格者」とあるのは「特例受給資格者」と、第三十四条第二項中「受給資格」とあるのは「特例受給資格」と、同条第三項中「受給資格者」とあるのは「特例受給資格者」と、「受給資格」とあるのは「特例受給資格」とそれぞれ読み替えるものとする。

改正 三項…一部改正（昭和五九年法律五四号）、一項…一部改正、旧二項…一部改正の上、三項に繰下、旧三項…一部改正の上、四項に繰下、二項…追加（平成六年法律五七号）、三項…一部改正（平成一一年法律一六〇号）、一項…一部改正（平成一九年法律三〇号）

註〔特例受給資格者─三九〕、〔離職─四2〕、〔求職の申込─一五2、職安五の六、職安則四の四〕、〔失業の認定─一五、則六八〕、〔特例一時金の支給についての準用─則六九〕

（公共職業訓練等を受ける場合）

第四十一条 特例受給資格者が、当該特例受給資格に基づく特例一時金の支給を受ける前に公共職業安定所長の指示した公共職業訓練等（その期間が政令で定める期間に達しないものを除く。）を受ける場合には、第十条第三項及び前三条の規定にかかわらず、特例一時金を支給しないものとし、その者を第十五条第一項に規定する受給資格者とみなして、当該公共職業訓練等を受け終わる日までの間に限り、第二節（第三十三条第一項ただし書の規定を除く。）に定めるところにより、求職者給付を支給する。

2 前項の特例受給資格者は、当該特例受給資格に係る被保険者となつた日前に第二十九条第一項又は第三十四条第二項の規定により基本手当の支給を受けることができないこととされている場合においても、前項の規定により求職者給付の支給を受けることができる。

改正 一項…一部改正（昭和五九年法律五四号、平成六年法律五七号）

註〔特例受給資格者─三九〕、〔特例一時金─四〇〕、〔公共職業訓練等─一五3〕、〔政令で定める期間─令一一〕、〔被保険者─四1〕、〔特例受給資格者が公共職業訓練等を受ける場合の手続─則七〇〕

第四節 日雇労働被保険者の求職者給付

（日雇労働者）

第四十二条 この節において日雇労働者とは、次の各号のいずれかに該当する労働者（前二月の各月において十八日以上同一の事業主の適用事業に雇用された者及び同一の事業主の適用事業に継続して三十一日以上雇用された者（次条第二項の認可を受けた者を除く。）を除く。）をいう。
一　日々雇用される者
二　三十日以内の期間を定めて雇用される者

改正　本条…一部改正（平成二二年法律一五号）

註〔労基二一、厚年保一二、港労一〇〕、〔適用事業―五〕

（日雇労働被保険者）

第四十三条　被保険者である日雇労働者であつて、次の各号のいずれかに該当するもの（以下「日雇労働被保険者」という。）が失業した場合には、この節の定めるところにより、日雇労働求職者給付金を支給する。
一　特別区若しくは公共職業安定所の所在する市町村の区域（厚生労働大臣が指定する区域を除く。）又はこれらに隣接する市町村の全部又は一部の区域であつて、厚生労働大臣が指定するもの（以下この項において「適用区域」という。）に居住し、適用事業に雇用される者
二　適用区域外の地域に居住し、適用区域内にある適用事業に雇用される者
三　適用区域外の地域に居住し、適用区域外の地域にある適用事業であつて、日雇労働の労働市場の状況その他の事情に基づいて厚生労働大臣が指定したものに雇用される者
四　前三号に掲げる者のほか、厚生労働省令で定めるところにより公共職業安定所長の認可を受けた者

2　日雇労働被保険者が前二月の各月において十八日以上同一の事業主の適用事業に雇用された場合又は同一の事業主の適用事業に継続して三十一日以上雇用された場合において、厚生労働省令で定めるところにより公共職業安定所長の認可を受けたときは、その者は、引き続き、日雇労働被保険者となることができる。

3　前二月の各月において十八日以上同一の事業主の適用事業に雇用された日雇労働被保険者又は同一の事業主の適用事業に継続して三十一日以上雇用された日雇労働被保険者が前項の認可を受けなかつたため、日雇労働被保険者とされなくなつた最初の月に離職し、失業した場合には、その失業した月の間における日雇労働求職者給付金の支給については、その者を日雇労働被保険者とみなす。

4　日雇労働被保険者に関しては、第六条（第三号に限る。）及び第七条から第九条まで並びに前三節の規定は、適用しない。

改正　一・四項…一部改正（昭和五九年法律五四号）、一・二項…一部改正（平成元年法律三六号）、一～四項…一部改正（平成一一年法律一六〇号）、四項…一部改正（平成二八年法律一七号）

註〔被保険者―四1〕、〔日雇労働者―四二〕、〔失業―四

3）、〔適用事業―五〕、〔離職―四2〕、〔日雇労働被保険者となつたことの届出―則七一〕、〔日雇労働被保険者任意加入の申請―則七二〕、〔日雇労働被保険者資格継続の認可申請―則七四〕

（日雇労働被保険者手帳）

第四十四条 日雇労働被保険者は、厚生労働省令で定めるところにより、公共職業安定所において、日雇労働被保険者手帳の交付を受けなければならない。

改正 本条…一部改正（平成一一年法律一六〇号）

註〔日雇労働被保険者―四三〕、〔日雇労働被保険者手帳の交付―則七三〕、〔罰則―八五①・八六〕

（日雇労働求職者給付金の受給資格）

第四十五条 日雇労働求職者給付金は、日雇労働被保険者が失業した場合において、その失業の日の属する月の前二月間に、その者について、徴収法第十条第二項第四号の印紙保険料（以下「印紙保険料」という。）が通算して二十六日分以上納付されているときに、第四十七条から第五十二条までに定めるところにより支給する。

改正 本条…一部改正（平成六年法律五七号）

註〔日雇労働被保険者―四三〕、〔失業―四3〕、〔印紙保険料―徴収法一〇2④・二二・二三〕

第四十六条 前条の規定により日雇労働求職者給付金の支給を受けることができる者が第十五条第一項に規定する受給資格者である場合において、その者が、基本手当の支給を受けたときはその支給の対象となつた日については日雇労働求職者給付金を支給せず、日雇労働求職者給付金の支給を受けたときはその支給の対象となつた日については基本手当を支給しない。

（日雇労働被保険者に係る失業の認定）

第四十七条 日雇労働求職者給付金は、日雇労働被保険者が失業している日（失業していることについての認定を受けた日に限る。第五十四条第一号において同じ。）について支給する。

2 前項の失業していることについての認定（以下この節において「失業の認定」という。）を受けようとする者は、厚生労働省令で定めるところにより、公共職業安定所に出頭し、求職の申込みをしなければならない。

3 厚生労働大臣は、必要があると認めるときは、前項の規定にかかわらず、日雇労働被保険者に係る失業の認定について別段の定めをすることができる。

改正 二・三項…一部改正（平成一一年法律一六〇号）

註〔日雇労働被保険者―四三〕、〔失業―四3〕、〔求職の申込―一五2、職安五の六、職安則四の四〕、〔失業の認定―則七五〕

（日雇労働求職者給付金の日額）

第四十八条 日雇労働求職者給付金の日額は、次の各号に掲げる区分に応じ、当該各号に定める額とする。
一　前二月間に納付された印紙保険料のうち、徴収法第二十二条第一項第一号に掲げる額（その額が同条第二項又は第四項の規定により変更されたときは、その変更された額）の印紙保険料（以下「第一級印紙保険料」という。）が二十四日分以上であるとき。　七千五百円（その額が次条第一項の規定により変更されたときは、その変更された額）
二　次のいずれかに該当するとき。　六千二百円（その額が次条第一項の規定により変更されたときは、その変更された額）
イ　前二月間に納付された印紙保険料のうち、第一級印紙保険料及び徴収法第二十二条第一項第二号に掲げる額（その額が同条第二項又は第四項の規定により変更されたときは、その変更された額）の印紙保険料（以下「第二級印紙保険料」という。）が二十四日分以上であるとき（前号に該当するときを除く。）。
ロ　前二月間に納付された印紙保険料のうち、第一級印紙保険料及び第二級印紙保険料が二十四日分未満である場合において、第一級印紙保険料の納付額と第二級印紙保険料の納付額との合計額に、徴収法第二十二条第一項第三号に掲げる額（その額が同条第二項又は第四項の規定により変更されたときは、その変更された額）の印紙保険料（以下「第三級印紙保険料」という。）の納付額のうち二十四日から第一級印紙保険料及び第二級印紙保険料の納付日数を差し引いた日数に相当する日数分の額を加算した額を二十四で除して得た額が第二級印紙保険料の日額以上であるとき。
三　前二号のいずれにも該当しないとき。　四千百円（その額が次条第一項の規定により変更されたときは、その変更された額）

改正　本条…一部改正（昭和五九年法律五四号、平成六年法律五七号、平成一九年法律三〇号）

註　（印紙保険料—四五、徴収法一〇2④・二二・二三）、（日雇労働求職者給付金の日額等の自動的変更—四九）

（日雇労働求職者給付金の日額等の自動的変更）

第四十九条　厚生労働大臣は、平均定期給与額（第十八条第一項の平均定期給与額をいう。以下この項において同じ。）が、平成六年九月の平均定期給与額（この項の規定により日雇労働求職者給付金の日額等が変更されたときは直近の当該変更の基礎となつた平均定期給与額）の百分の百二十を超え、又は百分の八十三を下るに至つた場合において、その状態が継続すると認めるときは、その平均定期給与額の上昇し、又は低下した比率を基準として、日雇労働求職者給付金の日額等を変更しなければならない。

2　前項の「日雇労働求職者給付金の日額等」とは、前条第一号に定める額の日雇労働求職者給付金（次項及び第五十四条において「第一級給付金」という。）の日額、前条第二号に定める額の日雇労働求職者給付金（次項及び第五十四条において「第二級給付金」という。）の日額及び前条第三号に定める額の日雇労働求職者給付金（次項及び第五十四条において「第三級給付金」という。）の日額並びに徴収法第二十二条第一項に規定する印紙保険料の額の区分に係る賃金の日額のうち第一級印紙保険料と第二級印紙保険料との区分に係る賃金の日額（その額が前項の規定により変更されたときは、その変更された額。次項において「一級・二級印紙保険料区分日額」という。）及び第二級印紙保険料と第三級印紙保険料との区分に係る賃金の日額（その額が前項の規定により変更されたときは、その変更された額。次項において「二級・三級印紙保険料区分日額」という。）をいう。

3 徴収法第二十二条第五項の規定により同条第二項に規定する第一級保険料日額、第二級保険料日額及び第三級保険料日額の変更があつた場合には、厚生労働大臣は、その変更のあつた日から一年を経過した日の前日（その日前に当該変更に関して国会の議決があつた場合には、その議決のあつた日の前日）までの間は、第一項の規定による第一級給付金の日額、第二級給付金の日額及び第三級給付金の日額並びに一級・二級印紙保険料区分日額及び二級・三級印紙保険料区分日額の変更を行うことができない。

改正 一～四項…一部改正（昭和五九年法律五四号）、一・二項…全部改正、三項…削除、旧四項…一部改正の上、三項に繰上（平成六年法律五七号）、一・三項…一部改正（平成一一年法律一六〇号）

註〔印紙保険料の自動的変更―徴収法二二2～6〕、〔一般保険料の場合―一八〕、〔日雇労働求職者給付金の日額―四八〕、〔賃金―四4・5〕、〔第一級印紙保険料―四八①〕、〔第二級印紙保険料―四八②〕、〔第三級印紙保険料―四八②〕、〔印紙保険料―四五、徴収法一〇2④・二二・二三〕、〔経過措置―平成六年法律五七号附則一一〕

（日雇労働求職者給付金の支給日数等）

第五十条 日雇労働求職者給付金は、日雇労働被保険者が失業した日の属する月における失業の認定を受けた日について、その月の前二月間に、その者について納付されている印紙保険料が通算して二十八日分以下であるときは、通算して十三日分を限度として支給し、その者について納付されている印紙保険料が通算して二十八日分を超えているときは、通算して、二十八日分を超える四日分ごとに一日を十三日に加えて得た日数分を限度として支給する。ただし、その月において通算して十七日分を超えては支給しない。

2 日雇労働求職者給付金は、各週（日曜日から土曜日までの七日をいう。）につき日雇労働被保険者が職業に就かなかつた最初の日については、支給しない。

改正 一項…一部改正（平成六年法律五七号）

註〔日雇労働被保険者―四三〕、〔失業―四3〕、〔失業の認定―四七〕、〔印紙保険料―四五、徴収法一〇2④・二二・二三〕、〔日雇労働求職者給付金の日額―四八〕、〔給付制限―五二〕

（日雇労働求職者給付金の支給方法等）

第五十一条 日雇労働求職者給付金は、公共職業安定所において、失業の認定を行つた日に支給するものとする。

2 厚生労働大臣は、必要があると認めるときは、前項の規定にかかわらず、日雇労働求職者給付金の支給について別段の定めをすることができる。

3 第三十一条第一項の規定は、日雇労働求職者給付金について準用する。この場合において、同項中「受給資格者」とあるのは「日雇労働求職者給付金の支給を受けることができる者」と、「失業の認定」とあるのは「第四十七条第二項の失業の認定」と読み替えるものとする。

改正 三項…一部改正（平成六年法律五七号）、二項…一部改正（平成一一年法律一六〇号）

註〔失業の認定―四七〕、〔日雇労働求職者給付金の支給―則七六〕、〔日雇労働求職者給付金の支給についての準用―則七七〕

（給付制限）

第五十二条 日雇労働求職者給付金の支給を受けることができる者が公共職業安定所の紹介する業務に就くことを拒んだときは、その拒んだ日から起算して七日間は、日雇労働求職者給付金を支給しない。ただし、次の各号のいずれかに該当するときは、この限りでない。

一 紹介された業務が、その者の能力からみて不適当であると認められるとき。

二 紹介された業務に対する賃金が、同一地域における同種の業務及び同程度の技能に係る一般の賃金水準に比べて、不当に低いとき。

三 職業安定法第二十条（第二項ただし書を除く。）の規定に該当する事業所に紹介されたとき。

四 その他正当な理由があるとき。

2 日雇労働求職者給付金の支給を受けることができる者についての前項各号のいずれかに該当するかどうかの認定は、公共職業安定所長が厚生労働大臣の定める基準に従つてするものとする。

3 日雇労働求職者給付金の支給を受けることができる者が、偽りその他不正の行為により求職者給付又は就職促進給付の支給を受け、又は受けようとしたときは、その支給を受け、又は受けようとした月及びその月の翌月から三箇月間は、日雇労働求職者給付金を支給しない。ただし、やむを得ない理由がある場合には、日雇労働求職者給付金の全部又は一部を支給することができる。

改正 四項…削除（平成六年法律五七号）、三項…一部改正（平成一〇年法律一九号）、二項…一部改正（平成一一年法律一六〇号）

註〔一般被保険者の場合―三二〕、〔公共職業安定所の紹介―職安一八〕、〔賃金―四4・5〕

（日雇労働求職者給付金の特例）

第五十三条 日雇労働被保険者が失業した場合において、次の各号のいずれにも該当するときは、その者は、公共職業安定所長に申し出て、次条に定める日雇労働求職者給付金の支給を受けることができる。

一 継続する六月間に当該日雇労働被保険者について印紙保険料が各月十一日分以上、かつ、通算して七十八日分以上納付されていること。

二 前号に規定する継続する六月間（以下「基礎期間」という。）のうち後の五月間に第四十五条の規定による日雇労働求職者給付金の支給を受けていないこと。

三 基礎期間の最後の月の翌月以後二月間（申出をした日が当該二月の期間内にあるときは、同日までの間）に第四十五条の規定による日雇労働求職者給付金の支給を受けていないこと。

2 前項の申出は、基礎期間の最後の月の翌月以後四月の期間内に行わなければならない。

改正 一項…一部改正（平成六年法律五七号）

註〔日雇労働被保険者―四三〕、〔失業―四3〕、〔印紙保険料―四五、徴収法一〇2④・二二・二三〕、〔日雇労働求職者給付金の特例の申出―則七八〕

第五十四条 前条第一項の申出をした者に係る日雇労働求職者給付金の支給については、第四十八条及び第五十条第一項の規定にかかわらず、次の各号に定めるところによる。

一 日雇労働求職者給付金の支給を受けることができる期間及び日数は、基礎期間の最後の月の翌月以後四月の期間内にある失業している日について、通算して六十日分を限度とする。

二 日雇労働求職者給付金の日額は、次のイからハまでに掲げる区分に応じ、当該イからハまでに定める額とする。

イ 基礎期間に納付された印紙保険料のうち、第一級印紙保険料が七十二日分以上であるとき。 第一級給付金の日額

ロ 次のいずれかに該当するとき。 第二級給付金の日額

(1) 基礎期間に納付された印紙保険料のうち、第一級印紙保険料及び第二級印紙保険料が七十二日分以上であるとき（イに該当するときを除く。）。

(2) 基礎期間に納付された印紙保険料のうち、第一級印紙保険料及び第二級印紙保険料が七十二日分未満である場合において、第一級印紙保険料の納付額と第二級

印紙保険料の納付額との合計額に、第三級印紙保険料の納付額のうち七十二日から第一級印紙保険料及び第二級印紙保険料の納付日数を差し引いた日数に相当する日数分の額を加算した額を七十二で除して得た額が第二級印紙保険料の日額以上であるとき。

ハ　イ又はロに該当しないとき。　第三級給付金の日額

改正　本条…一部改正（昭和五九年法律五四号、平成六年法律五七号）

註　〔基礎期間―五三〕、〔失業―四3〕、〔失業している日―四七1〕、〔印紙保険料―四五、徴収法一〇2④・二二・二三〕、〔第一級印紙保険料―四八①〕、〔第一級給付金―四九2〕、〔第二級印紙保険料―四八②〕、〔第二級給付金―四九2〕、〔第三級印紙保険料―四八②〕、〔第三級給付金―四九2〕

第五十五条　基礎期間の最後の月の翌月以後二月の期間内に第五十三条第一項の申出をした者については、当該二月を経過する日までは、第四十五条の規定による日雇労働求職者給付金は、支給しない。

2　第五十三条第一項の申出をした者が、基礎期間の最後の月の翌月から起算して第三月目又は第四月目に当たる月において、第四十五条の規定による日雇労働求職者給付金の支給を受けたときは当該日雇労働求職者給付金の支給の対象となつた日については前条の規定による日雇労働求職者給付金を支給せず、同条の規定による日雇労働求職者給付金の支給を受けたときは当該日雇労働求職者給付金の支給の対象となつた日については第四十五条の規定による日雇労働求職者給付金を支給しない。

3　前条の規定による日雇労働求職者給付金の支給を受けた者がその支給を受けた後に第五十三条第一項の申出をする場合における同項第二号の規定の適用については、その者は、第四十五条の規定による日雇労働求職者給付金の支給を受けたものとみなす。

4　第四十六条、第四十七条、第五十条第二項、第五十一条及び第五十二条の規定は、前条の規定による日雇労働求職者給付金について準用する。

註　〔基礎期間―五三〕、〔被保険者期間の特例―五六〕、〔日雇労働求職者給付金の特例に係る失業の認定―則七九〕、〔日雇労働求職者給付金の支給についての準用―則八〇〕

（日雇労働被保険者であつた者に係る被保険者期間等の特例）

第五十六条　日雇労働被保険者が二月の各月において十八日以上同一の事業主の適用事業に雇用され、その翌月以後において離職した場合には、その二月を第十四条の規定による被保険者期間の二箇月として計算することができる。ただし、その者が第四十三条第二項又は第三項の規定の適用を受けた者である場合には、この限りでない。

2 前項の規定により同項に規定する二月を被保険者期間として計算することによつて第十四条第二項第一号に規定する受給資格、高年齢受給資格又は特例受給資格を取得した者について、第十七条に規定する賃金日額を算定する場合には、その二月の各月において納付された印紙保険料の額を厚生労働省令で定める率で除して得た額をそれぞれその各月に支払われた賃金額とみなす。

3 第一項の規定は、第二十二条第三項の規定による算定基礎期間の算定について準用する。この場合において、第一項中「その二月を第十四条の規定による被保険者期間の二箇月として」とあるのは、「当該雇用された期間を第二十二条第三項に規定する基準日まで引き続いて同一の事業主の適用事業に被保険者として雇用された期間に該当するものとして」と読み替えるものとする。

改正 見出し・二項…一部改正、三項…追加（昭和五九年法律五四号）、二・三項…一部改正（平成元年法律三六号）、三項…一部改正（平成六年法律五七号、平成一二年法律五九号）、二項…一部改正（平成一一年法律一六〇号、平成一九年法律三〇号）、見出し…全部改正、三項…一部改正（平成二二年法律一五号）

註 〔日雇労働被保険者―四三〕、〔適用事業―五〕、〔離職―四2〕、〔特例受給資格―三九〕、〔印紙保険料―四五、徴収法一〇2④・二二・二三〕、〔受給資格の調整―則八一〕、〔厚生労働省令で定める率―則八一4〕

第五十六条の二 日雇労働被保険者が同一の事業主の適用事業に継続して三十一日以上雇用された後に離職した場合（前条第一項本文に規定する場合を除く。）には、その者の日雇労働被保険者であつた期間を第十四条の規定による被保険者期間の計算において被保険者であつた期間とみなすことができる。ただし、その者が第四十三条第二項又は第三項の規定の適用を受けた者である場合には、この限りでない。

2 前項の規定により第十四条の規定による被保険者期間を計算することによつて同条第二項第一号に規定する受給資格、高年齢受給資格又は特例受給資格を取得した者について、第十七条に規定する賃金日額を算定する場合には、日雇労働被保険者であつた期間のうち、同条第一項に規定する算定対象期間における被保険者期間として計算された最後の六箇月間に含まれる期間において納付された印紙保険料の額を厚生労働省令で定める率で除して得た額を当該期間に支払われた賃金額とみなす。

3 第一項の規定は、第二十二条第三項の規定による算定基礎期間の算定について準用する。この場合において、第一項中「その者の日雇労働被保険者であつた期間を第十四条の規定による被保険者期間の計算において被保険者であつた期間とみなす」とあるのは、「当該日雇労働被保険者であつた期間を第二十二条第三項に規定する基準日まで引き続いて同一の事業主の適用事業に被保険者として雇用された期間に該当するものとして計算する」と読み替えるものとする。

改正 本条…追加（平成二二年法律一五号）

第五節 就職促進給付

（就業促進手当）

第五十六条の三 就業促進手当は、次の各号のいずれかに該当する者に対して、公共職業安定所長が厚生労働省令で定める基準に従つて必要があると認めたときに、支給する。

一 次のイ又はロのいずれかに該当する受給資格者である者

イ 職業に就いた者（厚生労働省令で定める安定した職業に就いた者を除く。）であつて、当該職業に就いた日の前日における基本手当の支給残日数（当該職業に就かなかつたこととした場合における同日の翌日から当該受給資格に係る第二十条第一項及び第二項の規定による期間（第三十三条第三項の規定に該当する受給資格者については同項の規定による期間とし、次条第一項の規定に該当する受給資格者については同項の規定による期間とする。）の最後の日までの間に基本手当の支給を受けることができることとなる日数をいう。以下同じ。）が当該受給資格に基づく所定給付日数の三分の一以上かつ四十五日以上であるもの

ロ 厚生労働省令で定める安定した職業に就いた者であつて、当該職業に就いた日の前日における基本手当の支給残日数が当該受給資格に基づく所定給付日数の三分の一以上であるもの

二 厚生労働省令で定める安定した職業に就いた受給資格者（当該職業に就いた日の前日における基本手当の支給残日数が当該受給資格に基づく所定給付日数の三分の一未満である者に限る。）、高年齢受給資格者（高年齢求職者給付金の支給を受けた者であつて、当該高年齢受給資格に係る離職の日の翌日から起算して一年を経過していないものを含む。以下この節において同じ。）、特例受給資格者（特例一時金の支給を受けた者であつて、当該特例受給資格に係る離職の日の翌日から起算して六箇月を経過していないものを含む。以下この節において同じ。）又は日雇受給資格者（第四十五条又は第五十四条の規定による日雇労働求職者給付金の支給を受けることができる者をいう。以下同じ。）であつて、身体障害者その他の就職が困難な者として厚生労働省令で定めるもの

2 受給資格者、高年齢受給資格者、特例受給資格者又は日雇受給資格者（第五十八条及び第五十九条第一項において「受給資格者等」という。）が、前項第一号ロ又は同項第二号に規定する安定した職業に就いた日前厚生労働省令で定める期間内の就職について就業促進手当（同項第一号イに該当する者に係るものを除く。以下この項において同じ。）の支給を受け

たことがあるときは、前項の規定にかかわらず、就業促進手当は、支給しない。

3　就業促進手当の額は、次の各号に掲げる者の区分に応じ、当該各号に定める額とする。

一　第一項第一号イに該当する者　現に職業に就いている日（当該職業に就かなかつたこととした場合における同日から当該就業促進手当に係る基本手当の受給資格に係る第二十条第一項及び第二項の規定による期間（第三十三条第三項の規定に該当する受給資格者については同項の規定による期間とし、次条第一項の規定に該当する受給資格者については同項の規定による期間とする。）の最後の日までの間に基本手当の支給を受けることができることとなる日があるときに限る。）について、第十六条の規定による基本手当の日額（その金額が同条第一項（同条第二項において読み替えて適用する場合を含む。）に規定する一万二千九十円（その額が第十八条の規定により変更されたときは、その変更された額）に百分の五十（受給資格に係る離職の日において六十歳以上六十五歳未満である受給資格者にあつては、百分の四十五）を乗じて得た金額を超えるときは、当該金額。以下この条において「基本手当日額」という。）に十分の三を乗じて得た額

二　第一項第一号ロに該当する者　基本手当日額に支給残日数に相当する日数に十分の六（その職業に就いた日の前日における基本手当の支給残日数が当該受給資格に基づく所定給付日数の三分の二以上であるもの（以下この号において「早期再就職者」という。）にあつては、十分の七）を乗じて得た額（同一の事業主の適用事業にその職業に就いた日から引き続いて六箇月以上雇用される者であつて厚生労働省令で定めるものにあつては、当該額に、基本手当日額に支給残日数に相当する日数に十分の四（早期再就職者にあつては、十分の三）を乗じて得た数を乗じて得た額を限度として厚生労働省令で定める額を加えて得た額）

三　第一項第二号に該当する者　次のイからニまでに掲げる者の区分に応じ、当該イからニまでに定める額に四十を乗じて得た額を限度として厚生労働省令で定める額

イ　受給資格者　基本手当日額

ロ　高年齢受給資格者　その者を高年齢受給資格に係る離職の日において三十歳未満である基本手当の受給資格者とみなして第十六条から第十八条までの規定を適用した場合にその者に支給されることとなる基本手当の日額（その金額がその者を基本手当の受給資格者とみなして適用される第十六条第一項に規定する一万二千九十円（その額が第十八条の規定により変更されたときは、その変更された額）に百分の五十を乗じて得た金額を超えるときは、当該金額）

ハ　特例受給資格者　その者を基本手当の受給資格者とみなして第十六条から第十八条までの規定を適用した場合にその者に支給されることとなる基本手当の日額（その金額がその者を基本手当の受給資格者とみなして適用される第十六条第一項（同条第二項において読み替えて適用する場合を含む。）に規定する一万二千九十円（その額が第十八条の規定により変更されたときは、その変更された額）に百分の五十（特例受給資格に係る離職の日において六十歳以上六十五歳未満である特例受給資格者にあつては、百分の四十五）を乗じて得た金額を超えるときは、当該金額）

ニ　日雇受給資格者　第四十八条又は第五十四条第二号の規定による日雇労働求職者給付金の日額

4　第一項第一号イに該当する者に係る就業促進手当を支給したときは、この法律の規定（第十条の四及び第三十四条の規定を除く。次項において同じ。）の適用については、当該就業促進手当を支給した日数に相当する日数分の基本手当を支給したものとみなす。

5　第一項第一号ロに該当する者に係る就業促進手当を支給したときは、この法律の規定の適用については、当該就業促進手当の額を基本手当日額で除して得た日数に相当する日数分の基本手当を支給したものとみなす。

改正　本条…追加（昭和五九年法律五四号）、本条…全部改正（平成一五年法律三一号）、本条…旧五六条の二から繰下（平成二一年法律五号）、一・三項…一部改正（平成二三年法律四六号）、三項…一部改正（平成二六年法律一三号）、一〜三項…一部改正（平成二八年法律一七号）、三項…一部改正（平成二九年法律一四号）

註　〔厚生労働省令で定める基準—則八二〕、〔厚生労働省令で定める安定した職業に就いた者—則八二の二〕、〔再就職手当の支給申請手続—則八二の七〕、〔厚生労働省令で定める安定した職業に就いた受給資格者等及び就職が困難な者—則八二の三〕、〔厚生労働省令で定める期間—則八二の四〕、〔就業手当の支給申請手続—則八二の五〕、〔就業手当の支給—則八二の六〕、〔再就職手当の支給—則八三〕、〔厚生労働省令で定める者—則八三の二〕、〔就業促進定着手当の支給申請手続—則八三の四〕、〔就業促進定着手当の支給—則八三の五〕、〔常用就職支度手当の額—則八三の六〕

（就業促進手当の支給を受けた場合の特例）

第五十七条　特定就業促進手当受給者について、第一号に掲げる期間が第二号に掲げる期間を超えるときは、当該特定就業促進手当受給者の基本手当の受給期間は、第二十条第一項及び第二項並びに第三十三条第三項の規定にかかわらず、これらの規定による期間に当該超える期間を加えた期間とする。

一　就業促進手当（前条第一項第一号ロに該当する者に係る

ものに限る。以下この条において同じ。）に係る基本手当の受給資格に係る離職の日の翌日から再離職（当該就業促進手当の支給を受けた後の最初の離職（新たに受給資格、高年齢受給資格又は特例受給資格を取得した場合における当該受給資格、高年齢受給資格又は特例受給資格に係る離職を除く。）をいう。次項において同じ。）の日までの期間に次のイ及びロに掲げる日数を加えた期間

イ　二十日以下の範囲内で厚生労働省令で定める日数

ロ　当該就業促進手当に係る職業に就いた日の前日における支給残日数から前条第五項の規定により基本手当を支給したものとみなされた日数を差し引いた日数

二　当該職業に就かなかつたこととした場合における当該受給資格に係る第二十条第一項及び第二項の規定による期間（第三十三条第三項の規定に該当する受給資格者については、同項の規定による期間）

2　前項の特定就業促進手当受給者とは、就業促進手当の支給を受けた者であつて、再離職の日が当該就業促進手当に係る基本手当の受給資格に係る第二十条第一項及び第二項の規定による期間（第三十三条第三項の規定に該当する受給資格者については、同項の規定による期間）内にあり、かつ、次の各号のいずれかに該当するものをいう。

一　再離職が、その者を雇用していた事業主の事業について発生した倒産又は当該事業主の適用事業の縮小若しくは廃止に伴うものである者として厚生労働省令で定めるもの

二　前号に定めるもののほか、解雇その他の厚生労働省令で定める理由により離職した者

3　第一項の規定に該当する受給資格者については、第二十四条第一項中「第二十条第一項及び第二項」とあるのは、「第五十七条第一項」とする。

4　第三十三条第五項の規定は、第一項の規定に該当する受給資格者について準用する。

改正　本条…全部改正（平成一五年法律三一号）

註（常用就職支度手当の支給—則八五）、（厚生労働省令で定める日数—則八五の二）、（厚生労働省令で定めるもの—則八五の三）、（厚生労働省令で定める理由—則八五の四）、（受給期間についての調整—則八五の五）、（給付制限—六〇）

（移転費）

第五十八条　移転費は、受給資格者等が公共職業安定所、職業安定法第四条第八項に規定する特定地方公共団体若しくは同法第十八条の二に規定する職業紹介事業者の紹介した職業に就くため、又は公共職業安定所長の指示した公共職業訓練等を受けるため、その住所又は居所を変更する場合において、公共職業安定所長が厚生労働大臣の定める基準に従つて必要があると認めたときに、支給する。

2　移転費の額は、受給資格者等及びその者により生計を維持

されている同居の親族の移転に通常要する費用を考慮して、厚生労働省令で定める。

改正　一・二項…一部改正（平成一一年法律一六〇号）、一項…一部改正（平成二九年法律一四号）

註　〔受給資格者等―五七2〕、〔職業紹介―職安四・一八〕、〔公共職業訓練等―一五3〕、〔生計を維持されている同居の親族―三六2〕、〔移転費の支給要件―則八六〕、〔移転費の種類及び計算―則八七〕、〔鉄道賃、船賃、航空賃及び車賃の額―則八八〕、〔移転料の額―則八九〕、〔着後手当の額―則九〇〕、〔移転費の差額支給―則九一〕、〔移転費の支給申請―則九二〕、〔移転費の支給―則九三〕、〔移転費の支給を受けた場合の手続―則九四〕、〔移転費の返還―則九五〕、〔給付制限―六〇〕

（求職活動支援費）

第五十九条　求職活動支援費は、受給資格者等が求職活動に伴い次の各号のいずれかに該当する行為をする場合において、公共職業安定所長が厚生労働大臣の定める基準に従つて必要があると認めたときに、支給する。

一　公共職業安定所の紹介による広範囲の地域にわたる求職活動

二　公共職業安定所の職業指導に従つて行う職業に関する教育訓練の受講その他の活動

三　求職活動を容易にするための役務の利用

2　求職活動支援費の額は、前項各号の行為に通常要する費用を考慮して、厚生労働省令で定める。

改正　一・二項…一部改正（平成一一年法律一六〇号）、見出し…全部改正、一項…全部改正、二項…一部改正（平成二八年法律一七号）

註　〔受給資格者等―五七2〕、〔公共職業安定所の紹介―職安一八〕、〔求職活動支援費―則九五の二〕、〔広域求職活動費の支給要件―則九六〕、〔広域求職活動費の種類及び計算―則九七〕、〔広域求職活動費の額―則九八〕、〔広域求職活動費の差額支給―則九八の二〕、〔広域求職活動費の支給申請―則九九〕、〔広域求職活動費の支給―則一〇〇〕、〔給付制限―六〇〕、〔短期訓練受講費の支給要件―則一〇〇の二〕、〔求職活動関係役務利用費の支給要件―則一〇〇の六〕

（給付制限）

第六十条　偽りその他不正の行為により求職者給付又は就職促進給付の支給を受け、又は受けようとした者には、これらの給付の支給を受け、又は受けようとした日以後、就職促進給付を支給しない。ただし、やむを得ない理由がある場合には、就職促進給付の全部又は一部を支給することができる。

2　前項に規定する者が同項に規定する日以後新たに受給資格、高年齢受給資格又は特例受給資格を取得した場合には、同項の規定にかかわらず、その受給資格、高年齢受給資格又は特例受給資格に基づく就職促進給付を支給する。

3　第一項に規定する者であつて、第五十二条第三項（第五十五条第四項において準用する場合を含む。次項において同じ。）の規定により日雇労働求職者給付金の支給を受けることができない者とされたものが、その支給を受けることができない期間を経過した後において、日雇受給資格者である場合又は日雇受給資格者となつた場合には、第一項の規定にかかわらず、その日雇受給資格者たる資格に基づく就職促進給付を支給する。

4　第一項に規定する者（第五十二条第三項の規定により日雇労働求職者給付金の支給を受けることができない者とされている者を除く。）が新たに日雇受給資格者となつた場合には、第一項の規定にかかわらず、その日雇受給資格者たる資格に基づく就職促進給付を支給する。

5　受給資格者が第一項の規定により就職促進給付を支給されないこととされたため、当該受給資格に基づく就業促進手当の全部又は一部の支給を受けることができなくなつたときは、第五十六条の三第四項及び第五項の規定の適用については、その全部又は一部の支給を受けることができないこととされた就業促進手当の支給があつたものとみなす。

改正　五項…追加（昭和五九年法律五四号）、一項…一部改正（平成六年法律五七号）、五項…一部改正（平成一五年法律三一号、平成二三年法律一五号）、二項…一部改正（平成二八年法律一七号）

註〔求職者給付、就職促進給付―一〇〕、〔特例受給資格―三九〕、〔日雇受給資格者―五七1〕、〔給付制限―五二〕

第五節の二　教育訓練給付

改正　本節…追加（平成一〇年法律一九号）

（**教育訓練給付金**）

第六十条の二　教育訓練給付金は、次の各号のいずれかに該当する者（以下「教育訓練給付対象者」という。）が、厚生労働省令で定めるところにより、雇用の安定及び就職の促進を図るために必要な職業に関する教育訓練として厚生労働大臣が指定する教育訓練を受け、当該教育訓練を修了した場合（当該教育訓練を受けている場合であつて厚生労働省令で定める場合を含み、当該教育訓練に係る指定教育訓練実施者により厚生労働省令で定める証明がされた場合に限る。）において、支給要件期間が三年以上であるときに、支給する。

一　当該教育訓練を開始した日（以下この条において「基準日」という。）に一般被保険者（被保険者のうち、高年齢被保険者、短期雇用特例被保険者及び日雇労働被保険者以外の者をいう。次号において同じ。）又は高年齢被保険者である者

二　前号に掲げる者以外の者であつて、基準日が当該基準日の直前の一般被保険者又は高年齢被保険者でなくなつた日から厚生労働省令で定める期間内にあるもの

2　前項の支給要件期間は、教育訓練給付対象者が基準日までの間に同一の事業主の適用事業に引き続いて被保険者として雇用された期間（当該雇用された期間に係る被保険者となつた日前に被保険者であつたことがある者については、当該雇用された期間と当該被保険者であつた期間を通算した期間）とする。ただし、当該期間に次の各号に掲げる期間が含まれているときは、当該各号に掲げる期間に該当する全ての期間を除いて算定した期間とする。

一　当該雇用された期間又は当該被保険者であつた期間に係る被保険者となつた日の直前の被保険者でなくなつた日が当該被保険者となつた日前一年の期間内にないときは、当該直前の被保険者でなくなつた日前の被保険者であつた期間

二　当該基準日前に教育訓練給付金の支給を受けたことがあるときは、当該給付金に係る基準日前の被保険者であつた期間

3　第二十二条第四項の規定は、前項の支給要件期間の算定について準用する。

4　教育訓練給付金の額は、教育訓練給付対象者が第一項に規定する教育訓練の受講のために支払つた費用（厚生労働省令で定める範囲内のものに限る。）の額（当該教育訓練の受講のために支払つた費用の額であることについて当該教育訓練に係る指定教育訓練実施者により証明がされたものに限る。）に百分の二十以上百分の七十以下の範囲内において厚生労働省令で定める率を乗じて得た額（その額が厚生労働省令で定める額を超えるときは、その定める額）とする。

5　第一項及び前項の規定にかかわらず、同項の規定により教育訓練給付金の額として算定された額が厚生労働省令で定める額を超えないとき、又は教育訓練給付対象者が基準日前厚生労働省令で定める期間内に教育訓練給付金の支給を受けたことがあるときは、教育訓練給付金は、支給しない。

改正　本条…追加（平成一〇年法律一九号）、一・四・五項…一部改正（平成一一年法律一六〇号）、三項…一部改正（平成一二年法律五九号）、一・四項…一部改正（平成一五年法律三一号、平成一九年法律三〇号）、一・二・四・五項…一部改正（平成二六年法律一三号）、一・二項…一部改正（平成二八年法律一七号）、四項…一部改正（平成二九年法律一四号）

註〔厚生労働大臣の指定─則一〇一の二の二〕、〔厚生労働省令で定める場合─則一〇一の二の三〕、〔厚生労働省令で定める証明─則一〇一の二の四〕、〔支給─則一〇一の二の一三〕、〔厚生労働省令で定める期間─則一〇一の二の五〕、〔厚生労働省令で定める費用の範囲

―則一〇一の二の六〕、〔厚生労働省令で定める率―則一〇一の二の七〕、〔厚生労働省令で定める額―則一〇一の二の八・一〇一の二の九〕、〔支給申請手続―則一〇一の二の一一〕、〔準用―則一〇一の二の一五〕、〔給付制限―六〇の三〕、〔報告等―七六〕

（給付制限）

第六十条の三　偽りその他不正の行為により教育訓練給付金の支給を受け、又は受けようとした者には、当該給付金の支給を受け、又は受けようとした日以後、教育訓練給付金を支給しない。ただし、やむを得ない理由がある場合には、教育訓練給付金の全部又は一部を支給することができる。

2　前項の規定により教育訓練給付金の支給を受けることができない者とされたものが、同項に規定する日以後、新たに教育訓練給付金の支給を受けることができる者となつた場合には、同項の規定にかかわらず、教育訓練給付金を支給する。

3　第一項の規定により教育訓練給付金の支給を受けることができなくなつた場合においても、前条第二項の規定の適用については、当該給付金の支給があつたものとみなす。

改正　本条…追加（平成一〇年法律一九号）

第六節　雇用継続給付

改正　本節…追加（平成六年法律五七号）

第一款　高年齢雇用継続給付

（高年齢雇用継続基本給付金）

第六十一条　高年齢雇用継続基本給付金は、被保険者（短期雇用特例被保険者及び日雇労働被保険者を除く。以下この款において同じ。）に対して支給対象月（当該被保険者が第一号に該当しなくなつたときは、同号に該当しなくなつた日の属する支給対象月以後の支給対象月）に支払われた賃金の額（支給対象月において非行、疾病その他の厚生労働省令で定める理由により支払を受けることができなかつた賃金がある場合には、その支払を受けたものとみなして算定した賃金の額。以下この項、第四項及び第五項各号（次条第三項において準用する場合を含む。）並びに同条第一項において同じ。）が、当該被保険者を受給資格者と、当該被保険者が六十歳に達した日（当該被保険者が第一号に該当しなくなつたときは、同号に該当しなくなつた日）を受給資格に係る離職の日とみなして第十七条（第三項を除く。）の規定を適用した場合に算定されることとなる賃金日額に相当する額（以下この条において「みなし賃金日額」という。）に三十を乗じて得た額の百分の七十五に相当する額を下るに至つた場合に、当該支給対象月について支給する。ただし、次の各号のいずれかに該当するときは、この限りでない。

一　当該被保険者を受給資格者と、当該被保険者が六十歳に達した日又は当該支給対象月においてその日に応当する日

（その日に応当する日がない月においては、その月の末日。）を第二十条第一項第一号に規定する基準日とみなして第二十二条第三項及び第四項の規定を適用した場合に算定されることとなる期間に相当する期間が、五年に満たないとき。

二　当該支給対象月に支払われた賃金の額が、三十五万六千四百円（その額が第七項の規定により変更されたときは、その変更された額。以下この款において「支給限度額」という。）以上であるとき。

2　この条において「支給対象月」とは、被保険者が六十歳に達した日の属する月から六十五歳に達する日の属する月までの期間内にある月（その月の初日から末日まで引き続いて、被保険者であり、かつ、育児休業給付金又は介護休業給付金の支給を受けることができる休業をしなかつた月に限る。）をいう。

3　第一項の規定によりみなし賃金日額を算定する場合における第十七条第四項の規定の適用については、同項中「前三項の規定」とあるのは、「第一項及び第二項の規定」とする。

4　第一項の規定によりみなし賃金日額を算定することができないとき若しくは困難であるとき、又は同項の規定により算定したみなし賃金日額を用いて同項の規定を適用することが適当でないと認められるときは、厚生労働大臣が定めるところにより算定した額をみなし賃金日額とする。この場合において、第十七条第四項の規定は、この項の規定により算定したみなし賃金日額について準用する。

5　高年齢雇用継続基本給付金の額は、一支給対象月について、次の各号に掲げる区分に応じ、当該支給対象月に支払われた賃金の額に当該各号に定める率を乗じて得た額とする。ただし、その額に当該賃金の額を加えて得た額が支給限度額を超えるときは、支給限度額から当該賃金の額を減じて得た額とする。

一　当該賃金の額が、みなし賃金日額に三十を乗じて得た額の百分の六十一に相当する額未満であるとき。　百分の十五

二　前号に該当しないとき。　みなし賃金日額に三十を乗じて得た額に対する当該賃金の額の割合が逓増する程度に応じ、百分の十五から一定の割合で逓減するように厚生労働省令で定める率

6　第一項及び前項の規定にかかわらず、同項の規定により支給対象月における高年齢雇用継続基本給付金の額として算定された額が第十七条第四項第一号に掲げる額（その額が第十八条の規定により変更されたときは、その変更された額）の百分の八十に相当する額を超えないときは、当該支給対象月については、高年齢雇用継続基本給付金は、支給しない。

7　厚生労働大臣は、年度の平均給与額が平成二十七年四月一

日から始まる年度（この項の規定により支給限度額が変更されたときは、直近の当該変更がされた年度の前年度）の平均給与額を超え、又は下るに至つた場合においては、その上昇し、又は低下した比率を基準として、その翌年度の八月一日以後の支給限度額を変更しなければならない。

改正　本条…追加（平成六年法律五七号）、二項…一部改正（平成一〇年法律一九号）、一・四・五・七項…一部改正（平成一一年法律一六〇号）、一・七項…一部改正（平成一二年法律五九号）、一・五〜七項…一部改正（平成一五年法律三一号）、二項…一部改正（平成二一年法律五号）、一・七項…一部改正（平成二三年法律四六号、平成二九年法律一四号）

註（厚生労働省令で定める理由―則一〇一の三）、（支給限度額の変更―平成三〇年厚生労働省告示二七三号）、（厚生労働大臣が定めるみなし賃金日額の算定方法を定める告示―平成七年労働省告示四〇号）、（厚生労働省令で定める率―則一〇一の四）、（支給申請手続―則一〇一の五）、（支給―則一〇一の六）、（支給申請手続の代理―則一〇一の八）、（事業主の助力等―則一〇一の九）、（給付制限―六一の三）、（準用―則一〇一の一〇）

（高年齢再就職給付金）

第六十一条の二　高年齢再就職給付金は、受給資格者（その受給資格に係る離職の日における第二十二条第三項の規定による算定基礎期間が五年以上あり、かつ、当該受給資格に基づく基本手当の支給を受けたことがある者に限る。）が六十歳に達した日以後安定した職業に就くことにより被保険者となつた場合において、当該被保険者に対し再就職後の支給対象月に支払われた賃金の額が、当該基本手当の日額の算定の基礎となつた賃金日額に三十を乗じて得た額の百分の七十五に相当する額を下るに至つたときに、当該再就職後の支給対象月について支給する。ただし、次の各号のいずれかに該当するときは、この限りでない。

一　当該職業に就いた日（次項において「就職日」という。）の前日における支給残日数が、百日未満であるとき。

二　当該再就職後の支給対象月に支払われた賃金の額が、支給限度額以上であるとき。

2　前項の「再就職後の支給対象月」とは、就職日の属する月から当該就職日の翌日から起算して二年（当該就職日の前日における支給残日数が二百日未満である同項の被保険者については、一年）を経過する日の属する月（その月が同項の被保険者が六十五歳に達する日の属する月後であるときは、六十五歳に達する日の属する月）までの期間内にある月（その月の初日から末日まで引き続いて、被保険者であり、かつ、育児休業給付金又は介護休業給付金の支給を受けることができる休業をしなかつた月に限る。）をいう。

3　前条第五項及び第六項の規定は、高年齢再就職給付金の額について準用する。この場合において、同条第五項中「支給対象月について」とあるのは「再就職後の支給対象月（次条第二項に規定する再就職後の支給対象月をいう。次条第三項において準用する第六項において同じ。）について」と、「当該支給対象月」とあるのは「当該再就職後の支給対象月」と、「みなし賃金日額」とあるのは「次条第一項の賃金日額」と、同条第六項中「第一項」とあるのは「次条第一項」と、「支給対象月」とあるのは「再就職後の支給対象月」と読み替えるものとする。

4　高年齢再就職給付金の支給を受けることができる者が、同一の就職につき就業促進手当（第五十六条の三第一項第一号ロに該当する者に係るものに限る。以下この項において同じ。）の支給を受けることができる場合において、その者が就業促進手当の支給を受けたときは高年齢再就職給付金を支給せず、高年齢再就職給付金の支給を受けたときは就業促進手当を支給しない。

改正　本条…追加（平成六年法律五七号）、二項…一部改正（平成一〇年法律一九号）、一項…一部改正（平成一二年法律五九号）、一項…一部改正、四項…追加（平成一五年法律三一号）、二項…一部改正（平成二一年法律五号）、四項…一部改正（平成二二年法律一五号）

註　〔支給申請手続—則一〇一の七〕、〔支給申請手続の代理—則一〇一の八〕、〔事業主の助力等—則一〇一の九〕、〔給付制限—六一の三〕、〔支給についての準用—則一〇一の一〇〕

（給付制限）

第六十一条の三　偽りその他不正の行為により次の各号に掲げる失業等給付の支給を受け、又は受けようとした者には、当該給付の支給を受け、又は受けようとした日以後、当該各号に定める高年齢雇用継続給付を支給しない。ただし、やむを得ない理由がある場合には、当該高年齢雇用継続給付の全部又は一部を支給することができる。

一　高年齢雇用継続基本給付金　高年齢雇用継続基本給付金

二　高年齢再就職給付金又は当該給付金に係る受給資格に基づく求職者給付若しくは就職促進給付　高年齢再就職給付金

改正　本条…追加（平成六年法律五七号）

第二款　育児休業給付

（育児休業給付金）

第六十一条の四　育児休業給付金は、被保険者（短期雇用特例被保険者及び日雇労働被保険者を除く。以下この款及び次款において同じ。）が、厚生労働省令で定めるところにより、その一歳に満たない子（民法（明治二十九年法律第八十九号）第八百十七条の二第一項の規定により被保険者が当該被保険者との間における同項に規定する特別養子縁組の成立について家庭裁判所に請求した者（当該請求に係る家事審判事件が裁判所に係属している場合に限る。）であつて、当該被保険者が現に監護するもの、児童福祉法（昭和二十二年法律第百六十四号）第二十七条第一項第三号の規定により同法第六条の四第二号に規定する養子縁組里親である被保険者に委託されている児童及びその他これらに準ずる者として厚生労働省令で定める者に、厚生労働省令で定めるところにより委託されている者を含む。以下この項及び第六項において同じ。）（その子が一歳に達した日後の期間について休業することが雇用の継続のために特に必要と認められる場合として厚生労働省令で定める場合に該当する場合にあつては、一歳六か月に満たない子（その子が一歳六か月に達した日後の期間について休業することが雇用の継続のために特に必要と認められる場合として厚生労働省令で定める場合に該当する場合にあつては、二歳に満たない子）を養育するための休業をした場合において、当該休業を開始した日前二年間（当該休業を開始した日前二年間に疾病、負傷その他厚生労働省令で定める理由により引き続き三十日以上賃金の支払を受けることができなかつた被保険者については、当該理由により賃金の支払を受けることができなかつた日数を二年に加算した期間（その期間が四年を超えるときは、四年間））に、みなし被保険者期間が通算して十二箇月以上であつたときに、支給単位期間について支給する。

2　前項の「みなし被保険者期間」は、同項（第六項において読み替えて適用する場合を含む。次項、第五項及び次条第二項において同じ。）に規定する休業を開始した日を被保険者でなくなつた日とみなして第十四条の規定を適用した場合に計算されることとなる被保険者期間に相当する期間とする。

3　この条において「支給単位期間」とは、第一項に規定する休業をした期間を、当該休業を開始した日又は各月においてその日に応当し、かつ、当該休業をした期間内にある日（その日に応当する日がない月においては、その月の末日。以下この項及び次項第二号において「休業開始応当日」という。）から各翌月の休業開始応当日の前日（当該休業を終了した日の属する月にあつては、当該休業を終了した日）までの各期間に区分した場合における当該区分による一の期間をいう。

4　育児休業給付金の額は、一支給単位期間について、育児休業給付金の支給を受けることができる被保険者を受給資格者と、当該被保険者が当該育児休業給付金の支給に係る休業を開始した日の前日を受給資格に係る離職の日とみなして第十七条の規定を適用した場合に算定されることとなる賃金日額に相当する額（次項において「休業開始時賃金日額」という。）に次の各号に掲げる支給単位期間の区分に応じて当該各号に定める日数（同項において「支給日数」という。）を乗じて得た額の百分の四十に相当する額とする。この場合における同条の規定の適用については、同条第三項中「困難であるとき」

とあるのは「できないとき若しくは困難であるとき」と、同条第四項中「第二号に掲げる額」とあるのは「第二号ハに定める額」とする。

一　次号に掲げる支給単位期間以外の支給単位期間　三十日

二　当該休業を終了した日の属する支給単位期間　当該支給単位期間における当該休業を開始した日又は休業開始応当日から当該休業を終了した日までの日数

5　前項の規定にかかわらず、第一項に規定する休業をした被保険者に当該被保険者を雇用している事業主から支給単位期間に賃金が支払われた場合において、当該賃金の額に当該支給単位期間における育児休業給付金の額を加えて得た額が休業開始時賃金日額に支給日数を乗じて得た額の百分の八十に相当する額以上であるときは、休業開始時賃金日額に支給日数を乗じて得た額の百分の八十に相当する額から当該賃金の額を減じて得た額を、当該支給単位期間における育児休業給付金の額とする。この場合において、当該賃金の額が休業開始時賃金日額に支給日数を乗じて得た額の百分の八十に相当する額以上であるときは、同項の規定にかかわらず、当該賃金が支払われた支給単位期間については、育児休業給付金は、支給しない。

6　被保険者の養育する子について、当該被保険者の配偶者（婚姻の届出をしていないが、事実上婚姻関係と同様の事情にある者を含む。第六十一条の六第一項において同じ。）が当該子の一歳に達する日以前のいずれかの日において当該子を養育するための休業をしている場合における第一項の規定の適用については、同項中「その一歳」とあるのは、「その一歳二か月」とする。

7　育児休業給付金の支給を受けたことがある者に対する第二十二条第三項及び第三十七条の四第三項の規定の適用については、第二十二条第三項中「とする。ただし、当該期間に」とあるのは「とし、当該雇用された期間又は当該被保険者であつた期間に育児休業給付金の支給に係る休業の期間があるときは、当該休業の期間を除いて算定した期間とする。ただし、当該雇用された期間又は当該被保険者であつた期間に」と、第三十七条の四第三項中「第二十二条第三項」とあるのは「第二十二条第三項（第六十一条の四第七項において読み替えて適用する場合を含む。）」とする。

改正　本条…追加（平成六年法律五七号）、一項…一部改正（平成一〇年法律一九号、平成一一年法律一六〇号）、四項…一部改正（平成一二年法律五九号）、一・三〜五項…一部改正（平成一六年法律一六〇号）、二項…一部改正、六項…追加（平成一九年法律三〇号）、見出し・一・三〜六項…一部改正（平成二一年法律五号）、二項…一部改正、六項…追加、旧六項…七項に繰下（平成二一年法律六五号）、一・四・七項…一部改正（平成二八年法律一七号）、一項…一部改正（平成二八年法律六

三号、平成二九年法律一四号)

註　〔厚生労働省令で定める休業―則一〇一の一二〕、〔厚生労働省令で定める場合―則一〇一の一一の二の三・二の四〕、〔厚生労働省令で定める理由―則一〇一の一二〕、〔支給申請手続―則一〇一の一三〕、〔給付制限―六一の五〕、〔支給についての準用―則一〇一の一五〕

(給付制限)

第六十一条の五　偽りその他不正の行為により育児休業給付金の支給を受け、又は受けようとした者には、当該給付金の支給を受け、又は受けようとした日以後、育児休業給付金を支給しない。ただし、やむを得ない理由がある場合には、育児休業給付金の全部又は一部を支給することができる。

2　前項の規定により育児休業給付金の支給を受けることができない者とされたものが、同項に規定する日以後、新たに前条第一項に規定する休業を開始し、育児休業給付金の支給を受けることができる者となつた場合には、前項の規定にかかわらず、当該休業に係る育児休業給付金を支給する。

改正　本条…追加(平成六年法律五七号)、一部改正のうえ旧六一条の六から繰上(平成二一年法律五号)

第三款　介護休業給付

(介護休業給付金)

第六十一条の六　介護休業給付金は、被保険者が、厚生労働省令で定めるところにより、対象家族(当該被保険者の配偶者、父母及び子(これらの者に準ずる者として厚生労働省令で定めるものを含む。)並びに配偶者の父母をいう。以下この条において同じ。)を介護するための休業(以下「介護休業」という。)をした場合において、当該介護休業(当該対象家族を介護するための二回以上の介護休業をした場合にあつては、初回の介護休業とする。以下この項において同じ。)を開始した日前二年間(当該介護休業を開始した日前二年間に疾病、負傷その他厚生労働省令で定める理由により引き続き三十日以上賃金の支払を受けることができなかつた被保険者については、当該理由により賃金の支払を受けることができなかつた日数を二年に加算した期間(その期間が四年を超えるときは、四年間))に、みなし被保険者期間が通算して十二箇月以上であつたときに、支給単位期間について支給する。

2　前項の「みなし被保険者期間」は、介護休業(同一の対象家族について二回以上の介護休業をした場合にあつては、初回の介護休業とする。)を開始した日を被保険者でなくなつた日とみなして第十四条の規定を適用した場合に計算されることとなる被保険者期間に相当する期間とする。

3　この条において「支給単位期間」とは、介護休業をした期間(当該介護休業を開始した日から起算して三月を経過する日までの期間に限る。)を、当該介護休業を開始した日又は各月においてその日に応当し、かつ、当該介護休業をした期間内にある日（その日に応当する日がない月においては、その月の末日。以下この項及び次項第二号において「休業開始応当日」という。）から各翌月の休業開始応当日の前日（当該介護休業を終了した日の属する月にあつては、当該介護休業を終了した日）までの各期間に区分した場合における当該区分による一の期間をいう。

4　介護休業給付金の額は、一支給単位期間について、介護休業給付金の支給を受けることができる被保険者を受給資格者と、当該被保険者が当該介護休業給付金の支給に係る介護休業を開始した日の前日を受給資格に係る離職の日とみなして第十七条の規定を適用した場合に算定されることとなる賃金日額に相当する額（次項において「休業開始時賃金日額」という。）に次の各号に掲げる支給単位期間の区分に応じて当該各号に定める日数（次項において「支給日数」という。）を乗じて得た額の百分の四十に相当する額とする。この場合における同条の規定の適用については、同条第三項中「困難であるとき」とあるのは「できないとき若しくは困難であるとき」と、同条第四項中「第二号に掲げる額」とあるのは「第二号ロに定める額」とする。

一　次号に掲げる支給単位期間以外の支給単位期間　三十日

二　当該介護休業を終了した日の属する支給単位期間　当該支給単位期間における当該介護休業を開始した日又は休業開始応当日から当該介護休業を終了した日までの日数

5　前項の規定にかかわらず、介護休業をした被保険者に当該被保険者を雇用している事業主から支給単位期間に賃金が支払われた場合において、当該賃金の額に当該支給単位期間における介護休業給付金の額を加えて得た額が休業開始時賃金日額に支給日数を乗じて得た額の百分の八十に相当する額以上であるときは、休業開始時賃金日額に支給日数を乗じて得た額の百分の八十に相当する額から当該賃金の額を減じて得た額を、当該支給単位期間における介護休業給付金の額とする。この場合において、当該賃金の額が休業開始時賃金日額に支給日数を乗じて得た額の百分の八十に相当する額以上であるときは、第一項の規定にかかわらず、当該賃金が支払われた支給単位期間については、介護休業給付金は、支給しない。

6　第一項の規定にかかわらず、被保険者が介護休業について この款の定めるところにより介護休業給付金の支給を受けたことがある場合において、当該被保険者が次の各号のいずれかに該当する介護休業をしたときは、介護休業給付金は、支給しない。

一　同一の対象家族について当該被保険者が四回以上の介護休業をした場合における四回目以後の介護休業

二　同一の対象家族について当該被保険者がした介護休業ごとに、当該介護休業を開始した日から当該介護休業を終了した日までの日数を合算して得た日数が九十三日に達した

日後の介護休業

改正　本条…追加（平成一〇年法律一九号）、一項…一部改正（平成一一年法律一六〇号）、四項…一部改正（平成一二年法律五九号）、二～六項…一部改正（平成一六年法律一六〇号）、二項…一部改正（平成一九年法律三〇号）、本条…旧六一条の七から繰上（平成二一年法律五号）、一項…一部改正（平成二二年法律六五号）、一～六項…一部改正（平成二八年法律一七号）

註（厚生労働省令で定める休業―則一〇一の一六）、（厚生労働省令で定めるもの―則一〇一の一七）、（厚生労働省令で定める理由―則一〇一の一八）、（支給申請手続―則一〇一の一九）、（給付制限―六一の七）、（準用―則一〇二）、（介護休業給付金に関する暫定措置―附則一二の二）

（給付制限）

第六十一条の七　偽りその他不正の行為により介護休業給付金の支給を受け、又は受けようとした者には、当該給付金の支給を受け、又は受けようとした日以後、介護休業給付金を支給しない。ただし、やむを得ない理由がある場合には、介護休業給付金の全部又は一部を支給することができる。

2　前項の規定により介護休業給付金の支給を受けることができない者とされたものが、同項に規定する日以後、新たに介護休業を開始し、介護休業給付金の支給を受けることができる者となつた場合には、同項の規定にかかわらず、当該介護休業に係る介護休業給付金を支給する。

改正　本条…追加（平成一〇年法律一九号）、旧六一条の八から繰上（平成二一年法律五号）、二項…一部改正（平成二八年法律一七号）

第四章　雇用安定事業等

改正　章名…全部改正（昭和五二年法律四三号）

（雇用安定事業）

第六十二条　政府は、被保険者、被保険者であつた者及び被保険者になろうとする者（以下この章において「被保険者等」という。）に関し、失業の予防、雇用状態の是正、雇用機会の増大その他雇用の安定を図るため、雇用安定事業として、次の事業を行うことができる。

一　景気の変動、産業構造の変化その他の経済上の理由により事業活動の縮小を余儀なくされた場合において、労働者を休業させる事業主その他労働者の雇用の安定を図るために必要な措置を講ずる事業主に対して、必要な助成及び援助を行うこと。

二　離職を余儀なくされる労働者に対して、労働施策の総合的な推進並びに労働者の雇用の安定及び職業生活の充実等に関する法律第二十六条第一項に規定する休暇を与える事業主その他当該労働者の再就職を促進するために必要な措置を講ずる事業主に対して、必要な助成及び援助を行うこと。

三　定年の引上げ、高年齢者等の雇用の安定等に関する法律（昭和四十六年法律第六十八号）第九条に規定する継続雇用制度の導入等により高年齢者の雇用を延長し、又は同法第二条第二項に規定する高年齢者等（以下この号において単に「高年齢者等」という。）に対し再就職の援助を行い、若しくは高年齢者等を雇い入れる事業主その他高年齢者等の雇用の安定を図るために必要な措置を講ずる事業主に対して、必要な助成及び援助を行うこと。

四　高年齢者等の雇用の安定等に関する法律第三十四条第一項の同意を得た同項に規定する地域高年齢者就業機会確保計画（同条第四項の規定による変更の同意があつたときは、その変更後のもの。次条第一項第七号において「同意地域高年齢者就業機会確保計画」という。）に係る同法第三十四条第二項第三号に規定する事業のうち雇用の安定に係るものを行うこと。

五　雇用機会を増大させる必要がある地域への事業所の移転により新たに労働者を雇い入れる事業主、季節的に失業する者が多数居住する地域においてこれらの者を年間を通じて雇用する事業主その他雇用に関する状況を改善する必要がある地域における労働者の雇用の安定を図るために必要な措置を講ずる事業主に対して、必要な助成及び援助を行うこと。

六　前各号に掲げるもののほか、障害者その他就職が特に困難な者の雇入れの促進、雇用に関する状況が全国的に悪化した場合における労働者の雇入れの促進その他被保険者等の雇用の安定を図るために必要な事業であつて、厚生労働省令で定めるものを行うこと。

2　前項各号に掲げる事業の実施に関して必要な基準は、厚生労働省令で定める。

3　政府は、独立行政法人高齢・障害・求職者雇用支援機構法（平成十四年法律第百六十五号）及びこれに基づく命令で定めるところにより、第一項各号に掲げる事業の一部を独立行政法人高齢・障害・求職者雇用支援機構に行わせるものとする。

改正　本条…追加（昭和五二年法律四三号）、旧三項…一部改正の上、四項に繰下、三項…追加（昭和五四年法律四〇号）、一項…一部改正、一・三項…削除、旧四項…一部改正の上、二項に繰上（昭和五六年法律二七号）、一項…一部改正、本条…旧六一条の二から繰下（平成元年法律三六号）、一・二項…一部改正（平成一一年法律一六〇号）、一項…一部改正（平成一二年法律五九号）、一・二項…一部改正、三項…追加（平成一三年法律三五号）、一・三項…一部改正（平成一四年法律一六五号）、三項…一部改正（平成一四年法律一七〇号）、一項…一部改正（平成一九年法律三〇号）、三項…一部改正（平成二三年法律二六号）、一項…一部改正（平成二八年法律一七号、平成二八年法律四七号、平成三〇年法律七一号）

註〔被保険者―四1〕、〔雇用安定事業としての事業―則一〇二の二・一〇二の四・一〇三・一〇九・一一一・一一五〕、〔雇用調整助成金―則一〇二の三〕、〔労働移動支援助成金―則一〇二の五〕、〔六十五歳超雇用推進助成金―則一〇四〕、〔特定求職者雇用開発助成金―則一一〇〕、〔トライアル雇用奨励金―則一一〇の三〕、〔地域雇用開発助成金―則一一二〕、〔通年雇用助成金―則一一三〕、〔両立支援等助成金―則一一六〕、〔人材確保等支援助成金―則一一八〕、〔キャリアアップ助成金―則一一八の二〕、〔障害者雇用安定助成金―則一一八の三〕、〔生涯現役起業支援助成金―則一一九〕、〔国等に対する不支給―則一二〇〕、〔暫定措置―則附則一五の四～一七の二の二〕

（能力開発事業）

第六十三条　政府は、被保険者等に関し、職業生活の全期間を通じて、これらの者の能力を開発し、及び向上させることを促進するため、能力開発事業として、次の事業を行うことができる。

一　職業能力開発促進法（昭和四十四年法律第六十四号）第十三条に規定する事業主等及び職業訓練の推進のための活動を行う者に対して、同法第十一条に規定する計画に基づく職業訓練、同法第二十四条第三項（同法第二十七条の二第二項において準用する場合を含む。）に規定する認定職業訓練（第五号において「認定職業訓練」という。）その他当該事業主等の行う職業訓練を振興するために必要な助成及び援助を行うこと並びに当該職業訓練を振興するために必要な助成及び援助を行う都道府県に対して、これらに要する経費の全部又は一部の補助を行うこと。

二　公共職業能力開発施設（公共職業能力開発施設の行う職業訓練を受ける者のための宿泊施設を含む。以下この号において同じ。）又は職業能力開発総合大学校（職業能力開発総合大学校の行う指導員訓練又は職業訓練を受ける者のための宿泊施設を含む。）を設置し、又は運営すること、職業能力開発促進法第十五条の七第一項ただし書に規定する職業訓練を行うこと及び公共職業能力開発施設を設置し、又は運営する都道府県に対して、これらに要する経費の全部又は一部の補助を行うこと。

三　求職者及び退職を予定する者に対して、再就職を容易にするために必要な知識及び技能を習得させるための講習（第五号において「職業講習」という。）並びに作業環境に適応させるための訓練を実施すること。

四　職業能力開発促進法第十条の四第二項に規定する有給教育訓練休暇を与える事業主に対して、必要な助成及び援助を行うこと。

五　職業訓練（公共職業能力開発施設又は職業能力開発総合大学校の行うものに限る。）又は職業講習を受ける労働者に対して、当該職業訓練又は職業講習を受けることを容易にし、又は促進するために必要な交付金を支給すること及びその雇用する労働者に職業能力開発促進法第十一条に規定する計画に基づく職業訓練、認定職業訓練その他の職業訓練を受けさせる事業主（当該職業訓練を受ける期間、労働者に対し所定労働時間労働した場合に支払われる通常の賃金を支払う事業主に限る。）に対して、必要な助成を行うこと。

六　技能検定の実施に要する経費を負担すること、技能検定を行う法人その他の団体に対して、技能検定を促進するために必要な助成を行うこと及び技能検定を促進するために必要な助成を行う都道府県に対して、これに要する経費の全部又は一部の補助を行うこと。

七　同意地域高年齢者就業機会確保計画に係る高年齢者等の雇用の安定等に関する法律第三十四条第二項第三号に規定する事業のうち労働者の能力の開発及び向上に係るものを行うこと。

八　前各号に掲げるもののほか、労働者の能力の開発及び向上のために必要な事業であつて、厚生労働省令で定めるものを行うこと。

2　前項各号に掲げる事業の実施に関して必要な基準については、同項第二号の規定による都道府県に対する経費の補助に係るものにあつては政令で、その他の事業に係るものにあつては厚生労働省令で定める。

3　政府は、独立行政法人高齢・障害・求職者雇用支援機構法及びこれに基づく命令で定めるところにより、第一項各号に掲げる事業の一部を独立行政法人高齢・障害・求職者雇用支援機構に行わせるものとする。

改正　一項…一部改正（昭和五三年法律四〇号、昭和五六年法律二七号、昭和六〇年法律五六号、平成四年法律六七号、平成九年法律四五号、平成一八年法律八一号）、三項…一部改正（平成一一年法律二〇号）、一・二項…一部改正（平成一一年法律一六〇号）、一項…一部改正、三項…全部改正（平成一三年法律三五号）、三項…全部改正（平成一四年法律一六五号）、三項…一部改正（平成一四年法律一七〇号）、三項…一部改正（平成二三年法律二六号）、一項…一部改正（平成二七年法律七二号、平成二八年法律一七号）

註　〔被保険者等―六二〕、〔公共職業能力開発施設―一五3〕、〔賃金―四4・5〕、〔能力開発事業としての事業―令一二、則一二一・一二四・一二五の二・一二六・

一二九・一三二・一三四・一三七・一三八)、〔広域団体認定訓練助成金—則一二二)、〔認定訓練助成事業費補助金—則一二三)、〔人材開発支援助成金—則一二五)、〔公共職業能力開発施設の設置及び運営—則一二七)、〔職業能力開発総合大学校の設置及び運営—則一二八)、〔職場適応訓練—則一三〇)、〔介護労働講習—則一三二)、〔中央職業能力開発協会費補助金—則一三五)、〔都道府県職業能力開発協会費補助金—則一三六)、〔指定試験機関費補助金—則一三七の二)、〔両立支援等助成金—則一三九)、〔国等に対する不支給—則一三九の三)、〔暫定措置—則附則一七の七〜八)、〔独立行政法人高齢・障害・求職者雇用支援機構法及びこれに基づく命令—高齢・障害・求職者雇用支援機構令、同機構則〕

第六十四条 政府は、被保険者であつた者及び被保険者になろうとする者の就職に必要な能力を開発し、及び向上させるため、能力開発事業として、職業訓練の実施等による特定求職者の就職の支援に関する法律(平成二十三年法律第四十七号)第四条第二項に規定する認定職業訓練を行う者に対して、同法第五条の規定による助成を行うこと及び同法第二条に規定する特定求職者に対して、同法第七条第一項の職業訓練受講給付金を支給することができる。

改正 本条…削除(平成一九年法律三〇号)、全部改正(平成二三年法律四七号)

(事業における留意事項)

第六十四条の二 雇用安定事業及び能力開発事業は、被保険者等の職業の安定を図るため、労働生産性の向上に資するものとなるよう留意しつつ、行われるものとする。

改正 本条…追加(平成二九年法律一四号)

(事業等の利用)

第六十五条 第六十二条及び第六十三条の規定による事業又は当該事業に係る施設は、被保険者等の利用に支障がなく、かつ、その利益を害しない限り、被保険者等以外の者に利用させることができる。

改正 本条…一部改正(昭和五二年法律四三号、平成元年法律三六号、平成一九年法律三〇号)

註〔被保険者等—六二〕

第五章 費用の負担

(国庫の負担)

第六十六条 国庫は、次に掲げる区分によつて、求職者給付(高年齢求職者給付金を除く。第一号において同じ。)、雇用継続給付(高年齢雇用継続基本給付金及び高年齢再就職給付金を除く。第三号において同じ。)及び第六十四条に規定する職業訓練受講給付金の支給に要する費用の一部を負担する。

一　日雇労働求職者給付金以外の求職者給付については、当該求職者給付に要する費用の四分の一
二　日雇労働求職者給付金については、当該日雇労働求職者給付金に要する費用の三分の一
三　雇用継続給付については、当該雇用継続給付に要する費用の八分の一
四　第六十四条に規定する職業訓練受講給付金の支給については、当該職業訓練受講給付金に要する費用の二分の一

2　前項第一号に掲げる求職者給付については、国庫は、毎会計年度において、支給した当該求職者給付の総額の四分の三に相当する額が徴収法の規定により徴収した一般保険料の額を超える場合には、同号の規定にかかわらず、当該超過額について、同号の規定による国庫の負担額を加えて国庫の負担が当該会計年度において支給した当該求職者給付の総額の三分の一に相当する額に達する額までを負担する。

3　前項に規定する一般保険料の額は、第一号に掲げる額から第二号及び第三号に掲げる額の合計額を減じた額とする。

一　次に掲げる額の合計額（以下この条及び第六十八条第二項において「一般保険料徴収額」という。）

イ　徴収法の規定により徴収した徴収法第十二条第一項第一号に掲げる事業に係る一般保険料の額のうち雇用保険率（その率が同条第五項又は第八項の規定により変更されたときは、その変更された率。以下この条において同じ。）に応ずる部分の額（徴収法第十一条の二の規定により高年齢労働者を使用する事業の一般保険料の額を同条の規定による額とすることとする場合には、当該一般保険料の額に徴収法第十二条第六項に規定する高年齢者免除額（同条第一項第一号に掲げる事業に係るものに限る。以下この号において同じ。）を加えた額のうち雇用保険率に応ずる部分の額から高年齢者免除額を減じた額）

〈編注〉本条第三項第一号イは、次のように改正され、平成三二年四月一日から施行される。

イ　徴収法の規定により徴収した徴収法第十二条第一項第一号に掲げる事業に係る一般保険料の額のうち雇用保険率（その率が同条第五項又は第八項の規定により変更されたときは、その変更された率。以下この条において同じ。）に応ずる部分の額

ロ　徴収法第十二条第一項第三号に掲げる事業に係る一般保険料の額

二　徴収法の規定により徴収した印紙保険料の額に相当する額に厚生労働大臣が財務大臣と協議して定める率を乗じて得た額

三　一般保険料徴収額から前号に掲げる額を減じた額に千分の三・五の率（徴収法第十二条第四項第三号に掲げる事業については、千分の四・五の率）を雇用保険率で除して得た率（第五項及び第六十八条第二項において「二事業率」と

いう。）を乗じて得た額

4　徴収法第十二条第八項の規定により雇用保険率が変更されている場合においては、前項第三号中「千分の三・五」とあるのは「千分の三」と、「千分の四・五」とあるのは「千分の四」とする。

5　日雇労働求職者給付金については、国庫は、毎会計年度において第一号に掲げる額が第二号に掲げる額を超える場合には、第一項第二号の規定にかかわらず、同号の規定による国庫の負担額から当該超過額に相当する額を減じた額（その額が当該会計年度において支給した日雇労働求職者給付金の総額の四分の一に相当する額を下回る場合には、その四分の一に相当する額）を負担する。

一　次に掲げる額を合計した額

イ　徴収法の規定により徴収した印紙保険料の額

ロ　イの額に相当する額に第三項第二号に掲げる厚生労働大臣が財務大臣と協議して定める率を乗じて得た額から、その額に二事業率を乗じて得た額を減じた額

二　支給した日雇労働求職者給付金の総額の三分の二に相当する額

6　国庫は、前各項に規定するもののほか、毎年度、予算の範囲内において、第六十四条に規定する事業（第六十八条第二項において「就職支援法事業」という。）に要する費用（第一項第四号に規定する費用を除く。）及び雇用保険事業の事務の執行に要する経費を負担する。

改正　三項…一部改正（昭和五一年法律三三号、昭和五二年法律四三号）、三項…一部改正、四項…追加、旧四項…一部改正の上、五項に繰下、旧五項…六項に繰下（昭和五四年法律四〇号）、三・五項…一部改正（平成元年法律三六号、平成一一年法律一六〇号）、一項…一部改正（平成六年法律五七号、平成一〇年法律一九号）、一・三〜五項…一部改正（平成一九年法律三〇号）、一・六項…一部改正（平成二三年法律四七号）、三項…一部改正（平成二八年法律一七号）

註　〔特会法九九・一〇五〕、〔求職者給付—一〇2・3〕、〔雇用継続給付—一〇6〕、〔一般保険料の額—徴収法一〇〜一二〕、〔雇用保険事業—三〕

第六十七条　第二十五条第一項の措置が決定された場合には、前条第一項第一号の規定にかかわらず、国庫は、広域延長給付を受ける者に係る求職者給付に要する費用の三分の一を負担する。この場合において、同条第三項中「支給した当該求職者給付の総額」とあるのは「支給した当該求職者給付の総額から広域延長給付を受ける者に係る求職者給付の総額を控除した額」と、「一般保険料の額を超える場合には」とあるのは「一般保険料の額から広域延長給付を受ける者に係る求職者給付の総額の三分の二に相当する額を控除した額を超える場合には」とする。

改正　本条…一部改正（平成二九年法律一四号）

註　〔広域延長給付―二五〕

（保険料）

第六十八条　雇用保険事業に要する費用に充てるため政府が徴収する保険料については、徴収法の定めるところによる。

2　前項の保険料のうち、一般保険料徴収額からその額に二事業率を乗じて得た額を減じた額及び印紙保険料の額に相当する額の合計額は、失業等給付及び就職支援法事業に要する費用に充てるものとし、一般保険料徴収額に二事業率を乗じて得た額は、雇用安定事業及び能力開発事業（第六十三条に規定するものに限る。）に要する費用に充てるものとする。

改正　二項…一部改正（昭和五二年法律四三号、平成元年法律三六号、平成六年法律五七号、平成一九年法律三〇号、平成二三年法律四七号）

註　〔徴収法一〇～一二〕、〔一般保険料の徴収額―六六3〕、〔印紙保険料―四五〕、〔失業等給付―一〇〕、〔雇用保険事業―三〕、〔三事業率―六六3・4〕、〔雇用安定事業―六二〕、〔能力開発事業―六三〕

第六章　不服申立て及び訴訟

（不服申立て）

第六十九条　第九条の規定による確認、失業等給付に関する処分又は第十条の四第一項若しくは第二二項の規定による処分に不服のある者は、雇用保険審査官に対して審査請求をし、その決定に不服のある者は、労働保険審査会に対して再審査請求をすることができる。

2　前項の審査請求をしている者は、審査請求をした日の翌日から起算して三箇月を経過しても審査請求についての決定がないときは、雇用保険審査官が審査請求を棄却したものとみなすことができる。

3　第一項の審査請求及び再審査請求は、時効の中断に関しては、裁判上の請求とみなす。

＜編注＞　本条第三項は、次のように改正され、平成三二年四月一日から施行される。

3　第一項の審査請求及び再審査請求は、時効の完成猶予及び更新に関しては、裁判上の請求とみなす。

4　第一項の審査請求及び再審査請求については、行政不服審査法（平成二十六年法律第六十八号）第二章（第二十二条を除く。）及び第四章の規定は、適用しない。

改正　一項…一部改正（昭和五九年法律五四号、平成六年法律五七号）、二項…追加、旧二項…一部改正の上、三項に繰下、旧三項…一部改正の上、四項に繰下（平成八年法律四二号）、一項…一部改正（平成一五年法律三一号）、一～四項…一部改正（平成二六年法律六九号）、三項…一部改正（平成二九年法律四五号）

註〔類似規定―労災三八、健保一八九、厚年保九〇、船保一三八〕、〔失業等給付―一〇〕、〔雇用保険審査官―労保審一～四〕、〔審査請求―労保審七～二四〕、〔労働保険審査会―労保審二五～三六〕、〔再審査請求―労保審三八～五一〕、〔時効―七四〕、〔時効の中断―民一四七・一四八〕、〔裁判上の請求―民一四九〕

（不服理由の制限）

第七十条 第九条の規定による確認に関する処分が確定したときは、当該処分についての不服を当該処分に基づく失業等給付に関する処分についての不服の理由とすることができない。

改正 本条…一部改正（平成六年法律五七号）

註〔失業等給付―一〇〕、〔類似規定―厚年保九〇、船保一三八〕

（審査請求と訴訟との関係）

第七十一条 第六十九条第一項に規定する処分の取消しの訴えは、当該処分についての審査請求に対する雇用保険審査官の決定を経た後でなければ、提起することができない。

改正 本条…一部改正（平成八年法律四二号）、見出し・本条…一部改正（平成二六年法律六九号）

註〔徴収法三八〕、〔処分の取消しの訴え―行訴三・八～三五〕、〔労働保険審査会の裁決―労保審四九〕、〔類似規定―労災四〇、健保一九二、厚年保九一の三、船保一四二〕

第七章 雑則

（労働政策審議会への諮問）

第七十二条 厚生労働大臣は、第二十四条の二第一項第二号、第二十五条第一項又は第二十七条第一項若しくは第二項の基準を政令で定めようとするとき、第十三条第一項、第二十条第一項若しくは第二項、第二十二条第二項、第三十七条の三第一項、第三十九条第一項、第六十一条の四第一項若しくは第六十一条の六第一項の理由、第十三条第三項若しくは第二十四条の二第一項の者、第十八条第三項の算定方法、第二十四条の二第一項若しくは第五十六条の三第一項の基準、第二十四条の二第一項第三号の災害又は第五十六条の三第一項第二号の就職が困難な者を厚生労働省令で定めようとするとき、第十条の四第一項、第二十五条第三項、第二十六条第二項、第二十九条第二項、第三十二条第三項（第三十七条の四第六項及び第四十条第四項において準用する場合を含む。）、第三十三条第二項（第三十七条の四第六項及び第四十条第四項において準用する場合を含む。）若しくは第五十二条第二項（第五十五条第四項において準用する場合を含む。）の基準又は第三十八条第一項第二号の時間数を定めようとするとき、その他この法律の施行に関する重要事項について決定しようとするときは、あらかじめ、労働政策審議会の意見を聴かなければならない。

2 労働政策審議会は、厚生労働大臣の諮問に応ずるほか、必要に応じ、雇用保険事業の運営に関し、関係行政庁に建議し、又はその報告を求めることができる。

改正 一項…一部改正（昭和五九年法律五四号、平成元年法律三六号、平成六年法律五七号、平成一〇年法律一九号、平成一二年法律五九号、平成一五年法律三一号、平成一九年法律三〇号）、見出し・一・二項…一部改正（平成一一年法律一六〇号）、一項…一部改正（平成二一年法律五号、平成二二年法律一五号、平成二八年法律一七号、平成二九年法律一四号）

註（労働政策審議会―労審令）、（雇用保険事業―三）

（不利益取扱いの禁止）

第七十三条 事業主は、労働者が第八条の規定による確認の請求をしたことを理由として、労働者に対して解雇その他不利益な取扱いをしてはならない。

註（徴収法附則六、労基一〇四、労組七）、（罰則―八三②・八六）

（時効）

第七十四条 失業等給付の支給を受け、又はその返還を受ける権利及び第十条の四第一項又は第二項の規定により納付をすべきことを命ぜられた金額を徴収する権利は、二年を経過したときは、時効によつて消滅する。

〈編注〉本条は、次のように改正され、平成三二年四月一日から施行される。

（時効）

第七十四条 失業等給付の支給を受け、又はその返還を受ける権利及び第十条の四第一項又は第二項の規定により納付をすべきことを命ぜられた金額を徴収する権利は、これらを行使することができる時から二年を経過したときは、時効によつて消滅する。

改正 本条…一部改正（昭和五九年法律五四号、平成六年法律五七号、平成一五年法律三一号、平成二九年法律四五号）

註（類似規定―徴収法四一、労災四二、健保一九三、厚年保九二、船保一四三、国公共済一一一）、（失業等給付―一〇）、（消滅時効―民一六六～一七四の二）

（戸籍事項の無料証明）

第七十五条 市長村長（特別区の区長を含むものとし、地方自治法（昭和二十二年法律第六十七号）第二百五十二条の十九第一項の指定都市においては、区長又は総合区長とする。）は、行政庁又は求職者給付若しくは就職促進給付の支給を受ける者に対して、当該市（特別区を含む。）町村の条例の定めるところにより、求職者給付又は就職促進給付の支給を受ける者の戸籍に関し、無料で証明を行うことができる。

改正　本条…一部改正（平成六年法律五七号、平成二六年法律四三号）

註〔類似規定―労基一一六、労災四五、健保一九六、厚年保九五、船保一四四、国公共済一一四〕、〔求職者給付、就職促進給付―一〇2～4〕、〔戸籍事項の管掌―戸一・二・一〇・四八〕、〔条例―地自一四〕

（報告等）

第七十六条　行政庁は、厚生労働省令で定めるところにより、被保険者若しくは受給資格者、高年齢受給資格者、特例受給資格者若しくは日雇受給資格者（以下「受給資格者等」という。）若しくは教育訓練給付対象者を雇用し、若しくは雇用していた事業主又は労働保険事務組合若しくは労働保険事務組合であつた団体に対して、この法律の施行に関して必要な報告、文書の提出又は出頭を命ずることができる。

2　行政庁は、厚生労働省令で定めるところにより、受給資格者等を雇用しようとする事業主、受給資格者等に対し職業紹介若しくは職業指導を行う職業紹介事業者等、募集情報等提供事業を行う者又は教育訓練給付対象者に対し第六十条の二第一項に規定する教育訓練を行う指定教育訓練実施者に対して、この法律の施行に関して必要な報告又は文書の提出を命ずることができる。

3　離職した者は、厚生労働省令で定めるところにより、従前の事業主又は当該事業主から徴収法第三十三条第一項の委託を受けて同項に規定する労働保険事務の一部として求職者給付の支給を受けるために必要な証明書の交付に関する事務を処理する労働保険事務組合に対して、求職者給付の支給を受けるために必要な証明書の交付を請求することができる。その請求があつたときは、当該事業主又は労働保険事務組合は、その請求に係る証明書を交付しなければならない。

4　前項の規定は、雇用継続給付の支給を受けるために必要な証明書の交付の請求について準用する。この場合において、同項中「離職した者」とあるのは「被保険者又は被保険者であつた者」と、「従前の事業主」とあるのは「当該被保険者若しくは被保険者であつた者を雇用し、若しくは雇用していた事業主」と読み替えるものとする。

改正　一項…一部改正（昭和五九年法律五四号、平成一〇年法律一九号）、三項…追加（平成六年法律五七号）、一・二項…一部改正（平成一一年法律一六〇号）、二項…追加、旧二・三項…一項ずつ繰下（平成一五年法律三一号）、一・二項…一部改正（平成一九年法律三〇号）、一項…一部改正（平成二六年法律一三号）、二項…一部改正（平成二九年法律一四号）

註〔被保険者―四1〕、〔受給資格者等―五七2〕、〔労働保険事務組合―七、徴収法三三～三六〕、〔離職―四2〕、〔求職者給付―一〇2・3〕、〔類似規定―労災四六、徴収法四二、厚年保二七・九八、船保一四五〕、〔罰

則―八三③・④・八四②・③・八六〕

第七十七条　行政庁は、被保険者、受給資格者等、教育訓練給付対象者又は未支給の失業等給付の支給を請求する者に対して、この法律の施行に関して必要な報告、文書の提出又は出頭を命ずることができる。

改正　本条…一部改正（平成六年法律五七号、平成一〇年法律一九号）

註〔被保険者―四1〕、〔受給資格者等―五七2〕、〔未支給の基本手当―三一1・三七9・三七の四5・四〇4・五一3〕、〔類似規定―労災四七、徴収法四二、厚年保九六・九八、船保一四五〕、〔罰則―八五②・八六〕

（資料の提供等）

第七十七条の二　行政庁は、関係行政機関又は公私の団体に対して、この法律の施行に関して必要な資料の提供その他の協力を求めることができる。

2　前項の規定による協力を求められた関係行政機関又は公私の団体は、できるだけその求めに応じなければならない。

改正　本条…追加（平成二六年法律一三号）

（診断）

第七十八条　行政庁は、求職者給付の支給を行うため必要があると認めるときは、第十五条第四項第一号の規定により同条第二項に規定する失業の認定を受け、若しくは受けようとする者、第二十条第一項の規定による申出をした者又は傷病手当の支給を受け、若しくは受けようとする者に対して、その指定する医師の診断を受けるべきことを命ずることができる。

註〔求職者給付―一〇2・3〕、〔失業の認定―一五・四〇・四七〕、〔傷病手当―三七〕、〔類似規定―労災四七の二、厚年保九七、国公共済九五〕

（立入検査）

第七十九条　行政庁は、この法律の施行のため必要があると認めるときは、当該職員に、被保険者、受給資格者等若しくは教育訓練給付対象者を雇用し、若しくは雇用していた事業主の事業所又は労働保険事務組合若しくは労働保険事務組合であつた団体の事務所に立ち入り、関係者に対して質問させ、又は帳簿書類（その作成又は保存に代えて電磁的記録（電子的方式、磁気的方式その他人の知覚によつては認識することができない方式で作られる記録であつて、電子計算機による情報処理の用に供されるものをいう。）の作成又は保存がされている場合における当該電磁的記録を含む。）の検査をさせることができる。

2　前項の規定により立入検査をする職員は、その身分を示す証明書を携帯し、関係者に提示しなければならない。

3　第一項の規定による立入検査の権限は、犯罪捜査のために認められたものと解釈してはならない。

改正　一項…一部改正（平成一〇年法律一九号、平成一

六年法律一五〇号）

註〔被保険者―四1〕、〔受給資格者等―五七2〕、〔労働保険事務組合―七、徴収法三三〜三六〕、〔立入検査の為の証明書―則一四四〕、〔類似規定―労災四八、徴収法四三、厚年保一〇〇、船保一四六〕、〔罰則―八三⑤・八四④・八五③・八六〕

（船員に関する特例）

第七十九条の二　船員である者が失業した場合に関しては、第十条の四第二項中「又は業として」とあるのは「若しくは業として」と、「除く。」とあるのは「除く。）又は船員職業安定法第六条第四項に規定する無料船員職業紹介事業者若しくは業として同条第五項に規定する職業指導（船員の職業に就こうとする者の適性、職業経験その他の実情に応じて行うものに限る。）を行う者（地方運輸局（運輸監理部、運輸支局及び地方運輸局、運輸監理部又は運輸支局の事務所を含む。第十五条第五項において同じ。）及び船員雇用促進センター（船員の雇用の促進に関する特別措置法第七条第一項に規定する船員雇用促進センターをいう。以下同じ。）を除く。）」と、第十五条第二項から第四項まで、第十九条第三項、第二十条第一項及び第二項、第二十一条、第二十四条、第二十四条の二第一項及び第二項、第二十九条第二項、第三十条、第三十一条第二項、第三十二条第二項及び第三項、第三十三条第一項及び第二項、第三十六条第一項及び第二項、第三十七条第一項、第三項及び第七項、第三十七条の三第二項、第三十七条の四第五項、第三十九条第二項、第四十条第三項及び第四項、第四十一条第一項、第四十七条第二項、第五十一条第一項、第五十二条第一項及び第二項、第五十三条第一項、第五十六条の三第一項並びに第五十九条第一項中「公共職業安定所」又は「公共職業安定所長」とあるのは「公共職業安定所又は地方運輸局（運輸監理部並びに厚生労働大臣が国土交通大臣に協議して指定する運輸支局及び地方運輸局、運輸監理部又は運輸支局の事務所を含む。）」又は「公共職業安定所長又は地方運輸局（運輸監理部並びに厚生労働大臣が国土交通大臣に協議して指定する運輸支局及び地方運輸局、運輸監理部又は運輸支局の事務所を含む。）の長」と、第十五条第三項中「法令の規定に基づき失業者」とあるのは「失業者」と、同条第五項中「職業安定機関」とあるのは「職業安定機関、地方運輸局、船員雇用促進センター」と、第二十九条第一項、第三十二条第一項、第四十三条第一項第一号及び第五十八条第一項中「公共職業安定所の」又は「公共職業安定所長の」とあるのは「公共職業安定所若しくは地方運輸局（運輸監理部並びに厚生労働大臣が国土交通大臣に協議して指定する運輸支局及び地方運輸局、運輸監理部又は運輸支局の事務所を含む。）の」又は「公共職業安定所長若しくは地方運輸局（運輸監理部並びに厚生労働大臣が国土交通大臣に協議して指定する運輸支局及び地方運輸局、運輸監理部又は運輸支局の事務所を含む。）の長の」と、第二十九条第一項中「公共職業安定所が」とあるのは「公共職業安定所若しくは地方運輸局（運輸監理部並びに厚生労働大臣が国土交通大臣に協議して指定する運輸支局及び地方運輸局、運輸監理部又は運輸支局の事務所を含む。）が」と、第三十二条第一項第四号及び第五十二条第一項第三号中「事業所」とあるのは「事業所又は船員職業安定法第二十一条（第二項ただし書を除く。）の規定に該当する船舶」と、第五十八条第一項中「公共職業安定所」とあるのは「公共職業安定所若しくは地方運輸局（運輸監理部並びに厚生労働大臣が国土交通大臣に協議して指定する運輸支局及び地方運輸局、運輸監理部又は運輸支局の事務所を含む。）」と、「公共職業安定所長が」とあるのは「公共職業安定所長又は地方運輸局（運輸監理部並びに厚生労働大臣が国土交通大臣に協議して指定する運輸支局及び地方運輸局、運輸監理部又は運輸支局の事務所を含む。）の長が」とする。

改正　本条…追加（平成一九年法律三〇号）、一部改正（平成二二年法律一五号、平成二八年法律一七号、平成二九年法律一四号）

第七十九条の三　第十五条第二項の規定（前条の規定により読み替えて適用される場合を含む。）により、求職の申込みを受ける公共職業安定所長又は地方運輸局（運輸監理部並びに厚生労働大臣が国土交通大臣に協議して指定する運輸支局及び地方運輸局、運輸監理部又は運輸支局の事務所を含む。以下この条において同じ。）の長は、その必要があると認めるときは、他の公共職業安定所長又は地方運輸局の長にその失業の認定を委嘱することができる。

改正　本条…追加（平成一九年法律三〇号）

（経過措置の命令への委任）

第八十条　この法律に基づき政令又は厚生労働省令を制定し、又は改廃する場合においては、それぞれ政令又は厚生労働省令で、その制定又は改廃に伴い合理的に必要と判断される範囲内において、所要の経過措置を定めることができる。この法律に基づき、厚生労働大臣が第十八条第四項の自動変更対象額その他の事項を定め、又はこれを改廃する場合においても、同様とする。

改正　本条…一部改正（平成六年法律五七号、平成一一年法律一六〇号、平成二九年法律一四号）

註（雇用保険に関する事務を行う者―二）、（基本手当日額表―平成三年労働省告示六〇号）、（類似規定―労災四九の四、徴収法四四）

（権限の委任）

第八十一条　この法律に定める厚生労働大臣の権限は、厚生労働省令で定めるところにより、その一部を都道府県労働局長に委任することができる。

2　前項の規定により都道府県労働局長に委任された権限は、厚生労働省令で定めるところにより、公共職業安定所長に委任することができる。

改正　本条…一部改正、二項…追加（平成一一年法律一六〇号）

註（雇用保険に関する事務を行う者―一六、地自一四八）、（厚生労働省令―則二）、（類似規定―職安六二）

（厚生労働省令への委任）

第八十二条　この法律に規定するもののほか、この法律の実施のため必要な手続その他の事項は、厚生労働省令で定める。

改正　見出し・本条…一部改正（平成一一年法律一六〇号）

註（類似規定―労災五〇、徴収法四五の二、厚年保一〇一、船保一五五）

第八章　罰則

第八十三条　事業主が次の各号のいずれかに該当するときは、六箇月以下の懲役又は三十万円以下の罰金に処する。

一　第七条の規定に違反して届出をせず、又は偽りの届出をした場合

二　第七十三条の規定に違反した場合

三　第七十六条第一項の規定による命令に違反して報告をせず、若しくは偽りの報告をし、又は文書を提出せず、若しくは偽りの記載をした文書を提出した場合

四　第七十六条第三項（同条第四項において準用する場合を含む。）の規定に違反して証明書の交付を拒んだ場合

五　第七十九条第一項の規定による当該職員の質問に対して答弁をせず、若しくは偽りの陳述をし、又は同項の規定による検査を拒み、妨げ、若しくは忌避した場合

改正　本条…一部改正（平成四年法律八号、平成六年法律五七号、平成一五年法律三一号）

註（懲役―刑一二）、（罰金―刑一五）

第八十四条　労働保険事務組合が次の各号のいずれかに該当するときは、その違反行為をした労働保険事務組合の代表者又は代理人、使用人その他の従業者は、六箇月以下の懲役又は三十万円以下の罰金に処する。

一　第七条の規定に違反して届出をせず、又は偽りの届出をした場合

二　第七十六条第一項の規定による命令に違反して報告をせず、若しくは偽りの報告をし、又は文書を提出せず、若しくは偽りの記載をした文書を提出した場合

三　第七十六条第三項（同条第四項において準用する場合を含む。）の規定に違反して証明書の交付を拒んだ場合

四　第七十九条第一項の規定による当該職員の質問に対して答弁をせず、若しくは偽りの陳述をし、又は同項の規定による検査を拒み、妨げ、若しくは忌避した場合

改正　本条…一部改正（平成四年法律八号、平成六年法

律五七号、平成一五年法律三一号）

註 〔労働保険事務組合―七、徴収法三三～三六〕、〔懲役―刑一二〕、〔罰金―刑一五〕

第八十五条 被保険者、受給資格者等、教育訓練給付対象者又は未支給の失業等給付の支給を請求する者その他の関係者が次の各号のいずれかに該当するときは、六箇月以下の懲役又は二十万円以下の罰金に処する。

一 第四十四条の規定に違反して偽りその他不正の行為によって日雇労働被保険者手帳の交付を受けた場合

二 第七十七条の規定による命令に違反して報告をせず、若しくは偽りの報告をし、文書を提出せず、若しくは偽りの記載をした文書を提出し、又は出頭しなかった場合

三 第七十九条第一項の規定による当該職員の質問に対して答弁をせず、若しくは偽りの陳述をし、又は同項の規定による検査を拒み、妨げ、若しくは忌避した場合

改正 本条…一部改正（平成四年法律八号、平成六年法律五七号、平成一〇年法律一九号）

註 〔被保険者―四1〕、〔受給資格者等―五七2〕、〔未支給の基本手当―三一1・三七9・三七の四5・四〇4・五一3〕、〔懲役―刑一二〕、〔罰金―刑一五〕、〔日雇労働被保険者手帳―四四〕

第八十六条 法人（法人でない労働保険事務組合を含む。以下この項において同じ。）の代表者又は法人若しくは人の代理人、使用人その他の従業者が、その法人又は人の業務に関して、前三条の違反行為をしたときは、行為者を罰するほか、その法人又は人に対しても各本条の罰金刑を科する。

2 前項の規定により法人でない労働保険事務組合を処罰する場合においては、その代表者又は管理人が訴訟行為につきその労働保険事務組合を代表するほか、法人を被告人とする場合の刑事訴訟に関する法律の規定を準用する。

註 〔法人と訴訟行為の代表―刑訴二七〕、〔労働保険事務組合―七、徴収法三三～三六〕、〔類似規定―労基一二一、安衛一二二、職安六七、労災五四、徴収法四八、健保二一四、厚年保一八四、船保一六〇〕

附　則

（施行期日）

第一条 この法律は、昭和五十年四月一日から施行する。ただし、附則第二十一条の規定は、同年一月十日から施行する。

（適用範囲に関する暫定措置）

第二条 次の各号に掲げる事業（国、都道府県、市町村その他これらに準ずるものの事業及び法人である事業主の事業（事務所に限る。）を除く。）であって、政令で定めるものは、当分の間、第五条第一項の規定にかかわらず、任意適用事業とする。

一 土地の耕作若しくは開墾又は植物の栽植、栽培、採取若しくは伐採の事業その他農林の事業

二　動物の飼育又は水産動植物の採捕若しくは養殖の事業その他畜産、養蚕又は水産の事業（船員が雇用される事業を除く。）

2　前項に規定する事業の保険関係の成立及び消滅については、徴収法附則の定めるところによるものとし、徴収法附則第二条又は第三条の規定により雇用保険に係る労働保険の保険関係が成立している事業は、第五条第一項に規定する適用事業に含まれるものとする。

改正　本条…旧附則三条から繰上（平成一五年法律三一号）、一部改正（平成一九年法律三〇号）

註　〔政令で定める事業─令附則二〕、〔徴収法附則の定め─徴収法附則二～七〕

（被保険者期間に関する経過措置）

第三条　短期雇用特例被保険者が当該短期雇用特例被保険者でなくなつた場合（引き続き同一事業主に被保険者として雇用される場合を除く。）における当該短期雇用特例被保険者となつた日（以下この条において「資格取得日」という。）から当該短期雇用特例被保険者でなくなつた日（以下この条において「資格喪失日」という。）の前日までの間の短期雇用特例被保険者であつた期間についての第十四条第一項の規定の適用については、当分の間、当該短期雇用特例被保険者は、資格取得日の属する月の初日から資格喪失日の前日の属する月の末日まで引き続き短期雇用特例被保険者として雇用された後当該短期雇用特例被保険者でなくなつたものとみなす。

改正　見出し…追加、本条…旧附則六条から繰上（平成一五年法律三一号）、一部改正（平成一九年法律三〇号）

註　〔短期雇用特例被保険者─三八〕、〔被保険者─四1〕

（基本手当の支給に関する暫定措置）

第四条　第十三条第三項に規定する特定理由離職者（厚生労働省令で定める者に限る。）であつて、受給資格に係る離職の日が平成二十一年三月三十一日から平成三十四年三月三十一日までの間であるものに係る基本手当の支給については、当該受給資格者（第二十二条第二項に規定する受給資格者を除く。）を第二十三条第二項に規定する特定受給資格者とみなして第二十条、第二十二条及び第二十三条第一項の規定を適用する。

2　前項の規定の適用がある場合における第七十二条第一項の規定の適用については、同項中「若しくは第二十四条の二第一項の者、同項」とあるのは、「、第二十四条の二第一項若しくは附則第四条第一項の者、第二十四条の二第一項」とする。

改正　本条…追加（平成一五年法律三一号）、全部改正（平成二一年法律五号）、一部改正（平成二四年法律九号、平成二六年法律一三号）、本条…一部改正、二項…追加（平成二九年法律一四号）

（給付日数の延長に関する暫定措置）

第五条　受給資格に係る離職の日が平成三十四年三月三十一日以前である受給資格者（第二十二条第二項に規定する就職が困難な受給資格者以外の受給資格者のうち第十三条第三項に規定する特定理由離職者（厚生労働省令で定める者に限る。）である者及び第二十三条第二項に規定する特定受給資格者に限る。）であつて、厚生労働省令で定める基準に照らして雇用機会が不足していると認められる地域として厚生労働大臣が指定する地域内に居住し、かつ、公共職業安定所長が第二十四条の二第一項に規定する指導基準に照らして再就職を促進するために必要な職業指導を行うことが適当であると認めたもの（個別延長給付を受けることができる者を除く。）については、第三項の規定による期間内の失業している日（失業していることについての認定を受けた日に限る。）について、所定給付日数（当該受給資格者が第二十条第一項及び第二項の規定による期間内に基本手当の支給を受けた日数が所定給付日数に満たない場合には、その支給を受けた日数。次項において同じ。）を超えて、基本手当を支給することができる。

2　前項の場合において、所定給付日数を超えて基本手当を支給する日数は、六十日（所定給付日数が第二十三条第一項第二号イ又は第三号イに該当する受給資格者にあつては、三十日）を限度とするものとする。

3　第一項の規定による基本手当の支給を受ける受給資格者の受給期間は、第二十条第一項及び第二項の規定にかかわらず、これらの規定による期間に前項に規定する日数を加えた期間とする。

4　第一項の規定の適用がある場合における第二十八条、第二十九条、第三十二条、第三十三条、第七十二条第一項及び第七十九条の二の規定の適用については、第二十八条第一項中「個別延長給付を」とあるのは「個別延長給付又は附則第五条第一項の規定による基本手当の支給（以下「地域延長給付」という。）を」と、「個別延長給付が」とあるのは「個別延長給付又は地域延長給付が」と、同条第二項中「個別延長給付、」とあるのは「個別延長給付、地域延長給付、」と、「個別延長給付又は広域延長給付」とあるのは「個別延長給付、地域延長給付又は広域延長給付」と、「個別延長給付が行われること」とあるのは「個別延長給付又は地域延長給付が行われること」と、「個別延長給付が行われる間」とあるのは「個別延長給付又は地域延長給付が行われる間」と、第二十九条第一項及び第三十二条第一項中「又は全国延長給付」とあるのは「、全国延長給付又は地域延長給付」と、第三十三条第五項中「広域延長給付」とあるのは「地域延長給付、広域延長給付」と、第七十二条第一項中「若しくは第二十四条の二第一項の者、同項」とあるのは「、第二十四条の二第一項若しくは附則第五条第一項の者、第二十四条の二第一項」と、「若しくは第五十六条の三第一項」とあるのは「、第五十六条の三第一項若しくは附則第五条第一項」と、第七十九条の二中「並びに第五十九条第一項」とあるのは「、第五十九条第一項並びに附則第五条第一項」とする。

改正　本条…追加、四項…一部改正（平成二一年法律五号）、二項…一部改正（平成二四年法律九号、平成二六年法律一三号）、二項…一部改正、四項…全部改正（平成二九年法律一四号）

（基本手当の給付日数の延長措置に関する経過措置）

第六条　石炭鉱業の構造調整の完了等に伴う関係法律の整備等に関する法律（平成十二年法律第十六号）附則第四条の規定によりその効力を有するものとされる旧炭鉱労働者等の雇用の安定等に関する臨時措置法（昭和三十四年法律第百九十九号）第三条の規定により厚生労働大臣が他の地域において職業に就くことを促進するための措置として職業紹介活動を行わせた場合には、第二十五条の規定の適用については、厚生労働大臣が同条第一項に規定する広域職業紹介活動を行わせたものとみなす。

改正　本条…追加（平成一五年法律三一号）、旧附則五条から繰下（平成二一年法律五号）

第七条　削除

改正　本条…追加（昭和五九年法律五四号）、旧附則二二条から繰上（平成一五年法律三一号）、旧附則六条から繰下（平成二一年法律五号）、本条…削除（平成二八年法律一七号）

（特例一時金に関する暫定措置）

第八条　第四十条第一項の規定の適用については、当分の間、同項中「三十日」とあるのは、「四十日」とする。

改正　本条…全部改正（平成一九年法律三〇号）、旧附則七条から繰下（平成二一年法律五号）

第九条　削除

改正　本条…追加（平成二一年法律五号）、一部改正（平成二二年法律一五号）、本条…削除（平成二三年法律四六号）

（就業促進手当の支給を受けた場合の特例に関する暫定措置）

第十条　第五十七条第一項第一号に規定する再離職の日が平成二十一年三月三十一日から平成三十四年三月三十一日までの間である受給資格者に係る同条の規定の適用については、同条第二項中「いずれか」とあるのは、「いずれか又は再離職について第十三条第三項に規定する特定理由離職者（厚生労働省令で定める者に限る。）」とする。

2　前項の規定の適用がある場合における第七十二条第一項の規定の適用については、同項中「若しくは第二十四条の二第一項の者、同項」とあるのは、「、第二十四条の二第一項若しくは附則第十条第一項の規定により読み替えて適用する第五十七条第二項の者、第二十四条の二第一項」とする。

改正　本条…追加（平成二一年法律五号）、一部改正（平成二四年法律九号、平成二六年法律一三号）、本条…一

部改正、二項…追加（平成二九年法律一四号）

（教育訓練給付金に関する暫定措置）

第十一条　教育訓練給付対象者であつて、第六十条の二第一項第一号に規定する基準日前に教育訓練給付金の支給を受けたことがないものに対する同項の規定の適用については、当分の間、同項中「三年」とあるのは、「一年」とする。

改正　本条…追加（平成一九年法律三〇号）、旧附則八条から繰下（平成二一年法律五号）

註〔暫定措置―則附則二四〕

（教育訓練支援給付金）

第十一条の二　教育訓練支援給付金は、教育訓練給付対象者（前条に規定する者のうち、第六十条の二第一項第二号に該当する者であつて、厚生労働省令で定めるものに限る。）であつて、厚生労働省令で定めるところにより、平成三十四年三月三十一日以前に同項に規定する教育訓練であつて厚生労働省令で定めるものを開始したもの（当該教育訓練を開始した日における年齢が四十五歳未満であるものに限る。）が、当該教育訓練を受けている日（当該教育訓練に係る指定教育訓練実施者によりその旨の証明がされた日に限る。）のうち失業している日（失業していることについての認定を受けた日に限る。）について支給する。この場合における第十条第五項、第六十条の三及び第七十二条第一項の規定の適用については、第十条第五項中「教育訓練給付金」とあるのは「教育訓練給付金及び教育訓練支援給付金」と、第六十条の三第一項中「により教育訓練給付金」とあるのは「により教育訓練給付金又は教育訓練支援給付金」と、「、教育訓練給付金」とあるのは「、教育訓練給付金及び教育訓練支援給付金」と、同条第二項中「により教育訓練給付金」とあるのは「により教育訓練給付金及び教育訓練支援給付金」と、同条第三項中「教育訓練給付金」とあるのは「教育訓練給付金及び教育訓練支援給付金」と、「前条第二項」とあるのは「前条第二項及び附則第十一条の二第一項」と、第七十二条第一項中「若しくは第二十四条の二第一項」とあるのは「、第二十四条の二第一項若しくは附則第十一条の二第一項」とする。

2　前項の失業していることについての認定は、厚生労働省令で定めるところにより、公共職業安定所長が行う。

3　教育訓練支援給付金の額は、第十七条に規定する賃金日額（以下この項において単に「賃金日額」という。）に百分の五十（二千四百六十円以上四千九百二十円未満の賃金日額（その額が第十八条の規定により変更されたときは、その変更された額）については百分の八十、四千九百二十円以上一万二千九十円以下の賃金日額（その額が第十八条の規定により変更されたときは、その変更された額）については百分の八十から百分の五十までの範囲で、賃金日額の逓増に応じ、逓減するように厚生労働省令で定める率）を乗じて得た金額に百分の八十を乗じて得た額とする。

4　基本手当が支給される期間及び第二十一条、第二十九条第一項（附則第五条第四項の規定により読み替えて適用する場合を含む。）、第三十二条第一項若しくは第二項又は第三十三条第一項の規定により基本手当を支給しないこととされる期間については、教育訓練支援給付金は、支給しない。

5　第二十一条、第三十一条第一項及び第七十八条の規定は、教育訓練支援給付金について準用する。この場合において、第二十一条及び同項中「受給資格者」とあるのは「教育訓練支援給付金の支給を受けることができる者」と、同項中「死亡したため失業の認定」とあるのは「死亡したため附則第十一条の二第一項の失業していることについての認定」と、「について失業の認定」とあるのは「について同項の失業していることについての認定」と、第七十八条中「第十五条第四項第一号の規定により同条第二項に規定する失業の認定」とあるのは「附則第十一条の二第一項の失業していることについての認定」と読み替えるものとする。

改正　本条…追加（平成二六年法律一三号）、一・三項…一部改正（平成二九年法律一四号）

註　〔厚生労働省令で定める者―則附則二五〕、〔厚生労働省令で定める教育訓練―則附則二六〕、〔厚生労働省令で定める失業の認定―則附則二八〕

（育児休業給付金に関する暫定措置）

第十二条　第六十一条の四第一項に規定する休業を開始した被保険者に対する同条第三項及び第四項の規定の適用については、当分の間、同条第三項中「次項第二号」とあるのは「次項」と、同条第四項中「百分の四十に相当する額」とあるのは「百分の五十（当該休業を開始した日から起算し当該育児休業給付金の支給に係る休業日数が通算して百八十日に達するまでの間に限り、百分の六十七）に相当する額（支給単位期間に当該育児休業給付金の支給に係る休業日数の百八十日目に当たる日が属する場合にあつては、休業開始時賃金日額に当該休業開始応当日から当該休業日数の百八十日目に当たる日までの日数を乗じて得た額の百分の六十七に相当する額に、休業開始時賃金日額に当該休業日数の百八十一日目に当たる日から当該休業を終了した日又は翌月の休業開始応当日の前日のいずれか早い日までの日数を乗じて得た額の百分の五十に相当する額を加えて得た額）」とする。

改正　本条…追加（平成一九年法律三〇号）、旧附則九条から繰下、見出し・本条…一部改正（平成二一年法律五号）、本条…一部改正（平成二六年法律一三号）

（介護休業給付金に関する暫定措置）

第十二条の二　介護休業を開始した被保険者に対する第六十一条の六第四項の規定の適用については、当分の間、同項中「百分の四十」とあるのは、「百分の六十七」とする。

改正　本条…追加（平成二八年法律一七号一条）、一部改正（平成二八年法律一七号二条）

（国庫負担に関する暫定措置）

第十三条　国庫は、第六十六条第一項及び第六十七条前段の規定による国庫の負担については、当分の間、これらの規定にかかわらず、これらの規定による国庫の負担額の百分の五十五に相当する額を負担する。

2　国庫が前項に規定する額を負担する会計年度については、第六十六条第二項（第六十七条後段において読み替えて適用する場合を含む。）及び第五項の規定は、適用しない。

3　第一項の規定の適用がある場合における第六十六条第六項の規定の適用については、同項中「前各項」とあるのは、「附則第十三条第一項」とする。

改正　本条…追加（平成一九年法律三〇号）、三項…一部改正、本条…旧附則一〇条から繰下（平成二一年法律五号）、見出し…全部改正（平成二二年法律二号）

第十四条　平成二十九年度から平成三十一年度までの各年度においては、第六十六条第一項及び第六十七条前段の規定並びに前条の規定にかかわらず、国庫は、第六十六条第一項及び第六十七条前段の規定による国庫の負担額の百分の十に相当する額を負担する。

2　平成二十九年度から平成三十一年度までの各年度においては、第六十六条第二項（第六十七条後段において読み替えて適用する場合を含む。）及び第五項の規定は、適用しない。

3　第一項の規定の適用がある場合における第六十六条第六項の規定の適用については、同項中「前各項」とあるのは、「附則第十四条第一項」とする。

改正　本条…追加（平成二九年法律一四号）

第十五条　雇用保険の国庫負担については、引き続き検討を行い、平成三十二年四月一日以降できるだけ速やかに、安定した財源を確保した上で附則第十三条に規定する国庫負担に関する暫定措置を廃止するものとする。

改正　本条…追加（平成二二年法律二号）、一部改正（平成二三年法律四六号、平成二九年法律一四号）

附　則（昭和五一年五月二七日法律三三号）（抄）

（施行期日）

第一条　この法律は、昭和五十一年十月一日から施行する。ただし、第十条及び附則第四条から第六条までの規定は、公布の日から起算して三年を超えない範囲内において政令で定める日＜編注・昭和五三年二月七日政令一七号により昭和五三年四月一日＞から施行する。

附　則（昭和五二年五月二〇日法律四三号）（抄）

（施行期日）

第一条　この法律は、昭和五十二年十月一日から施行する。ただし、第一条中雇用保険法第六十六条第三項第三号の改正規定（「千分の三」を「千分の三・五」に改める部分に限る。）、＜中略＞並びに附則第五条中建設労働者の雇用の改善等に関する法律（昭和五十一年法律第三十三号）附則第四条〈中略〉の改正規定は、昭和五十三年四月一日から施行する。

（その他の経過措置の政令への委任）

第四条　前二条に規定するもののほか、この法律の施行に伴い必要な経過措置は、政令で定める。

附　則（昭和五三年五月八日法律四〇号）（抄）

（施行期日）

第一条　この法律は、昭和五十三年十月一日から施行する。

附　則（昭和五四年六月八日法律四〇号）（抄）

（施行期日）

第一条　この法律は、公布の日から施行する。

附　則（昭和五六年四月二五日法律二七号）（抄）

（施行期日）

第一条　この法律は、公布の日から起算して二月を超えない範囲内において政令で定める日〈編注・昭和五六年五月二二日政令一七九号により、昭和五六年六月八日施行〉から施行する。ただし、次の各号に掲げる規定は、当該各号に定める日から施行する。

一・二〈略〉

三　第一条中雇用保険法第六十二条第一項第四号の改正規定（「、高年齢者の雇入れの促進」を削る部分を除く。）　昭和五十七年一月一日

四　第一条中雇用保険法第六十三条の改正規定　昭和五十七年四月一日

第八条　この附則に定めるもののほか、この法律の施行に関して必要な経過措置は、政令で定める。

附　則（昭和五九年七月一三日法律五四号）（抄）

（施行期日）

第一条　この法律は、昭和五十九年八月一日から施行する。ただし、次の各号に掲げる規定は、当該各号に定める日から施行する。

一　第一条中雇用保険法第四十八条、第四十九条及び第五十四条の改正規定〈中略〉並びに附則第八条の規定　昭和五十九年九月一日

二〈略〉

（雇用保険の適用除外等に関する経過措置）

第二条　この法律の施行の日（以下「施行日」という。）前に雇用保険の被保険者となり、かつ、その被保険者となつた日における年齢が六十五歳以上である者であつて、引き続き施行日まで同一の事業主の雇用保険の適用事業に雇用されているものについては、第一条の規定による改正後の雇用保険法（以下「新雇用保険法」という。）第六条第一号の規定は、施行日以降引き続き当該適用事業に雇用されている間は、適用しない。

2　前項の規定により新雇用保険法第六条第一号の規定を適用しないこととされた雇用保険の被保険者のうち、施行日に雇

用保険法第三十八条第一項に規定する短期雇用特例被保険者又は同法第四十三条第一項に規定する日雇労働被保険者（以下この項において「短期雇用特例被保険者等」という。）に該当する者以外の者（以下この項において「一般被保険者」という。）については施行日に、施行日に短期雇用特例被保険者等に該当し、かつ、施行日後前項に規定する期間内に一般被保険者となった者については当該一般被保険者となった日に、新雇用保険法第三十七条の二第一項に規定する高年齢継続被保険者となったものとみなして、新雇用保険法第十条第三項、第三十七条の二及び第三十七条の三の規定を適用する。

（基本手当の日額等に関する経過措置）

第三条　その受給資格に係る離職の日が施行日前である基本手当の受給資格者（以下「旧受給資格者」という。）に係る基本手当の日額、賃金日額及び基本手当の日額の自動的変更については、第一条の規定による改正前の雇用保険法（以下「旧雇用保険法」という。）第十六条から第十八条までの規定の例による。この場合において、旧雇用保険法第十六条中「第十八条第一項の規定」とあるのは「第十八条第一項の規定（雇用保険法等の一部を改正する法律（昭和五十九年法律第五十四号）附則第三条第一項の規定によりその例によることとされる場合を含む。）」と、旧雇用保険法第十七条第四項中「次条第一項の規定」とあるのは「次条第一項の規定（雇用保険法等の一部を改正する法律附則第三条第一項の規定によりその例によることとされる場合を含む。）」とする。

2　新雇用保険法第十六条の規定による基本手当日額表の制定は、昭和五十九年八月における新雇用保険法第十八条第一項に規定する平均定期給与額を基礎として行われたものとして、同項の規定を適用する。

3　新雇用保険法第十九条第三項（新雇用保険法第三十七条第九項において準用する場合を含む。）の規定は、施行日以後に行われる失業の認定に係る期間について適用する。

（基本手当の支給の期間及び日数並びに所定給付日数に関する経過措置）

第四条　旧受給資格者に係る雇用保険法第二十条の規定による期間及び日数並びに所定給付日数については、なお従前の例による。

（基本手当等の給付制限に関する経過措置）

第五条　施行日前の離職に係る雇用保険法第三十三条第一項（同法第四十条第三項において準用する場合を含む。）の規定による給付制限は、なお従前の例による。

（傷病手当の日額に関する経過措置）

第六条　旧受給資格者に係る傷病手当の日額については、新雇用保険法第三十七条第三項の規定にかかわらず、附則第三条第一項の規定による基本手当の日額に相当する額とする。

（特例一時金の額に関する経過措置）

第七条　特例受給資格に係る離職の日が施行日前である特例受

給資格者（以下「旧特例受給資格者」という。）に係る特例一時金の額に関する新雇用保険法第四十条第一項の規定の適用については、同項中「第十五条第一項に規定する受給資格者」とあるのは「雇用保険法等の一部を改正する法律（昭和五十九年法律第五十四号）附則第三条第一項に規定する旧受給資格者」と、「第十六条から第十八条まで」とあるのは「同項」とする。

（日雇労働求職者給付金の日額に関する経過措置）

第八条　昭和五十九年九月一日前の日に係る日雇労働求職者給付金の日額については、なお従前の例による。

2　昭和五十九年九月中の雇用保険法第四十七条第一項に規定する失業している日について支給する日雇労働求職者給付金に関する新雇用保険法第四十八条の規定の適用については、同年七月中の日について第二条の規定による改正前の労働保険の保険料の徴収等に関する法律の規定により納付された印紙保険料は、同条の規定による改正後の労働保険の保険料の徴収等に関する法律の規定により納付された印紙保険料とみなし、旧雇用保険法第四十八条第一号に規定する第一級印紙保険料（以下「旧第一級印紙保険料」という。）のうち同年八月中の日について納付された新雇用保険法第四十八条第一号に規定する第一級印紙保険料（以下「新第一級印紙保険料」という。）の納付日数（その納付日数が同年七月中の日について納付された旧第一級印紙保険料の納付日数を超えるときは、当該旧第一級印紙保険料の納付日数）に相当する納付日数分については当該納付日数分の新第一級印紙保険料と、残余の納付日数分については当該納付日数分の新雇用保険法第四十八条第二号イに規定する第二級印紙保険料と、旧雇用保険法第四十八条第二号イに規定する第二級印紙保険料については新雇用保険法第四十八条第二号ロに規定する第三級印紙保険料と、旧雇用保険法第四十八条第二号ロに規定する第三級印紙保険料については新雇用保険法第四十八条第二号ハに規定する第四級印紙保険料とみなす。

3　前項の規定は、雇用保険法第五十三条第一項の規定による申出をした者であつて、同項第二号に規定する基礎期間の最後の月（以下この項において「最終月」という。）が次の表の上欄に掲げる月又は昭和五十九年十二月であるものに対して支給する日雇労働求職者給付金に関する新雇用保険法第五十四条第二号の規定の適用について準用する。この場合において、最終月が同欄に掲げる月である者に関しては、前項中「同年七月中」とあるのは「雇用保険法第五十三条第一項第二号に規定する基礎期間のうち同年七月三十一日までの期間内」と、「納付日数（その納付日数」とあるのは同表上欄に掲げる最終月の区分に応じ同表下欄に掲げる字句に読み替えるものとする。

昭和五十九年八月	納付日数に五を乗じて得た日数（そ

	の日数
昭和五十九年九月	納付日数に四を乗じて得た日数（その日数
昭和五十九年十月	納付日数に三を乗じて得た日数（その日数
昭和五十九年十一月	納付日数に二を乗じて得た日数（その日数

（雇用保険の再就職手当の支給に関する経過措置）

第九条　旧受給資格者が施行日以後に安定した職業に就いた場合においては、附則第四条の規定により従前の例によることとされた当該受給資格に係る雇用保険法第二十条第一項の規定による期間を新雇用保険法第二十条第一項の規定による期間と、附則第三条第一項の規定による基本手当の日額を新雇用保険法第十六条の規定による基本手当の日額とみなして、新雇用保険法第五十六条の二の規定を適用する。

（常用就職支度金の額に関する経過措置）

第十条　旧受給資格者、旧特例受給資格者及び附則第八条の規定による日額の日雇労働求職者給付金の支給を受ける者に対する新雇用保険法第五十七条第三項の規定の適用については、同項中「第十六条の規定」とあるのは「雇用保険法等の一部を改正する法律（昭和五十九年法律第五十四号）附則第三条第一項の規定」と、「基本手当の受給資格者」とあるのは「同項の規定による旧受給資格者」と、「第十六条から第十八条まで」とあるのは「同項」と、「第四十八条又は第五十四条第三号」とあるのは「同法附則第八条」とする。

（印紙保険料の額に関する経過措置）

第十一条　施行日前の日について納付すべき印紙保険料の額については、なお従前の例による。

（その他の経過措置の政令への委任）

第二十二条　この附則に規定するもののほか、この法律の施行に伴い必要な経過措置は、政令で定める。

附　則（昭和五九年一二月二五日法律八七号）（抄）

（施行期日）

第一条　この法律は、昭和六十年四月一日から施行する。〈後略〉

附　則（昭和六〇年六月八日法律五六号）（抄）

（施行期日）

第一条　この法律は、昭和六十年十月一日から施行する。〈後略〉

附　則（昭和六一年一二月四日法律九三号）（抄）

（施行期日）

第一条　この法律は、昭和六十二年四月一日から施行する。

〈後略〉

附　則（昭和六二年三月三一日法律二三号）（抄）

（施行期日）
第一条　この法律は、昭和六十二年四月一日から施行する。

（特定不況業種・特定不況地域関係労働者の雇用の安定に関する特別措置法、雇用保険法及び船員保険法の一部改正に伴う経過措置）
第八条　附則第五条の規定による改正前の特定不況業種・特定不況地域関係労働者の雇用の安定に関する特別措置法（以下この条において「旧特定不況業種・特定不況地域法」という。）の規定（特定不況地域に係る部分に限る。）は、施行日の前日に旧特定不況業種・特定不況地域法第二条第一項第三号に規定する特定不況地域に該当していた地域であつて、施行日に特定雇用開発促進地域に該当しないこととなつたものについては、昭和六十三年六月三十日（政令で定める地域にあつては、同日前の日であつて政令で定める日）までの間、なおその効力を有する。

2　この法律の施行の際現に附則第六条の規定による改正前の雇用保険法（以下この条において「旧雇用保険法」という。）第二十二条の二の規定による基本手当の支給又は前条の規定による改正前の船員保険法（以下この条において「旧船員保険法」という。）第三十三条ノ十二ノ三の規定による失業保険金の支給（以下この条において「旧個別延長給付」という。）を受けることができる者であつて、旧特定不況業種・特定不況地域法第二条第一項第六号に規定する特定不況地域離職者であるものは、附則第六条の規定による改正後の雇用保険法（以下この条において「新雇用保険法」という。）第二十二条の二の規定による基本手当の支給又は前条の規定による改正後の船員保険法（以下この条において「新船員保険法」という。）第三十三条ノ十二ノ三の規定による失業保険金の支給（以下この項において「新個別延長給付」という。）を受けることができる者とみなす。この場合において、新個別延長給付を受けることができる日数は、新雇用保険法第二十二条の二第二項又は新船員保険法第三十三条ノ十二ノ三第二項の規定にかかわらず、第一号に掲げる日数から第二号に掲げる日数を差し引いて得た日数に相当する日数を限度とする。

一　旧雇用保険法第二十二条の二第二項各号に掲げる受給資格者の区分に応じ当該各号に定める日数又は旧船員保険法第三十三条ノ十二ノ三第二項各号に掲げる失業保険金の支給を受けるべき者の区分に応じ当該各号に定める日数

二　施行日前において旧個別延長給付を受けた日数に、施行日以後において第六項の規定によりなお従前の例によることとされる施行日前の期間に係る旧個別延長給付を受けた日数を加えた日数

3　前項に定める者のほか、施行日以後に第一項の規定によりなおその効力を有することとされた旧特定不況業種・特定不況地域法第二条第一項第六号に規定する特定不況地域離職者に該当することとなる者は、特定雇用開発促進地域離職者と

みなして、新雇用保険法第二十二条の二及び新船員保険法第三十三条ノ十二ノ三の規定を適用する。

4　この法律の施行の際現に旧特定不況業種・特定不況地域法第十九条又は第二十条において読み替えて適用する旧雇用保険法第二十三条第二項又は旧船員保険法第三十三条ノ十二ノ二第二項に規定する個別延長給付（以下この条において「旧特例個別延長給付」という。）を受けることができる者は、第十七条又は第十八条において読み替えて適用する新雇用保険法第二十三条第二項又は新船員保険法第三十三条ノ十二ノ二第二項に規定する個別延長給付（以下この項において「新特例個別延長給付」という。）を受けることができる者とみなす。この場合において、新特例個別延長給付を受けることができる日数は、第十七条又は第十八条の規定にかかわらず、第一号に掲げる日数から第二号に掲げる日数を差し引いて得た日数に相当する日数を限度とする。

一　旧特定不況業種・特定不況地域法第十九条において読み替えて適用する旧雇用保険法第二十三条第一項の政令で定める日数に三十日を加えた日数又は旧特定不況業種・特定不況地域法第二十条において読み替えて適用する旧船員保険法第三十三条ノ十二ノ二第一項の政令で定める日数に三十日を加えた日数

二　施行日前において旧特例個別延長給付を受けた日数に、施行日以後において第六項の規定によりなお従前の例によることとされる施行日前の期間に係る旧特例個別延長給付を受けた日数を加えた日数

5　施行日の前日において旧雇用保険法第二十五条第一項の規定による指定がされていた地域について、施行日に新雇用保険法第二十五条第一項の規定による指定がされた場合においては、この法律の施行の際現に当該地域に係る旧雇用保険法第二十五条第一項の措置に基づく基本手当の支給（以下「旧広域延長給付」という。）を受けることができる者は、新雇用保険法第二十五条第一項の措置に基づく基本手当の支給（以下「新広域延長給付」という。）を受けることができる者とみなす。この場合において、新広域延長給付を受けることができる日数は、同項の規定にかかわらず、第一号に掲げる日数から第二号に掲げる日数を差し引いて得た日数に相当する日数を限度とする。

一　旧雇用保険法第二十五条第一項の政令で定める日数

二　施行日前において旧広域延長給付を受けた日数に、施行日以後において次項の規定によりなお従前の例によることとされる施行日前の期間に係る旧広域延長給付を受けた日数を加えた日数

6　施行日前の期間に係る旧個別延長給付、旧特例個別延長給付及び旧広域延長給付については、なお従前の例による。

7　第一項の規定によりなおその効力を有することとされた旧特定不況業種・特定不況地域法（以下この項において「旧法」

という。）第三章及び第四章に定める措置に関しては、労働省令（旧法第十一条及び第十二条に定める措置で船員となろうとする者に係るものにあつては運輸省令、旧法第二十条に定める措置にあつては厚生省令）で、第一項に規定する期間の満了に伴い合理的に必要と判断される範囲内において、所要の経過措置を定めることができる。

附　則（昭和六三年五月六日法律二六号）（抄）

（施行期日）

第一条　この法律は、昭和六十三年七月一日から施行する。

〈後略〉

附　則（平成元年六月二八日法律三六号）（抄）

（施行期日）

第一条　この法律は、平成元年十月一日から施行する。ただし、第一条中雇用保険法の目次の改正規定（「第六十一条の二」を「第六十二条」に改める部分に限る。）、同法第二条、第三条及び第六十一条の二第一項の改正規定、同法第六十二条を削り、同法第六十一条の二を同法第六十二条とする改正規定、同法第六十五条、第六十六条第三項第三号及び第五項第一号ロ並びに第六十八条第二項の改正規定〈中略〉並びに附則第三条、第四条〈中略〉の規定は、公布の日から施行する。

（短時間労働者に関する経過措置等）

第二条　この法律の施行の日（以下「施行日」という。）前に被保険者となり、かつ、引き続き施行日まで同一の事業主の適用事業に雇用されている者については、第一条の規定による改正後の雇用保険法（以下「新法」という。）第六条第一号の二の規定は、施行日以降引き続き当該適用事業に雇用されている間は、適用しない。

2　次の各号に掲げる被保険者に対する新法第十三条第一項、第十四条第二項、第三十七条の三第一項及び第三十九条第一項の規定の適用については、当該各号に規定する短時間労働者であつた期間は、新法第十三条第一項第一号に規定する短時間労働被保険者（以下「短時間労働被保険者」という。）以外の被保険者であつた期間とみなす。

一　施行日前の被保険者であつた期間に新法第六条第一号の二に規定する短時間労働者（以下「短時間労働者」という。）であつた期間がある被保険者（次号に該当するものを除く。）

二　施行日前から施行日以降引き続き同一の事業主の適用事業に雇用され、その雇用された期間を通じて新法第三十八条第一項に規定する短期雇用特例被保険者であつた被保険者であつて、その雇用された期間に短時間労働者であつた期間があるもの

3　施行日の前日において短時間労働者であり、かつ、引き続き施行日において同一の事業主の適用事業に短時間労働者として雇用されている被保険者（前項第二号に掲げる被保険者であるものを除く。以下「継続短時間労働被保険者」という。）

であったことがある者であって、労働省令で定める日までに公共職業安定所長に申し出たものについては、労働省令で定めるところにより、施行日からその者の希望する日（当該引き続き雇用された期間の末日（当該短時間労働者の一週間の所定労働時間が、施行日以後に、施行日の前日においてその者の一週間の所定労働時間とされていた時間よりも短くなった場合においては、その短くなった日の前日）以前の日に限る。）までの間の短時間労働者であった期間は短時間労働被保険者以外の被保険者であった期間とみなして、新法の規定を適用する。

4　継続短時間労働被保険者（前項に規定する公共職業安定所長に申し出た者であって、同項に規定する希望する日以前に離職したものを除く。）については、施行日（同項に規定する公共職業安定所長に申し出た者にあっては、同項に規定する希望する日の翌日）に新法第三十五条の二第一項第一号又は第三十七条の五第一項第一号に掲げる事由が生じたものとみなして、新法第三十五条の二又は第三十七条の五の規定を適用する。

5　新法第十六条の規定による基本手当日額表は、昭和五十九年八月における新法第十八条第一項に規定する平均定期給与額を基礎として定められたものとみなして、同項の規定を適用する。

（雇用保険率に関する経過措置）

第三条　第二条の規定による改正後の労働保険の保険料の徴収等に関する法律第十二条第七項の規定は、平成元年度以後の年度において同項に規定する場合に該当することとなった場合における雇用保険率の変更について適用する。

（政令への委任）

第四条　前二条に定めるもののほか、この法律の施行に伴い必要な経過措置は、政令で定める。

（検討）

第五条　政府は、この法律の施行後適当な時期において、短時間労働被保険者に係る新法の規定の施行の状況を勘案し、必要があると認めるときは、新法の規定について検討を加え、その結果に基づいて必要な措置を講ずるものとする。

附　則（平成三年五月二日法律五六号）（抄）

（施行期日）

第一条　この法律は、公布の日から起算して三月を超えない範囲内において政令で定める日〈編注・平成三年七月二六日政令二四一号により平成三年八月一日〉から施行する。

附　則（平成四年三月三一日法律八号）（抄）

（施行期日）

第一条　この法律は、公布の日から施行する。ただし、次の各号に掲げる規定は、当該各号に定める日から施行する。

一　〈前略〉第二条中雇用保険法第八十三条から第八十五条までの改正規定〈中略〉公布の日から起算して一月を経

過した日

二　第二条中雇用保険法第十七条第三項、第十九条、第三十三条第三項、第三十七条第九項及び第五十六条の二第一項の改正規定並びに附則第四条から第六条までの規定　平成四年十月一日

三　〈略〉

（検討）

第二条　政府は、この法律の施行後、今後の雇用動向等を勘案しつつ、雇用保険事業における諸給付の在り方、費用負担の在り方等について総合的に検討を加え、必要があると認めるときは、その結果に基づいて所要の措置を講ずるものとする。

（賃金日額等に関する経過措置）

第四条　その受給資格に係る離職の日が平成四年十月一日前である受給資格者（以下「旧受給資格者」という。）に係る雇用保険法第十七条第三項の規定による賃金日額の算定については、なお従前の例による。

2　第二条の規定による改正後の雇用保険法（以下「新雇用保険法」という。）第十九条第一項（新雇用保険法第三十七条第九項において準用する場合を含む。）の規定は、平成四年十月一日以後に行われる失業の認定に係る期間中に自己の労働によって収入を得た場合について適用する。

3　新雇用保険法第十九条第二項の規定は、平成四年度以後の年度において同項に規定する場合に該当することとなった場合における同条第一項に規定する控除額の変更について適用する。

（基本手当の支給の期間に関する経過措置）

第五条　旧受給資格者に係る雇用保険法第三十三条第三項の規定による期間については、なお従前の例による。

（再就職手当の支給に関する経過措置）

第六条　平成四年十月一日前に安定した職業に就いた受給資格者についての雇用保険法第五十六条の二第一項の規定による再就職手当の支給については、なお従前の例による。

2　旧受給資格者が平成四年十月一日以後に安定した職業に就いた場合においては、前条の規定により従前の例によることとされた当該旧受給資格者に係る雇用保険法第三十三条第三項の規定による期間を新雇用保険法第三十三条第三項の規定による期間とみなして、新雇用保険法第五十六条の二第一項の規定を適用する。

（国庫負担に関する経過措置）

第七条　新雇用保険法附則第二十三条第一項の規定は、平成四年度以後の年度に係る国庫の負担額について適用する。この場合において、平成四年度に係る国庫の負担額については、同項中「十分の八」とあるのは、「十分の九」とする。

（その他の経過措置の政令への委任）

第十一条　附則第三条から第七条まで及び第九条に定めるもののほか、この法律の施行に伴い必要な経過措置は、政令で定

める。

附　則（平成四年三月三一日法律二三号）（抄）

（施行期日）

第一条　この法律は、公布の日から施行する。

附　則（平成四年六月三日法律六七号）（抄）

（施行期日）

第一条　この法律は、平成五年四月一日から施行する。〈後略〉

附　則（平成六年六月二九日法律五七号）（抄）

（施行期日）

第一条　この法律は、平成七年四月一日から施行する。ただし、次の各号に掲げる規定は、当該各号に定める日から施行する。

一　第一条中雇用保険法第五十六条の二第一項の改正規定（「（第三十七条の六の規定により受給資格者とみなされた者を含む。以下この節において同じ。）」を削る部分を除く。）及び同法附則第二十五条を同法附則第二十六条とし、同法附則第二十四条を同法附則第二十五条とし、同法附則第二十三条の次に一条を加える改正規定〈中略〉　この法律の公布の日

二　第一条中雇用保険法第四十五条、第五十条第一項及び第五十三条第一項第一号の改正規定並びに附則第十条の規定　この法律の公布の日の属する月の翌月の初日

三　〈略〉

四　第一条中雇用保険法第四十八条、第四十九条及び第五十四条の改正規定〈中略〉並びに附則第十一条及び第十三条第一項の規定　平成六年九月一日

（基本手当の日額等に関する経過措置）

第二条　受給資格に係る離職の日がこの法律の施行の日（以下「施行日」という。）前である基本手当の受給資格者（以下「旧受給資格者」という。）であって、当該受給資格に基づく基本手当の支給を受ける初日が平成八年八月一日前であるもの（以下「旧日額対象の旧受給資格者」という。）に係る基本手当の日額、賃金日額及び基本手当の日額の自動的変更については、なお従前の例による。

（平成七年度における基本手当の日額の自動的変更に関する経過措置）

第三条　平成七年度における基本手当の日額の自動的変更については、労働大臣は、第一条の規定による改正後の雇用保険法（以下「新雇用保険法」という。）第十八条第一項の規定にかかわらず、平成六年四月一日から始まる年度の平均給与額が平成三年六月における平均定期給与額（第一条の規定による改正前の雇用保険法（以下「旧雇用保険法」という。）第十八条第一項の規定により基本手当日額表が改正された場合は、当該改正の基礎となった平均定期給与額）を超え、又は下るに至った場合においては、その上昇し、又は低下した比率に応じて、平成七年八月一日以後の新雇用保険法第十八条

第三項に規定する自動変更対象額を変更しなければならない。この場合における同項に規定する自動変更対象額の変更は、新雇用保険法第三章の規定の適用については、新雇用保険法第十八条の規定による同条第三項に規定する自動変更対象額の変更とみなす。

2 前項の規定により変更された同項の自動変更対象額に五円未満の端数があるときは、これを切り捨て、五円以上十円未満の端数があるときは、これを十円に切り上げるものとする。

（基本手当の所定給付日数及び個別延長給付に関する経過措置）

第四条 旧受給資格者に係る所定給付日数及び個別延長給付の日数については、なお従前の例による。

2 受給資格に係る離職の日（以下この項において「基準日」という。）が施行日から平成十二年三月三十一日までの間にある受給資格者（施行日において五十五歳以上六十歳未満であるものに限る。）であって、次の各号のいずれにも該当し、かつ、公共職業安定所長が厚生労働省令で定める基準に照らして就職が困難な者であると認めたものについては、新雇用保険法第二十二条の二の規定にかかわらず、雇用保険法第二十条第一項及び第二項の規定による期間内の失業している日について、所定給付日数を超えて、基本手当を支給することができる。この場合において、所定給付日数を超えて基本手当を支給する日数は、六十日を超えない範囲内で厚生労働省令で定める日数を限度とするものとする。

一 新雇用保険法第二十二条の二第一項第一号イからニまでのいずれかに該当する者その他これに準ずるものとして厚生労働省令で定める者

二 次のいずれかに該当する者

イ 基準日において短時間労働被保険者以外の被保険者であった受給資格者であって、その算定基礎期間が十年以上二十年未満である者

ロ 基準日において短時間労働被保険者であった受給資格者であって、その算定基礎期間が一年以上五年未満である者

3 前項の規定に該当する受給資格者については、雇用保険法第二十三条第一項、第二十四条第一項及び第二項、第二十五条第一項並びに第二十七条第一項中「所定給付日数」とあるのは、「所定給付日数に雇用保険法等の一部を改正する法律（平成六年法律第五十七号）附則第四条第二項に規定する厚生労働省令で定める日数を加えた日数」とする。

改正 二・三項…一部改正（平成一一年法律一六〇号）

（基本手当等の給付制限に関する経過措置）

第五条 施行日前に公共職業安定所長の指示した公共職業訓練等については、新雇用保険法第三十三条第一項ただし書（新雇用保険法第三十七条の四第五項において準用する場合を含む。）の規定は、適用しない。

（傷病手当の日額に関する経過措置）

第六条　旧日額対象の旧受給資格者に係る傷病手当の日額については、新雇用保険法第三十七条第三項の規定にかかわらず、附則第二条の規定による基本手当の日額に相当する額とする。

（高年齢求職者給付金の額に関する経過措置）

第七条　高年齢受給資格に係る離職の日が施行日前である高年齢受給資格者（以下「旧高年齢受給資格者」という。）に係る高年齢求職者給付金の額については、なお従前の例による。

（六十五歳の定年等により退職した者に関する経過措置）

第八条　旧雇用保険法第三十七条の六の規定により基本手当の支給を受ける旧高年齢受給資格者に係る求職者給付の支給については、なお従前の例による。ただし、同条の規定により受給資格者とみなされることにより取得した受給資格に基づく基本手当の支給を受ける初日が平成八年八月一日以後である旧高年齢受給資格者に係る基本手当の日額については、新雇用保険法第十六条から第十八条までの規定を適用して算定する。

（特例一時金の額に関する経過措置）

第九条　特例受給資格に係る離職の日が施行日前である特例受給資格者（以下「旧特例受給資格者」という。）に対する新雇用保険法第四十条の規定の適用については、次の各号に定めるところによる。

一　第四十条第一項の規定の適用については、同項中「第十五条第一項に規定する受給資格者」とあるのは「雇用保険法等の一部を改正する法律（平成六年法律第五十七号）附則第二条に規定する旧日額対象の旧受給資格者」と、「第十六条から第十八条まで」とあるのは「同条」とする。

二　第四十条第二項の規定は、適用しない。

（日雇労働求職者給付金の受給資格に関する経過措置）

第十条　附則第一条第二号に掲げる改正規定の施行の日前の日に係る日雇労働求職者給付金の受給資格については、なお従前の例による。

（日雇労働求職者給付金の日額等に関する経過措置）

第十一条　平成六年九月一日前の日に係る日雇労働求職者給付金の日額及び労働保険の保険料の徴収等に関する法律第二十二条第一項に規定する印紙保険料の額の区分に係る賃金の日額（第三項及び第四項において「等級区分日額」という。）については、なお従前の例による。

2　平成六年九月中に支給する日雇労働求職者給付金に関する新雇用保険法第四十八条の規定の適用については、同年七月中の日について第二条の規定による改正前の労働保険の保険料の徴収等に関する法律の規定により納付された印紙保険料は、同条の規定による改正後の労働保険の保険料の徴収等に関する法律の規定により納付された印紙保険料とみなし、旧雇用保険法第四十八条第一号に規定する第一級印紙保険料

（以下「旧第一級印紙保険料」という。）のうち同年八月中の日について納付された新雇用保険法第四十八条第一号に規定する第一級印紙保険料（以下「新第一級印紙保険料」という。）の納付日数（その納付日数が同年七月中の日について納付された旧第一級印紙保険料の納付日数を超えるときは、当該旧第一級印紙保険料の納付日数）に相当する納付日数分については当該納付日数分の新第一級印紙保険料と、残余の納付日数分については当該納付日数分の新雇用保険法第四十八条第二号イに規定する第二級印紙保険料と、旧雇用保険法第四十八条第二号イに規定する第二級印紙保険料、旧雇用保険法第四十八条第二号ロに規定する第三級印紙保険料及び旧雇用保険法第四十八条第二号ハに規定する第四級印紙保険料については新雇用保険法第四十八条第二号ロに規定する第三級印紙保険料とみなす。

3　厚生労働大臣は、当分の間、平均定期給与額が平成六年九月の平均定期給与額（新雇用保険法第四十九条第一項の規定により日雇労働求職者給付金の日額等が変更されたときは、直近の当該変更の基礎となった平均定期給与額。次項において同じ。）の百分の百二十を超えるに至ったことにより同項の規定により日雇労働求職者給付金の日額等を変更する場合においては、同項の規定にかかわらず、日雇労働求職者給付金の日額である四千百円については六千二百円に、等級区分日額である八千二百円については一万千三百円に、それぞれ変更するものとする。

4　厚生労働大臣は、当分の間、平均定期給与額が平成六年九月の平均定期給与額の百分の八十三を下るに至ったことにより新雇用保険法第四十九条第二項の規定により日雇労働求職者給付金の日額等を変更する場合においては、同項の規定にかかわらず、日雇労働求職者給付金の日額である六千二百円については四千百円に、等級区分日額である一万千三百円については八千二百円に、それぞれ変更するものとする。

5　第二項の規定は、新雇用保険法第五十三条第一項の規定による申出をした者であって、同項第二号に規定する基礎期間の最後の月（以下この項において「最終月」という。）が次の表の上欄に掲げる月又は平成六年十二月であるものに対して支給する日雇労働求職者給付金に関する新雇用保険法第五十四条第二号の規定について準用する。この場合において、最終月が同欄に掲げる月である者に関しては、第二項中「同年七月中」とあるのは「新雇用保険法第五十三条第一項第二号に規定する基礎期間のうち同年七月三十一日までの期間内」と、「納付日数（その納付日数」とあるのは同表上欄に掲げる最終月の区分に応じ同表下欄に掲げる字句に読み替えるものとする。

平成六年八月	納付日数に五を乗じて得た日数（その日数

平成六年九月	納付日数に四を乗じて得た日数（その日数
平成六年十月	納付日数に三を乗じて得た日数（その日数
平成六年十一月	納付日数に二を乗じて得た日数（その日数

改正　三・四項…一部改正（平成一一年法律一六〇号）

（雇用保険の再就職手当の支給に関する経過措置）

第十二条　附則第一条第一号に掲げる改正規定の施行の日前に安定した職業に就いた受給資格者（旧雇用保険法第三十七条の六の規定により受給資格者とみなされた者を含む。）についての新雇用保険法第五十六条の二第一項の規定による再就職手当の支給については、なお従前の例による。

2　旧日額対象の旧受給資格者（附則第八条の規定により従前の例によることとされた旧高年齢受給資格者を含む。次条において同じ。）が施行日以後に安定した職業に就いた場合においては、附則第二条の規定により従前の例によることとされた基本手当の日額を新雇用保険法第十六条から第十八条までの規定による基本手当の日額と、附則第四条第一項の規定により従前の例によることとされた所定給付日数を新雇用保険法第二十二条に規定する所定給付日数とみなして、新雇用保険法第五十六条の二の規定を適用する。

3　前項の規定は、旧日額対象の旧受給資格者以外の旧受給資格者について準用する。この場合において、同項中「安定した職業に就いた場合においては、附則第二条の規定により従前の例によることとされた基本手当の日額を新雇用保険法第十六条から第十八条までの規定による基本手当の日額と」とあるのは、「安定した職業に就いた場合においては」と読み替えるものとする。

（常用就職支度金の額に関する経過措置）

第十三条　附則第十一条の規定による日額の日雇労働求職者給付金の支給を受ける者に対する雇用保険法第五十七条の規定の適用については、同条第三項中「第四十八条又は第五十四条第二号」とあるのは、「雇用保険法等の一部を改正する法律（平成六年法律第五十七号）附則第十一条」とする。

2　旧日額対象の旧受給資格者及び旧特例受給資格者に対する雇用保険法第五十七条の規定の適用については、同条第三項中「第十六条の規定」とあるのは「雇用保険法等の一部を改正する法律（平成六年法律第五十七号）附則第二条の規定」と、「基本手当の受給資格者」とあるのは「同条の規定による旧日額対象の旧受給資格者」と、「第十六条から第十八条まで」とあるのは「同条」とする。

（高年齢雇用継続給付に関する経過措置）

第十四条　施行日前に六十歳に達した被保険者に対する新雇用保険法第六十一条の規定の適用については、同条第一項中

「当該被保険者が六十歳に達した日」とあるのは「平成七年四月一日」と、「当該被保険者が六十歳に達した日又は当該支給対象月においてその日に応当する日（その日に応当する日がない月においては、その月の末日。）」とあるのは「当該支給対象月の初日」と、同条第二項中「被保険者が六十歳に達した日の属する月から」とあるのは「平成七年四月から被保険者が」とする。

2 新雇用保険法第六十一条の二の規定は、施行日以後に安定した職業に就くことにより被保険者となった者について適用する。ただし、施行日前に安定した職業に就くことにより施行日以後も被保険者であるもの（当該職業に就いた日の前日において新雇用保険法第六十一条の二第一項に規定する受給資格者であって、当該職業に就いた日において六十歳に達しているものに限る。）については、施行日に安定した職業に就いたものとみなして、同条の規定を適用する。この場合において、同条第一項中「当該基本手当の日額の算定の基礎となつた賃金日額」とあるのは「当該被保険者を受給資格者と、平成七年四月一日を受給資格に係る離職の日とみなして第十七条（第三項を除く。）の規定を適用した場合に算定されることとなる賃金日額に相当する額（以下「みなし賃金日額」という。）」と、同条第二項中「就職日の属する月」とあるのは「平成七年四月」と、「当該就職日の翌日」とあるのは「同月二日」と、同条第三項中「次条第一項の賃金日額」とあるのは「次条第一項のみなし賃金日額」と、「次条第一項」とあるのは「雇用保険法等の一部を改正する法律（平成六年法律第五十七号）附則第十四条第二項の規定により読み替えて適用する次条第一項」とする。

3 新雇用保険法第六十一条第三項及び第四項の規定は、前項ただし書の被保険者に係る高年齢再就職給付金について準用する。この場合において、同条第三項中「第一項の規定」とあるのは「雇用保険法等の一部を改正する法律（平成六年法律第五十七号）附則第十四条第二項の規定により読み替えて適用する新雇用保険法第六十一条の二第一項の規定」と、「みなし賃金日額」とあるのは「同項のみなし賃金日額（次項において「みなし賃金日額」という。）」と、第四項中「第一項の規定」とあるのは「雇用保険法等の一部を改正する法律（平成六年法律第五十七号）附則第十四条第二項の規定により読み替えて適用する新雇用保険法第六十一条の二第一項の規定」と読み替えるものとする。

4 労働大臣は、施行日前に旧雇用保険法第十八条の規定により基本手当の日額が変更された場合においては施行日から、附則第三条の規定により基本手当の日額が変更された場合においては平成七年八月一日から、これらの変更の比率に応じて、新雇用保険法第六十一条第一項に規定する支給限度額を変更しなければならない。この場合において、同項第二号中「その額が」とあるのは、「その額が雇用保険法等の一部を改正する法律（平成六年法律第五十七号）附則第十四条第四項及び第五項の規定又は」とする。

5　附則第三条第二項の規定は、前項の規定により変更された同項の支給限度額について準用する。

（雇用保険の育児休業給付に関する経過措置）

第十五条　新雇用保険法第六十一条の四第一項に規定する育児休業基本給付金及び新雇用保険法第六十一条の五第一項に規定する育児休業者職場復帰給付金は、新雇用保険法第六十一条の四第一項に規定する休業を開始した日又は同条第三項に規定する休業開始応当日が施行日以後である支給単位期間について支給する。

（雇用保険の国庫負担に関する経過措置）

第十六条　新雇用保険法第六十六条第一項の規定は、平成七年度以後の年度に係る国庫の負担額について適用する。

附　則（平成七年三月一七日法律二七号）（抄）

（施行期日）

第一条　この法律は、平成七年七月一日から施行する。〈後略〉

附　則（平成八年五月二二日法律四二号）（抄）

（施行期日）

第一条　この法律は、平成八年七月一日から施行する。〈後略〉

（第二条の規定の施行に伴う経過措置）

第三条　施行日前にされた雇用保険法第六十九条第一項の審査請求のうち、施行日の前日において当該審査請求がされた日の翌日から起算して三箇月を経過しており、かつ、施行日の前日までに雇用保険審査官の決定がないもの（次項において「雇用保険に関する未決定の三箇月経過審査請求」という。）に係る処分の取消しの訴えについては、第二条の規定による改正後の雇用保険法（以下「新雇用保険法」という。）第七十一条の規定にかかわらず、その取消しの訴えを提起することができる。ただし、当該処分について、その取消しの訴えを提起する前に、新雇用保険法第六十九条第二項の規定による再審査請求をしたときは、この限りでない。

2　雇用保険に関する未決定の三箇月経過審査請求に係る処分について、その取消しの訴えが施行日前に提起されていたとき又は前項の規定により提起されたときは、当該雇用保険に関する未決定の三箇月経過審査請求については、新雇用保険法第六十九条第二項の規定は適用しない。

附　則（平成八年六月一四日法律八二号）（抄）

（施行期日）

第一条　この法律は、平成九年四月一日から施行する。〈後略〉

（雇用保険法の一部改正に伴う経過措置）

第百二十五条　旧適用法人共済組合の組合員に係る施行日前に生じた失業等給付を支給すべき事由に関する失業等給付につ

いては、前条の規定による改正前の雇用保険法附則第三条の二の規定は、なおその効力を有する。

附　則（平成九年三月三一日法律一八号）（抄）

（施行期日）

第一条　この法律は、公布の日から起算して三月を超えない範囲内において政令で定める日〈編注・平成九年六月二〇日政令二〇五号により平成九年六月二三日〉から施行する。

附　則（平成九年五月九日法律四五号）（抄）

（施行期日）

第一条　この法律は、公布の日から起算して三月を超えない範囲内において政令で定める日〈編注・平成九年六月二七日政令二二四号により平成九年七月一日〉から施行する。ただし、〈中略〉附則第十七条の規定（雇用保険法（昭和四十九年法律第百十六号）第六十三条第一項第四号中「第十条第二項」を「第十条の二第二項」に改める部分を除く。）〈中略〉の規定は、平成十一年四月一日から施行する。

附　則（平成一〇年三月三一日法律一九号）

（施行期日）

第一条　この法律は、公布の日から施行する。ただし、次の各号に掲げる規定は、当該各号に定める日から施行する。

一　第一条中雇用保険法の目次の改正規定（第五節を改める部分に限る。）、同法第一条及び第十条第一項の改正規定、同条第五項を同条第六項とする改正規定、同条第四項の次に一項を加える改正規定、同法第五十七条第二項の改正規定、同法第三章第五節の次に一節を加える改正規定並びに同法第七十六条第一項、第七十七条、第七十九条第一項及び第八十五条の改正規定〈中略〉　平成十年十二月一日

二　第一条中雇用保険法の目次の改正規定（第五節を改める部分を除く。）、同法第十条第五項に一号を加える改正規定、同法第三十七条の四第一項、第六十一条第二項、第六十一条の二第二項及び第六十一条の四第一項の改正規定、同法第三章第六節第二款の次に一款を加える改正規定並びに同法第七十二条第一項の改正規定、附則第三条及び第五条から第七条までの規定〈中略〉　平成十一年四月一日

（高年齢求職者給付金の額に関する経過措置）

第二条　高年齢受給資格に係る離職の日が平成十一年四月一日前である高年齢受給資格者に係る高年齢求職者給付金の額については、なお従前の例による。

（雇用保険の介護休業給付金に関する経過措置）

第三条　第一条の規定による改正後の雇用保険法（以下「新雇用保険法」という。）第六十一条の七第一項に規定する介護休業給付金は、同項に規定する休業を開始した日又は同条第三項に規定する休業開始応当日が平成十一年四月一日以後である支給単位期間について支給する。

（雇用保険の国庫負担に関する経過措置）

第四条　新雇用保険法第六十六条第一項及び附則第二十三条第

一項の規定は、平成十年度以後の年度に係る国庫の負担額について適用する。

（失業保険金の所定給付日数等に関する経過措置）

第五条　失業保険金の支給を受けることができる資格に係る離職の日が平成十一年四月一日前である当該失業保険金の支給を受けることができる者に係る船員保険法第三十三条ノ十二の規定による所定給付日数及び同法第三十三条ノ十二ノ三の規定による失業保険金の支給については、なお従前の例による。

（高齢求職者給付金の額に関する経過措置）

第六条　高齢求職者給付金の支給を受けることができる資格に係る離職の日が平成十一年四月一日前である当該高齢求職者給付金の支給を受けることができる者に係る高齢求職者給付金の額については、なお従前の例による。

（その他の経過措置の政令への委任）

第九条　附則第二条から前条までに定めるもののほか、この法律の施行に伴い必要な経過措置は、政令で定める。

附　則（平成一一年三月三一日法律二〇号）（抄）

（施行期日）

第一条　この法律は、公布の日から施行する。ただし、附則第十二条から第四十九条までの規定は、公布の日から起算して九月を超えない範囲内において政令で定める日〈編注・平成一一年九月二〇日政令二七五号により平成一一年一〇月一日〉から施行する。

附　則（平成一一年七月一六日法律八七号）（抄）

（施行期日）

第一条　この法律は、平成十二年四月一日から施行する。〈後略〉

附　則（平成一一年一二月二二日法律一六〇号）（抄）

（施行期日）

第一条　この法律〈中略〉は、平成十三年一月六日から施行する。〈後略〉

附　則（平成一一年一二月二二日法律二二五号）（抄）

（施行期日）

第一条　この法律は、公布の日から起算して六月を超えない範囲内において政令で定める日〈編注・平成一二年三月二三日政令八五号により平成一二年四月一日〉から施行する。

（民法等の一部改正に伴う経過措置）

第二十五条　この法律の施行前に和議開始の申立てがあった場合又は当該申立てに基づきこの法律の施行前若しくは施行後に和議開始の決定があった場合においては、当該申立て又は決定に係る次の各号に掲げる法律の規定に定める事項に関する取扱いについては、この法律の附則の規定による改正後のこれらの規定にかかわらず、なお従前の例による。

一〜三　〈略〉

四　雇用保険法第二十二条の三第一項第一号ハ

五～二〇　〈略〉

附　則（平成一三年三月三一日法律一六号）（抄）

（施行期日）

第一条　この法律は、公布の日から施行する。ただし、〈中略〉附則〈中略〉第二十一条〈中略〉の規定は平成十四年三月三十一日から〈中略〉施行する。

附　則（平成一二年五月一二日法律五九号）（抄）

（施行期日）

第一条　この法律は、平成十三年四月一日から施行する。ただし、次の各号に掲げる規定は、当該各号に定める日から施行する。

一　第一条中雇用保険法第六十四条第一項の改正規定　公布の日

二　第一条中雇用保険法第六十二条第一項第二号の改正規定　平成十二年十月一日

三　第一条中雇用保険法第六十一条の四第四項、第六十一条の五第二項及び第六十一条の七第四項の改正規定〈中略〉　平成十三年一月一日

（基本手当の日額の端数処理に関する経過措置）

第二条　受給資格に係る離職の日がこの法律の施行の日（以下「施行日」という。）前である基本手当の受給資格者（以下「旧受給資格者」という。）に係る基本手当の日額の端数処理については、なお従前の例による。

（短時間労働被保険者であった受給資格者に係る賃金日額に関する経過措置）

第三条　旧受給資格者でその受給資格に係る離職の日において短時間労働被保険者であったものに係る第一条の規定による改正後の雇用保険法（以下「新雇用保険法」という。）第十七条第四項第一号イの規定の適用については、なお従前の例による。

（基本手当の支給の期間及び日数並びに所定給付日数に関する経過措置）

第四条　旧受給資格者に係る雇用保険法第二十条の規定による期間及び日数並びに同法第二十二条第一項に規定する所定給付日数については、なお従前の例による。

（雇用保険の個別延長給付の支給及び延長給付に関する調整に関する経過措置）

第五条　旧受給資格者に係る第一条の規定による改正前の雇用保険法（以下「旧雇用保険法」という。）第二十二条の二及び第二十三条の規定による個別延長給付の支給並びに旧雇用保険法第二十八条の規定による同条第一項に規定する各延長給付に関する調整については、なお従前の例による。

（雇用保険の再就職手当の額に関する経過措置）

第六条　旧受給資格者に係る雇用保険法第五十六条の二第三項の規定による再就職手当の額については、なお従前の例による。

（雇用保険の育児休業基本給付金及び育児休業者職場復帰給付金の額に関する経過措置）

第七条　雇用保険法第六十一条の四第三項に規定する支給単位期間であって、その初日が平成十三年一月一日前であるものについて支給される同条第一項の育児休業基本給付金の額については、なお従前の例による。

2　新雇用保険法第六十一条の五第二項に規定する休業をした期間内に同項に規定する支給単位期間（以下この項において単に「支給単位期間」という。）であって、その初日が平成十三年一月一日前であるものがある場合における同条第一項の育児休業者職場復帰給付金の額は、同条第二項の規定にかかわらず、その初日が同月一日前である支給単位期間の数に当該支給単位期間に支給を受けることができる育児休業基本給付金に係る休業開始時賃金日額に三十を乗じて得た額（以下この項において「休業開始時月額」という。）の百分の五に相当する額を乗じて得た額に、その初日が同月一日以後である支給単位期間の数に休業開始時月額の百分の十に相当する額を乗じて得た額を加えて得た額とする。

（雇用保険の介護休業給付金の額に関する経過措置）

第八条　雇用保険法第六十一条の七第三項に規定する支給単位期間であって、その初日が平成十三年一月一日前であるものについて支給される同条第一項の介護休業給付金の額については、なお従前の例による。

（雇用保険の国庫負担等に関する経過措置）

第九条　平成十二年度以前の年度に係る雇用保険の国庫の負担額については、なお従前の例による。

2　平成十二年度以前の会計年度に係る労働保険特別会計雇用勘定における国庫負担金の過不足の調整については、なお従前の例による。

附　則（平成一三年四月二五日法律三五号）（抄）

（施行期日）

第一条　この法律は、平成十三年十月一日から施行する。＜後略＞

（雇用保険法の一部改正に伴う経過措置）

第三条　この法律の施行の日（以下「施行日」という。）前に第四条の規定による改正前の雇用保険法（以下「旧雇用保険法」という。）第二十五条第一項の措置が決定された旧雇用保険法第十五条第一項に規定する受給資格者に係る当該措置に基づく基本手当の支給及び旧雇用保険法第二十八条の規定による同条第一項に規定する各延長給付に関する調整については、なお従前の例による。

（政令への委任）

第五条　この附則に定めるもののほか、この法律の施行に関して必要な経過措置は、政令で定める。

（罰則に関する経過措置）

第六条　この法律（附則第一条ただし書に規定する規定につい

ては、当該規定。以下同じ。）の施行前にした行為並びに附則第二条第三項及び第四条第一項の規定によりなお従前の例によることとされる場合におけるこの法律の施行後にした行為に対する罰則の適用については、なお従前の例による。

附　則（平成一四年八月二日法律一〇二号）（抄）

（施行期日）

第一条　この法律は、平成十四年十月一日から施行する。〈後略〉

附　則（平成一四年一二月一三日法律一六五号）（抄）

（施行期日）

第一条　この法律は、公布の日から施行する。ただし、附則〈中略〉第十二条から第十九条までの規定は、平成十五年十月一日から施行する。

附　則（平成一四年一二月一三日法律一七〇号）（抄）

（施行期日）

第一条　この法律は、公布の日から施行する。ただし、附則〈中略〉第十一条から第三十四条までの規定については、平成十六年三月一日から施行する。

附　則（平成一五年四月三〇日法律三一号）（抄）

（施行期日）

第一条　この法律は、平成十五年五月一日から施行する。

（返還命令等に関する経過措置）

第二条　この法律の施行の日（以下「施行日」という。）前にした偽りその他不正の行為により失業等給付の支給を受けた者に対するその失業等給付の全部又は一部を返還すること又はその失業等給付の額に相当する額以下の金額を納付することの命令については、なお従前の例による。

2　第一条の規定による改正後の雇用保険法（以下「新雇用保険法」という。）第十条の四第二項の規定は、施行日以後に偽りの届出、報告又は証明をした事業主又は職業紹介事業者等について適用し、施行日前に偽りの届出、報告又は証明をした事業主に対するその失業等給付の支給を受けた者と連帯して失業等給付の返還又は納付を命ぜられた金額の納付をすることの命令については、なお従前の例による。

（基本手当の日額等に関する経過措置）

第三条　受給資格に係る離職の日が施行日前である基本手当の受給資格者（以下「旧受給資格者」という。）に係る基本手当の日額及び賃金日額については、なお従前の例による。

（基本手当の所定給付日数に関する経過措置）

第四条　旧受給資格者に係る新雇用保険法第二十二条第一項に規定する所定給付日数については、なお従前の例による。

（傷病手当の日額に関する経過措置）

第五条　旧受給資格者に係る傷病手当の日額については、新雇用保険法第三十七条第三項の規定にかかわらず、附則第三条の規定による基本手当の日額に相当する額とする。

（高年齢求職者給付金の額に関する経過措置）

第六条　高年齢受給資格に係る離職の日が施行日前である高年齢受給資格者に係る高年齢求職者給付金の額については、なお従前の例による。

（特例一時金の額に関する経過措置）

第七条　特例受給資格に係る離職の日が施行日前である特例受給資格者（以下「旧特例受給資格者」という。）に対する新雇用保険法第四十条の規定の適用については、同条第一項中「第十五条第一項に規定する受給資格者とみなして第十六条から第十八条まで」とあるのは「雇用保険法等の一部を改正する法律（平成十五年法律第三十一号。次項において「改正法」という。）附則第三条に規定する旧受給資格者とみなして同条」とし、同条第二項中「第十七条第四項」とあるのは「改正法第一条の規定による改正前の第十七条第四項」とする。

（雇用保険の就業促進手当等の支給に関する経過措置）

第八条　新雇用保険法第五十六条の二の規定は、施行日以後に職業に就いた新雇用保険法第五十六条の二第二項に規定する受給資格者等（以下この項において「受給資格者等」という。）に対する同条第一項の規定による就業促進手当の支給について適用し、施行日前に職業に就いた受給資格者等に対する第一条の規定による改正前の雇用保険法（以下「旧雇用保険法」という。）第五十六条の二第一項の規定による再就職手当の支給又は第五十七条第一項の規定による常用就職支度金の支給については、なお従前の例による。

2　旧受給資格者が施行日以後に職業に就いた場合においては、附則第三条の規定によりなお従前の例によることとされた基本手当の日額を新雇用保険法第十六条から第十八条までの規定による基本手当の日額と、附則第四条の規定によりなお従前の例によることとされた所定給付日数を新雇用保険法第二十二条第一項に規定する所定給付日数とみなして、新雇用保険法第五十六条の二の規定を適用する。

3　施行日以後に職業に就いた旧特例受給資格者に対する新雇用保険法第五十六条の二の規定の適用については、同条第三項第三号中「基本手当の受給資格者とみなして第十六条から第十八条まで」とあるのは、「雇用保険法等の一部を改正する法律（平成十五年法律第三十一号）附則第三条に規定する旧受給資格者とみなして同条」とする。

4　旧雇用保険法第五十六条の二第一項の規定により支給を受けた再就職手当及び旧雇用保険法第五十七条第一項の規定により支給を受けた常用就職支度金は、新雇用保険法第五十六条の二第二項の規定の適用については、同条の規定により支給を受けた就業促進手当とみなす。

5　施行日前に安定した職業に就くことにより旧雇用保険法第五十六条の二第一項の規定による再就職手当の支給を受け、かつ、引き続き施行日において当該職業に就いている者については、新雇用保険法第五十六条の二第一項第一号ロに該当する者に係る就業促進手当の支給を受けたものとみなして、新雇用保険法第五十七条の規定を適用する。この場合において、同条第一項中「特定就業促進手当受給者」とあるのは「特定再就職手当受給者」と、同項第一号中「就業促進手当（前条第一項第一号ロに該当する者に係るものに限る。以下この条において同じ。）」とあるのは「雇用保険法等の一部を改正する法律（平成十五年法律第三十一号。以下この条において「改正法」という。）第一条の規定による改正前の第五十六条の二の規定による再就職手当（以下この条において「再就職手当」という。）」と、「当該就業促進手当」とあるのは「当該再就職手当」と、「前条第五項」とあるのは「改正法第一条の規定による改正前の第五十六条の二第四項」と、同条第二項中「特定就業促進手当受給者とは、就業促進手当」とあるのは「特定再就職手当受給者とは、再就職手当」と、「当該就業促進手当」とあるのは「当該再就職手当」と、同条第三項中「第五十七条第一項」とあるのは「改正法附則第八条第五項の規定により読み替えて適用する第五十七条第一項」とする。

（雇用保険の就業促進手当の給付制限に関する経過措置）

第九条　施行日前に安定した職業に就いた旧受給資格者に係る新雇用保険法第六十条の規定による給付制限については、なお従前の例による。

（雇用保険の教育訓練給付金に関する経過措置）

第十条　施行日前に新雇用保険法第六十条の二第一項に規定する教育訓練を開始した同項各号のいずれかに該当する者に対する同項の規定による教育訓練給付金の支給については、なお従前の例による。

（高年齢雇用継続給付に関する経過措置）

第十一条　六十歳に達した日（その日において新雇用保険法第六十一条第一項第一号に該当する場合にあっては、同号に該当しなくなった日）が施行日前である被保険者に対する高年齢雇用継続基本給付金の支給については、なお従前の例による。

2　施行日前に安定した職業に就くことにより被保険者となった旧受給資格者に対する高年齢再就職給付金の支給については、なお従前の例による。

3　施行日以後に安定した職業に就くことにより被保険者となった旧受給資格者に対する新雇用保険法第六十一条の二の規定の適用については、同条第一項中「賃金日額」とあるのは「雇用保険法等の一部を改正する法律（平成十五年法律第三十一号）附則第三条の規定によりなお従前の例によることとされた賃金日額」とする。

4　新雇用保険法第六十一条の二第四項の規定は、施行日前に安定した職業に就くことにより被保険者となった者に対しては、適用しない。

（雇用保険の育児休業基本給付金の額に関する経過措置）

第十二条　育児休業基本給付金の支給に係る休業を開始した日の前日が施行日前である被保険者に対する新雇用保険法第六

十一条の四第四項の規定の適用については、同項中「受給資格者」とあるのは「雇用保険法等の一部を改正する法律（平成十五年法律第三十一号。以下この項において「改正法」という。）附則第三条に規定する旧受給資格者」と、「第十七条」とあるのは「同条」と、「同条の」とあるのは「改正法第一条の規定による改正前の第十七条の」とする。

（雇用保険の介護休業給付金の額に関する経過措置）

第十三条　介護休業給付金の支給に係る休業を開始した日の前日が施行日前である被保険者に対する新雇用保険法第六十一条の七第四項の規定の適用については、同項中「受給資格者」とあるのは「雇用保険法等の一部を改正する法律（平成十五年法律第三十一号。以下この項において「改正法」という。）附則第三条に規定する旧受給資格者」と、「第十七条」とあるのは「同条」と、「同条の」とあるのは「改正法第一条の規定による改正前の第十七条の」とする。

（その他の経過措置の政令への委任）

第四十一条　この附則に規定するもののほか、この法律の施行に伴い必要な経過措置は、政令で定める。

（検討）

第四十二条　政府は、この法律の施行後、新雇用保険法第三章第五節から第六節までの規定（新雇用保険法第十一条及び第十二条の規定のうち同章第五節に規定する就職促進給付、同章第五節の二に規定する教育訓練給付及び同章第六節に規定する雇用継続給付に係る部分を含む。）について、当該規定の実施状況、当該就職促進給付、当該教育訓練給付及び当該雇用継続給付の支給を受ける者の収入の状況その他社会経済情勢の推移等を勘案しつつ検討を加え、必要があると認めるときは、所要の措置を講ずるものとする。

改正　二項…削除（平成一九年法律三〇号）

附　則（平成一六年六月二日法律七六号）（抄）

（施行期日）

第一条　この法律は、破産法（平成十六年法律第七十五号。〈中略〉の施行の日〈編注・平成一七年一月一日〉から施行する。〈後略〉

附　則（平成一六年一二月一日法律一五〇号）（抄）

（施行期日）

第一条　この法律は、平成十七年四月一日から施行する。

（罰則に関する経過措置）

第四条　この法律の施行前にした行為に対する罰則の適用については、なお従前の例による。

附　則（平成一六年一二月八日法律一六〇号）（抄）

（施行期日）

第一条　この法律は、平成十七年四月一日から施行する。

（雇用保険の育児休業基本給付金及び育児休業者職場復帰給付金の額に関する経過措置）

第四条　第二条の規定による改正後の雇用保険法第六十一条の

四第一項に規定する休業であって施行日前に開始されたものに係る育児休業基本給付金及び育児休業者職場復帰給付金の額の算定については、なお従前の例による。

（雇用保険の介護休業給付金の額に関する経過措置）

第五条　雇用保険法第六十一条の七第一項に規定する休業であって施行日前に開始されたものに係る介護休業給付金の額の算定については、なお従前の例による。

附　則（平成一七年七月二六日法律八七号）（抄）

この法律は、会社法の施行の日〈編注・平成一八年五月一日〉から施行する。〈後略〉

附　則（平成一八年六月二一日法律八一号）（抄）

（施行期日）

第一条　この法律は、平成一八年十月一日から施行する。

附　則（平成一九年四月二三日法律三〇号）（抄）

（施行期日）

第一条　この法律は、公布の日から施行する。ただし、次の各号に掲げる規定は、当該各号に定める日から施行する。

一　〈略〉

一の二　第一条中雇用保険法の目次の改正規定、同法第六条、第十三条、第十四条、第十七条第一項及び第二項、第三十五条、第三十七条第一項、第三十七条の二第二項、第三十七条の三第一項、第三十七条の五、第三十八条第三項、第三十九条、第四十条第一項、第五十六条第三項、第六十一条の四、第六十一条の七第二項、第七十二条第一項、附則第三条並びに附則第七条の改正規定並びに同法附則に三条を加える改正規定（同法附則第十条を加える部分を除く。）〈中略〉並びに附則第三条から第五条まで、第十条、第十一条〈中略〉並びに〈中略〉の規定〈中略〉　平成十九年十月一日

二　〈略〉

三　第二条〈中略〉並びに附則〈中略〉第百二十三条から第百二十五条まで〈中略〉の規定　日本年金機構法の施行の日〈編注・平成二二年一月一日〉

改正　本条…一部改正（平成一九年法律一〇九号）

（返還命令等に関する経過措置）

第二条　第一条の規定による改正後の雇用保険法（以下「平成十九年改正後雇用保険法」という。）第十条の四第二項の規定は、この法律の施行の日（以下「施行日」という。）以後に偽りの届出、報告又は証明をした指定教育訓練実施者について適用する。

（基本手当の受給資格等に関する経過措置）

第三条　受給資格、高年齢受給資格又は特例受給資格に係る離職の日が附則第一条第一号の二に掲げる規定の施行の日前である基本手当の受給資格、高年齢求職者給付金の高年齢受給資格又は特例一時金の特例受給資格については、それぞれなお従前の例による。

改正　本条…一部改正（平成一九年法律一〇九号）

（特例一時金の額に関する経過措置）

第四条　特例受給資格に係る離職の日が附則第一条第一号の二に掲げる規定の施行の日前である特例受給資格者に係る特例一時金の額については、なお従前の例による。

改正　本条…一部改正（平成一九年法律一〇九号）

（雇用保険の育児休業基本給付金に関する経過措置）

第五条　平成十九年改正後雇用保険法第六十一条の四第六項の規定は、附則第一条第一号の二に掲げる規定の施行の日以後に平成十九年改正後雇用保険法第六十一条の四第一項に規定する休業を開始した者について適用し、同日前に同項に規定する休業を開始した者については、なお従前の例による。

改正　本条…一部改正（平成一九年法律一〇九号）

（雇用福祉事業の廃止に伴う経過措置）

第六条　政府は、平成十九年改正後雇用保険法第三条に規定するもののほか、平成十九年改正後雇用保険法の雇用保険事業として、平成十九年改正後雇用保険法第六十二条第一項に規定する被保険者等に関し、第一条の規定による改正前の雇用保険法（以下「平成十九年改正前雇用保険法」という。）第六十四条第一項の規定に基づき同項に規定する雇用福祉事業として行われていた事業のうち次の各号に掲げるもの（以下「暫定雇用福祉事業」という。）を、当該各号に掲げる事業の区分に応じ当該各号に掲げる期間、行うことができる。この場合における平成十九年改正後雇用保険法第三条、第六十五条及び第六十八条第二項の規定の適用については、平成十九年改正後雇用保険法第三条中「能力開発事業」とあるのは「能力開発事業並びに雇用保険法等の一部を改正する法律（平成十九年法律第三十号）附則第六条第一項に規定する暫定雇用福祉事業」と、平成十九年改正後雇用保険法第六十五条中「第六十三条」とあるのは「第六十三条並びに雇用保険法等の一部を改正する法律附則第六条第一項」と、平成十九年改正後雇用保険法第六十八条第二項中「能力開発事業」とあるのは「能力開発事業並びに雇用保険法等の一部を改正する法律附則第六条第一項に規定する暫定雇用福祉事業」とする。

一　附則第百七条の規定による改正前の介護労働者の雇用管理の改善等に関する法律（平成四年法律第六十三号）第十八条第一項第三号に該当する事業　施行日から平成二十二年三月三十一日までの間

二　附則第八十九条の規定による改正前の建設労働者の雇用の改善等に関する法律（昭和五十一年法律第三十三号）第九条第一項第二号及び第三号に掲げる事業　施行日から平成二十年三月三十一日までの間

三　附則第百二条の規定による改正前の港湾労働法（昭和六十三年法律第四十号）第三十一条第一項各号に該当する事業　施行日から平成二十年三月三十一日までの間

四　前三号に掲げるもののほか、厚生労働省令で定める事業　厚生労働省令で定める期間

2　政府は、独立行政法人高齢・障害・求職者雇用支援機構法（平成十四年法律第百六十五号）及びこれに基づく命令で定めるところにより、前項各号に掲げる暫定雇用福祉事業の一部を独立行政法人高齢・障害・求職者雇用支援機構に行わせるものとする。

改正　二項…一部改正（平成二三年法律二六号）

第七条　前条第一項の規定により、政府が暫定雇用福祉事業を行う場合における第七条の規定による改正後の労働保険の保険料の徴収等に関する法律の規定の適用については、同法第十条第一項中「事業」とあるのは「事業及び雇用保険法等の一部を改正する法律（平成十九年法律第三十号）附則第六条第一項に規定する暫定雇用福祉事業」と、同法第十二条第八項中「に要する費用」とあるのは「に要する費用並びに雇用保険法等の一部を改正する法律附則第六条第一項の規定による暫定雇用福祉事業に要する費用」とする。

第八条　附則第六条第一項の規定により、政府が暫定雇用福祉事業を行う場合における附則第百三十六条の規定による改正後の特別会計に関する法律（平成十九年法律第二十三号）の規定の適用については、同法第九十九条第二項第一号イ中「能力開発事業費」とあるのは「能力開発事業費並びに雇用保険法等の一部を改正する法律（平成十九年法律第三十号）附則第六条第一項に規定する暫定雇用福祉事業に要する費用」と、同法第百二条第三項中「能力開発事業」とあるのは「能力開発事業並びに雇用保険法等の一部を改正する法律附則第六条第一項に規定する暫定雇用福祉事業」とする。

（雇用保険の国庫負担に関する経過措置）

第九条　平成十九年改正後雇用保険法第六十六条第一項及び附則第十条第一項の規定は、平成十九年度以後の年度に係る国庫の負担額について適用する。

（雇用保険の教育訓練給付金に関する経過措置）

第十条　附則第一条第一号の二に掲げる規定の施行の日前に平成十九年改正後雇用保険法第六十条の二第一項に規定する教育訓練を開始した平成十九年改正後雇用保険法附則第八条に規定する者に対する同項の規定による教育訓練給付金の支給については、なお従前の例による。

改正　本条…一部改正（平成一九年法律一〇九号）

（雇用保険の育児休業者職場復帰給付金の額に関する経過措置）

第十一条　平成十九年改正後雇用保険法附則第九条の規定は、附則第一条第一号の二に掲げる規定の施行の日の前日以後に、平成十九年改正後雇用保険法第六十一条の五第一項の規定に該当することとなった者について適用し、同日前に同項の規定に該当することとなった者については、なお従前の例による。

改正　本条…一部改正（平成一九年法律一〇九号）

（罰則に関する経過措置）

第百四十一条　この法律（附則第一条各号に掲げる規定については、当該各規定。以下この項において同じ。）の施行前にした行為及びこの附則の規定によりなお従前の例によることとされる場合におけるこの法律の施行後にした行為に対する罰則の適用については、なお従前の例による。

2　〈略〉

（検討）

第百四十二条　政府は、この法律の施行後五年を目途として、この法律の施行の状況等を勘案し、この法律により改正された雇用保険法等の規定に基づく規制の在り方について検討を加え、必要があると認めるときは、その結果に基づいて所要の措置を講ずるものとする。

（政令への委任）

第百四十三条　この附則に規定するもののほか、この法律の施行に伴い必要な経過措置は、政令で定める。

附　則（平成一九年七月六日法律一〇九号）（抄）

（施行期日）

第一条　この法律は、平成二十二年四月一日までの間において政令で定める日〈編注・平成二〇年一二月一九日政令三八七号により平成二二年一月一日〉から施行する。ただし、次の各号に掲げる規定は、当該各号に定める日から施行する。

一　〈前略〉附則第六十六条〈中略〉の規定　公布の日

二　〈略〉

附　則（平成二一年三月三〇日法律五号）（抄）

（施行期日）

第一条　この法律は、平成二十一年三月三十一日から施行する。ただし、次の各号に掲げる規定は、当該各号に定める日から施行する。

一　〈略〉

二　第二条並びに附則第四条〈中略〉及び第十九条の規定　平成二十二年四月一日

（基本手当の受給資格に関する経過措置）

第二条　受給資格に係る離職の日がこの法律の施行の日（以下「施行日」という。）前である基本手当の受給資格については、なお従前の例による。

（個別延長給付に関する経過措置）

第三条　第一条の規定による改正後の雇用保険法附則第五条の規定は、受給資格に係る離職の日又は所定給付日数に相当する日数分の基本手当の支給を受け終わる日が施行日以後である者について適用する。

（育児休業給付金に関する経過措置）

第四条　第二条の規定による改正後の雇用保険法第六十一条の四及び第六十一条の五並びに附則第十二条の規定は、附則第一条第二号に掲げる規定の施行の日以後に同法第六十一条の四第一項に規定する休業を開始した者について適用し、同日前に第二条の規定による改正前の雇用保険法第六十一条の四第一項に規定する休業を開始した者については、なお従前の例による。

（失業保険金の受給資格に関する経過措置）

第五条　失業保険金の支給を受けることができる資格に係る離職の日が施行日前である場合の当該資格については、なお従前の例による。

（調整規定）

第十九条　この法律及び被用者年金制度の一元化等を図るための厚生年金保険法等の一部を改正する法律に同一の法律の規定についての改正規定がある場合において、当該改正規定が同一の日に施行されるときは、当該法律の規定は、被用者年金制度の一元化等を図るための厚生年金保険法等の一部を改正する法律によってまず改正され、次いでこの法律によって改正されるものとする。

（その他の経過措置の政令への委任）

第二十条　この附則に規定するもののほか、この法律の施行に関し必要な経過措置は、政令で定める。

附　則（平成二一年七月一日法律六五号）（抄）

（施行期日）

第一条　この法律は、公布の日から起算して一年を超えない範囲内において政令で定める日〈編注・平成二一年一二月一一日政令二八六号により平成二二年六月三〇日〉から施行する。〈後略〉

附　則（平成二三年二月三日法律二号）（抄）

（施行期日）

第一条　この法律は、公布の日から施行する。

附　則（平成二三年三月三一日法律一五号）（抄）

（施行期日）

第一条　この法律は、平成二十三年四月一日から施行する。ただし、第一条中雇用保険法第十条の四第三項及び第十四条第二項の改正規定並びに同法第二十二条に一項を加える改正規定〈中略〉並びに附則第四条の規定〈中略〉は、公布の日から起算して九月を超えない範囲内において政令で定める日〈編注・平成二三年九月二九日政令二〇五号により平成二三年一〇月一日〉から施行する。

（適用除外に関する経過措置）

第二条　この法律の施行の日（以下「施行日」という。）前に被保険者となり、かつ、引き続き施行日まで同一の事業主の適用事業に雇用されている者については、雇用保険法第六条第一号から第四号までの規定は、施行日以降引き続き当該適用事業に雇用されている間は、適用しない。

改正　本条…一部改正（平成二八年法律一七号）

（短期雇用特例被保険者に関する経過措置）

第三条　第一条の規定による改正前の雇用保険法第三十八条第一項に規定する短期雇用特例被保険者であって、離職の日が施行日前であるもの及び施行日以後引き続き同一の事業主の適用事業に雇用され離職したものに対する特例一時金の支給については、なお従前の例による。

（被保険者期間及び算定基礎期間に関する経過措置）

第四条　新法第十四条第二項第二号及び第二十二条第五項の規定は、離職の日が附則第一条ただし書に規定する規定の施行の日以後である者について適用する。

（罰則に関する経過措置）

第十三条　この法律の施行前にした行為に対する罰則の適用については、なお従前の例による。

（その他の経過措置の政令への委任）

第十四条　この附則に規定するもののほか、この法律の施行に伴い必要な経過措置は、政令で定める。

附　則（平成二三年四月二七日法律二六号）（抄）

（施行期日）

第一条　この法律は、平成二十三年十月一日から施行する。

〈後略〉

附　則（平成二三年五月二〇日法律四六号）（抄）

（施行期日）

第一条　この法律は、平成二十三年八月一日から施行する。ただし、次の各号に掲げる規定は、当該各号に定める日から施行する。

一　第一条中雇用保険法附則第十五条の改正規定及び附則第十条の規定　公布の日

二　〈略〉

（基本手当の日額等に関する経過措置）

第二条　受給資格に係る離職の日がこの法律の施行の日（以下「施行日」という。）前である基本手当の受給資格者（以下「旧受給資格者」という。）に係る基本手当の日額及び賃金日額については、なお従前の例による。

（傷病手当の日額に関する経過措置）

第三条　旧受給資格者に係る傷病手当の日額については、第一条の規定による改正後の雇用保険法（以下「新雇用保険法」という。）第三十七条第三項の規定にかかわらず、前条の規定による基本手当の日額に相当する額とする。

（高年齢求職者給付金の額に関する経過措置）

第四条　高年齢受給資格に係る離職の日が施行日前である高年齢受給資格者に対する新雇用保険法第三十七条の四の規定の適用については、同条第一項中「第十五条第一項に規定する受給資格者とみなして第十六条から第十八条まで（第十七条第四項第二号を除く。）の規定を適用した場合」とあるのは「雇用保険法及び労働保険の保険料の徴収等に関する法律の一部を改正する法律（平成二十三年法律第四十六号。以下この条において「改正法」という。）附則第二条に規定する旧受給資格者とみなして同条の規定を適用した場合（改正法第一条の規定による改正前の第十七条第四項第二号に係る場合を除く。）」とし、同条第二項中「第十七条第四項第二号ニ」とあるのは「改正法第一条の規定による改正前の第十七条第四項第二号ニ」とする。

（特例一時金の額に関する経過措置）

第五条　特例受給資格に係る離職の日が施行日前である特例受給資格者に対する新雇用保険法第四十条の規定の適用については、同条第一項中「第十五条第一項に規定する受給資格者とみなして第十六条から第十八条まで」とあるのは「雇用保険法及び労働保険の保険料の徴収等に関する法律の一部を改正する法律（平成二十三年法律第四十六号。次項において「改正法」という。）附則第二条に規定する旧受給資格者とみなして同条」とし、同条第二項中「第十七条第四項」とあるのは「改正法第一条の規定による改正前の第十七条第四項」とする。

（就業促進手当の支給に関する経過措置）

第六条　新雇用保険法第五十六条の三の規定は、施行日以後に職業に就いた同条第二項に規定する受給資格者等（以下この条において「受給資格者等」という。）に対する就業促進手当の支給について適用し、施行日前に職業に就いた受給資格者等に対する就業促進手当の支給については、なお従前の例による。

（育児休業給付金の額に関する経過措置）

第七条　育児休業給付金の支給に係る休業を開始した日の前日が施行日前である被保険者に対する新雇用保険法第六十一条の四第四項の規定の適用については、同項中「受給資格者」とあるのは「雇用保険法及び労働保険の保険料の徴収等に関する法律の一部を改正する法律（平成二十三年法律第四十六号。以下この項において「改正法」という。）附則第二条に規定する旧受給資格者」と、「第十七条」とあるのは「同条」と、「同条の」とあるのは「改正法第一条の規定による改正前の第十七条の」とする。

（介護休業給付金の額に関する経過措置）

第八条　介護休業給付金の支給に係る休業を開始した日の前日が施行日前である被保険者に対する新雇用保険法第六十一条の六第四項の規定の適用については、同項中「受給資格者」とあるのは「雇用保険法及び労働保険の保険料の徴収等に関する法律の一部を改正する法律（平成二十三年法律第四十六号。以下この項において「改正法」という。）附則第二条に規定する旧受給資格者」と、「第十七条」とあるのは「同条」と、「同条の」とあるのは「改正法第一条の規定による改正前の第十七条の」とする。

（政令への委任）

第十条　この附則に規定するもののほか、この法律の施行に関し必要な経過措置は、政令で定める。

附　則（平成二三年五月二〇日法律四七号）（抄）

（施行期日）

第一条　この法律は、平成二十三年十月一日から施行する。

〈後略〉

（雇用保険法の一部改正に伴う経過措置）

第五条　前条の規定による改正後の雇用保険法第六十六条第一項の規定は、平成二十三年度以後の年度に係る国庫の負担額について適用する。

附　則（平成二四年三月三一日法律九号）

この法律は、公布の日から施行する。

附　則（平成二六年三月三一日法律一三号）（抄）

（施行期日）

第一条　この法律は、平成二十六年四月一日から施行する。ただし、次の各号に掲げる規定は、当該各号に定める日から施行する。

一　附則第四条、第五条第一項及び第十条の改正規定並びに附則第十条の規定　公布の日

二　第六十条の二及び第七十六条第一項の改正規定並びに附則第十一条の次に一条を加える改正規定並びに附則第三条及び第四条の規定　平成二十六年十月一日

（就業促進手当に関する経過措置）

第二条　改正後の雇用保険法第五十六条の三第三項第二号の規定は、この法律の施行の日（以下「施行日」という。）以後に雇用保険法第五十六条の三第一項第一号に該当する者となった者に対する就業促進手当について適用し、施行日前に同号に該当する者となった者に対する就業促進手当については、なお従前の例による。

（教育訓練給付金に関する経過措置）

第三条　附則第一条第二号に掲げる規定の施行の日（次条において「一部施行日」という。）前に改正前の雇用保険法第六十条の二第一項に規定する教育訓練を開始した同項各号のいずれかに該当する者に対する同項の規定による教育訓練給付金については、なお従前の例による。

（教育訓練支援給付金に関する経過措置）

第四条　改正後の雇用保険法附則第十一条の二の規定は、一部施行日以後に同条第一項の厚生労働省令で定める教育訓練（次項において「新教育訓練」という。）を開始した同条第一項に規定する者について適用する。

2　一部施行日前に改正前の雇用保険法第六十条の二第一項の規定により教育訓練給付金の支給を受けた者（雇用保険法第六十条の三第三項の規定により教育訓練給付金の支給があったものとみなされた者を除く。）であって、一部施行日以後に初めて新教育訓練を開始したもの（改正後の雇用保険法第六十条の二第一項の規定により新教育訓練以外の同項に規定する教育訓練に係る教育訓練給付金の支給を受けた者を除く。）については、雇用保険法附則第十一条に規定する者とみなして、改正後の雇用保険法附則第十一条の二の規定を適用する。

（育児休業給付金に関する経過措置）

第五条　改正後の雇用保険法附則第十二条の規定は、施行日以

後に開始された雇用保険法第六十一条の四第一項に規定する休業に係る育児休業給付金について適用し、施行日前に開始された同項に規定する休業に係る育児休業給付金については、なお従前の例による。

附　則（平成二六年五月三〇日法律四二号）（抄）

（施行期日）

第一条　この法律は、公布の日から起算して二年を超えない範囲内において政令で定める日〈編注・平成二七年一月三〇日政令第二九号により平成二八年四月一日〉から施行する。〈後略〉

一～三　〈略〉

附　則（平成二六年六月一三日法律六九号）（抄）

（施行期日）

第一条　この法律は、行政不服審査法（平成二十六年法律第六十八号）の施行の日〈編注・平成二八年四月一日〉から施行する。

（訴訟に関する経過措置）

第六条　この法律による改正前の法律の規定により不服申立てに対する行政庁の裁決、決定その他の行為を経た後でなければ訴えを提起できないこととされる事項であって、当該不服申立てを提起しないでこの法律の施行前にこれを提起すべき期間を経過したもの（当該不服申立てが他の不服申立てに対する行政庁の裁決、決定その他の行為を経た後でなければ提起できないとされる場合にあっては、当該他の不服申立てを提起しないでこの法律の施行前にこれを提起すべき期間を経過したものを含む。）の訴えの提起については、なお従前の例による。

2　この法律の規定による改正前の法律の規定（前条の規定によりなお従前の例によることとされる場合を含む。）により異議申立てが提起された処分その他の行為であって、この法律の規定による改正後の法律の規定により審査請求に対する裁決を経た後でなければ取消しの訴えを提起することができないこととされるものの取消しの訴えの提起については、なお従前の例による。

3　不服申立てに対する行政庁の裁決、決定その他の行為の取消しの訴えであって、この法律の施行前に提起されたものについては、なお従前の例による。

附　則（平成二七年九月一八日法律七二号）（抄）

（施行期日）

第一条　この法律は、平成二十七年十月一日から施行する。〈後略〉

一～三　〈略〉

附　則（平成二八年三月三一日法律一七号）（抄）

（施行期日）

第一条　この法律は、平成二十九年一月一日から施行する。ただし、次の各号に掲げる規定は、当該各号に定める日から施行する。
一　〈前略〉附則〈中略〉第三十三条の規定　公布の日
二　第一条中雇用保険法第六十二条第一項及び第六十三条第一項の改正規定〈中略〉　平成二十八年四月一日
三　第一条中雇用保険法第三十七条の四第二項、第六十一条の四第四項及び第六十一条の六第四項の改正規定並びに同法附則第十二条の次に一条を加える改正規定並びに次条第一項及び第二項〈中略〉の規定　平成二十八年八月一日
四　第二条中雇用保険法第六十六条第三項第一号イの改正規定〈中略〉並びに附則第九条の規定　平成三十二年四月一日

（介護休業給付金に関する経過措置）

第二条　第一条の規定による改正後の雇用保険法（以下この項及び次項において「第一条改正後雇用保険法」という。）第六十一条の六第四項の規定は、前条第三号に掲げる規定の施行の日以後に第一条改正後雇用保険法第六十一条の六第一項に規定する休業を開始した者（第三項の規定により第二条の規定による改正後の雇用保険法（以下「第二条改正後雇用保険法」という。）第六十一条の六の規定が適用される者を除く。）について適用し、同日前に第一条の規定による改正前の雇用保険法（次項において「第一条改正前雇用保険法」という。）第六十一条の六第一項に規定する休業を開始した者については、なお従前の例による。

2　第一条改正後雇用保険法附則第十二条の二の規定は、前条第三号に掲げる規定の施行の日以後に開始された第一条改正後雇用保険法第六十一条の六第一項に規定する休業に係る介護休業給付金について適用し、同日前に開始された第一条改正前雇用保険法第六十一条の六第一項に規定する休業に係る介護休業給付金については、なお従前の例による。

3　第二条改正後雇用保険法第六十一条の六の規定は、この法律の施行の日（以下「施行日」という。）以後に同条第一項に規定する介護休業を開始した者について適用し、施行日前に第二条の規定による改正前の雇用保険法（以下「第二条改正前雇用保険法」という。）第六十一条の六第一項に規定する休業を開始した者については、なお従前の例による。

（高年齢被保険者に関する経過措置）

第三条　六十五歳に達した日以後に雇用された者であって、施行日前から引き続いて雇用されている者（雇用保険法第三十八条第一項に規定する短期雇用特例被保険者及び同法第四十三条第一項に規定する日雇労働被保険者を除く。）については、施行日に当該者が当該事業主の適用事業に雇用されたものとみなして、第二条改正後雇用保険法の規定を適用する。

（就業促進手当に関する経過措置）

第四条　第二条改正後雇用保険法第五十六条の三の規定は、施行日以後に同条第一項各号に該当する者となった者について適用し、施行日前に第二条改正前雇用保険法第五十六条の三

第一項各号に該当する者となった者に対する就業促進手当の支給については、なお従前の例による。

（移転費に関する経過措置）

第五条　施行日前に第二条改正前雇用保険法第三十七条の三第二項に規定する高年齢受給資格者となった者（次条において「旧高年齢受給資格者」という。）（施行日以後に高年齢受給資格者（第二条改正後雇用保険法第三十七条の三第二項に規定する高年齢受給資格者をいう。次条において同じ。）、日雇受給資格者（第二条改正後雇用保険法第五十六条の三第一項第二号に規定する日雇受給資格者をいう。次条において同じ。）又は特例受給資格者（雇用保険法第三十九条第二項に規定する特例受給資格者をいう。次条において同じ。）となった者を除く。）に対する雇用保険法第五十八条の規定による移転費の支給については、なお従前の例による。

（求職活動支援費に関する経過措置）

第六条　第二条改正後雇用保険法第五十九条の規定は、求職活動に伴い施行日以後に同条第一項各号に規定する行為（当該行為に関し、第二条改正前雇用保険法第五十九条の規定による広域求職活動費が支給されている場合における当該行為を除く。）をした者（施行日前一年以内に旧高年齢受給資格者となった者であって施行日以後に高年齢受給資格者、日雇受給資格者又は特例受給資格者となっていないものを除く。）について適用し、施行日前に公共職業安定所の紹介により広範囲の地域にわたる求職活動をした者に対する広域求職活動費の支給については、なお従前の例による。

（教育訓練給付金に関する経過措置）

第七条　高年齢継続被保険者（第二条改正前雇用保険法第三十七条の二第一項に規定する高年齢継続被保険者をいう。以下この条において同じ。）が施行日前に高年齢継続被保険者でなくなり、施行日以後に第二条改正後雇用保険法第六十条の二第一項に規定する教育訓練を開始した場合において、同項第一号に規定する基準日がその者が高年齢継続被保険者でなくなった日から同項第二号の厚生労働省令で定める期間内にあるときにおける同号の規定の適用については、同号中「高年齢被保険者」とあるのは、「雇用保険法等の一部を改正する法律（平成二十八年法律第十七号）第二条の規定による改正前の雇用保険法第三十七条の二第一項に規定する高年齢継続被保険者」とする。

（育児休業給付金に関する経過措置）

第八条　第二条改正後雇用保険法第六十一条の四の規定は、施行日以後に同条第一項に規定する休業を開始した者について適用し、施行日前に第二条改正前雇用保険法第六十一条の四第一項に規定する休業を開始した者については、なお従前の例による。

（雇用保険の国庫負担に関する経過措置）

第九条　第二条改正後雇用保険法第六十六条第三項の規定は、

平成三十二年度以後の年度に係る国庫の負担額について適用する。

（その他の経過措置の政令への委任）

第三十三条　この附則に規定するもののほか、この法律の施行に伴い必要な経過措置は、政令で定める。

附　則（平成二八年五月二〇日法律四七号）（抄）

（施行期日）

第一条　この法律は、平成二十九年四月一日から施行する。ただし、次の各号に掲げる規定は、当該各号に定める日から施行する。

一　〈前略〉附則〈中略〉第六条から第十条まで〈中略〉の規定　公布の日

二　〈前略〉附則〈中略〉第二十九条から第三十一条まで〈中略〉の規定　公布の日から起算して三月を経過した日

三　〈略〉

（処分、申請等に関する経過措置）

第七条　この法律（附則第一条各号に掲げる規定については、当該各規定。以下この条及び次条において同じ。）の施行の日前にこの法律による改正前のそれぞれの法律の規定によりされた承認等の処分その他の行為（以下この項において「処分等の行為」という。）又はこの法律の施行の際現にこの法律による改正前のそれぞれの法律の規定によりされている承認等の申請その他の行為（以下この項において「申請等の行為」という。）で、この法律の施行の日においてこれらの行為に係る行政事務を行うべき者が異なることとなるものは、この附則又は附則第九条の規定に基づく政令に定めるものを除き、この法律の施行の日以後におけるこの法律による改正後のそれぞれの法律の適用については、この法律による改正後のそれぞれの法律の相当規定によりされた処分等の行為又は申請等の行為とみなす。

2　この法律の施行の日前にこの法律による改正前のそれぞれの法律の規定により国又は地方公共団体の機関に対し、届出その他の手続をしなければならない事項で、この法律の施行の日前にその手続がされていないものについては、この附則又は附則第九条の規定に基づく政令に定めるもののほか、これを、この法律による改正後のそれぞれの法律の相当規定により国又は地方公共団体の相当の機関に対して届出その他の手続をしなければならない事項についてその手続がされていないものとみなして、この法律による改正後のそれぞれの法律の規定を適用する。

（罰則に関する経過措置）

第八条　この法律の施行前にした行為及びこの附則の規定によりなお従前の例によることとされる場合におけるこの法律の施行後にした行為に対する罰則の適用については、なお従前の例による。

（政令への委任）

第九条　この附則に定めるもののほか、この法律の施行に関し必要な経過措置（罰則に関する経過措置を含む。）は、政令で定める。

（雇用保険法の一部改正に伴う経過措置）

第三十条　前条の規定による改正後の雇用保険法第十条の四第二項の規定は、附則第一条第二号に掲げる規定の施行の日以後に同項に規定する届出、報告又は証明をした同項に規定する職業紹介事業者等について適用し、同日前に前条の規定による改正前の雇用保険法第十条の四第二項に規定する届出、報告又は証明をした同項に規定する職業紹介事業者等については、なお従前の例による。

附　則（平成二八年六月三日法律六三号）（抄）

（施行期日）

第一条　この法律は、平成二十九年四月一日から施行する。

〈後略〉

一・二〈略〉

附　則（平成二九年三月三一日法律一四号）（抄）

（施行期日）

第一条　この法律は、平成二十九年四月一日から施行する。ただし、次の各号に掲げる規定は、当該各号に定める日から施行する。

一　第一条中雇用保険法第六十四条の次に一条を加える改正規定及び附則第三十五条の規定　公布の日

二　第二条中雇用保険法第十六条第一項及び第二項、第十七条第四項第一号及び第二号イからニまで並びに第十八条第一項及び第三項の改正規定、同項を同条第四項とする改正規定、同条第二項の次に一項を加える改正規定並びに第十九条第一項第一号及び第二項、第五十六条の三第三項第一号並びに第三号ロ及びハ、第六十一条第一項第二号及び第七項、第七十二条第一項並びに第八十条の改正規定並びに同法附則第十一条の二第三項の改正規定（第四号に掲げる部分を除く。）　平成二十九年八月一日

三　第二条中雇用保険法第六十一条の四第一項の改正規定〈中略〉　平成二十九年十月一日

四　第二条中雇用保険法第十条の四第二項、第五十八条第一項、第六十条の二第四項、第七十六条第二項及び第七十九条の二並びに附則第十一条の二第一項の改正規定並びに同条第三項の改正規定（「百分の五十を」を「百分の八十を」に改める部分に限る。）〈中略〉附則第五条から第八条まで〈中略〉の規定　平成三十年一月一日

五　〈略〉

（基本手当の所定給付日数に関する経過措置）

第二条　第一条の規定による改正後の雇用保険法（次条及び附則第四条において「第一条改正後雇用保険法」という。）第二十三条第一項の規定は、受給資格（雇用保険法第十三条第一項（同条第二項において読み替えて適用する場合を含む。）の

規定により基本手当の支給を受けることができる資格をいう。附則第三十一条において同じ。）に係る離職の日（以下この条及び附則第三十一条において「離職日」という。）がこの法律の施行の日（以下「施行日」という。）以後である者について適用し、離職日が施行日前である者に係る所定給付日数（雇用保険法第二十二条第一項に規定する所定給付日数をいう。次条において同じ。）については、なお従前の例による。

（個別延長給付及び地域延長給付に関する経過措置）

第三条　第一条改正後雇用保険法第二十四条の二及び附則第五条の規定は、所定給付日数に相当する日数分の基本手当の支給を受け終わった日が施行日以後である者について適用する。

2　所定給付日数に相当する日数分の基本手当の支給を受け終わった日が施行日前である者に係る第一条の規定による改正前の雇用保険法（以下この項及び附則第三十一条において「第一条改正前雇用保険法」という。）附則第五条の規定による基本手当の支給（次項において「旧個別延長給付」という。）及び同条第四項の規定により読み替えて適用する第一条改正前雇用保険法第二十八条の規定による同条第一項に規定する各延長給付に関する調整については、なお従前の例による。

3　第一項の規定にかかわらず、第一条の規定の施行の際現に旧個別延長給付を受けている者であって、第一条改正後雇用保険法第二十四条の二第一項（第二号に限る。）に該当する者については、旧個別延長給付の支給を受け終わった日後、同条の規定による基本手当の支給（以下この項において「新個別延長給付」という。）を行うことができる。この場合において、新個別延長給付に係る第一条改正後雇用保険法の規定（第十条の四及び第三十四条の規定を除く。）の適用については、旧個別延長給付の支給日数に相当する日数分の新個別延長給付をしたものとみなす。

（就業促進手当の支給を受けた場合の特例に関する経過措置）

第四条　第一条改正後雇用保険法附則第十条の規定は、雇用保険法第五十七条第一項第一号に規定する再離職（以下この条において単に「再離職」という。）の日が施行日以後である者について適用し、再離職の日が施行日前である者に係る就業促進手当については、なお従前の例による。

（返還命令等に関する経過措置）

第五条　第二条の規定による改正後の雇用保険法（次条において「第二条改正後雇用保険法」という。）第十条の四第二項の規定は、附則第一条第四号に掲げる規定の施行の日（以下「第四号施行日」という。）以後に偽りの届出、報告又は証明をした者について適用し、第四号施行日前に偽りの届出、報告又は証明をした者については、なお従前の例による。

（移転費に関する経過措置）

第六条　第四条の規定による改正後の職業安定法（以下この条並びに附則第十条及び第十四条第二項において「第四条改正

後職業安定法」という。）第四条第八項に規定する特定地方公共団体又は第四条改正後職業安定法第十八条の二に規定する職業紹介事業者の紹介により職業に就いた者に対する第二条改正後雇用保険法第五十八条第一項の規定は、当該者が当該紹介により職業に就いた日が第四号施行日以後である場合について適用する。

（教育訓練給付金に関する経過措置）

第七条　第四号施行日前に第二条の規定による改正前の雇用保険法（次条において「第二条改正前雇用保険法」という。）第六十条の二第一項に規定する教育訓練を開始した同項各号のいずれかに該当する者に対する教育訓練給付金については、なお従前の例による。

（教育訓練支援給付金に関する経過措置）

第八条　第四号施行日前に第二条改正前雇用保険法附則第十一条の二第一項に規定する教育訓練を開始した者に対する教育訓練支援給付金については、なお従前の例による。

（検討）

第十二条　政府は、この法律の施行後五年を目途として、この法律により改正された雇用保険法及び職業安定法の規定の施行の状況等を勘案し、当該規定に基づく規制の在り方について検討を加え、必要があると認めるときは、その結果に基づいて所要の措置を講ずるものとする。

2　〈略〉

（その他の経過措置の政令への委任）

第三十五条　この附則に規定するもののほか、この法律の施行に伴い必要な経過措置は、政令で定める。

附　則（平成二九年六月二日法律四五号）（抄）

この法律は、民法改正法の施行の日〈編注・平成三二年四月一日〉から施行する。〈後略〉

〈参考〉民法の一部を改正する法律の施行に伴う関係法律の整備等に関する法律（平成二九年六月二日法律第四五号）（抄）

（雇用保険法の一部改正に伴う経過措置）

第二百十二条　施行日前に前条の規定による改正前の雇用保険法第六十九条第三項に規定する時効の中断の事由が生じた場合におけるその事由の効力については、なお従前の例による。

附　則（平成三〇年七月六日法律七一号）（抄）

（施行期日）

第一条　この法律は、平成三十一年四月一日から施行する。ただし、次の各号に掲げる規定は、当該各号に定める日から施行する。

一　〈前略〉附則〈中略〉第十五条の規定〈中略〉　公布の日

二・三　〈略〉

雇用保険法施行令

改正
昭和五〇年　三月一〇日政令　二五号
昭和五三年　九月　五日政令三二一号
昭和五四年　一月三一日政令　一五号
昭和五四年　六月　八日政令一七四号
昭和五六年　五月二三日政令一八〇号
昭和五七年　四月　六日政令一〇四号
昭和五九年　三月一七日政令　三五号
昭和五九年　七月二七日政令二四六号
昭和五九年　九月　七日政令二六八号
昭和六〇年　六月　八日政令一七〇号
昭和六〇年　九月二七日政令二六九号
昭和六一年　四月三〇日政令一三九号
昭和六二年　四月　一日政令一一四号
昭和六二年　五月二一日政令一六三号
昭和六二年　七月二八日政令二六五号
昭和六三年　三月三一日政令　六八号
昭和六三年　七月二六日政令二三三号
平成　元年　六月二八日政令一八八号
平成　二年　八月　一日政令二三一号
平成　二年　九月二八日政令二九〇号
平成　三年　七月二六日政令二四二号
平成　四年　四月　一日政令一〇二号
平成　四年　四月一〇日政令一三六号
平成　五年　三月二四日政令　五四号
平成　五年　四月　一日政令一一九号
平成　七年　一月二〇日政令　　三号
平成　七年　三月　三日政令　五一号
平成　八年　三月二七日政令　五八号
平成　九年　三月二四日政令　六二号
平成　九年　三月二八日政令　八四号
平成　九年一二月一〇日政令三五五号
平成一〇年　三月二五日政令　五九号
平成一〇年一一月二六日政令三七二号
平成一一年　三月二五日政令　五七号
平成一一年　三月三一日政令一〇四号
平成一一年　九月二〇日政令二七六号
平成一一年一二月　三日政令三九〇号
平成一二年　六月　七日政令三〇九号
平成一三年　三月三〇日政令一〇三号
平成一三年　九月二七日政令三一七号
平成一四年　三月　六日政令　四二号
平成一四年　三月三一日政令一〇二号
平成一四年　五月　七日政令一六八号
平成一四年　八月三〇日政令二八二号
平成一五年　四月三〇日政令二一六号
平成一五年　九月　三日政令三九二号

平成一五年一二月二五日政令五五五号
平成一六年　九月一五日政令二七五号
平成一七年　六月　一日政令一九五号
平成一八年　六月一四日政令二一四号
平成一九年　一月　四日政令　三号
平成一九年　七月一三日政令二一〇号
平成二一年　三月三〇日政令　六四号
平成二一年一二月二四日政令二九六号
平成二三年　五月　二日政令一二六号
平成二三年　六月一〇日政令一六六号
平成二五年　四月一二日政令一二二号
平成二五年　九月二六日政令二八五号
平成二八年　三月三一日政令一四一号
平成二八年　七月二九日政令二七一号
平成二八年一二月二六日政令三九九号
平成二九年　三月三一日政令一二九号

（都道府県が処理する事務）

第一条　雇用保険法（以下「法」という。）第二条第二項の規定により、法第六十三条第一項第一号に掲げる事業のうち職業能力開発促進法（昭和四十四年法律第六十四号）第十一条第一項に規定する計画に基づく職業訓練を行う事業主及び職業訓練の推進のための活動を行う同法第十三条に規定する事業主等（中央職業能力開発協会を除く。）に対する助成の事業の実施に関する事務は、都道府県知事が行うこととする。

2　前項の規定により都道府県が処理することとされている事務は、地方自治法（昭和二十二年法律第六十七号）第二条第九項第一号に規定する第一号法定受託事務とする。

（法第六条第五号の政令で定める漁船）

第二条　法第六条第五号の政令で定める漁船は、次に掲げる漁船以外の漁船とする。

一　漁業法第五十二条第一項の指定漁業を定める政令（昭和三十八年政令第六号）第一項第二号に掲げる以西底びき網漁業、同項第三号に掲げる遠洋底びき網漁業又は同項第六号に掲げる小型捕鯨業に従事する漁船

二　専ら漁猟場から漁獲物又はその化製品を運搬する業務に従事する漁船

三　漁業に関する試験、調査、指導、練習又は取締業務に従事する漁船

（法第十五条第三項の政令で定める訓練又は講習）

第三条　法第十五条第三項（法第七十九条の二の規定により読み替えて適用する場合を含む。）の政令で定める訓練又は講習は、国、都道府県及び市町村並びに独立行政法人高齢・障害・求職者雇用支援機構が設置する公共職業能力開発施設の行う職業訓練（職業能力開発総合大学校の行うものを含む。）のほか、次のとおりとする。

一　法第六十三条第一項第三号の講習及び訓練
二　障害者の雇用の促進等に関する法律（昭和三十五年法律第百二十三号）第十三条の適応訓練
三　高年齢者等の雇用の安定等に関する法律（昭和四十六年法律第六十八号）第二十五条第一項の計画に準拠した同項第三号に掲げる訓練
四　法第六条第五号に規定する船員の職業能力の開発及び向上に資する訓練又は講習として厚生労働大臣が定めるもの

（法第二十四条第一項の政令で定める期間）

第四条　法第二十四条第一項の公共職業訓練等の期間に係る同項の政令で定める期間は、二年とする。

2　法第二十四条第一項の公共職業訓練等を受けるため待期している期間に係る同項の政令で定める期間は、公共職業安定所長の指示した同項の公共職業訓練等を受け始める日の前日までの引き続く九十日間とする。

（法第二十四条第二項の政令で定める日数及び基準）

第五条　法第二十四条第二項の政令で定める日数は、三十日とする。

2　法第二十四条第二項の政令で定める基準は、公共職業安定所長の指示した公共職業訓練等（法第十五条第三項に規定する公共職業訓練等をいう。以下この項において同じ。）を受ける受給資格者（同条第一項に規定する受給資格者をいう。以下同じ。）が、当該公共職業訓練等を受け終わる日における法第二十四条第二項に規定する支給残日数に相当する日数分の基本手当の支給を受け終わる日（当該公共職業訓練等を受け終わる日において同項に規定する支給残日数がない者にあつては、その日）までに職業に就くことができる見込みがなく、かつ、特に職業指導その他再就職の援助を行う必要があると認められる者（その受給資格（法第十四条第二項第一号に規定する受給資格をいう。以下同じ。）に係る離職後最初に公共職業安定所に求職の申込みをした日以後、正当な理由がなく、公共職業安定所の紹介する職業に就くこと、公共職業安定所長の指示した公共職業訓練等を受けること又は厚生労働大臣の定める基準に従つて公共職業安定所が行う再就職を促進するために必要な職業指導を受けることを拒んだことのある者を除く。）に該当することとする。

（法第二十四条の二第一項第二号の政令で定める基準）

第五条の二　法第二十四条の二第一項第二号の政令で定める基準は、次の各号のいずれかに該当することとする。

一　法第二十四条の二第一項第二号に規定する災害により激甚災害に対処するための特別の財政援助等に関する法律施行令（昭和三十七年政令第四百三号）第四十八条において準用する同令第二十五条の地域に該当することとなつた地域（次号において「災害地域」という。）のうち、イに掲げる率がロに掲げる率の百分の二百以上となるに至り、かつ、その状態が継続すると認められる地域であること。

イ　毎月、その月前三月間に、当該地域において離職（激甚災害に対処するための特別の財政援助等に関する法律（昭和三十七年法律第百五十号）第二十五条第三項の規定により離職したものとみなされる場合を含む。このイ及び次条において同じ。）をし、当該地域を管轄する公共職業安定所において基本手当の支給を受けた初回受給者（その受給資格に係る離職後最初に基本手当の支給を受けた受給資格者をいう。ロ、次条第一項及び第七条第一項において同じ。）の合計数を、当該期間内の各月の末日において当該地域に所在する事業所に雇用されている一般被保険者（法第六十条の二第一項第一号に規定する一般被保険者をいう。ロ、次条第一項及び第七条第一項において同じ。）の合計数で除して計算した率

ロ　毎年度、当該年度の前年度以前三年間における全国の初回受給者の合計数を当該期間内の各月の末日における全国の一般被保険者の合計数で除して計算した率

二　前号の基準を満たす地域に近接する地域（災害地域に限る。）のうち、失業の状況が同号の状態に準ずる地域であつて、法第二十四条第一項に規定する所定給付日数（法第五十七条第一項の規定に該当する者については、同条第三項の規定により読み替えられた法第二十四条第一項に規定する所定給付日数）に相当する日数分の基本手当の支給を受け終わるまでに職業に就くことができない受給資格者が相当数生じると認められるものであること。

（法第二十五条第一項の政令で定める基準及び日数）

第六条　法第二十五条第一項の政令で定める基準は、同項に規定する広域職業紹介活動に係る地域について、第一号に掲げる率が第二号に掲げる率の百分の二百以上となるに至り、かつ、その状態が継続すると認められることとする。

一　毎月、その月前四月間に、当該地域において離職し、当該地域を管轄する公共職業安定所において基本手当の支給を受けた初回受給者の合計数を、当該期間内の各月の末日において当該地域に所在する事業所に雇用されている一般被保険者の合計数で除して計算した率

二　毎年度、当該年度の前年度以前五年間における全国の初回受給者の合計数を当該期間内の各月の末日における全国の一般被保険者の合計数で除して計算した率

2　法第二十五条第一項の措置が決定された場合において、当該措置に係る地域に近接する地域（同項に規定する広域職業紹介活動に係る地域に限る。）のうち、失業の状況が前項の状態に準ずる地域であつて、他の地域において職業に就くことを希望する受給資格者で法第二十四条第一項に規定する所定給付日数（法第三十三条第三項又は第五十七条第一項の規定に該当する者については、法第三十三条第四項又は第五十七条第三項の規定により読み替えられた法第二十四条第一項に規定する所定給付日数）に相当する日数分の基本手当の支給

を受け終わるまでに職業に就くことができないものが相当数生じると認められるものは、法第二十五条第一項に規定する基準に該当するものとみなす。

3　法第二十五条第一項の政令で定める日数は、九十日とする。

（法第二十七条第一項の政令で定める基準及び日数）

第七条　法第二十七条第一項の政令で定める基準は、連続する四月間（以下この項において「基準期間」という。）の失業の状況が次に掲げる状態にあり、かつ、これらの状態が継続すると認められることとする。

一　基準期間内の各月における基本手当の支給を受けた受給資格者の数を、当該受給資格者の数に当該各月の末日における一般被保険者の数を加えた数で除して得た率が、それぞれ百分の四を超えること。

二　基準期間内の各月における初回受給者の数を、当該各月の末日における一般被保険者の数で除して得た率が、基準期間において低下する傾向にないこと。

2　法第二十七条第一項の政令で定める日数は、九十日とする。

（法第二十七条第二項の政令で定める基準）

第八条　法第二十七条第二項の政令で定める基準は、失業の状況が同項に規定する期間の経過後も前条第一項に規定する基準に該当すると見込まれることとする。

（延長給付に関する調整）

第九条　法第二十八条第一項に規定する延長給付のうちいずれかの延長給付を受けていた受給資格者が、当該延長給付（以下この条において「甲延長給付」という。）が終わり、又は行われなくなつた後甲延長給付以外の延長給付（訓練延長給付（法第二十四条第一項の規定による基本手当の支給に限る。次項において同じ。）を除く。以下この条において「乙延長給付」という。）を受ける場合には、その者の法第二十四条第二項に規定する受給期間（次項において「受給期間」という。）は、乙延長給付に係る延長日数（次の各号に掲げる延長給付の種類に応じ、当該各号に定める日数をいう。次項において同じ。）を当該受給資格に係る離職の日の翌日から甲延長給付が終わつた日まで又は行われなくなつた日の前日までの期間（その終わつた日又はその行われなくなつた日の前日が法第二十条第一項及び第二項の規定による期間の最後の日（次項において「満了日」という。）以前の日であるときは、同条第一項及び第二項の規定による期間）に加えた期間とする。

一　訓練延長給付（法第二十四条第二項の規定による基本手当の支給に限る。）　同項前段に規定する政令で定める日数から同項に規定する支給残日数を差し引いた日数

二　法第二十四条の二第四項に規定する個別延長給付　同条第三項各号に掲げる受給資格者の区分に応じ、当該各号に定める日数

三　法第二十五条第二項に規定する広域延長給付　同条第一項の政令で定める日数

四　法第二十七条第三項に規定する全国延長給付　同条第一項の政令で定める日数

2　前項の場合において、受給資格者が、法第二十八条第二項の規定により乙延長給付が行われる間行わないものとされた甲延長給付（訓練延長給付を除く。以下この項において同じ。）を乙延長給付が終わつた後受けることとなつたときは、その者の受給期間は、甲延長給付に係る延長日数（乙延長給付が初めて行われることとなつた日が満了日の翌日後であるときは、甲延長給付が行われることとなつた日（その日が満了日以前の日であるときは、満了日の翌日）から初めて乙延長給付が行われることとなつた日の前日までの日数を差し引いた日数）をその者の受給資格に係る離職の日の翌日から乙延長給付が終わつた日（乙延長給付が終わつた後さらに他の同条第一項に規定する延長給付が行われる場合その他の厚生労働省令で定める場合には、厚生労働省令で定める日。以下この項において同じ。）までの期間（乙延長給付が終わつた日が満了日以前の日であるときは、法第二十条第一項及び第二項の規定による期間）に加えた期間とし、当該受給期間（その者の受給資格に係る離職の日の翌日から乙延長給付が終わつた日までの期間を除く。）内の失業している日（法第十五条第三項に規定する失業の認定を受けた日に限る。）について基本手当を支給する日数は、甲延長給付に係る法の規定による基本手当を支給する日数から既に甲延長給付の対象となつた日数を差し引いた日数に相当する日数とする。

（法第三十七条第八項の政令で定める給付）

第十条　法第三十七条第八項の政令で定める給付は、健康保険法（大正十一年法律第七十号）第九十九条又は第百三十五条の規定による傷病手当金、労働基準法（昭和二十二年法律第四十九号）第七十六条の規定による休業補償並びに労働者災害補償保険法（昭和二十二年法律第五十号）の規定による休業補償給付及び休業給付のほか、次に掲げる法律又は条例若しくは規約の規定による給付であつて、疾病又は負傷の療養のため勤務その他の業務に従事することができない場合において、給与その他の業務上の収入を得ることができないことを理由として支給されるものとする。

一　船員保険法（昭和十四年法律第七十三号）第六十九条若しくは第八十五条又は船員法（昭和二十二年法律第百号）第九十一条第一項

二　国会議員の歳費、旅費及び手当等に関する法律（昭和二十二年法律第八十号）第十二条の三、国会職員法（昭和二十二年法律第八十五号）第二十六条の二、特別職の職員の給与に関する法律（昭和二十四年法律第二百五十二号）第十五条、国家公務員災害補償法（昭和二十六年法律第百九十一号）第十二条、裁判所職員臨時措置法（昭和二十六年法律第二百九十九号）及び防衛省の職員の給与等に関する法律（昭和二十七年法律第二百六十六号）第二十七条第一

項において準用する場合を含む。）、裁判官の災害補償に関する法律（昭和三十五年法律第百号）又は国会議員の秘書の給与等に関する法律（平成二年法律第四十九号）第十八条

三　地方公務員災害補償法（昭和四十二年法律第百二十一号）第二十八条又は同法に基づく条例

四　災害救助法（昭和二十二年法律第百十八号）第十二条、消防組織法（昭和二十二年法律第二百二十六号）第二十四条、消防法（昭和二十三年法律第百八十六号）第三十六条の三、水防法（昭和二十四年法律第百九十三号）第六条の二若しくは第四十五条、災害対策基本法（昭和三十六年法律第二百二十三号）第八十四条、武力攻撃事態等における国民の保護のための措置に関する法律（平成十六年法律第百十二号）第百六十条（同法第百八十三条において準用する場合を含む。）又は新型インフルエンザ等対策特別措置法（平成二十四年法律第三十一号）第六十三条

五　警察官の職務に協力援助した者の災害給付に関する法律（昭和二十七年法律第二百四十五号）第五条第二項、海上保安官に協力援助した者等の災害給付に関する法律（昭和二十八年法律第三十三号）第五条第二項又は証人等の被害についての給付に関する法律（昭和三十三年法律第百九号）第五条第二項

六　削除

七　国家公務員共済組合法（昭和三十三年法律第百二十八号）第六十六条（私立学校教職員共済法（昭和二十八年法律第二百四十五号）第二十五条において準用する場合を含む。）又は地方公務員等共済組合法（昭和三十七年法律第百五十二号）第六十八条

八　公立学校の学校医、学校歯科医及び学校薬剤師の公務災害補償に関する法律（昭和三十二年法律第百四十三号）第二条

九　国民健康保険法（昭和三十三年法律第百九十二号）第五十八条第二項の規定に基づく条例又は規約

（法第四十一条第一項の政令で定める期間）

第十一条　法第四十一条第一項の政令で定める期間は、三十日間とする。

（都道府県に対する補助）

第十二条　法第六十三条第一項第三号の規定による都道府県に対する経費の補助の事業として、都道府県が設置する職業能力開発校、職業能力開発短期大学校、職業能力開発大学校及び職業能力開発促進センター（次条において「職業能力開発校等」という。）の施設及び設備に要する経費に関する補助金並びにこれらの運営に要する経費に関する交付金を交付するものとする。

（職業能力開発校等の施設及び設備に要する経費に関する補助金）

第十三条　職業能力開発校等の施設及び設備に要する経費に関する補助金の交付は、各年度において、職業能力開発校等の施設及び設備に要する経費（事業主に雇用される労働者に対して行う職業訓練に係る経費に限る。）のうち次の各号に掲げるものに係る当該各号に定める額の合算額から厚生労働大臣が定める収入金の額に相当する額を控除した額（当該職業能力開発校等の施設又は設備に関し他の補助金があるときは、当該控除した額から厚生労働大臣が定める額を控除した額）の二分の一について行う。

一　職業能力開発促進法第十九条第一項の職業訓練の基準により必要な建物の新設、増設又は改設に要する経費　建物の構造、所在地による地域差等を考慮して厚生労働大臣が定める一平方メートル当たりの建設単価（その建設単価が当該建物の新設、増設又は改設に係る一平方メートル当たりの建設単価を超えるときは、当該建物の新設、増設又は改設に係る建設単価とする。）に、厚生労働大臣が定める範囲内の建物の新設、増設又は改設に係る延べ平方メートル数を乗じて得た額

二　職業能力開発促進法第十九条第一項の職業訓練の基準により必要な機械器具その他の設備の新設、増設又は改設に要する経費　職業能力開発校等において行われる職業訓練の種類、規模等を考慮して厚生労働大臣が定める基準に従つて算定した額（その額が当該経費につき現に要した金額を超えるときは、当該金額とする。）

2　前項の補助金の交付は、厚生労働大臣が職業能力開発校等の設置又は運営が職業能力開発促進法第五条第一項に規定する職業能力開発基本計画に適合すると認める場合に行う。

（職業能力開発校等の運営に要する経費に関する交付金）

第十四条　都道府県が設置する職業能力開発校（以下この条において単に「職業能力開発校」という。）の運営に要する経費に関する交付金は、職業能力開発校の運営に要する経費（事業主に雇用される労働者及び離職者に対して行う職業訓練に係る経費に限る。）の財源に充てるため、都道府県に交付する。

2　前項の交付金は、その予算総額に、各都道府県の職業能力開発校の行う職業訓練を受ける被保険者等（法第六十二条第一項に規定する被保険者等をいう。以下この条において同じ。）の延べ人数が全国の職業能力開発校の行う職業訓練を受ける被保険者等の延べ人数に占める割合を乗じて得た額を当該都道府県に配分する。

3　前項の職業訓練を受ける被保険者等の延べ人数は、その受ける職業訓練の訓練期間その他の事情を考慮して厚生労働大臣が定める算定方法により、算定するものとする。

4　前三項の規定は、都道府県が設置する職業能力開発短期大学校、職業能力開発大学校及び職業能力開発促進センターの運営に要する経費に関する交付金について準用する。

附　則

（施行期日）

第一条　この政令は、法の施行の日（昭和五十年四月一日）から施行する。

（法附則第二条第一項の政令で定める事業）

第二条　法附則第二条第一項の政令で定める事業は、同項各号に掲げる事業のうち、常時五人以上の労働者を雇用する事業以外の事業（国、都道府県、市町村その他これらに準ずるものの事業及び法人である事業主の事業を除く。）とする。

（延長給付の調整に関する暫定措置）

第三条　法附則第五条第一項の規定による基本手当の支給を受ける受給資格者に係る第九条の規定の適用については、同条第一項中「法第二十八条第一項」とあるのは「法附則第五条第四項の規定により読み替えて適用する法第二十八条第一項」と、「当該各号に定める日数」とあるのは「当該各号に定める日数（法附則第五条第一項の規定による基本手当の支給にあつては、同条第二項に規定する日数）」と、同条第二項中「法第二十八条第二項」とあるのは「法附則第五条第四項の規定により読み替えて適用する法第二十八条第二項」と、「同条第一項」とあるのは「法附則第五条第四項の規定により読み替えて適用する法第二十八条第一項」とする。

（法第四十一条第一項の政令で定める期間に関する暫定措置）

第四条　法附則第八条の規定により法第四十条第一項の規定を読み替えて適用する場合における第十条の規定の適用については、同条中「三十日間」とあるのは、「四十日間」とする。

（平成二十八年熊本地震に係る職業能力開発校等の施設及び設備に要する経費に関する補助金の特例）

第五条　熊本県が設置する第十二条の職業能力開発校等の施設及び設備であつて、平成二十八年熊本地震により著しい被害を受けたものの災害復旧に要する経費に関する補助金の交付に係る第十三条第一項の規定の平成二十八年度における適用については、同項中「二分の一」とあるのは「三分の二」と、同項第一号中「建物の新設、増設又は改設に要する経費」とあるのは「平成二十八年熊本地震により著しい被害を受けた建物の災害復旧に要する経費」と、同項第二号中「機械器具その他の設備の新設、増設又は改設に要する経費」とあるのは「平成二十八年熊本地震により著しい被害を受けた機械器具その他の設備の災害復旧に要する経費」とする。

（独立行政法人雇用・能力開発機構法を廃止する法律による補助に係る特例）

第六条　独立行政法人雇用・能力開発機構法を廃止する法律（平成二十三年法律第二十六号）附則第九条の規定による補助については、法第六十三条第一項第二号の規定による都道府県に対する経費の補助の事業として行うものとする。この場合において、第十二条及び第十四条第四項の規定は、適用しない。

附　則（昭和五三年九月五日政令三二四号）（抄）

（施行期日）

第一条　この政令は、昭和五十三年十月一日から施行する。

附　則（昭和五四年一月三一日政令一五号）

この政令は、公布の日から施行する。

附　則（昭和五四年六月八日政令一七四号）

この政令は、公布の日から施行する。

附　則（昭和五六年五月二二日政令一八〇号）（抄）

（施行期日）

第一条　この政令は、雇用に係る給付金等の整備充実を図るための関係法律の整備に関する法律の施行の日（昭和五十六年六月八日）から施行する。〈後略〉

附　則（昭和五七年四月六日政令一〇四号）

この政令は、公布の日から施行する。

附　則（昭和五九年三月二七日政令三五号）（抄）

（施行期日）

第一条　この政令は、国家公務員及び公共企業体職員に係る共済組合制度の統合等を図るための国家公務員共済組合法等の一部を改正する法律の施行の日（昭和五十九年四月一日）から施行する。

附　則（昭和五九年七月二七日政令二四六号）

この政令は、昭和五十九年八月一日から施行する。

附　則（昭和五九年九月七日政令二六八号）（抄）

（施行期日）

第一条　この政令は健康保険法等の一部を改正する法律の施行の日（昭和五十九年十月一日）から施行する。

附　則（昭和六〇年六月八日政令一七〇号）

1　この政令は、公布の日から施行する。

2　第三条の規定による改正後の雇用保険法施行令第十二条から第十四条までの規定は、昭和六十年度の予算に係る雇用保険法第六十三条第一項第三号の規定による都道府県に対する経費の補助から適用し、昭和五十九年度以前の予算に係る同号の規定による都道府県に対する経費の補助については、なお従前の例による。

附　則（昭和六〇年九月二七日政令二六九号）

この政令は、職業訓練法の一部を改正する法律の施行の日（昭和六十年十月一日）から施行する。

附　則（昭和六一年四月三〇日政令一三九号）（抄）

1　この政令は、公布の日から施行する。

附　則（昭和六二年四月一日政令一一四号）（抄）

（施行期日）

1　この政令は、公布の日から施行する。

附　則（昭和六二年五月二一日政令一六三号）

この政令は、公布の日から施行する。

附　則（昭和六二年七月二八日政令二六五号）

この政令は、公布の日から施行する。

附　則（昭和六三年三月三一日政令六八号）（抄）

（施行期日）

第一条　この政令は、身体障害者雇用促進法の一部を改正する法律の施行の日（昭和六十三年四月一日）から施行する。

附　則（昭和六三年七月二六日政令二三三号）

この政令は、公布の日から施行する。

附　則（平成元年六月二八日政令一八八号）（抄）

（施行期日）

1　この政令は、公布の日から施行する。ただし、第一条の規定（雇用保険法施行令第十四条第二項の改正規定を除く。）は、平成元年十月一日から施行する。

附　則（平成二年八月一日政令二三一号）

この政令は、公布の日から施行し、改正後の第九条第二号の規定は、平成二年四月一日から適用する。

附　則（平成二年九月二八日政令二九〇号）（抄）

（施行期日）

1　この政令は、防衛庁職員給与法の一部を改正する法律の施行の日（平成二年十月一日）から施行する。

附　則（平成三年七月二六日政令二四二号）（抄）

（施行期日）

1　この政令は、地域雇用開発等促進法の一部を改正する法律（以下「改正法」という。）の施行の日（平成三年八月一日）から施行する。

附　則（平成四年四月一日政令一〇二号）（抄）

（施行期日）

第一条　この政令は、公布の日から施行する。

附　則（平成四年四月一〇日政令一三六号）

この政令は、公布の日から施行する。

附　則（平成五年三月三四日政令五四号）

この政令は、平成五年四月一日から施行する。

附　則（平成五年四月一日政令一一九号）（抄）

（施行期日）

1　この政令は、公布の日から施行する。

（経過措置）

2　改正後の第十四条の規定は、平成五年度の予算に係る雇用保険法第六十三条第一項第二号の規定による都道府県に対する経費の補助から適用する。

附　則（平成七年一月二〇日政令三号）

1　この政令は、平成七年四月一日から施行する。ただし、第一条中雇用保険法施行令附則に一条を加える改正規定は、公布の日から施行する。

2　雇用保険法等の一部を改正する法律附則第四条第二項の規定に該当する受給資格者に対する雇用保険法施行令第三条第一項の規定の適用については、同項中「法第二十二条の二第一項」とあるのは、「雇用保険法等の一部を改正する法律（平成六年法律第五十七号）附則第四条第二項」とする。

附　則（平成七年三月三日政令五一号）

1　この政令は、公布の日から施行する。

2　この政令による改正後の雇用保険法施行令附則第十条の規定は、平成六年度及び平成七年度の予算に係る国の補助について適用する。

附　則（平成八年六月一四日政令五八号）

この政令は、公布の日から施行する。

附　則（平成九年三月二四日政令六二号）

この政令は、公布の日から施行する。

附　則（平成九年三月二八日政令八四号）（抄）

（施行期日）

第一条　この政令は、平成九年四月一日から施行する。

附　則（平成九年一二月一〇日政令三五五号）（抄）

（施行期日）

第一条　この政令は、平成十年一月一日から施行する。

附　則（平成一〇年三月二五日政令五九号）

この政令は、公布の日から施行する。

附　則（平成一〇年一一月二六日政令三七二号）

この政令は、平成十一年四月一日から施行する。

附　則（平成一一年三月二五日政令五七号）

この政令は、公布の日から施行する。

附　則（平成一一年三月三一日政令一〇四号）

この政令は、平成十一年四月一日から施行する。

附　則（平成一一年九月二〇日政令二七六号）（抄）

（施行期日）

第一条　この政令は、雇用・能力開発機構法（以下「法」という。）の一部の施行の日（平成十一年十月一日）から施行する。

附　則（平成一一年一二月三日政令三九〇号）（抄）

（施行期日）

第一条　この政令は、平成十二年四月一日から施行する。

附　則（平成一二年六月七日政令三〇九号）（抄）

（施行期日）

1　この政令は、内閣法の一部を改正する法律（平成十一年法律第八十八号）の施行の日（平成十三年一月六日）から施行する。〈後略〉

附　則（平成一三年三月三〇日政令一〇三号）（抄）

（施行期日）

第一条　この政令は、平成十三年四月一日から施行する。

（雇用保険法第二十五条第一項の政令で定める基準に関する経過措置）

第二条　雇用保険法等の一部を改正する法律（以下「改正法」という。）附則第五条の規定により改正法第一条の規定による改正前の雇用保険法（昭和四十九年法律第百十六号）第二十三条の二の規定による個別延長給付の支給についてなお従前の例によることとされた改正法附則第二条に規定する旧受給資格者に係る雇用保険法第二十五条第一項の政令で定める基準については、なお従前の例による。

附　則（平成一三年九月二七日政令三一七号）（抄）

（施行期日）

第一条　この政令は、平成十三年十月一日から施行する。

附　則（平成一四年三月六日政令四二号）（抄）

（施行期日）

第一条　この政令は、平成十四年三月三十一日から施行する。

＜後略＞

（雇用保険法施行令の一部改正に伴う経過措置）

第十条　整備法附則第四条の規定によりなおその効力を有することとされる旧炭鉱労働者法第二十三条第一項第四号の講習を受ける雇用保険法（昭和四十九年法律第百十六号）第十五条第一項に規定する受給資格者に係る同条第三項の訓練又は講習については、第十五条の規定による改正前の雇用保険法施行令第二条第二号の規定は、なおその効力を有する。この場合において、同号中「炭鉱労働者等の雇用の安定等に関する臨時措置法」とあるのは、「石炭鉱業の構造調整の完了等に伴う関係法律の整備等に関する法律（平成十二年法律第十六号）附則第四条の規定によりなお効力を有することとされる同法第二条の規定による廃止前の炭鉱労働者等の雇用の安定等に関する臨時措置法」とする。

附　則（平成一四年三月三一日政令一〇二号）（抄）

（施行期日）

第一条　この政令は、法の施行の日（平成十四年四月一日）から施行する。

附　則（平成一四年五月七日政令一六八号）（抄）

（施行期日）

第一条　この政令は、公布の日から施行する。

附　則（平成一四年八月三〇日政令二八二号）（抄）

（施行期日）

第一条　この政令は、平成十四年十月一日から施行する。

附　則（平成一五年四月三〇日政令二一六号）（抄）

（施行期日）

第一条　この政令は、雇用保険法等の一部を改正する法律（以下「改正法」という。）の施行の日（平成十五年五月一日）から施行する。

附　則（平成一五年九月三日政令三九二号）（抄）

（施行期日）

第一条　この政令は、公布の日から施行する。ただし、附則第七条から第二十二条までの規定は、平成十五年十月一日から施行する。

附　則（平成一五年一二月二五日政令五五五号）（抄）

（施行期日）

第一条　この政令は、公布の日から施行する。ただし、附則第九条から第三十六条までの規定については、平成十六年三月一日から施行する。

附　則（平成一六年九月一五日政令二七五号）（抄）

（施行期日）

第一条　この政令は、法の施行の日（平成十六年九月十七日）から施行する。

附　則（平成一七年六月一日政令一九五号）

この政令は、水防法及び土砂災害警戒区域等における土砂災害防止対策の推進に関する法律の一部を改正する法律の施行の日（平成十七年七月一日）から施行する。

附　則（平成一八年六月一四日政令二一四号）

この政令は、公布の日から施行する。

附　則（平成一九年一月四日政令三号）（抄）

（施行期日）

第一条　この政令は、防衛庁設置法等の一部を改正する法律の施行の日（平成十九年一月九日）から施行する。

附　則（平成一九年七月一三日政令二一〇号）（抄）

（施行期日）

第一条　この政令は、雇用保険法等の一部を改正する法律附則第一条第一号の二に掲げる規定の施行の日（平成十九年十月一日）から施行する。

（雇用保険法施行令の一部改正に伴う経過措置）

第二条　第一条の規定による改正後の雇用保険法施行令第十条及び附則第四条の規定は、雇用保険法（昭和四十九年法律第百十六号）第三十九条第二項に規定する特例受給資格に係る離職の日がこの政令の施行の日（以下「施行日」という。）以後である同項に規定する特例受給資格者について適用し、同項に規定する特例受給資格に係る離職の日が施行日前である同項に規定する特例受給資格者については、なお従前の例による。

附　則（平成二一年三月三〇日政令六四号）

この政令は、平成二十一年三月三十一日から施行する。

附　則（平成二一年一二月二四日政令二九六号）（抄）

（施行期日）

第一条　この政令は、平成二十二年一月一日から施行する。

＜後略＞

附　則（平成二三年五月二日政令一二六号）

この政令は、公布の日から施行する。

附　則（平成二三年六月一〇日政令一六六号）（抄）

（施行期日）

第一条　この政令は、平成二十三年十月一日から施行する。ただし、第二条（雇用保険法施行令第三条の改正規定を除く。）、＜中略＞の規定は、公布の日から施行する。

附　則（平成二五年四月一二日政令一二三号）（抄）

（施行期日）

第一条　この政令は、法の施行の日（平成二十五年四月十三日）から施行する。

附　則（平成二五年九月二六日政令二八五号）（抄）

（施行期日）

第一条　この政令は、災害対策基本法等の一部を改正する法律附則第一条第一号に掲げる規定の施行の日（平成二十五年十月一日）から施行する。〈後略〉

附　則（平成二八年三月三一日政令一四一号）

この政令は、平成二十八年四月一日から施行する。

附　則（平成二八年七月二九日政令二七一号）

この政令は、公布の日から施行する。

附　則（平成二八年一二月二六日政令三九九号）（抄）

（施行期日）

1　この政令は、平成二十九年一月一日から施行する。

附　則（平成二九年三月三一日政令一二九号）

この政令は、平成二十九年四月一日から施行する。

〈参考〉　雇用保険法等の一部を改正する法律の施行に伴う関係政令の整備及び経過措置に関する政令（平成二九年三月三一日政令第一二九号）

第五条　受給資格（雇用保険法第十三条第一項（同条第二項の規定により基本手当の支給を受けることができる資格をいう。）に係る離職の日が平成二十九年三月三十一日以前である者であって、雇用保険法等の一部を改正する法律第一条の規定による改正後の雇用保険法（以下この条において「新法」という。）第二十四条の二又は新法附則第五条の規定による基本手当の支給を受けることができないものに係る雇用保険法等の一部を改正する法律第一条の規定による改正前の雇用保険法（以下この条において「旧法」という。）附則第五条の規定による基本手当の支給及び同条第四項の規定により読み替えて適用する旧法第二十八条の規定による同条第一項に規定する各延長給付に関する調整については、なお従前の例による。

雇用保険法施行規則

昭和五〇年三月一〇日　労働省令　三号
改正　昭和五〇年一〇月一四日　労働省令　二七号
昭和五一年三月二七日　労働省令　六号
昭和五一年五月一〇日　労働省令　一六号
昭和五一年九月三〇日　労働省令　三八号
昭和五一年一二月一四日　労働省令　四二号
昭和五二年二月　一日　労働省令　一号
昭和五二年三月二四日　労働省令　四号
昭和五二年四月一八日　労働省令　一二号
昭和五二年六月三〇日　労働省令　二三号
昭和五二年九月三〇日　労働省令　二八号
昭和五二年一二月二六日　労働省令　三一号
昭和五三年一月　四日　労働省令　一号
昭和五三年一月二五日　労働省令　二号
昭和五三年三月二五日　労働省令　八号
昭和五三年四月　五日　労働省令　一六号
昭和五三年九月三〇日　労働省令　三六号
昭和五三年九月三〇日　労働省令　三七号
昭和五三年九月三〇日　労働省令　三八号
昭和五三年一〇月二六日　労働省令　四二号

昭和五三年一一月二〇日　労働省令　四四号
昭和五四年一月三一日　労働省令　三号
昭和五四年四月　四日　労働省令　一四号
昭和五四年四月二〇日　労働省令　一六号
昭和五四年六月　八日　労働省令　二三号
昭和五四年九月二一日　労働省令　二八号
昭和五五年四月　五日　労働省令　一一号
昭和五六年一月三一日　労働省令　四号
昭和五六年四月　三日　労働省令　一六号
昭和五六年四月一五日　労働省令　一七号
昭和五六年五月二八日　労働省令　二二号
昭和五六年一一月一二日　労働省令　三九号
昭和五六年一二月一五日　労働省令　四一号
昭和五七年一月三〇日　労働省令　一号
昭和五七年三月三一日　労働省令　七号
昭和五七年四月　六日　労働省令　一四号
昭和五七年五月二八日　労働省令　二〇号
昭和五七年九月三〇日　労働省令　三二号
昭和五八年一月二九日　労働省令　二号
昭和五八年二月二六日　労働省令　六号
昭和五八年四月　五日　労働省令　一三号
昭和五八年六月三〇日　労働省令　二三号
昭和五九年四月一一日　労働省令　一〇号
昭和五九年七月三〇日　労働省令　一七号
昭和五九年一二月　五日　労働省令　二六号
昭和六〇年三月三〇日　労働省令　八号

昭和六〇年 四月 六日 労働省令 一三号
昭和六〇年 八月二〇日 労働省令 二二号
昭和六〇年 九月三〇日 労働省令 二三号
昭和六一年 一月二七日 労働省令 三号
昭和六一年 三月 三日 労働省令 四号
昭和六一年 四月 五日 労働省令 一八号
昭和六一年 四月三〇日 労働省令 二二号
昭和六一年 六月三〇日 労働省令 二六号
昭和六一年 九月二〇日 労働省令 三〇号
昭和六一年一〇月一八日 労働省令 三四号
昭和六一年一一月二六日 労働省令 三七号
昭和六一年一二月 五日 労働省令 三八号
昭和六二年 三月二七日 労働省令 八号
昭和六二年 三月二七日 労働省令 九号
昭和六二年 四月 一日 労働省令 一三号
昭和六二年 四月 一日 労働省令 一四号
昭和六二年 五月二一日 労働省令 一八号
昭和六二年 六月一二日 労働省令 二一号
昭和六二年 六月三〇日 労働省令 二五号
昭和六二年 七月 一日 労働省令 二六号
昭和六二年 七月二八日 労働省令 二七号
昭和六三年 三月三一日 労働省令 七号
昭和六三年 四月 八日 労働省令 一四号
昭和六三年 六月二九日 労働省令 二〇号
昭和六三年 七月二六日 労働省令 二三号
昭和六三年一二月一三日 労働省令 三六号
昭和六三年一二月二三日 労働省令 三八号
平成 元年 三月二二日 労働省令 五号
平成 元年 五月二九日 労働省令 二〇号
平成 元年 六月二八日 労働省令 二一号
平成 元年 七月一二日 労働省令 二六号
平成 元年 八月二五日 労働省令 三〇号
平成 元年 九月 八日 労働省令 三一号
平成 元年一二月二八日 労働省令 三三号
平成 二年 三月三一日 労働省令 九号
平成 二年 六月 八日 労働省令 一四号
平成 二年一一月三〇日 労働省令 二八号
平成 三年 三月二七日 労働省令 四号
平成 三年 四月一二日 労働省令 一三号
平成 三年 七月三一日 労働省令 一六号
平成 三年 七月三一日 労働省令 一八号
平成 三年 八月 一日 労働省令 一九号
平成 三年 九月二六日 労働省令 二一号
平成 四年 三月二六日 労働省令 四号
平成 四年 四月 一日 労働省令 七号
平成 四年 四月一〇日 労働省令 一一号
平成 四年 四月一〇日 労働省令 一二号
平成 四年 六月二九日 労働省令 一九号
平成 四年 六月二九日 労働省令 二一号
平成 四年 九月一四日 労働省令 二八号
平成 四年一〇月二一日 労働省令 三三号
平成 五年 二月一二日 労働省令 一号

平成五年四月一日労働省令一四号
平成五年四月七日労働省令一八号
平成五年六月一一日労働省令二一号
平成五年九月一〇日労働省令三一号
平成五年一二月二八日労働省令三八号
平成六年二月九日労働省令四号
平成六年三月三一日労働省令二一号
平成六年三月三一日労働省令二二号
平成六年五月二日労働省令二八号
平成六年六月二四日労働省令三四号
平成六年六月二九日労働省令三六号
平成六年九月三〇日労働省令四五号
平成七年一月二三日労働省令一号
平成七年一月二三日労働省令二号
平成七年一月三〇日労働省令四号
平成七年二月二四日労働省令七号
平成七年三月一日労働省令八号
平成七年三月三日労働省令一〇号
平成七年三月三一日労働省令二二号
平成七年三月三一日労働省令二三号
平成七年六月一二日労働省令二八号
平成七年六月三〇日労働省令三一号
平成七年六月三〇日労働省令三二号
平成七年九月二九日労働省令三九号
平成七年一一月一日労働省令四一号
平成八年一月二三日労働省令一号

平成八年三月二五日労働省令一〇号
平成八年三月二九日労働省令一六号
平成八年四月一日労働省令一八号
平成八年五月一一日労働省令二三号
平成八年六月二八日労働省令三〇号
平成八年一〇月一日労働省令三七号
平成九年一月二三日労働省令二号
平成九年二月二八日労働省令六号
平成九年三月二七日労働省令一五号
平成九年四月一日労働省令二一号
平成九年六月二〇日労働省令二六号
平成九年七月一日労働省令二八号
平成九年九月二五日労働省令三一号
平成一〇年三月二三日労働省令九号
平成一〇年三月二五日労働省令一二号
平成一〇年三月三一日労働省令一八号
平成一〇年四月九日労働省令二〇号
平成一〇年四月二七日労働省令二四号
平成一〇年六月一九日労働省令二五号
平成一〇年九月一日労働省令三二号
平成一〇年一〇月二九日労働省令三五号
平成一〇年一二月二一日労働省令四二号
平成一〇年一二月二五日労働省令四四号
平成一一年一月一一日労働省令六号
平成一一年二月二四日労働省令一二号
平成一一年二月二六日労働省令一四号

平成一一年　三月三一日労働省令　二二号
平成一一年　三月三一日　労働省令　二四号
平成一一年　七月　一日　労働省令　三一号
平成一一年　七月二二日　労働省令　三二号
平成一一年　九月一七日　労働省令　三六号
平成一一年　九月三〇日　労働省令　三八号
平成一一年　九月三〇日　労働省令　三九号
平成一一年一〇月　五日　労働省令　四二号
平成一一年一二月　三日　労働省令　四八号
平成一二年　一月三一日　労働省令　二号
平成一二年　三月　二日　労働省令　四号
平成一二年　三月三一日　労働省令　一五号
平成一二年　四月一四日　労働省令　二二号
平成一二年　四月二一日　労働省令　二三号
平成一二年　五月一二日　労働省令　二四号
平成一二年　五月二六日　労働省令　二五号
平成一二年　六月　一日　労働省令　二七号
平成一二年　七月　四日　労働省令　三一号
平成一二年　八月二五日　労働省令　三五号
平成一二年　九月　八日　労働省令　三六号
平成一二年　九月　八日　労働省令　三七号
平成一二年一〇月三一日　労働省令　四一号
平成一二年一二月二〇日　労働省令　四四号
平成一二年一二月二六日　労働省令　四六号
平成一三年　二月二七日厚生労働省令　一八号
平成一三年　三月三〇日厚生労働省令　八二号

平成一三年　六月　八日厚生労働省令一二九号
平成一三年　八月二九日厚生労働省令一八五号
平成一三年　九月二一日厚生労働省令一八九号
平成一三年一一月　六日厚生労働省令二一三号
平成一三年一一月三〇日厚生労働省令二一七号
平成一四年　一月一九日厚生労働省令　九号
平成一四年　二月二二日厚生労働省令　一四号
平成一四年　三月一四日厚生労働省令　二八号
平成一四年　三月二六日厚生労働省令　三九号
平成一四年　三月三一日厚生労働省令　五五号
平成一四年　四月　一日厚生労働省令　六二号
平成一四年　五月　七日厚生労働省令　六九号
平成一四年　五月二九日厚生労働省令　七二号
平成一四年　九月　二日厚生労働省令一一四号
平成一四年一一月二九日厚生労働省令一五四号
平成一四年一二月一三日厚生労働省令一五九号
平成一四年一二月二〇日厚生労働省令一六三号
平成一四年一二月二七日厚生労働省令一六九号
平成一五年　二月　三日厚生労働省令　一八号
平成一五年　二月二八日厚生労働省令　一九号
平成一五年　三月三一日厚生労働省令　六九号
平成一五年　三月三一日厚生労働省令　七一号
平成一五年　四月　一日厚生労働省令　七四号
平成一五年　四月一七日厚生労働省令　八〇号
平成一五年　四月三〇日厚生労働省令　八二号
平成一五年　九月三〇日厚生労働省令一四五号

平成一五年九月三〇日厚生労働省令一五一号
平成一五年九月三〇日厚生労働省令一五三号
平成一五年一〇月二八日厚生労働省令一六六号
平成一五年一二月二五日厚生労働省令一七八号
平成一五年一二月二五日厚生労働省令一七九号
平成一六年三月一日厚生労働省令二三号
平成一六年三月二九日厚生労働省令五三号
平成一六年四月一日厚生労働省令九五号
平成一六年八月二六日厚生労働省令一二二号
平成一六年九月二八日厚生労働省令一三九号
平成一六年一一月四日厚生労働省令一五四号
平成一六年一一月一九日厚生労働省令一五九号
平成一六年一二月二六日厚生労働省令一六一号
平成一六年一二月二八日厚生労働省令一八六号
平成一七年一月二一日厚生労働省令五号
平成一七年二月一〇日厚生労働省令一六号
平成一七年三月七日厚生労働省令二五号
平成一七年四月一日厚生労働省令八二号
平成一七年四月一三日厚生労働省令八八号
平成一七年七月二五日厚生労働省令一二二号
平成一七年九月三〇日厚生労働省令一五三号
平成一七年九月三〇日厚生労働省令一五四号
平成一八年三月三一日厚生労働省令七一号
平成一八年四月二八日厚生労働省令一一六号
平成一八年五月三一日厚生労働省令一二四号
平成一八年九月一九日厚生労働省令一六三号
平成一八年九月二〇日厚生労働省令一六四号
平成一八年九月二五日厚生労働省令一六七号
平成一八年九月二九日厚生労働省令一六九号
平成一九年四月九日厚生労働省令七七号
平成一九年四月二三日厚生労働省令八〇号
平成一九年六月二九日厚生労働省令九二号
平成一九年七月二三日厚生労働省令九七号
平成一九年八月三日厚生労働省令一〇二号
平成一九年九月二五日厚生労働省令一一二号
平成一九年一二月二五日厚生労働省令一五二号
平成二〇年一月一八日厚生労働省令五号
平成二〇年三月三一日厚生労働省令七六号
平成二〇年四月二五日厚生労働省令一〇〇号
平成二〇年四月二五日厚生労働省令一〇一号
平成二〇年六月二三日厚生労働省令一一八号
平成二〇年九月三〇日厚生労働省令一四七号
平成二〇年一一月二八日厚生労働省令一六三号
平成二〇年一一月二八日厚生労働省令一六五号
平成二〇年一二月二六日厚生労働省令一八二号
平成二一年一月一六日厚生労働省令三号
平成二一年二月六日厚生労働省令一一号
平成二一年三月三〇日厚生労働省令五三号
平成二一年三月三一日厚生労働省令七七号
平成二一年三月三一日厚生労働省令九九号
平成二一年六月八日厚生労働省令一二一号
平成二一年一一月三〇日厚生労働省令一五二号

平成二一年一二月二八日厚生労働省令一六〇号
平成二一年一二月二八日厚生労働省令一六一号
平成二一年一二月二八日厚生労働省令一六二号
平成二一年一二月二八日厚生労働省令一六八号
平成二二年　二月　八日厚生労働省令　一六号
平成二二年　二月一二日厚生労働省令　一七号
平成二二年　三月一八日厚生労働省令　二八号
平成二二年　四月　一日厚生労働省令　五三号
平成二二年　四月　一日厚生労働省令　五四号
平成二二年　六月二五日厚生労働省令　八一号
平成二二年　九月二九日厚生労働省令一〇七号
平成二二年一〇月　一日厚生労働省令一一〇号
平成二二年一二月　一日厚生労働省令一二二号
平成二二年一二月二八日厚生労働省令一三一号
平成二三年　四月　一日厚生労働省令　四八号
平成二三年　五月　二日厚生労働省令　五八号
平成二三年　六月一〇日厚生労働省令　六九号
平成二三年　六月三〇日厚生労働省令　七八号
平成二三年　八月三〇日厚生労働省令一〇七号
平成二三年一一月二四日厚生労働省令一三八号
平成二三年一一月二四日厚生労働省令一三九号
平成二三年一一月二五日厚生労働省令一四〇号
平成二四年　三月三一日厚生労働省令　六五号
平成二四年　三月三一日厚生労働省令　六七号
平成二四年　四月　六日厚生労働省令　七五号
平成二四年　六月二九日厚生労働省令　九七号
平成二四年　七月二六日厚生労働省令一〇七号
平成二四年　八月一〇日厚生労働省令一一四号
平成二四年　八月一四日厚生労働省令一一五号
平成二四年　八月三〇日厚生労働省令一一九号
平成二四年一〇月三一日厚生労働省令一五二号
平成二五年　三月　一日厚生労働省令　二〇号
平成二五年　四月　一日厚生労働省令　五五号
平成二五年　五月一六日厚生労働省令　六七号
平成二五年　九月三〇日厚生労働省令一一六号
平成二五年一二月二七日厚生労働省令一三七号
平成二六年　二月二八日厚生労働省令　一四号
平成二六年　三月三一日厚生労働省令　三六号
平成二六年　三月三一日厚生労働省令　五二号
平成二六年　五月一六日厚生労働省令　六五号
平成二六年　六月三〇日厚生労働省令　七四号
平成二六年　九月　九日厚生労働省令一〇四号
平成二六年　九月三〇日厚生労働省令一一五号
平成二六年一二月二六日厚生労働省令一四六号
平成二七年　一月三〇日厚生労働省令　一二号
平成二七年　二月二七日厚生労働省令　二七号
平成二七年　三月三一日厚生労働省令　五六号
平成二七年　三月三一日厚生労働省令　六〇号
平成二七年　三月三一日厚生労働省令　七三号
平成二七年　三月三一日厚生労働省令　七六号
平成二七年　四月一〇日厚生労働省令　八八号
平成二七年　九月二九日厚生労働省令一四九号

平成二七年　九月二九日厚生労働省令一五〇号
平成二七年　九月三〇日厚生労働省令一五六号
平成二七年一〇月一四日厚生労働省令一六〇号
平成二七年一二月二四日厚生労働省令一七三号
平成二七年一二月二八日厚生労働省令一七五号
平成二八年　一月一四日厚生労働省令　四号
平成二八年　二月　三日厚生労働省令　一二号
平成二八年　二月一〇日厚生労働省令　一七号
平成二八年　二月一六日厚生労働省令　二〇号
平成二八年　三月二八日厚生労働省令　四三号
平成二八年　三月三一日厚生労働省令　七二号
平成二八年　三月三一日厚生労働省令　七三号
平成二八年　四月　一日厚生労働省令　八三号
平成二八年　五月一六日厚生労働省令　九九号
平成二八年　六月三〇日厚生労働省令一二二号
平成二八年　七月二九日厚生労働省令一三四号
平成二八年　七月二九日厚生労働省令一三六号
平成二八年　八月　二日厚生労働省令一三七号
平成二八年　八月　五日厚生労働省令一三八号
平成二八年　八月一九日厚生労働省令一四二号
平成二八年　九月三〇日厚生労働省令一五六号
平成二八年一〇月一九日厚生労働省令一六一号
平成二九年　三月三一日厚生労働省令　三八号
平成二九年　三月三一日厚生労働省令　五四号
平成二九年　三月三一日厚生労働省令　五五号
平成二九年　四月二八日厚生労働省令　六一号
平成二九年　六月三〇日厚生労働省令　六六号
平成二九年　七月一一日厚生労働省令　七一号
平成二九年　七月一八日厚生労働省令　七四号
平成二九年　七月三一日厚生労働省令　八七号
平成二九年　九月二九日厚生労働省令一〇三号
平成二九年一〇月一三日厚生労働省令一一二号
平成三〇年　三月三〇日厚生労働省令　四八号
平成三〇年　三月三一日厚生労働省令　五八号
平成三〇年　四月二七日厚生労働省令　六三号
平成三〇年　七月　六日厚生労働省令　八三号
平成三〇年　七月　九日厚生労働省令　八四号
平成三〇年　七月二五日厚生労働省令　九一号
平成三〇年　九月　七日厚生労働省令一一二号
平成三〇年　九月二八日厚生労働省令一一七号

目次

第一章　総則（第一条―第三条）
第二章　適用事業等（第三条の二―第十七条）
第三章　失業等給付
第一節　通則（第十七条の二―第十七条の七）
第二節　一般被保険者の求職者給付
第一款　基本手当（第十八条―第五十五条）

第二款　技能習得手当及び寄宿手当（第五十六条―第六十二条）
第三款　傷病手当（第六十三条―第六十五条）
第三節　高年齢被保険者の求職者給付（第六十五条の二―第六十五条の五）
第四節　短期雇用特例被保険者の求職者給付（第六十六条―第七十条）
第五節　日雇労働被保険者の求職者給付（第七十一条―第八十一条の二）
第六節　就職促進給付（第八十二条―第百一条の二）
第六節の二　教育訓練給付（第百一条の二の二―第百一条の二の十五）
第七節　雇用継続給付
第一款　高年齢雇用継続給付（第百一条の三―第百一条の十）
第二款　育児休業給付（第百一条の十一―第百一条の十五）
第三款　介護休業給付（第百一条の十六―第百二条）
第四章　雇用安定事業等
第一節　雇用安定事業（第百二条の二―第百二十条の二）
第二節　能力開発事業（第百二十一条―第百三十九条の四）
第三節　実践型地域雇用創造事業、戦略産業雇用創造プロジェクト及び地域活性化雇用創造プロジェクト（第百四十条―第百四十条の三）
第五章　雑則（第百四十一条―第百四十六条）
附則

第一章　総則

（事務の管轄）

第一条　雇用保険法（昭和四十九年法律第百十六号。以下「法」という。）第八十一条第一項の規定により、法第七条、第九条第一項及び第三十八条第二項の規定による厚生労働大臣の権限は、都道府県労働局長に委任する。

2　前項の規定により都道府県労働局長に委任された権限は、法第八十一条第二項の規定により、公共職業安定所長に委任する。

3　雇用保険に関する事務（労働保険の保険料の徴収等に関する法律施行規則（昭和四十七年労働省令第八号）第一条第一項に規定する労働保険関係事務を除く。以下同じ。）のうち、都道府県知事が行う事務は、法第五条第一項に規定する適用事業（以下「適用事業」という。）の事業所の所在地を管轄する都道府県知事が行う。

4　雇用保険に関する事務のうち、都道府県労働局長が行う事務は、厚生労働大臣の指揮監督を受けて、適用事業の事業所の所在地を管轄する都道府県労働局長が行う。

5　雇用保険に関する事務のうち、公共職業安定所長が行う事務は、都道府県労働局長の指揮監督を受けて、適用事業の事業所の所在地を管轄する公共職業安定所（厚生労働省組織規則（平成十三年厚生労働省令第一号）第七百九十三条の規定により当該事務を取り扱わない公共職業安定所を除く。以下同じ。）の長（次の各号に掲げる事務にあつては、当該各号に定める公共職業安定所長）が行う。

一　法第十四条第二項第一号に規定する受給資格（以下「受給資格」という。）を有する者（以下「受給資格者」という。）、法第三十七条の三第二項に規定する高年齢受給資格（以下「高年齢受給資格」という。）及び高年齢求職者給付金の支給を受けた者であつて、当該高年齢受給資格に係る離職の日の翌日から起算して一年を経過していないもの（第五号において「高年齢求職者給付金受給者」という。）、法第三十九条第二項に規定する特例受給資格（以下「特例受給資格」という。）を有する者（以下「特例受給資格者」という。）及び特例一時金の支給を受けた者であつて、当該特例受給資格に係る離職の日の翌日から起算して六箇月を経過していないもの（第五号において「特例一時金受給者」という。）並びに法第六十条の二第一項各号に掲げる者について行う失業等給付（法第十条第六項に規定する雇用継続給付を除く。第五号において同じ。）に関する事務並びに法第四十三条第一項に規定する日雇労働被保険者（以下「日雇労働被保険者」という。）について行う同項第四号の認可に関する事務、法第四十四条の規定に基づく事務及び法第五十四条の規定による日雇労働求職者給付金の支給に関する事務　その者の住所又は居所を管轄する公共職業安定所（以下「管轄公共職業安定所」という。）の長

二　法第五十六条の三第一項第二号に規定する日雇受給資格者（以下「日雇受給資格者」という。）について行う就業促進手当の支給に関する事務　同号の安定した職業に係る事業所の所在地を管轄する公共職業安定所の長

三　日雇労働被保険者について行う法第四十三条第二項の規定に基づく事務　その者が前二月の各月において十八日以上雇用された又は継続して三十一日以上雇用された適用事業の事業所の所在地を管轄する公共職業安定所の長又は管轄公共職業安定所の長

四　第十条第三項に基づく事務及び日雇労働被保険者について行う法第四十五条の規定による日雇労働求職者給付金の支給に関する事務　その者の選択する公共職業安定所の長（厚生労働省職業安定局長（以下「職業安定局長」という。）が定める者にあつては、職業安定局長の定める公共職業安定所の長）

五　法第十条の三第一項の規定による失業等給付の支給を請求する者について行う当該失業等給付に関する事務　当該

失業等給付に係る受給資格者、高年齢受給資格者（高年齢求職者給付金受給者を含む。）、特例受給資格者（特例一時金受給者を含む。第八十二条の三第二項第二号において同じ。）、日雇労働被保険者又は教育訓練給付金の支給を受けることができる者の死亡の当時の住所又は居所を管轄する公共職業安定所（以下「死亡者に係る公共職業安定所」という。）の長

（通貨以外のもので支払われる賃金の範囲及び評価）

第二条 法第四条第四項の賃金に算入すべき通貨以外のもので支払われる賃金の範囲は、食事、被服及び住居の利益のほか、公共職業安定所長が定めるところによる。

2 前項の通貨以外のもので支払われる賃金の評価額は、公共職業安定所長が定める。

（事務の処理単位）

第三条 適用事業の事業主（第百十八条の三第五項（各号列記以外の部分、第一号及び第三号イに係る部分に限る。）及び第百三十条を除き、以下「事業主」という。）は、別段の定めがある場合のほか、法の規定により行うべき法第四条第一項に規定する被保険者（第百十八条の二第十五項第一号ハを除き、以下「被保険者」という。）に関する届出その他の事務を、その事業所ごとに処理しなければならない。

第二章 適用事業等

（法第六条第四号に規定する厚生労働省令で定める者）

第三条の二 法第六条第四号に規定する厚生労働省令で定める者は、次の各号に掲げる者以外の者とする。

一 卒業を予定している者であつて、適用事業に雇用され、卒業した後も引き続き当該事業に雇用されることとなつているもの

二 休学中の者

三 定時制の課程に在学する者

四 前三号に準ずる者として職業安定局長が定めるもの

（法第六条第六号の厚生労働省令で定める者）

第四条 法第六条第六号の厚生労働省令で定める者は、次のとおりとする。

一 国又は独立行政法人通則法（平成十一年法律第百三号）第二条第四項に規定する行政執行法人（以下「行政執行法人」という。）の事業に雇用される者（国家公務員退職手当法（昭和二十八年法律第百八十二号）第二条第一項に規定する常時勤務に服することを要する国家公務員以外の者であつて、同条第二項の規定により職員とみなされないものを除く。）

二 都道府県、地方自治法（昭和二十二年法律第六十七号）

第二百八十四条第二項の規定による地方公共団体の組合で都道府県が加入するもの又は地方独立行政法人法（平成十五年法律第百十八号）第二条第二項に規定する特定地方独立行政法人（以下「特定地方独立行政法人」という。）であつて設立に当たり総務大臣の認可を受けたものその他都道府県に準ずるもの（以下この号及び次条第一項において「都道府県等」という。）の事業に雇用される者であつて、当該都道府県等の長が法を適用しないことについて、厚生労働大臣に申請し、その承認を受けたもの

三　市町村又は地方自治法第二百八十四条第二項、第三項、第五項及び第六項の規定による地方公共団体の組合で都道府県が加入しないもの、特定地方独立行政法人であつて設立に当たり都道府県知事の認可を受けたもの若しくは国、地方公共団体若しくは特定地方独立行政法人以外の者で学校教育法（昭和二十二年法律第二十六号）第一条の学校、同法第百三十四条第一項の各種学校若しくは就学前の子どもに関する教育、保育等の総合的な提供の推進に関する法律（平成十八年法律第七十七号。以下「認定こども園法」という。）第二条第七項に規定する幼保連携型認定こども園における教育、研究若しくは調査の事業を行うもの（以下この号において「学校等」という。）その他市町村に準ずるもの（以下この号及び次条第一項において「市町村等」という。）の事業（学校等が法人である場合には、その事務所を除く。）に雇用される者であつて、当該市町村等の長が法を適用しないことについて、都道府県労働局長に申請し、厚生労働大臣の定める基準によつて、その承認を受けたもの

2　前項第二号又は第三号の承認の申請がなされたときは、その承認の申請に係る被保険者については、その承認の申請がなされた日から法を適用しない。ただし、法を適用しないことについて承認をしない旨の決定があつたときは、その承認の申請がなされた日にさかのぼつて法を適用する。

（法を適用しないことの承認の申請）

第五条　都道府県等の長は、前条第一項第二号の承認を受けようとするときは、厚生労働大臣に、市町村等の長は、同項第三号の承認を受けようとするときは、都道府県労働局長に、それぞれ、雇用保険適用除外申請書（様式第一号）を提出しなければならない。

2　前項の申請書には、当該承認の申請に係る被保険者が離職した場合に法に規定する求職者給付及び就職促進給付の内容を超える給与を支給することを規定した法令、条例、規則等を添えなければならない。

（被保険者となつたことの届出）

第六条　事業主は、法第七条の規定により、その雇用する労働者が当該事業主の行う適用事業に係る被保険者となつたことについて、当該事実のあつた日の属する月の翌月十日までに、

雇用保険被保険者資格取得届（様式第二号。以下「資格取得届」という。）をその事業所の所在地を管轄する公共職業安定所の長に提出しなければならない。

2　事業主は、次の各号のいずれかに該当する場合には、前項の規定により提出する資格取得届に労働契約に係る契約書、労働者名簿、賃金台帳その他の当該適用事業に係る被保険者となつたことの事実及びその事実のあつた年月日を証明することができる書類を添えなければならない。

一　その事業主において初めて資格取得届を提出する場合

二　前項に規定する期限を超えて資格取得届を提出する場合

三　前項に規定する期限から起算して過去三年間に法第十条の四第二項に規定する同条第一項の規定による失業等給付の返還又は納付を命ぜられた金額の納付をすることを命ぜられたことその他これに準ずる事情があつたと認められる場合

四　前各号に定める場合のほか、資格取得届の記載事項に疑義がある場合その他の当該届出のみでは被保険者となつたことの判断ができない場合として職業安定局長が定める場合

3　事業主は、その同居の親族（婚姻の届出をしていないが、事実上その者と婚姻関係と同様の事情にある者を含む。）その他特に確認を要する者として職業安定局長が定める者に係る資格取得届を提出する場合には、第一項の規定により提出する資格取得届に、労働契約に係る契約書、労働者名簿、賃金台帳その他の当該適用事業に係る被保険者となつたことの事実及びその事実のあつた年月日を証明することができる書類並びに職業安定局長が定める書類を添えなければならない。

4　事業主は、前二項の規定にかかわらず、職業安定局長が定めるところにより、これらの規定に定める書類を添えないことができる。

5　第十条第一項の雇用保険被保険者証（同項を除き、以下「被保険者証」という。）の交付を受けた者は、被保険者となつたときは、速やかに、その被保険者証をその者を雇用する事業主に提示しなければならない。

6　事業主は、法第二十二条第五項に規定する者であつて、被保険者となつた日が法第九条第一項の規定による被保険者となつたことの確認があつた日の二年前の日より前にあるものに係る被保険者となつたことの届出については、第一項の規定にかかわらず、資格取得届に第三十三条の二各号に定めるいずれかの書類を添えてその事業所の所在地を管轄する公共職業安定所の長に提出しなければならない。

（被保険者でなくなつたことの届出）

第七条　事業主は、法第七条の規定により、その雇用する労働者が当該事業主の行う適用事業に係る被保険者でなくなつたことについて、当該事実のあつた日の翌日から起算して十日以内に、雇用保険被保険者資格喪失届（様式第四号。以下「資

格喪失届」という。）に労働契約に係る契約書、労働者名簿、賃金台帳その他の当該適用事業に係る被保険者でなくなつたことの事実及びその事実のあつた年月日を証明することができる書類を添えてその事業所の所在地を管轄する公共職業安定所の長に提出しなければならない。この場合において、当該適用事業に係る被保険者でなくなつたことの原因が離職であるときは、当該資格喪失届に、次の各号に掲げる者の区分に応じ、当該各号に定める書類を添えなければならない。

一　次号に該当する者以外の者　雇用保険被保険者離職証明書（様式第五号。以下「離職証明書」という。）及び賃金台帳その他の離職の日前の賃金の額を証明することができる書類

二　第三十五条各号に掲げる者又は第三十六条各号に掲げる理由により離職した者　前号に定める書類及び第三十五条各号に掲げる者であること又は第三十六条各号に掲げる理由により離職したことを証明することができる書類

2　事業主は、前項の規定により当該資格喪失届を提出する際に当該被保険者が雇用保険被保険者離職票（様式第六号。以下「離職票」という。）の交付を希望しないときは、同項後段の規定にかかわらず、離職証明書を添えないことができる。ただし、離職の日において五十九歳以上である被保険者については、この限りでない。

3　公共職業安定所長は、離職したことにより被保険者でなくなつた者が、離職の日以前二年間（法第十三条第三項に規定

する特定理由離職者及び法第二十三条第二項各号のいずれかに該当する者（法第十三条第一項の規定により基本手当の支給を受けることができる資格を有することとなる者を除く。）にあつては一年間）に法第十三条第一項に規定する理由により引き続き三十日以上賃金の支払を受けることができなかつた場合において、必要があると認めるときは、その者に対し、医師の証明書その他当該理由を証明することができる書類の提出を命ずることができる。

4　事業主は、法第二十二条第五項に規定する者であつて、被保険者でなくなつた日が法第九条第一項の規定による被保険者となつたことの確認があつた日の二年前の日より前にあるものに係る被保険者でなくなつたことの届出については、前三項の規定にかかわらず、資格喪失届に第三十三条の二各号に定めるいずれかの書類を添えてその事業所の所在地を管轄する公共職業安定所の長に提出しなければならない。

5　事業主は、第一項の規定にかかわらず、職業安定局長が定めるところにより、同項に定める書類を添えないことができる。

（確認の請求）

第八条　法第八条の規定による被保険者となつたこと又は被保険者でなくなつたことの確認の請求は、文書又は口頭で行うものとする。

2　前項の規定により文書で確認の請求をしようとする者は、

次の各号に掲げる事項を記載して署名又は記名押印した請求書を、その者を雇用し又は雇用していた事業主の事業所の所在地を管轄する公共職業安定所の長に提出しなければならない。この場合において、証拠があるときは、これを添えなければならない。
一　請求者の氏名、住所及び生年月日
二　請求の趣旨
三　事業主の氏名並びに事業所の名称及び所在地
四　被保険者となつたこと又は被保険者でなくなつたことの事実、その事実のあつた年月日及びその原因
五　請求の理由
3　第一項の規定により口頭で確認の請求をしようとする者は、前項各号に掲げる事項を同項の公共職業安定所長に陳述し、証拠があるときはこれを提出しなければならない。
4　前項の規定による陳述を受けた公共職業安定所長は、聴取書を作成し、請求者に読み聞かせた上、署名又は記名押印させなければならない。
5　法第二十二条第五項に規定する者であつて、被保険者となつた日が法第九条第一項の規定による被保険者となつたことの確認があつた日の二年前の日より前にあるものが被保険者となつたことの確認の請求を文書で行う場合は、その者は、第二項の規定にかかわらず、第二項に規定する請求書に第三十三条の二各号に定めるいずれかの書類を添えて、その者を雇用し又は雇用していた事業主の事業所の所在地を管轄する公共職業安定所の長に提出しなければならない。
6　法第二十二条第五項に規定する者であつて、被保険者でなくなつた日が法第九条第一項の規定による被保険者となつたことの確認があつた日の二年前の日より前にあるものが被保険者でなくなつたことの確認の請求を文書で行う場合は、その者は、第二項の規定にかかわらず、第二項に規定する請求書に第三十三条の二各号に定めるいずれかの書類を添えて、その者を雇用し又は雇用していた事業主の事業所の所在地を管轄する公共職業安定所の長に提出しなければならない。
7　法第二十二条第五項に規定する者であつて、被保険者となつた日が法第九条第一項の規定による被保険者となつたことの確認があつた日の二年前の日より前にあるものが被保険者となつたことの確認の請求を口頭で行う場合は、その者は、第三項の規定にかかわらず、第二項各号に掲げる事項を同項の公共職業安定所長に陳述し、第三十三条の二各号に定めるいずれかの書類を提出しなければならない。
8　法第二十二条第五項に規定する者であつて、被保険者でなくなつた日が法第九条第一項の規定による被保険者となつたことの確認があつた日の二年前の日より前にあるものが被保険者でなくなつたことの確認の請求を口頭で行う場合は、その者は、第三項の規定にかかわらず、第二項各号に掲げる事項を同項の公共職業安定所長に陳述し、第三十三条の二各号

に定めるいずれかの書類を提出しなければならない。

9　前二項の規定による陳述を受けた公共職業安定所長は、聴取書を作成し、請求者に読み聞かせた上、署名又は記名押印させなければならない。

10　第二項、第三項、第五項及び第七項の場合において、被保険者となつたことの確認の請求をしようとする者が、被保険者証の交付を受けた者であるときは、その被保険者証を提出しなければならない。

（確認の通知）

第九条　公共職業安定所長は、法第九条第一項の規定による労働者が被保険者となつたこと又は被保険者でなくなつたことの確認をしたときは、それぞれ、雇用保険被保険者資格取得確認通知書（様式第六号の二）又は雇用保険被保険者資格喪失確認通知書（様式第六号の三）により、その旨を当該確認に係る者及びその者を雇用し、又は雇用していた事業主に通知しなければならない。この場合において、当該確認に係る者に対する通知は、当該事業主を通じて行うことができる。

2　公共職業安定所長は、当該確認に係る者又は当該事業主の所在が明らかでないために前項の規定による通知をすることができない場合においては、当該公共職業安定所の掲示場に、その通知すべき事項を記載した文書を掲示しなければならない。

3　前項の規定による掲示があつた日の翌日から起算して七日を経過したときは、第一項の規定による通知があつたものとみなす。

（被保険者証の交付）

第十条　公共職業安定所長は、法第九条の規定により被保険者となつたことの確認をしたときは、その確認に係る者に雇用保険被保険者証（様式第七号）を交付しなければならない。

2　前項の規定による被保険者証の交付は、当該被保険者を雇用する事業主を通じて行うことができる。

3　被保険者証の交付を受けた者は、当該被保険者証を滅失し、又は損傷したときは、雇用保険被保険者証再交付申請書（様式第八号）に運転免許証、健康保険の被保険者証その他の被保険者証の再交付の申請をしようとする者が本人であることの事実を証明することができる書類を添えて公共職業安定所長に提出し、被保険者証の再交付を受けなければならない。

（被保険者となつたこと又は被保険者でなくなつたことの事実がない場合の通知）

第十一条　公共職業安定所長は、資格取得届又は資格喪失届の提出があつた場合において、被保険者となつたこと又は被保険者でなくなつたことの事実がないと認めるときは、その旨を被保険者となつたこと又は被保険者でなくなつたことの事実がないと認められた者及び当該届出をした事業主に通知しなければならない。

2　第九条第一項後段、第二項及び第三項の規定は前項の通知について準用する。

第十二条　公共職業安定所長は、法第八条の規定による確認の請求があつた場合において、その請求に係る事実がないと認めるときは、その旨を当該請求をした者に通知しなければならない。この場合において、当該請求をした者であつて被保険者となつたことの確認に係るものが被保険者証の交付を受けた者であるときは、提出を受けた被保険者証をその者に返付しなければならない。

2　第九条第二項及び第三項の規定は、前項前段の通知について準用する。

（雇用継続交流採用職員に関する届出）

第十二条の二　事業主は、その雇用する被保険者が国と民間企業との間の人事交流に関する法律（平成十一年法律第二百二十四号）第二十一条第一項に規定する雇用継続交流採用職員（以下この条において「雇用継続交流採用職員」という。）でなくなつたときは、当該事実のあつた日の翌日から起算して十日以内に雇用継続交流採用終了届（様式第九号の二）に雇用継続交流採用職員でなくなつたことの事実及び雇用継続交流採用職員であつた期間を証明することができる書類を添えて、その事業所の所在地を管轄する公共職業安定所の長に提出しなければならない。

（被保険者の転勤の届出）

第十三条　事業主は、その雇用する被保険者を当該事業主の一の事業所から他の事業所に転勤させたときは、当該事実のあつた日の翌日から起算して十日以内に雇用保険被保険者転勤届（様式第十号。以下「転勤届」という。）を転勤後の事業所の所在地を管轄する公共職業安定所の長に提出しなければならない。

2　事業主は、前項の規定により提出する転勤届に労働者名簿その他の転勤の事実を証明することができる書類を添えなければならない。

3　事業主は、前項の規定にかかわらず、職業安定局長が定めるところにより、同項に定める書類を添えないことができる。

4　被保険者は、その雇用される事業主の一の事業所から他の事業所に転勤したときは、速やかに、被保険者証をその事業主に提出しなければならない。

（被保険者の氏名変更の届出）

第十四条　事業主は、その雇用する被保険者が氏名を変更したときは、当該被保険者に係る次の各号に掲げる届出又は当該被保険者が当該事業主を経由して行う支給申請手続の際、雇用保険被保険者氏名変更届（様式第四号。以下「被保険者氏名変更届」という。）に運転免許証、健康保険の被保険者証その他の氏名の変更の事実を証明することができる書類を添えて、その事業所の所在地を管轄する公共職業安定所の長に提出しなければならない。

一　第七条第一項の規定による被保険者でなくなつたことの届出

二　第十二条の二の規定による雇用継続交流採用職員に関する届出

三　前条第一項の規定による被保険者の転勤の届出

四　次条の規定による被保険者の個人番号の変更の届出

五　第十四条の三第一項の規定による被保険者の育児休業又は介護休業開始時の賃金の届出

六　第十四条の四第一項の規定による被保険者の育児又は介護のための休業又は所定労働時間短縮の開始時の賃金の届出

七　第百一条の五第一項又は第六項の規定による高年齢雇用継続基本給付金の支給申請手続

八　第百一条の七第一項又は同条第二項において準用する第百一条の五第六項の規定による高年齢再就職給付金の支給申請手続

九　第百一条の十三第一項又は第五項の規定による育児休業給付金の支給申請手続

十　第百一条の十九第一項の規定による介護休業給付金の支給申請手続

2　事業主は、前項の規定にかかわらず、職業安定局長が定めるところにより、同項に定める書類を添えないことができる。

3　被保険者は、その氏名を変更したときは、速やかに、事業主にその旨を申し出るとともに、被保険者証を提示しなければならない。

4　公共職業安定所長は、第一項の規定により被保険者氏名変更届の提出を受けたときは、当該被保険者氏名変更届に基づいて作成した被保険者証を当該被保険者に交付しなければならない。

5　第十条第二項の規定は、前項の交付について準用する。

（被保険者の個人番号の変更の届出）

第十四条の二　事業主は、その雇用する被保険者（日雇労働被保険者を除く。）の個人番号（行政手続における特定の個人を識別するための番号の利用等に関する法律（平成二十五年法律第二十七号）第二条第五項に規定する個人番号をいう。以下同じ。）が変更されたときは、速やかに、個人番号変更届（様式第十号の二）をその事業所の所在地を管轄する公共職業安定所の長に提出しなければならない。

（被保険者の育児休業又は介護休業開始時の賃金の届出）

第十四条の三　事業主は、その雇用する被保険者（法第三十八条第一項に規定する短期雇用特例被保険者（以下「短期雇用特例被保険者」という。）及び日雇労働被保険者を除く。以下この条及び次条において同じ。）が法第六十一条の四第一項（同条第六項において読み替えて適用する場合を含む。第百一条の十三及び第百一条の十六において同じ。）に規定する休業を開始したときは第百一条の十三第一項の規定により、当該被保険者が育児休業給付受給資格確認票・（初回）育児休業給付金支給申請書の提出をする日までに、法第六十一条の六第一項に規定する休業を開始したときは第百一条の十九第一項の規定により、当該被保険者が介護休業給付金支給申請書の提出をする日までに、雇用保険被保険者休業開始時賃金証明書（様式第十号の二の二。以下「休業開始時賃金証明書」という。）に労働者名簿、賃金台帳その他の当該休業を開始した日及びその日前の賃金の額並びに雇用期間を証明することができる書類を添えてその事業所の所在地を管轄する公共職業安定所の長に提出しなければならない。

2 事業主は、前項の規定にかかわらず、職業安定局長が定めるところにより、同項に定める書類を添えないことができる。

3 公共職業安定所長は、第一項の規定により休業開始時賃金証明書の提出を受けたときは、当該休業開始時賃金証明書に基づいて作成した雇用保険被保険者休業開始時賃金証明票（様式第十号の三。第七節第二款及び第三款において「休業開始時賃金証明票」という。）を当該被保険者に交付しなければならない。

4 第十条第二項の規定は、前項の交付について準用する。

（被保険者の育児又は介護のための休業又は所定労働時間短縮の開始時の賃金の届出）

第十四条の四 事業主は、その雇用する被保険者がその小学校就学の始期に達するまでの子（法第六十一条の四第一項に規定する子をいう。第百一条の十一（第二項第一号に限る。）、第百一条の十六（第二項第一号に限る。）及び第百十条を除き、以下同じ。）を養育するための休業若しくは対象家族（法第六十一条の六第一項に規定する対象家族をいう。第三十六条を除き、以下同じ。）を介護するための休業をした場合又はその雇用する被保険者のうちその小学校就学の始期に達するまでの子を養育する被保険者若しくは対象家族を介護する被保険者に関して所定労働時間の短縮を行つた場合であつて、当該被保険者が離職し、法第十三条第三項に規定する特定理由離職者又は法第二十三条第二項に規定する特定受給資格者（以下「特定受給資格者」という。）として受給資格の決定を受けることとなるときは、当該被保険者が当該離職したことにより被保険者でなくなつた日の翌日から起算して十日以内に、雇用保険被保険者休業・所定労働時間短縮開始時賃金証明書（様式第十号の二の二。以下「休業・所定労働時間短縮開始時賃金証明書」という。）に育児休業、介護休業等育児又は家族介護を行う労働者の福祉に関する法律施行規則（平成三年労働省令第二十五号）第七条に規定する育児休業申出書、同令第二十五条に規定する介護休業申出書（第百一条の十九第一項において「介護休業申出書」という。）、育児休業、介護休業等育児又は家族介護を行う労働者の福祉に関する法律（平成三年法律第七十六号。以下「育児・介護休業法」という。）第二十三条第一項又は第三項に規定する申出に係る書類その他の育児休業、介護休業又は育児若しくは家族介護に係る所定労働時間短縮（以下この項において「休業等」という。）を行つたことの事実及び休業等を行つた期間並びに当該休業等を開始した日前の賃金の額を証明することができる書類を添えてその事業所の所在地を管轄する公共職業安定所の長に提出しなければならない。

2　事業主は、前項の規定にかかわらず、職業安定局長が定めるところにより、同項に定める書類を添えないことができる。

3　公共職業安定所長は、第一項の規定により休業・所定労働時間短縮開始時賃金証明書の提出を受けたときは、当該休業・所定労働時間短縮開始時賃金証明書に基づいて作成した雇用保険被保険者休業・所定労働時間短縮開始時賃金証明票（様式第十号の三）を当該被保険者に交付しなければならない。

4　第十条第二項の規定は、前項の交付について準用する。

（被保険者に関する台帳の保管）

第十五条　公共職業安定所長は、被保険者となつたこと及び被保険者でなくなつたことに関する事項を記載した台帳を保管しなければならない。

（離職証明書の交付）

第十六条　事業主は、その雇用していた被保険者が離職したことにより被保険者でなくなつた場合において、その者が離職票の交付を請求するため離職証明書の交付を求めたときは、これをその者に交付しなければならない。ただし、第七条第一項の規定により離職証明書を提出した場合は、この限りでない。

（離職票の交付）

第十七条　公共職業安定所長は、次の各号に掲げる場合においては、離職票を、離職したことにより被保険者でなくなつた者に交付しなければならない。ただし、その者の住所又は居所が明らかでないためその他やむを得ない理由のため離職票を交付することができないときは、この限りでない。

一　資格喪失届により被保険者でなくなつたことの確認をした場合であつて、事業主が当該資格喪失届に離職証明書を添えたとき。

二　資格喪失届により被保険者でなくなつたことの確認をした場合であつて、当該被保険者であつた者から前条の規定による離職証明書を添えて請求があつたとき。

三　第八条の規定による確認の請求により、又は職権で被保険者でなくなつたことの確認をした場合であつて、当該被保険者であつた者から前条の規定による離職証明書を添えて請求があつたとき。

2　前項第一号の場合においては、離職票の交付は、当該被保険者でなくなつた者が当該離職の際雇用されていた事業主を通じて行うことができる。

3　第一項第二号又は第三号の請求をしようとする者は、その者を雇用していた事業主の所在が明らかでないことその他やむを得ない理由があるときは、離職証明書を添えないことができる。

4　離職票を滅失し、又は損傷した者は、次の各号に掲げる事項を記載した申請書に運転免許証その他の離職票の再交付を申請しようとする者が本人であることを確認することができる書類を添えて、離職票の再交付を申請することができる。提出し、離職票の再交付を申請することができる。

一　申請者の氏名、性別、住所又は居所及び生年月日

二　離職前の事業所の名称及び所在地

三　滅失又は損傷の理由

5　離職票を損傷したことにより前項の規定による再交付を申請しようとする者は、同項に規定する書類のほか、同項の申請書にその損傷した離職票を添えなければならない。

6　公共職業安定所長は、離職票を再交付するときは、その離職票に再交付の旨及び再交付の年月日を記載しなければならない。

7　離職票の再交付があつたときは、当該滅失し、又は損傷した離職票は、再交付の日以後その効力を失う。

第三章　失業等給付

第一節　通則

（未支給失業等給付の請求手続）

第十七条の二　法第十条の三第一項の規定による失業等給付の支給を請求しようとする者（以下「未支給給付請求者」という。）は、死亡した受給資格者、高年齢受給資格者、特例受給資格者、日雇受給資格者又は就職促進給付、教育訓練給付金若しくは雇用継続給付の支給を受けることができる者（以下この節において「受給資格者等」という。）が死亡した日の翌日から起算して六箇月以内に、未支給失業等給付請求書（様式第十号の四）に当該受給資格者等の死亡の事実及び死亡の年月日を証明することができる書類、未支給給付請求者と死亡した受給資格者等との続柄を証明することができる書類並びに未支給給付請求者が死亡した受給資格者等と生計を同じくしていたことを証明することができる書類を添えて死亡者に係る公共職業安定所の長に提出しなければならない。この場合において、当該失業等給付が次の各号に該当するときは、当該各号に掲げる失業等給付の区分に応じ、当該各号に定める書類を添えなければならない。

一　基本手当　死亡した受給資格者の雇用保険受給資格者証（様式第十一号。以下「受給資格者証」という。）

二　高年齢求職者給付金　死亡した高年齢受給資格者の雇用保険高年齢受給資格者証（様式第十一号の二。以下「高年齢受給資格者証」という。）

三　特例一時金　死亡した特例受給資格者の雇用保険特例受給資格者証（様式第十一号の三。以下「特例受給資格者証」という。）

四　日雇労働求職者給付金　死亡した日雇受給資格者の日雇

労働被保険者手帳（様式第十一号の四。以下「被保険者手帳」という。）

五　教育訓練給付金　死亡した教育訓練給付金の支給を受けることができる者の被保険者証

六　就職促進給付　死亡した受給資格者等の受給資格者証、高年齢受給資格者証、特例受給資格者証又は被保険者手帳

2　前項後段の場合において、前項各号に定める書類を提出することができないことについて正当な理由があるときは、当該書類を添えないことができる。

3　未支給給付請求者は、未支給失業等給付請求書を提出するときは、死亡した受給資格者等が失業等給付の支給を受けることとした場合に行うべき届出又は書類の提出を行わなければならない。

4　未支給給付請求者は、この条の規定による請求（第四十七条第一項（第六十五条、第六十五条の五、第六十九条及び第七十七条において準用する場合を含む。）に該当する場合を除く。）を、代理人に行わせることができる。この場合において、代理人は、その資格を証明する書類に第一項及び前項に規定する書類を添えて第一項の公共職業安定所の長に提出しなければならない。

（未支給失業等給付の支給手続）

第十七条の三　死亡者に係る公共職業安定所の長は、未支給給付請求者に対する失業等給付の支給を決定したときは、その日の翌日から起算して七日以内に当該失業等給付を支給するものとする。

（未支給失業等給付に関する事務の委嘱）

第十七条の四　死亡者に係る公共職業安定所の長は、未支給給付請求者の申出によつて必要があると認めるときは、その者について行う失業等給付の支給に関する事務を他の公共職業安定所長に委嘱することができる。

2　前項の規定による委嘱が行われた場合は、当該委嘱に係る未支給給付請求者について行う失業等給付に関する事務は、第一条第五項第五号の規定にかかわらず、当該委嘱を受けた公共職業安定所長が行う。

3　前項の場合における前二条の規定の適用については、これらの規定中「死亡者に係る公共職業安定所」とあるのは、「委嘱を受けた公共職業安定所」とする。

（失業等給付の返還等）

第十七条の五　法第十条の四第一項又は第二項の規定により返還又は納付を命ぜられた金額を徴収する場合には、都道府県労働局労働保険特別会計歳入徴収官（次条において「歳入徴収官」という。）は、納期限を指定して納入の告知をしなければならない。

2　前項の規定による納入の告知を受けた者は、その指定された納期限までに、当該納入の告知に係る金額を日本銀行（本店、支店、代理店及び歳入代理店をいう。）又は都道府県労働

局労働保険特別会計収入官吏（第十七条の七において「収入官吏」という。）に納入しなければならない。

第十七条の六　歳入徴収官は、法第十条の四第三項において準用する労働保険の保険料の徴収等に関する法律（昭和四十四年法律第八十四号。以下「徴収法」という。）第二十七条第二項の規定により督促状を発するときは、同条第一項の規定により十四日以内の期限を指定しなければならない。

第十七条の七　法第十条の四第三項において準用する徴収法第二十七条第三項の規定により滞納処分のため財産差押えをする収入官吏は、その身分を示す証明書（様式第十一号の五）を携帯し、関係者に提示しなければならない。

第二節　一般被保険者の求職者給付

第一款　基本手当

（法第十三条第一項の厚生労働省令で定める理由）

第十八条　法第十三条第一項の厚生労働省令で定める理由は、次のとおりとする。

一　事業所の休業

二　出産

三　事業主の命による外国における勤務

四　国と民間企業との間の人事交流に関する法律第二条第四項第二号に該当する交流採用

五　前各号に掲げる理由に準ずる理由であつて、管轄公共職業安定所の長がやむを得ないと認めるもの

（受給資格の決定）

第十九条　基本手当の支給を受けようとする者（未支給給付請求者を除く。）は、管轄公共職業安定所に出頭し、離職票に運転免許証その他の基本手当の支給を受けようとする者が本人であることを確認することができる書類（当該基本手当の支給を受けようとする者が離職票に記載された離職の理由に関し異議がある場合にあつては、当該書類及び離職の理由を証明することができる書類）を添えて提出しなければならない。この場合において、その者が二枚以上の離職票を保管するとき、又は第三十一条第三項若しくは第三十一条の三第三項の規定により受給期間延長通知書の交付を受けているときは、併せて提出しなければならない。

2　管轄公共職業安定所の長は、前項の基本手当の支給を受けようとする者が第三十二条各号に該当する場合において、必要があると認めるときは、その者に対し、その者が同号に該当する者であることの事実を証明する書類の提出を命ずることができる。

3　管轄公共職業安定所の長は、離職票を提出した者が、法第十三条第一項（同条第二項において読み替えて適用する場合を含む。次項において同じ。）の規定に該当すると認めたときは、法第十五条第三項の規定によりその者が失業の認定を受けるべき日（以下この節において「失業の認定日」という。）

を定め、その者に知らせるとともに、受給資格者証に必要な事項を記載した上、交付しなければならない。

4　管轄公共職業安定所の長は、離職票を提出した者が法第十三条第一項の規定に該当しないと認めたときは、離職票にその旨を記載し、返付しなければならない。

(法第十三条第三項の厚生労働省令で定める者)

第十九条の二　法第十三条第三項の厚生労働省令で定める者は、次のいずれかの理由により離職した者とする。

一　期間の定めのある労働契約の期間が満了し、かつ、当該労働契約の更新がないこと(その者が当該更新を希望したにもかかわらず、当該更新についての合意が成立するに至らなかつた場合に限る。)

二　法第三十三条第一項の正当な理由

(受給期間内に再就職した場合の受給手続)

第二十条　受給資格者は、法第二十四条第二項に規定する受給期間(以下「受給期間」という。)内に就職したときは、その期間内に再び離職し、当該受給資格に基づき基本手当の支給を受ける場合のために、受給資格者証を保管しなければならない。

2　受給資格者は、受給期間内に就職し、その期間内に再び離職し、当該受給期間内に係る受給資格に基づき基本手当の支給を受けようとするときは、管轄公共職業安定所に出頭し、その保管する受給資格者証を離職票又は雇用保険被保険者資格喪失確認通知書に添えて提出しなければならない。この場合において、管轄公共職業安定所の長は、その者について新たに失業の認定日を定め、受給資格者証に必要な改定をした上、返付しなければならない。

(公共職業訓練等を受講する場合における届出)

第二十一条　受給資格者は、公共職業安定所長の指示により法第十五条第三項に規定する公共職業訓練等(以下「公共職業訓練等」という。)を受けることとなつたときは、速やかに、公共職業訓練等受講届(様式第十二号。以下「受講届」という。)及び公共職業訓練等通所届(様式第十二号。以下「通所届」という。)に受給資格者証(当該受給資格者が法第三十六条第二項の同居の親族と別居して寄宿する場合にあつては、当該親族の有無についての市町村の長の証明書及び受給資格者証)を添えて管轄公共職業安定所の長に提出しなければならない。ただし、受給資格者証を添えて提出することができないことについて正当な理由があるときは、受給資格者証を添えないことができる。

2　受給資格者は、前項本文の規定にかかわらず、同項ただし書に規定するときのほか、職業安定局長が定めるところにより、受給資格者証を添えないことができる。

3　管轄公共職業安定所の長は受講届及び通所届の提出を受けたとき(第一項ただし書又は前項の規定により受給資格者証を添えないでこれらの届の提出を受けたときを除く。)は、受給資格者証に必要な事項を記載した上、返付しなければならない。

4 受給資格者は、受講届又は通所届の記載事項に変更があつたときは、速やかに、その旨を記載した届書に変更の事実を証明することができる書類及び受給資格者証を添えて管轄公共職業安定所の長に提出しなければならない。

5 受給資格者は、前項の規定にかかわらず、第七項の規定により準用する第一項ただし書に規定するときのほか、職業安定局長が定めるところにより、受給資格者証を添えないことができる。

6 管轄公共職業安定所の長は、第四項の届書の提出を受けたとき（前項又は次項の規定により準用する第一項ただし書の規定により受給資格者証を添えないで当該届書の提出を受けたときを除く。）は、受給資格者証に必要な改定をした上、返付しなければならない。

7 第十七条の二第四項の規定は第一項及び第四項の場合に、第一項ただし書の規定は第四項の場合に準用する。

（失業の認定）

第二十二条 受給資格者は、失業の認定を受けようとするときは、失業の認定日に、管轄公共職業安定所に出頭し、失業認定申告書（様式第十四号）に受給資格者証を添えて提出した上、職業の紹介を求めなければならない。

2 管轄公共職業安定所の長は、受給資格者に対して失業の認定を行つたときは、その処分に関する事項を受給資格者証に記載した上、返付しなければならない。

3 前条第一項ただし書の規定は、第一項の場合に準用する。

（法第十五条第三項の厚生労働省令で定める受給資格者）

第二十三条 法第十五条第三項の厚生労働省令で定める受給資格者は、次のとおりとする。

一 職業に就くためその他やむを得ない理由のため失業の認定日に管轄公共職業安定所に出頭することができない者であつて、その旨を管轄公共職業安定所の長に申し出たもの

二 管轄公共職業安定所の長が、行政機関の休日に関する法律（昭和六十三年法律第九十一号）第一条第一項に規定する行政機関の休日、労働市場の状況その他の事情を勘案して、失業の認定日を変更することが適当であると認める者

2 管轄公共職業安定所の長は、必要があると認めるときは、前項第一号の申出をしようとする者に対し、職業に就くためその他やむを得ない理由を証明することができる書類の提出を命ずることができる。

（失業の認定日の特例等）

第二十四条 公共職業安定所長の指示した公共職業訓練等を受ける受給資格者に係る失業の認定は、一月に一回、直前の月に属する各日（既に失業の認定の対象となつた日を除く。）について行うものとする。

2 前条に規定する者に係る失業の認定は、同条の申出を受け

た日に次の各号に掲げる日について行うものとする。

一　当該申出を受けた日が前条に規定する失業の認定日前の日であるときは、当該失業の認定日における失業の認定の対象となる日のうち、当該申出を受けた日前の各日

二　当該申出を受けた日が前条に規定する失業の認定日後の日であるときは、当該失業の認定日における失業の認定の対象となる日及び当該失業の認定日から当該申出を受けた日の前日までの各日

3　前項の規定により失業の認定が行われたときは、その後における最初の失業の認定日における失業の認定は、前条の申出を受けた日から当該失業の認定日の前日までの各日について行うものとする。

（証明書による失業の認定）

第二十五条　法第十五条第四項第一号に該当する受給資格者が証明書を提出することによって失業の認定を受けようとするときは、その理由がやんだ後における最初の失業の認定日に管轄公共職業安定所に出頭し、次の各号に掲げる事項を記載した医師その他診療を担当した者の証明書を受給資格者証に添えて提出しなければならない。

一　受給資格者の氏名及び年齢

二　傷病の状態又は名称及びその程度

三　初診の年月日

四　治ゆの年月日

2　第二十一条第一項ただし書の規定は、前項の場合に準用する。

第二十六条　法第十五条第四項第二号に該当する受給資格者が証明書を提出することによって失業の認定を受けようとするときは、求人者に面接した後における最初の失業の認定日に管轄公共職業安定所に出頭し、次の各号に掲げる事項を記載したその求人者の証明書を受給資格者証に添えて提出しなければならない。

一　受給資格者の氏名及び年齢

二　求人者の氏名及び住所（法人の場合は、名称及び事務所の所在地）

三　面接した日時

2　第二十一条第一項ただし書の規定は、前項の場合に準用する。

第二十七条　法第十五条第四項第三号に該当する受給資格者が証明書を提出することによって失業の認定を受けようとするときは、公共職業訓練等受講証明書（様式第十五号。以下「受講証明書」という。）を管轄公共職業安定所の長に提出しなければならない。

2　第十七条の二第四項の規定は、前項の場合に準用する。

第二十八条　法第十五条第四項第四号に該当する受給資格者が証明書を提出することによって失業の認定を受けようとするときは、その理由がやんだ後における最初の失業の認定日に

管轄公共職業安定所に出頭し、次の各号に掲げる事項を記載した官公署の証明書又は管轄公共職業安定所の長が適当と認める者の証明書を受給資格者証に添えて提出しなければならない。

一　受給資格者の氏名及び住所又は居所

二　天災その他やむを得ない理由の内容及びその理由が継続した期間

三　失業の認定を受けるため管轄公共職業安定所に出頭することができなかつた期間

2　第二十一条第一項ただし書の規定は、前項の場合に準用する。

（失業の認定の方法等）

第二十八条の二　管轄公共職業安定所の長は、失業の認定に当たつては、第二十二条第一項の規定により提出された失業認定申告書に記載された求職活動の内容を確認するものとする。

2　管轄公共職業安定所の長は、前項の認定に関して必要があると認めるときは、受給資格者に対し、運転免許証その他の基本手当の支給を受けようとする者が本人であることを確認することができる書類の提出を命ずることができる。

3　管轄公共職業安定所の長は、第一項の確認の際に、受給資格者に対し、職業紹介又は職業指導を行うものとする。

（法第十六条第一項の厚生労働省令で定める率）

第二十八条の三　法第十六条第一項の厚生労働省令で定める率は、百分の八十から第一号に掲げる率に第二号に掲げる率を乗じて得た率を減じた率とする。

一　百分の三十

二　法第十七条第一項に規定する賃金日額（四千九百二十円以上一万二千九十円以下のもの（その額が法第十八条の規定により変更されたときは、その変更された額）に限る。）から四千九百二十円（その額が同条の規定により変更されたときは、その変更された額。以下この号において同じ。）を減じた額を一万二千九十円（その額が同条の規定により変更されたときは、その変更された額。）から四千九百二十円を減じた額で除して得た率

2　受給資格に係る離職の日において六十歳以上六十五歳未満である受給資格者に対する前項の規定の適用については、同項中「第十六条第一項」とあるのは「第十六条第二項の規定により読み替えて適用する同条第一項」と、「減じた率」とあるのは「減じた率（当該率を法第十七条第一項に規定する賃金日額（以下この項において「賃金日額」という。）に乗じて得た金額が百分の五を賃金日額に乗じて得た金額に百分の四十を一万八百八十円（その額が法第十八条の規定により変更されたときは、その変更された額。以下この項において同じ。）に乗じて得た金額を加えた金額を超える場合は、当該金額を当該賃金日額で除して得た率）」と、「百分の三十」とあ

るのは「百分の三十五」と、「法第十七条第三項に規定する賃金日額」とあるのは「賃金日額」と、「一万三千九十円」とあるのは「一万八百八十円」とする。

（年度の平均給与額の算定）

第二十八条の四　法第十八条第一項の年度の平均給与額は、同項に規定する平均定期給与額の四月分から翌年三月分までの各月分の合計額を十二で除して得た額とする。

（最低賃金日額の算定方法）

第二十八条の五　法第十八条第三項に規定する最低賃金日額は、同条第一項及び第二項の規定により変更された自動変更対象額が適用される年度の四月一日に効力を有する最低賃金法（昭和三十四年法律第百三十七号）第九条第一項に規定する地域別最低賃金の額について、一定の地域ごとの額を労働者の人数により加重平均して算定した額に二十を乗じて得た額を七で除して得た額とする。

（自己の労働による収入の届出）

第二十九条　受給資格者が法第十九条第三項の規定により行う届出は、その者が自己の労働によって収入を得るに至った日の後における最初の失業の認定日に、失業認定申告書により管轄公共職業安定所の長にしなければならない。

2　管轄公共職業安定所の長は、前項の届出をしない受給資格者について、法第十九条に規定する労働による収入があったかどうかを確認するために調査を行う必要があると認めるときは、同項の失業の認定日において失業の認定をした日分の基本手当の支給の決定を次の基本手当を支給すべき日（以下この節において「支給日」という。）まで延期することができる。

（法第二十条第一項の厚生労働省令で定める理由）

第三十条　法第二十条第一項の厚生労働省令で定める理由は、次のとおりとする。

一　疾病又は負傷（法第三十七条第一項の規定により傷病手当の支給を受ける場合における当該傷病手当に係る疾病又は負傷を除く。）

二　前号に掲げるもののほか、管轄公共職業安定所の長がやむを得ないと認めるもの

（受給期間延長の申出）

第三十一条　法第二十条第一項の申出は、受給期間延長申請書（様式第十六号）に医師の証明書その他の第三十条各号に掲げる理由に該当することの事実を証明することができる書類及び受給資格者証（受給資格者証の交付を受けていない場合には、離職票（二枚以上の離職票を保管するときは、そのすべての離職票）。以下この条において同じ。）を添えて管轄公共職業安定所の長に提出することによって行うものとする。

2　受給資格者は、前項の規定にかかわらず、第八項の規定により準用する第二十一条第一項ただし書に規定するときのほか、職業安定局長が定めるところにより、受給資格者証を添

えないことができる。

3　第一項の申出は、当該申出に係る者が法第二十条第一項に規定する者に該当するに至つた日の翌日から、当該者に該当するに至つた日の直前の同項第一号に規定する基準日の翌日から起算して四年を経過する日までの間（同項の規定により加算された期間が四年に満たない場合は、当該期間の最後の日までの間）にしなければならない。ただし、天災その他申出をしなかつたことについてやむを得ない理由があるときは、この限りでない。

4　前項ただし書の場合における第一項の申出は、当該理由がやんだ日の翌日から起算して七日以内にしなければならない。

5　第三項ただし書の場合における第一項の申出は、受給期間延長申請書に天災その他の申出をしなかつたことについてやむを得ない理由を証明することができる書類を添えなければならない。

6　管轄公共職業安定所の長は、第一項の申出をした者が法第二十条第一項に規定する者に該当すると認めたときは、その者に受給期間延長通知書（様式第十七号）を交付しなければならない。この場合（第二項又は第八項の規定により準用する第二十一条第一項ただし書の規定により受給資格者証を添えないで第一項の申出を受けたときを除く。）において、管轄公共職業安定所の長は、受給資格者証に必要な事項を記載した上、返付しなければならない。

7　前項の規定により受給期間延長通知書の交付を受けた者は、次の各号のいずれかに該当する場合には、速やかに、その旨を管轄公共職業安定所の長に届け出るとともに、当該各号に掲げる書類を提出しなければならない。この場合において、管轄公共職業安定所の長は、提出を受けた書類に必要な事項を記載した上、返付しなければならない。

一　その者が提出した受給期間延長申請書の記載内容に重大な変更があつた場合　交付を受けた受給期間延長通知書

二　法第二十条第一項に規定する理由がやんだ場合　交付を受けた受給期間延長通知書及び受給資格者証

8　第十七条の二第四項の規定は、第一項及び前項の場合並びに第三項ただし書の場合における第一項の申出に、第二十一条第一項ただし書の規定は、第一項及び前項の場合について準用する。

（法第二十条第二項の厚生労働省令で定める年齢及び理由）

第三十一条の二　法第二十条第二項の厚生労働省令で定める年齢は、六十歳とする。

2　法第二十条第二項の厚生労働省令で定める理由は、六十歳以上の定年に達した後再雇用等により一定期限まで引き続き雇用されることとなつている場合に、当該期限が到来したこととする。

（定年退職者等に係る受給期間延長の申出）

第三十一条の三　法第二十条第二項の申出は、受給期間延長申請書に離職票（二枚以上の離職票を保管するときは、そのすべての離職票）を添えて管轄公共職業安定所の長に提出することによつて行うものとする。

2　前項の申出は、当該申出に係る離職の日の翌日から起算して二箇月以内にしなければならない。ただし、天災その他申出をしなかつたことについてやむを得ない理由があるときは、この限りでない。

3　管轄公共職業安定所の長は、第一項の申出をした者が法第二十条第二項に規定する者に該当すると認めたときは、その者に受給期間延長通知書を交付するとともに、離職票に必要な事項を記載した上、返付しなければならない。

4　第十七条の二第四項の規定は、第一項の場合及び第二項ただし書の場合における第一項の申出に、第三十一条第四項及び第五項の規定は、第二項ただし書の場合における申出について準用する。

（法第二十二条第二項の厚生労働省令で定める理由により就職が困難な者）

第三十二条　法第二十二条第二項の厚生労働省令で定める理由により就職が困難な者は、次のとおりとする。

一　障害者の雇用の促進等に関する法律（昭和三十五年法律第百二十三号。以下「障害者雇用促進法」という。）第二条第二号に規定する身体障害者（以下「身体障害者」という。）

二　障害者雇用促進法第二条第四号に規定する知的障害者（以下「知的障害者」という。）

三　障害者雇用促進法第二条第六号に規定する精神障害者（以下「精神障害者」という。）

四　売春防止法（昭和三十一年法律第百十八号）第二十六条第一項の規定により保護観察に付された者及び更生保護法（平成十九年法律第八十八号）第四十八条各号又は第八十五条第一項各号に掲げる者であつて、その者の職業のあつせんに関し保護観察所長から公共職業安定所長に連絡のあつたもの

五　社会的事情により就職が著しく阻害されている者

（法第二十二条第五項の厚生労働省令で定める日）

第三十三条　法第二十二条第五項の厚生労働省令で定める日は、次条各号に定める書類に基づき確認される被保険者の負担すべき額に相当する額がその者に支払われた賃金から控除されていたことが明らかとなる最も古い日とする。

2　次条各号に定める書類に基づき前項の最も古い日を確認することができないときは、当該書類に基づき確認される被保険者の負担すべき額に相当する額がその者に支払われた賃金から控除されていたことが明らかとなる最も古い月の初日を、前項に規定する最も古い日とみなす。

3　前項の規定により、当該最も古い月の初日を第一項の最も古い日とみなした場合に、当該最も古い月の初日が直前の被

保険者でなくなつた日よりも前にあるときは、前項の規定にかかわらず、当該直前の被保険者でなくなつた日を第一項の最も古い日とみなす。

4　法第二十二条第五項に規定する者は、次条各号に定める書類に基づき確認される被保険者の負担すべき額に相当する額がその者に支払われた賃金から控除されていたことが明らかである時期の直近の日の翌日に被保険者でなくなつたこととみなす。

5　次条各号に定める書類に基づく確認において、前項の直近の日を確認することができないときは、当該書類に基づき確認される被保険者の負担すべき額に相当する額がその者に支払われた賃金から控除されていたことが明らかである時期の直近の月の末日の翌日に被保険者でなくなつたこととみなす。

6　前項の規定により、当該直近の月の末日の翌日をその者が被保険者でなくなつた日とみなした場合に、当該直近の月のうちに被保険者となつた日があるときは、前項の規定にかかわらず、当該被保険者となつた日に被保険者でなくなつたこととみなす。

7　第四項から第六項までの規定は、法第九条第一項の規定による被保険者となつたことの確認があつた日の二年前までの時期については、適用しない。

（法第二十二条第五項第二号の厚生労働省令で定める書類）

第三十三条の二　法第二十二条第五項第二号の厚生労働省令で定める書類は、次のとおりとする。

一　労働基準法（昭和二十二年法律第四十九号）第百八条に規定する賃金台帳その他の賃金の一部が労働保険料（徴収法第十条第二項に規定する労働保険料をいう。以下同じ。）として控除されていることが証明される書類

二　所得税法（昭和四十年法律第三十三号）第二百二十六条第一項に規定する源泉徴収票又は法人税法施行規則（昭和四十年大蔵省令第十二号）第六十七条第一項に定める書類のうち賃金の一部が労働保険料として控除されていることが証明されるもの

（法第二十三条第二項第一号の厚生労働省令で定める事由）

第三十四条　法第二十三条第二項第一号の厚生労働省令で定める事由は、手形交換所において、その手形交換所で手形交換を行つている金融機関が金融取引を停止する原因となる事実についての公表がこれらの金融機関に対してされることとする。

（法第二十三条第二項第一号の厚生労働省令で定めるもの）

第三十五条　法第二十三条第二項第一号の厚生労働省令で定めるものは、次のとおりとする。

一　倒産（破産手続開始、再生手続開始、更生手続開始若しくは特別清算開始の申立て又は前条の事実をいう。）に伴い離職した者

二　事業所において、労働施策の総合的な推進並びに労働者の雇用の安定及び職業生活の充実等に関する法律（昭和四十一年法律第百三十二号）第二十七条第一項の規定による離職に係る大量の雇用変動の届出がされたため離職した者及び当該事業主に雇用される被保険者（短期雇用特例被保険者及び日雇労働被保険者を除く。以下この条において同じ。）の数を三で除して得た数を超える被保険者が離職したため離職した者

三　事業所の廃止（当該事業所の事業活動が停止し、再開する見込みがない場合を含み、事業の期間が予定されている事業において当該期間が終了したことによるものを除く。）に伴い離職した者

四　事業所の移転により、通勤することが困難となつたため離職した者

（法第二十三条第二項第二号の厚生労働省令で定める理由）

第三十六条　法第二十三条第二項第二号の厚生労働省令で定める理由は、次のとおりとする。

一　解雇（自己の責めに帰すべき重大な理由によるものを除く。）

二　労働契約の締結に際し明示された労働条件が事実と著しく相違したこと。

三　賃金（退職手当を除く。）の額を三で除して得た額を上回る額が支払期日までに支払われなかつたこと。

四　次のいずれかに予期し得ず該当することとなつたこと。

イ　離職の日の属する月以後六月のうちいずれかの月に支払われる賃金（最低賃金法第二条第三号に規定する賃金（同法第四条第三項第一号及び第二号に掲げる賃金並びに歩合によつて支払われる賃金を除く。）をいう。以下この号において同じ。）の額が当該月の前六月のうちいずれかの月の賃金の額に百分の八十五を乗じて得た額を下回ると見込まれることとなつたこと。

ロ　離職の日の属する月の六月前から離職した日の属する月までのいずれかの月の賃金の額が当該月の前六月のうちいずれかの月の賃金の額に百分の八十五を乗じて得た額を下回つたこと。

五　次のいずれかに該当することとなつたこと。

イ　離職の日の属する月の前六月のうちいずれか連続した三箇月以上の期間において労働基準法第三十六条第一項の協定で定める労働時間の延長の限度等に関する基準（平成十年労働省告示第百五十四号）（当該受給資格者が、育児・介護休業法第十七条第一項の小学校就学の始期に達するまでの子を養育する労働者であつて同項各号のいずれにも該当しないものである場合にあつては同項、育児・介護休業法第十八条第一項の要介護状態にある対象家族を介護する労働者であつて同項において準用する育児・介護休業法第十七条第一項各号のいずれにも

該当しないものである場合にあつては同項）に規定する時間を超える時間外労働が行われたこと。

ロ　離職の日の属する月の前六月のうちいずれかの月において一月当たり百時間を超える時間外労働が行われたこと。

ハ　離職の日の属する月の前六月のうちいずれか連続した二箇月以上の期間の時間外労働時間を平均し一月当たり八十時間を超える時間外労働が行われたこと。

ニ　事業主が危険又は健康障害の生ずるおそれがある旨を行政機関から指摘されたにもかかわらず、事業所において当該危険又は健康障害を防止するために必要な措置を講じなかつたこと。

ホ　事業主が法令に違反し、妊娠中若しくは出産後の労働者又は子の養育若しくは家族の介護を行う労働者を就業させ、若しくはそれらの者の雇用の継続等を図るための制度の利用を不当に制限したこと又は妊娠したこと、出産したこと若しくはそれらの制度の利用の申出をし、若しくは利用をしたこと等を理由として不利益な取扱いをしたこと。

〈編注〉　本条第五号は、次のように改正され、平成三一年四月一日から施行される。

五　次のいずれかに該当することとなつたこと。

イ　離職の日の属する月の前六月のうちいずれか連続した三箇月以上の期間において労働基準法第三十六条第三項に規定する限度時間に相当する時間数（当該受給資格者が、育児・介護休業法第十七条第一項の小学校就学の始期に達するまでの子を養育する労働者であつて同項各号のいずれにも該当しないものである場合にあつては同項、育児・介護休業法第十八条第一項の要介護状態にある対象家族を介護する労働者であつて同項において準用する育児・介護休業法第十七条第一項各号のいずれにも該当しないものである場合にあつては同項に規定する制限時間に相当する時間数）を超えて、時間外労働及び休日労働が行われたこと。

ロ　離職の日の属する月の前六月のうちいずれかの月において一月当たり百時間以上、時間外労働及び休日労働が行われたこと。

ハ　離職の日の属する月の前六月のうちいずれか連続した二箇月以上の期間の時間外労働時間及び休日労働時間を平均し一月当たり八十時間を超えて、時間外労働及び休日労働が行われたこと。

ニ　事業主が危険又は健康障害の生ずるおそれがある旨を行政機関から指摘されたにもかかわらず、事業所において当該危険又は健康障害を防止するために必要な措置を講じなかつたこと。

ホ　事業主が法令に違反し、妊娠中若しくは出産後の労働者又は子の養育若しくは家族の介護を行う労働者を就業させ、若しくはそれらの者の雇用の継続等を図るための制度の利用を不当に制限したこと又は妊娠したこと、出産したこと若しくはそれらの制度の利用の申出をし、若しくは利用をしたこと等を理由として不利益な取扱いをしたこと。

六　事業主が労働者の職種転換等に際して、当該労働者の職業生活の継続のために必要な配慮を行つていないこと。

七　期間の定めのある労働契約の更新により三年以上引き続き雇用されるに至つた場合において当該労働契約が更新されないこととなつたこと。

七の二　期間の定めのある労働契約の締結に際し当該労働契約が更新されることが明示された場合において当該労働契約が更新されないこととなつたこと。

八　事業主又は当該事業主に雇用される労働者から就業環境が著しく害されるような言動を受けたこと。

九　事業主から退職するよう勧奨を受けたこと。

十　事業所において使用者の責めに帰すべき事由により行われた休業が引き続き三箇月以上となつたこと。

十一　事業所の業務が法令に違反したこと。

（訓練延長給付に係る失業の認定手続）

第三十七条　受講届及び通所届を提出した受給資格者は、法第二十四条第一項の規定による基本手当の支給を受けようとするときは、失業の認定を受ける都度、受講証明書を提出しなければならない。

（訓練延長給付の通知）

第三十八条　管轄公共職業安定所の長は、法第二十四条第二項の規定により受給資格者に対して基本手当を支給することとしたときは、当該受給資格者に対してその旨を知らせるとともに、必要な事項を受給資格者証に記載するものとする。

（法第二十四条の二第一項の厚生労働省令で定める者）

第三十八条の二　法第二十四条の二第一項の厚生労働省令で定める者は、第十九条の二第一号に掲げる理由により離職した者とする。

（法第二十四条の二第一項の厚生労働省令で定める基準）

第三十八条の三　法第二十四条の二第一項の厚生労働省令で定める基準は、受給資格者が次の各号のいずれにも該当することとする。

一　特に誠実かつ熱心に求職活動を行つているにもかかわらず、法第二十二条第一項に規定する所定給付日数に相当する日数分の基本手当の支給を受け終わる日までに職業に就くことができる見込みがなく、かつ、特に職業指導その他再就職の援助を行う必要があると認められること。

二　当該受給資格に係る離職後最初に公共職業安定所に求職の申込みをした日以後、正当な理由がなく、公共職業安定所の紹介する職業に就くこと、公共職業安定所長の指示した公共職業訓練等を受けること及び公共職業安定所が行う再就職を指導するために必要な職業指導を受けることを拒んだことがないこと。

（法第二十四条の二第一項第一号の厚生労働省令で定める基準）

第三十八条の四　法第二十四条の二第一項第一号の厚生労働省令で定める基準は、受給資格者が次の各号のいずれかに該当することとする。

一　難治性疾患を有するものであること。

二　発達障害者支援法（平成十六年法律第百六十七号）第二条に規定する発達障害者（以下「発達障害者」という。）であること。

三　前二号に掲げるもののほか、障害者雇用促進法第二条第一号に規定する障害者であること。

（法第二十四条の二第一項第三号の厚生労働省令で定める災害）

第三十八条の五　法第二十四条の二第一項第三号の厚生労働省令で定める災害は、次のとおりとする。

一　激甚（じん）災害に対処するための特別の財政援助等に関する法律（昭和三十七年法律第百五十号）第二条の規定により激甚災害として政令で指定された災害

二　災害救助法（昭和二十二年法律第百十八号）に基づく救助が行われた災害

三　前号に掲げる災害に準ずる災害として職業安定局長が定める災害

（法第二十四条の二第一項に規定する給付日数の延長の通知）

第三十八条の六　管轄公共職業安定所の長は、法第二十四条の二第一項及び第二項の規定により受給資格者に対して基本手当を支給することとしたときは、当該受給資格者に対してその旨を知らせるとともに、必要な事項を受給資格者証に記載するものとする。

（広域延長給付の通知）

第三十九条　管轄公共職業安定所の長は、法第二十五条第一項に規定する措置が決定された場合においては、当該措置に係る地域に居住する受給資格者であつて、同項に規定する当該広域職業紹介活動により職業のあつせんを受けることが適当であると認定したものに対してその旨を知らせるとともに、必要な事項を受給資格者証に記載するものとする。ただし、法第二十六条第一項の規定に該当する者については、この限りでない。

（住所又は居所を移転した者の申出）

第四十条　法第二十五条第一項の措置が決定された日以後に他の地域から当該措置に係る地域に移転した受給資格者は、当該措置に基づく基本手当の支給を受けようとするときは、管轄公共職業安定所に出頭し、その移転について特別の理由がある旨を申し出なければならない。

2　前項の申出を受けた管轄公共職業安定所の長は、必要があると認めるときは、その申出に係る事実を証明することができる書類の提出を命ずることができる。

（全国延長給付の通知）

第四十一条　管轄公共職業安定所の長は、法第二十七条第一項の措置が決定された場合においては、当該措置に基づく基本手当の支給を受けることとなる者に対してその旨を知らせるとともに、必要な事項を受給資格者証に記載するものとする。

（基本手当の支給日の決定及び通知）

第四十二条　管轄公共職業安定所の長は、受給資格者が法第二十一条の規定による期間を満了した後管轄公共職業安定所に出頭したときは、その者について支給日を定め、その者に通知するものとする。

2　第二十四条第二項の規定により行つた失業の認定に係る日分の基本手当を支給すべき日は、管轄公共職業安定所の長が別に定める日とする。

（基本手当の支給の特例）

第四十三条　公共職業安定所長の指示した公共職業訓練等を受ける受給資格者に係る基本手当は、一月に一回支給するものとする。

2　管轄公共職業安定所の長は、受給資格者に公共職業訓練等を受けることを指示したときは、その者について支給日を新たに定め、その者に通知するものとする。

（基本手当の支給手続）

第四十四条　基本手当は、受給資格者に対し、次条第一項の規定による場合を除き、受給資格者の預金又は貯金（出納官吏事務規程（昭和二十二年大蔵省令第九十五号）第四十八条第二項に規定する日本銀行が指定した銀行その他の金融機関に係るものに限る。以下同じ。）への振込みの方法により支給する。

2　前項に規定する方法によつて基本手当の支給を受ける受給資格者（以下「口座振込受給資格者」という。）は、払渡希望金融機関指定届（様式第十八号）に受給資格者証を添えて管轄公共職業安定所の長に提出しなければならない。

3　口座振込受給資格者は、払渡希望金融機関を変更しようとするときは、払渡希望金融機関変更届（様式第十八号）に受給資格者証を添えて管轄公共職業安定所の長に提出しなければならない。

4　第二十一条第一項ただし書の規定は、前二項の場合に準用する。

第四十五条　管轄公共職業安定所の長は、やむを得ない理由があると認めるときは、受給資格者の申出により管轄公共職業安定所において基本手当を支給することができる。

2　受給資格者は、前項の規定により基本手当の支給を受けようとするときは、支給日に管轄公共職業安定所に出頭し、受給資格者証を提出しなければならない。ただし、受給資格者証を提出することができないことについて正当な理由があるときは、この限りでない。

3　第二十二条第二項の規定は、受給資格者に対する基本手当の支給について準用する。

（代理人による基本手当の受給）

第四十六条　受給資格者（口座振込受給資格者を除く。）が疾病、負傷、就職その他やむを得ない理由によつて、支給日に管轄公共職業安定所に出頭することができないときは、その代理人が当該受給資格者に支給されるべき基本手当の支給を受けることができる。この場合において、代理人は、その資格を証明する書類に受給資格者証を添えて管轄公共職業安定所の長に提出しなければならない。

2　第二十一条第一項ただし書の規定は、前項後段の場合に準用する。

（未支給基本手当に係る失業の認定）

第四十七条　未支給給付請求者が法第三十一条第一項に規定する者であるときは、死亡者に係る公共職業安定所に出頭し、未支給失業等給付請求書を提出した上、死亡した受給資格者について失業の認定を受けなければならない。ただし、死亡者に係る公共職業安定所の長がやむを得ない理由があると認めるときは、その者の代理人が死亡者に係る公共職業安定所に出頭し、その資格を証明することができる書類を提出した上、当該失業の認定を受けることができる。

2　死亡者に係る公共職業安定所の長は、受給資格者に対して失業の認定を行つたときは、その処分に関する事項を受給資格者証に記載した上、返付しなければならない。

3　第十七条の四第三項の規定は、前二項の場合に準用する。

（給付制限期間中の受給資格者に対する職業紹介等）

第四十八条　管轄公共職業安定所の長は、法第三十三条第一項の規定により基本手当の支給をしないこととされる受給資格者に対し、職業紹介又は職業指導を行うものとする。

（法第三十三条第三項の厚生労働省令で定める日数）

第四十八条の二　法第三十三条第三項の厚生労働省令で定める日数は、二十一日とする。

（法第三十三条第五項の厚生労働省令で定める受給期間についての調整）

第四十八条の三　法第三十三条第三項の規定に該当する受給資格者であつて法第二十八条第一項に規定する延長給付を受けるものに関する法第二十四条第三項及び第四項、法第二十四条の二第四項、法第二十五条第四項並びに法第二十七条第三項の規定の適用については、法第二十四条第三項中「第二十条第一項及び第二項」とあるのは「第三十三条第三項」と、「これら」とあるのは「同項」と、同条第四項中「第二十条第一項及び第二項」とあるのは「第三十三条第三項」と、「これら」とあるのは「同項」と、「同条第一項及び第二項」とあるのは「同条第三項」と、法第二十四条の二第四項、法第二十五条第四項及び法第二十七条第三項中「第二十条第一項及び第二項」とあるのは「第三十三条第三項」と、「これら」とあるのは「同項」とする。

2 前項の受給資格者に関する雇用保険法施行令（昭和五十年政令第二十五号。以下「令」という。）第九条第一項及び第二項の規定の適用については、同条第一項中「法第二十条第一項及び第二項」とあるのは「法第三十三条第三項」と、「同条第一項及び第二項」とあるのは「同条第三項」と、同条第二項中「法第二十条第一項及び第二項」とあるのは「法第三十三条第三項」とする。

（受給資格者の氏名変更等の届出）

第四十九条 受給資格者は、その氏名又は住所若しくは居所を変更した場合において、失業の認定又は基本手当の支給を受けようとするときは、失業の認定日又は支給日に、氏名を変更した場合にあつては受給資格者氏名変更届（様式第二十号）に、住所又は居所を変更した場合にあつては受給資格者住所変更届（様式第二十号）に、運転免許証その他の氏名又は住所若しくは居所の変更の事実を証明することができる書類及び受給資格者証を添えて管轄公共職業安定所の長に提出しなければならない。

2 管轄公共職業安定所の長は、受給資格者氏名変更届又は受給資格者住所変更届の提出を受けたときは、受給資格者証に必要な改定をした上、これを返付しなければならない。

3 第十七条の二第四項及び第二十一条第一項ただし書の規定は、第一項の場合に準用する。

（受給資格者証の再交付）

第五十条 受給資格者は、受給資格者証を滅失し、又は損傷したときは、その旨を管轄公共職業安定所の長に申し出て、再交付を受けることができる。この場合において、受給資格者は、運転免許証その他の受給資検者証の再交付を申請しようとする者が本人であることを確認することができる書類を提示しなければならない。

2 受給資格者証を損傷したことにより前項の規定による再交付を受けようとする者は、その損傷した受給資格者証を提出しなければならない。

3 第十七条第五項及び第六項の規定は、第一項の規定による受給資格者証の再交付について準用する。この場合において、同条第六項中「公共職業安定所長」とあるのは、「管轄公共職業安定所の長」と読み替えるものとする。

4 管轄公共職業安定所の長は、受給資格者証を再交付する場合において必要があると認めるときは、基本手当の支給の決定を一時延期することができる。

第五十一条から第五十三条まで 削除

（事務の委嘱）

第五十四条 管轄公共職業安定所の長は、受給資格者の申出によつて必要があると認めるときは、その者について行う基本手当に関する事務を他の公共職業安定所長に委嘱することができる。

2　前項の規定による委嘱が行われた場合は、当該委嘱に係る受給資格者について行う基本手当の支給に関する事務は、第一条第五項第一号の規定にかかわらず、当該委嘱を受けた公共職業安定所長が行う。

3　前項の場合におけるこの款の規定（第十九条及び第二十条の規定を除く。）の適用については、これらの規定中「管轄公共職業安定所の長」とあるのは「委嘱を受けた公共職業安定所長」と、「管轄公共職業安定所」とあるのは「委嘱を受けた公共職業安定所」とする。

第五十五条　削除

第二款　技能習得手当及び寄宿手当

（**技能習得手当の種類**）

第五十六条　技能習得手当は、受講手当及び通所手当とする。

（**受講手当**）

第五十七条　受講手当は、受給資格者が公共職業安定所長の指示した公共職業訓練等を受けた日（基本手当の支給の対象となる日（法第十九条第一項の規定により基本手当が支給されないこととなる日を含む。）に限る。）について、四十日分を限度として支給するものとする。

2　受講手当の日額は、五百円とする。

第五十八条　削除

（**通所手当**）

第五十九条　通所手当は、次の各号のいずれかに該当する受給資格者に対して、支給するものとする。

一　受給資格者の住所又は居所から公共職業訓練等を行う施設（第八十六条第二号及び附則第二条において「訓練等施設」という。）への通所（以下この条において「通所」という。）のため、交通機関又は有料の道路（以下この条及び附則第二条第二項において「交通機関等」という。）を利用してその運賃又は料金（以下この条及び附則第二条第二項において「運賃等」という。）を負担することを常例とする者（交通機関等を利用しなければ通所することが著しく困難である者以外の者であつて、交通機関等を利用しないで徒歩により通所するものとした場合の通所の距離が片道二キロメートル未満であるもの及び第三号に該当する者を除く。）

二　通所のため自動車その他の交通の用具（以下「自動車等」という。）を使用することを常例とする者（自動車等を使用しなければ通所することが著しく困難である者以外の者であつて、自動車等を使用しないで徒歩により通所するものとした場合の通所の距離が片道二キロメートル未満であるもの及び次号に該当する者を除く。）

三　通所のため交通機関等を利用してその運賃等を負担し、かつ、自動車等を使用することを常例とする者（交通機関等を利用し、又は自動車等を使用しなければ通所することが著しく困難な者以外の者であつて、交通機関等を利用せず、かつ、自動車等を利用しないで徒歩により通所するものとした場合の通所の距離が片道二キロメートル未満であるものを除く。）

2 通所手当の月額は、次の各号に掲げる受給資格者の区分に応じて、当該各号に掲げる額とする。ただし、その額が四万二千五百円を超えるときは、四万二千五百円とする。

一 前項第一号に該当する者 次項及び第四項に定めるところにより算定したその者の一箇月の通所に要する運賃等の額に相当する額（以下この条において「運賃等相当額」という。）

二 前項第二号に該当する者 自動車等を使用する距離が片道十キロメートル未満である者にあつては三千六百九十円、その他の者にあつては五千八百五十円（厚生労働大臣の定める地域（以下この条及び附則第二条第二項第一号ロにおいて「指定地域」という。）に居住する者であつて、自動車等を使用する距離が片道十五キロメートル以上である者にあつては八千十円）

三 前項第三号に該当する者（交通機関等を利用しなければ通所することが著しく困難である者以外の者であつて、通常徒歩によることが例である距離内においてのみ交通機関等を利用しているものを除く。）のうち、自動車等を使用する距離が片道二キロメートル以上である者及びその距離が片道二キロメートル未満であるが自動車等を使用しなければ通所することが著しく困難である者 第一号に掲げる額と前号に掲げる額との合計額

四 前項第三号に該当する者（前号に掲げる者を除く。）のうち、運賃等相当額が第二号に掲げる額以上である者 第一号に掲げる額

五 前項第三号に該当する者（第三号に掲げる者を除く。）のうち、運賃等相当額が第二号に掲げる額未満である者 第二号に掲げる額

3 運賃等相当額の算定は、運賃、時間、距離等の事情に照らし、最も経済的かつ合理的と認められる通常の通所の経路及び方法による運賃等の額によつて行うものとする。

4 運賃等相当額は、次の各号による額の総額とする。

一 交通機関等が定期乗車券（これに準ずるものを含む。次号において同じ。）を発行している場合は、当該交通機関等の利用区間に係る通用期間一箇月の定期乗車券の価額（価額の異なる定期乗車券を発行しているときは、最も低廉となる定期乗車券の価額）

二 交通機関等が定期乗車券を発行していない場合は、当該交通機関等の利用区間についての通所二十一回分の運賃等の額であつて、最も低廉となるもの

5 次の各号に掲げる日のある月の通所手当の月額は、第二項

の規定にかかわらず、その日数のその月の現日数に占める割合を同項の規定による額に乗じて得た額を減じた額とする。

一　公共職業訓練等を受ける期間に属さない日

二　基本手当の支給の対象となる日（法第十九条第一項の規定により基本手当が支給されないこととなる日を含む。）以外の日

三　受給資格者が、天災その他やむを得ない理由がないと認められるにもかかわらず、公共職業訓練等を受けなかつた日

6　通所を常例としない公共職業訓練等を受講する場合の通所手当の月額は、前五項の規定にかかわらず、次の各号に掲げる受給資格者の区分に応じて、当該各号に掲げる額とする。ただし、その額が四万二千五百円を超えるときは、四万二千五百円とする。

一　通所のため、交通機関等を利用してその運賃等を負担する者（交通機関等を利用しなければ通所することが著しく困難である者以外の者であつて、交通機関等を利用しないで徒歩により通所するものとした場合の通所の距離が片道二キロメートル未満であるもの及び第三号に該当する者を除く。）　当該交通機関等の利用区間についての一日の通所に要する運賃等の額に、現に通所した日数を乗じて得た額

二　通所のため自動車等を使用する者（自動車等を使用しなければ通所することが著しく困難である者以外の者であつて、自動車等を使用しないで徒歩により通所するものとした場合の通所の距離が片道二キロメートル未満であるもの及び次号に該当する者を除く。）　自動車等を使用する距離が片道十キロメートル未満である者にあつては三千六百九十円、その他の者にあつては五千八百五十円（指定地域に居住する者であつて、自動車等を使用する距離が片道十五キロメートル以上である者にあつては八千十円）を当該通所のある日の月の現日数で除し、現に通所した日数を乗じて得た額

三　通所のため交通機関等を利用してその運賃等を負担し、かつ、自動車等を使用する者（交通機関等を利用し、又は自動車等を使用しなければ通所することが著しく困難である者以外の者であつて、交通機関等を利用せず、かつ、自動車等を利用しないで徒歩により通所するものとした場合の通所の距離が片道二キロメートル未満であるものを除く。）　第一号に掲げる額と前号に掲げる額との合計額（交通機関等を利用しなければ通所することが著しく困難である者以外の者であつて、通常徒歩によることが例である距離内においてのみ交通機関等を利用しているもの又は自動車等を使用しなければ通所することが著しく困難である者以外の者であつて、自動車等を使用する距離が片道二キロメートル未満であるものにあつては、第一号に掲げる額が

前号に掲げる額以上である場合には第一号に掲げる額、同号に掲げる額が前号に掲げる額未満である場合には前号に掲げる額）

7　前項に規定する運賃等の額は、運賃、時間、距離等の事情に照らし、最も経済的かつ合理的と認められる通常の通所の経路及び方法による運賃等の額とする。

（寄宿手当）

第六十条　寄宿手当は、受給資格者が公共職業訓練等を受けるため、法第三十六条第二項に規定する親族（以下「親族」という。）と別居して寄宿している場合に、当該親族と別居して寄宿していた期間について、支給するものとする。

2　寄宿手当の月額は、一万七百円とする。ただし、受給資格者が親族と別居して寄宿していない日又は前条第五項各号に掲げる日のある月の寄宿手当の月額は、その日数のその月の現日数に占める割合を一万七百円に乗じて得た額を減じた額とする。

（技能習得手当及び寄宿手当の支給手続）

第六十一条　技能習得手当及び寄宿手当は、受給資格者に対し、支給日又は傷病手当を支給すべき日に、その日の属する月の前月の末日までの分を支給する。

2　受給資格者は、技能習得手当及び寄宿手当の支給を受けようとするときは、受講証明書に受給資格者証を添えて管轄公共職業安定所の長に提出しなければならない。

3　第二十一条第一項ただし書の規定は、前項の場合に準用する。

（準用）

第六十二条　第二十二条第二項、第四十四条、第四十五条第一項、第四十六条及び第五十四条の規定は、技能習得手当及び寄宿手当の支給について準用する。

第三款　傷病手当

（傷病手当の認定手続）

第六十三条　法第三十七条第一項の認定は、同項の規定に該当する者が当該職業に就くことができない理由がやんだ後における最初の支給日（口座振込受給資格者にあつては、支給日の直前の失業の認定日）（支給日がないときは、法第二十条第一項及び第二項の規定による期間（法第三十三条第三項の規定に該当する者については同項の規定による期間とし、法第五十七条第一項の規定に該当する者については同項の規定による期間とする。）の最後の日から起算して一箇月を経過した日）までに受けなければならない。ただし、天災その他認定を受けなかつたことについてやむを得ない理由があるときは、この限りでない。

2　前項の認定を受けようとする者は、管轄公共職業安定所の長に傷病手当支給申請書（様式第二十二号）に受給資格者証を添えて提出しなければならない。

3　第三十一条第四項及び第五項の規定は第一項ただし書の場

合に、第二十一条第一項ただし書の規定は前項の場合に準用する。

（傷病手当の支給手続）

第六十四条 傷病手当は、法第三十七条第一項の規定に該当する者であつて、当該職業に就くことができない期間が引き続き一箇月を超えるに至つたものについては、その期間中において管轄公共職業安定所の長が定める日に支給することができる。

2 前項の規定により傷病手当の支給を受けようとする者は、管轄公共職業安定所の長にその旨を申し出なければならない。

（準用）

第六十五条 第二十二条第二項、第二十九条、第四十四条、第四十五条第一項及び第二項、第四十六条、第四十七条、第四十九条並びに第五十四条の規定は、傷病手当の支給について準用する。

第三節　高年齢被保険者の求職者給付

（法第三十七条の三第一項の厚生労働省令で定める理由）

第六十五条の二 法第三十七条の三第一項の厚生労働省令で定める理由は、第十八条各号に掲げる理由とする。

第六十五条の三 削除

（失業の認定）

第六十五条の四 管轄公共職業安定所の長は、次条において準用する第十九条第一項の規定により離職票を提出した者が高年齢受給資格者であると認めたときは、その者が法第三十七条の四第五項の失業していることについての認定を受けるべき日（以下この条において「失業の認定日」という。）及び高年齢求職者給付金を支給すべき日（以下この条において「支給日」という。）を定め、その者に知らせるとともに、高年齢受給資格者証に必要な事項を記載した上、交付しなければならない。

2 管轄公共職業安定所の長は、必要があると認めるときは、失業の認定日及び支給日を変更することができる。

3 管轄公共職業安定所の長は、前項の規定により失業の認定日及び支給日を変更したときは、その旨を当該高年齢受給資格者に知らせなければならない。

（準用）

第六十五条の五 第十九条第一項及び第四項、第二十条、第二十二条、第四十四条から第四十七条まで、第四十九条、第五十条並びに第五十四条の規定は、高年齢求職者給付金の支給について準用する。この場合において、これらの規定中「受給資格」とあるのは「高年齢受給資格」と、「受給資格者」とあるのは「高年齢受給資格者」と、「受給資格者証」とあるのは「高年齢受給資格者証」と、「第十三条第一項」とあるのは「第三十七条の三第一項」と、「失業の認定」とあるのは「法

第三十七条の四第五項の失業していることについての認定」と、「失業認定申告書（様式第十四号）」とあるのは「高年齢受給資格者失業認定申告書（様式第二十二号の三）」と、「口座振込受給資格者」とあるのは「口座振込高年齢受給資格者」と、「この款の規定（第十九条及び第二十条の規定を除く。）」とあるのは「第六十五条の五において準用するこの款の規定（第十九条及び第二十条の規定を除く。）及び第六十五条の四の規定」と読み替えるものとする。

第四節　短期雇用特例被保険者の求職者給付

（短期雇用特例被保険者の確認）

第六十六条　法第三十八条第二項の確認は、公共職業安定所長が、同条第一項各号のいずれかに該当する者について、被保険者となつたことの確認を行つた際に、又は被保険者の申出若しくは職権による調査により被保険者が当該各号に掲げる者に該当することを知つた際に行うものとする。

2　第九条の規定は、前項の規定による確認について準用する。

（法第三十九条第一項の厚生労働省令で定める理由）

第六十七条　法第三十九条第一項の厚生労働省令で定める理由は、第十八条各号に掲げる理由とする。

（失業の認定）

第六十八条　管轄公共職業安定所の長は、次条において準用する第十九条第一項の規定により離職票を提出した者が特例受給資格者であると認めたときは、その者が法第四十条第三項の失業していることについての認定を受けるべき日（以下この条において「失業の認定日」という。）及び特例一時金を支給すべき日（以下この条において「支給日」という。）を定め、その者に知らせるとともに、特例受給資格者証に必要な事項を記載した上、交付しなければならない。

2　管轄公共職業安定所の長は、必要があると認めるときは、失業の認定日及び支給日を変更することができる。

3　管轄公共職業安定所の長は、前項の規定により失業の認定日及び支給日を変更したときは、その旨を当該特例受給資格者に知らせなければならない。

（準用）

第六十九条　第十九条第一項及び第四項、第二十条、第二十二条、第四十四条から第四十七条まで、第四十九条、第五十条並びに第五十四条の規定は、特例一時金の支給について準用する。この場合において、これらの規定中「受給資格」とあるのは「特例受給資格」と、「受給資格者」とあるのは「特例受給資格者」と、「受給資格者証」とあるのは「特例受給資格者証」と、「第十三条第一項」とあるのは「第三十九条第一項」と、「失業の認定」とあるのは「法第四十条第三項の失業していることについての認定」と、「失業認定申告書（様式第十四号）」とあるのは「特例受給資格者失業認定申告書（様式第二十四号）」と、「口座振込受給資格者」とあるのは「口座振込特例受給資格者」と、「この款の規定（第十九条及び第二十条の規定を除く。）」とあるのは「第六十九条において準用するこの款の規定（第十九条及び第二十条の規定を除く。）並びに第六十八条及び第七十条第二項の規定」と読み替えるものとする。

（特例受給資格者が公共職業訓練等を受ける場合の手続）

第七十条　法第四十一条第一項の規定に該当する特例受給資格者については、前二条の規定は適用せず、その者を受給資格者とみなして第二節の規定を適用する。

2　特例受給資格者証の交付を受けた者は、法第四十一条第一項の規定に該当するに至つたときは、その保管する特例受給資格者証を管轄公共職業安定所の長に返還しなければならない。この場合において、管轄公共職業安定所の長は、受給資格者証に必要な事項を記載した上、その者に交付しなければならない。

（日雇労働被保険者となつたことの届出）

第七十一条　日雇労働被保険者は、法第四十三条第一項第一号から第三号までのいずれかに該当することについて、その該当するに至つた日から起算して五日以内に、日雇労働被保険者資格取得届（様式第二十五号）に住民票の写し（出入国管理及び難民認定法（昭和二十六年政令第三百十九号）第十九条の三に規定する中長期在留者（以下この項において「中長期在留者」という。）にあつては、住民票の写し（在留資格（同法第二条の二第一項に規定する在留資格をいう。以下この項において同じ。）を記載したものに限る。次項及び次条第一項において同じ。）又は住民票記載事項証明書（住民基本台帳法（昭和四十二年法律第八十一号）第七条第一号から第三号まで及び第七号に掲げる事項（中長期在留者にあつては、同条第一号から第三号まで及び第七号に掲げる事項並びに在留資格）を記載したものに限る。次項及び次条第一項において同じ。）（出入国管理及び難民認定法第十九条の三各号に掲げる者にあつては、旅券その他の身分を証する書類の写し。次項及び次条第一項において同じ。）を添えて管轄公共職業安定所の長に提出しなければならない。この場合において、第一条第五項第四号の職業安定局長が定める者にあつては、職業安定局長が定める証明書を添えなければならない。

2　日雇労働者は、前項の規定により日雇労働被保険者資格取得届を提出する際に運転免許証、国民健康保険の被保険者証若しくは国民年金手帳又は出入国管理及び難民認定法第十九条の三に規定する在留カード若しくは日本国との平和条約に基づき日本の国籍を離脱した者等の出入国管理に関する特例法（平成三年法律第七十一号）第七条第一項に規定する特別永住者証明書を提示したときは、前項の規定にかかわらず、住民票の写し又は住民票記載事項証明書を添えないことができる。

3　第一項の規定による届出を受けた管轄公共職業安定所の長

は、当該届出をした日雇労働被保険者に対し、法第四十二条各号のいずれか及び法第四十三条第一項第一号から第三号までのいずれかに該当することを証明することができる書類その他必要な書類の提出を命ずることができる。

第五節　日雇労働被保険者の求職者給付

（日雇労働被保険者任意加入の申請）

第七十二条　日雇労働者は、法第四十三条第一項第四号の認可を受けようとするときは、管轄公共職業安定所に出頭し、日雇労働被保険者任意加入申請書（様式第二十六号）に住民票の写し又は住民票記載事項証明書を添えて管轄公共職業安定所の長に提出しなければならない。

2　前条第一項後段及び第二項の規定は、前項の日雇労働被保険者任意加入申請書の提出について準用する。

3　第一項の規定による申請を受けた管轄公共職業安定所の長は、当該申請をした日雇労働者に対し、法第四十二条各号のいずれかに該当することを証明することができる書類その他必要な書類の提出を命ずることができる。

（日雇労働被保険者手帳の交付）

第七十三条　管轄公共職業安定所の長は、第七十一条の規定により日雇労働被保険者資格取得届の提出を受けたとき（当該日雇労働被保険者資格取得届を提出した者が法第四十二条各号のいずれか及び法第四十三条第一項第一号から第三号までのいずれかに該当すると認められる場合に限る。）又は前条第一項の日雇労働被保険者任意加入申請書に基づき法第四十三条第一項第四号の認可をしたときは、当該日雇労働被保険者資格取得届を提出した者又は当該認可に係る者に、被保険者手帳を交付しなければならない。

2　日雇労働被保険者は、その所持する被保険者手帳を滅失し、若しくは損傷し、又はこれに余白がなくなった場合は、その旨を公共職業安定所長（厚生労働省組織規則第七百九十三条の規定により当該事務を取り扱わない公共職業安定所の長を除く。以下本節において同じ。）に申し出て、新たに被保険者手帳の交付を受けなければならない。この場合において、日雇労働被保険者は、運転免許証その他の被保険者手帳の再交付を申請しようとする者が本人であることを確認することができる書類を提示しなければならない。

3　第十七条第五項から第七項まで及び第五十条第四項の規定は、前項の規定による被保険者手帳の交付について準用する。この場合において、第五十条第四項中「基本手当」とあるのは、「日雇労働求職者給付金」と読み替えるものとする。

4　事業主は、その雇用する又はその雇用していた日雇労働者が、第一項の規定により被保険者手帳の交付を受けるため第七十一条第一項後段（前条第二項の規定により準用する場合を含む。）の証明書の交付を求めたときは、これをその者に交付しなければならない。

（日雇労働被保険者資格継続の認可申請）

第七十四条　日雇労働被保険者は、法第四十三条第二項の認可を受けようとするときは、その者が前二月の各月において十八日以上雇用された又は継続して三十一日以上雇用された適用事業の事業所の所在地を管轄する公共職業安定所の長又は管轄公共職業安定所の長に、日雇労働被保険者資格継続認可申請書（様式第二十八号）に被保険者手帳を添えて、当該事業所の事業主を経由して提出しなければならない。ただし、やむを得ない理由のため当該事業主を経由して当該申請書を提出することが困難であるときは、当該事業主を経由しないで提出することができる。

2　日雇労働被保険者資格継続認可申請書の提出を受けた公共職業安定所長は、被保険者手帳に法第四十三条第二項の認可をした旨又はしなかつた旨を記載した上、当該提出をした者に返付しなければならない。

（失業の認定）

第七十五条　法第四十五条の規定に該当する者が受ける法第四十七条第一項の失業していることについての認定（以下この節において「失業の認定」という。）は、公共職業安定所において、日々その日について行うものとする。この場合において、公共職業安定所長は、当該認定を受けようとする者の求職活動の内容を確認するものとする。

2　失業の認定を受けようとする日が次の各号に掲げる日であるときは、前項の規定にかかわらず、その日（その日が引き続く場合には、その最後の日）の後一箇月以内にその日に職業に就くことができなかつたことを届け出て失業の認定を受けることができる。

一　行政機関の休日に関する法律第一条第一項に規定する行政機関の休日（当該公共職業安定所が日雇労働被保険者に関し職業の紹介を行う場合は、その日を除く。）

二　降雨、降雪その他やむを得ない理由のため事業主が事業を休止したことによりあらかじめ公共職業安定所から紹介されていた職業に就くことができなかつた日

三　当該日雇労働被保険者について公共職業安定所が職業の紹介を行わないこととなる日としてあらかじめ指定した日

3　前二項の規定により失業の認定を受けようとする日において、天災その他やむを得ない理由のために公共職業安定所に出頭することができないときは、前二項の規定にかかわらず、その理由がやんだ日の翌日から起算して七日以内の日において、失業の認定を受けることができる。

4　前項の規定により失業の認定を受けようとする者は、次の各号に掲げる事項を記載した官公署の証明書又は公共職業安定所長が適当と認める者の証明書を提出しなければならない。

一　氏名及び住所又は居所

二　天災その他やむを得ない理由の内容及びその理由がやん

だし

5　第一項から第三項までの規定により失業の認定を受けようとする者は、公共職業安定所に出頭し、被保険者手帳を提出するとともに、当該失業の認定に係る失業の日がその日の属する週における日雇労働求職者給付金の支給を受けるべき最初の日であるときは、その週においてその日前に職業に就かなかつた日があることを公共職業安定所長に届け出なければならない。この場合において、第一条第五項第四号の職業安定局長が定める者にあつては、職業安定局長が定める証明書を添えなければならない。

6　公共職業安定所長は、その公共職業安定所において失業の認定及び日雇労働求職者給付金の支給を行う時刻を定め、これを法第四十五条の規定に該当する者であつて日雇労働求職者給付金の支給を受けようとするものに知らせておかなければならない。

7　事業主は、その雇用する又はその雇用していた日雇労働被保険者が、第一項から第三項までの規定により失業の認定を受けるため第五項後段（第七十九条第六項の規定により準用する場合を含む。）の証明書の交付を求めたときは、これをその者に交付しなければならない。

（日雇労働求職者給付金の支給）

第七十六条　日雇労働求職者給付金は、公共職業安定所において、失業の認定を行つた日に、当該失業の認定に係る日分を支給する。

2　職業に就くためその他やむを得ない理由のため失業の認定を受けた日に当該失業の認定に係る日分の日雇労働求職者給付金の支給を受けることができない者その他公共職業安定所長がその者の就労状況等を考慮して日雇労働求職者給付金の支給方法又は支給すべき日を別に定めることが適当であると認めた者に対する日雇労働求職者給付金の支給は、前項の規定にかかわらず、預金又は貯金への振込みの方法その他の厚生労働大臣の定める方法によるものとする。

3　前項の規定により預金又は貯金への振込みの方法によつて日雇労働求職者給付金の支給を受けることとされた者は、第四十四条第二項に規定する払渡希望金融機関指定届に被保険者手帳を添えて管轄公共職業安定所の長に提出しなければならない。

4　前項の者は払渡希望金融機関を変更しようとするときは、第四十四条第三項に規定する払渡希望金融機関変更届に被保険者手帳を添えて管轄公共職業安定所の長に提出しなければならない。

（準用）

第七十七条　第四十七条第一項及び第二項の規定は、日雇労働求職者給付金の支給について準用する。この場合において、「受給資格者」とあるのは「日雇労働求職者給付金の支給を受けることができる者」と、「失業の認定」とあるのは「第七十五条第一項の失業の認定」と、「受給資格者証」とあるのは

「被保険者手帳」と読み替えるものとする。

（日雇労働求職者給付金の特例の申出）

第七十八条　法第五十三条第一項の申出は、管轄公共職業安定所の長に対し、文書により、被保険者手帳を提出して行わなければならない。

2　管轄公共職業安定所の長は、前項の申出があつたときは、当該申出をした者が失業の認定を受けるべき日を定め、その者に知らせるとともに、被保険者手帳に必要な事項を記載した上、返付しなければならない。

3　第四十九条の規定は、法第五十三条第一項の申出をした者がその氏名又は住所若しくは居所を変更した場合について準用する。この場合において、第四十九条第一項中「失業の認定」とあるのは「第七十五条第一項の失業の認定」と、「基本手当」とあるのは「法第五十四条の規定による日雇労働求職者給付金」と、「受給資格者証」とあるのは「被保険者手帳」と、同条第二項中「受給資格者証」とあるのは「被保険者手帳」と読み替えるものとする。

（日雇労働求職者給付金の特例に係る失業の認定）

第七十九条　前条第一項の申出をした者が受ける失業の認定は、管轄公共職業安定所において、同項の申出をした日から起算して四週間に一回ずつ行うものとする。

2　前項の規定により失業の認定を受けようとする日において天災その他やむを得ない理由により管轄公共職業安定所に出頭することができないときは、前項の規定にかかわらず、その理由を記載した証明書を提出し、当該理由のやんだ後における最初の失業の認定を受けるべき日に失業の認定を受けることができる。

3　前二項の規定により失業の認定を受けようとするときは、管轄公共職業安定所に出頭し、被保険者手帳を提出しなければならない。

4　前条第一項の申出をした者は、職業に就くためその他やむを得ない理由のため第一項の規定により失業の認定を受けようとする日以外の日に失業の認定を受けようとするときは、その旨を管轄公共職業安定所の長に申し出なければならない。

5　管轄公共職業安定所の長は、前項の申出を受けたときは、その申出を受けた日に失業の認定を行うことができる。

6　第二十三条第二項の規定は、第四項の規定による申出について、第七十五条第五項後段の規定は、第三項の被保険者手帳の提出について準用する。

（準用）

第八十条　第五十四条、第七十六条及び第七十七条の規定は、法第五十四条の規定による日雇労働求職者給付金の支給について準用する。この場合において、第五十四条第一項及び第二項中「受給資格者」とあるのは「法第五十三条第一項の申出をした者」と、同条第三項中「この款の規定（第十九条及び第二十条の規定を除く。）」とあるのは「第七十六条、第七十八条及び第七十九条の規定」と読み替えるものとする。

（受給資格の調整）

第八十一条　法第五十六条第一項の規定により、同項に規定する日雇労働被保険者として同一の事業主の適用事業に雇用された二月を法第十四条の規定による被保険者期間の二箇月として計算する措置の適用を受けようとする者は、その二月の翌々月の末日までに、当該同一の事業主の適用事業の事業所の所在地を管轄する公共職業安定所の長又は管轄公共職業安定所の長に、被保険者手帳を提出して、その旨を届け出なければならない。

2　前項の届出を受けた公共職業安定所長は、被保険者手帳に必要な事項を記載した上、返付しなければならない。

3　第一項の措置の適用を受けた者が受給資格者、高年齢受給資格者又は特例受給資格者となるに至つた場合において、基本手当、高年齢求職者給付金又は特例一時金の支給を受けようとするときは、第十九条第一項（第六十五条の五又は第六十九条において準用する場合を含む。）の規定により、管轄公共職業安定所に出頭し、離職票を提出した上、当該措置の適用を受けた旨を申し出なければならない。

4　法第五十六条第二項の厚生労働省令で定める率は、二千分の十三とする。

第八十一条の二　法第五十六条の二第一項の規定により、同項に規定する日雇労働被保険者として同一の事業主の適用事業に継続して雇用された期間を法第十四条の規定による被保険者期間の計算において被保険者であつた期間とみなす措置の適用を受けようとする者は、当該期間の最後の日の属する月の翌月の末日までに、当該同一の事業主の適用事業の事業所の所在地を管轄する公共職業安定所の長又は管轄公共職業安定所の長に、被保険者手帳を提出して、その旨を届け出なければならない。

2　前項の届出を受けた公共職業安定所長は、被保険者手帳に必要な事項を記載した上、返付しなければならない。

3　第一項の措置の適用を受けた者が受給資格者、高年齢受給資格者又は特例受給資格者となるに至つた場合において、基本手当、高年齢求職者給付金又は特例一時金の支給を受けようとするときは、第十九条第一項（第六十五条の五又は第六十九条において準用する場合を含む。）の規定により、管轄公共職業安定所に出頭し、離職票を提出した上、当該措置の適用を受けた旨を申し出なければならない。

4　法第五十六条の二第二項の厚生労働省令で定める率は、二千分の十三とする。

第六節　就職促進給付

（法第五十六条の三第一項の厚生労働省令で定める基準）

第八十二条　法第五十六条の三第一項第一号に該当する者に係る同項の厚生労働省令で定める基準は、同号に該当する者が次の要件に該当する者であることとする。

一　離職前の事業主に再び雇用されたものでないこと。

二　法第二十一条の規定による期間が経過した後職業に就き、又は事業を開始したこと。

三　受給資格に係る離職について法第三十三条第一項の規定の適用を受けた場合において、法第二十一条の規定による期間の満了後一箇月の期間内については、公共職業安定所又は職業紹介事業者等（職業安定法（昭和二十二年法律第百四十一号）第四条第八項に規定する特定地方公共団体（以下「特定地方公共団体」という。）及び同条第九項に規定する職業紹介事業者をいう。以下同じ。）の紹介により職業に就いたこと。

四　雇入れをすることを法第二十一条に規定する求職の申込みをした日前に約した事業主に雇用されたものでないこと。

2　法第五十六条の三第一項第二号に該当する者に係る同項の厚生労働省令で定める基準は、同号に該当する者が次の要件に該当する者であることとする。

一　公共職業安定所又は職業紹介事業者等の紹介により職業に就いたこと。

二　離職前の事業主に再び雇用されたものでないこと。

三　法第二十一条（法第三十七条の四第六項及び第四十条第四項において準用する場合を含む。）の規定による期間が経過した後職業に就いたこと。

四　法第三十二条第一項本文若しくは第二項若しくは第三十三条第一項本文（これらの規定を法第三十七条の四第六項及び第四十条第四項において準用する場合を含む。）又は第五十二条第一項本文（法第五十五条第四項において準用する場合を含む。）の規定の適用を受けた場合において、これらの規定に規定する期間（法第三十三条第一項本文に規定する期間にあつては、同項ただし書に規定する期間を除く。）が経過した後職業に就いたこと。

（法第五十六条の三第一項第一号ロの厚生労働省令で定める安定した職業に就いた者）

第八十二条の二　法第五十六条の三第一項第一号ロの厚生労働省令で定める安定した職業に就いた者は、一年を超えて引き続き雇用されることが確実であると認められる職業に就き、又は事業（当該事業により当該受給資格者が自立することができると公共職業安定所長が認めたものに限る。）を開始した受給資格者であつて、就業促進手当を支給することが当該受給資格者の職業の安定に資すると認められるものとする。

（法第五十六条の三第一項第二号の厚生労働省令で定める安定した職業に就いた受給資格者等及び就職が困難な者）

第八十二条の三　法第五十六条の三第一項第二号の厚生労働省令で定める安定した職業に就いた受給資格者等（同条第二項に規定する受給資格者等をいう。以下同じ。）は、一年以上引き続き雇用されることが確実であると認められる職業に就いた受給資格者等であつて、就業促進手当を支給することが当該受給資格者等の職業の安定に資すると認められるものとする。

2　法第五十六条の三第一項第二号の身体障害者その他の就職が困難な者として厚生労働省令で定めるものは、次のとおりとする。

一　四十五歳以上の受給資格者であつて、労働施策の総合的な推進並びに労働者の雇用の安定及び職業生活の充実等に関する法律第二十四条第三項若しくは第二十五条第一項の規定による認定を受けた再就職援助計画（同法第二十四条第一項に規定する再就職援助計画をいう。第八十四条第一項及び第百二条の五第二項において同じ。）に係る援助対象労働者（同法第二十六条第一項に規定する援助対象労働者をいう。第八十四条第一項において同じ。）又は高年齢者等の雇用の安定等に関する法律（昭和四十六年法律第六十八号）第十七条第一項に規定する求職活動支援書（第百二条の五第二項第二号において「求職活動支援書」という。）若しくは同法第十七条第一項の規定の例により、定年若しくは継続雇用制度（同法第九条第一項第二号の継続雇用制度をいう。）がある場合における当該制度の定めるところにより離職することとなつている六十歳以上六十五歳未満の者の希望に基づき、当該者について作成された書面の対象となる者（第八十四条第一項において「高年齢支援対象者」という。）に該当するもの

二　季節的に雇用されていた特例受給資格者であつて、第百十三条第一項に規定する指定地域内に所在する事業所の事業主による通年雇用に係るもの

三　日雇労働被保険者として雇用されることを常態とする日雇受給資格者であつて、四十五歳以上であるもの

四　駐留軍関係離職者等臨時措置法（昭和三十三年法律第百五十八号）第十条の二第一項又は第二項の認定を受けている者

五　沖縄振興特別措置法（平成十四年法律第十四号）第七十八条第一項の規定による沖縄失業者求職手帳（同法の規定により効力を有しているものに限る。）を所持している者

六　本州四国連絡橋の建設に伴う一般旅客定期航路事業等に関する特別措置法（昭和五十六年法律第七十二号）第十六条第一項若しくは第二項又は本州四国連絡橋の建設に伴う一般旅客定期航路事業等に関する特別措置法に基づく就職指導等に関する省令（昭和五十六年労働省令第三十八号）第一条の規定による一般旅客定期航路事業等離職者求職手帳（同法の規定により効力を有しているものに限る。）を所持している者

七　第三十二条各号に掲げる者

（法第五十六条の三第二項の厚生労働省令で定める期間）

第八十二条の四　法第五十六条の三第二項の厚生労働省令で定める期間は三年とする。

（就業手当の支給申請手続）

第八十二条の五　受給資格者は、法第五十六条の三第一項第一号イに該当する者に係る就業促進手当（以下「就業手当」という。）の支給を受けようとするときは、就業手当支給申請書（様式第二十九号）に給与に関する明細その他の就業の事実を証明することができる書類及び受給資格者証を添えて管轄公共職業安定所の長に提出しなければならない。この場合において、一の労働契約の期間が七日以上であるときは、就業手当支給申請書に労働契約に係る契約書その他の労働契約の期間及び所定労働時間を証明することができる書類を添えなければならない。

2　受給資格者は、前項の規定にかかわらず、第六項の規定により準用する第二十一条第一項ただし書に規定するときのほか、職業安定局長が定めるところにより、前項に定める書類を添えないことができる。

3　第一項の規定による就業手当支給申請書の提出は、法第十五条第三項又は第四項の規定による失業の認定の対象となる日（法第二十一条に規定する求職の申込みをした日以後最初の失業の認定においては、法第三十三条第一項の規定により基本手当を支給しないこととされる期間内の日を含む。以下この条及び第百条の八第三項において同じ。）について、当該失業の認定を受ける日にしなければならない。

4　失業の認定日（第十九条第三項に規定する失業の認定日をいう。以下この項において同じ。）に現に職業に就いている場合（第二十三条第一号の規定により申出を行った場合を除く。）における第一項の規定による就業手当支給申請書の提出は、当該失業の認定日における失業の認定の対象となる日について、前項の規定にかかわらず、次の失業の認定日の前日までにしなければならない。

5　受給資格者が第二十条第二項の規定に該当する場合における第一項の規定による就業手当支給申請書の提出は、同条第二項の規定による出頭をした日以後の日に前二項の規定により当該提出を行うことにより就業手当の支給を受けることができる日のうち、当該出頭をした日の前日までの日（既に就業手当の支給を受けた日を除く。）について、前二項の規定にかかわらず、当該出頭をした日に行わなければならない。

6　第二十一条第一項ただし書の規定は第一項の場合における提出について準用する。

（就業手当の支給）

第八十二条の六　管轄公共職業安定所の長は、受給資格者に対する就業手当の支給を決定したときは、その日の翌日から起算して七日以内に就業手当を支給するものとする。

（再就職手当の支給申請手続）

第八十二条の七　受給資格者は、法第五十六条の三第一項第一号ロに該当する者に係る就業促進手当（第八十三条の四に規定する就業促進定着手当を除く。以下「再就職手当」という。）

の支給を受けようとするときは、同号ロの安定した職業に就いた日の翌日から起算して一箇月以内に、再就職手当支給申請書（様式第二十九号の二）に、次の各号に掲げる者の区分に応じ、当該各号に定める書類及び受給資格者証を添えて管轄公共職業安定所の長に提出しなければならない。

一　第八十二条の二に規定する一年を超えて引き続き雇用されることが確実であると認められる職業に就いた受給資格者　第八十二条第一項第一号に該当することの事実を証明することができる書類

二　第八十二条の二に規定する事業を開始した受給資格者　登記事項証明書その他の当該事業を開始したことの事実を証明することができる書類

2　受給資格者は、前項の規定にかかわらず、次項の規定により準用する第二十一条第一項ただし書に規定するときのほか、職業安定局長が定めるところにより、前項第二号に定める書類及び受給資格者証を添えないことができる。

3　第二十一条第一項ただし書の規定は、第一項の場合における提出について準用する。

（再就職手当の支給）

第八十三条　管轄公共職業安定所の長は、受給資格者に対する再就職手当の支給を決定したときは、その日の翌日から起算して七日以内に再就職手当を支給するものとする。

（法第五十六条の三第三項第二号の厚生労働省令で定める者）

第八十三条の二　法第五十六条の三第三項第二号の厚生労働省令で定める者は、再就職手当の支給に係る同一の事業主の適用事業（以下「同一事業主の適用事業」という。）にその職業に就いた日から六箇月間に支払われた賃金を法第十七条に規定する賃金とみなして同条の規定を適用した場合に算定されることとなる賃金日額に相当する額（次条において「みなし賃金日額」という。）が当該再就職手当に係る法第十六条の規定による基本手当の日額（以下「基本手当日額」という。）の算定の基礎となった賃金日額（次条において「算定基礎賃金日額」という。）を下回った者とする。

（法第五十六条の三第三項第二号の厚生労働省令で定める額）

第八十三条の三　法第五十六条の三第三項第二号の厚生労働省令で定める額は、算定基礎賃金日額からみなし賃金日額を減じて得た額に同一事業主の適用事業にその職業に就いた日から引き続いて雇用された六箇月間のうち賃金の支払の基礎となった日数を乗じて得た額とする。

（就業促進定着手当の支給申請手続）

第八十三条の四　受給資格者は、法第五十六条の三第一項第一号ロに該当する者のうち同一事業主の適用事業にその職業に就いた日から引き続いて六箇月間以上雇用される者であって、第八十三条の二に規定する者に対する就業促進手当（以下「就業促進定着手当」という。）の支給を受けようとするときは、同日から起算して六箇月目に当たる日の翌日から起算して二箇月以内に、就業促進定着手当支給申請書（様式第二十九号の二の二）に、次の各号に掲げる書類及び受給資格者証を添えて管轄公共職業安定所の長に提出しなければならない。

一　賃金台帳その他の同一事業主の適用事業に雇用され、その職業に就いた日から六箇月間に支払われた賃金の額を証明することができる書類

二　出勤簿その他の同一事業主の適用事業に雇用され、その職業に就いた日から六箇月間のうち賃金の支払の基礎となつた日数を証明することができる書類

2　受給資格者は、前項の規定にかかわらず、次項の規定により準用する第二十一条第一項ただし書に規定するときのほか、職業安定局長が定めるところにより、受給資格者証を添えないことができる。

3　第二十一条第一項ただし書の規定は、第一項の場合における提出について準用する。

（就業促進定着手当の支給）

第八十三条の五　管轄公共職業安定所の長は、受給資格者に対する就業促進定着手当の支給を決定したときは、その日の翌日から起算して七日以内に就業促進定着手当を支給するものとする。

（常用就職支度手当の額）

第八十三条の六　法第五十六条の三第三項第三号の厚生労働省令で定める額は、同号イからニまでに掲げる者の区分に応じ、当該イからニまでに定める額に九十（当該受給資格者（受給資格に基づく法第二十二条第一項に規定する所定給付日数が二百七十日以上である者を除く。）に係る法第五十六条の三第一項第一号に規定する支給残日数（以下この条において「支給残日数」という。）が九十日未満である場合には、支給残日数（その数が四十五を下回る場合にあつては、四十五））に十分の四を乗じて得た数を乗じて得た額とする。

（常用就職支度手当の支給申請手続）

第八十四条　受給資格者等は、法第五十六条の三第一項第二号に該当する者に係る就業促進手当（以下「常用就職支度手当」という。）の支給を受けようとするときは、同号の安定した職業に就いた日の翌日から起算して一箇月以内に、常用就職支度手当支給申請書（様式第二十九号の三）に第八十二条第二項第二号に該当することの事実を証明することができる書類及び受給資格者証、高年齢受給資格者証、特例受給資格者証又は被保険者手帳（以下この節において「受給資格者証等」という。）を添えて管轄公共職業安定所の長（日雇受給資格者にあつては、同条第一項第二号の安定した職業に係る事業所の所在地を管轄する公共職業安定所の長。次条において同じ。）に提出しなければならない。この場合において、当該受給資格者等が第八十二条の三第二項第一号に該当する者である場合には、常用就職支度手当支給申請書に再就職援助計画に係る援助対象労働者又は高年齢支援対象者であることの事

実を証明することができる書類を添えなければならない。

2　第二十一条第一項ただし書の規定は、前項の受給資格者証等について準用する。

（常用就職支度手当の支給）

第八十五条　管轄公共職業安定所の長は、受給資格者等に対する常用就職支度手当の支給を決定したときは、その日の翌日から起算して七日以内に常用就職支度手当を支給するものとする。

（法第五十七条第一項第一号イの厚生労働省令で定める日数）

第八十五条の二　法第五十七条第一項第一号イの厚生労働省令で定める日数は、十四日とする。

（法第五十七条第二項第一号の厚生労働省令で定めるもの）

第八十五条の三　法第五十七条第二項第一号の厚生労働省令で定めるものは、第三十五条各号に掲げるものとする。

（法第五十七条第二項第二号の厚生労働省令で定める理由）

第八十五条の四　法第五十七条第二項第二号の厚生労働省令で定める理由は、第三十六条各号に掲げる理由とする。

（法第五十七条第四項の規定による受給期間についての調整）

第八十五条の五　法第五十七条第一項の規定に該当する受給資格者であって法第二十八条第一項に規定する延長給付を受けるものに関する法第二十四条第三項及び第四項、法第二十四条の二第四項、法第二十五条第四項並びに法第二十七条第三項の規定の適用については、法第二十四条第三項中「第二十条第一項及び第二項」とあるのは「第五十七条第一項」と、「これら」とあるのは「同項」と、同条第四項中「第二十条第一項及び第二項」とあるのは「第五十七条第一項」と、「これら」とあるのは「同項」と、「同条第一項及び第二項」とあるのは「同条第一項」と、法第二十四条の二第四項、法第二十五条第四項及び法第二十七条第三項中「第二十条第一項及び第二項」とあるのは「第五十七条第一項」と、「これら」とあるのは「同項」とする。

2　前項の受給資格者に関する令第九条第一項及び第二項の規定の適用については、同条第一項中「法第二十条第一項及び第二項」とあるのは「法第五十七条第一項」と、「同条第一項及び第二項」とあるのは「同条第一項」と、同条第二項中「法第二十条第一項及び第二項」とあるのは「法第五十七条第一項」とする。

（移転費の支給要件）

第八十六条　移転費は、受給資格者等が公共職業安定所、特定地方公共団体若しくは職業紹介事業者（職業安定法施行規則第十三条の二第二項に規定する者を除く。第九十四条及び第九十五条において同じ。）の紹介した職業に就くため、又は公共職業安定所長の指示した公共職業訓練等を受けるため、その住所又は居所を変更する場合であって、次の各号のいずれにも該当するときに支給するものとする。ただし、その者の雇用期間が一年未満であることその他特別の事情がある場合は、この限りでない。

一　法第二十一条、第三十二条第一項若しくは第二項（これらの規定を法第三十七条の四第六項及び第四十条第四項において準用する場合を含む。）又は法第五十二条第一項（法第五十五条第四項において準用する場合を含む。）の規定による期間が経過した後に就職し、又は公共職業訓練等を受けることとなつた場合であつて、管轄公共職業安定所の長が住所又は居所の変更を必要と認めたとき。

二　当該就職又は公共職業訓練等の受講について、就職準備金その他移転に要する費用（以下「就職支度費」という。）が就職先の事業主、訓練等施設の長その他の者（以下「就職先の事業主等」という。）から支給されないとき、又はその支給額が移転費の額に満たないとき。

（移転費の種類及び計算）

第八十七条　移転費は、鉄道賃、船賃、航空賃、車賃、移転料及び着後手当とする。

2　移転費（着後手当を除く。）は、移転費の支給を受ける受給資格者等の旧居住地から新居住地までの順路によつて支給する。

（鉄道賃、船賃、航空賃及び車賃の額）

第八十八条　鉄道賃は、普通旅客運賃相当額とし、次の各号に該当する場合は、当該普通旅客運賃相当額に当該各号に定める額を加えた額とする。

一　普通急行列車を運行する線路による場合（その線路ごとに、その線路の距離が五十キロメートル以上（その線路が特別急行列車を運行する線路である場合には、五十キロメートル以上百キロメートル未満）である場合に限る。）当該線路ごとの普通急行料金相当額

二　特別急行列車を運行する線路による場合（職業安定局長が定める条件に該当する場合に限る。）当該線路ごとの特別急行料金相当額

2　船賃は、二等運賃相当額（鉄道連絡線にあつては、普通旅客運賃相当額）とする。

3　航空賃は、現に支払つた旅客運賃の額とする。

4　車賃は、一キロメートルにつき三十七円とする。

5　前四項の鉄道賃、船賃、航空賃及び車賃は、受給資格者等及びその者が随伴する親族について支給する。

6　受給資格者等及びその者が随伴する親族が就職先の事業主等が所有する自動車等を使用して住所又は居所を変更する場合にあつては、第一項から第四項までの規定にかかわらず、鉄道賃、船賃、航空賃及び車賃は、受給資格者等及びその者が随伴する親族が支払つた費用に基づき算定した額（以下この項及び第九十二条第二項第一号において「実費相当額」という。）とする。ただし、実費相当額が第一項から第四項までの規定により計算した額（以下この項において「計算額」という。）を超えるときは、計算額を上限とする。

（移転料の額）

第八十九条　移転料は、親族を随伴する場合にあつては次の表

に掲げる額とし、親族を随伴しない場合にあつてはその額の二分の一に相当する額とする。

鉄道賃の額の計算の基礎となる距離	五十キロメートル未満	五十キロメートル以上百キロメートル未満	百キロメートル以上三百キロメートル未満	三百キロメートル以上五百キロメートル未満	五百キロメートル以上千キロメートル未満	千キロメートル以上千五百キロメートル未満	千五百キロメートル以上二千キロメートル未満	二千キロメートル以上
移転料	九三、〇〇〇円	一〇七、〇〇〇円	一二三、〇〇〇円	一六三、〇〇〇円	二一六、〇〇〇円	二二七、〇〇〇円	二四三、〇〇〇円	二八一、〇〇〇円

2　船賃又は車賃の支給を受ける受給資格者等に対する前項の規定の適用については、当該船賃又は車賃の額の計算の基礎となる距離の四倍に相当する距離を鉄道賃の額の計算の基礎となる距離に含めるものとする。

（着後手当の額）

第九十条　着後手当の額は、親族を随伴する場合にあつては七万六千円（鉄道賃の額の計算の基礎となる距離が百キロメートル以上である場合は、九万五千円）とし、親族を随伴しない場合にあつては三万八千円（鉄道賃の額の計算の基礎となる距離が百キロメートル以上である場合は、四万七千五百円）とする。

（移転費の差額支給）

第九十一条　就職先の事業主等から就職支度費が支給される場合にあつては、その支給額が第八十七条から前条までの規定によつて計算した額に満たないときは、その差額に相当する額を移転費として支給する。

（移転費の支給申請）

第九十二条　受給資格者等は、移転費の支給を受けようとするときは、移転の日の翌日から起算して一箇月以内に、移転費支給申請書（様式第三十号）に受給資格者証等を添えて管轄公共職業安定所の長に提出しなければならない。この場合において、親族を随伴するときは、その親族がその者により生計を維持されている者であることを証明することができる書類を添えなければならない。

2　受給資格者等は、前項の移転費支給申請書を提出する場合において、次の各号に該当する場合は、当該各号に定める額を管轄公共職業安定所の長に届け出なければならない。

一　就職先の事業主等が所有する自動車等を使用して住所又は居所を変更する場合　実費相当額

二　就職先の事業主等から就職支度費を受け、又は受けるべき場合　就職支度費の額

3　第二十一条第一項ただし書の規定は、第一項の受給資格者

証等について準用する。

（移転費の支給）

第九十三条　移転費支給申請書の提出を受けた管轄公共職業安定所の長は受給資格者等に対する移転費の支給を決定したときは、移転費支給決定書（様式第三十一号）を交付した上、移転費を支給するものとする。

（移転費の支給を受けた場合の手続）

第九十四条　公共職業安定所、特定地方公共団体又は職業紹介事業者の紹介した職業に就いたことにより移転費の支給を受けた受給資格者等は、就職先の事業所に出頭したときは、前条の移転費支給決定書をその事業所の事業主に提出しなければならない。

2　移転費支給決定書の提出を受けた事業主は、移転費支給決定書に基づいて移転証明書（様式第三十二号）を作成し、移転費を支給した公共職業安定所長に送付しなければならない。

（移転費の返還）

第九十五条　移転費の支給を受けた受給資格者等は、公共職業安定所、特定地方公共団体若しくは職業紹介事業者の紹介した職業に就かなかつたとき、又は公共職業安定所長の指示した公共職業訓練等を受けなかつたときは、その事実が確定した日の翌日から起算して十日以内に移転費を支給した公共職業安定所長にその旨を届け出るとともに、その支給を受けた移転費に相当する額を返還しなければならない。

2　移転費を支給した公共職業安定所長は前項の届出を受理したとき、又は前項に規定する事実を知つたときは支給した移転費に相当する額を、支給すべき額を超えて移転費を支給したときは支給すべき額を超える部分に相当する額を返還させなければならない。

（求職活動支援費）

第九十五条の二　求職活動支援費は、次の各号に掲げる場合の区分に応じて、当該各号に定めるものを支給するものとする。

一　法第五十九条第一項第一号に掲げる行為をする場合　広域求職活動費

二　法第五十九条第一項第二号に掲げる行為をする場合　短期訓練受講費

三　法第五十九条第一項第三号に掲げる行為をする場合　求職活動関係役務利用費

（広域求職活動費の支給要件）

第九十六条　広域求職活動費は、受給資格者等が公共職業安定所の紹介により広範囲の地域にわたる求職活動（以下「広域求職活動」という。）をする場合であつて、次の各号のいずれにも該当するときに支給するものとする。

一　法第二十一条、第三十二条第一項若しくは第二項（これらの規定を法第三十七条の四第六項及び第四十条第四項において準用する場合を含む。）又は法第五十二条第一項（法

第五十五条第四項において準用する場合を含む。）の規定による期間が経過した後に広域求職活動を開始したとき。

二　広域求職活動に要する費用（以下「求職活動費」という。）が広域求職活動のために訪問する事業所（以下「訪問事業所」という。）の事業主から支給されないとき、又はその支給額が広域求職活動費の額に満たないとき。

（広域求職活動費の種類及び計算）

第九十七条　広域求職活動費は、鉄道賃、船賃、航空賃、車賃及び宿泊料とする。

2　広域求職活動費（宿泊料を除く。）は、管轄公共職業安定所の所在地から訪問事業所の所在地を管轄する公共職業安定所の所在地までの順路によつて計算する。

（広域求職活動費の額）

第九十八条　鉄道賃、船賃、航空賃及び車賃の額は、それぞれ第八十八条第一項から第四項までの規定に準じて計算した額とする。

2　宿泊料は、八千七百円（訪問事業所の所在地を管轄する公共職業安定所が国家公務員等の旅費に関する法律（昭和二十五年法律第百十四号）別表第一の地域区分による乙地方に該当する地域に所在する場合は、七千八百円）に、次の表の上欄に掲げる距離に応じ、同表の下欄に掲げる宿泊数を乗じて得た額とし、鉄道賃の額の計算の基礎となる距離が四百キロメートル未満である場合には、支給しない。

鉄道賃の額の計算の基礎となる距離	宿泊数	
	訪問事業所の数が三カ所以上	訪問事業所の数が二カ所以下
四百キロメートル以上八百キロメートル未満	2	1
八百キロメートル以上千二百キロメートル未満	3	2
千二百キロメートル以上千六百キロメートル未満	4	3
千六百キロメートル以上二千キロメートル未満	5	4
二千キロメートル以上	6	5

3　船賃又は車賃の支給を受ける受給資格者等に対する前項の規定の適用については、当該船賃又は車賃の額の計算の基礎となる距離の四倍に相当する距離を鉄道賃の額の計算の基礎となる距離に含めるものとする。

（広域求職活動費の差額支給）

第九十八条の二　訪問事業所の事業主から求職活動費が支給される場合にあつては、その支給額が前二条の規定によつて計算した額に満たないときは、その差額に相当する額を広域求職活動費として支給する。

（広域求職活動費の支給申請）

第九十九条　受給資格者等は、広域求職活動費の支給を受けようとするときは、公共職業安定所の指示による広域求職活動を終了した日の翌日から起算して十日以内に、求職活動支援費（広域求職活動費）支給申請書（様式第三十二号の二）に受給資格者証等を添えて管轄公共職業安定所の長に提出しなければならない。

2　管轄公共職業安定所の長は、広域求職活動費の支給を受けようとする受給資格者等に対し、広域求職活動を行つたことを証明することができる書類その他必要な書類の提出を命ずることができる。

3　受給資格者等は、第一項の広域求職活動費支給申請書を提出する場合において、訪問事業所の事業主から求職活動費を受けるときは、その金額を管轄公共職業安定所の長に届け出なければならない。

4　第二十一条第一項ただし書の規定は、第一項の受給資格者証等について準用する。

（広域求職活動費の支給）

第百条　管轄公共職業安定所の長は、受給資格者等に対する広域求職活動費の支給を決定したときは、その日の翌日から起算して七日以内に広域求職活動費を支給するものとする。

（短期訓練受講費の支給要件）

第百条の二　短期訓練受講費は、受給資格者等が公共職業安定所の職業指導により再就職の促進を図るために必要な職業に関する教育訓練を受け、当該教育訓練を修了した場合（法第二十一条の規定による期間が経過した後に当該教育訓練を開始した場合に限る。）において、当該教育訓練の受講のために支払つた費用（入学料（受講の開始に際し納付する料金をいう。以下同じ。）及び受講料に限る。次条及び第百条の四において同じ。）について教育訓練給付金の支給を受けていないときに、厚生労働大臣の定める基準に従つて、支給するものとする。

（短期訓練受講費の額）

第百条の三　短期訓練受講費の額は、受給資格者等が前条に規定する教育訓練の受講のために支払つた費用の額に百分の二十を乗じて得た額（その額が十万円を超えるときは、十万円）とする。

（短期訓練受講費の支給申請）

第百条の四　受給資格者等は、短期訓練受講費の支給を受けようとするときは、当該短期訓練受講費の支給に係る教育訓練を修了した日の翌日から起算して一箇月以内に、求職活動支援費（短期訓練受講費）支給申請書（様式第三十二号の三）に受給資格者証等及び次の各号に掲げる書類を添えて管轄公共職業安定所の長に提出しなければならない。

一　当該短期訓練受講費の支給に係る教育訓練を修了したことを証明することができる書類（当該教育訓練を行う者に

より証明がされたものに限る。）
二　当該短期訓練受講費の支給に係る教育訓練の受講のために支払つた費用の額を証明することができる書類
三　その他職業安定局長が定める書類
2　第二十一条第一項ただし書の規定は、前項の受給資格者証等について準用する。
（短期訓練受講費の支給）
第百条の五　管轄公共職業安定所の長は、受給資格者等に対する短期訓練受講費の支給を決定したときは、その日の翌日から起算して七日以内に短期訓練受講費を支給するものとする。
（求職活動関係役務利用費の支給要件）
第百条の六　求職活動関係役務利用費は、受給資格者等が求人者との面接等をし、又は法第六十条の二第一項の教育訓練給付金の支給に係る教育訓練若しくは短期訓練受講費の支給に係る教育訓練、公共職業訓練等若しくは職業訓練の実施等による特定求職者の就職の支援に関する法律（平成二十三年法律第四十七号）第四条第二項に規定する認定職業訓練（次条及び第百条の八において「求職活動関係役務利用費対象訓練」という。）を受講するため、その子に関して、次の各号に掲げる役務（以下「保育等サービス」という。）を利用する場合（法第二十一条の規定による期間が経過した後に保育等サービスを利用する場合に限る。）に支給するものとする。
一　児童福祉法（昭和二十二年法律第百六十四号）第三十九条第一項に規定する保育所、認定こども園法第二条第六項に規定する認定こども園又は児童福祉法第二十四条第二項に規定する家庭的保育事業等における保育
二　子ども・子育て支援法（平成二十四年法律第六十五号）第五十九条第二号、第五号、第六号及び第十号から第十二号までに規定する事業における役務
三　その他前二号に掲げる役務に準ずるものとして職業安定局長が定めるもの
（求職活動関係役務利用費の額）
第百条の七　求職活動関係役務利用費の額は、受給資格者等が保育等サービスの利用のために負担した費用の額（次の各号に掲げる区分に応じ、当該各号に定める日数を限度とし、受給資格者等が求人者との面接等をした日又は求職活動関係役務利用費対象訓練を受講した日に係る費用の額（一日当たり八千円を限度とする。）をいい、一日を超える期間を単位として費用を負担した場合においては、当該費用の額は、その期間の日数を基礎として、日割りによつて計算して得た額（一日当たり八千円を限度とする。）に限る。）に百分の八十を乗じて得た額とする。
一　求人者との面接等をした日　十五日
二　求職活動関係役務利用費対象訓練を受講した日　六十日
（求職活動関係役務利用費の支給申請）

第百条の八　受給資格者等は、求職活動関係役務利用費の支給を受けようとするときは、求職活動支援費（求職活動関係役務利用費）支給申請書（様式第三十二号の四）に受給資格者証等及び次の各号に掲げる書類を添えて管轄公共職業安定所の長に提出しなければならない。
一　当該求職活動関係役務利用費の支給に係る保育等サービスの利用のために支払つた費用の額を証明することができる書類
二　求人者との面接等をしたこと又は求職活動関係役務利用費対象訓練を受講したことを証明することができる書類
三　その他職業安定局長が定める書類
2　第二十一条第一項ただし書の規定は、前項の受給資格者証等について準用する。
3　第一項の規定による求職活動支援費（求職活動関係役務利用費）支給申請書の提出は、法第十五条第三項又は第四項の規定による失業の認定の対象となる日について、当該失業の認定を受ける日にしなければならない。ただし、高年齢受給資格者、特例受給資格者又は日雇受給資格者が求職活動支援費（求職活動関係役務利用費）支給申請書を提出する場合にあつては、当該求職活動関係役務利用費の支給に係る保育等サービスを利用をした日の翌日から起算して四箇月以内に行うものとする。

第百一条　削除

（準用）
第百一条の二　第二十二条第二項、第四十四条、第四十五条第一項、第四十六条、第五十条第四項及び第五十四条の規定は、就職促進給付の支給について準用する。

第六節の二　教育訓練給付

（法第六十条の二第一項の厚生労働大臣の指定の通知等）
第百一条の二の二　厚生労働大臣は、法第六十条の二第一項の規定による指定をしたときは、次の各号に掲げる事項を記載した講座指定通知書を、当該教育訓練を行う指定教育訓練実施者（法第十条の四第二項に規定する指定教育訓練実施者をいう。以下同じ。）に通知するものとする。
一　教育訓練施設の名称
二　教育訓練講座名
三　第百一条の二の七第一号に規定する一般教育訓練又は同条第二号に規定する専門実践教育訓練のいずれであるかの別
四　訓練の実施方法
五　訓練期間
六　入学料及び受講料（第百一条の二の七第一号に規定する一般教育訓練の期間が一年を超えるときは、当該一年を超える部分に係る受講料を除く。第百一条の二の六において同じ。）の額

七　指定番号
八　その他必要と認められる事項
2　厚生労働大臣は、法第六十条の二第一項の規定による指定を受けている教育訓練について、前項各号に掲げる事項を記載した帳簿を作成し、当該帳簿を公共職業安定所において閲覧に供するものとする。

（法第六十条の二第一項の厚生労働省令で定める場合）

第百一条の二の三　法第六十条の二第一項の厚生労働省令で定める場合は、第百一条の二の七第二号に規定する専門実践教育訓練を受けている場合であつて、当該専門実践教育訓練の受講状況が適切であると認められるときとする。

（法第六十条の二第一項の厚生労働省令で定める証明）

第百一条の二の四　法第六十条の二第一項の厚生労働省令で定める証明は、次の各号に掲げる者の区分に応じ、それぞれ当該各号に定める証明とする。

一　第百一条の二の七第一号に規定する一般教育訓練を受け、修了した者　教育訓練給付金の支給に係る当該一般教育訓練を修了したことの証明（当該一般教育訓練に係る指定教育訓練実施者により証明がされたものに限る。以下「一般教育訓練修了証明書」という。）

二　第百一条の二の七第二号に規定する専門実践教育訓練を受け、修了した者（当該専門実践教育訓練を受けている者を含む。）　教育訓練給付金の支給に係る当該専門実践教育訓練を修了したことの証明（当該専門実践教育訓練に係る指定教育訓練実施者により証明がされたものに限る。以下「専門実践教育訓練修了証明書」という。）（教育訓練給付金の支給に係る当該専門実践教育訓練を受けている者にあつては、第百一条の二の十二第四項に規定する支給単位期間ごとに当該専門実践教育訓練の修了に必要な実績及び目標を達成していることの証明（当該専門実践教育訓練に係る指定教育訓練実施者により証明がされたものに限る。以下「受講証明書」という。））

（法第六十条の二第一項第二号の厚生労働省令で定める期間）

第百一条の二の五　法第六十条の二第一項第二号の厚生労働省令で定める期間は、一年（当該期間内に妊娠、出産、育児、疾病、負傷その他管轄公共職業安定所の長がやむを得ないと認める理由により引き続き三十日以上法第六十条の二第一項に規定する教育訓練を開始することができない者が、当該者に該当するに至つた日の翌日から、当該者に該当するに至つた日の直前の一般被保険者（被保険者のうち、法第三十七条の二第一項に規定する高年齢被保険者（以下「高年齢被保険者」という。）、短期雇用特例被保険者及び日雇労働被保険者以外のものをいう。以下同じ。）又は高年齢被保険者でなくなつた日から起算して二十年を経過する日までの間（この項の規定により加算された期間が二十年に満たない場合は、当該期間の最後の日までの間）に管轄公共職業安定所の長にその旨を申し出た場合には、当該理由により当該教育訓練を開始することができない日数を加算するものとし、その加算された期間が二十年を超えるときは、二十年とする。）とする。

2　前項の申出をしようとする者は、教育訓練給付適用対象期間延長申請書（様式第十六号）に前項の理由により引き続き三十日以上教育訓練を開始することができないことの事実を証明することができる書類を添えて管轄公共職業安定所の長に提出しなければならない。

3　管轄公共職業安定所の長は、第一項の申出をした者が同項に規定する者に該当すると認めたときは、その者に教育訓練給付適用対象期間延長通知書（様式第十七号）を交付しなければならない。

（法第六十条の二第四項の厚生労働省令で定める費用の範囲）

第百一条の二の六　法第六十条の二第四項の厚生労働省令で定める費用の範囲は、次の各号に掲げるものとする。

一　入学料及び受講料（短期訓練受講費の支給を受けているものを除く。）

二　次条第一号に規定する一般教育訓練の受講開始日前一年以内にキャリアコンサルタント（職業能力開発促進法（昭和四十四年法律第六十四号）第三十条の三に規定するキャリアコンサルタントをいう。以下同じ。）が行うキャリアコンサルティング（同法第二条第五項に規定するキャリアコンサルティングをいう。以下同じ。）を受けた場合は、その費用（その額が二万円を超えるときは、二万円）

（法第六十条の二第四項の厚生労働省令で定める率）

第百一条の二の七　法第六十条の二第四項の厚生労働省令で定める率は、次の各号に掲げる者の区分に応じ、それぞれ当該各号に定める率とする。

一　法第六十条の二第一項に規定する支給要件期間（次号及び第三号において「支給要件期間」という。）が三年以上である者であって、雇用の安定及び就職の促進を図るために必要な職業に関する教育訓練として厚生労働大臣が指定する教育訓練（次号に規定する教育訓練を除く。以下「一般教育訓練」という。）を受け、修了した者　百分の二十

二　支給要件期間が三年以上である者であって、雇用の安定及び就職の促進を図るために必要な職業に関する教育訓練のうち中長期的なキャリア形成に資する専門的かつ実践的な教育訓練として厚生労働大臣が指定する教育訓練（以下「専門実践教育訓練」という。）を受け、修了した者（当該専門実践教育訓練を受けている者を含む。）（次号に掲げる者を除く。）　百分の五十

三　支給要件期間が三年以上である者であって、専門実践教育訓練を受け、修了し、当該専門実践教育訓練に係る資格の取得等をし、かつ、一般被保険者又は高年齢被保険者として雇用された者（当該専門実践教育訓練を受け、修了した日の翌日から起算して一年以内に雇用された者（当該専

門実践教育訓練を受け、修了した日の翌日から起算して一年以内に雇用されることが困難な者として職業安定局長の定める者を含む。）に限る。）又は雇用されている者（当該専門実践教育訓練を受け、修了した日において一般被保険者又は高年齢被保険者として雇用されている者であつて、当該修了した日の翌日から起算して一年以内に資格の取得等をしたものに限る。）　百分の七十

（法第六十条の二第四項の厚生労働省令で定める額）

第百一条の二の八　法第六十条の二第四項の厚生労働省令で定める額は、次の各号に掲げる者の区分に応じ、それぞれ当該各号に定める額とする。

一　前条第一号に掲げる者　十万円

二　前条第二号に掲げる者　百二十万円（連続した二支給単位期間（第百一条の二の十二第四項に規定する支給単位期間をいう。以下この号及び次号において同じ。）（当該専門実践教育訓練を修了した日が属する場合であつて、支給単位期間が連続して二ないときは一支給単位期間）ごとに支給する額は、四十万円を限度とし、一の支給限度期間ごとに支給する額は、百六十八万円を限度とする。）

三　前条第三号に掲げる者　百六十八万円（連続した二支給単位期間（当該専門実践教育訓練を修了した日が属する場合であつて、支給単位期間が連続して二ないときは一支給単位期間）ごとに支給する額は、五十六万円を限度とし、一の支給限度期間ごとに支給する額は、百六十八万円を限度とする。）

2　前項の支給限度期間とは、法第六十条の二第一項第一号に規定する基準日（専門実践教育訓練に係るものに限る。以下この項において「基準日」という。）から十年を経過する日までの一の期間をいう。ただし、当該基準日に係る一の支給限度期間内に他の基準日（以下この項において「二回目以降基準日」という。）がある場合における当該二回目以降基準日から十年を経過する日までの一の期間を除く。

（法第六十条の二第五項の厚生労働省令で定める額）

第百一条の二の九　法第六十条の二第五項の厚生労働省令で定める額は、四千円とする。

（法第六十条の二第五項の厚生労働省令で定める期間）

第百一条の二の十　法第六十条の二第五項の厚生労働省令で定める期間は、次の各号に掲げる者の区分に応じ、それぞれ当該各号に定める期間とする。

一　一般教育訓練を受けた者　三年

二　専門実践教育訓練を受けた者　三年

（一般教育訓練に係る教育訓練給付金の支給申請手続）

第百一条の二の十一　法第六十条の二第一項各号に規定する教育訓練給付対象者（以下「教育訓練給付対象者」という。）は、一般教育訓練に係る教育訓練給付金の支給を受けようとするときは、当該教育訓練給付金の支給に係る一般教育訓練を修

了した日の翌日から起算して一箇月以内に、教育訓練給付金支給申請書（様式第三十三号の二）に次の各号に掲げる書類を添えて管轄公共職業安定所の長に提出しなければならない。

一　一般教育訓練修了証明書

二　当該教育訓練給付金の支給に係る一般教育訓練の受講のために支払つた費用（第百一条の二の六第一号に掲げる費用に限る。）の額を証明することができる書類

三　第百一条の二の六第二号に掲げる費用の額を証明することができる書類及び当該一般教育訓練に係る教育訓練給付金の支給を受けようとする者の就業に関する目標その他職業能力の開発及び向上に関する事項について、キャリアコンサルティングを踏まえて記載した職務経歴等記録書（職業能力開発促進法第十五条の四第一項に規定する職務経歴等記録書をいう。以下同じ。）

四　その他職業安定局長が定める書類

2　教育訓練給付対象者は、前項の規定にかかわらず、職業安定局長が定めるところにより、同項第四号に掲げる書類のうち職業安定局長が定めるものを添えないことができる。

（専門実践教育訓練に係る教育訓練給付金の支給申請手続）

第百一条の二の十二　教育訓練給付対象者であつて、専門実践教育訓練に係る教育訓練給付金の支給を受けようとするもの（以下この条において「専門実践教育訓練受講予定者」という。）は、当該専門実践教育訓練を開始する日の一箇月前までに、教育訓練給付金及び教育訓練支援給付金受給資格確認票（様式第三十三号の二の二）に次の各号に掲げる書類を添えて管轄公共職業安定所の長に提出しなければならない。

一　担当キャリアコンサルタント（キャリアコンサルタントであつて厚生労働大臣が定めるものをいう。）が、当該専門実践教育訓練受講予定者の就業に関する目標その他職業能力の開発及び向上に関する事項について、キャリアコンサルティングを踏まえて記載した職務経歴等記録書（専門実践教育訓練受講予定者を雇用する適用事業の事業主が専門実践教育訓練を受講することを承認した場合は、その旨を証明する書面）

二　運転免許証その他の専門実践教育訓練受講予定者が本人であることを確認することができる書類

三　その他職業安定局長が定める書類

2　管轄公共職業安定所の長は、前項の規定により教育訓練給付金及び教育訓練支援給付金受給資格確認票を提出した専門実践教育訓練受講予定者が教育訓練給付対象者であつて第百一条の二の七第二号に掲げる者に該当するものと認めたときは、教育訓練給付金及び教育訓練支援給付金受給資格者証（様式第三十三号の二の三）に必要な事項を記載した上、当該専門実践教育訓練受講予定者に交付するとともに、次の各号に掲げる事項を通知しなければならない。

一　支給単位期間（既に行つた支給申請に係る支給単位期間を除く。第五項において同じ。）ごとに当該専門実践教育訓練に係る教育訓練給付金の支給申請を行うべき期間

二　第百一条の二の七第三号に掲げる者に該当するに至つたときに当該専門実践教育訓練に係る教育訓練給付金の支給申請を行うべき期間

3　管轄公共職業安定所の長は、前項第一号に規定する支給申請を行うべき期間を定めるに当たつては、一支給単位期間について、当該支給単位期間の末日の翌日から起算して一箇月を超えない範囲で定めなければならない。ただし、管轄公共職業安定所の長が必要があると認めるときは、この限りでない。

4　この条及び第百一条の二の十四において「支給単位期間」とは、専門実践教育訓練を受けている期間を、当該専門実践教育訓練を開始した日又は当該専門実践教育訓練を受けている期間において六箇月ごとにその日に応当し、かつ、当該専門実践教育訓練を受けている期間内にある日（その日に応当する日がない月においては、その月の末日。以下この項において「訓練開始応当日」という。）からそれぞれ六箇月後の訓練開始応当日の前日（当該専門実践教育訓練を修了した日の属する月にあつては、当該専門実践教育訓練を修了した日）までの各期間に区分した場合における当該区分による一の期間をいう。

5　第二項の規定による通知を受けた第百一条の二の七第二号に掲げる者に該当する教育訓練給付対象者は、支給単位期間について専門実践教育訓練に係る教育訓練給付金の支給を受けようとするときは、第二項第一号に規定する支給申請を行うこととされた期間内に、教育訓練給付金支給申請書（様式第三十三号の二の四）に次の各号に掲げる書類を添えて管轄公共職業安定所の長に提出しなければならない。

一　受講証明書（当該専門実践教育訓練を修了した場合にあつては、専門実践教育訓練修了証明書）

二　当該支給申請に係る支給単位期間において当該専門実践教育訓練の受講のために支払つた費用（第百一条の二の六に定める費用の範囲内のものに限る。）の額を証明することができる書類

三　教育訓練給付金及び教育訓練支援給付金受給資格者証

四　その他厚生労働大臣が定める書類

6　第二項の規定による通知を受けた第百一条の二の七第三号に掲げる者に該当する教育訓練給付対象者は、専門実践教育訓練に係る教育訓練給付金の支給を受けようとするときは、当該専門実践教育訓練を修了し、当該専門実践教育訓練に係る資格を取得等し、かつ、一般被保険者又は高年齢被保険者として雇用された日の翌日から起算して一箇月以内（一般被保険者又は高年齢被保険者として雇用されている者にあつては、当該専門実践教育訓練を修了し、かつ、当該専門実践教

育訓練に係る資格を取得等した日の翌日から起算して一箇月以内）に、教育訓練給付金支給申請書（様式第三十三号の二の五）に次の各号に掲げる書類を添えて管轄公共職業安定所の長に提出しなければならない。

一　全支給単位期間における当該専門実践教育訓練に係る教育訓練給付金の支給に係る専門実践教育訓練の受講のために支払つた費用（第百一条の二の六に定める費用の範囲内のものに限る。）の額を証明することができる書類

二　当該専門実践教育訓練に係る資格を取得等したことの証明

三　教育訓練給付金及び教育訓練支援給付金受給資格者証

四　その他厚生労働大臣が定める書類

7　教育訓練給付対象者は、第一項、第五項及び第六項の規定にかかわらず、職業安定局長が定めるところにより、第一項第三号、第五項第四号及び第六項第四号に掲げる書類のうち職業安定局長が定めるものを添えないことができる。

（一般教育訓練に係る教育訓練給付金の支給）

第百一条の二の十三　管轄公共職業安定所の長は、教育訓練給付対象者に対する一般教育訓練に係る教育訓練給付金の支給を決定したときは、その日の翌日から起算して七日以内に教育訓練給付金を支給するものとする。

（専門実践教育訓練に係る教育訓練給付金の支給）

第百一条の二の十四　管轄公共職業安定所の長は、第百一条の二の七第二号に掲げる者に該当する教育訓練給付対象者に対する専門実践教育訓練に係る教育訓練給付金の支給を決定したときは、その日の翌日から起算して七日以内に、当該支給申請に係る支給単位期間について教育訓練給付金を支給するものとする。

2　第百一条の二の七第三号に掲げる者に該当する教育訓練給付対象者に対する専門実践教育訓練に係る教育訓練給付金の支給を決定したときは、その日の翌日から起算して七日以内に、全支給単位期間分の教育訓練給付金の額から既に支給を受けた当該専門実践教育訓練に係る教育訓練給付金の額を減じて得た額を基礎として、厚生労働大臣の定める方法により算定して得た額を支給するものとする。

（準用）

第百一条の二の十五　第四十四条（第四項を除く。以下この条において同じ。）、第四十五条、第四十六条、第四十九条、第五十条及び第五十四条（一般教育訓練にあつては、第四十四条、第四十五条、第四十六条及び第五十四条に限る。）の規定は、教育訓練給付金の支給について準用する。この場合において、これらの規定中「受給資格者」とあるのは「教育訓練給付金の支給を受けることができる者」と、「口座振込受給資格者」とあるのは「第四十四条第一項に規定する方法によつて教育訓練給付金の支給を受ける者」と、「受給資格者証」とあるのは「教育訓練給付金及び教育訓練支援給付金受給資

格者証」と、「氏名又は住所若しくは居所」とあるのは「氏名、住所若しくは居所又は電話番号」と、「氏名を変更した場合にあつては受給資格者氏名変更届（様式第二十号）に、住所又は居所を変更した場合にあつては受給資格者住所変更届（様式第二十号）」とあるのは「氏名を変更した場合にあつては教育訓練給付金受給者氏名変更届（様式第三十三号の二の六）に、住所又は居所を変更した場合にあつては教育訓練給付金受給者住所変更届（様式第三十三号の二の六）に、電話番号を変更した場合にあつては教育訓練給付金受給者電話番号変更届（様式第三十三号の二の六）」と読み替えるものとする。

第七節　雇用継続給付

第一款　高年齢雇用継続給付

（法第六十一条第一項の厚生労働省令で定める理由）

第百一条の三　法第六十一条第一項の厚生労働省令で定める理由は、次のとおりとする。

一　非行

二　疾病又は負傷

三　事業所の休業

四　前各号に掲げる理由に準ずる理由であつて、公共職業安定所長が定めるもの

（法第六十一条第五項第二号の厚生労働省令で定める率）

第百一条の四　法第六十一条第五項第二号の厚生労働省令で定める率は、第一号に掲げる額から第二号及び第三号に掲げる額の合計額を減じた額を第二号に掲げる額で除して得た率とする。

一　法第六十一条第一項に規定するみなし賃金日額に三十を乗じて得た額（以下この項において「みなし賃金月額」という。）に百分の七十五を乗じて得た額

二　法第六十一条第二項に規定する支給対象月（次条において「支給対象月」という。）に支払われた賃金額

三　みなし賃金月額に一万分の四百八十五を乗じて得た額にイに掲げる額をロに掲げる額で除して得た率を乗じて得た額

イ　第一号に掲げる額から第二号に掲げる額を減じた額

ロ　みなし賃金月額に百分の十四を乗じて得た額

2　法第六十一条の二第三項において準用する場合における法第六十一条第五項第二号の厚生労働省令で定める率については、前項中「法第六十一条第一項に規定するみなし賃金日額」とあるのは「法第六十一条の二第一項の賃金日額」と、「みなし賃金月額」とあるのは「離職時賃金月額」と、「法第六十一条第二項に規定する支給対象月（次条において「支給対象月」という。）」とあるのは「法第六十一条の二第二項に規定する再就職後の支給対象月（第百一条の七第二項において「再就職後の支給対象月」という。）」とする。

（高年齢雇用継続基本給付金の支給申請手続）

第百一条の五　被保険者（短期雇用特例被保険者及び日雇労働被保険者を除く。以下この款において同じ。）は、初めて高年齢雇用継続基本給付金の支給を受けようとするときは、支給対象月の初日から起算して四箇月以内に、高年齢雇用継続給付受給資格確認票・（初回）高年齢雇用継続給付支給申請書（様式第三十三号の三。ただし、公共職業安定所長が必要があると認めるときは、高年齢雇用継続給付支給申請書（様式第三十三号の三の二）をもつて代えることができる。第三項、第四項及び第百一条の七において同じ。）に雇用保険被保険者六十歳到達時等賃金証明書（様式第三十三号の四。以下「六十歳到達時等賃金証明書」という。）、労働者名簿、賃金台帳その他の被保険者の年齢、被保険者が雇用されていることの事実、賃金の支払状況及び賃金の額を証明することができる書類を添えて、事業主を経由してその事業所の所在地を管轄する公共職業安定所の長に提出しなければならない。ただし、やむを得ない理由のため事業主を経由して当該申請書の提出を行うことが困難であるときは、事業主を経由しないで提出を行うことができる。

2　被保険者は、前項の規定にかかわらず、職業安定局長が定めるところにより、同項に定める書類（六十歳到達時等賃金証明書を除く。）を添えないことができる。

3　事業主は、その雇用する被保険者又はその雇用していた被保険者が第一項の規定により高年齢雇用継続給付受給資格確認票・（初回）高年齢雇用継続給付支給申請書を提出するため六十歳到達時等賃金証明書の交付を求めたときは、これをその者に交付しなければならない。

4　公共職業安定所長は、第一項の規定により高年齢雇用継続給付受給資格確認票・（初回）高年齢雇用継続給付支給申請書を提出した被保険者が、法第六十一条第一項本文の規定に該当すると認めたときは、当該被保険者に対して当該支給申請に係る支給対象月について高年齢雇用継続基本給付金を支給する旨を通知するとともに、その者が支給対象月（既に行つた支給申請に係る支給対象月を除く。第六項において同じ。）について高年齢雇用継続基本給付金を受けようとするときに支給申請を行うべき月を定め、その者に知らせなければならない。

5　公共職業安定所長は、前項に規定する支給申請を行うべき月を定めるに当たつては、一又は連続する二の支給対象月について、当該支給対象月の初日から起算して四箇月を超えない範囲で定めなければならない。ただし、公共職業安定所長が必要があると認めるときは、この限りでない。

6　第四項の規定による通知を受けた被保険者が、支給対象月について高年齢雇用継続基本給付金の支給を受けようとするときは、同項に規定する高年齢雇用継続基本給付金の支給申請を行うべき月に、高年齢雇用継続給付支給申請書を事業主を経由してその事業所の所在地を管轄する公共職業安定所の長に提出しなければならない。ただし、やむを得ない理由のため事業主を経由して当該申請書の提出を行うことが困難であるときは、事業主を経由しないで提出を行うことができる。

7　高年齢雇用継続給付受給資格確認票・(初回)高年齢雇用継続給付支給申請書及び高年齢雇用継続給付支給申請書に記載された事項については、事業主の証明を受けなければならない。

(高年齢雇用継続基本給付金の支給)

第百一条の六　公共職業安定所長は、被保険者に対する高年齢雇用継続基本給付金の支給を決定したときは、その日の翌日から起算して七日以内に高年齢雇用継続基本給付金を支給するものとする。

2　高年齢雇用継続基本給付金は、高年齢雇用継続基本給付金の支給を受けることができる者に対し、第百一条の十の規定により準用する第四十五条第一項の規定による場合を除き、その者の預金又は貯金への振込みの方法により支給する。

(高年齢再就職給付金の支給申請手続)

第百一条の七　被保険者は、初めて高年齢再就職給付金の支給を受けようとするときは、再就職後の支給対象月の初日から起算して四箇月以内に、高年齢雇用継続給付受給資格確認票・(初回)高年齢雇用継続給付支給申請書に労働者名簿、賃金台帳その他の被保険者の年齢、被保険者が雇用されていることの事実、賃金の支払状況及び賃金の額を証明することができる書類を添えて、事業主を経由してその事業所の所在地を管轄する公共職業安定所の長に提出しなければならない。ただし、やむを得ない理由のため事業主を経由して当該申請書の提出を行うことが困難であるときは、事業主を経由しないで提出を行うことができる。

2　第百一条の五第二項から第七項までの規定及び前条の規定は、高年齢再就職給付金の支給について準用する。この場合において、第百一条の五第二項中「前項」とあるのは「第百一条の七第一項」と、「同項に定める書類(六十歳到達時等賃金証明書を除く。)」とあるのは「同項に定める書類」と、同条第四項中「第一項」とあるのは「第百一条の七第一項」と、「法第六十一条第一項本文」とあるのは「法第六十一条の二第一項本文」と、「支給対象月」とあるのは「再就職後の支給対象月」と、同条第五項及び第六項中「支給対象月」とあるのは「再就職後の支給対象月」と読み替えるものとする。

第百一条の八　削除

(事業主の助力等)

第百一条の九　高年齢雇用継続給付を受けることができる者が、自ら高年齢雇用継続給付の請求その他の手続を行うことが困難である場合には、事業主は、その手続を行うことができるように助力しなければならない。

2　事業主は、高年齢雇用継続給付を受けるべき者から高年齢雇用継続給付を受けるために必要な証明を求められたときは、速やかに証明をしなければならない。

（準用）

第百一条の十　第四十四条（第四項を除く。）、第四十五条第一項及び第四十六条第一項の規定は、高年齢雇用継続給付の支給について準用する。この場合において、これらの規定中「受給資格者」とあるのは「高年齢雇用継続給付を受けることができる者」と、「口座振込受給資格者」とあるのは「第四十四条第一項に規定する方法によつて高年齢雇用継続給付の支給を受ける者」と、「管轄公共職業安定所」とあるのは「その事業所の所在地を管轄する公共職業安定所」と読み替えるものとする。

第二款　育児休業給付

（法第六十一条の四第一項の休業）

第百一条の十一　育児休業給付金は、被保険者（短期雇用特例被保険者及び日雇労働被保険者を除く。以下この款及び次款において同じ。）が、次の各号のいずれにも該当する休業（法第六十一条の四第三項に規定する支給単位期間において公共職業安定所長が就業をしていると認める日数が十日（十日を超える場合にあつては、公共職業安定所長が就業をしていると認める時間が八十時間）以下であるものに限る。）をした場合に、支給する。

一　被保険者がその事業主に申し出ることによつてすること。

二　前号の申出（以下「育児休業の申出」という。）は、その期間中は休業をすることとする一の期間について、その初日及び末日（次号において「休業終了予定日」という。）とする日を明らかにしてすること。

三　次のいずれかに該当することとなつた日後の休業でないこと。

イ　休業終了予定日とされた日の前日までに、子の死亡その他の被保険者が育児休業の申出に係る子を養育しないこととなつた事由として公共職業安定所長が認める事由が生じたこと。

ロ　休業終了予定日とされた日の前日までに、育児休業の申出に係る子が一歳（第百一条の十一の二の三各号のいずれかに該当する場合にあつては、一歳六か月（第百一条の十一の二の四で準用する第百一条の十一の二の三各号のいずれかに該当する場合にあつては、二歳。次号ロにおいて同じ。））に達したこと。

ハ　休業終了予定日とされた日までに、育児休業の申出をした被保険者について労働基準法第六十五条第一項若しくは第二項の規定により休業する期間（次項及び第百一条の十六において「産前産後休業期間」という。）、法第六十一条の六第一項に規定する休業をする期間（次項において「介護休業期間」という。）又は新たな一歳に満たない子を養育するための休業をする期間（次項において

「新たな育児休業期間」という。）が始まつたこと（特別の事情が生じたときを除く。）

四　期間を定めて雇用される者にあつては、次のいずれにも該当する者であること。

イ　その事業主に引き続き雇用された期間が一年以上である者

ロ　その養育する子が一歳六か月に達する日までに、その労働契約（契約が更新される場合にあつては、更新後のもの）が満了することが明らかでない者

2　前項第三号ハの特別の事情が生じたときは、次のとおりとする。

一　育児休業の申出をした被保険者について産前産後休業期間が始まつたことにより、当該申出に係る休業をする期間が終了した場合であつて、当該産前産後休業期間が終了する日（当該産前産後休業期間の終了後に引き続き当該産前産後休業期間中に出産した子に係る新たな育児休業期間が始まつた場合には、当該新たな育児休業期間が終了する日）までに、当該産前産後休業期間に係る子のすべてが、次のいずれかに該当するに至つたとき。

イ　死亡したとき。

ロ　養子となつたことその他の事情により当該被保険者と同居しないこととなつたとき。

二　育児休業の申出をした被保険者について介護休業期間が始まつたことにより当該申出に係る休業をする期間が終了した場合であつて、当該介護休業期間が終了する日までに、当該介護休業期間の休業に係る対象家族が次のいずれかに該当するに至つたとき。

イ　死亡したとき。

ロ　離婚、婚姻の取消、離縁等により当該対象家族と被保険者との親族関係が消滅したとき。

三　育児休業の申出をした被保険者について新たな育児休業期間が始まつたことにより当該申出に係る休業をする期間が終了した場合であつて、当該新たな育児休業期間が終了する日までに、当該新たな育児休業期間の休業に係る子のすべてが、第一号イ又はロのいずれかに該当するに至つたとき。

（法第六十一条の四第一項の厚生労働省令で定める者）

第百一条の十一の二　法第六十一条の四第一項の厚生労働省令で定める者は、児童の親その他の児童福祉法第二十七条第四項に規定する者の意に反するため、同項の規定により、同法第六条の四第二号に規定する養子縁組里親として当該児童を委託することができない労働者とする。

（法第六十一条の四第一項の厚生労働省令で定めるところにより委託されている者）

第百一条の十一の二の二　法第六十一条の四第一項の厚生労働省令で定めるところにより委託されている者は、児童福祉法

第六条の四第一号の規定による養育里親に同法第二十七条第一項第三号の規定により委託されている者とする。

(法第六十一条の四第一項のその子が一歳に達した日後の期間について休業することが雇用の継続のために特に必要と認められる場合として厚生労働省令で定める場合)

第百一条の十一の二の三　法第六十一条の四第一項のその子が一歳に達した日後の期間について休業することが雇用の継続のために特に必要と認められる場合として厚生労働省令で定める場合は次のとおりとする。

一　育児休業の申出に係る子について、児童福祉法第三十九条第一項に規定する保育所、認定こども園法第二条第六項に規定する認定こども園又は児童福祉法第二十四条第二項に規定する家庭的保育事業等における保育の利用を希望し、申込みを行つているが、当該子が一歳に達する日後の期間について、当面その実施が行われない場合

二　常態として育児休業の申出に係る子の養育を行つている配偶者（婚姻の届出をしていないが、事実上婚姻関係と同様の事情にある者を含む。以下この款において同じ。）であつて当該子が一歳に達する日後の期間について常態として当該子の養育を行う予定であつたものが次のいずれかに該当した場合

イ　死亡したとき。

ロ　負傷、疾病又は身体上若しくは精神上の障害により育児休業の申出に係る子を養育することが困難な状態になつたとき。

ハ　婚姻の解消その他の事情により配偶者が育児休業の申出に係る子と同居しないこととなつたとき。

ニ　六週間（多胎妊娠の場合にあつては、十四週間）以内に出産する予定であるか又は産後八週間を経過しないとき。

(法第六十一条の四第一項のその子が一歳六か月に達した日後の期間について休業することが雇用の継続のために特に必要と認められる場合として厚生労働省令で定める場合)

第百一条の十一の二の四　前条の規定は、法第六十一条の四第一項のその子が一歳六か月に達した日後の期間について休業することが雇用の継続のために特に必要と認められる場合として厚生労働省令で定める場合について準用する。

(同一の子について配偶者が休業をする場合の特例)

第百一条の十一の三　法第六十一条の四第六項の規定の適用を受ける場合における第百一条の十一及び第百一条の十一の二の三の規定の適用については、第百一条の十一第一項中「した場合に、支給する。」とあるのは、「した場合（当該休業をすることとする一の期間の初日（以下この条において「休業開始予定日」という。）が、当該休業に係る子の一歳に達する日の翌日後である場合又は当該被保険者の配偶者（婚姻の届出をしていないが、事実上婚姻関係と同様の事情にある者を

含む。）がしている法第六十一条の四第一項に規定する休業に係る休業をする期間の初日前である場合を除く。）に、支給する。ただし、休業をすることとする一の期間の末日とされた日が当該休業開始予定日とされた日から起算して育児休業等可能日数（当該休業に係る子の出生した日から当該子の一歳に達する日までの日数をいう。）から育児休業等取得日数（当該子の出生した日以後当該被保険者が労働基準法第六十五条第一項又は第二項の規定により休業した日数と当該子について法第六十一条の四第一項に規定する休業をした日数を合算した日数をいう。）を差し引いた日数を経過する日より後の日であるときは、当該経過する日後については、この限りでない。」と、同項第三号ロ及びハ中「一歳」とあるのは「一歳二か月」と、第百一条の十一の二の三中「一歳に達する日」とあるのは「一歳に達する日（休業終了予定日とされた日が当該子の一歳に達する日後である場合にあつては、当該休業終了予定日とされた日）」とする。

（公務員である配偶者がする育児休業に関する規定の適用）

第百一条の十一の四　第百一条の十一の二の三（第百一条の二の四において準用する場合を含む。）及び前条の規定の適用については、被保険者の配偶者が国会職員の育児休業等に関する法律（平成三年法律第百八号）第三条第二項、国家公務員の育児休業等に関する法律（平成三年法律第百九号）第三条第二項（同法第二十七条第一項及び裁判所職員臨時措置法（昭和二十六年法律第二百九十九号）（第七号に係る部分に限る。）において準用する場合を含む。）、地方公務員の育児休業等に関する法律（平成三年法律第百十号）第二条第二項又は裁判官の育児休業に関する法律（平成三年法律第百十一号）第二条第二項の規定によりする請求に係る育児休業は、それぞれ法第六十一条の四第一項に規定する休業とみなす。

（法第六十一条の四第一項の厚生労働省令で定める理由）

第百一条の十二　法第六十一条の四第一項の厚生労働省令で定める理由は次のとおりとする。

一　出産

二　事業所の休業

三　前二号に掲げる理由に準ずる理由であつて、公共職業安定所長がやむを得ないと認めるもの

（育児休業給付金の支給申請手続）

第百一条の十三　被保険者は、初めて育児休業給付金の支給を受けようとするときは、法第六十一条の四第三項に規定する支給単位期間の初日から起算して四箇月を経過する日の属する月の末日までに、育児休業給付受給資格確認票・（初回）育児休業給付金支給申請書（様式第三十三号の五。ただし、公共職業安定所長が必要があると認めるときは、育児休業給付金支給申請書（様式第三十三号の五の二）をもつて代えることができる。第三項において同じ。）に休業開始時賃金証明票、母子保健法（昭和四十年法律第百四十一号）第十六条の

母子健康手帳、労働者名簿、賃金台帳その他の第百一条の十一第一項（第百一条の十一の三において読み替えて適用する場合を含む。）の休業に係る子があることの事実、被保険者が雇用されていることの事実、当該休業終了後の雇用の継続の予定（期間を定めて雇用される者に限る。）、賃金の支払状況及び賃金の額並びに第百一条の十一の二の三各号（第百一条の十一の二の四において準用する場合及び第百一条の十一の三において読み替えて適用する場合を含む。）のいずれかに該当する場合にあつては当該各号に該当すること並びに法第六十一条の四第六項の規定により読み替えて適用する同条第一項の規定により子の一歳に達する日の翌日以後の日に休業をする場合にあつては、当該育児休業の申出に係る休業開始予定日とされた日が当該被保険者の配偶者がしている休業に係る休業期間の初日以後である事実を証明することができる書類を添えて、事業主を経由してその事業所の所在地を管轄する公共職業安定所の長に提出しなければならない。ただし、やむを得ない理由のため事業主を経由して当該申請書の提出を行うことが困難であるときは、事業主を経由しないで提出を行うことができる。

2　被保険者は、前項の規定にかかわらず、職業安定局長が定めるところにより、同項に定める書類を添えないことができる。

3　公共職業安定所長は、第一項の規定により育児休業給付受給資格確認票・（初回）育児休業給付金支給申請書を提出した被保険者が、法第六十一条の四第一項の規定に該当すると認めたときは、当該被保険者に対して当該支給申請に係る支給単位期間について育児休業給付金を支給する旨を通知するとともに、その者が支給単位期間（既に行つた支給申請に係る支給単位期間を除く。第五項において同じ。）について育児休業給付金の支給申請を行うべき期間を定め、その者に知らせなければならない。

4　公共職業安定所長は、前項に規定する支給申請を行うべき期間を定めるに当たつては、一又は連続する二の支給単位期間について、当該支給単位期間の初日から起算して四箇月を経過する日の属する月の末日までの範囲で定めなければならない。ただし、公共職業安定所長が必要があると認めるときは、この限りでない。

5　第三項の規定による通知を受けた被保険者が、支給単位期間について育児休業給付金の支給を受けようとするときは、前項に規定する育児休業給付金の支給手続を行うべきこととされた期間に、育児休業給付金支給申請書を事業主を経由してその事業所の所在地を管轄する公共職業安定所の長に提出しなければならない。ただし、やむを得ない理由のため事業主を経由して当該申請書の提出を行うことが困難であるときは、事業主を経由しないで提出を行うことができる。

6　第二十一条第一項ただし書の規定は、第一項の休業開始時賃金証明票について準用する。

第百一条の十四　削除

（準用）

第百一条の十五　第四十四条（第四項を除く。）、第四十五条第一項、第四十六条第一項、第百一条の五第七項、第百一条の六及び第百一条の九の規定は、育児休業給付の支給について準用する。この場合において、これらの規定中「受給資格者」とあるのは「育児休業給付を受けることができる者」と、「口座振込受給資格者」とあるのは「第四十四条第一項に規定する方法によつて育児休業給付の支給を受ける者」と、「管轄公共職業安定所」とあるのは「その事業所の所在地を管轄する公共職業安定所」と、「高年齢雇用継続給付受給資格確認票・（初回）高年齢雇用継続給付支給申請書」とあるのは「育児休業給付受給資格確認票・（初回）育児休業給付金支給申請書及び育児休業給付金支給申請書」と、「第百一条の十の規定」とあるのは「第百一条の十五の規定」と読み替えるものとする。

第三款　介護休業給付

（法第六十一条の六第一項の休業）

第百一条の十六　介護休業給付金は、被保険者が、次の各号のいずれにも該当する休業（法第六十一条の六第三項に規定する支給単位期間において公共職業安定所長が就業をしていると認める日数が十日以下であるものに限る。）をした場合に、支給する。

一　被保険者がその事業主に申し出ることによつてすること。

二　前号の申出は、その期間中は休業をすることとする一の期間について、その初日及び末日（次号において「休業終了予定日」という。）とする日を明らかにしてすること。

三　次のいずれかに該当することとなつた日後の休業でないこと。

イ　休業終了予定日とされた日の前日までに、対象家族の死亡その他の被保険者が休業の申出に係る対象家族を介護しないこととなつた事由として公共職業安定所長が認める事由が生じたこと。

ロ　休業終了予定日とされた日までに、休業の申出をした被保険者について、産前産後休業期間、法第六十一条の四第一項に規定する休業をする期間（次項において「育児休業期間」という。）又は新たな対象家族を介護するための休業をする期間（次項において「新たな介護休業期間」という。）が始まつたこと（特別の事情が生じたときを除く。）。

四　期間を定めて雇用される者にあつては、次のいずれにも該当する者であること。

イ　その事業主に引き続き雇用された期間が一年以上である者

ロ　介護休業開始予定日から起算して九十三日を経過する日から六か月を経過する日までに、その労働契約（契約が更新される場合にあつては、更新後のもの）が満了することが明らかでない者

2　前項第三号ロの特別の事情が生じたときは、次のとおりとする。

一　前項の申出をした被保険者について産前産後休業期間が始まつたことにより、当該申出に係る休業をする期間が終了した場合であつて、当該産前産後休業期間が終了する日（当該産前産後休業期間の終了後に引き続き当該産前産後休業期間中に出産した子に係る育児休業期間が始まつた場合には、当該育児休業期間が終了する日）までに、当該産前産後休業期間に係る子のすべてが、次のいずれかに該当するに至つたとき。

イ　死亡したとき。

ロ　養子となつたことその他の事情により当該被保険者と同居しないこととなつたとき。

二　前項の申出をした被保険者について育児休業期間が始まつたことにより当該申出に係る休業をする期間が終了した場合であつて、当該育児休業期間が終了する日までに、当該育児休業期間の休業に係る子のすべてが、前号イ又はロのいずれかに該当するに至つたとき。

三　前項の申出をした被保険者について新たな介護休業期間が始まつたことにより当該申出に係る休業をする期間が終了した場合であつて、当該新たな介護休業期間の休業に係る対象家族が、次のいずれかに該当するに至つたとき。

イ　死亡したとき。

ロ　離婚、婚姻の取消、離縁等により当該対象家族と被保険者との親族関係が消滅したとき。

（法第六十一条の六第一項の厚生労働省令で定めるもの）

第百一条の十七　法第六十一条の六第一項の厚生労働省令で定めるものは、被保険者の祖父母、兄弟姉妹及び孫とする。

（法第六十一条の六第一項の厚生労働省令で定める理由）

第百一条の十八　法第六十一条の六第一項の厚生労働省令で定める理由は次のとおりとする。

一　出産

二　事業所の休業

三　前二号に掲げる理由に準ずる理由であつて、公共職業安定所長がやむを得ないと認めるもの

（介護休業給付金の支給申請手続）

第百一条の十九　被保険者は、法第六十一条の六第一項に規定する休業を終了した日（当該休業に係る最後の支給単位期間の末日をいう。）以後の日において雇用されている場合に、当該休業を終了した日の翌日から起算して二箇月を経過する日の属する月の末日までに、介護休業給付金支給申請書（様式第三十三号

の六）に次の各号に掲げる書類を添えて、事業主を経由してその事業所の所在地を管轄する公共職業安定所の長に提出しなければならない。ただし、やむを得ない理由のため事業主を経由して当該申請書の提出を行うことが困難であるときは、事業主を経由しないで提出を行うことができる。

一　休業開始時賃金証明票

二　介護休業申出書

三　住民票記載事項証明書その他の対象家族の氏名、被保険者との続柄、性別及び生年月日を証明することができる書類

四　出勤簿その他の介護休業の開始日及び終了日並びに介護休業期間中の休業日数を証明することができる書類

五　賃金台帳その他の支給単位期間に支払われた賃金の額を証明することができる書類

六　介護休業終了後の雇用の継続が予定されていることを証明することができる書類（期間を定めて雇用される者に限る。）

2　被保険者は、前項の規定にかかわらず、職業安定局長が定めるところにより、同項第二号から第六号までに定める書類を添えないことができる。

3　公共職業安定所長は、第一項の規定により介護休業給付金支給申請書を提出した被保険者が、法第六十一条の六第一項の規定に該当すると認めたときは、当該被保険者に対して当該支給申請に係る支給単位期間について介護休業給付金を支給する旨を通知しなければならない。

4　第二十一条第一項ただし書の規定は、第一項の休業開始時賃金証明票について準用する。

（準用）

第百二条　第四十四条（第四項を除く。）、第四十五条第一項、第四十六条第一項、第百一条の五第七項、第百一条の六及び第百一条の九の規定は、介護休業給付金の支給について準用する。この場合において、これらの規定中「受給資格者」とあるのは「介護休業給付金を受けることができる者」と、「口座振込受給資格者」とあるのは「第四十四条第一項に規定する方法によつて介護休業給付金の支給を受ける者」と、「管轄公共職業安定所」とあるのは「その事業所の所在地を管轄する公共職業安定所」と、「高年齢雇用継続給付受給資格確認票・（初回）高年齢雇用継続給付支給申請書及び高年齢雇用継続給付支給申請書」とあるのは「介護休業給付金支給申請書」と、「第百一条の十の規定」とあるのは「第百二条の規定」と読み替えるものとする。

第四章　雇用安定事業等

第一節　雇用安定事業

（法第六十二条第一項第一号に掲げる事業）

第百二条の二　法第六十二条第一項第一号に掲げる事業として、雇用調整助成金を支給するものとする。

（雇用調整助成金）

第百二条の三　雇用調整助成金は、次の各号のいずれにも該当する事業主に対して、支給するものとする。

一　次のいずれかに該当する事業主であること。

イ　景気の変動、産業構造の変化その他の経済上の理由により、事業所において、急激に事業活動の縮小を余儀なくされたものであること。

ロ　雇用に関する状況が急速に悪化しており、又は悪化するおそれがあるため、特に雇用の維持その他の労働者の雇用の安定を図る必要があるものとして厚生労働大臣が指定する地域（以下「雇用維持等地域」という。）内に所在する事業所の事業主であつて、景気の変動、産業構造の変化その他の経済上の理由により、当該事業所において事業活動の縮小を余儀なくされたものであること。

ハ　厚生労働大臣の定める基準に従つて、相当程度、厚生労働大臣が指定する事業主（以下この条において「指定事業主」という。）から委託を受けて製造、修理その他の行為を業として行う事業主であると、都道府県労働局長が認定する事業主であつて、景気の変動、産業構造の変化その他の経済上の理由により、当該事業所において事業活動の縮小を余儀なくされたものであること。

ニ　厚生労働大臣の定める基準に従つて、相当程度、指定事業主に対して製品又は役務を供給する事業主であると、都道府県労働局長が認定する事業主であつて、景気の変動、産業構造の変化その他の経済上の理由により、当該事業所において事業活動の縮小を余儀なくされたものであること。

ホ　港湾運送事業法（昭和二十六年法律第百六十一号）第二条第一項第四号に規定する行為を行う事業所の事業主であつて、本州四国連絡橋の建設に伴う一般旅客定期航路事業等に関する特別措置法第二条第一号に規定する本州四国連絡橋の供用に伴い当該事業を行う事業所において事業活動の縮小を余儀なくされたもの（当該事業活動の縮小の実施について都道府県労働局長の認定を受けた事業主に限る。）であること。

二　次のいずれかに該当する事業主であること。

イ　前号の事業所の被保険者（5)に規定する判定基礎期間の初日の前日において当該事業主に被保険者として継続して雇用された期間が六箇月未満である被保険者、解雇を予告された被保険者等（解雇を予告された被保険者その他これに準ずる者（当該解雇その他離職の日の翌日において安定した職業に就くことが明らかな者を除く。）をいう。ロにおいて同じ。）及び日雇労働被保険者並びに雇用の安定を図るための給付金であつて職業安定局長が定めるものの支給の対象となる者を除く。以下この条において「対象被保険者」という。）について次のいずれにも該当する休業又は教育訓練（職業に関する知識、技能又は技術を習得させ、又は向上させることを目的とするものをいう。以下この条において「休業等」という。）を行い、当該休業等に係る手当又は賃金を支払った事業主であること。

(1) 次に掲げる事業主の区分に応じて、それぞれに定める期間（以下この条において「対象期間」という。）内に行われるものであること。

(i) 前号イに該当する事業主　次号の届出の際に当該事業主が指定した日（前号イに該当するものとして過去に雇用調整助成金の支給を受けたことがある事業主にあつては、当該指定した日が当該事業主の直前の対象期間の満了の日の翌日から起算して一年を超えているものに限る。）から起算して一年

(ii) 前号ロに該当する事業主　同号ロの指定の日から起算して一年

(iii) 前号ハ又はニに該当する事業主　同号ハ又はニの指定の日から起算して二年

(iv) 前号ホに該当する事業主　同号ホの認定の日から起算して二年

(2) 次のいずれかに該当すること。

(i) 休業にあつては、所定労働日の全一日にわたるもの又は所定労働日において所定労働時間内に当該事業所における対象被保険者全員について一斉に一時間以上行われるもの（以下この条において「短時間休業」という。）であること。

(ii) 教育訓練にあつては、所定労働時間内に行われるものであつてその受講日において当該対象被保険者を業務に就かせないものであること。

(3) 休業に係る手当（短時間休業にあつては、当該休業の行われた日に係る手当及び賃金）の支払が労働基準法第二十六条の規定に違反していないものであること。

(4) 休業等の期間、休業等の対象となる労働者の範囲、手当又は賃金の支払の基準その他休業等の実施に関する事項について、あらかじめ当該事業所の労働者の過半数で組織する労働組合（労働者の過半数で組織する労働組合がないときは、労働者の過半数を代表する者。以下「労働組合等」という。）との間に書面による協定がなされ、当該協定の定めるところによつて行われるものであること。

(5) 当該事業所において、判定基礎期間（(1)から(4)までに該当する休業等が行われる日の属する月（賃金締切日として毎月一定の期日が定められているときは、賃

金締切期間）をいう。以下この条において同じ。）における対象被保険者に係る休業等の実施日の延日数（短時間休業については、当該休業の時間数を当該休業の行われた日の所定労働時間数で除して得た数を休業の日数として算定するものとする。）が、当該判定基礎期間における対象被保険者に係る所定労働延日数に十五分の一（中小企業事業主（その資本金の額又は出資の総額が三億円（小売業又はサービス業を主たる事業とする事業主については五千万円、卸売業を主たる事業とする事業主については一億円）を超えない事業主及びその常時雇用する労働者の数が三百人（小売業を主たる事業とする事業主については五十人、卸売業又はサービス業を主たる事業とする事業主については百人）を超えない事業主をいう。第百三十九条第二項を除き、以下同じ。）にあつては、二十分の一）を乗じて得た日数以上となるものであること。

ロ　前号の事業所の被保険者（出向をした日の前日において当該事業所の事業主に被保険者として継続して雇用された期間が六箇月未満である被保険者、解雇を予告された被保険者等及び日雇労働被保険者を除く。以下「出向対象被保険者」という。）について次のいずれにも該当する出向をさせ、あらかじめ出向をさせた者を雇い入れる事業主（以下この条において「出向先事業主」という。）と締結した出向に関する契約に基づき、出向をした者の賃金についてその一部を負担した事業主（以下この条において「出向元事業主」という。）であること。

(1)　当該出向をした日が対象期間内にあること。

(2)　出向先事業主が行う事業に当該出向をした者が最初に従事する事業所（以下この条において「出向先事業所」という。）における当該従事する期間が三箇月以上の期間であり、出向をした日から起算して一年を経過する日までの間に終了し、当該出向の終了後出向元事業主の当該出向に係る事業所（以下この条において「出向元事業所」という。）に復帰するものであること。

(3)　出向をした者の出向先事業所において行われる事業に従事する期間（以下この条において「出向期間」という。）における通常賃金（労働日に通常支払われる賃金をいう。以下同じ。）の額が、おおむねその者の出向前における通常賃金の額に相当する額であること。

(4)　出向の時期、出向の対象となる労働者の範囲その他出向の実施に関する事項について、あらかじめ出向元事業主と当該出向元事業主の当該出向に係る事業所の労働組合等との間に書面による協定がなされ、当該協定の定めるところによつて行われるものであること。

(5)　出向をした者の同意を得たものであること。

三　前号に規定する休業等又は出向の実施について、あらかじめ、都道府県労働局長に届け出た事業主であること。

四　次に掲げる事業主の区分に応じて、それぞれに定める書類を整備している事業主であること。

イ　第二号イに該当する事業主　当該事業所の対象被保険者に係る休業等の実施の状況及び手当又は賃金の支払の状況を明らかにする書類

ロ　第二号ロに該当する事業主　出向をした者に係る出向の実施の状況及び出向をした者の賃金についての負担の状況を明らかにする書類

2　雇用調整助成金の額は、次の各号に掲げる事業主の区分に応じて、当該各号に定める額とする。

一　前項第二号イに該当する事業主　当該事業主が判定基礎期間における同号イに規定する休業等に係る対象被保険者に支払つた手当又は賃金の額に相当する額として厚生労働大臣の定める方法により算定した額の二分の一（中小企業事業主にあつては、三分の二）の額（その額を当該手当の支払の基礎となつた日数で除して得た額が基本手当日額の最高額を超えるときは、基本手当日額の最高額に当該日数を乗じて得た額）に同号イに規定する教育訓練を実施した日数に応じた訓練費を加算した額

二　前項第二号ロに該当する事業主　当該事業主が同号ロに規定する出向をした者に係る出向期間（以下この条において「支給対象期間」という。）における賃金について同号ロの契約に基づいて負担した額（その額が当該出向をした者の出向前における通常賃金の額に百六十五を乗じて得た額に支給対象期間の日数を三百六十五で除して得た数を乗じて得た額を超えるときは、当該通常賃金の額に百六十五を乗じて得た額に支給対象期間の日数を三百六十五で除して得た数を乗じて得た額）の二分の一（中小企業事業主にあつては、三分の二）の額（その額が基本手当日額の最高額に三百三十を乗じて得た額に支給対象期間の日数を三百六十五で除して得た数を乗じて得た額を超えるときは、基本手当日額の最高額に三百三十を乗じて得た額に支給対象期間の日数を三百六十五で除して得た数を乗じて得た額）

3　休業等に係る雇用調整助成金は、一の対象期間について、当該事業所の対象被保険者に係る判定基礎期間内の休業等（当該休業等について雇用調整助成金が支給されるものに限る。）の実施日の延日数を当該事業所の対象被保険者の数で除して得た日数の累計日数が百日に達するまで支給する。ただし、第一項第一号イに該当する場合に支給される休業等に係る雇用調整助成金（以下この項において「イに対する雇調金」という。）の支給を受けようとする事業主であつて、過去にイに対する雇調金の支給を受けたことがあるもの（現に支給を受けようとするイに対する雇調金に係る対象期間の開始の日から起算して過去三年以内に対象期間が開始されたイに

対する雇調金であつて、その支給日数の上限が本文の規定に基づき算定されたもの（以下この項において「基準雇調金」という。）の支給の対象となる休業等を実施したものをいう。）については、その現に支給を受けようとするイに対する雇調金の支給日数の上限は、本文の規定にかかわらず、百五十日から、基準雇調金の対象期間の開始の日以後の支給日数の合計を減じた日数（当該日数が百日を超える場合にあつては、百日）に達するまでとする。

4　一の事業所が二以上の対象期間に該当する事業所となつた場合は、当該事業所の事業主に係る判定基礎期間は、その申請により、いずれか一の対象期間に属するものとみなして、雇用調整助成金を支給する。

5　出向に係る雇用調整助成金は、事業主が、その被保険者を出向させた場合（雇用調整助成金又は第百十三条第一項の通年雇用助成金が支給される場合に限る。）において、当該出向の終了後に当該被保険者を再度出向させるときは、当該再度の出向に関しては、支給しない。ただし、当該再度の出向をさせた日の前日が、当該出向の終了の日の翌日から起算して六箇月を経過した日以後の日である場合には、この限りでない。

6　出向に係る雇用調整助成金は、事業主が、他の事業主に係る雇用の安定を図るための給付金であつて職業安定局長が定めるもの（以下この項において「雇入れ促進給付金」という。）の対象となる被保険者を出向又はあつせんにより雇い入れている場合（当該雇い入れられている被保険者に係る雇入れ促進給付金が支給される場合に限る。）において、当該雇入れ促進給付金の対象となる被保険者の従事する自己の事業所の被保険者について出向をさせたときは、当該被保険者については、支給しない。

7　出向に係る雇用調整助成金は、他の事業主に係る出向対象被保険者を雇い入れる事業主が、当該雇入れの際に当該雇入れに係る者が従事することとなる自己の事業所の被保険者について出向をさせており、又は雇入れのあつせんを行つていた場合（雇用の安定を図るための給付金であつて職業安定局長が定めるものが支給される場合に限る。）には、支給しない。

（法第六十二条第一項第二号及び第三号に掲げる事業）

第百二条の四　法第六十二条第一項第二号及び第三号に掲げる事業として、労働移動支援助成金を支給するものとする。

（労働移動支援助成金）

第百二条の五　労働移動支援助成金は、再就職支援コース奨励金、早期雇入れ支援コース奨励金及び中途採用拡大コース奨励金とする。

2　再就職支援コース奨励金は、第一号又は第二号に該当する事業主に対して、第三号に定める額を支給するものとする。

一　次のいずれかに該当する事業主であること。

イ　次のいずれにも該当する事業主であること。
(1)　再就職援助計画を作成し、公共職業安定所長の認定を受けた事業主であること。
(2)　(1)の再就職援助計画の対象となる被保険者（短期雇用特例被保険者及び日雇労働被保険者並びに当該事業主に被保険者として継続して雇用された期間が一年未満である者及び当該事業主の事業所への復帰の見込みがある者（次号においてこれらの者を「短期雇用特例被保険者等」という。）を除く。以下この項から第十項までにおいて「計画対象被保険者」という。）の再就職の支援に係る必要な事項を(1)の再就職援助計画に記載した事業主であること。
(3)　(1)の再就職援助計画について、労働組合等からその内容について同意を得た事業主であること。
(4)　職業紹介事業者（職業安定法第三十二条の三第一項に規定する有料職業紹介事業者であつて、再就職支援コース奨励金の支給に関し職業安定局長及び厚生労働省人材開発統括官（以下「人材開発統括官」という。）が定める条件に同意し、職業安定局長及び人材開発統括官が定める標識を事務所の見やすい場所に掲示している者に限る。次号、次項及び第四項において同じ。）に計画対象被保険者の再就職に係る支援を委託し、当該委託に要する費用を負担した事業主であること。
(5)　(4)の委託に要する費用の負担の状況を明らかにする書類を整備している事業主であること。
(6)　(4)の委託に係る計画対象被保険者の数が職業安定局長が定める数以上である事業主であること。
(7)　(4)の委託に係る計画対象被保険者の離職の日の翌日から起算して六箇月（当該計画対象被保険者が四十五歳以上のものであるときは、九箇月）を経過する日までの間に当該計画対象被保険者の再就職を実現した事業主であること（(4)の委託の日から当該計画対象被保険者の再就職が実現した日までの間に、(4)の職業紹介事業者による当該計画対象被保険者に対する再就職に係る支援が行われなかつた場合を除く。次項及び第四項において同じ。）。
(8)　資本金、資金、人事、取引等の状況からみて(7)の再就職を実現した当該計画対象被保険者の再就職先の事業主と密接な関係にある他の事業主以外の事業主であること。
ロ　次のいずれにも該当する事業主であること。
(1)　イ(1)から(3)までに該当する事業主であること。
(2)　計画対象被保険者に対し、求職活動等のための休暇（労働基準法第三十九条の規定による年次有給休暇として与えられるものを除く。次号において同じ。）を与えた事業主であること。

(3) 計画対象被保険者に対し、(2)の休暇の日について、通常賃金の額以上の額を支払った事業主であること。

(4) (2)の休暇を付与される計画対象被保険者の離職の日の翌日から起算して六箇月（当該計画対象被保険者が四十五歳以上のものであるときは、九箇月）を経過する日までの間に当該計画対象被保険者の再就職を実現した事業主であること。

(5) 資本金、資金、人事、取引等の状況からみて(4)の再就職を実現した当該計画対象被保険者の再就職先の事業主と密接な関係にある他の事業主以外の事業主であること。

(6) (2)の休暇を付与される計画対象被保険者に係る休暇の付与の状況及び当該計画対象被保険者に対する賃金の支払の状況を明らかにする書類を整備している事業主であること。

ハ 次のいずれにも該当する事業主であること。

(1) イ(1)から(3)までに該当する事業主であること。

(2) 教育訓練施設等に対し、計画対象被保険者の再就職に係る支援として再就職先での職務の遂行に必要となる知識又は技能を習得させるための訓練の実施を委託し、当該委託に要する費用を負担した事業主であること。

(3) (2)の委託に係る計画対象被保険者の離職の日の翌日から起算して六箇月（当該計画対象被保険者が四十五歳以上のものであるときは、九箇月）を経過する日までの間に当該計画対象被保険者の再就職を実現した事業主であること。

(4) 資本金、資金、人事、取引等の状況からみて(3)の再就職を実現した当該計画対象被保険者の再就職先の事業主と密接な関係にある他の事業主以外の事業主であること。

(5) (2)の委託に要する費用の負担の状況を明らかにする書類を整備している事業主であること。

二 次のいずれかに該当する事業主であること。

イ 次のいずれにも該当する事業主であること。

(1) 求職活動支援書を作成した事業主であること。

(2) 求職活動支援書を作成する前に、当該求職活動支援書の対象となる被保険者（短期雇用特例被保険者等を除く。以下この項から第十項までにおいて「支援書対象被保険者」という。）の再就職の支援に係る必要な事項を記載した求職活動支援基本計画書（支援書対象被保険者に共通して講じようとする再就職の援助等に関する措置の内容を記載した書面をいう。以下この号において同じ。）を作成し、都道府県労働局長に提出した事業主であること。

(3) (2)の求職活動支援基本計画書について、労働組合等からその内容について同意を得た事業主であること。

(4) 職業紹介事業者に支援書対象被保険者の再就職に係る支援を委託し、当該委託に要する費用を負担した事業主であること。

(5) (4)の委託に要する費用の負担の状況を明らかにする書類を整備している事業主であること。

(6) (4)の委託に係る支援書対象被保険者の数が職業安定局長が定める数以上である事業主であること。

(7) (4)の委託に係る支援書対象被保険者の離職の日の翌日から起算して六箇月（当該支援書対象被保険者が四十五歳以上のものであるときは、九箇月）を経過する日までの間に当該支援書対象被保険者の再就職を実現した事業主であること（(4)の委託の日から当該支援書対象被保険者の再就職が実現した日までの間に、(4)の職業紹介事業者による当該支援書対象被保険者に対する再就職に係る支援が行われなかつた場合を除く。次項及び第四項において同じ。）。

(8) 資本金、資金、人事、取引等の状況からみて(7)の再就職を実現した当該支援書対象被保険者の再就職先の事業主と密接な関係にある他の事業主以外の事業主であること。

ロ 次のいずれにも該当する事業主であること。

(1) イ(1)から(3)までに該当する事業主であること。

(2) 支援書対象被保険者に対し、求職活動等のための休暇を与えた事業主であること。

(3) 支援書対象被保険者に対し、(2)の休暇の日について、通常賃金の額以上の額を支払つた事業主であること。

(4) (2)の休暇を付与される支援書対象被保険者の離職の日の翌日から起算して六箇月（当該支援書対象被保険者が四十五歳以上のものであるときは、九箇月）を経過する日までの間に当該支援書対象被保険者の再就職を実現した事業主であること。

(5) 資本金、資金、人事、取引等の状況からみて(4)の再就職を実現した当該支援書対象被保険者の再就職先の事業主と密接な関係にある他の事業主以外の事業主であること。

(6) (2)の休暇を付与される支援書対象被保険者に係る休暇の付与の状況及び当該支援書対象被保険者に対する賃金の支払の状況を明らかにする書類を整備している事業主であること。

ハ 次のいずれにも該当する事業主であること。

(1) イ(1)から(3)までに該当する事業主であること。

(2) 教育訓練施設等に対し、支援書対象被保険者の再就職に係る支援として再就職先での職務の遂行に必要となる知識又は技能を習得させるための訓練の実施を委託し、当該委託に要する費用を負担した事業主であること。

(3) (2)の委託に係る支援書対象被保険者の離職の日の翌日から起算して六箇月（当該支援書対象被保険者が四十五歳以上のものであるときは、九箇月）を経過する日までの間に当該支援書対象被保険者の再就職を実現した事業主であること。

(4) 資本金、資金、人事、取引等の状況からみて(3)の再就職を実現した当該支援書対象被保険者の再就職先の事業主と密接な関係にある他の事業主以外の事業主であること。

(5) (2)の委託に要する費用の負担の状況を明らかにする書類を整備している事業主であること。

三 次のイからハまでに掲げる事業主の区分に応じて、それぞれ当該イからハまでに定める額

イ 次に掲げる事業主の区分に応じて、それぞれ当該規定に定める額

(1) 第一号イ又は前号イに該当する中小企業事業主 第一号イ(7)又は前号イ(7)の再就職が実現した計画対象被保険者又は支援書対象被保険者一人につき、第一号イ(4)又は前号イ(4)の委託に要する費用（次項に規定する再就職支援型訓練の実施に係る費用又は第四項に規定するグループワークの実施に係る費用を含む場合にあっては、次項又は第四項の規定により当該事業主に支給される額に相当する額を除く。以下このイにおいて同じ。）の二分の一（当該計画対象被保険者又は当該支援書対象被保険者であって、職業安定局長が定める条件に該当する再就職が実現したもの（以下このイにおいて「特定計画対象被保険者等」という。）にあっては、三分の二）（当該計画対象被保険者又は当該支援書対象被保険者が四十五歳以上のものにあっては、三分の二（特定計画対象被保険者等が四十五歳以上のものにあっては、五分の四））の額（一の事業所につき、一の年度における当該計画対象被保険者又は当該支援書対象被保険者の数が五百人を超える場合は、当該事業所につき五百人までの支給に限る。以下このイにおいて同じ。）

(2) 第一号イ又は前号イに該当する中小企業事業主以外の事業主 第一号イ(7)又は前号イ(7)の再就職が実現した計画対象被保険者又は支援書対象被保険者等一人につき、第一号イ(4)又は前号イ(4)の委託に要する費用の四分の一（特定計画対象被保険者等にあっては、三分の一）（当該計画対象被保険者又は当該支援書対象被保険者が四十五歳以上のものにあっては、三分の一（特定計画対象被保険者等が四十五歳以上のものにあっては、五分の二））の額

ロ 第一号ロ又は前号ロに該当する事業主 第一号ロ(2)又

は前号ロ⑵の休暇（第一号ロ⑷又は前号ロ⑷の再就職が実現した計画対象被保険者又は支援書対象被保険者に与えたものに限る。）の日数（当該計画対象被保険者又は当該支援書対象被保険者一人につき、百八十日間を限度とする。）を合計した数に五千円（中小企業事業主にあつては、八千円）（支払つた通常賃金の額以上の額が五千円（中小企業事業主にあつては、八千円）に満たないときは、当該通常賃金の額以上の額）を乗じて得た額（一の事業所につき、一の年度における当該計画対象被保険者又は当該支援書対象被保険者の数が五百人を超える場合は、当該事業所につき五百人までの支給に限る。）

ハ　第一号ハ又は前号ハに該当する事業主　第一号ハ⑵又は前号ハ⑵の委託（第一号ハ⑶又は前号ハ⑶の再就職が実現した計画対象被保険者又は支援書対象被保険者に対して実施したものに限る。）に要する費用の三分の二（その額が、当該計画対象被保険者又は当該支援書対象被保険者一人につき、三十万円を超えるときは、三十万円）（一の事業所につき、一の年度における当該計画対象被保険者又は当該支援書対象被保険者の数が五百人を超える場合は、当該事業所につき五百人までの支給に限る。）

3　前項第一号イ又は第二号イに該当する事業主が、同項第一号イ⑷又は第二号イ⑷の職業紹介事業者に対し、計画対象被保険者又は支援書対象被保険者の再就職に係る支援として再就職先での職務の遂行に必要となる知識又は技能を習得させるための訓練（以下この項において「再就職支援型訓練」という。）の実施を委託し、その費用を負担した場合にあつては、当該事業主に対しては、同項第三号に定める額に加え、当該計画対象被保険者又は当該支援書対象被保険者（同項第一号イ⑺又は第二号イ⑺の再就職が実現したものに限る。）一人につき、一の再就職支援型訓練の委託に要する費用の三分の二（その額が、当該計画対象被保険者又は当該支援書対象被保険者一人につき、三十万円を超えるときは、三十万円）（一の事業所につき、一の年度における当該計画対象被保険者又は当該支援書対象被保険者の数が五百人を超える場合は、当該事業所につき五百人までの支給に限る。）を支給するものとする。

4　第二項第一号イ又は第二号イに該当する事業主が、同項第一号イ⑷又は第二号イ⑷の職業紹介事業者に対し、計画対象被保険者又は支援書対象被保険者の再就職に係る支援として三回以上のグループワークの実施を委託し、その費用を負担した場合にあつては、当該事業主に対しては、同項第三号に定める額に加え、当該計画対象被保険者又は当該支援書対象被保険者（同項第一号イ⑺又は第二号イ⑺の再就職が実現したものに限る。）一人につき、一万円（一の事業所につき、一の年度における当該計画対象被保険者又は当該支援書対象被保険者の数が五百人を超える場合は、当該事業所につき五百人までの支給に限る。）を支給するものとする。

5　第二項第一号ロ又は第二号ロに該当する事業主が、計画対象被保険者又は支援書対象被保険者に対し、同項第一号ロ⑵又は第二号ロ⑵の休暇を与えた場合において、当該計画対象被保険者又は当該支援書対象被保険者の離職の日の翌日から起算して一箇月を経過する日までの間に当該計画対象被保険者又は当該支援書対象被保険者の再就職を実現したときは、当該事業主に対しては、同項第三号ロに定める額に加え、当該計画対象被保険者又は当該支援書対象被保険者一人につき、十万円（一の事業所につき、一の年度における当該計画対象被保険者又は当該支援書対象被保険者の数が五百人を超える場合は、当該事業所につき五百人までの支給に限る。）を支給するものとする。

6　再就職支援コース奨励金の額（第二項第三号ロ及びハに定める額を除く。）が、同項第一号イ⑺又は第二号イ⑺の再就職が実現した計画対象被保険者又は支援書対象被保険者一人につき、六十万円又は同項第一号イ⑷若しくは第二号イ⑷の委託に要する費用のいずれか低い額を超えるときは、同項から第四項までの規定にかかわらず、当該いずれか低い額を当該再就職支援コース奨励金の額とする。

7　早期雇入れ支援コース奨励金は、次のいずれにも該当する事業主に対して、第一号の雇入れに係る計画対象被保険者又は支援書対象被保険者一人につき三十万円（職業安定局長が定める条件に該当する雇入れに係る計画対象被保険者又は支援書対象被保険者にあつては、四十万円）を支給するものとする。ただし、一の事業所につき、一の年度における当該計画対象被保険者又は当該支援書対象被保険者であつた者の数が五百人を超える場合は、当該事業所につき五百人までの支給に限る。

一　計画対象被保険者又は支援書対象被保険者であつた者の離職の日の翌日から起算して三箇月を経過する日までの間に当該計画対象被保険者又は当該支援書対象被保険者であつた者を期間の定めのない労働契約を締結する労働者として雇い入れる事業主であること。

二　資本金、資金、人事、取引等の状況からみて前号の雇入れに係る者を雇用していた事業主と密接な関係にある他の事業主以外の事業主であること。

三　第一号の雇入れの日の前日から起算して六箇月前の日から一年を経過した日までの間（次号において「基準期間」という。）において、当該雇入れに係る事業所の労働者を解雇した事業主（天災その他やむを得ない理由のために事業の継続が不可能となつたこと又は労働者の責めに帰すべき理由により解雇した事業主を除く。）以外の事業主であること。

四　第一号の雇入れに係る事業所に雇用されていた者であつて基準期間に離職したもののうち当該基準期間に特定受給

資格者として受給資格の決定がなされたものの数等から判断して、適正な雇用管理を行つていると認められる事業主であること。

五　第一号の雇入れに係る事業所の労働者の離職状況及び当該雇入れに係る者に対する賃金の支払の状況を明らかにする書類を整備している事業主であること。

8　前項の早期雇入れ支援コース奨励金の支給を受けた事業主（同項の職業安定局長が定める条件に該当する雇入れを行つたものに限る。）が、当該雇入れに係る計画対象被保険者又は支援書対象被保険者に係る最初の賃金支払日（以下この条において「基準日」という。）から起算して十二箇月を経過する日の属する月に当該計画対象被保険者又は当該支援書対象被保険者に対して支払つた賃金の額を基準日において当該計画対象被保険者又は当該支援書対象被保険者に対して支払つた賃金の額で除して得た割合が、職業安定局長が定める目標値を達成した場合は、当該計画対象被保険者又は当該支援書対象被保険者一人につき二十万円を支給するものとする。

9　第七項の早期雇入れ支援コース奨励金の支給を受けた事業主であつて、第一号に該当する事業主に対しては、第七項及び前項に定める額に加え、第二号に定める額を支給するものとする。

一　次のいずれにも該当する事業主であること。

イ　職業訓練計画（第七項第一号の雇入れに係る者に業務に関連した知識又は技能を習得させるための訓練（以下この項において「受入れ人材育成型訓練」という。）に関する計画をいう。以下この項において同じ。）を、都道府県労働局長に対して提出し、認定を受けた事業主であること。

ロ　職業能力開発推進者（職業能力開発促進法第十二条に規定する職業能力開発推進者をいう。以下同じ。）を選任している事業主であること。

ハ　職業訓練計画に基づき、第七項第一号の雇入れに係る者に受入れ人材育成型訓練を受けさせる事業主（当該受入れ人材育成型訓練の期間、当該雇入れに係る者に対し所定労働時間労働した場合に支払われる通常の賃金の額を支払う事業主に限る。）であること。

二　次のイからハまでに定める額の合計額

イ　受入れ人材育成型訓練（当該事業主が自ら運営する座学等（実習（事業主が行う業務の遂行の過程内における実務を通じた実践的な技能及びこれに関する知識の習得に係る職業訓練をいう。第百二十五条第七項第一号イ(4)において同じ。）以外の職業訓練等をいう。以下同じ。）に限る。）の運営に要した経費並びに訓練（当該事業主が教育訓練施設等に委託して行う座学等に限る。）に係る入学料及び受講料の合計額（その額が、第七項第一号の雇入れに係る者一人につき、三十万円（職業安定局長が定める条件に該当する雇入れに係る者に対する受入れ人材育成型訓練にあつては、四十万円。以下このイにおいて同じ。）を超えるときは、三十万円）

ロ　第七項第一号の雇入れに係る者一人につき、受入れ人材育成型訓練（座学等に限る。）を受ける期間中に支払つた賃金の額の算定の基礎となつた労働時間数（当該雇入れに係る者一人につき、六百時間を限度とする。）に九百円（職業安定局長が定める条件に該当する雇入れに係る者に対する受入れ人材育成型訓練にあつては、千円）を乗じて得た額

ハ　第七項第一号の雇入れに係る者一人につき、一の受入れ人材育成型訓練（座学等を除く。）の実施時間数（当該雇入れに係る者一人につき、三百四十時間を限度とする。）に八百円（職業安定局長が定める条件に該当する雇入れに係る者に対する受入れ人材育成型訓練にあつては、九百円）を乗じて得た額

10　前項第一号に該当する事業主（同項第二号イの職業安定局長が定める条件に該当する雇入れを行つたものに限る。）が、当該雇入れに係る計画対象被保険者又は支援書対象被保険者に係る基準日から起算して十二箇月を経過する日の属する月に当該計画対象被保険者又は当該支援書対象被保険者に対して支払つた賃金の額を基準日において当該計画対象被保険者又は当該支援書対象被保険者に対して支払つた賃金の額で除して得た割合が、職業安定局長が定める目標値を達成した場合における当該計画対象被保険者又は当該支援書対象被保険者に係る同号の規定の適用については、同号イ中「四十万円」とあるのは「五十万円」と、同号ロ中「千円」とあるのは「千百円」と、同号ハ中「九百円」とあるのは「千円」とする。

11　一の年度において、第九項第一号に該当する事業主の一の事業所に係る同項第二号に規定する早期雇入れ支援コース奨励金の額が五千万円を超えるときは、同項の規定にかかわらず、五千万円を当該事業所の事業主に対して支給するものとする。

12　中途採用拡大コース奨励金は、第一号に該当する事業主に対して、第二号に定める額を支給するものとする。

一　次のいずれにも該当する事業主であること。

イ　都道府県労働局長に対して、中途採用（新規学卒者（職業安定法施行規則（昭和二十二年労働省令第十二号）第三十五条第二項に規定する新規学卒者をいう。第百十二条第四項において同じ。）又はこれに準ずる者（以下この項において「新規学卒者等」という。）以外の雇入れをいう。以下この項において同じ。）により雇い入れる者の雇用管理制度の整備及び採用の拡大等の取組に係る計画（以下この項において「中途採用計画」という。）を提出した事業主であること。

ロ　次のいずれにも該当する事業主であること。

(1) 中途採用計画に基づき、中途採用により雇い入れる者に新規学卒者等と同一の雇用管理制度（募集及び採用を除く。）を適用する事業主であること。

(2) 次のいずれかに該当する事業主であること。

(i) 中途採用計画の対象となる期間（以下この項において「中途採用計画期間」という。）の初日の前日から三年をさかのぼつた日から当該前日までの期間において雇い入れた者に占める中途採用により雇い入れた者の割合（以下この項において「中途採用率」という。）が二分の一未満の割合である事業主であつて、中途採用計画に基づき、当該中途採用計画期間における中途採用率を当該中途採用計画の初日の前日から三年をさかのぼつた日から当該前日までの期間における中途採用率で除して得た率に係る目標であつて、職業安定局長が定めるものを達成したもの（当該中途採用計画期間に中途採用計画に基づき、中途採用により二人以上の者を期間の定めのない労働契約を締結する労働者として雇い入れた事業主に限る。）であること。

(ii) 中途採用計画期間の初日の前日までに、雇入れ日において四十五歳以上の中途採用者を雇い入れたことがない事業主であつて、中途採用計画期間に中途採用計画に基づき、雇入れ日において四十五歳以上の者を期間の定めのない労働契約を締結する労働者として雇い入れたものであること。

ハ 資本金、資金、人事、取引等の状況からみてロ(2)の雇入れに係る者を雇用していた事業主と密接な関係にある他の事業主以外の事業主であること。

ニ 中途採用計画を都道府県労働局長に提出した日の前日から起算して六箇月前の日から都道府県労働局長に対する中途採用拡大コース奨励金の受給についての申請書の提出日までの間（へにおいて「基準期間」という。）において、ロ(2)の雇入れに係る事業所の労働者を解雇した事業主（天災その他やむを得ない理由のために事業の継続が不可能となつたこと又は労働者の責めに帰すべき理由により解雇した事業主を除く。）以外の事業主であること。

ホ ロ(2)の雇入れに係る事業所に雇用されていた者であつて基準期間に離職したもののうち当該中途採用計画期間に特定受給資格者として受給資格の決定がなされたものの数等から判断して、適正な雇用管理を行つていると認められる事業主であること。

ヘ ロの措置の実施の状況を明らかにする書類並びにロ(2)の雇入れに係る事業所の労働者の離職状況及び当該雇入れに係る者に対する賃金の支払の状況を明らかにする書類を整備している事業主であること。

二　次のイ又はロに掲げる事業主の区分に応じて、当該イ又はロに定める額
イ　前号ロ(2)(i)に該当する事業主（同号ロ(2)(ii)に該当しないものに限る。）　五十万円
ロ　前号ロ(2)(ii)に該当する事業主　六十万円

13　前項の中途採用拡大コース奨励金の支給を受け、かつ、事業所の労働生産性の向上に資するものとして職業安定局長、厚生労働省雇用環境・均等局長（以下「雇用環境・均等局長」という。）及び人材開発統括官が定める要件（以下「生産性要件」という。）に該当する場合にあつては、次の各号に掲げる事業主の区分に応じて、当該各号に定める額を支給するものとする。
一　前項第二号イの支給を受けた事業主　二十五万円
二　前項第二号ロの支給を受けた事業主　三十万円

（法第六十二条第一項第三号に掲げる事業）

第百三条　法第六十二条第一項第三号に掲げる事業として、六十五歳超雇用推進助成金を支給し、及び高年齢者等の雇用の安定等に関する法律第二条第二項に規定する高年齢者等の雇用に関する技術的事項について、事業主に対し相談その他の援助を行うものとする。

（六十五歳超雇用推進助成金）

第百四条　六十五歳超雇用推進助成金は、第一号に該当する事業主に対して、第二号に定める額を支給するものとする。

一　次のいずれかに該当する事業主であること。
イ　次のいずれにも該当する事業主（既にこのイに該当するものとしてこの条の規定による支給を受けた事業主を除く。）
(1)　労働協約又は就業規則により次のいずれかに該当する措置を新たに講じた事業主であること。
(i)　六十五歳への定年引上げ
(ii)　六十六歳以上までの定年引上げ又は定年の定めの廃止
(iii)　六十六歳以上七十歳未満の年齢までの継続雇用制度（被保険者（短期雇用特例被保険者及び日雇労働被保険者を除く。以下この条において同じ。）であつて定年後も引き続いて雇用されることを希望する者を定年後も引き続いて雇用する制度をいう。以下この条において同じ。）の導入
(iv)　七十歳以上の年齢までの継続雇用制度の導入
(2)　(1)の措置の実施に要した費用（人件費を除く。）の負担の状況及び当該措置の実施の状況を明らかにする書類を整備している事業主であること。
(3)　(1)の措置を講じた日から起算して一年前の日から支給申請を行つた日の前日までの間に、労働協約又は就業規則において、高年齢者等の雇用の安定等に関する法律第八条又は第九条第一項の規定と異なる定めをし

ていないこと。

(4) 支給申請を行つた日の前日において、当該事業主に一年以上継続して雇用されている者であつて六十歳以上の被保険者（以下この条において「対象被保険者」という。）(1)の措置の対象となる者に限る。）が一人以上いること。

(5) 高年齢者等の雇用の安定等に関する法律第十一条の規定による作業施設の改善その他の諸条件の整備を図るための業務を担当する者の選任に加え、雇用する高年齢者に配慮した次に掲げるいずれかの措置を行つた事業主であること。

(i) 職業能力の開発及び向上のための教育訓練の実施等

(ii) 作業施設及び作業方法の改善

(iii) 健康管理及び安全衛生の配慮

(iv) 職域の拡大

(v) 知識及び経験等を活用できる配置又は処遇の推進

(vi) 賃金体系の見直し

(vii) 勤務時間制度の弾力化

ロ 次のいずれにも該当する事業主であること。

(1) 独立行政法人高齢・障害・求職者雇用支援機構理事長に対して、高年齢者等の雇用の安定等に関する法律第二条第一項に規定する高年齢者（以下この条において「高年齢者」という。）の作業環境の改善又は雇用管理制度の整備等の雇用環境整備の取組に係る計画（以下この条において「雇用環境整備計画」という。）を提出し、当該雇用環境整備計画が高年齢者の雇用の推進を図るために適当であると認められる事業主であること。

(2) 雇用環境整備計画に基づく措置として、次に掲げるいずれかの措置を実施し、当該措置の実施の状況及び当該雇用環境整備計画の期間の末日の翌日から起算して六箇月を経過する日までの間における当該措置の実施後の状況を明らかにする書類を整備している事業主であること。

(i) 機械設備若しくは作業方法・作業環境の導入若しくは改善による既存の職場又は職務における高年齢者の雇用の機会の増大

(ii) 労働協約又は就業規則の定めるところにより、その雇用する高年齢者の雇用の機会を増大するための能力開発、能力評価、賃金体系、労働時間等の雇用管理制度の見直し若しくは導入又は医師若しくは歯科医師による健康診断（労働安全衛生法（昭和四十七年法律第五十七号）第六十六条第一項から第四項までに規定する健康診断を除く。）を実施するための制度の導入

(3) 雇用環境整備計画を独立行政法人高齢・障害・求職者雇用支援機構理事長に提出した日から起算して一年前の日から支給申請を行つた日の前日までの間に、労働協約又は就業規則において、高年齢者等の雇用の安定等に関する法律第八条又は第九条第一項の規定と異なる定めをしていないこと。

(4) 支給申請を行つた日の前日において、対象被保険者（(2)の措置の対象となる者に限る。）が一人以上いること。

ハ 次のいずれにも該当する事業主であること。

(1) 独立行政法人高齢・障害・求職者雇用支援機構理事長に対して、五十歳以上の期間の定めのある労働契約を締結する労働者（(2)において「対象有期契約労働者」という。）の期間の定めのない労働契約を締結する労働者への転換に係る計画（以下この号において「無期雇用転換計画」という。）を提出し、当該無期雇用転換計画が当該労働者の安定した雇用の確保のために適当であると認められる事業主であること。

(2) 無期雇用転換計画に基づく措置として、労働協約又は就業規則その他これに準ずるものに定めるところにより設けられた制度に基づき、その雇用する対象有期契約労働者が、同種の業務に従事する期間の定めのない労働契約を締結する労働者に適用される定年（六十五歳以上である場合にあつては、六十五歳）と同じ年齢に達する前に、当該対象有期契約労働者を期間の定めのない労働契約を締結する労働者に転換させた事業主であること。

(3) (2)の措置を実施した日の前日から起算して六箇月前の日から一年を経過した日までの間（(4)において「基準期間」という。）において、当該措置に係る事業所の労働者を解雇した事業主（天災その他やむを得ない理由のために事業の継続が不可能となつたこと又は労働者の責めに帰すべき理由により解雇した事業主を除く。）以外の事業主であること。

(4) (2)の措置に係る事業所に雇用されていた者であつて基準期間に離職したもののうち当該基準期間に特定受給資格者として受給資格の決定がなされたものの数等から判断して、適正な雇用管理を行つていると認められる事業主であること。

(5) 高年齢者等の雇用の安定等に関する法律第十一条の規定による作業施設の改善その他の諸条件の整備を図るための業務を担当する者の選任に加え、雇用する高年齢者に配慮した次に掲げるいずれかの措置を行つた事業主であること。

(i) 職業能力の開発及び向上のための教育訓練の実施等

(ii) 作業施設及び方法の改善
(iii) 健康管理及び安全衛生の配慮
(iv) 職域の拡大
(v) 知識及び経験等を活用できる配置又は処遇の推進
(vi) 賃金体系の見直し
(vii) 勤務時間制度の弾力化
(6) (2)の措置の実施の状況、当該措置に係る事業所の労働者の離職の状況、当該措置に係る者に対する賃金の支払の状況及び(5)の措置の実施の状況を明らかにする書類を整備している事業主であること。
(7) 無期雇用転換計画を独立行政法人高齢・障害・求職者雇用支援機構理事長に提出した日から起算して一年前の日から支給申請を行つた日の前日までの間に、労働協約又は就業規則において、高年齢者等の雇用の安定等に関する法律第八条又は第九条第一項の規定と異なる定めをしていないこと。
二 次のイからハまでに掲げる事業主の区分に応じて、それぞれ当該規定に定める額
イ 前号イに該当する事業主 次の(1)から(4)までに掲げる事業主の区分に応じて、それぞれ当該規定に定める額
(1) 前号イ(1)(i)の措置を講じた事業主 次の(i)から(iii)までに掲げる事業主の区分に応じて、それぞれ当該規定に定める額
(i) 対象被保険者が二人以下の事業主 十五万円（引き上げた定年の年数が五年未満の事業主にあつては、十万円）
(ii) 対象被保険者が三人以上九人以下の事業主 百万円（引き上げた定年の年数が五年未満の事業主にあつては、二十五万円）
(iii) 対象被保険者が十人以上の事業主 百五十万円（引き上げた定年の年数が五年未満の事業主にあつては、三十万円）
(2) 前号イ(1)(ii)の措置を講じた事業主 次の(i)から(iii)までに掲げる事業主の区分に応じて、それぞれ当該規定に定める額
(i) 対象被保険者が二人以下の事業主 二十万円（定年を引き上げた事業主のうち引き上げた定年の年数が五年未満の事業主にあつては、十五万円）
(ii) 対象被保険者が三人以上九人以下の事業主 百二十万円（定年を引き上げた事業主のうち引き上げた定年の年数が五年未満の事業主にあつては、三十万円）
(iii) 対象被保険者が十人以上の事業主 百六十万円（定年を引き上げた事業主のうち引き上げた定年の年数が五年未満の事業主にあつては、三十五万円）
(3) 前号イ(1)(iii)の措置を講じた事業主 次の(i)から(iii)ま

でに掲げる事業主の区分に応じて、それぞれ当該規定に定める額
(i) 対象被保険者が二人以下の事業主 十万円(前号イ(1)(iii)の措置を講じる前の定年又は継続雇用制度において設定した年齢の上限のいずれか高い年齢から、当該措置を講じた後の継続雇用制度において設定した年齢の上限までの年数が四年未満の事業主にあつては、五万円)
(ii) 対象被保険者が三人以上九人以下の事業主 六十万円(前号イ(1)(iii)の措置を講じる前の定年又は継続雇用制度において設定した年齢の上限のいずれか高い年齢から、当該措置を講じた後の継続雇用制度において設定した年齢の上限までの年数が四年未満の事業主にあつては、十五万円)
(iii) 対象被保険者が十人以上の事業主 八十万円(前号イ(1)(iii)の措置を講じる前の定年又は継続雇用制度において設定した年齢の上限のいずれか高い年齢から、当該措置を講じた後の継続雇用制度において設定した年齢の上限までの年数が四年未満の事業主にあつては、二十万円)
(4) 前号イ(1)(iv)の措置を講じた事業主 次の(i)から(iii)までに掲げる事業主の区分に応じて、それぞれ当該規定に定める額
(i) 対象被保険者が二人以下の事業主 十五万円(前号イ(1)(iv)の措置を講じる前の定年又は継続雇用制度において設定した年齢の上限のいずれか高い年齢から、当該措置を講じた後の継続雇用制度において設定した年齢の上限までの年数が五年未満の事業主にあつては、十万円)
(ii) 対象被保険者が三人以上九人以下の事業主 八十万円(前号イ(1)(iv)の措置を講じる前の定年又は継続雇用制度において設定した年齢の上限のいずれか高い年齢から、当該措置を講じた後の継続雇用制度において設定した年齢の上限までの年数が五年未満の事業主にあつては、二十万円)
(iii) 対象被保険者が十人以上の事業主 百万円(前号イ(1)(iv)の措置を講じる前の定年又は継続雇用制度において設定した年齢の上限のいずれか高い年齢から、当該措置を講じた後の継続雇用制度において設定した年齢の上限までの年数が五年未満の事業主にあつては、二十五万円)
ロ 前号ロに該当する事業主 前号ロ(2)の措置の実施に要した費用(人件費を除く。)の額(同号ロ(2)(ii)の措置の実施に要した費用の額にあつては、三十万円)の合計額の百分の四十五(生産性要件に該当する事業主にあつては、百分の六十)(中小企業事業主にあつては、百分の六十

（生産性要件に該当する事業主にあつては、百分の七十五））に相当する額（対象被保険者（雇用環境整備計画に基づく措置の対象となる者に限る。）の数に二十八万五千円（生産性要件に該当する事業主にあつては、三十六万円）を乗じて得た額又は一千万円のいずれか低い額を超えるときは、当該いずれか低い額）

ハ　前号ハに該当する事業主　前号ハ(2)の措置の対象者一人につき、三十八万円（生産性要件に該当する事業主にあつては、四十八万円）（中小企業事業主にあつては、四十八万円（生産性要件に該当する事業主にあつては、六十万円））（一の事業所につき、一の年度における当該措置の対象となる労働者の数が十人を超える場合は、当該事業所につき十人までの支給に限る。）

第百五条から第百八条まで　削除

（法第六十二条第一項第三号及び第六号に掲げる事業）

第百九条　法第六十二条第一項第三号及び第六号に掲げる事業として、特定求職者雇用開発助成金及びトライアル雇用助成金（トライアル雇用助成金のうち若年・女性建設労働者トライアルコース助成金は、建設労働者の雇用の改善等に関する法律（昭和五十一年法律第三十三号。以下「建設労働法」という。）第九条第一号の規定に基づき支給するものをいう。第百十条の三第一項及び第四項において同じ。）を支給するものとする。

（特定求職者雇用開発助成金）

第百十条　特定求職者雇用開発助成金は、特定就職困難者コース助成金、生涯現役コース奨励金、生活保護受給者等雇用開発コース助成金、長期不安定雇用者雇用開発コース助成金及び発達障害者・難治性疾患患者雇用開発コース助成金とする。

2　特定就職困難者コース助成金は、第一号に該当する事業主に対して、第二号に定める額を支給するものとする。

一　次のいずれにも該当する事業主であること。

イ　次のいずれかに該当する六十五歳未満（(9)から(15)までに該当する者にあつては、四十五歳以上六十五歳未満）の求職者（公共職業安定所長の指示により作業環境に適応させるための訓練（その期間が二週間（(2)又は(3)に掲げる者であつて、その身体障害又は知的障害の程度を勘案して厚生労働大臣が定めるものに係る訓練にあつては、四週間）以内のものを除く。）を受け、又は受けたことがある求職者であつて、当該訓練を行い、又は行つた事業主に雇い入れられるもの（以下「職場適応訓練受講求職者」という。）を除く。）を、公共職業安定所又は職業紹介事業者等（特定就職困難者コース助成金の支給に関し職業安定局長及び人材開発統括官が定める条件に同意し、職業安定局長及び人材開発統括官が定める標識を事務所の見やすい場所に掲示している者に限る。）の紹介により、継続して雇用する労働者として雇い入れる⒂に掲げる者にあっては、公共職業安定所の紹介により雇い入れる場合に限る。）事業主であること。
⑴ 六十歳以上の者
⑵ 身体障害者
⑶ 知的障害者
⑷ 精神障害者
⑸ 母子及び父子並びに寡婦福祉法（昭和三十九年法律第百二十九号）第六条第一項に規定する配偶者のない女子であつて、二十歳未満の子若しくは別表第二に定める障害がある状態にある子又は同項第五号の精神若しくは身体の障害により長期にわたつて労働の能力を失つている配偶者（婚姻の届出をしていないが、事実上婚姻関係と同様の事情にある者を含む。）を扶養しているもの（以下「母子家庭の母等」という。）
⑹ 児童扶養手当法（昭和三十六年法律第二百三十八号）第四条第一項に規定する児童扶養手当を受けている同項に規定する児童の父である者（以下「父子家庭の父」という。）
⑺ 中国残留邦人等の円滑な帰国の促進並びに永住帰国した中国残留邦人等及び特定配偶者の自立の支援に関する法律（平成六年法律第三十号）第十条の永住帰国した中国残留邦人等及びその親族等であつて、本邦に永住帰国した日から起算して十年を経過していないもの
⑻ 北朝鮮当局によって拉致された被害者等の支援に関する法律（平成十四年法律第百四十三号）第二条第一項第五号に規定する帰国被害者等であつて本邦に永住する意思を決定したと認められる日から起算して十年を経過していないもの及び同号に規定する帰国した被害者であつてその配偶者（婚姻の届出をしていないが、事実上婚姻関係と同様の事情にある者を含む。）、子及び孫が北朝鮮内にとどまっていること等永住の意思を決定することにつき困難な事情があると認められるもの
⑼ 駐留軍関係離職者等臨時措置法第十条の二第一項又は第二項の認定を受けている者
⑽ 沖縄振興特別措置法第七十八条第一項の規定による沖縄失業者求職手帳（同法の規定により効力を有しているものに限る。）を所持している者
⑾ 国際協定の締結等に伴う漁業離職者に関する臨時措置法（昭和五十二年法律第九十四号）第四条第一項又は国際協定の締結等に伴う漁業離職者に関する臨時措置法施行規則（昭和五十二年労働省令第三十号）第三条の二の規定による漁業離職者求職手帳（同法の規定により効力を有しているものに限る。）を所持してい

る者

(12) 労働施策の総合的な推進並びに労働者の雇用の安定及び職業生活の充実等に関する法律施行規則（昭和四十一年労働省令第二十三号）附則第二条第一項第一号に規定する手帳所持者である漁業離職者又は同令附則第六条の規定により手帳所持者である漁業離職者とみなされる者

(13) 本州四国連絡橋の建設に伴う一般旅客定期航路事業等に関する特別措置法第十六条第一項若しくは第二項又は本州四国連絡橋の建設に伴う一般旅客定期航路事業等に関する特別措置法に基づく就職指導等に関する省令第一条の規定による一般旅客定期航路事業等離職者求職手帳（同法の規定により効力を有しているものに限る。）を所持している者（同法第五条第一項に規定する実施計画について同項の規定により認定を受けた事業主以外の事業主に雇い入れられる者に限る。）

(14) 労働施策の総合的な推進並びに労働者の雇用の安定及び職業生活の充実等に関する法律施行規則第一条の四第一項第六号に規定する港湾運送事業離職者（同号に規定する事業規模の縮小等の実施について同号の規定により認定を受けた事業主以外の事業主に雇い入れられる者に限る。）

(15) (1)から(14)までのいずれかに該当する者のほか、公共職業安定所長が就職が著しく困難であると認める者

ロ 資本金、資金、人事、取引等の状況からみて対象労働者を雇用していた事業主と密接な関係にある他の事業主以外の事業主であること。

ハ イの雇入れの日の前日から起算して六箇月前の日から一年を経過した日までの間（ニにおいて「基準期間」という。）において、当該雇入れに係る事業所の労働者を解雇した事業主（天災その他やむを得ない理由のために事業の継続が不可能となつたこと又は労働者の責めに帰すべき理由により解雇した事業主を除く。）以外の事業主であること。

ニ 当該雇入れに係る事業所に雇用されていた者であつて基準期間に離職したもののうち当該基準期間に特定受給資格者として受給資格の決定がなされたものの数等から判断して、適正な雇用管理を行つていると認められる事業主であること。

ホ 当該事業所の労働者の離職状況及びイの雇入れに係る者に対する賃金の支払の状況を明らかにする書類を整備している事業主であること。

二 前号イに該当する雇入れに係る者一人につき、五十万円（中小企業事業主にあつては、六十万円）

3 前項第一号イに該当する雇入れであつて、短時間労働者（一週間の所定労働時間が、同一の適用事業に雇用される通

常の労働者の一週間の所定労働時間に比し短く、かつ、法第三十八条第一項第二号の厚生労働大臣の定める時間数未満である者をいう。第百十八条の三第十項及び附則第十五条の五第六項を除き、以下同じ。）として雇い入れる場合（次項各号に掲げる者を雇い入れる場合を除く。）における前項第二号の規定の適用については、同号中「五十万円（中小企業事業主にあつては、六十万円）」とあるのは、「三十万円（中小企業事業主にあつては、四十万円）」とする。

4　第二項第一号イに該当する雇入れであつて、短時間労働者として次に掲げる者を雇い入れる場合における同項第二号の規定の適用については、同号中「五十万円」とあるのは「三十万円」と、「六十万円」とあるのは「八十万円」とする。

一　身体障害者

二　知的障害者

三　精神障害者

5　第二項第一号イに該当する雇入れであつて、次に掲げる者を雇い入れる場合（短時間労働者として雇い入れる場合及び次項各号に掲げる者を雇い入れる場合を除く。）における第二項第二号の規定の適用については、同号中「六十万円」とあるのは、「百二十万円」とする。

一　身体障害者

二　知的障害者

6　第二項第一号イに該当する雇入れであつて、次に掲げる者を雇い入れる場合（短時間労働者として雇い入れる場合を除く。）における同項第二号の規定の適用については、同号中「五十万円（中小企業事業主にあつては、六十万円）」とあるのは、「百万円（中小企業事業主にあつては、二百四十万円）」とする。

一　障害者雇用促進法第二条第三号に規定する重度身体障害者（以下単に「重度身体障害者」という。）

二　障害者雇用促進法第二条第五号に規定する重度知的障害者（以下単に「重度知的障害者」という。）

三　四十五歳以上の身体障害者（第一号に掲げる者を除く。）

四　四十五歳以上の知的障害者（第二号に掲げる者を除く。）

五　精神障害者

7　生涯現役コース奨励金は、第一号に該当する事業主に対して、第二号に定める額を支給するものとする。

一　次のいずれにも該当する事業主であること。

イ　六十五歳以上の被保険者（日雇労働被保険者を除く。）でない求職者（職場適応訓練受講求職者ではないものに限る。）を、公共職業安定所又は職業紹介事業者等（生涯現役コース奨励金の支給に関し職業安定局長及び人材開発統括官が定める条件に同意し、職業安定局長及び人材開発統括官が定める標識を事務所の見やすい場所に掲示している者に限る。）の紹介により、一年以上継続して雇用する労働者として雇い入れる事業主であること。

ロ　イの対象労働者の一週間の所定労働時間を二十時間以上として雇い入れる事業主であること。

ハ　資本金、資金、人事、取引等の状況からみて対象労働者を雇用していた事業主と密接な関係にある他の事業主以外の事業主であること。

ニ　イの雇入れの日の前日から起算して六箇月前の日から一年を経過した日までの間（ホにおいて「基準期間」という。）において、当該雇入れに係る事業所の労働者を解雇した事業主（天災その他やむを得ない理由のために事業の継続が不可能となつたこと又は労働者の責めに帰すべき理由により解雇した事業主を除く。）以外の事業主であること。

ホ　当該雇入れに係る事業所に雇用されていた者であつて基準期間に離職したもののうち当該基準期間に特定受給資格者として受給資格の決定がなされたものの数等から判断して、適正な雇用管理を行つていると認められる事業主であること。

ヘ　当該事業所の労働者の離職状況及びイの雇入れに係る者に対する資金の支払の状況を明らかにする書類を整備している事業主であること。

二　前号イに該当する雇入れに係る者一人につき、六十万円（中小企業事業主にあつては、七十万円）

8　前項第一号イに該当する雇入れであつて、短時間労働者として雇い入れる場合における同項第二号の規定の適用については、同号中「六十万円（中小企業事業主にあつては、七十万円）」とあるのは、「四十万円（中小企業事業主にあつては、五十万円）」とする。

9　生活保護受給者等雇用開発コース助成金は、第一号に該当する事業主に対して、第二号に定める額を支給するものとする。

一　次のいずれにも該当する事業主であること。

イ　次のいずれにも該当する者を、公共職業安定所又は職業紹介事業者等（生活保護受給者等雇用開発コース助成金の支給に関し職業安定局長及び人材開発統括官が定める条件に同意し、職業安定局長及び人材開発統括官が定める標識を事務所の見やすい場所に掲示している者に限る。）の紹介により、継続して雇用する労働者として雇い入れる事業主であること。

(1)　生活保護法（昭和二十五年法律第百四十四号）第六条第一項に規定する被保護者又は生活困窮者自立支援法（平成二十五年法律第百五号）第三条第一項に規定する生活困窮者（都道府県、市（特別区を含む。）又は社会福祉法（昭和二十六年法律第四十五号）第十四条第一項に規定する福祉に関する事務所（(2)において「福祉事務所」という。）を設置する町村が、生活困窮者自立支援法第三条第二項第三号に規定する計画の作成を行つた者（当該計画について、生活困窮者自立支援法施行規則（平成二十七年厚生労働省令第十六号）第一条の規定に基づき同計画に記載された達成時期が到来していない者に限る。）

(2) 都道府県、市（特別区を含む。）又は福祉事務所を設置する町村が、(1)に該当する者の就労の支援に関して都道府県労働局又は公共職業安定所と締結した協定に基づき、公共職業安定所に対し期間を定め職業紹介、職業指導等を行うことを要請している者（六十五歳未満の求職者であつて、職場適応訓練受講求職者ではないものに限る。）

ロ 資本金、資金、人事、取引等の状況からみて対象労働者を雇用していた事業主と密接な関係にある他の事業主以外の事業主であること。

ハ イの雇入れの日の前日から起算して六箇月前の日から一年を経過した日までの間（ニにおいて「基準期間」という。）において、当該雇入れに係る事業所の労働者を解雇した事業主（天災その他やむを得ない理由のために事業の継続が不可能となつたこと又は労働者の責めに帰すべき理由により解雇した事業主を除く。）以外の事業主であること。

ニ 当該雇入れに係る事業所に雇用されていた者であつて基準期間に離職したもののうち当該基準期間に特定受給資格者として受給資格の決定がなされたものの数等から判断して、適正な雇用管理を行つていると認められる事業主であること。

ホ 当該事業所の労働者の離職状況及びイの雇入れに係る者に対する賃金の支払の状況を明らかにする書類を整備している事業主であること。

ヘ イの雇入れに係る者の雇用管理に関する事項の把握を行つた事業主であること。

二 前号イの雇入れに係る者一人につき、五十万円（中小企業事業主にあつては、六十万円）

10 前項第一号イに該当する雇入れであつて、短時間労働者として雇い入れる場合における同項第二号の規定の適用については、同号中「五十万円（中小企業事業主にあつては、六十万円）」とあるのは、「三十万円（中小企業事業主にあつては、四十万円）」とする。

11 長期不安定雇用者雇用開発コース助成金は、第一号に該当する事業主に対して、第二号に定める額を支給するものとする。

一 次のいずれにも該当する事業主であること。

イ 三十五歳以上六十歳未満の求職者であつて、雇入れの日の前日から起算して過去十年間に五回以上離職又は転職（一般被保険者として雇用されていた場合に限る。）を繰り返しているものを、公共職業安定所又は職業紹介事業者等（長期不安定雇用者雇用開発コース助成金の支給に関し職業安定局長及び人材開発統括官が定める条件に同意し、職業安定局長及び人材開発統括官が定める標識を事務所の見やすい場所に掲示している者に限る。）の紹介により、通常の労働者として雇い入れる事業主であること。

ロ　資本金、資金、人事、取引等の状況からみて対象労働者を雇用していた事業主と密接な関係にある他の事業主以外の事業主であること。

ハ　イの雇入れの日の前日から起算して六箇月前の日から一年を経過した日までの間（ニにおいて「基準期間」という。）において、当該雇入れに係る事業所の労働者を解雇した事業主（天災その他やむを得ない理由のために事業の継続が不可能となつたこと又は労働者の責めに帰すべき理由により解雇した事業主を除く。）以外の事業主であること。

ニ　当該雇入れに係る事業所に雇用されていた者であつて基準期間に離職したもののうち当該基準期間に特定受給資格者として受給資格の決定がなされたものの数等から判断して、適正な雇用管理を行つていると認められる事業主であること。

ホ　当該事業所の労働者の離職状況及びイの雇入れに係る者に対する賃金の支払の状況を明らかにする書類を整備している事業主であること。

ヘ　イの雇入れに係る者の雇用管理に関する事項の把握を行つた事業主であること。

二　前号イの雇入れに係る者一人につき、五十万円（中小企業事業主にあつては、六十万円）

12　発達障害者・難治性疾患患者雇用開発コース助成金は、第一号に該当する事業主に対して、第二号に定める額を支給するものとする。

一　次のいずれにも該当する事業主であること。

イ　六十五歳未満の求職者（職場適応訓練受講求職者を除く。）である発達障害者又は難治性疾患を有するもの（身体障害者、知的障害者又は精神障害者である者を除く。）を、公共職業安定所又は職業紹介事業者等（発達障害者・難治性疾患患者雇用開発コース助成金の支給に関し職業安定局長及び人材開発統括官が定める条件に同意し、職業安定局長及び人材開発統括官が定める標識を事務所の見やすい場所に掲示している者に限る。）の紹介により、継続して雇用する労働者として雇い入れる事業主であること。

ロ　資本金、資金、人事、取引等の状況からみて対象労働者を雇用していた事業主と密接な関係にある他の事業主以外の事業主であること。

ハ　イの雇入れの日の前日から起算して六箇月前の日から

一年を経過した日までの間（ニにおいて「基準期間」という。）において、当該雇入れに係る事業所の労働者を解雇した事業主（天災その他やむを得ない理由のために事業の継続が不可能となつたこと又は労働者の責めに帰すべき理由により解雇した事業主を除く。）以外の事業主であること。

ニ　当該雇入れに係る事業所に雇用されていた者であつて基準期間に離職したもののうち当該基準期間に特定受給資格者として受給資格の決定がなされたものの数等から判断して、適切な雇用管理を行つていると認められる事業主であること。

ホ　当該事業所の労働者の離職の状況及びイの雇入れに係る者に対する賃金の支払の状況を明らかにする書類を整備している事業主であること。

ヘ　イの雇入れに係る者の雇用管理に関する事項の把握を行つた事業主であること。

二　前号イに該当する雇入れに係る者一人につき、五十万円（中小企業事業主にあつては、百二十万円）

13　前項第一号イに該当する雇入れであつて、短時間労働者として雇い入れる場合における同項第二号の規定の適用については、同号中「五十万円（中小企業事業主にあつては、百二十万円）」とあるのは、「三十万円（中小企業事業主にあつては、八十万円）」とする。

第百十条の二　削除

（トライアル雇用助成金）

第百十条の三　トライアル雇用助成金は、一般トライアルコース助成金、障害者トライアルコース助成金及び若年・女性建設労働者トライアルコース助成金とする。

2　一般トライアルコース助成金は、第一号に該当する事業主に対して、第二号に定める額を支給するものとする。

一　次のいずれにも該当する事業主であること。

イ　次のいずれかに該当する安定した職業に就くことが困難な求職者を、公共職業安定所又は職業紹介事業者等（一般トライアルコース助成金の支給に関し職業安定局長及び人材開発統括官が定める条件に同意し、職業安定局長及び人材開発統括官が定める標識を事業所の見やすい場所に掲示している者に限る。(1)において同じ。）の紹介により、期間の定めのない労働契約を締結する労働者であつて、一週間の所定労働時間が同一の事業所に雇用される通常の労働者の一週間の所定労働時間と同一のものとして雇い入れることを目的に、三箇月以内の期間を定めて試行的に雇用する労働者として雇い入れる事業主（季節的業務に従事する者を雇い入れる場合にあつては、第百十三条第一項に規定する指定地域内に事業所を有する事業主であつて、当該事業所において同項に規定する指定業種以外の業種に属する事業を行うものに限る。）であること。

(1) 公共職業安定所又は職業紹介事業者等の紹介の日（以下このイにおいて「紹介日」という。）において、就労の経験のない職業（職業安定法第十五条の規定に基づき職業安定局長が作成する職業分類表の小分類の職業をいう。次項において同じ。）に就くことを希望する者

(2) 紹介日において学校教育法第一条に規定する学校（幼稚園（特別支援学校の幼稚部を含む。）及び小学校（義務教育学校の前期課程及び特別支援学校の小学部を含む。）を除く。）、同法第百二十四条に規定する専修学校、職業能力開発促進法第十五条の七第一項各号に掲げる施設又は同法第二十七条第一項に規定する職業能力開発総合大学校を卒業した日の属する年度の翌年度以降三年以内である者であつて、卒業後において安定した職業に就いていないもの

(3) 紹介日前二年以内に、二回以上離職又は転職を繰り返している者

(4) 紹介日前において離職している期間が一年を超えている者

(5) 妊娠、出産又は育児を理由として離職した者であつて、紹介日前において安定した職業に就いていない期間が一年を超えているもの

(6) その他就職の援助を行うに当たつて特別の配慮を要する者として厚生労働大臣が定める者

ロ 資本金、資金、人事、取引等の状況からみてイの雇入れに係る労働者（日雇労働者として雇用されることを常態とする者を除く。）を雇用していた事業主と密接な関係にある他の事業主以外の事業主であること。

ハ イの雇入れの日の前日から起算して六箇月前の日から当該雇用関係が終了した日までの間（ニにおいて「基準期間」という。）において、当該雇入れに係る事業所の労働者を解雇した事業主（天災その他やむを得ない理由のために事業の継続が不可能となつたこと又は労働者の責めに帰すべき理由により解雇した事業主を除く。）以外の事業主であること。

ニ 当該雇入れに係る事業所に雇用されていた者であつて基準期間に離職したもののうち当該基準期間に特定受給資格者として受給資格の決定がなされたものの数等から判断して、適正な雇用管理を行つていると認められる事業主であること。

ホ 当該雇入れの日前三年の間に、当該雇入れを行つた事業所において、イの試行的に雇用された労働者のうち、引き続き期間の定めのない労働契約を締結する労働者であつて、一週間の所定労働時間が同一の事業所に雇用される通常の労働者の一週間の所定労働時間と同一のもの

として雇い入れられたものの数等から判断して、イの目的に照らして適正な雇用管理を行つていると認められる事業主であること。

ヘ　当該雇入れに係る事業所の労働者の離職の状況を明らかにする書類を整備している事業主であること。

二　前号イに該当する雇入れの期間に限り、当該雇入れに係る労働者一人につき月額四万円（安定的な就職を促進する必要がある者として厚生労働大臣が定めるものを雇い入れた場合又は青少年の雇用の促進等に関する法律（昭和四十五年法律第九十八号。以下「青少年雇用促進法」という。）第十五条の認定を受けた事業主が三十五歳未満の者を雇い入れた場合にあつては、当該労働者一人につき月額五万円）

3　障害者トライアルコース助成金は、第一号から第六号までのいずれにも該当する事業主に対して、第七号に定める額を支給するものとする。

一　障害者雇用促進法第二条第一号に規定する障害者のうち次のいずれかに該当する求職者を、公共職業安定所又は職業紹介事業者等（障害者トライアルコース助成金の支給に関し職業安定局長及び人材開発統括官が定める条件に同意し、職業安定局長及び人材開発統括官が定める標識を事務所の見やすい場所に掲示している者に限る。イにおいて同じ。）の紹介により、継続して雇用する労働者（一週間の所定労働時間が二十時間以上の者に限る。第五号において同じ。）として雇い入れることを目的に、三箇月以内（精神障害者（ニに掲げる者に限る。）にあつては十二箇月以内、ホに掲げる者にあつては三箇月以上十二箇月以内）の期間を定めて試行的に雇用する労働者として雇い入れる事業主であること。

イ　公共職業安定所又は職業紹介事業者等の紹介の日（ロ及びハにおいて「紹介日」という。）において、就労の経験のない職業に就くことを希望する者

ロ　紹介日前二年以内に、二回以上離職又は転職を繰り返している者

ハ　紹介日前において離職している期間が六箇月を超えている者

ニ　重度身体障害者、重度知的障害者及び精神障害者（ホに掲げる者を除く。）

ホ　精神障害者又は発達障害者支援法第二条に規定する発達障害者（精神障害者を除く。）のうち、その障害の特性等により、一週間の所定労働時間を十時間以上二十時間未満として雇い入れられることを希望する者であつて、当該雇入れの日から起算して一年を経過する日までの間に一週間の所定労働時間を二十時間以上とすることを希望するもの

二　資本金、資金、人事、取引等の状況からみて前号の雇入れに係る労働者を雇用していた事業主と密接な関係にある

他の事業主以外の事業主であること。

三　第一号の雇入れの日の前日から起算して六箇月前の日から当該雇用関係が終了した日までの間（次号において「基準期間」という。）において、当該雇入れに係る事業所の労働者を解雇した事業主（天災その他やむを得ない理由のために事業の継続が不可能となつたこと又は労働者の責めに帰すべき理由により解雇した事業主を除く。）以外の事業主であること。

四　当該雇入れに係る事業所に雇用されていた者であつて基準期間に離職したもののうち当該基準期間に特定受給資格者として受給資格の決定がなされたものの数等から判断して、適正な雇用管理を行つていると認められる事業主であること。

五　当該雇入れの日前三年の間に、当該雇入れを行つた事業所において、第一号の試行的に雇用された労働者のうち、引き続き継続して雇用する労働者として雇い入れられたものの数等から判断して、同号の目的に照らして適正な雇用管理を行つていると認められる事業主であること。

六　当該雇入れに係る事業所の労働者の離職の状況を明らかにする書類を整備している事業主であること。

七　第一号に該当する雇入れに係る者一人につき、次のイからハまでに掲げる求職者の区分に応じて、それぞれ当該規定に定める額

イ　第一号に該当する雇入れに係る者のうち、ロ及びハ以外の者　月額四万円（一人につき、三箇月までの支給に限る。）

ロ　精神障害者（第一号ホに掲げる者を除く。）　月額四万円（三箇月までの支給の間は月額八万円）（一人につき、六箇月までの支給に限る。）

ハ　第一号ホに掲げる者　月額四万円（一人につき、十二箇月までの支給に限る。）

4　若年・女性建設労働者トライアルコース助成金の支給については、建設労働者の雇用の改善等に関する法律施行規則（昭和五十一年労働省令第二十九号。以下「建労則」という。）に定めるところによる。

（法第六十二条第一項第五号に掲げる事業）

第百十一条　法第六十二条第一項第五号に掲げる事業として、地域雇用開発助成金及び通年雇用助成金を支給するものとする。

（地域雇用開発助成金）

第百十二条　地域雇用開発助成金は、地域雇用開発コース奨励金及び沖縄若年者雇用促進コース奨励金とする。

2　地域雇用開発コース奨励金は、第一号から第三号までのいずれかに該当する事業主に対して、第四号に定める者の数に応じ、当該者の雇入れに係る費用の額を限度として支給するものとする。

一　次のいずれにも該当する事業主（次号及び第三号に掲げる事業主を除く。）であること。
イ　次のいずれかに該当する事業主であること。
(1)　同意雇用開発促進地域において事業所を設置し、又は整備する事業主
(2)　人口の減少又は地理的条件等により事業所の設置又は整備が特に困難となつていることにより雇用機会が著しく不足するおそれのある地域であつて当該地域の人口動態等を考慮した場合に雇用機会を特に増大させる必要があると認められるものとして、期間を付して厚生労働大臣が指定するもの（以下この号において「過疎等雇用改善地域」という。）において事業所を設置し、又は整備する事業主
(3)　奄美群島振興開発特別措置法（昭和二十九年法律第百八十九号）第一条に規定する奄美群島、小笠原諸島振興開発特別措置法（昭和四十四年法律第七十九号）第四条第一項に規定する小笠原諸島又は有人国境離島地域の保全及び特定有人国境離島地域に係る地域社会の維持に関する特別措置法（平成二十八年法律第三十三号）第二条第二項に規定する特定有人国境離島地域（以下この号において「特定有人国境離島地域等」という。）において事業所を設置し、又は整備する事業主
ロ　都道府県労働局長に対して、イの設置又は整備に係る事業所（以下この号及び次項第一号において「対象事業所」という。）の設置又は整備及び当該設置又は整備に伴う労働者の雇入れに関する計画を提出した事業主であること。
ハ　対象事業所の設置又は整備に伴い、(1)に掲げる日から(2)に掲げる日までの間において、当該対象事業所の所在する同意雇用開発促進地域若しくは当該同意雇用開発促進地域に隣接する同意雇用開発促進地域、過疎等雇用改善地域又は特定有人国境離島地域等を管轄する公共職業安定所管内に居住する求職者（過疎等雇用改善地域及び特定有人国境離島地域等にあつては、雇入れに伴い当該過疎等雇用改善地域又は当該特定有人国境離島地域等を管轄する公共職業安定所管内に住所又は居所の変更が必要であると認められる者を含む。）（職場適応訓練受講求職者、関連事業主に雇用されていた者その他就職が容易であると認められる者を除く。次項第一号において「地域求職者」という。）を、公共職業安定所又は職業紹介事業者等（地域雇用開発コース奨励金の支給に関し職業安定局長及び人材開発統括官が定める条件に同意し、職業安定局長及び人材開発統括官が定める標識を事務所の見やすい場所に掲示している者に限る。）の紹介により、継続して雇用する労働者として三人（創業の場合にあつては、二人）以上雇い入れる事業主であること。

(1) ロの計画を都道府県労働局長に提出した日

(2) 対象事業所の設置又は整備が完了した旨の届を都道府県労働局長に提出した日（当該届を(1)に掲げる日から起算して十八箇月を経過する日までの間に提出しない場合にあつては、当該十八箇月を経過する日）

ニ ハの雇入れが当該雇入れに係る同意雇用開発促進地域、過疎等雇用改善地域又は特定有人国境離島地域等における雇用構造の改善に資すると認められる事業主であること。

ホ ハ(1)に掲げる日からハ(2)に掲げる日（次項第一号において「完了日」という。）までの間（へにおいて「基準期間」という。）において、ハの雇入れに係る対象事業所の労働者を解雇した事業主（天災その他やむを得ない理由のために事業の継続が不可能となつたこと又は労働者の責めに帰すべき理由により解雇した事業主を除く。）以外の事業主であること。

ヘ ハの雇入れに係る対象事業所に雇用されていた者であつて基準期間に離職したもののうち当該基準期間に特定受給資格者として受給資格の決定がなされたものの数等から判断して、適正な雇用管理を行つていると認められる事業主であること。

ト ハの雇入れに係る者に対する賃金の支払の状況を明らかにする書類を整備している事業主であること。

二 次のいずれにも該当する事業主（次号に掲げる事業主を除く。）であること。

イ 第百四十条の二第一項に規定する戦略産業雇用創造プロジェクト（以下この号において「戦略産業雇用創造プロジェクト」という。）又は第百四十条の三第一項に規定する地域活性化雇用創造プロジェクト（以下この号において「地域活性化雇用創造プロジェクト」という。）が実施される都道府県の区域（以下この項において「実施都道府県区域」という。）内に事業所を設置し、又は整備する事業主であること。

ロ 都道府県労働局長に対して、イの設置又は整備に係る事業所（以下この号及び次項第二号において「対象事業所」という。）の設置又は整備及び当該設置又は整備に伴う労働者の雇入れに関する計画を提出し、かつ、戦略産業雇用創造プロジェクト又は地域活性化雇用創造プロジェクトに参加する事業主であること。

ハ 対象事業所の設置又は整備に伴い、(1)に掲げる日から(2)に掲げる日までの間において、当該対象事業所の所在する実施都道府県区域に居住する求職者（職場適応訓練受講求職者、関連事業主に雇用されていた者その他就職が容易であると認められる者を除く。次項第二号において「地域求職者」という。）を、公共職業安定所又は職業紹介事業者等（地域雇用開発コース奨励金の支給に関し職業安定局長及び人材開発統括官が定める条件に同意し、職業安定局長及び人材開発統括官が定める標識を事務所の見やすい場所に掲示している者に限る。）の紹介により、継続して雇用する労働者（戦略産業雇用創造プロジェクトに参加する事業主にあつては短時間労働者を除き、地域活性化雇用創造プロジェクトに参加する事業主にあつては期間の定めのある労働契約を締結する労働者（以下「有期契約労働者」という。）及び派遣労働者（労働者派遣事業の適正な運営の確保及び派遣労働者の保護等に関する法律（昭和六十年法律第八十八号。以下「労働者派遣法」という。）第二条第二号に規定する派遣労働者をいう。以下同じ。）を除く。）として三人（創業の場合にあつては、二人）以上雇い入れる事業主（地域活性化雇用創造プロジェクトに参加する事業主にあつては、当該雇い入れる労働者について、一週間の所定労働時間が同一の事業所に雇用される通常の労働者の一週間の所定労働時間と同一のものとして雇用し、労働協約又は就業規則その他これに準ずるものに定めるところにより設けられた通常の労働者と同一の賃金制度を適用しているものに限る。）であること。

(1)　ロの計画を都道府県労働局長に提出した日

(2)　対象事業所の設置又は整備が完了した旨の届を都道府県労働局長に提出した日（当該届を(1)に掲げる日から起算して十八箇月を経過する日までの間に提出しない場合にあつては、当該十八箇月を経過する日）

ニ　ハの雇入れが当該雇入れに係る実施都道府県区域における雇用構造の改善に特に資すると認められる事業主であること。

ホ　ハ(1)に掲げる日からハ(2)に掲げる日（次項第二号において「完了日」という。）までの間（へにおいて「基準期間」という。）において、ハの雇入れに係る対象事業所の労働者を解雇した事業主（天災その他やむを得ない理由のために事業の継続が不可能となつたこと又は労働者の責めに帰すべき理由により解雇した事業主を除く。）以外の事業主であること。

へ　ハの雇入れに係る対象事業所に雇用されていた者であつて基準期間に離職したもののうち当該基準期間に特定受給資格者として受給資格の決定がなされたものの数等から判断して、適正な雇用管理を行つていると認められる事業主であること。

ト　ハの雇入れに係る者に対する賃金の支払の状況を明らかにする書類を整備している事業主であること。

三　次のいずれにも該当する事業主であること。

イ　次のいずれにも該当する事業主であること。

(1)　同意雇用開発促進地域内における雇用機会の増大に関する計画（当該同意雇用開発促進地域の雇用構造の

改善に特に資すると認められるものに限る。以下この号及び次項第三号において「大規模雇用開発計画」という。）を作成し、厚生労働大臣の認定を受けた事業主であること。

(2) (1)の厚生労働大臣の認定を受けた大規模雇用開発計画に基づき、当該大規模雇用開発計画に係る同意雇用開発促進地域内において事業所を設置する事業主であること。

(3) (2)の設置に係る事業所の設置に伴い、大規模雇用開発計画に定める期間内において、当該事業所の所在する同意雇用開発促進地域若しくは当該同意雇用開発促進地域に隣接する同意雇用開発促進地域に居住し、又は当該同意雇用開発促進地域若しくは当該同意雇用開発促進地域に隣接する同意雇用開発促進地域内に住所若しくは居所を変更しようとする求職者（職場適応訓練受講求職者、関連事業主に雇用されていた者その他就職が容易であると認められる者を除く。次項第三号において「地域求職者」という。）を、公共職業安定所又は職業紹介事業者等（地域雇用開発コース奨励金の支給に関し職業安定局長及び人材開発統括官が定める条件に同意し、職業安定局長及び人材開発統括官が定める標識を事務所の見やすい場所に掲示している者に限る。）の紹介により、継続して雇用する労働者（短時間労働者を除く。）として百人以上雇い入れる事業主であること。

(4) 大規模雇用開発計画に定められた期間の初日から、当該期間の満了の日（次項第三号において「満了日」という。）までの間（(5)において「基準期間」という。）において、(3)の雇入れに係る事業所の労働者を解雇した事業主（天災その他やむを得ない理由のために事業の継続が不可能となつたこと又は労働者の責めに帰すべき理由により解雇した事業主を除く。）以外の事業主であること。

(5) (3)の雇入れに係る事業所に雇用されていた者であつて基準期間に離職したもののうち当該基準期間に特定受給資格者として受給資格の決定がなされたものの数等から判断して、適正な雇用管理を行つていると認められる事業主であること。

ロ イ(3)の雇入れに係る者に対する賃金の支払の状況を明らかにする書類を整備している事業主であること。

四 次に掲げる事業主の区分に応じて、それぞれに定める者の数

イ 第一号に掲げる事業主 同号ハの雇入れに係る者

ロ 第二号に掲げる事業主 同号ハの雇入れに係る者

ハ 前号に掲げる事業主 同号イ(3)の雇入れに係る者

3 前項の規定にかかわらず、次の各号に掲げる事業主の区分

に応じて、それぞれ当該各号に定める場合に該当することとなつたときは、そのとき以後、地域雇用開発コース奨励金は支給しない。

一　前項第一号に掲げる事業主　次のいずれかに該当する場合

イ　完了日の翌日から起算して一年ごとに区分した期間の末日における前項第一号ハの雇入れに係る対象事業所の労働者の数が完了日における当該者の数未満となつたとき。

ロ　完了日後において、対象事業所で前項第一号ハの雇入れに係る者を雇用しなくなつたとき（当該労働者を雇用しなくなつたとき（解雇（天災その他やむを得ない理由のために事業の継続が不可能となつたこと又は労働者の責めに帰すべき理由による解雇を除く。）によるものを除く。）以後速やかに、新たに継続して雇用する労働者として地域求職者を雇い入れたときを除く。）。

ハ　完了日の翌日から起算して一年ごとに区分した期間中において、対象事業所の労働者を解雇（天災その他やむを得ない理由のために事業の継続が不可能となつたこと又は労働者の責めに帰すべき理由による解雇を除く。）したとき。

二　前項第二号に掲げる事業主　次のいずれかに該当する場合

イ　完了日の翌日から起算して一年ごとに区分した期間の末日における前項第二号ハの雇入れに係る対象事業所の労働者の数が完了日における当該労働者の数未満となつたとき。

ロ　完了日後において、対象事業所で前項第二号ハの雇入れに係る者を雇用しなくなつたとき（当該労働者を雇用しなくなつたとき（解雇（天災その他やむを得ない理由のために事業の継続が不可能となつたこと又は労働者の責めに帰すべき理由による解雇を除く。）によるものを除く。）以後速やかに、新たに継続して雇用する労働者として地域求職者を雇い入れたときを除く。）。

ハ　完了日の翌日から起算して一年ごとに区分した期間中において、対象事業所の労働者を解雇（天災その他やむを得ない理由のために事業の継続が不可能となつたこと又は労働者の責めに帰すべき理由による解雇を除く。）したとき。

三　前項第三号に掲げる事業主　次のいずれかに該当する場合

イ　満了日の翌日から起算して一年ごとに区分した期間の末日における前項第三号イ(2)の設置に係る事業所の労働者の数が満了日における当該労働者の数未満となつたとき。

ロ　満了日後において、前項第三号イ(2)の設置に係る事業所で同号イ(3)の雇入れに係る者を雇用しなくなつたとき(当該労働者を雇用しなくなつたとき（解雇（天災その他やむを得ない理由のために事業の継続が不可能となつたこと又は労働者の責めに帰すべき理由による解雇を除く。）によるものを除く。）以後速やかに、新たに継続して雇用する労働者として地域求職者を雇い入れたときを除く。）

ハ　満了日の翌日から起算して一年ごとに区分した期間中において、対象事業所の労働者を解雇（天災その他やむを得ない理由のために事業の継続が不可能となつたこと又は労働者の責めに帰すべき理由による解雇を除く。）したとき。

4　沖縄若年者雇用促進コース奨励金は、第一号に該当する事業主に対して、第二号に定める額を支給するものとする。

一　次のいずれかに該当する事業主であること。

イ　次のいずれにも該当する事業主であること。

(1)　沖縄県の区域内において事業所を設置し、又は整備する事業主であること。

(2)　(1)の設置又は整備に係る事業所（以下この号において「対象事業所」という。）の設置又は整備及び当該設置又は整備に伴う労働者の雇入れに関する計画（以下この号において「計画」という。）を作成し、沖縄労働局長の認定を受けた事業主であること。

(3)　対象事業所の設置又は整備に伴い、(i)に掲げる日から(ii)に掲げる日までの間（以下この項において「対象期間」という。）において、沖縄県の区域内に居住する三十五歳未満の求職者（職場適応訓練受講求職者、関連事業主に雇用されていた者その他就職が容易であると認められる者を除く。以下この項において「沖縄若年求職者」という。）を継続して雇用する労働者として三人以上雇い入れる事業主であること。

(i)　計画を沖縄労働局長に提出した日

(ii)　対象事業所の設置又は整備が完了した旨の届を沖縄労働局長に提出した日（当該届を(i)に掲げる日から起算して二十四箇月を経過する日までの間に提出しない場合にあつては、当該二十四箇月を経過する日。以下この項において「完了日」という。）

(4)　計画に定められた期間の初日から、完了日から起算して六箇月を経過する日までの間（(5)及び次項において「基準期間」という。）において、(3)の雇入れに係る対象事業所の労働者を解雇した事業主（天災その他やむを得ない理由のために事業の継続が不可能となつたこと又は労働者の責めに帰すべき理由により解雇した事業主を除く。）以外の事業主であること。

(5)　(3)の雇入れに係る対象事業所に雇用されていた者であつて基準期間に離職したもののうち当該基準期間に

特定受給資格者として受給資格の決定がなされたものの数等から判断して、適正な雇用管理を行つていると認められる事業主であること。

(6) (3)の雇入れに係る者に対する賃金の支払の状況を明らかにする書類を整備している事業主であること。

ロ イに該当する事業主のうち、完了日から起算して一年六箇月を経過する日において、次のいずれにも該当するものであること。

(1) 沖縄若年求職者その他の労働者の定着の状況が特に優良であると沖縄労働局長が認める対象事業所の事業主であること。

(2) 対象期間に雇い入れた沖縄若年求職者のうち、一定の割合以上のものについて、期間の定めのない労働契約を締結する労働者であつて、一週間の所定労働時間が同一の事業所に雇用される通常の労働者の一週間の所定労働時間と同一のものとして雇用し、労働協約又は就業規則その他これに準ずるものに定めるところにより設けられた通常の労働者と同一の賃金制度を適用している対象事業所の事業主であること。

二 次のイ及びロに掲げる事業主の区分に応じて、それぞれ当該規定に定める額

イ 前号イに該当する事業主 対象期間に雇い入れた沖縄若年求職者（中小企業事業主にあつては、沖縄県の区域内に居住する三十五歳未満の新規学卒者を含む。）に対して完了日から起算して一年の期間について支払つた賃金の額に相当する額の四分の一（中小企業事業主にあつては、三分の一）の額（その額が百二十万円を超えるときは、百二十万円）

ロ 前号ロに該当する事業主 対象期間に雇い入れた沖縄若年求職者に対して完了日から起算して一年を経過した日から起算して一年の期間について支払つた賃金の額に相当する額の三分の一（中小企業事業主にあつては二分の一）の額（その額が百二十万円を超えるときは、百二十万円）

5 前項の規定にかかわらず、基準期間が経過した後同項の雇入れに係る者を解雇した事業主（天災その他やむを得ない理由のために事業の継続が不可能となつたこと又は労働者の責めに帰すべき理由により解雇した事業主を除く。）は、そのとき以後、沖縄若年者雇用促進コース奨励金は支給しない。

（通年雇用助成金）

第百十三条 通年雇用助成金は、積雪又は寒冷の度が特に高い地域として厚生労働大臣が指定する地域（以下この条において「指定地域」という。）に所在する事業所において、冬期に当該指定地域における事業活動の縮小を余儀なくされる業種として厚生労働大臣が指定する業種（以下この条において「指定業種」という。）に属する事業を行う事業主（十二月十

六日から翌年三月十五日までの間（以下この条、附則第十六条の二及び第十七条において「対象期間」という。）において当該事業所に係る指定業種以外の業種に属する事業を行うものを含む。）であつて、当該事業所において季節的業務に従事する労働者について次の各号のいずれかに該当する年間を通じた雇用を行うもの（通年雇用助成金の支給を受けなければ当該労働者について年間を通じた雇用を行うことが困難であると都道府県労働局長が認める事業主に限る。）に対して、当該労働者の職業の安定のために必要があると認められる場合に、支給するものとする。

一　対象期間に、当該事業主に係る指定業種に属する事業を行う事業所において業務に従事させることによる年間を通じた雇用

二　対象期間に、前号の事業所以外の事業所において業務に従事させることによる年間を通じた雇用

三　第一号の事業所において、季節的業務以外の業務に常時従事させることによる年間を通じた雇用

2　通年雇用助成金の額は、次の各号に掲げる事業主の区分に応じて、当該各号に定める額とする。

一　前項第一号及び第二号による年間を通じた雇用を行う事業主　当該事業主が年間を通じた雇用に係る労働者に対して対象期間について支払つた賃金の額の二分の一（年間を通じた雇用に係る労働者となつた日後の最初の対象期間について支払つた賃金にあつては、当該賃金の額の三分の二）の額（その額が厚生労働大臣が定める額を超えるときは、その定める額）

二　前項第三号による年間を通じた雇用を行う事業主　当該事業主が年間を通じた雇用に係る労働者に対して季節的業務以外の業務に常時従事させることにより年間を通じた雇用に係る労働者となつた日後の最初の六箇月間について支払つた賃金の額の三分の一（その額が厚生労働大臣が定める額を超えるときは、その定める額）

3　通年雇用助成金は、通年雇用助成金の支給を受ける事業主の事業所における継続して雇用する労働者として雇用されている労働者の数が当該事業所について厚生労働大臣が定める基準により算定した数を下回る場合は、当該下回る数（その数が当該事業所における年間を通じた雇用に係る労働者の数を超えるときは、当該年間を通じた雇用に係る労働者の数）に相当する数の当該事業所における年間を通じた雇用に係る労働者については、支給しない。

4　第一項各号のいずれかに該当する年間を通じた雇用を行つた事業主であつて、当該年間を通じた雇用に係る労働者に対して業務に必要な知識及び技能を習得させるための職業訓練を対象期間内に実施するものに対しては、第二項各号に定める額に加え、次の各号に掲げる区分に応じて、当該各号に定める額（その額が厚生労働大臣が定める額を超えるときは、

その定める額）を支給するものとする。

一　季節的業務に係る年間を通じた雇用を行つた事業主　当該職業訓練の実施に要する額の三分の一の額

二　季節的業務以外の業務に係る年間を通じた雇用を行つた事業主　当該職業訓練の実施に要する額の三分の二の額

5　第三項の規定は、前項の規定により支給される通年雇用助成金について準用する。

6　指定地域において指定業種に属する事業を行う事業主が指定業種以外の業種に属する事業を新たに実施するために必要な事業所を設置し、又は整備して、季節的業務に従事する労働者について第一項各号のいずれかに該当する年間を通じた雇用を行つた場合にあつては、当該事業主に対しては、第二項各号に定める額に加え、当該設置又は整備に要する額の十分の一の額（その額が厚生労働大臣が定める額を超えるときは、その定める額）を支給するものとする。

第百十四条　前条第一項の規定にかかわらず、第百十条の三第二項第一号イの規定により季節的業務に従事する者を期間を定めて雇い入れた事業主が、当該期間（次項において「試用期間」という。）が経過した後に当該者（次項において「通年雇用労働者」という。）について年間を通じた雇用を行つた場合にあつては、当該事業主に対して通年雇用助成金を支給する。

2　前項の規定により支給する通年雇用助成金の額は、通年雇用労働者に対して試用期間が経過した日後の最初の六箇月間について支払つた賃金の額の三分の一の額から当該事業主が支給を受けた当該通年雇用労働者に係る一般トライアルコース助成金の額を減じて得た額（その額が厚生労働大臣が定める額を超えるときは、その定める額）とする。

（法第六十二条第一項第六号の厚生労働省令で定める事業）

第百十五条　法第六十二条第一項第六号の厚生労働省令で定める事業は、第百九条及び第百四十条から第百四十条の三までに定めるもののほか、次のとおりとする。

一　事業主又は事業主団体に対して、両立支援等助成金（第百三十九条第一項に規定する女性活躍加速化コース助成金を除く。次条、第百二十条及び第百二十条の二において同じ。）を支給すること。

二　事業主に対して、人材確保等支援助成金（第百十八条第二項第一号ハの介護福祉機器の導入についての助成に係るものに限る。）を支給すること。

三　中小企業における労働力の確保及び良好な雇用の機会の創出のための雇用管理の改善の促進に関する法律（平成三年法律第五十七号。以下「中小企業労働力確保法」という。）第五条第一項に規定する認定組合等（以下「認定組合等」という。）又は事業主に対して、人材確保等支援助成金（第百十八条第二項第一号イの中小企業労働環境向上事業についての助成並びに同号ロの雇用管理制度の整備及び同条第三項に規定する要件の達成についての助成に係るものに限る。）を支給すること。
四　一般社団法人又は一般財団法人であつて、労働者の失業の予防その他の雇用の安定を図るための措置を講ずる事業主に対して必要な情報の提供、相談その他の援助の業務を行うもののうち、厚生労働大臣が指定するものに対して、その業務に要する経費の一部の補助を行うこと。
五　地域における雇用開発を促進するため、調査及び研究並びに事業主その他の者に対する相談、指導その他の援助を行うこと。
六　介護休業（育児・介護休業法第二条第二号に規定する介護休業及び同法第二十四条第二項の規定により、当該介護休業の制度に準じて講ずることとされる措置に係る休業をいう。以下同じ。）の制度の普及を促進するため、調査及び研究並びに事業主その他の者に対する相談、指導その他の援助を行うこと。
七　中小企業における労働力の確保及び良好な雇用の機会の創出のため、認定中小企業者等に対して情報の提供、相談その他の援助を行うこと。
八　独立行政法人勤労者退職金共済機構に対して、中小企業退職金共済法（昭和三十四年法律第百六十号）第二十三条第一項及び第四十五条第一項の規定に基づく措置に要する経費の全部又は一部の補助を行うこと。
九　障害者職業センター（障害者雇用促進法第十九条第一項に規定する障害者職業センターをいう。）の設置及び運営その他の障害者の雇用の安定を図るために必要な事業を行うこと。
十　勤労者財産形成促進法（昭和四十六年法律第九十二号）第九条第一項に定める必要な資金の貸付けを行うこと。
十一　妊娠、出産又は育児を理由として休業又は退職した被保険者等（法第六十二条第一項に規定する被保険者等をいう。以下この条及び第百三十八条第十号において同じ。）の雇用の継続又は再就職の促進その他の雇用の安定を図るために必要な事業を行うこと。
十二　独立行政法人労働政策研究・研修機構に対して、独立行政法人労働政策研究・研修機構法（平成十四年法律第百六十九号）第十二条の規定により独立行政法人労働政策研究・研修機構が行う内外の労働に関する事情及び労働政策についての総合的な調査及び研究等の業務について、被保険者等の雇用の安定を図るために必要な助成を行うこと。
十三　前各号に掲げる事業のほか、青少年その他の者の不安定な雇用状態の是正、受給資格者その他の者の再就職の促進、雇用の分野における男女の均等な機会及び待遇の確保の促進、個別労働関係紛争（個別労働関係紛争の解決の促進に関する法律（平成十三年法律第百十二号）第一条に規定する個別労働関係紛争をいう。）の解決の促進その他の被保険者等の雇用の安定を図るために必要な事業を行うこと。
十四　事業主に対して、キャリアアップ助成金を支給すること。
十五　港湾労働法（昭和六十三年法律第四十号）第二十八条第一項の規定に基づき厚生労働大臣により指定された法人に対して、同法第三十条各号に掲げる業務に要する経費の全部又は一部の補助を行うこと。
十六　事業主又は事業主の団体若しくはその連合団体に対して、建設労働法第九条第一号及び第三号の規定に基づき建設分野雇用管理制度助成コース助成金、建設分野若年者及び女性に魅力ある職場づくり事業コース助成金及び建設分野作業員宿舎等設置助成コース助成金（人材確保等支援助成金のうち、建設労働者の雇用の改善、再就職の促進その他建設労働者の雇用の安定を図るために必要な助成並びに建設業務労働者の就職及び送出就業の円滑化を図るために必要な助成に係るものに限る。第百十八条第一項及び第十項において同じ。）を支給すること。
十七　住居を喪失した離職者等の雇用の安定を図るための資金の貸付けに係る保証を行う一般社団法人又は一般財団法人に対して、当該保証に要する経費の一部補助を行うこと。
十八　事業主に対して、障害者雇用安定助成金を支給すること。
十九　専門実践教育訓練を受けている者の当該専門実践教育訓練の受講を容易にするための資金の貸付けに係る保証を行う一般社団法人又は一般財団法人に対して、当該保証に要する経費の一部補助を行うこと。
二十　事業主に対して、生涯現役起業支援助成金を支給すること。
二十一　法第六十二条第一項各号及び前各号に掲げる事業に附帯する事業を行うこと。

（両立支援等助成金）

第百十六条　前条第一号の両立支援等助成金として、事業所内保育施設コース助成金、出生時両立支援コース助成金、介護離職防止支援コース助成金、育児休業等支援コース助成金及び再雇用者評価処遇コース助成金を支給するものとする。

2　事業所内保育施設コース助成金は、第一号に該当する事業主又は事業主団体に対して、第二号に定める額を支給するものとする。

一　次のいずれにも該当する事業主（次世代育成支援対策推進法（平成十五年法律第百二十号。以下「次世代法」という。）第十五条の二の規定により認定されたものにあつては、イからハまでに該当するもの）又はイからハまでに該当する事業主団体

イ　労働者が小学校就学の始期に達するまでの子を養育しつつ就業することを容易にするための施設として適当と

認められる保育施設（以下この項において「対象保育施設」という。）を設置し、若しくは整備する事業主又はその構成員である事業主の雇用する労働者のための対象保育施設を設置し、若しくは整備する事業主団体

ロ　対象保育施設の運営に要した費用の額を明らかにする書類を整備している事業主又は事業主団体

ハ　平成二十八年三月三十一日までに、対象保育施設の運営を開始した事業主又は事業主団体

ニ　厚生労働大臣に一般事業主行動計画（次世代法第十二条第一項に規定する一般事業主行動計画をいう。以下この条において同じ。）を策定した旨を届け出て、同計画を公表し、同計画を労働者に周知させるための措置を講じている事業主

二　対象保育施設の運営を開始した日から起算して十年を経過する日までの間（以下この号において「指定期間」という。）において、次のイ及びロに掲げる事業主又は事業主団体の区分に応じて、それぞれ当該イ及びロに掲げる額

イ　前号に該当する事業主又は事業主団体（ロに掲げる者を除く。）　次の(1)又は(2)に掲げる額のいずれか少ない額

(1)　対象保育施設の運営に要した費用について、指定期間の各年において、当該各年に要した費用の額から当該施設の定員の総数（その総数が十人を超える場合にあっては、十人。ロにおいて同じ。）に当該施設の運営月数を乗じて得た数に一万円を乗じて得た額を控除した額（千三百六十万円（安静室を設け看護師を置いて運営する場合は、千五百二十五万円。以下この(1)において「限度額」という。）を超える場合にあっては、限度額）

(2)　指定期間の各年において、対象保育施設の現員（現員が定員を超える場合にあっては、定員。ロにおいて同じ。）に一人当たり三十四万円を乗じて得た額（安静室を設け看護師を置いて運営する場合は、当該乗じて得た額に百六十五万円を加えた額）

ロ　前号に該当する中小企業事業主又は中小企業事業主のみにより構成される事業主団体　次の(1)又は(2)に掲げる額のいずれか少ない額

(1)　対象保育施設の運営に要した費用について、指定期間の各年において、当該各年に要した費用の額から当該施設の定員の総数に当該施設の運営月数を乗じて得た数に五千円を乗じて得た額を控除した額（千八百万円（安静室を設け看護師を置いて運営する場合は、千九百六十五万円。以下この(1)において「限度額」という。）を超える場合にあっては、限度額）

(2)　指定期間の各年において、対象保育施設の現員に一人当たり四十五万円を乗じて得た額（安静室を設け看

護師を置いて運営する場合は、当該乗じて得た額に百六十五万円を加えた額）

3　出生時両立支援コース助成金は、第一号に該当する事業主に対して、第二号に定める額を支給するものとする。

一　次のいずれかに該当する事業主

イ　次のいずれにも該当する事業主（次世代法第十五条の二の規定により認定されたものにあつては、(1)及び(2)に該当するもの）

(1)　その雇用する男性被保険者における育児休業（育児・介護休業法第二条第一号に規定する育児休業、育児・介護休業法第二十三条第二項に規定する育児休業に関する制度に準ずる措置による休業、育児・介護休業法第二十四条第一項の規定により当該育児休業に関する制度に準じて講ずることとされる措置による休業及び期間を定めて雇用される者であつて、当該事業主に引き続き雇用された期間が一年に満たないものに育児・介護休業法第二条第一号に規定する育児休業に準じて労働協約又は就業規則に定めるところにより講ずる措置による休業をいう。以下同じ。）の取得の推進に関する取組を行つた事業主であつて、当該取組の実施の状況を明らかにする書類を整備しているものであること。

(2)　その雇用する男性被保険者について、労働協約又は就業規則に定めるところにより、十四日以上（中小企業事業主にあつては、五日以上）の育児休業を取得させた事業主であること。

(3)　厚生労働大臣に一般事業主行動計画を策定した旨を届け出て、同計画を公表し、同計画を労働者に周知させるための措置を講じている事業主であること。

ロ　次のいずれにも該当する事業主（次世代法第十五条の二の規定により認定されたものにあつては、(1)及び(2)に該当するもの）

(1)　その雇用する男性被保険者における育児に関する目的のために利用することができる休暇（育児・介護休業法第十六条の二第一項に規定する子の看護休暇、育児・介護休業法第十六条の五第一項に規定する介護休暇及び労働基準法第三十九条の規定による年次有給休暇として与えられるものを除き、出産後の養育について出産前において準備することができる休暇を含む。以下「育児目的休暇」という。）の取得の推進に関する取組を行つた事業主であつて、当該取組の実施の状況を明らかにする書類を整備しているものであること。

(2)　その雇用する男性被保険者について、労働協約又は就業規則に定めるところにより、育児目的休暇を与えるための制度を整備する措置を講じ、当該制度に基づき、八日以上（中小企業事業主にあつては、五日以上）

の休暇を取得させた事業主であること。
(3) 厚生労働大臣に一般事業主行動計画を策定した旨を届け出て、同計画を公表し、同計画を労働者に周知させるための措置を講じている事業主であること。
二 次のイからハまでに掲げる事業主の区分に応じて、それぞれ当該規定に定める額（一の年度において、前号イ(2)に該当する被保険者の数が十を超える場合のイ又はロの規定による支給については、合計して十人までの支給に限る。ただし、初めてこの号（ハを除く。）の規定による支給を受ける事業主に対する当該年度におけるロの規定による支給については、九人までの支給に限る。）
イ 前号イ(2)に該当する被保険者が初めて生じた事業主 二十八万五千円（生産性要件に該当する事業主にあっては、三十六万円）（中小企業事業主にあっては、五十七万円（生産性要件に該当する事業主にあっては、七十二万円））
ロ 前号イ(2)に該当する被保険者が生じた事業主 次の当該被保険者（当該年度にイに該当する事業主にあっては、前号イ(2)に初めて該当した被保険者を除く。）が取得した育児休業の期間の区分に応じてそれぞれ当該規定に定める額
(1) 一箇月未満（中小企業事業主にあっては、十四日未満） 被保険者一人につき十四万二千五百円（生産性要件に該当する事業主にあっては、十八万円）
(2) 一箇月以上二箇月未満（中小企業事業主にあっては、十四日以上一箇月未満） 被保険者一人につき二十三万七千五百円（生産性要件に該当する事業主にあっては、三十万円）
(3) 二箇月以上（中小企業事業主にあっては、一箇月以上） 被保険者一人につき三十三万二千五百円（生産性要件に該当する事業主にあっては、四十二万円）
ハ 前号ロに該当する事業主（このハの規定による支給を受けたものを除く。） 十四万二千五百円（生産性要件に該当する事業主にあっては、十八万円）（中小企業事業主にあっては、二十八万五千円（生産性要件に該当する事業主にあっては、三十六万円））
4 介護離職防止支援コース助成金は、第一号に該当する事業主に対して第二号に定める額を支給するものとする。
一 仕事と介護との両立の推進に資する職場環境整備に関する取組を行い、かつ、次のいずれかに該当する事業主
イ その雇用する被保険者について、介護支援計画（介護休業をする被保険者の介護休業の開始前に、事業所において作成される当該被保険者に係る介護休業を取得することを円滑にするための措置及び当該被保険者の介護休業の終了後に当該被保険者が事業所において再び就業することを円滑にするための措置を定めた計画又は仕事と

介護との両立に資する勤務制度を利用する被保険者の当該制度の利用の開始前に、当該被保険者に係る仕事と介護との両立に資する勤務制度を利用することを円滑にするための措置を定めた計画をいう。以下この号において同じ。）を作成し、かつ、当該介護支援計画に基づく措置を講じた事業主であつて、当該被保険者の介護休業をした期間が二週間以上又は介護休業をした日数を合算した日数が十四日以上であるもの

ロ　その雇用する被保険者について、介護支援計画を作成し、かつ、当該介護支援計画に基づく措置を講じた事業主であつて、当該被保険者の仕事と介護との両立に資する勤務制度を利用した期間が六週間以上又は当該制度を利用した日数を合算した日数が四十二日以上であるもの

二　次のイ及びロに掲げる事業主の区分に応じて、それぞれ当該規定に定める額

イ　前号イに該当する事業主　次の⑴及び⑵に掲げる事業主の区分に応じて、それぞれ当該規定に定める額

⑴　前号イに該当する被保険者（期間の定めのない労働契約を締結している者に限る。）が生じた事業主（この⑴の規定による支給を受けたものを除く。）　三十八万円（生産性要件に該当する事業主にあつては、四十八万円）（中小企業事業主にあつては、五十七万円（生産性要件に該当する事業主にあつては、七十二万円））

⑵　前号イに該当する被保険者（期間を定めて雇用する労働者に限る。）が生じた事業主（この⑵の規定による支給を受けたものを除く。）　三十八万円（生産性要件に該当する事業主にあつては、四十八万円）（中小企業事業主にあつては、五十七万円（生産性要件に該当する事業主にあつては、七十二万円））

ロ　前号ロに該当する事業主　次の⑴及び⑵に掲げる事業主の区分に応じて、それぞれ当該規定に定める額

⑴　前号ロに該当する被保険者（期間の定めのない労働契約を締結している者に限る。）が生じた事業主（この⑴の規定による支給を受けたものを除く。）　十九万円（生産性要件に該当する事業主にあつては、二十四万円）（中小企業事業主にあつては、二十八万五千円（生産性要件に該当する事業主にあつては、三十六万円））

⑵　前号ロに該当する被保険者（期間を定めて雇用する労働者に限る。）が生じた事業主（この⑵の規定による支給を受けたものを除く。）　十九万円（生産性要件に該当する事業主にあつては、二十四万円）（中小企業事業主にあつては、二十八万五千円（生産性要件に該当する事業主にあつては、三十六万円））

5　育児休業等支援コース助成金は、第一号に該当する事業主に対し、第二号に定める支給額を支給するものとする。

一　次のいずれかに該当する中小企業事業主
イ　次のいずれにも該当する中小企業事業主（次世代法第十五条の二の規定により認定されたものにあつては、(1)及び(2)に該当するもの）
(1)　その雇用する被保険者について、労働協約又は就業規則に定めるところにより、育児休業後において、当該育児休業前の職務及び職制上の地位と同一又はこれに相当する地位（以下「原職等」という。）に復帰させる措置（以下この項において「原職等復帰措置」という。）を実施する事業所の中小企業事業主であつて、育児休業をする被保険者の当該育児休業をする期間が三箇月以上（当該被保険者に労働基準法第六十五条第二項の規定によつて休業した期間があり、かつ、当該期間の満了後引き続き育児休業をした場合にあつては、当該期間及び当該育児休業をした期間を通算した期間が三箇月以上。ロにおいて同じ。）あり、当該期間について当該被保険者の業務を処理するために、必要な労働者を雇い入れ、又は派遣元事業主（労働者派遣法第二条第四号に規定する派遣元事業主をいう。以下同じ。）から労働者派遣の役務の提供を受け、育児休業後に当該被保険者を当該原職等復帰措置に基づき原職等に復帰させ、六箇月以上継続して雇用したもの
(2)　(1)に規定する措置の実施の状況を明らかにする書類を整備している中小企業事業主であつて、育児休業等支援コース助成金（(1)に規定する原職等復帰措置に係るものに限る。）の支給の対象となる最初の被保険者が生じた日から起算して五年の期間を経過していないもの
(3)　厚生労働大臣に一般事業主行動計画を策定した旨を届け出て、同計画を公表し、同計画を労働者に周知させるための措置を講じている中小企業事業主であること。
ロ　次のいずれにも該当する中小企業事業主（次世代法第十五条の二の規定により認定されたものにあつては、(1)に該当するもの）
(1)　その雇用する被保険者について、育休復帰支援計画（育児休業をする被保険者に労働基準法第六十五条第二項の規定によつて休業する期間があり、かつ、当該期間の満了後引き続き育児休業をする場合にあつては、当該期間の開始前）に、事業所において作成される当該被保険者に係る育児休業を取得することを円滑にするための措置及び当該被保険者の当該育児休業の終了後に当該被保険者が事業所において再び就業することを円滑にするための措置を定めた計画をいう。以下この条において同じ。）を作成し、かつ、当該育休復帰支援計画に基づく

措置を講じた中小企業事業主であつて、当該被保険者の育児休業をした期間が三箇月以上であるもの
(2) 厚生労働大臣に一般事業主行動計画を策定した旨を届け出て、同計画を公表し、同計画を労働者に周知させるための措置を講じている中小企業事業主
ハ 次のいずれにも該当する中小企業事業主（次世代法第十五条の二の規定により認定されたものにあつては、(1)に該当するもの）
(1) その雇用する被保険者について、労働協約又は就業規則に定めるところにより、小学校就学の始期に達するまでの子の看護等のための有給休暇（労働基準法第三十九条の規定による年次有給休暇として与えられるものを除く。）を付与するための制度であつて、時間を単位として付与することができるものを整備する措置を講じた中小企業事業主であつて、当該被保険者が育児休業を一箇月以上（当該被保険者が労働基準法第六十五条第二項の規定により休業した場合にあつては、当該休業をした期間を含む。ニにおいて同じ。）取得し、当該育児休業から復帰した日から起算して六箇月以内に、当該制度に基づき、当該有給休暇の申出をした場合に、当該被保険者に対して二十時間（当該被保険者の配偶者が当該中小企業事業主に雇用されている場合は、当該配偶者の取得時間と合計して二十時間）以上の有給休暇を取得させたもの
(2) 厚生労働大臣に一般事業主行動計画を策定した旨を届け出て、同計画を公表し、同計画を労働者に周知させるための措置を講じている中小企業事業主
ニ 次のいずれにも該当する中小企業事業主（次世代法第十五条の二の規定により認定されたものにあつては、(1)に該当するもの）
(1) その雇用する被保険者について、労働協約又は就業規則に定めるところにより、小学校就学の始期に達するまでの子に係る保育サービス（児童福祉法第三十九条第一項に規定する保育所、認定こども園法第二条第六項に規定する認定こども園又は児童福祉法第二十四条第二項に規定する家庭的保育事業等における保育を除く。）の費用の一部を補助するための制度を整備する措置を講じた中小企業事業主であつて、当該被保険者が育児休業を一箇月以上取得し、当該育児休業から復帰した日から起算して六箇月以内に、当該制度に基づき、当該被保険者一人につき三万円以上補助したもの
(2) 厚生労働大臣に一般事業主行動計画を策定した旨を届け出て、同計画を公表し、同計画を労働者に周知させるための措置を講じている中小企業事業主
二 次のイからニまでに掲げる中小企業事業主の区分に応じ

て、それぞれ当該規定に定める額

イ　前号イに規定する中小企業事業主　被保険者一人につき四十七万五千円（生産性要件に該当する事業主にあつては、六十万円）（一の年度において当該被保険者の数が十を超える場合は、十人までの支給に限る。）

ロ　前号ロに規定する中小企業事業主　次の⑴及び⑵に掲げる区分に応じて、それぞれ当該規定に定める額

⑴　前号ロに該当する被保険者（期間の定めのない労働契約を締結しているものに限る。）が生じた中小企業事業主（この⑴の規定による支給を受けたものを除く。）　二十八万五千円（生産性要件に該当する事業主にあつては、三十六万円）

⑵　前号ロに該当する被保険者（期間を定めて雇用する労働者に限る。）が生じた中小企業事業主（この⑵の規定による支給を受けたものを除く。）　二十八万五千円（生産性要件に該当する事業主にあつては、三十六万円）

ハ　前号ハに該当する被保険者が生じた中小企業事業主　次の⑴及び⑵に掲げる区分に応じて、それぞれ当該規定に定める額

⑴　前号ハに該当する被保険者が生じた中小企業事業主（この⑴又はニ⑴の規定による支給を受けたものを除く。）　二十八万五千円（生産性要件に該当する事業主にあつては、三十六万円）

⑵　前号ハに該当する被保険者が生じた中小企業事業主（その最初の支給申請を行つた日から三年以内の期間において当該被保険者の数が五を超える場合は、五人までの支給に限る。）　前号ハに該当する被保険者が取得した同号の有給休暇の時間について支払つた一時間当たりの賃金（当該賃金が千円（生産性要件に該当する事業主にあつては、千二百円）を超える場合は、千円（生産性要件に該当する事業主にあつては、千二百円）までの支給に限る。）に当該有給休暇の取得時間（一の事業主につき、一の年度における当該取得時間が二百時間（生産性要件に該当する事業主にあつては、二百四十時間）を超える場合は、二百時間（生産性要件に該当する事業主にあつては、二百四十時間）までの支給に限る。）を乗じて得た額

ニ　前号ニに該当する被保険者が生じた中小企業事業主　次の⑴及び⑵に掲げる区分に応じて、それぞれ当該規定に定める額

⑴　前号ニに該当する被保険者が生じた中小企業事業主（この⑴又はハ⑴の規定による支給を受けたものを除く。）　二十八万五千円（生産性要件に該当する事業主にあつては、三十六万円）

⑵　前号ニに該当する被保険者が生じた中小企業事業主

（その最初の支給申請を行つた日から三年以内の期間において当該被保険者の数が五を超える場合は、五人までの支給に限る。） 事業主が前号ニの規定に基づき補助した費用の三分の二の額（一の事業主につき、一の年度における当該額が二十万円（生産性要件に該当する事業主にあつては、二十四万円）を超える場合は、二十万円（生産性要件に該当する事業主にあつては、二十四万円）までの支給に限る。）

6　前項第一号イに規定する中小企業事業主が、同号イ(1)に該当する被保険者について、同号イに該当することにより育児休業等支援コース助成金の支給を受け、かつ、当該被保険者が期間を定めて雇用する被保険者である場合にあつては、当該中小企業事業主に対しては、同項第二号イに定める額に加え、九万五千円（生産性要件に該当する事業主にあつては、十二万円）を支給するものとする。

7　第五項第一号ロに規定する中小企業事業主が、同号ロ(1)に該当する被保険者について、同号ロに該当することにより育児休業等支援コース助成金の支給を受け、かつ、当該被保険者を育児休業後六箇月以上継続して雇用した場合にあつては、当該中小企業事業主に対し、二十八万五千円（生産性要件に該当する事業主にあつては、三十六万円）を支給するものとする。

8　前項に規定する中小企業事業主が、同項に該当する被保険者が育児休業をした期間について、当該被保険者の業務を当該事業所に雇用される他の労働者が円滑に処理するための措置を講じた場合にあつては、当該中小企業事業主に対し、同項に定める額に加え、十九万円（生産性要件に該当する事業主にあつては、二十四万円）を支給するものとする。

9　再雇用者評価処遇コース助成金は、第一号に該当する事業主に対し、第二号に定める額を支給するものとする。

一　次のいずれにも該当する事業主

イ　その雇用していた被保険者であつて、妊娠、出産、育児又は介護を理由として離職したものについて、労働協約又は就業規則の定めるところにより、再び雇い入れる措置を実施する事業所の事業主であつて、当該被保険者であつた者を期間の定めのない労働契約を締結する労働者として雇い入れ、六箇月以上継続して雇用したもの

ロ　イの雇入れの日の前日から起算して六箇月前の日から一年を経過した日（ハにおいて「基準期間」という。）までの間において、当該雇入れに係る事業所の労働者を解雇した事業主（天災その他やむを得ない理由のために事業の継続が不可能となつたこと又は労働者の責めに帰すべき理由により解雇した事業主を除く。）以外の事業主

ハ　イの雇入れに係る事業所に雇用されていた者であつて基準期間に離職したもののうち当該基準期間に特定受給資格者として受給資格の決定がなされたものの数等から

判断して、適正な雇用管理を行つていると認められる事業主

ニ イの雇入れに係る事業所の労働者の離職状況及び当該雇入れに係る者に対する賃金の支払の状況を明らかにする書類を整備している事業主であること。

二 次のイ及びロに掲げる事業主の区分に応じて、それぞれ当該規定に定める額

イ 前号イに該当する被保険者が初めて生じた事業主 十四万二千五百円（生産性要件に該当する事業主にあつては、十八万円）（中小企業事業主にあつては、十九万円（生産性要件に該当する事業主にあつては、二十四万円））

ロ 前号イに該当する被保険者が生じた事業主であつて、イに該当しないもの 九万五千円（生産性要件に該当する事業主にあつては、十二万円）（中小企業事業主にあつては、十四万二千五百円（生産性要件に該当する事業主にあつては、十八万円））（四人までの支給に限る。）

10 前項第一号に規定する事業主が、同号イに該当する被保険者について、同号に該当することにより再雇用者評価処遇コース助成金の支給を受け、かつ、当該被保険者を期間の定めのない労働契約を締結後一年以上継続して雇用した場合にあつては、当該事業主に対し、次の各号に掲げる被保険者の区分に応じて当該各号に定める額を支給するものとする。

一 前項第二号イの支給に係る被保険者 十四万二千五百円（生産性要件に該当する事業主にあつては、十八万円）（中小企業事業主にあつては、十九万円（生産性要件に該当する事業主にあつては、二十四万円））

二 前項第二号ロの支給に係る被保険者 九万五千円（生産性要件に該当する事業主にあつては、十二万円）（中小企業事業主にあつては、十四万二千五百円（生産性要件に該当する事業主にあつては、十八万円））（四人までの支給に限る。）

第百十七条 削除

（人材確保等支援助成金）

第百十八条 人材確保等支援助成金は、人材確保等支援助成コース助成金、建設分野雇用管理制度助成コース助成金、建設分野若年者及び女性に魅力ある職場づくり事業コース助成金及び建設分野作業員宿舎等設置助成コース助成金とする。

2 人材確保等支援助成コース助成金は、第一号に該当する認定組合等又は事業主に対して、第二号に定める額を支給するものとする。

一 次のいずれかに該当する認定組合等又は事業主であること。

イ 次のいずれにも該当する認定組合等であること。

(1) 中小企業労働力確保法第四条第一項に規定する改善事業であつて、次の(i)及び(ii)に掲げるもの（以下この項において「中小企業労働環境向上事業」という。）を

行う認定組合等であること。

(i) その構成員である中小企業者（以下この項において「構成中小企業者」という。）における労働力の確保及び職場への定着に資する雇用管理の改善に関する事業

(ii) (i)の事業の実施による構成中小企業者における雇用管理の改善の状況に関する調査及び当該構成中小企業者に対する当該調査に基づく指導その他の援助

(2) 中小企業労働環境向上事業の実施に関する計画を作成し、都道府県労働局長の認定を受けた認定組合等であること。

ロ 次の(1)から(6)まで（(7)に規定する介護事業主にあっては(7)を含む。）のいずれにも該当する事業主であること。

(1) 労働協約又は就業規則に定めるところにより、次に掲げる措置（以下この条において「雇用管理制度の整備」という。）のうち、次の(i)から(iv)までのいずれかに該当するものを実施し、かつ、労働者に適用した事業主又は児童福祉法第六条の三第七項若しくは第九項から第十三項までに規定する事業若しくは同法第三十九条第一項に規定する業務を目的とする事業を営む事業主（以下「保育事業主」という。）であって、次の(v)の措置を実施し、かつ、労働者に適用したものであること。

(i) 労働者の体系的な処遇の改善その他の雇用管理の改善の措置

(ii) 労働者の能力の開発及び向上を図るための措置

(iii) 医師による健康診断（労働安全衛生法第六十六条第一項、第二項及び第四項に規定する健康診断を除く。）等の措置

(iv) キャリア形成上の課題及び職場における問題の解決を支援するための措置

(v) 短時間正社員（期間の定めのない労働契約を締結している労働者であって、一週間の所定労働時間が同一の事業所に雇用される通常の労働者の一週間の所定労働時間に比し短く、かつ、通常の労働者と同等の待遇を受けるものをいい、派遣労働者を除く。次条第二項第一号及び第百十八条の三第二項第一号ロ(3)において同じ。）制度を導入するための措置

(2) 雇用管理制度の整備を行う場合に、都道府県労働局長に対して当該雇用管理制度の整備に係る計画（以下この号及び次項において「雇用管理制度整備計画」という。）を提出し、認定を受けた事業主であること。

(3) 当該雇用管理制度の整備に係る事業所に雇用されていた者であって雇用管理制度整備計画の期間の初日の前日から起算して六箇月前の日から都道府県労働局長に対する人材確保等支援助成コース助成金（雇用管理

制度の整備についての助成に係るものに限る。）の受給についての申請書を提出するまでの間（以下この(3)において「基準期間」という。）に離職したもののうち、当該基準期間に特定受給資格者として受給資格の決定がなされたものの数等から判断して、適正な雇用管理を行つていると認められる事業主であること。

(4) 当該雇用管理制度の運用に要した費用の負担の状況及び当該雇用管理制度の整備に係る事業所の労働者の離職の状況を明らかにする書類を整備している事業主であること。

(5) 雇用管理制度整備計画の期間の末日の翌日から起算して一年を経過する日までの期間における当該雇用管理制度の整備に係る事業所における離職者の数を当該雇用管理制度整備計画の期間の末日の翌日における当該事業所の労働者数で除して得た割合が、当該事業所の労働者数に応じて職業安定局長が定める目標値を達成している事業主であること。

(6) 当該雇用管理制度の整備に係る事業所に雇用されていた者であつて雇用管理制度整備計画の期間の末日の翌日から都道府県労働局長に対する人材確保等支援助成コース助成金（このロの規定によるものに限る。）の受給についての申請書を提出するまでの間（以下この(6)において「基準期間」という。）に離職したもののうち、当該基準期間に特定受給資格者として受給資格の決定がなされたものの数等から判断して、適正な雇用管理を行つていると認められる事業主であること。

(7) 介護労働者の雇用管理の改善等に関する法律（平成四年法律第六十三号。以下「介護労働者法」という。）第二条第一項に規定する介護関係業務（ハにおいて「介護関係業務」という。）を行う事業主（以下「介護事業主」という。）にあつては、労働者の雇用管理の改善への取組、労働者からの相談への対応その他の労働者の雇用管理の改善等に関する事項を管理する者を雇用管理責任者（以下「雇用管理責任者」という。）として選任し、かつ、当該選任について、事業所に掲示等の周知を行つている事業主であること。

ハ 介護関係業務のうち介護労働者の雇用管理の改善等に関する法律施行規則（平成四年労働省令第十八号）第一条第十一号、第十二号、第三十四号、第三十五号、第四十七号、第四十八号又は第五十号に掲げるサービス以外のものに係る事業を行う事業主であつて、次のいずれにも該当するもの。

(1) 移動用リフトその他の介護福祉機器（以下この項及び第四項において「機器」という。）を新たに導入し、適切な運用を行つた事業主であること。

(2) 新たに機器を導入する場合に、都道府県労働局長に対して当該機器の導入・運用計画（以下このハ及び第四項において「導入・運用計画」という。）を提出し、認定を受けた事業主であること。

(3)　認定を受けた導入・運用計画に基づき、導入・運用計画の期間内に機器の導入、機器の使用を徹底するための研修及び機器の導入効果の把握を行う事業主であること。

(4)　当該導入に係る事業所に雇用されていた者であって導入・運用計画の期間の初日の前日から起算して六箇月前の日から都道府県労働局長に対する人材確保等支援助成コース助成金（このハの規定によるものに限る。）の受給についての申請書を提出するまでの間（以下この(4)において「基準期間」という。）に離職したもののうち、当該基準期間に特定受給資格者として受給資格の決定がなされたものの数等から判断して、適正な雇用管理を行っていると認められる事業主であること。

(5)　当該機器を導入した際の契約書並びに導入及び運用に要した費用の負担の状況並びに当該導入に係る事業所の労働者の離職の状況を明らかにする書類を整備している事業主であること。

(6)　雇用管理責任者を選任し、かつ、当該選任について、事業所に掲示等の周知を行っている事業主であること。

ニ　次の(1)から(5)までのいずれにも該当する保育事業主であること。

(1)　労働協約又は就業規則に定めるところにより、保育事業主に雇用される労働者の職場への定着の促進に資する賃金制度として職業安定局長が定めるものの整備（以下この条において「賃金制度の整備」という。）を行った事業主であること。

(2)　(1)に規定する賃金制度の整備を行う場合に、都道府県労働局長に対して当該賃金制度の整備に係る計画（以下この条において「賃金制度整備計画」という。）を提出し、その認定を受けた事業主であること。

(3)　当該賃金制度の整備に係る事業所に雇用されていた者であって、(2)に規定する賃金制度整備計画の期間の初日の前日から起算して六箇月前の日から都道府県労働局長に対する人材確保等支援助成コース助成金（このニの規定によるものに限る。）の受給についての申請書を提出するまでの間（以下この(3)において「基準期間」という。）に離職したもののうち、当該基準期間に特定受給資格者として受給資格の決定がなされたものの数等から判断して、適正な雇用管理を行っていると認められる事業主であること。

(4)　当該賃金制度の整備及び運用に要した費用の負担の

状況及び当該賃金制度の整備に係る事業所の労働者の離職の状況を明らかにする書類を整備している事業主であること。

(5) 当該賃金制度の整備を行い、かつ、当該賃金制度の適用を受ける労働者が生じた事業主であること。

ホ 次のいずれにも該当する事業主であること。

(1) 労働協約又は就業規則に定めるところにより、生産性向上に資する人事評価制度及び賃金制度として職業安定局長が定めるもの（以下この条において「人事評価制度等」という。）の整備を行った事業主であること。

(2) 当該人事評価制度等の適用を受ける労働者が生じた事業主であること。

(3) 都道府県労働局長に対して、当該人事評価制度等の整備に関する計画を提出し、認定を受けた事業主であること。

(4) 当該人事評価制度等の整備及び運用に要した費用の負担の状況及び当該人事評価制度等の整備に係る事業所の労働者の離職の状況を明らかにする書類を整備している事業主であること。

へ 次のいずれにも該当する事業主であること。

(1) 労働協約又は就業規則に定めるところにより、雇用管理の改善に資する制度として職業安定局長が定めるものの整備を行った事業主であること。

(2) 雇用管理の改善に資する設備投資を新たに行った事業主であること。

(3) (2)の設備投資に要した費用が百七十五万円以上一千万円未満であること。

(4) (2)の設備投資を行う前に、都道府県労働局長に対して当該設備投資に係る計画（以下「雇用管理改善計画」という。）を提出し、認定を受けた事業主であること。

(5) 当該設備投資に係る事業所に雇用されていた者であって雇用管理改善計画の期間の初日の前日から起算して六箇月前の日から都道府県労働局長に対する人材確保等支援助成コース助成金（当該設備投資についての助成に係るものに限る。）の受給についての申請書を提出するまでの間（以下この(5)において「基準期間」という。）に離職したもののうち、当該基準期間に特定受給資格者として受給資格の決定がなされたものの数等から判断して、適正な雇用管理を行っていると認められる事業主であること。

(6) 当該設備投資に要した費用の負担の状況及び当該設備投資に係る事業所の労働者の離職の状況を明らかにする書類を整備している事業主であること。

(7) 中小企業事業主であること。

(8) 雇用管理改善計画の期間の初日から起算して一年を

経過する日までの間において、事業所の雇用管理の改善に関する要件として職業安定局長が定めるものに該当する事業主であること。

ト　次のいずれにも該当する事業主であること。

(1)　へ(1)、(2)及び(4)から(6)のいずれにも該当する事業主であること。

(2)　へ(2)の設備投資に要した費用が二百四十万円以上であること。

(3)　雇用管理改善計画の期間の初日から起算して一年を経過する日までの間において、事業所の労働生産性の向上及び雇用管理の改善に資する要件として職業安定局長が定めるものに該当する事業主であること。

二　次のイからトまでに掲げる認定組合等又は事業主の区分に応じて、それぞれ当該規定に定める額

イ　前号イに該当する認定組合等　中小企業労働環境向上事業（同号イ(2)の計画に基づくものに限る。）に要した費用の額の三分の二に相当する額（その額が次の(1)から(3)までに掲げる構成中小企業者の数の区分に応じ、当該(1)から(3)までに定める額を超えるときは、当該定める額）を支給する。

(1)　百未満　六百万円

(2)　百以上五百未満　八百万円

(3)　五百以上　千万円

ロ　前号ロに該当する事業主　五十七万円（生産性要件に該当する事業主にあつては、七十二万円）

ハ　前号ハに該当する事業主　機器の導入及び運用に要した費用の額の百分の二十五に相当する額（その額が百五十万円を超えるときは、百五十万円）

ニ　前号ニに該当する保育事業主　五十万円

ホ　前号ホに該当する事業主　五十万円

ヘ　前号ヘに該当する事業主　五十万円

ト　前号トに該当する事業主　次の(1)から(3)までに掲げる区分に応じて、それぞれ当該規定に定める額

(1)　前号ヘ(2)の設備投資に要した費用が二百四十万円以上五千万円未満の場合　五十万円

(2)　前号ヘ(2)の設備投資に要した費用が五千万円以上一億円未満の場合　五十万円

(3)　前号ヘ(2)の設備投資に要した費用が一億円以上の場合　百万円

3　前項第一号ニに規定する保育事業主が、同号ニに該当することにより人材確保等支援助成コース助成金の支給を受け、かつ、次の各号のいずれにも該当する場合にあつては、当該事業主に対し、五十七万円（生産性要件に該当する事業主にあつては、七十二万円）を支給するものとする。

一　賃金制度整備計画の期間の末日の翌日から起算して一年を経過する日（第五項第二号において「一年経過日」とい

う。）までの期間における当該賃金制度の整備に係る事業所における離職者の数を当該賃金制度整備計画の期間の末日の翌日における当該事業所の労働者数で除して得た割合が、当該事業所の労働者数に応じて職業安定局長が定める目標値を達成している事業主であること。

二　当該賃金制度の整備に係る事業所に雇用されていた者であつて、賃金制度整備計画の期間の末日の翌日から都道府県労働局長に対する人材確保等支援助成コース助成金（この項の規定によるものに限る。）の受給についての申請書を提出するまでの間（以下この号において「基準期間」という。）に離職したもののうち、当該基準期間に特定受給資格者として受給資格の決定がなされたものの数等から判断して、適正な雇用管理を行つていると認められる事業主であること。

4　第二項第一号ハに規定する事業主が、同号ハに該当することにより、人材確保等支援助成コース助成金の支給を受け、かつ、次の各号のいずれにも該当する場合にあつては、当該事業主に対し、機器の導入及び運用に要した費用の額の百分の二十（生産性要件に該当する事業主にあつては、百分の三十五）に相当する額（その額が百五十万円を超えるときは、百五十万円）を支給するものとする。

一　導入・運用計画の期間の末日の翌日から起算して一年を経過する日までの期間における当該機器の導入及び運用に係る事業所における離職者の数を当該導入・運用計画の期間の末日の翌日における当該事業所の労働者数で除して得た割合が、当該事業所の労働者数に応じて職業安定局長が定める目標値を達成している事業主であること。

二　当該機器の導入及び運用に係る事業所に雇用されていた者であつて、導入・運用計画の期間の末日の翌日から都道府県労働局長に対する人材確保等支援助成コース助成金（この項の規定によるものに限る。）の受給についての申請書を提出するまでの間（以下この号において「基準期間」という。）に離職したもののうち、当該基準期間に特定受給資格者として受給資格の決定がなされたものの数等から判断して、適正な雇用管理を行つていると認められる事業主であること。

5　第二項第一号ニに規定する保育事業主が、第三項に該当することにより、人材確保等支援助成コース助成金の支給を受け、かつ、次の各号のいずれにも該当する場合にあつては、当該事業主に対し、八十五万五千円（生産性要件に該当する事業主にあつては、百八万円）を支給するものとする。

一　一年経過日の翌日から起算して二年を経過する日までの期間における当該賃金制度の整備に係る事業所における離職者の数を一年経過日の翌日における当該事業所の労働者数で除して得た割合が、当該事業所の労働者数に応じて職業安定局長が定める目標値を達成している事業主であること。
二　当該賃金制度の整備に係る事業所に雇用されていた者であつて、一年経過日の翌日から都道府県労働局長に対する人材確保等支援助成コース助成金（この項の規定によるものに限る。）の受給についての申請書を提出するまでの間（以下この号において「基準期間」という。）に離職したもののうち、当該基準期間に特定受給資格者として受給資格の決定がなされたものの数等から判断して、適正な雇用管理を行つていると認められる事業主であること。

6　第二項第一号ホに規定する事業主が、同号ホに該当することにより、人材確保等支援助成コース助成金の支給を受け、かつ、次の各号のいずれにも該当する場合にあつては、当該事業主に対し、八十万円を支給するものとする。
一　生産性要件に該当する事業主であること。
二　当該事業所において、人事評価制度等に基づく最初の賃金支払日（以下この号及び次号において「実施日」という。）の属する月の前月の賃金支払日から起算して十二箇月を経過する日の属する月に人事評価制度等の適用を受ける労働者に対して支払われた賃金の総額を実施日の属する月の前月に人事評価制度等の適用を受ける労働者に対して支払われた賃金の総額で除して得た割合が、職業安定局長が定める目標値を達成している事業主であること。
三　実施日の翌日から起算して一年を経過する日までの間における当該人事評価制度等の整備に係る事業所における離職者の数を実施日の翌日における当該事業所の労働者数で除して得た割合が、事業所の労働者数に応じて職業安定局長が定める目標値を達成している事業主であること。

7　第二項第一号ヘに規定する事業主が、同号ヘに該当することにより、人材確保等支援助成コース助成金の支給を受け、かつ、雇用管理改善計画の期間の初日から起算して三年を経過する日までの間において、生産性要件及び雇用管理の改善に関する要件として職業安定局長が定めるものに該当する場合にあつては、当該事業主に対し、八十万円を支給するものとする。

8　第二項第一号トに規定する事業主が、同号トに該当することにより、人材確保等支援助成コース助成金の支給を受け、かつ、雇用管理改善計画の期間の初日から起算して二年を経過する日までの間において、事業所の労働生産性向上及び雇用管理の改善に関する要件として職業安定局長が定めるものに該当する場合にあつては、当該事業主に対し、次の各号に掲げる区分に応じて、それぞれ当該規定に定める額を支給するものとする。
一　第二項第一号ヘ(2)の設備投資に要した費用が二百四十万円以上五千万円未満の場合　五十万円
二　第二項第一号ヘ(2)の設備投資に要した費用が五千万円以上一億円未満の場合　七十五万円

三　第二項第一号ヘ(2)の設備投資に要した費用が一億円以上の場合　百五十万円

9　前項に規定する事業主が、同項に該当することにより、人材確保等支援助成コース助成金の支給を受け、かつ、雇用管理改善計画の期間の初日から起算して三年を経過する日までの間において、事業所の労働生産性向上及び雇用管理の改善に関する要件として職業安定局長が定めるものに該当する場合にあつては、当該事業主に対し、次の各号に掲げる区分に応じて、それぞれ当該規定に定める額を支給するものとする。

一　第二項第一号ヘ(2)の設備投資に要した費用が二百四十万円以上五千万円未満の場合　八十万円

二　第二項第一号ヘ(2)の設備投資に要した費用が五千万円以上一億円未満の場合　百万円

三　第二項第一号ヘ(2)の設備投資に要した費用が一億円以上の場合　二百万円

10　建設分野雇用管理制度助成コース助成金、建設分野若年者及び女性に魅力ある職場づくり事業コース助成金及び建設分野作業員宿舎等設置助成コース助成金の支給については、建労則に定めるところによる。

（キャリアアップ助成金）

第百十八条の二　キャリアアップ助成金は、正社員化コース助成金、賃金規定等改定コース助成金、健康診断制度コース助成金、賃金規定等共通化コース助成金、諸手当制度共通化コース助成金及び短時間労働者労働時間延長コース助成金とする。

2　正社員化コース助成金は、第一号に該当する事業主に対して、第二号に定める額を支給するものとする。

一　有期契約労働者又は期間の定めのない労働契約を締結する労働者（通常の労働者（派遣労働者を除く。以下この条及び次条第二項第一号ロ(3)において同じ。）、勤務地限定正社員（期間の定めのない労働契約を締結している労働者であつて、勤務地が同一の事業所に雇用される通常の労働者の勤務地に比し限定され、かつ、通常の労働者と同等の待遇を受けるものをいい、派遣労働者を除く。以下この条及び次条第二項第一号ロ(3)において同じ。）、職務限定正社員（期間の定めのない労働契約を締結している労働者であつて、職務が同一の事業所に雇用される通常の労働者の職務に比し限定され、かつ、通常の労働者と同等の待遇を受けるものをいい、派遣労働者を除く。以下この条及び次条第二項第一号ロ(3)において同じ。）及び短時間正社員を除く。以下この条及び次条第二項第一号ロ(3)において「無期契約労働者」という。）（以下「有期契約労働者等」という。）について、そのキャリアアップ（職務経験又は職業訓練等（職業訓練又は教育訓練をいう。第百三十八条を除き、以下同じ。）の職業能力の開発の機会を通じ、職業能力の向上並びにこれによる将来の職務上の地位及び賃金をはじめとする処遇の改善が図られることをいう。以下同じ。）を図るための措置を講ずる事業主であつて、次のいずれにも該当するもの。

イ　事業所ごとに、有期契約労働者等のキャリアアップに関する事項を管理する者をキャリアアップ管理者として配置し、かつ、当該配置について、事業所に掲示等の周知を行つている事業主であること。

ロ　当該事業主の事業所の労働組合等の意見を聴いて作成したキャリアアップ計画（有期契約労働者等のキャリアアップを図るために事業主が講ずる措置等を記載した計画をいう。以下この条において同じ。）を、都道府県労働局長に対して提出し、認定を受けた事業主であること。

ハ　労働協約又は就業規則その他これに準ずるものに定めるところにより設けられた制度に基づき、次のいずれかに該当する措置を講じた事業主であること。

(1)　その雇用する有期契約労働者（当該事業主に雇用された期間を通算した期間が三年以下であるものに限る。）の通常の労働者、勤務地限定正社員、職務限定正社員又は短時間正社員への転換（当該労働者に係る転換後の賃金を、転換前の賃金と比べて一定の割合以上で増額する場合に限る。）

(2)　その雇用する有期契約労働者（当該事業主に雇用された期間を通算した期間が三年以下であるものに限る。）の無期契約労働者への転換（当該労働者に係る転換後の賃金を、転換前の賃金と比べて一定の割合以上で増額する場合に限る。）

(3)　その雇用する無期契約労働者の通常の労働者、勤務地限定正社員、職務限定正社員又は短時間正社員への転換（当該労働者に係る転換後の賃金を、転換前の賃金と比べて一定の割合以上で増額する場合に限る。）

(4)　その指揮命令の下に労働させる派遣労働者（派遣元事業主と期間の定めのある労働契約を締結しているものであつて、当該派遣元事業主に雇用された期間を通算した期間が三年以下であるものに限る。）の通常の労働者、勤務地限定正社員、職務限定正社員又は短時間正社員としての雇入れ（当該労働者に係る雇入れ後の賃金を、雇入れ前の賃金と比べて一定の割合以上で増額する場合に限る。）

(5)　その指揮命令の下に労働させる派遣労働者（派遣元事業主と期間の定めのある労働契約を締結しているものであつて、当該派遣元事業主に雇用された期間を通算した期間が三年以下であるものに限る。）の無期契約労働者としての雇入れ（当該労働者に係る雇入れ後の賃金を、雇入れ前の賃金と比べて一定の割合以上で増額する場合に限る。）

(6)　その指揮命令の下に労働させる派遣労働者（派遣元

事業主と期間の定めのない労働契約を締結しているものに限る。）の通常の労働者、勤務地限定正社員、職務限定正社員又は短時間正社員としての雇入れ（当該労働者に係る雇入れ後の賃金を、雇入れ前の賃金と比べて一定の割合以上で増額する場合に限る。）

ニ　ハの措置を実施した日の前日から起算して六箇月前の日から一年を経過した日までの間（ホにおいて「基準期間」という。）において、当該措置に係る事業所の労働者を解雇した事業主（天災その他やむを得ない理由のために事業の継続が不可能となつたこと又は労働者の責めに帰すべき理由により解雇した事業主を除く。）以外の事業主であること。

ホ　ハの措置に係る事業所に雇用されていた者であって基準期間に離職したもののうち、当該基準期間に特定受給資格者として受給資格の決定がなされたものの数等から判断して、適正な雇用管理を行つていると認められる事業主であること。

ヘ　ハの措置に係る事業所の労働者の離職状況及びハの措置に係る者に対する賃金の支払の状況等を明らかにする書類を整備している事業主であること。

二　次のイからチまでに掲げる事業主の区分に応じて、それぞれ当該規定に定める額（一の事業所につき、一の年度における当該措置の対象となる労働者の数が二十人を超える場合は、当該事業所につき二十人までの支給に限る。）

イ　前号ハ(1)の措置を講じ、かつ、生産性要件に該当しない事業主　対象者一人につき四十二万七千五百円（中小企業事業主にあつては、五十七万円）

ロ　前号ハ(1)の措置を講じ、かつ、生産性要件に該当する事業主　対象者一人につき五十四万円（中小企業事業主にあつては、七十二万円）

ハ　前号ハ(2)、(3)又は(5)の措置を講じ、かつ、生産性要件に該当しない事業主　対象者一人につき二十一万三千七百五十円（中小企業事業主にあつては、二十八万五千円）

ニ　前号ハ(2)、(3)又は(5)の措置を講じ、かつ、生産性要件に該当する事業主　対象者一人につき二十七万円（中小企業事業主にあつては、三十六万円）

ホ　前号ハ(4)の措置を講じ、かつ、生産性要件に該当しない事業主　対象者一人につき七十一万二千五百円（中小企業事業主にあつては、八十五万五千円）

ヘ　前号ハ(4)の措置を講じ、かつ、生産性要件に該当する事業主　対象者一人につき九十万円（中小企業事業主にあつては、百八万円）

ト　前号ハ(6)の措置を講じ、かつ、生産性要件に該当しない事業主　対象者一人につき四十九万八千七百五十円（中小企業事業主にあつては、五十七万円）

チ　前号ハ(6)の措置を講じ、かつ、生産性要件に該当する

事業主　対象者一人につき六十三万円（中小企業事業主にあつては、七十二万円）

3　前項第一号ハの措置により転換し、若しくは雇い入れられた者が母子家庭の母等若しくは父子家庭の父に該当する場合又は青少年雇用促進法第十五条の認定を受けた事業主が転換し、若しくは雇い入れた者が三十五歳未満の者に該当する場合における同項第二号の規定の適用については、同号イ中「対象者一人につき四十二万七千五百円（中小企業事業主にあつては、五十七万円）」とあるのは「母子家庭の母等若しくは父子家庭の父である労働者又は青少年雇用促進法第十五条の認定を受けた事業主が転換し、若しくは雇い入れた三十五歳未満の者（以下この号において「母子家庭の母等である労働者等」という。）一人につき五十二万二千五百円、その他の労働者一人につき四十二万七千五百円（中小企業事業主にあつては、母子家庭の母等である労働者等一人につき六十六万五千円、その他の労働者一人につき五十七万円）」と、同号ロ中「対象者一人につき五十四万円（中小企業事業主にあつては、七十二万円）」とあるのは「母子家庭の母等である労働者等一人につき六十六万円、その他の労働者一人につき五十四万円（中小企業事業主にあつては、母子家庭の母等である労働者等一人につき八十四万円、その他の労働者一人につき七十二万円）」と、同号ハ中「対象者一人につき二十一万三千七百五十円（中小企業事業主にあつては、二十八万五千円）」とあるのは「母子家庭の母等である労働者等一人につき二十六万千二百五十円、その他の労働者一人につき二十一万三千七百五十円（中小企業事業主にあつては、母子家庭の母等である労働者等一人につき三十三万二千五百円、その他の労働者一人につき二十八万五千円）」と、同号ニ中「対象者一人につき二十七万円（中小企業事業主にあつては、三十六万円）」とあるのは「母子家庭の母等である労働者等一人につき三十三万円、その他の労働者一人につき二十七万円（中小企業事業主にあつては、母子家庭の母等である労働者等一人につき四十二万円、その他の労働者一人につき三十六万円）」と、同号ホ中「対象者一人につき七十一万二千五百円（中小企業事業主にあつては、八十五万五千円）」とあるのは「母子家庭の母等である労働者等一人につき八十万七千五百円、その他の労働者一人につき七十一万二千五百円（中小企業事業主にあつては、母子家庭の母等である労働者等一人につき九十五万円、その他の労働者一人につき八十五万五千円）」と、同号ヘ中「対象者一人につき九十万円（中小企業事業主にあつては、百八万円）」とあるのは「母子家庭の母等である労働者等一人につき百二万円、その他の労働者一人につき九十万円（中小企業事業主にあつては、母子家庭の母等である労働者等一人につき百二十万円、その他の労働者一人につき百八万円）」と、同号ト中「対象者一人につき四十九万八千七百五十円（中小企業事業主にあつては、五十七万円）とあるのは「母子家庭の母等である労働者等一人につき五十四万六千二百五十円、その他の労働者一人につき四十九万八千七百五十円（中小企業事業主にあつては、母子家庭の母等である労働者等一人につき六十一万七千五百円、その他の労働者一人につき五十七万円）」と、同号チ中「対象者一人につき六十三万円（中小企業事業主にあつては、七十二万円）」とあるのは「母子家庭の母等である労働者等一人につき六十九万円、その他の労働者一人につき六十三万円（中小企業事業主にあつては、母子家庭の母等である労働者等一人につき七十八万円、その他の労働者一人につき七十二万円）」とする。

4　第二項第一号ハ⑴、⑶、⑷及び⑹の措置（勤務地限定正社員又は職務限定正社員への転換に限る。）が、労働協約又は就業規則その他これに準ずるものに定めるところにより、その雇用する有期契約労働者等の勤務地限定正社員若しくは職務限定正社員への転換又はその指揮命令の下に労働させる派遣労働者の勤務地限定正社員若しくは職務限定正社員としての雇入れを実施するための制度を整備することによつて行われた場合における同項第二号の規定の適用については、同号イ中「四十二万七千五百円（中小企業事業主にあつては、五十七万円）」とあるのは「母子家庭の母等若しくは父子家庭の父である労働者又は青少年雇用促進法第十五条の認定を受けた事業主が転換し、若しくは雇い入れた三十五歳未満の者（以下この号において「母子家庭の母等である労働者等」という。）一人につき五十二万二千五百円、その他の労働者一人につき四十二万七千五百円及び当該措置が実施された一の事業所につき七万千二百五十円（中小企業事業主にあつては、母子家庭の母等である労働者等一人につき六十六万五千円、その他の労働者一人につき五十七万円及び当該措置が実施された一の事業所につき九万五千円）」と、同号ロ中「五十四万円（中小企業事業主にあつては、七十二万円）」とあるのは「母子家庭の母等である労働者等一人につき六十六万円、その他の労働者一人につき五十四万円及び当該措置が実施された一の事業所につき九万円（中小企業事業主にあつては、母子家庭の母等である労働者等一人につき八十四万円、その他の労働者一人につき七十二万円及び当該措置が実施された一の事業所につき十二万円）」と、同号ハ中「二十一万三千七百五十円（中小企業事業主にあつては、二十八万五千円）」とあるのは「母子家庭の母等である労働者等一人につき二十六万千二百五十円、その他の労働者一人につき二十一万三千七百五十円及び当該措置が実施された一の事業所につき七万千二百五十円（中小企業事業主にあつては、母子家庭の母等である労働者等一人につき三十三万二千五百円、その他の労働者一人につき二十八万五千円及び当該措置が実施された一の事業所につき九万五千円）」と、同号ニ中「対象者一人につき二十七万円（中小企業事業主にあつては、三十六万円）」とあるのは「母子家庭の母等である労働者等一人につき三十三万円、その他の労働者一人につき二十七万円及び当該措置が実施された一の事業所につき九万円（中小企業事業主にあつては、母子家庭の母等である労働者等一人につき四十二万円、その他の労働者一人につき三十六万円及び当該措置が実施された一の事業所につき十二万円）」と、同号ホ中「対象者一人につき七十一万二千五百円（中小企業事業主にあつては、八十五万五千円）」とあるのは「母子家庭の母等である労働者等一人につき八十万七千五百円、その他の労働者一人につき七十一万二千五百円及び当該措置が実施された一の事業所につき七万千二百五十円（中小企業事業主にあつては、母子家庭の母等である労働者等一人につき九十五万円、その他の労働者一人につき八十五万五千円及び当該措置が実施された一の事業所につき九万五千円）」と、同号ヘ中「九十万円（中小企業事業主にあつては、百八万円）」とあるのは「母子家庭の母等である労働者等一人につき百二万円、その他の労働者一人につき九十万円及び当該措置が実施された一の事業所につき九万円（中小企業事業主にあつては、母子家庭の母等である労働者等一人につき百二十万円、その他の労働者一人につき百八万円及び当該措置が実施された一の事業所につき十二万円）」と、同号ト中「対象者一人につき四十九万八千七百五十円（中小企業事業主にあつては、五十七万円）」とあるのは「母子家庭の母等である労働者等一人につき五十四万六千二百五十円、その他の労働者一人につき四十九万八千七百五十円及び当該措置が実施された一の事業所につき七万千二百五十円（中小企業事業主にあつては、母子家庭の母等である労働者等一人につき六十一万七千五百円、その他の労働者一人につき五十七万円及び当該措置が実施された一の事業所につき九万五千円）」と、同号チ中「対象者一人につき六十三万円（中小企業事業主にあつては、七十二万円）」とあるのは「母子家庭の母等である労働者等一人につき六十九万円、その他の労働者一人につき六十三万円及び当該措置が実施された一の事業所につき九万円（中小企業事業主にあつては、母子家庭の母等である労働者等一人につき七十八万円、その他の労働者一人につき七十二万円及び当該措置が実施された一の事業所につき十二万円）」とする。

5　賃金規定等改定コース助成金は、第一号に該当する事業主に対して、第二号に定める額を支給するものとする。

一　有期契約労働者等について、そのキャリアアップを図るための措置を講ずる事業主であつて、次のいずれにも該当するもの。

イ　事業所ごとに、有期契約労働者等のキャリアアップに関する事項を管理する者をキャリアアップ管理者として配置し、かつ、当該配置について、事業所に掲示等の周知を行つている事業主であること。

ロ　当該事業主の事業所の労働組合等の意見を聴いて作成したキャリアアップ計画を、都道府県労働局長に対して提出し、認定を受けた事業主であること。

ハ　労働協約又は就業規則に定めるところにより、その雇用する全ての又は合理的に区分された有期契約労働者等について、賃金を一定の割合以上で増額する措置を講じた事業主であること。

ニ　ハの措置に係る者に対する賃金の支払の状況等を明らかにする書類を整備している事業主であること。

二　次のイからニまでに掲げる事業主の区分に応じて、それぞれ当該規定に定める額（一の事業所につき、一の年度における前号ハの措置の対象となる労働者の数が百人を超える場合は、当該事業所につき百人までの支給に限る。）

イ　前号ハの措置（その雇用する全ての有期契約労働者等について、賃金を一定の割合以上で増額する措置に限る。）を講じ、かつ、生産性要件に該当しない事業主　一の事業所につき、次の(1)から(4)までに掲げる当該措置が講じられた労働者の数の区分に応じてそれぞれ当該規定に定める額

(1)　一人以上四人未満　一の事業所当たり七万千二百五十円（中小企業事業主にあつては、九万五千円）

(2)　四人以上七人未満　一の事業所当たり十四万二千五百円（中小企業事業主にあつては、十九万円）

(3)　七人以上十一人未満　一の事業所当たり十九万円（中小企業事業主にあつては、二十八万五千円）

(4)　十一人以上　対象者一人につき一万九千円（中小企業事業主にあつては、二万八千五百円）

ロ　前号ハの措置（その雇用する全ての有期契約労働者等について、賃金を一定の割合以上で増額する措置に限る。）を講じ、かつ、生産性要件に該当する事業主　一の事業所につき、次の(1)から(4)までに掲げる当該措置が講じられた労働者の数の区分に応じてそれぞれ当該規定に定める額

(1)　一人以上四人未満　一の事業所当たり九万円（中小企業事業主にあつては、十二万円）

(2)　四人以上七人未満　一の事業所当たり十八万円（中小企業事業主にあつては、二十四万円）

(3)　七人以上十一人未満　一の事業所当たり二十四万円（中小企業事業主にあつては、三十六万円）

(4)　十一人以上　対象者一人につき二万四千円（中小企業事業主にあつては、三万六千円）

ハ　前号ハの措置（その雇用する合理的に区分された有期契約労働者等について、賃金を一定の割合以上で増額する措置に限る。）を講じ、かつ、生産性要件に該当しない事業主　一の事業所につき、次の(1)から(4)までに掲げる当該措置が講じられた労働者の数の区分に応じてそれぞれ当該規定に定める額

(1)　一人以上四人未満　一の事業所当たり三万三千二百

五十円（中小企業事業主にあつては、四万七千五百円）

(2) 四人以上七人未満　一の事業所当たり七万千二百五十円（中小企業事業主にあつては、九万五千円）

(3) 七人以上十一人未満　一の事業所当たり九万五千円（中小企業事業主にあつては、十四万二千五百円）

(4) 十一人以上　対象者一人につき九千五百円（中小企業事業主にあつては、一万四千二百五十円）

ニ　前号ハの措置（その雇用する合理的に区分された有期契約労働者等について、賃金を一定の割合以上で増額する措置に限る。）を講じ、かつ、生産性要件に該当する事業主　一の事業所につき、次の(1)から(4)までに掲げる当該措置が講じられた労働者の数の区分に応じてそれぞれ当該規定に定める額

(1) 一人以上四人未満　一の事業所当たり四万二千円（中小企業事業主にあつては、六万円）

(2) 四人以上七人未満　一の事業所当たり九万円（中小企業事業主にあつては、十二万円）

(3) 七人以上十一人未満　一の事業所当たり十二万円（中小企業事業主にあつては、十八万円）

(4) 十一人以上　対象者一人につき一万二千円（中小企業事業主にあつては、一万八千円）

6　前項第一号に該当する事業主が、同号ハに規定する措置を職務の相対的な比較を行うための手法を用いて行つた場合にあつては、当該事業主に対しては、同項第二号イ若しくはハに定める額に加え、一の事業所につき十四万二千五百円（中小企業事業主にあつては、十九万円）又は同号ロ若しくはニに定める額に加え、一の事業所につき十八万円（中小企業事業主にあつては、二十四万円）を支給するものとする。

7　第五項第一号に該当する中小企業事業主が、同号ハに規定する措置（その雇用する全ての有期契約労働者等について、賃金を一定の割合以上で増額する措置に限る。）を実施するに当たり雇用環境・均等局長が定める割合以上で増額した場合にあつては、当該中小企業事業主に対しては、同項第二号イに定める額に加え、対象者一人につき一万四千二百五十円又は同号ロに定める額に加え、対象者一人につき一万八千円を支給するものとする。

8　第五項第一号に該当する中小企業事業主が、同号ハに規定する措置（その雇用する合理的に区分された有期契約労働者等について、賃金を一定の割合以上で増額する措置に限る。）を実施するに当たり雇用環境・均等局長が定める割合以上で増額した場合にあつては、当該中小企業事業主に対しては、同項第二号ハに定める額に加え、対象者一人につき七千六百円又は同号ニに定める額に加え、対象者一人につき九千六百円を支給するものとする。

9　健康診断制度コース助成金は、第一号に該当する事業主に対して、第二号に定める額を支給するものとする。ただし、

既にこの項の規定による支給を受けた事業主にあつては、この限りではない。
一　有期契約労働者等について、そのキャリアアップを図るための措置を講ずる事業主であつて、次のいずれにも該当するもの。
イ　事業所ごとに、有期契約労働者等のキャリアアップに関する事項を管理する者をキャリアアップ管理者として配置し、かつ、当該配置について、事業所に掲示等の周知を行つている事業主であること。
ロ　当該事業主の事業所の労働組合等の意見を聴いて作成したキャリアアップ計画を、都道府県労働局長に対して提出し、認定を受けた事業主であること。
ハ　労働協約又は就業規則に定めるところにより、その雇用する有期契約労働者等について、医師又は歯科医師による健康診断（労働安全衛生法第六十六条第一項から第四項までに規定する健康診断を除く。）を実施するための制度であつて、通常の労働者と共通のものを整備する等の措置を講じ、かつ、一の事業所につき、当該健康診断を受けた有期契約労働者等が四人以上生じた事業主であること。
ニ　ハの措置に係る者に対する賃金の支払の状況等を明らかにする書類を整備している事業主であること。
二　次のイ及びロに掲げる事業主の区分に応じて、それぞれ当該規定に定める額
イ　生産性要件に該当しない事業主　一の事業所につき二十八万五千円（中小企業事業主にあつては、三十八万円）
ロ　生産性要件に該当する事業主　一の事業所につき三十六万円（中小企業事業主にあつては、四十八万円）
10　賃金規定等共通化コース助成金は、第一号に該当する事業主に対して、第二号に定める額を支給するものとする。ただし、既にこの項の規定による支給を受けた事業主にあつては、この限りではない。
一　有期契約労働者等について、そのキャリアアップを図るための措置を講ずる事業主であつて、次のいずれにも該当するもの。
イ　事業所ごとに、有期契約労働者等のキャリアアップに関する事項を管理する者をキャリアアップ管理者として配置し、かつ、当該配置について、事業所に掲示等の周知を行つている事業主であること。
ロ　当該事業主の事業所の労働組合等の意見を聴いて作成したキャリアアップ計画を、都道府県労働局長に対して提出し、認定を受けた事業主であること。
ハ　労働協約又は就業規則に定めるところにより、その雇用する有期契約労働者等について、その職務等に応じて賃金を決定するための制度であつて、通常の労働者と共通のものを整備する措置を講じ、かつ、当該制度に基づ

き、有期契約労働者等に対して賃金を支払つた事業主であること。

ニ　ハの措置に係る者に対する賃金の支払の状況等を明らかにする書類を整備している事業主であること。

二　次のイ及びロに掲げる事業主の区分に応じて、それぞれ当該規定に定める額

イ　生産性要件に該当しない事業主　一の事業所につき四十二万七千五百円（中小企業事業主にあつては、五十七万円）

ロ　生産性要件に該当する事業主　一の事業所につき五十四万円（中小企業事業主にあつては、七十二万円）

11　前項第一号に該当する事業主が、同号ハに規定する措置を講じ、同号ハに規定する制度に基づき、二以上の有期契約労働者等に対して賃金を支払つた場合にあつては、当該事業主に対しては、同項第二号イに定める額に加え、当該有期契約労働者等の数から一を減じた数（以下この項において「対象有期契約労働者等数」という。）に一万五千円（中小企業事業主にあつては、二万円）を乗じて得た額又は同号ロに定める額に加え、対象有期契約労働者等数に一万八千円（中小企業事業主にあつては、二万四千円）を乗じて得た額（一の事業所につき、対象有期契約労働者等数が二十人を超える場合は、当該事業所につき二十人までの支給に限る。）を支給するものとする。

12　諸手当制度共通化コース助成金は、第一号に該当する事業主に対して、第二号に定める額を支給するものとする。ただし、既にこの項の規定による支給を受けた事業主にあつては、この限りではない。

一　有期契約労働者等について、そのキャリアアップを図るための措置を講ずる事業主であつて、次のいずれにも該当するもの。

イ　事業所ごとに、有期契約労働者等のキャリアアップに関する事項を管理する者をキャリアアップ管理者として配置し、かつ、当該配置について、事業所に掲示等の周知を行つている事業主であること。

ロ　当該事業主の事業所の労働組合等の意見を聴いて作成したキャリアアップ計画を、都道府県労働局長に対して提出し、認定を受けた事業主であること。

ハ　労働協約又は就業規則に定めるところにより、その雇用する有期契約労働者等について、雇用環境・均等局長が定める手当に係る労働条件を決定するための制度であつて、通常の労働者と共通のものを整備する等の措置を講じ、かつ、当該制度に基づき、有期契約労働者等に対して当該手当を支払つた事業主であること。

ニ　ハの措置に係る者に対する賃金の支払の状況等を明らかにする書類を整備している事業主であること。

二　次のイ及びロに掲げる事業主の区分に応じて、それぞれ

(3) 当該規定に定める額

イ 生産性要件に該当しない事業主 一の事業所につき二十八万五千円（中小企業事業主にあつては、二十八万円）

ロ 生産性要件に該当する事業主 一の事業所につき三十六万円（中小企業事業主にあつては、四十八万円）

13 前項第一号に該当する事業主が、同号ハに規定する措置を講じ、同号ハに規定する制度に基づき、二以上の手当を有期契約労働者等に対して支払つた場合にあつては、当該事業主に対しては、同項第二号イに定める額に加え、当該手当の数から一を減じた数に十二万円（中小企業事業主にあつては、十六万円）を乗じて得た額又は同号ロに定める額に加え、当該手当の数から一を減じた数に十四万四千円（中小企業事業主にあつては、十九万二千円）を乗じて得た額を支給するものとする。

14 第十二項第一号に該当する事業主が、同号ハに規定する措置を講じ、同号ハに規定する制度に基づき、二以上の有期契約労働者等に対して手当を支払つた場合にあつては、当該事業主に対しては、同項第二号イに定める額に加え、当該有期契約労働者等の数から一を減じた数（以下この項において「対象有期契約労働者等数」という。）に一万二千円（中小企業事業主にあつては、一万五千円）を乗じて得た額又は同号ロに定める額に加え、対象有期契約労働者等数に一万四千円（中小企業事業主にあつては、一万八千円）を乗じて得た額（一の事業所につき、対象有期契約労働者等数が二十人を超える場合は、当該事業所につき二十人までの支給に限る。）を支給するものとする。

15 短時間労働者労働時間延長コース助成金は、第一号に該当する事業主に対して、第二号に定める額を支給するものとする。

一 有期契約労働者等について、そのキャリアアップを図るための措置を講ずる事業主であつて、次のいずれにも該当するもの。

イ 事業所ごとに、有期契約労働者等のキャリアアップに関する事項を管理する者をキャリアアップ管理者として配置し、かつ、当該配置について、事業所に掲示等の周知を行つている事業主であること。

ロ 当該事業主の事業所の労働組合等の意見を聴いて作成したキャリアアップ計画を、都道府県労働局長に対して提出し、認定を受けた事業主であること。

ハ その雇用する有期契約労働者等（健康保険法（大正十一年法律第七十号）による健康保険の被保険者又は厚生年金保険法（昭和二十九年法律第百十五号）による厚生年金保険の被保険者（以下このハにおいて「被保険者」という。）でないものに限る。）に対し、一週間の所定労働時間を五時間以上延長する措置を講じた事業主であること（当該措置により当該有期契約労働者等が被保険者となる場合に限る。）。

ニ　ハの措置に係る者に対する賃金の支払の状況等を明らかにする書類を整備している事業主であること。

二　次のイ及びロに掲げる事業主の区分に応じて、それぞれ当該規定に定める額（一の事業所につき、一の年度における当該措置の対象となる労働者の数が十人を超える場合は、当該事業所につき十人までの支給に限る。）

イ　生産性要件に該当しない事業主　対象者一人につき七万千二百五十円（中小企業事業主にあつては、九万五千円）

ロ　生産性要件に該当する事業主　対象者一人につき九万円（中小企業事業主にあつては、十二万円）

（障害者雇用安定助成金）

第百十八条の三　障害者雇用安定助成金は、障害者職場定着支援コース助成金、障害者職場適応援助コース助成金、障害や傷病治療と仕事の両立支援コース助成金及び中小企業障害者多数雇用施設設置等コース助成金とする。

2　障害者職場定着支援コース助成金は、第一号に該当する事業主に対して、第二号に定める額を支給するものとする。

一　雇用する障害者（障害者雇用促進法第二条第一号に規定する障害者のうち、身体障害者、知的障害者若しくは精神障害者又は発達障害者、高次脳機能障害を有するもの若しくは難治性疾患を有するもの（身体障害者、知的障害者又は精神障害者を除く。）に限る。以下この号（ロ(5)を除く。）及び第九項第一号イにおいて同じ。）の職場への定着を図るための措置を講ずる事業主であつて、次のいずれにも該当するもの。

イ　職場定着支援計画（障害者の職場への定着を図るために事業主が講ずる措置等を記載した計画をいう。次号リにおいて同じ。）を、都道府県労働局長に対して提出し、認定を受けた事業主であること。

ロ　次のいずれかに該当する事業主であること。

(1)　その雇用する障害者に対し、通院による治療等のための有給休暇（労働基準法第三十九条の規定による年次有給休暇として与えられるものを除く。）の付与又は始業及び終業の時刻の変更その他の当該障害者の障害の特性に配慮した職場への定着に資する雇用管理の措置を講じた事業主であること。

(2)　次のいずれかに該当する措置を講じた事業主であること。

(i)　その雇用する障害者（一週間の所定労働時間が二十時間未満であるものに限る。）に対し、一週間の所定労働時間を三十時間以上とする措置

(ii)　その雇用する障害者（一週間の所定労働時間が二十時間未満であるものに限る。）に対し、一週間の所定労働時間を二十時間以上三十時間未満とする措置

(iii)その雇用する障害者(一週間の所定労働時間が二十時間以上三十時間未満であるものに限る。)に対し、一週間の所定労働時間を三十時間以上とする措置

(3)次のいずれかに該当する措置を講じた事業主であること。

(i)その雇用する障害者(有期契約労働者に限る。(ii)において同じ。)の通常の労働者、勤務地限定正社員、職務限定正社員又は短時間正社員への転換

(ii)その雇用する障害者の無期契約労働者への転換(当該労働者に係る転換後の一週間の所定労働時間が二十時間以上であるものに限る。)

(iii)その雇用する障害者(無期契約労働者に限る。)の通常の労働者、勤務地限定正社員、職務限定正社員又は短時間正社員への転換

(4)その雇用する障害者の雇入れの日又は所定労働時間の延長、配置転換、業務内容の変更若しくは職場復帰(その障害により、一箇月以上の療養及びその職務開発その他職場への適応を促進するための措置(5)及び(6)において「職場適応措置」という。)が必要とされた障害者が休職から復職することをいう。)の日の前日から起算して六箇月を経過する日までの間において、当該雇用する障害者の業務の遂行に関する必要な援助又は指導の業務を行わせるため、当該業務について相当程度の経験又は能力を有する者(次号において「職場支援員」という。)の配置、委嘱又は委託を行った事業主であること。

(5)その雇用する労働者のうち、その雇入れ後に、その障害により、一箇月以上の療養及び職場適応措置が必要とされた障害者(障害者雇用促進法第二条第一号に規定する障害者のうち、身体障害者若しくは精神障害者(発達障害のみを有するものを除く。)又は高次脳機能障害を有するもの若しくは難治性疾患を有するもの(身体障害者又は精神障害者を除く。)に限る。)の休職期間中又は復職の日から三箇月以内に当該障害者に対する職場適応措置を実施し、当該措置に係る障害者を継続して雇用している事業主であること。

(6)その雇用する障害者(職場適応措置が初めて実施される日における年齢が四十五歳以上であって、かつ、一般被保険者又は高年齢被保険者として十年以上雇用されている者に限る。)に対し、職場適応措置を実施し、当該職場適応措置に係る障害者を継続して雇用している事業主であること。

(7)(1)から(6)までのいずれかの措置を講じた事業主であって、その雇用する労働者に対し、障害者の就労の支援に関する知識を習得させる講習(その総時間数が一

時間以上であるものに限る。次号リにおいて「障害者就労支援講習」という。）を受講させるものであること。

ハ　ロの措置を開始した日の前日から起算して六箇月前の日から一年を経過した日までの間（ニにおいて「基準期間」という。）において、当該措置に係る事業所の労働者を解雇した事業主（天災その他やむを得ない理由のために事業の継続が不可能となつたこと又は労働者の責めに帰すべき理由により解雇した事業主を除く。）以外の事業主であること。

ニ　ロの措置に係る事業所に雇用されていた者であつて、基準期間に離職したもののうち、当該基準期間に特定受給資格者として受給資格の決定がなされたものの数等から判断して、適切な雇用管理を行つていると認められる事業主であること。

ホ　ロの措置に係る事業所の労働者の離職状況及び当該措置に係る者に対する賃金の支払の状況等を明らかにする書類を整備している事業主であること。

二　次のイからリまでに掲げる事業主の区分に応じて、それぞれ当該規定に定める額

イ　前号ロ(1)の措置を講じた事業主　対象者一人につき、六万円（中小企業事業主にあつては、八万円）

ロ　前号ロ(2)(i)の措置を講じた事業主　対象者一人につき、三十万円（中小企業事業主にあつては、四十万円）

ハ　前号ロ(2)(ii)又は(iii)の措置を講じた事業主　対象者一人につき、十五万円（中小企業事業主にあつては、二十万円）

ニ　前号ロ(3)(i)の措置を講じた事業主　対象者一人につき、六十七万五千円（中小企業事業主にあつては、九十万円）

ホ　前号ロ(3)(ii)又は(iii)の措置を講じた事業主　対象者一人につき、三十三万円（中小企業事業主にあつては、四十五万円）

ヘ　前号ロ(4)の措置を講じた事業主　次に掲げる額の合計額（六箇月間の当該額の合計額が前号ロ(4)の措置に係る対象者一人につき十八万円（中小企業事業主にあつては、二十四万円。以下このヘにおいて同じ。）を超えるときは、十八万円）（同号ロ(4)の措置に係る対象者一人につき二十四箇月（当該対象者が精神障害者である場合にあつては、三十六箇月）までの支給に限る。）

(1)　前号ロ(4)の援助又は指導が、職場支援員の配置により行われた場合にあつては、当該職場支援員の配置に係る障害者の数に、一月につき、三万円（中小企業事業主にあつては、四万円）を乗じて得た額（第五項第三号ロに規定する援助を受ける者の数と合計して三人までの支給に限る。）

(2)　前号ロ(4)の援助又は指導が、職場支援員の委嘱によ

り行われた場合にあつては、当該職場支援員の委嘱の回数に、一万円を乗じて得た額

(3) 前号ロ(4)の援助又は指導が、業務の委託により行われた場合にあつては、委託に係る障害者の数に、一月につき、三万円（中小企業事業主にあつては、四万円）を乗じて得た額

ト 前号ロ(5)の措置を講じた事業主 対象者一人につき、月額四万五千円（中小企業事業主にあつては、月額六万円）（対象者一人につき十二箇月までの支給に限る。）

チ 前号ロ(6)の措置を講じた事業主 対象者一人につき、五十万円（中小企業事業主にあつては、七十万円）

リ 前号ロ(7)の措置を講じた事業主 職場定着支援計画の初日から六箇月ごとに区分した各期間（六箇月未満の期間を生じたときは、当該期間）における次の(1)から(3)までに掲げる事業主の区分に応じて、それぞれ当該規定に定める額

(1) 障害者就労支援講習に要した経費が、一の期間において五万円以上十万円未満の事業主 二万円（中小企業事業主にあつては、三万円）

(2) 障害者就労支援講習に要した経費が、一の期間において十万円以上二十万円未満の事業主 四万五千円（中小企業事業主にあつては、六万円）

(3) 障害者就労支援講習に要した経費が、一の期間において二十万円以上の事業主 九万円（中小企業事業主にあつては、十二万円）

3 前項第一号ロ(2)又は(3)の措置を次に掲げる者に対して講じた場合における同項第二号ロからホまでの規定の適用については、同号ロ中「三十万円（中小企業事業主にあつては、四十万円）」とあるのは「四十万円（中小企業事業主にあつては、五十四万円）」と、同号ハ中「十五万円（中小企業事業主にあつては、二十万円）」とあるのは「二十万円（中小企業事業主にあつては、二十七万円）」と、同号ニ中「六十七万五千円（中小企業事業主にあつては、九十万円）」とあるのは「九十万円（中小企業事業主にあつては、百二十万円）」と、同号ホ中「三十三万円（中小企業事業主にあつては、四十五万円）」とあるのは「四十五万円（中小企業事業主にあつては、六十万円）」とする。

一 重度身体障害者

二 重度知的障害者

三 精神障害者

4 第二項第一号ロ(4)に該当する雇用であつて、短時間労働者として雇用する場合における同項第二号への規定の適用については、「十八万円（中小企業事業主にあつては、二十四万円）」とあるのは「九万円（中小企業事業主にあつては、十二万円）」と、「十八万円」とあるのは「九万円」と、同号へ(1)及び(3)中「三万円（中小企業事業主にあつては、四万円」とあるの

は「一万五千円（中小企業事業主にあつては、二万円」とする。

5　障害者職場適応援助コース助成金は、第一号又は第二号のいずれかに該当する事業主に対して、第三号に定める額を支給するものとする。

一　障害者（障害者雇用促進法第二条第一号に規定する障害者のうち、身体障害者、知的障害者若しくは精神障害者又は発達障害者、高次脳機能障害を有するもの若しくは難治性疾患を有するもの（身体障害者、知的障害者又は精神障害者を除く。）その他職場適応援助者（障害者雇用促進法第二十条第三号に規定する職場適応援助者をいう。以下この項において同じ。）による援助が特に必要であると認められるものである労働者に限る。次号及び第三号イにおいて同じ。）が職場に適応することを容易にするための訪問型職場適応援助者（職場適応援助者のうち、次に掲げるいずれかの研修を修了したもの（障害者の雇用の促進等に関する法律施行規則（昭和五十一年労働省令第三十八号。以下この項において「障害者雇用促進法施行規則」という。）第二十条の二の三第二項第一号又は第二号に掲げる研修を修了したものを含む。）であつて、訪問等による援助の実施に関し必要な相当程度の経験及び能力を有すると都道府県労働局長が認める者をいう。以下この項において同じ。）の援助に関する計画（独立行政法人高齢・障害・求職者雇用支援機構が作成し、又は承認した計画に限る。）に基づき、適切に援助を実施できると都道府県労働局長が認める事業主であること。

イ　障害者雇用促進法第二十条第三号及び第二十二条第四号の規定に基づき障害者雇用促進法第十九条第一項第一号の障害者職業総合センター（次号イにおいて「障害者職業総合センター」という。）及び障害者雇用促進法第十九条第一項第三号の地域障害者職業センター（次号イにおいて「地域障害者職業センター」という。）が行う訪問型職場適応援助者の養成のための研修

ロ　訪問型職場適応援助者による援助の実施に関し必要な知識及び技能を習得させるためのものとして厚生労働大臣が定める研修

二　次のいずれにも該当する事業主であること。

イ　障害者の雇用に伴い必要となる援助を行う企業在籍型職場適応援助者（職場適応援助者のうち、次に掲げるいずれかの研修を修了したもの（障害者雇用促進法施行規則第二十条の二の三第三項第一号又は第二号に掲げる研修を修了したものを含む。）であつて、事業主が行う職場適応援助者を配置することによる援助の実施に関し必要な相当程度の経験及び能力を有すると都道府県労働局長が認める者をいう。以下同じ。）の援助に関する計画（独立行政法人高齢・障害・求職者雇用支援機構が作成し、

又は承認した計画に限る。）に基づき、適切に援助を実施できると都道府県労働局長が認める事業主であること。
(1) 障害者雇用促進法第二十条第三号及び第二十二条第四号の規定に基づき障害者職業総合センター及び地域障害者職業センターが行う企業在籍型職場適応援助者の養成のための研修
(2) 企業在籍型職場適応援助者による援助の実施に関し必要な知識及び技能を習得させるためのものとして厚生労働大臣が定める研修
ロ 当該事業主の雇用する労働者の離職状況及びイの雇用に係る障害者に対する賃金の支払の状況を明らかにする書類を整備している事業主であること。
三 次のイ又はロに掲げる事業主の区分に応じて、それぞれ当該規定に定める額
イ 第一号に該当する事業主 次に掲げる額の合計額
(1) 訪問型職場適応援助者が障害者（精神障害者を除く。）に対し、四時間以上の支援を実施した日数に一万六千円を乗じて得た額
(2) 訪問型職場適応援助者が障害者（精神障害者を除く。）に対し、四時間未満の支援を実施した日数に八千円を乗じて得た額
(3) 訪問型職場適応援助者が障害者（精神障害者に限る。）に対し、三時間以上の支援を実施した日数に一万六千円を乗じて得た額
(4) 訪問型職場適応援助者が障害者（精神障害者に限る。）に対し、三時間未満の支援を実施した日数に八千円を乗じて得た額
ロ 前号に該当する事業主 次に掲げる額の合計額（第二項第二号ヘ(1)に規定する障害者の数と合計して三人までの支給に限る。）
(1) 前号に掲げる援助を受ける者（精神障害者を除く。）の数に、一月につき、六万円（中小企業事業主にあっては、八万円）を乗じて得た額
(2) 前号に掲げる援助を受ける者（精神障害者に限る。）の数に、一月につき、九万円（中小企業事業主にあっては、十二万円）を乗じて得た額
6 前項第一号に該当する事業主が、その雇用する労働者に対し、同号に掲げるいずれかの研修を修了させ、当該研修を修了した日から起算して六箇月以内に訪問型職場適応援助者として援助を行わせ、かつ、当該研修に要した費用の全額を負担した場合にあっては、同項第三号イに定める額に加え、当該研修に要した費用に二分の一を乗じて得た額を支給するものとする。
7 第五項第二号の支援に係る障害者が短時間労働者である場合における同項第三号ロの規定の適用については、同号ロ(1)中「六万円（中小企業事業主にあっては、八万円）」とあるの

は「三万円（中小企業事業主にあつては、四万円）」と、同号ロ(2)中「九万円（中小企業事業主にあつては、十二万円）」とあるのは「五万円（中小企業事業主にあつては、六万円）」とする。

8　第五項第二号に該当する事業主が、その雇用する労働者に対し、同号イに掲げるいずれかの研修を修了させ、当該研修を修了した日から起算して六箇月以内に企業在籍型職場適応援助者として援助を行わせ、かつ、当該研修に要した費用の全額を負担した場合にあつては、同項第三号ロに定める額に加え、当該研修に要した費用に二分の一を乗じて得た額を支給するものとする。

9　障害や傷病治療と仕事の両立支援コース助成金は、第一号又は第二号に該当する事業主に対して、第三号に定める額を支給するものとする。

一　次のいずれにも該当する事業主であること。

イ　障害・治療と仕事との両立支援計画（その雇用する障害者又は反復継続して治療を行う必要がある傷病を負つた労働者（障害者を除く。以下この号において同じ。）に対する治療等のための有給休暇の付与、勤務時間の短縮（労働基準法第三十九条の規定による年次有給休暇とし
られるものを除く。）その他のこれらの者の治療
両立を支援するために事業主が講ずる措置
う。以下この号において同じ。）を、都道府県労働局長に対して提出し、認定を受けた事業主であること。

ロ　労働協約又は就業規則において障害・治療と仕事との両立支援計画に記載された措置を定めている事業主であること。

ハ　障害・治療と仕事との両立支援計画の期間の初日の前日から起算して六箇月前の日から都道府県労働局長に対する障害や傷病治療と仕事の両立支援コース助成金（この号の規定によるものに限る。）の受給についての申請書を提出するまでの間（ニにおいて「基準期間」という。）において、当該計画に係る事業所の労働者を解雇した事業主（天災その他やむを得ない理由のために事業の継続が不可能となつたこと又は労働者の責めに帰すべき理由により解雇した事業主を除く。）以外の事業主であること。

ニ　障害・治療と仕事との両立支援計画に係る事業所に雇用されていた者であつて基準期間に離職したもののうち、当該基準期間に特定受給資格者として受給資格の決定がなされたものの数等から判断して、適正な雇用管理を行つていると認められる事業主であること。

ホ　治療と仕事との両立を支援するために事業主が講ずる措置に要した費用の負担の状況及び当該障害・治療と仕事との両立支援計画に係る事業所の労働者の離職の状況

を明らかにする書類を整備している事業主であること。

ヘ　障害・治療と仕事との両立支援計画に係る事業所ごとに、次のいずれかに該当する者を新たに配置し、かつ、当該配置について、事業所に掲示等の周知を行っている事業主であること。

(1) 企業在籍型職場適応援助者

(2) 両立支援コーディネーター（反復継続して治療を行う必要がある傷病を負つた労働者の治療と仕事との両立の支援に関し必要な知識及び技能を習得させるための研修を修了した者をいう。次号ハ及び第三号ロにおいて同じ。）

二　次のいずれにも該当する事業主であること。

イ　その雇用する反復継続して治療を行う必要がある傷病を負つた労働者について、両立支援計画（事業所において作成される当該反復継続して治療を行う必要がある傷病を負つた労働者に係る治療と仕事との両立を円滑にするための措置を定めた計画をいう。以下この号において同じ。）を作成し、かつ、当該両立支援計画に基づく措置を講じた事業主であること。

ロ　両立支援計画の期間の初日から六箇月を経過する日までの間において、当該両立支援計画に係る労働者を解雇した事業主（天災その他やむを得ない理由のために事業の継続が不可能となつたこと又は労働者の責めに帰すべき理由により解雇した事業主を除く。）以外の事業主であること。

ハ　両立支援計画に係る事業所ごとに、両立支援コーディネーターを配置し、かつ、当該配置について、事業所に掲示等の周知を行っている事業主であること。

三　次のイからニまでに掲げる事業主の区分に応じて、それぞれ当該規定に定める額

イ　第一号に該当する事業主であつて、企業在籍型職場適応援助者を配置したもの（このイの規定による支給を受けたものを除く。）　三十万円

ロ　第一号に該当する事業主であつて、両立支援コーディネーターを配置したもの（このロの規定による支給を受けたものを除く。）　二十万円

ハ　前号に該当する事業主であつて、両立支援計画の対象となる労働者が期間の定めのない労働契約を締結しているものであるもの（このハの規定による支給を受けたものを除く。）　二十万円

ニ　前号に該当する事業主であつて、両立支援計画の対象となる労働者が期間の定めのある労働契約を締結しているものであるもの（このニの規定による支給を受けたものを除く。）　十万円

10　中小企業障害者多数雇用施設設置等コース助成金は、第一号に該当する事業主に対して、第二号に定める額を支給する

ものとする。
一　次のいずれにも該当する事業主
イ　都道府県労働局長に対して、ロの雇入れ、ロに係る事業所において雇用する障害者である労働者に係る雇用管理の方法及び当該事業所の所在する地域における障害者の雇用の促進に資する取組等に関する計画を作成し、当該計画が障害者の安定した雇用の確保のために適当であると認められる事業主であること。
ロ　次のいずれかに該当する障害者（以下この項において「重度障害者等」という。）である求職者を継続して雇用する労働者（障害者雇用促進法第四十三条第三項に規定する短時間労働者（重度身体障害者、重度知的障害者又は精神障害者（精神保健及び精神障害者福祉に関する法律（昭和二十五年法律第百二十三号。以下「精神保健福祉法」という。）第四十五条第二項の規定により精神障害者保健福祉手帳の交付を受けている者に限る。(3)において同じ。）である者を除く。）を除く。）として五人以上雇い入れ、かつ、適当な雇用を継続することができると認められる事業所であつて、当該事業所の事業の用に供する施設又は設備（以下この項において「事業施設等」という。）の設置（賃借による設置を除く。以下この項において同じ。）又は整備（重度障害者等の雇用に適当であると認められる設置又は整備であつて、その購入に要した費用が千五百万円以上であるものに限る。以下この項において同じ。）が行われる事業所（当該雇入れ後において雇用している重度障害者等である労働者の数が十人以上であり、かつ、当該重度障害者等である労働者の数の雇用している全ての労働者の数のうちに占める割合が十分の二以上である事業所に限る。）を新たに設立する事業主であること。
(1)　重度身体障害者
(2)　知的障害者
(3)　精神障害者
ハ　その常時雇用する障害者雇用促進法第四十三条第一項に規定する労働者の数が三百人以下である事業主であること。
ニ　次のいずれかに該当する事業主以外の事業主であること。
(1)　特例子会社の事業主
(2)　障害者雇用促進法第四十五条第一項の認定に係る同項に規定する関係会社の事業主
(3)　障害者雇用促進法第四十五条の二第一項の認定に係る同項に規定する関係子会社の事業主
(4)　障害者雇用促進法第四十五条の三第一項の認定に係る同項に規定する特定事業主
ホ　資本金、資金、人事、取引等の状況からみて当該雇入れに係る者を雇用していた事業主と密接な関係にある他の事業主以外の事業主であること。

ヘ　当該雇入れの日の前日から起算して六箇月前の日から一年を経過した日までの間（トにおいて「基準期間」という。）において、当該雇入れに係る事業所の労働者を解雇した事業主（天災その他やむを得ない理由のために事業の継続が不可能となつたこと又は労働者の責めに帰すべき理由により解雇した事業主を除く。）以外の事業主であること。

ト　当該雇入れに係る事業所に雇用されていた者であつて基準期間に離職した者のうち当該基準期間に特定受給資格者として受給資格の決定がなされたものの数等から判断して、適切な雇用管理を行つていると認められる事業主であること。

チ　当該事業主の雇用する労働者の離職状況及びロの雇入れに係る者に対する賃金の支払の状況を明らかにする書類を整備している事業主であること。

二　次のイ又はロに掲げる額のうち、前号の事業主が選択した額

イ　次の(1)及び(2)に掲げる年度の区分に応じて、それぞれ当該規定に定める額の合計額

(1)　初年度　五百万円

(2)　初年度の翌年度及び翌々年度　各二百五十万円

ロ　次の(1)及び(2)に掲げる年度の区分に応じて、それぞれ当該規定に定める額の合計額

(1)　初年度　七百二十万円

(2)　初年度の翌年度及び翌々年度　各九十万円

11　前項第一号ロの雇入れに係る労働者の数が十五人以上であつて、同号ロの事業施設等の設置又は整備に要した費用が四千五百万円以上である場合における同項第二号の規定の適用については、同号イ(1)中「五百万円」とあるのは「一千五百万円」と、同号イ(2)中「各二百五十万円」とあるのは「各七百五十万円」と、同号ロ(1)中「七百二十万円」とあるのは「二千百六十万円」と、同号ロ(2)中「各九十万円」とあるのは「各二百七十万円」とする。

12　第十項第一号ロの雇入れに係る労働者の数が十人以上であつて、同号ロの事業施設等の設置又は整備に要した費用が三千万円以上である場合（前項に該当する場合を除く。）における第十項第二号の規定の適用については、同号イ(1)中「五百万円」とあるのは「一千万円」と、同号イ(2)中「各二百五十万円」とあるのは「各五百万円」と、同号ロ(1)中「七百二十万円」とあるのは「一千四百四十万円」と、同号ロ(2)中「各九十万円」とあるのは「各百八十万円」とする。

（生涯現役起業支援助成金）

第百十九条　生涯現役起業支援助成金は、第一号に該当する事業主に対して、第二号に定める額を支給するものとする。

一　次のいずれにも該当する事業主であること。

イ　次のいずれかに該当する事業主であること。

(1)　次のいずれにも該当する者が代表者である法人を、新たな事業を開始するために設立した事業主であること。

(i)　当該設立の日における年齢が四十歳以上の者であること。

(ii)　当該法人の業務に専ら従事する者であること。

(2)　個人事業主のうち、新たな事業を開始した日における年齢が四十歳以上の者であって、当該事業に専ら従事するものであること。

ロ　次のいずれにも該当する事業主であること。

(1)　法人の設立又は事業の開始（法人による場合を除く。）の日から十二箇月以内に、雇用創出のための募集及び採用並びに教育訓練に関する計画（以下この条において「雇用創出計画」という。）を都道府県労働局長に対して提出し、その認定を受けた事業主であること。

(2)　雇用創出計画の期間（以下この条において「計画期間」という。）内に、次のいずれかに掲げる者の区分に応じ、それぞれ当該規定に定める数以上の者を新たに継続して雇用する労働者として雇い入れる事業主であること。

(i)　六十歳以上の者　一人

(ii)　四十歳以上六十歳未満の者　二人

(iii)　四十歳未満の者　三人（四十歳以上六十歳未満の者を一人新たに継続して雇用する労働者として雇い入れる場合にあっては、二人）

(3)　計画期間の初日の前日から起算して六箇月前の日から都道府県労働局長に対する生涯現役起業支援助成金の受給についての申請書の提出日までの間（(4)において「基準期間」という。）において、(2)の雇入れに係る事業所の労働者を解雇した事業主（天災その他やむを得ない理由のために事業の継続が不可能となったこと又は労働者の責めに帰すべき理由により解雇した事業主を除く。）以外の事業主であること。

(4)　(2)の雇入れに係る事業所に雇用されていた者であって基準期間に離職したもののうち当該基準期間に特定受給資格者として受給資格の決定がなされたものの数等から判断して、適正な雇用管理を行っていると認められる事業主であること。

(5)　(2)の雇入れに係る事業所の労働者の離職状況及び当該雇入れに係る者に対する賃金の支払の状況を明らかにする書類を整備している事業主であること。

二　次のイ及びロに掲げる場合の区分に応じて、それぞれ当該規定に定める額

イ　第一号イ(1)の法人の代表者又は同号イ(2)の個人事業主

が六十歳以上の場合 雇用創出計画に基づく募集及び採用並びに教育訓練に要した経費（人件費を除く。ロにおいて「助成対象経費」という。）の三分の二に相当する額（その額が二百万円を超えるときは、二百万円）

ロ イ以外の場合 助成対象経費の二分の一に相当する額（その額が百五十万円を超えるときは、百五十万円）

2 前項第一号に該当する事業主が、同項の生涯現役起業支援助成金の支給を受け、かつ、生産性要件に該当する場合にあつては、同項第二号に定める額に加え、同項の規定により支給した額の総額に四分の一を乗じて得た額を支給するものとする。

（国等に対する不支給）

第百二十条 第百二条の三第一項、第百二条の五第二項、第七項及び第十二項、第百四条、第百十条第二項、第七項、第九項、第十一項及び第十二項、第百十条の三第二項及び第三項、第百十二条第二項及び第四項、第百十三条第一項（附則第十六条の二の規定により適用される場合を含む。）、第百十四条第一項（附則第十六条の二の規定により適用される場合を含む。）、第百十六条第二項から第五項まで及び第九項、第百十八条第二項、第百十八条の二第二項、第五項、第九項、第十項、第十二項及び第十五項、第百十八条の三第二項、第五項、第九項及び第十項並びに第百十九条第一項の規定にかかわらず、雇用調整助成金、労働移動支援助成金、六十五歳超雇用推進助成金、特定求職者雇用開発助成金、トライアル雇用助成金、地域雇用開発助成金、通年雇用助成金、両立支援等助成金、人材確保等支援助成コース助成金、キャリアアップ助成金、障害者雇用安定助成金及び生涯現役起業支援助成金は、国、地方公共団体、行政執行法人及び特定地方独立行政法人（以下「国等」という。）に対しては、支給しないものとする。

（労働保険料滞納事業主等に対する不支給）

第百二十条の二 第百二条の三第一項、第百二条の五第二項、第七項及び第十二項、第百四条、第百十条第二項、第七項、第九項、第十一項及び第十二項、第百十条の三第二項及び第三項、第百十二条第二項及び第四項、第百十三条第一項（附則第十六条の二の規定により適用される場合を含む。）、第百十四条第一項（附則第十六条の二の規定により適用される場合を含む。）、第百十六条第二項から第五項まで及び第九項、第百十八条第二項、第百十八条の二第二項、第五項、第九項、第十項、第十二項及び第十五項、第百十八条の三第二項、第五項、第九項及び第十項並びに第百十九条の規定にかかわらず、雇用調整助成金、労働移動支援助成金、六十五歳超雇用推進助成金、特定求職者雇用開発助成金、トライアル雇用助成金、地域雇用開発助成金、通年雇用助成金、両立支援等助成金、人材確保等支援助成コース助成金、キャリアアップ助成金、障害者雇用安定助成金及び生涯現役起業支援助成金は、労働保険料の納付の状況が著しく不適切である、又は過去三年以内に偽りその他不正の行為により、雇用調整助成金その他の法第四章の規定により支給される給付金の支給を受け、若しくは受けようとした事業主又は事業主団体に対しては、支給しないものとする。

第二節　能力開発事業

第百二十一条　法第六十三条第一項第一号に掲げる事業として、広域団体認定訓練助成金及び認定訓練助成事業費補助金を交付する事業を行うものとする。

（広域団体認定訓練助成金）

第百二十二条　広域団体認定訓練助成金は、その構成員又は連合団体を構成する団体の構成員である中小企業事業主のために職業能力開発促進法第二十四条第三項（同法第二十七条の二第二項において準用する場合を含む。）に規定する認定職業訓練（以下「認定訓練」という。）を実施する中小企業事業主の団体（その構成員が二以上の都道府県にわたるものに限る。）又はその連合団体であって、認定訓練を振興するために助成を行うことが必要であると認められるものに対して、支給するものとする。

2　広域団体認定訓練助成金の額は、前項に規定する中小企業事業主の団体又はその連合団体が実施する認定訓練の運営に要する経費に関し、職業訓練の種類、規模等を考慮して厚生労働大臣が定める基準に従って算定した額（その額が当該経費につき当該年度において要した金額を超えるときは、当該金額とする。）の二分の一（全国的な中小企業事業主の団体の連合団体にあっては、三分の二）の額とする。

（認定訓練助成事業費補助金）

第百二十三条　認定訓練助成事業費補助金は、職業能力開発促進法第十三条に規定する事業主等（事業主にあっては中小企業事業主に、事業主の団体又はその連合団体にあっては中小企業事業主の団体又はその連合団体に限る。）が行う認定訓練を振興するために必要な助成又は援助を行う都道府県に対して、次の各号に掲げる経費に関し、それぞれ職業訓練の種類、規模等を考慮して厚生労働大臣が定める基準に従って算定した額（その額が当該経費につき当該年度において要した金額を超えるときは、当該金額とする。）の経費について、都道府県が行う助成又は援助に係る額の二分の一に相当する額（その額が当該基準に従って算定した額（その額が当該経費につき当該年度において要した金額を超えるときは、当該金額とする。）の二分の一に相当する額を超えるときは当該二分の一に相当する額）を交付するものとする。

一　認定訓練の運営に要する経費

二　認定訓練の実施に必要な施設又は設備の設置又は整備に要する経費

（法第六十三条第一項第二号、第四号、第五号及び第八号に掲げる事業）

第百二十四条　法第六十三条第一項第一号、第四号、第五号及び第八号に掲げる事業として、人材開発支援助成金（人材開発支援助成金のうち建設労働者認定訓練コース助成金及び建設労働者技能実習コース助成金は、建設労働法第九条第二号の規定に基づき支給するものをいう。次条第一項及び第九項において同じ。）を支給するものとする。

（人材開発支援助成金）

第百二十五条　人材開発支援助成金は、人材開発支援コース助成金、特別育成訓練コース助成金、建設労働者認定訓練コース助成金、建設労働者技能実習コース助成金及び障害者職業能力開発コース助成金とする。

2　人材開発支援コース助成金は、第一号に該当する事業主又は事業主団体若しくは共同して職業訓練等を実施する二以上の事業主（以下この条において「事業主団体等」という。）に対して、第二号に定める額を支給するものとする。

一　次のいずれかに該当する事業主又は事業主団体等であること。

イ　次のいずれかに該当する事業主又は事業主団体等であること。

(1)　次のいずれにも該当する事業主であること。

(i)　当該事業主の事業所の労働組合等の意見を聴いて作成した職業能力開発促進法第十一条第一項に規定する計画（以下この号において「事業内職業能力開発計画」という。）をその雇用する被保険者に周知させる事業主であって、当該事業内職業能力開発計画に基づき年間職業能力開発計画（職業訓練等、職業能力開発のための休暇、職業能力の評価、キャリアコンサルティングその他の職業能力開発に関する計画であって一年ごとに定めるものをいう。以下この号及び次項において同じ。）を作成し、かつ、その雇用する被保険者に周知させるものであること。

(ii)　年間職業能力開発計画に基づき、その雇用する被保険者（有期契約労働者等を除く。以下この条(ix)及び(2)(iv)(へ)、ニ(1)、ホ(1)並びに第五項を除く。）において同じ。）に専門的な知識若しくは技能を追加して習得させることを内容とする職業訓練等又は新たな職業に必要な知識若しくは技能を習得させることを内容とする職業訓練等（以下この項及び第六項において「一般訓練」という。）を受けさせる事業主（当該一般訓練の期間、当該被保険者に対し所定労働時間労働した場合に支払われる通常の賃金の額を支払う事業主に限る。）であること。

(iii)　年間職業能力開発計画を都道府県労働局長に対して提出している事業主であること。

(iv)　年間職業能力開発計画を提出した日の前日から起算して六箇月前の日から都道府県労働局長に対する

人材開発支援コース助成金の受給についての申請書の提出日までの間(v)において「基準期間」という。）において、当該年間職業能力開発計画に係る事業所の労働者を解雇した事業主（天災その他やむを得ない理由のために事業の継続が不可能となつたこと又は労働者の責めに帰すべき理由により解雇した事業主を除く。）以外の事業主であること。

(v) 年間職業能力開発計画に係る事業所に雇用されていた者であつて基準期間に離職したもののうち、当該基準期間に特定受給資格者として受給資格の決定がなされたものの数等から判断して、適正な雇用管理を行つていると認められる事業主であること。

(vi) 年間職業能力開発計画に係る事業所の労働者の離職状況及び当該年間職業能力開発計画に係る者に対する賃金の支払の状況等を明らかにする書類を整備している事業主であること。

(vii) 職業能力開発推進者を選任している事業主であること。

(viii) 中小企業事業主であること。

(ix) 労働協約、就業規則又は事業内職業能力開発計画においてその雇用する被保険者に対し、定期的なキャリアコンサルティングの機会の確保に係る措置を定めている事業主であること。

(2) 次のいずれにも該当する事業主団体等であること。

(i) 訓練実施計画（事業主団体等が当該事業主団体等の構成員である事業主（以下この号において「構成事業主」という。）の雇用する被保険者を対象に実施する職業訓練等に関する計画であつて、一年ごとに定めるものをいう。以下この(2)及びロにおいて同じ。）を作成する事業主団体等であること。

(ii) 訓練実施計画に基づき、構成事業主の雇用する被保険者に一般訓練を受けさせる事業主団体等（共同して一般訓練を実施する二以上の事業主にあつては、その全ての事業主が当該一般訓練の期間、当該被保険者に対し所定労働時間労働した場合に支払われる通常の賃金の額を支払う事業主に限る。）であること。

(iii) 訓練実施計画を都道府県労働局長に対して提出している事業主団体等であること。

(iv) 共同して一般訓練を実施する二以上の事業主にあつては、その全ての事業主が次のいずれにも該当する事業主であること。

(イ) 訓練実施計画を提出した日の前日から起算して六箇月前の日から都道府県労働局長に対する人材開発支援コース助成金の受給についての申請書の提出日までの間(ロ)において「基準期間」という。）

において、当該訓練実施計画に係る事業所の労働者を解雇した事業主（天災その他やむを得ない理由のために事業の継続が不可能となつたこと又は労働者の責めに帰すべき理由により解雇した事業主を除く。）以外の事業主であること。

(ロ) 訓練実施計画に係る事業所に雇用されていた者であつて基準期間に離職したもののうち、当該基準期間に特定受給資格者として受給資格の決定がなされたものの数等から判断して、適正な雇用管理を行つていると認められる事業主であること。

(ハ) 訓練実施計画に係る事業所の労働者の離職状況及び当該訓練実施計画に係る者に対する賃金の支払の状況等を明らかにする書類を整備している事業主であること。

(ニ) 職業能力開発推進者を選任している事業主であること。

(ホ) 中小企業事業主であること。

(ヘ) 労働協約、就業規則又は訓練実施計画においてその雇用する被保険者に対し、定期的なキャリアコンサルティングの機会の確保に係る措置を定めている事業主であること。

ロ イ(1)(i)及び(iii)から(vii)までに該当する事業主であつて、年間職業能力開発計画に基づき、その雇用する被保険者に次のいずれかの職業訓練等（当該事業主の事業の生産性を著しく向上させるためのものに限る。以下この項及び次項において「特定訓練」という。）を受けさせるもの（当該特定訓練の期間（海外で実施する職業訓練等の期間を除く。）、当該被保険者に対し所定労働時間労働した場合に支払われる通常の賃金の額を支払う事業主に限る。）又はイ(2)(i)、(iii)及び(iv)(イ)から(ニ)までに該当する事業主団体等であつて、訓練実施計画に基づき、構成事業主の雇用する被保険者に特定訓練を受けさせるもの（共同して特定訓練を実施する二以上の事業主にあつては、その全ての事業主が当該特定訓練の期間（海外で実施する職業訓練等の期間を除く。）、当該被保険者に対し所定労働時間労働した場合に支払われる通常の賃金の額を支払う事業主に限る。）であること。

(1) その雇用する被保険者のうち若年労働者（雇用契約を締結後五年を経過していない労働者であつて、三十五歳未満のものをいう。）に受けさせる計画的な職業訓練等

(2) 海外における事業に関連する職業訓練等（海外で実施する職業訓練等を含む。）

(3) その雇用する熟練技能者（その習得に相当の期間を要する熟練した技能及びこれに関する知識を持つ労働者をいう。以下この(3)において同じ。）に対する技能者

の育成を行うための指導能力を強化するための職業訓練等、熟練技能者の指導により行う技能の継承を図るための職業訓練等又は認定訓練

(4) 職業能力開発促進法第十五条の七第一項第二号に規定する高度職業訓練、中小企業等経営強化法（平成十一年法律第十八号）第三十四条第二項第一号の事業分野別指針に定められた事項に関する研修として行う職業訓練等その他人材開発統括官の定めるその雇用する被保険者に職業訓練等を受けさせる事業主の事業の生産性を著しく向上させることが見込まれる職業訓練等

ハ イ(1)(i)及び(iii)から(vii)までに該当する事業主であつて、次のいずれかに該当するもの又は事業主団体等であつて、次のいずれかに該当するものであること。

(1) 次のいずれにも該当する事業主であること。

(i) 年間職業能力開発計画に基づき、次の(イ)から(ニ)までに掲げるいずれかの者（以下この項及び次項において「雇用型訓練対象者」という。）にそれぞれ当該規定に掲げる職業訓練（以下この項及び次項において「特定雇用型訓練」という。）を受けさせる事業主（当該特定雇用型訓練の期間、当該雇用型訓練対象者に対し所定労働時間労働した場合に支払われる通常の賃金の額を支払う事業主に限る。）であること。

(イ) 新たに雇い入れた被保険者であつて、十五歳以上四十五歳未満のもの　職業能力開発促進法第二十六条の五第一項に規定する認定実習併用職業訓練（以下この(i)において「対象認定実習併用職業訓練」という。）

(ロ) 職業能力開発促進法第二十六条の三第三項に規定する認定を受ける前から雇用する十五歳以上四十五歳未満の被保険者のうち、新たに通常の労働者へ転換した者　対象認定実習併用職業訓練

(ハ) その雇用する被保険者であつて、十五歳以上四十五歳未満のもの（以下この項、次項及び附則第十七条の八ただし書において「対象被保険者」という。）　学校教育法第八十三条に規定する大学（同法第九十七条に規定する大学院を含む。）と連携した対象認定実習併用職業訓練

(ニ) 対象被保険者　製造業、建設業、情報通信業その他高度で実践的な職業訓練の必要性の高い分野に関連する対象認定実習併用職業訓練（以下この項、次項及び附則第十七条の八ただし書において「特定分野訓練」という。）

(ii) 年間職業能力開発計画に基づき、雇用型訓練対象者に職務経歴等記録書による職業能力の評価（以下「能力評価」という。）を実施する事業主であること。

(2) 次のいずれにも該当する事業主であること。
(i) 年間職業能力開発計画に基づき、次の(イ)及び(ロ)に掲げるいずれかの者（以下この項、次項及び附則第十七条の八ただし書において「中高年雇用型訓練対象者」という。）に人材開発統括官の定めるところにより都道府県労働局長に届け出た職業訓練（この項、次項及び附則第十七条の八ただし書において「特定中高年雇用型訓練」という。）を受けさせる事業主（当該特定中高年雇用型訓練の期間、当該中高年雇用型訓練対象者に対し所定労働時間労働した場合に支払われる通常の賃金の額を支払う事業主に限る。）であること。
(イ) 新たに雇い入れた被保険者であつて、四十五歳以上のもの
(ロ) 人材開発統括官の定めるところにより都道府県労働局長に届け出る前から雇用する四十五歳以上の被保険者のうち、新たに通常の労働者へ転換したもの
(ii) 年間職業能力開発計画に基づき、中高年雇用型訓練対象者に能力評価を実施する事業主であること。
(3) 次のいずれにも該当する事業主であること。
(i) 対象被保険者について、次のいずれにも該当する出向をさせた事業主（以下この(3)において「出向元事業主」という。）又は当該出向をさせた者を雇い入れる事業主（以下この(3)において「出向先事業主」という。）であること。
(イ) 出向をした日が、出向先事業主が当該対象被保険者に特定分野訓練を受けさせる日の前日までであること。
(ロ) 出向をした日から起算して二年を経過する日までの間に当該出向を終了し、当該対象被保険者が出向元事業主の当該出向に係る事業所に復帰するものであること。
(ハ) 出向元事業主と出向先事業主があらかじめ締結した出向に関する契約に基づき、出向先事業主の当該出向に係る事業所において行われる当該特定分野訓練の期間、当該対象被保険者に対し所定労働時間労働した場合に支払われる通常の賃金の額が支払われるものであること。
(ニ) 出向の時期、出向の対象となる労働者の範囲その他出向の実施に関する事項について、あらかじめ出向元事業主と当該出向元事業主の当該出向に係る事業所の労働組合等との間に書面による協定がなされ、当該協定の定めるところによつて行われるものであること。
(ホ) 出向をさせた者の同意を得たものであること。

(ii)　イ(1)(i)に規定する年間職業能力開発計画を共同して作成する出向元事業主又は出向先事業主であり、かつ、当該年間職業能力開発計画に基づき、対象被保険者に特定分野訓練を受けさせる出向元事業主（当該特定分野訓練の期間（(i)(ハ)の期間を除く。）、当該対象被保険者に対し所定労働時間労働した場合に支払われる通常の賃金の額を支払う事業主に限る。）又は出向先事業主であること。

(iii)　年間職業能力開発計画に基づき、対象被保険者に能力評価を実施する事業主であること。

(4)　次のいずれにも該当する事業主又は事業主団体等であること。

(i)　イ(1)(i)に規定する年間職業能力開発計画を共同して作成する対象被保険者を雇用する事業主又は事業主団体等であり、かつ、当該年間職業能力開発計画に基づき、対象被保険者に特定分野訓練を受けさせる事業主（当該特定分野訓練の期間、当該対象被保険者に対し所定労働時間労働した場合に支払われる通常の賃金の額を支払う事業主に限る。）又は事業主団体等であること。

(ii)　年間職業能力開発計画に基づき、対象被保険者に能力評価を実施する事業主であること。

ニ　イ(1)(vii)及び(viii)に該当する事業主であつて、次のいずれにも該当するものであること。

(1)　その雇用する被保険者のキャリア形成を支援するため、労働協約又は就業規則に定めるところにより、当該事業主以外の者の行う職業訓練等、職業能力検定（職業に必要な労働者の技能及びこれに関連する知識についての検定をいう。）又はキャリアコンサルティング（以下この(1)において「自発的職業能力開発」という。）を受けるために必要な有給休暇（労働基準法第三十九条の規定による年次有給休暇として与えられるものを除く。）の付与による自発的職業能力開発を受ける機会の確保等を通じた職業能力開発及び向上を促進する措置（(3)において「教育訓練休暇制度の導入及び適用」という。）を新たに行った事業主であること。

(2)　(1)に掲げる措置の適用を受ける一定数の被保険者が生じた事業主であること。

(3)　事業内職業能力開発計画をその雇用する被保険者に周知した事業主であつて、当該事業内職業能力開発計画に基づき教育訓練休暇制度の導入及び適用に係る計画（以下このニにおいて「制度導入・適用計画」という。）を作成し、かつ、その雇用する被保険者に周知したものであること。

(4)　制度導入・適用計画を都道府県労働局長に対して提出した事業主であること。

(5) 制度導入・適用計画を提出した日の前日から起算して六箇月前の日から都道府県労働局長に対する人材開発支援助成金の受給についての申請書を提出する日までの間(6)において「基準期間」という。)において、当該制度導入・適用計画に係る事業所の労働者を解雇した事業主(天災その他やむを得ない理由のために事業の継続が不可能となつたこと又は労働者の責めに帰すべき理由により解雇した事業主を除く。)以外の事業主であること。

(6) 制度導入・適用計画に係る事業所に雇用されていた者であつて基準期間に離職したもののうち、当該基準期間に特定受給資格者として受給資格の決定がなされたものの数等から判断して、適正な雇用管理を行つていると認められる事業主であること。

(7) 当該制度導入・適用計画に係る事業所の労働者の離職状況を明らかにする書類を整備している事業主であること。

二 次のイからニまでに掲げる事業主又は事業主団体等の区分に応じて、それぞれ当該規定に定める額

イ 前号イに該当する事業主又は事業主団体等 次に掲げる額の合計額

(1) 一般訓練(当該事業主又は事業主団体等が自ら運営する座学等に限る。)の運営に要した経費並びに一般訓練(当該事業主又は事業主団体等が教育訓練施設等に委託して行う座学等に限る。)に係る入学料及び受講料の合計額の百分の三十(生産性要件に該当する事業主にあつては、百分の四十五)の額(その額が、当該一般訓練を受けた被保険者一人につき、次の(i)から(iii)までに掲げる一の一般訓練の実施時間数の区分に応じ、当該(i)から(iii)までに定める額を超えるときは、当該定める額)

(i) 二十時間以上百時間未満 七万円

(ii) 百時間以上二百時間未満 十五万円

(iii) 二百時間以上 二十万円

(2) その雇用する被保険者に対して、一般訓練(座学等に限る。)を受ける期間中に支払つた賃金の額の算定の基礎となつた労働時間数(当該被保険者一人につき、千二百時間を限度とする。)に三百八十円(生産性要件に該当する事業主にあつては、四百八十円)を乗じて得た額

ロ 前号ロに該当する事業主又は事業主団体等 次に掲げる額の合計額

(1) 特定訓練(当該事業主が自ら運営する座学等に限る。)の運営に要した経費並びに特定訓練(当該事業主が教育訓練施設等に委託して行う座学等に限る。)に係る入学料及び受講料の合計額の百分の三十(生産性

要件に該当する事業主にあつては、百分の四十五）（中小企業事業主及び事業主団体等にあつては、百分の四十五（生産性要件に該当する事業主にあつては、百分の六十））の額（その額が、当該特定訓練を受けた被保険者一人につき、次の(i)から(iii)までに掲げる一の特定訓練の実施時間数の区分に応じ、当該(i)から(iii)までに定める額を超えるときは、当該定める額）

(i) 十時間以上百時間未満　十万円（中小企業事業主及び事業主団体等にあつては、十五万円）

(ii) 百時間以上二百時間未満　二十万円（中小企業事業主及び事業主団体等にあつては、三十万円）

(iii) 二百時間以上　三十万円（中小企業事業主及び事業主団体等にあつては、五十万円）

(2) その雇用する被保険者に対して、特定訓練（座学等に限る。）を受ける期間中に支払つた賃金の額の算定の基礎となつた労働時間数（当該被保険者一人につき、千二百時間（当該被保険者に認定訓練又は専門実践教育訓練を受けさせる場合にあつては、千六百時間）を限度とする。）に三百八十円（生産性要件に該当する事業主にあつては、四百八十円）（中小企業事業主にあつては、七百六十円（生産性要件に該当する事業主にあつては、九百六十円））を乗じて得た額

ハ　前号ハに該当する事業主又は事業主団体等　次に掲げる額の合計額

(1) 特定雇用型訓練（特定分野訓練を除く。以下この(1)において同じ。）（当該事業主が自ら運営する座学等に限る。）又は特定中高年雇用型訓練（当該事業主が自ら運営する座学等に限る。）の運営に要した経費並びに特定雇用型訓練（当該事業主が教育訓練施設等に委託して行う座学等に限る。）又は特定中高年雇用型訓練（当該事業主が教育訓練施設等に委託して行う座学等に限る。）に係る入学料及び受講料の合計額の百分の三十（生産性要件に該当する事業主にあつては、百分の四十五）（中小企業事業主にあつては、百分の四十五（生産性要件に該当する事業主にあつては、百分の六十））の額（その額が、当該特定雇用型訓練又は特定中高年雇用型訓練を受けた雇用型訓練対象者（特定分野訓練を受けた者を除く。）又は中高年雇用型訓練対象者一人につき、次の(i)から(iii)までに掲げる一の特定雇用型訓練又は特定中高年雇用型訓練の実施時間数の区分に応じ、当該(i)から(iii)までに定める額を超えるときは、当該定める額）

(i) 十時間以上百時間未満　十万円（中小企業事業主にあつては、十五万円）

(ii) 百時間以上二百時間未満　二十万円（中小企業事業主にあつては、三十万円）

(iii) 二百時間以上　三十万円（中小企業事業主にあつては、五十万円）

(2) 特定分野訓練（当該事業主又は事業主団体等が自ら運営する座学等に限る。）の運営に要した経費並びに特定分野訓練（当該事業主又は事業主団体等が教育訓練施設等に委託して行う座学等に限る。）に係る入学料及び受講料の合計額の百分の四十五（生産性要件に該当する事業主にあつては、百分の六十）（中小企業事業主及び事業主団体等にあつては、百分の六十（生産性要件に該当する事業主にあつては、百分の七十五））の額（その額が、当該特定分野訓練を受けた対象被保険者一人につき、次の(i)から(iii)までに掲げる一の特定分野訓練の実施時間数の区分に応じ、当該(i)から(iii)までに定める額を超えるときは、当該定める額）

(i) 十時間以上百時間未満　十万円（中小企業事業主及び事業主団体等にあつては、十五万円）

(ii) 百時間以上二百時間未満　二十万円（中小企業事業主及び事業主団体等にあつては、三十万円）

(iii) 二百時間以上　三十万円（中小企業事業主及び事業主団体等にあつては、五十万円）

(3) その雇用する雇用型訓練対象者又は中高年雇用型訓練対象者に対して、特定雇用型訓練（座学等に限る。）又は特定中高年雇用型訓練（座学等に限る。）を受ける期間中に支払つた賃金の額の算定の基礎となつた労働時間数（当該雇用型訓練対象者又は中高年雇用型訓練対象者一人につき、千二百時間を限度とする。）に三百八十円（生産性要件に該当する事業主にあつては、四百八十円）（中小企業事業主にあつては、七百六十円（生産性要件に該当する事業主にあつては、九百六十円））を乗じて得た額

(4) その雇用する雇用型訓練対象者の一人につき、一の特定雇用型訓練（座学等を除く。）の実施時間数（当該雇用型訓練対象者の一人につき、六百八十時間を限度とする。）に三百八十円（生産性要件に該当する事業主にあつては、四百八十円）（中小企業事業主にあつては、六百六十五円（生産性要件に該当する事業主にあつては、八百四十円））を乗じて得た額

(5) その雇用する中高年雇用型訓練対象者の一人につき、一の特定中高年雇用型訓練（座学等を除く。）の実施時間数（当該中高年雇用型訓練対象者一人につき、三百八十二時間三十分を限度とする。）に三百八十円（生産性要件に該当する事業主にあつては、四百八十円）（中小企業事業主にあつては、六百六十五円（生産性要件に該当する事業主にあつては、八百四十円））を乗じて得た額

ニ　前号ニに該当する事業主　三十万円（生産性要件に該

当する事業主にあつては、三十六万円）

3　一の年度において、年間職業能力開発計画に基づく一の事業所又は事業主団体等に係る人材開発支援コース助成金の額が、次のいずれかに掲げる場合において、それぞれ次に定める額を超えるときは、前項の規定にかかわらず、次に定める額を当該事業所に係る事業主又は事業主団体等に対して、支給するものとする。

一　被保険者に特定訓練を受けさせる場合、雇用型訓練対象者に特定雇用型訓練を受けさせる場合（対象被保険者に特定分野訓練を受けさせる場合を含む。）又は中高年雇用型訓練対象者に特定中高年雇用型訓練を受けさせる場合　一千万円

二　その他の場合　五百万円

4　青少年雇用促進法第十五条の認定を受けた事業主が第二項第一号ロ並びにハ(1)及び(2)に該当する場合における同項第二号ロ及びハ(1)の規定の適用については、同号ロ及びハ(1)中「百分の三十」とあるのは「百分の四十五」と、「百分の四十五」とあるのは「百分の六十」と、「百分の六十」とあるのは「百分の七十五」とする。

5　人材開発統括官の定める定期的なキャリアコンサルティングの機会の確保を通じた被保険者の職業生活設計に即した自発的な職業能力の開発及び向上を促進する措置を導入した事業主が第二項第一号ロ並びにハ(1)及び(2)に該当する場合における同項第二号ロ及びハ(1)の規定の適用については、同号ロ及びハ(1)中「百分の三十」とあるのは「百分の四十五」と、「百分の四十五」とあるのは「百分の六十」と、「百分の六十」とあるのは「百分の七十五」とする。

6　事業主又は事業主団体等が第二項第一号イに該当し、かつ、当該一般訓練を受けさせる被保険者が育児休業中のもの若しくは育児休業後において原職等に復帰したもの又は妊娠、出産若しくは育児を理由とする離職後に再就職したものである場合における同項第二号イの規定の適用については、同号イ中「二十時間以上」とあるのは、「十時間以上」とする。

7　特別育成訓練コース助成金は、第一号に該当する事業主に対して、第二号（第三号又は第四号の規定により読み替えて適用する場合を含む。）に定める額を支給するものとする。

一　次のいずれにも該当する事業主であること。

イ　次のいずれかに該当する事業主であること。

(1)　職務に関連した専門的な技能及びこれに関する知識を習得させるための職業訓練等又は第百十八条の二第二項第一号ハ(1)から(3)までに規定する転換に必要な技能及びこれに関する知識を習得させるための職業訓練等（以下この項において「一般職業訓練」という。）（専門実践教育訓練を活用したものを除く。以下この項において同じ。）の訓練実施計画（以下この項において「一般職業訓練実施計画」という。）に基づき、その雇

用する有期契約労働者等に一般職業訓練を受けさせる事業主（当該一般職業訓練の期間、当該有期契約労働者等に対し所定労働時間労働した場合に支払われる通常の賃金の額を支払う事業主に限る。）であること。

(2) 一般職業訓練実施計画に基づき、その雇用する育児休業中の有期契約労働者等が一般職業訓練を受けることを支援する事業主であること。

(3) 一般職業訓練実施計画に基づき、その雇用する有期契約労働者等に一般職業訓練（専門実践教育訓練を活用したものに限る。次号ハにおいて同じ。）を受けさせる事業主であること。

(4) 次のいずれにも該当する職業訓練（以下この項において「有期実習型訓練」という。）の訓練実施計画（以下この項において「有期実習型訓練実施計画」という。）に基づき、その雇用する有期契約労働者等であって、対象職業能力形成促進者（有期実習型訓練を受けることが望ましいと認められる者をいう。以下この項において同じ。）であるものに、有期実習型訓練を受けさせる事業主（当該有期実習型訓練の期間、当該対象職業能力形成促進者に対し所定労働時間労働した場合に支払われる通常の賃金の額を支払う事業主に限る。）であること。

(イ) 実習と座学等とが効果的に組み合わされたものであり、かつ、実習と座学等とが相互に密接な関連を有するものであること。

(ロ) 職業訓練の実施期間が三箇月以上六箇月（資格を取得するための期間が六箇月を超えるなど、特別な理由がある場合には一年）以下であること。

(ハ) 職業訓練の総訓練時間数を六箇月当たりの時間数に換算した時間数が四百二十五時間以上であること。

(ニ) 実習の時間数の職業訓練の総訓練時間数に占める割合が一割以上九割以下であること。

(ホ) 対象職業能力形成促進者に対して、適正な能力評価を実施すること。

(ヘ) 職業訓練の指導及び能力評価に係る担当者及び責任者が選任されていること。

(ト) 職業訓練を修了した対象職業能力形成促進者の労働契約の更新等の取扱い及び当該取扱いに係る基準が定められていること。

(5) 派遣元事業主と派遣先の事業主（労働者派遣法第四十四条第一項に規定する派遣先の事業主をいう。以下この項において同じ。）とが共同して作成する有期実習型訓練実施計画に基づき、当該派遣元事業主が雇用する紹介予定派遣（労働者派遣法第二条第四号に規定する紹介予定派遣をいう。以下この項において同じ。）

に係る派遣労働者であつて、対象職業能力形成促進者であるものに、有期実習型訓練を受けさせる当該派遣元事業主（当該有期実習型訓練の期間、当該対象職業能力形成促進者に対し所定労働時間労働した場合に支払われる通常の賃金の額を支払う事業主に限る。）又は当該派遣先の事業主であること。

(6) 専門的な知識及び技能を有する事業主の団体又はその連合団体（以下この(6)において「支援団体」という。）と事業主とが共同して行う次のいずれにも該当する職業訓練（以下この項において「中小企業等担い手育成訓練」という。）の訓練実施計画（当該支援団体と当該事業主とが共同して作成するものに限る。以下この項において「中小企業等担い手育成訓練実施計画」という。）に基づき、その雇用する有期契約労働者等（短時間労働者及び派遣労働者を除く。以下この(6)及び次号ト(1)において同じ。）に中小企業等担い手育成訓練を受けさせる事業主（当該中小企業等担い手育成訓練の期間、当該有期契約労働者等に対し所定労働時間労働した場合に支払われる通常の賃金の額を支払う事業主に限る。）であること。

(イ) 実習と座学等とが効果的に組み合わされたものであり、かつ、実習と座学等とが相互に密接な関連を有するものであること。

(ロ) 職業訓練の実施期間が三年以下であること。

(ハ) 実習の時間数の職業訓練の総訓練時間数に占める割合が一割以上九割以下であること。

(ニ) 職業訓練を受ける有期契約労働者等に対して、適正な能力評価を実施すること。

(ホ) 職業訓練の指導及び能力評価に係る担当者及び責任者が選任されていること。

(ヘ) 職業訓練を修了した有期契約労働者等の労働契約の更新等の取扱い及び当該取扱いに係る基準が定められていること。

ロ イの一般職業訓練実施計画、有期実習型訓練実施計画又は中小企業等担い手育成訓練実施計画を提出した日の前日から起算して六箇月前の日から都道府県労働局長に対する特別育成訓練コース助成金の受給についての申請書の提出日までの間（ハにおいて「基準期間」という。）において、当該一般職業訓練、有期実習型訓練又は中小企業等担い手育成訓練に係る事業所の労働者を解雇した事業主（天災その他やむを得ない理由のために事業の継続が不可能となつたこと又は労働者の責めに帰すべき理由により解雇した事業主を除く。）以外の事業主であること。

ハ イの一般職業訓練、有期実習型訓練又は中小企業等担い手育成訓練に係る事業所に雇用されていた者であつて基準期間に離職したもののうち当該基準期間に特定受給資格者として受給資格の決定がなされたものの数等から判断して、適正な雇用管理を行つていると認められる事業主であること。

ニ　イの一般職業訓練、有期実習型訓練又は中小企業等担い手育成訓練に係る事業所の労働者の離職状況及び当該一般職業訓練、有期実習型訓練又は中小企業等担い手育成訓練に係る者に対する賃金の支払の状況等を明らかにする書類を整備している事業主であること。

二　次のイからトまでの区分に応じて、それぞれ当該規定に定める額

イ　前号イ(1)に該当する事業主　次に掲げる額の合計額

(1)　一般職業訓練（当該事業主が自ら運営するものに限る。）の運営に要した経費並びに一般職業訓練（当該事業主が教育訓練施設等に委託して行うものに限る。）に係る入学料及び受講料の合計額（その額が、当該一般職業訓練を受けた有期契約労働者等一人につき、次の(i)から(iii)までに掲げる一の一般職業訓練の実施時間数の区分に応じ、当該(i)から(iii)までに定める額を超えるときは、当該定める額）

(i)　百時間未満　七万円（中小企業事業主にあつては、十万円）

(ii)　百時間以上二百時間未満　十五万円（中小企業事業主にあつては、二十万円）

(iii)　二百時間以上　二十万円（中小企業事業主にあつては、三十万円）

(2)　その雇用する有期契約労働者等に対して、一般職業訓練を受ける期間中に支払つた賃金の額の算定の基礎となつた労働時間数に四百七十五円（生産性要件に該当する事業主にあつては、六百円）（中小企業事業主にあつては、七百六十円（生産性要件に該当する事業主にあつては、九百六十円））を乗じて得た額

ロ　前号イ(2)に該当する事業主　一般職業訓練（当該事業主が自ら運営するものに限る。）の運営に要した経費並びに一般職業訓練（当該事業主が教育訓練施設等に委託して行うものに限る。）に係る入学料及び受講料の合計額（その額が、当該一般職業訓練を受けた有期契約労働者等一人につき、次の(1)から(3)までに掲げる一の一般職業訓練の実施時間数の区分に応じ、当該(1)から(3)までに定める額を超えるときは、当該定める額）

(1)　百時間未満　七万円（中小企業事業主にあつては、十万円）

(2)　百時間以上二百時間未満　十五万円（中小企業事業主にあつては、二十万円）

(3)　二百時間以上　二十万円（中小企業事業主にあつては、三十万円）

ハ　前号イ(3)に該当する事業主　次に掲げる額の合計額
(1)　一般職業訓練（当該事業主が自ら運営するものに限る。）の運営に要した経費並びに一般職業訓練（当該事業主が教育訓練施設等に委託して行うものに限る。）に係る入学料及び受講料の合計額（その額が、当該一般職業訓練を受けた有期契約労働者等一人につき、次の(i)から(iii)までに掲げる一の一般職業訓練の実施時間数の区分に応じ、当該(i)から(iii)までに定める額を超えるときは、当該定める額）
(i)　百時間未満　十万円（中小企業事業主にあっては、十五万円）
(ii)　百時間以上二百時間未満　二十万円（中小企業事業主にあっては、三十万円）
(iii)　二百時間以上　三十万円（中小企業事業主にあっては、五十万円）
(2)　イ(2)に掲げる額
ニ　前号イ(4)に該当する事業主　次に掲げる額の合計額
(1)　有期実習型訓練（当該事業主が自ら運営する座学等に限る。）の運営に要した経費並びに有期実習型訓練（当該事業主が教育訓練施設等に委託して行う座学等に限る。）に係る入学料及び受講料の合計額（その額が、当該有期実習型訓練を受けた有期契約労働者等一人につき、次の(i)から(iii)までに掲げる一の有期実習型訓練の実施時間数の区分に応じ、当該(i)から(iii)までに定める額を超えるときは、当該定める額）
(i)　百時間未満　七万円（中小企業事業主にあっては、十万円）
(ii)　百時間以上二百時間未満　十五万円（中小企業事業主にあっては、二十万円）
(iii)　二百時間以上　二十万円（中小企業事業主にあっては、三十万円）
(2)　その雇用する有期契約労働者等に対して、有期実習型訓練（座学等に限る。）を受ける期間中に支払った賃金の額の算定の基礎となった労働時間数に四百七十五円（生産性要件に該当する事業主にあっては、六百円）（中小企業事業主にあっては、七百六十円（生産性要件に該当する事業主にあっては、九百六十円））を乗じて得た額
(3)　対象者一人につき、一の有期実習型訓練（座学等を除く。）の実施時間数に六百六十五円（生産性要件に該当する事業主にあっては、八百四十円）（中小企業事業主にあっては、七百六十円（生産性要件に該当する事業主にあっては、九百六十円））を乗じて得た額
ホ　前号イ(5)に該当する派遣元事業主又は派遣先の事業主　次に掲げる額の合計額
(1)　有期実習型訓練（当該派遣元事業主又は当該派遣先

の事業主が自ら運営する座学等に限る。）の運営に要した経費並びに有期実習型訓練（当該派遣元事業主又は当該派遣先の事業主が教育訓練施設等に委託して行う座学等に限る。）に係る入学料及び受講料の合計額（その額が、当該有期実習型訓練を受けた紹介予定派遣に係る派遣労働者一人につき、次の(i)から(iii)までに掲げる一の有期実習型訓練の実施時間数の区分に応じ、当該(i)から(iii)までに定める額を超えるときは、当該定める額）

(i) 百時間未満　七万円（当該派遣元事業主又は当該派遣先の事業主が中小企業事業主である場合にあつては、十万円）

(ii) 百時間以上二百時間未満　十五万円（当該派遣元事業主又は当該派遣先の事業主が中小企業事業主である場合にあつては、二十万円）

(iii) 二百時間以上　二十万円（当該派遣元事業主又は当該派遣先の事業主が中小企業事業主である場合にあつては、三十万円）

(2) 有期実習型訓練（当該派遣元事業主又は当該派遣先の事業主が受けさせる座学等に限る。）を受ける期間中に支払つた賃金の額の算定の基礎となつた労働時間数に四百七十五円（生産性要件に該当する事業主にあつては、六百円）（中小企業事業主にあつては、七百六十円（生産性要件に該当する事業主にあつては、九百六十円））を乗じて得た額

ヘ　前号イ(5)に該当する派遣先の事業主　対象者一人につき、一の有期実習型訓練（座学等を除く。）の実施時間数に六百六十五円（生産性要件に該当する事業主にあつては、八百四十円）（当該派遣先の事業主が中小企業事業主である場合にあつては、七百六十円（生産性要件に該当する事業主にあつては、九百六十円））を乗じて得た額

ト　前号イ(6)に該当する事業主　次に掲げる額の合計額

(1) その雇用する有期契約労働者等に対して、中小企業等担い手育成訓練（座学等に限る。）を受ける期間中に支払つた賃金の額の算定の基礎となつた労働時間数に四百七十五円（生産性要件に該当する事業主にあつては、六百円）（中小企業事業主にあつては、七百六十円（生産性要件に該当する事業主にあつては、九百六十円））を乗じて得た額

(2) 対象者一人につき、一の中小企業等担い手育成訓練（座学等を除く。）の実施時間数に六百六十五円（生産性要件に該当する事業主にあつては、八百四十円）（中小企業事業主にあつては、七百六十円（生産性要件に該当する事業主にあつては、九百六十円））を乗じて得た額

三　第一号イ(4)に定める事業主が有期実習型訓練を修了した

有期契約労働者等について、第百十八条の二第二項第一号ハ(1)から(3)までに定めるいずれかの措置を講じた場合における前号ニ(1)の規定の適用については、同号ニ(1)(i)中「七万円（中小企業事業主にあつては、十万円）」とあるのは「十万円（中小企業事業主にあつては、十五万円）」と、同号ニ(1)(ii)中「十五万円（中小企業事業主にあつては、二十万円）」とあるのは「二十万円（中小企業事業主にあつては、三十万円）」と、同号ニ(1)(iii)中「二十万円（中小企業事業主にあつては、三十万円）」とあるのは「三十万円（中小企業事業主にあつては、五十万円）」とする。

四　第一号イ(5)に定める派遣先の事業主が有期実習型訓練を修了した紹介予定派遣に係る派遣労働者について、第百十八条の二第二項第一号ハ(4)から(6)までに定めるいずれかの措置を講じた場合における第二号ホ(1)の規定の適用については、同号ホ(1)(i)中「七万円（当該派遣元事業主又は当該派遣先の事業主が中小企業事業主である場合にあつては、十万円）」とあるのは「十万円（当該派遣元事業主又は当該派遣先の事業主が中小企業事業主である場合にあつては、十五万円）」と、同号ホ(1)(ii)中「十五万円（当該派遣元事業主又は当該派遣先の事業主が中小企業事業主である場合にあつては、二十万円）」とあるのは「二十万円（当該派遣元事業主又は当該派遣先の事業主が中小企業事業主である場合にあつては、三十万円）」と、同号ホ(1)(iii)中「二十万円（当該派遣元事業主又は当該派遣先の事業主が中小企業事業主である場合にあつては、三十万円）」とあるのは「三十万円（当該派遣元事業主又は当該派遣先の事業主が中小企業事業主である場合にあつては、五十万円）」とする。

8　一の年度において、前項第一号に該当する事業主の一の事業所に係る特別育成訓練コース助成金の額が一千万円を超えるときは、同項の規定にかかわらず、一千万円を当該事業所の事業主に対して支給するものとする。

9　建設労働者認定訓練コース助成金及び建設労働者技能実習コース助成金の支給については、建労則に定めるところによる。

10　障害者職業能力開発コース助成金は、第一号に該当する事業主等（事業主若しくはその団体（法人でない団体で代表者又は管理人の定めのないものを除く。）、学校教育法第百二十四条に規定する専修学校若しくは同法第百三十四条第一項に規定する各種学校を設置する私立学校法（昭和二十四年法律第二百七十号）第三条に規定する学校法人若しくは同法第六十四条第四項に規定する法人、社会福祉法第二十二条に規定する社会福祉法人その他身体障害者、知的障害者若しくは精神障害者又は発達障害者の雇用の促進に係る事業を行う法人をいう。以下この項において同じ。）に対して、第二号に定める額を支給するものとする。

一　次のいずれにも該当する事業主等であること。

イ　障害者（障害者雇用促進法第二条第一号に規定する障害者のうち、長期間の教育訓練が必要であると公共職業安定所長が認める求職者に限る。以下この項において同じ。）の職業に必要な能力を開発し、及び向上させるための教育訓練（厚生労働大臣が定める基準に適合するものに限る。以下この項において「障害者職業能力開発訓練」という。）の事業（障害者の日常生活及び社会生活を総合的に支援するための法律（平成十七年法律第百二十三号）第五条第一項に規定する障害福祉サービスのうち、同条第十三項に規定する就労移行支援若しくは同条第十四項に規定する就労継続支援の事業又は職業能力開発促進法第十五条の七第三項の規定に基づき国又は都道府県が公共職業能力開発施設を設置して行う職業訓練とみなして当該公共職業能力開発施設以外の施設により行われる教育訓練の事業のうち、その事業に要する費用が国の負担によるものを除く。以下この項において同じ。）に関する計画を、都道府県労働局長に対して提出し、認定を受けた事業主等であること。

ロ　次のいずれかに該当する事業主等であること。

(1)　障害者職業能力開発訓練の事業を行うための施設又は設備の設置又は整備を行う事業主等であること。

(2)　障害者職業能力開発訓練の事業を行うための施設又は設備の更新を行う事業主等であること。

(3)　障害者職業能力開発訓練の事業を行う事業主等であること。

二　次のイからハまでに掲げる事業主等の区分に応じて、それぞれ当該イからハまでに定める額

イ　前号ロ(1)に該当する事業主等　障害者職業能力開発訓練の事業を行うための施設又は設備の設置又は整備に要した費用の額に四分の三を乗じて得た額（その額が五千万円を超えるときは、五千万円）

ロ　前号ロ(2)に該当する事業主等　障害者職業能力開発訓練の事業を行うための施設又は設備の更新に要した費用の額に四分の三を乗じて得た額（その総額が一千万円を超えるときは、一千万円）

ハ　前号ロ(3)に該当する事業主等　次に掲げる額の合計額

(1)　障害者職業能力開発訓練の事業の運営に要した費用の額を当該障害者職業能力開発訓練を受講した障害者の総数で除して得た額（(2)において「一人当たり運営費用額」という。）に四分の三を乗じて得た額（その額が一月につき十六万円を超えるときは、十六万円）に当該障害者職業能力開発訓練を受講した障害者（重度身体障害者、重度知的障害者、精神障害者及び就職が特に困難であると公共職業安定所長が認める障害者（(2)及び(3)において「重度障害者等」という。）を除く。）の数を乗じて得た額

(2) 一人当たり運営費用額に五分の四を乗じて得た額（その額が一月につき十七万円を超えるときは、十七万円）に当該障害者職業能力開発訓練を受講する重度障害者等の数を乗じて得た額

(3) 次のいずれにも該当する者の数に十万円を乗じて得た額

(i) 重度障害者等であつて、障害者職業能力開発訓練の受講を修了したもの又は当該障害者職業能力開発訓練が終了する日前に就職したこと、就職することが約されたこと若しくは自営業者となつたことを理由として当該障害者職業能力開発訓練を受講することを取りやめたもの

(ii) 障害者職業能力開発訓練を修了した日又は当該障害者職業能力開発訓練を受講することを取りやめた日の翌日から起算して九十日を経過する日までの間に被保険者（日雇労働被保険者を除く。以下この(ii)において同じ。）となつた者、被保険者として雇用することが約された者又は事業主となつた者

（法第六十三条第一項第一号及び第八号に掲げる事業）

第百二十五条の二　法第六十三条第一項第一号及び第八号に掲げる事業として、事業主、労働者等に対して、労働者の職業能力の開発及び向上に関する情報及び資料の提供並びに助言及び指導その他労働者の職業生活設計に即した自発的な職業能力の開発及び向上に係る技術的な援助を行う事業を行うものとする。

（法第六十三条第一項第二号に掲げる事業）

第百二十六条　法第六十三条第一項第二号に掲げる事業として、公共職業能力開発施設（公共職業能力開発施設の行う職業訓練を受ける者のための宿泊施設を含む。次条第一項において同じ。）及び職業能力開発総合大学校（職業能力開発総合大学校の行う指導員訓練又は職業訓練を受ける者のための宿泊施設を含む。第百二十八条において同じ。）の設置及び運営並びに職業能力開発促進法第十五条の七第二項ただし書に規定する職業訓練の実施を行うものとする。

（公共職業能力開発施設の設置及び運営）

第百二十七条　法第六十三条第一項第二号の規定により設置し、又は運営する公共職業能力開発施設は、職業能力開発短期大学校、職業能力開発大学校及び職業能力開発促進センターとする。

2 前項の公共職業能力開発施設の設置又は運営の基準は、職業能力開発促進法その他の関係法令の定めるところによる。

（職業能力開発総合大学校の設置及び運営）

第百二十八条　職業能力開発総合大学校の設置又は運営の基準は、職業能力開発促進法その他の関係法令の定めるところによる。

（法第六十三条第一項第三号に掲げる事業）

第百二十九条 法第六十三条第三項第三号に掲げる事業として、職場適応訓練及び介護労働講習を行うものとする。

（職場適応訓練）

第百三十条 職場適応訓練は、受給資格者、高年齢受給資格者又は特例受給資格者であつて、再就職を容易にするため職場適応訓練を受けることが適当であると公共職業安定所長が認めるものに対して、次の各号に該当する事業主に委託して行うものとする。

一 設備その他について職場適応訓練を行うための条件を満たしていると公共職業安定所長が認める事業所の事業主であること。

二 職場適応訓練が終了した後当該職場適応訓練を受けた者を雇い入れる見込みがある事業主であること。

（介護労働講習）

第百三十一条 介護労働講習は、介護労働者法第二条第二項に規定する介護労働者又は介護労働者になろうとする者に対して、必要な知識及び技能を習得させるため行うものとする。

第百三十二条 削除

第百三十三条 削除

（法第六十三条第一項第一号、第六号及び第八号に掲げる事業）

第百三十四条 法第六十三条第一項第一号、第六号及び第八号に掲げる事業として、中央職業能力開発協会費補助金及び都道府県職業能力開発協会費補助金を交付するものとする。

（中央職業能力開発協会費補助金）

第百三十五条 中央職業能力開発協会費補助金は、中央職業能力開発協会に対して、中央職業能力開発協会が職業能力開発促進法第五十五条の規定に基づいて行う業務に要する経費について、厚生労働大臣が定める基準に従つて算定した額を交付するものとする。

（都道府県職業能力開発協会費補助金）

第百三十六条 都道府県職業能力開発協会費補助金は、都道府県職業能力開発協会が職業能力開発促進法第八十二条の規定に基づいて行う業務に要する経費について補助する都道府県に対して、厚生労働大臣が定める基準に従つて算定した額を交付するものとする。

（法第六十三条第一項第六号に掲げる事業）

第百三十七条 法第六十三条第一項第六号に掲げる事業として、指定試験機関費補助金を交付するものとする。

（指定試験機関費補助金）

第百三十七条の二 指定試験機関費補助金は、職業能力開発促進法第四十七条第一項の規定に基づいて厚生労働大臣が技能検定試験に関する業務を行わせる指定試験機関であつて、当該業務に要する経費について補助を行うことが必要なものに対して、当該経費について、厚生労働大臣が定める基準に従つて算定した額を交付するものとする。

（法第六十三条第一項第八号の厚生労働省令で定める事業）

第百三十八条　法第六十三条第一項第八号の厚生労働省令で定める事業は、第百二十四条、第百二十五条の二、第百三十四条及び第百四十条から第百四十条の三までに定めるもののほか、次のとおりとする。
一　労働者に対して、その職業の安定を図るために必要な知識及び技能を習得させるための講習を行い、及び当該講習に係る受講給付金を支給すること。
二　労働者に対して、職業訓練の受講を促進するために必要な知識を付与させるための講習を行うこと。
三　事業主に対して、両立支援等助成金（第百三十九条第一項に規定する女性活躍加速化コース助成金に限る。同条、第百三十九条の三及び第百三十九条の四において同じ。）を支給すること。
四　都道府県に対して、職業訓練指導員の研修の実施を奨励すること。
五　公共職業能力開発施設又は職業能力開発総合大学校が行う職業訓練又は指導員訓練（以下この号において「職業訓練等」という。）を受けることが困難な者が当該職業訓練等を受けるために必要な資金の貸付けに係る保証を行う一般社団法人又は一般財団法人に対して、当該保証に要する経費の一部補助を行うこと。
六　卓越した技能者の表彰を行うこと。
七　技能労働者及び職業訓練指導員その他の職業訓練関係者の国際交流を行うこと。
八　雇用管理に関する業務に従事する労働者に対して、当該業務の遂行に必要な能力の開発及び向上を図るための研修を行うこと。
九　外国人労働者に対する職業訓練に関する業務に従事する労働者に対して、当該業務の遂行に必要な能力の開発及び向上を図るための研修並びに助言及び指導を行うこと。
十　独立行政法人労働政策研究・研修機構に対して、独立行政法人労働政策研究・研修機構法第十二条の規定により独立行政法人労働政策研究・研修機構が行う内外の労働に関する事情及び労働政策についての総合的な調査及び研究等の業務について、被保険者等の能力の開発を図るために必要な助成を行うこと。
十の二　船員の雇用の促進に関する特別措置法（昭和五十二年法律第九十六号）第七条第一項の規定に基づき国土交通大臣により指定された法人に対して、同法第八条第三号に掲げる業務に要する経費の一部の補助を行うこと。
十一　法第六十三条第一項第一号から第七号までに掲げる事業及び前各号に掲げる事業に附帯する事業を行うこと。

（両立支援等助成金）
第百三十九条　第百三十八条第三号の両立支援等助成金として、女性活躍加速化コース助成金を支給するものとする。
2　女性活躍加速化コース助成金は、第一号又は第二号に該当する事業主に対し、二十八万五千円（生産性要件に該当する事業主にあっては、三十六万円）を支給するものとする。ただし、既にこの項の規定による支給を受けた事業主にあっては、この限りではない。

一　次のいずれにも該当する中小企業事業主（その常時雇用する労働者の数が三百人を超えない事業主をいう。以下この項において同じ。）

イ　女性の職業生活における活躍の推進に関する法律（平成二十七年法律第六十四号。この号及び次号において「女性活躍推進法」という。）第八条第一項に規定する一般事業主行動計画（以下この条において「一般事業主行動計画」という。）を定め、厚生労働大臣に届け出て、当該一般事業主行動計画を労働者に周知させるための措置を講じ、かつ、当該一般事業主行動計画を公表した事業主

ロ　一般事業主行動計画に定める女性の職業生活における活躍の推進に関する取組を実施した事業主

ハ　女性活躍推進法第十六条第二項の規定により、その事業における女性の職業生活における活躍に関する情報を公表した事業主

二　次のいずれにも該当する事業主（中小企業事業主を除く。）

イ　前号イに該当する事業主

ロ　一般事業主行動計画に定める女性の職業生活における活躍の推進に関する取組を実施し、当該一般事業主行動計画に定める数値目標を達成した事業主

ハ　女性活躍推進法第十六条第一項の規定により、その事業における女性の職業生活における活躍に関する情報を公表した事業主

ニ　一般事業主行動計画に定める女性の職業生活における活躍の推進に関する取組を実施し、管理職に占める女性労働者の割合が女性の活躍に関する状況が優良なものとして雇用環境・均等局長が定める条件に該当する事業主

3　前項第一号に該当する中小企業事業主が、一般事業主行動計画に定める数値目標を達成した場合にあっては、当該中小企業事業主に対し、二十八万五千円（生産性要件に該当する事業主にあっては、三十六万円）を支給するものとする。

4　前項に規定する中小企業事業主が、同項に該当することにより女性活躍加速化コース助成金の支給を受け、かつ、管理職に占める女性労働者の割合が女性の活躍に関する状況が優良なものとして雇用環境・均等局長が定める条件に該当する場合にあっては、当該中小企業事業主に対し、同項に定める額に加え、十九万円（生産性要件に該当する事業主にあっては、二十四万円）を支給するものとする。

第百三十九条の二　削除

（国等に対する不支給）

第百三十九条の三　第百二十五条第二項、第七項及び第十項並びに第百三十九条第二項の規定にかかわらず、人材開発支援助成金及び両立支援等助成金は、国等に対しては、支給しないものとする。

（労働保険料滞納事業主等に対する不支給）

第百三十九条の四　第百二十二条第一項、第百二十五条第二項、第七項及び第十項並びに第百三十九条第二項の規定にかかわらず、広域団体認定訓練助成金、人材開発支援助成金及び両立支援等助成金は、労働保険料の納付の状況が著しく不適切である、又は過去三年以内に偽りその他不正の行為により、雇用調整助成金その他の法第四章の規定により支給される給付金の支給を受け、若しくは受けようとした事業主又は事業主団体若しくはその連合団体に対しては、支給しないものとする。

第三節　実践型地域雇用創造事業、戦略産業雇用創造プロジェクト及び地域活性化雇用創造プロジェクト

（実践型地域雇用創造事業）

第百四十条　法第六十二条第一項第六号又は第六十三条第一項第八号に掲げる事業として、地域雇用開発促進法第六条第二項第五号に規定する地域雇用創造協議会からの提案に係る次に掲げる事業であつて、厚生労働大臣が当該同意自発雇用創造地域における雇用の創造に資するために適当であると認めるものを行うものとする。

一　同意自発雇用創造地域内に所在する事業所の事業主であつて新たな事業の分野への進出又は事業の開始に伴い当該同意自発雇用創造地域内に居住する求職者を雇い入れようとするものの相談に応じ、助言、指導その他の援助を行う事業

二　同意自発雇用創造地域内に居住する求職者又は当該同意自発雇用創造地域内に所在する事業所に被保険者として雇用されることとなつている者（当該同意自発雇用創造地域内に居住しているものに限る。）（次号において「求職者等」という。）に対して、就職又は職業に必要な知識及び技能を習得させるための講習その他の援助を行う事業

三　同意自発雇用創造地域内に所在する事業所の事業の概要、当該事業所に係る求人及び前号に規定する講習その他の援助に関する情報を収集し、及び求職者等に対し提供し、並びに当該求職者等の相談に応じ、助言、指導その他の援助を行う事業

四　前三号の事業と相まつて雇用機会を増大させるために行う新たな事業の分野への進出等を行う取組に係る事業であつて、同意自発雇用創造地域における雇用の創造に資する事業

五　前四号に掲げるもののほか、同意自発雇用創造地域にお

ける雇用の創造に資する事業

（戦略産業雇用創造プロジェクト）

第百四十条の二 法第六十二条第一項第六号又は第六十三条第一項第八号に掲げる事業として、雇用機会が不足している都道府県からの提案に係る事業から構成されるプロジェクトであつて、当該都道府県における人材の育成及び確保を通じた雇用の創造に資するために適当であると厚生労働大臣が認めるもの（次項において「戦略産業雇用創造プロジェクト」という。）について、当該都道府県が実施する事業に要する経費の一部を補助するものとする。

2 前項の都道府県が実施する事業のほか、戦略産業雇用創造プロジェクトに係る事業を行うものとする。

（地域活性化雇用創造プロジェクト）

第百四十条の三 法第六十二条第一項第六号又は第六十三条第一項第八号に掲げる事業として、都道府県からの提案に係る事業から構成されるプロジェクトであつて、当該都道府県における人材の育成及び確保を通じた雇用の創造に資するために適当であると厚生労働大臣が認めるもの（次項において「地域活性化雇用創造プロジェクト」という。）について、当該都道府県が実施する事業に要する経費の一部を補助するものとする。

2 前項の都道府県が実施する事業のほか、地域活性化雇用創造プロジェクトに係る事業を行うものとする。

第五章 雑則

（事業所の設置等の届出）

第百四十一条 事業主は、事業所を設置したとき、又は事業所を廃止したときは、次の各号に掲げる事項を記載した届書に登記事項証明書、賃金台帳、労働者名簿その他の当該各号に掲げる事項を証明することができる書類を添えてその設置又は廃止の日の翌日から起算して十日以内に、事業所の所在地を管轄する公共職業安定所の長に提出しなければならない。

一 事業所の名称及び所在地

二 事業の種類

三 被保険者数

四 事業所を設置し、又は廃止した理由

五 事業所を設置し、又は廃止した年月日

第百四十二条 事業主は、その氏名若しくは住所又は前条第一号若しくは第二号に掲げる事項に変更があつたときは、その変更があつた事項及び変更の年月日を記載した届書に登記事項証明書、賃金台帳、労働者名簿その他の当該各号に掲げる事項に変更があつたことを証明することができる書類を添えて、その変更があつた日の翌日から起算して十日以内に、その事業所の所在地を管轄する公共職業安定所の長に提出しなければならない。

2　事業主は、前項の規定にかかわらず、職業安定局長が定めるところにより、同項に定める書類を添えないことができる。

（書類の保管義務）

第百四十三条　事業主及び労働保険事務組合は、雇用保険に関する書類（雇用安定事業又は能力開発事業に関する書類及び徴収法又は労働保険の保険料の徴収等に関する法律施行規則による書類を除く。）をその完結の日から二年間（被保険者に関する書類にあつては、四年間）保管しなければならない。

（雇用安定事業又は能力開発事業に係る書類の提出）

第百四十三条の二　事業主は、雇用調整助成金その他の法第四章の規定により支給される給付金の支給を受けようとするときは、労働者に関する事項その他必要な事項を記載した申請に必要な書類を提出するものとする。

（報告等）

第百四十三条の三　法第七十六条第一項及び第二項の規定による命令は、文書によつて行うものとする。

（立入検査の為の証明書）

第百四十四条　法第七十九条第二項の証明書は、様式第三十四号による。

（船員に関する特例）

第百四十四条の二　被保険者又は被保険者であつた者が法第六条第五号に規定する船員（以下「船員」という。）である場合においては、第十七条の二第一項及び第四項、第十七条の三、第十七条の四、第二十一条第一項、第二十四条第一項、第三十二条、第三十八条の三第二号、第四十三条第一項、第四十七条第一項及び第二項、第五十条第三項、第五十四条、第五十七条第一項、第七十五条第一項から第三項まで、第五項及び第六項、第七十六条第一項及び第二項、第八十一条第二項、第八十一条の二第二項、第八十二条の二、第八十四条第一項、第九十四条第一項及び第二項、第九十五条第二項、第九十六条、第九十七条第二項、第九十八条第二項、第九十九条第一項、第百条の二並びに第百三十条中「公共職業安定所長」とあるのは「公共職業安定所の長」、「公共職業安定所」とあるのは「公共職業安定所又は地方運輸局（運輸監理部並びに厚生労働大臣が国土交通大臣に協議して指定する運輸支局及び地方運輸局、運輸監理部又は運輸支局の事務所を含む。）の長」、「公共職業安定所長又は地方運輸局（運輸監理部並びに厚生労働大臣が国土交通大臣に協議して指定する運輸支局及び地方運輸局、運輸監理部又は運輸支局の事務所を含む。）の長」又は「公共職業安定所又は地方運輸局（運輸監理部並びに厚生労働大臣が国土交通大臣に協議して指定する運輸支局及び地方運輸局、運輸監理部又は運輸支局の事務所を含む。）」と、第十八条中「管轄公共職業安定所の長」とあるのは「管轄公共職業安定所又は第一条第五項第一号に掲げる事務についてその対象となる者の住所又は居所を管轄する地方運輸局（以下「管轄地方運輸局」という。）（運輸監理部並びに厚生労働大臣が国土交通大臣に協議して指定する運輸支局及び地方運輸局、運輸監理部又は運輸支局の事務所を含む。）の長」と、第十九条、第二十条第二項、第二十一条第一項、第三項、第四項及び第六項、第二十二条第一項及び第二項、第二十三条、第二十五条第一項、第二十六条第一項、第二十七条第一項、第二十八条の二第一項、第二十九条、第三十条、第三十一条第一項、第六項及び第七項、第三十一条の三第一項及び第三項、第三十八条、第三十八条の六、第四十一条、第四十二条、第四十三条第二項、第四十四条第二項及び第三項、第四十五条第一項及び第二項、第四十六条第一項、第四十九条第一項及び第二項、第五十条第一項、第三項及び第四項、第五十四条第一項及び第三項、第六十一条第二項、第六十三条第二項、第六十四条、第六十五条の四、第六十八条、第七十条第二項、第七十五条第一項、第七十六条第三項及び第四項、第七十八条第一項及び第二項、第七十九条第一項から第五項まで、第八十一条第三項、第八十一条の二第三項、第八十二条の五第一項、第八十二条の六、第八十二条の七第一項、第八十三条、第八十三条の四、第八十三条の五、第八十四条第一項、第八十五条、第八十六条、第九十二条第一項及び第二項、第九十三条、第九十七条第二項、第九十九条第一項から第三項まで、第百条、第百条の四第一項、第百条の五、第百条の八第一項並びに附則第二十三条中「管轄公共職業安定所」又は「管轄公共職業安定所の長」とあるのは「管轄公共職業安定所又は管轄地方運輸局（運輸監理部並びに厚生労働大臣が国土交通大臣に協議して指定する運輸支局及び地方運輸局、運輸監理部又は運輸支局の事務所を含む。）」又は「管轄公共職業安定所又は管轄地方運輸局（運輸監理部並びに厚生労働大臣が国土交通大臣に協議して指定する運輸支局及び地方運輸局、運輸監理部又は運輸支局の事務所を含む。）の長」と、第二十八条第一項中「管轄公共職業安定所に」とあるのは「管轄公共職業安定所又は管轄地方運輸局（運輸監理部並びに厚生労働大臣が国土交通大臣に協議して指定する運輸支局及び地方運輸局、運輸監理部又は運輸支局の事務所を含む。）に」と、「管轄公共職業安定所の長が」とあるのは「管轄公共職業安定所若しくは管轄地方運輸局（運輸監理部並びに厚生労働大臣が国土交通大臣に協議して指定する運輸支局及び地方運輸局、運輸監理部又は運輸支局の事務所を含む。）の長が」と、第三十一条の二中「六十歳」とあるのは「五十歳」と、第三十五条第二号中「事業所において、労働施策の総合的な推進並びに労働者の雇用の安定及び職業生活の充実等に関する法律（昭和四十一年法律第百三十二号）第二十七条第一項の規定による離職に係る大量の雇用変動の届出がされたため離職した者」とあるのは「船舶所有者の都合により離職する被保険者の数が一月以内の期間に三十人以上となつたことにより離職した者」と、「離職したため離職した者」とあるのは「離職したため離職した者その他これらに準ずる理由として公共職業安定所又は地方運輸局（運輸監理部並びに厚生労働大臣が国土交通大臣に協議して指定する運輸支局及び地方運輸局、運輸監理部又は運輸支局の事務所を含む。）の長が認めるものが生じたことにより離職した者」と、同条第四号中「事業所の移転」とあるのは「船舶に乗船すべき場所の変更」と、第三十六条中「理由は、」とあるのは「理由は、被保険者が乗船する船舶の国籍喪失に伴い離職したこと又は」と、同条第五号イ中「労働基準法第三十六条第一項の協定で定める労働時間の延長の限度等に関する基準（平成十年労働省告示第百五十四号）（当該受給資格者が、育児・介護休業法第十七条第一項の小学校就学の始期に達するまでの子を養育する労働者であつて同項各号のいずれにも該当しないものである場合にあつては同項、育児・介護休業法第十八条第一項の要介護状態にある対象家族を介護する労働者であつて同項において準用する育児・介護休業法第十七条第一項各号のいずれにも該当しないものである場合にあつては同項）」とあるのは「船員法第六十四条の二第一項の協定で定める労働時間の延長の限度等に関する基準（平成二十一年国土交通省告示第二百九十四号）」と、同条第十号中「事業所において使用者の責めに帰すべき事由により行われた休業」とあるのは「船員法第二条第二項に規定する予備船員（以下「予備船員」という。）である期間（休日を除く。）」と、第七十五条第四項中「公共職業安定所長が」とあるのは「公共職業安定所長若しくは地方運輸局（運輸監理部並びに厚生労働大臣が国土交通大臣に協議して指定する運輸支局及び地方運輸局、運輸監理部又は運輸支局の事務所を含む。）の長が」と、第八十一条第一項及び第八十一条の二第一項中「公共職業安定所の長又は管轄公共職業安定所の長」とあるのは「公共職業安定所若しくは地方運輸局（運輸監理部並びに厚生労働大臣が国土交通大臣に協議して指定する運輸支局及び地方運輸局、運輸監理部又は運輸支局の事務所を含む。）の長又は管轄公共職業安定所若しくは管轄地方運輸局（運輸監理部並びに厚生労働大臣が国土交通大臣に協議して指定する運輸支局及び地方運輸局、運輸監理部又は運輸支局の事務所を含む。）の長」と、第八十二条第一項及び第二項中「公共職業安定所又は」とあるのは「公共職業安定所若しくは地方運輸局（運輸監理部並びに厚生労働大臣が国土交通大臣に協議して指定する運輸支局及び地方運輸局、運輸監理部又は運輸支局の事務所を含む。）又は」と、同条第一項中「をいう。」とあるのは「又は船員職業安定法（昭和二十三年法律第百三十号）第六条第四項に規定する無料船員職業紹介事業者をいう。」と、第八十六条中「公共職業安定所の」とあるのは「公共職業安定所若しくは地方運輸局（運輸監理部並びに厚生労働大臣が国土交通大臣に協議して指定する運輸支局及び地方運輸局、運輸監理部又は運輸支局の事務所を含む。）の」と、第八十六条及び第九十五条第一項中「公共職業安定所長の」とあるのは「公共職業安定所長若しくは地方運輸局（運輸監理部並びに厚生労働大臣が国土交通大臣に協議して指定する運輸支局及び地方運輸局、運輸監理部又は運輸支局の事務所を含む。）の長の」と、第九十五条第一項中「、公共職業安定所」とあるのは「、公共職業安定所若しくは地方運輸局（運輸監理部並びに厚生労働大臣が国土交通大臣に協議して指定する運輸支局及び地方運輸局、運輸監理部又は運輸支局の事務所を含む。）」と、「公共職業安定所長に」とあるのは「公共職業安定所長又は地方運輸局（運輸監理部並びに厚生労働大臣が国土交通大臣に協議して指定する運輸支局及び地方運輸局、運輸監理部又は運輸支局の事務所を含む。）の長に」と、第百一条の十一第一項第三号ハ中「労働基準法第六十五条第一項若しくは第二項」とあるのは「船員法第八十七条第一項若しくは第二項」とする。

＜編注＞本条第一項は、次のように改正され、平成三一年四月一日から施行される。

（船員に関する特例）

第百四十四条の二　被保険者又は被保険者であった者が法第六条第五号に規定する船員（以下「船員」という。）である場合においては、第十七条の二第一項及び第四項、第十七条の三、第十七条の四、第二十一条第一項、第二十四条第一項、第三十二条、第三十八条の三第二号、第四十三条第一項、第四十七条第一項及び第二項、第五十条第三項、第五十四条、第五十七条第一項、第七十五条第一項から第三項まで、第五項及び第六項、第七十六条第一項及び第二項、第八十一条第二項、第八十一条の二第二項、第八十二条の二、第八十四条第一項、第九十四条第一項及び第二項、第九十五条第二項、第九十六条、第九十七条第二項、第九十八条第二項、第九十九条第一項、第百条の二並びに第百三十条中「公共職業安定所の長」、「公共職業安定所長」又は「公共職業安定所」とあるのは「公共職業安定所又は地方運輸局（運輸監理部並びに厚生労働大臣が国土交通大臣に協議して指定する運輸支局及び地方運輸局、運輸監理部又は運輸支局の事務所を含む。）の長」、「公共職業安定所長又は地方運輸局（運輸監理部並びに厚生労働大臣が国土交通大臣に協議して指定する運輸支局及び地方運輸局、運輸監理部又は運輸支局の事務所を含む。）の長」又は「公共職業安定所又は地方運輸局（運輸監理部並びに厚生労働大臣が国土交通大臣に協議して指定する運輸支局及び地方運輸局、運輸監理部又は運輸支局の事務所を含む。）」と、第十八条中「管轄公共職業安定所の長」とあるのは「管轄公共職業安定所又は第一条第五項第一号に掲げる事務についてその対象となる者の住所又は居所を管轄する地方運輸局（以下「管轄地方運輸局」という。）（運輸監理部並びに厚生労働大臣が国土交通大臣に協議して指定する運輸支局及び地方運輸局、運輸監理部又は運輸支局の事務所を含む。）の長」と、第十九条、第二十条第二項、第二十一条第一項、第三項、第四項及び第六項、第二十二条第一項及び第二項、第二十三条、第二十五条第一項、第二十六条第一項、第二十七条第一項、第二十八条の二第一項、第二十九条、第三十条、第三十一条第一項、第六項及び第七項、第三十一条の三第一項及び第三項、第三十八条、第三十八条の六、第四十一条、第四十二条、第四十三条第二項、第四十四条第二項及び第三項、第四十五条第一項及び第二項、第四十六条第一項、第四十九条第一項及び第二項、第五十条第一項、第三項及び第四項、第五十四条第一項及び第三項、第六十一条第二項、第六十三条第二項、第六十四条、第六十五条の四、第六十八条、第七十条第二項、第七十五条第四項、第七十六条第三項及び第四項、第七十八条第一項及び第二項、第七十九条第一項から第五項まで、第八十条第三項、第八十一条の二第三項、第八十二条の五第一項、第八十二条の六、第八十二条の七第一項、第八十三条、第八十三条の四、第八十三条の五、第八十四条第一項、第八十五条、第八十六条、第九十二条第一項及び第二項、第九十三条、第九十七条第二項、第九十九条第一項から第三項まで、第百条、第百条の四第一項、第百条の五、第百条の八第一項並びに附則第二十三条中「管轄公共職業安定所」又は「管轄公共職業安定所の長」とあるのは「管轄公共職業安定所又は管轄地方運輸局（運輸監理部並びに厚生労働大臣が国土交通大臣に協議して指定する運輸支局及び地方運輸局、運輸監理部又は運輸支局の事務所を含む。）」又は「管轄公共職業安定所又は管轄地方運輸局（運輸監理部並びに厚生労働大臣が国土交通大臣に協議して指定する運輸支局及び地方運輸局、運輸監理部又は運輸支局の事務所を含む。）の長」と、第二十八条第一項中「管轄公共職業安定所に」とあるのは「管轄公共職業安定所又は管轄地方運輸局（運輸監理部並びに厚生労働大臣が国土交通大臣に協議して指定する運輸支局及び地方運輸局、運輸監理部又は運輸支局の事務所を含む。）に」と、「管轄公共職業安定所の長が」とあるのは「管轄公共職業安定所若しくは管轄地方運輸局（運輸監理部並びに厚生労働大臣が国土交通大臣に協議して指定する運輸支局及び地方運輸局、運輸監理部又は運輸支局の事務所を含む。）の長が」と、第三十一条の二中「六十歳」とあるのは「五十歳」と、第三十五条第二号中「事業所において、労働施策の総合的な推進並びに労働者の雇用の安定及び職業生活の充実等に関する法律（昭和四十一年法律第百三十二号）第二十七条第一項の規定による離職に係る大量の雇用変動の届出がされたため離職した者」とあるのは「船舶所有者の都合により離職する被保険者の数が一月以内の期間に三十人以上となつたことにより離職した者」と、「離職したため離職した者」とあるのは「離職したため離職した者その他これらに準ずる理由として公共職業安定所又は地方運輸局（運輸監理部並びに厚生労働大臣が国土交通大臣に協議して指定する運輸支局及び地方運輸局、運輸監理部又は運輸支局の事務所を含む。）の長が認めるものが生じたことにより離職した者」と、同条第四号中「事業所の移転」とあるのは「船舶に乗船すべき場所の変更」と、第三十六条中「理由は、」とあるのは「理由は、被保険者が乗船する船舶の国籍喪失に伴い離職したこと又は」と、同条第五号イ中「労働基準法第三十六条第三項に規定する限度時間に相当する時間数（当該受給資格者が、育児・介護休業法第十七条第一項の小学校就学の始期に達するまでの子を養育する労働者であつて同項各号のいずれにも該当しないものである場合にあつては同項、育児・介護休業法第十八条第一項の要介護状態にある対象家族を介護する労働者であつて同項において準用する育児・介護休業法第十七条第一項各号のいずれにも該当しないものである場合にあつては同項に規定する制限時間に相当する時間数）」とあるのは「船員法第六十四条の二第一項の協定で定める労働時間の延長の限度等に関する基準（平成二十一年国土交通省告示第二百九十四号）に規定する時間数に相当する時間数」と、同条第十号中「事業所において使用者の責めに帰すべき事由により行われた休業」とあるのは「船員法第二条第二項に規定する予備船員（以下「予備船員」という。）である期間（休日を除く。）」と、第七十五条第四項中「公共職業安定所長が」とあるのは「公共職業安定所長若しくは地方運輸局（運輸監理部並びに厚生労働大臣が国土交通大臣に協議して指定する運輸支局及び地方運輸局、運輸監理部又は運輸支局の事務所を含む。）の長が」と、第八十一条第一項及び第八十一条の二第一項中「公共職業安定所の長又は管轄公共職業安定所の長」とあるのは「公共職業安定所若しくは地方運輸局（運輸監理部並びに厚生労働大臣が国土交通大臣に協議して指定する運輸支局及び地方運輸局、運輸監理部又は運輸支局の事務所を含む。）の長又は管轄公共職業安定所若しくは管轄地方運輸局（運輸監理部並びに厚生労働大臣が国土交通大臣に協議して指定する運輸支局及び地方運輸局、運輸監理部又は運輸支局の事務所を含む。）の長」と、第八十二条第一項及び第二項中「公共職業安定所又は」とあるのは「公共職業安定所若しくは地方運輸局（運輸監理部並びに厚生労働大臣が国土交通大臣に協議して指定する運輸支局及び地方運輸局、運輸監理部又は運輸支局の事務所を含む。）又は」と、同条第一項中「をいう。」とあるのは「又は船員職業安定法（昭和二十三年法律第百三十号）第六条第四項に規定する無料船員職業紹介事業者をいう。」と、第八十六条中「公共職業安定所の」とあるのは「公共職業安定所若しくは地方運輸局（運輸監理部並びに厚生労働大臣が国土交通大臣に協議して指定する運輸支局及び地方運輸局、運輸監理部又は運輸支局の事務所を含む。）の」と、第八十六条及び第九十五条第一項中「公共職業安定所長の」とあるのは「公共職業安定所長若しくは地方運輸局（運輸監理部並びに厚生労働大臣が国土交通大臣に協議して指定する運輸支局及び地方運輸局、運輸監理部又は運輸支局の事務所を含む。）の長の」と、第九十五条第一項中「、公共職業安定所」とあるのは「、公共職業安定所若しくは地方運輸局（運輸監理部並びに厚生労働大臣が国土交通大臣に協議して指定する運輸支局及び地方運輸局、運輸監理部又は運輸支局の事務所を含む。）」と、「公共職業安定所長に」とあるのは「公共職業安定所長又は地方運輸局（運輸監理部並びに厚生労働大臣が国土交通大臣に協議して指定する運輸支局及び地方運輸局、運輸監理部又は運輸支局の事務所を含む。）の長に」と、第百一条の十一第一項第三号ハ中「労働基準法第六十五条第一項若しくは第二項」とあるのは「船員法第八十七条第一項若しくは第二項」とする。

2 船員を継続して雇用する労働者として雇い入れる事業主若しくは期間を定めて雇用する労働者として雇い入れる事業主又は船員職業安定法（昭和二十三年法律第百三十号）第六条第十二項に規定する派遣船員のキャリアアップを図るための措置を実施する事業主にあつては、第百十条第二項第一号イ及び第九項第一号イ並びに第百十二条第二項第一号ハ、第二号ハ及び第三号イ(3)中「公共職業安定所又は」とあるのは「公共職業安定所、地方運輸局（運輸監理部並びに厚生労働大臣が国土交通大臣に協議して指定する運輸支局及び地方運輸局、運輸監理部又は運輸支局の事務所を含む。）又は」と、第百十条第二項第一号イ中「公共職業安定所の」とあるのは「公共職業安定所、地方運輸局（運輸監理部並びに厚生労働大臣が国土交通大臣に協議して指定する運輸支局及び地方運輸局、運輸監理部又は運輸支局の事務所を含む。）の」と、同条第七項第一号イ、第十一項第一号イ及び第十二項第一号イ並びに第百十条の三第二項第一号及び第三項第一号中「公共職業安定所」とあるのは「公共職業安定所、地方運輸局（運輸監理部並びに厚生労働大臣が国土交通大臣に協議して指定する運輸支局及び地方運輸局、運輸監理部又は運輸支局の事務所を含む。）」と、第百十条第二項第一号イ⒂中「公共職業安定所長」とあるのは「公共職業安定所長又は地方運輸局（運輸監理部並びに厚生労働大臣が国土交通大臣に協議して指定する運輸支局及び地方運輸局、運輸監理部又は運輸支局の事務所を含む。）の長」と、第百十二条第二項第二号ハ中「規定する派遣労働者」とあるのは「規定する派遣労働者をいう。」

以下同じ。）又は派遣船員（船員職業安定法（昭和二十三年法律第百三十号）第六条第十二項に規定する派遣船員」と、第百十八条第二項第一号ロ(v)並びに第百十八条の二第二項及び第四項中「派遣労働者」とあるのは「派遣労働者又は派遣船員」と、第百十八条の二第二項第一号ハ(4)中「派遣元事業主」とあるのは「派遣元事業主又は船員派遣元事業主（船員職業安定法第六条第十四項に規定する船員派遣元事業主をいう。(5)及び(6)において同じ。）」と、同号ハ(5)及び(6)中「派遣元事業主」とあるのは「派遣元事業主又は船員派遣元事業主」とする。

（代理人）

第百四十五条 事業主は、あらかじめ代理人を選任した場合には、この省令の規定により事業主が行わなければならない事項を、その代理人に行わせることができる。

2 事業主は、前項の代理人を選任し、又は解任したときは、次の各号に掲げる事項を記載して署名又は記名押印した届書を、当該代理人の選任又は解任に係る事業所の所在地を管轄する公共職業安定所の長に提出するとともに、当該代理人が使用すべき認印の印影を届け出なければならない。

一 選任し、又は解任した代理人の職名、氏名及び生年月日

二 代理事項

三 選任し、又は解任した年月日

四 選任又は解任に係る事業所の名称及び所在地

3 事業主は、前項の規定により提出した届書に記載された事項であつて代理人の選任に係るものに変更を生じたとき、又は当該代理人が使用すべき認印を変更しようとするときは、速やかに、その旨を当該代理人の選任に係る事業所の所在地を管轄する公共職業安定所の長に届け出なければならない。

4 第二項の規定により提出する届書について、社会保険労務士又は社会保険労務士法人（以下「社会保険労務士等」という。）が、行政手続等における情報通信の技術の利用に関する法律（平成十四年法律第百五十一号。以下「情報通信技術利用法」という。）第三条第一項の規定により同項に規定する電子情報処理組織を使用して社会保険労務士法（昭和四十三年法律第八十九号）第二条第一項第一号の二の規定に基づき当該届書の提出に関する手続を事業主に代わつて行う場合には、当該社会保険労務士等が当該事業主の職務を代行する契約を締結していることにつき証明することができる電磁的記録（情報通信技術利用法第二条第五号に規定する電磁的記録をいう。）を当該届書の提出と併せて送信することをもつて、厚生労働省の所管する法令に係る行政手続等における情報通信の技術の利用に関する法律施行規則（平成十五年厚生労働省令第四十号）第四条第一項及び第三項の規定にかかわらず、電子署名を行い、同条第一項各号に掲げる電子証明書を当該届書の提出と併せて送信すること又は識別番号及び暗証番号を入力して当該届書の提出を行うことに代えることができ

る。

（光ディスク等による手続）

第百四十六条　次の各号に掲げる届書については、それぞれ当該各号に掲げる届書に記載すべきこととされている事項を記録した光ディスク（これに準ずる方法により一定の事項を確実に記録しておくことができる物を含む。以下「光ディスク等」という。）及び当該各号に掲げる届書の区分に応じ当該各号に定める書類をもつて、当該各号に掲げる届書に代えることができる。

一　資格取得届　雇用保険被保険者資格取得届光ディスク等提出用総括票（様式第三十五号）

二　資格喪失届　雇用保険被保険者資格喪失届光ディスク等提出用総括票（様式第三十六号）

三　転勤届　雇用保険被保険者転勤届光ディスク等提出用総括票（様式第三十七号）

2　前項の規定により同項各号に掲げる届書に代えて光ディスク等及び同項各号に定める書類が提出される場合においては、当該光ディスク等及び当該書類は当該届書とみなす。

附　則

（施行期日）

第一条　この省令は、法の施行の日（昭和五十年四月一日）から施行する。

第一条の二　基本手当に関する事務を就職を希望する地域を管轄する公共職業安定所長（管轄公共職業安定所の長を除く。以下同じ。）において行うことを希望する者に対する第五十四条の適用については、当分の間、同条中「受給資格者の申出」とあるのは「職業安定局長の定めるところにより、受給資格者の申出」と、「他の公共職業安定所長」とあるのは「その者が就職を希望する地域を管轄する公共職業安定所長であつて、職業安定局長が定める要件に該当するもの」と、「この款の規定（第十九条及び第二十条の規定を除く。）」とあるのは「この款の規定」と、「委嘱を受けた公共職業安定所長」」とあるのは「附則第一条の二の規定により読み替えられた第五十四条の規定により委嘱を受けた公共職業安定所長」」と、「委嘱を受けた公共職業安定所」」とあるのは「附則第一条の二の規定により読み替えられた第五十四条の規定により委嘱を受けた公共職業安定所」」とする。

2　前項の規定の適用を受ける者に対する第六十二条、第六十五条、第六十五条の五、第六十九条、第百一条の二、第百一条の二の十五、第百四十四条の二第一項及び附則第三十二条の規定の適用については、第六十二条、第百一条の二、第百一条の二の十五及び附則第三十二条中「及び第五十四条」とあるのは「、第五十四条及び附則第一条の二」と、第六十五条、第六十五条の五及び第六十九条中「並びに第五十四条」とあるのは「、第五十四条並びに附則第一条の二」と、第百四十四条の二第一項中「第百三十条」とあるのは「第百三十条、附則第一条の二」と、「第百条の八第一項」とあるのは「第百条の八第一項、附則第一条の二」と読み替えるものとする。

（被保険者となつたことの届出等に関する暫定措置）

第一条の三　平成二十八年一月一日以後に次の各号に掲げる届出又は支給申請手続を行った事業主又は被保険者は、当該届出又は支給申請手続に係る被保険者の個人番号について、当分の間、当該各号に規定する規定にかかわらず、個人番号登録届（様式第十号の二）をその事業所の所在地を管轄する公共職業安定所の長に提出することができる。

一　第六条第一項の規定による被保険者となつたことの届出

二　第七条第一項の規定による被保険者でなくなつたことの届出

三　第百一条の五第一項の規定による高年齢雇用継続基本給付金の支給申請手続

四　第百一条の七第一項の規定による高年齢再就職給付金の支給申請手続

五　第百一条の十三第一項の規定による育児休業給付金の支給申請手続

六　第百一条の十九第一項の規定による介護休業給付金の支給申請手続

2　事業主は、平成二十七年十二月三十一日以前に行った第六条第一項の規定による被保険者となつたことの届出に係る被保険者であつて、当該事業主に引き続き雇用されているものに関する次の各号に掲げる届出を行うとき（公共職業安定所長が当該被保険者の個人番号を把握している場合として職業安定局長が定める場合を除く。）は、当分の間、個人番号登録届をその事業所の所在地を管轄する公共職業安定所の長に併せて提出しなければならない。

一　第十二条の二の規定による雇用継続交流採用職員に関する届出

二　第十三条第一項の規定による被保険者の転勤の届出

3　被保険者は、平成二十七年十二月三十一日以前に次の各号に掲げる支給申請手続を行った場合であつて、それぞれ当該各号に定める支給申請手続を行うとき（公共職業安定所長が当該被保険者の個人番号を把握している場合として職業安定局長が定める場合を除く。）は、当分の間、個人番号登録届を事業主を経由してその事業所の所在地を管轄する公共職業安定所の長に併せて提出しなければならない。ただし、やむを得ない理由のため事業主を経由して当該個人番号登録届の提出を行うことが困難であるときは、事業主を経由しないで提出を行うことができる。

一　第百一条の五第一項の規定による高年齢雇用継続基本給付金の支給申請手続　同条第六項の規定による高年齢雇用継続基本給付金の支給申請手続

二　第百一条の七第一項の規定による高年齢再就職給付金の支給申請手続　同条第二項において準用する第百一条の五

第六項の規定による高年齢再就職給付金の支給申請手続

三　第百一条の十三第一項の規定による育児休業給付金の支給申請手続　同条第五項の規定による育児休業給付金の支給申請手続

（通所手当に関する暫定措置）

第二条　第五十九条の通所手当は、同条に規定するもののほか、当分の間、受給資格者の住所又は居所から訓練等施設までの距離が相当程度長いため、訓練等施設に近接する宿泊施設（以下この条において「宿泊施設」という。）に一時的に宿泊し、宿泊施設から訓練等施設へ通所する者（宿泊施設を利用しなければ通所することが著しく困難であるものに限る。）に対して支給するものとする。

2　前項に規定する者に対する通所手当の月額は、次の各号に掲げる費用の額の合計額（以下この条において「一時的宿泊の場合の費用合計額」という。）とする。ただし、第一号に掲げる額は、公共職業訓練等を受ける期間を通じて一往復分を限度として支給し、一時的宿泊の場合の費用合計額が四万二千五百円を超えるときは、四万二千五百円とする。

一　受給資格者の住所又は居所から宿泊施設への移動（以下この号において「宿泊施設への移動」という。）に要する費用の額であつて、次のイからハまでに掲げる場合に応じて、それぞれイからハまでに掲げる額

イ　宿泊施設への移動のため交通機関等を利用してその運賃等を負担する場合（交通機関等を利用しなければ当該移動が著しく困難である場合以外の場合であつて、交通機関等を利用しないで徒歩により移動するものとした場合の当該移動の距離が片道二キロメートル未満である場合及びハに該当する場合を除く。）　当該交通機関等の利用区間についての運賃等の額であつて、最も低廉となるもの（ハにおいて「最低運賃等額」という。）

ロ　宿泊施設への移動のため自動車等を使用する場合（自動車等を使用しなければ当該移動が著しく困難である場合以外の場合であつて、自動車等を使用しないで徒歩により移動するものとした場合の当該移動の距離が片道二キロメートル未満である場合及びハに該当する場合を除く。）　自動車等を使用する距離が片道十キロメートル未満である場合にあつては三千六百九十円、その他の場合にあつては五千八百五十円（指定地域に居住する場合であつて、自動車等を使用する距離が片道十五キロメートル以上である場合にあつては八千十円）を当該移動のある日の月の現日数で除して得た額

ハ　宿泊施設への移動のため交通機関等を利用してその運賃等を負担し、かつ、自動車等を使用する場合（交通機関等を利用し、又は自動車等を使用しなければ当該移動が著しく困難である場合以外の場合であつて、交通機関等を利用せず、かつ、自動車等を利用しないで徒歩によ

り移動するものとした場合の当該移動の距離が片道二キロメートル未満である場合を除く。） イに掲げる額とロに掲げる額との合計額（交通機関等を利用しなければ移動することが著しく困難な場合以外の場合であつて、通常徒歩によることが例である距離内においてのみ交通機関等を利用している場合又は自動車等を使用しなければ移動することが著しく困難な場合以外の場合であつて、自動車等を使用する距離が片道二キロメートル未満である場合にあつては、最低運賃等額がロに掲げる額以上である場合にはイに掲げる額、最低運賃等額がロに掲げる額未満である場合にはロに掲げる額）

二 宿泊施設から訓練等施設への通所（以下この号において「訓練等施設への通所」という。）に要する費用の額があつて、次のイからハまでに掲げる場合に応じて、それぞれイからハまでに掲げる額

イ 訓練等施設への通所のため交通機関等を利用してその運賃等を負担する場合（交通機関等を利用しなければ当該通所が著しく困難である場合以外の場合であつて、交通機関等を利用しないで徒歩により通所するものとした場合の当該通所の距離が片道二キロメートル未満である場合及びハに該当する場合を除く。） 当該交通機関等の利用区間についての一箇月の運賃等の額に相当する額（ハにおいて「宿泊施設から訓練等施設へ通所する場合の運賃等相当額」という。）

ロ 訓練等施設への通所のため自動車等を使用する場合（自動車等を使用しなければ当該通所が著しく困難である場合以外の場合であつて、自動車等を使用しないで徒歩により通所するものとした場合の当該通所の距離が片道二キロメートル未満である場合及びハに該当する場合を除く。） 自動車等を使用する距離が片道十キロメートル未満である場合にあつては三千六百九十円、その他の場合にあつては五千八百五十円

ハ 訓練等施設への通所のため交通機関等を利用してその運賃等を負担し、かつ、自動車等を使用する場合（交通機関等を利用し、又は自動車等を使用しなければ当該通所が著しく困難である場合以外の場合であつて、交通機関等を利用せず、かつ、自動車等を利用しないで徒歩により通所するものとした場合の当該通所の距離が片道二キロメートル未満である場合を除く。） イに掲げる額とロに掲げる額との合計額（交通機関等を利用しなければ通所することが著しく困難な場合以外の場合であつて、通常徒歩によることが例である距離内においてのみ交通機関等を利用している場合又は自動車等を使用しなければ通所することが著しく困難な場合以外の場合であつて、自動車等を使用する距離が片道二キロメートル未満である場合にあつては、宿泊施設から訓練等施設へ通

所する場合の運賃等相当額がロに掲げる額以上である場合にはイに掲げる額、宿泊施設から訓練等施設へ通所する場合の運賃等相当額がロに掲げる額未満である場合にはロに掲げる額）

3　前項第一号に掲げる額を算定する場合においては、第五十九条第三項の規定を準用する。この場合において、同項中「運賃等相当額」とあるのは、「附則第二条第二項第一号イに規定する最低運賃等額」と読み替えるものとする。

4　第二項第二号に掲げる額を算定する場合においては、第五十九条第三項から第五項までの規定を準用する。この場合において、同条第三項及び第四項中「運賃等相当額」とあるのは、「附則第二条第二項第二号イに規定する宿泊施設から訓練等施設へ通所する場合の運賃等相当額」と読み替えるものとする。

（常用就職支度手当に関する暫定措置）

第三条　平成二十一年三月三十一日から平成二十九年三月三十一日までの間に職業に就いた者に係る第八十二条の三第二項の規定の適用については、同項中「次のとおり」とあるのは「安定した職業に就くことが著しく困難と認められる者であつて、前項に規定する安定した職業に就いた日において四十歳未満であるもののほか、次のとおり」とする。

第四条から第十四条まで　削除

第十五条　削除

第十五条の二　削除

第十五条の三　削除

（雇用調整助成金に関する暫定措置）

第十五条の四　第百二条の三第一項第一号イに該当する事業主であつて、同項第二号イ(1)の対象期間（以下この条において「対象期間」という。）の初日が平成二十八年四月十四日から起算して六月が経過する日までの間にあり、かつ、平成二十八年熊本地震に伴う経済上の理由により、急激に事業活動の縮小を余儀なくされたもの（以下この条において「被災関係事業主」という。）に係る対象期間（以下この条において「特例対象期間」という。）については、第百二条の三第三項ただし書の規定は、適用しない。

2　特例対象期間中に実施された第百二条の三第一項第二号イに規定する休業等（当該休業等について雇用調整助成金が支給されるものに限る。）の日数は、同条第三項ただし書に規定される基準雇調金の対象期間の開始の日以後の支給日数に含めない。

3　被災関係事業主に係る第百二条の三第一項第二号の規定の適用については、同号イ中「(5)に規定する判定基礎期間の初日の前日において当該事業主に被保険者として継続して雇用された期間が六箇月未満である被保険者、解雇を予告された被保険者等」とあるのは「解雇を予告された被保険者等」と、「当該事業主が指定した日（前号イに該当するものとして過去に雇用調整助成金の支給を受けたことがある事業主にあつては、当該指定した日が当該事業主の直前の対象期間の満了の日の翌日から起算して一年を超えているものに限る。」」とあるのは「当該事業主が指定した日」とする。

4　被災関係事業主が行う平成二十八年熊本地震に際し福岡県、佐賀県、長崎県、熊本県、大分県、宮崎県又は鹿児島県の区域内に所在する事業所における第百二条の三第一項第二号イに規定する対象被保険者の休業については、同条第二項第一号の規定にかかわらず、当該休業に係る同号の規定により対象被保険者に支払つた手当の額に相当する額として算定した額の三分の二（中小企業事業主にあつては、五分の四）の額（その額を当該手当の支払の基礎となつた日数で除して得た額が基本手当日額の最高額を超えるときは、基本手当日額の最高額に当該日数を乗じて得た額）を支給するものとする。

5　被災関係事業主が行う平成二十八年熊本地震に際し福岡県、佐賀県、長崎県、熊本県、大分県、宮崎県又は鹿児島県の区域内に所在する事業所における第百二条の三第一項第二号イに規定する対象被保険者の休業等に係る同条第三項の規定の適用については、同項中「百日」とあるのは、「三百日」とする。

6　前各項の規定は、特例対象期間の初日から起算して六月の期間内に、別の対象期間の初日がある場合には、当該別の対象期間については、適用しない。

第十五条の四の二　第百二条の三第一項第一号イに該当する事業主であつて、同項第二号イ(1)の対象期間（以下この条において「対象期間」という。）の初日が平成三十年七月五日から起算して六月が経過する日までの間にあり、かつ、平成三十年七月豪雨に伴う経済上の理由により、急激に事業活動の縮小を余儀なくされたもの（以下この条において「平成三十年七月豪雨被災関係事業主」という。）に係る対象期間（以下この条において「平成三十年七月豪雨特例対象期間」という。）については、第百二条の三第三項ただし書の規定は、適用しない。

2　平成三十年七月豪雨特例対象期間中に実施された第百二条の三第一項第二号イに規定する休業等（当該休業等について雇用調整助成金が支給されるものに限る。第五項において単に「休業等」という。）の日数は、同条第三項ただし書に規定する基準雇調金の対象期間の開始の日以後の支給日数に含めない。

3　平成三十年七月豪雨被災関係事業主に係る第百二条の三第一項第二号の規定の適用については、同号イ中「(5)に規定する判定基礎期間の初日の前日において当該事業主に被保険者として継続して雇用された期間が六箇月未満である被保険者、解雇を予告された被保険者等」とあるのは「解雇を予告された被保険者等」と、同号イ(1)(i)中「当該事業主が指定した日（前号イに該当するものとして過去に雇用調整助成金の支給を受けたことがある事業主にあつては、当該指定した日が当該事業主の直前の対象期間の満了の日の翌日から起算して一年を超えているものに限る。）」とあるのは「当該事業主が指定した日」とする。

4　平成三十年七月豪雨被災関係事業主が行う平成三十年七月豪雨に際し岐阜県、京都府、兵庫県、鳥取県、島根県、岡山県、広島県、山口県、愛媛県、高知県又は福岡県の区域内に所在する事業所における第百二条の三第一項第二号イに規定する対象被保険者の休業については、同条第二項第一号の規定にかかわらず、当該休業に係る同号の規定により対象被保険者に支払つた手当の額に相当する額として算定した額の三分の二（中小企業事業主にあつては、五分の四）の額（その額を当該手当の支払の基礎となつた日数で除して得た額が基本手当日額の最高額を超えるときは、基本手当日額の最高額に当該日数を乗じて得た額）を支給するものとする。

5　平成三十年七月豪雨被災関係事業主が行う平成三十年七月豪雨に際し岐阜県、京都府、兵庫県、鳥取県、島根県、岡山県、広島県、山口県、愛媛県、高知県又は福岡県の区域内に所在する事業所における第百二条の三第一項第二号イに規定する対象被保険者の休業等に係る同条第三項の規定の適用については、同項中「百日」とあるのは、「三百日」とする。

6　前各項の規定は、平成三十年七月豪雨特例対象期間の初日から起算して六月の期間内に、別の対象期間の初日がある場合には、当該別の対象期間については、適用しない。

（労働移動支援助成金に関する暫定措置）

第十五条の四の三　第百二条の五第七項第一号の雇入れを行つた事業主に対する同項の規定の適用については、平成三十二年十二月三十一日までの間においては、同項中「四十万円」とあるのは、「八十万円」とする。

（特定求職者雇用開発助成金に関する暫定措置）

第十五条の五　第百十条の特定求職者雇用開発助成金として、同条に規定するもののほか、当分の間、被災者雇用開発コース助成金及び障害者初回雇用コース奨励金を支給するとともに、平成三十一年四月三十日以前の日における第九項第一号ロ又は第二号ロの雇入れ（当該雇入れに係る求人の申込み又は労働者の募集が同年三月三十一日までに行われている場合に限る。）について、三年以内既卒者等採用定着コース奨励金を支給するものとする。

2　被災者雇用開発コース助成金は、第一号に該当する事業主に対して、第二号及び第三号に定める額を支給するものとする。

一　次のいずれにも該当する事業主であること。

イ　東日本大震災（平成二十三年三月十一日に発生した東北地方太平洋沖地震及びこれに伴う原子力発電所の事故による災害をいう。以下同じ。）の発生時に、特定被災区域（東日本大震災に際し災害救助法が適用された市町村の区域であつて、東京都に属するものを除く。以下同じ。）に居住していた六十五歳未満の求職者（第百十条第二項第一号イの職場適応訓練受講求職者を除き、(1)又は(2)のいずれかに該当する求職者に限る。）又は特定被災区域において就業をしており、当該震災により離職を余儀なくされた六十五歳未満の求職者（同号イの職場適応訓練受講求職者を除き、(1)又は(2)のいずれかに該当する者に限る。）を、公共職業安定所、地方運輸局（運輸監理部並びに厚生労働大臣が国土交通大臣に協議して指定する運輸支局及び地方運輸局、運輸監理部又は運輸支局の事務所を含む。以下このイにおいて同じ。）又は職業紹介事業者等（被災者雇用開発コース助成金の支給に関し職業安定局長及び人材開発統括官が定める条件に同意し、職業安定局長及び人材開発統括官が定める標識を事務所の見やすい場所に掲示している者に限る。以下このイにおいて同じ。）の紹介により、継続して雇用する労働者（一年以上雇用されることが見込まれる者に限る。）として雇い入れる事業主であること。

(1) 東日本大震災の発生時に、東日本大震災における原子力発電所の事故による災害に対処するための避難住民に係る事務処理の特例及び住所移転者に係る措置に関する法律（平成二十三年法律第九十八号）第三条第一項の規定により同項第一号から第三号までに掲げる指示の対象となつた区域をその区域に含む市町村に居住していた者

(2) (1)に規定する者のほか、平成二十三年三月十一日に発生した東北地方太平洋沖地震に伴う原子力発電所の事故に関して市町村長が行つた当該事故に係る住民に対する避難の勧奨その他の行為の対象となつた区域又は場所に東日本大震災の発生時に居住していた者であつて、当該行為により当該区域又は場所以外の区域又は場所に避難しているもの

ロ 資本金、資金、人事、取引等の状況からみてイに該当する雇入れに係る者（次号及び第三号において「対象者」という。）を雇用していた事業主と密接な関係にある他の事業主以外の事業主であること。

ハ イの雇入れの日の前日から起算して六箇月前の日から一年を経過した日までの間（ニにおいて「基準期間」という。）において、当該雇入れに係る事業所の労働者を解雇した事業主（天災その他やむを得ない理由のために事業の継続が不可能となつたこと又は労働者の責めに帰すべき理由により解雇した事業主を除く。）以外の事業主であること。

ニ 当該雇入れに係る事業所に雇用されていた者であつて基準期間に離職したもののうち当該基準期間に特定受給

資格者として受給資格の決定がなされたものの数等から判断して、適正な雇用管理を行つていると認められる事業主であること。

ホ　当該事業所の労働者の離職状況及びイの雇入れに係る者に対する賃金の支払の状況を明らかにする書類を整備している事業主であること。

二　対象者一人につき、五十万円（中小企業事業主にあつては、六十万円）

三　第一号に該当する事業主であつて、特定対象者（対象者のうち、同号イの雇入れの日から起算して一年以上継続して雇用されている者又は同年以上継続して雇用された者をいう。）を十人以上雇用したものに対しては、当該特定対象者の数が十人以上に達したときに、前号に定める額に加え、五十万円（中小企業事業主にあつては、六十万円）

3　前項第一号イに該当する雇入れであつて、短時間労働者として雇い入れる場合における同項第二号の規定の適用については、同号中「五十万円（中小企業事業主にあつては、六十万円）」とあるのは、「三十万円（中小企業事業主にあつては、四十万円）」とする。

4　第二項の規定にかかわらず、被災者雇用開発コース助成金は、国等に対しては、支給しないものとする。

5　第二項の規定にかかわらず、被災者雇用開発コース助成金は、労働保険料の納付の状況が著しく不適切である、又は過去三年以内に偽りその他不正の行為により、雇用調整助成金その他の法第四章の規定により支給される給付金の支給を受け、若しくは受けようとした事業主に対しては、支給しないものとする。

6　障害者初回雇用コース奨励金は、第一号から第七号までのいずれにも該当する事業主に対して、第八号に定める額を支給するものとする。

一　次のいずれかに該当する求職者（職場適応訓練受講求職者を除く。）を、公共職業安定所、地方運輸局（運輸監理部並びに厚生労働大臣が国土交通大臣に協議して指定する運輸支局及び地方運輸局、運輸監理部又は運輸支局の事務所を含む。）又は職業紹介事業者等（障害者初回雇用コース奨励金の支給に関し職業安定局長及び人材開発統括官が定める条件に同意し、職業安定局長及び人材開発統括官が定める標識を事務所の見やすい場所に掲示している者に限る。）の紹介により、継続して雇用する労働者として雇い入れる事業主であつて、当該雇入れに係る者の数（当該者を短時間労働者（障害者雇用促進法第四十三条第三項に規定する短時間労働者をいう。以下この号において同じ。）（重度身体障害者又は重度知的障害者である者を除く。）として雇い入れる場合にあつては、当該短時間労働者の数に二分の一を乗じて得た数とし、当該者を重度身体障害者又は重度知的障害者である労働者（短時間労働者を除く。）として雇い入れる場合にあつては、当該重度身体障害者又は重度知的障害者である労働者の数に二を乗じて得た数とする。）が障害者雇用促進法第四十三条第一項に規定する法定雇用障害者数以上であるものであること。

イ　身体障害者

ロ　知的障害者

ハ　精神障害者（精神保健福祉法第四十五条第二項の規定により精神障害者保健福祉手帳の交付を受けている者に限る。）

二　その常時雇用する障害者雇用促進法第四十三条第一項に規定する労働者の数が四十五・五人以上三百人以下である事業主であること。

三　第一号の雇入れの日の前日までの過去三年間に同号イからハまでに掲げる者を雇用したことがない事業主であること。

四　資本金、資金、人事、取引等の状況からみて対象労働者を雇用していた事業主と密接な関係にある他の事業主以外の事業主であること。

五　第一号に該当することとなつた日の前日から起算して六箇月前の日から一年を経過した日までの間（次号において「基準期間」という。）において、第一号の雇入れに係る事業所の労働者を解雇した事業主（天災その他やむを得ない理由のために事業の継続が不可能となつたこと又は労働者の責めに帰すべき理由により解雇した事業主を除く。）以外の事業主であること。

六　当該雇入れに係る事業所に雇用されていた者であつて基準期間に離職したもののうち当該基準期間に特定受給資格者として受給資格の決定がなされたものの数等から判断して、適切な雇用管理を行つていると認められる事業主であること。

七　当該事業主の雇用する労働者の離職の状況及び当該雇入れに係る者に対する賃金の支払の状況を明らかにする書類を整備している事業主であること。

八　百二十万円

7　前項の規定にかかわらず、障害者初回雇用コース奨励金は、国等に対しては、支給しないものとする。

8　第六項の規定にかかわらず、障害者初回雇用コース奨励金は、労働保険料の納付の状況が著しく不適切である、又は過去三年以内に偽りその他不正の行為により、雇用調整助成金その他の法第四章の規定により支給される給付金の支給を受け、若しくは受けようとした事業主に対しては、支給しないものとする。

9　三年以内既卒者等採用定着コース奨励金は、第一号又は第二号に該当する事業主に対して、第三号に定める額を支給するものとする。

一　次のいずれにも該当する事業主であること。

イ　次に掲げる者（以下このイにおいて「学校卒業見込者等」という。）であることを条件とした公共職業安定所、地方運輸局（運輸監理部並びに厚生労働大臣が国土交通大臣に協議して指定する運輸支局及び地方運輸局、運輸監理部又は運輸支局の事務所を含む。次号において同じ。）若しくは職業紹介事業者等（三年以内既卒者等採用定着コース奨励金の支給に関し職業安定局長及び人材開発統括官が定める条件に同意し、職業安定局長及び人材開発統括官が定める標識を事務所の見やすい場所に提示している者に限る。次号において同じ。）への求人の申込み又は学校卒業見込者等であることを条件とした労働者の募集を行つた事業主であること（通常の労働者として雇い入れることを目的とする場合であつて、(1)、(2)若しくは(5)(i)若しくは(ii)に規定する施設を卒業し、若しくは退学した者（学校教育法第一条に規定する高等学校（中等教育学校の後期課程及び特別支援学校の高等部を含む。次号において「高等学校」という。）を退学した者を除く。）又は(3)若しくは(4)に規定する施設の行う職業訓練を修了した者若しくは当該施設を退校した者（以下この号において「第一号対象者」という。）が応募できる求人の申込み又は労働者の募集を行つた場合（第一号対象者が卒業若しくは退学又は修了若しくは退校の日の属する年度の翌年度以降少なくとも三年間応募できる場合に限る。）に限る。）。

(1)　学校教育法第一条に規定する学校（幼稚園（特別支援学校の幼稚部を含む。）及び小学校（義務教育学校の前期課程及び特別支援学校の小学部を含む。）を除く。以下このイにおいて「学校」という。）の学生若しくは生徒であつて卒業することが見込まれる者又は学校を卒業し、若しくは退学した者

(2)　学校教育法第百二十四条に規定する専修学校（以下このイにおいて「専修学校」という。）の生徒であつて卒業することが見込まれる者又は専修学校を卒業し、若しくは退学した者

(3)　職業能力開発促進法第十五条の七第一項各号（第四号を除く。）に掲げる施設（以下この(3)において「施設」という。）の行う職業訓練を受ける者であつて修了することが見込まれるもの、施設の行う職業訓練を修了した者又は施設を退校した者

(4)　職業能力開発総合大学校（以下この(4)において「大学校」という。）の行う職業訓練を受ける者であつて修了することが見込まれるもの、大学校の行う職業訓練を修了した者又は大学校を退校した者

(5)　次に掲げる者であつて、(1)から(4)までに掲げる者に準ずるもの

(i)　学校教育法第百三十四条第一項に規定する各種学

校（以下この(i)において「各種学校」という。）に在学する者であつて卒業することが見込まれるもの又は各種学校を卒業し、若しくは退学した者

(ii) 学校若しくは専修学校に相当する外国の教育施設（以下この(ii)において「外国の教育施設」という。）に在学する者であつて卒業することが見込まれるもの又は外国の教育施設を卒業し、若しくは退学した者

ロ イの求人の申込み又は労働者の募集に応募した第一号対象者であつて、イの卒業若しくは退学又は修了若しくは退校後において、同一の事業主の適用事業に引き続いて十二箇月間以上通常の労働者として雇用されたことがないものを通常の労働者として初めて雇い入れた事業主であること。

ハ 資本金、資金、人事、取引等の状況からみてロの雇入れに係る第一号対象者を雇用していた事業主と密接な関係にある他の事業主以外の事業主であること。

ニ ロの雇入れの日の前日から起算して六箇月前の日から一年六箇月を経過した日までの間（ホにおいて「基準期間」という。）において、当該雇入れに係る事業所の労働者を解雇した事業主（天災その他やむを得ない理由のために事業の継続が不可能となつたこと又は労働者の責めに帰すべき理由により解雇した事業主を除く。）以外の事業主であること。

ホ ロの雇入れに係る事業所に雇用されていた者であつて基準期間に離職したもののうち当該基準期間に特定受給資格者として受給資格の決定がなされたものの数等から判断して、適正な雇用管理を行つていると認められる事業主であること。

ヘ 当該事業所の労働者の離職状況及びロの雇入れに係る第一号対象者に対する賃金の支払の状況を明らかにする書類を整備している事業主であること。

二 次のいずれにも該当する事業主であること。

イ 高等学校の生徒であつて卒業することが見込まれる者又は高等学校を卒業し、若しくは退学した者（以下このイにおいて「高等学校卒業見込者等」という。）であることを条件とした公共職業安定所、地方運輸局若しくは職業紹介事業者等への求人の申込み又は高等学校卒業見込者等であることを条件とした労働者の募集を行つた事業主であること（通常の労働者として雇い入れることを目的とする場合であつて、高等学校を退学した者（以下この号において「第二号対象者」という。）が応募できる求人の申込み又は労働者の募集を行つた場合（第二号対象者が退学の日の属する年度の翌年度以降少なくとも三年間応募できる場合に限る。）に限る。）。

ロ イの求人の申込み又は労働者の募集に応募した第二号

対象者であつて、イの退学後において、同一の事業主の適用事業に引き続いて十二箇月間以上通常の労働者として雇用されたことがないものを通常の労働者として初めて雇い入れた事業主であること。

ハ　資本金、資金、人事、取引等の状況からみてロの雇入れに係る第二号対象者を雇用していた事業主と密接な関係にある他の事業主以外の事業主であること。

ニ　ロの雇入れの日の前日から起算して六箇月前の日から一年六箇月を経過した日までの間（ホにおいて「基準期間」という。）において、当該雇入れに係る事業所の労働者を解雇した事業主（天災その他やむを得ない理由のために事業の継続が不可能となつたこと又は労働者の責めに帰すべき理由により解雇した事業主を除く。）以外の事業主であること。

ホ　ロの雇入れに係る事業所に雇用されていた者であつて基準期間に離職したもののうち当該基準期間に特定受給資格者として受給資格の決定がなされたものの数等から判断して、適正な雇用管理を行つていると認められる事業主であること。

ヘ　当該事業所の労働者の離職状況及びロの雇入れに係る第二号対象者に対する賃金の支払の状況を明らかにする書類を整備している事業主であること。

三　次のイ及びロに掲げる場合の区分に応じて、それぞれ当該規定に定める額

イ　第一号ロの雇入れを行つた場合（(2)にあつては中小企業事業主に限る。）　次の(1)及び(2)に掲げる場合の区分に応じて、それぞれ当該規定に定める額

(1)　当該雇入れの日から起算して十二箇月が経過した場合　三十五万円（中小企業事業主にあつては、五十万円）

(2)　当該雇入れの日から起算して二十四箇月が経過した場合又は三十六箇月が経過した場合　十万円

ロ　前号ロの雇入れを行つた場合（(2)にあつては中小企業事業主に限る。）　次の(1)及び(2)に掲げる場合の区分に応じて、それぞれ当該規定に定める額

(1)　当該雇入れの日から起算して十二箇月が経過した場合　四十万円（中小企業事業主にあつては、六十万円）

(2)　当該雇入れの日から起算して二十四箇月が経過した場合又は三十六箇月が経過した場合　十万円

10　前項第一号ロ又は第二号ロの雇入れを行う事業主が、青少年雇用促進法第十五条の認定を受けた事業主である場合における同項第三号の規定の適用については、同号イ(1)中「三十五万円（中小企業事業主にあつては、五十万円）」とあるのは「四十五万円（中小企業事業主にあつては、六十万円）」と、同号ロ(1)中「四十万円（中小企業事業主にあつては、六十万円）」とあるのは「五十万円（中小企業事業主にあつては、七

十万円」」とする。

11　第九項の規定にかかわらず、三年以内既卒者等採用定着コース奨励金は、国等に対しては、支給しないものとする。

12　第九項の規定にかかわらず、三年以内既卒者等採用定着コース奨励金は、労働保険料の納付の状況が著しく不適切である、又は過去三年以内に偽りその他の不正の行為により、雇用調整助成金その他の法第四章の規定により支給される給付金の支給を受け、若しくは受けようとした事業主に対しては、支給しないものとする。

（地域雇用開発コース奨励金に関する暫定措置）

第十六条　第百十二条第一項の地域雇用開発コース奨励金として、同条第二項に規定するもののほか、次の各号のいずれにも該当する事業主に対して、第三号の雇入れに係る者の数に応じ、当該者の雇入れに係る費用の額を限度として支給するものとする。

一　熊本県において事業所を設置し、又は整備する事業主であること。

二　雇用保険法施行規則の一部を改正する省令（平成二十八年厚生労働省令第百六十一号）の施行の日から平成三十一年三月三十一日までの間に熊本労働局長に対して、前号の設置又は整備に係る事業所（以下この条において「対象事業所」という。）の設置又は整備及び当該設置又は整備に伴う労働者の雇入れに関する計画を提出した事業主であること。

三　対象事業所の設置又は整備に伴い、イに掲げる日からロに掲げる日（次項において「完了日」という。）までの間（第五号及び第六号において「基準期間」という。）において、熊本県内に居住する求職者（雇入れに伴い熊本県内に住所又は居所の変更が必要と認められる者を含む。）（職場適応訓練受講求職者、関連事業主に雇用されていた者その他就職が容易であると認められる者を除く。次項第二号において「県内求職者等」という。）を、公共職業安定所、地方運輸局（運輸監理部並びに厚生労働大臣が国土交通大臣に協議して指定する運輸支局及び地方運輸局、運輸監理部又は運輸支局の事務所を含む。）又は職業紹介事業者等（地域雇用開発コース奨励金の支給に関し職業安定局長及び人材開発統括官が定める条件に同意し、職業安定局長及び人材開発統括官が定める標識を事務所の見やすい場所に掲示している者に限る。）の紹介により、継続して雇用する労働者として三人（創業の場合にあつては、二人）以上雇い入れる事業主であること。

イ　前号の計画を熊本労働局長に提出した日

ロ　対象事業所の設置又は整備が完了した旨の届を熊本労働局長に提出した日（当該届をイに掲げる日から起算して一定の期間を経過する日までの間に提出しない場合にあつては、当該期間を経過する日）

四　前号の雇入れが熊本県における雇用構造の改善に資すると認められる事業主であること。
五　基準期間において、第三号の雇入れに係る対象事業所の労働者を解雇した事業主（天災その他やむを得ない理由のために事業の継続が不可能となつたこと又は労働者の責めに帰すべき理由により解雇した事業主を除く。）以外の事業主であること。
六　第三号の雇入れに係る対象事業所に雇用されていた者であつて、基準期間に離職したもののうち当該基準期間に特定受給資格者として受給資格の決定がなされたものの数等から判断して、適正な雇用管理を行つていると認められる事業主であること。
七　第三号の雇入れに係る者に対する賃金の支払の状況を明らかにする書類を整備している事業主であること。

2　前項の規定にかかわらず、前項の事業主が次の各号のいずれかに該当することとなつたときは、そのとき以後、地域雇用開発コース奨励金は支給しない。
一　完了日の翌日から起算して一年ごとに区分した期間の末日における前項第三号の雇入れに係る対象事業所の労働者の数が完了日における当該者の数未満となつたとき。
二　完了日後において、対象事業所で前項第三号の雇入れに係る者を雇用しなくなつたとき（当該労働者を雇用しなくなつたとき（解雇（天災その他やむを得ない理由のために事業の継続が不可能となつたこと又は労働者の責めに帰すべき理由による解雇を除く。次号において同じ。）によるものを除く。）以後速やかに、新たに継続して雇用する労働者として県内求職者等を雇い入れたときを除く。）。
三　完了日の翌日から起算して一年ごとに区分した期間中において、対象事業所の労働者を解雇したとき。

3　第一項の規定にかかわらず、地域雇用開発コース奨励金（第一項の規定によるものに限る。次項において同じ。）は、国等に対しては、支給しないものとする。

4　第一項の規定にかかわらず、地域雇用開発コース奨励金は、労働保険料の納付の状況が著しく不適切である、又は過去三年以内に偽りその他の不正の行為により、雇用調整助成金その他の法第四章の規定により支給される給付金の支給を受け、若しくは受けようとした事業主に対しては、支給しないものとする。

（通年雇用助成金に関する暫定措置）

第十六条の二　第百十一条の通年雇用助成金として、第百十三条第一項及び第百十四条第一項に規定するもののほか、第百十三条第一項に規定する事業主が同項の労働者について年間を通じた雇用を行うため、平成三十一年三月十五日までの間に対象期間について当該労働者の住所又は居所の変更を要する地域において当該労働者を業務に従事させ、かつ、当該変更に要する費用を負担する場合においては、当該事業主に対して、当該負担する費用の額に相当する額（その額が厚生労働大臣が定める額を超えるときは、その定める額）を支給するものとする。

第十七条　第百十三条第二項の規定にかかわらず、同条第一項の規定により通年雇用助成金の支給を受けることができる事業主が平成三十一年四月三十日までの間に当該支給に係る年間を通じた雇用に係る労働者を一月一日から四月三十日までの間に休業させた場合にあつては、当該休業させた労働者（以下この条において「休業労働者」という。）については、当該休業労働者に対して当該休業させた期間（次項において「休業期間」という。）に支払われた手当の額及び対象期間に支払われた賃金の額の合計額の一部を支給するものとする。

2　前項の規定により支給する通年雇用助成金の額は、当該休業労働者に対して休業期間に支払われた手当（六十日分を限度とする。）の額及び対象期間に支払われた賃金の額の合計額の三分の一（年間を通じた雇用に係る労働者となつた日以後の最初の休業の場合にあつては、二分の一）の額（その額が厚生労働大臣が定める額を超えるときは、その定める額）とする。

第十七条の二　第百十四条の規定の適用については、平成三十一年三月三十一日までの間、同条第二項中「三分の一」とあるのは、「二分の一」とする。

（育児休業等支援コース助成金に関する暫定措置）

第十七条の二の二　第百十六条第五項第一号イ(1)に規定する原職等復帰措置により原職等に復帰した被保険者が最初に生じた日（以下この条において「指定日」という。）が平成二十七年四月十日以後である中小企業事業主であつて、同号イ(1)に規定する措置の実施の状況を明らかにする書類を整備し、かつ、指定日の前日までに次世代法第十三条に基づく認定を受けたものに対する第百十六条第五項第一号イ及び第二号イの規定の適用については、同項第一号イ中「次のいずれにも該当する中小企業事業主」とあるのは「次の(1)に該当する中小企業事業主」と、同項第二号イ中「四十七万五千円（生産性要件に該当する事業主にあつては、六十万円）（一の年度において当該被保険者の数が十を超える場合は、十人までの支給に限る。）」とあるのは「四十七万五千円（生産性要件に該当する事業主にあつては、六十万円）（育児休業等支援コース助成金（同号イ(1)に規定する原職等復帰措置に係るものに限る。）の支給の対象となる最初の被保険者が生じた日から平成三十七年三月三十一日までの間において当該被保険者の数が五十を超える場合は、五十人までの支給に限る。）」とする。

第十七条の二の三　削除

（人材確保等支援助成金に関する暫定措置）

第十七条の二の四　第百十八条第一項の人材確保等支援助成コース助成金として、同条第二項に規定するもののほか、平成三十三年三月三十一日までの間、次の各号のいずれにも該当する介護事業主に対し、五十万円を支給するものとする。
一　労働協約又は就業規則に定めるところにより、介護労働者法第二条第二項に規定する介護労働者の職場への定着の促進に資する賃金制度として職業安定局長が定めるものの整備（以下この条において「賃金制度の整備」という。）を行つた事業主であること。
二　賃金制度の整備を行う場合に、都道府県労働局長に対して当該賃金制度の整備に係る計画（以下この条において「賃金制度整備計画」という。）を提出し、その認定を受けた事業主であること。
三　当該賃金制度の整備に係る事業所に雇用されていた者であつて賃金制度整備計画の期間の初日の前日から起算して六箇月前の日から都道府県労働局長に対する人材確保等支援助成コース助成金（この項の規定によるものに限る。）の受給についての申請書を提出するまでの間（以下この号において「基準期間」という。）に離職したもののうち、当該基準期間に特定受給資格者として受給資格の決定がなされたものの数等から判断して、適正な雇用管理を行つていると認められる事業主であること。
四　当該賃金制度の整備及び運用に要した費用の負担の状況及び当該賃金制度の整備に係る事業所の労働者の離職の状況を明らかにする書類を整備している事業主であること。
五　雇用管理責任者を選任し、かつ、当該選任について、事業所に掲示等の周知を行つている事業主であること。
六　賃金制度の整備を行い、かつ、当該賃金制度の適用を受ける労働者が生じた事業主であること。

2　前項に規定する介護事業主が、同項に該当することにより、人材確保等支援助成コース助成金の支給を受け、かつ、次の各号のいずれにも該当する場合にあつては、当該事業主に対し、五十七万円（生産性要件に該当する事業主にあつては、七十二万円）を支給するものとする。
一　賃金制度整備計画の期間の末日の翌日から起算して一年を経過する日（次項において「一年経過日」という。）までの期間における当該賃金制度の整備に係る事業所における離職者の数を当該賃金制度整備計画の期間の末日の翌日における当該事業所の労働者数で除して得た割合が、当該事業所の労働者数に応じて職業安定局長が定める目標値を達成している事業主であること。
二　当該賃金制度の整備に係る事業所に雇用されていた者であつて賃金制度整備計画の期間の末日の翌日から都道府県労働局長に対する人材確保等支援助成コース助成金（この項の規定によるものに限る。）の受給についての申請書を提出するまでの間（以下この号において「基準期間」という。）に離職したもののうち、当該基準期間に特定受給資格者として受給資格の決定がなされたものの数等から判断して、適正な雇用管理を行つていると認められる事業主であること。

3　第一項に規定する介護事業主が、前項各号に該当することにより、人材確保等支援助成コース助成金の支給を受け、かつ、次の各号のいずれにも該当する場合にあつては、当該事業主に対し、八十五万五千円（生産性要件に該当する事業主にあつては、百八万円）を支給するものとする。

一　一年経過日の翌日から起算して二年を経過する日までの期間における当該賃金制度の整備に係る事業所における離職者の数を一年経過日の翌日における当該事業所の労働者数で除して得た割合が、当該事業所の労働者数に応じて職業安定局長が定める目標値を達成している事業主であること。

二　当該賃金制度の整備に係る事業所に雇用されていた者であつて一年経過日の翌日から都道府県労働局長に対する人材確保等支援助成コース助成金（この項の規定によるものに限る。）の受給についての申請書を提出するまでの間（以下この号において「基準期間」という。）に離職したもののうち、当該基準期間に特定受給資格者として受給資格の決定がなされたものの数等から判断して、適正な雇用管理を行つていると認められる事業主であること。

4　前三項の規定にかかわらず、人材確保等支援助成コース助成金（これらの規定によるものに限る。）は、国等に対しては、支給しないものとする。

5　第一項から第三項までの規定にかかわらず、人材確保等支援助成コース助成金（これらの規定によるものに限る。）は、労働保険料の納付の状況が著しく不適切である、又は過去三年以内に偽りその他不正の行為により、雇用調整助成金その他の法第四章の規定により支給される給付金の支給を受け、若しくは受けようとした事業主に対しては、支給しないものとする。

（キャリアアップ助成金に関する暫定措置）

第十七条の二の五　第百十八条の二のキャリアアップ助成金として、同条に規定するもののほか、平成三十二年三月三十一日までの間、選択的適用拡大導入時処遇改善コース助成金を支給するものとする。

2　選択的適用拡大導入時処遇改善コース助成金は、第一号に該当する事業主に対して、第二号に定める額を支給するものとする。

一　有期契約労働者等について、そのキャリアアップを図るための措置を講ずる事業主であつて、次のいずれにも該当するもの。

イ　事業所ごとに、有期契約労働者等のキャリアアップに関する事項を管理する者をキャリアアップ管理者として配置し、かつ、当該配置について、事業所に掲示等の周知を行つている事業主であること。

ロ　当該事業主の事業所の労働組合等の意見を聴いて作成

したキャリアアップ計画を、都道府県労働局長に対して提出し、認定を受けた事業主であること。
ハ　その雇用する有期契約労働者等（公的年金制度の財政基盤及び最低保障機能の強化等のための国民年金法等の一部を改正する法律（平成二十四年法律第六十二号）附則第十七条第七項の規定に基づき同条第一項の規定が適用されないこととなつたものに限る。）の全てについて、その賃金を、当該措置を講ずる前の賃金と比べて一定の割合以上で増額する措置を講じた事業主であること。
ニ　ハの措置に係る者に対する賃金の支払の状況等を明らかにする書類を整備している事業主であること。
二　次のイ及びロに掲げる事業主の区分に応じて、それぞれ当該規定に定める額（一の事業所につき、一の年度における前号ハの措置の対象となる労働者の数が三十人を超える場合は、当該事業所につき三十人までの支給に限る。）
イ　生産性要件に該当しない事業主　次の(1)から(5)までに掲げる賃金の増額の割合の区分に応じてそれぞれ当該規定に定める額
(1)　三パーセント以上五パーセント未満　対象者一人につき一万四千二百五十円(中小企業事業主にあつては、一万九千円)
(2)　五パーセント以上七パーセント未満　対象者一人につき二万八千五百円（中小企業事業主にあつては、三万八千円）
(3)　七パーセント以上十パーセント未満　対象者一人につき三万三千二百五十円(中小企業事業主にあつては、四万七千五百円)
(4)　十パーセント以上十四パーセント未満　対象者一人につき五万七千円（中小企業事業主にあつては、七万六千円）
(5)　十四パーセント以上　対象者一人につき七万千二百五十円(中小企業事業主にあつては、九万五千円)
ロ　生産性要件に該当する事業主　次の(1)から(5)までに掲げる賃金の増額の割合の区分に応じてそれぞれ当該規定に定める額
(1)　三パーセント以上五パーセント未満　対象者一人につき一万八千円（中小企業事業主にあつては、二万四千円）
(2)　五パーセント以上七パーセント未満　対象者一人につき三万六千円（中小企業事業主にあつては、四万八千円）
(3)　七パーセント以上十パーセント未満　対象者一人につき四万二千円(中小企業事業主にあつては、六万円)
(4)　十パーセント以上十四パーセント未満　対象者一人につき七万二千円（中小企業事業主にあつては、九万六千円）

(5) 十四パーセント以上 対象者一人につき九万円（中小企業事業主にあつては、十二万円）

3 前項の規定にかかわらず、選択的適用拡大導入時処遇改善コース助成金は、国等に対しては、支給しないものとする。

4 第二項の規定にかかわらず、選択的適用拡大導入時処遇改善コース助成金は、労働保険料の納付の状況が著しく不適切である、又は過去三年以内に偽りその他の不正の行為により、雇用調整助成金その他の法第四章の規定により支給される給付金の支給を受け、若しくは受けようとした事業主に対しては、支給しないものとする。

第十七条の三 第百十八条の二第十五項の規定の適用については、平成三十二年三月三十一日までの間、次の表の上欄に掲げる同条の規定中同表の中欄に掲げる字句は、それぞれ同表の下欄に掲げる字句とする。

第十五項第一号ハ	その雇用する有期契約労働者等（健康保険法（大正十一年法律第七十号）による健康保険の被保険者又は厚生年金保険法（昭和二十九年法律第百十五号）による厚生年金保険の被保険者（以下このハにおいて「被保険者」という。）でないものに限る。）に対し、一週間の所定労働時間を五時間以上延長する措置を講じた事業主であること（当該措置により当該有期契約労働者等が被保険者となる場合に限る。）	その雇用する有期契約労働者等（健康保険法（大正十一年法律第七十号）による健康保険の被保険者又は厚生年金保険法（昭和二十九年法律第百十五号）による厚生年金保険の被保険者（以下このハにおいて「被保険者」という。）でないものに限る。）に対し、一週間の所定労働時間を五時間以上延長する措置を講じた、又は一時間以上延長するとともに第五項第一号ハ若しくは附則第十七条の二の五第二項第一号ハに規定する措置を講じ、当該有期契約労働者等の処遇の改善を図った事業主であること（当該措置により当該有期契約労働者等が被保険者となる場合に限る。）
第十五項第二号	次のイ及びロに掲げる事業主の区分に応じて、それぞれ当該規定に定める額（一の事業所につき、一の年度	次のイ及びロに掲げる事業主の区分に応じて、それぞれ当該規定に定める額（一の事業所につき、一の年度における当該措置の対象となる労働者の数が十五人を超える場合

		における当該措置の対象となる労働者の数が十人を超える場合は、当該事業所につき十人までの支給に限る。） イ　生産性要件に該当しない事業主　対象者一人につき七万千二百五十円（中小企業事業主にあつては、九万五千円） ロ　生産性要件に該当する事業主　対象者一人につき九万円（中小企業事業主にあつては、十二万円）	は、当該事業所につき十五人までの支給に限る。） イ　生産性要件に該当しない事業主　対象者一人につき、延長した一週間の所定労働時間の区分に応じて次の(1)から(5)までに定める額 (1)　一時間以上二時間未満　二万八千五百円（中小企業事業主にあつては、三万八千円） (2)　二時間以上三時間未満　五万七千円（中小企業事業主にあつては、七万六千円） (3)　三時間以上四時間未満　八万五千五百円（中小企業事業主にあつては、十一万四千円） (4)　四時間以上五時間未満　十一万四千円（中小企業事業主にあつては、十五万二千円） (5)　五時間以上　十四万二千五百円（中小企業事業主にあつては、十九万円） ロ　生産性要件に該当する事業主　対象者一人につき、延長した一週間の所定労働時間の区分に応じて次の(1)から(5)までに定める額 (1)　一時間以上二時間未満　三万六千円（中小企業事業主にあつては、四万八千円） (2)　二時間以上三時間未満　七万二千円（中小企業事業主にあつては、九万六千円） (3)　三時間以上四時間未満　十万八千円（中小企業事業主にあつては、十四万四千円）

(4) 四時間以上五時間未満	十四万四千円（中小企業事業主にあつては、十九万二千円）
(5) 五時間以上	十八万円（中小企業事業主にあつては、二十四万円）

第十七条の四　削除

第十七条の四の二　削除

第十七条の四の三　削除

第十七条の四の四　削除

（雇用安定事業に関する暫定措置）

第十七条の五　法第六十二条第一項第六号の厚生労働省令で定める事業は、第百九条、第百十五条及び第百四十条から第百四十条の三までに規定するもののほか、当分の間、次のとおりとする。

一　独立行政法人雇用・能力開発機構法を廃止する法律（平成二十三年法律第二十六号。第十七条の七において「廃止法」という。）附則第十九条の規定による改正前の勤労者財産形成促進法第十条の三に定める必要な資金の貸付け（独立行政法人勤労者退職金共済機構が平成二十三年十月一日前に同条の規定に基づき行われる貸付けの申込みを受理したものに限る。）を行うこと。

二　沖縄振興開発金融公庫又は勤労者財産形成促進法第十五条第二項に規定する共済組合等に対して、同法第十条第二項本文の貸付け又は同法第十五条第二項の貸付けに必要な資金を貸し付けること。

三　地域において、求職者等を雇い入れて行う雇用機会を創出する取組を支援するため、地域の雇用機会の創出を図ることを目的とする交付金を都道府県に対して交付すること。

（東日本大震災に係る認定訓練助成事業費補助金に関する暫定措置）

第十七条の六　特定被災区域内において第百二十三条に規定する事業主等が行う認定訓練の実施に必要な施設又は設備であつて、東日本大震災により著しい被害を受けたものの災害復旧に要する経費に関する認定訓練助成事業費補助金の交付に係る同条の規定の平成三十年度における適用については、同条中「二分の一」とあるのは「三分の二」と、「三分の一」とあるのは「二分の一」と、同条第二号中「施設又は設備の設置又は整備に要する経費」とあるのは「東日本大震災（平成二十三年三月十一日に発生した東北地方太平洋沖地震及びこれに伴う原子力発電所の事故による災害をいう。以下同じ。）により著しい被害を受けた施設又は設備の災害復旧に要する経費」とする。

（建設又は介護の事業に係る認定訓練助成事業費補助金に関する暫定措置）

第十七条の六の二　第百二十三条に規定する事業主等が行う建設又は介護の事業に係る認定訓練の実施に必要な経費に関する認定訓練助成事業費補助金の交付については、平成三十一年度までの間、同条の規定により都道府県が行う助成又は援助に係る額が、同条の厚生労働大臣が定める基準に従つて算定した額（その額が当該経費につき当該年度において要した金額を超えるときは、当該金額とする。）の経費の三分の二に満たない場合には、同条の規定により交付する額に加え、その不足額を交付することができる。

（能力開発事業に関する暫定措置）

第十七条の七　法第六十三条第一項第一号に掲げる事業及び同項第八号の厚生労働省令で定める事業は、第百二十一条、第百二十四条、第百二十五条の二、第百三十四条、第百三十八条及び第百四十条から第百四十条の三までに定めるもののほか、次のとおりとする。

一　当分の間、職業能力開発促進法第十三条に規定する事業主等の行う職業訓練の援助を行うための施設を設置し、及び運営するとともに、当該施設を設置し、及び運営する地方公共団体その他の者に対して、これらに要する経費の全部又は一部の補助を行うこと。

二　廃止法による廃止前の独立行政法人雇用・能力開発機構法（平成十四年法律第百七十号）第十一条第一項第八号の規定により貸し付けられた資金に係る債権の回収が終了するまでの間、当該債権の管理及び回収を行うこと。

（東日本大震災に係る人材開発支援助成金に関する暫定措置）

第十七条の八　岩手県、宮城県及び福島県に所在する事業所の事業主に対する人材開発支援コース助成金の支給については、平成三十一年三月三十一日までの間においては、第百二十五条第二項第一号イ(1)(viii)の規定は適用せず、同項第二号イ(1)中「百分の三十（生産性要件に該当する事業主にあつては、百分の四十五）」とあるのは「三分の一（中小企業事業主にあつては、二分の一）」と、同号イ(2)中「三百八十円（生産性要件に該当する事業主にあつては、四百八十円）」とあるのは「四百円（中小企業事業主にあつては、八百円）」と、同号ハ(1)中「百分の三十（生産性要件に該当する事業主にあつては、百分の四十五）（中小企業事業主にあつては、百分の四十五（生産性要件に該当する事業主にあつては、百分の六十））」とあるのは「三分の一（中小企業事業主にあつては、二分の一）」と、同号ハ(3)中「三百八十円（生産性要件に該当する事業主にあつては、四百八十円）（中小企業事業主にあつては、七百六十円（生産性要件に該当する事業主にあつては、九百六十円））」とあるのは「四百円（中小企業事業主にあつては、八百円）」と、同号ハ(4)中「三百八十円（生産性要件に該当する事業主にあつては、四百八十円）（中小企業事業主にあつては、六百六十五円（生産性要件に該当する事業主にあつては、八百四十円）」とあるのは「六百円（中小企業事業主にあつては、七百円）」と読み替えて適用する。ただし、対象被保険者に特定分野訓練を受けさせた事業主及び中高年雇用型訓練対象者に特定中高年雇用型訓練を受けさせた事業主にあつては、この限りではない。

（法附則第四条の厚生労働省令で定める者）

第十八条 法附則第四条の厚生労働省令で定める者は、第十九条の二第一号に掲げる理由により離職した者とする。

（法附則第五条第一項の厚生労働省令で定める者）

第十九条 法附則第五条第一項の厚生労働省令で定める者は、第十九条の二第一号に掲げる理由により離職した者とする。

第二十条 削除

（法附則第五条第一項の厚生労働省令で定める基準）

第二十一条 法附則第五条第一項の厚生労働省令で定める基準は、次の各号のいずれにも該当することとする。

一 四半期ごとに公表される労働力調査の直近の結果によるその地域に係る労働力人口に対する最近一箇月における当該地域内に居住する求職者（次号において「地域求職者」という。）の数の割合が、当該労働力調査の平成二十一年一月時点の結果による全国の労働力人口に対する同月時点における全国の求職者の数の割合以上であること。

二 最近一箇月における地域求職者の数に対するその地域内に所在する事業所に係る求人の数の比率が平成二十一年一月時点における全国の求職者の数に対する同月時点における全国に所在する事業所に係る求人の数の比率以下であること。

三 最近一箇月におけるその地域において基本手当の支給を受けた受給資格者の数を、当該受給資格者の数に当該各月の末日における被保険者（高年齢被保険者、短期雇用特例被保険者及び日雇労働被保険者を除く。以下この号において同じ。）の数を加えた数で除して得た率が、平成二十一年一月時点における全国における基本手当の支給を受けた受給資格者の数を、当該受給資格者の数に同月の末日における被保険者の数を加えた数で除して得た率の平均以上であること。

四 最近一箇月において、その地域を管轄する公共職業安定所において求職の登録をした者であつて就職したもの（公共職業安定所の紹介した職業に就いた者に限る。以下この号において「求職登録就職者」という。）のうち、その地域において就職した者の割合が百分の五十に満たない地域にあつては、当該地域以外の地域であつて、求職登録就職者の数が最も多いものが前三号のいずれにも該当すること。

（法附則第五条第一項の適用に係る法第三十三条第五項の厚生労働省令で定める受給期間についての調整等）

第二十二条 法附則第五条第一項の規定の適用がある場合にお

ける第四十八条の三第一項及び第八十五条の五第一項の規定の適用については、「並びに法第二十七条第三項」とあるのは「並びに法第二十七条第三項並びに法附則第五条第三項」と、「及び法第二十七条第三項」とあるのは「及び法第二十七条第三項並びに法附則第五条第三項」とする。

（法附則第五条第一項に規定する給付日数の延長の通知）

第二十三条　管轄公共職業安定所の長は、法附則第五条第一項の規定により受給資格者に対して基本手当を支給することとしたときは、当該受給資格者に対してその旨を知らせるとともに、必要な事項を受給資格者証に記載するものとする。

（法附則第十条第一項の厚生労働省令で定める者）

第二十三条の二　法附則第十条第一項の厚生労働省令で定める者は、第十九条の二第一号に掲げる理由により離職した者とする。

（教育訓練給付金に関する暫定措置）

第二十四条　法附則第十一条の適用を受ける者（雇用保険法の一部を改正する法律（平成二十六年法律第十三号）附則第四条第二項の規定により法附則第十一条に規定する者とみなされた者を含む。）については、第百一条の二の七第一号中「三年」とあるのは「一年」とし、同条第二号及び第三号中「三年」とあるのは「二年」とする。

（法附則第十一条の二第一項の厚生労働省令で定める者）

第二十五条　法附則第十一条の二第一項の厚生労働省令で定める者は、前条の規定により読み替えられた第百一条の二の七第二号に掲げる者（第百一条の二の五第一項の規定により加算された期間が四年を超える者を除く。）であって、法第六十条の二第一項第一号に規定する基準日前に法附則第十一条の二第一項に規定する教育訓練支援給付金（以下「教育訓練支援給付金」という。）の支給を受けたことがない者（専門実践教育訓練の修了が見込まれない者その他厚生労働大臣が定める者を除く。）とする。

（法附則第十一条の二第一項の厚生労働省令で定める教育訓練）

第二十六条　法附則第十一条の二第一項の厚生労働省令で定める教育訓練は、第百一条の二の七第二号に規定する専門実践教育訓練とする。

（教育訓練支援給付金の受給資格の決定）

第二十七条　教育訓練支援給付金の支給を受けようとする者（以下「教育訓練支援給付金受給予定者」という。）は、専門実践教育訓練を開始する日の一箇月前（以下「提出期限日」という。）まで（提出期限日後に一般被保険者でなくなった教育訓練支援給付金受給予定者にあっては、一般被保険者でなくなった日の翌日から一箇月を経過する日まで）に、管轄公共職業安定所に出頭し、教育訓練給付金及び教育訓練支援給付金受給資格確認票に、次の各号に掲げる書類を添えて提出しなければならない。

一　離職票（基本手当の受給資格の決定を受けていない者に限る。その者が二枚以上の離職票を保管するとき、又は第三十六条第三項若しくは第三十一条の三第三項の規定により受給期間延長通知書の交付を受けているときは、併せて提出しなければならない。）（基本手当の受給資格の決定を受けている者である場合にあつては、受給資格者証）

二　運転免許証その他の教育訓練支援給付金受給予定者本人であることを確認できる書類

三　その他厚生労働大臣が定める書類

2　教育訓練支援給付金受給予定者は、前項の規定にかかわらず、職業安定局長が定めるところにより、同項第三号に掲げる書類のうち職業安定局長が定めるものを添えないことができる。

3　管轄公共職業安定所の長は、教育訓練給付金及び教育訓練支援給付金受給資格確認票を提出した教育訓練支援給付金受給予定者が、法附則第十一条の二第一項前段の規定に該当すると認めたときは、支給単位期間（既に行つた支給申請に係る支給単位期間を除く。）について当該教育訓練支援給付金の支給に係る失業の認定を受けるべき日を定め、当該教育訓練支援給付金受給予定者に知らせるとともに、教育訓練給付金及び教育訓練支援給付金受給資格者証に必要な事項を記載した上、交付しなければならない。

4　この条及び附則第三十条において「支給単位期間」とは、専門実践教育訓練を受けている期間を、当該専門実践教育訓練を開始した日（提出期限日後に一般被保険者でなくなつた教育訓練支援給付金を受ける資格を有する者にあつては、前項により教育訓練支援給付金に係る受給資格を決定した日）から起算して二箇月を経過した日又は当該専門実践教育訓練を受講している期間において二箇月ごとにその日に応当し、かつ、当該専門実践教育訓練を受けている期間内にある日（その日に応当する日がない月においては、その月の末日。以下この項において「訓練開始応当日」という。）からそれぞれ二箇月後の訓練開始応当日の前日（当該専門実践教育訓練を終了した日の属する月にあつては、当該専門実践教育訓練を終了した日）までの各期間に区分した場合における当該区分による一の期間をいう。

5　教育訓練支援給付金の額は、一支給単位期間について、法附則第十一条の二第三項の規定により算定した額に次の各号に掲げる支給単位期間の区分に応じて当該各号に定める日数（以下この項において「支給日数」という。）を乗じて得た額とする。

一　次号に掲げる支給単位期間以外の支給単位期間　当該支給単位期間において教育訓練支援給付金の支給に係る失業の認定を受けた日数

二　専門実践教育訓練を修了した日の属する支給単位期間　当該支給単位期間における専門実践教育訓練を開始した日

又は訓練開始応当日から当該専門実践教育訓練を修了等した日までの期間において教育訓練支援給付金の支給に係る失業の認定を受けた日数

6　管轄公共職業安定所の長は、第三項に規定する教育訓練支援給付金の支給に係る失業の認定を受けるべき日を定めるに当たつては、一支給単位期間について、当該支給単位期間の末日の翌日から起算して一箇月を超えない範囲で定めなければならない。ただし、管轄公共職業安定所の長が必要があると認めるときは、この限りでない。

（法附則第十一条の二第二項に規定する厚生労働省令で定める失業の認定）

第二十八条　教育訓練支援給付金を受ける資格を有する者は、教育訓練支援給付金の支給に係る失業の認定を受けようとするときは、当該教育訓練支援給付金の支給に係る失業の認定を受けるべき日に、管轄公共職業安定所に出頭し、教育訓練支援給付金受講証明書（様式第三十三号の二の七）に、教育訓練給付金及び教育訓練支援給付金受給資格者証（基本手当の受給資格の決定を受けている者である場合にあつては、併せて受給資格者証。以下この項において同じ。）を添えて提出しなければならない。ただし、教育訓練給付金及び教育訓練支援給付金受給資格者証を添えて提出することができないことについて正当な理由があるときは、教育訓練給付金及び教育訓練支援給付金受給資格者証を添えないことができる。

2　前項の規定による教育訓練支援給付金の支給に係る失業の認定は、前条第三項に規定する当該教育訓練支援給付金の支給に係る失業の認定を受けるべき日にしなければならない。ただし、天災その他当該教育訓練支援給付金の支給に係る失業の認定を受けることが出来なかつたことについてやむを得ない理由があるときは、この限りでない。

3　第三十一条第四項及び第五項の規定は、前項ただし書の場合における失業の認定について準用する。

（教育訓練支援給付金の支給日の決定及び通知）

第二十九条　管轄公共職業安定所の長は、教育訓練支援給付金を受ける資格を有する者が法附則第十一条の二第五項で準用する法第二十一条の規定による期間を満了した後管轄公共職業安定所に出頭したときは、その者について支給日を定め、その者に通知するものとする。

（教育訓練支援給付金の支給手続）

第三十条　管轄公共職業安定所の長は、教育訓練支援給付金を受ける資格を有する者に対して失業の認定を行つたときは、その日の翌日から起算して七日以内に、当該失業の認定に係る支給単位期間について教育訓練支援給付金を支給するものとする。

（法附則第十一条の二第三項の厚生労働省令で定める率）

第三十一条　法附則第十一条の二第三項の厚生労働省令で定める率は、第二十八条の三に定める率とする。

（準用）

第三十二条 第二十条、第二十五条、第二十六条、第二十八条の四、第四十四条から第四十七条まで、第四十九条、第五十条及び第五十四条の規定は、教育訓練支援給付金の支給について準用する。この場合において、これらの規定中、「受給資格者」とあるのは「教育訓練支援給付金を受けることができる者」と、「法第十五条第四項第一号に該当する受給資格者」とあるのは「法第十五条第四項第一号に該当する教育訓練支援給付金を受けることができる者」と、「受給資格者証」とあるのは「教育訓練給付金及び教育訓練支援給付金受給資格者証」と、「法第十五条第四項第二号に該当する受給資格者」とあるのは「法第十五条第四項第二号に該当する教育訓練支援給付金を受けることができる者」と、「口座振込受給資格者」とあるのは「第四十四条第一項に規定する方法によって教育訓練支援給付金の支給を受ける者」と読み替えるものとする。

附　則（平成二六年二月二八日厚生労働省令一四号）（抄）

（施行期日）

第一条 この省令は、平成二十六年三月一日から施行する。ただし、附則第三条の規定は、公布の日から施行する。

（経過措置）

第二条 この省令の施行の日（以下「施行日」という。）前にこの省令による改正前の雇用保険法施行規則（以下「旧雇保則」という。）第百二条の五第二項第一号イの再就職援助計画又は同項第二号ロの求職活動支援基本計画書を都道府県労働局長に提出した事業主に対する再就職支援奨励金の支給については、なお従前の例による。

2 施行日前に旧雇保則第百十八条の二第一項第一号ハ(1)(i)又は(ii)の措置を講じた事業主に対するキャリアアップ助成金の支給については、なお従前の例による。

3 施行日前に旧雇保則第百二十五条第一項第一号に規定する一般型訓練、若年人材育成型訓練、成長分野等人材育成型訓練、グローバル人材育成型訓練、熟練技能育成継承型訓練、対象認定実習併用職業訓練を実施する事業主又は自発的職業能力開発経費を負担する事業主に対するキャリア形成促進助成金の支給については、なお従前の例による。

4 施行日前に旧雇保則第百三十三条第一項第一号ハに規定する一般職業訓練又は有期実習型訓練を実施する事業主に対するキャリアアップ助成金の支給については、なお従前の例による。

附　則（平成二六年三月三一日厚生労働省令三六号）（抄）

（施行期日）

第一条 この省令は、平成二十六年四月一日から施行する。

（経過措置）

第二条 この省令の施行の日（以下「施行日」という。）に第一条の規定による改正前の雇用保険法施行規則（以下「旧雇保則」という。）第百四条第一項第一号イ(1)の環境整備計画を提出した事業主又は同号ロ(1)の雇入れを行った事業主に対する高年齢者雇用安定助成金の支給については、なお従前の例による。

2　施行日前に旧雇保則第百十八条第二項第一号ロ(2)の計画を提出した事業主に対する中小企業労働環境向上助成金の支給については、なお従前の例による。

3　施行日前に旧雇保則第百十八条の三第四項第七号の規定により精神障害者等雇用安定奨励金の支給を受けることとなった事業主に対する精神障害者等雇用安定奨励金の支給については、なお従前の例による。

4　施行日前に旧雇保則第百三十九条第二項第一号イ(2)又はロ(2)の育児休業又は介護休業を開始し、平成二十六年九月三十日までの間に同号イ(3)又はロ(3)の育児休業又は介護休業を終了した被保険者がいる中小企業事業主又は中小企業事業主団体に対する同条第一項に規定する中小企業両立支援助成金の支給については、当該被保険者に係る支給に限り、なお従前の例による。

5　施行日前に旧雇保則附則第十七条の九に該当することとなった事業主に対するキャリア形成促進助成金の支給については、なお従前の例による。

6　〈略〉

附　則（平成二六年三月三一日厚生労働省令五二号）

（施行期日）

第一条　この省令は、平成二十六年四月一日（以下「施行日」という。）から施行する。ただし、次の各号に掲げる規定は、当該各号に定める日から施行する。

一　第八十五条の三及び第八十五条の四の改正規定並びに附則第三条、第二十条及び第二十一条の改正規定　公布の日

二　附則第一条の次に一条を加える改正規定（第百一条の二の十五及び附則第三十二条に係る部分を除く。）、様式第六号(1)の改正規定、様式第十号の四の改正規定（「死亡した受給資格者等」を「原則として死亡した受給資格者等」に改める部分に限る。）、様式第十一号、様式第十一号の二及び様式第十一号の三の改正規定（「添えて」の下に「原則として」を加える部分に限る。）並びに様式第十二号の改正規定、様式第十六号(1)の改正規定（「申請書は、」の下に「原則として」を加える部分に限る。）並びに様式第二十二号、様式第二十九号の二、様式第二十九号の三及び様式第三十号の改正規定　平成二十六年七月一日

三　第百一条の二の二から第百一条の二の十五までの改正規定、第百一条の十一の改正規定、附則第一条の次に一条を加える改正規定（第百一条の二の十五及び附則第三十二条に係る部分に限る。）、附則第二十三条の次に九条を加える改正規定、様式第十六号(1)の改正規定（「申請書は、」の下に「原則として」を加える部分を除く。）、様式第十七号の改正規定、様式第十八号の改正規定及び様式第三十三号の

二の次に六様式を加える改正規定、様式第三十三号の五の改正規定並びに様式第三十三号の五の二の改正規定　平成二十六年十月一日

（経過措置）

第二条　この省令による改正後の雇用保険法施行規則（以下「新雇保則」という。）第十七条の二の規定は、施行日以後に失業等給付の支給を受けることができる者が死亡した場合に係る未支給給付請求者について適用し、施行日前に失業等給付の支給を受けることができる者が死亡した場合に係る未支給給付請求者については、なお従前の例による。

2　新雇保則第三十六条の規定は、受給資格に係る離職の日が施行日以後である者について適用し、受給資格に係る離職の日が施行日前である者については、なお従前の例による。

3　厚生労働大臣、都道府県労働局長及び公共職業安定所長は、附則第一条第三号に掲げる規定の施行の日（以下「第三号施行日」という。）前においても、雇用保険法の一部を改正する法律による改正後の雇用保険法（以下「新法」という。）第六十条の二第一項の規定による教育訓練給付金及び新法附則第十一条の二第一項の規定による教育訓練支援給付金に必要な準備行為を行うことができる。

4　新雇保則第百一条の二の十の規定にかかわらず、第三号施行日前に雇用保険法第六十条の二第一項の規定による教育訓練給付金の支給を受けた者についての法第六十条の二第五項の厚生労働省令で定める期間については、零年とする。

5　新雇保則第百一条の十一の規定は、第三号施行日以後に開始する新法第六十一条の四第三項に規定する支給単位期間について適用し、第三号施行日前に開始された同項に規定する支給単位期間については、なお従前の例による。

6　新雇保則附則第一条の二の規定は、附則第一条第二号に掲げる規定の施行の日（以下「第二号施行日」という。）以後に新雇保則第十九条の規定により受給資格の決定を受けようとする者について適用し、第二号施行日前に改正前の雇用保険法施行規則（以下「旧雇保則」という。）第十九条の規定により受給資格の決定を受けた者又は同条の規定により受給資格の決定に係る申請を行った者については、なお従前の例による。

7　新雇保則附則第二十条及び第二十一条の規定は、受給資格に係る離職の日が附則第一条第一号に掲げる規定の施行の日（以下「第一号施行日」という。）以後である者について適用し、受給資格に係る離職の日が第一号施行日前である者については、なお従前の例による。

8　この省令の施行の際現に提出されている旧雇保則様式第五号による雇用保険被保険者離職証明書、旧雇保則様式第十号の四による未支給失業等給付請求書、旧雇保則様式第十二号による公共職業訓練等受講届及び公共職業訓練等通所届、旧雇保則様式第十六号による受給期間延長申請書及び教育訓練

給付適用対象期間延長申請書、旧雇保則様式第十八号による払渡希望金融機関指定届及び払渡希望金融機関変更届、旧雇保則様式第二十二号による傷病手当支給申請書、旧雇保則様式第二十九号の二による再就職手当支給申請書、旧雇保則様式第二十九号の三による常用就職支度手当支給申請書、旧雇保則様式第三十号による移転費支給申請書、旧雇保則様式第三十三号の二による教育訓練給付金支給申請書、旧雇保則様式第三十三号の三による高年齢雇用継続給付受給資格確認票・(初回)高年齢雇用継続給付支給申請書、旧雇保則様式第三十三号の三の二による高年齢雇用継続給付支給申請書、旧雇保則様式第三十三号の五による育児休業給付受給資格確認票・(初回)育児休業給付金支給申請書、旧雇保則様式第三十三号の五の二による育児休業給付金支給申請書、旧雇保則様式第三十五号による雇用保険被保険者資格取得届光ディスク等提出用総括票、旧雇保則様式第三十六号による雇用保険被保険者資格喪失届光ディスク等提出用総括票並びに旧雇保則様式第三十七号による雇用保険被保険者転勤届光ディスク等提出用総括票は、それぞれこの省令による改正後の新雇保則様式第五号による雇用保険被保険者離職証明書、新雇保則様式第十号の四による未支給失業等給付請求書、新雇保則様式第十二号による公共職業訓練等受講届及び公共職業訓練等通所届、新雇保則様式第十六号による受給期間延長申請書及び教育訓練給付適用対象期間延長申請書、新雇保則様式第十八号による払渡希望金融機関指定届及び払渡希望金融機関変更届、新雇保則様式第二十二号による傷病手当支給申請書、新雇保則様式第二十九号の二による再就職手当支給申請書、新雇保則様式第二十九号の三による常用就職支度手当支給申請書、新雇保則様式第三十号による移転費支給申請書、新雇保則様式第三十三号の二による教育訓練給付金支給申請書、新雇保則様式第三十三号の三による高年齢雇用継続給付受給資格確認票・(初回)高年齢雇用継続給付支給申請書、新雇保則様式第三十三号の三の二による高年齢雇用継続給付支給申請書、新雇保則様式第三十三号の五による育児休業給付受給資格確認票・(初回)育児休業給付金支給申請書、新雇保則様式第三十三号の五の二による育児休業給付金支給申請書、新雇保則様式第三十五号による雇用保険被保険者資格取得届光ディスク等提出用総括票、新雇保則様式第三十六号による雇用保険被保険者資格喪失届光ディスク等提出用総括票並びに新雇保則様式第三十七号による雇用保険被保険者転勤届光ディスク等提出用総括票とみなす。

9　この省令の施行の際現に交付されている旧雇保則様式第六号による雇用保険被保険者離職票、旧雇保則様式第十一号による雇用保険受給資格者証、旧雇保則様式第十一号の二による雇用保険高年齢受給資格者証、旧雇保則様式第十一号の三による雇用保険特例受給資格者証並びに旧雇保則様式第十七号による受給期間延長通知書及び教育訓練給付適用対象期間延長通知書は、それぞれ新雇保則様式第六号による雇用保険被保険者離職票、新雇保則様式第十一号による雇用保険受給資格者証、新雇保則様式第十一号の二による雇用保険高年齢受給資格者証、新雇保則様式第十一号の三による雇用保険特例受給資格者証並びに新雇保則様式第十七号による受給期間延長通知書及び教育訓練給付適用対象期間延長通知書とみなす。

10　新雇保則第七条第一項の雇用保険被保険者離職証明書及び同条第二項の雇用保険被保険者離職票、新雇保則第十七条の二第一項の未支給失業等給付請求書、同条同項第一号の雇用保険受給資格者証、同条同項第二号の雇用保険高年齢受給資格者証及び同条同項第三号の雇用保険特例受給資格者証、新雇保則第二十一条の公共職業訓練等受講届及び公共職業訓練等通所届、新雇保則第三十一条第一項の受給期間延長申請書及び同条第四項の受給期間延長通知書、新雇保則第四十四条第二項の払渡希望金融機関指定届及び同条第三項の払渡希望金融機関変更届、新雇保則第六十三条第二項の傷病手当支給申請書、新雇保則第八十二条の七第一項の再就職手当支給申請書、新雇保則第八十四条第一項の常用就職支度手当支給申請書、新雇保則第九十二条第一項の移転費支給申請書、新雇保則第百一条の二の五第二項の教育訓練給付適用対象期間延長申請書及び同条第三項の教育訓練給付適用対象期間延長通知書、新雇保則第百一条の二の十一第一項の教育訓練給付金支給申請書、新雇保則第百一条の五第一項の高年齢雇用継続給付受給資格確認票・(初回)高年齢雇用継続給付支給申請書及び高年齢雇用継続給付支給申請書、新雇保則第百一条の十三第一項の育児休業給付受給資格確認票・(初回)育児休業給付金支給申請書及び育児休業給付金支給申請書並びに新雇保則第百四十六条第一項第一号の雇用保険被保険者資格取得届光ディスク等提出用総括票、同条同項第二号の雇用保険被保険者資格喪失届光ディスク等提出用総括票及び同条同項第三号の雇用保険被保険者転勤届光ディスク等提出用総括票は、当分の間、なお旧雇保則の相当様式によることができる。

附　則（平成二六年五月一六日厚生労働省令六五号）

（施行期日）

第一条　この省令は、平成二十六年十月一日から施行する。

（経過措置）

第二条　この省令の施行の日（以下「施行日」という。）前にこの省令による改正前の雇用保険法施行規則（以下「旧雇保則」という。）第百二十五条第一項第一号に規定する一般型訓練、若年人材育成型訓練、成長分野等人材育成型訓練、グローバル人材育成型訓練、熟練技能育成継承型訓練、対象認定実習併用職業訓練、育休中・復職後等能力向上型訓練を実施する事業主又は自発的職業能力開発経費を負担する事業主に対するキャリア形成促進助成金の支給については、なお従前の例による。

2　施行日前に旧雇保則第百三十三条第一項第一号ハに規定する一般職業訓練又は有期実習型訓練を実施する事業主に対するキャリアアップ助成金の支給については、なお従前の例による。

附　則（平成二六年六月三〇日厚生労働省令七四号）

（施行期日）

第一条　この省令は、平成二十六年七月一日から施行する。ただし、第一条中様式第十号の四の改正規定及び様式第三十三号の二の改正規定（「申請者本人が」の下に「、原則として」を加える部分を除く。）は、平成二十六年十月一日から施行する。

（経過措置）

第二条　第一条の規定による改正後の雇用保険法施行規則（以下この条において「新雇保則」という。）様式第十号の四による未支給失業等給付請求書、新雇保則様式第十一号による雇用保険受給資格者証、新雇保則様式第十八号による払渡希望金融機関指定届及び払渡希望金融機関変更届、新雇保則様式第三十三号の二による教育訓練給付金支給申請書、新雇保則様式第三十三号の五による育児休業給付受給資格確認票・（初回）育児休業給付金支給申請書並びに新雇保則様式第三十七号による雇用保険被保険者転勤届光ディスク等提出用総括票は、当分の間、なお同条の規定による改正前の雇用保険法施行規則の相当様式によることができる。

附　則（平成二六年九月九日厚生労働省令一〇四号）（抄）

（施行期日）

第一条　この省令は、平成二十六年十月一日から施行する。

附　則（平成二六年九月三〇日厚生労働省令一一五号）（抄）

（施行期日）

1　この省令は、平成二十六年十月一日から施行する。〈後略〉

一・二　〈略〉

附　則（平成二六年一二月二六日厚生労働省令一四六号）

この省令は、平成二十七年一月一日から施行する。

附　則（平成二七年一月三〇日厚生労働省令一二号）

この省令は、平成二十七年二月一日から施行する。

附　則（平成二七年二月二七日厚生労働省令二七号）

（施行期日）

第一条　この省令は、平成二十七年五月一日から施行する。

（経過措置）

第二条　この省令の施行の日（以下この条において「施行日」という。）前にこの省令による改正前の雇用対策法施行規則第六条の二又はこの省令による改正前の雇用保険法施行規則（以下「旧雇保則」という。）第百十条の規定により特定求職者雇用開発助成金の支給を受けることができることとなった事業主に対する特定求職者雇用開発助成金の支給については、なお従前の例による。

2　施行日前に旧雇保則第百十八条の三第二項又は第三項の規定により発達障害者・難治性疾患患者雇用開発助成金の支給を受けることができることとなった事業主に対する発達障害者・難治性疾患患者雇用開発助成金の支給については、なお従前の例による。

3　施行日前に旧雇保則附則第十五条の五第二項又は第三項の規定により被災者雇用開発助成金の支給を受けることができることとなった事業主に対する被災者雇用開発助成金の支給については、なお従前の例による。

附　則（平成二七年三月三一日厚生労働省令五六号）（抄）

（施行期日）

第一条　この省令は、平成二十七年四月一日から施行する。

附　則（平成二七年三月三一日厚生労働省令六〇号）

（施行期日）

第一条　この省令は、平成二十七年四月一日から施行する。

（経過措置）

第二条　この省令の施行の際現に提出されているこの省令による改正前の雇用保険法施行規則（以下この条において「旧雇保則」という。）様式第十号の四による未支給失業等給付請求書、旧雇保則様式第二十九号の二による再就職手当支給申請書、旧雇保則様式第二十九号の二の二による就業促進定着手当支給申請書、旧雇保則様式第二十九号の三による常用就職支度手当支給申請書、旧雇保則様式第三十号による移転費支給申請書、旧雇保則様式第三十三号による広域求職活動費支給申請書、旧雇保則様式第三十三号の二による教育訓練給付金支給申請書、旧雇保則様式第三十三号の二の二による教育訓練給付金（第百一条の二の七第二号関係）及び教育訓練支援給付金受給資格確認票、旧雇保則様式第三十三号の二の四による教育訓練給付金（第百一条の二の七第二号関係）支給申請書、旧雇保則様式第三十三号の二の五による教育訓練給付金（第百一条の二の七第三号関係）支給申請書、旧雇保則様式第三十三号の二の七による教育訓練支援給付金受講証明書、旧雇保則様式第三十三号の三による高年齢雇用継続給付受給資格確認票・（初回）高年齢雇用継続給付支給申請書、旧雇保則様式第三十三号の三の二による高年齢雇用継続給付支給申請書、旧雇保則様式第三十三号の五による育児休業給付受給資格確認票・（初回）育児休業給付金支給申請書、旧雇保則様式第三十三号の五の二による育児休業給付金支給申請書並びに旧雇保則様式第三十三号の六による介護休業給付金支給申請書は、それぞれこの省令による改正後の雇用保険法施行規則（以下この条において「新雇保則」という。）様式第十号の四による未支給失業等給付請求書、新雇保則様式第二十九号の二による再就職手当支給申請書、新雇保則様式第二十九号の二の二による就業促進定着手当支給申請書、新雇保則様式第二十九号の三による常用就職支度手当支給申請書、新雇保則様式第三十号による移転費支給申請書、新雇保則様式第三十三号による広域求職活動費支給申請書、新雇保則様式第三十三号の二による教育訓練給付金支給申請書、新雇保則様式第三十三号の二の二による教育訓練給付金（第百一条の二の七第二号関係）及び教育訓練支援給付金受給資格確認票、新雇保則様式第三十三号の二の四による教育訓練給付金（第百一条の二の七第三号関係）支給申請書、新雇保則様式第三十三号の二の五による教育訓練給付金（第百一条の二の七第三号関係）支給申請書、新雇保則様式第三十三号の二の七による教育訓練支援給付金受講証明書、新雇保則様式第三十三号の三による高年齢雇用継続給付受給資格確認票・（初回）高年齢雇用継続給付支給申請書、新雇保則様式第三十三号の三の二による高年齢雇用継続給付支給申請書、新雇保則様式第三十三号の五による育児休業給付受給資格確認票・（初回）育児休業給付金支給申請書、新雇保則様式第三十三号の五の二による育児休業給付金支給申請書並びに新雇保則様式第三十三号の六による介護休業給付金支給申請書とみなす。

2　この省令の施行の際現に交付されている旧雇保則様式第十七号による受給期間延長通知書及び教育訓練給付適用対象期間延長通知書は、新雇保則様式第十七号による受給期間延長通知書及び教育訓練給付適用対象期間延長通知書とみなす。

3　新雇保則第十七条の二第一項の未支給失業等給付請求書、新雇保則第三十一条第四項及び第百一条の二の五第三項の受給期間延長通知書及び教育訓練給付適用対象期間延長通知書、新雇保則第八十二条の七第一項の再就職手当支給申請書、新雇保則第八十三条の四第一項の就業促進定着手当支給申請書、新雇保則第八十四条第一項の常用就職支度手当支給申請書、新雇保則第九十二条第一項の移転費支給申請書、新雇保則第九十九条第一項の広域求職活動費支給申請書、新雇保則第百一条の二の十一第一項並びに第百一条の二の十二第五項及び第六項の教育訓練給付金支給申請書、新雇保則第百一条の五第一項の高年齢雇用継続給付受給資格確認票・（初回）高年齢雇用継続給付支給申請書及び高年齢雇用継続給付支給申請書、新雇保則第百一条の十三第一項の育児休業給付受給資格確認票・（初回）育児休業給付金支給申請書及び育児休業給付金支給申請書、新雇保則第百一条の十九第一項の介護休業給付金支給申請書並びに新雇保則附則第二十八条第一項の教育訓練支援給付金受講証明書は、当分の間、なお旧雇保則の相当様式によることができる。

附　則（平成二七年三月三一日厚生労働省令七三号）（抄）

（施行期日）

1　この省令は、子ども・子育て支援法の施行の日（平成二十七年四月一日）から施行する。

附　則（平成二七年三月三一日厚生労働省令七六号）

（施行期日）

第一条　この省令は、平成二十七年四月一日から施行する。

（経過措置）

第二条　この省令の施行の日（以下この条において「施行日」という。）前にこの省令による改正前の雇用保険法施行規則（以下この条において「旧雇保則」という。）第百四条第一項第一号ロ(1)の雇入れを行った事業主に対する高年齢者雇用安定助成金の支給については、なお従前の例による。

2　施行日前に旧雇保則第百十八条の三第四項第一号から第七号までの規定により精神障害者等雇用安定奨励金の支給を受けることができることとなった事業主に対する精神障害者等雇用安定奨励金の支給については、なお従前の例による。

3　施行日前に旧雇保則第百三十九条第二項第一号イに規定する目標値を公表した事業主に対する同条第一項のポジティブ・アクション能力アップ助成金の支給については、なお従前の例による。

附　則（平成二七年四月一〇日厚生労働省令八八号）（抄）

（施行期日等）

第一条　この省令は、公布の日から施行する。

2　第一条の規定による改正後の雇用保険法施行規則附則第十七条の六及び第十七条の八の規定は、平成二十七年四月一日から適用する。

（経過措置）

第二条　この省令の施行の日（以下この条において「施行日」という。）前に第一条の規定による改正前の雇用保険法施行規則（以下「旧雇保則」という。）第百四条第一号イの環境整備計画を提出した事業主に対する高年齢者雇用安定助成金の支給については、なお従前の例による。

2　施行日前に旧雇保則第百十条の三第一項第一号の規定により労働者を雇い入れた事業主に対するトライアル雇用奨励金の支給については、なお従前の例による。

3　施行日前に旧雇保則第百十六条第二項第一号ハの短時間勤務の制度を利用し、平成二十七年十一月三十日までの間に当該制度を六箇月以上利用した被保険者がいる事業主に対する子育て期短時間勤務支援助成金の支給については、当該被保険者に係る支給に限り、なお従前の例による。

4　施行日前に旧雇保則第百十六条第三項の事業所内保育施設設置・運営等支援助成金の支給に係る申請を行った事業主又は事業主団体に対する事業所内保育施設設置・運営等支援助成金の支給については、なお従前の例による。

5　施行日前に旧雇保則第百十六条第四項第一号イ(1)の原職等復帰措置により原職等に復帰した被保険者がいる中小企業事業主に対する中小企業両立支援助成金（当該原職等復帰措置に係るものに限る。）の支給については、当該被保険者に係る支給に限り、なお従前の例による。

6　施行日前に旧雇保則第百十六条第四項第一号ロ(1)の育児休業後六箇月以上継続して雇用した期間を定めて雇用する被保険者がいる中小企業事業主に対する中小企業両立支援助成金（同号ロ(1)に該当する中小企業事業主に係るものに限る。）

の支給については、当該被保険者に係る支給に限り、なお従前の例による。
7　施行日前に旧雇保則第百十八条第二項第一号ロ(2)の計画を提出した事業主に対する中小企業労働環境向上助成金の支給については、なお従前の例による。
8　施行日前に旧雇保則第百十八条の二第一項第一号ハ(1)(i)若しくは(ii)又は(2)の措置を講じた事業主に対するキャリアアップ助成金の支給については、なお従前の例による。
9　施行日前に旧雇保則第百十八条の三第四項第一号イに規定する雇入れを行った事業主に対する精神障害者等雇用安定奨励金の支給については、施行日前に同号の規定により雇い入れられた労働者に係る支給に限り、なお従前の例による。
10　施行日前に旧雇保則第百二十五条第一項第一号に規定する若年人材育成型訓練、熟練技能育成継承型訓練、対象認定実習併用職業訓練、育休中・復職後等能力向上型訓練を実施する事業主又は団体等実施型訓練を実施する事業主団体等に対するキャリア形成促進助成金の支給については、なお従前の例による。
11　施行日前に旧雇保則第百三十三条第一項第一号ハに規定する一般職業訓練又は有期実習型訓練を実施する事業主に対するキャリアアップ助成金の支給については、なお従前の例による。
12・13　〈略〉

附　則（平成二七年九月二九日厚生労働省令一四九号）（抄）

（施行期日）

第一条　この省令は、平成二十七年九月三十日から施行する。

〈後略〉

附　則（平成二七年九月二九日厚生労働省令一五〇号）（抄）

（施行期日）

第一条　この省令は、行政手続における特定の個人を識別するための番号の利用等に関する法律（以下「番号利用法」という。）の施行の日（平成二十七年十月五日）から施行する。ただし、次の各号に掲げる規定は、当該各号に定める日から施行する。

一　〈前略〉第十九条から第二十九条まで〈中略〉の規定　番号利用法附則第一条第四号に掲げる規定の施行の日（平成二十八年一月一日）

二〜四　〈略〉

（雇用保険法施行規則の一部改正に伴う経過措置）

第十一条　この省令の施行の際現に提出又は交付されている第二十七条の規定による改正前の雇用保険法施行規則の様式（次項において「旧様式」という。）により使用されている書類は、同条の規定による改正後の雇用保険法施行規則の様式によるものとみなす。

2　この省令の施行の際現にある旧様式による用紙については、当分の間、これを取り繕って使用することができる。

附　則（平成二七年九月三〇日厚生労働省令一五六号）（抄）

（施行期日）

1　この省令は、平成二十七年十月一日から施行する。

附　則（平成二七年一〇月一四日厚生労働省令一六〇号）

この省令は、公布の日から施行する。

附　則（平成二七年一二月二四日厚生労働省令一七三号）

（施行期日）

第一条　この省令は、平成二十八年一月一日から施行する。

（経過措置）

第二条　この省令の施行の際現に提出され又は交付されている この省令による改正前の雇用保険法施行規則の様式（次項において「旧様式」という。）により使用されている書類は、この省令による改正後の雇用保険法施行規則の様式によるものとみなす。

2　この省令の施行の際現にある旧様式による用紙については、当分の間、これを取り繕って使用することができる。

附　則（平成二七年一二月二八日厚生労働省令一七五号）（抄）

（施行期日）

第一条　この省令は、勤労青少年福祉法等の一部を改正する法律（平成二十七年法律第七十二号。以下「改正法」という。）附則第一条第三号に掲げる規定の施行の日（平成二十八年四月一日）から施行する。〈後略〉

附　則（平成二八年一月一四日厚生労働省令四号）（抄）

（施行期日）

1　この省令は、平成二十八年三月一日から施行する。〈後略〉

附　則（平成二八年二月三日厚生労働省令一三号）

この省令は、平成二十八年四月一日から施行する。

附　則（平成二八年二月一〇日厚生労働省令一七号）（抄）

（施行期日）

第一条　この省令は、公布の日から施行する。

（経過措置）

第二条　この省令の施行の日（以下「施行日」という。）前にこの省令による改正前の雇用保険法施行規則第百十八条の二第一項第一号ハ(1)(i)又は(ii)の措置を講じた事業主及び同令第百三十三条第一項第一号ハに規定する有期実習型訓練を実施する事業主に対するキャリアアップ助成金の支給については、なお従前の例による。

2　施行日から平成二十八年三月三十一日までの間にこの省令による改正後の雇用保険法施行規則（以下「新規則」という。）第百十八条の二第一項第一号ハ(1)(i)又は(ii)の措置を講じた事業主に係る新規則附則第十七条の三の規定の適用については、同条の表第一項第二号イの項中「同号ハ(1)(i)(ハ)の転換に限る。）を講じた場合　対象者一人につき二十二万五千円」とあるのは「同号ハ(1)(i)(ハ)の転換に限る。）を講じた場合　対象者一人につき二十五万円」と、「五十二万五千円」とあるのは

「五十五万円」と、同表第一項第二号ロの項中「七万五千円（常時雇用する労働者の数が三百人を超えない事業主にあつては、十万円）」とあるのは「二十五万円（常時雇用する労働者の数が三百人を超えない事業主にあつては、三十万円）」と、「二十二万五千円（常時雇用する労働者の数が三百人を超えない事業主にあつては、二十五万円）」とあるのは「四十万円（常時雇用する労働者の数が三百人を超えない事業主にあつては、四十五万円）」と、同表第二項の項中「同号イ⑵及び⑶」とあるのは「同号イ⑵」と、「同号イ⑷」とあるのは「同号イ⑶中「対象者一人につき二十五万円（中小企業事業主にあつては、三十万円）」とあるのは「母子家庭の母等若しくは父子家庭の父である労働者又は青少年雇用促進法第十五条の認定を受けた事業主が転換し、若しくは雇い入れた三十五歳未満の者一人につき三十万円、その他の労働者一人につき二十五万円（中小企業事業主にあつては、母子家庭の母等若しくは父子家庭の父である労働者又は同条の認定を受けた事業主が転換し、若しくは雇い入れた三十五歳未満の者一人につき三十五万円、その他の労働者一人につき三十万円）」と、同号イ⑷」と、「同号イ⑸中「対象者一人につき五十二万五千円」とあるのは「同号イ⑸中「対象者一人につき五十五万円」と、「五十七万五千円、その他の労働者一人につき五十二万五千円」とあるのは「六十万円、その他の労働者一人につき五十五万円」と、「対象者一人につき七万五千円（常時雇用する労働者の数が三百人を超えない事業主にあつては、十万円）」とあるのは「母子家庭の母等又は父子家庭の父である労働者一人につき十二万五千円、その他の労働者一人につき七万五千円（常時雇用する労働者の数が三百人を超えない事業主にあつては、母子家庭の母等若しくは父子家庭の父である労働者又は青少年雇用促進法第十五条の認定を受けた事業主が転換し、若しくは雇い入れた三十五歳未満の者一人につき十五万円、その他の労働者一人につき十万円）」とあるのは「対象者一人につき二十五万円（常時雇用する労働者の数が三百人を超えない事業主にあつては、三十万円）」とあるのは「母子家庭の母等又は父子家庭の父である労働者一人につき三十五万円、その他の労働者一人につき二十五万円（常時雇用する労働者の数が三百人を超えない事業主にあつては、母子家庭の母等若しくは父子家庭の父である労働者又は青少年雇用促進法第十五条の認定を受けた事業主が転換し、若しくは雇い入れた三十五歳未満の者一人につき四十万円、その他の労働者一人につき三十万円）」と、「対象者一人につき二十二万五千円（常時雇用する労働者の数が三百人を超えない事業主にあつては、二十五万円）」とあるのは「母子家庭の母等又は父子家庭の父である労働者一人につき二十七万五千円、その他の労働者一人につき二十二万五千円（常時雇用する労働者の数が三百人を超えない事業主にあつては、母子家庭の母等若しくは父子家庭の父である労働者又は青少年雇用促進法第十五条の認定を受けた事業主が転換し、若しくは雇い入れた三十五歳未満の者一人につき三十万円、その他の労働者一人につき二十五万円」」とあるのは「対象者一人につき四十万円（常時雇用する労働者の数が三百人を超えない事業主にあつては、四十五万円」」とあるのは「母子家庭の母等又は父子家庭の父である労働者一人につき五十万円、その他の労働者一人につき四十万円（常時雇用する労働者の数が三百人を超えない事業主にあつては、母子家庭の母等若しくは父子家庭の父である労働者又は青少年雇用促進法第十五条の認定を受けた事業主が転換し、若しくは雇い入れた三十五歳未満の者一人につき五十五万円、その他の労働者一人につき四十五万円）」と、同表第三項の項中「対象者一人につき七万五千円（常時雇用する労働者の数が三百人を超えない事業主にあつては、十万円）」とあるのは「母子家庭の母等又は父子家庭の父である労働者一人につき十二万五千円、その他の労働者一人につき七万五千円及び当該措置が実施された一の事業所につき七万五千円（常時雇用する労働者の数が三百人を超えない事業主にあつては、母子家庭の母等若しくは父子家庭の父である労働者又は青少年雇用促進法第十五条の認定を受けた事業主が転換し、若しくは雇い入れた三十五歳未満の者一人につき十五万円、その他の労働者一人につき十万円及び当該措置が実施された一の事業所につき十万円）」」とあるのは「対象者一人につき二十五万円（常時雇用する労働者の数が三百人を超えない事業主にあつては、三十万円）」」とあるのは「母子家庭の母等又は父子家庭の父である労働者一人につき三十二万五千円、その他の労働者一人につき二十二万五千円及び当該措置が実施された一の事業所につき七万五千円（常時雇用する労働者の数が三百人を超えない事業主にあつては、母子家庭の母等若しくは父子家庭の父である労働者又は青少年雇用促進法第十五条の認定を受けた事業主が転換し、若しくは雇い入れた三十五歳未満の者一人につき四十万円、その他の労働者一人につき三十万円及び当該措置が実施された一の事業所につき十万円）」と、「対象者一人につき二十二万五千円（常時雇用する労働者の数が三百人を超えない事業主にあつては、二十五万円）」」とあるのは「母子家庭の母等又は父子家庭の父である労働者一人につき二十七万五千円、その他の労働者一人につき二十二万五千円及び当該措置が実施された一の事業所につき七万五千円（常時雇用する労働者の数が三百人を超えない事業主にあつては、母子家庭の母等若しくは父子家庭の父である労働者又は青少年雇用促進法第十五条の認定を受けた事業主が転換し、若しくは雇い入れた三十五歳未満の者一人につき三十万円、その他の労働者一人につき二十五万円及び当該措置が実施された一の事業所につき十万円）」とあるのは「対象者一人につき四十万円（常時雇用する労働者の数が三百人を超えない事業主にあつては、四十五万円）」とあるのは「母子家庭の母等又は父子家庭の父である労働者一人につき四十七万五千円、その他の労働者一人につき三十七万五千円及び当該措置が実施された一の事業所につき七万五千円（常時雇用する労働者の数が三百人を超えない事業主にあつては、母子家庭の母等若しくは父子家庭の父である労働者又は青少年雇用促進法第十五条の認定を受けた事業主が転換し、若しくは雇い入れた三十五歳未満の者一人につき五十五万円、その他の労働者一人につき四十五万円及び当該措置が実施された一の事業所につき十万円）」とする。

附　則（平成二八年二月一六日厚生労働省令二〇号）

（施行期日）

第一条　この省令は、公布の日から施行する。

（個人番号の変更の届出に関する経過措置）

第二条　この省令による改正後の雇用保険法施行規則（次条第一項及び附則第四条において「新雇保則」という。）第十四条の二の規定は、雇用保険法施行規則の規定により事業主により個人番号（行政手続における特定の個人を識別するための番号の利用等に関する法律（平成二十五年法律第二十七号）第二条第五項に規定する個人番号をいう。）の届出が行われた被保険者について、この省令の施行の日以後に個人番号が変更された場合に適用する。

（様式に関する経過措置）

第三条　この省令の施行の際現に提出され、又は交付されているこの省令による改正前の雇用保険法施行規則（次条において「旧雇保則」という。）の様式（次項において「旧様式」という。）により使用されている書類は、新雇保則の様式によるものとみなす。

2　この省令の施行の際現にある旧様式による用紙については、当分の間、これを取り繕って使用することができる。

（申請に関する経過措置）

第四条　この省令の施行前に旧雇保則第百一条の五第一項若しくは第六項（第百一条の七第二項において準用する場合を含む。）、第百一条の七第一項、第百一条の十三第一項若しくは第五項又は第百一条の十九第一項の規定によりされた高年齢雇用継続基本給付金、高年齢再就職給付金、育児休業給付金又は介護休業給付金の支給の申請（旧雇保則第百一条の八（第百一条の十五及び第百二条において準用する場合を含む。）の規定により事業主が行う場合を含む。）については、新雇保則第百一条の五第一項若しくは第六項（第百一条の七第二項において準用する場合を含む。）、第百一条の七第一項、第百一条の十三第一項若しくは第五項又は第百一条の十九第一項の規定によりされたものとみなす。

附　則（平成二八年三月二八日厚生労働省令四三号）

この省令は、公布の日から施行する。

附　則（平成二八年三月三一日厚生労働省令七二号）（抄）

（施行期日）

1　この省令は、公布の日から施行する。

附　則（平成二八年三月三一日厚生労働省令七三号）

（施行期日）

第一条　この省令は、平成二十八年四月一日から施行する。

（様式に関する経過措置）

第二条　この省令の施行の際現にあるこの省令による改正前の様式（次項において「旧様式」という。）により使用されている書類は、この省令による改正後の様式によるものとみなす。

2　この省令の施行の際現にある旧様式による用紙については、当分の間、これを取り繕って使用することができる。

附　則（平成二八年四月一日厚生労働省令八三号）（抄）

（施行期日）

第一条　この省令は、平成二十八年四月一日から施行する。

（経過措置）

第二条　この省令の施行の日（以下この条において「施行日」という。）前に第一条の規定による改正前の雇用保険法施行規則（以下「旧雇保則」という。）第百二条の五第二項第一号イの再就職援助計画又は同項第二号イの求職活動支援書を提出した事業主に対する再就職支援奨励金の支給については、なお従前の例による。

2　施行日前に旧雇保則第百二条の五第六項第一号イの雇入れを行った事業主又は同項第二号ロの職業訓練計画を提出した事業主に対する受入れ人材育成支援奨励金の支給については、なお従前の例による。

3　施行日前に旧雇保則第百四条第一号イの環境整備計画を提出した事業主に対する高年齢者雇用安定助成金の支給については、なお従前の例による。

4　施行日前に旧雇保則第百十条第七項第一号イの雇入れを行った事業主に対する高年齢者雇用開発特別奨励金の支給については、なお従前の例による。

5　施行日前に旧雇保則第百十二条第四項第一号ロの計画を提出した事業主に対する沖縄若年者雇用促進奨励金の支給については、なお従前の例による。

6　施行日前に旧雇保則第百十六条第二項の事業所内保育施設設置・運営等支援助成金の支給に係る申請を行った事業主又は事業主団体に対する事業所内保育施設設置・運営等支援助成金の支給については、なお従前の例による。ただし、平成二十四年十月三十一日以後に事業所内保育施設設置・運営等支援助成金の支給に係る申請を行った事業主又は事業主団体に対する運営に要した費用の支給については、対象保育施設の運営を開始した日から起算して十年を経過する日まで支給するものとする。この場合において、当該施設の運営を開始した日から起算して六年から十年を経過する日までの当該施設の運営に要した費用の支給額については、第一条の規定による改正後の雇用保険法施行規則（以下「新雇保則」という。）第百十六条第二項第二号の規定の例により支給額を算定するものとする。

7　施行日前に旧雇保則第百十六条第三項第一号イ(1)の原職等復帰措置により原職等に復帰した被保険者がいる中小企業事業主に対する中小企業両立支援助成金（当該原職等復帰措置に係るものに限る。）の支給については、当該被保険者に係る支給に限り、なお従前の例による。

8　施行日前に旧雇保則第百十六条第三項第一号ロ(1)の育児休業を終了した被保険者がいる中小企業事業主に対する中小企業両立支援助成金（同号ロ(1)に係るものに限る。）の支給については、なお従前の例による。

9　施行日前にその雇用する被保険者について、雇用管理に関する業務について知識を有する者の支援を受けて育休復帰支援計画（旧雇保則第百十六条第三項第一号ハ(1)に規定する育休復帰支援計画をいう。）を作成し、かつ、当該育休復帰支援計画に基づく措置を講じた中小企業事業主であって、当該被保険者の育児休業をした期間が三箇月以上（当該被保険者に労働基準法第六十五条第二項の規定によって休業した期間があり、かつ、当該期間の満了後引き続き育児休業をした場合にあっては、当該期間及び当該育児休業をした期間を通算した期間が三箇月以上）であって、厚生労働大臣に次世代育成支援対策推進法（平成十五年法律第百二十号。以下「次世代法」という。）第十二条第一項に規定する一般事業主行動計画を策定した旨を届け出て、同計画を公表し、同計画を労働者に周知させるための措置を講じているものに対する中小企業両立支援助成金（同号ハ(1)に係るものに限る。）の支給については、当該事業主を新雇保則第百十六条第五項第一号ロに該当するものとみなして、同条の規定を適用する。

10　第六項から前項までの規定にかかわらず、次世代法第十五条の二の規定により認定された事業主については、厚生労働大臣に次世代法第十二条第一項に規定する一般事業主行動計画を策定した旨を届け出て、同計画を公表し、同計画を労働者に周知させるための措置を講じることを要しないものとする。

11　施行日前に旧雇保則第百十八条第二項第一号ロ(2)の計画を提出した事業主に対する職場定着支援助成金の支給については、なお従前の例による。

12　施行日前に旧雇保則第百十八条の二第一項第一号ハ(1)から(4)までの措置を講じた事業主に対するキャリアアップ助成金の支給については、なお従前の例による。

13　施行日前に旧雇保則第百十八条の三第九項第一号に規定する労働者を雇い入れた事業主に対する障害者トライアル雇用奨励金の支給については、なお従前の例による。

14　施行日前に旧雇保則第百二十五条第一項第一号に規定する訓練を実施する事業主又は事業主団体等に対するキャリア形成促進助成金の支給については、なお従前の例による。

15　施行日前に旧雇保則第百二十五条の四第一項第一号に該当する事業主又は事業主団体に対する企業内人材育成推進助成

金の支給については、なお従前の例による。

16　施行日前に旧雇保則第百三十九条第二項又は第三項に該当する事業主に対する同条の両立支援等助成金の支給については、なお従前の例による。

17～19　〈略〉

附　則（平成二八年五月一六日厚生労働省令九九号）

この省令は、公布の日から施行し、この省令による改正後の雇用保険法施行規則の規定は、平成二十八年四月十四日以降に開始した同令第百二条の三第一項第二号イに規定する休業等について適用する。

附　則（平成二八年六月三〇日厚生労働省令一一二号）

（施行期日）

第一条　この省令は、平成二十八年八月一日から施行する。

（経過措置）

第二条　この省令の施行の日（以下「施行日」という。）前にこの省令による改正前の雇用保険法施行規則（以下「旧雇保則」という。）第百二条の五第二項第一号イの再就職援助計画又は同項第二号イの求職活動支援基本計画書を提出した事業主に対する当該再就職援助計画又は当該求職活動支援基本計画書に係る再就職支援奨励金の支給については、なお従前の例による。

2　施行日前に旧雇保則第百二条の五第六項第一号イの雇入れを行った事業主に対する当該雇入れに係る受入れ人材育成支援奨励金の支給については、なお従前の例による。

3　施行日後に次のいずれかに該当する者の雇入れを行った事業主に対する当該雇入れに係る受入れ人材育成支援奨励金の支給についてはなお従前の例による。

一　施行日前に旧雇保則第百二条の五第二項第一号イの認定を受けた再就職援助計画の対象となる者

二　施行日前に作成された求職活動支援書の対象となる者

附　則（平成二八年七月二九日厚生労働省令一三四号）

（施行期日）

第一条　この省令は、平成二十八年八月一日から施行する。

（経過措置）

第二条　この省令の施行の際現に提出され、又は交付されているこの省令による改正前の雇用保険法施行規則の様式（次項において「旧様式」という。）により使用されている書類は、この省令による改正後の雇用保険法施行規則の様式によるものとみなす。

2　この省令の施行の際現にある旧様式による用紙については、当分の間、これを取り繕って使用することができる。

附　則（平成二八年七月二九日厚生労働省令一三六号）

この省令は、公布の日から施行する。

附　則（平成二八年八月二日厚生労働省令一三七号）（抄）

（施行期日）

第一条　この省令は、平成二十九年一月一日から施行する。

（雇用保険法施行規則の一部改正に伴う経過措置）

第二条　六十五歳に達した日以後に雇用された者であって、この省令の施行の日（以下「施行日」という。）前から引き続いて雇用され、施行日において雇用保険法（昭和四十九年法律第百十六号）第三十七条の二に規定する高年齢被保険者となったものに関する第一条の規定による改正後の雇用保険法施行規則（以下「新雇保則」という。）第六条第一項の規定の適用については、同項中「当該事実のあった日の属する月の翌月十日」とあるのは、「平成二十九年三月三十一日」とする。

2　新雇保則第十四条の四の規定は、施行日以後に同条第一項に規定する休業を開始した者及び施行日以後に開始された同項に規定する所定労働時間の短縮が行われた者について適用し、施行日前に改正前の雇用保険法施行規則（以下「旧雇保則」という。）第十四条の四第一項に規定する休業を開始した者及び施行日前に開始された同項に規定する所定労働時間の短縮が行われた者については、なお従前の例による。

3　新雇保則第三十六条の規定は、受給資格に係る離職の日が施行日以後である者について適用し、受給資格に係る離職の日が施行日前である者については、なお従前の例による。

4　施行日前に開始した移転に係る移転費（着後手当に限る。）の支給については、なお従前の例による。

5　施行日前に広域求職活動費支給申請書を提出した広域求職活動に係る広域求職活動費の支給については、なお従前の例による。

6　新雇保則第百一条の二の六（第二号に係る部分に限る。）の規定は、施行日以後に受けた同号に規定するキャリアコンサルティングについて適用し、施行日前に受けた同号に規定するキャリアコンサルティングについては、適用しない。

7　新雇保則第百一条の十一の規定は、施行日以後に同条第一項に規定する休業を開始した者について適用し、施行日前に旧雇保則第百一条の十一第一項に規定する休業を開始した者については、なお従前の例による。

8　新雇保則第百一条の十六及び第百一条の十七の規定は、施行日以後に第百一条の十六第一項に規定する休業を開始した者について適用し、施行日前に旧雇保則第百一条の十六第一項に規定する休業を開始した者については、なお従前の例による。

9　施行日前に旧雇保則第百二条の五第二項第一号イの再就職援助計画又は同項第二号イの求職活動支援基本計画書を提出した事業主に対する当該再就職援助計画又は当該求職活動支援基本計画書に係る再就職支援奨励金の支給については、なお従前の例による。

10　施行日前に旧雇保則第百二条の五第六項第一号イの雇入れを行った事業主又は同項第二号ロの職業訓練計画を提出した事業主に対する当該雇入れ又は当該職業訓練計画に係る受入れ人材育成支援奨励金の支給については、なお従前の例による。

11　施行日前に旧雇保則第百二条の五第八項第二号イの職業訓練計画を提出した事業主に対する当該職業訓練計画に係るキャリア希望実現支援助成金の支給については、なお従前の例による。

12　施行日前に旧雇保則第百四条第一号イの環境整備計画を提出した事業主に対する当該環境整備計画に係る高年齢者雇用安定助成金の支給については、なお従前の例による。

13　施行日前に旧雇保則第百十条第七項第一号イの求職者の雇入れを行った事業主に対する当該雇入れに係る高年齢者雇用開発特別奨励金の支給については、なお従前の例による。

14　施行日前に旧雇保則第百十条の三第一項第一号の雇入れを行った事業主に対する当該雇入れに係るトライアル雇用奨励金の支給については、なお従前の例による。

15　施行日前に旧雇保則第百十二条第二項第一号ロの計画若しくは同項第二号ロの計画を都道府県労働局長に提出した事業主又は同項第三号イ(1)の厚生労働大臣の認定を受けた事業主に対する地域雇用開発奨励金の支給については、なお従前の例による。

16　施行日前に旧雇保則第百十三条の規定により通年雇用奨励金の支給を受けることができることとなった事業主に対する当該通年雇用奨励金の支給については、なお従前の例による。

17　施行日前に旧雇保則第百十八条の三第四項第一号イの雇入れを行った事業主に対する当該雇入れに係る障害者雇用安定奨励金の支給については、なお従前の例による。

18　施行日前に旧雇保則第百十八条の三第四項第二号又は第三号に規定する計画に基づく援助を開始した事業主に対する当該援助に係る障害者雇用安定奨励金の支給については、なお従前の例による。

19　施行日前に行った旧雇保則第百十八条の三第八項第一号ロの雇入れについては、事業主に対する当該雇入れに係る中小企業障害者多数雇用施設設置等助成金の支給について、なお従前の例による。

20　施行日前に旧雇保則第百二十五条第一項第一号リに規定する中高年齢者雇用型訓練を実施する事業主に対する当該訓練に係るキャリア形成促進助成金の支給については、なお従前の例による。

21　新雇保則第百三十八条の三第一号の規定は、同号に規定する障害者職業能力開発訓練の受講を開始する日が施行日以後である者について適用し、障害者職業能力開発訓練の受講を開始する日が施行日前である者については、なお従前の例による。

22　施行日前に行った旧雇保則附則第十七条の四の四第一項第一号の雇入れについては、事業主に対する当該雇入れに係る障害者初回雇用奨励金の支給について、なお従前の例による。

23　この省令の施行の際現に提出され、又は交付されている旧雇保則の様式（次項において「旧様式」という。）により使用されている書類は、新雇保則の様式によるものとみなす。
24　この省令の施行の際現にある旧様式による用紙については、当分の間、これを取り繕って使用することができる。

附　則（平成二八年八月五日厚生労働省令一三八号）

この省令は、公布の日から施行し、この省令による改正後の雇用保険法施行規則の規定は、平成二十八年四月十四日以降に開始した同令第百二条の三第一項第二号イに規定する休業等について適用する。

附　則（平成二八年八月一九日厚生労働省令一四二号）（抄）

（施行期日）
第一条　この省令は、平成二十八年八月二十日から施行する。
（雇用保険法施行規則の一部改正に伴う経過措置）
第四条　この省令の施行の際現に提出され、又は交付されている第四条の規定による改正前の雇用保険法施行規則の様式（次項において「旧様式」という。）により使用されている書類は、同条の規定による改正後の雇用保険法施行規則の様式によるものとみなす。
2　この省令の施行の際現にある旧様式による用紙については、当分の間、これを取り繕って使用することができる。

附　則（平成二八年九月三〇日厚生労働省令一五六号）

（施行期日）
1　この省令は、平成二十八年十月一日から施行する。
（経過措置）
2　この省令の施行日にこの省令による改正前の雇用保険法施行規則（以下「旧雇保則」という。）第百十八条の二第一項第一号ハ(2)(iii)の措置（この省令による改正後の雇用保険法施行規則第百十八条の二第一項第一号ハ(2)(iii)の措置に該当するものを除く。）を講じた事業主に対するキャリアアップ助成金の支給については、なお従前の例による。
3　この省令の施行日前に旧雇保則第百十八条の二第一項第一号ハ(2)(iii)の措置を講じた事業主に対するキャリアアップ助成金の支給については、なお従前の例による。

附　則（平成二八年一〇月一九日厚生労働省令一六一号）

（施行期日）
第一条　この省令は、公布の日から施行する。ただし、第一条の規定による改正後の雇用保険法施行規則（以下「新雇保則」という。）第百十八条の二第四項から第六項までの規定は平成二十八年八月二十四日から、新雇保則附則第十六条の規定は平成二十八年四月十四日から適用する。
（経過措置）
第二条　この省令の施行の日（以下「施行日」という。）前に第一条の規定による改正前の雇用保険法施行規則（以下「旧雇保則」という。）第百二条の五第二項第一号イの再就職援助計画又は同項第二号イの求職活動支援基本計画書を提出した事業主に対する当該再就職援助計画又は当該求職活動支援基本計画書に係る再就職支援奨励金の支給については、なお従前の例による。

2　施行日前に旧雇保則第百二条の五第六項第一号イの雇入れを行った事業主又は同項第二号ロの職業訓練計画を提出した事業主に対する当該雇入れ又は当該職業訓練計画に係る受入れ人材育成支援奨励金の支給については、なお従前の例による。

3　施行日前に都道府県、市（特別区を含む。）又は福祉事務所を設置する町村が、新雇保則第百十条第九項第一号イ(1)に該当する者の就労の支援に関して都道府県労働局又は公共職業安定所と締結した協定に基づき、公共職業安定所に対し職業紹介、職業指導等を行うことを要請した者であって、施行の際現に公共職業安定所が職業紹介、職業指導等を行っているもの（六十五歳未満の求職者であって、職場適応訓練受講求職者ではないものに限る。）については、同号イ(2)に規定する期間を定め職業紹介、職業指導等を行うことを要請している者とみなす。

4　施行日前に旧雇保則第百十二条第二項の規定に基づき対象事業所の設置又は整備及び当該設置又は整備に伴う労働者の雇入れに関する計画に係る対象事業所の設置又は整備が完了した旨の届を都道府県労働局に提出した事業主に対する当該計画に係る地域雇用開発奨励金の支給については、新雇保則附則第十六条の規定を適用しない。

5　施行日前に旧雇保則第百十六条第四項第一号の要件を満たした事業主に対する同条第一項の介護支援取組助成金の支給については、なお従前の例による。

附　則（平成二九年三月三一日厚生労働省令三八号）（抄）

（施行期日）

第一条　この省令は、平成二十九年四月一日から施行する。

附　則（平成二九年三月三一日厚生労働省令五四号）（抄）

（施行期日）

第一条　この省令は、平成二十九年四月一日から施行する。ただし、第一条中雇用保険法施行規則第二十八条の三第一項第二号及び第三項の改正規定、第二十八条の四の次に一条を加える改正規定並びに第三十六条第一項第四号イの改正規定〈中略〉は、同年八月一日から施行する。

（雇用保険法施行規則の一部改正に伴う経過措置）

第二条　第一条の規定による改正後の雇用保険法施行規則（以下この条において「新雇保則」という。）第百条の二の規定は、雇用保険法施行規則第九十五条の二第二号に規定する短期訓練受講費に係る教育訓練（以下この項において「教育訓練」という。）を開始した日がこの省令の施行の日（以下この条において「施行日」という。）以後である者について適用し、教育訓練を開始した日が施行日前である者に係る第一条の規定による改正前の雇用保険法施行規則（以下この条において「旧雇保則」という。）第百条の二の規定の適用については、なお従前の例による。

2　新雇保則第百条の六の規定は、雇用保険法施行規則第九十五条の二第三号に規定する求職活動関係役務利用費に係る同令第百条の六に規定する保育等サービス（以下この項において「保育等サービス」という。）を利用した日が施行日以後である者について適用し、保育等サービスを利用した日が施行日前である者に係る旧雇保則第百条の六の規定の適用については、なお従前の例による。

3　受給資格（雇用保険法（昭和四十九年法律第百十六号）第十三条第一項（同条第二項の規定により読み替えて適用する場合を含む。）の規定により基本手当の支給を受けることができる資格をいう。）に係る離職の日が施行日前である者に係る旧雇保則附則第十八条の規定の適用については、なお従前の例による。

附　則（平成二九年三月三一日厚生労働省令五五号）（抄）

（施行期日）

第一条　この省令は、平成二十九年四月一日から施行する。ただし、第二条の規定は、平成二十九年五月一日から施行する。

（経過措置）

第二条　第一条の規定による改正後の雇用保険法施行規則（以下この条において「新雇保則」という。）第三十一条第三項の規定は、雇用保険法第二十条第一項第一号に規定する基準日の翌日から起算して四年を経過する日がこの省令の施行の日（以下この条において「施行日」という。）以後にある者からの申出について適用し、同号に規定する基準日の翌日から起算して四年を経過する日が施行日前にある者からの申出については、なお従前の例による。

2　新雇保則第八十八条第一項第二号の規定は、施行日以後に移転を開始した者について適用し、移転を開始した日が施行日前である者に係る第一条の規定による改正前の雇用保険法施行規則（以下この条において「旧雇保則」という。）第八十八条第一項第二号の規定の適用については、なお従前の例による。

3　新雇保則第百一条の二の五の規定は、一般被保険者（被保険者のうち、雇用保険法第三十七条の二第一項に規定する高年齢被保険者（以下この項及び次項において同じ。）、短期雇用特例被保険者及び日雇労働被保険者以外のものをいう。以下この項及び次項において同じ。）又は高年齢被保険者でなくなった日から起算して四年を経過する日が施行日以後にある者からの申出について適用し、一般被保険者又は高年齢被保険者でなくなった日から起算して四年を経過する日が施行日前にある者からの申出については、なお従前の例による。

4　旧雇保則第百一条の二の五第一項の規定による申出の期間がこの省令の施行の際既に経過している者であって、一般被保険者又は高年齢被保険者でなくなった日から起算して四年を経過する日が施行日以後にあるものに対する雇用保険法施行規則第百一条の二の十二第一項及び同令附則第二十七条第一項の規定の適用については、同令第百一条の二の十二第一項及び同令附則第二十七条第二項中「専門実践教育訓練を開始する日の一箇月前」とあるのは、「専門実践教育訓練を開始する日の前日」とする。

5　施行日前に旧雇保則第百二条の五第二項第一号イの再就職援助計画又は同項第二号イの求職活動支援基本計画書（以下この条において「再就職援助計画等」という。）を提出した事業主に対する当該再就職援助計画等に係る再就職支援奨励金の支給については、なお従前の例による。

6　施行日前に旧雇保則第百二条の五第六項第一号イの雇入れを行った事業主又は同項第二号ロの職業訓練計画を提出した事業主に対する当該雇入れ又は当該職業訓練計画に係る受入れ人材育成支援奨励金の支給については、なお従前の例による。

7　施行日前に旧雇保則第百二条の五第八項第一号イの雇入れを行った事業主又は同項第二号ロの職業訓練計画を提出した事業主に対する当該雇入れ又は当該職業訓練計画に係るキャリア希望実現支援助成金の支給については、なお従前の例による。

8　新雇保則第百二条の五第八項及び第十項の規定は、当該事業主が再就職援助計画等を提出した日が施行日以後である場合について適用する。

9　施行日前に旧雇保則第百四条第一号イの環境整備計画又は同号ロの無期雇用転換計画を提出した事業主に対する高年齢者雇用安定助成金の支給については、なお従前の例による。

10　施行日前に旧雇保則第百四条の二第一号イの措置を実施し支給申請を行った事業主に対する六十五歳超雇用推進助成金の支給については、なお従前の例による。

11　旧雇保則第百四条第一号イ(2)(v)又は第百四条の二第一号イの規定による支給を受けた事業主については、新雇保則第百四条第一号イの規定による支給を受けた事業主とみなす。

12　施行日前に旧雇保則第百十六条第三項第一号イの取組を行い、かつ、その雇用する男性被保険者に育児休業を取得させた事業主に対する当該男性被保険者に係る出生時両立支援助成金の支給については、なお従前の例による。

13　施行日前に旧雇保則第百十六条第四項第一号イに規定する介護支援計画に基づく措置を講じた事業主に対する介護離職防止支援助成金の支給については、当該介護支援計画に係る支給に限り、なお従前の例による。

14　施行日前に旧雇保則第百十六条第五項第一号イ(1)の原職等復帰措置により原職等に復帰した被保険者が生じた中小企業事業主に対する当該被保険者に係る中小企業両立支援助成金（旧雇保則第百十六条第六項及び第七項を含む。）の支給については、なお従前の例による。

15　施行日前に旧雇保則第百十六条第五項第一号ロ(1)に規定す

る育休復帰支援計画に基づく措置を講じた中小企業事業主に対する中小企業両立支援助成金（旧雇保則第百十六条第八項を含む。）の支給については、当該育休復帰支援計画に係る支給に限り、なお従前の例による。

16　施行日前に旧雇保則第百十八条第二項第一号ロ(2)の雇用管理制度整備計画、同号ハ(2)の導入・運用計画、同号ニ(2)の賃金制度整備計画又は附則第十七条の二の四第一項第二号の賃金制度整備計画を提出した事業主に対する職場定着支援助成金の支給については、なお従前の例による。

17　施行日前に旧雇保則第百十八条の二及び附則第十七条の三の措置を講じた事業主に対するキャリアアップ助成金の支給については、なお従前の例による。

18　施行日前に旧雇保則第百十八条の三第四項第一号ロの配置、委嘱又は委託を行った事業主に対する当該配置、委嘱又は委託に係る障害者雇用安定奨励金の支給については、なお従前の例による。

19　施行日前に旧雇保則第百十八条の三第八項第一号イの計画を提出した事業主に対する当該計画に係る中小企業障害者多数雇用施設設置等助成金の支給については、なお従前の例による。

20　施行日前に旧雇保則第百十八条の三第十一項第一号ロの措置を講じた事業主に対する当該措置に係る障害者職場復帰支援助成金の支給については、なお従前の例による。

21　施行日前に旧雇保則第百十九条第一項第一号ロ(1)の雇用創出計画を提出した事業主に対する生涯現役起業支援助成金の支給については、なお従前の例による。

22　施行日前に旧雇保則第百二十五条第二項第一号イ(1)に規定する年間職業能力開発計画、同号ヌ(3)に規定する制度導入・適用計画、同号ルに規定する訓練実施計画又は同号ワに規定する検定実施計画を提出した事業主又は事業主団体等に対するキャリア形成促進助成金の支給については、なお従前の例による。

23　施行日前に旧雇保則第百三十三条第一項第一号ハ(1)に規定する一般職業訓練実施計画又は(4)に規定する有期実習型訓練実施計画を提出した事業主に対するキャリアアップ助成金の支給については、なお従前の例による。

24　施行日前に旧雇保則第百三十八条の三第一項第一号イの認定を受けた事業主等に対する当該認定に係る障害者職業能力開発助成金の支給については、なお従前の例による。

25　施行日前に旧雇保則第百三十九条第二項又は第三項に該当する事業主に対する両立支援等助成金の支給については、なお従前の例による。

26　この省令の施行の際現に提出され、又は交付されている旧雇保則の様式（次項において「旧様式」という。）により使用されている書類は、新雇保則の様式によるものとみなす。

27　この省令の施行の際現にある旧様式による用紙について

は、当分の間、これを取り繕って使用することができる。

28　第二条の規定の施行の日前に第二条の規定による改正前の雇用保険法施行規則第百四条第一号イの措置を実施し支給申請を行った事業主に対する六十五歳超雇用推進助成金の支給については、なお従前の例による。

29　第二条の規定の施行の日前の雇入れに係る第二条の規定による改正前の雇用保険法施行規則附則第十七条の二の三の三年以内既卒者等採用定着奨励金の支給については、なお従前の例による。

30～32　〈略〉

附　則（平成二九年四月二八日厚生労働省令六一号）

（施行期日）

第一条　この省令は、平成二十九年五月一日から施行する。

（経過措置）

第二条　この省令の施行前にこの省令による改正前の雇用保険法施行規則第七十四条第一項の規定によりされた日雇労働被保険者資格継続の認可申請については、この省令による改正後の雇用保険法施行規則第七十四条第一項の規定によりされたものとみなす。

附　則（平成二九年六月三〇日厚生労働省令六六号）（抄）

（施行期日）

第一条　この省令は、平成三十年一月一日から施行する。ただし、第一条中様式第二号、様式第十号の四、様式第三十三号の六及び様式第三十五号の改正規定は平成二十九年七月一日から、第二条中雇用保険法施行規則第百一条の十一及び第百一条の十一の二の三の改正規定、第百一条の十一の二の三の次に一条を加える改正規定並びに様式第三十三号の五及び様式第三十三号の五の二の改正規定〈中略〉は、平成二十九年十月一日から施行する。

（雇用保険法施行規則の一部改正に伴う経過措置等）

第二条　第一条の規定による改正後の雇用保険法施行規則（以下「新雇保則」という。）第八十六条の規定は、職業に就いた日又は公共職業安定所長の指示した雇用保険法（昭和四十九年法律第百十六号）第十五条第三項に規定する公共職業訓練等を受け始めた日がこの省令の施行の日（以下「施行日」という。）以後である者について適用する。

2　新雇保則第九十六条の規定は、求職活動に伴い施行日以後に同条に規定する広域求職活動をした者について適用する。

3　新雇保則第百一条の二の五の規定は、一般被保険者（被保険者のうち、雇用保険法第三十七条の二第一項に規定する高年齢被保険者（以下この項及び第五項において同じ。）、短期雇用特例被保険者及び日雇労働被保険者以外のものをいう。以下この項及び第五項において同じ。）又は高年齢被保険者でなくなった日から起算して二十年を経過する日が施行日以後にある者からの申出について適用し、一般被保険者又は高年齢被保険者でなくなった日から起算して二十年を経過する日が施行日前にある者からの申出については、なお従前の例による。

4 前項の規定に基づき新雇保則第百一条の二の五の申出をしようとする者は、施行日前においても、当該申出をすることができる。

5 この省令による改正前の雇用保険法施行規則（以下「旧雇保則」という。）第百一条の二の五第一項の規定による申出の期間がこの省令の施行の際既に経過している者であって、一般被保険者又は高年齢被保険者でなくなった日から起算して二十年を経過する日が施行日以後にあるものに対する雇用保険法施行規則第百一条の二の十二第一項及び同令附則第二十七条第一項の規定の適用については、同令第百一条の二の十二第一項及び同令附則第二十七条第一項中「専門実践教育訓練を開始する日の一箇月前」とあるのは、「専門実践教育訓練を開始する日の前日」とする。

6 新雇保則第百一条の二の七及び第百一条の二の八の規定は、施行日以後に雇用保険法第六十条の二第一項に規定する教育訓練（以下この項及び次項において「教育訓練」という。）を開始した者について適用し、施行日前に教育訓練を開始した者に対する旧雇保則第百一条の二の七及び第百一条の二の八の規定の適用については、なお従前の例による。ただし、施行日前に開始した教育訓練について雇用保険法第六十条の二第一項の教育訓練給付金（雇用保険法施行規則第百一条の二の七第二号に規定する専門実践教育訓練に係るものに限る。以下この項において「教育訓練給付金」という。）の支給を受けたことがある者であって、施行日以後に教育訓練を開始した者については、当該教育訓練給付金に係る教育訓練を開始した日を新雇保則第百一条の二の八第二項の基準日とみなして同条の規定を適用する。

7 新雇保則第百一条の二の十の規定は、施行日以後に教育訓練を開始した者について適用し、施行日前に教育訓練を開始した者に対する旧雇保則第百一条の二の十の規定の適用については、なお従前の例による。

8 この省令の施行の際現に提出され、又は交付されている旧雇保則の様式（次項において「旧様式」という。）により使用されている書類は、この省令による改正後の様式によるものとみなす。

9 この省令の施行の際現にある旧様式による用紙については、当分の間、これを取り繕って使用することができる。

（検討）

第七条 厚生労働大臣は、この省令の施行後、新雇保則第百一条の二の七で定める率及び第百一条の二の八で定める額の水準について、旧雇保則で定める水準とすることを含めて検討を加え、その結果に基づいて、この省令の施行後五年以内に必要な措置を講ずるものとする。

附　則（平成二九年七月一一日厚生労働省令七一号）（抄）

（施行期日）
第一条　この省令は、厚生労働省組織令等の一部を改正する政令（平成二十九年政令第百八十五号）の施行の日（平成二十九年七月十一日）から施行する。

附　則（平成二九年七月一八日厚生労働省令七四号）

この省令は、公布の日から施行する。

附　則（平成二九年七月三一日厚生労働省令八七号）

この省令は、平成二十九年八月一日から施行する。

附　則（平成二九年九月二九日厚生労働省令一〇三号）

（施行期日）
第一条　この省令は、公布の日から施行する。

（雇用保険法施行規則の一部改正に伴う経過措置）
第二条　この省令の施行の際現に提出され、又は交付されているこの省令による改正前の雇用保険法施行規則の様式（次項において「旧様式」という。）により使用されている書類は、この省令による改正後の雇用保険法施行規則の様式によるものとみなす。
2　この省令の施行の際現にある旧様式による用紙については、当分の間、これを取り繕って使用することができる。

附　則（平成二九年一〇月一三日厚生労働省令一一二号）

この省令は、公布の日から施行する。

附　則（平成三〇年三月三〇日厚生労働省令四八号）

（施行期日）
第一条　この省令は、公布の日から施行する。ただし、附則第一条の二の次に一条を加える改正規定（附則第一条の三第一項に係る部分を除く。）は平成三十年五月一日から、様式第十号の二の二、様式第三十三号の三、様式第三十三号の三の二、様式第三十三号の四、様式第三十三号の五、様式第三十三号の五の二及び様式第三十三号の六の改正規定は同年十月一日から施行する。

（経過措置）
第二条　この省令の施行の際現に提出され、又は交付されているこの省令による改正前の雇用保険法施行規則の様式（次項において「旧様式」という。）により提出されている書類は、この省令による改正後の雇用保険法施行規則の様式によるものとみなす。
2　この省令の施行の際現にある旧様式による用紙については、当分の間、これを取り繕って使用することができる。

附　則（平成三〇年三月三一日厚生労働省令五八号）（抄）

（施行期日）
第一条　この省令は、平成三十年四月一日から施行する。

（雇用保険法施行規則の一部改正に伴う経過措置）
第二条　この省令の施行の日（以下「施行日」という。）前に第一条の規定による改正前の雇用保険法施行規則（以下「旧雇保則」という。）第百二条の五第二項第一号イの再就職援助計画又は同項第二号イの求職活動支援基本計画書を提出した事業主に対する当該再就職援助計画又は当該求職活動支援基本計画書に係る再就職支援コース奨励金の支給については、なお従前の例による。

2　第一条の規定による改正後の雇用保険法施行規則（以下「新雇保則」という。）第百二条の五第九項から第十一項までの規定は、施行日前に旧雇保則第百二条の五第七項第一号の規定による雇入れを行った事業主が、施行日後に新雇保則第百二条の五第九項第一号イの職業訓練計画を提出した場合についても適用する。

3　施行日前に旧雇保則第百二条の五第九項第一号ロの職業訓練計画を提出した事業主に対する当該職業訓練計画に係る人材育成支援コース奨励金の支給については、なお従前の例による。

4　施行日前に旧雇保則第百二条の五第十二項第一号ロの職業訓練計画を提出した事業主に対する当該職業訓練計画に係る移籍人材育成支援コース奨励金の支給については、なお従前の例による。

5　施行日前に旧雇保則第百二条の五第十六項第一号イの中途採用計画を提出した事業主に対する当該中途採用計画に係る中途採用拡大コース奨励金の支給については、なお従前の例による。

6　施行日前に旧雇保則第百四条第一号イの措置を実施し支給申請を行った事業主又は同号ロの雇用環境整備計画を提出した事業主に対する六十五歳超雇用推進助成金の支給については、なお従前の例による。

7　施行日前に旧雇保則第百十条の三第三項第一号に規定する労働者を雇い入れた事業主に対するトライアル雇用助成金の支給については、なお従前の例による。

8　施行日前に旧雇保則第百十六条第三項第一号イの取組を行い、かつ、その雇用する男性被保険者に育児休業を取得させた事業主に対する当該男性被保険者に係る出生時両立支援コース助成金の支給については、なお従前の例による。

9　施行日前に旧雇保則第百十六条第四項第一号イ又はロの介護支援計画に基づく措置を講じた事業主に対する介護離職防止支援コース助成金の支給については、当該介護支援計画に係る支給に限り、なお従前の例による。

10　施行日前に旧雇保則第百十八条第二項第一号ロ(2)の雇用管理制度整備計画、同号ハ(2)の導入・運用計画、同号ニ(2)の賃金制度整備計画又は附則第十七条の二の四第一項第二号の賃金制度整備計画を提出した事業主に対する職場定着支援助成金の支給については、なお従前の例による。

11　施行日前に旧雇保則第百十八条の二第二項第一号ハ、第九項第一号ハ、第十項第一号ハ及び第十一項第一号ハの措置を講じた事業主に対するキャリアアップ助成金の支給については、なお従前の例による。

12　前項の規定にかかわらず、次のいずれかに該当する者に対し、施行日後に旧雇保則第百十八条の二第二項第一号ハの措置を講じた事業主（施行日前に旧雇保則第百三十三条第一項第一号ハ(1)の一般職業訓練実施計画又は同号ハ(4)の有期実習型訓練実施計画を提出したものに限る。）に対するキャリアアップ助成金の支給については、なお従前の例による。

一　当該一般職業訓練実施計画に基づく一般職業訓練を受けた者

二　当該有期実習型訓練実施計画に基づく有期実習型訓練を受けた者

13　施行日前に旧雇保則第百十八条の三第二項第二号又は第三号の計画を独立行政法人高齢・障害・求職者雇用支援機構が作成し、又は承認した事業主に対する障害者雇用安定助成金の支給については、当該計画に係る支給に限り、なお従前の例による。

14　施行日前に旧雇保則第百十八条の三第二項第四号イの計画を提出した事業主に対する障害者雇用安定助成金の支給については、当該計画に係る支給に限り、なお従前の例による。

15　施行日前に旧雇保則第百十八条の三第七項第一号イの計画を提出した事業主に対する当該計画に係る中小企業障害者多数雇用施設設置等助成金の支給については、なお従前の例による。

16　施行日前に旧雇保則第百十九条の二第一項第一号ハの人事評価制度等の整備に関する計画を提出した事業主に対する人事評価改善等支援助成金の支給については、なお従前の例による。

17　施行日前に旧雇保則第百二十五条第一項第一号ニ(4)の制度導入・適用計画を提出した事業主又は同号ホ(1)の検定実施計画を提出した事業主に対する人材開発支援助成金の支給については、なお従前の例による。

18　施行日前に旧雇保則第百三十三条第一項第一号ハ(1)の一般職業訓練実施計画又は同号ハ(4)の有期実習型訓練実施計画を提出した事業主に対するキャリアアップ助成金の支給については、なお従前の例による。

19　施行日前に旧雇保則第百三十八条の三第一号イの計画を提出した事業主等に対する障害者職業能力開発助成金の支給については、なお従前の例による。

20　施行日前に旧雇保則附則第十六条第一項第二号の計画を熊本労働局長に提出した事業主に対する地域雇用開発コース奨励金の支給については、なお従前の例による。

21　特定被災区域内に所在する事業所の事業主であって、施行日前に旧雇保則第百二十五条第一項第一号イ(1)の年間職業能力開発計画を提出した事業主に対する旧雇保則附則第十七条の八の規定により読み替えて適用する旧雇保則第百二十五条の人材開発支援助成金の支給については、なお従前の例による。

附　則（平成三〇年四月二七日厚生労働省令六三号）（抄）

（施行期日）
第一条　この省令は、平成三十年七月一日から施行する。
（雇用保険法施行規則の一部改正に伴う経過措置）
第四条　施行日前に行った雇入れに係る雇用保険法施行規則第百十条の規定による特定求職者雇用開発助成金の支給については、なお従前の例による。

附　則（平成三〇年七月六日厚生労働省令八三号）

（施行期日）
1　この省令は、働き方改革を推進するための関係法律の整備に関する法律（平成三十年法律第七十一号）附則第一条第一号に掲げる規定の施行の日〈編注・平成三〇年七月六日〉から施行する。
（経過措置）
2　この省令の施行の際現にあるこの省令による改正前の様式（次項において「旧様式」という。）により使用されている書類は、この省令による改正後の様式によるものとみなす。
3　この省令の施行の際現にある旧様式による用紙については、当分の間、これを取り繕って使用することができる。

附　則（平成三〇年七月九日厚生労働省令八四号）（抄）

（施行期日）
1　この省令は、産業競争力強化法等の一部を改正する法律（平成三十年法律第二十六号。次項において「改正法」という。）の施行の日（平成三十年七月九日）から施行する。

附　則（平成三〇年七月二五日厚生労働省令九一号）

この省令は、公布の日から施行し、この省令による改正後の雇用保険法施行規則の規定は、平成三十年七月五日以降に開始した同令第百二条の三第一項第二号イに規定する休業等について適用する。

附　則（平成三〇年九月七日厚生労働省令一一二号）（抄）

（施行期日）
第一条　この省令は、平成三十一年四月一日から施行する。
〈後略〉

附　則（平成三〇年九月二八日厚生労働省令一一七号）（抄）

（施行期日）
第一条　この省令は、平成三十年十月一日から施行する。〈後略〉

別表第一　削除

別表第二（第百十条関係）

一　視力の良い方の眼の視力（万国式試視力表によつて測つたものをいい、屈折異常がある者については、矯正視力について測つたものをいう。）が〇・〇七以下のもの又は視力の良い方の眼の視力が〇・〇八かつ他方の眼の視力が手動弁以下のもの
二　両耳の聴力レベルが九〇デシベル以上のもの
三　平衡機能に著しい障害を有するもの
四　そしやく機能を欠くもの
五　音声又は言語機能に著しい障害を有するもの
六　両上しのおや指及びひとさし指又は中指を欠くもの
七　両上しのおや指及びひとさし指又は中指の機能に著しい障害を有するもの
八　一上しの機能に著しい障害を有するもの
九　一上しのすべての指を欠くもの
一〇　一上しのすべての指の機能に著しい障害を有するもの
一一　両下しのすべての指を欠くもの
一二　一下しの機能に著しい障害を有するもの
一三　一下しを足関節以上で欠くもの
一四　体幹の機能に歩くことができない程度の障害を有するもの
一五　前各号に掲げるもののほか、身体の機能に、日常生活に著しい制限を加えることを必要とする程度の障害を有するもの
一六　精神又は神経系統に、日常生活に著しい制限を加えることを必要とする程度の障害を有するもの
一七　傷病がなおらないで、身体の機能又は精神若しくは神経系統に、日常生活に著しい制限を加えることを必要とする程度の障害を有するもの

様式第１号（第５条関係）

雇用保険適用除外申請書

1. 公署の名称		
2. 所在地		
3. 雇用保険法を適用しない者の種類別人数	職種	人数
4. 雇用保険法を適用しないことについての申請をしない者の種類別人数	職種	人数

雇用保険法施行規則第５条第１項の規定により上記のとおり雇用保険の適用除外についての承認を申請します。

平成　　年　　月　　日

申請者の職氏名

厚生労働大臣
都道府県労働局長　殿

注意

1　この申請書は、本庁、各支庁、各地方事務所、各附属機関等の別に提出し、１欄には、その名称を記載すること。

2　３欄には、都道府県においては、知事、副知事、会計管理者等、市町村においては、市町村長、副市町村長、会計管理者等の理事者を除き、局部課長、主事、技師、嘱託、主事補、技手等の別に雇用保険法を適用しないこととする者についてそれぞれ人数を記載すること。

3　この申請書には、雇用保険法に規定する求職者給付及び就職促進給付の内容を超える給与を支給することを規定した法令、条例、規則等を添えること。

4　本手続は電子申請による申請も可能であること。

様式第２号（第６条関係）（第１面）

様式第2号

雇用保険被保険者資格取得届

標準字体 0123456789

（必ず第２面の注意事項を読んでから記載してください。）

帳票種別 15101

1. 個人番号 □□□□□□□□□□□□

2. 被保険者番号 □□□□－□□□□□□－□

3. 取得区分 □（1 新規 2 再取得）

4. 被保険者氏名　フリガナ（カタカナ）

5. 変更後の氏名　フリガナ（カタカナ）

6. 性別 □（1 男 2 女）

7. 生年月日 □－□□□□□□（2 大正 3 昭和 4 平成）元号 年 月 日

8. 事業所番号 □□□□－□□□□□□－□

9. 被保険者となったことの原因 □

1 新規雇用（新規学卒）
2 新規（その他）雇用
3 日雇からの切替
4 その他
8 出向元への復帰等（65歳以上）

10. 賃金（支払の態様－賃金月額：単位千円）□－□□□□（1 月給 2 週給 3 日給 4 時間給 5 その他）百万 十万 万 千円

11. 資格取得年月日 4－□□□□□□ 元号 年 月 日

12. 雇用形態 □（1 日雇 2 派遣 3 パートタイム 4 有期契約労働者 5 季節的雇用 6 船員 7 その他）

13. 職種 □□（01～11）第２面参照

14. 就職経路 □（1 安定所紹介 2 自己就職 3 民間紹介 4 把握していない）

15. １週間の所定労働時間 □□□□ 時間 分

16. 契約期間の定め □

1 有 ― 契約期間 平成 □□□□□□ から 平成 □□□□□□ まで（年 月 日）

契約更新条項の有無 □（1 有 2 無）

2 無

事業所名〔　　〕　備考〔　　〕

17欄から22欄までは、被保険者が外国人の場合のみ記入してください。

17. 被保険者氏名（ローマ字）（アルファベット大文字で記入してください。）

被保険者氏名〔続き（ローマ字）〕

18. 国籍・地域（　　）

19. 在留資格（　　）

20. 在留期間 □□□□□□□□ まで 西暦 年 月 日

21. 資格外活動許可の有無 □（1 有 2 無）

22. 派遣・請負就労区分 □（1 派遣・請負労働者として主として当該事業所以外で就労する場合 2 1に該当しない場合）

※公共職業安定所記載欄

23. 取得時被保険者種類 □□（1 一般 2 短期常態 3 季節 11 高年齢被保険者（65歳以上））

24. 番号複数取得チェック不要 □（チェック・リストが出力されたが、調査の結果、同一人でなかった場合に「1」を記入。）

25. 国籍・地域コード □□□（18欄に対応するコードを記入）

26. 在留資格コード □□（19欄に対応するコードを記入）

雇用保険法施行規則第6条第1項の規定により上記のとおり届けます。

住所　　　　　　平成　年　月　日

事業主　氏名　　記名押印又は署名　印　　公共職業安定所長 殿

電話番号

社会保険労務士記載欄	作成年月日・提出代行者・事務代理者の表示	氏名	電話番号
		印	

※

所長	次長	課長	係長	係	操作者

※備考

確認通知　平成　年　月　日

（この用紙は、このまま機械で処理しますので、汚さないようにしてください。）

様式第２号（第６条関係）（第２面）

注　意

1 □□□□ で表示された枠（以下「記入枠」という。）に記入する文字は、光学式文字読取装置（ＯＣＲ）で直接読取を行うので、この用紙は汚したり、必要以上に折り曲げたりしないこと。

2　記載すべき事項のない欄又は記入枠は空欄のままとし、事項を選択する場合には該当番号を記入し、※印のついた欄又は記入枠には記載しないこと。

3　記入枠の部分は、枠からはみださないように大きめのカタカナ及びアラビア数字の標準字体により明瞭に記載すること。
　この場合、カタカナの濁点及び半濁点は、１文字として取り扱い（例：ガ→カ゛、パ→ハ゜）、また、「ヰ」及び「ヱ」は使用せず、それぞれ「イ」及び「エ」を使用すること。

4　1欄には、必ず番号確認と身元確認の本人確認を行った上で、個人番号（マイナンバー）を記載すること。

5　2欄には、3欄で「２　再取得」を選択した場合にのみその被保険者証に記載されている被保険者番号を記載すること。
　なお、被保険者番号が16桁（上下２段で表示されている。）で構成されている場合は、下段の10桁のみを記載すること。この場合、最初の４桁を最初の４つの枠内に、残りの６桁を「－」に続く６つの枠内に記載し、最後の枠は空枠とすること。

（例：4 6 0 1 1 8 * * * * / 1 3 0 1 5 4 3 2 1 0 → 1301－543210－□ ）

6　3欄には、次の区分に従い、該当するものの番号を記載すること。
（１）次のイ及びロのいずれかに該当する者……………………………………………1　（新規）
　イ　過去に被保険者になったことのないこと。
　ロ　最後に被保険者でなくなった日から７年以上経過していること。
（２）上記（１）に該当する者以外の者……………………………………………2　（再取得）

7　4のフリガナ欄には、被保険者証の交付を受けている者については、その被保険者証に記載されているとおり、カタカナで記載し、姓と名の間は１枠空けること。なお、5欄に記載した場合であっても必ず記載すること。

8　5欄には、3欄で「２　再取得」を選択した場合で、被保険者証の氏名と現在の氏名が異なっているときに記載すること。

9　6欄には、該当するものの番号を記載すること。

10　7欄の元号は、該当するものの番号を記載し、年月日の年、月又は日が１桁の場合は、それぞれ10の位の部分に「０」を付加して２桁で記載すること。
（例：昭和51年５月６日→ 3－510506 ）

11　8欄は、事業所番号が連続した10桁の構成である場合は、最初の４桁を最初の４つの枠内に、残りの６桁を「－」に続く６つの枠内にそれぞれ記載し、最後の枠は空枠とすること。（例：1301000001→ 1301－000001－□ ）

12　9欄には、次の区分に従い、該当するものの番号を記載すること。
（１）新規学校卒業者のうち、11欄が卒業年の３月１日から６月30日までの間である場合……………1
（２）中途採用者を雇入れた場合、取締役等委任関係であるとして被保険者から除外されていた者が、新たに明確な雇用関係に基づいて就労したような場合………2
（３）日雇労働被保険者が２月の各月において18日以上又は継続して31日以上同一の事業主の適用事業に雇用された場合（資格継続の認可を受けた場合を除く。）……………3
（４）次に該当する場合等……………………………………………4
　イ　その被保険者の雇用される事業が新たに適用事業となった場合
　ロ　適用事業に雇用されていた被保険者が、在籍出向し、出向先で新たに被保険者資格を取得していた場合であって、出向元に復帰し、出向元で再度被保険者資格を取得することとなったとき（在籍専従の場合も同様）
　ハ　同一の事業主の下で、船員と陸上勤務を本務とする労働者（船員でない労働者）との間の異動があった場合
（５）被保険者資格を取得した原因が２以上に該当する場合……………………………１、２又は３のいずれか
（６）65歳以上の者が出向元に復帰した場合等……………………………………………8

13　10欄には、11欄に記載した年月日現在における支払の態様及び賃金月額（臨時の賃金、１箇月を超える期間ごとに支払われる賃金及び超過勤務手当を除く。）（単位千円……千円未満四捨五入）を記載すること。なお、支払の態様は、該当するものの番号を記載すること（日給月給は月給に含める。）。

14　11欄は、試用期間、研修期間を含む雇入れの初日を記載すること。
　また、年、月又は日が１桁の場合は、7欄の場合と同様に記載すること。

15　12欄には、該当するものの番号を記載すること。届出に係る者が派遣労働者（いわゆる登録型の派遣労働者であり船員を除く。）に該当する場合には、「２」（派遣労働者）、短時間労働者（週所定労働時間が30時間未満の者（派遣労働者、船員に該当する者を除く。））に該当する場合には、「３」（パートタイム）、有期契約労働者（派遣労働者、パートタイム、船員に該当する者を除く。）に該当する場合には、「４」（有期契約労働者）と記載すること。

16　13欄には、次の区分に従い、該当するものの番号を記載すること。

A 管理的職業……………01	E サービスの職業……………05	I 輸送・機械運転の職業…………09
B 専門的・技術的職業……………02	F 保安の職業……………06	J 建設・採掘の職業……………10
C 事務的職業……………03	G 農林漁業の職業……………07	K 運搬・清掃・包装等の職業……11
D 販売の職業……………04	H 生産工程の職業……………08	

17　14欄には該当するものの番号を記載すること。

18　15欄には、4欄の者の11欄に記載した年月日現在における１週間の所定労働時間を記載すること。

19　16欄は、契約期間の定めについて該当するものの番号を記載し、１を記載した場合には、その契約期間とともに、契約更新の条項の有無を記載すること。

20　事業所名欄右の備考欄には、9欄の「４　その他」に該当する者についての具体的説明その他を記載すること。

21　事業主の住所及び氏名欄には、事業主が法人の場合は、その主たる事務所の所在地及び法人の名称を記載するとともに、代表者の氏名を付記すること。

22　事業主の氏名（法人にあっては代表者の氏名）については、記名押印又は署名のいずれかにより記載すること。

23　外国人労働者（「外交」又は「公用」の在留資格の者及び特別永住者を除く。）の場合は、以上に加え17欄から22欄に、ローマ字氏名（在留カード記載順）、国籍・地域、在留資格、在留期間等を記載し、労働施策の総合的な推進並びに労働者の雇用の安定及び職業生活の充実等に関する法律第28条の外国人雇用状況の届出とすることができる。
　なお、「家族滞在」の在留資格の者等、資格外活動の許可を得て就労する者については、当該許可の有無について21欄に記載のこと。また、派遣・請負労働者として主として8欄以外の事業所で就労する者については22欄に１を記載し、該当しない場合は２を記載のこと。

お願い
1．雇用保険の資格取得年月日の属する月の翌月10日までに提出してください。
2．賃金台帳、労働者名簿、出勤簿その他記載内容を確認できる書類を持参していただく場合があります。
3．4欄の者が法人の取締役又は事業主と同居の親族の場合は、事業所名欄右の備考欄にその旨記載してください。

※本手続は電子申請による届出も可能です。詳しくは管轄の公共職業安定所までお問い合わせください。
　なお、本手続について、社会保険労務士が電子申請により本届書の提出に関する手続を事業主に代わって行う場合には、当該社会保険労務士が当該事業主の提出代行者であることを証明することができるものを本届書の提出と併せて送信することをもって、当該事業主の電子署名に代えることができます。

様式第３号　削除

様式第４号（第７条、第14条関係）（第１面）

雇用保険被保険者 資格喪失届 / 氏名変更届

標準字体 0 1 2 3 4 5 6 7 8 9

（必ず第２面の注意事項を読んでから記載してください。）

（なるべく折り曲げないようにし、やむをえない場合には折り曲げマーク（▶）の所で折り曲げてください。）

※　帳票種別　1310

2：氏名変更届
3：資格喪失届

1. 被保険者番号
2. 事業所番号
3. 資格取得年月日

4. 離職年月日　4－　元号　年　月　日

5. 喪失原因（1 離職以外の理由／2 3以外の離職／3 事業主の都合による離職）

6. 離職票交付希望（1 有／2 無）

7. １週間の所定労働時間　時間　分

8. 補充採用予定の有無（空白 無／1 有）

9. 新氏名

フリガナ（カタカナ）

10. 個人番号

※公共職業安定所記載欄

11. 喪失時被保険者種類（3 季節）

12. 国籍・地域コード（17欄に対応するコードを記入）

13. 在留資格コード（18欄に対応するコードを記入）

被保険者氏名	性別	生年月日	取得時被保険者種類	転勤年月日	管轄安定所番号	雇用形態

資格取得年月日現在の１週間の所定労働時間		事業所名略称	
被保険者の住所又は居所			
被保険者でなくなったことの原因又は氏名変更年月日			

雇用保険法施行規則第７条第１項・第14条第１項の規定により、上記のとおり届けます。

平成　年　月　日

住　所

事業主　氏　名　　記名押印又は署名　印

電話番号

公共職業安定所長　殿

※

所長		次長		課長		係長		係		操作者	

社会保険労務士記載欄	作成年月日・提出代行者・事務代理者の表示	氏名	電話番号
		印	

（この用紙は、このまま機械で処理しますので、汚さないようにしてください。）

様式第４号（第７条、第14条関係）（第２面）

雇用保険被保険者 資格喪失届 / 氏名変更届

14欄から18欄は、被保険者が外国人の場合のみ記入してください。

※ 帳票種別 1310 4：氏名変更届 5：資格喪失届

14. 被保険者氏名（ローマ字）または新氏名（ローマ字）（アルファベット大文字で記入してください。）

被保険者氏名（ローマ字）または新氏名（ローマ字）〔続き〕

15. 在留期間 西暦 年 月 日

16. 派遣・請負就労区分（1 派遣・請負労働者として主として当該事業所以外で就労していた場合 2 1に該当しない場合）

17. 国籍・地域（　）

18. 在留資格（　）

※備考 確認通知 平成 年 月 日

注 意

1 □□□□で表示された枠（以下「記入枠」という。）に記入する文字は、光学式文字読取装置（ＯＣＲ）で直接読取を行うので、この用紙は汚したり、必要以上に折り曲げたりしないこと。
2 記載すべき事項のない欄又は記入枠は空欄のままとし、事項を選択する場合には該当番号を記入し、※印のついた欄又は記入枠には記載しないこと。
3 記入枠の部分は、枠からはみださないように大きめのカタカナ及びアラビア数字の標準字体により明瞭に記載すること。
この場合、カタカナの濁点及び半濁点は、１文字として取り扱い（例：ガ→ カ゛ 、パ→ ハ゜ ）、また、「ヰ」及び「ヱ」は使用せず、それぞれ「イ」及び「エ」を使用すること。
4 事業主の住所及び氏名欄には、事業主が法人の場合は、主たる事務所の所在地及び法人の名称を記載するとともに、代表者の氏名を付記すること。
5 事業主の氏名（法人にあっては代表者の氏名）については、記名押印又は署名のいずれかにより記載すること。
6 雇用保険被保険者資格喪失届として使用する場合の注意
（1）標題中「氏名変更届」の文字並びに第１面下方の「第１４条第１項」の文字を抹消すること。
（2）4欄には、被保険者でなくなったことの原因となる事実のあった年月日を記載すること。なお、年、月又は日が１桁の場合は、それぞれ１０の位の部分に「０」を付加して２桁で記載すること。
（例：平成１９年３月１日→ 4-190301 ）
（3）5欄には、次の区分に従い、該当するものの番号を記載すること。
イ 死亡、在籍出向、出向元への復帰、その他離職以外の理由……1
ロ 天災その他やむを得ない理由によって事業の継続が不可能になったことによる解雇、ハ 被保険者の責めに帰すべき重大な理由による解雇
ニ 契約期間の満了、ホ 任意退職（事業主の勧奨等によるものを除く。）、ヘ ロからホまで以外の事業主の都合によらない離職（定年等）
ト 移籍出向（ただし、退職金又はこれに準じた一時金の支給が行われたもの以外の出向は「１」）……2
チ 事業主の都合による解雇、事業主の勧奨等による任意退職等……3
（4）6欄には、被保険者でなくなった者が離職票の交付を希望するときは「１」を、希望しない場合は「２」を記載すること。
なお、被保険者でなくなった者が離職時においては妊娠、出産、育児、疾病、負傷、親族の看護等の理由により一定期間職業に就くことができない場合及び６０歳以上の定年等による離職後一定の期間求職の申込みをしないことを希望する場合であって、その後に失業等給付を受けようとするときは、「１」を記載すること。また、離職の日において５９歳以上の者については、「１」を記載すること。

また、船員として高年齢求職者給付金を受給した者が６５歳以降に離職した場合には「２」を記載すること。
（5）7欄には、「被保険者氏名」欄に印字されている者の4欄に記載した年月日現在の１週間の所定労働時間を記載すること。
（6）8欄には、「被保険者氏名」欄に印字されている者の離職等に伴い、これを補充するため、この届書を提出する際に公共職業安定所又は地方運輸局の紹介、その他の方法による労働者の採用を予定している場合は「１」を記載し、予定していない場合は空欄とすること。
（7）9欄は、空欄とすること。
（8）10欄には、必ず番号確認と身元確認の本人確認を行った上で、個人番号（マイナンバー）を記載すること。
（9）「被保険者の住所又は居所」欄には、離職後の住所又は居所が明らかであるときは、その住所又は居所を記載し、その住所又は居所が明らかでないときは、離職時の住所又は居所を記載すること。
（10）本手続は電子申請による届出も可能であること。
また、本手続について、社会保険労務士が電子申請により本届書の提出に関する手続を事業主に代わって行う場合には、当該社会保険労務士が当該事業主の提出代行者であることを証明することができるものを本届書の提出と併せて送信することをもって、当該事業主の電子署名に代えることができます。
7 雇用保険被保険者氏名変更届として使用する場合の注意
（1）標題中「資格喪失届」の文字並びに第１面下方の「第７条第１項」の文字を抹消すること。
（2）9欄及び14欄（外国人の場合のみ）並びに「被保険者でなくなったことの原因又は氏名変更年月日」欄にのみ記載すること。なお、9欄のフリガナ欄はカタカナで記載し、姓と名の間は１枠空けること。
（3）本手続は電子申請による届出も可能であること。
また、本手続について、社会保険労務士が電子申請により本届書の提出に関する手続を事業主に代わって行う場合には、当該社会保険労務士が当該事業主の提出代行者であることを証明することができるものを本届書の提出と併せて送信することをもって、当該事業主の電子署名に代えることができます。
8 外国人労働者に係る留意事項
外国人労働者（「外交」又は「公用」の在留資格の者及び特別永住者を除く。）の場合は、14欄から18欄に、ローマ字氏名（在留カード記載順）、国籍・地域、在留資格、在留期間等を記載し、労働施策の総合的な推進並びに労働者の雇用の安定及び職業生活の充実等に関する法律第28条の外国人雇用状況の届出とすることができる。なお、派遣・請負労働者として、主として2欄以外の事業所において就労していた者については16欄に1を記載し、該当しない場合は2を記載のこと。

様式第５号

雇用保険被保険者離職証明書（安定所提出用）

① 被保険者番号	－　－	③ フリガナ		④ 離職年月日	平成　年　月　日
② 事業所番号	－　－	離職者氏名			
⑤ 事業所 名称 所在地 電話番号		⑥ 離職者の住所又は居所	〒 電話番号（　　）　－		
この証明書の記載は、事実に相違ないことを証明します。 事業主 住所 氏名 ㊞		※離職票交付 平成　年　月　日 （交付番号　　番）		離職票受領印	

離職の日以前の賃金支払状況等

⑧ 被保険者期間算定対象期間 Ⓐ 一般被保険者等 離職日の翌日　月　日	Ⓑ 短期雇用特例被保険者	⑨ ⑧の期間における賃金支払基礎日数	⑩ 賃金支払対象期間	⑪ ⑩の基礎日数	⑫ 賃金額 Ⓐ	Ⓑ	計	⑬ 備考
月　日～離職日	離職月	日	月　日～離職日	日				
月　日～月　日	月	日	月　日～月　日	日				
月　日～月　日	月	日	月　日～月　日	日				
月　日～月　日	月	日	月　日～月　日	日				
月　日～月　日	月	日	月　日～月　日	日				
月　日～月　日	月	日	月　日～月　日	日				
月　日～月　日	月	日	月　日～月　日	日				
月　日～月　日	月	日	月　日～月　日	日				
月　日～月　日	月	日	月　日～月　日	日				
月　日～月　日	月	日	月　日～月　日	日				
月　日～月　日	月	日	月　日～月　日	日				
月　日～月　日	月	日	月　日～月　日	日				
月　日～月　日	月	日	月　日～月　日	日				

⑭ 賃金に関する特記事項

⑮この証明書の記載内容（⑦欄を除く）は相違ないと認めます。
（記名押印又は自筆による署名）
（離職者氏名）　㊞

※公共職業安定所記載欄
⑮欄の記載　有・無
⑯欄の記載　有・無
資・聴

本手続きは電子申請による申請も可能です。本手続きについて、電子申請により行う場合には、被保険者が離職証明書の内容について確認したことを証明することができるものを本離職証明書の提出と併せて送信することをもって、当該被保険者の電子署名に代えることができます。

また、本手続きについて、社会保険労務士が電子申請による本届書の提出に関する手続を事業主に代わって行う場合には、当該社会保険労務士が当該事業主の提出代行者であることを証明することができるものを本届書の提出と併せて送信することをもって、当該事業主の電子署名に代えることができます。

社会保険労務士記載欄	作成年月日・提出代行者・事務代理者の表示	氏名	電話番号
		㊞	

※	所長	次長	課長	係長	係

⑦離職理由欄…事業主の方は、離職者の主たる離職理由が該当する理由を１つ選択し、左の事業主記入欄の□の中に○印を記入の上、下の具体的事情記載欄に具体的事情を記載してください。

【離職理由は所定給付日数・給付制限の有無に影響を与える場合があり、適正に記載してください。】

事業主記入欄	離職理由	※離職区分
	1 事業所の倒産等によるもの	
□	(1) 倒産手続開始、手形取引停止による離職	1A
□	(2) 事業所の廃止又は事業活動停止後事業再開の見込みがないため離職	1B
	2 定年によるもの	
□	定年による離職（定年　歳） 定年後の継続雇用 {を希望していた（以下のaからcまでのいずれかを１つ選択してください）／を希望していなかった} a 就業規則に定める解雇事由又は退職事由（年齢に係るものを除く。以下同じ。）に該当したため （解雇事由又は退職事由と同一の事由として就業規則又は労使協定に定める「継続雇用しないことができる事由」に該当して離職した場合も含む。） b 平成25年3月31日以前に労使協定により定めた継続雇用制度の対象となる高年齢者に係る基準に該当しなかったため c その他（具体的理由：　）	2A 2B
	3 労働契約期間満了等によるもの	2C
□	(1) 採用又は定年後の再雇用時等にあらかじめ定められた雇用期限到来による離職 （1回の契約期間　箇月、通算契約期間　箇月、契約更新回数　回） （当初の契約締結後に契約期間や更新回数の上限を短縮し、その上限到来による離職に該当　する・しない） （当初の契約締結後に契約期間や更新回数の上限を設け、その上限到来による離職に該当　する・しない） （定年後の再雇用時にあらかじめ定められた雇用期限到来による離職で　ある・ない） （4年6箇月以上5年以下の通算契約期間の上限が定められ、この上限到来による離職で　ある・ない） →ある場合(同一事業所の有期雇用労働者に一様に4年6箇月以上5年以下の通算契約期間の上限が平成24年8月10日前から定められて　いた・いなかった)	2D 2E
□	(2) 労働契約期間満了による離職 ① 下記②以外の労働者 （1回の契約期間　箇月、通算契約期間　箇月、契約更新回数　回） （契約を更新又は延長することの確約・合意の　有・無（更新又は延長しない旨の明示の　有・無）） （直前の契約更新時に雇止め通知の　有・無） （当初の契約締結後に不更新条項の追加が　ある・ない） 労働者から契約の更新又は延長 {を希望する旨の申出があった／を希望しない旨の申出があった／の希望に関する申出はなかった} ② 労働者派遣事業に雇用される派遣労働者のうち常時雇用される労働者以外の者 （1回の契約期間　箇月、通算契約期間　箇月、契約更新回数　回） （契約を更新又は延長することの確約・合意の　有・無（更新又は延長しない旨の明示の　有・無）） 労働者から契約の更新又は延長 {を希望する旨の申出があった／を希望しない旨の申出があった／の希望に関する申出はなかった} a 労働者が適用基準に該当する派遣就業の指示を拒否したことによる場合 b 事業主が適用基準に該当する派遣就業の指示を行わなかったことによる場合（指示した派遣就業が取りやめになったことによる場合を含む。） （aに該当する場合は、更に下記の5のうち、該当する主たる離職理由を更に１つ選択し、○印を記入してください。該当するものがない場合は下記の6に○印を記入した上、具体的な理由を記載してください。）	3A 3B 3C 3D 4D 5E
□	(3) 早期退職優遇制度、選択定年制度等により離職	
□	(4) 移籍出向	
	4 事業主からの働きかけによるもの	
□	(1) 解雇（重責解雇を除く。）	
□	(2) 重責解雇（労働者の責めに帰すべき重大な理由による解雇）	
	(3) 希望退職の募集又は退職勧奨	
□	① 事業の縮小又は一部休廃止に伴う人員整理を行うためのもの	
□	② その他（理由を具体的に　）	
	5 労働者の判断によるもの	
	(1) 職場における事情による離職	
□	① 労働条件に係る問題（賃金低下、賃金遅配、時間外労働、採用条件との相違等）があったと労働者が判断したため	
□	② 事業主又は他の労働者から就業環境が著しく害されるような言動（故意の排斥、嫌がらせ等）を受けたと労働者が判断したため	
□	③ 妊娠、出産、育児休業、介護休業等に係る問題(休業等の申出拒否、妊娠、出産、休業等を理由とする不利益取扱い）があったと労働者が判断したため	
□	④ 事業所での大規模な人員整理があったことを考慮した離職	
□	⑤ 職種転換等に適応することが困難であったため（教育訓練の　有・無）	
□	⑥ 事業所移転により通勤困難となった（なる）ため（旧(新)所在地：　）	
□	⑦ その他（理由を具体的に　）	
□	(2) 労働者の個人的な事情による離職（一身上の都合、転職希望等）	
□	6 その他（1－5のいずれにも該当しない場合） （理由を具体的に　）	

具体的事情記載欄（事業主用）

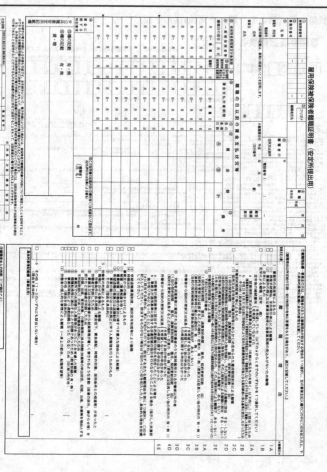

⑯離職者本人の判断（○で囲むこと）
事業主が○を付けた離職理由に異議　有り・無し
記名押印又は自筆による署名（離職者氏名）　㊞

様式第６号（第７条関係）⑴（第１面）

様式第6号（第7条関係）　(1)　(第1面)

交付番号　(　　　)

交付年月日

雇用保険被保険者　離　職　票　－　1
資格喪失確認通知書（被保険者通知用）

（なるべく折り曲げないようにし、やむをえない場合には折り曲げマーク（▶）の所で折り曲げてください。）

帳票種別　13200

1. 被保険者番号

2. 資格取得年月日

3. 離職年月日

4. 被保険者種類（1又は9　一　般　4又は5　高年齢　2又は3　短　期）

5. 再交付表示（1 再交付）

離職者氏名

性別（1 男　2 女）

生年月日（元号－年月日）（2 大正　3 昭和　4 平成）

喪失原因（1 離職以外の理由　2 3以外の離職　3 事業主の都合による離職）

離職票交付希望（1 有　2 無）

事業所番号

管轄区分

事業所名略称

産業分類

6. 個人番号

7. 番号複数取得チェック不要（チェック・リストが出力されたが、調査の結果、同一人でなかった場合に「1」を記入。）

8. 住居所管轄安定所

※9. 求職申込年月日　4－　元号　年　月　日

受給資格等決定年月日　4－　元号　年　月　日

10. 認定日（一般）　－

11. 認定予定月日（高年齢・短期）　月　日

12. 賃金日額（区分－日額又は総額）　－　,　,　円　区分（1 日額　2 総額）

13. 所定給付日数の決定に係る対象者区分（1～6）

14. 離職理由

15. 求職番号

16. 特殊表示区分又は激甚指定期限年月日

17. 金融機関・店舗コード　－　口座番号

18. 支払区分（0 抹消　1 安定所現金払　2 安定所送金払　3 労働局送金払）

19. 区分－氏名（ｶﾅ）　区分（空欄 分かち書き　1 氏名変更）　－

備考		

公共職業安定所長

※所属長		次長		課長		係長		係		操作者	

基本手当日額（　　　　）円

所定給付日数（　　　　）日

支給番号（　　　　）

（この用紙は、このまま機械で処理しますので、汚さないようにしてください。）

様式第６号（第７条関係）⑴（第２面）

注　意

１　基本手当は受給資格者が、高年齢求職者給付金は高年齢受給資格者が、特例一時金は特例受給資格者が、それぞれ労働の意思及び能力を有するにもかかわらず職業に就くことができないときに支給されるものであること。
２　基本手当、高年齢求職者給付金又は特例一時金の支給を受けようとするときは、原則として住所又は居所を管轄する公共職業安定所又は地方運輸局に出頭し、求職の申込みをした上、この離職票－１及び離職票－２（別紙）を提出すること。
３　基本手当の支給を受けることのできる期間は、原則として離職の日の翌日から１年間（注）（これを受給期間といいます。）であること。その１年間に妊娠、出産、育児、疾病、負傷、親族の看護等の理由で、引き続き３０日以上職業に就くことができない者については、所定の期限までに上記２の公共職業安定所又は地方運輸局に届け出ることにより、これらの理由により職業に就くことができない日数を１年に加えた期間（最大限４年）となること。
（注）所定給付日数が３３０日の場合「１年と３０日」、３６０日の場合「１年と６０日」となること。
４　基本手当、高年齢求職者給付金又は特例一時金の支給を受けないときでも、後日必要な場合があるから、少なくとも４年間は大切に保管すること。
５　この離職票－１を滅失し、又は損傷したときは、交付を受けた公共職業安定所に申し出ること。

様式第６号(2)

雇用保険被保険者離職票－２

①被保険者番号	－ －	③フリガナ / 離職者氏名	④離職年月日　平成　年　月　日
②事業所番号	－ －		
⑤事業所　名称 / 所在地 / 電話番号		⑥離職者の住所又は居所	〒 / 電話番号（　　）　－
事業主　住所 / 氏名		※　平成　年　月　日付で交付した離職票－１（交付番号　番）に係る賃金支払状況である。 公共職業安定所長 印	

離職の日以前の賃金支払状況等

⑧被保険者期間算定対象期間 Ⓐ一般被保険者等（離職日の翌日　月　日）	Ⓑ短期雇用特例被保険者	⑨⑧の期間における賃金支払基礎日数	⑩賃金支払対象期間	⑪⑩の基礎日数	⑫賃金額 Ⓐ	Ⓑ	計	⑬備考
月　日～離職日	離職月	日	月　日～離職日	日				
月　日～　月　日	月	日	月　日～　月　日	日				
月　日～　月　日	月	日	月　日～　月　日	日				
月　日～　月　日	月	日	月　日～　月　日	日				
月　日～　月　日	月	日	月　日～　月　日	日				
月　日～　月　日	月	日	月　日～　月　日	日				
月　日～　月　日	月	日	月　日～　月　日	日				
月　日～　月　日	月	日	月　日～　月　日	日				
月　日～　月　日	月	日	月　日～　月　日	日				
月　日～　月　日	月	日	月　日～　月　日	日				
月　日～　月　日	月	日	月　日～　月　日	日				
月　日～　月　日	月	日	月　日～　月　日	日				
月　日～　月　日	月	日	月　日～　月　日	日				

⑭賃金に関する特記事項	

□運転免許証　□住民基本台帳カード
□旅券　□住民票記載事項証明書
□国民健康保険被保険者証（健康保険被保険者証）
□その他（　　）

※公共職業安定所記載欄
⑮欄の記載　有・無
⑯欄の記載　有・無
資・聴

写真欄　3×2.5

注意
1.　基本手当は受給資格者が、高年齢求職者給付金は高年齢受給資格者が、特例一時金は特例受給資格者が、それぞれ労働の意思及び能力を有するにもかかわらず職業に就くことができないときに支給されるものであること。
2.　基本手当、高年齢求職者給付金又は特例一時金の支給を受けようとするときは、住所又は居所を管轄する公共職業安定所又は地方運輸局に出頭し、求職の申込みをした上、この離職票－2及び離職票－1（別紙）を提出すること。
3.　基本手当、高年齢求職者給付金又は特例一時金の支給を受けないときでも、後日必要な場合があるから、少なくとも4年間は大切に保存すること。
4.　この離職票－2を滅失し、又は損傷したときは、交付を受けた公共職業安定所に申し出ること。
※基本手当、高年齢求職者給付金又は特例一時金の受給手続を取られる方は、裏面のⅡ「支給を受けるための手続等」をご覧ください。

⑦離職理由欄…離職者の方は、主たる離職理由が該当する理由を１つ選択し、左の離職者記入欄の□の中に○印を記入の上、下の具体的事情記載欄に具体的事情を記載してください。

【離職理由は所定給付日数・給付制限の有無に影響を与える場合があり、適正に記載してください。】

事業主記入欄　離職者記入欄　離職理由

1　事業所の倒産等によるもの
□□…(1)　倒産手続開始、手形取引停止による離職
□□…(2)　事業所の廃止又は事業活動停止後事業再開の見込みがないため離職
2　定年によるもの
□□…定年による離職（定年　歳）
定年後の継続雇用｛を希望していた（以下のaからcまでのいずれかを１つ選択してください）／を希望していなかった
a　就業規則に定める解雇事由又は退職事由（年齢に係るものを除く。以下同じ。）に該当したため
（解雇事由又は退職事由と同一の事由として就業規則又は労使協定に定める「継続雇用しないことができる事由」に該当して離職した場合も含む。）
b　平成25年3月31日以前に労使協定により定めた継続雇用制度の対象となる高年齢者に係る基準に該当しなかったため
c　その他（具体的理由：　）
3　労働契約期間満了等によるもの
□□…(1)　採用又は定年後の再雇用時等にあらかじめ定められた雇用期限到来による離職
（1回の契約期間　箇月、通算契約期間　箇月、契約更新回数　回）
（当初の契約締結後に契約期間や更新回数の上限を短縮し、その上限到来による離職に該当　する・しない）
（当初の契約締結後に契約期間や更新回数の上限を設け、その上限到来による離職に該当　する・しない）
（定年後の再雇用時にあらかじめ定められた雇用期限到来による離職で　ある・ない）
（4年6箇月以上5年以下の通算契約期間の上限が定められ、この上限到来による離職で　ある・ない）
→ある場合(同一事業所の有期雇用労働者に一様に4年6箇月以上5年以下の通算契約期間の上限が平成24年8月10日前から定められて　いた・いなかった)
□□…(2)　労働契約期間満了による離職
①　下記②以外の労働者
（1回の契約期間　箇月、通算契約期間　箇月、契約更新回数　回）
（契約を更新又は延長することの確約・合意の　有・無（更新又は延長しない旨の明示の　有・無））
（直前の契約更新時に雇止め通知の　有・無）
（当初の契約締結後に不更新条項の追加が　ある・ない）
労働者から契約の更新又は延長｛を希望する旨の申出があった／を希望しない旨の申出があった／の希望に関する申出はなかった
【契約の更新又は延長の希望の　有・無】
②　労働者派遣事業に雇用される派遣労働者のうち常時雇用される労働者以外の者
（1回の契約期間　箇月、通算契約期間　箇月、契約更新回数　回）
（契約を更新又は延長することの確約・合意の　有・無（更新又は延長しない旨の明示の　有・無））
労働者から契約の更新又は延長｛を希望する旨の申出があった／を希望しない旨の申出があった／の希望に関する申出はなかった
a　労働者が適用基準に該当する派遣就業の指示を拒否したことによる場合
b　事業主が適用基準に該当する派遣就業の指示を行わなかったことによる場合（指示した派遣就業が取りやめになったことによる場合を含む。）
（aに該当する場合は、更に下記の5のうち、該当する主たる離職理由を更に１つ選択し、○印を記入してください。該当するものがない場合は下記の6に○印を記入した上、具体的な理由を記載してください。）
【契約の更新又は延長の希望の　有・無】
□□…(3)　早期退職優遇制度、選択定年制度等により離職
□□…(4)　移籍出向
4　事業主からの働きかけによるもの
□□…(1)　解雇（重責解雇を除く。）
□□…(2)　重責解雇（労働者の責めに帰すべき重大な理由による解雇）
(3)　希望退職の募集又は退職勧奨
□□……①　事業の縮小又は一部休廃止に伴う人員整理を行うためのもの
□□……②　その他（理由を具体的に　）
5　労働者の判断によるもの
(1)　職場における事情による離職
□□……①　労働条件に係る問題（賃金低下、賃金遅配、時間外労働、採用条件との相違等）があったと労働者が判断したため
□□……②　事業主又は他の労働者から就業環境が著しく害されるような言動（故意の排斥、嫌がらせ等）を受けたと労働者が判断したため
□□……③　妊娠、出産、育児休業、介護休業等に係る問題(休業等の申出拒否、妊娠、出産、休業等を理由とする不利益取扱い）があったと労働者が判断したため
□□……④　事業所での大規模な人員整理があったことを考慮した離職
□□……⑤　職種転換等に適応することが困難であったため（教育訓練の　有・無）
□□……⑥　事業所移転により通勤困難となった（なる）ため（旧(新)所在地：　）
□□……⑦　その他（理由を具体的に　）
□□…(2)　労働者の個人的な事情による離職（一身上の都合、転職希望等）
□……①　職務に耐えられない体調不良、けが等があったため
□……②　妊娠、出産、育児等のため
□……③　家庭の事情の急変（父母の扶養、親族の介護等）があったため
□……④　配偶者等との別居生活が継続困難となったため
□……⑤　転居等により通勤困難となったため（新住所：　）
□……⑥　その他（理由を具体的に　）
□□…6　その他（１－５のいずれにも該当しない場合）
（理由を具体的に　）

※離職区分：1A　1B　2A　2B　2C　2D　2E　3A　3B　3C　3D　4D　5E　1A　1B　2A　2B　2C　2D　2E　3A　3B　3C　3D　4D　5E

具体的事情記載欄（事業主用）

具体的事情記載欄（離職者用）事業主が記載した内容に異議がない場合は「同上」と記載してください。

⑯離職者本人の判断（○で囲むこと） 事業主が○を付けた離職理由に異議　有り・無し	⑰　⑦欄の自ら記載した事項に間違いがないことを認めます。 記名押印又は自筆による署名（離職者氏名）　印

様式第6号の2（第9条関係）⑴（第1面）

雇用保険被保険者資格取得確認通知書（事業主通知用）

確認（受理）通知年月日

雇用保険被保険者資格取得届に基づき、
下記のとおり確認（通知）します。

公共職業安定所長

被保険者番号

事業所番号

管轄区分

資格取得年月日

被保険者氏名

性別（1 男 2 女）

生年月日（元号―年月日）（2 大正 3 昭和 4 平成）

取得時被保険者種類（1又は9 一般 4又は5 高年齢 2又は3 短期）

事業所名略称

転勤の年月日

様式第6号の2（第9条関係）⑴（第2面）

注　意

1　労働保険事務組合は、この通知書の交付を受けたときは、第1面の事業主に提示しなければならない。

2　被保険者となったことの確認に係る処分に不服のあるときは、処分のあったことを知った日の翌日から起算して3箇月以内に処分を行った公共職業安定所の所在地を管轄する都道府県労働局雇用保険審査官（以下「審査官」という。）に対して審査請求をすることができる。

3　審査請求に対する審査官の決定に不服がある場合には、決定書の謄本が送付された日の翌日から起算して2箇月以内に労働保険審査会（以下「審査会」という。）に対して再審査請求をすることができる。ただし、審査請求をした日から3箇月を経過しても決定がないときは、審査官が審査請求を棄却したものとみなすことができる。

4　この処分に対する取消訴訟は、この処分についての審査請求に対する決定を経た後に、国を被告として（訴訟において国を代表する者は法務大臣となる。）、審査官の決定があったことを知った日の翌日から起算して6箇月以内に提起することができる（決定があった日から1年を経過した場合を除く。）。また、審査会に対して再審査請求をした場合には、この処分に対する取消訴訟は、この処分についての審査会の裁決を経る前又は審査会の裁決があったことを知った日の翌日から起算して6箇月以内に提起することができる（裁決があった日から1年を経過した場合を除く。）。ただし、⑴審査請求をした日から3箇月を経過しても決定がないとき、⑵処分、処分の執行又は手続の続行により生じる著しい損害を避けるため緊急の必要があるとき、⑶その他決定を経ないことにつき正当な理由があるとき、のいずれかに該当するときは、決定を経ないで取消訴訟を提起することができる。

5　この通知書は、その被保険者を雇用している期間中及びその者が被保険者資格を喪失してから少なくとも4年間は、事業主において大切に保管すること。

6　この通知書とともに交付された雇用保険被保険者証は速やかに本人に対し交付し、必ず本人に保管させること。

様式第６号の２（第９条関係）⑵（第１面）

雇用保険被保険者資格取得確認通知書
（被保険者通知用）

公共職業安定所長

被保険者番号	確認（受理）通知年月日	資格取得年月日	取得時被保険者種類
			（1又は0 一般 / 4又は5 高年齢 / 2又は3 短期）

被保険者氏名	生年月日（元号―年月日）
	（2 大正 3 昭和 / 4 平成）

事業所名略称	転勤の年月日

様式第６号の２（第９条関係）⑵（第２面）

注　意

1　この被保険者資格取得等確認通知書は、資格取得年月日等を通知するものである。

2　被保険者となったことの確認に係る処分に不服のあるときは、この処分のあったことを知った日の翌日から起算して３箇月以内にこの処分を行った公共職業安定所の所在地を管轄する都道府県労働局雇用保険審査官（以下「審査官」という。）に対して審査請求をすることができる。

3　審査請求に対する審査官の決定に不服がある場合には、決定書の謄本が送付された日の翌日から起算して２箇月以内に労働保険審査会（以下「審査会」という。）に対して再審査請求をすることができる。ただし、審査請求をした日から３箇月を経過しても決定がないときは、審査官が審査請求を棄却したものとみなすことができる。

4　この処分に対する取消訴訟は、この処分についての審査請求に対する決定を経た後に、国を被告として（訴訟において国を代表する者は法務大臣となる。）審査官の決定があったことを知った日の翌日から起算して６箇月以内に提起することができる（決定があった日から１年を経過した場合を除く。）。また、審査会に対して再審査請求をした場合には、この処分に対する取消訴訟は、この処分についての審査会の裁決を経る前又は審査会の裁決があったことを知った日の翌日から起算して６箇月以内に提起することができる（裁決があった日から１年を経過した場合を除く。）。
ただし、⑴審査請求をした日から３箇月を経過しても決定がないとき、⑵処分、処分の執行又は手続の続行により生じる著しい損害を避けるため緊急の必要があるとき、⑶その他決定を経ないことにつき正当な理由があるとき、のいずれかに該当するときは、決定を経ないで取消訴訟を提起することができる。

様式第６号の３（第９条関係）⑴（第１面）

雇用保険被保険者資格喪失確認通知書（事業主通知用）

確認通知年月日

雇用保険被保険者資格喪失届に基づき、下記のとおり確認します。

公共職業安定所長

被保険者番号	資格取得年月日	離職等年月日	被保険者種類（1又は9 一般／4又は5 高年齢／2又は3 特例）	離職票交付希望（1 有／2 無）
被保険者氏名	性別（1 男／2 女）	生年月日（元号—年月日）（2 大正 3 昭和／4 平成）		喪失原因（1 離職以外の理由 2 3以外の離職／3 事業主の都合による離職）
事業所番号	管轄区分	事業所名略称		産業分類

様式第６号の３（第９条関係）⑴（第２面）

注　意

1　労働保険事務組合は、この通知書の交付を受けたときは、第１面の事業主に提示しなければならない。

2　この処分に不服のあるときは、この処分のあったことを知った日の翌日から起算して３箇月以内にこの処分を行った公共職業安定所の所在地を管轄する都道府県労働局雇用保険審査官（以下「審査官」という。）に対して審査請求をすることができる。

3　審査請求に対する審査官の決定に不服がある場合には、決定書の謄本が送付された日の翌日から起算して２箇月以内に労働保険審査会（以下「審査会」という。）に対して再審査請求をすることができる。ただし、審査請求をした日から３箇月を経過しても決定がないときは、審査官が審査請求を棄却したものとみなすことができる。

4　この処分に対する取消訴訟は、この処分についての審査請求に対する決定を経た後に、国を被告として（訴訟において国を代表する者は法務大臣となる。）、審査官の決定があったことを知った日の翌日から起算して６箇月以内に提起することができる（決定があった日から１年を経過した場合を除く。）。また、審査会に対して再審査請求をした場合には、この処分に対する取消訴訟は、この処分についての審査会の裁決を経る前又は審査会の裁決があったことを知った日の翌日から起算して６箇月以内に提起することができる（裁決があった日から１年を経過した場合を除く。）。ただし、⑴審査請求をした日から３箇月を経過しても決定がないとき、⑵処分、処分の執行又は手続の続行により生じる著しい損害を避けるため緊急の必要があるとき、⑶その他決定を経ないことにつき正当な理由があるとき、のいずれかに該当するときは、決定を経ないで取消訴訟を提起することができる。

5　この通知書とともに交付された離職票（−１及び−２）は速やかに本人に交付すること。

6　この通知書は、少なくとも４年間は大切に保管すること。なお、離職証明書（事業主控）について、公共職業安定所から返付を受けた場合は、併せてわかるように保管すること。

様式第６号の３（第９条関係）⑵（第１面）

雇用保険被保険者資格喪失確認通知書（被保険者通知用）

交付年月日

被保険者番号　　資格取得年月日　　離職年月日　　被保険者種類（1又は3 一般　4又は5 高年齢　2又は7 短期）

被保険者氏名　　性別（1 男　2 女）　　生年月日（元号－年月日）（2 大正　3 昭和　4 平成）　　喪失原因（1 離職以外の理由　2 3以外の離職　3 事業主の都合による離職）　　離職票交付希望（1 有　2 無）

事業所番号　　管轄区分　　事業所名略称

産業分類

公共職業安定所長

備考	

様式第６号の３（第９条関係）⑵（第２面）

注　意

1　この処分に不服のあるときは、この処分のあったことを知った日の翌日から起算して３箇月以内にこの処分を行った公共職業安定所の所在地を管轄する都道府県労働局雇用保険審査官（以下「審査官」という。）に対して審査請求をすることができる。

2　審査請求に対する審査官の決定に不服がある場合には、決定書の謄本が送付された日の翌日から起算して２箇月以内に労働保険審査会（以下「審査会」という。）に対して再審査請求をすることができる。ただし、審査請求をした日から３箇月を経過しても決定がないときは、審査官が審査請求を棄却したものとみなすことができる。

3　この処分に対する取消訴訟は、この処分についての審査請求に対する決定を経た後に、国を被告として（訴訟において国を代表する者は法務大臣となる。）、審査官の決定があったことを知った日の翌日から起算して６箇月以内に提起することができる（決定があった日から１年を経過した場合を除く。）。また、審査会に対して再審査請求をした場合には、この処分に対する取消訴訟は、この処分についての審査会の裁決を経る前又は審査会の裁決があったことを知った日の翌日から起算して６箇月以内に提起することができる（裁決があった日から１年を経過した場合を除く。）。ただし、⑴審査請求をした日から３箇月を経過しても決定がないとき、⑵処分、処分の執行又は手続の続行により生じる著しい損害を避けるため緊急の必要があるとき、⑶その他決定を経ないことにつき正当な理由があるとき、のいずれかに該当するときは、決定を経ないで取消訴訟を提起することができる。

様式第７号（第10条関係）（第１面）

雇用保険被保険者証

公共職業安定所長

被保険者番号

被保険者氏名

生年月日
(元号―年月日)

			(2 大正 3 昭和 4 平成)

様式第７号（第10条関係）（第２面）

注　意

1　この被保険者証は、新たに他の事業主に雇用され雇用保険の被保険者となったときは、必ず新たに勤務することとなった事業所に提示しなければならないものであるから、大切に保管すること。
2　この被保険者証を滅失し、又は損傷したときは、公共職業安定所に申請して再交付を受けること。
3　被保険者証は、二重に交付を受けると、不利な扱いとなることもあるので、二重に交付を受けることのないように注意すること。
4　この被保険者証は、氏名を変更したときには、事業主（失業等給付を受けている期間中の場合は公共職業安定所又は地方運輸局の長）に提出すること。
5　失業して失業等給付を受けようとする場合（離職時においては妊娠、出産、育児、疾病、負傷、親族の看護等の理由により一定期間職業に就くことができない場合及び６０歳以上の定年等による離職後一定期間求職申込みをしないことを希望する場合であって、その後に失業等給付を受けようとするときを含む。）は、離職後速やかに事業主を通じて公共職業安定所より離職票の交付を受けること。
　失業等給付を受ける場合の具体的手続については、離職票の第２面を参照すること。

様式第８号（第10条関係）

※	所長	次長	課長	係長	係

雇用保険被保険者証再交付申請書

申請者	1. フリガナ 氏名		2. 性別 1 男 2 女	3. 生年月日	大 昭 平 年 月 日
	4. 住所又は居所				郵便番号 —
現に被保険者として雇用されている事業所	5. 名称				電話番号
	6. 所在地				郵便番号 —
最後に被保険者として雇用されていた事業所	7. 名称				電話番号
	8. 所在地				郵便番号 —
9. 取得年月日		年 月 日			
10. 被保険者番号		— —			※安定所確認印
11. 被保険者証の滅失又は損傷の理由					

雇用保険法施行規則第10条第３項の規定により上記のとおり雇用保険被保険者証の再交付を申請します。

平成　年　月　日

公共職業安定所長　殿

記名押印又は署名

申請者氏名　印

※ 再交付年月日	平成　年　月　日	※備考	

注意
1 被保険者証を損傷したことにより再交付の申請をする者は、この申請書に損傷した被保険者証を添えること。
2 1欄には、滅失又は損傷した被保険者証に記載されていたものと同一のものを明確に記載すること。
3 5欄及び6欄には、申請者が現に被保険者として雇用されている者である場合に、その雇用されている事業所の名称及び所在地をそれぞれ記載すること。
4 7欄及び8欄には、申請者が現に被保険者として雇用されている者でない場合に、最後に被保険者として雇用されていた事業所の名称及び所在地をそれぞれ記載すること。
5 9欄には、最後に被保険者となったことの原因となる事実のあった年月日を記載すること。
6 申請者氏名については、記名押印又は署名のいずれかにより記載すること。
7 ※印欄には、記載しないこと。
8 なお、本手続は電子申請による届出も可能です。詳しくは公共職業安定所までお問い合わせください。

様式第９号　削除

様式第９号の２（第12条の２関係）（第１面）

様式第9号の2（第12条の２関係）（第１面）

雇用継続交流採用終了届

（必ず第２面の注意事項を読んでから記載してください。）

帳票種別
12109

1. 事業所番号
□□□□－□□□□□□－□

2. 被保険者番号
□□□□－□□□□□□－□

3. 姓（漢字）　4. 名（漢字）

5. フリガナ（カタカナ）

6. 生年月日
□－□□□□□□ 元号 年 月 日（2 大正　3 昭和　4 平成）

7. 資格取得年月日
□－□□□□□□ 元号 年 月 日（3 昭和　4 平成）

8. 雇用継続交流採用開始年月日
4－□□□□□□ 元号 年 月 日

9. 雇用継続交流採用終了年月日
4－□□□□□□ 元号 年 月 日

10. 出向先官署コード
□□

※ 11. 交流採用記録取消
□

01…内閣官房	02…内閣法制局
03…人事院	04…内閣府（宮内庁及び国家公安委員会を除く）
05…宮内庁	06…国家公安委員会
07…防衛省	08…総務省
09…法務省	10…外務省
11…財務省	12…文部科学省
13…厚生労働省	14…農林水産省
15…経済産業省	16…国土交通省
17…環境省	18…会計検査院
99…その他	

（この用紙は、このまま機械で処理しますので、汚さないようにしてください。）

雇用保険法施行規則第12条の2の規定により、上記のとおり届けます。

平成　　年　　月　　日

公共職業安定所長　殿

事業所名（所在地）

電話番号

記名押印又は署名

事業主氏名　　　　　印

備考

社会保険労務士記載欄	作成年月日・提出代行者・事務代理者の表示	氏名	電話番号
		印	

※所長		次長		課長		係長		係		操作者	

様式第９号の２（第12条の２関係）（第２面）

注　意

１　この届は、被保険者が国と民間企業との間の人事交流に関する法律第２１条第１項に規定する雇用継続交流採用職員でなくなったときに、これを雇用する事業主が、当該事実のあった日の翌日から起算して１０日以内に、事業所の所在地を管轄する公共職業安定所の長に提出してください。
２　この届の提出にあたっては、当該被保険者が雇用継続交流採用職員でなくなったことの事実及び雇用継続交流採用職員であった期間を証明することができる書類を添えてください。
３　届の記載について
（１）□□□□ で表示された枠（以下「記入枠」という。）に記入する文字は、光学式文字読取装置（ＯＣＲ）で直接読取を行うので、この用紙を汚したり、必要以上に折り曲げたりしないでください。
（２）記載すべき事項のない欄は空欄のままとし、事項を選択する場合には該当番号を記入し、※印の付いた欄又は記入枠には記載しないでください。
（３）枠からはみださないように大きめのカタカナ、漢字（3、4欄に限る。）又はアラビア数字の標準字体により明瞭に記載してください。
　この場合、カタカナの濁点及び半濁点は、１文字として取り扱い（例：ガ→カ゛、パ→ハ゜）、また、「ヰ」及び「ヱ」は使用せず、それぞれ「イ」及び「エ」を使用してください。
（４）1欄は、事業所番号が連続した10桁の構成である場合は、最初の４桁を最初の４つの枠内に、残りの６桁を「－」に続く６つの枠内にそれぞれ記載し、最後の枠は空枠としてください。
　2欄には、雇用保険被保険者資格取得等確認通知書又は雇用保険被保険者証に記載されている被保険者番号を記載してください。

　なお、被保険者番号が16桁（上下段で表示されている。）で構成されている場合は、下段の10桁のみを記載してください。
（５）5欄には、被保険者の氏名をカタカナで記載し、姓と名の間は１枠空けてください。
（６）6欄の元号は、該当するものの番号を記載し、年月日の年、月又は日が１桁の場合は、それぞれ10の位の部分に「０」を付加して２桁で記載してください。（例：昭和51年２月２日→3－510202）
（７）7欄には、雇用保険被保険者資格取得等確認通知書又は雇用保険被保険者証に記載されている資格取得年月日を、6欄の場合と同様に記載してください。
（８）8欄には、被保険者が雇用継続交流採用を開始した日を、6欄の場合と同様に記載してください。
（９）9欄には、被保険者が雇用継続交流採用を終了した日を、6欄の場合と同様に記載してください。
（10）10欄の官署コードは、該当する官署の番号を記載してください。
（11）事業主の住所及び氏名欄には、事業主が法人の場合は、その主たる事務所の所在地及び法人の名称を記載するとともに、代表者の氏名を付記してください。
（12）事業主の氏名（法人にあっては代表者の氏名）については、記名押印又は署名のいずれかにより記載してください。

※　公共職業安定所記載欄
確認通知　平成　年　月　日

様式第10号（第13条関係）（第１面）

様式第10号（第13条関係）（第１面）

雇用保険被保険者転勤届

（必ず第２面の注意事項を読んでから記載してください。）

帳票種別
13106

1. 被保険者番号　□□□□－□□□□□□－□

2. 生年月日　□－□□□□□□（2 大正　3 昭和　4 平成）元号　年　月　日

3. 被保険者氏名　　フリガナ（カタカナ）

4欄は、被保険者が外国人の場合のみ記入してください。

4. 被保険者氏名（ローマ字）（アルファベット大文字で記入してください。）

被保険者氏名〔続き（ローマ字）〕

5. 資格取得年月日　□－□□□□□□（3 昭和　4 平成）元号　年　月　日

6. 事業所番号　□□□□－□□□□□□－□

7. 転勤前の事業所番号　□□□□－□□□□□□－□

8. 転勤年月日　4－□□□□□□　元号　年　月　日

9. 転勤前事業所　名称・所在地

10. 備考

（この用紙は、このまま機械で処理しますので、汚さないようにしてください。）

雇用保険法施行規則第13条第１項の規定により上記のとおり届けます。

平成　年　月　日

住　所

事業主　氏　名　　記名押印又は署名　印

電話番号

公共職業安定所長　殿

社会保険労務士記載欄	作成年月日・提出代行者・事務代理者の表示	氏名	電話番号
		印	

※

所長	次長	課長	係長	係	操作者

※備考

確認通知　平成　年　月　日

様式第10号（第13条関係）（第２面）

注　意

1　帳票の提出に際しては、第１面に記載する届出に係る被保険者の既交付の雇用保険被保険者証及び雇用保険被保険者資格喪失届を添付すること。

2　□□□□で表示された枠（以下「記入枠」という。）に記入する文字は、光学式文字読取装置（ＯＣＲ）で直接読取を行うので、この用紙は汚したり、必要以上に折り曲げたりしないこと。

3　記載すべき事項のない欄又は記入枠は空欄のままとし、事項を選択する場合には該当番号を記入し、※印のついた欄又は記入枠には記載しないこと。

4　記入枠の部分は、枠からはみ出さないように大きめのカタカナ及びアラビア数字の標準字体により明瞭に記載すること。

この場合、カタカナの濁点及び半濁点は、１文字として取り扱い、また、「ヰ」及び「ヱ」は使用せず、それぞれ「イ」及び「エ」を使用すること。

5　事業主の住所及び氏名欄には、事業主が法人の場合は、主たる事務所の所在地及び法人の名称を記載するとともに、代表者の氏名を付記すること。

なお、事業主の氏名（法人にあっては代表者の氏名）については、記名押印又は署名のいずれかにより記載すること。

6　1欄には被保険者証に記載されている被保険者番号を記載すること。

なお、被保険者番号が16桁（上下２段で表示されている。）で構成されている場合は、下段の10桁のみを記載すること。この場合、最初の４桁を最初の４つの枠内に、残りの６桁を「⊟」に続く６つの枠内に記載し、最後の枠は空枠とすること。

（例：

4	6	0	1	1	8	*	*	*	*
1	3	0	1	5	4	3	2	1	0

→1301-543210-□ ）

7　2欄の元号は、該当するものの番号を記載し、年月日の年、月又は日が１桁の場合は、それぞれ10の位の部分に「０」を付加して２桁で記載すること。

（例：昭和51年５月６日→3-510506 ）

8　3欄のフリガナ欄には、その者の氏名をカタカナで記載し、姓と名の間は１枠空けること。

9　4欄には在留カードに記載されている順にローマ字氏名を記載すること。

10　5欄には資格取得年月日を記載すること。なお、年、月又は日が１桁の場合は、それぞれ10の位の部分に「０」を付加して２桁で記載すること。

（例：平成10年３月１日→4-100301）

11　6欄については、当該被保険者が8欄の日に所属する、当該届出を行う事業所の事業所番号を記載すること。事業所番号が10桁の構成である場合は、最初の４桁を最初の４つの枠内に、残りの６桁を「⊟」に続く６つの枠内にそれぞれ記載し、最後の枠は空枠とすること。

12　7欄は転勤前の事業所の事業所番号を記載すること。なお、事業所番号が10桁の構成である場合の記載については上記11と同様とすること。

13　8欄は転勤の年月日を記載すること。なお、年、月又は日が１桁の場合は、上記10のなお書きと同様に記載すること。

14　9欄には7欄に記載した事業所の事業所名称及び所在地を記載すること。

15　本手続は電子申請による届出も可能であること。

なお、本手続について、社会保険労務士が電子申請により本届書の提出に関する手続を事業主に代わって行う場合には、当該社会保険労務士が当該事業主の提出代行者であることを証明することができるものを本届書の提出と併せて送信することをもって、当該事業主の電子署名に代えることができます。

様式第10号の２（第14条の２、附則第１条の３関係）（第１面）

■ 様式第10号の２（第14条の２、附則第１条の３関係）（第１面）

個人番号登録・変更届

標準字体 0 1 2 3 4 5 6 7 8 9

（必ず第２面の注意事項を読んでから記載してください。）

帳票種別 10701

1. 届出区分 （1 新規 2 変更）

2. 個人番号

3. 変更前個人番号

4. 被保険者番号

日雇労働被保険者番号

5. 氏名（カタカナ）

6. 性別 （1 男 2 女）

7. 生年月日 （2 大正 3 昭和 4 平成） 元号 年 月 日

8. 事業所名

メモ欄

（この用紙は、このまま機械で処理しますので、汚さないようにしてください。）

雇用保険法施行規則第14条の２・附則第１条の３の規定により上記のとおり雇用保険被保険者の個人番号について届けます。

平成　年　月　日

事業主又は本人
住所
氏名　記名押印又は署名 印
電話番号

公共職業安定所長　殿

社会保険労務士記載欄	作成年月日・提出代行者・事務代理者の表示	氏名	電話番号
		印	

※

所長	次長	課長	係長	係	操作者

※ 備考

様式第10号の２（第14条の２、附則第１条の３関係）（第２面）

注　意

1　□□□□で表示された枠（以下「記入枠」という。）に記入する文字は、光学式文字読取装置（ＯＣＲ）で直接読取を行うので、この用紙は汚したり、必要以上に折り曲げたりしないこと。

2　記載すべき事項のない欄又は記入枠は空欄のままとし、事項を選択する場合には該当番号を記載し、※印のついた欄又は記入枠には記載しないこと。

3　記入枠の部分は、枠からはみださないように大きめのカタカナ及びアラビア数字の標準字体により明瞭に記載すること。
この場合、カタカナの濁点及び半濁点は、１文字として取り扱い（例：ガ→カ゛、パ→ハ゜）、また「ヰ」及び「ヱ」は使用せず、それぞれ「イ」及び「エ」を使用すること。

4　１欄には、新規に個人番号を登録する場合は「１」を、登録した個人番号を変更する場合は「２」を記載すること。

5　２欄には、必ず番号確認と身元確認の本人確認を行った上で、個人番号（マイナンバー）を記載すること。

6　個人番号（マイナンバー）の変更を届け出る場合は、２欄には、必ず番号確認と身元確認の本人確認を行った上で、変更後の個人番号（マイナンバー）を記載し、３欄には変更前の個人番号（マイナンバー）を記載すること。

7　４欄には、雇用保険被保険者証に記載されている被保険者番号を記載すること。なお、被保険者番号が16桁（２段／上６桁・下10桁）で記載されている場合は、下段の10桁について左詰めで記載し、最後の枠を空枠とすること。

8　５欄には、氏名をカタカナで記載し、姓と名の間は１枠空けること。

9　６欄には、該当するものの番号を記載すること。

10　７欄には、元号の該当するものの番号を記載し、年月日の年、月又は日が１桁の場合は、それぞれ10の位の部分に「０」を付加して２桁で記載すること。
（例：平成28年１月１日→ 4-280101 ）

11　事業主の住所及び氏名欄には、事業主が法人の場合は、その主たる事業所の所在地及び法人の名称を記載するとともに、代表者の氏名を付記すること。

12　事業主の氏名（法人にあっては代表者の氏名）については、記名押印又は署名のいずれかにより記載すること。

事業主の方へのお願い
被保険者の方から個人番号（マイナンバー）を取得する際は、①正しい番号であることの確認（番号確認）と②正しい番号の持ち主であることの確認（身元確認）の本人確認を必ず行ってください。

様式第10号の２の２

雇用保険被保険者 休業開始時賃金月額証明書／所定労働時間短縮開始時賃金証明書 （安定所提出用）（育児・介護）

①被保険者番号	－ －	③ フリガナ		④休業等を開始した日の年月日	平成 年 月 日
②事業所番号	－ －	休業等を開始した者の氏名			
⑤名称 事業所所在地 電話番号		⑥休業等を開始した者の住所又は居所	〒 電話番号（ ） －		

この証明書の記載は、事実に相違ないことを証明します。

事業主 住所 氏名 ㊞

休業等を開始した者の確認印又は自筆による署名

休業等を開始した日前の賃金支払状況等

⑦休業等を開始した日の前日に離職したとみなした場合の被保険者期間算定対象期間	⑧⑦の期間における賃金支払基礎日数	⑨賃金支払対象期間	⑩⑨の基礎日数	⑪賃金額 Ⓐ	Ⓑ	計	⑫備考
休業等を開始した日 月 日							
月 日～ 休業等を開始した日の前日	日	月 日～ 休業等を開始した日の前日	日				
月 日～ 月 日	日	月 日～ 月 日	日				
月 日～ 月 日	日	月 日～ 月 日	日				
月 日～ 月 日	日	月 日～ 月 日	日				
月 日～ 月 日	日	月 日～ 月 日	日				
月 日～ 月 日	日	月 日～ 月 日	日				
月 日～ 月 日	日	月 日～ 月 日	日				
月 日～ 月 日	日	月 日～ 月 日	日				
月 日～ 月 日	日	月 日～ 月 日	日				
月 日～ 月 日	日	月 日～ 月 日	日				
月 日～ 月 日	日	月 日～ 月 日	日				
月 日～ 月 日	日	月 日～ 月 日	日				
月 日～ 月 日	日	月 日～ 月 日	日				
月 日～ 月 日	日	月 日～ 月 日	日				
月 日～ 月 日	日	月 日～ 月 日	日				
月 日～ 月 日	日	月 日～ 月 日	日				

⑬賃金に関する特記事項		休業開始時賃金月額証明書／所定労働時間短縮開始時賃金証明書 受理 平成 年 月 日 （受理番号 号）

⑭（休業開始時における）雇用期間　イ 定めなし　ロ 定めあり → 平成 年 月 日まで（休業開始日を含めて 年 カ月）

※公共職業安定所記載欄

雇用保険法施行規則第14条の4第1項の規定により被保険者の育児又は介護のための休業又は所定労働時間短縮開始時の賃金の届出を行う場合は、当該賃金の支払の状況を明らかにする書類を添えてください。

本手続は電子申請による申請が可能です。

なお、本手続について、社会保険労務士が事業主の委託を受け、電子申請により本届書の提出に関する手続を行う場合には、当該社会保険労務士が当該事業主から委託を受けた者であることを証明するものを本届書の提出と併せて送信することをもって、当該事業主の電子署名に代えることができます。

また、本手続について、事業主が本届書の提出に係る手続を行う場合には、当該事業主が被保険者から、当該被保険者が休業開始時賃金月額証明書／所定労働時間短縮開始時賃金証明書の内容について確認したことを証明するものを提出させ、保存しておくことをもって、当該被保険者の（電子）署名に代えることができます。この場合の休業等を開始した者の確認印又は自筆による署名欄には、休業等を開始した者の確認印又は自筆による署名に代えて「申請について同意済み」と記載してください。

社会保険労務士記載欄	作成年月日・提出代行者・事務代理者の表示	氏名	電話番号
		㊞	

賃金月額証明書等受領印	

※	所長	次長	課長	係長	係

様式第10号の3

雇用保険被保険者 休業開始時賃金月額証明票／所定労働時間短縮開始時賃金証明票（本人手続用）　（育児・介護）

①被保険者番号	－ －	③ フリガナ / 休業等を開始した者の氏名		④休業等を開始した日の年月日　平成　年　月　日
②事業所番号	－ －			
⑤名称 / 事業所所在地 / 電話番号		⑥休業等を開始した者の住所又は居所	〒 / 電話番号（　　）　－	
事業主　住所 / 氏名		この雇用保険被保険者休業開始時賃金月額証明票又は雇用保険被保険者所定労働時間短縮開始時賃金証明票は、休業等を開始した日前の賃金支払状況等を記したものである。 公共職業安定所長 印		

休業等を開始した日前の賃金支払状況等

⑦休業等を開始した日の前日に離職したとみなした場合の被保険者期間算定対象期間（休業等を開始した日　月　日）	⑧⑦の期間における賃金支払基礎日数	⑨賃金支払対象期間	⑩⑨の基礎日数	⑪賃金額 Ⓐ	Ⓑ	計	⑫備考
月　日～　休業等を開始した日の前日	日	月　日～　休業等を開始した日の前日	日				
月　日～　月　日	日	月　日～　月　日	日				
月　日～　月　日	日	月　日～　月　日	日				
月　日～　月　日	日	月　日～　月　日	日				
月　日～　月　日	日	月　日～　月　日	日				
月　日～　月　日	日	月　日～　月　日	日				
月　日～　月　日	日	月　日～　月　日	日				
月　日～　月　日	日	月　日～　月　日	日				
月　日～　月　日	日	月　日～　月　日	日				
月　日～　月　日	日	月　日～　月　日	日				
月　日～　月　日	日	月　日～　月　日	日				
月　日～　月　日	日	月　日～　月　日	日				
月　日～　月　日	日	月　日～　月　日	日				
月　日～　月　日	日	月　日～　月　日	日				
月　日～　月　日	日	月　日～　月　日	日				
月　日～　月　日	日	月　日～　月　日	日				

⑬賃金に関する特記事項		休業開始時賃金月額証明票／所定労働時間短縮開始時賃金証明票 受理 平成　年　月　日 （受理番号　　号）

⑭（休業開始時における）雇用期間　イ 定めなし　ロ 定めあり → 平成　年　月　日まで（休業開始日を含めて　年　カ月）

※公共職業安定所記載欄	

注意

1　被保険者本人が育児休業給付の受給資格の確認手続又は介護休業給付の支給申請手続を行う場合は、事業主はこの休業開始時賃金月額証明票（本人手続用）を速やかに本人に交付すること。

2　その場合、育児休業を開始した被保険者は、この休業開始時賃金月額証明票（本人手続用）に育児休業給付受給資格確認票を添えて、雇用されている事業所の所在地を管轄する公共職業安定所（以下「事業所管轄安定所」という。）に速やかに提出すること。また、介護休業を開始した被保険者は、介護休業給付金支給申請書にこの休業開始時賃金月額証明票（本人手続用）を添えて、事業所管轄安定所に支給申請手続を行うこと。

3　被保険者が賃金日額特例措置対象予定者である場合は、事業主は離職票とともに、この所定労働時間短縮開始時賃金証明票を速やかに本人に交付すること。

4　その場合、賃金日額特例措置対象予定者は、事業主から交付された離職票とともに、この所定労働時間短縮開始時賃金証明票を本人の住所又は居所を管轄する公共職業安定所に提出すること。

5　この休業開始時賃金月額証明票又は所定労働時間短縮開始時賃金証明票（本人手続用）を滅失し、又は損傷したときは、交付を受けた事業所管轄安定所に申し出ること。

様式第10号の４（第17条の２関係）

未支給失業等給付請求書

1.死亡した者	氏名		支給番号
			被保険者番号
	個人番号		
	死亡の当時の住所又は居所		
	死亡年月日	平成　年　月　日	
2.請求者	氏名（カナ）		
	氏名		
	個人番号		
	生年月日	平成 昭和　年　月　日	性別
	住所又は居所		
	死亡した者との関係		
3.請求する失業等給付の種類	基本手当・技能習得手当・寄宿手当・傷病手当・高年齢求職者給付金・特例一時金・日雇労働求職者給付金・就業手当・再就職手当・就業促進定着手当・常用就職支度手当・移転費・求職活動支援費・教育訓練給付金・教育訓練支援給付金・高年齢雇用継続基本給付金・高年齢再就職給付金・育児休業給付金・介護休業給付金		

上記により未支給の失業等給付の支給を請求します。

平成　年　月　日

公共職業安定所長
地方運輸局長　殿

請求者氏名　　　印

※公共職業安定所又は地方運輸局記載欄	

所属長		次長		課長		係長		係	

注意

1　この請求書は、受給資格者、高年齢受給資格者、特例受給資格者、日雇労働求職者給付金の支給を受けることができる者、教育訓練給付金若しくは教育訓練支援給付金の支給を受けることができる者又は雇用継続給付の支給を受けることができる者（以下「受給資格者等」という。）が死亡した日の翌日から起算して６か月以内に、原則として死亡した受給資格者等の死亡の当時の住所又は居所を管轄する公共職業安定所又は地方運輸局の長（ただし、教育訓練給付金、教育訓練支援給付金、高年齢雇用継続基本給付金、高年齢再就職給付金、育児休業給付金、介護休業給付金は公共職業安定所の長に限る。）に提出すること。

2　１の個人番号欄には請求者が死亡した者の個人番号を記載してください。２の個人番号欄には請求者の個人番号を記載してください。

3　２の生年月日欄については、該当する年号を○で囲むこと。

4　３欄については、請求しようとする失業等給付を○で囲むこと。

5　この請求書には、受給資格者証、高年齢受給資格者証、特例受給資格者証又は被保険者手帳のほか次の書類を添えること。ただし、(4)から(18)までの書類については、死亡した受給資格者等が既に提出している場合は、添える必要がないこと。

(1)　死亡の事実及び死亡の年月日を証明できる書類……死亡診断書等
(2)　請求者と死亡した受給資格者等との続柄を証明することができる書類……戸籍謄本等
(3)　請求者が死亡した受給資格者等と生計を同じくしていたことを証明することができる書類……住民票の謄本等
(4)　基本手当、高年齢求職者給付金又は特例一時金を請求するとき……失業認定申告書
(5)　技能習得手当又は寄宿手当を請求するとき……公共職業訓練等受講証明書
(6)　傷病手当を請求するとき……傷病手当支給申請書
(7)　就業手当を請求するとき……就業手当支給申請書
(8)　再就職手当を請求するとき……再就職手当支給申請書
(9)　就業促進定着手当を請求するとき……就業促進定着手当支給申請書
(10)　常用就職支度手当を請求するとき……常用就職支度手当支給申請書
(11)　移転費を請求するとき……移転費支給申請書
(12)　求職活動支援費を請求するとき……求職活動支援費支給申請書
(13)　教育訓練給付金を請求するとき……教育訓練給付金支給申請書、教育訓練給付金（第101条の２の７第２号関係）支給申請書又は、教育訓練給付金（第101条の２の７第３号関係）支給申請書
(14)　教育訓練支援給付金を請求するとき……教育訓練支援給付金受講証明書
(15)　高年齢雇用継続基本給付金、高年齢再就職給付金を請求するとき……高年齢雇用継続基本給付支給申請書
(16)　育児休業給付金を請求するとき……育児休業給付金支給申請書
(17)　介護休業給付金を請求するとき……介護休業給付金支給申請書
(18)　その他必要な書類

6　請求者氏名については、記名押印又は署名のいずれかにより記載すること。

7　※印欄には、記載しないこと。

様式第11号（第17条の２関係）（第１面、第２面）

雇用保険受給資格者証

（第１面）

1. 支給番号				2. 氏名	
3. 被保険者番号	4. 性別	5. 離職時年齢	6. 生年月日	7. 求職番号	
8. 住所又は居所					
9. 支払方法(記号(口座)番号－金融機関名－支店名)					

10. 資格取得年月日	11. 離職年月日	12. 離職理由
13. 60歳到達時賃金日額	14. 離職時賃金日額	15. 給付制限
16. 求職申込年月日	17. 認定日	18. 受給期間満了年月日
19. 基本手当日額	20. 所定給付日数	21. 通算被保険者期間
22. 離職前事業所名		
23. 再就職手当支給歴	24. 特殊表示（災害時、一括、巡相、市町村）	

安定所連絡メッセージ１

安定所連絡メッセージ２

管轄公共職業安定所又は
管轄地方運輸局所在地

公共職業安定所長

電話番号　　　　交付　　年　　月　　日

――――折り曲げ線――――

注意事項

1　この証は、第１面の受給期間満了年月日までは大切に保管してください。もし、この証を滅失したり、損傷したときは、速やかに申し出て再交付を受けてください。なお、この証は、折り曲げ線以外では折り曲げないでください。
2　失業の認定、又は失業等給付を受けようとするときは、この証を失業認定申告書その他関係書類に添えて原則として管轄公共職業安定所又は管轄地方運輸局の長に提出してください。
3　あなたが口座振込受給資格者である場合、支給金額欄の金額を、あらかじめ指定された金融機関の預貯金口座に振込む手続を、失業認定日に行いますので、その金融機関から支払を受けてください。この場合、その金融機関から支払を受けることができる日が、基本手当の支給日となります。
4　定められた失業の認定日に来所しないときは、基本手当の支給を受けることができなくなることがあります。
5　失業の認定を受けようとする期間中に就職した日があったとき、又は自己の労働によって収入を得たときは、その旨を必ず届け出てください。
6　偽りその他不正の行為によって失業等給付を受けたり、又は受けようとしたときは、以後失業等給付を受けることができなくなるばかりでなく、不正受給した金額の返還と更にそれに加えて一定の金額の納付を命ぜられ、また、処罰される場合があります。
7　氏名又は住所若しくは居所を変更したときは、その後最初に来所した失業の認定日に届書を提出してください。
8　第１面に書かれている所定給付日数は、受給期間満了年月日までの間に基本手当（傷病手当）の支給を受けることができる最大限の日数です。
9　失業等給付に関する処分又は上記６の返還若しくは納付を命ずる処分について不服があるときは、その処分があったことを知った日の翌日から起算して３箇月以内に　　　　雇用保険審査官に対して審査請求をすることができます。
10　雇用保険について分からないことがあった場合には、公共職業安定所又は地方運輸局の窓口で御相談ください。

雇用保険説明会　　　年　　月　　日 出席済

被保険者番号

（バーコード貼付欄）

求職番号

（バーコード貼付欄）

支給番号

（第２面）

様式第11号（第17条の２関係）（第３面、第４面）

（第３面）

写真欄

3×2.5

支給番号 ＿＿＿＿＿＿＿＿　氏名 ＿＿＿＿＿＿＿＿

処理状況

行数	処理月日	認定（支給）期間	日数	種類	支給金額	残日数	備考
1							
2							
3							
4							
5							
6							
7							
8							
9							
10							
11							
12							
13							
14							
15							
16							
17							
18							
19							
20							

折り曲げ線

行数	処理月日	認定（支給）期間	日数	種類	支給金額	残日数	備考
21							
22							
23							
24							
25							
26							
27							
28							
29							
30							
31							
32							
33							
34							
35							
36							
37							
38							
39							
40							
41							
42							
43							
44							

種類		
	特定就職受講手当	特定受講手当
	常用就職支度金	常用支度金
	早期再就職者支援金	早期支援
	早期就業支援金	早期就業

種類		
	早期再就職支援金	早期再就職
	常用就職支度手当	常用就職手当
	広域求職活動費	広域活動費
	就業促進定着手当	就業定着手当

未支給	各種類の頭に（未）を付す。
追給	各種類又は（未）の頭に（追）を付す。

（第４面）

様式第11号の２（第17条の２関係）（第１面、第２面）

雇用保険高年齢受給資格者証　高

（第１面）

1. 支給番号			2. 氏名	
3. 被保険者番号	4. 性別	5. 離職時年齢	6. 生年月日	7. 求職番号

8. 住所又は居所
9. 支払方法(記号(口座)番号 - 金融機関名 - 支店名)

10. 資格取得年月日	11. 離職年月日	12. 離職理由
13. 離職時賃金日額	14. 給付制限	

15. 求職申込年月日	16. 認定予定月日	17. 受給期限年月日
18. 基本手当日額	19. 所定給付日数	20. 通算被保険者期間
21. 離職前事業所名		
22. 特殊表示（災害時、一括、巡相、市町村）		

安定所連絡メッセージ１

安定所連絡メッセージ２

管轄公共職業安定所又は
管轄地方運輸局所在地

公共職業安定所長

電話番号　　　　交付　　年　月　日

折り曲げ線

注意事項

1　この証は、第１面に書かれている受給期限年月日までは大切に保管してください。もし、この証を滅失したり、損傷したときは、速やかに申し出て再交付を受けてください。なお、この証は、折り曲げ線以外では折り曲げないでください。

2　失業の認定、又は失業等給付を受けようとするときは、この証を高年齢受給資格者失業認定申告書その他関係書類に添えて原則として管轄公共職業安定所又は管轄地方運輸局の長に提出してください。

3　あなたが口座振込高年齢受給資格者である場合、支給金額合計欄の金額を、あらかじめ指定された金融機関の預貯金口座に振込む手続を、失業認定日に行いますので、その金融機関から支払を受けてください。この場合、その金融機関から支払を受けることができる日が、高年齢求職者給付金の支給日となります。

4　定められた失業の認定日に来所しないときは、高年齢求職者給付金の支給を受けることができなくなることがあります。

5　偽りその他不正の行為によって失業等給付を受けたり、又は受けようとしたときは、以後失業等給付を受けることができなくなるばかりでなく、不正受給した金額の返還と更にそれに加えて一定の金額の納付を命ぜられ、また、処罰される場合があります。

6　氏名又は住所若しくは居所を変更したときは、失業の認定日に届書を提出してください。

7　失業等給付に関する処分又は上記５の返還若しくは納付を命ずる処分について不服があるときは、その処分があったことを知った日の翌日から起算して３箇月以内に　　　雇用保険審査官に対して審査請求をすることができます。

8　以上のほか、雇用保険について分からないことがあった場合には、公共職業安定所又は地方運輸局の窓口で御相談ください。

被保険者番号

（バーコード貼付欄）

求職番号

（バーコード貼付欄）

支給番号

雇用保険説明会　　年　月　日 出席済

（第２面）

様式第11号の２（第17条の２関係）（第３面、第４面）

(第3面)

写真欄 3×2.5

支給番号 ＿＿＿＿＿＿＿＿　氏名 ＿＿＿＿＿＿＿＿

処理状況

行数	処理月日	認定（支給）期間	日数	種類	支給金額	残日数	備考
1							
2							
3							
4							
5							
6							
7							
8							
9							
10							
11							
12							
13							
14							
15							
16							
17							
18							
19							
20							

－－－－－－－－－－－ 折り曲げ線 －－－－－－－－－－－

行数	処理月日	認定（支給）期間	日数	種類	支給金額	残日数	備考
21							
22							
23							
24							
25							
26							
27							
28							
29							
30							
31							
32							
33							
34							
35							
36							
37							
38							
39							
40							
41							
42							
43							
44							

高年齢求職者給付金	高年齢給付金
未支給	「高年齢給付金」の頭に（未）を付す。
返納	「高年齢給付金」又は（未）の頭に（返）を付す。

(第4面)

様式第11号の３（第17条の２関係）（第１面、第２面）

（第１面）

雇用保険特例受給資格者証　特

1. 支給番号	2. 氏名			
3. 被保険者番号	4. 性別	5. 離職時年齢	6. 生年月日	7. 求職番号
8. 住所又は居所				
9. 支払方法（記号（口座）番号 - 金融機関名 - 支店名）				

10. 資格取得年月日	11. 離職年月日	12. 離職理由
13. ６０歳到達時賃金日額	14. 離職時賃金日額	15. 給付制限

16. 求職申込年月日	17. 認定予定月日	18. 受給期限年月日
19. 基本手当日額	20. 所定給付日数	21. 通算被保険者期間
22. 離職前事業所名		
23. 特殊表示（災害時、一括、巡相、市町村）		

安定所連絡メッセージ１

安定所連絡メッセージ２

管轄公共職業安定所又は
管轄地方運輸局所在地

電話番号

交付　　年　月　日

公共職業安定所長

折り曲げ線

注意事項

1　この証は、第１面に書かれている受給期限年月日までは大切に保管してください。もし、この証を滅失したり、損傷したときは、速やかに申し出て再交付を受けてください。なお、この証は、折り曲げ線以外では折り曲げないでください。
2　失業の認定、又は失業等給付を受けようとするときは、この証を特例受給資格者失業認定申告書その他関係書類に添えて原則として管轄公共職業安定所又は管轄地方運輸局の長に提出してください。
3　あなたが口座振込特例受給資格者である場合、支給金額合計欄の金額を、あらかじめ指定された金融機関の預貯金口座に振込む手続を、失業認定日に行いますので、その金融機関から支払を受けてください。この場合、その金融機関から支払を受けることができる日が、特例一時金の支給日となります。
4　定められた失業の認定日に来所しないときは、特例一時金の支給を受けることができなくなることがあります。
5　偽りその他不正の行為によって失業等給付を受けたり、又は受けようとしたときは、以後失業等給付を受けることができなくなるばかりでなく、不正受給した金額の返還と更にそれに加えて一定の金額の納付を命ぜられ、また、処罰される場合があります。
6　氏名又は住所若しくは居所を変更したときは、失業の認定日に届書を提出してください。
7　失業等給付に関する処分又は上記５の返還若しくは納付を命ずる処分について不服があるときは、その処分があったことを知った日の翌日から起算して３箇月以内に　　雇用保険審査官に対して審査請求をすることができます。
8　以上のほか、雇用保険について分からないことがあった場合には、公共職業安定所又は地方運輸局の窓口で御相談ください。

被保険者番号

（バーコード貼付欄）

求職番号

（バーコード貼付欄）

支給番号

雇用保険説明会　　年　月　日 出席済

（第２面）

様式第11号の３（第17条の２関係）（第３面、第４面）

（第３面）

写真欄

3×2.5

支給番号　＿＿＿＿＿＿　氏名　＿＿＿＿＿＿

処理状況							
行数	処理月日	認定（支給）期間	日数	種類	支給金額	残日数	備考
1							
2							
3							
4							
5							
6							
7							
8							
9							
10							
11							
12							
13							
14							
15							
16							
17							
18							
19							
20							

－－－－－－　折り曲げ線　－－－－－－

行数	処理月日	認定（支給）期間	日数	種類	支給金額	残日数	備考
21							
22							
23							
24							
25							
26							
27							
28							
29							
30							
31							
32							
33							
34							
35							
36							
37							
38							
39							
40							
41							
42							
43							
44							

種類		
	常用就職支度金	常用支度金
	常用就職支度手当	常用就職手当
	広域求職活動費	広域活動費

未支給	各種類の頭に（未）を付す。
返納	各種類又は（未）の頭に（返）を付す。

（第４面）

様式第11号の４（第17条の２関係）

（表　紙）

（日本工業規格Ａ列６）

写　　真

登録印				

雇用保険被保険者手帳

被保険者番号		手帳交付番号	
手帳登録番号			
氏名			

性別	生年月日	年齢	有効期間	初日	． ．
	． ．			末日	． ．

住所	

平成　　年　　月　　日　交付

公共職業安定所長　㊞

所在地

☎

（第１頁（表紙の裏））

資格継続認可状況				
登録安定所名	手帳登録番号	登録印		
備考				

(第２頁から第４頁まで)

手帳シール貼付欄

（第５頁から第２７頁までの奇数の頁）

（　　月分）　　　　印紙貼付　（納付印押なつ）

1　日	2　日	3　日	4　日	5　日
印	印	印	印	印
8　日	9　日	10　日	11　日	12　日
印	印	印	印	印
15　日	16　日	17　日	18　日	19　日
印	印	印	印	印
22　日	23　日	24　日	25　日	26　日
印	印	印	印	印
29　日	30　日	31　日	※貼付印紙数（押なつ納付印数）	
印	印	印	1級　枚（回） 2級　枚（回） 3級　枚（回） 計　枚（回） 取扱者　㊞	

（第６頁から第２８頁までの偶数の頁）

台　帳

6　日	7　日
印	印
13　日	14　日
印	印
20　日	21　日
印	印
27　日	28　日
印	印

支　給　台　帳

普通給付		特例給付
不就労確認	1	4
	2	5
	3	6

認定給付の記録	
1	10
2	11
3	12
4	13
5	14
6	15
7	16
8	17
9	

普通給付関係		1級	2級	3級	給付金日額	特例給付関係	前月までの支給日数	日分
	前　月				円		今月の支給日数	日分
	前々月				支給日数		計	日分
	計				日分まで			

（第２９頁）

この手帳を交付する月前９月間における
貼付印紙数（押なつ納付印数）等の状況

取扱者印	

年月	貼付印紙数（押なつ納付印数）				支給した求職者給付金の日数	
	１級	２級	３級	計	普通	特例
・	枚(回)	枚(回)	枚(回)	枚(回)	(日分)	(日分)
・						
・						
・						
・						
・						
・						
・						
・						
備考						

（第３０頁）

特例給付に関する記録

特例給付申出年月日		・　・	・　・
基礎期間		・　～　・	・　～　・
基礎期間内における貼付印紙数（押なつ納付印数）	1級	枚（回）	枚（回）
	2級	枚（回）	枚（回）
	3級	枚（回）	枚（回）
	計	枚（回）	枚（回）
求職者給付金の日額		円	円
受給期間		自　・ 至　・	自　・ 至　・
失業の認定日・支給日			
管轄公共職業安定所名		印	印
備考			

（裏　面）

被保険者の注意

1　この手帳により求職者給付金の支給を受けようとするときは、公共職業安定所（厚生労働省組織規則第793条の規定により当該事務を取り扱わない公共職業安定所を除く。）（特例給付の支給を受けようとするときは、住所又は居所を管轄する公共職業安定所）又は船員職業安定法施行規則第２条に規定する地方運輸局に出頭し、この手帳を提出すること。

2　就業するときは、就業前にこの手帳を事業主に提出すること。

3　賃金の支払を受けるときは、この手帳に事業主から雇用保険印紙の貼付（印紙保険料納付計器により印紙保険料を納付する事業主からは、納付印の押なつ）を受けること。なお、必要があるときは、いつでも事業主にこの手帳の返付を請求することができること。

4　この手帳は、求職者給付金の支給を受けるために必要なものであるから、大切に保管すること。

5　偽りその他不正の行為により求職者給付金の支給を受けたり、又は受けようとした場合には、一定期間求職者給付金を受けることができなくなるほか、その返還及びその２倍の額以下の金額の納付を命ぜられ、又は詐欺罪等で処罰されることがあること。

6　この手帳による求職者給付金の支給に関する処分又は偽りその他不正の行為により支給を受けた求職者給付金の返還若しくはその額に相当する額以下の金額の納付を命ずる処分について不服があるときは、当該処分があったことを知った日の翌日から起算して3箇月以内に当該処分を行った公共職業安定所又は地方運輸局の所在地の都道府県労働局に置かれている雇用保険審査官に対して審査請求をすることができること。

事業主の注意

1　事業主は、この手帳の交付を受けた被保険者を雇用した場合は、その者に支払う賃金が11,300円以上のときは第１級雇用保険印紙（176円）を、8,200円以上11,300円未満のときは第２級雇用保険印紙（146円）を、8,200円未満のときは第３級雇用保険印紙(96円)を賃金支払時にこの手帳の当該日欄に貼付し、消印すること。

2　消印は、あらかじめ事業所の所在地の公共職業安定所に届け出た印を印紙貼付（納付印押なつ）台帳の日欄のU印の箇所に割印するように押すこと。

3　印紙保険料納付計器により印紙保険料を納付する事業主は、この手帳の交付を受けた被保険者を雇用した場合は、その者に支払う賃金が11,300円以上のときは第１級雇用保険納付印を、8,200円以上11,300円未満のときは第２級雇用保険納付印を、8,200円未満のときは第３級雇用保険納付印を賃金支払時にこの手帳の当該日欄に押なつすること。

4　表紙、１頁から４頁まで、５頁から28頁までの支給台帳及び※印欄、29頁並びに30頁には記載しないこと。

様式第11号の５（第17条の７関係）（表面）

（日本工業規格Ｂ列８）

様式第11号の５　　　　　　　　第　　　　　号

雇用保険返納金等
滞納者財産差押証明書

都道府県
労働局印

写　真

官　職

氏　名

生年月日

平成　　年　　月　　日交付

様式第11号の５（裏面）

この証明書を所持する者は、雇用保険法第10条の４第３項の規定により、同法の規定による返納金等を滞納している者の財産の差押えをする権限を有する。

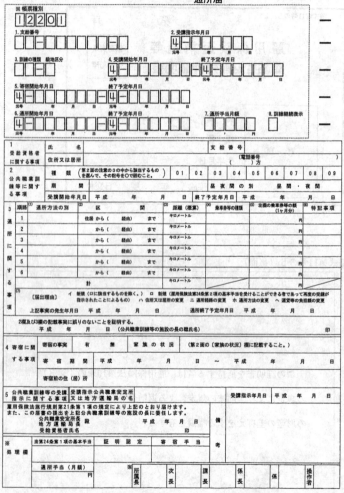

様式第12号（第21条関係）（第１面）

公共職業訓練等受講届・通所届

※帳票種別
1 2 2 0 1

1. 支給番号 □□−□□□□□□−□

2. 受講指示年月日 4−□□□□□□（元号 年 月 日）

3. 訓練の種類 級地区分 □□−□

4. 受講開始年月日 4−□□□□□□（元号 年 月 日）− 終了予定年月日 4−□□□□□□（元号 年 月 日）

5. 寄宿開始年月日 4−□□□□□□（元号 年 月 日）− 終了予定年月日 4−□□□□□□（元号 年 月 日）

6. 通所開始年月日 4−□□□□□□（元号 年 月 日）− 終了予定年月日 4−□□□□□□（元号 年 月 日）

7. 通所手当月額 □□,□□□円

8. 訓練継続表示 □

1 受給資格者に関する事項	氏名		支給番号	
	住所又は居所			（電話番号（ ）方）

2 公共職業訓練等に関する事項	種類	（第２面の注意の３の中から該当するものを選んで、その記号を○で囲むこと。）	01	02	03	04	05	06	07	08	09
	期間		昼夜間の別		昼間・夜間						
	受講開始年月日	平成　年　月　日	終了予定年月日		平成　年　月　日						

3 通所に関する事項	順路	(1) 通所方法の別	(2) 区間	(3) 距離（概算）	(4) 乗車券等の種類	(5) 左欄の乗車券等の額（1ヶ月分）	(6) 特記事項
	1		住居から（　経由）まで	キロメートル		円	
	2		から（　経由）まで	キロメートル		円	
	3		から（　経由）まで	キロメートル		円	
	4		から（　経由）まで	キロメートル		円	
	5		から（　経由）まで	キロメートル		円	
	6		から（　経由）まで	キロメートル		円	
	計			キロメートル		円	

(7)〔届出理由〕 イ 新規（ロに該当するものを除く。） ロ 新規（雇用保険法第24条第２項の基本手当を受けることができる者であって再度の受講が指示されたことによるもの） ハ 住所又は居所の変更 ニ 通所経路の変更 ホ 通所方法の変更 ヘ 運賃等の負担額の変更

上記事実の発生年月日 平成　年　月　日　　通所終了予定年月日 平成　年　月　日

2欄及び3欄の記載事実に誤りのないことを証明する。
平成　年　月　日（公共職業訓練等の施設の長の職氏名）　印

4 寄宿に関する事項	寄宿の事実	有　無	家族の状況	（第２面の〔家族の状況〕欄に記載すること。）	
	寄宿期間	平成　年　月　日 〜 平成　年　月　日			
	寄宿前の住（居）所				

5 公共職業訓練等の受講指示に関する事項	受講指示公共職業安定所又は地方運輸局の名		受講指示年月日	平成　年　月　日

雇用保険法施行規則第21条第１項の規定により上記のとおり届けます。
また、この届書の提出を上記公共職業訓練等の施設の長に委任します。

公共職業安定所長
地方運輸局長　殿　　平成　年　月　日

受給資格者氏名　印

備考

※処理欄	法第24条第１項の基本手当	証明認定	寄宿手当
	通所手当（月額）　円		

※所属長	次長	課長	係長	係	操作者

様式第12号（第21条関係）（第２面）

注意

1　この届書には、受給資格者証を添えること。
2　この届書に記載された事項に変更があったときは、速やかに、当該変更があった事項について、原則として受給資格者の住所又は居所を管轄する公共職業安定所又は地方運輸局の長に届け出ること。この場合においては、所要の証明書を添えること。
3　２欄中の「種類」については、下記の01～09の中から該当するものを選んで、２欄に記載してある記号のうち該当するものを○で囲むこと。
01　公共職業訓練（短期課程（職業に必要な相当程度の技能・知識を習得させるためのもの）の普通職業訓練及び特定公共職業訓練等を除く。）
02　公共職業訓練のうち短期課程（職業に必要な相当程度の技能・知識を習得させるためのもの）の普通職業訓練（特定公共職業訓練等を除く。）
03　雇用保険法第63条第１項第３号の講習
04　雇用保険法第63条第１項第３号の作業環境に適応させるための訓練
05　炭鉱労働者等の雇用の安定等に関する臨時措置法第23条第１項第４号の講習
06　障害者の雇用の促進等に関する法律第13条の適応訓練
07　高年齢者等の雇用の安定等に関する法律第25条第１項の計画に準拠した同項第３号に掲げる訓練
08　沖縄振興特別措置法第81条第1項第3号に基づく講習
09　特定公共職業訓練等
4　３欄には、次により通常行っている通所の実情のみを記載し、例外的な方法等は記載しないこと。
（1）「通所方法の別」には、通所の順路に従い、徒歩、自転車、○○鉄道○○線等の別を記載すること。
（2）「乗車券等の種類」には、１箇月定期券、10枚綴回数券、優待乗車券等の別を記載すること。
（3）「左欄の乗車券等の額」には、「乗車券等の種類」の乗車券等を使用して１箇月間通所する場合に要する運賃等の額を記載すること。
なお、定期券によらない場合には、通所21回分の運賃等の額を記載すること。
（4）「特記事項」には、定期券によらない場合にはその理由、回数券による場合にはその片道及び月間の使用枚数、往路と帰路と異なる場合にはその旨及び理由等を記載すること。
（5）「届出理由」は、通所に関する事項に関し届書を提出する主な理由として該当するものの番号を○で囲むこと。
5　４欄については、特定公共職業訓練等を受講する場合は、記入不要であること。
6　４欄の「家族の状況」については、市町村長の証明書を添えることを命ぜられることがあること。
7　５欄の下の受給資格者氏名については、記名押印又は署名のいずれかにより記載すること。
また、この届書の提出を自ら行う場合又は公共職業訓練等の施設の長以外の者に委任する場合は、「また、この届書の提出を公共職業訓練等の施設の長に委任します。」を抹消すること。
8　公共職業訓練等受講届としてのみ使用する場合は、標題中「通所届」の文字を抹消し、１欄、２欄、４欄及び５欄に記載すること。
9　公共職業訓練等通所届としてのみ使用する場合は、標題中「受講届」の文字を抹消し、１欄及び３欄に記載すること。
10　※印欄には、記載しないこと。

〔家族の状況〕　※寄宿の事実のない場合は記入不要です。

氏　　　名	続柄	年齢	職業	同居・別居の別	別居している者の住所又は居所
		歳	有・無	同居・別居	
		歳	有・無	同居・別居	
		歳	有・無	同居・別居	
		歳	有・無	同居・別居	
		歳	有・無	同居・別居	
		歳	有・無	同居・別居	
		歳	有・無	同居・別居	
		歳	有・無	同居・別居	

様式第13号　削除

様式第14号（第22条関係）（第１面）

失業認定申告書

（必ず第２面の注意書きをよく読んでから記入してください。）

※ 帳票種別　11203

（あてはまるものに○をつけ、必要なことがらを記入してください。）

1 失業の認定を受けようとする期間中に、就職、就労又は内職・手伝いをしましたか。	ア　した （就職又は就労をした日は○印、内職又は手伝いをした日は×印を右のカレンダーに記入してください。） イ　しない	月	1 2 3 4 5 6 7 8 9 10 11 12 13 14 15 16 17 18 19 20 21 22 23 24 25 26 27 28 29 30 31	月	1 2 3 4 5 6 7 8 9 10 11 12 13 14 15 16 17 18 19 20 21 22 23 24 25 26 27 28 29 30 31

2 内職又は手伝いをして収入を得た人は、収入のあった日、その額（何日分か）などを記入してください。	収入のあった日　　月　　日	収入額　　円	何日分の収入か　　日分
	収入のあった日　　月　　日	収入額　　円	何日分の収入か　　日分
	収入のあった日　　月　　日	収入額　　円	何日分の収入か　　日分

3 失業の認定を受けようとする期間中に、求職活動をしましたか。

ア　求職活動をした

(1) 求職活動をどのような方法で行いましたか。

求職活動の方法	活動日	利用した機関の名称	求職活動の内容
(ア) 公共職業安定所又は地方運輸局による職業相談、職業紹介等			
(イ) 職業紹介事業者による職業相談、職業紹介等			
(ウ) 派遣元事業主による派遣就業相談等			
(エ) 公的機関等による職業相談、職業紹介等			

(2) (1)の求職活動以外で、事業所の求人に応募したことがある場合には、下欄に記載してください。

事業所名、部署	応募日	応募方法	職種	応募したきっかけ	応募の結果
（電話番号　　　）				(ア) 知人の紹介 (イ) 新聞広告 (ウ) 就職情報誌 (エ) インターネット (オ) その他	
（電話番号　　　）				(ア) 知人の紹介 (イ) 新聞広告 (ウ) 就職情報誌 (エ) インターネット (オ) その他	

イ　求職活動をしなかった　（その理由を具体的に記載してください。）

4 今、公共職業安定所又は地方運輸局から自分に適した仕事が紹介されれば、すぐに応じられますか。	ア　応じられる イ　応じられない	イに○印をした人は、すぐに応じられない理由を第２面の注意の8の中から選んで、その記号を○で囲んでください。 (ア)　(イ)　(ウ)　(エ)　(オ)

5 就職もしくは自営した人又はその予定のある人が記入してください。	ア　就職	(1) 公共職業安定所又は地方運輸局紹介 (2) 地方公共団体又は職業紹介事業者紹介 (3) 自己就職 月　　日より就職（予定）	（就職先事業所） 事業所名（　　　） 所在地（〒　　　）
	イ　自営	月　　日より自営業開始（予定）	電話番号（　　　）

雇用保険法施行規則第２２条第１項の規定により上記のとおり申告します。

平成　　年　　月　　日
（この申告書を提出する日）

公共職業安定所長
地方運輸局長　殿

受給資格者氏名＿＿＿＿＿＿＿＿印
支給番号（　　　　）

※公共職業安定所又は地方運輸局記載欄	1. 支給番号	―　　―	2. 未支給区分	（空欄 未支給以外／1 未支給）	3. 待期満了年月日	年　月　日
	4. 支給期間	（初日）年　月　日 ― （末日）月　日	5. 内職又は手伝いによる収入	（何日分）日（収入額）円	6. 基本手当支給日数	日
	7. 就業手当支給日数	日	8. 就業手当に相当する特別給付支給日数	日	9. 就職年月日―経路	年　月　日 ―

次回認定日・時間 月　日　　時から 時まで	認定対象期間　月　日～　月　日	※連絡事項	
	備考	取扱者印	操作者印

様式第14号（第22条関係）（第２面）

注　意

1　この申告書は、失業の認定を受けるときに、必ず本人が提出すること。

2　申告は正しくすること。申告しなければならない事柄を申告しなかったり、偽りの記載をして提出した場合には、以後失業等給付を受けることができなくなるばかりでなく、不正に受給した金額の返還と更にそれに加えて一定の金額の納付を命ぜられ、また、詐欺罪として刑罰に処せられることがあること。

3　１欄及び３欄の「失業の認定を受けようとする期間」とは、前回の失業の認定日から今回の認定日（この申告書を提出する日）の前日までの期間をいうものであること。ただし、今回の認定日が求職申込み後初めての認定日である場合は、求職申込みの日から今回の認定日の前日までの期間をいうものであること。

4　１欄の「就職又は就労」とは、事業主に雇用された場合、自営業を営んだ場合、嘱託になった場合などおよそ職業として認められるものに就いた場合若しくは自営業を開始するための準備やボランティア活動をした場合などであって、原則として１日の労働時間が４時間以上のもの（４時間未満であっても、雇用保険の被保険者となる場合や、自営業を営む等のため公共職業安定所又は地方運輸局が職業を紹介してもすぐには応じられない場合は就職又は就労となります。）、又は会社の役員になった場合等をいうものであること。なお、賃金などの報酬がなくても就職又は就労したことになるものであること（無償のボランティア活動など下記５に該当するものを除く。）。

5　１欄及び２欄の「内職又は手伝い」とは、雇用保険法第19条の「自己の労働によって収入を得た場合」のことをいい、どんな仕事であってもそれによって収入を得た場合、すなわち事業主に雇用された場合、自営業を営んだ場合、他人の仕事の手助けをして収入を得た場合などあなたが働いた場合又はボランティア活動をした場合などで、原則として１日の労働時間が４時間未満（雇用保険の被保険者となる場合を除きます。）であって、「就職」又は「就労」とはいえない程度のもの（１日の労働時間が４時間以上であっても、１日当たりの収入額が賃金日額の最低額未満の場合はこれに含まれることがあります。）をいうものであること。

なお、「内職又は手伝い」による収入を得ていない場合も１欄に記載すること。

6　３の(1)欄には、(ア)～(エ)により求職活動を行った場合にそれぞれについて「活動日」、「利用した機関の名称」及び「求職活動の内容」を具体的に記載すること。なお、(イ)～(エ)の職業紹介事業者、派遣元事業主、公的機関等を利用した場合には、「利用した機関の名称」欄に、機関の名称のほか、その機関の電話番号をあわせて記載すること。

7　３の(2)欄には、３の(1)欄の求職活動以外で、事業所の求人に応募したことがある場合に、応募した事業所名等を記載すること。なお、「事業所名、部署」欄には、事業所名及び部署名のほか、その部署の電話番号をあわせて記載すること。

また、「応募方法」欄には、書類の郵送、直接の訪問など求人に応募した方法を具体的に記載すること。

8　４欄の「イ　応じられない」に○印をつけた人は、その理由を次に掲げる(ア)～(オ)の中から選んで、４欄に記載してある記号のうち該当するものを○で囲むこと。

(ア)　病気やけがなど健康上の理由

(イ)　個人的又は家庭的事情のため（例えば、結婚準備、妊娠、育児、家事の都合のため）

(ウ)　就職したため又は就職予定があるため

(エ)　自営業を開始したため又は自営業の開始予定があるため

(オ)　その他

なお、(オ)を○で囲んだ人は、公共職業安定所又は地方運輸局が職業を紹介してもすぐには応じられない理由を下記の（　）内に具体的に記載すること。

（　　　　　　　　　　　　　　　　　　　　　　　　）

9　受給資格者氏名については、記名押印又は署名のいずれかにより記載すること。

10　※印欄には、記載しないこと。

様式第15号（第27条関係）（第1面）

公共職業訓練等受講証明書

（必ず第2面の注意書きをよく読んでから記入してください。）

※ 帳票種別 11205

1. 支給番号

2. 未支給区分（空欄 未支給以外 / 1 未支給）

3. 待期満了年月日 4－ 元号 年 月 日

4. 支給期間（初日） 4－ 元号 年 月 日 （末日） 月 日

5. 認定日数 受講日数 通所日数

6. 特定職種受講日数

7. 寄宿日数

8. 内職（労働日数－収入額） , , 円

9. 就業手当支給日数

10. 早期就業支援金支給日数

1 受講者氏名		2 証明対象期間	平成　年　月
3 訓練受講職種			

4 右のカレンダーに該当する印をつけてください。

(1) 公共職業訓練等が行われなかった日（日・祝日等）　＝印

(2) 公共職業訓練等を受けなかった日のうち

イ 疾病又は負傷による場合　○印

ロ イ以外でやむを得ない理由がある場合　△印

ハ やむを得ない理由がない場合　×印

1	2	3	4	5	6	7
8	9	10	11	12	13	14
15	16	17	18	19	20	21
22	23	24	25	26	27	28
29	30	31				

5 特記事項

上記の記載事実に誤りのないことを証明する。

平成　年　月　日

（公共職業訓練等の施設の長の職氏名）　印

6 2の期間中に就職、就労、内職又は手伝いをしましたか。	イ した　ロ しない
7 2の期間中に内職又は手伝いをして収入を得ましたか。	イ 得た　ロ 得ない
8 寄宿の有無	有（　　）・無

上記のとおり申告します。

また、この証明書の提出を上記公共職業訓練等の施設の長に委任します。

公共職業安定所長
地方運輸局長 殿

受講者氏名　　印

支給番号（　　）

※連絡事項

備考

※所属長	次長	課長	係長	係	操作者

様式第15号（第27条関係）（第２面）

注　意

1　公共職業訓練等を受けなかった日がある場合は、具体的事情その他必要な事項を５欄に記載すること。
2　申告は正しくすること。申告しなければならない事柄を申告しなかったり、偽りの記載をして提出した場合には、以後失業等給付を受けることができなくなるばかりでなく、不正に受給した金額の返還と更にそれに加えて一定の金額の納付を命ぜられ、また、詐欺罪として刑罰に処せられることがあること。
3　６欄及び７欄は、該当する記号を○で囲むこと。なお、６欄又は７欄においてイを○で囲んだ者は、その内容を失業認定申告書により申告すること。
4　６欄及び７欄の「２の期間」は、公共職業訓練等受講開始前及び受講修了後の期間を除くものであること。
5　６欄の「就職」又は「就労」とは、事業主に雇用された場合、自営業を営んだ場合、嘱託になった場合などおよそ職業として認められるものに就いた場合若しくは自営業を開始するための準備やボランティア活動をした場合などであって、１日の労働時間が４時間以上のもの（４時間未満であっても雇用保険の被保険者となる場合は就職又は就労となります。）、又は日雇労働者として臨時に労働したり会社の役員になったりした場合等をいうものであること。なお、賃金などの報酬がなくても就職又は就労したことになるものであること。
6　６欄及び７欄の「内職」又は「手伝い」とは、雇用保険法第１９条の「自己の労働によって収入を得た場合」のことをいい、どんな仕事であってもそれによって収入を得た場合又はボランティア活動をした場合などであって、他人の仕事の手助けをした場合などあなたが働いた場合で、「就職」又は「就労」とはいえない程度のものをいうものであること。なお、「内職」又は「手伝い」による収入を得ていない場合も含むものであること。
7　８欄には、該当するものを○で囲むこと。なお、「有」を○で囲んだ者であって「別居して寄宿していない日」があるときは、その日及び理由を（　）内に記載すること。
8　８欄の下の受講者氏名については、記名押印又は署名のいずれかにより記載すること。
　また、この証明書の提出を自ら行う場合又は公共職業訓練等の施設の長以外の者に委任する場合は、「また、この証明書の提出を上記公共職業訓練等の施設の長に委任します。」を抹消すること。
9　※印欄には、記載しないこと。

様式第16号（第31条、第31条の３、第101条の２の５関係）(1)

受給期間・教育訓練給付適用対象期間延長申請書の記載に当たっての注意

1　記載すべき事項のない欄は空欄のままとし、※印欄には記載しないこと。

2　この申請書により同時に複数の延長申請を行うことができるが、申請しない延長がある場合は表題の申請しない延長の文言を抹消すること。

3　妊娠、出産、育児（３歳未満の乳幼児の育児に限る。）、疾病、負傷等により職業に就くことができない（対象教育訓練の受講を開始することができない）ため、この申請書を提出する場合の記載及び提出方法

(1)　この申請書は、原則として申請者の住所又は居所を管轄する公共職業安定所又は地方運輸局の長（ただし、教育訓練給付適用対象期間及び高年齢雇用継続給付延長申請は公共職業安定所の長に限る。）に対し、上記の理由により職業に就くことができなくなった（対象教育訓練の受講を開始することができなくなった）期間が30日に至った日の翌日から、受給資格に係る離職の日の翌日（教育訓練給付適用対象期間の延長に関しては、一般被保険者又は高年齢被保険者でなくなった日）から起算して４年（教育訓練給付適用対象期間の延長に関しては、20年）を経過する日までの間（延長された期間が４年（教育訓練給付適用対象期間の延長に関しては、20年）に満たない場合は、当該期間の最後の日までの間）に提出すること。

なお、職業に就くことができない場合は、受給資格者証（受給資格者証の交付を受けていない場合には、離職票）を添えて提出すること。

また、この場合、代理人又は郵送による提出でも差し支えないこと。

(2)　２欄については、申請する延長を全て○で囲むこと。

(3)　受給資格者証の交付を受けている場合は、５欄の記載を省略して差し支えないこと。

(4)　受給資格者証の交付を受けていない場合は、６欄は記載しないこと。

(5)　７欄は「イ」を○で囲み、職業に就くことができない（対象教育訓練の受講を開始することができない）理由を〔　〕内に具体的に記載すること。

(6)　８欄は７欄の理由により職業に就くことができない（対象教育訓練の受講を開始することができない）期間を記載すること。

なお、職業に就くことができない期間と対象教育訓練の受講を開始することができない期間が異なる場合は、それぞれ申請書を提出する必要があること。

(7)　受給期間の延長を申請する場合は、申請書下方の「・第31条の３第１項」の文字を抹消すること。

また、受給期間の延長を申請しない場合は「雇用保険法施行規則第31条第１項・第31条の３第１項の規定により受給期間の延長、」を、教育訓練給付適用対象期間の延長を申請しない場合は「、第101条の２の５第１項の規定により教育訓練給付に係る適用対象期間の延長」をそれぞれ抹消すること。

4　定年等の理由により離職し、一定期間求職の申込みをしないことを希望するため、この申請書を提出する場合の記載及び提出方法

(1)　この申請書は、原則として申請者の住所又は居所を管轄する公共職業安定所又は地方運輸局の長に対し、定年等の理由により離職した日の翌日から２か月以内に離職票を添えて提出すること。

(2)　２欄については、申請する延長を全て○で囲むこと。

ただし、教育訓練給付適用対象期間の延長は○で囲まないこと。

(3)　６欄及び９欄は記載しないこと。

(4)　７欄は「ロ」を○で囲み、離職理由を〔　〕内に具体的に記載すること。

(5)　８欄は求職の申込みをしないことを希望する期間を記載すること。

(6)　この申請書下方の「第31条第１項・」及び「、第101条の２の５第１項の規定により教育訓練給付に係る適用対象期間の延長」の文字を抹消すること。

5　９欄の下の申請者氏名については、記名押印又は署名のいずれかにより記載すること。

様式第16号（第31条、第31条の３、第101条の２の５関係）(2)

受給期間・教育訓練給付適用対象期間延長申請書

1 申請者 氏名		生年月日	大正 昭和 平成 年 月 日	性別	男・女
住所又は居所	〒 (電話)				
2 申請する延長の種類	受給期間 ・ 教育訓練給付適用対象期間				
3 離職年月日	平成 年 月 日	4 被保険者となった年月日	昭和 平成 年 月 日		
5 被保険者番号					
6 支給番号					
7 この申請書を提出する理由	イ 妊娠、出産、育児、疾病、負傷等により職業に就く（対象教育訓練の受講を開始する）ことができないため ロ 定年等の理由により離職し、一定期間求職の申込みをしないことを希望するため 具体的理由				
8 職業に就く（対象教育訓練の受講を開始する）ことができない期間又は求職の申込みをしないことを希望する期間	平成 年 月 日から 平成 年 月 日まで	※処理欄	平成 年 月 日から 平成 年 月 日まで		
※ 延長後の受給（教育訓練給付適用対象）期間満了年月日	平成 年 月 日				
9 7のイの理由が疾病又は負傷の場合	傷病の名称		診療機関の名称・診療担当者		

雇用保険法施行規則第31条第１項・第31条の３第１項の規定により受給期間の延長、第101条の２の５第１項の規定により教育訓練給付に係る適用対象期間の延長を上記のとおり申請します。

平成 年 月 日

申請者氏名 ㊞

公共職業安定所長 殿

備考		離職票交付安定所名	
		離職票交付年月日	
		離職票交付番号	

※ 所長	次長	課長	係長	係	操作者

様式第17号（第31条、第31条の３、第101条の２の５関係）

受給期間・教育訓練給付適用対象期間延長通知書

1 申請者	氏名		生年月日	大正 昭和 平成 年 月 日	性別	男・女
	住所又は居所	〒 （電話 ）				
2 申請する延長の種類		受給期間 ・ 教育訓練給付適用対象期間				
3 離職年月日		平成 年 月 日	4 被保険者となった年月日	昭和 平成 年 月 日		
5 被保険者番号						
6 支給番号						
7 受給（教育訓練給付適用対象）期間延長の理由		イ 妊娠、出産、育児、疾病、負傷等により職業に就く（対象教育訓練の受講を開始する）ことができないため ロ 定年等の理由により離職し、一定期間求職の申込みをしないことを希望するため 具体的理由				
8 職業に就く（対象教育訓練の受講を開始する）ことができない期間又は求職の申込みをしないことを希望する期間				平成 年 月 日から 平成 年 月 日まで		
※ 延長後の受給（教育訓練給付適用対象）期間満了年月日		平成 年 月 日				

雇用保険法施行規則第31条第６項・第31条の３第３項の規定により受給期間、第101条の２の５第３項の規定により教育訓練給付に係る適用対象期間を上記のとおり延長する。

平成 年 月 日

管轄公共職業安定所又は管轄地方運輸局の所在地

公共職業安定所長 地方運輸局長 名 ㊞

注 意

1 この通知書は、申請に係る給付を受けるために必要なものであるから、大切に保管すること。
2 申請書の記載内容に重大な変更があったとき（例えば、職業に就くことができない（対象教育訓練の受講を開始することができない）理由や期間に変更があったとき）には、速やかにその旨を届け出るとともに、この通知書を提出すること。
3 職業に就くことができない（対象教育訓練の受講を開始できない）理由がやんだときは、速やかにその旨を届け出るとともに、この通知書を提出すること。
4 受給期間延長の場合、受給資格者証（受給資格者証の交付を受けていないときは離職票）に添えて、この通知書を提出すること。

※
帳票種別
□□□□□ 205：受給期間 580：教育訓練

1．支給番号
□□－□□□□□□－□

2．被保険者番号
□□□□－□□□□□□－□

3．被保険者となった年月日
□□□□□□

4．職業に就くことができない期間又は求職申込みをしない期間
□□□□□□－□□□□□□－□

理由
1 妊娠・出産・育児
2 疾病・負傷
3 安定所長がやむをえないと認める理由
4 定年等

備考		※ 所属長		次長		課長		係長		係		操作者	

(985W) 22.2

様式第18号（第44条関係）（第１面）

様式第18号（第44条関係）（第1面）
雇用保険

払渡希望金融機関 指定・変更 届

※ 帳票種別 11131

1. 被保険者番号 □□□□－□□□□□□－□

2. 支給番号 □□－□□□□□□－□

3. 支払区分　4. 金融機関・店舗コード　口座番号

給付金の種類	
□ 求職者給付及び就職促進給付	□ 求職者給付（日雇労働求職者給付金）
□ 教育訓練給付	□ 育児休業給付
□ 高年齢雇用継続給付	□ 介護休業給付

届出者	フリガナ			
	1 氏名			
	2 住所又は居所	〒 （電話番号　）		
払渡希望金融機関	フリガナ		金融機関コード	店舗コード
	3 名称	本店 支店		
	4 銀行等（ゆうちょ銀行以外）	口座番号	（普通）	
	5 ゆうちょ銀行	記号番号	（総合）　－	

※必ず第２面をお読みください。

雇用保険法施行規則第44条第2項・第3項（第62条・第65条・第65条の5・第69条・第101条の2・第101条の2の10・第101条の10・第101条の15・第102条において準用する場合を含む。）の規定により上記のとおり届けます。

平成　年　月　日

公共職業安定所長
地方運輸局長　殿

届出者氏名　印

支給番号（　）

金融機関による確認印

備考

◆金融機関へのお願い

失業等給付を受給者の金融機関口座へ迅速かつ正確に振り込むため、次のことについて御協力をお願いします。

1. 上記の記載事項のうち「1.届出者氏名」欄、「3.名称」欄及び「4.銀行等（ゆうちょ銀行以外）」の「口座番号」欄（「5.ゆうちょ銀行」の「記号番号」欄）を確認した上、「金融機関による確認印」欄に貴金融機関確認印を押印してください。
2. 金融機関コード・店舗コードを記入してください（ゆうちょ銀行の場合を除く。）。

※所長	次長	課長	係長	係	操作者

2014. 7

様式第18号（第44条関係）（第２面）

注　意

1　指定の届出をするときは、「変更」の文字を抹消し、変更の届出をするときは、「指定」の文字を抹消すること。

2　１欄及び３欄の「フリガナ」は、カタカナで正確に記載すること。

3　３欄には、失業等給付の払渡しを希望する金融機関（ゆうちょ銀行を含む。）の名称及び店舗名（ゆうちょ銀行の場合は名称のみ）をはっきり記載すること。

4　４欄又は５欄には、あなたの本人名義の通帳の記号（口座）番号を間違いのないよう記載すること。

5　５欄の下の届出者氏名については、記名押印又は署名のいずれかにより記載すること。

6　金融機関による確認印欄に、３欄の金融機関の確認印を受けること（申請者本人が金融機関に届け出た印を押印する欄ではないので間違いのないようにすること。）。
　なお、金融機関の確認を受けずに、この届の提出と同時にあなたの本人名義の通帳又はキャッシュカード（現物）を提出しても差し支えないこと。

7　※印欄には、記載しないこと。

様式第20号（第49条関係）（第1面）

受給資格者 氏名 住所 変更届

※帳票種別
1 2 2 0 8

1.支給番号
□□－□□□□□□－□

2.新氏名
□□□□□□□□□□□□□□□□□□□□

1 氏　　名	フリガナ	
	新	
	旧	
2 住　　所	新	
	旧	
3 生年月日	大正 昭和 平成　年　月　日	4 変更年月日　平成　年　月　日

雇用保険法施行規則第49条第1項の規定により上記のとおり届けます。

平成　年　月　日

（高年齢・特例）受給資格者氏名＿＿＿＿＿＿＿＿＿＿＿＿＿＿＿＿ 印

公共職業安定所長
地方運輸局長　殿

支給番号（　　　　　　）
電話番号（　　　　　　）

備考	※口座名義変更確認欄

※所属長		次長		課長		係長		係		操作者	

様式第20号（第49条関係）（第2面）

注意

1　氏名を変更したときは、標題中「住所」の文字を抹消すること。この場合には、2欄には記載しないこと。
2　住所を変更したときは、標題中「氏名」の文字を抹消すること。この場合には、1欄には記載しないこと。
3　3・4欄の下の（高年齢・特例）受給資格者氏名については、記名押印又は署名のいずれかにより記載すること。
4　この届書には、変更の事実を証明することができる官公署が発行した書類（例えば住民票）を添えること。
5　※印欄には、記載しないこと。

様式第22号（第63条関係）（第１面）

傷病手当支給申請書

※ 帳票種別

11209

1. 支給番号 □□□－□□□□□□－□

2. 未支給区分 □（空欄 未支給以外 / 1 未支給）

3. 支給期間（初日） 4－□□ 元号 年 月 日 （末日） □□ 月 日

4. 傷病日数 □□□

5. 特例日額不支給日数 □□□

6. 内職（労働日数－収入額） □□－□□□,□□□,□□□ 円

7. 公害補償手当減額分 □□□,□□□,□□□ 円

傷病手当不支給日数 □□－□□□

申請者	1 氏名		2 性別	男・女	3 生年月日	大正 昭和 平成　年　月　日

診療担当者の証明	4 傷病の名称及びその程度			
	5 初診年月日	平成　年　月　日	6 傷病の経過	平成　年　月　日　治ゆ・転医 中止・継続中
	7 傷病のため職業に就くことができなかったと認められる期間	平成　年　月　日から　平成　年　月　日まで　日間		
	8 上記のとおり証明する。　平成　年　月　日　（電話番号　　） 診療機関の所在地及び名称 診療担当者氏名　　印			

支給申請期間	9 同一の傷病により受けることのできる給付	第２面の注意の３の中から選んでその番号を○で囲んでください。　(1)　(2)　(3)　(4)　(5)　(6)　(7)　(8)
	10 9の給付を受けることのできる期間	平成　年　月　日から　平成　年　月　日まで　日間 平成　年　月　日から　平成　年　月　日まで　日間
	11 傷病手当の支給を受けようとする期間	平成　年　月　日から　平成　年　月　日まで　日間

12 内職若しくは手伝いをした日、又は収入のあった日、その額等を記入してください。	内職又は手伝いをした日 月／日　月／日　月／日	収入のあった日　月　日　収入額　円　何日分の収入か　日分 収入のあった日　月　日　収入額　円　何日分の収入か　日分 収入のあった日　月　日　収入額　円　何日分の収入か　日分

雇用保険法施行規則第63条第2項の規定により上記のとおり傷病手当の支給を申請します。

平成　年　月　日

申請者氏名＿＿＿＿＿＿＿＿＿＿印

公共職業安定所長
地方運輸局長　殿

支給番号（　　　）

※ 処理欄	支給期間	平成　年　月　日から　平成　年　月　日まで　日間
備考		

※所属長	次長	課長	係長	係	操作者

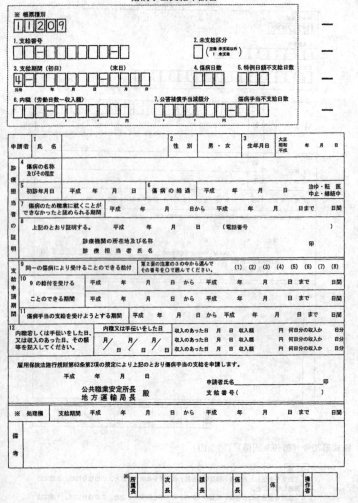

様式第22号（第63条関係）（第２面）

注　意

1　この申請書は、原則として申請者の住所又は居所を管轄する公共職業安定所又は地方運輸局の長に提出すること。
2　この申請書には、受給資格者証を添えること。
3　９欄は、７欄の期間のうち、同一の傷病により受けることができる給付について、次の区分に従って該当するものの番号（２以上の給付を受けることができる場合には、その受けることができるすべての給付の番号）を○で囲むこと。
(1)　健康保険法による傷病手当金
(2)　労働基準法による休業補償又は労働者災害補償保険法による休業補償給付若しくは休業給付
(3)　船員法による傷病手当又は船員保険法による傷病手当金
(4)　国家公務員災害補償法又は地方公務員災害補償法による休業補償その他法令により国家公務員等に対して支給されるこれに相当する給付
(5)　国家公務員共済組合法その他各種の共済組合法による傷病手当金
(6)　国民健康保険法による傷病手当金
(7)　警察官の職務に協力援助した者の災害給付に関する法律による休業給付その他法令により公務の遂行に協力した者に対して支給されるこれに相当する給付
(8)　公害健康被害の補償等に関する法律による障害補償費
4　10欄には、７欄の期間のうち、９欄の給付を受けることができる期間を記載すること。なお、９欄で２以上の番号を○で囲んだ場合には、その給付を受けることができる期間を、それぞれの番号の順に記載すること。
5　12欄には、７欄の期間中において、内職若しくは手伝いをした場合又は内職若しくは手伝いによる収入を得た場合に記載すること。「内職若しくは手伝い」とは、雇用保険法第19条の「自己の労働によって収入を得た場合」のことをいい、どんな仕事であってもそれによって収入を得た場合、すなわち他人の仕事の手助けをして収入を得た場合などあなたが働いたりした場合であって、「就職又は就労」とはいえない程度のものをいうものであること。
6　12欄の下の申請者氏名については、記名押印又は署名のいずれかにより記載すること。
7　※印欄には、記載しないこと。

様式第22号の3（第65条の5関係）（第1面）

高年齢受給資格者失業認定申告書

（必ず第2面の注意書きをよく読んでから記入してください。）

※ 帳票種別 11220

1. 支給番号 □□□□－□□□□□□－□

2. 未支給区分 □（空欄 未支給以外 1 未支給）

3. 待期満了年月日 4－□□□□□□（元号 年 月 日）

4. 高年齢求職者給付金失業認定年月日 4－□□□□□□（元号 年 月 日）

1 失業の認定を受けようとする期間中に、就職又は就労をしましたか。	ア した	就職又は就労した人は、した月日を記載してください。
	イ しない	

2 失業の認定を受けようとする期間中に、求職活動をしましたか。

ア 求職活動をした

(1) 求職活動をどのような方法で行いましたか。

求職活動の方法	活動日	利用した機関の名称	求職活動の内容
(ア) 公共職業安定所又は地方運輸局による職業相談、職業紹介等 (イ) 職業紹介事業者による職業相談、職業紹介等 (ウ) 派遣元事業主による派遣就業相談等 (エ) 公的機関等による職業相談、職業紹介等			

(2) (1)の求職活動以外で、事業所の求人に応募したことがある場合には、下欄に記載してください。

事業所名、部署	応募日	応募方法	職種	応募したきっかけ	応募の結果
（電話番号　　）				(ア) 知人の紹介 (イ) 新聞広告 (ウ) 就職情報誌 (エ) インターネット (オ) その他	
（電話番号　　）				(ア) 知人の紹介 (イ) 新聞広告 (ウ) 就職情報誌 (エ) インターネット (オ) その他	

イ 求職活動をしなかった　（その理由を具体的に記載してください。）

3 今、公共職業安定所又は地方運輸局から自分に適した仕事が紹介されれば、すぐに応じられますか。	ア 応じられる	すぐに応じられない理由を第2面の注意の6の中から選んで、その記号を○で囲んでください。
	イ 応じられない	（ア）　（イ）　（ウ）　（エ）　（オ）

4 就職もしくは自営した人又はその予定のある人が記入してください。	ア 就職	(1) 公共職業安定所又は地方運輸局紹介 (2) 地方公共団体又は職業紹介事業者紹介 (3) 自己就職 月　日より就職（予定）	（就職先事業所） 事業所名（　　） 所在地（〒　　）
	イ 自営	月　日より自営業開始（予定）	電話番号（　　）

雇用保険法施行規則第65条の5第1項において準用する第22条第1項の規定により上記のとおり申告します。

平成　年　月　日
（この申告書を提出する日）

公共職業安定所長
地方運輸局長　殿

高年齢受給資格者氏名＿＿＿＿＿＿ 印
支給番号（　　）

（あてはまるものに○をつけ、必要なことがらを記入してください。）

認定日・時間
月　日　時から　時まで

※ 公共職業安定所又は地方運輸局記載欄	連絡事項		取扱者印		操作者印	
備考						

様式第22号の３（第65条の５関係）（第２面）

注　意

1　この申告書は、失業の認定を受けるときに、必ず本人が提出すること。
2　申告は正しくすること。申告しなければならない事柄を申告しなかったり、偽りの記載をして提出した場合には、以後失業等給付を受けることができなくなるばかりでなく、不正に受給した金額の返還と更にそれに加えて一定の金額の納付を命ぜられ、また、詐欺罪として刑罰に処せられることがあること。
3　１欄及び２欄の「失業の認定を受けようとする期間」とは、前回安定所に来所した日から認定日（この申告書を提出する日）までの期間をいうものであること。
4　１欄の「就職又は就労」とは、事業主に雇用された場合、自営業を営んだ場合、嘱託になった場合などおよそ職業として認められるものに就いた場合若しくは自営業を開始するための準備やボランティア活動をした場合などであって、原則として１日の労働時間が４時間以上のもの（４時間未満であっても、雇用保険の被保険者となる場合や、自営業を営む等のため公共職業安定所又は地方運輸局が職業を紹介してもすぐには応じられない場合は就職又は就労となります。）、又は会社の役員になった場合等をいうものであること。なお、賃金などの報酬がなくても就職又は就労したことになるものであること。
5　２欄の「ア 求職活動をした」に〇印を付けた人は、（１）の（ア）～（エ）により求職活動を行った場合にそれぞれについて「活動日」、「利用した機関の名称」及び「求職活動の内容」を具体的に記載すること。なお、（イ）～（エ）の職業紹介事業者、派遣元事業主、公的機関等を利用した場合には、「利用した機関の名称」欄に、機関の名称のほか、その機関の電話番号を併せて記載すること。

　また、（２）には、（１）の求職活動以外で、事業所の求人に応募したことがある場合に、応募した事業所名等を記載すること。なお、「事業所名、部署」欄には、事業所名及び部署名のほか、その部署の電話番号を併せて記載し、「応募方法」欄には、書類の郵送、直接の訪問など求人に応募した方法を具体的に記載すること。
6　３欄の「イ　応じられない」に〇印を付けた人は、下記の(ア)～(オ)の中からその理由を選んで３欄に記載してある記号のうち該当するものを〇で囲むこと。

（ア）　病気やけがなど健康上の理由
（イ）　個人的又は家庭的事情のため（例えば、家事の都合のため）
（ウ）　就職したため又は就職予定があるため
（エ）　自営業を開始したため又は自営業の開始予定があるため
（オ）　その他

　なお、(オ)を〇で囲んだ人は、公共職業安定所又は地方運輸局が職業を紹介してもすぐには応じられない理由を下記の（　）内に具体的に記載すること。

（　　　　　　　　　　　　　　　　　　　　　　　　　　　　　　　）

7　高年齢受給資格者氏名については、記名押印又は署名のいずれかにより記載すること。
8　※印欄には、記載しないこと。

様式第24号（第69条関係）（第１面）

特例受給資格者失業認定申告書

（必ず第２面の注意書きをよく読んでから記入してください。）

※ 帳票種別 11204

1. 支給番号 □□□□－□□□□□□－□

2. 未支給区分 □（空欄 未支給以外 / 1 未支給）

3. 待期満了年月日 4－□□年□□月□□日（元号）

4. 特例一時金失業認定年月日 4－□□年□□月□□日（元号）

（あてはまるものに○をつけ、必要なことがらを記入してください。）

1 失業の認定を受けようとする期間中に、就職又は就労をしましたか。	ア　し　た	就職又は就労した人は、した月日を記載してください。
	イ　し　な　い	
2 失業の認定を受けようとする期間中に、就職先をさがしましたか。	ア　さ が し た	どのような方法でさがしましたか。 （ア）公共職業安定所又は地方運輸局による職業相談、職業紹介等 （イ）職業紹介事業者による職業相談、職業紹介等 （ウ）派遣元事業主による派遣就業相談等 （エ）公的機関等による職業相談、職業紹介等 （オ）知人の紹介による求人への応募 （カ）新聞広告による求人への応募 （キ）就職情報誌による求人への応募 （ク）インターネットによる求人への応募 （ケ）その他（　　　）
	イ　さがさなかった	（その理由を具体的に記載してください。）
3 今、公共職業安定所又は地方運輸局から自分に適した仕事が紹介されれば、すぐに応じられますか。	ア　応じられる イ　応じられない	すぐに応じられない理由を第２面の注意の5の中から選んで、その記号を○で囲んでください。 （ア）　（イ）　（ウ）　（エ）　（オ）
4 就職もしくは自営した人又はその予定のある人が記入してください。	ア　就　　職	(1) 公共職業安定所又は地方運輸局紹介 (2) 地方公共団体又は職業紹介事業者紹介 (3) 自己就職 月　日より就職（予定） （就職先事業所） 事業所名（　　） 所在地（〒　　）
	イ　自　　営	月　日より自営業開始（予定） 電話番号（　　）

雇用保険法施行規則第69条において準用する第22条第1項の規定により上記のとおり申告します。

平成　　年　　月　　日
（この申告書を提出する日）

公共職業安定所長
地方運輸局長　殿

特例受給資格者氏名　　　　　　印
支　給　番　号（　　　　）

認定日・時間	※ 公共職業安定所又は地方運輸局記載欄	連絡事項		取扱者印		操作者印	
月　日　時から　時まで	備考						

様式第24号（第69条関係）（第２面）

注　意

1　この申告書は、失業の認定を受けるときに、必ず本人が提出すること。

2　申告は正しくすること。申告しなければならない事柄を申告しなかったり、偽りの記載をして提出した場合には、以後失業等給付を受けることができなくなるばかりでなく、不正に受給した金額の返還と更にそれに加えて一定の金額の納付を命ぜられ、また、詐欺罪として刑罰に処せられることがあること。

3　１欄及び２欄の「失業の認定を受けようとする期間」とは、前回安定所に来所した日から認定日（この申告書を提出する日）までの期間をいうものであること。

4　１欄の「就職又は就労」とは、事業主に雇用された場合、自営業を営んだ場合、嘱託になった場合などおよそ職業として認められるものに就いた場合若しくは自営業を開始するための準備やボランティア活動をした場合などであって、原則として１日の労働時間が４時間以上のもの（４時間未満であっても、雇用保険の被保険者となる場合や、自営業を営む等のため公共職業安定所又は地方運輸局が職業を紹介してもすぐには応じられない場合は就職又は就労となります。）、又は会社の役員になった場合等をいうものであること。なお、賃金などの報酬がなくても就職又は就労したことになるものであること。

5　３欄の「イ　応じられない」に○印を付けた人は、下記の(ア)～(オ)の中からその理由を選んで３欄に記載してある記号のうち該当するものを○で囲むこと。

(ア)　病気やけがなど健康上の理由

(イ)　個人的又は家庭的事情のため（例えば、結婚準備、妊娠、育児、家事の都合のため）

(ウ)　就職したため又は就職予定があるため

(エ)　自営業を開始したため又は自営業の開始予定があるため

(オ)　その他

なお、(オ)を○で囲んだ人は、公共職業安定所又は地方運輸局が職業を紹介してもすぐには応じられない理由を下記の（　）内に具体的に記載すること。

（　　　　　　　　　　　　　　　　　　　　　　　　　　　　　）

6　特例受給資格者氏名については、記名押印又は署名のいずれかにより記載すること。

7　※印欄には、記載しないこと。

様式第25号（第71条関係）

雇用保険日雇労働被保険者資格取得届

※	所長	次長	課長	係長	係

<table>
<tr><td>※被保険者番号</td><td colspan="6"></td></tr>
<tr><td>1. 氏　　名</td><td></td><td>2. 性別</td><td>男・女</td><td>3. 生年月日</td><td>大
昭
平</td><td>年　月　日</td></tr>
<tr><td>4. 住所又は居所</td><td colspan="6"></td></tr>
<tr><td>5. 個 人 番 号</td><td colspan="6"></td></tr>
<tr><td>6. 職　　種</td><td></td><td colspan="2">7. 雇用保険法第43条第1項第1号から第3号までのいずれかに該当するに至った年月日</td><td colspan="3">平成　年　月　日</td></tr>
</table>

雇用保険法施行規則第71条の規定により上記のとおり届けます。

平成　　年　　月　　日

被保険者氏名　　　　　　　　　　印

公共職業安定所長　殿

注意　1　※印欄には、記載しないこと。

2　被保険者氏名については、記名押印又は署名のいずれかにより記載すること。

様式第26号（第72条関係）

雇　用　保　険

日雇労働被保険者任意加入申請書

※	所長	次長	課長	係長	係

※被保険者番号					
1. 氏　　名		2. 性別	男・女	3. 生年月日	大 昭 平　　年　月　日
4. 住所又は居所				5. 職種	

雇用保険法施行規則第72条の規定により上記のとおり日雇労働被保険者任意加入についての認可を申請します。

平成　　年　　月　　日

記名押印又は署名

申請者氏名　　　　　　　　　　印

公共職業安定所長　殿

※認可の可否		※ 認可年月日	年　月　日
※理　　由			

注意　1　※印欄には、記載しないこと。

2　申請者氏名については、記名押印又は署名のいずれかにより記載すること。

様式第28号（第74条関係）

雇　用　保　険
日雇労働被保険者資格継続認可申請書

※	所長	次長	課長	係長	係

1. 氏　名		2. 性別	男・女	3. 生年月日	大 昭 平　年　月　日
4. 住所又は居所				5. 被保険者番号	
6. 継続雇用された月又は期間					
継続雇用された事業主	7. 氏　名				
	8. 住　所				
継続雇用された事業所	9. 名　称				
	10. 所在地				

雇用保険法施行規則第74条第１項の規定により上記のとおり日雇労働被保険者の資格の継続についての認可を申請します。

平成　年　月　日

記名押印又は署名

被保険者氏名　印

公共職業安定所長　殿

※認可の可否		※理　由	

注意

1　６欄から１０欄までには、２月の各月において18日以上又は継続して31日以上同一の事業主の適用事業に雇用された場合のその月又は期間、事業主及び事業所を記載すること。

2　継続雇用された事業主が法人の場合は、７欄には法人の名称及び代表者の氏名を、８欄には法人の主たる事務所の所在地を記載すること。

3　９欄及び１０欄には、継続雇用された事業所の名称及び所在地が７欄及び８欄の記載と異なる場合にのみ記載すること。

4　被保険者氏名については、記名押印又は署名のいずれかにより記載すること。

5　※印欄には、記載しないこと。

様式第29号（第82条の５関係）（第１面）

就業手当支給申請書

※ 帳票種別 11230

1. 支給番号 □□－□□□□□□－□

2. 未支給区分 □ （空欄 未支給以外 / 1 未支給）

3. 支給対象期間（初日） 4－□□□□□□ 元号 年 月 日 （末日）－□□□□ 月 日

4. 就業手当支給日数 □□□ 日

5. 特別給付支給日数 □□□ 日

6. 不支給理由 □□ （1 待期未経過 / 2 残日数不足 / 5 紹介要件不該当 / 7 離職前事業主 / 8 雇用予約）

7. 姓（漢字） □□□□□

8. 名（漢字） □□□□□

9. 郵便番号 □□□－□□□□

10. 電話番号（項目ごとにそれぞれ左詰めで記入してください。） 市外局番 －市内局番 －番号

11. 申請者の住所（漢字） 市・区・郡及び町村名

申請者の住所（漢字） 丁目・番地

申請者の住所（漢字） アパート、マンション名等

12. 就職先の事業所（下記13の(1)の場合のみ記載）	名　称		（雇用保険）事業所番号	－　－
	所在地	〒　（電話番号　　）		

13. 職業に就いた日等について記載してください（記載に当たっては第２面の注意書きをよくお読みください）	(1) 一の雇用契約の期間が７日以上である場合 イ 一週間の所定労働時間　時間　分 ロ 雇用年月日　平成　年　月　日 ハ 雇用期間　(イ) 定めなし　(ロ) 定めあり → 平成　年　月　日まで（　年　ヵ月） ニ 支給対象期間中の就業日数　合計　日

(2) (1)以外の就業

イ 就業先の事業所等	ロ 就業期間	ハ 就業日数	ニ 就業内容
（電話番号　）		日	
（電話番号　）		日	
（電話番号　）		日	
（電話番号　）		日	
		合計　日	

上記12及び13の(1)の記載事実に誤りのないことを証明する。（証明は郵送、代理のときのみ必要です）

平成　年　月　日

事業主氏名（法人のときは名称及び代表者氏名）　印

14. 上記12及び13の事業所の事業主は、受給資格に係る離職前の事業主（関連事業主を含む。）であるか否か	イ 離職前事業主である ロ 離職前事業主ではない
15. 申請に係る就業について、公共職業安定所又は地方運輸局への求職の申込みの日前に雇用の予約があったか否か	イ 雇用の予約があった ロ 雇用の予約はない
16. 申請に係る就業について、離職理由による給付制限期間中の最初の1ヶ月である場合に、公共職業安定所、地方運輸局、地方公共団体又は職業紹介事業者の紹介を受けましたか　地方公共団体又は職業紹介事業者の名称　（電話番号　）	イ 紹介を受けた ロ 紹介を受けてない

雇用保険法施行規則第８２条の５第１項の規定により、上記のとおり就業手当の支給を申請します。

平成　年　月　日

申請者氏名　印

公共職業安定所長
地方運輸局長　殿

次回申請月日	※処理欄	支給金額	円	備考
月　日まで		支給決定年月日	平成　年　月　日	

※

所属長	次長	課長	係長	係	操作者

（記載もれのないよう御注意ください。）

様式第29号（第82条の５関係）（第２面）

注　意

1　この申請書は、原則として、失業の認定を受けようとする期間（前回の失業の認定日から今回の認定日の前日までの期間。認定対象期間＝支給対象期間（就業手当））中に職業に就いた（就業した）場合（注）、その失業の認定を受ける日（認定日＝確認日（就業手当））に失業認定申告書と一緒に受給資格者証を添えて提出してください。
　ただし、就職して被保険者資格を取得した場合など、その就職以後失業の認定を受ける必要のない方については、その後の支給申請を支給対象期間ごとに行うこととした場合の確認日からの次の確認日の前日までの間に代理人又は郵送によって申請しても差し支えありません（この場合、「次回申請日」欄を確認の上、その日までに支給申請を行ってください。）。ただし、代理人による提出の場合「委任状」が必要となります。
（注）就業手当の支給対象となる職業に就いた（就業した）場合とは、失業認定申告書第２面注意書き４に記載した「就職又は就労」に該当し、かつ、安定した職業に就いたこと（※）以外の就業をしたものであること。
（※ここでいう「安定した職業に就いたこと」とは、「１年を超えて引き続き雇用されることが確実であると認められる職業に就き、又は事業（その事業により受給資格者が自立することができると公共職業安定所又は地方運輸局の長が認めたものに限る。）を開始したこと」をいいます。）

　この就業手当の支給対象となる「就業」にあたるか否かについて疑問がある場合には、公共職業安定所又は地方運輸局の窓口にお問い合わせください。

2　申請は正しくしてください。偽りの記載をして提出した場合には、以後失業等給付を受けることができなくなるばかりでなく、不正に受給した金額の返還とさらにそれに加えて一定の金額の納付を命ぜられ、また、詐欺罪として刑罰に処せられることがあります。

3　7～11欄の記載について
（1）□□□□で表示された枠（以下「記入枠」という。）に記入する文字は、光学式文字読取装置（ＯＣＲ）で直接読取を行うので、大きめのアラビア数字の標準字体、カタカナ及び漢字（7,8,11欄に限る。）によって枠からはみ出さないように明瞭に記載するとともに、この用紙を汚したり必要以上に折り曲げたりしないこと。
（2）記載すべき事項のない欄又は記入枠は空欄のままとし、※印のついた欄には記載しないこと。
（3）10欄には申請者の電話番号を記載すること。この場合、項目ごとにそれぞれ左詰めで、市内局番及び番号は「－」に続く５つの枠内にそれぞれ左詰めで記載すること。（例：０３－３４５６－××××→[0][3][ ][ ][ ][－][3][4][5][6][ ][－][×][×][×][×][ ]）
（4）11欄１行目には、都道府県名は記載せず、特別区名、市名又は郡名とそれに続く町村名を左詰めで記載することとし、11欄２行目には、丁目及び番地のみを左詰めで記載すること。また、所在地にアパート名又はマンション名等が入る場合は11欄３行目に左詰めで記載すること。

4　12の「就職先の事業所」欄には、13の(1)の「一の雇用契約の期間が７日以上である場合」（注）に該当する場合に記入してください。また、記載内容を証明する書類（雇用契約書、雇入通知書等）の写しを添付してください。
（注）「一の雇用契約の期間が７日以上である場合」とは、上記１の注意書きに掲げた就業であって、７日以上の期間について雇用契約を締結して就業するすべての場合をいいます。

5　事業主は、「就職して被保険者資格を取得した場合などその就職以後失業の認定の必要のない方」であって、郵送又は代理人による申請が認められる場合について、12及び13の(1)欄の記載内容の証明を行ってください。この場合、事業主が偽りの証明をした場合には、不正に受給した者と連帯して、不正に受給した金額の返還とさらにそれに加えて一定の金額の納付を命ぜられ、また、詐欺罪として刑罰に処せられることがあります。

6　13の(2)欄には、13の(1)欄に該当する就業以外のすべての就業について以下の要領で記入してください。
　「イ　就業先の事業所等」欄には、就業先の事業所等の名称（自宅であれば「自宅」と記載。自営準備活動を行った場合など特定できないものは記載不要）とその電話番号（自宅の場合は記載不要）を記入してください。

　「ロ　就業期間」欄には、その就業した日について「イ　就業先の事業所等」ごとにすべて記入してください。（記入例：「5月12日から5月15日まで」を雇用契約期間として就業した場合は、「5／12～5／15」と記入。「5月1日、5月4日、5月10日」の日ごとに就業した場合は、「5／1、5／4、5／10」と記入。）

　「ハ　就業日数」欄には、「イ　就業先の事業所等」ごとに就業した日数の合計を記入し、「合計」欄には支給対象期間中の就業日数の合計を記入してください。

　「ニ　就業の内容」欄には、その就業の具体的な内容を簡潔に記入してください。

7　この申請書には、原則として、就業したことを証明する給与明細書などの資料の写しを添付してください。

8　14及び15欄は、雇用契約を締結して就業する場合に該当するものを○で囲んでください。
　この場合、14欄の「関連事業主」とは、あなたが就業した事業所が一定の資本の状況から見て離職前の事業主と密接な関係にあるもの（出資等の割合が50%を超えるもの）である他の事業主のことをいいます。この「関連事業主」にあたるか否かについて疑問がある場合には、公共職業安定所又は地方運輸局の窓口にお問い合わせください。

9　16欄は、離職理由による給付制限を受けている場合には、その期間中の最初の１ヵ月間について該当するものを○で囲んでください。この場合、申請に係る就業について、地方公共団体又は職業紹介事業者から紹介を受けて就業したものであるときには、その地方公共団体又は職業紹介事業者の名称と電話番号を記入してください。
　なお、「地方公共団体」とは、職業安定法の規定に基づき職業紹介事業を行う地方公共団体のことをいい、「職業紹介事業者」とは、厚生労働大臣若しくは国土交通大臣の許可を受け、又は厚生労働大臣若しくは国土交通大臣に届出をして職業紹介事業を行う者のことをいいます。

10　申請者氏名については、記名押印又は署名のいずれかにより記載してください。

様式第29号の2（第82条の7関係）（第1面）

再就職手当支給申請書

※ 帳票種別

11221

1. 支給番号 □□-□□□□□□-□

2. 未支給区分 □（空欄 未支給以外 / 1 未支給）

3. 番号複数取得チェック不要 □（チェック・リストが出力されたが、調査の結果、同一人でなかった場合に「1」を記入すること。）

4. 就職年月日 4-□□□□□□（元号 年 月 日）

5. 不支給理由 □□（1 待期未経過 2 残日数不足 3 手当等既受有 4 早期支給期間有 5 紹介要件不該当 6 安定就職不該当 7 離職前事業主 8 雇用予約 9 安定要件不認定 13 調査時点離職）

6. 姓（漢字）

7. 名（漢字）

8. 郵便番号 □□□-□□□□

9. 電話番号（項目ごとにそれぞれ左詰めで記入してください。）

市外局番 - 市内局番 - 番号

10. 申請者の住所（漢字） 市・区・郡及び町村名

申請者の住所（漢字） 丁目・番地

申請者の住所（漢字） アパート、マンション名等

事業主の証明

11. 就職先の事業所（開始した事業）	名称		（雇用保険）事業所番号	□□□□-□□□□□□-□
	所在地	〒 （電話番号 ）		
	事業の種類			
12. 雇入年月日（事業開始年月日）	平成 年 月 日		13. 採用内定年月日	平成 年 月 日

14. 職種		15. 一週間の所定労働時間	時間 分	16. 賃金月額	万 千円	17. 雇用期間	イ 定めなし ロ 定めあり → 平成 年 月 日まで 契約更新条項（イ 有 ロ 無） 1年を超えて雇用する見込み（イ 有 ロ 無）

18.

上記の記載事実に誤りのないことを証明する。

平成 年 月 日

事業主氏名 印

（法人のときは名称及び代表者氏名）

19. 上記12欄の日前3年間における就職についての再就職手当又は常用就職支度手当の受給の有無	イ 再就職手当又は常用就職支度手当を受給したことがある。 ロ 再就職手当又は常用就職支度手当のいずれも受給したことがない。

雇用保険法施行規則第82条の7第1項の規定により、上記のとおり再就職手当の支給を申請します。

平成 年 月 日

公共職業安定所長
地方運輸局長 殿

申請者氏名 印

※処理欄		備考
所定給付日数	90・120・150・180・210・240・270・300・330・360 日	
支給残日数	日	
支給金額	円	
支給決定年月日	平成 年 月 日	

※所属長	次長	課長	係長	係	操作者

（記載もれのないよう御注意ください。）

様式第29号の2（第82条の7関係）（第2面）

注　意

1　この申請書は、12欄に記載した雇入年月日又は事業開始年月日の翌日から起算して1箇月以内に、原則として申請者の住所又は居所を管轄する公共職業安定所又は地方運輸局の長に提出すること。
2　この申請書は、受給資格者証を添えること。
3　雇用された受給資格者にあっては6から19までの欄に記載し、事業を開始した受給資格者にあっては6から12まで及び19欄に記載すること。
4　申請は正しくすること。偽りの記載をして提出した場合には、以後失業等給付を受けることができなくなるばかりでなく、不正に受給した金額の返還と更にそれに加えて一定の金額の納付を命ぜられ、また、詐欺罪として刑罰に処せられることがあること。
5　申請書の記載について
（1）□□□□で表示された枠（以下「記入枠」という。）に記入する文字は、光学式文字読取装置（ＯＣＲ）で直接読取を行うので、大きめのアラビア数字の標準字体、カタカナ及び漢字（6,7,10欄に限る。）によって枠からはみ出さないように明瞭に記載するとともに、この用紙を汚したり必要以上に折り曲げたりしないこと。
（2）記載すべき事項のない欄又は記入枠は空欄のままとし、※印のついた欄には記載しないこと。
（3）9欄には申請者の電話番号を記載すること。この場合、項目ごとにそれぞれ左詰めで、市内局番及び番号は「日」に続く５つの枠内にそれぞれ左詰めで記載すること。
　（例：０３－３４５６－××××→03□□□-3456□-××××□）
（4）10欄１行目には、都道府県名は記載せず、特別区名、市名又は郡名とそれに続く町村名を左詰めで記載すること。
　10欄２行目には、丁目及び番地のみを左詰めで記載すること。

　また、所在地にアパート名又はマンション名等が入る場合は10欄３行目に左詰めで記載すること。
（5）17欄は、該当する記号を○で囲むこと。また、「ロ　定めあり」を○で囲んだ場合にはその雇用期間を記載するとともに、契約更新条項の有無及び１年を超えて雇用する見込みの有無について該当するものの記号をそれぞれ○で囲むこと。
（6）19欄は、該当する記号を○で囲むこと。
（7）19欄の下の申請者氏名については、記名押印又は署名のいずれかにより記載すること。
6　事業主は、18欄の証明を行うとともに、速やかに雇用保険被保険者資格取得届の提出を行うこと。
7　事業主が偽りの証明をした場合には、不正に受給した者と連帯して、不正に受給した金額の返還と更にそれに加えて一定の金額の納付を命ぜられ、また、詐欺罪として刑罰に処せられることがあること。

※　公共職業安定所又は地方運輸局記載欄

様式第29号の２の２（第83条の４関係）（第１面）

様式第29号の2の2（第83条の4関係）（第1面）

就業促進定着手当支給申請書

（必ず第２面の注意書きをよく読んでから記入してください。）

※ 帳票種別 10231

1. 支給番号　　2. 未支給区分（空欄 未支給以外／1 未支給）　　3. 賃金日額相当額（区分－日額又は総額）　円　区分（1 日額／2 総額）

4. 賃金支払いの基礎日数　　5. 不支給理由（1 継続雇用不該当／2 賃金低下不該当）

6. 姓（漢字）　　7. 名（漢字）

8. 郵便番号　　9. 電話番号（項目ごとにそれぞれ左詰めで記入してください。）市外局番　市内局番　番号

10. 申請者の住所（漢字）　市・区・郡及び町村名

申請者の住所（漢字）　丁目・番地

申請者の住所（漢字）　アパート、マンション名等

事業主の証明

11. 就職先の事業所	名称		（雇用保険）事業所番号	
	所在地	〒　（電話番号　）		
12. 一週間の所定労働時間	時間　分	13. 求人申込み時等に明示した賃金額（月額）	万　千円	

14. 雇用期間中の賃金支払状況

① 賃金支払対象期間	② ①の基礎日数	③ 賃金額 Ⓐ	Ⓑ	計	④ 備考
月　日～　月　日	日				
月　日～　月　日	日				
月　日～　月　日	日				
月　日～　月　日	日				
月　日～　月　日	日				
月　日～　月　日	日				
月　日～　月　日	日				
就職年月日～　月　日	日				

15. 上記の記載事実に誤りのないことを証明する。

平成　年　月　日　　事業主氏名（法人のときは名称及び代表者氏名）　印

16. 雇用保険法施行規則第83条の４第１項の規定により、上記のとおり就業促進定着手当の支給を申請します。

平成　年　月　日

公共職業安定所長／地方運輸局長　殿　　申請者氏名　印

備考

（記載もれのないよう御注意ください。）

※ 所属長	次長	課長	係長	係	操作者

様式第29号の２の２（第83条の４関係）（第２面）

注　意

1　この申請書は、再就職手当の受給に係る就職日から起算して６ヵ月に至った日の翌日から起算して２ヵ月以内に、原則として、申請者の住所又は居所を管轄する公共職業安定所又は地方運輸局の長に提出すること。
2　この申請書は、受給資格者証を添えること。
3　申請者にあっては6から10欄まで及び16欄、当該申請者を雇用した事業主にあっては11欄から15欄までをそれぞれ記載すること。ただし、6から10欄までは、再就職手当の支給申請時から変更がない場合は記載を省略することができること。
4　申請は正しくすること。偽りの記載をして提出した場合には、以後失業等給付を受けることができなくなるばかりでなく、不正に受給した金額の返還と更にそれに加えて一定の金額の納付を命ぜられ、また、詐欺罪として刑罰に処せられることがあること。
5　申請書の記載について
（1）申請者の記載事項
ア　□□□□で表示された枠（以下「記載枠」という。）に記載する文字は、光学式文字読取装置（ＯＣＲ）で直接読取を行うので、大きめのアラビア数字の標準字体、カタカナ及び漢字（6、7及び10欄に限る。）によって枠からはみ出さないように明瞭に記載するとともに、この用紙を汚したり必要以上に折り曲げたりしないこと。
イ　記載すべき事項のない欄又は記載枠は空欄のままとし、※印のついた欄には記載しないこと。
ウ　9欄には申請者の電話番号を記載すること。この場合、項目ごとにそれぞれ左詰め、市内局番及び番号は「⊟」に続く5つの枠内にそれぞれ左詰めで記載すること。
（例：０３－３４５６－ＸＸＸＸ→03□□□-3456□-XXXX□）
エ　10欄1行目には、都道府県名は記載せず、特別区名、市名又は郡名とそれに続く町村名を左詰めで記載すること。
10欄2行目には、丁目及び番地のみを左詰めで記載すること。

また、所在地にアパート名又はマンション名等が入る場合は10欄3行目に左詰めで記載すること。
オ　16欄の申請者氏名については、記名押印又は署名のいずれかにより記載すること。
（2）事業主の記載事項
ア　12欄は、再就職手当の受給に係る就職日から６ヵ月に至った時点における一週間の所定労働時間を記載すること。
イ　13欄は、事業主が求人の申込み、募集等を行う際、申請者に対して明示した賃金額（月額）を記載すること。
ウ　14欄は、再就職手当の受給に係る就職日から最初に到達する賃金締切日（賃金締切日が1暦月中に2回以上ある者については各暦月の末日に最も近い賃金締切日を、日々賃金が支払われる者等定められた賃金締切日のない者については暦月の末日をいう。以下同じ。）まで、及び各賃金締切日の翌日から次の賃金締切日までの期間ごとにそれぞれ記載すること。
エ　15欄において、11から14欄までの記載事項の証明を行うこと。
6　事業主が偽りの証明をした場合には、不正に受給した者と連帯して、不正に受給した金額の返還と更にそれに加えて一定の金額の納付を命ぜられ、また、詐欺罪として刑罰に処せられることがあること。

※　公共職業安定所又は地方運輸局記載欄

様式第29号の３（第84条関係）（第１面）

常用就職支度手当支給申請書

※帳票種別 [1][1][ ][ ][ ]（110 日雇　210 一般）

1. 支給番号 [ ][ ]-[ ][ ][ ][ ][ ][ ][ ]-[ ]

2. 未支給区分 [ ]（空欄 未支給以外　1 未支給）

3. 番号複数取得チェック不要 [ ]（チェック・リストが出力されたが、調査の結果、同一人でなかった場合に「1」を記入すること。）

4. 被保険者番号（日雇の場合にのみ記入すること。）[ ][ ][ ][ ]-[ ][ ][ ][ ][ ][ ]-[ ]

5. 就職年月日 [4]-[ ][ ][ ][ ][ ][ ]（元号　年　月　日）　対象者区分 -[ ][ ]

6. 不支給理由 [ ][ ]（1 待期未経過　3 手当等既既有　4 早期支給歴有　6 安定就業不該当　7 離職前事業主　8 安定要件不確定　10 対象不該当　11 給付制限未経過　12 再就職手当該当　13 [illegible]）

7. 姓（漢字）[ ][ ][ ][ ][ ]　　8. 名（漢字）[ ][ ][ ][ ][ ]

9. 郵便番号 [ ][ ][ ]-[ ][ ][ ][ ]

10. 電話番号（項目ごとにそれぞれ左詰めで記入してください。）市外局番 [ ][ ][ ][ ][ ]-市内局番 [ ][ ][ ][ ][ ]-番号 [ ][ ][ ][ ][ ]

11. 申請者の住所（漢字）市・区・郡及び町村名

申請者の住所（漢字）丁目・番地

申請者の住所（漢字）アパート、マンション名等

（記載もれのないよう御注意ください。）

事業主の証明

12. 就職先の事業所	名称	（雇用保険）事業所番号 [ ][ ][ ][ ]-[ ][ ][ ][ ][ ][ ]-[ ]
	所在地	〒　（電話番号　）
	事業の種類	
13. 雇入年月日	平成　年　月　日	14. 採用内定年月日　平成　年　月　日
15. 職種	16. 一週間の所定労働時間　時間　分 / 17. 賃金月額　万　千円	18. 雇用期間　イ 定めなし　ロ 定めあり→平成　年　月　日まで　契約更新条項（イ 有　ロ 無）　1年以上雇用する見込み（イ 有　ロ 無）
19. 上記の記載事実に誤りのないことを証明する。　平成　年　月　日		事業主氏名　印（法人のときは名称及び代表者氏名）

20. 上記13欄の日前３年間における就職についての再就職手当又は常用就職支度手当の受給の有無	イ 再就職手当又は常用就職支度手当を受給したことがある。 ロ 再就職手当又は常用就職支度手当のいずれも受給したことがない。

雇用保険法施行規則第84条第１項の規定により、上記のとおり常用就職支度手当の支給を申請します。

平成　年　月　日

申請者氏名　印

公共職業安定所長
地方運輸局長　殿

備考	

※処理欄	支給金額	円	支給決定年月日	平成　年　月　日

※所属長	次長	課長	係長	係	操作者

様式第29号の３（第84条関係）（第２面）

注　意

1　この申請書は、13欄に記載した雇入年月日の翌日から起算して１箇月以内に、原則として申請者の住所又は居所を管轄する公共職業安定所又は地方運輸局（日雇受給資格者にあっては、就職先事業所の所在地を管轄する公共職業安定所又は地方運輸局）の長に提出すること。

2　この申請書には、受給資格者証、高年齢受給資格者証、特例受給資格者証又は日雇労働被保険者手帳を添えること。

3　申請書の記載について

（1）□□□□で表示された枠（以下「記入枠」という。）に記入する文字は、光学式文字読取装置（ＯＣＲ）で直接読取を行うので、大きめのアラビア数字の標準字体、カタカナ及び漢字（7, 8, 11欄に限る。）によって枠からはみ出さないように明瞭に記載するとともに、この用紙を汚したり必要以上に折り曲げたりしないこと。

（2）記載すべき事項のない欄又は記入枠は空欄のままとし、※印のついた欄には記載しないこと。

（3）10欄には申請者の電話番号を記載すること。この場合、項目ごとにそれぞれ左詰めで、市内局番及び番号は「⊟」に続く５つの枠内にそれぞれ左詰めで記載すること。

（例：０３―３４５６―××××→[0][3][ ][ ][ ][−][3][4][5][6][ ][−][×][×][×][×][ ]）

（4）11欄１行目には、都道府県名は記載せず、特別区名、市名又は郡名とそれに続く町村名を左詰めで記載すること。

11欄２行目には、丁目及び番地のみを左詰めで記載すること。

また、所在地にアパート名又はマンション名等が入る場合は11欄３行目に左詰めで記載すること。

（5）18欄は、該当する記号を○で囲むこと。また、「ロ　定めあり」を○で囲んだ場合にはその雇用期間を記載するとともに、契約更新条項の有無及び１年以上雇用する見込みの有無について、該当するものの記号をそれぞれ○で囲むこと。

（6）20欄は、該当する記号を○で囲むこと。

（7）20欄の下の申請者氏名については、記名押印又は署名のいずれかにより記載すること。

※　公共職業安定所又は地方運輸局記載欄

様式第30号（第92条関係）（第１面）

■ 様式第30号（第92条関係）（第1面）

移転費支給申請書

■

※ 帳票種別
12211

1. 支給番号
□□－□□□□□□□－□

2. 未支給区分
□（空欄 未支給以外 / 1 未支給）

3. 移転区分 支給金額
□－□□□□□□□ 円

移転区分（1 就職移転 / 2 訓練移転）

4. 紹介区分
□（1 公共職業安定所 / 2 特定地方公共団体（都道府県） / 3 特定地方公共団体（市町村） / 4 職業紹介事業者）

5. 就職時期又は訓練開始時期
□（1 給付制限期間中 / 2 受給中 / 3 受給終了後 / 4 未定）

1 申請者	氏名	
	移転前の住所又は居所	
	移転後の住所又は居所	
2 就職先の事業所又は受講する公共職業訓練等の施設	名称	
	所在地	
3 特定地方公共団体又は職業紹介事業者の紹介による就職の場合、その名称及び所在地	名称	
	所在地	

4 就職決定年月日又は受講指示年月日	平成　年　月　日	5 訓練受講期間	平成　年　月　日から平成　年　月　日まで
6 移転開始予定年月日	平成　年　月　日	7 乗車（船）の場所（出発空港）	8 下車（船）の場所（到着空港）

9 移転する者の氏名（生年月日）	10 続柄	※鉄道賃 距離	運賃	急行料金	計	※船賃 距離	運賃	※航空賃 距離	運賃	※車賃 距離	運賃	※計
本人（　年　月　日生）		キロメートル	円	円	円	キロメートル	円	キロメートル	円	キロメートル	円	円
家族（　年　月　日生）												
家族（　年　月　日生）												
家族（　年　月　日生）												
家族（　年　月　日生）												
家族（　年　月　日生）												
※合計			円	円	円		円		円		円	円

雇用保険法施行規則第92条第１項の規定により上記のとおり移転費の支給を申請します。

平成　年　月　日

公共職業安定所長
地方運輸局長　殿

申請者氏名　　印

※処理欄	支給番号等		運賃等の合計	円
	雇用期間		移転料 距離 キロメートル / 支給額	円
	支給決定年月日	平成　年　月　日	着後手当	円
備考			就職先の事業主等が所有する自動車等を利用して負担した実費相当額	円
			就職先の事業主等から支給される就職支度費の額	円
			差引支給額	円

所長	次長	課長	係長	係	操作者

■

様式第30号（第92条関係）（第２面）

注　意

1　この申請書は、移転の日の翌日から起算して１箇月以内に、原則として申請者の住所又は居所を管轄する公共職業安定所又は地方運輸局の長に提出すること。
2　この申請書には、受給資格者証、高年齢受給資格者証、特例受給資格者証又は日雇労働被保険者手帳を添えること。
3　公共職業安定所の紹介による就職及び公共職業訓練等の受講のために移転する場合には、３欄には記載しないこと。
4　就職するために移転する場合には、５欄は記載しないこと。
5　６欄には、移転のために出発する予定年月日を記載すること。
6　９の家族欄には、随伴する同居の親族のうち申請者の収入によって生計を維持している者について記載すること。この場合には、その事実を証明することができる書類を添えること。
7　９欄の下の申請者氏名については、記名押印又は署名のいずれかにより記載すること。
8　※印欄には、記載しないこと。

様式第31号（第93条関係）

移転費支給決定書

申請者	氏名		支給番号等	
	移転前の住所又は居所			
	移転後の住所又は居所			
就職先の事業所	名称			
	所在地			
就職決定年月日	平成　年　月　日	雇用期間		
受講する公共職業訓練等の施設	名称			
	所在地			

受講指示年月日	平成　年　月　日	受講開始	平成　年　月　日	受講終了	平成　年　月　日

移転費の額	鉄道賃	船賃	航空賃	車賃	移転料	着後手当	合計
	円	円	円	円	円	円	円

就職先の事業主等が所有する自動車等を利用して負担した実費相当額	円
就職先の事業主等から支給される就職支度費の額	円
差引支給額	円

雇用保険法第58条第1項の規定により上記のとおり移転費を支給する。

平成　年　月　日

公共職業安定所又は
地方運輸局の所在地

公共職業安定所又は
地方運輸局の長名　　　　印

注意

1　移転費の支給を受けた者は、就職先の事業所に出頭したときは、速やかにこの決定書をその事業所の事業主に提出すること。

2　移転費の支給を受けた者は、紹介された職業に就かなかったとき、又は指示された公共職業訓練等の受講を開始しなかったときは、その事実が確定した日の翌日から起算して10日以内に、移転費を支給した公共職業安定所又は地方運輸局の長にその旨を届け出るとともに、その支給を受けた移転費に相当する額を返還しなければならないこと。

3　この移転費の支給に関する処分について不服があるときは、この処分があったことを知った日の翌日から起算して3箇月以内に雇用保険審査官に対して審査請求をすることができる。

様式第32号（第94条関係）

移　転　証　明　書

1. 移転した者	氏　名		※ 支給番号等	
	移転後の住所又は居所			
2. 就職した事業所	名　称			
	所在地			

3. 雇入年月日	平成　年　月　日	4. 雇用形態	常用・臨時・日雇	5. 雇用期間	

6. 支給した就職支度費の額	円	7. 備　考	

雇用保険法施行規則第94条第2項の規定により上記のとおり移転し、就職したことを証明する。

平成　年　月　日

公共職業安定所長
地方運輸局長　殿

事業主氏名　　　　　　　　印

注　意

1　この証明書は、移転した者から移転費支給決定書の提出を受けたときに作成し、速やかに移転費を支給した公共職業安定所又は地方運輸局の長に送付すること。

2　3欄には、実際に就労した最初の日を記載すること。

3　4欄には、該当する事項を○で囲むこと。

4　5欄には、日雇、臨時工等雇用契約の期間が短いものにあっては、その者の実際の就業期間を記載すること。

5　6欄には、移転した者に事業主が支給した移転に要する費用のすべてを記載すること。

6　この証明書の記載事項と移転費支給決定書の記載事項とが異なる場合には、その理由をできるだけ詳細に7欄に記載すること。

7　事業主の氏名欄には、事業主が法人である場合には、その名称及び代表者の氏名を記載すること。

8　※印欄には、記載しないこと。

様式第32号の2（第99条関係）（第1面）

■ 様式第32号の2（第99条関係）（第1面） ■

求職活動支援費（広域求職活動費）支給申請書

※ 帳票種別 11217

1. 支給番号 □□-□□□□□□-□
2. 未支給区分 □（空欄 未支給以外 1 未支給）
3. 支給金額（広域求職活動費）□□□□□□ 円
4. 広域求職活動開始時期 □（1 給付制限期間中 2 受給中 3 受給終了後）

1 申請者	氏名		住所又は居所	

2 訪問事業所	名称	所在地

雇用保険法施行規則第99条第1項の規定により上記のとおり求職活動支援費（広域求職活動費）の支給を申請します。

平成　　年　　月　　日

公共職業安定所長
地方運輸局長　殿

申請者氏名　　　　　　　　印

※処理欄								
支給番号等			支給決定年月日	平成　年　月　日				
宿泊地	公共職業安定所 地方運輸局関係		公共職業安定所 地方運輸局関係		公共職業安定所 地方運輸局関係		公共職業安定所 地方運輸局関係	
泊数	泊		泊		泊		泊	

区間	鉄道賃 距離（キロメートル） 運賃（円） 急行料金（円）	船賃 距離（キロメートル） 運賃（円）	航空賃 距離（キロメートル） 運賃（円）	車賃 距離（キロメートル） 運賃（円）	宿泊料（円）	計（円）	鉄道距離換算キロ数（キロメートル）
	キロメートル 円 円	キロメートル 円	キロメートル 円	キロメートル 円	円	円	キロメートル
	キロメートル 円 円	キロメートル 円	キロメートル 円	キロメートル 円	円	円	キロメートル
	キロメートル 円 円	キロメートル 円	キロメートル 円	キロメートル 円	円	円	キロメートル
	キロメートル 円 円	キロメートル 円	キロメートル 円	キロメートル 円	円	円	キロメートル
合計						円	キロメートル

備考	求人者から支給される広域求職活動に要する費用の額	円
	差引支給額	円

所属長	次長	課長	係長	係	操作者

■

様式第32号の2（第99条関係）（第2面）

注意

1　この申請書は、公共職業安定所の指示による広域求職活動を終了した日の翌日から起算して10日以内に本人の住居所を管轄する公共職業安定所又は地方運輸局の長に提出してください。

2　2欄の下の申請者氏名については、記名押印又は署名のいずれかにより記載してください。

3　※印欄には、記載しないでください。

様式第32号の３（第100条の４関係）（第１面）

様式第32号の3（第100条の4関係）（第1面）

求職活動支援費（短期訓練受講費）支給申請書

※ 帳票種別

11218

1. 支給番号 □□－□□□□□□□－□

2. 未支給区分 □（空欄 未支給以外 / 1 未支給）

3. 支給金額（短期訓練受講費） □□□，□□□ 円

1 講座	教育訓練施設の名称	講座名	受講開始年月日	受講修了年月日	当該講座に関連する公的資格	受講費（入学料含む）（円）
					資格名（　　） 4. 分類 □ (1~9) 第2面参照　5. 種別 □ (1~3) 第2面参照	円

雇用保険法施行規則第100条の４第１項の規定により上記のとおり求職活動支援費（短期訓練受講費）の支給を申請します。

平成　　年　　月　　日

申請者氏名　　　　　　　　　　印

公共職業安定所長
地方運輸局長　殿

※処理欄			
支給番号等		支給決定年月日	平成　　年　　月　　日
計算欄		支給額（円）	
		円	

備考

所属長		次長		課長		係長		係		操作者	

様式第32号の３（第100条の４関係）（第２面）

注　意

１　この申請書は、教育訓練を行う者（以下「教育訓練実施者」という。）の発行する短期訓練受講費の支給に係る教育訓練を修了したことを証明することができる書類（以下「教育訓練修了証明書」という。）に記載された受講修了日の翌日から起算して１ヵ月以内に、受給資格者証等に下記の確認書類を添付して、申請者本人が、原則として、本人の住居所を管轄する公共職業安定所又は地方運輸局の長に提出してください。

２　申請書に添付すべき確認書類は次のとおりですが、これらの確認書類と申請書の内容が異なる場合は、支給決定を行うことができませんので、教育訓練実施者より（１）、（２）及び（３）の交付があった際には、その内容をよく確認し、事実と異なる場合は、教育訓練実施者に対して修正を依頼してください。

（１）教育訓練実施者の発行する「教育訓練修了証明書」

（２）教育訓練実施者の発行する教育訓練経費に係る「領収書」

教育訓練経費の支払いをクレジット会社を介したクレジット契約により行う場合は、教育訓練実施者の発行する「クレジット契約証明書」（必要事項を教育訓練実施者が付記したクレジット伝票でもよい）、教育訓練実施者に対する分割払等のために「領収書」等が複数枚にわたるときはその全てを提出してください。

（３）教育訓練実施者の発行する「返還金明細書」（「領収書」「クレジット契約証明書」が発行された後で、受講料の値引き等により、教育訓練経費の一部が教育訓練実施者から本人に対して還付された（される）場合に必要です。）

３　申請書の記載について

（１）□□□□で表示された枠（以下「記入枠」という。）に記入する文字は、光学式文字読取装置（ＯＣＲ）で直接読取を行いますので、枠からはみ出さないように大きめの文字により明瞭に記載するとともに、この用紙を汚したり必要以上に折り曲げたりしないでください。

（２）１欄の当該講座に関連する公的資格の分類については、以下の区分に該当するものを記載してください。

１　輸送・機械運転関係	４　情報関係	７　技術関係
２　医療・社会福祉・保健衛生関係	５　事務関係	８　製造関係
３　専門的サービス関係	６　営業・販売・サービス関係	９　その他

（３）１欄の当該講座に関連する公的資格の種別については、以下の区分に該当するものを記載してください。

１　労働安全衛生法に規定する講習（フォークリフト、クレーン等）
２　運転免許取得講習（大型特殊免許等）
３　その他（介護職員初任者研修等）

（４）１欄の下の申請者氏名については、記名押印又は署名のいずれかにより記載してください。

（５）※印欄には記載しないでください。

（６）受講費の額は、「教育訓練修了証明書」及び教育訓練実施者の発行する教育訓練経費に係る「領収書」（又はクレジット契約証明書）の両方に記載された額と同一額となっていることを確認してください。なお、教育訓練経費の一部が教育訓練実施者から本人に対して還付された（される）場合は、受講費の額は「返還金明細書」に記載された額を差し引いた額と同一額となっていることを確認してください。

様式第32号の４（第100条の８関係）（第１面）

■ 様式第32号の4（第100条の8関係）（第1面） ■

求職活動支援費（求職活動関係役務利用費）支給申請書

※ 帳票種別 11219

1. 支給番号 □□－□□□□□□□－□
2. 未支給区分 □（空欄 未支給以外 / 1 未支給）
3. 支給金額（求職活動関係役務利用費） □□□□□□□ 円

	項番	保育等サービス利用理由	保育等サービス事業者名	保育等サービス利用日	保育等サービス利用日数	保育等サービス名	保育等サービス利用期間内の求職活動実施日	保育等サービス利用期間内の求職活動実施日数	費用（自己負担分）（円）
1 保育等サービス	(1)	4. その１ □（1・2）第２面参照			日	5. その１ □□（01～14）第２面参照		6. その１ □□日	円
	(2)	7. その２ □（1・2）第２面参照			日	8. その２ □□（01～14）第２面参照		9. その２ □□日	円
	(3)	10. その３ □（1・2）第２面参照			日	11. その３ □□（01～14）第２面参照		12. その３ □□日	円
	(4)	13. その４ □（1・2）第２面参照			日	14. その４ □□（01～14）第２面参照		15. その４ □□日	円

雇用保険法施行規則第100条の８第１項の規定により上記のとおり求職活動支援費（求職活動関係役務利用費）の支給を申請します。

平成　　年　　月　　日

公共職業安定所長
地方運輸局長　殿

申請者氏名　　　　　　　印

※処理欄	支給番号等		支給決定年月日	平成　年　月　日
	項番	計算欄		支給額（円）
	(1)			円
	(2)			円
	(3)			円
	(4)			円
	合計			円

備考	

所属長	次長	課長	係長	係	操作者

様式第32号の４（第100条の８関係）（第２面）

注　意

1　この申請書は、失業の認定を受けようとする期間（前回の失業の認定日から今回の認定日の前日までの期間。認定対象期間＝支給対象期間（求職活動関係役務利用費））中に、求人者との面接等をするため、又は求職活動関係役務利用費対象訓練を受講するために保育等サービスを利用した場合、その失業の認定を受ける日（認定日＝確認日（求職活動関係役務利用費））に、受給資格者証等に下記の確認書類を添付して、申請者本人が、原則として、本人の住居所を管轄する公共職業安定所又は地方運輸局の長に提出してください。

ただし、高年齢受給資格者、特例受給資格者又は日雇受給資格者の方が求職活動支援費（求職活動関係役務利用費）支給申請書を提出する場合にあっては、当該求職活動関係役務利用費の支給に係る保育等サービスを利用をした日の翌日から起算して四ヶ月以内に行ってください。

2　申請書に添付すべき確認書類は次のとおりですが、これらの確認書類と申請書の内容が異なる場合は、支給決定を行うことができませんので、保育等サービス事業者より（１）、（２）及び（３）の交付があった際には、その内容をよく確認し、事実と異なる場合は、保育等サービス事業者に対して修正を依頼してください。

（１）保育等サービス事業者の発行する保育等サービス費用に係る「領収書」又は「契約書」

保育等サービス費用の支払いをクレジット会社を介してクレジット契約により行う場合は、保育等サービス事業者の発行する「クレジット契約証明書」（必要事項を保育等サービス事業者が付記したクレジット伝票でもよい）、保育等サービス事業者に対する分割払等のために「領収書」等が複数枚にわたるときはその全てを提出してください。

（２）事業主の証明を受けた「面接証明書」又は求職活動関係役務利用費対象訓練を実施する者の発行する求職活動関係役務利用費対象訓練を受講したことを証明することができる書類（「教育訓練修了証明書」など）

（３）保育等サービス費用について、求人者、地方公共団体その他の者から補助を受けた場合はその額を証明する書類

3　申請書の記載について

（１）□□□□で表示された枠（以下「記入枠」という。）に記入する文字は、光学式文字読取装置（ＯＣＲ）で直接読取を行いますので、枠からはみ出さないように大きめの文字により明瞭に記載するとともに、この用紙を汚したり必要以上に折り曲げたりしないでください。

（２）１欄の保育等サービス利用理由については、以下の区分に該当する番号を記載してください。

1　面接等のため	2　訓練のため

（３）１欄の保育等サービス利用日及び保育等サービス利用日数については、利用する保育等サービスの全ての利用日及び利用日数を記載してください。ただし、保育等サービスであって、求職活動のために利用するものではないものは、記載しないでください。

（４）１欄の保育等サービス利用期間内の求職活動実施日及び保育等サービス利用期間内の求職活動実施日数については、保育等サービス利用日及び保育等サービス利用日数に記載した利用日及び利用日数のうち、支給対象期間中に求職活動を実施した日及び日数を記載してください。

（５）１欄の保育等サービス名については、以下の区分に該当する番号を記載してください。

01 認可保育所で行う保育	06 居宅訪問型保育	11 延長保育事業
02 認可幼稚園で行う保育	07 事業所内保育	12 病児保育事業
03 認定子ども園で行う保育	08 一時預かり事業	13 放課後児童クラブ
04 小規模保育	09 子育て短期事業	14 その他の保育等サービス（認可外保育施設が行う保育等）
05 家庭的保育	10 子育て援助活動支援事業（ファミリー・サポート・センター事業）	

（６）１欄の下の申請者氏名については、記名押印又は署名のいずれかにより記載してください。

（７）※印欄には記載しないでください。

（８）費用（自己負担分）の額は、保育等サービス事業者の発行する保育等サービス費用に係る「領収書」（又はクレジット契約証明書）の額と同一額となっていることを確認してください。

様式第33号の２（第101条の２の11関係）（第１面）

■ 様式第33号の2（第101条の2の11関係）（第1面） ■

教育訓練給付金支給申請書

帳票種別 15501

1.個人番号

● 第２面の注意をよくお読みください。
● 支給申請期間は、受講修了日の翌日から1ヵ月以内です。

2.被保険者番号 3.姓（漢字） 4.名（漢字）

5.フリガナ（カタカナ）

6.生年月日 元号 年 月 日 （2 大正 3 昭和 4 平成）

7.指定番号

教育訓練施設の名称 教育訓練講座名

8.受講開始年月日（基準日） 4－ 元号 年 月 日

9.受講修了年月日 4－ 元号 年 月 日

10.教育訓練経費 , , 円

キャリアコンサルタントの名称

11.キャリアコンサルティングを受けた年月日 4－ 元号 年 月 日

12.キャリアコンサルティングの費用 , , 円

13.郵便番号

教育訓練講座の受講をあっせんした販売代理店等及び販売員の名称 （販売代理店等） （販売員）

14.住所（漢字）※市・区・郡及び町村名

住所（漢字）※丁目・番地

住所（漢字）※アパート、マンション名等

（この用紙は、このまま機械で処理しますので、汚さないようにしてください。）

※公共職業安定所記載欄

15.決定年月日 4－ 元号 年 月 日

16.未支給区分（空欄 未支給以外 1 未支給）

17.支払区分

18.金融機関・店舗コード 口座番号

雇用保険法施行規則第101条の2の11第１項の規定により、上記のとおり教育訓練給付金の支給を申請します。

平成 年 月 日 公共職業安定所長 殿

申請者 電話番号 氏名 印

払渡希望金融機関指定届

				金融機関コード	店舗コード	金融機関による確認印
払渡希望金融機関	フリガナ					
	名称		本店 支店			
	銀行等（ゆうちょ銀行以外）	口座番号	（普通）			
	ゆうちょ銀行	記号番号	（総合） －			

◆ 金融機関へのお願い

雇用保険の失業等給付を受給者の金融機関口座へ迅速かつ正確に振り込むため、次のことについて御協力をお願いします。
1. 上記の記載事項のうち「申請者氏名」欄、「名称」欄及び「銀行等（ゆうちょ銀行以外）」の「口座番号」欄（「ゆうちょ銀行」の「記号番号」欄）を確認した上、「金融機関による確認印」欄に貴金融機関確認印を押印してください。
2. 金融機関コード及び店舗コードを記入してください（ゆうちょ銀行の場合を除く。）。

備考	

※処理欄					
決定年月日	平成 年 月 日				
支給決定額	円				
不支給理由					
通知年月日	平成 年 月 日				
修了証明書	領収書	本人・住所	運・健・受・出・任・印	被保険者証	本・代・郵

※所長	次長	課長	係長	係	操作者

9999. Z9 ■

様式第33号の２（第101条の２の11関係）（第２面）

注　意

1　この申請書は、指定教育訓練実施者の発行する「教育訓練修了証明書」に記載された受講修了日の翌日から起算して１ヵ月以内に、下記の確認書類を添付して、申請者本人が、原則として、本人の住居所を管轄する公共職業安定所に提出してください。また申請書の提出は、疾病又は負傷その他やむを得ない理由があると認められない限り、代理人又は郵送によって行うことができません。当該やむを得ない理由のために期間内に公共職業安定所に出頭することができない場合に限り、その理由を記載した証明書を添付のうえ、代理人又は郵送により提出することができます。

2　申請書に添付すべき確認書類は次のとおりですが、これらの確認書類と申請書の内容が異なる場合は、支給決定を行うことができませんので、教育訓練施設より（１）、（２）及び（７）の交付があった際には、その内容をよく確認し、事実と異なる場合は、教育訓練施設に対して修正を依頼してください。

（１）指定教育訓練実施者の発行する「教育訓練修了証明書」

（２）指定教育訓練実施者の発行する教育訓練経費に係る「領収書」

　　教育訓練経費の支払いをクレジット会社を介したクレジット契約により行う場合は、施設の発行する「クレジット契約証明書」（必要事項を施設が付記したクレジット伝票でもよい）、教育訓練施設に対する分割払等のために「領収書」等が複数枚にわたるときはその全てを提出してください。

（３）教育訓練の受講開始日前１年以内に受けたキャリアコンサルティングの費用の支給を受ける場合は次に掲げる書類

ア　キャリアコンサルティング実施者の発行するキャリアコンサルティングの費用に係る「領収書」

　キャリアコンサルティングの費用の支払いをクレジット会社を介したクレジット契約により行う場合は、キャリアコンサルティング実施者の発行する「クレジット契約証明書」（必要事項をキャリアコンサルティング実施者が付記したクレジット伝票でもよい）、キャリアコンサルティング実施者に対する分割払等のために「領収書」等が複数枚にわたるときはその全てを提出してください。

イ　当該教育訓練の受講に関する「キャリアコンサルティングの記録」

ウ　キャリアコンサルティング実施者の発行する担当キャリアコンサルタントによるキャリアコンサルティングが実施されたことを証明することができる書類（以下「キャリアコンサルティング実施証明書」という。）

（４）本人確認及び本人の住居所の確認できる官公署の発行した書類

　　具体的には「運転免許証」「住民票の写し」「雇用保険受給資格者証」「高年齢受給資格者証」「出稼労働者手帳」「印鑑証明書」「国民健康保険被保険者証」のいずれかとします（コピーは不可）。なお、「住民票の写し」「印鑑証明書」の場合、支給・不支給決定通知書については、即日交付は行われず後日、本人の住居所あてに送付されることとなります。

（５）「雇用保険被保険者証」〔「雇用保険受給資格者証」又は「高年齢受給資格者証」でも可。コピーでも可。〕

（６）「教育訓練給付適用対象期間延長通知書」（教育訓練給付適用対象期間の延長措置を受けていた場合にのみ添付してください。）

（７）指定教育訓練実施者又はキャリアコンサルティング実施者の発行する「返還金明細書」（「領収書」「クレジット契約証明書」が発行された後で、受講料の値引き等により、教育訓練経費又はキャリアコンサルティングの費用の一部が指定教育訓練実施者又はキャリアコンサルティング実施者から本人に対して還付された（される）場合に必要です。）

3　申請は正しく行ってください。偽りの記載をして提出した場合には、教育訓練給付金を受けることができなくなるばかりでなく、不正に受給した金額の返還と更にそれに加えて一定の金額の納付を命ぜられ、また、詐欺罪として刑罰に処せられることがあります。なお、詳細については、「教育訓練給付金支給申請書記載に当たっての注意事項」を必ずお読みください。

4　申請書の記載について

（１）□□□□ で表示された枠（以下「記入枠」という。）に記入する文字は、光学式文字読取装置（ＯＣＲ）で直接読取を行いますので、枠からはみ出さないように大きめの文字により明瞭に記載するとともに、この用紙を汚したり必要以上に折り曲げたりしないでください。

（２）※印の付いた欄には記載しないでください。

（３）1欄には、指定された個人番号（マイナンバー）を間違いのないよう記載してください。

（４）2欄には、雇用保険被保険者証（雇用保険受給資格者証又は高年齢受給資格者証）に記載されている被保険者番号を記載してください。なお被保険者番号が１６桁（２段／上６桁・下１０桁）で記載されている場合は、下段の１０桁について左詰めで記載し、最後の欄を空欄としてください。

（５）3～5欄には、漢字、カタカナ、平仮名により明瞭に記載してください。

（６）5欄のフリガナ欄は、姓名と氏名の間に１文字分の空欄をあけてください。この場合、カタカナの濁点及び半濁点は、１文字として取扱い（例：ガー→［カ］［゛］、パー→［ハ］［゜］）、また「ヰ」及び「ヱ」は使用せず、それぞれ「イ」及び「エ」を使用してください。

　また、12欄は、漢字、カタカナ、平仮名及び英数字（英字については大文字体とする。）により明瞭に記載してください。

（７）6欄には、元号をコード番号で記載した上で、年月日が１桁の場合は、それぞれ１０の位の部分に「０」を付加して２桁で記載してください。（例：平成３年２月１日→［4］［-］［0］［3］［0］［2］［0］［1］）

（８）7～10欄は、指定教育訓練実施者の発行する「教育訓練修了証明書」に記載された内容を記載してください。

（９）10欄の額は、指定教育訓練実施者の発行する教育訓練経費に係る「領収書」（又はクレジット契約証明書）の額及び「教育訓練修了証明書」の両方に記載された額と同一額となっていることを確認してください。なお、教育訓練経費の一部が指定教育訓練実施者から本人に対して還付された（される）場合は、教育訓練経費の額は「返還金明細書」に記載された額を差し引いた額と同一額となっていることを確認して下さい。

　また、「教育訓練講座の受講をあっせんした販売代理店等及び販売員の名称」欄に、教育訓練施設の台帳に登載されていない販売代理店等、販売員が記載されている場合や講座受講をあっせんした販売代理店等、販売員があるにもかかわらず記載がない場合は、教育訓練給付金支給申請書が受理されないことがあります。なお、この記載内容につきましては、後日公共職業安定所により調査を行い確認させていただくことがあります。

(10) 11、12欄は、キャリアコンサルティング実施者の発行する「キャリアコンサルティング実施証明書」に記載された内容を記載してください。なお、11欄には、「キャリアコンサルティング実施証明書」に記載されたキャリアコンサルティングを受けた年月日の最後の年月日を記載してください。

(11) 12欄の額は、キャリアコンサルティング実施者の発行するキャリアコンサルティングの費用に係る「領収書」（又はクレジット契約証明書）及び「キャリアコンサルティング実施証明書」の両方に記載された額と同一額となっていることを確認してください。なお、キャリアコンサルティングの費用の一部がキャリアコンサルティング実施者から本人に対して還付された（される）場合は、キャリアコンサルティングの費用の額は「返還金明細書」に記載された額を差し引いた額と同一額となっていることを確認して下さい。

(12) 申請書の電話番号欄は、平日昼間に連絡のとりやすい電話番号を記入してください。

　また、申請者氏名については、記名押印又は署名のいずれかにより記載してください。

5　払渡希望金融機関指定届の記載について

（１）「名称」欄には教育訓練給付金の払渡しを希望する金融機関（ゆうちょ銀行を含む。）の名称及び店舗名（ゆうちょ銀行の場合は名称のみ）を記載してください。

（２）「銀行等（ゆうちょ銀行以外）」の「口座番号」欄又は「ゆうちょ銀行」の「記号番号」欄には、申請者本人名義の普通預（貯）金口座の通帳の記号（口座）番号を記載してください。

（３）金融機関による確認印欄に、「名称」欄に記載した金融機関の確認印を必ず受けてください（申請者本人が金融機関に届け出た印を押印する欄ではないので間違いのないようにしてください）。

（４）なお、金融機関の確認を受けずに、支給申請書の提出と同時に申請者本人の名義の通帳又はキャッシュカード（現物）を提示していただいても差し支えありません（事故防止のため本人来所申請又は代理人申請の場合に限ります）。

　また、雇用保険の基本手当受給資格者等であって既に払渡希望金融機関指定届を届けている方は、届の必要がありません。

様式第33号の２の２（第１面）

様式第33号の2の2（第1面）

教育訓練給付金（第101条の2の7第2号関係）及び教育訓練支援給付金受給資格確認票

（必ず第２面の注意書きをよく読んでから記入してください。）

帳票種別 11502

1. 個人番号

2. 被保険者番号 - -

3. 姓（漢字）

4. 名（漢字）

5. フリガナ（カタカナ）

6. 生年月日 - 元号 年 月 日 （2 大正 3 昭和 4 平成）

7. 指定番号 - -

教育訓練施設の名称

教育訓練講座名

8. 受講開始予定年月日 4 - 元号 年 月 日

受講修了予定年月日 4 - 元号 年 月 日

9. 郵便番号 -

10. 住所（漢字）※市・区・郡及び町村名

住所（漢字）※丁目・番地

住所（漢字）※アパート、マンション名等

11. 電話番号（項目ごとにそれぞれ左付けで記入してください） - -

（この用紙は、このまま機械で処理しますので、汚さないようにしてください。）

雇用保険法施行規則第101条の2の12第１項及び同附則第27条の規定により、
上記のとおり教育訓練給付金（第101条の2の7第2号関係）及び教育訓練支援給付金の受給資格の確認を申請します。

平成　年　月　日　　　公共職業安定所長　殿

申請者氏名　　　　　　　　　　印

※公共職業安定所記載欄

12. 教育訓練給付金資格確認請求年月日 4 - 元号 年 月 日　資格確認年月日 4 - 元号 年 月 日

13. 賃金日額（区分一日額または総額） -

14. 教育訓練支援給付金受給資格確認請求年月日 4 - 元号 年 月 日　資格確認年月日 4 - 元号 年 月 日

15. 教育訓練資格否認

16. 支援給付資格否認

17. 金融機関・店舗コード　口座番号 -

（1 期間不足　2 支給歴　3 コンサルティング結果　4 その他　5 失業状態）

払渡希望金融機関指定届

				金融機関コード	店舗コード	金融機関による確認印
払渡希望金融機関	フリガナ					
	名称		本店 支店			
	銀行等（ゆうちょ銀行以外）	口座番号	（普通） －			
	ゆうちょ銀行	記号番号	（総合） －			

◆ 金融機関へのお願い

雇用保険の失業等給付を受給者の金融機関口座へ迅速かつ正確に振り込むため、次のことについて御協力をお願いします。

1. 上記の記載事項のうち「申請者氏名」欄、「名称」欄及び「銀行等（ゆうちょ銀行以外）」の「口座番号」欄（「ゆうちょ銀行」の「記号番号」欄）を確認した上、「金融機関による確認印」欄に貴金融機関確認印を押印してください。
2. 金融機関コード及び店舗コードを記入してください（ゆうちょ銀行の場合を除く。）。

備考

※処理欄	教育訓練給付金（第101条の2の12関係）		教育訓練支援給付金	
	決定年月日	平成　年　月　日	決定年月日	平成　年　月　日
	資格可否（理由）		資格可否（理由）	
	通知年月日	平成　年　月　日	通知年月日	平成　年　月　日
	キャリコン	事業主承認	本人・住所	運・健・出・印・受・住	被保険者証	本・代・郵

※所長	次長	課長	係長	係	操作者

様式第33号の2の2（第2面）

注　意

1　この確認票は、教育訓練給付金（第101条の2の7第2号関係）及び教育訓練支援給付金の給付に必要な受給資格の確認を行うためのものです。
　8欄に記載した受講開始予定年月日の前日から起算して1か月前の日までに、下記の確認書類を添付して、申請者本人が、原則として、本人の住居所を管轄する公共職業安定所に提出してください。

　確認票の提出は、疾病又は負傷その他やむを得ない理由があると認められない限り、代理人又は郵送によって行うことができません。当該やむを得ない理由のために期間内に公共職業安定所に出頭することができない場合に限り、その理由を記載した証明書を添付の上、代理人又は郵送により提出することができます。代理人が提出する場合は、委任状も必要になります。
2　確認票に添付すべき確認書類は次のとおりですが、これらの確認書類と確認票の内容が異なる場合は、受給資格の確認を行うことができません。
（1）当該教育訓練の受講に関する「キャリア・コンサルティングの記録」又は「事業主の承認」
　［事業主の承認は、公共職業安定所が指定する様式により提出すること。］
（2）本人確認及び本人の住居所の確認できる官公署の発行した書類（コピーは不可）
　［運転免許証、住民基本台帳カードのうち本人の写真付き。これがない場合は、①旅券（パスポート）、②住民票記載事項証明書（住民票、印鑑証明書）、③国民健康保険被保険者証（健康保険被保険者証）のうちいずれか2種類（①、②又は③から各1種類で合計2種類）。］
（3）「雇用保険被保険者証」（「雇用保険受給資格者証」又は「高年齢受給資格者証」でも可。コピーでも可。）
（4）「教育訓練給付適用対象期間延長通知書」（教育訓練給付の受給資格確認をする場合であって、教育訓練給付適用対象期間の延長措置を受けていた場合にのみ添付してください。）
（5）最近の写真（3か月以内の写真であって、正面上半身が写った、縦3.0cm×横2.5cmのものを、2枚）
（6）雇用保険被保険者離職票－1及び2（教育訓練支援給付金の受給資格の確認を行う場合にのみ添付してください。基本手当等の資格決定を受け、雇用保険受給資格者証又は高年齢受給資格者証の交付を受けている場合は、雇用保険受給資格者証又は高年齢受給資格者証を添付してください。）
3　申請は正しく行ってください。偽りの記載をして提出した場合は、教育訓練給付金及び教育訓練支援給付の支給申請を行うことができなくなるばかりでなく、不正に受給した金額の返還と更にそれに加えて一定の金額の納付を命ぜられ、また、詐欺罪として処罰されることがあります。なお、詳細については「教育訓練給付金支給申請書記載に当たっての注意事項」を必ずお読みください。
4　確認票の記載について
（1）この確認票により、教育訓練給付金（第101条の2の7第2号関係）及び教育訓練支援給付金の受給資格があるか確認の申請をすることができますが、受給資格の確認を申請しない給付金がある場合は、表題及び第1面署名欄の確認しない給付の文書と「及び」を抹消してください。
（2）□□□□で表示された枠（以下「記入枠」という。）に記入する文字は、光学式文字読取装置（ＯＣＲ）で直接読取を行いますので、記入枠からはみ出さないように大きめの文字により明瞭に記載するとともに、この用紙を汚したり、必要以上に折り曲げたりしないでください。
（3）※印のついた欄には記載しないでください。
（4）1欄には、指定された個人番号（マイナンバー）を間違いのないよう記載してください。
（5）2欄には、雇用保険被保険者証（雇用保険受給資格者証又は高年齢受給資格者証）に記載されている被保険者番号を記載してください。なお被保険者番号が16桁（2段／上6桁・下10桁）で記載されている場合は、下段の10桁について左詰めで記載し、最後の欄を空欄としてください。
（6）3～5欄は漢字、カタカナ、平仮名により明瞭に記載してください。
（7）5欄のフリガナ欄は、姓名と氏名の間に1文字分の空欄をあけてください。この場合、カタカナの濁点及び半濁点は、1文字として取扱い（例：ガ→ カ゛、パ→ ハ゜）、また「ヰ」及び「ヱ」は使用せず、それぞれ「イ」及び「エ」を使用してください。
（8）6欄には元号コードを記載した上で、年月日が1桁の場合は、それぞれ10の位の部分に「0」を付加して2桁で記載してください。（例：平成3年2月1日→ 4－030201 ）
（9）7欄,8欄は受講を希望する指定教育訓練の実施者に確認の上、記載してください。照会票に記載された受講開始予定日と実際の受講開始日が異なる場合は、各給付金の支給申請時に受給できないことがあります。実際の受講開始日が変更された場合、速やかに公共職業安定所あて連絡してください。
(10) 10欄は、漢字、カタカナ、平仮名及び英数字（英字については大文字体とする。）により明瞭に記載してください。
(11) 11欄の電話番号は、平日昼間に連絡の取りやすい電話番号を記載してください。
(12) 申請者氏名については、記名押印又は署名のいずれかにより記載してください。
5　払渡希望金融機関指定届の記載について
（1）「名称」欄には教育訓練給付金及び教育訓練支援給付金を今後申請する際に払渡しを希望する金融機関（ゆうちょ銀行を含む。）の名称及び店舗名（ゆうちょ銀行の場合は名称のみ）を記載してください。
（2）「銀行等（ゆうちょ銀行以外）」の「口座番号」欄又は「ゆうちょ銀行」の「記号番号」欄には、申請者本人の名義の通帳の記号（口座）番号を記載してください。
（3）金融機関による確認印欄に、「名称」欄に記載した金融機関による確認印を必ず受けてください。（申請者本人が金融機関に届け出た印を押印する欄ではないので間違いのないようにしてください。）
（4）なお、金融機関の確認を受けずに、確認票の提出と同時に申請者本人の名義の通帳（現物）を提示していただいても差し支えありません（事故防止のため本人又は代理人が来所した場合に限ります）。また、雇用保険の基本手当受給資格者等であって既に払渡希望金融機関指定届を届けている方は、届の必要がありません。

様式第33号の２の３（第１面・第２面）

教育訓練給付金（第101条の2の7第2号関係）及び教育訓練支援給付金受給資格者証

（第１面）

1. 被保険者番号	2. 氏名		
3. 性別	4. 受講開始時年齢	5. 生年月日	6. 離職又は在職の別の表示

7. 住所又は居所
8. 支払方法（記号（口座）番号－金融機関名－支店名）

9. 支給番号	10. 離職時賃金日額	11. 支給日額

12. 教育訓練実施者名	13. 教育訓練施設の名称

14. 教育訓練講座名

15. 指定番号	16. 実施方法	17. 訓練期間
18. 受給資格確認年月日	19. 受講開始日	20. 受講修了予定日

21. 登録資格
22. 登録訓練経費

管轄公共職業安定所

電話番号　　　　交付　　年　　月　　日　　　　公共職業安定所長

－－－－－－－－－－ 折り曲げ線 －－－－－－－－－－

注意事項

1　この証は、受講修了日から１年間は大切に保管してください。もし、この証を滅失したり、損傷したときは、速やかに申し出て再交付を受けてください。なお、この証は、折り曲げ線以外では折り曲げないでください。

2　教育訓練給付金（第101条の2の7第2号関係）、又は教育訓練支援給付金を受けようとするときは、この証を関係書類に添えて、原則として管轄公共職業安定所の長に提出してください。

3　あなたが預貯金口座への振込みの方法によって支給を受ける場合、支給金額欄の金額をあらかじめ指定された金融機関の預貯金口座に振り込む手続きを、支給決定後に行いますので、その金融機関から支払いを受けてください。この場合、その金融機関から支払いを受けることができる日が、給付金の支給日となります。

4　定められた出頭日に来所しないときは、教育訓練支援給付金の支給を受けることができなくなることがあります。

5　教育訓練支援給付金を受給するために、失業の認定を受けようとする期間中に就職した日があった場合はその旨を必ず届け出てください。

6　偽りその他不正の行為によって教育訓練給付金（第101条の2の7第2号関係）又は教育訓練支援給付金を受けたり、又は受けようとしたときは、以後教育訓練給付金及び教育訓練支援給付金を受けられなくなるばかりでなく、不正受給した金額の返還と更にそれに加えて一定の金額の納付を命ぜられ、また、処罰される場合があります。

7　氏名、住所若しくは居所、又は電話番号を変更したときは、その後最初に来所したときに、届書を提出してください。

8　教育訓練給付金（第101条の2の7第2号関係）に関する処分又は上記６の返還若しくは納付を命ずる処分について不服があるときは、その処分があったことを知った日の翌日から起算して３箇月以内に　　　　雇用保険審査官に対して審査請求をすることができます。

9　教育訓練給付金（第101条の2の7第2号関係）又は教育訓練支援給付金について分からないことがあった場合には、公共職業安定所の窓口で御相談ください。

被保険者番号

（第２面）

様式第33号の2の3（第3面・第4面）

（第3面）

写真欄 3×2.5	被保険者番号	氏名

処理状況						
行数	処理月日	認定（支給）期間	日数	種類	支給金額	備考
1						
2						
3						
4						
5						
6						
7						
8						
9						
10						
11						
12						
13						
14						
15						
16						
17						
18						
19						
20						

折り曲げ線

行数	処理月日	認定（支給）期間	日数	種類	支給金額	備考
21						
22						
23						
24						
25						
26						
27						
28						
29						
30						
31						
32						
33						
34						
35						
36						
37						
38						
39						
40						
41						
42						
43						
44						

種類		
	教育訓練給付金（第101条の2の7第2号関係）	専門訓練給付金
	教育訓練給付金（第101条の2の7第3号関係）	訓練追加給付金
	教育訓練支援給付金	訓練支援給付金

未支給	支給金額の頭に（未）を付す。
追給	支給金額又は（未）の頭に（追）を付す。

（第4面）

様式第33号の２の４（第１面）

様式第33号の2の4（第1面）

教育訓練給付金（第101条の2の7第2号関係）支給申請書

（必ず第２面の注意書きをよく読んでから記入してください。）

帳票種別 10504

1. 被保険者番号 □□□□－□□□□□□－□

2. 受講開始年月日 4－□□□□□□ 元号 年 月 日

3. 指定番号 □□□□□－□□□□□－□

教育訓練施設の名称

教育訓練講座名

4. 支給単位期間 （初日） 4－□□□□□□ 元号 年 月 日 （末日）－□□□□ 月 日

5. 受講修了年月日 4－□□□□□□ 元号 年 月 日

6. 4の期間に係る教育訓練経費 □□□,□□□,□円

教育訓練講座の受講をあっせんした販売代理店等及び販売員の名称

（販売代理店等） （販売員）

雇用保険法施行規則第101条の2の12第５項の規定により、
上記のとおり教育訓練給付金（第101条の2の7第2号関係）の給付の支給を申請します。

平成　年　月　日　　公共職業安定所長　殿

申請者氏名＿＿＿＿＿＿＿＿＿＿＿＿＿＿印

※公共職業安定所記載欄

7. 教育訓練給付金支給・不支給決定年月日 4－□□□□□□ 元号 年 月 日

8. 未支給区分 □ （空欄 未支給以外 / 1 未支給）

9. 支払区分 □

10. 不支給理由 □ （1 受講不良 / 2 申請期限 / 3 その他）

備考

（この用紙は、このまま機械で処理しますので、汚さないようにしてください。）

※処理欄		
	決定年月日	平成　年　月　日
	支給決定額	円
	不支給理由	
	通知年月日	平成　年　月　日

資格者証	受講証明	領収書	本人・住所	運・受・住	健・出・印	本・代・郵

※所長	次長	課長	係長	係	操作者

様式第33号の２の４（第２面）

注　意

1　この申請書は、教育訓練給付金（第101条の2の7第2号関係）の支給申請を行うためのものです。
　指定教育訓練実施者の発行する「受講証明書」に記載された支給単位期間末日の翌日から起算して1か月以内に、下記の確認書類を添付して、申請者本人が、原則として、本人の住居所を管轄する公共職業安定所に提出してください。

　申請書の提出は、疾病又は負傷その他やむを得ない理由があると認められない限り、代理人又は郵送によって行うことができません。当該やむを得ない理由のために期間内に公共職業安定所に出頭することができない場合に限り、その理由を記載した証明書を添付の上、代理人又は郵送により提出することができます。代理人が提出する場合は、委任状も必要になります。

2　申請書に添付すべき確認書類は次のとおりですが、これらの確認書類と申請書の内容が異なる場合は、支給決定を行うことができませんので、教育訓練施設より（１）～（３）の交付があった際には、その内容をよく確認し、事実と異なる場合は、教育訓練施設に対して修正を依頼してください。

（１）教育訓練実施者の発行する、本支給申請の対象となる支給単位期間の「受講証明書」

（２）教育訓練実施者の発行する、本支給申請の対象となる支給単位期間の教育訓練経費に係る「領収書」
〔教育訓練経費の支払いをクレジット会社を介したクレジット契約により行う場合は、施設の発行する「クレジット契約証明書」（必要事項を施設が付記したクレジット伝票でもよい）、教育訓練施設に対する分割払等のために「領収書」等が複数枚に渡るときはその全てを提出してください。〕

（３）指定教育訓練実施者の発行する「返還金明細書」（「領収書」「クレジット契約証明書」が発行された後で、受講料の値引き等により、教育訓練経費の一部が教育訓練施設から本人に対して還付された（される）場合に必要です。）

（４）教育訓練給付金（第101条の2の7第2号関係）受給資格者証（教育訓練支援給付金の受給資格もある方は教育訓練給付金（第101条の2の7第2号関係）及び教育訓練支援給付金受給資格者証。）

3　申請は正しく行ってください。偽りの記載をして提出した場合は、教育訓練給付金及び教育訓練支援給付金の支給申請を行うことができなくなるばかりでなく、不正に受給した金額の返還と更にそれに加えて一定の金額の納付を命ぜられ、また詐欺罪として処罰されることがあります。なお、詳細については「教育訓練給付金支給申請書記載に当たっての注意事項」を必ずお読みください。

4　申請書の記載について

（１）□□□□で表示された枠（以下「記入枠」という。）に記入する文字は、光学式文字読取装置（ＯＣＲ）で直接読取を行いますので、記入枠からはみ出さないように大きめの文字により明瞭に記載するとともに、この用紙を汚したり、必要以上に折り曲げたりしないでください。

（２）※印のついた欄には記載しないでください。

（３）1欄には、教育訓練給付金（第101条の2の7第2号関係）受給資格者証（教育訓練支援給付金の受給資格もある方は、教育訓練給付金（第101条の2の7第2号関係）及び教育訓練支援給付金受給資格者証）に記載されている被保険者番号を記載してください。

（４）2欄は、年月日が1桁の場合は、それぞれ10の位の部分に「0」を付加して2桁で記載してください。
（例：平成3年2月1日→ 4-030201 ）

（５）3～6欄は、指定教育訓練実施者の発行する「受講証明書」に記載された内容を記載してください。年月日の記載は2欄の記載方法に従ってください。また、訓練が修了した方のみ5欄を記載してください。

（６）6欄の額は、指定教育訓練実施者の発行する当該支給単位期間の教育訓練経費にかかる「領収書」（又はクレジット契約証明書）の額及び「受講証明書」の両方に記載された額と同一額となっていることを確認してください（「返還金明細書」が必要な場合を除きます。）。
　また、「教育訓練講座の受講をあっせんした販売代理店等及び販売員の名称」欄に、教育訓練施設の台帳に登録されていない販売代理店等、販売員が記載されている場合や講座受講をあっせんした販売代理店等、販売員があるにもかかわらず記載がない場合は、教育訓練給付金が支給されないことがあります。なお、この記載内容につきましては、後日公共職業安定所により調査を行い、確認させていただくことがあります。

（７）申請者氏名については、記名押印又は署名のいずれかにより記載してください。

様式第33号の２の５（第１面）

■ 様式第33号の2の5（第1面）

教育訓練給付金（第101条の2の7第3号関係）支給申請書

（必ず第２面の注意書きをよく読んでから記入してください。）

帳票種別 10505

（この用紙は、このまま機械で処理しますので、汚さないようにしてください。）

1. 被保険者番号 □□□□-□□□□□□-□

2. 受講開始年月日 4-□□□□□□（元号 年 月 日）

3. 指定番号 □□□□□-□□□□□□-□□

教育訓練施設の名称

教育訓練講座名

教育訓練講座の受講をあっせんした販売代理店等及び販売員の名称

（販売代理店等）（販売員）

4. 受講修了年月日 4-□□□□□□（元号 年 月 日）

5. 資格等取得年月日 4-□□□□□□（元号 年 月 日）

取得資格名称

6. 就職年月日 4-□□□□□□（元号 年 月 日）

就職先事業所名

事業主の証明

① 就職先の事業所	名称		（雇用保険）事業所番号	- -
	所在地	〒 （電話番号）	事業の種類	

② 雇入年月日 平成 年 月 日 ③ 職種 ④一週間の所定労働時間 時間 分 ⑤賃金月額 万 千円

⑥ 雇用期間 ア 定めなし イ 定めあり 平成 年 月 日まで 契約更新条項（ア 有 イ 無） 1年を超えて雇用する見込み（ア 有 イ 無）

上記の記載事実に誤りのないことを証明する。

平成 年 月 日

事業主氏名（法人のときは名称及び代表者氏名） 印

7. 教育訓練経費（1回目）	円	（追納金額）	円
8. 教育訓練経費（2回目）	円	（追納金額）	円
9. 教育訓練経費（3回目）	円	（追納金額）	円
10. 教育訓練経費（4回目）	円	（追納金額）	円
11. 教育訓練経費（5回目）	円	（追納金額）	円
12. 教育訓練経費（6回目）	円	（追納金額）	円

雇用保険法施行規則第101条の2の12第６項の規定により、上記のとおり教育訓練給付金（第101条の2の7第3号関係）の支給を申請します。

平成 年 月 日 公共職業安定所長 殿

申請者氏名 印

※公共職業安定所記載欄

13. 教育訓練給付金追加給付支給・不支給決定年月日 4-□□□□□□（元号 年 月 日）

14. 未支給区分 □（空欄 未支給以外／1 未支給）

15. 支払区分 □

16. 不支給理由 □（1 資格等未取得／2 未就職／3 申請期限）

備考

決定年月日	平成 年 月 日
支給決定額	円
不支給決定理由	
通知年月日	平成 年 月 日
合格等年月日・合格証等	平成 年 月 日（ ）

※処理欄：資格者証／受講証明／領収書／本人・住所／運・受・住・健・出・印／本・代・郵

※所長 次長 課長 係長 係 操作者

様式第33号の２の５（第２面）

注　意

1　この申請書は、教育訓練給付金（第101条の2の7第3号関係）の追加給付の支給申請を行うためのものです。
　教育訓練受講中又は受講修了後1年以内に定められた資格を取得するとともに、受講修了後1年以内に雇用保険の被保険者として就職した場合に支給申請を行うことができます。

　この場合、資格取得と就職の両条件を満たした日の翌日から起算して1か月以内に、下記の確認書類を添付して、申請者本人が、原則として、本人の住居所を管轄する公共職業安定所に提出してください。申請書の提出は、疾病又は負傷その他やむを得ない理由があると認められない限り、代理人又は郵送によって行うことができません。当該やむを得ない理由のために期間内に公共職業安定所に出頭することができない場合に限り、その理由を記載した証明書を添付の上、代理人又は郵送により提出することができます。代理人が提出する場合は、委任状も必要になります。

2　申請書に添付すべき確認書類は次のとおりですが、これらの確認書類と申請書の内容が異なる場合は、支給決定を行うことができませんので、教育訓練施設より（１）～（３）の交付があった際には、その内容をよく確認し、事実と異なる場合は、教育訓練施設に対して修正を依頼してください。

（１）教育訓練実施者の発行する、全教育訓練期間の「受講証明書」
（２）教育訓練実施者の発行する全教育訓練経費にかかる「領収書」
　［教育訓練経費の支払いをクレジット会社を介したクレジット契約により行う場合は、施設の発行する「クレジット契約証明書」（必要事項を施設が付記したクレジット伝票でもよい）、教育訓練施設に対する分割払等のために「領収書」等が複数枚に渡るときはその全てを提出してください。］
（３）指定教育訓練実施者の発行する「返還金明細書」（「領収書」「クレジット契約証明書」が発行された後で、受講料の値引き等により、教育訓練経費の一部が教育訓練施設から本人に対して還付された（される）場合に必要です。）
（４）教育訓練給付（第101条の2の7第2号関係）受給資格者証（教育訓練支援給付金の受給資格もある方は、教育訓練給付金第101条の2の7第2号関係）及び教育訓練支援給付金受給資格者証。）
（５）定められた資格を取得したことを証明する書類の写し（合格証等）

3　申請は正しく行ってください。偽りの記載をして提出した場合は、教育訓練給付金及び教育訓練支援給付金の支給申請を行うことができなくなるばかりでなく、不正に受給した金額の返還と更にそれに加えて一定の金額の納付を命ぜられ、また、詐欺罪として処罰されることがあります。なお、詳細については「教育訓練給付金支給申請書記載に当たっての注意事項」を必ずお読みください。

4　申請書の記載について
（１）□□□□で表示された枠（以下「記入枠」という。）に記入する文字は、光学式文字読取装置（ＯＣＲ）で直接読取を行いますので、記入枠からはみ出さないように大きめの文字により明瞭に記載するとともに、この用紙を汚したり、必要以上に折り曲げたりしないでください。
（２）※印のついた欄には記載しないでください。
（３）1欄には、教育訓練給付金（第101条の2の7第2号関係）受給資格者証（教育訓練支援給付金の受給資格もある方は、教育訓練給付金（第101条の2の7第2号関係）及び教育訓練支援給付金受給資格者証）に記載されている被保険者番号を記載してください。
（４）2欄は、年月日が1桁の場合は、それぞれ10の位の部分に「0」を付加して2桁で記載してください。
　（例：平成3年2月1日→ 4-030201 ）
（５）2～4欄は、指定教育訓練実施者の発行する「受講証明書」に記載された内容を記載してください。年月日の記載は2欄の記載方法に従ってください。
（６）5欄は定められた資格を取得した日を記載してください。
（７）6欄は就職した日を記載してください。
（８）7～12欄は受講期間によって記入すべき欄の数が変わります。記入することがない欄は、空欄にしてください。
　受講期間が6ヶ月以下…7欄のみ記入
　受講期間が6ヶ月を超えて1年以下…7，8欄を記入
　受講期間が1年を超えて1年6ヶ月以下…7～9欄を記入
　受講期間が1年6ヶ月を超えて2年以下…7～10欄を記入
　受講期間が2年を超えて2年6ヶ月以下…7～11欄を記入
　受講期間が2年6ヶ月を超えて3年以下…7～12欄を記入
（９）7～12欄の額は、指定教育訓練実施者の発行するこれまでの全ての各支給単位期間の教育訓練経費にかかる「領収書」（又はクレジット契約証明書）の額及び「受講証明書」の両方に記載された額と同一額となっていることを確認してください（「返還金明細書」が必要な場合を除きます。）。
　また、「教育訓練講座の受講をあっせんした販売代理店等及び販売員の名称」欄に、教育訓練施設の台帳に登録されていない販売代理店等、販売員が記載されている場合や講座受講をあっせんした販売代理店等、販売員があるにもかかわらず記載がない場合は、教育訓練給付金が支給されないことがあります。なお、この記載内容につきましては、後日公共職業安定所により調査を行い、確認させていただくことがあります。
（10）申請者氏名については、記名押印又は署名のいずれかにより記載してください。

様式第33号の２の６（第１面）

様式第33号の2の6（第１面）

教育訓練給付金（第101条の2の7第2号関係）受給者 氏名 住所 電話番号 変更届

※ 帳票種別 10506

1. 被保険者番号 □□□□－□□□□□□－□

2. 受講開始年月日 4－□□□□□□ 元号 年 月 日

1 氏　　名	フリガナ	
	新	
	旧	
2 住　　所	新	〒
	旧	〒
3 電話番号	新	－ －
	旧	－ －
4 生年月日	大正 昭和 平成 　年　月　日	5 変更年月日 平成　年　月　日

雇用保険法施行規則第101条の2の15の規定により上記のとおり届けます。

平成　　年　　月　　日

公共職業安定所長　殿

受給者氏名＿＿＿＿＿＿＿＿＿＿ 印

電話番号（　　　　　　）

備考	※口座名義変更確認欄

※ 所属長		次長		課長		係長		係		操作者	

様式第33号の2の6（第2面）

注　意

1 氏名を変更したときは、標題中「住所」及び「電話番号」の文字を抹消すること。この場合には、2欄及び3欄には記載しないこと。
2 住所を変更したときは、標題中「氏名」及び「電話番号」の文字を抹消すること。この場合には、1欄及び3欄には記載しないこと。
3 電話番号を変更したときは、標題中「氏名」及び「住所」の文字を抹消すること。この場合には、1欄及び2欄には記載しないこと。
4 3・4欄の下の受給者氏名については、記名押印又は署名のいずれかにより記載すること。
5 この届書には、電話番号を変更する場合を除き、変更の事実を証明することができる官公署が発行した書類（例えば住民票）を添えること。
6 ※印欄には、記載しないこと。

様式第33号の２の７（第１面）

■ 様式第33号の2の7（第1面） ■

教育訓練支援給付金受講証明書

（必ず第２面の注意書きをよく読んでから記入してください。）

帳票種別 10503

（この用紙は、このまま機械で処理しますので、汚さないようにしてください。）

1 受講者氏名	
2 証明対象期間	平成　年　月　日～平成　年　月　日
3 教育訓練講座名	

4 右のカレンダーに該当する印をつけるとともに、開講日数、出席等日数、出席率を記入してください。

(1) 教育訓練が行われなかった日（日・祝日等）＝印
(2) 教育訓練を一部のみ受けた日 △印
(3) 教育訓練を受けなかった日 ×印

月							月							月						
1	2	3	4	5	6	7	1	2	3	4	5	6	7	1	2	3	4	5	6	7
8	9	10	11	12	13	14	8	9	10	11	12	13	14	8	9	10	11	12	13	14
15	16	17	18	19	20	21	15	16	17	18	19	20	21	15	16	17	18	19	20	21
22	23	24	25	26	27	28	22	23	24	25	26	27	28	22	23	24	25	26	27	28
29	30	31					29	30	31					29	30	31				
開講日数						日	出席等日数						日	出席率						%

5 特記事項

上記の記載事実に誤りのないことを証明する。　平成　年　月　日

公共職業安定所長殿

指定教育訓練実施者名
教育訓練施設の名称
所在地
電話番号
長の職名・氏名　印

6 失業と受講の認定を受けようとする期間中に、就職をしましたか。

ア した（就職をした日は○印を右のカレンダーに記入してください。）
イ していない

月							月							月						
1	2	3	4	5	6	7	1	2	3	4	5	6	7	1	2	3	4	5	6	7
8	9	10	11	12	13	14	8	9	10	11	12	13	14	8	9	10	11	12	13	14
15	16	17	18	19	20	21	15	16	17	18	19	20	21	15	16	17	18	19	20	21
22	23	24	25	26	27	28	22	23	24	25	26	27	28	22	23	24	25	26	27	28
29	30	31					29	30	31					29	30	31				

7 就職もしくは自営した人又はその予定のある人が記入してください。

ア 就職	(1) 公共職業安定所又は地方運輸局紹介 (2) 地方公共団体又は職業紹介事業者紹介 (3) 自己就職 月　日より就職（予定）	（就職先事業所） 事業所名（　） 所在地（〒　）
イ 自営	月　日より自営業開始（予定）	電話番号（　）

雇用保険法施行規則附則第28条の規定により、上記のとおり申告し、教育訓練支援給付金の支給を申請します。

平成　年　月　日

申請者氏名　印

公共職業安定所長　殿

被保険者番号（　）

※公共職業安定所記載欄

1. 被保険者番号 □□□□－□□□□□□－□
2. 受講開始年月日 □－□□□□□□（元号 年 月 日）
3. 未支給区分 □（空欄 未支給以外　1 未支給）
4. 支払区分 □
5. 支給期間その１（初日）4－□□□□□□－（末日）□□□□□□（元号 年 月 日 年 月 日）
6. 認定日数その１ □□□
7. 不支給理由その１ □（1 就職　2 受講不良　3 その他）
8. 支給期間その２（初日）4－□□□□□□－（末日）□□□□□□（元号 年 月 日 年 月 日）
9. 認定日数その２ □□□
10. 不支給理由その２ □（1 就職　2 受講不良　3 その他）
11. 就職年月日－経路 □－□□□□□□－□（元号 年 月 日）
12. 離職年月日－離職理由 □－□□□□□□－□（元号 年 月 日）

備考		※	所長	次長	課長	係長	係	操作者

9999. Z9

様式第33号の２の７（第２面）

注　意

1　この証明書は、教育訓練支援給付金の支給を受けようとするときに、必ず本人が提出すること。
2　申告は正しくすること。申告しなければならない事柄を申告しなかったり、偽りの記載をして提出した場合には、教育訓練支援給付及び教育訓練給付を受けることが出来なくなるばかりでなく、不正に受給した金額の返還と更にそれに加えて一定の金額の納付を命ぜられ、また、詐欺罪として刑罰に処せられることがあること。
3　証明対象期間は、原則、初めて教育訓練支援給付金の支給に関して失業の認定を受ける場合にあっては受講開始日（受講開始日以後に教育訓練支援給付金の受給資格の決定を受けた場合は、その日）から２か月間、それ以外の教育訓練支援給付金の支給に関して失業の認定を受ける場合にあっては、前回の証明対象期間の末日の翌日から２か月間であること。なお、当該２か月間に当該教育訓練講座の訓練期間の末日が含まれる場合は、当該末日までであること。
4　４欄の「開講日数」は、証明対象期間のうち講座が開講された日数を記載すること。証明対象期間が２か月ある場合、２か月分をまとめて記入すること。次の出席日数と出席率も同様に、証明対象期間が２か月ある場合は、２か月分をまとめて記入すること。遅刻、早退は訓練実施日あたり２分の１以上の出席があった場合、カレンダーに△を付け、出席日数に0.5日として算入すること。
「出席日数」は、講座に出席した日数と、カレンダーに△を付けた日数の合計を記載すること。小数点以下の端数は切り捨てること。

「出席率」は、「出席日数／開講日数×100」（%）を記載すること。小数点以下の端数は切り捨てること。
5　教育訓練講座を受講しなかった日がある場合は、具体的事情その他必要な事項を５欄に記載すること。
6　６欄は、該当する記号を〇で囲むこと。アを〇で囲んだ者は、その内容をカレンダーに申告すること。
7　６欄の「就職」とは、事業主に雇用された場合、自営業を営んだ場合、嘱託になった場合などおよそ職業として認められるものに就いた場合若しくは自営業を開始するための準備などをした場合であること。これは雇用保険の被保険者となっている期間、雇用保険の被保険者とはならないが契約期間が７日以上の一の雇用契約における週所定労働時間が20時間以上であって、かつ、１週間の実際に就労する日が４日以上の場合の当該契約期間、個人事業主を含む自営を営んだ場合又は会社の役員になった場合等をいうものであること。なお、賃金などの報酬がなくても就職したことになるものであること。
8　申請者氏名については、記名押印又は署名のいずれかにより記載すること。
9　※印欄には、記載しないこと。

様式第33号の３（第101条の５、第101条の７関係）（第１面）

様式第33号の3（第101条の5、第101条の7関係）（第1面）

高年齢雇用継続給付受給資格確認票・（初回）高年齢雇用継続給付支給申請書

（必ず第２面の注意書きをよく読んでから記入してください。）

帳票種別 13300

1. 個人番号

2. 被保険者番号

3. 資格取得年月日　元号　年　月　日（3 昭和　4 平成）

4. 事業所番号

5. 給付金の種類（1 基本給付金　2 再就職給付金）

＜賃金支払状況＞

6. 支給対象年月その１　4－　元号　年　月

7. 6欄の支給対象年月に支払われた賃金額　円

8. 賃金の減額のあった日数　日

9. みなし賃金額　円

10. 支給対象年月その２　4－　元号　年　月

11. 10欄の支給対象年月に支払われた賃金額　円

12. 賃金の減額のあった日数　日

13. みなし賃金額　円

14. 支給対象年月その３　4－　元号　年　月

15. 14欄の支給対象年月に支払われた賃金額　円

16. 賃金の減額のあった日数　日

17. みなし賃金額　円

※公共職業安定所記載欄

60歳到達時等賃金登録欄

18. 賃金月額（区分－日額又は総額）　円（1 日額　2 総額）

19. 登録区分

20. 基本手当の受給資格

21. 定年等修正賃金登録年月日　4－　元号　年　月　日

高年齢雇用継続給付受給資格確認票項目記載欄

22. 受給資格確認年月日　4－　元号　年　月　日

23. 支給申請月（1 奇数月　2 偶数月）

24. 次回（初回）支給申請年月日　4－　元号　年　月　日

25. 支払区分

26. 金融機関・店舗コード　口座番号

27. 未支給区分（空欄 未支給以外　1 未支給）

（この用紙は、このまま機械で処理しますので、汚さないようにしてください。）

その他賃金に関する特記事項

28.	29.	30.

上記の記載事実に誤りのないことを証明します。

事業所名（所在地・電話番号）

平成　年　月　日　事業主氏名　印

上記のとおり高年齢雇用継続給付の受給資格の確認を申請します。
雇用保険法施行規則第101条の５・第101条の７の規定により、上記のとおり高年齢雇用継続給付の支給を申請します。

平成　年　月　日　公共職業安定所長　殿　住所　申請者氏名（フリガナ）　印

払渡希望金融機関指定届				金融機関コード	店舗コード	金融機関による確認印
	払渡希望金融機関	フリガナ				
		名　称	本店・支店			
		銀行等（ゆうちょ銀行以外）	口座番号	（普通）		
		ゆうちょ銀行	記号番号	（総合）　－		

◆ 金融機関へのお願い
雇用保険の失業等給付を受給者の金融機関口座へ迅速かつ正確に振り込むため、次のことについて御協力をお願いします。
1. 上記の記載事項のうち「申請者氏名」欄、「名称」欄及び「銀行等（ゆうちょ銀行以外）」の「口座番号」欄（「ゆうちょ銀行」の「記号番号」欄）を確認した上、「金融機関による確認印」欄に貴金融機関確認印を押印してください。
2. 金融機関コード及び店舗コードを記入してください（ゆうちょ銀行の場合を除く。）。

備考						
賃金締切日	日	賃金支払日	当月・翌月　日	賃金形態	月給・日給・時間給・	
所定労働日数	6欄　日		10欄　日		14欄　日	
通勤手当	有（毎月・３か月・６か月・　）・無					

※処理欄	
資格確認の可否	可・否
年齢確認書類	住・免・（　）
資格確認年月日	平成　年　月　日
通知年月日	平成　年　月　日

社会保険労務士記載欄	作成年月日・提出代行者・事務代理者の表示	氏名	電話番号
		印	

※所長	次長	課長	係長	係	操作者

様式第33号の３（第101条の５、第101条の７関係）（第２面）

注　意

1　高年齢雇用継続給付は、６０歳以上６５歳未満（※）の被保険者がその受給資格の確認を受けた場合において、原則として、各月に支払われる賃金の額が雇用保険被保険者六十歳到達時等賃金証明書等の提出により登録された賃金月額の７５％未満に低下した場合に、各月の賃金の額の１５％を限度として支給されます。

※　平成２２年３月３１日において５５歳に達していない者であって昭和３４年４月１日までに生まれた船員として雇用されるものに対する高年齢雇用継続基本給付金の支給及び昭和３４年４月１日までに生まれた者のうち、高年齢再就職給付金に係る受給資格に係る離職の日の前日において船員として雇用されているものに対する当該高年齢再就職給付金の支給については、「６０歳」とあるのは「５５歳」と、「６５歳」とあるのは「６０歳」と読み替えるものとする。

2　高年齢雇用継続給付の受給資格の確認を受けようとする者は、次の（１）又は（２）に掲げる場合に、事業主を経由して事業所の所在地を管轄する公共職業安定所（以下「安定所」といいます。）の長にこの高年齢雇用継続給付受給資格確認票・（初回）高年齢雇用継続給付支給申請書を提出してください。ただし、やむを得ない理由のため事業主を経由して提出することが困難である場合には、申請者本人が提出することができます。

（１）高年齢雇用継続基本給付金の最初の支給申請書を提出する場合

（２）６０歳以上６５歳未満の者が再就職して被保険者となった場合

（１）の場合において、最初に支給を受けようとする支給対象月（受給要件を満たし給付金の支給の対象となった月をいいます。）の初日から起算して４ヶ月以内にこの高年齢雇用継続給付受給資格確認票・（初回）高年齢雇用継続給付支給申請書に雇用保険被保険者六十歳到達時等賃金証明書を添付して提出してください。

また、この最初の支給申請前に受給資格の照会を安定所に行うこともできますが、その際にはこの高年齢雇用継続給付受給資格確認票・（初回）高年齢雇用継続給付支給申請書を高年齢雇用継続給付受給資格確認票として使用し、できるだけ雇用保険被保険者六十歳到達時等賃金証明書とともに、提出してください。これにより、受給資格の確認を受けた場合には、その際に交付された高年齢雇用継続給付支給申請書を提出することにより、初回の支給申請を行ってください。

（２）の場合において、高年齢再就職給付金の支給を受けようとする場合には、再就職した日以後速やかに、例えば当該被保険者に係る雇用保険被保険者資格取得届の提出の際に、この様式を高年齢雇用継続給付受給資格確認票として使用して提出してください。

なお、６０歳到達時に被保険者でなかった者が、その後基本手当の支給を受けることなく再就職して被保険者となった場合においては、雇用保険被保険者六十歳到達時等賃金証明書の代わりに直前の被保険者資格喪失の日前の賃金支払状況等を記した雇用保険被保険者離職票－２又は被保険者期間等証明書を提出してください。

なお、次に掲げる者はこの高年齢雇用継続給付受給資格確認票・（初回）高年齢雇用継続給付支給申請書を提出する必要はありません。

イ　再就職する前に基本手当の受給資格者であって、再就職したときに既に受給期間を満了している者

ロ　基本手当の受給資格の決定を受けず（又は基本手当の受給期間の延長申請を行わず）、かつ、直前の被保険者でなくなった日から起算して１年以内に再就職しなかった者

（注）イ及びロに該当する者は、高年齢雇用継続給付の支給を受けることができません。

ハ　既に高年齢雇用継続基本給付金に係る受給資格の確認を受けた者であって、その後の被保険者でなくなった日の翌日から起算して１年（基本手当の受給期間の延長をした場合は、延長された日数を１年に加算した期間）の期間中に、基本手当（基本手当の支給を受けたとみなされる給付を含みます。）の支給を受けずに再就職した者

ニ　既に高年齢再就職給付金に係る受給資格の確認を受けた者であって、その高年齢再就職給付金の支給期間とされた期間中に再就職した者

（注）ハ及びニに該当する者は、前の高年齢雇用継続給付の受給資格に基づいて、引き続き高年齢雇用継続給付の支給を受けられることがあります。その場合には、別途交付された高年齢雇用継続給付支給申請書を提出することにより支給申請を行ってください。

3　高年齢雇用継続給付受給資格確認票としてのみ使用する場合の記載方法

（１）1欄には、必ず番号確認と身元確認の本人確認を行った上で、個人番号（マイナンバー）を記載してください。

（２）2欄には、被保険者証に記載されている被保険者番号を記載してください。

なお、被保険者番号が１６桁（上下２段で表示されている。）で構成されている場合は、下段の１０桁のみを記載してください。この場合、最初の４桁を最初の４つの枠内に、残りの６桁を「－」に続く６つの枠内に記載し、最後の枠は空枠としてください。

（例：4601 18****／1301543210 → 1301－543210－□ ）

（３）3欄には、資格取得年月日を記載し、年月日の年、月又は日が１桁の場合は、それぞれ１０の位の部分に「０」を付加して２桁で記載してください。

（例：平成１９年４月１日→4－190401 ）

（４）4欄の記載は、事業所番号が連続した１０桁の構成である場合は、最初の４桁を最初の４つの枠内に、残りの６桁を「－」に続く６つの枠内にそれぞれ記載し、最後の枠は空枠としてください。（例：１３０１０００００１の場合→1301－000001－□ ）

（５）5欄には給付金の種類を記載してください。

（６）6から30欄については記載の必要がありません。

4　高年齢雇用継続給付受給資格確認票及び（初回）高年齢雇用継続給付支給申請書として使用する場合の記載方法

（１）1から5欄については、上記３により記載してください。

（２）6欄、10欄及び14欄には、支給を受けようとする支給対象月を記載し、月が１桁の場合は、それぞれ１０の位の部分に「０」を付加して２桁で記載してください。

（３）支給対象月において被保険者資格を喪失した後一日の空白もなく別の事業主に雇用され被保険者資格を取得したときも、支給の対象となります。

この場合において、被保険者資格喪失前の事業主から支払われた賃金については、備考欄にその額を記載の上、その事業主の確認印を押印してもらってください。

（４）7欄、11欄及び15欄には、各々6欄、10欄及び14欄に記載した支給対象月に支払われた賃金（臨時の賃金及び３ヶ月を超える期間ごとに支払われる賃金を除く。）の額を記載してください。

イ　賃金に含まれるか否かが判断しかねるものについては、各々28欄、29欄及び30欄にその額とその名称を記載してください。

ロ　出向中の被保険者であって、出向元及び出向先の双方から賃金が支払われている場合は、その賃金の合計額を記載してください。この場合、下記（６）の賃金台帳により賃金の額が確認できない賃金については、備考欄にその額を記載の上、その賃金を支払った事業主の確認印を押印してもらってください。

ハ　賃金締切日、賃金支払日、賃金形態、7欄、11欄及び15欄に記載した賃金の支払いに係る月ごとの所定労働日数（賃金形態が日給又は時間給の場合）並びに通勤手当に関する事項について、備考欄に記載してください。

（５）8欄、12欄及び16欄には、各々7欄、11欄及び15欄に記載した賃金の支払いに係る月において非行、疾病、負傷、事業所の休業、私事等により賃金の全部又は一部の支払いを受けることができなかった日の数を記載してください（該当する日がない場合は「０」と記載してください。）。この場合、7欄、11欄及び15欄に記載した賃金の支払いに係る月において賃金の減額の対象となった日に支払いを受けることができなかった賃金の額を各々28欄、29欄及び30欄に記載してください。

（６）支給申請書の提出に際しては、賃金額等その記載内容を確認できる賃金台帳、出勤簿等をご持参ください。

5　申請者氏名については、記名押印又は署名のいずれかにより記載し、フリガナを付してください。

6　支給申請は正しくしてください。偽りの記載をして提出した場合には、以後高年齢雇用継続給付を受けることができなくなるばかりでなく、不正に受給した金額の返還と更にそれに加えて一定の金額の納付を命ぜられ、また、詐欺罪として刑罰に処せられることがあります。

7　事業主は、記載事実に誤りのないことの証明を行ってください。事業主が偽りの証明をした場合には、不正に受給した者と連帯して、不正に受給した金額の返還と更にそれに加えて一定の金額の納付を命ぜられ、また、詐欺罪として刑罰に処せられることがあります。

8　払渡希望金融機関指定届の記載について

（１）「名称」欄には、高年齢雇用継続給付の払渡しを希望する金融機関（ゆうちょ銀行を含む。）の名称及び店舗名（ゆうちょ銀行の場合は名称のみ）を記載してください。

（２）「銀行等（ゆうちょ銀行以外）」の「口座番号」欄又は「ゆうちょ銀行」の「記号番号」欄には、被保険者本人の名義の通帳の記号（口座）番号を記載してください。

（３）金融機関による確認印欄に、必ず「名称」欄に記載した金融機関の確認印を受けてください（申請者本人が金融機関に届け出た印を押印する欄ではないので間違いのないようにしてください）。

なお、金融機関の確認を受けずに、支給申請書の提出と同時に申請者本人の名義通帳又はキャッシュカード（現物）を提示していただいても差し支えありません。

（４）基本手当の支給を受けるために払渡希望金融機関指定届を提出したことがあり、かつ、引き続き同一の金融機関口座に振り込まれることを希望する場合は、記載する必要はありません。

（５）この払渡希望金融機関指定届を提出しても、高年齢雇用継続給付は支給されない場合があります。

9　記載すべき事項のない欄又は記入枠は空欄のままとし、※印のついた欄には記載しないでください。

10　本手続は電子申請による申請が可能です。

なお、本手続について、社会保険労務士が事業主の委託を受け、電子申請により本申請書の提出に関する手続を行う場合には、当該社会保険労務士が当該事業主から委託を受けた者であることを証明するものを本申請書の提出と併せて送信することをもって、当該事業主の電子署名に代えることができます。

11　本手続について、事業主が本申請書の提出に関する手続を行う場合には、当該事業主が被保険者から、当該被保険者本人の申請であることを証明するものを提出させ、保存しておくことをもって、当該被保険者の（電子）署名に代えることができます。この場合の申請者氏名欄には、申請者氏名に代えて「申請について同意済み」と記載してください。

様式第33号の３の２（第101条の５、第101条の７関係）（第１面）

■ 様式第33号の3の2（第101条の5、第101条の7関係）（第1面）

高年齢雇用継続給付支給申請書

（必ず第２面の注意書きをよく読んでから記入してください。）

（なるべく折り曲げないようにし、やむをえない場合には折り曲げマーク（▶）の所で折り曲げてください。）

（この用紙は、このまま機械で処理しますので、汚さないようにしてください。）

帳票種別 12301　　氏名　　給付金の種類（1 基本給付金　2 再就職給付金）　　事業所番号　　管轄区分

1. 被保険者番号　　2. 資格取得年月日　　要件該当日　　支給対象年月 平成　年　月

支給申請月 平成　　前回処理年月日　　賃金月額の７５％（旧８５％）　　賃金月額の６１％（旧６４％）

＜賃金支払状況＞

3. 支給対象年月その１ 4－ 元号 年 月　　4. 3欄の支給対象年月に支払われた賃金額 円　　5. 賃金の減額のあった日数 日　　6. みなし賃金額 円

7. 支給対象年月その２ 4－ 元号 年 月　　8. 7欄の支給対象年月に支払われた賃金額 円　　9. 賃金の減額のあった日数 日　　10. みなし賃金額 円

11. 支給対象年月その３ 4－ 元号 年 月　　12. 11欄の支給対象年月に支払われた賃金額 円　　13. 賃金の減額のあった日数 日　　14. みなし賃金額 円

※ 15. 未支給区分（空欄 未支給以外　1 未支給）　　16. 出力区分（即時出力の場合は「1」を入力）　　17. 次回支給申請年月日 4－ 元号 年 月 日

上記の記載事実に誤りがないことを証明します。
平成　年　月　日

事業所名（所在地・電話番号）
事業主氏名　　印

雇用保険法施行規則第101条の5・第101条の7の規定により、上記のとおり高年齢雇用継続給付の支給を申請します。
平成　年　月　日

公共職業安定所長　殿　　申請者氏名　　印

様式第33号の３の２（第101条の５、第101条の７関係）（第２面）

その他賃金に関する特記事項

18.	19.	20.

社会保険労務士記載欄	作成年月日・提出代行者・事務代理者の表示	氏名	電話番号
		印	

備考						
賃金締切日	日	賃金支払日	当月・翌月　日			
賃金形態	月給・日給・時間給・					
所定労働日数	3欄	日	7欄	日	11欄	日
通勤手当	有（毎月・３か月・６か月・　）・無					

※

所長		次長		課長		係長		係		操作者	

※支給決定年月日	平成　年　月　日

注意

1　この申請書は、指定された次回支給申請日に事業主を経由して事業所の所在地を管轄する公共職業安定所に提出してください。ただし、やむを得ない理由のため事業主を経由して提出することが困難である場合には、申請者本人が提出することができます。また、この支給申請については指定された次回支給申請月に行わなければ、特別の事情があると認められない限りその支給を行うことはできません。

なお、初回の支給申請は、この申請書に六十歳到達時等賃金証明書及び高年齢雇用継続給付受給資格確認票を添付して最初に支給を受けようとする支給対象月の初日から起算して４ヵ月以内に行ってください。この場合、平成１６年１月１日前に既に高年齢雇用継続給付の受給資格が確認されている場合には、六十歳到達時等賃金証明書及び受給資格確認票の添付は必要ありません。

また、初回の支給申請前に既に六十歳到達時等賃金証明書及び受給資格確認票を提出して受給資格等の照会を行い、受給資格確認通知書を交付されている場合には、これらの書類の添付に代えて支給申請書にその通知書を添えて事業所の所在地を管轄する公共職業安定所に提出してください。

2　申請は正しくしてください。偽りの記載をして提出した場合には、以後高年齢雇用継続給付を受けることができなくなるばかりでなく、不正に受給した金額の返還と更にそれに加えて一定の金額の納付を命ぜられ、また、詐欺罪として刑罰に処せられることがあります。

3　3欄、7欄及び11欄には、支給を受けようとする支給対象月を記載し、月が１桁の場合は、それぞれ１０の位の部分に「０」を付加して２桁で記載してください。

4　支給対象月において被保険者資格を喪失した後一日の空白もなく別の事業主に雇用され被保険者資格を取得したときも、支給の対象となります。

この場合において、被保険者資格喪失前の事業主から支払われた賃金については、備考欄にその額を記載の上、その事業主の確認印を押印してもらってください。

5　4欄、8欄及び12欄には、各々3欄、7欄及び11欄に記載した支給対象月に支払われた賃金（臨時の賃金及び３ヵ月を超える期間ごとに支払われる賃金を除く。）の額を記載してください。

（1）賃金に含まれるか否かが判断しかねるものについては、各々18欄、19欄及び20欄にその額とその名称を記載してください。

（2）出向中の被保険者であって、出向元及び出向先の双方から賃金が支払われている場合は、その賃金の合計額を記載してください。この場合、下記11の賃金台帳により賃金の額が確認できない賃金については、備考欄にその額を記載の上、その賃金を支払った事業主の確認印を押印してもらってください。

（3）賃金締切日、賃金支払日、賃金形態、4欄、8欄及び12欄に記載した賃金の支払いに係る月ごとの所定労働日数（賃金形態が日給又は時間給の場合）並びに通勤手当に関する事項について、備考欄に記載してください。

6　5欄、9欄及び13欄には、各々4欄、8欄及び12欄に記載した賃金の支払いに係る月において非行、疾病、負傷、事業所の休業、私事等により賃金の全部又は一部の支払を受けることができなかった日の数を記載してください（該当する日がない場合は「０」と記載してください。）。この場合、4欄、8欄及び12欄に記載した賃金の支払いに係る月において賃金の減額の対象となった日に支払いを受けることができなかった賃金の額を各々18欄、19欄及び20欄に記載してください。

7　申請者氏名については、記名押印又は署名のいずれかにより記載してください。

8　記載すべき事項のない欄又は記入枠は空欄のままとし、※印の付いた欄又は記入枠には記載しないでください。

9　事業主は、記載事実に誤りのないことの証明を行ってください。

10　事業主が偽りの証明をした場合には、不正に受給した者と連帯して、不正に受給した金額の返還と更にそれに加えて一定の金額の納付を命ぜられ、また、詐欺罪として刑罰に処せられることがあります。

11　この支給申請書の提出に際しては、賃金額等その記載内容を確認できる賃金台帳、出勤簿等をご持参ください。

12　本手続は電子申請による申請が可能です。

なお、本手続について、社会保険労務士が事業主の委託を受け、電子申請により本申請書の提出に関する手続を行う場合には、当該社会保険労務士が当該事業主から委託を受けた者であることを証明するものを本申請書の提出と併せて送信することをもって、当該事業主の電子署名に代えることができます。

13　本手続について、事業主が本申請書の提出に関する手続を行う場合には、当該事業主が被保険者から、当該被保険者本人の申請であることを証明するものを提出させ、保存しておくことをもって、当該被保険者の（電子）署名に代えることができます。この場合の申請者氏名欄には、申請者氏名に代えて「申請について同意済み」と記載してください。

様式第33号の４（第101条の５関係）

雇用保険被保険者六十歳到達時等賃金証明書（安定所提出用）

① 被保険者番号	－ －	③ フリガナ	
② 事業所番号	－ －	60歳に達した者の氏名	
④ 事業所 名称 所在地 電話番号		⑤60歳に達した者の住所又は居所	〒 電話番号（ ） －
⑥ 60歳に達した日等の年月日	平成 年 月 日	⑦ 60歳に達した者の生年月日	昭和 年 月 日

この証明書の記載は、事実に相違ないことを証明します。

事業主 住所

氏名 ㊞

60歳に達した者の確認印又は自筆による署名

60歳に達した日等以前の賃金支払状況等

⑧ 60歳に達した日等に離職したとみなした場合の被保険者期間算定対象期間	⑨ ⑧の期間における賃金支払基礎日数	⑩ 賃金支払対象期間	⑪ ⑩の基礎日数	⑫ 賃金額 Ⓐ	Ⓑ	計	⑬ 備考
60歳に達した日等の翌日 月 日							
月 日～ 60歳に達した日等	日	月 日～ 60歳に達した日等	日				
月 日～ 月 日	日	月 日～ 月 日	日				
月 日～ 月 日	日	月 日～ 月 日	日				
月 日～ 月 日	日	月 日～ 月 日	日				
月 日～ 月 日	日	月 日～ 月 日	日				
月 日～ 月 日	日	月 日～ 月 日	日				
月 日～ 月 日	日	月 日～ 月 日	日				
月 日～ 月 日	日	月 日～ 月 日	日				
月 日～ 月 日	日	月 日～ 月 日	日				
月 日～ 月 日	日	月 日～ 月 日	日				
月 日～ 月 日	日	月 日～ 月 日	日				
月 日～ 月 日	日	月 日～ 月 日	日				
月 日～ 月 日	日	月 日～ 月 日	日				

⑭賃金に関する特記事項

六十歳到達時等賃金証明書受理

平成 年 月 日

（受理番号 番）

※公共職業安定所記載欄

（注）

本手続は電子申請による申請が可能です。

なお、本手続について、社会保険労務士が事業主の委託を受け、電子申請により本申請書の提出に関する手続を行う場合には、当該社会保険労務士が当該事業主から委託を受けた者であることを証明するものを本申請書の提出と併せて送信することをもって、本証明書に係る当該事業主の電子署名に代えることができます。

また、本手続について、事業主が本申請書の提出に関する手続を行う場合には、当該事業主が被保険者から、当該被保険者が六十歳到達時等賃金証明書の内容について確認したことを証明するものを提出させ、保存しておくことをもって、当該被保険者の（電子）署名に代えることができます。この場合の60歳に達した者の確認印又は自筆による署名欄には、60歳に達した者の確認印又は自筆による署名に代えて「申請について同意済み」と記載してください。

社会保険労務士記載欄	作成年月日・提出代行者・事務代理者の表示	氏名	電話番号
		㊞	

※	所長	次長	課長	係長	係

様式第33号の5（第101条の13関係）（第１面）

■ 様式第33号の5（第101条の13関係）（第1面） ■

育児休業給付受給資格確認票・（初回）育児休業給付金支給申請書

（必ず第２面の注意書きをよく読んでから記入してください。）

帳票種別 11405

1. 被保険者番号 □□□□－□□□□□□－□

2. 資格取得年月日 □－□□□□□□（元号 年 月 日）

3. 事業所番号 □□□□－□□□□□□－□

4. 育児休業開始年月日 平成 □□□□□□（年 月 日）

5. 出産年月日 4－□□□□□□（元号 年 月 日）（3 昭和 4 平成）

6. 個人番号 □□□□□□□□□□□□

7. 被保険者の住所（郵便番号） □□□－□□□□

8. 被保険者の住所（漢字）※市・区・郡及び町村名

被保険者の住所（漢字）※丁目・番地

被保険者の住所（漢字）※アパート、マンション名等

9. 被保険者の電話番号（項目ごとにそれぞれ左詰めで記入してください。）（市外局番 市内局番 番号）

10. 支給単位期間その１（初日）（末日） 平成 年 月 日－月 日

11. 就業日数 日

12. 就業時間 時間

13. 支払われた賃金額 円

14. 支給単位期間その２（初日）（末日） 平成 年 月 日－月 日

15. 就業日数 日

16. 就業時間 時間

17. 支払われた賃金額 円

18. 最終支給単位期間（初日）（末日） 平成 年 月 日－月 日

19. 就業日数 日

20. 就業時間 時間

21. 支払われた賃金額 円

22. 職場復帰年月日 平成 年 月 日

23. 支給対象となる期間の延長事由－期間 事由－年 月 日－月 日

（1 保育所における保育が実施されないこと　2 養育を予定していた配偶者の死亡　3 養育を予定していた配偶者の負傷・疾病等　4 養育を予定していた配偶者との婚姻の解消等による別居　5 養育を予定していた配偶者の産前産後休業等）

24. 配偶者育休取得

25. 配偶者の被保険者番号 □□□□－□□□□□□－□

26. 期間雇用者の継続雇用の見込み

27. 休業事由の消滅年月日 平成 年 月 日

※公共職業安定所記載欄

28. 延長等否認

29. 産後休業表示（休業がある場合に「1」を記入）

30. 賃金月額（区分－日額又は総額） 円（1 日額 2 総額）

31. 当初の育児休業開始年月日 平成 年 月 日

32. 受給資格確認年月日 平成 年 月 日

33. 受給資格否認（受給資格なしと判断した場合に「1」を記入）

34. 支給申請月（1 奇数月 2 偶数月）

35. 次回支給申請年月日 平成 年 月 日

36. 支払区分

37. 金融機関・店舗コード　口座番号

38. 未支給区分（空欄 未支給以外　1 未支給）

（この用紙は、このまま機械で処理しますので、汚さないようにしてください。）

上記被保険者が育児休業を取得し、上記の記載事実に誤りがないことを証明します。

平成　　年　　月　　日　事業所名（所在地・電話番号）　事業主名　　印

上記のとおり育児休業給付の受給資格の確認を申請します。
雇用保険法施行規則第１０１条の１３の規定により、上記のとおり育児休業給付金の支給を申請します。

平成　　年　　月　　日　公共職業安定所長 殿　フリガナ 申請者氏名　　印

払渡希望金融機関指定届

				金融機関コード	店舗コード	金融機関による確認印
払渡希望金融機関	フリガナ					
	名称		本店 支店			
	銀行等（ゆうちょ銀行以外）	口座番号	（普通）			
	ゆうちょ銀行	記号番号	（総合） －			

◆ 金融機関へのお願い
雇用保険の失業等給付を受給者の金融機関口座へ迅速かつ正確に振り込むため、次のことについて御協力をお願いします。
1. 上記の記載事項のうち「申請者氏名」欄、「名称」欄及び「銀行等（ゆうちょ銀行以外）」の「口座番号」欄（「ゆうちょ銀行」の「記号番号」欄）を確認した上、「金融機関による確認印」欄に貴金融機関確認印を押印してください。
2. 金融機関コード及び店舗コードを記入してください（ゆうちょ銀行の場合を除く。）。

備考	賃金締切日	日	通勤手当	有（毎月・３か月・６か月・　）無
	賃金支払日	当月・翌月　日		

※処理欄	
資格確認の可否	可 ・ 否
資格確認年月日	平成　年　月　日
通知年月日	平成　年　月　日

社会保険労務士記載欄	作成年月日・提出代行者・事務代理者の表示	氏名	電話番号
		印	

※所長	次長	課長	係長	係	操作者

様式第33号の５（第101条の13関係）（第２面）

注　意

1　育児休業給付金（平成22年４月１日以降に育児休業を開始した方が対象）は、１歳又は１歳２ヵ月（その子の１歳又は１歳２ヵ月以降の期間等も休業することが雇用の継続のために特に必要と認められる場合（保育所における保育の実施が行われない等）には１歳６ヵ月（その子の１歳６ヵ月以降の期間等も休業することが雇用の継続のために特に必要と認められる場合には２歳））未満の子を養育するための休業を行う被保険者が育児休業給付の受給資格の確認を受けた場合において、原則として、育児休業を開始した日から起算して１ヵ月ごとの各期間について、雇用保険被保険者休業開始時賃金月額証明書の提出により算定された賃金日額に支給日数を乗じた額（注）の80%以上の賃金が支払われていないこと、就業していると認められる日数が10日（10日を超える場合は就業していると認められる時間が80時間）以下であること等を要件として、（賃金日額）X（支給日数）X40%（当分の間は、休業日数が通算して180日に達するまでの間に限り67%、181日目以降は50%）を限度として支給されます。

（注）賃金日額は、原則として休業開始前６ヵ月の賃金を180で除した額であり、支給日数は、一の支給単位期間につき30日（休業終了日の属する支給単位期間については、休業終了日までの日数。）。

なお、育児休業給付金の支給を受けた期間は、基本手当の算定基礎期間から除外されます。

2　育児休業給付の受給資格の確認を受けようとする方は、事業主の方が行う雇用保険被保険者休業開始時賃金月額証明書の提出にあわせて、事業主を経由して事業所の所在地を管轄する公共職業安定所の長に、この育児休業給付受給資格確認票・（初回）育児休業給付金支給申請書を提出してください。
ただし、やむを得ない理由のため事業主を経由して提出することが困難である場合には、申請者本人が提出することができます。

3　また、育児休業給付金の支給申請を事業主を経由して行う場合には、この用紙により、初回の育児休業給付金の支給申請を受給資格確認と同時に行うことができます。その場合、事業主の方は、雇用保険被保険者休業開始時賃金月額証明書も同時に提出してください。

4　初回の育児休業給付金の支給申請を受給資格確認と同時に行う場合に限り、この用紙により育児休業給付金の支給申請を行ってください。なお、この用紙は、育児休業給付受給資格確認票としてのみ使用することもできます。

5　育児休業給付受給資格確認票としてのみ使用する場合の記載方法

（１）標題中「（初回）育児休業給付金支給申請書」の文字及び第１面下方の「雇用保険法施行規則第101条の13の規定により、上記のとおり育児休業給付金の支給を申請します。」の文字を抹消してください。

（２）１欄には、被保険者証に記載されている被保険者番号を記載してください。
なお、被保険者番号が16桁（上下段で表示されている。）で構成されている場合は、下段の10桁のみを記載してください。

（３）２欄には、資格取得年月日を記載し、年月日の年、月又は日が１桁の場合は、それぞれ10の位の部分に「０」を付加して２桁で記載してください。
（例：平成３年４月１日→４－０３０４０１）

（４）３欄は、事業所番号が連続した10桁の構成である場合は、最初の４桁を最初の４つの枠内に、残りの６桁を「－」に続く６つの枠内にそれぞれ記載し、最後の枠は空枠としてください。

（５）４欄には、被保険者が育児休業を開始した年月日を、２欄の記載要領にしたがって、記載してください。ただし、女性の被保険者が労働基準法の規定による産後休業に引き続いて育児休業を取得した場合は、記載する必要はありません。

（６）５欄には、育児休業に係る子の出産年月日を、２欄の記載要領にしたがって、記載してください。

（７）６欄には、必ず番号確認と身元確認の本人確認を行った上で、個人番号（マイナンバー）を記載してください。

（８）８欄には、被保険者の住所を、漢字、カタカナ、平仮名及び英数字（英字については大文字体とする。）により明瞭に記載してください。

（９）９欄には、被保険者の電話番号を記載してください。

（10）10欄から23欄までについては記載の必要がありません。

（11）24欄及び25欄は、「パパ・ママ育休プラス」制度により、育児休業に係る子が１歳以降１歳２ヵ月未満までの期間も育児休業を取得する場合のみ記載してください。
24欄には、被保険者の配偶者（婚姻の届出をしていないが、事実上婚姻関係と同様の事情にある者を含む。以下同じ。）が同一の子について既に育児休業を取得している（していた）場合に「1」と記載してください。

25欄には、24欄に記載した場合に配偶者の被保険者番号を記載してください（配偶者が公務員である場合や被保険者でない場合、不明な場合等は空欄で構いません）。

住民票の写し等被保険者の配偶者であることを確認できる書類、（25欄に記載がない場合は）配偶者の育児休業開始日が確認できる書類（配偶者の育児休業取扱通知書の写し、配偶者の疎明書等）をこの支給申請書に添付して提出する必要があります。

6　育児休業給付受給資格確認票・（初回）育児休業給付金支給申請書として使用する場合の記載方法

（１）１欄から９欄までについては、上記５により記載してください。

（２）10欄及び14欄には、育児休業開始年月日（女性の被保険者が労働基準法の規定による産後休業（出産年月日の翌日から８週間）の後引き続いて育児休業を取得したときは、出産年月日から起算して58日目に当たる日）から起算して１ヵ月ごとに区分した期間を順に記載してください。ただし、育児休業終了日を含む期間についてはその育児休業終了日までの期間です。
なお、申請時点において、すでに育児休業が終了している場合は、最終支給単位期間を含む３ヵ月分の支給単位期間について申請できますので、最終支給単位期間に係る申請については、18欄に記載してください。
例　平成22年４月５日に育児休業を開始した場合
支給単位期間その１　２２０４０５－０５０４
支給単位期間その２　２２０５０５－０６０４

（３）11欄、15欄及び19欄の就業日数とは、各々10欄、14欄及び18欄に記載した支給単位期間において就業した日数を記載してください。

（４）12欄、16欄及び20欄の就業時間には、各々11欄、15欄及び19欄に記載した就業日数が10日を超える場合に各支給単位期間において就業した時間を記載してください。

（５）13欄、17欄及び21欄には、各々10欄、14欄及び18欄に記載した支給単位期間中に支払われた賃金（臨時の賃金、３ヵ月を超える期間ごとに支払われる賃金を除く。）の額を記載してください。なお、その賃金は育児休業期間外を対象とした賃金の額を含めないでください。
また、賃金締切日、賃金支払日及び通勤手当に関する事項について備考欄に記載し、併せて賃金に含まれるか判断しかねるものについては、備考欄の下方にその額とその名称といずれの支給単位期間に支払われたものかを記載してください。

（６）22欄の「職場復帰年月日」は、支給申請時点で被保険者が職場復帰したことにより既に育児休業を終了している場合に、その職場復帰年月日を記載してください。

（７）23欄には、育児休業給付金の支給申請に係る子について、その子が１歳に達する日（休業終了予定日がその子の１歳に達する日後である場合は、当該休業終了予定日）又はその子が１歳６ヵ月に達する日後の期間について保育所における保育の実施が行われない等の理由により当該期間について育児休業を取得し、初めて育児休業給付金の支給申請を行う場合に記載してください。この保育の実施が行われない等の理由及び期間については、23欄に記載し、記載内容を確認できる書類をこの支給申請書に添付して提出する必要があります。

（８）24欄及び25欄には、上記５（11）により記載してください。

7　申請者氏名については、記名押印又は署名のいずれかにより記載してください。

8　記載すべき事項のない欄又は記入枠は空欄のままとし、※印の付いた欄又は記入枠には記載しないでください。

9　申請は正しく行ってください。偽りの記載をして提出した場合には、以後育児休業給付金を受けることができなくなるばかりでなく、不正に受給した金額の返還とさらにそれに加えて一定の金額の納付を命ぜられ、また、詐欺罪として刑罰に処せられる場合があります。

10　事業主の方は、記載事実に誤りがないことの証明を行ってください。偽りの証明をした場合には、不正に受給した者と連帯して、不正に受給した金額の返還とさらにそれに加えて一定の金額の納付を命ぜられ、また、詐欺罪として刑罰に処せられる場合があります。

11　提出に当たっては、記載内容の確認できる書類を添付してください。育児を行っている事実、支給申請書に記載した賃金額等の記載内容を確認できる賃金台帳、出勤簿等をご持参ください。

12　払渡希望金融機関指定届の記載について

（１）「名称」欄には育児休業給付金の払渡しを希望する金融機関（ゆうちょ銀行を含む。）の名称及び店舗名（ゆうちょ銀行の場合は名称のみ）を記載してください。

（２）「銀行等（ゆうちょ銀行以外）」の「口座番号」欄又は「ゆうちょ銀行」の「記号番号」欄には、被保険者本人の名義の通帳の記号（口座）番号を記載してください。

（３）払渡しできる口座は、金融機関の普通預（貯）金口座に限られます。

（４）金融機関による確認印欄に必ず「名称」欄に記載した金融機関の確認印を受けてください（申請者本人が金融機関に届け出た印を押印する欄ではないので間違いのないようにしてください）。
なお、金融機関の確認を受けずに、支給申請書の提出と同時に申請者本人の名義通帳又はキャッシュカード（現物）を提示していただいても差し支えありません。

（５）基本手当などの支給を受けるために払渡希望金融機関指定届を提出したことがあり、かつ、引き続き同一の金融機関口座へ振り込まれることを希望する場合には、記載する必要はありません。

13　本手続は電子申請による申請が可能です。
なお、本手続について、社会保険労務士が事業主の委託を受け、電子申請により本申請書の提出に関する手続を行う場合には、当該社会保険労務士が当該事業主から委託を受けた者であることを証明するものを本申請書の提出と併せて送信することをもって、当該事業主の電子署名に代えることができます。

14　本手続について、事業主が本申請書の提出に関する手続を行う場合には、当該事業主が被保険者から、当該被保険者本人の申請であることを証明するものを提出させ、保存しておくことをもって、当該被保険者の（電子）署名に代えることができます。この場合の申請者氏名欄には、申請者氏名に代えて「申請について同意済み」と記載してください。

様式第33号の５の２（第101条の13関係）（第１面）

様式第33号の5の2（第101条の13関係）（第1面）

育児休業給付金支給申請書

（必ず第２面の注意書きをよく読んでから記入してください。）

（なるべく折り曲げないようにし、やむをえない場合には折り曲げマーク（▶）の所で折り曲げてください。）

（この用紙は、このまま機械で処理しますので、汚さないようにしてください。）

帳票種別 10406　支給申請期間　氏名　1. 被保険者番号

2. 資格取得年月日　3. 育児休業開始年月日　支給単位期間その１（初日ー末日）　支給単位期間その２（初日ー末日）

事業所番号　管轄区分　支給終了年月日　出産年月日　前回処理年月日

4. 支給単位期間その１（初日）平成 年 月 日 ー（末日）月 日　5. 就業日数 日　6. 就業時間 時間　7. 支払われた賃金額 円

8. 支給単位期間その２（初日）平成 年 月 日 ー（末日）月 日　9. 就業日数 日　10. 就業時間 時間　11. 支払われた賃金額 円

12. 最終支給単位期間（初日）平成 年 月 日 ー（末日）月 日　13. 就業日数 日　14. 就業時間 時間　15. 支払われた賃金額 円

16. 職場復帰年月日 平成 年 月 日

17. 支給対象となる期間の延長事由ー期間 事由 ー 年 月 日 ー 月 日

（1 保育所における保育が実施されないこと　2 養育を予定していた配偶者の死亡　3 養育を予定していた配偶者の負傷・疾病等　4 養育を予定していた配偶者との婚姻の解消等による別居　5 養育を予定していた配偶者の産前産後休業等）

18. 配偶者育休取得　19. 配偶者の被保険者番号

※ 20. 次回支給申請年月日 平成 年 月 日　21. 延長等否認　22. 未支給区分（空欄 未支給以外　1 未支給）

上記の記載事実に誤りがないことを証明します。

平成　年　月　日

事業所名（所在地・電話番号）

事業主氏名　印

平成　年　月　日

公共職業安定所長　殿

申請者氏名　印

様式第33号の５の２（第101条の13関係）（第２面）

その他賃金に関する特記事項

23.	24.

社会保険労務士記載欄	作成年月日・提出代行者・事務代理者の表示	氏　名	電話番号
		印	

※

所長		次長		課長		係長		係		操作者	

備考		
賃金締切日　日	賃金支払日	当月・翌月　日
通勤手当	有（毎月・３か月・６か月・　　）・無	
雇用期間（１歳６ヵ月後の延長をする場合に記載）	イ 定めなし　ロ 定めあり→平成　年　月　日まで	

※支給決定年月日	平成　年　月　日

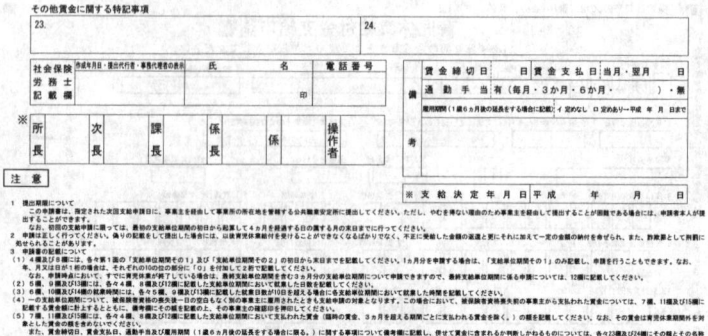

注　意

1　提出期限について
　この申請書は、指定された次回支給申請日に、事業主を経由して事業所の所在地を管轄する公共職業安定所に提出してください。ただし、やむを得ない理由のため事業主を経由して提出することが困難である場合には、申請者本人が提出することができます。

　なお、初回の支給申請に限っては、最初の支給単位期間の初日から起算して４ヵ月を経過する日の属する月の末日までに行ってください。
2　申請は正しく行ってください。偽りの記載をして提出した場合には、以後育児休業給付を受けることができなくなるばかりでなく、不正に受給した金額の返還と更にそれに加えて一定の金額の納付を命ぜられ、また、詐欺罪として刑罰に処せられることがあります。
3　申請書の記載について
（1）４欄及び８欄には、各々第１面の「支給単位期間その１」及び「支給単位期間その２」の初日から末日までを記載してください。1ヵ月分を申請する場合は、「支給単位期間その１」のみ記載し、申請を行うこともできます。なお、年、月又は日が１桁の場合は、それぞれの10の位の部分に「0」を付加して２桁で記載してください。
　なお、申請時点において、すでに育児休業が終了している場合は、最終支給単位期間を含む３ヵ月分の支給単位期間について申請できますので、最終支給単位期間に係る申請については、12欄に記載してください。
（2）５欄、９欄及び13欄には、各々４欄、８欄及び12欄に記載した支給単位期間において就業した日数を記載してください。
（3）６欄、10欄及び14欄の就業時間には、各々５欄、９欄及び13欄に記載した就業日数が10日を超える場合に各支給単位期間において就業した時間を記載してください。
（4）一の支給単位期間について、被保険者資格の喪失後一日の空白もなく別の事業主に雇用されたときも支給申請の対象となります。この場合において、被保険者資格喪失前の事業主から支払われた賃金については、７欄、11欄及び15欄に記載する賃金額に計上するとともに、備考欄にその額を記載の上、その事業主の確認印を押印してください。
（5）７欄、11欄及び15欄には、各々４欄、８欄及び12欄に記載した支給単位期間において支払われた賃金（臨時の賃金、３ヵ月を超える期間ごとに支払われる賃金を除く。）の額を記載してください。なお、その賃金は育児休業期間外を対象とした賃金の額を含めないでください。
　また、賃金締切日、賃金支払日、通勤手当及び雇用期間（１歳６ヵ月後の延長をする場合に限る。）に関する事項について備考欄に記載し、併せて賃金に含まれるか判断しかねるものについては、各々23欄及び24欄にその額とその名称といずれの支給単位期間に支払われたものかを記載してください。
（6）16欄には、育児休業給付金支給決定通知書の第１面の「支給期間末日」前に休業を終了した場合に、その休業を終了して職場復帰した日を記載してください。
（7）初回の支給申請において３ヵ月分の支給単位期間について申請を行う場合は、３月目の支給単位期間に係る４欄、５欄、６欄及び７欄に相当する事項を備考欄に記載してください。
（8）17欄には、育児休業給付金の支給申請に係る子について、その子が１歳に達する日（休業終了予定日がその子の１歳に達する日後である場合は、当該休業終了予定日）又はその子が１歳６ヵ月に達する日後の期間について保育所における保育の実施が行われない等の理由により引き続き育児休業を取得し、育児休業給付金の支給申請を行う場合に記載してください。この保育の実施が行われない等の理由及び期間については、17欄に記載し、記載内容を確認できる書類をこの支給申請書に添付して提出する必要があります。
（9）18欄及び19欄は、「パパ・ママ育休プラス」制度により、育児休業に係る子が１歳以降１歳２ヵ月未満までの期間も育児休業を取得する場合のみ記載してください。
　18欄には、被保険者の配偶者（婚姻の届出をしていないが、事実上婚姻関係と同様の事情にある者を含む。以下同じ。）が同一の子について既に育児休業を取得している（していた）場合に「1」と記載してください。

　19欄には、18欄に記載した場合に配偶者の被保険者番号を記載してください（配偶者が公務員である場合や被保険者でない場合、不明な場合等は空欄で構いません）。

　住民票の写し等被保険者の配偶者であることを確認できる書類、（19欄に記載がない場合は）配偶者の育児休業開始日が確認できる書類（配偶者の育児休業取扱通知書の写し、配偶者の疎明書等）をこの支給申請書に添付して提出する必要があります。
4　記載すべき事項のない欄又は記入枠は空欄のままとし、※印の付いた欄又は記入枠には記載しないでください。
5　事業主は、記載事実に誤りのないことの証明を行ってください。
6　事業主が偽りの証明をした場合には、不正に受給した者と連帯して、不正に受給した金額の返還と更にそれに加えて一定の金額の納付を命ぜられ、また、詐欺罪として刑罰に処せられる場合があります。
7　この支給申請書の提出に際しては、賃金額等の記載内容を確認できる賃金台帳、出勤簿等をご持参ください。
8　申請者氏名については、記名押印又は署名により記載してください。
9　本手続は電子申請による申請が可能です。
　なお、本手続について、社会保険労務士が事業主の委託を受け、電子申請により本申請書の提出に関する手続を行う場合には、当該社会保険労務士が当該事業主から委託を受けた者であることを証明するものを本申請書の提出と併せて送信することをもって、当該事業主の電子署名に代えることができます。
10　本手続について、事業主が本申請書の提出に関する手続を行う場合には、当該事業主が被保険者から、当該被保険者本人の申請であることを証明するものを提出させ、保存しておくことをもって、当該被保険者の（電子）署名に代えることができます。この場合の申請者氏名欄には、申請者氏名に代えて「申請について同意済み」と記載してください。

様式第33号の6（第101条の19関係）（第1面）

様式第33号の6（第101条の19関係）（第1面）

介護休業給付金支給申請書

（必ず第2面の注意書きをよく読んでから記入してください。）

帳票種別 14601

1. 介護休業被保険者の個人番号

2. 被保険者番号

3. 資格取得年月日　元号　年　月　日（3 昭和　4 平成）

4. 事業所番号

5. 姓（漢字）

6. 名（漢字）

7. 介護休業開始年月日　4－　元号　年　月　日

8. 介護対象家族の個人番号

9. 介護対象家族の姓（カタカナ）

10. 介護対象家族の名（カタカナ）

11. 介護対象家族の性別（1 男　2 女）

12. 介護対象家族の続柄（1 配偶者　2 父母　3 子　4 配偶者の父母　5 祖父母　6 兄弟姉妹　7 孫）

13. 介護対象家族の姓（漢字）

14. 介護対象家族の名（漢字）

15. 介護対象家族の生年月日　元号　年　月　日（1 明治　2 大正　3 昭和　4 平成）

16. 支給対象期間その1（初日）4－　元号　年　月　日（末日）　月　日

17. 全日休業日数

18. 支払われた賃金額　,　,　円

19. 支給対象期間その2（初日）4－　元号　年　月　日（末日）　月　日

20. 全日休業日数

21. 支払われた賃金額　,　,　円

22. 支給対象期間その3（初日）4－　元号　年　月　日（末日）　月　日

23. 全日休業日数

24. 支払われた賃金額　,　,　円

25. 介護休業終了年月日　4－　元号　年　月　日（介護休業期間が93日未満のとき記入）

26. 終了事由（1 職場復帰　2 休業事由の消滅）

※公共職業安定所記載欄

27. 賃金月額（区分－日額又は総額）　,　,　円（1 日額　2 総額）

28. 同一対象家族に係る介護休業開始年月日　4－　元号　年　月　日

29. 期間雇用者の継続雇用の見込み

30. 支払区分

31. 金融機関・店舗コード　口座番号

32. 未支給区分（空欄 未支給以外　1 未支給）

33. 処理区分（空欄 一括処理　1 否認（期間）　2 否認（対象家族）　3 資格確認のみ　4 支給のみ　5 否認（93日超）　6 否認（取得回数））

34. 特殊事項（1 チェック不要　2 再開（他の休業の終了）　3 再開（被保険者資格再取得））

（この用紙は、このまま機械で処理しますので、汚さないようにしてください。）

上記被保険者が介護休業を取得し、上記の記載事実に誤りがないことを証明します。

平成　年　月　日　事業所名（所在地・電話番号）

事業主氏名　印

雇用保険法施行規則第101条の19の規定により、上記のとおり介護休業給付金の支給を申請します。

平成　年　月　日　公共職業安定所長　殿

住所

申請者氏名（フリガナ）　印

払渡希望金融機関指定届	払渡希望金融機関	フリガナ		金融機関コード	店舗コード	金融機関による確認印
		名称	本店 支店			
		銀行等（ゆうちょ銀行以外）	口座番号（普通）			
		ゆうちょ銀行	記号番号（総合）　－			

◆ 金融機関へのお願い

雇用保険の失業等給付を受給者の金融機関口座へ迅速かつ正確に振り込むため、次のことについて御協力をお願いします。

1. 上記の記載事項のうち「申請者氏名」欄、「名称」欄及び「銀行等（ゆうちょ銀行以外）」の「口座番号」欄（「ゆうちょ銀行」の「記号番号」欄）を確認した上、「金融機関による確認印」欄に貴金融機関確認印を押印してください。
2. 金融機関コード及び店舗コードを記入してください（ゆうちょ銀行の場合を除く。）。

備考	賃金締切日　日	通勤手当　有（毎月・3か月・6か月・　）　無	※処理欄	支給決定年月日	平成　年　月　日
	賃金支払日　当月・翌月　日			支給決定額	円
				不支給理由	
				通知年月日	平成　年　月　日

社会保険労務士記載欄	作成年月日・提出代行者・事務代理者の表示	氏名	電話番号
		印	

※所長	次長	課長	係長	係	操作者

様式第33号の６（第101条の19関係）（第２面）

注　意

1　この申請書は、介護休業終了日（介護休業期間が３ヵ月以上にわたるときは介護休業開始日から３ヵ月経過した日。以下同様。）の翌日以降、その日から２ヵ月経過する日の属する月の末日までの間に、事業所の所在地を管轄する公共職業安定所に、事業主を経由して提出してください。ただし、やむを得ない理由のため事業主を経由して提出することが困難である場合には、申請者本人が提出することができます。

2　介護休業給付金は、家族を介護するための休業（注１）をした被保険者であって、当該休業を開始した日前２年間（注２）に、賃金支払基礎日数が11日以上ある月（注３）が通算して12ヵ月以上ある方が支給対象となります。

（注１）負傷、疾病又は身体上若しくは精神上の障害により２週間以上にわたり常時介護（歩行、排泄、食事等の日常生活に必要な便宜を供与すること）を必要とする状態にある家族（被保険者の配偶者、父母及び子並びに祖父母、兄弟姉妹及び孫並びに配偶者の父母のいずれか）を介護するために取得した休業であって、一人の家族につき、休業開始日から最大３ヵ月までの介護休業期間に限ります。なお、同一家族について複数回介護休業を取得する場合は、支給日数が通算して93日以内であり、３回以下の休業が介護休業給付金の支給の対象となります。

（注２）当該家族を介護するための２回目以降の介護休業に係る申請を行う場合は、初回の休業を開始した日前の２年間。

（注３）過去に基本手当の受給資格の決定を受けたことがある方については、その決定後のものに限ります。

3　介護休業給付金は、支給対象期間（休業開始日から起算して１ヵ月ごとに区分した各期間（その１ヵ月の間に介護休業終了日を含む場合はその介護休業終了日までの期間））ごとに、就業していると認められる日数が10日以下であることを条件に、休業開始時賃金月額証明書（票）によって算定される賃金日額に支給日数（注４）に乗じて得た額の67%相当額を限度として支給額を計算し、その合計額を一括して１回で支給されます。支給対象期間中にその介護休業期間中を対象とした賃金が支給されている場合、その額と賃金日額に支給日数を乗じて得た額の67%相当額の合計が（賃金日額）×（支給日数）×80%を超える場合、当該超えた額が減額されます。

（注４）賃金日額は、原則として休業開始前６ヵ月の賃金を180で除した額であり、支給日数は、一の支給対象期間につき30日（休業終了日の属する支給対象期間については、休業終了日までの日数。）。

4　申請書には、次の確認書類の添付が必要です。

(1) 休業開始時賃金月額証明書（票）、(2) 介護休業給付金支給申請書の内容を確認できる書類〔イ　本人が事業主に提出した介護休業申出書、ロ　介護対象家族の方の氏名、申請者本人との続柄、性別、生年月日が確認できる書類（住民票記載事項証明書等）、ハ　介護休業の開始日・終了日、介護休業期間中の休業日数の実績が確認できる書類（出勤簿等）、ニ　介護休業期間中に介護休業期間を対象として支払われた賃金が確認できる書類（賃金台帳等）〕

5　申請書の記載について

（１）□□□□ で表示された枠に記入する文字は、光学式文字読取装置（ＯＣＲ）で直接読取を行いますので、大きめのアラビア数字の標準字体、カタカナ、または漢字（5,6,13,14欄に限る）によって枠からはみ出さないように明瞭に記載するとともに、この用紙を汚したり必要以上に折り曲げたりしないでください。カタカナの濁点及び半濁点は、１文字として取扱い（例：ガ→カ゛、パ→ハ゜）、また「ヰ」及び「ヱ」は使用せず、それぞれ「イ」及び「エ」を使用してください。年月日が１桁の場合は、それぞれ１０の位の部分に０を付加して２桁で記載してください。（例：平成３年２月１日→4-030201）
※印の付いた欄には記載しないでください。

（２）1欄には、必ず番号確認と身元確認の本人確認を行った上で、申請者の個人番号（マイナンバー）を記載してください。

（３）2,3欄には、それぞれ、雇用保険被保険者証に記載されている被保険者番号及び資格取得年月日を記載してください。
なお被保険者番号が16桁（２段／上６桁・下10桁）で記載されている場合は、下段の10桁について左詰めで記載し、最後の枠を空枠としてください。

（４）4欄には、事業所番号が連続した10桁である場合は、最初の４桁を最初の４つの枠内に、残りの６桁を「-」に続く６つの枠内にそれぞれ記載し、最後の枠を空枠としてください。

（５）7欄は事業主が介護休業として取得を認めた休業期間の初日（介護休業開始日）を記載し、16欄の初日はこれと同日となります。支給対象期間が２つ以上の場合は、介護休業開始日の翌月・翌々月における、介護休業開始日と日が同じ年月日（その日がない場合は月末日）を、19,22欄の初日に記載し、その上で、次期支給対象期間の初日の前日（ただし介護休業終了日を含む最後の支給対象期間についてはその介護休業終了日）を、16,19,22欄の末日に記載してください。

（６）8欄には必ず対象家族の番号確認と身元確認の本人確認を行った上で対象家族の個人番号（マイナンバー）を記載してください。

（７）17,20,23欄の全日休業日には、支給対象期間中に全日にわたって介護休業をしている日（日曜日、祝日等のような所定労働日以外の日も含みます。）の数を記載してください。

（８）18,21,24欄には、支給対象期間中に支払われた賃金（臨時の賃金、３ヵ月を超える期間ごとに支払われる賃金を除く。）の額を記載してください。なお、その賃金は介護休業期間外を対象とした賃金の額を含めないでください。
また、賃金締切日、賃金支払日及び通勤手当に関する事項について備考欄に記載し、併せて賃金に含まれるか判断しかねるものについては、備考欄の下方にその額とその名称といずれかの支給対象期間に支払われたものかを記載してください。

（９）25欄は、介護休業開始日から３ヵ月を経過する日前に介護休業が終了した場合に限って、その介護休業終了日を記載し、その上で、26欄にその場合の終了の理由をコード番号で記載してください。なお、「２　休業事由の消滅」とは、介護休業終了日の予定日の前日までに、介護対象家族の死亡等の、被保険者がその家族に対する介護をしないこととなった事由が生じたこと、又は、介護休業が他の介護休業、産前産後休業、育児休業が開始されたことにより終了した場合（その場合備考欄にそれらの休業開始日と休業終了予定日を記載してください）をいいます。

（10）申請者氏名については、記名押印又は署名のいずれかにより記載してください。

6　払渡希望金融機関指定届の記載について

（１）「名称」欄に介護休業給付金の払渡しを希望する金融機関（ゆうちょ銀行を含む。）の名称及び店舗名（ゆうちょ銀行の場合は名称のみ）、「銀行等（ゆうちょ銀行以外）」の「口座番号」欄又は「ゆうちょ銀行」の「記号番号」欄に申請者本人名義の通帳の記号（口座）番号を記載してください。

（２）払渡しできる口座は、金融機関の普通預（貯）金口座に限られます。

（３）金融機関による確認印欄に必ず「名称」欄に記載した金融機関の確認印を受けてください（申請者本人が金融機関に届け出た印を押印する欄ではないので間違いのないようにしてください）。

（４）なお、金融機関の確認を受けずに、支給申請書の提出と同時に申請者本人の名義の通帳又はキャッシュカード（現物）を提示していただいても差し支えありません。

7　申請は正しく行ってください。偽りの記載をして提出した場合には、介護休業給付金を受けることができなくなるばかりでなく、不正に受給した金額の返還とさらにそれに加えて一定の金額の納付を命ぜられ、また、詐欺罪として刑罰に処せられることがあります。また、事業主は、記載事実に誤りのないことの証明を行ってください。事業主が偽りの証明をした場合には、不正に受給した者と連帯して、不正受給金の返還、納付命令、詐欺罪として刑罰に処せられる場合があります。

8　本手続は電子申請による申請が可能です。
なお、本手続について、社会保険労務士が事業主の委託を受け、電子申請により本申請書の提出に関する手続を行う場合には、当該社会保険労務士が当該事業主から委託を受けた者であることを証明するものを本申請書の提出と併せて送信することをもって、当該事業主の電子署名に代えることができます。

9　本手続について、事業主が本申請書の提出に関する手続を行う場合には、当該事業主が被保険者から、当該被保険者本人の申請であることを証明するものを提出させ、保存しておくことをもって、当該被保険者の（電子）署名に代えることができます。この場合の申請者氏名欄には、申請者氏名に代えて「申請について同意済み」と記載してください。

様式第34号（第144条関係）（表面）

様式第34号	第　　　号
	厚生労働省、都道府県労働局又は都道府県印

雇用保険検査証明書

写　真	官　職 氏　名 生年月日

平成　　年　　月　　日交付

様式第34号（第144条関係）（裏面）

この検査証明書を所持する者は，雇用保険法第79条の規定により，雇用保険の被保険者，受給資格者等若しくは教育訓練給付対象者を雇用し，若しくは雇用していた事業主の事業所又は労働保険事務組合若しくは労働保険事務組合であつた団体の事務所に立ち入り，関係者に対して質問し，又は帳簿書類の検査をすることができる。

様式第35号（第146条関係）（第１面）

雇用保険被保険者資格取得届光ディスク等提出用総括票

（必ず第２面の注意事項を読んでから記載してください。）

1. 事業所名	フリガナ
2. 事業所番号	□□□□－□□□□□□－□
3. 届出年月日	平成　年　月　日
4. 届出被保険者数	人
届出被保険者氏名	別紙のとおり
5. 資格取得年月日	平成　年　月　日
6. 雇用形態	1．日雇　2．派遣　3．パートタイム 4．有期契約労働者　5．季節的雇用　6．船員　7．その他
7. １週間の所定労働時間	時間　分
8. 契約期間の定め	1 有（契約期間　年　月　日～　年　月　日 契約更新条項の有無　イ 有　ロ 無） 2 無

9. 備考欄					
氏名（ローマ字）	国籍・地域	在留資格	在留期間 西暦　年　月　日まで	資格外活動許可の有無 有・無	□ 派遣・請負労働者として主として１以外の事業所で就労する場合
氏名（ローマ字）	国籍・地域	在留資格	在留期間 西暦　年　月　日まで	資格外活動許可の有無 有・無	□ 派遣・請負労働者として主として１以外の事業所で就労する場合
氏名（ローマ字）	国籍・地域	在留資格	在留期間 西暦　年　月　日まで	資格外活動許可の有無 有・無	□ 派遣・請負労働者として主として１以外の事業所で就労する場合
氏名（ローマ字）	国籍・地域	在留資格	在留期間 西暦　年　月　日まで	資格外活動許可の有無 有・無	□ 派遣・請負労働者として主として１以外の事業所で就労する場合
氏名（ローマ字）	国籍・地域	在留資格	在留期間 西暦　年　月　日まで	資格外活動許可の有無 有・無	□ 派遣・請負労働者として主として１以外の事業所で就労する場合
その他					

雇用保険法施行規則第６条第１項の規定により上記のとおり届けます。

平成　年　月　日

事業主　住所
氏名　記名押印又は署名　印
電話番号

公共職業安定所長　殿

社会保険労務士記載欄	作成年月日・提出代行者・事務代理者の表示	氏名	電話番号
		印	

※　取得時被保険者種類
1　一般　2　短期常態　3　短期特例　11　高年齢被保険者(65歳以上)

※	所長		次長		課長		係長		係		操作者	

備考
確認通知　平成　年　月　日

様式第35号（第146条関係）（第２面）

注意

1　必ず添付する届出対象者名簿に記載のあるすべての者について、次の形式により届出内容を入力した光ディスク等、記録媒体と合わせて届け出ること。
総括票の記載項目については、各項目について２以上の条件を併記してはならず、また、１の光ディスク等、記録媒体に２以上の雇用保険被保険者資格取得届光ディスク等提出用総括票に対応するデータを記録してはならない。

また、光ディスク等、記録媒体内の届出内容は総括票に記載されている項目について、総括票と同一の内容のものであること。なお、再取得の場合には窓口用フォーマットではなく電子申請用フォーマットの入力方法によること。
（1）　光ディスク等、記録媒体の種類等
ア　CDで作成する場合、それぞれ、CD-ROMで作成する場合はJIS X 6281、CD-Rで作成する場合はJIS X 6282、CD-RWで作成する場合はJIS X 6283に準拠した記録媒体を使用すること。ボリューム構造及びファイル構造については、JIS X 0606, JIS X 0608に準拠した形式で書き込むこと。なお、書き込み後、必ずファイナライズの処理を行うこと。
イ　DVDで作成する場合、それぞれ、DVD-ROMで作成する場合はJIS X 6241またはJIS X 6242、DVD-Rで作成する場合はJIS X 6245またはJIS X 6249、DVD-RWで作成する場合はJIS X 6248に準拠した記録媒体を使用すること。ボリューム構造及びファイル構造については、JIS X 0607, JIS X 0609に準拠した形式で書き込むこと。なお、書き込み後、必ずファイナライズの処理を行うこと。
ウ　使用する文字は漢字で記載する部分を除きすべて１バイトコード（半角）で作成すること。１バイトコードについては、ＪＩＳ８単位符号、２バイトコードはシフトＪＩＳコードを使用すること。
エ　個人データは１ファイルに連続して記録することとし、シングルファイル／シングルボリュームとすること。１の光ディスク等、記録媒体に入力するデータは窓口用フォーマットは8,000人分、電子申請用フォーマットは1,000人分までとすること。
オ　データ形式はＣＳＶ形式とし、窓口用フォーマットの場合は、ファイル名は「shutoku」拡張子は「txt」又は「csv」とすること。
また、電子申請用フォーマットの場合は、ファイル名は「10101-shutoku」拡張子は「csv」とすること。
カ　光ディスク等、記録媒体のラベルに、事業所名、事業所番号、届出年月日、届出対象者数、取得年月日を記載すること。
（2）光ディスク等、記録媒体入力方法（窓口用フォーマット）
ア　冒頭データ
事業所名、作成年月日（改行）
10101（改行）
イ　個人データ
1-個人番号, 3-1, 4-氏名（ｶﾀｶﾅ）, 6-性別, 7-生年月日, 8-事業所番号, 9-資格取得年月日, 10-被保険者となったことの原因, 11-賃金支払いの態様-賃金額, 12-雇用形態, 13-職種, 15-就職経路, 16-１週間の所定労働時間, 17-契約期間の定め, 18-被保険者氏名（ローマ字）, 19-国籍・地域, 20-国籍・地域コード, 21-在留資格, 22-在留資格コード, 23-在留期間, 24-資格外活動許可の有無, 25-派遣・請負就労区分, 30-漢字氏名（改行）
1-個人番号, 3-1, 4-氏名（ｶﾀｶﾅ）......
（ア）個人番号：必ず番号確認と身元確認の本人確認を行った上で、個人番号（マイナンバー）を入力すること。
（イ）性別：男1，女2
（ウ）生年月日：明治1，大正2，昭和3，平成4とし○○年××月△△日生まれの場合、「該当年号番号-○○××△△」と入力すること。１桁の場合は、10の位の部分に「0」を付加して２桁で入力すること。
（エ）事業所番号：必ず11桁の事業所番号を入力すること。
（オ）資格取得年月日：試用期間、研修期間を含む雇入れの初日を入力すること。平成○○年××月△△日の場合、「4-○○××△△」と入力すること。１桁の場合は上記（ウ）と同様に入力すること。
（カ）被保険者となったことの原因：新規雇用（新規学卒）1，新規雇用（その他）2，日雇からの切替3，その他4，出向元への復帰等（65歳以上）8
（キ）賃金：月給1，週給2，日給3，時間給4，その他5とし、資格取得年月日現在における支払の態様及び賃金月額（臨時の賃金、１箇月を超える期間ごとに支払われる賃金及び超過勤務手当を除く。）（単位千円…千円未満四捨五入、最大４桁まで、数字のみを入力する）との間は"-"で結んで入力すること。
（ク）雇用形態：日雇1，派遣2，パートタイム3，有期契約労働者4，季節的雇用5，船員6，その他7
（ケ）職種：(1)管理的職業　01　(2)専門的・技術的職業　02　(3)事務的職業　03　(4)販売の職業　04　(5)サービスの職業　05　(6)保安の職業　06
(7)農林漁業の職業　07　(8)生産工程の職業　08　(9)輸送・機械運転の職業　09　(10)建設・採掘の職業　10　(11)運搬・清掃・包装等の職業　11
（コ）就職経路：安定所紹介1、自己就職2、民間紹介3、把握していない4
（サ）１週間の所定労働時間：半角数字により○○時間××分のときは「○○××」と入力すること。１桁の場合は10の位の部分に「0」を付加して２桁で入力すること。
例　所定労働時間が38時間0分の場合…16-3800
（シ）契約期間の定め：８欄に記載した内容どおり、数字及びイ又はロを並べること。なお、各記載内容の間は"-"で結ぶこと。
例　契約期間の定め有り（1）、契約期間○○年××月△△日～○○年××月△△日、契約更新条項有り（イ）の場合…17-1-○○××△△-○○××△△-イ　契約期間の定め無し（2）の場合…17-2
（ス）被保険者氏名（ローマ字）：被保険者が外国人の場合に、半角のアルファベット大文字で40字以内で在留カード記載順に入力すること。例　18-ROMAJI SHIMEI
（セ）国籍・地域：被保険者が外国人の場合に、全角20文字までで入力すること。
（ソ）在留資格：被保険者が外国人の場合に、全角20文字までで入力すること。
（タ）在留期間：被保険者が外国人の場合に、半角数字により○○○○年△△月××日の場合は、「○○○○△△××」と入力すること。
例　2019年3月4日の場合…23-20190304
（チ）資格外活動許可の有無：被保険者が外国人の場合に、有1 無2を入力すること。
（ツ）派遣・請負就労区分：被保険者が外国人の場合に、該当1 非該当2を入力すること。
（テ）国籍・地域コードと在留資格コードは入力しないこと。
（3）光ディスク等、記録媒体入力方法（電子申請用フォーマット）
ア　管理データ
（項目行）　都市区符号, 事業所記号, 通番, 作成年月日, 代表届書コード, 連記式項目バージョン（改行）
（データ行）10, 777, 001, 20070720, 22223, 04（改行）
イ　事業所識別符号
[kanri]（改行）
ウ　事業所管理データ
社会保険労務士氏名, 事業所情報数（改行）
,001（改行）
（項目行）　都市区符号, 事業所記号, 事業所番号, 親番号（郵便番号）, 子番号（郵便番号）, 事業所所在地, 事業所名称, 事業主氏名, 電話番号, 雇用保険適用事業所番号（安定所番号）, 雇用保険適用事業所番号（一連番号）, 雇用保険適用事業所番号（ﾁｪｯｸﾃﾞｨｼﾞｯﾄ）（改行）
（データ行）10, 777, 12345, 160, 0023, 東京都新宿区西新宿９－９９－９, 東京株式会社, 鈴木　次郎, 03-1234-XXXX, 1234, 123456, 5（改行）
エ　データ識別符号
[data]（改行）
オ　個人データ
（項目行）　帳票種別, 安定所番号, 個人番号, 被保険者番号４桁, 被保険者番号６桁, 被保険者番号ﾁｪｯｸﾃﾞｨｼﾞｯﾄ, 取得区分, 被保険者氏名, 被保険者氏名フリガナ（カタカナ）, 変更後の氏名, 変更後の氏名フリガナ（カタカナ）, 性別, 生年月日（元号）, 生年月日（年）, 生年月日（月）, 生年月日（日）, 事業所番号（安定所番号）, 事業所番号（一連番号）, 事業所番号（ﾁｪｯｸﾃﾞｨｼﾞｯﾄ）, 資格取得年月日（元号）, 資格取得年月日（年）, 資格取得年月日（月）, 資格取得年月日（日）, 被保険者となったことの原因, 賃金（支払の態様）, 賃金（賃金月額）, 雇用形態, 職種, 就職経路, 取得時被保険者種類, 番号複数取得チェック不要, １週間の所定労働時間（時間）, １週間の所定労働時間（分）, 契約期間の定め, 契約期間開始（年）, 契約期間開始（月）, 契約期間開始（日）, 契約期間終了（年）, 契約期間終了（月）, 契約期間終了（日）, 契約更新条項の有無, 事業所名, 被保険者氏名（ローマ字）, 国籍・地域, 国籍地域コード, 在留資格, 在留資格コード, 在留期間（年）, 在留期間（月）, 在留期間（日）, 資格外活動許可の有無, 派遣・請負就労区分, 備考, あて先, 備考欄（備考）, 確認通知年月日（元号）, 確認通知年月日（年）, 確認通知年月日（月）, 確認通知年月日（日）（改行）
（データ行１）10101, , 123456789123, 1234, 005678, 5, 1, 漢字　氏名, ｶﾝｼﾞ ｼﾒｲ, , , 1, 昭和, 35, 01, 01, 1234, 123456, 5, 平成, 14, 04, 01, 1, 1, 0300, 7, 1, 1, , , 40, 20, 無, ..., 東京株式会社, KANJI SHIMEI, ブラジル, , 永住者, ..., 2, 2, , 飯田橋, ...（改行）
（データ行２）10101, , 123456789123, 1234, 005678, 1......
（ア）帳票種別：「10101」
（イ）個人番号：必ず番号確認と身元確認の本人確認を行った上で、個人番号（マイナンバー）を入力すること。
（ウ）被保険者番号：「雇用保険被保険者証」に記載されている雇用保険被保険者番号を４桁（一連番号）、６桁（一連番号）、１桁（ﾁｪｯｸﾃﾞｨｼﾞｯﾄ）に分けて入力すること。
（エ）取得区分：新規1，再取得2
（オ）性別：男1，女2
（カ）生年月日：元号は明治，大正，昭和，平成のいずれかを漢字で入力し、○○年××月△△日生まれの場合、「○○,××,△△」と入力すること。
（キ）事業所番号：「雇用保険適用事業所設置届事業主控」に記載されている雇用保険適用事業所番号を４桁（安定所番号）、６桁（一連番号）、１桁（ﾁｪｯｸﾃﾞｨｼﾞｯﾄ）に分けて入力すること。
（ク）資格取得年月日：元号は平成を漢字で入力すること。年月日は（カ）と同様に入力すること。
（ケ）被保険者となったことの原因：新規雇用（新規学卒）1，新規雇用（その他）2，日雇からの切替3，その他4，出向元への復帰等（65歳以上）8
（コ）賃金（支払の態様）：月給1，週給2，日給3，時間給4，その他5
（サ）賃金（賃金月額）：賃金月額を0～9999の範囲で入力すること（単位：千円）。
（シ）雇用形態：日雇1，派遣2，パートタイム3，有期契約労働者4，季節的雇用5，船員6，その他7
（ス）職種：(1)管理的職業　01　(2)専門的・技術的職業　02　(3)事務的職業　03　(4)販売の職業　04　(5)サービスの職業　05　(6)保安の職業　06
(7)農林漁業の職業　07　(8)生産工程の職業　08　(9)輸送・機械運転の職業　09　(10)建設・採掘の職業　10　(11)運搬・清掃・包装等の職業　11
（セ）就職経路：安定所紹介1、自己就職2、民間紹介3、把握していない4
（ソ）１週間の所定労働時間：半角数字により○○時間××分のときは「○○,××」と入力すること。１桁の場合は10の位の部分に「0」を付加して２桁で入力すること。
(例) 所定労働時間が38時間0分の場合、１週間の所定労働時間（時間）に「38」、１週間の所定労働時間（分）に「00」と入力する。
（タ）契約期間の定め、契約更新条項の有無：「有」または「無」を入力すること。
（チ）契約期間：開始年月日、終了年月日をそれぞれ（カ）と同様に記載すること。
（ツ）事業所名：当該被保険者の事業所名を半角、全角に関わらず文字数34文字までで入力すること。
（テ）被保険者氏名（ローマ字）：被保険者が外国人の場合に、半角のアルファベット大文字で40字以内で在留カード記載順に入力すること。
（ト）国籍・地域：被保険者が外国人の場合に、全角20文字までで入力すること。
（ナ）在留資格：被保険者が外国人の場合に、全角20文字までで入力すること。
（ニ）在留期間：被保険者が外国人の場合に、半角数字により○○○○年△△月××日の場合は、「○○○○△△××」と入力すること。
（ヌ）資格外活動許可の有無：被保険者が外国人の場合に、有1 無2を入力すること。
（ネ）派遣・請負就労区分：被保険者が外国人の場合に、該当1 非該当2を入力すること。
（ノ）備考：半角、全角に関わらず文字数80文字までで入力すること。
（ハ）あて先：提出先安定所を漢字10文字までで入力すること。　(例) 飯田橋公共職業安定所の場合、「飯田橋」と入力する。
※安定所番号，取得時被保険者種類，番号複数取得チェック不要，備考欄（備考），確認通知年月日は省略する。
2　２欄は必ず11桁の事業所番号を記載すること。事業所番号が連続した10桁の構成であって、最後の空欄に記載すべき数字が不明な場合は、事業所の所在地を管轄する公共職業安定所に確認して記載すること。
3　４欄にはこの帳票に添付する光ディスク等、記録媒体に入力されている労働者数を記載し、別紙として、届け出る被保険者の名簿（漢字及び読み仮名（ｶﾀｶﾅ）、外国人労働者の場合は、在留カードに記載されている順のローマ字及び読み仮名（ｶﾀｶﾅ））を添付すること。なお、名簿及び光ディスク等、記録媒体内の届出対象者の記載順は五十音順とすること。
4　７欄には、届出対象者の５欄に記載した年月日現在における１週間の所定労働時間を記載すること。
5　８欄には、該当するものの番号を○で囲み、１を○で囲んだ場合には、その契約期間を記載するとともに、契約更新の条項の有無について、該当するものの記号をそれぞれ○で囲むこと。
6　９欄内その他欄には、被保険者となったことの原因が日雇からの切替、その他新規採用以外の理由による者がいる場合には、その氏名と理由を記載すること。
7　※印のついた欄は記載しないこと。
8　事業主の住所及び氏名欄には、事業主が法人の場合は、その主たる事務所の所在地及び法人の名称を記載するとともに、代表者の氏名を付記すること。
9　本届出に係る被保険者資格取得者に外国人労働者（「外交」又は「公用」の在留資格の者及び特別永住者を除く。）が含まれる場合には、以上に加え９欄に、在留カードに記載されている順に氏名（ローマ字）、国籍・地域、在留資格、在留期間等を記載し、労働施策の総合的な推進並びに労働者の雇用の安定及び職業生活の充実等に関する法律第28条の外国人雇用状況の届出とすることができる。なお、「家族滞在」の在留資格の者等、資格外活動の許可を得て就労する者については、当該許可の有無について、該当するものを○で囲むこと。また、派遣・請負労働者として主として１欄以外の事業所で就労する者については、□にチェックすること。

様式第35号（第146条関係）（別紙）

雇用保険被保険者資格取得届光ディスク等提出用総括票に係る対象者名簿

	漢字氏名	読み仮名（カタカナ）		漢字氏名	読み仮名（カタカナ）
1			21		
2			22		
3			23		
4			24		
5			25		
6			26		
7			27		
8			28		
9			29		
10			30		
11			31		
12			32		
13			33		
14			34		
15			35		
16			36		
17			37		
18			38		
19			39		
20			40		

（注意）

1　該当対象者名簿と光ディスク等の個人データの順序は同一（五十音順）であること。

2　対象者が40名を越え、当該様式が複数枚にわたる場合には、頁数を記載し、又は通し番号を修正したうえ、提出すること。この場合においても、名簿全体が五十音順である必要があること。

3　外国人労働者の場合は、漢字氏名の欄には、ローマ字氏名（在留カード記載順）を記載すること。

様式第36号（第146条関係）（第１面）

雇用保険被保険者資格喪失届光ディスク等提出用総括票

（必ず第２面の注意事項を読んでから記載してください。）

1. 事業所名	フリガナ
2. 事業所番号	— —
3. 届出年月日	平成　年　月　日
4. 届出被保険者数 届出被保険者氏名	人 別紙のとおり
5. 離職年月日	平成　年　月　日
6. １週間の所定労働時間	時間　分

7. 備考欄				
氏名（ローマ字）	国籍・地域	在留資格	在留期間 西暦　年　月　日まで	□ 派遣・請負労働者として主として１以外の事業所で就労する場合
氏名（ローマ字）	国籍・地域	在留資格	在留期間 西暦　年　月　日まで	□ 派遣・請負労働者として主として１以外の事業所で就労する場合
氏名（ローマ字）	国籍・地域	在留資格	在留期間 西暦　年　月　日まで	□ 派遣・請負労働者として主として１以外の事業所で就労する場合
氏名（ローマ字）	国籍・地域	在留資格	在留期間 西暦　年　月　日まで	□ 派遣・請負労働者として主として１以外の事業所で就労する場合
氏名（ローマ字）	国籍・地域	在留資格	在留期間 西暦　年　月　日まで	□ 派遣・請負労働者として主として１以外の事業所で就労する場合
その他				

雇用保険法施行規則第７条第１項の規定により上記のとおり届けます。

平成　年　月　日

事業主　住所

氏名　　記名押印又は署名　印

電話番号

公共職業安定所長　殿

社会保険労務士記載欄	作成年月日・提出代行者・事務代理者の表示	氏名	電話番号
		印	

※	所長	次長	課長	係長	係	操作者

備考

確認通知　平成　年　月　日

様式第36号（第146条関係）（第２面）

注　意

1　必ず添付する届出対象者名簿に記載のあるすべての者について、次の形式により届出内容を入力した光ディスク等、記録媒体と合わせて届け出ること。
　総括票の記載項目については、各項目について２以上の条件を併記してはならず、また、１の光ディスク等、記録媒体に２以上の雇用保険被保険者資格喪失届光ディスク等提出用総括票に対応するデータを記録してはならない。

　なお、光ディスク等、記録媒体内の届出内容は総括票に記載されている項目について、総括票と同一の内容のものであること。

（１）光ディスク等、記録媒体の種類等

ア　CD で作成する場合、それぞれ、CD-ROM で作成する場合は JIS X 6281、CD-R で作成する場合は JIS X 6282、CD-RW で作成する場合は JIS X 6283 に準拠した記録媒体を使用すること。ボリューム構造及びファイル構造については、JIS X 0606, JIS X 0608 に準拠した形式で書き込むこと。なお、書き込み後、必ずファイナライズの処理を行うこと。

イ　DVD で作成する場合、それぞれ、DVD-ROM で作成する場合は JIS X 6241 または JIS X 6242、DVD-R で作成する場合は JIS X 6245 または JIS X 6249、DVD-RW で作成する場合は JIS X 6248 に準拠した記録媒体を使用すること。ボリューム構造及びファイル構造については、JIS X 0607, JIS X 0609 に準拠した形式で書き込むこと。なお、書き込み後、必ずファイナライズの処理を行うこと。

ウ　使用する文字は漢字で記載する部分を除きすべて１バイトコード（半角）で作成すること。１バイトコードについては、ＪＩＳ８単位符号、２バイトコードはシフトＪＩＳコードを使用すること。

エ　個人データは１ファイルに連続して記録することとし、シングルファイル／シングルボリュームとすること。1の光ディスク等、記録媒体に入力するデータは 1,000 人分までとすること。

オ　データ形式はＣＳＶ形式とし、ファイル名は「10191-soshitsu」拡張子は「csv」とすること。

カ　光ディスク等、記録媒体のラベルに、事業所名、事業所番号、届出年月日、届出対象者数、離職年月日を記載すること。

（２）光ディズク等、記録媒体入力方法

ア　管理データ
（項目行）　郡市区符号, 事業所記号, 通番, 作成年月日, 代表届書コード, 連記式項目バージョン（改行）
（データ行）10, 777, 001, 20070720, 22223, 03（改行）

イ　事業所識別符号
[kanri]（改行）

ウ　事業所管理データ
社会保険労務士氏名, 事業所情報数（改行）
001（改行）
（項目行）　郡市区符号, 事業所記号, 事業所番号, 親番号（郵便番号）, 子番号（郵便番号）, 事業所所在地, 事業所名称, 事業主氏名, 電話番号, 雇用保険適用事業所番号（安定所番号）, 雇用保険適用事業所番号（一連番号）, 雇用保険適用事業所番号（ﾁｪｯｸﾃﾞｨｼﾞｯﾄ）（改行）
（データ行）10, 777, 12345, 160, 0023, 東京都新宿区西新宿９－９９－９, 東京株式会社, 鈴木　次郎, 03-1234-XXXX, 1234, 123456, 5（改行）

エ　データ識別符号
[data]（改行）

オ　個人データ
（項目行）　帳票種別, 安定所番号, 個人番号, 被保険者番号４桁, 被保険者番号６桁, 被保険者番号ﾁｪｯｸﾃﾞｨｼﾞｯﾄ, 事業所番号（安定所番号）, 事業所番号（一連番号）, 事業所番号（ﾁｪｯｸﾃﾞｨｼﾞｯﾄ）, 資格取得年月日（元号）, 資格取得年月日（年）, 資格取得年月日（月）, 資格取得年月日.（日）, 離職等年月日（元号）, 離職等年月日（年）, 離職等年月日（月）, 離職等年月日（日）, 喪失原因, 離職票交付希望, 喪失時被保険者種類, 新氏名フリガナ（カタカナ）, 新氏名, 補充採用予定の有無, 被保険者氏名フリガナ（カタカナ）, 被保険者氏名, 性別, 生年月日（元号）, 生年月日（年）, 生年月日（月）, 生年月日（日）, 被保険者の住所又は居所, 事業所名称, 氏名変更年月日（元号）, 氏名変更年月日（年）, 氏名変更年月日（月）, 氏名変更年月日（日）, 被保険者でなくなったことの原因, １週間の所定労働時間（時間）, １週間の所定労働時間（分）, あて先, 被保険者氏名（ローマ字）, 国籍・地域, 国籍地域コード, 在留資格, 在留資格コード, 在留期間（年）, 在留期間（月）, 在留期間（日）, 資格外活動許可の有無, 派遣・請負就労区分, 備考欄（審査者）, 確認通知年月日（元号）, 確認通知年月日（年）, 確認通知年月日（月）, 確認通知年月日（日）（改行）
（データ行１）10191, , 123456789123, 1234, 005678, 5, 1234, 123456, 5, 平成, 14, 04, 01, 平成, 17, 07, 01, 2, 1, , ｼﾝ ｼﾒｲ, 新　氏名, 無, ｶﾝｼﾞ ｼﾒｲ, 漢字　氏名, 1, 昭和, 35, 01, 01, 千葉県美浜区中瀬９９－９, 安定株式会社, 平成, 21, 06, 30, 離職のため, 40, 20, 飯田橋, SHIN SHIMEI, ブラジル, , 永住者, ... , 2, 2, ... （改行）
（データ行２）10191, , 123456789123, 1234, 005678, 1. . . . . .

（ア）帳票種別：「10191」
（イ）個人番号：必ず番号確認と身元確認の本人確認を行った上で、個人番号（マイナンバー）を入力すること。
（ウ）被保険者番号：「雇用保険被保険者証」に記載されている雇用保険被保険者番号を４桁（一連番号）、６桁（一連番号）、１桁（ﾁｪｯｸﾃﾞｨｼﾞｯﾄ）に分けて入力すること。
（エ）事業所番号：「雇用保険適用事業所設置届事業主控」に記載されている雇用保険適用事業所番号を４桁（安定所番号）、６桁（一連番号）、１桁（ﾁｪｯｸﾃﾞｨｼﾞｯﾄ）に分けて入力すること。
（オ）資格取得年月日：元号は昭和，平成のいずれかを漢字で入力し、○○年××月△△日に被保険者となった場合、「○○, ××, △△」と入力すること。
（カ）離職年月日：元号は平成を漢字で入力すること。年月日は（オ）と同様に入力すること。
（キ）喪失原因：離職以外の理由 1，3 以外の離職 2，事業主の都合による離職 3
（ク）離職票交付希望：有 1，無 2
（ケ）補充採用予定の有無：「有」または「無」を入力すること。
（コ）性別：男 1，女 2
（サ）生年月日：元号は明治，大正，昭和，平成のいずれかを漢字で入力し、年月日は（オ）と同様に入力すること。
（シ）被保険者の住所又は居所：半角、全角に関わらず文字数 64 文字までで入力すること。
（ス）事業所名称：当該被保険者の事業所名称を半角、全角に関わらず文字数 34 文字まで入力すること。
（セ）氏名変更年月日：元号は平成を漢字で入力すること。年月日は（オ）と同様に入力すること。
（ソ）被保険者でなくなったことの原因：半角、全角に関わらず文字数 78 文字までで入力すること。
（タ）１週間の所定労働時間：半角数字により○○時間××分のときは「○○, ××」と入力すること。1 桁の場合は 10 の位の部分に「0」を付加して 2 桁で入力すること。（例）所定労働時間が 38 時間 0 分の場合、１週間の所定労働時間（時間）に「38」、１週間の所定労働時間（分）に「00」と入力する。
（チ）あて先：提出先安定所を漢字 10 文字までで入力すること。　（例）飯田橋公共職業安定所の場合、「飯田橋」と入力する。
（ツ）被保険者氏名（ローマ字）：被保険者が外国人の場合に、半角のアルファベット大文字で 40 字以内で在留カード記載順に入力すること。
（テ）国籍・地域：被保険者が外国人の場合に、全角 20 文字までで入力すること。
（ト）在留資格：被保険者が外国人の場合に、全角 20 文字までで入力すること。
（ナ）在留期間：被保険者が外国人の場合に、半角数字により○○○○年△△月××日の場合は、「○○○○△△××」と入力すること。
（ニ）資格外活動許可の有無：被保険者が外国人の場合に、有 1 無 2 を入力すること。
（ヌ）派遣・請負就労区分：被保険者が外国人の場合に、該当 1 非該当 2 を入力すること。
※安定所番号，喪失時被保険者種類，備考欄（審査者），確認通知年月日は省略する。

2　2 欄は必ず 11 桁の事業所番号を記載すること。事業所番号が連続した 10 桁の構成であって、最後の空欄に記載すべき数字が不明な場合は、事業所の所在地を管轄する公共職業安定所に確認して記載すること。

3　4 欄にはこの帳票に添付する光ディスク等、記録媒体に入力されている労働者数を記載し、別紙として、届け出る被保険者の名簿（漢字及び読み仮名（ｶﾀｶﾅ）、外国人労働者の場合は、在留カードに記載されている順のローマ字及び読み仮名（ｶﾀｶﾅ））を添付すること。なお、名簿及び光ディスク等、記録媒体内の届出対象者の記載順は五十音順とすること。

4　6 欄には、届出対象者の 5 欄に記載した年月日現在における１週間の所定労働時間を記載すること。

5　※印のついた欄は記載しないこと。

6　事業主の住所及び氏名欄には、事業主が法人の場合は、その主たる事務所の所在地及び法人の名称を記載するとともに、代表者の氏名を付記すること。

7　外国人労働者（「外交」又は「公用」の在留資格の者及び特別永住者を除く。）の場合は、7 欄に、在留カードに記載されている順に氏名（ローマ字）、国籍・地域、在留資格、在留期間等を記載し、労働施策の総合的な推進並びに労働者の雇用の安定及び職業生活の充実等に関する法律第 28 条の外国人雇用状況の届出とすることができる。
　なお、派遣・請負労働者として、主として１欄以外の事業所において就労していた者については、□にチェックすること。

様式第36号（第146条関係）（別紙）

雇用保険被保険者資格喪失届光ディスク等提出用総括票に係る対象者名簿

	漢字氏名	読み仮名（カタカナ）		漢字氏名	読み仮名（カタカナ）
1			21		
2			22		
3			23		
4			24		
5			25		
6			26		
7			27		
8			28		
9			29		
10			30		
11			31		
12			32		
13			33		
14			34		
15			35		
16			36		
17			37		
18			38		
19			39		
20			40		

（注意）

1　該当対象者名簿と光ディスク等の個人データの順序は同一（五十音順）であること。

2　対象者が40名を越え、当該様式が複数枚にわたる場合には、頁数を記載し、又は通し番号を修正したうえ、提出すること。この場合においても、名簿全体が五十音順である必要があること。

3　外国人労働者の場合は、漢字氏名の欄には、ローマ字氏名（在留カード記載順）を記載すること。

様式第37号（第146条関係）（第１面）

雇用保険被保険者転勤届光ディスク等提出用総括票

（必ず第２面の注意事項を読んでから記載してください。）

1. 事業所名	フリガナ
2. 事業所番号	—　　　　　—
3. 届出年月日	平成　　年　　月　　日
4. 届出被保険者数	人
届出被保険者氏名	別紙のとおり
5. 転勤前事業所番号	—　　　　　—
6. 転勤年月日	平成　　年　　月　　日
7. 転勤前事業所名称	フリガナ
8. 転勤前事業所・所在地	フリガナ

9. 備考	

雇用保険法施行規則第１３条第１項の規定により上記のとおり届けます。

平成　　年　　月　　日

事業主
住所
氏名　　　　記名押印又は署名　印
電話番号

公共職業安定所長　殿

社会保険労務士記載欄	作成年月日・提出代行者・事務代理者の表示	氏名	電話番号
		印	

※	所長	次長	課長	係長	係	操作者

備考
確認通知　平成　年　月　日

様式第37号（第146条関係）（第２面）

注　意

1　帳票の提出に際しては、届出に係る被保険者の既交付の雇用保険被保険者証及び雇用保険被保険者資格喪失届を添付すること。

2　必ず添付する届出対象者名簿に記載のあるすべての者について、次の形式により届出内容を入力した光ディスク等、記録媒体と合わせて届け出ること。

総括票の記載項目については、各項目について２以上の条件を併記してはならず、また、１の光ディスク等、記録媒体に２以上の雇用保険被保険者転勤届光ディスク等提出用総括票に対応するデータを記録してはならない。

なお、光ディスク等、記録媒体内の届出内容は総括票に記載されている項目について、総括票と同一の内容のものであること。

（１）光ディスク等、記録媒体の種類等

ア　CDで作成する場合、それぞれ、CD-ROMで作成する場合はJIS X 6281、CD-Rで作成する場合はJIS X 6282、CD-RWで作成する場合はJIS X 6283に準拠した記録媒体を使用すること。ボリューム構造及びファイル構造については、JIS X 0606, JIS X 0608に準拠した形式で書き込むこと。なお、書き込み後、必ずファイナライズの処理を行うこと。

イ　DVDで作成する場合、それぞれ、DVD-ROMで作成する場合はJIS X 6241またはJIS X 6242、DVD-Rで作成する場合はJIS X 6245またはJIS X 6249、DVD-RWで作成する場合はJIS X 6248に準拠した記録媒体を使用すること。ボリューム構造及びファイル構造については、JIS X 0607, JIS X 0609に準拠した形式で書き込むこと。なお、書き込み後、必ずファイナライズの処理を行うこと。

ウ　使用する文字は漢字で記載する部分を除きすべて１バイトコード（半角）で作成すること。１バイトコードについては、ＪＩＳ8単位符号、２バイトコードはシフトＪＩＳコードを使用すること。

エ　個人データは１ファイルに連続して記録することとし、シングルファイル／シングルボリュームとすること。１の光ディスク等、記録媒体に入力するデータは1,000人分までとすること。

オ　データ形式はＣＳＶ形式とし、ファイル名は「10106-tenkin」拡張子は「csv」とすること。

カ　光ディスク等、記録媒体のラベルに、事業所名、事業所番号、届出年月日、届出対象者数、転勤年月日を記載すること。

（２）光ディスク等、記録媒体入力方法

ア　管理データ

（項目行）　郡市区符号,事業所記号,通番,作成年月日,代表届書コード,連記式項目バージョン（改行）

（データ行）10,777,001,20070720,22223,03（改行）

イ　事業所識別符号

[kanri]（改行）

ウ　事業所管理データ

社会保険労務士氏名,事業所情報数（改行）

,001（改行）

（項目行）　郡市区符号,事業所記号,事業所番号,親番号（郵便番号）,子番号（郵便番号）,事業所所在地,事業所名称,事業主氏名,電話番号,雇用保険適用事業所番号（安定所番号）,雇用保険適用事業所番号（一連番号）,雇用保険適用事業所番号（ﾁｪｯｸﾃﾞｨｼﾞｯﾄ）（改行）

（データ行）10,777,12345,160,0023,東京都新宿区西新宿９－９９－９,東京株式会社,鈴木　次郎,03-1234-XXXX,1234,123456,5（改行）

エ　データ識別符号

[data]（改行）

オ　個人データ

（項目行）　帳票種別,安定所番号,被保険者番号４桁,被保険者番号６桁,被保険者番号ﾁｪｯｸﾃﾞｨｼﾞｯﾄ,生年月日（元号）,生年月日（年）,生年月日（月）,生年月日（日）,被保険者氏名,被保険者氏名フリガナ（カタカナ）,被保険者氏名（ローマ字）,資格取得年月日（元号）,資格取得年月日（年）,資格取得年月日（月）,資格取得年月日（日）,事業所番号（安定所番号）,事業所番号（一連番号）,事業所番号（ﾁｪｯｸﾃﾞｨｼﾞｯﾄ）,転勤前の事業所番号（安定所番号）,転勤前の事業所番号（一連番号）,転勤前の事業所番号（ﾁｪｯｸﾃﾞｨｼﾞｯﾄ）,転勤年月日（元号）,転勤年月日（年）,転勤年月日（月）,転勤年月日（日）,転勤前事業所名称・所在地,備考,あて先,備考欄（備考）,確認通知年月日（元号）,確認通知年月日（年）,確認通知年月日（月）,確認通知年月日（日）（改行）

（データ行１）10106,,1234,005678,5,昭和,35,01,01,漢字　氏名,ｶﾝｼﾞ ｼﾒｲ,KANJI SHIMEI,平成,14,04,01,1234,123456,5,1234,234567,5,平成,17,04,01,東京都中央区銀座９－９９－９,,飯田橋,....（改行）

（データ行２）10106,,1234,005678,1,......

（ア）帳票種別：「10106」

（イ）被保険者番号：「雇用保険被保険者証」に記載されている雇用保険被保険者番号を４桁（一連番号）、６桁（一連番号）、１桁（ﾁｪｯｸﾃﾞｨｼﾞｯﾄ）に分けて入力すること。

（ウ）生年月日：元号は明治，大正，昭和，平成のいずれかを漢字で入力し、〇〇年××月△△日生まれの場合、「〇〇,××,△△」と入力すること。

（エ）被保険者氏名（ローマ字）：被保険者が外国人の場合に、在留カードに記載されている順にローマ字氏名を入力すること。

（オ）資格取得年月日：元号は昭和，平成のいずれかを漢字で入力し、年月日は（ウ）と同様に入力すること。

（カ）事業所番号：「雇用保険適用事業所設置届事業主控」に記載されている雇用保険適用事業所番号を４桁（安定所番号）、６桁（一連番号）、１桁（ﾁｪｯｸﾃﾞｨｼﾞｯﾄ）に分けて入力すること。

（キ）転勤前の事業所番号：転勤前の雇用保険適用事業所番号を（カ）と同様に入力すること。

（ク）転勤年月日：元号は平成を漢字で入力すること。年月日は（ウ）と同様に入力すること。

（ケ）転勤前事業所名称・所在地：半角、全角に関わらず文字数72文字までで入力すること。

（コ）備考：半角、全角に関わらず文字数784文字までで入力すること。

（サ）あて先：提出先安定所を漢字10文字までで入力すること。　（例）飯田橋公共職業安定所の場合、「飯田橋」と入力する。

※安定所番号，備考欄（備考），確認通知年月日は省略する。

3　２欄については、当該被保険者が６欄の日に所属する、当該届出を行う事業所の事業所番号を記載すること。事業所番号が10桁の構成である場合は、最初の４桁を最初の４つの枠内に、残りの６桁を「－」に続く６つの枠内にそれぞれ記載し、最後の枠は空枠とすること。

4　４欄にはこの帳票に添付する光ディスク等、記録媒体に入力されている労働者数を記載し、別紙として、届出る被保険者の名簿（漢字及び読み仮名（ｶﾀｶﾅ）、外国人労働者の場合は、在留カードに記載されている順のローマ字及び読み仮名（ｶﾀｶﾅ））を添付すること。なお、名簿及び光ディスク等、記録媒体内の届出対象者の記載順は五十音順とすること。

5　５欄は転勤前の事業所の事業所番号を記載すること。なお、事業所番号が10桁の構成である場合の記載については上記３と同様とすること。

6　６欄は転勤の年月日を記載すること。

7　７及び８欄には５欄に記載した事業所の事業所名称及び所在地を記載すること。

8　※印のついた欄は記載しないこと。

9　事業主の住所及び氏名欄には、事業主が法人の場合は、その主たる事務所の所在地及び法人の名称を記載するとともに、代表者の氏名を付記すること。

なお、事業主の氏名（法人にあっては代表者の氏名）については、記名押印又は署名のいずれかにより記載すること。

様式第37号（第146条関係）（別紙）

雇用保険被保険者転勤届光ディスク等提出用総括票に係る対象者名簿

	漢字氏名	読み仮名（カタカナ）		漢字氏名	読み仮名（カタカナ）
1			21		
2			22		
3			23		
4			24		
5			25		
6			26		
7			27		
8			28		
9			29		
10			30		
11			31		
12			32		
13			33		
14			34		
15			35		
16			36		
17			37		
18			38		
19			39		
20			40		

（注意）

1　該当対象者名簿と光ディスク等の個人データの順序は同一（五十音順）であること。

2　対象者が40名を越え、当該様式が複数枚にわたる場合には、頁数を記載し、又は通し番号を修正したうえ、提出すること。この場合においても、名簿全体が五十音順である必要があること。

3　外国人労働者の場合は、漢字氏名の欄には、ローマ字氏名（在留カード記載順）を記載すること。

雇用保険法等の一部を改正する法律附則第二十六条第四項に規定する厚生労働省令で定める事項を定める省令

平成二〇年一二月二四日厚生労働省令一七七号

（労働条件の内容となるべき事項）

第一条　雇用保険法等の一部を改正する法律（平成十九年法律第三十号。以下「改正法」という。）附則第二十六条第一項の規定により提示する労働条件の内容となるべき事項は、次に掲げるものとする。ただし、第七号から第十四号までに掲げる事項については、健康保険法（大正十一年法律第七十号）による全国健康保険協会（以下「協会」という。）がこれらに関する定めをしない場合においては、この限りでない。

一　労働契約の期間に関する事項

二　就業の場所及び従事すべき業務に関する事項

三　始業及び終業の時刻、所定労働時間を超える労働の有無、休憩時間、休日、休暇並びに職員を二組以上に分けて就業させる場合における就業時転換に関する事項

四　賃金（退職手当及び第八号に規定する賃金を除く。以下この号において同じ。）の決定、計算及び支払の方法、賃金の締切り及び支払の時期並びに昇給に関する事項

五　健康保険法による健康保険、厚生年金保険法（昭和二十九年法律第百十五号）による厚生年金保険、労働者災害補償保険法（昭和二十二年法律第五十号）による労働者災害補償保険及び雇用保険法（昭和四十九年法律第百十六号）による雇用保険の適用に関する事項

六　退職に関する事項（解雇の事由を含む。）

七　退職手当の定めが適用される職員の範囲、退職手当の決定、計算及び支払の方法並びに退職手当の支払の時期に関する事項

八　臨時に支払われる賃金（退職手当を除く。）、賞与及び次に掲げる賃金並びに最低賃金額に関する事項

イ　一箇月を超える期間の出勤成績によって支給される精勤手当

ロ　一箇月を超える一定期間の継続勤務に対して支給される勤続手当

ハ　一箇月を超える期間にわたる事由によって算定される

　奨励加給又は能率手当

九　職員に負担させるべき食費、作業用品その他に関する事項

十　安全及び衛生に関する事項

十一　職業訓練に関する事項

十二　災害補償及び業務外の傷病扶助に関する事項

十三　表彰及び制裁に関する事項

十四　休職に関する事項

（労働条件及び採用の基準の提示の方法）

第二条　改正法附則第二十六条第一項の規定による提示は、協会の職員の労働条件及び協会の職員の採用の基準を記載した書面を社会保険庁の職員に交付することにより行うほか、社会保険庁の職員が勤務する場所の見やすい場所に常時掲示し、又は備え付けることにより行うものとする。

（職員の意思の確認の方法）

第三条　改正法附則第二十六条第二項の規定による職員の意思の確認は、書面により行うものとする。

（名簿の記載事項等）

第四条　改正法附則第二十六条第二項の名簿には、同項に規定する協会の職員となるべき者の氏名、生年月日、所属する機関又は法人の名称、所属する部署及び役職名を記載するものとする。

2　前項の名簿には、協会が必要と認める書類及び当該名簿に記載した職員の選定に際し判断の基礎とした資料を添付するものとする。

附　則

この省令は、公布の日から施行する。

雇用保険法第三十八条第一項第二号の規定に基づき厚生労働大臣の定める時間数を定める告示

平成二二年　四月　一日厚生労働省告示一五四号

雇用保険法（昭和四十九年法律第百十六号）第三十八条第一項第二号の規定に基づき、厚生労働大臣の定める時間数を次のように定め、平成二十二年四月一日から適用し、平成六年労働省告示第十号（雇用保険法第六条第一号の二の規定に基づき、厚生労働大臣の定める時間数を定める件）は、平成二十二年三月三十一日限り廃止する。

雇用保険法第三十八条第一項第二号の厚生労働大臣の定める時間数は、三十時間とする。

雇用保険法附則第五条第一項の規定に基づき厚生労働大臣が指定する地域

平成二九年　三月三一日厚生労働省告示一六九号

雇用保険法（昭和四十九年法律第百十六号）附則第五条第一項の規定に基づき、雇用保険法附則第五条第一項の規定に基づき厚生労働大臣が指定する地域を次のように定め、平成二十九年四月一日から適用し、雇用保険法附則第五条第一項第一号ロの規定に基づき厚生労働大臣が指定する地域（平成二十八年厚生労働省告示第百五十三号）は、平成二十九年三月三十一日限り廃止する。

雇用保険法附則第五条第一項の規定に基づき厚生労働大臣が指定する地域は、次に掲げる区域とする。

一　北海道の区域（紋別公共職業安定所の管轄区域に限る。）

二　青森県の区域（五所川原公共職業安定所の管轄区域に限る。）

雇用保険法を適用しない者を定める告示

昭和五四年　七月　二日労働省告示六五号

雇用保険法施行規則（昭和五十年労働省令第三号）第四条第一項第二号の規定により、次に掲げるものの事業に雇用されるものであつて、離職した場合に条例、規則等に基づいて支給を受けるべき諸給与の内容が、その者を国家公務員等退職手当法（昭和二十八年法律第百八十二号）第二条第二項に規定する職員とみなした場合に同法の規定によりその者が支給を受けるべき退職手当の内容以上であるものについては、雇用保険法（昭和四十九年法律第百十六号）を適用しないことを承認したので告示する。

北海道
青森県
岩手県
宮城県
秋田県
山形県
福島県
茨城県
栃木県
群馬県
埼玉県
千葉県
東京都
神奈川県
新潟県
富山県
石川県
福井県
山梨県
長野県
岐阜県
静岡県
愛知県
三重県
滋賀県
京都府
大阪府
兵庫県
奈良県

和歌山県
鳥取県
島根県
岡山県
広島県
山口県
徳島県
香川県
愛媛県
高知県
福岡県
佐賀県
長崎県
熊本県
大分県
宮崎県
鹿児島県
沖縄県
群馬県競馬組合
高崎工業団地造成組合
名古屋競馬場管理組合
四日市港管理組合
有明海自動車航送船組合

特別会計法関係

特別会計に関する法律（抄）

平成一九年三月三一日法律二三号

改正
昭和五一年五月二九日法律三八号
平成一七年一〇月二一日法律一〇二号
平成一八年六月二一日法律八三号
平成一九年三月三〇日法律九号
平成一九年三月三一日法律二四号
平成一九年四月二三日法律三〇号
平成一九年六月八日法律七九号
平成一九年六月一三日法律八五号
平成一九年七月六日法律一〇九号
平成一九年七月六日法律一一〇号
平成二〇年二月一四日法律四号
平成二〇年三月三一日法律八号
平成二〇年四月三〇日法律二二号
平成二〇年四月三〇日法律二五号
平成二〇年五月一三日法律三一号
平成二〇年五月二三日法律三八号
平成二〇年六月六日法律五一号
平成二〇年六月一八日法律七五号
平成二一年二月二〇日法律一号
平成二一年三月三〇日法律五号
平成二一年三月三一日法律九号
平成二一年三月三一日法律一〇号
平成二一年三月三一日法律一三号
平成二一年四月二四日法律二五号
平成二一年四月三〇日法律二八号
平成二一年五月一日法律三七号
平成二一年六月二四日法律五七号
平成二一年七月八日法律七〇号
平成二二年二月三日法律一号
平成二二年二月三日法律二号
平成二二年三月三一日法律五号
平成二二年三月三一日法律一五号
平成二二年三月三一日法律一九号
平成二二年三月三一日法律二〇号
平成二二年四月九日法律二三号
平成二二年五月二八日法律三七号
平成二三年三月三一日法律五号
平成二三年三月三一日法律九号
平成二三年三月三一日法律一四号
平成二三年四月二七日法律二四号
平成二三年四月二七日法律二六号
平成二三年五月二〇日法律四七号
平成二三年五月二五日法律五四号
平成二三年六月一五日法律六五号
平成二三年六月二四日法律七三号

平成二三年七月二二日法律八四号
平成二三年八月一〇日法律九四号
平成二三年八月三〇日法律一〇七号
平成二四年三月三一日法律九号
平成二四年三月三一日法律一五号
平成二四年三月三一日法律一八号
平成二四年三月三一日法律二四号
平成二四年三月三一日法律二五号
平成二四年六月二七日法律四二号
平成二四年六月二七日法律四七号
平成二四年八月二二日法律六三号
平成二四年八月二二日法律六七号
平成二四年八月二二日法律六九号
平成二四年九月五日法律七六号
平成二五年三月六日法律一号
平成二五年三月三〇日法律四号
平成二五年五月三一日法律二五号
平成二五年六月五日法律三〇号
平成二五年六月一二日法律三四号
平成二五年六月二一日法律五五号
平成二五年六月二六日法律六三号
平成二五年一一月二二日法律七六号
平成二五年一一月二二日法律八二号
平成二六年三月三一日法律五号
平成二六年四月一六日法律二一号
平成二六年五月二一日法律四〇号

平成二六年六月一三日法律六七号
平成二七年三月三一日法律二号
平成二七年三月三一日法律三号
平成二七年五月七日法律一七号
平成二七年六月二四日法律四四号
平成二七年七月一七日法律五九号
平成二七年九月一一日法律六六号
平成二八年三月三一日法律一三号
平成二八年三月三一日法律一四号
平成二八年三月三一日法律一八号
平成二八年三月三一日法律二二号
平成二八年五月一八日法律三九号
平成二八年一〇月一九日法律七五号
平成二八年一一月二八日法律八六号
平成二九年二月八日法律一号
平成二九年三月三一日法律三号
平成二九年三月三一日法律一四号
平成二九年四月一四日法律一五号
平成二九年六月二三日法律七四号
平成三〇年三月三一日法律四号
平成三〇年三月三一日法律六号
平成三〇年三月三一日法律一二号
平成三〇年六月二〇日法律六〇号

目次

第一章　総則
第一節　通則（第一条—第二条）
第二節　予算（第三条—第七条）
第三節　決算（第八条—第十条）
第四節　余裕金等の預託（第十一条・第十二条）
第五節　借入金等（第十三条—第十七条）
第六節　繰越し（第十八条）
第七節　財務情報の開示（第十九条・第二十条）
第二章　各特別会計の目的、管理及び経理
第一節　交付税及び譲与税配付金特別会計（第二十一条—第二十七条）
第二節　地震再保険特別会計（第二十八条—第三十七条）
第三節　国債整理基金特別会計（第三十八条—第四十九条）
第四節　財政投融資特別会計（第五十条—第七十条）
第五節　外国為替資金特別会計（第七十一条—第八十四条）
第六節　エネルギー対策特別会計（第八十五条—第九十五条）
第七節　労働保険特別会計（第九十六条—第百七条）
第八節　年金特別会計（第百八条—第百二十三条）
第九節　食料安定供給特別会計（第百二十四条—第百三十七条）
第十節から第十四節まで　削除
第十五節　特許特別会計（第百九十三条—第百九十七条）
第十六節　削除
第十七節　自動車安全特別会計（第二百十条—第二百二十一条）
第十八節　東日本大震災復興特別会計（第二百二十二条—第二百三十三条）
第三章　雑則（第二百三十四条）
附則

第一章　総則

第一節　通則

（目的）

第一条　この法律は、一般会計と区分して経理を行うため、特別会計を設置するとともに、その目的、管理及び経理について定めることを目的とする。

（基本理念）

第一条の二　特別会計の設置、管理及び経理は、我が国の財政の効率化及び透明化の取組を不断に図るため、次に掲げる事項を基本理念として行われなければならない。

一　各特別会計において経理される事務及び事業は、国が自ら実施することが必要不可欠であるものを除き、独立行政法人その他の国以外の者に移管されるとともに、経済社会情勢の変化に的確に対応しつつ、最も効果的かつ効率的に実施されること。

二　各特別会計について一般会計と区分して経理する必要性につき不断の見直しが行われ、その結果、存続の必要性がないと認められる場合には、一般会計への統合が行われるとともに、租税収入が特別会計の歳出の財源とされる場合においても、当該租税収入が一般会計の歳入とされた上で当該特別会計が必要とする金額が一般会計から繰り入れられることにより、国全体の財政状況を一般会計において総覧することが可能とされること。

三　特別会計における区分経理が必要な場合においても、特別会計が細分化され、非効率な予算執行及び資産の保有が行われることがないよう、経理の区分の在り方につき不断の見直しが行われること。

四　各特別会計において事務及び事業を実施するために必要な金額を超える額の資産を保有することとならないよう、剰余金の適切な処理その他所要の措置が講じられること。

五　特別会計の資産及び負債に関する状況その他の特別会計の財務に関する状況を示す情報が広く国民に公開されること。

（設置）

第二条　次に掲げる特別会計を設置する。

一　交付税及び譲与税配付金特別会計

二　地震再保険特別会計

三　国債整理基金特別会計

四　財政投融資特別会計

五　外国為替資金特別会計

六　エネルギー対策特別会計

七　労働保険特別会計

八　年金特別会計

九　食料安定供給特別会計

十から十四まで　削除

十五　特許特別会計

十六　削除

十七　自動車安全特別会計

十八　東日本大震災復興特別会計

2　前項各号に掲げる特別会計の目的、管理及び経理については、次章に定めるとおりとする。

第二節　予算

（歳入歳出予定計算書等の作成及び送付）

第三条　所管大臣（特別会計を管理する各省各庁の長（財政法（昭和二十二年法律第三十四号）第二十条第二項に規定する各省各庁の長をいう。以下同じ。）をいう。以下同じ。）は、毎会計年度、その管理する特別会計の歳入歳出予定計算書、繰越明許費要求書及び国庫債務負担行為要求書（以下「歳入歳出予定計算書等」という。）を作成し、財務大臣に送付しなければならない。

2 歳入歳出予定計算書等には、次に掲げる書類を添付しなければならない。

一 国庫債務負担行為で翌年度以降にわたるものについての前年度末までの支出額及び支出額の見込み並びに当該年度以降の支出予定額並びに数会計年度にわたる事業に伴うものについては当該事業の計画及び進行状況その他当該国庫債務負担行為の執行に関する調書

二 前々年度末における積立金明細表

三 前々年度の資金の増減に関する実績表

四 前年度及び当該年度の資金の増減に関する計画表

五 当該年度に借入れを予定する借入金についての借入れ及び償還の計画表

六 前各号に掲げる書類のほか、次章において歳入歳出予定計算書等に添付しなければならないとされている書類

（歳入歳出予算の区分）

第四条 各特別会計（勘定に区分する特別会計にあっては、勘定とする。次条第一項、第九条第一項並びに第十条第一項及び第三項を除き、以下この章において同じ。）の歳入歳出予算は、歳入にあってはその性質に従って款及び項に、歳出にあってはその目的に従って項に、それぞれ区分するものとする。

（予算の作成及び提出）

第五条 内閣は、毎会計年度、各特別会計の予算を作成し、一般会計の予算とともに、国会に提出しなければならない。

2 各特別会計の予算には、歳入歳出予定計算書等及び第三条第二項各号に掲げる書類を添付しなければならない。

（一般会計からの繰入れ）

第六条 各特別会計において経理されている事務及び事業に係る経費のうち、一般会計からの繰入れの対象となるべき経費（以下「一般会計からの繰入対象経費」という。）が次章に定められている場合において、一般会計からの繰入対象経費の財源に充てるために必要があるときに限り、予算で定めるところにより、一般会計から当該特別会計に繰入れをすることができる。

（弾力条項）

第七条 各特別会計において、当該特別会計の目的に照らして予算で定める事由により経費を増額する必要がある場合であって、予算で定める事由により当該経費に充てるべき収入の増加を確保することができるときは、当該確保することができる金額を限度として、当該経費を増額することができる。

2 前項の規定による経費の増額については、財政法第三十五条第二項から第四項まで及び第三十六条の規定を準用する。この場合において、同法第三十五条第二項中「各省各庁の長は、予備費の使用」とあるのは「所管大臣（特別会計を管理

する各省各庁の長をいう。次条第一項において同じ。）は、特別会計に関する法律（平成十九年法律第二十三号）第七条第一項の規定による経費の増額」と、同条第三項中「予備費使用書」とあるのは「経費増額書」と、同条第四項中「予備費使用書」とあるのは「経費増額書」と、「当該使用書」とあるのは「当該増額書」と、同法第三十六条第一項中「予備費を以て支弁した金額」とあるのは「特別会計に関する法律第七条第一項の規定による経費の増額」と、「各省各庁の長」とあるのは「所管大臣」と、同条第二項中「予備費を以て支弁した金額」とあるのは「特別会計に関する法律第七条第一項の規定による経費の増額」と、同条第三項中「予備費を以て支弁した」とあるのは「前項の」と、「各省各庁」とあるのは「各特別会計」と読み替えるものとする。

第三節　決算

（剰余金の処理）

第八条　各特別会計における毎会計年度の歳入歳出の決算上剰余金を生じた場合において、当該剰余金から次章に定めるところにより当該特別会計の積立金として積み立てる金額及び資金に組み入れる金額を控除してなお残余があるときは、これを当該特別会計の翌年度の歳入に繰り入れるものとする。

2　前項の規定にかかわらず、同項の翌年度の歳入に繰り入れるものとされる金額の全部又は一部に相当する金額は、予算で定めるところにより、一般会計の歳入に繰り入れることができる。

（歳入歳出決定計算書の作成及び送付）

第九条　所管大臣は、毎会計年度、その管理する特別会計について、歳入歳出予定計算書と同一の区分による歳入歳出決定計算書を作成し、財務大臣に送付しなければならない。

2　歳入歳出決定計算書には、次に掲げる書類を添付しなければならない。

一　債務に関する計算書

二　当該年度末における積立金明細表

三　当該年度の資金の増減に関する実績表

四　前三号に掲げる書類のほか、次章において歳入歳出決定計算書に添付しなければならないとされている書類

（歳入歳出決算の作成及び提出）

第十条　内閣は、毎会計年度、歳入歳出決定計算書に基づいて、各特別会計の歳入歳出決算を作成し、一般会計の歳入歳出決算とともに、国会に提出しなければならない。

2　各特別会計の歳入歳出決算には、歳入歳出決定計算書及び前条第二項各号に掲げる書類を添付しなければならない。

3　各特別会計の歳入歳出決算についての財政法第三十八条第二項の規定の適用については、同項中「二　前年度繰越額」とあるのは、「二　前年度繰越額

二の二　特別会計に関する法律（平成十九年法

律第二十三号）第七条第一項の規定による経費の増額の金額」とする。

第四節　余裕金等の預託

（余裕金の預託）

第十一条　各特別会計において、支払上現金に余裕がある場合には、これを財政融資資金に預託することができる。

（積立金及び資金の預託）

第十二条　各特別会計の積立金及び資金は、財政融資資金に預託して運用することができる。

第五節　借入金等

（借入金）

第十三条　各特別会計においては、借入金の対象となるべき経費（以下「借入金対象経費」という。）が次章に定められている場合において、借入金対象経費を支弁する必要があるときに限り、当該特別会計の負担において、借入金をすることができる。

2　各特別会計における借入金の限度額については、予算をもって、国会の議決を経なければならない。

（借入限度の繰越し）

第十四条　各特別会計において、借入金の限度額について国会の議決を経た金額のうち、当該年度において借入金の借入れをしなかった金額がある場合には、当該金額を限度として、かつ、歳出予算の繰越額（借入金対象経費に係るものに限る。）の財源として必要な金額の範囲内で、翌年度において、前条第一項の規定により、借入金をすることができる。

（一時借入金等）

第十五条　各特別会計において、支払上現金に不足がある場合には、当該特別会計の負担において、一時借入金をし、融通証券を発行し、又は国庫余裕金を繰り替えて使用することができる。ただし、融通証券の発行は、次章に当該発行をすることができる旨の定めがある場合に限り、行うことができる。

2　前項の規定による一時借入金、融通証券及び繰替金の限度額については、予算をもって、国会の議決を経なければならない。

3　第一項の規定により、一時借入金をし、又は融通証券を発行している場合においては、国庫余裕金を繰り替えて使用して、支払期限の到来していない一時借入金又は融通証券を償還することができる。

4　第一項の規定による一時借入金、融通証券及び繰替金並びに前項の規定による繰替金は、当該年度の歳入をもって償還し、又は返還しなければならない。

5　第一項の規定によるほか、各特別会計において、支払上現金に不足がある場合には、次章に当該特別会計の積立金又は資金に属する現金その他の現金を繰り替えて使用することができる旨の定めがあるときに限り、当該現金を繰り替えて使用することができる。この場合において、所管大臣は、あらかじめ財務大臣の承認を経なければならない。

6　前項の規定による繰替金は、当該年度の出納の完結までに返還しなければならない。

（借入金等に関する事務）

第十六条　各特別会計の負担に属する借入金及び一時借入金の借入れ及び償還並びに融通証券の発行及び償還に関する事務は、財務大臣が行う。

（国債整理基金特別会計等への繰入れ）

第十七条　各特別会計の負担に属する借入金の償還金及び利子、一時借入金及び融通証券の利子並びに融通証券の発行及び償還に関する諸費の支出に必要な金額（事務取扱費の額に相当する金額を除く。）は、毎会計年度、当該特別会計から国債整理基金特別会計に繰り入れなければならない。

2　前項に規定する事務取扱費の額に相当する金額は、毎会計年度、各特別会計から一般会計に繰り入れなければならない。

第六節　繰越し

第十八条　各特別会計において、毎会計年度の歳出予算における支出残額又は支払義務の生じた歳出金で当該年度の出納の期限までに支出済みとならなかったものに係る歳出予算は、次章において翌年度以降に繰り越して使用することができる旨の定めがある場合に限り、繰り越して使用することができる。

2　所管大臣は、前項の繰越しをした場合には、財務大臣及び会計検査院に通知しなければならない。

3　所管大臣が第一項の繰越しをした場合には、当該繰越しに係る経費については、財政法第三十一条第一項の規定による予算の配賦があったものとみなす。この場合においては、同条第三項の規定による通知は、必要としない。

第七節　財務情報の開示

（企業会計の慣行を参考とした書類）

第十九条　所管大臣は、毎会計年度、その管理する特別会計について、資産及び負債の状況その他の決算に関する財務情報を開示するための書類を企業会計の慣行を参考として作成し、財務大臣に送付しなければならない。

2　内閣は、前項の書類を会計検査院の検査を経て国会に提出しなければならない。

3　第一項の書類の作成方法その他同項の書類に関し必要な事項は、政令で定める。

（財務情報の開示）

第二十条　所管大臣は、その管理する特別会計について、前条第一項の書類に記載された情報その他特別会計の財務に関する状況を適切に示す情報として政令で定めるものを、インターネットの利用その他適切な方法により開示しなければならない。

第二章　各特別会計の目的、管理及び経理

第七節　労働保険特別会計

（目的）

第九十六条　労働保険特別会計は、労働者災害補償保険法（昭和二十二年法律第五十号）による労働者災害補償保険事業（以下この節において「労災保険事業」という。）及び雇用保険法（昭和四十九年法律第百十六号）による雇用保険事業（以下この節において「雇用保険事業」という。）に関する政府の経理を明確にすることを目的とする。

（管理）

第九十七条　労働保険特別会計は、厚生労働大臣が、法令で定めるところに従い、管理する。

（勘定区分）

第九十八条　労働保険特別会計は、労災勘定、雇用勘定及び徴収勘定に区分する。

（歳入及び歳出）

第九十九条　労災勘定における歳入及び歳出は、次のとおりとする。

一　歳入

イ　徴収勘定からの繰入金

ロ　一般会計からの繰入金

ハ　積立金からの受入金

ニ　積立金から生ずる収入

ホ　独立行政法人福祉医療機構法（平成十四年法律第百六十六号）第十六条第二項、独立行政法人労働政策研究・研修機構法（平成十四年法律第百六十九号）第十四条第三項及び独立行政法人労働者健康安全機構法（平成十四年法律第百七十一号）第十三条第二項の規定による納付金

ヘ　附属雑収入

二　歳出

イ　労災保険事業の保険給付費及び社会復帰促進等事業費

ロ　独立行政法人労働政策研究・研修機構及び独立行政法人労働者健康安全機構への出資金、交付金及び施設の整備のための補助金

ハ　独立行政法人福祉医療機構への出資金及び交付金

ニ　徴収勘定への繰入金

ホ　年金特別会計の厚生年金勘定への繰入金

ヘ　一時借入金の利子

ト　労災保険事業の業務取扱費（第三項第二号ニに掲げる

業務取扱費を除く。）
チ　附属諸費
2　雇用勘定における歳入及び歳出は、次のとおりとする。
一　歳入
イ　徴収勘定からの繰入金
ロ　一般会計からの繰入金
ハ　東日本大震災復興特別会計からの繰入金
ニ　積立金からの受入金
ホ　雇用安定資金からの受入金
ヘ　積立金から生ずる収入
ト　雇用安定資金から生ずる収入
チ　一時借入金の借換えによる収入金
リ　中小企業退職金共済法（昭和三十四年法律第百六十号）第七十五条第二項、独立行政法人高齢・障害・求職者雇用支援機構法（平成十四年法律第百六十五号）第十七条第二項及び独立行政法人労働政策研究・研修機構法第十四条第三項の規定による納付金
ヌ　附属雑収入
二　歳出
イ　雇用保険事業の失業等給付費、雇用安定事業費及び能力開発事業費
ロ　独立行政法人勤労者退職金共済機構、独立行政法人高齢・障害・求職者雇用支援機構及び独立行政法人労働政策研究・研修機構への出資金、交付金及び施設の整備のための補助金
ハ　徴収勘定への繰入金
ニ　雇用安定資金への繰入金
ホ　一時借入金の利子
ヘ　借り換えた一時借入金の償還金及び利子
ト　雇用保険事業の業務取扱費（次項第二号ニに掲げる業務取扱費を除く。）
チ　附属諸費
3　徴収勘定における歳入及び歳出は、次のとおりとする。
一　歳入
イ　労働保険の保険料の徴収等に関する法律（昭和四十四年法律第八十四号。以下この節において「徴収法」という。）第十条第二項の労働保険料（失業保険法及び労働者災害補償保険法の一部を改正する法律及び労働保険の保険料の徴収等に関する法律の施行に伴う関係法律の整備等に関する法律（昭和四十四年法律第八十五号）第十九条第一項の特別保険料（以下この節において「労災保険の特別保険料」という。）を含む。以下この節において「労働保険料」という。）
ロ　印紙をもってする歳入金納付に関する法律（昭和二十三年法律第百四十二号）第三条第五項の規定による納付金

ハ　労災勘定からの繰入金
ニ　雇用勘定からの繰入金
ホ　附属雑収入
二　歳出
イ　労災勘定への繰入金
ロ　雇用勘定への繰入金
ハ　労働保険料の返還金
ニ　労働保険料の徴収及び労働保険事務組合に関する事務に係る業務取扱費
ホ　附属諸費

（歳入歳出予定計算書等の添付書類）

第百条　第三条第二項第一号から第五号までに掲げる書類のほか、労働保険特別会計においては、歳入歳出予定計算書等に、前々年度の貸借対照表及び損益計算書並びに前年度及び当該年度の予定貸借対照表及び予定損益計算書を添付しなければならない。

（一般会計からの繰入対象経費）

第百一条　労災勘定における一般会計からの繰入対象経費は、労働者災害補償保険法第三十二条に規定する労働者災害補償保険事業に要する費用で国庫が補助するものとする。

2　雇用勘定における一般会計からの繰入対象経費は、雇用保険法第六十六条及び第六十七条に規定する求職者給付並びに同法第六十六条に規定する雇用継続給付並びに同法第六十四条に規定する事業（以下「就職支援法事業」という。）に要する費用並びに雇用保険事業の事務の執行に要する経費で国庫が負担するものとする。

（他の勘定への繰入れ）

第百二条　徴収法第十条第二項第一号の一般保険料（以下この節において「一般保険料」という。）の額のうち徴収法第十二条第二項の労災保険率に応ずる部分の額、徴収法第十条第二項第二号の第一種特別加入保険料の額、同項第三号の第二種特別加入保険料の額、同項第三号の二の第三種特別加入保険料の額及び労災保険の特別保険料の額並びに徴収勘定の附属雑収入の額のうち政令で定める額の合計額に相当する金額は、毎会計年度、徴収勘定から労災勘定に繰り入れるものとする。

2　一般保険料の額のうち徴収法第十二条第四項の雇用保険率（その率が同条第五項又は第八項の規定により変更された場合には、その変更された率）に応ずる部分の額、徴収法第二十三条第三項及び第二十五条第一項の規定に基づく印紙保険料の額、徴収法第二十六条第一項の規定に基づく特例納付保険料の額、第九十九条第三項第一号ロの印紙をもってする歳入金納付に関する法律第三条第五項の規定による納付金の額並びに徴収勘定の附属雑収入の額のうち政令で定める額の合計額に相当する金額は、毎会計年度、徴収勘定から雇用勘定に繰り入れるものとする。

3　徴収勘定の歳出に係る労働保険料の返還金、業務取扱費及び附属諸費の額のうち労災保険事業又は雇用保険事業に係るものとして政令で定めるところにより算定した額に相当する金額は、毎会計年度、それぞれ労災勘定又は雇用勘定から徴収勘定に繰り入れるものとする。

第百二条の二（**労災勘定から年金特別会計の厚生年金勘定への繰入れ**）　国民年金法等の一部を改正する法律（昭和六十年法律第三十四号）附則第八十九条に規定する労災保険事業の管掌者たる政府が負担する費用に相当する額は、労災勘定から年金特別会計の厚生年金勘定に繰り入れるものとする。

（**積立金**）

第百三条　労災勘定において、毎会計年度の歳入歳出の決算上剰余金を生じた場合には、当該剰余金のうち、労災保険事業の保険給付費及び社会復帰促進等事業費（特別支給金に充てるためのものに限る。第五項において同じ。）に充てるために必要な金額を、積立金として積み立てるものとする。

2　労災勘定において、毎会計年度の歳入歳出の決算上不足を生じた場合その他政令で定める場合には、政令で定めるところにより、同勘定の積立金から補足するものとする。

3　雇用勘定において、毎会計年度の歳入額（雇用安定事業及び能力開発事業（雇用保険法第六十三条に規定するものに限る。以下この項において同じ。）に係る歳入額（次条第三項及び第四項において「二事業費充当歳入額」という。）を控除した残りの額とする。）から当該年度の歳出額（雇用安定事業及び能力開発事業に係る歳出額（同条第三項及び第四項において「二事業費充当歳出額」という。）を控除した残りの額とする。）を控除して残余がある場合には、当該残余のうち、雇用保険事業の失業等給付費（就職支援法事業に要する費用を含む。第五項において同じ。）に充てるために必要な金額を、積立金として積み立てるものとする。

4　雇用勘定において、毎会計年度の前項に規定する歳入額から当該年度の同項に規定する歳出額を控除して不足がある場合その他政令で定める場合には、政令で定めるところにより、同勘定の積立金から補足するものとする。

5　労災勘定又は雇用勘定の積立金は、労災保険事業の保険給付費及び社会復帰促進等事業費又は雇用保険事業の失業等給付費並びに第百二条第三項の規定による当該各勘定からの徴収勘定への繰入金（労働保険料の返還金の財源に充てるための額に相当する額の繰入金に限る。）を支弁するために必要がある場合には、予算で定める金額を限り、当該各勘定の歳入に繰り入れることができる。

（**雇用安定資金**）

第百四条　雇用勘定に雇用安定資金を置き、同勘定からの繰入金及び第三項の規定による組入金をもってこれに充てる。

2　前項の雇用勘定からの繰入金は、予算で定めるところにより、繰り入れるものとする。

3　雇用勘定において、毎会計年度の二事業費充当歳入額から当該年度の二事業費充当歳出額を控除して残余がある場合には、当該残余のうち、雇用安定事業費に充てるために必要な金額を、雇用安定資金に組み入れるものとする。
4　雇用勘定において、毎会計年度の二事業費充当歳入額から当該年度の二事業費充当歳出額を控除して不足がある場合その他政令で定める場合には、政令で定めるところにより、雇用安定資金から補足するものとする。
5　雇用安定資金は、雇用安定事業費及び第百二条第三項の規定による雇用勘定からの徴収勘定への繰入金（労働保険料の返還金の財源に充てるための額に相当する額の繰入金に限る。）を支弁するために必要がある場合には、予算で定めるところにより、使用することができる。
6　雇用安定資金の受払いは、財務大臣の定めるところにより、雇用勘定の歳入歳出外として経理するものとする。

（国庫負担金の過不足の調整）

第百五条　雇用勘定において、毎会計年度一般会計から受け入れた金額が、当該年度における雇用保険法第六十六条及び第六十七条の規定による国庫負担金として一般会計から受け入れるべき金額に対して超過し、又は不足する場合には、当該超過額に相当する金額は、翌年度においてこれらの規定により受け入れる国庫負担金として一般会計から受け入れる金額から減額し、なお残余があるときは翌々年度までに一般会計に返還し、当該不足額に相当する金額は、翌々年度までに一般会計から補塡するものとする。

（歳入歳出決定計算書の添付書類）

第百六条　第九条第二項第一号から第三号までに掲げる書類のほか、労働保険特別会計においては、歳入歳出決定計算書に、当該年度の貸借対照表及び損益計算書を添付しなければならない。

（一時借入金の借換え等）

第百七条　第十五条第四項の規定にかかわらず、雇用勘定において、歳入不足のために一時借入金を償還することができない場合には、その償還することができない金額を限り、同勘定の負担において、一時借入金の借換えをすることができる。
2　前項の規定により借換えをした一時借入金については、当該一時借入金を第十七条第一項に規定する借入金とみなして、同項の規定を適用する。
3　第一項の規定により借り換えた一時借入金は、その借換えをしたときから一年内に償還しなければならない。
4　労災勘定又は雇用勘定においては、当該各勘定の積立金又は雇用安定資金に属する現金をそれぞれ繰り替えて使用することができる。

第三章　雑則

（政令への委任）

第二百三十四条　この法律に定めるもののほか、この法律の実施のための手続その他この法律の施行に関し必要な事項は、政令で定める。

附　則（抄）

（施行期日）

第一条　この法律は、平成十九年四月一日から施行し、平成十九年度の予算から適用する。ただし〈中略〉第二条第一項第四号、第十六号及び第十七号〈中略〉の規定は、平成二十年度の予算から適用する。〈後略〉

（労働保険特別会計の雇用勘定の歳入の特例）

第十九条　独立行政法人高齢・障害・求職者雇用支援機構法附則第五条第四項又は第七項の規定による国庫への納付が行われる会計年度における第九十九条第二項第一号リの規定の適用については、同号リ中「第十七条第二項及び」とあるのは、「第十七条第二項並びに同法附則第五条第四項及び第七項並びに」とする。

（労働保険特別会計における他の勘定への繰入れの特例）

第十九条の二　平成二十九年度から平成三十一年度までの各年度における第百二条第二項の規定の適用については、同項中「第十二条第四項」とあるのは「附則第十一条第一項の規定により読み替えて適用する徴収法第十二条第四項」と、「同条第五項又は第八項」とあるのは「徴収法附則第十一条第二項の規定により読み替えて適用する徴収法第十二条第五項又は徴収法第十二条第八項」とする。

（雇用勘定における雇用安定資金の使用に関する特例）

第二十条　政令で定める日までの間、第百四条第五項の規定によるほか、雇用保険事業（第九十六条に規定する雇用保険事業をいう。）の失業等給付費を支弁するために必要がある場合には、予算で定めるところにより、雇用安定資金を使用することができる。

2　前項の政令で定める日までの間は、雇用勘定において、毎会計年度の第百三条第三項に規定する歳入額から当該年度の同項に規定する歳出額を控除してなお不足がある場合であって、同条第四項の規定により同勘定の積立金からこれを補足してなお不足があるときは、雇用安定資金から当該不足分を補足することができる。

3　第一項の規定により使用した金額及び前項の規定により雇用安定資金から補足した金額については、後日、雇用勘定において、毎会計年度の第百三条第三項に規定する歳入額から当該年度の同項に規定する歳出額を控除して残余がある場合には、同項の規定にかかわらず、これらの金額に相当する金額に達するまでの金額を雇用安定資金に繰り入れなければならない。この場合における第百四条第一項の規定の適用については、同項中「及び第三項の規定による組入金」とあるのは、「、第三項の規定による組入金及び附則第二十条第三項の規定による繰入金」とする。

（雇用勘定における国庫負担金の過不足の調整の特例）

第二十条の二　雇用保険法附則第十三条第一項の規定が適用される会計年度における第百五条の規定の適用については、同条中「第六十六条及び第六十七条」とあるのは、「附則第十三条第一項及び同条第三項の規定により読み替えて適用する同法第六十六条第六項」とする。

2　平成二十九年度から平成三十一年度までの各年度における第百五条の規定の適用については、同条中「第六十六条及び第六十七条」とあるのは、「附則第十四条第一項及び同条第三項の規定により読み替えて適用する同法第六十六条第六項」とする。

（雇用勘定の積立金の特例等）

第二十条の三　平成二十二年度から平成二十五年度までにおいて、第百三条第三項の規定による雇用勘定の積立金は、同条第五項の規定によるほか、雇用安定事業費（雇用保険法第六十二条第一項第一号に掲げる事業に要する費用に限る。）を支弁するために必要がある場合には、予算で定める金額を限り、同勘定の歳入に繰り入れることができる。

2　平成二十二年度から平成二十五年度までにおいては、雇用勘定において、各年度の第百三条第三項に規定する二事業費充当歳入額から当該年度の同項に規定する二事業費充当歳出額を控除して不足がある場合であって、第百四条第四項の規定により雇用安定資金から補足してなお不足があるときは、同勘定の積立金から当該不足分を補足することができる。

3　第一項の規定により繰り入れた金額の総額及び前項の規定により補足した金額の総額については、後日、雇用勘定において、毎会計年度の第百三条第三項に規定する二事業費充当歳入額から当該年度の同項に規定する二事業費充当歳出額を控除して残余がある場合には、第百四条第三項の規定にかかわらず、当該繰り入れた金額の総額及び当該補足した金額の総額の合計額に相当する金額に達するまでの金額を同勘定の積立金に組み入れなければならない。この場合における第百三条第三項の規定の適用については、同項中「必要な金額」とあるのは、「必要な金額を、及び附則第二十条の三第三項の規定による組入金」とする。

4　前項の規定による組入金の総額が第一項の規定により繰り入れた金額の総額及び第二項の規定により補足した金額の総額の合計額に相当する金額に達するまでの間、労働保険の保険料の徴収等に関する法律第十二条第五項及び第八項の規定の適用については、同条第五項中「加減した額」とあるのは「加減した額並びに当該会計年度までの特別会計に関する法律（平成十九年法律第二十三号）附則第二十条の三第一項の規定により繰り入れた金額の総額及び同条第二項の規定により補足した金額の総額の合計額から同条第三項の規定による組入金の総額を控除して得た金額の合計額」と、同条第八項中「繰り入れられた額」とあるのは「繰り入れられた額及び特別会計に関する法律附則第二十条の三第三項の規定による組入金の額」と、「加減した額」とあるのは「加減した額から当該会計年度までの同条第一項の規定により繰り入れた金額の総額及び同条第二項の規定により補足した金額の総額の合計額から同条第三項の規定による組入金の総額を控除して得た金額を控除した額」とする。

（労働保険特別会計における石綿による健康被害の救済に関する法律第三十五条第一項の一般拠出金の徴収に関する経理）

第二十一条　石綿による健康被害の救済に関する法律（平成十八年法律第四号）第三十五条第一項の一般拠出金の徴収に関する政府の経理は、当分の間、第九十六条の規定にかかわらず、労働保険特別会計において行うものとする。この場合における第九十九条第三項の規定の適用については、同項第一号中「ホ　附属雑収入」とあるのは

「ホ　石綿による健康被害の救済に関する法律（平成十八年法律第四号）第三十四条の規定に基づく一般会計からの繰入金
ヘ　石綿による健康被害の救済に関する法律第三十五条第一項の一般拠出金（次号ニにおいて「一般拠出金」という。）
ト　附属雑収入」

と、同項第二号ニ中「労働保険料の徴収及び」とあるのは「一般拠出金の返還金、石綿による健康被害の救済に関する法律第三十六条の規定による独立行政法人環境再生保全機構への交付金、労働保険料及び一般拠出金の徴収並びに」とする。

（法律の廃止）

第六十六条　次に掲げる法律は、廃止する。

一～二十八　〈略〉

二十九　労働保険特別会計法（昭和四十七年法律第十八号）

三十～三十二　〈略〉

（労働保険特別会計法の廃止に伴う経過措置）

第二百五十四条　附則第六十六条第二十九号の規定による廃止前の労働保険特別会計法に基づく労働保険特別会計（以下この条において「旧労働保険特別会計」という。）の平成十八年度の収入及び支出並びに同年度以前の年度の決算に関しては、なお従前の例による。この場合において、旧労働保険特別会計の労災勘定、雇用勘定又は徴収勘定の平成十九年度の歳入に繰り入れるべき金額があるときは、それぞれ労働保険特別会計の労災勘定、雇用勘定又は徴収勘定の歳入に繰り入れるものとする。

2　旧労働保険特別会計の労災勘定、雇用勘定又は徴収勘定の

平成十八年度の歳出予算の経費の金額のうち財政法第十四条の三第一項又は第四十二条ただし書の規定による繰越しを必要とするものは、それぞれ労働保険特別会計の労災勘定、雇用勘定又は徴収勘定に繰り越して使用することができる。

3 旧労働保険特別会計の平成十八年度の出納の完結の際、旧労働保険特別会計の労災勘定若しくは雇用勘定に所属する積立金又は旧労働保険特別会計の雇用勘定に所属する雇用安定資金は、第百三条第一項若しくは第三項又は第百四条第三項の規定により、それぞれ労働保険特別会計の労災勘定若しくは雇用勘定に所属する積立金として積み立て、又は同会計の雇用勘定に所属する雇用安定資金として組み入れられたものとみなす。

4 この法律の施行の際、旧労働保険特別会計の労災勘定、雇用勘定又は徴収勘定に所属する権利義務は、それぞれ労働保険特別会計の労災勘定、雇用勘定又は徴収勘定に帰属するものとする。

5 前項の規定により労働保険特別会計の労災勘定、雇用勘定又は徴収勘定に帰属する権利義務に係る収入及び支出は、当該各勘定の歳入及び歳出とする。

（一般会計からの繰入れに関する他の法令の適用）

第三百九十条 第六条の規定は、この法律の施行前に他の法令において定められた一般会計から特別会計への繰入れに関する規定の適用を妨げるものではない。

（罰則に関する経過措置）

第三百九十一条 この法律の施行前にした行為及びこの附則の規定によりなお従前の例によることとされる場合におけるこの法律の施行後にした行為に対する罰則の適用については、なお従前の例による。

（その他の経過措置の政令への委任）

第三百九十二条 附則第二条から第六十五条まで、第六十七条から第二百五十九条まで及び第三百八十二条から前条までに定めるもののほか、この法律の施行に関し必要となる経過措置は、政令で定める。

附　則（平成三〇年三月三一日法律四号）（抄）

（施行期日）

第一条 この法律は、平成三十年四月一日から施行する。

附　則（平成三〇年三月三一日法律六号）（抄）

（施行期日）

第一条 この法律は、公布の日から起算して六月を超えない範囲内において政令で定める日〈編注・平成三〇年九月二八日政令第二七九号により平成三〇年九月三〇日〉から施行する。〈後略〉

附　則（平成三〇年三月三一日法律一二号）（抄）

（施行期日）

1 この法律は、平成三十年四月一日から施行する。

附　則（平成三〇年六月二〇日法律六〇号）（抄）

（施行期日）

1　この法律は、公布の日から起算して六月を超えない範囲内において政令で定める日から施行する。ただし、〈中略〉次項及び附則第三項の規定は、公布の日から起算して三月を超えない範囲内において政令で定める日〈編注・平成三〇年七月二七日政令第二二四号により平成三〇年八月一日〉から施行する。

特別会計に関する法律施行令（抄）

改正
平成一九年　三月三一日政令一二四号
平成一九年　四月二三日政令一六一号
平成一九年　八月　三日政令二三五号
平成一九年　九月　七日政令二七九号
平成一九年一二月一二日政令三六三号
平成一九年一二月一九日政令三八一号
平成二〇年　二月一四日政令　二七号
平成二〇年　二月二九日政令　四〇号
平成二〇年　三月三一日政令一〇六号
平成二〇年　三月三一日政令一一六号
平成二〇年　五月一三日政令一七六号
平成二〇年　六月一八日政令一九七号
平成二〇年　九月一二日政令二八三号
平成二〇年　九月一九日政令二九七号
平成二〇年一一月二七日政令三五八号
平成二一年　三月三一日政令　八二号
平成二一年　四月三〇日政令一三〇号
平成二一年　七月　三日政令一七七号
平成二一年一二月一一日政令二八五号
平成二一年一二月二四日政令二九六号
平成二一年一二月二八日政令三一〇号
平成二二年　三月二五日政令　四一号
平成二二年　三月三一日政令　七五号
平成二二年　四月　一日政令　九六号
平成二二年　四月二三日政令一二七号
平成二二年　九月二九日政令二〇六号
平成二三年　三月三一日政令　七一号
平成二三年　三月三一日政令　九二号
平成二三年　五月二五日政令一四七号
平成二三年　八月一〇日政令二五七号
平成二三年　九月三〇日政令三〇七号
平成二三年　九月三〇日政令三〇八号
平成二三年一二月　二日政令三七六号
平成二四年　三月三一日政令　九九号
平成二四年　三月三一日政令一一三号
平成二四年　九月一四日政令二三七号
平成二四年　九月一四日政令二三五号
平成二五年　三月　八日政令　五一号
平成二五年　三月一三日政令　五五号
平成二五年　三月二九日政令一〇四号
平成二五年　三月三〇日政令一一〇号
平成二五年　五月一六日政令一五〇号
平成二五年　八月二六日政令二四三号
平成二六年　二月一九日政令　三九号
平成二六年　三月二四日政令　七三号
平成二六年　三月二八日政令　九二号

平成二六年　四月　一日政令一六〇号
平成二六年　八月　六日政令二七三号
平成二六年一〇月　一日政令三一九号
平成二七年　二月一二日政令　四二号
平成二七年　三月一八日政令　七四号
平成二七年　三月三一日政令一六六号
平成二七年　五月二〇日政令二三五号
平成二七年　九月三〇日政令三四二号
平成二八年　二月一七日政令　四三号
平成二八年　二月一九日政令　四五号
平成二八年　三月三一日政令一四四号
平成二八年　三月三一日政令一八〇号
平成二八年　三月三一日政令一八一号
平成二八年　三月三一日政令一八六号
平成二八年一二月　七日政令三七二号
平成二九年　一月二〇日政令　　四号
平成二九年　一月二七日政令　一一号
平成二九年一〇月二五日政令二六四号
平成三〇年　三月二三日政令　五五号
平成三〇年　三月三〇日政令　九八号
平成三〇年　三月三一日政令一五五号
平成三〇年　九月二八日政令二八〇号

目次

第一章　総則
第一節　会計年度所属区分（第一条・第二条）
第二節　削除
第三節　予算及び決算（第八条―第十二条）
第四節　支出（第十三条―第十六条）
第五節　報告（第十七条・第十八条）
第六節　契約（第十九条―第二十五条）
第七節　帳簿（第二十六条―第三十三条）
第八節　財務情報の開示（第三十四条―第三十八条）
第二章　各特別会計の管理及び経理
第一節　交付税及び譲与税配付金特別会計（第三十九条）
第二節　国債整理基金特別会計（第四十条―第四十二条）
第三節　財政投融資特別会計（第四十三条―第四十五条）
第四節　外国為替資金特別会計（第四十六条―第四十九条）
第五節　エネルギー対策特別会計（第五十条―第五十四条）
第六節　労働保険特別会計（第五十五条・第五十六条）
第七節　年金特別会計（第五十六条の二―第六十一条）
第八節　食料安定供給特別会計（第六十二条―第六十四条）
第九節　東日本大震災復興特別会計（第六十五条―第六十七条）
附則

第一章　総則

第一節　会計年度所属区分

（歳入の会計年度所属区分）

第一条　次の各号に掲げる収入は、当該各号に定める年度の歳入とする。

一　地震再保険特別会計における地震保険に関する法律（昭和四十一年法律第七十三号）第三条の規定による再保険の再保険料　再保険契約に係る再保険責任の開始日の属する年度

二　食料安定供給特別会計の農業再保険勘定における農業再保険事業等の再保険料等（特別会計に関する法律（以下「法」という。）第百二十七条第三項第一号イに規定する農業再保険事業等の再保険料等をいう。）　農業保険法（昭和二十二年法律第百八十五号）第百九十二条若しくは第二百五条に規定する再保険関係に係る再保険責任又は同法第二百一条に規定する保険関係に係る保険責任の開始日の属する年度

三　削除

四　食料安定供給特別会計の漁船再保険勘定における漁船再保険事業（法第百二十四条第五項に規定する漁船再保険事業をいう。第十六条第一項第六号において同じ。）の再保険料　漁船損害等補償法（昭和二十七年法律第二十八号）第百二十八条に規定する再保険関係に係る再保険責任の開始日の属する年度

五　食料安定供給特別会計の漁業共済保険勘定における漁業共済保険事業（法第百二十四条第六項に規定する漁業共済保険事業をいう。第十六条第一項第七号において同じ。）の保険料　漁業災害補償法（昭和三十九年法律第百五十八号）第百四十七条の四に規定する保険契約に係る保険責任の開始日の属する年度

第二条　削除

第二節　削除

第三条から第七条まで　削除

第三節　予算及び決算

（歳入歳出予定計算書等の内容及び送付期限）

第八条　各特別会計（勘定に区分する特別会計にあっては、勘定とする。第五項並びに次条第一項、第十条、第三十二条、第三十四条第二項並びに第三十六条第一項第一号及び第二項を除き、以下同じ。）の歳入歳出予定計算書は、歳入にあっては、その性質に従ってその金額を款及び項に区分し、更に、各項の金額を各目に区分し、見積りの理由及び計算の基づくところを示し、歳出にあっては、その金額を事項別に区分し、

経費要求の説明、当該事項に対する項の金額等を示さなければならない。

2　各特別会計の繰越明許費要求書は、繰越明許費について、事項ごとに、その必要の理由を明らかにするとともに、繰越しを必要とする経費の項の名称を示さなければならない。

3　各特別会計の国庫債務負担行為要求書は、国庫債務負担行為について、事項ごとにその必要の理由を明らかにし、かつ、これをする年度及び債務負担の限度額を明らかにし、必要に応じてこれに基づいて支出をすべき年度、年限又は年割額を示さなければならない。

4　各特別会計の歳入歳出予定計算書には、当該特別会計の歳入歳出の予定全体に関する説明を付さなければならない。

5　各特別会計の歳入歳出予定計算書、繰越明許費要求書及び国庫債務負担行為要求書は、予算決算及び会計令（昭和二十二年勅令第百六十五号。以下「令」という。）第十一条第五項の規定の例により、財務大臣に送付しなければならない。

6　前項に規定する書類には、法第三条第二項各号に掲げる書類のほか、予算総則に規定する必要がある事項に関する調書を添付しなければならない。

（歳入歳出予定額各目明細書）

第九条　所管大臣（法第三条第一項に規定する所管大臣をいう。以下同じ。）は、財務大臣の定めるところにより、その管理する特別会計の歳入歳出予算に基づいて歳入歳出予定額各目明細書を作成し、予算が国会に提出された後、直ちに、財務大臣に送付しなければならない。

2　前項に規定する歳入歳出予定額各目明細書は、各項の金額を各目に区分し、必要に応じ、更に、各目の金額を細分し、かつ、これらの計算の基づくところを示さなければならない。

3　前項の規定による目の区分及び各目の細分は、当該歳入又は歳出に関する事務を管理する所管大臣が財務大臣に協議して定める。

（歳入歳出決定計算書の送付期限）

第十条　各特別会計の歳入歳出決定計算書は、翌年度の七月三十一日までに、財務大臣に送付しなければならない。

（貸借対照表等の様式）

第十一条　各特別会計の貸借対照表、損益計算書及び財産目録の様式は、所管大臣が財務大臣に協議して定める。

（歳入歳出等に関する計算書類の調製）

第十二条　エネルギー対策特別会計、年金特別会計及び東日本大震災復興特別会計の歳入歳出予定計算書、繰越明許費要求書、国庫債務負担行為要求書、歳入歳出決定計算書その他同会計全体の計算に関する書類で所管大臣が定めるものの調製は、エネルギー対策特別会計にあっては経済産業大臣が、年金特別会計にあっては厚生労働大臣が、東日本大震災復興特別会計にあっては復興大臣が、それぞれその指定する職員（第十七条第三項及び第四項、第十八条第二項及び第三項、

第三十四条第四項並びに第三十六条第三項において「総括部局長」という。）に行わせるものとする。

第四節　支出

（支払元受高）

第十三条　各特別会計（国債整理基金特別会計を除く。）においては、当該年度の収納済歳入額、法第十五条第一項の規定による一時借入金、融通証券の発行による収入金及び繰替金、同条第三項の規定による繰替金並びに同条第五項の規定による繰替金をもって支払元受高とし、歳出を支出するには、この支払元受高を超過することができない。

（資金前渡のできる経費）

第十四条　労働保険特別会計においては、会計法第十七条の規定により、同会計の労災勘定に属する保険給付費並びに社会復帰促進等事業費のうち労災就学等援護費及び労災援護給付金並びに同会計の雇用勘定に属する失業等給付費及び雇用安定事業費のうち雇用安定等給付金について、主任の職員に現金支払をさせるため、その資金を当該職員に前渡することができる。

（年度開始前に資金交付のできる経費）

第十五条　労働保険特別会計の雇用勘定においては、会計法第十八条第一項の規定により、同勘定に属する失業等給付費について、会計年度開始前に主任の職員に対し資金を交付することができる。

（概算払のできる経費）

第十六条　各特別会計においては、会計法第二十二条の規定により、次に掲げる経費について、概算払をすることができる。

一　地震再保険特別会計における再保険金

二　削除

三　食料安定供給特別会計の食糧管理勘定の負担において買い入れる米穀又は麦について、当該買入れに係る契約の相手方が外国から直接買入れを行う場合における当該米穀又は麦の代価

四　食料安定供給特別会計の農業再保険勘定における農業再保険事業等の再保険金等（法第百二十七条第三項第二号イに規定する再保険金等をいう。）

五　削除

六　食料安定供給特別会計の漁船再保険勘定における漁船再保険事業の再保険金

七　食料安定供給特別会計の漁業共済保険勘定における漁業共済保険事業の保険金

2　所管大臣は、前項の規定により概算払をしようとする場合には、あらかじめ、財務大臣に協議しなければならない。

第五節　報告

（徴収済額の報告）

第十七条 次の各号に掲げる特別会計の歳入徴収官は、毎月、徴収済額報告書を作成し、参照書類を添付して、その翌月十五日までに、当該各号に定める所管大臣又は長官（国家行政組織法（昭和二十三年法律第百二十号）第六条に規定する長官をいう。以下同じ。）に、それぞれ送付しなければならない。

一 交付税及び譲与税配付金特別会計 財務大臣

二 エネルギー対策特別会計 当該歳入に関する事務を管理する所管大臣

三 年金特別会計 当該歳入に関する事務を管理する所管大臣

四 特許特別会計 特許庁長官

五 東日本大震災復興特別会計 当該歳入に関する事務を管理する所管大臣

2 毎会計年度の翌年度の六月又は七月において、国税収納金整理資金に関する法律施行令（昭和二十九年政令第五十一号）第二十二条第一項又は第二項の規定により国税収納金整理資金（国税収納金整理資金に関する法律（昭和二十九年法律第三十六号）第三条に規定する国税収納金整理資金をいう。）から前年度の歳入に組み入れるべき金額が交付税及び譲与税配付金特別会計及び東日本大震災復興特別会計の歳入にそれぞれ組み入れられた場合における前項の規定の適用については、同項中「その翌月十五日」とあるのは、「財務大臣の定める日」とする。

3 エネルギー対策特別会計、年金特別会計又は東日本大震災復興特別会計の所管大臣がそれぞれ指定する職員（次条第二項において「所管部局長」という。）は、第一項の徴収済額報告書により、毎月、徴収済額集計表を作成し、参照書類を添付して、所管大臣の定める期限までに、総括部局長に送付するものとする。

4 第一項に規定する所管大臣又は長官は、同項の規定により送付された徴収済額報告書に基づき、徴収総報告書を作成し、参照書類を添付して、その月中に、所管大臣にあっては財務大臣に、長官にあっては所管大臣を経由して財務大臣に、それぞれ送付しなければならない。この場合において、エネルギー対策特別会計の徴収総報告書の調製は経済産業大臣が、年金特別会計の徴収総報告書の調製は厚生労働大臣が、東日本大震災復興特別会計の徴収総報告書の調製は復興大臣が、それぞれ総括部局長に行わせるものとする。

（支出済額の報告）

第十八条 次の各号に掲げる特別会計のセンター支出官（令第一条第三号に規定するセンター支出官をいう。以下同じ。）は、毎月、支出済額報告書を作成し、その翌月十五日までに、当該各号に定める所管大臣又は長官に、それぞれ送付しなければならない。

一 交付税及び譲与税配付金特別会計 総務大臣

二 エネルギー対策特別会計 当該歳出に関する事務を管理

する所管大臣
三　年金特別会計　当該歳出に関する事務を管理する所管大臣
四　特許特別会計　特許庁長官
五　東日本大震災復興特別会計　当該歳出に関する事務を管理する所管大臣
2　所管部局長は、前項の支出済額報告書により、毎月、支出済額集計表を作成し、所管大臣の定める期限までに、総括部局長に送付するものとする。
3　第一項に規定する所管大臣又は長官は、同項の規定により送付された支出済額報告書に基づき、支出総報告書を作成し、その月中に、所管大臣にあっては財務大臣に、長官にあっては所管大臣を経由して財務大臣に、それぞれ送付しなければならない。この場合において、エネルギー対策特別会計の支出総報告書の調製は経済産業大臣が、年金特別会計の支出総報告書の調製は厚生労働大臣が、東日本大震災復興特別会計の支出総報告書の調製は復興大臣が、それぞれ総括部局長に行わせるものとする。

第六節　契約

（複数落札入札制度）
第十九条　食料安定供給特別会計の食糧管理勘定において、米穀の買入契約又は麦の輸入を目的とする買入契約をする場合において、一般競争又は指名競争に付するときは、その買入数量の範囲内において数量及び単価を入札させ、予定価格を超えない単価の入札者のうち、低価の入札者から順次買入数量に達するまでの入札者をもって落札者とすることができる。
2　食料安定供給特別会計の食糧管理勘定において、米穀の売渡契約をする場合において、一般競争又は指名競争に付するときは、その売渡数量の範囲内において数量及び単価を入札させ、予定価格を超える単価の入札者のうち、高価の入札者から順次売渡数量に達するまでの入札者をもって落札者とすることができる。
3　食料安定供給特別会計の食糧管理勘定において、米穀の寄託契約をする場合において、一般競争又は指名競争に付するときは、その寄託数量の範囲内において数量及び単価を入札させ、予定価格を超えない単価の入札者のうち、低価の入札者から順次寄託数量に達するまでの入札者をもって落札者とすることができる。
4　食料安定供給特別会計の食糧管理勘定において、委託契約（米穀の貯蔵、加工及び売渡しに関する業務を一括して委託するものに限る。）をする場合において、一般競争に付するときは、その委託数量の範囲内において数量及び単価を入札させ、予定価格を超えない単価の入札者のうち、低価の入札者から順次委託数量に達するまでの入札者をもって落札者とすることができる。

5 前各項の規定による競争において同価の入札をした者が二人以上ある場合には、入札数量の多い者を先順位の落札者とし、入札数量が同一である場合には、令第八十三条の規定に準じてくじで落札者を定めるものとする。

6 前各項の場合において、最後の順位の落札者の入札数量が他の落札者の入札数量と合計して買入数量、売渡数量、寄託数量又は委託数量を超えるときには、その超える数量については、落札がなかったものとする。

（複数落札入札制度による場合の公告記載事項）

第二十条 前条第一項から第四項までの規定による競争に付する場合における公告又は入札者に対する通知には、令第七十五条各号に掲げる事項のほか、前条第一項から第四項までのいずれの規定による競争入札であるかを明らかにし、かつ、同条第六項の規定により入札数量の一部について落札がなかったものとすることがある旨及び第二十二条第一項の規定により当該競争入札を取り消すことがある旨並びに端数の入札を制限する場合にはその旨の記載又は記録をしなければならない。

（複数落札入札制度による場合の予定価格の決定）

第二十一条 第十九条第一項又は第二項の規定による競争に付する場合の予定価格は、当該競争入札に付する物品の種類ごとの総価額を当該物品の種類ごとの買入数量又は売渡数量で除した金額をもって定めなければならない。

（複数落札入札の取消し）

第二十二条 第十九条第一項から第四項までの規定による競争に付する場合において、その競争に加わった者が五人に満たないときは、当該競争入札を取り消すことができる。

2 前項の規定により競争入札を取り消した場合には、入札書は、そのままこれを入札者に送付しなければならない。

3 第一項の規定により競争入札を取り消した場合には、令第九十九条の二の規定は、適用しない。

第二十三条 削除

（随意契約によることができる場合）

第二十四条 各特別会計においては、会計法第二十九条の三第五項の規定により、次に掲げる場合においては、随意契約によることができる。

一 第十九条第一項の規定による競争に付した場合において、落札数量が買入数量に達しないとき又は落札者のうち契約を結ばない者があるときに、買入数量に達するまで最低落札単価の制限内で契約を締結する場合

二 第十九条第二項の規定による競争に付した場合において、落札数量が売渡数量に達しないとき又は落札者のうち契約を結ばない者があるときに、売渡数量に達するまで最高落札単価を下らない価額で、契約を締結する場合

三 第十九条第三項の規定による競争に付した場合において

て、落札数量が寄託数量に達しないとき又は落札者のうち契約を結ばない者があるときに、寄託数量に達するまで最低落札単価の制限内で契約を締結する場合

四　第十九条第四項の規定による競争に付した場合において、落札数量が委託数量に達しないとき又は落札者のうち契約を結ばない者があるときに、委託数量に達するまで最低落札単価の制限内で契約を締結する場合

2　前項の規定により随意契約によろうとする場合には、令第九十九条の三及び第九十九条の四の規定に準じて行うものとする。

第二十五条　削除

第七節　帳簿

（各省各庁の帳簿）

第二十六条　各省各庁（財政法（昭和二十二年法律第三十四号）第二十一条に規定する各省各庁をいう。次項及び次条において同じ。）は、その管理する特別会計の日記簿、原簿及び補助簿を備え、当該特別会計に関する一切の計算を登記しなければならない。

2　前項の規定にかかわらず、次の各号に掲げる特別会計においては、当該各号に定める各省各庁又は外局において、日記簿、原簿及び補助簿を備え、当該特別会計に関する一切の計算を登記しなければならない。

一　交付税及び譲与税配付金特別会計　総務省

二　エネルギー対策特別会計　経済産業省

三　年金特別会計　厚生労働省

四　特許特別会計　特許庁

五　東日本大震災復興特別会計　復興庁

第二十七条　各省各庁は、前条第一項及び令第百三十条に規定する帳簿のほか、その管理する特別会計（交付税及び譲与税配付金特別会計、国債整理基金特別会計、エネルギー対策特別会計、年金特別会計及び東日本大震災復興特別会計を除く。）の支払元受高差引簿を備え、支払元受高、支出済歳出額及び残額を登記しなければならない。ただし、官署支出官（令第一条第二号に規定する官署支出官をいう。以下同じ。）が一人である場合においては、支払元受高差引簿は、備え付けないことができる。

2　前項の規定にかかわらず、前条第二項第四号及び第五号に掲げる特別会計にあっては、当該各号に定める各省各庁又は外局において、同項及び令第百三十条に規定する帳簿のほか、支払元受高差引簿を備え、支払元受高、支出済歳出額及び残額を登記しなければならない。ただし、官署支出官が一人である場合においては、支払元受高差引簿は、備え付けないことができる。

第二十八条　総務省は、第二十六条第二項に規定する帳簿並びに交付税及び譲与税配付金特別会計の歳出について令第百三

十条に規定する歳出簿及び支払計画差引簿のほか、支払元受高差引簿を備え、同会計の歳出に係る支払元受高、支出済歳出額及び残額を登記しなければならない。

2　財務省は、交付税及び譲与税配付金特別会計の歳入について令第百三十条に規定する歳入簿を備え、所要の事項を登記しなければならない。

第二十九条　エネルギー対策特別会計の所管府省（内閣府、文部科学省、経済産業省及び環境省をいう。以下この条において同じ。）は、その所管に属する歳入及び歳出について、各勘定別に令第百三十条の規定により歳入簿、歳出簿及び支払計画差引簿を備え、所要の事項を登記しなければならない。

2　所管府省は、前項の帳簿のほか、各勘定別に所管別支払元受高差引簿を備え、その所管に属する歳出に係る支払元受高、支出済歳出額及び残額を登記しなければならない。ただし、官署支出官が一人である場合においては、所管別支払元受高差引簿は、備え付けないことができる。

3　経済産業省は、第二十六条第二項及び前二項に規定する帳簿のほか、エネルギー対策特別会計全体の歳入及び歳出について各勘定別に令第百三十条の規定により歳入簿及び歳出簿を備え、所要の事項を登記しなければならない。

4　経済産業省は、各勘定別に支払元受高総括簿を備え、エネルギー対策特別会計全体の歳出に係る支払元受高、所管府省への配分額その他所要の事項を登記しなければならない。

第二十九条の二　年金特別会計の所管府省（内閣府及び厚生労働省をいう。以下この条において同じ。）は、その所管に属する歳入及び歳出について、各勘定別に令第百三十条の規定により歳入簿、歳出簿及び支払計画差引簿を備え、所要の事項を登記しなければならない。

2　所管府省は、前項の帳簿のほか、各勘定別に所管別支払元受高差引簿を備え、その所管に属する歳出に係る支払元受高、支出済歳出額及び残額を登記しなければならない。ただし、官署支出官が一人である場合においては、所管別支払元受高差引簿は、備え付けないことができる。

3　厚生労働省は、第二十六条第二項及び前二項に規定する帳簿のほか、年金特別会計全体の歳入及び歳出について各勘定別に令第百三十条の規定により歳入簿及び歳出簿を備え、所要の事項を登記しなければならない。

4　厚生労働省は、各勘定別に支払元受高総括簿を備え、年金特別会計全体の歳出に係る支払元受高、所管府省への配分額その他所要の事項を登記しなければならない。

第二十九条の三　東日本大震災復興特別会計の所管機関（衆議院、参議院、最高裁判所、会計検査院、内閣、内閣府、復興庁、総務省、法務省、外務省、財務省、文部科学省、厚生労働省、農林水産省、経済産業省、国土交通省、環境省及び防衛省をいう。以下この条において同じ。）は、その所管に属する歳入及び歳出について、令第百三十条の規定により歳入簿、歳出簿及び支払計画差引簿を備え、所要の事項を登記しなければならない。
2　所管機関は、前項の帳簿のほか、所管別支払元受高差引簿を備え、その所管に属する歳出に係る支払元受高、支出済歳出額及び残額を登記しなければならない。ただし、官署支出官が一人である場合においては、所管別支払元受高差引簿は、備え付けないことができる。
3　復興庁は、第二十六条第二項及び前二項に規定する帳簿のほか、東日本大震災復興特別会計全体の歳入及び歳出について令第百三十条の規定により歳入簿及び歳出簿を備え、所要の事項を登記しなければならない。
4　復興庁は、支払元受高総括簿を備え、東日本大震災復興特別会計全体の歳出に係る支払元受高、所管機関への配分額その他所要の事項を登記しなければならない。

（官署支出官の帳簿）

第三十条　各特別会計（国債整理基金特別会計を除く。）の官署支出官は、令第百三十二条及び第百三十四条に規定する帳簿のほか、支払元受高差引簿を備え、支払元受高、支出済歳出額及び残額を登記しなければならない。

（帳簿の様式及び記入の方法）

第三十一条　第二十六条、第二十七条、第二十八条第一項、第二十九条第二項及び第四項、第二十九条の二第二項及び第四項、第二十九条の三第二項及び第四項並びに前条に規定する帳簿の様式及び記入の方法は、財務大臣が定める。

（勘定別の登記）

第三十二条　勘定に区分する特別会計においては、令第百三十条から第百三十四条の二までに規定する帳簿の登記は、各勘定別にしなければならない。

第三十三条　削除

第八節　財務情報の開示

（書類の作成方法等）

第三十四条　各特別会計の法第十九条第一項の書類は、当該特別会計の当該年度末における資産及び負債の状況並びに当該年度に発生した費用の状況その他の財務大臣が定める事項を記載した書類とする。
2　前項に定める書類のほか、勘定に区分する特別会計においては、当該特別会計全体について同項に規定する事項を記載した書類を作成するものとする。
3　第一項に定める書類のほか、次に掲げる法人であって特別会計において経理されている事務及び事業と密接な関連を有する法人として財務大臣が定める要件に該当するものがある場合には、当該特別会計及び当該法人につき連結して同項に規定する事項を記載した書類を作成するものとする。
一　法律により直接に設立される法人
二　特別の法律により特別の設立行為をもって設立すべきも

のとされる法人

三　特別の法律により設立され、かつ、その設立に関し行政官庁の認可を要する法人

4　交付税及び譲与税配付金特別会計に関する第一項及び前項の書類は総務大臣が、エネルギー対策特別会計に関する前三項の書類は経済産業大臣が、年金特別会計に関する前三項の書類は厚生労働大臣が、東日本大震災復興特別会計に関する第一項及び前項の書類は復興大臣が、それぞれ調製するものとする。この場合において、エネルギー対策特別会計に関する前三項の書類の調製は経済産業大臣が、年金特別会計に関する前三項の書類の調製は厚生労働大臣が、東日本大震災復興特別会計に関する第一項及び前項の書類の調製は復興大臣が、それぞれ総括部局長に行わせるものとする。

（書類の送付期限等）

第三十五条　法第十九条第一項の書類は、翌年度の十月三十一日までに財務大臣に送付しなければならない。

2　内閣は、前項の書類を同項に規定する年度の十一月十五日までに会計検査院に送付しなければならない。

3　内閣は、会計検査院の検査を経た前項の書類を第一項に規定する年度に開会される常会において国会に提出するのを常例とする。

（情報開示の内容）

第三十六条　法第二十条に規定する情報として政令で定めるものは、次に掲げるものとする。

一　特別会計に関する次に掲げる情報

イ　特別会計の目的

ロ　特別会計において経理されている事務及び事業の内容並びに経理方法の概要

二　特別会計の各年度の予算に関する次に掲げる情報

イ　歳入歳出予算の概要

ロ　一般会計からの繰入金の額及び当該繰入れの理由

ハ　借入金並びに公債及び証券の発行収入金（以下この項において「借入金等」と総称する。）の額並びに借入金等を必要とする理由

ニ　その他特別会計において経理されている事務及び事業の内容に照らし必要と認める事項

三　特別会計の各年度の決算に関する次に掲げる情報

イ　歳入歳出決算の概要

ロ　一般会計からの繰入金の額及び当該繰入金の額が予算に計上した額と異なる場合にあってはその理由

ハ　借入金等の額及び借入金等の額が予算に計上した額と異なる場合にあってはその理由

ニ　歳入歳出の決算上の剰余金の額、当該剰余金が生じた理由及び当該剰余金の処理の方法

ホ　当該年度末における積立金及び資金の残高

ヘ　その他特別会計において経理されている事務及び事業

の内容に照らし必要と認める事項

2 前項の場合において、勘定に区分する特別会計においては、同項第一号に定める情報は、当該特別会計全体について作成するものとする。

3 交付税及び譲与税配付金特別会計に関する第一項の情報は総務大臣が、エネルギー対策特別会計に関する前二項の情報は経済産業大臣が、年金特別会計に関する前二項の情報は厚生労働大臣が、東日本大震災復興特別会計に関する第一項の情報は復興大臣が、それぞれ調製するものとする。この場合において、エネルギー対策特別会計に関する前二項の情報の調製は経済産業大臣が、年金特別会計に関する前二項の情報の調製は厚生労働大臣が、東日本大震災復興特別会計に関する第一項の情報の調製は復興大臣が、それぞれ総括部局長に行わせるものとする。

（情報開示の時期）

第三十七条 法第二十条の情報は、次の各号に掲げる区分に従い、当該各号に定める日以後速やかに開示するものとする。

一 法第十九条第一項の書類に記載された情報 当該書類を国会に提出した日

二 前条第一項第一号に掲げる情報 特別会計を設置した日

三 前条第一項第二号に掲げる情報 予算を国会に提出した日

四 前条第一項第三号に掲げる情報 決算を国会に提出した日

2 前項の規定により開示した後、前条第一項第一号又は第二号に掲げる情報について変更があった場合には、速やかにその内容を修正するものとする。

（情報開示に関する細目）

第三十八条 第三十四条から前条までに規定するもののほか、法第十九条第一項の規定による書類の作成及び法第二十条の規定による情報の開示に関し必要な事項は、財務大臣が定める。

第二章 各特別会計の管理及び経理

第六節 労働保険特別会計

（他の勘定への繰入れ）

第五十五条 法第百二条第一項の政令で定める額は、労働保険の保険料の徴収等に関する法律（昭和四十四年法律第八十四号。以下この項において「徴収法」という。）第二十一条第一項の追徴金及び徴収法第二十八条第一項の延滞金の額のうち労災保険に係る労働保険料の額（徴収法第十条第二項第一号の一般保険料の額のうち徴収法第十二条第二項の労災保険率に応ずる部分の額、徴収法第十条第二項第二号の第一種特別加入保険料の額、同項第三号の第二種特別加入保険料の額、同項第三号の二の第三種特別加入保険料の額及び法第九十九条第三項第一号イの労災保険の特別保険料の額をいう。第三項において同じ。）に係る部分の額と徴収法第二十一条第一項及び第二十五条第二項の追徴金並びに徴収法第二十八条第一項の延滞金以外の附属雑収入の額のうち厚生労働大臣が財務大臣に協議して定める額との合計額とする。

2　法第百二条第二項の政令で定める額は、附属雑収入の額から前項の合計額を控除した額とする。

3　法第百二条第三項の規定により労働保険特別会計の労災勘定から同会計の徴収勘定へ繰り入れる金額は、同勘定の歳出に係る労働保険料の返還金の額のうち労災保険に係る労働保険料の額に係る部分の額並びに同勘定の歳出に係る業務取扱費及び附属諸費の額のうち厚生労働大臣が財務大臣に協議して定める額の合計額とする。

4　法第百二条第三項の規定により労働保険特別会計の雇用勘定から同会計の徴収勘定へ繰り入れる金額は、同勘定の歳出に係る労働保険料の返還金、業務取扱費及び附属諸費の額から前項の合計額を控除した額とする。

（積立金等からの補足）

第五十六条　法第百三条第二項に規定する政令で定める場合は、労働保険特別会計の労災勘定の毎会計年度の収納済歳入額から支出済歳出額、歳出の翌年度への繰越額、未経過保険料（未経過特別保険料を含む。次項において同じ。）及び支払備金に相当する金額を控除して不足する場合とし、同条第二項の規定により同勘定の積立金から補足する金額は、当該不足する額に相当する金額とする。

2　前項に規定する未経過保険料及び支払備金の計算は、厚生労働大臣が財務大臣に協議して定める。

3　法第百三条第四項に規定する政令で定める場合は、労働保険特別会計の雇用勘定の毎会計年度の第一号に掲げる額から第二号に掲げる額を控除して不足する場合とし、同項の規定により同勘定の積立金から補足する金額は、当該不足する額に相当する金額とする。

一　収納済歳入額（雇用安定事業及び能力開発事業（雇用保険法（昭和四十九年法律第百十六号）第六十四条の規定により行うものを除く。）（次号において「二事業」という。）に係る歳入額（次項において「二事業費充当歳入額」という。）を控除した残りの額とする。）

二　次に掲げる額の合計額

イ　支出済歳出額（二事業に係る歳出額（以下この条において「二事業費充当歳出額」という。）を控除した残りの額とする。）

ロ　歳出の翌年度への繰越額（二事業費充当歳出額に係る繰越額を控除した残りの額とする。）

ハ　法第百五条に規定する超過額に相当する金額

4　法第百四条第四項に規定する政令で定める場合は、労働保険特別会計の雇用勘定の毎会計年度の収納済みの二事業費充当歳入額から支出済みの二事業費充当歳出額及び二事業費充当歳出額に係る歳出の翌年度への繰越額を控除して不足する場合とし、同項の規定により雇用安定資金から補足する金額は、当該不足する額に相当する金額とする。

附　則（抄）

（施行期日等）

第一条　この政令は、平成十九年四月一日から施行し、平成十九年度の予算から適用する。ただし、第八条第三項（社会資本整備事業特別会計に関する部分に限る。）、第十三条第三項及び第三十三条〈中略〉の規定は、平成二十年度の予算から適用する。

2　平成十九年度の予算に係る第三十六条第一項第二号に掲げる情報の開示については、第三十七条第一項第三号中「予算を国会に提出した日」とあるのは、「法の施行の日」とする。

（労働保険特別会計の雇用勘定における雇用安定資金の使用に関する特例の適用期限）

第八条　法附則第二十条第一項の政令で定める日は、平成二十年三月三十一日とする。

（政令の廃止）

第二十四条　次に掲げる政令は、廃止する。

一～二十七　〈略〉

二十八　労働保険特別会計法施行令（昭和四十七年政令第百十八号）

二十九～三十一　〈略〉

附　則（平成三〇年三月三一日政令五五号）（抄）

（施行期日）

第一条　この政令は、平成三十年四月一日から施行する。〈後略〉

附　則（平成三〇年三月三〇日政令九八号）

この政令は、平成三十年四月一日から施行する。

附　則（平成三〇年三月三一日政令一五五号）（抄）

（施行期日）

第一条　この政令は、平成三十年四月一日から施行する。

附　則（平成三〇年九月二八日政令二八〇号）（抄）

（施行期日）

第一条　この政令は、道路法等の一部を改正する法律の施行の日（平成三十年九月三十日）から施行する。

会計法関係

会計法

昭和二二年 三月三一日法律 三五号

改正 昭和二三年 七月 一日法律 七九号
昭和二四年 四月 一日法律 二四号
昭和二四年 五月三一日法律一三四号
昭和二四年 五月三一日法律一六一号
昭和二五年 五月 四日法律一四一号
昭和二六年 三月三一日法律一〇四号
昭和二七年 三月 五日法律 四号
昭和二九年 三月三一日法律 三六号
昭和二九年 五月 八日法律 九〇号
昭和三一年 五月二二日法律一一三号
昭和三一年 五月二二日法律一一四号
昭和三一年 六月一二日法律一四八号
昭和三四年 四月二〇日法律一四八号
昭和三六年一一月一三日法律二三六号
昭和四〇年 四月 一日法律 四二号
昭和四五年 六月 一日法律一一一号
昭和四六年 六月 一日法律 九六号
昭和五九年一二月二五日法律 八七号
平成一一年 七月一六日法律 八七号
平成一一年一二月二二日法律一六〇号
平成一四年 七月三一日法律 九八号
平成一四年一二月一三日法律一五二号
平成一八年 六月 七日法律 五三号
平成二九年 六月 二日法律 四五号

目次

第一章 総則
第二章 収入
第三章 支出負担行為及び支出
第一節 総則
第二節 支出負担行為
第三節 支出
第四節 支払
第四章 契約
第五章 時効
第六章 国庫金及び有価証券
第七章 出納官吏
第八章 雑則

第一章　総則

＜出納事務の完結期限及び会計年度所属区分＞

第一条　一会計年度に属する歳入歳出の出納に関する事務は、政令の定めるところにより、翌年度七月三十一日までに完結しなければならない。

② 歳入及び歳出の会計年度所属の区分については、政令でこれを定める。

＜歳入徴収、収納事務の管理＞

第二条　各省各庁の長（財政法第二十条第二項に規定する各省各庁の長をいう。以下同じ。）は、その所掌に属する収入を国庫に納めなければならない。直ちにこれを使用することはできない。

第二章　収入

＜歳入の徴収及び収納原則＞

第三条　歳入は、法令の定めるところにより、これを徴収又は収納しなければならない。

＜歳入の徴収及び収納事務の管理＞

第四条　財務大臣は、歳入の徴収及び収納に関する事務の一般を管理し、各省各庁の長は、その所掌の歳入の徴収及び収納に関する事務を管理する。

＜歳入徴収事務の委任＞

第四条の二　各省各庁の長は、政令の定めるところにより、当該各省各庁所属の職員にその所掌の歳入の徴収に関する事務を委任することができる。

② 各省各庁の長は、必要があるときは、政令の定めるところにより、他の各省各庁所属の職員に前項の事務を委任することができる。

③ 各省各庁の長は、必要があるときは、政令の定めるところにより、当該各省各庁所属の職員又は他の各省各庁所属の職員に、歳入徴収官（各省各庁の長又は第一項若しくは前項の規定により委任された職員をいう。以下同じ。）の事務の一部を分掌させることができる。

④ 前三項の場合において、各省各庁の長は、当該各省各庁又は他の各省各庁に置かれた官職を指定することにより、その官職にある者に当該事務を委任し、又は分掌させることができる。

⑤ 第三項の規定により歳入徴収官の事務の一部を分掌する職員は、分任歳入徴収官という。

＜歳入の徴収機関＞

第五条　歳入は、歳入徴収官でなければ、これを徴収することができない。

＜歳入の徴収方法＞

第六条　歳入徴収官は、歳入を徴収するときは、これを調査決定し、政令で定めるものを除き、債務者に対して納入の告知をしなければならない。

〈歳入の収納機関及び収納〉

第七条　歳入は、出納官吏でなければ、これを収納することができない。但し、出納員に収納の事務を分掌させる場合又は日本銀行に収納の事務を取り扱わせる場合はこの限りでない。

② 出納官吏又は出納員は、歳入の収納をしたときは、遅滞なく、その収納金を日本銀行に払い込まなければならない。

〈徴収機関と出納機関の兼職禁止〉

第八条　歳入の徴収の職務は、現金出納の職務と相兼ねることができない。但し、特別の必要がある場合においては、政令で特例を設けることができる。

〈過年度収入及び返納金戻入〉

第九条　出納の完結した年度に属する収入その他予算外の収入は、すべて現年度の歳入に組み入れなければならない。但し、支出済となつた歳出の返納金は、政令の定めるところにより、各々支払つた歳出の金額に戻入することができる。

第三章　支出負担行為及び支出

第一節　総則

〈支出負担行為及び支出事務の管理〉

第十条　各省各庁の長は、その所掌に係る支出負担行為（財政法第三十四条の二第一項に規定する支出負担行為をいう。以下同じ。）及び支出に関する事務を管理する。

第二節　支出負担行為

〈支出負担行為の準則〉

第十一条　支出負担行為は、法令又は予算の定めるところに従い、これをしなければならない。

〈特定経費の支出負担行為の制限〉

第十二条　各省各庁の長は、財政法第三十一条第一項の規定により配賦された歳出予算、継続費又は国庫債務負担行為のうち、同法第三十四条の二第一項に規定する経費に係るものに基いて支出負担行為をなすには、同項の規定により承認された支出負担行為の実施計画に定める金額を超えてはならない。

〈支出負担行為事務の委任〉

第十三条　各省各庁の長は、当該各省各庁所属の職員に、その所掌に係る支出負担行為に関する事務を委任することができる。

② 各省各庁の長は、必要があるときは、政令の定めるところにより、他の各省各庁所属の職員に、前項の事務を委任することができる。

③ 各省各庁の長は、必要があるときは、政令の定めるところにより、当該各省各庁所属の職員又は他の各省各庁所属の職員に、支出負担行為担当官（各省各庁の長又は第一項若しくは前項の規定により委任された職員をいう。以下同じ。）の事務の一部を分掌させることができる。

④ 第四条の二第四項の規定は、前三項の場合に、これを準用する。

⑤ 第三項の規定により支出負担行為担当官の事務の一部を分掌する職員は、分任支出負担行為担当官という。

〈**支出負担行為の確認等**〉

第十三条の二 支出負担行為担当官が支出負担行為をするには、政令の定めるところにより、支出負担行為の内容を表示する書類を第二十四条第四項に規定する支出官に送付し、当該支出負担行為が当該支出負担行為担当官に対し政令で定めるところにより示達された歳出予算、継続費又は国庫債務負担行為の金額に超過しないことの確認を受け、且つ、当該支出負担行為が支出負担行為に関する帳簿に登記された後でなければ、これをすることができない。この場合において、支出負担行為担当官が同項に規定する支出官を兼ねているときは、その確認は、自ら行わなければならない。

② 分任支出負担行為担当官が支出負担行為をなす場合における前項の規定の適用については、同項前段中「支出負担行為担当官が」とあるのは「分任支出負担行為担当官が」と、「支出負担行為の内容を表示する書類」とあるのは「支出負担行為担当官が所属の各分任支出負担行為担当官のなす支出負担行為の限度額及びその内訳を記載した書類」と読み替えるものとする。

〈**支出負担行為の認証及び事務の委任**〉

第十三条の三 各省各庁の長は、予算執行の適正を期するため必要があると認めるときは、当該各省各庁所属の職員に、その所掌に係る支出負担行為の全部又は一部について認証を行わしめることができる。

② 各省各庁の長は、必要があるときは、政令の定めるところにより、他の各省各庁所属の職員に支出負担行為の認証を行わしめることができる。

③ 第四条の二第四項の規定は、前二項の場合に、これを準用する。

④ 第一項又は第二項の規定により支出負担行為の認証を行なう職員は、支出負担行為認証官という。

〈**支出負担行為の認証等**〉

第十三条の四 前条の場合において、支出負担行為担当官が支出負担行為をなすには、第十三条の二第一項の規定にかかわらず、支出負担行為の内容を表示する書類を支出負担行為認証官に送付し、政令の定めるところによりその認証を受け、且つ、当該支出負担行為が支出負担行為に関する帳簿に登記された後でなければ、これをなすことができない。

〈認証と支出負担行為事務の兼職禁止〉

第十三条の五 支出負担行為の認証の職務は、支出負担行為の職務と相兼ねることができない。但し、特別の必要がある場合においては、政令で特例を設けることができる。

第三節　支出

〈支出の準則〉

第十四条 各省各庁の長は、その所掌に属する歳出予算に基いて、支出しようとするときは、財政法第三十四条の規定により承認された支払計画に定める金額を超えてはならない。

② 各省各庁の長は、前項の金額の範囲内であつても、支出負担行為の確認又は認証を受け、且つ、支出負担行為に関する帳簿に登記されたものでなければ支出することはできない。

〈支出の方法〉

第十五条 各省各庁の長は、その所掌に属する歳出予算に基づいて支出しようとするときは、現金の交付に代え、日本銀行を支払人とする小切手を振り出し、又は財務大臣の定めるところにより、国庫内の移換のための国庫金振替書（以下「国庫金振替書」という。）若しくは日本銀行をして支払をなさしめるための支払指図書（以下「支払指図書」という。）を日本銀行に交付しなければならない。

〈小切手振出の制限〉

第十六条 各省各庁の長は、債権者のためでなければ小切手を振り出すことはできない。但し、第十七条、第十九条乃至第二十一条の規定により、主任の職員又は日本銀行に対し資金を交付する場合は、この限りでない。

〈資金前渡〉

第十七条 各省各庁の長は、交通通信の不便な地方で支払う経費、庁中常用の雑費その他経費の性質上主任の職員をして現金支払をなさしめなければ事務の取扱に支障を及ぼすような経費で政令で定めるものについては、当該職員をして現金支払をなさしめるため、政令の定めるところにより、必要な資金を交付することができる。

〈年度開始前支出〉

第十八条 各省各庁の長は、前条に規定する経費で政令で定めるものに充てる場合に限り、必要已むを得ないときは財務大臣の承認を経て、会計年度開始前、主任の職員に対し同条の規定により資金を交付することができる。

② 財務大臣は、前項の規定による承認をしたときは、日本銀行及び会計検査院に通知しなければならない。

〈日本銀行に対する国債元利払資金等の交付〉

第十九条 財務大臣は、日本銀行をして国債の元利払及び国の保管に係る現金の利子の支払の事務を取り扱わしめるため、必要な資金を日本銀行に交付することができる。

〈繰替使用及びその補償資金の交付〉

第二十条 各省各庁の長は、政令の定めるところにより、現金支払をなさしめるため、主任の職員をしてその保管に係る歳入金、歳出金又は歳入歳出外現金を繰り替え使用せしめることができる。

② 各省各庁の長は、前項の規定により、歳出金に繰り替え使用した現金を補塡するため、その補塡の資金を当該職員に交付することができる。

〈日本銀行に対する支払資金の交付〉

第二十一条 各省各庁の長は、債権者に支払をする場合において、政令で定める場合に該当するときは、必要な資金を日本銀行に交付して、支払をなさしめることができる。

② 前項の規定は、政令で定める出納官吏に対し第十七条又は前条第二項の規定により資金を交付しようとする場合に、これを準用する。

〈前金払及び概算払〉

第二十二条 各省各庁の長は、運賃、傭船料、旅費その他経費の性質上前金又は概算を以て支払をしなければ事務に支障を及ぼすような経費で政令で定めるものについては、前金払又は概算払をすることができる。

第二十三条 削除

〈支出事務の委任〉

第二十四条 各省各庁の長は、政令の定めるところにより、当該各省各庁所属の職員に、その所掌に属する歳出金を支出するための小切手の振出又は国庫金振替書若しくは支払指図書の交付に関する事務を委任することができる。

② 各省各庁の長は、必要があるときは、政令の定めるところにより、他の各省各庁所属の職員に前項に規定する事務を委任することができる。

③ 第四条の二第四項の規定は、前二項の場合に、これを準用する。

④ 各省各庁の長又は第一項若しくは第二項の規定により委任された職員は、支出官という。

第二十五条 削除

〈支出と出納事務の兼職禁止〉

第二十六条 歳出の支出の職務は、現金出納の職務と相兼ねることができない。ただし、特別の必要がある場合には、政令で特例を設けることができる。

〈過年度支出〉

第二十七条 過年度に属する経費は、現年度の歳出の金額からこれを支出しなければならない。但し、財政法第三十五条第三項但書の規定により財務大臣の指定する経費の外、その経費所属年度の毎項金額中不用となつた金額を超過してはならない。

第四節　支払

<日本銀行の小切手の支払期間>

第二十八条　日本銀行は、支出官の振り出した小切手の提示を受けた場合において、その小切手が振出日附から十日以上を経過しているものであつても一年を経過しないものであるときは、その支払をしなければならない。

② 日本銀行は、第二十一条の規定により、資金の交付を受けた場合においては、支出官がその資金の交付のために振り出した小切手の振出日附から一年を経過した後は、債権者又は出納官吏に対し支払をすることができない。

第四章　契約

<契約事務の管理>

第二十九条　各省各庁の長は、第十条の規定によるほか、その所掌に係る売買、貸借、請負その他の契約に関する事務を管理する。

<契約事務の委任>

第二十九条の二　各省各庁の長は、政令の定めるところにより、当該各省各庁所属の職員に前条の契約に関する事務を委任することができる。

② 各省各庁の長は、必要があるときは、政令の定めるところにより、他の各省各庁所属の職員に前項の事務を委任することができる。

③ 各省各庁の長は、必要があるときは、政令の定めるところにより、当該各省各庁所属の職員又は他の各省各庁所属の職員に、契約担当官（各省各庁の長又は第一項若しくは前項の規定により委任された職員をいう。以下同じ。）の事務の一部を分掌させることができる。

④ 第四条の二第四項の規定は、前三項の場合に、これを準用する。

⑤ 第三項の規定により契約担当官の事務の一部を分掌する職員は、分任契約担当官という。

<契約の方式>

第二十九条の三　契約担当官及び支出負担行為担当官（以下「契約担当官等」という。）は、売買、貸借、請負その他の契約を締結する場合においては、第三項及び第四項に規定する場合を除き、公告して申込みをさせることにより競争に付さなければならない。

② 前項の競争に加わろうとする者に必要な資格及び同項の公告の方法その他同項の競争について必要な事項は、政令でこれを定める。

③ 契約の性質又は目的により競争に加わるべき者が少数で第一項の競争に付する必要がない場合及び同項の競争に付することが不利と認められる場合においては、政令の定めるところ

ろにより、指名競争に付するものとする。

④　契約の性質又は目的が競争を許さない場合、緊急の必要により競争に付することができない場合及び競争に付することが不利と認められる場合においては、政令の定めるところにより、随意契約によるものとする。

⑤　契約に係る予定価格が少額である場合その他政令で定める場合においては、第一項及び第三項の規定にかかわらず、政令の定めるところにより、指名競争に付し又は随意契約によることができる。

〈入札保証金〉

第二十九条の四　契約担当官等は、前条第一項、第三項又は第五項の規定により競争に付そうとする場合においては、その競争に加わろうとする者をして、その者の見積る契約金額の百分の五以上の保証金を納めさせなければならない。ただし、その必要がないと認められる場合においては、政令の定めるところにより、その全部又は一部を納めさせないことができる。

②　前項の保証金の納付は、政令の定めるところにより、国債又は確実と認められる有価証券その他の担保の提供をもつて代えることができる。

〈入札の原則〉

第二十九条の五　第二十九条の三第一項、第三項又は第五項の規定による競争（以下「競争」という。）は、特に必要がある場合においてせり売りに付するときを除き、入札の方法をもつてこれを行なわなければならない。

②　前項の規定により入札を行なう場合においては、入札者は、その提出した入札書の引換え、変更又は取消しをすることができない。

〈落札の方式〉

第二十九条の六　契約担当官等は、競争に付する場合においては、政令の定めるところにより、契約の目的に応じ、予定価格の制限の範囲内で最高又は最低の価格をもつて申込みをした者を契約の相手方とするものとする。ただし、国の支払の原因となる契約のうち政令で定めるものについて、相手方となるべき者の申込みに係る価格によつては、その者により当該契約の内容に適合した履行がされないおそれがあると認められるとき、又はその者と契約を締結することが公正な取引の秩序を乱すこととなるおそれがあつて著しく不適当であると認められるときは、政令の定めるところにより、予定価格の制限の範囲内の価格をもつて申込みをした他の者のうち最低の価格をもつて申込みをした者を当該契約の相手方とすることができる。

②　国の所有に属する財産と国以外の者の所有する財産との交換に関する契約その他その性質又は目的から前項の規定により難い契約については、同項の規定にかかわらず、政令の定めるところにより、価格及びその他の条件が国にとつて最も

有利なもの（同項ただし書の場合にあつては、次に有利なもの）をもつて申込みをした者を契約の相手方とすることができる。

〈入札保証金の国庫帰属〉

第二十九条の七　第二十九条の四の規定により納付された保証金（その納付に代えて提供された担保を含む。）のうち、落札者（前条の規定により契約の相手方とする者をいう。以下次条において同じ。）の納付に係るものは、その者が契約を結ばないときは、国庫に帰属するものとする。

〈契約書の作成〉

第二十九条の八　契約担当官等は、競争により落札者を決定したとき、又は随意契約の相手方を決定したときは、政令の定めるところにより、契約の目的、契約金額、履行期限、契約保証金に関する事項その他必要な事項を記載した契約書を作成しなければならない。ただし、政令で定める場合においては、これを省略することができる。

② 前項の規定により契約書を作成する場合においては、契約担当官等が契約の相手方とともに契約書に記名押印しなければ、当該契約は、確定しないものとする。

〈契約保証金〉

第二十九条の九　契約担当官等は、国と契約を結ぶ者をして、契約金額の百分の十以上の契約保証金を納めさせなければならない。ただし、他の法令に基づき延納が認められる場合において、確実な担保が提供されるとき、その者が物品の売払代金を即納する場合その他政令で定める場合においては、その全部又は一部を納めさせないことができる。

② 第二十九条の四第二項の規定は、前項の契約保証金の納付について、これを準用する。

〈契約保証金の国庫帰属〉

第二十九条の十　前条の規定により納付された契約保証金（その納付に代えて提供された担保を含む。）は、これを納付した者がその契約上の義務を履行しないときは、国庫に帰属するものとする。ただし、損害の賠償又は違約金について契約で別段の定めをしたときは、その定めたところによるものとする。

〈監督及び検査〉

第二十九条の十一　契約担当官等は、工事又は製造その他についての請負契約を締結した場合においては、政令の定めるところにより、自ら又は補助者に命じて、契約の適正な履行を確保するため必要な監督をしなければならない。

② 契約担当官等は、前項に規定する請負契約又は物件の買入れその他の契約については、政令の定めるところにより、自ら又は補助者に命じて、その受ける給付の完了の確認（給付の完了前に代価の一部を支払う必要がある場合において行なう工事若しくは製造の既済部分又は物件の既納部分の確認を含む。）をするため必要な検査をしなければならない。

③　前二項の場合において、契約の目的たる物件の給付の完了後相当の期間内に当該物件につき破損、変質、性能の低下その他の事故が生じたときは取替え、補修その他必要な措置を講ずる旨の特約があり、当該給付の内容が担保されると認められる契約については、政令の定めるところにより、第一項の監督又は前項の検査の一部を省略することができる。

④　各省各庁の長は、特に必要があるときは、政令の定めるところにより、第一項の監督及び第二項の検査を、当該契約に係る契約担当官等及びその補助者以外の当該各省各庁所属の職員又は他の各省各庁所属の職員に行なわせることができる。

⑤　契約担当官等は、特に必要があるときは、政令の定めるところにより、国の職員以外の者に第一項の監督及び第二項の検査を委託して行なわせることができる。

〈長期継続契約〉

第二十九条の十二　契約担当官等は、政令の定めるところにより、翌年度以降にわたり、電気、ガス若しくは水の供給又は電気通信役務の提供を受ける契約を締結することができる。この場合においては、各年度におけるこれらの経費の予算の範囲内においてその給付を受けなければならない。

第五章　時効

〈金銭債権等の消滅時効〉

第三十条　金銭の給付を目的とする国の権利で、時効に関し他の法律に規定がないものは、五年間これを行わないときは、時効に因り消滅する。国に対する権利で、金銭の給付を目的とするものについても、また同様とする。

〈編注〉本条は、次のように改正され、平成三二年四月一日から施行される。

〈金銭債権等の消滅時効〉

第三十条　金銭の給付を目的とする国の権利で、時効に関し他の法律に規定がないものは、これを行使することができる時から五年間行使しないときは、時効によつて消滅する。国に対する権利で、金銭の給付を目的とするものについても、また同様とする。

〈消滅時効の中断等の手続〉

第三十一条　金銭の給付を目的とする国の権利の時効による消滅については、別段の規定がないときは、時効の援用を要せず、また、その利益を放棄することができないものとする。国に対する権利で、金銭の給付を目的とするものについても、また同様とする。

②　金銭の給付を目的とする国の権利について、消滅時効の中

断、停止その他の事項（前項に規定する事項を除く。）に関し、適用すべき他の法律の規定がないときは、民法の規定を準用する。国に対する権利で、金銭の給付を目的とするものについても、また同様とする。

△編注▽　本条第二項は、次のように改正され、平成三二年四月一日から施行される。

②　金銭の給付を目的とする国の権利について、消滅時効の完成猶予、更新その他の事項（前項に規定する事項を除く。）に関し、適用すべき他の法律の規定がないときは、民法の規定を準用する。国に対する権利で、金銭の給付を目的とするものについても、また同様とする。

△**納入告知の時効中断効力**▽

第三十二条　法令の規定により、国がなす納入の告知は、民法第百五十三条（前条において準用する場合を含む。）の規定にかかわらず、時効中断の効力を有する。

△編注▽　本条は、次のように改正され、平成三二年四月一日から施行される。

△**納入告知の時効の更新効力**▽

第三十二条　法令の規定により、国がなす納入の告知は、時効の更新の効力を有する。

第六章　国庫金及び有価証券

△**現金及び有価証券保管の制限**▽

第三十三条　各省各庁の長は、債権の担保として徴するもののほか、法律又は政令の規定によるのでなければ、公有若しくは私有の現金又は有価証券を保管することができない。

△**日本銀行の国庫金の出納**▽

第三十四条　日本銀行は、政令の定めるところにより、国庫金出納の事務を取り扱わなければならない。

②　前項の規定により日本銀行において受け入れた国庫金は、政令の定めるところにより、国の預金とする。

△**日本銀行の国の有価証券の取扱**▽

第三十五条　国は、その所有又は保管に係る有価証券の取扱及びその保管に係る現金の利子の支払を日本銀行に命ずることができる。

△**日本銀行の検査**▽

第三十六条　日本銀行は、その取り扱つた国庫金の出納、国債の発行による収入金の収支、第十九条又は第二十一条の規定により交付を受けた資金の収支及び前条の規定により取り扱つた有価証券の受払に関して、会計検査院の検査を受けなければならない。

△**日本銀行の賠償責任**▽

第三十七条　日本銀行が、国のために取り扱う現金又は有価証券の出納保管に関し、国に損害を与えた場合の日本銀行の賠償責任については、民法及び商法の適用があるものとする。

第七章　出納官吏

〈出納官吏〉

第三十八条　出納官吏とは、現金の出納保管を掌る職員をいう。

② 出納官吏は、法令の定めるところにより、現金を出納保管しなければならない。

〈出納官吏の任命〉

第三十九条　出納官吏は、各省各庁の長又はその委任を受けた職員が、これを命ずる。

② 各省各庁の長又はその委任を受けた職員が必要があると認めるときは、前項の出納官吏の事務の一部を分掌する分任出納官吏又は当該出納官吏若しくは分任出納官吏の事務の全部を代理する出納官吏代理を命ずることができる。

〈出納員〉

第四十条　各省各庁の長は、特に必要があると認めるときは、政令の定めるところにより、出納官吏、分任出納官吏及び出納官吏代理以外の職員に現金の出納保管の事務を取り扱わせることができる。

② 前項の規定により現金の出納保管の事務を取り扱う職員は、これを出納員という。

〈他省職員の出納官吏等の任命〉

第四十条の二　各省各庁の長は、必要があるときは、政令の定めるところにより、他の各省各庁所属の職員を出納官吏、分任出納官吏又は出納官吏代理とすることができる。

② 前項の場合において、各省各庁の長は、特に必要があると認めるときは、政令の定めるところにより、当該他の各省各庁所属の職員を出納員とすることができる。

〈出納官吏の弁償責任〉

第四十一条　出納官吏が、その保管に係る現金を亡失した場合において、善良な管理者の注意を怠つたときは、弁償の責を免れることができない。

② 出納官吏は、単に自ら事務を執らないことを理由としてその責を免れることができない。ただし、分任出納官吏、出納官吏代理又は出納員の行為については、この限りでない。

〈現金亡失の通知〉

第四十二条　各省各庁の長は、出納官吏がその保管に係る現金を亡失したときは、政令の定めるところにより、これを財務大臣及び会計検査院に通知しなければならない。

〈検定前の弁償命令等〉

第四十三条　各省各庁の長は、出納官吏の保管に係る現金の亡失があつた場合においては、会計検査院の検定前においても、その出納官吏に対して弁償を命ずることができる。

② 前項の場合において、会計検査院が出納官吏に対し弁償の責がないと検定したときは、その既納に係る弁償金は、直ちに還付しなければならない。

〈代理出納官吏等の責任〉

第四十四条 分任出納官吏、出納官吏代理及び出納員は、その行為については、自らその責に任ずる。

〈出納員に対する法令の準用〉

第四十五条 出納官吏に関する規定は、出納員について、これを準用する。

第八章 雑則

〈予算執行の監査等〉

第四十六条 財務大臣は、予算の執行の適正を期するため、各省各庁に対して、収支の実績若しくは見込について報告を徴し、予算の執行状況について実地監査を行い、又は必要に応じ、閣議の決定を経て、予算の執行について必要な指示をなすことができる。

② 財務大臣は、予算の執行の適正を期するため、自ら又は各省各庁の長に委任して、工事の請負契約者、物品の納入者、補助金の交付を受けた者（補助金の終局の受領者を含む。）又は調査、試験、研究等の委託を受けた者に対して、その状況を監査し又は報告を徴することができる。

〈歳出予算繰越手続及び承認事務委任〉

第四十六条の二 各省各庁の長は、財政法第四十三条第一項に規定する繰越しの手続及び同法第四十三条の三に規定する翌年度にわたつて支出すべき債務の負担（以下「繰越明許費に係る翌年度にわたる債務の負担」という。）の手続に関する事務を当該各省各庁所属の職員又は他の各省各庁所属の職員に、財務大臣は、これらの規定に規定する承認に関する事務を財務省所属の職員に、政令の定めるところにより、委任することができる。

〈事故による事務の代理〉

第四十六条の三 各省各庁の長は、次に掲げる者に事故がある場合（これらの者が第四条の二第四項（第十三条第四項、第十三条の三第三項、第二十四条第三項及び第二十九条の二第四項において準用する場合を含む。）の規定により指定された官職にある者である場合には、その官職にある者が欠けたときを含む。）において必要があるときは、政令で定めるところにより、当該各省各庁所属の職員又は他の各省各庁所属の職員にその事務を代理させることができる。

一 歳入徴収官、支出負担行為担当官及び契約担当官並びにこれらの者の分任官

二 支出負担行為認証官及び支出官

② 各省各庁の長は、必要があるときは、政令で定めるところにより、当該各省各庁所属の職員又は他の各省各庁所属の職

員に、前項各号に掲げる者（同項の規定によりこれらの者の事務を代理する職員を含む。）の事務の一部を処理させることができる。

〈帳簿及び報告〉

第四十七条 財務大臣、歳入徴収官、各省各庁の長、支出負担行為担当官、支出負担行為認証官、支出官、出納官吏及び出納員並びに日本銀行は、政令の定めるところにより、帳簿を備え、且つ、報告書及び計算書を作製し、これを財務大臣又は会計検査院に送付しなければならない。

② 出納官吏、出納員及び日本銀行は、政令の定めるところにより、その出納した歳入金又は歳出金について、歳入徴収官又は支出官に報告しなければならない。

〈都道府県知事等への会計事務の委任〉

第四十八条 国は、政令の定めるところにより、その歳入、歳出、歳入歳出外現金、支出負担行為、支出負担行為の確認又は認証、契約（支出負担行為に該当するものを除く。以下同じ。）、繰越しの手続及び繰越明許費に係る翌年度にわたる債務の負担の手続に関する事務を、都道府県の知事又は知事の指定する職員が行うこととすることができる。

② 前項の規定により都道府県が行う歳入、歳出、歳入歳出外現金、支出負担行為、支出負担行為の確認又は認証、契約、繰越しの手続及び繰越明許費に係る翌年度にわたる債務の負担の手続に関する事務については、この法律及びその他の会計に関する法令中、当該事務の取扱に関する規定を準用する。

③ 第一項の規定により都道府県が行うこととされる事務は、地方自治法（昭和二十二年法律第六十七号）第二条第九項第一号に規定する第一号法定受託事務とする。

〈歳出金以外の国庫金払出〉

第四十九条 第十五条の規定は、各省各庁の長又はその委任を受けた職員が、歳出金の支出によらない国庫金の払出をする場合について、これを準用する。

第四十九条の二 この法律又はこの法律に基づく命令の規定による手続その他の行為については、行政手続等における情報通信の技術の利用に関する法律（平成十四年法律第百五十一号）第三条、第四条及び第六条の規定は、適用しない。

第四十九条の三 この法律又はこの法律に基づく命令の規定により作成することとされている書類等（書類、計算書その他文字、図形等人の知覚によつて認識することができる情報が記載された紙その他の有体物をいう。次項及び次条において同じ。）については、当該書類等に記載すべき事項を記録した電磁的記録（電子的方式、磁気的方式その他人の知覚によつては認識することができない方式で作られる記録であつて、電子計算機による情報処理の用に供されるものとして財務大臣が定めるものをいう。次項及び次条第一項において同じ。）の作成をもつて、当該書類等の作成に代えることができる。

この場合において、当該電磁的記録は、当該書類等とみなす。

② 前項の規定により書類等が電磁的記録で作成されている場合の記名押印については、記名押印に代えて氏名又は名称を明らかにする措置であつて財務大臣が定める措置を執らなければならない。

第四十九条の四 この法律又はこの法律に基づく命令の規定による書類等の提出については、当該書類等が電磁的記録で作成されている場合には、電磁的方法（電子情報処理組織を使用する方法その他の情報通信の技術を利用する方法であつて財務大臣が定めるものをいう。次項において同じ。）をもつて行うことができる。

② 前項の規定により書類等の提出が電磁的方法によつて行われたときは、当該書類等の提出を受けるべき者の使用に係る電子計算機に備えられたファイルへの記録がされた時に当該提出を受けるべき者に到達したものとみなす。

〈施行政令の根拠〉

第五十条 この法律施行に関し必要な事項は、政令でこれを定める。

附　則

〈施行期日〉

第一条 この法律は、昭和二十二年四月一日から、これを施行する。但し、第七章及び第四十八条の規定は、日本国憲法施行の日（昭和二十二年五月三日）から、これを施行し、第十二条、第十四条及び第二十五条の規定並びにこの法律中国庫金振替書に関する規定施行の日は、各規定について、政令でこれを定める。〈第十二条、第十四条及び第二十五条の規定は、昭和二十二年十月十六日政令第二百十六号により、国庫金振替書に関する規定は、同二十二年十月二十日政令第二百十九号により、同二十二年十一月一日から施行〉

第二条 この法律中「政令」とあるのは、日本国憲法施行の日までは、これを「勅令」と読み替えるものとする。

第三条 従前の第一条又は第六条の規定は、昭和二十一年度に属する歳入歳出の出納に関する事務の完結並びに同年度に属する大蔵省証券の発行、借入金の借入及びこれらの償還に関しては、この法律施行後においても、なお、その効力を有する。

第四条 従前の第三十五条乃至第三十七条の規定は、日本国憲法施行の日まで、なお、その効力を有する。

第五条 昭和二十年度歳入歳出の決算については、次の会期において国会に提出することができる。

附　則（平成二九年六月二日法律四五号）（抄）

この法律は、民法改正法の施行の日〈編注・平成三二年四月一日〉から施行する。〈後略〉

〈参考〉民法の一部を改正する法律の施行に伴う関係法律の整備等に関する法律（平成二九年六月二日法律第四五号）（抄）

（会計法の一部改正に伴う経過措置）

第百二十二条 施行日前に前条の規定による改正前の会計

法第三十二条に規定する時効の中断の事由が生じた場合におけるその事由の効力については、なお従前の例による。

予算決算及び会計令（抄）

昭和二二年　四月三〇日勅令一六五号
最終改正　平成三〇年　六月　六日政令一八三号

目次

第五章　収入
第一節　徴収（第二十六条―第三十条）
第二節　収納（第三十一条・第三十二条）
第三節　返納金の戻入（第三十三条―第三十五条）
第四節　報告（第三十六条・第三十七条）
第八章　国庫金及び有価証券
第一節　保管金及び有価証券（第百三条―第百五条）
第九章　出納官吏
第一節　総則（第百十一条―第百十四条）
第二節　責任（第百十五条・第百十五条の二）
第三節　検査及び証明（第百十六条―第百二十七条）
第十章　帳簿（第百二十八条―第百三十九条）
第十一章　雑則（第百三十九条の二―第百四十四条）
附則

第五章　収入

第一節　徴収

（歳入徴収の事務の委任）

第二十六条　各省各庁の長は、会計法第四条の二第一項又は第二項の規定により、その所掌の歳入の徴収に関する事務を委任する場合においては、法律又は政令に特別の定がある場合を除く外、各庁の長（衆議院、参議院、最高裁判所及び会計検査院における事務総局の長を含む。以下本項中同じ。）に委任するものとする。但し、各省各庁の長が必要があると認めるときは、各庁の長以外の職員に委任することができる。

②　各省各庁の長は、会計法第四条の二第一項及び第二項の規定により、当該各省各庁所属の職員又は他の各省各庁所属の職員に歳入の徴収に関する事務を委任しようとするときは、当該職員並びにその官職及び委任しようとする事務の範囲について、あらかじめ財務大臣に協議しなければならない。

③　各省各庁の長は、会計法第四条の二第二項又は第三項の規定により他の各省各庁所属の職員に歳入の徴収に関する事務を委任し、又は分掌させようとするときは、当該職員並びにその官職及び委任しようとする事務の範囲について、あらか

じめ当該他の各省各庁の長の同意を経なければならない。

④　会計法第四条の二第四項の規定により、同条第一項から第三項までの規定による委任又は分掌が官職の指定により行なわれる場合においては、前二項の規定による協議又は同意は、その指定しようとする官職及び委任しようとする事務の範囲についてあれば足りる。

（返納金を歳入に組み入れる場合の委任）

第二十七条　各省各庁の長は、支出済となつた歳出の返納金を歳入に組み入れる場合において、会計法第四条の二第一項又は第二項の規定により、その歳入の徴収に関する事務を委任するときは、当該経費について支出の決定（第四十条第一項第一号に規定する支出の決定をいう。）をした官署支出官に委任するものとする。

②　在外公館において支出済みとなつた歳出の返納金を歳入に組み入れる場合その他財務省令で定める特別の事情がある場合においては、前項の規定によらないことができる。

③　前条第二項及び第三項の規定は、第一項の委任については、これを適用しない。

（歳入の調査決定）

第二十八条　歳入徴収官は、歳入を調査決定しようとするときは、当該歳入について法令に違反していないか、所属年度及び歳入科目を誤ることがないかを調査しなければならない。

（納入の告知を要しない歳入）

第二十八条の二　会計法第六条に規定する政令で定める歳入は、次に掲げる歳入とする。

一　国の債権の管理等に関する法律施行令（昭和三十一年政令第三百三十七号）第九条第二項各号に掲げる債権に係る歳入

二　労働保険の保険料の徴収等に関する法律（昭和四十四年法律第八十四号。以下「徴収法」という。）第十五条第一項若しくは第二項、第十六条若しくは第十九条第一項若しくは第二項（失業保険法及び労働者災害補償保険法の一部を改正する法律及び労働保険の保険料の徴収等に関する法律の施行に伴う関係法律の整備等に関する法律（昭和四十四年法律第八十五号。以下「整備法」という。）第十九条第三項において準用する場合を含む。）の規定により申告し、又は徴収法第十五条第三項若しくは第十七条第二項（整備法第十九条第三項において準用する場合を含む。）の規定による通知を受けて納付する保険料又は特別保険料

三　石綿による健康被害の救済に関する法律（平成十八年法律第四号）第三十八条第一項の規定において準用する徴収法第十九条第一項又は第二項の規定により申告して納付する石綿による健康被害の救済に関する法律第三十七条第一項の一般拠出金

四　削除

五　国家公務員宿舎法（昭和二十四年法律第百十七号）第十

五条第三項の規定により控除する使用料

六　防衛省の職員の給与等に関する法律施行令（昭和二十七年政令第三百六十八号）第十五条第二項又は第十七条の二第二項（同条第四項において準用する場合を含む。）の規定により控除する食事代、弁償金又は払込金

七　国民年金法（昭和三十四年法律第百四十一号）第八十七条第一項の規定により徴収する保険料

八　国民年金法等の一部を改正する法律（昭和六十年法律第三十四号）附則第四十三条又は第四十四条の規定による被保険者が同法の規定により納付する保険料

九　その他財務省令で定める歳入

（納入の告知）

第二十九条　会計法第六条の規定による納入の告知は、債務者に対し歳入科目、納付すべき金額、期限及び場所を記載した書面を以てこれをしなければならない。但し、出納官吏又は出納員に即納せしめる場合は、口頭を以てこれをなすことができる。

（歳入徴収の職務と現金出納の職務とを兼ねることができる場合）

第三十条　会計法第八条ただし書の規定により歳入徴収の職務と現金出納の職務とを兼ねることができる場合は、歳入徴収の職務を行う在外公館の長、財務事務所長、税務署長、地方裁判所の支部、家庭裁判所の支部若しくは簡易裁判所の職員、地方検察庁の支部若しくは区検察庁の職員、財務局出張所長、福岡財務支局出張所長、財務事務所出張所長、税関支署長、税関出張所長、税関支署出張所長、税関支署監視署長、森林管理署長若しくは森林管理署支署長（これらの者の代理をする職員を含む。）又は同法第四十六条の三第二項の規定により歳入徴収の職務を行う者の事務の一部を処理する職員が現金出納の職務を兼ねる場合とする。

第二節　収納

（出納官吏等の収納手続）

第三十一条　出納官吏又は出納員は、歳入金の収納をしたときは、領収証書を納入者に交付しなければならない。この場合においては、出納官吏は、収納済の旨を歳入徴収官に報告しなければならない。

（日本銀行における収納等の手続）

第三十二条　日本銀行において、歳入金を収納し又は歳入金の払込みを受けたときは、領収証書を納入者又は払込者に交付し、領収済の旨を歳入徴収官に報告しなければならない。ただし、財務大臣の定める場合には、領収証書を納入者又は払込者に交付することを要しない。

②　日本銀行において、国庫金振替書により歳入金に移換の請求を受けたときは、振替済書を請求者に交付し、振替済の旨を歳入徴収官に報告しなければならない。

第三節　返納金の戻入

（返納金を戻入することができる場合）

第三十三条　支出済となつた歳出の返納金は、その支払つた歳出の金額にこれを戻入することができる。但し、重大な過失に因り誤払過渡となつた金額についてはこの限りでない。

（返納金の戻入手続）

第三十四条　国の債権の管理等に関する法律施行令第五条第一項第二号に掲げる事務を行う官署支出官その他の者（次条において「官署支出官等」という。）は、前条の規定により支払つた歳出の金額に戻入れをしようとするときは、国の債権の管理等に関する法律（昭和三十一年法律第百十四号）第十三条第一項の規定による納入の告知により、返納者にその金額を返納させなければならない。ただし、国の内部における支出に基づく場合においては、官署支出官が当該返納をさせるものとする。

（日本銀行における戻入手続）

第三十五条　日本銀行において、前条の返納金を領収したときは、その旨を官署支出官等（前条ただし書の場合にあつては、官署支出官）に通知しなければならない。

第四節　報告

（徴収済額報告書の作製及び送付）

第三十六条　歳入徴収官は、毎月、徴収済額報告書を作製し、参照書類を添え、その翌月十五日（次の各号に掲げるものにあつては、それぞれ財務大臣の定める日）までに、これを当該歳入に関する事務を管理する各省各庁の長に送付しなければならない。

一　国税収納金整理資金に関する法律施行令（昭和二十九年政令第五十一号。次号において「資金令」という。）第二十二条第二項の規定により国税収納金整理資金（国税収納金整理資金に関する法律（昭和二十九年法律第三十六号。以下この号において「資金法」という。）第三条に規定する国税収納金整理資金をいう。次号において同じ。）から毎会計年度の歳入に組み入れるべき金額の一部が、翌年度の六月において概算額で一般会計又は特別会計（資金法第六条第二項に規定する特別会計をいう。次号において同じ。）の歳入に組み入れられたことに伴い、当該歳入を取り扱つた歳入徴収官が作製する徴収済額報告書

二　資金令第二十二条第一項の規定により国税収納金整理資金から毎会計年度の歳入に組み入れるべき金額が、翌年度の七月において一般会計若しくは特別会計の歳入に組み入れられ、又は決算調整資金に関する法律（昭和五十三年法律第四号。以下この号において「決算調整資金法」という。）第七条第一項の規定により決算調整資金（決算調整資金法第二条に規定する決算調整資金をいう。）から同資金に属

する現金が、翌年度の七月において一般会計の歳入に組み入れられたことに伴い、当該歳入を取り扱つた歳入徴収官が作製する徴収済額報告書

② 在外公館の歳入徴収官は、前項の規定にかかわらず、四半期ごとに、徴収済額報告書を作製し、参照書類を添え、当該四半期経過後十日以内に、外務大臣あてに発送することができる。

（徴収総報告書の作製及び送付）

第三十七条 各省各庁の長は、徴収済額報告書により、毎月、徴収総報告書を作製し、参照書類を添え、その月中（前条第一項各号に掲げる徴収済額報告書により作製するものにあつては、それぞれ財務大臣の定める日まで）にこれを財務大臣に送付しなければならない。

第八章 国庫金及び有価証券

第一節 保管金及び有価証券

（保管に係る現金の日本銀行への払込）

第百三条 各省各庁の長の保管に係る現金は、これを日本銀行に払い込まなければならない。但し、数日内に払渡をする必要がある場合その他特別の事由がある場合には、この限りでない。

（国の所有又は保管に係る有価証券の取扱）

第百四条 国の所有に係る有価証券又は各省各庁の長の保管に係る有価証券は、財務大臣の定めるところにより、日本銀行をしてその取扱をなさしめる。

（保管に係る現金又は有価証券等の取扱手続）

第百五条 各省各庁の長の保管に係る現金若しくは有価証券又は国の所有に係る有価証券の取扱手続に関しては、法律又は政令に特別の規定がある場合の外は、財務大臣がこれを定める。

第九章 出納官吏

第一節 総則

（出納官吏等の任命）

第百十一条 会計法第三十九条から第四十条の二までの場合において、各省各庁の長又はその委任を受けた職員は、当該各省各庁又は他の各省各庁に置かれた官職を指定することにより、その官職にある者を出納官吏、分任出納官吏、出納官吏代理又は出納員とすることができる。

② 第二十六条第三項及び第四項の規定は、各省各庁の長が他の各省各庁所属の職員を出納官吏、分任出納官吏、出納官吏代理又は出納員としようとする場合に、これを準用する。

（出納員の事務取扱についての所属）

第百十二条 出納員は、主任出納官吏又は分任出納官吏に所属

して出納の事務を取り扱わなければならない。

（出納員の領収した現金の取扱）

第百十三条　出納員の領収した現金は、これを所属の出納官吏に払い込まなければならない。但し、各省各庁の長において、必要があると認めるときは、他の出納官吏又は出納員に交付せしめることができる。

（現金の出納保管）

第百十四条　出納官吏及び出納員は、この勅令に定めるものの外、財務大臣の定めるところにより、現金の出納保管をしなければならない。

第二節　責任

（弁償責任の検定の請求）

第百十五条　会計法第四十三条第一項（同法第四十五条において準用する場合を含む。）の場合において、弁償を命ぜられた出納官吏又は出納員は、その責を免がれるべき理由があると信ずるときは、その理由を明らかにする書類及び計算書を作製し、証拠書類を添え、各省各庁の長を経由してこれを会計検査院に送付し、その検定を求めることができる。

②　各省各庁の長は、前項の場合においても、その命じた弁償を猶予しない。

（現金の亡失の通知）

第百十五条の二　各省各庁の長は、出納官吏がその保管に係る現金を亡失した場合には、会計検査院又は財務大臣の定めるところにより、その旨をそれぞれ会計検査院又は財務大臣に通知しなければならない。

第三節　検査及び証明

（帳簿金庫の検査）

第百十六条　各省各庁の長は、毎年三月三十一日（同日が土曜日に当たるときはその前日とし、同日が日曜日に当たるときはその前々日とする。）又は主任出納官吏若しくは分任出納官吏が交替するとき、若しくはその廃止があつたときは、当該各省各庁所属の職員又は他の各省各庁所属の職員のうちから検査員を命じて、当該出納官吏の帳簿金庫を検査させなければならない。ただし、臨時に資金の前渡を受けた職員の帳簿金庫については、定時の検査を必要としない。

②　財務大臣又は各省各庁の長は、必要があると認めるときは、随時、財務省所属の職員若しくは他の各省各庁所属の職員又は当該各省各庁所属の職員若しくは他の各省各庁所属の職員のうちから検査員を命じて、出納官吏又は出納員の帳簿金庫を検査せしめるものとする。

③　財務大臣又は各省各庁の長は、前二項の規定により検査員を命ずる場合（他の各省各庁所属の職員のうちから検査員を命ずる場合を除く。）において必要があるときは、当該各省各庁所属の職員にこれを行なわせることができる。

④ 第二十六条第三項の規定は、財務大臣又は各省各庁の長が第一項又は第二項の規定により他の各省各庁所属の職員のうちから検査員を命ずる場合に、これを準用する。

(検査の立会い)

第百十七条 検査員は、前条の検査をするときは、これを受ける出納官吏又は出納員その他適当な者を立ち会わせなければならない。

(検査書の作製等)

第百十八条 検査員は、出納官吏又は出納員の帳簿金庫を検査したときは、検査書二通を作製し、一通を当該出納官吏又は出納員に交付し、他の一通を当該検査員を命じた者に提出しなければならない。

② 検査員は、前項の検査書に記名して印を押すとともに、前条の規定により立ち会つた者に記名させ、かつ、印を押させるものとする。

(他の公金の検査)

第百十九条 出納官吏又は出納員において他の公金の出納を兼掌するときは、検査員は、併せて、他の公金の検査を行わなければならない。

(出納計算書の作成及び提出)

第百二十条 歳入金の収納をつかさどる職員は、会計検査院の検査を受けるため、出納計算書を作成し、証拠書類その他必要な書類を添え、歳入徴収官を経由して会計検査院に提出しなければならない。

第百二十一条 資金の前渡を受けた職員は、会計検査院の検査を受けるため、出納計算書を作成し、証拠書類その他必要な書類を添え、官署支出官を経由して会計検査院に提出しなければならない。

第百二十二条 歳入歳出外現金の出納を掌る職員は、会計検査院の検査を受けるため、出納計算書を作製し、証拠書類その他必要な書類を添え、その所属の各省各庁の長又はその指定する職員を経由してこれを会計検査院に提出しなければならない。

第百二十三条 削除

(分任出納官吏及び出納員の出納計算)

第百二十四条 分任出納官吏の出納は、すべて主任出納官吏の計算とし、又、出納員の出納はすべて所属の出納官吏の計算として取り扱い、その出納に関する報告書及び計算書は、各別にこれを提出することを必要としない。但し、その所属の各省各庁の長又は会計検査院において特に必要があると認めるときは、別に分任出納官吏又は出納員をしてその出納の報告書又は計算書を提出せしめることがあるものとする。

(出納官吏の交替等の場合の出納計算)

第百二十五条 出納官吏の交替、廃止その他の異動があつたときは、異動前の出納官吏が執行した出納のうち、まだ第百二十条から第百二十三条までの手続をしていない分については、異動後の出納官吏（各省各庁の長又はその委任を受けた職員が必要があると認めるときは、その指定する職員）がこれらの規定に定める手続をしなければならない。

第百二十六条及び第百二十七条　削除

第十章　帳簿

（歳入簿、歳出簿及び支払計画差引簿）

第百三十条　各省各庁は、歳入簿、歳出簿及び支払計画差引簿を備え、歳入簿には、歳入予算額、徴収決定済額、収納済歳入額、不納欠損額及び収納未済歳入額を登記し、歳出簿には、歳出予算額、前年度繰越額、予備費使用額、流用等増減額、支出済歳出額、翌年度へ繰越額及び歳出予算残額を登記し、支払計画差引簿には、歳出予算額、支払計画示達済額及び支払計画示達未済額を登記しなければならない。

（徴収簿）

第百三十一条　歳入徴収官は、徴収簿を備え、徴収決定済額、収納済歳入額、不納欠損額及び収納未済歳入額を登記しなければならない。

（現金出納簿）

第百三十五条　出納官吏及び出納員は、現金出納簿を備え、現金の出納を登記しなければならない。

（帳簿の様式及び記入の方法）

第百三十七条　第百二十九条から第百三十五条までに規定する帳簿の様式及び記入の方法は、財務大臣がこれを定める。

（帳簿の登記）

第百三十七条の二　帳簿の登記は、その登記原因の発生の都度、直ちにこれをしなければならない。

第十一章　雑則

（事務の代理等）

第百三十九条の二　各省各庁の長は、会計法第四十六条の三第一項の場合において、当該各省各庁又は他の各省各庁に置かれた官職を指定することにより、その官職にある者に同項各号に掲げる者の事務を代理させることができる。

②　第二十六条第三項及び第四項の規定は、各省各庁の長が会計法第四十六条の三第一項の規定により他の各省各庁所属の職員に同項各号に掲げる者の事務を代理させ又は官職の指定により代理させる場合に、第六十八条第一項の規定は、各省各庁の長が同法第四十六条の三第一項の規定により当該各省各庁所属の職員に契約担当官及び分任契約担当官の事務を代理させる場合に、それぞれ準用する。

③　会計法第四十六条の三第一項の規定により同項各号に掲げる者の事務を代理する職員は、その取り扱う事務の区分に応じて、それぞれ歳入徴収官代理、支出負担行為担当官代理、

契約担当官代理、分任歳入徴収官代理、分任支出負担行為担当官代理若しくは分任契約担当官代理又は支出負担行為認証官代理若しくは支出官代理という。

④　各省各庁の長は、会計法第四十六条の三第一項の規定により支出負担行為に関する事務を代理させたときはその旨を関係の官署支出官、支出負担行為認証官又は同法第十七条の規定により資金の前渡を受ける職員に、同項の規定により支出に関する事務（支出の決定の事務に限る。）を代理させたときはその旨を関係の支出負担行為担当官及び支出負担行為認定官に、それぞれ通知しなければならない。

第百三十九条の三　各省各庁の長は、会計法第四十六条の三第二項の規定により当該各省各庁所属の職員又は他の各省各庁所属の職員に同条第一項各号に掲げる者（同項の規定によりこれらの者の事務を代理する職員を含む。以下この条において「会計機関」という。）の事務の一部を処理させる場合には、その処理させる事務の範囲を明らかにしなければならない。

②　前条第一項の規定は、会計法第四十六条の三第二項の場合に準用する。

③　各省各庁の長は、会計法第四十六条の三第二項の規定により当該各省各庁所属の職員に会計機関の事務の一部を処理させる場合において、必要があるときは、同項の権限を、外局の長等に委任することができる。この場合において、各省各庁の長は、同項の規定により当該事務を処理させる職員（当該各省各庁に置かれた官職を指定することによりその官職にある者に当該事務を処理させる場合には、その官職）の範囲及びその処理させる事務の範囲を定めるものとする。

④　第二十六条第三項及び第四項の規定は、各省各庁の長が会計法第四十六条の三第二項の規定により他の各省各庁所属の職員に会計機関の事務の一部を処理させ又は官職の指定により処理させる場合に準用する。

⑤　会計法第四十六条の三第二項の規定により会計機関の事務の一部を処理する職員（次項において「代行機関」という。）は、当該会計機関に所属して、かつ、当該会計機関の名において、その事務を処理するものとする。

⑥　代行機関は、第一項又は第三項に規定する範囲内の事務であつても、その所属する会計機関において処理することが適当である旨の申出をし、かつ、当該会計機関がこれを相当と認めた事務及び会計機関が自ら処理する特別の必要があるものとして指定した事務については、その処理をしないものとする。

（都道府県が行う国の会計事務）

第百四十条　会計法第四十八条第一項の規定により都道府県知事又は知事の指定する職員が行うこととすることができる国の歳出に関する事務は、歳出金の支出に関する事務のうち支出の決定の事務とする。

②　各省各庁の長は、会計法第四十八条第一項の規定により国

の歳入の徴収及び歳出の支出に関する事務を都道府県の知事又は知事の指定する職員が行うこととなる事務として定める場合には、当該知事又は知事の指定する職員が行うこととなる事務の範囲について、あらかじめ財務大臣に協議しなければならない。

③　各省各庁の長は、会計法第四十八条第一項の規定により国の歳入、歳出、歳入歳出外現金、支出負担行為、支出負担行為の確認又は認証、契約（支出負担行為に係るものを除く。）、繰越しの手続及び繰越明許費に係る翌年度にわたる債務の負担の手続に関する事務を都道府県の知事又は知事の指定する職員が行うこととなる事務として定める場合には、当該知事又は知事の指定する職員が行うこととなる事務の範囲を明らかにして、当該知事又は知事の指定する職員がこれらの事務を行うこととなることについて、あらかじめ当該知事の同意を求めなければならない。

④　都道府県の知事は、各省各庁の長から前項の規定により同意を求められた場合には、その内容について同意をするかどうかを決定し、同意をするときは、知事が自ら行う場合を除き、事務を行う職員を指定するものとする。この場合において、当該知事は、都道府県に置かれた職を指定することにより、その職にある者に事務を取り扱わせることができる。

⑤　前項の場合において、都道府県の知事は、同意をする決定をしたときは同意をする旨及び事務を行う者（同項後段の規定により都道府県に置かれた職を指定した場合においてはその職）を、同意をしない決定をしたときは同意をしない旨を各省各庁の長に通知するものとする。

⑥　各省各庁の長は、前項の通知（国の歳入の徴収、歳出の支出、繰越しの手続及び繰越明許費に係る翌年度にわたる債務の負担の手続に関する事務に係るものに限る。）があつたときは、その通知の内容について財務大臣に通知するものとし、財務大臣は、当該通知（都道府県の知事が同意をする決定をしたもので、繰越しの手続及び繰越明許費に係る翌年度にわたる債務の負担の手続に関する事務に係るものに限る。）があつたときは、その通知の内容について関係の財務局長又は福岡財務支局長に通知するものとする。

（計算証明書類の様式及び提出期限）

第百四十一条　この勅令により会計検査院に提出する計算証明書類の様式及び提出期限については、会計検査院の定めるところによらなければならない。

（その他の書類の様式）

第百四十二条　前条の計算証明書類を除く外、この勅令に規定する書類の様式は、財務大臣がこれを定める。

（署名）

第百四十三条　この勅令により記名して印をおす必要がある場合においては、外国にあつては、署名を以てこれに代えることができる。

（財務大臣の権限）

第百四十四条　この勅令に定めるものの外、収入、支出その他国の会計経理に関し必要な規定は、財務大臣がこれを定める。

附　則（抄）

第一条　この勅令は、公布の日から、これを施行する。〈後略〉

予算決算及び会計令第三十七条に規定する財務大臣の定める日を定める省令

昭和五四年　六月二二日大蔵省令三二号
最終改正　平成一二年　九月二九日大蔵省令七五号

予算決算及び会計令（昭和二十二年勅令第百六十五号）第三十七条に規定する財務大臣の定める日は、同令第三十六条第一項第一号に掲げる徴収済額報告書により作製する徴収総報告書にあつては、翌年度の七月十二日、同項第二号に掲げる徴収済額報告書により作製する徴収総報告書にあつては、翌年度の七月二十二日とする。

附　則（抄）

1　この省令は、公布の日から施行する。

厚生労働省所管会計事務取扱規程（抄）

平成一三年　一月　六日厚生労働省訓令一二三号

改正　平成一三年　三月三〇日厚生労働省訓令　九八号
平成一三年　七月一七日厚生労働省訓令一〇八号
平成一四年　三月　一日厚生労働省訓令　一一号
平成一四年　三月二八日厚生労働省訓令　二六号
平成一四年　七月　一日厚生労働省訓令　四二号
平成一五年　三月二六日厚生労働省訓令　一七号
平成一五年　六月二四日厚生労働省訓令　三〇号
平成一五年　九月二九日厚生労働省訓令　四九号
平成一六年　二月二四日厚生労働省訓令　六三号
平成一六年　三月三一日厚生労働省訓令　八六号
平成一七年　三月　八日厚生労働省訓令　二号
平成一七年　四月　一日厚生労働省訓令　五号
平成一七年一二月二八日厚生労働省訓令　三七号
平成一八年　三月三一日厚生労働省訓令　六号
平成一九年　三月三一日厚生労働省訓令　一九号
平成一九年　九月二六日厚生労働省訓令　三一号
平成一九年一一月三〇日厚生労働省訓令　三五号
平成二〇年　三月二五日厚生労働省訓令　四一号
平成二〇年　九月三〇日厚生労働省訓令　一五号
平成二一年　三月二六日厚生労働省訓令　八号
平成二一年　七月二三日厚生労働省訓令　二七号
平成二一年一二月二八日厚生労働省訓令　四九号
平成二二年　三月三一日厚生労働省訓令　一二号
平成二二年　八月　四日厚生労働省訓令　三八号
平成二二年　九月三〇日厚生労働省訓令　四六号
平成二三年　三月三一日厚生労働省訓令　一三号
平成二三年　九月三〇日厚生労働省訓令　三二号
平成二四年　三月三〇日厚生労働省訓令　一〇号
平成二六年　七月一〇日厚生労働省訓令　二一号
平成二七年　三月三一日厚生労働省訓令　一一号
平成二七年　九月三〇日厚生労働省訓令　三六号
平成二七年一〇月二三日厚生労働省訓令　四四号
平成二八年　二月二六日厚生労働省訓令　二号
平成二八年　三月三〇日厚生労働省訓令　一五号
平成二八年　六月二一日厚生労働省訓令　五七号
平成二九年　三月三一日厚生労働省訓令　一一号
平成二九年　七月三一日厚生労働省訓令　五〇号
平成三〇年　三月二九日厚生労働省訓令　一〇号
平成三〇年　七月三一日厚生労働省訓令　二七号

厚生労働省所管会計事務取扱規程（抄）

目次

第一章　総則（第一条・第二条）
第二章　会計事務の委任等（第三条―第十四条）
第三章　予算及び決算（第十五条・第十六条）
第四章　支出（第十七条・第十八条）
第五章　契約（第十九条―第二十八条）
第六章　出納官吏（第二十九条―第三十三条）
第七章　雑則（第三十四条―第三十七条）
附則

第一章　総則

（通則）

第一条　厚生労働省所管の会計事務（以下「所管事務」という。）の取扱いについては、財政法（昭和二十二年法律第三十四号）、会計法（昭和二十二年法律第三十五号）、予算決算及び会計令（昭和二十二年勅令第百六十五号。以下「予決令」という。）及び国の物品等又は特定役務の調達手続の特例を定める政令（昭和五十五年政令第三百号。以下「特例政令」という。）その他の法令の規定によるほか、この訓令の定めるところによる。

（部局長）

第二条　この訓令において「部局長」とは、次の表の左欄〈編注・上欄〉に掲げる者をいい、その所管事務の範囲は、同表の右欄〈編注・下欄〉に掲げる事項とする。

部局長	所管事務の範囲
大臣官房会計課長	所管事務のうち、一般会計及び東日本大震災復興特別会計に係るものであって、かつ、本省内部部局に係るもの
労働基準局長	所管事務のうち、労働保険特別会計（雇用勘定を除く。）に係るものであって、かつ、本省内部部局に係るもの
職業安定局長	所管事務のうち、労働保険特別会計雇用勘定に係るものであって、かつ、本省内部部局に係るもの
子ども家庭局長	所管事務のうち、年金特別会計の子ども・子育て支援勘定に係るものであって、かつ、子ども家庭局に係るもの
保険局長	所管事務のうち、年金特別会計の健康勘定に係るもので

	あって、かつ、保険局に係るもの及び同会計の業務勘定の特別保健福祉事業に係るもの
年金局長	所管事務のうち、年金特別会計（子ども・子育て支援勘定に係るものであって、かつ、子ども家庭局に係るもの及び健康勘定に係るものであって、かつ、保険局に係るもの並びに業務勘定のうち特別保健福祉事業に係る部分を除く。）に係るものであって、かつ、年金局に係るもの
施設等機関の長	所管事務のうち、当該施設等機関に係るもの
地方厚生局長	所管事務のうち、当該地方厚生局（九州厚生局にあっては、沖縄麻薬取締支所を含む。）に係るもの（四国厚生支局に係るものを除く。）
四国厚生支局長	所管事務のうち、四国厚生支局に係るもの
都道府県労働局長	所管事務のうち、当該都道府県労働局並びにその管轄区域内の労働基準監督署及び公共職業安定所に係るもの
中央労働委員会事務局長	所管事務のうち、一般会計及び東日本大震災復興特別会計に係るものであって、かつ、中央労働委員会事務局に係るもの

第二章　会計事務の委任等

（歳入徴収事務の委任）

第三条　歳入徴収官、歳入徴収官代理、分任歳入徴収官及び分任歳入徴収官代理の官職並びにその所掌事務の範囲は、別表第一に定めるところによる。

（会計事務を代理させる場合）

第九条　歳入徴収官代理、分任歳入徴収官代理、支出負担行為担当官代理、分任支出負担行為担当官代理、分任支出負担行為認証官代理、官署支出官代理、契約担当官代理及び分任契約担当官代理が、それぞれ歳入徴収官、分任歳入徴収官、支出負

担行為担当官、分任支出負担行為担当官、支出負担行為認証官、官署支出官、契約担当官及び分任契約担当官（以下この条において「本官」という。）の事務を代理する場合は、本官の官職にある職員が欠けた場合及び本官の官職にある職員の長期にわたる出張、休暇等のためにその事務の執行に支障を及ぼすおそれがある場合とする。

（代行機関の任命に関する権限の委任）

第十条　別表第七の右欄に掲げる者は、必要があるときは、別に定める事務について、別に定める者のうちから、会計機関（予決令第百三十九条の三第一項に規定する会計機関をいう。以下同じ。）の事務の一部を処理する職員（以下「代行機関」という。）を命ずることができる。

（代行事務の取扱い）

第十一条　会計機関は、代行機関の官職にある職員が欠けた場合及び代行機関の官職にある職員の長期にわたる出張、休暇等のためにその事務の執行に支障を及ぼすおそれがある場合は、代行機関に処理させることとした事務を自ら行うものとする。

2　代行機関は、前条の規定により処理することとされた事務であっても、予決令第百三十九条の三第六項の規定により自らその事務を処理しない場合は、関係書類にその旨を明示するものとする。

（預託金の担当者等の委任）

第十四条　財政融資資金預託金取扱規則（昭和二十六年大蔵省令第二十九号）第二条第一号に規定する預託金の担当者及び歳入歳出外の国庫内移換に関する規則（昭和三十年大蔵省令第十四号）第二条に規定する国庫内の移換のための国庫金振替書の発行に関する事務を行う職員は、労働保険特別会計（雇用勘定を除く。）に係るものにあっては労働基準局長、労働保険特別会計雇用勘定に係るものにあっては職業安定局長、年金特別会計の健康勘定及び業務勘定（特別保健福祉事業に係る部分に限る。）に係るものにあっては保険局長、年金特別会計（健康勘定及び業務勘定のうち特別保健福祉事業に係る部分を除く。以下この条において同じ。）に係るものにあっては年金局事業企画課長とする。

2　歳入歳出外の国庫内移換に関する規則第二条第二十八号及び第三十二号に規定する厚生労働大臣の指定する出納官吏は、年金特別会計に係る国庫金振替書の発行に関する事務を行う職員として年金局長が定める者とする。

第三章　予算及び決算

（歳入徴収額計算書及び支出計算書の送付）

第十六条　歳入徴収額計算書及び支出計算書並びにこれらに添付する証拠書類等は、部局長がこれを会計検査院に送付するものとする。

第六章　出納官吏

（出納官吏等の任命）

第二十九条　出納官吏、出納官吏代理、分任出納官吏、分任出納官吏代理及び出納員（以下「出納官吏等」という。）は、部局長がこれを命ずる。

2　部局長は、前項の規定により出納官吏等を命ずるときは、その所掌事務の範囲を明らかにした書面を交付しなければならない。

3　部局長は、第一項の規定により出納官吏等を命じたときは、ただちに、その旨を、収入官吏、収入官吏代理、分任収入官吏及び分任収入官吏代理（以下この条において「収入官吏等」という。）にあっては関係の歳入徴収官、歳入徴収官代理、分任歳入徴収官又は分任歳入徴収官代理（以下この条において「歳入徴収官等」という。）に、資金前渡官吏、資金前渡官吏代理、分任資金前渡官吏及び分任資金前渡官吏代理（以下この条において「資金前渡官吏等」という。）にあっては関係の支出負担行為担当官、支出負担行為担当官代理、分任支出負担行為担当官又は分任支出負担行為担当官代理及び官署支出官又は官署支出官代理に、出納員にあっては関係の歳入徴収官等及び収入官吏等並びに資金前渡官吏等に通知しなければならない。

（検査員の任命）

第三十一条　予決令第百十六条第三項の規定により検査員を命ずる職員は、部局長とする。ただし、九州厚生局沖縄分室に係るものにあっては同局沖縄分室長、同局沖縄麻薬取締支所に係るものにあっては同局沖縄麻薬取締支所長、同局沖縄事務所に係るものにあっては同局沖縄事務所長とする。

（歳入歳出外現金出納計算書の提出）

第三十二条　歳入歳出外現金出納計算書及びこれに添付する証拠書類等は、部局長を経由して会計検査院に提出するものとする。

第七章　雑則

（事故報告）

第三十五条　部局長は、次に掲げる場合において、遅滞なくその事実を調査し、別に定めるところにより、厚生労働大臣に報告しなければならない。

一　会計に関係のある犯罪が発覚したとき。

二　現金又は有価証券その他の財産の亡失を発見したとき。

三　予算執行職員が故意又は重大な過失により予算執行職員の責任に関する法律（昭和二十五年法律第百七十二号）第三条第一項の規定に違反したとき。

（経由）

第三十六条　部局長は、会計検査院に対して報告書を提出するときは、厚生労働大臣を経由しなければならない。

(事務取扱いの特例)

第三十七条 所管事務の取扱いで、特別の事情によりこの訓令によることができないものについては、別に定めるところによる。

附　則

この訓令は、平成十三年一月六日から施行する。

別表第一（第三条関係）

部局	歳入徴収官	歳入徴収官代理	分任歳入徴収官	分任歳入徴収官代理	委任事務の範囲
本省	大臣官房会計課長	官房長			一般会計及び東日本大震災復興特別会計に係るものであって、他の歳入徴収官及び分任歳入徴収官の所掌に属するもの以外の歳入の徴収に関する事務
			社会・援護局援護・業務課長	社会・援護局援護・業務課審査室長	戦傷病者戦没者遺族等援護法に基づく諸給与金の過誤払金に係る債権の徴収に関する事務
			社会・援護局援護・業務課長		旧陸海軍省関係の未回収債権の徴収に関する事務
	労働基準局長	労働基準局総務課長			労働保険特別会計（雇用勘定を除く。）に係るものであって、本省内部部局における歳入の徴収に関する事務
	職業安定局長	職業安定局総務課長			労働保険特別会計雇用勘定に係るものであって、本省内部部局における歳入の徴収に関する事務並びに東日本大震災復興特別会計に係るものであって、独立行政法人高齢・障害・求職者雇用支援機構及び職業安定局雇用保険課が管理する土地上におけるもの及び当該土地の除染業務における歳入の徴収に関する事務及び当該歳入金に係る債権の管理に関する事務
	子ども家庭局長	子ども家庭局総務課長			年金特別会計の子ども・子育て支援勘定（子ども・子育て支援法（平成二十四年法律第六十五号）第六十九条第一項第一号に掲げる者から徴収する拠出金並びに平成二十二年度等における子ども手当の支給に関する法律（平成二十二年法律第十九号。以下「平成二十二年度子ども手当支給法」という。）第二十条第二

					一項及び平成二十三年度における子ども手当の支給等に関する特別措置法（平成二十三年法律第百七号。以下「平成二十三年度子ども手当支給特別措置法」という。）第二十条第一項、第三項及び第五項の規定により適用される児童手当法の一部を改正する法律の規定によりなおその効力を有するものとされた同法第一条の規定による改正前の児童手当法第二十条第一項第一号に掲げる者から徴収する拠出金に係る部分を除く。）に係る歳入の徴収に関する事務
	保険局長	保険局総務課長			年金特別会計の健康勘定（健康保険法（大正十一年法律第七十号）第五条第二項及び同法第百二十三条第二項の規定により厚生労働大臣が行う保険料の徴収及び日雇拠出金の徴収並びにこれらに付帯する業務並びに船員保険法（昭和十四年法律第七十三号）第四条第二項の規定により厚生労働大臣が行う保険料の徴収及びこれらに付帯する業務に係る部分を除く。）及び業務勘定（特別保健福祉事業に係る部分に限る。）に係る歳入の徴収に関する事務
	年金局事業企画課長	年金管理審議官			年金特別会計に係るものであって、他の歳入徴収官の所掌に属するもの以外の歳入の徴収に関する事務
	年金局事業管理課長	年金管理審議官			年金特別会計（健康勘定にあっては健康保険法第五条第二項及び同法第百二十三条第二項の規定により厚生労働大臣が行う保険料の徴収及び日雇拠出金の徴収並びにこれらに付帯する業務並びに船員保険法第四条第二項の規定により厚生労働大臣が行う保険料の徴収及びこれらに付帯する業務に係る部分に限り、子ども・子育て支援勘定にあっては子ども・子育て支援法第六十九条第一項第一号に掲げる者から徴収する拠出金並びに平成二十二年

					度子ども手当支給法第二十条第一項及び平成二十三年度子ども手当支給特別措置法第二十条第一項、第三項及び第五項の規定により適用される児童手当法の一部を改正する法律の規定によりなおその効力を有するものとされた同法第一条の規定による改正前の児童手当法第二十条第一項第一号に掲げる者から徴収する拠出金に係る部分に限り、業務勘定にあっては特別保健福祉事業に係る部分を除く。（以下この表において同じ。）に係るものであって、歳入規程第二十一条の六第一項第三号から第六号の二まで並びに同条第二項第三号及び第四号に掲げる歳入金に係る歳入の徴収に関する事務
検疫所	総務課長	所長			一般会計及び東日本大震災復興特別会計に係るものであって、当該検疫所における歳入の徴収に関する事務
国立ハンセン病療養所	事務長（事務部を置く国立ハンセン病療養所にあっては、事務部長）	所長			一般会計及び東日本大震災復興特別会計に係るものであって、当該国立ハンセン病療養所における歳入の徴収に関する事務
国立医薬品食品衛生研究所	総務部長	所長			一般会計及び東日本大震災復興特別会計に係るものであって、国立医薬品食品衛生研究所における歳入の徴収に関する事務
国立保健医療科学院	総務部長	院長			一般会計及び東日本大震災復興特別会計に係るものであって、国立保健医療科学院における歳入の徴収に関する事務
国立社会保障・人口問題研究所	総務課長	所長			一般会計及び東日本大震災復興特別会計に係るものであって、国立社会保障・人口問題研究所における歳入の徴収に関する事務
国立感染症研究所	総務部長	所長			一般会計及び東日本大震災復興特別会計に係

					るものであって、国立感染症研究所における歳入の徴収に関する事務
国立児童自立支援施設	庶務課長	施設長			一般会計及び東日本大震災復興特別会計に係るものであって、当該国立児童自立支援施設における歳入の徴収に関する事務
国立障害者リハビリテーションセンター	管理部長	総長			一般会計及び東日本大震災復興特別会計に係るものであって、国立障害者リハビリテーションセンターにおける歳入（分任歳入徴収官の所掌に属するものを除く。）の徴収に関する事務
			国立光明寮庶務課長	国立光明寮長	一般会計及び東日本大震災復興特別会計に係るものであって、当該国立光明寮における歳入の徴収に関する事務
			国立保養所庶務課長	国立保養所長	一般会計及び東日本大震災復興特別会計に係るものであって、当該国立保養所における歳入の徴収に関する事務
			国立福祉型障害児入所施設庶務課長	国立福祉型障害児入所施設長	一般会計及び東日本大震災復興特別会計に係るものであって、国立福祉型障害児入所施設における歳入の徴収に関する事務
地方厚生局	局長	総務課長			一般会計、東日本大震災復興特別会計及び年金特別会計の業務勘定に係るものであって、当該地方厚生局における歳入（中国四国厚生局にあっては、四国厚生支局に係るものを除く。）の徴収に関する事務
四国厚生支局	支局長	総務課長			一般会計、東日本大震災復興特別会計及び年金特別会計の業務勘定に係るものであって、四国厚生支局における歳入の徴収に関する事務
都道府県労働局	局長	総務部長			一般会計、東日本大震災復興特別会計及び労働保険特別会計に係るものであって、当該都

					道府県労働局における歳入の徴収に関する事務
中央労働委員会事務局	事務局長	総務課長			一般会計及び東日本大震災復興特別会計に係るものであって、当該中央労働委員会事務局における歳入の徴収に関する事務

会計法規ニ基ク出納計算ノ数字及記載事項ノ訂正ニ関スル省令

大正一一年　五月三〇日大蔵省令四三号
改正　昭和二五年　五月二二日大蔵省令五三号

第一条　会計法規ニ基ク出納計算ニ関スル諸書類帳簿ニ記載スル金額其ノ他ノ数量ニシテ「一」、「二」、「三」、「十」、「廿」、「卅」ノ数字ハ「壱」、「弐」、「参」、「拾」、「弐拾」、「参拾」ノ字体ヲ用ユヘシ但横書ヲ為ストキハ「アラビア」数字ヲ用ユルコトヲ得

第二条　会計法規ニ基ク出納計算ニ関スル諸書類帳簿ノ記載事項ハ之ヲ改竄スルコトヲ得ス

②前項ニ規定スル諸書類帳簿ノ記載事項ニ付訂正、挿入又ハ削除ヲ為サムトスルトキハ二線ヲ劃シテ其ノ右側又ハ上位ニ正書シ其ノ削除ニ係ル文字ハ仍明ニ読得ヘキ為字体ヲ存スルコトヲ要ス但シ金銭又ハ物品ノ受授ニ関スル諸証書ノ数字ハ之カ訂正ヲ為スコトヲ得ス数字以外ノ事項ニ付訂正、挿入又ハ削除ヲ為シタルトキハ其ノ字数ヲ欄外ニ記載シ作製者之ニ認印スルコトヲ要ス

附　則

①本令ハ公布ノ日ヨリ之ヲ施行ス

②明治二十三年大蔵省令第二十一号ハ之ヲ廃止ス

附　則（昭和二五年五月二二日大蔵省令五三号）

この省令は、昭和二十五年四月一日から適用する。

国の債権の管理等に関する法律

（昭和三十一年五月二十二日法律百十四号）

改正
昭和三三年四月　法律一〇六号
同　四五年六月　同　一一一号
同　四六年六月　同　九六号
平成　八年六月　同　九五号
同　八年六月　同　一一〇号
同　一〇年六月　同　一〇七号
同　一一年七月　同　八七号
同　一一年一二月　同　一六〇号
同　一一年一二月　同　二二五号
同　一三年六月　同　七五号
同　一四年六月　同　六五号
同　一四年一二月　同　一五二号
同　一四年一二月　同　一五五号
同　一五年七月　同　一一七号
同　一六年五月　同　四五号
同　一六年六月　同　七六号
同　一六年六月　同　八八号
同　一七年一〇月　同　一〇二号
同　一八年六月　同　五三号
同　一九年六月　同　一〇二号
同　二九年六月　同　四五号

国の債権の管理等に関する法律施行令

（昭和三十一年十一月十日政令三百三十七号）

改正
昭和三二年三月　政令　四八号
同　三三年三月　同　四九号
同　三三年七月　同　一八一号
同　三三年一二月　同　三四一号
同　三四年五月　同　一八八号
同　三四年九月　同　三〇七号
同　三五年四月　同　九六号
同　三七年四月　同　一四四号
同　三七年七月　同　二九三号
同　三八年四月　同　一五三号
同　四〇年六月　同　二三二号
同　四一年三月　同　五九号
同　四三年一〇月　同　三〇二号
同　四五年八月　同　二三一号
同　四六年一一月　同　三五一号
同　四七年三月　同　四七号
同　五三年三月　同　七六号
同　五四年六月　同　一八七号
同　五六年一〇月　同　三一〇号
同　五九年三月　同　三五号
同　五九年六月　同　二〇六号

債権管理事務取扱規則

（昭和三十一年十二月二十九日大蔵省令八十六号）

改正
昭和三三年五月　大蔵省令　二七号
同　三四年一月　同　四号
同　三四年一〇月　同　七〇号
同　三四年一二月　同　九〇号
同　三五年四月　同　一九号
同　三五年七月　同　四四号
同　三六年三月　同　九号
同　三七年一〇月　同　五四号
同　三九年四月　同　二四号
同　四〇年一二月　同　六七号
同　四三年一〇月　同　五二号
同　四三年一一月　同　五六号
同　四四年二月　同　一号
同　四四年一二月　同　六〇号
同　四五年二月大蔵・郵政省令　一号
同　四五年八月　大蔵省令　六二号
同　四六年九月　同　六八号
同　四六年一一月　同　八一号
同　四七年五月　同　四七号
同　四七年一一月　同　七六号
同　四八年一二月　同　六二号

昭和五九年　六月　同　二二五号
同　五九年　九月　同　二六八号
平成　三年　一月　同　六号
同　三年　九月　同　二九六号
同　八年　六月　同　一七五号
同　九年一一月　同　三三三号
同　一二年　二月　同　三二号
同　一二年　六月　同　三〇七号
同　一二年　八月　同　四一六号
同　一二年一二月　同　五〇八号
同　一三年一一月　同　三七九号
同　一四年　八月　同　二八二号
同　一四年一二月　同　三八五号
同　一五年　一月　同　二八号
同　一五年一二月　同　四八三号
同　一七年　一月　同　一号
同　一七年　二月　同　一九号
同　一七年　三月　同　七二号
同　一七年　七月　同　二三三号
同　一七年一一月　同　三五五号
同　一八年　九月　同　三二〇号
同　一八年一一月　同　三六一号
同　一九年　三月　同　一二四号
同　一九年　八月　同　二三三号
同　一九年一二月　同　三五七号
同　二〇年一一月　同　三六一号
同　二〇年一二月　同　三六九号
同　二一年一二月　同　二九六号
同　二二年　九月　同　二〇六号
同　二三年　九月　同　二九六号
同　二四年　二月　同　二六号

昭和五〇年　四月　同　一四号
同　五六年　三月　同　三号
同　五七年　七月　同　四四号
同　五七年　九月　同　五二号
同　五九年　九月　同　三六号
同　五九年　九月　同　四三号
同　六〇年　三月　同　七号
同　六〇年　三月　同　一〇号
同　六〇年　七月　同　四四号
同　六一年　四月　同　一六号
同　六一年一〇月　同　五二号
同　六二年　三月　同　一二号
同　六二年　六月　同　三三号
同　六二年　九月　同　五一号
同　六三年　三月　同　七号
同　六三年一一月　同　四四号
平成　元年　六月大蔵・郵政省令　二号
同　元年一二月　大蔵省令　七八号
同　三年　三月　同　一二号
同　三年　五月　同　三〇号
同　三年　九月　同　四四号
同　四年　三月　同　六号
同　五年　三月　同　三七号
同　六年　三月　同　二六号
同　七年　三月　同　五号
同　七年　三月　同　一〇号
同　七年　七月　同　五二号
同　七年一〇月　同　六八号
同　八年　六月　同　三三号
同　九年　三月　同　八号
同　一〇年　三月　同　三一号

平成二五年一月　同　五号
同　二五年一一月　同　三〇六号
同　二五年一一月　同　三一九号
同　二六年一月　同　一五号
同　二七年一二月　同　四二三号
同　二九年三月　同　一一二号
同　二九年三月　同　一二七号
同　三〇年三月　同　五四号

平成一〇年八月　同　一〇七号
同　一一年三月　同　四五号
同　一一年六月　同　六二号
同　一一年九月　同　八一号
同　一二年三月　同　二一号
同　一二年三月　同　二六号
同　一二年九月　同　七五号
同　一三年三月　財務省令　一四号
同　一三年四月　同　四一号
同　一四年一月　同　二号
同　一四年二月　同　五号
同　一四年四月　同　三二号
同　一五年三月　同　四八号
同　一五年一〇月　同　一〇一号
同　一六年三月　同　二二号
同　一六年六月　同　四八号
同　一六年一二月　同　七五号
同　一七年三月　同　二二号
同　一七年九月　同　七六号
同　一八年三月　同　二五号
同　一八年三月　同　三〇号
同　一八年六月　同　四六号
同　一八年一一月　同　七二号
同　一九年一月　同　一号
同　一九年三月　同　二六号
同　一九年三月　同　二七号
同　一九年三月　同　二九号
同　一九年九月　同　四九号
同　一九年九月　同　五七号
同　一九年一二月　同　六一号
同　一九年一二月　同　六二号

目次

第一章　総則（第一条―第四条）
第二章　債権の管理の機関（第五条―第九条）
第三章　債権の管理の準則（第十条―第二十三条）

目次

第一章　総則（第一条―第四条）
第二章　債権の管理の機関（第五条―第七条）
第三章　債権の管理の準則（第八条―第二十三条）

平成二〇年三月同　一五号
同二〇年五月同　三七号
同二〇年九月同　六一号
同二〇年一二月同　八六号
同二一年六月同　三九号
同二二年四月同　三〇号
同二三年五月同　二三号
同二三年一〇月同　七一号
同二三年一一月同　七九号
同二四年三月同　二二号
同二四年七月同　四七号
同二四年一二月同　六六号
同二五年五月同　三四号
同二五年八月同　五一号
同二六年四月同　三六号
同二六年九月同　七八号
同二七年三月同　一五号
同二八年四月同　三六号
同二九年三月同　一三号
同二九年五月同　三九号
同三〇年三月同　七号

目次

第一章　総則（第一条―第三条）
第二章　債権の管理の機関（第四条―第七条）
第三章　債権の管理の準則（第八条―第三十三条）

第四章　債権の内容の変更、免除等（第二十四条―第三十三条）
第五章　債権に関する契約等の内容（第三十四条―第三十七条）
第六章　雑則（第三十八条―第四十一条）
附則

第一章　総則

（趣旨）

第一条　この法律は、国の債権の管理の適正を期するため、その管理に関する事務の処理について必要な機関及び手続を整えるとともに、国の債権の内容の変更、免除等に関する一般的基準を設け、あわせて国の債権の発生の原因となる契約に関し、その内容とすべき基本的事項を定めるものとする。

（定義）

第二条　この法律において「国の債権」とは、金銭の給付を目的とする国の権利をいう。

2　この法律において「債権の管理に関する事務」とは、国の債権について、債権者として行うべき保全、取立、内容の変更及び消滅に関する事務のうち次に掲げるもの以外のものをいう。

一　国の利害に関係のある訴訟についての法務大臣の権限等に関する法律（昭和二十二年法律第百九十四号）により法務大臣の権限に属

第四章　債権の内容の変更、免除等（第二十四条―第三十四条）
第五章　債権に関する契約等の内容（第三十五条―第三十七条）
第六章　雑則（第三十八条―第四十一条）
附則

第一章　総則

（定義）

第一条　この政令において「国の債権」若しくは「債権」、「債権の管理に関する事務」、「各省各庁」、「各省各庁の長」、「歳入徴収官等」、「現金出納職員」、「支払事務担当職員」、「履行延期の特約等」、「延滞金」、「延納利息」若しくは「契約等担当職員」、「歳入徴収官」若しくは「分任歳入徴収官」又は「官署支出官」、「歳入徴収官代理」、「分任歳入徴収官代理」若しくは「支出官代理」とは、国の債権の管理等に関する法律（以下「法」という。）第二条、第三条第一項第三号、第二十二条第一項、第二十四条第二項、第三十二条第三項若しくは第三十四条、会計法（昭和二十二年法律第三十五号）第四条の二又は予算決算及び会計令（昭和二十二年勅令第百六十五号）第一条第二号若しくは第百三十九条の二第三項に規定する国の債権若しくは債権、債権の管理に関する事務、各省各庁、各省各庁の長、歳入徴収官等、現金出納職員、支払事務

第四章　債権の内容の変更、免除等（第三十四条―第三十九条）
第五章　雑則（第三十九条の二―第四十三条）
附則

第一章　総則

（通則）

第一条　国の債権の管理等に関する法律（昭和三十一年法律第百十四号。以下「法」という。）第二条第四項に規定する歳入徴収官等（以下「歳入徴収官等」という。）の事務取扱その他国の債権の管理に関する事務の取扱については、他の法令に定めるもののほか、この省令の定めるところによる。

（定義）

第二条　この省令において「国の債権」若しくは「債権」、「各省各庁の長」、「現金出納職員」、「支払事務担当職員」、「履行延期の特約等」、「延滞金」、「延納利息」又は「債権管理簿」とは、法第二条、第三条第一項第三号、第二十二条第一項、第二十四条第二項又は第三十二条第三項に規定する国の債権若しくは債権、債権の管理に関する事務、各省各庁、各省各庁の長、現金出納職員、支払事務担当職員、履行延期の特約等、延

する事項に関する事務

二　法令の規定により滞納処分を執行する者が行うべき事務

三　弁済の受領に関する事務

四　金銭又は物品管理法（昭和三十一年法律第百十三号）第三十五条の規定により同法の規定を準用する動産の保管に関する事務

3　この法律において「各省各庁」とは、財政法（昭和二十二年法律第三十四号）第二十一条に規定する各省各庁をいい、「各省各庁の長」とは、同法第二十条第二項に規定する各省各庁の長をいう。

4　この法律において「歳入徴収官等」とは、各省各庁の長、各省各庁の長以外の国の機関で他の法令の規定により債権の管理に関する事務を行なうべきこととされているもの又は第五条第一項若しくは第二項の規定により債権の管理に関する事務を行なう者をいう。

（適用除外）

担当職員、履行延期の特約等、延滞金、延納利息若しくは契約等担当職員、歳入徴収官若しくは分任歳入徴収官又は官署支出官、歳入徴収官代理、分任歳入徴収官代理若しくは支出官代理をいう。

（報告に関する規定に限り適用がある債権）

滞金、延納利息又は国の債権の管理等に関する法律施行令（昭和三十一年政令第三百三十七号。以下「令」という。）第九条第一項に規定する債権管理簿をいう。

2　この省令において、次の各号に掲げる用語の意義は、当該各号に定めるところによる。

一　主任歳入徴収官等　令第五条第一項若しくは第四項又は令第六条の規定により債権の管理に関する事務の委任を受けた又は当該事務を行うこととなつた歳入徴収官等をいう。

二　分任歳入徴収官等　令第五条第二項の規定により債権の管理に関する事務を分掌する歳入徴収官等又は令第六条の規定により債権の管理に関する事務を行うこととなつた都道府県の知事若しくは知事の指定する職員が行う当該事務の一部を分掌する歳入徴収官等をいう。

三　歳入徴収官等代理　令第五条第三項若しくは第四項の規定により債権の管理に関する事務を代理する歳入徴収官等又は令第六条の規定により債権の管理に関する事務を行うこととなつた都道府県の知事若しくは知事の指定する職員若しくは当該知事若しくは知事の指定する職員から当該事務の一部を分掌する職員に事故がある場合においてこれらの事務を代理する歳入徴収官等をいう。

第三条　この法律は、次に掲げる債権については、適用しない。ただし、当該債権のうち政令で定めるものについては、第三十九条及び第四十条の規定を適用する。
一　罰金、科料、刑事追徴金、過料及び刑事訴訟費用並びにこれらに類する徴収金で政令で定めるものに係る債権
二　証券に化体されている債権（社債、株式等の振替に関する法律（平成十三年法律第七十五号）の規定により振替口座簿に記載され、又は記録されたものを含む。）
三　日本銀行に対する国の預金に係る債権その他会計法（昭和二十二年法律第三十五号）第三十八条から第四十条の二まで又は第四十八条の規定に基き金銭の出納保管の事務を行う者（以下「現金出納職員」という。）がその保管に係る金銭を預託した場合の預託金に係る債権
四　保管金となるべき金銭の給付を目的とする債権
五　寄附金に係る債権
六　国税収納金整理資金に属する債権
七　法律の規定により国が保有する資金（積立金を含む。）の運用により生ずる債権
八　電子記録債権法（平成十九年法律第百二号）第二条第一項に規定する電子記録債権
2　外国を債務者とする債権その他政令で定める

第二条　法第三条第一項ただし書に規定する政令で定める債権は、次に掲げる債権とする。
一　法第三条第一項第六号に掲げる債権
二　法第三条第一項第七号に掲げる債権（同項第二号に掲げる債権及び特別会計に関する法律（平成十九年法律第二十三号）第七十六条第二項の規定により預入した外国為替等又は現金に係る債権を除く。）

（罰金等に類する適用除外の徴収金）
第三条　法第三条第一項第一号に規定する政令で定める徴収金は、次に掲げる徴収金とする。
一　民事訴訟法（平成八年法律第百九号）第三百三条第一項の規定による裁判により納付を命じた金銭
二　国税通則法（昭和三十七年法律第六十六号）第百五十七条第一項又は関税法（昭和二十九年法律第六十一号）第百四十六条第一項（とん税法（昭和三十二年法律第三十七号）第十四条及び特別とん税法（昭和三十二年法律第三十八号）第十二条において準用する場合を含む。）の規定による通告処分に基づき納付する金額に係る徴収金
三　刑事訴訟法（昭和二十三年法律第百三十一号）第三百四十八条の仮納付の裁判により納付を命じた罰金、科料若しくは追徴に相当する金額又は交通事件即決裁判手続法（昭和二十九年法律第百十三号）第十五条の仮納付の

債権については、政令で定めるところにより、この法律の一部を適用しないことができる。

裁判により納付を命じた罰金若しくは科料に相当する金額に係る徴収金

四　刑事訴訟法第九十六条第二項若しくは第三項又は出入国管理及び難民認定法（昭和二十六年政令第三百十九号）第五十五条第三項の規定による没取金

五　刑事訴訟法第百三十三条若しくは第百三十七条（同法第二百二十二条において準用する場合を含む。）、第百五十条若しくは第百六十条（これらの規定を同法第百七十一条（同法第百七十八条において準用する場合を含む。）において準用する場合を含む。）又は第二百六十九条の規定により命じた費用の賠償に係る徴収金

六　少年法（昭和二十三年法律第百六十八号）第三十一条第一項又は心神喪失等の状態で重大な他害行為を行った者の医療及び観察等に関する法律（平成十五年法律第百十号）第七十八条第一項の規定により徴収する費用に係る徴収金

七　金融商品取引法（昭和二十三年法律第二十五号）第百八十五条の七第一項、第二項、第四項から第八項まで及び第十項から第十七項までの決定（同法第百八十五条の八第六項又は第七項の規定による変更後のものを含む。）により納付を命じた課徴金及び同法第百八十五条の十四第二項の規定により徴収する延滞

金

八　公認会計士法（昭和二十三年法律第百三号）第三十四条の五十三第一項から第五項までの決定により納付を命じた課徴金及び同法第三十四条の五十九第二項の規定により徴収する延滞金

九　犯罪被害者等の権利利益の保護を図るための刑事手続に付随する措置に関する法律（平成十二年法律第七十五号）第十七条第一項の規定により徴収する旅費、日当、宿泊料及び報酬に係る徴収金

十　不当景品類及び不当表示防止法（昭和三十七年法律第百三十四号）第八条第一項の規定により納付を命じた課徴金及び同法第十八条第二項の規定により徴収する延滞金

（法の一部適用除外の範囲）

第四条　法第三条第二項に規定する政令で定める債権は、次に掲げる債権とする。

一　本邦に住所又は居所を有しない者（その者に対する債権につき強制執行（国税徴収又は国税滞納処分の例による場合の滞納処分を含む。以下同じ。）をすることができる本邦内にある財産の価額が強制執行をした場合の費用並びに他の優先して弁済を受ける債権及び国以外の者の権利（以下第十八条及び第二十条において「優先債権等」という。）の金額の合計額をこえると見込まれる者を除く。）を債務

（他の法令との関係）

第四条　債権の管理に関する事務の処理については、他の法律又はこれに基く命令に特別の定がある場合を除くほか、この法律の定めるところによる。

第二章　債権の管理の機関

（管理事務の実施）

第五条　各省各庁の長は、政令で定めるところにより、会計法第四条の二に規定する歳入徴収官、同法第二十四条に規定する支出官その他の職員で当該各省各庁又は他の各省各庁に所属するものに、当該各省各庁の所掌事務に係る債権の管理に関する事務（他の法令の規定により各省各庁の長以外の国の機関が行うべきこととされているものを除く。）を行わせることができる。

2　国は、政令で定めるところにより、都道府県の知事又は知事の指定する職員が前項の事務を行うこととすることができる。

者とする債権

二　外国の大使、公使その他の外交官又はこれらに準ずる者で財務大臣の指定するものを債務者とする債権

2　外国を債務者とする債権については、法第十五条、法第十八条（第五項を除く。）、法第三十五条及び法第三十六条の規定並びに当該債権のうち財務大臣の指定するものにあつては法第十三条、法第二十五条、法第二十六条（延納利息に係る部分を除く。）又は法第二十七条の規定を、前項各号に掲げる債権については、法第十五条及び法第十八条（第一項及び第五項を除く。）の規定をそれぞれ適用しない。

第二章　債権の管理の機関

（各省各庁に所属する職員に対する債権管理事務の委任等）

第五条　各省各庁の長は、法第五条第一項の規定により当該各省各庁の所掌事務に係る債権の管理に関する事務を当該各省各庁又は他の各省各庁に所属する職員に行わせる場合には、次の各号に掲げる区分に応じ、当該各号に掲げる職員にその事務を委任するものとする。

一　歳入金に係る債権の管理に関する事務　歳入徴収官

二　歳出の金額に戻し入れる返納金に係る債権の管理に関する事務　官署支出官

（債権管理事務取扱の特例）

第三条　歳入徴収官等の事務取扱その他国の債権の管理に関する事務の取扱で特別の事情によりこの省令により難いものについては、別に財務大臣の定めるところによる。

第二章　債権の管理の機関

（債権管理総括機関）

第四条　各省各庁の長は、当該各省各庁の所掌事務に係る債権の管理に関する事務を総括させるための職員（以下「債権管理総括機関」という。）を指定するものとする。

2　債権管理総括機関は、各省各庁の長の定めるところにより、債権現在額報告書の作成に関する事務の取扱、当該各省各庁の所掌事務に係る債権の管理に関する事務の処理手続の整備及び当該事務の処理について必要な調整をするものとする。

（代理をさせる場合）

3　各省各庁の長は、必要があるときは、政令で定めるところにより、当該各省各庁の所掌事務に係る債権の管理に関する事務で自ら行なうもの又は第一項の規定により当該各省各庁若しくは他の各省各庁に所属する職員が行なうものの一部をこれらの各省各庁に所属する他の職員に処理させることができる。

4　前項の規定は、第二項の場合及び他の法令の規定により各省各庁の長以外の国の機関が債権の管理に関する事務を行なう場合について準用する。

5　第二項の規定により都道府県が行うこととされる事務は、地方自治法（昭和二十二年法律第六十七号）第二条第九項第一号に規定する第一号法定受託事務とする。

三　前二号に規定する債権以外の債権の管理に関する事務　内閣府設置法（平成十一年法律第八十九号）第十七条若しくは第五十三条の官房、局若しくは部の長、同法第三十九条若しくは第五十五条の施設等機関の長、同法第四十条若しくは第五十六条の特別の機関の長、同法第四十三条若しくは第五十七条（宮内庁法（昭和二十二年法律第七十号）第十八条第一項において準用する場合を含む。）の地方支分部局の長、内閣府設置法第五十二条の委員会の事務局若しくは事務総局の長、宮内庁法第三条第一項の長官官房、侍従職等若しくは部の長、同法第十六条第二項の機関の長、同法第十七条第一項の地方支分部局の長、国家行政組織法（昭和二十三年法律第百二十号）第七条の官房、局、部若しくは委員会の事務局若しくは事務総局の長、同法第八条の二の施設等機関の長、同法第八条の三の特別の機関の長、同法第九条の地方支分部局の長又はこれらに準ずる職員（各省各庁の長が必要があると認めるときは、これらの職員以外の職員）

2　各省各庁の長は、前項の場合において、必要があるときは、同項第一号又は第三号の規定により委任を受けた職員の事務の一部を分任歳入徴収官その他の職員に分掌させることができる。

第五条　各省各庁の長は、法第五条第二項及び第四項の規定により債権の管理に関する事務を都道府県の知事又は知事の指定する職員が行うこととなる事務として定める場合を除き、歳入徴収官等代理が主任歳入徴収官等又は分任歳入徴収官等の事務を代理する場合を定めて置くものとする。ただし、やむを得ない事情がある場合には、代理させるつど定めることを妨げない。

2　歳入徴収官等代理は、前項の規定により各省各庁の長の定める場合において、主任歳入徴収官等又は分任歳入徴収官等の事務を代理するものとする。

3　主任歳入徴収官等又は分任歳入徴収官等及び歳入徴収官等代理は、歳入徴収官等代理が主任歳入徴収官等又は分任歳入徴収官等の事務を代理するときは、代理開始及び終止の年月日並びに歳入徴収官等代理が取り扱つた債権の管理に関する事務の範囲を適宜の書面において明らかにしておかなければならない。

4　前項の規定は、歳入徴収官等代理が主任歳入徴収官等又は分任歳入徴収官等の事務を代理している間に当該歳入徴収官等代理に異動があつたときについて準用する。

3　各省各庁の長は、前二項の規定により債権の管理に関する事務を委任した職員又は当該職員の事務の一部を分掌させた職員に事故がある場合(これらの職員が会計法第四条の二第四項(同法第二十四条第三項において準用する場合を含む。)の規定又は第五項の規定により指定された官職にある者である場合には、その官職にある者が欠けたときを含む。)において、必要があるときは、次の各号に掲げる区分に応じ、当該各号に掲げる職員にその事務を代理させることができる。

一　第一項第一号に掲げる事務　歳入徴収官代理又は分任歳入徴収官代理若しくは当該事務を分掌させた職員以外の職員

二　第一項第二号に掲げる事務　支出官代理(官署支出官の事務を代理する職員に限る。第五項において同じ。)

三　第一項第三号に掲げる事務　当該事務を委任し、又は分掌させた職員以外の職員

4　各省各庁の長は、第一項第二号に掲げる事務を同項又は前項の規定により委任し、又は代理させる場合において、財務省令で定める特別の事情があるときは、同号又は同項第二号に掲げる職員以外の職員にその事務を委任し、又は代理させることができる。

5　各省各庁の長は、前各項の規定により歳入徴収官、分任歳入徴収官、歳入徴収官代理、分任

歳入徴収官代理、官署支出官及び支出官代理以外の職員に債権の管理に関する事務を委任し、分掌させ、又は代理させる場合において、当該各省各庁又は他の各省各庁に置かれた官職を指定することにより、その官職にある者に当該事務を委任し、分掌させ、又は代理させることができる。

6　各省各庁の長は、前項に規定する場合において、他の各省各庁に所属する職員に当該事務を委任し、分掌させ、又は代理させるときは、当該職員及びその官職並びに行なわせようとする事務の範囲について、あらかじめ、当該他の各省各庁の長の同意を得なければならない。ただし、その委任、分掌又は代理が同項の規定に基づいて官職の指定により行なわれる場合には、その同意は、その指定しようとする官職及び行なわせようとする事務の範囲についてあれば足りる。

第五条の二　各省各庁の長は、法第五条第三項の規定により当該各省各庁又は他の各省各庁に所属する職員に同項に規定する債権の管理に関する事務の一部を処理させる場合には、その処理させる事務の範囲を明らかにしなければならない。

2　各省各庁の長は、法第五条第三項の規定により当該各省各庁に所属する職員に同項に規定する債権の管理に関する事務の一部を処理させる場合において、必要があるときは、同項の権限を、内閣府設置法第五十条の委員長若しくは長官、同法第四十三条若しくは第五十七条（宮内庁法第十八条第一項において準用する場合を含む。）の地方支分部局の長、宮内庁長官、宮内庁法第十七条第一項の地方支分部局の長、国家行政組織法第六条の委員長若しくは長官、同法第九条の地方支分部局の長又はこれらに準ずる職員に委任することができる。この場合において、各省各庁の長は、同項の規定により当該事務を処理させる職員（当該各省各庁に置かれた官職を指定することによりその官職にある者に当該事務を処理させる場合には、その官職）の範囲及びその処理させる事務の範囲を定めるものとする。

3　前条第五項及び第六項の規定は、各省各庁の長が法第五条第三項の規定により当該各省各庁又は他の各省各庁に所属する職員に同項に規定する債権の管理に関する事務の一部を処理させる場合について準用する。

4　法第五条第三項の規定により同項に規定する債権の管理に関する事務の一部を処理する職員（次項において「代行機関」という。）は、当該債権の管理に関する事務を行なう歳入徴収官等に所属して、かつ、当該歳入徴収官等の名において、その事務を処理するものとする。

5　代行機関は、第一項又は第二項に規定する範

第六条から第八条まで　削除

囲内の事務であつても、その所属する歳入徴収官等において処理することが適当である旨の申出をし、かつ、当該歳入徴収官等がこれを相当と認めた事務及び歳入徴収官等が自ら処理する特別の必要があるものとして指定した事務については、その処理をしないものとする。

（都道府県が行う管理事務）

第六条　各省各庁の長は、法第五条第二項又は第四項の規定により債権の管理に関する事務を都道府県の知事又は知事の指定する職員が行うこととなる事務として定める場合には、当該知事又は知事の指定する職員が行うこととなる事務の範囲を明らかにして、当該知事又は知事の指定する職員が債権の管理に関する事務を行うこ

（交替の手続）

第六条　主任歳入徴収官等又は分任歳入徴収官等が交替するときは、前任の主任歳入徴収官等又は分任歳入徴収官等（歳入徴収官等代理がこれらの事務を代理しているときは、これらの歳入徴収官等代理。以下この条において同じ。）は、引き渡すべき債権管理簿及びその関係書類の名称及び件数並びに法第二十条第一項に規定する担保物及びもつぱら債権又は債権の担保に係る事項の立証に供すべき書類その他の物件の名称及び件数並びに引渡の日付その他必要な事項を記載した引継書を交替の日の前日をもつて作成し、後任の主任歳入徴収官等又は分任歳入徴収官等とともに記名して印をおし、当該引継書を債権管理簿に添附して、債権管理簿、関係書類、担保物及び物件を後任の主任歳入徴収官等又は分任歳入徴収官等に引き渡すものとする。ただし、前任の主任歳入徴収官等又は分任歳入徴収官等が交替の手続をすることができない事由があるときは、後任の主任歳入徴収官等又は分任歳入徴収官等が引継書を作成し、これに記名し

（管理事務の総括）

第九条　財務大臣は、債権の管理の適正を期するため、債権の管理に関する制度を整え、債権の管理に関する事務の処理手続を統一し、及び当該事務の処理について必要な調整をするものとする。

2　財務大臣は、債権の管理の適正を期するため必要があると認めるときは、各省各庁の長に対し、当該各省各庁の所掌事務に係る債権の内容及び当該債権の管理に関する事務の状況に関する報告を求め、又は当該事務について、当該職

となることについて、あらかじめ当該知事の同意を求めなければならない。

2　都道府県の知事は、各省各庁の長から前項の規定により同意を求められた場合には、その内容について同意をするかどうかを決定し、同意をするときは、知事が自ら行う場合を除き、事務を行う職員を指定するものとする。この場合において、当該知事は、都道府県に置かれた職を指定することにより、その職にある者に事務を取り扱わせることができる。

3　前項の場合において、都道府県の知事は、同意をする決定をしたときは同意をする旨及び事務を行う者（同項後段の規定により都道府県に置かれた職を指定した場合においてはその職）を、同意をしない決定をしたときは同意をしない旨を各省各庁の長に通知するものとする。

（管理事務の引継ぎ）

第七条　各省各庁の長は、当該各省各庁の所掌事務に係る債権について、債務者の住所の変更その他の事情により必要があると認めるときは、財務省令で定めるところにより、当該債権に係る歳入徴収官等の事務を他の歳入徴収官等に引き継がせるものとする。

て印をおせば足りる。

（管理事務の引継の手続）

第七条　各省各庁の長は、令第七条の規定により歳入徴収官等の事務を他の歳入徴収官等に引き継がせる場合には、当該他の歳入徴収官等が当該事務の管理を開始すべき期日を定めて委任し、又は分掌させるとともに、引継ぎをする歳入徴収官等をして、その期日までに、当該事務に係る債権管理簿又はその引き継ぐべき事項に係る部分の写しその他の関係書類並びに法第二十条第一項に規定する担保物及び物件の当該他の歳入徴収官等に対する引渡しを完了させるも

員をして実地監査を行わせ、若しくは閣議の決定を経て、必要な措置を求めることができる。

第三章　債権の管理の準則

（管理の基準）

第十条　債権の管理に関する事務は、法令の定めるところに従い、債権の発生原因及び内容に応じて、財政上もつとも国の利益に適合するように処理しなければならない。

（帳簿への記載）

第十一条　歳入徴収官等は、その所掌に属すべき債権が発生し、又は国に帰属したとき（政令で定める債権については、政令で定めるとき）は、政令で定める場合を除き、遅滞なく、債務者の住所及び氏名、債権金額並びに履行期限その他

第三章　債権の管理の準則

（帳簿への記載又は記録を行うべき時期の特例）

第八条　法第十一条第一項に規定する政令で定める債権は、次の各号に掲げる債権とし、同項に規定する政令で定めるときは、当該債権について当該各号に掲げるときとする。

一　利息、国の財産の貸付料若しくは使用料又

のとする。

2　前条の規定は、前項の規定により歳入徴収官等が債権の管理に関する事務を他の歳入徴収官等に引き継ぐため引渡をする場合において準用する。この場合において、同条中「債権管理簿」とあるのは、「債権管理簿又はその引き継ぐべき事項に係る部分の写」と読み替えるものとする。

3　前項の規定による引継が隔地にいる歳入徴収官等に対して行われるものである場合においては、当該引継ぎを受ける歳入徴収官等の引継書への記名及びなつ印は要しないものとし、当該引継ぎを受ける歳入徴収官等は、引継を受けた旨を明らかにした書面を引継ぎをした歳入徴収官等に送付するものとする。

第三章　債権の管理の準則

（帳簿への記載又は記録を行なうべき時期の特例）

第八条　令第八条第一号に規定する財務省令で定める債権は、同号に掲げる債権で納入の告知をしなければならないもののうち、その利払期又は履行期限から起算して二十日前の日が当該利

政令で定める事項を調査し、確認の上、これを帳簿に記載し、又は記録しなければならない。当該確認に係る事項について変更があつた場合も、また同様とする。

2　歳入徴収官等は、前項に規定するもののほか、政令で定めるところにより、その所掌に属する債権の管理に関する事務の処理につき必要な事項を帳簿に記載し、又は記録しなければならない。

は国が設置する教育施設の授業料に係る債権　その発生の原因となる契約その他の行為をした日の属する年度に利払期又は履行期限が到来する債権にあつては、その行為をしたとき、当該年度の翌年度以後の各年度に利払期又は履行期限が到来する債権にあつては、当該各年度の開始したとき（当該各年度の四月中に利払期又は履行期限が到来する債権で財務省令で定めるものについては、前年度の三月中において財務省令で定めるとき）。

二　一定期間内に多数発生することが予想される同一債務者に対する同一種類の債権で、法令又は契約の定めるところによりこれをとりまとめて当該期間経過後に履行させることとなつているもの　当該期間の満了の日の翌日からその履行期限までの間において各省各庁の長が定めるとき。

三　法令の定めるところにより国の行政機関以外の者によつてのみその内容が確定される債権　その者が当該債権の内容を確定したとき。

四　延滞金に係る債権　当該延滞金を附することとなつている債権が履行期限の定めのあるものである場合には、当該履行期限が経過したとき、当該債権が損害賠償金又は不当利得による返還金に係るものである場合には、当該賠償又は返還の請求をするとき。

払期又は履行期限の属する年度の前年度の三月中における日に該当するものとし、同号に規定する財務省令で定めるときは、同月中における当該日以前の日とする。

五　補助金等に係る予算の執行の適正化に関する法律（昭和三十年法律第百七十九号）第十九条第一項に規定する加算金で返還すべき補助金等に関し納付すべきもの、法第三十六条第十号に掲げる事項についての契約の定をした貸付金に係る債権につきその定に従つて納付させる金額に係る債権その他法令又は契約の定めるところにより一定の期間に応じて附する加算金に係る債権　当該補助金等の返還金の返還を命じ、当該貸付金に係る履行期限を繰り上げる旨の指示又は決定をし、その他法令又は契約の定めるところにより当該加算金を附することとなつたとき。

六　金銭の給付以外の給付を目的とする国の権利についての債務の履行の遅滞に係る損害賠償金その他これに類する徴収金に係る債権で債権金額が一定の期間に応じて算定されることとなつているもの　当該権利の履行期限が経過したとき。

（帳簿への記載又は記録を要しない場合）

第九条　法第十一条第一項に規定する政令で定める場合は、歳入徴収官等が、その所掌に属すべき債権でまだ同項に規定する帳簿（以下「債権管理簿」という。）に記載され、又は記録されていないものについて、その全部が消滅していることを確認した場合とする。

2　前項の場合においては、歳入徴収官等は、財

（債権管理簿に記載又は記録できなかつた場合の措置）

第九条　歳入徴収官等は、債権について令第九条第二項本文の規定により債権管理簿に記載し、又は記録することができなかつた理由を明らかにしておくには、適宜の様式による帳簿に債権の概要、記載し、又は記録することができなかつた理由その他必要な事項を記載し、又は記録

務大臣の定めるところにより、当該債権について債権管理簿に記載し、又は記録することができなかつた理由を明らかにしておかなければならない。ただし、当該債権が次に掲げる債権に該当する場合は、この限りでない。

一　法令又は契約により債権金額の全部をその発生と同時に納付すべきこととなつている債権

二　健康保険法（大正十一年法律第七十号）第百六十七条第一項若しくは第百六十九条第六項、船員保険法（昭和十四年法律第七十三号）第百三十条、労働保険の保険料の徴収等に関する法律（昭和四十四年法律第八十四号）第三十二条又は厚生年金保険法（昭和二十九年法律第百十五号）第八十四条の規定により国が報酬又は賃金から控除する保険料に係る債権

三　恩給金額分担及国庫納金収入等取扱規則（大正十二年勅令第四百三十九号）第十条第一項の規定により俸給又は給料から控除する金額に係る債権及び同規則第十一条第二項ただし書の規定により納付する金額に係る債権

四　予算決算及び会計令第六十二条第一項の規定による納付金及びこれに準ずる返納金で現金出納職員が隔地の債権者又は他の現金出納職員に現金の支払をするため日本銀行に交付した資金に係るものに係る債権

してしなければならない。

2　歳入徴収官等は、法第十二条各号に掲げる者からの通知が遅延したことにより債権について債権管理簿に記載し、又は記録することができなかつた場合には、その者に対してその遅延した事由を疎明すべきことを要求しなければならない。

3　前項の規定により要求をされた者は、書面をもつて疎明しなければならない。

4　前三項の規定は、歳入徴収官等がその所掌に属すべき債権で債権管理簿にまだ記載し、又は記録されていないものについて当該債権の一部が消滅していることを確認した場合について準用する。

五　ポツダム宣言の受諾に伴い発する命令に関する件に基く大蔵省関係諸命令の措置に関する法律施行令（昭和二十七年政令第百十二号）第一項又は第二項の規定による納付金に係る債権
六　接収貴金属等の処理に関する法律（昭和三十四年法律第百三十五号）第十六条の規定による納付金に係る債権

（調査、確認及び記帳を要する事項）
第十条　法第十一条第一項に規定する政令で定める事項は、次に掲げる事項とする。
一　債権の発生原因
二　債権の発生年度
三　債権の種類
四　利率その他利息に関する事項
五　延滞金に関する事項
六　債務者の資産又は業務の状況に関する事項
七　担保（保証人の保証を含む。以下同じ。）に関する事項
八　解除条件
九　その他各省各庁の長が定める事項
2　歳入徴収官等は、債権の管理上支障がないと認められるときは、財務省令で定めるところにより、前項各号に掲げる事項の記載又は記録を省略することができる。
3　第八条第四号から第六号までに掲げる債権の債権金額は、その支払われるべき金額が確定し

（債権管理簿への記載又は記録の省略）
第九条の二　歳入徴収官等は、その所掌に属する債権に係る令第十条第一項第一号から第五号まで（第二号を除く。）又は第八号に掲げる事項については、その内容が債権管理簿として使用される帳簿においてすでに明らかとなつている場合又は財務大臣がその記載又は記録を要しないものとして特に指定する場合においては、その記載又は記録を省略することができる。
2　歳入徴収官等は、その所掌に属する債権で債権金額の全部を法第十一条第一項前段の規定により調査及び確認をする日の属する年度内に履行させることとされているものについては、当該年度内に限り、令第十条第一項第二号に掲げる事項の記載又は記録を省略することができる。
3　歳入徴収官等は、その所掌に属する次の各号に掲げる債権については、令第十条第一項第六号に掲げる事項の記載又は記録を省略すること

た場合を除くほか、記載し、又は記録することを要しない。
4　第一項第二号に掲げる債権の発生年度の区分及び同項第三号に掲げる債権の種類は、財務省令で定める。
5　歳入徴収官等は、法第十一条の規定により外国通貨をもつて表示される債権の内容に関する事項を債権管理簿に記載し、又は記録するときは、債権金額を当該外国通貨をもつて表示し、財務大臣が定める外国為替相場でこれを換算した本邦通貨の金額を付記するものとする。
6　歳入徴収官等は、法第二十条第一項に規定する担保物及び債権又はその担保に係る事項の立証に供すべき書類その他の物件の保存に関する事項を債権管理簿に記載し、又は記録しなければならない。
7　歳入徴収官等は、その所掌に属する債権で債権管理簿に記載し、又は記録したものについてその管理に関する事務の処理上必要な措置をとつたとき、当該債権が消滅したことを確認したとき、又はその管理に関係する事実で当該事務の処理上必要なものがあると認めるときは、その都度遅滞なく、これらの内容を債権管理簿に記載し、又は記録しなければならない。

ができる。
一　債権の発生の原因となる契約その他の行為により発生する債権以外の債権
二　地方公共団体、独立行政法人等（独立行政法人等登記令（昭和三十九年政令第二十八号）第一条の独立行政法人等をいう。）又は金融機関（出資の受入れ、預り金及び金利等の取締りに関する法律（昭和二十九年法律第百九十五号）第三条に規定する金融機関をいう。以下同じ。）を債務者とする債権（前号に該当する債権を除く。）
三　法第三条第二項の規定の適用を受ける債権（第一号に該当する債権を除く。）
四　前三号に掲げる債権以外の債権であつて、同一債務者に対する債権金額の合計額が十万円に達しないもの又は債権金額の全部を法第十一条第一項の規定により調査及び確認をしようとする日から起算して二十日以内に履行させることとされているもの
五　その他財務大臣の指定する債権
4　前項の規定により記載又は記録を省略した後、当該債権について法第十五条、法第二十一条第一項若しくは第二項、法第二十四条第一項又は法第二十八条から第三十二条までに規定する措置をとる必要があるとき、当該債権に係る債務者の資産又は業務の状況に重大な変更が生じたとき、その他必要があると認めるときは、

（発生等に関する通知）

第十二条　次の各号に掲げる者は、当該各号に掲げる場合には、遅滞なく、債権が発生し、又は国に帰属したことを、当該債権に係る歳入徴収官等に通知しなければならない。

一　法令の規定に基き国のために債権が発生し、又は国に帰属する原因となる契約その他の行為をする者　当該行為をしたとき（債権の発生又は帰属につき停止条件又は不確定の始期があるときは、当該行為に基き、条件の成就又は期限の到来により債権が発生し、又

（債権の発生又は帰属の通知）

第十一条　法第十二条各号に掲げる者が同条の規定によりすべき通知は、次に掲げる事項を記載し、又は記録した書面に、債権又はその担保に係る事項の立証に供すべき書類の写その他の関係物件を添えて、これを歳入徴収官等に送付することによりするものとする。

一　債務者の住所及び氏名又は名称

二　債権金額

三　履行期限

四　前条第一項各号に掲げる事項

歳入徴収官等は、遅滞なく、当該事項についての記載又は記録をするものとする。

（債権の調査確認の書類）

第十条　歳入徴収官等は、法第十一条第一項の規定によりその所掌に属する債権について調査確認したときは、その調査確認した事項を明らかにした書類を作成するものとする。

（発生年度の区分及び債権の種類）

第十一条　令第十条第一項第二号に規定する債権の発生年度の区分は、別表第一に定めるところによる。

2　令第十条第一項第三号に規定する債権の種類は、別表第二に定めるところによる。

（債権管理簿の記載又は記録の方法）

第十二条　債権管理簿の記載又は記録の方法に関し必要な事項は、別表第四に定めるところによる。

（返納金に係る債権の発生に関する通知の手続）

第十二条の二　法第十二条第二号に掲げる者は、同号の規定により支出負担行為の結果返納金に係る債権が発生したことを通知する場合において当該返納金が法令の規定により支出官又は出納官吏の支払つた金額に戻し入れることができるものであるときは、その支払金額に係る歳出の所属年度、所管、会計名、部局等及び項をあわせて通知するものとする。

は国に帰属したとき。）。

二　法令の規定に基き国のために支出負担行為（財政法第三十四条の二第一項に規定する支出負担行為をいう。以下同じ。）をする者　当該支出負担行為の結果返納金に係る債権が発生したことを知つたとき。

三　法令の規定に基き国のために契約をする者　当該契約に関して債権が発生し、又は国に帰属したことを知つたとき（前二号に該当する場合を除く。）。

四　現金出納職員、物品管理法第八条若しくは第十一条の規定に基き物品の管理に関する事務を行う者（同法第十条若しくは第十一条の規定に基き当該物品の供用に関する事務を行う者があるときは、その者）又は国有財産法（昭和二十三年法律第七十三号）第九条第一項若しくは第三項の規定に基き国有財産に関する事務を行う者　その取扱に係る財産に関して債権が発生したことを知つたとき（前各号に該当する場合を除く。）。

（納入の告知及び督促）

第十三条　歳入徴収官等は、その所掌に属する債権（申告納付に係る債権その他の政令で定める債権を除く。）について、履行を請求するため、会計法第六条の規定によるもののほか、政令で定めるところにより、債務者に対して納入の告知をしなければならない。

2　各省各庁の長は、前項各号に掲げる事項のうち通知をする必要がないと認められるものの通知を省略させることができる。

（債権についての異動の通知）

第十二条　法第十二条第一号に掲げる者は、同号の規定により歳入徴収官等に通知した債権について異動を生じたときは、遅滞なく、その旨を歳入徴収官等に通知しなければならない。

（納入の告知）

第十三条　第五条第一項第二号又は第三号に掲げる事務を行なう者は、法第十三条第一項の規定により納入の告知をしようとするときは、当該告知に係る債権の内容が法令又は契約に違反していないかどうかを調査しなければならない。

2　前項の納入の告知は、同一債務者に対する債

（納入の告知に係る履行期限の設定及び弁済充当の順序）

第十三条　歳入徴収官等は、その所掌に属する債権の履行期限については、法令又は契約に定めがある場合を除き、法第十一条第一項の規定により債務者及び債権金額を確認した日から二十日以内における適宜の履行期限を定めるものと

2　歳入徴収官等は、その所掌に属する債権について、その全部又は一部が前項に規定する納入の告知で指定された期限（納入の告知を要しない債権については、履行期限）を経過してもなお履行されていない場合には、債務者に対してその履行を督促しなければならない。

権金額の合計額が履行の請求に要する費用をこえない場合を除くほか、法第十一条第一項の規定により債務者及び債権金額を確認した日（履行期限の定のある債権にあつては、その確認した日と当該履行期限から起算して二十日前の日とのいずれか遅い日）後遅滞なく、しなければならない。

3　予算決算及び会計令第二十九条の規定は、第一項の規定による納入の告知について準用する。

する。

2　歳入徴収官等は、次に掲げる債権について納入の告知をする場合に、納付された金額が当該債権の金額及び利息、延滞金又は一定の期間に応じて附する加算金（以下この項及び第二十条の二において「延滞金等」という。）の金額の合計額に足りないときは、その納付された金額を先ず当該債権に充当し、次いで延滞金等に充当する旨を明らかにすることができる。

一　法第三十三条第三項に規定する債権

二　歳入金に属する返納金以外の返納金に係る債権

（歳入徴収官等の行う納入の告知の手続）

第十四条　歳入徴収官等は、法第十三条第一項の規定により、債務者に対して納入の告知をする場合には、同一債務者に対する債権金額の合計額が履行の請求に要する費用をこえない場合を除くほか、法第十一条第一項の規定により債務者及び債権金額を確認した日（履行期限の定のある債権にあつては、その確認した日と当該履行期限から起算して二十日前の日とのいずれか遅い日）後遅滞なく、債務者の住所及び氏名又は名称、納付すべき金額、期限及び場所、弁済の充当の順序その他納付に関し必要な事項を明らかにした書類を作成しなければならない。

2　歳入徴収官等は、前項の書類を作成した後遅滞なく、次の各号に掲げる場合の区分に応じ、債務者の住所及び氏名又は名称、納付すべき金額、期限及び場所その他納付に関し必要な事項を明らかにした当該各号に掲げる書式の納入告知書を作成して債務者に送付しなければならない。ただし、口頭をもつてする納入の告知により債務者をして即納させる場合は、この限りでない。

一　センター支出官（予算決算及び会計令（昭和二十二年勅令第百六十五号）第一条第三号に規定するセンター支出官をいう。以下同じ。）の小切手（支出官事務規程（昭和二十二年大蔵省令第九十四号）第十一条第二項第一号に規定する小切手をいう。第十六条第一項第一号及び第三十二条第二項において同じ。）の振出し又は支払指図書若しくは国庫金振替書の交付若しくは送信（同令第十条第一項に規定する送信をいう。第十六条第一項第一号及び第三十二条第二項において同じ。）に係る歳出の返納金を返納させる場合　別紙第一号書式

二　前号以外の場合　別紙第二号書式

3　前項の場合において、日本銀行本店が日本銀行国庫金取扱規程（昭和二十二年大蔵省令第九十三号）第三十四条の規定により振込み又は送金を取り消したことに伴い、歳入徴収官等が日本銀行本店に前項第一号に掲げる書式により納入の告知をするときにおける同項の規定の適用

（納入の告知に係る手続をしない債権）
第十四条　法第十三条第一項に規定する政令で定める債権は、次に掲げる債権とする。

については、同項中「作成して債務者」とあるのは、「作成し、センター支出官（第一号に規定するセンター支出官をいう。）を経由して日本銀行本店」とする。

4　歳入徴収官等は、第二項の規定により納入告知書を作成する場合において、当該債権が歳入金に属する返納金以外の返納金に係るものであるときは、当該返納金に係る日本銀行本店又は資金前渡官吏の預託先日本銀行以外の日本銀行に払込みをさせるものであつて、至急戻入を要するものであるときは、その納入告知書の表面余白に「要電信れい入」と朱書しなければならない。

5　歳入徴収官等は、第二項の規定により納入告知書を送付した場合において、当該債権が歳入金に属する返納金以外の返納金に係るものであるときは、同項に規定する事項を明らかにした書面を当該返納金に係る支払事務担当職員に送付しなければならない。

6　歳入徴収官等は、口頭をもつてする納入の告知により債務者をして即納させる場合には、その納付を受けるべき現金出納職員に対し、納付すべき金額その他納付に関し必要な事項を通知しなければならない。

（官署支出官等に対する債権金額等の通知）
第十五条　歳入徴収官等は、その所掌に属する債権のうち、令第十四条第二号に掲げるもの、予

一　第九条第二項第一号、第二号又は第四号に掲げる債権

二　職員に対して支給する給与の返納金に係る債権で債権金額の全部に相当する金額をその支払つた日の属する年度内において当該職員に対して支払うべき給与の金額から一時に控除して徴収することができるもの

（特定の歳入金に係る債権についての納入の告知等）

第十四条の二　分任歳入徴収官以外の者で第五条第二項の規定により歳入金に係る債権の管理に関する事務を分掌するものは、その債権について納入の告知、履行の督促又は保証人に対する履行の請求を必要とするときは、当該債権に係る歳入の徴収に関する事務を取り扱う歳入徴収官又は分任歳入徴収官に対してこれらの措置をとるべきことを請求するものとする。ただし、必要に応じ、みずから履行の督促をすることを妨げない。

算決算及び会計令第二十八条の二第五号及び第六号に掲げる歳入に係るもの又は同条第九号に掲げる歳入でその必要があると認めるものに係るものについては、第十条の規定により調査確認した事項を明らかにした書類を作成した日後遅滞なく、債務者の住所及び氏名又は名称、履行すべき金額、履行期限、弁済の充当の順序その他履行に関し必要な事項を関係の官署支出官（同令第一条第二号に規定する官署支出官をいう。以下同じ。）又は現金出納職員に通知するものとする。

（相殺超過額の納付書の送付）

第十六条　歳入徴収官等は、第十四条第二項の規定によりその所掌に属する債権について債務者に対して納入告知書を送付した後当該債権が国の債務と相殺された場合において、当該債権の金額が相殺額を超過するときは、次の各号に掲げる場合の区分に応じ、債務者の住所及び氏名又は名称、納付すべき金額、期限及び場所その他納付に関し必要な事項を明らかにした当該各号に掲げる書式の納付書（以下「納付書」という。）を作成して債務者に送付しなければならない。この場合において、納付期限は、既に納入の告知をした納付期限と同一の期限とし、当該納付書の表面余白に「相殺超過額」の印を押すものとする。

一　センター支出官の小切手の振出し又は支払

指図書若しくは国庫金振替書の交付若しくは送信に係る歳出の返納金を返納させる場合
別紙第一号書式

二　前号以外の場合　別紙第三号書式

2　前項の場合において、納入者が納付すべき金額が納付書の送付に要する費用をこえないときは、歳入徴収官等は、同項の規定にかかわらず納付書を送付しないことができる。

（相殺があつた場合に資金前渡官吏等に送付する納付書）

第十七条　歳入徴収官等は、出納官吏事務規程（昭和二十二年大蔵省令第九十五号）第五十五条第三項本文又は第五十六条第一項の場合において資金前渡官吏から請求があつたときは、直ちに相殺額に相当する金額について前条の規定に準じて作成した納付書に当該資金前渡官吏の官職及び氏名を附記し、当該納付書の表面余白に「相殺額」の印をおした上、これを当該資金前渡官吏に送付しなければならない。

2　歳入徴収官等は、支出官事務規程第七条第二項の場合において官署支出官から請求があつたときは、直ちに相殺のあつた債権に係る納入告知書又は納付書に記載していた事項を記載した納付書を作成し、これに当該官署支出官の官職及び氏名を付記し、これを当該官署支出官に送付しなければならない。

（納入告知書等を亡失した場合等に債務者に送付

（納付の委託）

第十四条　歳入徴収官等は、その所掌に属する債権で履行期限を経過してもなおその全部又は一部が履行されていないものについて、債務者が証券をもつてする歳入納付に関する法律（大正五年法律第十号）により歳入の納付に使用することができる証券以外の有価証券を提供して、その取立て及び取り立てた金銭による当該債権に係る弁済金の納付の委託を申し出た場合に

（納付の委託）

第十五条　法第十四条第一項の規定により歳入徴収官等が納付の委託に応ずることができる有価証券は、財務省令で定める小切手、約束手形及び為替手形とする。

2　歳入徴収官等は、法第十四条第一項の規定により納付の委託に応じた場合には、納付受託通知書を当該納付の委託を申し出た者に交付するものとする。

する納付書）

第十八条　歳入徴収官等は、債務者から納入告知書又は納付書を亡失し、又は著しく汚損した旨の申出があつたときは、直ちに当該納入告知書又は納付書に記載された事項を記載した納付書を作成し、これを当該債務者に送付しなければならない。

（電信戻入の準用）

第十九条　第十四条第四項の規定は、前三条の場合について準用する。この場合において、同項中「納入告知書」とあるのは「納付書」と読み替えるものとする。

（督促の手続等）

第二十条　法第十三条第二項の規定により歳入徴収官等が行う履行の督促は、別紙第四号書式の督促状を債務者に送付することにより行うものとする。ただし、必要に応じ、口頭をもつて履行の督促を行なうことができる。

（納付の委託に応ずることができる証券）

第二十条の二　令第十五条第一項の財務省令で定める小切手、約束手形又は為替手形は、次の各号に該当するものとする。

一　券面金額の合計額が法第十四条第一項の規定による取立て及び納付の委託（以下「納付委託」という。）に係る債権の金額（納付の日まで附される延滞金等の金額を含む。）をこえないもの。

は、その証券が最近において確実に取り立てることができるものであり、かつ、その委託に応ずることが徴収上有利であると認められるときに限り、政令で定めるところにより、その委託に応ずることができる。この場合において、その証券の取立てにつき費用を要するときは、その委託をしようとする者から当該費用の額に相当する金額をあわせて提供させなければならない。

2　歳入徴収官等は、前項の委託があつた場合において、必要があるときは、確実と認める金融機関に当該証券の取立て及び納付の再委託をすることができる。

二　受取人の指定がないもの又は歳入徴収官等をその受取人として指定し、若しくは納付委託をする者がその取立てのために裏書をしたもの

三　法第十四条第二項の規定により再委託をする有価証券にあつては、その再委託を受ける金融機関が加入している手形交換所の加入金融機関を支払場所とするものその他当該再委託を受ける金融機関を通じて取り立てることができるもの

（納付委託に係る証券等の受領）

第二十条の三　歳入徴収官等の所属庁に属する職員は、債務者から納付委託の申出があつた場合において、その委託に応ずることが適当であると認められるときは、債務者の提供に係る有価証券（その証券の取立てにつき費用を要するときは、有価証券及び当該費用の額に相当する現金）を受領し、別紙第五号書式の受領証書を当該債務者に交付するものとする。

（納付受託通知書の送付）

第二十条の四　歳入徴収官等は、前条の規定により受領した有価証券について納付委託に応ずることとした場合は、別紙第五号の二書式の納付受託通知書を債務者に交付しなければならない。

（再委託をすることができる金融機関）

第二十条の五　法第十四条第二項の規定による有

価証券の取立て及び納付の再委託（以下「再委託」という。）をすることができる金融機関は、日本銀行の代理店又は歳入代理店である金融機関とする。

（納付委託に係る納付書の交付）

第二十条の六　歳入徴収官等は、法第十四条第二項の規定により金融機関に再委託をし、又は所属庁の職員をして納付委託に係る有価証券の取立てにより受領した金銭をもつて債権に係る弁済金の納付をさせるときは、債務者の住所及び氏名又は名称、納付すべき金額、期限及び場所その他納付に関し必要な事項を記載した納付書を作成して当該金融機関又は職員に交付するものとする。

（納付委託の完了に伴う領収証書の送付）

第二十条の七　歳入徴収官等は、前条に規定する金融機関又は職員から納付委託による弁済金の納付に対する領収証書の送付を受けたときは、直ちにこれを債務者に送付しなければならない。

（納付委託に係る有価証券の返付）

第二十条の八　歳入徴収官等は、次の各号に掲げる場合には、遅滞なく、その旨を債務者に通知し、第二十条の三の規定により交付した受領証書と引き換えに、納付委託に係る有価証券（第一号に掲げる場合には、当該有価証券及びその取立てに要する費用に充てるため提供を受けた

（強制履行の請求等）

第十五条　歳入徴収官等は、その所掌に属する債権（国税徴収又は国税滞納処分の例によつて徴収する債権その他政令で定める債権を除く。）で履行期限を経過したものについて、その全部又は一部が第十三条第二項の規定による督促があつた後、相当の期間を経過してもなお履行されない場合には、次に掲げる措置をとらなければならない。ただし、第二十一条第一項の措置をとる場合又は第二十四条第一項の規定により履行期限を延長する場合（他の法律の規定に基き

（自力執行の手続）

第十六条　歳入徴収官等は、その所掌に属する債権で国税徴収又は国税滞納処分の例によつて徴収するものの全部又は一部が督促の後相当の期間を経過してもなお履行されない場合には、当該債権について法令の規定により滞納処分を執行することができる者に対し、滞納処分の手続をとることを求めなければならない。

現金）の返付の手続をとるものとする。

一　第二十条の三の規定により受領した有価証券について納付委託に応じないこととした場合

二　債務者から納付委託の解除の申出があり、やむを得ない事由があると認めてその解除をした場合

三　再委託をした金融機関から納付委託に係る有価証券について、その支払いを受けることができなかつたため、当該証券の返付を受けた場合

四　納付委託に係る有価証券について所属庁の職員が取立てを行なつた場合において、その支払いを受けることができなかつたとき。

五　納付委託の原因となる国の債権が消滅した場合

（強制履行の請求等の手続）

第二十一条　歳入徴収官等は、法第十五条、法第十八条第二項若しくは第四項若しくは法第二十八条の規定により、又は法第十七条（第二号、第六号及び第七号を除く。）若しくは法第十八条第三項若しくは第五項の措置として法務大臣に対しその措置をとることを求める場合には、その措置に関し必要な事項を明らかにした書面を当該事務を所掌する法務大臣（その措置に関する事務が法務局長又は地方法務局長の所掌に属するものであるときは、当該法務局長又は地方

これらに準ずる措置をとる場合を含む。）その他各省各庁の長が財務大臣と協議して定める特別の事情がある場合は、この限りでない。
一　担保の附されている債権（保証人の保証がある債権を含む。以下同じ。）については、当該債権の内容に従い、その担保を処分し、若しくは法務大臣に対して競売その他の担保権の実行の手続をとることを求め、又は保証人に対して履行を請求すること。
二　債務名義のある債権（次号の措置により債務名義を取得したものを含む。）については、法務大臣に対し、強制執行の手続をとることを求めること。
三　前二号に該当しない債権（第一号に該当する債権で同号の措置をとつてなお履行されないものを含む。）については、法務大臣に対し、訴訟手続（非訟事件の手続を含む。）により履行を請求することを求めること。

（履行期限の繰上）
第十六条　歳入徴収官等は、その所掌に属する債権について履行期限を繰り上げることができる理由が生じたときは、遅滞なく、第十三条第一項の措置をとらなければならない。ただし、第二十四条第一項各号の一に該当する場合その他特に支障がある場合は、この限りでない。

（債権の申出）
第十七条　歳入徴収官等は、その所掌に属する債

法務局長）に送付するものとする。

（保証人に対する履行の請求の手続）
第二十二条　歳入徴収官等は、歳入金に係る債権以外の債権について保証人に対して履行の請求をする場合には、保証人及び債務者の住所及び氏名又は名称、履行すべき金額、当該履行の請求をすべき事由、弁済の充当の順序その他履行の請求に必要な事項を明らかにした納付書を保証人に送付するものとする。

（自力執行を求める手続）
第二十三条　歳入徴収官等は、令第十六条の規定により滞納処分を執行することができる者に対して滞納処分の手続をとることを求める場合には、債務者の住所及び氏名又は名称、履行すべき金額、履行期限、延滞金に関する事項その他滞納処分に必要な事項を明らかにした書面を当該滞納処分を執行することができる者に送付するものとする。

（履行期限の繰上の手続）
第二十四条　歳入徴収官等が法第十六条の規定により歳入金に係る債権以外の債権について履行期限を繰り上げて行なう納入の告知は、履行期限を繰り上げる旨及びその理由を明らかにして行わなければならない。
2　歳入徴収官等は、歳入金に係る債権以外の債権について債務者に対して納入の告知をした後において、当該債権について履行期限を繰り上

権について、次に掲げる理由が生じたことを知つた場合において、法令の規定により国が債権者として配当の要求その他債権の申出をすることができるときは、直ちに、そのための措置をとらなければならない。

一　債務者が強制執行を受けたこと。

二　債務者が租税その他の公課について滞納処分を受けたこと。

三　債務者の財産について競売の開始があつたこと。

四　債務者が破産手続開始の決定を受けたこと。

五　債務者の財産について企業担保権の実行手続の開始があつたこと。

六　債務者である法人が解散したこと。

七　債務者について相続の開始があつた場合において、相続人が限定承認をしたこと。

八　第四号から前号までに定める場合のほか、債務者の総財産についての清算が開始されたこと。

（その他の保全措置）

第十八条　歳入徴収官等は、その所掌に属する債権を保全するため、法令又は契約の定めるところに従い、債務者に対し、担保の提供若しくは保証人の保証を求め、又は必要に応じ増担保の提供若しくは保証人の変更その他担保の変更を求めなければならない。

（担保の種類及び提供の手続等）

第十七条　歳入徴収官等は、法第十八条第一項の規定により担保の提供を求める場合において、法令又は契約に別段の定がないときは、次に掲げる担保の提供を求めなければならない。ただし、当該担保の提供ができないことについてやむを得ない事情があると認められる場合におい

げようとするときは、履行期限を繰り上げる旨及びその理由を明らかにした納付書を債務者に送付しなければならない。

（担保の価値）

第二十五条　令第十七条第一項に規定する担保の価値は、次の各号に掲げる担保について当該各号に掲げるところによる。

一　国債及び地方債（港湾法（昭和二十五年法律第二百十八号）第三十条第一項の規定により港務局が発行する債権を含む。）　政府に納

2 歳入徴収官等は、その所掌に属する債権を保全するため必要があるときは、法務大臣に対し、仮差押又は仮処分の手続をとることを求めなければならない。

3 歳入徴収官等は、その所掌に属する債権を保全するため必要がある場合において、法令の規定により国が債権者として債務者に属する権利を行うことができるときは、債務者に代位して当該権利を行うため必要な措置をとらなければならない。

4 歳入徴収官等は、その所掌に属する債権について、債務者が国の利益を害する行為をしたことを知つた場合において、法令の規定により国が債権者として当該行為の取消を求めることができるときは、遅滞なく、法務大臣に対し、その取消を裁判所に請求することを求めなければならない。

5 歳入徴収官等は、その所掌に属する債権が時効によつて消滅することとなるおそれがあるときは、時効を中断するため必要な措置をとらなければならない。

〈編注〉 本条第五項は、次のように改正され、平成三二年四月一日から施行される。

5 歳入徴収官等は、その所掌に属する債権が時効によつて消滅することとなるおそれがあるときは、時効を更新するため必要な

ては、他の担保の提供を求めることをもつて足りる。

一 国債及び地方債（港湾法（昭和二十五年法律第二百十八号）第三十条第一項の規定により港務局が発行する債券を含む。以下同じ。）

二 歳入徴収官等が確実と認める社債その他の有価証券

三 土地並びに保険に附した建物、立木、船舶、航空機、自動車及び建設機械

四 鉄道財団、工場財団、鉱業財団、軌道財団、運河財団、漁業財団、港湾運送事業財団及び道路交通事業財団

五 歳入徴収官等が確実と認める金融機関その他の保証人の保証

2 前項の担保の価値及びその提供の手続は、法令又は契約に別段の定がある場合を除くほか、財務省令で定めるところによる。

むべき保証金其の他の担保に充用する国債の価格に関する件（明治四十一年勅令第二百八十七号）に規定し、又は同令の例による金額

二 歳入徴収官等が確実と認める社債、特別の法律により法人の発行する債券及び貸付信託の受益証券　額面金額又は登録金額（発行価額が額面金額又は登録金額と異なるときは、発行価額）の八割に相当する金額

三 金融商品取引所に上場されている株券（端株券を含む。）、出資証券及び投資信託の受益証券　時価の八割以内において歳入徴収官等が決定する価額

四 金融機関の引受、保証又は裏書のある手形　手形金額（その手形の満期の日が当該担保を附することとなつている債権の履行期限後であるときは、当該履行期限の翌日から手形の満期の日までの期間に応じ当該手形金額を一般金融市場における手形の割引率により割り引いた金額）

五 令第十七条第一項第三号及び第四号に掲げる担保　時価の七割以内において歳入徴収官等が決定する価額

六 歳入徴収官等が確実と認める金融機関その他の保証人の保証　その保証する金額

七 前各号に掲げる担保以外の担保　財務大臣の定めるところにより歳入徴収官等が決定する金額

措置をとらなければならない。

（担保の保全）

第十九条　歳入徴収官等は、その所掌に属する債権について担保が提供されたときは、遅滞なく、担保権の設定について、登記、登録その他の第三者に対抗することができる要件を備えるため必要な措置をとらなければならない。

（担保の提供の手続等）

第二十六条　有価証券を担保として提供しようとする者は、これを供託所に供託し、供託書正本を歳入徴収官等に提出するものとする。ただし、登録国債については、その登録を受け、登録済通知書を提出するものとし、振替株式等（社債、株式等の振替に関する法律（平成十三年法律第七十五号）第二条第一項に掲げる社債等で同条第二項に規定する振替機関が取り扱うものをいう。以下この項において同じ。）を提供しようとする者は、振替株式等の種類に応じ、当該振替株式等に係る振替口座簿の歳入徴収官等の口座の質権欄に増加又は増額の記載又は記録をするために振替の申請をするものとする。

2　土地、建物その他の抵当権の目的とすることができる財産を担保として提供しようとする者は、当該財産についての抵当権の設定の登記原因又は登録原因を証明する書面及びその登記又は登録についての承諾書を歳入徴収官等に提出するものとする。

3　歳入徴収官等は、前項の書面の提出を受けたときは、遅滞なく、これらの書面を添えて、抵当権の設定の登記又は登録を登記所又は登録機関に嘱託しなければならない。

4　金融機関その他の保証人の保証を担保として提供しようとする者は、その保証人の保証を証明する書面をその担保を求めた歳入徴収官等に

（担保及び証拠物件等の保存）
第二十条　歳入徴収官等は、その所掌に属する債権について、国が債権者として占有すべき金銭以外の担保物（債務者に属する権利を代位して

提出するものとする。
5　歳入徴収官等は、前項の保証人の保証を証明する書面の提出を受けたときは、遅滞なく、当該保証人との間に保証契約を締結しなければならない。
6　動産で第一項又は第二項に規定するもの以外のものを担保として提供しようとする者は、これを物品管理法（昭和三十一年法律第百十三号）第三十五条において準用する同法第九条又は第十一条の規定に基き物品の保管に関する事務を行う者で歳入徴収官等が指定するものに引き渡すものとする。
7　指名債権を担保として提供しようとする者は、民法（明治二十九年法律第八十九号）第三百六十四条第一項の措置をとつた後、その指名債権の証書及び第三債務者の承諾を証明する書類を歳入徴収官等に交付するものとする。
8　前七項に規定するもの以外のものの担保としての提供の手続及びこれらのうち担保権の設定について登記又は登録によつて第三者に対抗する要件を備えることができるものについてのその登記又は登録の嘱託については、前七項の例による。

行うことにより受領する物を含む。以下この条において同じ。）及びもつぱら債権又は債権の担保に係る事項の立証に供すべき書類その他の物件を、善良な管理者の注意をもつて、整備し、かつ、保存しなければならない。

2　前項の場合において、有価証券の取扱は、会計法及びこれに基く命令の定めるところによる。

3　第一項の場合において、担保物が物品管理法第三十五条の規定により同法の規定を準用する動産であるときは、同法第九条又は第十一条の規定に基き物品の保管に関する事務を行う者がこれを保管するものとし、同法第二十三条の出納命令は、歳入徴収官等が行うものとする。

（徴収停止）

第二十一条　歳入徴収官等は、その所掌に属する債権（国税徴収又は国税滞納処分の例によつて徴収する債権その他政令で定める債権を除く。次項において同じ。）で履行期限（履行期限の定めのない債権にあつては、第十一条第一項前段の規定による記載又は記録をした日）後相当の期間を経過してもなお完全に履行されていないものについて、次の各号の一に該当し、これを履行させることが著しく困難又は不適当であると認められるときは、政令で定めるところにより、以後当該債権について、保全及び取立に関する事務（前条に規定するものを除く。）をする

（徴収停止をしない債権）

第十八条　法第二十一条第一項に規定する政令で定める債権は、担保の附されている債権（当該担保の価額が担保権を実行した場合の費用及び優先債権等の金額の合計額をこえないと見込まれる債権を除く。）とする。

（徴収停止をした債権の区分整理）

第十九条　歳入徴収官等は、法第二十一条第一項及び第二項の措置をとる場合には、その措置をとる債権を債権管理簿において他の債権と区分して整理するものとする。

（徴収停止ができる場合）

第二十条　法第二十一条第一項第二号に規定する

（徴収停止等の手続）

第二十七条　歳入徴収官等は、その所掌に属する債権について法第二十一条第一項又は第二項に規定する措置をとる場合には、同条第一項又は第二項の規定に該当する理由、その措置をとることが債権の管理上必要であると認める理由及び当該理由に応じて債務者の業務又は資産に関する状況、債務者の所在その他必要な事項を記載した書類を各省各庁の長に送付してその承認を受けなければならない。ただし、法第三十八条第一項ただし書の規定に該当する場合は、当該書類を作成して直ちにその措置をとることができる。

ことを要しないものとして整理することができる。
一　法人である債務者がその事業を休止し、将来その事業を再開する見込が全くなく、かつ、差し押えることができる財産の価額が強制執行の費用をこえないと認められる場合（当該法人の債務につき弁済の責に任ずべき他の者があり、その者について次号に掲げる事情がない場合を除く。）
二　債務者の所在が不明であり、かつ、差し押えることができる財産の価額が強制執行の費用をこえないと認められる場合その他これに類する政令で定める場合
三　債権金額が少額で、取立に要する費用に満たないと認められる場合
2　歳入徴収官等は、その所掌に属する債権について、第十一条第一項前段の規定による記載又は記録をした後相当の期間を経過してもなおその債務者が明らかでなく、かつ、将来これを取り立てることができる見込みがないと認められるときは、政令で定めるところにより、前項の措置をとることができる。
3　歳入徴収官等は、前二項の措置をとつた後、事情の変更等によりその措置を維持することが不適当となつたことを知つたときは、直ちに、その措置を取りやめなければならない。
（相殺等）

政令で定める場合は、次に掲げる場合とする。
一　債務者の所在が不明であり、かつ、差し押えることができる財産の価額が強制執行の費用をこえると認められる場合において、優先債権等がそのこえると認められる額の全部の弁済を受けるべきとき。
二　債務者が死亡した場合において、相続人のあることが明らかでなく、かつ、相続財産の価額が強制執行をした場合の費用及び優先債権等の金額の合計額をこえないと見込まれるとき。
三　歳入徴収官等が債権の履行の請求又は保全の措置をとつた後、債務者が本邦に住所又は居所を有しないこととなつた場合において、再び本邦に住所又は居所を有することとなる見込がなく、かつ、差し押えることができる財産の価額が強制執行をした場合の費用及び優先債権等の金額の合計額をこえないと見込まれるとき。
（相殺等を要しない場合）

第二十二条　歳入徴収官等は、その所掌に属する債権について、法令の規定により当該債権と相殺し、又はこれに充当することができる国の債務があることを知つたときは、直ちに、当該債務に係る支払事務担当職員（会計法第二十四条に規定する支出官その他の法令の規定により国の支払事務を行う者をいう。以下同じ。）に対し、相殺又は充当をすべきことを請求しなければならない。

2　支払事務担当職員は、その所掌に属する支払金に係る債務について、前項の請求があつたときその他法令の規定により当該債務と相殺し、又はこれを充当することができる国の債権があることを知つたときは、政令で定める場合を除き、遅滞なく、相殺又は充当をするとともに、その旨を当該債権に係る歳入徴収官等に通知しなければならない。

3　歳入徴収官等は、前項の通知を受けた場合を除き、その所掌に属する債権と国の債務との間に相殺が行われたことを知つたときは、直ちに、その旨を当該債務に係る支払事務担当職員に通知しなければならない。

（消滅に関する通知）

第二十三条　法令の規定に基き国のために弁済の受領をする者、第十二条第一号に掲げる者その他政令で定める者は、会計法第四十七条第二項の規定によるもののほか、政令で定めるところ

第二十一条　法第二十二条第二項に規定する政令で定める場合は、相殺又は充当をすることが公の事務又は事業の遂行を阻害する等公益上著しい支障を及ぼすこととなるおそれがあるものとして各省各庁の長が定める場合とする。

（消滅に関する通知）

第二十二条　法第二十三条に規定する政令で定める者は、第五条第二項の規定により分任歳入徴収官以外の者が歳入金に係る債権の管理に関する事務を分掌する場合における当該債権に係る

第二十八条及び第二十九条　削除

（債権を消滅したものとみなして整理する場合）

第三十条　歳入徴収官等は、その所掌に属する債権で債権管理簿に記載し、又は記録したものについて、次の各号に掲げる事由が生じたときは、その事の経過を明らかにした書類を作成し、当

により、その職務上債権が消滅したことを知つたときは、遅滞なく、その旨を当該債権に係る歳入徴収官等に通知しなければならない。

歳入の徴収に関する事務を取り扱う歳入徴収官又は分任歳入徴収官とする。

2　法第二十三条の規定による通知は、次の各号に掲げる者が当該各号に掲げるときに行うものとする。

一　現金出納職員及び日本銀行　歳入金に係る債権以外の債権について国のために弁済の受領をしたとき。

二　法令の規定に基き金銭（証券を以てする歳入納付に関する法律（大正五年法律第十号）により金銭に代えて納付される証券を含む。）以外の財産の出納保管の事務を行う者　法令の規定により当該財産をもつて国のために弁済の受領をしたとき。

三　法第十二条第一号に掲げる者　同号に規定する契約その他の行為について解除又は取消があつたとき。

四　前項に規定する歳入徴収官又は分任歳入徴収官　歳入金に係る債権について国のために弁済の受領をした者から当該歳入金の領収済みの旨の報告を受けたとき、及び当該債権と国の債務との間における相殺の意思表示を債務者から受けたとき。

該債権の全部又は一部が消滅したものとみなして整理するものとする。

一　当該債権につき消滅時効が完成し、かつ、債務者がその援用をする見込があること。

二　債務者である法人の清算が結了したこと（当該法人の債務につき弁済の責に任ずべき他の者があり、その者について第一号から第四号までに掲げる事由がない場合を除く。）。

三　債務者が死亡し、その債務について限定承認があつた場合において、その相続財産の価額が強制執行をした場合の費用並びに他の優先して弁済を受ける債権及び国以外の者の権利の金額の合計額をこえないと見込まれること。

四　破産法（平成十六年法律第七十五号）第二百五十三条第一項、会社更生法（平成十四年法律第百五十四号）第二百四条第一項その他の法令の規定により債務者が当該債権につきその責任を免かれたこと。

五　当該債権の存在につき法律上の争がある場合において、法務大臣が勝訴の見込がないものと決定したこと。

（歳入徴収官又は分任歳入徴収官に対する歳入金に係る債権の通知）

第三十一条　歳入徴収官等は、その所掌に属する債権が法令の規定により歳入金に係る債権として整理されることとなつたときは、その旨を関係の歳入徴収官又は分任歳入徴収官に通知しなければならない。

（消滅に関する通知等の手続）

第三十二条　令第二十二条に規定する債権の消滅に関する通知は、歳入徴収官事務規程（昭和二十七年大蔵省令第百四十一号）第五十四条の三第一項、出納官吏事務規程第五十二条の五、日本銀行国庫金取扱規程第二十五条第三項、第二十五条の三第一項、第三十九条の二第三項若しくは第四項若しくは第三十九条の三第一項若しくは第二項、日本銀行の歳入金等の受入に関する特別取扱手続（昭和二十四年大蔵省令第百号。以下この条において「特別手続」という。）第三条の四第二項又は日本銀行の公庫預託金取扱規程（昭和二十五年大蔵省令第三十一号）第二十一条の九の規定によるもののほか、債務者の住所及び氏名又は名称、消滅の日付、消滅金額、消滅の事由その他必要な事項を記載した書面を送付することにより行うものとする。

2　前項の場合において、センター支出官の小切手の振出し又は支払指図書若しくは国庫金振替書の交付若しくは送信に係る歳出の返納金に係る債権の消滅に関するものは、センター支出官を経由して通知を行うものとする。

3　歳入徴収官等は、歳入徴収官事務規程第五十四条の三第四項の規定により歳入徴収官から相殺に関する通知を受けたとき、又はその所掌に

（通知等の省略）

第二十三条　次の各号に掲げる通知又は請求は、当該各号に掲げる場合においては、省略することができる。

一　法第十二条の規定による通知　同条各号に

属する債権と国の債務との間における相殺の意思表示を債務者から受けたときは、直ちに同項に規定する事項を明らかにした書面を作成して当該債務に係る支払事務担当職員に送付しなければならない。

4　歳入徴収官等は、日本銀行から日本銀行国庫金取扱規程第二十五条第三項、第二十五条の三第一項若しくは特別手続第三条の四第二項の規定による返納金領収済通知情報の送信、日本銀行国庫金取扱規程第三十九条の二第三項の規定による領収済通知書若しくは振替済通知書の送付又は日本銀行国庫金取扱規程第三十九条の二第四項、第三十九条の三第一項若しくは第二項若しくは日本銀行の公庫預託金取扱規程第二十一条の九の規定による振替済通知書の送付を受けたときは、直ちに当該通知書に記載された事項を明らかにした書面を作成して当該返納金に係る支払事務担当職員に送付しなければならない。ただし、当該返納金に係る債権が第三十九条の二第三項の規定により出納官吏に対して通知をしたものであるときは、その通知した事項を当該書面に付記しなければならない。

（通知等の省略）

第三十三条　次の各号に掲げる請求又は通知は、当該各号に掲げる場合においては、省略することができる。

一　第十四条第五項の規定による書面の送付

第四章　債権の内容の変更、免除等

（履行延期の特約等をすることができる場合）

第二十四条　歳入徴収官等は、その所掌に属する債権（国税徴収又は国税滞納処分の例によって徴収する債権その他政令で定める債権を除く。）について、他の法律に基く場合のほか、次の各号の一に該当する場合に限り、政令で定めるところにより、その履行期限を延長する特約又は処分をすることができる。この場合において、当該債権の金額を適宜分割して履行期限を定めることを妨げない。

一　債務者が無資力又はこれに近い状態にあるとき。

二　債務者が当該債務の全部を一時に履行する

掲げる者が歳入徴収官等を兼ねる場合

二　法第二十二条第一項の規定による請求及び同条第二項又は第三項の規定による通知　歳入徴収官等が支払事務担当職員を兼ねる場合

三　法第二十三条の規定による通知　前条第二項第一号から第三号までに掲げる者が歳入徴収官等を兼ねる場合

四　第十二条の規定による通知　同条に規定する者が歳入徴収官等を兼ねる場合

第四章　債権の内容の変更、免除等

（履行延期の特約等をすることができない債権）

第二十四条　法第二十四条第一項に規定する政令で定める債権は、次に掲げる債権とする。

一　法令の規定により地方債をもつて納付させることができる債権

二　法令の規定に基き国に納付する事業上の利益金、剰余金又は収入金の全部又は一部に相当する金額に係る債権

三　恩給法（大正十二年法律第四十八号）第五十九条（他の法律において準用する場合を含む。）の規定による納付金に係る債権

四　地方交付税法（昭和二十五年法律第二百十一号）第十六条第三項の規定による還付金に

歳入徴収官等が支払事務担当職員を兼ねる場合

二　第十四条第六項の規定による通知　歳入徴収官等が現金出納職員を兼ねる場合

三　第十五条の規定による通知　歳入徴収官等が、官署支出官又は現金出納職員を兼ねる場合

四　第三十一条の規定による通知　歳入徴収官等が歳入徴収官又は分任歳入徴収官を兼ねる場合

五　前条第三項の規定による書面の送付　歳入徴収官等が支払事務担当職員を兼ねる場合

第四章　債権の内容の変更、免除等

ことが困難であり、かつ、その現に有する資産の状況により、履行期限を延長することが徴収上有利であると認められるとき。
三　債務者について災害、盗難その他の事故が生じたことにより、債務者が当該債務の全部を一時に履行することが困難であるため、履行期限を延長することがやむを得ないと認められるとき。
四　契約に基く債権について、債務者が当該債務の全部を一時に履行することが困難であり、かつ、所定の履行期限によることが公益上著しい支障を及ぼすこととなるおそれがあるとき。
五　損害賠償金又は不当利得による返還金に係る債権について、債務者が当該債務の全部を一時に履行することが困難であり、かつ、弁済につき特に誠意を有すると認められるとき。
六　貸付金に係る債権について、債務者が当該貸付金の使途に従って第三者に貸付を行った場合において、当該第三者に対する貸付金に関し、第一号から第四号までの一に該当する理由があることその他特別の事情により、当該第三者に対する貸付金の回収が著しく困難であるため、当該債務者がその債務の全部を一時に履行することが困難であるとき。
2　歳入徴収官等は、履行期限後においても、前

係る債権及び同法第十九条第二項若しくは第三項若しくは第二十条の二第四項又は地方財政法（昭和二十三年法律第百九号）第二十六条第一項の規定による返還金に係る債権
五　国家公務員及び公共企業体職員に係る共済組合制度の統合等を図るための国家公務員共済組合法等の一部を改正する法律（昭和五十八年法律第八十二号）附則第三十七条の規定によりなお効力を有することとされる同法附則第二条の規定による廃止前の公共企業体職員等共済組合法（昭和三十一年法律第百三十四号）附則第三十六条の規定による負担金に係る債権

（履行延期の特約等の手続）
第二十五条　法第二十四条の規定による履行延期の特約等は、債務者からの書面による申請に基づいて行うものとする。ただし、外国を債務者とする債権について履行延期の特約等をする場合には、各省各庁の長が財務大臣と協議して定める手続によることができる。
2　前項の書面は、次に掲げる事項を記載したものでなければならない。
一　債務者の住所及び氏名又は名称
二　債権金額
三　債権の発生原因
四　履行期限の延長を必要とする理由
五　延長に係る履行期限

（履行延期の特約等の手続）
第三十四条　令第二十五条第一項に規定する書面には、同条第二項各号に掲げる事項及び令第三十一条に規定する条件を附することを承認する旨を記載するものとし、その書式は、別紙第六号書式の履行延期申請書によるものとする。
2　歳入徴収官等は、債務者から前項の履行延期申請書の提出を受けた場合において、その内容を審査し、法第二十四条第一項各号に掲げる場合の一に該当し、かつ、履行延期の特約等をすることが債権の管理上必要であると認めたときは、その該当する理由及び必要であると認める理由を記載した書類に当該申請書又はその写その他の関係書類を添え、各省各庁の長に送付し

項の規定により履行期限を延長する特約又は処分（以下「履行延期の特約等」という。）をすることができる。この場合においては、既に発生した延滞金（履行の遅滞に係る損害賠償金その他の徴収金をいう。以下同じ。）に係る債権は、徴収すべきものとする。

3　歳入徴収官等は、その所掌に属する債権で分割して弁済させることとなつているものにつき履行延期の特約等をする場合において、特に必要があると認めるときは、政令で定めるところにより、当該履行期限後に弁済することとなつている金額に係る履行期限をもあわせて延長することとすることができる。

（履行期限を延長する期間）

第二十五条　歳入徴収官等は、履行延期の特約等をする場合には、履行期限（履行期限後に履行延期の特約等をする場合には、当該履行延期の特約等をする日）から五年（前条第一項第一号又は第六号に該当する場合には、十年）以内において、その延長に係る履行期限を定めなければならない。ただし、さらに履行延期の特約等をすることを妨げない。

（履行延期の特約等に係る措置）

第二十六条　歳入徴収官等は、その所掌に属する

六　履行期限の延長に伴う担保及び利息に関する事項

七　法第二十七条各号に掲げる趣旨の条件を附すること及び法第三十五条各号に掲げる事項を承諾すること。

八　その他各省各庁の長が定める事項

（分割して弁済させる債権の履行延期の特例）

第二十六条　分割して弁済させることとなつている債権について法第二十四条第三項の規定により最初に弁済すべき金額の履行期限後に弁済することとなつている金額に係る履行期限をあわせて延長する場合においては、最後に弁済すべき金額に係る履行期限の延長は、最初に弁済すべき金額に係る履行期限の延長期間をこえないものとする。ただし、特に徴収上有利と認められるときは、当該履行期限の延長は、法第二十五条に規定する期間の範囲内において、当該期間をこえることができる。

（延納担保の種類、提供の手続等）

第二十七条　第十七条の規定は、法第二十六条第

て履行延期の特約等をすることの承認を受けなければならない。ただし、法第三十八条第一項ただし書の規定に該当する場合は、当該書類を作成して直ちにその措置をとることができる。

3　前項の場合において、当該申請書の内容を確認するため必要があるときは、債務者又は保証人（保証人となるべき者を含む。）に対し、法令又は契約に定がある場合を除きその承諾を得て、その業務又は資産の状況に関して、質問し、帳簿書類その他の物件を調査し、又は参考となるべき報告若しくは資料の提出を求める等必要な調査を行うものとする。

4　歳入徴収官等は、履行延期の特約等をする場合には、直ちに別紙第七号書式の履行延期承認通知書を作成して債務者に送付しなければならない。この場合において、その通知書には、必要に応じ、歳入徴収官等が指定する期限までに担保の提供、第三十六条第一項に規定する債務名義の取得のために必要な行為又は同条第二項に規定する債務証書の提出がなかつたときは、その承認を取り消すことがある旨を附記しなければならない。

（期限を指定して延納担保を提供させる場合）

第三十五条　歳入徴収官等は、履行延期の特約等

債権について履行延期の特約等をする場合には、政令で定めるところにより、担保を提供させ、かつ、利息を附するものとする。ただし、第二十四条第一項第一号に該当する場合、当該債権が第三十三条第三項に規定する債権に該当する場合その他政令で定める場合には、政令で定めるところにより、担保の提供を免除し、又は利息を附さないことができる。

2　歳入徴収官等は、その所掌に属する債権（債務名義のあるものを除く。）について履行延期の特約等をする場合には、政令で定める場合を除き、当該債権について債務名義を取得するため必要な措置をとらなければならない。

（履行延期の特約等に附する条件）

第二十七条　歳入徴収官等は、履行延期の特約等をする場合には、次に掲げる趣旨の条件を附するものとする。

一　当該債権の保全上必要があるときは、債務者又は保証人に対し、その業務又は資産の状況に関して、質問し、帳簿書類その他の物件を調査し、又は参考となるべき報告若しくは資料の提出を求めること。

二　次の場合には、当該債権の全部又は一部について、当該延長に係る履行期限を繰り上げることができること。

イ　債務者が国の不利益にその財産を隠し、そこない、若しくは処分したとき、若しく

一項の規定により担保を提供させようとする場合について準用する。

2　歳入徴収官等は、その所掌に属する債権で既に担保の附されているものについて履行延期の特約等をする場合において、その担保が当該債権を担保するのに十分であると認められないときは、増担保の提供又は保証人の変更その他担保の変更をさせるものとする。

（延納担保の提供を免除することができる場合）

第二十八条　法第二十六条第一項ただし書の規定により担保の提供を免除することができる場合は、次に掲げる場合に限る。

一　債務者から担保を提供させることが公の事務又は事業の遂行を阻害する等公益上著しい支障を及ぼすこととなるおそれがある場合

二　同一債務者に対する債権金額の合計額が十万円未満である場合

三　履行延期の特約等をする債権が債務者の故意又は重大な過失によらない不当利得による返還金に係るものである場合

四　担保として提供すべき適当な物件がなく、かつ、保証人となるべき者がない場合

（延納利息の率）

第二十九条　法第二十六条第一項の規定により付する延納利息の率は、財務大臣が一般金融市場における金利を勘案して定める率（以下この条において「財務大臣の定める率」という。）によ

をする債権で法第二十六条第一項の規定により担保を提供させることになつているものについて、その履行延期の特約等をするときまでに債務者が担保を提供することが著しく困難であると認めるときは、期限を指定して、その履行延期の特約等をした後においてその提供をさせることができる。

（債務名義を取得するための措置等）

第三十六条　歳入徴収官等は、法第二十六条第二項の規定により履行延期の特約等をする債権について債務名義を取得する場合には、債務者に対し、債務名義を取得するためなすべき必要な行為及びその期限を指定して通知しなければならない。

2　歳入徴収官等は、令第三十二条の規定に該当するため履行延期の特約等をする債権について債務名義を取得することを要しない場合においては、当該債権につきその存在を証明する書類が存在する場合を除き、期限を指定して債務者をして履行延期の特約等をした後別紙第八号書式の債務証書を提出させなければならない。

（履行延期の特約等の取消の措置）

第三十七条　歳入徴収官等は、履行延期の特約等をした債権について、債務者の責に帰すべき事由により、第三十五条又は前条に規定する担保の提供、債務名義の取得のために必要な行為又は債務証書の提出がこれらの条に規定する期限

はこれらのおそれがあると認められるとき、又は虚偽に債務を負担する行為をしたとき。

ロ　当該債権の金額を分割して履行期限を延長する場合において、債務者が分割された弁済金額についての履行を怠つたとき。

ハ　第十七条各号の一に掲げる理由が生じたとき。

ニ　債務者が第一号の条件その他の当該履行延期の特約等に附された条件に従わないとき。

ホ　その他債務者の資力の状況その他の事情の変化により当該延長に係る履行期限によることが不適当となつたと認められるとき。

（履行延期の特約等に代わる和解）

第二十八条　歳入徴収官等は、前四条の規定により履行延期の特約等をしようとする場合において、民事訴訟法（平成八年法律第百九号）第二百七十五条の和解によることを相当と認めるときは、法務大臣に対し、その手続をとることを求めるものとする。

るものとする。ただし、履行延期の特約等をする事情を参酌すれば不当に又は著しく負担の増加をもたらすこととなり、財務大臣の定める率によることが著しく不適当である場合は、当該財務大臣の定める率を下回る率によることができる。

２　外国を債務者とする債権について履行延期の特約等をする場合における法第二十六条第一項の規定により付する延納利息の率については、当該履行延期の特約等をする事情その他の事情を参酌して財務大臣の定める率により難いと認められるときは、前項の規定にかかわらず、各省各庁の長が財務大臣と協議して定める率によることができる。

（延納利息を附さないことができる場合）

第三十条　法第二十六条第一項ただし書の規定により延納利息を附さないことができる場合は、次に掲げる場合に限る。

一　履行延期の特約等をする債権が法第二十四条第一項第一号に規定する債権に該当する場合

二　履行延期の特約等をする債権が法第三十三条第三項に規定する債権に該当する場合

三　履行延期の特約等をする債権が貸付金に係る債権その他の債権で既に利息を附することとなつているものである場合

四　履行延期の特約等をする債権が利息、延滞

までになかつたときは、直ちに履行延期の特約等の解除又は取消を行い、その旨を債務者に通知しなければならない。

金その他法令又は契約の定めるところにより一定期間に応じて附する加算金に係る債権である場合
五　履行延期の特約等をする債権の金額が千円未満である場合
六　延納利息を附することとして計算した場合において、当該延納利息の額の合計額が百円未満となるとき。

（履行延期の特約等に附する条件）
第三十一条　歳入徴収官等は、法第二十六条第一項ただし書の規定により担保の提供を免除し、又は延納利息を附さないこととした場合においても、債務者の資力の状況その他の事情の変更により必要があると認めるときは、担保を提供させ、又は延納利息を附することとすることができる旨の条件を附するものとする。

（債務名義を取得することを要しない場合）
第三十二条　法第二十六条第二項に規定する政令で定める場合は、次に掲げる場合とする。
一　履行延期の特約等をする債権に確実な担保が附されている場合
二　第二十八条第二号又は第三号に掲げる場合
三　強制執行をすることが公の事務又は事業の遂行を阻害する等公益上著しい支障を及ぼすこととなるおそれがある場合
2　前項各号に掲げる場合のほか、歳入徴収官等は、債務者が無資力であることにより債務名義

（市場金利の低下による利率の引下）

第二十九条　歳入徴収官等は、その所掌に属する貸付金に係る債権その他の契約に基く債権に係る利息（延滞金を含む。）で、その利率（延滞金の計算の基準となつている割合を含む。以下この条において同じ。）が一般金融市場における金利に即して定められたものについて、当該金利が低下したことにより、その利率を維持することが不適当となつたときは、これを是正するため必要な限度において、その利率を引き下げる特約をすることができる。

（更生計画案等についての同意）

第三十条　法務大臣は、国の債権について、民事再生法（平成十一年法律第二百二十五号）の規定により決議に付され若しくは付されるべき

を取得するために要する費用を支弁することができないと認める場合においては、その債務者が当該費用及び債権金額をあわせて支払うことができることとなるときまで、債務名義を取得するために必要な措置をとらないことができる。

（利率を引き下げる特約等の手続）

第三十三条　法第二十九条の規定による利率を引き下げる特約及び法第三十二条の規定による債権の免除は、債務者からの書面による申請に基いて行うものとする。

（利率を引き下げる特約の手続）

第三十八条　歳入徴収官等は、債務者から令第三十三条の規定により利率の引下の申請書の提出を受けた場合において、その内容を審査し、その申請に正当な理由があると認めたときは、利率引下の理由を明らかにした書類を各省各庁の長に送付して利率を引き下げることの承認を受けなければならない。ただし、法第三十八条第一項ただし書の規定に該当する場合は、当該書類を作成して直ちにその特約をすることができる。

2　歳入徴収官等は、利率を引き下げる特約をする場合には、引き下げられた利率及び当該利率を適用すべき起算日を明らかにした書面を債務者に送付しなければならない。この場合において、起算日は、その送付の日以後の日としなければならない。

再生計画案若しくは変更計画案（同意再生の場合にあつては裁判所に提出された再生計画案）又は会社更生法（平成十四年法律第百五十四号）若しくは金融機関等の更生手続の特例等に関する法律（平成八年法律第九十五号）の規定により決議に付された更生計画案若しくは変更計画案がこれらの法律の規定に違反しないものであり、かつ、その内容が債務者が遂行することができる範囲内において国の不利益を最少限度にするように定められていると認められる場合に限り、これに同意することができる。

（和解等）

第三十一条　法務大臣は、国の債権について、この法律その他の法令の規定により認められた内容によるほか、法律上の争いがある場合においては、その争いを解決するためやむを得ず、かつ、国にとつて当該債権の徴収上有利と認められる範囲内において、裁判上の和解（以下「和解」という。）をし、民事調停法（昭和二十六年法律第二百二十二号）若しくは労働審判法（平成十六年法律第四十五号）による調停（以下「調停」という。）に応じ、又は同法第二十一条第一項の規定による異議の申立てをしないことができる。ただし、債権の性質がこれに適しない場合は、この限りでない。

（免除）

第三十二条　歳入徴収官等は、債務者が無資力又

（免除の手続）

第三十九条　歳入徴収官等は、債務者から令第三

はこれに近い状態にあるため履行延期の特約等（和解、調停又は労働審判（労働審判法第二十条の規定による労働審判をいう。第三十八条第三項において同じ。）によつてする履行期限の延長で当該履行延期の特約等に準ずるものを含む。以下この条において同じ。）をした債権について、当初の履行期限（当初の履行期限後に履行延期の特約等をした場合は、最初に履行延期の特約等をした日）から十年を経過した後において、なお債務者が無資力又はこれに近い状態にあり、かつ、弁済することができることとなる見込みがないと認められる場合には、当該債権並びにこれに係る延滞金及び利息を免除することができる。

2　前項の規定は、第二十四条第一項第六号に掲げる理由により履行延期の特約等をした貸付金に係る債権で、同号に規定する第三者が無資力又はこれに近い状態にあることに基いて当該履行延期の特約等をしたものについて準用する。この場合における免除については、債務者が当該第三者に対する貸付金について免除をすることを条件としなければならない。

3　歳入徴収官等は、履行延期の特約等をした債権につき延納利息（第二十六条第一項本文の規定による利息をいう。以下同じ。）を附した場合において、債務者が当該債権の金額の全部に相当する金額をその延長された履行期限内に弁済

十三条の規定により債権の免除の申請書の提出を受けた場合において、法第三十二条各項の規定の一に該当し、かつ、当該債権を免除することがその管理上やむを得ないと認められるときは、その該当する理由及びやむを得ないと認める理由を記載した書類に当該申請書又はその写その他の関係書類を添え、各省各庁の長に送付して債権を免除することの承認を受けなければならない。ただし、法第三十八条第一項ただし書の規定に該当する場合は、当該書類を作成して直ちにその措置をとることができる。

2　歳入徴収官等は、債権の免除をする場合には、免除する金額、免除の日付及び法第三十二条第二項に規定する債権にあつては、同項後段に規定する条件を明らかにした書面を債務者に送付しなければならない。

したときは、当該債権及び延納利息については、債務者の資力の状況によりやむを得ない事情があると認められる場合に限り、当該延納利息の全部又は一部に相当する金額を免除することができる。

（延滞金に関する特則）

第三十三条　国の債権（利息を附することとなつている債権及び特別の法律において延滞金に関する定のある債権を除く。以下この条において同じ。）に係る延滞金は、履行期限内に弁済されなかつた当該債権の金額が千円未満である場合には、附さない。

2　国の債権及びこれに係る延滞金については、弁済金額の合計額が当該債権の金額の全部に相当する金額に達することとなつた場合において、その時までに附される延滞金の額（その時までに徴収した金額を含む。以下この条において同じ。）が百円未満であるときは、当該延滞金の額に相当する金額を免除することができる。

3　国が設置する教育施設の授業料に係る債権その他政令で定める国の債権及びこれらに係る延滞金については、弁済金額の合計額が当該債権の金額の全部に相当する金額に達することとなつた場合には、政令で定めるところにより、その時までに付される延滞金の額に相当する金額の全部又は一部を免除することができる。

（延滞金を免除することができる範囲）

第三十四条　法第三十三条第三項に規定する政令で定める国の債権は、次に掲げる債権とする。

一　国が設置する教育施設において教育を受ける者のために設けられた寄宿舎の使用料に係る債権

二　国が設置する病院、診療所、療養所その他の医療施設における療養費に係る債権

三　障害者の日常生活及び社会生活を総合的に支援するための法律（平成十七年法律第百二十三号）第五条第二十五項に規定する補装具の売渡し、貸付け又は修理に係る債権

四　未帰還者留守家族等援護法（昭和二十八年法律第百六十一号）第二十条第二項に規定する一部負担金に係る債権

五　債務者の故意又は重大な過失によらない不当利得による返還金に係る債権

2　法第三十三条第三項に規定する債権及びこれに係る延滞金について同項の規定により免除することができる金額は、同項に規定する延滞金の額に相当する金額の範囲内において各省各庁の長が定める額をこえないものとする。

第五章　債権に関する契約等の内容

（債権に関する契約等の内容）

第三十四条　法令の規定に基き国のために契約その他の債権の発生に関する行為をすべき者（以下「契約等担当職員」という。）は、当該債権の内容を定めようとするときは、法律又はこれに基く命令で定められた事項を除くほか、債権の減免及び履行期限の延長に関する事項についての定をしてはならない。

第三十五条　契約等担当職員は、債権の発生の原因となる契約について、その内容を定めようとする場合には、契約書の作成を省略することができる場合その他政令で定める場合を除き、次に掲げる事項についての定をしなければならない。ただし、当該事項について他の法令に規定がある場合は、その事項については、この限りでない。

一　債務者は、履行期限までに債務を履行しないときは、延滞金として一定の基準により計算した金額を国に納付しなければならないこと。

二　分割して弁済させることとなつている債権について、債務者が分割された弁済金額についての履行を怠つたときは、当該債権の全部又は一部について、履行期限を繰り上げるこ

第五章　債権に関する契約等の内容

（契約の内容について別段の定を要しない場合）

第三十五条　法第三十五条に規定する政令で定める場合は、双務契約に基く国の債権に係る履行期限が国の債務の履行期限以前とされている場合とする。

（延滞金の基準）

第三十六条　契約等担当職員が法第三十五条の規定により同条第一号に規定する事項についての定をする場合においては、同号に規定する一定の基準は、第二十九条本文に規定する率を下つてはならない。

とができること。

三　担保の附されている債権について、担保の価額が減少し、又は保証人を不適当とする事情が生じたときは、債務者は、国の請求に応じ、増担保の提供又は保証人の変更その他担保の変更をしなければならないこと。

四　当該債権の保全上必要があるときは、債務者又は保証人に対し、その業務又は資産の状況に関して、質問し、帳簿書類その他の物件を調査し、又は参考となるべき報告若しくは資料の提出を求めること。

五　債務者が前号に掲げる事項についての定に従わないときは、当該債権の全部又は一部について、履行期限を繰り上げることができること。

第三十六条　前条の場合において、当該債権が国の貸付金（使途の特定しないものを除く。）に係るものであるときは、契約等担当職員は、同条各号に掲げる事項のほか、次に掲げる事項についての定をするものとする。

一　債務者は、当該貸付金を他の使途に使用してはならないこと、又は当該貸付金を他の使途に使用する場合には、各省各庁の長（その委任を受けた者を含む。以下この条において同じ。）の承認を受けなければならないこと。

（履行期限を繰り上げた場合に加算して納付させる金額）

第三十七条　法第三十六条第十号に規定する政令で定める金額は、同号に掲げる事項についての契約の定により履行期限を繰り上げた貸付金の貸付の日の翌日から履行する日までの期間に応じ、当該貸付金の額（債務者がその一部を履行した場合における当該履行の日の翌日以後の期間については、その額から既に履行した額を控除した額）に対し、財務大臣が一般金融市場における金利を勘案して定める率から当該貸付金

二　債務者は、当該貸付金の貸付の対象である事務又は事業（以下「貸付事業等」という。）に要する経費の配分その他貸付事業等の内容で、当該契約で特に定めるもの（以下単に「貸付事業等の内容」という。）の変更をする場合には、各省各庁の長の承認を受けなければならないこと。

三　債務者は、貸付事業等を中止し、又は廃止する場合には、各省各庁の長の承認を受けなければならないこと。

四　債務者は、貸付事業等が予定の期間内に完了しない場合又は貸付事業等の遂行が困難となつた場合には、すみやかに各省各庁の長に報告して、その指示に従わなければならないこと。

五　債務者は、貸付事業等により取得し、又は効用の増加した財産で、当該貸付の契約で定めるものを、当該契約で定める期間内に、貸付の目的に反して使用し、処分し、又は担保に供する場合（債務者がその債務の全部を履行した場合を除く。）には、各省各庁の長の承認を受けなければならないこと。

六　債務者は、当該貸付の契約で定めるところにより、貸付事業等の遂行の状況に関し、各省各庁の長に報告しなければならないこと。

七　債務者は、貸付事業等が完了した場合（貸付事業等の廃止の承認を受けた場合を含む。）

の利率を控除した率を乗じて得た金額とする。

2　契約等担当職員は、法第三十六条第十号に規定する事項についての契約の定で前項の規定により算出した額を下る金額を納付させることとするものをしようとする場合には、あらかじめ、各省各庁の長の承認を受けなければならない。

3　各省各庁の長は、前項の承認をする場合には、あらかじめ、財務大臣に協議しなければならない。

には、当該貸付の契約で定めるところにより、貸付事業等の成果を記載し、又は記録した実績報告を各省各庁の長に提出しなければならないこと。

八　債務者は、各省各庁の長により前号に規定する実績報告に係る貸付事業等の成果が当該貸付金の貸付の目的及び貸付事業等の内容に適合していないと認められた場合には、その指示に従わなければならないこと。

九　第四号又は前号に規定する指示による場合のほか、次に掲げる場合には、当該債権の全部又は一部について、履行期限を繰り上げることができること。

イ　債務者が前各号に掲げる事項についての定に従わないとき。

ロ　債務者が当該貸付の契約で定める期間内に貸付金を貸付の目的に従つて使用しないとき。

ハ　その他債務者が当該貸付の契約の定に従つて誠実に貸付事業等を遂行しないとき。

十　債務者は、第四号若しくは第八号に規定する指示により、又は前号の規定により履行期限を繰り上げられたときは、政令で定める金額の範囲内で、一定の基準により計算した金額を国に納付しなければならないこと。

十一　債務者は、国の貸付金をその財源の全部又は一部とし、かつ、当該貸付金の貸付の使途に従つて第三者に貸付金（使途の特定しないものを除く。）の貸付を行う場合には、当該貸付の契約において、第一号から第九号までに掲げる事項に準ずる定をしなければならないこと。

第三十七条　前二条の規定は、契約等担当職員が、これらの規定に定めるもののほか、必要な定をすることを妨げるものではない。

第六章　雑則

（財務大臣への協議等）

第三十八条　歳入徴収官等は、次の各号に掲げる場合には、あらかじめ、各省各庁の長の承認を受けなければならない。ただし、各省各庁の長が財務大臣と協議して定めた基準により当該各号に規定する行為をする場合は、この限りでない。

一　第二十一条第一項又は第二項の措置をとる場合

二　履行延期の特約等をする場合

三　第二十九条の規定により利率を引き下げる特約をする場合

四　第三十二条の規定による免除をする場合

2　各省各庁の長は、前項各号に規定する行為をし、又は同項の承認をするときは、あらかじめ、財務大臣に協議しなければならない。ただし、あらかじめ財務大臣と協議して定めた基準によ

第六章　雑則

第五章　雑則

（納入告知書又は納付書記載事項の訂正）

第三十九条の二　歳入徴収官等は、支出済となつた歳出の返納金に係る債権（法令の規定により歳入金に係る債権として整理されることとなつたものを除く。）について発した納入告知書又は納付書に記載された年度、所管、会計名、部局等又は項に誤びゆうがあることを発見したときは、当該返納金を受け入れた日本銀行（返納金を受け入れた日本銀行が支出官の取引店以外のものであるときは、当該支出官の取引店）に対し、当該年度所属の歳出金を支払うことができる期限までにその訂正を請求しなければならない。

2　歳入徴収官等は、前項の規定による誤びゆう訂正の請求をした場合において、日本銀行から訂正済の報告を受けたときは、直ちにその旨を当該返納金に係る官署支出官に通知しなければ

って行う場合は、この限りでない。

3　法務大臣は、第三十条の同意をするとき、第三十一条の規定により和解をし、調停に応じ、若しくは労働審判法第二十一条第一項の規定による異議の申立てをしないとき、又は和解、調停若しくは労働審判によつて第一項第二号から第四号までに規定する行為に準ずる行為をするときは、あらかじめ、財務大臣の意見を求めなければならない。ただし、あらかじめ財務大臣と協議して定めた基準によつて行う場合は、この限りでない。

ならない。

3　歳入徴収官等は、出納官吏の取り扱つた支払金の返納金に係る債権（法令の規定により歳入金に係る債権として整理されることとなつたものを除く。）について発した納入告知書又は納付書に記載された年度、所管、会計名、部局等又は項に誤びゆうがあることを発見したときは、直ちに当該返納金に係る出納官吏に対してその旨を通知しなければならない。

（特定分任歳入徴収官等の事務取扱手続の特例）

第三十九条の三　歳入徴収官に所属する令第十四条の二に規定する者（以下「特定分任歳入徴収官等」という。）は、法第十一条の規定により歳入金に係る債権について調査確認したとき、又は当該調査確認に係る事項に変更があつたときは、債務者の住所及び氏名又は名称、債権金額並びに履行期限その他債権の調査確認に関する事項並びに当該債権に係る歳入の徴収に必要とされる事項を当該歳入徴収官に通知しなければならない。当該債権について必要な措置をとり、又は当該債権が消滅（収納による消滅を除く。）したときも、同様とする。

2　特定分任歳入徴収官等は、前項の規定により債権の調査確認に関する事項及び当該債権に係る歳入の徴収に必要とされる事項を歳入徴収官に通知する場合には、翌年度以後において調査確認することとなる債権の当該調査確認に必要とされる事項及び当該債権に係る歳入の徴収に必要とされる事項を併せて通知するものとする。

第三十九条の四　特定分任歳入徴収官等が令第十四条の二本文の規定により歳入徴収官又は分任歳入徴収官に対して行う納入の告知の請求は、債務者の住所及び氏名又は名称、履行すべき金額、履行期限、弁済の充当の順序その他履行の請求に必要な事項を明らかにした書面を作成し、契約書その他の証拠書類を添え、これを当該歳入徴収官又は分任歳入徴収官に送付することにより行うものとする。

2　前項の場合において、歳入徴収官又は分任歳入徴収官が法令の規定により口頭をもつて納入の告知をすることができるときは、同項の請求は口頭をもつてすることができる。

3　特定分任歳入徴収官等は、第一項の規定により送付した契約書その他の証拠書類で法第二十条第一項の規定により引き続き整備保存すべきものについては、当該歳入徴収官又は分任歳入徴収官が納入の告知をした後、その返付を受けるものとする。

4　特定分任歳入徴収官等は、延滞金又は一定の期間に応じて付する加算金を付することとなつている債権について弁済を受け、又は相殺された金額が法令に定める弁済の充当（相殺の充当を含む。）の順序に従い元本金額の全部に充当された場合において当該延滞金又は加算金の金額の全部又は一部が未納であるときは、当該未納に係る延滞金又は加算金の金額について前三項の規定により歳入徴収官又は分任歳入徴収官に対する納入の告知の請求をするものとする。この場合において、第一項中「履行すべき金額、履行期限、弁済の充当の順序」とあるのは、「履行すべき金額」と読み替えるものとする。

5　特定分任歳入徴収官等は、その所掌に属する歳入金に係る債権について第十五条の規定により関係の官署支出官又は現金出納職員に通知するときは、同一の事項を関係の歳入徴収官又は分任歳入徴収官にも通知するものとする。

第三十九条の五　特定分任歳入徴収官等は、債務者に対して履行の督促を必要とするときは、歳入徴収官又は分任歳入徴収官に対しその督促をすべきことを請求するものとする。ただし、緊急の必要があるときその他特別の事由があるときは、口頭又は適宜の書面により自ら履行の督促を行うものとする。

2　特定分任歳入徴収官等は、法第十六条の規定により履行期限を繰り上げて履行の請求をするため令第十四条の二の規定により歳入徴収官又は分任歳入徴収官に対して債務者に対する納入の告知をすべきことを請求するときは、履行期限を繰り上げる旨及びその理由を明らかにして行うものとする。

3　特定分任歳入徴収官等は、保証人に対して履行の請求を必要とするときは、第二十二条に規定する事項を明らかにした書面を歳入徴収官又は分任歳入徴収官に送付し、保証人に対する履行の請求をすべきことを請求するものとする。

第三十九条の六　特定分任歳入徴収官等は、その所掌に属する歳入金に係る債権で納入の告知をしているもの又は第三十九条の四第五項の規定により歳入徴収官又は分任歳入徴収官に対して通知をしたものが次の各号の一に該当することとなつたときは、直ちにその事由を明らかにした書面を作成し、歳入徴収官又は分任歳入徴収官に送付しなければならない。

一　債権が法令の規定に基づいてその履行期限を延長されたこと。

二　債権が法令の規定に基づいて免除されたこと。

三　債権につき消滅時効が完成し、かつ、債務者がその援用をしたこと、又は当該債権が法律の規定により債務者の援用をまたないで消滅するものであるときは、その消滅時効が完成したこと。

四　債権で国税徴収又は国税滞納処分の例によつて徴収するものが国税徴収法（昭和三十四年法律第百四十七号）第百五十三条第四項又は第五項の規定により消滅したこと。

五　債権について、第三十条の規定によりその全部又は一部が消滅したものとみなして整理したこと。

六　債権について、令第二十二条第二号又は第三号に掲げる者から第三十二条第一項に規定する消滅の通知を受けたこと。

七　債権でその発生又は国への帰属の原因となる契約その他の行為に解除条件が付されているものについて、当該解除条件が成就したこと。

八　債権が法令の規定に基づき譲渡され、又は更改若しくは混同により消滅したこと。

九　債権の存在につき法律上の争いがある場合において、裁判所の判決によりその不存在が確定したこと。

2　特定分任歳入徴収官等は、その所掌に属する歳入金に係る債権について、支出官事務規程第八条又は出納官吏事務規程第四十一条の二の規定により官署支出官又は資金前渡官吏から相殺又は充当をした旨の通知を受けたときは、直ちにその事由を明らかにした書面を作成し、歳入徴収官又は分任歳入徴収官に送付しなければならない。

（債権の管理事務の委任に関する特別の事情）

第三十九条の七　令第五条第四項に規定する財務省令で定める特別の事情があるときは、歳出の返納金に係る債権の管理に関する事務について、会計法（昭和二十二年法律第三十五号）第十三条又は第四十八条第一項の規定により当該歳出の支出負担行為に関する事務の委任を受けた者又は当該事務を行うこととなつた者の所属庁と同法第二十四条又は第四十八条第一項の規定により当該歳出の支出に関する事務の委任を受けた者又は当該事務を行うこととなつた者の所属庁とが異なつている場合において、各省各庁の長が必要があると認めるときとする。

(歳入徴収官及び官署支出官以外の歳入徴収官等の官職の表示等)

第三十九条の八　令第五条第五項に規定する場合又は令第六条の規定により債権の管理に関する事務を行うこととなつた都道府県の知事若しくは知事の指定する職員若しくは当該事務を分掌若しくは代理する職員が歳入徴収官、分任歳入徴収官、歳入徴収官代理、分任歳入徴収官代理、官署支出官及び支出官代理（官署支出官の事務を代理する職員に限る。）以外である場合における歳入徴収官等が発する文書には、当該歳入徴収官等の官職又は職及び氏名のほか、当該歳入徴収官等が法令の規定によりその所掌に属する債権に係る受入金の徴収に関する事務を取り扱う会計機関（国の会計機関の使用する公印に関する規則（昭和三十九年大蔵省令第二十二号）第二条（同令第九条において準用する場合を含む。）に規定する国の会計機関をいう。以下同じ。）であるときは、その会計機関の名称を付記

（債権現在額報告書）
第三十九条　各省各庁の長は、政令で定めるところにより、当該各省各庁の所掌事務に係る債権の毎年度末における現在額（政令で定める債権については、翌年度の四月三十日までに消滅した額を除く。）の報告書を作成し、翌年度の七月三十一日までに、財務大臣に送付しなければならない。

（国会への報告等）
第四十条　財務大臣は、前条の報告書に基き、債権現在額総計算書を作成しなければならない。
2　内閣は、前項の債権現在額総計算書を前条の報告書とともに、翌年度の十一月三十日までに、

（債権現在額報告書の内容）
第三十八条　各省各庁の長は、法第三十九条の規定により債権の毎年度末における現在額の報告書を作成する場合には、歳入徴収官等（第二条各号に掲げる債権にあつては、各省各庁の長の指定する者）からの報告に基き、債権の帰属すべき会計の区分に応じ、債権の種類ごとに、前年度以前において発生した債権の金額と当該年度において発生した債権の金額とに区分し、さらに、それぞれの金額を当該年度末までに履行期限が到来した額と履行期限がまだ到来しない額とに細分して、その内訳を明らかにしなければならない。

（出納整理期間中に消滅した額を除いて現在額を計算する債権）
第三十九条　法第三十九条に規定する政令で定める債権は、歳入金に係る債権又は歳出の返納金に係る債権のうち、これらの債権に基づいて翌年度の四月三十日までに収納された金額が法令の規定により当該年度所属の歳入金、又は歳出の金額への戻入金として整理されるものとする。

（報告書等の様式及び作成方法）
第四十条　法第三十九条の報告書及び法第四十条第一項の債権現在額総計算書の様式及び作成方法は、財務省令で定める。

するものとする。

（債権現在額の通知）
第四十条　分任歳入徴収官等（歳入徴収官等代理がその事務を代理しているときは、当該歳入徴収官等代理。以下この条において同じ。）は、その分掌に属する債権の毎年度末における現在額（令第三十九条に規定する債権については、翌年度の四月三十日までに消滅した額を除く。以下この条において同じ。）について、債権管理簿に基き別紙第九号書式の債権現在額通知書（以下「債権現在額通知書」という。）を作成して各省各庁の長の定める期限までに主任歳入徴収官等に送付しなければならない。
2　主任歳入徴収官等は、その所掌に属する債権の毎年度末における現在額について、債権管理簿及び前項の規定により分任歳入徴収官等から送付を受けた債権現在額通知書に基き債権現在額通知書を作成して各省各庁の長の定める期限までに債権管理総括機関に送付しなければならない。
3　同一の官署に二人以上の主任歳入徴収官等がいる場合における前項の規定による通知書の作成及び送付は、当該関係の主任歳入徴収官等がそれぞれの所掌区分を明らかにして、一の書面をもつて行なうことができる。同一の官署に一の主任歳入徴収官等に所属する二人以上の分任歳入徴収官等がいる場合における第一項の規定

会計検査院に送付しなければならない。
3　内閣は、第一項の債権現在額総計算書に基き、毎年度末における国の債権の現在額について、当該年度の歳入歳出決算の提出とともに、国会に報告しなければならない。

（行政手続等における情報通信の技術の利用に関する法律の適用除外）

第四十条の二　この法律又はこの法律に基づく命令の規定による手続その他の行為については、行政手続等における情報通信の技術の利用に関する法律（平成十四年法律第百五十一号）第三条、第四条及び第六条の規定は、適用しない。

（電磁的記録による作成）

第四十条の三　この法律又はこの法律に基づく命令の規定により作成することとされている報告書等（報告書、債権現在額総計算書その他文字、図形等人の知覚によつて認識することができる情報が記載された紙その他の有体物をいう。次条において同じ。）については、当該報告書等に記載すべき事項を記録した電磁的記録（電子的方式、磁気的方式その他人の知覚によつては認識することができない方式で作られる記録であつて、電子計算機による情報処理の用に供されるものとして財務大臣が定めるものをいう。次条第一項において同じ。）の作成をもつて、当該報告書等の作成に代えることができる。この場合において、当該電磁的記録は、当該報告書等

による通知書の作成及び送付についても同様とする。

（債権現在額報告書に区分して整理すべき債権の種類）

第四十一条　令第三十八条に規定する債権の種類は、第十一条第二項に規定するところによるほか、別表第三に定めるところによる。

（報告書等の様式及び作成の方法）

第四十二条　次の各号に掲げる報告書又は計算書の様式及び作成の方法は、当該各号の書式に定めるところによる。

一　法第三十九条の債権現在額報告書　別紙第十一号書式
二　法第四十条第一項の債権現在額総計算書　別紙第十二号書式

とみなす。

（電磁的方法による提出）

第四十条の四　この法律又はこの法律に基づく命令の規定による報告書等の提出については、当該報告書等が電磁的記録で作成されている場合には、電磁的方法（電子情報処理組織を使用する方法その他の情報通信の技術を利用する方法であつて財務大臣が定めるものをいう。次項において同じ。）をもつて行うことができる。

2　前項の規定により報告書等の提出が電磁的方法によつて行われたときは、当該報告書等の提出を受けるべき者の使用に係る電子計算機に備えられたファイルへの記録がされた時に当該提出を受けるべき者に到達したものとみなす。

（政令への委任）

第四十一条　この法律に定めるもののほか、この法律の施行に関し必要な事項は、政令で定める。

附則　抄

1　この法律は、公布の日から起算して八月をこえない範囲内で政令で定める日（昭和三十二年一月十日）から施行する。

2　第三十九条及び第四十条の規定は、昭和三十

める。

（省令への委任）

第四十一条　この政令に定めるもののほか、この政令の施行に関し必要な事項は、財務省令で定める。

附則　抄

1　この政令は、法の施行の日（昭和三十二年一月十日）から施行する。

2　次に掲げる命令は、廃止する。

一　政府貸付金処理に関する法律施行令（昭和

い。

（実地監査）

第四十三条　法第九条第二項の規定による当該職員の実地監査は、別に定める監査要領に従つてしなければならない。

2　当該職員は、前項の実地監査をする場合には、別紙第十三号書式の監査証票を携帯し、関係者の請求があつたときは、呈示しなければならない。

附則　抄

1　この省令は、法の施行の日（昭和三十二年一月十日）から施行する。

2　定期貸債権及びすえ置貸債権整理取扱規程（昭和二十六年大蔵省令第五十二号）は、廃止

二年度末以後における債権の現在額に関して適用する。

3　次に掲げる法律は、廃止する。

一　政府貸付金処理に関する法律（昭和十年法律第二十五号）

二　租税債権及び貸付金債権以外の国の債権の整理に関する法律（昭和二十六年法律第百九十七号）

4　旧租税債権及び貸付金債権以外の国の債権の整理に関する法律の規定により、この法律の施行の際現に定期貸債権又はすえ置貸債権とされている債権については、同法第六条の規定は、この法律の施行後も、なおその効力を有する。

5　前項に規定する債権については、旧租税債権及び貸付金債権以外の国の債権の整理に関する法律の規定により定期貸債権又はすえ置貸債権とした日をこの法律の規定により履行延期の特約等をした日とみなして、第三十二条第一項の規定を適用する。

6　第四項に規定する債権その他この法律の施行の際現に各省各庁において管理している債権は、当該各省各庁の所掌事務に係る債権とみなして、この法律を適用する。

7　第十一条第一項の規定は、この法律の施行の際現に存する国の債権で、この法律の施行前に発生し、又は国に帰属したものについて準用する。

十年勅令第二百五十二号）

二　租税債権及び貸付金債権以外の国の債権の整理に関する法律施行令（昭和二十六年政令第百九十四号）

3　法第十二条各号又は第二十二条各号に掲げる者は、大蔵省令で定めるところにより、この政令の施行の際現に存する債権（法第三条第一項各号に掲げる債権を除く。）の確認のために必要な事項を債権管理官に通知しなければならない。

4　各省各庁の長は、この政令の施行前に発生し、又は国に帰属した延滞金に係る債権（国税徴収又は国税滞納処分の例によつて徴収する債権を除く。）でこの政令の施行の際現に存するものについて、当該延滞金を付することとなつている債権の徴収上国に生ずべき不利益を最少限度にとどめるためやむを得ないと認められる範囲内において、その一部に相当する金額を免除することができる。この場合において、その免除することができる金額は、当該延滞金の金額から当該延滞金の計算の基準となつている金額に第二十九条の規定に準じ同条に規定する率を乗じて得た金額を控除した金額の範囲内において財務大臣に協議して定める金額とする。

5　歳入徴収官等は、第二十八条各号又は第三十条各号に掲げる場合のほか、石油公団法及び金属鉱業事業団法の廃止等に関する法律（平成十

する。

3　日本銀行は、返納金に係る債権でこの省令による改正前の支出官事務規程第四十条又は第四十条の二の規程により既に支出官が返納告知書又は納付書を発しているものについて、この省令の施行の後収納をし、又は振替払込を受けたときは、領収済通知書又は振替済通知書を当該支出官に送付するものとする。

4　支出官は、前項の規定により領収済通知書又は振替済通知書の送付を受けたときは、直ちに第三十二条第一項の規定に準じて作成した書面を債権管理官等に送付するものとする。

5　次の各号に掲げる者は、当該各号に掲げる債権について、この省令の施行後遅滞なく、令附則第三項の規定による通知を令第十一条及び令第二十三条の規定に準じて行うものとする。ただし、現に債権の管理のために使用している帳簿があるときは、当該帳簿を債権管理官等に引き継ぐことにより行うことができる。

一　法第十二条各号に掲げる者　当該各号に定めるところにより発生し、又は国に帰属した債権で歳入徴収官又は支出官がまだ納入告知書又は返納告知書を発していないもの

二　歳入徴収官　納入告知書を発した歳入金に係る債権でまだその全部が履行されていないもの

6　支払事務担当職員は、その所掌に属する支払

8　第三十三条第二項及び第三項の規定は、この法律の施行前に弁済金額の合計額がこれらの規定に定める債権の金額の全部に相当する金額に達することとなつた場合にも、適用があるものとする。この場合において、同条第二項中「当該延滞金の額に相当する金額」とあるのは、「延滞金の額の全部に相当する金額」とする。

9　前項の規定は、既に弁済された金額に影響を及ぼすものと解してはならない。

10　この法律の施行前に発生し、又は国に帰属した債権については、政令でこの法律の特例を設けることができる。

附則（平成二九年六月二日法律四五号）抄

この法律は、民法改正法の施行の日〈編注・平成三二年四月一日〉から施行する。〈後略〉

四年法律第九十三号）附則第二条第一項の規定により国が承継する債権について履行延期の特約等をする場合には、当該債権が消滅するまでの間は、担保の提供を免除し、又は延納利息を付さないことができる。

附則（平成三〇年三月二二日政令五四号）

この政令は、平成三十年四月一日から施行する。

金の返納金に係る債権でまだその全部が履行されていないものがあるときは、前項の規定に準じて債権管理官等に通知するものとする。

〈後略〉

附則（平成三〇年三月三〇日財務省令七号）

この省令は、平成三十年四月一日から施行する。

別表第一　債権の発生年度区分

債権の区分	発生年度の区分
1　令第八条各号に掲げる債権	同条各号の規定により債権管理簿に記載し、又は記録すべき日の属する年度。ただし、同条第一号かっこ書に該当する債権にあつては、当該各年度の四月中に到来する利払期又は履行期限の属する年度
2　契約その他の行為により発生する債権（前項に該当する債権を除く。）	当該契約の締結をした日又は当該行為をした日の属する年度（債権の発生につき停止条件又は不確定の始期があるときは、条件の成就又は期限の到来により債権が発生した日の属する年度）
3　不当利得による返還金又は損害賠償金に係る債権	当該請求権の発生の原因となる事実のあつた日の属する年度
4　契約に関して発生した債権（前三項に該当する債権を除く。）	当該契約に関して債権が発生した日の属する年度
5　法令の規定により一定の事由により発生する債権であつて前各項に該当するもの以外のもの	当該法令において定められた履行期間の初日の属する年度

別表第二（抄）

第十一条第二項の規定による債権の種類

一　歳入金に係る債権

財政法（昭和二十二年法律第三十四号）第二十三条の規定により毎会計年度の歳入予算について定められた科目の区分に従い、部、款及び項（特別会計に属する債権にあつては、款及び項）に区分し、更に、債権の性質に従い、次に掲げるところによるものの外、各省各庁の長が財務大臣に協議して定めるところにより目に区分する。

4　保険料及び掛金の類
　保険料債権

5　財産売払代の類
　不用物品売払代債権

6　財産貸付料及び使用料の類
　公務員宿舎使用料債権

11　利得償還金の類
　返納金債権
　留学費用償還金債権
　利得償還金債権

12　損害賠償金の類
　延滞金債権
　追徴金債権
　弁償金債権
　損害賠償金債権

13　利息の類
　利息債権

別表第四

債権管理簿の記載又は記録の方法に関し必要な事項

一　債権管理簿には、法第十一条第一項及び令第十条の規定により記載し、又は記録する事項のほか、次に掲げる日付を記載し、又は記録するものとする。

1　債権が発生した日付（法令又は契約の定めるところにより国に帰属した債権については、その発生した日付及び国に帰属した日付）

2　他の歳入徴収官等から債権の管理に関する事務の引継ぎを受けた日付

3　法第十一条第一項前段の規定により調査確認した事項に変更があつた日付

4　債権が消滅した日付

5　前各号に掲げるもののほか、債権の管理に関する事務の処理に関して必要な措置をとつた日付又は債権の管理に関係する事実で当該事務の処理上必要と認められるものの発生した日付

二　同一の発生年度若しくは種類に属する債権又は同一の発生原因に基づいて発生した債権をその他の債権と区分して整理することとなつている債権管理簿においては、債権の発生年度若しくは種類又は発生原因を当該債権管理簿の表紙又は見出しに記載し、又は記録することができる。同一の種類に属する債権をその他の債権と区分して整理することとしている債権管理簿において、利息に関する事項、延滞金に関する事項その他債権管理簿に記載し、又は記録すべき事項の内容が当該種類に属するすべての債権について同一である場合におけるこれらの事項の記載又は記録についても同様とする。

三　利息、延滞金又は一定の期間に応じて付する加算金に係る債権は、予算決算及び会計令第百三十一条に規定する徴収簿又は歳入徴収官事務規程第四十一条に規定する徴収整理簿を債権管理簿として使用する場合を除き、これを付することとなつている債権と併せて記載し、又は記録するものとする。

四　債権の種類は、略称又は符号をもつて表示することができる。

五　歳入徴収官等は、1に掲げる減少額については、債権金額の減額整理をするため法第十一条第一項後段の規定により調査確認の上、変更の記載を又は記録するものとし、2又は3に掲げる減少額については、同条第二項の規定により債権の消滅の記載を又は記録するものとする。この場合において、債権管理簿には、これらの減少額をそれぞれ区分して整理しなければならない。

1　次の各号に掲げる事由による債権の減少額

イ　債権の発生の原因となる契約その他の行為の解除又は取消し、当該行為に解除条件が附されている場合における当該解除条件の成就、債権の発生に関する法令の改廃その他特別の事由により債権の発生の原因となる法律関係が消滅したこと。

ロ　債権が法令の規定に基づき譲渡され、又は更改若しくは混同により消滅したこと。

ハ　令第八条第一号の規定により記載し、又は記録した債権金額が利率又は貸付料の減額変更その他の事由により減少することとなつたこと。

ニ　前各号に定めるもののほか、裁判所の判決による債権の不存在の確定、誤びゆうその他特別の事由により既に記載され、若しくは記録されている債権の債権金額が過大であり、又はその債権が存在しないことが明らかとなつたこと。

2　弁済（代物弁済を含む。）、相殺又は充当による債権の減少額

3　債権の免除、消滅時効の完成その他1又は2に掲げる事由以外の事由による債権の減少額（第三十条の規定により債権が消滅したものとみなして整理する金額を含む。）

六　債権管理簿への記録は、記録に必要な事項を電子情報処理組織（歳入徴収官事務規程第二十一条の三第一項及び支出官事務規程第十一条第二項第五号に規定する電子情報処理組織をいう。第九号において同じ。）に記録する方法により行うものとする。

七　前号の場合において、法第十一条の規定により歳入金に係る債権について調査確認をしたとき、又は当該調査確認に係る事項に変更があつたときは、債務者の住所及び氏名又は名称、債権金額並びに履行期限その他債権の調査確認に関する事項並びに当該債権に係る歳入の徴収に必要とされる

事項を記録するものとする。当該債権について必要な措置をとり、又は当該債権が消滅したときも、同様とする。

八　前号の規定により債権の調査確認に関する事項及び当該債権に係る歳入の徴収に必要とされる事項を記録する場合には、翌年度以後において調査確認することとなる債権の当該調査確認に必要とされる事項及び当該債権に係る歳入の徴収に必要とされる事項を併せて記録するものとする。

九　前三号の場合において、必要な事項が既に電子情報処理組織に記録されているときは、当該事項を重ねて記録することを要しない。

国等の債権債務等の金額の端数計算に関する法律

昭和二五年　三月三一日法律六一号
最終改正　平成二二年　三月三一日法律一五号

（通則）
第一条　国、沖縄振興開発金融公庫、地方公共団体及び政令で指定する公共組合（以下「国及び公庫等」という。）の債権若しくは債務の金額又は国の組織相互間の受払金等についての端数計算は、この法律の定めるところによる。

2　他の法令中の端数計算に関する規定がこの法律の規定に矛盾し、又はてい触する場合には、この法律の規定が優先する。

（国等の債権又は債務の金額の端数計算）
第二条　国及び公庫等の債権（中小企業総合事業団にあつては、特定業務に係るものに限る。）で金銭の給付を目的とするもの（以下「債権」という。）又は国及び公庫等の債務で金銭の給付を目的とするもの（以下「債務」という。）の確定金額に一円未満の端数があるときは、その端数金額を切り捨てるものとする。

2　国及び公庫等の債権の確定金額の全額が一円未満であるときは、その全額を切り捨てるものとし、国及び公庫等の債務の確定金額の全額が一円未満であるときは、その全額を一円として計算する。

3　国及び公庫等の相互の間における債権又は債務の確定金額の全額が一円未満であるときは、前項の規定にかかわらず、その全額を切り捨てるものとする。

（分割して履行すべき金額の計算）
第三条　国及び公庫等の債権又は債務の確定金額を、二以上の履行期限を定め、一定の金額に分割して履行することとされている場合において、その履行期限ごとの分割金額に一円未満の端数があるとき、又はその分割金額の全額が一円未満であるときは、その端数金額又は分割金額は、すべて最初の履行期限に係る分割金額に合算するものとする。

（概算払等に係る金額の端数計算）
第四条　第二条の規定は、国及び国庫等の債権又は債務について、概算払、前金払若しくはその債権若しくは債務に係る反対給付のうち既済部分に対してする支払を受け、又はこれらの支払をすべき金額の計算について準用する。

（国等の組織相互間の受払金の端数計算）

第五条　第二条第一項及び第三項、第三条並びに前条の規定は、国の組織相互の間又は地方公共団体の組織相互の間において収納し、又は支払うべき金額の計算について準用する。
第六条　削除
（適用除外）
第七条　この法律は、次に掲げるものについては適用しない。
一　政府契約の支払遅延防止等に関する法律（昭和二十四年法律第二百五十六号）第八条、第九条及び第十条の規定による遅延利息
二　健康保険法（大正十一年法律第七十号）第百八十一条第一項、船員保険法（昭和十四年法律第七十三号）第百三十三条第一項、厚生年金保険法（昭和二十九年法律第百十五号）第八十七条第一項、国民年金法（昭和三十四年法律第百四十一号）第九十七条第一項及び労働保険の保険料の徴収等に関する法律（昭和四十四年法律第八十四号）第二十八条（失業保険法及び労働者災害補償保険法の一部を改正する法律及び労働保険の保険料の徴収等に関する法律の施行に伴う関係法律の整備等に関する法律（昭和四十四年法律第八十五号）第十九条第三項において準用する場合を含む。）の規定により徴収する延滞金
三　国税（その滞納処分費を含む。）並びに当該国税に係る還付金及び過誤納金（これらに加算すべき還付加算金を含む。）
四　地方団体の徴収金並びに地方団体の徴収金に係る過誤納金及び還付金（これらに加算すべき還付加算金を含む。）
五　国有資産等所在市町村交付金又は国有資産等所在都道府県交付金
六　前各号に掲げるものの外政令で指定するもの

附　則

1　この法律は、昭和二十五年四月一日から施行する。
2　国庫出納金端数計算法（大正五年法律第二号）は、廃止する。

附　則（平成二一年三月三一日法律一五号）（抄）

（施行期日）
第一条　この法律は、平成二十二年四月一日から施行する。ただし、〈中略〉附則第六条〈中略〉の規定は、公布の日から起算して九月を超えない範囲内において政令で定める日〈編注・平成二一年九月二九日政令二〇五号により平成二一年一〇月一日〉から施行する。

歳入徴収官事務規程

昭和二七年一一月二九日大蔵省令一四一号

改正
昭和二九年 三月二〇日大蔵省令 一四号
昭和二九年 五月三一日大蔵省令 四〇号
昭和二九年 七月一九日大蔵省令 七四号
昭和三〇年一一月三〇日大蔵省令 六八号
昭和三一年 三月二二日大蔵省令 一一号
昭和三一年一二月二九日大蔵省令 八六号
昭和三二年 三月二八日大蔵省令 一一号
昭和三三年 四月 七日大蔵省令 一六号
昭和三四年一〇月 八日大蔵省令 七〇号
昭和三五年 七月 九日大蔵省令 四四号
昭和三六年 三月三一日大蔵省令 九号
昭和三七年 三月三一日大蔵省令 一二号
昭和四〇年一二月一五日大蔵省令 六七号
昭和四三年一〇月 七日大蔵省令 五二号
昭和四四年一二月一七日大蔵省令 六〇号
昭和四五年 八月二五日大蔵省令 六二号
昭和四六年一一月三〇日大蔵省令 八一号
昭和四九年一〇月 一日大蔵省令 六一号
昭和五〇年 四月 一日大蔵省令 一四号
昭和五三年一二月二八日大蔵省令 六六号
昭和五四年 六月二二日大蔵省令 三三号
昭和五五年 七月 二日大蔵省令 三一号
平成 元年 四月 六日大蔵省令 四三号
平成 二年 三月三一日大蔵省令 一一号
平成 五年 三月三一日大蔵省令 四二号
平成 六年 三月二三日大蔵省令 一一号
平成一二年 九月二九日大蔵省令 七五号
平成一四年 三月二九日財務省令 一四号
平成一五年 三月三一日財務省令 四八号
平成一六年 三月 四日財務省令 一〇号
平成一七年 三月三〇日財務省令 二二号
平成一七年 三月三〇日財務省令 二三号
平成一七年 五月一三日財務省令 四九号
平成一七年一二月 一日財務省令 八三号
平成一七年一二月二八日財務省令 八九号
平成一八年 三月三一日財務省令 三〇号
平成一九年 三月三〇日財務省令 二七号
平成一九年 三月三一日財務省令 二九号
平成一九年 九月二八日財務省令 五七号
平成二〇年 二月 一日財務省令 三号
平成二〇年 三月二一日財務省令 一一号
平成二〇年 三月二七日財務省令 一五号
平成二〇年 九月三〇日財務省令 六三号
平成二〇年一二月 一日財務省令 七七号
平成二〇年一二月 九日財務省令 八一号

平成二〇年一二月二四日財務省令　八六号
平成二一年一二月二八日財務省令　七三号
平成二三年　一月二七日財務省令　　三号
平成二三年　三月三一日財務省令　二六号
平成二三年　四月　一日財務省令　二九号
平成二三年一〇月　一日財務省令　五一号
平成二三年　三月三一日財務省令　一三号
平成二三年　九月三〇日財務省令　六六号
平成二三年一二月二八日財務省令　九七号
平成二四年　三月三〇日財務省令　二三号
平成二四年　三月三一日財務省令　三六号
平成二六年　三月二八日財務省令　一六号
平成二六年　四月二一日財務省令　四四号
平成二六年　八月二〇日財務省令　七三号
平成二六年一二月一八日財務省令　九六号
平成二七年　三月二三日財務省令　一〇号
平成二七年　三月三一日財務省令　四一号
平成二七年　九月三〇日財務省令　七三号
平成二八年　三月二五日財務省令　一二号

目次

第一章　総則（第一条―第二条）
第二章　調査決定（第三条―第八条）
第三章　納入の告知等（第八条の二―第二十一条の六）
第四章　徴収簿の登記等（第二十二条―第二十八条の三）
第五章　徴収済額報告書及び歳入金月計突合表等（第二十九条―第三十五条）
第六章　収納未済歳入額の繰越及び計算証明（第三十六条―第四十条）
第七章　分任歳入徴収官の事務取扱（第四十一条―第四十七条）
第八章　雑則（第四十八条―第六十条）
附則

第一章　総則

（通則）

第一条　歳入徴収官、分任歳入徴収官、歳入徴収官代理及び分任歳入徴収官代理の事務取扱に関しては、他の法令に定めるものの外、この省令の定めるところによる。

（歳入の徴収事務の委任に関する特別の事情）

第一条の二　予算決算及び会計令（昭和二十二年勅令第百六十五号）第二十七条第二項に規定する財務省令で定める特別の事情がある場合は、債権管理事務取扱規則（昭和三十一年大蔵省令第八十六号）第三十九条の七に規定する場合とする。

（徴収事務の特例）

第二条　歳入徴収官、分任歳入徴収官、歳入徴収官代理及び分任歳入徴収官代理の事務取扱で、特別の事情によりこの省令により難いものについては、特例を設けることができる。

第二章　調査決定

（調査決定）

第三条　歳入徴収官（歳入徴収官代理を含む。第五十五条から第五十七条までに規定する場合を除き、以下同じ。）は、歳入を徴収しようとするときは、当該歳入に係る法令、契約書その他の関係書類に基いて、当該歳入が法令又は契約に違反していないか、当該歳入の所属年度及び科目に誤りがないか、納付させる金額の算定に誤りがないか、当該歳入の納入者、納付期限及び納付場所が適正であるかどうかを調査し、その調査事項が適正であると認めたときは、直ちに徴収の決定をしなければならない。

2　歳入徴収官は、次の各号に掲げる歳入の納付があつた場合においては、収入官吏（分任収入官吏を含む。以下同じ。）又は日本銀行（本店、支店、代理店及び歳入代理店（日本銀行の歳入金等の受入に関する特別取扱手続（昭和二十四年大蔵省令第百号。以下「特別手続」という。）第一条に規定する歳入代理店をいう。以下同じ。）を含む。以下同じ。）から送付された領収済みの報告書、領収済通知書、振替済通知書、支払未済繰越金歳入組入報告書その他の関係書類（第二十五条の二の規定による処理をした場合にあつては、当該処理をした後における書類）に基づいて、前項の規定による調査及び徴収の決定（以下「調査決定」という。）をしなければならない。ただし、日本銀行から送付された領収済通知書が収入官吏から払い込まれた歳入金に係るものであるときは、この限りでない。

一　予算決算及び会計令第二十八条の二第一号に掲げる歳入

二　国の債権の管理等に関する法律（昭和三十一年法律第百十四号）第三条第一項第一号に掲げる債権に係る歳入並びに刑事手続における没収により国庫に帰属した現金に係る歳入及び押収に係る現金で刑事訴訟法（昭和二十三年法律第百三十一号）第四百九十九条第二項に規定する還付の請求がないこと等により国庫に帰属したものに係る歳入

三　元本債権に係る歳入とあわせて納付すべき旨を定めた納入の告知に基づいて納付する延滞金又は加算金に係る歳入

四　同一の納入者に対する歳入で、その合計額が納入の告知に要する費用に満たないもの

五　歳出の財源に充てるため、他の会計、勘定又は資金から繰り入れる繰入金

六　当該年度又は翌年度の一般会計又は特別会計の歳入に繰り入れる歳入歳出の決算上の剰余金に係る歳入

七　日本銀行国庫金取扱規程（昭和二十二年大蔵省令第九十

三号。以下「国庫金規程」という。）第二十条の規定により組み入れる歳入
八　印紙をもつてする歳入金納付に関する法律（昭和二十三年法律第百四号）第三条第五項の規定により納付される歳入
九　前各号に掲げる歳入以外の歳入で、納入の告知前に納付されたもの
3　歳入徴収官は、次の各号に掲げる歳入の納付があつた場合においては、日本銀行代理店又は歳入代理店からの電磁的記録（電子的方式、磁気的方式その他人の知覚によつては認識することができない方式で作られる記録であつて、電子計算機による情報処理の用に供されるものをいう。以下この項において同じ。）による領収済みの通知（第二十五条において「領収済みの通知」という。）に基づいて、調査決定をしなければならない。
一　電波法（昭和二十五年法律第百三十一号）第百三条の二第二十項の承認に係る電波利用料のうち、同項の金融機関が歳入徴収官等から当該電波利用料の納付に関し必要な事項について電磁的記録による通知を受け、当該事項に従い納付するもの
二　健康保険法（大正十一年法律第七十号）第百六十六条、船員保険法（昭和十四年法律第七十三号）第百二十九条及び厚生年金保険法（昭和二十九年法律第百十五号）第八十三条の二の承認に係る保険料（子ども・子育て支援法（平成二十四年法律第六十五号）第七十一条第一項の規定により厚生年金保険の保険料その他の徴収金の徴収の例により徴収される拠出金を含む。）のうち、これらの条の金融機関が歳入徴収官から当該保険料の納付に関し必要な事項について電磁的記録による通知を受け、当該事項に従い納付するもの
三　国民年金法（昭和三十四年法律第百四十一号）第九十二条の二の承認に係る保険料のうち、同条の金融機関が歳入徴収官から当該保険料の納付に関し必要な事項について電磁的記録による通知を受け、当該事項に従い納付するもの
四　労働保険の保険料の徴収等に関する法律（昭和四十四年法律第八十四号。以下「労働保険料徴収法」という。）第二十一条の二第一項の承認に係る労働保険料及び石綿による健康被害の救済に関する法律（平成十八年法律第四号。以下「石綿健康被害救済法」という。）第三十八条第一項の規定により準用する労働保険料徴収法第二十一条の二第一項の承認に係る一般拠出金（以下この号において「労働保険料等」という。）のうち、同項の金融機関が歳入徴収官から労働保険料等の納付に関し必要な事項について電磁的記録による通知を受け、当該事項に従い納付するもの
4　歳入徴収官は、前三項の規定により調査決定をしようとするときは、当該調査決定をしようとする歳入の内容を示す書

類によつて、その徴収をしようとする旨を明らかにしなければならない。附

（分納金額の調査決定）

第四条　歳入徴収官は、法令の規定により歳入について分割して納付させる処分又は特約をしている場合においては、当該処分又は特約に基き納期の到来するごとに当該納期に係る金額について調査決定をしなければならない。

（返納金の調査決定）

第五条　歳入徴収官は、支出済又は支払済となつた歳出その他の支払金の返納金を歳入に組み入れる場合において、法令の規定により当該返納金につき歳入徴収官（分任歳入徴収官を含む。）以外の者が納入告知書を発しているときは、当該年度の歳出その他の支払金の金額にれい入することができる期間満了の日の翌日をもつて調査決定をしなければならない。

（相殺の場合の調査決定）

第六条　歳入徴収官は、民法（明治二十九年法律第八十九号）の規定により国の債務と私人の債務との間に相殺があつた場合において、その相殺額に相当する金額について調査決定をしていないときは、当該金額につき直ちに調査決定をしなければならない。

2　歳入徴収官は、前項の場合において、国の収納すべき金額が相殺額を超過するときは、その超過額についても調査決定をしなければならない。

（元本充当済の場合における延滞金等の調査決定）

第六条の二　歳入徴収官は、延滞金又は一定の期間に応じて附する加算金を附することとなつている歳入について収納した金額を第二十五条の二の規定により元本金額の全部に充当した場合において、当該延滞金又は加算金の金額の全部又は一部が未納であるときは、未納に係る金額について直ちに調査決定をしなければならない。ただし、当該金額についてすでに調査決定が行われている場合は、この限りでない。

（調査決定の変更等）

第七条　歳入徴収官は、調査決定をした後において、当該調査決定をした金額（以下「徴収決定済額」という。）につき、法令の規定又は調査決定もれその他の誤びゆう等特別の事由により変更しなければならないときは、直ちにその変更の事由に基く増加額又は減少額に相当する金額について調査決定をしなければならない。

2　歳入徴収官は、納入者の住所の変更、各省各庁の所掌事務の異動又は各省各庁の内部における所掌事務の異動その他の事情により、調査決定をした歳入の徴収に関する事務を他の歳入徴収官等から引継を受け、又は他の歳入徴収官に引継いだときは、直ちにその引継に係る増加額又は減少額に相当する金額について調査決定をしなければならない。

3　歳入徴収官は、納入者が、誤つて納付義務のない歳入金を納付し、又は徴収決定済額をこえた金額の歳入金を納付した

場合においては、その納付した金額について徴収決定外誤納として調査決定をしなければならない。

（物納等の場合の調査決定）

第八条　歳入徴収官は、調査決定をした歳入について、法令の規定により、現金の納付に代え、印紙をもつて納付があつた場合又は物納がされた場合には、その納付額に相当する金額について減額の調査決定をしなければならない。

第三章　納入の告知等

（納入の告知を要しない歳入）

第八条の二　予算決算及び会計令第二十八条の二第九号に規定する財務省令で定める歳入は、次に掲げる歳入とする。

一　第三条第二項第二号から第九号までに掲げる歳入

二　第三条第三項第一号及び第二号に掲げる歳入

三　出納官吏事務規程（昭和二十二年大蔵省令第九十五号）第四十五条若しくは第八十三条第五項又は保管金取扱規程（大正十一年大蔵省令第五号）第四条、第十七条若しくは第十八条の規定により納付する歳入で同一の官庁に属する出納官吏からの納付に係るもの

四　労働者災害補償保険法（昭和二十二年法律第五十号）第三十一条第三項又は国家公務員災害補償法（昭和二十六年法律第百九十一号）第三十二条の二第二項の規定により控除する通勤による負傷又は疾病に係る費用の一部負担金

五　国有財産法（昭和二十三年法律第七十三号）第二十三条第二項（同法第十九条及び第二十六条並びに国有財産特別措置法（昭和二十七年法律第二百十九号）第十一条第二項において準用する場合を含む。）の承認に係る貸付料

六　第十七条の規定により納付書をもつて納付させる歳入その他財務大臣が指定する歳入

（文書による納入の告知）

第九条　歳入徴収官は、その所掌に属する歳入（予算決算及び会計令第二十八条の二各号に掲げる歳入を除く。）について調査決定をした場合には、直ちに、納入者の住所及び氏名、歳入科目、納付すべき金額、期限及び場所その他納付に関し必要な事項を明らかにした納入告知書を作成して納入者に送付しなければならない。ただし、第五条、第七条第二項及び第三項若しくは第八条の規定により調査決定をした場合又は口頭による納入の告知、若しくは公告による納入の告知により納付させる場合は、この限りでない。

2　歳入徴収官は、日本銀行が国庫金規程第三十四条の規定により振込み又は送金を取り消したことに伴い、日本銀行に納入の告知をする場合には、納入告知書をセンター支出官（予算決算及び会計令第一条第三号に規定するセンター支出官をいう。）を経由して送付しなければならない。

3　歳入徴収官が第五条の規定により調査決定をした場合にお

ける納入の告知については、歳入徴収官（分任歳入徴収官を含む。）以外の者が発した納入告知書により納入の告知があつたものとみなす。

（口頭による納入の告知）

第十条　歳入徴収官は、予算決算及び会計令第二十九条但書の規定により口頭をもつてする納入の告知により納入者をして収入官吏又は出納員に歳入を即納させる場合には、納付すべき金額その他納付に関し必要な事項を当該収入官吏又は出納員に通知しなければならない。

（公告による歳入の告知）

第十一条　歳入徴収官は、法令の規定により公告をもつて歳入の納入の告知をする場合には、納入者の氏名、歳入科目、納付すべき金額及び期限並びに納付すべき収入官吏の官職氏名、在勤官署名及び在勤官署の所在地その他納付に関し必要な事項を明らかにしなければならない。

（相殺の場合の納入の告知）

第十二条　歳入徴収官は、第六条第一項の規定により調査決定をしたときは、相殺に係る国の債務の金額について支出の決定（予算決算及び会計令第四十条第一項第一号に規定する支出の決定をいう。第五十四条の三第四項において同じ。）をする官署支出官（同令第二条第二号に規定する官署支出官をいう。以下同じ。）又は支払う出納官吏の官職及び氏名を納入告知書に付記し、第九条第一項の規定にかかわらず、これを当該官署支出官又は出納官吏に送付しなければならない。この場合においては、当該納入告知書の表面余白に「相殺額」の印を押さなければならない。

2　歳入徴収官は第六条第二項の規定により調査決定をしたときは、当該超過額に係る納入告知書を当該超過額を納付すべき私人に送付しなければならない。この場合においては、当該納入告知書の表面余白に「相殺超過額」の印をおさなければならない。

3　歳入徴収官は、納入者に対し納入の告知をした後、民法又は補助金等に係る予算の執行の適正化に関する法律（昭和三十年法律第百七十九号）第二十条の規定により国の債務と当該納入者の債務との間に相殺があつた場合において、国の収納すべき金額が相殺額を超過するときは、第六条の二の規定により調査決定をする延滞金及び加算金を除くほか、納入者の住所及び氏名、歳入科目、納付すべき金額、期限及び場所その他納付に関し必要な事項を明らかにした納付書を作成して納入者に送付し、これにより当該超過額を納付すべき旨を納入者に通知しなければならない。この場合においては、納付期限は、既に告知をした納付期限と同一の期限とし、当該納付書の表面余白に「相殺超過額」の印を押さなければならない。

（調査決定が超過した場合の納付書の送付等）

第十三条　歳入徴収官は、第七条第一項の規定により減少額に相当する金額について調査決定をした歳入で、すでに納入告知書を発し又は納付書を送付し、且つ、収納済となつていないものについては、直ちに納入者に対し、当該納入告知書又は納付書に記載された納付すべき金額が当該調査決定後の納付すべき金額を超過している旨の通知をするとともに、前条第三項の規定に準じて作製した納付書を当該通知に添えて送付しなければならない。

2　歳入徴収官は、第七条第三項の規定により徴収決定外誤納として調査決定をした歳入については、徴収決定外誤納の旨及び当該金額について官署支出官又は出納官吏に対して還付の請求をすべき旨を納入者に通知するとともに、徴収決定外誤納の旨及び当該金額の還付に関し必要な事項を当該官署支出官又は出納官吏に通知しなければならない。ただし、当該徴収決定外誤納に係る歳入について第五十条又は第五十一条の規定により訂正の手続をする場合には、この限りでない。

3　歳入徴収官は、前項但書の場合において、当該徴収決定外誤納に係る歳入が他の歳入徴収官の所掌に属するものであるときは、誤納があつた旨を当該他の歳入徴収官に通知しなければならない。

（物納等の場合の納付書の送付）

第十四条　歳入徴収官は、第八条の規定により減額の調査決定をした場合においてなお残額があるときは、当該残額に相当する金額につき第十二条第三項の規定に準じて作製した納付書を納入者に送付しなければならない。

（証券につき支払がなかつた場合の納付書の送付）

第十五条　歳入徴収官は、第二十六条の規定により収納済歳入額の取消の登記をしたとき（分任歳入徴収官の取扱に係る収納済歳入額の取消の登記をしたときを除く。）は、直ちに納入者に対し、当該納入者の納付した証券について支払がなかつた旨を通知するとともに、第十二条第三項の規定に準じて作製した納付書を当該通知に添えて納入者に送付しなければならない。

（相殺があつた場合の納付書の送付）

第十五条の二　歳入徴収官は、出納官吏事務規程第五十五条第二項の場合において、資金前渡官吏から請求があつたときは、直ちにその相殺額に相当する金額について第十二条第三項の規定に準じて作成した納付書に当該資金前渡官吏の官職及び氏名を附記し、これを当該資金前渡官吏に送付しなければならない。この場合においては、当該納付書の表面余白に「相殺額」の印をおさなければならない。

2　歳入徴収官は、支出官事務規程（昭和二十二年大蔵省令第九十四号）第七条第二項の場合において、官署支出官から請求があつたときは、直ちにその相殺額に対する納入告知書又は納付書に記載していた事項を記載した納付書を作成し、これに当該官署支出官の官職及び氏名を付記し、これを当該官署支出官に送付しなければならない。

（弁済の充当をした場合の納付書の送付）
第十五条の三　歳入徴収官は、その収納した歳入の金額を第二十五条の二の規定により充当した場合において元本金額又は利息、延滞金又は一定の期間に応じて附する加算金の未納があるときは、第六条の二の規定により調査決定をする延滞金又は一定の期間に応じて附する加算金を除くほか、直ちにその未納に係る金額につき第十二条第三項の規定に準じて作成した納付書にその充当した金額の内訳を附記してこれを納入者に送付しなければならない。

（引継を受けた場合の納付書の送付）
第十五条の四　歳入徴収官は、第七条第二項の規定により他の歳入徴収官から引継を受けた歳入につき調査決定をしたときは、各省各庁の所掌事務の異動又は各省各庁の内部における所掌事務の異動によりその引継を受けた場合を除き、直ちに第十二条第三項の規定に準じて作成した納付書を納入者に送付しなければならない。

（納入告知書等の亡失等の場合の納付書の送付）
第十六条　歳入徴収官は、納入者から納入告知書又は納付書を亡失し又は著しく汚損した旨の申出があつたときは、直ちに、当該納入告知書又は納付書に記載していた事項を納付書に記載し、当該納入者に送付しなければならない。

（納付書の送付を要しない場合）
第十六条の二　歳入徴収官は、第十二条第三項、第十三条から第十五条まで、第十五条の三又は第十五条の四に規定する場合において、納入者が納付すべき歳入の金額が納付書の送付に要する費用をこえないときは、これらの規定による納付書を送付しないことができる。

（納付書により歳入を納付させる場合の制限）
第十七条　歳入徴収官は、法令の規定による場合並びに特に財務大臣の指定する場合を除くほか、納付書をもつて歳入を納付させることができない。

（納付期限及び繰上徴収の通知）
第十八条　歳入徴収官は、第九条第一項、第十一条並びに第十二条第一項及び第二項の規定により納入の告知をする場合の納付期限については、法令その他の定めがある場合を除く外、調査決定の日から二十日以内において適宜の納付期限を定めるものとする。

2　歳入徴収官は、法令その他の定めるところにより納付期限を繰り上げて納入の告知をする場合には、納付期限を繰り上げる旨及びその理由を明らかにして行わなければならない。

3　歳入徴収官は、納入の告知をした後において、法令その他の定めるところにより納付期限を繰り上げて徴収するときは、納付期限を繰り上げる旨及びその理由を明らかにした納付書を作成し、納付者に送付しなければならない。

（納入者の氏名）
第十九条　歳入徴収官は、納入者の氏名を納入告知書若しくは納付書に記載する場合又は公告によつて明示する場合には、次の方法によるものとする。
一　法人にあつては、その法人の名称
二　個人にあつては、その個人の氏名
三　連帯納付義務者がある場合にあつては、各人名又は各法人の名称。但し、何某外何名と記載し、他の連帯納付義務者の氏名又は名称の列記を省略することができる。
四　官公署にあつては、官署支出官若しくは納入者となるべき出納官吏若しくはこれらに相当する者又は官公署の長の職

（納付場所）
第二十条　歳入徴収官は、納入告知書を発する場合又は納付書を送付する場合においては、収入官吏又は日本銀行を、法令の規定により公告をもつて納入の告知をする場合においては、収入官吏を納付場所としなければならない。
2　歳入徴収官は、前項の規定により日本銀行を納付場所とする場合において、特に必要があると認めるときは、特定の日本銀行（歳入代理店を除く。）を納付場所として指定することができる。この場合において、歳入徴収官は、納入告知書又は納付書の表面余白に「要特定店納付」の印を押さなければならない。

（督促）
第二十一条　歳入徴収官は、その所掌に属する歳入の全部又は一部が納付期限を過ぎてもなお納付されない場合には、納入者に対し、別紙第一号書式の督促状をもつて、完納すべき旨の督促をしなければならない。ただし、特別の事由があるときは、口頭又は適宜の書面により督促をすることを妨げない。

（保証人に対する納付の請求）
第二十一条の二　歳入徴収官は、債権に係る歳入について保証人に対し納付の請求をするときは、保証人及び債務者の住所及び氏名、歳入科目、納付すべき金額、納付の請求に係る事由、期限及び場所その他納付に関し必要な事項を明らかにした納付書を作成して保証人に送付し、これにより納付すべき旨を保証人に通知するものとする。この場合において、納付期限は、すでに告知をした納付期限と同一の期限とする。

（納入告知書等の作成及び送付に関する事務手続）
第二十一条の三　歳入徴収官は、その発する納入告知書、納付書（第二十一条の六第一項第一号から第八号までに掲げる納付書並びに同項第九号に掲げる納付書のうち第十五条の三及び第十六条の規定により作成する納付書に限る。）及び督促状（以下「納入告知書等」という。）については、電子情報処理組織（歳入徴収官及び分任歳入徴収官がその所掌に属する歳入の徴収に関する事務を処理するため、財務省に設置される各省各庁の利用に係る電子計算機と歳入徴収官及び分任歳入徴収官の所在する官署に設置される入出力装置とを電気通信回線で接続した電子情報処理組織をいう。以下同じ。）を使

用して作成するものとする。ただし、歳入徴収官が電子情報処理組織を使用して作成する必要がないと認める場合は、この限りでない。

2　歳入徴収官は、第二十八条の三第一項の規定により調査決定に係る事項を電子情報処理組織に記録する場合には、当該調査決定に係る事項のほか、納入告知書等の作成に必要な事項を併せて記録しなければならない。

3　歳入徴収官は、第一項の規定により納入告知書等を電子情報処理組織を使用して作成した場合においては、自ら送付する必要がある場合を除き、別紙第二号書式の納入告知書等送付指示書を作成し、次条第一号に規定する代行機関に対し、当該納入告知書等の送付に関する指示をするものとする。

4　歳入徴収官は、前項の規定による納入告知書等送付指示書の作成及び納入告知書等の送付に関する指示を電子情報処理組織を使用してしなければならない。

（納入告知書等の送付に関する事務等の処理）

第二十一条の四　各省各庁の長（財政法（昭和二十二年法律第三十四号）第二十条第二項に規定する各省各庁の長をいう。以下同じ。）は、歳入徴収官の事務のうち、電子情報処理組織を使用して作成する納入告知書等の送付及び日本銀行からの領収済通知情報又は国庫金規程第一号の五書式の領収済通知書（領収した歳入金に関する事項を収録した電磁的記録媒体（電子的方式、磁気的方式その他人の知覚によつては認識することができない方式で作られる記録であつて電子計算機による情報処理の用に供されるものに係る記録媒体をいう。以下同じ。）を含む。以下同じ。）の受領に関する事務については、次の各号に掲げる区分に応じ、会計法（昭和二十二年法律第三十五号）第四十六条の三第二項及び予算決算及び会計令第百三十九条の三の規定に基づき、次の各号に掲げる者に処理させるものとする。

一　電子情報処理組織を使用して作成する納入告知書等の送付並びに日本銀行本店、代理店又は歳入代理店から電気通信回線を使用して送信される第二十一条の六第一項第九号及び同条第二項第一号に掲げる歳入金に係る領収済通知情報及び取りまとめ指定代理店（特別手続第三条第四項に規定する取りまとめ指定代理店をいう。以下同じ。）から送付される第二十一条の六第一項第九号及び同条第二項第一号に掲げる歳入金に係る国庫金規程第一号の五書式の領収済通知書の受領に関する事務　財務大臣が指定する財務省所属の職員（次条（第三項を除く。）において「第一号代行機関」という。）

二　日本銀行本店から送付される第二十一条の六第一項第一号から第六号まで並びに同条第二項第二号及び第三号に掲げる歳入金に係る国庫金規程第一号の五書式の領収済通知書、日本銀行代理店又は歳入代理店から電気通信回線を使用して送信される第二十一条の六第一項第一号から第六号まで及び同条第二項第二号から第四号までに掲げる歳入金に係る領収済通知情報並びに取りまとめ指定代理店から送付される第二十一条の六第一項第一号から第六号まで及び同条第二項第二号から第四号までに掲げる歳入金に係る国庫金規程第一号の五書式の領収済通知書の受領に関する事務（当該歳入金を取り扱う各省各庁の長が指定する当該各省各庁所属の職員（次条第三項及び第四項において「第二号代行機関」という。）

（代行機関の事務手続）

第二十一条の五　第一号代行機関は、電子情報処理組織により納入告知書等が作成され、第二十一条の三第三項の規定により当該納入告知書等の送付に関する指示を受けたときは、同項に規定する当該指示に係る納入告知書等送付指示書により当該納入告知書等の件数を確認した上、当該納入告知書等を納入者に送付し、その旨を当該納入告知書等送付指示書において明らかにしておかなければならない。

2　第一号代行機関は、国庫金規程第十四条の三第三項の規定により日本銀行本店、同条第一項ただし書、国庫金規程第十四条の四若しくは国庫金規程第十九条の五第一項の規定により日本銀行代理店若しくは特別手続第三条第二項ただし書、同条第三項ただし書若しくは同条第八項若しくは第三条の四第一項の規定により日本銀行歳入代理店から領収済通知情報を受信したとき又は特別手続第三条第五項の規定により取りまとめ指定代理店から国庫金規程第一号の五書式の領収済通知書の送付を受けたときは、歳入徴収官又は分任歳入徴収官に電子情報処理組織を使用して、その旨を通知しなければならない。

3　第二号代行機関は、国庫金規程第十四条の二第四項の規定により日本銀行本店若しくは特別手続第三条第六項の規定により取りまとめ指定代理店から国庫金規程第一号の五書式の領収済通知書の送付を受けたとき又は国庫金規程第十四条の二第一項ただし書、第十四条の三若しくは第十四条の四の規定により日本銀行代理店若しくは特別手続第三条第二項ただし書、同条第三項ただし書、同条第七項若しくは同条第八項の規定により日本銀行歳入代理店から領収済通知情報を受信したときは、歳入徴収官又は分任歳入徴収官に電子情報処理組織を使用して、その旨を通知しなければならない。

4　第一号代行機関及び第二号代行機関は、前二項の規定により歳入徴収官又は分任歳入徴収官に通知したときは、当該通知に係る電磁的記録媒体を別紙第三号書式の電磁的記録媒体返付書に添え、日本銀行本店又は取りまとめ指定代理店に返付しなければならない。

（納入告知書の様式等）

第二十一条の六　歳入徴収官が発する納入告知書及び納付書の様式は、次の各号に掲げる区分に応じ当該各号に定める書式によるものとする。

一　労働保険料（労働保険料徴収法第十条第二項に規定する労働保険料（事業主が労働保険料徴収法第二十一条の二第一項の承認を受けて納期限までに納付する同項に規定する労働保険料を除き、納期限までに納付されなかつた場合の労働保険料を含む。）及び失業保険法及び労働者災害補償保険法の一部を改正する法律及び労働保険の保険料の徴収等に関する法律の施行に伴う関係法律の整備等に関する法律（昭和四十四年法律第八十五号）第十九条第一項に規定する特別保険料をいう。次号及び次項第二号において同じ。）及び一般拠出金（石綿健康被害救済法第三十七条第一項に規定する一般拠出金（事業主が石綿健康被害救済法第三十八条第一項の規定により準用する労働保険料徴収法第二十一条の二第一項の承認を受けて納期限までに納付する一般拠出金を除き、納期限までに納付されなかつた場合の一般拠出金を含む。）をいう。次号及び次項第二号において同じ。）に係る納入告知書及び納付書　納入告知書にあつては別紙第四号の二書式及び別紙第四号の二の二書式、納付書にあつては別紙第四号の十三書式及び別紙第四号の十六書式

一の二　労働保険料及び一般拠出金に係る追徴金及び延滞金に係る納入告知書及び納付書　納入告知書にあつては別紙第四号の三書式及び別紙第四号の二の三書式、納付書にあつては別紙第四号の十三書式

二　電波利用料（電波法第百三条の二第四項に規定する電波利用料（電波利用料を納付しようとする者が同法第百三条の二第二十項の承認を受けて納期限までに納付する電波利用料を除き、同条第二十八項の規定により納付受託者が電波利用料を納付しようとする者から委託を受けて納付する場合及び納期限までに納付されなかつた場合の電波利用料を含む。）をいう。）並びにこれに係る利息及び延滞金に係る納入告知書及び納付書　別紙第四号の三書式

三　健康保険法第百五十五条第一項の規定により厚生労働大臣が徴収する保険料（同法第三条第二項に規定する日雇特例被保険者に係る保険料及び納付義務者が同法第百六十六条の承認を受けて納期限までに納付する保険料を除く。次号において「健康保険料」という。）及び厚生年金保険法第八十一条第一項の規定により厚生労働大臣が徴収する保険料（納付義務者が同法第八十三条の二の承認を受けて納期限までに納付する保険料を除く。）並びに子ども・子育て支援法第六十九条第一項の規定により同法第六十九条第一項第一号に掲げる者から徴収する拠出金（納付義務者が同法第七十一条第一項の規定により厚生年金保険法第八十三条の二の承認を受けて納期限までに納付する拠出金を除く。）に係る納入告知書及び納付書　別紙第四号の四書式

三の二　公的年金制度の健全性及び信頼性の確保のための厚生年金保険法等の一部を改正する法律（平成二十五年法律

第六十三号）附則第十三条第一項（同項の規定により政府が当該自主解散型基金の設立事業所の事業主から徴収するものに限る。）、同法附則第二十二条第一項（同項の規定により政府が当該清算型基金の設立事業所の事業主から徴収するものに限る。）及び同法附則第三十一条第一項の規定により徴収する徴収金（納付義務者が同法附則第八十二条第二項の規定によりみなして適用する厚生年金保険法第八十三条の二の承認を受けて納付する徴収金を除く。）並びに公的年金制度の健全性及び信頼性の確保のための厚生年金保険法等の一部を改正する法律附則第十六条第一項（同法附則第二十三条及び第三十二条において準用する場合を含む。）の規定により徴収する加算金（納付義務者が同法附則第八十二条第二項の規定によりみなして適用する厚生年金保険法第八十三条の二の承認を受けて納期限までに納付する加算金を除く。）に係る納入告知書及び納付書　別紙第四号の四の二書式

四　健康保険法第百八十一条第一項本文の規定により徴収する延滞金（健康保険料に係る延滞金に限る。）、厚生年金保険法第八十七条第一項本文の規定により徴収する延滞金及び子ども・子育て支援法第七十一条第一項の規定により厚生年金保険の保険料その他の徴収金の徴収の例により徴収する延滞金に係る納入告知書及び納付書　別紙第四号の五書式

五　船員保険法第百十四条第一項の規定により徴収する保険料（同法第二条第二項の規定による被保険者に係る保険料及び納付義務者が同法第百二十九条の承認を受けて納期限までに納付する保険料を除く。）に係る納入告知書及び納付書　別紙第四号の六書式

六　船員保険法第百三十三条第一項本文の規定により徴収する延滞金（前号に規定する保険料に係る延滞金に限る。）に係る納入告知書及び納付書　別紙第四号の七書式

六の二　年金特別会計に係る歳入金（第三号から前号まで並びに次項第三号及び第四号に掲げる歳入金を除く。）に係る納入告知書及び納付書（厚生労働省年金局の歳入徴収官が第二十一条の三第一項本文の規定により作成するものを除く。）　別紙第四号書式及び別紙第四号の十一書式

七　財政融資資金の貸付金の利子に係る納入告知書及び納付書　別紙第四号の八書式及び別紙第四号の九書式

八　自動車損害賠償保障法（昭和三十年法律第九十七号）第七十六条各項の規定により国に帰属した債権を徴収する場合の歳入金及び同法第七十九条の規定により徴収する過怠金並びにこれらに係る延滞金及び延納利子並びに私的独占の禁止及び公正取引の確保に関する法律（昭和二十二年法律第五十四号）第七条の二第一項（同条第二項及び同法第八条の三において読み替えて準用する場合を含む。）若しくは第四項又は第二十条の二から第二十条の六までの規定

により納付を命じた課徴金及び同法第六十九条第二項の規定により徴収する延滞金に係る納入告知書及び納付書　別紙第四号書式及び別紙第四号の十一書式

九　前各号に掲げる歳入金以外の歳入金（次に掲げる歳入金を除く。）に係る納入告知書及び納付書　別紙第四号の十書式

イ　事業主が労働保険料徴収法第二十一条の二第一項又は石綿健康被害救済法第三十八条第一項の規定により準用する労働保険料徴収法第二十一条の二第一項の承認を受けて納期限までに納付する労働保険料徴収法第二十一条の二第一項に規定する労働保険料又は石綿健康被害救済法第三十七条第一項に規定する一般拠出金

ロ　電波利用料を納付しようとする者が電波法第百三条の二第二十項の承認を受けて納期限までに納付する電波利用料

ハ　子ども・子育て支援法施行令（平成二十六年政令第二百十三号）第四十条に規定する共済組合が、同令第四十一条第二項の規定により納付する子ども・子育て支援法第七十一条第九項の規定により取り立てた拠出金その他同法の規定による徴収金

2　前項の規定によるもののほか、歳入徴収官が送付する納付書の様式は、次の各号に掲げる区分に応じ当該各号に定める書式によるものとする。

一　現金により納付する場合の手数料等（特許法（昭和三十四年法律第百二十一号）第百七条第一項に規定する特許料、同法第百十二条第二項に規定する割増特許料、同法第百九十五条第一項から第三項までに規定する手数料（工業所有権に関する手続等の特例に関する法律施行規則（平成二年通商産業省令第四十一号。以下この号において「特例法施行規則」という。）第十条第五十四号から第五十六号までに規定する手続であつて工業所有権に関する手続等の特例に関する法律（平成二年法律第三十号。以下この項において「特例法」という。）第二条第一項に規定する電子情報処理組織を使用して行う手続に係るものを除く。）、実用新案法（昭和三十四年法律第百二十三号）第三十一条第一項に規定する登録料、同法第三十三条第二項に規定する割増登録料、同法第五十四条第一項若しくは第二項に規定する手数料（特例法施行規則第十条第五十四号から第五十六号までに規定する手続であつて特例法第二条第一項に規定する電子情報処理組織を使用して行う手続に係るものを除く。）、意匠法（昭和三十四年法律第百二十五号）第四十二条第一項に規定する登録料、同法第四十四条第二項に規定する割増登録料、同法第六十七条第一項若しくは第二項に規定する手数料（特例法施行規則第十条第五十四号から第五十六号までに規定する手続であつて特例法第二条第一項に規定する電子情報処理組織を使用して行う手続に係るものを除

く。）、商標法（昭和三十四年法律第百二十七号）第四十条第一項若しくは第二項、第四十一条の二第一項若しくは第七項若しくは第六十五条の七第一項若しくは第二項に規定する登録料、同法第四十三条第一項から第三項までに規定する割増登録料、同法第七十六条第一項若しくは第二項に規定する手数料（特例法施行規則第十条第五十四号から第五十六号までに規定する手続であつて特例法第二条第一項に規定する電子情報処理組織を使用して行う手続に係るものを除く。）、特許協力条約に基づく国際出願等に関する法律（昭和五十三年法律第三十号）第八条第四項、第十二条第三項若しくは第十八条第一項若しくは第二項に規定する手数料、特例法第四十条第一項に規定する手数料（特例法第二条第一項に規定する電子情報処理組織を使用して行う手続に係るものを除く。）、商標法等の一部を改正する法律（平成八年法律第六十八号）附則第十五条第二項に規定する登録料及び割増登録料、同法附則第十九条に規定する手数料（特例法施行規則第十条第五十四号から第五十六号までに規定する手数料であつて特例法第二条第一項に規定する電子情報処理組織を使用して行う手続に係るものを除く。）又は特許協力条約に基づく国際出願等に関する法律施行規則（昭和五十三年通商産業省令第三十四号）第八十二条第一項に規定する手数料をいう。）に係る納付書　別紙第四号の十二書式

二　労働保険料及び一般拠出金並びにこれらに係る追徴金及び延滞金に係る納付書　別紙第四号の十三書式

三　国民年金法等の一部を改正する法律（昭和六十年法律第三十四号）附則第四十三条又は第四十四条の規定による被保険者がこれらの法律の規定により納付する保険料に係る納付書　別紙第四号の十四書式

四　国民年金法第八十七条第一項の規定により徴収する保険料（被保険者が同法第九十二条の二の承認を受けて納期限までに納付する保険料、被保険者が同法第九十二条の二の二第二項の承認を受けて同条第一項に規定する指定代理納付者に立て替えて納付させる保険料、同法第九十二条の三第一項の規定に基づき被保険者の委託を受けて保険料の納付を行う者が納付する保険料及び北朝鮮当局によって拉致された被害者等の支援に関する法律施行令（平成十四年政令第四百七号）第八条の規定により被害者の子及び孫が納付する保険料を除く。）及び同法第九十七条第一項の規定により徴収する延滞金に係る納付書　別紙第四号の十五書式

第四章　徴収簿の登記等

（徴収決定済額及び徴収決定外誤納額等の登記）

第二十二条　歳入徴収官は、調査決定をしたとき又は分任歳入

徴収官（分任歳入徴収官代理を含む。第四十六条の二、第五十五条第二項及び第五十六条に規定する場合を除き、以下同じ。）から調査決定報告書の送付を受けたときは、直ちに調査決定年月日、徴収決定済額その他必要な事項を徴収簿に登記しなければならない。この場合において、徴収決定外誤納として調査決定をした金額又は分任歳入徴収官が徴収決定外誤納として調査決定をした金額については、更に別紙第五号書式の過誤納額整理簿に登記しなければならない。

（収入官吏からの報告に基く収納済歳入額等の登記）

第二十三条 歳入徴収官は、収入官吏において収納した歳入金について、当該収入官吏から領収済の報告書又は領収済通知書の送付を受けたときは、直ちに当該領収済の報告書又は領収済通知書により収納年月日、収納済歳入額その他必要な事項を徴収簿に登記しなければならない。

2 歳入徴収官は、前項の規定により徴収簿の登記する場合において、当該領収済の報告書又は領収済通知書が第四十九条の規定により分割して収納した歳入金に係るものであるときは、その分割して収納した歳入金に相当する金額を徴収決定済額の一部受入として登記するものとする。

（日本銀行からの報告に基づく収納済歳入額等の登記）

第二十四条 歳入徴収官は、日本銀行において収納した歳入金、振替払込の手続をした歳入金又は支払未済繰越金から歳入に組み入れた歳入金について、日本銀行から領収済通知書、振替済通知書又は支払未済繰越金歳入組入報告書の送付を受けたときは、直ちに、当該領収済通知書、振替済通知書又は支払未済繰越金歳入組入報告書の枚数及び金額を、これらに添付されている集計表により確認した上、当該領収済通知書、振替済通知書又は支払未済繰越金歳入組入報告書により収納年月日、収納済歳入額その他必要な事項を徴収簿に登記しなければならない。ただし、当該領収済通知書が収入官吏から払い込まれた歳入金に係るものであるときは、この限りでない。

（口座振替による納付の場合における領収済みの通知等に基づく収納済歳入額等の登記）

第二十五条 歳入徴収官は、日本銀行代理店又は歳入代理店において収納した第三条第三項各号又は第二十一条の六第一項第七号に掲げる歳入について、日本銀行代理店又は歳入代理店から領収済みの通知又は領収済通知情報（国庫金規程第十四条の五及び特別手続第三条第九項に規定する領収済通知情報に限る。）を受けたときは、前条の規定にかかわらず、直ちに、当該領収済みの通知又は領収済通知情報により収納年月日、収納済歳入額その他必要な事項を徴収簿に登記しなければならない。

（収納すべき金額に足りない収納済歳入額等の登記等）

第二十五条の二 歳入徴収官は、前三条の場合において、その収納した歳入金の金額が国の収納すべき元本、利息、延滞金又は一定の期間に応じて附する加算金の金額の合計額に足りないときは、法令の定めるところにより順次にその収納金額をこれらの金額に充当して徴収簿に登記しなければならない。この場合において、その充当した金額の内訳が領収済の報告書、領収済通知書若しくは振替済通知書に記載された金額の内訳と異なるときは、その充当した金額の内訳をこれらの書面に附記するものとする。

（証券につき支払がなかつた場合の登記等）

第二十六条　歳入徴収官は、前四条の規定により、収納済歳入額の登記をした後において、収入官吏又は日本銀行から、証券を以てする歳入納付に関する法律施行細則（大正五年大蔵省令第三十二号）第五条第一項の規定により収納済歳入額の取消しの報告があつたときは、当該報告に係る歳入の収納済歳入額の取消しの登記をしなければならない。

（不納欠損の整理及び登記）

第二十七条　歳入徴収官は、調査決定をした歳入に係る債権が次の各号の一に該当するときは、直ちに当該歳入について収納ができない事由を明らかにした書面を作成し、不納欠損として整理する旨を明らかにしなければならない。

一　債権が法令の規定に基づいて免除されたこと。

二　債権につき消滅時効が完成し、かつ、債務者がその援用をしたこと（債権が法律の規定により債務者の援用をまたないで消滅するものであるときは、消滅時効が完成したこと。）。

三　債権で国税徴収又は国税滞納処分の例によつて徴収するものが国税徴収法（昭和三十四年法律第百四十七号）第百五十三条第四項又は第五項の規定により消滅したこと。

四　債権について、債権管理事務取扱規則第三十条の規定によりその全部又は一部が消滅したものとみなして整理したこと（国の債権（国の債権の管理等に関する法律第二条第一項に規定する国の債権で、同法第三条第一項各号に掲げる債権を除いたものをいう。第五十四条の二において同じ。）以外のものについては、債権管理事務取扱規則第三十条各号に掲げる事由に該当すること。）。

2　歳入徴収官は、前項の規定により不納欠損として整理した場合又は分任歳入徴収官から不納欠損として整理した旨の通知があつた場合には、直ちに整理した年月日、不納欠損額その他必要な事項を徴収簿に登記するとともに、別紙第六号書式の不納欠損整理簿に登記しなければならない。

（誤びゆうの訂正の登記等）

第二十八条　歳入徴収官は、調査決定をした後において、当該調査決定をした歳入の歳入科目に誤びゆうがあることを発見したとき又は分任歳入徴収官からその調査決定をした歳入の歳入科目の誤びゆうの訂正の請求があつたときは、当該歳入の属する年度の最終月分の徴収済額報告書を提出するときまでに徴収簿に訂正の登記をし、当該訂正が分任歳入徴収官の請求に係るものにあつては、訂正済の旨を分任歳入徴収官に通知しなければならない。

2　歳入徴収官は、第五十条又は第五十一条の規定により誤びゆうの訂正又は口座更正の請求をした場合において、収入官吏又は日本銀行から誤びゆう訂正済みの報告を受けたときは、直ちに徴収簿に訂正の登記（第四十六条の二に規定する分任歳入徴収官の分掌に係るものを除く。次項において同じ。）をし、訂正の事由を当該領収済みの報告書、領収済通知書（国庫金規程第十四条の二第三項に規定する領収済通知情報並びに同条第四項及び特別手続第三条第五項及び第六項に規定する国庫金規程第一号の五書式の領収済通知書を除く。）、振替済通知書又は支払未済繰越金歳入組入報告書に付記するとともに、当該訂正済みの報告が分任歳入徴収官からの訂正の請求に係るものにあつては、訂正済みの旨を当該分任歳入徴収官に通知しなければならない。

3　歳入徴収官は、収入官吏から領収済みの報告書又は領収済通知書の記載事項の誤びゆうの訂正の請求があつたときは、当該領収済みの報告書又は領収済通知書の訂正をし、訂正済みの旨を当該収入官吏に通知するとともに徴収簿に訂正の登記をしなければならない。この場合において、当該訂正が分任歳入徴収官の取り扱つた歳入に係るものであるときは、訂正済みの旨を当該分任歳入徴収官に通知しなければならない。

4　歳入徴収官は、前三項の規定により誤びゆうの訂正をしようとするときは、当該誤びゆうの内容を示す書類によつて、その訂正をしようとする旨を明らかにしなければならない。

（徴収額集計表による合計登記）

第二十八条の二　歳入徴収官は、第四十六条の二に規定する分任歳入徴収官の分掌に係る歳入については、第四十六条の六の規定により当該分任歳入徴収官から送付を受ける徴収額集計表により徴収決定済額等の金額、その他必要な事項を徴収簿に登記しなければならない。

（徴収簿の登記等に必要な事項の電子情報処理組織への記録）

第二十八条の三　歳入徴収官がこの章に定めるところにより行う徴収簿への登記は、必要な事項を電子情報処理組織に記録する方法により行わなければならない。

2　歳入徴収官は、債権管理事務取扱規則第三十九条の三の規定により特定分任歳入徴収官等から歳入の徴収に必要とされる事項について通知を受けたときは、当該通知に係る事項を電子情報処理組織に記録しなければならない。

3　前二項の場合において、必要な事項が既に電子情報処理組織に記録されているときは、当該事項を重ねて記録することを要しない。

4　歳入徴収官は、財務大臣が指定する歳入金については、債権管理事務取扱規則別表第四第六号から第八号までの規定にかかわらず、電子情報処理組織に日別、目別に徴収決定済額、収納済歳入額、収納未済歳入額及び不納欠損額を記録することができる。

第五章　徴収済報告書及び歳入金月計突合表等

（徴収済額報告書の作成及び送信又は送付）

第二十九条　歳入徴収官は、毎月、徴収簿により徴収済額報告書を作成し、これに当該月分の歳入金月計突合表、差額仕訳書その他の参照書類を添え、その翌月の十五日（予算決算及び会計令第三十六条第一項各号に掲げるものにあつては、次項に規定する財務大臣の定める日）までに、各省各庁の長等（各省各庁の長及び法令の規定により各省各庁の長以外の職員に送付することとなつている場合におけるその職員をいう。以下同じ。）に送信又は送付しなければならない。

2　予算決算及び会計令第三十六条第一項及び特別会計に関する法律施行令（平成十九年政令第百二十四号）第十七条第二項に規定する財務大臣の定める日は、予算決算及び会計令第三十六条第一項第一号に掲げるものにあつては、翌年度の七月八日、同項第二号に掲げるものにあつては、翌年度の七月二十日とする。

3　予算決算及び会計令第三十六条第一項第二号の歳入徴収官は、次の各号に掲げる区分に応じ翌年度の七月一日から当該各号に掲げる日までの間における当該年度所属の歳入金に係る徴収済額報告書を作成するものとする。

一　決算調整資金に関する法律（昭和五十三年法律第四号）第七条第一項の規定により決算調整資金（同法第二条に規定する決算調整資金をいう。）に属する現金が一般会計の歳入に組み入れられたとき　同資金に属する現金が同会計の歳入に組み入れられた日

二　決算調整資金事務取扱規則（昭和五十三年大蔵省令第七号）第二条第二項の通知を受けたとき　国税収納金整理資金に関する法律施行令（昭和二十九年政令第五十一号。次号において「資金令」という。）第二十二条第一項の規定により国税収納金整理資金（国税収納金整理資金に関する法律（昭和二十九年法律第三十六号。次号において「資金法」という。）第三条に規定する国税収納金整理資金をいう。次号及び第三十四条第五項において同じ。）に属する現金が一般会計の歳入に組み入れられた日

三　資金令第二十二条第一項の規定により国税収納金整理資金に属する現金が特別会計（資金法第六条第二項に規定する特別会計をいう。）の歳入に組み入れられたとき　同資金に属する現金が同会計の歳入に組み入れられた日

（現金払込仕訳書等による記載）

第三十条　歳入徴収官は、収入官吏から現金払込仕訳書又は現金振替払込仕訳書により払込みの報告があつたときは、当該

報告に基づき、徴収済額報告書の現金払込仕訳欄に当該払込みのあつた金額その他必要な事項を記載しなければならない。

（徴収済額報告書の訂正）

第三十一条 歳入徴収官は、第二十九条第一項の規定により徴収済額報告書を送付した後において、当該報告書に記載した徴収決定済額、収納済歳入額その他の事項について、第二十八条の規定により誤びゆうの訂正をしたことにより異動しなければならなくなつたとき又はその他の事由により異動すべきものを発見したときは、当該訂正をした日の属する月分又はその異動すべき事項を発見した日の属する月分の徴収済額報告書において増減等の訂正をなし、その事由を附記しなければならない。

2 歳入徴収官は、前項の場合において、当該訂正をすべき徴収済額報告書が当該年度の最終の月分に係るものであるときは、同項の規定にかかわらず、当該増減等の事由を具して当該徴収済額報告書の訂正を各省各庁の長等に請求しなければならない。この場合においては、当該訂正が、おそくとも翌年度の六月末日（予算決算及び会計令第三十六条第一項第二号に規定するものにあつては、七月二十二日）までに終わるように請求しなければならない。

（徴収決定済額等の異動がない場合の報告）

第三十二条 歳入徴収官は、各月において、当該月までの徴収決定済額、収納済歳入額、不納欠損額及び現金払込高のそれぞれの累計額が前月までの当該額のそれぞれの累計額に比して増減がない場合においては、その旨を第二十九条の手続に準じて報告しなければならない。

（現金払込済仕訳書）

第三十三条 歳入徴収官は、各月において、当該月までの徴収決定済額、収納済歳入額及び不納欠損額のそれぞれの累計額が前月までの当該額のそれぞれの累計額に比して増減がなく、当該月までの現金払込高の累計額が前月までの当該累計額に比し異動がある場合においては、現金払込済仕訳書を作製し、第二十九条の手続に準じて送付しなければならない。

（歳入金月計突合表等の調査等）

第三十四条 歳入徴収官は、日本銀行本店から統轄店別収入額の記録を添えて歳入金月計突合表の送信を受けたときは、これを調査し、適正であると認めたときは、その旨を電子情報処理組織に記録しなければならない。この場合において、収納済歳入額と歳入金月計突合表の収入額とに差額があるときは、その旨及び事由を付記するものとする。

2 歳入徴収官は、前項の規定により送信を受けた歳入金月計突合表に誤りがあることを発見したときは、当該歳入金月計突合表の送信を受けた月の第十二営業日までにその旨を日本銀行本店に通知しなければならない。

3 第一項の規定は、歳入徴収官が前項の通知をした後、日本銀行本店から再度歳入金月計突合表の送信を受けた場合について準用する。

4 第二項の規定は、歳入徴収官が、日本銀行本店から毎会計年度の翌年度の六月における歳入金の収入に係る歳入金月計突合表（以下この項において「六月分月計突合表」という。）及び翌年度の七月における歳入金の収入（第二十九条第三項の規定により徴収済額報告書を作成する歳入金に限る。）に係る歳入金月計突合表（以下この項において「七月分月計突合表」という。）の送信を受けた場合について準用する。この場合において、第二項中「当該歳入金月計突合表の送信を受けた月の第十二営業日までに」とあるのは、六月分月計突合表の送信を受けた場合については「当該歳入金月計突合表の送信を受けた月の第七営業日までに」と、七月分月計突合表の送信を受けた場合については「第二十九条第三項各号に掲げる区分に応じた当該各号に掲げる日（第二号に掲げるものにあつては、同号に掲げる通知を受けた日）の翌々営業日までに」と読み替えるものとする。

5 第一項から第三項までの規定は、国税収納金整理資金からの組み入れに係る一般会計の歳入の徴収に関する事務を取り扱う歳入徴収官が、翌年度の七月において、日本銀行本店から収納済歳入額突合表の送付を受けた場合について準用する。この場合において第一項中「歳入金月計突合表の収入額」とあるのは「収納済歳入額突合表の収入額」と、第二項中「当該歳入金月計突合表の送信を受けた月の第十二営業日までに」とあるのは「当該収入済歳入額突合表の送付を受けた日の翌営業日までに」と読み替えるものとする。

6 本条において「営業日」とは、日本銀行の休日でない日をいう。

（差額仕訳書）

第三十五条 歳入徴収官は、前条第一項後段の場合においては、別紙第七号書式の差額仕訳書を作成し、徴収済額報告書に添付しなければならない。

2 前項の規定は、前条第五項の場合について準用する。この場合において、前項中「徴収済額報告書」とあるのは「収納済歳入額計算書」と読み替えるものとする。

第六章　収納未済歳入額の繰越及び計算証明

（翌年度への繰越）

第三十六条 歳入徴収官は、毎会計年度において調査決定した金額で該当年度所属の歳入金を受け入れることができる期間（以下「出納期間」という。）内に収納済とならなかつたもの（不納欠損として整理したものを除く。）は、当該期間満了の日の翌日において翌年度の徴収決定済額に繰り越すものとする。

（翌翌年度以降への繰越）
第三十七条　歳入徴収官は、前条の規定により繰越をした徴収決定済額で、翌年度末までに収納済とならないもの（不納欠損として整理したものを除く。）は、翌年度末において翌翌年度の徴収決定済額に繰り越し、翌翌年度末までになお収納済とならないもの（不納欠損として整理したものを除く。）については、その後逓次繰り越すものとする。
（徴収決定済額の減額整理）
第三十八条　歳入徴収官は、前条の規定により繰り越す場合においては、その繰越をする年度の徴収決定済額から当該繰越をする金額を減額して整理するものとする（次の各号に掲げる特別会計及び歳入を除く。）。
一　労働保険特別会計
二　農地法（昭和二十七年法律第二百二十九号）第四十五条第一項に規定する土地、立木、工作物及び権利並びに農地法等の一部を改正する法律（平成二十一年法律第五十七号）附則第八条第一項に規定する土地等の管理及び処分に係る歳入
（収納未済歳入額繰越計算書等）
第三十九条　歳入徴収官は、第三十六条の規定により繰り越した金額については、当該出納期間満了の日の属する月分の徴収済額報告書に繰越金額及び収納未済の事由を附記しなければならない。
2　歳入徴収官は、第三十七条の規定により繰り越した金額については、別紙第八号書式により収納未済歳入額繰越計算書を作成し、毎会計年度の三月分の徴収済額報告書に添付しなければならない。
（歳入金月計突合表の添附）
第四十条　歳入徴収官は、予算決算及び会計令第二十一条の規定により歳入徴収額計算書を各省各庁の長に送付するときは、証拠書類のほか、日本銀行本店から送信を受けた歳入金月計突合表を添付しなければならない。

第七章　分任歳入徴収官の事務取扱

（徴収整理簿への登記）
第四十一条　分任歳入徴収官（第四十六条の二に規定する分任歳入徴収官を除く。以下第四十三条第二項に規定する場合を除き、第四十二条から第四十六条までの各条において同じ。）は、調査決定をしたときは、直ちに調査決定年月日、徴収決定済額その他必要な事項を別紙第九号書式の徴収整理簿に登記しなければならない。
（調査決定報告書の作成及び送付）
第四十二条　分任歳入徴収官は、前条の規定により徴収整理簿に登記したときは、その都度別紙第十号書式の調査決定報告書を作成し、証拠書類を添えて歳入徴収官に送付しなければ

ならない。

(歳入科目等の訂正)

第四十三条 分任歳入徴収官は、調査決定をした後において、当該調査決定をした歳入の歳入科目に誤びゆうがあることを発見したときは、歳入徴収官が徴収簿の訂正をすることができるときまでに歳入徴収官に当該誤びゆうの訂正の請求をしなければならない。

2 分任歳入徴収官は、収入官吏又は日本銀行が歳入金を収納した後において、当該歳入の所属年度、主管名(特別会計又は資金にあつては所管名。以下同じ。)、会計名又は取扱庁名に誤びゆうがあることを発見したときは、当該誤びゆうの訂正を歳入徴収官に請求しなければならない。

3 前項の場合において、第五十条第二項の規定の適用を受ける歳入徴収官の事務の一部を分掌する分任歳入徴収官は、その取扱いに係る歳入の所属年度の誤びゆうについて訂正を請求するときは、その歳入が日本銀行に収納され、又は払い込まれた月ごとに、当該訂正すべき誤びゆうに係る金額を取りまとめ、その合計額をもつて誤びゆうの訂正を請求することができる。

(収納済歳入額の登記)

第四十四条 分任歳入徴収官は、収入官吏又は日本銀行から領収済みの報告書、領収済通知書又は振替済通知書の送付を受けたときは、直ちに、当該領収済みの報告書、領収済通知書又は振替済通知書の枚数及び金額を、これらに添付されている集計表により確認した上、当該領収済みの報告書、領収済通知書又は振替済通知書により徴収整理簿に収納年月日、収納済歳入額その他必要な事項を登記し、その都度当該領収済みの報告書、領収済通知書又は振替済通知書を歳入徴収官に送付しなければならない。ただし、日本銀行から送付された領収済通知書が収入官吏から払い込まれた歳入金に係るものであるときは、徴収整理簿の登記は必要としない。

2 国庫金規程第十四条の二第二項ただし書の規定に基づき日本銀行統轄店又は特別手続第三条第四項ただし書の規定に基づき指定代理店から領収済通知書の送付を受けた場合及び第二十一条の五第二項及び第三項の規定に基づき代行機関から通知を受けた場合には、前項の規定にかかわらず、領収済みの報告書、領収済通知書又は振替済書の枚数及び金額をこれらに添付される集計表により確認することを要しない。

(徴収整理簿の登記)

第四十五条 分任歳入徴収官は、第二十八条の規定により歳入徴収官から誤びゆう訂正済の通知があつたときは、徴収整理簿に訂正の登記をしなければならない。

(不納欠損の整理の登記及び通知)

第四十六条 分任歳入徴収官は、徴収決定済額について不納欠損として整理した場合においては、直ちに整理した年月日、不納欠損額その他必要な事項を徴収整理簿に登記するとともに、証拠書類を添えて歳入徴収官にその旨を通知しなければならない。

（指定分任歳入徴収官の行う徴収簿の登記等）

第四十六条の二　財務大臣の指定する分任歳入徴収官（当該分任歳入徴収官の代理を含む。以下「指定分任歳入徴収官」という。）は、調査決定をしたときは、直ちに調査決定年月日、徴収決定済額その他必要な事項を徴収簿に登記しなければならない。この場合において、徴収決定外誤納として調査決定をした金額については、第二十二条の規定に準じて過誤納額整理簿に登記しなければならない。

第四十六条の三　指定分任歳入徴収官は、収入官吏又は日本銀行から領収済の報告書、領収済通知書又は振替済通知書の送付を受けたときは、直ちに当該領収済の報告書、領収済通知書又は振替済通知書の枚数及び金額を、これらに添付されている集計表により確認した上、当該領収済の報告書、領収済通知書又は振替済通知書により収納年月日、収納済歳入額その他必要な事項を徴収簿に登記しなければならない。ただし、日本銀行から送付された領収済通知書が収入官吏から払い込まれた歳入金に係るものであるときは、この限りでない。

第四十六条の四　指定分任歳入徴収官は、徴収決定済額について不納欠損として整理した場合においては、直ちに整理した年月日、不納欠損額その他必要な事項を徴収簿に登記するとともに、第二十七条第二項の規定に準じて不納欠損整理簿に登記しなければならない。

第四十六条の五　指定分任歳入徴収官は、調査決定をした後において、当該調査決定をした歳入の歳入科目に誤びゆうがあることを発見したときは、第四十六条の六の規定により当該歳入の属する年度の最終月分の徴収額集計表を送付するときまでに徴収簿に訂正の登記をしなければならない。

２　第二十八条第四項の規定は、指定分任歳入徴収官が前項の規定により誤びゆうの訂正をしようとする場合について準用する。

３　指定分任歳入徴収官は、第二十八条第二項又は第三項の規定により歳入徴収官から誤びゆう訂正済の通知があつたときは、直ちに徴収簿に訂正の登記をしなければならない。

（徴収額集計表の作成及び送付）

第四十六条の六　指定分任歳入徴収官は、毎月、徴収簿により別紙第十一号書式の徴収額集計表を作成し、これに調査決定又は不納欠損整理に係る証拠書類、収入官吏又は日本銀行から送付を受けた領収済みの報告書、領収済通知書又は振替済通知書その他関係書類を添え、翌月五日までに歳入徴収官に送付しなければならない。

（収納未済歳入額の繰越）

第四十六条の七　指定分任歳入徴収官は、第四十七条において準用する第三十六条の規定により繰り越した金額については、当該出納期間満了の日の属する月分の徴収額集計表に繰越金額及び収納未済の事由を附記しなければならない。

2　指定分任歳入徴収官は、第四十七条において準用する第三十七条の規定により繰り越した金額については、第三十九条の規定に準じて収納未済歳入額繰越計算書を作製し、毎会計年度の三月分の徴収額集計表に添附しなければならない。

(準用規定)

第四十七条　第三条から第二十一条の六まで（第三条第三項及び第九条第二項を除く。）、第二十三条第二項、第二十六条、第二十七条第一項、第二十八条の三（第二項を除く。）、第三十六条から第三十八条まで、第四十八条、第四十九条、第五十七条第一項、第三項、第四項及び第五項並びに第五十八条の規定は、分任歳入徴収官（その所掌に属する歳入の徴収に関する事務を電子情報処理組織を使用して行う分任歳入徴収官に限る。）の歳入の事務取扱について準用する。

2　第三条から第二十一条の二まで（第三条第三項及び第九条第二項を除く。）、第二十三条第二項、第二十六条、第二十七条第一項、第三十六条から第三十八条まで、第四十八条、第四十九条、第五十七条第一項、第三項及び第四項並びに第五十八条の規定は、前項に定める分任歳入徴収官以外の分任歳入徴収官の歳入の事務取扱について準用する。この場合において、第九条第一項本文中「納入告知書を作成して」とあるのは「別紙第四号書式の納入告知書を作成して」と、第十二条第三項前段中「納付書を作成して」とあるのは「別紙第四号の十一書式の納付書を作成して」と読み替えるものとする。

第八章　雑則

(支払保証不要の場合の納入の告知)

第四十八条　歳入徴収官は、大正五年勅令第二百五十六号第六条第一項に依り証券の納付に関する制限を定める省令（大正五年大蔵省令第三十号）第二条の規定により支払保証を要しない旨の承認をする場合においては、納入者に対して発する納入告知書又は送付する納付書の表面余白に「支払保証不要」の印をおさなければならない。

(納付期限前の分割徴収)

第四十九条　歳入徴収官は、納入者から納付期限前に納付すべき金額を適宜分割して納入することの申出があつたときは、収入官吏をして当該申出に係る歳入を分割して収納させることができる。

2　歳入徴収官は、前項の規定により分割して収納させる場合には、その旨及び当該分割して納入させる金額その他納付に関し必要な事項を収入官吏又は繰替払等出納官吏に通知しなければならない。

(年度等の誤びゆうの訂正)

第五十条　歳入徴収官は、収入官吏又は日本銀行が歳入金として現金を収納した後において、当該収納金の所属年度、主管名、会計名又は取扱庁名に誤びゆうがあることを発見したとき又は分任歳入徴収官から当該誤びゆうの訂正の請求があつたときは、別紙第十二号書式の訂正請求書を作成して出納期間内に収入官吏又は日本銀行に送付し、誤びゆうの訂正を請求しなければならない。

2　前項の場合において、申告納付その他特別の納付手続により納付される歳入を取り扱う歳入徴収官で財務大臣の指定するものは、その所掌に属する歳入の所属年度の誤びゆうについて訂正を請求するときは、その歳入が日本銀行に収納され、又は払い込まれた月ごとに、当該訂正すべき誤びゆうに係る金額を取りまとめ、その合計額をもつて日本銀行に対し誤びゆうの訂正を請求することができる。

（他の歳入徴収官又は国税収納命令官の所掌に属する収納金を徴収した場合の訂正）

第五十一条　歳入徴収官は、前条第一項に規定する誤びゆうが他の歳入徴収官又は国税収納命令官の所掌に属する収納金を徴収したことに係る場合においては、同項の規定にかかわらず、当該他の歳入徴収官又は国税収納命令官と連署して別紙第十三号書式の歳入徴収官口座更正請求書を作成し、出納期間内にこれを当該収納金を取り扱つた日本銀行に送付して口座更正の請求をしなければならない。

（すえ置整理報告書の作成及び送付）

第五十二条　歳入徴収官は、出納期間内に前二条に規定する誤びゆうの訂正を終わらなかつた場合又は出納期間経過後において同条に規定する誤びゆうを発見し若しくは分任歳入徴収官から当該誤びゆうの訂正の請求があつた場合は、誤びゆうのまますえ置整理をし、別紙第十四号書式のすえ置整理報告書を作成して各省各庁の長を経て財務大臣に送付するとともに、当該すえ置整理が分任歳入徴収官の訂正の請求に係るものにあつては、その旨を当該分任歳入徴収官に通知しなければならない。

（すえ置整理報告書及び徴収済額報告書の送付の特例）

第五十三条　歳入徴収官は、第二十九条第一項の規定により徴収済額報告書を各省各庁の長等に送付する場合又は前条の規定によりすえ置整理報告書を各省各庁の長を経て財務大臣に送付する場合においては、宮内庁長官又は外局の長を経て行うことができる。

（出納計算書の調査）

第五十四条　歳入徴収官は、収入官吏から会計検査院の検査を受けるため出納計算書の送付を受けたときは、当該出納計算書に誤りがないかを調査した後、会計検査院に送付しなければならない。

（特定分任歳入徴収官等の所掌に属する債権に係る歳入についての事務取扱手続の特例）

第五十四条の二　歳入徴収官で国の債権の管理等に関する法律施行令（昭和三十一年政令第三百三十七号）第二十二条第一

項に規定する歳入徴収官（分任歳入徴収官を含む。次項及び次条において同じ。）は、その所掌に属する歳入で国の債権に係るものについて、第九条第一項、第二十一条又は第二十一条の二の規定により納入の告知、督促又は保証人に対する納付の請求をしたときは、その旨を同令第十四条の二に規定する者（以下「特定分任歳入徴収官等」という。）に通知しなければならない。

2　前項の歳入徴収官が第二十一条の規定により納入者に対して督促状を送付し、又は第二十一条の二の規定により保証人に対して納付書を送付する場合には、当該特定分任歳入徴収官等の官職氏名をこれらの書面に明らかにして行なうものとする。

第五十四条の三　前条第一項の歳入徴収官は、特定分任歳入徴収官等の分掌に属する国の債権（以下この条及び次条において「特定の債権」という。）に係る歳入金について、収入官吏又は日本銀行から領収済みの報告書、領収済通知書又は振替済通知書の送付を受けたときは、直ちにこれらの書類を当該特定分任歳入徴収官等に回付し、証印を受けた後、その返付を受けなければならない。ただし、当該歳入金が法令の規定により相殺された国の債権に係るものであるとき、又は日本銀行から送付された領収済通知書が収入官吏から払い込まれた歳入金に係るものであるときは、この限りでない。

2　前項本文の場合において、歳入徴収官が必要があると認めるときは、同項本文の書類の回付に代え、領収済みの旨を記載した書面を送付すれば足りる。

3　前条第一項の歳入徴収官は、特定の債権に係る歳入について第二十六条の規定により収納済歳入額の取消しの登記を行なつたときは、直ちにその旨を特定分任歳入徴収官等に通知しなければならない。

4　前条第一項の歳入徴収官は、特定の債権に係る歳入について納入者から法令の規定により国の債務との間において相殺をする旨の申出があつたときは、直ちに、納入者の住所及び氏名、納付すべき金額、相殺額、申出があつた日付並びに当該債務に係る支出の決定の事務を担当する官署支出官又は資金前渡官吏の官職及び氏名その他必要な事項を明らかにした書面を特定分任歳入徴収官等に送付しなければならない。

（歳入徴収官の新設に伴う手続）

第五十五条　各省各庁の長の指定する職員は、歳入徴収官の新設があつたときは、ただちにその旨及び新設の年月日並びに当該歳入徴収官の官職を日本銀行本店に通知するものとする。

2　前項に規定する職員は、国庫金規程第八十六条の二の規定により日本銀行本店から歳入徴収官に係る取扱庁番号の通知を受けたときは、その番号を取扱歳入徴収官及びその分任歳入徴収官に通知するものとする。

（歳入徴収官代理又は分任歳入徴収官代理の代理する場合）

第五十六条 各省各庁の長は、歳入徴収官代理又は分任歳入徴収官代理を置く場合においては、あらかじめ、歳入徴収官代理又は分任歳入徴収官代理が歳入徴収官又は分任歳入徴収官にいかなる事故がある場合（歳入徴収官又は分任歳入徴収官が会計法第四条の二第四項の規定により指定された官職にある者である場合においては、その官職にある者が欠けたときを含む。）に代理を行うべきかを定めて置くものとする。ただし、時宜により、代理をさせる都度定めることを妨げない。

2 歳入徴収官代理又は分任歳入徴収官代理は、前項の規定による各省各庁の長の定める場合に、歳入徴収官又は分任歳入徴収官の事務を代理するものとする。

3 歳入徴収官若しくは歳入徴収官代理又は分任歳入徴収官若しくは分任歳入徴収官代理は、歳入徴収官代理又は分任歳入徴収官代理が前項の規定により歳入徴収官又は分任歳入徴収官の事務を代理するときは、代理開始及び終止の年月日並びに歳入徴収官代理又は分任歳入徴収官代理が取り扱つた徴収に関する事務の範囲を別紙第十五号書式の歳入徴収官（分任歳入徴収官）代理開始及び終止整理表において明らかにしておかなければならない。

4 第四十七条第二項に定める分任歳入徴収官の事務を代理する場合における前項の規定の適用については、同項中「別紙第十五号書式の歳入徴収官（分任歳入徴収官）代理開始及び終止整理表」とあるのは、「関係の帳簿」とする。

5 前二項の規定は、歳入徴収官代理又は分任歳入徴収官代理が歳入徴収官又は分任歳入徴収官の事務を代理している間に当該歳入徴収官代理又は分任歳入徴収官代理に異動があつたときについて準用する。

（**歳入徴収官の交替又は廃止に伴う手続**）

第五十七条 歳入徴収官（第二十八条の三第四項の規定により財務大臣が指定する歳入金を取り扱う歳入徴収官を除く。以下この項から第四項までにおいて同じ。）が交替するときは、前任の歳入徴収官（歳入徴収官代理がその事務を代理しているときは、歳入徴収官代理。以下この項において同じ。）は、交替の日の前日現在における徴収簿総括表（国の会計帳簿及び書類の様式等に関する省令（大正十一年大蔵省令第二十号）別表第三号書式（その一）の徴収簿総括表をいう。第三項において同じ。）に引継ぎの年月日を記入し、後任の歳入徴収官とともに記名して印を押し、関係書類を後任の歳入徴収官に引き継ぐものとする。

2 各省各庁の長は、歳入徴収官を廃止し、又は歳入徴収官の廃止がある場合においては、当該歳入徴収官の残務を引き継ぐべき歳入徴収官を定め、その旨を日本銀行本店に通知しなければならない。

3 歳入徴収官が廃止されるときは、廃止される歳入徴収官（歳入徴収官代理がその事務を代理しているときは、歳入徴収官代理。以下この条において同じ。）は、廃止される日の前日現在における徴収簿総括表に引継ぎの年月日を記入し、引継を受ける歳入徴収官とともに記名して印を押し、関係書類の引継ぎを受ける歳入徴収官等に引き継ぐものとする。

4　前任の歳入徴収官又は廃止される歳入徴収官が第一項又は前項の規定による引継の事務を行なうことができないときは、後任の歳入徴収官又は廃止に伴い引継を受ける歳入徴収官のみで引継の事務を行なうものとする。

5　第二十八条の三第四項の規定により財務大臣が指定する歳入金を取り扱う歳入徴収官が交替し、又は廃止される場合における第一項及び第三項の規定の適用については、第一項中「前日現在における徴収簿総括表（国の会計帳簿及び書類の様式等に関する省令（大正十一年大蔵省令第二十号）別表第三号書式（その一）の徴収簿総括表をいう。第三項において同じ。）に引継ぎの年月日を記入し、」とあり、及び第三項中「前日現在における徴収簿総括表に引継ぎの年月日を記入し、」とあるのは、「前日をもつて徴収簿の締切りをし、引継ぎの年月日を記入し、」とする。

（領収済み等の証明請求）

第五十八条　歳入徴収官は、収入官吏又は日本銀行が収納した歳入金に係る領収済みの報告書、領収済通知書又は振替済通知書を亡失し、又は著しく汚損した場合には、別紙第十六号書式の歳入金領収済証明請求書を作成して、収入官吏又は日本銀行に送付し、領収済みの証明の請求をしなければならない。

（在外公館の歳入徴収官等の事務取扱の特例）

第五十九条　在外公館の歳入徴収官は、第二十九条第一項の規定にかかわらず、四半期ごとに、徴収簿により徴収済額報告書を作成し、これに参照書類を添え、当該四半期経過後十日以内に外務大臣あてに発送することができる。

2　前項の規定により在外公館の歳入徴収官が徴収済額報告書を発送した後における当該歳入徴収官に対する第三十一条から第三十三条までの規定の適用については、第三十一条中「第二十九条第一項」とあるのは「第五十九条第一項」と、「月分」とあるのは「四半期分」と、第三十二条及び第三十三条中「月」とあるのは「四半期」と、「第二十九条」とあるのは「第五十九条第一項」と読み替えるものとする。

3　在外公館の歳入徴収官に係る第三十四条第一項から第三項までに基づく歳入金月計突合表の事務の取扱い及び第三十五条第一項に基づく差額仕訳書の事務の取扱いについては、外務省の本省の歳入徴収官が行うものとする。この場合において、第三十四条第一項中「歳入徴収官」とあるのは「外務省の本省の歳入徴収官」と、「統轄店別収入額の記録を添えて歳入金月計突合表の送信」とあるのは「統轄店別収入額を記載した書類を添えて在外公館の歳入徴収官に係る歳入金月計突合表の送付」と、「これを調査し」とあるのは「在外公館の歳入徴収官から送付された徴収済額報告書により調査し」と、

「その旨を電子情報処理組織に記録しなければ」とあるのは「歳入金月計突合表に記名押印しなければ」と、同条第二項及び第三項中「歳入徴収官」とあるのは「外務省の本省の歳入徴収官」と、「送信」とあるのは「送付」と、第三十五条第一項中「歳入徴収官」とあるのは「外務省の本省の歳入徴収官」とする。

4 前項の規定による在外公館の歳入徴収官に係る歳入金月計突合表及び差額仕訳書の事務の取扱いについては、第三十四条第四項及び第五項並びに第三十五条第二項の規定は、適用しない。

5 在外公館の歳入徴収官に係る歳入徴収額計算書に添付する歳入金月計突合表については、第四十条の規定にかかわらず、外務省の本省の歳入徴収官が当該歳入金月計突合表の写しを作成して外務大臣に提出しなければならない。

（歳入徴収官及び分任歳入徴収官による電子情報処理組織への記録等の手続等の細目）

第六十条 歳入徴収官及び分任歳入徴収官が電子情報処理組織に記録しなければならない事項及び当該記録の方法その他電子情報処理組織の使用に関する手続の細目については、別に定めるところによる。

附　則（抄）

1 この省令は、昭和二十八年一月一日から施行する。

2 左に掲げる省令は、廃止する。

歳入年度等誤謬の場合訂正手続（大正十一年大蔵省令第三十八条）

歳入徴収官の歳入金月計突合証明に関する件（大正十五年大蔵省令第五号）

3 子ども・子育て支援法及び就学前の子どもに関する教育、保育等の総合的な提供の推進に関する法律の一部を改正する法律の施行に伴う関係法律の整備等に関する法律（平成二十四年法律第六十七号）第三十八条の規定によりその徴収についてなお従前の例によるものとされた同法第三十六条の規定による改正前の児童手当法（昭和四十六年法律第七十三号）第二十条第一項の拠出金に関する規定を適用する場合におけるこの省令の適用については、第三条第三項第二号中「第七十一条第一項」とあるのは「第七十一条第一項（子ども・子育て支援法及び就学前の子どもに関する教育、保育等の総合的な提供の推進に関する法律の一部を改正する法律の施行に伴う関係法律の整備等に関する法律（平成二十四年法律第六十七号。以下「子ども・子育て整備法」という。）第三十八条の規定によりその徴収についてなお従前の例によるものとされた子ども・子育て整備法第三十六条の規定による改正前の児童手当法（昭和四十六年法律第七十三号。以下「旧児童手当法」という。）の規定による拠出金に係る旧児童手当法第二十二条第一項を含む。第二十一条の六第一項第三号及び第四号において同じ。）」と、第二十一条の六第一項第三号中「子ども・子育て支援法第六十九条第一項」とあるのは「子ども・子育て支援法第六十九条第一項（子ども・子育て整備法第三十八条の規定によりその徴収についてなお従前の例によるものとされた旧児童手当法の規定による拠出金に係る旧児童手当法第二十条第一項を含む。以下この号において同じ。）」と、同項第九号ハ中「第四十条」とあるのは「第四十条（子ども・子育て整備法第三十八条の規定によりその徴収についてなお従前の例によるものとされた旧児童手当法の規定による拠出金に係る子ども・子育て支援法施行令等の一部を改正する政令（平成二十七年政令第百六十六号）第七条の規定による改正前の児童手当法施行令（昭和四十六年政令第二百八十一号。以下「旧児童手当法施行令」という。）第八条を含む。）」と、「同令第四十一条第二項」とあるのは「子ども・子育て支援法施行令第四十一条第二項（子ども・子育て整備法第三十八条の規定によりその徴収についてなお従前の例によるものとされた旧児童手当法の規定による拠出金に係る旧児童手当法施行令第九条第二項を含む。）」と、「第七十一条第九項」とあるのは「第七十一条第九項（子ども・子育て整備法第三十八条の規定によりその徴収についてなお従前の例によるものとされた旧児童手当法の規定による拠出金に係る旧児童手当法第二十二条第九項を含む。）」と、「同法の規定」とあるのは「子ども・子育て支援法の規定（子ども・子育て整備法第三十八条の規定によりその徴収についてなお従前の例によるものとされた旧児童手当法の規定による拠出金に係る規定を含む。）」とする。

4　平成二十二年度等における子ども手当の支給に関する法律（平成二十二年法律第十九号）第二十条第一項の規定により児童手当法の一部を改正する法律（平成二十四年法律第二十四号）附則第十一条の規定によりなおその効力を有するものとされた同法第一条の規定による改正前の児童手当法第二十条第一項の規定を適用する場合におけるこの省令の適用については、第三条第三項第二号中「第七十一条第一項」とあるのは「第七十一条第一項（平成二十二年度等における子ども手当の支給に関する法律（平成二十二年法律第十九号。以下「平成二十二年度子ども手当支給法」という。）第二十条第一項の規定により適用する児童手当法の一部を改正する法律（平成二十四年法律第二十四号。以下「一部改正法」という。）附則第十一条の規定によりなおその効力を有するものとされた一部改正法第一条の規定による改正前の児童手当法（昭和四十六年法律第七十三号。以下「旧児童手当法」という。）第二十二条第一項を含む。第二十一条の六第一項第三号及び第四号において同じ。）」と、第二十一条の六第一項第三号中「子ども・子育て支援法第六十九条第一項」とあるのは「子ども・子育て支援法第六十九条第一項（平成二十二年度子ども手当支給法第二十条第一項の規定により適用する一部改正法附則第十一条の規定によりなおその効力を有するものとされた旧児童手当法第二十条第一項を含む。以下この号において同じ。）」と、同項第九号ハ中「第四十条」とあるのは「第四十条（平成二十二年度等における子ども手当の支給に関する法律施行令（平成二十二年政令第七十五号。以下「平成二十二年度子ども手当支給法施行令」という。）第五条の規定により読み替えて適用する一部改正法附則第十一条の規定によりなおその効力を有するものとされた児童手当法施行令の一部を改正する政令（平成二十四年政令第百十三号）による改正前の児童手当法施行令（昭和四十六年政令第二百八十一号。以下「旧児童手当法施行令」という。）第八条を含む。）」と、「同令第四十一条第二項」とあるのは「子ども・子育て支援法施行令第四十一条第二項（平成二十二年度子ども手当支給法施行令第五条の規定により読み替えて適用する一部改正法附則第十一条の規定によりなおその効力を有するものとされた旧児童手当法施行令第九条第二項を含む。）」と、「第七十一条第九項」とあるのは「第七十一条第九項（平成二十二年度子ども手当支給法第二十条第一項の規定により適用する一部改正法附則第十一条の規定によりなおその効力を有するものとされた旧児童手当法第二十二条第九項を含む。）」と、「同法」とあるのは「子ども・子育て支援法（平成二十二年度子ども手当支給法第二十条第一項の規定により適用する一部改正法附則第十一条の規定によりなおその効力を有するものとされた旧児童手当法を含む。）」とする。

5　平成二十三年度における子ども手当の支給等に関する特別措置法（平成二十三年法律第百七号）第二十条第一項、第三項及び第五項の規定により児童手当法の一部を改正する法律附則第十二条の規定によりなおその効力を有するものとされた同法第一条の規定による改正前の児童手当法第二十条第一項の規定を適用する場合におけるこの省令の適用については、第三条第三項第二号中「第七十一条第一項」とあるのは「第七十一条第一項（平成二十三年度における子ども手当の支給等に関する特別措置法（平成二十三年法律第百七号。以下「平成二十三年度子ども手当支給特別措置法」という。）第二十条第一項、第三項及び第五項の規定により適用する児童手当法の一部を改正する法律（平成二十四年法律第二十四号。以下「一部改正法」という。）附則第十二条の規定によりなおその効力を有するものとされた一部改正法第一条の規定による改正前の児童手当法（昭和四十六年法律第七十三号。以下「旧児童手当法」という。）第二十二条第一項を含む。第二十一条の六第一項第三号及び第四号において同じ。）」と、第二十一条の六第一項第三号中「子ども・子育て支援法第六十九条第一項」とあるのは「子ども・子育て支援法第六十九条第一項（平成二十三年度子ども手当支給特別措置法第二十条第一項、第三項及び第五項の規定により適用する一部改正法附則第十二条の規定によりなおその効力を有するものとされた旧児童手当法第二十条第一項を含む。以下この号において同じ。)」と、同項第九号ハ中「第四十条」とあるのは「第四十条(平成二十三年度における子ども手当の支給等に関する特別措置法施行令(平成二十三年政令第三百八号。以下「平成二十三年度子ども手当支給特別措置法施行令」という。)第六条の規定により読み替えて適用する一部改正法附則第十二条の規定によりなおその効力を有するものとされた児童手当法施行令の一部を改正する政令(平成二十四年政令第百十三号)による改正前の児童手当法施行令(昭和四十六年政令第二百八十一号。以下「旧児童手当法施行令」という。)第八条を含む。)」と、「同令第四十一条第二項」とあるのは「子ども・子育て支援法施行令第四十一条第二項(平成二十三年度子ども手当支給特別措置法施行令第六条の規定により読み替えて適用する一部改正法附則第十二条の規定によりなおその効力を有するものとされた旧児童手当法施行令第九条第二項を含む。)」と、「第七十一条第九項」とあるのは「第七十一条第九項(平成二十三年度子ども手当支給特別措置法第二十条第一項、第三項及び第五項の規定により適用する一部改正法附則第十二条の規定によりなおその効力を有するものとされた旧児童手当法第二十二条第九項を含む。)」と、「同法」とあるのは「子ども・子育て支援法(平成二十三年度子ども手当支給特別措置法第二十条第一項、第三項及び第五項の規定により適用する一部改正法附則第十二条の規定によりなおその効力を有するものとされた旧児童手当法を含む。)」とする。

附　則(平成二八年三月二五日財務省令一二号)

この省令は、特許法等の一部を改正する法律の施行の日(平成二十八年四月一日)から施行する。

別紙様式〈略〉

証券ヲ以テスル歳入納付ニ関スル法律

大正　五年　三月　七日法律　一〇号
改正　昭和一九年　三月三一日法律　三六号
昭和三二年　三月三一日法律　三八号
昭和三四年　四月二〇日法律一四八号
昭和四一年　三月三一日法律　三九号
平成一一年一二月二二日法律一六〇号
平成一四年　七月三一日法律　九八号

第一条　租税及政府ノ歳入ハ政令ノ定ムル所ニ依リ証券ヲ以テ之ヲ納付スルコトヲ得但シ印紙ヲ以テ納付スヘキモノニ付テハ此ノ限ニ在ラス

第二条　前条ノ規定ニ依リ納付シタル証券ニ付支払ナカリシトキハ政令ヲ以テ定メタル場合ニ限リ初ヨリ納付ナカリシモノト看做ス此ノ場合ニ於ケル証券ノ処分ニ付テハ政令ヲ以テ之ヲ定ム

第三条　本法ニ依リ証券ヲ受領シタル市町村ハ証券ニ属スル権利ヲ行使シ現金ヲ国庫ニ送付スル責任アルモノトス但シ政令ノ定ムル所ニ依リ証券ヲ国庫ニ送付スルコトヲ得

②市町村其ノ責ニ帰スヘカラサル事由ニ因リ証券金額ノ支払又ハ償還ヲ受クルコトヲ得サルトキハ其ノ事実ヲ具シ政府ニ責任ノ免除ヲ請フコトヲ得

③前項ノ申出アリタルトキハ政府ハ事実ヲ審査シ市町村ノ責任ヲ免除スルコトヲ得

第四条　本法中市町村ニ関スル規定ハ法令ニ依リ租税及政府ノ歳入ヲ徴収シ其ノ徴収金ヲ国庫ニ送付スヘキ責任アル者ニ之ヲ準用ス

附　則

本法施行ノ期日ハ勅令ヲ以テ之ヲ定ム〈大正五年勅令二五四号により大正六年一月一日から施行〉

附　則（平成一四年七月三一日法律九八号）（抄）

（施行期日）

第一条　この法律は、公社法の施行の日〈編注・平成一五年四月一日〉から施行する。〈後略〉

証券ヲ以テスル歳入納付ニ関スル法律施行細則

大正　五年一二年二一日大蔵省令　三二号
改正　大正一一年　四月　一日大蔵省令　三六号
大正一五年　八月二八日大蔵省令　三二号
昭和一五年　七月一三日大蔵省令　五三号
昭和一九年　五月三一日大蔵省令　四〇号
昭和二七年一一月二五日大蔵省令一四一号
昭和三三年一二月二七日大蔵省令　七三号
昭和三九年　九月　四日大蔵省令　六三号
平成一二年　九月二九日大蔵省令　七五号
平成一五年　三月三一日財務省令　四八号
平成一七年　三月三〇日財務省令　二二号
平成一九年　九月二八日財務省令　五七号
平成二一年一二月二八日財務省令　七三号
平成二四年　九月二一日財務省令　五六号

証券ヲ以テスル歳入納付ニ関スル法律施行細則左ノ通定メ大正六年一月一日ヨリ之ヲ施行ス

第一条　証券ヲ以テ租税又ハ歳入金ヲ納付セムトスル者ハ其ノ証券ノ裏面ニ記名捺印シ指定ノ場所ニ之ヲ納付スヘシ納税告知書、納入告知書、納付書又ハ払込通知書ノ交付ヲ受ケタル者ニ在リテハ之ヲ添附スルコトヲ要ス

第一条の二　国債証券ノ利札（記名式ノモノヲ除ク）ハ当該利札ニ対スル利子支払ノ際課税セラルル租税ノ額ニ相当スル金額ヲ控除シタルモノヲ以テ納付金額ト為スヘシ但シ法令ノ規定ニ依リ租税ヲ課セラレサルモノニ付テハ此ノ限リニ在ラス

第二条　出納官吏（出納員ヲ含ム以下同シ）日本銀行又ハ市町村ニ於テ証券ヲ受領シタルトキハ歳入金又ハ租税ノ受入金ノ領収証書、歳入徴収官又ハ国税収納命令官ニ対スル領収済報告書又ハ領収済通知書ニ「証券受領」ノ印章ヲ押捺スヘシ歳入金又ハ租税ノ受入金ノ一部分ヲ証券ヲ以テ受領シタル場合ニ於テハ其ノ証券金額ヲ附記スルコトヲ要ス但シ第三項乃至第六項ノ規定ニ依ル場合ヲ除ク

②前項ノ場合ニ於テ其ノ受領シタル証券中前条ノ規定ニ依リ利子支払ノ際課税セラルル租税ノ額ニ相当スル金額ヲ控除シタルモノヲ以テ納付金額ト為シタル国債証券ノ利札（記名式ノモノヲ除ク）アルトキハ「国債利札」ノ印章ヲ押捺シ其ノ納付金額ヲ附記スルコトヲ要ス

③日本銀行（本店、支店、代理店又ハ歳入代理店（郵便貯金銀

行（郵政民営化法（平成十七年法律第九十七号）第九十四条ニ規定スル郵便貯金銀行ヲ謂フ以下同ジ）ノ営業所、郵便局（簡易郵便局法（昭和二十四年法律第二百十三号）第二条ニ規定スル郵便窓口業務ヲ行フ日本郵便株式会社ノ営業所デ郵便貯金銀行ヲ所属銀行トスル銀行代理業（銀行法（昭和五十六年法律第五十九号）第二条第十四項ニ規定スル銀行代理業ヲ謂フ以下此ノ項ニ於テ同ジ）ノ業務ヲ行フモノヲ謂フ以下同ジ）及ビ簡易郵便局（簡易郵便局法第七条第一項ニ規定スル施設デ郵便貯金銀行ヲ所属銀行トスル銀行代理業ノ業務ヲ行フモノヲ謂フ第四項及ビ第五項ニ於テ同ジ）ヲ除ク）ニ於テ納人ヨリ歳入徴収官事務規程（昭和二十七年大蔵省令第百四十一号以下「歳入規程」ト称ス）第二十一条の六第一項第一号乃至第六号及ビ第九号ニ掲グル納入告知書又ハ納付書並ニ同条第二項第二号及ビ第三号ニ掲グル納付書ヲ添ヘ証券ヲ以テ納付ヲ受ケタル場合ニ於テ納人ニ交付スベキ領収証書及ビ日本銀行国庫金取扱規程（昭和二十二年大蔵省令第九十三号以下「国庫金規程」ト称ス）第十四条の二第一項本文若ハ日本銀行の歳入金等の受入に関する特別取扱手続（昭和二十四年大蔵省令第百号以下「特別手続」ト称ス）第三条第二項本文ノ規定ニ依リ日本銀行統轄店ニ送付スベキ領収済通知書又ハ国庫金規程第十四条の二第一項但書若ハ特別手続第三条第二項但書ノ規定ニ依リ代行機関ニ送信スベキ領収済通知情報ニ納付スベキ金額ノ全部又ハ一部ヲ証券ヲ以テ受領シタル旨ノ記載又ハ記録ヲ為スベシ

④日本銀行代理店又ハ歳入代理店（郵便貯金銀行ノ営業所、郵便局及ビ簡易郵便局ヲ除ク）ニ於テ納人ヨリ歳入規程第二十一条の六第二項第四号ニ掲グル納付書ヲ添ヘ証券ヲ以テ納付ヲ受ケタル場合ニ於テ領収済通知書ノ記載事項ニ付電気通信回線ニ依リ送信シ得ルトキハ納人ニ交付スベキ領収証書及ビ国庫金規程第十四条の三若ハ特別手続第三条第七項ノ規定ニ依リ代行機関ニ送信スベキ領収済通知情報ニ納付スベキ金額ノ全部又ハ一部ヲ証券ヲ以テ受領シタル旨ノ記載又ハ記録ヲ為スベシ

⑤歳入代理店（郵便貯金銀行ノ営業所、郵便局及ビ簡易郵便局ニ限ル）ニ於テ納人ヨリ歳入規程第二十一条の六第一項第一号乃至第六号及ビ第九号ニ掲グル納入告知書又ハ納付書並ニ同条第二項第二号乃至第四号ニ掲グル納付書ヲ添ヘ証券ヲ以テ納付ヲ受ケタル場合ニ於テ納人ニ交付スベキ領収証書及ビ特別手続第三条第三項本文ノ規定ニ依リ指定代理店ニ送付スベキ領収済通知書又ハ同項但書ノ規定ニ依リ代行機関ニ送信スル領収済通知情報ニ納付スベキ金額ノ全部又ハ一部ヲ証券ヲ以テ受領シタル旨ノ記載又ハ記録ヲ為スベシ

⑥前三項ノ場合ニ於テ納付ヲ受ケタル証券金額ガ納入告知書又ハ納付書ニ記載セラルル納付スベキ金額ノ一部分ナルトキハ領収証書ニ領収金額ヲ付記スベシ

第三条 受領シタル証券ハ遅滞ナク其ノ支払人ニ提示シ支払ノ

請求ヲ為スヘシ但シ出納官吏又ハ市町村ノ受領シタル証券ニシテ次ノ各号ノ要件ヲ具フルモノハ別紙様式ノ仕訳書ヲ添付シテ之ヲ日本銀行ニ払込又ハ送付スルコトヲ得
一　証券ノ支払場所カ日本銀行本店、支店又ハ代理店若ハ歳入代理店（郵便貯金銀行ノ営業所及ビ郵便局ヲ除ク）所在地ニ在ルモノ
二　日本銀行ニ到達後提示期間ノ満了迄ニ三日以上ノ余裕アルモノ
②出納官吏又ハ市町村支払保証ヲ要セサル旨ノ承認ヲ得タル納入ヨリ支払保証ナキ小切手ヲ受領シタル場合ニ於テ之ヲ日本銀行ニ払込又ハ送付セムトスルトキハ其ノ裏面ニ「無保証承認」ノ朱印ヲ押捺スヘシ
第四条　出納官吏ノ払込又ハ市町村ノ送付ニ係ル証券中前条第二項ニ規定スル印章ヲ押捺セサルモノアルトキハ日本銀行ハ之カ受領ヲ拒絶スヘシ
第五条　大正五年勅令第二百五十六号第二条ノ規定ニ該当スル場合ニ於テハ出納官吏、日本銀行又ハ市町村ハ直ニ其ノ支払ナカリシ金額ニ相当スル領収済額ヲ取消スヘシ領収済額ヲ取消シタル出納官吏又ハ日本銀行ハ遅滞ナク其ノ旨ヲ歳入徴収官又ハ国税収納命令官（各分掌官経由）ニ報告スルコトヲ要ス
②出納官吏ノ払込又ハ市町村ノ送付ニ係ルモノニ付領収済額ヲ取消シタルトキハ日本銀行ハ直ニ其ノ旨ヲ出納官吏又ハ市町村ニ通知シ該証券ヲ返付スヘシ
③出納官吏又ハ市町村前項ニ依リ証券ノ返付ヲ受ケタルトキハ直ニ其ノ受領証書ヲ日本銀行ニ送付スヘシ
第六条　市町村領収済額ヲ取消シタルトキハ納入ニ対シ前ニ発付又ハ交付シタルモノト同一納期日ノ納入通知書又ハ之ニ準ズベキモノヲ送付スベシ
第七条　大正五年勅令第二百五十六号第三条ノ通知書ハ納入ヨリ証券ヲ受領シタル出納官吏、日本銀行又ハ市町村之ヲ発スヘシ
②前項通知書ノ送達ヲ為スコト能ハサル場合ニ於ケル公告ハ官報ニ掲載シテ之ヲ為スヘシ但シ出納官吏在勤官署、日本銀行又ハ市町村ノ掲示場ニ七日間掲示シテ之ニ代フルコトヲ得
第八条　支払ナカリシ証券ノ還付ヲ受ケムトスル納入ハ其ノ証券ヲ納付シタル官署、日本銀行又ハ市町村役場ニ就キ之カ請求ヲ為スヘシ
②出納官吏、日本銀行又ハ市町村ハ領収証書ヲ徴シ之ト引換ニ証券ヲ還付スヘシ
第九条　郵便若ハ民間事業者による信書の送達に関する法律（平成十四年法律第九十九号）第二条第六項ニ規定スル一般信書便事業者若ハ同条第九項ニ規定スル特定信書便事業者ニ依ル同条第二項ニ規定スル信書便ニ依リ納付シタル証券ニシテ受領スヘカラサルモノ又ハ受領シタル証券ニシテ偽造、変造若ハ違式ナルモノニ付テハ第五条乃至第八条ノ規定ヲ準用

ス

第十条 証券ノ提示期間ヲ経過シタルカ為支払ヲ受クルコトヲ得サルトキ又ハ証券ヲ亡失シタルトキハ出納官吏在勤官署、日本銀行又ハ市町村ハ証券ノ種類ニ従ヒ直ニ当該法規ノ定ムル所ニ依リ必要ナル手続ヲ為シ支払又ハ償還ノ請求ヲ為スヘシ

②前項ノ場合ニ於テ裁判上ノ行為ヲ必要トスルトキハ出納官吏在勤官署ニ在リテハ民事訴訟ニ付国ヲ代表スル所属官庁ニ、日本銀行ニ在リテハ財務大臣ニ遅滞ナク其ノ事由ヲ具シテ之カ処理ヲ申請スヘシ

③市町村ハ第一項ニ依リ支払又ハ償還ヲ受クルニ先タチ之ニ相当スル金額ヲ日本銀行ニ送付スルコトヲ得

第十一条 亡失シタル証券又ハ提示期間ヲ経過シタル証券ニシテ支払又ハ償還ヲ受クルコトヲ得サリシモノノ金額ニ付テハ出納官吏、日本銀行又ハ市町村ハ避クヘカラサル事由ヲ証明スルニアラサレハ其ノ責任ヲ免カルルコトヲ得ス

第十二条 出納官吏、日本銀行又ハ市町村ニ於テ証券ヲ受領シタルトキハ現金ニ準シテ之ヲ取扱フヘシ

②市町村ハ受領証券仕訳簿ヲ備ヘ納入別ニ之カ整理ヲ為スヘシ

第十三条 本令中市町村ニ関スル規定ハ法令ニ依リ租税及歳入ヲ徴収シ其ノ徴収金ヲ国庫ニ送付スベキ責任アル者ニ之ヲ準用ス

附　則（平成二四年九月二一日財務省令五六号）

この省令は、郵政民営化法等の一部を改正する等の法律の施行の日（平成二十四年十月一日）から施行する。

出納官吏事務規程（抄）

昭和二二年　九月二七日大蔵省令九五号
最終改正　平成二九年　三月　六日財務省令　四号

目次

第一章　総則
第二章　収入官吏
　第一節　収入金の領収
　第二節　収入金の払込
　第三節　現金払込報告
第四章　歳入歳出外現金出納官吏
第六章　事務引継手続
第七章　雑則
附則

第一章　総則

第一条　現金の出納保管をつかさどる出納官吏（以下「出納官吏」という。）の事務の取扱に関しては、他の法令に定めるものの外、この省令の定めるところによる。

② 前項の出納官吏は、これを収入官吏、資金前渡官吏及び歳入歳出外現金出納官吏の三種とする。

③ 収入官吏とは、歳入金の収納をする出納官吏をいう。

④ 資金前渡官吏とは、現金支払をするためセンター支出官（予算決算及び会計令（昭和二十二年勅令第百六十五号。以下「令」という。）第一条第三号に規定するセンター支出官をいう。以下同じ。）から前渡を受けた資金の出納保管をする出納官吏をいう。

⑤ 歳入歳出外現金出納官吏とは、歳入歳出外現金の出納保管をする出納官吏をいう。

第二条　出納官吏（出納官吏代理、分任出納官吏及び分任出納官吏代理を含む。第八条、第七十条から第七十三条まで及び第七十五条から第七十五条の三までを除き、以下同じ。）は、法令の規定により現金に代え証券を受領したときは、現金に準じその取扱をしなければならない。

第三条　出納官吏がその手許に保管する現金は、これを堅固な容器の中に保管しなければならない。ただし、特別の事由のあるときは、自己の責任をもつてこれを確実な銀行に預け入れ（郵便貯金銀行（郵政民営化法（平成十七年法律第九十七号）第九十四条に規定する郵便貯金銀行をいう。第五十二条第一項において同じ。）に預け入れる場合にあつては、郵政民営化法施行令（平成十七年政令第三百四十二号）第二条第一項第一号に規定する預金に限る。）、又は資産信用のある者にその保管を託し、その他適当な方法によりこれを保管することができる。

第四条　出納官吏は、その取扱にかかる現金を、私金と混同してはならない。

第五条　出納官吏は、他の公金の出納保管を兼掌する場合においては、その現金を官金と区別し、同一の容器の中にこれを保管することができる。

第六条　出納官吏がこの省令の定めるところにより振り出す小切手は、別段の定めのある場合を除くのほか、これを記名式持参人払としなければならない。ただし、第七条第二項に規定する場合を除くほか、各省各庁の長（財政法（昭和二十二年法律第三十四号）第二十条第二項に規定する各省各庁の長をいう。以下同じ。）が必要であると認めるときは、記名式持参人払に代え、持参人払式とすることができる。

第七条　出納官吏は、第三十一条の規定により国庫金振替書を発することになつている場合は、小切手を振り出し又は現金で支払をしてはならない。

② 出納官吏は、官庁、出納官吏、出納員、日本銀行、地方公共団体又は金融機関を受取人として振り出す小切手には、線引きをしなければならない。

③ 前項に規定するもののほか、出納官吏は、小切手の振出に関する事務の処理上必要があると認める場合において、金融機関と取引関係のある者を受取人として振り出す小切手には、線引きをすることができる。

第七条の二　出納官吏は、日本銀行に預託金を有しない出納官吏又は出納員を受取人として小切手を振り出そうとするときは、あらかじめ、照合のため、当該受取人となる出納官吏又は出納員の印鑑並びにその資格及び官職氏名を明示した書面を預託先日本銀行に送付しておかなければならない。

第八条　各省各庁の長又はその委任を受けた職員は、出納官吏代理又は分任出納官吏代理を置く場合においては、あらかじめ、出納官吏代理又は分任出納官吏代理が出納官吏又は分任出納官吏にいかなる事故（官職の指定により出納官吏又は分任出納官吏が設置されている場合においては、その欠けた場合を含む。）があるときに代理を行なうべきかを定めておくものとする。ただし、止むを得ない事情がある場合には、代理させるつど定めることを妨げない。

② 出納官吏代理又は分任出納官吏代理は、前項の規定により各省各庁の長又はその委任を受けた職員の定める場合において、出納官吏又は分任出納官吏の事務を代理するものとする。

③　出納官吏若しくは出納官吏代理又は分任出納官吏若しくは分任出納官吏代理は、出納官吏代理又は分任出納官吏代理が前項の規定により出納官吏又は分任出納官吏の事務を代理するときは、代理開始及び終止の年月日並びに出納官吏代理又は分任出納官吏代理が取り扱つた現金の出納保管に関する事務の範囲を関係の帳簿において明らかにしておかなければならない。

④　前項の規定は、出納官吏代理又は分任出納官吏代理が出納官吏又は分任出納官吏の事務を代理している間に当該出納官吏代理又は分任出納官吏代理に異動があつたときについて準用する。

第九条　外国における出納官吏の事務取扱上、この省令により難いものについては、特例を設けることができる。

第十条　各省各庁の長は、この省令に定めるものを除くの外、その所属の出納官吏の事務取扱について、財務大臣と協議し必要な事項を定めることができる。

第十一条　この省令は、第二十五条の二、第二十七条、第二十八条、第三十九条、第四十条、第四十二条から第四十二条の五まで及び第五十二条の三から第五十二条の四までに規定する場合その他別段の規定がある場合を除くほか、出納員の事務取扱について準用する。

第二章　収入官吏

第一節　収入金の領収

第十二条　収入官吏（収入官吏代理、分任収入官吏及び分任収入官吏代理を含む。第二十三条第二項及び第七十四条を除き、以下同じ。）は、納入者から納入告知書又は納付書を添え、現金の納付を受けたときは、これを収納し、領収証書を納入者に交付し、その都度報告書を歳入徴収官（当該納入告知書又は納付書が分任歳入徴収官の発したものであるときは、分任歳入徴収官とする。以下本条中同じ。）に送付しなければならない。

②　収入官吏は、納入者から納入告知書又は納付書に記載されてある納期前に、納付金額の一部について当該納入告知書又は納付書を添えて現金の納付を受けたときは、これを収納し、当該納入告知書又は納付書の余白に収納した年月日、金額及び収入官吏の官職氏名を記載して印をおし、これを納入者に返付し、その都度報告書を歳入徴収官に送付しなければならない。

③　収入官吏は、前項の場合において納付を受けた金額の合計額が納入告知書又は納付書に記載されている金額に達したときは、領収証書を納入者に交付し、その旨を記載した領収済通知書を歳入徴収官に送付しなければならない。

第十三条　収入官吏は、納入者から、納入告知書若しくは納付書を添えないで現金の納付を受けたとき又は歳入徴収官若しくは分任歳入徴収官の口頭の告知により現金の納付を受けたときは、これを収納し、領収証書を納入者に交付し、その都度報告書を歳入徴収官又は分任歳入徴収官に送付しなければならない。

第十四条　収入官吏は、外国において納入者から邦貨を基礎とする収入金を外国貨幣で収納しようとするときは、別に定める外国貨幣換算率により換算した金額に相当する外国貨幣を収納しなければならない。

②　前項の場合においては、歳入徴収官に送付する報告書に記載する邦貨額の傍に外国貨幣額及び外国貨幣換算率を附記しなければならない。

第十五条　収入官吏は、外国において納入者から外国貨幣を基礎とする収入金を邦貨で収納しようとするときは、別に定める外国貨幣換算率により換算した金額に相当する邦貨を収納しなければならない。

②　前項の場合においては、歳入徴収官に送付する報告書に記載する邦貨額の傍に外国貨幣額及び外国貨幣換算率を附記しなければならない。

第十六条　収入官吏は、外国において納入者から外国貨幣を基礎とする収入金を外国貨幣で収納したときは、歳入徴収官に送付する報告書に別に定める外国貨幣換算率により換算した邦貨額を記載し、その傍にその収納した外国貨幣額を附記しなければならない。

第二節　収入金の払込

第十七条　収入官吏は、現金を領収したときは、次条第一項に規定する場合を除き、第一号書式の現金払込書を添え、現金領収の日又はその翌日（当該翌日が日曜日若しくは土曜日、国民の祝日に関する法律（昭和二十三年法律第百七十八号）に規定する休日又は一月二日、同月三日若しくは十二月三十一日に当たるときは、これらの日の翌日を当該翌日とみなす。）において日本銀行（本店、支店、代理店又は歳入代理店をいう。以下この条において同じ。）に払い込まなければならない。ただし、領収金額が二十万円に達するまでは、五日分までの金額を取りまとめて日本銀行に払い込むことができる。

第十八条　収入官吏は、外国において現金を領収したときは、毎一月分を取りまとめ、現金払込書を添え、日本銀行本店に払い込まなければならない。

②　前項の現金払込書には、邦貨額を記載し、その払込金を送付するために使用した為替（外国為替及び外国貿易管理法（昭和二十四年法律第二百二十八号）第六条第一項第八号に規定する対外支払手段をいう。）の金額を附記しなければならない。

第十九条　各省各庁の長は、収入官吏の現金払込みの事務の取扱いについて特別の事由により前二条の規定により難い場合においては、財務大臣と協議して、その特例を設けることができる。

第二十条から第二十二条まで　削除

第三節　現金払込報告

第二十三条　収入官吏は、現金出納簿により毎月第二号書式の現金払込仕訳書を作製し、翌月五日までにこれを歳入徴収官に送付しなければならない。

②　分任収入官吏（分任収入官吏代理を含む。以下この項において同じ。）の作製した現金払込仕訳書は、主任収入官吏（その収入官吏代理を含む。）においてこれをとりまとめ、歳入徴収官に送付するものとする。但し、歳入徴収官において必要と認めるときは、分任収入官吏をして直接これを送付させることができる。

第四章　歳入歳出外現金出納官吏

第六十条　歳入歳出外現金出納官吏（歳入歳出外現金出納官吏代理、分任歳入歳出外現金出納官吏及び分任歳入歳出外現金出納官吏代理を含む。以下同じ。）は、現金を領収したときは、領収証書を交付し、その旨を取扱庁に報告しなければならない。

第六十一条　歳入歳出外現金出納官吏の領収した現金を、日本銀行に払込をする場合においては、保管金取扱規程（大正十一年大蔵省令第五号）及び保管金払込事務等取扱規程（昭和二十六年大蔵省令第三十号）の定めるところによらなければならない。

第六十二条　歳入歳出外現金出納官吏は、その保管にかかる現金を払い渡したときは、受取人から領収証書を徴し、その旨を取扱庁に報告しなければならない。

第六章　事務引継手続

第七十条　出納官吏が交替するときは、前任の出納官吏（出納官吏代理がその事務を代理しているときは、出納官吏代理。以下本条から第七十三条までにおいて同じ。）は、交替の日の前日をもつて、その月分の現金出納簿の締切をし、引継の年月日を記入し、後任の出納官吏とともに記名して認印をおさなければならない。

第七十一条　日本銀行に預託金を有する前任の出納官吏は、前条の締切をした日における預託金現在高の証明を預託先日本銀行に対し請求しなければならない。

第七十二条　前任の出納官吏は、第十五号書式の現金現在高調書又は現金及び預託金現在高調書並びにその引継ぐべき帳簿、証拠その他の書類の目録各二通を作成し、後任の出納官吏の立会の上現物に対照し、受渡をした後、現在高調書及び目録に年月日及び受渡を終つた旨を記入し、両出納官吏において記名し認印をおし各一通を保存しなければならない。

第七十三条　前条の手続を終つたときは、前任の出納官吏は、後任の出納官吏とともに記名し認印をおした上第十五号の二書式の預託金現在高引継通知書を所属官庁に送付しなければならない。

②　前項の通知書には、前任の出納官吏の振り出した小切手で預託先日本銀行においてまだ支払を終らない金額を区分し記載しなければならない。

第七十四条　第二十三条の規定により作製すべき現金払込仕訳書は、後任の収入官吏又は分任収入官吏（収入官吏代理又は分任収入官吏代理がその事務を代理しているときは、当該収入官吏代理又は分任収入官吏代理）においてこれを作製しなければならない。

第七十五条　出納官吏が廃止されたときは、廃止される出納官吏（出納官吏代理がこの事務を代理しているときは、出納官吏代理。以下本条及び次条において同じ。）は、第七十条から第七十三条までの規定に準じ、その残務を引き継ぐべき出納官吏に残務の引継の手続をしなければならない。

第七十五条の二　前任の出納官吏又は廃止される出納官吏が第七十条から第七十三条まで又は前条の規定による引継ぎの事務を行うことができないときは、令第百二十五条の規定により指定された職員がこれらの出納官吏に係る引継ぎの事務を行うものとする。

第七十五条の三　第七十条から第七十三条まで、第七十五条及び前条の規定は、分任出納官吏が交替するとき、又は廃止されたときにおける事務の引継をする場合について準用する。

第七章　雑則

第七十六条　出納官吏は、その保管にかかる現金を亡失したときは、遅滞なくその事由を記載して所属官庁に報告しなければならない。

第七十七条　出納官吏は、領収済報告書、現金払込書又は預託金払込書の記載事項の中で誤りのあることを発見したときは、日本銀行において当該年度所属の歳入金を受け入れることができる期限までに歳入徴収官又は日本銀行にその訂正を請求しなければならない。

②　出納官吏は、歳入徴収官から、当該出納官吏が収納した歳入金の所属年度、主管名、会計名又は取扱庁名について、誤びゆうの訂正の請求があつたときは、当該誤びゆうを訂正し、その旨を当該歳入徴収官に通知しなければならない。

第七十八条　出納官吏は、国庫金送金通知書、道府県民税及び市町村民税月割額又は退職手当等所得割（納入申告及び）納

入通知書又は国庫金振替送金通知書の記載事項の中で、金額以外のものに誤りのあることを発見したときは、受取人をしてその通知書を提出させ、これを訂正し、その事由を記入し、これを受取人に返付しなければならない。

第七十九条　出納官吏は、国庫金振替書、国庫金送金請求書又は国庫金振込請求書の記載事項の中で、金額以外のものに誤りのあることを発見したときは、遅滞なく預託先日本銀行にその訂正を請求しなければならない。

第八十条　出納官吏は、現金の払込にかかる領収証書又は預託金領収証書を亡失又は毀損した場合には、日本銀行からその払込済の証明を受けなければならない。

第八十条の二　出納官吏は、歳入徴収官又は分任歳入徴収官から歳入金領収済証明請求書の送付があつた場合においては、これを調査し正当と認めたときは、その請求書の余白に領収済の旨を証明の上、これを歳入徴収官又は分任歳入徴収官に送付しなければならない。

②　出納官吏は、前項の手続をしたときは、その事由を証拠書類に記入しておかなければならない。

第八十一条　出納官吏は、第四十九条第三項本文（第五十二条第四項において準用する場合を含む。次条において同じ。）の規定により受取人に送付した国庫金送金通知書が、受取人の受領前に亡失し、支払未済であることを確認したときは、預託先日本銀行にその支払の停止の手続をさせ、更に国庫金送金通知書を作成し、表面余白に「再発行」の印を押し、これを受取人に送付し、その旨を当該預託先日本銀行に通知しなければならない。

第八十二条　出納官吏は、第四十九条第三項本文の規定により受取人に送付した国庫金送金通知書が、受取人の受領前に亡失し、既に支払が行われたことを確認したときは、事情を詳細に記載した書面を所管の各省各庁の長を経由して財務大臣に送付しなければならない。

②　出納官吏は、財務大臣より支払を行うべき旨の通知を受けたときは、前条の規定に準じ、その支払に必要な手続をとらなければならない。

第八十二条の二　受取人は、出納官吏より送付された国庫金送金通知書を亡失したときは、直ちに支払場所となる銀行その他の金融機関の店舗又は郵便局に支払停止を請求し、かつ、支払未済のときは、当該支払場所となる銀行その他の金融機関の店舗又は郵便局を経由して当該出納官吏に届け出なければならない。

②　前項の届書には、国庫金送金通知書に記載してある金額、番号、発行日付、発行庁及び支払場所を記載しなければならない。

③　前二項の規定は、国庫金送金通知書をき損した場合について準用する。

第八十二条の三　出納官吏は、前条の届書を受けたときは、これを調査し、支払を要するものと認めたときは、第八十一条の規定に準じ、その支払に必要な手続をとらなければならない。

第八十二条の四　第八十二条の規定は、受取人の亡失した国庫金送金通知書により既に支払を受けた者がある場合について準用する。

第八十三条　出納官吏は、第四十八条又は第五十二条（次項に規定する場合を除く。）の規定により送金又は振込を請求した後、その必要がなくなつたときは、まだ支払の終らない場合に限り、預託先の日本銀行に対し第十九号書式の国庫金送金又は振込取消請求書を送付して、当該送金又は振込の取消しを請求しなければならない。

②　出納官吏は、第五十二条第五項の規定により振込の請求をした後、その必要がなくなつたとき又は預託先日本銀行から振込不能の通知があつたときは、当該預託先日本銀行に対し、第二十号書式（その一）の国庫金振込取消請求書を交付し、当該振込の取消しを請求しなければならない。ただし、当該振込の取消しの請求が同項の規定による小切手の振出前になされる場合にあつては、第二十号書式（その二）の国庫金振込取消請求書を交付するものとする。

③　第四十七条の規定は、前二項の場合について準用する。

④　第七十九条の規定は、出納官吏が第一項の国庫金送金又は振込取消請求書又は第二項の国庫金振込取消請求書の記載事項について誤りのあることを発見したときについて準用する。

⑤　第四十四条、第四十五条及び第四十七条の規定は、日本銀行国庫金取扱規程第三十九条第五項の規定により預託金の受入済通知書の送付を受けた場合について準用する。

第八十四条　出納官吏は、第四十八条第一項又は第五十二条第一項の規定により送金した後、国庫金送金通知書の有効期間内に支払を受けなかつた出納官吏又は債権者から更に支払の請求を受けたときは、第四十六条及び第四十七条の規定に準じ処理しなければならない。

第八十五条　出納官吏は、第五十二条の規定により職員給与の振込を請求する場合には、あらかじめ、当該職員に係る次の各号に掲げる事項を記載した書面をその預託先日本銀行に交付するものとする。当該書面の記載事項に変更を生じたときも同様とする。

一　住所及び氏名
二　振込先の金融機関及び店舗の名称
三　預金又は貯金の種別及び口座番号
四　振込開始の時期

附　則（抄）

第一条　この省令は、昭和二十二年十一月一日から、これを施行する。

附　則（平成二九年三月六日財務省令四号）

この省令は、公布の日から施行する。

日本銀行国庫金取扱規程（抄）

昭和二三年　九月二七日大蔵省令九三号
最終改正　平成二九年　三月三一日財務省令一四号

目次

第一章　総則
第二章　歳入金
第四章の二　保管金
第九章　出納証明
第十章　雑則
附則

第一章　総則

第一条　日本銀行は、この省令の定めるところにより国庫金の出納並びに政府預金に関する事務を取り扱わなければならない。

第二条　日本銀行は、その本店、支店及び代理店をして国庫金の出納を取り扱わしめなければならない。

②　前項の代理店は、日本銀行が、財務大臣の認可を経て、これを定めなければならない。

第二条の二　日本銀行は、その本店、支店及び代理店の店舗において国庫金の出納を取り扱わせる場合の外、その代理店を官公署に派出して当該官公署の取扱に係る国庫金の収納を取り扱わせることができる。

②　日本銀行は、前項の規定により国庫金の収納を取り扱わせようとするときは、あらかじめ、次の各号に掲げる事項を記載した書類を財務大臣に提出して、その承認を受けなければならない。

一　派出元店舗名
二　派出先官公署名
三　派出先において収納する国庫金の種別

第三条　日本銀行は、地方に統轄店を設け、その所属店における国庫金出納の事務を統轄しなければならない。

②　前項の統轄店及びその所属店は、日本銀行が、財務大臣の認可を経て、これを定めなければならない。

第四条　日本銀行は、左の区分により国庫金の現金又は振替による出納を取り扱わなければならない。

一　歳入金
二　歳出金

二の二　国税収納金整理資金
三　預託金
四　保管金
五　財政融資資金預託金
六　その他の国庫金

第五条　日本銀行は、その本店に当座預金勘定、別口預金勘定及び指定預金勘定をおいて、政府預金を区分整理しなければならない。

第六条　当座預金勘定は、日本銀行において取り扱う国庫金で現金による受払を整理すべき勘定とする。

第七条　別口預金勘定は、財務大臣の定める種別に属する現金の受入による預金の受払を整理すべき勘定とする。

第八条　指定預金勘定は、財務大臣において特別の条件を指定した預金の受払を整理すべき勘定とする。

第九条　前二条の預金の受払及びその預金相互間の組替は、別に定める場合を除くの外、すべて当座預金勘定を経由しなければならない。

第十条　指定預金勘定に属する預金には、財務大臣の指定する条件中に定める利子を附さなければならない。

第十一条　日本銀行は、国庫金の出納に関し臨時至急を要するときは、各庁の請求により営業時間外であつても、その取扱をしなければならない。

第十二条　日本銀行の取り扱う国庫金に関する各店間の振替並びに送金及び振込みの取扱手続については、この省令に定めるものを除くの外、日本銀行は、財務大臣の認可を経て、これを定めなければならない。

第十三条　日本銀行の事務取扱で、特別の事由によりこの省令により難いものについては、特例を設けることができる。

第二章　歳入金

第十四条　日本銀行（本店、支店又は代理店をいう。以下同じ。）は、納入者から納入告知書又は納付書を添え、現金の納付を受けたときは、これを領収し、領収証書を納入者に交付するとともに、領収済通知書に第一号書式の集計表を添えてこれを当該歳入を取り扱つた歳入徴収官又は分任歳入徴収官（歳入徴収官代理又は分任歳入徴収官代理を含む。以下同じ。）に送付しなければならない。ただし、次条及び第十四条の三の規定による納付を受けて領収した場合を除く。

第十四条の二　日本銀行は、納入者から、歳入徴収官事務規程（昭和二十七年大蔵省令第百四十一号。以下本章において「規程」という。）第二十一条の六第一項第一号から第六号及び第九号に掲げる納入告知書又は納付書並びに同条第二項第二号及び第三号に掲げる納付書を添えて現金の納付を受けたときはこれを領収して領収証書を、同条第二項第一号に掲げる納付書を添えて現金の納付を受けたときはこれを領収して領収証書及び納付済証（特許庁提出用）を、納入者に交付するとともに、領収済通知書を日本銀行統轄店に送付しなければならない。ただし、日本銀行代理店において領収済通知書の記載事項について送信（書面等の情報を電気通信回線を使用して転送することをいう。以下同じ。）できるときは、領収済通知書の送付に代えて、領収済通知情報については第一号代行機関（規程第二十一条の四第一号に規定する代行機関をいう。以下同じ。）又は第二号代行機関（規程第二十一条の四第二号に規定する代行機関をいう。以下同じ。）に、収納に係る記録については日本銀行本店に、送信しなければならない。

② 日本銀行統轄店は、前項又は日本銀行の歳入金等の受入に関する特別取扱手続（昭和二十四年大蔵省令第百号。以下「特別手続」という。）第三条第二項の規定により日本銀行又は日本銀行歳入代理店（特別手続第一条に規定する歳入代理店をいう。以下同じ。）から領収済通知書の送付を受けたときは、当該領収済通知書に記載されている領収した歳入金に関する事項を光学読取式電子情報処理組織（日本銀行が歳入金の収納に関する事務を処理するため、日本銀行本店に設置される電子計算機と日本銀行統轄店に設置される光学文字読取装置、画像出力装置及び電子計算機とを電気通信回線で接続した電子情報処理組織をいう。第二十一条第一項を除き、以下同じ。）を使用して日本銀行本店に通知しなければならない。ただし、必要があると認められる場合においては、当該領収済通知書に記載されている住所、氏名その他の領収した歳入金に関する事項を記録した第一号の二書式、第一号の三書式又は第一号の四書式による領収済通知書を光学読取式電子情報処理組織を使用して作成し、当該歳入を取り扱つた歳入徴収官又は分任歳入徴収官に送付しなければならない。

③ 日本銀行本店は、前項本文の規定により日本銀行統轄店から規程第二十一条の六第一項第九号及び同条第二項第一号に掲げる歳入金に係る通知を受けたときは、その旨を第一号代行機関を経由して当該歳入を取り扱つた歳入徴収官又は分任歳入徴収官に通知するため、光学読取式電子情報処理組織を使用して領収済通知情報を作成し、第一号代行機関に送信しなければならない。

④ 日本銀行本店は、第二項本文の規定により日本銀行統轄店から規程第二十一条の六第一項第一号から第六号まで並びに同条第二項第二号及び第三号に掲げる歳入金に係る通知を受けたときは、その旨を第二号代行機関を経由して当該歳入を取り扱つた歳入徴収官又は分任歳入徴収官に通知するため、光学読取式電子情報処理組織を使用して第一号の五書式による領収済通知書（領収した歳入金に関する事項を収録した電磁的記録媒体（電磁的記録（電子的方式、磁気的方式その他人の知覚によつては認識することができない方式で作られる記録であつて電子計算機による情報処理の用に供されるものをいう。以下同じ。）に係る記録媒体をいう。以下同じ。）を

含む。以下同じ。）を作成し、第二号代行機関に送付しなければならない。

第十四条の三 日本銀行代理店は、納入者から、規程第二十一条の六第二項第四号に掲げる納付書を添えて現金の納付を受けたときであつて、領収済通知書の記載事項について送信できるときは、これを領収して領収証書を納入者に交付するとともに、領収済通知情報については第二号代行機関に、収納に係る記録については日本銀行本店に、送信しなければならない。

第十四条の四 日本銀行代理店は、納入者から規程第二十一条の六第一項第一号から第六号まで及び第九号に掲げる納入告知書若しくは納付書並びに同条第二項第二号から第四号までに掲げる納付書に係る納付情報により現金の納付を受けたとき又は次の各号に掲げる納付情報により手数料等の納付を受けたときは、これを領収して、領収済通知情報については第一号代行機関又は第二号代行機関に、収納に係る記録については日本銀行本店に、送信しなければならない。

一 行政手続等における情報通信の技術の利用に関する法律（平成十四年法律第百五十一号）第三条第一項に規定する申請等を行つたことにより得られた納付情報

二 民事訴訟法（平成八年法律第百九号）第百三十二条の十第一項に規定する申立て等を行つたことにより得られた納付情報

三 工業所有権に関する手続等の特例に関する法律施行規則（平成二年通商産業省令第四十一号）第四十条の二第一項及び第四十一条の九に規定する納付情報

四 国有財産の貸付料を口座振替により納付する場合における手続等に関する省令（平成二十二年財務省令第三号）第六条第一項に規定する納付情報

第十四条の五 日本銀行代理店は、納入者から規程第二十一条の六第一項第七号に掲げる納入告知書又は納付書に係る納付情報により現金の納付を受けたときは、これを領収して、領収済通知情報については歳入徴収官に、収納に係る記録については日本銀行本店に、送信しなければならない。

第十四条の六 削除

第十四条の七 日本銀行統轄店は、第十四条の二第二項ただし書若しくは同条第四項の規定により第一号の二書式、第一号の三書式、第一号の四書式若しくは第一号の五書式の領収済通知書が送付され又は同条第三項の規定により領収済通知情報が送信された後、当該領収済通知書の内容に誤りがあることを発見したときは、直ちに、歳入徴収官又は分任歳入徴収官にその旨を通知しなければならない。

第十四条の八 日本銀行代理店は、規程第三条第三項各号に掲げる歳入の納付を受けたときは、これを領収し、当該歳入を取り扱つた歳入徴収官に領収済の通知をするとともに、受入金の払込みに関し使用する書類で財務大臣の定めるものを日本銀行統轄店に送付しなければならない。

第十四条の九　第十四条の四、第十四条の五及び前条の場合において、日本銀行代理店は、領収証書を納入者に交付することを要しない。

第十五条　日本銀行は、出納官吏（出納官吏代理、分任出納官吏及び分任出納官吏代理を含む。以下同じ。）又は市町村その他の法令の規定により歳入金の収納の事務の委託を受けた者（以下「歳入金収納受託者」という。）から現金払込書又は送付書を添え、現金の払込を受けたときは、これを領収し、領収証書を払込者に交付するとともに、領収済通知書に集計表を添えてこれを当該歳入を取り扱つた歳入徴収官又は分任歳入徴収官に送付しなければならない。この場合において、当該歳入が在外公館の歳入徴収官の取扱に係るものであるときは、領収済通知書を外務省の本省の歳入徴収官に送付しなければならない。

第十五条の二　第十四条、第十四条の二第一項及び前条の場合において、代理店が行う領収済通知書に添付する集計表の作成及び領収済通知書の歳入徴収官又は分任歳入徴収官への送付の事務並びに領収済通知書の日本銀行統轄店への送付の事務については、日本銀行があらかじめ財務大臣の承認を受けた特定の日本銀行代理店又は歳入代理店において取りまとめて行うことができる。

第十六条　日本銀行は、国税資金支払命令官（国税資金支払命令官代理を含む。以下同じ。）又は出納官吏から歳入に納付するため国庫金振替書の交付を受けたときは、その国庫金振替書に指定の通り振替の手続をし、第二号書式の振替済書を国税資金支払命令官又は出納官吏に送付するとともに、第二号の二書式の振替済通知書に集計表を添えてこれを当該歳入を取り扱つた歳入徴収官又は分任歳入徴収官に送付しなければならない。

②　前項の場合において、その国庫金振替書が、出納官吏事務規程（昭和二十二年大蔵省令第九十五号）第三十一条第二号に規定する第五十三条、第五十四条、第五十五条又は第五十六条の場合において発せられたものであるときは、出納官吏に送付する振替済書及び歳入徴収官又は分任歳入徴収官に送付する振替済通知書には、その表面余白に、「健康保険料被保険者負担金」、「船員保険料被保険者負担金」、「厚生年金保険料被保険者負担金」、「労働保険料被保険者負担金」、「国家公務員有料宿舎使用料」、「防衛省職員食事代」、「防衛省職員被服弁償金」、「防衛省職員被服代払込金」、「労働者災害補償保険通勤災害一部負担金」、「国家公務員通勤災害一部負担金」又は「相殺額」と記載するものとする。

③　第一項の場合において、その国庫金振替書が、出納官吏事務規程第三十二条中労働保険料の納付に関する部分の規定によるものであるときは、第一項の規定により歳入徴収官又は分任歳入徴収官に送付する振替済通知書に出納官吏の提出し

た納付書を添付しなければならない。

④　第一項の場合において、その国庫金振替書が、出納官吏事務規程第四十五条若しくは第八十三条第四項の規定により所属庁の歳入に組み入れる場合又は保管金取扱規程（大正十一年大蔵省令第五号）第十七条第二項の規定により主務官庁の決定があつた場合において発せられるものであるときは、出納官吏に送付する振替済書又は歳入徴収官若しくは分任歳入徴収官に送付する振替済通知書には、その表面余白に、「徴収決定済」と記載するものとする。

第十六条の二　日本銀行本店は、センター支出官（予算決算及び会計令（昭和二十二年勅令第百六十五号）第一条第三号に規定するセンター支出官をいい、センター支出官代理（センター支出官の事務を行う支出官代理をいう。）を含む。以下同じ。）から歳入に納付するため国庫金振替書の交付又は送信を受けた場合には、その国庫金振替書に指定の通り振替の手続をし、振替済通知書に集計表を添え、これを当該歳入を所掌する歳入徴収官又は歳入徴収官を経由して当該歳入を所掌する分任歳入徴収官に送付しなければならない。

②　前項の場合において、当該国庫金振替書に「健康保険料被保険者負担金」、「船員保険料被保険者負担金」、「厚生年金保険料被保険者負担金」、「労働保険料被保険者負担金」、「国家公務員有料宿舎使用料」、「国家公務員通勤災害一部負担金」、「議員国庫納金」、「労働保険料」又は「相殺額」と記載され、又は記録されているときは、これと同一の文言をその送付する振替済通知書の表面余白に記載するものとする。

第十七条　日本銀行は、毎年度所属歳入金の受入をなすことができる期間経過後、納入者から当該年度の記載のある納入告知書又は納付書を添え、現金の納付を受けたときは、現年度の歳入としてこれを領収し、第十四条の手続をしなければならない。

第十八条　日本銀行は、毎年度所属歳入金の受入をなすことができる期間経過後、出納官吏又は歳入金収納受託者から現金払込書又は送付書とともに現金の払込を受けたときは、現年度の歳入としてこれを領収し、第十五条の手続をしなければならない。

第十九条　日本銀行は、毎年度所属歳出金の返納金を戻し入れることができる期間経過後、返納者から歳入徴収官等（国の債権の管理等に関する法律（昭和三十一年法律第百十四号）第二条第四項に規定する歳入徴収官等をいう。以下同じ。）又は官署支出官（予算決算及び会計令第一条第二号に規定する官署支出官をいい、官署支出官代理（官署支出官の事務を行う支出官代理をいう。）を含む。以下同じ。）が発した当該年度の記載のある納入告知書又は納付書を添え、現金の納付を受けたときは、現年度の歳入としてこれを領収し、納入告知書又は納付書、領収控及び領収済通知書に現年度歳入の印を押し、領収証書を納入者に交付するとともに、領収済通知書に集計表を添えてこれを当該歳入を取り扱う歳入徴収官に送付しなければならない。

② 前項の規定は、日本銀行が、毎年度所属歳出金の返納金を戻し入れることができる期間経過後、国税資金支払命令官又は出納官吏から当該年度の記載のある歳入徴収官等又は官署支出官が発した納入告知書又は納付書を添えて、国庫金振替書の交付を受け当該年度の歳出金に振替受入の請求を受けた場合に、これを準用する。

第十九条の二 日本銀行本店は、毎年度所属歳出金の返納金を戻し入れることができる期間経過後、センター支出官から当該年度の歳出の金額に戻し入れるため国庫金振替書の交付又は送信を受けたときは、その国庫金振替書に指定の通り振替の手続をし、振替済通知書に集計表を添え、これを当該歳入を所掌する歳入徴収官に送付しなければならない。

第十九条の三 日本銀行は、資金前渡官吏の支払金に係る返納金について、出納官吏事務規程第五十八条の二第一項の規定によりその支払つた金額に戻し入れることができる期限経過後、返納者から歳入徴収官等又は資金前渡官吏が発した納入告知書又は納付書を添えて現金の納付を受けたときは、当該納入告知書又は納付書に指定された取扱庁に係る現年度の歳入としてこれを領収し納入告知書又は納付書、領収控及び領収済通知書に現年度歳入の印を押し、領収証書を納入者に交付するとともに、領収済通知書に集計表を添えてこれを当該歳入を取り扱う歳入徴収官又は分任歳入徴収官に送付しなければならない。

② 前項の規定は、日本銀行が出納官吏事務規程第五十八条の二第一項の規定により資金前渡官吏の支払つた金額に戻し入れることができる期限経過後、出納官吏から歳入徴収官等又は資金前渡官吏の発した納入告知書又は納付書を添えて国庫金振替書の交付を受け、振替受入の請求を受けた場合に準用する。

第十九条の四 日本銀行本店は、出納官吏事務規程第五十八条の二第一項の規定により資金前渡官吏の支払つた金額に戻し入れることができる期間経過後、センター支出官から資金前渡官吏の支払つた金額に係る返納金をその預託金に払い込むため国庫金振替書の交付又は送信を受けた場合には、その国庫金振替書に指定の通り振替の手続をし、振替済通知書に集計表を添え、これを当該歳入を所掌する歳入徴収官又は歳入徴収官を経由して当該歳入を所掌する分任歳入徴収官に送付しなければならない。

第十九条の五 日本銀行代理店は、毎年度所属歳出金の返納金を戻し入れることができる期間経過後、返納者から歳入徴収官等又は官署支出官が発した当該年度の記載のある納入告知書又は納付書に係る納付情報により現金の納付を受けたときは、これを領収し、領収済通知情報については第一号代行機関に、収納に係る記録については日本銀行本店に送信しなければならない。この場合において、日本銀行代理店は、領収証書を納入者に交付することを要しない。

② 前項の場合において、日本銀行本店は、日本銀行代理店から収納に係る記録の送信を受けたときは、これを現年度の歳入として取り扱わなければならない。

③ 前項の規定は、日本銀行本店が特別手続第三条の四第一項の規定により日本銀行歳入代理店から収納に係る記録の送信を受けた場合について準用する。この場合において、前項中「前項」とあるのは「特別手続第三条の四第二項」と、「日本銀行代理店」とあるのは「日本銀行歳入代理店」と読み替えるものとする。

第二十条 日本銀行は、第二十七条に規定する歳出支払未済繰越金の中で、振出日付から一年を経過した小切手の金額に相当するものを、毎月分ごとに取りまとめ、これを当該小切手の振出しに当たつて支出の決定をした官署支出官の所属庁の歳入徴収官の取扱いに係る歳入に組み入れ、翌月七日までに第三号書式の支払未済繰越金歳入組入報告書に集計表を添えてこれをその歳入徴収官に提出しなければならない。

第二十一条 日本銀行統轄店は、歳入金の収納に関する事務を第十四条の二第二項又は特別手続第三条第四項に規定する光学読取式電子情報処理組織を使用して処理する場合、並びに第十四条の二第一項ただし書及び第十四条の三から第十四条の五まで並びに特別手続第三条第二項ただし書、第三項ただし書及び第七項から第九項までに定める方法により処理する場合における規程第二十一条の六第一項第一号から第七号まで及び第九号並びに同条第二項第一号から第四号までに掲げる納入告知書又は納付書、並びに第十九条の五第一項及び特別手続第三条の四第一項に定める方法により処理する場合の納入告知書又は納付書を除き、自店及び所属店の取扱いに係る納入告知書、納付書、現金払込書又は送付書の領収控その他の証拠書類を年度、会計、所管庁、取扱庁別に区分し、一月分をとりまとめ合計書を作成しともに保存しなければならない。ただし、所属店がその取扱いに係る領収控の統轄店への送付に代え、受入金の払込みに関し使用する書類で財務大臣の定めるものを送付したときは、当該領収控は、当該所属店において毎日分をとりまとめて保存することができる。

② 前項本文の場合において、第十四条及び第十五条から第二十条までの規定により領収済通知書、振替済通知書又は支払未済繰越金歳入組入報告書に添えた集計表の控を年度、会計、所管庁、取扱庁別に区分したときは、当該証拠書類は毎日分をとりまとめて保存することができる。

第二十一条の二 日本銀行統轄店は、第十四条の二第一項及び特別手続第三条第二項の規定により送付された領収済通知書を毎日分とりまとめて保存しなければならない。

第二十一条の三 日本銀行本店は、第十四条の二第一項ただし書、第十四条の三から第十四条の五まで及び第十九条の五第一項並びに特別手続第三条第二項ただし書、第三項ただし書、第七項から第九項まで及び第三条の四第一項の規定による収納に係る記録を電磁的記録により保存しなければならない。

第二十一条の四　日本銀行代理店は、第十四条の八の規定による歳入の収納に係る記録を電磁的記録により保存しなければならない。

第四章の二　保管金

第四十二条の二　日本銀行は、保管金払込事務等取扱規程（以下本章において「規程」という。）第三条第一項前段の規定により歳入歳出外現金出納官吏から保管金払込書を添え現金の払込みを受けたときは、これをその取扱官庁の保管金に受け入れ、保管金領収証書をその歳入歳出外現金出納官吏に交付しなければならない。

② 日本銀行は、規程第三条第一項後段の規定により歳入歳出外現金出納官吏から保管金の払込みを受けたときは、その金額をその取扱官庁の保管金に受け入れ、保管金受入済通知書をその歳入歳出外現金出納官吏に送付しなければならない。

③ 第一項の場合において、日本銀行は、「供託金」の印を押した保管金払込書を添え払込みを受ける際に供託書の提出を受けたときは、その供託書に受領の旨を記入し提出者に返付しなければならない。

第四十二条の三　日本銀行は、規程第四条第一項の規定により保管金を提出すべき者から保管金振込書を添え取扱官庁の保管金に振込を受けたときは、これを取扱官庁の保管金に受け入れ、保管金領収証書を振込人に交付しなければならない。

第四十二条の四　削除

第四十二条の五　日本銀行は、規程第七条の規定により甲取扱官庁の歳入歳出外現金出納官吏から国庫金振替書を添え乙取扱官庁の保管金に保管替の請求を受けたときは、保管替の手続をして振替済書を甲取扱官庁の歳入歳出外現金出納官吏に交付するとともに、自店が乙取扱官庁の取扱店である場合には振替済通知書を乙取扱官庁の歳入歳出外現金出納官吏に交付し、他店が乙取扱官庁の取扱店である場合にはその取扱店に対しその旨を通知しなければならない。

② 前項の通知を受けた日本銀行は、振替済通知書を乙取扱官庁の歳入歳出外現金出納官吏に交付しなければならない。

第四十二条の六　第三十七条及び第三十八条の規定は、日本銀行が歳入歳出外現金出納官吏の振り出した小切手の呈示を受けた場合及び歳入歳出外現金出納官吏の発した国庫金振替書の交付を受けた場合に、これを準用する。この場合において、「出納官吏の預託金額」とあるのは「取扱官庁の保管金額」と読み替えるものとする。

第四十二条の七　日本銀行は、規程第九条の規定により歳入歳出外現金出納官吏から送金又は振込みの請求を受けたときは、領収証書を歳入歳出外現金出納官吏に交付し、送金又は振込みの手続きをしなければならない。

② 第三十九条第五項及び第六項の規定は、前項の規定により送金又は振込みの手続をしたものにつき、これを準用する。この場合において、同条第五項及び第六項中「預託金」とあるのは、「保管金」と読み替えるものとする。

③ 日本銀行は、第一項の規定により外国に在る受取人に送金の手続をする場合において、その交付を受けた資金が送金額に過剰を生じたときは、第四号の四書式の払込書を添え現金を取扱官庁の保管金に受け入れ、受入済通知書をその歳入歳出外現金出納官吏に送付しなければならない。

第四十二条の八 日本銀行は、規程第十条の規定により供託金を返納すべき者から供託金返納請求書を添え現金の納付を受けたときは、これをその取扱官庁の供託金に受け入れ、領収証書を返納者に交付し、供託金返納済通知書を歳入歳出外現金出納官吏に送付しなければならない。

第四十二条の九 前条の規定は、日本銀行が供託金の繰替使用に関する事務取扱規程第四条の規定により供託金利子を返納すべき者から供託金利子返納請求書を添え現金の納付を受けた場合に準用する。この場合において「供託金返納済通知書」とあるのは「供託金利子返納済通知書」と読み替えるものとする。

第四十二条の十 日本銀行甲店は、規程第十三条第一項の規定により歳入歳出外現金出納官吏から保管金取扱店変更申込書の提出を受けたときは、その取扱店変更の手続をし、第七号書式の保管金現在額証明書の表面余白に「保管金」又は「供託金」の別を表示してその歳入歳出外現金出納官吏に交付し、日本銀行乙店にその旨を通知しなければならない。

② 前項の通知を受けた日本銀行は、規程第十三条第三項の規定によりその歳入歳出外現金出納官吏から保管金現在額証明書の提出を受けたときは、これに承認の旨を記入し、その歳入歳出外現金出納官吏に交付しなければならない。

第四十二条の十一 日本銀行は、歳入歳出外現金出納官吏又は同出納官吏を監督若しくは検査する者から保管金現在高証明の請求を受けたときは、その指定の日における保管金現在高を証明しなければならない。

第四十二条の十二 日本銀行は、その取扱に係る保管金払込書、供託金返納請求書、供託金利子返納請求書、支払済の小切手、振替済の国庫金振替書（払出科目に保管金又は供託金と記載された国庫金振替書をいう。）、保管金取扱店変更申込書その他の証拠書類を受払に区分し、所属庁歳入歳出外現金出納官吏別に毎日分をとりまとめ合計書を作成し、ともに保存しなければならない。この場合において、その取扱に係る国庫金振替書は、これを払として区分するものとする。

第九章　出納証明

第八十六条　日本銀行は、会計検査院の検査を受けるため、会計検査院の定める国庫金の出納計算書を調製し、財務大臣の定める期限内にこれを財務省に提出しなければならない。

第十章　雑則

第八十六条の二　日本銀行本店は、歳入徴収官事務規程第五十五条の規定により各省各庁の長の指定する職員から歳入徴収官の新設の通知を受けたときは、ただちに当該歳入徴収官に係る同行の計算整理のための取扱庁番号を定めて、当該職員に通知するものとする。

第八十七条　日本銀行は、歳入徴収官等、歳入徴収官、出納官吏又は歳入金収納受託者の送付に係る納入告知書、納付書、小切手、国庫金振替書、現金払込書又は送付書の記載事項の訂正請求書で、毎年度所属歳入金又は歳出金の受入れ又は支払をすることができる期間内に到達したものについては、当該店において受付をした日付によりその訂正の手続をし、歳入徴収官等の請求に係るものは歳入徴収官等に対し、歳入徴収官、出納官吏又は歳入金収納受託者の請求に係るものは歳入徴収官に対しその旨を通知しなければならない。

② 日本銀行本店は、センター支出官、歳入徴収官等又は官署支出官から支出官事務規程第四十三条第一項、第四十四条又は債権管理事務取扱規則(昭和三十一年大蔵省令第八十六号)第三十九条の二第一項(支出官事務規程第二十一条第三項において準用する場合を含む。)の規定により、センター支出官の振り出した小切手(当該小切手に添付された小切手払出科目明細書を含む。)若しくはその交付若しくは送信した支払指図書若しくは国庫金振替書又は歳入徴収官等若しくは官署支出官が返納をさせるため発した納入告知書若しくは納付書の記載事項について、訂正請求書の送付又は送信を受けた場合には、当該請求書が毎年度所属歳入金の受入れ又は歳出金の支払をすることができる期間内に到達したときに限り、当該店において受付をした日付によりその誤びゅうの訂正の手続をし、その旨をセンター支出官又はセンター支出官を経由して歳入徴収官等若しくは官署支出官に通知するため、支出官事務規程別紙第十八号書式(その二)による科目等訂正済通知書、同規程別紙第十九号書式(その二)による国庫金振替訂正済通知書又は納入告知書等記載事項訂正済通知情報をセンター支出官に送付又は送信しなければならない。

第八十九条　日本銀行は、歳入徴収官等、歳入徴収官、センター支出官、国税収納命令官、国税資金支払命令官、出納官吏、歳入金収納受託者、国税収納官吏、保管金の振込人又は担当者から領収済通知書、領収証書、預託金領収証書、保管金領

収証書、供託金返納済通知書、供託金利子返納済通知書、振替済書又は振替済通知書の記載事項の証明請求書の提出があつた場合においては、これを調査し、正当と認めたときはその請求書の余白に証明の上、これを歳入徴収官等、歳入徴収官、センター支出官、国税収納命令官、国税資金支払命令官、出納官吏、歳入金収納受託者、国税収納官吏、保管金の振込人又は担当者に交付しなければならない。この場合において、保管金の振込人に対し証明をしたときは、歳入歳出外現金出納官吏に対してその旨を通知するものとする。

② 前項の規定は、徴収義務者から納付済証明の請求があつた場合に、これを準用する。

③ 前二項の手続をしたときは、その事由を帳簿又は証拠書類に記入しておかなければならない。

第九十二条 電子情報処理組織（歳入徴収官事務規程第二十一条の三第一項、支出官事務規程第十一条第二項第五号、国税収納金整理資金事務取扱規則第七十二条第四項及び財政融資資金預託金取扱規則第一条の二第七号に規定する電子情報処理組織をいう。以下この条において同じ。）に障害が発生したことにより、又は電子情報処理組織の運転時間が経過したことにより、電子情報処理組織への記録又は電子情報処理組織による処理が不能となつた場合において、緊急やむを得ない事由により障害が回復するまでの間又は電子情報処理組織の運転が再開されるまでの間において、国庫金の出納に関する事務を行わなければ事務に支障を及ぼすおそれがあるときは、別に定めるところにより、この省令の規定と異なる取扱いをすることができる。

第九十三条 日本銀行が光学読取式電子情報処理組織により処理する事項及び当該処理の方法その他光学読取式電子情報処理組織の使用に関する手続並びに第十四条の二第一項ただし書、第十四条の三から第十四条の五まで及び第四十四条の二第一項の規定により納付又は払込みを受けるときの手続の細目については、別に定めるところによる。

附　則（抄）

第一条 この省令は、昭和二十二年十一月一日から、これを施行する。

附　則（平成二九年三月三一日財務省令一四号）

この省令は、平成二十九年四月一日から施行する。

行政手続法関係

行政手続法

改正
平成　五年一一月一二日法律　八八号
平成一一年一二月　八日法律一五一号
平成一一年一二月二二日法律一六〇号
平成一四年一二月一三日法律一五二号
平成一五年　七月一六日法律一一九号
平成一七年　六月二九日法律　七三号
平成一八年　六月　八日法律　五八号
平成一八年　六月一四日法律　六六号
平成二六年　六月一三日法律　六九号
平成二六年　六月一三日法律　七〇号
平成二九年　三月三一日法律　　四号

目次

第一章　総則（第一条―第四条）
第二章　申請に対する処分（第五条―第十一条）
第三章　不利益処分
　第一節　通則（第十二条―第十四条）
　第二節　聴聞（第十五条―第二十八条）
　第三節　弁明の機会の付与（第二十九条―第三十一条）
第四章　行政指導（第三十二条―第三十六条の二）
第四章の二　処分等の求め（第三十六条の三）
第五章　届出（第三十七条）
第六章　意見公募手続等（第三十八条―第四十五条）
第七章　補則（第四十六条）
附則

第一章　総則

（目的等）

第一条　この法律は、処分、行政指導及び届出に関する手続並びに命令等を定める手続に関し、共通する事項を定めることによって、行政運営における公正の確保と透明性（行政上の意思決定について、その内容及び過程が国民にとって明らかであることをいう。第四十六条において同じ。）の向上を図り、もって国民の権利利益の保護に資することを目的とする。

2　処分、行政指導及び届出に関する手続並びに命令等を定める手続に関しこの法律に規定する事項について、他の法律に特別の定めがある場合は、その定めるところによる。

（定義）

第二条　この法律において、次の各号に掲げる用語の意義は、当該各号に定めるところによる。

一 法令 法律、法律に基づく命令（告示を含む。）、条例及び地方公共団体の執行機関の規則（規程を含む。以下「規則」という。）をいう。

二 処分 行政庁の処分その他公権力の行使に当たる行為をいう。

三 申請 法令に基づき、行政庁の許可、認可、免許その他の自己に対し何らかの利益を付与する処分（以下「許認可等」という。）を求める行為であって、当該行為に対して行政庁が諾否の応答をすべきこととされているものをいう。

四 不利益処分 行政庁が、法令に基づき、特定の者を名あて人として、直接に、これに義務を課し、又はその権利を制限する処分をいう。ただし、次のいずれかに該当するものを除く。

イ 事実上の行為及び事実上の行為をするに当たりその範囲、時期等を明らかにするために法令上必要とされている手続としての処分

ロ 申請により求められた許認可等を拒否する処分その他申請に基づき当該申請をした者を名あて人としてされる処分

ハ 名あて人となるべき者の同意の下にすることとされている処分

ニ 許認可等の効力を失わせる処分であって、当該許認可等の基礎となった事実が消滅した旨の届出があったことを理由としてされるもの

五 行政機関 次に掲げる機関をいう。

イ 法律の規定に基づき内閣に置かれる機関若しくは内閣の所轄の下に置かれる機関、宮内庁、内閣府設置法（平成十一年法律第八十九号）第四十九条第一項若しくは第二項に規定する機関、国家行政組織法（昭和二十三年法律第百二十号）第三条第二項に規定する機関、会計検査院若しくはこれらに置かれる機関又はこれらの機関の職員であって法律上独立に権限を行使することを認められた職員

ロ 地方公共団体の機関（議会を除く。）

六 行政指導 行政機関がその任務又は所掌事務の範囲内において一定の行政目的を実現するため特定の者に一定の作為又は不作為を求める指導、勧告、助言その他の行為であって処分に該当しないものをいう。

七 届出 行政庁に対し一定の事項の通知をする行為（申請に該当するものを除く。）であって、法令により直接に当該通知が義務付けられているもの（自己の期待する一定の法律上の効果を発生させるためには当該通知をすべきこととされているものを含む。）をいう。

八 命令等 内閣又は行政機関が定める次に掲げるものをいう。

イ　法律に基づく命令（処分の要件を定める告示を含む。次条第二項において単に「命令」という。）又は規則
ロ　審査基準（申請により求められた許認可等をするかどうかをその法令の定めに従って判断するために必要とされる基準をいう。以下同じ。）
ハ　処分基準（不利益処分をするかどうか又はどのような不利益処分とするかについてその法令の定めに従って判断するために必要とされる基準をいう。以下同じ。）
ニ　行政指導指針（同一の行政目的を実現するため一定の条件に該当する複数の者に対し行政指導をしようとするときにこれらの行政指導に共通してその内容となるべき事項をいう。以下同じ。）

（適用除外）
第三条　次に掲げる処分及び行政指導については、次章から第四章の二までの規定は、適用しない。
一　国会の両院若しくは一院又は議会の議決によってされる処分
二　裁判所若しくは裁判官の裁判により、又は裁判の執行としてされる処分
三　国会の両院若しくは一院若しくは議会の議決を経て、又はこれらの同意若しくは承認を得た上でされるべきものとされている処分
四　検査官会議で決すべきものとされている処分及び会計検査の際にされる行政指導
五　刑事事件に関する法令に基づいて検察官、検察事務官又は司法警察職員がする処分及び行政指導
六　国税又は地方税の犯則事件に関する法令（他の法令において準用する場合を含む。）に基づいて国税庁長官、国税局長、税務署長、国税庁、国税局若しくは税務署の当該職員、税関長、税関職員又は徴税吏員（他の法令の規定に基づいてこれらの職員の職務を行う者を含む。）がする処分及び行政指導並びに金融商品取引の犯則事件に関する法令（他の法令において準用する場合を含む。）に基づいて証券取引等監視委員会、その職員（当該法令においてその職員とみなされる者を含む。）、財務局長又は財務支局長がする処分及び行政指導
七　学校、講習所、訓練所又は研修所において、教育、講習、訓練又は研修の目的を達成するために、学生、生徒、児童若しくは幼児若しくはこれらの保護者、講習生、訓練生又は研修生に対してされる処分及び行政指導
八　刑務所、少年刑務所、拘置所、留置施設、海上保安留置施設、少年院、少年鑑別所又は婦人補導院において、収容の目的を達成するためにされる処分及び行政指導
九　公務員（国家公務員法（昭和二十二年法律第百二十号）第二条第一項に規定する国家公務員及び地方公務員法（昭和二十五年法律第二百六十一号）第三条第一項に規定する

地方公務員をいう。以下同じ。）又は公務員であった者に対してその職務又は身分に関してされる処分及び行政指導

十　外国人の出入国、難民の認定又は帰化に関する処分及び行政指導

十一　専ら人の学識技能に関する試験又は検定の結果についての処分

十二　相反する利害を有する者の間の利害の調整を目的として法令の規定に基づいてされる裁定その他の処分（その双方を名宛人とするものに限る。）及び行政指導

十三　公衆衛生、環境保全、防疫、保安その他の公益に関わる事象が発生し又は発生する可能性のある現場において警察官若しくは海上保安官又はこれらの公益を確保するために行使すべき権限を法律上直接に与えられたその他の職員によってされる処分及び行政指導

十四　報告又は物件の提出を命ずる処分その他その職務の遂行上必要な情報の収集を直接の目的としてされる処分及び行政指導

十五　審査請求、再調査の請求その他の不服申立てに対する行政庁の裁決、決定その他の処分

十六　前号に規定する処分の手続又は第三章に規定する聴聞若しくは弁明の機会の付与の手続その他の意見陳述のための手続において法令に基づいてされる処分及び行政指導

2　次に掲げる命令等を定める行為については、第六章の規定は、適用しない。

一　法律の施行期日について定める政令

二　恩赦に関する命令

三　命令又は規則を定める行為が処分に該当する場合における当該命令又は規則

四　法律の規定に基づき施設、区間、地域その他これらに類するものを指定する命令又は規則

五　公務員の給与、勤務時間その他の勤務条件について定める命令等

六　審査基準、処分基準又は行政指導指針であって、法令の規定により若しくは慣行として、又は命令等を定める機関の判断により公にされるもの以外のもの

3　第一項各号及び前項各号に掲げるもののほか、地方公共団体の機関がする処分（その根拠となる規定が条例又は規則に置かれているものに限る。）及び行政指導、地方公共団体の機関に対する届出（前条第七号の通知の根拠となる規定が条例又は規則に置かれているものに限る。）並びに地方公共団体の機関が命令等を定める行為については、次章から第六章までの規定は、適用しない。

（国の機関等に対する処分等の適用除外）

第四条　国の機関又は地方公共団体若しくはその機関に対する処分（これらの機関又は団体がその固有の資格において当該処分の名あて人となるものに限る。）及び行政指導並びにこ

れらの機関又は団体がする届出（これらの機関又は団体がその固有の資格においてすべきこととされているものに限る。）については、この法律の規定は、適用しない。

2　次の各号のいずれかに該当する法人に対する処分であって、当該法人の監督に関する法律の特別の規定に基づいてされるもの（当該法人の解散を命じ、若しくは設立に関する認可を取り消す処分又は当該法人の役員若しくは当該法人の業務に従事する者の解任を命ずる処分を除く。）については、次章及び第三章の規定は、適用しない。

一　法律により直接に設立された法人又は特別の法律により特別の設立行為をもって設立された法人

二　特別の法律により設立され、かつ、その設立に関し行政庁の認可を要する法人のうち、その行う業務が国又は地方公共団体の行政運営と密接な関連を有するものとして政令で定める法人

3　行政庁が法律の規定に基づく試験、検査、検定、登録その他の行政上の事務について当該法律に基づきその全部又は一部を行わせる者を指定した場合において、その指定を受けた者（その者が法人である場合にあっては、その役員）又は職員その他の者が当該事務に従事することに関し公務に従事する職員とみなされるときは、その指定を受けた者に対し当該法律に基づいて当該事務に関し監督上される処分（当該指定を取り消す処分、その指定を受けた者が法人である場合におけるその役員の解任を命ずる処分又はその指定を受けた者の当該事務に従事する者の解任を命ずる処分を除く。）については、次章及び第三章の規定は、適用しない。

4　次に掲げる命令等を定める行為については、第六章の規定は、適用しない。

一　国又は地方公共団体の機関の設置、所掌事務の範囲その他の組織について定める命令等

二　皇室典範（昭和二十二年法律第三号）第二十六条の皇統譜について定める命令等

三　公務員の礼式、服制、研修、教育訓練、表彰及び報償並びに公務員の間における競争試験について定める命令等

四　国又は地方公共団体の予算、決算及び会計について定める命令等（入札の参加者の資格、入札保証金その他の国又は地方公共団体の契約の相手方又は相手方になろうとする者に係る事項を定める命令等を除く。）並びに国又は地方公共団体の財産及び物品の管理について定める命令等（国又は地方公共団体が財産及び物品を貸し付け、交換し、売り払い、譲与し、信託し、若しくは出資の目的とし、又はこれらに私権を設定することについて定める命令等であって、これらの行為の相手方又は相手方になろうとする者に係る事項を定めるものを除く。）

五　会計検査について定める命令等

六　国の機関相互間の関係について定める命令等並びに地方

自治法（昭和二十二年法律第六十七号）第二編第十一章に規定する国と普通地方公共団体との関係及び普通地方公共団体相互間の関係その他の国と地方公共団体との関係及び地方公共団体相互間の関係について定める命令等（第一項の規定によりこの法律の規定を適用しないこととされる処分に係る命令等を含む。）

七　第二項各号に規定する法人の役員及び職員、業務の範囲、財務及び会計その他の組織、運営及び管理について定める命令等（これらの法人に対する処分であって、これらの法人の解散を命じ、若しくは設立に関する認可を取り消す処分又はこれらの法人の役員若しくはこれらの法人の業務に従事する者の解任を命ずる処分に係る命令等を除く。）

第二章　申請に対する処分

（審査基準）

第五条　行政庁は、審査基準を定めるものとする。

2　行政庁は、審査基準を定めるに当たっては、許認可等の性質に照らしてできる限り具体的なものとしなければならない。

3　行政庁は、行政上特別の支障があるときを除き、法令により申請の提出先とされている機関の事務所における備付けその他の適当な方法により審査基準を公にしておかなければならない。

（標準処理期間）

第六条　行政庁は、申請がその事務所に到達してから当該申請に対する処分をするまでに通常要すべき標準的な期間（法令により当該行政庁と異なる機関が当該申請の提出先とされている場合は、併せて、当該申請が当該提出先とされている機関の事務所に到達してから当該行政庁の事務所に到達するまでに通常要すべき標準的な期間）を定めるよう努めるとともに、これを定めたときは、これらの当該申請の提出先とされている機関の事務所における備付けその他の適当な方法により公にしておかなければならない。

（申請に対する審査、応答）

第七条　行政庁は、申請がその事務所に到達したときは遅滞なく当該申請の審査を開始しなければならず、かつ、申請書の記載事項に不備がないこと、申請書に必要な書類が添付されていること、申請をすることができる期間内にされたものであることその他の法令に定められた申請の形式上の要件に適合しない申請については、速やかに、申請をした者（以下「申請者」という。）に対し相当の期間を定めて当該申請の補正を求め、又は当該申請により求められた許認可等を拒否しなければならない。

（理由の提示）

第八条　行政庁は、申請により求められた許認可等を拒否する処分をする場合は、申請者に対し、同時に、当該処分の理由を示さなければならない。ただし、法令に定められた許認可等の要件又は公にされた審査基準が数量的指標その他の客観的指標により明確に定められている場合であって、当該申請がこれらに適合しないことが申請書の記載又は添付書類その他の申請の内容から明らかであるときは、申請者の求めがあったときにこれを示せば足りる。

2　前項本文に規定する処分を書面でするときは、同項の理由は、書面により示さなければならない。

（情報の提供）

第九条　行政庁は、申請者の求めに応じ、当該申請に係る審査の進行状況及び当該申請に対する処分の時期の見通しを示すよう努めなければならない。

2　行政庁は、申請をしようとする者又は申請者の求めに応じ、申請書の記載及び添付書類に関する事項その他の申請に必要な情報の提供に努めなければならない。

（公聴会の開催等）

第十条　行政庁は、申請に対する処分であって、申請者以外の者の利害を考慮すべきことが当該法令において許認可等の要件とされているものを行う場合には、必要に応じ、公聴会の開催その他の適当な方法により当該申請者以外の者の意見を聴く機会を設けるよう努めなければならない。

（複数の行政庁が関与する処分）

第十一条　行政庁は、申請の処理をするに当たり、他の行政庁において同一の申請者からされた関連する申請が審査中であることをもって自らすべき許認可等をするかどうかについての審査又は判断を殊更に遅延させるようなことをしてはならない。

2　一の申請又は同一の申請者からされた相互に関連する複数の申請に対する処分について複数の行政庁が関与する場合においては、当該複数の行政庁は、必要に応じ、相互に連絡をとり、当該申請者からの説明の聴取を共同して行う等により審査の促進に努めるものとする。

第三章　不利益処分

第一節　通則

（処分の基準）

第十二条　行政庁は、処分基準を定め、かつ、これを公にしておくよう努めなければならない。

2　行政庁は、処分基準を定めるに当たっては、不利益処分の性質に照らしてできる限り具体的なものとしなければならない。

（不利益処分をしようとする場合の手続）

第十三条　行政庁は、不利益処分をしようとする場合には、次の各号の区分に従い、この章の定めるところにより、当該不利益処分の名あて人となるべき者について、当該各号に定める意見陳述のための手続を執らなければならない。

一　次のいずれかに該当するとき　聴聞

イ　許認可等を取り消す不利益処分をしようとするとき。

ロ　イに規定するもののほか、名あて人の資格又は地位を直接にはく奪する不利益処分をしようとするとき。

ハ　名あて人が法人である場合におけるその役員の解任を命ずる不利益処分、名あて人の業務に従事する者の解任を命ずる不利益処分又は名あて人の会員である者の除名を命ずる不利益処分をしようとするとき。

ニ　イからハまでに掲げる場合以外の場合であって行政庁が相当と認めるとき。

二　前号イからニまでのいずれにも該当しないとき　弁明の機会の付与

2　次の各号のいずれかに該当するときは、前項の規定は、適用しない。

一　公益上、緊急に不利益処分をする必要があるため、前項に規定する意見陳述のための手続を執ることができないとき。

二　法令上必要とされる資格がなかったこと又は失われるに至ったことが判明した場合に必ずすることとされている不利益処分であって、その資格の不存在又は喪失の事実が裁判所の判決書又は決定書、一定の職に就いたことを証する当該任命権者の書類その他の客観的な資料により直接証明されたものをしようとするとき。

三　施設若しくは設備の設置、維持若しくは管理又は物の製造、販売その他の取扱いについて遵守すべき事項が法令において技術的な基準をもって明確にされている場合において、専ら当該基準が充足されていないことを理由として当該基準に従うべきことを命ずる不利益処分であってその不充足の事実が計測、実験その他客観的な認定方法によって確認されたものをしようとするとき。

四　納付すべき金銭の額を確定し、一定の額の金銭の納付を命じ、又は金銭の給付決定の取消しその他の金銭の給付を制限する不利益処分をしようとするとき。

五　当該不利益処分の性質上、それによって課される義務の内容が著しく軽微なものであるため名あて人となるべき者の意見をあらかじめ聴くことを要しないものとして政令で定める処分をしようとするとき。

（不利益処分の理由の提示）

第十四条　行政庁は、不利益処分をする場合には、その名あて人に対し、同時に、当該不利益処分の理由を示さなければならない。ただし、当該理由を示さないで処分をすべき差し迫った必要がある場合は、この限りでない。

2　行政庁は、前項ただし書の場合においては、当該名あて人の所在が判明しなくなったときその他処分後において理由を示すことが困難な事情があるときを除き、処分後相当の期間内に、同項の理由を示さなければならない。
3 不利益処分を書面でするときは、前二項の理由は、書面により示さなければならない。

第二節 聴聞

(聴聞の通知の方式)
第十五条 行政庁は、聴聞を行うに当たっては、聴聞を行うべき期日までに相当な期間をおいて、不利益処分の名あて人となるべき者に対し、次に掲げる事項を書面により通知しなければならない。
一 予定される不利益処分の内容及び根拠となる法令の条項
二 不利益処分の原因となる事実
三 聴聞の期日及び場所
四 聴聞に関する事務を所掌する組織の名称及び所在地
2 前項の書面においては、次に掲げる事項を教示しなければならない。
一 聴聞の期日に出頭して意見を述べ、及び証拠書類又は証拠物(以下「証拠書類等」という。)を提出し、又は聴聞の期日への出頭に代えて陳述書及び証拠書類等を提出することができること。
二 聴聞が終結する時までの間、当該不利益処分の原因となる事実を証する資料の閲覧を求めることができること。
3 行政庁は、不利益処分の名あて人となるべき者の所在が判明しない場合においては、第一項の規定による通知を、その者の氏名、同項第三号及び第四号に掲げる事項並びに当該行政庁が同項各号に掲げる事項を記載した書面をいつでもその者に交付する旨を当該行政庁の事務所の掲示場に掲示することによって行うことができる。この場合においては、掲示を始めた日から二週間を経過したときに、当該通知がその者に到達したものとみなす。

(代理人)
第十六条 前条第一項の通知を受けた者(同条第三項後段の規定により当該通知が到達したものとみなされる者を含む。以下「当事者」という。)は、代理人を選任することができる。
2 代理人は、各自、当事者のために、聴聞に関する一切の行為をすることができる。
3 代理人の資格は、書面で証明しなければならない。
4 代理人がその資格を失ったときは、当該代理人を選任した当事者は、書面でその旨を行政庁に届け出なければならない。

(参加人)
第十七条 第十九条の規定により聴聞を主宰する者(以下「主宰者」という。)は、必要があると認めるときは、当事者以外の者であって当該不利益処分の根拠となる法令に照らし当該不利益処分につき利害関係を有するものと認められる者(同条第二項第六号において「関係人」という。)に対し、当該聴聞に関する手続に参加することを求め、又は当該聴聞に関する手続に参加することを許可することができる。

2 前項の規定により当該聴聞に関する手続に参加する者（以下「参加人」という。）は、代理人を選任することができる。

3 前条第二項から第四項までの規定は、前項の代理人について準用する。この場合において、同条第二項及び第四項中「当事者」とあるのは、「参加人」と読み替えるものとする。

（文書等の閲覧）

第十八条 当事者及び当該不利益処分がされた場合に自己の利益を害されることとなる参加人（以下この条及び第二十四条第三項において「当事者等」という。）は、聴聞の通知があった時から聴聞が終結する時までの間、行政庁に対し、当該事案についてした調査の結果に係る調書その他の当該不利益処分の原因となる事実を証する資料の閲覧を求めることができる。この場合において、行政庁は、第三者の利益を害するおそれがあるときその他正当な理由があるときでなければ、その閲覧を拒むことができない。

2 前項の規定は、当事者等が聴聞の期日における審理の進行に応じて必要となった資料の閲覧を更に求めることを妨げない。

3 行政庁は、前二項の閲覧について日時及び場所を指定することができる。

（聴聞の主宰）

第十九条 聴聞は、行政庁が指名する職員その他政令で定める者が主宰する。

2 次の各号のいずれかに該当する者は、聴聞を主宰することができない。

一 当該聴聞の当事者又は参加人

二 前号に規定する者の配偶者、四親等内の親族又は同居の親族

三 第一号に規定する者の代理人又は次条第三項に規定する補佐人

四 前三号に規定する者であった者

五 第一号に規定する者の後見人、後見監督人、保佐人、保佐監督人、補助人又は補助監督人

六 参加人以外の関係人

（聴聞の期日における審理の方式）

第二十条 主宰者は、最初の聴聞の期日の冒頭において、行政庁の職員に、予定される不利益処分の内容及び根拠となる法令の条項並びにその原因となる事実を聴聞の期日に出頭した者に対し説明させなければならない。

2 当事者又は参加人は、聴聞の期日に出頭して、意見を述べ、及び証拠書類等を提出し、並びに主宰者の許可を得て行政庁の職員に対し質問を発することができる。

3 前項の場合において、当事者又は参加人は、主宰者の許可を得て、補佐人とともに出頭することができる。

4 主宰者は、聴聞の期日において必要があると認めるときは、当事者若しくは参加人に対し質問を発し、意見の陳述若しくは証拠書類等の提出を促し、又は行政庁の職員に対し説明を求めることができる。

5 主宰者は、当事者又は参加人の一部が出頭しないときであっても、聴聞の期日における審理を行うことができる。

6 聴聞の期日における審理は、行政庁が公開することを相当と認めるときを除き、公開しない。

（陳述書等の提出）

第二十一条 当事者又は参加人は、聴聞の期日への出頭に代えて、主宰者に対し、聴聞の期日までに陳述書及び証拠書類等を提出することができる。

2 主宰者は、聴聞の期日に出頭した者に対し、その求めに応じて、前項の陳述書及び証拠書類等を示すことができる。

（続行期日の指定）

第二十二条 主宰者は、聴聞の期日における審理の結果、なお聴聞を続行する必要があると認めるときは、さらに新たな期日を定めることができる。

2 前項の場合においては、当事者及び参加人に対し、あらかじめ、次回の聴聞の期日及び場所を書面により通知しなければならない。ただし、聴聞の期日に出頭した当事者及び参加人に対しては、当該聴聞の期日においてこれを告知すれば足りる。

3 第十五条第三項の規定は、前項本文の場合において、当事者又は参加人の所在が判明しないときにおける通知の方法について準用する。この場合において、同条第三項中「不利益処分の名あて人となるべき者」とあるのは「当事者又は参加人」と、「掲示を始めた日から二週間を経過したとき」とあるのは「掲示を始めた日から二週間を経過したとき（同一の当事者又は参加人に対する二回目以降の通知にあっては、掲示を始めた日の翌日）」と読み替えるものとする。

（当事者の不出頭等の場合における聴聞の終結）

第二十三条 主宰者は、当事者の全部若しくは一部が正当な理由なく聴聞の期日に出頭せず、かつ、第二十一条第一項に規定する陳述書若しくは証拠書類等を提出しない場合、又は参加人の全部若しくは一部が聴聞の期日に出頭しない場合には、これらの者に対し改めて意見を述べ、及び証拠書類等を提出する機会を与えることなく、聴聞を終結することができる。

2 主宰者は、前項に規定する場合のほか、当事者の全部又は一部が聴聞の期日に出頭せず、かつ、第二十一条第一項に規定する陳述書又は証拠書類等を提出しない場合において、これらの者の聴聞の期日への出頭が相当期間引き続き見込めないときは、これらの者に対し、期限を定めて陳述書及び証拠書類等の提出を求め、当該期限が到来したときに聴聞を終結することとすることができる。

（聴聞調書及び報告書）

第二十四条　主宰者は、聴聞の審理の経過を記載した調書を作成し、当該調書において、不利益処分の原因となる事実に対する当事者及び参加人の陳述の要旨を明らかにしておかなければならない。

2　前項の調書は、聴聞の期日における審理が行われた場合には各期日ごとに、当該審理が行われなかった場合には聴聞の終結後速やかに作成しなければならない。

3　主宰者は、聴聞の終結後速やかに、不利益処分の原因となる事実に対する当事者等の主張に理由があるかどうかについての意見を記載した報告書を作成し、第一項の調書とともに行政庁に提出しなければならない。

4　当事者又は参加人は、第一項の調書及び前項の報告書の閲覧を求めることができる。

（聴聞の再開）

第二十五条　行政庁は、聴聞の終結後に生じた事情にかんがみ必要があると認めるときは、主宰者に対し、前条第三項の規定により提出された報告書を返戻して聴聞の再開を命ずることができる。第二十二条第二項本文及び第三項の規定は、この場合について準用する。

（聴聞を経てされる不利益処分の決定）

第二十六条　行政庁は、不利益処分の決定をするときは、第二十四条第一項の調書の内容及び同条第三項の報告書に記載された主宰者の意見を十分に参酌してこれをしなければならない。

（審査請求の制限）

第二十七条　この節の規定に基づく処分又はその不作為については、審査請求をすることができない。

（役員等の解任等を命ずる不利益処分をしようとする場合の聴聞等の特例）

第二十八条　第十三条第一項第一号ハに該当する不利益処分に係る聴聞において第十五条第一項の通知があった場合におけるこの節の規定の適用については、名あて人である法人の役員、名あて人の業務に従事する者又は名あて人の会員である者（当該処分において解任し又は除名すべきこととされている者に限る。）は、同項の通知を受けた者とみなす。

2　前項の不利益処分のうち名あて人である法人の役員又は名あて人の業務に従事する者（以下この項において「役員等」という。）の解任を命ずるものに係る聴聞が行われた場合においては、当該処分にその名あて人が従わないことを理由として法令の規定によりされる当該役員等を解任する不利益処分については、第十三条第一項の規定にかかわらず、行政庁は、当該役員等について聴聞を行うことを要しない。

第三節　弁明の機会の付与

（弁明の機会の付与の方式）

第二十九条　弁明は、行政庁が口頭ですることを認めたときを除き、弁明を記載した書面（以下「弁明書」という。）を提出してするものとする。
2　弁明をするときは、証拠書類等を提出することができる。
（弁明の機会の付与の通知の方式）
第三十条　行政庁は、弁明書の提出期限（口頭による弁明の機会の付与を行う場合には、その日時）までに相当な期間をおいて、不利益処分の名あて人となるべき者に対し、次に掲げる事項を書面により通知しなければならない。
一　予定される不利益処分の内容及び根拠となる法令の条項
二　不利益処分の原因となる事実
三　弁明書の提出先及び提出期限（口頭による弁明の機会の付与を行う場合には、その旨並びに出頭すべき日時及び場所）
（聴聞に関する手続の準用）
第三十一条　第十五条第三項及び第十六条の規定は、弁明の機会の付与について準用する。この場合において、第十五条第三項中「第一項」とあるのは「第三十条」と、「同項第三号及び第四号」とあるのは「同条第三号」と、第十六条第一項中「前条第一項」とあるのは「第三十条」と、「同条第三項後段」とあるのは「第三十一条において準用する第十五条第三項後段」と読み替えるものとする。

第四章　行政指導

（行政指導の一般原則）
第三十二条　行政指導にあっては、行政指導に携わる者は、いやしくも当該行政機関の任務又は所掌事務の範囲を逸脱してはならないこと及び行政指導の内容があくまでも相手方の任意の協力によってのみ実現されるものであることに留意しなければならない。
2　行政指導に携わる者は、その相手方が行政指導に従わなかったことを理由として、不利益な取扱いをしてはならない。
（申請に関連する行政指導）
第三十三条　申請の取下げ又は内容の変更を求める行政指導にあっては、行政指導に携わる者は、申請者が当該行政指導に従う意思がない旨を表明したにもかかわらず当該行政指導を継続すること等により当該申請者の権利の行使を妨げるようなことをしてはならない。
（許認可等の権限に関連する行政指導）
第三十四条　許認可等をする権限又は許認可等に基づく処分をする権限を有する行政機関が、当該権限を行使することができない場合又は行使する意思がない場合においてする行政指導にあっては、行政指導に携わる者は、当該権限を行使し得る旨を殊更に示すことにより相手方に当該行政指導に従うことを余儀なくさせるようなことをしてはならない。

（行政指導の方式）

第三十五条 行政指導に携わる者は、その相手方に対して、当該行政指導の趣旨及び内容並びに責任者を明確に示さなければならない。

2 行政指導に携わる者は、当該行政指導をする際に、行政機関が許認可等をする権限又は許認可等に基づく処分をする権限を行使し得る旨を示すときは、その相手方に対して、次に掲げる事項を示さなければならない。

一 当該権限を行使し得る根拠となる法令の条項

二 前号の条項に規定する要件

三 当該権限の行使が前号の要件に適合する理由

3 行政指導が口頭でされた場合において、その相手方から前二項に規定する事項を記載した書面の交付を求められたときは、当該行政指導に携わる者は、行政上特別の支障がない限り、これを交付しなければならない。

4 前項の規定は、次に掲げる行政指導については、適用しない。

一 相手方に対しその場において完了する行為を求めるもの

二 既に文書（前項の書面を含む。）又は電磁的記録（電子的方式、磁気的方式その他人の知覚によっては認識することができない方式で作られる記録であって、電子計算機による情報処理の用に供されるものをいう。）によりその相手方に通知されている事項と同一の内容を求めるもの

（複数の者を対象とする行政指導）

第三十六条 同一の行政目的を実現するため一定の条件に該当する複数の者に対し行政指導をしようとするときは、行政機関は、あらかじめ、事案に応じ、行政指導指針を定め、かつ、行政上特別の支障がない限り、これを公表しなければならない。

（行政指導の中止等の求め）

第三十六条の二 法令に違反する行為の是正を求める行政指導（その根拠となる規定が法律に置かれているものに限る。）の相手方は、当該行政指導が当該法律に規定する要件に適合しないと思料するときは、当該行政指導をした行政機関に対し、その旨を申し出て、当該行政指導の中止その他必要な措置をとることを求めることができる。ただし、当該行政指導がその相手方について弁明その他意見陳述のための手続を経てされたものであるときは、この限りでない。

2 前項の申出は、次に掲げる事項を記載した申出書を提出してしなければならない。

一 申出をする者の氏名又は名称及び住所又は居所

二 当該行政指導の内容

三 当該行政指導がその根拠とする法律の条項

四 前号の条項に規定する要件

五 当該行政指導が前号の要件に適合しないと思料する理由

六　その他参考となる事項

3　当該行政機関は、第一項の規定による申出があったときは、必要な調査を行い、当該行政指導が当該法律に規定する要件に適合しないと認めるときは、当該行政指導の中止その他必要な措置をとらなければならない。

第四章の二　処分等の求め

第三十六条の三　何人も、法令に違反する事実がある場合において、その是正のためにされるべき処分又は行政指導（その根拠となる規定が法律に置かれているものに限る。）がされていないと思料するときは、当該処分をする権限を有する行政庁又は当該行政指導をする権限を有する行政機関に対し、その旨を申し出て、当該処分又は行政指導をすることを求めることができる。

2　前項の申出は、次に掲げる事項を記載した申出書を提出してしなければならない。

一　申出をする者の氏名又は名称及び住所又は居所

二　法令に違反する事実の内容

三　当該処分又は行政指導の内容

四　当該処分又は行政指導の根拠となる法令の条項

五　当該処分又は行政指導がされるべきであると思料する理由

六　その他参考となる事項

3　当該行政庁又は行政機関は、第一項の規定による申出があったときは、必要な調査を行い、その結果に基づき必要があると認めるときは、当該処分又は行政指導をしなければならない。

第五章　届出

（届出）

第三十七条　届出が届出書の記載事項に不備がないこと、届出書に必要な書類が添付されていることその他の法令に定められた届出の形式上の要件に適合している場合は、当該届出が法令により当該届出の提出先とされている機関の事務所に到達したときに、当該届出をすべき手続上の義務が履行されたものとする。

第六章　意見公募手続等

（命令等を定める場合の一般原則）

第三十八条　命令等を定める機関（閣議の決定により命令等が定められる場合にあっては、当該命令等の立案をする各大臣。以下「命令等制定機関」という。）は、命令等を定めるに当たっては、当該命令等がこれを定める根拠となる法令の趣旨に適合するものとなるようにしなければならない。

2　命令等制定機関は、命令等を定めた後においても、当該命令等の規定の実施状況、社会経済情勢の変化等を勘案し、必要に応じ、当該命令等の内容について検討を加え、その適正を確保するよう努めなければならない。

（意見公募手続）

第三十九条　命令等制定機関は、命令等を定めようとする場合には、当該命令等の案（命令等で定めようとする内容を示すものをいう。以下同じ。）及びこれに関連する資料をあらかじめ公示し、意見（情報を含む。以下同じ。）の提出先及び意見の提出のための期間（以下「意見提出期間」という。）を定めて広く一般の意見を求めなければならない。

2　前項の規定により公示する命令等の案は、具体的かつ明確な内容のものであって、かつ、当該命令等の題名及び当該命令等を定める根拠となる法令の条項が明示されたものでなければならない。

3　第一項の規定により定める意見提出期間は、同項の公示の日から起算して三十日以上でなければならない。

4　次の各号のいずれかに該当するときは、第一項の規定は、適用しない。

一　公益上、緊急に命令等を定める必要があるため、第一項の規定による手続（以下「意見公募手続」という。）を実施することが困難であるとき。

二　納付すべき金銭について定める法律の制定又は改正により必要となる当該金銭の額の算定の基礎となるべき金額及び率並びに算定方法についての命令等その他当該法律の施行に関し必要な事項を定める命令等を定めようとするとき。

三　予算の定めるところにより金銭の給付決定を行うために必要となる当該金銭の額の算定の基礎となるべき金額及び率並びに算定方法その他の事項を定める命令等を定めようとするとき。

四　法律の規定により、内閣府設置法第四十九条第一項若しくは第二項若しくは国家行政組織法第三条第二項に規定する委員会又は内閣府設置法第三十七条若しくは第五十四条若しくは国家行政組織法第八条に規定する機関（以下「委員会等」という。）の議を経て定めることとされている命令等であって、相反する利害を有する者の間の利害の調整を目的として、法律又は政令の規定により、これらの者及び公益をそれぞれ代表する委員をもって組織される委員会等において審議を行うこととされているものとして政令で定める命令等を定めようとするとき。

五　他の行政機関が意見公募手続を実施して定めた命令等と実質的に同一の命令等を定めようとするとき。

六　法律の規定に基づき法令の規定の適用又は準用について必要な技術的読替えを定める命令等を定めようとすると

き。
七　命令等を定める根拠となる法令の規定の削除に伴い当然必要とされる当該命令等の廃止をしようとするとき。
八　他の法令の制定又は改廃に伴い当然必要とされる規定の整理その他の意見公募手続を家施することを要しない軽微な変更として政令で定めるものを内容とする命令等を定めようとするとき。

（意見公募手続の特例）
第四十条　命令等制定機関は、命令等を定めようとする場合において、三十日以上の意見提出期間を定めることができないやむを得ない理由があるときは、前条第三項の規定にかかわらず、三十日を下回る意見提出期間を定めることができる。この場合においては、当該命令等の案の公示の際その理由を明らかにしなければならない。
2　命令等制定機関は、委員会等の議を経て命令等を定めようとする場合（前条第四項第四号に該当する場合を除く。）において、当該委員会等が意見公募手続に準じた手続を実施したときは、同条第一項の規定にかかわらず、自ら意見公募手続を実施することを要しない。

（意見公募手続の周知等）
第四十一条　命令等制定機関は、意見公募手続を実施して命令等を定めるに当たっては、必要に応じ、当該意見公募手続の実施について周知するよう努めるとともに、当該意見公募手続の実施に関連する情報の提供に努めるものとする。

（提出意見の考慮）
第四十二条　命令等制定機関は、意見公募手続を実施して命令等を定める場合には、意見提出期間内に当該命令等制定機関に対し提出された当該命令等の案についての意見（以下「提出意見」という。）を十分に考慮しなければならない。

（結果の公示等）
第四十三条　命令等制定機関は、意見公募手続を実施して命令等を定めた場合には、当該命令等の公布（公布をしないものにあっては、公にする行為。第五項において同じ。）と同時期に、次に掲げる事項を公示しなければならない。
一　命令等の題名
二　命令等の案の公示の日
三　提出意見（提出意見がなかった場合にあっては、その旨）
四　提出意見を考慮した結果（意見公募手続を実施した命令等の案と定めた命令等との差異を含む。）及びその理由
2　命令等制定機関は、前項の規定にかかわらず、必要に応じ、同項第三号の提出意見に代えて、当該提出意見を整理又は要約したものを公示することができる。この場合においては、当該公示の後遅滞なく、当該提出意見を当該命令等制定機関の事務所における備付けその他の適当な方法により公示しなければならない。
3　命令等制定機関は、前二項の規定により提出意見を公示し

又は公にすることにより第三者の利益を害するおそれがあるとき、その他正当な理由があるときは、当該提出意見の全部又は一部を除くことができる。
4 命令等制定機関は、意見公募手続を実施したにもかかわらず命令等を定めないこととした場合には、その旨（別の命令等の案について改めて意見公募手続を実施しようとする場合にあっては、その旨を含む。）並びに第一項第一号及び第二号に掲げる事項を速やかに公示しなければならない。
5 命令等制定機関は、第三十九条第四項各号のいずれかに該当することにより意見公募手続を実施しないで命令等を定めた場合には、当該命令等の公布と同時期に、次に掲げる事項を公示しなければならない。ただし、第一号に掲げる事項のうち命令等の趣旨については、同項第一号から第四号までのいずれかに該当することにより意見公募手続を実施しなかった場合において、当該命令等自体から明らかでないときに限る。
一 命令等の題名及び趣旨
二 意見公募手続を実施しなかった旨及びその理由

（準用）
第四十四条 第四十二条の規定は第四十条第二項に該当することにより命令等制定機関が自ら意見公募手続を実施しないで命令等を定める場合について、前条第一項から第三項までの規定は第四十条第二項に該当することにより命令等制定機関が自ら意見公募手続を実施しないで命令等を定めた場合について、前条第四項の規定は第四十条第二項に該当することにより命令等制定機関が自ら意見公募手続を実施しないで命令等を定めないこととした場合について準用する。この場合において、第四十二条中「当該命令等制定機関」とあるのは「委員会等」と、前条第一項第二号中「命令等の案の公示の日」とあるのは「委員会等が命令等の案について公示に準じた手続を実施した日」と、同項第四号中「意見公募手続を実施した」とあるのは「委員会等が意見公募手続に準じた手続を実施した」と読み替えるものとする。

（公示の方法）
第四十五条 第三十九条第一項並びに第四十三条第一項（前条において読み替えて準用する場合を含む。）、第四項（前条において準用する場合を含む。）及び第五項の規定による公示は、電子情報処理組織を使用する方法その他の情報通信の技術を利用する方法により行うものとする。
2 前項の公示に関し必要な事項は、総務大臣が定める。

第七章 補則

（地方公共団体の措置）
第四十六条 地方公共団体は、第三条第三項において第二章から前章までの規定を適用しないこととされた処分、行政指導及び届出並びに命令等を定める行為に関する手続について、この法律の規定の趣旨にのっとり、行政運営における公正の確保と透明性の向上を図るため必要な措置を講ずるよう努めなければならない。

附　則

（施行期日）

1　この法律は、公布の日から起算して一年を超えない範囲内において政令で定める日〈編注・平成六年九月一九日政令三〇二号により、平成六年一〇月一日〉から施行する。

（経過措置）

2　この法律の施行前に第十五条第一項又は第三十条の規定による通知に相当する行為がされた場合においては、当該通知に相当する行為に係る不利益処分の手続に関しては、第三章の規定にかかわらず、なお従前の例による。

3　この法律の施行前に、届出その他政令で定める行為（以下「届出等」という。）がされた後一定期間内に限りすることができることとされている不利益処分に係る当該届出等がされた場合においては、当該不利益処分に係る手続に関しては、第三章の規定にかかわらず、なお従前の例による。

4　前二項に定めるもののほか、この法律の施行に関して必要な経過措置は、政令で定める。

行政手続法施行令（抄）

平成　六年　八月　五日政令二六五号
最終改正　平成三〇年　九月　七日政令二五三号

（申請に対する処分及び不利益処分に関する規定の適用が除外される法人）

第一条　行政手続法（以下「法」という。）第四条第二項第二号の政令で定める法人は、外国人技能実習機構、危険物保安技術協会、行政書士会、漁業共済組合連合会、軽自動車検査協会、健康保険組合、健康保険組合連合会、原子力損害賠償・廃炉等支援機構、広域的運営推進機関、広域臨海環境整備センター、港務局、小型船舶検査機構、国民健康保険組合、国民健康保険団体連合会、国民年金基金、国民年金基金連合会、国家公務員共済組合、国家公務員共済組合連合会、市街地再開発組合、自動車安全運転センター、司法書士会、社会保険労務士会、住宅街区整備組合、商工会連合会、水害予防組合、水害予防組合連合、税理士会、石炭鉱業年金基金、全国健康保険協会、全国市町村職員共済組合連合会、全国社会保険労務士会連合会、地方公務員共済組合、地方公務員共済組合連合会、地方公務員災害補償基金、地方住宅供給公社、地方道路公社、地方独立行政法人、中央職業能力開発協会、中央労働災害防止協会、中小企業団体中央会、土地開発公社、土地改良区、土地改良区連合、土地家屋調査士会、土地区画整理組合、都道府県職業能力開発協会、日本行政書士会連合会、日本銀行、日本下水道事業団、日本公認会計士協会、日本司法書士会連合会、日本商工会議所、日本税理士会連合会、日本赤十字社、日本土地家屋調査士会連合会、日本弁理士会、日本水先人会連合会、農業共済組合、農業共済組合連合会、農水産業協同組合貯金保険機構、防災街区整備事業組合、水先人会、預金保険機構及び労働災害防止協会とする。

（不利益処分をしようとする場合の手続を要しない処分）

第二条　法第十三条第二項第五号の政令で定める処分は、次に掲げる処分とする。

一　法令の規定により行政庁が交付する書類であって交付を受けた者の資格又は地位を証明するもの（以下この号において「証明書類」という。）について、法令の規定に従い既に交付した証明書類の記載事項の訂正（追加を含む。以下この号において同じ。）をするためにその提出を命ずる処分及び訂正に代えて新たな証明書類の交付をする場合に既に交付した証明書類の返納を命ずる処分

二　届出をする場合に提出することが義務付けられている書類について、法令の規定に従い、当該書類が法令に定められた要件に適合することとなるようにその訂正を命ずる処分

第三条　〈略〉

（意見公募手続を実施することを要しない命令等）

第四条　法第三十九条第四項第四号の政令で定める命令等は、次に掲げる命令等とする。

一　健康保険法（大正十一年法律第七十号）第七十条第一項（同法第八十五条第九項、第八十五条の二第五項、第八十六条第四項、第百十条第七項及び第百四十九条において準用する場合を含む。）及び第三項、第七十二条第一項（同法第八十五条第九項、第八十五条の二第五項、第八十六条第四項、第百十条第七項及び第百四十九条において準用する場合を含む。）並びに第九十二条第二項（指定訪問看護の取扱いに係る部分に限り、同法第百十一条第三項及び第百四十九条において準用する場合を含む。）の命令等

二　船員保険法（昭和十四年法律第七十三号）第五十四条第二項（同法第六十一条第七項、第六十二条第四項、第六十三条第四項及び第七十六条第六項において準用する場合を含む。）及び第六十五条第十項（同法第七十八条第三項において準用する場合を含む。）の命令等

三　労働基準法（昭和二十二年法律第四十九号）第三十二条の四第三項及び第三十八条の四第三項の命令等

〈編注〉本条第一項第三号は、次のように改正され、平成三一年四月一日から施行される。

三　労働基準法（昭和二十二年法律第四十九号）第三十二条の四第三項及び第三十八条の四第三項（同法第四十一条の二第三項において準用する場合を含む。）の命令等

四　労働者災害補償保険法（昭和二十二年法律第五十号）第七条第二項第二号及び第三号並びに第三項、第八条第二項、第八条の二第一項第二号（同号の厚生労働省令に係る部分に限る。）、第二項各号（同法第八条の三第二項において準用する場合を含む。）及び第三項（同法第八条の二第四項（同法第八条の三第二項において準用する場合を含む。）及び第八条の三第二項において準用する場合を含む。）、第八条の三第一項第二号（同号の厚生労働省令に係る部分に限り、同法第八条の四において準用する場合を含む。）、第十二条の二、第十二条の七、第十二条の八第三項第二号及び第四項、第十三条第三項（同法第二十二条第二項において準用する場合を含む。）、第十四条第二項（同法第二十二条の二第二項において準用する場合を含む。）、第十四条の二（同法第二十二条の二第二項において準用する場合を含む。）、第十五条第一項、第十五条の二（同法第二十二条の三第三項において準用する場合を含む。）、第十六条の二第

一項第四号（同法第二十二条の四第三項において準用する場合を含む。）、第十七条（同法第二十二条の五第二項において準用する場合を含む。）、第十八条の二（同法第二十三条第二項において準用する場合を含む。）、第十九条の二（同法第二十四条第二項において準用する場合を含む。）、第二十条、第二十二条第一項、第二十五条、第二十六条第一項及び第二項第一号、第二十七条、第二十八条、第二十九条第二項、第三十一条第一項から第三項まで、第三十三条第一号、第三号及び第五号から第七号まで、第三十四条第一項第三号（同法第三十六条第一項第二号において準用する場合を含む。）、第三十五条第二項、第三十七条、第四十六条、第四十七条、第四十九条第一項、第五十条、第五十八条第一項、第五十九条第二項及び第三項（同法第六十二条第三項において準用する場合を含む。）、第六十条第二項、第三項（同法第六十三条第三項において準用する場合を含む。）及び第四項（同法第六十三条第三項において準用する場合を含む。）、第六十一条第一項、第六十四条第二項並びに別表第一各号（同法第二十二条の三第三項、第二十二条の四第三項及び第二十三条第二項において準用する場合を含む。）の命令等

五　国民健康保険法（昭和三十三年法律第百九十二号）第四十条第二項（同法第五十二条第六項、第五十二条の二第三項、第五十三条第三項及び第五十四条の三第二項において準用する場合を含む。）及び第五十四条の二第十項（同法第五十四条の三第二項において準用する場合を含む。）の命令等

六　労働保険の保険料の徴収等に関する法律（昭和四十四年法律第八十四号）第二条第二項、第四条の二、第七条第三号及び第五号、第八条第一項、第九条、第十一条第三項、第十二条第二項、第三項及び第五項、第十二条の二、第十三条、第十四条第一項、第十四条の二第一項、第十五条第一項及び第二項、第十六条（同法附則第五条において準用する場合を含む。）、第十七条第二項（同法第二十条第四項及び第二十一条第三項において準用する場合を含む。）、第十八条、第十九条第一項、第二項、第五項及び第六項、第二十条第一項（同条第二項において準用する場合を含む。）及び第三項、第二十一条の二、第二十二条第五項（同項の第一級保険料日額、第二級保険料日額及び第三級保険料日額の変更に係る部分に限る。）、第三十三条第一項、第三十六条、第三十九条、第四十二条並びに第四十五条の二の命令等

七　高年齢者等の雇用の安定等に関する法律（昭和四十六年法律第六十八号）第二十二条第四号、第二十四条第一項第三号及び第二十五条第一項（同項の計画に係る部分に限る。）の命令等

八　雇用の分野における男女の均等な機会及び待遇の確保等

に関する法律（昭和四十七年法律第百十三号）第十条第一項、第十一条第二項、第十一条の二第二項及び第十三条第二項の命令等

九　雇用保険法（昭和四十九年法律第百十六号）第十条の四第一項、第十三条第一項及び第三項、第十八条第三項、第二十条第一項（同項の厚生労働省令で定める理由に係る部分に限る。）及び第二項（同項の厚生労働省令で定める理由に係る部分に限る。）、第二十二条第二項、第二十四条の二第一項（同項第二号の厚生労働大臣が指定する地域に係る部分を除く。）、第二十五条第一項（同項の政令で定める基準に係る部分に限る。）及び第三項、第二十六条第二項、第二十七条第一項（同項の政令で定める基準に係る部分に限る。）及び第二項、第二十九条第二項、第三十二条第三項（同法第三十七条の四第六項及び第四十条第四項において準用する場合を含む。）、第三十三条第二項（同法第三十七条の四第六項及び第四十条第四項において準用する場合を含む。）、第三十七条の三第一項、第三十八条第一項第二号、第三十九条第一項、第五十二条第二項（同法第五十五条第四項において準用する場合を含む。）、第五十六条の三第一項（同項の厚生労働省令で定める基準に係る部分及び同項第二号の就職が困難な者として厚生労働省令で定めるものに係る部分に限る。）、第六十一条の四第一項（同項の厚生労働省令で定める理由に係る部分に限る。）並びに第六十一条の六第一項（同項の厚生労働省令で定める理由に係る部分に限る。）の命令等並びに同法の施行に関する重要事項に係る命令等

十　高齢者の医療の確保に関する法律（昭和五十七年法律第八十号）第七十一条第一項（同項の療養の給付の取扱い及び担当に関する基準に係る部分に限る。）、第七十四条第四項、第七十五条第四項、第七十六条第三項及び第七十九条第一項（指定訪問看護の取扱いに係る部分に限る。）の命令等

十一　労働者派遣事業の適正な運営の確保及び派遣労働者の保護等に関する法律（昭和六十年法律第八十八号）第四条第一項第三号、第三十五条の四第一項並びに第四十条の二第一項第二号、第四号及び第五号の命令等

十二　育児休業、介護休業等育児又は家族介護を行う労働者の福祉に関する法律（平成三年法律第七十六号）第二条第一号及び第三号から第五号まで、第五条第二項、第三項第二号及び第四項第二号、第六条第一項第二号（同法第十二条第二項、第十六条の三第二項及び第十六条の六第二項において準用する場合を含む。）及び第三項、第七条第二項及び第三項（同法第十三条において準用する場合を含む。）、第八条第二項及び第三項（同法第十四条第三項において準用する場合を含む。）、第九条第二項第一号、第十二条第三項、第十五条第三項第一号、第十六条の二第一項及び第二

項、第十六条の五第一項及び第二項、第十六条の八第一項第二号（同法第十六条の九第一項において準用する場合を含む。）、第三項（同法第十六条の九第一項において準用する場合を含む。）及び第四項第二号（同法第十六条の九第一項において準用する場合を含む。）、第十七条第一項第三号（同法第十八条第一項において準用する場合を含む。）、第三項（同法第十八条第一項において準用する場合を含む。）及び第四項第一号（同法第十八条第一項において準用する場合を含む。）、第十九条第一項第二号（同法第二十条第一項において準用する場合を含む。）及び第三号（同法第二十条第一項において準用する場合を含む。）、第三項（同法第二十条第一項において準用する場合を含む。）並びに第四項第一号（同法第二十条第一項において準用する場合を含む。）、第二十三条第一項から第三項まで、第二十五条並びに第二十八条の命令等並びに同法の施行に関する重要事項に係る命令等

十三　短時間労働者の雇用管理の改善等に関する法律（平成五年法律第七十六号）第十五条第一項の命令等

2　法第三十九条第四項第八号の政令で定める軽微な変更は、次に掲げるものとする。

一　他の法令の制定又は改廃に伴い当然必要とされる規定の整理

二　前号に掲げるもののほか、用語の整理、条、項又は号の繰上げ又は繰下げその他の形式的な変更

附　則

（施行期日）

第一条　この政令は、法の施行の日〈編注・平成六年一〇月一日〉から施行する。

（雇用保険法に係る意見公募手続を実施することを要しない命令等に関する特例）

第二条　雇用保険法附則第四条第二項の規定の適用がある場合における第四条第一項第九号の規定の適用については、同号中「の命令等」とあるのは、「並びに附則第四条第一項の命令等」とする。

2　雇用保険法附則第五条第四項の規定の適用がある場合における第四条第一項第九号の規定の適用については、同号中「の命令等」とあるのは、「並びに附則第五条第一項（同項の厚生労働大臣が指定する地域に係る部分を除く。）の命令等」とする。

3　雇用保険法附則第十条第二項の規定の適用がある場合における第四条第一項第九号の規定の適用については、同号中「の命令等」とあるのは、「並びに附則第十条第一項の規定により読み替えて適用する同法第五十七条第二項（同項の厚生労働省令で定める者に係る部分に限る。）の命令等」とする。

4　雇用保険法附則第十一条の二第一項の規定の適用がある場合における第四条第一項第九号の規定の適用については、同

号中「の命令等」とあるのは、「並びに附則第十一条の二第一項（同項の厚生労働省令で定める者に係る部分に限る。）の命令等」とする。

附　則（平成三〇年五月三〇日政令一七五号）（抄）

（施行期日）

1　この政令は、医療法等の一部を改正する法律の施行の日（平成三十年六月一日）から施行する。

附　則（平成三〇年九月七日政令二五三号）

この政令は、平成三十一年四月一日から施行する。

厚生労働省聴聞手続規則

平成一二年一〇月一六日　厚生省 労働省 令　二号

最終改正　平成二三年　四月　一日厚生労働省令五八号

（趣旨）

第一条　厚生労働大臣、職業安定局長、国立障害者リハビリテーションセンターの長、地方厚生局長、地方厚生支局長、都道府県労働局長、労働基準監督署長、労働基準監督官又は公共職業安定所長（以下「行政庁」という。）が行う不利益処分に係る聴聞の手続については、他の法令に特別の定めがある場合を除くほか、この省令の定めるところによる。

（用語）

第二条　この省令において使用する用語は、行政手続法（以下「法」という。）において使用する用語の例による。

（参考人）

第三条　主宰者は、必要があると認めるときは、行政庁の職員、学識経験のある者その他の参考人に対し、聴聞に関する手続に参加することを求めることができる。

（聴聞の期日又は場所の変更）

第四条　行政庁が法第十五条第一項の通知をした場合（同条第三項の規定により通知をした場合を含む。）において、当事者は、やむを得ない理由がある場合には、行政庁に対し、聴聞の期日又は場所の変更を申し出ることができる。

2　行政庁は、前項の申出により、又は職権により、聴聞の期日又は場所を変更することができる。

3　行政庁は、前項の規定により聴聞の期日又は場所を変更したときは、速やかに、その旨を当事者、参加人（その時までに法第十七条第一項の求めを受諾し、又は同項の許可を受けている者に限る。）及び参考人に通知しなければならない。

（関係人の参加の許可）

第五条　法第十七条第一項の規定による許可の申請については、関係人は、聴聞の期日の十四日前までに、その氏名及び住所並びに当該聴聞に係る不利益処分につき利害関係を有することの疎明を記載した書面を主宰者に提出してこれを行うものとする。

2　主宰者は、その参加を許可したときは、速やかに、その旨を当該関係人に通知しなければならない。

（文書等の閲覧）

第六条　法第十八条第一項の規定による閲覧の求めについては、当事者又は当該不利益処分がされた場合に自己の利益が害されることとなる参加人（以下この条において「当事者等」という。）は、その氏名及び住所並びに閲覧をしようとする資料の標目を記載した書面を行政庁に提出してこれを行うものとする。ただし、聴聞の期日における審理の進行に応じて必要となった場合の閲覧については、口頭で求めれば足りる。

2　行政庁は、閲覧を許可したときは、その場で閲覧させる場合を除き、速やかに、閲覧の日時及び場所を当該当事者等に通知しなければならない。この場合において、行政庁は、聴聞の審理における当事者等の意見陳述の準備を妨げることがないよう配慮するものとする。

3　行政庁は、聴聞の期日における審理の進行に応じて必要となった資料の閲覧の請求があった場合に、当該審理において閲覧させることができないとき（法第十八条第一項後段の規定による拒否の場合を除く。）は、閲覧の日時及び場所を指定し、当該当事者等に通知しなければならない。この場合において、主宰者は、法第二十二条第一項の規定に基づき、当該閲覧の日時以降の日を新たな聴聞の期日として定めるものとする。

（主宰者の指名）

第七条　法第十九条第一項の規定による主宰者の指名は、聴聞の通知の時までに行うものとする。

2　主宰者が法第十九条第二項各号のいずれかに該当するに至ったときは、行政庁は、速やかに、新たな主宰者を指名しなければならない。

（補佐人の出頭の許可）

第八条　法第二十条第三項の規定による許可の申請については、当事者又は参加人は、聴聞の期日の七日前までに、補佐人の氏名、住所、当事者又は参加人との関係及び補佐する事項を記載した書面を主宰者に提出してこれを行うものとする。ただし、法第二十二条第二項（法第二十五条後段において準用する場合を含む。）の規定により通知され、又は告知された聴聞の期日に出頭させようとする補佐人であって既に受けた許可に係る事項につき補佐するものについては、この限りでない。

2　主宰者は、補佐人の出頭を許可したときは、速やかに、その旨を当該当事者又は参加人に通知しなければならない。

3　補佐人の陳述は、当該当事者又は参加人が直ちに取り消さないときは、自ら陳述したものとみなす。

（聴聞の期日における陳述等の制限及び秩序の維持）

第九条　主宰者は、聴聞の期日に出頭した者が当該事案の範囲を超えて陳述するときその他議事を整理するためにやむを得ないと認めるときは、その者に対し、その陳述又は証拠書類等の提出を制限することができる。

2　主宰者は、前項に規定する場合のほか、聴聞の審理の秩序を維持するため、聴聞の審理を妨害し、又はその秩序を乱す者に対し退場を命ずる等適当な措置をとることができる。

（聴聞の期日における審理の公開）

第十条　行政庁は、法第二十条第六項の規定により聴聞の期日における審理の公開を相当と認めたときは、聴聞の期日及び場所を公示するものとする。この場合において、行政庁は、当事者、参加人（その時までに法第十七条第一項の求めを受諾し、又は同項の許可を受けている者に限る。）及び参考人に対し、速やかに、その旨を通知するものとする。

（陳述書の提出の方法）

第十一条　法第二十一条第一項の規定による陳述書の提出は、提出する者の氏名及び住所、聴聞の件名、当該聴聞に係る不利益処分の原因となる事実並びに当該事案の内容についての意見を記載した書面により行うものとする。

（聴聞調書及び報告書の記載事項）

第十二条　聴聞調書には、次に掲げる事項（聴聞の期日における審理が行われなかった場合においては、第四号に掲げる事項を除く。）を記載し、主宰者がこれに記名押印しなければならない。

一　聴聞の件名
二　聴聞の期日及び場所
三　主宰者の氏名及び職名
四　聴聞の期日に出頭した当事者及び参加人又はこれらの者の代理人若しくは補佐人（以下この条において「当事者等」という。）並びに参考人（行政庁の職員であるものを除く。）の氏名及び住所並びに行政庁の職員の氏名及び職名
五　聴聞の期日に出頭しなかった当事者等の氏名及び住所並びに当該当事者等のうち当事者及びその代理人については、出頭しなかったことについての正当な理由の有無
六　当事者等、行政庁の職員及び参考人の陳述（提出された陳述書における意見の陳述を含む。）の要旨
七　証拠書類等が提出されたときは、その標目
八　その他参考となるべき事項

2　聴聞調書には、書面、図面、写真その他主宰者が適当と認めるものを添付して調書の一部とすることができる。

3　報告書には、次に掲げる事項を記載し、主宰者がこれに記名押印しなければならない。

一　意見
二　不利益処分の原因となる事実に対する当事者等の主張
三　理由

（聴聞調書及び報告書の閲覧）

第十三条　法第二十四条第四項の規定による閲覧の求めについては、当事者又は参加人は、その氏名及び住所並びに閲覧をしようとする聴聞調書又は報告書の件名を記載した書面を、聴聞の終結前にあっては聴聞の主宰者に、聴聞の終結後に

あっては行政庁に提出してこれを行うものとする。

2　主宰者又は行政庁は、閲覧を許可したときは、その場で閲覧させる場合を除き、速やかに、閲覧の日時及び場所を当該当事者又は参加人に通知しなければならない。

附　則

この省令は、内閣法の一部を改正する法律（平成十一年法律第八十八号）の施行の日（平成十三年一月六日）から施行する。

附　則（平成二二年四月一日厚生労働省令五八号）

（施行期日）

第一条　この省令は、公布の日から施行する。

行政不服審査法

平成二六年　六月一三日法律　六八号
最終改正　平成二九年　三月三一日法律　四号

目次

第一章　総則（第一条―第八条）
第二章　審査請求
第一節　審査庁及び審理関係人（第九条―第十七条）
第二節　審査請求の手続（第十八条―第二十七条）
第三節　審理手続（第二十八条―第四十二条）
第四節　行政不服審査会等への諮問（第四十三条）
第五節　裁決（第四十四条―第五十三条）
第三章　再調査の請求（第五十四条―第六十一条）
第四章　再審査請求（第六十二条―第六十六条）
第五章　行政不服審査会等
第一節　行政不服審査会
第一款　設置及び組織（第六十七条―第七十三条）
第二款　審査会の調査審議の手続（第七十四条―第七十九条）
第三款　雑則（第八十条）
第二節　地方公共団体に置かれる機関（第八十一条）
第六章　補則（第八十二条―第八十七条）
附則

第一章　総則

（目的等）

第一条　この法律は、行政庁の違法又は不当な処分その他公権力の行使に当たる行為に関し、国民が簡易迅速かつ公正な手続の下で広く行政庁に対する不服申立てをすることができるための制度を定めることにより、国民の権利利益の救済を図るとともに、行政の適正な運営を確保することを目的とする。

2　行政庁の処分その他公権力の行使に当たる行為（以下単に「処分」という。）に関する不服申立てについては、他の法律に特別の定めがある場合を除くほか、この法律の定めるところによる。

（処分についての審査請求）

第二条　行政庁の処分に不服がある者は、第四条及び第五条第二項の定めるところにより、審査請求をすることができる。

（不作為についての審査請求）

第三条　法令に基づき行政庁に対して処分についての申請をした者は、当該申請から相当の期間が経過したにもかかわらず、行政庁の不作為（法令に基づく申請に対して何らの処分をもしないことをいう。以下同じ。）がある場合には、次条の定めるところにより、当該不作為についての審査請求をすることができる。

（審査請求をすべき行政庁）

第四条　審査請求は、法律（条例に基づく処分については、条例）に特別の定めがある場合を除くほか、次の各号に掲げる場合の区分に応じ、当該各号に定める行政庁に対してするものとする。

一　処分庁等（処分をした行政庁（以下「処分庁」という。）又は不作為に係る行政庁（以下「不作為庁」という。）をいう。以下同じ。）に上級行政庁がない場合又は処分庁等が主任の大臣若しくは宮内庁長官若しくは内閣府設置法（平成十一年法律第八十九号）第四十九条第一項若しくは第二項若しくは国家行政組織法（昭和二十三年法律第百二十号）第三条第二項に規定する庁の長である場合　当該処分庁等

二　宮内庁長官又は内閣府設置法第四十九条第一項若しくは第二項若しくは国家行政組織法第三条第二項に規定する庁の長が処分庁等の上級行政庁である場合　宮内庁長官又は当該庁の長

三　主任の大臣が処分庁等の上級行政庁である場合（前二号に掲げる場合を除く。）　当該主任の大臣

四　前三号に掲げる場合以外の場合　当該処分庁等の最上級行政庁

（再調査の請求）

第五条　行政庁の処分につき処分庁以外の行政庁に対して審査請求をすることができる場合において、法律に再調査の請求をすることができる旨の定めがあるときは、当該処分に不服がある者は、処分庁に対して再調査の請求をすることができる。ただし、当該処分について第二条の規定により審査請求をしたときは、この限りでない。

2　前項本文の規定により再調査の請求をしたときは、当該再調査の請求についての決定を経た後でなければ、審査請求をすることができない。ただし、次の各号のいずれかに該当する場合は、この限りでない。

一　当該処分につき再調査の請求をした日（第六十一条において読み替えて準用する第二十三条の規定により不備を補正すべきことを命じられた場合にあっては、当該不備を補正した日）の翌日から起算して三月を経過しても、処分庁が当該再調査の請求につき決定をしない場合

二　その他再調査の請求についての決定を経ないことにつき正当な理由がある場合

（再審査請求）

第六条　行政庁の処分につき法律に再審査請求をすることがで

きる旨の定めがある場合には、当該処分についての審査請求の裁決に不服がある者は、再審査請求をすることができる。

2　再審査請求は、原裁決（再審査請求をすることができる処分についての審査請求の裁決をいう。以下同じ。）又は当該処分（以下「原裁決等」という。）を対象として、前項の法律に定める行政庁に対してするものとする。

（適用除外）

第七条　次に掲げる処分及びその不作為については、第二条及び第三条の規定は、適用しない。

一　国会の両院若しくは一院又は議会の議決によってされる処分

二　裁判所若しくは裁判官の裁判により、又は裁判の執行としてされる処分

三　国会の両院若しくは一院若しくは議会の議決を経て、又はこれらの同意若しくは承認を得た上でされるべきものとされている処分

四　検査官会議で決すべきものとされている処分

五　当事者間の法律関係を確認し、又は形成する処分で、法令の規定により当該処分に関する訴えにおいてその法律関係の当事者の一方を被告とすべきものと定められているもの

六　刑事事件に関する法令に基づいて検察官、検察事務官又は司法警察職員がする処分

七　国税又は地方税の犯則事件に関する法令（他の法令において準用する場合を含む。）に基づいて国税庁長官、国税局長、税務署長、国税庁、国税局若しくは税務署の当該職員、税関長、税関職員又は徴税吏員（他の法令の規定に基づいてこれらの職員の職務を行う者を含む。）がする処分及び金融商品取引の犯則事件に関する法令（他の法令において準用する場合を含む。）に基づいて証券取引等監視委員会その職員（当該法令においてその職員とみなされる者を含む。）、財務局長又は財務支局長がする処分

八　学校、講習所、訓練所又は研修所において、教育、講習、訓練又は研修の目的を達成するために、学生、生徒、児童若しくは幼児若しくはこれらの保護者、講習生、訓練生又は研修生に対してされる処分

九　刑務所、少年刑務所、拘置所、留置施設、海上保安留置施設、少年院、少年鑑別所又は婦人補導院において、収容の目的を達成するためにされる処分

十　外国人の出入国又は帰化に関する処分

十一　専ら人の学識技能に関する試験又は検定の結果についての処分

十二　この法律に基づく処分（第五章第一節第一款の規定に基づく処分を除く。）

2　国の機関又は地方公共団体その他の公共団体若しくはその機関に対する処分で、これらの機関又は団体がその固有の資

格において当該処分の相手方となるもの及びその不作為については、この法律の規定は、適用しない。

（特別の不服申立ての制度）

第八条　前条の規定は、同条の規定により審査請求をすることができない処分又は不作為につき、別に法令で当該処分又は不作為の性質に応じた不服申立ての制度を設けることを妨げない。

第二章　審査請求

第一節　審査庁及び審理関係人

（審理員）

第九条　第四条又は他の法律若しくは条例の規定により審査請求がされた行政庁（第十四条の規定により引継ぎを受けた行政庁を含む。以下「審査庁」という。）は、審査庁に所属する職員（第十七条に規定する名簿を作成した場合にあっては、当該名簿に記載されている者）のうちから第三節に規定する審理手続（この節に規定する手続を含む。）を行う者を指名するとともに、その旨を審査請求人及び処分庁等（審査庁以外の処分庁等に限る。）に通知しなければならない。ただし、次の各号のいずれかに掲げる機関が審査庁である場合若しくは条例に基づく処分について条例に特別の定めがある場合又は第二十四条の規定により当該審査請求を却下する場合は、この限りでない。

一　内閣府設置法第四十九条第一項若しくは第二項又は国家行政組織法第三条第二項に規定する委員会

二　内閣府設置法第三十七条若しくは第五十四条又は国家行政組織法第八条に規定する機関

三　地方自治法（昭和二十二年法律第六十七号）第百三十八条の四第一項に規定する委員会若しくは委員又は同条第三項に規定する機関

2　審査庁が前項の規定により指名する者は、次に掲げる者以外の者でなければならない。

一　審査請求に係る処分若しくは当該処分に係る再調査の請求についての決定に関与した者又は審査請求に係る不作為に係る処分に関与し、若しくは関与することとなる者

二　審査請求人

三　審査請求人の配偶者、四親等内の親族又は同居の親族

四　審査請求人の代理人

五　前二号に掲げる者であった者

六　審査請求人の後見人、後見監督人、保佐人、保佐監督人、補助人又は補助監督人

七　第十三条第一項に規定する利害関係人

3　審査庁が第一項各号に掲げる機関である場合又は同項ただし書の特別の定めがある場合においては、別表第一の上欄に掲げる規定の適用については、これらの規定中同表の中欄に

掲げる字句は、それぞれ同表の下欄に掲げる字句に読み替えるものとし、第十七条、第四十条、第四十二条及び第五十条第二項の規定は、適用しない。

4　前項に規定する場合において、審査庁は、必要があると認めるときは、その職員（第二項各号（第一項各号に掲げる機関の構成員にあっては、第一号を除く。）に掲げる者以外の者に限る。）に、前項において読み替えて適用する第三十一条第一項の規定による審査請求人若しくは第十三条第四項に規定する参加人の意見の陳述を聴かせ、前項において読み替えて適用する第三十四条の規定による参考人の陳述を聴かせ、同項において読み替えて適用する第三十五条第一項の規定による検証をさせ、前項において読み替えて適用する第三十六条の規定による第二十八条に規定する審理関係人に対する質問をさせ、又は同項において読み替えて適用する第三十七条第一項若しくは第二項の規定による意見の聴取を行わせることができる。

（法人でない社団又は財団の審査請求）

第十条　法人でない社団又は財団で代表者又は管理人の定めがあるものは、その名で審査請求をすることができる。

（総代）

第十一条　多数人が共同して審査請求をしようとするときは、三人を超えない総代を互選することができる。

2　共同審査請求人が総代を互選しない場合において、必要があると認めるときは、第九条第一項の規定により指名された者（以下「審理員」という。）は、総代の互選を命ずることができる。

3　総代は、各自、他の共同審査請求人のために、審査請求の取下げを除き、当該審査請求に関する一切の行為をすることができる。

4　総代が選任されたときは、共同審査請求人は、総代を通じてのみ、前項の行為をすることができる。

5　共同審査請求人に対する行政庁の通知その他の行為は、二人以上の総代が選任されている場合においても、一人の総代に対してすれば足りる。

6　共同審査請求人は、必要があると認める場合には、総代を解任することができる。

（代理人による審査請求）

第十二条　審査請求は、代理人によってすることができる。

2　前項の代理人は、各自、審査請求人のために、当該審査請求に関する一切の行為をすることができる。ただし、審査請求の取下げは、特別の委任を受けた場合に限り、することができる。

（参加人）

第十三条　利害関係人（審査請求人以外の者であって審査請求に係る処分又は不作為に係る処分の根拠となる法令に照らし当該処分につき利害関係を有するものと認められる者をい

う。以下同じ。）は、審理員の許可を得て、当該審査請求に参加することができる。

2 審理員は、必要があると認める場合には、利害関係人に対し、当該審査請求に参加することを求めることができる。

3 審査請求への参加は、代理人によってすることができる。

4 前項の代理人は、各自、第一項又は第二項の規定により当該審査請求に参加する者（以下「参加人」という。）のために、当該審査請求への参加に関する一切の行為をすることができる。ただし、審査請求への参加の取下げは、特別の委任を受けた場合に限り、することができる。

（行政庁が裁決をする権限を有しなくなった場合の措置）

第十四条 行政庁が審査請求がされた後法令の改廃により当該審査請求につき裁決をする権限を有しなくなったときは、当該行政庁は、第十九条に規定する審査請求書又は第二十一条第二項に規定する審査請求録取書及び関係書類その他の物件を新たに当該審査請求につき裁決をする権限を有することとなった行政庁に引き継がなければならない。この場合において、その引継ぎを受けた行政庁は、速やかに、その旨を審査請求人及び参加人に通知しなければならない。

（審理手続の承継）

第十五条 審査請求人が死亡したときは、相続人その他法令により審査請求の目的である処分に係る権利を承継した者は、審査請求人の地位を承継する。

2 審査請求人について合併又は分割（審査請求の目的である処分に係る権利を承継させるものに限る。）があったときは、合併後存続する法人その他の社団若しくは財団若しくは合併により設立された法人その他の社団若しくは財団又は分割により当該権利を承継した法人は、審査請求人の地位を承継する。

3 前二項の場合には、審査請求人の地位を承継した相続人その他の者又は法人その他の社団若しくは財団は、書面でその旨を審査庁に届け出なければならない。この場合には、届出書には、死亡若しくは分割による権利の承継又は合併の事実を証する書面を添付しなければならない。

4 第一項又は第二項の場合において、前項の規定による届出がされるまでの間において、死亡者又は合併前の法人その他の社団若しくは財団若しくは分割をした法人に宛ててされた通知が審査請求人の地位を承継した相続人その他の者又は合併後の法人その他の社団若しくは財団若しくは分割により審査請求人の地位を承継した法人に到達したときは、当該通知は、これらの者に対する通知としての効力を有する。

5 第一項の場合において、審査請求人の地位を承継した相続人その他の者が二人以上あるときは、その一人に対する通知その他の行為は、全員に対してされたものとみなす。

6 審査請求の目的である処分に係る権利を譲り受けた者は、審査庁の許可を得て、審査請求人の地位を承継することができる。

（標準審理期間）

第十六条　第四条又は他の法律若しくは条例の規定により審査庁となるべき行政庁（以下「審査庁となるべき行政庁」という。）は、審査請求がその事務所に到達してから当該審査請求に対する裁決をするまでに通常要すべき標準的な期間を定めるよう努めるとともに、これを定めたときは、当該審査庁となるべき行政庁及び関係処分庁（当該審査請求の対象となるべき処分の権限を有する行政庁であって当該審査庁となるべき行政庁以外のものをいう。次条において同じ。）の事務所における備付けその他の適当な方法により公にしておかなければならない。

（審理員となるべき者の名簿）

第十七条　審査庁となるべき行政庁は、審理員となるべき者の名簿を作成するよう努めるとともに、これを作成したときは、当該審査庁となるべき行政庁及び関係処分庁の事務所における備付けその他の適当な方法により公にしておかなければならない。

第二節　審査請求の手続

（審査請求期間）

第十八条　処分についての審査請求は、処分があったことを知った日の翌日から起算して三月（当該処分について再調査の請求をしたときは、当該再調査の請求についての決定があったことを知った日の翌日から起算して一月）を経過したときは、することができない。ただし、正当な理由があるときは、この限りでない。

2　処分についての審査請求は、処分（当該処分について再調査の請求をしたときは、当該再調査の請求についての決定）があった日の翌日から起算して一年を経過したときは、することができない。ただし、正当な理由があるときは、この限りでない。

3　次条に規定する審査請求書を郵便又は民間事業者による信書の送達に関する法律（平成十四年法律第九十九号）第二条第六項に規定する一般信書便事業者若しくは同条第九項に規定する特定信書便事業者による同条第二項に規定する信書便で提出した場合における前二項に規定する期間（以下「審査請求期間」という。）の計算については、送付に要した日数は、算入しない。

（審査請求書の提出）

第十九条　審査請求は、他の法律（条例に基づく処分については、条例）に口頭ですることができる旨の定めがある場合を除き、政令で定めるところにより、審査請求書を提出してしなければならない。

2　処分についての審査請求書には、次に掲げる事項を記載しなければならない。

一　審査請求人の氏名又は名称及び住所又は居所
二　審査請求に係る処分の内容
三　審査請求に係る処分（当該処分について再調査の請求についての決定を経たときは、当該決定）があったことを知った年月日
四　審査請求の趣旨及び理由
五　処分庁の教示の有無及びその内容
六　審査請求の年月日

3　不作為についての審査請求書には、次に掲げる事項を記載しなければならない。
一　審査請求人の氏名又は名称及び住所又は居所
二　当該不作為に係る処分についての申請の内容及び年月日
三　審査請求の年月日

4　審査請求人が、法人その他の社団若しくは財団である場合、総代を互選した場合又は代理人によって審査請求をする場合には、審査請求書には、第二項各号又は前項各号に掲げる事項のほか、その代表者若しくは管理人、総代又は代理人の氏名及び住所又は居所を記載しなければならない。

5　処分についての審査請求書には、第二項及び前項に規定する事項のほか、次の各号に掲げる場合においては、当該各号に定める事項を記載しなければならない。
一　第五条第二項第一号の規定により再調査の請求について の決定を経ないで審査請求をする場合　再調査の請求をした年月日
二　第五条第二項第二号の規定により再調査の請求について の決定を経ないで審査請求をする場合　その決定を経ないことについての正当な理由
三　審査請求期間の経過後において審査請求をする場合　前条第一項ただし書又は第二項ただし書に規定する正当な理由

（口頭による審査請求）
第二十条　口頭で審査請求をする場合には、前条第二項から第五項までに規定する事項を陳述しなければならない。この場合において、陳述を受けた行政庁は、その陳述の内容を録取し、これを陳述人に読み聞かせて誤りのないことを確認し、陳述人に押印させなければならない。

（処分庁等を経由する審査請求）
第二十一条　審査請求をすべき行政庁が処分庁等と異なる場合における審査請求は、処分庁等を経由してすることができる。この場合において、審査請求人は、処分庁等に審査請求書を提出し、又は処分庁等に対し第十九条第二項から第五項までに規定する事項を陳述するものとする。

2　前項の場合には、処分庁等は、直ちに、審査請求書又は審査請求録取書（前条後段の規定により陳述の内容を録取した書面をいう。第二十九条第一項及び第五十五条において同じ。）を審査庁となるべき行政庁に送付しなければならない。

3　第一項の場合における審査請求期間の計算については、処分庁に審査請求書を提出し、又は処分庁に対し当該事項を陳述した時に、処分についての審査請求があったものとみなす。

（誤った教示をした場合の救済）

第二十二条　審査請求をすることができる処分につき、処分庁が誤って審査請求をすべき行政庁でない行政庁を審査請求をすべき行政庁として教示した場合において、その教示された行政庁に書面で審査請求がされたときは、当該行政庁は、速やかに、審査請求書を処分庁又は審査庁となるべき行政庁に送付し、かつ、その旨を審査請求人に通知しなければならない。

2　前項の規定により処分庁に審査請求書が送付されたときは、処分庁は、速やかに、これを審査庁となるべき行政庁に送付し、かつ、その旨を審査請求人に通知しなければならない。

3　第一項の処分のうち、再調査の請求をすることができない処分につき、処分庁が誤って再調査の請求をすることができる旨を教示した場合において、当該処分庁に再調査の請求がされたときは、処分庁は、速やかに、再調査の請求書（第六十一条において読み替えて準用する第十九条に規定する再調査の請求書をいう。以下この条において同じ。）又は再調査の請求録取書（第六十一条において準用する第二十条後段の規定により陳述の内容を録取した書面をいう。以下この条において同じ。）を審査庁となるべき行政庁に送付し、かつ、その旨を再調査の請求人に通知しなければならない。

4　再調査の請求をすることができる処分につき、処分庁が誤って審査請求をすることができる旨を教示しなかった場合において、当該処分庁に再調査の請求がされた場合であって、再調査の請求人から申立てがあったときは、処分庁は、速やかに、再調査の請求書又は再調査の請求録取書及び関係書類その他の物件を審査庁となるべき行政庁に送付しなければならない。この場合において、その送付を受けた行政庁は、速やかに、その旨を再調査の請求人及び第六十一条において読み替えて準用する第十三条第一項又は第二項の規定により当該再調査の請求に参加する者に通知しなければならない。

5　前各項の規定により審査請求書又は再調査の請求書若しくは再調査の請求録取書が審査庁となるべき行政庁に送付されたときは、初めから審査庁となるべき行政庁に審査請求がされたものとみなす。

（審査請求書の補正）

第二十三条　審査請求書が第十九条の規定に違反する場合には、審査庁は、相当の期間を定め、その期間内に不備を補正すべきことを命じなければならない。

（審理手続を経ないでする却下裁決）

第二十四条　前条の場合において、審査請求人が同条の期間内に不備を補正しないときは、審査庁は、次節に規定する審理手続を経ないで、第四十五条第一項又は第四十九条第一項の規定に基づき、裁決で、当該審査請求を却下することができる。

2　審査請求が不適法であって補正することができないことが明らかなときも、前項と同様とする。

（執行停止）

第二十五条　審査請求は、処分の効力、処分の執行又は手続の続行を妨げない。

2　処分庁の上級行政庁又は処分庁である審査庁は、必要があると認める場合には、審査請求人の申立てにより又は職権で、処分の効力、処分の執行又は手続の続行の全部又は一部の停止その他の措置（以下「執行停止」という。）をとることができる。

3　処分庁の上級行政庁又は処分庁のいずれでもない審査庁は、必要があると認める場合には、審査請求人の申立てにより、処分庁の意見を聴取した上、執行停止をすることができる。ただし、処分の効力、処分の執行又は手続の続行の全部又は一部の停止以外の措置をとることはできない。

4　前二項の規定による審査請求人の申立てがあった場合において、処分、処分の執行又は手続の続行により生ずる重大な損害を避けるために緊急の必要があると認めるときは、審査庁は、執行停止をしなければならない。ただし、公共の福祉に重大な影響を及ぼすおそれがあるとき、又は本案について理由がないとみえるときは、この限りでない。

5　審査庁は、前項に規定する重大な損害を生ずるか否かを判断するに当たっては、損害の回復の困難の程度を考慮するものとし、損害の性質及び程度並びに処分の内容及び性質をも勘案するものとする。

6　第二項から第四項までの場合において、処分の効力の停止は、処分の効力の停止以外の措置によって目的を達することができるときは、することができない。

7　執行停止の申立てがあったとき、又は審理員から第四十条に規定する執行停止をすべき旨の意見書が提出されたときは、審査庁は、速やかに、執行停止をするかどうかを決定しなければならない。

（執行停止の取消し）

第二十六条　執行停止をした後において、執行停止が公共の福祉に重大な影響を及ぼすことが明らかとなったとき、その他事情が変更したときは、審査庁は、その執行停止を取り消すことができる。

（審査請求の取下げ）

第二十七条　審査請求人は、裁決があるまでは、いつでも審査請求を取り下げることができる。

2　審査請求の取下げは、書面でしなければならない。

第三節　審理手続

（審理手続の計画的進行）
第二十八条　審査請求人、参加人及び処分庁等（以下「審理関係人」という。）並びに審理員は、簡易迅速かつ公正な審理の実現のため、審理において、相互に協力するとともに、審理手続の計画的な進行を図らなければならない。

（弁明書の提出）
第二十九条　審理員は、審査庁から指名されたときは、直ちに、審査請求書又は審査請求録取書の写しを処分庁等に送付しなければならない。ただし、処分庁等が審査庁である場合には、この限りでない。
2　審理員は、相当の期間を定めて、処分庁等に対し、弁明書の提出を求めるものとする。
3　処分庁等は、前項の弁明書に、次の各号の区分に応じ、当該各号に定める事項を記載しなければならない。
一　処分についての審査請求に対する弁明書　処分の内容及び理由
二　不作為についての審査請求に対する弁明書　処分をしていない理由並びに予定される処分の時期、内容及び理由
4　処分庁が次に掲げる書面を保有する場合には、前項第一号に掲げる弁明書にこれを添付するものとする。
一　行政手続法（平成五年法律第八十八号）第二十四条第一項の調書及び同条第三項の報告書
二　行政手続法第二十九条第一項に規定する弁明書
5　審理員は、処分庁等から弁明書の提出があったときは、これを審査請求人及び参加人に送付しなければならない。

（反論書等の提出）
第三十条　審査請求人は、前条第五項の規定により送付された弁明書に記載された事項に対する反論を記載した書面（以下「反論書」という。）を提出することができる。この場合において、審理員が、反論書を提出すべき相当の期間を定めたときは、その期間内にこれを提出しなければならない。
2　参加人は、審査請求に係る事件に関する意見を記載した書面（第四十条及び第四十二条第一項を除き、以下「意見書」という。）を提出することができる。この場合において、審理員が、意見書を提出すべき相当の期間を定めたときは、その期間内にこれを提出しなければならない。
3　審理員は、審査請求人から反論書の提出があったときはこれを参加人及び処分庁等に、参加人から意見書の提出があったときはこれを審査請求人及び処分庁等に、それぞれ送付しなければならない。

（口頭意見陳述）
第三十一条　審査請求人又は参加人の申立てがあった場合には、審理員は、当該申立てをした者（以下この条及び第四十一条第二項第二号において「申立人」という。）に口頭で審査

らない。ただし、当該申立人の所在その他の事情により当該意見を述べる機会を与えることが困難であると認められる場合には、この限りでない。
2　前項本文の規定による意見の陳述（以下「口頭意見陳述」という。）は、審理員が期日及び場所を指定し、全ての審理関係人を招集してさせるものとする。
3　口頭意見陳述において、申立人は、審理員の許可を得て、補佐人とともに出頭することができる。
4　口頭意見陳述において、審理員は、申立人のする陳述が事件に関係のない事項にわたる場合その他相当でない場合には、これを制限することができる。
5　口頭意見陳述に際し、申立人は、審理員の許可を得て、審査請求に係る事件に関し、処分庁等に対して、質問を発することができる。

（証拠書類等の提出）

第三十二条　審査請求人又は参加人は、証拠書類又は証拠物を提出することができる。
2　処分庁等は、当該処分の理由となる事実を証する書類その他の物件を提出することができる。
3　前二項の場合において、審理員が、証拠書類若しくは証拠物又は書類その他の物件を提出すべき相当の期間を定めたときは、その期間内にこれを提出しなければならない。

（物件の提出要求）

第三十三条　審理員は、審査請求人若しくは参加人の申立てにより又は職権で、書類その他の物件の所持人に対し、相当の期間を定めて、その物件の提出を求めることができる。この場合において、審理員は、その提出された物件を留め置くことができる。

（参考人の陳述及び鑑定の要求）

第三十四条　審理員は、審査請求人若しくは参加人の申立てにより又は職権で、適当と認める者に、参考人としてその知っている事実の陳述を求め、又は鑑定を求めることができる。

（検証）

第三十五条　審理員は、審査請求人若しくは参加人の申立てにより又は職権で、必要な場所につき、検証をすることができる。
2　審理員は、審査請求人又は参加人の申立てにより前項の検証をしようとするときは、あらかじめ、その日時及び場所を当該申立てをした者に通知し、これに立ち会う機会を与えなければならない。

（審理関係人への質問）

第三十六条　審理員は、審査請求人若しくは参加人の申立てにより又は職権で、審査請求に係る事件に関し、審理関係人に質問することができる。

（審理手続の計画的遂行）

第三十七条 審理員は、審査請求に係る事件について、審理すべき事項が多数であり又は錯綜(そう)しているなど事件が複雑であることその他の事情により、迅速かつ公正な審理を行うため、第三十一条から前条までに定める審理手続を計画的に遂行する必要があると認める場合には、期日及び場所を指定して、審理関係人を招集し、あらかじめ、これらの審理手続の申立てに関する意見の聴取を行うことができる。

2 審理員は、審理関係人が遠隔の地に居住している場合その他相当と認める場合には、政令で定めるところにより、審理員及び審理関係人が音声の送受信により通話をすることができる方法によって、前項に規定する意見の聴取を行うことができる。

3 審理員は、前二項の規定による意見の聴取を行ったときは、遅滞なく、第三十一条から前条までに定める審理手続の期日及び場所並びに第四十一条第一項の規定による審理手続の終結の予定時期を決定し、これらを審理関係人に通知するものとする。当該予定時期を変更したときも、同様とする。

第三十八条（**審査請求人等による提出書類等の閲覧等**）

第三十八条 審査請求人又は参加人は、第四十一条第一項又は第二項の規定により審理手続が終結するまでの間、審理員に対し、提出書類等（第二十九条第四項各号に掲げる書面又は第三十二条第一項若しくは第二項若しくは第三十三条の規定により提出された書類その他の物件をいう。次項において同じ。）の閲覧（電磁的記録（電子的方式、磁気的方式その他人の知覚によっては認識することができない方式で作られる記録であって、電子計算機による情報処理の用に供されるものをいう。以下同じ。）にあっては、記録された事項を審査庁が定める方法により表示したものの閲覧）又は当該書面若しくは当該書類の写し若しくは当該電磁的記録に記録された事項を記載した書面の交付を求めることができる。この場合において、審理員は、第三者の利益を害するおそれがあると認めるとき、その他正当な理由があるときでなければ、その閲覧又は交付を拒むことができない。

2 審理員は、前項の規定による閲覧をさせ、又は同項の規定による交付をしようとするときは、当該閲覧又は交付に係る提出書類等の提出人の意見を聴かなければならない。ただし、審理員が、その必要がないと認めるときは、この限りでない。

3 審理員は、第一項の規定による閲覧について、日時及び場所を指定することができる。

4 第一項の規定による交付を受ける審査請求人又は参加人は、政令で定めるところにより、実費の範囲内において政令で定める額の手数料を納めなければならない。

5 審理員は、経済的困難その他特別の理由があると認めるときは、政令で定めるところにより、前項の手数料を減額し、又は免除することができる。

6 地方公共団体（都道府県、市町村及び特別区並びに地方公共団体の組合に限る。以下同じ。）に所属する行政庁が審査庁である場合における前二項の規定の適用については、これらの規定中「政令」とあるのは、「条例」とし、国又は地方公共団体に所属しない行政庁が審査庁である場合におけるこれらの規定の適用については、これらの規定中「政令で」とあるのは、「審査庁が」とする。

（審理手続の併合又は分離）

第三十九条　審理員は、必要があると認める場合には、数個の審査請求に係る審理手続を併合し、又は併合された数個の審査請求に係る審理手続を分離することができる。

（審理員による執行停止の意見書の提出）

第四十条　審理員は、必要があると認める場合には、審査庁に対し、執行停止をすべき旨の意見書を提出することができる。

（審理手続の終結）

第四十一条　審理員は、必要な審理を終えたと認めるときは、審理手続を終結するものとする。

2　前項に定めるもののほか、審理員は、次の各号のいずれかに該当するときは、審理手続を終結することができる。

一　次のイからホまでに掲げる規定の相当の期間内に、当該イからホまでに定める物件が提出されない場合において、更に一定の期間を示して、当該物件の提出を求めたにもかかわらず、当該提出期間内に当該物件が提出されなかったとき。

イ　第二十九条第二項　弁明書

ロ　第三十条第一項後段　反論書

ハ　第三十条第二項後段　意見書

ニ　第三十二条第三項　証拠書類若しくは証拠物又は書類その他の物件

ホ　第三十三条前段　書類その他の物件

二　申立人が、正当な理由なく、口頭意見陳述に出頭しないとき。

3　審理員が前二項の規定により審理手続を終結したときは、速やかに、審理関係人に対し、審理手続を終結した旨並びに次条第一項に規定する審理員意見書及び事件記録（審査請求書、弁明書その他審査請求に係る事件に関する書類その他の物件のうち政令で定めるものをいう。同条第二項及び第四十三条第二項において同じ。）を審査庁に提出する予定時期を通知するものとする。当該予定時期を変更したときも、同様とする。

（審理員意見書）

第四十二条　審理員は、審理手続を終結したときは、遅滞なく、審査庁がすべき裁決に関する意見書（以下「審理員意見書」という。）を作成しなければならない。

2　審理員は、審理員意見書を作成したときは、速やかに、これを事件記録とともに、審査庁に提出しなければならない。

第四節　行政不服審査会等への諮問

第四十三条　審査庁は、審理員意見書の提出を受けたときは、次の各号のいずれかに該当する場合を除き、審査庁が主任の大臣又は宮内庁長官若しくは内閣府設置法第四十九条第一項若しくは第二項若しくは国家行政組織法第三条第二項に規定する庁の長である場合にあっては行政不服審査会に、審査庁が地方公共団体の長（地方公共団体の組合にあっては、長、管理者又は理事会）である場合にあっては第八十一条第一項又は第二項の機関に、それぞれ諮問しなければならない。

一　審査請求に係る処分をしようとするときに他の法律又は政令（条例に基づく処分については、条例）に第九条第一項各号に掲げる機関若しくは地方公共団体の議会又はこれらの機関に類するものとして政令で定めるもの（以下「審議会等」という。）の議を経るべき旨又は経ることができる旨の定めがあり、かつ、当該議を経て当該処分がされた場合

二　裁決をしようとするときに他の法律又は政令（条例に基づく処分については、条例）に第九条第一項各号に掲げる機関若しくは地方公共団体の議会又はこれらの機関に類するものとして政令で定めるものの議を経るべき旨又は経ることができる旨の定めがあり、かつ、当該議を経て裁決をしようとする場合

三　第四十六条第三項又は第四十九条第四項の規定により審議会等の議を経て裁決をしようとする場合

四　審査請求人から、行政不服審査会又は第八十一条第一項若しくは第二項の機関（以下「行政不服審査会等」という。）への諮問を希望しない旨の申出がされている場合（参加人から、行政不服審査会等に諮問しないことについて反対する旨の申出がされている場合を除く。）

五　審査請求が、行政不服審査会等によって、国民の権利利益及び行政の運営に対する影響の程度その他当該事件の性質を勘案して、諮問を要しないものと認められたものである場合

六　審査請求が不適法であり、却下する場合

七　第四十六条第一項の規定により審査請求に係る処分（法令に基づく申請を却下し、又は棄却する処分及び事実上の行為を除く。）の全部を取り消し、又は第四十七条第一号若しくは第二号の規定により審査請求に係る事実上の行為の全部を撤廃すべき旨を命じ、若しくは撤廃することとする場合（当該処分の全部を取り消すこと又は当該事実上の行為の全部を撤廃すべき旨を命じ、若しくは撤廃することについて反対する旨の意見書が提出されている場合及び口頭意見陳述においてその旨の意見が述べられている場合を除く。）

八　第四十六条第二項各号又は第四十九条第三項各号に定め

る措置（法令に基づく申請の全部を認容すべき旨を命じ、又は認容するものに限る。）をとることとする場合（当該申請の全部を認容することについて反対する旨の意見書が提出されている場合及び口頭意見陳述においてその旨の意見が述べられている場合を除く。）

2　前項の規定による諮問は、審理員意見書及び事件記録の写しを添えてしなければならない。

3　第一項の規定により諮問をした審査庁は、審理関係人（処分庁等が審査庁である場合にあっては、審査請求人及び参加人）に対し、当該諮問をした旨を通知するとともに、審理員意見書の写しを送付しなければならない。

第五節　裁決

（裁決の時期）

第四十四条　審査庁は、行政不服審査会等から諮問に対する答申を受けたとき（前条第一項の規定による諮問を要しない場合（同項第二号又は第三号に該当する場合を除く。）にあっては審理員意見書が提出されたとき、同項第二号又は第三号に該当する場合にあっては同項第二号又は第三号に規定する議を経たとき）は、遅滞なく、裁決をしなければならない。

（処分についての審査請求の却下又は棄却）

第四十五条　処分についての審査請求が法定の期間経過後にされたものである場合その他不適法である場合には、審査庁は、裁決で、当該審査請求を却下する。

2　処分についての審査請求が理由がない場合には、審査庁は、裁決で、当該審査請求を棄却する。

3　審査請求に係る処分が違法又は不当ではあるが、これを取り消し、又は撤廃することにより公の利益に著しい障害を生ずる場合において、審査請求人の受ける損害の程度、その損害の賠償又は防止の程度及び方法その他一切の事情を考慮した上、処分を取り消し、又は撤廃することが公共の福祉に適合しないと認めるときは、審査庁は、裁決で、当該審査請求を棄却することができる。この場合には、審査庁は、裁決の主文で、当該処分が違法又は不当であることを宣言しなければならない。

（処分についての審査請求の認容）

第四十六条　処分（事実上の行為を除く。以下この条及び第四十八条において同じ。）についての審査請求が理由がある場合（前条第三項の規定の適用がある場合を除く。）には、審査庁は、裁決で、当該処分の全部若しくは一部を取り消し、又はこれを変更する。ただし、審査庁が処分庁の上級行政庁又は処分庁のいずれでもない場合には、当該処分を変更することはできない。

2　前項の規定により法令に基づく申請を却下し、又は棄却する処分の全部又は一部を取り消す場合において、次の各号に掲げる審査庁は、当該申請に対して一定の処分をすべきものと認めるときは、当該各号に定める措置をとる。
一　処分庁の上級行政庁である審査庁　当該処分庁に対し、当該処分をすべき旨を命ずること。
二　処分庁である審査庁　当該処分をすること。
3　前項に規定する一定の処分に関し、第四十三条第一項第一号に規定する議を経るべき旨の定めがある場合において、審査庁が前項各号に定める措置をとるために必要があると認めるときは、審査庁は、当該定めに係る審議会等の議を経ることができる。
4　前項に規定する定めがある場合のほか、第二項に規定する一定の処分に関し、他の法令に関係行政機関との協議の実施その他の手続をとるべき旨の定めがある場合において、審査庁が同項各号に定める措置をとるために必要があると認めるときは、審査庁は、当該手続をとることができる。
第四十七条　事実上の行為についての審査請求が理由がある場合（第四十五条第三項の規定の適用がある場合を除く。）には、審査庁は、裁決で、当該事実上の行為が違法又は不当である旨を宣言するとともに、次の各号に掲げる審査庁の区分に応じ、当該各号に定める措置をとる。ただし、審査庁が処分庁の上級行政庁以外の審査庁である場合には、当該事実上の行為を変更すべき旨を命ずることはできない。
一　処分庁以外の審査庁　当該処分庁に対し、当該事実上の行為の全部若しくは一部を撤廃し、又はこれを変更すべき旨を命ずること。
二　処分庁である審査庁　当該事実上の行為の全部若しくは一部を撤廃し、又はこれを変更すること。
（不利益変更の禁止）
第四十八条　第四十六条第一項本文又は前条の場合において、審査庁は、審査請求人の不利益に当該処分を変更し、又は当該事実上の行為を変更すべき旨を命じ、若しくはこれを変更することはできない。
（不作為についての審査請求の裁決）
第四十九条　不作為についての審査請求が当該不作為に係る処分についての申請から相当の期間が経過しないでされたものである場合その他不適法である場合には、審査庁は、裁決で、当該審査請求を却下する。
2　不作為についての審査請求が理由がない場合には、審査庁は、裁決で、当該審査請求を棄却する。
3　不作為についての審査請求が理由がある場合には、審査庁は、裁決で、当該不作為が違法又は不当である旨を宣言する。この場合において、次の各号に掲げる審査庁は、当該申請に対して一定の処分をすべきものと認めるときは、当該各号に定める措置をとる。
一　不作為庁の上級行政庁である審査庁　当該不作為庁に対し、当該処分をすべき旨を命ずること。
二　不作為庁である審査庁　当該処分をすること。

4　審査請求に係る不作為に係る処分に関し、第四十三条第一項第一号に規定する議を経るべき旨の定めがある場合において、審査庁が前項各号に定める措置をとるために必要があると認めるときは、審査庁は、当該定めに係る審議会等の議を経ることができる。
5　前項に規定する定めがある場合のほか、審査請求に係る不作為に係る処分に関し、他の法令に関係行政機関との協議の実施その他の手続をとるべき旨の定めがある場合において、審査庁が第三項各号に定める措置をとるために必要があると認めるときは、審査庁は、当該手続をとることができる。

（裁決の方式）
第五十条　裁決は、次に掲げる事項を記載し、審査庁が記名押印した裁決書によりしなければならない。
一　主文
二　事案の概要
三　審理関係人の主張の要旨
四　理由（第一号の主文が審理員意見書又は行政不服審査会等若しくは審議会等の答申書と異なる内容である場合には、異なることとなった理由を含む。）
2　第四十三条第一項の規定による行政不服審査会等への諮問を要しない場合には、前項の裁決書には、審理員意見書を添付しなければならない。
3　審査庁は、再審査請求をすることができる裁決をする場合には、裁決書に再審査請求をすることができる旨並びに再審査請求をすべき行政庁及び再審査請求期間（第六十二条に規定する期間をいう。）を記載して、これらを教示しなければならない。

（裁決の効力発生）
第五十一条　裁決は、審査請求人（当該審査請求が処分の相手方以外の者のしたものである場合における第四十六条第一項及び第四十七条の規定による裁決にあっては、審査請求人及び処分の相手方）に送達された時に、その効力を生ずる。
2　裁決の送達は、送達を受けるべき者に裁決書の謄本を送付することによってする。ただし、送達を受けるべき者の所在が知れない場合その他裁決書の謄本を送付することができない場合には、公示の方法によってすることができる。
3　公示の方法による送達は、審査庁が裁決書の謄本を保管し、いつでもその送達を受けるべき者に交付する旨を当該審査庁の掲示場に掲示し、かつ、その旨を官報その他の公報又は新聞紙に少なくとも一回掲載してするものとする。この場合において、その掲示を始めた日の翌日から起算して二週間を経過した時に裁決書の謄本の送付があったものとみなす。
4　審査庁は、裁決書の謄本を参加人及び処分庁等（審査庁以外の処分庁等に限る。）に送付しなければならない。

（裁決の拘束力）
第五十二条　裁決は、関係行政庁を拘束する。

2　申請に基づいてした処分が手続の違法若しくは不当を理由として裁決で取り消され、又は申請を却下し、若しくは棄却した処分が裁決で取り消された場合には、処分庁は、裁決の趣旨に従い、改めて申請に対する処分をしなければならない。

3　法令の規定により公示された処分が裁決で取り消され、又は変更された場合には、処分庁は、当該処分が取り消され、又は変更された旨を公示しなければならない。

4　法令の規定により処分の相手方以外の利害関係人に通知された処分が裁決で取り消され、又は変更された場合には、処分庁は、その通知を受けた者（審査請求人及び参加人を除く。）に、当該処分が取り消され、又は変更された旨を通知しなければならない。

（証拠書類等の返還）

第五十三条　審査庁は、裁決をしたときは、速やかに、第三十二条第一項又は第二項の規定により提出された証拠書類若しくは証拠物又は書類その他の物件及び第三十三条の規定による提出要求に応じて提出された書類その他の物件をその提出人に返還しなければならない。

第三章　再調査の請求

（再調査の請求期間）

第五十四条　再調査の請求は、処分があったことを知った日の翌日から起算して三月を経過したときは、することができない。ただし、正当な理由があるときは、この限りでない。

2　再調査の請求は、処分があった日の翌日から起算して一年を経過したときは、することができない。ただし、正当な理由があるときは、この限りでない。

（誤った教示をした場合の救済）

第五十五条　再調査の請求をすることができる処分につき、処分庁が誤って再調査の請求をすることができる旨を教示しなかった場合において、審査請求がされた場合であって、審査請求人から申立てがあったときは、審査庁は、速やかに、審査請求書又は審査請求録取書を処分庁に送付しなければならない。ただし、審査請求人に対し弁明書が送付された後においては、この限りでない。

2　前項本文の規定により審査請求書又は審査請求録取書の送付を受けた処分庁は、速やかに、その旨を審査請求人及び参加人に通知しなければならない。

3　第一項本文の規定により審査請求書又は審査請求録取書が処分庁に送付されたときは、初めから処分庁に再調査の請求がされたものとみなす。

（再調査の請求についての決定を経ずに審査請求がされた場合）

第五十六条　第五条第二項ただし書の規定により審査請求がされたときは、同項の再調査の請求は、取り下げられたものとみなす。ただし、処分庁において当該審査請求がされた日以前に再調査の請求に係る処分（事実上の行為を除く。）を取り消す旨の第六十条第一項の決定書の謄本を発している場合又は再調査の請求に係る事実上の行為を撤廃している場合は、当該審査請求（処分（事実上の行為を除く。）の一部を取り消す旨の第五十九条第一項の決定がされている場合又は事実上の行為の一部が撤廃されている場合にあっては、その部分に限る。）が取り下げられたものとみなす。

（三月後の教示）

第五十七条　処分庁は、再調査の請求がされた日（第六十一条において読み替えて準用する第二十三条の規定により不備を補正すべきことを命じた場合にあっては、当該不備が補正された日）の翌日から起算して三月を経過しても当該再調査の請求が係属しているときは、遅滞なく、当該処分について直ちに審査請求をすることができる旨を書面でその再調査の請求人に教示しなければならない。

（再調査の請求の却下又は棄却の決定）

第五十八条　再調査の請求が法定の期間経過後にされたものである場合その他不適法である場合には、処分庁は、決定で、当該再調査の請求を却下する。

2　再調査の請求が理由がない場合には、処分庁は、決定で、当該再調査の請求を棄却する。

（再調査の請求の認容の決定）

第五十九条　処分（事実上の行為を除く。）についての再調査の請求が理由がある場合には、処分庁は、決定で、当該処分の全部若しくは一部を取り消し、又はこれを変更する。

2　事実上の行為についての再調査の請求が理由がある場合には、処分庁は、決定で、当該事実上の行為が違法又は不当である旨を宣言するとともに、当該事実上の行為の全部若しくは一部を撤廃し、又はこれを変更する。

3　処分庁は、前二項の場合において、再調査の請求人の不利益に当該処分又は当該事実上の行為を変更することはできない。

（決定の方式）

第六十条　前二条の決定は、主文及び理由を記載し、処分庁が記名押印した決定書によりしなければならない。

2　処分庁は、前項の決定書（再調査の請求に係る処分の全部を取り消し、又は撤廃する決定に係るものを除く。）に、再調査の請求に係る処分につき審査請求をすることができる旨（却下の決定である場合にあっては、当該却下の決定が違法な場合に限り審査請求をすることができる旨）並びに審査請求をすべき行政庁及び審査請求期間を記載して、これらを教示しなければならない。

（審査請求に関する規定の準用）

第六十一条　第九条第四項、第十条から第十六条まで、第十八条第三項、第十九条（第三項並びに第五項第一号及び第二号を除く。）、第二十条、第二十三条、第二十四条、第二十五条（第三項を除く。）、第二十六条、第二十七条、第三十一条（第五項を除く。）、第三十二条（第三項を除く。）、第三十九条、第五十一条及び第五十三条の規定は、再調査の請求について準用する。この場合において、別表第二の上欄に掲げる規定中同表の中欄に掲げる字句は、それぞれ同表の下欄に掲げる字句に読み替えるものとする。

第四章　再審査請求

（再審査請求期間）

第六十二条　再審査請求は、原裁決があったことを知った日の翌日から起算して一月を経過したときは、することができない。ただし、正当な理由があるときは、この限りでない。

2　再審査請求は、原裁決があった日の翌日から起算して一年を経過したときは、することができない。ただし、正当な理由があるときは、この限りでない。

（裁決書の送付）

第六十三条　第六十六条第一項において読み替えて準用する第十一条第二項に規定する審理員又は第六十六条第一項において準用する第九条第一項各号に掲げる機関である再審査庁（他の法律の規定により再審査請求がされた行政庁（第六十六条第一項において読み替えて準用する第十四条の規定により引継ぎを受けた行政庁を含む。）をいう。以下同じ。）は、原裁決をした行政庁に対し、原裁決に係る裁決書の送付を求めるものとする。

（再審査請求の却下又は棄却の裁決）

第六十四条　再審査請求が法定の期間経過後にされたものである場合その他不適法である場合には、再審査庁は、裁決で、当該再審査請求を却下する。

2　再審査請求が理由がない場合には、再審査庁は、裁決で、当該再審査請求を棄却する。

3　再審査請求に係る原裁決（審査請求を却下し、又は棄却したものに限る。）が違法又は不当である場合において、当該審査請求に係る処分が違法又は不当のいずれでもないときは、再審査庁は、裁決で、当該再審査請求を棄却する。

4　前項に規定する場合のほか、再審査請求に係る原裁決等が違法又は不当ではあるが、これを取り消し、又は撤廃することにより公の利益に著しい障害を生ずる場合において、再審査請求人の受ける損害の程度、その損害の賠償又は防止の程度及び方法その他一切の事情を考慮した上、原裁決等を取り消し、又は撤廃することが公共の福祉に適合しないと認めるときは、再審査庁は、裁決で、当該再審査請求を棄却することができる。この場合には、再審査庁は、裁決の主文で、当該原裁決等が違法又は不当であることを宣言しなければならない。

（再審査請求の認容の裁決）

第六十五条　原裁決等（事実上の行為を除く。）についての再審査請求が理由がある場合（前条第三項に規定する場合及び同条第四項の規定の適用がある場合を除く。）には、再審査庁は、裁決で、当該原裁決等の全部又は一部を取り消す。

2　事実上の行為についての再審査請求が理由がある場合（前条第四項の規定の適用がある場合を除く。）には、裁決で、当該事実上の行為が違法又は不当である旨を宣言するとともに、処分庁に対し、当該事実上の行為の全部又は一部を撤廃すべき旨を命ずる。

（審査請求に関する規定の準用）

第六十六条　第二章（第九条第三項、第十八条（第三項を除く。）、第十九条第三項並びに第五項第一号及び第二号、第二十二条、第二十五条第二項、第二十九条（第一項を除く。）、第三十条第一項、第四十一条第二項第一号イ及びロ、第四節、第四十五条から第四十九条まで並びに第五十条第三項を除く。）の規定は、再審査請求について準用する。この場合において、別表第三の上欄に掲げる規定中同表の中欄に掲げる字句は、それぞれ同表の下欄に掲げる字句に読み替えるものとする。

2　再審査庁が前項において準用する第九条第一項各号に掲げる機関である場合には、前項において準用する第十七条、第四十条、第四十二条及び第五十条第二項の規定は、適用しない。

第五章　行政不服審査会等

第一節　行政不服審査会

第一款　設置及び組織

（設置）

第六十七条　総務省に、行政不服審査会（以下「審査会」という。）を置く。

2　審査会は、この法律の規定によりその権限に属させられた事項を処理する。

（組織）

第六十八条　審査会は、委員九人をもって組織する。

2　委員は、非常勤とする。ただし、そのうち三人以内は、常勤とすることができる。

（委員）

第六十九条　委員は、審査会の権限に属する事項に関し公正な判断をすることができ、かつ、法律又は行政に関して優れた識見を有する者のうちから、両議院の同意を得て、総務大臣が任命する。

2　委員の任期が満了し、又は欠員を生じた場合において、国会の閉会又は衆議院の解散のために両議院の同意を得ることができないときは、総務大臣は、前項の規定にかかわらず、同項に定める資格を有する者のうちから、委員を任命することができる。

3 前項の場合においては、任命後最初の国会で両議院の事後の承認を得なければならない。この場合において、両議院の事後の承認が得られないときは、総務大臣は、直ちにその委員を罷免しなければならない。

4 委員の任期は、三年とする。ただし、補欠の委員の任期は、前任者の残任期間とする。

5 委員は、再任されることができる。

6 委員の任期が満了したときは、当該委員は、後任者が任命されるまで引き続きその職務を行うものとする。

7 総務大臣は、委員が心身の故障のために職務の執行ができないと認める場合又は委員に職務上の義務違反その他委員たるに適しない非行があると認める場合には、両議院の同意を得て、その委員を罷免することができる。

8 委員は、職務上知ることができた秘密を漏らしてはならない。その職を退いた後も同様とする。

9 委員は、在任中、政党その他の政治的団体の役員となり、又は積極的に政治運動をしてはならない。

10 常勤の委員は、在任中、総務大臣の許可がある場合を除き、報酬を得て他の職務に従事し、又は営利事業を営み、その他金銭上の利益を目的とする業務を行ってはならない。

11 委員の給与は、別に法律で定める。

（会長）

第七十条 審査会に、会長を置き、委員の互選により選任する。

2 会長は、会務を総理し、審査会を代表する。

3 会長に事故があるときは、あらかじめその指名する委員が、その職務を代理する。

（専門委員）

第七十一条 審査会に、専門の事項を調査させるため、専門委員を置くことができる。

2 専門委員は、学識経験のある者のうちから、総務大臣が任命する。

3 専門委員は、その者の任命に係る当該専門の事項に関する調査が終了したときは、解任されるものとする。

4 専門委員は、非常勤とする。

（合議体）

第七十二条 審査会は、委員のうちから、審査会が指名する者三人をもって構成する合議体で、審査請求に係る事件について調査審議する。

2 前項の規定にかかわらず、審査会が定める場合においては、委員の全員をもって構成する合議体で、審査請求に係る事件について調査審議する。

（事務局）

第七十三条 審査会の事務を処理させるため、審査会に事務局を置く。

2　事務局に、事務局長のほか、所要の職員を置く。
3　事務局長は、会長の命を受けて、局務を掌理する。

第二款　審査会の調査審議の手続

（審査会の調査権限）
第七十四条　審査会は、必要があると認める場合には、審査請求に係る事件に関し、審査請求人、参加人又は第四十三条第一項の規定により審査会に諮問をした審査庁（以下この款において「審査関係人」という。）にその主張を記載した書面（以下この款において「主張書面」という。）又は資料の提出を求めること、適当と認める者にその知っている事実の陳述又は鑑定を求めることその他必要な調査をすることができる。

（意見の陳述）
第七十五条　審査会は、審査関係人の申立てがあった場合には、当該審査関係人に口頭で意見を述べる機会を与えなければならない。ただし、審査会が、その必要がないと認める場合には、この限りでない。
2　前項本文の場合において、審査請求人又は参加人は、審査会の許可を得て、補佐人とともに出頭することができる。

（主張書面等の提出）
第七十六条　審査関係人は、審査会に対し、主張書面又は資料を提出することができる。この場合において、審査会が、主張書面又は資料を提出すべき相当の期間を定めたときは、その期間内にこれを提出しなければならない。

（委員による調査手続）
第七十七条　審査会は、必要があると認める場合には、その指名する委員に、第七十四条の規定による調査をさせ、又は第七十五条第一項本文の規定による審査関係人の意見の陳述を聴かせることができる。

（提出資料の閲覧等）
第七十八条　審査関係人は、審査会に対し、審査会に提出された主張書面若しくは資料の閲覧（電磁的記録にあっては、記録された事項を審査会が定める方法により表示したものの閲覧）又は当該主張書面若しくは当該資料の写し若しくは当該電磁的記録に記録された事項を記載した書面の交付を求めることができる。この場合において、審査会は、第三者の利益を害するおそれがあると認めるとき、その他正当な理由があるときでなければ、その閲覧又は交付を拒むことができない。
2　審査会は、前項の規定による閲覧をさせ、又は同項の規定による交付をしようとするときは、当該閲覧又は交付に係る主張書面又は資料の提出人の意見を聴かなければならない。ただし、審査会が、その必要がないと認めるときは、この限りでない。
3　審査会は、第一項の規定による閲覧について、日時及び場所を指定することができる。
4　第一項の規定による交付を受ける審査請求人又は参加人は、政令で定めるところにより、実費の範囲内において政令で定める額の手数料を納めなければならない。

5　審査会は、経済的困難その他特別の理由があると認めるときは、政令で定めるところにより、前項の手数料を減額し、又は免除することができる。

（答申書の送付等）

第七十九条　審査会は、諮問に対する答申をしたときは、答申書の写しを審査請求人及び参加人に送付するとともに、答申の内容を公表するものとする。

第三款　雑則

（政令への委任）

第八十条　この法律に定めるもののほか、審査会に関し必要な事項は、政令で定める。

第二節　地方公共団体に置かれる機関

第八十一条　地方公共団体に、執行機関の附属機関として、この法律の規定によりその権限に属させられた事項を処理するための機関を置く。

2　前項の規定にかかわらず、地方公共団体は、当該地方公共団体における不服申立ての状況等に鑑み同項の機関を置くことが不適当又は困難であるときは、条例で定めるところにより、事件ごとに、執行機関の附属機関として、この法律の規定によりその権限に属させられた事項を処理するための機関を置くこととすることができる。

3　前節第二款の規定は、前二項の機関について準用する。この場合において、第七十八条第四項及び第五項中「政令」とあるのは、「条例」と読み替えるものとする。

4　前三項に定めるもののほか、第一項又は第二項の機関の組織及び運営に関し必要な事項は、当該機関を置く地方公共団体の条例（地方自治法第二百五十二条の七第一項の規定により共同設置する機関にあっては、同項の規約）で定める。

第六章　補則

（不服申立てをすべき行政庁等の教示）

第八十二条　行政庁は、審査請求若しくは再調査の請求又は他の法令に基づく不服申立て（以下この条において「不服申立て」と総称する。）をすることができる処分をする場合には、処分の相手方に対し、当該処分につき不服申立てをすることができる旨並びに不服申立てをすべき行政庁及び不服申立てをすることができる期間を書面で教示しなければならない。ただし、当該処分を口頭でする場合は、この限りでない。

2　行政庁は、利害関係人から、当該処分が不服申立てをすることができる処分であるかどうか並びに当該処分が不服申立てをすることができるものである場合における不服申立てをすべき行政庁及び不服申立てをすることができる期間につき教示を求められたときは、当該事項を教示しなければならない。

3　前項の場合において、教示を求めた者が書面による教示を求めたときは、当該教示は、書面でしなければならない。

（教示をしなかった場合の不服申立て）

第八十三条　行政庁が前条の規定による教示をしなかった場合には、当該処分について不服がある者は、当該処分庁に不服申立書を提出することができる。

2　第十九条（第五項第一号及び第二号を除く。）の規定は、前項の不服申立書について準用する。

3　第一項の規定により不服申立書の提出があった場合において、当該処分が処分庁以外の行政庁に対し審査請求をすることができる処分であるときは、処分庁は、速やかに、当該不服申立書を当該行政庁に送付しなければならない。当該処分が他の法令に基づき、処分庁以外の行政庁に不服申立てをすることができる処分であるときも、同様とする。

4　前項の規定により不服申立書が送付されたときは、初めから当該行政庁に審査請求又は当該法令に基づく不服申立てがされたものとみなす。

5　第三項の場合を除くほか、第一項の規定により不服申立書が提出されたときは、初めから当該処分庁に審査請求又は当該法令に基づく不服申立てがされたものとみなす。

（情報の提供）

第八十四条　審査請求、再調査の請求若しくは再審査請求又は他の法令に基づく不服申立て（以下この条及び次条において「不服申立て」と総称する。）につき裁決、決定その他の処分（同条において「裁決等」という。）をする権限を有する行政庁は、不服申立てをしようとする者又は不服申立てをした者の求めに応じ、不服申立書の記載に関する事項その他の不服申立てに必要な情報の提供に努めなければならない。

（公表）

第八十五条　不服申立てにつき裁決等をする権限を有する行政庁は、当該行政庁がした裁決等の内容その他当該行政庁における不服申立ての処理状況について公表するよう努めなければならない。

（政令への委任）

第八十六条　この法律に定めるもののほか、この法律の実施のために必要な事項は、政令で定める。

（罰則）

第八十七条　第六十九条第八項の規定に違反して秘密を漏らした者は、一年以下の懲役又は五十万円以下の罰金に処する。

附　則

（施行期日）

第一条　この法律は、公布の日から起算して二年を超えない範囲内において政令で定める日〈編注・平成二七年一一月二六日政令第三九〇号により平成二八年四月一日〉から施行する。ただし、次条の規定は、公布の日から施行する。

（準備行為）

第二条　第六十九条第一項の規定による審査会の委員の任命に関し必要な行為は、この法律の施行の日前においても、同項の規定の例によりすることができる。

（経過措置）

第三条　行政庁の処分又は不作為についての不服申立てであって、この法律の施行前にされた行政庁の処分又はこの法律の施行前にされた申請に係る行政庁の不作為に係るものについては、なお従前の例による。

第四条　この法律の施行後最初に任命される審査会の委員の任期は、第六十九条第四項本文の規定にかかわらず、九人のうち、三人は二年、六人は三年とする。

2　前項に規定する各委員の任期は、総務大臣が定める。

（その他の経過措置の政令への委任）

第五条　前二条に定めるもののほか、この法律の施行に関し必要な経過措置は、政令で定める。

（検討）

第六条　政府は、この法律の施行後五年を経過した場合において、この法律の施行の状況について検討を加え、必要があると認めるときは、その結果に基づいて所要の措置を講ずるものとする。

別表第一（第九条関係）

第十一条第二項	第九条第一項の規定により指名された者（以下「審理員」という。）	審査庁
第十三条第一項及び第二項	審理員	審査庁
第二十五条第七項	執行停止の申立てがあったとき、又は審理員から第四十条に規定する執行停止をすべき旨の意見書が提出されたとき	執行停止の申立てがあったとき
第二十八条	審理員	審査庁
第二十九条第一項	審理員は、審査庁から指名されたときは、直ちに	審査庁は、審査請求がされたときは、第二十四条の規定により当該審査請求を却下する場合を除き、速やかに
第二十九条	審理員は	審査庁は、審査庁

第二項		が処分庁等以外である場合にあっては
	提出を求める	提出を求め、審査庁が処分庁等である場合にあっては、相当の期間内に、弁明書を作成する
第二十九条第五項	審理員は	審査庁は、第二項の規定により
	提出があったとき	提出があったとき、又は弁明書を作成したとき
第三十条第一項及び第二項	審理員	審査庁
第三十条第三項	審理員	審査庁
	参加人及び処分庁等	参加人及び処分庁等（処分庁等が審

		査庁である場合にあっては、参加人）
	審査請求人及び処分庁等	審査請求人及び処分庁等（処分庁等が審査庁である場合にあっては、審査請求人）
第三十一条第一項	審理員	審査庁
第三十一条第二項	審理員	審査庁
	審理関係人	審理関係人（処分庁等が審査庁である場合にあっては、審査請求人及び参加人。以下この節及び第五十条第一項第三号において同じ。）
第三十一条第三項から第五項ま	審理員	審査庁

で、第三十二条第三項、第三十三条から第三十七条まで、第三十八条第一項から第三項まで及び第五項、第三十九条並びに第四十一条第一項及び第二項		
第四十一条第三項	審理員が終結した旨並びに次条第一項に規定する審理員意見書及び事件記録（審査請求書、弁明書その他審査請求に係る事件に関する書類その他の物件のうち政令で定めるものをいう。同条第二項及び第四十三条第二項において同じ。）を審査庁に提出する予定時期を通知するものとする。当該予定時期を変更したときも、同様とする	審査庁が終結した旨を通知するものとする
第四十四条	行政不服審査会等から諮問に対する答申を受けたとき（前条第一項の規定による諮問を要しない場合（同項第二号又は第三号に該当する場合を除く。）にあっては審理員意見書が提出されたとき、同項第二号又は第三号に該当する場合にあっては同項第二号又は第三号に規定する議を経たとき）	審理手続を終結したとき
第五十条第一項第四号	理由（第一号の主文が審理員意見書又は行政不服	理由

	審査会等若しくは審議会等の答申書と異なる内容である場合には、異なることとなった理由を含む。）	

別表第二（第六十一条関係）

第九条第四項	前項に規定する場合において、審査庁	処分庁
	（第二項各号（第一項各号に掲げる機関の構成員にあっては、第一号を除く。）に掲げる者以外の者に限る。）に、前項において読み替えて適用する	に、第六十一条において読み替えて準用する
	若しくは第十三条第四項	又は第六十一条において準用する第十三条第四項
	聴かせ、前項において読み替えて適用する第三十四条の規定による参考人の陳述を聴かせ、同項において読み替えて適用する第三十五条第一項の規定による検証をさせ、前項において読み替えて適	聴かせる

	用する第三十六条の規定による第二十八条に規定する審理関係人に対する質問をさせ、又は同項において読み替えて適用する第三十七条第一項若しくは第二項の規定による意見の聴取を行わせる	
第十一条第二項	第九条第一項の規定により指名された者（以下「審理員」という。）	処分庁
第十三条第一項	処分又は不作為に係る処分	処分
	審理員	処分庁
第十三条第二項	審理員	処分庁
第十四条	第十九条に規定する審査請求書	第六十一条において読み替えて準用する第十九条に規定する再調査の請求書
	第二十一条第二項に規定する審査請求録取書	第二十二条第三項に規定する再調査の請求録取書
第十六条	第四条又は他の法律若しくは条例の規定により審査庁となるべき行政庁（以下「審査庁となるべき行政庁」という。）	再調査の請求の対象となるべき処分の権限を有する行政庁
	当該審査庁となるべき行政庁及び関係処分庁（当該審査請求の対象となるべき処分の権限を有する行政庁であって当該審査庁となるべき行政庁以外のものをいう。次条において同じ。）	当該行政庁
第十八条第三項	次条に規定する審査請求書	第六十一条において読み替えて準用する次条に規定する再調査の請求書
	前二項に規定する期間	第五十四条に規定

	（以下「審査請求期間」という。）	する期間
第十九条の見出し及び同条第一項	審査請求書	再調査の請求書
第十九条第二項	処分についての審査請求書	再調査の請求書
	処分（当該処分について再調査の請求についての決定を経たときは、当該決定）	処分
第十九条第四項	審査請求書	再調査の請求書
	第二項各号又は前項各号	第二項各号
第十九条第五項	処分についての審査請求書	再調査の請求書
	審査請求期間	第五十四条に規定する期間
	前条第一項ただし書又は第二項ただし書	同条第一項ただし書又は第二項ただし書

第二十条	前条第二項から第五項まで	第六十一条において読み替えて準用する前条第二項、第四項及び第五項
第二十三条（見出しを含む。）	審査請求書	再調査の請求書
第二十四条第一項	次節に規定する審理手続を経ないで、第四十五条第一項又は第四十九条第一項	審理手続を経ないで、第五十八条第一項
第二十五条第二項	処分庁の上級行政庁又は処分庁である審査庁	処分庁
第二十五条第四項	前二項	第二項
第二十五条第六項	第二項から第四項まで	第二項及び第四項
第二十五条第七項	執行停止の申立てがあったとき、又は審理員から第四十条に規定する執行停止をすべき旨の意見書	執行停止の申立てがあったとき

	が提出されたとき	
第三十一条第一項	審理員	処分庁
	この条及び第四十一条第二項第二号	この条
第三十一条第二項	審理員	処分庁
	全ての審理関係人	再調査の請求人及び参加人
第三十一条第三項及び第四項	審理員	処分庁
第三十二条第三項	前二項	第一項
	審理員	処分庁
第三十九条	審理員	処分庁
第五十一条第一項	第四十六条第一項及び第四十七条	第五十九条第一項及び第二項
第五十一条第四項	参加人及び処分庁等（審査庁以外の処分庁等に限る。）	参加人
第五十三条	第三十二条第一項又は第二項の規定により提出された証拠書類若しくは証拠物又は書類その他の物件及び第三十三条の規定による提出要求に応じて提出された書類その他の物件	第六十一条において準用する第三十二条第一項の規定により提出された証拠書類又は証拠物

別表第三（第六十六条関係）

第九条第一項	第四条又は他の法律若しくは条例の規定により審査請求がされた行政庁（第十四条の規定により引継ぎを受けた行政庁を含む。以下「審査庁」という。）	第六十三条に規定する再審査庁（以下この章において「再審査庁」という。）
	この節	この節及び第六十三条
	処分庁等（審査庁以外の処分庁等に限る。）	裁決庁等（原裁決をした行政庁（以下この章において「裁決庁」という。）又は処分庁をいう。以下この章において同じ。）
	若しくは条例に基づく処分について条例に特別の定めがある場合又は第二十四条	又は第六十六条第一項において読み替えて準用する第二十四条
第九条第二項第一号	審査請求に係る処分若しくは	原裁決に係る審査請求に係る処分、
	に関与した者又は審査請求に係る不作為に係る処分に関与し、若しくは関与することとなる者	又は原裁決に関与した者
第九条第四項	前項に規定する場合において、審査庁	第一項各号に掲げる機関である再審査庁（以下「委員会等である再審査庁」という。）
	前項において	第六十六条第一項において
	適用する	準用する
	第十三条第四項	第六十六条第一項において準用する第十三条第四項
	第二十八条	同項において読み替えて準用する第二十八条

第十一条第二項	第九条第一項の規定により指名された者（以下「審理員」という。）	第六十六条第一項において準用する第九条第一項の規定により指名された者（以下「審理員」という。）又は委員会等である再審査庁
第十三条第一項	処分又は不作為に係る処分の根拠となる法令に照らし当該処分	原裁決等の根拠となる法令に照らし当該原裁決等
	審理員	審理員又は委員会等である再審査庁
第十三条第二項	審理員	審理員又は委員会等である再審査庁
第十四条	第十九条に規定する審査請求書	第六十六条第一項において読み替えて準用する第十九条に規定する再審査請求書
	第二十一条第二項に規定する審査請求録取書	同項において読み替えて準用する第二十一条第二項に規定する再審査請求録取書
第十五条第一項、第二項及び第六項	審査請求の	原裁決に係る審査請求の
第十六条	第四条又は他の法律若しくは条例	他の法律
	関係処分庁（当該審査請求の対象となるべき処分の権限を有する行政庁であって当該審査庁となるべき行政庁以外のものをいう。次条において同じ。）	当該再審査請求の対象となるべき裁決又は処分の権限を有する行政庁
第十七条	関係処分庁	当該再審査請求の対象となるべき裁決又は処分の権限

		を有する行政庁
第十八条第三項	次条に規定する審査請求書	第六十六条第一項において読み替えて準用する次条に規定する再審査請求書
	前二項に規定する期間（以下「審査請求期間」という。）	第五十条第三項に規定する再審査請求期間（以下この章において「再審査請求期間」という。）
第十九条の見出し及び同条第一項	審査請求書	再審査請求書
第十九条第二項	処分についての審査請求書	再審査請求書
	処分の内容	原裁決等の内容
	審査請求に係る処分（当該処分について再調査の請求についての決定を経たときは、当該決定）	原裁決
	処分庁	裁決庁
第十九条第四項	審査請求書	再審査請求書
	第二項各号又は前項各号	第二項各号
第十九条第五項	処分についての審査請求書	再審査請求書
	審査請求期間	再審査請求期間
	前条第一項ただし書又は第二項ただし書	第六十二条第一項ただし書又は第二項ただし書
第二十条	前条第二項から第五項まで	第六十六条第一項において読み替えて準用する前条第二項、第四項及び第五項
第二十一条の見出し	処分庁等	処分庁又は裁決庁
第二十一条第一項	審査請求をすべき行政庁が処分庁等と異なる場合における審査請求は、処	再審査請求は、処分庁又は裁決庁

	分庁等	
	処分庁等に	処分庁若しくは裁決庁に
	審査請求書	再審査請求書
	第十九条第二項から第五項まで	第六十六条第一項において読み替えて準用する第十九条第二項、第四項及び第五項
第二十一条第二項	処分庁等	処分庁又は裁決庁
	審査請求書又は審査請求録取書（前条後段	再審査請求書又は再審査請求録取書（第六十六条第一項において準用する前条後段
	第二十九条第一項及び第五十五条	第六十六条第一項において読み替えて準用する第二十九条第一項
第二十一条	審査請求期間	再審査請求期間

第三項	処分庁に	処分庁若しくは裁決庁に
	審査請求書	再審査請求書
	処分についての審査請求	再審査請求
第二十三条（見出しを含む。）	審査請求書	再審査請求書
第二十四条第一項	審理手続を経ないで、第四十五条第一項又は第四十九条第一項	審理手続（第六十三条に規定する手続を含む。）を経ないで、第六十四条第一項
第二十五条第一項	処分	原裁決等
第二十五条第三項	処分庁の上級行政庁又は処分庁のいずれでもない審査庁	再審査庁
	処分庁の意見	裁決庁等の意見
	執行停止をすることができる。ただし、処分の効	原裁決等の効力、原裁決等の執行又

	力、処分の執行又は手続の続行の全部又は一部の停止以外の措置をとることはできない	は手続の続行の全部又は一部の停止（以下「執行停止」という。）をすることができる
第二十五条第四項	前二項	前項
	処分	原裁決等
第二十五条第六項	第二項から第四項まで	第三項及び第四項
	処分	原裁決等
第二十五条第七項	第四十条に規定する執行停止をすべき旨の意見書が提出されたとき	第六十六条第一項において準用する第四十条に規定する執行停止をすべき旨の意見書が提出されたとき（再審査庁が委員会等である再審査庁である場合にあっては、執行停止の申立てがあったとき）

第二十八条	処分庁等	裁決庁等
	審理員	審理員又は委員会等である再審査庁
第二十九条第一項	審理員は	審理員又は委員会等である再審査庁は、審理員にあっては
	審査請求書又は審査請求録取書の写しを処分庁等に送付しなければならない。ただし、処分庁等が審査庁である場合には、この限りでない	委員会等である再審査庁にあっては、再審査請求がされたときは第六十六条第一項において読み替えて準用する第二十四条の規定により当該再審査請求を却下する場合を除き、速やかに、それぞれ、再審査請求書又は再審査請求録取書の写しを裁決庁等に送付しなけ

		ればならない
第三十条の見出し	反論書等	意見書
第三十条第二項	審理員	審理員又は委員会等である再審査庁
第三十条第三項	審理員は、審査請求人から反論書の提出があったときはこれを参加人及び処分庁等に	審理員又は委員会等である再審査庁は
	これを審査請求人及び処分庁等に、それぞれ	、これを再審査請求人及び裁決庁等に
第三十一条第一項から第四項まで	審理員	審理員又は委員会等である再審査庁
第三十一条第五項	審理員	審理員又は委員会等である再審査庁
	処分庁等	裁決庁等
第三十二条第二項	処分庁等は、当該処分	裁決庁等は、当該原裁決等

第三十二条第三項及び第三十三条から第三十七条まで	審理員	審理員又は委員会等である再審査庁
第三十八条第一項	審理員	審理員又は委員会等である再審査庁
	第二十九条第四項各号に掲げる書面又は第三十二条第一項若しくは第二項若しくは	第六十六条第一項において準用する第三十二条第一項若しくは第二項又は
第三十八条第二項、第三項及び第五項、第三十九条並びに第四十一条第一項	審理員	審理員又は委員会等である再審査庁
第四十一条第二項	審理員	審理員又は委員会等である再審査庁

	イからホまで	ハからホまで
第四十一条第三項	審理員が	審理員又は委員会等である再審査庁が
	審理手続を終結した旨並びに次条第一項	審理員にあっては審理手続を終結した旨並びに第六十六条第一項において準用する次条第一項
	審査請求書、弁明書	再審査請求書、原裁決に係る裁決書
	同条第二項及び第四十三条第二項	第六十六条第一項において準用する次条第二項
	を通知する	を、委員会等である再審査庁にあっては審理手続を終結した旨を、それぞれ通知する
	当該予定時期	審理員が当該予定

		時期
第四十四条	行政不服審査会等から諮問に対する答申を受けたとき（前条第一項の規定による諮問を要しない場合（同項第二号又は第三号に該当する場合を除く。）にあっては審理員意見書が提出されたとき、同項第二号又は第三号に該当する場合にあっては同項第二号又は第三号に規定する議を経たとき）	審理員意見書が提出されたとき（委員会等である再審査庁にあっては、審理手続を終結したとき）
第五十条第一項第四号	第一号の主文が審理員意見書又は行政不服審査会等若しくは審議会等の答申書と異なる内容である場合には	再審査庁が委員会等である再審査庁以外の行政庁である場合において、第一号の主文が審理員意見書と異なる内容であるときは

第五十条第二項	第四十三条第一項の規定による行政不服審査会等への諮問を要しない場合	再審査庁が委員会等である再審査庁以外の行政庁である場合
第五十一条第一項	処分	原裁決等
	第四十六条第一項及び第四十七条	第六十五条
第五十一条第四項	及び処分庁等（審査庁以外の処分庁等に限る。）	並びに処分庁及び裁決庁（処分庁以外の裁決庁に限る。）
第五十二条第二項	申請を	申請若しくは審査請求を
	棄却した処分	棄却した原裁決等
	処分庁	裁決庁等
	申請に対する処分	申請に対する処分又は審査請求に対する裁決
第五十二条第三項	処分が	原裁決等が
	処分庁	裁決庁等
第五十二条第四項	処分の	原裁決等の
	処分が	原裁決等が
	処分庁	裁決庁等

行政事件訴訟法

昭和三七年五月一六日法律一三九号
最終改正 平成二八年一一月二八日法律 八九号

目次

第一章 総則（第一条—第七条）
第二章 抗告訴訟
　第一節 取消訴訟（第八条—第三十五条）
　第二節 その他の抗告訴訟（第三十六条—第三十八条）
第三章 当事者訴訟（第三十九条—第四十一条）
第四章 民衆訴訟及び機関訴訟（第四十二条・第四十三条）
第五章 補則（第四十四条—第四十六条）
附則

第一章 総則

（この法律の趣旨）

第一条 行政事件訴訟については、他の法律に特別の定めがある場合を除くほか、この法律の定めるところによる。

（行政事件訴訟）

第二条 この法律において「行政事件訴訟」とは、抗告訴訟、当事者訴訟、民衆訴訟及び機関訴訟をいう。

（抗告訴訟）

第三条 この法律において「抗告訴訟」とは、行政庁の公権力の行使に関する不服の訴訟をいう。

2 この法律において「処分の取消しの訴え」とは、行政庁の処分その他公権力の行使に当たる行為（次項に規定する裁決、決定その他の行為を除く。以下単に「処分」という。）の取消しを求める訴訟をいう。

3 この法律において「裁決の取消しの訴え」とは、審査請求その他の不服申立て（以下単に「審査請求」という。）に対する行政庁の裁決、決定その他の行為（以下単に「裁決」という。）の取消しを求める訴訟をいう。

4 この法律において「無効等確認の訴え」とは、処分若しくは裁決の存否又はその効力の有無の確認を求める訴訟をいう。

5 この法律において「不作為の違法確認の訴え」とは、行政庁が法令に基づく申請に対し、相当の期間内に何らかの処分又は裁決をすべきであるにかかわらず、これをしないことについての違法の確認を求める訴訟をいう。

6　この法律において「義務付けの訴え」とは、次に掲げる場合において、行政庁がその処分又は裁決をすべき旨を命ずることを求める訴訟をいう。

一　行政庁が一定の処分をすべきであるにかかわらずこれがされないとき（次号に掲げる場合を除く。）。

二　行政庁に対し一定の処分又は裁決を求める旨の法令に基づく申請又は審査請求がされた場合において、当該行政庁がその処分又は裁決をすべきであるにかかわらずこれがされないとき。

7　この法律において「差止めの訴え」とは、行政庁が一定の処分又は裁決をすべきでないにかかわらずこれがされようとしている場合において、行政庁がその処分又は裁決をしてはならない旨を命ずることを求める訴訟をいう。

（当事者訴訟）

第四条　この法律において「当事者訴訟」とは、当事者間の法律関係を確認し又は形成する処分又は裁決に関する訴訟で法令の規定によりその法律関係の当事者の一方を被告とするもの及び公法上の法律関係に関する確認の訴えその他の公法上の法律関係に関する訴訟をいう。

（民衆訴訟）

第五条　この法律において「民衆訴訟」とは、国又は公共団体の機関の法規に適合しない行為の是正を求める訴訟で、選挙人たる資格その他自己の法律上の利益にかかわらない資格で提起するものをいう。

（機関訴訟）

第六条　この法律において「機関訴訟」とは、国又は公共団体の機関相互間における権限の存否又はその行使に関する紛争についての訴訟をいう。

（この法律に定めがない事項）

第七条　行政事件訴訟に関し、この法律に定めがない事項については、民事訴訟の例による。

第二章　抗告訴訟

第一節　取消訴訟

（処分の取消しの訴えと審査請求との関係）

第八条　処分の取消しの訴えは、当該処分につき法令の規定により審査請求をすることができる場合においても、直ちに提起することを妨げない。ただし、法律に当該処分についての審査請求に対する裁決を経た後でなければ処分の取消しの訴えを提起することができない旨の定めがあるときは、この限りでない。

2　前項ただし書の場合においても、次の各号の一に該当するときは、裁決を経ないで、処分の取消しの訴えを提起することができる。

一　審査請求があつた日から三箇月を経過しても裁決がない

とき。

二　処分、処分の執行又は手続の続行により生ずる著しい損害を避けるため緊急の必要があるとき。

三　その他裁決を経ないことにつき正当な理由があるとき。

3　第一項本文の場合において、当該処分につき審査請求がされているときは、裁判所は、その審査請求に対する裁決があるまで（審査請求があつた日から三箇月を経過しても裁決がないときは、その期間を経過するまで）訴訟手続を中止することができる。

（原告適格）

第九条　処分の取消しの訴え及び裁決の取消しの訴え（以下「取消訴訟」という。）は、当該処分又は裁決の取消しを求めるにつき法律上の利益を有する者（処分又は裁決の効果が期間の経過その他の理由によりなくなつた後においてもなお処分又は裁決の取消しによつて回復すべき法律上の利益を有する者を含む。）に限り、提起することができる。

2　裁判所は、処分又は裁決の相手方以外の者について前項に規定する法律上の利益の有無を判断するに当たつては、当該処分又は裁決の根拠となる法令の規定の文言のみによることなく、当該法令の趣旨及び目的並びに当該処分において考慮されるべき利益の内容及び性質を考慮するものとする。この場合において、当該法令の趣旨及び目的を考慮するに当たつては、当該法令と目的を共通にする関係法令があるときはその趣旨及び目的をも参酌するものとし、当該利益の内容及び性質を考慮するに当たつては、当該処分又は裁決がその根拠となる法令に違反してされた場合に害されることとなる利益の内容及び性質並びにこれが害される態様及び程度をも勘案するものとする。

（取消しの理由の制限）

第十条　取消訴訟においては、自己の法律上の利益に関係のない違法を理由として取消しを求めることができない。

2　処分の取消しの訴えとその処分についての審査請求を棄却した裁決の取消しの訴えとを提起することができる場合には、裁決の取消しの訴えにおいては、処分の違法を理由として取消しを求めることができない。

（被告適格等）

第十一条　処分又は裁決をした行政庁（処分又は裁決があつた後に当該行政庁の権限が他の行政庁に承継されたときは、当該他の行政庁。以下同じ。）が国又は公共団体に所属する場合には、取消訴訟は、次の各号に掲げる訴えの区分に応じてそれぞれ当該各号に定める者を被告として提起しなければならない。

一　処分の取消しの訴え　当該処分をした行政庁の所属する国又は公共団体

二　裁決の取消しの訴え　当該裁決をした行政庁の所属する国又は公共団体

2　処分又は裁決をした行政庁が国又は公共団体に所属しない場合には、取消訴訟は、当該行政庁を被告として提起しなければならない。

3　前二項の規定により被告とすべき国若しくは公共団体又は行政庁がない場合には、取消訴訟は、当該処分又は裁決に係る事務の帰属する国又は公共団体を被告として提起しなければならない。

4　第一項又は前項の規定により国又は公共団体を被告として取消訴訟を提起する場合には、訴状には、民事訴訟の例により記載すべき事項のほか、次の各号に掲げる訴えの区分に応じてそれぞれ当該各号に定める行政庁を記載するものとする。

一　処分の取消しの訴え　当該処分をした行政庁

二　裁決の取消しの訴え　当該裁決をした行政庁

5　第一項又は第三項の規定により国又は公共団体を被告として取消訴訟が提起された場合には、被告は、遅滞なく、裁判所に対し、前項各号に掲げる訴えの区分に応じてそれぞれ当該各号に定める行政庁を明らかにしなければならない。

6　処分又は裁決をした行政庁は、当該処分又は裁決に係る第一項の規定による国又は公共団体を被告とする訴訟について、裁判上の一切の行為をする権限を有する。

（管轄）

第十二条　取消訴訟は、被告の普通裁判籍の所在地を管轄する裁判所又は処分若しくは裁決をした行政庁の所在地を管轄する裁判所の管轄に属する。

2　土地の収用、鉱業権の設定その他不動産又は特定の場所に係る処分又は裁決についての取消訴訟は、その不動産又は場所の所在地の裁判所にも、提起することができる。

3　取消訴訟は、当該処分又は裁決に関し事案の処理に当たつた下級行政機関の所在地の裁判所にも、提起することができる。

4　国又は独立行政法人通則法（平成十一年法律第百三号）第二条第一項に規定する独立行政法人若しくは別表に掲げる法人を被告とする取消訴訟は、原告の普通裁判籍の所在地を管轄する高等裁判所の所在地を管轄する地方裁判所（次項において「特定管轄裁判所」という。）にも、提起することができる。

5　前項の規定により特定管轄裁判所に同項の取消訴訟が提起された場合であつて、他の裁判所に事実上及び法律上同一の原因に基づいてされた処分又は裁決に係る抗告訴訟が係属している場合においては、当該特定管轄裁判所は、当事者の住所又は所在地、尋問を受けるべき証人の住所、争点又は証拠の共通性その他の事情を考慮して、相当と認めるときは、申立てにより又は職権で、訴訟の全部又は一部について、当該他の裁判所又は第一項から第三項までに定める裁判所に移送することができる。

（関連請求に係る訴訟の移送）

第十三条　取消訴訟と次の各号の一に該当する請求（以下「関連請求」という。）に係る訴訟とが各別の裁判所に係属する場合において、相当と認めるときは、関連請求に係る訴訟の係属する裁判所は、申立てにより又は職権で、その訴訟を取消訴訟の係属する裁判所に移送することができる。ただし、取消訴訟又は関連請求に係る訴訟の係属する裁判所が高等裁判所であるときは、この限りでない。

一　当該処分又は裁決に関連する原状回復又は損害賠償の請求

二　当該処分とともに一個の手続を構成する他の処分の取消しの請求

三　当該処分に係る裁決の取消しの請求

四　当該裁決に係る処分の取消しの請求

五　当該処分又は裁決の取消しを求める他の請求

六　その他当該処分又は裁決の取消しの請求と関連する請求

（出訴期間）

第十四条　取消訴訟は、処分又は裁決があつたことを知つた日から六箇月を経過したときは、提起することができない。ただし、正当な理由があるときは、この限りでない。

2　取消訴訟は、処分又は裁決の日から一年を経過したときは、提起することができない。ただし、正当な理由があるときは、この限りでない。

3　処分又は裁決につき審査請求をすることができる場合又は行政庁が誤つて審査請求をすることができる旨を教示した場合において、審査請求があつたときは、処分又は裁決に係る取消訴訟は、その審査請求をした者については、前二項の規定にかかわらず、これに対する裁決があつたことを知つた日から六箇月を経過したとき又は当該裁決の日から一年を経過したときは、提起することができない。ただし、正当な理由があるときは、この限りでない。

（被告を誤つた訴えの救済）

第十五条　取消訴訟において、原告が故意又は重大な過失によらないで被告とすべき者を誤つたときは、裁判所は、原告の申立てにより、決定をもつて、被告を変更することを許すことができる。

2　前項の決定は、書面でするものとし、その正本を新たな被告に送達しなければならない。

3　第一項の決定があつたときは、出訴期間の遵守については、新たな被告に対する訴えは、最初に訴えを提起した時に提起されたものとみなす。

4　第一項の決定があつたときは、従前の被告に対しては、訴えの取下げがあつたものとみなす。

5　第一項の決定に対しては、不服を申し立てることができない。

6　第一項の申立てを却下する決定に対しては、即時抗告をすることができる。

7　上訴審において第一項の決定をしたときは、裁判所は、その訴訟を管轄裁判所に移送しなければならない。

（請求の客観的併合）

第十六条　取消訴訟には、関連請求に係る訴えを併合することができる。

2　前項の規定により訴えを併合する場合において、取消訴訟の第一審裁判所が高等裁判所であるときは、関連請求に係る訴えの被告の同意を得なければならない。被告が異議を述べないで、本案について弁論をし、又は弁論準備手続において申述をしたときは、同意したものとみなす。

（共同訴訟）

第十七条　数人は、その数人の請求又はその数人に対する請求が処分又は裁決の取消しの請求と関連請求とである場合に限り、共同訴訟人として訴え、又は訴えられることができる。

2　前項の場合には、前条第二項の規定を準用する。

（第三者による請求の追加的併合）

第十八条　第三者は、取消訴訟の口頭弁論の終結に至るまで、その訴訟の当事者の一方を被告として、関連請求に係る訴えをこれに併合して提起することができる。この場合において、当該取消訴訟が高等裁判所に係属しているときは、第十六条第二項の規定を準用する。

（原告による請求の追加的併合）

第十九条　原告は、取消訴訟の口頭弁論の終結に至るまで、関連請求に係る訴えをこれに併合して提起することができる。この場合において、当該取消訴訟が高等裁判所に係属しているときは、第十六条第二項の規定を準用する。

2　前項の規定は、取消訴訟について民事訴訟法（平成八年法律第百九号）第百四十三条の規定の例によることを妨げない。

第二十条　前条第一項前段の規定により、処分の取消しの訴えをその処分についての審査請求を棄却した裁決の取消しの訴えに併合して提起する場合には、同項後段において準用する第十六条第二項の規定にかかわらず、処分の取消しの訴えの被告の同意を得ることを要せず、また、その提起があつたときは、出訴期間の遵守については、処分の取消しの訴えは、裁決の取消しの訴えを提起した時に提起されたものとみなす。

（国又は公共団体に対する請求への訴えの変更）

第二十一条　裁判所は、取消訴訟の目的たる請求を当該処分又は裁決に係る事務の帰属する国又は公共団体に対する損害賠償その他の請求に変更することが相当であると認めるときは、請求の基礎に変更がない限り、口頭弁論の終結に至るまで、原告の申立てにより、決定をもつて、訴えの変更を許すことができる。

2　前項の決定には、第十五条第二項の規定を準用する。

3　裁判所は、第一項の規定により訴えの変更を許す決定をするには、あらかじめ、当事者及び損害賠償その他の請求に係る訴えの被告の意見をきかなければならない。
4 訴えの変更を許す決定に対しては、即時抗告をすることができる。
5 訴えの変更を許さない決定に対しては、不服を申し立てることができない。

（第三者の訴訟参加）
第二十二条 裁判所は、訴訟の結果により権利を害される第三者があるときは、当事者若しくはその第三者の申立てにより又は職権で、決定をもつて、その第三者を訴訟に参加させることができる。
2 裁判所は、前項の決定をするには、あらかじめ、当事者及び第三者の意見をきかなければならない。
3 第一項の申立てをした第三者は、その申立てを却下する決定に対して即時抗告をすることができる。
4 第一項の規定により訴訟に参加した第三者については、民事訴訟法第四十条第一項から第三項までの規定を準用する。
5 第一項の規定により第三者が参加の申立てをした場合には、民事訴訟法第四十五条第三項及び第四項の規定を準用する。

（行政庁の訴訟参加）
第二十三条 裁判所は、処分又は裁決をした行政庁以外の行政庁を訴訟に参加させることが必要であると認めるときは、当事者若しくはその行政庁の申立てにより又は職権で、決定をもつて、その行政庁を訴訟に参加させることができる。
2 裁判所は、前項の決定をするには、あらかじめ、当事者及び当該行政庁の意見をきかなければならない。
3 第一項の規定により訴訟に参加した行政庁については、民事訴訟法第四十五条第一項及び第二項の規定を準用する。

（釈明処分の特則）
第二十三条の二 裁判所は、訴訟関係を明瞭にするため、必要があると認めるときは、次に掲げる処分をすることができる。
一 被告である国若しくは公共団体に所属する行政庁又は被告である行政庁に対し、処分又は裁決の内容、処分又は裁決の根拠となる法令の条項、処分又は裁決の原因となる事実その他処分又は裁決の理由を明らかにする資料（次項に規定する審査請求に係る事件の記録を除く。）であつて当該行政庁が保有するものの全部又は一部の提出を求めること。
二 前号に規定する行政庁以外の行政庁に対し、同号に規定する資料であつて当該行政庁が保有するものの全部又は一部の送付を嘱託すること。
2 裁判所は、処分についての審査請求に対する裁決を経た後に取消訴訟の提起があつたときは、次に掲げる処分をすることができる。
一 被告である国若しくは公共団体に所属する行政庁又は被

告である行政庁に対し、当該審査請求に係る事件の記録であつて当該行政庁が保有するものの全部又は一部の提出を求めること。

二　前号に規定する行政庁以外の行政庁に対し、同号に規定する事件の記録であつて当該行政庁が保有するものの全部又は一部の送付を嘱託すること。

（職権証拠調べ）

第二十四条　裁判所は、必要があると認めるときは、職権で、証拠調べをすることができる。ただし、その証拠調べの結果について、当事者の意見をきかなければならない。

（執行停止）

第二十五条　処分の取消しの訴えの提起は、処分の効力、処分の執行又は手続の続行を妨げない。

2　処分の取消しの訴えの提起があつた場合において、処分、処分の執行又は手続の続行により生ずる重大な損害を避けるため緊急の必要があるときは、裁判所は、申立てにより、決定をもつて、処分の効力、処分の執行又は手続の続行の全部又は一部の停止（以下「執行停止」という。）をすることができる。ただし、処分の効力の停止は、処分の執行又は手続の続行の停止によつて目的を達することができる場合には、することができない。

3　裁判所は、前項に規定する重大な損害を生ずるか否かを判断するに当たつては、損害の回復の困難の程度を考慮するものとし、損害の性質及び程度並びに処分の内容及び性質をも勘案するものとする。

4　執行停止は、公共の福祉に重大な影響を及ぼすおそれがあるとき、又は本案について理由がないとみえるときは、することができない。

5　第二項の決定は、疎明に基づいてする。

6　第二項の決定は、口頭弁論を経ないですることができる。ただし、あらかじめ、当事者の意見をきかなければならない。

7　第二項の申立てに対する決定に対しては、即時抗告をすることができる。

8　第二項の決定に対する即時抗告は、その決定の執行を停止する効力を有しない。

（事情変更による執行停止の取消し）

第二十六条　執行停止の決定が確定した後に、その理由が消滅し、その他事情が変更したときは、裁判所は、相手方の申立てにより、決定をもつて、執行停止の決定を取り消すことができる。

2　前項の申立てに対する決定及びこれに対する不服については、前条第五項から第八項までの規定を準用する。

（内閣総理大臣の異議）

第二十七条　第二十五条第二項の申立てがあつた場合には、内閣総理大臣は、裁判所に対し、異議を述べることができる。執行停止の決定があつた後においても、同様とする。

2 前項の異議には、理由を附さなければならない。

3 前項の異議の理由においては、内閣総理大臣は、処分の効力を存続し、処分を執行し、又は手続を続行しなければ、公共の福祉に重大な影響を及ぼすおそれのある事情を示すものとする。

4 第一項の異議があつたときは、裁判所は、執行停止をすることができず、また、すでに執行停止の決定をしているときは、これを取り消さなければならない。

5 第一項後段の異議は、執行停止の決定をした裁判所に対して述べなければならない。ただし、その決定に対する抗告が抗告裁判所に係属しているときは、抗告裁判所に対して述べなければならない。

6 内閣総理大臣は、やむをえない場合でなければ、第一項の異議を述べてはならず、また、異議を述べたときは、次の常会において国会にこれを報告しなければならない。

（**執行停止等の管轄裁判所**）

第二十八条 執行停止又はその決定の取消しの申立ての管轄裁判所は、本案の係属する裁判所とする。

（**執行停止に関する規定の準用**）

第二十九条 前四条の規定は、裁決の取消しの訴えの提起があつた場合における執行停止に関する事項について準用する。

（**裁量処分の取消し**）

第三十条 行政庁の裁量処分については、裁量権の範囲をこえ又はその濫用があつた場合に限り、裁判所は、その処分を取り消すことができる。

（**特別の事情による請求の棄却**）

第三十一条 取消訴訟については、処分又は裁決が違法ではあるが、これを取り消すことにより公の利益に著しい障害を生ずる場合において、原告の受ける損害の程度、その損害の賠償又は防止の程度及び方法その他一切の事情を考慮したうえ、処分又は裁決を取り消すことが公共の福祉に適合しないと認めるときは、裁判所は、請求を棄却することができる。この場合には、当該判決の主文において、処分又は裁決が違法であることを宣言しなければならない。

2 裁判所は、相当と認めるときは、終局判決前に、判決をもつて、処分又は裁決が違法であることを宣言することができる。

3 終局判決に事実及び理由を記載するには、前項の判決を引用することができる。

（**取消判決等の効力**）

第三十二条 処分又は裁決を取り消す判決は、第三者に対しても効力を有する。

2 前項の規定は、執行停止の決定又はこれを取り消す決定に準用する。

第三十三条 処分又は裁決を取り消す判決は、その事件について、処分又は裁決をした行政庁その他の関係行政庁を拘束する。

2 申請を却下し若しくは棄却した処分又は審査請求を却下し若しくは棄却した裁決が判決により取り消されたときは、その処分又は裁決をした行政庁は、判決の趣旨に従い、改めて申請に対する処分又は審査請求に対する裁決をしなければならない。

3 前項の規定は、申請に基づいてした処分又は審査請求を認容した裁決が判決により手続に違法があることを理由として取り消された場合に準用する。

4 第一項の規定は、執行停止の決定に準用する。

(第三者の再審の訴え)

第三十四条 処分又は裁決を取り消す判決により権利を害された第三者で、自己の責めに帰することができない理由により訴訟に参加することができなかつたため判決に影響を及ぼすべき攻撃又は防御の方法を提出することができなかつたものは、これを理由として、確定の終局判決に対し、再審の訴えをもつて、不服の申立てをすることができる。

2 前項の訴えは、確定判決を知つた日から三十日以内に提起しなければならない。

3 前項の期間は、不変期間とする。

4 第一項の訴えは、判決が確定した日から一年を経過したときは、提起することができない。

(訴訟費用の裁判の効力)

第三十五条 国又は公共団体に所属する行政庁が当事者又は参加人である訴訟における確定した訴訟費用の裁判は、当該行政庁が所属する国又は公共団体に対し、又はそれらの者のために、効力を有する。

第二節　その他の抗告訴訟

(無効等確認の訴えの原告適格)

第三十六条 無効等確認の訴えは、当該処分又は裁決に続く処分により損害を受けるおそれのある者その他当該処分又は裁決の無効等の確認を求めるにつき法律上の利益を有する者で、当該処分若しくは裁決の存否又はその効力の有無を前提とする現在の法律関係に関する訴えによつて目的を達することができないものに限り、提起することができる。

(不作為の違法確認の訴えの原告適格)

第三十七条 不作為の違法確認の訴えは、処分又は裁決についての申請をした者に限り、提起することができる。

(義務付けの訴えの要件等)

第三十七条の二 第三条第六項第一号に掲げる場合において、義務付けの訴えは、一定の処分がされないことにより重大な損害を生ずるおそれがあり、かつ、その損害を避けるため他に適当な方法がないときに限り、提起することができる。

2 裁判所は、前項に規定する重大な損害を生ずるか否かを判断するに当たつては、損害の回復の困難の程度を考慮するものとし、損害の性質及び程度並びに処分の内容及び性質をも勘案するものとする。

3　第一項の義務付けの訴えは、行政庁が一定の処分をすべき旨を命ずることを求めるにつき法律上の利益を有する者に限り、提起することができる。

4　前項に規定する法律上の利益の有無の判断については、第九条第二項の規定を準用する。

5　義務付けの訴えが第一項及び第三項に規定する要件に該当する場合において、その義務付けの訴えに係る処分につき、行政庁がその処分をすべきであることがその処分の根拠となる法令の規定から明らかであると認められ又は行政庁がその処分をしないことがその裁量権の範囲を超え若しくはその濫用となると認められるときは、裁判所は、行政庁がその処分をすべき旨を命ずる判決をする。

第三十七条の三　第三条第六項第二号に掲げる場合において、義務付けの訴えは、次の各号に掲げる要件のいずれかに該当するときに限り、提起することができる。

一　当該法令に基づく申請又は審査請求に対し相当の期間内に何らの処分又は裁決がされないこと。

二　当該法令に基づく申請又は審査請求を却下し又は棄却する旨の処分又は裁決がされた場合において、当該処分又は裁決が取り消されるべきものであり、又は無効若しくは不存在であること。

2　前項の義務付けの訴えは、同項各号に規定する法令に基づく申請又は審査請求をした者に限り、提起することができる。

3　第一項の義務付けの訴えを提起するときは、次の各号に掲げる区分に応じてそれぞれ当該各号に定める訴えをその義務付けの訴えに併合して提起しなければならない。この場合において、当該各号に定める訴えに係る訴訟の管轄について他の法律に特別の定めがあるときは、当該義務付けの訴えに係る訴訟の管轄は、第三十八条第一項において準用する第十二条の規定にかかわらず、その定めに従う。

一　第一項第一号に掲げる要件に該当する場合　同号に規定する処分又は裁決に係る不作為の違法確認の訴え

二　第一項第二号に掲げる要件に該当する場合　同号に規定する処分又は裁決に係る取消訴訟又は無効等確認の訴え

4　前項の規定により併合して提起された義務付けの訴え及び同項各号に定める訴えに係る弁論及び裁判は、分離しないでしなければならない。

5　義務付けの訴えが第一項から第三項までに規定する要件に該当する場合において、同項各号に定める訴えに係る請求に理由があると認められ、かつ、その義務付けの訴えに係る処分又は裁決につき、行政庁がその処分若しくは裁決をすべきであることがその処分若しくは裁決の根拠となる法令の規定から明らかであると認められ又は行政庁がその処分若しくは裁決をしないことがその裁量権の範囲を超え若しくはその濫用となると認められるときは、裁判所は、その義務付けの訴えに係る処分又は裁決をすべき旨を命ずる判決をする。
6 第四項の規定にかかわらず、裁判所は、審理の状況その他の事情を考慮して、第三項各号に定める訴えについてのみ終局判決をすることがより迅速な争訟の解決に資すると認めるときは、当該訴えについてのみ終局判決をすることができる。この場合において、裁判所は、当該訴えについてのみ終局判決をしたときは、当事者の意見を聴いて、当該訴えに係る訴訟手続が完結するまでの間、義務付けの訴えに係る訴訟手続を中止することができる。
7 第一項の義務付けの訴えのうち、行政庁が一定の裁決をすべき旨を命ずることを求めるものは、処分についての審査請求がされた場合において、当該処分に係る処分の取消しの訴え又は無効等確認の訴えを提起することができないときに限り、提起することができる。

（差止めの訴えの要件）

第三十七条の四 差止めの訴えは、一定の処分又は裁決がされることにより重大な損害を生ずるおそれがある場合に限り、提起することができる。ただし、その損害を避けるため他に適当な方法があるときは、この限りでない。
2 裁判所は、前項に規定する重大な損害を生ずるか否かを判断するに当たつては、損害の回復の困難の程度を考慮するものとし、損害の性質及び程度並びに処分又は裁決の内容及び性質をも勘案するものとする。
3 差止めの訴えは、行政庁が一定の処分又は裁決をしてはならない旨を命ずることを求めるにつき法律上の利益を有する者に限り、提起することができる。
4 前項に規定する法律上の利益の有無の判断については、第九条第二項の規定を準用する。
5 差止めの訴えが第一項及び第三項に規定する要件に該当する場合において、その差止めの訴えに係る処分又は裁決につき、行政庁がその処分若しくは裁決をすべきでないことがその処分若しくは裁決の根拠となる法令の規定から明らかであると認められ又は行政庁がその処分若しくは裁決をすることがその裁量権の範囲を超え若しくはその濫用となると認められるときは、裁判所は、行政庁がその処分又は裁決をしてはならない旨を命ずる判決をする。

（仮の義務付け及び仮の差止め）

第三十七条の五 義務付けの訴えの提起があつた場合において、その義務付けの訴えに係る処分又は裁決がされないことにより生ずる償うことのできない損害を避けるため緊急の必要があり、かつ、本案について理由があるとみえるときは、裁判所は、申立てにより、決定をもつて、仮に行政庁がその処分又は裁決をすべき旨を命ずること（以下この条において「仮の義務付け」という。）ができる。
2 差止めの訴えの提起があつた場合において、その差止めの訴えに係る処分又は裁決がされることにより生ずる償うことのできない損害を避けるため緊急の必要があり、かつ、本案について理由があるとみえるときは、裁判所は、申立てにより、決定をもつて、仮に行政庁がその処分又は裁決をしてはならない旨を命ずること（以下この条において「仮の差止め」という。）ができる。

3 仮の義務付け又は仮の差止めは、公共の福祉に重大な影響を及ぼすおそれがあるときは、することができない。

4 第二十五条第五項から第八項まで、第二十六条から第二十八条まで及び第三十三条第一項の規定は、仮の義務付け又は仮の差止めに関する事項について準用する。

5 前項において準用する第二十五条第七項の即時抗告についての裁判又は前項において準用する第二十六条第一項の決定により仮の義務付けの決定が取り消されたときは、当該行政庁は、当該仮の義務付けの決定に基づいてした処分又は裁決を取り消さなければならない。

（取消訴訟に関する規定の準用）

第三十八条 第十一条から第十三条まで、第十六条から第十九条まで、第二十一条から第二十三条まで、第二十四条、第三十三条及び第三十五条の規定は、取消訴訟以外の抗告訴訟について準用する。

2 第十条第二項の規定は、処分の無効等確認の訴えとその処分についての審査請求を棄却した裁決に係る抗告訴訟とを提起することができる場合に、第二十条の規定は、処分の無効等確認の訴えをその処分についての審査請求を棄却した裁決に係る抗告訴訟に併合して提起する場合に準用する。

3 第二十三条の二、第二十五条から第二十九条まで及び第三十二条第二項の規定は、無効等確認の訴えについて準用する。

4 第八条及び第十条第二項の規定は、不作為の違法確認の訴えに準用する。

第三章 当事者訴訟

（出訴の通知）

第三十九条 当事者間の法律関係を確認し又は形成する処分又は裁決に関する訴訟で、法令の規定によりその法律関係の当事者の一方を被告とするものが提起されたときは、裁判所は、当該処分又は裁決をした行政庁にその旨を通知するものとする。

（出訴期間の定めがある当事者訴訟）

第四十条 法令に出訴期間の定めがある当事者訴訟は、その法令に別段の定めがある場合を除き、正当な理由があるときは、その期間を経過した後であつても、これを提起することができる。

2 第十五条の規定は、法令に出訴期間の定めがある当事者訴訟について準用する。

（抗告訴訟に関する規定の準用）
第四十一条 第二十三条、第二十四条、第三十三条第一項及び第三十五条の規定は当事者訴訟について、第二十三条の二の規定は当事者訴訟における処分又は裁決の理由を明らかにする資料の提出について準用する。

2 第十三条の規定は、当事者訴訟とその目的たる請求と関連請求の関係にある請求に係る訴訟とが各別の裁判所に係属する場合における移送に、第十六条から第十九条までの規定は、これらの訴えの併合について準用する。

第四章 民衆訴訟及び機関訴訟

（訴えの提起）
第四十二条 民衆訴訟及び機関訴訟は、法律に定める場合において、法律に定める者に限り、提起することができる。

（抗告訴訟又は当事者訴訟に関する規定の準用）
第四十三条 民衆訴訟又は機関訴訟で、処分又は裁決の取消しを求めるものについては、第九条及び第十条第一項の規定を除き、取消訴訟に関する規定を準用する。

2 民衆訴訟又は機関訴訟で、処分又は裁決の無効の確認を求めるものについては、第三十六条の規定を除き、無効等確認の訴えに関する規定を準用する。

3 民衆訴訟又は機関訴訟で、前二項に規定する訴訟以外のものについては第三十九条及び第四十条第一項の規定を除き、当事者訴訟に関する規定を準用する。

第五章 補則

（仮処分の排除）
第四十四条 行政庁の処分その他公権力の行使に当たる行為については、民事訴訟法に規定する仮処分をすることができない。

（処分の効力等を争点とする訴訟）
第四十五条 私法上の法律関係に関する訴訟において、処分若しくは裁決の存否又はその効力の有無が争われている場合には、第二十三条第一項及び第二項並びに第三十九条の規定を準用する。

2 前項の規定により行政庁が訴訟に参加した場合には、民事保全法（平成元年法律第九十一号）第四十五条第一項及び第二項の規定を準用する。ただし、攻撃又は防御の方法は、当該処分若しくは裁決の存否又はその効力の有無に関するものに限り、提出することができる。

3 第一項の規定により行政庁が訴訟に参加した後において、処分若しくは裁決の存否又はその効力の有無に関する争いがなくなつたときは、裁判所は、参加の決定を取り消すことができる。

4　第一項の場合には、当該争点について第二十三条の二及び第二十四条の規定を、訴訟費用の裁判について第三十五条の規定を準用する。

（取消訴訟等の提起に関する事項の教示）

第四十六条　行政庁は、取消訴訟を提起することができる処分又は裁決をする場合には、当該処分又は裁決の相手方に対し、次に掲げる事項を書面で教示しなければならない。ただし、当該処分を口頭でする場合は、この限りでない。

一　当該処分又は裁決に係る取消訴訟の被告とすべき者

二　当該処分又は裁決に係る取消訴訟の出訴期間

三　法律に当該処分についての審査請求に対する裁決を経た後でなければ処分の取消しの訴えを提起することができない旨の定めがあるときは、その旨

2　行政庁は、法律に処分についての審査請求に対する裁決に対してのみ取消訴訟を提起することができる旨の定めがある場合において、当該処分をするときは、当該処分の相手方に対し、法律にその定めがある旨を書面で教示しなければならない。ただし、当該処分を口頭でする場合は、この限りでない。

3　行政庁は、当事者間の法律関係を確認し又は形成する処分又は裁決に関する訴訟で法令の規定によりその法律関係の当事者の一方を被告とするものを提起することができる処分又は裁決をする場合には、当該処分又は裁決の相手方に対し、次に掲げる事項を書面で教示しなければならない。ただし、当該処分を口頭でする場合は、この限りでない。

一　当該訴訟の被告とすべき者

二　当該訴訟の出訴期間

附　則（抄）

（施行期日）

第一条　この法律は、昭和三十七年十月一日から施行する。

別表（第十二条関係）

名称	根拠法
沖縄科学技術大学院大学学園	沖縄科学技術大学院大学学園法（平成二十一年法律第七十六号）
沖縄振興開発金融公庫	沖縄振興開発金融公庫法（昭和四十七年法律第三十一号）
外国人技能実習機構	外国人の技能実習の適正な実施及び技能実習生の保護に関する法律（平成二十八年法律第八十九号）
株式会社国際協力銀行	株式会社国際協力銀行法（平成二十三年法律第三十九号）
株式会社日本政策金融公庫	株式会社日本政策金融公庫法（平成十九年法律第五十七号）
株式会社日本貿易保険	貿易保険法（昭和二十五年法律第六十七号）
原子力損害賠償・廃炉等支援機構	原子力損害賠償・廃炉等支援機構法（平成二十三年法律第九十四号）
国立大学法人	国立大学法人法（平成十五年法律第百十二号）
新関西国際空港株式会社	関西国際空港及び大阪国際空港の一体的かつ効率的な設置及び管理に関する法律（平成二十三年法律第五十四号）
大学共同利用機関法人	国立大学法人法
日本銀行	日本銀行法（平成九年法律第八十九号）
日本司法支援センター	総合法律支援法（平成十六年法律第七十四号）
日本私立学校振興・共済事業団	日本私立学校振興・共済事業団法（平成九年法律第四十八号）
日本中央競馬会	日本中央競馬会法（昭和二十九年法律第二百五号）
日本年金機構	日本年金機構法（平成十九年法律第百九号）
農水産業協同組合貯金保険機構	農水産業協同組合貯金保険法（昭和四十八年法律第五十三号）
放送大学学園	放送大学学園法（平成十四年法律第百五十六号）
預金保険機構	預金保険法（昭和四十六年法律第三

十四号）

国税通則法関係

国税通則法

昭和三七年　四月　二日法律六六号
最終改正　平成三〇年　四月一八日法律一六号

目次

第一章　総則
第一節　通則（第一条―第四条）
第二節　国税の納付義務の承継等（第五条―第九条の三）
第三節　期間及び期限（第十条・第十一条）
第四節　送達（第十二条―第十四条）
第二章　国税の納付義務の確定
第一節　通則（第十五条・第十六条）
第二節　申告納税方式による国税に係る税額等の確定手続
第一款　納税申告（第十七条―第二十二条）
第二款　更正の請求（第二十三条）
第三款　更正又は決定（第二十四条―第三十条）
第三節　賦課課税方式による国税に係る税額等の確定手続（第三十一条―第三十三条）
第三章　国税の納付及び徴収
第一節　国税の納付（第三十四条・第三十五条）
第二節　国税の徴収
第一款　納税の請求（第三十六条―第三十九条）
第二款　滞納処分（第四十条）
第三節　雑則（第四十一条―第四十五条）
第四章　納税の猶予及び担保
第一節　納税の猶予（第四十六条―第四十九条）
第二節　担保（第五十条―第五十五条）
第五章　国税の還付及び還付加算金（第五十六条―第五十九条）
第六章　附帯税
第一節　延滞税及び利子税（第六十条―第六十四条）
第二節　加算税（第六十五条―第六十九条）
第七章　国税の更正、決定、徴収、還付等の期間制限
第一節　国税の更正、決定等の期間制限（第七十条・第七十一条）
第二節　国税の徴収権の消滅時効（第七十二条・第七十三条）
第三節　還付金等の消滅時効（第七十四条）
第七章の二　国税の調査（第七十四条の二―第七十四条の十三の二）

第七章の三　行政手続法との関係（第七十四条の十四）
第八章　不服審査及び訴訟
　第一節　不服審査
　　第一款　総則（第七十五条―第八十条）
　　第二款　再調査の請求（第八十一条―第八十六条）
　　第三款　審査請求（第八十七条―第百三条）
　　第四款　雑則（第百四条―第百十三条の二）
　第二節　訴訟（第百十四条―第百十六条）
第九章　雑則（第百十七条―第百二十五条）
第十章　罰則（第百二十六条―第百三十条）
第十一章　犯則事件の調査及び処分
　第一節　犯則事件の調査（第百三十一条―第百五十四条）
　第二節　犯則事件の処分（第百五十五条―第百六十条）
附則

第一章　総則

第一節　通則

（目的）

第一条　この法律は、国税についての基本的な事項及び共通的な事項を定め、税法の体系的な構成を整備し、かつ、国税に関する法律関係を明確にするとともに、税務行政の公正な運営を図り、もつて国民の納税義務の適正かつ円滑な履行に資することを目的とする。

（定義）

第二条　この法律において、次の各号に掲げる用語の意義は、当該各号に定めるところによる。

一　国税　国が課する税のうち関税、とん税及び特別とん税以外のものをいう。

二　源泉徴収等による国税　源泉徴収に係る所得税及び国際観光旅客税法（平成三十年法律第十六号）第二条第一項第七号（定義）に規定する特別徴収に係る国際観光旅客税（これらの税に係る附帯税を除く。）をいう。

三　消費税等　消費税、酒税、たばこ税、揮発油税、地方揮発油税、石油ガス税及び石油石炭税をいう。

四　附帯税　国税のうち延滞税、利子税、過少申告加算税、無申告加算税、不納付加算税及び重加算税をいう。

五　納税者　国税に関する法律の規定により国税（源泉徴収等による国税を除く。）を納める義務がある者（国税徴収法（昭和三十四年法律第百四十七号）に規定する第二次納税義務者及び国税の保証人を除く。）及び源泉徴収等による国税を徴収して国に納付しなければならない者をいう。

六　納税申告書　申告納税方式による国税に関し国税に関する法律の規定により次に掲げるいずれかの事項その他当該事項に関し必要な事項を記載した申告書をいい、国税に関する法律の規定による国税の還付金（以下「還付金」という。）の還付を受けるための申告書でこれらのいずれかの事項を記載したものを含むものとする。

イ　課税標準（国税に関する法律に課税標準額又は課税標準数量の定めがある国税については、課税標準額又は課税標準数量。以下同じ。）

ロ　課税標準から控除する金額

ハ　次に掲げる金額（以下「純損失等の金額」という。）

(1)　所得税法（昭和四十年法律第三十三号）に規定する純損失の金額又は雑損失の金額でその年以前において生じたもののうち、同法の規定により翌年以後の年分の所得の金額の計算上順次繰り越して控除し、又は前年分の所得に係る還付金の額の計算の基礎とすることができるもの

(2)　法人税法（昭和四十年法律第三十四号）に規定する欠損金額又は連結欠損金額でその事業年度又はその連結事業年度（同法第十五条の二（連結事業年度の意義）に規定する連結事業年度をいう。以下同じ。）以前において生じたもの（同法第五十七条第二項若しくは第六項（青色申告書を提出した事業年度の欠損金の繰越し）、第五十八条第二項（青色申告書を提出しなかつた事業年度の災害による損失金の繰越し）又は第八十一条の九第二項（連結欠損金の繰越し）の規定により欠損金額又は連結欠損金額とみなされたものを含む。）のうち、同法の規定により翌事業年度以後の事業年度分若しくは翌連結事業年度以後の連結事業年度分の所得の金額若しくは連結所得（同法第二条第十八号の四（定義）に規定する連結所得をいう。以下同じ。）の金額の計算上順次繰り越して控除し、又は前事業年度以前の事業年度分若しくは前連結事業年度以前の連結事業年度分の所得若しくは連結所得に係る還付金の額の計算の基礎とすることができるもの

(3)　相続税法（昭和二十五年法律第七十三号）第二十一条の十二（相続時精算課税に係る贈与税の特別控除）の規定により同条の規定の適用を受けて控除した金額がある場合における当該金額の合計額を二千五百万円から控除した残額

ニ　納付すべき税額

ホ　還付金の額に相当する税額

ヘ　ニの税額の計算上控除する金額又は還付金の額の計算の基礎となる税額

七　法定申告期限　国税に関する法律の規定により納税申告書を提出すべき期限をいう。

八　法定納期限　国税に関する法律の規定により国税を納付すべき期限（次に掲げる国税については、それぞれ次に定める期限又は日）をいう。この場合において、第三十八条第二項（繰上請求）に規定する繰上げに係る期限及び所得

税法若しくは相続税法の規定による延納（以下「延納」という。）第四十七条第一項（納税の猶予の通知等）に規定する納税の猶予又は徴収若しくは滞納処分に関する猶予に係る期限は、当該国税を納付すべき期限に含まれないものとする。

イ　第三十五条第二項（申告納税方式による国税等の納付）の規定により納付すべき国税　その国税の額をその国税に係る期限内申告書に記載された納付すべき税額とみなして国税に関する法律の規定を適用した場合におけるその国税を納付すべき期限

ロ　国税に関する法律の規定により国税を納付すべき期限とされている日後に納税の告知がされた国税（ハ又はニに掲げる国税に該当するものを除く。）　当該期限

ハ　国税に関する法律の規定により一定の事実が生じた場合に直ちに徴収するものとされている賦課課税方式による国税　当該事実が生じた日

ニ　附帯税　その納付又は徴収の基因となる国税を納付すべき期限（当該国税がイからハまでに掲げる国税に該当する場合には、それぞれ当該国税に係るイからハまでに掲げる期限（地価税に係る過少申告加算税、無申告加算税及び第三十五条第三項に規定する重加算税については、先に到来する期限）又は日）

九　課税期間　国税に関する法律の規定により国税の課税標準の計算の基礎となる期間（課税資産の譲渡等（消費税法（昭和六十三年法律第百八号）第二条第一項第九号（定義）に規定する課税資産の譲渡等をいい、同項第八号の二に規定する特定資産の譲渡等に該当するものを除く。第十五条第二項第七号（納税義務の成立及びその納付すべき税額の確定）において同じ。）及び特定課税仕入れ（同法第五条第一項（納税義務者）に規定する特定課税仕入れをいう。同号において同じ。）に課される消費税（以下「課税資産の譲渡等に係る消費税」という。）については、同法第十九条（課税期間）に規定する課税期間）をいう。

十　強制換価手続　滞納処分（その例による処分を含む。）、強制執行、担保権の実行としての競売、企業担保権の実行手続及び破産手続をいう。

（人格のない社団等に対するこの法律の適用）

第三条　法人でない社団又は財団で代表者又は管理人の定めがあるもの（以下「人格のない社団等」という。）は、法人とみなして、この法律の規定を適用する。

（他の国税に関する法律との関係）

第四条　この法律に規定する事項で他の国税に関する法律に別段の定めがあるものは、その定めるところによる。

第二節　国税の納付義務の承継等

（相続による国税の納付義務の承継）

第五条　相続（包括遺贈を含む。以下同じ。）があつた場合には、相続人（包括受遺者を含む。以下同じ。）又は民法（明治二十九年法律第八十九号）第九百五十一条（相続財産法人の成立）の法人は、その被相続人（包括遺贈者を含む。以下同じ。）に課されるべき、又はその被相続人が納付し、若しくは徴収されるべき国税（その滞納処分費を含む。次章、第三章第一節（国税の納付）、第六章（附帯税）、第七章第一節（国税の更正、決定等の期間制限）、第七章の二（国税の調査）及び第十一章（犯則事件の調査及び処分）を除き、以下同じ。）を納める義務を承継する。この場合において、相続人が限定承認をしたときは、その相続人は、相続によつて得た財産の限度においてのみその国税を納付する責めに任ずる。

2　前項前段の場合において、相続人が二人以上あるときは、各相続人が同項前段の規定により承継する国税の額は、同項の国税の額を民法第九百条から第九百二条まで（法定相続分・代襲相続人の相続分・遺言による相続分の指定）の規定によるその相続分により按分して計算した額とする。

3　前項の場合において、相続人のうちに相続によつて得た財産の価額が同項の規定により計算した国税の額を超える者があるときは、その相続人は、その超える価額を限度として、他の相続人が前二項の規定により承継する国税を納付する責めに任ずる。

（法人の合併による国税の納付義務の承継）

第六条　法人が合併した場合には、合併後存続する法人又は合併により設立した法人は、合併により消滅した法人（以下「被合併法人」という。）に課されるべき、又は被合併法人が納付し、若しくは徴収されるべき国税を納める義務を承継する。

（人格のない社団等に係る国税の納付義務の承継）

第七条　法人が人格のない社団等の財産に属する権利義務を包括して承継した場合には、その法人は、その人格のない社団等に課されるべき、又はその人格のない社団等が納付し、若しくは徴収されるべき国税（その承継が権利義務の一部についてされたときは、その国税の額にその承継の時における人格のない社団等の財産のうちにその法人が承継した財産の占める割合を乗じて計算した額の国税）を納める義務を承継する。

（信託に係る国税の納付義務の承継）

第七条の二　信託法（平成十八年法律第百八号）第五十六条第一項各号（受託者の任務の終了事由）に掲げる事由により受託者の任務が終了した場合において、新たな受託者（以下この項及び第六項において「新受託者」という。）が就任したときは、当該新受託者は当該受託者に課されるべき、又は当該受託者が納付し、若しくは徴収されるべき国税（その納める義務が信託財産責任負担債務（同法第二条第九項（定義）に規定する信託財産責任負担債務をいう。第三十八条第一項（繰上請求）及び第五十七条第一項（充当）において同じ。）

となるものに限る。以下この条において同じ。）を納める義務を承継する。

2 受託者が二人以上ある信託において、その一人の任務が信託法第五十六条第一項各号に掲げる事由により終了した場合には、前項の規定にかかわらず、他の受託者のうち、当該任務が終了した受託者（以下この項及び第五項において「任務終了受託者」という。）から信託事務の引継ぎを受けた受託者は、当該任務終了受託者に課されるべき、又は当該任務終了受託者が納付し、若しくは徴収されるべき国税を納める義務を承継する。

3 信託法第五十六条第一項第一号に掲げる事由により受託者の任務が終了した場合には、同法第七十四条第一項（受託者の死亡により任務が終了した場合の信託財産の帰属等）に規定する法人は、当該受託者に課されるべき、又は当該受託者が納付し、若しくは徴収されるべき国税を納める義務を承継する。

4 受託者である法人が分割をした場合における分割により受託者としての権利義務を承継した法人は、当該分割をした受託者である法人に課されるべき、又は当該分割をした受託者である法人が納付し、若しくは徴収されるべき国税を納める義務を承継する。

5 第一項又は第二項の規定により国税を納める義務が承継された場合にも、第一項の受託者又は任務終了受託者は、自己の固有財産をもつて、その承継された国税を納める義務を履行する責任を負う。ただし、当該国税を納める義務について、信託法第二十一条第二項（信託財産責任負担債務の範囲）の規定により、信託財産に属する財産のみをもつてその履行の責任を負うときは、この限りでない。

6 新受託者は、第一項の規定により国税を納める義務を承継した場合には、信託財産に属する財産のみをもつて、その承継された国税を納める義務を履行する責任を負う。

（国税の連帯納付義務についての民法の準用）

第八条 国税に関する法律の規定により国税を連帯して納付する義務については、民法第四百三十二条から第四百三十四条まで、第四百三十七条及び第四百三十九条から第四百四十四条まで（連帯債務の効力等）の規定を準用する。

〈編注〉 本条は、次のように改正され、平成三二年四月一日から施行される。

（国税の連帯納付義務についての民法の準用）

第八条 国税に関する法律の規定により国税を連帯して納付する義務については、民法第四百三十六条、第四百三十七条及び第四百四十一条から第四百四十五条まで（連帯債務の効力等）の規定を準用する。

（共有物等に係る国税の連帯納付義務）

第九条 共有物、共同事業又は当該事業に属する財産に係る国税は、その納税者が連帯して納付する義務を負う。

（法人の合併等の無効判決に係る連帯納付義務）

第九条の二　合併又は分割（以下この条において「合併等」という。）を無効とする判決が確定した場合には、当該合併等をした法人は、合併後存続する法人又は合併により設立した法人又は分割により事業を承継した法人若しくは合併等の日以後に納税義務（第十五条第一項（納税義務の成立及びその納付すべき税額の確定）に規定する納税義務をいう。次条において同じ。）の成立した国税（その附帯税を含む。）について、連帯して納付する義務を負う。

（法人の分割に係る連帯納付の責任）

第九条の三　法人が分割（法人税法第二条第十二号の十（定義）に規定する分社型分割を除く。以下この条において同じ。）をした場合には、当該分割により事業を承継した法人は、当該分割をした法人の次に掲げる国税（その附帯税を含み、その納める義務が第七条の二第四項（信託に係る国税の納付義務の承継）の規定により受託者としての権利義務を承継した法人に承継されたもの及びその納める義務が信託財産限定責任負担債務（信託法第百五十四条（信託の併合後の信託の財産責任負担債務の範囲等）に規定する信託財産限定責任負担債務をいう。第五十七条第一項（充当）において同じ。）となるものを除く。）について、連帯納付の責めに任ずる。ただし、当該分割をした法人から承継した財産（当該分割をした法人から承継した信託財産に属する財産を除く。）の価額を限度とする。

一　分割の日前に納税義務の成立した国税（消費税等のうち保税地域（関税法（昭和二十九年法律第六十一号）第二十九条（保税地域の種類）に規定する保税地域をいう。以下同じ。）からの引取りに係る消費税等及び課税資産の譲渡等に係る消費税以外のもの（次号において「移出に係る酒税等」という。）並びに航空機燃料税を除く。）

二　分割の日の属する月の前月末日までに納税義務の成立した移出に係る酒税等及び航空機燃料税

第三節　期間及び期限

（期間の計算及び期限の特例）

第十条　国税に関する法律において日、月又は年をもつて定める期間の計算は、次に定めるところによる。

一　期間の初日は、算入しない。ただし、その期間が午前零時から始まるとき、又は国税に関する法律に別段の定めがあるときは、この限りでない。

二　期間を定めるのに月又は年をもつてしたときは、暦に従う。

三　前号の場合において、月又は年の始めから期間を起算しないときは、その期間は、最後の月又は年においてその起算日に応当する日の前日に満了する。ただし、最後の月にその応当する日がないときは、その月の末日に満了する。

2　国税に関する法律に定める申告、申請、請求、届出その他書類の提出、通知、納付又は徴収に関する期限（時をもつて定める期限その他の政令で定める期限を除く。）が日曜日、国民の祝日に関する法律（昭和二十三年法律第百七十八号）に規定する休日その他一般の休日又は政令で定める日に当たるときは、これらの日の翌日をもつてその期限とみなす。

（災害等による期限の延長）

第十一条　国税庁長官、国税不服審判所長、国税局長、税務署長又は税関長は、災害その他やむを得ない理由により、国税に関する法律に基づく申告、申請、請求、届出その他書類の提出、納付又は徴収に関する期限までにこれらの行為をすることができないと認めるときは、政令で定めるところにより、その理由のやんだ日から二月以内に限り、当該期限を延長することができる。

第四節　送達

（書類の送達）

第十二条　国税に関する法律の規定に基づいて税務署長その他の行政機関の長又はその職員が発する書類は、郵便若しくは民間事業者による信書の送達に関する法律（平成十四年法律第九十九号）第二条第六項（定義）に規定する一般信書便事業者若しくは同条第九項に規定する特定信書便事業者による同条第二項に規定する信書便（以下「信書便」という。）による送達又は交付送達により、その送達を受けるべき者の住所又は居所（事務所及び事業所を含む。以下同じ。）に送達する。ただし、その送達を受けるべき者に納税管理人があるときは、その住所又は居所に送達する。

2　通常の取扱いによる郵便又は信書便によつて前項に規定する書類を発送した場合には、その郵便物又は民間事業者による信書の送達に関する法律第二条第三項（定義）に規定する信書便物（以下「信書便物」という。）は、通常到達すべきであつた時に送達があつたものと推定する。

3　税務署長その他の行政機関の長は、前項に規定する場合には、その書類の名称、その送達を受けるべき者（第一項ただし書の場合にあつては、納税管理人。以下この節において同じ。）の氏名（法人については、名称。第十四条第二項（公示送達）において同じ。）、あて先及び送達の年月日を確認するに足りる記録を作成して置かなければならない。

4　交付送達は、当該行政機関の職員が、第一項の規定により送達すべき場所において、その送達を受けるべき者に書類を交付して行なう。ただし、その者に異議がないときは、その他の場所において交付することができる。

5　次の各号の一に掲げる場合には、交付送達は、前項の規定による交付に代え、当該各号に掲げる行為により行なうことができる。

一　送達すべき場所において書類の送達を受けるべき者に出

会わない場合　その使用人その他の従業者又は同居の者で書類の受領について相当のわきまえのあるものに書類を交付すること。

二　書類の送達を受けるべき者その他前号に規定する者が送達すべき場所にいない場合又はこれらの者が正当な理由がなく書類の受領を拒んだ場合　送達すべき場所に書類を差し置くこと。

（相続人に対する書類の送達の特例）

第十三条　相続があつた場合において、相続人が二人以上あるときは、これらの相続人は、国税に関する法律の規定に基づいて税務署長その他の行政機関の長（国税審判官を含む。）が発する書類（滞納処分（その例による処分を含む。）に関するものを除く。）で被相続人の国税に関するものを受領する代表者をその相続人のうちから指定することができる。この場合において、その指定に係る相続人は、その旨を当該税務署長その他の行政機関の長（国税審判官の発する書類については、国税不服審判所長）に届け出なければならない。

2　前項前段の場合において、相続人のうちにその氏名が明らかでないものがあり、かつ、相当の期間内に同項後段の届出がないときは、同項後段の税務署長その他の行政機関の長は、相続人の一人を指定し、その者を同項に規定する代表者とすることができる。この場合において、その指定をした税務署長その他の行政機関の長は、その旨をその指定に係る相続人に通知しなければならない。

3　前二項に定めるもののほか、第一項に規定する代表者の指定に関し必要な事項は、政令で定める。

4　被相続人の国税につき、その者の死亡後その死亡を知らないでその者の名義でした国税に関する法律に基づく処分で書類の送達を要するものは、その相続人の一人にその書類が送達された場合には、当該国税につきすべての相続人に対して送達されたものとみなす。

（公示送達）

第十四条　第十二条（書類の送達）の規定により送達すべき書類について、その送達を受けるべき者の住所及び居所が明らかでない場合又は外国においてすべき送達につき困難な事情があると認められる場合には、税務署長その他の行政機関の長は、その送達に代えて公示送達をすることができる。

2　公示送達は、送達すべき書類の名称、その送達を受けるべき者の氏名及び税務署長その他の行政機関の長がその書類をいつでも送達を受けるべき者に交付する旨を当該行政機関の掲示場に掲示して行なう。

3　前項の場合において、掲示を始めた日から起算して七日を経過したときは、書類の送達があつたものとみなす。

第二章　国税の納付義務の確定

第一節　通則

（納税義務の成立及びその納付すべき税額の確定）

第十五条　国税を納付する義務（源泉徴収等による国税については、これを徴収して国に納付する義務。以下「納税義務」という。）が成立する場合には、その成立と同時に特別の手続を要しないで納付すべき税額が確定する国税を除き、国税に関する法律の定める手続により、その国税についての納付すべき税額が確定されるものとする。

2　納税義務は、次の各号に掲げる国税（第一号から第十三号までにおいて、附帯税を除く。）については、当該各号に定める時（当該国税のうち政令で定めるものについては、政令で定める時）に成立する。

一　所得税（次号に掲げるものを除く。）　暦年の終了の時

二　源泉徴収による所得税　利子、配当、給与、報酬、料金その他源泉徴収をすべきものとされている所得の支払の時

三　法人税及び地方法人税　事業年度（連結所得に対する法人税については、連結事業年度）の終了の時

四　相続税　相続又は遺贈（贈与者の死亡により効力を生ずる贈与を含む。）による財産の取得の時

五　贈与税　贈与（贈与者の死亡により効力を生ずる贈与を除く。）による財産の取得の時

六　地価税　課税時期（地価税法（平成三年法律第六十九号）第二条第四号（定義）に規定する課税時期をいう。）

七　消費税等　課税資産の譲渡等若しくは特定課税仕入れをした時又は課税物件の製造場（石油ガス税については石油ガスの充塡場とし、石油石炭税については原油、ガス状炭化水素又は石炭の採取場とする。）からの移出若しくは保税地域からの引取りの時

八　航空機燃料税　航空機燃料の航空機への積込みの時

九　電源開発促進税　販売電気の料金の支払を受ける権利の確定の時

十　自動車重量税　自動車検査証の交付若しくは返付の時又は届出軽自動車についての車両番号の指定の時

十一　国際観光旅客税　本邦からの出国の時

十二　印紙税　課税文書の作成の時

十三　登録免許税　登記、登録、特許、免許、許可、認可、認定、指定又は技能証明の時

十四　過少申告加算税、無申告加算税又は第六十八条第一項、第二項若しくは第四項（同条第一項又は第二項の重加算税に係る部分に限る。）（重加算税）の重加算税　法定申告期限の経過の時

十五　不納付加算税又は第六十八条第三項若しくは第四項（同条第三項の重加算税に係る部分に限る。）の重加算税

3 法定納期限の経過の時
納税義務の成立と同時に特別の手続を要しないで納付すべき税額が確定する国税は、次に掲げる国税とする。
一 所得税法第二編第五章第一節（予定納税）（同法第百六十六条（申告、納付及び還付）において準用する場合を含む。）の規定により納付すべき所得税（以下「予定納税に係る所得税」という。）
二 源泉徴収等による国税
三 自動車重量税
四 国際観光旅客税法第十八条第一項（国際観光旅客等による納付）の規定により納付すべき国際観光旅客税
五 印紙税（印紙税法（昭和四十二年法律第二十三号）第十一条（書式表示による申告及び納付の特例）及び第十二条（預貯金通帳等に係る申告及び納付等の特例）の規定の適用を受ける印紙税及び過怠税を除く。）
六 登録免許税
七 延滞税及び利子税

（国税についての納付すべき税額の確定の方式）
第十六条 国税についての納付すべき税額の確定の手続については、次の各号に掲げるいずれかの方式によるものとし、これらの方式の内容は、当該各号に掲げるところによる。
一 申告納税方式 納付すべき税額が納税者のする申告により確定することを原則とし、その申告がない場合又はその申告に係る税額の計算が国税に関する法律の規定に従つていなかつた場合その他当該税額が税務署長又は税関長の調査したところと異なる場合に限り、税務署長又は税関長の処分により確定する方式をいう。
二 賦課課税方式 納付すべき税額がもつぱら税務署長又は税関長の処分により確定する方式をいう。
2 国税（前条第三項各号に掲げるものを除く。）についての納付すべき税額の確定が前項各号に掲げる方式のうちいずれの方式によりされるかは、次に定めるところによる。
一 納税義務が成立する場合において、納税者が、国税に関する法律の規定により、納付すべき税額を申告すべきものとされている国税 申告納税方式
二 前号に掲げる国税以外の国税 賦課課税方式

第二節 申告納税方式による国税に係る税額等の確定手続

第一款 納税申告

（期限内申告）
第十七条 申告納税方式による国税の納税者は、国税に関する法律の定めるところにより、納税申告書を法定申告期限までに税務署長に提出しなければならない。
2 前項の規定により提出する納税申告書は、期限内申告書という。

（期限後申告）

第十八条　期限内申告書を提出すべきであつた者（所得税法第百二十三条第一項（確定損失申告）、第百二十五条第三項（年の中途で死亡した場合の確定損失申告）又は第百二十七条第三項（年の中途で出国をする場合の確定損失申告）（これらの規定を同法第百六十六条（非居住者に対する準用）において準用する場合を含む。）の規定による申告書を提出することができる者でその提出期限内に当該申告書を提出しなかつたもの及びこれらの者の相続人その他これらの者の財産に属する権利義務を包括して承継した者（法人が分割をした場合にあつては、第七条の二第四項（信託に係る国税の納付義務の承継）の規定により当該分割をした法人の国税を納める義務を承継した法人に限る。）を含む。）は、その提出期限後においても、第二十五条（決定）の規定による決定があるまでは、納税申告書を税務署長に提出することができる。

2　前項の規定により提出する納税申告書は、期限後申告書という。

3　期限後申告書には、その申告に係る国税の期限内申告書に記載すべきものとされている事項を記載し、その期限内申告書に添付すべきものとされている書類があるときは当該書類を添付しなければならない。

（修正申告）

第十九条　納税申告書を提出した者（その相続人その他当該提出した者の財産に属する権利義務を包括して承継した者（法人が分割をした場合にあつては、第七条の二第四項（信託に係る国税の納付義務の承継）の規定により当該分割をした法人の国税を納める義務を承継した法人に限る。以下第二十三条第一項及び第二項（更正の請求）において同じ。）を含む。）は、次の各号のいずれかに該当する場合には、その申告について第二十四条（更正）の規定による更正があるまでは、その申告に係る課税標準等（第二条第六号イからハまで（定義）に掲げる事項をいう。以下同じ。）又は税額等（同号ニからヘまでに掲げる事項をいう。以下同じ。）を修正する納税申告書を税務署長に提出することができる。

一　先の納税申告書の提出により納付すべきものとしてこれに記載した税額に不足額があるとき。

二　先の納税申告書に記載した純損失等の金額が過大であるとき。

三　先の納税申告書に記載した還付金の額に相当する税額が過大であるとき。

四　先の納税申告書に当該申告書の提出により納付すべき税額を記載しなかつた場合において、その納付すべき税額があるとき。

2　第二十四条から第二十六条まで（更正・決定）の規定による更正又は決定を受けた者（その相続人その他当該更正又は決定を受けた者の財産に属する権利義務を包括して承継した

者（法人が分割をした場合にあつては、第七条の二第四項の規定により当該分割をした法人の国税を納める義務を承継した法人に限る。）を含む。第二十三条第二項において同じ。）は、次の各号のいずれかに該当する場合には、その更正又は決定について第二十六条の規定による更正があるまでは、その更正又は決定に係る課税標準等又は税額等を修正する納税申告書を税務署長に提出することができる。

一　その更正又は決定により納付すべきものとしてその更正又は決定に係る更正通知書又は決定通知書に記載された税額に不足額があるとき。

二　その更正に係る更正通知書に記載された純損失等の金額が過大であるとき。

三　その更正又は決定に係る更正通知書又は決定通知書に記載された還付金の額に相当する税額が過大であるとき。

四　納付すべき税額がない旨の更正を受けた場合において、納付すべき税額があるとき。

3　前二項の規定により提出する納税申告書は、修正申告書という。

4　修正申告書には、次に掲げる事項を記載し、その申告に係る国税の期限内申告書に添付すべきものとされている書類があるときは当該書類の記載すべき事項のうちその申告に係るものを記載した書類を添付しなければならない。

一　その申告前の課税標準等及び税額等

二　その申告後の課税標準等及び税額等

三　その申告に係る次に掲げる金額

イ　その申告前の納付すべき税額がその申告により増加するときは、その増加する部分の税額

ロ　その申告前の還付金の額に相当する税額がその申告により減少するときは、その減少する部分の税額

ハ　所得税法第百四十二条第二項（純損失の繰戻しによる還付）（同法第百六十六条（申告、納付及び還付）において準用する場合を含む。）又は法人税法第八十条第七項（欠損金の繰戻しによる還付）（同法第八十一条の三十一第六項（連結欠損金の繰戻しによる還付）及び第百四十四条の十三第十三項（欠損金の繰戻しによる還付）において準用する場合を含む。）若しくは地方法人税法（平成二十六年法律第十一号）第二十三条第一項（欠損金の繰戻しによる法人税の還付があつた場合の還付）の規定により還付する金額（以下「純損失の繰戻し等による還付金額」という。）に係る第五十八条第一項（還付加算金）に規定する還付加算金があるときは、その還付加算金のうちロに掲げる税額に対応する部分の金額

四　前三号に掲げるもののほか、当該期限内申告書に記載すべきものとされている事項でその申告に係るものその他参考となるべき事項

（修正申告の効力）

第二十条　修正申告書で既に確定した納付すべき税額を増加させるものの提出は、既に確定した納付すべき税額に係る部分の国税についての納税義務に影響を及ぼさない。

（納税申告書の提出先等）

第二十一条　納税申告書は、その提出の際におけるその国税の納税地（以下この条において「現在の納税地」という。）を所轄する税務署長に提出しなければならない。

2　所得税、法人税、地方法人税、相続税、贈与税、地価税、課税資産の譲渡等に係る消費税又は電源開発促進税に係る納税申告書については、当該申告書に係る課税期間が開始した時（課税期間のない国税については、その納税義務の成立の時）以後にその納税地に異動があつた場合において、納税者が当該異動に係る納税地を所轄する税務署長で現在の納税地を所轄する税務署長以外のものに対し当該申告書を提出したときは、その提出を受けた税務署長は、当該申告書を受理することができる。この場合においては、当該申告書は、現在の納税地を所轄する税務署長に提出されたものとみなす。

3　前項の納税申告書を受理した税務署長は、当該申告書を現在の納税地を所轄する税務署長に送付し、かつ、その旨をその提出をした者に通知しなければならない。

4　保税地域からの引取りに係る消費税等で申告納税方式によるもの（以下「輸入品に係る申告消費税等」という。）についての納税申告書は、第一項の規定にかかわらず、当該消費税等の納税地を所轄する税関長に提出しなければならない。この場合においては、第十七条から第十九条まで（納税申告）の規定の適用については、これらの規定中「税務署長」とあるのは、「税関長」とする。

（郵送等に係る納税申告書等の提出時期）

第二十二条　納税申告書（当該申告書に添付すべき書類その他当該申告書の提出に関連して提出するものとされている書類を含む。）その他国税庁長官が定める書類が郵便又は信書便により提出された場合には、その郵便物又は信書便物の通信日付印により表示された日（その表示がないとき、又はその表示が明瞭でないときは、その郵便物又は信書便物について通常要する送付日数を基準とした場合にその日に相当するものと認められる日）にその提出がされたものとみなす。

第二款　更正の請求

（更正の請求）

第二十三条　納税申告書を提出した者は、次の各号のいずれかに該当する場合には、当該申告書に係る国税の法定申告期限から五年（第二号に掲げる場合のうち法人税に係る場合については、十年）以内に限り、税務署長に対し、その申告に係る課税標準等又は税額等（当該課税標準等又は税額等に関し次条又は第二十六条（再更正）の規定による更正（以下この条において「更正」という。）があつた場合には、当該更正後の課税標準等又は税額等）につき更正をすべき旨の請求をすることができる。
一　当該申告書に記載した課税標準等若しくは税額等の計算が国税に関する法律の規定に従つていなかつたこと又は当該計算に誤りがあつたことにより、当該申告書の提出により納付すべき税額（当該税額に関し更正があつた場合には、当該更正後の税額）が過大であるとき。
二　前号に規定する理由により、当該申告書に記載した純損失等の金額（当該金額に関し更正があつた場合には、当該更正後の金額）が過少であるとき、又は当該申告書（当該申告書に関し更正があつた場合には、更正通知書）に純損失等の金額の記載がなかつたとき。
三　第一号に規定する理由により、当該申告書に記載した還付金の額に相当する税額（当該税額に関し更正があつた場合には、当該更正後の税額）が過少であるとき、又は当該申告書（当該申告書に関し更正があつた場合には、更正通知書）に還付金の額に相当する税額の記載がなかつたとき。

2　納税申告書を提出した者又は第二十五条（決定）の規定による決定（以下この項において「決定」という。）を受けた者は、次の各号のいずれかに該当する場合（納税申告書を提出した者については、当該各号に定める期間の満了する日が前項に規定する期間の満了する日後に到来する場合に限る。）には、同項の規定にかかわらず、当該各号に掲げる期間において、その該当することを理由として同項の規定による更正の請求（以下「更正の請求」という。）をすることができる。
一　その申告、更正又は決定に係る課税標準等又は税額等の計算の基礎となつた事実に関する訴えについての判決（判決と同一の効力を有する和解その他の行為を含む。）により、その事実が当該計算の基礎としたところと異なることが確定したとき　その確定した日の翌日から起算して二月以内
二　その申告、更正又は決定に係る課税標準等又は税額等の計算に当たつてその申告をし、又は決定を受けた者に帰属するものとされていた所得その他課税物件が他の者に帰属するものとする当該他の者に係る国税の更正又は決定があつたとき　当該更正又は決定があつた日の翌日から起算して二月以内
三　その他当該国税の法定申告期限後に生じた前二号に類する政令で定めるやむを得ない理由があるとき　当該理由が生じた日の翌日から起算して二月以内

3　更正の請求をしようとする者は、その請求に係る更正前の課税標準等又は税額等、当該更正後の課税標準等又は税額等、その更正の請求をする理由、当該請求をするに至つた事情の詳細その他参考となるべき事項を記載した更正請求書を税務署長に提出しなければならない。

4　税務署長は、更正の請求があつた場合には、その請求に係る課税標準等又は税額等について調査し、更正をし、又は更

正をすべき理由がない旨をその請求をした者に通知する。

5　更正の請求があつた場合においても、税務署長は、その請求に係る納付すべき国税（その滞納処分費を含む。以下この項において同じ。）の徴収を猶予しない。ただし、税務署長において相当の理由があると認めるときは、その国税の全部又は一部の徴収を猶予することができる。

6　輸入品に係る申告消費税等についての更正の請求は、第一項の規定にかかわらず、税関長に対し、するものとする。この場合においては、前三項の規定の適用については、これらの規定中「税務署長」とあるのは、「税関長」とする。

7　前二条の規定は、更正の請求について準用する。

第三款　更正又は決定

（更正）

第二十四条　税務署長は、納税申告書の提出があつた場合において、その納税申告書に記載された課税標準等又は税額等の計算が国税に関する法律の規定に従つていなかつたとき、その他当該課税標準等又は税額等がその調査したところと異なるときは、その調査により、当該申告書に係る課税標準等又は税額等を更正する。

（決定）

第二十五条　税務署長は、納税申告書を提出する義務があると認められる者が当該申告書を提出しなかつた場合には、その調査により、当該申告書に係る課税標準等及び税額等を決定する。ただし、決定により納付すべき税額及び還付金の額に相当する税額が生じないときは、この限りでない。

（再更正）

第二十六条　税務署長は、前二条又はこの条の規定による更正又は決定をした後、その更正又は決定をした課税標準等又は税額等が過大又は過少であることを知つたときは、その調査により、当該更正又は決定に係る課税標準等又は税額等を更正する。

（国税庁又は国税局の職員の調査に基づく更正又は決定）

第二十七条　前三条の場合において、国税庁又は国税局の当該職員の調査があつたときは、税務署長は、当該調査したところに基づき、これらの規定による更正又は決定をすることができる。

（更正又は決定の手続）

第二十八条　第二十四条から第二十六条まで（更正・決定）の規定による更正又は決定（以下「更正又は決定」という。）は、税務署長が更正通知書又は決定通知書を送達して行なう。

2　更正通知書には、次に掲げる事項を記載しなければならない。この場合において、その更正が前条の調査に基づくものであるときは、その旨を附記しなければならない。

一　その更正前の課税標準等及び税額等

二　その更正前の課税標準等及び税額等

三　その更正に係る次に掲げる金額

イ　その更正前の納付すべき税額がその更正により増加するときは、その増加する部分の税額
ロ　その更正前の還付金の額に相当する税額がその更正により減少するときは、その減少する部分の税額
ハ　純損失の繰戻し等による還付金額に係る第五十八条第一項（還付加算金）に規定する還付加算金があるときは、その還付加算金のうちロに掲げる税額に対応する部分の金額
ニ　その更正前の納付すべき税額がその更正により減少するときは、その減少する部分の税額
ホ　その更正前の還付金の額に相当する税額がその更正により増加するときは、その増加する部分の税額
3　決定通知書には、その決定に係る課税標準等及び税額等を記載しなければならない。この場合において、その決定が前条の調査に基づくものであるときは、その旨を附記しなければならない。

（更正等の効力）

第二十九条　第二十四条（更正）又は第二十六条（再更正）の規定による更正（以下第七十二条（国税の徴収権の消滅時効）までにおいて「更正」という。）で既に確定した納付すべき税額を増加させるものは、既に確定した納付すべき税額に係る部分の国税についての納税義務に影響を及ぼさない。
2　既に確定した納付すべき税額を減少させる更正は、その更正により減少した税額に係る部分以外の部分の国税についての納税義務に影響を及ぼさない。
3　更正又は決定を取り消す処分又は判決は、その処分又は判決により減少した税額に係る部分以外の部分の国税についての納税義務に影響を及ぼさない。

（更正又は決定の所轄庁）

第三十条　更正又は決定は、これらの処分をする際におけるその国税の納税地（以下この条において「現在の納税地」という。）を所轄する税務署長が行う。
2　所得税、法人税、地方法人税、相続税、地価税、贈与税、課税資産の譲渡等に係る消費税又は電源開発促進税については、これらの国税の課税期間が開始した時（課税期間のない国税については、その納税義務の成立の時）以後にその納税地に異動があつた場合において、その異動に係る納税地で現在の納税地以外のもの（以下この項において「旧納税地」という。）を所轄する税務署長においてその異動の事実が知れず、又はその異動後の納税地が判明せず、かつ、その知れないこと又は判明しないことにつきやむを得ない事情があるときは、その旧納税地を所轄する税務署長は、前項の規定にかかわらず、これらの国税について更正又は決定をすることができる。
3　前二項に規定する税務署長は、更正又は決定をした後、当該更正又は決定に係る国税につき既に適法に、他の税務署長

に対し納税申告書が提出され、又は他の税務署長が決定をしていたため、当該更正又は決定をすべきでなかつたものであることを知つた場合には、遅滞なく、当該更正又は決定を取り消さなければならない。

4 輸入品に係る申告消費税等についての更正又は決定は、第二項の規定にかかわらず、当該消費税等の納税地を所轄する税関長が行う。この場合においては、第二十四条から第二十六条まで（更正・決定）又は第二十八条（更正又は決定の手続）の規定の適用については、これらの規定中「税務署長」とあるのは、「税関長」とする。

第三節 賦課課税方式による国税に係る税額等の確定手続

（課税標準申告）

第三十一条 賦課課税方式による国税の納税者は、国税に関する法律の定めるところにより、その国税の課税標準を記載した申告書をその提出期限までに税務署長に提出しなければならない。

2 第二十一条第一項（納税申告書の提出先）及び第二十二条（郵送等に係る納税申告書等の提出時期）の規定は、前項の申告書（以下「課税標準申告書」という。）について準用する。

（賦課決定）

第三十二条 税務署長は、賦課課税方式による国税については、その調査により、課税標準申告書を提出すべき期限（課税標準申告書の提出を要しない国税については、その納税義務の成立の時）後に、次の各号の区分に応じ、当該各号に掲げる事項を決定する。

一 課税標準申告書の提出があつた場合において、当該申告書に記載された課税標準が税務署長の調査したところと同じであるとき。 納付すべき税額

二 課税標準申告書を提出すべきものとされている国税につき当該申告書の提出がないとき、又は当該申告書の提出があつた場合において、当該申告書に記載された課税標準が税務署長の調査したところと異なるとき。 課税標準及び納付すべき税額

三 課税標準申告書の提出を要しないとき。 課税標準（第六十九条（加算税の税目）に規定する加算税及び過怠税については、その計算の基礎となる税額。以下この条において同じ。）及び納付すべき税額

2 税務署長は、前項又はこの項の規定による決定をした後、その決定をした課税標準（前項第一号に掲げる場合にあつては、同号の課税標準申告書に記載された課税標準）又は納付すべき税額が過大又は過少であることを知つたときは、その調査により、当該決定に係る課税標準及び納付すべき税額を変更する決定をする。

3 第一項の規定による決定は、税務署長がその決定に係る課

税標準及び納付すべき税額を記載した賦課決定通知書（第一項第一号に掲げる場合にあつては、納税告知書）を送達して行なう。

4 第二項の規定による決定は、税務署長が次に掲げる事項を記載した賦課決定通知書を送達して行なう。

一 その決定前の課税標準及び納付すべき税額

二 その決定後の課税標準及び納付すべき税額

三 その決定前の納付すべき税額がその決定により増加し、又は減少するときは、その増加し、又は減少する納付すべき税額

5 第二十七条（国税庁又は国税局の職員の調査に基づく更正又は決定）、第二十八条第二項後段（決定通知書の附記事項）及び第二十九条（更正等の効力）の規定は、第一項又は第二項の規定による決定（以下「賦課決定」という。）について準用する。

（賦課決定の所轄庁）

第三十三条 賦課決定は、その賦課決定の際におけるその国税の納税地（以下この条において「現在の納税地」という。）を所轄する税務署長が行う。

2 所得税、法人税、地方法人税、相続税、贈与税、地価税、課税資産の譲渡等に係る消費税、電源開発促進税又は国際観光旅客税法第十六条第一項（国内事業者による特別徴収等）の規定により徴収して納付すべき国際観光旅客税に係る第六十九条（加算税の税目）に規定する加算税については、次の各号のいずれかに該当する場合には、当該各号に定める税務署長は、前項の規定にかかわらず、当該各号に規定する更正若しくは決定若しくは期限後申告書若しくは修正申告書の提出により納付すべき国税又は源泉徴収等による国税に係る当該加算税についての賦課決定をすることができる。

一 第三十条第二項（更正又は決定の所轄庁）の更正又は決定があつたとき 当該更正又は決定をした税務署長

二 更正若しくは第二十五条（決定）の規定による決定で前号に規定するもの以外のもの若しくは期限後申告書若しくは修正申告書の提出（第二十一条第二項（納税申告書の提出先等）の規定に該当する場合にあつては、同条第三項の規定による当該申告書の送付）があつた後に当該国税の納税地に異動があつた場合又は源泉徴収等による国税につき納付すべき税額が確定した時以後に当該国税の納税地に異動があつた場合において、これらの異動に係る納税地で現在の納税地以外のもの（以下この号において「旧納税地」という。）を所轄する税務署長においてその異動の事実が知れず、又はその異動後の納税地が判明せず、かつ、その知れないこと又は判明しないことにつきやむを得ない事情があるとき 旧納税地を所轄する税務署長

3 保税地域からの引取りに係る消費税等で賦課課税方式によるものその他税関長が徴収すべき消費税等又は国際観光旅客

税法第十七条第一項（国外事業者による特別徴収等）の規定により徴収して納付すべき国際観光旅客税に係る不納付加算税若しくは第六十八条第三項若しくは第四項（同条第三項の重加算税に係る部分に限る。）（重加算税）の重加算税についての賦課決定は、第一項の規定にかかわらず、これらの国税の納税地を所轄する税関長が行なう。この場合においては、前二条の規定の適用については、これらの規定中「税務署長」とあるのは、「税関長」と、前条第一項各号列記以外の部分中「課税標準申告書を提出すべき期限（課税標準申告書の提出を要しない国税については、その納税義務の成立の時）後に、次の」とあるのは「次の」と、同条第一項第一号及び第三号、第二項、第三項並びに第四項第一号及び第二号中「納付すべき税額」とあるのは「税額等」とする。

第三章　国税の納付及び徴収

第一節　国税の納付

（納付の手続）

第三十四条　国税を納付しようとする者は、その税額に相当する金銭に納付書（納税告知書の送達を受けた場合には、納税告知書）を添えて、これを日本銀行（国税の収納を行う代理店を含む。）又はその国税の収納を行う税務署の職員に納付しなければならない。ただし、証券をもつてする歳入納付に関する法律（大正五年法律第十号）の定めるところにより証券で納付すること又は財務省令で定めるところによりあらかじめ税務署長に届け出た場合に財務省令で定める方法により納付すること（自動車重量税（自動車重量税法（昭和四十六年法律第八十九号）第十四条（税務署長による徴収）の規定により税務署長が徴収するものとされているものを除く。）又は登録免許税（登録免許税法（昭和四十二年法律第三十五号）第二十九条（税務署長による徴収）の規定により税務署長が徴収するものとされているものを除く。）の納付にあつては、自動車重量税法第十条の二（電子情報処理組織による申請又は届出の場合の納付の特例）又は登録免許税法第二十四条の二（電子情報処理組織による登記等の申請等の場合の納付の特例）に規定する財務省令で定める方法により納付すること）を妨げない。

2　印紙で納付すべきものとされている国税は、前項の規定にかかわらず、国税に関する法律の定めるところにより、その税額に相当する印紙をはることにより納付するものとする。印紙で納付することができるものとされている国税を印紙で納付する場合も、また同様とする。

3　物納の許可があつた国税は、第一項の規定にかかわらず、国税に関する法律の定めるところにより、物納をすることができる。

（口座振替納付に係る通知等）

第三十四条の二　税務署長は、預金又は貯金の払出しとその払い出した金銭による国税の納付をその預金口座又は貯金口座のある金融機関に委託して行おうとする納税者から、その納付に必要な事項の当該金融機関に対する通知で財務省令で定めるものの依頼があつた場合には、その納付が確実と認められ、かつ、その依頼を受けることが国税の徴収上有利と認められるときに限り、その依頼を受けることができる。

2　期限内申告書の提出により納付すべき税額の確定した国税でその提出期限と同時に納期限の到来するものが、前項の通知に基づき、政令で定める日までに納付された場合には、その納付の日が納期限後である場合においても、その納付は納期限においてされたものとみなして、延納及び延滞税に関する規定を適用する。

（納付受託者に対する納付の委託）

第三十四条の三　国税を納付しようとする者は、その税額が財務省令で定める金額以下である場合であつて、次の各号のいずれかに該当するときは、納付受託者（次条第一項に規定する納付受託者をいう。以下この条において同じ。）に納付を委託することができる。

一　第三十四条第一項（納付の手続）に規定する納付書で財務省令で定めるものに基づき納付しようとするとき。

二　電子情報処理組織を使用して行う納付受託者に対する通知で財務省令で定めるものに基づき納付しようとするとき。

2　次の各号に掲げるときは、当該各号に定める日に当該各号に規定する国税の納付があつたものとみなして、延納、物納及び附帯税に関する規定を適用する。

一　国税を納付しようとする者が、前項第一号の納付書を添えて、納付受託者に納付しようとする税額に相当する金銭の交付をしたとき　当該交付をした日

二　国税を納付しようとする者が前項第二号の通知に基づき当該国税を納付しようとする場合において、納付受託者が当該国税を納付しようとする者の委託を受けたとき　当該委託を受けた日

（納付受託者）

第三十四条の四　国税の納付に関する事務（以下この項及び第三十四条の六第一項（納付受託者の帳簿保存等の義務）において「納付事務」という。）を適正かつ確実に実施することができると認められる者であり、かつ、政令で定める要件に該当する者として国税庁長官が指定するもの（以下第三十四条の六までにおいて「納付受託者」という。）は、国税を納付しようとする者の委託を受けて、納付事務を行うことができる。

2　国税庁長官は、前項の規定による指定をしたときは、納付受託者の名称、住所又は事務所の所在地その他財務省令で定める事項を公示しなければならない。

3　納付受託者は、その名称、住所又は事務所の所在地を変更

しようとするときは、あらかじめ、その旨を国税庁長官に届け出なければならない。

4　国税庁長官は、前項の規定による届出があつたときは、当該届出に係る事項を公示しなければならない。

（納付受託者の納付）

第三十四条の五　納付受託者は、次の各号のいずれかに該当するときは、政令で定める日までに当該各号に規定する委託を受けた国税を納付しなければならない。

一　第三十四条の三第一項（第一号に係る部分に限る。）（納付受託者に対する納付の委託）の規定により国税を納付しようとする者の委託に基づき当該国税の額に相当する金銭の交付を受けたとき。

二　第三十四条の三第一項（第二号に係る部分に限る。）の規定により国税を納付しようとする者の委託を受けたとき。

2　納付受託者は、次の各号のいずれかに該当するときは、遅滞なく、財務省令で定めるところにより、その旨及び第一号の場合にあつては交付、第二号の場合にあつては委託を受けた年月日を国税庁長官に報告しなければならない。

一　第三十四条の三第一項（第一号に係る部分に限る。）の規定により国税を納付しようとする者の委託に基づき当該国税の額に相当する金銭の交付を受けたとき。

二　第三十四条の三第一項（第二号に係る部分に限る。）の規定により国税を納付しようとする者の委託を受けたとき。

3　納付受託者が第一項の国税を同項に規定する政令で定める日までに完納しないときは、納付受託者の住所又は事務所の所在地を管轄する税務署長は、国税の保証人に関する徴収の例によりその国税を納付受託者から徴収する。

4　税務署長は、第一項の規定により納付受託者が納付すべき国税については、当該納付受託者に対して第四十条（滞納処分）の規定による処分をしてもなお徴収すべき残余がある場合でなければ、その残余の額について当該国税に係る納税者から徴収することができない。

（納付受託者の帳簿保存等の義務）

第三十四条の六　納付受託者は、財務省令で定めるところにより、帳簿を備え付け、これに納付事務に関する事項を記載し、及びこれを保存しなければならない。

2　国税庁長官は、前二条及びこの条の規定を施行するため必要があると認めるときは、その必要な限度で、財務省令で定めるところにより、納付受託者に対し、報告をさせることができる。

3　国税庁長官は、前二条及びこの条の規定を施行するため必要があると認めるときは、その必要な限度で、その職員に、納付受託者の事務所に立ち入り、納付受託者の帳簿書類（その作成又は保存に代えて電磁的記録（電子的方式、磁気的方式その他の人の知覚によつては認識することができない方式で作られる記録であつて、電子計算機による情報処理の用に供されるものをいう。以下同じ。）の作成又は保存がされている場合における当該電磁的記録を含む。以下同じ。）その他必要な物件を検査させ、又は関係者に質問させることができる。
4　前項の規定により立入検査を行う職員は、その身分を示す証明書を携帯し、かつ、関係者の請求があるときは、これを提示しなければならない。
5　第三項に規定する権限は、犯罪捜査のために認められたものと解してはならない。
6　国税庁長官は、政令で定めるところにより、第三項に規定する権限を国税局長に委任することができる。

（納付受託者の指定の取消し）

第三十四条の七　国税庁長官は、第三十四条の四第一項（納付受託者）の規定による指定を受けた者が次の各号のいずれかに該当するときは、その指定を取り消すことができる。
一　第三十四条の四第一項に規定する指定の要件に該当しなくなつたとき。
二　第三十四条の五第二項（納付受託者の納付）又は前条第二項の規定による報告をせず、又は虚偽の報告をしたとき。
三　前条第一項の規定に違反して、帳簿を備え付けず、帳簿に記載せず、若しくは帳簿に虚偽の記載をし、又は帳簿を保存しなかつたとき。
四　前条第三項の規定による立入り若しくは検査を拒み、妨げ、若しくは忌避し、又は同項の規定による質問に対して陳述をせず、若しくは虚偽の陳述をしたとき。
2　国税庁長官は、前項の規定により指定を取り消したときは、その旨を公示しなければならない。

（申告納税方式による国税等の納付）

第三十五条　期限内申告書を提出した者は、国税に関する法律に定めるところにより、当該申告書の提出により納付すべきものとしてこれに記載した税額に相当する国税をその法定納期限（延納に係る国税については、その延納に係る納期限）までに国に納付しなければならない。
2　次の各号に掲げる金額に相当する国税の納税者は、その国税を当該各号に定める日（延納に係る国税その他国税に関する法律に別段の納期限の定めがある国税については、当該法律に定める納期限）までに国に納付しなければならない。
一　期限後申告書の提出により納付すべきものとしてこれに記載した税額又は修正申告書に記載した第十九条第四項第三号（修正申告により納付すべき税額）に掲げる金額（その修正申告書の提出により納付すべき税額が新たにあることとなつた場合には、当該納付すべき税額）　その期限後申告書又は修正申告書を提出した日
二　更正通知書に記載された第二十八条第二項第三号イからハまで（更正により納付すべき税額）に掲げる金額（その更正により納付すべき税額が新たにあることとなつた場合には、当該納付すべき税額）又は決定通知書に記載された

納付すべき税額　その更正通知書又は決定通知書が発せられた日の翌日から起算して一月を経過する日

3　過少申告加算税、無申告加算税又は重加算税（第六十八条第一項、第二項又は第四項（同条第一項又は第二項の重加算税に係る部分に限る。）（重加算税）の重加算税に限る。以下この項において同じ。）に係る賦課決定通知書を受けた者は、当該通知書に記載された金額の過少申告加算税、無申告加算税又は重加算税を当該通知書が発せられた日の翌日から起算して一月を経過する日までに納付しなければならない。

第二節　国税の徴収

第一款　納税の請求

（納税の通知）

第三十六条　税務署長は、国税に関する法律の規定により次に掲げる国税（その滞納処分費を除く。次条において同じ。）を徴収しようとするときは、納税の告知をしなければならない。

一　賦課課税方式による国税（過少申告加算税、無申告加算税及び前条第三項に規定する重加算税を除く。）

二　源泉徴収等による国税でその法定納期限までに納付されなかつたもの

三　自動車重量税でその法定納期限までに納付されなかつたもの

四　登録免許税でその法定納期限までに納付されなかつたもの

2　前項の規定による納付の告知は、税務署長が、政令で定めるところにより、納付すべき税額、納期限及び納付場所を記載した納税告知書を送達して行う。ただし、担保として提供された金銭をもつて消費税等を納付させる場合その他政令で定める場合には、納付告知書の送達に代え、当該職員に口頭で当該告知をさせることができる。

（督促）

第三十七条　納税者がその国税を第三十五条（申告納税方式による国税の納付）又は前条第二項の納期限（予定納税に係る所得税については、所得税法第百四条第一項、第百七条第一項又は第百十五条（予定納税額の納付）（これらの規定を同法第百六十六条（非居住者に対する準用）において準用する場合を含む。）の納期限とし、延滞税及び利子税については、その計算の基礎となる国税のこれらの納期限とする。以下「納期限」という。）までに完納しない場合には、税務署長は、その国税が次に掲げる国税である場合を除き、その納税者に対し、督促状によりその納付を督促しなければならない。

一　次条第一項若しくは第三項又は国税徴収法第百五十九条（保全差押）の規定の適用を受けた国税

二　国税に関する法律の規定により一定の事実が生じた場合に直ちに徴収するものとされている国税

2　前項の督促状は、国税に関する法律に別段の定めがあるものを除き、その国税の納期限から五十日以内に発するものとする。

3　第一項の督促をする場合において、その督促に係る国税について の延滞税又は利子税があるときは、その延滞税又は利子税につき、あわせて督促しなければならない。

（繰上請求）

第三十八条　税務署長は、次の各号のいずれかに該当する場合において、納付すべき税額の確定した国税（第三号に該当する場合においては、その納める義務が信託財産責任負担債務であるものを除く。）でその納期限までに完納されないと認められるものがあるときは、その納期限を繰り上げ、その納付を請求することができる。

一　納税者の財産につき強制換価手続が開始されたとき（仮登記担保契約に関する法律（昭和五十三年法律第七十八号）第二条第一項（所有権移転の効力の制限等）（同法第二十条（土地等の所有権以外の権利を目的とする契約への準用）において準用する場合を含む。）の規定による通知がされたときを含む。）。

二　納税者が死亡した場合において、その相続人が限定承認をしたとき。

三　法人である納税者が解散したとき。

四　その納める義務が信託財産責任負担債務である国税に係る信託が終了したとき（信託法第百六十三条第五号（信託の終了事由）に掲げる事由によって終了したときを除く。）。

五　納税者が納税管理人を定めないでこの法律の施行地に住所及び居所を有しないこととなるとき。

六　納税者が偽りその他不正の行為により国税を免れ、若しくは免れようとし、若しくは国税の還付を受け、若しくは受けようとしたと認められるとき、又は納税者が国税の滞納処分の執行を免れ、若しくは免れようとしたと認められるとき。

2　前項の規定による請求は、税務署長が、納付すべき税額、その繰上げに係る期限及び納付場所を記載した繰上請求書（源泉徴収等による国税で納税の告知がされていないものについて同項の規定による請求をする場合には、当該請求をする旨を付記した納税告知書）を送達して行う。

3　第一項各号のいずれかに該当する場合において、次に掲げる国税（納付すべき税額が確定したものを除く。）でその確定後においては当該国税の徴収を確保することができないと認められるものがあるときは、税務署長は、その国税の法定申告期限（課税標準申告書の提出期限を含む。）前に、その確定すると見込まれる国税の金額のうちその徴収を確保するため、あらかじめ、滞納処分を執行することを要すると認める金額を決定することができる。この場合においては、その税務署の当該職員は、その金額を限度として、直ちにその者の財産を差し押さえることができる。

一　納税義務の成立した国税（課税資産の譲渡等に係る消費税を除く。）

二　課税期間が経過した課税資産の譲渡等に係る消費税

三　納税義務の成立した消費税法第四十二条第一項、第四項又は第六項（課税資産の譲渡等及び特定課税仕入れについての中間申告）の規定による申告書に係る消費税

4　国税徴収法第百五十九条第二項から第十一項まで（保全差押え）の規定は、前項の決定があつた場合について準用する。この場合において、同条第五項中「六月」とあるのは、「十月」と読み替えるものとする。

（強制換価の場合の消費税等の徴収の特例）

第三十九条　税務署長は、消費税等（消費税を除く。以下この条において同じ。）の課される物品が強制換価手続により換価された場合において、国税に関する法律の規定によりその物品につき消費税等（その滞納処分費を含む。以下この項、次項及び第四十三条第一項（国税の徴収の所轄庁）において同じ。）の納税義務が成立するときは、その売却代金のうちからその消費税等を徴収することができる。

2　税務署長は、前項の規定により消費税等を徴収するときは、あらかじめその執行機関（国税徴収法第二条（用語の定義）に規定する執行機関をいう。以下同じ。）及び納税者に対し、同項の規定により徴収すべき税額その他必要な事項を通知しなければならない。

3　前項の通知があつた場合において、第一項の換価がされたときは、その納税者につきその通知に係る税額に相当する消費税等が第二十五条（決定）の規定による決定により確定されたものとみなし、その執行機関に対する通知は、国税徴収法に規定する交付要求（以下「交付要求」という。）とみなす。

第二款　滞納処分

（滞納処分）

第四十条　税務署長は、第三十七条（督促）の規定による督促に係る国税がその督促状を発した日から起算して十日を経過した日までに完納されない場合、第三十八条第一項（繰上請求）の規定による請求に係る国税がその請求に係る期限までに完納されない場合その他国税徴収法に定める場合には、同法その他の法律の規定により滞納処分を行なう。

第三節　雑則

（第三者の納付及びその代位）

第四十一条　国税は、これを納付すべき者のために第三者が納付することができる。

2　国税の納付について正当な利益を有する第三者又は国税を納付すべき者の同意を得た第三者が国税を納付すべき者に代わつてこれを納付した場合において、その国税を担保するため抵当権が設定されているときは、これらの者は、その納付

により、その抵当権につき国に代位することができる。ただし、その抵当権が根抵当である場合において、その担保すべき元本の確定前に納付があつたときは、この限りでない。

3 前項の場合において、第三者が同項の国税の一部を納付したときは、その残余の国税は、同項の規定による代位に係る第三者の債権に先だつて徴収する。

（債権者代位権及び詐害行為取消権）

第四十二条 民法第四百二十三条（債権者代位権）及び第四百二十四条（詐害行為取消権）の規定は、国税の徴収に関して準用する。

＜編注＞ 本条は、次のように改正され、平成三二年四月一日から施行される。

（債権者代位権及び詐害行為取消権）

第四十二条 民法第三編第一章第二節第二款（債権者代位権）及び第三款（詐害行為取消権）の規定は、国税の徴収に関して準用する。

（国税の徴収の所轄庁）

第四十三条 国税の徴収は、その徴収に係る処分の際におけるその国税の納税地（以下この条において「現在の納税地」という。）を所轄する税務署長が行う。ただし、保税地域からの引取りに係る消費税等その他税関長が課する消費税等又は国際観光旅客税（国際観光旅客税法第十六条第一項（国内事業者による特別徴収等）の規定により徴収して納付すべきものを除き、その滞納処分費を含む。）については、これらの国税の納税地を所轄する税関長が行う。

2 所得税、法人税、地方法人税、相続税、贈与税、地価税、課税資産の譲渡等に係る消費税、電源開発促進税又は国際観光旅客税法第十六条第一項の規定により徴収して納付すべき国際観光旅客税については、次の各号のいずれかに該当する場合には、当該各号に定める税務署長は、前項本文の規定にかかわらず、当該各号に規定する国税について徴収に係る処分をすることができる。

一 第三十条第二項（更正又は決定の所轄庁）の更正若しくは決定（当該更正又は決定により納付すべき税額に係る第六十九条（加算税の税目）に規定する加算税の賦課決定を含む。）又は第三十三条第二項第二号（賦課決定の所轄庁）の賦課決定があつた場合において、これらの処分に係る国税につき、これらの処分をした後においても引き続きこれらの項に規定する事由があるとき 当該処分をした税務署長

二 これらの国税につき納付すべき税額が確定した時以後にその納税地に異動があつた場合において、その異動に係る納税地で現在の納税地以外のもの（以下この号において「旧納税地」という。）を所轄する税務署長においてその異動の事実が知れず、又はその異動後の納税地が判明せず、かつ、その知れないこと又は判明しないことにつきやむを

得ない事情があるとき　旧納税地を所轄する税務署長

3　国税局長は、必要があると認めるときは、その管轄区域内の地域を所轄する税務署長からその徴収する国税について徴収の引継ぎを受けることができる。

4　税務署長又は税関長は、必要があると認めるときは、その徴収する国税について他の税務署長又は税関長に徴収の引継ぎをすることができる。

5　前二項の規定により徴収の引継ぎがあつたときは、その引継ぎを受けた国税局長、税務署長又は税関長は、遅滞なく、その旨をその国税を納付すべき者に通知するものとする。

（更正手続等が開始した場合の徴収の所轄庁の特例）

第四十四条　株式会社、協同組織金融機関（金融機関等の更生手続の特例等に関する法律（平成八年法律第九十五号）第二条第二項に規定する協同組織金融機関をいう。以下この項において同じ。）又は相互会社（同条第六項に規定する相互会社をいう。以下この項において同じ。）について更生手続又は企業担保権の実行手続の開始があつた場合には、当該会社、協同組織金融機関又は相互会社の国税を徴収することができる国税局長、税務署長又は税関長は更生手続又は企業担保権の実行手続が係属する地方裁判所の所在地を所轄する国税局長、税務署長又は税関長に対し、その徴収することができる国税の徴収の引継ぎをすることができる。

2　前条第五項の規定は、前項の規定により徴収の引継ぎがあつた場合について準用する。

（税関長又は国税局長が徴収する場合の読替規定）

第四十五条　第四十三条第一項ただし書（国税の徴収の所轄庁）の規定により税関長が徴収する場合又は同条第四項若しくは前条第一項の規定により税関長が徴収の引継ぎを受けた場合におけるこの章（第三十八条第三項（繰上請求）、第三十九条（強制換価の場合の消費税等の徴収の特例）及びこの節を除く。以下この項において同じ。）の規定の適用については、同章中「税務署長」又は「税務署」とあるのは「税関長」又は「税関」と、第三十六条第一項（納税の告知）中「同じ。）」とあるのは「同じ。）又は国際観光旅客税法第十八条第一項（国際観光旅客等による納付）の規定により納付すべき国際観光旅客税でその法定納期限までに納付されなかつたもの」とする。

2　第四十三条第三項又は前条第一項の規定により国税局長が徴収の引継ぎを受けた場合におけるこの章（第三十四条の二（口座振替納付に係る通知等）、第三十六条、第三十八条第三項、第三十九条及びこの節を除く。）の規定の適用については、「税務署長」とあるのは、「国税局長」又は「税務署」とあるのは「国税局」とする。

第四章　納税の猶予及び担保

第一節　納税の猶予

（納税の猶予の要件等）

第四十六条　税務署長（第四十三条第一項ただし書、第三項若しくは第四項（国税の徴収の所轄庁）又は第四十四条第一項（更生手続等が開始した場合の徴収の所轄庁の特例）の規定により税関長又は国税局長が国税の徴収を行う場合には、その税関長又は国税局長。以下この章において「税務署長等」という。）は、震災、風水害、落雷、火災その他これらに類する災害により納税者がその財産につき相当な損失を受けた場合において、その者がその損失を受けた日以後一年以内に納付すべき国税で次に掲げるものがあるときは、政令で定めるところにより、その災害のやんだ日から二月以内にされたその者の申請に基づき、その納期限（納税の告知がされていない源泉徴収等による国税については、その法定納期限）から一年以内の期間（第三号に掲げる国税については、政令で定める期間）を限り、その国税の全部又は一部の納税を猶予することができる。

一　次に掲げる国税の区分に応じ、それぞれ次に定める日以前に納税義務の成立した国税（消費税及び政令で定めるものを除く。）で、納期限（納税の告知がされていない源泉徴収等による国税については、その法定納期限）がその損失を受けた日以後に到来するもののうち、その申請の日以前に納付すべき税額の確定したもの

イ　源泉徴収等による国税並びに申告納税方式による消費税等（保税地域からの引取りに係るものにあつては、石油石炭税法（昭和五十三年法律第二十五号）第十七条第三項（引取りに係る原油等についての石油石炭税の納付等）の規定により納付すべき石油石炭税に限る。）、航空機燃料税、電源開発促進税及び印紙税　その災害のやんだ日の属する月の末日

ロ　イに掲げる国税以外の国税　その災害のやんだ日

二　その災害のやんだ日以前に課税期間が経過した課税資産の譲渡等に係る消費税でその納期限がその損失を受けた日以後に到来するもののうちその申請の日以前に納付すべき税額の確定したもの

三　予定納税に係る所得税その他政令で定める国税でその納期限がその損失を受けた日以後に到来するもの

2　税務署長等は、次の各号のいずれかに該当する事実がある場合（前項の規定の適用を受ける場合を除く。）において、その該当する事実に基づき、納税者がその国税を一時に納付することができないと認められるときは、その納付することができないと認められる金額を限度として、納税者の申請に基づき、一年以内の期間を限り、その納税を猶予することがで

きる。同項の規定による納税の猶予をした場合において、同項の災害を受けたことにより、その猶予期間内に猶予をした金額を納付することができないと認めるときも、同様とする。

一　納税者がその財産につき、震災、風水害、落雷、火災その他の災害を受け、又は盗難にかかつたこと。

二　納税者又はその者と生計を一にする親族が病気にかかり、又は負傷したこと。

三　納税者がその事業を廃止し、又は休止したこと。

四　納税者がその事業につき著しい損失を受けたこと。

五　前各号のいずれかに該当する事実に類する事実があつたこと。

3　税務署長等は、次の各号に掲げる国税（延納に係る国税を除く。）の納税者につき、当該各号に定める税額に相当する国税を一時に納付することができない理由があると認められる場合には、その納付することができないと認められる金額を限度として、その国税の納期限内にされたその者の申請（税務署長等においてやむを得ない理由があると認める場合には、その国税の納期限後にされた申請を含む。）に基づき、その納期限から一年以内の期間を限り、その納税を猶予することができる。

一　申告納税方式による国税（その附帯税を含む。）　その法定申告期限から一年を経過した日以後に納付すべき税額が確定した場合における当該確定した部分の税額

二　賦課課税方式による国税（その延滞税を含み、第六十九条（加算税の税目）に規定する加算税及び過怠税を除く。）　その課税標準申告書の提出期限（当該申告書の提出を要しない国税については、その納税義務の成立の日）から一年を経過した日以後に納付すべき税額が確定した場合における当該確定した部分の税額

三　源泉徴収等による国税（その附帯税を含む。）　その法定納期限から一年を経過した日以後に納税告知書の送達があつた場合における当該告知書に記載された納付すべき税額

4　税務署長等は、前二項の規定による納税の猶予をする場合には、その猶予に係る国税の納付については、その猶予をする期間内において、その猶予に係る金額をその者の財産の状況その他の事情からみて合理的かつ妥当なものに分割して納付させることができる。この場合においては、分割納付の各納付期限及び各納付期限ごとの納付金額を定めるものとする。

5　税務署長等は、第二項又は第三項の規定による納税の猶予をする場合には、その猶予に係る金額に相当する担保を徴さなければならない。ただし、その猶予に係る税額が百万円以下である場合、その猶予の期間が三月以内である場合又は担保を徴することができない特別の事情がある場合は、この限りでない。

6　税務署長等は、前項の規定により担保を徴する場合におい

て、その猶予に係る国税につき滞納処分により差し押さえた財産（租税条約等（租税条約等の実施に伴う所得税法、法人税法及び地方税法の特例等に関する法律（昭和四十四年法律第四十六号）第二条第二号（定義）に規定する租税条約等をいう。以下この項及び第六十三条第五項において同じ。）の規定に基づき当該租税条約等の相手国等（同法第二条第三号に規定する相手国等をいう。以下同じ。）に共助対象国税（同法第十一条の二第一項（国税の徴収の共助）に規定する共助対象国税をいう。以下この項及び第六十三条第五項において同じ。）の徴収の共助又は徴収のための財産の保全の共助を要請した場合における当該相手国等が当該共助対象国税について当該相手国等の法令に基づき差押えに相当する処分をした財産及び担保の提供を受けた財産を含む。）があるときは、その担保の額は、その猶予をする金額からその財産の価額を控除した額を限度とする。

7　税務署長等は、第二項又は第三項の規定により納税の猶予をした場合において、その猶予をした期間内にその猶予をした金額を納付することができないやむを得ない理由があると認めるときは、納税者の申請に基づき、その期間を延長することができる。ただし、その期間は、既にその者につきこれらの規定により納税の猶予をした期間とあわせて二年を超えることができない。

8　第四項の規定は、税務署長等が、前項の規定により第二項又は第三項の規定による納税の猶予をした期間を延長する場合について準用する。

9　税務署長等は、第四項（前項において準用する場合を含む。）の規定によりその猶予に係る金額を分割して納付させる場合において、納税者が第四十七条第一項（納税の猶予の通知等）の規定により通知された分割納付の各納付期限ごとの納付金額をその納付期限までに納付することができないことにつきやむを得ない理由があると認めるとき又は第四十九条第一項（納税の猶予の取消し）の規定により猶予期間を短縮したときは、その分割納付の各納付期限及び各納付期限ごとの納付金額を変更することができる。

（納税の猶予の申請手続等）

第四十六条の二　前条第一項の規定による納税の猶予の申請をしようとする者は、同項の災害によりその者がその財産につき相当な損失を受けたことの事実の詳細、当該猶予を受けようとする金額及びその期間その他の政令で定める事項を記載した申請書に、当該事実を証するに足りる書類を添付し、これを税務署長等に提出しなければならない。

2　前条第二項の規定による納税の猶予の申請をしようとする者は、同項各号のいずれかに該当する事実があること及びその該当する事実に基づきその国税を一時に納付することができない事情の詳細、当該猶予を受けようとする金額及びその期間、分割納付の方法により納付を行うかどうか（分割納付の方法により納付を行う場合にあつては、分割納付の各納付期限及び各納付期限ごとの納付金額を含む。）その他の政令で定める事項を記載した申請書に、当該該当する事実を証するに足りる書類、財産目録、担保の提供に関する書類その他の政令で定める書類を添付し、これを税務署長等に提出しなければならない。

3 前条第三項の規定による納税の猶予の申請をしようとする者は、同項各号に定める税額に相当する国税を一時に納付することができない事情の詳細、当該猶予を受けようとする金額及びその期間、分割納付の方法により納付を行うかどうか（分割納付の方法により納付を行う場合にあつては、分割納付の各納付期限及び各納付期限ごとの納付金額を含む。）その他の政令で定める事項を記載した申請書に、財産目録、担保の提供に関する書類その他の政令で定める書類を添付し、これを税務署長等に提出しなければならない。

4 前条第七項の規定による猶予の期間の延長を申請しようとする者は、猶予期間内にその猶予を受けた金額を納付することができないやむを得ない理由、猶予期間の延長を受けようとする期間、分割納付の方法により納付を行うかどうか（分割納付の方法により納付を行う場合にあつては、分割納付の各納付期限及び各納付期限ごとの納付金額を含む。）その他の政令で定める事項を記載した申請書に、財産目録、担保の提供に関する書類その他の政令で定める書類を添付し、これを税務署長等に提出しなければならない。

5 第一項、第二項又は前項の規定により添付すべき書類（政令で定める書類を除く。）については、これらの規定にかかわらず、前条第一項若しくは第二項（第一号、第二号又は第五号（同項第一号又は第二号に該当する事実に類する事実に係る部分に限る。）に係る部分に限る。）の規定による納税の猶予又はその猶予の期間の延長をする場合において、当該申請者が当該添付すべき書類を提出することが困難であると税務署長等が認めるときは、添付することを要しない。

6 税務署長等は、第一項から第四項までの規定による申請書の提出があつた場合には、当該申請に係る事項について調査を行い、前条の規定による納税の猶予若しくはその猶予の期間の延長をし、又はその納税の猶予若しくはその猶予の延長を認めないものとする。

7 税務署長等は、第一項から第四項までの規定による申請書の提出があつた場合において、これらの申請書についてその記載に不備があるとき又はこれらの申請書に添付すべき書類についてその記載に不備があるとき若しくはその提出がないときは、当該申請者に対して当該申請書の訂正又は当該添付すべき書類の訂正若しくは提出を求めることができる。

8 税務署長等は、前項の規定により申請書の訂正又は添付すべき書類の訂正若しくは提出を求める場合においては、その旨及びその理由を記載した書面により、これを当該申請者に通知する。

9　第七項の規定により申請書の訂正又は添付すべき書類の訂正若しくは提出を求められた当該申請者は、前項の規定による通知を受けた日の翌日から起算して二十日以内に当該申請書の訂正又は当該添付すべき書類の訂正若しくは提出をしなければならない。この場合において、当該期間内に当該申請書の訂正又は当該添付すべき書類の訂正若しくは提出をしなかつたときは、当該申請者は、当該期間を経過した日において当該申請を取り下げたものとみなす。

10　税務署長等は、第一項から第四項までの規定による申請書の提出があつた場合において、当該申請者について前条第一項から第三項まで又は第七項の規定に該当していると認められるときであつても、次の各号のいずれかに該当するときは、同条の規定による納税の猶予又はその猶予の延長を認めないことができる。

一　第四十九条第一項第一号（納税の猶予の取消し）に掲げる場合に該当するとき。

二　当該申請者が、次項の規定による質問に対して答弁せず、又は同項の規定による検査を拒み、妨げ、若しくは忌避したとき。

三　不当な目的で前条の規定による納税の猶予又はその猶予の期間の延長の申請がされたとき、その他その申請が誠実にされたものでないとき。

11　税務署長等は、第六項の規定による調査をするため必要があると認めるときは、その必要な限度で、その職員に、当該申請者に質問させ、又はその者の帳簿書類その他の物件を検査させることができる。

12　前項の規定により質問又は検査を行う職員は、その身分を示す証明書を携帯し、関係者の請求があつたときは、これを提示しなければならない。

13　第十一項に規定する権限は、犯罪捜査のために認められたものと解してはならない。

（納税の猶予の通知等）

第四十七条　税務署長等は、第四十六条（納税の猶予の要件等）の規定による納税の猶予（以下「納税の猶予」という。）をし、又はその猶予の期間を延長したとき（同条第九項の規定により分割納付の各納付期限及び各納付期限ごとの納付金額を変更したときを含む。）は、その旨、猶予に係る金額、猶予期間、分割して納付させる場合の当該分割納付の各納付期限及び各納付期限ごとの納付金額（同項の規定による変更をした場合には、その変更後の各納付期限及び各納付期限ごとの納付金額）その他必要な事項を納税者に通知しなければならない。

2　税務署長等は、前条第一項から第四項までの規定による申請書の提出があつた場合において、納税の猶予又はその猶予の延長を認めないときは、その旨を納税者に通知しなければならない。

（納税の猶予の効果）

第四十八条　税務署長等は、納税の猶予をしたときは、その猶予期間内は、その猶予に係る金額に相当する国税につき、新たに督促及び滞納処分（交付要求を除く。）をすることができない。

2　税務署長等は、納税の猶予をした場合において、その猶予に係る国税につき既に滞納処分により差し押さえた財産があるときは、その猶予を受けた者の申請に基づき、その差押えを解除することができる。

3　税務署長等は、納税の猶予をした場合において、その猶予に係る国税につき差し押さえた財産のうちに天然果実を生ずるもの又は有価証券、債権若しくは国税徴収法第七十二条第一項（特許権等の差押手続）に規定する無体財産権等があるときは、第一項の規定にかかわらず、その取得した天然果実又は同法第二十四条第五項第二号（譲渡担保権者の物的納税責任）に規定する第三債務者等から給付を受けた財産で金銭以外のものにつき滞納処分を執行し、その財産に係る同法第百二十九条第一項（配当の原則）に規定する換価代金等をその猶予に係る国税に充てることができる。

4　前項の場合において、同項の第三債務者等から給付を受けた財産のうちに金銭があるときは、第一項の規定にかかわらず、当該金銭をその猶予に係る国税に充てることができる。

（納税の猶予の取消し）

第四十九条　納税の猶予を受けた者が次の各号のいずれかに該当する場合には、税務署長等は、その猶予を取り消し、又は猶予期間を短縮することができる。

一　第三十八条第一項各号（繰上請求）のいずれかに該当する事実がある場合において、その者がその猶予に係る国税を猶予期間内に完納することができないと認められるとき。

二　第四十七条第一項（納税の猶予の通知等）の規定により通知された分割納付の各納付期限ごとの納付金額をその納付期限までに納付しないとき（税務署長等がやむを得ない理由があると認めるときを除く。）。

三　その猶予に係る国税につき提供された担保について税務署長等が第五十一条第一項（担保の変更等）の規定によつてした命令に応じないとき。

四　新たにその猶予に係る国税以外の国税を滞納したとき（税務署長等がやむを得ない理由があると認めるときを除く。）。

五　偽りその他不正な手段によりその猶予又はその猶予の期間の延長の申請がされ、その申請に基づきその猶予をし、又はその猶予期間の延長をしたことが判明したとき。

六　前各号に掲げる場合を除き、その者の財産の状況その他の事情の変化によりその猶予を継続することが適当でないと認められるとき。

2　税務署長等は、前項の規定により納税の猶予を取り消し、又は猶予期間を短縮する場合には、第三十八条第一項各号のいずれかに該当する事実があるときを除き、あらかじめ、その猶予を受けた者の弁明を聞かなければならない。ただし、その者が正当な理由がなくその弁明をしないときは、この限りでない。

3　税務署長等は、第一項の規定により納税の猶予を取り消し、又は猶予期間を短縮したときは、その旨を納税者に通知しなければならない。

第二節　担保

（担保の種類）

第五十条　国税に関する法律の規定により提供される担保の種類は、次に掲げるものとする。

一　国債及び地方債

二　社債（特別の法律により設立された法人が発行する債権を含む。）その他の有価証券で税務署長等（国税に関する法律の規定により国税庁長官又は国税局長が担保を徴するものとされている場合には、国税庁長官又は国税局長。以下この条及び次条において同じ。）が確実と認めるもの

三　土地

四　建物、立木及び登記される船舶並びに登録を受けた飛行機、回転翼航空機及び自動車並びに登記を受けた建設機械で、保険に附したもの

五　鉄道財団、工場財団、鉱業財団、軌道財団、運河財団、漁業財団、港湾運送事業財団、道路交通事業財団及び観光施設財団

六　税務署長等が確実と認める保証人の保証

七　金銭

（担保の変更等）

第五十一条　税務署長等は、国税につき担保の提供があつた場合において、その担保として提供された財産の価額又は保証人の資力の減少その他の理由によりその国税の納付を担保することができないと認めるときは、その担保を提供した者に対し、増担保の提供、保証人の変更その他の担保を確保するため必要な行為をすべきことを命ずることができる。

2　国税について担保を提供した者は、税務署長等の承認を受けて、その担保を変更することができる。

3　国税の担保として金銭を提供した者は、政令で定めるところにより、その金銭をもつてその国税の納付に充てることができる。

（担保の処分）

第五十二条　税務署長等は、担保の提供されている国税がその納期限（第三十八条第二項（繰上請求）に規定する繰上げに係る期限及び納税の猶予又は徴収若しくは滞納処分に関する猶予に係る期限を含む。以下次条及び第六十三条第二項（延

滞税の免除）において同じ。）までに完納されないとき、又は担保の提供がされている国税についての延納、納税の猶予若しくは徴収若しくは滞納処分に関する猶予を取り消したときは、その担保として提供された金銭をその国税に充て、若しくはその提供された金銭以外の財産を滞納処分の例により処分してその国税及び当該財産の処分費に充て、又は保証人にその国税を納付させる。

2　税務署長等は、前項の規定により保証人に同項の国税を納付させる場合には、政令で定めるところにより、その者に対し、納付させる金額、納付の期限、納付場所その他必要な事項を記載した納付通知書による告知をしなければならない。この場合においては、その者の住所又は居所の所在地を所轄する税務署長に対し、その旨を通知しなければならない。

3　保証人がその国税を前項の納付の期限までに完納しない場合には、税務署長等は、第六項において準用する第三十八条第一項の規定により納付させる場合を除き、その者に対し、納付催告書によりその納付を督促しなければならない。この場合においては、その納付催告書は、国税に関する法律に別段の定めがあるものを除き、その納付の期限から五十日以内に発するものとする。

4　第一項の場合において、担保として提供された金銭又は担保として提供された財産の処分の代金を同項の国税及び処分費に充ててなお不足があると認めるときは、税務署長等は、当該担保を提供した者の他の財産について滞納処分を執行し、また、保証人がその納付すべき金額を完納せず、かつ、当該担保を提供した者に対して滞納処分を執行してもなお不足があると認めるときは、保証人に対して滞納処分を執行する。

5　前項の規定により保証人に対して滞納処分を執行する場合には、税務署長等は、同項の担保を提供した者の財産を換価に付した後でなければ、その保証人の財産を換価に付することができない。

6　第三十八条第一項及び第二項、前節並びに第五十五条（納付委託）の規定は、保証人に第一項の国税を納付させる場合について準用する。

（国税庁長官等が徴した担保の処分）

第五十三条　国税庁長官又は国税局長は、国税に関する法律の規定により担保を徴した場合（第四十三条第三項又は第四十四条第一項（徴収の引継ぎ）の規定により徴収の引継ぎを受けた国税局長がその引継ぎに係る国税につき担保を徴した場合を除く。）において、その担保の提供されている国税がその納期限までに完納されないときは、政令で定める税務署長にその担保として提供された財産の処分その他前条に規定する処分を行なわせるものとする。

（担保の提供等に関する細目）

第五十四条　この法律に定めるもののほか、担保の提供の手続その他担保に関し必要な手続については、政令で定める。

（納付委託）

第五十五条 納税者が次に掲げる国税を納付するため、国税の納付に使用することができる証券以外の有価証券を提供して、その証券の取立てとその取り立てた金銭による当該国税の納付を委託しようとする場合には、税務署（第四十三条第一項ただし書、第三項若しくは第四項又は第四十四条第一項（国税の徴収の所轄庁）の規定により税関長又は国税局長が国税の徴収を行う場合には、その税関又は国税局。以下この条において同じ。）の当該職員は、その証券が最近において確実に取り立てることができるものであると認められるときに限り、その委託を受けることができる。この場合において、その証券の取立てにつき費用を要するときは、その委託をしようとする者は、その費用の額に相当する金額をあわせて提供しなければならない。

一 納税の猶予又は滞納処分に関する猶予に係る国税

二 納付の委託をしようとする有価証券の支払期日以後に納期限の到来する国税

三 前二号に掲げる国税のほか、滞納に係る国税で、その納付につき納税者が誠実な意思を有し、かつ、その納付の委託を受けることが国税の徴収上有利と認められるもの

2 税務署の当該職員は、前項の委託を受けたときは、納付受託証書を交付しなければならない。

3 第一項の委託があつた場合において、必要があるときは、税務署の当該職員は、確実と認める金融機関にその取立て及び納付の再委託をすることができる。

4 第一項の委託があつた場合において、その委託に係る有価証券の提供により同項第一号に掲げる国税につき国税に関する法律の規定による担保の提供の必要がないと認められるに至つたときは、その認められる限度において当該担保の提供があつたものとすることができる。

第五章 国税の還付及び還付加算金

（還付）

第五十六条 国税局長、税務署長又は税関長は、還付金又は国税に係る過誤納金（以下「還付金等」という。）があるときは、遅滞なく、金銭で還付しなければならない。

2 国税局長は、必要があると認めるときは、その管轄区域内の地域を所轄する税務署長からその還付すべき還付金等について還付の引継ぎを受けることができる。

（充当）

第五十七条 国税局長、税務署長又は税関長は、還付金等がある場合において、その還付を受けるべき者につき納付すべきこととなつている国税（その納める義務が信託財産責任負担債務である国税に係る還付金等である場合にはその納める義

務が当該信託財産責任負担債務である国税に限るものとし、その納める義務が信託財産責任負担債務である国税に係る還付金等でない場合にはその納める義務が信託財産限定責任負担債務である国税以外の国税に限る。）があるときは、前条第一項の規定による還付に代えて、還付金等をその国税に充当しなければならない。この場合において、その国税のうちに延滞税又は利子税があるときは、その還付金等は、まず延滞税又は利子税の計算の基礎となる国税に充当しなければならない。

2　前項の規定による充当があつた場合には、政令で定める充当をするのに適することとなつた時に、その充当をした還付金等に相当する額の国税の納付があつたものとみなす。

3　国税局長、税務署長又は税関長は、第一項の規定による充当をしたときは、その旨をその充当に係る国税を納付すべき者に通知しなければならない。

（還付加算金）

第五十八条　国税局長、税務署長又は税関長は、還付金等を還付し、又は充当する場合には、次の各号に掲げる還付金等の区分に従い当該各号に定める日の翌日からその還付のための支払決定の日又はその充当の日（同日前に充当をするのに適することとなつた日がある場合には、その適することとなつた日）までの期間（他の国税に関する法律に別段の定めがある場合には、その定める期間）の日数に応じ、その金額に年七・三パーセントの割合を乗じて計算した金額（以下「還付加算金」という。）をその還付し、又は充当すべき金額に加算しなければならない。

一　還付金及び次に掲げる過納金　当該還付金又は過納金に係る国税の納付があつた日（その日が当該国税の法定納期限前である場合には、当該法定納期限）

イ　更正若しくは第二十五条（決定）の規定による決定又は賦課決定（以下「更正決定等」という。）により納付すべき税額が確定した国税（当該国税に係る延滞税及び利子税を含む。）に係る過納金（次に掲げるものを除く。）

ロ　納税義務の成立と同時に特別の手続を要しないで納付すべき税額が確定する国税で納税の告知があつたもの（当該国税に係る延滞税を含む。）に係る過納金

ハ　イ又はロに掲げる過納金に類する国税に係る過納金として政令で定めるもの

二　更正の請求に基づく更正（当該請求に対する処分に係る不服申立て又は訴えについての決定若しくは裁決又は判決を含む。）により納付すべき税額が減少した国税（当該国税に係る延滞税及び利子税を含む。）に係る過納金　その更正の請求があつた日の翌日から起算して三月を経過する日と当該更正があつた日の翌日から起算して一月を経過する日とのいずれか早い日（その日が当該国税の法定納期限前である場合には、当該法定納期限）

三　前二号に掲げる過納金以外の国税に係る過誤納金　その過誤納となつた日として政令で定める日の翌日から起算して一月を経過する日

2　前項の場合において、次の各号のいずれかに該当するときは、当該各号に定める期間を同項に規定する期間から控除する。

一　還付金等の請求権につき民事執行法（昭和五十四年法律第四号）の規定による差押命令又は差押処分が発せられたとき。その差押命令の送達を受けた日の翌日から七日を経過した日までの期間

二　還付金等の請求権につき仮差押えがされたとき。その仮差押えがされている期間

3　二回以上の分割納付に係る国税につき過誤納が生じた場合には、その過誤納金については、その過誤納の金額に達するまで、納付の日の順序に従い最後に納付された金額から順次遡つて求めた金額の過誤納からなるものとみなして、第一項の規定を適用する。

4　適法に納付された国税が、その適法な納付に影響を及ぼすことなくその納付すべき額を変更する法律の規定に基づき過納となつたときは、その過納金については、これを第一項第三号に掲げる過誤納金と、その過納となつた日を同号に掲げる日とそれぞれみなして、同項の規定を適用する。

5　申告納税方式による国税の納付があつた場合において、その課税標準の計算の基礎となつた事実のうちに含まれていた無効な行為により生じた経済的成果がその行為の無効であることに基因して失われたこと、当該事実のうちに含まれていた取り消しうべき行為が取り消されたことその他これらに準ずる政令で定める理由に基づきその国税について更正（更正の請求に基づく更正を除く。）が行なわれたときは、その更正により過納となつた金額に相当する国税（その附帯税で当該更正に伴い過納となつたものを含む。）については、その更正があつた日の翌日から起算して一月を経過する日を第一項各号に掲げる日とみなして、同項の規定を適用する。

（国税の予納額の還付の特例）

第五十九条　納税者は、次に掲げる国税として納付する旨を税務署長に申し出て納付した金額があるときは、その還付を請求することができない。

一　納付すべき税額の確定した国税で、その納期が到来していないもの

二　最近において納付すべき税額の確定することが確実であると認められる国税

2　前項の規定に該当する納付があつた場合において、その納付に係る国税の全部又は一部につき国税に関する法律の改正その他の理由によりその納付の必要がないこととなつたときは、その時に国税に係る過誤納があつたものとみなして、前三条の規定を適用する。

第六章　附帯税

第一節　延滞税及び利子税

（延滞税）

第六十条　納税者は、次の各号のいずれかに該当するときは、延滞税を納付しなければならない。

一　期限内申告書を提出した場合において、当該申告書の提出により納付すべき国税をその法定納期限までに完納しないとき。

二　期限後申告書若しくは修正申告書を提出し、又は更正若しくは第二十五条（決定）の規定による決定を受けた場合において、第三十五条第二項（申告納税方式による国税等の納付）の規定により納付すべき国税があるとき。

三　納税の告知を受けた場合において、当該告知により納付すべき国税（第五号に規定する国税、不納付加算税、重加算税及び過怠税を除く。）をその法定納期限後に納付するとき。

四　予定納税に係る所得税をその法定納期限までに完納しないとき。

五　源泉徴収等による国税をその法定納期限までに完納しないとき。

2　延滞税の額は、前項各号に規定する国税の法定納期限（純損失の繰戻し等による還付金額が過大であつたことにより納付すべきこととなつた国税、輸入の許可を受けて保税地域から引き取られる物品に対する消費税等（石油石炭税法第十七条第三項（引取りに係る原油等についての石油石炭税の納付等）の規定により納付すべき石油石炭税を除く。）その他政令で定める国税については、政令で定める日。次条第二項第一号において同じ。）の翌日からその国税を完納する日までの期間の日数に応じ、その未納の税額に年十四・六パーセントの割合を乗じて計算した額とする。ただし、納期限（延納又は物納の許可の取消しがあつた場合には、その取消しに係る書面が発せられた日。以下この項並びに第六十三条第一項、第四項及び第五項（納税の猶予等の場合の延滞税の免除）において同じ。）までの期間又は納期限の翌日から二月を経過する日までの期間については、その未納の税額に年七・三パーセントの割合を乗じて計算した額とする。

3　第一項の納税者は、延滞税をその額の計算の基礎となる国税にあわせて納付しなければならない。

4　延滞税は、その額の計算の基礎となる税額の属する税目の国税とする。

（延滞税の額の計算の基礎となる期間の特例）

第六十一条　修正申告書（偽りその他不正の行為により国税を免れ、又は国税の還付を受けた納税者が当該国税についての調査があつたことにより当該国税について更正があるべきことを予知して提出した当該申告書（次項において「特定修正申告書」という。）を除く。）の提出又は更正（偽りその他不正の行為により国税を免れ、又は国税の還付を受けた納税者についてされた当該国税に係る更正（同項において「特定更正」という。）を除く。）があった場合において、次の各号のいずれかに該当するときは、当該申告書の提出又は更正により納付すべき国税については、前条第二項に規定する期間から当該各号に定める期間を控除して、同項の規定を適用する。

一　その申告又は更正に係る国税について期限内申告書が提出されている場合において、その法定申告期限から一年を経過する日後に当該修正申告書が提出され、又は当該更正に係る更正通知書が発せられたとき　その法定申告期限から一年を経過する日の翌日から当該修正申告書が提出され、又は当該更正に係る更正通知書が発せられた日までの期間

二　その申告又は更正に係る国税について期限後申告書（還付金の還付を受けるための納税申告書で政令で定めるもの（以下「還付請求申告書」という。）を含む。以下この号及び次項において同じ。）が提出されている場合において、その期限後申告書の提出があった日の翌日から起算して一年を経過する日後に当該修正申告書が提出され、又は当該更正に係る更正通知書が発せられたとき　その期限後申告書の提出があった日の翌日から起算して一年を経過する日の翌日から当該修正申告書が提出され、又は当該更正に係る更正通知書が発せられた日までの期間

2　修正申告書の提出又は納付すべき税額を増加させる更正（これに類するものとして政令で定める更正を含む。以下この項において「増額更正」という。）があった場合において、その申告又は増額更正に係る国税について期限内申告書又は期限後申告書が提出されており、かつ、当該期限内申告書又は期限後申告書の提出により納付すべき税額を減少させる更正（これに類するものとして政令で定める更正を含む。以下この項において「減額更正」という。）があった後に当該修正申告書の提出又は増額更正があったときは、当該修正申告書の提出又は増額更正により納付すべき国税（当該期限内申告書又は期限後申告書に係る税額（還付金の額に相当する税額を含む。）に達するまでの部分として政令で定める国税に限る。以下この項において同じ。）については、前項の規定にかかわらず、前条第二項に規定する期間から次に掲げる期間（特定修正申告書の提出又は特定更正により納付すべき国税その他の政令で定める国税にあっては、第一号に掲げる期間に限る。）を控除して、同項の規定を適用する。

一　当該期限内申告書又は期限後申告書の提出により納付すべき税額の納付があった日（その日が当該国税の法定納期限前である場合には、当該法定納期限）の翌日から当該減額更正に係る更正通知書が発せられた日までの期間

二　当該減額更正に係る更正通知書が発せられた日（当該減額更正が更正の請求に基づく更正である場合には、同日の翌日から起算して一年を経過する日）の翌日から当該修正申告書が提出され、又は当該増額更正に係る更正通知書が発せられた日までの期間

3　源泉徴収等による国税で次の各号に掲げる国税のいずれかに該当するものについては、前条第二項に規定する期間から当該各号に定める期間を控除して、同項の規定を適用する。ただし、その国税を法定納期限までに納付しなかつたことについて偽りその他不正の行為がある場合（第二号に掲げる国税については、当該国税についての調査があつたことにより当該国税について第三十六条第一項（納付の告知）の規定による納税の告知があるべきことを予知して納付されたときに限る。）は、この限りでない。

一　法定納期限から一年を経過する日後に納税告知書が発せられた国税　その法定納期限から一年を経過する日の翌日から当該告知書が発せられた日までの期間

二　前号に掲げるものを除き、法定納期限から一年を経過する日後に納付された国税　その法定納期限から一年を経過する日の翌日から当該納付の日までの期間

（一部納付が行なわれた場合の延滞税の額の計算等）

第六十二条　延滞税の額の計算の基礎となる国税の一部が納付されたときは、その納付の日の翌日以後の期間に係る延滞税の額の計算の基礎となる税額は、その納付された税額を控除した金額とする。

2　第六十条第三項（延滞税の納付）の規定により延滞税をあわせて納付すべき場合において、納税者の納付した金額がその延滞税の額の計算の基礎となる国税の額に達するまでは、その納付した金額は、まずその計算の基礎となる国税に充てられたものとする。

（納付の猶予等の場合の延滞税の免除）

第六十三条　第四十六条第一項若しくは第二項第一号、第二号若しくは第五号（同項第一号又は第二号に該当する事実に類する事実に係る部分に限る。）（災害等による納税の猶予）の規定による納税の猶予（以下この項において「災害等による納税の猶予」という。）若しくは国税徴収法第百五十三条第一項（滞納処分の停止）の規定による滞納処分の執行の停止をした場合又は第四十六条第二項第三号、第四号若しくは第五号（同項第三号又は第四号に該当する事実に類する事実に係る部分に限る。）若しくは第三項の規定による納税の猶予（以下この項において「事業の廃止等による納税の猶予」という。）若しくは同法第百五十一条第一項若しくは第百五十一条の二第一項（換価の猶予の要件等）の規定による換価の猶予をした場合には、その猶予又は停止をした国税に係る延滞税のうち、それぞれ、その災害等による納税の猶予若しくは当該執行の停止をした期間に対応する部分の金額に相当する

金額又はその事業の廃止等による納税の猶予若しくは当該換価の猶予をした期間（当該国税の納期限の翌日から二月を経過する日後の期間に限る。）に対応する部分の金額の二分の一に相当する金額は、免除する。ただし、第四十九条第一項（納税の猶予の取消し）（同法第百五十二条第三項又は第四項（換価の猶予に係る分割納付、通知等）において準用する場合を含む。）又は同法第百五十四条第一項（滞納処分の停止の取消し）の規定による取消しの基因となるべき事実が生じた場合には、その生じた日以後の期間に対応する部分の金額については、国税局長、税務署長又は税関長は、その免除をしないことができる。

2　第十一条（期限の延長）の規定により国税の納期限を延長した場合には、その国税に係る延滞税のうちその延長をした期間に対応する部分の金額は、免除する。

3　納税の猶予又は国税徴収法第百五十一条第一項若しくは第百五十一条の二第一項の規定による換価の猶予をした場合において、納税者が次の各号のいずれかに該当するときは、国税局長、税務署長又は税関長は、その猶予をした国税に係る延滞税（前二項の規定による免除に係る部分を除く。以下この項において同じ。）につき、猶予をした期間（当該国税を当該期間内に納付しなかつたことについてやむを得ない理由があると国税局長、税務署長又は税関長が認める場合には、猶予の期限の翌日から当該やむを得ない理由がやんだ日までの期間を含む。）に対応する部分の金額でその納付が困難と認められるものを限度として、免除することができる。

一　納税者の財産の状況が著しく不良で、納期又は弁済期の到来した地方税若しくは公課又は債務について軽減又は免除をしなければ、その事業の継続又は生活の維持が著しく困難になると認められる場合において、その軽減又は免除がされたとき。

二　納税者の事業又は生活の状況によりその延滞税の納付を困難とするやむを得ない理由があると認められるとき。

4　第二十三条第五項ただし書（更正の請求と国税の徴収との関係）その他の国税に関する法律の規定により国税の徴収を猶予した場合には、その猶予をした国税に係る延滞税につき、その猶予をした期間のうち当該国税の納期限の翌日から二月を経過する日後の期間（前三項の規定により延滞税の免除がされた場合には、当該免除に係る期間に該当する期間を除く。）に対応する部分の金額の二分の一に相当する金額は、免除する。

5　国税局長、税務署長又は税関長は、滞納に係る国税の全額を徴収するために必要な財産につき差押え（租税条約等の規定に基づき当該租税条約等の相手国等に共助対象国税の徴収の共助又は徴収のための財産の保全の共助を要請した場合における当該相手国等が当該共助対象国税について当該相手国等の法令に基づいて行う差押えに相当する処分を含む。以下この項において同じ。）をし、又は納付すべき税額に相当する担保の提供（租税条約等の規定に基づき当該租税条約等の相手国等に共助対象国税の徴収の共助又は徴収のための財産の保全の共助を要請した場合における当該相手国等が当該共助対象国税について当該相手国等の法令に基づいて受ける担保の提供を含む。以下この項において同じ。）を受けた場合には、その差押え又は担保の提供に係る国税を計算の基礎とする延滞税につき、その差押え又は担保の提供がされている期間のうち、当該国税の納期限の翌日から二月を経過する日後の期間（前各項の規定により延滞税の免除がされた場合には、当該免除に係る期間に該当する期間を除く。）に対応する部分の金額の二分の一に相当する金額を限度として、免除することができる。

6 国税局長、税務署長又は税関長は、次の各号のいずれかに該当する場合には、当該各号に規定する国税に係る延滞税（前各項の規定による免除に係る部分を除く。）につき、当該各号に掲げる期間に対応する部分の金額を限度として免除することができる。

一 第五十五条第三項（納付委託）（第五十二条第六項（保証人からの徴収）又は国税徴収法第三十二条第三項（第二次納税義務者からの徴収）において準用する場合を含む。）の規定による有価証券の取立て及び国税の納付の再委託を受けた金融機関が当該有価証券の取立てをすべき日後に当該国税の納付をした場合（同日後にその納付があつたことにつき当該有価証券の取立てを委託した者の責めに帰すべき事由がある場合を除く。） 同日の翌日からその納付があつた日までの期間

二 納付貯蓄組合法（昭和二十六年法律第百四十五号）第六条第一項（租税納付の委託）の規定による国税の納付の委託を受けた同法第二条第二項（定義）に規定する指定金融機関（国税の収納をすることができるものを除く。）がその委託を受けた日後に当該国税の納付をした場合（同日後にその納付があつたことにつき納税者の責めに帰すべき事由がある場合を除く。） 同日の翌日からその納付があつた日までの期間

三 震災、風水害、火災その他これらに類する災害により、国税を納付することができない事由が生じた場合 その事由が生じた日からその事由が消滅した日以後七日を経過した日までの期間

四 前三号のいずれかに該当する事実に類する事実が生じた場合で政令で定める場合 政令で定める期間

（利子税）

第六十四条 延納若しくは物納又は納税申告書の提出期限の延長に係る国税の納税者は、国税に関する法律の定めるところにより、当該国税にあわせて利子税を納付しなければならない。

2　利子税の額の計算の基礎となる期間は、第六十条第二項（延滞税）に規定する期間に算入しない。

3　第六十条第四項、第六十一条第二項（延滞税の額の計算の基礎となる期間の特例）、第六十二条（一部納付が行われた場合の延滞税の額の計算等）並びに前条第二項及び第六項の規定は、利子税について準用する。この場合において、第六十一条第二項中「前項の規定にかかわらず、前条第二項に規定する期間から次に掲げる期間（特定修正申告書の提出又は特定更正により納付すべき国税その他の政令で定める国税にあつては、第一号に掲げる期間に限る。）」とあるのは、「利子税の額の計算の基礎となる期間から当該期限内申告書又は期限後申告書の提出により納付すべき税額の納付があつた日（その日が第六十四条第一項（利子税）の提出期限前である場合には、当該提出期限）の翌日から法定申告期限までの期間」と読み替えるものとする。

第二節　加算税

（過少申告加算税）

第六十五条　期限内申告書（還付請求申告書を含む。第三項において同じ。）が提出された場合（期限後申告書が提出された場合において、次条第一項ただし書又は第七項の規定の適用があるときを含む。）において、修正申告書の提出又は更正があつたときは、当該納税者に対し、その修正申告又は更正に基づき第三十五条第二項（期限後申告等による納付）の規定により納付すべき税額に百分の十の割合（修正申告書の提出が、その申告に係る国税についての調査があつたことにより当該国税について更正があるべきことを予知してされたものでないときは、百分の五の割合）を乗じて計算した金額に相当する過少申告加算税を課する。

2　前項の規定に該当する場合（第五項の規定の適用がある場合を除く。）において、前項に規定する納付すべき税額（同項の修正申告又は更正前に当該修正申告又は更正に係る国税について修正申告書の提出又は更正があつたときは、その国税に係る累積増差税額を加算した金額）がその国税に係る期限内申告税額に相当する金額と五十万円とのいずれか多い金額を超えるときは、同項の過少申告加算税の額は、同項の規定にかかわらず、同項の規定により計算した金額に、その超える部分に相当する税額（同項に規定する納付すべき税額が当該超える部分に相当する税額に満たないときは、当該納付すべき税額）に百分の五の割合を乗じて計算した金額を加算した金額とする。

3　前項において、次の各号に掲げる用語の意義は、当該各号に定めるところによる。

一　累積増差税額　第一項の修正申告又は更正前にされたその国税についての修正申告書の提出又は更正に基づき第三十五条第二項の規定により納付すべき税額の合計額（当該

国税について、当該納付すべき税額を減少させる更正又は更正に係る不服申立て若しくは訴えについての決定、裁決若しくは判決による原処分の異動があつたときはこれにより減少した部分の税額に相当する金額を控除した金額とし、次項の規定の適用があつたときは同項の規定により控除すべきであつた金額を控除した金額とする。）

二　期限内申告税額　期限内申告書（次条第一項ただし書又は第七項の規定の適用がある場合には、期限後申告書を含む。次項第二号において同じ。）の提出に基づき第三十五条第一項又は第二項の規定により納付すべき税額（これらの申告書に係る国税について、次に掲げる金額があるときは当該金額を加算した金額とし、所得税、法人税、地方法人税、相続税又は消費税に係るこれらの申告書に記載された還付金の額に相当する税額があるときは当該税額を控除した金額とする。）

イ　所得税法第九十五条（外国税額控除）若しくは第百六十五条の六（非居住者に係る外国税額の控除）の規定による控除をされるべき金額、第一項の修正申告若しくは更正に係る同法第百二十条第一項第五号（確定申告書の記載事項）（同法第百六十六条（非居住者に対する準用）において準用する場合を含む。）に規定する源泉徴収税額に相当する金額、同法第百二十条第二項（同法第百六十六条において準用する場合を含む。）に規定する予納税額又は災害被害者に対する租税の減免、徴収猶予等に関する法律（昭和二十二年法律第百七十五号）第二条（所得税の軽減又は免除）の規定により軽減若しくは免除を受けた所得税の額

ロ　法人税法第二条第三十八号（定義）に規定する中間納付額、同法第六十八条（所得税額の控除）（同法第百四十四条（外国法人に対する準用）において準用する場合を含む。）、第六十九条（外国税額の控除）、第八十一条の十四（連結事業年度における所得税額の控除）、第八十一条の十五（連結事業年度における外国税額の控除）若しくは第百四十四条の二（外国法人に係る外国税額の控除）の規定による控除をされるべき金額又は同法第九十条（退職年金等積立金に係る中間申告による納付）（同法第百四十五条の五（外国法人に対する準用）において準用する場合を含む。）の規定により納付すべき法人税の額（その額につき修正申告書の提出又は更正があつた場合には、その申告又は更正後の法人税の額）

ハ　地方法人税法第二条第十九号（定義）に規定する中間納付額、同法第十二条（外国税額の控除）の規定による控除をされるべき金額又は同法第二十条第二項（中間申告による納付）の規定により納付すべき地方法人税の額（その額につき修正申告書の提出又は更正があつた場合には、その申告又は更正後の地方法人税の額）

ニ　相続税法第二十条の二（在外財産に対する相続税額の控除）、第二十一条の八（在外財産に対する贈与税額の控除）、第二十一条の十五第三項及び第二十一条の十六第四項（相続時精算課税に係る贈与税相当額の控除）の規定による控除をされるべき金額

ホ　消費税法第二条第一項第二十号（定義）に規定する中間納付額

4　次の各号に掲げる場合には、第一項又は第二項に規定する納付すべき税額から当該各号に定める税額として政令で定めるところにより計算した金額を控除して、これらの項の規定を適用する。

一　第一項又は第二項に規定する納付すべき税額の計算の基礎となつた事実のうちにその修正申告又は更正前の税額（還付金の額に相当する税額を含む。）の計算の基礎とされていなかつたことについて正当な理由があると認められるものがある場合　その正当な理由があると認められる事実に基づく税額

二　第一項の修正申告又は更正前に当該修正申告又は更正に係る国税について期限内申告書の提出により納付すべき税額を減少させる更正その他これに類するものとして政令で定める更正（更正の請求に基づく更正を除く。）があつた場合　当該期限内申告書に係る税額（還付金の額に相当する税額を含む。）に達するまでの税額

5　第一項の規定は、修正申告書の提出が、その申告に係る国税についての調査があつたことにより当該国税について更正があるべきことを予知してされたものでない場合において、その申告に係る国税についての調査に係る第七十四条の九第一項第四号及び第五号（納税義務者に対する調査の事前通知等）に掲げる事項その他政令で定める事項の通知（次条第六項において「調査通知」という。）がある前に行われたものであるときは、適用しない。

（無申告加算税）

第六十六条　次の各号のいずれかに該当する場合には、当該納税者に対し、当該各号に規定する申告、更正又は決定に基づき第三十五条第二項（期限後申告等による納付）の規定により納付すべき税額に百分の十五の割合（期限後申告書又は第二号の修正申告書の提出が、その申告に係る国税についての調査があつたことにより当該国税について更正又は決定があるべきことを予知してされたものでないときは、百分の十の割合）を乗じて計算した金額に相当する無申告加算税を課する。ただし、期限内申告書の提出がなかつたことについて正当な理由があると認められる場合は、この限りでない。

一　期限後申告書の提出又は第二十五条（決定）の規定による決定があつた場合

二　期限後申告書の提出又は第二十五条の規定による決定があつた後に修正申告書の提出又は更正があつた場合

2　前項の規定に該当する場合（同項ただし書又は第七項の規定の適用がある場合を除く。）において、前項に規定する納付すべき税額（同項第二号の修正申告書の提出又は更正があつたときは、その国税に係る累積納付税額を加算した金額）が五十万円を超えるときは、同項の無申告加算税の額は、同項の規定にかかわらず、同項の規定により計算した金額に、その超える部分に相当する税額（同項に規定する納付すべき税額が当該超える部分に相当する税額に満たないときは、当該納付すべき税額）に百分の五の割合を乗じて計算した金額を加算した金額とする。

3　前項において、累積納付税額とは、第一項第二号の修正申告書の提出又は更正前にされたその国税についての次に掲げる納付すべき税額の合計額（当該国税について、当該納付すべき税額を減少させる更正又は更正若しくは第二十五条の規定による決定に係る不服申立て若しくは訴えについての決定、裁決若しくは判決による原処分の異動があつたときはこれらにより減少した部分の税額に相当する金額を控除した金額とし、第五項において準用する前条第四項（第一号に係る部分に限る。以下この項及び第五項において同じ。）の規定の適用があつたときは同条第四項の規定により控除すべきであつた金額を控除した金額とする。）をいう。

一　期限後申告書の提出又は第二十五条の規定による決定に基づき第三十五条第二項の規定により納付すべき税額

二　修正申告書の提出又は更正に基づき第三十五条第二項の規定により納付すべき税額

4　第一項の規定に該当する場合（同項ただし書若しくは第七項の規定の適用がある場合又は期限後申告書若しくは第一項第二号の修正申告書の提出が、その申告に係る国税についての調査があつたことにより当該国税について更正又は決定があるべきことを予知してされたものでない場合を除く。）において、その期限後申告書若しくは修正申告書の提出又は更正若しくは決定があつた日の前日から起算して五年前の日までの間に、その申告又は更正若しくは決定に係る国税の属する税目について、無申告加算税（期限後申告書又は同号の修正申告書の提出が、その申告に係る国税についての調査があつたことにより当該国税について更正又は決定があるべきことを予知してされたものでない場合において課されたものを除く。）又は重加算税（第六十八条第四項（重加算税）において「無申告加算税等」という。）を課されたことがあるときは、第一項の無申告加算税の額は、同項及び第二項の規定にかかわらず、これらの規定により計算した金額に、第一項に規定する納付すべき税額に百分の十の割合を乗じて計算した金額を加算した金額とする。

5　前条第四項の規定は、第一項第二号の場合について準用する。

6　期限後申告書又は第一項第二号の修正申告書の提出が、その申告に係る国税についての調査があつたことにより当該国税について更正又は決定があるべきことを予知してされたものでない場合において、その申告に係る国税についての調査通知がある前に行われたものであるときは、その申告に基づき第三十五条第二項の規定により納付すべき税額に係る第一項の無申告加算税の額は、同項及び第二項の規定にかかわらず、当該納付すべき税額に百分の五の割合を乗じて計算した金額とする。

7　第一項の規定は、期限後申告書の提出が、その申告に係る国税についての調査があつたことにより当該国税について第二十五条の規定による決定があるべきことを予知してされたものでない場合において、期限内申告書を提出する意思があつたと認められる場合として政令で定める場合に該当してされたものであり、かつ、法定申告期限から一月を経過する日までに行われたものであるときは、適用しない。

（不納付加算税）

第六十七条　源泉徴収等による国税がその法定納期限までに完納されなかつた場合には、税務署長又は税関長は、当該納税者から、納税の告知（第三十六条第一項（納税の告知）の規定による納税の告知（同項第二号に係るものに限る。）をいう。次項において同じ。）に係る税額又はその法定納期限後に当該告知を受けることなく納付された税額に百分の十の割合を乗じて計算した金額に相当する不納付加算税を徴収する。ただし、当該告知又は納付に係る国税を法定納期限までに納付しなかつたことについて正当な理由があると認められる場合は、この限りでない。

2　源泉徴収等による国税が納税の告知を受けることなくその法定納期限後に納付された場合において、その納付が、当該国税についての調査があつたことにより当該国税について当該告知があるべきことを予知してされたものでないときは、その納付された税額に係る前項の不納付加算税の額は、同項の規定にかかわらず、当該納付された税額に百分の五の割合を乗じて計算した金額とする。

3　第一項の規定は、前項の規定に該当する納付がされた場合において、その納付が法定納期限までに納付する意思があつたと認められる場合として政令で定める場合に該当してされたものであり、かつ、当該納付に係る源泉徴収等による国税が法定納期限から一月を経過する日までに納付されたものであるときは、適用しない。

（重加算税）

第六十八条　第六十五条第一項（過少申告加算税）の規定に該当する場合（修正申告書の提出が、その申告に係る国税についての調査があつたことにより当該国税について更正があるべきことを予知してされたものでない場合を除く。）において、納税者がその国税の課税標準等又は税額等の計算の基礎となるべき事実の全部又は一部を隠蔽し、又は仮装し、その隠蔽し、又は仮装したところに基づき納税申告書を提出していたときは、当該納税者に対し、政令で定めるところにより、過少申告加算税の額の計算の基礎となるべき税額（その税額の計算の基礎となるべき事実で隠蔽し、又は仮装されていないものに基づくことが明らかであるものがあるときは、当該隠蔽し、又は仮装されていない事実に基づく税額として政令で定めるところにより計算した金額を控除した税額）に係る過少申告加算税に代え、当該基礎となるべき税額に百分の三十五の割合を乗じて計算した金額に相当する重加算税を課する。

2　第六十六条第一項（無申告加算税）の規定に該当する場合（同項ただし書若しくは同条第七項の規定の適用がある場合又は納税申告書の提出が、その申告に係る国税についての調査があつたことにより当該国税について更正又は決定があるべきことを予知してされたものでない場合を除く。）において、納税者がその国税の課税標準等又は税額等の計算の基礎となるべき事実の全部又は一部を隠蔽し、又は仮装し、その隠蔽し、又は仮装したところに基づき法定申告期限までに納税申告書を提出せず、又は法定申告期限後に納税申告書を提出していたときは、当該納税者に対し、政令で定めるところにより、無申告加算税の額の計算の基礎となるべき税額（その税額の計算の基礎となるべき事実で隠蔽し、又は仮装されていないものに基づくことが明らかであるものがあるときは、当該隠蔽し、又は仮装されていない事実に基づく税額として政令で定めるところにより計算した金額を控除した税額）に係る無申告加算税に代え、当該基礎となるべき税額に百分の四十の割合を乗じて計算した金額に相当する重加算税を課する。

3　前条第一項の規定に該当する場合（同項ただし書又は同条第二項若しくは第三項の規定の適用がある場合を除く。）において、納税者が事実の全部又は一部を隠蔽し、又は仮装し、その隠蔽し、又は仮装したところに基づきその国税をその法定納期限までに納付しなかつたときは、税務署長又は税関長は、当該納税者から、不納付加算税の額の計算の基礎となるべき税額（その税額の計算の基礎となるべき事実で隠蔽し、又は仮装されていないものに基づくことが明らかであるものがあるときは、当該隠蔽し、又は仮装されていない事実に基づく税額として政令で定めるところにより計算した金額を控除した税額）に係る不納付加算税に代え、当該基礎となるべき税額に百分の三十五の割合を乗じて計算した金額に相当する重加算税を徴収する。

4　前三項の規定に該当する場合において、これらの規定に規定する税額の計算の基礎となるべき事実で隠蔽し、又は仮装されたものに基づき期限後申告書若しくは修正申告書の提出、更正若しくは第二十五条（決定）の規定による決定又は納税の告知（第三十六条第一項（納税の告知）の規定による納税の告知（同項第二号に係るものに限る。）をいう。以下この項において同じ。）若しくは納税の告知を受けることなくされた納付があつた日の前日から起算して五年前の日までの間に、その申告、更正若しくは決定又は告知若しくは納付に係る国税の属する税目について、無申告加算税等を課され、又は徴収されたことがあるときは、前三項の重加算税の額は、これらの規定にかかわらず、これらの規定により計算した金額に、これらの規定に規定する基礎となるべき税額に百分の十の割合を乗じて計算した金額を加算した金額とする。

（加算税の税目）

第六十九条　過少申告加算税、無申告加算税、不納付加算税及び重加算税（以下「加算税」という。）は、その額の計算の基礎となる税額の属する税目の国税とする。

第七章　国税の更正、決定、徴収、還付等の期間制限

第一節　国税の更正、決定等の期間制限

（国税の更正、決定等の期間制限）

第七十条　次の各号に掲げる更正決定等は、当該各号に定める期限又は日から五年（第二号に規定する課税標準申告書の提出を要する国税で当該申告書の提出があつたものに係る賦課決定（納付すべき税額を減少させるものを除く。）については、三年）を経過した日以後においては、することができない。

一　更正又は決定　その更正又は決定に係る国税の法定申告期限（還付請求申告書に係る更正については当該申告書を提出した日とし、還付請求申告書の提出がない場合にする決定又はその決定後にする更正については政令で定める日とする。）

二　課税標準申告書の提出を要する国税に係る賦課決定　当該申告書の提出期限

三　課税標準申告書の提出を要しない賦課課税方式による国税に係る賦課決定　その納税義務の成立の日

2　法人税に係る純損失等の金額で当該課税期間において生じたものを増加させ、若しくは減少させる更正又は当該金額があるものとする更正は、前項の規定にかかわらず、同項第一号に定める期限から十年を経過する日まで、することができる。

3　前二項の規定により更正をすることができないこととなる日前六月以内にされた更正の請求に係る更正又は当該更正に伴つて行われることとなる加算税についてする賦課決定は、前二項の規定にかかわらず、当該更正の請求があつた日から六月を経過する日まで、することができる。

4　次の各号に掲げる更正決定等は、第一項又は前項の規定にかかわらず、第一項各号に掲げる更正決定等の区分に応じ、

同項各号に定める期限又は日から七年を経過する日まで、することができる。

一　偽りその他不正の行為によりその全部若しくは一部の税額を免れ、又はその全部若しくは一部の税額の還付を受けた国税（当該国税に係る加算税及び過怠税を含む。）についての更正決定等

二　偽りその他不正の行為により当該課税期間において生じた純損失等の金額が過大にあるものとする納税申告書を提出していた場合における当該申告書に記載された当該純損失等の金額（当該金額に関し更正があつた場合には、当該更正後の金額）についての更正（前二項の規定の適用を受ける法人税に係る純損失等の金額に係るものを除く。）

三　所得税法第六十条の二第一項から第三項まで（国外転出をする場合の譲渡所得等の特例）又は第六十条の三第一項から第三項まで（贈与等により非居住者に資産が移転した場合の譲渡所得等の特例）の規定の適用がある場合（第百十七条第二項（納税管理人）の規定による納税管理人の届出及び税理士法（昭和二十六年法律第二百三十七号）第三十条（税務代理の権限の明示）（同法第四十八条の十六（税理士の権利及び義務等に関する規定の準用）において準用する場合を含む。）の規定による書面の提出がある場合その他の政令で定める場合を除く。）の所得税（当該所得税に係る加算税を含む。第七十三条第三項（時効の中断及び停止）において「国外転出等特例の適用がある場合の所得税」という。）についての更正決定等

（国税の更正、決定等の期間制限の特例）

第七十一条　更正決定等で次の各号に掲げるものは、当該各号に定める期間の満了する日が前条の規定により更正決定等をすることができる期間の満了する日後に到来する場合には、前条の規定にかかわらず、当該各号に定める期間においても、することができる。

一　更正決定等に係る不服申立て若しくは訴えについての裁決、決定若しくは判決（以下この号において「裁決等」という。）による原処分の異動又は更正の請求に基づく更正に伴つて課税標準等又は税額等に異動を生ずべき国税（当該裁決等又は更正に係る国税の属する税目に属するものに限る。）で当該裁決等又は更正を受けた者に係るものについての更正決定等　当該裁決等又は更正があつた日から六月間

二　申告納税方式による国税につき、その課税標準の計算の基礎となつた事実のうちに含まれていた無効な行為により生じた経済的成果がその行為の無効であることに起因して失われたこと、当該事実のうちに含まれていた取り消しうべき行為が取り消されたことその他これらに準ずる政令で定める理由に基づいてする更正（納付すべき税額を減少させる更正又は純損失等の金額で当該課税期間において生じ

たもの若しくは還付金の額を増加させる更正若しくはこれらの金額があるものとする更正に限る。）又は当該更正に伴い当該国税に係る加算税についてする賦課決定　当該理由が生じた日から三年間

三　更正の請求をすることができる期限について第十条第二項（期間の計算及び期限の特例）又は第十一条（災害等による期限の延長）の規定の適用がある場合における当該更正の請求に係る更正又は当該更正に伴つて行われることとなる加算税についてする賦課決定　当該更正の請求があつた日から六月間

2　前項第一号に規定する当該裁決等又は更正を受けた者には、当該受けた者が分割等（分割、現物出資、法人税法第二条第十二号の五の二（定義）に規定する現物分配又は同法第六十一条の十三第一項（完全支配関係がある法人の間の取引の損益）の規定の適用を受ける同項に規定する譲渡損益調整資産の譲渡をいう。以下この項において同じ。）に係る分割法人等（同法第二条第十二号の二に規定する分割法人、同条第十二号の四に規定する現物出資法人、同条第十二号の五の二に規定する現物分配法人又は同法第六十一条の十三第一項に規定する譲渡損益調整資産を譲渡した法人をいう。以下この項において同じ。）である場合には当該分割等に係る分割承継法人等（同法第二条第十二号の三に規定する分割承継法人、同条第十二号の五に規定する被現物出資法人、同条第十二号の五の三に規定する被現物分配法人又は同法第六十一条の十三第二項に規定する譲受法人をいう。以下この項において同じ。）を含むものとし、当該受けた者が分割等に係る分割承継法人等である場合には当該分割等に係る分割法人等を含むものとし、当該受けた者が同法第二条第十二号の六の七に規定する連結親法人（以下「連結親法人」という。）である場合には当該連結親法人に係る同条第十二号の七に規定する連結子法人（以下「連結子法人」という。）を含むものとし、当該受けた者が連結子法人である場合には当該連結子法人に係る連結親法人を含むものとする。

第二節　国税の徴収権の消滅時効

（国税の徴収権の消滅時効）

第七十二条　国税の徴収を目的とする国の権利（以下この節において「国税の徴収権」という。）は、その国税の法定納期限（第七十条第三項の規定による更正若しくは賦課決定、前条第一項第一号の規定による更正決定等又は同項第三号の規定による更正若しくは賦課決定により納付すべきものについては、これらの規定に規定する更正又は裁決等があつた日とし、還付請求申告書に係る還付金の額に相当する税額が過大であることにより納付すべきもの及び国税の滞納処分費については、これらにつき徴収権を行使することができる日とし、過怠税については、その納税義務の成立の日とする。次条第三

項において同じ。）から五年間行使しないことによつて、時効により消滅する。

2 国税の徴収権の時効については、その援用を要せず、また、その利益を放棄することができないものとする。

3 国税の徴収権の時効については、この節に別段の定めがあるものを除き、民法の規定を準用する。

（時効の中断及び停止）

第七十三条 国税の徴収権の時効は、次の各号に掲げる処分に係る部分の国税については、その処分の効力が生じた時に中断し、当該各号に掲げる期間を経過した時から更に進行する。

△編注▽ 見出し及び本条第一項各号列記以外の部分は、次のように改正され、平成三二年四月一日から施行される。

（時効の完成猶予及び更新）

第七十三条 国税の徴収権の時効は、次の各号に掲げる処分に係る部分の国税については、当該各号に定める期間は完成せず、その期間を経過した時から新たにその進行を始める。

一 更正又は決定 その更正又は決定により納付すべき国税の第三十五条第二項第二号（申告納税方式による国税等の納付）の規定による納期限までの期間

二 過少申告加算税、無申告加算税又は重加算税（第六十八条第一項、第二項又は第四項（同条第一項又は第二項の重加算税に係る部分に限る。）（重加算税）の重加算税に限る。）に係る賦課決定 その賦課決定により納付すべきこれらの国税の第三十五条第三項の規定による納期限までの期間

三 納税に関する告知 その告知に指定された納付に関する期限までの期間

四 督促 督促状又は督促のための納付催告書を発した日から起算して十日を経過した日（同日前に国税徴収法第四十七条第二項（差押えの要件）の規定により差押えがされた場合には、そのされた日）までの期間

五 交付要求 その交付要求がされている期間（国税徴収法第八十二条第二項（交付要求の手続）の通知がされていない期間があるときは、その期間を除く。）

2 前項第五号の規定により時効が中断された場合には、その交付要求に係る強制換価手続が取り消されたときにおいても、その時効中断の効力は、失われない。

△編注▽ 本条第二項は、次のように改正され、平成三二年四月一日から施行される。

2 前項第五号の交付要求に係る強制換価手続が取り消された場合においても、同項の規定による時効の完成猶予及び更新は、その効力を妨げられない。

3 国税の徴収権で、偽りその他不正の行為によりその全部若しくは一部の税額を免れ、若しくはその全部若しくは一部の

税額の還付を受けた国税又は国外転出等特例の適用がある場合の所得税に係るものの時効は、当該国税の法定納期限から二年間は、進行しない。ただし、当該法定納期限の翌日から同日以後二年を経過する日までの期間内に次の各号に掲げる行為又は処分があつた場合においては当該各号に掲げる行為又は処分の区分に応じ当該行為又は処分に係る部分の国税ごとに当該各号に定める日の翌日から、当該法定納期限までに当該行為又は処分があつた場合においては当該行為又は処分に係る部分の国税ごとに当該法定納期限の翌日から進行する。

一 納税申告書の提出　当該申告書が提出された日

二 更正決定等（加算税に係る賦課決定を除く。）　当該更正決定等に係る更正通知書若しくは決定通知書又は賦課決定通知書が発せられた日

三 納税に関する告知（賦課決定通知書が発せられた国税に係るものを除く。）　当該告知に係る納税告知書が発せられた日（当該告知が当該告知書の送達に代え、口頭でされた場合には、当該告知がされた日）

四 納税の告知を受けることなくされた源泉徴収等による国税の納付　当該納付の日

4 国税の徴収権の時効は、延納、納税の猶予又は徴収若しくは滞納処分に関する猶予に係る部分の国税（当該部分の国税に併せて納付すべき延滞税及び利子税を含む。）につき、その延納又は猶予がされている期間内は、進行しない。

5 国税（附帯税、過怠税及び国税の滞納処分費を除く。）についての国税の徴収権の時効が中断し、又は当該国税が納付されたときは、その中断し、又は納付された部分の国税に係る延滞税又は利子税についての国税の徴収権につき、その時効が中断する。

〈編注〉本条第五項は、次のように改正され、平成三二年四月一日から施行される。

5 国税（附帯税、過怠税及び国税の滞納処分費を除く。）についての国税の徴収権の時効が完成せず、又は新たにその進行を始めるときは、その完成せず、又は新たにその進行を始める部分の国税に係る延滞税又は利子税についての国税の徴収権の時効は、完成せず、又は新たにその進行を始める。

〈編注〉本条に第六項が追加され、平成三二年四月一日から施行される。

6 国税（附帯税、過怠税及び国税の滞納処分費を除く。）が納付されたときは、その納付された部分の国税に係る延滞税又は利子税についての国税の徴収権の時効は、その納付の時から新たにその進行を始める。

第三節　還付金等の消滅時効

（還付金等の消滅時効）

第七十四条　還付金等に係る国に対する請求権は、その請求をすることができる日から五年間行使しないことによつて、時効により消滅する。

2　第七十二条第二項及び第三項（国税の徴収権の消滅時効の絶対的効力等）の規定は、前項の場合について準用する。

第七章の二　国税の調査

（当該職員の所得税等に関する調査に係る質問検査権）

第七十四条の二　国税庁、国税局若しくは税務署（以下「国税庁等」という。）又は税関の当該職員（税関の当該職員にあつては、消費税に関する調査（第百三十一条第一項（質問、検査又は領置等）に規定する犯則事件の調査を除く。以下この章において同じ。）を行う場合に限る。）は、所得税、法人税、地方法人税又は消費税に関する調査について必要があるときは、次の各号に掲げる調査の区分に応じ、当該各号に定める者に質問し、その者の事業に関する帳簿書類その他の物件（税関の当該職員が行う調査にあつては、課税貨物（消費税法第二条第一項第十一号（定義）に規定する課税貨物をいう。第四号イにおいて同じ。）又はその帳簿書類その他の物件とする。）を検査し、又は当該物件（その写しを含む。次条から第七十四条の六まで（当該職員の質問検査権）において同じ。）の提示若しくは提出を求めることができる。

〈編注〉　本条第一項各号列記以外の部分は、次のように改正され、平成三二年四月一日から施行される。

（当該職員の所得税等に関する調査に係る質問検査権）

第七十四条の二　国税庁、国税局若しくは税務署（以下「国税庁等」という。）又は税関の当該職員（税関の当該職員にあつては、消費税に関する調査（第百三十一条第一項（質問、検査又は領置等）に規定する犯則事件の調査を除く。以下この章において同じ。）を行う場合に限る。）は、所得税、法人税、地方法人税又は消費税に関する調査について必要があるときは、次の各号に掲げる調査の区分に応じ、当該各号に定める者に質問し、その者の事業に関する帳簿書類その他の物件（税関の当該職員が行う調査にあつては、課税貨物（消費税法第二条第一項第十一号（定義）に規定する課税貨物をいう。第四号イにおいて同じ。）若しくは輸出物品（同法第八条第一項（輸出物品販売場における輸出物品の譲渡に係る免税）に規定する物品をいう。第四号イにおいて同じ。）又はこれらの帳簿書類その他の物件とする。）を検査し、又は当該物件（その写しを含む。次条から第七十四条の六まで（当該職員の質問検査権）において同じ。）の提示若しくは提出を求めることができる。

一　所得税に関する調査　次に掲げる者

イ　所得税法の規定による所得税の納税義務がある者若し

くは納税義務があると認められる者又は同法第百二十三条第一項（確定損失申告）、第百二十五条第三項（年の中途で死亡した場合の確定申告）若しくは第百二十七条第三項（年の中途で出国をする場合の確定申告）（これらの規定を同法第百六十六条（非居住者に対する準用）において準用する場合を含む。）の規定による申告書を提出した者

ロ　所得税法第二百二十五条第一項（支払調書）に規定する調書、同法第二百二十六条第一項から第三項まで（源泉徴収票）に規定する源泉徴収票又は同法第二百二十七条から第二百二十八条の三の二まで（信託の計算書等）に規定する計算書若しくは調書を提出する義務がある者

△編注▽　本条第一項第一号イ及びロは、次のように改正され、平成三二年四月一日から施行される。

イ　所得税法の規定による所得税の納税義務がある者若しくは納税義務があると認められる者又は同法第百二十三条第一項（確定損失申告）、第百二十五条第三項（年の中途で死亡した場合の確定申告）若しくは第百二十七条第三項（年の中途で出国をする場合の確定申告）（これらの規定を同法第百六十六条（申告、納付及び還付）において準用する場合を含む。）の規定による申告書を提出した者

ロ　所得税法第二百二十五条第一項（支払調書及び支払通知書）に規定する調書、同法第二百二十六条第一項から第三項まで（源泉徴収票）に規定する源泉徴収票又は同法第二百二十七条から第二百二十八条の三の二まで（信託の計算書等）に規定する計算書若しくは調書を提出する義務がある者

ハ　イに掲げる者に金銭若しくは物品の給付をする義務があつたと認められる者若しくはイに掲げる者から金銭若しくは物品の給付を受ける権利があつたと認められる者又はイに掲げる者若しくは当該義務があると認められる者若しくは当該権利があると認められる者

二　法人税又は地方法人税に関する調査　次に掲げる者

イ　法人（法人税法第二条第二十九号の二（定義）に規定する法人課税信託の引受けを行う個人を含む。第四項において同じ。）

ロ　イに掲げる者に対し、金銭の支払若しくは物品の譲渡をする義務があると認められる者又は金銭の支払若しくは物品の譲渡を受ける権利があると認められる者

三　消費税に関する調査（次号に掲げるものを除く。）　次に掲げる者

イ　消費税法の規定による消費税の納税義務がある者若しくは納税義務があると認められる者又は同法第四十六条第一項（還付を受けるための申告）の規定による申告書を提出した者

ロ　イに掲げる者に金銭の支払若しくは資産の譲渡等（消費税法第二条第一項第八号に規定する資産の譲渡等をいう。以下この条において同じ。）をする義務があると認められる者又はイに掲げる者から金銭の支払若しくは資産の譲渡等を受ける権利があると認められる者

〈編注〉本条第一項第三号は、次のように改正され、平成三五年一〇月一日から施行される。

三　消費税に関する調査（次号に掲げるものを除く。）次に掲げる者

イ　消費税法の規定による消費税の納税義務がある者若しくは納税義務があると認められる者又は同法第四十六条第一項（還付を受けるための申告）の規定による申告書を提出した者

ロ　消費税法第五十七条の五第一号若しくは第二号（適格請求書類似書類等の交付の禁止）に掲げる書類を他の者に交付したと認められる者又は同条第三号に掲げる電磁的記録を他の者に提供したと認められる者

ハ　イに掲げる者に金銭の支払若しくは資産の譲渡等（消費税法第二条第一項第八号に規定する資産の譲渡等をいう。以下この条において同じ。）をする義務があると認められる者又はイに掲げる者から金銭の支払若しくは資産の譲渡等を受ける権利があると認められる者

四　消費税に関する調査（税関の当該職員が行うものに限る。）次に掲げる者

イ　課税貨物を保税地域から引き取る者

〈編注〉本条第一項第四号イは、次のように改正され、平成三二年四月一日から施行される。

イ　課税貨物を保税地域から引き取る者又は輸出物品を消費税法第八条第一項に規定する方法により購入したと認められる者

ロ　イに掲げる者に金銭の支払若しくは資産の譲渡等をする義務があると認められる者又はイに掲げる者から金銭の支払若しくは資産の譲渡等を受ける権利があると認められる者

2　分割があつた場合の前項第二号の規定の適用については、分割法人（法人税法第二条第十二号の二に規定する分割法人をいう。次条第三項において同じ。）は前項第二号ロに規定する物品の譲渡をする義務があると認められる者に、分割承継法人（同法第二条第十二号の三に規定する分割承継法人をいう。次条第三項において同じ。）は前項第二号ロに規定する物品の譲渡を受ける権利があると認められる者に、それぞれ含まれるものとする。

3　分割があつた場合の第一項第三号又は第四号の規定の適用については、消費税法第二条第一項第六号に規定する分割法

人は第一項第三号ロ又は第四号ロに規定する資産の譲渡等をする義務があると認められる者と、同条第一項第六号の二に規定する分割承継法人は第一項第三号ロ又は第四号ロに規定する資産の譲渡等を受ける権利があると認められる者と、それぞれみなす。

＜編注＞　本条第三項は、次のように改正され、平成三五年一〇月一日から施行される。

3　分割があつた場合の第一項第三号又は第四号の規定の適用については、消費税法第二条第一項第六号に規定する分割法人は第一項第三号ハ又は第四号ロに規定する資産の譲渡等をする義務があると認められる者と、同条第一項第六号の二に規定する分割承継法人は第一項第三号ハ又は第四号ロに規定する資産の譲渡等を受ける権利があると認められる者と、それぞれみなす。

4　第一項に規定する国税庁等の当該職員のうち、国税局又は税務署の当該職員は、法人税又は地方法人税に関する調査にあつては法人の納税地の所轄国税局又は所轄税務署の当該職員（連結親法人の各連結事業年度の連結所得に対する法人税若しくは連結親法人の地方法人税に関する調査に係る連結子法人又は当該連結子法人に係る同項第二号ロに掲げる者に対する同項の規定による質問、検査又は提示若しくは提出の要求にあつては連結親法人の納税地の所轄国税局又は所轄税務署の当該職員及び当該連結子法人の本店又は主たる事務所の所在地の所轄国税局又は所轄税務署の当該職員を、当該調査に係る連結親法人に対する同項の規定による質問、検査又は提示若しくは提出の要求にあつては連結子法人の本店又は主たる事務所の所在地の所轄国税局又は所轄税務署以外の国税局又は税務署の所轄区域内に本店、支店、工場、営業所その他これらに準ずるものを有する法人に対する法人税又は地方法人税に関する調査にあつては当該国税局又は税務署の当該職員を、それぞれ含む。）に、消費税に関する調査にあつては消費税法第二条第一項第四号に規定する事業者の納税地の所轄国税局又は所轄税務署の当該職員（納税地の所轄国税局又は所轄税務署以外の国税局又は税務署の所轄区域内に住所、居所、本店、支店、事務所、事業所その他これらに準ずるものを有する第一項第三号イに掲げる者に対する消費税に関する調査にあつては、当該国税局又は税務署の当該職員を含む。）に、それぞれ限るものとする。

（当該職員の相続税等に関する調査等に係る質問検査権）

第七十四条の三　国税庁等の当該職員は、相続税若しくは贈与税に関する調査若しくは相続税若しくは贈与税の徴収又は地価税に関する調査について必要があるときは、次の各号に掲げる調査又は徴収の区分に応じ、当該各号に定める者に質問し、第一号イに掲げる者の財産若しくは第二号イからハまでに掲げる者の土地等（地価税法第二条第一号（定義）に規定する土地等をいう。以下この条において同じ。）若しくは当該財産若しくは当該土地等に関する帳簿書類その他の物件を検査し、又は当該物件の提示若しくは提出を求めることができる。

一　相続税若しくは贈与税に関する調査又は相続税若しくは贈与税の徴収　次に掲げる者

イ　相続税法の規定による相続税又は贈与税の納税義務がある者又は納税義務があると認められる者（以下この号及び次項において「納税義務がある者等」という。）

ロ　相続税法第五十九条（調書の提出）に規定する調書を提出した者又はその調書を提出する義務があると認められる者

ハ　納税義務がある者等に対し、債権若しくは債務を有していたと認められる者又は債権若しくは債務を有すると認められる者

ニ　納税義務がある者等が株主若しくは出資者であつたと認められる法人又は株主若しくは出資者であると認められる法人

ホ　納税義務がある者等に対し、財産を譲渡したと認められる者又は財産を譲渡する義務があると認められる者

ヘ　納税義務がある者等から、財産を譲り受けたと認められる者又は財産を譲り受ける権利があると認められる者

ト　納税義務がある者等の財産を保管したと認められる者又はその財産を保管すると認められる者

二　地価税に関する調査　次に掲げる者

イ　地価税法の規定による地価税の納税義務がある者又は納税義務があると認められる者

ロ　イに掲げる者に土地等の譲渡（地価税法第二条第二号に規定する借地権等の設定その他当該土地等の使用又は収益をさせる行為を含む。ロにおいて同じ。）をしたと認められる者若しくはイに掲げる者から土地等の譲渡を受けたと認められる者又はこれらの譲渡の代理若しくは媒介をしたと認められる者

ハ　イに掲げる者の有する土地等を管理し、又は管理していたと認められる者

2　国税庁等の当該職員は、納税義務がある者等に係る相続税若しくは贈与税に関する調査又は当該相続税若しくは贈与税の徴収について必要があるときは、公証人の作成した公正証書の原本のうち当該納税義務がある者等に関する部分の閲覧を求め、又はその内容について公証人に質問することができる。

3　分割があつた場合の第一項第二号の規定の適用については、分割法人は同号ロに規定する土地等の譲渡をしたと認められる者に、分割承継法人は同号ロに規定する土地等の譲渡を受けたと認められる者に、それぞれ含まれるものとする。

4　第一項に規定する国税庁等の当該職員のうち、国税局又は

税務署の当該職員は、地価税に関する調査にあつては、土地等を有する者の納税地の所轄国税局又は所轄税務署の当該職員（納税地の所轄国税局又は所轄税務署以外の国税局又は税務署の所轄区域内に住所、居所、本店、支店、事務所、事業所その他これらに準ずるものを有する同項第二号イに掲げる者に対する地価税に関する調査にあつては、当該国税局又は税務署の当該職員を含む。）に限るものとする。

（当該職員の酒税に関する調査等に係る質問検査権）

第七十四条の四　国税庁等又は税関の当該職員（以下第四項までにおいて「当該職員」という。）は、酒税に関する調査について必要があるときは、酒類製造者等（酒類製造者（酒税法（昭和二十八年法律第六号）第七条第一項（酒類の製造免許）に規定する酒類製造者をいう。以下この条において同じ。）、酒母（同法第三条第二十四号（その他の用語の定義）に規定する酒母をいう。以下この条において同じ。）若しくはもろみ（同法第三条第二十五号に規定するもろみをいう。以下この条において同じ。）の製造者、酒類（同法第二条第一項（酒類の定義及び種類）に規定する酒類をいう。以下この条において同じ。）の販売業者又は特例輸入者（同法第三十条の六第三項（納期限の延長）に規定する特例輸入者をいう。第四号において同じ。）をいう。第三項において同じ。）に対して質問し、これらの者について次に掲げる物件を検査し、又は当該物件の提示若しくは提出を求めることができる。

一　酒類製造者が所持する酒類、酒母、もろみ又は酒類の製造の際生じた副産物

二　酒母の製造者が所持する酒母

三　もろみの製造者が所持する酒母又はもろみ

四　酒類の販売業者又は特例輸入者が所持する酒類

五　酒類、酒母若しくはもろみの製造、貯蔵若しくは販売又は酒類の保税地域からの引取りに関する一切の帳簿書類

六　酒類、酒母又はもろみの製造、貯蔵又は販売上必要な建築物、機械、器具、容器又は原料その他の物件

2　当該職員は、前項第一号から第四号までに掲げる物件又はその原料を検査するため必要があるときは、これらの物件又はその原料について、必要最小限度の分量の見本を採取することができる。

3　当該職員は、酒類製造者等に原料を譲渡する義務があると認められる者その他自己の事業に関し酒類製造者等と取引があると認められる者に対して質問し、これらの者の業務に関する帳簿書類その他の物件を検査し、又は当該物件の提示若しくは提出を求めることができる。

4　当該職員は、酒税の徴収上必要があると認めるときは、酒類製造者又は酒税法第十条第十一号（製造免許等の要件）に規定する酒類販売業者の組織する団体（当該団体をもつて組織する団体を含む。）に対してその団体員の酒類の製造若しくは販売に関し参考となるべき事項を質問し、当該団体の帳簿

書類その他の物件を検査し、又は当該物件の提示若しくは提出を求めることができる。

5　国税庁等の当該職員は、検査のため必要があると認めるときは、酒類製造者若しくは酒母若しくはもろみの製造者の製造場にある酒類、酒母若しくはもろみの移動を禁止し、又は取締り上必要があると認めるときは、酒類製造者の製造場にある次に掲げる物件に封を施すことができる。ただし、第二号の物件について封を施すことができる箇所は、政令で定める。

一　酒類の原料（原料用酒類を含む。）の容器

二　使用中の蒸留機（配管装置を含む。）及び酒類の輸送管（流量計を含む。）

三　酒類の製造又は貯蔵に使用する機械、器具又は容器で使用を休止しているもの

（当該職員のたばこ税等に関する調査に係る質問検査権）

第七十四条の五　国税庁等又は税関の当該職員（税関の当該職員にあつては、印紙税に関する調査を行う場合を除く。）は、たばこ税、揮発油税、地方揮発油税、石油ガス税、石油石炭税、国際観光旅客税又は印紙税に関する調査について必要があるときは、次の各号に掲げる調査の区分に応じ、当該各号に定める行為をすることができる。

一　たばこ税に関する調査　次に掲げる行為

イ　たばこ税法（昭和五十九年法律第七十二号）第二十五条（記帳義務）に規定する者に対して質問し、これらの者の業務に関する製造たばこ（同法第三条（課税物件）に規定する製造たばこをいう。以下この号及び第七十四条の十二第二項（当該職員の団体に対する諮問及び官公署等への協力要請）において同じ。）若しくは帳簿書類その他の物件を検査し、又は当該物件の提示若しくは提出を求めること。

ロ　製造たばこを保税地域から引き取る者に対して質問し、又はその引き取る製造たばこを検査すること。

ハ　イに規定する者の業務に関する製造たばこ又はロに規定する製造たばこについて必要最少限度の分量の見本を採取すること。

ニ　イ又はロに規定する者に原料を譲渡する義務があると認められる者その他自己の事業に関しイ又はロに規定する者と取引があると認められる者に対して質問し、これらの者の業務に関する帳簿書類その他の物件を検査し、又は当該物件の提示若しくは提出を求めること。

二　揮発油税又は地方揮発油税に関する調査　次に掲げる行為

イ　揮発油税法（昭和三十二年法律第五十五号）第二十四条（記帳義務）に規定する者に対して質問し、これらの者の業務に関する揮発油（同法第二条第一項（定義）に規定する揮発油（同法第六条（揮発油等とみなす場合）

の規定により揮発油とみなされる物を含む。）をいう。以下この号及び第七十四条の十二第三項において同じ。）若しくは帳簿書類その他の物件を検査し、又は当該物件の提示若しくは提出を求めること。
ロ　揮発油を保税地域から引き取る者に対して質問し、又はその引き取る揮発油を検査すること。
ハ　イに規定する者の業務に関する揮発油又はロに規定する揮発油について必要最少限度の分量の見本を採取すること。
ニ　イ又はロに規定する者に原料を譲渡する義務があると認められる者その他自己の事業に関しイ又はロに規定する者と取引があると認められる者に対して質問し、これらの者の業務に関する帳簿書類その他の物件を検査し、又は当該物件の提示若しくは提出を求めること。
三　石油ガス税に関する調査　次に掲げる行為
イ　石油ガス税法（昭和四十年法律第百五十六号）第二十四条（記帳義務）に規定する者に対して質問し、これらの者の業務に関する石油ガス（同法第二条第一号（定義）に規定する石油ガスをいう。以下この号及び第七十四条の十二第四項において同じ。）、石油ガスの容器若しくは帳簿書類その他の物件を検査し、又は当該物件の提示若しくは提出を求めること。
ロ　課税石油ガス（石油ガス税法第三条（課税物件）に規定する課税石油ガスをいう。以下この号において同じ。）を保税地域から引き取る者に対して質問し、又はその引き取る課税石油ガス及び自動車用の石油ガス容器（同法第二条第三号に規定する自動車用の石油ガス容器をいう。）を検査すること。
ハ　イに規定する者の業務に関する石油ガス又はロに規定する課税石油ガスについて必要最少限度の分量の見本を採取すること。
ニ　イ又はロに規定する者に石油ガスを譲渡する義務があると認められる者その他自己の事業に関しイ又はロに規定する者と取引があると認められる者に対して質問し、これらの者の業務に関する帳簿書類その他の物件を検査し、又は当該物件の提示若しくは提出を求めること。
四　石油石炭税に関する調査　次に掲げる行為
イ　石油石炭税法第二十一条（記帳義務）に規定する者に対して質問し、これらの者の業務に関する原油等（同法第四条第二項（納税義務者）に規定する原油等をいう。以下この号及び第七十四条の十二第五項において同じ。）若しくは帳簿書類その他の物件を検査し、又は当該物件の提示若しくは提出を求めること。
ロ　原油等を保税地域から引き取る者（石油石炭税法第十五条第一項（引取りに係る原油等についての課税標準及び税額の申告等の特例）の承認を受けている者を除く。）

に対して質問し、又はその引き取る原油等を検査すること。

ハ　イに規定する者の業務に関する原油等又はロに規定する原油等について必要最少限度の分量の見本を採取すること。

ニ　イ又はロに規定する者に原油等を譲渡する義務があると認められる者その他自己の事業に関しイ又はロに規定する者と取引があると認められる者に対して質問し、これらの者の業務に関する帳簿書類その他の物件を検査し、又は当該物件の提示若しくは提出を求めること。

五　国際観光旅客税に関する調査　次に掲げる行為

イ　次に掲げる者に対して質問し、その者の業務に関する帳簿書類その他の物件を検査し、又は当該物件の提示若しくは提出を求めること。

(1)　国際観光旅客税法の規定による国際観光旅客税の納税義務がある者又は納税義務があると認められる者

(2)　国際観光旅客税法第十六条第一項（国内事業者による特別徴収等）又は第十七条第一項（国外事業者による特別徴収等）の規定により国際観光旅客税を徴収して納付する義務がある者又はその義務があると認められる者

ロ　イ(2)に掲げる者の委託を受けて運賃の領収を行う者その他自己の事業に関しイに規定する者と取引があると認められる者に対して質問し、これらの者の業務に関する帳簿書類その他の物件を検査し、又は当該物件の提示若しくは提出を求めること。

六　印紙税に関する調査　次に掲げる行為

イ　印紙税法の規定による印紙税の納税義務がある者若しくは納税義務があると認められる者に対して質問し、これらの者の業務に関する帳簿書類その他の物件を検査し、又は当該物件の提示若しくは提出を求めること。

ロ　課税文書（印紙税法第二条第一項（納税義務者）に規定する課税文書をいう。ロにおいて同じ。）の交付を受けた者若しくは課税文書の交付を受けたと認められる者に対して質問し、当該課税文書を検査し、又は当該課税文書（その写しを含む。）の提示若しくは提出を求めること。

ハ　印紙税法第十条第一項（印紙税納付計器の使用による納付の特例）に規定する印紙税納付計器の販売業者若しくは同項に規定する納付印の製造業者若しくは販売業者に対して質問し、これらの者の業務に関する帳簿書類その他の物件を検査し、又は当該物件の提示若しくは提出を求めること。

（当該職員の航空機燃料税等に関する調査に係る質問検査権）

第七十四条の六　国税庁等の当該職員は、航空機燃料税又は電源開発促進税に関する調査について必要があるときは、次の各号に掲げる調査の区分に応じ、当該各号に定める者に質問し、その帳簿書類その他の物件（第一号ロ又は第二号ロに掲げる者に対する調査にあつては、その事業に関する帳簿書類その他の物件に限る。）を検査し、又は当該物件の提示若しくは提出を求めることができる。

一　航空機燃料税に関する調査　次に掲げる者

イ　航空機の所有者等（航空機燃料税法（昭和四十七年法律第七号）第十四条第一項（課税標準及び税額の申告）に規定する航空機の所有者等をいう。次項において同じ。）

ロ　イに掲げる者に対し航空機燃料（航空機燃料税法第二条第二号（定義）に規定する航空機燃料をいう。ロ及び次項において同じ。）を譲渡する義務があると認められる者（その者の委託を受けて航空機燃料の貯蔵、運搬又は積込みを行う者を含む。）その他自己の事業に関しイに掲げる者と取引があると認められる者

二　電源開発促進税に関する調査　次に掲げる者

イ　一般送配電事業者（電源開発促進税法（昭和四十九年法律第七十九号）第二条第二号（定義）に規定する一般送配電事業者をいう。次項において同じ。）

ロ　イに掲げる者に対し電気を供給したと認められる者その他自己の事業に関しイに掲げる者と取引があると認められる者

2　前項に規定する国税庁等の当該職員のうち、国税局又は税務署の当該職員は、航空機燃料税に関する調査にあつては航空機の所有者等の納税地の所轄国税局又は所轄税務署の当該職員（納税地の所轄国税局又は所轄税務署以外の国税局又は税務署の所轄区域内に、住所、居所、事務所、事業所、航空機燃料の保管場所その他これらに準ずるものを有する航空機の所有者等に対する航空機燃料税に関する調査にあつては、当該国税局又は税務署の当該職員を含む。）に、電源開発促進税に関する調査にあつては一般送配電事業者の納税地の所轄国税局又は所轄税務署の当該職員（納税地の所轄国税局又は所轄税務署以外の国税局又は税務署の所轄区域内に、営業所、事務所その他の事業場又は電気事業法（昭和三十九年法律第百七十号）第二条第一項第十八号（定義）に規定する電気工作物を有する一般送配電事業者に対する電源開発促進税に関する調査にあつては、当該国税局又は税務署の当該職員を含む。）に、それぞれ限るものとする。

（提出物件の留置き）

第七十四条の七　国税庁等又は税関の当該職員は、国税の調査について必要があるときは、当該調査において提出された物件を留め置くことができる。

（権限の解釈）

第七十四条の八　第七十四条の二から前条まで（当該職員の質問検査権等）の規定による当該職員の権限は、犯罪捜査のた

めに認められたものと解してはならない。

（納税義務者に対する調査の事前通知等）

第七十四条の九 税務署長等（国税庁長官、国税局長若しくは税務署長又は税関長をいう。以下第七十四条の十一（調査の終了の際の手続）までにおいて同じ。）は、国税庁等又は税関の当該職員（以下同条までにおいて「当該職員」という。）に納税義務者に対し実地の調査（税関の当該職員が行う調査にあつては、消費税等の課税物件の保税地域からの引取り後に行うもの又は国際観光旅客税について行うものに限る。以下同条までにおいて同じ。）において第七十四条の二から第七十四条の六まで（当該職員の質問検査権）の規定による質問、検査又は提示若しくは提出の要求（以下「質問検査等」という。）を行わせる場合には、あらかじめ、当該納税義務者（当該納税義務者について税務代理人がある場合には、当該税務代理人を含む。）に対し、その旨及び次に掲げる事項を通知するものとする。

一 質問検査等を行う実地の調査（以下この条において単に「調査」という。）を開始する日時

二 調査を行う場所

三 調査の目的

四 調査の対象となる税目

五 調査の対象となる期間

六 調査の対象となる帳簿書類その他の物件

七 その他調査の適正かつ円滑な実施に必要なものとして政令で定める事項

2 税務署長等は、前項の規定による通知を受けた納税義務者から合理的な理由を付して同項第一号又は第二号に掲げる事項について変更するよう求めがあつた場合には、当該事項について協議するよう努めるものとする。

3 この条において、次の各号に掲げる用語の意義は、当該各号に定めるところによる。

一 納税義務者 第七十四条の二第一項第一号イ、第二号イ、第三号イ及び第四号イ並びに第七十四条の三第一項第一号イ及び第二号イに掲げる者、第七十四条の四第一項並びに第七十四条の五第一号イ及びロ、第二号イ及びロ、第三号イ及びロ、第四号イ及びロ、第五号イ並びに第六号イの規定により当該職員による質問検査等の対象となることとなる者並びに第七十四条の六第一項第一号イ及び第二号イに掲げる者

二 税務代理人 税理士法第三十条（税務代理の権限の明示）（同法第四十八条の十六（税理士の権利及び義務等に関する規定の準用）において準用する場合を含む。）の書面を提出している税理士若しくは同法第四十八条の二（設立）に規定する税理士法人又は同法第五十一条第一項（税理士業務を行う弁護士等）の規定による通知をした弁護士若しくは同条第三項の規定による通知をした弁護士法人

4　第一項の規定は、当該職員が、当該調査により当該調査に係る同項第三号から第六号までに掲げる事項以外の事項について非違が疑われることとなつた場合において、当該事項に関し質問検査等を行うことを妨げるものではない。この場合において、同項の規定は、当該事項に関する質問検査等については、適用しない。

5　納税義務者について税務代理人がある場合において、当該納税義務者の同意がある場合として財務省令で定める場合に該当するときは、当該納税義務者への第一項の規定による通知は、当該税務代理人に対してすれば足りる。

6　納税義務者について税務代理人が数人ある場合において、当該納税義務者がこれらの税務代理人のうちから代表する税務代理人を定めた場合として財務省令で定める場合に該当するときは、これらの税務代理人への第一項の規定による通知は、当該代表する税務代理人に対してすれば足りる。

（事前通知を要しない場合）

第七十四条の十　前条第一項の規定にかかわらず、税務署長等が調査の相手方である同条第三項第一号に掲げる納税義務者の申告若しくは過去の調査結果の内容又はその営む事業内容に関する情報その他国税庁等若しくは税関が保有する情報に鑑み、違法又は不当な行為を容易にし、正確な課税標準等又は税額等の把握を困難にするおそれその他国税に関する調査の適正な遂行に支障を及ぼすおそれがあると認める場合には、同条第一項の規定による通知を要しない。

（調査の終了の際の手続）

第七十四条の十一　税務署長等は、国税に関する実地の調査を行つた結果、更正決定等（第三十六条第一項（納税の告知）の規定による納税の告知（同項第二号に係るものに限る。）を含む。以下この条において同じ。）をすべきと認められない場合には、納税義務者（第七十四条の九第三項第一号（納税義務者に対する調査の事前通知等）に掲げる納税義務者をいう。以下この条において同じ。）であつて当該調査において質問検査等の相手方となつた者に対し、その時点において更正決定等をすべきと認められない旨を書面により通知するものとする。

2　国税に関する調査の結果、更正決定等をすべきと認める場合には、当該職員は、当該納税義務者に対し、その調査結果の内容（更正決定等をすべきと認めた額及びその理由を含む。）を説明するものとする。

3　前項の規定による説明をする場合において、当該職員は、当該納税義務者に対し修正申告又は期限後申告を勧奨することができる。この場合において、当該調査の結果に関し当該納税義務者が納税申告書を提出した場合には不服申立てをすることはできないが更正の請求をすることはできる旨を説明するとともに、その旨を記載した書面を交付しなければならない。

4　前三項に規定する納税義務者が連結子法人である場合において、当該連結子法人及び連結親法人の同意がある場合には、当該連結子法人へのこれらの項に規定する通知、説明又は交付（以下この項及び次項において「通知等」という。）に代えて、当該連結親法人への通知等を行うことができる。

5　実地の調査により質問検査等を行つた納税義務者について第七十四条の九第三項第二号に規定する税務代理人がある場合において、当該納税義務者の同意がある場合には、当該納税義務者への第一項から第三項までに規定する通知等に代えて、当該税務代理人への通知等を行うことができる。

6　第一項の通知をした後又は第二項の調査（実地の調査に限る。）の結果につき納税義務者から修正申告書若しくは期限後申告書の提出若しくは源泉徴収等による国税の納付があつた後若しくは更正決定等をした後においても、当該職員は、新たに得られた情報に照らし非違があると認めるときは、第七十四条の二から第七十四条の六まで（当該職員の質問検査権）の規定に基づき、当該通知を受け、又は修正申告書若しくは期限後申告書の提出若しくは源泉徴収等による国税の納付をし、若しくは更正決定等を受けた納税義務者に対し、質問検査等を行うことができる。

（当該職員の団体に対する諮問及び官公署等への協力要請）

第七十四条の十二　国税庁等の当該職員は、所得税に関する調査について必要があるときは、事業を行う者の組織する団体に、その団体員の所得の調査に関し参考となるべき事項（団体員の個人ごとの所得の金額及び団体が団体員から特に報告を求めることを必要とする事項を除く。）を諮問することができる。

2　国税庁等又は税関の当該職員は、たばこ税に関する調査について必要があるときは、たばこ税法第十一条第二項（税率）に規定する特定販売業者、たばこ事業法（昭和五十九年法律第六十八号）第九条第一項（製造たばこの販売価格）に規定する卸売販売業者又は同条第六項に規定する小売販売業者の組織する団体（当該団体をもつて組織する団体を含む。）に、その団体員の製造たばこの取引に関し参考となるべき事項を諮問することができる。

3　国税庁等又は税関の当該職員は、揮発油税又は地方揮発油税に関する調査について必要があるときは、揮発油税法第二十四条（記帳義務）に規定する者の組織する団体（当該団体をもつて組織する団体を含む。）に、その団体員の揮発油の製造又は取引に関し参考となるべき事項を諮問することができる。

4　国税庁等又は税関の当該職員は、石油ガス税に関する調査について必要があるときは、石油ガス税法第二十四条（記帳義務）に規定する者又は石油ガスを石油ガスの充塡者（同法第四条第一項（納税義務者）に規定する石油ガスの充てん者をいう。）に供給する者の組織する団体（当該団体をもつて組織する団体を含む。）に、その団体員の石油ガスの充塡若しくは取引又は消費に関し参考となるべき事項を諮問することができる。

5　国税庁等又は税関の当該職員は、石油石炭税に関する調査について必要があるときは、石油石炭税法第二十一条（記帳義務）に規定する者の組織する団体（当該団体をもつて組織する団体を含む。）に、その団体員の同法第二条第一号（定義）に規定する原油、同条第三号に規定するガス状炭化水素若しくは同条第四号に規定する石炭の採取又は原油等の取引に関し参考となるべき事項を諮問することができる。

6　国税庁等又は税関の当該職員（税関の当該職員にあつては、消費税等又は国際観光旅客税に関する調査を行う場合に限る。）は、国税に関する調査について必要があるときは、官公署又は政府関係機関に、当該調査に関し参考となるべき帳簿書類その他の物件の閲覧又は提供その他の協力を求めることができる。

7　国税庁等の当該職員は、酒税法第二章（酒類の製造免許及び酒類の販売業免許等）の規定による免許に関する審査について必要があるときは、官公署又は政府関係機関に、当該審査に関し参考となるべき帳簿書類その他の物件の閲覧又は提供その他の協力を求めることができる。

（身分証明書の携帯等）

第七十四条の十三　国税庁等又は税関の当該職員は、第七十四条の二から第七十四条の六まで（当該職員の質問検査権）の規定による質問、検査、提示若しくは提出の要求、閲覧の要求、採取、移動の禁止若しくは封かんの実施をする場合又は前条の職務を執行する場合には、その身分を示す証明書を携帯し、関係人の請求があつたときは、これを提示しなければならない。

（預貯金者等情報の管理）

第七十四条の十三の二　金融機関等（預金保険法（昭和四十六年法律第三十四号）第二条第一項各号（定義）に掲げる者及び農水産業協同組合貯金保険法（昭和四十八年法律第五十三号）第二条第一項（定義）に規定する農水産業協同組合をいう。）は、政令で定めるところにより、預貯金者等情報（預貯金者等（預金保険法第二条第三項に規定する預金者等及び農水産業協同組合貯金保険法第二条第三項に規定する貯金者等をいう。）の氏名（法人については、名称）及び住所又は居所その他預貯金等（預金保険法第二条第二項に規定する預金等及び農水産業協同組合貯金保険法第二条第二項に規定する貯金等をいう。）の内容に関する事項であつて財務省令で定めるものをいう。）を当該預貯金者等の番号（行政手続における特定の個人を識別するための番号の利用等に関する法律（平成二十五年法律第二十七号）第二条第五項（定義）に規定する個人番号（第百二十四条第一項（書類提出者の氏名、住所及び番号の記載等）において「個人番号」という。）又は同法

第二条第十五項に規定する法人番号をいう。第百二十四条第一項において同じ。）により検索することができる状態で管理しなければならない。

第七章の三　行政手続法との関係

（行政手続法の適用除外）

第七十四条の十四　行政手続法（平成五年法律第八十八号）第三条第一項（適用除外）に定めるもののほか、国税に関する法律に基づき行われる処分その他公権力の行使に当たる行為（酒税法第二章（酒類の製造免許及び酒類の販売業免許等）の規定に基づくものを除く。）については、行政手続法第二章（申請に対する処分）（第八条（理由の提示）を除く。）及び第三章（不利益処分）（第十四条（不利益処分の理由の提示）を除く。）の規定は、適用しない。

2　行政手続法第三条第一項、第四条第一項及び第三十五条第四項（適用除外）に定めるもののほか、国税に関する法律に基づく納税義務の適正な実現を図るために行われる行政指導（同法第二条第六号（定義）に規定する行政指導をいい、酒税法第二章及び酒税の保全及び酒類業組合等に関する法律（昭和二十八年法律第七号）に定める事項に関するものを除く。）については、行政手続法第三十五条第三項（行政指導に係る書面の交付）及び第三十六条（複数の者を対象とする行政指導）の規定は、適用しない。

3　国税に関する法律に基づき国の機関以外の者が提出先とされている届出（行政手続法第二条第七号に規定する届出をいう。）については、同法第三十七条（届出）の規定は、適用しない。

第八章　不服審査及び訴訟

第一節　不服審査

第一款　総則

（国税に関する処分についての不服申立て）

第七十五条　国税に関する法律に基づく処分で次の各号に掲げるものに不服がある者は、当該各号に定める不服申立てをすることができる。

一　税務署長、国税局長又は税関長がした処分（次項に規定する処分を除く。）　次に掲げる不服申立てのうちその処分に不服がある者の選択するいずれかの不服申立て

イ　その処分をした税務署長、国税局長又は税関長に対する再調査の請求

ロ　国税不服審判所長に対する審査請求

二　国税庁長官がした処分　国税庁長官に対する審査請求

三　国税庁、国税局、税務署及び税関以外の行政機関の長又はその職員がした処分　国税不服審判所長に対する審査請

求

2　国税に関する法律に基づき税務署長がした処分で、その処分に係る事項に関する調査が次の各号に掲げる職員によつてされた旨の記載がある書面により通知されたものに不服がある者は、当該各号に定める国税局長又は国税庁長官がその処分をしたものとそれぞれみなして、国税局長がしたものとみなされた処分については当該国税局長に対する再調査の請求又は国税不服審判所長に対する審査請求のうちその処分に不服がある者の選択するいずれかの不服申立てをし、国税庁長官がしたものとみなされた処分については国税庁長官に対する審査請求をすることができる。

一　国税局の当該職員　その処分をした税務署長の管轄区域を所轄する国税局長

二　国税庁の当該職員　国税庁長官

3　第一項第一号イ又は前項（第一号に係る部分に限る。）の規定による再調査の請求（法定の再調査の請求期間経過後にされたものその他その請求が適法にされていないものを除く。次項において同じ。）についての決定があつた場合において、当該再調査の請求をした者が当該決定を経た後の処分になお不服があるときは、その者は、国税不服審判所長に対して審査請求をすることができる。

4　第一項第一号イ又は第二項（第一号に係る部分に限る。）の規定による再調査の請求をしている者は、次の各号のいずれかに該当する場合には、当該再調査の請求に係る処分について、決定を経ないで、国税不服審判所長に対して審査請求をすることができる。

一　再調査の請求をした日（第八十一条第三項（再調査の請求書の記載事項等）の規定により不備を補正すべきことを求められた場合にあつては、当該不備を補正した日）の翌日から起算して三月を経過しても当該再調査の請求についての決定がない場合

二　その他再調査の請求についての決定を経ないことにつき正当な理由がある場合

5　国税に関する法律に基づく処分で国税庁、国税局、税務署又は税関の職員がしたものに不服がある場合には、それぞれその職員の所属する国税庁、国税局、税務署又は税関の長がその処分をしたものとみなして、第一項の規定を適用する。

（適用除外）

第七十六条　次に掲げる処分については、前条の規定は、適用しない。

一　この節又は行政不服審査法（平成二十六年法律第六十八号）の規定による処分その他前条の規定による不服申立て（第八十条第三項（行政不服審査法との関係）を除き、以下「不服申立て」という。）についてした処分

二　行政不服審査法第七条第一項第七号（適用除外）に掲げる処分

2 この節の規定による処分その他不服申立てについてする処分に係る不作為については、行政不服審査法第三条（不作為についての審査請求）の規定は、適用しない。

（不服申立期間）

第七十七条 不服申立て（第七十五条第三項及び第四項（再調査の請求後にする審査請求）の規定による審査請求を除く。第三項において同じ。）は、処分があつたことを知つた日（処分に係る通知を受けた場合には、その受けた日）の翌日から起算して三月を経過したときは、することができない。ただし、正当な理由があるときは、この限りでない。

2 第七十五条第三項の規定による審査請求は、第八十四条第十項（決定の手続等）の規定による再調査決定書の謄本の送達があつた日の翌日から起算して一月を経過したときは、することができない。ただし、正当な理由があるときは、この限りでない。

3 不服申立ては、処分があつた日の翌日から起算して一年を経過したときは、することができない。ただし、正当な理由があるときは、この限りでない。

4 第二十二条（郵送等に係る納税申告書等の提出時期）の規定は、不服申立てに係る再調査の請求書又は審査請求書について準用する。

（標準審理期間）

第七十七条の二 国税庁長官、国税不服審判所長、国税局長、税務署長又は税関長は、不服申立てがその事務所に到達してから当該不服申立てについての決定又は裁決をするまでに通常要すべき標準的な期間を定めるよう努めるとともに、これを定めたときは、その事務所における備付けその他の適当な方法により公にしておかなければならない。

（国税不服審判所）

第七十八条 国税不服審判所は、国税に関する法律に基づく処分についての審査請求（第七十五条第一項第二号及び第二項（第二号に係る部分に限る。）（国税に関する処分についての不服申立て）の規定による審査請求を除く。第三款（審査請求）において同じ。）に対する裁決を行う機関とする。

2 国税不服審判所の長は、国税不服審判所長とし、国税庁長官が財務大臣の承認を受けて、任命する。

3 国税不服審判所の事務の一部を取り扱わせるため、所要の地に支部を置く。

4 前項の各支部に勤務する国税審判官のうち一人を首席国税審判官とする。首席国税審判官は、当該支部の事務を総括する。

5 国税不服審判所の組織及び運営に関し必要な事項は政令で、支部の名称及び位置は財務省令で定める。

（国税審判官等）

第七十九条 国税不服審判所に国税審判官及び国税副審判官を置く。

2　国税審判官は、国税不服審判所長に対してされた審査請求に係る事件の調査及び審理を行ない、国税副審判官は、国税審判官の命を受け、その事務を整理する。

3　国税副審判官のうち国税不服審判所長の指名する者は、国税審判官の職務を行なうことができる。ただし、この法律において担当審判官の職務とされているものについては、この限りでない。

4　国税審判官の資格は、政令で定める。

（行政不服審査法との関係）

第八十条　国税に関する法律に基づく処分に対する不服申立て（次項に規定する審査請求を除く。）については、この節その他国税に関する法律に別段の定めがあるものを除き、行政不服審査法（第二章及び第三章（不服申立てに係る手続）を除く。）の定めるところによる。

2　第七十五条第一項第二号又は第二項（第二号に係る部分に限る。）（国税に関する処分についての不服申立て）の規定による審査請求については、この節（次款及び第三款（審査請求）を除く。）その他国税に関する法律に別段の定めがあるものを除き、行政不服審査法の定めるところによる。

3　酒税法第二章（酒類の製造免許及び酒類の販売業免許等）の規定による処分に対する不服申立てについては、行政不服審査法の定めるところによるものとし、この節の規定は、適用しない。

第二款　再調査の請求

（再調査の請求書の記載事項等）

第八十一条　再調査の請求は、次に掲げる事項を記載した書面を提出してしなければならない。

一　再調査の請求に係る処分の内容

二　再調査の請求に係る処分があつたことを知つた年月日（当該処分に係る通知を受けた場合には、その受けた年月日）

三　再調査の請求の趣旨及び理由

四　再調査の請求の年月日

2　前項の書面（以下「再調査の請求書」という。）には、同項に規定する事項のほか、第七十七条第一項又は第三項（不服申立期間）に規定する期間の経過後に再調査の請求をする場合においては、同条第一項ただし書又は第三項ただし書に規定する正当な理由を記載しなければならない。

3　再調査の請求がされている税務署長その他の行政機関の長（以下「再調査審理庁」という。）は、再調査の請求書が前二項又は第百二十四条（書類提出者の氏名、住所及び番号の記載等）の規定に違反する場合には、相当の期間を定め、その期間内に不備を補正すべきことを求めなければならない。この場合において、不備が軽微なものであるときは、再調査審理庁は、職権で補正することができる。

4　再調査の請求人は、前項の補正を求められた場合には、その再調査の請求に係る税務署その他の行政機関に出頭して補正すべき事項について陳述し、その陳述の内容を当該行政機関の職員が録取した書面に押印することによつても、これをすることができる。

5　第三項の場合において再調査の請求人が同項の期間内に不備を補正しないとき、又は再調査の請求が不適法であつて補正することができないことが明らかなときは、再調査審理庁は、第八十四条第一項から第六項まで（決定の手続等）に定める審理手続を経ないで、第八十三条第一項（決定）の規定に基づき、決定で、当該再調査の請求を却下することができる。

（税務署長を経由する再調査の請求）

第八十二条　第七十五条第二項（第一号に係る部分に限る。）（国税局の職員の調査に係る処分についての再調査の請求）の規定による再調査の請求をした税務署長を経由してすることもできる。この場合において、再調査の請求人は、当該税務署長に再調査の請求書を提出してするものとする。

2　前項の場合には、同項の税務署長は、直ちに、再調査の請求書を当該税務署長の管轄区域を所轄する国税局長に送付しなければならない。

3　第一項の場合における再調査の請求期間の計算については、同項の税務署長に再調査の請求書が提出された時に再調査の請求がされたものとみなす。

（決定）

第八十三条　再調査の請求が法定の期間経過後にされたものである場合、その他不適法である場合には、再調査審理庁は、決定で、当該再調査の請求を却下する。

2　再調査の請求が理由がない場合には、再調査審理庁は、決定で、当該再調査の請求を棄却する。

3　再調査の請求が理由がある場合には、再調査審理庁は、決定で、当該再調査の請求に係る処分の全部若しくは一部を取り消し、又はこれを変更する。ただし、再調査の請求人の不利益に当該処分を変更することはできない。

（決定の手続等）

第八十四条　再調査審理庁は、再調査の請求人又は参加人（第百九条第三項（参加人）に規定する参加人をいう。以下この款及び次款において同じ。）から申立てがあつた場合には、当該申立てをした者（以下この条において「申立人」という。）に口頭で再調査の請求に係る事件に関する意見を述べる機会を与えなければならない。ただし、当該申立人の所在その他の事情により当該意見を述べる機会を与えることが困難であると認められる場合には、この限りでない。

2　前項本文の規定による意見の陳述（以下この条において「口頭意見陳述」という。）は、再調査審理庁が期日及び場所を指定し、再調査の請求人及び参加人を招集してさせるものとする。

3　口頭意見陳述において、申立人は、再調査審理庁の許可を得て、補佐人とともに出頭することができる。

4　再調査審理庁は、必要があると認める場合には、その行政機関の職員に口頭意見陳述を聴かせることができる。

5　口頭意見陳述において、再調査審理庁又は前項の職員は、申立人のする陳述が事件に関係のない事項にわたる場合その他相当でない場合には、これを制限することができる。

6　再調査の請求人又は参加人は、証拠書類又は証拠物を提出することができる。この場合において、再調査審理庁が、証拠書類又は証拠物を提出すべき相当の期間を定めたときは、その期間内にこれを提出しなければならない。

7　再調査の請求についての決定は、主文及び理由を記載し、再調査審理庁が記名押印した再調査決定書によりしなければならない。

8　再調査の請求についての決定で当該再調査の請求に係る処分の全部又は一部を維持する場合における前項に規定する理由においては、その維持される処分を正当とする理由が明らかにされていなければならない。

9　再調査審理庁は、第七項の再調査決定書（再調査の請求に係る処分の全部を取り消す決定に係るものを除く。）に、再調査の請求に係る処分につき国税不服審判所長に対して審査請求をすることができる旨（却下の決定である場合にあつては、当該却下の決定が違法な場合に限り審査請求をすることができる旨）及び審査請求期間を記載して、これらを教示しなければならない。

10　再調査の請求についての決定は、再調査の請求人（当該再調査の請求が処分の相手方以外の者のしたものである場合における前条第三項の規定による決定にあつては、再調査の請求人及び処分の相手方）に再調査決定書の謄本が送達された時に、その効力を生ずる。

11　再調査審理庁は、再調査決定書の謄本を参加人に送付しなければならない。

12　再調査審理庁は、再調査の請求についての決定をしたときは、速やかに、第六項の規定により提出された証拠書類又は証拠物をその提出人に返還しなければならない。

（納税地異動の場合における再調査の請求先等）

第八十五条　所得税、法人税、地方法人税、相続税、贈与税、地価税、課税資産の譲渡等に係る消費税、電源開発促進税又は国際観光旅客税（国際観光旅客税法第十八条第一項（国際観光旅客等による納付）の規定により納付すべきものを除く。次条第一項において同じ。）に係る税務署長、国税局長又は税関長（以下この条及び次条において「税務署長等」という。）の処分（国税の徴収に関する処分及び滞納処分（その例による処分を含む。）を除く。）又は第三十六条第一項（納税の告知）の規定による納税の告知のうち同項第一号（不納付加算税及び第六十八条第三項又は第四項（同条第三項の重加算税に係る部分に限る。）（重加算税）の重加算税に係る部分に限る。）若しくは第二号に係るもの（以下この条及び次条第一項において単に「処分」という。）があつた時以後にその納税地に異動があつた場合において、その処分の際における納税地を所轄する税務署長等と当該処分について第七十五条第一項第一号イ又は第二項（第一号に係る部分に限る。）（国税に関する処分についての不服申立て）の規定による再調査の請求をする際における納税地（以下この条において「現在の納税地」という。）を所轄する税務署長等とが異なることとなるときは、その再調査の請求は、これらの規定にかかわらず、現在の納税地を所轄する税務署長等に対してしなければならない。この場合においては、その処分は、現在の納税地を所轄する税務署長等がしたものとみなす。

2 前項の規定による再調査の請求をする者は、再調査の請求書にその処分に係る税務署、国税局又は税関の名称を付記しなければならない。

3 第一項の場合において、再調査の請求書がその処分に係る税務署長等に提出されたときは、当該税務署長等は、その再調査の請求書を受理することができる。この場合においては、その再調査の請求書は、現在の納税地を所轄する税務署長等に提出されたものとみなす。

4 前項の再調査の請求書を受理した税務署長等は、その再調査の請求書を現在の納税地を所轄する税務署長等に送付し、かつ、その旨を再調査の請求人に通知しなければならない。

（再調査の請求事件の決定機関の特例）

第八十六条 所得税、法人税、地方法人税、相続税、地価税、贈与税、課税資産の譲渡等に係る消費税、電源開発促進税又は国際観光旅客税に係る税務署長等の処分について再調査の請求がされている場合において、その処分に係る国税の納税地に異動があり、その再調査の請求がされている税務署長等と異動後の納税地を所轄する税務署長等とが異なることとなるときは、当該再調査の請求がされている税務署長等は、再調査の請求人の申立てにより、又は職権で、当該再調査の請求に係る事件を異動後の納税地を所轄する税務署長等に移送することができる。

2 前項の規定により再調査の請求に係る事件の移送があつたときは、その移送を受けた税務署長等に初めから再調査の請求がされたものとみなし、当該税務署長等がその再調査の請求についての決定をする。

3 第一項の規定により再調査の請求に係る事件を移送したときは、その移送をした税務署長等は、その再調査の請求に係る再調査の請求書及び関係書類その他の物件（以下「再調査の請求書等」という。）をその移送を受けた税務署長等に送付し、かつ、その旨を再調査の請求人及び参加人に通知しなければならない。

第三款　審査請求

（審査請求書の記載事項等）

第八十七条　審査請求は、政令で定めるところにより、次に掲げる事項を記載した書面を提出してしなければならない。

一　審査請求に係る処分の内容

二　審査請求に係る処分があつたことを知つた年月日（当該処分に係る通知を受けた場合にはその通知を受けた年月日とし、再調査の請求についての決定を経た後の処分について審査請求をする場合には再調査決定書の謄本の送達を受けた年月日とする。）

三　審査請求の趣旨及び理由

四　審査請求の年月日

2　前項の書面（以下この款において「審査請求書」という。）には、同項に規定する事項のほか、次の各号に掲げる場合においては、当該各号に定める事項を記載しなければならない。

一　第七十五条第四項第一号（国税に関する処分についての不服申立て）の規定により再調査の請求についての決定を経ないで審査請求をする場合　再調査の請求をした年月日

二　第七十五条第四項第二号の規定により再調査の請求についての決定を経ないで審査請求をする場合　同号に規定する正当な理由

三　第七十七条第一項から第三項まで（不服申立期間）に規定する期間の経過後において審査請求をする場合　これらの各項のただし書に規定する正当な理由

3　第一項第三号に規定する趣旨は、処分の取消し又は変更を求める範囲を明らかにするように記載するものとし、同号に規定する理由においては、処分に係る通知書その他の書面により通知されている処分の理由に対する審査請求人の主張が明らかにされていなければならないものとする。

（処分庁を経由する審査請求）

第八十八条　審査請求は、審査請求に係る処分（当該処分に係る再調査の請求についての決定を含む。）をした行政機関の長を経由してすることもできる。この場合において、審査請求人は、当該行政機関の長に審査請求書を提出してするものとする。

2　前項の場合には、同項の行政機関の長は、直ちに、審査請求書を国税不服審判所長に送付しなければならない。

3　第一項の場合における審査請求期間の計算については、同項の行政機関の長に審査請求書が提出された時に審査請求がされたものとみなす。

（合意によるみなす審査請求）

第八十九条　税務署長、国税局長又は税関長に対して再調査の請求がされた場合において、当該税務署長、国税局長又は税関長がその再調査の請求を審査請求として取り扱うことを適当と認めてその旨を再調査の請求人に通知し、かつ、当該再調査の請求人がこれに同意したときは、その同意があつた日に、国税不服審判所長に対し、審査請求がされたものとみなす。

2 前項の通知に係る書面には、再調査の請求に係る処分の理由が当該処分に係る通知書その他の書面により処分の相手方に通知されている場合を除き、その処分の理由を付記しなければならない。

3 第一項の規定に該当するときは、同項の再調査の請求がされている税務署長、国税局長又は税関長は、その再調査の請求書等を国税不服審判所長に送付し、かつ、その旨を再調査の請求人及び参加人に通知しなければならない。この場合においては、その送付された再調査の請求書は、審査請求書とみなす。

（他の審査請求に伴うみなす審査請求）

第九十条 更正決定等（源泉徴収等による国税に係る納税の告知を含む。以下この条、第百四条（併合審理等）及び第百十五条第一項第二号（不服申立ての前置等）において同じ。）について審査請求がされている場合において、当該更正決定等に係る国税の課税標準等又は税額等（その国税に係る附帯税の額を含む。以下この条、第百四条及び第百十五条第一項第二号において同じ。）についてされた他の更正決定等について税務署長、国税局長又は税関長に対し再調査の請求がされたときは、当該再調査の請求がされた税務署長、国税局長又は税関長は、その再調査の請求書等を国税不服審判所長に送付し、かつ、その旨を再調査の請求人に通知しなければならない。

2 更正決定等について税務署長、国税局長又は税関長に対し再調査の請求がされている場合において、当該更正決定等に係る国税の課税標準等又は税額等についてされた他の更正決定等について審査請求がされたときは、当該再調査の請求がされている税務署長、国税局長又は税関長は、その再調査の請求書等を国税不服審判所長に送付し、かつ、その旨を再調査の請求人及び参加人に通知しなければならない。

3 前二項の規定により再調査の請求書等が国税不服審判所長に送付された場合には、その送付がされた日に、国税不服審判所長に対し、当該再調査の請求に係る処分についての審査請求がされたものとみなす。

4 前条第二項の規定は第一項又は第二項の通知に係る書面について、同条第三項後段の規定は前項の場合について準用する。

（審査請求書の補正）

第九十一条 国税不服審判所長は、審査請求書が第八十七条（審査請求書の記載事項等）又は第百二十四条（書類提出者の氏名、住所及び番号の記載等）の規定に違反する場合には、相当の期間を定め、その期間内に不備を補正すべきことを求めなければならない。この場合において、不備が軽微なものであるときは、国税不服審判所長は、職権で補正することができる。

2　審査請求人は、前項の補正を求められた場合には、国税不服審判所に出頭して補正すべき事項について陳述し、その陳述の内容を国税不服審判所の職員が録取した書面に押印することによつても、これをすることができる。

（審理手続を経ないでする却下裁決）

第九十二条　前条第一項の場合において、審査請求人が同項の期間内に不備を補正しないときは、国税不服審判所長は、次条から第九十七条の四まで（担当審判官等の審理手続）に定める審理手続を経ないで、第九十八条第一項（裁決）の規定に基づき、裁決で、当該審査請求を却下することができる。

2　審査請求が不適法であつて補正することができないことが明らかなときも、前項と同様とする。

（審理手続の計画的進行）

第九十二条の二　審査請求人、参加人及び次条第一項に規定する原処分庁（以下「審理関係人」という。）並びに担当審判官は、簡易迅速かつ公正な審理の実現のため、審理において、相互に協力するとともに、審理手続の計画的な進行を図らなければならない。

（答弁書の提出等）

第九十三条　国税不服審判所長は、審査請求書を受理したときは、その審査請求を第九十二条（審理手続を経ないでする却下裁決）の規定により却下する場合を除き、相当の期間を定めて、審査請求の目的となつた処分に係る行政機関の長（第七十五条第二項（第一号に係る部分に限る。）（国税局の職員の調査に係る処分についての再調査の請求）に規定する処分にあつては、当該国税局長。以下「原処分庁」という。）から、答弁書を提出させるものとする。この場合において、国税不服審判所長は、その受理した審査請求書を原処分庁に送付するものとする。

2　前項の答弁書には、審査請求の趣旨及び理由に対応して、原処分庁の主張を記載しなければならない。

3　国税不服審判所長は、原処分庁から答弁書が提出されたときは、これを審査請求人及び参加人に送付しなければならない。

（担当審判官等の指定）

第九十四条　国税不服審判所長は、審査請求に係る事件の調査及び審理を行わせるため、担当審判官一名及び参加審判官二名以上を指定する。

2　国税不服審判所長が前項の規定により指定する者は、次に掲げる者以外の者でなければならない。

一　審査請求に係る処分又は当該処分に係る再調査の請求についての決定に関与した者

二　審査請求人

三　審査請求人の配偶者、四親等内の親族又は同居の親族

四　審査請求人の代理人

五　前二号に掲げる者であつた者
六　審査請求人の後見人、後見監督人、保佐人、保佐監督人、補助人又は補助監督人
七　第百九条第一項（参加人）に規定する利害関係人

（反論書等の提出）
第九十五条　審査請求人は、第九十三条第三項（答弁書の送付）の規定により送付された答弁書に記載された事項に対する反論を記載した書面（以下この条及び第九十七条の四第二項第一号ロ（審理手続の終結）において「反論書」という。）を提出することができる。この場合において、担当審判官が、反論書を提出すべき相当の期間を定めたときは、その期間内にこれを提出しなければならない。
2　参加人は、審査請求に係る事件に関する意見を記載した書面（以下この条及び第九十七条の四第二項第一号ハにおいて「参加人意見書」という。）を提出することができる。この場合において、担当審判官が、参加人意見書を提出すべき相当の期間を定めたときは、その期間内にこれを提出しなければならない。
3　担当審判官は、審査請求人から反論書の提出があつたときはこれを参加人及び原処分庁に、参加人から参加人意見書の提出があつたときはこれを審査請求人及び原処分庁に、それぞれ送付しなければならない。

（口頭意見陳述）
第九十五条の二　審査請求人又は参加人の申立てがあつた場合には、担当審判官は、当該申立てをした者に口頭で審査請求に係る事件に関する意見を述べる機会を与えなければならない。
2　前項の規定による意見の陳述（次項及び第九十七条の四第二項第二号（審理手続の終結）において「口頭意見陳述」という。）に際し、前項の申立てをした者は、担当審判官の許可を得て、審査請求に係る事件に関し、原処分庁に対して、質問を発することができる。
3　第八十四条第一項ただし書、第二項、第三項及び第五項（決定の手続等）の規定は、第一項の口頭意見陳述について準用する。この場合において、同条第二項中「再調査審理庁」とあるのは「担当審判官」と、「再調査の請求人及び参加人」とあるのは「全ての審理関係人」と、同条第三項中「再調査審理庁」とあるのは「担当審判官」と、同条第五項中「再調査審理庁又は前項の職員」とあるのは「担当審判官」と、それぞれ読み替えるものとする。
4　参加審判官は、担当審判官の命を受け、第二項の許可及び前項において読み替えて準用する第八十四条第五項の行為をすることができる。

（証拠書類等の提出）
第九十六条　審査請求人又は参加人は、証拠書類又は証拠物を提出することができる。

2 原処分庁は、当該処分の理由となる事実を証する書類その他の物件を提出することができる。
3 前二項の場合において、担当審判官が、証拠書類若しくは証拠物又は書類その他の物件を提出すべき相当の期間を定めたときは、その期間内にこれを提出しなければならない。

（審理のための質問、検査等）
第九十七条 担当審判官は、審理を行うため必要があるときは、審理関係人の申立てにより、又は職権で、次に掲げる行為をすることができる。
一 審査請求人若しくは原処分庁（第四項において「審査請求人等」という。）又は関係人その他の参考人に質問すること。
二 前号に規定する者の帳簿書類その他の物件につき、その所有者、所持者若しくは保管者に対し、相当の期間を定めて、当該物件の提出を求め、又はこれらの者が提出した物件を留め置くこと。
三 第一号に規定する者の帳簿書類その他の物件を検査すること。
四 鑑定人に鑑定させること。
2 国税審判官、国税副審判官その他の国税不服審判所の職員は、担当審判官の嘱託により、又はその命を受け、前項第一号又は第三号に掲げる行為をすることができる。
3 国税審判官、国税副審判官その他の国税不服審判所の職員は、第一項第一号及び第三号に掲げる行為をする場合には、その身分を示す証明書を携帯し、関係者の請求があつたときは、これを提示しなければならない。
4 国税不服審判所長は、審査請求人等（審査請求人と特殊な関係がある者で政令で定めるものを含む。）が、正当な理由がなく、第一項第一号から第三号まで又は第二項の規定による質問、提出要求又は検査に応じないため審査請求人等の主張の全部又は一部についてその基礎を明らかにすることが著しく困難になつた場合には、その部分に係る審査請求人等の主張を採用しないことができる。
5 第一項又は第二項に規定する当該職員の権限は、犯罪捜査のために認められたものと解してはならない。

（審理手続の計画的遂行）
第九十七条の二 担当審判官は、審査請求に係る事件について、審理すべき事項が多数であり又は錯綜（そう）しているなど事件が複雑であることその他の事情により、迅速かつ公正な審理を行うため、第九十五条の二から前条第一項まで（口頭意見陳述等）に定める審理手続を計画的に遂行する必要があると認める場合には、期日及び場所を指定して、審理関係人を招集し、あらかじめ、これらの審理手続の申立てに関する意見の聴取を行うことができる。
2 担当審判官は、審理関係人が遠隔の地に居住している場合その他相当と認める場合には、政令で定めるところにより、担当審判官及び審理関係人が音声の送受信により通話をすることができる方法によつて、前項に規定する意見の聴取を行うことができる。

3　担当審判官は、前二項の規定による意見の聴取を行つたときは、遅滞なく、第九十五条の二から前条第一項までに定める審理手続の期日及び場所並びに第九十七条の四第一項（審理手続の終結）の規定による審理手続の終結の予定時期を決定し、これらを審理関係人に通知するものとする。当該予定時期を変更したときも、同様とする。

（審理関係人による物件の閲覧等）

第九十七条の三　審理関係人は、次条第一項又は第二項の規定により審理手続が終結するまでの間、担当審判官に対し、第九十六条第一項若しくは第二項（証拠書類等の提出）又は第九十七条第一項第二号（審理のための質問、検査等）の規定により提出された書類その他の物件の閲覧（電磁的記録にあつては、記録された事項を財務省令で定めるところにより表示したものの閲覧）又は当該書類の写し若しくは当該電磁的記録に記録された事項を記載した書面の交付を求めることができる。この場合において、担当審判官は、第三者の利益を害するおそれがあると認めるとき、その他正当な理由があるときでなければ、その閲覧又は交付を拒むことができない。

2　担当審判官は、前項の規定による閲覧をさせ、又は同項の規定による交付をしようとするときは、当該閲覧又は交付に係る書類その他の物件の提出人の意見を聴かなければならない。ただし、担当審判官が、その必要がないと認めるときは、この限りでない。

3　担当審判官は、第一項の規定による閲覧について、日時及び場所を指定することができる。

4　第一項の規定による交付を受ける審査請求人又は参加人は、政令で定めるところにより、実費の範囲内において政令で定める額の手数料を納めなければならない。

5　担当審判官は、経済的困難その他特別の理由があると認めるときは、政令で定めるところにより、前項の手数料を減額し、又は免除することができる。

（審理手続の終結）

第九十七条の四　担当審判官は、必要な審理を終えたと認めるときは、審理手続を終結するものとする。

2　前項に定めるもののほか、担当審判官は、次の各号のいずれかに該当するときは、審理手続を終結することができる。

一　次のイからホまでに掲げる規定の相当の期間内に、当該イからホまでに定める物件が提出されない場合において、更に一定の期間を示して、当該物件の提出を求めたにもかかわらず、当該提出期間内に当該物件が提出されなかつたとき。

イ　第九十三条第一項前段（答弁書の提出等）　答弁書

ロ　第九十五条第一項後段（反論書等の提出）　反論書

ハ　第九十五条第二項後段　参加人意見書

ニ　第九十六条第三項（証拠書類等の提出）　証拠書類若しくは証拠物又は書類その他の物件

ホ　第九十七条第一項第二号（審理のための質問、検査等）　帳簿書類その他の物件

二　第九十五条の二第一項（口頭意見陳述）に規定する申立てをした審査請求人又は参加人が、正当な理由がなく、口頭意見陳述に出頭しないとき。

3　担当審判官が前二項の規定により審理手続を終結したときは、速やかに、審理関係人に対し、審理手続を終結した旨を通知するものとする。

（裁決）

第九十八条　審査請求が法定の期間経過後にされたものである場合その他不適法である場合には、国税不服審判所長は、裁決で、当該審査請求を却下する。

2　審査請求が理由がない場合には、国税不服審判所長は、裁決で、当該審査請求を棄却する。

3　審査請求が理由がある場合には、国税不服審判所長は、裁決で、当該審査請求に係る処分の全部若しくは一部を取り消し、又はこれを変更する。ただし、審査請求人の不利益に当該処分を変更することはできない。

4　国税不服審判所長は、裁決をする場合（第九十二条（審理手続を経ないでする却下裁決）の規定により当該審査請求を却下する場合を除く。）には、担当審判官及び参加審判官の議決に基づいてこれをしなければならない。

（国税庁長官の法令の解釈と異なる解釈等による裁決）

第九十九条　国税不服審判所長は、国税庁長官が発した通達に示されている法令の解釈と異なる解釈により裁決をするとき、又は他の国税に係る処分を行う際における法令の解釈の重要な先例となると認められる裁決をするときは、あらかじめその意見を国税庁長官に通知しなければならない。

2　国税庁長官は、前項の通知があつた場合において、国税不服審判所長の意見が審査請求人の主張を認容するものであり、かつ、国税庁長官が当該意見を相当と認める場合を除き、国税不服審判所長と共同して当該意見について国税審議会に諮問しなければならない。

3　国税不服審判所長は、前項の規定により国税庁長官と共同して国税審議会に諮問した場合には、当該国税審議会の議決に基づいて裁決をしなければならない。

第百条　削除

（裁決の方式等）

第百一条　裁決は、次に掲げる事項を記載し、国税不服審判所長が記名押印した裁決書によりしなければならない。

一　主文

二　事案の概要

三　審理関係人の主張の要旨

四　理由

2　第八十四条第八項（決定の手続等）の規定は、前項の裁決について準用する。

3　裁決は、審査請求人（当該審査請求が処分の相手方以外の者のしたものである場合における第九十八条第三項（裁決）の規定による裁決にあつては、審査請求人及び処分の相手方）に裁決書の謄本が送達された時に、その効力を生ずる。

4　国税不服審判所長は、裁決書の謄本を参加人及び原処分庁（第七十五条第二項（第一号に係る部分に限る。）（国税に関する処分についての不服申立て）に規定する処分に係る審査請求にあつては、当該処分に係る税務署長を含む。）に送付しなければならない。

（裁決の拘束力）

第百二条　裁決は、関係行政庁を拘束する。

2　申請若しくは請求に基づいてした処分が手続の違法若しくは不当を理由として裁決で取り消され、又は申請若しくは請求を却下し若しくは棄却した処分が裁決で取り消された場合には、当該処分に係る行政機関の長は、裁決の趣旨に従い、改めて申請又は請求に対する処分をしなければならない。

3　国税に関する法律に基づいて公示された処分が裁決で取り消され、又は変更された場合には、当該処分に係る行政機関の長は、当該処分が取り消され、又は変更された旨を公示しなければならない。

4　国税に関する法律に基づいて処分の相手方以外の第百九条第一項（参加人）に規定する利害関係人に通知された処分が裁決で取り消され、又は変更された場合には、当該処分に係る行政機関の長は、その通知を受けた者（審査請求人及び参加人を除く。）に、当該処分が取り消され、又は変更された旨を通知しなければならない。

（証拠書類等の返還）

第百三条　国税不服審判所長は、裁決をしたときは、速やかに、第九十六条第一項又は第二項（証拠書類等の提出）の規定により提出された証拠書類若しくは証拠物又は書類その他の物件及び第九十七条第一項第二号（審理のための質問、検査等）の規定による提出要求に応じて提出された帳簿書類その他の物件をその提出人に返還しなければならない。

第四款　雑則

（併合審理等）

第百四条　再調査審理庁又は国税不服審判所長若しくは国税庁長官（以下「国税不服審判所長等」という。）は、必要があると認める場合には、数個の不服申立てに係る審理手続を併合し、又は併合された数個の不服申立てに係る審理手続を分離することができる。

2　更正決定等について不服申立てがされている場合において、当該更正決定等に係る国税の課税標準等又は税額等についてされた他の更正決定等があるときは、国税不服審判所長等は、前項の規定によるもののほか、当該他の更正決定等について併せて審理することができる。ただし、当該他の更正決定等について不服申立ての決定又は裁決がされているときは、この限りでない。

3　前項の規定の適用がある場合には、国税不服審判所長等は、当該不服申立てについての決定又は裁決において当該他の更正決定等の全部又は一部を取り消すことができる。

4　前二項の規定は、更正の請求に対する処分について不服申立てがされている場合において、当該更正の請求に係る国税の課税標準等又は税額等についてされた他の更正又は決定があるときについて準用する。

（不服申立てと国税の徴収との関係）

第百五条　国税に関する法律に基づく処分に対する不服申立ては、その目的となつた処分の効力、処分の執行又は手続の続行を妨げない。ただし、その国税の徴収のため差し押さえた財産（国税徴収法第八十九条の二第四項（参加差押えをした税務署長による換価）に規定する特定参加差押不動産を含む。）の滞納処分（その例による処分を含む。以下この条において同じ。）による換価は、その財産の価額が著しく減少するおそれがあるとき、又は不服申立人（不服申立人が処分の相手方でないときは、不服申立人及び処分の相手方）から別段の申出があるときを除き、その不服申立てについての決定又は裁決があるまで、することができない。

2　再調査審理庁又は国税庁長官は、必要があると認める場合には、再調査の請求人又は第七十五条第一項第二号若しくは第二項（第二号に係る部分に限る。）（国税に関する処分についての不服申立て）の規定による審査請求をした者（次項において「再調査の請求人等」という。）の申立てにより、又は職権で、不服申立ての目的となつた処分に係る国税の全部若しくは一部の徴収を猶予し、若しくは滞納処分の続行を停止し、又はこれらを命ずることができる。

3　再調査審理庁又は国税庁長官は、再調査の請求人等が、担保を提供して、不服申立ての目的となつた処分に係る国税につき、滞納処分による差押えをしないこと又は既にされている滞納処分による差押えを解除することを求めた場合においては、相当と認めるときは、その差押えをせず、若しくはその差押えを解除し、又はこれらを命ずることができる。

4　国税不服審判所長は、必要があると認める場合には、審査請求人の申立てにより、又は職権で、審査請求の目的となつた処分に係る国税につき、第四十三条（国税の徴収の所轄庁）及び第四十四条（更生手続等が開始した場合の徴収の所轄庁の特例）の規定により徴収の権限を有する国税局長、税務署長又は税関長（以下この条において「徴収の所轄庁」という。）の意見を聴いた上、当該国税の全部若しくは一部の徴収を猶予し、又は滞納処分の続行を停止することを徴収の所轄庁に求めることができる。

5 国税不服審判所長は、審査請求人が、徴収の所轄庁に担保を提供して、審査請求の目的となつた処分に係る国税につき、滞納処分による差押えをしないこと又は既にされている滞納処分による差押えを解除することを求めた場合において、相当と認めるときは、徴収の所轄庁に対し、その差押えをしないこと又はその差押えを解除することを求めることができる。

6 徴収の所轄庁は、国税不服審判所長から第四項の規定により徴収の猶予若しくは滞納処分の続行の停止を求められ、又は前項の規定により差押えをしないこと若しくはその差押えを解除することを求められたときは、審査請求の目的となつた処分に係る国税の全部若しくは一部の徴収を猶予し、若しくは滞納処分の続行を停止し、又はその差押えをせず、若しくはその差押えを解除しなければならない。

7 第四十九条第一項第一号及び第三号、第二項並びに第三項（納税の猶予の取消し）の規定は、第二項、第三項又は前項の規定に基づく処分の取消しについて準用する。この場合において、同項の規定による処分の取消しについて同条第一項の規定を準用するときは、同項中「税務署長等は」とあるのは、「徴収の所轄庁は、国税不服審判所長の同意を得て」と読み替えるものとする。

8 第七十五条第一項第二号又は第二項（第二号に係る部分に限る。）の規定による審査請求に係る審理員（行政不服審査法第十一条第二項（総代）に規定する審理員をいう。第百八条第五項（総代）において同じ。）は、必要があると認める場合には、国税庁長官に対し、第二項の規定に基づき徴収を猶予し、若しくは滞納処分の続行を停止すること又は第三項の規定に基づき差押えをせず、若しくはその差押えを解除することを徴収の所轄庁に命ずべき旨の意見書を提出することができる。

（不服申立人の地位の承継）

第百六条 不服申立人が死亡したときは、相続人（民法第九百五十一条（相続財産法人の成立）の規定の適用がある場合には、同条の法人）は、不服申立人の地位を承継する。

2 不服申立人について合併又は分割（不服申立ての目的である処分に係る権利を承継させるものに限る。）があつたときは、合併後存続する法人若しくは合併により設立した法人又は分割により当該権利を承継した法人は、不服申立人の地位を承継する。不服申立人である人格のない社団等の財産に属する権利義務を包括して承継した法人についても、また同様とする。

3 前二項の場合において、不服申立人の地位を承継した者は、書面でその旨を国税不服審判所長等に届け出なければならない。この場合においては、届出書には、死亡若しくは分割による権利の承継又は合併の事実を証する書面を添附しなければならない。

4　不服申立ての目的である処分に係る権利を譲り受けた者は、国税不服審判所長等の許可を得て、不服申立人の地位を承継することができる。

（代理人）

第百七条　不服申立人は、弁護士、税理士その他適当と認める者を代理人に選任することができる。

2　前項の代理人は、各自、不服申立人のために、当該不服申立てに関する一切の行為をすることができる。ただし、不服申立ての取下げ及び代理人の選任は、特別の委任を受けた場合に限り、することができる。

3　代理人の権限の行使に関し必要な事項は、政令で定める。

（総代）

第百八条　多数人が共同して不服申立てをするときは、三人を超えない総代を互選することができる。

2　共同不服申立人が総代を互選しない場合において、必要があると認めるときは、国税不服審判所長等は、総代の互選を命ずることができる。

3　総代は、各自、他の共同不服申立人のために、不服申立ての取下げを除き、当該不服申立てに関する一切の行為をすることができる。

4　総代が選任されたときは、共同不服申立人は、総代を通じてのみ前項の行為をすることができる。

5　共同不服申立人に対する国税不服審判所長等（担当審判官及び第七十五条第一項第二号又は第二項（第二号に係る部分に限る。）（国税に関する処分についての不服申立て）の規定による審査請求に係る審理員を含む。）の通知その他の行為は、二人以上の総代が選任されている場合においても、一人の総代に対してすれば足りる。

6　共同不服申立人は、必要があると認める場合には、総代を解任することができる。

7　総代の権限の行使に関し必要な事項は、政令で定める。

（参加人）

第百九条　利害関係人（不服申立人以外の者であって不服申立てに係る処分の根拠となる法令に照らし当該処分につき利害関係を有するものと認められる者をいう。次項において同じ。）は、国税不服審判所長等の許可を得て、当該不服申立てに参加することができる。

2　国税不服審判所長等は、必要があると認める場合には、利害関係人に対し、当該不服申立てに参加することを求めることができる。

3　第百七条（代理人）の規定は、参加人（前二項の規定により当該不服申立てに参加する者をいう。）の不服申立てへの参加について準用する。

（不服申立ての取下げ）

第百十条　不服申立人は、不服申立てについての決定又は裁決があるまでは、いつでも、書面により当該不服申立てを取り下げることができる。

2　第七十五条第四項（再調査の請求についての決定を経ない審査請求）の規定による審査請求がされたときは、次の各号に掲げる場合の区分に応じ、当該各号に定める不服申立ては、取り下げられたものとみなす。

一　再調査審理庁において当該審査請求がされた日以前に再調査の請求に係る処分の全部を取り消す旨の再調査決定書の謄本を発している場合　当該審査請求

二　再調査審理庁において当該審査請求がされた日以前に再調査の請求に係る処分の一部を取り消す旨の再調査決定書の謄本を発している場合　その部分についての審査請求

三　その他の場合　その決定を経ないで当該審査請求がされた再調査の請求

（三月後の教示）

第百十一条　再調査審理庁は、再調査の請求がされた日（第八十一条第三項（再調査の請求書の記載事項等）の規定により不備を補正すべきことを求めた場合にあつては、当該不備が補正された日）の翌日から起算して三月を経過しても当該再調査の請求が係属しているときは、遅滞なく、当該処分について直ちに国税不服審判所長に対して審査請求をすることができる旨を書面でその再調査の請求人に教示しなければならない。

2　第八十九条第二項（処分の理由の付記）の規定は、前項の教示に係る書面について準用する。

（誤つた教示をした場合の救済）

第百十二条　国税に関する法律に基づく処分をした行政機関が、不服申立てをすべき行政機関を教示する際に、誤つて当該行政機関でない行政機関を教示した場合において、その教示された行政機関に対し教示された不服申立てがされたときは、当該行政機関は、速やかに、再調査の請求書又は審査請求書を再調査の請求をすべき行政機関又は国税不服審判所長若しくは国税庁長官に送付し、かつ、その旨を不服申立人に通知しなければならない。

2　国税に関する法律に基づく処分（再調査の請求をすることができる処分に限る。次項において同じ。）をした行政機関が、誤つて再調査の請求をすることができる旨を教示しなかつた場合において、国税不服審判所長に審査請求がされた場合であつて、審査請求人から申立てがあつたときは、国税不服審判所長は、速やかに、審査請求書を再調査の請求をすべき行政機関に送付しなければならない。ただし、第九十三条第三項（答弁書の提出等）の規定により審査請求人に答弁書を送付した後においては、この限りでない。

3　国税に関する法律に基づく処分をした行政機関が、誤つて審査請求をすることができる旨を教示しなかつた場合において、税務署長、国税局長又は税関長に対して再調査の請求がされた場合であつて、再調査の請求人から申立てがあつたときは、当該税務署長、国税局長又は税関長は、速やかに、再調査の請求書等を国税不服審判所長に送付しなければならない。

4 前二項の規定により審査請求書又は再調査の請求書等の送付を受けた行政機関又は国税不服審判所長は、速やかに、その旨を不服申立人及び参加人に通知しなければならない。

5 第一項から第三項までの規定により再調査の請求書又は審査請求書が再調査の請求をすべき行政機関又は国税不服審判所長若しくは国税庁長官に送付されたときは、初めから再調査の請求をすべき行政機関に再調査の請求がされ、又は国税不服審判所長若しくは国税庁長官に審査請求がされたものとみなす。

（首席審判官への権限の委任）

第百十三条 この法律に基づく国税不服審判所長の権限は、政令で定めるところにより、その一部を首席国税審判官に委任することができる。

（国税庁長官に対する審査請求書の提出等）

第百十三条の二 第七十五条第一項第二号又は第三項（第二号に係る部分に限る。）（国税に関する処分についての不服申立て）の規定による審査請求をする場合における行政不服審査法第十九条第二項（審査請求書の提出）の規定の適用については、同項第一号中「及び住所又は居所」とあるのは、「、住所又は居所及び国税通則法（昭和三十七年法律第六十六号）第七十四条の十三の二に規定する番号（当該番号を有しない者にあっては、その氏名又は名称及び住所又は居所）」とする。

2 第七十五条第二項（第二号に係る部分に限る。）の規定による審査請求は、当該審査請求に係る処分をした税務署長を経由してすることもできる。この場合において、審査請求人は、当該税務署長に審査請求書を提出してするものとする。

3 前項の場合には、同項の税務署長は、直ちに、審査請求書を国税庁長官に送付しなければならない。

4 第二項の場合における審査請求期間の計算については、同項の税務署長に審査請求書が提出された時に審査請求がされたものとみなす。

5 国税庁長官は、第七十五条第二項（第二号に係る部分に限る。）の規定による審査請求についての裁決をした場合には、裁決書の謄本を、審査請求人のほか、参加人及び当該審査請求に係る処分をした税務署長に送付しなければならない。

第二節 訴訟

（行政事件訴訟法との関係）

第百十四条 国税に関する法律に基づく処分に関する訴訟については、この節及び他の国税に関する法律に別段の定めがあるものを除き、行政事件訴訟法（昭和三十七年法律第百三十九号）その他の一般の行政事件訴訟に関する法律の定めるところによる。

（不服申立ての前置等）

第百十五条　国税に関する法律に基づく処分（第八十条第三項（行政不服審査法との関係）に規定する処分を除く。以下この節において同じ。）で不服申立てをすることができるものの取消しを求める訴えは、審査請求についての裁決を経た後でなければ、提起することができない。ただし、次の各号のいずれかに該当するときは、この限りでない。

一　国税不服審判所長又は国税庁長官に対して審査請求がされた日の翌日から起算して三月を経過しても裁決がないとき。

二　更正決定等の取消しを求める訴えを提起した者が、その訴訟の係属している間に当該更正決定等に係る国税の課税標準等又は税額等についてされた他の更正決定等の取消しを求めようとするとき。

三　審査請求についての裁決を経ることにより生ずる著しい損害を避けるため緊急の必要があるとき、その他その裁決を経ないことにつき正当な理由があるとき。

2　国税に関する法律に基づく処分についてされた再調査の請求又は審査請求について決定又は裁決をした者は、その決定又は裁決をした時にその処分についての訴訟が係属している場合には、その再調査決定書又は裁決書の謄本をその訴訟が係属している裁判所に送付するものとする。

（原告が行うべき証拠の申出）

第百十六条　国税に関する法律に基づく処分（更正決定等及び納税の告知に限る。以下この項において「課税処分」という。）に係る行政事件訴訟法第三条第二項（処分の取消しの訴え）に規定する処分の取消しの訴えにおいては、その訴えを提起した者が必要経費又は損金の額の存在その他これに類する自己に有利な事実につき課税処分の基礎とされた事実と異なる旨を主張しようとするときは、相手方当事者である国が当該課税処分の基礎となつた事実を主張した日以後遅滞なくその異なる事実を具体的に主張し、併せてその事実を証明すべき証拠の申出をしなければならない。ただし、当該訴えを提起した者が、その責めに帰することができない理由によりその主張又は証拠の申出を遅滞なくすることができなかつたことを証明したときは、この限りでない。

2　前項の訴えを提起した者が同項の規定に違反して行つた主張又は証拠の申出は、民事訴訟法（平成八年法律第百九号）第百五十七条第一項（時機に後れた攻撃防御方法の却下）の規定の適用に関しては、同項に規定する時機に後れて提出した攻撃又は防御の方法とみなす。

第九章　雑則

（納税管理人）

第百十七条　個人である納税者がこの法律の施行地に住所及び居所（事務所及び事業所を除く。）を有せず、若しくは有しないこととなる場合又はこの法律の施行地に本店若しくは主たる事務所を有しない法人である納税者がこの法律の施行地にその事務所及び事業所を有せず、若しくは有しないこととなる場合において、納税申告書の提出その他国税に関する事項を処理する必要があるときは、その者は、当該事項を処理させるため、この法律の施行地に住所又は居所を有する者で当該事項の処理につき便宜を有するもののうちから納税管理人を定めなければならない。

2　納税者は、前項の規定により納税管理人を定めたときは、当該納税管理人に係る国税の納税地を所轄する税務署長（保税地域からの引取りに係る消費税等又は国際観光旅客税（国際観光旅客税法第十六条第一項（国内事業者による特別徴収等）の規定により徴収して納付すべきものを除く。）に関する事項のみを処理させるため、納税管理人を定めたときは、これらの国税の納税地を所轄する税関長）にその旨を届け出なければならない。その納税管理人を解任したときも、同様とする。

（国税の課税標準の端数計算等）

第百十八条　国税（印紙税及び附帯税を除く。以下この条において同じ。）の課税標準（その税率の適用上課税標準から控除する金額があるときは、これを控除した金額。以下この条において同じ。）を計算する場合において、その額に千円未満の端数があるとき、又はその全額が千円未満であるときは、その端数金額又はその全額を切り捨てる。

2　政令で定める国税の課税標準については、前項の規定にかかわらず、その課税標準に一円未満の端数があるとき、又はその全額が一円未満であるときは、その端数金額又はその全額を切り捨てる。

3　附帯税の額を計算する場合において、その計算の基礎となる税額に一万円未満の端数があるとき、又はその税額の全額が一万円未満であるときは、その端数金額又はその全額を切り捨てる。

（国税の確定金額の端数計算等）

第百十九条　国税（自動車重量税、印紙税及び附帯税を除く。以下この条において同じ。）の確定金額に百円未満の端数があるとき、又はその全額が百円未満であるときは、その端数金額又はその全額を切り捨てる。

2　政令で定める国税の確定金額については、前項の規定にかかわらず、その確定金額に一円未満の端数があるとき、又はその全額が一円未満であるときは、その端数金額又はその全額を切り捨てる。

3　国税の確定金額を、二以上の納付の期限を定め、一定の金額に分割して納付することとされている場合において、その納付の期限ごとの分割金額に千円未満（前項に規定する国税に係るものについては、一円未満）の端数があるときは、その端数金額は、すべて最初の納付の期限に係る分割金額に合算するものとする。

4 附帯税の確定金額に百円未満の端数があるとき、又はその全額が千円未満（加算税に係るものについては、五千円未満）であるときは、その端数金額又はその全額を切り捨てる。

（還付金等の端数計算等）

第百二十条 還付金等の額に一円未満の端数があるときは、その端数金額を切り捨てる。

2 還付金等の額が一円未満であるときは、その額を一円として計算する。

3 還付加算金の確定金額に百円未満の端数があるとき、又はその全額が千円未満であるときは、その端数金額又はその全額を切り捨てる。

4 還付加算金の額を計算する場合において、その計算の基礎となる還付金等の額に一万円未満の端数があるとき、又はその還付金等の額の全額が一万円未満であるときは、その端数金額又はその全額を切り捨てる。

（供託）

第百二十一条 民法第四百九十四条（供託）並びに第四百九十五条第一項及び第三項（供託の方法）の規定は、国税に関する法律の規定により納税者その他の者に金銭その他の物件を交付し、又は引き渡すべき場合について準用する。

（国税に関する相殺）

第百二十二条 国税と国に対する債権で金銭の給付を目的とするものとは、法律の別段の規定によらなければ、相殺することができない。還付金等に係る債権と国に対する債務で金銭の給付を目的とするものについても、また同様とする。

（納税証明書の交付等）

第百二十三条 国税局長、税務署長又は税関長は、国税に関する事項のうち納付すべき税額その他政令で定めるものについての証明書の交付を請求する者があるときは、その者に関するものに限り、政令で定めるところにより、これを交付しなければならない。

2 前項の証明書の交付を請求する者は、政令で定めるところにより、証明書の枚数を基準として定められる手数料を納付しなければならない。

（書類提出者の氏名、住所及び番号の記載等）

第百二十四条 国税に関する法律に基づき税務署長その他の行政機関の長又はその職員に申告書、申請書、届出書、調書その他の書類（以下この条において「税務書類」という。）を提出する者は、当該税務書類にその氏名（法人については、名称。以下この項において同じ。）、住所又は居所及び番号（番号を有しない者にあつては、その氏名及び住所又は居所とし、税務書類のうち個人番号の記載を要しない書類（納税申告書及び調書を除く。）として財務省令で定める書類については、当該書類を提出する者の氏名及び住所又は居所とする。）を記載しなければならない。この場合において、その者が法人であるとき、納税管理人若しくは代理人（代理の権限を有することを書面で証明した者に限る。以下この条において同じ。）によつて当該税務書類を提出するとき、又は不服申立人が総代を通じて当該税務書類を提出するときは、その代表者（人格のない社団等の管理人を含む。次項において同じ。）、納税管理人若しくは代理人又は総代の氏名及び住所又は居所をあわせて記載しなければならない。

2 税務書類には、次の各号に掲げる場合の区分に応じ、当該各号に定める者が押印しなければならない。

一 当該税務書類を提出する者が法人である場合 当該法人の代表者

二 納税管理人又は代理人によつて当該税務書類を提出する場合 当該納税管理人又は代理人

三 不服申立人が総代を通じて当該税務書類を提出する場合 当該総代

四 前三号に掲げる場合以外の場合 当該税務書類を提出する者

（政令への委任）

第百二十五条 この法律に定めるもののほか、この法律の規定による通知に係る事項及び納税の猶予に関する申請の手続その他のこの法律の実施のための手続その他その執行に関し必要な事項は、政令で定める。

第十章 罰則

第百二十六条 納税者がすべき国税の課税標準の申告（その修正申告を含む。以下この条において「申告」という。）をしないこと、虚偽の申告をすること又は国税の徴収若しくは納付をしないことを煽（せん）動した者は、三年以下の懲役又は二十万円以下の罰金に処する。

2 納税者がすべき申告をさせないため、虚偽の申告をさせるため、又は国税の徴収若しくは納付をさせないために、暴行又は脅迫を加えた者も、前項と同様とする。

第百二十七条 国税に関する調査（不服申立てに係る事件の審理のための調査及び第百三十一条第一項（質問、検査又は領置等）に規定する犯則事件の調査を含む。）若しくは租税条約等の実施に伴う所得税法、法人税法及び地方税法の特例等に関する法律の規定に基づいて行う情報の提供のための調査に関する事務又は国税の徴収若しくは同法の規定に基づいて行う相手国等の租税の徴収に関する事務に従事している者又は従事していた者が、これらの事務に関して知ることのできた秘密を漏らし、又は盗用したときは、これを二年以下の懲役又は百万円以下の罰金に処する。

第百二十八条 次の各号のいずれかに該当する者は、一年以下の懲役又は五十万円以下の罰金に処する。

一　第二十三条第三項（更正の請求）に規定する更正請求書に偽りの記載をして税務署長に提出した者

二　第七十四条の二、第七十四条の三（第二項を除く。）若しくは第七十四条の四から第七十四条の六まで（当該職員の質問検査権）の規定による当該職員の質問に対して答弁せず、若しくは偽りの答弁をし、又はこれらの規定による検査、採取、移動の禁止若しくは封かんの実施を拒み、妨げ、若しくは忌避した者

三　第七十四条の二から第七十四条の六までの規定による物件の提示又は提出の要求に対し、正当な理由がなくこれに応じず、又は偽りの記載若しくは記録をした帳簿書類その他の物件（その写しを含む。）を提示し、若しくは提出した者

第百二十九条　第九十七条第一項第一号若しくは第二項（審理のための質問、検査等）の規定による質問に対して答弁せず、若しくは偽りの答弁をし、又は同条第一項第三号若しくは第二項の規定による検査を拒み、妨げ、若しくは忌避し、若しくは当該検査に関し偽りの記載若しくは記録をした帳簿書類を提示した者は、三十万円以下の罰金に処する。ただし、同条第四項に規定する審査請求人等は、この限りでない。

第百三十条　法人の代表者（人格のない社団等の管理人を含む。）又は法人若しくは人の代理人、使用人その他の従業者が、その法人又は人の業務又は財産に関して前二条の違反行為をしたときは、その行為者を罰するほか、その法人又は人に対して当該各条の罰金刑を科する。

2　人格のない社団等について前項の規定の適用がある場合には、その代表者又は管理人がその訴訟行為につきその人格のない社団等を代表するほか、法人を被告人又は被疑者とする場合の刑事訴訟に関する法律の規定を準用する。

第十一章　犯則事件の調査及び処分

第一節　犯則事件の調査

（質問、検査又は領置等）

第百三十一条　国税庁等の当該職員（以下第百五十二条（調書の作成）まで及び第百五十五条（間接国税以外の国税に関する犯則事件等についての告発）において「当該職員」という。）は、国税に関する犯則事件（第百三十五条（現行犯事件の臨検、捜索又は差押え）及び第百五十三条第二項（調査の管轄及び引継ぎ）を除き、以下この節において「犯則事件」という。）を調査するため必要があるときは、犯則嫌疑者若しくは参考人（以下この項及び次条第一項において「犯則嫌疑者等」という。）に対して出頭を求め、犯則嫌疑者等に対して質問し、犯則嫌疑者等が所持し、若しくは置き去つた物件を検査し、又は犯則嫌疑者等が任意に提出し、若しくは置き去つた

物件を領置することができる。

2　当該職員は、犯則事件の調査について、官公署又は公私の団体に照会して必要な事項の報告を求めることができる。

（臨検、捜索又は差押え等）

第百三十二条　当該職員は、犯則事件を調査するため必要があるときは、その所属官署の所在地を管轄する地方裁判所又は簡易裁判所の裁判官があらかじめ発する許可状により、臨検、犯則嫌疑者等の身体、物件若しくは住居その他の場所の捜索、証拠物若しくは没収すべき物件と思料するものの差押え又は記録命令付差押え（電磁的記録を保管する者その他電磁的記録を利用する権限を有する者に命じて必要な電磁的記録を記録媒体に記録させ、又は印刷させた上、当該記録媒体を差し押さえることをいう。以下同じ。）をすることができる。ただし、参考人の身体、物件又は住居その他の場所については、差し押さえるべき物件の存在を認めるに足りる状況のある場合に限り、捜索をすることができる。

2　差し押さえるべき物件が電子計算機であるときは、当該電子計算機に電気通信回線で接続している記録媒体であつて、当該電子計算機で作成若しくは変更をした電磁的記録又は当該電子計算機で変更若しくは消去をすることができることとされている電磁的記録を保管するために使用されていると認めるに足りる状況にあるものから、その電磁的記録を当該電子計算機又は他の記録媒体に複写した上、当該電子計算機又は当該他の記録媒体を差し押さえることができる。

3　前二項の場合において、急速を要するときは、当該職員は、臨検すべき物件若しくは場所、捜索すべき身体、物件若しくは場所、差し押さえるべき物件又は電磁的記録を記録させ、若しくは印刷させるべき者の所在地を管轄する地方裁判所又は簡易裁判所の裁判官があらかじめ発する許可状により、前二項の処分をすることができる。

4　当該職員は、第一項又は前項の許可状（第百四十七条（鑑定等の嘱託）を除き、以下「許可状」という。）を請求する場合においては、犯則事件が存在すると認められる資料を提供しなければならない。

5　前項の規定による請求があつた場合においては、地方裁判所又は簡易裁判所の裁判官は、犯則嫌疑者の氏名（法人については、名称）、罪名並びに臨検すべき物件若しくは場所、捜索すべき身体、物件若しくは場所、差し押さえるべき物件又は記録させ、若しくは印刷させるべき電磁的記録及びこれを記録させ、若しくは印刷させるべき者並びに請求者の官職氏名、有効期間、その期間経過後は執行に着手することができずこれを返還しなければならない旨、交付の年月日及び裁判所名を記載し、自己の記名押印した許可状を当該職員に交付しなければならない。

6　第二項の場合においては、許可状に、前項に規定する事項のほか、差し押さえるべき電子計算機に電気通信回線で接続している記録媒体であつて、その電磁的記録を複写すべきものの範囲を記載しなければならない。

7　当該職員は、許可状を他の当該職員に交付して、臨検、捜索、差押え又は記録命令付差押えをさせることができる。

（通信事務を取り扱う者に対する差押え）

第百三十三条　当該職員は、犯則事件を調査するため必要があるときは、許可状の交付を受けて、犯則嫌疑者から発し、又は犯則嫌疑者に対して発した郵便物、信書便物又は電信についての書類で法令の規定に基づき通信事務を取り扱う者が保管し、又は所持するものを差し押さえることができる。

2　当該職員は、前項の規定に該当しない郵便物、信書便物又は電信についての書類で法令の規定に基づき通信事務を取り扱う者が保管し、又は所持するものについては、犯則事件に関係があると認めるに足りる状況があるものに限り、許可状の交付を受けて、これを差し押さえることができる。

3　当該職員は、前二項の規定による処分をした場合においては、その旨を発信人又は受信人に通知しなければならない。ただし、通知によつて犯則事件の調査が妨げられるおそれがある場合は、この限りでない。

（通信履歴の電磁的記録の保全要請）

第百三十四条　当該職員は、差押え又は記録命令付差押えをするため必要があるときは、電気通信を行うための設備を他人の通信の用に供する事業を営む者又は自己の業務のために不特定若しくは多数の者の通信を媒介することのできる電気通信を行うための設備を設置している者に対し、その業務上記録している電気通信の送信元、送信先、通信日時その他の通信履歴の電磁的記録のうち必要なものを特定し、三十日を超えない期間を定めて、これを消去しないよう、書面で求めることができる。この場合において、当該電磁的記録について差押え又は記録命令付差押えをする必要がないと認めるに至つたときは、当該求めを取り消さなければならない。

2　前項の規定により消去しないよう求める期間については、特に必要があるときは、三十日を超えない範囲内で延長することができる。ただし、消去しないよう求める期間は、通じて六十日を超えることができない。

3　第一項の規定による求めを行う場合において、必要があるときは、みだりに当該求めに関する事項を漏らさないよう求めることができる。

（現行犯事件の臨検、捜索又は差押え）

第百三十五条　当該職員は、間接国税（消費税法第四十七条第二項（引取りに係る課税貨物についての課税標準額及び税額の申告等）に規定する課税貨物に課される消費税その他の政令で定める国税をいう。以下同じ。）に関する犯則事件について、現に犯則を行い、又は現に犯則を行い終わつた者がある場合において、その証拠となると認められるものを集取するため必要であつて、かつ、急速を要し、許可状の交付を受けることができないときは、その犯則の現場において第百三十二条第一項（臨検、捜索又は差押え等）の臨検、捜索又は差押えをすることができる。

2　当該職員は、間接国税に関する犯則事件について、現に犯則に供した物件若しくは犯則により得た物件を所持し、又は顕著な犯則の跡があつて犯則を行つてから間がないと明らかに認められる者がある場合において、その証拠となると認められるものを集取するため必要であつて、かつ、急速を要し、許可状の交付を受けることができないときは、その者の所持する物件に対して第百三十二条第一項の臨検、捜索又は差押えをすることができる。

（電磁的記録に係る記録媒体の差押えに代わる処分）

第百三十六条　差し押さえるべき物件が電磁的記録に係る記録媒体であるときは、当該職員は、その差押えに代えて次に掲げる処分をすることができる。

一　差し押さえるべき記録媒体に記録された電磁的記録を他の記録媒体に複写し、印刷し、又は移転した上、当該他の記録媒体を差し押さえること。

二　差押えを受ける者に差し押さえるべき記録媒体に記録された電磁的記録を他の記録媒体に複写させ、印刷させ、又は移転させた上、当該他の記録媒体を差し押さえること。

（臨検、捜索又は差押え等に際しての必要な処分）

第百三十七条　当該職員は、臨検、捜索、差押え又は記録命令付差押えをするため必要があるときは、錠をはずし、封を開き、その他必要な処分をすることができる。

2　前項の処分は、領置物件、差押物件又は記録命令付差押物件についても、することができる。

（処分を受ける者に対する協力要請）

第百三十八条　臨検すべき物件又は差し押さえるべき物件が電磁的記録に係る記録媒体であるときは、当該職員は、臨検又は捜索若しくは差押えを受ける者に対し、電子計算機の操作その他の必要な協力を求めることができる。

（許可状の提示）

第百三十九条　臨検、捜索、差押え又は記録命令付差押えの許可状は、これらの処分を受ける者に提示しなければならない。

（身分の証明）

第百四十条　当該職員は、この節の規定により質問、検査、領置、臨検、捜索、差押え又は記録命令付差押えをするときは、その身分を示す証明書を携帯し、関係人の請求があつたときは、これを提示しなければならない。

（警察官の援助）

第百四十一条　当該職員は、臨検、捜索、差押え又は記録命令付差押えをするに際し必要があるときは、警察官の援助を求めることができる。

（所有者等の立会い）

第百四十二条　当該職員は、人の住居又は人の看守する邸宅若しくは建造物その他の場所で臨検、捜索、差押え又は記録命令付差押えをするときは、その所有者若しくは管理者（これらの者の代表者、代理人その他これらの者に代わるべき者を含む。）又はこれらの者の使用人若しくは同居の親族で成年に達した者を立ち会わせなければならない。

2　前項の場合において、同項に規定する者を立ち会わせることができないときは、その隣人で成年に達した者又はその地の警察官若しくは地方公共団体の職員を立ち会わせなければならない。

3　第百三十五条（現行犯事件の臨検、捜索又は差押え）の規定により臨検、捜索又は差押えをする場合において、急速を要するときは、前二項の規定によることを要しない。

4　女子の身体について捜索をするときは、成年の女子を立ち会わせなければならない。ただし、急速を要する場合は、この限りでない。

（領置目録等の作成等）

第百四十三条　当該職員は、領置、差押え又は記録命令付差押えをしたときは、その目録を作成し、領置物件、差押物件若しくは記録命令付差押物件の所有者、所持者若しくは保管者（第百三十六条（電磁的記録に係る記録媒体の差押えに代わる処分）の規定による処分を受けた者を含む。）又はこれらの者に代わるべき者にその謄本を交付しなければならない。

（領置物件等の処置）

第百四十四条　運搬又は保管に不便な領置物件、差押物件又は記録命令付差押物件は、その所有者又は所持者その他当該職員が適当と認める者に、その承諾を得て、保管証を徴して保管させることができる。

2　国税庁長官、国税局長又は税務署長は、領置物件又は差押物件が腐敗し、若しくは変質したとき、又は腐敗若しくは変質のおそれがあるときは、政令で定めるところにより、公告した後これを公売に付し、その代金を供託することができる。

（領置物件等の還付等）

第百四十五条　当該職員は、領置物件、差押物件又は記録命令付差押物件について留置の必要がなくなつたときは、その返還を受けるべき者にこれを還付しなければならない。

2　国税庁長官、国税局長又は税務署長は、前項の領置物件、差押物件又は記録命令付差押物件について、その返還を受けるべき者の住所若しくは居所がわからないため、又はその他の事由によりこれを還付することができない場合においては、その旨を公告しなければならない。

3　前項の公告に係る領置物件、差押物件又は記録命令付差押物件について公告の日から六月を経過しても還付の請求がないときは、これらの物件は、国庫に帰属する。

（移転した上差し押さえた記録媒体の交付等）

第百四十六条　当該職員は、第百三十六条（電磁的記録に係る記録媒体の差押えに代わる処分）の規定により電磁的記録を移転し、又は移転させた上差し押さえた記録媒体について留置の必要がなくなつた場合において、差押えを受けた者と当該記録媒体の所有者、所持者又は保管者とが異なるときは、当該差押えを受けた者に対し、当該記録媒体を交付し、又は当該電磁的記録の複写を許さなければならない。

2　前条第二項の規定は、前項の規定による交付又は複写について準用する。

3　前項において準用する前条第二項の規定による公告の日から六月を経過しても前項の交付又は複写の請求がないときは、その交付をし、又は複写をさせることを要しない。

（鑑定等の嘱託）

第百四十七条　当該職員は、犯則事件を調査するため必要があるときは、学識経験を有する者に領置物件、差押物件若しくは記録命令付差押物件についての鑑定を嘱託し、又は通訳若しくは翻訳を嘱託することができる。

2　前項の規定による鑑定の嘱託を受けた者（第四項及び第五項において「鑑定人」という。）は、前項の当該職員の所属官署の所在地を管轄する地方裁判所又は簡易裁判所の裁判官の許可を受けて、当該鑑定に係る物件を破壊することができる。

3　前項の許可の請求は、当該職員からこれをしなければならない。

4　前項の請求があつた場合において、裁判官は、当該請求を相当と認めるときは、犯則嫌疑者の氏名（法人については、名称）、罪名、破壊すべき物件及び鑑定人の氏名並びに請求者の官職氏名、有効期間、その期間経過後は執行に着手することができずこれを返還しなければならない旨、交付の年月日及び裁判所名を記載し、自己の記名押印した許可状を当該職員に交付しなければならない。

5　鑑定人は、第二項の処分を受ける者に前項の許可状を示さなければならない。

（臨検、捜索又は差押え等の夜間執行の制限）

第百四十八条　臨検、捜索、差押え又は記録命令付差押えは、許可状に夜間でも執行することができる旨の記載がなければ、日没から日出までの間には、してはならない。ただし、第百三十五条（現行犯事件の臨検、捜索又は差押え）の規定により処分をする場合及び消費税法第二条第一項第十一号（定義）に規定する課税貨物に課される消費税その他の政令で定める国税について旅館、飲食店その他夜間でも公衆が出入りすることができる場所でその公開した時間内にこれらの処分をする場合は、この限りでない。

2　日没前に開始した臨検、捜索、差押え又は記録命令付差押えは、必要があると認めるときは、日没後まで継続することができる。

（処分中の出入りの禁止）

第百四十九条　当該職員は、この節の規定により質問、検査、領置、臨検、捜索、差押え又は記録命令付差押えをする間は、何人に対しても、許可を受けないでその場所に出入りすることを禁止することができる。

（執行を中止する場合の処分）

第百五十条　臨検、捜索、差押え又は記録命令付差押えの許可状の執行を中止する場合において、必要があるときは、執行が終わるまでその場所を閉鎖し、又は看守者を置くことができる。

（捜索証明書の交付）

第百五十一条　捜索をした場合において、証拠物又は没収すべき物件がないときは、捜索を受けた者の請求により、その旨の証明書を交付しなければならない。

（調書の作成）

第百五十二条　当該職員は、この節の規定により質問をしたときは、その調書を作成し、質問を受けた者に閲覧させ、又は読み聞かせて、誤りがないかどうかを問い、質問を受けた者が増減変更の申立てをしたときは、その陳述を調書に記載し、質問を受けた者とともにこれに署名押印しなければならない。ただし、質問を受けた者が署名押印せず、又は署名押印することができないときは、その旨を付記すれば足りる。

2　当該職員は、この節の規定により検査又は領置をしたときは、その調書を作成し、これに署名押印しなければならない。

3　当該職員は、この節の規定により臨検、捜索、差押え又は記録命令付差押えをしたときは、その調書を作成し、立会人に示し、立会人とともにこれに署名押印しなければならない。ただし、立会人が署名押印せず、又は署名押印することができないときは、その旨を付記すれば足りる。

（調査の管轄及び引継ぎ）

第百五十三条　犯則事件の調査は、国税庁の当該職員又は事件発見地を所轄する国税局若しくは税務署の当該職員が行う。

2　国税庁の当該職員が集取した第百五十六条第一項（間接国税に関する犯則事件についての報告等）に規定する間接国税に関する犯則事件の証拠で、重要な犯則事件に関するものは所轄国税局の当該職員に、その他のものは所轄税務署の当該職員に、それぞれ引き継がなければならない。

3　国税局の当該職員が集取した犯則事件の証拠は、所轄税務署の当該職員に引き継がなければならない。ただし、重要な犯則事件の証拠については、この限りでない。

4　税務署の当該職員が集取した重要な犯則事件の証拠は、所轄国税局の当該職員に引き継がなければならない。

5　同一の犯則事件が二以上の場所において発見されたときは、各発見地において集取された証拠は、最初の発見地を所轄する税務署の当該職員に引き継がなければならない。ただし、その証拠が重要な犯則事件の証拠であるときは、最初の発見地を所轄する国税局の当該職員に引き継がなければならない。

（管轄区域外における職務の執行等）

第百五十四条　国税局又は税務署の当該職員は、犯則事件を調査するため必要があるときは、その所属する国税局又は税務署の管轄区域外においてその職務を執行することができる。

2　税務署長は、その管轄区域外において犯則事件の調査を必要とするときは、これをその地の税務署長に嘱託することができる。

3　国税局長は、その管轄区域外において犯則事件の調査を必要とするときは、これをその地の国税局長又は税務署長に嘱託することができる。

第二節　犯則事件の処分

（間接国税以外の国税に関する犯則事件等についての告発）

第百五十五条　当該職員は、次に掲げる犯則事件の調査により犯則があると思料するときは、検察官に告発しなければならない。

一　間接国税以外の国税に関する犯則事件

二　申告納税方式による間接国税に関する犯則事件（酒税法第五十五条第一項又は第三項（罰則）の罪その他の政令で定める罪に係る事件に限る。）

（間接国税に関する犯則事件についての報告等）

第百五十六条　国税局又は税務署の当該職員は、間接国税に関する犯則事件（前条第二号に掲げる犯則事件を除く。以下同じ。）の調査を終えたときは、その調査の結果を所轄国税局長又は所轄税務署長に報告しなければならない。ただし、次の各号のいずれかに該当する場合においては、直ちに検察官に告発しなければならない。

一　犯則嫌疑者の居所が明らかでないとき。

二　犯則嫌疑者が逃走するおそれがあるとき。

三　証拠となると認められるものを隠滅するおそれがあるとき。

2　国税庁の当該職員は、間接国税に関する犯則事件の調査を終えたときは、その調査の結果を所轄国税局長又は所轄税務署長に通報しなければならない。ただし、前項各号のいずれかに該当する場合においては、直ちに検察官に告発しなければならない。

（間接国税に関する犯則事件についての通告処分等）

第百五十七条　国税局長又は税務署長は、間接国税に関する犯則事件の調査により犯則の心証を得たときは、その理由を明示し、罰金に相当する金額、没収に該当する物件、追徴金に相当する金額並びに書類の送達並びに差押物件又は記録命令付差押物件の運搬及び保管に要した費用を指定の場所に納付すべき旨を書面により通告しなければならない。この場合において、没収に該当する物件については、納付の申出のみをすべき旨を通告することができる。

2　前項の場合において、次の各号のいずれかに該当すると認めるときは、同項の規定にかかわらず、国税局長又は税務署長は、直ちに検察官に告発しなければならない。
一　情状が懲役の刑に処すべきものであるとき。
二　犯則者が通告の旨を履行する資力がないとき。
3　第一項の規定による通告に計算違い、誤記その他これらに類する明白な誤りがあるときは、国税局長又は税務署長は、犯則者が当該通告の旨を履行し、又は前項若しくは次条の規定により告発するまでの間、職権で、当該通告を更正することができる。
4　第一項の規定により通告があつたときは、公訴の時効は、その進行を停止し、犯則者が当該通告を受けた日の翌日から起算して二十日を経過した時からその進行を始める。
5　犯則者は、第一項の通告の旨（第三項の規定による更正があつた場合には、当該更正後の通告の旨。次項及び次条第一項において同じ。）を履行した場合においては、同一事件について公訴を提起されない。
6　犯則者は、第一項後段の通告の旨を履行した場合において、没収に該当する物件を所持するときは、公売その他の必要な処分がされるまで、これを保管する義務を負う。ただし、その保管に要する費用は、請求することができない。

（間接国税に関する犯則事件についての通告処分の不履行）
第百五十八条　犯則者が前条第一項の通告（同条第三項の規定による更正があつた場合には、当該更正。以下この条において「通告等」という。）を受けた場合において、当該通告等を受けた日の翌日から起算して二十日以内に当該通告の旨を履行しないときは、国税局長又は税務署長は、検察官に告発しなければならない。ただし、当該期間を経過しても告発前に履行した場合は、この限りでない。
2　犯則者の居所が明らかでないため、若しくは犯則者が通告等に係る書類の受領を拒んだため、又はその他の事由により通告等をすることができないときも、前項と同様とする。

（検察官への引継ぎ）
第百五十九条　間接国税に関する犯則事件は、第百五十六条第一項ただし書（間接国税に関する犯則事件についての報告等）の規定による国税局若しくは税務署の当該職員の告発、同条第二項ただし書の規定による国税庁の当該職員の告発又は第百五十七条第二項（間接国税に関する犯則事件についての通告処分等）若しくは前条の規定による国税局長若しくは税務署長の告発を待つて論ずる。
2　第百五十五条（間接国税以外の国税に関する犯則事件等についての告発）の規定による告発又は前項の告発は、書面をもつて行い、第百五十二条各項（調書の作成）に規定する調書を添付し、領置物件、差押物件又は記録命令付差押物件があるときは、これを領置目録、差押目録又は記録命令付差押目録とともに検察官に引き継がなければならない。
3　前項の領置物件、差押物件又は記録命令付差押物件が第百四十四条第一項（領置物件等の処置）の規定による保管に係るものである場合においては、同項の保管証をもつて引き継ぐとともに、その旨を同項の規定により当該物件を保管させた者に通知しなければならない。

4　前二項の規定により領置物件、差押物件又は記録命令付差押物件が引き継がれたときは、当該物件は、刑事訴訟法（昭和二十三年法律第百三十一号）の規定により検察官によつて押収されたものとみなす。

5　第一項の告発は、取り消すことができない。

（犯則の心証を得ない場合の通知等）

第百六十条　国税局長又は税務署長は、間接国税に関する犯則事件を調査し、犯則の心証を得ない場合においては、その旨を犯則嫌疑者に通知しなければならない。この場合において、物件の領置、差押え又は記録命令付差押えがあるときは、その解除を命じなければならない。

附　則（抄）

（施行期日）

第一条　この法律は、昭和三十七年四月一日から施行する。ただし、第八章（不服審査及び訴訟）の規定は、昭和三十七年十月一日から施行する。

国税通則法施行令

昭和三七年四月二日政令第一三五号
最終改正 平成三〇年四月一八日政令第一六一号

目次

第一章 総則(第一条―第四条)
第二章 国税の納付義務の確定(第五条・第六条)
第三章 国税の納付及び徴収(第七条―第十二条)
第四章 納税の猶予及び担保(第十三条―第二十条)
第五章 国税の還付及び還付加算金(第二十一条―第二十四条)
第六章 附帯税(第二十五条―第二十八条)
第七章 国税の更正、決定等の期間制限(第二十九条・第三十条)
第七章の二 国税の調査(第三十条の二―第三十条の六)
第八章 不服審査(第三十一条―第三十八条)
第九章 雑則(第三十九条―第四十三条)
第十章 犯則事件の調査及び処分(第四十四条―第五十六条)
附則

第一章 総則

(定義)

第一条 この政令において「国税」、「源泉徴収等による国税」、「消費税等」、「附帯税」、「納税者」、「納税申告書」、「法定申告期限」、「法定納期限」、「課税期間」、「強制換価手続」、「修正申告書」、「更正の請求」又は「還付加算金」とは、それぞれ国税通則法(以下「法」という。)第二条(定義)、第十九条第三項（修正申告）、第二十三条第二項（更正の請求）又は第五十八条第一項(還付加算金)に規定する国税、源泉徴収等による国税、消費税等、附帯税、納税者、納税申告書、法定申告期限、法定納期限、課税期間、強制換価手続、修正申告書、更正の請求又は還付加算金をいう。

(期限の特例)

第二条 法第十条第二項(期限の特例)に規定する政令で定める期限は、次に掲げる期限とする。

一 所得税法(昭和四十年法律第三十三号)第二条第一項第四十二号(定義)に規定する出国(以下「出国」という。)の時その他の時をもつて定めた期限

二 消費税法(昭和六十三年法律第百八号)第五十条第二項

（引取りに係る消費税の徴収）に規定する期限その他一定の行為をする際に期限が到来する場合における当該期限

三　所得税法第百九十四条第一項（給与所得者の扶養控除等申告書）に規定する期限その他利子、配当、給与、報酬、料金その他源泉徴収をすべきものとされている所得の支払を受ける日の前日をもつて定めた期限

四　法人税法（昭和四十年法律第三十四号）第七十四条第二項（確定申告）に規定する期限のうち残余財産の最後の分配又は引渡しが行われる日の前日をもつて定めた期限その他残余財産の分配又は引渡しの日の前日をもつて定めた期限

四の二　法人税法第百四十一条第一号（課税標準）に掲げる外国法人に該当する法人が当該外国法人に該当しないこととなる日又は同条第二号に掲げる外国法人に該当する法人が同法第百三十八条第一項第四号（国内源泉所得）に規定する事業で同法の施行地において行うものを廃止する日をもつて定めた期限

四の三　相続税法（昭和二十五年法律第七十三号）第二十七条第一項（相続税の申告書）に規定する期限のうち同項に規定する者が同法の施行地に住所及び居所を有しないこととなる日をもつて定めた期限その他納税者が国税に関する法律の施行地に住所及び居所を有しないこととなる日をもつて定めた期限

五　国税徴収法（昭和三十四年法律第百四十七号）第九十九条第一項第二号（見積価額の公告）に規定する期限その他公売の日の前日をもつて定めた期限

六　国税徴収法第百三十条第一項（債権現在額申立書の提出）に規定する期限その他売却決定の日の前日をもつて定めた期限及び同法第百七十一条第一項第二号から第四号まで（滞納処分に関する不服申立て等の期限の特例）（同条第二項において準用する場合を含む。）に規定する期限

七　国税徴収法施行令（昭和三十四年政令第三百二十九号）第四条第三項（優先質権等の証明の期限）、第八条第四項（譲渡担保財産に係る証明手続）、第四十七条（担保権の引受けによる換価の申出）又は第四十八条第二項（債権現在額申立書の提出）に規定する期限

2　法第十条第二項に規定する政令で定める日は、土曜日又は十二月二十九日、同月三十日若しくは同月三十一日とする。

（災害等による期限の延長）

第三条　国税庁長官は、都道府県の全部又は一部にわたり災害その他やむを得ない理由により、法第十一条（災害等による期限の延長）に規定する期限までに同条に規定する行為をすることができないと認める場合には、地域及び期日を指定して当該期限を延長するものとする。

2　国税庁長官は、災害その他やむを得ない理由により、法第十一条に規定する期限までに同条に規定する行為をすべき者

（前項の規定の適用がある者を除く。）であつて当該期限までに当該行為のうち特定の税目に係る行政手続等における情報通信の技術の利用に関する法律（平成十四年法律第百五十一号。以下「情報通信技術利用法」という。）第三条第一項（電子情報処理組織による申請等）の規定により同項に規定する電子情報処理組織を使用して行う申告その他の特定の税目に係る特定の行為をすることができないと認める者（以下この項において「対象者」という。）が多数に上ると認める場合には、対象者の範囲及び期日を指定して当該期限を延長するものとする。

3　国税庁長官、国税不服審判所長、国税局長、税務署長又は税関長は、災害その他やむを得ない理由により、法第十一条に規定する期限までに同条に規定する行為をすることができないと認める場合には、前二項の規定の適用がある場合を除き、当該行為をすべき者の申請により、期日を指定して当該期限を延長するものとする。

4　前項の申請は、法第十一条に規定する理由がやんだ後相当の期間内に、その理由を記載した書面でしなければならない。

（相続人の代表者の指定等）

第四条　法第十三条第一項（相続人に対する書類の送達の特例）の規定による相続人（包括受遺者を含む。以下同じ。）の代表者は、その被相続人（包括遺贈者を含む。以下同じ。）の死亡時の住所又は居所と同一の住所又は居所を有する相続人その他同項に規定する書類の受領につき便宜を有する相続人のうちから定めなければならない。

2　法第十三条第一項の規定による届出は、次に掲げる事項を記載し、かつ、同項の規定に係る相続人が連署した書面でしなければならない。

一　被相続人の氏名、死亡時の住所又は居所（事務所及び事業所を含む。以下同じ。）、納税地及び死亡年月日

二　各相続人の氏名、住所又は居所、被相続人との続柄及び法第五条第二項（相続による納税義務の承継）に規定する相続分

三　相続人の代表者の氏名及び住所又は居所

3　法第十三条第二項に規定する届出がないときには、一部の相続人について同条第一項の届出がないときを含むものとする。この場合において、税務署長その他の行政機関の長は、その届出がない一部の相続人について同条第二項の指定をすることができる。

4　第一項の規定は、税務署長その他の行政機関の長が法第十三条第二項の規定により相続人の代表者を指定する場合について準用する。

5　法第十三条第二項の規定による通知は、次に掲げる事項を記載した書面でしなければならない。

一　被相続人の氏名及び死亡時の住所又は居所

二　各相続人の氏名及び住所又は居所並びに被相続人との続

柄その他参考となるべき事項

三　相続人の代表者の氏名及び住所又は居所

6　法第十三条第一項の規定による届出をした相続人は、税務署長その他の行政機関の長に届け出て、その指定した代表者を変更することができる。この場合においては、第二項の規定を準用する。

第二章　国税の納付義務の確定

（納税義務の成立時期の特例）

第五条　法第十五条第二項（納税義務の成立時期）に規定する政令で定める国税は、次の各号に掲げる国税（第一号から第十号までにおいて、附帯税を除く。）とし、同項に規定する政令で定める時は、それぞれ当該各号に定める時とする。

一　所得税法第二編第五章第一節（予定納税）（同法第百六十六条（非居住者に対する準用）において準用する場合を含む。）の規定により納付すべき所得税（以下「予定納税に係る所得税」という。）　その年六月三十日（予定納税に係る所得税で同法第二条第一項第三十五号（定義）に規定する特別農業所得者に係るものについては、その年十月三十一日）を経過する時

二　所得税法第百七十二条第一項（給与等につき源泉徴収を受けない場合の申告納税等）（外国居住者等の所得に対する相互主義による所得税等の非課税等に関する法律（昭和三十七年法律第百四十四号）第七条第七項（事業から生ずる所得に対する所得税又は法人税の非課税等）（同法第十一条第六項（国際運輸業に係る所得に対する所得税又は法人税の非課税）、第十五条第十二項（配当等に対する源泉徴収に係る所得税の税率の特例等）又は第十九条第六項（資産の譲渡により生ずる所得に対する所得税又は法人税の非課税）において準用する場合を含む。）又は租税条約等の実施に伴う所得税法、法人税法及び地方税法の特例等に関する法律（昭和四十四年法律第四十六号。以下この号において「租税条約等実施特例法」という。）第三条の二第十三項（配当等に対する源泉徴収に係る所得税の税率の特例等）において準用する場合を含む。）の規定に該当する給与若しくは報酬又は外国居住者等の所得に対する相互主義による所得税等の非課税等に関する法律第七条第七項に規定する第三国団体対象事業所得、同法第十一条第六項に規定する第三国団体対象国際運輸業所得、同法第十五条第十二項に規定する第三国団体対象配当等若しくは同法第十九条第六項に規定する第三国団体対象譲渡所得若しくは租税条約等実施特例法第三条の二第十三項に規定する第三国団体配当等に対する所得税　その給与若しくは報酬又は第三国団体対象事業所得、第三国団体対象国際運輸業所得、第三国団体対象配当等若しくは第三国団体対象譲渡所得若しくは

第三国団体配当等の支払を受けるべき時

三　年の中途において死亡した者又は年の中途において出国をする者に係るその年分の所得税（前二号に掲げる所得税及び源泉徴収による所得税を除く。）　その死亡又は出国の時

四　所得税法第百八十一条第二項（配当等の支払があったものとみなす場合）又は第百八十三条第二項（賞与の支払があったものとみなす場合）（これらの規定を同法第二百十二条第四項（非居住者又は法人に対する準用）において準用する場合を含む。）の規定により、支払の確定した日から一年を経過した日において支払があったものとみなされたこれらの規定に規定する配当等又は賞与に係る源泉徴収による所得税　当該一年を経過した日を経過する時

五　所得税法第二百十二条第五項の規定により、同項に規定する金銭等の交付をした日（同項に規定する計算期間の末日の翌日から二月を経過する日までに当該交付がされない場合には、同日）においてその支払があったものとみなされた同項に規定する国内源泉所得に係る源泉徴収による所得税　当該交付をした日を経過する時又は当該二月を経過する日を経過する時

六　次に掲げる申告書の提出又は当該申告書の提出がなかったことによる法第二十五条（決定）の規定による決定（第九条第一号（繰上保全差押えに係る通知）を除き、以下「決定」という。）により納付すべき法人税又は地方法人税及び当該法人税又は地方法人税に係る修正申告書の提出又は法第二十九条第一項（更正等の効力）に規定する更正（以下第四十一条（納税証明書の交付の請求等）までにおいて「更正」という。）により納付すべき法人税又は地方法人税　それぞれ次に定める時

イ　法人税法第二条第三十号又は第三十三号（定義）に規定する中間申告書又は退職年金等積立金中間申告書　事業年度の開始の日から六月を経過する時

ロ　法人税法第二条第三十一号の二に規定する連結中間申告書　連結事業年度（同法第十五条の二（連結事業年度の意義）に規定する連結事業年度をいう。第十三条第二項第二号（納税の猶予の期間）及び第四十一条第一項第三号ロにおいて同じ。）の開始の日から六月を経過する時

ハ　地方法人税法（平成二十六年法律第十一号）第二条第十五号（定義）に規定する地方法人税中間申告書又は同法第十六条第十項（中間申告）の規定による申告書　課税事業年度（同法第七条（課税事業年度）に規定する課税事業年度をいう。第十三条第二項第三号において同じ。）の開始の日から六月を経過する時

七　相続税法第二十一条の十六第一項（相続時精算課税に係る相続税額）の規定により、相続又は遺贈により取得した

ものとみなされた財産に係る相続税　同法第二十一条の九第五項（相続時精算課税の選択）に規定する特定贈与者の死亡の時

八　消費税法第四十二条第一項、第四項又は第六項（課税資産の譲渡等及び特定課税仕入れについての中間申告）の規定による申告書の提出により納付すべき消費税及び当該消費税に係る修正申告書の提出又は更正により納付すべき消費税　中間申告対象期間（同法第四十三条第一項（仮決算をした場合の中間申告書の記載事項）に規定する中間申告対象期間をいう。）の末日を経過する時

九　国税に関する法律の規定により一定の事実が生じた場合に直ちに徴収するものとされている消費税等　当該事実が生じた時

十　一般送配電事業者（電源開発促進税法（昭和四十九年法律第七十九号）第二条第二号（定義）に規定する一般送配電事業者をいう。）が自ら使用した電気に対する電源開発促進税　同法第七条第二項（課税標準及び税額の申告）の計量の基礎となる期間の経過する時

十一　第二十六条第一項（還付請求申告書等）に規定する還付請求申告書に係る過少申告加算税又は重加算税　当該還付請求申告書の提出の時

（更正の請求）

第六条　法第二十三条第二項第三号（更正の請求）に規定する政令で定めるやむを得ない理由は、次に掲げる理由とする。

一　その申告、更正又は決定に係る課税標準等（法第十九条第一項（修正申告）に規定する課税標準等をいう。以下同じ。）又は税額等（同項に規定する税額等をいう。以下同じ。）の計算の基礎となつた事実のうちに含まれていた行為の効力に係る官公署の許可その他の処分が取り消されたこと。

二　その申告、更正又は決定に係る課税標準等又は税額等の計算の基礎となつた事実に係る契約が、解除権の行使によつて解除され、若しくは当該契約の成立後生じたやむを得ない事情によつて解除され、又は取り消されたこと。

三　帳簿書類の押収その他やむを得ない事情により、課税標準等又は税額等の計算の基礎となるべき帳簿書類その他の記録に基づいて国税の課税標準等又は税額等を計算することができなかつた場合において、その後、当該事情が消滅したこと。

四　わが国が締結した所得に対する租税に関する二重課税の回避又は脱税の防止のための条約に規定する権限のある当局間の協議により、その申告、更正又は決定に係る課税標準等又は税額等に関し、その内容と異なる内容の合意が行われたこと。

五　その申告、更正又は決定に係る課税標準等又は税額等の計算の基礎となつた事実に係る国税庁長官が発した通達に

示されている法令の解釈その他の国税庁長官の法令の解釈が、更正又は決定に係る審査請求若しくは訴えについての裁決若しくは判決に伴つて変更され、変更後の解釈が国税庁長官により公表されたことにより、当該課税標準等又は税額等が異なることとなる取扱いを受けることとなつたことを知つたこと。

2　更正の請求をしようとする者は、その更正の請求をする理由が課税標準たる所得が過大であることその他その理由の基礎となる事実が一定期間の取引に関するものであるときは、その取引の記録等に基づいてその理由の基礎となる事実を証明する書類を法第二十三条第三項の更正請求書に添付しなければならない。その更正の請求をする理由の基礎となる事実が一定期間の取引に関するもの以外のものである場合において、その事実を証明する書類があるときも、また同様とする。

第三章　国税の納付及び徴収

（口座振替納付に係る納付期日）

第七条　法第三十四条の二第二項（口座振替納付に係る通知等）に規定する政令で定める日は、同条第一項の通知が金融機関に到達した日から二取引日を経過した最初の取引日（災害その他やむを得ない理由によりその日までに納付することができないと税務署長が認める場合には、その承認する日）とする。

2　前項に規定する取引日とは、金融機関の休日以外の日をいう。

（納付受託者の指定要件）

第七条の二　法第三十四条の四第一項（納付受託者）に規定する政令で定める要件は、次に掲げるものとする。

一　納付受託者（法第三十四条の四第一項に規定する納付受託者をいう。次条、第七条の四（権限の委任）及び第二十七条の二（期限内申告書を提出する意志等があつたと認められる場合）において同じ。）として納付事務（同項に規定する納付事務をいう。次号において同じ。）を行うことが国税の徴収の確保及び納税者の便益の増進に寄与すると認められること。

二　納付事務を適正かつ確実に遂行するに足りる経理的及び技術的な基礎を有するものとして財務省令で定める基準を満たしていること。

（納付受託者の納付に係る納付期日）

第七条の三　法第三十四条の五第一項（納付受託者の納付）に規定する政令で定める日は、次の各号に掲げる区分に応じ、当該各号に定める日の翌日から起算して十一取引日（第七条第二項（口座振替納付に係る納付期日）に規定する取引日をいう。以下この条において同じ。）を経過した最初の取引日（災害その他やむを得ない理由によりその日までに納付することができないと国税庁長官が認める場合には、その承認する日）とする。

一　納付受託者が法第三十四条の三第一項（第一号に係る部分に限る。）（納付受託者に対する納付の委託）の規定により国税を納付しようとする者の委託に基づき当該国税の額に相当する金銭の交付を受けたとき　当該交付を受けた日

二　納付受託者が法第三十四条の三第一項（第二号に係る部分に限る。）の規定により国税を納付しようとする者の委託を受けたとき　当該委託を受けた日

（権限の委任）

第七条の四　法第三十四条の六第三項（納付受託者の帳簿保存等の義務）の規定による権限は、納付受託者の住所又は事務所の所在地を管轄する国税局長に委任するものとする。ただし、国税庁長官が自らその権限を行うことを妨げない。

（納税の告知に係る納期限等）

第八条　第三十六条第一項各号（納税の告知）に掲げる国税につきその法定納期限後に納税の告知をする場合、国際観光旅客税法（平成三十年法律第十六号）第十八条第一項（国際観光旅客等による納付）の規定により納付すべき国際観光旅客税でその法定納期限までに納付されなかつたものにつきその法定納期限後に納税の告知をする場合又は過怠税につき納税の告知をする場合には、当該告知に係る納税告知書に記載すべき納期限は、当該告知書を発する日の翌日から起算して一月を経過する日（国税に関する法律の規定により一定の事実が生じた場合に直ちに徴収するものとされている国税については、当該告知書の送達に要すると見込まれる期間を経過した日）とする。

2　法第三十六条第二項ただし書に規定する政令で定める場合は、本邦に入国する者が入国の際に携帯して輸入する物品につき課する消費税等を税関の当該職員に即納させる場合その他特別の必要に基づき国税を当該職員に即納させる場合とする。

3　法第三十六条第二項ただし書の規定により当該職員が口頭で納税の告知をする場合には、他の当該職員の立会いを受けなければならない。

（繰上保全差押に係る通知）

第九条　法第三十八条第四項（繰上保全差押）において準用する国税徴収法第百五十九条第三項（保全差押に係る通知）の書面には、次に掲げる事項を記載しなければならない。

一　法第三十八条第三項の規定により決定した金額

二　前号の金額の決定の基因となつた国税の年度及び税目

（強制換価の場合の消費税等の徴収に関する通知）

第十条　法第三十九条第二項（強制換価の場合の消費税等の徴収の特例）の規定による同項に規定する執行機関（以下「執行機関」という。）への通知は、次に掲げる事項を記載した書面でしなければならない。

一　納税者の氏名（法人については、名称。以下同じ。）及び住所又は居所
二　強制換価手続が行われている消費税等の課される物品の名称、数量、性質及び所在並びにその手続が滞納処分（その例による処分を含む。以下同じ。）以外の手続であるときは、その手続に係る事件の表示
三　前号の物品につき徴収すべき消費税等（その滞納処分費を含む。）の額

2　法第三十九条第二項の規定による納税者への通知は、次に掲げる事項を記載した書面でしなければならない。
一　執行機関の名称
二　前項第二号及び第三号に掲げる事項

（国税を納付した第三者の代位の手続）
第十一条　国税（その滞納処分費を含む。第六章から第七章の二まで（附帯税・国税の更正、決定等の期間制限・国税の調査）及び第十章（犯則事件の調査及び処分）を除き、以下同じ。）を納付した第三者は、法第四十一条第二項（国税を納付した第三者の代位）の規定により国に代位しようとする場合には、国税の納付について正当な利益を有すること又は国税を納付すべき者の同意を得たことを証する書面を、その国税の納付の日の翌日までに、国税局長、税務署長又は税関長に提出しなければならない。

第十二条　削除

第四章　納税の猶予及び担保

（納税の猶予の期間）
第十三条　国税局長、税務署長又は税関長は、法第四十六条第一項（災害による納税の猶予）の規定による納税の猶予の申請があつた場合には、その申請をした納税者の財産のうちその申請の基因となつた災害により被害のあつた財産の損失の状況及び当該財産の種類を勘案して、その猶予期間を定めるものとする。

2　法第四十六条第二項に規定する政令で定める期間は、次に掲げる国税の区分に応じ当該各号に定める期間以内の期間とする。
一　予定納税に係る所得税　その年分の所得税に係る所得税法第二条第一項第四十一号（定義）に規定する確定申告期限までの期間
二　次条第二項第一号に掲げる法人税　その事業年度の法人税法第七十四条第一項（確定申告）、第八十九条（退職年金等積立金に係る確定申告）（同法第百四十五条の五（外国法人に対する準用）において準用する場合を含む。）若しくは第百四十四条の六第一項若しくは第二項（確定申告）の規定による申告書の提出期限又はその連結事業年度の同法第八十一条の二十二第一項（連結確定申告）の規定による申

告書の提出期限までの期間
三　次条第二項第二号に掲げる地方法人税　その課税事業年度の地方法人税法第十九条第一項又は第六項（確定申告）の規定による申告書の提出期限までの期間
四　次条第二項第三号に掲げる消費税　その課税期間の消費税法第四十五条第一項（課税資産の譲渡等及び特定課税仕入れについての確定申告）の規定による申告書の提出期限までの期間

（納税の猶予の特例となる国税）
第十四条　法第四十六条第一項第一号（納税の猶予の要件等）に規定する政令で定める国税は、次に掲げる国税とする。
一　自動車重量税（法第四十六条第一項の申請の日以前に納税の告知がされたものを除く。）
二　国際観光旅客税法第十八条第一項（国際観光旅客等による納付）の規定により納付すべき国際観光旅客税（法第四十六条第一項の申請の日以前に納税の告知がされたものを除く。）
三　法第十五条第三項第五号（納税義務の成立及びその納付すべき税額の確定）に掲げる印紙税
四　登録免許税（法第四十六条第一項の申請の日以前に納税の告知がされたもの及び登録免許税法（昭和四十二年法律第三十五号）第二十四条第一項（免許等の場合の納付の特例）に規定する登録免許税を除く。）

2　法第四十六条第一項第三号に規定する政令で定める国税は、次に掲げる国税とする。
一　法人税法第二条第三十号、第三十一号の二若しくは第三十三号（定義）に規定する中間申告書、連結中間申告書若しくは退職年金等積立金中間申告書の提出又は当該申告書の提出がなかつたことによる決定により納付すべき法人税及び当該法人税に係る修正申告書の提出又は更正により納付すべき法人税とする。
二　地方法人税法第二条第十五号（定義）に規定する地方法人税中間申告書若しくは同法第十六条第十項（中間申告）の規定による申告書の提出又は当該申告書の提出がなかつたことによる決定により納付すべき地方法人税及び当該地方法人税に係る修正申告書の提出又は更正により納付すべき地方法人税
三　消費税法第四十二条第一項、第四項又は第六項（課税資産の譲渡等及び特定課税仕入れについての中間申告）の規定による申告書の提出により納付すべき消費税及び当該消費税に係る修正申告書の提出又は更正により納付すべき消費税

（納税の猶予の申請手続等）
第十五条　納税の告知がされていない源泉徴収等による国税につき法第四十六条第一項又は第二項（納税の猶予の要件等）の規定による納税の猶予を受けようとする者は、所得税法第

二百二十条（源泉徴収に係る所得税の納付手続）に規定する計算書又は国際観光旅客税法第十六条第二項（国内事業者による特別徴収等）若しくは第十七条第二項（国外事業者による特別徴収等）に規定する計算書を法第四十六条の二第一項又は第二項（納税の猶予の申請手続等）に規定する申請書に添付しなければならない。

2 税務署長又は税関長は、法第四十六条第一項又は第二項の規定により納税の猶予をした源泉徴収等による国税について納税の告知をするときは、当該告知に係る納税告知書に、法第三十六条第二項（納税の告知）に規定する事項のほか、当該猶予に係る期限を記載しなければならない。

3 前二項の規定は、登録免許税法第二十四条第一項（免許等の場合の納付の特例）に規定する登録免許税について準用する。この場合において、第一項中「所得税法第二百二十条（源泉徴収に係る所得税の納付手続）に規定する計算書又は国際観光旅客税法第十六条第二項（国内事業者による特別徴収等）若しくは第十七条第二項（国外事業者による特別徴収等）に規定する計算書」とあるのは、「当該登録免許税の課税の基因となる登録、特許、免許、許可、認可、認定、指定又は技能証明がされたことを明らかにする書類」と読み替えるものとする。

第十五条の二 法第四十六条の二第一項（納税の猶予の申請手続等）に規定する政令で定める事項は、次に掲げる事項とする。

一 法第四十六条第一項（納税の猶予の要件等）の災害によりその者がその財産につき相当な損失を受けたことの事実の詳細（財産の種類ごとの損失の程度その他の被害の状況を含む。）

二 納付すべき国税の年度、税目、納期限及び金額

三 前号の金額のうち当該猶予を受けようとする金額

四 当該猶予を受けようとする期間

2 法第四十六条の二第二項に規定する政令で定める事項は、次に掲げる事項とする。

一 法第四十六条第二項各号のいずれかに該当する事実があること及びその該当する事実に基づき国税を一時に納付することができない事情の詳細

二 前項第二号から第四号までに掲げる事項

三 分割納付の方法により納付を行うかどうか（分割納付の方法により納付を行う場合にあつては、分割納付の各納付期限及び各納付期限ごとの納付金額を含む。）

四 猶予を受けようとする金額が百万円を超え、かつ、猶予期間が三月を超える場合には、提供しようとする法第五十条各号（担保の種類）に掲げる担保の種類、数量、価額及び所在（その担保が保証人の保証であるときは、保証人の氏名及び住所又は居所）その他担保に関し参考となるべき事項（担保を提供することができない特別の事情があると

きは、その事情）

3　法第四十六条の二第二項に規定する政令で定める書類は、次に掲げる書類とする。

一　法第四十六条第二項各号のいずれかに該当する事実を証するに足りる書類

二　財産目録その他の資産及び負債の状況を明らかにする書類

三　猶予を受けようとする日前一年間の収入及び支出の実績並びに同日以後の収入及び支出の見込みを明らかにする書類

四　猶予を受けようとする金額が百万円を超え、かつ、猶予期間が三月を超える場合には、次条の規定により提出すべき書類その他担保の提供に関し必要となる書類

4　法第四十六条の二第三項に規定する政令で定める事項は、次に掲げる事項とする。

一　法第四十六条第三項各号に定める税額に相当する国税を一時に納付することができない事情の詳細

二　第一項第二号から第四号まで並びに第二項第三号及び第四号に掲げる事項

三　法第四十六条第三項の申請をやむを得ない理由によりその国税の納期限後にする場合には、その理由

5　法第四十六条の二第三項及び第四項に規定する政令で定める書類は、第三項第二号から第四号までに掲げる書類とする。

6　法第四十六条の二第四項に規定する政令で定める事項は、次に掲げる事項とする。

一　猶予期間の延長を受けようとする国税の年度、税目、納期限及び金額

二　猶予期間内にその猶予を受けた金額を納付することができないやむを得ない理由及びその猶予期間の延長を受けようとする期間

三　第二項第三号及び第四号に掲げる事項

7　法第四十六条の二第五項に規定する政令で定める書類は、第三項第四号に掲げる書類とする。

（担保の提供手続）

第十六条　法第五十条第一号、第二号又は第七号（国債、地方債等）に掲げる担保のうち振替株式等（社債、株式等の振替に関する法律（平成十三年法律第七十五号）第二条第一項第十二号から第二十一号まで（定義）に掲げる社債等で同条第二項に規定する振替機関が取り扱うものをいう。次項及び次条第三項において同じ。）以外のもの（社債、株式等の振替に関する法律第二百七十八条第一項（振替債の供託）に規定する振替債にあっては、財務省令で定めるもの）を提供しようとする者は、これを供託してその供託書の正本をその提供先の国税庁長官、国税局長、税務署長又は税関長（以下この条及び次条において「国税庁長官等」という。）に提出しなければならない。ただし、登録国債については、その登録を受け、

登録済通知書を国税庁長官等に提出しなければならない。

2　法第五十条第二号に掲げる担保のうち振替株式等を提供しようとする者は、振替株式等の種類に応じ、当該振替株式等に係る振替口座簿の国税庁長官等の口座の質問欄に増加又は増額の記載又は記録をするために振替の申請をしなければならない。

3　法第五十条第三号から第五号まで（土地、建物等）に掲げる担保を提供しようとする者は、抵当権を設定するために必要な書類を国税庁長官等に提出しなければならない。この場合において、その提出を受けた国税庁長官等は、抵当権の設定の登記又は登録を関係機関に嘱託しなければならない。

4　法第五十条第六号（保証人の保証）に掲げる担保を提供しようとする者は、保証人の保証を証する書面を国税庁長官等に提出しなければならない。

（担保の解除）

第十七条　国税庁長官等は、担保の提供があつた場合において、担保の提供されている国税が完納されたこと、担保を提供した者が法第五十一条第二項（担保の変更）の承認を受けて変更に係る担保を提供したことその他の理由によりその担保を引き続いて提供させる必要がないこととなつたときは、その担保を解除しなければならない。

2　担保の解除は、担保を提供した者にその旨を書面で通知することによつて行なう。

3　国税庁長官等は、次に掲げる担保を解除したときは、当該各号に定める手続をしなければならない。

一　法第五十条第一号、第二号又は第七号（国債、地方債等）に掲げる担保（振替株式等を除く。）　前条第一項の規定により提出された供託書の正本又は登録済通知書の返還

二　振替株式等　当該振替株式等について、前条第二項の規定により振替口座簿における減少又は減額の記載又は記録を受けた者の口座に、増加又は増額の記載又は記録をするための振替の申請

三　法第五十条第三号から第五号まで（土地、建物等）に掲げる担保　前条第三項の規定により関係機関に嘱託した抵当権の登記又は登録の抹消の嘱託

（金銭担保による納付の手続）

第十八条　法第五十一条第三項（担保として提供した金銭による納付）の規定により担保として提供した金銭をもつて当該担保に係る国税の納付に充てようとする者は、その旨を記載した書面を税務署長又は税関長に提出しなければならない。

2　前項の書面の提出があつたときは、その担保として提供された金銭の額（その額が納付すべき国税の額をこえるときは、その国税の額）に相当する国税の納付があつたものとみなす。

（保証人に対する納付通知書に係る納付の期限）

第十九条　法第五十二条第二項（納付通知書による告知）に規定する納付通知書に記載すべき納付の期限は、当該通知書を

発する日の翌日から起算して一月を経過する日とする。

（国税庁長官等が徴した担保の処分庁）

第二十条　法第五十三条（国税庁長官等が徴した担保の処分）に規定する政令で定める税務署長は、同条の担保として提供された財産の所在地の所轄税務署長その他国税庁長官又は国税局長が徴した担保の処分につき便宜を有する税務署長とする。

第五章　国税の還付及び還付加算金

第二十一条　削除

（納税者及び第二次納税義務者の納付に係る過誤納金の還付等）

第二十二条　納税者及びその者の国税に係る第二次納税義務者（国税徴収法第二条第七号（定義）に規定する第二次納税義務者をいう。以下同じ。）の納付に係る国税の一部につき過誤納が生じた場合には、その過誤納金の還付又は充当に関しては、まず、第二次納税義務者が納付した額につきその過誤納が生じたものとする。

2　国税局長、税務署長又は税関長は、前項の規定の適用を受ける還付又は充当をしたときは、その旨を納税者に通知しなければならない。

（還付金等の充当適状）

第二十三条　法第五十七条第二項（充当）に規定する政令で定める充当をするのに適することとなつた時は、充当に係る国税の法定納期限（次の各号に掲げる国税（延滞税及び利子税を除く。）については、当該各号に定める時とし、その国税に係る延滞税及び利子税については、その納付又は徴収の基因となつた国税に係る当該各号に定める時とする。）と還付金等（法第五十六条第一項（還付）に規定する還付金等をいう。以下同じ。）が生じた時（還付加算金については、その計算の基礎となつた還付金等が生じた時）とのいずれか遅い時とする。ただし、法第十一条（災害等による期限の延長）の規定による法第三十七条第一項（督促）に規定する納期限の延長、法第四十六条第一項（納税の猶予の要件等）の規定による納税の猶予又は所得税法若しくは相続税法の規定による延納に係る国税につき、当該延長、猶予又は延納の申請又は届出があつた日（当該延長につき申請を要しないときは、当該延長の基因となる理由が生じた日）以後に生じた還付金等を充当するときは、当該延長、猶予又は延納に係る期限と当該還付金等が生じた時とのいずれか遅い日とする。

一　法定納期限後に納付すべき税額が確定した国税（過怠税を含むものとし、第六号に掲げるものを除く。）　その更正通知書、決定通知書又は納税告知書を発した時（申告納税方式による国税で申告により納付すべき税額が確定したものについては、その申告があつた時）

二　法定納期限前に法第三十八条第一項（繰上請求）の規定による請求がされた国税　当該請求に係る期限
三　相続税法第三十五条第二項（更正及び決定の特則）の更正又は決定により納付すべき税額が確定した相続税又は贈与税（前号に掲げる国税を除く。）　当該相続税又は贈与税に係る法第三十五条第二項第二号（申告納税方式による国税等の納付）の規定による納期限
四　法定納期限後に納税告知書が発せられた法第十五条第三項第二号から第四号まで又は第六号（納税義務の成立及びその納付すべき税額の確定）に掲げる国税　当該告知書を発した時
五　関税法（昭和二十九年法律第六十一号）第七十三条第一項（輸入の許可前における貨物の引取り）の規定により税関長の承認を受けて同法第二十九条（保税地域の種類）に規定する保税地域（以下「保税地域」という。）から引き取られた課税物件に係る消費税等（第一号及び次号に掲げる国税並びに石油石炭税法（昭和五十三年法律第二十五号）第十七条第三項（引取りに係る原油等についての石油石炭税の納付等）の規定により納付すべき石油石炭税を除く。）　輸入品に対する内国消費税の徴収等に関する法律（昭和三十年法律第三十七号）第九条第三項（輸入の許可前における引取り）において準用する関税法第七条の十七（輸入の許可前に引き取られた貨物に係る税額等の通知）の書面又は更正通知書を発した時
六　法第六十九条（加算税の税目）に規定する加算税　その賦課決定通知書を発した時
七　保証人又は第二次納税義務者として納付すべき国税　その納付通知書を発した時
八　滞納処分費　その生じた時
2　税関長は、還付金等がある場合において、その還付を受けるべき者から、関税法第六十七条（輸出又は輸入の許可）の規定による輸入の許可（以下「輸入の許可」という。）を受けて保税地域から引き取ろうとする課税物件に係る消費税等（石油石炭税法第十七条第三項の規定により納付すべき石油石炭税を除く。）に当該還付金を充てたい旨の書面が提出されたときは、当該消費税等の法定納期限前においても、その充当をすることができる。この場合においては、前項の規定にかかわらず、法第五十七条第二項に規定する政令で定める充当をするのに適することとなつた時は、当該書面の提出があつた時とする。

（還付加算金）

第二十四条　法第五十八条第一項第一号ハ（還付加算金）に規定する政令で定める過納金は、次に掲げる過納金とする。
一　予定納税に係る所得税（当該所得税に係る延滞税及び滞納処分費を含む。）に係る過納金
二　自動車重量税法（昭和四十六年法律第八十九号）第十二

条第一項（税額の認定）の規定による通知に基づいて納付した自動車重量税に係る過納金

三　登録免許税法第二十六条第一項（課税標準及び税額の認定）の規定による通知に基づいて納付した登録免許税に係る過納金

四　第二次納税義務者が納付した国税の額につき生じた過納金

2　法第五十八条第一項第三号に規定する政令で定める日は、次の各号に掲げる過誤納金の区分に応じ、当該各号に定める日（その日が当該過誤納金に係る国税の法定納期限前である場合には、当該法定納期限）とする。

一　納付申告書の提出により納付すべき税額が確定した国税（当該国税に係る延滞税及び利子税を含む。）に係る過納金　その更正があつた日

二　源泉徴収等による国税（当該国税に係る延滞税を含む。）に係る過誤納金（法第五十八条第一項第一号ロに掲げる過納金及び同条第四項の規定の適用がある過納金を除く。）及び国際観光旅客税法第十八条第一項（国際観光旅客等による納付）の規定により納付すべき国際観光旅客税（納税の告知がされたものを除く。）に係る過誤納金　税務署長又は税関長がその過誤納の事実の確認をした日

三　自動車重量税法第十六条第一項（過誤納の確認等）の規定による請求をすることができる自動車重量税に係る過誤納金　当該過誤納金につき、同条第三項の規定による証明書又は書面の提出があつた日

四　登録免許税法第三十一条第二項（過誤納金の還付等）の規定による請求をすることができる登録免許税に係る過誤納金　当該過誤納金につき、当該請求があつた日（当該請求がないときは、同条第一項の通知があつた日）

五　法第五十八条第一項第三号に掲げる過誤納金のうち前各号に掲げる過誤納金以外のもの　当該過誤納金に係る国税の納付（法第五十九条第二項（国税の予納額の還付の特例）その他国税に関する法律の規定により過誤納があつたものとみなされる場合には、その過誤納）があつた日

3　前項第二号の確認を受けようとする者は、次に掲げる事項を記載した申請書を税務署長又は税関長に提出しなければならない。

一　過誤納に係る国税の税目、当該国税に係る納付した税額、当該税額のうち過誤納となつた金額及びその納付した年月日

二　過誤納となつた理由

三　当該過誤納金の還付のための支払を受けようとする銀行又は郵便局（簡易郵便局法（昭和二十四年法律第二百十三号）第二条（定義）に規定する郵便窓口業務を行う日本郵便株式会社の営業所であつて郵政民営化法（平成十七年法律第九十七号）第九十四条（定義）に規定する郵便貯金銀

行を銀行法（昭和五十六年法律第五十九号）第二条第十六項（定義等）に規定する所属銀行とする同条第十四項に規定する銀行代理業の業務を行うものをいう。）の名称及び所在地

四　その他参考となるべき事項

4　法第五十八条第五項に規定する政令で定める理由は、法第二十三条第二項第一号及び第三号（更正の請求）（第六条第一項第五号（更正の請求）に掲げる理由を除く。）並びに法以外の国税に関する法律の規定により更正の請求の基因とされている理由（修正申告書の提出又は更正若しくは決定があったことを理由とするものを除く。）で当該国税の法定申告期限後に生じたものとする。

第六章　附帯税

（延滞税の計算期間の起算日の特例）

第二十五条　法第六十条第二項（延滞税の額の計算）に規定する政令で定める国税は、次に掲げる国税とし、同項に規定する政令で定める日は、それぞれ当該各号に定める日とする。

一　法第十九条第四項第三号ハ（修正申告書の記載事項）に規定する純損失の繰戻し等による還付金額が過大であったことにより納付すべきこととなった国税　当該還付金額（当該還付金額に係る還付加算金を含む。）について支払決定をし、又は充当をした日（同日前に充当をするのに適することとなった日がある場合には、その適することとなった日）

二　消費税法第五十二条第一項（消費税の還付）の規定による還付金その他の消費税等に係る還付金又は航空機燃料税法（昭和四十七年法律第七号）第十二条第二項（航空機燃料税の還付）の規定による還付金の額が過大であったことにより納付すべきこととなった国税　これらの還付金の還付に係る納付申告書の提出期限（当該納税申告書が、消費税法第四十五条第一項（納税申告）の規定による納税申告書（当該納税申告書の提出期限内に提出されたものを除く。）であるときは、その提出のあった日の属する月の末日とし、酒税法（昭和二十八年法律第六号）第三十条の二第一項（納税申告）の規定による納税申告書であるときは、その申告に係る酒類（同法第二条第一項（酒類の定義）に規定する酒類をいう。第三十条の二（蒸留機等の封を施す箇所）において同じ。）を移出した日の属する月の翌々月末日とし、石油ガス税法（昭和四十年法律第百五十六号）第十六条第一項（納税申告）の規定による納税申告書であるときは、その提出期限から一月を経過する日とし、提出期限の定めがない納税申告書であるときは、その提出があった日の属する月の末日（当該納税申告書が、消費税法第十六条第一項（還付を受けるための申告）の規定による納税

申告書で当該納税申告書に係る課税期間の末日の翌日から二月を経過する日前に提出されたものであるときは、当該二月を経過する日とし、酒税法第三十条の二第三項又は石油ガス税法第十六条第二項の規定による納税申告書であるときは、その月の翌月末日とする。）とする。）

三　前二号に掲げる還付金以外の還付金（国税に関する法律の規定による国税の還付金をいう。以下同じ。）の額が過大であつたことにより納付すべきこととなつた国税　当該還付金が生じた日（当該還付金が期限内申告書（納付すべき税額があるものとした場合におけるその国税の法定申告期限前に提出された次条第一項に規定する還付請求申告書を含む。）に係るものであるときは、その法定申告期限）

四　輸入品に対する内国消費税の徴収等に関する法律第七条第八項（消費税等に対する準用）において準用する関税法第七十七条第六項（関税の還付前における郵便物の受取り）の税関長の承認を受けて受け取られた郵便物に係る消費税等　その納税告知書を発した日（当該告知書を二回以上にわたつて発した場合には、その最初に発した日）

五　関税法第七十三条第一項（輸入の許可前における貨物の引取り）の規定により税関長の承認を受けて保税地域から引き取られた課税物件に係る消費税等（石油石炭税法第十七条第三項（引取りに係る原油等についての石油石炭税の納付）の規定により納付すべき石油石炭税を除く。）　輸入品に対する内国消費税の徴収等に関する法律第九条第三項（消費税等に対する準用）において準用する関税法第七条の十七（輸入の許可前に引き取られた貨物に係る税額等の通知）の書面又は更正通知書を発した日（これらの書類を二回以上にわたつて発した場合には、その最初に発した日）

六　輸入品に対する内国消費税の徴収等に関する法律第六条第二項（引取りに係る課税物品についての申告の特例）に規定する特例申告に係る消費税等　当該特例申告に係る申告書の提出期限（消費税等に関する法律の規定により当該消費税等の納期限が延長された場合には、当該延長された納期限）

七　輸入の許可を受けて保税地域から引き取られた課税物件に係る消費税等（前二号に掲げる消費税等及び石油石炭税法第十七条第三項の規定により納付すべき石油石炭税を除く。）　当該許可の日（消費税等に関する法律の規定により当該消費税等の納期限が延長された場合には、当該延長された納期限）

（還付請求申告書等）

第二十六条　法第六十一条第一項第二号（延滞税の額の計算の基礎となる期間の特例）に規定する還付請求申告書（以下「還付請求申告書」という。）は、還付金の還付を受けるための納税申告書（納税申告書に記載すべき課税標準等及び税額等が国税に関する法律の規定により正当に計算された場合に当該申告書の提出により納付すべき税額がないものに限る。）で法第十七条第二項（期限内申告）に規定する期限内申告書以外のものをいう。

2　法第六十一条第二項に規定する納付すべき税額を増加させる更正に類するものとして政令で定める更正は、還付金の額を減少させる更正又は納付すべき税額があるものとする更正とする。

3　法第六十一条第二項に規定する納付すべき税額を減少させる更正に類するものとして政令で定める更正は、同項に規定する期限内申告書又は期限後申告書（以下この項及び次項において「期限内申告書等」という。）に係る還付金の額を増加させる更正又は期限内申告書等に係る還付金の額がない場合において還付金の額があるものとする更正とする。

4　法第六十一条第二項に規定する期限内申告書又は期限後申告書に係る税額に達するまでの部分として政令で定める国税は、次の各号に掲げる場合の区分に応じ、当該各号に定める税額に相当する国税とする。

一　期限内申告書等の提出により納付すべき税額がある場合　次に掲げる税額のうちいずれか少ない税額

イ　法第六十一条第二項に規定する修正申告書の提出又は増額更正（以下この項及び次項において「修正申告書の提出等」という。）により納付すべき税額

ロ　期限内申告書等の提出により納付すべき税額から法第六十一条第二項の修正申告又は増額更正（以下この項において「修正申告等」という。）前の税額を控除した税額（修正申告等前の還付金の額に相当する税額があるときは、期限内申告書等の提出により納付すべき税額に当該還付金の額に相当する税額を加算した税額）

二　期限内申告書等の提出により納付すべき税額がない場合（次号に掲げる場合を除く。）　次に掲げる税額のうちいずれか少ない税額

イ　修正申告書の提出等により納付すべき税額

ロ　修正申告等前の還付金の額に相当する税額

三　期限内申告書等に係る還付金の額がある場合　次に掲げる税額のうちいずれか少ない税額

イ　修正申告書の提出等により納付すべき税額

ロ　修正申告等前の還付金の額に相当する税額から期限内申告書等に係る還付金の額に相当する税額を控除した税額

5　法第六十一条第二項に規定するその他の政令で定める国税は、次に掲げる国税（前項に規定する国税に限る。）とする。

一　法第六十一条第一項に規定する特定修正申告書の提出又は同項に規定する特定更正により納付すべき国税

二　法第六十一条第二項に規定する減額更正が更正の請求に基づく更正である場合において、当該減額更正に係る更正通知書が発せられた日の翌日から起算して一年を経過する

日までに修正申告書の提出等があつたときの当該修正申告書の提出等により納付すべき国税（前号に掲げる国税を除く。）

（延滞税の免除ができる場合）

第二十六条の二　法第六十三条第六項第四号（納税の猶予等の場合の延滞税の免除）に規定する政令で定める場合は、次の各号に掲げる場合とし、同号に掲げる政令で定める期間は、それぞれ当該各号に定める期間とする。

一　国税徴収法に規定する交付要求により交付を受けた金銭を当該交付要求に係る国税に充てた場合　当該交付要求を受けた同法第二条第十三号（定義）に規定する執行機関が強制換価手続において当該金銭を受領した日の翌日からその充てた日までの期間

二　差し押さえた不動産（国税徴収法第八十九条の二第一項（参加差押えをした税務署長による換価）に規定する換価執行決定（以下この号において「換価執行決定」という。）がされたものに限る。）の売却代金につき交付を受けた金銭を当該差押えに係る国税に充てた場合　当該換価執行決定をした同法第二条第十三号に規定する行政機関等が滞納処分において当該売却代金を受領した日の翌日からその充てた日までの期間

三　火薬類の爆発、交通事故その他の人為による異常な災害又は事故により、納付すべき税額の全部若しくは一部につき申告をすることができず、又は国税を納付することができない場合（その災害又は事故が生じたことにつき納税者の責めに帰すべき事由がある場合を除く。）　その災害又は事故が生じた日からこれらが消滅した日以後七日を経過した日までの期間

（利子税の額の計算の基礎となる期間に係る延滞税に関する規定の準用）

第二十六条の三　第二十六条（還付請求申告書等）の規定は、法第六十四条第三項（利子税）において法第六十一条第二項（延滞税の額の計算の基礎となる期間の特例）の規定を準用する場合について準用する。

（過少申告加算税等を課さない部分の税額の計算等）

第二十七条　法第六十五条第四項（過少申告加算税）（法第六十六条第五項（無申告加算税）において準用する場合を含む。）に規定する政令で定めるところにより計算した金額は、次の各号に掲げる場合の区分に応じ、当該各号に定める税額（法第六十六条第五項において準用する場合にあつては、第一号に定める税額）とする。

一　法第六十五条第四項第一号に掲げる場合に該当する場合（第三号に掲げる場合を除く。）　同項第一号に規定する正当な理由があると認められる事実のみに基づいて修正申告書の提出又は更正があつたものとした場合におけるその申告又は更正に基づき法第三十五条第二項（申告納税方式

による国税等の納付）の規定により納付すべき税額

二　法第六十五条第四項第二号に掲げる場合に該当する場合（次号に掲げる場合を除く。）　次に掲げる場合の区分に応じ、それぞれ次に定める税額

イ　期限内申告書（法第六十五条第三項第二号に規定する期限内申告書をいう。以下この号及び次項において同じ。）の提出により納付すべき税額がある場合　次に掲げる税額のうちいずれか少ない税額

⑴　法第六十五条第一項に規定する修正申告書の提出又は更正（以下この号において「修正申告書の提出等」という。）により納付すべき税額

⑵　期限内申告書の提出により納付すべき税額から法第六十五条第一項の修正申告又は更正（以下この号において「修正申告等」という。）前の税額を控除した税額（修正申告等前の還付金の額に相当する税額があるときは、期限内申告書の提出により納付すべき税額に当該還付金の額に相当する税額を加算した税額）

ロ　期限内申告書の提出により納付すべき税額がない場合（ハに掲げる場合を除く。）　次に掲げる税額のうちいずれか少ない税額

⑴　修正申告書の提出等により納付すべき税額

⑵　修正申告等前の還付金の額に相当する税額

ハ　期限内申告書に係る還付金の額がある場合　次に掲げる税額のうちいずれか少ない税額

⑴　修正申告書の提出等により納付すべき税額から期限内申告書に係る還付金の額に相当する税額を控除した税額

⑵　修正申告等前の還付金の額に相当する税額

三　法第六十五条第四項各号に掲げる場合のいずれにも該当する場合　前二号に定める税額のうちいずれか多い税額

2　法第六十五条第四項第二号に規定する納付すべき税額を減少させる更正に類するものとして政令で定める更正は、期限内申告書に係る還付金の額を増加させる更正又は期限内申告書に係る還付金の額がない場合において還付金の額があるものとする更正とする。

3　法第六十五条第五項に規定する政令で定める事項は、法第七十四条の九第一項（納税義務者に対する調査の事前通知等）に規定する実地の調査において質問検査等（同項に規定する質問検査等をいう。第三十条の四第二項（調査の事前通知に係る通知事項）において同じ。）を行わせる旨（法第七十四条の十（事前通知を要しない場合）の規定に該当する場合には、調査（法第七十四条の九第一項第一号に規定する調査をいう。第三十条の四において同じ。）を行う旨）とする。

4　法第六十五条第五項に規定する通知には、法第七十四条の九第五項に規定する場合に該当する場合において同項に規定する税務代理人（当該税務代理人について同条第六項に規定

する場合に該当する場合には、同項に規定する代表する税務代理人）に対してする通知を含むものとする。

（期限内申告書を提出する意思等があつたと認められる場合）

第二十七条の二　法第六十六条第七項（無申告加算税）に規定する期限内申告書を提出する意思があつたと認められる場合として政令で定める場合は、次の各号のいずれにも該当する場合とする。

一　法第六十六条第七項に規定する期限後申告書の提出があつた日の前日から起算して五年前の日（消費税等（法第二条第九号（定義）に規定する課税資産の譲渡等に係る消費税を除く。）、航空機燃料税、電源開発促進税及び印紙税に係る期限後申告書（印紙税法（昭和四十二年法律第二十三号）第十二条第五項（預貯金通帳等に係る申告及び納付等の特例）の規定によるものを除く。）である場合には、一年前の日）までの間に、当該期限後申告書に係る国税の属する税目について、法第六十六条第一項第一号に該当することにより無申告加算税又は重加算税を課されたことがない場合であつて、同条第七項の規定の適用を受けていないとき。

二　前号に規定する期限後申告書に係る納付すべき税額の全額が法定納期限（当該期限後申告書に係る納付について、法第三十四条の二第一項（口座振替納付に係る通知等）に規定する依頼を税務署長が受けていた場合又は電子情報処理組織による輸出入等関連業務の処理等に関する法律（昭和五十二年法律第五十四号）第四条第一項（口座振替納付に係る納付書の送付等）に規定する依頼を税関長が受けていた場合には、当該期限後申告書を提出した日。以下この号において同じ。）までに納付されていた場合又は当該税額の全額に相当する金銭が法定納期限までに法第三十四条の三第一項（第一号に係る部分に限る。）（納付受託者に対する納付の委託）の規定による委託に基づき納付受託者に交付されていた場合若しくは当該税額の全額について法定納期限までに同項（第二号に係る部分に限る。）の規定により納付受託者が委託を受けていた場合

2　法第六十七条第三項（不納付加算税）に規定する法定納期限までに納付する意思があつたと認められる場合として政令で定める場合は、同項に規定する納付に係る法定納期限の属する月の前月の末日から起算して一年前の日までの間に法定納期限が到来する源泉徴収等による国税について、次の各号のいずれにも該当する場合とする。

一　法第三十六条第一項（第二号に係る部分に限る。）（納税の告知）の規定による納税の告知（法第六十七条第一項ただし書に該当する場合における納税の告知を除く。）を受けたことがない場合

二　法第三十六条第一項（第二号に係る部分に限る。）の規定による納税の告知を受けることなく法定納期限後に納付さ

れた事実（その源泉徴収等による国税に相当する金銭が法定納期限までに法第三十四条の三第一項（第一号に係る部分に限る。）の規定による委託に基づき納付受託者に交付されていた場合及び当該国税について法定納期限までに同項（第二号に係る部分に限る。）の規定により納付受託者が委託を受けていた場合並びに法第六十七条第一項ただし書に該当する場合における法定納期限後に納付された事実を除く。）がない場合

（加重された過少申告加算税等が課される場合における重加算税に代えられるべき過少申告加算税等）

第二十七条の三　法第六十八条第一項又は第四項（同条第一項の重加算税に係る部分に限る。）（重加算税）の規定により過少申告加算税に代えて重加算税を課する場合において、当該過少申告加算税について法第六十五条第二項（過少申告加算税）の規定により加算すべき金額があるときは、当該重加算税の額の計算の基礎となるべき税額に相当する金額を当該過少申告加算税の額の計算の基礎となるべき税額から控除して計算するものとした場合における過少申告加算税以外の部分の過少申告加算税に代え、重加算税を課するものとする。

2　法第六十八条第二項又は第四項（同条第二項の重加算税に係る部分に限る。）の規定により無申告加算税に代えて重加算税を課する場合において、当該無申告加算税について法第六十六条第二項（無申告加算税）（同条第四項の規定により適用される場合を含む。）の規定により加算すべき金額があるときは、当該重加算税の額の計算の基礎となるべき税額に相当する金額を当該無申告加算税の額の計算の基礎となるべき税額から控除して計算するものとした場合における無申告加算税以外の部分の無申告加算税に代え、重加算税を課するものとする。

（重加算税を課さない部分の税額の計算）

第二十八条　法第六十八条第一項（重加算税）（同条第四項の規定により適用される場合を含む。）に規定する隠蔽し、又は仮装されていない事実に基づく税額として政令で定めるところにより計算した金額は、過少申告加算税の額の計算の基礎となるべき税額のうち当該事実のみに基づいて修正申告書の提出又は更正があつたものとした場合におけるその申告又は更正に基づき法第三十五条第二項（申告納税方式による国税等の納付）の規定により納付すべき税額とする。

2　法第六十八条第二項（同条第四項の規定により適用される場合を含む。）に規定する隠蔽し、又は仮装されていない事実に基づく税額として政令で定めるところにより計算した金額は、無申告加算税の額の計算の基礎となるべき税額のうち当該事実のみに基づいて法第十八条第二項（期限後申告）に規定する期限後申告書若しくは修正申告書の提出又は決定若しくは更正があつたものとした場合におけるその申告又は決定若しくは更正に基づき法第三十五条第二項の規定により納付

すべき税額とする。

3　法第六十八条第三項（同条第四項の規定により適用される場合を含む。）に規定する隠蔽し、又は仮装されていない事実に基づく税額として政令で定めるところにより計算した金額は、不納付加算税の額の計算の基礎となるべき税額のうち納税者が当該事実のみに基づいてその国税の法定納期限までに納付しなかつた税額とする。

第七章　国税の更正、決定等の期間制限

（還付金に係る決定等の期間制限の起算日等）

第二十九条　法第七十条第一項第一号（国税の更正、決定等の期間制限）に規定する政令で定める日は、還付請求申告書を提出することができる者についてその申告に係る還付金がなく、納付すべき税額があるものとした場合におけるその国税の法定申告期限とする。

2　法第七十条第四項第三号に規定する政令で定める場合は、次に掲げる場合とする。

一　適用者（所得税法第六十条の二第一項から第三項まで（国外転出をする場合の譲渡所得等の特例）の規定の適用を受ける者をいう。以下この号において同じ。）が国外転出（同条第一項に規定する国外転出をいう。以下この項において同じ。）の時までに法第百十七条第二項（納税管理人）の規定による納税管理人の届出（以下この項において「納税管理人の届出」という。）をし、かつ、当該国外転出の日の属する年分の所得税に係る確定申告期限（所得税法第二条第一項第四十一号（定義）に規定する確定申告期限をいう。以下この項において同じ。）までに税理士法（昭和二十六年法律第二百三十七号）第三十条（税務代理の権限の明示）（同法第四十八条の十六（税理士の権利及び義務等に関する規定の準用）において準用する場合を含む。）の規定による書面（以下この項において「税務代理権限証書」という。）の提出がある場合（次に掲げる場合を除く。）

イ　非居住者（所得税法第二条第一項第五号に規定する非居住者をいう。以下この項において同じ。）である当該適用者が、当該確定申告期限から五年を経過する日（以下この号において「五年経過日」という。）までに当該納税管理人を解任した場合において、その解任の日から四月を経過する日までに納税管理人の届出をしなかつたとき。

ロ　五年経過日までに当該納税管理人の死亡又は解散その他財務省令で定める事由（以下この項において「納税管理人の死亡等」という。）が生じた場合において、非居住者である当該適用者が当該納税管理人の死亡等が生じたことを知つた日から六月を経過する日までに納税管理人の届出をしなかつたとき。

ハ　非居住者である当該適用者が五年経過日までに当該税務代理権限証書を提出した税務代理人（法第七十四条の九第三項第二号（納税義務者に対する調査の事前通知等）に規定する税務代理人をいう。以下この項において同じ。）を解任した場合において、その解任の日から四月を経過する日までに税務代理権限証書の提出がなかったとき。

ニ　五年経過日までに当該税務代理権限証書を提出した税務代理人の死亡又は解散その他財務省令で定める事由（以下この項において「税務代理人の死亡等」という。）が生じた場合において、非居住者である当該適用者が当該税務代理人の死亡等が生じたことを知った日から六月を経過する日までに税務代理権限証書の提出がなかったとき。

ホ　当該適用者が五年経過日までに死亡したとき。

二　贈与（贈与者の死亡により効力を生ずる贈与を除く。以下この号において同じ。）により非居住者に移転した所得税法第六十条の三第一項（贈与等により非居住者に資産が移転した場合の譲渡所得等の特例）に規定する有価証券等又は同条第二項に規定する未決済信用取引等若しくは同条第三項に規定する未決済デリバティブ取引に係る契約（以下この項において「対象資産」という。）につき同条第一項から第三項までの規定の適用がある場合（次に掲げる場合を除く。）

イ　適用者（当該対象資産につき所得税法第六十条の三第一項から第三項までの規定の適用を受ける者をいう。以下この号において同じ。）が、当該贈与の日の属する年分の所得税に係る確定申告期限から五年を経過する日（以下この号において「五年経過日」という。）までに国外転出をした場合において、当該国外転出の時までに納税管理人の届出をせず、又は当該国外転出の時若しくは当該確定申告期限のいずれか遅い時までに税務代理権限証書の提出がなかったとき。

ロ　五年経過日までに国外転出をした適用者が当該国外転出の時までに納税管理人の届出をし、かつ、当該国外転出の時又は当該贈与の日の属する年分の所得税に係る確定申告期限のいずれか遅い時までに税務代理権限証書の提出がある場合において、次に掲げる場合に該当するとき。

(1)　非居住者である当該適用者が、五年経過日までに当該納税管理人を解任した場合において、その解任の日から四月を経過する日までに納税管理人の届出をしなかったとき。

(2)　五年経過日までに納税管理人の死亡等が生じた場合において、非居住者である当該適用者が当該納税管理人の死亡等が生じたことを知った日から六月を経過する日までに納税管理人の届出をしなかつたとき。

(3) 非居住者である当該適用者が五年経過日までに当該税務代理権限証書を提出した税務代理人を解任した場合において、その解任の日から四月を経過する日までに税務代理権限証書の提出がなかつたとき。

(4) 五年経過日までに税務代理人の死亡等が生じた場合において、非居住者である当該適用者が当該税務代理人の死亡等が生じたことを知つた日から六月を経過する日までに税務代理権限証書の提出がなかつたとき。

ハ 適用者が五年経過日までに死亡したとき。

三 相続又は遺贈（贈与者の死亡により効力を生ずる贈与を含む。）により非居住者に移転した対象資産につき所得税法第六十条の三第一項から第三項までの規定の適用がある場合（相続人（当該対象資産につきこれらの規定の適用を受ける者の相続人をいう。以下この号において同じ。）のうちに次に掲げる場合のいずれかに該当する者がある場合を除く。）

イ 非居住者である相続人にあつては、当該相続の開始の日の属する年分の所得税に係る確定申告期限までに納税管理人の届出をせず、若しくは当該確定申告期限までに税務代理権限証書の提出がなかつたとき、又は当該確定申告期限までに納税管理人の届出をし、かつ、当該確定申告期限までに税務代理権限証書の提出がある場合において、次に掲げる場合に該当するとき。

(1) 非居住者である当該相続人が、当該確定申告期限から五年を経過する日（以下この号において「五年経過日」という。）までに当該納税管理人を解任した場合において、その解任の日から四月を経過する日までに納税管理人の届出をしなかつたとき。

(2) 五年経過日までに納税管理人の死亡等が生じた場合において、非居住者である当該相続人が当該納税管理人の死亡等が生じたことを知つた日から六月を経過する日までに納税管理人の届出をしなかつたとき。

(3) 非居住者である当該相続人が五年経過日までに当該税務代理権限証書を提出した税務代理人を解任した場合において、その解任の日から四月を経過する日までに税務代理権限証書の提出がなかつたとき。

(4) 五年経過日までに税務代理人の死亡等が生じた場合において、非居住者である当該相続人が当該税務代理人の死亡等が生じたことを知つた日から六月を経過する日までに税務代理権限証書の提出がなかつたとき。

ロ 居住者（所得税法第二条第一項第三号に規定する居住者をいう。次号ロにおいて同じ。）である相続人にあつては、五年経過日までに国外転出をした場合において、当該国外転出の時までに納税管理人の届出をせず、若しくは当該国外転出の時若しくは当該相続の開始の日の属する年分の所得税に係る確定申告期限のいずれか遅い時までに税務代理権限証書の提出がなかつたとき、又は五年経過日までに国外転出をした場合であつて当該国外転出の時までに納税管理人の届出をし、かつ、当該国外転出の時若しくは当該確定申告期限のいずれか遅い時までに税務代理権限証書の提出がある場合において、イ(1)から(4)までに掲げる場合に該当するとき。

四　第一号又は第二号に掲げる場合に該当している適用者が第一号イ又は第二号イに規定する五年経過日（以下この号において「五年経過日」という。）までに死亡した場合（相続人（当該適用者の相続人をいう。以下この号において同じ。）のうちに次に掲げる場合のいずれかに該当する者がある場合を除く。）

イ　非居住者である相続人にあつては、当該死亡による相続の開始があつたことを知つた日から四月を経過する日までに納税管理人の届出をせず、若しくは同日までに税務代理権限証書の提出がなかつたとき、又は同日までに納税管理人の届出をし、かつ、同日までに税務代理権限証書の提出がある場合において、次に掲げる場合に該当するとき。

(1)　非居住者である当該相続人が、五年経過日までに当該納税管理人を解任した場合において、その解任の日から四月を経過する日までに納税管理人の届出をしなかつたとき。

(2)　五年経過日までに納税管理人の死亡等が生じた場合において、非居住者である当該相続人が当該納税管理人の死亡等が生じたことを知つた日から六月を経過する日までに納税管理人の届出をしなかつたとき。

(3)　非居住者である当該相続人が五年経過日までに当該税務代理権限証書を提出した税務代理人を解任した場合において、その解任の日から四月を経過する日までに税務代理権限証書の提出がなかつたとき。

(4)　五年経過日までに税務代理人の死亡等が生じた場合において、非居住者である当該相続人が当該税務代理人の死亡等が生じたことを知つた日から六月を経過する日までに税務代理権限証書の提出がなかつたとき。

ロ　居住者である相続人にあつては、五年経過日までに国外転出をした場合において、当該国外転出の時までに納税管理人の届出をせず、若しくは当該国外転出の時若しくは第一号若しくは第二号イに規定する確定申告期限のいずれか遅い時までに税務代理権限証書の提出がなかつたとき、又は五年経過日までに国外転出をした場合であつて当該国外転出の時までに納税管理人の届出をし、かつ、当該国外転出の時若しくは当該確定申告期限のいずれか遅い時までに税務代理権限証書の提出がある場合において、イ(1)から(4)までに掲げる場合に該当するとき。

3　前項第三号に掲げる場合に該当している場合における同号に規定する相続人（この項の規定により同号に規定する相続人とみなされた者を含む。）が同号イ(1)に規定する五年経過日までに死亡した場合には、当該相続人の相続人（以下この項において「特定相続人」という。）は、同号に規定する相続人とみなす。この場合において、当該特定相続人に係る同号の規定の適用については、同号イ中「当該相続の開始の日の属する年分の所得税に係る確定申告期限まで」とあり、及び「当該確定申告期限まで」とあるのは「当該相続人に係る被相続人の死亡による相続の開始があつたことを知つた日から四月を経過する日まで」と、同号イ(1)中「当該確定申告期限」とあるのは「当該対象資産につき所得税法第六十条の三第一項から第三項までの規定の適用を受けた者に係る相続の開始の日の属する年分の所得税に係る確定申告期限」とする。

4　第二項第四号に掲げる場合に該当している場合における同号に規定する相続人（この項の規定により同号に規定する相続人とみなされた者を含む。）が同号に規定する五年経過日までに死亡した場合には、当該相続人の相続人（以下この項において「特定相続人」という。）は、同号に規定する相続人とみなす。この場合において、当該特定相続人に係る同号の規定の適用については、同号イ中「当該死亡」とあるのは、「当該相続人に係る被相続人の死亡」とする。

5　第二項第三号イ若しくはロ又は第四号イ若しくはロの納税管理人の届出をする場合において、同項第三号又は第四号に規定する相続人が二人以上あるときは、当該届出は、各相続人が連署による一の書面で行わなければならない。ただし、他の相続人の氏名を付記して各別に行うことを妨げない。

6　前項ただし書の方法により同項の届出をした相続人は、遅滞なく、他の相続人に対し、当該届出の際に提出した書面に記載した事項の要領を通知しなければならない。

（国税の更正、決定等の期間制限の特例に係る理由）

第三十条　法第七十一条第一項第二号（国税の更正、決定等の期間制限の特例）に規定する政令で定める理由は、第二十四条第四項（還付加算金の計算期間の特例に係る理由）に規定する理由とする。

第七章の二　国税の調査

（蒸留機等の封を施す箇所）

第三十条の二　法第七十四条の四第五項ただし書（当該職員の酒税に関する調査等に係る質問検査権）の規定により蒸留機（配管装置を含む。）及び酒類の輸送管（流量計を含む。）につき封を施すことができる箇所は、次に掲げる箇所とする。

一　各部の接続部分

二　留出液のたれ口

三　留出液の試験採取口

四　前三号に掲げるもののほか、蒸留物を取り出すことができる箇所

（提出物件の留置き、返還等）

第三十条の三　国税庁、国税局若しくは税務署又は税関の当該職員（以下この条及び次条において「当該職員」という。）は、法第七十四条の七（提出物件の留置き）の規定により物件を留め置く場合には、当該物件の名称又は種類及びその数量、当該物件の提出年月日並びに当該物件を提出した者の氏名及び住所又は居所その他当該物件の留置きに関し必要な事項を記載した書面を作成し、当該物件を提出した者にこれを交付しなければならない。

2　当該職員は、法第七十四条の七の規定により留め置いた物件につき留め置く必要がなくなつたときは、遅滞なく、これを返還しなければならない。

3　当該職員は、前項に規定する物件を善良な管理者の注意をもつて管理しなければならない。

（調査の事前通知に係る通知事項）

第三十条の四　法第七十四条の九第一項第七号（納税義務者に対する調査の事前通知等）に規定する政令で定める事項は、次に掲げる事項とする。

一　調査の相手方である法第七十四条の九第三項第一号に掲げる納税義務者の氏名及び住所又は居所

二　調査を行う当該職員の氏名及び所属官署（当該職員が複数であるときは、当該職員を代表する者の氏名及び所属官署）

三　法第七十四条の九第一項第一号又は第二号に掲げる事項の変更に関する事項

四　法第七十四条の九第四項の規定の趣旨

2　法第七十四条の九第一項各号に掲げる事項のうち、同項第二号に掲げる事項については調査を開始する日時において質問検査等を行おうとする場所を、同項第三号に掲げる事項については納税申告書の記載内容の確認又は納税申告書の提出がない場合における納税義務の有無の確認その他これらに類する調査の目的を、それぞれ通知するものとし、同項第六号に掲げる事項については、同号に掲げる物件が国税に関する法令の規定により備付け又は保存をしなければならないこととされているものである場合にはその旨を併せて通知するものとする。

（国際観光旅客税の調査の終了の際の手続）

第三十条の五　法第七十四条の十一第一項（調査の終了の際の手続）に規定する更正決定等には法第四十五条第一項（税関長又は国税局長が徴収する場合の読替規定）の規定により読み替えて適用される法第三十六条第一項（納税の告知）の規定による納税の告知（国際観光旅客税法第十八条第一項（国際観光旅客等による納付）の規定により納付すべき国際観光旅客税に係るものに限る。）を含むものとし、法第七十四条の

十一第六項の納付には国際観光旅客税法第十八条第一項の規定により納付すべき国際観光旅客税の納付を含むものとする。

(預貯金者等情報の管理)

第三十条の六　法第七十四条の十三の二（預貯金者等情報の管理）に規定する金融機関等は、預貯金者等情報（同条に規定する預貯金者等情報をいう。以下この条において同じ。）に関するデータベース（預貯金者等情報に係る情報の集合物であつて、それらの情報を電子計算機を用いて検索することができるように体系的に構成したものをいう。）における各預貯金等（法第七十四条の十三の二に規定する預貯金等をいう。）に係る電磁的記録（法第三十四条の六第三項（納付受託者の帳簿保存等の義務）に規定する電磁的記録をいう。以下同じ。）にその預貯金者等（法第七十四条の十三の二に規定する預貯金者等をいう。）の同条に規定する番号を記録しなければならない。

第八章　不服審査

(国税審判官の資格)

第三十一条　国税審判官の任命資格を有する者は、次の各号のいずれかに該当する者とする。

一　弁護士、税理士、公認会計士、大学の教授若しくは准教授、裁判官又は検察官の職にあつた経歴を有する者で、国税に関する学識経験を有するもの

二　職務の級が一般職の職員の給与に関する法律（昭和二十五年法律第九十五号）第六条第一項第一号イ（俸給表の種類）に掲げる行政職俸給表㈠による六級若しくは同項第三号に掲げる税務職俸給表による六級又はこれらに相当すると認められる級以上の国家公務員であつて、国税に関する事務に従事した経歴を有する者

三　その他国税庁長官が国税に関し前二号に掲げる者と同等以上の知識経験を有すると認める者

(再調査の請求書の添付書面)

第三十一条の二　法第八十一条第二項（再調査の請求書の記載事項等）に規定する再調査の請求書には、再調査の請求人が代理人によつて再調査の請求をする場合にあつては代理人の権限を証する書面を、再調査の請求人が総代を互選した場合にあつては総代の権限を証する書面を、それぞれ添付しなければならない。

(審査請求書の添付書類等)

第三十二条　国税に関する法律に基づく処分について審査請求をしようとする者は、法第八十七条第二項（審査請求書の記載事項等）に規定する審査請求書（以下この条及び次条において「審査請求書」という。）に、法第八十七条第一項第三号の趣旨及び理由を計数的に説明する資料を添付するように努

めなければならない。

2　審査請求書は、正副二通を提出しなければならない。

3　審査請求書の正本には、審査請求人が代理人によつて審査請求をする場合にあつては代理人の権限を証する書面を、審査請求人が総代を互選した場合にあつては総代の権限を証する書面を、それぞれ添付しなければならない。

4　第二項の規定にかかわらず、情報通信技術利用法第三条第一項（電子情報処理組織による申請等）の規定により同項に規定する電子情報処理組織を使用して審査請求がされた場合には、第二項の規定に従つて審査請求書が提出されたものとみなす。

（審査請求書の送付）

第三十二条の二　法第九十三条第一項後段（答弁書の提出等）の規定による審査請求書の送付は、審査請求書の副本（法第百十二条第三項（誤つた教示をした場合の救済）の規定の適用がある場合にあつては、審査請求書の写し。次項において同じ。）によつてする。

2　前条第四項に規定する場合において、当該審査請求に係る電磁的記録については、審査請求書の副本とみなして、前項の規定を適用する。

（答弁書の提出）

第三十二条の三　答弁書は、正本並びに当該答弁書を送付すべき審査請求人及び参加人（法第百九条第三項（参加人）に規定する参加人をいう。以下同じ。）の数に相当する通数の副本を提出しなければならない。

2　前項の規定にかかわらず、情報通信技術利用法第三条第一項（電子情報処理組織による申請等）の規定により同項に規定する電子情報処理組織を使用して答弁がされた場合には、前項の規定に従つて答弁書が提出されたものとみなす。

3　法第九十三条第三項（答弁書の提出等）の規定による答弁書の送付は、答弁書の副本によつてする。

4　第二項に規定する場合において、当該答弁に係る電磁的記録については、答弁書の副本とみなして、前項の規定を適用する。

（担当審判官の通知）

第三十三条　国税不服審判所長は、法第九十四条第一項（担当審判官等の指定）の規定により担当審判官を指定したときは、遅滞なく、審査請求人及び参加人にその氏名及び所属を通知しなければならない。担当審判官を変更したときも、また同様とする。

（反論書等の提出）

第三十三条の二　法第九十五条第一項（反論書等の提出）に規定する反論書（以下この条において「反論書」という。）は、正本並びに当該反論書を送付すべき参加人及び原処分庁（法第九十三条第一項（答弁書の提出等）に規定する原処分庁をいう。以下この項及び第三十八条第二項（権限の委任等）において同じ。）の数に相当する通数の副本を、法第九十五条第二項に規定する参加人意見書（以下この条において「参加人意見書」という。）は、正本並びに当該参加人意見書を送付すべき審査請求人及び原処分庁の数に相当する通数の副本を、それぞれ提出しなければならない。

2　前項の規定にかかわらず、情報通信技術利用法第三条第一項（電子情報処理組織による申請等）の規定により同項に規定する電子情報処理組織を使用して反論がされ、又は意見が述べられた場合には、前項の規定に従つて反論書又は参加人意見書が提出されたものとみなす。

3　法第九十五条第三項の規定による反論書又は参加人意見書の送付は、反論書又は参加人意見書の副本によつてする。

4　第二項に規定する場合において、当該反論又は当該意見に係る電磁的記録については、反論書又は参加人意見書の副本とみなして、前項の規定を適用する。

（審査請求人の特殊関係者の範囲）

第三十四条　法第九十七条第四項（審理のための質問、検査等）に規定する審査請求人と特殊な関係がある者で政令で定めるものは、次に掲げる者とする。

一　審査請求人の配偶者（婚姻の届出をしていないが、事実上婚姻関係と同様の事情にある者を含む。）その他審査請求人と生計を一にし、又は審査請求人から受ける金銭その他の財産により生計を維持している親族

二　審査請求人から受ける特別の金銭その他の財産により生計を維持している者で前号に掲げる者以外のもの

三　審査請求人の使用人その他の従業者

四　審査請求人である法人の代表者（法第三条（人格のない社団等に対する法の適用）に規定する人格のない社団等の管理人を含む。）

五　審査請求人が法人税法第二条第十号（同族会社の定義）に規定する同族会社である場合には、その判定の基礎となつた株主又は社員である個人及びその者と第一号又は第二号に規定する関係がある者

六　審査請求人の代理人、総代又は納税管理人である個人

（通話者等の確認）

第三十五条　担当審判官は、法第九十七条の二第二項（審理手続の計画的遂行）の規定による意見の聴取を行う場合には、通話者及び通話先の場所の確認をしなければならない。

（交付の求め等）

第三十五条の二　法第九十七条の三第一項（審理関係人による物件の閲覧等）の規定による交付の求めは、次に掲げる事項を記載した書面を提出してしなければならない。

一　交付に係る法第九十七条の三第一項に規定する書類（以下この条において「対象書類」という。）又は交付に係る同項に規定する電磁的記録（以下この条において「対象電磁的記録」という。）を特定するに足りる事項

二　対象書類又は対象電磁的記録について求める交付の方法（次項各号に掲げる交付の方法をいう。）

三　対象書類又は対象電磁的記録について第八項に規定する送付による交付を求める場合にあつては、その旨

2　法第九十七条の三第一項の規定による交付は、次の各号のいずれかの方法によつてする。

一　対象書類の写しの交付にあつては、当該対象書類を複写機により用紙の片面又は両面に白黒又はカラーで複写したものの交付

二　対象電磁的記録に記録された事項を記載した書面の交付にあつては、当該事項を用紙の片面又は両面に白黒又はカラーで出力したものの交付

3　法第九十七条の三第四項の規定により納付しなければならない手数料（以下この条において「手数料」という。）の額は、用紙一枚につき十円（カラーで複写され、又は出力された用紙にあつては、二十円）とする。この場合において、両面に複写され、又は出力された用紙については、片面を一枚として手数料の額を算定する。

4　手数料は、財務省令で定める書面に収入印紙を貼つて納付しなければならない。ただし、次に掲げる場合は、この限りでない。

一　手数料の納付について収入印紙によることが適当でない審査請求として国税庁長官がその範囲及び手数料の納付の方法を官報により公示した場合において、公示された方法により手数料を納付する場合

二　国税不服審判所の事務所において手数料の納付を現金ですることが可能である旨及び当該事務所の所在地を国税庁長官が官報により公示した場合において、手数料を当該事務所において現金で納付する場合

5　担当審判官は、法第九十七条の三第一項の規定による交付を受ける審査請求人又は参加人（以下この条において「審査請求人等」という。）が経済的困難により手数料を納付する資力がないと認めるときは、同項の規定による交付の求め一件につき二千円を限度として、手数料を減額し、又は免除することができる。

6　手数料の減額又は免除を受けようとする審査請求人等は、法第九十七条の三第一項の規定による交付を求める際に、併せて当該減額又は免除を求める旨及びその理由を記載した書面を担当審判官に提出しなければならない。

7　前項の書面には、審査請求人等が生活保護法（昭和二十五年法律第百四十四号）第十一条第一項各号（種類）に掲げる扶助を受けていることを理由とする場合にあつては当該扶助を受けていることを証明する書面を、その他の事実を理由とする場合にあつては当該事実を証明する書面を、それぞれ添付しなければならない。

8　法第九十七条の三第一項の規定による交付を受ける審査請

求人等は、手数料のほか送付に要する費用を納付して、対象書類の写し又は対象電磁的記録に記録された事項を記載した書面の送付を求めることができる。この場合において、当該送付に要する費用は、財務省令で定める方法により納付しなければならない。

（議決）

第三十六条　法第九十八条第四項（裁決）の担当審判官及び参加審判官の議決は、これらの者の過半数の意見による。

（不服申立てがされた場合における差押えの解除命令等）

第三十七条　再調査審理庁（法第八十一条第三項（再調査の請求書の記載事項等）に規定する再調査審理庁をいい、再調査の請求に係る国税について法第百五条第四項（不服申立てに係る国税の徴収の猶予等）に規定する徴収の所轄庁であるものを除く。次項において同じ。）若しくは国税庁長官又は国税不服審判所長は、同条第三項又は第五項の規定により、不服申立人が相当の担保を提供してその不服申立ての目的となつた処分に係る国税につき、滞納処分による差押えをしないこと又は既にされている滞納処分による差押えを解除することを求めたときは、当該国税に係る同条第四項に規定する徴収の所轄庁にその差押えをしないこと又は既にされている差押えを解除することを命じ、又は求めなければならない。

2　再調査審理庁若しくは国税庁長官又は国税不服審判所長は、法第百五条第二項若しくは第三項の規定による命令をしたとき、又は同条第四項若しくは第五項の規定による求めをしたときは、その旨を不服申立人に通知しなければならない。

（代理人等の権限の証明等）

第三十七条の二　法第百七条第一項（代理人）（法第百九条第三項（参加人）において準用する場合を含む。）の代理人の権限は、第三十一条の二（再調査の請求書の添付書面）及び第三十二条第三項（審査請求書の添付書類等）の規定の適用がある場合のほか、書面で証明しなければならない。法第百七条第二項ただし書（法第百九条第三項において準用する場合を含む。）に規定する特別の委任についても、同様とする。

2　前項の代理人がその権限を失つたときは、不服申立人は、書面でその旨を国税不服審判所長等（法第百四条第一項（併合審理等）に規定する国税不服審判所長等をいう。）に届け出なければならない。

3　第一項前段及び前項の規定は、総代について準用する。

（権限の委任等）

第三十八条　法及びこの政令に規定する国税不服審判所長の権限のうち次に掲げるものは、首席国税審判官に委任する。

一　法第十一条（災害等による期限の延長）、法第十三条第二項（相続人に対する書類の送達の特例）、法第九十一条第一項（審査請求書の補正）、法第九十三条第一項及び第三項（答弁書の提出等）、法第九十四条第一項（担当審判官等の指定）、法第百三条（証拠書類等の返還）、法第百四条第一項及び第二項（併合審理等）（同条第四項において準用する場合を含む。）、法第百五条第四項及び第五項（不服申立てと国税の徴収との関係）、同条第七項において準用する法第四十九条第一項（納税の猶予の取消し）、法第百六条第四項（不服申立人の地位の承継）、法第百八条第二項（総代）、法第百九条第一項及び第二項（参加人）並びに法第百十二条第二項及び第四項（誤った教示をした場合の救済）に規定する権限

二　第三十三条（担当審判官の通知）及び第三十七条第二項（不服申立てがされた場合における差押えの解除命令等）に規定する権限

2　国税不服審判所長が、審査請求に係る事件について法第九十九条第一項（国税庁長官の法令の解釈と異なる解釈等による裁決）の規定が適用されると見込まれる等のため、国税不服審判所の支部に所属しない国税審判官をその担当審判官とすることが適当であると認めて、その旨を前項の首席国税審判官に通知したときは、その時以後における当該事件に係る同項の権限は、同項の規定にかかわらず、国税不服審判所長が行う。この場合においては、国税不服審判所長は、遅滞なく、審査請求人、参加人及び原処分庁にその旨を通知しなければならない。

3　第一項の規定は、国税不服審判所の支部に所属しない国税審判官又は国税副審判官を参加審判官とすることにつき、国税不服審判所長が法第九十四条第一項に規定する権限を自ら行うことを妨げない。

第九章　雑則

（納税管理人の届出手続）

第三十九条　法第百十七条第二項前段（納税管理人の届出）の規定による届出は、次に掲げる事項を記載した書面でしなければならない。

一　納税者の納税地

二　個人である納税者が法の施行地に住所及び居所（事務所及び事業所を除く。以下この号において同じ。）を有しないこととなる場合には、法の施行地外における住所又は居所となるべき場所

三　納税管理人の氏名及び住所又は居所

四　納税管理人を定めた理由

2　法第百十七条第二項後段の規定による届出は、次に掲げる事項を記載した書面でしなければならない。

一　納税者の納税地

二　解任した納税管理人の氏名及び住所又は居所

三　納税管理人を解任した理由

（課税標準等の端数計算の特例）

第四十条　法第百十八条第二項（課税標準の端数計算の特例）

に規定する政令で定める国税は、所得税法第四編第一章から第五章まで（源泉徴収）（同法第百九十条（年末調整に係る源泉徴収義務）及び第百九十九条（退職所得に係る源泉徴収義務）（同法第二百一条第一項（退職所得の受給に関する申告書が提出された場合の徴収税額）の規定の適用を受ける場合に限る。）を除く。）の規定により徴収する所得税とする。

2　法第百十九条第二項（国税の確定金額の端数計算の特例）に規定する政令で定める国税は、次に掲げる国税とする。

一　前項に規定する国税

二　所得税法第百九十条又は第百九十二条（年末調整に係る不足額の源泉徴収義務）の規定により徴収する所得税

（納税証明書の交付の請求等）

第四十一条　法第百二十三条第一項（納税証明書の交付等）に規定する政令で定める事項は、次に掲げる事項とする。

一　請求に係る国税の納付すべき額として確定した税額（法第十五条第三項第二号から第四号まで及び第六号（納税義務の成立及びその納付すべき税額の確定）に掲げる国税については、その納税の告知に係る税額）並びにその納付した税額及び未納の税額（これらの額がないことを含む。）

二　前号の国税に係る国税徴収法第十五条第一項（法定納期限等以前に設定された質権の優先）に規定する法定納期限等（同項第七号から第十号までに定める日を除く。）

三　所得税又は法人税に関する次に掲げる金額で申告又は更正若しくは決定に係るもの（これらの額がないことを含む。）

イ　所得税法第二十二条第二項又は第三項（課税標準）に規定する総所得金額（同法第二十六条第一項（不動産所得）又は第二十七条第一項（事業所得）に規定する不動産所得又は事業所得がある者については、同法第二十六条第二項又は第二十七条第二項に規定する不動産所得の金額又は事業所得の金額を含む。）、退職所得金額及び山林所得金額並びに同法第八十九条第二項（税率）に規定する課税総所得金額、課税退職所得金額及び課税山林所得金額

ロ　法人の各事業年度の所得の金額及び退職年金等積立金の額並びに法人税法第八十一条（各連結事業年度の連結所得に対する法人税の課税標準）に規定する連結法人の各連結事業年度の連結所得の金額

四　国税徴収法第百五十九条第三項（保全差押え）（法第三十八条第四項（繰上請求）において準用する場合を含む。）の規定により通知した金額

五　国税につき滞納処分を受けたことがないこと。

六　前各号に掲げるもののほか、財務省令で定める事項

2　次に掲げる国税に関する事項は、前項各号（第五号を除く。）に掲げる事項に該当しないものとする。

一　所得税法第四編第一章から第五章まで（源泉徴収）又は

国際観光旅客税法第十六条第一項（国内事業者による特別徴収等）若しくは第十七条第一項（国外事業者による特別徴収等）の規定により徴収する国税（所得税法第二百二十一条（源泉徴収に係る所得税の徴収）又は国際観光旅客税法第十六条第三項若しくは第十七条第三項の規定により徴収する国税を除く。）

二　法第十五条第三項第三号から第六号までに掲げる国税（納税の告知がされたものを除く。）

三　法定納期限が第四項の請求書を提出する日の三年前の日の属する会計年度前の会計年度に係る国税（前項第一号の規定の適用については、未納の国税を除く。）

3　次項の請求書を提出する日の三年前の日の属する会計年度前の会計年度において国税につき滞納処分を受けたことがないことは、第一項第五号に掲げる事項に該当しないものとする。

4　法第百二十三条第一項の証明書の交付を受けようとする者は、次に掲げる事項を記載した請求書を国税局長、税務署長又は税関長に提出しなければならない。

一　証明を受けようとする事項

二　前号の証明を受けようとする事項につき、次に掲げる場合の区分に応じ、それぞれ次に定める事項

イ　証明を受けようとする事項が、第一項第一号から第四号まで及び第六号に掲げる事項である場合　当該証明を受けようとする国税の年度及び税目

ロ　証明を受けようとする事項が、第一項第五号に掲げる事項である場合　当該証明を受けようとする期間

三　証明書の使用目的

四　証明書の枚数

5　前項の請求書は、証明を受けようとする国税の税目の異なるごとに作成しなければならない。ただし、同項第一号の証明を受けようとする事項が第一項第一号に掲げる事項（未納の税額がないことに限る。）又は同項第五号に掲げる事項である場合には、この限りでない。

6　国税局長、税務署長又は税関長は、請求に係る第四項の証明書の使用目的が国税又は地方税（国税徴収法第二条第二号（定義）に規定する地方税をいう。）と競合する債権に係る担保権の設定に関するものである場合、当該証明書が法令の規定に基づき国又は地方公共団体に提出すべきものである場合その他その使用目的につき相当の理由があると認める場合において、その証明書を交付するものとする。

（納税証明書の交付手数料）

第四十二条　法第百二十三条第二項（納税証明書の交付等）の規定により納付すべき手数料の額は、同条第一項の証明書一枚ごとに四百円（情報通信技術利用法第三条第一項（電子情報処理組織による申請等）の規定により同項に規定する電子情報処理組織を使用して法第百二十三条第一項の請求をする

場合にあつては、三百七十円）とする。この場合において、前条第一号及び第二号に掲げる事項並びに同項第三号から第六号までの各号に掲げる事項ごとに一枚の証明書であるものとし、なお、その証明書が二以上の年度に係る国税に関するものであるときは、証明を受けようとする事項が未納の税額のみに係る場合を除き、その年度の数に相当する枚数の証明書であるものとして計算するものとする。

2　前項の手数料は、収入印紙を前条第四項の請求書に貼つて、納めなければならない。ただし、国税局又は税務署の事務所において前項の手数料の納付を現金ですることが可能である旨及び当該事務所の所在地を国税庁長官が官報で公示した場合には、当該事務所において現金をもつて納めることができる。

3　情報通信技術利用法第三条第一項の規定により同項に規定する電子情報処理組織を使用して法第百二十三条第一項の請求をするときは、第一項の手数料は、前項の規定にかかわらず、財務省令で定める方法により、現金をもつて納めることができる。

4　震災、風水害、落雷、火災その他これらに類する災害により財産につき相当な損失を受けた者がその復旧に必要な資金の借入れのために使用する法第百二十三条第一項の証明書については、第一項の手数料の納付を要しないでその交付を請求することができる。生計の維持について困難な状況にある者が法律に定める扶助その他これに類する措置を受けるために使用する当該証明書についても、また同様とする。

（財務省令への委任）

第四十三条　この政令に定めるもののほか、法及びこの政令の実施のための手続その他これらの執行に関し必要な細則は、財務省令で定める。

第十章　犯則事件の調査及び処分

（領置物件等の封印等）

第四十四条　当該職員（法第百三十一条第一項（質問、検査又は領置等）に規定する当該職員をいう。以下同じ。）は、物件の領置、差押え又は記録命令付差押え（法第百三十二条第一項（臨検、捜索又は差押え等）に規定する記録命令付差押えをいう。以下同じ。）をしたときは、これに封印をし、又はその他の方法により、領置、差押え又は記録命令付差押えをしたことを明らかにしなければならない。

（臨検等に係る許可状請求書の記載事項）

第四十五条　法第百三十二条第四項（臨検、捜索又は差押え等）に規定する許可状（以下この条において「許可状」という。）の請求は、次に掲げる事項を記載した書面でしなければならない。

一　犯則嫌疑者の氏名

二　罪名及び犯則事実の要旨
三　臨検すべき物件若しくは場所、捜索すべき身体、物件若しくは場所、差し押さえるべき物件又は記録させ、若しくは印刷させるべき電磁的記録及びこれを記録させ、若しくは印刷させるべき者
四　請求者の官職氏名
五　許可状が七日を超える有効期間を必要とするときは、その旨及び事由
六　法第百三十二条第二項の場合においては、差し押さえるべき電子計算機に電気通信回線で接続している記録媒体であつて、その電磁的記録を複写すべきものの範囲
七　日没から日出までの間に臨検、捜索、差押え又は記録命令付差押えをする必要があるときは、その旨及び事由
2　参考人の身体、物件又は住居その他の場所の捜索のための許可状を請求する場合においては、差し押さえるべき物件の存在を認めるに足りる状況があることを認めるべき資料を提供しなければならない。
3　郵便物、信書便物（民間事業者による信書の送達に関する法律（平成十四年法律第九十九号）第二条第三項（定義）に規定する信書便物をいう。）又は電信についての書類で法令の規定に基づき通信事務を取り扱う者が保管し、又は所持するもの（犯則嫌疑者から発し、又は犯則嫌疑者に対して発したものを除く。）の差押えのための許可状を請求する場合においては、その物件が犯則事件（法第百三十一条第一項（質問、検査又は領置等）に規定する犯則事件をいう。第五十六条（書類の作成要領）において同じ。）に関係があると認めるに足りる状況があることを認めるべき資料を提供しなければならない。

（間接国税の範囲）
第四十六条　法第百三十五条第一項（現行犯事件の臨検、捜索又は差押え）に規定する政令で定める国税は、次に掲げる国税とする。
一　消費税法第四十七条第二項（引取りに係る課税貨物についての課税標準額及び税額の申告等）に規定する課税貨物に課される消費税
二　酒税
三　たばこ税
四　揮発油税
五　地方揮発油税
六　石油ガス税
七　石油石炭税

（領置目録等の記載事項）
第四十七条　法第百四十三条（領置目録等の作成等）の規定により作成する領置目録、差押目録又は記録命令付差押目録には、領置、差押え又は記録命令付差押えをした物件の品名及び数量、その日時及び場所並びに当該物件の所持者の氏名及

び住所又は居所を記載しなければならない。

（領置物件等の処置）

第四十八条　当該職員は、法第百四十四条第一項（領置物件等の処置）の規定により領置物件、差押物件又は記録命令付差押物件をその所有者その他当該職員が適当と認める者に保管させたときは、その旨を領置、差押え又は記録命令付差押えの際における当該物件の所持者に通知しなければならない。

2　国税庁長官、国税局長又は税務署長（第五項において「税務署長等」という。）は、法第百四十四条第二項の規定により領置物件又は差押物件（以下この条及び第五十五条（犯則の心証を得ない場合の供託書の交付）において「領置物件等」という。）を公売に付するときは、次に掲げる事項を公告しなければならない。

一　公売に付そうとする領置物件等の品名及び数量

二　公売の日時、場所、方法及び事由

三　買受代金の納付の期限

四　保証金に関する事項

五　前各号に掲げるもののほか、公売に関し必要な事項

3　法第百四十四条第二項の規定による公売については、前項に規定するもののほか、その性質に反しない限り、国税徴収法第五章第三節第二款（公売）（第九十六条（公売の通知）を除く。）の規定を準用する。

4　法第百四十四条第二項の規定により公売に付される領置物件等については、当該職員及びその所有者は、直接であると間接であるとを問わず、買い受けることができない。

5　税務署長等は、法第百四十四条第二項の規定により代金を供託したときは、当該供託に係る領置物件等の知れている所有者、所持者その他の利害関係者にその旨を通知するものとする。

（還付の公告）

第四十九条　法第百四十五条第二項（領置物件等の還付等）の規定による公告は、次に掲げる事項についてするものとする。

一　法第百四十五条第二項に規定する領置物件、差押物件又は記録命令付差押物件（以下この条において「還付物件」という。）を還付することができない旨

二　還付物件の品名及び数量

三　領置、差押え又は記録命令付差押えの年月日及び場所

四　還付物件の所持者の氏名及び住所又は居所

五　公告の日から六月を経過しても還付の請求がないときは、還付物件は、国庫に帰属する旨

（鑑定に係る許可状請求書の記載事項）

第五十条　法第百四十七条第四項（鑑定等の嘱託）に規定する許可状（第六号において「許可状」という。）の請求は、次に掲げる事項を記載した書面でしなければならない。

一　犯則嫌疑者の氏名

二　罪名及び犯則事実の要旨

三　破壊すべき物件
四　鑑定人の氏名及び職業
五　請求者の官職氏名
六　許可状が七日を超える有効期間を必要とするときは、その旨及び事由

（夜間執行の制限を受けない国税）
第五十一条　法第百四十八条第一項ただし書（臨検、捜索又は差押え等の夜間執行の制限）に規定する政令で定める国税は、次に掲げる国税とする。
一　消費税法第二条第一項第十一号（定義）に規定する課税貨物に課される消費税
二　酒税
三　石油ガス税

（調書の記載事項）
第五十二条　法第百五十二条各項（調書の作成）に規定する調書には、質問、検査、領置、臨検、捜索、差押え又は記録命令付差押えの事実、日時及び場所並びに質問の調書にあつては答弁の要領及び同条第一項の申立てに係る陳述を記載しなければならない。

（申告納税方式による間接国税に関する犯則事件に係る罪）
第五十三条　法第百五十五条第二号（間接国税以外の国税に関する犯則事件等についての告発）に規定する政令で定める罪は、次に掲げる罪とする。
一　酒税法第五十五条第一項又は第三項（罰則）の罪
二　たばこ税法（昭和五十九年法律第七十二号）第二十七条第一項又は第三項（罰則）の罪
三　揮発油税法（昭和三十二年法律第五十五号）第二十七条第一項又は第三項（罰則）の罪
四　地方揮発油税法（昭和三十年法律第百四号）第十五条第一項又は第三項（罰則）の罪
五　石油ガス税法第二十七条第一項又は第三項（罰則）の罪
六　石油石炭税法第二十三条第一項又は第三項（罰則）の罪
七　輸入品に対する内国消費税の徴収等に関する法律第二十三条第一項（罰則）の罪

（通告の方法等）
第五十四条　法第百五十七条第一項（間接国税に関する犯則事件についての通告処分等）の規定による通告（以下この項及び次項において「通告」という。）は、通告を受けるべき者に使送、配達証明郵便又は民間事業者による信書の送達に関する法律第二条第六項（定義）に規定する一般信書便事業者若しくは同条第九項に規定する特定信書便事業者による同条第二項に規定する信書便の役務のうち配達証明郵便に準ずるものとして財務省令で定めるものの方法により法第百五十七条第一項に規定する書面を送達して行う。この場合において、使送の方法によるときは、その受領証を徴さなければならない。

2　前項の書面には、法第百五十七条第一項に規定する理由及び納付すべき旨のほか、通告を受けるべき者の氏名及び住所又は居所、犯則についての詳細な事実並びに同項の規定により納付すべき期間及び場所を記載しなければならない。

3　法第百五十七条第一項及び前二項の規定は、同条第三項の規定による更正を行う場合について準用する。この場合において、前項中「場所」とあるのは、「場所並びに同条第三項の規定による更正の内容及び理由」と読み替えるものとする。

4　法第百五十七条第一項に規定する没収に該当する物件が、当該職員又は当該職員が適当と認めて保管させた者の保管しているものである場合においては、同項の規定による納付は、当該物件を納付する旨の申出書の提出をもつて足りる。

（犯則の心証を得ない場合の供託書の交付）

第五十五条　国税局長又は税務署長は、法第百六十条（犯則の心証を得ない場合の通知等）の規定により犯則の心証を得ない旨を犯則嫌疑者に通知する場合において、法第百四十四条第二項（領置物件等の処置）の規定により供託した金銭があるときは、供託書の正本に供託金を受け取るべき事由を証する書面を添付し、これを領置又は差押えの際における領置物件等の所持者に交付しなければならない。

（書類の作成要領）

第五十六条　犯則事件の調査及び処分に関する書類（法第百三十二条第一項若しくは第三項（臨検、捜索又は差押え等）、第百三十三条第一項若しくは第二項（通信事務を取り扱う者に対する差押え）又は第百四十七条第四項（鑑定等の嘱託）の許可状の請求に関する書類を除く。）には、毎葉に契印しなければならない。ただし、その謄本又は抄本を作成するときは、契印に代えて、これに準ずる措置をとることができる。

2　犯則事件の調査及び処分に関する書類について文字を加え、削り、又は欄外に記入したときは、その範囲を明らかにして、訂正した部分に認印しなければならない。ただし、削つた部分は、これを読むことができるように字体を残さなければならない。

附　則（抄）

1　この政令は、国税通則法の施行の日〈昭和三七年四月一日〉から施行する。ただし、第八章（不服審査）の規定は、昭和三十七年十月一日から施行する。

国税通則法施行規則

昭和三七年　四月　二日大蔵省令二八号
最終改正　平成三〇年　四月一八日財務省令三九号

（交付送達の手続）

第一条　税務署その他の行政機関の職員（以下この条において「交付送達を行なう職員」という。）は、国税通則法（昭和三十七年法律第六十六号。以下「法」という。）第十二条第四項又は第五項第一号（交付送達）の規定により交付送達を行なつた場合には、その交付を受けた者に対し、その旨を記載した書面に署名押印（記名押印を含む。以下この条において同じ。）を求めなければならない。この場合において、その者が署名押印の求めに応じないときは、交付送達を行なう職員は、その理由を附記しなければならない。

2　交付送達を行なう職員は、法第十二条第五項第二号の交付送達を行なつた場合には、その旨を記載した書面を作成しなければならない。

3　第一項の規定は、税関の当該職員が納税告知書（本邦に入国する者が、入国の際に携帯し、又は別送して輸入する物品につき課する法第二条第三号（消費税等）に規定する消費税等に係るものに限る。）を法第十二条ただし書の規定により交付した場合には、適用しない。

（公示送達の方法）

第一条の二　外国においてすべき送達については、税務署長その他の行政機関の長は、公示送達があつたことを通知することができる。

（納付に係る届出等）

第一条の三　法第三十四条第一項ただし書（納付の手続）に規定する財務省令で定めるところによりあらかじめ税務署長に届け出た場合は、次の各号のいずれかに該当する場合とする。

一　法第三十四条の二第一項（口座振替納付に係る通知等）に規定する納税者が、同項に規定する通知の依頼をするものとして税務署長に届け出た場合

二　電子情報処理組織を使用して国税（法第二条第一号（定義）に規定する国税をいう。以下同じ。）を納付しようとする者が、国税関係法令に係る行政手続等における情報通信の技術の利用に関する省令（平成十五年財務省令第七十一号）第四条第一項（事前届出）の規定により税務署長に届け出た場合又は同令第七条第一項（電子情報処理組織による納付手続）に規定する事項の入力をするものとして税務

署長に届け出た場合

2　法第三十四条第一項ただし書に規定する財務省令で定める方法は、次の各号に掲げる場合の区分に応じ、当該各号に定める方法とする。

一　前項第一号の届出があつた場合　法第三十四条の二第一項に規定する金融機関が、次条第一号の規定による送付がされた同号に規定する記録媒体（同条第二号の規定による送信がされた同号に規定する電磁的記録を含む。）を添えて国税を納付する方法

二　前項第二号の届出があつた場合　同号に規定する者が、国税関係法令に係る行政手続等における情報通信の技術の利用に関する省令第七条第一項の規定により国税を納付する方法

（口座振替納付に係る通知）

第一条の四　法第三十四条の二第一項（口座振替納付に係る通知等）に規定する財務省令で定めるものは、次の各号のいずれかの方法による通知とする。

一　納付書記載事項（国税を納付しようとする者の氏名又は名称、当該国税に係る税目及び税額その他の納付書（法第三十四条第一項（納付の手続）に規定する納付書をいう。以下この号及び次条第二項において同じ。）に記載すべきこととされている事項をいう。以下同じ。）を記載した納付書又は納付書記載事項を記録した記録媒体を送付する方法

二　納付書記載事項に係る電磁的記録（法第三十四条の六第三項（納付受託者の帳簿保存等の義務）に規定する電磁的記録をいう。第七条第三項（納付受託の手続）及び第十二条の二第一項（電磁的記録に記録された事項の表示等）において同じ。）を電子情報処理組織を使用して送信する方法

（納付委託の対象）

第二条　法第三十四条の三第一項（納付受託者に対する納付の委託）に規定する財務省令で定める金額以下である場合は、次に掲げる場合とする。

一　法第三十四条の三第一項（第一号に係る部分に限る。）の規定により国税を納付しようとする金額が三十万円以下である場合

二　法第三十四条の三第一項（第二号に係る部分に限る。）の規定により国税を納付しようとする金額が一千万円未満であり、かつ、当該国税を納付しようとする者のクレジットカードによつて決済することができる金額以下である場合

2　法第三十四条の三第一項第一号に規定する財務省令で定めるものは、次の各号のいずれかに該当する納付書であり、かつ、バーコードの記載があるものとする。

一　国税局又は税務署の職員から交付され、又は送付された納付書

二　法第三十四条の三第一項（第一号に係る部分に限る。）に

規定する納付受託者により作成された納付書

3　法第三十四条の三第一項第二号に規定する財務省令で定めるものは、次に掲げる事項の通知とする。

一　納付書記載事項

二　第一項第二号に規定するクレジットカードの番号及び有効期限その他当該クレジットカードを使用する方法による決済に関し必要な事項

（納付受託者の指定の基準）

第三条　国税通則法施行令（昭和三十七年政令第百三十五号。以下「令」という。）第七条の二第二号（納付受託者の指定要件）に規定する財務省令で定める基準は、次の各号に掲げる者の区分に応じ、当該各号に定めるものとする。

一　法第三十四条の三第一項（第一号に係る部分に限る。）（納付受託者に対する納付の委託）に規定する納付受託者　公租公課又は公共料金（日本国内において供給される電気、ガス及び水道水その他これらに準ずるものに係る料金をいう。）の納付又は収納に関する事務処理の実績を有する者その他これらの者に準じて国税の納付に関する事務を適正かつ確実に遂行することができると認められる者であること。

二　法第三十四条の三第一項（第二号に係る部分に限る。）に規定する納付受託者　地方自治法（昭和二十二年法律第六十七号）第二百三十一条の二第六項（証紙による収入の方法等）に規定する指定代理納付者として道府県税又は都税の納付に関する事務処理の実績を有する者その他これらの者に準じて国税の納付に関する事務を適正かつ確実に遂行することができると認められる者であること。

（納付受託者の指定の手続）

第四条　法第三十四条の四第一項（納付受託者）の規定による国税庁長官の指定を受けようとする者は、その名称、住所又は事務所の所在地及び行政手続における特定の個人を識別するための番号の利用等に関する法律（平成二十五年法律第二十七号）第二条第十五項（定義）に規定する法人番号（同項に規定する法人番号を有しない者にあつては、その名称及び住所又は事務所の所在地）を記載した申出書を国税庁長官に提出しなければならない。

2　前項の申出書には、定款、法人の登記事項証明書並びに最終の貸借対照表、損益計算書及び事業報告又はこれらに準ずるもの（以下この項において「定款等」という。）を添付しなければならない。ただし、国税庁長官が、インターネットにおいて識別するための文字、記号その他の符号又はこれらの結合をその使用に係る電子計算機に入力することによつて、自動公衆送信装置（著作権法（昭和四十五年法律第四十八号）第二条第一項第九号の五イ（定義）に規定する自動公衆送信装置をいう。）に記録されている情報のうち定款等の内容を閲覧し、かつ、当該電子計算機に備えられたファイルに当該情報を記録することができる場合については、この限りでない。

3　国税庁長官は、第一項の申出書の提出があつた場合において、その申出につき指定をしたときはその旨を、指定をしないこととしたときはその旨及びその理由を当該申出書を提出した者に通知しなければならない。

（納付受託者の指定に係る公示事項）

第五条　法第三十四条の四第二項（納付受託者）に規定する財務省令で定める事項は、国税庁長官が同条第一項の規定による指定をした日とする。

（納付受託者の名称等の変更の届出）

第六条　納付受託者（法第三十四条の四第一項（納付受託者）に規定する納付受託者をいう。以下同じ。）は、その名称、住所又は事務所の所在地を変更しようとするときは、同条第三項の規定により、変更しようとする日の前日から起算して六十日前の日又はその変更を決定した日の翌日から起算して十四日後の日のいずれか早い日までに、その旨を記載した届出書を国税庁長官に提出しなければならない。

（納付受託の手続）

第七条　納付受託者は、法第三十四条の三第一項（第一号に係る部分に限る。）（納付受託者に対する納付の委託）の規定により国税を納付しようとする者の委託に基づき当該国税の額に相当する金銭の交付を受けたときは、これを受領し、当該国税を納付しようとする者に、払込金受領証を交付しなければならない。

2　納付受託者は、法第三十四条の三第一項（第二号に係る部分に限る。）の規定により国税を納付しようとする者の委託を受けたときは、当該国税を納付しようとする者に、その旨を電子情報処理組織を使用して通知しなければならない。

3　前二項の納付受託者は、それぞれこれらの規定に規定する委託を受けた国税に係る払込取扱票又は納付書記載事項に係る電磁的記録を保存しなければならない。

（納付受託者の報告）

第八条　納付受託者は、法第三十四条の五第二項（納付受託者の納付）の規定により、次に掲げる事項を国税庁長官に報告しなければならない。

一　報告の対象となつた期間並びに当該期間において法第三十四条の三第一項（納付受託者に対する納付の委託）の規定により国税を納付しようとする者の委託を受けた件数、合計額及び納付年月日

二　前号の期間において受けた同号の委託に係る次に掲げる事項

イ　納付書記載事項

ロ　国税を納付しようとする者から法第三十四条の三第一項（第一号に係る部分に限る。）の規定による委託に基づき金銭の交付を受け、又は同項（第二号に係る部分に限

る。）の規定により委託を受けた年月日

（納付受託者に対する報告の徴求）

第九条　国税庁長官は、納付受託者に対し、法第三十四条の六第二項（納付受託者の帳簿保存等の義務）の報告を求めるときは、報告すべき事項、報告の期限その他必要な事項を明示するものとする。

（納付受託者の指定取消の通知）

第十条　国税庁長官は、法第三十四条の七第一項（納付受託者の指定の取消し）の規定による指定の取消しをしたときは、その旨及びその理由を当該指定の取消しを受けた者に通知しなければならない。

（身分証明書の交付）

第十条の二　国税局長、税務署長又は税関長は、法第四十六条の二第十一項（納税の猶予の申請手続等）の規定により質問又は検査を行う職員に、同条第十二項の身分証明書を交付しなければならない。

（供託することができる振替債）

第十一条　令第十六条第一項（担保の提供手続）に規定する財務省令で定める振替債は、振替国債（その権利の帰属が社債、株式等の振替に関する法律（平成十三年法律第七十五号）の規定による振替口座簿の記載又は記録により定まるものとされる国債をいう。）とする。

（納税管理人でなくなる事由等）

第十一条の二　令第二十九条第二項第一号ロ（還付金に係る決定等の期間制限の起算日等）に規定する財務省令で定める事由は、納税管理人が破産手続開始の決定又は後見開始の審判を受けたこととする。

2　令第二十九条第二項第一号ニに規定する財務省令で定める事由は、税務代理人（法第七十四条の九第三項第二号（納税義務者に対する調査の事前通知等）に規定する税務代理人をいう。次条において同じ。）が次の各号のいずれかに該当することとする。

一　破産手続開始の決定又は後見開始の審判を受けたこと。

二　税理士法（昭和二十六年法律第二百三十七号）第二十六条第一項各号（登録の抹消）のいずれかに該当することとなつたこと。

三　税理士法第四十三条（業務の停止）の規定に該当することとなつたこと、同法第四十五条（脱税相談等をした場合の懲戒）若しくは第四十六条（一般の懲戒）の規定による税理士業務の停止の処分を受けたこと又は同法第四十八条の二十第一項（違法行為等についての処分）の規定による業務の停止を命ぜられたこと。

（税務代理人がある場合における納税義務者に対する調査の事前通知）

第十一条の三　法第七十四条の九第五項（納税義務者に対する調査の事前通知等）に規定する財務省令で定める場合は、税理士法施行規則（昭和二十六年大蔵省令第五十五号）第十五条（税務代理権限証書）の税務代理権限証書（次項において「税務代理権限証書」という。）に、法第七十四条の九第三項第一号に規定する納税義務者への調査の通知は税務代理人に対してすれば足りる旨の記載がある場合とする。

2　法第七十四条の九第六項に規定する財務省令で定める場合は、税務代理権限証書に、当該税務代理権限証書を提出する者を同項の代表する税務代理人として定めた旨の記載がある場合とする。

（預貯金等の内容に関する事項）

第十一条の四　法第七十四条の十三の二（預貯金者等情報の管理）に規定する財務省令で定める事項は、同条に規定する預貯金者等の顧客番号並びに同条に規定する預貯金等の口座番号、口座開設日、種目、元本の額、利率、預入日及び満期日とする。

（審査請求に係る書類の提出先）

第十二条　法第八十七条第二項（審査請求書の記載事項等）に規定する審査請求書その他国税不服審判所長に対する審査請求（以下「審査請求」という。）に関し提出する書類は、法令に別段の定めがある場合を除き、その審査請求に係る法第九十三条第一項（答弁書の提出等）に規定する原処分庁の管轄区域を管轄する国税不服審判所の支部（以下「支部」という。）の首席国税審判官に提出するものとする。ただし、審査請求に係る処分が所得税、法人税、地方法人税、相続税、贈与税、地価税、課税資産の譲渡等に係る消費税、課税資産の譲渡等に係る消費税（法第二条第九号（定義）に規定する課税資産の譲渡等に係る消費税をいう。）、電源開発促進税又は国際観光旅客税（国際観光旅客税法（平成三十年法律第十六号）第十八条第一項（国際観光旅客等による納付）の規定により納付すべきものを除く。）に係る税務署長、国税局長又は税関長の処分（国税の徴収に関する処分及び滞納処分（その例による処分を含む。）を除く。）又は法第三十六条第一項（納税の告知）の規定による納税の告知のうち同項第一号（不納付加算税及び法第六十八条第三項又は第四項（同条第三項の重加算税に係る部分に限る。）（重加算税）の重加算税に係る部分に限る。）若しくは第二号に係るもの（次項第二号において単に「処分」という。）である場合においては、当該書類は、審査請求をする際における当該国税の納税地を管轄する支部の首席国税審判官に提出するものとする。

2　次の各号のいずれかに該当するときは、その時以後において審査請求に関し提出する書類は、前項の規定にかかわらず、当該各号に定める者に提出するものとする。

一　国税不服審判所長が令第三十八条第二項後段（権限の委任等）の規定により審査請求人に通知をしたとき　国税不服審判所長

二　処分につき審査請求があつた場合において、その後当該審査請求に係る国税の納税地に異動があり、異動後に審査請求に関し提出する書類につき前項ただし書の首席国税審判官がその提出先を変更する必要があると認めてその旨を審査請求人に通知したとき　異動後の納税地を管轄する支部の首席国税審判官

（電磁的記録に記録された事項の表示等）

第十二条の二　法第九十七条の三第一項（審理関係人による物件の閲覧等）の規定による閲覧に係る電磁的記録に記録された事項の表示は、当該事項を紙面又は出力装置の映像面に表示する方法により行うものとする。

2　令第三十五条の二第四項（交付の求め等）に規定する財務省令で定める書面は、次に掲げる事項を記載した書面とする。

一　令第三十五条の二第一項第一号に規定する対象書類を複写し、又は同号に規定する対象電磁的記録に記録された事項を出力した用紙について法第九十七条の三第一項の規定による交付を求める枚数

二　令第三十五条の二第三項に規定する手数料の額

3　令第三十五条の二第八項に規定する財務省令で定める方法は、郵便切手又は国税庁長官が定めるこれに類する証票で納付する方法とする。

（納税証明書の交付を請求することができる事項）

第十三条　令第四十一条第一項第六号（納税証明書の交付の請求）に規定する財務省令で定める事項は、法人税法（昭和四十年法律第三十四号）第六十八条第一項（所得税額の控除）の規定により法人税の額から控除すべき所得税の額その他国税に関する事項で地方税法（昭和二十五年法律第二百二十六号）第十四条の九第二項各号（法定納期限等以前に設定された担保権の優先）に掲げる地方税の額の算出のため必要なもの（令第四十一条第一項第一号及び第三号に掲げる事項を除く。）とする。

（納税証明書にはられた収入印紙の消印等）

第十四条　国税局長、税務署長又は税関長は、令第四十一条第四項（納税証明書の交付請求の手続）に規定する請求書が提出された場合において、令第四十二条第一項（納税証明書の交付手数料）に規定する納付すべき手数料の額に相当する金額の収入印紙がはられていることを確認したときは、その請求書の紙面と収入印紙の彩紋とにかけて明りように消印をしなければならない。

2　令第四十二条第三項に規定する財務省令で定める方法は、同項に規定する請求をする場合に国税局長、税務署長又は税関長から得た納付情報により納付する方法とする。

（個人番号の記載を要しない書類等）

第十五条　法第百二十四条第一項（書類提出者の氏名、住所及び番号の記載等）に規定する財務省令で定める書類は、納税申告書（法第二条第六号（定義）に規定する納税申告書をいう。）その他の個人番号（行政手続における特定の個人を識別

するための番号の利用等に関する法律第二条第五項（定義）に規定する個人番号をいう。）を記載すべき書類の提出に関連し、又はその後続の手続として提出される税務書類（法第百二十四条第一項に規定する税務書類をいう。次項において同じ。）として国税庁長官が定める書類とする。

2　法人課税信託（法人税法第二条第二十九号の二（定義）に規定する法人課税信託をいう。以下この項において同じ。）の受託者が当該法人課税信託について、国税に関する法律に基づき税務署長その他の行政機関の長又はその職員に税務書類を提出する場合には、当該税務書類には、法第百二十四条第一項の規定により記載すべき事項のほか、当該法人課税信託の名称を併せて記載しなければならない。

（**納付書の書式等**）

第十六条　法及び令の規定により作成する書面のうち、次の表の上欄に掲げるものの様式及び作成の方法は、それぞれ同表の下欄に掲げる書式に定めるところによる。

法第三十四条第一項（納付の手続）の納付書	別紙第一号書式 別紙第一号の二書式
法第三十四条の六第一項（納付受託者の帳簿保存等の義務）の帳簿	別紙第一号の三書式
法第三十六条第二項（納税の告知）の納税告知書	別紙第二号書式 別紙第二号の二書式
法第三十七条第一項（督促）の督促状	別紙第三号書式
法第五十二条第二項（担保の処分）の納付通知書	別紙第四号書式
法第五十二条第三項の納付催告書	別紙第五号書式
法第五十五条第二項（納付委託）の納付受託証書	別紙第六号書式
法第九十七条第三項（審理のための質問、検査等）の身分証明書	別紙第七号書式
令第四十一条第四項（納税証明書の交付の請求等）の請求書	別紙第八号書式
法第百二十三条第一項（納税証明書の交付等）の証明書	別紙第九号書式
法第百四十条（身分の証明）の身分証明書	別紙第十号書式

2　法第三十七条第一項の督促状又は法第三十八条第二項（繰上請求）の繰上請求書（同条第一項の規定による請求をする旨を付記した納税告知書を含む。）には、延滞税が未納の税額に年七・三パーセント若しくは年十四・六パーセントの割合で課される各期間を付記し、又は当該各期間を記載した書面の

を添付するものとする。

3　法第四十六条の二第十二項（納税の猶予の申請手続等）の身分証明書の様式及び作成の方法は、国税徴収法施行規則（昭和三十七年大蔵省令第三十一号）別紙第十二号書式に所要の調整を加えたものによる。

附　則

この省令は、法の施行の日から施行する。

別紙第1号書式
（第1片）

納付書・領収済通知書

国税収納金整理資金

（国庫金）

年度	（受入科目）						（取扱庁名）	第　　号
	百	十	万	千	百	十	円	納期等の区分
本税								
加算税								
加算税								
利子税								左記の合計額を領収しました。
延滞税								（領収年月日、領収者名及び領収印）又は（領収者名の表示のある領収日付印）
合計額								

（納税者）

納税地

氏名又は名称

あて先
（国税収納金整理資金に関する職名、官職及び氏名並びに在勤官署名及びその所在地）

（第２片）

領　収　控

国税収納金整理資金

国庫金

年度	（受入科目）	（　取　扱　庁　名　）	第　　号

	百	十	万	千	百	十	円	納期等の区分
本　税								
加算税								
加算税								
利子税								左記の合計額を領収しました。
延滞税								（領収年月日、領収者名及び領収印）又は（領収者名の表示のある領収日付印）
合計額								

（納税者）

納税地

氏名又は名称

(第3片)

領　収　証　書

国税収納金整理資金

国庫金

年度	(受入科目)	(取 扱 庁 名)	第　号

	百	十	万	千	百	十	円	納期等の区分
本　税								
加算税								
加算税								
利子税								左記の合計額を領収しました。
延滞税								(領収年月日、領収者名及び領収印) 又は (領収者名の表示のある領収日付印)
合計額								

(納 税 者)

納　税　地

氏名又は名称

備　考

1　用紙の大きさは、各片ともおおむね縦11センチメートル、横21センチメートルとする。

2　各片は、1辺をのり付けその他の方法により接続するものとする。

3　各片に共通する事項（あらかじめ印刷されている事項を除く。）は、複写により記入するものとする。

4　納税者の納税地及び氏名又は名称、年度、受入科目、取扱庁名、納期等の区分並びに金額は、法令に別段の定めがある場合を除き、納税者が記載するものとする。

5　窓付き封筒を用いる場合には、納税者の納税地及び氏名又は名称欄は、日本工業規格に適合するよう位置及び大きさを定めるものとする。

6　分任国税収納命令官（分任国税収納命令官代理を含む。以下同じ。）が取り扱う国税に係る納付書にあつては、各片中「（取扱庁名）」とあるのは、「（取扱庁名及び分任国税収納命令官在勤官署名）」とする。

7　法第41条第1項の規定により第三者が納付する場合又は国税徴収法（昭和34年法律第147号）に規定する第二次納税義務者若しくは国税の保証人が納付する場合においては、納税者の納税地及び氏名又は名称欄に当該第三者、第二次納税義務者又は保証人の住所及び氏名又は名称を記載し、納期等の区分欄又は余白に納税者の納税地及び氏名又は名称を付記するものとする。

8　自動車重量税に係る納付書にあつては、各片中「納税地」とあるのは、「納税者が自動車重量税法（昭和46年法律第89号）第6条第2項各号に掲げる場合のいずれに該当するかに応じ当該各号に掲げる住所地等」とする。

9　登録免許税に係る納付書にあつては、各片中「納税地」とあるのは、「納税者が登録免許税法（昭和42年法律第35号）第8条第2項各号に掲げる場合のいずれに該当するかに応じ当該各号に掲げる住所地等」とするほか、当該登録免許税が登記所の取り扱う登記に係るものである場合には、第3片中「領収証書」とあるのを「領収証書（照合用）」とするほかはこれと同一の書面を作成し、同片に接続させるものとする。

10　税関が取り扱う国税に係る納付書については、各片を領収証書、領収控及び納付書・領収済通知書の順に接続するとともに、用紙の大きさの縦を各片ともおおむね9センチメートルとするものとする。ただし、輸入品に対する内国消費税の徴収等に関する法律（昭和30年法律第37号）第7条第3項の規定により納付する郵便物の消費税等（法第2条第3号に規定する消費税等をいう。）に係る納付書については、各片を納付書・領収済通知書、領収証書及び領収控の順に接続することができる。

11　法第34条の2第1項の依頼により税務署長が送付する第1条の4第1号に規定する納付書記載事項を記載した納付書については、用紙の大きさの縦を各片ともおおむね9センチメートルとするものとし、第3片の領収証書の当該送付を省略することができる。

12　電子計算機を使用して納付書を作成する場合で、日本工業規格X0012（情報処理用語（データ媒体、記憶装置及び関連装置））に規定する非衝撃式印字装置により印字するときは、2及び3にかかわらず、連続して接続した各片に同一内容の4に掲げる事項を印字する方法によることができる。

13　納税者の納税地及び氏名又は名称、年度、受入科目並びに取扱庁名のすべてが同一である二以上の国税については、これらを一括して1枚の納付書に記載することができる。この場合には、金額欄にその合計額を記載し、1件別の内訳を付記するものとする。

14　法第34条の5第1項の規定により納付受託者が納付する場合の納付書については、各片中「（納税者）」とあるのは「（納付受託者）」と、「納税地」とあるのは「住所又は所在地」とする。この場合には、受入科目の記載を省略することができる。

15　必要があるときは、各欄の配置を著しく変更することなく所要の変更を加えること、加算税、利子税又は延滞税の各欄を省略することその他所要の調整を加えることができる。

別紙第1号の2書式

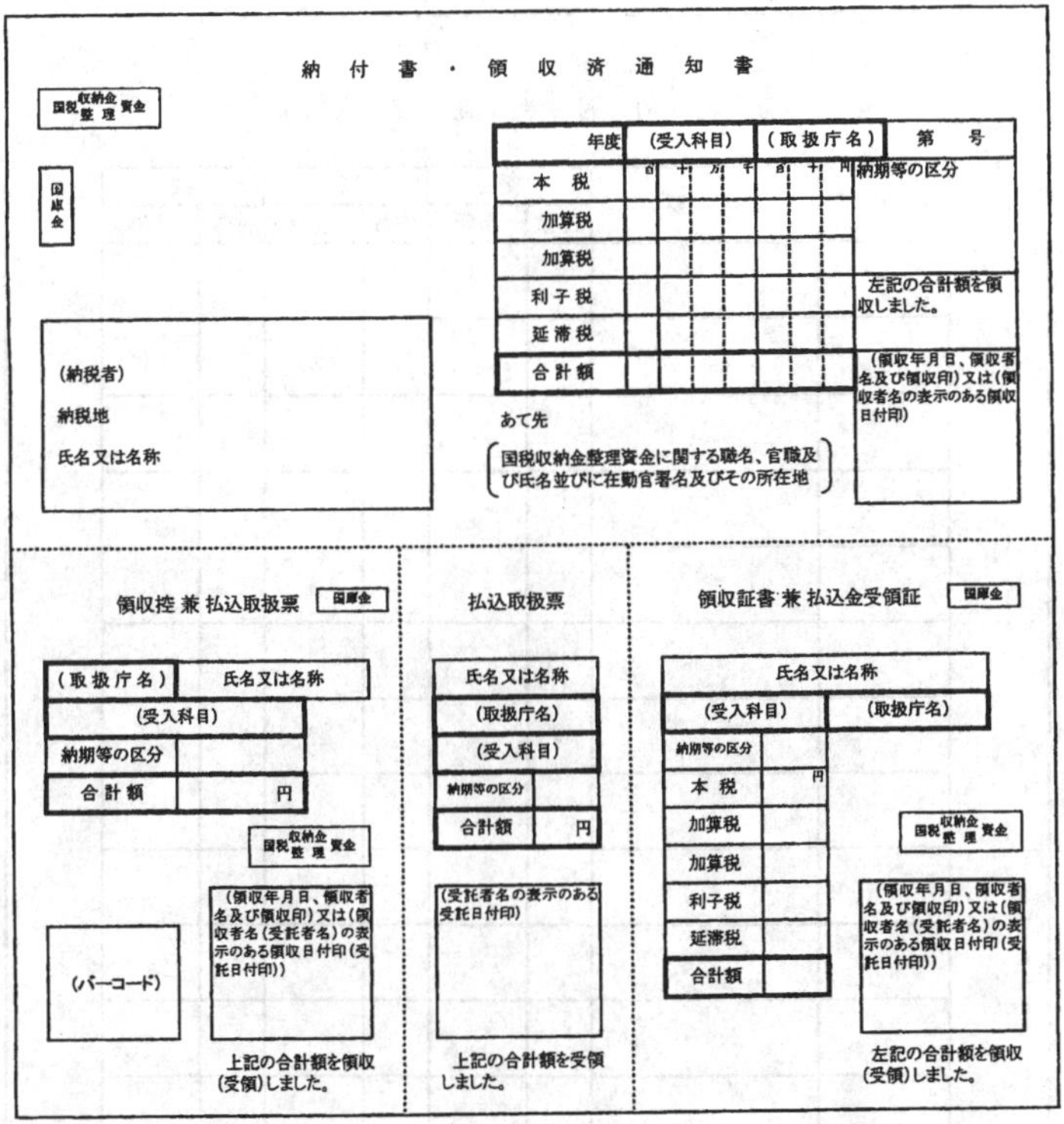

備　考

1　用紙の大きさは、おおむね縦20センチメートル、横21センチメートルとする。

2　第1号書式備考5及び13は、この書式について準用する。

3　必要があるときは、各欄の配置を著しく変更することなく所要の調整を加えることができる。

4　第2条第2項(第2号に係る部分に限る。)に規定する納付書については、この書式に代え、国税庁長官が定める書式によるものとする。

別紙第１号の３書式

国　税　納　付　受　託　記　録　簿

年　月　日	摘　要	受		払		残	
		件数	金額	件数	金額	件数	金額

備　考

１　摘要欄には、納付先の金融機関名その他必要な事項を記載すること。

２　受欄と払欄は改行して記載すること。

３　第１号の２書式備考３は、この書式について準用する。

別紙第2号書式
(第1片)

納 税 告 知 書・領 収 証 書

国税収納金整理資金

(国庫金)

右のとおり、納付して下さい。
年 月 日
(国税収納金整理資金に関する職名 官 職 氏 名㊞)

(納 税 者)

納 税 地

氏名又は名称

年度	(受入科目)			(取 扱 庁 名)				第 号
	百	十	万	千	百	十	円	
本 税								納期等の区分
加算税								納期限 年 月 日限
加算税								納付場所
告知額計								左記の合計額を領収しました。
延 滞 税								(領収年月日、領収者名及び領収印)又は(領収者名の表示のある領収日付印)
合 計 額								

（第２片）

国税収納金整理資金

国庫金

領収済通知書

年度	（受入科目）	（取扱庁名）	第　号

	百	十	万	千	百	十	円	
本税								納期等の区分 納期限　年　月　日限 納付場所
加算税								
加算税								
告知額計								左記の合計額を領収しました。
延滞税								（領収年月日、領収者名及び領収印）又は（領収者名の表示のある領収日付印）
合計額								

（納税者）

納税地

氏名又は名称

あて先
（国税収納金整理資金に関する職名、官職及び氏名並びに在勤官署名及びその所在地）

（第３片）

領　収　控

国税収納金整理資金

国庫金

年度	（受入科目）	（　取　扱　庁　名　）					第　号
本　税	百	十	万	千	百	十	円
加算税							
加算税							
告知額計							
延滞税							
合計額							

納期等の区分

納期限　年　月　日限

納付場所

左記の合計額を領収しました。

（領収年月日、領収者名及び領収印）又は（領収者名の表示のある領収日付印）

（納税者）

納税地

氏名又は名称

備　考

1　第１号書式備考（４、７から12まで及び14を除く。）は、この書式について準用する。この場合において、同書式備考中「納付書」とあるのは「納税告知書」と、「並びに取扱庁名」とあるのは「、取扱庁名、納期限並びに納付場所」と読み替えるものとする。

2　納税者の納税地及び氏名又は名称、年度、受入科目、取扱庁名、納期等の区分、納期限、納付場所並びに金額（延滞税の額及び合計額を除く。）は、この納税告知書の発行者が記載するものとする。ただし、税関が取り扱う国税については、納期限を記載しないことができる。

3　税関が取り扱う国税に係る納税告知書については、各片を納税告知書・領収証書、領収控及び領収済通知書の順に接続するとともに、用紙の大きさの縦を各片ともおおむね９センチメートルとするものとする。

4　電子計算機を使用して第１条第３項に規定する納税告知書を作成する場合で、日本工業規格Ｘ0012（情報処理用語（データ媒体、記憶装置及び関連装置））に規定する非衝撃式印字装置により印字するときは、１において準用する第１号書式備考２及び３にかかわらず、連続して接続した各片に同一内容の２に掲げる事項を印字する方法によることができる。

別紙第2号の2書式

納　税　告　知　書

右のとおり、納付書で納付してください。

納期等の区分

納期限　　　　年　月　日限

納付場所

（納税者）
納税地
氏名又は名称

（税　目）	第　号
本税	百 十 万 千 百 十 円
加算税	
加算税	
告知額計	
延滞税	

年　月　日

（国税収納金整理資金に関する職名　官職　氏　名 印）

納　付　書　・　領　収　済　通　知　書

国税収納金整理資金

国庫金

年度	（受入科目）	（取扱庁名）	第　号
本税	百 十 万 千 百 十 円		納期等の区分
加算税			
加算税			
利子税			左記の合計額を領収しました。
延滞税			
合計額			（領収年月日、領収者名及び領収印）又は（領収者名の表示のある領収日付印）

（納税者）
納税地
氏名又は名称

あて先

（国税収納金整理資金に関する職名、官職及び氏名並びに在勤官署名及びその所在地）

領収控 兼 払込取扱票　国庫金

（取扱庁名）	氏名又は名称
（受入科目）	
納期等の区分	
合計額	円

国税収納金整理資金

（バーコード）

（領収年月日、領収者名及び領収印）又は（領収者名（受託者名）の表示のある領収日付印（受託日付印））

上記の合計額を領収（受領）しました。

払込取扱票

氏名又は名称	
（取扱庁名）	
（受入科目）	
納期等の区分	
合計額	円

（受託者名の表示のある受託日付印）

上記の合計額を受領しました。

領収証書 兼 払込金受領証　国庫金

氏名又は名称	
（受入科目）	（取扱庁名）
納期等の区分	
本税	円
加算税	
加算税	
利子税	
延滞税	
合計額	

国税収納金整理資金

（領収年月日、領収者名及び領収印）又は（領収者名（受託者名）の表示のある領収日付印（受託日付印））

左記の合計額を領収（受領）しました。

備　考

1　用紙の大きさは、日本工業規格Ａ列４とする。

2　第１号書式備考５及び第１号の２書式備考３は、この書式について準用する。

3　納税者の納税地及び氏名又は名称、税目、納期限、納付場所並びに年度のすべてが同一である二以上の国税については、これらを一括して１枚の納税告知書に記載することができる。この場合には、金額欄にその合計額を記載し、１件別の内訳を付記するものとする。

4　納税者の納税地及び氏名又は名称、税目、金額、納期等の区分、納期限並びに納付場所は、この納税告知書の発行者が記載するものとする。

別紙第3号書式

督　促　状

（税　目）	第　号	
本　税	円	納期等の区分
加算税		
利子税		
延滞税	法律による金額	

納期限　　年　月　日
督促状発付　　年　月　日

納税者

納税地

氏名又は名称　　　　殿

あなたの国税が上記のとおり滞納となつています。納付書（又はまえに送付した納税告知書）で、日本銀行（本店、支店、代理店若しくは歳入代理店）又は当税務署に、至急納付して下さい。

（国税収納金整理資金に関する職名　官職　氏　　名　印）

備　考

1　納税者の納税地及び氏名又は名称、税目並びに国税の年度のすべてが同一である二以上の国税については、この書式に準じて作成した1枚の督促状にこれらの国税を連記して督促することができる。

2　国税局又は税関において発行する場合には、この書式中「税務署」とあるのは「国税局」又は「税関」とする。

3　第1号書式備考1、5及び15は、この書式について準用する。

4　税関が取り扱う国税に係る督促状については、用紙の大きさの縦をおおむね9センチメートルとする。

別紙第４号書式

納　付　通　知　書

保証人

年　月　日

住　所

税務署長

氏名又は名称　　殿

官　氏　名㊞

あなたは、保証人として、下記納税者の滞納国税及び滞納処分費につき、下記金額の国税を納付しなければならないこととなりましたので、納付の期限までに納付して下さい。

納税者	納税地					氏名又は名称				
滞納国税等	年度	税目	納期限	本税	加算税	加算税	延滞税	利子税	滞納処分費	備考
				円	円	円	法律による金額　円	円	法律による金額　円	
							〃		〃	
							〃		〃	
							〃		〃	
上記納税者の滞納国税及び滞納処分費につき、あなたが保証人として納付すべき金額							円			
納付の期限	年　月　日						納付場所	日本銀行の本店、支店、代理店若しくは歳入代理店又は当税務署		

備　考

1　用紙の大きさは、日本工業規格Ａ列４とする。

2　国税局又は税関において発行する場合には、この書式中「税務署長」又は「税務署」とあるのは、それぞれ「国税局長」若しくは「国税局」又は「税関長」若しくは「税関」とする。

3　第１号書式備考５及び15は、この書式について準用する。この場合において、同書式備考中「納税者の納税地」とあるのは、「保証人の住所」と読み替える。

別紙第５号書式

納　付　催　告　書

保証人

住　所

氏名又は名称　　　　殿

納付催告書発付　　年　　月　　日

税務署長　官　氏　　名㊞

あなたにまえに納付通知をした保証に係る国税が下記のとおり滞納となつています。納付書で、日本銀行（本店、支店、代理店若しくは歳入代理店）又は当税務署に、至急納付して下さい。

第　　号	納税地	
	氏名又は名称	
上記納税者に係る保証人としてあなたが納付すべき滞納金額		円

◎納付書は、収納機関の窓口に備えてあります。

備　考

第４号書式備考は、この書式について準用する。

別紙第6号書式

納付受託証書

委託者	住所		摘要	
	氏名			

証券の種類 / 記号番号	券面金額	支払人 / 支払場所	支払期日	振出人 住所 / 氏名	取立費用	
	円				円	1 委託者は、委託の取消しをすることができません。 2 受領した証券が不渡りとなり、銀行からその手数料の請求があつたときは、直ちに、銀行に支払つて下さい。 3 将来、本証書記載の国税を直ちに徴収しなければならない事情が生じたときは、この納付の受託を取り消すことがあります。

納付に係る国税	年度	税目	納期限	本税	加算税	延滞税	利子税	滞納処分費	合計
				円	円	円	円	円	円

上記のとおり、納付の委託を受けました。

年　月　日

官　氏　名㊞

備考 1 用紙の大きさは縦 180ミリメートル、横 255ミリメートルとし、りんかくの寸法は縦 155ミリメートル、横 220ミリメートルとする。
2 取立費用を領収した場合には、受託者は、その官氏名の表示及び押印にあわせて、歳入歳出外現金の取扱上の職名を表示し、その職印を押印するものとする。
3 委託者が納税者以外の者である場合には、摘要欄又は余白に納税者の納税地及び氏名又は名称を付記するものとする。
4 第3号書式備考2及び第1号書式備考15は、この書式について準用する。

別紙第７号書式

第　　　号 国税不服審判所職員証票 国税不服審判所 国税審判官　　　（氏　　　名） 年　　月　　日生 上記の者は、国税通則法第97条第１項第１号及び第３号に規定する質問及び検査を行う職員であることを証明する。 年　　月　　日交付 国税不服審判所長　㊞

備考

1　用紙の大きさは、日本工業規格Ｂ列８とし、紙質は厚紙白紙とする。

2　支部に所属する国税審判官の身分証明書については、上記書式中「国税不服審判所
国税審判官」とあるのは「（国税不服審判所の支部の名称）
国税審判官」とする。

3　国税審判官以外の国税不服審判所の職員の身分証明書については、上記書式（備考２を含む。）中「国税審判官」とあるのは「（国税副審判官等の官職名）」とする。

別紙第8号書式

納税証明書交付請求書

税務署長あて

年　月　日

住　所

氏　名　　㊞

番　号

下記のとおり、納税証明書の交付を請求します。

記

証明を受けようとする税目	
証明を受けようとする国税の年度	
証明を受けようとする事項	
証明書の請求枚数	
証明書の使用目的	

備　考

1　用紙の大きさは、日本工業規格A列4とする。

2　国税局長又は税関長に提出する場合には、この書式中「税務署長」とあるのは「国税局長」又は「税関長」とする。

3　番号は、行政手続における特定の個人を識別するための番号の利用等に関する法律第2条第5項に規定する個人番号又は同条第15項に規定する法人番号を記載することとし、税関長に提出する場合には、この書式中「番号」の字句を抹消する。

4　第1号書式備考15は、この書式について準用する。

別紙第９号書式（その１）

納　税　証　明　書

住　所

氏　名

税

年度及び区分	納付すべき税額	納付済額	未納税額	法定納期限等
	円	円	円	

（備　考）

第　　　　号

上記のとおり、相違ないことを証明します。

年　　月　　日

税務署長　　官　　氏　　　名 印

備考

1　第８号書式備考１及び４は、この書式について準用する。

2　国税局長又は税関長が発行する場合には、この書式中「税務署長」とあるのは「国税局長」又は「税関長」とする。

別紙第9号書式（その2）

納　税　証　明　書

住　所

氏　名

税

年　　度	所　　得　　金　　額
(その他)	

第　　　号

上記のとおり、相違ないことを証明します。

年　　月　　日

税務署長　　官　　氏　　　　名 印

備考

1　第9号書式（その1）備考は、この書式について準用する。

2　第13条に規定する事項の証明は、(その他) 欄に記載して行う。

別紙第９号書式（その３）

納　税　証　明　書

住 所

氏 名

税について未納の税額はありません。

第　　　　号

上記のとおり、相違ないことを証明します。

年　　月　　日

税務署長　　官　　氏　　　　名　印

備考　第９号書式（その１）備考は、この書式について準用する。

別紙第９号書式（その３の２）

納　税　証　明　書

住 所

氏 名

申告所得税
消費税及び地方消費税 について未納の税額はありません。

第　　　　号

上記のとおり、相違ないことを証明します。

年　　月　　日

税務署長　官　氏　　　名 印

備考

1　第９号書式（その１）備考は、この書式について準用する。

2　この納税証明書における申告所得税に係る証明は、所得税（源泉徴収による所得税を除く。）について の証明とする。

別紙第９号書式（その３の３）

納　税　証　明　書

住所

氏名

法人税
消費税及び地方消費税について未納の税額はありません。

第　　号

上記のとおり、相違ないことを証明します。

年　月　日

税務署長　官　氏　名㊞

備考　第９号書式（その１）備考は、この書式について準用する。

別紙第９号書式（その４）

納　税　証　明　書

住　所

氏　名

第　　　　号

上記のとおり、相違ないことを証明します。

年　　月　　日

税務署長　　官　　氏　　　　名　印

備考　第９号書式（その１）備考は、この書式について準用する。

別紙第10号書式

第　　　号

犯則事件調査職員証票

国税庁、国税局又は税務署

官 氏　　　　　　　　名

年　　月　　日生

上記の者は、国税通則法第 11 章第１節の規定に基づき、犯則事件を調査するため、質問、検査、領置、臨検、捜索、差押え又は記録命令付差押えをする権限を有する職員であることを証明する。

年　　月　　日交付

国税庁長官、国税局長又は税務署長　㊞

備　考

用紙の大きさは、日本工業規格Ｂ列８とし、紙質は厚紙白紙とする。

国税徴収法

昭和三四年　四月二〇日法律一四七号
最終改正　平成三〇年　五月二五日法律　二九号

目次

第一章　総則（第一条―第七条）
第二章　国税と他の債権との調整
第一節　一般的優先の原則（第八条―第十一条）
第二節　国税及び地方税の調整（第十二条―第十四条）
第三節　国税と被担保債権との調整（第十五条―第二十二条）
第四節　国税と仮登記又は譲渡担保に係る債権との調整（第二十三条―第二十五条）
第五節　国税及び地方税等と私債権との競合の調整（第二十六条）
第三章　第二次納税義務（第二十七条―第四十一条）
第四章　削除
第五章　滞納処分
第一節　財産の差押
第一款　通則（第四十七条―第五十五条）
第二款　動産又は有価証券の差押（第五十六条―第六十一条）
第三款　債権の差押（第六十二条―第六十七条）
第四款　不動産等の差押（第六十八条―第七十一条）
第五款　無体財産権等の差押（第七十二条―第七十四条）
第六款　差押禁止財産（第七十五条―第七十八条）
第七款　差押の解除（第七十九条―第八十一条）
第二節　交付要求（第八十二条―第八十八条）
第三節　財産の換価
第一款　通則（第八十九条―第九十三条）
第二款　公売（第九十四条―第百八条）
第三款　随意契約による売却（第百九条・第百十条）
第四款　売却決定（第百十一条―第百十四条）
第五款　代金納付及び権利移転（第百十五条―第百二十七条）
第四節　換価代金等の配当（第百二十八条―第百三十五条）
第五節　滞納処分費（第百三十六条―第百三十八条）
第六節　雑則
第一款　滞納処分の効力（第百三十九条・第百四十条）
第二款　財産の調査（第百四十一条―第百四十七条）

第六章　滞納処分に関する猶予及び停止等
第一節　換価の猶予（第百四十八条―第百五十二条）
第二節　滞納処分の停止（第百五十三条―第百五十七条）
第三節　保全担保及び保全差押（第百五十八条―第百六十条）
第七章　削除
第八章　不服審査及び訴訟の特例（第百六十六条―第百七十三条）
第九章　雑則（第百七十四条―第百八十六条）
第十章　罰則（第百八十七条―第百八十九条）
附則

第一章　総則

（目的）

第一条　この法律は、国税の滞納処分その他の徴収に関する手続の執行について必要な事項を定め、私法秩序との調整を図りつつ、国民の納税義務の適正な実現を通じて国税収入を確保することを目的とする。

（定義）

第二条　この法律において、次の各号に掲げる用語の意義は、当該各号に定めるところによる。

一　国税　国が課する税のうち関税、とん税、及び特別とん税以外のものをいう。

二　地方税　地方税法（昭和二十五年法律第二百二十六号）第一条第一項第十四号（用語）に規定する地方団体の徴収金（都及び特別区のこれに相当する徴収金を含む。）をいう。

三　消費税等　消費税、酒税、たばこ税、揮発油税、地方揮発油税、石油ガス税及び石油石炭税をいう。

四　附帯税　国税のうち延滞税、利子税、過少申告加算税、無申告加算税、不納付加算税及び重加算税をいう。

五　公課　滞納処分の例により徴収することができる債権のうち国税（その滞納処分費を含む。以下同じ。）及び地方税以外のものをいう。

六　納税者　国税に関する法律の規定により国税（国税通則法（昭和三十七年法律第六十六号）第二条第二号（定義）に規定する源泉徴収等による国税を除く。）を納める義務がある者及び当該源泉徴収等による国税を徴収して国に納付しなければならない者をいう。

七　第二次納税義務者　第三十三条から第三十九条まで（合名会社等の社員等の第二次納税義務）又は第四十一条（人格のない社団等に係る第二次納税義務）の規定により納税者の国税を納付する義務を負う者をいう。

八　保証人　国税に関する法律の規定により納税者の国税の納付について保証をした者をいう。

九　滞納者　納税者でその納付すべき国税をその納付の期限（国税通則法第四十七条第一項（納税の猶予の通知等）に規定する納税の猶予又は徴収若しくは滞納処分に関する猶予に係る期限を除く。）までに納付しないものをいう。

十　法定納期限　国税に関する法律の規定により国税を納付すべき期限（次に掲げる国税については、それぞれ次に定める期限又は日）をいう。この場合において、国税通則法第三十八条第二項（繰上請求）に規定する繰上げに係る期限及び所得税法（昭和四十年法律第三十三号）若しくは相続税法（昭和二十五年法律第七十三号）の規定による延納（第百五十一条の二第一項（換価の猶予の要件等）において「延納」という。）、国税通則法第四十七条第一項に規定する納税の猶予又は徴収若しくは滞納処分に関する猶予に係る期限は、当該国税を納付すべき期限に含まれないものとする。

イ　国税通則法第三十五条第二項（申告納税方式による国税等の納付）の規定により納付すべき国税　その国税の額をその国税に係る同法第十七条第二項（期限内申告）に規定する期限内申告書に記載された納付すべき税額とみなして国税に関する法律の規定を適用した場合におけるその国税を納付すべき期限

ロ　国税に関する法律の規定により国税を納付すべき期限とされている日後に納税の告知がされた国税（ハ又はニに掲げる国税に該当するものを除く。）　当該期限

ハ　国税に関する法律の規定により一定の事実が生じた場合に直ちに徴収するものとされている賦課課税方式による国税　当該事実が生じた日

ニ　附帯税又は滞納処分費　その納付又は徴収の基因となる国税を納付すべき期限（当該国税がイからハまでに掲げる国税に該当する場合には、それぞれ当該国税に係るイからハまでに掲げる期限（地価税に係る過少申告加算税、無申告加算税及び国税通則法第三十五条第三項に規定する重加算税については、先に到来する期限）又は日）

十一　徴収職員　税務署長その他国税の徴収に関する事務に従事する職員をいう。

十二　強制換価手続　滞納処分（その例による処分を含む。以下同じ。）、強制執行、担保権の実行としての競売、企業担保権の実行手続及び破産手続をいう。

十三　執行機関　滞納処分を執行する行政機関その他の者（以下「行政機関等」という。）、裁判所（民事執行法（昭和五十四年法律第四号）第百六十七条の二第二項（少額訴訟債権執行の開始等）に規定する少額訴訟債権執行にあつては、裁判所書記官）、執行官及び破産管財人をいう。

（人格のない社団等に対するこの法律の適用）

第三条　法人でない社団又は財団で代表者又は管理人の定めがあるもの（以下「人格のない社団等」という。）は、法人とみ

なして、この法律の規定を適用する。

第四条から第七条まで 削除

第二章 国税と他の債権との調整

第一節 一般的優先の原則

(国税優先の原則)

第八条 国税は、納税者の総財産について、この章に別段の定めがある場合を除き、すべての公課その他の債権に先だつて徴収する。

(強制換価手続の費用の優先)

第九条 納税者の財産につき強制換価手続が行われた場合において、国税の交付要求をしたときは、その国税は、その手続により配当すべき金銭(以下この章において「換価代金」という。)につき、その手続に係る費用に次いで徴収する。

(直接の滞納処分費の優先)

第十条 納税者の財産を国税の滞納処分により換価したときは、その滞納処分に係る滞納処分費は、次条、第十四条から第十七条まで(担保を徴した国税の優先等)、第十九条から第二十一条まで(先取特権等の優先)及び第二十三条(法定納期限等以前にされた仮登記により担保される債権の優先等)の規定にかかわらず、その換価代金につき、他の国税、地方税その他の債権に先立つて徴収する。

(強制換価の場合の消費税等の優先)

第十一条 国税通則法第三十九条(強制換価の場合の消費税の徴収の特例)又は輸入品に対する内国消費税の徴収等に関する法律(昭和三十年法律第三十七号)第八条第一項第三号若しくは第七号(公売又は売却等の場合における内国消費税の徴収)の規定により徴収する消費税等(その滞納処分費を含む。)は、次条から第十七条まで(差押先着手による国税の優先等)及び第十九条から第二十一条まで(先取特権等の優先)の規定にかかわらず、その徴収の基因となつた移出又は公売若しくは売却に係る物品の換価代金につき、他の国税、地方税その他の債権に先だつて徴収する。

第二節 国税及び地方税の調整

(差押先着手による国税の優先)

第十二条 納税者の財産につき国税の滞納処分による差押をした場合において、他の国税又は地方税の交付要求があつたときは、その差押に係る国税は、その換価代金につき、その交付要求に係る他の国税又は地方税に先だつて徴収する。

2 納税者の財産につき国税又は地方税の滞納処分による差押があつた場合において、国税の交付要求をしたときは、その差押に係る国税又は地方税は、その換価代金につき、その交付要求に係る国税又は地方税(第九条(強制換価手続の費用の優先)の規定の適用を受ける費用を除く。)に次いで徴収する。

（交付要求先着手による国税の優先）

第十三条　納税者の財産につき強制換価手続（破産手続を除く。）が行われた場合において、国税及び地方税の交付要求があつたときは、その換価代金につき、先にされた交付要求に係る国税は、後にされた交付要求に係る国税又は地方税に先だつて徴収し、後にされた交付要求に係る国税は、先にされた交付要求に係る国税又は地方税に次いで徴収する。

（担保を徴した国税の優先）

第十四条　国税につき徴した担保財産があるときは、前二条の規定にかかわらず、その国税は、その換価代金につき他の国税及び地方税に先だつて徴収する。

第三節　国税と被担保債権との調整

（法定納期限等以前に設定された質権の優先）

第十五条　納税者がその財産上に質権を設定している場合において、その質権が国税の法定納期限（次の各号に掲げる国税については、当該各号に定める日とし、当該国税に係る附帯税及び滞納処分費については、その徴収の基因となつた国税に係る当該各号に定める日とする。以下「法定納期限等」という。）以前に設定されているものであるときは、その国税は、その換価代金につき、その質権により担保される債権に次いで徴収する。

一　法定納期限後にその納付すべき額が確定した国税（過怠税を含む。）　その更正通知書若しくは決定通知書又は納税告知書を発した日（申告納税方式による国税で申告により確定したものについては、その申告があつた日）

二　法定納期限前に国税通則法第三十八条第一項（繰上請求）の規定による請求（以下「繰上請求」という。）がされた国税　当該請求に係る期限

三　第二期分の所得税（所得税法第百四条第一項（予定納税額の納付）（同法第百六十六条（申告、納付及び還付）において準用する場合を含む。以下この号において同じ。）の規定により同項に規定する第二期において納付すべき所得税をいい、同法第百十五条（出国をする場合の予定納税額の納期限の特例）（同法第百六十六条において準用する場合を含む。）の規定により納付すべき所得税で同法第百四条第一項に規定する第一期において納付すべき所得税の納期限後に納付すべきものを含む。）　当該第一期において納付すべき所得税の納期限

四　相続税法第三十五条第二項（更正及び決定の特則）の規定による更正又は決定により納付すべき税額が確定した相続税又は贈与税　その更正通知書又は決定通知書を発した日

四の二　地価税（国税通則法第二条第七号（定義）に規定する法定申告期限（以下この号において「法定申告期限」という。）までに納付するもの及び第一号に掲げるものを除

く。）その更正通知書又は決定通知書を発した日（申告により確定したものについては、その申告があつた日（その日が当該地価税の法定申告期限前である場合には、当該法定申告期限））

五　再評価税で確定した税額を二以上の納期において納付するもののうち最初の納期後の納期において納付する再評価税　その再評価税の最初の納期限

五の二　国税通則法第十五条第三項第二号から第四号まで及び第六号（納税義務の成立及びその納付すべき税額の確定）に掲げる国税（法定納期限以前に納付されたものを除く。）その納税告知書を発した日（納税の告知を受けることなく法定納期限後に納付された国税については、その納付があつた日）

六　第二十四条第二項（譲渡担保権者の物的納税責任）又は第百五十九条第三項（保全差押え）（国税通則法第三十八条第四項において準用する場合を含む。）の規定により告知し、又は通知した金額の国税　これらの規定による告知書又は通知書を発した日

七　相続人（包括受遺者を含む。以下同じ。）の固有の財産から徴収する被相続人（包括遺贈者を含む。以下同じ。）の国税及び相続財産から徴収する相続人の固有の国税（相続（包括遺贈を含む。以下同じ。）があつた日前にその納付すべき税額が確定したもの（国税通則法第十五条第三項第二号から第四号まで及び第六号に掲げる国税については、その日前に納税告知書を発したもの。以下この項において同じ。）に限る。）その相続があつた日

八　合併により消滅した法人（以下「被合併法人」という。）に属していた財産から徴収する合併後存続する法人又は当該合併に係る他の被合併法人の固有の国税及び合併後存続する法人の固有の財産から徴収する被合併法人の国税（合併のあつた日前にその納付すべき税額が確定したものに限る。）その合併のあつた日

九　分割を無効とする判決の確定により当該分割をした法人（以下この号において「分割法人」という。）に属することとなつた財産から徴収する分割法人の固有の国税及び分割法人の固有の財産から徴収する分割法人の国税通則法第九条の二（法人の合併等の無効判決に係る連帯納付義務）に規定する連帯して納付する義務に係る国税（当該判決が確定した日前にその納付すべき税額が確定したものに限る。）当該判決が確定した日

十　分割により事業を承継した法人（以下この号において「分割承継法人」という。）の当該分割をした法人から承継した財産（以下この号において「承継財産」という。）から徴収する分割承継法人の固有の国税、分割承継法人の固有の財産から徴収する分割承継法人の国税通則法第九条の三（法人の分割に係る連帯納付の責任）に規定する連帯納付

の責任（以下この号において「連帯納付責任」という。）に係る国税及び分割承継法人の承継財産から徴収する分割承継法人の連帯納付責任に係る当該分割に係る他の分割をした法人の国税（分割のあつた日前にその納付すべき税額が確定したものに限る。）　その分割のあつた日

十一　第二次納税義務者又は保証人として納付すべき国税　第三十二条第一項（第二次納税義務の通則）又は国税通則法第五十二条第二項（担保の処分）の納付通知書を発した日

2　前項の規定は、登記（登録及び電子記録債権法（平成十九年法律第百二号）第二条第一項（定義）に規定する電子記録を含む。以下同じ。）をすることができる質権以外の質権については、その質権者が、強制換価手続において、その執行機関に対し、その設定の事実を証明した場合に限り適用する。この場合において、有価証券を目的とする質権以外の質権については、その証明は、次に掲げる書類によつてしなければならない。

一　公正証書

二　登記所又は公証人役場において日付のある印章が押されている私署証書

三　郵便法（昭和二十二年法律第百六十五号）第四十八条第一項（内容証明）の規定により内容証明を受けた証書

四　民法施行法（明治三十一年法律第十一号）第七条第一項（公証人法の規定の準用）において準用する公証人法（明治四十一年法律第五十三号）第六十二条ノ七第四項（書面の交付による情報の提供）の規定により交付を受けた書面

3　前項各号の規定により証明された質権は、第一項の規定の適用については、民法施行法第五条（確定日付がある証書）の規定により確定日付があるものとされた日に設定されたものとみなす。

4　第一項の質権を有する者は、第二項の証明をしなかつたため国税におくれる金額の範囲内においては、第一項の規定により国税に優先する後順位の質権者に対して優先権を行うことができない。

（法定納期限等以前に設定された抵当権の優先）

第十六条　納税者が国税の法定納期限等以前にその財産上に抵当権を設定しているときは、その国税は、その換価代金につき、その抵当権により担保される債権に次いで徴収する。

（譲受前に設定された質権又は抵当権の優先）

第十七条　納税者が質権又は抵当権の設定されている財産を譲り受けたときは、国税は、その換価代金につき、その質権又は抵当権により担保される債権に次いで徴収する。

2　前項の規定は、登記をすることができる質権以外の質権については、その質権者が、強制換価手続において、その執行機関に対し、同項の譲受前にその質権が設定されている事実を証明した場合に限り適用する。この場合においては、第十五条

第二項後段及び第三項（優先質権の証明）の規定を準用する。

（質権及び抵当権の優先額の限度等）

第十八条　前三条の規定に基き国税に先だつ質権又は抵当権により担保される債権の元本の金額は、その質権者又は抵当権者がその国税に係る差押又は交付要求の通知を受けた時における債権額を限度とする。ただし、その国税に優先する他の債権を有する者の権利を害することとなるときは、この限りでない。

2　質権又は抵当権により担保される債権額又は極度額を増加する登記がされた場合には、その登記がされた時において、その増加した債権額又は極度額につき新たに質権又は抵当権が設定されたものとみなして、前三条の規定を適用する。

（不動産保存の先取特権等の優先）

第十九条　次に掲げる先取特権が納税者の財産上にあるときは、国税は、その換価代金につき、その先取特権により担保される債権に次いで徴収する。

一　不動産保存の先取特権

二　不動産工事の先取特権

三　立木の先取特権に関する法律（明治四十三年法律第五十六号）第一項（立木の先取特権）の先取特権

四　商法（明治三十二年法律第四十八号）第八百十条（救助者の先取特権）若しくは第八百四十二条（船舶債権者の先取特権）、国際海上物品運送法（昭和三十二年法律第百七十二号）第十九条（船舶先取特権）、船舶の所有者等の責任の制限に関する法律（昭和五十年法律第九十四号）第九十五条第一項（船舶先取特権）又は船舶油濁損害賠償保障法（昭和五十年法律第九十五号）第四十条第一項（船舶先取特権）の先取特権

＜編注＞　本条第一項第四号は、商法及び国際海上物品運送法の一部を改正する法律（平成三〇年五月二五日法律第二九号）により、次のように改正され、公布の日から起算して一年を超えない範囲内において政令で定める日から施行される。

四　商法（明治三十二年法律第四十八号）第八百二条（積荷等についての先取特権）若しくは第八百四十二条（船舶先取特権）、船舶の所有者等の責任の制限に関する法律（昭和五十年法律第九十四号）第九十五条第一項（船舶先取特権）又は船舶油濁損害賠償保障法（昭和五十年法律第九十五号）第四十条第一項（船舶先取特権）の先取特権

五　国税に優先する債権のため又は国税のために動産を保存した者の先取特権

2　前項第三号から第五号まで（同項第三号に掲げる先取特権で登記をしたものを除く。）の規定は、その先取特権者が、強制換価手続において、その執行機関に対しその先取特権がある事実を証明した場合に限り適用する。

（法定納期限等以前にある不動産賃貸の先取特権等の優先）

第二十条　次に掲げる先取特権が納税者の財産上に国税の法定納期限等以前からあるとき、又は納税者がその先取特権のある財産を譲り受けたときは、その国税は、その換価代金につき、その先取特権により担保される債権に次いで徴収する。

一　不動産賃貸の先取特権その他質権と同一の順位又はこれらに優先する順位の動産に関する特別の先取特権（前条第一項第三号から第五号までに掲げる先取特権を除く。）

二　不動産売買の先取特権

三　借地借家法（平成三年法律第九十号）第十二条（借地権設定者の先取特権）又は接収不動産に関する借地借家臨時処理法（昭和三十一年法律第百三十八号）第七条（賃貸人等の先取特権）に規定する先取特権

四　登記をした一般の先取特権

2　前条第二項の規定は、前項第一号に掲げる先取特権について準用する。

（留置権の優先）

第二十一条　留置権が納税者の財産上にある場合において、その財産を滞納処分により換価したときは、その国税は、その換価代金につき、その留置権により担保されていた債権に次いで徴収する。この場合において、その債権は、質権、抵当権、先取特権又は第二十三条第一項（法定納期限等以前にされた仮登記により担保される債権の優先）に規定する担保のための仮登記により担保される債権に先立つて配当するものとする。

2　前項の規定は、その留置権者が、滞納処分の手続において、その行政機関等に対し、その留置権がある事実を証明した場合に限り適用する。

（担保権付財産が譲渡された場合の国税の徴収）

第二十二条　納税者が他に国税に充てるべき十分な財産がない場合において、その者がその国税の法定納期限等後に登記した質権又は抵当権を設定した財産を譲渡したときは、納税者の財産につき滞納処分を執行してもなおその国税に不足すると認められるときに限り、その国税は、その質権者又は抵当権者から、これらの者がその譲渡に係る財産の強制換価手続において、その質権又は抵当権によつて担保される債権につき配当を受けるべき金額のうちから徴収することができる。

2　前項の規定により徴収することができる金額は、第一号に掲げる金額から第二号に掲げる金額を控除した額をこえることができない。

一　前項の譲渡に係る財産の換価代金から同項に規定する債権が配当を受けるべき金額

二　前号の財産を納税者の財産とみなし、その財産の換価代金につき前項の国税の交付要求があつたものとした場合に同項の債権が配当を受けるべき金額

3　税務署長は、第一項の規定により国税を徴収するため、同

項の質権者又は抵当権者に代位してその質権又は抵当権を実行することができる。

4 税務署長は、第一項の規定により国税を徴収しようとするときは、その旨を質権者又は抵当権者に通知しなければならない。

5 税務署長は、第一項の譲渡に係る財産につき強制換価手続が行われた場合には、同項の規定により徴収することができる金額の国税につき、執行機関に対し、交付要求をすることができる。

第四節 国税と仮登記又は譲渡担保に係る債権との調整

（法定納期限等以前にされた仮登記により担保される債権の優先等）

第二十三条 国税の法定納期限等以前に納税者の財産につき、その者を登記義務者（登録義務者を含む。）として、仮登記担保契約に関する法律（昭和五十三年法律第七十八号）第一条（趣旨）に規定する仮登記担保契約に基づく仮登記又は仮登録（以下「担保のための仮登記」という。）がされているときは、その国税は、その換価代金につき、その担保のための仮登記により担保される債権に次いで徴収する。

2 担保のための仮登記がされている納税者の財産上に、第十九条第一項各号（不動産保存の先取特権等の優先）に掲げる先取特権があるとき、国税の法定納期限等以前から第二十条第一項各号（法定納期限等以前にある不動産賃貸の先取特権等の優先）に掲げる先取特権があるとき、又は国税の法定納期限等以前に質権若しくは抵当権が設定され、若しくは担保のための仮登記がされているときは、その国税は、仮登記担保契約に関する法律第三条第一項（清算金）（同法第二十条（土地等の所有権以外の権利を目的とする契約への準用）において準用する場合を含む。）に規定する清算金に係る換価代金につき、同法第四条第一項（物上代位）（同法第二十条において準用する場合を含む。）の規定により権利が行使されたこれらの先取特権、質権及び抵当権並びに同法第四条第二項（同法第二十条において準用する場合を含む。）において準用する同法第四条第一項の規定により権利が行使された同条第二項に規定する後順位の担保仮登記により担保される債権に次いで徴収する。

3 第十七条第一項（譲受前に設定された質権又は抵当権の優先）の規定は、納税者が担保のための仮登記がされている財産を譲り受けたときについて、前条（第三項を除く。）の規定は、納税者が他に国税に充てるべき十分な財産がない場合において、その者が国税の法定納期限等後に担保のための仮登記をした財産を譲渡したときについて、それぞれ準用する。

4 仮登記担保契約に関する法律第一条に規定する仮登記担保契約で、消滅すべき金銭債務がその契約の時に特定されていないものに基づく仮登記及び仮登録は、国税の滞納処分においては、その効力を有しない。

（譲渡担保権者の物的納税責任）

第二十四条　納税者が国税を滞納した場合において、その者が譲渡した財産でその譲渡による担保の目的となつているもの（以下「譲渡担保財産」という。）があるときは、その者の財産につき滞納処分を執行してもなお徴収すべき国税に不足すると認められるときに限り、譲渡担保財産から納税者の国税を徴収することができる。

2　税務署長は、前項の規定により徴収しようとするときは、譲渡担保財産の権利者（以下「譲渡担保権者」という。）に対し、徴収しようとする金額その他必要な事項を記載した書面により告知しなければならない。この場合においては、その者の住所又は居所（事務所及び事業所を含む。以下同じ。）の所在地を所轄する税務署長及び納税者に対しその旨を通知しなければならない。

3　前項の告知書を発した日から十日を経過した日までにその徴収しようとする金額が完納されていないときは、徴収職員は、譲渡担保権者を第二次納税義務者とみなして、その譲渡担保財産につき滞納処分を執行することができる。この場合においては、第三十二条第三項から第五項まで（第二次納税義務の通則）及び第九十条第三項（換価の制限）の規定を準用する。

4　譲渡担保財産を第一項の納税者の財産としてした差押えは、同項の要件に該当する場合に限り、前項の規定による差押えとして滞納処分を続行することができる。この場合において、税務署長は、遅滞なく、第二項の告知及び通知をしなければならない。

5　税務署長は、前項の規定により滞納処分を続行する場合において、譲渡担保財産が次の各号に掲げる財産であるときは、当該各号に定める者に対し、納税者の財産としてした差押えを第三項の規定による差押えとして滞納処分を続行する旨を通知しなければならない。

一　第三者が占有する動産（第七十条（船舶又は航空機の差押え）又は第七十一条（自動車、建設機械又は小型船舶の差押え）の規定の適用を受ける財産及び無記名債権を除く。以下同じ。）又は有価証券　動産又は有価証券を占有する第三者

〈編注〉　本条第五項第一号は、次のように改正され、平成三一年四月一日から施行される。

一　第三者が占有する動産（第七十条（船舶又は航空機の差押え）又は第七十一条（自動車、建設機械又は小型船舶の差押え）の規定の適用を受ける財産を除く。以下同じ。）又は有価証券　動産又は有価証券を占有する第三者

二　第六十二条（差押えの手続及び効力発生時期）又は第七

十三条（電話加入権等の差押えの手続及び効力発生時期）の規定の適用を受ける財産（これらの財産の権利の移転につき登記を要するものを除く。）第三債務者又はこれに準ずる者（以下「第三債務者等」という。）

6 税務署長は、第四項の規定により滞納処分を続行する場合において、第五十五条第一号又は第三号（質権者等に対する差押えの通知）に掲げる者のうち知れている者があるときは、これらの者に対し、納税者の財産としてした差押えを第三項の規定による差押えとして滞納処分を続行する旨を通知しなければならない。

7 第二項の規定による告知又は第四項の規定の適用を受ける差押えをした後、納税者の財産の譲渡により担保される債権が債務不履行その他弁済以外の理由により消滅した場合（譲渡担保財産につき買戻し、再売買の予約その他これらに類する契約を締結している場合において、期限の経過その他その契約の履行以外の理由によりその契約が効力を失つたときを含む。）においても、なお譲渡担保財産として存続するものとみなして、第三項の規定を適用する。

8 第一項の規定は、国税の法定納期限等以前に、担保の目的でされた譲渡に係る権利の移転の登記がある場合又は譲渡担保権者が国税の法定納期限等以前に譲渡担保財産となつている事実を、その財産の売却決定の前日までに、証明した場合には、適用しない。この場合においては、第十五条第二項後段及び第三項（優先質権の証明）の規定を準用する。

9 第一項の規定の適用を受ける譲渡担保権者は、第十章（罰則）の規定の適用については、納税者とみなす。

（譲渡担保財産の換価の特例等）

第二十五条 買戻しの特約のある売買の登記、再売買の予約の請求権の保全のための仮登記（仮登記を含む。以下同じ。）その他これに類する登記（以下この条において「買戻権の登記等」という。）がされている譲渡担保財産でその買戻権の登記等の権利者が滞納者であるときは、その差し押さえた買戻権の登記等に係る権利及び前条第三項の規定により差し押さえたその買戻権の登記等のある譲渡担保財産を一括して換価することができる。

2 前条及び前項に規定するもののほか、譲渡担保財産からする納税者の国税の徴収に関し必要な事項は、政令で定める。

第五節 国税及び地方税と私債権との競合の調整

（国税及び地方税等と私債権との競合の調整）

第二十六条 強制換価手続において国税が他の国税、地方税又は公課（以下この条において「地方税等」という。）及びその他の債権（以下この条において「私債権」という。）と競合する場合において、この章又は地方税法その他の法律の規定により、国税が地方税等に先だち、私債権がその地方税等におくれ、かつ、当該国税に先だつとき、又は国税が地方税等におくれ、私債権がその地方税等に先だち、かつ、当該国税におくれるときは、換価代金の配当については、次に定めるところによる。

一　第九条（強制換価手続の費用の優先）若しくは第十条（直接の滞納処分費の優先）に規定する費用若しくは滞納処分費、第十一条（強制換価の場合の消費税の優先）に規定する国税（地方税法の規定によりこれに相当する優先権を有する地方税を含む。）、第二十一条（留置権の優先）の規定の適用を受ける債権、第五十九条第三項若しくは第四項（前払賃料の優先）（第七十一条第四項（自動車等についての準用規定）において準用する場合を含む。）の規定の適用を受ける債権又は第十九条（不動産保存の先取特権等の優先）の規定の適用を受ける債権があるときは、これらの順序に従い、それぞれこれらに充てる。

二　国税及び地方税等並びに私債権（前号の規定の適用を受けるものを除く。）につき、法定納期限等（地方税又は公課のこれに相当する納期限等を含む。）又は設定、登記、譲渡若しくは成立の時期の古いものからそれぞれ順次にこの章又は地方税法その他の法律の規定を適用して国税及び地方税等並びに私債権に充てるべき金額の総額をそれぞれ定める。

三　前号の規定により定めた国税及び地方税等にあてるべき金額の総額を第八条（国税優先の原則）若しくは第十二条から第十四条まで（差押先着手による国税の優先等）の規定又は地方税その他の法律のこれらに相当する規定により、順次国税及び地方税等に充てる。

四　第二号の規定により定めた私債権に充てるべき金額の総額を民法（明治二十九年法律第八十九号）その他の法律の規定により順次私債権に充てる。

第三章　第二次納税義務

第二十七条から第三十一条まで　削除

（第二次納税義務の通則）

第三十二条　税務署長は、納税者の国税を第二次納税義務者から徴収しようとするときは、その者に対し、政令で定めるところにより、徴収しようとする金額、納付の期限その他必要な事項を記載した納付通知書により告知しなければならない。この場合においては、その者の住所又は居所の所在地を所轄する税務署長に対しその旨を通知しなければならない。

2　第二次納税義務者がその国税を前項の納付の期限までに完納しないときは、税務署長は、次項において準用する国税通則法第三十八条第一項及び第二項（繰上請求）の規定による請求をする場合を除き、納付催告書によりその納付を督促しなければならない。この場合においては、その納付催告書は、国税に関する法律に別段の定めがあるものを除き、その納付の期限から五十日以内に発するものとする。

3 国税通則法第三十八条第一項及び第二項、同法第四章第一節（納税の猶予）並びに同法第五十五条（納付委託）の規定は、第一項の場合について準用する。

4 第二次納税義務者の財産の換価は、その財産の価額が著しく減少するおそれがあるときを除き、第一項の納税者の財産を換価に付した後でなければ、行うことができない。

5 この章の規定は、第二次納税義務者から第一項の納税者に対してする求償権の行使を妨げない。

（合名会社等の社員の第二次納税義務）

第三十三条 合名会社若しくは合資会社又は税理士法人、弁護士法人、外国法事務弁護士法人、監査法人、特許業務法人、司法書士法人、行政書士法人、社会保険労務士法人若しくは土地家屋調査士法人が国税を滞納した場合において、その財産につき滞納処分を執行してもなおその徴収すべき額に不足すると認められるときは、その社員（合資会社及び監査法人にあつては、無限責任社員）は、その滞納に係る国税の第二次納税義務を負う。この場合において、その社員は、連帯してその責めに任ずる。

（清算人等の第二次納税義務）

第三十四条 法人が解散した場合において、その法人に課されるべき、又はその法人が納付すべき国税を納付しないで残余財産の分配又は引渡しをしたときは、その法人に対し滞納処分を執行してもなおその徴収すべき額に不足すると認められる場合に限り、清算人及び残余財産の分配又は引渡しを受けた者（前条の規定の適用を受ける者を除く。以下この項において同じ。）は、その滞納に係る国税につき第二次納税義務を負う。ただし、清算人は分配又は引渡しをした財産の価額の限度において、残余財産の分配又は引渡しを受けた者はその受けた財産の価額の限度において、それぞれその責めに任ずる。

2 信託法（平成十八年法律第百八号）第百七十五条（清算の開始原因）に規定する信託が終了した場合において、その信託に係る清算受託者（同法第百七十七条（清算受託者の職務）に規定する清算受託者をいう。以下この項において同じ。）に課されるべき、又はその清算受託者が納付すべき国税（その納める義務が信託財産責任負担債務（同法第二条第九項（定義）に規定する信託財産責任負担債務をいう。）となるものに限る。以下この項において同じ。）を納付しないで信託財産に属する財産を残余財産受益者等（同法第百八十二条第二項（残余財産の帰属）に規定する残余財産受益者等をいう。以下この項において同じ。）に給付をしたときは、その清算受託者に対し滞納処分を執行してもなおその徴収すべき額に不足すると認められる場合に限り、清算受託者（信託財産に属する財産のみをもつて当該国税を納める義務を履行する責任を負う清算受託者に限る。以下この項において「特定清算受託者」という。）及び残余財産受益者等は、その滞納に係る国税につき第二次納税義務を負う。ただし、特定清算受託者は給付をした財産の価額の限度において、残余財産受益者等は給付を受けた財産の価額の限度において、それぞれその責めに任ずる。

（同族会社の第二次納税義務）

第三十五条 滞納者がその者を判定の基礎となる株主又は社員として選定した場合に法人税法（昭和四十年法律第三十四号）第二条第十号（同族会社の定義）に規定する会社に該当する会社（以下「同族会社」という。）の株式又は出資を有する場合において、その株式又は出資につき次に掲げる理由があり、かつ、その者の財産（当該株式又は出資を除く。）につき滞納処分を執行してもなお徴収すべき国税に不足すると認められるときは、その有する当該株式又は出資（当該滞納に係る国税の法定納期限（国税に関する法律の規定による国税の還付金の額に相当する税額を減少させる修正申告又は更正により納付すべき国税並びに当該国税に係る附帯税及び滞納処分費については、その還付の基因となつた申告、更正又は決定があつた日とし、過怠税については、その納税義務の成立の日とする。以下この章において同じ。）の一年以上前に取得したものを除く。）の価額の限度において、当該会社は、その滞納に係る国税の第二次納税義務を負う。

一 その株式又は出資を再度換価に対してもなお買受人がないこと。

二 その株式若しくは出資の譲渡につき法律若しくは定款に制限があり、又は株券の発行がないため、これらを譲渡することにつき支障があること。

2 前項の同族会社の株式又は出資の価額は、第三十二条第一項（第二次納税義務者への告知）の納付通知書を発する時における当該会社の資産の総額から負債の総額を控除した額をその株式又は出資の数で除した額を基礎として計算した額による。

3 第一項の同族会社であるかどうかの判定は、第三十二条第一項の納付通知書を発する時の現況による。

（実質課税額等の第二次納税義務）

第三十六条 滞納者の次の各号に掲げる国税につき滞納処分を執行してもなおその徴収すべき額に不足すると認められるときは、第一号に定める者にあつては同号に規定する収益が生じた財産（その財産の異動により取得した財産及びこれらの財産に基因して取得した財産（以下この条及び次条において「取得財産」という。）を含む。）、第二号に定める者にあつては同号に規定する貸付けに係る財産（取得財産を含む。）、第三号に定める者にあつてはその受けた利益の額を限度として、その滞納に係る国税の第二次納税義務を負う。

一 所得税法第十二条（実質所得者課税の原則）若しくは第百五十八条（事業所の所得の帰属の推定）又は法人税法第

十一条（実質所得者課税の原則）の規定により課された国税　その国税の賦課の基因となつた収益が法律上帰属するとみられる者

二　消費税法（昭和六十三年法律第百八号）第十三条（資産の譲渡等又は特定仕入れを行つた者の実質判定）の規定により課された国税（同法第二条第一項第八号（定義）に規定する貸付けに係る部分に限る。）　その国税の賦課の基因となつた当該貸付けを法律上行つたとみられる者

三　所得税法第百五十七条（同族会社等の行為又は計算の否認等）若しくは第百六十八条の二（非居住者の恒久的施設帰属所得に係る行為又は計算の否認）、法人税法第百三十二条（同族会社等の行為又は計算の否認）、第百三十二条の二（組織再編成に係る行為又は計算の否認）、第百三十二条の三（連結法人に係る行為又は計算の否認）若しくは第百四十七条の二（外国法人の恒久的施設帰属所得に係る行為又は計算の否認）、相続税法第六十四条（同族会社等の行為又は計算の否認等）又は地価税法（平成三年法律第六十九号）第三十二条（同族会社等の行為又は計算の否認等）の規定により課された国税　これらの規定により否認された納税者の行為（否認された計算の基礎となつた行為を含む。）につき利益を受けたものとされる者

（共同的な事業者の第二次納税義務）

第三十七条　次の各号に掲げる者が納税者の事業の遂行に欠くことができない重要な財産を有し、かつ、当該財産に関して生ずる所得が納税者の所得となつている場合において、その納税者がその供されている事業に係る国税を滞納し、その国税につき滞納処分を執行してもなおその徴収すべき額に不足すると認められるときは、当該各号に掲げる者は、当該財産（取得財産を含む。）を限度として、その滞納に係る国税の第二次納税義務を負う。

一　納税者が個人である場合　その者と生計を一にする配偶者その他の親族で納税者の経営する事業から所得を受けているもの

二　納税者がその事実のあつた時の現況において同族会社である場合　その判定の基礎となつた株主又は社員

（事業を譲り受けた特殊関係者の第二次納税義務）

第三十八条　納税者が生計を一にする親族その他納税者と特殊な関係のある個人又は被支配会社（当該納税者を判定の基礎となる株主又は社員として選定した場合に法人税法第六十七条第二項（特定同族会社の特別税率）に規定する会社に該当する会社をいい、これに類する法人を含む。）で政令で定めるものに事業を譲渡し、かつ、その譲受人が同一又は類似の事業を営んでいる場合において、その納税者が当該事業に係る国税を滞納し、その国税につき滞納処分を執行してもなおその徴収すべき額に不足すると認められるときは、その譲受人は、譲受財産の価額の限度において、その滞納に係る国税の

第二次納税義務を負う。ただし、その譲渡が滞納に係る国税の法定納期限より一年以上前にされている場合は、この限りでない。

（無償又は著しい低額の譲受人等の第二次納税義務）

第三十九条　滞納者の国税につき滞納処分を執行してもなおその徴収すべき額に不足すると認められる場合において、その不足すると認められることが、当該国税の法定納期限の一年前の日以後に、滞納者がその財産につき行つた政令で定める無償又は著しく低い額の対価による譲渡（担保の目的でする譲渡を除く。）債務の免除その他第三者に利益を与える処分に基因すると認められるときは、これらの処分により権利を取得し、又は義務を免かれた者は、これらの処分により受けた利益が現に存する限度（これらの者がその処分の時にその滞納者の親族その他滞納者と特殊な関係のある個人又は同族会社（これに類する法人を含む。）で政令で定めるもの（第五十八条第一項（第三者が占有する動産等の差押手続）及び第百四十二条第二項第二号（捜索の権限及び方法）において「親族その他の特殊関係者」という。）であるときは、これらの処分により受けた利益の限度）において、その滞納に係る国税の第二次納税義務を負う。

第四十条　削除

（人格のない社団等に係る第二次納税義務）

第四十一条　人格のない社団等が国税を滞納した場合において、これに属する財産（第三者が名義人となつているため、その者に法律上帰属するとみられる財産を除く。）につき滞納処分を執行してもなおその徴収すべき額に不足すると認められるときは、その第三者は、その法律上帰属するとみられる財産を限度として、その滞納に係る国税の第二次納税義務を負う。

2　滞納者である人格のない社団等の財産の払戻又は分配をした場合（第三十四条（清算人等の第二次納税義務）の規定の適用がある場合を除く。）において、当該社団等（前項に規定する第三者を含む。）につき滞納処分を執行してもなお徴収すべき額に不足すると認められるときは、当該払戻又は分配を受けた者は、その受けた財産の価額を限度として、その滞納に係る国税の第二次納税義務を負う。ただし、その払戻又は分配が滞納に係る国税の法定納期限より一年以上前にされている場合は、この限りでない。

第四章　削除

第四十二条から第四十六条まで　削除

第五章　滞納処分

第一節　財産の差押

第一款　通則

（差押の要件）
第四十七条　次の各号の一に該当するときは、徴収職員は、滞納者の国税につきその財産を差し押えなければならない。
一　滞納者が督促を受け、その督促に係る国税をその督促状を発した日から起算して十日を経過した日までに完納しないとき。
二　納税者が国税通則法第三十七条第一項各号（督促）に掲げる国税をその納期限（繰上請求がされた国税については、当該請求に係る期限）までに完納しないとき。
2　国税の納期限後前項第一号に規定する十日を経過した日までに、督促を受けた滞納者につき国税通則法第三十八条第一項各号（繰上請求）の一に該当する事実が生じたときは、徴収職員は、直ちにその財産を差し押えることができる。
3　第二次納税義務者又は保証人について第一項の規定を適用する場合には、同項中「督促状」とあるのは、「納付催告書」とする。

（超過差押及び無益な差押の禁止）
第四十八条　国税を徴収するために必要な財産以外の財産は、差し押えることができない。
2　差し押えることができる財産の価額がその差押に係る滞納処分費及び徴収すべき国税に先だつ他の国税、地方税その他の債権の金額の合計額をこえる見込みがないときは、その財産は、差し押えることができない。

（差押財産の選択に当つての第三者の権利の尊重）
第四十九条　徴収職員は、滞納者（譲渡担保権者を含む。第七十五条、第七十六条及び第七十八条（差押禁止財産）を除き、以下同じ。）の財産を差し押えるに当たつては、滞納処分の執行に支障がない限り、その財産につき第三者が有する権利を害さないように努めなければならない。

（第三者の権利の目的となつている財産の差押換）
第五十条　質権、抵当権、先取特権（第十九条第一項各号（不動産保存の先取特権等）又は第二十条第一項各号（不動産賃貸の先取特権等）に掲げる先取特権に限る。この項を除き、以下同じ。）、留置権、賃借権その他第三者の権利（これらの先取特権以外の先取特権を除く。以下同じ。）の目的となつている財産が差し押えられた場合には、その第三者は、税務署長に対し、滞納者が他に換価の容易な財産で他の第三者の権利の目的となつていないものを有し、かつ、その財産によりその滞納者の国税の全額を徴収することができることを理由として、その財産の公売公告の日（随意契約による売却をする場合には、その売却の日）までに、その差押換を請求することができる。

2　税務署長は、前項の請求があつた場合において、その請求を相当と認めるときは、その差押換をしなければならないものとし、その請求を相当と認めないときは、その旨をその第三者に通知しなければならない。

3　前項の通知があつた場合において、その通知を受けた第三者が、その通知を受けた日から起算して七日を経過した日までに、第一項の規定により差し押えるべきことを請求した財産の換価をすべきことを申し立てたときは、その財産が換価の著しく困難なものであり、又は他の第三者の権利の目的となつているものであるときを除き、これを差し押え、かつ、換価に対した後でなければ、同項に規定する第三者の権利の目的となつている財産を換価することができない。

4　税務署長は、前項の場合において、同項の申立があつた日から二月以内にその申立に係る財産を差し押え、かつ、換価に付さないときは、第一項に規定する第三者の権利の目的となつている財産の差押を解除しなければならない。ただし、国税に関する法律の規定で換価をすることができないこととするものの適用があるときは、この限りでない。

5　第二項又は前項の差押は、国税に関する法律の規定で新たに滞納処分の執行をすることができないこととするものにかかわらず、することができる。

（相続があつた場合の差押）

第五十一条　徴収職員は、被相続人の国税につきその相続人の財産を差し押える場合には、滞納処分の執行に支障がない限り、まず相続財産を差し押えるように努めなければならない。

2　被相続人の国税につき相続人の固有財産が差し押えられた場合には、その相続人は、税務署長に対し、他に換価が容易な相続財産で第三者の権利の目的となつていないものを有しており、かつ、その財産により当該国税の全額を徴収することができることを理由として、その差押換を請求することができる。

3　税務署長は、前項の請求があつた場合において、その請求を相当と認めるときは、その差押換をしなければならないものとし、その請求を相当と認めないときは、その旨を当該相続人に通知しなければならない。この場合においては、前条第五項の規定を準用する。

（果実に対する差押の効力）

第五十二条　差押の効力は、差し押えた財産（以下「差押財産」という。）から生ずる天然果実に及ぶ。ただし、滞納者又は第三者が差押財産の使用又は収益をすることができる場合には、その財産から生ずる天然果実（その財産の換価による権利の移転の時までに収取されない天然果実を除く。）については、この限りでない。

2　差押の効力は、差押財産から生ずる法定果実に及ばない。

ただし、債権を差し押えた場合における差押後の利息については、この限りでない。

（担保のための仮登記がある財産に対する差押えの効力）

第五十二条の二　仮登記担保契約に関する法律第十五条（強制競売等の場合の担保仮登記）（同法第二十条（土地等の所有権以外の権利を目的とする契約への準用）において準用する場合を含む。）の規定は、担保のための仮登記がある財産が差し押えられた場合について準用する。この場合において、同法第十五条中「その決定」とあるのは「その差押え」と、「申立てに基づく」とあるのは「ものである」と読み替えるものとする。

（保険に付されている財産に対する差押えの効力）

第五十三条　差押財産が損害保険に付され、又は中小企業等協同組合法（昭和二十四年法律第百八十一号）第九条の七の二第一項（火災共済事業）の規定による共済その他法律の規定による共済でこれに類するものの目的となつているときは、その差押えの効力は、保険金又は共済金の支払を受ける権利に及ぶ。ただし、財産を差し押さえた旨を保険者又は共済事業者に通知しなければ、その差押えをもつてこれらの者に対抗することができない。

2　徴収職員が差押に係る前項の保険金又は共済金の支払を受けた場合において、その財産がその保険又は共済に係る事故が生じた時に先取特権、質権又は抵当権の目的となつていたときは、その先取特権者、質権者又は抵当権者は、民法第三百四条第一項ただし書（先取特権の物上代位）その他これらの権利の行使のためのその保険金又は共済金の支払を受ける権利をその支払前に差し押えることを必要とする規定の適用については、その支払前にその差押をしたものとみなす。

（差押調書）

第五十四条　徴収職員は、滞納者の財産を差し押さえたときは、差押調書を作成し、その財産が次に掲げる財産であるときは、その謄本を滞納者に交付しなければならない。

一　動産又は有価証券

二　債権（電話加入権、賃借権、第七十三条の二（振替社債等の差押え）の規定の適用を受ける財産その他取り立てることができない債権を除く。以下この章において同じ。）

三　第七十三条（電話加入権等の差押え）又は第七十三条の二（振替社債等の差押え）の規定の適用を受ける財産

（質権者等に対する差押えの通知）

第五十五条　次の各号に掲げる財産を差し押えたときは、税務署長は、当該各号に掲げる者のうち知れている者に対し、その旨その他必要な事項を通知しなければならない。

一　質権、抵当権、先取特権、留置権、賃借権その他の第三者の権利（担保のための仮登記に係る権利を除く。）の目的となつている財産　これらの権利を有する者

二　仮登記がある財産　仮登記の権利者

三　仮差押え又は仮処分がされている財産　仮差押え又は仮処分をした保全執行裁判所又は執行官

第二款　動産又は有価証券の差押

（差押の手続及び効力発生時期等）

第五十六条　動産又は有価証券の差押は、徴収職員がその財産を占有して行う。

2　前項の差押の効力は、徴収職員がその財産を占有した時に生ずる。

3　徴収職員が金銭を差し押えたときは、その限度において、滞納者から差押に係る国税を徴収したものとみなす。

（有価証券に係る債権の取立）

第五十七条　有価証券を差し押えたときは、徴収職員は、その有価証券に係る金銭債権の取立をすることができる。

2　徴収職員が前項の規定により金銭を取り立てたときは、その限度において、滞納者から差押に係る国税を徴収したものとみなす。

（第三者が占有する動産等の差押手続）

第五十八条　滞納者の動産又は有価証券でその親族その他の特殊関係者以外の第三者が占有しているものは、その第三者が引渡を拒むときは、差し押えることができない。

2　前項の動産又は有価証券がある場合において、同項の第三者がその引渡を拒むときは、滞納者が他に換価が容易であり、かつ、その滞納に係る国税の全額を徴収することができる財産を有しないと認められるときに限り、税務署長は、同項の第三者に対し、期限を指定して、当該動産又は有価証券を徴収職員に引き渡すべきことを書面により命ずることができる。この場合において、その命令をした税務署長は、その旨を滞納者に通知しなければならない。

3　前項の命令に係る動産若しくは有価証券が徴収職員に引き渡されたとき、又は同項の命令を受けた第三者が指定された期限までに徴収職員にその引渡をしないときは、徴収職員は、第一項の規定にかかわらず、その動産又は有価証券を差し押えることができる。

（引渡命令を受けた第三者等の権利の保護）

第五十九条　前条第二項の規定により動産の引渡を命ぜられた第三者が、滞納者との契約による賃借権、使用貸借権その他動産の使用又は収益をする権利に基きその命令に係る動産を占有している場合において、その引渡をすることにより占有の目的を達することができなくなるときは、その第三者は、その占有の基礎となつている契約を解除することができる。この場合において、その第三者は、当該契約の解除により滞納者に対して取得する損害賠償請求権については、その動産の売却代金の残余のうちから配当を受けることができる。

2　徴収職員は、前条第二項の規定により動産の引渡を命ぜられた第三者の請求がある場合には、その第三者が前項前段の規定により契約を解除したときを除き、その動産の占有の基礎となつている契約の期間内（その期限がその動産を差し押えた日から三月を経過した日より遅いときは、その日まで）は、その第三者にその使用又は収益をさせなければならない。

3 前条第二項の規定により動産の引渡を命ぜられた第三者が賃貸借契約に基きこれを占有している場合において、第一項前段の規定によりその契約を解除し、かつ、前条第二項の命令があつた時前にその後の期間分の借賃を支払つているときは、その第三者は、税務署長に対し、その動産の売却代金のうちから、その借賃に相当する金額で同条第三項の規定による差押の日後の期間に係るもの（その金額が三月分に相当する金額をこえるときは、当該金額）の配当を請求することができる。この場合において、その請求があつた金額は、第八条（国税優先の原則）の規定にかかわらず、その滞納処分に係る滞納処分費に次ぎ、かつ、その動産上の留置権により担保されていた債権に次ぐものとして、配当することができる。

4 前三項の規定は、前条第一項に規定する動産の引渡を拒まなかつた同項に規定する第三者について準用する。

（差し押えた動産等の保管）

第六十条 徴収職員は、必要があると認めるときは、差し押えた動産又は有価証券を滞納者又はその財産を占有する第三者に保管させることができる。ただし、その第三者に保管させる場合には、その運搬が困難であるときを除き、その者の同意を受けなければならない。

2 前項の規定により滞納者又は第三者に保管させたときは、第五十六条第二項（動産等の差押の効力発生時期）の規定にかかわらず、封印、公示書その他差押を明白にする方法により差し押えた旨を表示した時に、差押の効力が生ずる。

（差し押えた動産の使用収益）

第六十一条 徴収職員は、前条第一項の規定により滞納者に差し押えた動産を保管させる場合において、国税の徴収上支障がないと認めるときは、その使用又は収益を許可することができる。

2 前項の規定は、差し押えた動産につき使用又は収益をする権利を有する第三者にその動産を保管させる場合について準用する。

第三款 債権の差押

（差押えの手続及び効力発生時期）

第六十二条 債権（電子記録債権法第二条第一項（定義）に規定する電子記録債権（次条において「電子記録債権」という。）を除く。以下この条において同じ。）の差押えは、第三債務者に対する債権差押通知書の送達により行う。

2 徴収職員は、債権を差し押えるときは、債務者に対しその履行を、滞納者に対し債権の取立その他の処分を禁じなければならない。

3 第一項の差押の効力は、債権差押通知書が第三債務者に送達された時に生ずる。

4　税務署長は、債権でその移転につき登録を要するものを差し押えたときは、差押の登録を関係機関に嘱託しなければならない。

（電子記録債権の差押えの手続及び効力発生時期）

第六十二条の二　電子記録債権の差押えは、第三債務者及び当該電子記録債権の電子記録をしている電子債権記録機関（電子記録債権法第二条第二項（定義）に規定する電子債権記録機関をいう。以下この条において同じ。）に対する債権差押通知書の送達により行う。

2　徴収職員は、電子記録債権を差し押さえるときは、第三債務者に対しその履行を、電子債権記録機関に対し電子記録債権に係る電子記録を、滞納者に対し電子記録債権の取立てその他の処分又は電子記録の請求を禁じなければならない。

3　第一項の差押えの効力は、債権差押通知書が電子債権記録機関に送達された時に生ずる。ただし、第三債務者に対する同項の差押えの効力は、債権差押通知書が第三債務者に送達された時に生ずる。

（差し押える債権の範囲）

第六十三条　徴収職員は、債権を差し押えるときは、その金額を差し押えなければならない。ただし、その金額を差し押える必要がないと認めるときは、その一部を差し押えることができる。

（抵当権等により担保される債権の差押）

第六十四条　抵当権又は登記することができる質権若しくは先取特権によつて担保される債権を差し押えたときは、税務署長は、その債権の差押の登記を関係機関に嘱託することができる。この場合において、その嘱託をした税務署長は、その抵当権若しくは質権が設定されている財産又は先取特権がある財産の権利者（第三債務者を除く。）に差し押えた旨を通知しなければならない。

（債権証書の取上げ）

第六十五条　徴収職員は、債権の差押のため必要があるときは、その債権に関する証書を取り上げることができる。この場合においては、第五十六条第一項（動産等の差押手続）及び第五十八条（第三者が占有する動産等の差押手続）の規定を準用する。

（継続的な収入に対する差押の効力）

第六十六条　給料若しくは年金又はこれらに類する継続収入の債権の差押の効力は、徴収すべき国税の額を限度として、差押後に収入すべき金額に及ぶ。

（差し押えた債権の取立）

第六十七条　徴収職員は、差し押えた債権の取立をすることができる。

2　徴収職員は、前項の規定により取り立てたものが金銭以外のものであるときは、これを差し押えなければならない。

3　徴収職員が第一項の規定により金銭を取り立てたときは、

その限度において、滞納者から差押に係る国税を徴収したものとみなす。

4　国税通則法第五十五条第一項から第三項まで（納付委託）の規定は、第一項の取立をする場合において、第三債務者が徴収職員に対し、その債権の弁済の委託をしようとするときに準用する。ただし、その証券の取り立てるべき期限が差し押えた債権の弁済期後となるときは、第三債務者は、滞納者の承認を受けなければならない。

第四款　不動産等の差押

（不動産の差押の手続及び効力発生時期）

第六十八条　不動産（地上権その他不動産を目的とする物権（所有権を除く。）、工場財団、鉱業権その他不動産とみなされ、又は不動産に関する規定の準用がある財産並びに鉄道財団、軌道財団及び運河財団を含む。以下同じ。）の差押は、滞納者に対する差押書の送達により行う。

2　前項の差押の効力は、その差押書が滞納者に送達された時に生ずる。

3　税務署長は、不動産を差し押えたときは、差押の登記を関係機関に嘱託しなければならない。

4　前項の差押の登記が差押書の送達前にされた場合には、第二項の規定にかかわらず、その差押の登記がされた時に差押の効力が生ずる。

5　鉱業権の差押の効力は、第二項及び前項の規定にかかわらず、差押の登録がされた時に生ずる。

（差押不動産の使用収益）

第六十九条　滞納者は、差し押えられた不動産につき、通常の用法に従い、使用又は収益をすることができる。ただし、税務署長は、不動産の価値が著しく減耗する行為がされると認められるときに限り、その使用又は収益を制限することができる。

2　前項の規定は、差し押えられた不動産につき使用又は収益をする権利を有する第三者について準用する。

（船舶又は航空機の差押）

第七十条　登記される船舶（以下「船舶」という。）又は航空法（昭和二十七年法律第二百三十一号）の規定により登録を受けた飛行機若しくは回転翼航空機（以下「航空機」という。）の差押については、第六十八条第一項から第四項まで（不動産の差押の手続及び効力発生時期）の規定を準用する。

2　税務署長は、滞納処分のため必要があるときは、船舶又は航空機を一時停泊させることができる。ただし、発航の準備が終つた船舶又は航空機については、この限りでない。

3　徴収職員は、滞納処分のため必要があるときは、船舶又は航空機の監守及び保存のため必要な処分をすることができる。

4　前項の処分が差押書の送達前にされた場合には、第一項において準用する第六十八条第二項の規定にかかわらず、その処分をした時に差押の効力が生ずる。

5　税務署長は、停泊中の船舶若しくは航空機を差し押えた場合又は第二項の規定により船舶若しくは航空機を停泊させた場合において、営業上の必要その他相当の理由があるときは、滞納者並びにこれらにつき交付要求をした者及び抵当権その他の権利を有する者の申立により、航行を許可することができる。

＜編注＞ 見出し及び本条は、商法及び国際海上物品運送法の一部を改正する法律（平成三〇年五月二五日法律第二九号）により、次のように改正され、公布の日から起算して一年を超えない範囲内において政令で定める日から施行される。

（船舶又は航空機の差押え）

第七十条 登記される船舶（以下「船舶」という。）又は航空法（昭和二十七年法律第二百三十一号）の規定により登録を受けた飛行機若しくは回転翼航空機（以下「航空機」という。）の差押えについては、第六十八条第一項から第四項まで（不動産の差押えの手続及び効力発生時期）の規定を準用する。

2　税務署長は、滞納処分のため必要があるときは、船舶又は航空機を一時停泊させることができる。ただし、航行中の船舶又は航空機については、この限りでない。

3　徴収職員は、滞納処分のため必要があるときは、船舶又は航空機の監守及び保存のため必要な処分をすることができる。

4　前項の処分が差押書の送達前にされた場合には、第一項において準用する第六十八条第二項の規定にかかわらず、その処分をした時に差押えの効力が生ずる。

5　税務署長は、停泊中の船舶若しくは航空機を差し押さえた場合又は第二項の規定により船舶若しくは航空機を停泊させた場合において、営業上の必要その他相当の理由があるときは、滞納者並びにこれらにつき交付要求をした者及び抵当権その他の権利を有する者の申立てにより、航行を許可することができる。

（自動車、建設機械又は小型船舶の差押え）

第七十一条 道路運送車両法（昭和二十六年法律第百八十五号）の規定により登録を受けた自動車（以下「自動車」という。）、建設機械抵当法（昭和二十九年法律第九十七号）の規定により登記を受けた建設機械（以下「建設機械」という。）又は小型船舶の登録等に関する法律（平成十三年法律第百二号）の規定により登録を受けた小型船舶（以下「小型船舶」という。）の差押えについては、第六十八条第一項から第四項まで（不動産の差押えの手続及び効力発生時期）の規定を準用する。

2　前条第三項及び第四項の規定は、自動車、建設機械又は小型船舶の差押えについて準用する。

3　税務署長は、自動車、建設機械又は小型船舶を差し押さえた場合には、滞納者に対し、これらの引渡しを命じ、徴収職員にこれらの占有をさせることができる。

4　第五十六条第一項（動産等の差押手続）、第五十八条（第三者が占有する動産等の差押手続）及び第五十九条（引渡命令を受けた第三者等の権利の保護）の規定は、前項の規定により徴収職員に自動車、建設機械又は小型船舶を占有させる場合について準用する。

5　徴収職員は、第三項の規定により占有する自動車、建設機械又は小型船舶を滞納者又はこれらを占有する第三者に保管させることができる。この場合においては、封印その他の公示方法によりその自動車、建設機械又は小型船舶が徴収職員の占有に係る旨を明らかにしなければならないものとし、また、次項の規定により自動車の運行、建設機械の使用又は小型船舶の航行を許可する場合を除き、これらの運行、使用又は航行をさせないための適当な措置を講じなければならない。

6　徴収職員は、第三項又は前項の規定により占有し、又は保管させた自動車、建設機械又は小型船舶につき営業上の必要その他相当の理由があるときは、滞納者並びにこれらにつき交付要求をした者及び抵当権その他の権利を有する者の申立てにより、その運行、使用又は航行を許可することができる。

第五款　無体財産権等の差押

（特許権等の差押えの手続及び効力発生時期）

第七十二条　前三款の規定の適用を受けない財産（以下「無体財産権等」という。）のうち特許権、著作権その他第三債務者等がない財産の差押えは、滞納者に対する差押書の送達により行う。

2　前項の差押えの効力は、その差押書が滞納者に送達された時に生ずる。

3　税務署長は、無体財産権等でその権利の移転につき登記を要するものを差し押さえたときは、差押えの登記を関係機関に嘱託しなければならない。

4　前項の差押えの登記が差押書の送達前にされた場合には、第二項の規定にかかわらず、その差押えの登記がされた時に差押えの効力が生ずる。

5　特許権、実用新案権その他の権利でその処分の制限につき登記をしなければ効力が生じないものとされているものの差押えの効力は、第二項及び前項の規定にかかわらず、差押えの登記がされた時に生ずる。

（電話加入権等の差押えの手続及び効力発生時期）

第七十三条　無体財産権等のうち電話加入権、合名会社の社員の持分その他第三債務者等がある財産（社債、株式等の振替に関する法律（平成十三年法律第七十五号）第二条第一項（定義）に規定する社債等のうちその権利の帰属が振替口座簿の記載又は記録により定まるものとされるもの（次条において「振替社債等」という。）を除く。）の差押えは、第三債務者等に対する差押通知書の送達により行う。

2　前項の差押の効力は、その差押通知書が第三債務者等に送達された時に生ずる。

3　前条第三項及び第四項の規定は、第一項に規定する財産でその権利の移転につき登記を要するもの（次項に規定するものを除く。）の差押について準用する。この場合において、同条第四項中「差押書」とあるのは、「差押通知書」と読み替えるものとする。

4　前条第五項の規定は、特許権についての専用実施権その他の権利でその処分の制限につき登記をしなければ効力が生じないものとされているものの差押えについて準用する。

5　第六十五条（債権証書の取上げ）及び第六十七条（差し押えた債権の取立）の規定は、第一項に規定する財産について準用する。

（振替社債等の差押えの手続及び効力発生時期）

第七十三条の二　振替社債等の差押えは、振替社債等の発行者（以下この項及び次項において「発行者」という。）及び滞納者がその口座の開設を受けている社債、株式等の振替に関する法律第二条第五項（定義）に規定する振替機関等（滞納者が次の各号に掲げる請求をし、当該各号に定める買取口座に当該請求に係る振替社債等についての記載又は記録がされている場合であつて、当該請求に係る振替社債等を差し押さえるときは、発行者が当該買取口座の開設を受けている当該振替機関等。以下この条において「振替機関等」という。）に対する差押通知書の送達により行う。

一　社債、株式等の振替に関する法律第百五十五条第一項（株式買取請求に関する会社法の特例）（社債、株式等の振替に関する法律第二百二十八条第一項（投資口に関する株式に係る規定の準用）及び第二百三十九条第一項（優先出資に関する株式に係る規定の準用）において読み替えて準用する場合を含む。以下この号において同じ。）に規定する株式買取請求、投資口買取請求又は優先出資買取請求　同法第百五十五条第一項に規定する買取口座

二　社債、株式等の振替に関する法律第百八十三条第一項（新株予約権買取請求に関する会社法の特例）（社債、株式等の振替に関する法律第二百四十七条の三第一項（新投資口予約権に関する新株予約権に係る規定の準用）において読み替えて準用する場合を含む。以下この号において同じ。）に規定する新株予約権買取請求又は新投資口予約権買取請求　同法第百八十三条第一項に規定する買取口座

三　社債、株式等の振替に関する法律第二百十五条第一項（新株予約権付社債買取請求に関する会社法の特例）に規定する新株予約権付社債買取請求　同項に規定する買取口座

四　社債、株式等の振替に関する法律第二百五十九条第一項（金融機関の合併における株式買取請求に関する合併転換

法の特例等）に規定する株式買取請求　同項に規定する買取口座

五　社債、株式等の振替に関する法律第二百六十条第一項（金融機関の合併における新株予約権買取請求に関する合併転換法の特例等）に規定する新株予約権買取請求　同項に規定する買取口座

六　社債、株式等の振替に関する法律第二百六十六条第一項（保険会社の合併における株式買取請求に関する保険業法の特例等）に規定する株式買取請求　同項に規定する買取口座

七　社債、株式等の振替に関する法律第二百六十七条第一項（保険会社の合併における新株予約権買取請求に関する保険業法の特例等）に規定する新株予約権買取請求　同項に規定する買取口座

八　社債、株式等の振替に関する法律第二百七十三条第一項（金融商品取引所の合併における株式買取請求に関する金融商品取引法の特例等）に規定する株式買取請求　同項に規定する買取口座

九　社債、株式等の振替に関する法律第二百七十四条第一項（金融商品取引所の合併における新株予約権買取請求に関する金融商品取引法の特例等）に規定する新株予約権買取請求　同項に規定する買取口座

2　徴収職員は、振替社債等を差し押さえるときは、発行者に対しその履行を、振替機関等に対し振替社債等の振替又は抹消を、滞納者に対し振替社債等の取立てその他の処分又は振替若しくは抹消の申請を禁じなければならない。

3　第一項の差押えの効力は、その差押通知書が振替機関等に送達された時に生ずる。

4　第六十七条（差し押さえた債権の取立て）の規定は、振替社債等について準用する。

（差し押さえた持分の払戻しの請求）

第七十四条　税務署長は、中小企業等協同組合法に基づく企業組合、信用金庫その他の法人で組合員、会員その他の持分を有する構成員が任意に（脱退につき予告その他一定の手続を要する場合には、これをした後任意に）脱退することができるもの（合名会社、合資会社及び合同会社を除く。以下この条において「組合等」という。）の組合員、会員その他の構成員である滞納者の持分を差し押さえた場合において、当該持分につき次に掲げる理由があり、かつ、その持分以外の財産につき滞納処分を執行してもなお徴収すべき国税に不足すると認められるときは、その組合等に対し、その持分の一部の払戻し（組合等による譲受けが認められている持分については、譲受け）を請求することができる。

一　その持分を再度換価に付してもなお買受人がないこと。

二　その持分の譲渡につき法律又は定款に制限があるため、譲渡することができないこと。

2　前項に規定する請求は、三十日（組合等からの脱退につき、法律又は定款の定めにより、これと異なる一定期間前に組合等に予告することを必要とするものにあつては、その期間）前に組合等にその予告をした後でなければ、行うことができない。

第六款　差押禁止財産

（一般の差押禁止財産）

第七十五条　次に掲げる財産は、差し押えることができない。

一　滞納者及びその者と生計を一にする配偶者（届出をしていないが、事実上婚姻関係にある者を含む。）その他の親族（以下「生計を一にする親族」という。）の生活に欠くことができない衣服、寝具、家具、台所用具、畳及び建具

二　滞納者及びその者と生計を一にする親族の生活に必要な三月間の食料及び燃料

三　主として自己の労力により農業を営む者の農業に欠くことができない器具、肥料、労役の用に供する家畜及びその飼料並びに次の収穫まで農業を続行するために欠くことができない種子その他これに類する農産物

四　主として自己の労力により漁業を営む者の水産物の採捕又は養殖に欠くことができない漁網その他の漁具、えさ及び稚魚その他これに類する水産物

五　技術者、職人、労務者その他の主として自己の知的又は肉体的な労働により職業又は営業に従事する者（前二号に規定する者を除く。）のその業務に欠くことができない器具その他の物（商品を除く。）

六　実印その他の印で職業又は生活に欠くことができないもの

七　仏像、位牌その他礼拝又は祭祀に直接供するため欠くことができない物

八　滞納者に必要な系譜、日記及びこれに類する書類

九　滞納者又はその親族が受けた勲章その他名誉の章票

十　滞納者又はその者と生計を一にする親族の学習に必要な書籍及び器具

十一　発明又は著作に係るもので、まだ公表していないもの

十二　滞納者又はその者と生計を一にする親族に必要な義手、義足その他の身体の補足に供する物

十三　建物その他の工作物について、災害の防止又は保安のため法令の規定により設備しなければならない消防用の機械又は器具、避難器具その他の備品

2　前項第一号（畳及び建具に係る部分に限る。）及び第十三号の規定は、これらの規定に規定する財産をその建物その他の工作物とともに差し押えるときは、適用しない。

（給与の差押禁止）

第七十六条　給料、賃金、俸給、歳費、退職年金及びこれらの性質を有する給与に係る債権（以下「給料等」という。）については、次に掲げる金額の合計額に達するまでの部分の金額

は、差し押えることができない。この場合において、滞納者が同一の期間につき二以上の給料等の支払を受けるときは、その合計額につき、第四号又は第五号に掲げる金額に係る限度を計算するものとする。

一　所得税法第百八十三条（給与所得に係る源泉徴収義務）、第百九十条（年末調整）、第百九十二条（年末調整に係る不足額の徴収）又は第二百十二条（非居住者等の所得に係る源泉徴収義務）の規定によりその給料等につき徴収される所得税に相当する金額

二　地方税法第三百二十一条の三（個人の市町村民税の特別徴収）その他の規定によりその給料等につき特別徴収の方法によつて徴収される道府県民税及び市町村民税に相当する金額

三　健康保険法（大正十一年法律第七十号）第百六十七条第一項（報酬からの保険料の控除）その他の法令の規定によりその給料等から控除される社会保険料（所得税法第七十四条第二項（社会保険料控除）に規定する社会保険料をいう。）に相当する金額

四　滞納者（その者と生計を一にする親族を含む。）に対し、これらの者が所得を有しないものとして、生活保護法（昭和二十五年法律第百四十四号）第十二条（生活扶助）に規定する生活扶助の給付を行うこととした場合におけるその扶助の基準となる金額で給料等の支給の基礎となつた期間に応ずるものを勘案して政令で定める金額

五　その給料等の金額から前各号に掲げる金額の合計額を控除した金額の百分の二十に相当する金額（その金額が前号に掲げる金額の二倍に相当する金額をこえるときは、当該金額）

2　給料等に基き支払を受けた金銭は、前項第四号及び第五号に掲げる金額の合計額に、その給料等の支給の基礎となつた期間の日数のうちに差押の日から次の支払日までの日数の占める割合を乗じて計算した金額を限度として、差し押えることができない。

3　賞与及びその性質を有する給与に係る債権については、その支払を受けるべき時における給料等とみなして、第一項の規定を適用する。この場合において、同項第四号又は第五号に掲げる金額に係る限度の計算については、その支給の基礎となつた期間が一月であるものとみなす。

4　退職手当及びその性質を有する給与に係る債権（以下「退職手当等」という。）については、次に掲げる金額の合計額に達するまでの部分の金額は、差し押えることができない。

一　所得税法第百九十九条（退職所得に係る源泉徴収義務）又は第二百十二条の規定によりその退職手当等につき徴収される所得税に相当する金額

二　第一項第二号及び第三号中「給料等」とあるのを「退職手当等」として、これらの規定を適用して算定した金額

三　第一項第四号に掲げる金額で同号に規定する期間を一月として算定したものの三倍に相当する金額
四　退職手当等の支給の基礎となつた期間が五年をこえる場合には、そのこえる年数一年につき前号に掲げる金額の百分の二十に相当する金額
5　第一項、第二項及び前項の規定は、滞納者の承諾があるときは適用しない。

（社会保険制度に基づく給付の差押禁止）

第七十七条　社会保険制度に基づき支給される退職年金、老齢年金、普通恩給、休業手当及びこれらの性質を有する給付（確定給付企業年金法（平成十三年法律第五十号）第三十八条第一項（老齢給付金の支給方法）の規定に基づいて支給される年金、確定拠出年金法（平成十三年法律第八十八号）第三十五条第一項（老齢給付金の支給方法）（同法第七十三条（企業型年金に係る規定の準用）において準用する場合を含む。）の規定に基づいて支給される年金その他政令で定める退職年金を含む。）に係る債権は給料等と、退職一時金、一時恩給及びこれらの性質を有する給付（確定給付企業年金法第三十八条第二項の規定に基づいて支給される一時金及び同法第四十二条（脱退一時金の支給方法）の規定に基づいて支給される脱退一時金、確定拠出年金法第三十五条第二項（同法第七十三条において準用する場合を含む。）の規定に基づいて支給される一時金その他政令で定める退職一時金を含む。）に係る債権は退職手当等とそれぞれみなして、前条の規定を適用する。

2　前項に規定する社会保険制度とは、次に掲げる法律に基づく保険、共済又は恩給に関する制度その他政令で定めるこれらに類する制度をいう。
一　厚生年金保険法（昭和二十九年法律第百十五号）
二　船員保険法（昭和十四年法律第七十三号）
三　国民年金法（昭和三十四年法律第百四十一号）
四　恩給法（大正十二年法律第四十八号）（他の法律において準用する場合を含む。）
五　国家公務員共済組合法（昭和三十三年法律第百二十八号）
六　地方公務員等共済組合法（昭和三十七年法律第百五十二号）
七　私立学校教職員共済法（昭和二十八年法律第二百四十五号）

（条件付差押禁止財産）

第七十八条　次に掲げる財産（第七十五条第一項第三号から第五号まで（農業等に欠くことができない財産）に掲げる財産を除く。）は、滞納者がその国税の全額を徴収することができる財産で、換価が困難でなく、かつ、第三者の権利の目的となつていないものを提供したときは、その選択により、差押をしないものとする。
一　農業に必要な機械、器具、家畜類、飼料、種子その他の

農産物、肥料、農地及び採草放牧地
二　漁業に必要な漁網その他の漁具、えさ、稚魚その他の水産物及び漁船
三　職業又は事業（前二号に規定する事業を除く。）の継続に必要な機械、器具その他の備品及び原材料その他たな卸をすべき資産

第七款　差押の解除

（差押えの解除の要件）

第七十九条　徴収職員は、次の各号のいずれかに該当するときは、差押えを解除しなければならない。
一　納付、充当、更正の取消その他の理由により差押えに係る国税の全額が消滅したとき。
二　差押財産の価額がその差押えに係る滞納処分費及び差押えに係る国税に先立つ他の国税、地方税その他の債権の合計額を超える見込みがなくなつたとき。
2　徴収職員は、次の各号のいずれかに該当するときは、差押財産の全部又は一部について、その差押えを解除することができる。
一　差押えに係る国税の一部の納付、充当、更正の一部の取消、差押財産の値上りその他の理由により、その価額が差押えに係る国税及びこれに先立つ他の国税、地方税その他の債権の合計額を著しく超過すると認められるに至つたとき。
二　滞納者が他に差し押さえることができる適当な財産を提供した場合において、その財産を差し押さえたとき。
三　差押財産について、三回公売に付しても入札又は競り売りに係る買受けの申込み（以下「入札等」という。）がなかつた場合において、その差押財産の形状、用途、法令による利用の規制その他の事情を考慮して、更に公売に付しても買受人がないと認められ、かつ、随意契約による売却の見込みがないと認められるとき。

（差押えの解除の手続）

第八十条　差押の解除は、その旨を滞納者に通知することによつて行う。ただし、債権及び第三債務者等のある無体財産権等の差押の解除は、その旨を第三債務者等に通知することによつて行う。
2　徴収職員は、次の各号に掲げる財産の差押を解除したときは、当該各号に掲げる手続をしなければならない。ただし、第一号に規定する除去は、滞納者又はその財産を占有する第三者に行わせることができる。
一　動産又は有価証券　その引渡及び封印、公示書その他差押を明白にするために用いた物の除去
二　債権又は第三債務者等がある無体財産権等　滞納者への通知
3　税務署長は、不動産その他差押の登記をした財産の差押を解除したときは、その登記のまつ消を関係機関に嘱託しなけ

ればならない。

4　第二項第一号の動産又は有価証券の引渡は、滞納者に対し、次の各号に掲げる場合の区分に応じ、当該各号に掲げる場所において行わなければならない。ただし、差押の時に滞納者以外の第三者が占有していたものについては、滞納者に対し引渡をすべき旨の第三者の申出がない限り、その第三者に引き渡さなければならない。

一　前条第一項各号又は同条第二項第一号の規定に該当する場合のうち、更正の取消その他国の責に帰すべき理由による場合　差押の時に存在した場所

二　その他の場合　差押を解除した時に存在する場所

5　第二項第一号及び前項の規定は、債権又は自動車、建設機械若しくは小型船舶の差押えを解除した場合において、第六十五条（債権証書の取上げ）（第七十三条第五項（権利証書の取上げ）の規定により準用する場合を含む。）の規定により取り上げた証書又は第七十一条第三項（差し押さえた自動車等の占有）の規定により徴収職員が占有した自動車若しくは建設機械があるときについて準用する。

（質権者等への差押解除の通知）

第八十一条　税務署長は、差押を解除した場合において、第五十五条各号（質権者等に対する差押の通知）に掲げる者のうち知れている者及び交付要求をしている者があるときは、これらの者にその旨その他必要な事項を通知しなければならない。

第二節　交付要求

（交付要求の手続）

第八十二条　滞納者の財産につき強制換価手続が行われた場合には、税務署長は、執行機関（破産法（平成十六年法律第七十五号）第百十四条第一号（租税等の請求権の届出）に掲げる請求権に係る国税の交付要求を行う場合には、その交付要求に係る破産事件を取り扱う裁判所。第八十四条第二項（交付要求の解除）において同じ。）に対し、滞納に係る国税につき、交付要求書により交付要求をしなければならない。

2　税務署長は、交付要求をしたときは、その旨を滞納者に通知しなければならない。

3　第五十五条（質権者等に対する差押の通知）の規定は、交付要求をした場合について準用する。

（交付要求の制限）

第八十三条　税務署長は、滞納者が他に換価の容易な財産で第三者の権利の目的となつていないものを有しており、かつ、その財産によりその国税の全額を徴収することができると認められるときは、交付要求をしないものとする。

（交付要求の解除）

第八十四条　税務署長は、納付、充当、更正の取消その他の理由により交付要求に係る国税が消滅したときは、その交付要

求を解除しなければならない。

2　交付要求の解除は、その旨をその交付要求に係る執行機関に通知することによつて行う。

3　第五十五条（質権者等に対する差押の通知）及び第八十二条第二項（交付要求の通知）の規定は、交付要求を解除した場合について準用する。

（交付要求の解除の請求）

第八十五条　強制換価手続により配当を受けることができる債権者は、交付要求があつたときは、税務署長に対し、次の各号のいずれにも該当することを理由として、その交付要求を解除すべきことを請求することができる。

一　その交付要求により自己の債権の全部又は一部の弁済を受けることができないこと。

二　滞納者が他に換価の容易な財産で第三者の権利の目的となつていないものを有しており、かつ、その財産によりその交付要求に係る国税の全額を徴収することができること。

2　税務署長は、前項の請求があつた場合において、その請求を相当と認めるときは、交付要求を解除しなければならないものとし、その請求を相当と認めないときは、その旨をその請求した者に通知しなければならない。

（参加差押えの手続）

第八十六条　税務署長は、第四十七条（差押えの要件）の規定により差押えをすることができる場合において、滞納者の財産で次に掲げるものにつき既に滞納処分による差押えがされているときは、当該財産についての交付要求は、第八十二条第一項（交付要求の手続）の交付要求書に代えて参加差押書を滞納処分した行政機関等に交付してすることができる。

一　動産及び有価証券

二　不動産、船舶、航空機、自動車、建設機械及び小型船舶

三　電話加入権

2　税務署長は、前項の交付要求（以下「参加差押え」という。）をしたときは、参加差押通知書により滞納者に通知しなければならない。この場合において、参加差押えをした財産が電話加入権であるときは、あわせて第三債務者にその旨を通知しなければならない。

3　税務署長は、第一項第二号に掲げる財産につき参加差押えをしたときは、参加差押えの登記を関係機関に嘱託しなければならない。

4　第五十五条（質権者等に対する差押えの通知）の規定は、参加差押えをした場合について準用する。

（参加差押えの効力）

第八十七条　参加差押えをした場合において、その参加差押えに係る財産につきされていた滞納処分による差押えが解除されたときは、その参加差押え（前条第一項第二号に掲げる財産について二以上の参加差押えがあるときは、そのうち最も

先に登記されたものとし、その他の財産について二以上の参加差押えがあるときは、そのうち最も先にされたものとする。）は、次の各号に掲げる財産の区分に応じ、当該各号に定める時に遡つて差押えの効力を生ずる。
一　動産及び有価証券　参加差押書が滞納処分による差押えをした行政機関等に交付された時
二　不動産（次号に掲げる財産を除く。）、船舶、航空機、自動車、建設機械及び小型船舶　参加差押通知書が滞納者に送達された時（参加差押えの登記がその送達前にされた場合には、その登記がされた時）
三　鉱業権　参加差押えの登録がされた時
四　電話加入権　参加差押通知書が第三債務者に送達された時

2　税務署長は、差し押さえた動産又は有価証券につき参加差押書の交付を受けた場合において、その動産又は有価証券の差押えを解除すべきときは、その動産又は有価証券を前項の規定により差押えの効力を生ずべき参加差押えをした行政機関等に引き渡さなければならない。差し押さえた自動車、建設機械又は小型船舶で第七十一条第三項（自動車、建設機械又は小型船舶の差押え）の規定により徴収職員が占有しているものについても、同様とする。

3　参加差押えをした税務署長は、その参加差押えに係る滞納処分による差押財産が相当期間内に換価に付されないときは、速やかにその換価をすべきことをその滞納処分をした行政機関等に催告することができる。

（参加差押えの制限、解除等）

第八十八条　第八十三条から第八十五条まで（交付要求の制限、解除等）の規定は、参加差押えについて準用する。

2　税務署長は、参加差押えの登記をした財産の参加差押えを解除したときは、その登記の抹消を関係機関に嘱託しなければならない。

3　税務署長は、電話加入権の参加差押えを解除したときは、その旨を第三債務者に通知しなければならない。

4　前二条及び前三項に定めるもののほか、参加差押えに関する手続について必要な事項は、政令で定める。

第三節　財産の換価

第一款　通則

（換価する財産の範囲等）

第八十九条　差押財産（金銭、債権及び第五十七条（有価証券に係る債権の取立て）の規定により債権の取立てをする有価証券を除く。）又は次条第四項に規定する特定参加差押不動産（以下この節において「差押財産等」という。）は、この節の定めるところにより換価しなければならない。

2　差し押さえた債権のうち、その全部又は一部の弁済期限が取立てをしようとする時から六月以内に到来しないもの及び取立てをすることが著しく困難であると認められるものは、この節の定めるところにより換価することができる。

3　税務署長は、相互の利用上差押財産等を他の差押財産等（滞納者を異にするものを含む。）と一括して同一の買受人に買い受けさせることが相当であると認めるときは、これらの差押財産等を一括して公売に付し、又は随意契約により売却することができる。

（参加差押えをした税務署長による換価）

第八十九条の二　参加差押えをした税務署長は、その参加差押えに係る不動産（以下「参加差押不動産」という。）が第八十七条第三項（参加差押えの効力）の規定による催告をしてもなお換価に付されないときは、同項の滞納処分をした行政機関等の同意を得て、参加差押不動産につき換価の執行をする旨の決定（以下「換価執行決定」という。）をすることができる。ただし、参加差押不動産につき強制執行若しくは担保権の実行としての競売が開始されているとき、又は国税に関する法律の規定で換価をすることができないこととするものの適用があるときは、この限りでない。

2　前項の滞納処分をした行政機関等は、同項の参加差押えをした税務署長による換価の執行に係る同意の求めがあつた場合において、その換価の執行を相当と認めるときは、これに同意するものとする。ただし、同項の滞納処分による差押えに係る不動産につき既に他の参加差押えをした行政機関等による換価の執行に係る同意をしているときは、この限りでない。

3　換価執行決定は、第一項の参加差押えをした税務署長による換価の執行に係る同意をした行政機関等（以下「換価同意行政機関等」という。）に告知することによつてその効力を生ずる。

4　換価執行決定をした税務署長（次条において「換価執行税務署長」という。）は、速やかに、その旨を滞納者及び参加差押不動産（換価執行決定をしたものに限る。以下「特定参加差押不動産」という。）につき交付要求をした者に通知しなければならない。

（換価執行決定の取消し）

第八十九条の三　換価執行税務署長は、次の各号のいずれかに該当するときは、換価執行決定を取り消さなければならない。

一　換価執行決定に係る参加差押え（以下「特定参加差押え」という。）を解除したとき。

二　換価同意行政機関等の滞納処分による差押え（政令で定めるものを除く。次条において「特定差押え」という。）が解除されたとき。

三　特定参加差押不動産の価額が特定参加差押えに係る滞納処分費及び特定参加差押えに係る国税に先立つ他の国税、地方税その他の債権の合計額を超える見込みがなくなつたとき。

四　前三号に準ずるものとして政令で定めるとき。

2　換価執行税務署長は、次の各号のいずれかに該当するときは、換価執行決定を取り消すことができる。

一　特定参加差押えに係る国税の一部の納付、充当、更正の一部の取消し、特定参加差押不動産の価額の増加その他の理由により、その価額が特定参加差押えに係る国税及びこれに先立つ他の国税、地方税その他の債権の合計額を著しく超過すると認められるに至つたとき。

二　滞納者が他に差し押さえることができる適当な財産を提供した場合において、その財産を差し押さえたとき。

三　特定参加差押不動産について、三回公売に付しても入札等がなかつた場合において、その特定参加差押不動産の形状、用途、法令による利用の規制その他の事情を考慮して、更に公売に付しても買受人がないと認められ、かつ、随意契約による売却の見込みがないと認められるとき。

四　前三号に準ずるものとして政令で定めるとき。

3　前二項の規定により換価執行決定を取り消した税務署長は、速やかに、その旨を滞納者、換価同意行政機関等及び特定参加差押不動産につき交付要求をした者（第一項（第二号に係る部分に限る。）の規定による換価執行決定の取消しにあつては、滞納者及び特定参加差押不動産につき交付要求をした者）に通知しなければならない。

4　特定参加差押不動産については、換価同意行政機関等が行う公売その他滞納処分による売却のための手続は、第一項又は第二項の規定により換価執行決定が取り消された後でなければ、することができない。

（換価執行決定の取消しをした税務署長による換価の続行）

第八十九条の四　特定差押えが解除された場合において、前条第一項（第二号に係る部分に限る。）の規定による換価執行決定の取消しに係る参加差押えにつき第八十七条第一項（参加差押えの効力）の規定により差押えの効力が生ずるとき（次に掲げる場合を除く。）は、当該換価執行決定の取消しをした税務署長は、当該換価執行決定に基づき行つた換価手続を当該差押えによる換価手続とみなして、当該差押えに係る不動産（以下この条において「差押不動産」という。）につき換価を続行することができる。

一　差押不動産につき強制執行又は担保権の実行としての競売が開始されている場合

二　当該税務署長が行つた当該換価執行決定の取消しに係る参加差押えよりも先にされた交付要求がある場合

三　特定差押えが解除される前に特定参加差押不動産を換価したとすれば消滅する権利で、差押不動産の換価に伴い消滅しないものがある場合

（換価の制限）

第九十条　果実は成熟した後、蚕は繭となつた後でなければ、換価をすることができない。

2　前項の規定は、生産工程中における仕掛品（栽培品その他これらに類するものを含む。）で、完成品となり、又は一定の生産過程に達するのでなければ、その価額が著しく低くて通常の取引に適しないものについて準用する。

3　第二次納税義務者が第三十二条第一項（第二次納税義務の通則）の告知、同条第二項の督促又はこれらに係る国税に関する滞納処分につき訴えを提起したときは、その訴訟の係属する間は、当該国税につき滞納処分による財産の換価をすることができない。保証人が国税通則法第五十二条第二項（担保の処分）の告知、同条第三項の督促若しくはこれらに係る国税に関する滞納処分につき訴えを提起したとき、又は第五十五条第二号（仮登記の権利者に対する差押えの通知）の通知（担保のための仮登記に係るものに限る。）に係る差押えにつき訴えの提起があつたときにおいても、また同様とする。

（自動車等の換価前の占有）

第九十一条　自動車、建設機械又は小型船舶の換価は、徴収職員が第七十一条第三項（差し押さえた自動車等の占有）の規定によりこれらを占有した後に行うものとする。ただし、換価に支障がないと認められるときは、この限りでない。

（買受人の制限）

第九十二条　滞納者は、換価の目的となつた自己の財産（第二十四条第三項（譲渡担保財産に対する執行）の規定の適用を受ける譲渡担保財産を除く。）を、直接であると間接であるとを問わず、買い受けることができない。国税庁、国税局、税務署又は税関に所属する職員で国税に関する事務に従事する職員は、換価の目的となつた財産について、また同様とする。

（修理等の処分）

第九十三条　税務署長は、差押財産等を換価する場合において、必要があると認めるときは、滞納者の同意を得て、その財産につき修理その他その価額を増加する処分をすることができる。

第二款　公売

（公売）

第九十四条　税務署長は、差押財産等を換価するときは、これを公売に付さなければならない。

2　公売は、入札又は競り売りの方法により行わなければならない。

（公売公告）

第九十五条　税務署長は、差押財産等を公売に付するときは、公売の日の少なくとも十日前までに、次に掲げる事項を公告しなければならない。ただし、公売に付する財産（以下「公売財産」という。）が不相応の保存費を要し、又はその価額を著しく減少するおそれがあると認めるときは、この期間を短縮することができる。

一　公売財産の名称、数量、性質及び所在

二　公売の方法

三　公売の日時及び場所
四　売却決定の日時及び場所
五　公売保証金を提供させるときは、その金額
六　買受代金の納付の期限
七　公売財産の買受人について一定の資格その他の要件を必要とするときは、その旨
八　公売財産上に質権、抵当権、先取特権、留置権その他その財産の売却代金から配当を受けることができる権利を有する者は、売却決定の日の前日までにその内容を申し出るべき旨
九　前各号に掲げる事項のほか、公売に関し重要と認められる事項

2　前項の公告は、税務署の掲示場その他税務署内の公衆の見やすい場所に掲示して行う。ただし、他の適当な場所に掲示する方法、官報又は時事に関する事項を掲載する日刊新聞紙に掲げる方法その他の方法を併せて用いることを妨げない。

（公売の通知）

第九十六条　税務署長は、前条の公告をしたときは、同条第一項各号（第八号を除く。）に掲げる事項及び公売に係る国税の額を滞納者及び次に掲げる者のうち知れている者に通知しなければならない。

一　公売財産につき交付要求をした者
二　公売財産上に質権、抵当権、先取特権、留置権、地上権、賃借権その他の権利を有する者
三　換価同意行政機関等

2　税務署長は、前項の通知をするときは、公売財産の売却代金から配当を受けることができる者のうち知れている者に対し、その配当を受けることができる国税、地方税その他の債権につき第百三十条第一項（債権額の確認方法）に規定する債権現在額申立書をその財産の売却決定をする日の前日までに提出すべき旨の催告をあわせてしなければならない。

（公売の場所）

第九十七条　公売は、公売財産の所在する市町村（特別区を含む。）において行うものとする。ただし、税務署長が必要と認めるときは、他の場所で行うことができる。

（見積価額の決定）

第九十八条　税務署長は、近傍類似又は同種の財産の取引価格、公売財産から生ずべき収益、公売財産の原価その他の公売財産の価格形成上の事情を適切に勘案して、公売財産の見積価額を決定しなければならない。この場合において、税務署長は、差押財産等を公売するための見積価額の決定であることを考慮しなければならない。

2　税務署長は、前項の規定により見積価額を決定する場合において、必要と認めるときは、鑑定人にその評価を委託し、その評価額を参考とすることができる。

（見積価額の公告等）

第九十九条 税務署長は、公売財産のうち次の各号に掲げる財産を公売に付するときは、当該各号に掲げる日までに見積価額を公告しなければならない。

一 不動産、船舶及び航空機 公売の日から三日前の日

二 せり売の方法又は第百五条第一項（複数落札入札制）に規定する方法により公売する財産（前号に掲げる財産を除く。） 公売の日の前日（当該財産につき第九十五条第一項ただし書（公売公告）に該当する事実があると認めるときは、公売の日）

三 その他の財産で税務署長が公告を必要と認めるもの 公売の日の前日

2 税務署長は、見積価額を公告しない財産を公売するときは、その見積価額を記載した書面を封筒に入れ、封をして、公売をする場所に置かなければならない。

3 第九十五条第二項の規定は、第一項の公告について準用する。ただし、税務署長は、公売財産が動産であるときに限り、その財産に見積価額を記載した用紙をはりつけて、この公告に代えることができる。

4 税務署長は、第一項の場合において、公売財産上に賃借権（不動産又は船舶に係るものに限る。）又は地上権があるときは、あわせてその存続期限、借賃又は地代その他これらの権利の内容を公告しなければならない。

（公売保証金）

第百条 公売財産の入札等をしようとする者（以下「入札者等」という。）は、税務署長が公売財産の見積価額の百分の十以上の額により定める公売保証金を次の各号に掲げるいずれかの方法により提供しなければならない。ただし、税務署長は、公売財産の見積価額が政令で定める金額以下である場合又は買受代金を売却決定の日に納付させるときは、公売保証金の提供を要しないものとすることができる。

一 現金（国税の納付に使用することができる小切手のうち銀行の振出しに係るもの及びその支払保証のあるものを含む。次号、第四項及び第百十五条第三項（買受代金の納付の期限等）において同じ。）で納付する方法

二 入札者等と保証銀行等（銀行その他税務署長が相当と認める者をいう。以下この号及び第四項において同じ。）との間において、当該入札者等に係る公売保証金に相当する現金を税務署長の催告により当該保証銀行等が納付する旨の契約（財務省令で定める要件を満たすものに限る。）が締結されたことを証する書面を税務署長に提出する方法

2 入札者等は、前項ただし書の規定の適用を受ける場合を除き、公売保証金を提供した後でなければ、入札等をすることができない。

3 公売財産の買受人は、第一項第一号に掲げる方法により提供した公売保証金がある場合には、当該公売保証金を買受代金に充てることができる。ただし、第百十五条第四項の規定

の公売に係る国税に充て、なお残余があるときは、これを滞納者に交付しなければならない。

4　税務署長は、第一項第二号に掲げる方法により公売保証金を提供した入札者等に対して第百十五条第四項の規定による処分をした場合には、当該入札者等に係る保証銀行等に当該公売保証金に相当する現金を納付させるものとする。この場合において、当該保証銀行等が納付した現金は、当該処分を受けた者が第一項第一号に掲げる方法により提供した公売保証金とみなして、前項ただし書の規定を適用する。

5　前項の規定は、税務署長が、第百八条第二項（公売実施の適正化のための措置）の規定による処分をした場合について準用する。この場合において、前項中「第百十五条第四項」とあるのは「第百八条第二項（公売実施の適正化のための措置）」と、「前項ただし書」とあるのは「同条第三項」と読み替えるものとする。

6　税務署長は、次の各号に掲げる場合には、遅滞なく、当該各号に規定する公売保証金をその提供した者に返還しなければならない。

一　第百四条から第百五条まで（最高価申込者等の決定）の規定により最高価申込者及び次順位買受申込者（以下この項、第百六条第一項及び第二項（入札又は競り売りの終了の告知等）、第百八条第一項及び第二項並びに第百十四条（買受申込み等の取消し）において「最高価申込者等」という。）を定めた場合において、他の入札者等の提供した公売保証金があるとき。

二　入札等の価額の全部が見積価額に達しないことその他の理由により最高価申込者を定めることができなかつた場合において、入札者等の提供した公売保証金があるとき。

三　第百十四条の規定により最高価申込者等又は買受人がその入札等又は買受けを取り消した場合において、その者の提供した公売保証金があるとき。

四　第百十五条第三項の規定により最高価申込者が買受代金を納付した場合において、最高価申込者が提供した公売保証金で第三項本文の規定により買受代金に充てたもの以外のもの又は次順位買受申込者が提供した公売保証金があるとき。

五　第百十七条（国税の完納による売却決定の取消し）の規定により売却決定が取り消された場合において、買受人の提供した公売保証金があるとき。

（入札及び開札）

第百一条　入札をしようとする者は、その住所又は居所、氏名（法人にあつては、名称。以下同じ。）、公売財産の名称、入札価額その他必要な事項を記載した入札書に封をして、これを徴収職員に差し出さなければならない。この場合において、行政手続等における情報通信の技術の利用に関する法律（平成十四年法律第百五十一号）第三条第一項（電子情報処理組織による申請等）の規定により同項に規定する電子情報処理組織を使用して入札がされる場合には、入札書に封をすることに相当する措置であつて財務省令で定めるものをもつて当該封をすることに代えることができる。

2　入札者は、その提出した入札書の引換、変更又は取消をすることができない。

3　開札をするときは、徴収職員は、入札者を開札に立ち会わせなければならない。ただし、入札者が立ち会わないときは、税務署所属の他の職員を開札に立ち会わせなければならない。

（再度入札）

第百二条　税務署長は、入札の方法により差押財産等を公売する場合において、入札者がないとき、又は入札価額が見積価額に達しないときは、直ちに再度入札をすることができる。この場合においては、見積価額を変更することができない。

（競り売り）

第百三条　競り売りの方法により差押財産等を公売するときは、徴収職員は、その財産を指定して、買受けの申込みを催告しなければならない。

2　徴収職員は、競り売り人を選び、差押財産等の競り売りを取り扱わせることができる。

3　前条の規定は、差押財産等の競り売りについて準用する。

（最高価申込者の決定）

第百四条　徴収職員は、見積価額以上の入札者等のうち最高の価額による入札者等を最高価申込者として定めなければならない。

2　前項の場合において、最高の価額の入札者等が二人以上あるときは、更に入札等をさせて定め、なおその入札等の価額が同じときは、くじで定める。

（次順位買受申込者の決定）

第百四条の二　徴収職員は、入札の方法により不動産、船舶、航空機、自動車、建設機械、小型船舶、債権又は電話加入権以外の無体財産権等（以下「不動産等」という。）の公売をした場合において、最高価申込者の入札価額（以下この条において「最高入札価額」という。）に次ぐ高い価額（見積価額以上で、かつ、最高入札価額から公売保証金の額を控除した金額以上であるものに限る。第三項において同じ。）による入札者（前条第二項の規定によりくじで最高価申込者を定めた場合には、当該最高価申込者以外の最高の価額の入札者とする。第三項において同じ。）から次順位による買受けの申込みがあるときは、その者を次順位買受申込者として定めなければならない。

2　前項の次順位による買受けの申込みは、最高価申込者の決定後直ちにしなければならない。

3　第一項の場合において、最高入札価額に次ぐ高い価額による入札者が二人以上あるときは、くじで定める。

（複数落札入札制による最高価申込者の決定）

第百五条　税務署長は、種類及び価額が同じ財産を一時に多量に入札の方法により公売する場合において、必要があると認めるときは、その財産の数量の範囲内において入札をしようとする者の希望する数量及び単価を入札させ、見積価額以上の単価の入札者のうち、入札価額の高い入札者から順次その財産の数量に達するまでの入札者を最高価申込者とする方法（以下「複数落札入札制」という。）によることができる。この場合において、最高価申込者となるべき最後の順位の入札者が二人以上あるときは、入札数量の多いものを先順位の入札者とし、入札数量が同じときは、くじで先順位の入札者を定める。

2　複数落札入札制による場合において、最高価申込者のうち最後の順位の入札者の入札数量が他の最高価申込者の入札数量とあわせて公売財産の数量をこえるときは、そのこえる入札数量については、入札がなかつたものとする。

3　税務署長は、複数落札入札制による最高価申込者に対して売却決定をした場合において、買受人のうちに買受代金をその納付の期限までに納付しない者があるときは、開札に引き続き売却決定を行い、かつ、直ちに代金を納付させるときに限り、その者に売却決定をした数量の範囲内において、まず、前項の規定により入札がなかつたものとされた入札数量（買受代金を納付しない買受人の同項の規定により入札がなかつたものとされた入札数量を除く。）につき入札があつたものとし、次に第一項後段の規定により最高価申込者とならなかつた者を最高価申込者とすることができる。この場合においては、同項後段及び前項の規定を準用する。

（入札又は競り売りの終了の告知等）

第百六条　徴収職員は、最高価申込者等を定めたときは、直ちにその氏名及び価額（複数落札入札制による場合には、数量及び単価。次項において同じ。）を告げた後、入札又は競り売りの終了を告知しなければならない。

2　前項の場合において、公売した財産が不動産等であるときは、税務署長は、最高価申込者等の氏名、その価額並びに売却決定をする日時及び場所を滞納者及び第九十六条第一項各号（公売の通知）に掲げる者（以下「利害関係人」という。）のうち知れている者に通知するとともに、これらの事項を公告しなければならない。

3　第九十五条第二項（公売公告の方法）の規定は、前項の公告について準用する。

（再公売）

第百七条　税務署長は、公売に対しても入札者等がないとき、入札等の価額が見積価額に達しないとき、又は次順位買受申込者が定められていない場合において次条第二項若しくは第百十五条第四項（売却決定の取消し）の規定により売却決定を取り消したときは、更に公売に付するものとする。

2 税務署長は、前項の規定により公売に付する場合において、必要があると認めるときは、公売財産の見積価額の変更、第九十五条第一項本文（公売公告）の期間の短縮その他公売の条件の変更をすることができる。

3 第九十六条（公売の通知）の規定は、第一項の規定による公売が直前の公売期日から十日以内に行われるときは、適用しない。

4 第一項の規定により公売に付する場合における第九十九条第一項第一号（見積価額の公告の日）の規定の適用については、同号中「公売の日から三日前の日」とあるのは、「公売の日の前日」とする。

（公売実施の適正化のための措置）

第百八条 税務署長は、次に掲げる者に該当すると認められる事実がある者については、その事実があつた後二年間、公売の場所に入ることを制限し、若しくはその場所から退場させ、又は入札等をさせないことができる。その事実があつた後二年を経過しない者を使用人その他の従業者として使用する者及びこれらの者を入札等の代理人とする者についても、また同様とする。

一 入札等をしようとする者の公売への参加若しくは入札等、最高価申込者等の決定又は買受人の買受代金の納付を妨げた者

二 公売に際して不当に価額を引き下げる目的をもつて連合した者

三 偽りの名義で買受申込みをした者

四 正当な理由がなく、買受代金の納付の期限までにその代金を納付しない買受人

五 故意に公売財産を損傷し、その価額を減少させた者

六 前各号に掲げる者のほか、公売又は随意契約による売却の実施を妨げる行為をした者

2 前項の規定に該当する者の入札等又はその者を最高価申込者等とする決定については、税務署長は、その入札等がなかつたものとし、又はその決定を取り消すことができるものとする。

3 前項の場合において、同項の処分を受けた者の納付した公売保証金があるときは、その公売保証金は、国庫に帰属する。この場合において、第百条第六項（公売保証金の返還）の規定は、適用しない。

4 税務署長は、第一項の規定の適用に関し必要があると認めるときは、入札者等の身分に関する証明を求めることができる。

第三款 随意契約による売却

（随意契約による売却）

第百九条 次の各号のいずれかに該当するときは、税務署長は、差押財産等を、公売に代えて、随意契約により売却すること

ができる。

一　法令の規定により、公売財産を買い受けることができる者が一人であるとき、その財産の最高価額が定められている場合において、その価額により売却するとき、その他公売に付することが公益上適当でないと認められるとき。

二　取引所の相場がある財産をその日の相場で売却するとき。

三　公売に付しても入札等がないとき、入札等の価額が見積価額に達しないとき、又は第百十五条第四項（買受代金の納付の期限等）の規定により売却決定を取り消したとき。

2　第九十八条（見積価額の決定）の規定は、前項第一号又は第三号の規定により売却する場合について準用する。この場合において、同号の規定により売却するときは、その見積価額は、その直前の公売における見積価額を下ってはならない。

3　税務署長は、第一項第三号の規定により売却する差押財産等が動産であるときは、あらかじめ公告した価額により売却することができる。

4　第九十六条（公売の通知）及び第百七条第三項（再公売）の規定は、差押財産等を随意契約により売却する場合について、第百六条第二項及び第三項（入札又は競り売りの終了の告知等）の規定は、随意契約により買受人となるべき者を決定した場合について準用する。この場合において、第九十六条第一項中「前条の公告をしたときは」とあるのは「随意契約により売却をする日の七日前までに」と、「通知し」とあるのは「通知書を発し」と読み替えるものとする。

（国による買入れ）

第百十条　国は、前条第一項第三号の規定に該当する場合において、必要があるときは、同条第二項の規定による見積価額でその財産を買い入れることができる。

第四款　売却決定

（動産等の売却決定）

第百十一条　税務署長は、動産、有価証券又は電話加入権を換価に付するときは、公売をする日（随意契約により売却する場合には、その売却する日。以下「公売期日等」という。）において、最高価申込者（随意契約により売却する場合における買受人となるべき者を含む。以下同じ。）に対して売却決定を行う。

（動産等の売却決定の取消）

第百十二条　換価をした動産又は有価証券に係る売却決定の取消は、これをもつて買受代金を納付した善意の買受人に対抗することができない。

2　前項の規定により買受人に対抗することができないことにより損害が生じた者がある場合には、その生じたことについてその者に故意又は過失があるときを除き、国は、その通常生ずべき損失の額を賠償する責に任ずる。この場合において、他に損害の原因について責に任ずべき者があるときは、その者に対する求償権の行使を妨げない。

（不動産等の売却決定）

第百十三条　税務署長は、不動産等を換価に付するときは、公売期日等から起算して七日を経過した日（以下「売却決定期日」という。）において最高価申込者に対して売却決定を行う。

2　次順位買受申込者を定めている場合において、次の各号の一に該当する処分又は行為があつたときは、税務署長は、当該各号に掲げる日において次順位買受申込者に対して売却決定を行う。

一　税務署長が第百八条第二項（最高価申込者等の決定の取消し）の規定により最高価申込者に係る決定の取消しをしたとき。　当該最高価申込者に係る売却決定期日

二　最高価申込者が次条の規定により入札の取消しをしたとき。　当該入札に係る売却決定期日

三　最高価申込者である買受人が次条の規定により買受けの取消しをしたとき。　当該取消しをした日

四　税務署長が第百十五条第四項（売却決定の取消し）の規定により最高価申込者である買受人に係る売却決定の取消しをしたとき。　当該取消しをした日

（買受申込み等の取消し）

第百十四条　換価に付した財産（以下「換価財産」という。）について最高価申込者等の決定又は売却決定をした場合において、国税通則法第百五条第一項ただし書（不服申立てがあつた場合の処分の制限）その他の法律の規定に基づき滞納処分の続行の停止があつたときは、その停止している間は、その最高価申込者等又は買受人は、その入札等又は買受けを取り消すことができる。

第五款　代金納付及び権利移転

（買受代金の納付の期限等）

第百十五条　換価財産の買受代金の納付の期限は、売却決定の日（買受人が次順位買受申込者である場合にあつては、同日から起算して七日を経過した日）とする。

2　税務署長は、必要があると認めるときは、前項の期限を延長することができる。ただし、その期間は、三十日を超えることができない。

3　買受人は、買受代金を第一項の期限までに現金で納付しなければならない。

4　税務署長は、買受人が買受代金を第一項の期限までに納付しないときは、その売却決定を取り消すことができる。

（買受代金の納付の効果）

第百十六条　買受人は、買受代金を納付した時に換価財産を取得する。

2　徴収職員が買受代金を受領したときは、その限度において、滞納者から換価に係る国税を徴収したものとみなす。

（国税等の完納による売却決定の取消し）

第百十七条　税務署長は、換価財産に係る国税（特定参加差押不動産を換価する場合にあつては、特定参加差押えに係る国税又は換価同意行政機関等の滞納処分による差押えに係る国税、地方税若しくは公課）の完納の事実が買受人の買受代金の納付前に証明されたときは、その売却決定を取り消さなければならない。

（売却決定通知書の交付）

第百十八条　税務署長は、換価財産（有価証券を除く。）の買受人がその買受代金を納付したときは、売却決定通知書を買受人に交付しなければならない。ただし、動産については、その交付をしないことができる。

（動産等の引渡し）

第百十九条　税務署長は、換価した動産、有価証券又は自動車、建設機械若しくは小型船舶（徴収職員が占有したものに限る。）の買受人が買受代金を納付したときは、その財産を買受人に引き渡さなければならない。

2　税務署長は、前項の場合において、その財産を滞納者又は第三者に保管させているときは、売却決定通知書を買受人に交付する方法によりその財産の引渡をすることができる。この場合において、その引渡をした税務署長は、その旨を滞納者又は第三者に通知しなければならない。

（有価証券の裏書等）

第百二十条　税務署長は、換価した有価証券を買受人に引き渡す場合において、その証券に係る権利の移転につき滞納者に裏書、名義変更又は流通回復の手続をさせる必要があるときは、期限を指定して、これらの手続をさせなければならない。

2　税務署長は、前項の場合において、滞納者がその期限までに同項の手続をしないときは、滞納者に代つてその手続をすることができる。

（権利移転の登記の嘱託）

第百二十一条　税務署長は、換価財産で権利の移転につき登記を要するものについては、不動産登記法（平成十六年法律第百二十三号）その他の法令に別段の定めがある場合を除き、その買受代金を納付した買受人の請求により、その権利の移転の登記を関係機関に嘱託しなければならない。

（債権等の権利移転の手続）

第百二十二条　税務署長は、換価した債権又は第七十三条第一項（電話加入権等の差押手続）若しくは第七十三条の二第一項（振替社債等の差押手続）に規定する財産の買受人がその買受代金を納付したときは、売却決定通知書を第三債務者等に交付しなければならない。

2　前項の場合において、第六十五条（債権証書の取上げ）（第七十三条第五項（権利証書の取上げ）において準用する場合を含む。）の規定により取り上げた証書があるときは、これを買受人に引き渡さなければならない。

（権利移転に伴う費用の負担）

第百二十三条　第百二十条第二項（有価証券の裏書等の代位）の規定による手続に関する費用及び第百二十一条（権利移転の登記の嘱託）の規定による嘱託に係る登記の登録免許税その他の費用は、買受人の負担とする。

（担保権の消滅又は引受け）

第百二十四条　換価財産上の質権、抵当権、先取特権、留置権、担保のための仮登記に係る権利及び担保のための仮登記に基づく本登記（本登録を含む。）でその財産の差押え後にされたものに係る権利は、その買受人が買受代金を納付した時に消滅する。第二十四条（譲渡担保権者の物的納税責任）の規定により譲渡担保財産に対し滞納処分を執行した場合において、滞納者がした再売買の予約の仮登記があるときは、その仮登記により保全される請求権についても、同様とする。

2　税務署長は、不動産、船舶、航空機、自動車又は建設機械を換価する場合において、次の各号のいずれにも該当するときは、その財産上の質権、抵当権又は先取特権（登記がされているものに限る。以下この条において同じ。）に関する負担を買受人に引き受けさせることができる。この場合において、その引受けがあつた質権、抵当権又は先取特権については、前項の規定は、適用しない。

一　差押えに係る国税（特定参加差押不動産を換価する場合にあつては、換価同意行政機関等の滞納処分による差押えに係る地方税又は公課を含む。）がその質権、抵当権又は先取特権により担保される債権に次いで徴収するものであるとき。

二　その質権、抵当権又は先取特権により担保される債権の弁済期限がその財産の売却決定期日から六月以内に到来しないとき。

三　その質権、抵当権又は先取特権を有する者から申出があつたとき。

（換価に伴い消滅する権利の登記のまつ消の嘱託）

第百二十五条　税務署長は、第百二十一条（権利移転の登記の嘱託）の規定により権利の移転の登記を嘱託する場合において、換価に伴い消滅する権利に係る登記があるときは、あわせてそのまつ消を関係機関に嘱託しなければならない。

（担保責任）

第百二十六条　民法第五百六十八条（強制競売における担保責任）の規定は、差押財産等の換価の場合について準用する。

〈編注〉　見出し及び本条は、次のように改正され、平成三二年四月一日から施行される。

（担保責任等）

第百二十六条　民法第五百六十八条（競売における担保責任等）の規定は、差押財産等の換価の場合について準用する。

（法定地上権等の設定）

第百二十七条　土地及びその上にある建物又は立木（以下この

条において「建物等」という。）が滞納者の所有に属する場合において、その土地又は建物等の差押があり、その換価によりこれらの所有者を異にするに至つたときは、その建物等につき、地上権が設定されたものとみなす。

2　前項の規定は、地上権及びその目的となる土地の上にある建物等が滞納者に属する場合について準用する。この場合において、同項中「地上権が設定された」とあるのは、「地上権の存続期間内において土地の賃貸借をした」と読み替えるものとする。

3　第一項の場合において、その権利の存続期間及び地代は、当事者の請求により裁判所が定める。

第四節　換価代金等の配当

（配当すべき金銭）

第百二十八条　税務署長は、次に掲げる金銭をこの節の定めるところにより配当しなければならない。

一　差押財産又は特定参加差押不動産（次条第一項第三号及び第百三十六条（滞納処分費の範囲）において「差押財産等」という。）の売却代金

二　有価証券、債権又は無体財産権等の差押えにより第三債務者等から給付を受けた金銭

三　差し押さえた金銭

四　交付要求により交付を受けた金銭

2　第八十九条第三項（換価する財産の範囲等）の規定により差押財産等（同条第一項に規定する差押財産等をいう。以下この項において同じ。）が一括して公売に付され、又は随意契約により売却された場合において、各差押財産等ごとに前項第一号に掲げる売却代金の額を定める必要があるときは、その額は、売却代金の総額を各差押財産等の見積価額に応じて按分して得た額とする。各差押財産等ごとの滞納処分費の負担についても、同様とする。

（配当の原則）

第百二十九条　前条第一項第一号又は第二号に掲げる金銭（以下「換価代金等」という。）は、次に掲げる国税その他の債権に配当する。

一　差押えに係る国税（特定参加差押不動産の売却代金を配当する場合にあつては、特定参加差押えに係る国税）

二　交付要求を受けた国税、地方税及び公課（特定参加差押不動産の売却代金を配当する場合にあつては、差押えに係る国税、地方税及び公課を含む。）

三　差押財産等に係る質権、抵当権、先取特権、留置権又は担保のための仮登記により担保される債権

四　第五十九条第一項後段、第三項又は第四項（引渡命令を受けた第三者等の権利の保護）（これらの規定を第七十一条第四項（自動車、建設機械又は小型船舶の差押え）において準用する場合を含む。）の規定の適用を受ける損害賠

償請求権又は借賃に係る債権

2　前条第一項第三号又は第四号に掲げる金銭は、それぞれ差押え又は交付要求に係る国税に充てる。

3　前二項の規定により配当した金銭に残余があるときは、その残余の金銭は、滞納者に交付する。

4　換価財産上に担保のための仮登記がある場合における当該仮登記により担保される債権に対する配当については、仮登記担保契約に関する法律第十三条（優先弁済請求権）（同法第二十条（土地等の所有権以外の権利を目的とする契約への準用）において準用する場合を含む。）の規定を準用する。

5　換価代金等が第一項各号に掲げる国税その他の債権の総額に不足するときは、税務署長は、第二章（国税と他の債権との調整）、第五十九条第一項後段、第三項及び第四項（これらの規定を第七十一条第四項において準用する場合を含む。）、前項並びに民法その他の法律の規定により配当すべき順位及び金額を定めて配当しなければならない。

6　第一項又は第二項の規定により国税に配当された金銭を国税（附帯税を除く。以下この項において同じ。）及びその延滞税又は利子税に充てるべきときは、その金銭は、まずその国税に充てなければならない。

（債権額の確認方法）

第百三十条　前条第一項第二号に掲げる国税、地方税又は公課を徴収する者及び同項第三号又は第四号に掲げる債権を有する者は、売却決定の日の前日までに債権現在額申立書を税務署長に提出しなければならない。

2　税務署長は、前項の債権現在額申立書を調査して前条第一項各号に掲げる国税その他の債権を確認するものとする。この場合において、次に掲げる債権を有する者が債権現在額申立書を提出しないときは、税務署長の調査によりその額を確認するものとする。

一　登記がされた質権、抵当権若しくは先取特権により担保される債権又は担保のための仮登記により担保される債権

二　登記することができない質権若しくは先取特権又は留置権により担保される債権で知れているもの

三　前条第一項第四号に掲げる債権で知れているもの

3　前条第一項第三号に掲げる債権のうち前項第一号及び第二号に掲げる債権以外の債権を有する者が売却決定の時までに債権現在額申立書を提出しないときは、その者は、配当を受けることができない。

（配当計算書）

第百三十一条　税務署長は、第百二十九条（配当の原則）の規定により配当しようとするときは、政令で定めるところにより、配当を受ける債権、前条第二項の規定により税務署長が確認した金額その他必要な事項を記載した配当計算書を作成し、換価財産の買受代金の納付の日から三日以内に、次に掲げる者に対する交付のため、その謄本を発送しなければなら

ない。

一　債権現在額申立書を提出した者

二　前条第二項後段の規定により金額を確認した債権を有する者

三　滞納者

（換価代金等の交付期日）

第百三十二条　税務署長は、前条の規定により配当計算書の謄本を交付するときは、その謄本に換価代金等の交付期日を附記して告知しなければならない。

2　前項の換価代金等の交付期日は、配当計算書の謄本を交付のため発送した日から起算して七日を経過した日としなければならない。ただし、第百二十九条第一項第三号又は第四号（配当を受ける債権）に掲げる債権を有する者で前条第一号又は第二号に掲げる者に該当するものがない場合には、その期間は、短縮することができる。

（換価代金等の交付）

第百三十三条　税務署長は、換価代金等の交付期日に配当計算書に従つて換価代金等を交付するものとする。

2　換価代金等の交付期日までに配当計算書に関する異議の申出があつた場合における前項の換価代金等の交付は、次に定めるところによる。

一　その異議が配当計算書に記載された国税、地方税又は公課の配当金額に対するものであるときは、その行政機関等からの通知に従い、配当計算書を更正し、又は直ちに交付するものとする。

二　その異議が配当計算書に記載された国税、地方税又は公課の配当金額を変更させないものである場合において、その異議に関係を有する者及び滞納者がその異議を正当と認めたとき、又はその他の方法で合意したときは、配当計算書を更正して交付するものとする。

三　その異議が配当計算書に記載された国税、地方税又は公課の配当金額を変更させるその他の債権の配当金額に関するものである場合において、その異議に関係を有する者及び滞納者がその異議を正当と認めたとき、又はその他の方法で合意したときは、配当計算書を更正して交付するものとし、その合意がなかつたときは、その異議を参酌して配当計算書を更正して交付し、又は異議につき相当の理由がないと認めるときは、直ちに国税、地方税又は公課の金額を交付するものとする。

3　前項の規定により換価代金等を交付することができない場合、換価代金等を配当すべき債権が停止条件付である場合又は換価代金等を配当すべき債権が仮登記（民事保全法（平成元年法律第九十一号）第五十三条第二項（不動産の登記請求権を保全するための処分禁止の仮処分の執行）（同法第五十四条（不動産に関する権利以外の権利についての登記又は登録請求権を保全するための処分禁止の仮処分の執行）において準用する場合を含む。）の規定による仮処分による仮登記を含む。）がされた質権、抵当権若しくは先取特権により担保される債権である場合における換価代金等の交付については、政令で定めるところによる。

（換価代金等の供託）

第百三十四条　換価代金等を配当すべき債権の弁済期が到来していないときは、その債権者に交付すべき金額は、供託しなければならない。

2　税務署長は、前項の規定により供託したときは、その旨を同項の債権者に通知しなければならない。

（売却決定の取消に伴う措置）

第百三十五条　税務署長は、売却決定を取り消したときは、次に掲げる手続をしなければならない。ただし、第百十二条第一項（動産等の売却決定の取消）の規定により、その取消をもつて買受人に対抗することができないときは、この限りでない。

一　徴収職員が受領した換価代金等の買受人への返還

二　第百二十一条（権利移転の登記の嘱託）その他の法令の規定により嘱託した換価に係る権利の移転の登記のまつ消の嘱託

三　第百二十五条（換価に伴い消滅する権利の登記のまつ消の嘱託）その他の法令の規定による嘱託で換価に係るものによりまつ消された質権、抵当権その他の権利の登記の回復の登記の嘱託

2　前項第三号の規定により嘱託した回復の登記に係る質権者、抵当権者又は先取特権者に対し換価代金等から配当した金額がある場合において、これらの者がその金額を返還しないときは、税務署長は、その金額を限度として、これらの者に代位することができる。この場合において、配当した金額がその質権、抵当権又は先取特権により担保される債権の一部であるときは、税務署長は、その代位した債権者の承諾を要しないで、その代位に係る権利を行使し、かつ、その債権者に優先して弁済を受けることができる。

第五節　滞納処分費

（滞納処分費の範囲）

第百三十六条　滞納処分費は、国税の滞納処分による財産の差押え、交付要求、差押財産等の保管、運搬、換価及び第九十三条（修理等の処分）の規定による処分、差し押さえた有価証券、債権及び無体財産権等の取立て並びに配当に関する費用（通知書その他の書類の送達に要する費用を除く。）とする。

（滞納処分費の配当等の順位）

第百三十七条　滞納処分費については、その徴収の基因となつた国税に先だつて配当し、又は充当する。

（滞納処分費の納入の告知）

第百三十八条　国税が完納された場合において、滞納処分費につき滞納者の財産を差し押えようとするときは、税務署長は、政令で定めるところにより、滞納者に対し、納入の告知をしなければならない。

第六節　雑則

第一款　滞納処分の効力

（相続等があつた場合の滞納処分の効力）

第百三十九条　滞納者の財産について滞納処分を執行した後、滞納者が死亡し、又は滞納者である法人が合併により消滅したときはその財産につき滞納処分を続行することができる。

2　滞納者の死亡後その国税につき滞納者の名義の財産に対してした差押えは、当該国税につきその財産を有する相続人に対してされたものとみなす。ただし徴収職員がその死亡を知つていたときは、この限りでない。

3　信託の受託者の任務が終了した場合において、新たな受託者が就任するに至るまでの間に信託財産に属する財産について滞納処分を執行した後、新たな受託者が就任したときは、その財産につき滞納処分を続行することができる。

4　信託の受託者である法人の信託財産に属する財産について滞納処分を執行した後、当該受託者である法人としての権利義務を承継する分割が行われたときは、その財産につき滞納処分を続行することができる。

（仮差押等がされた財産に対する滞納処分の効力）

第百四十条　滞納処分は、仮差押又は仮処分によりその執行を妨げられない。

第二款　財産の調査

（質問及び検査）

第百四十一条　徴収職員は、滞納処分のため滞納者の財産を調査する必要があるときは、その必要と認められる範囲内において、次に掲げる者に質問し、又はその者の財産に関する帳簿書類（その作成又は保存に代えて電磁的記録（電子的方式、磁気的方式その他の人の知覚によつては認識することができない方式で作られる記録であつて、電子計算機による情報処理の用に供されるものをいう。）の作成又は保存がされている場合における当該電磁的記録を含む。第百四十六条の二及び第百八十八条第二号において同じ。）を検査することができる。

一　滞納者

二　滞納者の財産を占有する第三者及びこれを占有していると認めるに足りる相当の理由がある第三者

三　滞納者に対し債権若しくは債務があり、又は滞納者から財産を取得したと認めるに足りる相当の理由がある者

四　滞納者が株主又は出資者である法人

（捜索の権限及び方法）

第百四十二条　徴収職員は、滞納処分のため必要があるときは、

滞納者の物又は住居その他の場所につき捜索することができる。

2　徴収職員は、滞納処分のため必要がある場合には、次の各号の一に該当するときに限り、第三者の物又は住居その他の場所につき捜索することができる。

一　滞納者の財産を所持する第三者がその引渡をしないとき。

二　滞納者の親族その他の特殊関係者が滞納者の財産を所持すると認めるに足りる相当の理由がある場合において、その引渡をしないとき。

3　徴収職員は、前二項の捜索に際し必要があるときは、滞納者若しくは第三者に戸若しくは金庫その他の容器の類を開かせ、又は自らこれらを開くため必要な処分をすることができる。

（捜索の時間制限）

第百四十三条　捜索は、日没後から日出前まではすることができない。ただし、日没前に着手した捜索は、日没後まで継続することができる。

2　旅館、飲食店その他夜間でも公衆が出入することができる場所については、滞納処分の執行のためやむを得ない必要があると認めるに足りる相当の理由があるときは、前項本文の規定にかかわらず、日没後でも、公開した時間内は、捜索することができる。

（捜索の立会人）

第百四十四条　徴収職員は、捜索をするときは、その捜索を受ける滞納者若しくは第三者又はその同居の親族若しくは使用人その他の従業者で相当のわきまえのあるものを立ち会わせなければならない。この場合において、これらの者が不在であるとき、又は立会いに応じないときは、成年に達した者二人以上又は地方公共団体の職員若しくは警察官を立ち会わせなければならない。

（出入禁止）

第百四十五条　徴収職員は、捜索、差押又は差押財産の搬出をする場合において、これらの処分の執行のため支障があると認められるときは、これらの処分をする間は、次に掲げる者を除き、その場所に出入することを禁止することができる。

一　滞納者

二　差押に係る財産を保管する第三者及び第百四十二条第二項（第三者に対する捜索）の規定により捜索を受けた第三者

三　前二号に掲げる者の同居の親族

四　滞納者の国税に関する申告、申請その他の事項につき滞納者を代理する権限を有する者

（捜索調書の作成）

第百四十六条　徴収職員は、捜索したときは、捜索調書を作成しなければならない。

2　徴収職員は、捜索調書を作成した場合には、その謄本を捜索を受けた滞納者又は第三者及びこれらの者以外の立会人があるときはその立会人に交付しなければならない。
3　前二項の規定は、第五十四条（差押調書）の規定により差押調書を作成する場合には、適用しない。この場合においては、差押調書の謄本を前項の第三者及び立会人に交付しなければならない。

（官公署等への協力要請）

第百四十六条の二　徴収職員は、滞納処分に関する調査について必要があるときは、官公署又は政府関係機関に、当該調査に関し参考となるべき帳簿書類その他の物件の閲覧又は提供その他の協力を求めることができる。

（身分証明書の呈示等）

第百四十七条　徴収職員は、この款の規定により質問、検査又は捜索をするときは、その身分を示す証明書を携帯し、関係者の請求があつたときは、これを呈示しなければならない。
2　この款の規定による質問、検査又は捜索の権限は、犯罪捜査のために認められたものと解してはならない。

第六章　滞納処分に関する猶予及び停止等

第一節　換価の猶予

第百四十八条から第百五十条まで　削除

（換価の猶予の要件等）

第百五十一条　税務署長は、滞納者が次の各号のいずれかに該当すると認められる場合において、その者が納税について誠実な意思を有すると認められるときは、その納付すべき国税（国税通則法第四十六条第一項から第三項まで（納税の猶予の要件等）又は次条第一項の規定の適用を受けているものを除く。）につき滞納処分による財産の換価を猶予することができる。ただし、その猶予の期間は、一年を超えることができない。
一　その財産の換価を直ちにすることによりその事業の継続又はその生活の維持を困難にするおそれがあるとき。
二　その財産の換価を猶予することが、直ちにその換価をすることに比して、滞納に係る国税及び最近において納付すべきこととなる国税の徴収上有利であるとき。
2　税務署長は、前項の規定による換価の猶予又は第百五十二条第三項（換価の猶予に係る分割納付、通知等）において読み替えて準用する国税通則法第四十六条第七項の規定による換価の猶予の期間の延長をする場合において、必要があると認めるときは、滞納者に対し、財産目録、担保の提供に関する書類その他の政令で定める書類又は第百五十二条第一項の規定により分割して納付させるために必要となる書類の提出を求めることができる。

第百五十一条の二 税務署長は、前条の規定によるほか、滞納者がその国税を一時に納付することによりその事業の継続又はその生活の維持を困難にするおそれがあると認められる場合において、その者が納税について誠実な意思を有すると認められるときは、その国税の納期限（延納又は物納の許可の取消しがあつた場合には、その取消しに係る書面が発せられた日）から六月以内にされたその者の申請に基づき、一年以内の期間を限り、その納付すべき国税（国税通則法第四十六条第一項から第三項まで（納税の猶予の要件等）の規定の適用を受けているものを除く。）につき滞納処分による財産の換価を猶予することができる。

2 前項の規定は、当該申請に係る国税以外の国税（次の各号に掲げる国税を除く。）の滞納がある場合には、適用しない。

一 国税通則法第四十六条第一項から第三項までの規定による納税の猶予（次号において「納税の猶予」という。）又は前項の規定による換価の猶予の申請中の国税

二 国税通則法第四十六条第一項から第三項まで又は前条第一項若しくは前項の規定の適用を受けている国税（同法第四十九条第一項第四号（納税の猶予の取消し）（次条第三項又は第四項において準用する場合を含む。）に該当し、納税の猶予又は前条第一項若しくは前項の規定による換価の猶予が取り消されることとなる場合の当該国税を除く。）

3 第一項の規定による換価の猶予の申請をしようとする者は、同項の国税を一時に納付することによりその事業の継続又はその生活の維持が困難となる事情の詳細、その納付を困難とする金額、当該猶予を受けようとする期間、その猶予に係る金額を分割して納付する場合の各納付期限及び各納付期限ごとの納付金額その他の政令で定める事項を記載した申請書に、財産目録、担保の提供に関する書類その他の政令で定める書類を添付し、これを税務署長に提出しなければならない。

（換価の猶予に係る分割納付、通知等）

第百五十二条 税務署長は、第百五十一条第一項（換価の猶予の要件等）若しくは前条第一項の規定による換価の猶予又は第三項において読み替えて準用する国税通則法第四十六条第七項（納税の猶予の要件等）若しくは第四項において準用する同条第七項の規定による換価の猶予の期間の延長をする場合には、その猶予に係る金額（その納付を困難とする金額として政令で定める額を限度とする。）をその猶予をする期間内の各月（税務署長がやむを得ない事情があると認めるときは、その期間内の税務署長が指定する月。以下この項におい

て同じ。）に分割して納付させるものとする。この場合においては、滞納者の財産の状況その他の事情からみて、その猶予をする期間内の各月に納付させる金額が、それぞれの月において合理的かつ妥当なものとなるようにしなければならない。

2　税務署長は、第百五十一条第一項又は前条第一項の規定による換価の猶予をする場合において、必要があると認めるときは、差押えにより滞納者の事業の継続又は生活の維持を困難にするおそれがある財産の差押えを猶予し、又は解除することができる。

3　国税通則法第四十六条第五項から第七項まで及び第九項、第四十七条第一項（納税の猶予の通知等）、第四十八条第三項及び第四項（果実等による徴収）並びに第四十九条第一項（第五号に係る部分を除く。）及び第三項（納税の猶予の取消し）の規定は、第百五十一条第一項の規定による換価の猶予について準用する。この場合において、同法第四十六条第七項中「納税者の申請に基づき、その期間」とあるのは「その期間」と、同条第九項中「第四項（前項において準用する場合を含む。）」とあるのは「国税徴収法第百五十二条第一項（換価の猶予に係る分割納付、通知等）」と、それぞれ読み替えるものとする。

4　国税通則法第四十六条第五項から第七項まで及び第九項、第四十六条の二第四項及び第六項から第十項まで（納税の猶予の申請手続等）、第四十七条、第四十八条第三項及び第四項並びに第四十九条第一項及び第三項の規定は、前条第一項の規定による換価の猶予について準用する。この場合において、同法第四十六条第九項中「第四項（前項において準用する場合を含む。）」とあるのは「国税徴収法第百五十二条第一項（換価の猶予に係る分割納付、通知等）」と、同法第四十六条の二第四項中「分割納付の方法により納付を行うかどうか（分割納付の方法により納付を行う場合にあつては、分割納付の各納付期限及び各納付期限ごとの納付金額を含む。）」とあるのは「その猶予に係る金額を分割して納付する場合の各納付期限及び各納付期限ごとの納付金額」と、同条第六項中「第一項から第四項まで」とあるのは「国税徴収法第百五十一条の二第三項（換価の猶予の要件等）」又は同法第百五十二条第四項（換価の猶予に係る分割納付、通知等）において読み替えて準用する第四項」と、同条第七項中「第一項から第四項まで」とあるのは「国税徴収法第百五十一条の二第三項又は同法第百五十二条第四項において読み替えて準用する第四項」と、同条第十項中「第一項から第四項まで」とあるのは「国税徴収法第百五十一条の二第三項又は同法第百五十二条第四項において読み替えて準用する第四項」と、「前条第一項から第三項まで又は第七項」とあるのは「同法第百五十一条の二第一項又は同法第百五十二条第四項において準用する前条第七項」と、同項第二号中「次項」とあるのは「国税徴収法第百四十一条（質問及び検査）」と、「同項」とあるのは「同条」と、同法第四十七条第二項中「前条第一項から第四項まで」とあるのは「国税徴収法第百五十一条の二第三項（換価の猶予の要件等）又は同法第百五十二条第四項（換価の猶予に係る分割納付、通知等）において読み替えて準用する前条第四項」と、それぞれ読み替えるものとする。

第二節　滞納処分の停止

（滞納処分の停止の要件等）

第百五十三条　税務署長は、滞納者につき次の各号のいずれかに該当する事実があると認めるときは、滞納処分の執行を停止することができる。

一　滞納処分の執行及び租税条約等（租税条約等の実施に伴う所得税法、法人税法及び地方税法の特例等に関する法律（昭和四十四年法律第四十六号）第二条第二号（定義）に規定する租税条約等をいう。）の規定に基づく当該租税条約等の相手国等（同条第三号に規定する相手国等をいう。）に対する共助対象国税（同法第十一条の二第一項（国税の徴収の共助）に規定する共助対象国税をいう。）の徴収の共助の要請による徴収（以下この項において「滞納処分の執行等」という。）をすることができる財産がないとき。

二　滞納処分の執行等をすることによつてその生活を著しく窮迫させるおそれがあるとき。

三　その所在及び滞納処分の執行等をすることができる財産がともに不明であるとき。

2　税務署長は、前項の規定により滞納処分の執行を停止したときは、その旨を滞納者に通知しなければならない。

3　税務署長は、第一項第二号の規定により滞納処分の執行を停止した場合において、その停止に係る国税について差し押さえた財産があるときは、その差押えを解除しなければならない。

4　第一項の規定により滞納処分の執行を停止した国税を納付する義務は、その執行の停止が三年間継続したときは、消滅する。

5　第一項第一号の規定により滞納処分の執行を停止した場合において、その国税が限定承認に係るものであるとき、その他その国税を徴収することができないことが明らかであるときは、税務署長は、前項の規定にかかわらず、その国税を納付する義務を直ちに消滅させることができる。

（滞納処分の停止の取消）

第百五十四条　税務署長は、前条第一項各号の規定により滞納処分の執行を停止した後三年以内に、その停止に係る滞納者につき同項各号に該当する事実がないと認めるときは、その執行の停止を取り消さなければならない。

2　税務署長は、前項の規定により滞納処分の執行の停止を取り消したときは、その旨を滞納者に通知しなければならない。

第百五十五条から第百五十七条まで　削除

第三節　保全担保および保全差押

（保全担保）

第百五十八条　納税者が消費税等（消費税を除く。）を滞納した場合において、その後その者に課すべきその国税の徴収を確保することができないと認められるときは、税務署長は、その国税の担保として、金額及び期限を指定して、その者に国税通則法第五十条各号（担保の種類）に掲げるものの提供を命ずることができる。

2　前項の規定により指定する金額は、その提供を命ずる月の前月分の当該国税の額の三倍に相当する金額（その金額が前年におけるその提供を命ずる月に対応する月分及びその後二月分の当該国税の金額に満たないときは、その額）を限度とする。

3　税務署長は、第一項の規定により当該国税（酒税を除く。）の担保の提供を命じた場合において、納税者がその指定された期限までにその命ぜられた担保を提供しないときは、当該国税に関し、その者の財産で抵当権の目的となるものにつき、同項の規定により指定した金額を限度として抵当権を設定することを書面で納税者に通知することができる。

4　前項の通知があつたときは、その通知を受けた納税者は、同項の抵当権を設定したものとみなす。この場合において、税務署長は、抵当権の設定の登記を関係機関に嘱託しなければならない。

5　前項後段の場合（次項に規定する場合を除く。）においては、その嘱託に係る書面には、第三項の書面が同項の納税者に到達したことを証する書面を添付しなければならない。

6　第四項後段の場合において、不動産登記法第十六条第二項（嘱託による登記）（他の法令において準用する場合を含む。）において準用する同法第十八条（登記の申請方法）の規定による嘱託をするときは、その嘱託情報と併せて第三項の書面が同項の納税者に到達したことを証する情報を提供しなければならない。この場合においては、同法第百十六条第一項（官庁の嘱託による登記）の規定にかかわらず、登記義務者の承諾を得ることを要しない。

7　税務署長は、第一項の規定による担保の提供又は第四項の規定による抵当権の設定（以下「担保の提供等」という。）があつた場合において、第一項の命令に係る国税の滞納がない期間が継続して三月に達したときは、その担保を解除しなければならない。

8　税務署長は、担保の提供等があつた納税者の資力その他の事情の変化により担保の提供等の必要がなくなつたと認めるときは、前項の規定にかかわらず、直ちにその解除をすることができる。

（保全差押え）

第百五十九条　納税義務があると認められる者が不正に国税を免れ、又は国税の還付を受けたことの嫌疑に基づき、国税通則法第十一章（犯則事件の調査及び処分）の規定による差押え、記録命令付差押え若しくは領置又は刑事訴訟法（昭和二十三年法律第百三十一号）の規定による押収、領置若しくは逮捕を受けた場合において、その処分に係る国税の納付すべき額の確定（申告、更正又は決定による確定をいい、国税通則法第二条第二号（定義）に規定する源泉徴収等による国税についての納税の告知を含む。以下この条において同じ。）後においては当該国税の徴収を確保することができないと認められるときは、税務署長は、当該国税の納付すべき額の確定前に、その確定をすると見込まれる国税の金額のうちその徴収を確保するためあらかじめ滞納処分を執行することを要すると認める金額（以下この条において「保全差押金額」という。）を決定することができる。この場合においては、徴収職員は、その金額を限度として、その者の財産を直ちに差し押さえることができる。

2　税務署長は、前項の規定による決定をしようとするときは、あらかじめ、その所属する国税局長の承認を受けなければならない。

3　税務署長は、第一項の規定により保全差押金額を決定するときは、当該保全差押金額を同項に規定する納税義務があると認められる者に書面で通知しなければならない。

4　前項の通知をした場合において、その納税義務があると認められる者がその通知に係る保全差押金額に相当する担保として国税通則法第五十条各号（担保の種類）に掲げるものを提供して、その差押えをしないことを求めたときは、徴収職員は、その差押えをすることができない。

5　徴収職員は、第一号又は第二号に該当するときは第一項の規定による差押えを、第三号に該当するときは同号に規定する担保をそれぞれ解除しなければならない。

一　第一項の規定による差押えを受けた者が前項に規定する担保を提供して、その差押えの解除を請求したとき。

二　第三項の通知をした日から六月を経過した日までに、その差押えに係る国税につき納付すべき額の確定がないとき。

三　第三項の通知をした日から六月を経過した日までに、保全差押金額について提供されている担保に係る国税につき納付すべき額の確定がないとき。

6　徴収職員は、第一項の規定による差押えを受けた者又は第四項若しくは前項第一号の担保を提供した者につき、その資力その他の事情の変化により、その差押え又は担保の徴収の必要がなくなつたと認められることとなつたときは、その差押え又は担保を解除することができる。

7　第一項の規定による差押え又は第四項若しくは第五項第一号の担保の提供があつた場合において、その差押え又は担保の提供に係る国税につき納付すべき額の確定があつたときは、その差押え又は担保の提供は、その国税を徴収するためにされたものとみなす。

8　第一項の規定により差し押さえた財産は、その差押えに係る国税につき納付すべき額の確定があつた後でなければ、換価することができない。

9　第一項の場合において、差し押さえるべき財産に不足があると認められるときは、税務署長は、差押えに代えて交付要求をすることができる。この場合においては、その交付要求であることを明らかにしなければならない。

10　税務署長は、第一項の規定により差し押さえた金銭（有価証券、債権又は無体財産権等の差押えにより第三債務者等から給付を受けた金銭を含む。）がある場合において、その差押えに係る国税につき納付すべき額の確定がされていないときは、これを供託しなければならない。

11　第一項に規定する国税の納付すべき額として確定をした金額が保全差押金額に満たない場合において、その差押えを受けた者がその差押えにより損害を受けたときは、国は、その損害を賠償する責めに任ずる。この場合において、その額は、その差押えにより通常生ずべき損失の額とする。

第百六十条　削除

第七章　削除

第百六十一条から第百六十五条まで　削除

第八章　不服審査及び訴訟の特例

第百六十六条から第百七十条まで　削除

（滞納処分に関する不服申立て等の期限の特例）

第百七十一条　滞納処分について次の各号に掲げる処分に関し欠陥があること（第一号に掲げる処分については、これに関する通知が到達しないことを含む。）を理由としてする不服申立て（国税通則法第十一条（災害等による期限の延長）又は第七十七条（不服申立期間）の規定により不服申立てをすることができる期間を経過したもの及び同法第七十五条第三項又は第四項（国税に関する処分についての不服申立て）の規定による審査請求を除く。）は、これらの規定にかかわらず、当該各号に定める期限までにしなければ、することができない。

一　督促　差押えに係る通知を受けた日（その通知がないときは、その差押えがあつたことを知つた日）から三月を経過した日

二　不動産等についての差押え　その公売期日等

三　不動産等についての第九十五条（公売公告）の公告（第百九条第四項（随意契約による売却）において準用する第九十六条（公売の通知）の通知を含む。）から売却決定までの処分　換価財産の買受代金の納付の期限

四　換価代金等の配当　換価代金等の交付期日

2　前項の規定は、国税通則法第百十五条第一項第三号（訴えの提起の特例）の規定による訴えの提起について準用する。この場合において、前項中「国税通則法第十一条（災害等による期限の延長）又は第七十七条（不服申立期間）の規定により不服申立てをすることができる期間を経過したもの及び同法第七十五条第三項又は第四項（国税に関する処分についての不服申立て）の規定による審査請求」とあるのは、「行政事件訴訟法（昭和三十七年法律第百三十九号）第十四条第一項又は第二項（出訴期間）の規定により訴えを提起することができる期間を経過したもの」と読み替えるものとする。

3　第一項第三号及び第四号に掲げる処分につき、同項に規定する不服申立てをする場合において、その再調査の請求書（国税通則法第八十一条第二項（再調査の請求書の記載事項等）に規定する再調査の請求書をいう。）又は審査請求書（同法第八十七条第二項（審査請求書の記載事項等）に規定する審査請求書をいう。）については、同法第七十七条第四項の規定は、適用しない。

（差押動産等の搬出の制限）

第百七十二条　第五十八条第二項（滞納者の動産等を占有する第三者に対する引渡命令）に規定する引渡命令を受けた第三者が、その命令に係る財産が滞納者の所有に属していないことを理由として、その命令につき不服申立てをしたときは、その不服申立ての係属する間は、当該財産の搬出をすることができない。

（不動産の売却決定等の取消の制限）

第百七十三条　第百七十一条第一項第三号（公売等に関する不服申立ての期限の特例）に掲げる処分に欠陥があることを理由として滞納処分に関する不服申立てがあつた場合において、その処分は違法ではあるが、次に掲げる場合に該当するときは、税務署長、国税局長若しくは税関長又は国税不服審判所長は、その不服申立てを棄却することができる。

一　その不服申立てに係る処分に続いて行われるべき処分（以下この号において「後行処分」という。）が既に行われている場合において、その不服申立てに係る処分の違法が軽微なものであり、その後行処分に影響を及ぼさせることが適当でないと認められるとき。

二　換価した財産が公共の用に供されている場合その他その不服申立てに係る処分を取り消すことにより公の利益に著しい障害を生ずる場合で、その不服申立てをした者の受ける損害の程度、その損害の賠償の程度及び方法その他一切の事情を考慮してもなおその処分を取り消すことが公共の

福祉に適合しないと認められるとき。
2　前項の規定による不服申立てについての棄却の決定又は裁決には、処分が違法であること及び不服申立てを棄却する理由を明示しなければならない。
3　第一項の規定は、国に対する損害賠償の請求を妨げない。

第九章　雑則

第百七十四条から第百八十一条まで　削除

（税務署長又は国税局長による滞納処分の執行）

第百八十二条　税務署長又は国税局長は、この法律の定めるところにより、その税務署又は国税局所属の徴収職員に滞納処分をさせることができる。
2　税務署長又は国税局長は、差し押さえるべき財産又は差押財産がその管轄区域外にあるとき（国税局長については、その管轄区域内の地域を所轄する税務署長の管轄区域内にあるときを含む。）は、当該税務署長又は国税局長は、その財産の所在地を所轄する税務署長又は国税局長に滞納処分の引継ぎをすることができる。
3　税務署長は、差押財産又は参加差押不動産を換価に付するため必要があると認めるときは、他の税務署長又は国税局長に滞納処分の引継ぎをすることができる。
4　前二項の規定により滞納処分の引継ぎがあつたときは、引継ぎを受けた税務署長又は国税局長は、遅滞なく、その旨を納税者に通知するものとする。

（税関長による滞納処分の執行）

第百八十三条　税関長は、この法律の定めるところにより、その税関所属の徴収職員に滞納処分を執行させることができる。
2　税関長は、差し押さえるべき財産又は差押財産がその管轄区域外にあるときは、その財産の所在地を所轄する税関長に滞納処分の引継ぎをすることができる。
3　税関長は、差し押さえるべき財産又は差押財産が滞納処分を著しく困難とする地域にあるときは、これらの財産の所在地を所轄する税務署長又は国税局長に滞納処分の引継ぎをすることができる。
4　税関長は、差押財産又は参加差押不動産を換価に付するため必要があると認めるときは、他の税関長に滞納処分の引継ぎをすることができる。
5　前条第四項の規定は、前三項の規定により滞納処分の引継ぎがあつた場合について準用する。

（国税局長が徴収する場合の読替規定）

第百八十四条　国税通則法第四十三条第三項若しくは第四十四条第一項（徴収の引継ぎ）の規定により国税局長が徴収の引継ぎを受けた場合又は第百八十二条第二項若しくは第三項（滞納処分の引継ぎ）若しくは前条第三項の規定により国税

局長が滞納処分の引継ぎを受けた場合におけるこの法律（第百五十九条第二項（保全差押の承認）、第百七十三条（不動産の売却決定の取消しの制限）及び前二条を除く。次条において同じ。）の規定の適用については、「税務署長」又は「税務署」とあるのは、「国税局長」又は「国税局」とする。

（税関長が徴収する場合の読替規定）

第百八十五条　国税通則法第四十三条第一項ただし書（税関長による徴収）の規定により税関長が徴収する場合、同条第四項若しくは同法第四十四条第一項（徴収の引継ぎ）の規定により税関長が徴収の引継ぎを受けた場合又は第百八十三条第二項若しくは第四項（滞納処分の引継ぎ）の規定により税関長が滞納処分の引継ぎを受けた場合におけるこの法律の規定の適用については、「税務署長」又は「税務署」とあるのは、「税関長」又は「税関」とする。

（政令への委任）

第百八十六条　この法律に定めるもののほか、差押調書、交付要求書その他この法律の規定により作成する書類に記載すべき事項、この法律の規定により利害関係人その他の者に通知すべき事項及びこの法律の実施のための手続その他その執行に関し必要な事項は、政令で定める。

第十章　罰則

第百八十七条　納税者が滞納処分の執行を免れる目的でその財産を隠ぺいし、損壊し、国の不利益に処分し、又はその財産に係る負担を偽つて増加する行為をしたときは、その者は、三年以下の懲役若しくは二百五十万円以下の罰金に処し、又はこれを併科する。

2　納税者の財産を占有する第三者が納税者に滞納処分の執行を免れさせる目的で前項の行為をしたときも、また同項と同様とする。

3　情を知つて前二項の行為につき納税者又はその財産を占有する第三者の相手方となつた者は、二年以下の懲役若しくは百五十万円以下の罰金に処し、又はこれを併科する。

第百八十八条　次の各号のいずれかに該当する者は、一年以下の懲役又は五十万円以下の罰金に処する。

一　第百四十一条（質問及び検査）の規定による徴収職員の質問に対して答弁をせず、又は偽りの陳述をした者

二　第百四十一条の規定による検査を拒み、妨げ、若しくは忌避し、又は当該検査に関し偽りの記載若しくは記録をした帳簿書類を提示した者

第百八十九条　法人の代表者（人格のない社団等の管理人を含む。）又は法人若しくは人の代理人、使用人、その他の従業者

が、その法人又は人の業務又は財産に関して前二条の違反行為をしたときは、その行為者を罰するほか、その法人又は人に対し各本条の罰金刑を科する。

2　人格のない社団等について前項の規定の適用がある場合においては、その代表者又は管理人がその訴訟行為につき当該人格のない社団等を代表するほか、法人を被告人又は被疑者とする場合の刑事訴訟に関する法律の規定を準用する。

附　則（抄）

（施行期日）

第一条　この法律は、公布の日から起算して九月をこえない範囲内で政令で定める日から施行する。ただし、附則第三条（施行日前の申告期限等の特例）、附則第九条第一項（施行日前の延滞加算税額の特例）、附則第十四条（施行日前に期限が到来する徴収猶予の期限の延長の特例）並びに附則第十五条第一項及び第二項（施行日前の公売等の猶予及び利子税額等の免除の特例）の規定は、公布の日から施行する。△編注・昭和三四年一〇月三一日政令三二八号により昭和三五年一月一日から施行▽

国税徴収法施行令

昭和三四年一〇月三一日政令三二九号
最終改正 平成三〇年 三月三一日政令一四三号

目次

第一章 総則（第一条—第三条）
第二章 国税と他の債権との調整（第四条—第九条）
第三章 第二次納税義務（第十条—第十四条）
第四章 削除
第五章 滞納処分
第一節 財産の差押（第十九条—第三十五条）
第二節 交付要求（第三十六条—第四十二条）
第三節 財産の換価（第四十二条の二—第四十七条）
第四節 換価代金等の配当（第四十八条—第五十条）
第五節 滞納処分費（第五十一条）
第六節 財産の調査（第五十二条）
第六章 滞納処分に関する猶予等
第一節 換価の猶予（第五十三条・第五十四条）
第二節 保全担保及び保全差押え（第五十五条—第五十七条）
第七章及び第八章 削除
第九章 雑則（第六十六条—第七十条）
附則

第一章 総則

（定義）

第一条 この政令において、「国税」、「地方税」、「公課」、「納税者」、「第二次納税義務者」、「保証人」、「滞納者」、「法定納期限」、「徴収職員」、「強制換価手続」、「執行機関」又は「行政機関等」とは、それぞれ国税徴収法（以下「法」という。）第二条第一号、第二号又は第五号から第十三号まで（定義）に規定する国税、地方税、公課、納税者、第二次納税義務者、保証人、滞納者、法定納期限、徴収職員、強制換価手続、執行機関又は行政機関等をいう。

第二条及び第三条 削除

第二章 国税と他の債権との調整

（優先質権等の証明手続）

第四条　法第十五条第二項前段（優先質権の証明）、法第十七条第二項前段（譲受前に設定された質権の証明）、法第十九条第二項（船舶債権者の先取特権等の証明）（法第二十条第二項（不動産賃貸の先取特権等についての準用規定）において準用する場合を含む。）又は法第二十一条第二項（留置権の証明）の証明をしようとするときは、滞納処分にあつては、これらの規定に規定する事実を証する書面又はその事実を証するに足りる事項を記載した書面を税務署長に提出するものとする。

2　法第十五条第二項後段（法第十七条第二項後段において準用する場合を含む。）の証明は、滞納処分にあつては、税務署長に対し、法第十五条第二項各号に掲げる書類を提出すること又はこれを呈示するとともにその写を提出することによつてしなければならない。

3　滞納処分における前二項の証明は、売却決定の日の前日（金銭による取立の方法により換価する場合には、配当計算書の作成の日の前日）までにしなければならない。

（不動産工事の先取特権に関する増価額の評価）

第五条　法第十九条第一項第二号（不動産工事の先取特権の優先）に掲げる先取特権がある財産を滞納処分により換価するときは、当該先取特権に係る工事によつて生じた不動産の増価額は、税務署長が評価するものとする。この場合において、税務署長は、必要があると認めるときは、鑑定人にその評価を委託し、その評価額を参考とすることができる。

（担保権付財産が譲渡された場合の国税の徴収手続等）

第六条　法第二十二条第四項（担保権付財産が譲渡された場合の国税の徴収）の規定による通知は、次の事項を記載した書面でしなければならない。

一　納税者の氏名（法人にあつては、名称。以下同じ。）及び住所又は居所（事務所及び事業所を含む。以下同じ。）

二　滞納に係る国税（その滞納処分費を含む。以下同じ。）の年度、税目、納期限及び金額

三　法第二十二条第一項に規定する譲渡に係る財産の名称、数量、性質及び所在

四　第二号の金額のうち法第二十二条第一項の規定により徴収しようとする金額

2　法第二十二条第五項の規定による交付要求は、同条第一項に規定する質権者又は抵当権者の氏名及び住所又は居所並びに同条第五項の規定により交付要求をする旨を第三十六条第一項（交付要求書の記載事項）の交付要求書に記載してしなければならない。

3　前二項の規定は、法第二十三条第三項（法定納期限等以前にされた仮登記により担保される債権の優先等）において準用する法第二十二条第四項又は第五項の規定による通知又は交付要求をする場合について準用する。この場合において、前項中「同条第一項に規定する質権者又は抵当権者」とある

のは「法第二十三条第一項に規定する担保のための仮登記の権利者」と、「同条第五項」とあるのは「同条第三項」において準用する法第二十二条第五項」と読み替えるものとする。

第七条　削除

（譲渡担保権者の物的納税責任に関する告知等）

第八条　法第二十四条第二項前段（譲渡担保権者の物的納税責任）の告知に係る書面には、次の事項を記載しなければならない。

一　納税者の氏名及び住所又は居所

二　滞納に係る国税の年度、税目、納期限及び金額

三　法第二十四条第一項に規定する譲渡担保財産（以下「譲渡担保財産」という。）の名称、数量、性質及び所在

四　第二号の金額のうち法第二十四条第一項の規定により徴収しようとする金額

2　法第二十四条第二項後段の規定による通知は、次の事項を記載した書面でしなければならない。

一　前項各号に掲げる事項

二　前項の書面により告知した譲渡担保財産の権利者（以下「譲渡担保権者」という。）の氏名及び住所又は居所並びに当該書面を発した年月日

3　法第二十四条第五項及び第六項の規定による通知は、次の事項を記載した書面でしなければならない。

一　前項各号に掲げる事項

二　法第二十四条第一項の納税者の財産として差押えをした年月日（差押えのため債権差押通知書又は差押通知書の送達を要する場合には、これらの発送年月日）

4　第四条第一項及び第二項（優先質権等の証明手続）の規定は、法第二十四条第八項の規定による証明について準用する。この場合において、譲渡担保財産が金銭による取立ての方法により換価するものであるときは、当該証明は、その取立ての日の前日までに行われたものによる。

（譲渡担保財産から徴収する国税及び地方税の調整の特例）

第九条　法第二十四条第一項（譲渡担保権者の物的納税責任）の規定により譲渡担保財産から徴収する国税（以下この条において「設定者の国税」という。）が譲渡担保権者が納付すべき国税又は地方税（同項又は地方税法（昭和二十五年法律第二百二十六号）第十四条の十八第一項（譲渡担保権者の物的納税責任）の規定により徴収する国税及び地方税を除く。以下この条において「担保権者の国税等」という。）と競合する場合において、その財産が担保権者の国税等につき差し押えられているときは、法第十二条（差押先着手による国税の優先）の規定の適用については、その差押がなかつたものとみなし、設定者の国税（その国税の交付要求が二以上あるときは、最も先に交付要求をした国税）につきその財産が差し押えられたものとみなす。この場合においては、その担保権者の国税等につき交付要求（他の担保権者の国税等の交付要求

があるときは、これよりも先にされた交付要求）があつたものとみなす。

2　前項の場合において、担保権者の国税等の交付要求（前項の規定によりあつたものとみなされる担保権者の国税等の交付要求を含む。以下この項において同じ。）の後にされた設定者の国税の交付要求（前項の規定の適用を受ける設定者の国税の交付要求を除く。以下この項において同じ。）があるときは、法第十三条（交付要求先着手による国税の優先）の規定の適用については、その設定者の国税の交付要求は、担保権者の国税等の交付要求よりも先にされたものとみなす。この場合において、設定者の国税の交付要求が二以上あるときは、これらの交付要求の先後の順位に変更がないものとする。

第三章　第二次納税義務

第十条　削除

（第二次納税義務者に対する納付通知書等の記載事項）

第十一条　法第三十二条第一項（第二次納税義務の通則）に規定する納付通知書には、次の事項を記載しなければならない。

一　納税者の氏名及び住所又は居所

二　滞納に係る国税の年度、税目、納期限及び金額

三　前号の金額のうち第二次納税義務者から徴収しようとする金額並びにその納付の期限及び場所

四　その者につき適用すべき第二次納税義務に関する規定

2　法第三十二条第一項後段の規定による通知は、次の事項を記載した書面でしなければならない。

一　前項各号に掲げる事項

二　第二次納税義務者の氏名及び住所又は居所並びに前項の納付通知書を発した日

3　法第三十二条第二項に規定する納付催告書には、第一項第一号に掲げる事項及び同項第三号に規定する金額を記載しなければならない。

4　第一項第三号に規定する納付の期限は、同項に規定する納付通知書を発する日の翌日から起算して一月を経過する日とする。

（実質課税額等の第二次納税義務を負わせる国税の計算）

第十二条　滞納者の国税のうちに法第三十六条各号（実質課税額等の第二次納税義務）に掲げる国税（以下この条において「実質課税に係る部分の国税」という。）が含まれている場合には、実質課税に係る部分の国税の額は、当該滞納者の国税の課税標準額（消費税については、消費税法（昭和六十三年法律第百八号）第四十五条第一項第四号（課税資産の譲渡等及び特定課税仕入れについての確定申告）に掲げる消費税額とする。以下この項において同じ。）から実質課税に係る部分の国税がないものとした場合の課税標準額を控除した額が当該滞納者の国税の課税標準額のうちに占める割合を当該滞納

者の国税の額に乗じて得た金額とする。

2　前項の場合において、滞納者の国税の一部につき納付、充当又は免除があつたときは、まず、その国税の金額のうち同項に定める金額以外の部分の金額につき納付、充当又は免除があつたものとする。

3　前二項の規定は、法第三十七条（共同的な事業者の第二次納税義務）及び法第三十八条（事業を譲り受けた特殊関係者の第二次納税義務）に規定する事業に係る国税について準用する。

（納税者の特殊関係者の範囲）

第十三条　法第三十八条本文（事業を譲り受けた特殊関係者の第二次納税義務）に規定する生計を一にする親族その他納税者と特殊な関係のある個人又は被支配会社で政令で定めるものは、次に掲げる者とする。

一　納税者の配偶者（婚姻の届出をしていないが、事実上婚姻関係と同様の事情にある者を含む。次条第二項第一号において同じ。）その他の親族で、納税者と生計を一にし、又は納税者から受ける金銭その他の財産により生計を維持しているもの

二　前号に掲げる者以外の納税者の使用人その他の個人で、納税者から受ける特別の金銭その他の財産により生計を維持しているもの

三　納税者に特別の金銭その他の財産を提供してその生計を維持させている個人（第一号に掲げる者を除く。）

四　納税者が法人税法（昭和四十年法律第三十四号）第六十七条第二項（特定同族会社の特別税率）に規定する会社に該当する会社（以下この項において「被支配会社」という。）である場合には、その判定の基礎となつた株主又は社員である個人及びその者と前三号のいずれかに該当する関係がある個人

五　納税者を判定の基礎として被支配会社に該当する会社

六　納税者が被支配会社である場合において、その判定の基礎となつた株主又は社員（これらの者と第一号から第三号までに該当する関係がある個人及びこれらの者を判定の基礎として被支配会社に該当する他の会社を含む。）の全部又は一部を判定の基礎として被支配会社に該当する他の会社

2　法第三十八条の規定を適用する場合において、前項各号に掲げる者であるかどうかの判定は、納税者がその事業を譲渡した時の現況による。

（無償又は著しい低額の譲渡の範囲等）

第十四条　法第三十九条（無償又は著しい低額の譲受人等の第二次納税義務）に規定する政令で定める処分は、国及び法人税法第二条第五号（定義）に規定する法人以外の者に対する処分で無償又は著しく低い額の対価によるものとする。

2　法第三十九条に規定する滞納者の親族その他滞納者と特殊

な関係のある個人又は同族会社で政令で定めるものは、次に掲げる者とする。
一　滞納者の配偶者、直系血族及び兄弟姉妹
二　前号に掲げる者以外の滞納者の親族で、滞納者と生計を一にし、又は滞納者から受ける金銭その他の財産により生計を維持しているもの
三　前二号に掲げる者以外の滞納者の使用人その他の個人で、滞納者から受ける特別の金銭その他の財産により生計を維持しているもの
四　滞納者に特別の金銭その他の財産を提供してその生計を維持させている個人（第一号及び第二号に掲げる者を除く。）
五　滞納者が法人税法第二条第十号に規定する会社に該当する会社（以下この項において「同族会社」という。）である場合には、その判定の基礎となつた株主又は社員である個人及びその者と前各号のいずれかに該当する関係がある個人
六　滞納者を判定の基礎として同族会社に該当する会社
七　滞納者が同族会社である場合において、その判定の基礎となつた株主又は社員（これらの者と第一号から第四号までに該当する関係がある個人及びこれらの者を判定の基礎として同族会社に該当する他の会社を含む。）の全部又は一部を判定の基礎として同族会社に該当する他の会社

第四章　削除

第十五条から第十八条まで　削除

第五章　滞納処分

第一節　財産の差押

（第三者の権利の目的となつている財産の差押換えの請求等の手続）

第十九条　法第五十条第一項（第三者の権利の目的となつている財産の差押換えの請求）の規定による差押換えの請求は、次の事項を記載した書面でしなければならない。
一　滞納者の氏名及び住所又は居所
二　差押えに係る国税の年度、税目、納期限及び金額
三　差し押さえた財産（以下「差押財産」という。）の名称、数量、性質及び所在
四　前号の財産につき差押換えを請求する者が有する権利の内容
五　差押えを請求する財産の名称、数量、性質、所在及び価額
2　法第五十条第三項の換価の申立は、次の事項を記載した書面でしなければならない。

一　換価を申し立てる財産の名称、数量、性質、所在及び価額
二　差押換を相当と認めない旨の法第五十条第二項の規定による通知を受けた年月日

（相続人の固有財産の差押換の請求の手続）

第二十条　法第五十一条第二項（相続人の固有財産の差押換）の規定による差押換の請求は、相続人（包括受遺者を含む。以下同じ。）の固有財産で差し押えられたものの公売公告の日（随意契約による売却をする場合には、その売却の日）までに、次の事項を記載した書面でしなければならない。

一　被相続人（包括遺贈者を含む。）の氏名及び死亡時の住所又は居所
二　差押に係る国税の年度、税目、納期限及び金額
三　相続人の固有財産で差し押えられたものの名称、数量、性質及び所在
四　差押を請求する相続財産の名称、数量、性質、所在及び価額

（差押調書の記載事項）

第二十一条　差押調書には、徴収職員が次の事項を記載して署名押印（記名押印を含む。以下同じ。）をしなければならない。

一　滞納者の氏名及び住所又は居所
二　差押に係る国税の年度、税目、納期限及び金額
三　差押財産の名称、数量、性質及び所在
四　作成年月日

2　法第百四十六条第三項（捜索調書を作成しない場合）の規定の適用がある場合には、徴収職員は、差押調書に法第百四十二条（捜索の権限及び方法）の規定により捜索した旨並びにその日時及び場所を記載し、法第百四十四条（捜索の立会人）の立会人の署名押印を求めなければならない。この場合において、立会人が署名押印をしないときは、その理由を附記しなければならない。

3　次の各号に掲げる財産を差し押さえた場合には、それぞれ当該各号に定める旨を差押調書の謄本に付記しなければならない。

一　法第六十二条第一項（債権の差押えの手続）に規定する債権　同条第二項の規定によりその債権の取立てその他の処分を禁ずる旨
二　法第六十二条第一項に規定する電子記録債権（以下この号及び第二十七条第二項（債権差押通知書の記載事項）において「電子記録債権」という。）　法第六十二条の二第二項（電子記録債権の差押えの手続及び効力発生時期）の規定によりその電子記録債権の取立てその他の処分又は電子記録（電子記録債権法（平成十九年法律第百二号）第二条第一項（定義）に規定する電子記録をいう。第二十七条第二項第四号及び第四十六条（権利移転の登録等の嘱託の手続）において同じ。）の請求を禁ずる旨

三　法第七十三条第一項（電話加入権等の差押えの手続及び効力発生時期）に規定する振替社債等（以下この号及び第三十条第三項（不動産の差押書等の記載事項）において「振替社債等」という。）　法第七十三条の二第二項（振替社債等の差押えの手続及び効力発生時期）の規定によりその振替社債等の取立てその他の処分又は振替若しくは抹消の申請を禁ずる旨

（質権者等に対する差押通知書）

第二十二条　法第五十五条（質権者等に対する差押えの通知）の規定による通知は、次に掲げる事項（第三号に規定する担保のための仮登記の権利者以外の者に対する通知にあつては、同号に掲げる事項を除く。）を記載した書面でしなければならない。ただし、法第二十四条第五項第一号（譲渡担保権者の物的納税責任）に掲げる動産（以下「動産」という。）又は有価証券でその通知を受けるべき者が占有するものを差し押えた場合には、その者に差押調書の謄本を交付してすることができる。

一　前条第一項第一号から第三号までに掲げる事項

二　差押年月日（差押えのため差押書その他の書類の送達を要する場合には、これらの発送年月日。以下同じ。）

三　仮登記（仮登録を含む。以下同じ。）がある財産を差し押さえた場合において、当該仮登記が担保のための仮登記（法第二十三条第一項（法定納期限等以前にされた仮登記により担保される債権の優先等）に規定する担保のための仮登記をいう。以下同じ。）であると認められるときは、その旨

2　前項の通知は、法第百四十六条第三項（捜索調書の作成）の規定により差押調書の謄本の交付を受けた者に対しては、することを要しない。

（差押動産等の管理）

第二十三条　税務署長は、差し押えた動産及び有価証券（法第六十条第一項（差し押えた動産等の保管）の規定により滞納者又は第三者に保管させているものを除く。）を善良な管理者の注意をもつて管理しなければならない。

2　税務署長は、帳簿を備え、これに前項の動産及び有価証券の出納を記載しなければならない。

（第三者が占有する動産の引渡命令書の記載事項等）

第二十四条　法第五十八条第二項（第三者が占有する動産等の差押手続）に規定する書面には、次の事項を記載しなければならない。

一　滞納者の氏名及び住所又は居所

二　滞納に係る国税の年度、税目、納期限及び金額

三　引渡しを命ずる動産又は有価証券の名称、数量、性質及び所在

四　引き渡すべき期限及び場所

2　法第五十八条第二項後段の規定による通知は、次の事項を

記載した書面でしなければならない。
一　滞納に係る国税の年度、税目、納期限及び金額
二　引渡しを命じた第三者の氏名及び住所又は居所
三　引渡しを命じた動産又は有価証券の名称、数量、性質及び所在
四　引き渡すべき期限及び場所
3　第一項第四号に規定する期限は、同項の書面を発する日から起算して七日を経過した日以後の日としなければならない。ただし、当該書面により引渡しを命ずる第三者につき国税通則法（昭和三十七年法律第六十六号）第三十八条第一項第一号（繰上請求）の規定に該当する事実が生じたとき、その他特にやむを得ない必要があると認められるときは、この期限を繰り上げることができる。
4　法第二十四条第三項（譲渡担保権者の物的納税責任）の規定により、納税者又はその者と第十四条第二項各号（無償又は著しい低額の譲渡の範囲等）に掲げる特殊な関係を有する者が占有する譲渡担保財産につき滞納処分を執行する場合における法第五十八条及び法第五十九条（引渡命令を受けた第三者等の権利の保護）の規定の適用については、その譲渡担保財産は、法第五十八条第一項に規定する第三者が占有している財産でないものとみなす。
5　前項の規定は、第二次納税義務者又は保証人として納付すべき国税につき、その納付義務の基因となつた納税者又はその者と第十四条第二項各号に掲げる特殊な関係を有する者が占有する財産を差し押さえる場合について準用する。
6　第一項から第三項までの規定は、法第六十五条（債権証書の取上げ）（法第七十三条第五項（電話加入権等の差押えの手続及び効力発生時期）において準用する場合を含む。）に規定する証書で法第五十八条第一項に規定する第三者が占有するものの引渡しに関する手続について、前二項の規定は、当該証書でこれらの規定に規定する財産に係るものについて、それぞれ準用する。

（動産の引渡命令を受けた第三者の通知又は請求）

第二十五条　法第五十八条第二項（第三者が占有する動産等の引渡命令）の規定により動産の引渡を命ぜられた第三者は、その動産の差押の時までに、その動産の引渡を命じた税務署長に対し、法第五十九条第一項（引渡命令を受けた第三者の権利の保護）の規定による契約の解除をした旨の通知又は同条第三項の請求を書面でしなければならない。
2　前項の期限までに同項の通知又は請求がないときは、法第五十九条第二項の請求があつたものとみなす。この場合においては、その第三者は、同条第一項及び第三項の規定による配当を受けることができない。
3　前項の規定は、第一項の期限後に同項の通知があつた場合において、相当の理由があると認められるときは、適用しない。

（差押動産等の表示）
第二十六条　法第六十条第二項（差押動産等の表示）の表示には、その財産を差し押えた旨、差押年月日及びその差押をした徴収職員の所属する税務署の名称を明らかにしなければならない。

（差押財産搬出の手続）
第二十六条の二　徴収職員は、差押財産の搬出をする場合には、その財産の名称、数量及び性質を記載した書面を作成し、これに署名押印をするとともに、滞納者又はその財産を占有する第三者にその謄本を交付しなければならない。
2　前項の場合において、差押調書又は捜索調書を作成するときは、これらの調書に差押財産を搬出した旨を附記して同項の手続に代えることができる。

（債権差押通知書の記載事項）
第二十七条　法第六十二条第一項（債権の差押えの手続）に規定する債権差押通知書には、次の事項を記載しなければならない。
一　滞納者の氏名及び住所又は居所
二　差押えに係る国税の年度、税目、納期限及び金額
三　差し押さえる債権の種類及び額
四　前号の債権につき滞納者に対する債務の履行を禁ずる旨及び徴収職員に対しその履行をすべき旨
2　法第六十二条の二第一項（電子記録債権の差押えの手続及び効力発生時期）に規定する債権差押通知書には、次の事項を記載しなければならない。
一　前項第一号及び第二号に掲げる事項
二　差し押さえる電子記録債権の種類及び額
三　第三債務者に送達する債権差押通知書にあつては、前号の電子記録債権につき滞納者に対する債務の履行を禁ずる旨及び徴収職員に対しその履行をすべき旨
四　法第六十二条の二第一項に規定する電子債権記録機関に送達する債権差押通知書にあつては、第二号の電子記録債権につき電子記録を禁ずる旨

（債権証書等を取り上げた場合の調書）
第二十八条　徴収職員は、法第六十五条（債権証書の取上げ）（法第七十三条第五項（電話加入権等の差押についての準用規定）において準用する場合を含む。）の規定により証書を取り上げた場合には、次の事項を記載した調書を作成し、これに署名押印するとともに、滞納者その他その処分を受けた者にその謄本を交付しなければならない。
一　滞納者の氏名及び住所又は居所
二　取り上げた証書の名称その他必要な事項
2　前項の場合において、同項の証書の取上げに際し、差押調書又は捜索調書を作成するときは、これらの調書に同項第二号に掲げる事項を附記して同項の調書の作成に代えることができる。

（差し押えた債権の弁済の委託に関する手続）

第二十九条　法第六十七条第四項ただし書（差し押えた債権の弁済の委託）の規定による滞納者の承認を受けた第三債務者は、その承認を受けたことを証する書面を徴収職員に提出しなければならない。

（不動産の差押書等の記載事項）

第三十条　法第六十八条第一項（不動産の差押手続）（法第七十条第一項（船舶又は航空機の差押手続）において準用する場合を含む。）又は法第七十二条第一項（特許権等の差押手続）に規定する差押書には、次の事項を記載しなければならない。

一　差押に係る国税の年度、税目、納期限及び金額

二　差押財産の名称、数量、性質及び所在

2　法第七十三条第一項（電話加入権等の差押手続）に規定する差押通知書には、前項各号に掲げる事項並びに滞納者の氏名及び住所又は居所を記載しなければならない。

3　法第七十三条の二第一項（振替社債等の差押えの手続及び効力発生時期）に規定する差押通知書には、次の事項を記載しなければならない。

一　滞納者の氏名及び住所又は居所

二　第一項第一号に掲げる事項

三　差し押さえる振替社債等の種類及び額又は数

四　振替社債等の発行者に送達する差押通知書にあつては、前号の振替社債等につき滞納者に対する債務の履行を禁ずる旨及び徴収職員に対しその履行をすべき旨

五　法第七十三条の二第一項に規定する振替機関等に送達する差押通知書にあつては、第三号の振替社債等につき振替社債等の振替又は抹消を禁ずる旨

（船舶等の航行許可申立書の記載事項）

第三十一条　法第七十条第五項（差押に係る停泊中の船舶又は航空機の航行の許可）の規定による航行の許可の申立は、滞納者並びに交付要求をした者及び抵当権その他の権利を有する者が次の事項を記載して連署した書面でしなければならない。

一　申立に係る船舶又は航空機の名称、数量、性質及び所在並びに差押年月日

二　航行を必要とする理由

（自動車、建設機械又は小型船舶の差押えに関する手続）

第三十二条　第三十条（不動産の差押書等の記載事項）の規定は、法第七十一条第一項（自動車、建設機械又は小型船舶の差押え）の規定による自動車、建設機械又は小型船舶（同項に規定する自動車、建設機械又は小型船舶をいう。以下同じ。）の差押えについて、第二十三条から第二十六条の二まで（差押動産等の管理・第三者が占有する動産の引渡命令書の記載事項等）の規定は、法第七十一条第三項の規定による自動車、建設機械又は小型船舶の占有について、前条の規定は、法第七十一条第六項の規定による自動車、建設機械又は小型

船舶の運行、使用又は航行の許可の申立てについてそれぞれ準用する。

（差し押さえた持分の払戻請求の手続）

第三十三条　法第七十四条第一項（差し押さえた持分の払戻しの請求）の規定による請求は、次の事項を記載した書面でしなければならない。

一　滞納者の氏名及び住所又は居所

二　差押えに係る国税の年度、税目、納期限及び金額

三　払戻し（法第七十四条第一項に規定する譲受けを含む。以下次項において同じ。）を請求する持分の種類及び口数

四　次項の書面を発した年月日

2　法第七十四条第二項の予告は、次の事項を記載した書面でしなければならない。

一　前項第一号から第三号までに掲げる事項

二　持分の払戻しの請求をしようとする旨

（給料等の差押禁止の基礎となる金額）

第三十四条　法第七十六条第一項第四号（給料等の差押禁止の基礎となる金額）に規定する政令で定める金額は、滞納者の給料、賃金、俸給、歳費、退職年金及びこれらの性質を有する給与に係る債権の支給の基礎となつた期間一月ごとに十万円（滞納者と生計を一にする配偶者（婚姻の届出をしていないが、事実上婚姻関係と同様の事情にある者を含む。）その他の親族があるときは、これらの者一人につき四万五千円を加算した金額）とする。

（社会保険制度に基づく給付等）

第三十五条　法第七十七条第一項（社会保険制度に基づく給付の差押禁止）に規定する政令で定める退職年金は、法人税法附則第二十条第三項（退職年金等積立金に対する法人税の特例）に規定する適格退職年金契約（次項及び第四項において「適格退職年金契約」という。）に基づいて支給される退職年金とする。

2　法第七十七条第一項に規定する政令で定める退職一時金は、適格退職年金契約に基づいて支給される退職一時金とする。

3　法第七十七条第二項（社会保険制度の範囲）に規定する政令で定める制度は、次に掲げる制度とする。

〈編注〉　本条第三項各号列記以外の部分は、国税徴収法施行令の一部を改正する政令（平成三〇年三月三一日政令第一四三号）により、次のように改正され、厚生年金保険制度及び農林漁業団体職員共済組合制度の統合を図るための農林漁業団体職員共済組合法等を廃止する等の法律の一部を改正する法律（平成三〇年五月二五日法律第三一号）の施行の日〈公布の日から起算して二年を超えない範囲内において政令で定める日〉から施行される。

3　法第七十七条第二項に規定する政令で定める制度は、

次に掲げる制度とする。

一　厚生年金保険法（昭和二十九年法律第百十五号）附則第二十八条（指定共済組合の組合員）に規定する共済組合が行う退職金共済に関する制度

二　旧令による共済組合等からの年金受給者のための特別措置法（昭和二十五年法律第二百五十六号）第三条第一項若しくは第二項（旧陸軍共済組合及び共済協会の権利義務の承継）、第四条第一項（外地関係共済組合に係る年金の支給）又は第七条の二第一項（旧共済組合員に対する年金の支給）の規定に基づく年金又は一時金の支給に関する制度

三　中小企業退職金共済法（昭和三十四年法律第百六十号）に規定する独立行政法人勤労者退職金共済機構が行う退職金共済に関する制度

四　独立行政法人中小企業基盤整備機構が行う小規模企業共済法（昭和四十年法律第百二号）第二条第二項（定義）に規定する共済契約（小規模企業共済法及び中小企業事業団法の一部を改正する法律（平成七年法律第四十四号）附則第五条第一項（旧第二種共済契約に係る小規模企業共済法の規定の適用についての読替規定）の規定により読み替えられた小規模企業共済法第九条第一項各号（共済金）に掲げる事由により共済金が支給されることとなるものを除く。）に関する制度

五　社会福祉施設職員等退職手当共済法（昭和三十六年法律第百五十五号）に規定する独立行政法人福祉医療機構が行う退職金共済に関する制度

六　石炭鉱業年金基金法（昭和四十二年法律第百三十五号）第十六条第一項（坑内員に関する年金の給付）又は第十八条第一項（坑外員に関する年金の給付）の規定に基づく年金の支給に関する制度

七　独立行政法人農業者年金基金法（平成十四年法律第百二十七号）に規定する独立行政法人農業者年金基金が行う年金又は脱退一時金の支給に関する制度

八　厚生年金保険制度及び農林漁業団体職員共済組合制度の統合を図るための農林漁業団体職員共済組合法等を廃止する等の法律（平成十三年法律第百一号。以下この号において「平成十三年統合法」という。）附則第二十五条第三項（存続組合の業務等）に規定する存続組合が行う厚生年金保険制度及び農林漁業団体職員共済組合制度の統合を図るための農林漁業団体職員共済組合法等を廃止する等の法律の施行に伴う存続組合が支給する特例年金給付等に関する政令（平成十四年政令第四十五号）第二十五条の二第一項（一時金の支給）の一時金（平成十三年統合法附則第三十七条第一項（特例遺族共済年金の支給）に規定する特例遺族共済年金、平成十三年統合法附則第四十二条第一項（特例遺族年金の支給）に規定する特例遺族年金又は平成十三年統合法附則第四十三条第一項（特例通算遺族年金の支給）に

規定する特例通算遺族年金の支給に代えて支給されるものを除く。）の支給に関する制度

〈編注〉　本条第三項第八号は、国税徴収法施行令の一部を改正する政令（平成三〇年三月三一日政令第一四三号）により、次のように改正され、厚生年金保険制度及び農林漁業団体職員共済組合制度の統合を図るための農林漁業団体職員共済組合法等を廃止する等の法律の一部を改正する法律（平成三〇年五月二五日法律第三一号）の施行の日〈公布の日から起算して二年を超えない範囲内において政令で定める日〉から施行される。

八　厚生年金保険制度及び農林漁業団体職員共済組合制度の統合を図るための農林漁業団体職員共済組合法等を廃止する等の法律（平成十三年法律第百一号。以下この号において「平成十三年統合法」という。）附則第二十五条第三項（存続組合の業務等）に規定する存続組合が行う平成十三年統合法附則第三十条第一項（特例一時金の支給）に規定する特例一時金（同項第一号に掲げる者に支給される厚生年金保険制度及び農林漁業団体職員共済組合制度の統合を図るための農林漁業団体職員共済組合法等を廃止する等の法律の一部を改正する法律（平成三十年法律第三十一号）による改正前の平成十三年統合法（以下この号において「平成三十年改正前平成十三年統合法」という。）附則第三十一条第一項若しくは第三十二条第一項若しくは第二項（特例退職共済年金の支給）に規定する特例退職共済年金、平成三十年改正前平成十三年統合法附則第三十八条第一項（特例退職年金の支給）に規定する特例退職年金、平成三十年改正前平成十三年統合法附則第三十九条第一項若しくは第五項（特例減額退職年金の支給）に規定する特例減額退職年金、平成三十年改正前平成十三年統合法附則第四十条第一項（特例通算退職年金の支給）に規定する特例通算退職年金又は平成三十年改正前平成十三年統合法附則第四十四条第一項若しくは第六項（特例老齢農林年金の支給）に規定する特例老齢農林年金に係るものに限る。）の支給に関する制度

九　公的年金制度の健全性及び信頼性の確保のための厚生年金保険法等の一部を改正する法律（平成二十五年法律第六十三号。以下この号及び次項第二号において「平成二十五年厚生年金等改正法」という。）附則第三条第十三号（定義）に規定する存続連合会が行う存続連合会老齢給付金の支給に関する制度及び同条第十五号に規定する連合会が行う平成二十五年厚生年金等改正法附則第七十五条第二項（解散存続連合会の残余財産の連合会への交付）の規定に基づく年金又は一時金の支給に関する制度

十　国家公務員共済組合連合会が行う被用者年金制度の一元化等を図るための厚生年金保険法等の一部を改正する法律（平成二十四年法律第六十三号）附則第四十一条第一項（追加費用対象期間を有する者の特例等）の規定に基づく退職共済年金の支給に関する制度及び同法附則第五十六条第二項（障害一時金の支給）に規定する組合が行う同法附則第六十五条第一項（追加費用対象期間を有する者の特例等）の規定に基づく退職共済年金の支給に関する制度

十一　外国の法令に基づく保険、共済又は恩給に関する制度で法律第七十七条第二項各号に掲げる法律に基づく保険、共済又は恩給に関する制度に類するもの

十二　所得税法施行令（昭和四十年政令第九十六号）第七十三条第一項（特定退職金共済団体の要件）に規定する特定退職金共済団体（次項において「特定退職金共済団体」という。）が行う退職金共済に関する制度

4　次に掲げる給付に係る債権は、法第七十七条第一項に規定する債権に含まれないものとする。

一　所得税法施行令第七十六条第一項各号又は第二項各号（退職金共済制度等に基づく一時金で退職手当等とみなさないもの）に掲げる給付

二　平成二十五年厚生年金等改正法第一条（厚生年金保険法の一部改正）の規定による改正前の厚生年金保険法第九章（厚生年金基金及び企業年金連合会）の規定に基づく一時金で所得税法施行令第七十二条第二項（退職手当等とみなす一時金）に規定する一時金以外のもの

三　確定給付企業年金法（平成十三年法律第五十号）の規定に基づいて支給される一時金で所得税法（昭和四十年法律第三十三号）第三十一条第三号（退職手当等とみなす一時金）に規定する加入者の退職により支払われる一時金（所得税法施行令第七十二条第三項第五号イからハまでに掲げる規定に基づいて支給される一時金で同号に規定する加入員又は加入者の退職により支払われる一時金を含む。）以外のもの

四　適格退職年金契約に基づいて支給される一時金で所得税法施行令第七十二条第三項第四号に規定する勤務をした者の退職により支払われる一時金以外のもの

五　中小企業退職金共済法第十六条第一項（解約手当金）に規定する解約手当金又は特定退職金共済団体が行うこれに類する給付

＜編注＞本条第四項第五号は、国税徴収法施行令の一部を改正する政令（平成三〇年三月三一日政令第一四三号）により、次のように改正され、厚生年金保険制度及び農林漁業団体職員共済組合制度の統合を図るための農林漁業団体職員共済組合法等を廃止する等の法律の一部を改正する法律（平成三〇年五月二五日法律第三一号）の施行の日＜公布の日から起算

して二年を超えない範囲内において政令で定める日〉から施行される。

五　中小企業退職金共済法第十六条第一項（解約手当金等）に規定する解約手当金又は特定退職金共済団体が行うこれに類する給付

六　小規模企業共済法第十二条第一項（解約手当金）に規定する解約手当金で所得税法施行令第七十二条第三項第三号ロ及びハに掲げる解約手当金以外のもの

第二節　交付要求

（交付要求書の記載事項等）

第三十六条　交付要求書には、次の事項を記載しなければならない。

一　滞納者の氏名及び住所又は居所

二　交付要求に係る国税の年度、税目、納期限及び金額

三　交付要求に係る強制換価手続の開始されている財産の名称、数量、性質及び所在（その手続が滞納処分以外の手続である場合には、その手続に係る事件の表示並びに当該財産がその手続に係る財産の一部であるときは、その名称、数量、性質及び所在）

2　法第八十二条第二項（交付要求）の規定による通知は、次の事項を記載した書面でしなければならない。

一　執行機関（破産法（平成十六年法律第七十五号）第百十四条第一項（租税等の請求権の届出）に掲げる請求権に係る国税の交付要求を行う場合には、その交付要求に係る破産事件を取り扱う裁判所。次条第二号において同じ。）の名称

二　前項第二号及び第三号に掲げる事項

三　交付要求の年月日

3　法第八十二条第三項において準用する法第五十五条（質権者等に対する差押の通知）の通知は、前項各号に掲げる事項並びに滞納者の氏名及び住所又は居所を記載した書面でしなければならない。

4　前項に規定する通知及び法第八十四条第三項（交付要求の解除の通知）において準用する法第五十五条の規定による通知は、交付要求に係る強制換価手続が企業担保権の実行手続又は破産手続であるときは、することを要しない。

（交付要求の解除の請求手続）

第三十七条　法第八十五条第一項（交付要求の解除の請求）の規定による請求は、次の事項を記載した書面でしなければならない。

一　滞納者の氏名及び住所又は居所

二　請求に係る交付要求の年月日及び交付要求を受けている執行機関の名称

三　法第八十五条第一項各号の規定に該当する事実

四　法第八十五条第一項第二号に規定する財産の名称、数量、

性質、所在及び価額

（参加差押書及び参加差押通知書）

第三十八条 第三十六条第一項（交付要求書の記載事項等）の規定は参加差押書について、同条第二項の規定は法第八十六条第二項前段（参加差押えの手続）の規定による通知について、第三十六条第三項の規定は法第八十六条第二項後段又は第四項において準用する法第五十五条（質権者等に対する差押えの通知）の規定による通知について、それぞれ準用する。この場合において、その参加差押え（法第八十六条第一項に規定する参加差押えをいう。以下同じ。）に係る財産につき仮登記がされており、かつ、当該仮登記が担保のための仮登記であると認められるときは、法第八十六条第四項において準用する法第五十五条の規定による当該担保のための仮登記の権利者に対する通知にその旨を付記しなければならない。

（参加差押えに係る動産等の引渡しの通知等）

第三十九条 法第八十七条第二項（参加差押えに係る財産の差押えの解除時の措置）の規定により動産、有価証券又は自動車、建設機械若しくは小型船舶（以下「動産等」という。）を、参加差押えをした行政機関等に引き渡すべきときは、税務署長は、速やかに、次の事項をその行政機関等に書面で通知しなければならない。

一 滞納者の氏名及び住所又は居所

二 動産等の名称、数量、性質及び所在

三 法第八十七条第二項の規定により引渡しをする旨及び引渡しの場所

2 税務署長は、前項の場合において、徴収職員以外の者で動産等の保管をしているものに直接同項の行政機関等への動産等の引渡をさせようとするときは、同項の書面にその旨を附記するとともに、その動産等の保管をしている者にあてたその行政機関等への動産等の引渡をすべき旨の書面を添附しなければならない。

3 税務署長は、法第八十七条第二項の規定により動産等を引き渡した場合において、法第八十一条（質権者等への差押解除の通知）の通知をするときは、その引渡をした旨をあわせて通知しなければならない。

（参加差押えに係る動産等の引渡しを受けた場合の措置）

第四十条 徴収職員は、前条第一項の通知を受けたときは、遅滞なく、その通知に係る動産等を受け取らなければならない。この場合において、同条第二項に規定する徴収職員以外の者でその動産等の保管をしているものから受け取るときは、その者に同項に規定する引渡しをすべき旨の書面を交付するものとする。

2 徴収職員は、必要があると認めるときは、前項の規定により引渡しを受けた動産等を滞納者又はその財産を占有する第三者に保管させることができる。ただし、その第三者に保管させる場合には、その運搬が困難であるときを除き、その者の同意を受けなければならない。

3　前項の規定により動産等を滞納者又は第三者に保管させた場合には、徴収職員は、封印、公示書その他の方法により当該動産等が差押財産であることを明白に表示しなければならない。この場合においては、第二十六条（差押動産等の表示）の規定を準用する。

4　徴収職員は、第一項の規定により動産等の引渡しを受けたときは、速やかに、その旨を引渡しをした税務署長に通知しなければならない。

5　前条第一項の通知があつた日の翌日以後の動産等の保管に関する費用は、その動産等の引渡しを受けた行政機関等に係る滞納処分費とする。

（参加差押えがある場合の差押解除時の措置）

第四十一条　税務署長は、差押財産（換価執行決定（法第八十九条の二第一項（参加差押えをした税務署長による換価）に規定する換価執行決定をいう。以下同じ。）がされたものを除く。）につき二以上の参加差押書の交付を受けている場合において、その差押えを解除するときは、その参加差押書（当該解除により差押えの効力を生ずべき参加差押えに係る参加差押書を除くものとし、参加差押書を引き渡すことができないときは、その写しとする。次項において同じ。）及びその差押えに関し法又はこの政令の規定により提出されたその他の書類のうち滞納処分に関し必要なものを、当該解除により差押えの効力を生ずべき参加差押えをした行政機関等に引き渡さなければならない。

2　前項の規定による引渡しがあつた場合には、その引き渡された参加差押書に係る参加差押えをした行政機関等は、その参加差押えをした時に、同項に規定する行政機関等に対し参加差押えをしたものとみなし、その引き渡されたその他の書類は、当該行政機関等に提出されたものとみなす。

3　法第八十七条第二項（参加差押えの効力）の規定により税務署長が動産（法第五十八条第一項（第三者が占有する動産等の差押手続）に規定する動産で差し押さえたものに限る。）を参加差押えをした行政機関等に引き渡した場合には、当該動産に関し法第五十九条第一項又は第三項（引渡命令を受けた第三者の権利の保護）（同条第四項において準用する場合を含む。）の規定により配当を受けることができる権利は、当該行政機関等に対して行使することができる。

4　前項の規定は、法第七十一条第四項（自動車、建設機械又は小型船舶の差押え）において準用する法第五十八条及び第五十九条の規定の適用を受ける自動車、建設機械又は小型船舶について準用する。

（参加差押えの解除の請求手続）

第四十二条　第三十七条（交付要求の解除の請求手続）の規定は、法第八十八条第一項（参加差押えの制限、解除等）において準用する法第八十五条第一項（交付要求の解除の請求）

の規定による請求について準用する。

第三節　財産の換価

（換価執行決定に関する手続等）

第四十二条の二　換価同意行政機関等（法第八十九条の二第三項（参加差押えをした税務署長による換価）に規定する換価同意行政機関等をいう。以下同じ。）は、同項の規定による告知を受けた場合において、差し押さえた不動産（換価執行決定がされたものに限る。第三項において同じ。）につき当該換価執行決定前に交付要求書又は二以上の参加差押書の交付を受けているときは、これらの書類（これらの書類を引き渡すことができないときは、その写しとする。次項において「交付要求書等」という。）及びその差押えに関し法又はこの政令の規定により提出されたその他の書類のうち滞納処分に関し必要なもの（次項において「滞納処分関係書類」という。）を、換価執行税務署長（同条第四項に規定する換価執行税務署長をいう。以下同じ。）に引き渡さなければならない。

2　前項の規定による引渡しがあつた場合には、その引き渡された交付要求書等に係る交付要求をした行政機関等は、その交付要求をした時に、換価執行税務署長に対し交付要求をしたものとみなし、その引き渡された滞納処分関係書類は、当該換価執行税務署長に提出されたものとみなす。

3　換価同意行政機関等は、差し押さえた不動産につき強制執行、仮差押えの執行若しくは担保権の実行としての競売（以下この項において「強制執行等」という。）が開始されたとき、又は強制執行等の申立てが取り下げられたとき、若しくは強制執行等の手続が取り消されたときは、速やかに、その旨の換価執行税務署長に対する通知その他強制執行等の実施に伴い必要な事務を行わなければならない。

4　滞納者の不動産（換価執行決定がされたものに限る。）につき滞納処分が行われた場合における法第八十二条（交付要求の手続）、第八十四条（交付要求の解除）及び第八十六条（参加差押えの手続）の規定の適用については、法第八十二条第一項中「執行機関（破産法（平成十六年法律第七十五号）第百十四条第一号（租税等の請求権の届出）に掲げる請求権に係る国税の交付要求を行う場合には、その交付要求に係る破産事件を取り扱う裁判所。第八十四条第二項（交付要求の解除）」とあるのは「換価執行行政機関等（第八十九条の二第一項（参加差押えをした税務署長による換価）に規定する換価執行決定をした行政機関等をいう。第八十四条第二項（交付要求の解除）及び第八十六条第一項（参加差押えの手続）」と、法第八十四条第二項中「執行機関」とあり、及び法第八十六条第一項中「滞納処分をした行政機関等」とあるのは「換価執行行政機関等」とする。

5　前項の規定の適用がある場合における第三十六条（交付要求書の記載事項等）及び第三十七条（交付要求の解除の請求

手続）の規定の適用については、第三十六条第二項第一号中「執行機関（破産法（平成十六年法律第七十五号）第百十四条第一号（租税等の請求権の届出）に掲げる請求権に係る国税の交付要求を行う場合には、その交付要求に係る破産事件を取り扱う裁判所」とあるのは「換価執行行政機関等（法第八十九条の二第一項（参加差押えをした税務署長による換価）に規定する換価執行決定をした行政機関等をいう」と、第三十七条第二号中「執行機関」とあるのは「換価執行行政機関等」とする。

6　差し押さえた不動産につき換価執行決定がされた場合における法第百二十八条（配当すべき金銭）及び第百二十九条（配当の原則）の規定の適用については、法第百二十八条第一項第四号中「金銭」とあるのは「金銭又は差し押さえた不動産（換価執行決定がされたものに限る。）の売却代金につき交付を受けた金銭」と、法第百二十九条第二項中「交付要求」とあるのは「交付要求若しくは差押え」とする。

（換価執行決定の取消しに関する手続等）

第四十二条の三　法第八十九条の三第一項第二号（換価執行決定の取消し）に規定する政令で定めるものは、換価同意行政機関等の滞納処分による差押え（以下この項において「旧差押え」という。）が解除された場合において、当該換価同意行政機関等による参加差押えにつき法第八十七条第一項（参加差押えの効力）の規定により差押え（第一号及び第三号において「新差押え」という。）の効力が生ずるとき（次に掲げる場合を除く。）における当該旧差押えとする。

一　新差押えに係る不動産につき強制執行又は担保権の実行としての競売が開始されている場合

二　当該参加差押えよりも先にされた交付要求がある場合

三　旧差押えが解除される前に当該旧差押えに係る不動産を換価したとすれば消滅する権利で、新差押えに係る不動産の換価に伴い消滅しないものがある場合

2　法第八十九条の三第一項第四号に規定する政令で定めるときは、特定参加差押え（同項第一号に規定する特定参加差押えをいう。以下同じ。）に係る滞納者につき換価の執行をすることによってその生活を著しく窮迫させるおそれがあると認めるときとする。

3　法第八十九条の三第二項第四号に規定する政令で定めるときは、特定参加差押えに係る国税につき国税通則法第四十六条第一項から第三項まで（納税の猶予の要件等）の規定による納税の猶予又は法第百五十一条第一項若しくは第百五十一条の二第一項（換価の猶予の要件等）の規定による換価の猶予をしたときその他これらに類するものとして換価執行税務署長が換価執行決定の取消しを相当と認める事由があるときとする。

4　換価執行税務署長は、法第八十九条の三第一項又は第二項の規定により換価執行決定を取り消す場合において、特定参

加差押不動産（法第八十九条の二第四項（参加差押えをした税務署長による換価）に規定する特定参加差押不動産をいう。以下同じ。）につき当該換価執行決定の取消し前に交付要求書又は参加差押書（以下この項及び次条において「交付要求書等」という。）の交付を受けているとき（法第八十九条の四（換価執行決定の取消しをした税務署長による換価の続行）の規定により換価を続行する場合を除く。）は、次の表の各号の上欄に掲げる場合の区分に応じ、当該各号の中欄に掲げる書類を、当該各号の下欄に掲げる行政機関等に引き渡さなければならない。

一　法第八十九条の三第一項又は第二項の規定により換価執行決定を取り消す場合（次号の上欄に掲げる場合を除く。）	その交付要求書等（交付要求書等を引き渡すことができないときは、その写しとする。）及び差押関係書類（その換価執行決定に係る差押え及び特定参加差押えに関し法又はこの政令の規定により提出されたその他の書類のうち滞納処分に関し必要なものをいう。次号において同じ。）	換価同意行政機関等
二　法第八十九条の三第一項（第二号に係る部分に限る。）の規定により換価執行決定を取り消す場合	その参加差押書（その特定差押え（同号に規定する特定差押えをいう。以下この号において同じ。）の解除により差押えの効力を生ずべき参加差押えに係る参加差押書を除くものとし、参加差押書を引き渡すことができないときは、その写しとする。）及び差押関係書類	その特定差押えの解除により差押えの効力を生ずべき参加差押えをした行政機関等

5　前項の規定による引渡しがあつた場合には、その引き渡された同項の表の第一号の中欄に規定する交付要求書等又は同表の第二号の中欄に規定する参加差押書に係る交付要求をした行政機関等は、その交付要求をした時に、同表の各号の下欄に掲げる行政機関等に対し交付要求をしたものとみなし、その引き渡された同表の各号の中欄に掲げる書類は、当該行政機関等に提出されたものとみなす。

（換価の続行に関する手続等）

第四十二条の四　法第八十九条の四（換価執行決定の取消しをした税務署長による換価の続行）の規定による換価の続行があつた場合には、同条に規定する税務署長が特定参加差押不動産につき換価執行決定の取消し前に交付を受けた交付要求書等に係る交付要求をした行政機関等は、その交付要求をした時に、当該税務署長に対し交付要求をしたものとみなす。この場合において、当該税務署長は、その旨を法第八十九条の三第三項（換価執行決定の取消し）の規定による通知に係る書面に付記しなければならない。

（公売保証金を徴しないで公売することができる財産の見積価額）

第四十二条の五　法第百条第一項（公売保証金）に規定する政令で定める金額は、五十万円とする。

（買受代金の納付の手続）

第四十二条の六　換価財産（法第百十四条（買受申込み等の取消し）に規定する換価財産をいう。以下同じ。）の買受人は、買受代金に次の事項を記載した書面を添えて、徴収職員に納付しなければならない。

一　買受けに係る財産の名称、数量、性質及び所在

二　買受代金の額

（売却決定の取消しのための国税等の完納の証明）

第四十三条　納税者又は第三者による法第百十七条（国税等の完納による売却決定の取消し）の証明は、税務署長に対し国税（特定参加差押不動産を換価する場合にあつては、特定参加差押えに係る国税又は換価同意行政機関等の滞納処分による差押えに係る国税、地方税若しくは公課）の領収証書その他その完納の事実を証する書面を提示することによるものとする。

2　特定参加差押不動産を換価する場合において、換価執行税務署長による参加差押えが二以上あるときは、そのうち最も先にされた参加差押えに係る国税を前項に規定する特定参加差押えに係る国税として、同項の規定を適用する。

（売却決定通知書）

第四十四条　売却決定通知書には、次の事項を記載しなければならない。

一　買受人の氏名及び住所又は居所

二　滞納者の氏名及び住所又は居所

三　売却した財産の名称、数量、性質及び所在

四　買受代金の額及びこれを納付した年月日

（換価した動産等の保管者からの引渡の手続等）

第四十五条　税務署長は、法第百十九条第二項前段（売却決定通知書を買受人に交付する方法による動産等の引渡）の規定による引渡をするため交付する売却決定通知書には、その引渡をする旨並びにその引渡に係る動産等を保管する者の氏名及び住所又は居所を附記しなければならない。

2　法第百十九条第二項後段の規定による通知は、次の事項を記載した書面でしなければならない。

一　前条第一号から第三号までに掲げる事項

二　買受代金を納付した年月日

三　買受人に売却した動産等を引き渡した旨

（権利移転の登録等の嘱託の手続）

第四十六条　税務署長は、法第百二十一条（権利移転の登記の嘱託）の規定により権利移転の登録若しくは電子記録を嘱託し、又は法第百二十五条（換価に伴い消滅する権利の登記の抹消の嘱託）の規定により権利の登録若しくは電子記録の抹消を嘱託するときは、嘱託書に買受人から提出があつた売却決定通知書若しくはその謄本又は配当計算書の謄本を添付しなければならない。

（担保権の引受けによる換価の申出）

第四十七条　法第百二十四条第二項第三号（担保権の消滅又は引受け）に規定する申出は、公売公告の日（随意契約による売却をする場合には、その売却の日）の前日までに、次の事項を記載した書面を税務署長に提出してするものとする。

一　滞納者の氏名及び住所又は居所

二　差押財産又は特定参加差押不動産の名称、数量、性質及び所在

三　買受人に引き受けさせようとする質権、抵当権又は先取特権の内容及び滞納者以外の者が債務者であるときは、その氏名及び住所又は居所

四　法第百二十四条第二項第一号及び第二号の規定に該当する事実

第四節　換価代金等の配当

（債権現在額申立書の記載事項等）

第四十八条　債権現在額申立書には、債権の元本及び利息その他の附帯債権の現在額、弁済期限その他の内容を記載し、これらの事項を証明する書類を添附しなければならない。ただし、その添附をすることができないときは、税務署長に対し、その書類を呈示するとともに、その写を提出しなければならない。

2　換価に付すべき財産が金銭による取立の方法により換価するものであるときは、その取立の日までに法第百三十条第一項（債権額の確認方法）に規定する債権現在額申立書の提出をしなければならない。この場合において、同条第三項に規定する者がその取立の時までに債権現在額申立書を提出しないときは、配当を受けることができない。

（配当計算書の記載事項等）

第四十九条　配当計算書には、次の事項を記載しなければならない。

一　滞納者の氏名及び住所又は居所

二　配当すべき換価代金等（法第百二十九条第一項（配当の原則）に規定する換価代金等をいう。以下同じ。）の総額

三　差押えに係る国税（特定参加差押不動産の売却代金を配当する場合にあつては、特定参加差押えに係る国税）の金

額、配当の順位及び金額その他必要な事項
四　債権現在額申立書を提出した債権者及び法第百三十条第二項後段（債権額の確認方法）の規定により確認した債権者の氏名及び住所又は居所、債権金額、配当の順位及び金額その他必要な事項
五　換価代金等の交付の日時
2　法第百三十一条（配当計算書）の規定による配当計算書の謄本の発送は、その配当計算書に係る換価財産が金銭による取立ての方法により換価したものであるときは、その取立ての日から三日以内にしなければならない。

（異議に係る換価代金等の供託）

第五十条　法第百三十三条第二項（異議の申出があつた場合の換価代金等の交付）の規定により換価代金等を交付することができない場合には、換価代金等は、供託しなければならない。この場合において、その供託した税務署長は、その旨を異議に関係を有する者に通知しなければならない。
2　前項の場合において、確定判決、異議に関係を有する者の全員の同意その他の理由により換価代金等の交付を受けるべき者及び金額が明らかになつたときは、これに従つて配当しなければならない。この場合において、税務署長は、その配当を受けるべき者に配当額支払証を交付するとともに、第一項の規定により供託した供託所に支払委託書を送付しなければならない。
3　前項の規定による配当を受けるべき者に対する供託所の支払は、同項の支払委託書に基き行うものとする。
4　前三項の規定は、換価代金等を配当すべき債権が停止条件付である場合又は仮登記（民事保全法（平成元年法律第九十一号）第五十三条第二項（不動産の登記請求権を保全するための処分禁止の仮処分の執行）（同法第五十四条（不動産に関する権利以外の権利についての登記又は登録請求権を保全するための処分禁止の仮処分の執行）において準用する場合を含む。）の規定による仮処分による仮登記を含む。）がされた質権、抵当権若しくは先取特権により担保される債権である場合における換価代金等の交付について準用する。

第五節　滞納処分費

（滞納処分費の納入の告知の手続）

第五十一条　法第百三十八条（滞納処分費の納入の告知）の規定による納入の告知は、次の事項を記載した納入告知書でしなければならない。ただし、滞納処分費につき直ちに滞納処分をしなければならないときは、徴収職員に口頭で行わせることができる。
一　滞納処分費の徴収の基因となつた国税の年度及び税目
二　納付すべき金額
三　納期限
四　納付場所

第六節　財産の調査

（捜索調書の記載事項）

第五十二条　捜索調書には、徴収職員が次の事項を記載して署名押印をしなければならない。ただし、第二号に掲げる事項は、捜索に係る国税につき差押調書の謄本、差押書又は参加差押通知書がその捜索を受けた滞納者又は第三者に既に交付されている場合には、記載を省略することができる。

一　滞納者の氏名及び住所又は居所

二　滞納に係る国税の年度、税目、納期限及び金額

三　法第百四十二条第二項（第三者の物等の捜索）の規定により第三者の物又は住居その他の場所につき捜索した場合には、その者の氏名及び住所又は居所

四　捜索した日時

五　捜索した物又は住居その他の場所の名称又は所在その他必要な事項

2　徴収職員は、捜索調書に法第百四十四条（捜索の立会人）の立会人の署名押印を求めなければならない。この場合において、立会人が署名押印をしないときは、その理由を捜索調書に附記しなければならない。

第六章　滞納処分に関する猶予等

第一節　換価の猶予

（換価の猶予の申請手続等）

第五十三条　法第百五十一条第二項及び第百五十一条の二第三項（換価の猶予の要件等）並びに法第百五十二条第四項（換価の猶予に係る分割納付、通知等）において読み替えて準用する国税通則法第四十六条の二第四項（納税の猶予の申請手続等）に規定する政令で定める書類は、次に掲げる書類とする。

一　財産目録その他の資産及び負債の状況を明らかにする書類

二　猶予を受けようとする日前一年間の収入及び支出の実績並びに同日以後の収入及び支出の見込みを明らかにする書類

三　猶予を受けようとする金額が百万円を超え、かつ、猶予期間が三月を超える場合には、国税通則法施行令（昭和三十七年政令第百三十五号）第十六条（担保の提供手続）の規定により提出するべき書類その他担保の提供に関し必要となる書類

2　法第百五十一条の二第三項に規定する政令で定める事項は、次に掲げる事項とする。

一　法第百五十一条の二第一項の国税を一時に納付することにより事業の継続又は生活の維持が困難となる事情の詳細

二　納付すべき国税の年度、税目、納期限及び金額

三　前号の金額のうちその納付を困難とする金額

四　当該猶予を受けようとする期間

五　猶予に係る金額を分割して納付する場合の各納付期限及び各納付期限ごとの納付金額

六　猶予を受けようとする金額が百万円を超え、かつ、猶予期間が三月を超える場合には、提供しようとする国税通則法第五十条各号（担保の種類）に掲げる担保の種類、数量、価額及び所在（その担保が保証人の保証であるときは、保証人の氏名及び住所又は居所）その他担保に関し参考となるべき事項（担保を提供することができない特別の事情があるときは、その事情）

3　法第百五十二条第一項に規定する政令で定める額は、第一号に掲げる額から第二号に掲げる額を控除した残額とする。

一　納付すべき国税の金額

二　税務署長が法第百五十一条第一項又は第百五十一条の二第一項の規定による換価の猶予をしようとする日の前日において滞納者が有する現金、預貯金その他換価の容易な財産の価額に相当する金額からその者の次に掲げる区分に応じ、それぞれ次に定める額を控除した残額

イ　法人　その事業の継続のために当面必要な運転資金の額

ロ　個人　その者及びその者と生計を一にする配偶者その他の親族（その者と婚姻の届出をしていないが事実上婚姻関係と同様の事情にある者及び当該事情にある者の親族を含む。）の生活の維持のために通常必要とされる費用に相当する金額（その者が負担すべきものに限る。）並びにその者の事業の継続のために当面必要な運転資金の額

4　法第百五十二条第四項において読み替えて準用する国税通則法第四十六条の二第四項に規定する政令で定める事項は、次に掲げる事項とする。

一　猶予期間の延長を受けようとする国税の年度、税目、納期限及び金額

二　猶予期間内にその猶予を受けた金額を納付することができないやむを得ない理由及びその猶予期間の延長を受けようとする期間

三　第二項第五号及び第六号に掲げる事項

第五十四条　削除

第二節　保全担保及び保全差押え

（保全担保の提供命令の手続）

第五十五条　法第百五十八条第一項（保全担保の提供命令）の規定による命令は、次の事項を記載した書面でしなければな

らない。

一　担保されるべき国税の税目及び金額

二　提供すべき担保の種類

三　担保を提供すべき期限

2　前項第三号に掲げる期限は、同項の書面を発する日から起算して七日を経過した日以後の日としなければならない。ただし、納税者につき国税通則法第三十八条第一項各号（繰上請求）の一に該当する事実が生じたときは、この期限を繰り上げることができる。

（保全差押に関する手続）

第五十六条　法第百五十九条第三項（保全差押）の書面には、次の事項を記載しなければならない。

一　法第百五十九条第一項の規定により決定した金額

二　前号の金額の決定の基因となつた国税の年度及び税目

第五十七条　削除

第七章及び第八章　削除

第五十八条から第六十五条まで　削除

第九章　雑則

第六十六条から第六十八条まで　削除

（国税局長又は税関長が徴収する場合の読替規定）

第六十九条　国税局長が国税通則法第四十三条第三項若しくは第四十四条第一項（徴収の引継ぎ）又は法第百八十二条第二項若しくは第三項若しくは第百八十三条第三項（滞納処分の引継ぎ）の規定により、徴収の引継ぎ又は滞納処分の引継ぎを受けた場合におけるこの政令の規定の適用については、「税務署長」又は「税務署」とあるのは、「国税局長」又は「国税局」とする。

2　税関長が国税通則法第四十三条第一項ただし書（税関長による徴収）の規定により徴収する場合又は同条第四項若しくは同法第四十四条第一項若しくは法第百八十三条第二項若しくは第四項の規定により徴収の引継ぎ若しくは滞納処分の引継ぎを受けた場合におけるこの政令の規定の適用については、「税務署長」又は「税務署」とあるのは、「税関長」又は「税関」とする。

（財務省令への委任）

第七十条　この政令に定めるもののほか、法及びこの政令の実施のための手続その他これらの執行に関し必要な細則は、財務省令で定める。

附　則（抄）

1　この政令は、法の施行の日（昭和三十五年一月一日）から施行する。

国税徴収法施行規則

昭和三七年　四月　二日大蔵省令三一号
最終改正　平成三〇年　三月三一日財務省令二四号

（滞納処分費の納付の手続）

第一条　国税徴収法（昭和三十四年法律第百四十七号。以下「法」という。）第二条第六号（定義）に規定する納税者は、国税徴収法施行令（昭和三十四年政令第三百二十九号。以下「令」という。）第五十一条（滞納処分費の納入の告知の手続）に規定する納入告知書の送達を受けたときは、金銭に納入告知書を添えて納付しなければならない。

（公売保証金に係る契約の要件）

第一条の二　法第百条第一項第二号（公売保証金）に規定する財務省令で定める要件は、期限を定めず入札者等（同項に規定する入札者等をいう。）に係る公売保証金に相当する現金を国税局長、税務署長又は税関長の催告により保証銀行等（同号に規定する保証銀行等をいう。）が納付することを約する契約であることとする。

（身分証明書の交付等）

第二条　国税局長、税務署長又は税関長は、法第五章第六節第二款（財産の調査）の規定により質問、検査又は捜索をする徴収職員に、法第百四十七条第一項（身分証明書の呈示等）の身分証明書を交付しなければならない。

2　国税局長、税務署長又は税関長は、国税を収納する職員に、国税収納官吏章を交付しなければならない。

3　国税局長、税務署長又は税関長は、国税の徴収に関する処分又は滞納処分に係る歳入歳出外現金を収納する職員に、歳入歳出外現金出納官吏章を交付しなければならない。

4　前二項に規定する職員は、国税を収納する場合又は国税の徴収に関する処分若しくは滞納処分に係る歳入歳出外現金を収納する場合において、その納付する者の請求があつたときは、国税収納官吏章又は歳入歳出外現金出納官吏章を呈示しなければならない。

（書式）

第三条　法又はこの省令の規定により作成する書面のうち、次の表の上欄に掲げるものの様式及び作成の方法は、それぞれ同表の下欄に掲げる書式に定めるところによる。

法第三十二条第一項（第二次納税義務の通則）の納付通知書及び法第二十四条第二項前段（譲渡担保権者の物的納	別紙第一号書式

税責任の告知）の書面	
法第三十二条第二項の納付催告書	別紙第二号書式
法第五十四条（差押調書）の差押調書	別紙第三号書式
法第六十二条第一項（債権の差押えの手続）及び法第六十二条の二第一項（電子記録債権の差押えの手続）の債権差押通知書（第三債務者に対するもの）	別紙第四号書式
法第六十二条の二第一項の債権差押通知書（電子債権記録機関に対するもの）	別紙第四号の二書式
法第六十八条第一項（不動産の差押えの手続）（法第七十条第一項（船舶又は航空機の差押えの手続についての準用規定）又は法第七十一条第一項（自動車、建設機械又は小型船舶の差押えの手続についての準用規定）において準用する場合を含む。）及び法第七十二条第一項（特許権等の差押えの手続）の差押書	別紙第五号書式
法第七十三条第一項（電話加入権等の差押えの手続）の差押通知書	別紙第六号書式
法第七十三条の二第一項（振替社債等の差押えの手続）の差押通知書（発行者に対するもの）	別紙第六号の二書式
法第七十三条の二第一項の差押通知書（振替機関等に対するもの）	別紙第六号の三書式
法第八十二条第一項（交付要求の手続）の交付要求書	別紙第七号書式
法第八十六条第一項（参加差押の手続）の参加差押書	別紙第八号書式
法第百十八条（売却決定通知書の交付）の売却決定通知書	別紙第九号書式
法第百三十一条（配当計算書）の配当計算書	別紙第十号書式
法第百四十六条第二項（捜索調書の作成）の捜索調書	別紙第十一号書式
法第百四十七条第二項（身分証明書の呈示）の身分証明書並びに前条第二項（身分証明書の交付等）の国税収納官吏章及び同条第三項の歳入歳出外現金出納官吏章	別紙第十二号書式

2　法第六十七条第四項（差し押えた債権の取立て）において準用する国税通則法（昭和三十七年法律第六十六号）第五十五条第二項（納付受託証書の交付）の納付受託証書の様式及び作成の方法は、国税通則法施行規則（昭和三十七年大蔵省令第二十八号）別紙第六号書式に所要の調整を加えたものによる。

3　令第五十一条（滞納処分費の納入の告知の手続）の納入告知書の様式及び作成の方法は、国税通則法施行規則別紙第二号書式又は第二号の二書式にこれらの書式中「納税告知書」を「納入告知書」とすることその他所要の調整を加えたものによる。

附　則

1　この省令は、国税通則法の施行等に伴う関係法令の整備等に関する法律（昭和三十七年法律第六十七号）の施行の日から施行する。

2　この省令による改正前の国税徴収法施行規則に定める書式は、当分の間、所要の調整をして使用することができる。

別紙第１号書式

納　付　通　知　書

年　月　日

第二次納税義務者

住　所

氏名又は名称　　殿

税務署長

官　氏　名㊞

あなたは、下記法律の規定により、下記納税者の滞納国税及び滞納処分費につき、下記金額の第二次納税義務を負うこととなりましたので、納付の期限までに納付して下さい。

納税者	住　所					氏名又は名称				
滞納国税等	年　度	税　目	納期限	本　税	加算税	加算税	延滞税	利子税	滞納処分費	備　考
				円	円	円	法律による金額　円	円	法律による金額　円	
							〃		〃	
							〃		〃	
							〃		〃	
上記納税者の滞納国税及び滞納処分費につき、あなたが第二次納税義務者として納付すべき金額						円				
納付の期限	年　月　日					納付場所	日本銀行の本店、支店、代理店若しくは歳入代理店又は当税務署			
あなたがこの第二次納税義務を課されることの根拠となる法律の規定						国税徴収法第　条第　項				

備　考

1　用紙の大きさは、日本工業規格Ａ列４とする。

2　居所、事務所又は事業所が用いられている場合には、当該居所、事務所又は事業所を住所欄に記載するものとする。

3　窓付き封筒を用いる場合には、あて先欄は、日本工業規格に適合するように位置及び大きさを定めるものとする。

4　必要があるときは、所要の事項を付記し、又は納付場所の記載を変更することができる。

5　国税局又は税関において発行する場合には、この書式中「税務署長」又は「税務署」とあるのは、それぞれ「国税局長」若しくは「国税局」又は「税関長」若しくは「税関」とする。

6　法第24条第２項前段の書面については、この書式中「納付通知書」を「譲渡担保権者に対する告知書」とすることその他所要の調整を加えた書式によるものとする。

別紙第2号書式

納　付　催　告　書

あなたにまえに納付通知をした第二次納税義務に係る国税が下記のとおり滞納となつています。納付書で、日本銀行（本店、支店、代理店若しくは歳入代理店）又は当税務署に、至急納付して下さい。

第二次納税義務者

住　　所

氏名又は名称　　　殿

納付催告書発付　　年　　月　　日

税務署長　官　氏　　　名㊞

第　　号	住　　所	
	氏名又は名称	
上記納税者に係る第二次納税義務者としてあなたが納付すべき滞納金額		円

◎納付書は、収納機関の窓口に備えてあります。

備　考

第1号書式備考1から5までは、この書式について準用する。

別紙第3号書式

差　押　調　書

年　月　日

税務署

官　氏　名㊞

下記の滞納国税及び滞納処分費を徴収するため、下記の財産を差し押えましたので、国税徴収法第54条の規定により、この調書を作ります。

滞納者	住所					氏名又は名称				
滞納国税等	年度	税目	納期限	本税	加算税	加算税	延滞税	利子税	滞納処分費	備考
				円	円	円	法律による金額 円	円	法律による金額 円	
							〃		〃	
							〃		〃	
							〃		〃	
差押財産	（名称、数量、性質及び所在）									

備　考

1　第1号書式備考1、2、4及び5は、この書式について準用する。

2　第二次納税義務者若しくは保証人の財産を差し押える場合、法第24条第3項の規定により譲渡担保財産を差し押える場合又は法第159条第1項若しくは国税通則法第38条第3項の規定により差し押える場合には、必要な事項について所要の調整を加えることができる。

3　法第65条（法第73条第5項において準用する場合を含む。）の規定による証書の取上げに際し、令第28条第2項の規定の適用を受けて差押調書を作成する場合には、その証書の名称その他必要な事項を「差押財産」欄に附記するものとする。

4　法第146条第3項の規定の適用がある場合又は差押財産を滞納者若しくは第三者に保管させる場合には、この書式に定める事項のほか、捜索及び立会いに関する事項又は差押財産の保管に関する事項を記載することその他所要の調整を加えることができる。

別紙第４号書式

債　権　差　押　通　知　書

年　月　日

第三債務者
住　所
氏名又は名称　　　　殿

税務署
官　氏　　名㊞

下記の滞納国税及び滞納処分費を徴収するため、下記の債権を差し押えます。
差押債権は、下記の履行期限までに当税務署に支払つて下さい。
なお、この通知を受けた後は、債権者に支払つてもその支払は無効です。

滞納者（債権者）	住　所					氏名又は名称				
滞納国税等	年　度	税　目	納期限	本　税	加算税	加算税	延滞税	利子税	滞納処分費	備　考
				円	円	円	法律による金額　円	円	法律による金額　円	
							〃		〃	
							〃		〃	
							〃		〃	
差押債権	（種類及び額）									
履行期限										

備　考
第１号書式備考１から５まで及び第３号書式備考２は、この書式について準用する。

別紙第４号の２書式

債権差押通知書

電子債権記録機関　　　　　　　　　　　　　　　　年　　月　　日
所　在　地　　　　　　　　　　　　　　　　　　税　務　署
名　　称　　　　　　　殿　　　　　　　　　　　官　氏　名　㊞

下記の滞納国税及び滞納処分費を徴収するため、下記の電子記録債権を差し押さえます。

この通知を受けた後に差押電子記録債権の電子記録をしてもその電子記録は無効です。

滞納者	住所					氏名又は名称				
滞納国税等	年度	税目	納期限	本税	加算税	加算税	延滞税	利子税	滞納処分費	備考
				円	円	円	法律による金額 円	円	法律による金額 円	
							〃		〃	
							〃		〃	
							〃		〃	
差押電子記録債権	（種類及び額）									

備　考
第１号書式備考１から５まで及び第３号書式備考２は、この書式について準用する。

別紙第５号書式

差　　押　　書

年　月　日

滞納者
住　所
氏名又は名称　　殿

税務署
官　氏　名㊞

下記の滞納国税及び滞納処分費を徴収するため、下記の財産を差し押えます。

滞納者	住　所				氏名又は名称					
滞納国税等	年度	税　目	納期限	本　税	加算税	加算税	延滞税	利子税	滞納処分費	備　考
				円	円	円	法律による金額　円	円	法律による金額　円	
							〃		〃	
							〃		〃	
							〃		〃	
差押財産	（名称、数量、性質及び所在）									

備　考
第１号書式備考１から５まで及び第３号書式備考２は、この書式について準用する。

別紙第６号書式

差　押　通　知　書

年　月　日

第三債務者等
住　所
氏名又は名称　　　　殿

税務署
官　氏　　名㊞

下記の滞納国税及び滞納処分費を徴収するため、下記の財産を差し押えます。

滞納者（権利者）	住　所					氏名又は名称				
滞納国税等	年　度	税　目	納期限	本　税	加算税	加算税	延滞税	利子税	滞納処分費	備　考
				円	円	円	法律による金額　円	円	法律による金額　円	
							〃		〃	
							〃		〃	
							〃		〃	
差押財産	（名称、数量、性質及び所在）									

備　考
　第１号書式備考１から５まで及び第３号書式備考２は、この書式について準用する。

別紙第6号の2書式

差押通知書

発行者　　　　　　　　　　　　　　　　　　　　　　　年　　月　　日
所在地　　　　　　　　　　　　　　　　　　　　　税　務　署
名　称　　　　　　　　殿　　　　　　　　　　　　　　官　氏　名　㊞

下記の滞納国税及び滞納処分費を徴収するため、下記の振替社債等を差し押さえます。

差押振替社債等について金銭の支払等をする場合には、当税務署に対して履行してください。

なお、この通知を受けた後は、滞納者に履行してもその履行は無効です。

滞納者	住所					氏名又は名称				
滞納国税等	年度	税目	納期限	本税	加算税	加算税	延滞税	利子税	滞納処分費	備考
				円	円	円	法律による金額 円	円	法律による金額 円	
							〃		〃	
							〃		〃	
							〃		〃	
差押振替社債等	（種類及び額又は数）									

備　考
第1号書式備考1から5まで及び第3号書式備考2は、この書式について準用する。

別紙第６号の３書式

差押通知書

振替機関等　　　　　　　　　　　　　　　　　　　　年　月　日
所　在　地　　　　　　　　　　　　　　　　　税　務　署
名　　　称　　　　　　殿　　　　　　　　　　　官　氏　名　㊞

下記の滞納国税及び滞納処分費を徴収するため、下記の振替社債等を差し押さえます。

この通知を受けた後に差押振替社債等の振替又は抹消をしてもその振替又は抹消は無効です。

滞納者	住所					氏名又は名称				
滞納国税等	年度	税目	納期限	本税	加算税	加算税	延滞税	利子税	滞納処分費	備考
				円	円	円	法律による金額 円	円	法律による金額 円	
							〃		〃	
							〃		〃	
							〃		〃	
差押振替社債等	（種類及び額又は数）									

備考

第１号書式備考１から５まで及び第３号書式備考２は、この書式について準用する。

別紙第７号書式

交　付　要　求　書

年　月　日

要求先の執行機関
所在地
名　称　　　殿

税務署長
官　氏　　名㊞

下記の滞納国税及び滞納処分費を徴収するため、下記の財産について、国税徴収法第82条第１項の規定により、交付要求をします。

滞納者	住　所					氏名又は名称				
滞納国税等	年　度	税　目	納期限	本　税	加算税	加算税	延滞税	利子税	滞納処分費	備　考
				円	円	円	法律による金額　円	円	法律による金額　円	
							〃		〃	
							〃		〃	
							〃		〃	
交付要求に係る財産	（名称、数量、性質及び所在）									

備　考

1　第１号書式備考１から５までは、この書式について準用する。

2　交付要求に係る強制換価手続が滞納処分以外の手続である場合には、その手続に係る事件の表示を記載することその他所要の調整を加えるものとする。

3　滞納者の不動産（換価執行決定（法第89条の２第１項に規定する換価執行決定をいう。以下同じ。）がされたものに限る。）につき滞納処分が行われた場合において、交付要求をするときは、この書式中「執行機関」とあるのは、「換価執行決定をした行政機関等」とする。

4　第二次納税義務者若しくは保証人として納付すべき国税又は法第24条第１項の規定により徴収する国税について交付要求をする場合には、必要な事項について所要の調整を加えることができる。

5　法第22条第５項の規定により交付要求をする場合には、同条第１項の規定により徴収しようとする金額、同項に規定する質権者又は抵当権者の住所及び氏名又は名称並びに同条第５項の規定により交付要求をする旨を記載することその他所要の調整を加えることができる。

6　５は、法第23条第３項において準用する法第22条第５項の規定による交付要求をする場合について準用する。

7　法第159条第９項（国税通則法第38条第４項において準用する場合を含む。）の規定により交付要求をする場合には、その旨を記載することその他所要の調整を加えることができる。

別紙第8号書式

参加差押書

参加差押先の執行機関
所在地
名称　　　殿

年　月　日

税務署長
官　氏　名㊞

下記の国税及び滞納処分費を徴収するため、下記の財産について、国税徴収法第86条第1項の規定により、参加差押えをします。

滞納者	住所					氏名又は名称				
滞納国税等	年度	税目	納期限	本税	加算税	加算税	延滞税	利子税	滞納処分費	備考
				円	円	円	法律による金額　円	円	法律による金額　円	
							〃		〃	
							〃		〃	
							〃		〃	
参加差押財産	（名称、数量、性質及び所在）									

備　考
第1号書式備考1から5まで並びに第7号書式備考3、4及び7は、この書式について準用する。

別紙第9号書式

売　却　決　定　通　知　書

年　月　日

買受人
住　所
氏名又は名称　　　殿

税務署長
官　氏　　名㊞

下記のとおり、換価財産の売却決定をしました。

滞納者	住所		氏名又は名称	
売却した財産	名称、性質及び所在		数量	売却価額
				円
代金納付年月日	年　月　日			

備　考

1　第1号書式備考1から3まで及び5は、この書式について準用する。
2　換価財産の種類に応じ必要があるときは、記載事項について所要の調整を加えることができる。

別紙第10号書式

配　当　計　算　書

年　月　日

税務署長
官　氏　名㊞

下記受入欄に記載の換価代金等については、下記の交付期日及び場所において支払欄又は残余金欄に記載のとおり配当又は交付をすることとなりましたので、国税徴収法第131条の規定により、この計算書を作ります。

滞納者	住所		氏名又は名称	

	換価財産等の名称、数量、性質及び所在	金額
受入		円

	債権者の住所及び氏名又は名称	税務署長が確認した債権額	配当順位	配当金額	備考
支払		円		円	

残余金	円	換価代金等の交付	期日	年　月　日
			場所	

備考

第1号書式備考1、2、4及び5は、この書式について準用する。

別紙第11号書式

捜　索　調　書

年　月　日

税務署

官　氏　名㊞

下記の滞納国税及び滞納処分費につき滞納処分のため、下記のとおり捜索しましたので、国税徴収法第146条第1項の規定により、この調書を作ります。

滞納者	住所					氏名又は名称				
滞納国税等	年度	税目	納期限	本税	加算税	加算税	延滞税	利子税	滞納処分費	備考
				円	円	円	法律による金額　円	円	法律による金額　円	
							〃		〃	
							〃		〃	
							〃		〃	
捜索した場所又は物										
捜索した日時	年　月　日　午前・後　時から午前・後　時まで									
備考										
（立会人の署名押印）										

備　考

1　第1号書式備考1、2、4及び5は、この書式について準用する。

2　令第52条第1項ただし書の規定に該当する場合には、「滞納国税等」欄を省略することができる。

3　必要があるときは、この書式に定める事項のほか、差押財産の保管に関する事項を記載することその他所要の調整を加えることができる。

別紙第12号書式

第　　　号

徴 収 職 員 証 票

税 務 署

官 氏名

年　　月　　日生

年　　月　　日 交付

税 務 署 長　　　　　印

備考

1　用紙の大きさは、日本工業規格Ｂ列８とし、紙質は厚紙白紙とする。

2　国税収納官吏章又は歳入歳出外現金出納官吏章については、上記書式中「徴収職員証票」とあるのは「国税収納官吏章」又は「歳入歳出外現金出納官吏章」とする。

3　徴収職員証票の交付を受ける職員が、国税収納官吏又は歳入歳出外現金出納官吏であるときは、上記書式中「徴収職員証票」の下に「国税収納官吏章」又は「歳入歳出外現金出納官吏章」と並記することにより、国税収納官吏章又は歳入歳出外現金出納官吏章に代えることができる。

4　第１号書式備考５は、この書式について準用する。

滞納処分と強制執行等との手続の調整に関する法律

昭和三二年　五月　二日法律　九四号
最終改正　平成一六年一二月　三日法律一五二号

目次

第一章　総則（第一条・第二条）
第二章　滞納処分による差押えがされている財産に対する強制執行等
第一節　動産に対する強制執行等（第三条―第十一条の二）
第二節　不動産又は船舶等に対する強制執行等（第十二条―第二十条の二）
第三節　債権又はその他の財産権に対する強制執行等（第二十条の三―第二十条の十一）
第三章　強制執行等がされている財産に対する滞納処分
第一節　動産に対する滞納処分（第二十一条―第二十八条の二）
第二節　不動産又は船舶等に対する滞納処分（第二十九条―第三十六条の二）
第三節　債権又はその他の財産権に対する滞納処分（第三十六条の三―第三十六条の十四）
第四章　雑則（第三十七条）
附則

第一章　総則

（趣旨）

第一条　この法律は、滞納処分と強制執行、仮差押えの執行又は担保権の実行としての競売（以下単に「競売」という。）との手続の調整を図るため、これらの手続に関する規定の特例を定めるものとする。

（定義）

第二条　この法律において「滞納処分」とは、国税徴収法（昭和三十四年法律第百四十七号）による滞納処分及びその例による滞納処分をいう。

2　この法律において「徴収職員等」とは、徴収職員、徴税吏員その他滞納処分を執行する権限を有する者をいう。

3　この法律において「動産」とは民事執行法（昭和五十四年法律第四号）第百二十二条第一項に規定する動産をいい、「不動産」とは同法第四十三条第一項に規定する不動産（同条第二項の規定により不動産とみなされるものを含む。）をいい、「船舶」とは同法第百十二条に規定する船舶をいい、「航空機」とは航空法（昭和二十七年法律第二百三十一号）第五条に規定する新規登録がされた飛行機及び回転翼航空機をいい、「自動車」とは道路運送車両法（昭和二十六年法律第百八十五号）第十三条第一項に規定する登録自動車（自動車抵当法（昭和二十六年法律第百八十七号）第二条ただし書に規定する大型特殊自動車を除く。）をいい、「建設機械」とは建設機械抵当法（昭和二十九年法律第九十七号）第三条第一項の登記がされた建設機械をいい、「小型船舶」とは小型船舶の登録等に関する法律（平成十三年法律第百二号）第九条第一項に規定する登録小型船舶をいい、「債権」とは民事執行法第百四十三条に規定する債権をいい、「その他の財産権」とは動産、不動産、船舶、航空機、自動車、建設機械、小型船舶及び債権以外の財産権をいう。

第二章　滞納処分による差押えがされている財産に対する強制執行等

第一節　動産に対する強制執行等

（強制執行による差押え）

第三条　強制執行による差押えは、滞納処分による差押えがされている動産に対してもすることができる。

2　滞納処分による差押えがされている動産に対する強制執行による差押えは、執行官がその物を差し押さえる旨の書面を徴収職員等に交付することによつてする。

3　執行官は、前項の規定による差押をしたときは、その旨を債務者に通知しなければならない。

（売却手続の制限）

第四条　滞納処分による差押え後に強制執行による差押えをした動産については、入札、競り売りその他強制執行による売却のための手続は、滞納処分による差押えが解除された後でなければ、することができない。ただし、強制執行続行の決定があつたときは、この限りでない。

（滞納処分による差押えの解除時の処置等）

第五条　前条の動産について滞納処分による差押えを解除すべきときは、徴収職員等は、その動産を執行官に引き渡さなければならない。ただし、滞納処分による差押えの際債権者及び債務者以外の第三者が占有していた動産で、その者が執行官に引き渡すことを拒んだものについては、この限りでない。

2　前項ただし書の動産について滞納処分による差押えが解除されたときは、強制執行による差押えは、その効力を失う。ただし、その動産について滞納処分による参加差押えがされているときは、この限りでない。

3　前条の動産について滞納処分による差押えを解除すべき場

合において、その動産について強制執行による差押え前に滞納処分による参加差押えがされているときは、その参加差押えに係る滞納処分による差押えの効力の発生は、この法律の適用については、強制執行による差押えの時以前にさかのぼらないものとする。ただし、第一項ただし書の動産については、この限りでない。

4　第一項ただし書の動産について強制執行による差押え後に滞納処分による参加差押えがされているときは、強制執行による差押えは、この法律の適用については、その参加差押えに係る滞納処分による差押え後にされたものとみなす。

（売却代金の残余の交付等）

第六条　第四条の動産の滞納処分による売却代金又は有価証券の取立金について滞納者に交付すべき残余が生じたときは、徴収職員等は、これを執行官に交付しなければならない。

2　前項の規定により執行官が交付を受けた金銭及びその交付を受けた時は、配当又は弁済金の交付（以下「配当等」という。）に関しては、それぞれ動産の強制執行による売得金及び売得金の交付を受けた時とみなす。

3　第一項の売却代金又は取立金の残余が生じなかつたときは、徴収職員等は、その旨を執行官に通知しなければならない。

（強制執行による差押えの取消しの方法）

第七条　第四条の動産に対する強制執行による差押えの取消しは、執行官が差押えを取り消す旨の書面を徴収職員等に交付することによつてする。

（強制執行続行の決定の申請）

第八条　差押債権者又は民事執行法第百二十五条第三項前段の規定により配当要求の効力が生じた申立てに係る債権者は、次の場合には、第四条の動産について、執行裁判所に強制執行続行の決定を申請することができる。

一　法令の規定又はこれに基く処分により滞納処分の手続が進行しないとき。

二　国税徴収法第百五十九条第一項、国税通則法（昭和三十七年法律第六十六号）第三十八条第三項又は地方税法（昭和二十五年法律第二百二十六号）第十六条の四第一項（同条第十二項において準用する場合を含む。）の規定による差押（その例による差押を含む。）がされているとき。

三　前二号の場合を除き、相当期間内に公売その他滞納処分による売却がされないとき。

（強制執行続行の決定）

第九条　裁判所は、前条の申請があつた場合において、相当と認めるときは、強制執行を続行する旨の決定をしなければならない。

2　裁判所は、強制執行続行の決定をするには、あらかじめ徴収職員等の意見をきかなければならない。

3　強制執行続行の決定は、徴収職員等に告知することによつてその効力を生ずる。

4　強制執行続行の決定に対しては、不服を申し立てることができない。

第十条　強制執行続行の決定があつたときは、この法律の適用については、滞納処分による差押は、強制執行による差押後にされたものとみなす。

2　第五条第一項の規定は、強制執行続行の決定があつた場合に準用する。

3　強制執行続行の決定があつたときは、徴収職員等は、滞納処分による差押えに係る国税及びその滞納処分費並びに地方税その他の徴収金（以下「差押え国税等」という。）を徴収するには、執行官にその交付を求めなければならない。

4　国税徴収法第十二条又は地方税法第十四条の六の規定は、前項の規定による交付の要求があつた場合についても適用があるものとする。

（仮差押えの執行）

第十一条　第三条、第五条第一項及び第二項、第六条第一項及び第三項並びに第七条の規定は、滞納処分による差押えがされている動産に対する仮差押えの執行に関して準用する。ただし、第五条第一項本文の規定は、その動産で仮差押えの執行がされているものについて滞納処分による参加差押えがされているときは、この限りでない。

2　第五条第四項の規定は、前項の動産で仮差押えの執行後に滞納処分による参加差押えがされているものに関して準用する。

3　第一項において準用する第六条第一項の規定により執行官が交付を受けた金銭は、仮差押えの執行がされている動産を他の債権のための強制執行により売却した場合における売得金とみなす。

（競売）

第十一条の二　第三条、第四条、第五条第一項本文及び第三項本文並びに第六条から第十条までの規定は、滞納処分による差押えがされている動産を目的とする競売について準用する。

第二節　不動産又は船舶等に対する強制執行等

（強制競売開始の通知）

第十二条　強制競売の開始決定は、滞納処分による差押えがされている不動産に対してもすることができる。

2　滞納処分による差押えがされている不動産に対し強制競売の開始決定があつたときは、裁判所書記官は、その旨を徴収職員等に通知しなければならない。

（強制競売の手続の制限）

第十三条　滞納処分による差押え後に強制競売の開始決定をした不動産については、民事執行法第四十九条の規定による手続その他売却のための手続は、滞納処分による差押えが解除された後でなければ、することができない。ただし、強制執行続行の決定があつたときは、この限りでない。

2　第五条第三項本文の規定は、前項の不動産に関して準用する。

（滞納処分による差押の解除の通知）

第十四条　徴収職員等は、前条第一項の不動産について滞納処分による差押を解除したときは、その旨を裁判所に通知しなければならない。

（強制競売の申立ての取下げ等の通知）

第十五条　第十三条第一項の不動産について、強制競売の申立てが取り下げられたとき、又は強制競売の手続を取り消す決定が効力を生じたときは、裁判所書記官は、その旨を徴収職員等に通知しなければならない。

（差押えの登記のまつ消）

第十六条　登記官は、第十三条第一項の不動産について公売処分による権利移転の登記をしたときは、強制競売に係る差押えの登記をまつ消しなければならない。

（売却代金の残余の交付等の規定の準用）

第十七条　第六条、第八条、第九条並びに第十条第一項、第三項及び第四項の規定は、第十三条第一項の不動産に関して準用する。この場合において、第六条及び第十条第三項中「執行官」とあるのは「裁判所」と、第六条第二項中「売得金の交付を受けた時」とあるのは「配当要求の終期」と読み替えるものとする。

（仮差押えの執行）

第十八条　第十二条及び第十五条の規定は、滞納処分による差押えがされている不動産に対する仮差押えの執行に関して準用する。

2　滞納処分による差押後に仮差押の執行をした不動産の滞納処分による売却代金について滞納者に交付すべき残余を生じたときは、徴収職員等は、これをその不動産に対する強制執行について管轄権を有する裁判所に交付しなければならない。

3　前項の規定により裁判所が交付を受けた金銭は、仮差押の執行がされている不動産を他の債権のための強制競売により売却した場合における売却代金とみなす。

（船舶に対する強制執行及び仮差押の執行）

第十九条　第十二条から前条までの規定は、滞納処分による差押がされている船舶で登記されるものに対する強制執行又は仮差押の執行に関して準用する。

（競売）

第二十条　第十二条から第十七条までの規定は、滞納処分による差押えがされている不動産又は船舶を目的とする競売に関して準用する。

（航空機等に対する強制執行等）

第二十条の二　強制執行、仮差押えの執行又は競売は、滞納処分による差押えがされている航空機、自動車、建設機械又は小型船舶に対してもすることができる。

2　前項の場合における滞納処分と強制執行、仮差押えの執行又は競売との手続の調整について必要な事項は、この節の定めるところに準じて、政令で定める。ただし、強制執行、仮差押えの執行及び競売に関する事項は、最高裁判所が定める。

第三節　債権又はその他の財産権に対する強制執行等

（強制執行による差押命令の通知）

第二十条の三　強制執行による差押命令又は差押処分は、滞納処分による差押えがされている債権に対しても発することができる。

2　滞納処分による差押えがされている債権に対し強制執行による差押命令又は差押処分が発せられた場合において、差押命令を発した執行裁判所又は差押処分をした裁判所書記官がその滞納処分を知つたときは、差押命令を発した執行裁判所の裁判所書記官又は差押処分をした裁判所書記官は、差押命令が発せられた旨を徴収職員等に通知しなければならない。ただし、第二十条の六第三項の規定による通知があつたときは、この限りでない。

（差押えが一部競合した場合の効力）

第二十条の四　債権の一部について滞納処分による差押えがされている場合において、その残余の部分を超えて強制執行による差押命令又は差押処分が発せられたときは、強制執行による差押えの効力は、その債権の全部に及ぶ。債権の全部について滞納処分による差押えがされている場合において、その債権の一部について強制執行による差押命令又は差押処分が発せられたときの強制執行による差押えの効力も、同様とする。

（取立て等の制限）

第二十条の五　滞納処分による差押えがされている債権に対し強制執行による差押命令又は差押処分が発せられたときは、強制執行による差押えをした債権者は、差押えに係る債権のうち滞納処分による差押えがされている部分については、滞納処分による差押えが解除された後でなければ、取立て又は民事執行法第百六十三条第一項の規定による請求をすることができない。

（第三債務者の供託）

第二十条の六　第三債務者は、滞納処分による差押えがされている金銭の支払を目的とする債権（以下「金銭債権」という。）について強制執行による差押命令又は差押処分の送達を受けたときは、その債権の全額に相当する金銭を債務の履行地の供託所に供託することができる。

2　第三債務者は、前項の規定による供託をしたときは、その事情を徴収職員等に届け出なければならない。

3　徴収職員等は、前項の規定による事情の届出を受けたときは、その旨を執行裁判所（差押処分がされている場合にあつては、当該差押処分をした裁判所書記官）に通知しなければならない。

（配当等の実施）

第二十条の七　前条第一項の規定による供託がされた場合においては、差押命令を発した執行裁判所又は差押処分をした裁判所書記官は、供託された金銭のうち、滞納処分による差押えがされた金銭債権の額に相当する部分については次条第一項において準用する第六条第一項の規定により払渡金の残余が交付され、又は滞納処分による差押えが解除されたときに、その余の部分については供託されたときに配当等を実施しなければならない。

2　前項の場合において、民事執行法第百六十五条（同法第百六十七条の十四において同法第百六十五条（第三号及び第四号を除く。）の規定を準用する場合を含む。以下この項において同じ。）の規定の適用については、同条第一号中「第百五十六条第一項」とあるのは、「滞納処分と強制執行等との手続の調整に関する法律第二十条の六第一項」とする。

3　次条第一項において準用する第六条第一項の規定による取立金又は売却代金の残余の交付及びその交付を受けた時は、配当等に関しては、それぞれ債権の強制執行による売却命令による売却及び売却命令により執行官が売得金の交付を受けた時とみなす。

（売却代金の残余の交付等の規定の準用）

第二十条の八　第六条第一項及び第三項、第八条、第九条、第十条第一項、第十四条並びに第十五条の規定は滞納処分が発せられた債権（以下この条において「差押え競合債権」という。）について、第五条第一項本文（第十条第二項において準用する場合を含む。）の規定は差押え競合債権で動産の引渡しを目的とするものについて、第十三条第一項の規定は差押え競合債権で条件付若しくは期限付であるもの又は反対給付に係ることその他の事由によりその取立てが困難であるもの（以下この条において「差押え競合の条件付等債権」という。）について、第十条第三項及び第四項の規定は差押え競合債権で動産の引渡しを目的とするもの及び差押え競合の条件付等債権で動産の引渡しを目的としないものについて、第十六条の規定は差押え競合債権で民事執行法第百五十条に規定するものについて準用する。この場合において、第六条第一項中「売却代金又は有価証券の取立金」とあるのは「第三債務者からの取立金若しくは第二十条の六第一項の規定により供託された金銭の払渡金又は売却代金」と、第六条第一項及び第三項並びに第十条第三項中「執行官」とあるのは「執行裁判所（差押処分がされている場合にあつては、当該差押処分をした裁判所書記官）」と、第六条第三項中「売却代金又は取立金」とあるのは「取立金若しくは払渡金又は売却代金」と、第十四条中「滞納処分による差押を」とあるのは「、第二十条の三第二項本文の規定による通知又は第二十条の六第二項の規定による事情の届出があつた場合において、滞納処分による差押えを」と、「裁判所」とあるのは「裁判所（差押処分がされている場合にあつては、当該差押処分をした裁判所書記官）」と、第十五条中「強制競売の申立てが」とあるのは「第二十条の三第二項本文又は第二十条の六第三項の規定による通知があつた場合において、強制執行による差押命令又は差押処分の申立てが」と、「強制競売の手続を取り消す決定」とあるのは「差押命令若しくは差押処分を取り消す決定又は差押処分を取り消す旨の裁判所書記官の処分」と、「裁判所書記官」とあるのは「差押命令を発した執行裁判所の裁判所書記官又は差押処分をした裁判所書記官」と読み替えるものとする。

２　前項において準用する第九条第一項の規定による強制執行続行の決定があつたときは、滞納処分による差押えについては、第三十六条の三第二項本文の規定による通知があつたものとみなす。

（仮差押えの執行）

第二十条の九　第十五条、第十八条第二項、第二十条の三、第二十条の四及び第二十条の六の規定は、滞納処分による差押えがされている債権に対する仮差押えの執行について準用する。この場合において、第十五条中「強制競売の申立てが」とあるのは「第二十条の九第一項において準用する第二十条の三第二項本文又は第二十条の六第三項の規定による通知があつた場合において、仮差押えの執行の申立てが」と、「強制競売の手続」とあるのは「仮差押えの執行」と、第十八条第二項中「売却代金」とあるのは「第三債務者からの取立金若しくは第二十条の九第一項において準用する第二十条の六第一項の規定により供託された金銭の払渡金又は売却代金」と読み替えるものとする。

２　第二十条の七第三項の規定は、前項において準用する第十八条第二項の規定により取立金若しくは払渡金又は売却代金の残余が交付された場合について準用する。

（担保権の実行又は行使）

第二十条の十　第二十条の三から第二十条の八までの規定は、滞納処分による差押えがされている債権を目的とする担保権の実行又は行使について準用する。

（その他の財産権に対する強制執行等）

第二十条の十一　滞納処分による差押えがされているその他の財産権に対する強制執行、仮差押えの執行又は担保権の実行については、特別の定めがあるもののほか、滞納処分による差押えがされている債権に対する強制執行、仮差押えの執行又は担保権の実行の例による。

２　第五条第三項本文（第十一条の二において準用する場合を

含む。）の規定は電話加入権について、第十六条（第二十条において準用する場合を含む。）の規定はその他の財産権で権利の移転について登記又は登録を要するものについて準用する。

第三章　強制執行等がされている財産に対する滞納処分

第一節　動産に対する滞納処分

（滞納処分による差押え）

第二十一条　滞納処分による差押えは、強制執行による差押えがされている動産に対してもすることができる。

2　強制執行による差押えがされている動産に対する滞納処分による差押えは、徴収職員等がその物を差し押さえる旨の書面を執行官に交付することによつてする。

3　徴収職員等は、前項の規定による差押をしたときは、その旨を滞納者に通知しなければならない。

（公売手続の制限）

第二十二条　強制執行による差押え後に滞納処分による差押えをした動産については、公売その他滞納処分による売却のための手続は、強制執行による差押えが取り消された後でなければ、することができない。ただし、滞納処分続行承認の決定があつたときは、この限りでない。

（強制執行による差押えの取消し時の処置）

第二十三条　前条の動産について強制執行による差押えを取り消すべきときは、執行官は、その動産を徴収職員等に引き渡さなければならない。

（滞納処分による差押えの解除の方法）

第二十四条　第二十二条の動産に対する滞納処分による差押えの解除は、徴収職員等が差押えを解除する旨の書面を執行官に交付することによつてする。

（滞納処分続行承認の決定の請求）

第二十五条　第二十二条の動産について強制執行が中止又は停止されたときは、徴収職員等は、執行裁判所に滞納処分続行承認の決定を請求することができる。

（滞納処分続行承認の決定）

第二十六条　裁判所は、前条の請求があつた場合において、相当と認めるときは、滞納処分の続行を承認する旨の決定をしなければならない。

2　滞納処分続行承認の決定は、執行官に告知することによつてその効力を生ずる。

3　滞納処分続行承認の決定に対しては、不服を申し立てることができない。

第二十七条　滞納処分続行承認の決定があつたときは、この法律の適用については、強制執行による差押は、滞納処分による差押後にされたものとみなす。

2　第二十三条の規定は、滞納処分続行承認の決定があつた場合に準用する。

（仮差押物に対する滞納処分）

第二十八条　第五条第一項本文、第六条第一項及び第三項、第七条並びに第十一条第三項の規定は、仮差押えの執行後に滞納処分による差押えをした動産に関して準用する。

（競売による差押えがされている動産に対する滞納処分）

第二十八条の二　第二十一条から第二十七条までの規定は、競売による差押えがされている動産に対する滞納処分について準用する。

第二節　不動産又は船舶等に対する滞納処分

（滞納処分の通知）

第二十九条　滞納処分による差押えは、強制競売の開始決定があつた不動産に対してもすることができる。

2　徴収職員等は、強制競売の開始決定があつた不動産に対し滞納処分による差押えをしたときは、その旨を執行裁判所に通知しなければならない。

（公売手続の制限）

第三十条　強制競売の開始決定後に滞納処分による差押えをした不動産については、公売その他滞納処分による売却のための手続は、強制競売の申立てが取り下げられた後又は強制競売の手続を取り消す決定が効力を生じた後でなければ、することができない。ただし、滞納処分続行承認の決定があつたときは、この限りでない。

（強制競売の申立ての取下げ等の通知）

第三十一条　前条の不動産について、強制競売の申立てが取り下げられたとき、又は強制競売の手続を取り消す決定が効力を生じたときは、裁判所書記官は、その旨を徴収職員等に通知しなければならない。

（差押登記のまつ消）

第三十二条　登記官は、第三十条の不動産について強制競売による権利移転の登記をしたときは、滞納処分に関する差押及び参加差押の登記をまつ消しなければならない。

（滞納処分続行承認の決定等の規定の準用）

第三十三条　第二十五条、第二十六条第一項及び第三項並びに第二十七条第一項の規定は、第三十条の不動産に関して準用する。

2　民事執行法第八十七条第三項、第九十一条第一項第六号及び第九十二条の規定は、強制執行による差押えの登記後滞納処分による差押えの登記前に登記された同法第八十七条第一項第四号に規定する権利の存する不動産について前項において準用する第二十六条第一項の規定による滞納処分続行承認の決定があつた場合の滞納処分に関して準用する。この場合において、同法第九十一条第一項中「裁判所書記官」とあり、及び同法第九十二条中「執行裁判所」とあるのは、「徴収職員等」と読み替えるものとする。

（仮差押不動産に対する滞納処分）

第三十四条 第十八条第二項及び第三項並びに第三十一条の規定は、仮差押えの執行後に滞納処分による差押えをした不動産に関して準用する。

2 民事執行法第八十七条第二項、第九十一条第一項第六号及び第九十二条の規定は、仮差押えの登記後滞納処分による差押えの登記前に登記された同法第八十七条第一項第四号に規定する権利の存する不動産に対する滞納処分に関して準用する。この場合において、同法第九十一条第一項中「裁判所書記官」とあり、及び同法第九十二条中「執行裁判所」とあるのは、「徴収職員等」と読み替えるものとする。

（船舶に対する滞納処分）

第三十五条 第二十九条から前条までの規定は、強制執行又は仮差押の執行がされている船舶で登記されるものに対する滞納処分に関して準用する。

（競売の開始決定後の滞納処分）

第三十六条 第二十九条から第三十三条までの規定は、競売の開始決定があつた不動産又は船舶に対する滞納処分に関して準用する。

（航空機等に対する滞納処分）

第三十六条の二 滞納処分による差押えは、強制執行又は競売が開始されている航空機、自動車、建設機械又は小型船舶に対してもすることができる。

2 第二十条の二第二項の規定は、前項の場合及び仮差押えの執行がされている航空機、自動車、建設機械又は小型船舶に対して滞納処分による差押えがされた場合における滞納処分と強制執行、仮差押えの執行又は競売との手続の調整について準用する。

第三節 債権又はその他の財産権に対する滞納処分

（滞納処分による差押えの通知）

第三十六条の三 滞納処分による差押えは、強制執行による差押えがされている債権に対してもすることができる。

2 徴収職員等は、強制執行による差押えがされている債権に対して滞納処分による差押えをした場合において、その強制執行を知つたときは、滞納処分による差押えをした旨を執行裁判所（差押処分がされている場合にあつては、当該差押処分をした裁判所書記官）に通知しなければならない。ただし、第三十六条の六第三項の規定による通知があつたときは、この限りでない。

（差押えが一部競合した場合の効力）

第三十六条の四 債権の一部について強制執行による差押えがされている場合において、その残余の部分を超えて滞納処分による差押えがされたときは、強制執行による差押えの効力は、その債権の全部に及ぶ。

(転付命令等の効力が生じない場合)

第三十六条の五　強制執行による転付命令又は譲渡命令（以下「転付命令等」という。）が第三債務者に送達される時までに転付命令等に係る債権について滞納処分による差押えがされたときは、転付命令等は、その効力を生じない。

(第三債務者の供託義務)

第三十六条の六　第三債務者は、強制執行による差押えをした債権者が提起した次条に規定する訴えの訴状の送達を受ける時までに、その差押えがされている金銭債権について滞納処分による差押えがされたときは、その債権の全額（強制執行による差押えの前に他の滞納処分による差押えがされているときは、その滞納処分による差押えがされた部分を差し引いた残額）に相当する金銭を債務の履行地の供託所に供託しなければならない。

2　第三債務者は、前項の規定による供託をしたときは、その事情を執行裁判所（差押処分がされている場合にあつては、当該差押処分をした裁判所書記官）に届け出なければならない。

3　前項の規定による事情の届出があつたときは、執行裁判所の裁判所書記官又は差押処分をした裁判所書記官は、その旨を徴収職員等に通知しなければならない。

4　第一項の規定により供託された金銭については、徴収職員等は、強制執行による差押命令若しくは差押処分の申立てが取り下げられた後又は差押命令若しくは差押処分を取り消す決定若しくは差押処分を取り消す旨の裁判所書記官の処分が効力を生じた後でなければ、払渡しを受けることができない。

(取立訴訟)

第三十六条の七　民事執行法第百五十七条（同法第百六十七条の十四において準用する場合を含む。以下この条、第三十六条の九及び第三十六条の十第一項において同じ。）の規定は、強制執行による差押えがされている金銭債権について滞納処分による差押えがされた場合において、強制執行又は滞納処分による差押えをした債権者が差押えをした債権に係る給付を求める訴えを提起したときについて準用する。この場合において、同法第百五十七条第一項中「訴状」とあるのは「強制執行による差押えをした債権者の訴状又はその者の共同訴訟人としての参加の申出の書面」と、同条第四項中「前条第二項」とあるのは「滞納処分と強制執行等との手続の調整に関する法律第三十六条の六第一項」と読み替えるものとする。

(取立ての制限)

第三十六条の八　強制執行による差押えがされている動産の引渡しを目的とする債権に対し滞納処分による差押えがされたときは、徴収職員等は、強制執行による差押命令の申立てが取り下げられた後又は差押命令を取り消す決定が効力を生じた後でなければ、その債権の取立てをすることができない。

（配当等の実施）

第三十六条の九　第三十六条の六第一項の規定又は第三十六条の七において準用する民事執行法第百五十七条第五項の規定による供託及び滞納処分による差押えをした債権者が提起した第三十六条の七に規定する訴えにおいて強制執行による差押えをした債権者が提出した共同訴訟人としての参加の申出の書面は、配当等に関しては、それぞれ同法第百五十六条第二項（第百六十七条の十四において準用する場合を含む。）の規定による供託及び同法第百五十七条第一項に規定する訴えの訴状とみなす。

（みなし交付要求等）

第三十六条の十　第三十六条の六第一項の規定又は第三十六条の七において準用する民事執行法第百五十七条第五項の規定により供託された金銭について執行裁判所が配当等を実施し、又は裁判所書記官が弁済金の交付を実施する場合においては、配当期日若しくは弁済金の交付の日までにされた第三十六条の三第二項本文の規定による通知又は第三十六条の六第二項の規定による事情の届出に係る差押え国税等については、滞納処分による差押えの時に交付要求があつたものとみなす。

2　徴収職員等は、前項の差押え国税等について滞納処分による差押えを解除したときは、その旨を執行裁判所（差押処分がされている場合にあつては、当該差押処分をした裁判所書記官）に通知しなければならない。

（滞納処分続行承認の決定等の規定の準用）

第三十六条の十一　第二十五条、第二十六条第一項及び第三項、第二十七条第一項並びに第三十一条の規定は強制執行による差押えの後に滞納処分による差押えがされた債権（以下この条において「差押え競合債権」という。）について、第二十三条（第二十七条第二項において準用する場合を含む。）の規定は差押え競合債権で動産の引渡しを目的とするものについて、第三十条の規定は差押え競合債権で条件付若しくは期限付であるもの又は反対給付に係ることその他の事由によりその取立てが困難であるものについて、第三十二条の規定は差押え競合債権で民事執行法第百五十条に規定するものについて準用する。この場合において、第三十一条中「強制競売の申立てが」とあるのは「第三十六条の三第二項本文の規定による通知又は第三十六条の六第二項の規定による事情の届出があつた場合において、強制執行による差押命令若しくは差押処分の申立てが」と、「強制競売の手続を取り消す決定」とあるのは「差押命令若しくは差押処分を取り消す決定若しくは差押処分を取り消す旨の裁判所書記官の処分」と、「裁判所書記官」とあるのは「差押命令を発した執行裁判所の裁判所書記官又は差押処分をした裁判所書記官」と、第三十条中「強制競売の申立てが」とあるのは「強制執行による差押命令若しくは差押処分の申立てが」と、「強制競売の手続を取り消す決定」とあるのは「差押命令若しくは差押処分を取り消す決定若しくは差押処分を取り消す旨の裁判所書記官の処分」と読み替えるものとする。

2　前項において準用する第二十六条第一項の規定による滞納処分続行承認の決定があつたときは、強制執行による差押命令又は差押処分については、第二十条の三第二項本文の規定による通知があつたものとみなす。

（仮差押えの執行がされている債権に対する滞納処分）

第三十六条の十二　第十八条第二項、第二十条の六、第三十一条及び第三十六条の四の規定は、仮差押えの執行後に滞納処分による差押えをした債権について準用する。この場合において、第十八条第二項中「売却代金」とあるのは「第三債務者からの取立金若しくは第三十六条の十二第一項において準用する第二十条の六第一項の規定により供託された金銭の払渡金又は売却代金」と、第三十一条中「強制競売の申立てが」とあるのは「滞納処分による差押えの通知があつた場合において、仮差押えの執行の申立てが」と、「強制競売の手続」とあるのは「仮差押えの執行」と読み替えるものとする。

2　第二十条の七第三項の規定は、前項において準用する第十八条第二項の規定により取立金若しくは払渡金又は売却代金の残余が交付された場合について準用する。

（担保権の実行又は行使による差押えがされている債権に対する滞納処分）

第三十六条の十三　第三十六条の三から第三十六条の十一までの規定は、担保権の実行又は行使による差押えがされている債権に対する滞納処分について準用する。

（その他の財産権に対する滞納処分）

第三十六条の十四　強制執行若しくは担保権の実行による差押え又は仮差押えの執行がされているその他の財産権に対する滞納処分については、特別の定めがあるもののほか、強制執行若しくは担保権の実行による差押え又は仮差押えの執行がされている債権に対する滞納処分の例による。

2　第三十二条（第三十六条において準用する場合を含む。）の規定は、その他の財産権で権利の移転について登記又は登録を要するものについて準用する。

第四章　雑則

（政令等への委任）

第三十七条　この法律の実施のため必要な事項は、政令で定める。ただし、強制執行、仮差押の執行及び競売に関する事項は、最高裁判所が定める。

附　則（抄）

1　この法律は、昭和三十二年十月一日から施行する。

滞納処分と強制執行等との手続の調整に関する政令

昭和三三年　八月　一日政令二四八号
最終改正　平成一六年一二月二七日政令四一九号

目次

第一章　総則（第一条）
第二章　滞納処分による差押えがされている財産に対する強制執行等
第一節　動産に対する強制執行等（第二条―第六条の二）
第二節　不動産又は船舶等に対する強制執行等（第七条―第十二条の四）
第三節　債権又は電話加入権に対する強制執行等（第十二条の五―第十二条の十三）
第三章　強制執行等がされている財産に対する滞納処分
第一節　動産に対する滞納処分（第十三条―第十七条の二）
第二節　不動産又は船舶等に対する滞納処分（第十八条―第二十八条）
第三節　債権又は電話加入権に対する滞納処分（第二十九条―第三十四条）
附則

第一章　総則

（定義）

第一条　この政令において「滞納処分」、「徴収職員等」、「動産」、「不動産」、「船舶」、「航空機」、「自動車」、「建設機械」、「小型船舶」又は「債権」とは、それぞれ滞納処分と強制執行等との手続の調整に関する法律（以下「法」という。）第二条に規定する滞納処分、徴収職員等、動産、不動産、船舶、航空機、自動車、建設機械、小型船舶又は債権をいう。

2　この政令において、「船舶国籍証書等」とは船舶国籍証書その他の登記される船舶の航行のために必要な文書をいい、「航空機登録証明書等」とは航空機登録証明書その他の航空機の運航のために必要な文書をいう。

第二章　滞納処分による差押えがされている財産に対する強制執行等

第一節　動産に対する強制執行等

（差押えに関する書類の閲覧等）

第二条　執行官が滞納処分による差押えがされている動産に対して強制執行による差押えをしようとする場合において、滞納処分による差押えに関する書類で差押調書その他その動産についての権利関係の確認又は評価の資料となるものの閲覧若しくは謄写又は謄本の交付を請求したときは、徴収職員等は、その請求に応じなければならない。

（滞納処分による差押えの解除時の処置）

第三条　法第四条の動産について滞納処分による差押えを解除すべきときは、徴収職員等は、速やかに、次の事項を執行官に書面で通知しなければならない。

一　滞納者の氏名及び住所又は居所

二　動産の名称、数量、性質及び所在

三　法第五条第一項の規定により動産の引渡しをする旨及び引渡しの場所

四　徴収職員等以外の者で動産の保管をしているものに直接に執行官への動産の引渡しをさせようとするときは、その旨

五　滞納処分による差押えの際債権者及び債務者以外の第三者が動産を占有していたときは、その旨

六　動産につき滞納処分による参加差押え（二以上の参加差押えがされているときは、そのうち最も先にされたもの）をしている徴収職員等の属する庁その他の事務所の名称及び所在並びにその動産の名称、数量、性質及び所在

2　前項第四号の場合には、同項の通知は、動産の保管をしている者にあてた執行官への動産の引渡しを依頼する旨の書面を添えてしなければならない。

3　徴収職員等は、法第五条第一項の規定により動産の引渡しをした場合において、国税徴収法（昭和三十四年法律第百四十七号）第八十一条の通知をするときは、執行官への動産の引渡しをした旨をも通知しなければならない。

4　徴収職員等は、法第五条第二項ただし書の動産につき、滞納処分による参加差押えをしている徴収職員等に引き渡したときは、法第三条第二項の規定により交付された書面をその徴収職員等に引き渡すとともに、その引渡しをした旨、引渡しを受けた徴収職員等の属する庁その他の事務所の名称及び所在並びにその動産の名称、数量、性質及び所在を執行官に通知しなければならない。

（売却代金等の残余の交付の際の通知）

第四条　徴収職員等は、法第六条第一項の規定により売却代金

又は有価証券の取立金の残余を執行官に交付するときは、売却した動産又は取立てに係る有価証券について、国税徴収法第百三十一条の配当計算書に記載すべき事項を執行官に通知しなければならない。

（強制執行続行の決定があつた場合の処置）

第五条 第三条第一項第一号から第五号まで及び第二項の規定は、法第四条の動産について強制執行続行の決定があつた場合に準用する。

2 国税徴収法第八十一条の規定は、法第十条第二項において準用する法第五条第一項の規定により徴収職員等が動産の引渡しをした場合に準用する。

（仮差押えの執行）

第六条 第二条から第四条までの規定は、滞納処分による差押えがされている動産に対する仮差押えの執行に関して準用する。ただし、滞納処分による差押え後に仮差押えの執行がされている動産で滞納処分による参加差押えがされているものについては、第三条第一項から第三項までの規定は、この限りでない。

（競売）

第六条の二 第二条、第三条第一項（第五号を除く。）、第二項及び第三項、第四条並びに第五条（同条第一項において準用する第三条第一項第五号を除く。）の規定は、滞納処分による差押えがされている動産を目的とする担保権の実行としての競売（以下「競売」という。）について準用する。

第二節 不動産又は船舶等に対する強制執行等

（滞納処分による差押の解除の通知）

第七条 法第十四条の通知は、次の事項を記載した書面でしなければならない。

一 滞納者の氏名及び住所又は居所

二 不動産の名称、数量、性質及び所在

三 滞納処分による差押を解除した旨及び解除の年月日

四 徴収職員等の属する庁その他の事務所の名称及び所在

五 不動産について滞納処分による参加差押えがされているときは、その参加差押（二以上の参加差押がされているときは、そのうち最も先に登記されたもの）をしている徴収職員等の属する庁その他の事務所の名称及び所在並びにその不動産の名称、数量、性質及び所在

2 徴収職員等は、前項の通知をした場合において、国税徴収法第八十一条の通知をするときは、不動産につき強制競売の開始決定がされている旨をも通知しなければならない。

（売却代金の残余の交付の際の通知）

第八条 第四条の規定は、法第十七条において準用する法第六条第一項の規定により売却代金の残余を裁判所に交付する場合に準用する。

（強制執行続行の決定があつた場合の通知）

第九条　国税徴収法第八十一条の規定は、法第十三条の不動産について強制執行続行の決定があつた場合に準用する。

（仮差押の執行）

第十条　第四条の規定は、法第十八条第二項の規定により売却代金の残余を裁判所に交付する場合に準用する。

２　徴収職員等は、法第十八条第二項の不動産について滞納処分による差押を解除したときは、その旨を仮差押の執行をした裁判所に通知しなければならない。

３　第七条第一項の規定は、前項の通知に準用する。

４　徴収職員等は、第二項の通知をした場合において、同項の不動産につき滞納処分による参加差押（二以上の参加差押がされているときは、そのうち最も先に登記されたもの）をしている徴収職員等に対し国税徴収法第八十一条の通知をするときは、その不動産につき仮差押の執行がされている旨をも通知しなければならない。

（船舶に対する強制執行）

第十一条　第七条から第九条までの規定は、滞納処分による差押えがされている船舶で登記されるものに対して強制執行が開始された場合について準用する。

２　徴収職員等は、法第十九条において準用する法第十二条第二項の規定による通知を受けた場合において、国税徴収法第七十条第三項の監守及び保存のため必要な処分として船舶国籍証書等を取り上げているときは、その旨を執行裁判所に通知しなければならない。

３　徴収職員等は、前項に規定する場合において、滞納処分による差押えを解除したときは、執行裁判所に対し、船舶国籍証書等を引き渡さなければならない。

４　前項の規定は、滞納処分による差押え後に強制競売の開始決定があつた船舶で登記されるものにつき強制執行続行の決定があつた場合について準用する。

（船舶に対する仮差押えの執行）

第十一条の二　第十条の規定は滞納処分による差押えがされている船舶で登記されるものに対して仮差押えの執行がされた場合について、前条第二項及び第三項の規定は滞納処分による差押えがされている船舶で登記されるものに対して船舶国籍証書等の取上げを命ずる方法による仮差押えの執行がされた場合について準用する。

（不動産又は船舶を目的とする競売）

第十二条　第七条から第九条までの規定は滞納処分による差押えがされている不動産を目的とする競売が開始された場合について、第十一条の規定は滞納処分による差押えがされている船舶を目的とする競売が開始された場合について準用する。

（航空機に対する強制執行等）

第十二条の二　法第五条第三項本文、法第六条第一項及び第三

項、法第十条第一項、第三項及び第四項、法第十四条並びに法第十六条並びに第十一条の規定は滞納処分による差押えがされている航空機に対して強制執行又は競売が開始された場合について、法第十八条第二項及び第十一条の二の規定は滞納処分による差押えがされている航空機に対して仮差押えの執行がされた場合について準用する。この場合において、法第六条第一項及び第三項並びに法第十条第三項中「執行官」とあるのは「執行裁判所」と、第十一条第二項（第十一条の二において準用する場合を含む。以下この条において同じ。）中「法第十九条」とあるのは「滞納処分と強制執行等との手続の調整に関する規則（昭和三十二年最高裁判所規則第十二号）第二十三条の二」と、同項、第十一条第三項（第十一条の二において準用する場合を含む。）及び第十一条の二中「船舶国籍証書等」とあるのは「航空機登録証明書等」と読み替えるものとする。

（自動車等に対する強制執行及び競売）

第十二条の三　法第五条第三項本文、法第六条第一項及び第三項、法第十条第一項、第三項及び第四項並びに法第十六条並びに第七条第二項、第八条及び第九条の規定は滞納処分による差押え後に強制執行又は競売が開始された自動車、建設機械又は小型船舶（以下この条において「差押え競合自動車等」という。）について、法第五条第一項（法第十条第二項において準用する場合を含む。）並びに第三条第一項及び第二項（これらの規定を第五条第一項において準用する場合を含む。）の規定は差押え競合自動車等で徴収職員等が占有しているものについて、法第十四条及び第七条第一項の規定は差押え競合自動車等で徴収職員等が占有していないものについて準用する。この場合において、法第六条第一項及び第三項並びに法第十条第三項並びに第三条第一項各号列記以外の部分（第五条第一項において準用する場合を含む。）中「執行官」とあるのは「執行裁判所」と、第七条第二項中「前項」とあるのは「第十二条の三第一項において準用する第三条第一項（第五条第一項において準用する場合を含む。）又は前項」と、法第五条第一項ただし書（法第十条第二項において準用する場合を含む。）中「及び債務者」とあるのは「、債務者、所有者及び民事執行規則（昭和五十四年最高裁判所規則第五号）第百七十六条第二項（同規則第百七十七条において準用する場合を含む。）において準用する同規則第百七十四条第二項の規定により引渡しを命じられている占有者」と読み替えるものとする。

2　徴収職員等は、滞納処分と強制執行等との手続の調整に関する規則（以下「規則」という。）第二十三条の三第一項において準用する法第十二条第二項の規定による通知を受けた場合において、差押え競合自動車等を占有しているときは、その旨を執行裁判所に通知しなければならない。

3　執行官が民事執行規則第八十九条第一項（同規則第九十八

条及び第百七十六条第二項（同規則第百七十七条において準用する場合を含む。）において準用する場合を含む。）の規定による開始決定により差押え競合自動車等の引渡しを受けている場合において、滞納処分による換価のため必要があるときは、徴収職員等は、執行裁判所に対し、執行官にその引渡しを命ずることを請求することができる。

4　第十四条（第四項後段を除く。）の規定は、前項の規定による請求に基づく差押え競合自動車等の引渡しについて準用する。

（自動車等に対する仮差押えの執行）

第十二条の四　法第十八条第二項及び第十条の規定は滞納処分による差押えがされている自動車、建設機械又は小型船舶に対して仮差押えの執行がされた場合について、前条第三項及び第四項の規定は滞納処分による差押えがされている自動車、建設機械又は小型船舶に対してその取上げを命ずる方法による仮差押えの執行がされた場合について、法第五条第一項並びに第三条第一項から第三項まで及び前条第二項の規定は滞納処分による差押えがされている自動車、建設機械又は小型船舶に対してその取上げを命ずる方法による仮差押えの執行がされた場合において徴収職員等がその占有をしているときについて準用する。この場合において、第三条第一項各号列記以外の部分中「執行官」とあるのは、「保全執行裁判所」と読み替えるものとする。

第三節　債権又は電話加入権に対する強制執行等

（事情届の方式）

第十二条の五　法第二十条の六第二項の規定による届出は、次の事項を記載した書面でしなければならない。

一　滞納者の氏名及び住所又は居所

二　強制執行事件の表示

三　債権の種類及び額その他の債権を特定するに足りる事項

四　他に滞納処分による差押えがあるときは、その差押えに係る徴収職員等の属する庁その他の事務所の名称及び所在並びに差押えの年月日及び範囲

五　供託の事由、供託した金額、供託所の表示、供託番号及び供託の年月日

2　前項の書面には、供託書正本を添付しなければならない。

3　強制執行による差押えの前に滞納処分による差押えが二以上されているときは、第一項の届出は、先に送達された債権差押通知書を発した徴収職員等に対してしなければならない。

（事情届があった旨の通知）

第十二条の六　法第二十条の六第三項の規定による通知は、次の事項を記載した書面でしなければならない。

一　前条第一項各号に掲げる事項

二　滞納処分による差押えの年月日及び範囲
三　第三債務者から供託の事情の届出があつた旨
四　徴収職員等の属する庁その他の事務所の名称及び所在

2　債権の一部について滞納処分による差押えがされている場合においては、前項の書面には、供託書正本の保管を証する書面を添付しなければならない。

（滞納処分による差押えの解除の通知等）

第十二条の七　法第二十条の八第一項において準用する法第十四条の通知は、次の事項を記載した書面でしなければならない。
一　第十二条の五第一項第一号から第三号まで及び前条第一項第四号に掲げる事項
二　滞納処分による差押えを解除した旨並びに差押えの解除の年月日及び範囲
三　法第二十条の六第一項の規定による供託がされているときは、払渡しの有無、払渡しを受けた金額並びに残余の有無及びその金額

2　第七条第二項の規定は、法第二十条の八第一項に規定する差押え競合債権（以下この節において「差押え競合債権」という。）について準用する。

3　徴収職員等は、法第二十条の六第一項の規定による供託に係る債権について、滞納処分による差押えの全部を解除したときは供託書正本を、その一部を解除したときは供託書正本の保管を証する書面を、第一項の書面に添付しなければならない。

4　第三条第一項（第五号及び第六号を除く。）及び第二項の規定は、差押え競合債権で動産の引渡しを目的とするものに対する滞納処分による差押えを解除すべき場合において規則第二十三条の五第二項の規定による通知があり、かつ、徴収職員等がその取立てをしているときについて準用する。

5　徴収職員等は、前項に規定する場合には、取り立てた動産を執行官に引き渡す前に、国税徴収法第八十一条に規定する者に対し、滞納処分による差押えを解除する旨、同項の債権について強制執行による差押えがされている旨、強制執行事件の表示並びに執行官に対し取り立てた動産を引き渡す旨及び引き渡すべき日を通知しなければならない。

6　前項の規定による通知をした者に対しては、国税徴収法第八十一条の通知をすることを要しない。

7　法第二十条の八第一項に規定する差押え競合の条件付等債権について、徴収職員等がその債権に関する証書の取上げをしている場合において、滞納処分による差押えの全部を解除したときは、その証書を第一項の書面に添付しなければならない。

（第三債務者からの取立金等の残余の交付の際の通知）

第十二条の八　第四条の規定は、法第二十条の八第一項において準用する法第六条第一項の規定により、第三債務者からの

取立金若しくは法第二十条の六第一項の規定により供託された金銭の払渡金又は売却代金の残余を執行裁判所（差押処分がされている場合にあつては、当該差押処分をした裁判所書記官）に交付する場合について準用する。

（強制執行続行の決定があつた場合の処置）

第十二条の九 強制執行続行の決定があつたときは、徴収職員等は、法第二十条の六第一項の規定による供託に係る供託書正本を執行裁判所（差押処分がされている場合にあつては、当該差押処分をした裁判所書記官）に送付しなければならない。

2 第十二条の七第四項から第七項まで及び国税徴収法第八十一条の規定は、差押え競合債権につき強制執行続行の決定があつた場合について準用する。

（差押えの登録のまつ消）

第十二条の十 法第十六条の規定は、差押え競合債権で権利の移転につき登録を要するものについて準用する。

（仮差押えの執行）

第十二条の十一 第十条第一項及び第二項、第十二条の五並びに第十二条の六第一項の規定は滞納処分による差押えがされている債権に対して仮差押えの執行がされた場合について、第十二条の七第一項の規定はこの項において準用する第十条第二項の規定による通知について準用する。この場合において、同条第一項中「売却代金」とあるのは「第三債務者からの取立金若しくは第二十条の九第一項において準用する法第二十条の六第一項の規定により供託された金銭の払渡金又は売却代金」と読み替えるものとする。

2 徴収職員等は、法第二十条の九第一項において準用する法第二十条の六第一項の規定による供託に係る債権について滞納処分による差押えの全部を解除したとき、又はその債権の一部について滞納処分による差押えがされている場合において差し押さえられた部分に相当する金銭の払渡しを受けたときは、供託書正本を保全執行裁判所に送付しなければならない。

（担保権の実行又は行使）

第十二条の十二 第十二条の五から第十二条の十までの規定は、滞納処分による差押えがされている債権を目的とする担保権の実行又は行使について準用する。

（電話加入権に対する強制執行等）

第十二条の十三 滞納処分による差押え後に強制執行若しくは担保権の実行による差押え又は仮差押えの執行がされた電話加入権に対して滞納処分による参加差押えがされているときは、法第二十条の十一第一項においてその例によることとされる第十二条の七第一項（第十二条の十一第一項及び前条において準用する場合を含む。）の書面には、その参加差押え（二以上の参加差押えがされているときは、そのうち最も先にされたもの）をしている徴収職員等の属する庁その他の事務所の名称及び所在並びにその電話加入権を特定するに足りる事項をも記載しなければならない。
2 第十条第四項の規定は、滞納処分による差押えがされている電話加入権に対して仮差押えの執行がされた場合について準用する。

第三章 強制執行等がされている財産に対する滞納処分

第一節 動産に対する滞納処分

（差押書）
第十三条 法第二十一条第二項の規定により執行官に交付する書面には、徴収職員等が次の事項を記載し、署名押印（記名押印を含む。以下同じ。）しなければならない。
一 滞納者の氏名及び住所又は居所
二 動産の名称、数量、性質及び所在
三 滞納処分による差押えをする旨
四 滞納処分による差押えに係る国税及びその滞納処分費又は地方税その他の徴収金の年度、種類、納付の期限及び金額
五 強制執行による差押えをした執行官の属する裁判所の名称
六 徴収職員等の属する庁その他の事務所の名称及び所在場所
七 書面を作成した年月日

（強制執行による差押えの取消し時の処置等）
第十四条 徴収職員等は、法第二十三条の規定により動産の引渡しをする旨の執行官の通知を受けたときは、遅滞なく、執行官から通知があつた引渡しの場所において動産を受け取らなければならない。この場合において、執行官以外の者で動産の保管をしているものから受け取るときは、その者にあてた徴収職員等への有体動産の引渡しを依頼する旨の執行官の書面をその者に交付するものとする。
2 徴収職員等は、法第二十三条の規定による引渡しに係る動産について必要があると認めるときは、その動産を滞納者又はこれを占有する第三者に保管させることができる。ただし、その第三者に保管させる場合には、その運搬が困難であるときを除き、その者の同意を受けなければならない。
3 前項の規定により動産を滞納者又は第三者に保管させたときは、徴収職員等は、封印、公示書その他の方法によりその動産が差押財産であることを明白に表示しなければならない。この場合においては、国税徴収法施行令（昭和三十四年政令第三百二十九号）第二十六条の規定を準用する。
4 徴収職員等は、法第二十三条の規定により動産の引渡しを受けたときは、速やかに、その旨を執行官及び滞納者に通知しなければならない。国税若しくはその滞納処分費又は地方

税その他の徴収金の交付を執行官に求めた徴収職員等で執行官から通知があつたものに対しても、同様とする。

5　法第二十三条の規定により動産の引渡しをする旨の執行官の通知があつた日の翌日以後の動産の保管に関する費用は、滞納処分費とする。

（差押解除書）

第十五条　法第二十四条の規定により執行官に交付する書面には、徴収職員等が次の事項を記載し、署名押印しなければならない。

一　第十三条第一号、第二号及び第五号から第七号までに掲げる事項

二　滞納処分による差押えを解除する旨

三　法第二十二条の動産につき滞納処分による参加差押えがされているときは、その参加差押え（二以上の参加差押えがされているときは、そのうち最も先にされたもの。以下この条において同じ。）をしている徴収職員等の属する庁その他の事務所の名称及び所在並びにその動産の名称、数量、性質及び所在

2　徴収職員等は、前項第三号の場合において、同号の動産につき滞納処分による参加差押えをしている徴収職員等に対し国税徴収法第八十一条の通知をするときは、その動産につき強制執行による差押えがされている旨をも通知しなければならない。

（滞納処分続行承認の決定があつた場合の処置等）

第十六条　第十四条の規定は、法第二十七条第二項において準用する法第二十三条の規定による動産の引渡しに関して準用する。

（仮差押物に対する滞納処分）

第十七条　第三条（第一項第五号を除く。）、第四条及び第十五条第二項の規定は、仮差押えの執行後に滞納処分による差押えをした動産に関して準用する。ただし、その動産で滞納処分による参加差押えがされているものについては、第三条第一項から第三項までの規定は、この限りでない。

（競売による差押えがされている動産に対する滞納処分）

第十七条の二　第十三条から第十六条までの規定は、競売による差押えがされている動産に対する滞納処分について準用する。

第二節　不動産又は船舶等に対する滞納処分

（強制競売に係る差押えの登記の通知）

第十八条　不動産に対する滞納処分による差押えの登記の嘱託があつた場合において、その不動産について強制競売に係る差押えの登記があるときは、登記官は、その旨を徴収職員等に通知しなければならない。

（滞納処分の通知）

第十九条　法第二十九条第二項の通知は、次の事項を記載した

書面でしなければならない。
一　第七条第一号、第二号及び第四号に掲げる事項
二　滞納処分による差押をした旨及び差押の年月日
三　滞納処分による差押に係る国税及びその滞納処分費又は地方税その他の徴収金の年度、種類、納付の期限及び金額

（強制競売の申立ての取下げ等の通知があつた場合の通知）

第二十条　徴収職員等は、法第三十一条の通知を受けたときは、速やかに、その旨を国税若しくはその滞納処分費又は地方税その他の徴収金の交付を裁判所に求めた徴収職員等で裁判所から通知があつたものに通知しなければならない。

（滞納処分による差押の解除の通知）

第二十一条　徴収職員等は、法第三十条の不動産について滞納処分による差押を解除したときは、その旨を裁判所に通知しなければならない。

2　第七条第一項及び第十五条第二項の規定は、前項の場合に準用する。

（滞納処分続行承認の決定があつた場合の通知）

第二十二条　第二十条の規定は、法第三十条の不動産について滞納処分続行承認の決定があつた場合に準用する。

（仮差押不動産に対する滞納処分）

第二十三条　第十条及び第十八条の規定は、仮差押の執行後に滞納処分による差押をした不動産に関して準用する。

（強制執行が開始されている船舶に対する滞納処分）

第二十四条　第十八条から第二十二条までの規定は、強制執行が開始されている船舶で登記されるものに対して滞納処分による差押えがされた場合について準用する。

2　徴収職員等は、強制競売の開始決定後に滞納処分による差押えがされた船舶で登記されるものについて、国税徴収法第七十条第三項の監守及び保存のため必要な処分として船舶国籍証書等を取り上げたときは、執行裁判所に対し、船舶国籍証書等を引き渡さなければならない。

（仮差押えの執行がされている船舶に対する滞納処分）

第二十四条の二　第十条及び第十八条の規定は、仮差押えの執行がされている船舶で登記されるものに対して滞納処分による差押えがされた場合について準用する。

（競売の開始決定があつた不動産又は船舶に対する滞納処分）

第二十五条　第十八条から第二十二条までの規定は競売の開始決定があつた不動産に対して滞納処分による差押えがされた場合について、第二十四条の規定は競売の開始決定があつた船舶に対して滞納処分による差押えがされた場合について準用する。

（航空機に対する滞納処分）

第二十六条　法第二十五条、法第二十七条第一項、法第二十九条第二項、法第三十条、法第三十二条及び法第三十三条第二項並びに第二十四条の規定は強制執行又は競売が開始されている航空機に対して滞納処分による差押えがされた場合につ

いて、法第十八条第二項及び法第三十四条第二項並びに第二十四条の二の規定は仮差押えの執行がされている航空機に対して滞納処分による差押えがされた場合について準用する。この場合において、第二十四条第二項中「船舶国籍証書等」とあるのは、「航空機登録証明書等」と読み替えるものとする。

（強制執行又は競売が開始されている自動車等に対する滞納処分）

第二十七条　法第二十五条、法第二十七条第一項、法第二十九条第二項、法第三十条、法第三十二条及び法第三十三条第二項並びに第十八条から第二十一条までの規定は強制執行又は競売が開始されている自動車、建設機械又は小型船舶に対して滞納処分による差押えがされた場合について、第十二条の三第三項及び第四項並びに第二十二条の規定は強制執行又は競売の開始後に滞納処分による差押えがされた自動車、建設機械又は小型船舶（以下この条において「差押え競合自動車等」という。）につき滞納処分続行承認の決定があつた場合について、法第五条第一項並びに第三条第一項及び第二項の規定は徴収職員等が差押え競合自動車等を占有した場合について準用する。この場合において、法第五条第一項及び第三条第一項中「滞納処分による差押えを解除すべきときは」とあるのは「滞納処分によりその占有をしたときは」と、法第五条第一項ただし書中「及び債務者」とあるのは「、債務者、所有者及び民事執行規則第百七十六条第二項（同規則第百七十七条において準用する場合を含む。）において準用する同規則第百七十四条第二項の規定により引渡しを命じられている占有者」と、第三条第一項各号列記以外の部分中「執行官」とあるのは「執行裁判所」と読み替えるものとする。

2　第十四条（第四項後段を除く。）の規定は、規則第四十一条第二項の規定による命令に基づく差押え競合自動車等の引渡しについて準用する。

（仮差押えの執行がされている自動車等に対する滞納処分）

第二十八条　法第十八条第二項及び法第三十四条第二項並びに第十条、第十二条の三第三項及び第四項並びに第十八条の規定は、仮差押えの執行がされている自動車、建設機械又は小型船舶に対して滞納処分による差押えがされた場合について準用する。

2　法第五条第一項本文及び第三条第一項から第三項までの規定は、徴収職員等が前項において準用する第十二条の三第三項の規定による請求に基づき自動車、建設機械又は小型船舶の引渡しを受けた場合において滞納処分による差押えを解除すべきときについて準用する。この場合において、第三条第一項各号列記以外の部分中「執行官」とあるのは、「保全執行裁判所」と読み替えるものとする。

第三節　債権又は電話加入権に対する滞納処分

（滞納処分による差押えの通知等）

第二十九条　法第三十六条の三第二項本文の規定による通知は、次の事項を記載した書面でしなければならない。

一　第十二条の五第一項第一号及び第三号並びに第十二条の六第一項第四号に掲げる事項

二　滞納処分による差押えをした旨並びに差押えの年月日及び範囲

三　滞納処分による差押えに係る国税及びその滞納処分費又は地方税その他の徴収金の年度、種類、納付の期限及び金額

2　徴収職員等は、法第三十六条の六第三項の規定による通知を受けたときは、前項の通知をしたときを除き、速やかに、同項第三号に掲げる事項を記載した書面を執行裁判所（差押処分がされている場合にあつては、当該差押処分をした裁判所書記官）に送付しなければならない。

3　徴収職員等は、強制執行による差押えがされている動産の引渡しを目的とする債権に対し滞納処分による差押えをした場合において、執行官が民事執行法（昭和五十四年法律第四号）第百六十三条第一項の申立てを受けていることを知つたときは、滞納処分による差押えをした旨をその執行官に通知しなければならない。

4　第一項（第三号を除く。）の規定は、前項の規定による通知について準用する。

（滞納処分による差押えの解除の通知）

第三十条　徴収職員等は、前条第三項の規定による通知をした場合において、滞納処分による差押えを解除したときは、その旨を執行官にも通知しなければならない。

2　第十二条の七第一項（第三号を除く。）の規定は、法第三十六条の十第二項又は前項の規定による通知について準用する。

（強制競売の申立ての取下げ等の通知があつた場合の通知等の規定の準用）

第三十一条　第二十条（第二十二条において準用する場合を含む。以下この条において同じ。）の規定は法第三十六条の十一第一項に規定する差押え競合債権（以下この条において「差押え競合債権」という。）について、第十四条（第四項後段を除く。）の規定（第十六条において準用する場合を含む。）は差押え競合債権で動産の引渡しを目的とするものについて、法第三十二条及び第十八条の規定は差押え競合債権で権利の移転について登録を要するものについて準用する。この場合において、第二十条中「裁判所に」とあるのは、「裁判所（差押処分がされている場合にあつては、当該差押処分をした裁判所書記官。以下この条において同じ。）に」と読み替えるも

のとする。

（仮差押えの執行がされている債権に対する滞納処分）

第三十二条　第十二条の十一の規定は仮差押えの執行がされている債権に対して滞納処分による差押えがされた場合について、第十八条の規定は仮差押えの執行がされている債権で権利の移転につき登録を要するものに対して滞納処分による差押えがされた場合について準用する。

（担保権の実行又は行使による差押えがされている債権に対する滞納処分）

第三十三条　第二十九条から第三十一条までの規定は、担保権の実行又は行使による差押えがされている債権に対する滞納処分について準用する。

（電話加入権に対する滞納処分）

第三十四条　第十二条の十三の規定は、強制執行若しくは担保権の実行による差押え又は仮差押えの執行後にされた電話加入権に対する滞納処分による差押えが解除された場合において滞納処分による参加差押えがされているときの通知について準用する。

附　則

この政令は、昭和三十二年十月一日から施行する。

滞納処分と強制執行等との手続の調整に関する規則

昭和三二年　八月　一日最高裁判所規則一二号
最終改正　平成二五年　三月二六日最高裁判所規則　二号

目次

第一章　総則（第一条―第三条）
第二章　滞納処分による差押えがされている財産に対する強制執行等
第一節　動産に対する強制執行等（第四条―第十四条の二）
第二節　不動産又は船舶等に対する強制執行等（第十五条―第二十三条の四）
第三節　債権又は電話加入権に対する強制執行等（第二十三条の五―第二十三条の七）
第三章　強制執行等がされている財産に対する滞納処分
第一節　動産に対する滞納処分（第二十四条―第三十一条）
第二節　不動産又は船舶等に対する滞納処分（第三十二条―第四十二条）
第三節　債権に対する滞納処分（第四十三条―第四十七条）
第四章　雑則（第四十八条）
附則

第一章　総則

（趣旨）

第一条　滞納処分と強制執行等との手続の調整に関する法律（昭和三十二年法律第九十四号。以下「法」という。）による手続の調整に関する事項で強制執行、仮差押えの執行又は担保権の実行としての競売（以下単に「競売」という。）に関するものについては、法に定めるもののほか、この規則の定めるところによる。

第二条　削除

（通知の方法等）

第三条　裁判所書記官又は執行官がこの規則の規定によつてする通知は、この規則に特別の定めがある場合のほか、相当と認める方法ですることができる。

2　裁判所書記官又は執行官は、前項の通知をしたときは、その旨及び通知の方法を記録上明らかにしなければならない。

3　第一項の通知は、これを受けるべき者の所在が明らかでないとき、又はその者が外国にあるときは、することを要しない。この場合においては、裁判所書記官又は執行官は、その事由を記録上明らかにしなければならない。

4　第二項の規定は、裁判所又は執行官が法又は法第三十七条の規定に基づく政令の規定による通知を受けた場合に準用する。

第二章　滞納処分による差押えがされている財産に対する強制執行等

第一節　動産に対する強制執行等

（差押えの管轄等）

第四条　法第三条第二項の規定による差押えは、滞納処分による差押えがされている動産の所在地を管轄する地方裁判所の所属の執行官がする。

2　執行官は、法第三条第二項の規定による差押をする場合において、必要があるときは、債権者の申立により、管轄区域以外においても職務を行うことができる。

（差押書の記載事項）

第五条　法第三条第二項の規定により徴収職員等に交付する書面（以下「差押書」という。）には、次に掲げる事項を記載して執行官が記名押印しなければならない。

一　当事者の住所及び氏名又は名称並びに事件番号及び事件名

二　債務名義の表示

三　執行をすべき債権の額

四　動産の種類、材質その他の動産を特定するに足りる事項及び動産の数量

五　強制執行による差押えをする旨

六　滞納処分による差押えをした徴収職員等の属する庁その他の事務所の名称

七　執行官の属する裁判所の名称

八　書面を作つた年月日

（差押調書の記載事項）

第六条　法第三条第二項の差押えをしたときに作成すべき差押調書に係る民事執行規則（昭和五十四年最高裁判所規則第五号）第十三条第一項第四号の実施した民事執行の内容の記載については、差押書を徴収職員等に交付した旨及びその方法を明らかにしなければならない。

（滞納処分による差押えの解除時の処置等）

第七条　執行官は、法第五条第一項の規定により動産の引渡しをする旨の徴収職員等の通知を受けたときは、遅滞なく、徴収職員等から通知があつた引渡しの場所において、動産を受け取らなければならない。この場合において、徴収職員等以外の者で動産の保管をしているものから受け取るときは、その者にあてた執行官への動産の引渡しを依頼する旨の徴収職

員等の書面をその者に交付するものとする。

2 前項の規定は、法第五条第一項ただし書の動産については適用しない。

3 執行官は、法第五条第一項の規定により動産の引渡しを受けたときは、速やかに、その旨を徴収職員等並びに差押債権者（民事執行法（昭和五十四年法律第四号）第百二十五条第三項前段の規定により配当要求の効力が生じた動産執行の申立てに係る債権者を含む。以下この節及び次章第一節において同じ。）及び債務者に通知しなければならない。滞納処分による差押えの際債権者及び債務者以外の第三者が占有していた動産についてその者が執行官に引き渡すことを拒んだときも、同様とする。

4 執行官は、前項の規定により通知をする場合において、当該動産について徴収職員等から滞納処分による参加差押えがされている旨の通知を受けているときは、差押債権者にその旨をも通知しなければならない。

5 法第五条第一項の規定により動産の引渡しをする旨の徴収職員等の通知があつた日の翌日以後の動産の保管の費用は、強制執行の費用とする。

（**動産の引渡しを受けた場合の調書等**）

第八条 法第五条第一項の規定により徴収職員等から動産の引渡しを受けたときに作成すべき調書に係る民事執行規則第十三条第一項第四号の実施した民事執行の内容の記載については、徴収職員等から差押物の引渡しを受けた旨及び引渡しの方法を明らかにしなければならない。

2 民事執行規則第百二条の規定は、前項の調書に準用する。

3 執行官は、法第五条第一項ただし書の規定により徴収職員等から差押物の引渡しを受けることができなかつたときは、その事由を記録上明らかにしなければならない。

（**売却代金の残余の交付を受けた場合等の通知**）

第九条 執行官は、法第六条第一項の規定により売却代金又は有価証券の取立金の残余の交付を受けたときは、速やかに、その旨を差押債権者及び債務者に通知しなければならない。法第六条第三項の通知を受けたときも、同様とする。

第十条 削除

（**差押取消書の記載事項**）

第十一条 法第七条の規定により徴収職員等に交付する書面には、次に掲げる事項を記載して執行官が記名押印しなければならない。

一 第五条第一号、第四号及び第六号から第八号までに掲げる事項

二 強制執行による差押えを取り消す旨

（**強制執行続行決定の際の意見聴取の方法**）

第十二条 法第九条第二項の規定による意見の聴取は、裁判所書記官が書面を徴収職員等に送付し、期限を付してその意見を聴く方法によるものとする。

（強制執行続行の決定があつた場合の処置等）

第十三条 第七条第一項から第三項まで及び第五項並びに第八条の規定は、法第十条第二項において準用する法第五条第一項の規定により執行官が動産の引渡しを受ける場合に関して準用する。

（仮差押えの執行）

第十四条 第四条から第九条まで及び第十一条の規定は、滞納処分による差押えがされている動産に対する仮差押えの執行に関して準用する。

（競売）

第十四条の二 第四条から第六条まで、第七条（第二項及び第三項後段を除く。）、第八条第一項及び第二項、第九条並びに第十一条から第十三条（同条において準用する第七条第二項及び第三項後段並びに第八条第三項を除く。）までの規定は、滞納処分による差押えがされている動産に対して競売が開始された場合について準用する。

第二節　不動産又は船舶等に対する強制執行等

（強制競売開始の通知の方法）

第十五条 法第十二条第二項の通知は、次に掲げる事項を記載した書面でしなければならない。

一　当事者の住所及び氏名又は名称並びに事件番号及び事件名

二　債務名義の表示

三　執行をすべき債権の額

四　不動産の表示

五　強制競売の開始決定があつた旨及び決定の年月日

六　裁判所の名称

（滞納処分による差押えが解除された場合の通知）

第十六条 法第十四条の通知があつたときは、裁判所書記官は、速やかに、その旨を差押債権者及び債務者に通知しなければならない。この場合においては、第七条第四項の規定を準用する。

（強制競売の申立ての取下げ等の通知の方法）

第十七条 法第十五条の通知は、次に掲げる事項を記載した書面でしなければならない。

一　第十五条第一号、第四号及び第六号に掲げる事項

二　強制競売の申立てが取り下げられ、又は強制競売の手続を取り消す決定が効力を生じた旨及びその年月日

（売却代金の残余の交付を受けた場合の処置）

第十八条 法第十七条において準用する法第六条第一項の規定により裁判所が売却代金の残余の交付を受けたときは、裁判所書記官は、裁判所が交付を受けた金銭及び交付を受けた年月日を記録上明らかにしなければならない。

（売却代金の残余の交付を受けた場合の通知等）

第十九条　第九条及び第十二条の規定は、法第十三条第一項の不動産に関して準用する。この場合において、第九条中「執行官は、」とあるのは、「裁判所書記官は、執行裁判所が」と読み替えるものとする。

2　前項において準用する第十二条の規定による書面の送付は、法第十二条第二項の通知とともにすることができる。

（強制執行続行の決定があつた場合の通知）

第二十条　第十六条前段の規定は、法第十七条において準用する法第九条第一項の規定により強制執行続行の決定があつた場合に準用する。

（仮差押えの執行）

第二十一条　第十五条の規定は法第十八条第一項において準用する法第十二条第二項の通知に、第十七条の規定は法第十八条第一項において準用する法第十五条の通知に準用する。

2　第九条前段及び第十八条の規定は、法第十八条第二項の規定により裁判所が売却代金の残余の交付を受けた場合に準用する。この場合において、第九条前段中「執行官は、」とあるのは、「裁判所書記官は、裁判所が」と読み替えるものとする。

（船舶に対する強制執行）

第二十二条　第十五条から第二十条までの規定は、滞納処分による差押えがされている船舶で登記されるものに対して強制執行が開始された場合について準用する。

2　前項の船舶について、船舶国籍証書その他の船舶の航行のために必要な文書（以下「船舶国籍証書等」という。）が執行裁判所に提出されたときは、裁判所書記官は、徴収職員等に対し、その旨を通知しなければならない。

（船舶に対する仮差押えの執行）

第二十二条の二　第二十一条の規定は、前条第一項の船舶に対して仮差押えの執行がされた場合について準用する。

2　執行官は、前項の船舶に対する仮差押えの執行として船舶国籍証書等を取り上げて保全執行裁判所に提出すべきことを命じられた場合において、徴収職員等が船舶国籍証書等を取り上げていることを知つたときは、その旨を保全執行裁判所に届け出なければならない。

3　前条第二項の規定は、執行官に対し船舶国籍証書等を取り上げて保全執行裁判所に提出すべきことを命ずる方法による仮差押えの執行（以下「船舶国籍証書等取上げの仮差押執行」という。）が第一項の船舶に対してされた場合について準用する。

（競売）

第二十三条　第十五条から第二十条までの規定は滞納処分による差押えがされている不動産又は船舶に対して競売が開始された場合について、第二十二条第二項の規定は滞納処分による差押えがされている船舶に対して競売が開始された場合について準用する。

（航空機に対する強制執行等）

第二十三条の二　法第六条第二項、法第八条、法第九条、法第十条第一項、法第十二条第二項、法第十三条及び法第十五条並びに第二十二条の規定は滞納処分による差押えがされている航空機に対して強制執行又は競売が開始された場合について、法第十二条第二項、法第十五条及び法第十八条第三項並びに第二十二条の二の規定は滞納処分による差押えがされている航空機に対して仮差押えの執行がされた場合について準用する。この場合において、法第六条第二項中「執行官」とあるのは「執行裁判所」と、「売得金の交付を受けた時」とあるのは「配当要求の終期」と、第二十二条第二項中「船舶国籍証書」とあるのは「航空機登録証明書」と読み替えるものとする。

（自動車等に対する強制執行及び自動車等の競売）

第二十三条の三　法第六条第二項、法第八条、法第九条、法第十条第一項、法第十二条第二項、法第十三条及び法第十五条並びに第十五条から第二十条までの規定は、滞納処分による差押えがされている自動車、建設機械又は小型船舶（以下「自動車等」という。）に対して強制執行又は競売が開始された場合について準用する。この場合において、法第六条第二項中「執行官」とあるのは「執行裁判所」と、「売得金の交付を受けた時」とあるのは「配当要求の終期」と読み替えるものとする。

2　滞納処分と強制執行等との手続の調整に関する政令（昭和三十二年政令第二百四十八号。以下「政令」という。）第十二条の三第一項において準用する政令第三条第一項（政令第五条第一項において準用する場合を含む。）の規定による通知があつたときは、執行裁判所は、執行官に対し、徴収職員等から通知があつた引渡しの場所において、徴収職員等が占有をした際に次に掲げる者の占有していた自動車等の引渡しを受けるよう命じなければならない。

一　債権者、債務者又は所有者

二　民事執行規則第百七十六条第二項（同規則第百七十七条において準用する場合を含む。）において準用する同規則第百七十四条第二項の規定により引渡しを命じられている者

三　前二号に掲げる者以外の者で執行官に対する引渡しを拒まないもの

3　第七条第一項後段及び第三項後段並びに民事執行規則第九十条第一項の規定は執行官が前項の規定による命令に基づいて自動車等の引渡しを受ける場合について、同規則第八十九条第一項ただし書の規定はこの項において準用する同規則第九十条第一項の規定による届出がされている場合について準用する。この場合において、第七条第三項後段中「債権者及び債務者」とあるのは、「第二十三条の三第二項第一号又は第二号に掲げる者」と読み替えるものとする。

4　前項において準用する民事執行規則第九十条第一項の規定

による届出が執行裁判所にされたときは、裁判所書記官は、速やかに、徴収職員等、差押債権者、債務者及び所有者に対し、その旨を通知しなければならない。
5　第二項の通知があつた日の翌日以後の自動車等の保管の費用は、強制執行又は競売の費用とする。
6　第二項の規定による命令があつた場合における民事執行規則第九十七条（同規則第九十八条及び第百七十六条第二項（同規則第百七十七条において準用する場合を含む。）において準用する場合を含む。）において準用する民事執行法第百二十条の規定の適用については、同条中「強制競売の開始決定」とあるのは、「滞納処分と強制執行等との手続の調整に関する規則第二十三条の三第二項の規定による命令」とする。
7　民事執行規則第九十条第一項（同規則第九十八条及び第百七十六条第二項（同規則第百七十七条において準用する場合を含む。）において準用する場合を含む。）の規定による届出が執行裁判所にされたときは、裁判所書記官は、徴収職員等に対し、その旨を通知しなければならない。
8　第一項の自動車等について、政令第十二条の三第三項の規定による請求があつたときは、執行裁判所は、執行官に対し、自動車等を徴収職員等に引き渡すよう命じなければならない。
9　執行官は、前項の規定による命令を受けたときは、速やかに、次に掲げる事項を徴収職員等に書面で通知しなければならない。
一　強制競売又は競売の事件の表示
二　自動車等の表示
三　前項の規定による命令により自動車等の引渡しをする旨及び引渡しの場所
四　執行官以外の者で自動車等の保管をしているものに直接に徴収職員等への自動車等の引渡しをさせようとするときは、その旨
10　前項第四号に規定する場合には、同項の規定による通知は、自動車等の保管をしている者にあてた徴収職員等への自動車等の引渡しを依頼する旨の書面を添えてしなければならない。
11　執行官は、第八項の規定による命令により自動車等の引渡しをしたとき（第九項第四号に規定する場合にあつては、同項の規定による通知を発したとき）は、その旨を執行裁判所に届け出なければならない。

（自動車等に対する仮差押えの執行）

第二十三条の四　法第十二条第二項、法第十五条及び法第十八条第三項並びに第二十一条の規定は前条第一項の自動車等に対して仮差押えの執行がされた場合について、同条第二項、第五項及び第八項から第十一項までの規定は執行官に対し自動車等を取り上げて保管すべき旨を命ずる方法による仮差押えの執行（以下「自動車等取上げの仮差押執行」という。）が

同条第一項の自動車等に対してされた場合について、第七条第一項後段及び第三項の規定は執行官がこの項において準用する前条第二項の規定による命令に基づいて自動車等の引渡しを受ける場合について準用する。

2　保全執行裁判所は、前条第一項の自動車等に対して自動車等取上げの仮差押執行をした場合において、その滞納処分を知つたときは、執行官に対し、自動車等を取り上げたときはその旨を保全執行裁判所に届け出るよう命じなければならない。

3　執行官は、前条第一項の自動車等に対する仮差押えの執行として自動車等を取り上げて保管すべきことを命じられた場合において、徴収職員等が自動車等を占有していることを知つたときは、その旨を保全執行裁判所に届け出なければならない。

4　第二項の規定による命令に基づいて保全執行裁判所に届出がされたときは、裁判所書記官は、徴収職員等に対し、執行官が自動車等を保管している旨を通知しなければならない。

第三節　債権又は電話加入権に対する強制執行等

（債権に対する強制執行及び債権を目的とする担保権の実行又は行使）

第二十三条の五　第九条、第十二条、第十五条、第十六条前段（第二十条において準用する場合を含む。）、第十七条、第十八条及び第十九条第二項の規定は滞納処分による差押えがされている債権に対して差押命令又は差押処分が発せられた場合について、第七条第一項、第三項前段及び第五項、第八条第一項及び第二項並びに第十三条（同条において準用する第七条第二項及び第三項後段並びに第八条第三項を除く。）の規定は滞納処分による差押えがされている動産の引渡請求権に対して差押命令が発せられた場合について準用する。この場合において、第九条中「執行官は、」とあるのは「執行裁判所の裁判所書記官又は差押処分をした裁判所書記官は、執行裁判所（差押処分がされた場合にあつては、当該差押処分をした裁判所書記官）が」と、「売却代金又は有価証券の取立金」とあるのは「第三債務者からの取立金若しくは法第二十条の六第一項の規定により供託された金銭の払渡金又は売却代金」と、第十五条中「法第十二条第二項」とあるのは「法第二十条の三第二項」と、同条第五号中「強制競売の開始決定があつた」とあるのは「差押命令又は差押処分が発せられた」と、「決定」とあるのは「差押命令又は差押処分」と、同条第六号中「裁判所」とあるのは「裁判所（差押処分がされた場合にあつては、当該差押処分をした裁判所書記官の属する裁判所）」と、第十六条前段（第二十条において準用する場合を含む。）中「裁判所書記官」とあるのは「執行裁判所の裁判所書記官又は差押処分をした裁判所書記官」と、第十七条第一号中「第十五条第一号、第四号及び第六号」とあるのは「第二十三条の五第一項において読み替えて準用する第十五条第一号、第四号及び第六号」と、同条第二号中「強制競売の申立て」とあるのは「差押命令若しくは差押処分の申立て」と、「強制競売の手続を取り消す決定」とあるのは「差押命令若しくは差押処分を取り消す決定若しくは差押処分を取り消す旨の裁判所書記官の処分」と、第十八条中「裁判所」とあるのは「執行裁判所（差押処分がされた場合にあつては、当該差押処分をした裁判所書記官）」と、「売却代金」とあるのは「第三債務者からの取立金若しくは法第二十条の六第一項の規定により供託された金銭の払渡金又は売却代金」と、「裁判所書記官」とあるのは「執行裁判所の裁判所書記官又は差押処分をした裁判所書記官」と、第十九条第二項中「前項」とあるのは「第二十三条の五第一項」と、「法第十二条第二項」とあるのは「法第二十条の三第二項」と、第二十条において準用する第十六条前段中「及び債務者」とあるのは「、債務者及び第三債務者」と読み替えるものとする。

2　執行官は、滞納処分による差押え後に差押命令が発せられた動産の引渡請求権について、民事執行法第百六十三条第一項（同法第百九十三条第二項において準用する場合を含む。以下この項において同じ。）の申立てを受けた場合において、その滞納処分を知つたときは、申立てが取り下げられたとき、又は申立てを却下したときを除き、次に掲げる事項を徴収職員等に書面で通知しなければならない。

一　強制執行又は担保権の実行若しくは行使の事件の表示
二　動産の引渡請求権の表示
三　民事執行法第百六十三条第一項の申立てを受けた旨
四　執行官の属する裁判所の名称

3　執行官は、前項の規定による通知をした場合において、同項に規定する申立てが取り下げられたとき、又はその申立てを却下したときは、その旨を徴収職員等に通知しなければならない。

（債権に対する仮差押えの執行）

第二十三条の六　第九条前段、第十五条、第十七条及び第十八条の規定は、滞納処分による差押えがされている債権に対して仮差押えの執行がされた場合について準用する。この場合において、第九条前段中「執行官は、」とあるのは「裁判所書記官は、保全執行裁判所が」と、「売却代金又は有価証券の取立金」とあるのは「第三債務者からの取立金若しくは法第二十条の九第一項において準用する法第二十条の六第一項の規定により供託された金銭の払渡金又は売却代金」と、第十五条中「法第十二条第二項」とあるのは「法第二十条の九第一項において準用する法第二十条の三第二項」と、第十八条中「売却代金」とあるのは「第三債務者からの取立金若しくは法第二十条の九第一項において準用する法第二十条の六第一項の規定により供託された金銭の払渡金又は売却代金」と読み替えるものとする。

（電話加入権に対する強制執行及び電話加入権を目的とする担保権の実行）

第二十三条の七 第七条第四項の規定は、電話加入権について法第二十条の十一第一項によりその例によることとされる第二十三条の五第一項において準用する第十六条前段の規定により通知をする場合について準用する。

第三章 強制執行等がされている財産に対する滞納処分

第一節 動産に対する滞納処分

（滞納処分による差押えがあつた場合の通知）

第二十四条 法第二十一条第二項の規定による差押えがあつたときは、執行官は、速やかに、その旨を差押債権者に通知しなければならない。

（強制執行による差押えの取消し時の処置）

第二十五条 法第二十二条の動産について強制執行による差押えを取り消すべきときは、執行官は、速やかに、次に掲げる事項を徴収職員等に書面で通知しなければならない。

一 第五条第一号及び第四号に掲げる事項

二 法第二十三条の規定により動産の引渡しをする旨及び引渡しの場所

三 執行官以外の者で動産の保管をしているものに直接に徴収職員等への動産の引渡しをさせようとするときは、その旨

四 国税若しくはその滞納処分費又は地方税その他の徴収金の交付の要求があつたときは、その交付を求めた徴収職員等の属する庁その他の事務所の名称及び所在

2 前項第三号の場合には、同項の通知は、動産の保管をしている者にあてた徴収職員等への動産の引渡しを依頼する旨の書面を添えてしなければならない。

第二十六条 削除

（滞納処分続行承認の決定の請求があつた場合の処置）

第二十七条 法第二十五条の請求があつたときは、裁判所書記官は、速やかに、その旨を差押債権者に通知しなければならない。

（滞納処分続行承認の決定があつた場合の処置）

第二十八条 滞納処分続行承認の決定があつたときは、執行官は、その旨を記録上明らかにしなければならない。

第二十九条 第二十五条の規定は、滞納処分続行承認の決定があつた場合に準用する。

（仮差押物に対する滞納処分）

第三十条 第七条第一項、第三項前段及び第五項、第八条、第九条並びに第十一条の規定は、仮差押えの執行後に滞納処分による差押えをした動産に関して準用する。

（競売による差押えがされている動産に対する滞納処分）
第三十一条　第二十四条、第二十五条及び第二十七条から第二十九条までの規定は、競売による差押えがされている動産に対して滞納処分による差押えがされた場合について準用する。

第二節　不動産又は船舶等に対する滞納処分

（滞納処分による差押えがされた場合の通知）
第三十二条　法第二十九条第二項の通知があつたときは、裁判所書記官は、速やかに、その旨を差押債権者に通知しなければならない。

（強制競売の申立ての取下げ等の通知の方法）
第三十三条　法第三十一条の通知は、次に掲げる事項を記載した書面でしなければならない。
一　第十五条第一号、第四号及び第六号に掲げる事項
二　第十七条第二号に掲げる事項
三　国税若しくはその滞納処分費又は地方税その他の徴収金の交付の要求があつたときは、その交付を求めた徴収職員等の属する庁その他の事務所の名称及び所在

第三十四条　削除

（滞納処分続行承認の請求があつた場合の処置）
第三十五条　第二十七条の規定は、法第三十条の不動産に関して準用する。

（滞納処分続行承認の決定があつた場合の通知）
第三十六条　滞納処分続行承認の決定があつたときは、裁判所書記官は、速やかに、第三十三条第三号に掲げる事項を徴収職員等に通知しなければならない。

（仮差押不動産に対する滞納処分）
第三十七条　第二十一条第二項並びに第三十三条第一号及び第二号の規定は、仮差押えの執行後に滞納処分による差押えをした不動産に関して準用する。

（強制執行がされている船舶に対する滞納処分）
第三十八条　第三十二条、第三十三条、第三十五条及び第三十六条の規定は、強制執行がされている船舶で登記されるものに対して滞納処分による差押えがされた場合について準用する。
2　執行裁判所は、政令第二十四条第二項の規定により船舶国籍証書等の引渡しを受けた場合において、強制競売の申立てが取り下げられ、若しくは強制競売の手続を取り消す決定が効力を生じたとき、又は滞納処分続行承認の決定をしたときは、徴収職員等に対し、船舶国籍証書等を引渡さなければならない。

（仮差押えの執行がされている船舶に対する滞納処分）
第三十八条の二　第三十七条の規定は、仮差押えの執行がされている船舶で登記されるものに対して滞納処分による差押えがされた場合について準用する。

（競売の開始決定後の滞納処分）

第三十九条　第三十二条、第三十三条、第三十五条及び第三十六条の規定は競売の開始決定があつた不動産又は船舶に対して滞納処分による差押えがされた場合について、第三十八条第二項の規定は競売の開始決定があつた船舶に対して滞納処分による差押えがされた場合について準用する。

（航空機に対する滞納処分）

第四十条　法第二十六条第一項及び第三項、法第二十七条第一項並びに法第三十一条並びに第三十八条の規定は強制執行又は競売が開始されている航空機に対して滞納処分による差押えがされた場合について、法第十八条第三項及び法第三十一条並びに第三十八条の二の規定は仮差押えの執行がされている航空機に対して滞納処分による差押えがされた場合について準用する。

（強制執行又は競売が開始されている自動車等に対する滞納処分）

第四十一条　法第二十六条第一項及び第三項、法第二十七条第一項並びに法第三十一条並びに第二十三条の三（第一項及び第七項を除く。）、第三十二条、第三十三条、第三十五条及び第三十六条の規定は、強制執行又は競売が開始されている自動車等に対して滞納処分による差押えがされた場合について準用する。

2　執行裁判所は、政令第二十七条第二項において準用する法第五条第一項の規定により自動車等の引渡しを受けた場合において、強制競売若しくは競売の申立てが取り下げられ、若しくは強制競売若しくは競売の手続を取り消す決定が効力を生じたとき、又は滞納処分続行承認の決定をしたときは、執行官に対し、自動車等を徴収職員等に引き渡すよう命じなければならない。この場合においては、第二十三条の三第九項から第十一項までの規定を準用する。

（仮差押えの執行がされている自動車等に対する滞納処分）

第四十二条　法第十八条第三項及び法第三十一条並びに第三十七条の規定は仮差押えの執行がされている自動車等に対して滞納処分による差押えがされた場合について、第二十三条の三第二項、第五項及び第八項から第十一項までの規定は自動車等取上げの仮差押執行がされている自動車等に対して滞納処分による差押えがされた場合について、第七条第一項後段及び第三項前段の規定は執行官がこの条において準用する第二十三条の三第二項の規定による命令に基づいて自動車等の引渡しを受ける場合について準用する。この場合において、同項中「徴収職員等が占有をした際に次に掲げる者の占有していた自動車等」とあるのは、「自動車等」と読み替えるものとする。

第三節　債権に対する滞納処分

（第三債務者の事情届の方式等）

第四十三条　法第三十六条の六第二項の規定による届出は、次に掲げる事項を記載した書面でしなければならない。
一　強制執行事件の表示
二　強制執行による差押えをした債権者及び債務者の氏名又は名称
三　滞納処分による差押えをした徴収職員等の属する庁その他の事務所の名称及び所在
四　供託の事由及び供託した金額
2　前項の書面には、供託書正本を添付しなければならない。
3　法第三十六条の六第三項の規定による通知は、次に掲げる事項を記載した書面でしなければならない。
一　第十五条第一号から第三号までに掲げる事項
二　債権の表示
三　差押命令又は差押処分が効力を生じた年月日
四　第三債務者から供託の事情の届出があつた旨並びに供託の金額及び年月日
五　裁判所（差押処分がされている場合にあつては、当該差押処分をした裁判所書記官の属する裁判所）の名称

（供託書正本等の引渡し）

第四十四条　法第三十六条の十一において準用する法第三十一条に規定する場合において、供託書正本又は債権証書が執行裁判所（差押処分がされている場合にあつては、当該差押処分をした裁判所書記官）に提出されているときは、執行裁判所の裁判所書記官又は差押処分をした裁判所書記官は、これらを徴収職員等に引き渡さなければならない。滞納処分続行承認の決定があつた場合において、供託書正本又は債権証書が執行裁判所（差押処分がされている場合にあつては、当該差押処分をした裁判所書記官）に提出されているときも、同様とする。

（滞納処分続行承認の決定の請求があつた場合の処置等の規定の準用）

第四十五条　第二十七条、第三十二条、第三十三条及び第三十六条の規定は強制執行による差押えがされている債権に対して滞納処分による差押えがされた場合について、第二十五条（第一項第四号を除く。）（第二十九条において準用する場合を含む。）の規定は強制執行による差押えがされている動産の引渡請求権に対して滞納処分による差押えがされた場合において、執行官が滞納処分を知つたときについて準用する。この場合において、第三十二条中「法第三十九条第二項」とあるのは「法第三十六条の三第二項」と、「裁判所書記官」とあるのは「執行裁判所の裁判所書記官又は差押処分をした裁判所書記官」と、第三十三条第一号中「第十五条第一号、第四号及び第六号」とあるのは「第二十三条の五第一項において読み替えて準用する第十五条第一号、第四号及び第六号」と、同条第二号中「第十七条第二号」とあるのは「第二十三条の五第一項において読み替えて準用する第十七条第二号」

と、第三十六条中「速やかに」とあるのは「速やかに、その旨を第三債務者に通知するとともに」と読み替えるものとする。

（仮差押えの執行がされている債権に対する滞納処分）

第四十六条　第九条前段、第十七条及び第十八条の規定は、仮差押えの執行がされている債権に対して滞納処分による差押えがされた場合について準用する。この場合においては、第二十三条の六後段の規定を準用する。

（担保権の実行又は行使による差押えがされている債権に対する滞納処分）

第四十七条　第四十三条から第四十五条まで（同条後段を除く。）の規定は、担保権の実行又は行使による差押えがされている債権に対して滞納処分による差押えがされた場合について準用する。この場合において、第四十三条第三項第三号中「差押命令又は差押処分」とあるのは「差押命令」と、同項第五号中「裁判所（差押処分がされている場合にあつては、当該差押処分をした裁判所書記官の属する裁判所）」とあるのは「裁判所」と、第四十四条中「執行裁判所（差押処分がされている場合にあつては、当該差押処分をした裁判所書記官）」とあるのは「執行裁判所」と、「執行裁判所の裁判所書記官又は差押処分をした裁判所書記官」とあるのは「裁判所書記官」と、第四十五条において準用する第三十二条中「法第二十九条第二項」とあるのは「法第三十六条の十三において準用する法第三十六条の三第二項」と、第四十五条において準用する第三十六条中「速やかに」とあるのは「速やかに、その旨を第三債務者に通知するとともに」と読み替えるものとする。

第四章　雑則

（租税条約等の実施に伴う所得税法、法人税法及び地方税法の特例等に関する法律第十一条第五項に規定する場合の特則）

第四十八条　租税条約等の実施に伴う所得税法、法人税法及び地方税法の特例等に関する法律（昭和四十四年法律第四十六号）第十一条第五項に規定する場合における第二十三条の二、第二十三条の三第一項、第二十三条の四第一項、第四十条及び第四十二条の規定の適用については、第二十三条の二中「法第六条第二項」とあるのは「租税条約等の実施に伴う所得税法、法人税法及び地方税法の特例等に関する法律（昭和四十四年法律第四十六号。以下「租税条約等実施特例法」という。）第十一条第五項の規定により読み替えて適用される法第六条第二項」と、「法第十八条第三項」とあるのは「租税条約等実施特例法第十一条第五項の規定により読み替えて適用される法第十八条第三項」と、「、法第六条第二項」とあるのは「、租税条約等実施特例法第十一条第五項の規定により読み替えて適用される法第六条第二項」と、第二十三条の三第一項中「法第六条第二項」とあるのは「租税条約等実施特例法第十一条第五項の規定により読み替えて適用される法第六条第二項」と、第二十三条の四第一項、第四十条及び第四十二条中「法第十八条第三項」とあるのは「租税条約等実施特例法第十一条第五項の規定により読み替えて適用される法第十八条第三項」とする。

附　則

この規則は、昭和三十二年十月一日から施行する。

破　産　法　関　係

破産法関係

破産法

平成一六年　六月　二日法律七五号
最終改正　平成二九年　六月　二日法律四五号

目次

第一章　総則（第一条―第十四条）
第二章　破産手続の開始
第一節　破産手続開始の申立て（第十五条―第二十九条）
第二節　破産手続開始の決定（第三十条―第三十三条）
第三節　破産手続開始の効果
第一款　通則（第三十四条―第四十六条）
第二款　破産手続開始の効果（第四十七条―第六十一条）
第三款　取戻権（第六十二条―第六十四条）
第四款　別除権（第六十五条・第六十六条）
第五款　相殺権（第六十七条―第七十三条）
第三章　破産手続の機関
第一節　破産管財人
第一款　破産管財人の選任及び監督（第七十四条―第七十七条）
第二款　破産管財人の権限等（第七十八条―第九十条）
第二節　保全管理人（第九十一条―第九十六条）
第四章　破産債権
第一節　破産債権者の権利（第九十七条―第百十条）
第二節　破産債権の届出（第百十一条―第百十四条）
第三節　破産債権の調査及び確定
第一款　通則（第百十五条・第百十六条）
第二款　書面による破産債権の調査（第百十七条―第百二十条）
第三款　期日における破産債権の調査（第百二十一条―第百二十三条）
第四款　破産債権の確定（第百二十四条―第百三十三条）
第五款　租税等の請求権等についての特例（第百三十四条）
第四節　債権者集会及び債権者委員会
第一款　債権者集会（第百三十五条―第百四十三条）
第二款　債権者委員会（第百四十四条―第百四十七条）
第五章　財団債権（第百四十八条―第百五十二条）
第六章　破産財団の管理
第一節　破産者の財産状況の調査（第百五十三条―第百五十九条）

第二節　否認権（第百六十条―第百七十六条）
第三節　法人の役員の責任の追及等（第百七十七条―第百八十三条）
第七章　破産財団の換価
第一節　通則（第百八十四条・第百八十五条）
第二節　担保権の消滅（第百八十六条―第百九十一条）
第三節　商事留置権の消滅（第百九十二条）
第八章　配当
第一節　通則（第百九十三条・第百九十四条）
第二節　最後配当（第百九十五条―第二百三条）
第三節　簡易配当（第二百四条―第二百七条）
第四節　同意配当（第二百八条）
第五節　中間配当（第二百九条―第二百十四条）
第六節　追加配当（第二百十五条）
第九章　破産手続の終了（第二百十六条―第二百二十一条）
第十章　相続財産の破産等に関する特則
第一節　相続財産の破産（第二百二十二条―第二百三十七条）
第二節　相続人の破産（第二百三十八条―第二百四十二条）
第三節　受遺者の破産（第二百四十三条・第二百四十四条）
第十章の二　信託財産の破産に関する特則（第二百四十四条の二―第二百四十四条の十三）
第十一章　外国倒産処理手続がある場合の特則（第二百四十五条―第二百四十七条）
第十二章　免責手続及び復権
第一節　免責手続（第二百四十八条―第二百五十四条）
第二節　復権（第二百五十五条・第二百五十六条）
第十三章　雑則（第二百五十七条―第二百六十四条）
第十四章　罰則（第二百六十五条―第二百七十七条）
附則

第一章　総則

（目的）

第一条　この法律は、支払不能又は債務超過にある債務者の財産等の清算に関する手続を定めること等により、債権者その他の利害関係人の利害及び債務者と債権者との間の権利関係を適切に調整し、もって債務者の財産等の適正かつ公平な清算を図るとともに、債務者について経済生活の再生の機会の確保を図ることを目的とする。

（定義）

第二条　この法律において「破産手続」とは、次章以下（第十二章を除く。）に定めるところにより、債務者の財産又は相続財産若しくは信託財産を清算する手続をいう。

2　この法律において「破産事件」とは、破産手続に係る事件をいう。

3　この法律において「破産裁判所」とは、破産事件が係属している地方裁判所をいう。
4　この法律において「破産者」とは、債務者であって、第三十条第一項の規定により破産手続開始の決定がされているものをいう。
5　この法律において「破産債権」とは、破産者に対し破産手続開始前の原因に基づいて生じた財産上の請求権（第九十七条各号に掲げる債権を含む。）であって、財団債権に該当しないものをいう。
6　この法律において「破産債権者」とは、破産債権を有する債権者をいう。
7　この法律において「財団債権」とは、破産手続によらないで破産財団から随時弁済を受けることができる債権をいう。
8　この法律において「財団債権者」とは、財団債権を有する債権者をいう。
9　この法律において「別除権」とは、破産手続開始の時において破産財団に属する財産につき特別の先取特権、質権又は抵当権を有する者がこれらの権利の目的である財産について第六十五条第一項の規定により行使することができる権利をいう。
10　この法律において「別除権者」とは、別除権を有する者をいう。
11　この法律において「支払不能」とは、債務者が、支払能力を欠くために、その債務のうち弁済期にあるものにつき、一般的かつ継続的に弁済することができない状態（信託財産の破産にあっては、受託者が、信託財産による支払能力を欠くために、信託財産責任負担債務（信託法（平成十八年法律第百八号）第二条第九項に規定する信託財産責任負担債務をいう。以下同じ。）のうち弁済期にあるものにつき、一般的かつ継続的に弁済することができない状態）をいう。
12　この法律において「破産管財人」とは、破産手続において破産財団に属する財産の管理及び処分をする権利を有する者をいう。
13　この法律において「保全管理人」とは、第九十一条第一項の規定により債務者の財産に関し管理を命じられた者をいう。
14　この法律において「破産財団」とは、破産者の財産又は相続財産若しくは信託財産であって、破産手続において破産管財人にその管理及び処分をする権利が専属するものをいう。

（外国人の地位）
第三条　外国人又は外国法人は、破産手続、第十二章第一節の規定による免責手続（以下「免責手続」という。）及び同章第二節の規定による復権の手続（以下この章において「破産手続等」と総称する。）に関し、日本人又は日本法人と同一の地位を有する。

（破産事件の管轄）

第四条　この法律の規定による破産手続開始の申立ては、債務者が個人である場合には日本国内に営業所、住所、居所又は財産を有するときに限り、法人その他の社団又は財団である場合には日本国内に営業所、事務所又は財産を有するときに限り、することができる。

2　民事訴訟法（平成八年法律第百九号）の規定により裁判上の請求をすることができる債権は、日本国内にあるものとみなす。

第五条　破産事件は、債務者が、営業者であるときはその主たる営業所の所在地、営業者で外国に主たる営業所を有するものであるときは日本におけるその主たる営業所の所在地、営業者でないとき又は営業者であっても営業所を有しないときはその普通裁判籍の所在地を管轄する地方裁判所が管轄する。

2　前項の規定による管轄裁判所がないときは、破産事件は、債務者の財産の所在地（債権については、裁判上の請求をすることができる地）を管轄する地方裁判所が管轄する。

3　前二項の規定にかかわらず、法人が株式会社の総株主の議決権（株主総会において決議をすることができる事項の全部につき議決権を行使することができない株式についての議決権を除き、会社法（平成十七年法律第八十六号）第八百七十九条第三項の規定により議決権を有するものとみなされる株式についての議決権を含む。次項、第八十三条第二項第二号及び第三項並びに第百六十一条第二項第二号イ及びロにおいて同じ。）の過半数を有する場合には、当該法人（以下この条及び第百六十一条第二項第二号ロにおいて「親法人」という。）について破産事件、再生事件又は更生事件（以下この条において「破産事件等」という。）が係属しているときにおける当該株式会社（以下この条及び第百六十一条第二項第二号ロにおいて「子株式会社」という。）についての破産手続開始の申立ては、親法人の破産事件等が係属している地方裁判所にもすることができ、子株式会社について破産事件等が係属しているときにおける親法人についての破産手続開始の申立ては、子株式会社の破産事件等が係属している地方裁判所にもすることができる。

4　子株式会社又は親法人及び子株式会社が他の株式会社の総株主の議決権の過半数を有する場合には、当該他の株式会社を当該親法人の子株式会社とみなして、前項の規定を適用する。

5　第一項及び第二項の規定にかかわらず、株式会社が最終事業年度について会社法第四百四十四条の規定により当該株式会社及び他の法人に係る連結計算書類（同条第一項に規定する連結計算書類をいう。）を作成し、かつ、当該株式会社の定時株主総会においてその内容が報告された場合には、当該株式会社について破産事件等が係属しているときにおける当該他の法人についての破産手続開始の申立ては、当該株式会社の破産事件等が係属している地方裁判所にもすることができ、当該他の法人について破産事件等が係属しているときにおける当該株式会社についての破産手続開始の申立ては、当該他の法人の破産事件等が係属している地方裁判所にもすることができる。

6　第一項及び第二項の規定にかかわらず、法人について破産事件等が係属している場合における当該法人の代表者についての破産手続開始の申立ては、当該法人の破産事件等が係属している地方裁判所にもすることができ、法人の代表者について破産事件又は再生事件が係属している場合における当該法人についての破産手続開始の申立ては、当該法人の代表者の破産事件又は再生事件が係属している地方裁判所にもすることができる。

7　第一項及び第二項の規定にかかわらず、次の各号に掲げる者のうちいずれか一人について破産事件が係属しているときは、それぞれ当該各号に掲げる他の者についての破産手続開始の申立ては、当該破産事件が係属している地方裁判所にもすることができる。

一　相互に連帯債務者の関係にある個人

二　相互に主たる債務者と保証人の関係にある個人

三　夫婦

8　第一項及び第二項の規定にかかわらず、破産手続開始の決定がされたとすれば破産債権となるべき債権を有する債権者の数が五百人以上であるときは、これらの規定による管轄裁判所の所在地を管轄する高等裁判所の所在地を管轄する地方裁判所にも、破産手続開始の申立てをすることができる。

9　第一項及び第二項の規定にかかわらず、前項に規定する債権者の数が千人以上であるときは、東京地方裁判所又は大阪地方裁判所にも、破産手続開始の申立てをすることができる。

10　前各項の規定により二以上の地方裁判所が管轄権を有するときは、破産事件は、先に破産手続開始の申立てがあった地方裁判所が管轄する。

（専属管轄）

第六条　この法律に規定する裁判所の管轄は、専属とする。

（破産事件の移送）

第七条　裁判所は、著しい損害又は遅滞を避けるため必要があると認めるときは、職権で、破産事件（破産事件の債務者又は破産者による免責許可の申立てがある場合にあっては、破産事件及び当該免責許可の申立てに係る事件）を次に掲げる地方裁判所のいずれかに移送することができる。

一　債務者の主たる営業所又は事務所以外の営業所又は事務所の所在地を管轄する地方裁判所

二　債務者の住所又は居所の所在地を管轄する地方裁判所

三　第五条第二項に規定する地方裁判所

四　次のイからハまでのいずれかに掲げる地方裁判所

イ　第五条第三項から第七項までに規定する地方裁判所

ロ　破産手続開始の決定がされたとすれば破産債権となるべき債権を有する債権者（破産手続開始の決定後にあっては、破産債権者。ハにおいて同じ。）の数が五百人以上であるときは、第五条第八項に規定する地方裁判所
ハ　ロに規定する債権者の数が千人以上であるときは、第五条第九項に規定する地方裁判所
五　第五条第三項から第九項までの規定によりこれらの規定に規定する地方裁判所に破産事件が係属しているときは、同条第一項又は第二項に規定する地方裁判所

（任意的口頭弁論等）
第八条　破産手続等に関する裁判は、口頭弁論を経ないですることができる。
2　裁判所は、職権で、破産手続等に係る事件に関して必要な調査をすることができる。

（不服申立て）
第九条　破産手続等に関する裁判につき利害関係を有する者は、この法律に特別の定めがある場合に限り、当該裁判に対し即時抗告をすることができる。その期間は、裁判の公告があった場合には、その公告が効力を生じた日から起算して二週間とする。

（公告等）
第十条　この法律の規定による公告は、官報に掲載してする。
2　公告は、掲載があった日の翌日に、その効力を生ずる。
3　この法律の規定により送達をしなければならない場合には、公告をもって、これに代えることができる。ただし、この法律の規定により公告及び送達をしなければならない場合は、この限りでない。
4　この法律の規定により裁判の公告がされたときは、一切の関係人に対して当該裁判の告知があったものとみなす。
5　前二項の規定は、この法律に特別の定めがある場合には、適用しない。

（事件に関する文書の閲覧等）
第十一条　利害関係人は、裁判所書記官に対し、この法律（この法律において準用する他の法律を含む。）の規定に基づき、裁判所に提出され、又は裁判所が作成した文書その他の物件（以下この条及び次条第一項において「文書等」という。）の閲覧を請求することができる。
2　利害関係人は、裁判所書記官に対し、文書等の謄写、その正本、謄本若しくは抄本の交付又は事件に関する事項の証明書の交付を請求することができる。
3　前項の規定は、文書等のうち録音テープ又はビデオテープ（これらに準ずる方法により一定の事項を記録した物を含む。）に関しては、適用しない。この場合において、これらの物について利害関係人の請求があるときは、裁判所書記官は、その複製を許さなければならない。
4　前三項の規定にかかわらず、次の各号に掲げる者は、当該

各号に定める命令、保全処分又は裁判のいずれかがあるまでの間は、前三項の規定による請求をすることができない。ただし、当該者が破産手続開始の申立人である場合は、この限りでない。

一　債務者以外の利害関係人　第二十四条第一項の規定による中止の命令、第二十五条第二項に規定する包括的禁止命令、第二十八条第一項の規定による保全処分、第九十一条第二項に規定する保全管理命令、第百七十一条第一項の規定による保全処分又は破産手続開始の申立てについての裁判

二　債務者　破産手続開始の申立てに関する口頭弁論若しくは債務者を呼び出す審尋の期日の指定の裁判又は前号に定める命令、保全処分若しくは裁判

（支障部分の閲覧等の制限）

第十二条　次に掲げる文書等について、利害関係人がその閲覧若しくは謄写、その正本、謄本若しくは抄本の交付又はその複製（以下この条において「閲覧等」という。）を行うことにより、破産財団（破産手続開始前にあっては、債務者の財産）の管理又は換価に著しい支障を生ずるおそれがある部分（以下この条において「支障部分」という。）があることにつき疎明があった場合には、裁判所は、当該文書等を提出した破産管財人又は保全管理人の申立てにより、支障部分の閲覧等の請求をすることができる者を、当該申立てをした者（その者が保全管理人である場合にあっては、保全管理人又は破産管財人。次項において同じ。）に限ることができる。

一　第三十六条、第四十条第一項ただし書若しくは同条第二項において準用する同条第一項ただし書（これらの規定を第九十六条第一項において準用する場合を含む。）、第七十八条第二項（第九十三条第三項において準用する場合を含む。）、第八十四条（第九十六条第一項において準用する場合を含む。）又は第九十二条第一項ただし書の許可を得るために裁判所に提出された文書等

二　第百五十七条第二項の規定による報告に係る文書等

2　前項の申立てがあったときは、その申立てについての裁判が確定するまで、利害関係人（同項の申立てをした者を除く。次項において同じ。）は、支障部分の閲覧等の請求をすることができない。

3　支障部分の閲覧等の請求をしようとする利害関係人は、破産裁判所に対し、第一項に規定する要件を欠くこと又はこれを欠くに至ったことを理由として、同項の規定による決定の取消しの申立てをすることができる。

4　第一項の申立てを却下する決定及び前項の申立てについての裁判に対しては、即時抗告をすることができる。

5　第一項の規定による決定を取り消す決定は、確定しなければその効力を生じない。

（民事訴訟法の準用）

第十三条　破産手続等に関しては、特別の定めがある場合を除き、民事訴訟法の規定を準用する。

（最高裁判所規則）
第十四条　この法律に定めるもののほか、破産手続等に関し必要な事項は、最高裁判所規則で定める。

第二章　破産手続の開始

第一節　破産手続開始の申立て

（破産手続開始の原因）
第十五条　債務者が支払不能にあるときは、裁判所は、第三十条第一項の規定に基づき、申立てにより、決定で、破産手続を開始する。
2　債務者が支払を停止したときは、支払不能にあるものと推定する。

（法人の破産手続開始の原因）
第十六条　債務者が法人である場合に関する前条第一項の規定の適用については、同項中「支払不能」とあるのは、「支払不能又は債務超過（債務者が、その債務につき、その財産をもって完済することができない状態をいう。）」とする。
2　前項の規定は、存立中の合名会社及び合資会社には、適用しない。

（破産手続開始の原因の推定）
第十七条　債務者についての外国で開始された手続で破産手続に相当するものがある場合には、当該債務者に破産手続開始の原因となる事実があるものと推定する。

（破産手続開始の申立て）
第十八条　債権者又は債務者は、破産手続開始の申立てをすることができる。
2　債権者が破産手続開始の申立てをするときは、その有する債権の存在及び破産手続開始の原因となる事実を疎明しなければならない。

（法人の破産手続開始の申立て）
第十九条　次の各号に掲げる法人については、それぞれ当該各号に定める者は、破産手続開始の申立てをすることができる。
一　一般社団法人又は一般財団法人　理事
二　株式会社又は相互会社（保険業法（平成七年法律第百五号）第二条第五項に規定する相互会社をいう。第百五十条第六項第三号において同じ。）　取締役
三　合名会社、合資会社又は合同会社　業務を執行する社員
2　前項各号に掲げる法人については、清算人も、破産手続開始の申立てをすることができる。
3　前二項の規定により第一項各号に掲げる法人について破産手続開始の申立てをする場合には、理事、取締役、業務を執行する社員又は清算人の全員が破産手続開始の申立てをするときを除き、破産手続開始の原因となる事実を疎明しなければ

ばならない。
4 前三項の規定は、第一項各号に掲げる法人以外の法人について準用する。
5 法人については、その解散後であっても、残余財産の引渡し又は分配が終了するまでの間は、破産手続開始の申立てをすることができる。

(破産手続開始の申立ての方式)

第二十条 破産手続開始の申立ては、最高裁判所規則で定める事項を記載した書面でしなければならない。
2 債権者以外の者が破産手続開始の申立てをするときは、最高裁判所規則で定める事項を記載した債権者一覧表を裁判所に提出しなければならない。ただし、当該申立てと同時に債権者一覧表を提出することができないときは、当該申立ての後遅滞なくこれを提出すれば足りる。

(破産手続開始の申立書の審査)

第二十一条 前条第一項の書面(以下この条において「破産手続開始の申立書」という。)に同項に規定する事項が記載されていない場合には、裁判所書記官は、相当の期間を定め、その期間内に不備を補正すべきことを命ずる処分をしなければならない。民事訴訟費用等に関する法律(昭和四十六年法律第四十号)の規定に従い破産手続開始の申立ての手数料を納付しない場合も、同様とする。
2 前項の処分は、相当と認める方法で告知することによって、その効力を生ずる。
3 第一項の処分に対しては、その告知を受けた日から一週間の不変期間内に、異議の申立てをすることができる。
4 前項の異議の申立ては、執行停止の効力を有する。
5 裁判所は、第三項の異議の申立てがあった場合において、破産手続開始の申立書に第一項の処分において補正を命じた不備以外の不備があると認めるときは、相当の期間を定め、その期間内に当該不備を補正すべきことを命じなければならない。
6 第一項又は前項の場合において、破産手続開始の申立人が不備を補正しないときは、裁判長は、命令で、破産手続開始の申立書を却下しなければならない。
7 前項の命令に対しては、即時抗告をすることができる。

(費用の予納)

第二十二条 破産手続開始の申立てをするときは、申立人は、破産手続の費用として裁判所の定める金額を予納しなければならない。
2 費用の予納に関する決定に対しては、即時抗告をすることができる。

(費用の仮支弁)

第二十三条 裁判所は、申立人の資力、破産財団となるべき財産の状況その他の事情を考慮して、申立人及び利害関係人の利益の保護のため特に必要と認めるときは、破産手続の費用を仮に国庫から支弁することができる。職権で破産手続開始の決定をした場合も、同様とする。

2　前条第一項の規定は、前項前段の規定により破産手続の費用を仮に国庫から支弁する場合には、適用しない。

（他の手続の中止命令等）

第二十四条　裁判所は、破産手続開始の申立てがあった場合において、必要があると認めるときは、利害関係人の申立てにより又は職権で、破産手続開始の申立てにつき決定があるまでの間、次に掲げる手続又は処分の中止を命ずることができる。ただし、第一号に掲げる手続又は第六号に掲げる処分についてはその手続の申立人である債権者又はその処分を行う者に不当な損害を及ぼすおそれがない場合に限り、第五号に掲げる責任制限手続については責任制限手続開始の決定がされていない場合に限る。

一　債務者の財産に対して既にされている強制執行、仮差押え、仮処分又は一般の先取特権の実行若しくは留置権（商法（明治三十二年法律第四十八号）又は会社法の規定によるものを除く。）による競売（以下この節において「強制執行等」という。）の手続で、債務者につき破産手続開始の決定がされたとすれば破産債権若しくは財団債権となるべきもの（以下この項及び次条第八項において「破産債権等」という。）に基づくもの又は破産債権等を被担保債権とするもの

二　債務者の財産に対して既にされている企業担保権の実行手続で、破産債権等に基づくもの

三　債務者の財産関係の訴訟手続

四　債務者の財産関係の事件で行政庁に係属しているものの手続

五　債務者の責任制限手続（船舶の所有者等の責任の制限に関する法律（昭和五十年法律第九十四号）第三章又は船舶油濁損害賠償保障法（昭和五十年法律第九十五号）第五章の規定による責任制限手続をいう。第二百六十三条及び第二百六十四条第一項において同じ。）

六　債務者の財産に対して既にされている共助対象外国租税（租税条約等の実施に伴う所得税法、法人税法及び地方税法の特例等に関する法律（昭和四十四年法律第四十六号。第百三条第五項及び第二百五十三条第四項において「租税条約等実施特例法」という。）第十一条第一項に規定する共助対象外国租税をいう。以下同じ。）の請求権に基づき国税滞納処分の例によってする処分（以下「外国租税滞納処分」という。）で、破産債権等に基づくもの

2　裁判所は、前項の規定による中止の命令を変更し、又は取り消すことができる。

3　裁判所は、第九十一条第二項に規定する保全管理命令が発せられた場合において、債務者の財産の管理及び処分をするために特に必要があると認めるときは、保全管理人の申立て

により、担保を立てさせて、第一項の規定により中止した強制執行等の手続又は外国租税滞納処分の取消しを命ずることができる。

4　第一項の規定による中止の命令、第二項の規定による決定及び前項の規定による取消しの命令に対しては、即時抗告をすることができる。

5　前項の即時抗告は、執行停止の効力を有しない。

6　第四項に規定する裁判及び同項の即時抗告についての裁判があった場合には、その裁判書を当事者に送達しなければならない。

（包括的禁止命令）

第二十五条　裁判所は、破産手続開始の申立てがあった場合において、前条第一項第一号又は第六号の規定による中止の命令によっては破産手続の目的を十分に達成することができないおそれがあると認めるべき特別の事情があるときは、利害関係人の申立てにより又は職権で、破産手続開始の申立てにつき決定があるまでの間、全ての債権者に対し、債務者の財産に対する強制執行等及び国税滞納処分（国税滞納処分の例による処分を含み、交付要求を除く。以下同じ。）の禁止を命ずることができる。ただし、事前に又は同時に、債務者の主要な財産に関し第二十八条第一項の規定による保全処分をした場合又は第九十一条第二項に規定する保全管理命令をした場合に限る。

2　前項の規定による禁止の命令（以下「包括的禁止命令」という。）を発する場合において、裁判所は、相当と認めるときは、一定の範囲に属する強制執行等又は国税滞納処分を包括的禁止命令の対象から除外することができる。

3　包括的禁止命令が発せられた場合には、債務者の財産に対して既にされている強制執行等の手続及び外国租税滞納処分（当該包括的禁止命令により禁止されることとなるものに限る。）は、破産手続開始の申立てにつき決定があるまでの間、中止する。

4　裁判所は、包括的禁止命令を変更し、又は取り消すことができる。

5　裁判所は、第九十一条第二項に規定する保全管理命令が発せられた場合において、債務者の財産の管理及び処分をするために特に必要があると認めるときは、保全管理人の申立てにより、担保を立てさせて、第三項の規定により中止した強制執行等の手続又は外国租税滞納処分の取消しを命ずることができる。

6　包括的禁止命令、第四項の規定による決定及び前項の規定による取消しの命令に対しては、即時抗告をすることができる。

7　前項の即時抗告は、執行停止の効力を有しない。

8　包括的禁止命令が発せられたときは、破産債権等（当該包括的禁止命令により強制執行等又は国税滞納処分が禁止されているものに限る。）については、当該包括的禁止命令が効力を失った日の翌日から二月を経過する日までの間は、時効は、完成しない。

（包括的禁止命令に関する公告及び送達等）

第二十六条 包括的禁止命令及びこれを変更し、又は取り消す旨の決定があった場合には、その旨を公告し、その裁判書を債務者（保全管理人が選任されている場合にあっては、保全管理人。次項において同じ。）及び申立人に送達し、かつ、その決定の主文を知れている債権者及び債務者（保全管理人が選任されている場合に限る。）に通知しなければならない。

2 包括的禁止命令及びこれを変更し、又は取り消す旨の決定は、債務者に対する裁判書の送達がされた時から、効力を生ずる。

3 前条第六項の即時抗告についての裁判（包括的禁止命令を変更し、又は取り消す旨の決定を除く。）があった場合には、その裁判書を当事者に送達しなければならない。

（包括的禁止命令の解除）

第二十七条 裁判所は、包括的禁止命令を発した場合において、強制執行等の申立人である債権者に不当な損害を及ぼすおそれがあると認めるときは、当該債権者の申立てにより、当該債権者に限り当該包括的禁止命令を解除する旨の決定をすることができる。この場合において、当該債権者は、債務者の財産に対する強制執行等をすることができ、当該包括的禁止命令が発せられる前に当該債権者がした強制執行等の手続で第二十五条第三項の規定により中止されていたものは、続行する。

2 前項の規定は、裁判所が国税滞納処分を行う者に不当な損害を及ぼすおそれがあると認める場合について準用する。

3 第一項（前項において準用する場合を含む。次項及び第六項において同じ。）の規定による解除の決定を受けた者に対する第二十五条第八項の規定の適用については、同項中「当該包括的禁止命令が効力を失った日」とあるのは、「第二十七条第一項（同条第二項において準用する場合を含む。）の規定による解除の決定があった日」とする。

4 第一項の申立てについての裁判に対しては、即時抗告をすることができる。

5 前項の即時抗告は、執行停止の効力を有しない。

6 第一項の申立てについての裁判及び第四項の即時抗告についての裁判があった場合には、その裁判書を当事者に送達しなければならない。この場合においては、第十条第三項本文の規定は、適用しない。

（債務者の財産に関する保全処分）

第二十八条 裁判所は、破産手続開始の申立てがあった場合には、利害関係人の申立てにより又は職権で、破産手続開始の申立てにつき決定があるまでの間、債務者の財産に関し、その財産の処分禁止の仮処分その他の必要な保全処分を命ずることができる。
2　裁判所は、前項の規定による保全処分を変更し、又は取り消すことができる。
3　第一項の規定による保全処分及び前項の規定による決定に対しては、即時抗告をすることができる。
4　前項の即時抗告は、執行停止の効力を有しない。
5　第三項に規定する裁判及び同項の即時抗告についての裁判があった場合には、その裁判書を当事者に送達しなければならない。この場合においては、第十条第三項本文の規定は、適用しない。
6　裁判所が第一項の規定により債務者が債権者に対して弁済その他の債務を消滅させる行為をすることを禁止する旨の保全処分を命じた場合には、債権者は、破産手続の関係においては、当該保全処分に反してされた弁済その他の債務を消滅させる行為の効力を主張することができない。ただし、債権者が、その行為の当時、当該保全処分がされたことを知っていたときに限る。

（破産手続開始の申立ての取下げの制限）
第二十九条　破産手続開始の申立てをした者は、破産手続開始の決定前に限り、当該申立てを取り下げることができる。この場合において、第二十四条第一項の規定による中止の命令、包括的禁止命令、前条第一項の規定による保全処分、第九十一条第二項に規定する保全管理命令又は第百七十一条第一項の規定による保全処分がされた後は、裁判所の許可を得なければならない。

第二節　破産手続開始の決定

（破産手続開始の決定）
第三十条　裁判所は、破産手続開始の申立てがあった場合において、破産手続開始の原因となる事実があると認めるときは、次の各号のいずれかに該当する場合を除き、破産手続開始の決定をする。
一　破産手続の費用の予納がないとき（第二十三条第一項前段の規定によりその費用を仮に国庫から支弁する場合を除く。）。
二　不当な目的で破産手続開始の申立てがされたとき、その他申立てが誠実にされたものでないとき。
2　前項の決定は、その決定の時から、効力を生ずる。

（破産手続開始の決定と同時に定めるべき事項等）
第三十一条　裁判所は、破産手続開始の決定と同時に、一人又は数人の破産管財人を選任し、かつ、次に掲げる事項を定めなければならない。
一　破産債権の届出をすべき期間
二　破産者の財産状況を報告するために招集する債権者集会（第四項、第百三十六条第二項及び第三項並びに第百五十八条において「財産状況報告集会」という。）の期日

三　破産債権の調査をするための期間（第百十六条第二項の場合にあっては、破産債権の調査をするための期日）

2　前項第一号及び第三号の規定にかかわらず、裁判所は、破産財団をもって破産手続の費用を支弁するのに不足するおそれがあると認めるときは、同項第一号の期間並びに同項第三号の期間及び期日を定めないことができる。

3　前項の場合において、裁判所は、破産財団をもって破産手続の費用を支弁するのに不足するおそれがなくなったと認めるときは、速やかに、第一項第一号の期間及び同項第三号の期間又は期日を定めなければならない。

4　第一項第二号の規定にかかわらず、裁判所は、知れている破産債権者の数その他の事情を考慮して財産状況報告集会を招集することを相当でないと認めるときは、同号の期日を定めないことができる。

5　第一項の場合において、知れている破産債権者の数が千人以上であり、かつ、相当と認めるときは、裁判所は、次条第四項本文及び第五項本文において準用する同条第三項第一号、第三十三条第三項本文並びに第百三十九条第三項本文の規定による破産債権者（同項本文の場合にあっては、同項本文に規定する議決権者。次条第二項において同じ。）に対する通知をせず、かつ、第百十一条、第百十二条又は第百十四条の規定により破産債権の届出をした破産債権者（以下「届出をした破産債権者」という。）を債権者集会の期日に呼び出さない旨の決定をすることができる。

（破産手続開始の公告等）

第三十二条　裁判所は、破産手続開始の決定をしたときは、直ちに、次に掲げる事項を公告しなければならない。

一　破産手続開始の決定の主文

二　破産管財人の氏名又は名称

三　前条第一項の規定により定めた期間又は期日

四　破産財団に属する財産の所持者及び破産者に対して債務を負担する者（第三項第二号において「財産所持者等」という。）は、破産者にその財産を交付し、又は弁済をしてはならない旨

五　第二百四条第一項第二号の規定による簡易配当をすることが相当と認められる場合にあっては、簡易配当をすることにつき異議のある破産債権者は裁判所に対し前条第一項第三号の期間の満了時又は同号の期日の終了時までに異議を述べるべき旨

2　前条第五項の決定があったときは、裁判所は、前項各号に掲げる事項のほか、第四項本文及び第五項本文において準用する次項第一号、次条第三項本文並びに第百三十九条第三項本文の規定による破産債権者に対する通知をせず、かつ、届出をした破産債権者を債権者集会の期日に呼び出さない旨をも公告しなければならない。

3　次に掲げる者には、前二項の規定により公告すべき事項を

通知しなければならない。

一　破産管財人、破産者及び知れている破産債権者

二　知れている財産所持者等

三　第九十一条第二項に規定する保全管理命令があった場合における保全管理人

四　労働組合等（破産者の使用人その他の従業者の過半数で組織する労働組合があるときはその労働組合、破産者の使用人その他の従業者の過半数で組織する労働組合がないときは破産者の使用人その他の従業者の過半数を代表する者をいう。第七十八条第四項及び第百三十六条第三項において同じ。）

4　第一項第三号及び前項第一号の規定は、前条第三項の規定により同条第一項第一号の期間及び同項第三号の期間又は期日を定めた場合について準用する。ただし、同条第五項の決定があったときは、知れている破産債権者に対しては、当該通知をすることを要しない。

5　第一項第二号並びに第三項第一号及び第二号の規定は第一項第二号に掲げる事項に変更を生じた場合について、第一項第三号及び第三項第一号の規定は第一項第三号に掲げる事項に変更を生じた場合（前条第一項第一号の期間又は同項第二号の期日に変更を生じた場合に限る。）について準用する。ただし、同条第五項の決定があったときは、知れている破産債権者に対しては、当該通知をすることを要しない。

（抗告）

第三十三条　破産手続開始の申立てについての裁判に対しては、即時抗告をすることができる。

2　第二十四条から第二十八条までの規定は、破産手続開始の申立てを棄却する決定に対して前項の即時抗告があった場合について準用する。

3　破産手続開始の決定をした裁判所は、第一項の即時抗告があった場合において、当該決定を取り消す決定が確定したときは、直ちにその主文を公告し、かつ、前条第三項各号（第三号を除く。）に掲げる者にその主文を通知しなければならない。ただし、第三十一条第五項の決定があったときは、知れている破産債権者に対しては、当該通知をすることを要しない。

第三節　破産手続開始の効果

第一款　通則

（破産財団の範囲）

第三十四条　破産者が破産手続開始の時において有する一切の財産（日本国内にあるかどうかを問わない。）は、破産財団とする。

2　破産者が破産手続開始前に生じた原因に基づいて行うことがある将来の請求権は、破産財団に属する。

3　第一項の規定にかかわらず、次に掲げる財産は、破産財団

に属しない。
一　民事執行法（昭和五十四年法律第四号）第百三十一条第三号に規定する額に二分の三を乗じた額の金銭
二　差し押さえることができない財産（民事執行法第百三十一条第三号に規定する金銭を除く。）。ただし、同法第百三十二条第一項（同法第百九十二条において準用する場合を含む。）の規定により差押えが許されたもの及び破産手続開始後に差し押さえることができるようになったものは、この限りでない。

4　裁判所は、破産手続開始の決定があった時から当該決定が確定した日以後一月を経過する日までの間、破産者の申立てにより又は職権で、決定で、破産者の生活の状況、破産手続開始の時において破産者が有していた前項各号に掲げる財産の種類及び額、破産者が収入を得る見込みその他の事情を考慮して、破産財団に属しない財産の範囲を拡張することができる。

5　裁判所は、前項の決定をするに当たっては、破産管財人の意見を聴かなければならない。

6　第四項の申立てを却下する決定に対しては、破産者は、即時抗告をすることができる。

7　第四項の決定又は前項の即時抗告についての裁判があった場合には、その裁判書を破産者及び破産管財人に送達しなければならない。この場合においては、第十条第三項本文の規定は、適用しない。

（法人の存続の擬制）
第三十五条　他の法律の規定により破産手続開始の決定によって解散した法人又は解散した法人で破産手続開始の決定を受けたものは、破産手続による清算の目的の範囲内において、破産手続が終了するまで存続するものとみなす。

（破産者の事業の継続）
第三十六条　破産手続開始の決定がされた後であっても、破産管財人は、裁判所の許可を得て、破産者の事業を継続することができる。

（破産者の居住に係る制限）
第三十七条　破産者は、その申立てにより裁判所の許可を得なければ、その居住地を離れることができない。

2　前項の申立てを却下する決定に対しては、破産者は、即時抗告をすることができる。

（破産者の引致）
第三十八条　裁判所は、必要と認めるときは、破産者の引致を命ずることができる。

2　破産手続開始の申立てがあったときは、裁判所は、破産手続開始の決定をする前でも、債務者の引致を命ずることができる。

3　前二項の規定による引致は、引致状を発してしなければならない。

4 第一項又は第二項の規定による引致を命ずる決定に対しては、破産者又は債務者は、即時抗告をすることができる。

5 刑事訴訟法（昭和二十三年法律第百三十一号）中勾引に関する規定は、第一項及び第二項の規定による引致について準用する。

（破産者に準ずる者への準用）

第三十九条 前二条の規定は、破産者の法定代理人及び支配人並びに破産者の理事、取締役、執行役及びこれらに準ずる者について準用する。

（破産者等の説明義務）

第四十条 次に掲げる者は、破産管財人若しくは第百四十四条第二項に規定する債権者委員会の請求又は債権者集会の決議に基づく請求があったときは、破産に関し必要な説明をしなければならない。ただし、第五号に掲げる者については、裁判所の許可がある場合に限る。

一 破産者

二 破産者の代理人

三 破産者が法人である場合のその理事、取締役、執行役、監事、監査役及び清算人

四 前号に掲げる者に準ずる者

五 破産者の従業者（第二号に掲げる者を除く。）

2 前項の規定は、同項各号（第一号を除く。）に掲げる者であった者について準用する。

（破産者の重要財産開示義務）

第四十一条 破産者は、破産手続開始の決定後遅滞なく、その所有する不動産、現金、有価証券、預貯金その他裁判所が指定する財産の内容を記載した書面を裁判所に提出しなければならない。

（他の手続の失効等）

第四十二条 破産手続開始の決定があった場合には、破産財団に属する財産に対する強制執行、仮差押え、仮処分、一般の先取特権の実行、企業担保権の実行又は外国租税滞納処分で、破産債権若しくは財団債権に基づくもの又は破産債権若しくは財団債権を被担保債権とするものは、することができない。

2 前項に規定する場合には、同項に規定する強制執行、仮差押え、仮処分、一般の先取特権の実行及び企業担保権の実行の手続並びに外国租税滞納処分で、破産財団に属する財産に対して既にされているものは、破産財団に対してはその効力を失う。ただし、同項に規定する強制執行又は一般の先取特権の実行（以下この条において「強制執行又は先取特権の実行」という。）の手続については、破産管財人において破産財団のためにその手続を続行することを妨げない。

3 前項ただし書の規定により続行された強制執行又は先取特権の実行の手続については、民事執行法第六十三条及び第百二十九条（これらの規定を同法その他強制執行の手続に関する法令において準用する場合を含む。）の規定は、適用しな

い。

4　第二項ただし書の規定により続行された強制執行又は先取特権の実行の手続に関する破産者に対する費用請求権は、財団債権とする。

5　第二項ただし書の規定により続行された強制執行又は先取特権の実行に対する第三者異議の訴えについては、破産管財人を被告とする。

6　破産手続開始の決定があったときは、破産債権又は財団債権に基づく財産開示手続（民事執行法第百九十六条に規定する財産開示手続をいう。以下この項並びに第二百四十九条第一項及び第二項において同じ。）の申立てはすることができず、破産債権又は財団債権に基づく財産開示手続はその効力を失う。

（国税滞納処分等の取扱い）

第四十三条　破産手続開始の決定があった場合には、破産財団に属する財産に対する国税滞納処分（外国租税滞納処分を除く。次項において同じ。）は、することができない。

2　破産財団に属する財産に対して国税滞納処分が既にされている場合には、破産手続開始の決定は、その国税滞納処分の続行を妨げない。

3　破産手続開始の決定があったときは、破産手続が終了するまでの間は、罰金、科料及び追徴の時効は、進行しない。免責許可の申立てがあった後当該申立てについての裁判が確定するまでの間（破産手続開始の決定前に免責許可の申立てがあった場合にあっては、破産手続開始の決定後当該申立てについての裁判が確定するまでの間）も、同様とする。

（破産財団に関する訴えの取扱い）

第四十四条　破産手続開始の決定があったときは、破産者を当事者とする破産財団に関する訴訟手続は、中断する。

2　破産管財人は、前項の規定により中断した訴訟手続のうち破産債権に関しないものを受け継ぐことができる。この場合においては、受継の申立ては、相手方もすることができる。

3　前項の場合においては、相手方の破産者に対する訴訟費用請求権は、財団債権とする。

4　破産手続が終了したときは、破産管財人を当事者とする破産財団に関する訴訟手続は、中断する。

5　破産者は、前項の規定により中断した訴訟手続を受け継がなければならない。この場合においては、受継の申立ては、相手方もすることができる。

6　第一項の規定により中断した訴訟手続について第二項の規定による受継があるまでに破産手続が終了したときは、破産者は、当然訴訟手続を受継する。

（債権者代位訴訟及び詐害行為取消訴訟の取扱い）

第四十五条　民法（明治二十九年法律第八十九号）第四百二十三条又は第四百二十四条の規定により破産債権者又は財団債権者の提起した訴訟が破産手続開始当時係属するときは、その訴訟手続は、中断する。

〈編注〉本条第一項は、次のように改正され、平成三二年四月一日から施行される。

（債権者代位訴訟及び詐害行為取消訴訟の取扱い）

第四十五条 民法（明治二十九年法律第八十九号）第四百二十三条第一項、第四百二十三条の七又は第四百二十四条第一項の規定により破産債権者又は財団債権者の提起した訴訟が破産手続開始当時係属するときは、その訴訟手続は、中断する。

2 破産管財人は、前項の規定により中断した訴訟手続を受け継ぐことができる。この場合においては、受継の申立ては、相手方もすることができる。

3 前項の場合においては、相手方の破産債権者又は財団債権者に対する訴訟費用請求権は、財団債権とする。

4 第一項の規定により中断した訴訟手続について第二項の規定による受継があった後に破産手続が終了したときは、当該訴訟手続は、中断する。

5 前項の場合には、破産債権者又は財団債権者において当該訴訟手続を受け継がなければならない。この場合においては、受継の申立ては、相手方もすることができる。

6 第一項の規定により中断した訴訟手続について第二項の規定による受継があるまでに破産手続が終了したときは、破産債権者又は財団債権者は、当然訴訟手続を受継する。

（行政庁に係属する事件の取扱い）

第四十六条 第四十四条の規定は、破産財団に関する事件で行政庁に係属するものについて準用する。

第二款 破産手続開始の効果

（開始後の法律行為の効力）

第四十七条 破産者が破産手続開始後に破産財団に属する財産に関してした法律行為は、破産手続の関係においては、その効力を主張することができない。

2 破産者が破産手続開始の日にした法律行為は、破産手続開始後にしたものと推定する。

（開始後の権利取得の効力）

第四十八条 破産手続開始後に破産財団に属する財産に関して破産者の法律行為によらないで権利を取得しても、その権利の取得は、破産手続の関係においては、その効力を主張することができない。

2 前条第二項の規定は、破産手続開始の日における前項の権利の取得について準用する。

（開始後の登記及び登録の効力）

第四十九条 不動産又は船舶に関し破産手続開始前に生じた登記原因に基づき破産手続開始後にされた登記又は不動産登記法（平成十六年法律第百二十三号）第百五条第一号の規定による仮登記は、破産手続の関係においては、その効力を主張することができない。ただし、登記権利者が破産手続開始の事実を知らないでした登記又は仮登記については、この限りでない。

2　前項の規定は、権利の設定、移転若しくは変更に関する登録若しくは仮登録又は企業担保権の設定、移転若しくは変更に関する登記について準用する。

（開始後の破産者に対する弁済の効力）

第五十条　破産手続開始後に、その事実を知らないで破産者にした弁済は、破産手続の関係においても、その効力を主張することができる。

2　破産手続開始後に、その事実を知って破産者にした弁済は、破産財団が受けた利益の限度においてのみ、破産手続の関係において、その効力を主張することができる。

（善意又は悪意の推定）

第五十一条　前二条の規定の適用については、第三十二条第一項の規定による公告の前においてはその事実を知らなかったものと推定し、当該公告の後においてはその事実を知っていたものと推定する。

（共有関係）

第五十二条　数人が共同して財産権を有する場合において、共有者の中に破産手続開始の決定を受けた者があるときは、その共有に係る財産の分割の請求は、共有者の間で分割をしない旨の定めがあるときでも、することができる。

2　前項の場合には、他の共有者は、相当の償金を支払って破産者の持分を取得することができる。

（双務契約）

第五十三条　双務契約について破産者及びその相手方が破産手続開始の時において共にまだその履行を完了していないときは、破産管財人は、契約の解除をし、又は破産者の債務を履行して相手方の債務の履行を請求することができる。

2　前項の場合には、相手方は、破産管財人に対し、相当の期間を定め、その期間内に契約の解除をするか、又は債務の履行を請求するかを確答すべき旨を催告することができる。この場合において、破産管財人がその期間内に確答をしないときは、契約の解除をしたものとみなす。

3　前項の規定は、相手方又は破産管財人が民法第六百三十一条前段の規定により解約の申入れをすることができる場合又は同法第六百四十二条第一項前段の規定により契約の解除をすることができる場合について準用する。

第五十四条　前条第一項又は第二項の規定により契約の解除があった場合には、相手方は、損害の賠償について破産債権者としてその権利を行使することができる。

2　前項に規定する場合において、相手方は、破産者の受けた反対給付が破産財団中に現存するときは、その返還を請求することができ、現存しないときは、その価額について財団債権者としてその権利を行使することができる。

（継続的給付を目的とする双務契約）

第五十五条　破産者に対して継続的給付の義務を負う双務契約の相手方は、破産手続開始の申立て前の給付に係る破産債権について弁済がないことを理由としては、破産手続開始後は、その義務の履行を拒むことができない。

2　前項の双務契約の相手方が破産手続開始の申立て後破産手続開始前にした給付に係る請求権（一定期間ごとに債権額を算定すべき継続的給付については、申立ての日の属する期間内の給付に係る請求権を含む。）は、財団債権とする。

3　前二項の規定は、労働契約には、適用しない。

（賃貸借契約等）

第五十六条　第五十三条第一項及び第二項の規定は、賃借権その他の使用及び収益を目的とする権利を設定する契約について破産者の相手方が当該権利につき登記、登録その他の第三者に対抗することができる要件を備えている場合には、適用しない。

2　前項に規定する場合には、相手方の有する請求権は、財団債権とする。

（委任契約）

第五十七条　委任者について破産手続が開始された場合において、受任者は、民法第六百五十五条の規定による破産手続開始の通知を受けず、かつ、破産手続開始の事実を知らないで委任事務を処理したときは、これによって生じた債権について、破産債権者としてその権利を行使することができる。

（市場の相場がある商品の取引に係る契約）

第五十八条　取引所の相場その他の市場の相場がある商品の取引に係る契約であって、その取引の性質上特定の日時又は一定の期間内に履行をしなければ契約をした目的を達することができないものについて、その時期が破産手続開始後に到来すべきときは、当該契約は、解除されたものとみなす。

2　前項の場合において、損害賠償の額は、履行地又はその地の相場の標準となるべき地における同種の取引であって同一の時期に履行すべきものの相場と当該契約における商品の価格との差額によって定める。

3　第五十四条第一項の規定は、前項の規定による損害の賠償について準用する。

4　第一項又は第二項に定める事項について当該取引所又は市場における別段の定めがあるときは、その定めに従う。

5　第一項の取引を継続して行うためにその当事者間で締結された基本契約において、その基本契約に基づいて行われるすべての同項の取引に係る契約につき生ずる第二項に規定する損害賠償の債権又は債務を差引計算して決済する旨の定めをしたときは、請求することができる損害賠償の額の算定については、その定めに従う。

（交互計算）

第五十九条　交互計算は、当事者の一方について破産手続が開始されたときは、終了する。この場合においては、各当事者は、計算を閉鎖して、残額の支払を請求することができる。

2　前項の規定による請求権は、破産者が有するときは破産財団に属し、相手方が有するときは破産債権とする。

（為替手形の引受け又は支払等）

第六十条　為替手形の振出人又は裏書人について破産手続が開始された場合において、支払人又は予備支払人がその事実を知らないで引受け又は支払をしたときは、その支払人又は予備支払人は、これによって生じた債権につき、破産債権者としてその権利を行使することができる。

2　前項の規定は、小切手及び金銭その他の物又は有価証券の給付を目的とする有価証券について準用する。

3　第五十一条の規定は、前二項の規定の適用について準用する。

（夫婦財産関係における管理者の変更等）

第六十一条　民法第七百五十八条第二項及び第三項並びに第七百五十九条の規定は配偶者の財産を管理する者につき破産手続が開始された場合について、同法第八百三十五条の規定は親権を行う者につき破産手続が開始された場合について準用する。

第三款　取戻権

（取戻権）

第六十二条　破産手続の開始は、破産者に属しない財産を破産財団から取り戻す権利（第六十四条及び第七十八条第二項第十三号において「取戻権」という。）に影響を及ぼさない。

（運送中の物品の売主等の取戻権）

第六十三条　売主が売買の目的である物品を買主に発送した場合において、買主がまだ代金の全額を弁済せず、かつ、到達地でその物品を受け取らない間に買主について破産手続開始の決定があったときは、売主は、その物品を取り戻すことができる。ただし、破産管財人が代金の全額を支払ってその物品の引渡しを請求することを妨げない。

2　前項の規定は、第五十三条第一項及び第二項の規定の適用を妨げない。

3　第一項の規定は、物品の買入れの委託を受けた問屋がその物品を委託者に発送した場合について準用する。この場合において、同項中「代金」とあるのは、「報酬及び費用」と読み替えるものとする。

（代償的取戻権）

第六十四条　破産者（保全管理人が選任されている場合にあっては、保全管理人）が破産手続開始前に取戻権の目的である財産を譲り渡した場合には、当該財産について取戻権を有する者は、反対給付の請求権の移転を請求することができる。破産管財人が取戻権の目的である財産を譲り渡した場合も、同様とする。

2　前項の場合において、破産管財人が反対給付を受けたときは、同項の取戻権を有する者は、破産管財人が反対給付として受けた財産の給付を請求することができる。

第四款　別除権

（別除権）
第六十五条　別除権は、破産手続によらないで、行使することができる。
2　担保権（特別の先取特権、質権又は抵当権をいう。以下この項において同じ。）の目的である財産が破産管財人による任意売却その他の事由により破産財団に属しないこととなった場合において当該担保権がなお存続するときにおける当該担保権を有する者も、その目的である財産について別除権を有する。

（留置権の取扱い）
第六十六条　破産手続開始の時において破産財団に属する財産につき存する商法又は会社法の規定による留置権は、破産財団に対しては特別の先取特権とみなす。
2　前項の特別の先取特権は、民法その他の法律の規定による他の特別の先取特権に後れる。
3　第一項に規定するものを除き、破産手続開始の時において破産財団に属する財産につき存する留置権は、破産財団に対してはその効力を失う。

第五款　相殺権

（相殺権）
第六十七条　破産債権者は、破産手続開始の時において破産者に対して債務を負担するときは、破産手続によらないで、相殺をすることができる。
2　破産債権者の有する債権が破産手続開始の時において期限付若しくは解除条件付であるとき、又は第百三条第二項第一号に掲げるものであるときでも、破産債権者が前項の規定により相殺をすることを妨げない。破産債権者の負担する債務が期限付若しくは条件付であるとき、又は将来の請求権に関するものであるときも、同様とする。

（相殺に供することができる破産債権の額）
第六十八条　破産債権者が前条の規定により相殺をする場合の破産債権の額は、第百三条第二項各号に掲げる債権の区分に応じ、それぞれ当該各号に定める額とする。
2　前項の規定にかかわらず、破産債権者の有する債権が無利息債権又は定期金債権であるときは、その破産債権者は、その債権の債権額から第九十九条第一項第二号から第四号までに掲げる部分の額を控除した額の限度においてのみ、相殺をすることができる。

（解除条件付債権を有する者による相殺）
第六十九条　解除条件付債権を有する者が相殺をするときは、その相殺によって消滅する債務の額について、破産財団のために、担保を供し、又は寄託をしなければならない。

（停止条件付債権等を有する者による寄託の請求）
第七十条　停止条件付債権又は将来の請求権を有する者は、破産者に対する債務を弁済する場合には、後に相殺をするため、その債権額の限度において弁済額の寄託を請求することができる。敷金の返還請求権を有する者が破産者に対する賃料債務を弁済する場合も、同様とする。

（相殺の禁止）

第七十一条　破産債権者は、次に掲げる場合には、相殺をすることができない。

一　破産手続開始後に破産財団に対して債務を負担したとき。

二　支払不能になった後に契約によって負担する債務を専ら破産債権をもってする相殺に供する目的で破産者の財産の処分を内容とする契約を破産者との間で締結し、又は破産者に対して債務を負担する者の債務を引き受けることを内容とする契約を締結することにより破産者に対して債務を負担した場合であって、当該契約の締結の当時、支払不能であったことを知っていたとき。

三　支払の停止があった後に破産者に対して債務を負担した場合であって、その負担の当時、支払の停止があったことを知っていたとき。ただし、当該支払の停止があった時において支払不能でなかったときは、この限りでない。

四　破産手続開始の申立てがあった後に破産者に対して債務を負担した場合であって、その負担の当時、破産手続開始の申立てがあったことを知っていたとき。

2　前項第二号から第四号までの規定は、これらの規定に規定する債務の負担が次の各号に掲げる原因のいずれかに基づく場合には、適用しない。

一　法定の原因

二　支払不能であったこと又は支払の停止若しくは破産手続開始の申立てがあったことを破産債権者が知った時より前に生じた原因

三　破産手続開始の申立てがあった時より一年以上前に生じた原因

第七十二条　破産者に対して債務を負担する者は、次に掲げる場合には、相殺をすることができない。

一　破産手続開始後に他人の破産債権を取得したとき。

二　支払不能になった後に破産債権を取得した場合であって、その取得の当時、支払不能であったことを知っていたとき。

三　支払の停止があった後に破産債権を取得した場合であって、その取得の当時、支払の停止があったことを知っていたとき。ただし、当該支払の停止があった時において支払不能でなかったときは、この限りでない。

四　破産手続開始の申立てがあった後に破産債権を取得した場合であって、その取得の当時、破産手続開始の申立てがあったことを知っていたとき。

2　前項第二号から第四号までの規定は、これらの規定に規定する破産債権の取得が次の各号に掲げる原因のいずれかに基づく場合には、適用しない。

一　法定の原因

二　支払不能であったこと又は支払の停止若しくは破産手続開始の申立てがあったことを破産者に対して債務を負担する者が知った時より前に生じた原因

三　破産手続開始の申立てがあった時より一年以上前に生じた原因

四　破産者に対して債務を負担する者と破産者との間の契約

(破産管財人の催告権)

第七十三条　破産管財人は、第三十一条第一項第三号の期間が経過した後又は同号の期日が終了した後は、第六十七条の規定により相殺をすることができる破産債権者に対し、一月以上の期間を定め、その期間内に当該破産債権をもって相殺をするかどうかを確答すべき旨を催告することができる。ただし、破産債権者の負担する債務が弁済期にあるときに限る。

2　前項の規定による催告があった場合において、破産債権者が同項の規定により定めた期間内に確答をしないときは、当該破産債権者は、破産手続の関係においては、当該破産債権についての相殺の効力を主張することができない。

第三章　破産手続の機関

第一節　破産管財人

第一款　破産管財人の選任及び監督

(破産管財人の選任)

第七十四条　破産管財人は、裁判所が選任する。

2　法人は、破産管財人となることができる。

(破産管財人に対する監督等)

第七十五条　破産管財人は、裁判所が監督する。

2　裁判所は、破産管財人が破産財団に属する財産の管理及び処分を適切に行っていないとき、その他重要な事由があるときは、利害関係人の申立てにより又は職権で、破産管財人を解任することができる。この場合においては、その破産管財人を審尋しなければならない。

(数人の破産管財人の職務執行)

第七十六条　破産管財人が数人あるときは、共同してその職務を行う。ただし、裁判所の許可を得て、それぞれ単独にその職務を行い、又は職務を分掌することができる。

2　破産管財人が数人あるときは、第三者の意思表示は、その一人に対してすれば足りる。

(破産管財人代理)

第七十七条　破産管財人は、必要があるときは、その職務を行わせるため、自己の責任で一人又は数人の破産管財人代理を選任することができる。
2　前項の破産管財人代理の選任については、裁判所の許可を得なければならない。

第二款　破産管財人の権限等

（破産管財人の権限）
第七十八条　破産手続開始の決定があった場合には、破産財団に属する財産の管理及び処分をする権利は、裁判所が選任した破産管財人に専属する。
2　破産管財人が次に掲げる行為をするには、裁判所の許可を得なければならない。
一　不動産に関する物権、登記すべき日本船舶又は外国船舶の任意売却
二　鉱業権、漁業権、公共施設等運営権、特許権、実用新案権、意匠権、商標権、回路配置利用権、育成者権、著作権又は著作隣接権の任意売却
三　営業又は事業の譲渡
四　商品の一括売却
五　借財
六　第二百三十八条第二項の規定による相続の放棄の承認、第二百四十三条において準用する同項の規定による包括遺贈の放棄の承認又は第二百四十四条第一項の規定による特定遺贈の放棄
七　動産の任意売却
八　債権又は有価証券の譲渡
九　第五十三条第一項の規定による履行の請求
十　訴えの提起
十一　和解又は仲裁合意（仲裁法（平成十五年法律第百三十八号）第二条第一項に規定する仲裁合意をいう。）
十二　権利の放棄
十三　財団債権、取戻権又は別除権の承認
十四　別除権の目的である財産の受戻し
十五　その他裁判所の指定する行為
3　前項の規定にかかわらず、同項第七号から第十四号までに掲げる行為については、次に掲げる場合には、同項の許可を要しない。
一　最高裁判所規則で定める額以下の価額を有するものに関するとき。
二　前号に掲げるもののほか、裁判所が前項の許可を要しないものとしたものに関するとき。
4　裁判所は、第二項第三号の規定により営業又は事業の譲渡につき同項の許可をする場合には、労働組合等の意見を聴かなければならない。
5　第二項の許可を得ないでした行為は、無効とする。ただし、これをもって善意の第三者に対抗することができない。
6　破産管財人は、第二項各号に掲げる行為をしようとすると

きは、遅滞を生ずるおそれのある場合又は第三項各号に掲げる場合を除き、破産者の意見を聴かなければならない。

（破産財団の管理）

第七十九条　破産管財人は、就職の後直ちに破産財団に属する財産の管理に着手しなければならない。

（当事者適格）

第八十条　破産財団に関する訴えについては、破産管財人を原告又は被告とする。

（郵便物等の管理）

第八十一条　裁判所は、破産管財人の職務の遂行のため必要があると認めるときは、信書の送達の事業を行う者に対し、破産者にあてた郵便物又は民間事業者による信書の送達に関する法律（平成十四年法律第九十九号）第二条第三項に規定する信書便物（次条及び第百十八条第五項において「郵便物等」という。）を破産管財人に配達すべき旨を嘱託することができる。

2　裁判所は、破産者の申立てにより又は職権で、破産管財人の意見を聴いて、前項に規定する嘱託を取り消し、又は変更することができる。

3　破産手続が終了したときは、裁判所は、第一項に規定する嘱託を取り消さなければならない。

4　第一項又は第二項の規定による決定及び同項の申立てを却下する裁判に対しては、破産者又は破産管財人は、即時抗告をすることができる。

5　第一項の規定による決定に対する前項の即時抗告は、執行停止の効力を有しない。

第八十二条　破産管財人は、破産者にあてた郵便物等を受け取ったときは、これを開いて見ることができる。

2　破産者は、破産管財人に対し、破産管財人が受け取った前項の郵便物等の閲覧又は当該郵便物等で破産財団に関しないものの交付を求めることができる。

（破産管財人による調査等）

第八十三条　破産管財人は、第四十条第一項各号に掲げる者及び同条第二項に規定する者に対して同条の規定による説明を求め、又は破産財団に関する帳簿、書類その他の物件を検査することができる。

2　破産管財人は、その職務を行うため必要があるときは、破産者の子会社等（次の各号に掲げる区分に応じ、それぞれ当該各号に定める法人をいう。次項において同じ。）に対して、その業務及び財産の状況につき説明を求め、又はその帳簿、書類その他の物件を検査することができる。

一　破産者が株式会社である場合　破産者の子会社（会社法第二条第三号に規定する子会社をいう。）

二　破産者が株式会社以外のものである場合　破産者が株式会社の総株主の議決権の過半数を有する場合における当該株式会社

3　破産者（株式会社以外のものに限る。以下この項において同じ。）の子会社等又は破産者及びその子会社等が他の株式会社の総株主の議決権の過半数を有する場合には、前項の規定の適用については、当該他の株式会社を当該破産者の子会社等とみなす。

（破産管財人の職務の執行の確保）

第八十四条　破産管財人は、職務の執行に際し抵抗を受けるときは、その抵抗を排除するために、裁判所の許可を得て、警察上の援助を求めることができる。

（破産管財人の注意義務）

第八十五条　破産管財人は、善良な管理者の注意をもって、その職務を行わなければならない。

2　破産管財人が前項の注意を怠ったときは、その破産管財人は、利害関係人に対し、連帯して損害を賠償する義務を負う。

（破産管財人の情報提供努力義務）

第八十六条　破産管財人は、破産債権である給料の請求権又は退職手当の請求権を有する者に対し、破産手続に参加するのに必要な情報を提供するよう努めなければならない。

（破産管財人の報酬等）

第八十七条　破産管財人は、費用の前払及び裁判所が定める報酬を受けることができる。

2　前項の規定による決定に対しては、即時抗告をすることができる。

3　前二項の規定は、破産管財人代理について準用する。

（破産管財人の任務終了の場合の報告義務等）

第八十八条　破産管財人の任務が終了した場合には、破産管財人は、遅滞なく、計算の報告書を裁判所に提出しなければならない。

2　前項の場合において、破産管財人が欠けたときは、同項の計算の報告書は、同項の規定にかかわらず、後任の破産管財人が提出しなければならない。

3　第一項又は前項の場合には、第一項の破産管財人又は前項の後任の破産管財人は、破産管財人の任務終了による債権者集会への計算の報告を目的として第百三十五条第一項本文の申立てをしなければならない。

4　破産者、破産債権者又は後任の破産管財人（第二項の後任の破産管財人を除く。）は、前項の申立てにより招集される債権者集会の期日において、第一項又は第二項の計算について異議を述べることができる。

5　前項の債権者集会の期日と第一項又は第二項の規定による計算の報告書の提出日との間には、三日以上の期間を置かなければならない。

6　第四項の債権者集会の期日において同項の異議がなかった場合には、第一項又は第二項の計算は、承認されたものとみなす。

第八十九条　前条第一項又は第二項の場合には、同条第一項の破産管財人又は同条第二項の後任の破産管財人は、同条第三項の申立てに代えて、書面による計算の報告をする旨の申立てを裁判所にすることができる。

2 裁判所は、前項の規定による申立てがあり、かつ、前条第一項又は第二項の規定による計算の報告書の提出があったときは、その提出があった旨及びその計算に異議があれば一定の期間内にこれを述べるべき旨を公告しなければならない。この場合においては、その期間は、一月を下ることができない。

3 破産者、破産債権者又は後任の破産管財人（第一項の後任の破産管財人を除く。）は、前項の期間内に前条第一項又は第二項の計算について異議を述べることができる。

4 第二項の期間内に前項の異議がなかった場合には、前条第一項又は第二項の計算は、承認されたものとみなす。

（任務終了の場合の財産の管理）

第九十条 破産管財人の任務が終了した場合において、急迫の事情があるときは、破産管財人又はその承継人は、後任の破産管財人又は破産者が財産を管理することができるに至るまで必要な処分をしなければならない。

2 破産手続開始の取消し又は破産手続廃止の決定が確定した場合には、破産管財人は、財団債権を弁済しなければならない。ただし、その存否又は額について争いのある財団債権については、その債権を有する者のために供託しなければならない。

第二節 保全管理人

（保全管理命令）

第九十一条 裁判所は、破産手続開始の申立てがあった場合において、債務者（法人である場合に限る。以下この節、第百四十八条第四項及び第百五十二条第二項において同じ。）の財産の管理及び処分が失当であるとき、その他債務者の財産の確保のために特に必要があると認めるときは、利害関係人の申立てにより又は職権で、破産手続開始の申立てにつき決定があるまでの間、債務者の財産に関し、保全管理人による管理を命ずる処分をすることができる。

2 裁判所は、前項の規定による処分（以下「保全管理命令」という。）をする場合には、当該保全管理命令において、一人又は数人の保全管理人を選任しなければならない。

3 前二項の規定は、破産手続開始の申立てを棄却する決定に対して第三十三条第一項の即時抗告があった場合について準用する。

4 裁判所は、保全管理命令を変更し、又は取り消すことができる。

5 保全管理命令及び前項の規定による決定に対しては、即時抗告をすることができる。

6 前項の即時抗告は、執行停止の効力を有しない。

（保全管理命令に関する公告及び送達）
第九十二条　裁判所は、保全管理命令を発したときは、その旨を公告しなければならない。保全管理命令を変更し、又は取り消す旨の決定があった場合も、同様とする。
2　保全管理命令、前条第四項の規定による決定及び同条第五項の即時抗告についての裁判があった場合には、その裁判書を当事者に送達しなければならない。
3　第十条第四項の規定は、第一項の場合については、適用しない。

（保全管理人の権限）
第九十三条　保全管理命令が発せられたときは、債務者の財産（日本国内にあるかどうかを問わない。）の管理及び処分をする権利は、保全管理人に専属する。ただし、保全管理人が債務者の常務に属しない行為をするには、裁判所の許可を得なければならない。
2　前項ただし書の許可を得ないでした行為は、無効とする。ただし、これをもって善意の第三者に対抗することができない。
3　第七十八条第二項から第六項までの規定は、保全管理人について準用する。

（保全管理人の任務終了の場合の報告義務）
第九十四条　保全管理人の任務が終了した場合には、保全管理人は、遅滞なく、裁判所に書面による計算の報告をしなければならない。
2　前項の場合において、保全管理人が欠けたときは、同項の計算の報告は、同項の規定にかかわらず、後任の保全管理人又は破産管財人がしなければならない。

（保全管理人代理）
第九十五条　保全管理人は、必要があるときは、その職務を行わせるため、自己の責任で一人又は数人の保全管理人代理を選任することができる。
2　前項の規定による保全管理人代理の選任については、裁判所の許可を得なければならない。

（準用）
第九十六条　第四十条の規定は保全管理人の請求について、第四十七条、第五十条及び第五十一条の規定は保全管理命令が発せられた場合について、第七十四条第二項、第七十五条、第七十六条、第七十九条、第八十条、第八十二条から第八十五条まで、第八十七条第一項及び第二項並びに第九十条第一項の規定は保全管理人について、第八十七条第一項及び第二項の規定は保全管理人代理について準用する。この場合において、第五十一条中「第三十二条第一項の規定による公告」とあるのは「第九十二条第一項の規定による公告」と、第九十条第一項中「後任の破産管財人」とあるのは「後任の保全管理人、破産管財人」と読み替えるものとする。
2　債務者の財産に関する訴訟手続及び債務者の財産関係の事

件で行政庁に係属するものについては、次の各号に掲げる場合には、当該各号に定める規定を準用する。
一　保全管理命令が発せられた場合　第四十四条第一項から第三項まで
二　保全管理命令が効力を失った場合（破産手続開始の決定があった場合を除く。）　第四十四条第四項から第六項まで

第四章　破産債権

第一節　破産債権者の権利

（破産債権に含まれる請求権）
第九十七条　次に掲げる債権（財団債権であるものを除く。）は、破産債権に含まれるものとする。
一　破産手続開始後の利息の請求権
二　破産手続開始後の不履行による損害賠償又は違約金の請求権
三　破産手続開始後の延滞税、利子税若しくは延滞金の請求権又はこれらに類する共助対象外国租税の請求権
四　国税徴収法（昭和三十四年法律第百四十七号）又は国税徴収の例によって徴収することのできる請求権（以下「租税等の請求権」という。）であって、破産財団に関して破産手続開始後の原因に基づいて生ずるもの
五　加算税（国税通則法（昭和三十七年法律第六十六号）第二条第四号に規定する過少申告加算税、無申告加算税、不納付加算税及び重加算税をいう。）若しくは加算金（地方税法（昭和二十五年法律第二百二十六号）第一条第一項第十四号に規定する過少申告加算金、不申告加算金及び重加算金をいう。）の請求権又はこれらに類する共助対象外国租税の請求権
六　罰金、科料、刑事訴訟費用、追徴金又は過料の請求権（以下「罰金等の請求権」という。）
七　破産手続参加の費用の請求権
八　第五十四条第一項（第五十八条第三項において準用する場合を含む。）に規定する相手方の損害賠償の請求権
九　第五十七条に規定する債権
十　第五十九条第一項の規定による請求権であって、相手方の有するもの
十一　第六十条第一項（同条第二項において準用する場合を含む。）に規定する債権
十二　第百六十八条第二項第二号又は第三号に定める権利

（優先的破産債権）
第九十八条　破産財団に属する財産につき一般の先取特権その他一般の優先権がある破産債権（次条第一項に規定する劣後的破産債権及び同条第二項に規定する約定劣後破産債権を除く。以下「優先的破産債権」という。）は、他の破産債権に優

先する。
2 前項の場合において、優先的破産債権間の優先順位は、民法、商法その他の法律の定めるところによる。
3 優先権が一定の期間内の債権額につき存在する場合には、その期間は、破産手続開始の時からさかのぼって計算する。
（劣後的破産債権等）
第九十九条 次に掲げる債権（以下「劣後的破産債権」という。）は、他の破産債権（次項に規定する約定劣後破産債権を除く。）に後れる。
一 第九十七条第一号から第七号までに掲げる請求権
二 破産手続開始後に期限が到来すべき確定期限付債権で無利息のもののうち、破産手続開始の時から期限に至るまでの期間の年数（その期間に一年に満たない端数があるときは、これを切り捨てるものとする。）に応じた債権に対する法定利息の額に相当する部分
＜編注＞ 本条第一項第二号は、次のように改正され、平成三二年四月一日から施行される。
二 破産手続開始後に期限が到来すべき確定期限付債権で無利息のもののうち、破産手続開始の時から期限に至るまでの期間の年数（その期間に一年に満たない端数があるときは、これを切り捨てるものとする。）に応じた債権に対する破産手続開始の時における法定利率による利息の額に相当する部分
三 破産手続開始後に期限が到来すべき不確定期限付債権で無利息のもののうち、その債権額と破産手続開始の時における評価額との差額に相当する部分
四 金額及び存続期間が確定している定期金債権のうち、各定期金につき第二号の規定に準じて算定される額の合計額（その額を各定期金の合計額から控除した額が法定利率によりその定期金に相当する利息を生ずべき元本額を超えるときは、その超過額を加算した額）に相当する部分
＜編注＞ 本条第一項第四号は、次のように改正され、平成三二年四月一日から施行される。
四 金額及び存続期間が確定している定期金債権のうち、各定期金につき第二号の規定に準じて算定される額の合計額（その額を各定期金の合計額から控除した額が破産手続開始の時における法定利率によりその定期金に相当する利息を生ずべき元本額を超えるときは、その超過額を加算した額）に相当する部分
2 破産債権者と破産者との間において、破産手続開始前に、当該債務者について破産手続が開始されたとすれば当該破産手続におけるその配当の順位が劣後的破産債権に後れる旨の合意がされた債権（以下「約定劣後破産債権」という。）は、劣後的破産債権に後れる。
（破産債権の行使）
第百条 破産債権は、この法律に特別の定めがある場合を除き、

破産手続によらなければ、行使することができない。

2　前項の規定は、次に掲げる行為によって破産債権である租税等の請求権（共助対象外国租税の請求権を除く。）を行使する場合については、適用しない。

一　破産手続開始の時に破産財団に属する財産に対して既にされている国税滞納処分

二　徴収の権限を有する者による還付金又は過誤納金の充当

（給料の請求権等の弁済の許可）

第百一条　優先的破産債権である給料の請求権又は退職手当の請求権について届出をした破産債権者が、これらの破産債権の弁済を受けなければその生活の維持を図るのに困難を生ずるおそれがあるときは、裁判所は、最初に第百九十五条第一項に規定する最後配当、第二百四条第一項に規定する簡易配当、第二百八条第一項に規定する同意配当又は第二百九条第一項に規定する中間配当の許可があるまでの間、破産管財人の申立てにより又は職権で、その全部又は一部の弁済をすることを許可することができる。ただし、その弁済により財団債権又は他の先順位若しくは同順位の優先的破産債権を有する者の利益を害するおそれがないときに限る。

2　破産管財人は、前項の破産債権者から同項の申立てをすべきことを求められたときは、直ちにその旨を裁判所に報告しなければならない。この場合において、その申立てをしないこととしたときは、遅滞なく、その事情を裁判所に報告しなければならない。

（破産管財人による相殺）

第百二条　破産管財人は、破産財団に属する債権をもって破産債権と相殺することが破産債権者の一般の利益に適合するときは、裁判所の許可を得て、その相殺をすることができる。

（破産債権者の手続参加）

第百三条　破産債権者は、その有する破産債権をもって破産手続に参加することができる。

2　前項の場合において、破産債権の額は、次に掲げる債権の区分に従い、それぞれ当該各号に定める額とする。

一　次に掲げる債権　破産手続開始の時における評価額

イ　金銭の支払を目的としない債権

ロ　金銭債権で、その額が不確定であるもの又はその額を外国の通貨をもって定めたもの

ハ　金額又は存続期間が不確定である定期金債権

二　前号に掲げる債権以外の債権　債権額

3　破産債権が期限付債権でその期限が破産手続開始後に到来すべきものであるときは、その破産債権は、破産手続開始の時において弁済期が到来したものとみなす。

4　破産債権が破産手続開始の時において条件付債権又は将来の請求権であるときでも、当該破産債権者は、その破産債権をもって破産手続に参加することができる。

5　第一項の規定にかかわらず、共助対象外国租税の請求権を

もって破産手続に参加するには、共助実施決定（租税条約等実施特例法第十一条第一項に規定する共助実施決定をいう。第百三十四条第二項において同じ。）を得なければならない。

（全部の履行をする義務を負う者が数人ある場合等の手続参加）

第百四条 数人が各自全部の履行をする義務を負う場合において、その全員又はそのうちの数人若しくは一人について破産手続開始の決定があったときは、債権者は、破産手続開始の時において有する債権の全額についてそれぞれの破産手続に参加することができる。

2 前項の場合において、他の全部の履行をする義務を負う者が破産手続開始後に債権者に対して弁済その他の債務を消滅させる行為（以下この条において「弁済等」という。）をしたときであっても、その債権の全額が消滅した場合を除き、その債権者は、破産手続開始の時において有する債権の全額についてその権利を行使することができる。

3 第一項に規定する場合において、破産者に対して将来行うことがある求償権を有する者は、その全額について破産手続に参加することができる。ただし、債権者が破産手続開始の時において有する債権について破産手続に参加したときは、この限りでない。

4 第一項の規定により債権者が破産手続に参加した場合において、破産者に対して将来行うことがある求償権を有する者が破産手続開始後に債権者に対して弁済等をしたときは、その債権の全額が消滅した場合に限り、その求償権を有する者は、その求償権の範囲内において、債権者が有した権利を破産債権者として行使することができる。

5 第二項の規定は破産者の債務を担保するため自己の財産を担保に供した第三者（以下この項において「物上保証人」という。）が破産手続開始後に債権者に対して弁済等をした場合について、前二項の規定は物上保証人が破産者に対して将来行うことがある求償権を有する場合における当該物上保証人について準用する。

（保証人の破産の場合の手続参加）

第百五条 保証人について破産手続開始の決定があったときは、債権者は、破産手続開始の時において有する債権の全額について破産手続に参加することができる。

（法人の債務につき無限の責任を負う者の破産の場合の手続参加）

第百六条 法人の債務につき無限の責任を負う者について破産手続開始の決定があったときは、当該法人の債権者は、破産手続開始の時において有する債権の全額について破産手続に参加することができる。

（法人の債務につき有限の責任を負う者の破産の場合の手続参加等）

第百七条 法人の債務につき有限の責任を負う者について破産

手続開始の決定があったときは、当該法人の債権者は、破産手続に参加することができない。この場合においては、当該法人が出資の請求について破産手続に参加することを妨げない。

2　法人の債務につき有限の責任を負う者がある場合において、当該法人について破産手続開始の決定があったときは、当該法人の債権者は、当該法人の債務につき有限の責任を負う者に対してその権利を行使することができない。

（別除権者等の手続参加）

第百八条　別除権者は、当該別除権に係る第六十五条第二項に規定する担保権によって担保される債権については、その別除権の行使によって弁済を受けることができない債権の額についてのみ、破産債権者としてその権利を行使することができる。ただし、当該担保権によって担保される債権の全部又は一部が破産手続開始後に担保されないこととなった場合には、その債権の当該全部又は一部の額について、破産債権者としてその権利を行使することを妨げない。

2　破産財団に属しない破産者の財産につき特別の先取特権、質権若しくは抵当権を有する者又は破産者につき更に破産手続開始の決定があった場合における前の破産手続において破産債権を有する者も、前項と同様とする。

（外国で弁済を受けた破産債権者の手続参加）

第百九条　破産債権者は、破産手続開始の決定があった後に、破産財団に属する財産で外国にあるものに対して権利を行使したことにより、破産債権について弁済を受けた場合であっても、その弁済を受ける前の債権の額について破産手続に参加することができる。

（代理委員）

第百十条　破産債権者は、裁判所の許可を得て、共同して又は各別に、一人又は数人の代理委員を選任することができる。

2　代理委員は、これを選任した破産債権者のために、破産手続に属する一切の行為をすることができる。

3　代理委員が数人あるときは、共同してその権限を行使する。ただし、第三者の意思表示は、その一人に対してすれば足りる。

4　裁判所は、代理委員の権限の行使が著しく不公正であると認めるときは、第一項の許可を取り消すことができる。

第二節　破産債権の届出

（破産債権の届出）

第百十一条　破産手続に参加しようとする破産債権者は、第三十一条第一項第一号又は第三項の規定により定められた破産債権の届出をすべき期間（以下「債権届出期間」という。）内に、次に掲げる事項を裁判所に届け出なければならない。

一　各破産債権の額及び原因

二　優先的破産債権であるときは、その旨

三　劣後的破産債権又は約定劣後破産債権であるときは、その旨

四　自己に対する配当額の合計額が最高裁判所規則で定める額に満たない場合においても配当金を受領する意思があるときは、その旨

五　前各号に掲げるもののほか、最高裁判所規則で定める事項

2　別除権者は、前項各号に掲げる事項のほか、次に掲げる事項を届け出なければならない。

一　別除権の目的である財産

二　別除権の行使によって弁済を受けることができないと見込まれる債権の額

3　前項の規定は、第百八条第二項に規定する特別の先取特権、質権若しくは抵当権又は破産債権を有する者（以下「準別除権者」という。）について準用する。

（一般調査期間経過後又は一般調査期日終了後の届出等）

第百十二条　破産債権者がその責めに帰することができない事由によって第三十一条第一項第三号の期間（以下「一般調査期間」という。）の経過又は同号の期日（以下「一般調査期日」という。）の終了までに破産債権の届出をすることができなかった場合には、その事由が消滅した後一月以内に限り、その届出をすることができる。

2　前項に規定する一月の期間は、伸長し、又は短縮することができない。

3　一般調査期間の経過後又は一般調査期日の終了後に生じた破産債権については、その権利の発生した後一月の不変期間内に、その届出をしなければならない。

4　第一項及び第二項の規定は、破産債権者が、その責めに帰することができない事由によって、一般調査期間の経過後又は一般調査期日の終了後に、届け出た事項について他の破産債権者の利益を害すべき変更を加える場合について準用する。

（届出名義の変更）

第百十三条　届出をした破産債権を取得した者は、一般調査期間の経過後又は一般調査期日の終了後でも、届出名義の変更を受けることができる。

2　前項の規定により届出名義の変更を受ける者は、自己に対する配当額の合計額が第百十一条第一項第四号に規定する最高裁判所規則で定める額に満たない場合においても配当金を受領する意思があるときは、その旨を裁判所に届け出なければならない。

（租税等の請求権等の届出）

第百十四条　次に掲げる請求権を有する者は、遅滞なく、当該請求権の額及び原因並びに当該請求権が共助対象外国租税の請求権である場合にはその旨その他最高裁判所規則で定める事項を裁判所に届け出なければならない。この場合において、

当該請求権を有する者が別除権者又は準別除権者であるときは、第百十一条第二項の規定を準用する。

一　租税等の請求権であって、財団債権に該当しないもの

二　罰金等の請求権であって、財団債権に該当しないもの

第三節　破産債権の調査及び確定

第一款　通則

（破産債権者表の作成等）

第百十五条　裁判所書記官は、届出があった破産債権について、破産債権者表を作成しなければならない。

2　前項の破産債権者表には、各破産債権について、第百十一条第一項第一号から第四号まで及び第二項第二号（同条第三項において準用する場合を含む。）に掲げる事項その他最高裁判所規則で定める事項を記載しなければならない。

3　破産債権者表の記載に誤りがあるときは、裁判所書記官は、申立てにより又は職権で、いつでもその記載を更正する処分をすることができる。

（破産債権の調査の方法）

第百十六条　裁判所による破産債権の調査は、次款の規定により、破産管財人が作成した認否書並びに破産債権者及び破産者の書面による異議に基づいてする。

2　前項の規定にかかわらず、裁判所は、必要があると認めるときは、第三款の規定により、破産債権の調査を、そのための期日における破産管財人の認否並びに破産債権者及び破産者の異議に基づいてすることができる。

3　裁判所は、第百二十一条の規定による一般調査期日における破産債権の調査の後であっても、第百十九条の規定による特別調査期間における書面による破産債権の調査をすることができ、必要があると認めるときは、第百十八条の規定による一般調査期間における書面による破産債権の調査の後であっても、第百二十二条の規定による特別調査期日における破産債権の調査をすることができる。

第二款　書面による破産債権の調査

（認否書の作成及び提出）

第百十七条　破産管財人は、一般調査期間が定められたときは、債権届出期間内に届出があった破産債権について、次に掲げる事項についての認否を記載した認否書を作成しなければならない。

一　破産債権の額

二　優先的破産債権であること。

三　劣後的破産債権又は約定劣後破産債権であること。

四　別除権（第百八条第二項に規定する特別の先取特権、質権若しくは抵当権又は破産債権を含む。）の行使によって弁済を受けることができないと見込まれる債権の額

2　破産管財人は、債権届出期間の経過後に届出があり、又は届出事項の変更（他の破産債権者の利益を害すべき事項の変

更に限る。以下この節において同じ。）があった破産債権についても、前項各号に掲げる事項（当該届出事項の変更があった場合にあっては、変更後の同項各号に掲げる事項。以下この節において同じ。）についての認否を同項の認否書に記載することができる。

3　破産管財人は、一般調査期間前の裁判所の定める期限までに、前二項の規定により作成した認否書を裁判所に提出しなければならない。

4　第一項の規定により同項の認否書に認否を記載すべき事項であって前項の規定により提出された認否書に認否の記載がないものがあるときは、破産管財人において当該事項を認めたものとみなす。

5　第二項の規定により第一項各号に掲げる事項についての認否を認否書に記載することができる破産債権について、第三項の規定により提出された認否書に当該事項の一部についての認否の記載があるときは、破産管財人において当該事項のうち当該認否書に認否の記載のないものを認めたものとみなす。

（一般調査期間における調査）

第百十八条　届出をした破産債権者は、一般調査期間内に、裁判所に対し、前条第一項又は第二項に規定する破産債権についての同条第一項各号に掲げる事項について、書面で、異議を述べることができる。

2　破産者は、一般調査期間内に、裁判所に対し、前項の破産債権の額について、書面で、異議を述べることができる。

3　裁判所は、一般調査期間を変更する決定をしたときは、その裁判書を破産管財人、破産者及び届出をした破産債権者（債権届出期間の経過前にあっては、知れている破産債権者）に送達しなければならない。

4　前項の規定による送達は、書類を通常の取扱いによる郵便に付し、又は民間事業者による信書の送達に関する法律第二条第六項に規定する一般信書便事業者若しくは同条第九項に規定する特定信書便事業者の提供する同条第二項に規定する信書便の役務を利用して送付する方法によりすることができる。

5　前項の規定による送達をした場合においては、その郵便物等が通常到達すべきであった時に、送達があったものとみなす。

（特別調査期間における調査）

第百十九条　裁判所は、債権届出期間の経過後、一般調査期間の満了前又は一般調査期日の終了前にその届出があり、又は届出事項の変更があった破産債権について、その調査をするための期間（以下「特別調査期間」という。）を定めなければならない。ただし、当該破産債権について、破産管財人が第百十七条第三項の規定により提出された認否書に同条第一項各号に掲げる事項の全部若しくは一部についての認否を記載している場合又は一般調査期日において調査をすることについて破産管財人及び破産債権者の異議がない場合は、この限りでない。
2　一般調査期間の経過後又は一般調査期日の終了後に第百十二条第一項若しくは第三項の規定による届出があり、又は同条第四項において準用する同条第一項の規定による届出事項の変更があった破産債権についても、前項本文と同様とする。
3　第一項本文又は前項の場合には、特別調査期間に関する費用は、当該破産債権を有する者の負担とする。
4　破産管財人は、特別調査期間に係る破産債権については、第百十七条第一項各号に掲げる事項についての認否を記載した認否書を作成し、特別調査期間前の裁判所の定める期限までに、これを裁判所に提出しなければならない。この場合においては、同条第四項の規定を準用する。
5　届出をした破産債権者は前項の破産債権についての第百十七条第一項各号に掲げる事項について、破産者は当該破産債権の額について、特別調査期間内に、裁判所に対し、書面で、異議を述べることができる。
6　前条第三項から第五項までの規定は、特別調査期間を定める決定又はこれを変更する決定があった場合における裁判書の送達について準用する。
（特別調査期間に関する費用の予納）
第百二十条　前条第一項本文又は第二項の場合には、裁判所書記官は、相当の期間を定め、同条第三項の破産債権を有する者に対し、同項の費用の予納を命じなければならない。
2　前項の規定による処分は、相当と認める方法で告知することによって、その効力を生ずる。
3　第一項の規定による処分に対しては、その告知を受けた日から一週間の不変期間内に、異議の申立てをすることができる。
4　前項の異議の申立ては、執行停止の効力を有する。
5　第一項の場合において、同項の破産債権を有する者が同項の費用の予納をしないときは、裁判所は、決定で、その者がした破産債権の届出又は届出事項の変更に係る届出を却下しなければならない。
6　前項の規定による却下の決定に対しては、即時抗告をすることができる。

第三款　期日における破産債権の調査

（一般調査期日における調査）
第百二十一条　破産管財人は、一般調査期日が定められたときは、当該一般調査期日に出頭し、債権届出期間内に届出があった破産債権について、第百十七条第一項各号に掲げる事項についての認否をしなければならない。
2　届出をした破産債権者又はその代理人は、一般調査期日に出頭し、前項の破産債権についての同項に規定する事項について、異議を述べることができる。

3　破産者は、一般調査期日に出頭しなければならない。ただし、正当な事由があるときは、代理人を出頭させることができる。

4　前項本文の規定により出頭した破産者は、第一項の破産債権の額について、異議を述べることができる。

5　第三項本文の規定により出頭した破産者は、必要な事項に関し意見を述べなければならない。

6　前三項の規定は、第三項ただし書の代理人について準用する。

7　前各項の規定は、債権届出期間の経過後に届出があり、又は届出事項の変更があった破産債権について一般調査期日において調査をすることにつき破産管財人及び破産債権者の異議がない場合について準用する。

8　一般調査期日における破産債権の調査は、破産管財人が出頭しなければ、することができない。

9　裁判所は、一般調査期日を変更する決定をしたときは、その裁判書を破産管財人、破産者及び届出をした破産債権者（債権届出期間の経過前にあっては、知れている破産債権者）に送達しなければならない。

10　裁判所は、一般調査期日における破産債権の調査の延期又は続行の決定をしたときは、当該一般調査期日において言渡しをした場合を除き、その裁判書を破産管財人、破産者及び届出をした破産債権者に送達しなければならない。

11　第百十八条第四項及び第五項の規定は、前二項の規定による送達について準用する。

（特別調査期日における調査）

第百二十二条　裁判所は、債権届出期間の経過後、一般調査期間の満了前又は一般調査期日の終了前に届出があり、又は届出事項の変更があった破産債権について、必要があると認めるときは、その調査をするための期日（以下「特別調査期日」という。）を定めることができる。ただし、当該破産債権について、破産管財人が第百十七条第三項の規定により提出された認否書に同条第一項各号に掲げる事項の全部若しくは一部についての認否を記載している場合又は一般調査期日において調査をすることについて破産管財人及び破産債権者の異議がない場合は、この限りでない。

2　第百十九条第二項及び第三項、同条第六項において準用する第百十八条第三項から第五項まで、第百二十条並びに前条（第七項及び第九項を除く。）の規定は、前項本文の場合における特別調査期日について準用する。

（期日終了後の破産者の異議）

第百二十三条　破産者がその責めに帰することができない事由によって一般調査期日又は特別調査期日に出頭することができなかったときは、破産者は、その事由が消滅した後一週間以内に限り、裁判所に対し、当該一般調査期日又は特別調査期日における調査に係る破産債権の額について、書面で、異議を述べることができる。
2　前項に規定する一週間の期間は、伸長し、又は短縮することができない。

第四款　破産債権の確定

（異議等のない破産債権の確定）

第百二十四条　第百十七条第一項各号（第四号を除く。）に掲げる事項は、破産債権の調査において、破産管財人が認め、かつ、届出をした破産債権者が一般調査期間内若しくは特別調査期間内又は一般調査期日若しくは特別調査期日において異議を述べなかったときは、確定する。
2　裁判所書記官は、破産債権の調査の結果を破産債権者表に記載しなければならない。
3　第一項の規定により確定した事項についての破産債権者表の記載は、破産債権者の全員に対して確定判決と同一の効力を有する。

（破産債権査定決定）

第百二十五条　破産債権の調査において、破産債権の額又は優先的破産債権、劣後的破産債権若しくは約定劣後破産債権であるかどうかの別（以下この条及び第百二十七条第一項において「額等」という。）について破産管財人が認めず、又は届出をした破産債権者が異議を述べた場合には、当該破産債権（以下「異議等のある破産債権」という。）を有する破産債権者は、その額等の確定のために、当該破産管財人及び当該異議を述べた届出をした破産債権者（以下この款において「異議者等」という。）の全員を相手方として、裁判所に、その額等についての査定の申立て（以下「破産債権査定申立て」という。）をすることができる。ただし、第百二十七条第一項並びに第百二十九条第一項及び第二項の場合は、この限りでない。
2　破産債権査定申立ては、異議等のある破産債権に係る一般調査期間若しくは特別調査期間の末日又は一般調査期日若しくは特別調査期日から一月の不変期間内にしなければならない。
3　破産債権査定申立てがあった場合には、裁判所は、これを不適法として却下する場合を除き、決定で、異議等のある破産債権の存否及び額等を査定する裁判（次項において「破産債権査定決定」という。）をしなければならない。
4　裁判所は、破産債権査定決定をする場合には、異議者等を審尋しなければならない。
5　破産債権査定申立てについての決定があった場合には、その裁判書を当事者に送達しなければならない。この場合においては、第十条第三項本文の規定は、適用しない。

（破産債権査定申立てについての決定に対する異議の訴え）

第百二十六条　破産債権査定申立てについての決定に不服がある者は、その送達を受けた日から一月の不変期間内に、異議の訴え（以下「破産債権査定異議の訴え」という。）を提起することができる。

2　破産債権査定異議の訴えは、破産裁判所が管轄する。

3　破産債権査定異議の訴えが提起された第一審裁判所は、破産裁判所が破産事件を管轄することの根拠となる法令上の規定が第五条第八項又は第九項の規定のみである場合（破産裁判所が第七条第四号の規定により破産事件の移送を受けた場合において、移送を受けたことの根拠となる規定が同号ロ又はハの規定のみであるときを含む。）において、著しい損害又は遅滞を避けるため必要があると認めるときは、前項の規定にかかわらず、職権で、当該破産債権査定異議の訴えに係る訴訟を第五条第一項に規定する地方裁判所（同項に規定する地方裁判所がない場合にあっては、同条第二項に規定する地方裁判所）に移送することができる。

4　破産債権査定異議の訴えは、これを提起する者が、異議等のある破産債権を有する破産債権者であるときは異議者等の全員を、当該異議者等であるときは当該破産債権者を、それぞれ被告としなければならない。

5　破産債権査定異議の訴えの口頭弁論は、第一項の期間を経過した後でなければ開始することができない。

6　同一の破産債権に関し破産債権査定異議の訴えが数個同時に係属するときは、弁論及び裁判は、併合してしなければならない。この場合においては、民事訴訟法第四十条第一項から第三項までの規定を準用する。

7　破産債権査定異議の訴えについての判決においては、訴えを不適法として却下する場合を除き、破産債権査定申立てについての決定を認可し、又は変更する。

（異議等のある破産債権に関する訴訟の受継）

第百二十七条　異議等のある破産債権に関し破産手続開始当時訴訟が係属する場合において、破産債権者がその額等の確定を求めようとするときは、異議者等の全員を当該訴訟の相手方として、訴訟手続の受継の申立てをしなければならない。

2　第百二十五条第二項の規定は、前項の申立てについて準用する。

（主張の制限）

第百二十八条　破産債権査定申立てに係る査定の手続又は破産債権査定異議の訴えの提起若しくは前条第一項の規定による受継に係る訴訟手続においては、破産債権者は、異議等のある破産債権についての第百十一条第一項第一号から第三号までに掲げる事項について、破産債権者表に記載されている事項のみを主張することができる。

（執行力ある債務名義のある債権等に対する異議の主張）

第百二十九条　異議等のある破産債権のうち執行力ある債務名義又は終局判決のあるものについては、異議者等は、破産者がすることのできる訴訟手続によってのみ、異議を主張することができる。

2　前項に規定する異議等のある破産債権に関し破産手続開始

当時訴訟が係属する場合において、同項の異議者等が同項の規定による異議を主張しようとするときは、当該異議者等は、当該破産債権を有する破産債権者を相手方とする訴訟手続を受け継がなければならない。

3　第百二十五条第二項の規定は第一項の規定による異議の主張又は前項の規定による受継について、第百二十六条第五項及び第六項並びに前条の規定は前二項の場合について準用する。この場合においては、第百二十六条第五項中「第一項の期間」とあるのは、「異議等のある破産債権に係る一般調査期間若しくは特別調査期間の末日又は一般調査期日若しくは特別調査期日から一月の不変期間」と読み替えるものとする。

4　前項において準用する第百二十五条第二項に規定する期間内に第一項の規定による異議の主張又は第二項の規定による受継がされなかった場合には、異議者等が破産債権者であるときは第百十八条第一項、第百十九条第五項又は第百二十一条第二項（同条第七項又は第百二十二条第二項において準用する場合を含む。）の異議はなかったものとみなし、異議者等が破産管財人であるときは破産管財人においてその破産債権を認めたものとみなす。

（破産債権の確定に関する訴訟の結果の記載）

第百三十条　裁判所書記官は、破産管財人又は破産債権者の申立てにより、破産債権の確定に関する訴訟の結果（破産債権査定申立てについての決定に対する破産債権査定異議の訴えが、第百二十六条第一項に規定する期間内に提起されなかったとき、又は却下されたときは、当該決定の内容）を破産債権者表に記載しなければならない。

（破産債権の確定に関する訴訟の判決等の効力）

第百三十一条　破産債権の確定に関する訴訟についてした判決は、破産債権者の全員に対して、その効力を有する。

2　破産債権査定申立てについての決定に対する破産債権査定異議の訴えが、第百二十六条第一項に規定する期間内に提起されなかったとき、又は却下されたときは、当該決定は、破産債権者の全員に対して、確定判決と同一の効力を有する。

（訴訟費用の償還）

第百三十二条　破産財団が破産債権の確定に関する訴訟（破産債権査定申立てについての決定を含む。）によって利益を受けたときは、異議を主張した破産債権者は、その利益の限度において財団債権者として訴訟費用の償還を請求することができる。

（破産手続終了の場合における破産債権の確定手続の取扱い）

第百三十三条　破産手続が終了した際現に係属する破産債権査定申立ての手続は、破産手続開始の決定の取消し又は破産手続廃止の決定の確定により破産手続が終了したときは終了するものとし、破産手続終結の決定により破産手続が終了したときは引き続き係属するものとする。

2　破産手続終結の決定により破産手続が終了した場合におい

て、破産手続終了後に破産債権査定申立てについての決定があったときは、第百二十六条第一項の規定により破産債権査定異議の訴えを提起することができる。

3　破産手続が終了した際現に係属する破産債権査定異議の訴えに係る訴訟手続又は第百二十七条第一項若しくは第百二十九条第二項の規定による受継があった訴訟手続であって、破産管財人が当事者であるものは、破産手続終結の決定により破産手続が終了したときは、第四十四条第四項の規定にかかわらず、中断しないものとする。

4　破産手続が終了した際現に係属する破産債権査定異議の訴えに係る訴訟手続であって、破産管財人が当事者でないものは、破産手続開始の決定の取消し又は破産手続廃止の決定の確定により破産手続が終了したときは終了するものとし、破産手続終結の決定により破産手続が終了したときは引き続き係属するものとする。

5　破産手続が終了した際現に係属する第百二十七条第一項又は第百二十九条第二項の規定による受継があった訴訟手続であって、破産管財人が当事者でないものは、破産手続開始の決定の取消し又は破産手続廃止の決定の確定により破産手続が終了したときは中断するものとし、破産手続終結の決定により破産手続が終了したときは引き続き係属するものとする。

6　前項の規定により訴訟手続が中断する場合においては、第四十四条第五項の規定を準用する。

第五款　租税等の請求権等についての特例

第百三十四条　租税等の請求権及び罰金等の請求権については、第一款（第百十五条を除く。）から前款までの規定は、適用しない。

2　第百十四条の規定による届出があった請求権（罰金、科料及び刑事訴訟費用の請求権を除く。）の原因（共助対象外国租税の請求権にあっては、共助実施決定）が審査請求、訴訟（刑事訴訟を除く。次項において同じ。）その他の不服の申立てをすることができる処分である場合には、破産管財人は、当該届出があった請求権について、当該不服の申立てをする方法で、異議を主張することができる。

3　前項の場合において、当該届出があった請求権に関し破産手続開始当時訴訟が係属するときは、同項に規定する異議を主張しようとする破産管財人は、当該届出があった請求権を有する破産債権者を相手方とする訴訟手続を受け継がなければならない。当該届出があった請求権に関し破産手続開始当時破産財団に関する事件が行政庁に係属するときも、同様とする。

4　第二項の規定による異議の主張又は前項の規定による受継は、破産管財人が第二項に規定する届出があったことを知った日から一月の不変期間内にしなければならない。

5　第百二十四条第二項の規定は第百十四条の規定による届出

があった請求権について、第百二十八条、第百三十条、第百三十一条第一項及び前条第三項の規定は第二項の規定による異議又は第三項の規定による受継があった場合について準用する。

第四節　債権者集会及び債権者委員会

第一款　債権者集会

（債権者集会の招集）

第百三十五条　裁判所は、次の各号に掲げる者のいずれかの申立てがあった場合には、債権者集会を招集しなければならない。ただし、知れている破産債権者の数その他の事情を考慮して債権者集会を招集することを相当でないと認めるときは、この限りでない。

一　破産管財人

二　第百四十四条第二項に規定する債権者委員会

三　知れている破産債権者の総債権について裁判所が評価した額の十分の一以上に当たる破産債権を有する破産債権者

2　裁判所は、前項本文の申立てがない場合であっても、相当と認めるときは、債権者集会を招集することができる。

（債権者集会の期日の呼出し等）

第百三十六条　債権者集会の期日には、破産管財人、破産者及び届出をした破産債権者を呼び出さなければならない。ただし、第三十一条第五項の決定があったときは、届出をした破産債権者を呼び出すことを要しない。

2　前項本文の規定にかかわらず、届出をした破産債権者であって議決権を行使することができないものは、呼び出さないことができる。財産状況報告集会においては、第三十二条第三項の規定により通知を受けた者も、同様とする。

3　裁判所は、第三十二条第一項第三号及び第三項の規定により財産状況報告集会の期日の公告及び通知をするほか、各債権者集会（財産状況報告集会を除く。以下この項において同じ。）の期日及び会議の目的である事項を公告し、かつ、各債権者集会の期日を労働組合等に通知しなければならない。

4　債権者集会の期日においてその延期又は続行について言渡しがあったときは、第一項本文及び前項の規定は、適用しない。

（債権者集会の指揮）

第百三十七条　債権者集会は、裁判所が指揮する。

（債権者集会の決議）

第百三十八条　債権者集会の決議を要する事項を可決するには、議決権を行使することができる破産債権者（以下この款において「議決権者」という。）で債権者集会の期日に出席し又は次条第二項第二号に規定する書面等投票をしたものの議決権の総額の二分の一を超える議決権を有する者の同意がなければならない。

（決議に付する旨の決定）

第百三十九条　裁判所は、第百三十五条第一項各号に掲げる者が債権者集会の決議を要する事項を決議に付することを目的として同項本文の申立てをしたときは、当該事項を債権者集会の決議に付する旨の決定をする。

2　裁判所は、前項の決議に付する旨の決定において、議決権者の議決権行使の方法として、次に掲げる方法のいずれかを定めなければならない。

一　債権者集会の期日において議決権を行使する方法

二　書面等投票（書面その他の最高裁判所規則で定める方法のうち裁判所の定めるものによる投票をいう。）により裁判所の定める期間内に議決権を行使する方法

三　前二号に掲げる方法のうち議決権者が選択するものによる議決権を行使する方法。この場合において、前号の期間の末日は、第一号の債権者集会の期日より前の日でなければならない。

3　裁判所は、議決権行使の方法として前項第二号又は第三号に掲げる方法を定めたときは、その旨を公告し、かつ、議決権者に対して、同項第二号に規定する書面等投票は裁判所の定める期間内に限りすることができる旨を通知しなければならない。ただし、第三十一条第五項の決定があったときは、当該通知をすることを要しない。

（債権者集会の期日を開く場合における議決権の額の定め方等）

第百四十条　裁判所が議決権行使の方法として前条第二項第一号又は第三号に掲げる方法を定めた場合においては、議決権者は、次の各号に掲げる区分に応じ、当該各号に定める額に応じて、議決権を行使することができる。

一　前節第四款の規定によりその額が確定した破産債権を有する届出をした破産債権者（別除権者、準別除権者又は停止条件付債権若しくは将来の請求権である破産債権を有する者（次項及び次条第一項第一号において「別除権者等」という。）を除く。）　確定した破産債権の額

二　次項本文の異議のない議決権を有する届出をした破産債権者　届出の額（別除権者又は準別除権者にあっては、第百十一条第二項第二号（同条第三項又は第百十四条において準用する場合を含む。）に掲げる額）

三　次項本文の異議のある議決権を有する届出をした破産債権者　裁判所が定める額。ただし、裁判所が議決権を行使させない旨を定めたときは、議決権を行使することができない。

2　届出をした破産債権者の前項の規定による議決権については、破産管財人又は届出をした破産債権者は、債権者集会の期日において、異議を述べることができる。ただし、前節第四款の規定により破産債権の額が確定した届出をした破産債権者（別除権者等を除く。）の議決権については、この限りでない。

3　裁判所は、利害関係人の申立てにより又は職権で、いつでも第一項第三号の規定による定めを変更することができる。

（債権者集会の期日を開かない場合における議決権の額の定め方等）

第百四十一条　裁判所が議決権行使の方法として第百三十九条第二項第二号に掲げる方法を定めた場合においては、議決権者は、次の各号に掲げる区分に応じ、当該各号に定める額に応じて、議決権を行使することができる。

一　前節第四款の規定により破産債権の額が確定した破産債権を有する届出をした破産債権者（別除権者等を除く。）　確定した破産債権の額

二　届出をした破産債権者（前号に掲げるものを除く。）　裁判所が定める額。ただし、裁判所が議決権を行使させない旨を定めたときは、議決権を行使することができない。

2　裁判所は、利害関係人の申立てにより又は職権で、いつでも前項第二号の規定による定めを変更することができる。

（破産債権者の議決権）

第百四十二条　破産債権者は、劣後的破産債権及び約定劣後破産債権については、議決権を有しない。

2　第百一条第一項の規定により弁済を受けた破産債権者及び第百九条に規定する弁済を受けた破産債権者は、その弁済を受けた債権の額については、議決権を行使することができない。

（代理人による議決権行使）

第百四十三条　議決権者は、代理人をもってその議決権を行使することができる。

第二款　債権者委員会

（債権者委員会）

第百四十四条　裁判所は、破産債権者をもって構成する委員会がある場合には、利害関係人の申立てにより、当該委員会が、この法律の定めるところにより、破産手続に関与することを承認することができる。ただし、次の各号のいずれにも該当する場合に限る。

一　委員の数が、三人以上最高裁判所規則で定める人数以内であること。

二　破産債権者の過半数が当該委員会が破産手続に関与することについて同意していると認められること。

三　当該委員会が破産債権者全体の利益を適切に代表すると認められること。

2　裁判所は、必要があると認めるときは、破産手続において、前項の規定により承認された委員会（以下「債権者委員会」という。）に対して、意見の陳述を求めることができる。

3　債権者委員会は、破産手続において、裁判所又は破産管財人に対して、意見を述べることができる。

4　債権者委員会に破産手続の円滑な進行に貢献する活動があったと認められるときは、裁判所は、当該活動のために必

要な費用を支出した破産債権者の申立てにより、破産財団から当該破産債権者に対して相当と認める額の費用を償還することを許可することができる。この場合においては、当該費用の請求権は、財団債権とする。

5　裁判所は、利害関係人の申立てにより又は職権で、いつでも第一項の規定による承認を取り消すことができる。

（債権者委員会の意見聴取）

第百四十五条　裁判所書記官は、前条第一項の規定による承認があったときは、遅滞なく、破産管財人に対して、その旨を通知しなければならない。

2　破産管財人は、前項の規定による通知を受けたときは、遅滞なく、破産財団に属する財産の管理及び処分に関する事項について、債権者委員会の意見を聴かなければならない。

（破産管財人の債権者委員会に対する報告義務）

第百四十六条　破産管財人は、第百五十三条第二項又は第百五十七条の規定により報告書等（報告書、財産目録又は貸借対照表をいう。以下この条において同じ。）を裁判所に提出したときは、遅滞なく、当該報告書等を債権者委員会にも提出しなければならない。

2　破産管財人は、前項の場合において、当該報告書等に第十二条第一項に規定する支障部分に該当する部分があると主張して同項の申立てをしたときは、当該部分を除いた報告書等を債権者委員会に提出すれば足りる。

（破産管財人に対する報告命令）

第百四十七条　債権者委員会は、破産債権者全体の利益のために必要があるときは、裁判所に対し、破産管財人に破産財団に属する財産の管理及び処分に関し必要な事項について第百五十七条第二項の規定による報告をすることを命ずるよう申し出ることができる。

2　前項の規定による申出を受けた裁判所は、当該申出が相当であると認めるときは、破産管財人に対し、第百五十七条第二項の規定による報告をすることを命じなければならない。

第五章　財団債権

（財団債権となる請求権）

第百四十八条　次に掲げる請求権は、財団債権とする。

一　破産債権者の共同の利益のためにする裁判上の費用の請求権

二　破産財団の管理、換価及び配当に関する費用の請求権

三　破産手続開始前の原因に基づいて生じた租税等の請求権（共助対象外国租税の請求権及び第九十七条第五号に掲げる請求権を除く。）であって、破産手続開始当時、まだ納期限の到来していないもの又は納期限から一年（その期間中に包括的禁止命令が発せられたことにより国税滞納処分をすることができない期間がある場合には、当該期間を除

く。）を経過していないもの

四　破産財団に関し破産管財人がした行為によって生じた請求権

五　事務管理又は不当利得により破産手続開始後に破産財団に対して生じた請求権

六　委任の終了又は代理権の消滅の後、急迫の事情があるためにした行為によって破産手続開始後に破産財団に対して生じた請求権

七　第五十三条第一項の規定により破産管財人が債務の履行をする場合において相手方が有する請求権

八　破産手続の開始によって双務契約の解約の申入れ（第五十三条第一項又は第二項の規定による賃貸借契約の解除を含む。）があった場合において破産手続開始後その契約の終了に至るまでの間に生じた請求権

2　破産管財人が負担付遺贈の履行を受けたときは、その負担した義務の相手方が有する当該負担の利益を受けるべき請求権は、遺贈の目的の価額を超えない限度において、財団債権とする。

3　第百三条第二項及び第三項の規定は、第一項第七号及び前項に規定する財団債権について準用する。この場合において、当該財団債権が無利息債権又は定期金債権であるときは、当該債権の額は、当該債権が破産債権であるとした場合に第九十九条第一項第二号から第四号までに掲げる劣後的破産債権となるべき部分に相当する金額を控除した額とする。

4　保全管理人が債務者の財産に関し権限に基づいてした行為によって生じた請求権は、財団債権とする。

（使用人の給料等）

第百四十九条　破産手続開始前三月間の破産者の使用人の給料の請求権は、財団債権とする。

2　破産手続の終了前に退職した破産者の使用人の退職手当の請求権（当該請求権の全額が破産債権であるとした場合に劣後的破産債権となるべき部分を除く。）は、退職前三月間の給料の総額（その総額が破産手続開始前三月間の給料の総額より少ない場合にあっては、破産手続開始前三月間の給料の総額）に相当する額を財団債権とする。

（社債管理者等の費用及び報酬）

第百五十条　社債管理者が破産債権である社債の管理に関する事務を行おうとする場合には、裁判所は、破産手続の円滑な進行を図るために必要があると認めるときは、当該社債管理者の当該事務の処理に要する費用の請求権を財団債権とする旨の許可をすることができる。

2　社債管理者が前項の許可を得ないで破産債権である社債の管理に関する事務を行った場合であっても、裁判所は、当該社債管理者が破産手続の円滑な進行に貢献したと認められるときは、当該事務の処理に要した費用の償還請求権のうちその貢献の程度を考慮して相当と認める額を財団債権とする旨

の許可をすることができる。

3　裁判所は、破産手続開始後の原因に基づいて生じた社債管理者の報酬の請求権のうち相当と認める額を財団債権とする旨の許可をすることができる。

4　前三項の規定による許可を得た請求権は、財団債権とする。

5　第一項から第三項までの規定による許可の決定に対しては、即時抗告をすることができる。

6　前各項の規定は、次の各号に掲げる者の区分に応じ、それぞれ当該各号に定める債権で破産債権であるものの管理に関する事務につき生ずる費用又は報酬に係る請求権について準用する。

一　担保付社債信託法（明治三十八年法律第五十二号）第二条第一項に規定する信託契約の受託会社　同項に規定する社債

二　医療法（昭和二十三年法律第二百五号）第五十四条の五に規定する社会医療法人債管理者　同法第五十四条の二第一項に規定する社会医療法人債

三　投資信託及び投資法人に関する法律（昭和二十六年法律第百九十八号）第百三十九条の八に規定する投資法人債管理者　同法第二条第十九項に規定する投資法人債

四　保険業法第六十一条の六に規定する社債管理者　相互会社が発行する社債

五　資産の流動化に関する法律（平成十年法律第百五号）第百二十六条に規定する特定社債管理者　同法第二条第七項に規定する特定社債

（財団債権の取扱い）

第百五十一条　財団債権は、破産債権に先立って、弁済する。

（破産財団不足の場合の弁済方法等）

第百五十二条　破産財団が財団債権の総額を弁済するのに足りないことが明らかになった場合における財団債権は、法令に定める優先権にかかわらず、債権額の割合により弁済する。ただし、財団債権を被担保債権とする留置権、特別の先取特権、質権又は抵当権の効力を妨げない。

2　前項の規定にかかわらず、同項本文に規定する場合における第百四十八条第一項第一号及び第二号に掲げる財団債権（債務者の財産の管理及び換価に関する費用の請求権であって、同条第四項に規定するものを含む。）は、他の財団債権に先立って、弁済する。

第六章　破産財団の管理

第一節　破産者の財産状況の調査

（財産の価額の評定等）

第百五十三条　破産管財人は、破産手続開始後遅滞なく、破産財団に属する一切の財産につき、破産手続開始の時における価額を評定しなければならない。この場合においては、破産者をその評定に立ち会わせることができる。
2　破産管財人は、前項の規定による評定を完了したときは、直ちに破産手続開始の時における財産目録及び貸借対照表を作成し、これらを裁判所に提出しなければならない。
3　破産財団に属する財産の総額が最高裁判所規則で定める額に満たない場合には、前項の規定にかかわらず、破産管財人は、裁判所の許可を得て、同項の貸借対照表の作成及び提出をしないことができる。

（別除権の目的の提示等）
第百五十四条　破産管財人は、別除権者に対し、当該別除権の目的である財産の提示を求めることができる。
2　破産管財人が前項の財産の評価をしようとするときは、別除権者は、これを拒むことができない。

（封印及び帳簿の閉鎖）
第百五十五条　破産管財人は、必要があると認めるときは、裁判所書記官、執行官又は公証人に、破産財団に属する財産に封印をさせ、又はその封印を除去させることができる。
2　裁判所書記官は、必要があると認めるときは、破産管財人の申出により、破産財団に関する帳簿を閉鎖することができる。

（破産財団に属する財産の引渡し）
第百五十六条　裁判所は、破産管財人の申立てにより、決定で、破産者に対し、破産財団に属する財産を破産管財人に引き渡すべき旨を命ずることができる。
2　裁判所は、前項の決定をする場合には、破産者を審尋しなければならない。
3　第一項の申立てについての決定に対しては、即時抗告をすることができる。
4　第一項の申立てについての決定及び前項の即時抗告についての裁判があった場合には、その裁判書を当事者に送達しなければならない。この場合においては、第十条第三項本文の規定は、適用しない。
5　第一項の決定は、確定しなければその効力を生じない。

（裁判所への報告）
第百五十七条　破産管財人は、破産手続開始後遅滞なく、次に掲げる事項を記載した報告書を、裁判所に提出しなければならない。
一　破産手続開始に至った事情
二　破産者及び破産財団に関する経過及び現状
三　第百七十七条第一項の規定による保全処分又は第百七十八条第一項に規定する役員責任査定決定を必要とする事情の有無
四　その他破産手続に関し必要な事項
2　破産管財人は、前項の規定によるもののほか、裁判所の定めるところにより、破産財団に属する財産の管理及び処分の状況その他裁判所の命ずる事項を裁判所に報告しなければばならない。

（財産状況報告集会への報告）

第百五十八条 財産状況報告集会においては、破産管財人は、前条第一項各号に掲げる事項の要旨を報告しなければならない。

（債権者集会への報告）

第百五十九条 破産管財人は、債権者集会がその決議で定めるところにより、破産財団の状況を債権者集会に報告しなければならない。

第二節　否認権

（破産債権者を害する行為の否認）

第百六十条 次に掲げる行為（担保の供与又は債務の消滅に関する行為を除く。）は、破産手続開始後、破産財団のために否認することができる。

一　破産者が破産債権者を害することを知ってした行為。ただし、これによって利益を受けた者が、その行為の当時、破産債権者を害する事実を知らなかったときは、この限りでない。

二　破産者が支払の停止又は破産手続開始の申立て（以下この節において「支払の停止等」という。）があった後にした破産債権者を害する行為。ただし、これによって利益を受けた者が、その行為の当時、支払の停止等があったこと及び破産債権者を害する事実を知らなかったときは、この限りでない。

〈編注〉本条第一項第一号及び第二号は、次のように改正され、平成三二年四月一日から施行される。

一　破産者が破産債権者を害することを知ってした行為。ただし、これによって利益を受けた者が、その行為の当時、破産債権者を害することを知らなかったときは、この限りでない。

二　破産者が支払の停止又は破産手続開始の申立て（以下この節において「支払の停止等」という。）があった後にした破産債権者を害する行為。ただし、これによって利益を受けた者が、その行為の当時、支払の停止等があったこと及び破産債権者を害することを知らなかったときは、この限りでない。

2　破産者がした債務の消滅に関する行為であって、債権者の受けた給付の価額が当該行為によって消滅した債務の額より過大であるものは、前項各号に掲げる要件のいずれかに該当するときは、破産手続開始後、その消滅した債務の額に相当する部分以外の部分に限り、破産財団のために否認することができる。

3　破産者が支払の停止等があった後又はその前六月以内にした無償行為及びこれと同視すべき有償行為は、破産手続開始後、破産財団のために否認することができる。

（相当の対価を得てした財産の処分行為の否認）

第百六十一条　破産者が、その有する財産を処分する行為をした場合において、その行為の相手方から相当の対価を取得しているときは、その行為は、次に掲げる要件のいずれにも該当する場合に限り、破産手続開始後、破産財団のために否認することができる。

一　当該行為が、不動産の金銭への換価その他の当該処分による財産の種類の変更により、破産者において隠匿、無償の供与その他の破産債権者を害する処分（以下この条並びに第百六十八条第二項及び第三項において「隠匿等の処分」という。）をするおそれを現に生じさせるものであること。

△編注▽　本条第一項第一号は、次のように改正され、平成三二年四月一日から施行される。

一　当該行為が、不動産の金銭への換価その他の当該処分による財産の種類の変更により、破産者において隠匿、無償の供与その他の破産債権者を害することとなる処分（以下「隠匿等の処分」という。）をするおそれを現に生じさせるものであること。

二　破産者が、当該行為の当時、対価として取得した金銭その他の財産について、隠匿等の処分をする意思を有していたこと。

三　相手方が、当該行為の当時、破産者が前号の隠匿等の処分をする意思を有していたことを知っていたこと。

2　前項の規定の適用については、当該行為の相手方が次に掲げる者のいずれかであるときは、その相手方は、当該行為の当時、破産者が同項第二号の隠匿等の処分をする意思を有していたことを知っていたものと推定する。

一　破産者が法人である場合のその理事、取締役、執行役、監事、監査役、清算人又はこれらに準ずる者

二　破産者が法人である場合にその破産者について次のイからハまでに掲げる者のいずれかに該当する者

イ　破産者である株式会社の総株主の議決権の過半数を有する者

ロ　破産者である株式会社の総株主の議決権の過半数を子株式会社又は親法人及び子株式会社が有する場合における当該親法人

ハ　株式会社以外の法人が破産者である場合におけるイ又はロに掲げる者に準ずる者

三　破産者の親族又は同居者

（特定の債権者に対する担保の供与等の否認）

第百六十二条　次に掲げる行為（既存の債務についてされた担保の供与又は債務の消滅に関する行為に限る。）は、破産手続開始後、破産財団のために否認することができる。

一　破産者が支払不能になった後又は破産手続開始の申立てがあった後にした行為。ただし、債権者が、その行為の当時、次のイ又はロに掲げる区分に応じ、それぞれ当該イ又

はロに定める事実を知っていた場合に限る。

イ　当該行為が支払不能になった後にされたものである場合　支払不能であったこと又は支払の停止があったこと。

ロ　当該行為が破産手続開始の申立てがあった後にされたものである場合　破産手続開始の申立てがあったこと。

二　破産者の義務に属せず、又はその時期が破産者の義務に属しない行為であって、支払不能になる前三十日以内にされたもの。ただし、債権者がその行為の当時他の破産債権者を害する事実を知らなかったときは、この限りでない。

＜編注＞　本条第一項第二号は、次のように改正され、平成三二年四月一日から施行される。

二　破産者の義務に属せず、又はその時期が破産者の義務に属しない行為であって、支払不能になる前三十日以内にされたもの。ただし、債権者がその行為の当時他の破産債権者を害することを知らなかったときは、この限りでない。

2　前項第一号の規定の適用については、次に掲げる場合には、債権者は、同号に掲げる行為の当時、同号イ又はロに掲げる場合の区分に応じ、それぞれ当該イ又はロに定める事実（同号イに掲げる場合にあっては、支払不能であったこと及び支払の停止があったこと）を知っていたものと推定する。

一　債権者が前条第二項各号に掲げる者のいずれかである場合

二　前項第一号に掲げる行為が破産者の義務に属せず、又はその方法若しくは時期が破産者の義務に属しないものである場合

3　第一項各号の規定の適用については、支払の停止（破産手続開始の申立て前一年以内のものに限る。）があった後は、支払不能であったものと推定する。

（手形債務支払の場合等の例外）

第百六十三条　前条第一項第一号の規定は、破産者から手形の支払を受けた者がその支払を受けなければ手形上の債務者の一人又は数人に対する手形上の権利を失う場合には、適用しない。

2　前項の場合において、最終の償還義務者又は手形の振出しを委託した者が振出しの当時支払の停止等があったことを知り、又は過失によって知らなかったときは、破産管財人は、これらの者に破産者が支払った金額を償還させることができる。

3　前条第一項の規定は、破産者が租税等の請求権（共助対象外国租税の請求権を除く。）又は罰金等の請求権につき、その徴収の権限を有する者に対してした担保の供与又は債務の消滅に関する行為には、適用しない。

（権利変動の対抗要件の否認）

第百六十四条　支払の停止等があった後権利の設定、移転又は

変更をもって第三者に対抗するために必要な行為（仮登記又は仮登録を含む。）をした場合において、その行為が権利の設定、移転又は変更があった日から十五日を経過した後支払の停止等のあったことを知ってしたものであるときは、破産手続開始後、破産財団のためにこれを否認することができる。ただし、当該仮登記又は仮登録以外の仮登記又は仮登録があった後にこれらに基づいて本登記又は本登録をした場合は、この限りでない。

2　前項の規定は、権利取得の効力を生ずる登録について準用する。

（執行行為の否認）

第百六十五条　否認権は、否認しようとする行為について執行力のある債務名義があるとき、又はその行為が執行行為に基づくものであるときでも、行使することを妨げない。

（支払の停止を要件とする否認の制限）

第百六十六条　破産手続開始の申立ての日から一年以上前にした行為（第百六十条第三項に規定する行為を除く。）は、支払の停止があった後にされたものであること又は支払の停止の事実を知っていたことを理由として否認することができない。

（否認権行使の効果）

第百六十七条　否認権の行使は、破産財団を原状に復させる。

2　第百六十条第三項に規定する行為が否認された場合において、相手方は、当該行為の当時、支払の停止等があったこと及び破産債権者を害する事実を知らなかったときは、その現に受けている利益を償還すれば足りる。

＜編注＞　本条第二項は、次のように改正され、平成三二年四月一日から施行される。

2　第百六十条第三項に規定する行為が否認された場合において、相手方は、当該行為の当時、支払の停止等があったこと及び破産債権者を害することを知らなかったときは、その現に受けている利益を償還すれば足りる。

（破産者の受けた反対給付に関する相手方の権利等）

第百六十八条　第百六十条第一項若しくは第三項又は第百六十一条第一項に規定する行為が否認されたときは、相手方は、次の各号に掲げる区分に応じ、それぞれ当該各号に定める権利を行使することができる。

一　破産者の受けた反対給付が破産財団中に現存する場合　当該反対給付の返還を請求する権利

二　破産者の受けた反対給付が破産財団中に現存しない場合　財団債権者として反対給付の価額の償還を請求する権利

2　前項第二号の規定にかかわらず、同号に掲げる場合において、当該行為の当時、破産者が対価として取得した財産について隠匿等の処分をする意思を有し、かつ、相手方が破産者がその意思を有していたことを知っていたときは、相手方は、次の各号に掲げる区分に応じ、それぞれ当該各号に定める権利を行使することができる。
一　破産者の受けた反対給付によって生じた利益の全部が破産財団中に現存する場合　財団債権者としてその現存利益の返還を請求する権利
二　破産者の受けた反対給付によって生じた利益が破産財団中に現存しない場合　破産債権者として反対給付の価額の償還を請求する権利
三　破産者の受けた反対給付によって生じた利益の一部が破産財団中に現存する場合　財団債権者としてその現存利益の返還を請求する権利及び破産債権者として反対給付と現存利益との差額の償還を請求する権利
3　前項の規定の適用については、当該行為の相手方が第百六十一条第二項各号に掲げる者のいずれかであるときは、その相手方は、当該行為の当時、破産者が前項の隠匿等の処分をする意思を有していたことを知っていたものと推定する。
4　破産管財人は、第百六十条第一項若しくは第三項又は第百六十一条第一項に規定する行為を否認しようとするときは、前条第一項の規定により破産財団に復すべき財産の返還に代えて、相手方に対し、当該財産の価額から前三項の規定により財団債権となる額（第一項第一号に掲げる場合にあっては、破産者の受けた反対給付の価額）を控除した額の償還を請求することができる。

（相手方の債権の回復）

第百六十九条　第百六十二条第一項に規定する行為が否認された場合において、相手方がその受けた給付を返還し、又はその価額を償還したときは、相手方の債権は、これによって原状に復する。

（転得者に対する否認権）

第百七十条　次に掲げる場合には、否認権は、転得者に対しても、行使することができる。
一　転得者が転得の当時、それぞれその前者に対する否認の原因のあることを知っていたとき。
二　転得者が第百六十一条第二項各号に掲げる者のいずれかであるとき。ただし、転得の当時、それぞれその前者に対する否認の原因のあることを知らなかったときは、この限りでない。
三　転得者が無償行為又はこれと同視すべき有償行為によって転得した場合において、それぞれその前者に対して否認の原因があるとき。

〈編注〉　本条第一項は、次のように改正され、平成三二年四月一日から施行される。

（転得者に対する否認権）

第百七十条　次の各号に掲げる場合において、否認しようとする行為の相手方に対して否認の原因があるときは、否認権は、当該各号に規定する転得者に対しても、行使することができる。ただし、当該転得者が他の転得者から転得した者である場合においては、当該転得者の前に転得した全ての転得者に対しても否認の原因があるときに限る。

一　転得者が転得の当時、破産者がした行為が破産債権者を害することを知っていたとき。

二　転得者が第百六十一条第二項各号に掲げる者のいずれかであるとき。ただし、転得の当時、破産者がした行為が破産債権者を害することを知らなかったときは、この限りでない。

三　転得者が無償行為又はこれと同視すべき有償行為によって転得した者であるとき。

2　第百六十七条第二項の規定は、前項第三号の規定により否認権の行使があった場合について準用する。

〈編注〉　第一七〇条の次に次の二条が追加され、平成三二年四月一日から施行される。

（破産者の受けた反対給付に関する転得者の権利等）

第百七十条の二　破産者がした第百六十条第一項若しくは第三項又は第百六十一条第一項に規定する行為が転得者に対する否認権の行使によって否認されたときは、転得者は、第百六十八条第一項各号に掲げる区分に応じ、それぞれ当該各号に定める権利を行使することができる。ただし、同項第一号に掲げる場合において、破産者の受けた反対給付の価額が、第四項に規定する転得者がした反対給付又は消滅した転得者の債権の価額を超えるときは、転得者は、財団債権者として破産者の受けた反対給付の価額の償還を請求する権利を行使することができる。

2　前項の規定にかかわらず、第百六十八条第一項第二号に掲げる場合において、当該行為の当時、破産者が対価として取得した財産について隠匿等の処分をする意思を有し、かつ、当該行為の相手方が破産者がその意思を有していたことを知っていたときは、転得者は、同条第二項各号に掲げる区分に応じ、それぞれ当該各号に定める権利を行使することができる。

3　前項の規定の適用については、当該行為の相手方が第百六十一条第二項各号に掲げる者のいずれかであるときは、その相手方は、当該行為の当時、破産者が前項の隠匿等の処分をする意思を有していたことを知っていたものと推定する。

4　第一項及び第二項の規定による権利の行使は、転得者がその前者から財産を取得するためにした反対給付又はその前者から財産を取得することによって消滅した債権の価額を限度とする。

5　破産管財人は、第一項に規定する行為を転得者に対する否認権の行使によって否認しようとするときは、第百六十七条第一項の規定により破産財団に復すべき財産の返還に代えて、転得者に対し、当該財産の価額から前各項の規定により財団債権となる額（第百六十八条第一項第一号に掲げる場合（第一項ただし書に該当するときを除く。）にあっては、破産者の受けた反対給付の価額）を控除した額の償還を請求することができる。

（相手方の債権に関する転得者の権利）

第百七十条の三　破産者がした第百六十二条第一項に規定する行為が転得者に対する否認権の行使によって否認された場合において、転得者がその受けた給付を返還し、又はその価額を償還したときは、転得者は、当該行為がその相手方に対する否認権の行使によって否認されたとすれば第百六十九条の規定により原状に復すべき相手方の債権を行使することができる。この場合には、前条第四項の規定を準用する。

（否認権のための保全処分）

第百七十一条　裁判所は、破産手続開始の申立てがあった時から当該申立てについての決定があるまでの間において、否認権を保全するため必要があると認めるときは、利害関係人（保全管理人が選任されている場合にあっては、保全管理人）の申立てにより又は職権で、仮差押え、仮処分その他の必要な保全処分を命ずることができる。

2　前項の規定による保全処分は、担保を立てさせて、又は立てさせないで命ずることができる。

3　裁判所は、申立てにより又は職権で、第一項の規定による保全処分を変更し、又は取り消すことができる。

4　第一項の規定による保全処分及び前項の申立てについての裁判に対しては、即時抗告をすることができる。

5　前項の即時抗告は、執行停止の効力を有しない。

6　第四項に規定する裁判及び同項の即時抗告についての裁判があった場合には、その裁判書を当事者に送達しなければならない。この場合においては、第十条第三項本文の規定は、適用しない。

7　前各項の規定は、破産手続開始の申立てを棄却する決定に対して第三十三条第一項の即時抗告があった場合について準用する。

（保全処分に係る手続の続行と担保の取扱い）

第百七十二条　前条第一項（同条第七項において準用する場合を含む。）の規定による保全処分が命じられた場合において、破産手続開始の決定があったときは、破産管財人は、当該保全処分に係る手続を続行することができる。

2　破産管財人が破産手続開始の決定後一月以内に前項の規定により同項の保全処分に係る手続を続行しないときは、当該保全処分は、その効力を失う。

3　破産管財人は、第一項の規定により同項の保全処分に係る手続を続行しようとする場合において、前条第二項（同条第七項において準用する場合を含む。）に規定する担保の全部又は一部が破産財団に属する財産でないときは、その担保の全部又は一部を破産財団に属する財産による担保に変換しなければならない。
4　民事保全法（平成元年法律第九十一号）第十八条並びに第二章第四節（第三十七条第五項から第七項までを除く。）及び第五節の規定は、第一項の規定により破産管財人が続行する手続に係る保全処分について準用する。

（否認権の行使）
第百七十三条　否認権は、訴え、否認の請求又は抗弁によって、破産管財人が行使する。
2　前項の訴え及び否認の請求事件は、破産裁判所が管轄する。

（否認の請求）
第百七十四条　否認の請求をするときは、その原因となる事実を疎明しなければならない。
2　否認の請求を認容し、又はこれを棄却する裁判は、理由を付した決定でしなければならない。
3　裁判所は、前項の決定をする場合には、相手方又は転得者を審尋しなければならない。
4　否認の請求を認容する決定があった場合には、その裁判書を当事者に送達しなければならない。この場合においては、第十条第三項本文の規定は、適用しない。
5　否認の請求の手続は、破産手続が終了したときは、終了する。

（否認の請求を認容する決定に対する異議の訴え）
第百七十五条　否認の請求を認容する決定に不服がある者は、その送達を受けた日から一月の不変期間内に、異議の訴えを提起することができる。
2　前項の訴えは、破産裁判所が管轄する。
3　第一項の訴えについての判決においては、訴えを不適法として却下する場合を除き、同項の決定を認可し、変更し、又は取り消す。
4　第一項の決定を認可する判決が確定したときは、その決定は、確定判決と同一の効力を有する。同項の訴えが、同項に規定する期間内に提起されなかったとき、又は却下されたときも、同様とする。
5　第一項の決定を認可し、又は変更する判決については、受訴裁判所は、民事訴訟法第二百五十九条第一項の定めるところにより、仮執行の宣言をすることができる。
6　第一項の訴えに係る訴訟手続は、破産手続が終了したときは、第四十四条第四項の規定にかかわらず、終了する。

（否認権行使の期間）
第百七十六条　否認権は、破産手続開始の日から二年を経過したときは、行使することができない。否認しようとする行為の日から二十年を経過したときも、同様とする。
＜編注＞　本条は、次のように改正され、平成三二年四月一日から施行される。

（否認権行使の期間）

第百七十六条　否認権は、破産手続開始の日から二年を経過したときは、行使することができない。否認しようとする行為の日から十年を経過したときも、同様とする。

第三節　法人の役員の責任の追及等

（役員の財産に対する保全処分）

第百七十七条　裁判所は、法人である債務者について破産手続開始の決定があった場合において、必要があると認めるときは、破産管財人の申立てにより又は職権で、当該法人の理事、取締役、執行役、監事、監査役、清算人又はこれらに準ずる者（以下この節において「役員」という。）の責任に基づく損害賠償請求権につき、当該役員の財産に対する保全処分をすることができる。

2　裁判所は、破産手続開始の申立てがあった時から当該申立てについての決定があるまでの間においても、緊急の必要があると認めるときは、債務者（保全管理人が選任されている場合にあっては、保全管理人）の申立てにより又は職権で、前項の規定による保全処分をすることができる。

3　裁判所は、前二項の規定による保全処分を変更し、又は取り消すことができる。

4　第一項若しくは第二項の規定による保全処分又は前項の規定による決定に対しては、即時抗告をすることができる。

5　前項の即時抗告は、執行停止の効力を有しない。

6　第四項に規定する裁判及び同項の即時抗告についての裁判があった場合には、その裁判書を当事者に送達しなければならない。この場合においては、第十条第三項本文の規定は、適用しない。

7　第二項から前項までの規定は、破産手続開始の申立てを棄却する決定に対して第三十三条第一項の即時抗告があった場合について準用する。

（役員の責任の査定の申立て等）

第百七十八条　裁判所は、法人である債務者について破産手続開始の決定があった場合において、必要があると認めるときは、破産管財人の申立てにより又は職権で、決定で、役員の責任に基づく損害賠償請求権の査定の裁判（以下この節において「役員責任査定決定」という。）をすることができる。

2　前項の申立てをするときは、その原因となる事実を疎明しなければならない。

3　裁判所は、職権で役員責任査定決定の手続を開始する場合には、その旨の決定をしなければならない。

4　第一項の申立て又は前項の決定があったときは、時効の中断に関しては、裁判上の請求があったものとみなす。

〈編注〉本条第四項は、平成二十九年四月一日から施行され、次のように改正される。

4　第一項の申立て又は前項の決定があったときは、時効の完成猶予及び更新に関しては、裁判上の請求があったものとみなす。
5　役員責任査定決定の手続(役員責任査定決定があった後のものを除く。)は、破産手続が終了したときは、終了する。

(役員責任査定決定等)

第百七十九条　役員責任査定決定及び前条第一項の申立てを棄却する決定には、理由を付さなければならない。
2　裁判所は、前項に規定する裁判をする場合には、役員を審尋しなければならない。
3　役員責任査定決定があった場合には、その裁判書を当事者に送達しなければならない。この場合においては、第十条第三項本文の規定は、適用しない。

(役員責任査定決定に対する異議の訴え)

第百八十条　役員責任査定決定に不服がある者は、その送達を受けた日から一月の不変期間内に、異議の訴えを提起することができる。
2　前項の訴えは、破産裁判所が管轄する。
3　第一項の訴えは、これを提起する者が、役員であるときは破産管財人を、破産管財人であるときは役員を、それぞれ被告としなければならない。
4　第一項の訴えについての判決においては、訴えを不適法として却下する場合を除き、役員責任査定決定を認可し、変更し、又は取り消す。
5　役員責任査定決定を認可し、又は変更した判決は、強制執行に関しては、給付を命ずる判決と同一の効力を有する。
6　役員責任査定決定を認可し、又は変更した判決については、受訴裁判所は、民事訴訟法第二百五十九条第一項の定めるところにより、仮執行の宣言をすることができる。

(役員責任査定決定の効力)

第百八十一条　前条第一項の訴えが、同項の期間内に提起されなかったとき、又は却下されたときは、役員責任査定決定は、給付を命ずる確定判決と同一の効力を有する。

(社員の出資責任)

第百八十二条　会社法第六百六十三条の規定は、法人である債務者につき破産手続開始の決定があった場合について準用する。この場合において、同条中「当該清算持分会社」とあるのは、「破産管財人」と読み替えるものとする。

(匿名組合員の出資責任)

第百八十三条　匿名組合契約が営業者が破産手続開始の決定を受けたことによって終了したときは、破産管財人は、匿名組合員に、その負担すべき損失の額を限度として、出資をさせることができる。

第七章　破産財団の換価

第一節　通則

（換価の方法）

第百八十四条　第七十八条第二項第一号及び第二号に掲げる財産の換価は、これらの規定により任意売却をする場合を除き、民事執行法その他強制執行の手続に関する法令の規定によってする。

2　破産管財人は、民事執行法その他強制執行の手続に関する法令の規定により、別除権の目的である財産の換価をすることができる。この場合においては、別除権者は、その換価を拒むことができない。

3　前二項の場合には、民事執行法第六十三条及び第百二十九条（これらの規定を同法その他強制執行の手続に関する法令において準用する場合を含む。）の規定は、適用しない。

4　第二項の場合において、別除権者が受けるべき金額がまだ確定していないときは、破産管財人は、代金を別に寄託しなければならない。この場合においては、別除権は、寄託された代金につき存する。

（別除権者が処分をすべき期間の指定）

第百八十五条　別除権者が法律に定められた方法によらないで別除権の目的である財産の処分をする権利を有するときは、裁判所は、破産管財人の申立てにより、別除権者がその処分をすべき期間を定めることができる。

2　別除権者は、前項の期間内に処分をしないときは、同項の権利を失う。

3　第一項の申立てについての裁判に対しては、即時抗告をすることができる。

4　第一項の申立てについての裁判及び前項の即時抗告についての裁判があった場合には、その裁判書を当事者に送達しなければならない。この場合においては、第十条第三項本文の規定は、適用しない。

第二節　担保権の消滅

（担保権消滅の許可の申立て）

第百八十六条　破産手続開始の時において破産財団に属する財産につき担保権（特別の先取特権、質権、抵当権又は商法若しくは会社法の規定による留置権をいう。以下この節において同じ。）が存する場合において、当該財産を任意に売却して当該担保権を消滅させることが破産債権者の一般の利益に適合するときは、破産管財人は、裁判所に対し、当該財産を任意に売却し、次の各号に掲げる区分に応じてそれぞれ当該各号に定める額に相当する金銭が裁判所に納付されることにより当該財産につき存するすべての担保権を消滅させることについての許可の申立てをすることができる。ただし、当該担保権を有する者の利益を不当に害することとなると認められるときは、この限りでない。
一　破産管財人が、売却によってその相手方から取得することができる金銭（売買契約の締結及び履行のために要する費用のうち破産財団から現に支出し又は将来支出すべき実費の額並びに当該財産の譲渡に課されるべき消費税額等（当該消費税額及びこれを課税標準として課されるべき地方消費税額をいう。以下この節において同じ。）に相当する額であって、当該売買契約において相手方の負担とされるものに相当する金銭を除く。以下この節において「売得金」という。）の一部を破産財団に組み入れようとする場合売得金の額から破産財団に組み入れようとする金銭（以下この節において「組入金」という。）の額を控除した額
二　前号に掲げる場合以外の場合　売得金の額
2　前項第一号に掲げる場合には、同項の申立てをしようとする破産管財人は、組入金の額について、あらかじめ、当該担保権を有する者と協議しなければならない。
3　第一項の申立ては、次に掲げる事項を記載した書面（以下この節において「申立書」という。）でしなければならない。
一　担保権の目的である財産の表示
二　売得金の額（前号の財産が複数あるときは、売得金の額及びその各財産ごとの内訳の額）
三　第一号の財産の売却の相手方の氏名又は名称
四　消滅すべき担保権の表示
五　前号の担保権によって担保される債権の額
六　第一項第一号に掲げる場合には、組入金の額（第一号の財産が複数あるときは、組入金の額及びその各財産ごとの内訳の額）
七　前項の規定による協議の内容及びその経過
4　申立書には、前項第一号の財産の売却に係る売買契約の内容（売買契約の締結及び履行のために要する費用のうち破産財団から現に支出し又は将来支出すべき実費の額並びに当該財産の譲渡に課されるべき消費税額等に相当する額であって、当該売買契約において相手方の負担とされるものを含む。）を記載した書面を添付しなければならない。
5　第一項の申立てがあった場合には、申立書及び前項の書面を、当該申立書に記載された第三項第四号の担保権を有する者（以下この節において「被申立担保権者」という。）に送達しなければならない。この場合においては、第十条第三項本文の規定は、適用しない。

（担保権の実行の申立て）
第百八十七条　被申立担保権者は、前条第一項の申立てにつき異議があるときは、同条第五項の規定によりすべての被申立担保権者に申立書及び同条第四項の書面の送達がされた日から一月以内に、担保権の実行の申立てをしたことを証する書面を裁判所に提出することができる。

2 裁判所は、被申立担保権者につきやむを得ない事由がある場合に限り、当該被申立担保権者の申立てにより、前項の期間を伸長することができる。

3 破産管財人と被申立担保権者との間に売得金及び組入金の額（前条第二項第二号に掲げる場合にあっては、売得金の額）について合意がある場合には、当該被申立担保権者は、担保権の実行の申立てをすることができない。

4 被申立担保権者は、第一項の期間（第二項の規定により伸長されたときは、その伸長された期間。以下この節において同じ。）が経過した後は、第百九十条第六項の規定により第百八十九条第一項の許可の決定が取り消され、又は同項の不許可の決定が確定した場合を除き、担保権の実行の申立てをすることができない。

5 第一項の担保権の実行の申立てをしたことを証する書面が提出された後に、当該担保権の実行の申立てが取り下げられ、又は却下された場合には、当該書面は提出されなかったものとみなす。民事執行法第百八十八条において準用する同法第六十三条又は同法第百九十二条において準用する同法第百二十九条（これらの規定を同法その他強制執行の手続に関する法令において準用する場合を含む。）の規定により同項の担保権の実行の手続が取り消された場合も、同様とする。

6 第百八十九条第一項の不許可の決定が確定した後に、第一項の担保権の実行の申立てが取り下げられ、又は却下された場合において、破産管財人が前条第一項の申立てをしたときは、当該担保権の実行の申立てをした被申立担保権者は、第一項の規定にかかわらず、同項の担保権の実行の申立てをしたことを証する書面を提出することができない。

（買受けの申出）

第百八十八条 被申立担保権者は、第百八十六条第一項の申立てにつき異議があるときは、前条第一項の期間内に、破産管財人に対し、当該被申立担保権者又は他の者が第百八十六条第三項第一号の財産を買い受ける旨の申出（以下この節において「買受けの申出」という。）をすることができる。

2 買受けの申出は、次に掲げる事項を記載した書面でしなければならない。

一 第百八十六条第三項第一号の財産を買い受けようとする者（以下この節において「買受希望者」という。）の氏名又は名称

二 破産管財人が第百八十六条第三項第一号の財産の売却によって買受希望者から取得することができる金銭の額（売買契約の締結及び履行のために要する費用のうち破産財団から現に支出し又は将来支出すべき実費の額並びに当該財産の譲渡に課されるべき消費税額等に相当する額であって、当該売買契約において買受希望者の負担とされるものに相当する金銭を除く。以下この節において「買受けの申出の額」という。）

三　第百八十六条第三項第一号の財産が複数あるときは、買受けの申出の額の各財産ごとの内訳の額

3　買受けの申出の額は、申立書に記載された第百八十六条第三項第二号の売得金の額にその二十分の一に相当する額を加えた額以上でなければならない。

4　第百八十六条第三項第一号の財産が複数あるときは、第二項第三号の買受けの申出の額の各財産ごとの内訳の額は、当該各財産につき、同条第三項第二号の売得金の額の各財産ごとの内訳の額を下回ってはならない。

5　買受希望者は、買受けの申出に際し、最高裁判所規則で定める額及び方法による保証を破産管財人に提供しなければならない。

6　前条第三項の規定は、買受けの申出について準用する。

7　買受けの申出をした者（その者以外の者が買受希望者である場合にあっては、当該買受希望者）は、前条第一項の期間内は、当該買受けの申出を撤回することができる。

8　破産管財人は、買受けの申出があったときは、前条第一項の期間が経過した後、裁判所に対し、第百八十六条第三項第一号の財産を買受希望者に売却する旨の届出をしなければならない。この場合において、買受けの申出が複数あったときは、最高の買受けの申出の額に係る買受希望者（最高の買受けの申出の額に係る買受けの申出が複数あった場合にあっては、そのうち最も先にされたものに係る買受希望者）に売却する旨の届出をしなければならない。

9　前項の場合においては、破産管財人は、前条第一項の期間内にされた買受けの申出に係る第二項の書面を裁判所に提出しなければならない。

10　買受けの申出があったときは、破産管財人は、第百八十六条第一項の申立てを取り下げるには、買受希望者（次条第一項の許可の決定が確定した後にあっては、同条第二項に規定する買受人）の同意を得なければならない。

（担保権消滅の許可の決定等）

第百八十九条　裁判所は、被申立担保権者が第百八十七条第一項の期間内に同項の担保権の実行の申立てをしたことを証する書面を提出したことにより不許可の決定をする場合を除き、次の各号に掲げる区分に応じてそれぞれ当該各号に定める者を当該許可に係る売却の相手方とする第百八十六条第一項の許可の決定をしなければならない。

一　前条第八項に規定する届出がされなかった場合　第百八十六条第三項第三号の売却の相手方

二　前条第八項に規定する届出がされた場合　同項に規定する買受希望者

2　前項第二号に掲げる場合において、同項の許可の決定が確定したときは、破産管財人と当該許可に係る同号に定める買受希望者（以下この節において「買受人」という。）との間で、第百八十六条第四項の書面に記載された内容と同一の内容

（売却の相手方を除く。）の売買契約が締結されたものとみなす。この場合においては、買受けの申出の額を売買契約の売得金の額とみなす。

3　第百八十六条第一項の申立てについての裁判があった場合には、その裁判が確定するまでの間、買受希望者（第一項第二号に定める買受希望者を除く。）は、当該買受希望者に係る買受けの申出を撤回することができる。

4　第百八十六条第一項の申立てについての裁判に対しては、即時抗告をすることができる。

5　第百八十六条第一項の申立てについての裁判又は前項の即時抗告についての裁判があった場合には、その裁判書を当事者に送達しなければならない。この場合においては、第十条第三項本文の規定は、適用しない。

（金銭の納付等）

第百九十条　前条第一項の許可の決定が確定したときは、当該許可に係る売却の相手方は、次の各号に掲げる区分に応じ、それぞれ当該各号に定める額に相当する金銭を裁判所の定める期限までに裁判所に納付しなければならない。

一　前条第一項第一号に掲げる場合　第百八十六条第一項各号に掲げる区分に応じてそれぞれ当該各号に定める額

二　前条第一項第二号に掲げる場合　同条第二項後段に規定する売得金の額から第百八十八条第五項の規定により買受人が提供した保証の額を控除した額

2　前項第二号の規定による金銭の納付があったときは、第百八十八条第五項の規定により買受人が提供した保証の額に相当する金銭は、売得金に充てる。

3　前項の場合には、破産管財人は、同項の保証の額に相当する金銭を直ちに裁判所に納付しなければならない。

4　被申立担保権者の有する担保権は、第一項第一号の場合にあっては同号の規定による金銭の納付があった時に、同項第二号の場合にあっては同号の規定による金銭の納付及び前項の規定による金銭の納付があった時に、それぞれ消滅する。

5　前項に規定する金銭の納付があったときは、裁判所書記官は、消滅した担保権に係る登記又は登録の抹消を嘱託しなければならない。

6　第一項の規定による金銭の納付がなかったときは、裁判所は、前条第一項の許可の決定を取り消さなければならない。

7　前項の場合には、買受人は、第二項の保証の返還を請求することができない。

（配当等の実施）

第百九十一条　裁判所は、前条第四項に規定する金銭の納付があった場合には、次項に規定する場合を除き、当該金銭の被申立担保権者に対する配当に係る配当表に基づいて、その配当を実施しなければならない。

2　被申立担保権者が一人である場合又は被申立担保権者が二人以上であって前条第四項に規定する金銭で各被申立担保権

者の有する担保権によって担保される債権を弁済することができる場合には、裁判所は、当該金銭の交付計算書を作成して、被申立担保権者に弁済金を交付し、剰余金を破産管財人に交付する。

3　民事執行法第八十五条及び第八十八条から第九十二条までの規定は第一項の配当の手続について、同法第八十八条、第九十一条及び第九十二条の規定は前項の規定による弁済金の交付の手続について準用する。

第三節　商事留置権の消滅

第百九十二条　破産手続開始の時において破産財団に属する財産につき商法又は会社法の規定による留置権がある場合において、当該財産が第三十六条の規定により継続されている事業に必要なものであるとき、その他当該財産の回復が破産財団の価値の維持又は増加に資するときは、破産管財人は、留置権者に対して、当該留置権の消滅を請求することができる。

2　前項の規定による請求をするには、同項の財産の価額に相当する金銭を、同項の留置権者に弁済しなければならない。

3　第一項の規定による請求及び前項に規定する弁済をするには、裁判所の許可を得なければならない。

4　前項の許可があった場合における第二項に規定する弁済の額が第一項の財産の価額を満たすときは、当該弁済の時又は同項の規定による請求の時のいずれか遅い時に、同項の留置権は消滅する。

5　前項の規定により第一項の留置権が消滅したことを原因とする同項の財産の返還を求める訴訟においては、第二項に規定する弁済の額が当該財産の価額を満たさない場合においても、原告の申立てがあり、当該訴訟の受訴裁判所が相当と認めるときは、当該受訴裁判所は、相当の期間内に不足額を弁済することを条件として、第一項の留置権者に対して、当該財産を返還することを命ずることができる。

第八章　配当

第一節　通則

(配当の方法等)

第百九十三条　破産債権者は、この章の定めるところに従い、破産財団から、配当を受けることができる。

2　破産債権者は、破産管財人がその職務を行う場所において配当を受けなければならない。ただし、破産管財人と破産債権者との合意により別段の定めをすることを妨げない。

3　破産管財人は、配当をしたときは、その配当をした金額を破産債権者表に記載しなければならない。

(配当の順位等)

第百九十四条　配当の順位は、破産債権間においては次に掲げる順位に、第一号の優先的破産債権間においては第九十八条第二項に規定する優先順位による。
一　優先的破産債権
二　前号、次号及び第四号に掲げるもの以外の破産債権
三　劣後的破産債権
四　約定劣後破産債権
2　同一順位において配当をすべき破産債権については、それぞれその債権の額の割合に応じて、配当をする。

第二節　最後配当

（最後配当）
第百九十五条　破産管財人は、一般調査期間の経過後又は一般調査期日の終了後であって破産財団に属する財産の換価の終了後においては、第二百十七条第一項に規定する場合を除き、遅滞なく、届出をした破産債権者に対し、この節の規定による配当（以下この章及び次章において「最後配当」という。）をしなければならない。
2　破産管財人は、最後配当をするには、裁判所書記官の許可を得なければならない。
3　裁判所は、破産管財人の意見を聴いて、あらかじめ、最後配当をすべき時期を定めることができる。
（配当表）
第百九十六条　破産管財人は、前条第二項の規定による許可があったときは、遅滞なく、次に掲げる事項を記載した配当表を作成し、これを裁判所に提出しなければならない。
一　最後配当の手続に参加することができる破産債権者の氏名又は名称及び住所
二　最後配当の手続に参加することができる債権の額
三　最後配当をすることができる金額
2　前項第二号に掲げる事項は、優先的破産債権、劣後的破産債権及び約定劣後破産債権をそれぞれ他の破産債権と区分し、優先的破産債権については第九十八条第二項に規定する優先順位に従い、これを記載しなければならない。
3　破産管財人は、別除権に係る根抵当権によって担保される破産債権については、当該破産債権を有する破産債権者が、破産管財人に対し、当該根抵当権の行使によって弁済を受けることができない債権の額を証明しない場合においても、これを配当表に記載しなければならない。この場合においては、前条第二項の規定による許可があった日における当該破産債権のうち極度額を超える部分の額を最後配当の手続に参加することができる債権の額とする。
4　前項の規定は、第百八条第二項に規定する抵当権（根抵当権であるものに限る。）を有する者について準用する。
（配当の公告等）
第百九十七条　破産管財人は、前条第一項の規定により配当表を裁判所に提出した後、遅滞なく、最後配当の手続に参加することができる債権の総額及び最後配当をすることができる

金額を公告し、又は届出をした破産債権者に通知しなければならない。

2 前項の規定による通知は、その通知が通常到達すべきであった時に、到達したものとみなす。

3 第一項の規定による通知が届出をした各破産債権者に通常到達すべきであった時を経過したときは、破産管財人は、遅滞なく、その旨を裁判所に届け出なければならない。

(破産債権の除斥等)

第百九十八条 異議等のある破産債権(第百二十九条第一項に規定するものを除く。)について最後配当の手続に参加するには、当該異議等のある破産債権を有する破産債権者が、前条第一項の規定による公告が効力を生じた日又は同条第三項の規定による届出があった日から起算して二週間以内に、破産管財人に対し、当該異議等のある破産債権の確定に関する破産債権査定申立てに係る査定の手続、破産債権査定異議の訴えに係る訴訟手続又は第百二十七条第一項の規定による受継があった訴訟手続が係属していることを証明しなければならない。

2 停止条件付債権又は将来の請求権である破産債権について最後配当の手続に参加するには、前項に規定する期間(以下この節及び第五節において「最後配当に関する除斥期間」という。)内にこれを行使することができるに至っていなければならない。

3 別除権者は、最後配当の手続に参加するには、次項の場合を除き、最後配当に関する除斥期間内に、破産管財人に対し、当該別除権に係る第六十五条第二項に規定する担保権によって担保される債権の全部若しくは一部が破産手続開始後に担保されないこととなったことを証明し、又は当該担保権の行使によって弁済を受けることができない債権の額を証明しなければならない。

4 第百九十六条第三項前段(同条第四項において準用する場合を含む。)の規定により配当表に記載された根抵当権によって担保される破産債権については、最後配当に関する除斥期間内に当該担保権の行使によって弁済を受けることができない債権の額の証明がされた場合を除き、同条第三項後段(同条第四項において準用する場合を含む。)の規定により配当表に記載された最後配当の手続に参加することができる債権の額を当該弁済を受けることができない債権の額とみなす。

5 第三項の規定は、準別除権者について準用する。

(配当表の更正)

第百九十九条 次に掲げる場合には、破産管財人は、直ちに、配当表を更正しなければならない。

一 破産債権者表を更正すべき事由が最後配当に関する除斥期間内に生じたとき。

二 前条第一項に規定する事項につき最後配当に関する除斥

期間内に証明があったとき。

三　前条第三項に規定する事項につき最後配当に関する除斥期間内に証明があったとき。

2　前項第三号の規定は、準別除権者について準用する。

（配当表に対する異議）

第二百条　届出をした破産債権者で配当表の記載に不服があるものは、最後配当に関する除斥期間が経過した後一週間以内に限り、裁判所に対し、異議を申し立てることができる。

2　裁判所は、前項の規定による異議の申立てを理由があると認めるときは、破産管財人に対し、配当表の更正を命じなければならない。

3　第一項の規定による異議の申立てについての裁判に対しては、即時抗告をすることができる。この場合においては、配当表の更正を命ずる決定に対する即時抗告の期間は、第十一条第一項の規定により利害関係人がその裁判書の閲覧を請求することができることとなった日から起算する。

4　第一項の規定による異議の申立てを却下する裁判及び前項前段の即時抗告についての裁判（配当表の更正を命ずる決定を除く。）があった場合には、その裁判書を当事者に送達しなければならない。

（配当額の定め及び通知）

第二百一条　破産管財人は、前条第一項に規定する期間が経過した後（同項の規定による異議の申立てがあったときは、当該異議の申立てに係る手続が終了した後）、遅滞なく、最後配当の手続に参加することができる破産債権者に対する配当額を定めなければならない。

2　破産管財人は、第七十条の規定により寄託した金額で第百九十八条第二項の規定に適合しなかったことにより最後配当の手続に参加することができなかった破産債権者のために寄託したものの配当を、最後配当の一部として他の破産債権者に対してしなければならない。

3　解除条件付債権である破産債権について、その条件が最後配当に関する除斥期間内に成就しないときは、第六十九条の規定により供した担保はその効力を失い、同条の規定により寄託した金額は当該破産債権を有する破産債権者に支払わなければならない。

4　第百一条第一項の規定により弁済を受けた破産債権者又は第百九条に規定する弁済を受けた破産債権者は、他の同順位の破産債権者が自己の受けた弁済と同一の割合の配当を受けるまでは、最後配当を受けることができない。

5　第一項の規定により破産債権者に対する配当額を定めた場合において、第百十一条第一項第四号及び第百十三条第二項の規定による届出をしなかった破産債権者について、その定めた配当額が同号に規定する最高裁判所規則で定める額に満たないときは、破産管財人は、当該破産債権者以外の他の破産債権者に対して当該配当額の最後配当をしなければならない。この場合においては、当該配当額について、当該他の破産債権者に対する配当額を定めなければならない。

6 次項の規定による配当額の通知を発する前に、新たに最後配当に充てることができる財産があるに至ったときは、破産管財人は、遅滞なく、配当表を更正しなければならない。

7 破産管財人は、第一項から前項までの規定により定めた配当額を、最後配当の手続に参加することができる破産債権者（第五項の規定により最後配当を受けることができない破産債権者を除く。）に通知しなければならない。

（配当額の供託）

第二百二条 破産管財人は、次に掲げる配当額を、これを受けるべき破産債権者のために供託しなければならない。

一 異議等のある破産債権であって前条第七項の規定による配当額の通知を発した時にその確定に関する破産債権査定申立てに係る査定の手続、破産債権査定異議の訴えに係る訴訟手続、第百二十七条第一項若しくは第百二十九条第二項の規定による受継があった訴訟手続又は同条第一項の規定による異議の主張に係る訴訟手続が係属しているものに対する配当額

二 租税等の請求権又は罰金等の請求権であって前条第七項の規定による配当額の通知を発した時に審査請求、訴訟（刑事訴訟を除く。）その他の不服の申立ての手続が終了していないものに対する配当額

三 破産債権者が受け取らない配当額

（破産管財人に知れていない財団債権者の取扱い）

第二百三条 第二百一条第七項の規定による配当額の通知を発した時に破産管財人に知れていない財団債権者は、最後配当をすることができる金額をもって弁済を受けることができない。

第三節 簡易配当

（簡易配当）

第二百四条 裁判所書記官は、第百九十五条第一項の規定により最後配当をすることができる場合において、次に掲げるときは、破産管財人の申立てにより、最後配当に代えてこの節の規定による配当（以下この章及び次章において「簡易配当」という。）をすることを許可することができる。

一 配当をすることができる金額が千万円に満たないと認められるとき。

二 裁判所が、第三十二条第一項の規定により同項第五号に掲げる事項を公告し、かつ、その旨を知れている破産債権者に対し同条第三項第一号の規定により通知した場合において、届出をした破産債権者が同条第一項第五号に規定する時までに異議を述べなかったとき。

三 前二号に掲げるもののほか、相当と認められるとき。

2 破産管財人は、前項の規定による許可があった場合には、

次条において読み替えて準用する第百九十六条第一項の規定により配当表を裁判所に提出した後、遅滞なく、届出をした破産債権者に対する配当見込額を定めて、簡易配当の手続に参加することができる債権の総額、簡易配当をすることができる金額及び当該配当見込額を届出をした破産債権者に通知しなければならない。

3　前項の規定による通知は、その通知が通常到達すべきであった時に、到達したものとみなす。

4　第二項の規定による通知が届出をした各破産債権者に通常到達すべきであった時を経過したときは、破産管財人は、遅滞なく、その旨を裁判所に届け出なければならない。

（準用）

第二百五条　簡易配当については、前節（第百九十五条、第百九十七条、第二百条第三項及び第四項並びに第二百一条第七項を除く。）の規定を準用する。この場合において、第百九十六条第一項及び第三項中「前条第二項の規定による許可」とあるのは「第二百四条第一項の規定による許可」と、第百九十八条第一項中「前条第一項の規定による公告が効力を生じた日又は同条第三項」とあるのは「第二百四条第四項」と、「二週間以内に」とあるのは「一週間以内に」と、第二百一条第一項中「当該異議の申立てに係る手続が終了した後」とあるのは「当該異議の申立てについての決定があった後」と、同条第六項中「次項の規定による配当額の通知を発する前に」とあるのは「前条第一項に規定する期間内に」と、第二百二条第一号及び第二号中「前条第七項の規定による配当額の通知を発した時に」とあり、並びに第二百三条中「第二百一条第七項の規定による配当額の通知を発した時に」とあるのは「第二百条第一項に規定する期間を経過した時に」と読み替えるものとする。

（簡易配当の許可の取消し）

第二百六条　破産管財人は、第二百四条第一項第三号の規定による許可があった場合において、同条第二項の規定による通知をするときは、同時に、簡易配当をすることにつき異議のある破産債権者は裁判所に対し同条第四項の規定による届出の日から起算して一週間以内に異議を述べるべき旨をも通知しなければならない。この場合において、届出をした破産債権者が同項の規定による届出の日から起算して一週間以内に異議を述べたときは、裁判所書記官は、当該許可を取り消さなければならない。

（適用除外）

第二百七条　第二百四条第一項の規定による簡易配当の許可は、第二百九条第一項に規定する中間配当をした場合は、することができない。

第四節　同意配当

第二百八条　裁判所書記官は、第百九十五条第一項の規定により最後配当をすることができる場合において、破産管財人の申立てがあったときは、最後配当に代えてこの条の規定による配当（以下この章及び次章において「同意配当」という。）をすることを許可することができる。この場合において、破産管財人の申立ては、届出をした破産債権者の全員が、破産管財人が定めた配当表、配当額並びに配当の時期及び方法について同意している場合に限り、することができる。

2　前項の規定による許可があった場合には、破産管財人は、同項後段の配当表、配当額並びに配当の時期及び方法に従い、同項後段の届出をした破産債権者に対して同意配当をすることができる。

3　同意配当については、第百九十六条第一項及び第二項並びに第二百三条の規定を準用する。この場合において、第百九十六条第一項中「前条第二項の規定による許可があったときは、遅滞なく」とあるのは「あらかじめ」と、第二百三条中「第二百一条第七項の規定による配当額の通知を発した時に」とあるのは「第二百八条第一項の規定による許可があった時に」と読み替えるものとする。

第五節　中間配当

（中間配当）

第二百九条　破産管財人は、一般調査期間の経過後又は一般調査期日の終了後であって破産財団に属する財産の換価の終了前において、配当をするのに適当な破産財団に属する金銭があると認めるときは、最後配当に先立って、届出をした破産債権者に対し、この節の規定による配当（以下この節において「中間配当」という。）をすることができる。

2　破産管財人は、中間配当をするには、裁判所の許可を得なければならない。

3　中間配当については、第百九十六条第一項及び第二項、第百九十七条、第百九十八条第一項、第百九十九条第一項第一号及び第二号、第二百条、第二百一条第四項並びに第二百三条の規定を準用する。この場合において、第百九十六条第一項中「前条第二項の規定による許可」とあるのは「第二百九条第二項の規定による許可」と、第百九十九条第一項各号及び第二百条第一項中「最後配当に関する除斥期間」とあるのは「第二百十条第一項に規定する中間配当に関する除斥期間」と、第二百三条中「第二百一条第七項の規定による配当額」とあるのは「第二百十一条の規定による配当率」と読み替えるものとする。

（別除権者の除斥等）

第二百十条　別除権者は、中間配当の手続に参加するには、前条第三項において準用する第百九十八条第一項に規定する期間（以下この節において「中間配当に関する除斥期間」という。）に、破産管財人に対し、当該別除権の目的である財産の処分に着手したことを証明し、かつ、当該処分によって弁済を受けることができない債権の額を疎明しなければならない。
2　前項の規定は、準別除権者について準用する。
3　破産管財人は、第一項（前項において準用する場合を含む。）に規定する事項につき中間配当に関する除斥期間内に証明及び疎明があったときは、直ちに、配当表を更正しなければならない。

（配当率の定め及び通知）

第二百十一条　破産管財人は、第二百九条第三項において準用する第二百条第一項に規定する期間が経過した後（同項の規定による異議の申立てがあったときは、当該異議の申立てについての決定があった後）、遅滞なく、配当率を定めて、その配当率を中間配当の手続に参加することができる破産債権者に通知しなければならない。

（解除条件付債権の取扱い）

第二百十二条　解除条件付債権である破産債権については、相当の担保を供しなければ、中間配当を受けることができない。
2　前項の破産債権について、その条件が最後配当に関する除斥期間内に成就しないときは、同項の規定により供した担保は、その効力を失う。

（除斥された破産債権等の後の配当における取扱い）

第二百十三条　第二百九条第三項において準用する第百九十八条第一項に規定する事項につき証明をしなかったことにより中間配当の手続に参加することができなかった破産債権について、当該破産債権を有する破産債権者が最後配当に関する除斥期間又はその中間配当の後に行われることがある中間配当に関する除斥期間内に当該事項につき証明をしたときは、当該中間配当において受けることができた額について、当該最後配当又はその中間配当の後に行われることがある中間配当において、他の同順位の破産債権者に先立って配当を受けることができる。第二百十条第一項（同条第二項において準用する場合を含む。）に規定する事項につき証明又は疎明をしなかったことにより中間配当の手続に参加することができなかった別除権者（準別除権者を含む。）がその中間配当の後に行われることがある中間配当に関する除斥期間内に当該事項につき証明及び疎明をしたときも、同様とする。

（配当額の寄託）

第二百十四条　中間配当を行おうとする破産管財人は、次に掲げる破産債権に対する配当額を寄託しなければならない。
一　異議等のある破産債権であって、第二百二条第一号に規定する手続が係属しているもの
二　租税等の請求権又は罰金等の請求権であって、第二百十一条の規定による配当率の通知を発した時に第二百二条第二号に規定する手続が終了していないもの
三　中間配当に関する除斥期間内に第二百十条第一項（同条第二項において準用する場合を含む。）の規定による証明

及び疎明があった債権のうち、当該疎明があった額に係る
部分
四　停止条件付債権又は将来の請求権である破産債権
五　解除条件付債権である破産債権であって、第二百十二条第一項の規定による担保が供されていないもの
六　第百十一条第一項第四号及び第百十三条第二項の規定による届出をしなかった破産債権者が有する破産債権
2　前項第一号又は第二号の規定により当該各号に掲げる破産債権に対する配当額を寄託した場合において、第二百二条第一号又は第二号の規定により当該破産債権に対する配当額を供託するときは、破産管財人は、その寄託した配当額をこれを受けるべき破産債権者のために供託しなければならない。
3　第一項第三号又は第四号の規定により当該各号に掲げる破産債権に対する配当額を寄託した場合において、当該破産債権を有する破産債権者又は別除権者（準別除権者を含む。）が第百九十八条第二項の規定に適合しなかったこと又は同条第三項（同条第五項において準用する場合を含む。）に規定する事項につき証明をしなかったことにより最後配当の手続に参加することができなかったときは、破産管財人は、その寄託した配当額の最後配当を他の破産債権者に対してしなければならない。
4　第一項第五号の規定により同号に掲げる破産債権に対する配当額を寄託した場合において、当該破産債権の条件が最後配当に関する除斥期間内に成就しないときは、破産管財人は、その寄託した配当額を当該破産債権を有する破産債権者に支払わなければならない。
5　第一項第六号の規定により同号に掲げる破産債権に対する配当額を寄託した場合における第二百一条第五項の規定の適用については、同項中「その定めた配当額が同号に」とあるのは「その定めた配当額及び破産管財人が第二百十四条第一項第六号の規定により寄託した同号に掲げる破産債権に対する配当額の合計額が第百十一条第一項第四号に」と、「当該配当額」とあるのは「当該合計額」とする。

第六節　追加配当

第二百十五条　第二百一条第七項の規定による配当額の通知を発した後（簡易配当にあっては第二百五条において準用する第二百条第一項に規定する期間を経過した後、同意配当にあっては第二百八条第一項の規定による許可があった後）、新たに配当に充てることができる相当の財産があることが確認されたときは、破産管財人は、裁判所の許可を得て、最後配当、簡易配当又は同意配当とは別に、届出をした破産債権者に対し、この条の規定による配当（以下この条において「追加配当」という。）をしなければならない。破産手続終結の決定があった後であっても、同様とする。
2　追加配当については、第二百一条第四項及び第五項、第二

百二条並びに第二百三条の規定を準用する。この場合において、第二百一条第五項中「第一項の規定」とあるのは「第二百十五条第四項の規定」と、第二百二条第一号及び第二号中「前条第七項」とあり、並びに第二百三条中「第二百一条第七項」とあるのは「第二百十五条第五項」と読み替えるものとする。

3　追加配当は、最後配当、簡易配当又は同意配当について作成した配当表によってする。

4　破産管財人は、第一項の規定による許可があったときは、遅滞なく、追加配当の手続に参加することができる破産債権者に対する配当額を定めなければならない。

5　破産管財人は、前項の規定により定めた配当額を、追加配当の手続に参加することができる破産債権者（第二項において読み替えて準用する第二百一条第五項の規定により追加配当を受けることができない破産債権者を除く。）に通知しなければならない。

6　追加配当をした場合には、破産管財人は、遅滞なく、裁判所に書面による計算の報告をしなければならない。

7　前項の場合において、破産管財人が欠けたときは、当該計算の報告は、同項の規定にかかわらず、後任の破産管財人がしなければならない。

第九章　破産手続の終了

（破産手続開始の決定と同時にする破産手続廃止の決定）

第二百十六条　裁判所は、破産財団をもって破産手続の費用を支弁するのに不足すると認めるときは、破産手続開始の決定と同時に、破産手続廃止の決定をしなければならない。

2　前項の規定は、破産手続の費用を支弁するのに足りる金額の予納があった場合には、適用しない。

3　裁判所は、第一項の規定により破産手続開始の決定と同時に破産手続廃止の決定をしたときは、直ちに、次に掲げる事項を公告し、かつ、これを破産者に通知しなければならない。

一　破産手続開始の決定の主文

二　破産手続廃止の決定の主文及び理由の要旨

4　第一項の規定による破産手続廃止の決定に対しては、即時抗告をすることができる。

5　前項の即時抗告は、執行停止の効力を有しない。

6　第三十一条及び第三十二条の規定は、第一項の規定による破産手続廃止の決定を取り消す決定が確定した場合について準用する。

（破産手続開始の決定後の破産手続廃止の決定）

第二百十七条　裁判所は、破産手続開始の決定があった後、破産財団をもって破産手続の費用を支弁するのに不足すると認めるときは、破産管財人の申立てにより又は職権で、破産手続廃止の決定をしなければならない。この場合においては、裁判所は、債権者集会の期日において破産債権者の意見を聴かなければならない。

2 前項後段の規定にかかわらず、裁判所は、相当と認めるときは、同項後段に規定する債権者集会の期日における破産債権者の意見の聴取に代えて、書面によって破産債権者の意見を聴くことができる。この場合においては、当該意見の聴取を目的とする第百三十五条第一項第二号又は第三号に掲げる者による同項の規定による債権者集会の招集の申立ては、することができない。

3 前二項の規定は、破産手続の費用を支弁するのに足りる金額の予納があった場合には、適用しない。

4 裁判所は、第一項の規定による破産手続廃止の決定をしたときは、直ちに、その主文及び理由の要旨を公告し、かつ、その裁判書を破産者及び破産管財人に送達しなければならない。

5 裁判所は、第一項の申立てを棄却する決定をしたときは、その裁判書を破産管財人に送達しなければならない。この場合においては、第十条第三項本文の規定は、適用しない。

6 第一項の規定による破産手続廃止の決定及び同項の申立てを棄却する決定に対しては、即時抗告をすることができる。

7 第一項の規定による破産手続廃止の決定を取り消す決定が確定したときは、当該破産手続廃止の決定をした裁判所は、直ちに、その旨を公告しなければならない。

8 第一項の規定による破産手続廃止の決定は、確定しなければその効力を生じない。

（破産債権者の同意による破産手続廃止の決定）

第二百十八条 裁判所は、次の各号に掲げる要件のいずれかに該当する破産者の申立てがあったときは、破産手続廃止の決定をしなければならない。

一 破産手続を廃止することについて、債権届出期間内に届出をした破産債権者の全員の同意を得ているとき。

二 前号の同意をしない破産債権者がある場合において、当該破産債権者に対して裁判所が相当と認める担保を供しているとき。ただし、破産財団から当該担保を供した場合には、破産財団から当該担保を供したことについて、他の届出をした破産債権者の同意を得ているときに限る。

2 前項の規定にかかわらず、裁判所は、まだ確定していない破産債権を有する破産債権者について同項第一号及び第二号ただし書の同意を得ることを要しない旨の決定をすることができる。この場合における同項第一号及び第二号ただし書の規定の適用については、これらの規定中「届出をした破産債権者」とあるのは、「届出をした破産債権者（まだ確定していない破産債権を有する破産債権者であって、裁判所の決定によりその同意を得ることを要しないとされたものを除く。）」

とする。

3　裁判所は、第一項の申立てがあったときは、その旨を公告しなければならない。

4　届出をした破産債権者は、前項に規定する公告が効力を生じた日から起算して二週間以内に、裁判所に対し、第一項の申立てについて意見を述べることができる。

5　前条第四項から第八項までの規定は、第一項の規定による破産手続廃止の決定について準用する。この場合において、同条第五項中「破産管財人」とあるのは、「破産者」と読み替えるものとする。

（破産者が法人である場合の破産債権者の同意による破産手続廃止の決定）

第二百十九条　法人である破産者が前条第一項の申立てをするには、定款その他の基本約款の変更に関する規定に従い、あらかじめ、当該法人を継続する手続をしなければならない。

（破産手続終結の決定）

第二百二十条　裁判所は、最後配当、簡易配当又は同意配当が終了した後、第八十八条第四項の債権者集会が終結したとき、又は第八十九条第二項に規定する期間が経過したときは、破産手続終結の決定をしなければならない。

2　裁判所は、前項の規定により破産手続終結の決定をしたときは、直ちに、その主文及び理由の要旨を公告し、かつ、これを破産者に通知しなければならない。

（破産手続廃止後又は破産手続終結後の破産債権者表の記載の効力）

第二百二十一条　第二百十七条第一項若しくは第二百十八条第一項の規定による破産手続廃止の決定が確定したとき、又は前条第一項の規定による破産手続終結の決定があったときは、確定した破産債権については、破産債権者表の記載は、破産者に対し、確定判決と同一の効力を有する。この場合において、破産債権者は、確定した破産債権について、当該破産者に対し、破産債権者表の記載により強制執行をすることができる。

2　前項の規定は、破産者（第百二十一条第三項ただし書の代理人を含む。）が第百十八条第二項、第百十九条第五項、第百二十一条第四項（同条第六項（同条第七項又は第百二十二条第二項において準用する場合を含む。）若しくは第七項又は第百二十二条第二項において準用する場合を含む。）又は第百二十三条第一項の規定による異議を述べた場合には、適用しない。

第十章　相続財産の破産等に関する特則

第一節　相続財産の破産

（相続財産に関する破産事件の管轄）

第二百二十二条　相続財産についてのこの法律の規定による破

産手続開始の申立ては、被相続人の相続開始の時の住所又は相続財産に属する財産が日本国内にあるときに限り、することができる。

2 相続財産に関する破産事件は、被相続人の相続開始の時の住所地を管轄する地方裁判所が管轄する。

3 前項の規定による管轄裁判所がないときは、相続財産に関する破産事件は、相続財産に属する財産の所在地（債権については、裁判上の請求をすることができる地）を管轄する地方裁判所が管轄する。

4 相続財産に関する破産事件に対する第五条第八項及び第九項並びに第七条第五号の規定の適用については、第五条第八項及び第九項中「第一項及び第二項」とあるのは「第二百二十二条第二項及び第三項」と、第七条第五号中「同条第一項又は第二項」とあるのは「第二百二十二条第二項又は第三項」とする。

5 前三項の規定により二以上の地方裁判所が管轄権を有するときは、相続財産に関する破産事件は、先に破産手続開始の申立てがあった地方裁判所が管轄する。

（相続財産の破産手続開始の原因）

第二百二十三条 相続財産に対する第三十条第一項の規定の適用については、同項中「破産手続開始の原因となる事実があると認めるとき」とあるのは、「相続財産をもって相続債権者及び受遺者に対する債務を完済することができないと認めるとき」とする。

（破産手続開始の申立て）

第二百二十四条 相続財産については、相続債権者又は受遺者のほか、相続人、相続財産の管理人又は遺言執行者（相続財産の管理に必要な行為をする権利を有する遺言執行者に限る。以下この節において同じ。）も、破産手続開始の申立てをすることができる。

2 次の各号に掲げる者が相続財産について破産手続開始の申立てをするときは、それぞれ当該各号に定める事実を疎明しなければならない。

一 相続債権者又は受遺者 その有する債権の存在及び当該相続財産の破産手続開始の原因となる事実

二 相続人、相続財産の管理人又は遺言執行者 当該相続財産の破産手続開始の原因となる事実

（破産手続開始の申立期間）

第二百二十五条 相続財産については、民法第九百四十一条第一項の規定により財産分離の請求をすることができる間に限り、破産手続開始の申立てをすることができる。ただし、限定承認又は財産分離があったときは、相続債権者及び受遺者に対する弁済が完了するまでの間も、破産手続開始の申立てをすることができる。

（破産手続開始の決定前の相続の開始）

第二百二十六条 裁判所は、破産手続開始の申立て後破産手続

開始の決定前に債務者について相続が開始したときは、相続債権者、受遺者、相続人、相続財産の管理人又は遺言執行者の申立てにより、当該相続財産についてその破産手続を続行する旨の決定をすることができる。

2 前項に規定する続行の申立ては、相続が開始した後一月以内にしなければならない。

3 第一項に規定する破産手続は、前項の期間内に第一項に規定する続行の申立てがなかった場合はその期間が経過した時に、前項の期間内に第一項に規定する続行の申立てがあった場合で当該申立てを却下する裁判が確定したときはその時に、それぞれ終了する。

4 第一項に規定する続行の申立てを却下する裁判に対しては、即時抗告をすることができる。

（破産手続開始の決定後の相続の開始）

第二百二十七条 裁判所は、破産手続開始の決定後に破産者について相続が開始したときは、当該相続財産についてその破産手続を続行する。

（限定承認又は財産分離の手続との関係）

第二百二十八条 相続財産についての破産手続開始の決定は、限定承認又は財産分離を妨げない。ただし、破産手続開始の決定の取消し若しくは破産手続廃止の決定が確定し、又は破産手続終結の決定があるまでの間は、限定承認又は財産分離の手続は、中止する。

（破産財団の範囲）

第二百二十九条 相続財産について破産手続開始の決定があった場合には、相続財産に属する一切の財産（日本国内にあるかどうかを問わない。）は、破産財団とする。この場合においては、被相続人が相続人に対して有していた権利は、消滅しなかったものとみなす。

2 相続人が相続財産の全部又は一部を処分した後に相続財産について破産手続開始の決定があったときは、相続人が反対給付について有する権利は、破産財団に属する。

3 前項に規定する場合において、相続人が既に同項の反対給付を受けているときは、相続人は、当該反対給付を破産財団に返還しなければならない。ただし、相続人が当該反対給付を受けた当時、破産手続開始の原因となる事実又は破産手続開始の申立てがあったことを知らなかったときは、その現に受けている利益を返還すれば足りる。

（相続人等の説明義務等）

第二百三十条 相続財産について破産手続開始の決定があった場合には、次に掲げる者は、破産管財人若しくは債権者委員会の請求又は債権者集会の決議に基づく請求があったときは、破産に関し必要な説明をしなければならない。

一 被相続人の代理人であった者

二 相続人及びその代理人

三 相続財産の管理人及び遺言執行者

2　前項の規定は、同項第二号又は第三号に掲げる者であった者について準用する。

3　第三十七条及び第三十八条の規定は、相続財産について破産手続開始の決定があった場合における相続人並びにその法定代理人及び支配人について準用する。

（相続債権者及び受遺者の地位）

第二百三十一条　相続財産について破産手続開始の決定があった場合には、相続債権者及び受遺者は、相続人について破産手続開始の決定があったときでも、その債権の全額について破産手続に参加することができる。

2　相続財産について破産手続開始の決定があったときは、相続債権者の債権は、受遺者の債権に優先する。

（相続人の地位）

第二百三十二条　相続財産について破産手続開始の決定があった場合には、相続人が被相続人に対して有していた権利は、消滅しなかったものとみなす。この場合においては、相続人は、被相続人に対して有していた債権について、相続債権者と同一の権利を有する。

2　前項に規定する場合において、相続人が相続債権者に対して自己の固有財産をもって弁済その他の債務を消滅させる行為をしたときは、相続人は、その出えんの額の範囲内において、当該相続債権者が被相続人に対して有していた権利を行使することができる。

（相続人の債権者の地位）

第二百三十三条　相続財産について破産手続開始の決定があったときは、相続人の債権者は、破産債権者としてその権利を行使することができない。

（否認権に関する規定の適用関係）

第二百三十四条　相続財産について破産手続開始の決定があった場合における第六章第二節の規定の適用については、被相続人、相続人、相続財産の管理人又は遺言執行者が相続財産に関してした行為は、破産者がした行為とみなす。

（受遺者に対する担保の供与等の否認）

第二百三十五条　相続財産について破産手続開始の決定があった場合において、受遺者に対する担保の供与又は債務の消滅に関する行為がその債権に優先する債権を有する破産債権者を害するときは、当該行為を否認することができる。

2　第百六十七条第二項の規定は、前項の行為が同項の規定により否認された場合について準用する。この場合において、同条第二項中「破産債権者を害する事実」とあるのは、「第二百三十五条第一項の破産債権者を害する事実」と読み替えるものとする。

〈編注〉　本条第二項は、次のように改正され、平成三二年四月一日から施行される。

2　第百六十七条第二項の規定は、前項の行為が同項の規定により否認された場合について準用する。この場合において、同条第二項中「破産債権者を害すること」とあるのは、「第二百二十五条第一項の破産債権者を害すること」と読み替えるものとする。

（否認後の残余財産の分配等）

第二百三十六条 相続財産について破産手続開始の決定があった場合において、被相続人、相続人、相続財産の管理人又は遺言執行者が相続財産に関してした行為が否認されたときは、破産管財人は、相続債権者に弁済をした後、否認された行為の相手方にその権利の価額に応じて残余財産を分配しなければならない。

（破産債権者の同意による破産手続廃止の申立て）

第二百三十七条 相続財産の破産についての第二百十八条第一項の申立ては、相続人がする。

2 相続人が数人あるときは、前項の申立ては、各相続人がすることができる。

第二節 相続人の破産

（破産者の単純承認又は相続放棄の効力等）

第二百三十八条 破産手続開始の決定前に破産者のために相続の開始があった場合において、破産者が破産手続開始の決定後にした単純承認は、破産財団に対しては、限定承認の効力を有する。破産者が破産手続開始の決定後にした相続の放棄も、同様とする。

2 破産管財人は、前項後段の規定にかかわらず、相続の放棄の効力を認めることができる。この場合においては、相続の放棄があったことを知った時から三月以内に、その旨を家庭裁判所に申述しなければならない。

（限定承認又は財産分離の手続との関係）

第二百三十九条 相続人についての破産手続開始の決定は、限定承認又は財産分離を妨げない。ただし、当該相続人のみが相続財産につき債務の弁済に必要な行為をする権限を有するときは、破産手続開始の決定の取消し若しくは破産手続廃止の決定が確定し、又は破産手続終結の決定があるまでの間は、限定承認又は財産分離の手続は、中止する。

（相続債権者、受遺者及び相続人の債権者の地位）

第二百四十条 相続人について破産手続開始の決定があった場合には、相続債権者及び受遺者は、財産分離があったとき、又は相続財産について破産手続開始の決定があったときでも、その債権の全額について破産手続に参加することができる。

2 相続人について破産手続開始の決定があり、かつ、相続財産について破産手続開始の決定があったときは、相続人の債権者の債権は、相続人の破産財団については、相続債権者及び受遺者の債権に優先する。

3 第二百二十五条に規定する期間内にされた破産手続開始の申立てにより相続人について破産手続開始の決定があったと

きは、相続人の固有財産については相続人の債権者の債権が相続債権者及び受遺者の債権に優先し、相続財産については相続債権者及び受遺者の債権が相続人の債権者の債権に優先する。

4　相続人について破産手続開始の決定があり、かつ、当該相続人が限定承認をしたときは、相続債権者及び受遺者は、相続人の固有財産について、破産債権者としてその権利を行使することができない。第二百三十八条第一項の規定により限定承認の効力を有するときも、同様とする。

（限定承認又は財産分離の手続において相続債権者等が受けた弁済）

第二百四十一条　相続債権者又は受遺者は、相続人について破産手続開始の決定があった後に、限定承認又は財産分離の手続において権利を行使したことにより、破産債権について弁済を受けた場合であっても、その弁済を受ける前の債権の額について破産手続に参加することができる。相続人の債権者が、相続人について破産手続開始の決定があった後に、財産分離の手続において権利を行使したことにより、破産債権について弁済を受けた場合も、同様とする。

2　前項の相続債権者若しくは受遺者又は相続人の債権者は、他の同順位の破産債権者が自己の受けた弁済（相続人が数人ある場合には、当該破産手続開始の決定を受けた相続人の相続分に応じた部分に限る。次項において同じ。）と同一の割合の配当を受けるまでは、破産手続により、配当を受けることができない。

3　第一項の相続債権者若しくは受遺者又は相続人の債権者は、前項の弁済を受けた債権の額については、議決権を行使することができない。

（限定承認又は財産分離等の後の相続財産の管理及び処分等）

第二百四十二条　相続人について破産手続開始の決定があった後、当該相続人が限定承認をしたとき、又は当該相続人について財産分離があったときは、破産管財人は、当該相続人の固有財産と分別して相続財産の管理及び処分をしなければならない。限定承認又は財産分離があった後に相続人について破産手続開始の決定があったときも、同様とする。

2　破産管財人が前項の規定による相続財産の管理及び処分を終えた場合において、残余財産があるときは、その残余財産のうち当該相続人に帰属すべき部分は、当該相続人の固有財産とみなす。この場合において、破産管財人は、その残余財産について、破産財団の財産目録及び貸借対照表を補充しなければならない。

3　第一項前段及び前項の規定は、第二百三十八条第一項の規定により限定承認の効力を有する場合及び第二百四十条第三項の場合について準用する。

第三節　受遺者の破産

（包括受遺者の破産）

第二百四十三条　前節の規定は、包括受遺者について破産手続開始の決定があった場合について準用する。

（特定遺贈の承認又は放棄）

第二百四十四条　破産手続開始の決定前に破産者のために特定遺贈があった場合において、破産者が当該決定の時においてその承認又は放棄をしていなかったときは、破産管財人は、破産者に代わって、その承認又は放棄をすることができる。

2　民法第九百八十七条の規定は、前項の場合について準用する。

第十章の二　信託財産の破産に関する特則

（信託財産に関する破産事件の管轄）

第二百四十四条の二　信託財産についてのこの法律の規定による破産手続開始の申立ては、信託財産に属する財産又は受託者の住所が日本国内にあるときに限り、することができる。

2　信託財産に関する破産事件は、受託者の住所地（受託者が数人ある場合にあっては、そのいずれかの住所地）を管轄する地方裁判所が管轄する。

3　前項の規定による管轄裁判所がないときは、信託財産に関する破産事件は、信託財産に属する財産の所在地（債権については、裁判上の請求をすることができる地）を管轄する地方裁判所が管轄する。

4　信託財産に関する破産事件に対する第五条第八項及び第九項並びに第七条第五号の規定の適用については、第五条第八項及び第九項中「第一項及び第二項」とあるのは「第二百四十四条の二第二項及び第三項」と、第七条第五号中「同条第一項又は第二項」とあるのは「第二百四十四条の二第二項又は第三項」とする。

5　前三項の規定により二以上の地方裁判所が管轄権を有するときは、信託財産に関する破産事件は、先に破産手続開始の申立てがあった地方裁判所が管轄する。

（信託財産の破産手続開始の原因）

第二百四十四条の三　信託財産に対する第十五条第一項の規定の適用については、同項中「支払不能」とあるのは、「支払不能又は債務超過（受託者が、信託財産責任負担債務につき、信託財産に属する財産をもって完済することができない状態をいう。）」とする。

（破産手続開始の申立て）

第二百四十四条の四　信託財産については、信託債権（信託法第二十一条第二項第二号に規定する信託債権をいう。次項第一号及び第二百四十四条の七において同じ。）を有する者又は受益者のほか、受託者又は信託財産管理者、信託財産法人管理人若しくは同法第百七十条第一項の管理人（以下「受託者等」と総称する。）も、破産手続開始の申立てをすることができる。

2　次の各号に掲げる者が信託財産について破産手続開始の申立てをするときは、それぞれ当該各号に定める事実を疎明しなければならない。

一　信託債権を有する者又は受益者　その有する信託債権又は受益債権の存在及び当該信託財産の破産手続開始の原因となる事実

二　受託者等　当該信託財産の破産手続開始の原因となる事実

3　前項第二号の規定は、受託者等が一人であるとき、又は受託者等が数人ある場合において受託者等の全員が破産手続開始の申立てをしたときは、適用しない。

4　信託財産については、信託が終了した後であっても、残余財産の給付が終了するまでの間は、破産手続開始の申立てをすることができる。

（破産財団の範囲）

第二百四十四条の五　信託財産について破産手続開始の決定があった場合には、破産手続開始の時において信託財産に属する一切の財産（日本国内にあるかどうかを問わない。）は、破産財団とする。

（受託者等の説明義務等）

第二百四十四条の六　信託財産について破産手続開始の決定があった場合には、次に掲げる者は、破産管財人若しくは債権者委員会の請求又は債権者集会の決議に基づく請求があったときは、破産に関し必要な説明をしなければならない。

一　受託者等

二　会計監査人（信託法第二百四十八条第一項又は第二項の会計監査人をいう。以下この章において同じ。）

2　前項の規定は、同項各号に掲げる者であった者について準用する。

3　第三十七条及び第三十八条の規定は、信託財産について破産手続開始の決定があった場合における受託者等（個人である受託者等に限る。）について準用する。

4　第四十一条の規定は、信託財産について破産手続開始の決定があった場合における受託者等について準用する。

（信託債権者及び受益者の地位）

第二百四十四条の七　信託財産について破産手続開始の決定があった場合には、信託債権を有する者及び受益者は、受託者について破産手続開始の決定があったときでも、破産手続開始の時において有する債権の全額について破産手続に参加することができる。

2　信託財産について破産手続開始の決定があったときは、信託債権は、受益債権に優先する。

3　受益債権と約定劣後破産債権は、同順位とする。ただし、信託行為の定めにより、約定劣後破産債権が受益債権に優先するものとすることができる。

（受託者の地位）

第二百四十四条の八　信託法第四十九条第一項（同法第五十三条第二項及び第五十四条第四項において準用する場合を含む。）の規定により受託者が有する権利は、信託財産についての破産手続との関係においては、金銭債権とみなす。

（固有財産等責任負担債務に係る債権者の地位）

第二百四十四条の九　信託財産について破産手続開始の決定があったときは、固有財産等責任負担債務（信託法第二十二条第一項に規定する固有財産等責任負担債務をいう。）に係る債権を有する者は、破産債権者としてその権利を行使することができない。

（否認権に関する規定の適用関係等）

第二百四十四条の十　信託財産について破産手続開始の決定があった場合における第六章第二節の規定の適用については、受託者等が信託財産に関してした行為は、破産者がした行為とみなす。

2　前項に規定する場合における第百六十一条第一項の規定の適用については、当該行為の相手方が受託者等又は会計監査人であるときは、その相手方は、当該行為の当時、受託者等が同項第二号の隠匿等の処分をする意思を有していたことを知っていたものと推定する。

3　第一項に規定する場合における第百六十二条第一項第一号の規定の適用については、債権者が受託者等又は会計監査人であるときは、その債権者は、同号に掲げる行為の当時、同号イ又はロに掲げる場合の区分に応じ、それぞれ当該イ又はロに定める事実（同号イに掲げる場合にあっては、支払不能であったこと及び支払の停止があったこと）を知っていたものと推定する。

4　第一項に規定する場合における第百六十八条第二項の規定の適用については、当該行為の相手方が受託者等又は会計監査人であるときは、その相手方は、当該行為の当時、受託者等が同項の隠匿等の処分をする意思を有していたことを知っていたものと推定する。

＜編注＞　本条第四項は、次のように改正され、平成三二年四月一日から施行される。

4　第一項に規定する場合における第百六十八条第二項及び第百七十条の二第二項の規定の適用については、当該行為の相手方が受託者等又は会計監査人であるときは、その相手方は、当該行為の当時、受託者等がこれらの規定に規定する隠匿等の処分をする意思を有していたことを知っていたものと推定する。

（破産管財人の権限）

第二百四十四条の十一　信託財産について破産手続開始の決定があった場合には、次に掲げるものは、破産管財人がする。

一　信託法第二十七条第一項又は第二項の規定による取消権の行使
二　信託法第三十一条第五項の規定による追認
三　信託法第三十一条第六項又は第七項の規定による取消権の行使
四　信託法第三十二条第四項の規定による権利の行使
五　信託法第四十条又は第四十一条の規定による責任の追及
六　信託法第四十二条（同法第二百五十四条第三項において準用する場合を含む。）の規定による責任の免除
七　信託法第二百二十六条第一項、第二百二十八条第一項又は第二百五十四条第一項の規定による責任の追及

2　前項の規定は、保全管理人について準用する。

3　第百七十七条の規定は信託財産について破産手続開始の決定があった場合における受託者等又は会計監査人の財産に対する保全処分について、第百七十八条から第百八十一条までの規定は信託財産についての破産手続における受託者等又は会計監査人の責任に基づく損失のてん補又は原状の回復の請求権の査定について、それぞれ準用する。

（保全管理命令）

第二百四十四条の十二　信託財産について破産手続開始の申立てがあった場合における第三章第二節の規定の適用については、第九十一条第一項中「債務者（法人である場合に限る。以下この節、第百四十八条第四項及び第百五十二条第二項において同じ。）の財産」とあり、並びに同項、第九十三条第一項及び第九十六条第二項中「債務者の財産」とあるのは、「信託財産に属する財産」とする。

（破産債権者の同意による破産手続廃止の申立て）

第二百四十四条の十三　信託財産の破産についての第二百十八条第一項の申立ては、受託者等がする。

2　受託者等が数人あるときは、前項の申立ては、各受託者等がすることができる。

3　信託財産の破産について第一項の申立てをするには、信託の変更に関する規定に従い、あらかじめ、当該信託を継続する手続をしなければならない。

第十一章　外国倒産処理手続がある場合の特則

（外国管財人との協力）

第二百四十五条　破産管財人は、破産者についての外国倒産処理手続（外国で開始された手続で、破産手続又は再生手続に相当するものをいう。以下この章において同じ。）がある場合には、外国管財人（当該外国倒産処理手続において破産者の財産の管理及び処分をする権利を有する者をいう。以下この章において同じ。）に対し、破産手続の適正な実施のために必要な協力及び情報の提供を求めることができる。

2　前項に規定する場合には、破産管財人は、外国管財人に対し、外国倒産処理手続の適正な実施のために必要な協力及び情報の提供をするよう努めるものとする。

（外国管財人の権限等）

第二百四十六条　外国管財人は、債務者について破産手続開始の申立てをすることができる。

2　外国管財人は、前項の申立てをするときは、破産手続開始の原因となる事実を疎明しなければならない。

3　外国管財人は、破産者の破産手続において、債権者集会の期日に出席し、意見を述べることができる。

4　第一項の規定により外国管財人が破産手続開始の申立てをした場合において、包括的禁止命令又はこれを変更し、若しくは取り消す旨の決定があったときはその主文を、破産手続開始の決定があったときは第三十二条第一項の規定により公告すべき事項を、同項第二号又は第三号に掲げる事項に変更を生じたときはその旨を、破産手続開始の決定を取り消す決定が確定したときはその主文を、それぞれ外国管財人に通知しなければならない。

（相互の手続参加）

第二百四十七条　外国管財人は、届出をしていない破産債権者であって、破産者についての外国倒産処理手続に参加しているものを代理して、破産者の破産手続に参加することができる。ただし、当該外国の法令によりその権限を有する場合に限る。

2　破産管財人は、届出をした破産債権者であって、破産者についての外国倒産処理手続に参加していないものを代理して、当該外国倒産処理手続に参加することができる。

3　破産管財人は、前項の規定による参加をした場合には、同項の規定により代理した破産債権者のために、外国倒産処理手続に属する一切の行為をすることができる。ただし、届出の取下げ、和解その他の破産債権者の権利を害するおそれがある行為をするには、当該破産債権者の授権がなければならない。

第十二章　免責手続及び復権

第一節　免責手続

（免責許可の申立て）

第二百四十八条　個人である債務者（破産手続開始の決定後にあっては、破産者。第四項を除き、以下この節において同じ。）は、破産手続開始の申立てがあった日から破産手続開始の決定が確定した日以後一月を経過する日までの間に、破産裁判所に対し、免責許可の申立てをすることができる。

2　前項の債務者（以下この節において「債務者」という。）は、その責めに帰することができない事由により同項に規定する期間内に免責許可の申立てをすることができなかった場合には、その事由が消滅した後一月以内に限り、当該申立てをすることができる。
3 免責許可の申立てをするには、最高裁判所規則で定める事項を記載した債権者名簿を提出しなければならない。ただし、当該申立てと同時に債権者名簿を提出することができないときは、当該申立ての後遅滞なくこれを提出すれば足りる。
4 債務者が破産手続開始の申立てをした場合には、当該申立てと同時に免責許可の申立てをしたものとみなす。ただし、当該債務者が破産手続開始の申立ての際に反対の意思を表示しているときは、この限りでない。
5 前項本文の規定により免責許可の申立てをしたものとみなされたときは、第二十条第二項の債権者一覧表を第三項本文の債権者名簿とみなす。
6 債務者は、免責許可の申立てをしたときは、第二百十八条第一項の申立て又は再生手続開始の申立てをすることができない。
7 債務者は、次の各号に掲げる申立てをしたときは、第一項及び第二項の規定にかかわらず、当該各号に定める決定が確定した後でなければ、免責許可の申立てをすることができない。
一 第二百十八条第一項の申立て　当該申立ての棄却の決定
二 再生手続開始の申立て　当該申立ての棄却、再生手続廃止又は再生計画不認可の決定

（強制執行の禁止等）
第二百四十九条 免責許可の申立てがあり、かつ、第二百十六条第一項の規定による破産手続廃止の決定、第二百十七条第一項の規定による破産手続廃止の決定の確定又は第二百二十条第一項の規定による破産手続終結の決定があったときは、当該申立てについての裁判が確定するまでの間は、破産者の財産に対する破産債権に基づく強制執行、仮差押え、仮処分若しくは外国租税滞納処分若しくは破産債権を被担保債権とする一般の先取特権の実行若しくは留置権（商法又は会社法の規定によるものを除く。）による競売（以下この条において「破産債権に基づく強制執行等」という。）、破産債権に基づく財産開示手続の申立て又は破産者の財産に対する破産債権に基づく国税滞納処分（外国租税滞納処分を除く。）はすることができず、破産債権に基づく強制執行等の手続又は処分で破産者の財産に対して既にされているもの及び破産者について既にされている破産債権に基づく財産開示手続は中止する。
2 免責許可の決定が確定したときは、前項の規定により中止した破産債権に基づく強制執行等の手続又は処分及び破産債権に基づく財産開示手続は、その効力を失う。
3 第一項の場合において、次の各号に掲げる破産債権については、それぞれ当該各号に定める決定が確定した日の翌日から二月を経過する日までの間は、時効は、完成しない。

一　第二百五十三条第一項各号に掲げる請求権　免責許可の申立てについての決定
二　前号に掲げる請求権以外の破産債権　免責許可の申立てを却下した決定又は免責不許可の決定

（免責についての調査及び報告）
第二百五十条　裁判所は、破産管財人に、第二百五十二条第一項各号に掲げる事由の有無又は同条第二項の規定による免責許可の決定をするかどうかの判断に当たって考慮すべき事情についての調査をさせ、その結果を書面で報告させることができる。
2　破産者は、前項に規定する事項について裁判所が行う調査又は同項の規定により破産管財人が行う調査に協力しなければならない。

（免責についての意見申述）
第二百五十一条　裁判所は、免責許可の申立てがあったときは、破産手続開始の決定があった時以後、破産者につき免責許可の決定をすることの当否について、破産管財人及び破産債権者（第二百五十三条第一項各号に掲げる請求権を有する者を除く。次項、次条第三項及び第二百五十四条において同じ。）が裁判所に対し意見を述べることができる期間を定めなければならない。
2　裁判所は、前項の期間を定める決定をしたときは、その期間を公告し、かつ、破産管財人及び知れている破産債権者にその期間を通知しなければならない。
3　第一項の期間は、前項の規定による公告が効力を生じた日から起算して一月以上でなければならない。

（免責許可の決定の要件等）
第二百五十二条　裁判所は、破産者について、次の各号に掲げる事由のいずれにも該当しない場合には、免責許可の決定をする。
一　債権者を害する目的で、破産財団に属し、又は属すべき財産の隠匿、損壊、債権者に不利益な処分その他の破産財団の価値を不当に減少させる行為をしたこと。
二　破産手続の開始を遅延させる目的で、著しく不利益な条件で債務を負担し、又は信用取引により商品を買い入れてこれを著しく不利益な条件で処分したこと。
三　特定の債権者に対する債務について、当該債権者に特別の利益を与える目的又は他の債権者を害する目的で、担保の供与又は債務の消滅に関する行為であって、債務者の義務に属せず、又はその方法若しくは時期が債務者の義務に属しないものをしたこと。
四　浪費又は賭(と)博その他の射幸行為をしたことによって著しく財産を減少させ、又は過大な債務を負担したこと。
五　破産手続開始の申立てがあった日の一年前の日から破産手続開始の決定があった日までの間に、破産手続開始の原因となる事実があることを知りながら、当該事実がないと信じさせるため、詐術を用いて信用取引により財産を取得したこと。

六　業務及び財産の状況に関する帳簿、書類その他の物件を隠滅し、偽造し、又は変造したこと。

七　虚偽の債権者名簿（第二百四十八条第五項の規定により債権者名簿とみなされる債権者一覧表を含む。次条第一項第六号において同じ。）を提出したこと。

八　破産手続において裁判所が行う調査において、説明を拒み、又は虚偽の説明をしたこと。

九　不正の手段により、破産管財人、保全管理人、破産管財人代理又は保全管理人代理の職務を妨害したこと。

十　次のイからハまでに掲げる事由のいずれかがある場合において、それぞれイからハまでに定める日から七年以内に免責許可の申立てがあったこと。

イ　免責許可の決定が確定したこと　当該免責許可の決定の確定の日

ロ　民事再生法（平成十一年法律第二百二十五号）第二百三十九条第一項に規定する給与所得者等再生における再生計画が遂行されたこと　当該再生計画認可の決定の確定の日

ハ　民事再生法第二百三十五条第一項（同法第二百四十四条において準用する場合を含む。）に規定する免責の決定が確定したこと　当該免責の決定に係る再生計画認可の決定の確定の日

十一　第四十条第一項第一号、第四十一条又は第二百五十条第二項に規定する義務その他この法律に定める義務に違反したこと。

2　前項の規定にかかわらず、同項各号に掲げる事由のいずれかに該当する場合であっても、裁判所は、破産手続開始の決定に至った経緯その他一切の事情を考慮して免責を許可することが相当であると認めるときは、免責許可の決定をすることができる。

3　裁判所は、免責許可の決定をしたときは、直ちに、その裁判書を破産者及び破産管財人に、その決定の主文を記載した書面を破産債権者に、それぞれ送達しなければならない。この場合において、裁判書の送達については、第十条第三項本文の規定は、適用しない。

4　裁判所は、免責不許可の決定をしたときは、直ちに、その裁判書を破産者に送達しなければならない。この場合においては、第十条第三項本文の規定は、適用しない。

5　免責許可の申立てについての裁判に対しては、即時抗告をすることができる。

6　前項の即時抗告についての裁判があった場合には、その裁判書を当事者に送達しなければならない。この場合においては、第十条第三項本文の規定は、適用しない。

7　免責許可の決定は、確定しなければその効力を生じない。

（免責許可の決定の効力等）

第二百五十三条　免責許可の決定が確定したときは、破産者は、破産手続による配当を除き、破産債権について、その責任を免れる。ただし、次に掲げる請求権については、この限りでない。

一　租税等の請求権（共助対象外国租税の請求権を除く。）

二　破産者が悪意で加えた不法行為に基づく損害賠償請求権

三　破産者が故意又は重大な過失により加えた人の生命又は身体を害する不法行為に基づく損害賠償請求権（前号に掲げる請求権を除く。）

四　次に掲げる義務に係る請求権

イ　民法第七百五十二条の規定による夫婦間の協力及び扶助の義務

ロ　民法第七百六十条の規定による婚姻から生ずる費用の分担の義務

ハ　民法第七百六十六条（同法第七百四十九条、第七百七十一条及び第七百八十八条において準用する場合を含む。）の規定による子の監護に関する義務

ニ　民法第八百七十七条から第八百八十条までの規定による扶養の義務

ホ　イからニまでに掲げる義務に類する義務であって、契約に基づくもの

五　雇用関係に基づいて生じた使用人の請求権及び使用人の預り金の返還請求権

六　破産者が知りながら債権者名簿に記載しなかった請求権（当該破産者について破産手続開始の決定があったことを知っていた者の有する請求権を除く。）

七　罰金等の請求権

2　免責許可の決定は、破産債権者が破産者の保証人その他破産者と共に債務を負担する者に対して有する権利及び破産者以外の者が破産債権者のために供した担保に影響を及ぼさない。

3　免責許可の決定が確定した場合において、破産債権者表があるときは、裁判所書記官は、これに免責許可の決定が確定した旨を記載しなければならない。

4　第一項の規定にかかわらず、共助対象外国租税の請求権についての同項の規定による免責の効力は、租税条約等実施特例法第十一条第一項の規定による共助との関係においてのみ主張することができる。

（免責取消しの決定）

第二百五十四条　第二百六十五条の罪について破産者に対する有罪の判決が確定したときは、裁判所は、破産債権者の申立てにより又は職権で、免責取消しの決定をすることができる。破産者の不正の方法によって免責許可の決定がされた場合において、破産債権者が当該免責許可の決定があった後一年以内に免責取消しの申立てをしたときも、同様とする。

2　裁判所は、免責取消しの決定をしたときは、直ちに、その裁判書を破産者及び申立人に、その決定の主文を記載した書面を破産債権者に、それぞれ送達しなければならない。この場合において、裁判書の送達については、第十条第三項本文の規定は、適用しない。
3　第一項の申立てについての裁判及び職権による免責取消しの決定に対しては、即時抗告をすることができる。
4　前項の即時抗告についての裁判があった場合には、その裁判書を当事者に送達しなければならない。この場合においては、第十条第三項本文の規定は、適用しない。
5　免責取消しの決定が確定したときは、免責許可の決定は、その効力を失う。
6　免責取消しの決定が確定した場合において、免責許可の決定の確定後免責取消しの決定が確定するまでの間に生じた原因に基づいて破産者に対する債権を有するに至った者があるときは、その者は、新たな破産手続において、他の債権者に先立って自己の債権の弁済を受ける権利を有する。
7　前条第三項の規定は、免責取消しの決定が確定した場合について準用する。

第二節　復権

（復権）
第二百五十五条　破産者は、次に掲げる事由のいずれかに該当する場合には、復権する。次条第一項の復権の決定が確定したときも、同様とする。
一　免責許可の決定が確定したとき。
二　第二百十八条第一項の規定による破産手続廃止の決定が確定したとき。
三　再生計画認可の決定が確定したとき。
四　破産者が、破産手続開始の決定後、第二百六十五条の罪について有罪の確定判決を受けることなく十年を経過したとき。
2　前項の規定による復権の効果は、人の資格に関する法令の定めるところによる。
3　免責取消しの決定又は再生計画取消しの決定が確定したときは、第一項第一号又は第三号の規定による復権は、将来に向かってその効力を失う。

（復権の決定）
第二百五十六条　破産者が弁済その他の方法により破産債権者に対する債務の全部についてその責任を免れたときは、破産裁判所は、破産者の申立てにより、復権の決定をしなければならない。
2　裁判所は、前項の申立てがあったときは、その旨を公告しなければならない。
3　破産債権者は、前項の規定による公告が効力を生じた日から起算して三月以内に、裁判所に対し、第一項の申立てについて意見を述べることができる。

4 裁判所は、第一項の申立てについての裁判をしたときは、その裁判書を破産者に、その主文を記載した書面を破産債権者に、それぞれ送達しなければならない。この場合において、裁判書の送達については、第十条第三項本文の規定は、適用しない。

5 第一項の申立てについての裁判に対しては、即時抗告をすることができる。

6 前項の即時抗告についての裁判があった場合には、その裁判書を当事者に送達しなければならない。この場合においては、第十条第三項本文の規定は、適用しない。

第十三章 雑則

(法人の破産手続に関する登記の嘱託等)

第二百五十七条 法人である債務者について破産手続開始の決定があったときは、裁判所書記官は、職権で、遅滞なく、破産手続開始の登記を当該破産者の本店又は主たる事務所の所在地を管轄する登記所に嘱託しなければならない。ただし、破産者が外国法人であるときは、外国会社にあっては日本における各代表者(日本に住所を有するものに限る。)の住所地(日本に営業所を設けた外国会社にあっては、当該各営業所の所在地)、その他の外国法人にあっては各事務所の所在地を管轄する登記所に嘱託しなければならない。

2 前項の登記には、破産管財人の氏名又は名称及び住所、破産管財人がそれぞれ単独にその職務を行うことについて第七十六条第一項ただし書の許可があったときはその旨並びに破産管財人が職務を分掌することについて同項ただし書の許可があったときはその旨及び各破産管財人が分掌する職務の内容をも登記しなければならない。

3 第一項の規定は、前項に規定する事項に変更が生じた場合について準用する。

4 第一項の債務者について保全管理命令が発せられたときは、裁判所書記官は、職権で、遅滞なく、保全管理命令の登記を同項に規定する登記所に嘱託しなければならない。

5 前項の登記には、保全管理人の氏名又は名称及び住所、保全管理人がそれぞれ単独にその職務を行うことについて第九十六条第一項において準用する第七十六条第一項ただし書の許可があったときはその旨並びに保全管理人が職務を分掌することについて第九十六条第一項において準用する第七十六条第一項ただし書の許可があったときはその旨及び各保全管理人が分掌する職務の内容をも登記しなければならない。

6 第四項の規定は、同項に規定する裁判の変更若しくは取消しがあった場合又は前項に規定する事項に変更が生じた場合について準用する。

7 第一項の規定は、同項の破産者につき、破産手続開始の決定の取消し若しくは破産手続廃止の決定が確定した場合又は破産手続終結の決定があった場合について準用する。

8　前各項の規定は、限定責任信託に係る信託財産について破産手続開始の決定があった場合について準用する。この場合において、第一項中「当該破産者の本店又は主たる事務所の所在地」とあるのは、「当該限定責任信託の事務処理地（信託法第二百十六条第二項第四号に規定する事務処理地をいう。）」と読み替えるものとする。

（個人の破産手続に関する登記の嘱託等）

第二百五十八条　個人である債務者について破産手続開始の決定があった場合において、次に掲げるときは、裁判所書記官は、職権で、遅滞なく、破産手続開始の登記を登記所に嘱託しなければならない。

一　当該破産者に関する登記があることを知ったとき。

二　破産財団に属する権利で登記がされたものがあることを知ったとき。

2　前項の規定は、当該破産者につき、破産手続開始の決定の取消し若しくは破産手続廃止の決定が確定した場合又は破産手続終結の決定があった場合について準用する。

3　裁判所書記官は、第一項第二号の規定により破産手続開始の登記がされた権利について、第三十四条第四項の決定により破産財団に属しないこととされたときは、職権で、遅滞なく、その登記の抹消を嘱託しなければならない。破産管財人がその登記がされた権利を放棄し、その登記の抹消の嘱託の申立てをしたときも、同様とする。

4　第一項第二号（第二項において準用する場合を含む。）及び前項後段の規定は、相続財産又は信託財産について破産手続開始の決定があった場合について準用する。

5　第一項第二号の規定は、信託財産について保全管理命令があった場合又は当該保全管理命令の変更若しくは取消しがあった場合について準用する。

（保全処分に関する登記の嘱託）

第二百五十九条　次に掲げる場合には、裁判所書記官は、職権で、遅滞なく、当該保全処分の登記を嘱託しなければならない。

一　債務者の財産に属する権利で登記されたものに関し第二十八条第一項（第三十三条第二項において準用する場合を含む。）の規定による保全処分があったとき。

二　登記のある権利に関し第百七十一条第一項（同条第七項において準用する場合を含む。）又は第百七十七条第一項若しくは第二項（同条第七項において準用する場合を含む。）の規定による保全処分があったとき。

2　前項の規定は、同項に規定する保全処分の変更若しくは取消しがあった場合又は当該保全処分が効力を失った場合について準用する。

（否認の登記）

第二百六十条　登記の原因である行為が否認されたときは、破産管財人は、否認の登記を申請しなければならない。登記が否認されたときも、同様とする。

2　登記官は、前項の否認の登記に係る権利に関する登記をするときは、職権で、次に掲げる登記を抹消しなければならない。

一　当該否認の登記

二　否認された行為を登記原因とする登記又は否認された登記

三　前号の登記に後れる登記があるときは、当該登記

3　前項に規定する場合において、否認された行為の後否認の登記がされるまでの間に、同項第二号に掲げる登記に係る権利を目的とする第三者の権利に関する登記（破産手続の関係において、その効力を主張することができるものに限る。）がされているときは、同項の規定にかかわらず、登記官は、職権で、当該否認の登記の抹消及び同号に掲げる登記に係る権利の破産者への移転の登記をしなければならない。

4　裁判所書記官は、第一項の否認の登記がされている場合において、破産者について、破産手続開始の決定の取消し若しくは破産手続廃止の決定が確定したとき、又は破産手続終結の決定があったときは、職権で、遅滞なく、当該否認の登記の抹消を嘱託しなければならない。破産管財人が、第二項第二号に掲げる登記に係る権利を放棄し、否認の登記の抹消の嘱託の申立てをしたときも、同様とする。

（非課税）

第二百六十一条　第二百五十七条から前条までの規定による登記については、登録免許税を課さない。

（登録のある権利への準用）

第二百六十二条　第二百五十八条第一項第二号及び同条第二項において準用する同号（これらの規定を同条第四項において準用する場合を含む。）、同条第三項（同条第四項において同条第三項後段の規定を準用する場合を含む。）並びに前三条の規定は、登録のある権利について準用する。

（責任制限手続の廃止による破産手続の中止）

第二百六十三条　破産者のために開始した責任制限手続について責任制限手続廃止の決定があったときは、破産手続は、その決定が確定するまで中止する。

（責任制限手続の廃止の場合の措置）

第二百六十四条　破産者のために開始した責任制限手続について責任制限手続廃止の決定が確定した場合には、裁判所は、制限債権者のために、債権の届出をすべき期間及び債権の調査をするための期間又は期日を定めなければならない。

2　裁判所は、前項の規定により定めた期間又は期日を公告しなければならない。

3　知れている制限債権者には、第三十二条第一項第一号及び第二号並びに前項の規定により公告すべき事項を通知しなけ

ればならない。

4 破産管財人、破産者及び届出をした破産債権者には、第二項の規定により公告すべき事項を通知しなければならない。ただし、第一項の規定により定めた債権の調査をするための期間又は期日（当該期間又は期日に変更があった場合にあっては、変更後の期間又は期日）が第三十一条第一項第三号の規定により定めた期間又は期日と同一であるときは、届出をした破産債権者に対しては、当該通知をすることを要しない。

5 前三項の規定は第一項の規定により定めた債権の届出をすべき期間に変更を生じた場合について、第百十八条第三項から第五項までの規定は第一項の規定により定めた債権の調査をするための期間を変更する決定があった場合について、第百二十一条第九項から第十一項までの規定は第一項の規定により定めた債権の調査をするための期日を変更する決定があった場合又は当該期日における債権の調査の延期若しくは続行の決定があった場合について準用する。この場合において、第百十八条第三項及び第百二十一条第九項中「破産管財人」とあるのは「届出をした制限債権者（第二百六十四条第一項の規定により定められた債権の届出をすべき期間の経過前にあっては、知れている制限債権者）、破産管財人」と、同条第十項中「破産管財人」とあるのは「届出をした制限債権者、破産管財人」と読み替えるものとする。

6 第三十一条第二項及び第三項の規定は、第一項に規定する期間及び期日について準用する。

第十四章　罰則

（詐欺破産罪）

第二百六十五条 破産手続開始の前後を問わず、債権者を害する目的で、次の各号のいずれかに該当する行為をした者は、債務者（相続財産の破産にあっては相続財産、信託財産の破産にあっては信託財産。次項において同じ。）について破産手続開始の決定が確定したときは、十年以下の懲役若しくは千万円以下の罰金に処し、又はこれを併科する。情を知って、第四号に掲げる行為の相手方となった者も、破産手続開始の決定が確定したときは、同様とする。

一 債務者の財産（相続財産の破産にあっては相続財産に属する財産、信託財産の破産にあっては信託財産に属する財産。以下この条において同じ。）を隠匿し、又は損壊する行為

二 債務者の財産の譲渡又は債務の負担を仮装する行為

三 債務者の財産の現状を改変して、その価格を減損する行為

四 債務者の財産を債権者の不利益に処分し、又は債権者に不利益な債務を債務者が負担する行為

2 前項に規定するもののほか、債務者について破産手続開始

の決定がされ、又は保全管理命令が発せられたことを認識しながら、債権者を害する目的で、破産管財人の承諾その他の正当な理由がなく、その債務者の財産を取得し、又は第三者に取得させた者も、同項と同様とする。

（特定の債権者に対する担保の供与等の罪）

第二百六十六条　債務者（相続財産の破産にあっては相続人、相続財産の管理人又は遺言執行者を、信託財産の破産にあっては受託者等を含む。以下この条において同じ。）が、破産手続開始の前後を問わず、特定の債権者に対する債務について、他の債権者を害する目的で、担保の供与又は債務の消滅に関する行為であって債務者の義務に属せず又はその方法若しくは時期が債務者の義務に属しないものをし、破産手続開始の決定が確定したときは、五年以下の懲役若しくは五百万円以下の罰金に処し、又はこれを併科する。

（破産管財人等の特別背任罪）

第二百六十七条　破産管財人、保全管理人、破産管財人代理又は保全管理人代理が、自己若しくは第三者の利益を図り又は債権者に損害を加える目的で、その任務に背く行為をし、債権者に財産上の損害を加えたときは、十年以下の懲役若しくは千万円以下の罰金に処し、又はこれを併科する。

２　破産管財人又は保全管理人が法人であるときは、前項の規定は、破産管財人又は保全管理人の職務を行う役員又は職員に適用する。

（説明及び検査の拒絶等の罪）

第二百六十八条　第四十条第一項（同条第二項において準用する場合を含む。）、第二百三十条第一項（同条第二項において準用する場合を含む。）又は第二百四十四条の六第一項（同条第二項において準用する場合を含む。）の規定に違反して、説明を拒み、又は虚偽の説明をした者は、三年以下の懲役若しくは三百万円以下の罰金に処し、又はこれを併科する。第九十六条第一項において準用する第四十条第一項（同条第二項において準用する場合を含む。）の規定に違反して、説明を拒み、又は虚偽の説明をした者も、同様とする。

２　第四十条第一項第二号から第五号までに掲げる者若しくは当該各号に掲げる者であった者、第二百三十条第一項各号に掲げる者（相続人を除く。）若しくは同項第二号若しくは第三号に掲げる者（相続人を除く。）であった者又は第二百四十四条の六第一項各号に掲げる者若しくは同項各号に掲げる者であった者（以下この項において「説明義務者」という。）の代表者、代理人、使用人その他の従業者（以下この項及び第四項において「代表者等」という。）が、その説明義務者の業務に関し、第四十条第一項（同条第二項において準用する場合を含む。）、第二百三十条第一項（同条第二項において準用する場合を含む。）又は第二百四十四条の六第一項（同条第二項において準用する場合を含む。）の規定に違反して、説明を拒み、又は虚偽の説明をしたときも、前項前段と同様とする。

説明義務者の代表者等が、その説明義務者の業務に関し、第九十六条第一項において準用する第四十条第一項（同条第二項において準用する場合を含む。）の規定に違反して、説明を拒み、又は虚偽の説明をしたときも、同様とする。

3　破産者が第八十三条第一項（第九十六条第一項において準用する場合を含む。）の規定による検査を拒んだとき、相続財産について破産手続開始の決定があった場合において第二百三十条第一項第二号若しくは第三号に掲げる者が第八十三条第一項の規定による検査を拒んだとき又は信託財産について破産手続開始の決定があった場合において受託者等が同項（第九十六条第一項において準用する場合を含む。）の規定による検査を拒んだときも、第一項前段と同様とする。

4　第八十三条第二項に規定する破産者の子会社等（同条第三項において破産者の子会社等とみなされるものを含む。以下この項において同じ。）の代表者等が、その破産者の子会社等の業務に関し、同条第二項（第九十六条第一項において準用する場合を含む。以下この項において同じ。）の規定による説明を拒み、若しくは虚偽の説明をし、又は第八十三条第二項の規定による検査を拒んだときも、第一項前段と同様とする。

（重要財産開示拒絶等の罪）

第二百六十九条　破産者（信託財産の破産にあっては、受託者等）が第四十一条（第二百四十四条の六第四項において準用する場合を含む。）の規定による書面の提出を拒み、又は虚偽の書面を裁判所に提出したときは、三年以下の懲役若しくは三百万円以下の罰金に処し、又はこれを併科する。

（業務及び財産の状況に関する物件の隠滅等の罪）

第二百七十条　破産手続開始の前後を問わず、債権者を害する目的で、債務者の業務及び財産（相続財産の破産にあっては相続財産に属する財産、信託財産の破産にあっては信託財産に属する財産）の状況に関する帳簿、書類その他の物件を隠滅し、偽造し、又は変造した者は、債務者（相続財産の破産にあっては相続財産、信託財産の破産にあっては信託財産）について破産手続開始の決定が確定したときは、三年以下の懲役若しくは三百万円以下の罰金に処し、又はこれを併科する。第百五十五条第二項の規定により閉鎖された破産財団に関する帳簿を隠滅し、偽造し、又は変造した者も、同様とする。

（審尋における説明拒絶等の罪）

第二百七十一条　債務者が、破産手続開始の申立て（債務者以外の者がしたものを除く。）又は免責許可の申立てについての審尋において、裁判所が説明を求めた事項について説明を拒み、又は虚偽の説明をしたときは、三年以下の懲役若しくは三百万円以下の罰金に処し、又はこれを併科する。

（破産管財人等に対する職務妨害の罪）

第二百七十二条　偽計又は威力を用いて、破産管財人、保全管理人、破産管財人代理又は保全管理人代理の職務を妨害した者は、三年以下の懲役若しくは三百万円以下の罰金に処し、又はこれを併科する。

（収賄罪）

第二百七十三条 破産管財人、保全管理人、破産管財人代理又は保全管理人代理（次項において「破産管財人等」という。）が、その職務に関し、賄賂を収受し、又はその要求若しくは約束をしたときは、三年以下の懲役若しくは三百万円以下の罰金に処し、又はこれを併科する。

2 前項の場合において、その破産管財人等が不正の請託を受けたときは、五年以下の懲役若しくは五百万円以下の罰金に処し、又はこれを併科する。

3 破産管財人又は保全管理人が法人である場合において、破産管財人又は保全管理人の職務を行うその役員又は職員が、その破産管財人又は保全管理人の職務に関し、賄賂を収受し、又はその要求若しくは約束をしたときは、三年以下の懲役若しくは三百万円以下の罰金に処し、又はこれを併科する。破産管財人又は保全管理人が法人である場合において、その役員又は職員が、その破産管財人又は保全管理人の職務に関し、破産管財人又は保全管理人に賄賂を収受させ、又はその供与の要求若しくは約束をしたときも、同様とする。

4 前項の場合において、その役員又は職員が不正の請託を受けたときは、五年以下の懲役若しくは五百万円以下の罰金に処し、又はこれを併科する。

5 破産債権者若しくは代理委員又はこれらの者の代理人、役員若しくは職員が、債権者集会の期日における議決権の行使又は第百三十九条第二項第二号に規定する書面等投票による議決権の行使に関し、不正の請託を受けて、賄賂を収受し、又はその要求若しくは約束をしたときは、五年以下の懲役若しくは五百万円以下の罰金に処し、又はこれを併科する。

6 前各項の場合において、犯人又は法人である破産管財人若しくは保全管理人が収受した賄賂は、没収する。その全部又は一部を没収することができないときは、その価額を追徴する。

（贈賄罪）

第二百七十四条 前条第一項又は第三項に規定する賄賂を供与し、又はその申込み若しくは約束をした者は、三年以下の懲役若しくは三百万円以下の罰金に処し、又はこれを併科する。

2 前条第二項、第四項又は第五項に規定する賄賂を供与し、又はその申込み若しくは約束をした者は、五年以下の懲役若しくは五百万円以下の罰金に処し、又はこれを併科する。

（破産者等に対する面会強請等の罪）

第二百七十五条 破産者（個人である破産者に限り、相続財産の破産にあっては、相続人。以下この条において同じ。）又はその親族その他の者に破産債権（免責手続の終了後にあっては、免責されたものに限る。以下この条において同じ。）を弁済させ、又は破産債権につき破産者の親族その他の者に保証をさせる目的で、破産者又はその親族その他の者に対し、面会を強請し、又は強談威迫の行為をした者は、三年以下の懲役若しくは三百万円以下の罰金に処し、又はこれを併科する。

(国外犯)

第二百七十六条 第二百六十五条、第二百六十六条、第二百七十条、第二百七十二条及び第二百七十四条の罪は、刑法（明治四十年法律第四十五号）第二条の例に従う。

2 第二百六十七条及び第二百七十三条（第五項を除く。）の罪は、刑法第四条の例に従う。

3 第二百七十三条第五項の罪は、日本国外において同項の罪を犯した者にも適用する。

(両罰規定)

第二百七十七条 法人の代表者又は法人若しくは人の代理人、使用人その他の従業者が、その法人又は人の業務又は財産に関し、第二百六十五条、第二百六十六条、第二百六十八条（第一項を除く。）、第二百六十九条から第二百七十二条まで、第二百七十四条又は第二百七十五条の違反行為をしたときは、行為者を罰するほか、その法人又は人に対しても、各本条の罰金刑を科する。

附　則

(施行期日)

第一条 この法律は、公布の日から起算して一年を超えない範囲内において政令で定める日〈編注・平成一六年一〇月二〇日政令三一七号により平成一七年一月一日〉から施行する。

(旧法の廃止)

第二条 破産法（大正十一年法律第七十一号）は、廃止する。

(破産事件等に関する経過措置)

第三条 この法律（以下「新法」という。）の施行前にされた破産の申立て又は新法の施行前に職権でされた破産の宣告に係る破産事件については、なお従前の例による。

2 新法の施行前にされた破産の申立て又は新法の施行前に職権でされた破産の宣告に係る破産者の免責に関する事件については、なお従前の例による。

3 新法の施行前にされた復権の申立てに係る事件については、なお従前の例による。

(否認に関する経過措置)

第四条 新法の施行前にされた行為の否認については、新法第六章第二節（新法第百七十一条から第百七十五条までを除く。）及び第二百三十四条から第二百三十六条までの規定にかかわらず、なお従前の例による。

(相殺の禁止に関する経過措置)

第五条 新法の施行前に破産債権者につき破産者に対する債務負担の原因が生じた場合における破産債権者による相殺の禁止及び新法の施行前に破産者に対して債務を負担する者につき破産債権の取得の原因が生じた場合における当該者による相殺の禁止については、新法第七十一条及び第七十二条の規定にかかわらず、なお従前の例による。

（罰則の適用に関する経過措置）

第六条 新法の施行前にした行為及び附則第三条第一項の規定によりなお従前の例によることとされる場合における新法の施行後にした行為に対する罰則の適用については、なお従前の例による。この場合における附則第二条の規定による廃止前の破産法（以下この条及び次条において「旧法」という。）第三百七十四条から第三百七十六条まで及び第三百七十八条の規定の適用については、新法の規定によりされた破産手続開始の決定は、旧法の規定によりされた破産の宣告とみなす。

第七条 新法第二百五十四条第一項及び第二百五十五条第一項第四号の規定の適用については、旧法第三百七十四条の罪は、新法第二百六十五条の罪とみなす。

（政令への委任）

第八条 附則第三条から前条までに規定するもののほか、新法の施行に関し必要な経過措置は、政令で定める。

東日本大震災関係

東日本大震災に対処するための特別の財政援助及び助成に関する法律（抄）

平成二三年　五月　二日法律四〇号
最終改正　平成二九年　六月　二日法律五二号

目次

第一章　総則（第一条・第二条）
第二章　特別の災害復旧事業についての補助（第三条）
第三章　内閣府関係（第四条―第五条の二）
第四章　総務省関係（第六条―第二十四条）
第五章　財務省関係（第二十五条―第三十七条）
第六章　文部科学省関係（第三十八条―第四十三条）
第七章　厚生労働省関係（第四十四条―第百五条）
第八章　農林水産省関係（第百六条―第百二十七条）
第九章　経済産業省関係（第百二十八条―第百三十四条）
第十章　国土交通省関係（第百三十五条―第百三十八条）
第十一章　環境省関係（第百三十九条・第百四十条）
第十二章　防衛省関係（第百四十一条・第百四十二条）
第十三章　雑則（第百四十三条）
附則

第一章　総則

（趣旨）

第一条　この法律は、東日本大震災に対処するため、地方公共団体等に対する特別の財政援助及び社会保険の加入者等についての負担の軽減、農林漁業者、中小企業者等に対する金融上の支援等の特別の助成に関する措置について定めるものとする。

（定義）

第二条　この法律において「東日本大震災」とは、平成二十三年三月十一日に発生した東北地方太平洋沖地震及びこれに伴う原子力発電所の事故による災害をいう。

2　この法律において「特定被災地方公共団体」とは、青森県、岩手県、宮城県、福島県、茨城県、栃木県、千葉県、新潟県及び長野県並びに東日本大震災による被害を受けた市町村で政令で定めるものをいう。

3　この法律において「特定被災区域」とは、東日本大震災に際し災害救助法（昭和二十二年法律第百十八号）が適用された市町村のうち政令で定めるもの及びこれに準ずる市町村として政令で定めるものの区域をいう。

第七章　厚生労働省関係

（労働者災害補償保険法の死亡に係る給付の支給に関する規定の適用の特例）

第七十九条　平成二十三年三月十一日に発生した東北地方太平洋沖地震による災害により行方不明となった者の生死が三月間分からない場合又はその者の死亡が三月以内に明らかとなり、かつ、その死亡の時期が分からない場合には、労働者災害補償保険法（昭和二十二年法律第五十号）の死亡に係る給付の支給に関する規定の適用については、同日に、その者は、死亡したものと推定する。

（中小企業退職金共済法の死亡に係る退職金の支給に関する規定の適用の特例）

第八十条　平成二十三年三月十一日に発生した東北地方太平洋沖地震による災害により行方不明となった者の生死が三月間分からない場合又はその者の死亡が三月以内に明らかとなり、かつ、その死亡の時期が分からない場合には、中小企業退職金共済法（昭和三十四年法律第百六十号）の死亡に係る退職金の支給に関する規定の適用については、同日に、その者は、死亡したものと推定する。

（労働保険の保険料の免除の特例）

第八十一条　政府は、次の各号のいずれにも該当する労働保険の適用事業（労働者災害補償保険法第三条第一項の適用事業又は雇用保険法（昭和四十九年法律第百十六号）第五条第一項の適用事業をいう。以下この条において同じ。）の事業主（労働者災害補償保険法第三十五条第一項第一号の規定により同法第三条第一項の適用事業の事業主とみなされた団体を除く。以下この条において同じ。）から申請があった場合において、必要があると認めるときは、労働保険の保険料の徴収等に関する法律（昭和四十四年法律第八十四号。以下この条及び第八十四条において「徴収法」という。）第十五条第一項及び第二項並びに第十九条第三項の規定にかかわらず、徴収法第十一条第一項に規定する一般保険料の額のうち当該労働保険の適用事業が第二号に該当するに至った月から当該労働保険の適用事業が同号に該当しなくなるに至った月の前月（その月が平成二十四年二月以後であるときは、同年二月）までの期間（以下この項において「免除対象期間」という。）に当該労働保険の適用事業の事業主がその事業に使用する全ての労働者に支払う賃金の総額（その額に千円未満の端数があるときは、その端数は、切り捨てる。）に徴収法第十二条第一項に規定する一般保険料に係る保険料率を乗じて得た額に相当する部分、徴収法第十三条に規定する第一種特別加入保険料の額のうち免除対象期間に係る部分として厚生労働省令で定める額及び徴収法第十四条の二第一項に規定する第三種特別加入保険料の額のうち免除対象期間に係る部分として厚生労働省令で定める額を免除することができる。

一　当該労働保険の適用事業の行われる場所が平成二十三年三月十一日において特定被災区域に所在していたこと（事業の期間が予定される労働保険の適用事業にあっては、当該事業の事業主の事務所が特定被災区域に所在していたこと。）。

二　当該労働保険の適用事業が東日本大震災による被害を受けたことにより、当該労働保険の適用事業に使用される労働者に対する賃金の支払に著しい支障が生じていることその他の徴収法第十条第二項に規定する労働保険料（同項第三号に規定する第二種特別加入保険料（以下この条において「第二種特別加入保険料」という。）、同項第四号に規定する印紙保険料及び同項第五号に規定する特例納付保険料を除く。第三項において「労働保険料」という。）の支払が困難であると認められる事情が生じていること。

2　政府は、徴収法第十四条第一項に規定する第二種特別加入者（以下この条において「第二種特別加入者」という。）が次の各号のいずれにも該当し、かつ、当該第二種特別加入者の団体（労働者災害補償保険法第三十五条第一項の規定により当該第二種特別加入者に関して労働者災害補償保険の適用を受けることにつき承認を受けた団体をいう。第四項において「第二種特別加入者の団体」という。）から申請があった場合において、必要があると認めるときは、徴収法第十五条第一項及び第二項並びに第十九条第三項の規定にかかわらず、第二種特別加入保険料の額のうち当該第二種特別加入者について第二号に該当するに至った月から同号に該当しなくなるに至った月の前月（その月が平成二十四年三月以後であるときは、同年二月）までの期間に係る部分として厚生労働省令で定める額を免除することができる。

一　平成二十三年三月十一日において特定被災区域に住所を有していたこと。

二　当該第二種特別加入者が東日本大震災による被害を受けたことにより、第二種特別加入保険料の支払が困難であると認められる事情が生じていること。

3　第一項の規定により労働保険料の額を免除された労働保険の適用事業の事業主は、平成二十四年二月までの間において、当該適用事業が同項第二号に該当しなくなるに至ったときは、その旨を厚生労働大臣に届け出なければならない。

4　第二項の規定により第二種特別加入保険料の額を免除された第二種特別加入者の団体は、平成二十四年二月までの間において、当該第二種特別加入保険料の額の免除に係る第二種特別加入者が同項第二号に該当しなくなるに至ったときは、その旨を厚生労働大臣に届け出なければならない。

（石綿による健康被害の救済に関する法律の死亡に係る給付の支給に関する規定の適用の特例）

第八十三条　平成二十三年三月十一日に発生した東北地方太平洋沖地震による災害により行方不明となった者の生死が三月間分からない場合又はその者の死亡が三月以内に明らかとなり、かつ、その死亡の時期が分からない場合には、石綿による健康被害の救済に関する法律（平成十八年法律第四号）の死亡に係る給付の支給に関する規定の適用については、同日に、その者は、死亡したものと推定する。

（石綿による健康被害の救済のため支給される給付等に充てる一般拠出金の免除の特例）

第八十四条　厚生労働大臣は、次の各号のいずれにも該当する事業の事業主（石綿による健康被害の救済に関する法律第三十五条第一項に規定する労災保険適用事業主に限る。以下この条において同じ。）から申請があった場合において、必要があると認めるときは、同法第三十八条第一項において準用する徴収法第十九条第三項の規定にかかわらず、平成二十三年度の一般拠出金（石綿による健康被害の救済に関する法律第三十七条第一項に規定する一般拠出金をいう。以下この条において同じ。）の額を免除することができる。

一　当該事業の行われる場所が平成二十三年三月十一日において特定被災区域に所在していたこと（事業の期間が予定される事業にあっては、当該事業の事業主の事務所が特定被災区域に所在していたこと。）。

二　当該事業が東日本大震災による被害を受けたことにより、当該事業に使用される労働者に対する賃金の支払に著しい支障が生じていることその他の一般拠出金の支払が困難であると認められる事情が生じていること。

（適用）

第百五条　第四十九条、第五十七条、第五十九条、第六十六条、第八十一条、第八十四条、第九十四条、第九十五条及び第百二条の規定は平成二十三年三月一日から、第五十条から第五十六条まで、第六十一条から第六十五条まで、第六十七条から第七十一条まで、第七十三条から第七十七条まで、第八十二条、第八十六条、第八十八条、第九十条から第九十二条まで及び第百三条の規定は同月十一日から適用する。

附　則（抄）

（施行期日）

第一条　この法律は、公布の日から施行する。〈後略〉

東日本大震災に対処するための特別の財政援助及び助成に関する法律第二条第二項及び第三項の市町村を定める政令（抄）

平成二三年五月二日政令一二七号
最終改正　平成二四年二月二日政令　三三号

（特定被災区域）

第二条　法第二条第三項の災害救助法（昭和二十二年法律第百十八号）が適用された市町村のうち政令で定めるものは、別表第二のとおりとする。

2　法第二条第三項のこれに準ずる市町村として政令で定めるものは、別表第三のとおりとする。

附　則

この政令は、公布の日から施行する。

別表第二（第二条第二項関係）

青森県	八戸市　上北郡おいらせ町
岩手県	盛岡市　宮古市　大船渡市　花巻市　北上市　久慈市　遠野市　一関市　陸前高田市　釜石市　二戸市　八幡平市　奥州市　岩手郡雫石町　同郡葛巻町　同郡岩手町　同郡滝沢村　紫波郡紫波町　同郡矢巾町　和賀郡西和賀町　胆沢郡金ケ崎町　西磐井郡平泉町　気仙郡住田町　上閉伊郡大槌町　下閉伊郡山田町　同郡岩泉町　同郡田野畑村　同郡普代村　九戸郡軽米町　同郡野田村　同郡九戸村　同郡洋野町　二戸郡一戸町
宮城県	仙台市　石巻市　塩竈市　気仙沼市　白石市　名取市　角田市　多賀城市　岩沼市　登米市　栗原市　東松島市　大崎市　刈田郡蔵王町　同郡七ケ宿町　柴田郡大河原町　同郡村田町　同郡柴田町　同郡川崎町　伊具郡丸森町　亘理郡亘理町　同郡山元町　宮城郡松島町　同郡七ケ浜町　同郡利府町　黒川郡大和町　同郡大郷町　同郡富谷町　同郡大衡村　加美郡色麻町　同郡加美町　遠田郡涌谷町　同郡美里町　牡鹿郡女川町　本吉郡南三陸町

東日本大震災に対処するための特別の財政援助及び助成に関する法律第二条第二項及び第三項の市町村を定める政令（抄）

福島県	福島市　会津若松市　郡山市　いわき市　白河市　須賀川市　喜多方市　相馬市　二本松市　田村市　南相馬市　伊達市　本宮市　伊達郡桑折町　同郡国見町　同郡川俣町　安達郡大玉村　岩瀬郡鏡石町　同郡天栄村　南会津郡下郷町　同郡檜枝岐村　同郡只見町　同郡南会津町　耶麻郡北塩原村　同郡西会津町　同郡磐梯町　同郡猪苗代町　河沼郡会津坂下町　同郡湯川村　同郡柳津町　大沼郡三島町　同郡金山町　同郡昭和村　同郡会津美里町　西白河郡西郷村　同郡泉崎村　同郡中島村　同郡矢吹町　東白川郡棚倉町　同郡矢祭町　同郡塙町　同郡鮫川村　石川郡石川町　同郡玉川村　同郡平田村　同郡浅川町　同郡古殿町　田村郡三春町　同郡小野町　双葉郡広野町　同郡楢葉町　同郡富岡町　同郡川内村　同郡大熊町　同郡双葉町　同郡浪江町　同郡葛尾村　相馬郡新地町　同郡飯舘村
茨城県	水戸市　日立市　土浦市　石岡市　龍ケ崎市　下妻市　常総市　常陸太田市　高萩市　北茨城市　笠間市　取手市　牛久市　つくば市　ひたちなか市　鹿嶋市　潮来市　常陸大宮市　那珂市　筑西市　稲敷市　かすみがうら市　桜川市　神栖市　行方市　鉾田市　つくばみらい市　小美玉市　東茨城郡茨城町　同郡大洗町　同郡城里町　那珂郡東海村　久慈郡大子町　稲敷郡美浦村　同郡阿見町　同郡河内町　北相馬郡利根町
栃木県	宇都宮市　小山市　真岡市　大田原市　矢板市　那須塩原市　さくら市　那須烏山市　芳賀郡益子町　同郡茂木町　同郡市貝町　同郡芳賀町　塩谷郡高根沢町　那須郡那須町　同郡那珂川町
千葉県	千葉市　旭市　習志野市　我孫子市　浦安市　香取市　山武市　山武郡九十九里町
新潟県	十日町市　上越市　中魚沼郡津南町
長野県	下水内郡栄村

別表第三（第二条第二項関係）

青森県	三沢市　三戸郡階上町
茨城県	古河市　結城市　坂東市
栃木県	足利市　佐野市
埼玉県	久喜市
千葉県	銚子市　市川市　船橋市　松戸市　野田市　成田市　佐倉市　東金市　柏市　八千代市　印西市　富里市　匝瑳市　印旛郡酒々井町　同郡栄町　香取郡神崎町　同郡多古町　同郡東庄町　山武郡大網白里町　同郡横芝光町　長生郡白子町

東日本大震災に対処するための特別の財政援助及び助成に関する法律の厚生労働省関係規定の施行等に関する省令（抄）

平成二三年五月二日厚生労働省令五七号
最終改正　平成二九年三月三一日厚生労働省令五四号

（特別保険料の徴収期間の特例）

第十二条　失業保険法及び労働者災害補償保険法の一部を改正する法律及び労働保険の保険料の徴収等に関する法律の施行に伴う関係法律の整備等に関する法律（昭和四十四年法律第八十五号）第十九条第一項に規定する当該事業主のうち、法第八十一条第一項の規定により一般保険料の額を免除されたものについては、失業保険法及び労働者災害補償保険法の一部を改正する法律及び労働保険の保険料の徴収等に関する法律の施行に伴う労働省令の整備等に関する省令（昭和四十七年労働省令第九号）第八条に定める特別保険料の徴収期間から、法第八十一条第一項に規定する免除対象期間を除くものとする。

（第一種特別加入保険料の免除額）

第十三条　法第八十一条第一項の第一種特別加入保険料の額のうち免除対象期間に係る部分として厚生労働省令で定める額は、労働保険の保険料の徴収等に関する法律施行規則（昭和四十七年労働省令第八号。以下「徴収則」という。）第二十一条第一項に規定する第一種特別加入者の労働者災害補償保険法施行規則（昭和三十年労働省令第二十二号。以下「労災則」という。）第四十六条の二十第一項の給付基礎日額に応ずる徴収則別表第四の右欄に掲げる額を十二で除して得た額（その額に一円未満の端数があるときは、これを一円に切り上げる。）に法第八十一条第一項に規定する免除対象期間の月数を乗じて得た額の総額（その額に千円未満の端数があるときは、その端数は、切り捨てる。）に労働保険の保険料の徴収等に関する法律（昭和四十四年法律第八十四号。以下「徴収法」という。）第十三条に規定する第一種特別加入保険料率を乗じて得た額とする。

（第三種特別加入保険料の免除額）

第十四条　法第八十一条第一項の第三種特別加入保険料の額のうち免除対象期間に係る部分として厚生労働省令で定める額

は、徴収則第二十三条の二に規定する第三種特別加入者の労災則第四十六条の二十五の三において準用する労災則第四十六条の二十第一項の給付基礎日額に応ずる徴収則別表第四の右欄に掲げる額を十二で除して得た額（その額に一円未満の端数があるときは、これを一円に切り上げる。）に法第八十一条第一項に規定する免除対象期間の月数を乗じて得た額の総額（その額に千円未満の端数があるときは、その端数は、切り捨てる。）に徴収法第十四条の二第一項に規定する第三種特別加入保険料率を乗じて得た額とする。

（第二種特別加入保険料の免除額）

第十五条　法第八十一条第二項の厚生労働省令で定める額は、同項各号のいずれにも該当する第二種特別加入者（徴収法第十四条第一項に規定する第二種特別加入者をいう。）の労災則第四十六条の二十四において準用する労災則第四十六条の二十第一項の給付基礎日額に応ずる徴収則別表第四の右欄に掲げる額を十二で除して得た額（その額に一円未満の端数があるときは、これを一円に切り上げる。）に当該第二種特別加入者について法第八十一条第二項第二号に該当するに至った月から同号に該当しなくなるに至った月の前月（その月が平成二十四年三月以後であるときは、同年二月）までの期間の月数を乗じて得た額の総額（その額に千円未満の端数があるときは、その端数は、切り捨てる。）に徴収法第十四条第一項に規定する第二種特別加入保険料率を乗じて得た額とする。

（労働保険の保険料等の免除の申請等）

第十六条　法第八十一条第一項の規定による申請は、次に掲げる事項を記載した申請書に、同項第二号に該当することを明らかにすることができる書類を添付し、これを事業場の所在地を管轄する都道府県労働局労働保険特別会計歳入徴収官（以下「所轄都道府県労働局歳入徴収官」という。）に提出することによって行うものとする。

一　事業の名称及びその行われる場所並びに事業主の氏名又は名称及び住所又は所在地

二　法第八十一条第一項第二号に該当するに至った年月

2　前項の規定は、法第八十一条第二項の規定による申請について準用する。この場合において、前項中「同項第二号」とあり、及び「法第八十一条第一項第二号」とあるのは、「法第八十一条第二項第二号」と読み替えるものとする。

3　第一項の規定は、法第八十四条の規定による申請について準用する。この場合において、同項中「同項第二号」とあり、及び「法第八十一条第一項第二号」とあるのは、「法第八十四条第二号」と読み替えるものとする。

第十七条　法第八十一条第三項の規定による届出は、速やかに、次に掲げる事項を記載した届書を事業場の所在地を管轄する都道府県労働局長に提出することによって行うものとする。

一　事業の名称及びその行われる場所並びに事業主の氏名又は名称及び住所又は所在地

二　法第八十一条第一項第二号に該当しなくなるに至った年月

2　前項の規定は、法第八十一条第四項の規定による届出について準用する。この場合において、前項中「法第八十一条第一項第三号」とあるのは、「法第八十一条第二項第二号」と読み替えるものとする。

（通知）

第十八条　所轄都道府県労働局歳入徴収官は、法第八十一条第一項の規定による同項第二号に規定する労働保険料の額の免除を行ったときは、その旨を事業主に通知しなければならない。

2　事業主は、前項の通知があったときは、速やかに、これを雇用保険法（昭和四十九年法律第百十六号）第四条第一項に規定する被保険者に通知しなければならない。

3　第一項の規定は、法第八十一条第二項の規定による第二種特別加入保険料の額の免除又は法第八十四条の規定による一般拠出金の額の免除について準用する。

（代理人の選任に関する規定の準用）

第十九条　徴収則第七十三条（厚生労働省関係石綿による健康被害の救済に関する法律施行規則（平成十八年厚生労働省令第三十九号）第二条の六において準用する場合を含む。）の規定は、第十六条又は第十七条の規定により申請又は届出を行う事業主について準用する。

附　則

この省令は、公布の日から施行する。

関係告示

青森県、岩手県、宮城県、福島県、茨城県における社会保険料及び労働保険料等に関する納期限等を延長する件

平成二三年　三月二四日厚生労働省告示　六六号
最終改正　平成二四年　三月三一日厚生労働省告示三〇六号

健康保険法（大正十一年法律第七十号）第百八十三条、船員保険法（昭和十四年法律第七十三号）第百三十七条、厚生年金保険法（昭和二十九年法律第百十五号）第八十九条（児童手当法（昭和四十六年法律第七十三号）第二十二条第一項（平成二十二年度等における子ども手当の支給に関する法律（平成二十二年法律第十九号。以下「平成二十二年度子ども手当支給法」という。）第二十条第一項の規定により適用される児童手当法の一部を改正する法律（平成二十四年法律第二十四号）附則第十一条の規定によりなおその効力を有するものとされた同法第一条の規定による改正前の児童手当法（以下「旧児童手当法」という。）第二十二条第一項並びに平成二十三年度における子ども手当の支給等に関する特別措置法（平成二十三年法律第百七号。以下「平成二十三年度子ども手当支給特別措置法」という。）第二十条第一項、第三項及び第五項の規定により適用される児童手当法の一部を改正する法律附則第十二条の規定によりなおその効力を有するものとされた旧児童手当法第二十二条第一項を含む。）又は厚生年金保険の保険給付及び保険料の納付の特例等に関する法律（平成十九年法律第百三十一号。以下「厚生年金特例法」という。）第二条第八項の規定によりその例によることとされる場合を含む。）、障害者の雇用の促進等に関する法律（昭和三十五年法律第百二十三号）第六十二条及び労働保険の保険料の徴収等に関する法律（昭和四十四年法律第八十四号。以下「徴収法」という。）第三十条（失業保険法及び労働者災害補償保険法の一部を改正する法律及び労働保険の保険料の徴収等に関する法律の施行に伴う関係法律の整備等に関する法律（昭和四十四年法律第八十五号。以下「整備法」という。）第十九条第三項又は石綿による健康被害の救済に関する法律（平成十八年法律第四号。以下「石綿健康被害救済法」という。）第

三十八条第一項の規定により準用される場合を含む。）の規定によりその例によることとされる国税通則法（昭和三十七年法律第六十六号）第十一条及び国税通則法施行令（昭和三十七年政令第百三十五号）第三条第一項の規定に基づき、健康保険法、船員保険法、厚生年金保険法、児童手当法（平成二十二年度子ども手当支給法第二十条第一項の規定により適用される児童手当法の一部を改正する法律附則第十一条の規定によりなおその効力を有するものとされた旧児童手当法並びに平成二十三年度子ども手当支給特別措置法第二十条第一項、第三項及び第五項の規定により適用される児童手当法の一部を改正する法律附則第十二条の規定によりなおその効力を有するものとされた旧児童手当法を含む。）及び厚生年金特例法に基づく納付又は徴収に関する期限のうち、次に掲げる地域に所在地を有する事業所又は事務所（健康保険法に基づく期限については、全国健康保険協会の管掌する健康保険の適用を受ける事業所又は事務所に限る。）の事業主、当該地域に住所地又は主たる事務所の所在地を有する船舶所有者（船員保険法第三条に規定する場合においては、同条の規定により船舶所有者の規定が適用される者）、当該地域に主たる事務所の所在地を有する厚生年金基金、当該地域に住所地を有する厚生年金保険法附則第四条の三第一項の規定による被保険者（同条第七項ただし書に規定する事業主の同意がない者に限る。）及び国民年金法等の一部を改正する法律（昭和六十年法律第三十四号）附則第五条第十三号に規定する第四種被保険者並びに当該地域に住所地若しくは事業所若しくは事務所の所在地を有する厚生年金特例法第二条第一項に規定する対象事業主又は当該地域に住所地を有する同条第三項に規定する役員に係るもの、障害者の雇用の促進等に関する法律第三章第二節第二款の規定に基づく申告書の提出、納付又は徴収に関する期限のうち、当該地域に主たる事務所の所在地を有する事業主に係るもの並びに徴収法、整備法及び石綿健康被害救済法に基づく申告書の提出、納付又は徴収に関する期限のうち、当該地域に所在地を有する事業場の事業主若しくは平成二十三年三月十一日において、労働保険事務組合であって当該地域にその主たる事務所の所在地を有するもの（以下「特定事務組合」という。）に労働保険事務を委託している事業主又は特定事務組合に係るもので、その期限が平成二十三年三月十一日以降に到来するものについては、その期限を別途厚生労働省告示で定める期日まで延長する。

指定地域
青森県
岩手県
宮城県
福島県
茨城県

青森県及び茨城県における社会保険料及び労働保険料等に関する納期限等を指定する件

平成二三年　六月一〇日厚生労働省告示一八〇号

健康保険法（大正十一年法律第七十号）第百八十三条、船員保険法（昭和十四年法律第七十三号）第百三十七条、厚生年金保険法（昭和二十九年法律第百十五号）第八十九条（児童手当法（昭和四十六年法律第七十三号）第二十二条第一項（平成二十二年度等における子ども手当の支給に関する法律（平成二十二年法律第十九号。以下「平成二十二年度子ども手当支給法」という。）第二十条第一項の規定により適用される場合を含む。）又は厚生年金保険の保険給付及び保険料の納付の特例等に関する法律（平成十九年法律第百三十一号。以下「厚生年金特例法」という。）第二条第八項の規定によりその例によることとされる場合を含む。）、障害者の雇用の促進等に関する法律（昭和三十五年法律第百二十三号）第六十二条及び労働保険の保険料の徴収等に関する法律（昭和四十四年法律第八十四号。以下「徴収法」という。）第三十条（失業保険法及び労働者災害補償保険法の一部を改正する法律及び労働保険の保険料の徴収等に関する法律の施行に伴う関係法律の整備等に関する法律（昭和四十四年法律第八十五号。以下「整備法」という。）第十九条第三項又は石綿による健康被害の救済に関する法律（平成十八年法律第四号。以下「石綿健康被害救済法」という。）第三十八条第一項の規定により準用される場合を含む。）の規定によりその例によることとされる国税通則法（昭和三十七年法律第六十六号）第十一条及び国税通則法施行令（昭和三十七年政令第百三十五号）第三条第一項の規定に基づき、青森県、岩手県、宮城県、福島県、茨城県における社会保険料及び労働保険料等に関する納期限等を延長する件（平成二十三年厚生労働省告示第六十六号）において別途厚生労働省告示で定めることとされている期日であって、健康保険法、船員保険法、厚生年金保険法、児童手当法（平成二十二年度子ども手当支給法第二十条第一項の規定により適用される場合を含む。）及び厚生年金特例法に基づく納付又は徴収に関する期限のうち、次に掲げる地域に所在地を有する事業所又は事務所（健康保険法に基づく期限については、全国健康保険協会の管掌する健康保険の適用を受ける事業所又は事務所に限る。）の事業主、当該地域に住所地又は主たる事業所若しくは事務所の所在地を有する船舶所有者（船員保険法

指定地域
青森県
茨城県

第三条に規定する場合においては、同条の規定により船舶所有者の規定が適用される者）、当該地域に主たる事務所の所在地を有する厚生年金基金、当該地域に住所地を有する厚生年金保険法附則第四条の三第一項の規定による被保険者（同条第七項ただし書に規定する事業主の同意がない者に限る。）及び国民年金法等の一部を改正する法律（昭和六十年法律第三十四号）附則第五条第十三号に規定する第四種被保険者並びに当該地域に住所地若しくは事業所若しくは事務所の所在地を有する厚生年金特例法第二条第一項に規定する対象事業主又は当該地域に住所地を有する同条第三項に規定する役員に係るもの、障害者の雇用の促進等に関する法律第三章第二節第二款の規定に基づく申告書の提出、納付又は徴収に関する期限のうち、当該地域に主たる事務所の所在地を有する事業主に係るもの並びに徴収法、整備法及び石綿健康被害救済法に基づく申告書の提出、納付又は徴収に関する期限のうち、当該地域に所在地を有する事業場の事業主若しくは平成二十三年三月十一日において、労働保険事務組合であって当該地域にその主たる事務所の所在地を有するもの（以下「特定事務組合」という。）に労働保険事務を委託している事業主又は特定事務組合に係るものについては、その期限が平成二十三年三月十一日から平成二十三年七月二十八日までの間に到来するものについて、平成二十三年七月二十九日とする。

岩手県、宮城県及び福島県の一部の地域における社会保険料及び労働保険料等の納期限等を指定する件

平成二三年八月二九日厚生労働省告示二九二号

健康保険法（大正十一年法律第七十号）第百八十三条、船員保険法（昭和十四年法律第七十三号）第百三十七条、厚生年金保険法（昭和二十九年法律第百十五号）第八十九条（児童手当法（昭和四十六年法律第七十三号）第二十二条第一項（平成二十二年度等における子ども手当の支給に関する法律（平成二十二年法律第十九号。以下「平成二十二年度子ども手当支給法」という。）第二十条第一項の規定により適用される場合を含む。）又は厚生年金保険の保険給付及び保険料の納付の特例等に関する法律（平成十九年法律第百三十一号。以下「厚生年金特例法」という。）第二条第八項の規定によりその例によることとされる場合を含む。）、障害者の雇用の促進等に関する法律（昭和三十五年法律第百二十三号）第六十二条及び労働保険の保険料の徴収等に関する法律（昭和四十四年法律第八十四号。以下「徴収法」という。）第三十条（失業保険法及び労働者災害補償保険法の一部を改正する法律及び労働保険の保険料の徴収等に関する法律の施行に伴う関係法律の整備等に関する法律（昭和四十四年法律第八十五号。以下「整備法」という。）第十九条第三項又は石綿による健康被害の救済に関する法律（平成十八年法律第四号。以下「石綿健康被害救済法」という。）第三十八条第一項の規定により準用される場合を含む。）の規定によりその例によることとされる国税通則法（昭和三十七年法律第六十六号）第十一条及び国税通則法施行令（昭和三十七年政令第百三十五号）第三条第一項の規定に基づき、青森県、岩手県、宮城県、福島県、茨城県における社会保険料及び労働保険料等に関する納期限等を延長する件（平成二十三年厚生労働省告示第六十六号）において別途厚生労働省告示で定めることとされている期日であって、健康保険法、船員保険法、厚生年金保険法、児童手当法（平成二十二年度子ども手当支給法第二十条第一項の規定により適用される場合を含む。）及び厚生年金特例法に基づく納付又は徴収に関する期限のうち、次に掲げる地域に所在地を有する事業所又は事務所（健康保険法に基づく期限については、全国健康保険協会の管掌する健康保険の適用

を受ける事業所又は事務所に限る。）の事業主、当該地域に住所地又は主たる事務所の所在地を有する船舶所有者（船員保険法第三条に規定する場合においては、同条の規定により船舶所有者の規定が適用される者）、当該地域に主たる事務所の所在地を有する厚生年金基金、当該地域に住所地を有する厚生年金保険法附則第四条の三第一項の規定による被保険者（同条第七項ただし書に規定する事業主の同意がない者に限る。）及び国民年金法等の一部を改正する法律（昭和六十年法律第三十四号）附則第五条第十三号に規定する第四種被保険者並びに当該地域に住所地若しくは事業所若しくは事務所の所在地を有する厚生年金特例法第二条第一項に規定する対象事業主又は当該地域に住所地を有する同条第三項に規定する役員に係るもの、障害者の雇用の促進等に関する法律第三章第二節第二款の規定に基づく申告書の提出、納付又は徴収に関する期限のうち、当該地域に主たる事務所の所在地を有する事業主に係るもの並びに徴収法、整備法及び石綿健康被害救済法に基づく申告書の提出、納付又は徴収に関する期限のうち、当該地域に所在地を有する事業場の事業主若しくは平成二十三年三月十一日において、労働保険事務組合であって当該地域にその主たる事務所の所在地を有するもの（以下「特定事務組合」という。）に労働保険事務を委託している事業主又は特定事務組合に係るものについては、その期限が平成二十三年三月十一日から平成二十三年九月二十九日までの間に到来するものについて、平成二十三年九月三十日とする。

都道府県名	地域
岩手県	盛岡市 花巻市 北上市 久慈市 遠野市 一関市 二戸市 八幡平市 奥州市 岩手郡雫石町 岩手郡葛巻町 岩手郡岩手町 岩手郡滝沢村 紫波郡紫波町 紫波郡矢巾町 和賀郡西和賀町 胆沢郡金ヶ崎町 西磐井郡平泉町 東磐井郡藤沢町 下閉伊郡岩泉町

	下閉伊郡田野畑村 下閉伊郡普代村 九戸郡軽米町 九戸郡野田村 九戸郡九戸村 九戸郡洋野町 二戸郡一戸町
宮城県	仙台市 塩釜市 白石市 名取市 角田市 岩沼市 登米市 栗原市 大崎市 刈田郡蔵王町 刈田郡七ヶ宿町 柴田郡大河原町 柴田郡村田町 柴田郡柴田町 柴田郡川崎町

	伊具郡丸森町 亘理郡亘理町 亘理郡山元町 宮城郡松島町 宮城郡七ヶ浜町 宮城郡利府町 黒川郡大和町 黒川郡大郷町 黒川郡富谷町 黒川郡大衡村 加美郡色麻町 加美郡加美町 遠田郡涌谷町 遠田郡美里町
	福島市 会津若松市 郡山市 いわき市 白河市 須賀川市 喜多方市 相馬市

福島県

二本松市
伊達市
本宮市
伊達郡桑折町
伊達郡国見町
安達郡大玉村
岩瀬郡鏡石町
岩瀬郡天栄村
南会津郡下郷町
南会津郡桧枝岐村
南会津郡只見町
南会津郡南会津町
耶麻郡北塩原村
耶麻郡西会津町
耶麻郡磐梯町
耶麻郡猪苗代町
河沼郡会津坂下町
河沼郡湯川村
河沼郡柳津町
大沼郡三島町
大沼郡金山町
大沼郡昭和村
大沼郡会津美里町

西白河郡西郷村
西白河郡泉崎村
西白河郡中島村
西白河郡矢吹町
東白川郡棚倉町
東白川郡矢祭町
東白川郡塙町
東白川郡鮫川村
石川郡石川町
石川郡玉川村
石川郡平田村
石川郡浅川町
石川郡古殿町
田村郡三春町
田村郡小野町
相馬郡新地町

岩手県及び宮城県の一部の地域における社会保険料及び労働保険料等の納期限等を指定する件

平成二三年一〇月二六日厚生労働省告示四一六号

健康保険法（大正十一年法律第七十号）第百八十三条、船員保険法（昭和十四年法律第七十三号）第百三十七条、厚生年金保険法（昭和二十九年法律第百十五号）第八十九条（児童手当法（昭和四十六年法律第七十三号）第二十二条第一項（平成二十二年度等における子ども手当の支給に関する法律（平成二十二年法律第十九号。以下「平成二十二年度子ども手当支給法」という。）第二十条第一項の規定により適用される場合並びに平成二十三年度における子ども手当の支給等に関する特別措置法（平成二十三年法律第百七号。以下「平成二十三年度子ども手当支給特別措置法」という。）第二十条第一項、第三項及び第五項の規定により適用される場合を含む。）又は厚生年金保険の保険給付及び保険料の納付の特例等に関する法律（平成十九年法律第百三十一号。以下「厚生年金特例法」という。）第二条第八項の規定によりその例によることとされる場合を含む。）、障害者の雇用の促進等に関する法律（昭和三十五年法律第百二十三号）第六十二条及び労働保険の保険料の徴収等に関する法律（昭和四十四年法律第八十四号。以下「徴収法」という。）第三十条（失業保険法及び労働者災害補償保険法の一部を改正する法律及び労働保険の保険料の徴収等に関する法律の施行に伴う関係法律の整備等に関する法律（昭和四十四年法律第八十五号。以下「整備法」という。）第十九条第三項又は石綿による健康被害の救済に関する法律（平成十八年法律第四号。以下「石綿健康被害救済法」という。）第三十八条第一項の規定により準用される場合を含む。）の規定によりその例によることとされる国税通則法（昭和三十七年法律第六十六号）第十一条及び国税通則法施行令（昭和三十七年政令第百三十五号）第三条第一項の規定に基づき、青森県、岩手県、宮城県、福島県、茨城県における社会保険料及び労働保険料等に関する納期限等を延長する件（平成二十三年厚生労働省告示第六十六号）において別途厚生労働省告示で定めることとされている期日であって、健康保険法、船員保険法、厚生年金保険法、児童手当法（平成二十二年度子ども手当支給法第二十条第一項の規定により適用される場合並びに平成二十三年度子ども手当支給特別措置法第二十条第一項、第三項及び第五項の規定により適用される場合を含む。）及び厚生年金特例法に基づく納付又は徴収に関する期限のうち、次に掲げる地域に所在地を有する事業所又は事務所（健康保険法に基づく期限については、全国健康保険協会の管掌する健康保険の適用を受ける事業所又は事務所に限る。）の事業主、当該地域に住所地又は主たる事務所の所在地を有する船舶所有者（船員保険法第三条に規定する場合においては、同条の規定により船舶所有者の規定が適用される者）、当該地域に主たる事務所の所在地を有する厚生年金基金、当該地域に住所地を有する厚生年金保険法附則第四条の三第一項の規定による被保険者（同条第七項ただし書に規定する事業主の同意がない者に限る。）及び国民年金法等の一部を改正する法律（昭和六十年法律第三十四号）附則第五条第十三号に規定する第四種被保険者並びに当該地域に住所地若しくは事業所若しくは事務所の所在地を有する厚生年金特例法第二条第一項に規定する対象事業主又は当該地域に住所地を有する同条第三項に規定する役員に係るもの、障害者の雇用の促進等に関する法律第三章第二節第二款の規定に基づく申告書の提出、納付又は徴収に関する期限のうち、当該地域に主たる事務所の所在地を有する事業主に係るもの並びに徴収法、整備法及び石綿健康被害救済法に基づく申告書の提出、納付又は徴収に関する期限のうち、当該地域に所在地を有する事業場の事業主若しくは平成二十三年三月十一日において、労働保険事務組合であって当該地域にその主たる事務所の所在地を有するもの（以下「特定事務組合」という。）に労働保険事務を委託している事業主又は特定事務組合に係るものについては、その期限が平成二十三年三月十一日から平成二十三年十二月十四日までの間に到来するものについて、平成二十三年十二月十五日とする。

都道府県名	地　　　域
岩　手　県	宮古市 大船渡市 陸前高田市 釜石市 気仙郡住田町 上閉伊郡大槌町 下閉伊郡山田町
宮　城　県	気仙沼市 多賀城市 本吉郡南三陸町

宮城県の一部の地域における社会保険料及び労働保険料等の納期限等を指定する件

平成二四年二月一七日厚生労働省告示五四号

健康保険法（大正十一年法律第七十号）第百八十三条、船員保険法（昭和十四年法律第七十三号）第百三十七条、厚生年金保険法（昭和二十九年法律第百十五号）第八十九条（児童手当法（昭和四十六年法律第七十三号）第二十二条第一項（平成二十二年度等における子ども手当の支給に関する法律（平成二十二年法律第十九号。以下「平成二十二年度子ども手当支給法」という。）第二十条第一項の規定により適用される場合並びに平成二十三年度における子ども手当の支給等に関する特別措置法（平成二十三年法律第百七号。以下「平成二十三年度子ども手当支給特別措置法」という。）第二十条第一項、第三項及び第五項の規定により適用される場合を含む。）又は厚生年金保険の保険給付及び保険料の納付の特例等に関する法律（平成十九年法律第百三十一号。以下「厚生年金特例法」という。）第二条第八項の規定によりその例によることとされる場合を含む。）、障害者の雇用の促進等に関する法律（昭和三十五年法律第百二十三号）第六十二条及び労働保険の保険料の徴収等に関する法律（昭和四十四年法律第八十四号。以下「徴収法」という。）第三十条（失業保険法及び労働者災害補償保険法の一部を改正する法律及び労働保険の保険料の徴収等に関する法律の施行に伴う関係法律の整備等に関する法律（昭和四十四年法律第八十五号。以下「整備法」という。）第十九条第三項又は石綿による健康被害の救済に関する法律（平成十八年法律第四号。以下「石綿健康被害救済法」という。）第三十八条第一項の規定により準用される場合を含む。）の規定によりその例によることとされる国税通則法（昭和三十七年法律第六十六号）第十一条及び国税通則法施行令（昭和三十七年政令第百三十五号）第三条第一項の規定に基づき、青森県、岩手県、宮城県、福島県、茨城県における社会保険料及び労働保険料等に関する納期限等を延長する件（平成二十三年厚生労働省告示第六十六号）において別途厚生労働省告示で定めることとされている期日であって、健康保険法、船員保険法、厚生年金保険法、児童手当法（平成二十二年度子ども手当支給法第二十条第一項の規定により適用される場合並びに平成二十三年度子ども手当支給特別措置法第二十条第一項、第三項及び第五項の規定により適用される場合を含む。）及び厚生年金特例法に基づく納付又は徴収に関する期限のうち、次に掲げる地域に所在地を有する事業所又は事務所（健康保険法に基づく期限については、全国健康保険協会の管掌する健康保険の適用を受ける事業所又は事務所に限る。）の事業主、当該地域に住所地又は主たる事務所の所在地を有する船舶所有者（船員保険法第三条に規定する場合においては、同条の規定により船舶所有者の規定が適用される者）、当該地域に主たる事務所の所在地を有する厚生年金基金、当該地域に住所地を有する厚生年金保険法附則第四条の三第一項の規定による被保険者（同条第七項ただし書に規定する事業主の同意がない者に限る。）及び国民年金法等の一部を改正する法律（昭和六十年法律第三十四号）附則第五条第十三号に規定する第四種被保険者並びに当該地域に住所地若しくは事業所若しくは事務所の所在地を有する厚生年金特例法第二条第一項に規定する対象事業主又は当該地域に住所地を有する同条第三項に規定する役員に係るもの、障害者の雇用の促進等に関する法律第三章第二節第二款の規定に基づく申告書の提出、納付又は徴収に関する期限のうち、当該地域に主たる事務所の所在地を有する事業主に係るもの並びに徴収法、整備法及び石綿健康被害救済法に基づく申告書の提出、納付又は徴収に関する期限のうち、当該地域に所在地を有する事業場の事業主若しくは平成二十三年三月十一日において、労働保険事務組合であって当該地域にその主たる事務所の所在地を有するもの（以下「特定事務組合」という。）に労働保険事務を委託している事業主又は特定事務組合に係るものについては、その期限が平成二十三年三月十一日から平成二十四年四月一日までの間に到来するものについて、平成二十四年四月二日とする。

都道府県名	地域
宮城県	石巻市 東松島市 牡鹿郡女川町

福島県の一部の地域における社会保険料及び労働保険料等の納期限等を指定する件

平成二六年一二月一七日厚生労働省告示三〇号

健康保険法（大正十一年法律第七十号）第百八十三条、船員保険法（昭和十四年法律第七十三号）第百三十七条、厚生年金保険法（昭和二十九年法律第百十五号）第八十九条（児童手当法（昭和四十六年法律第七十三号）第二十二条第一項（平成二十二年度等における子ども手当の支給に関する法律（平成二十二年法律第十九号。以下「平成二十二年度子ども手当支給法」という。）第二十条第一項の規定により適用される児童手当法の一部を改正する法律（平成二十四年法律第二十四号。以下「児童手当法一部改正法」という。）附則第十一条の規定によりなおその効力を有するものとされた同法第一条の規定による改正前の児童手当法（以下「旧児童手当法」という。）第二十二条第一項並びに平成二十三年度における子ども手当の支給等に関する特別措置法（平成二十三年法律第百七号。以下「平成二十三年度子ども手当支給特別措置法」という。）第二十条第一項、第三項及び第五項の規定により適用される児童手当法一部改正法附則第十二条の規定によりなおその効力を有するものとされた旧児童手当法第二十二条第一項を含む。）の規定により厚生年金保険の保険料その他の徴収金の徴収の例によることとされる場合又は厚生年金保険の保険給付及び保険料の納付の特例等に関する法律（平成十九年法律第百三十一号。以下「厚生年金特例法」という。）第二条第八項の規定により厚生年金保険法の規定の例によることとされる場合を含む。）、障害者の雇用の促進等に関する法律（昭和三十五年法律第百二十三号）第六十二条及び労働保険の保険料の徴収等に関する法律（昭和四十四年法律第八十四号。以下「徴収法」という。）第三十条（失業保険法及び労働者災害補償保険法の一部を改正する法律及び労働保険の保険料の徴収等に関する法律の施行に伴う関係法律の整備等に関する法律（昭和四十四年法律第八十五号。以下「整備法」という。）第十九条第三項又は石綿による健康被害の救済に関する法律（平成十八年法律第四号。以下「石綿健康被害救済法」という。）第三十八条第一項の規定により準用される場合を含む。）の規定によりその例によることとされる国税通則法（昭和三十七年法律第六十六号）第十一条及び国税通則法施行令（昭和三十七年政令第百三十五号）第三条第一項の規定に基づき、青森県、岩手県、宮城県、福島県、茨城県における社会保険料及び労働保険料等に関する納期限等を延長する件（平成二十三年厚生労働省告示第六十六号）において別途厚生労働省告示で定めることとされている期日であって、健康保険法、船員保険法、厚生年金保険法、児童手当法（平成二十二年度子ども手当支給法第二十条第一項の規定により適用される児童手当法一部改正法附則第十一条の規定によりなおその効力を有するものとされた旧児童手当法並びに平成二十三年度子ども手当支給特別措置法第二十条第一項、第三項及び第五項の規定により適用される児童手当法一部改正法附則第十二条の規定によりなおその効力を有するものとされた旧児童手当法を含む。）及び厚生年金特例法に基づく納付又は徴収に関する期限のうち、次に掲げる地域に所在地を有する事業所又は事務所（健康保険法に基づく期限については、全国健康保険協会の管掌する健康保険の適用を受ける事業所又は事務所に限る。）の事業主、当該地域に住所地又は主たる事務所の所在地を有する船舶所有者（船員保険法第三条に規定する場合においては、同条の規定により船舶所有者の規定が適用される者）、当該地域に主たる事務所の所在地を有する厚生年金基金、当該地域に住所地を有する厚生年金保険法附則第四条の三第一項の規定による被保険者（同条第七項ただし書に規定する事業主の同意がない者に限る。）及び国民年金法等の一部を改正する法律（昭和六十年法律第三十四号）附則第五条第十三号に規定する第四種被保険者並びに当該地域に住所地若しくは事業所若しくは事務所の所在地を有する厚生年金特例法第二条第一項に規定する対象事業主又は当該地域に住所地を有する同条第三項に規定する役員に係るもの、障害者の雇用の促進等に関する法律第三章第二節第二款の規定に基づく申告書の提出、納付又は徴収に関する期限のうち、当該地域に主たる事務所の所在地を有する事業主に係るもの並びに徴収法、整備法及び石綿健康被害救済法に基づく申告書の提出、納付又は徴収に関する期限のうち、当該地域に所在地を有する事業場の事業主若しくは平成二十三年三月十一日において、労働保険事務組合であって当該地域にその主たる事務所の所在地を有するもの（以下「特定事務組合」という。）に労働保険事務を委託している事業主又は特定事務組合に係るものについては、その期限が平成二十三年三月十一日から平成二十六年三月三十日までの間に到来するものについて、平成二十六年三月三十一日とする。

都道府県名	地域
福島県	田村市 南相馬市 伊達郡川俣町 双葉郡広野町 双葉郡楢葉町 双葉郡富岡町

双葉郡川内村
双葉郡大熊町
双葉郡双葉町
双葉郡浪江町
双葉郡葛尾村
相馬郡飯舘村

労働保険徴収関係法令集〔平成31年版〕

平成30年12月15日　印刷
平成30年12月20日　発行　　定価（本体 7,500円＋税）

編者　労働法令協会

発行所　株式会社 労働法令
〒104-0033
東京都中央区新川２－１－６
丸坂ビル　電話(03)3552－4851
FAX(03)3552－4857

落丁・乱丁本はおとりかえします。

ISBN978-4-86013-106-7　C2032　¥7500E